Schulfarm Insel Scharfenberg
Teil 1

STUDIEN ZUR BILDUNGSREFORM

Herausgegeben von Wolfgang Keim

Universität – Gesamthochschule – Paderborn

BAND 40

PETER LANG

Frankfurt am Main · Berlin · Bern · Bruxelles · New York · Oxford · Wien

Dietmar Haubfleisch

Schulfarm Insel Scharfenberg

Mikroanalyse der reformpädagogischen
Unterrichts- und Erziehungsrealität
einer demokratischen Versuchsschule
im Berlin der Weimarer Republik

Teil 1

PETER LANG
Europäischer Verlag der Wissenschaften

Die Deutsche Bibliothek - CIP-Einheitsaufnahme

Haubfleisch, Dietmar:

Schulfarm Insel Scharfenberg : Mikroanalyse der
reformpädagogischen Unterrichts- und Erziehungsrealität einer
demokratischen Versuchsschule im Berlin der Weimarer
Republik / Dietmar Haubfleisch. - Frankfurt am Main ; Berlin ;
Bern ; Bruxelles ; New York ; Oxford ; Wien : Lang, 2001
   (Studien zur Bildungsreform ; Bd. 40)
   Zugl.: Marburg, Univ., Diss., 1998
   ISBN 3-631-34724-3

Teil 1. - 2001

Gedruckt auf alterungsbeständigem,
säurefreiem Papier.

D 4
ISSN 0721-4154
ISBN 3-631-34724-3

© Peter Lang GmbH
Europäischer Verlag der Wissenschaften
Frankfurt am Main 2001
Alle Rechte vorbehalten.

Printed in Germany 1 2 3 4   6 7

"[...] wenn ein Mann sich hinsetzt, um eine Geschichte zu schreiben - und wenn es nur die Geschichte von Jack Hickathrift oder Tom Tumb wäre, [hat] er so wenig als sein Schuhabsatz eine Idee davon [...], was für Hindernisse und verwünschte Zufälle ihm in den Weg kommen können - oder zu was für einem Tanze ihn diese oder jene Abschweifung führen kann, ehe alles glücklich vorüber ist. Wenn ein Geschichtssschreiber seine Geschichte so vorwärts treiben könnte, wie ein Maultiertreiber sein Maultier - nämlich in gerader Richtung -, zum Beispiel von Rom gerade nach Loretto, ohne einmal den Kopf zur Seite zu drehen, weder zur Rechten noch zur Linken - so könnte er es allerdings wagen, Ihnen bis auf die Stunde hin vorauszusagen, wann er mit seiner Reise zu Ende kommen werde, - aber das ist, moralisch gesprochen, unmöglich; denn wenn er auch noch so wenig Geist besitzt, wird er mit dieser oder jener Gesellschaft fünzig Abstecher von der geraden Linie machen, die er durchaus nicht vermeiden kann. Es werden sich ihm beständig Anblicke und Ausblicke bieten, die sein Auge in Anspruch nehmen, so daß er es nicht wird vermeiden können, stille zu stehen, und sie zu betrachten; überdies hat er verschiedene Berichte zu vergleichen,
Anekdoten aufzulesen,
Inschriften zu entziffern,
Geschichten mit zu verweben,
Traditionen zu umkleiden,
Personen zu besuchen,
Lobpreisungen an dieser Türe anzukleben,
Pasquille an jener: - was alles weder bei dem Treiber noch bei dem Maultier notwendig ist. Dazu muß er noch bei jedem Abschnitt in Archiven nachsehen, Listen, Tagebücher, Urkunden und endlose Genealogien nachlesen, zu deren gründlicher Lektüre ihn da und dort die Billigkeit veranlaßt: kurz die Sache nimmt gar kein Ende. "

(Aus: STONE, Laurence, Leben und Meinungen des Tristram Shandy, 1. Buch, 14. Kap., Dt. Ausg., Frankfurt 1961, S. 32f.)

INHALTSVERZEICHNIS VON TEIL I

INHALTSVERZEICHNIS VON TEIL II

VORWORT DES HERAUSGEBERS

Berlin galt lange Zeit zu Recht als "Stadt der Schulreformen" (Wilhelm Richter). Bereits vor dem Ersten Weltkrieg gingen von Berliner Lehrern wie Ludwig Gurlitt wichtige reformpädagogische Impulse aus, begründeten - nicht zufällig - Schüler eines Steglitzer Gymnasiums den "Wandervogel" und gaben damit den Anstoß zur - auch schulreformerisch bedeutsamen - Jugendbewegung, entstanden national und international anerkannte, viel beachtete Reformschulen, wie vor allem Berthold Ottos Hauslehrerschule in Berlin-Lichterfelde oder die Charlottenburger Waldschulen am Rande der Stadt für gesundheitlich geschädigte Großstadtkinder.

Neben Hamburg wurde Berlin jedoch erst in den 20er Jahren zu dem Zentrum der Schulreform. Hier hatte der von Berliner Lehrern Höherer Schulen wie Paul Oestreich, Siegfried Kawerau und Fritz Karsen begründete Bund Entschiedener Schulreformer seine Zentrale und wirkte mit seinen Tagungen, Aufrufen und vielfältigen Publikationsorganen in die Breite, hier gelang es, wenn auch erst nach harten Auseinandersetzungen, mit Wilhelm Paulsen einen der damals bedeutendsten Schulreformer zum verantwortlichen Stadtschulrat zu machen, vor allem aber entstanden hier nach dem Ersten Weltkrieg unterschiedliche, von zeitgenössischen Pädagogen und Pädagoginnen stark beachtete Reformschulen und Reformversuche an bestehenden Schulen[1].

Diese, auf das gesamte Berliner Schulwesen ausstrahlende Reformarbeit wurde nach kaum mehr als einem Jahrzehnt in Folge der Machteroberung der Nazis - vielfach gewaltsam - abgebrochen. Den neuen Machthabern waren vor allem die demokratisch-liberalen bis demokratisch-sozialistischen Intentionen einiger Berliner Reformschulen ein Dorn im Auge, wobei sie mit ihren Kampagnen und Aktionen auf Unterstützung von Teilen des konservativen Bürgertums zählen konnten. Nach 1945 kam es in der nun unter Vier-Mächte-Verwaltung stehenden Stadt kurzfristig zu einer Renaissance Weimarer Reformansätze, getragen von aktiven Reformern der 20er Jahre, die ihre damals entwickelten Ideen nun weiterzuführen hofften. Bekanntlich setzte der Kalte Krieg diesen Bemühungen schon bald ein Ende und drängte die wenigen überlebenden Reformschulen in ein Randdasein. Erst mit der Bildungsreformphase der 60er Jahre und der Gründung von Gesamtschulen in der Ära des damaligen Berliner Schulsenators Carl-Heinz Evers erreichte Berlin-West für etwa zehn Jahre noch einmal so etwas wie eine Vorreiterfunktion, zumindest für die alte Bundesrepublik. Danach - ab etwa Mitte der 70er Jahre - versank die einstige "Stadt der Schulreformen" in provinziellem Dornröschenschlaf, woran sich auch mit ihrer Aufwertung als Hauptstadt des vereinigten Deutschlands bis heute wenig geändert hat.

---

[1] Vgl. den ausführlichen Überblick in: RICHTER, Wilhelm, Berliner Schulgeschichte. Von den mittelalterlichen Anfängen bis zum Ende der Weimarer Republik. Unter Mitwirkung von Maina RICHTER hrsg. und bearb. Von Marion KLEWITZ und Hans Christoph BERG. Mit einer Zeittafel von Gerd RADDE (=Historische und Pädagogische Studien, 13), Berlin 1981.

Fragt man danach, was von der Berliner Reformschularbeit bis heute bedeutsam geblieben ist, bzw. wo sich am ehesten Anregungen für die Gegenwart finden ließen, wird man vor allem zwei Versuchsschulen der 20er Jahre nennen müssen: Fritz Karsens Schulenkomplex in Berlin-Neukölln und Wilhelm Blumes Schulfarm Insel Scharfenberg. Karsen wie Blume nahmen mit ihren Gründungen wesentliche Elemente der Reformdiskussion vor und nach dem Ersten Weltkrieg auf, verbanden sie mit gesellschaftspolitischen Forderungen der Weimarer Verfassung und entwickelten daraus spezifische Konzepte, die sie an den von ihnen übernommenen bzw. begründeten Schulen erprobten und deren Radius sie ständig auszuweiten suchten. Charakteristisch für Karsen wie Blume war die Fähigkeit, sich Schule anders vorstellen zu können, also so etwas wie utopische Phantasie, zugleich aber ganz pragmatisch zu erkennen, wo und wie man alternative Konzepte umsetzen kann, und dabei Gelegenheiten ohne Zaudern beim Schopfe zu packen, selbst auf die Gefahr kurzfristiger Kompromisse hin. Beide Schulmodelle haben von ihrer Faszination auf junge Menschen kaum etwas eingebüßt, wie eigene Erfahrungen in der Lehrerausbildung vielfältig belegen.

Um so unverständlicher ist, daß Karsens wie Blumes Reformschulen - im Unterschied zu vielen anderen Schulen der Reformpädagogik - Jahrzehnte lang sowohl in der alten Bundesrepublik als auch der DDR (fast) völlig vergessen worden sind. Während der Name Karsen, tendenziell mit Vorbehalten attribuiert, wenigstens noch hier und da auftauchte, bleibt Blume in einschlägigen Pädagogikgeschichten und Darstellungen zur Reformpädagogik bis heute unerwähnt. Wilhelm Flitner, Wolfgang Scheibe, Hermann Röhrs, Jürgen Oelkers, aber auch Karl-Heinz Günther haben entweder nie etwas von seiner Inselschule gehört oder aber sie keiner Erwähnung für würdig erachtet.

Daß er nicht endgültigem Vergessen anheimfiel, verdankte Karsen der Benennung einer Reformschule nach ihm Mitte der 50er Jahre, Blume der Fortführung der Schulfarm nach dem Kriege, wenn auch unter neuer Leitung und mit veränderten Intentionen. Wesentlichen Anteil an der wissenschaftlichen Wiederentdeckung beider Schulen hatte zunächst der Blume-Schüler und -Mitarbeiter Wilhelm Richter, der als Erziehungshistoriker an der Berliner Pädagogischen Hochschule in den 50er und 60er Jahren zahlreiche Arbeiten zur Berliner Schulgeschichte anregte und selbst eine - posthum erschienene - Berliner Schulgeschichte schrieb, und dessen langjähriger Mitarbeiter Gerd Radde, der unmittelbar nach dem Kriege während seiner Lehrerausbildung Blume-Schüler an der Pädagogischen Hochschule Groß-Berlins war und danach Lehrer an der nach Fritz Karsen benannten Reformschule in Britz gewesen ist[2]. Gerd Radde war es auch, der mit seiner großen Karsen-Biographie sowie weiteren wichtigen Arbeiten zu Karsens eigener Schule, seiner Vertreibung aus Deutsch-

---

[2]   Vgl.: Reformpädagogik in Berlin - Tradition und Wiederentdeckung. Für Gerd Radde, hrsg. von Wolfgang KEIM und Norbert H. WEBER (=Studien zur Bildungsreform, 30), Frankfurt [u.a.] 1998. - Beiträge anläßlich der Ehrung des Berliner Schulhistorikers Dr. Gerd Radde am 3. Juli 1998, hrsg. vom Fachbereich Erziehungs- und Unterrichtswissenschaften der Technischen Universität Berlin, Berlin 1998.

land und seinem Exil zur Wiederentdeckung von Karsen beigetragen, immer auch auf die Bedeutung Blumes hingewiesen hat[3].

Ende der 70er Jahre hat mich Gerd Radde als Gastreferent in meinem Seminar "Zur Berliner Schulreform in historischer und aktueller Perspektive" auf Scharfenberg aufmerksam gemacht, mir nur kurze Zeit später im Rahmen einer Berlin-Exkursion mit Paderborner Studierenden den Weg nach Scharfenberg eröffnet, später eigene Studien zu Scharfenberg angeregt und freundschaftlich begleitet, die zu zwei größeren Aufsätzen zum "Kursunterricht auf der Oberstufe von Wilhelm Blumes Schulfarm Insel Scharfenberg"[4] sowie "Zur Aktualität reformpädagogischer Schulmodelle. Das Beispiel der Schulfarm Insel Scharfenberg"[5] geführt haben. Günstig für diese Arbeiten war, daß der seit den 50er Jahren als Lehrer auf Scharfenberg tätige Rolf Gutschalk einige Jahre zuvor damit begonnen hatte, gemeinsam mit Schülern der Inselschule ein Archiv aufzubauen und eine Reihe "Neue Scharfenberg-Hefte" herauszugeben, ebenso das Interesse an Forschungsarbeiten über Scharfenberg auf Seiten des Blume-Nachfolgers in den 50er und 60er Jahren Wolfgang Pewesin.

Der Autor vorliegender Arbeit, Dietmar Haubfleisch, stieß Anfang der 80er Jahre zum ersten Mal auf Scharfenberg, und zwar im Rahmen eines Seminars und einer Exkursion des damals in Marburg, heute in Potsdam lehrenden Hanno Schmitt. Auch diese Scharfenberg-Exkursion dürfte durch einen Richter-Schüler, nämlich den in Marburg lehrenden Christoph Berg, angeregt worden sein. Die Impulse, die Haubfleisch in Scharfenberg erhielt, haben einen fast anderthalb Jahrzehnte währenden Forschungsprozeß in Gang gesetzt, der mit dem Erscheinen dieser Arbeit seinen vorläufigen Abschluß findet. Damit liegen mehr als 65 Jahre (!) nach dem Ende von Karsens und Blumes Weimarer Reformschulen in den "Studien zur Bildungsreform" zu beiden Versuchsschulen erstmals gründliche wissenschaftliche Arbeiten vor, die nicht nur Einseitigkeiten der Reformpädagogik-Rezeption nach 1945 zu korrigieren geeignet sind, sondern für Lehre und Forschung wichtige Anregungen bieten.

Dies gilt besonders für Dietmar Haubfleischs Scharfenberg-Studie, die - ohne jede Übertreibung - nicht nur aufgrund ihres Umfangs von fast 1.400 Seiten, sondern auch wegen ihres originären wissenschaftlichen Ansatzes und ihrer vielfältigen Forschungsergebnisse singulären Charakter hat. Der Verfasser kennzeichnet seine Arbeit im Untertitel als "Mikroanalyse der reformpädagogischen Unterrichts- und Erziehungsrealität einer demokratischen Versuchsschule im Berlin der Weimarer Republik" und setzt damit bewußt ein Gegengewicht zur bislang vorwiegend ideengeschichtlich ausgerichteten Historiographie der Reformpädagogik. Untersucht werden bis ins kleinste Vorgeschichte, Bedingungen und Voraussetzungen von Blumes Schulgründung, biographische Prägungen sowie personelle Verflechtungen und Be-

---

[3] Vgl.: RADDE, Gerd, Fritz Karsen. Ein Berliner Schulreformer der Weimarer Zeit. Erweiterte Neuausgabe. Mit dem 'Bericht über den Vater' von Sonja KARSEN (=Studien zur Bildungsreform, 37), Frankfurt [u.a.] 1999.

[4] Abgedr. in: Kursunterricht - Begründungen, Modelle, Erfahrungen, hrsg. von Wolfgang KEIM (=Wege der Forschung, 504), Darmstadt 1987, S. 111-150.

[5] Abgedr. in: Jahrbuch des Archivs der Deutschen Jugendbewegung, Bd. 16 (1986/87), S. 295-320.

ziehungen, die den Scharfenberger Versuch begünstigten, ebenso Verhandlungen, Briefe, Eingaben, Hospitationen und Erlasse, die zur Realisierung von Blumes Vorhaben führten, unter Einschluß der dabei zu überwindenden Konflikte als retardierenden Momenten. Im Mittelpunkt stehen dann die Scharfenberger Akteure - Schüler wie Lehrer - sowie die Strukturelemente der Scharfenberger Versuchsschularbeit im unterrichtlichen wie außerunterrichtlichen Bereich. Dabei besteht die Leistung des Verfassers - wie schon bei der Rekonstruktion der an der Entstehung der Schulfarm beteiligten Personen - vor allem darin, überhaupt erst eine Materialgrundlage für die Beschreibung geschaffen zu haben, die inzwischen verstreuten, oft nur handschriftlich erhaltenen internen wie externen Pläne, Beschreibungen und Protokolle zu erschließen sowie biographische Daten der nach ihrem Schulbesuch weit über Europa, sogar die ganze Welt verstreuten, inzwischen größtenteils verstorbenen Schüler zu recherchieren, soweit noch möglich, sie zu interviewen und Schülermaterialien zu sammeln. Ebenso geht er - zumeist über Archive, Lehrerkalender, alte Telefonbücher oder Einwohnermeldeämter, Lebenswegen, aber auch Denk- und Verhaltensweisen Scharfenberger Lehrer nach und beschreibt auf dieser Grundlage - im günstigsten Fall durch Vergleich von Schüler- und Lehrererinnerungen - Unterrichts- und Erziehungsrealität der Schulfarm. Die Fülle des gesammelten Materials, der Reichtum an Informationen machen auch die Fußnoten der Arbeit lesenswert und zu einer Fundgrube für künftige Forschungen zur Weimarer Reformpädagogik und Schulgeschichte. Der Wert der Arbeit geht jedoch weit über die Materialsammlung hinaus, insofern es dem Verfasser gelingt, seine bewundernswert vielfältigen und umfangreichen Materialien zu systematisieren, zu strukturieren und in einer verständlichen Form darzustellen, so daß seine Arbeit trotz des Umfangs gut lesbar bleibt.

Neben der Rekonstruktion des Scharfenberger Schulversuchs der 20er Jahre, die allein schon höchste Anerkennung verdient, bemüht sich vorliegende Studie noch um etwas anderes, nämlich eine Beantwortung der Frage nach der Wirksamkeit dieser Weimarer Reformschule, und zwar im zeitgenössischen Kontext der 20er und frühen 30er Jahre wie auch langfristiger Ausstrahlungen. Damit betritt der Verfasser nahezu völliges Neuland und verweist zugleich auf die - bei der Einrichtung von Versuchsschulen nicht unerhebliche - generelle Frage nach dem Wirkungshorizont von Reformschulen. So vorsichtig und bescheiden die diesbezüglichen Ergebnisse interpretiert werden, lassen sie - aufgrund der Fülle des zusammengetragenen Materials - weitreichende Einsichten zu ihrer Beantwortung zu.

Die Ergebnisse vorliegender Arbeit auch nur ansatzweise zu würdigen, wäre ein aussichtsloses Unterfangen. Ich möchte statt dessen einige Punkte beleuchten, die mir unter methodisch-historiographischem wie aktuellem Reforminteresse zentral zu sein scheinen:

Dietmar Haubfleisch stellt in seiner Untersuchung den für die Entstehung von Reformprojekten relevanten Ideen die biographischen Prägungen wie die personellen Verflechtungen und Vernetzungen als gleich bedeutsam für ihre Realisierung an die Seite. Im vorliegenden Fall der Schulfarm Insel Scharfenberg gehörten dazu etwa die Berührung Blumes mit der Jugendbewegung und mit durch sie beeinflußten Jugendlichen, teilweise auch Erwachsenen, ebenso Begegnungen mit reformpädagogisch geprägten, zumindest reformoffenen Schulpolitikerinnen und -politikern, insbesondere in der Entstehungsphase der Schulfarm, nicht zuletzt eine geschickte und wohl auch glückliche Hand bei der Auswahl von gleichgerichteten Lehrern und Schülern, oft mit entsprechendem Hintergrund der Elternhäuser; ohne deren Aufgeschlossenheit für Blumes Ideen wären diese wie auch andere Reformschulen kaum zu realisieren und mit Leben zu füllen gewesen. Der gewählte methodische Zugriff über biographische Zusammenhänge und Rekonstruktionen von Schulwirklichkeit erweist sich als ausgesprochen ergiebig, wie zuvor schon etwa in den Arbeiten von Gerd Radde über Fritz Karsen[6], von Reinhard Bergner "Über die Berthold-Otto-Schulen in Magdeburg"[7] oder von Burkhard Poste über "Schulreform in Sachsen 1918-1923"[8], wobei letztere Untersuchung allerdings stärker sozialgeschichtlich ausgerichtet ist.

Die vor allem auf biographischen Recherchen basierende Arbeit Haubfleischs bietet jedoch ebenfalls interessante und wichtige sozialgeschichtliche Einblicke, insbesondere in Bezug auf die in Scharfenberg vertretenen Schülergruppen. Sie setzten sich zum einen aus Jugendlichen (links)liberaler bürgerlicher, für Reformen aufgeschlossener Elternhäuser zusammen, zum anderen aus Arbeiterkreisen, deren Kinder ansonsten wegen des auch in der Weimarer Zeit von den Höheren Schulen nach wie vor verlangten Schulgeldes in der Regel nur die Volksschule hätten besuchen können. So z.B. der Blume-Schüler Heinrich Scheel, der später nicht nur eine bedeutende Rolle im Widerstand gegen Hitler spielte, sondern - wie Haubfleisch zu Recht hervorhebt - zu einem bedeutenden, international anerkannten Historiker der DDR wurde[9].

Die Aufnahme von Kindern aus der Arbeiterschaft wurde dadurch ermöglicht, daß die Schulfarm bei aller Verwandtschaft mit den deutschen Landerziehungsheimen sich von diesen dadurch unterschied, daß sie keine Privatschule, sondern eine städtische, staatlich anerkannte Schule war, die folglich finanziell von der Stadt getragen wurde und Schulgelder - nach Einkommen der Eltern gestaffelt - nur zur Verpflegung und zum Unterhalt der Schüler verlangen mußte, wobei vor allem in der ersten Zeit, den Inflationsjahren, hinzu kam, daß die Schüler durch die von ihnen erbrachte Gemeinschaftsarbeit, insbesondere in der Landwirtschaft, zum eigenen Unterhalt beitrugen. Nicht zuletzt bedeutsam war, daß Blume seine Schüler - wiederum im Unterschied zu den deutschen Landerziehungsheimen - nicht nur und in erster Linie aus Höheren Schulen, sondern zumindest in gleichem Maße, teilweise vorwiegend aus den siebten und achten Schuljahren der Volksschule auswählte. Allein schon dieser besondere soziale Charakter der Schulfarm läßt es unverständlich erscheinen, daß in der bisherigen Literatur zur deutschen Reformpädagogik durchweg die als Privatschulen eingerichteten Landerziehungsheime mit exklusivem Cha-

---

[6] RADDE, Fritz Karsen.

[7] BERGNER, Reinhard, Die Berthold-Otto-Schulen in Magdeburg. Ein vergessenes Kapitel reformpädagogischer Schulgeschichte von 1920-1950 (=Studien zur Bildungsreform, 35), Frankfurt [u.a.] 1999.

[8] POSTE, Burkhard, Schulreform in Sachsen 1918-1923. Eine vergessene Tradition deutscher Schulgeschichte (=Studien zur Bildungsreform, 20), Frankfurt [u.a.] 1993.

[9] Vgl.: SCHEEL, Heinrich, Vor den Schranken des Reichskriegsgerichts. Mein Weg in den Widerstand, Berlin 1993.

rakter als Prototypen ihrer Art vorgestellt werden, Scharfenberg dagegen mit für die damalige Zeit vorbildlicher sozialer Ausrichtung außen vorbleibt.

Zu den Besonderheiten Scharfenbergs gehören eine spezifische Form der Selbstverwaltung und ein - angesichts heutiger Schul- und Unterrichtsrealität immer noch utopisch anmutendes - alternatives, in sich schlüssiges Lehr-Lern-Konzept. Es entspricht - Traditionen der Aufklärung verpflichteten - Vorstellungen von Selbsttätigkeit junger Menschen als Voraussetzung ihrer Subjektwerdung, ebenso dem Grundanliegen jeder Bildung, junge Menschen zum Begreifen natürlicher und gesellschaftlicher Zusammenhänge hinzuführen und sie zu verantwortlichem Handeln zu befähigen. Dabei gewinnt die von Haubfleisch ausführlich erläuterte Verbindung von Kern- mit Kursunterricht, in der das "System" eben gerade nicht das Primäre war, aktuelle Relevanz vor dem Hintergrund fast 30-jähriger - größtenteils schlechter - Erfahrungen mit dem eher technokratischen Kern-Kurs-System der gymnasialen Oberstufe, wobei auf die damalige Bedeutung von unterrichtsfreiem Studientag, von Quartals-, Halbjahres- und Jahresarbeiten, aber auch thematisch zugeschnittenen Schülerarbeitsheften wenigstens hingewiesen werden soll. Die Tatsache, daß viele Schüler solche Arbeiten wie Arbeitshefte - durch alle zeitgeschichtlich bedingten persönlichen Krisensituationen hindurch - bis zu ihrem Lebensende aufbewahrt haben, belegt die Bedeutsamkeit von Lehr-Lernprozessen und Schulerfahrungen für ihr ganzes Leben. Entsprechendes ist aus den von Hildegard Feidel-Mertz erforschten Exilschulen unter der Nazi-Diktatur überliefert, was heutige Schulpolitiker, vor allem aber Pädagogen zum Nachdenken anregen sollte.

Ein weiterer, für die aktuelle Diskussion über Schulreform interessanter Punkt ist die von Haubfleisch ausführlich diskutierte Frage nach den für das Gelingen des Schulreformversuchs notwendigen Bedingungen. Natürlich hat die Persönlichkeit des Schulgründers - wie in den meisten Schulversuchen dieser Art - eine wichtige Rolle gespielt, ebenso die Aufgeschlossenheit des schulpolitischen Umfeldes für seine Ideen. Nicht unwichtig war aber auch, daß Blume, wie übrigens auch Karsen, sich seine Lehrer selbst aussuchen konnte. Dabei kam einzelnen Lehrerpersönlichkeiten "mit Biographie", wie sie Feidel-Mertz ebenfalls im Kontext der Exilschulen beschreibt, besonderes Gewicht zu, die auch in der Erinnerung der Schüler Scharfenberg prägten, ansonsten aber scheint das Kollegium der Inselschule kein "Traumkollegium" gewesen zu sein, womit Haubfleisch zu Recht heutigen Kolleginnen und Kollegen Mut zu machen versucht, "daß Reformprozesse auch an Schulen mit einem durchschnittlichen Kollegium, getragen von lediglich einigen wenigen engagierten und kompetenten Pädagogen, die Möglichkeit des Erfolges in sich tragen konnte" (S. 435).

Schließlich sei aus der Vielzahl interessanter Aspekte ein letzter Punkt hervorgehoben, das Verhältnis Blumes und der Inselschule zum Nationalsozialismus und dem von ihm geprägten Herrschaftssystem. Unstrittig ist, daß Blume - gemessen an den Einstellungen der damaligen Mehrheit der deutschen Bevölkerung - Demokrat im Sinne der Weimarer Verfassung gewesen ist, ihre Grundüberzeugungen teilte und seine Schüler in diesem Sinne - mehr als in (fast) jeder anderen Schule - zu erziehen versuchte, z.B. durch die bereits erwähnte Selbstverwaltung. Nicht zufällig hat die Schulfarm eine erstaunlich große Zahl von nicht angepaßten bis hin zu widerständigen Jugendlichen, aber auch Lehrern hervorgebracht. Wie war es dennoch möglich, daß Blume nach 1933 "Zugeständnisse an den Zeitgeist" machte? Haubfleisch argumentiert - sicherlich mit guten Gründen - von der Notwendigkeit her, die Schule nach außen abzusichern, wobei diese Strategie auf Scharfenberg schon kurze Zeit später scheiterte, der Humboldt-Schule, der Blume seit 1932 in Personalunion vorstand, dagegen einen gewissen Freiraum sicherte. Ergänzend dazu wäre aber auf bestimmte Muster von Blumes Denken zu verweisen, in denen es wie in der gesamten deutschkundlichen Bewegung, der Blume nahestand, gewisse Affinitäten zur NS-Ideologie gegeben hat. Man darf eben nicht vergessen, daß der NS-Staat nicht nur von Nazis getragen worden ist, sondern von breiten Schichten des konservativen, teilweise sogar des liberalen Bürgertums, wobei gerade auch die Tolerierung und das Gewährenlassen das Funktionieren des Systems ermöglichte.

Die Problematik der Rolle Blumes wie vieler anderer Pädagogen in der NS-Zeit wird besonders deutlich, wenn man seinen Lebensweg in der Nazizeit vergleicht mit dem von Pädagogen wie Karsen, aber auch dem des an Blumes Schulfarm tätigen, als Juden verfolgten Lehrers Hans Gärtner, die beide zur Flucht aus Deutschland gezwungen waren und dabei im Verhältnis zu vielen anderen Verfolgten noch Glück hatten, mit dem Leben davon gekommen zu sein. Im Falle von Karsen läßt sich zeigen, daß dessen Denken sich lange vor 1933 deutlich von dem Blumes unterschied, wobei diese Differenz letztendlich dafür ausschlaggebend war, dass Karsen den Nazis als nicht integrationsfähig erschien, so daß seine Vertreibung so gesehen folgerichtig war. Dietmar Haubfleisch leistet mit seinen materialreichen Recherchen zur Biographie von Lehrern wie Schülern der Schulfarm während der NS-Zeit einen wichtigen Beitrag zu deren differenzierteren Wahrnehmung.

Bleibt die Hoffnung, daß vorliegende Arbeit die Beachtung erfährt, die sie verdient, daß sie nicht nur in Bibliotheken eingestellt, sondern von Erziehungswissenschaftlern, von Lehrern wie Studierenden in der ersten und zweiten Ausbildungsphase gelesen und diskutiert wird. Ähnlich wie von Karsens ließen sich auch von Blumes Pädagogik vielfältige Anregungen für die aktuelle Schulreformdiskussion wie für das individuelle Lehrerhandeln gewinnen, ganz abgesehen davon, daß sie eine wertvolle Tradition deutscher Schulreformgeschichte darstellt.

Paderborn, Januar 2001   Wolfgang Keim

VORWORT

Die vorliegende Arbeit ist das Ergebnis meiner langjährigen Beschäftigung mit der Geschichte der Schulfarm Insel Scharfenberg und der Biographie des Pädagogen Wilhelm Blume. Sie wurde 1998 vom Fachbereich Erziehungswissenschaften der Philipps-Universität Marburg als Dissertation angenommen. Für den Druck wurde sie leicht überarbeitet und geringfügig ergänzt.

Die Arbeit wurde angeregt und mit beständigem Interesse betreut von Herrn Prof. Dr. Hanno Schmitt. Zusammen mit Herrn Prof. Dr. Wolfgang Klafki übernahm er auch die Begutachtung der Arbeit.

Vielfältige Hilfe und mannigfaltige Anregungen habe ich erhalten von zahlreichen ehemaligen Schülern und Lehrkräften der Schulfarm - insbesondere möchte ich nennen, die ehemaligen Schüler der Schulfarm Herrn Prof. Dr. Heinrich Scheel, Herrn Prof. Dr. Josef Adolf Schmoll gen. Eisenwerth und Herrn Dr. Bernd Stückler sowie den ehemaligen Lehrer der Schulfarm Herrn Rolf Gutschalk, der mir den Zugang zu zentralen Quellen eröffnet hat - sowie von vielen Kollegen und Freunden.

Herr Prof. Dr. Wolfgang Keim hat den Fortgang der Arbeit über viele Jahre hinweg interessiert beobachtet und sich schon früh bereit erklärt, sie in der von ihm herausgegebenen Reihe "Studien zur Bildungsreform" zu veröffentlichen.

Ihnen allen möchte ich hiermit meinen herzlichsten Dank ausdrücken.

Den Anteil, den Annegret Wenz-Haubfleisch an der Entstehung dieser Arbeit genommen hat, geht weit über den inhaltlich-wissenschaftlichen Dialog hinaus. Ihr gilt mein ganz besonderer, innigster Dank.

Marburg, Januar 2000   Dietmar Haubfleisch

EINLEITUNG

Die Schulfarm Insel Scharfenberg gehörte zu den bedeutendsten und zugleich faszinierendsten reformpädagogischen Schulen der Weimarer Republik.

Auf der Insel Scharfenberg im Tegeler See, im Nordwesten von Berlin gelegen, wurde sie im Frühjahr 1922 unter maßgeblicher Initiative des Reformpädagogen Wilhelm Blume (1884-1970), der die Schulfarm von 1922 bis 1933/34 und für kurze Zeit erneut nach dem 2. Weltkrieg leitete, als städtisches Jungeninternat und als 'Versuchsoberschule' gegründet. Bald danach wurde sie weit über Berlins, ja weit über Deutschlands Grenzen hinaus als "beispielhaftes Schul- und Erziehungsexperiment"[1] bei zahlreichen mit Erziehungs- und Bildungsfragen betrauten Behörden und einer breiten pädagogisch interessierten Öffentlichkeit bekannt und berühmt.

Die Schulfarm versuchte zum einen, einen Beitrag zur äußeren Schulreform zu leisten, indem sie ihren von den verschiedenen höheren Schulen kommenden Schülern alle damals möglichen Gymnasialabschlüsse anbot und zusätzlich vor allem durch Einrichtung einer Aufbaustufe von Volksschulen abgehenden Schülern das ihnen sonst kaum erreichbare Abitur ermöglichte. Ihr Ziel war also, allen Kindern, unbeschadet ihrer sozialen Herkunft und ihres religiösen und politischen Bekenntnisses, die gleichen Bildungschancen zu gewähren.

Vor allem aber leistete die Schulfarm einen Beitrag zur inneren Schulreform - durchaus in einem Sinne, wie er von der aktuellen Schulforschung mit dem Begriff der 'Guten Schule' markiert wird.

So bot die Schule ein alternatives Unterrichtskonzept: als Beispiel sei hier zunächst ihr eigenständiges Kern-Kurs-System genannt. Ebenso wies sie ein reiches außerunterrichtliches 'Schulleben' auf - durch ihre zahlreichen Schulreisen, Feste und Feiern, Musik- und Tanzveranstaltungen, durch gärtnerische, landwirtschaftliche und handwerkliche Betätigungen u.v.m. Sie realisierte ein einheitliches Schulkonzept, das in einer ganzheitlichen Erziehung und Bildung ('Kopf, Herz und Hand') gleichermaßen zu Selbstverantwortlichkeit (Entfaltung der Persönlichkeit) und zur Gemeinschaft (Entfaltung der Sozialität), also zu sozial gesinnten Persönlichkeiten erzog. In den Rahmen dieses Gesamtkonzeptes gehörte eine Schülermit- bzw. -selbstverwaltung in einem Umfange, daß hier zurecht von einem

---

[1] HARTKOPF, Werner, Die Gründung der Schulfarm Scharfenberg vor 50 Jahren. Ein Stück Nord-Berliner Schulgeschichte, in: Pädagogische Rundschau, Sonderheft 1976: Pädagogik in der Weimarer Zeit, S. 67-94; wieder in: 'Neue Erziehung' - 'Neue Menschen'. Ansätze zur Erziehungs- und Bildungsreform in Deutschland zwischen Kaiserreich und Diktatur, hrsg. von Ulrich HERRMANN (=Geschichte des Erziehungs- und Bildungswesens in Deutschland, 5), Weinheim [u.a.] 1987, S. 200-220, hier (1976), S. 90.

'radikaldemokratischen Freiheitsexperiment' gesprochen werden kann[2] oder von einem gelungenen Versuch einer 'Erziehung zur Demokratie'.

Der heutigen erziehungshistorischen Forschung jedoch ist sowohl die Geschichte
der Schulfarm wie auch Leben und Werk ihres Gründers und ersten Leiters Wilhelm
Blume weitgehend unbekannt. Dem möchte diese Arbeit, die auf umfangreichem,
meist ungedrucktem, schriftlichen Quellenmaterial, auf Bildquellen sowie auf Gesprächen und Korrespondenzen mit ehemaligen Lehrern und Schülern der Schulfarm
sowie deren Nachkommen basiert, durch eine detaillierte 'Rekonstruktion' der Geschichte dieses demokratischen Schulversuches in der Zeit der Weimarer Republik
entgegenwirken[3] - gemäß der Forderung, "die freiheitlichen, demokratischen Ansätze in der deutschen Geschichte aufzuarbeiten und im öffentlichen Bewußtsein lebendig zu machen"[4].

Zudem möchte die Arbeit einen Beitrag leisten zur Reduktion grundlegender Defizite in der bisherigen Erforschung der historischen Reformpädagogik[5]: Entgegen

---

2   So z.B.: RICHTER, Wilhelm, Radikaldemokratisches Freiheitsexperiment. Zum Tode Wilhelm
     Blumes, des Gründers von Scharfenberg - Schon damals Kern- und Kursunterricht, in: Der
     Tagesspiegel. Unabhängige Berliner Morgenzeitung vom 29.11.1970; wieder in: RICHTER,
     Wilhelm, Schulerinnerungen, Berlin 1976, S. 58-61 [als Dok. Nr. III].

3   Ein erster Forschungsbericht zur vorliegenden Arbeit (mit Darstellung der Ziele und verwende-
     ten Quellen) erschien in: HAUBFLEISCH, Dietmar, Schulfarm Insel Scharfenberg. Mikro-
     analyse der reformpädagogischen Unterrichts- und Erziehungsrealität einer demokratischen Ver-
     suchsschule im Berlin der Weimarer Republik [Forschungsbericht], in: Mitteilungen & Mate-
     rialien. Arbeitsgruppe Pädagogisches Museum e.V., Berlin, Heft Nr. 39/1993, S. 115-119.

4   KLAFKI, Wolfgang, Vernunft - Erziehung - Demokratie. Zur Bedeutung der Nelson-Schule in
     der deutschen Pädagogik, in: Neue Sammlung, Jg. 23 (1983), S. 544-561, hier S. 544. - Klafki
     rief mit diesem Hinweis eine entsprechende Forderung Gustav Heinemanns (1899-1974) wieder
     in Erinnerung, sich - auch wenn eine Untersuchung zur Geschichte der Weimarer Republik im-
     mer wieder mit der Feststellung enden muß, daß es der Revolution von 1918 in nahezu allen
     Bereichen an Tiefenwirkung gefehlt hat und (nicht zuletzt daher) eine Geschichte der Weimarer
     Republik "zuletzt doch eine Geschichte des Scheiterns der Demokratie in Deutschland"
     (BRACHER, Karl Dietrich, Die Auflösung der Weimarer Republik. Eine Studie zum Problem
     des Machtverfalls in der Demokratie, unveränd., mit einer Einleitung zur Taschenbuchausg.
     und einem Erg. zur Bibliographie (1978) vers. 2. Nachdr. der 5. Aufl. 1971, Düsseldorf 1978,
     S. XXIV) ist - nicht allein 'versagenden' Elementen der deutschen Geschichte, sondern auch de-
     ren demokratischen Ansätzen zuzuwenden (HEINEMANN, Gustav, Die Freiheitsbewegungen
     in der deutschen Geschichte. Ansprache des Bundespräsidenten zur Eröffnung der Erinnerungs-
     stätte [für die Freiheitsbewegungen in der deutschen Geschichte] in Rastatt [am 26.06.1974], in:
     Bulletin, hrsg. vom Presse- und Informationsamt der Bundesregierung, Nr. 78 vom 28.06.1974,
     S. 777-779, hier S. 777f.).

5   Als sich in diesem Sinne von anderen Lexikonartikeln zur 'Reformpädagogik' deutlich unter-
     scheidenden Artikel s.: SCHONIG, Bruno, Reformpädagogik, in: Enzyklopädie Erzie-
     hungswissenschaft. Handbuch und Lexikon der Erziehung in 11 Bdn. und einem Registerbd.,
     hrsg. von Dieter LENZEN, Bd. 8: Erziehung im Jugendalter - Sekundarstufe I, hrsg. von
     Ernst-Günther SKIBA, Christoph WULF und Konrad WÜNSCHE, Stuttgart 1983, S. 531-536;
     unmaßgeblich verändert wieder in: Pädagogische Grundbegriffe, hrsg. von Dieter LENZEN,
     Bd. 2: Jugend bis Zeugnis, Reinbek 1989, S. 1302-1310. - HAUBFLEISCH, Dietmar,
     Reformpädagogik, in: Wörterbuch Schulpädagogik. Ein Nachschlagewerk für Studium und
     Schulpraxis, hrsg. von Rudolf W. KECK und Uwe SANDFUCHS, Bad Heilbrunn 1994, S.
     257f. - BORST, Eva, Reformpädagogik, in: Handbuch Kritische Pädagogik, hrsg. von Armin
     BERNHARD und Lutz ROTHERMEL, Weinheim 1997, S. 291-301. - SCHONIG, Bruno, Re-
     formpädagogik, in: Handbuch der deutschen Reformbewegungen 1880-1933, hrsg. von Diethart
     KERBS und Jürgen REULECKE, Wuppertal 1998, S. 319-330.

der bisher überwiegend aus geisteswissenschaftlicher bzw. ideengeschichtlicher Perspektive vorgenommenen Erforschung der historischen Reformpädagogik[6] - und hier

---

[6] S. vor allem die bisherigen Standardwerke: NOHL, Herman, Die Theorie der Bildung, in: Handbuch der Pädagogik, hrsg. von Herman NOHL und Ludwig PALLAT, Bd. 1, Langensalza 1933, S. 3-80; und bes.: NOHL, Herman, Die pädagogische Bewegung in Deutschland, in: Ebd., S. 302-374. - Diese beiden Aufsätze erschienen durchges. und mit einem Nachwort vers. als Monographie u.d.T.: NOHL, Herman, Die pädagogische Bewegung in Deutschland und ihre Theorie, 2. durchges. und mit einem Nachwort vers. Aufl. Frankfurt 1935. Die 3. Aufl. 1949 wurde um ein Nachwort erw. und neu gesetzt; bis zur 9. Aufl. 1982 handelt es sich um Nachdr. dieser 3. Aufl. 1949; bei der 10. Aufl. 1988 handelt es sich um einen unveränd. Nachdr. der 2. Aufl. 1935. - FLITNER, Wilhelm, Die drei Phasen der Pädagogischen Reformbewegung und die gegenwärtige Lage, in: Neue Jahrbücher für Wissenschaft und Jugendbildung, Jg. 4 (1928), S. 242-249; zuletzt wieder in: FLITNER, Wilhelm, Die Pädagogische Bewegung. Beiträge - Berichte - Rückblicke (=Wilhelm Flitner. Gesammelte Schriften, 4), Paderborn [u.a.] 1987, S. 232-242. - Die deutsche Reformpädagogik, hrsg. von Wilhelm FLITNER und Gerhard KUDRITZKI, 2 Bde., Düsseldorf [u.a.] 1961/62; Bd. 1: 4. unveränd. Aufl. Stuttgart 1984; Bd. 2: 2. unveränd. Aufl. Stuttgart 1982. - SCHEIBE, Wolfgang, Die reformpädagogische Bewegung 1900-1932. Eine einführende Darstellung. Mit einem Nachwort von Heinz-Elmar TENORTH. 10., erw. und neuausgestattete Aufl. [bis auf das Nachwort von Tenorth unveränd. Aufl. der 9. Aufl. (1984), die wiederum eine unveränd. Aufl. der 8. erg. und mit einem Nachwort von Scheibe erw. Aufl. (1982) darstellt] (=Pädagogische Bibliothek Beltz, 9), Weinheim 1994; Heinz-Elmar Tenorths Nachwort ist betitelt 'Nachwort. Reformpädagogik, ihre Historiographie und Analyse' (S. 438-459). - S. (mit gewisser Einschränkung) auch die Arbeiten von Röhrs; vor allem: RÖHRS, Hermann, Die Reformpädagogik. Ursprung und Verlauf unter internationalem Aspekt, 4. Aufl. Weinheim 1994; zuerst als: Die Reformpädagogik. Ursprung und Verlauf in Europa (=Die Reformpädagogik als internationale Bewegung, 1; =Das Bildungsproblem in der Geschichte des europäischen Erziehungsgedankens, 16,1), Berlin [u.a.] 1980. - Dazu die ältere Aufsätze von Röhrs zum Wiederabdr. bringenden Sammelbände: RÖHRS, Hermann, Die Reformpädagogik und ihre Perspektiven für eine Bildungsreform, Donauwörth 1991. - Und: RÖHRS, Hermann, Reformpädagogik und innere Bildungsreform (=Hermann Röhrs. Gesammelte Schriften, 12), Weinheim 1998.

sind die neueren Arbeiten von Jürgen Oelkers mit einzubeziehen[7] - möchte diese Arbeit den beiden Forderungen Wolfgang Klafkis aus dem Jahre 1971 nachkommen[8],

---

[7] OELKERS, Jürgen, Reformpädagogik. Eine kritische Dogmengeschichte, Weinheim [u.a.] 1989; 2., um ein Nachwort erw. Aufl., ebd. 1992; 3., vollst. bearb. und erw. Auflage, ebd. 1996. - Eine der Hauptthesen von Oelkers lautet, die Reformpädagogik sei als eigenständige Epoche gar nicht existent gewesen, da sie lediglich ein unabgeschlossener Bestandteil der 'Moderne' sei (2. Aufl. (1992), S. 7). Ob diese These freilich bei der Findung einer (epochalen) 'Neuortung' der Reformpädagogik Bestand haben wird, wird nicht zuletzt davon abhängen, ob sie sich durch sozialhistorische Arbeiten wird bestätigen lassen: Denn Oelkers These beruht letztendlich lediglich auf einem Wechsel von Nohls ideengeschichtlich-idealistischer zu einer ideengeschichtlich-ideologiekritischen Sichtweise, mit der Oelkers quasi wie ein traditioneller Kunsthistoriker oder Literaturhistoriker Stilrichtungen und Motive ('Dogmen') sucht und dabei die Berücksichtigung sozialhistorischer Elemente - etwa auch die unterschiedlichen Rahmenbedingungen, unter denen ('gleiche') reformpädagogische Ideen ehemals wie heute (wieder) geäußert werden - weitgehend ausblendet (man muß inzwischen besser sagen: ignoriert). Doch gilt eben, was Adalbert Rang kritisch zu der ideengeschichtlich begrenzten Nohlschen Traditionslinie von der 'Deutschen Bewegung' um 1800 bis zur Reformpädagogik (1890-1933) anmerkte: "[...] in veränderter Welt ist das 'Gleiche' eben gerade nicht [!] das Gleiche und kann es gar nicht sein. Allenfalls gibt es hier den Schein des Gleichen. Von ihm läßt sich die geisteswissenschaftliche Pädagogik [...] täuschen [...]." (RANG, Adalbert, Zum Bildungskonzept der Reformpädagogik, in: Diskurs Bildungstheorie II: Problemgeschichtliche Orientierungen. Rekonstruktion der Bildungstheorie unter Bedingungen der gegenwärtigen Gesellschaft, hrsg. von Otto HANSMANN und Winfried MAROTZKI, Weinheim 1989, S. 273-304, hier S. 283). - Einige wenige (wirklich) kritische Auseinandersetzungen mit der Monographie von Oelkers sind: ULLRICH, Heiner, Die Reformpädagogik. Modernisierung der Erziehung oder Weg aus der Moderne?, in: Zeitschrift für Pädagogik, Jg. 36 (1990), S. 893-918. - LUDWIG, Harald, [Rez. zu:] 'OELKERS, Jürgen, Reformpädagogik. Eine kritische Dogmengeschichte, 2., um ein Nachwort erw. Aufl. Weinheim [u.a.] 1992', in: Pädagogische Rundschau, Jg. 49 (1995), S. 460-465. - SCHONIG, Bruno, Reformpädagogik - Bücherweisheit oder Schulrealität? Anmerkungen zu zwei historisch-pädagogischen Ansätzen, sich mit der Pädagogik in der Weimarer Republik auseinanderzusetzen [zu: OELKERS, Jürgen, Reformpädagogik. Eine kritische Dogmengeschichte. Weinheim [u.a.] 1989, und zu: 'Die Alte Schule überwinden'. Reformpädagogische Versuchsschulen zwischen Kaiserreich und Nationalsozialismus, hrsg. von Ullrich AMLUNG, Dietmar HAUBFLEISCH, Jörg-W. LINK und Hanno SCHMITT (=Sozialhistorische Untersuchungen zur Reformpädagogik und Erwachsenenbildung, 15), Frankfurt 1993], in: Mitteilungen & Materialien. Arbeitsgruppe Pädagogisches Museum e.V., Berlin, Heft 42/1994, S. 79-88.

[8] KLAFKI, Wolfgang, Erziehungswissenschaft als kritisch-konstruktive Theorie: Hermeneutik - Empirie - Ideologiekritik (Heinrich Roth zum 65. Geburtstag gewidmet), in: Zeitschrift für Pädagogik, Jg. 17 (1971), S. 351-385; wieder in: KLAFKI, Wolfgang, Aspekte kritisch-konstruktiver Erziehungswissenschaft. Gesammelte Beiträge zur Theorie-Praxis-Diskussion, Weinheim 1976, S. 13-49; wieder in: Pädagogische Impulse 1955-1980. Fünfundzwanzig Jahre 'Zeitschrift für Pädagogik'. Eine Auswahl wichtiger Beiträge zur erziehungswissenschaftlichen Diskussion, hrsg. von Reinhard FATKE (=Zeitschrift für Pädagogik. Jubiläumsband), Weinheim [u.a.] 1981, S. 81-115; hier (1971) S. 361, Anm. 14. - Ebd.: "Erstens müssen die Einseitigkeiten vorwiegend geistes- und theoriegeschichtlicher Forschung durch gründliche Untersuchungen der historischen Erziehungswirklichkeit ausgeglichen werden: Wie ging Erziehung in dieser oder jener Epoche wirklich vor sich? Und wie verhielten sich die Theorien der großen pädagogischen Denker einer Epoche zu der Wirklichkeit der Erziehung in ihrer Zeit? [...]. - Zweitens muß die Erziehungswissenschaft sowohl die pädagogischen Theorien wie die Erziehungsrealität intensiver und detaillierter im jeweiligen geschichtlichen Gesamtzusammenhang untersuchen, insbesondere im Zusammenhang mit den wirtschaftlichen, gesellschaftlichen und politischen Verhältnissen, den unterschiedlichen Interessen der einzelnen Bevölkerungsgruppen, den jeweiligen Macht- und Einflußverhältnissen. Diese Forderung wird heute oft in der abgekürzten Formel, Geschichte der Pädagogik im Zusammenhang der Gesellschafts- und Sozialgeschichte zu betreiben, ausgedrückt; hier liegt ein großes Arbeitsfeld noch weithin brach."

die historische Forschung möge zum einen stärker als bislang die sozialhistorische Dimension berücksichtigen, und sie möge zudem die "Einseitigkeiten vorwiegend geistes- und theoriegeschichtlicher Forschung durch gründliche Untersuchungen der historischen Erziehungswirklichkeit [überwinden]: Wie ging Erziehung in dieser oder jener Epoche wirklich vor sich? Und wie verhielten sich die Theorien der großen pädagogischen Denker einer Epoche zu der Wirklichkeit der Erziehung in ihrer Zeit?"[9]

Erst seit etwa zehn Jahren entstehen in größerem Umfange Untersuchungen zur historischen Reformpädagogik, die den beiden Forderungen Klafkis gerecht wer-

---

[9] KLAFKI, Erziehungswissenschaft als kritisch-konstruktive Theorie, S. 361, Anm. 14. - Auf den Gebrauch des in der erziehungs- und bildungshistorischen Forschung verschiedentlich verwendeten Begriff 'Realgeschichte' (so etwa bei: LASSAHN, Rudolf, Das unerschlossene Erbe der Reformpädagogik, in: Pädagogische Rundschau, Jg. 38 (1984), S. 277-293, hier S. 278, und bei: KECK, Rudolf W., Zur wissenschaftlichen Bearbeitung der Reformpädagogik aus westdeutscher Sicht - Defizite in der Forschungslage, in: Pädagogische Forschung, Jg. 31 (1990), S. 45-49, hier S. 48), der bisher an keiner Stelle genauer definiert worden ist und in theoriegeschichtlichen Zusammenhängen an keiner Stelle auftaucht, wird in dieser Arbeit ebenso verzichtet, wie auf den in den letzten Jahren geradezu inflationär verwendeten, und trotz - oder hier gerade: aufgrund - zahlloser Definitionsversuche unklaren Begriff 'Alltagsgeschichte'. - BÖHM, Winfried, Zur Einschätzung der reformpädagogischen Bewegung in der Erziehungswissenschaft der Gegenwart, in: Pädagogische Rundschau, Jg. 28 (1974), S. 763-781, hier S. 780f., spezifizierte diese Forderung Klafkis für die künftige Erforschung der Reformpädagogik: "Um die reformpädagogische Bewegung adäquat einschätzen zu können, ist es notwendig, die Reformpädagogik nicht nur in ihrem Selbstverständnis und in ihrer Theorie zu fassen, sondern breiter als bisher und methodisch gesichert die Praxis der pädagogischen Reformepoche zu untersuchen und die Frage zu klären, in welchem Maße die Reformpädagogik tatsächlich die Erziehungswirklichkeit ihrer Zeit bestimmt hat. Dabei dürfte die Frage nicht ausgeklammert werden, ob die Kriterien, mit denen die reformpädagogische Bewegung bisher als eine relativ einheitliche Bewegung verstanden werden konnte, auch in der Analyse der Erziehungswirklichkeit verifiziert werden können."

den[10]. Es handelt sich dabei ausschließlich um Arbeiten, die sich durch eine relativ

---

10   Bereits 1969 erschien eine Arbeit, die als eine frühe Ausnahme bezeichnet werden muß und
      deshalb eine besondere Hervorhebung verdient; es handelt sich um die Arbeit: HOOF, Dieter,
      Die Schulpraxis der Pädagogischen Bewegung des 20. Jahrhunderts. Berichte und
      Unterrichtsbilder, Bad Heilbrunn 1969. - Die Arbeit beinhaltet Quellentexte, Kommentierungen
      und Literaturhinweise und wirft (immer noch) aktuelle Forschungsfragen auf, so z.b. die Frage
      nach der Realisierung reformpädagogischen Gedankenguts und die erst 1993 von Schmitt wieder
      aufgegriffene Frage nach der Verbreitung reformpädagogischer Ideen und an Versuchsschulen
      gemachten Erfahrungen in die 'Normalschulen' der Zeit hinein. -
      Hoof monierte: "Stillschweigend wurde vorausgesetzt, daß die Ideen in irgendeiner Form in den
      schulpraktischen Alltag übersetzt werden konnten und daß das auch im weiteren institutionellen
      Rahmen der Schule und des Unterrichtes geschehen ist. Konkrete Belege hierfür sind jedoch
      noch nicht erbracht worden [...]." (S. 9) - Für seine Fragestellung bzw. seine Sammlung zog
      Hoof Quellenliteratur heran, die "neben den programmatischen Werken der großen Reformer
      einherging und die wirklichen Geschehnisse in der Schulwirklichkeit zum Inhalt hatte." (S. 28).
      Dabei war er sich der quellenkritischen Probleme seiner Aufgabe bzw. Quellenauswahl bewußt:
      "[Es] waren [...] in den wenigsten Fällen Wissenschaftler, die um 'reine Erkenntnis' bemüht,
      über die Schulen und den Unterricht berichteten, sondern fast immer die betroffenen und
      engagierten Lehrer. Auch als Herausgeber der Berichte finden wir meist praktisch tätige
      Reformer. Schulleiter veröffentlichten die an ihrer Schule entstandenen Berichte; Angehörige
      der Schulbehörde oder akademische Lehrer bemühten sich über ihren besonderen Handlungsbe-
      reich hinaus, die Reform in regionalem, mehr noch überregionalem Rahmen aufzuzeigen. Man
      war damals nicht selten schon nach kurzer Anlaufzeit bemüht, darzustellen, was sich ereignet
      hatte. Und so ist es verständlich, daß reformerisches Engagement und exakte Wis-
      senschaftlichkeit untrennbar verbunden waren. Die oftmals schnell niedergeschriebenen Berichte
      dienten zugleich der Werbung, der Rechenschaftslegung und der didaktischen Analyse und Be-
      sinnung, eine Verquickung, welche den 'abgeklärten' Didaktikern der Gegenwart, die nur
      systematisch zu denken gewohnt sind, suspekt erscheinen muß." (S. 28) -
      Zur angesprochenen Arbeit von Schmitt: SCHMITT, Hanno, Topographie der Reformschulen
      in der Weimarer Republik: Perspektiven ihrer Erforschung, in: 'Die Alte Schule überwinden'.
      Reformpädagogische Versuchsschulen zwischen Kaiserreich und Nationalsozialismus, hrsg. von
      Ullrich AMLUNG, Dietmar HAUBFLEISCH, Jörg-W. LINK und Hanno SCHMITT
      (=Sozialhistorische Untersuchungen zur Reformpädagogik und Erwachsenenbildung, 15),
      Frankfurt 1993, S. 9-31. - Ähnlich auch: SCHMITT, Hanno, Versuchsschulen als Instrumente
      schulpädagogischer Innovation vom 18. Jahrhundert bis zur Gegenwart, in: Jahrbuch für Histo-
      rische Bildungsforschung, hrsg. von der Historischen Kommission der Deutschen Gesellschaft
      für Erziehungswissenschaft, Bd. 1, Weinheim [u.a.] 1993, S. 153-178. -
      Es ist bedauerlich und erschreckend zugleich, wie die Ergebnisse dieser neueren Arbeiten von
      Oelkers (und anderen, ähnlich Arbeitenden) fast vollständig ignoriert wurden bzw. werden;
      OELKERS, Reformpädagogik, beginnt erst in seiner 3., vollst. bearb. und erw. Auflage 1996,
      ansatzweise solche Ansätze aufzugreifen (s. bes. sein 'Vorwort zur dritten Auflage' (S. 7-11).

enge Themenbegrenzung auszeichnen[11] - z.B. auf einzelne Teilprobleme[12], Personen[13] oder Regionen[14].

---

[11] Eine Übersicht über die in den letzten Jahren entstandenen Arbeiten ermöglicht etwa ein Blick in: HAUBFLEISCH, Dietmar, Neuerscheinungen zur Erziehungs- und Bildungsgeschichte 1992/I - 1999/II, 1992/I, in: Rund-Brief der Historischen Kommission der Deutschen Gesellschaft für Erziehungswissenschaft, Jg. 1 (1992), Heft 2: Oktober 1992, S. 14-20; 1993/I, in: Ebd., Jg. 2 (1993), Heft 1: März 1993, S. 18-28; 1993/II, in: Ebd., Jg. 2 (1993), Heft 2: Dezember 1993, S. 23-48; 1994/I, in: Ebd., Jg. 3 (1994), Heft 1: Mai 1994, S. 20-38; 1994/II, in: Ebd., Jg. 3 (1994), Heft 2: Oktober 1994, S. 25-46; 1995/I, in: Ebd., Jg. 4 (1995), Heft 1: April 1995, S. 38-67; 1995/II, in: Ebd., Jg. 4 (1995), Heft 2: Oktober 1995, S. 60-73; 1996/I, in: Ebd., Jg. 5 (1996), Heft 1: Mai 1996, S. 54-77; 1996/II, in: Ebd., Jg. 5 (1996), Heft 2: November 1996, S. 44-70; 1997/I, in: Ebd., Jg. 6 (1997), Heft 1: Mai 1997, S. 81-105; 1997/II, in: Ebd., Jg. 6 (1997), Heft 2: November 1997, S. 68-98; 1998/I, in: Ebd., Jg. 7 (1998), Heft 1: Mai 1998, S. 62-92; 1998/II, in: Ebd., Jg. 7 (1998), Heft 2: November 1998, S. 43-65; 1999/I, in: Ebd., Jg. 8 (1999), Heft 1: Mai 1999, S. 79-109; 1999/II, in: Ebd., Jg. 8 (1999), Heft 2: Dezember 1999, S. 70-95; alle Teile in durchges. Neuausg. auch: Marburg 1992-1999: http://archiv.ub.uni-marburg.de/sonst/1997/0004.html - Und: Bibliographie Bildungsgeschichte. Hrsg. vom Deutschen Institut für Internationale Pädagogische Forschung, Bibliothek für Bildungsgeschichtliche Forschung, Berlin, Jg. 1 (1994/95) ff.

[12] Z.B.: Kursunterricht - Begründungen, Modelle, Erfahrungen, hrsg. von Wolfgang KEIM (=Wege der Forschung, 504), Darmstadt 1987.

[13] Z.B.: AMLUNG, Ullrich, Adolf Reichwein 1898-1944. Ein Lebensbild des politischen Pädagogen, Volkskundlers und Widerstandskämpfers, 2 Bde. (=Sozialhistorische Untersuchungen zur Reformpädagogik und Erwachsenenbildung, 12 und 13), Frankfurt 1991; 2. vollst. überarb. und akt. Aufl. in 1 Bd., Frankfurt 1999. - HANSEN-SCHABERG, Inge, Minna Specht - Eine Sozialistin in der Landerziehungsheimbewegung (1918 bis 1951): Untersuchung zur pädagogischen Biographie einer Reformpädagogin (=Studien zur Bildungsreform, 22), Frankfurt [u.a.] 1992. - SCHWERDT, Ulrich, Martin Luserke (1880-1968). Reformpädagogik im Spannungsfeld von pädagogischer Innovation und kulturkritischer Idealgie. Eine biographische Rekonstruktion (=Studien zur Bildungsreform, 23), Frankfurt [u.a.] 1993. - Außerdem sei als frühe sozialgeschichtlich eingebundene, nun in erw. Neuausg. wiederveröff. Biographie genannt: RADDE, Gerd, Fritz Karsen. Ein Berliner Schulreformer der Weimarer Zeit (=Historische und Pädagogische Studien, 4), Berlin 1973; Neuausg. als: RADDE, Gerd, Fritz Karsen. Ein Berliner Schulreformer der Weimarer Zeit. Erw. Neuausg. Mit dem 'Bericht über den Vater' von Sonja KARSEN [und dem Beitrag 'Verfolgt, verdrängt und (fast) vergessen. Der Reformpädagoge Fritz Karsen' von Gerd RADDE] (=Studien zur Bildungsreform, 37), Frankfurt [u.a.] 1999. - Vgl. dazu u.a.: KEIM, Wolfgang, Die Wiederentdeckung Fritz Karsens - Gerd Radde zum siebzigsten Geburtstag, in: Pädagogik und Schulalltag, Jg. 49 (1994), S. 146-158; in leicht veränd. Fassung u.d.T. 'Die Wiederentdeckung Fritz Karsens' wieder in: Reformpädagogik in Berlin - Tradition und Wiederentdeckung. Für Gerd Radde, hrsg. von Wolfgang KEIM und Norbert H. WEBER (=Studien zur Bildungsreform, 30), Frankfurt [u.a.] 1998, S. 179-199; insbes. (1994) S. 149-153. - Sowie: KEIM, Wolfgang, Vorwort des Herausgebers, in: RADDE, Gerd, Fritz Karsen. Ein Berliner Schulreformer der Weimarer Zeit. Erw. Neuausg. [der 1973 als Bd. 4 in der Reihe 'Historische und Pädagogische Studien' erschienenen Dissertation mit gleichem Titel]. Mit dem 'Bericht über den Vater' von Sonja KARSEN [und dem Beitrag 'Verfolgt, verdrängt und (fast) vergessen. Der Reformpädagoge Fritz Karsen' von Gerd RADDE] (=Studien zur Bildungsreform, 37), Frankfurt [u.a.] 1999, S. VII-XI. - S. auch: LINK, Jörg-W., Reformpädagogik zwischen Weimar, Weltkrieg und Wirtschaftswunder. Pädagogische Ambivalenzen des Landschulreformers Wilhelm Kircher (1898-1968) (=Untersuchungen zu Kultur und Bildung, 2), Hildesheim 1999.

Besondere Erwähnung finden sollen hier einige wenige Veranstaltungen und daraus erwachsene Publikationen, die in einem engeren Zusammenhang mit dem Entstehen der vorliegenden Arbeit stehen:

(1) Vom 29. September bis 3. Oktober 1991 fand die Jahrestagung der Historischen Kommission der Deutschen Gesellschaft für Erziehungswissenschaft im Bayerischen Schulmuseum Ichenhausen statt. Sie stand unter dem Motto 'Bilanz der Reformpädagogik' und legte einen ihrer Schwerpunkte auf Vorträge, die sich mit der praktischen reformpädagogischen Arbeit an Versuchsschulen der 20er und 30er Jahre beschäftigten. Diese Vorträge wiederum bildeten den Kern der in dem Band ''Die alte Schule überwinden'. Reformpädagogische Versuchsschulen zwischen Kaiserreich und Nationalsozialismus' zusammengestellten Beiträge[15], die - im Anschluß an einen einleitenden Beitrag zur 'Topographie der Reformschulen in der Weimarer Republik' (Schmitt)[16] - ausgewählte Detailstudien darstellen, die sich auf der Basis bislang nicht oder nur unzureichend ausgewerteter Quellen regionalen Reformzentren: Hamburg (Lehberger), Berlin (Radde), Leipzig (Pehnke), Bremen (Nitsch/Stöcker), Magdeburg (Bergner), Ruhrgebiet (Breyvogel/Kamp), Freistaat Braunschweig (Sandfuchs) bzw. einzelnen städtischen und ländlichen Ver-

---

14   Zu Hamburg u.a.: RÖDLER, Klaus, Vergessene Alternativschulen. Geschichte und Praxis der Hamburger Gemeinschaftsschulen 1919-1933 (=Veröffentlichungen der Max-Träger-Stiftung, 5), Weinheim [u.a.] 1987. - Sowie: 'Der Traum von der freien Schule'. Schule und Schulpolitik in der Weimarer Republik, hrsg. von Hans-Peter DE LORENT und Volker ULLRICH, Hamburg 1988. - Zu Berlin u.a.: Schulreform - Kontinuitäten und Brüche. Das Versuchsfeld Berlin-Neukölln, hrsg. von Gerd RADDE, Werner KORTHAASE, Rudolf ROGLER und Udo GÖß-WALD im Auftrag des Bezirksamts Neukölln, Abt. Volksbildung, Kunstamt, Bd. I: 1912 bis 1945, Opladen 1993, Bd. II: 1945 bis 1972, Opladen 1993. - Und: GOLDBERG, Bettina, Schulgeschichte als Gesellschaftsgeschichte. Die höheren Schulen im Berliner Vorort Hermsdorf (1893-1945) (=Stätten der Geschichte Berlins, 99), Berlin 1994. - HANSEN-SCHABERG, Inge, Koedukation und Reformpädagogik. Untersuchung zur Unterrichts- und Erziehungsrealität in Berliner Versuchsschulen der Weimarer Republik (=Bildungs- und kulturgeschichtliche Beiträge für Berlin und Brandenburg, 2), Berlin 1999. - Zu Magdeburg u.a.: BERGNER, Reinhard, Die Berthold-Otto-Schulen in Magdeburg. Ein vergessenes Kapitel reformpädagogischer Schulgeschichte von 1920 bis 1950 (=Studien zur Bildungsreform, 35), Frankfurt [u.a.] 1999.

15   'Die Alte Schule überwinden'. Reformpädagogische Versuchsschulen zwischen Kaiserreich und Nationalsozialismus, hrsg. von Ullrich AMLUNG, Dietmar HAUBFLEISCH, Jörg-W. LINK und Hanno SCHMITT (=Sozialhistorische Untersuchungen zur Reformpädagogik und Erwachsenenbildung, 15), Frankfurt 1993. - Inhaltsverzeichnis wieder: Marburg 1997: http://archiv.ub.uni-marburg.de/sonst/1997/0001.html - AMLUNG, Ullrich / HAUBFLEISCH, Dietmar / LINK, Jörg-W. / SCHMITT, Hanno, Vorwort, in: 'Die Alte Schule überwinden'. Reformpädagogische Versuchsschulen zwischen Kaiserreich und Nationalsozialismus, hrsg. von Ullrich AMLUNG, Dietmar HAUBFLEISCH, Jörg-W. LINK und Hanno SCHMITT (=Sozialhistorische Untersuchungen zur Reformpädagogik und Erwachsenenbildung, 15), Frankfurt 1993, S. 7f.; wieder: Marburg 1997: http://archiv.ub.uni-marburg.de/sonst/1997/0002.html

16   SCHMITT, Hanno, Topographie der Reformschulen. - Ähnlich: SCHMITT, Hanno, Versuchsschulen als Instrumente. - Vgl. dazu: HAUBFLEISCH, Dietmar, Berliner Reformpädagogik in der Weimarer Republik. Überblick, Forschungsergebnisse und -perspektiven, in: Die Reform des Bildungswesens im Ost-West Dialog. Geschichte, Aufgaben, Probleme, hrsg. von Hermann RÖHRS und Andreas PEHNKE (=Greifswalder Studien zur Erziehungswissenschaft, 1), Frankfurt [u.a.] 1994, S. 117-132 [bes. S. 122-125]; unveränd. wieder in: 2., erw. Aufl., Frankfurt [u.a.] 1998, S. 143-158 [bes. S. 148-151]; leicht akt. wieder: Marburg 1998: http://archiv.ub.uni-marburg.de/sonst/1998/0013.html

suchsschulen in Berlin (Haubfleisch), im Westerwald (Link) und in Tiefensee in der Mark Brandenburg (Amlung) zuwenden[17].

(2) 1992, 1993 und 1994 fanden im Hamburger Schulmuseum drei schulgeschichtliche Tagungen statt, die sich im oben skizzierten Sinne mit Detailaspekten der historischen Reformpädagogik beschäftigten und deren Ergebnisse in drei Tagungsbänden festgehalten wurden: Es handelt sich um die am 17. und 18. November 1992 stattfindende Tagung zum Thema 'Nationale und internationale Verbindungen der Versuchs- und Reformschulen in der Weimarer Republik'[18], die am 16. und 17. Novem-

---

[17] LEHBERGER, Reiner, 'Schule als Lebensstätte der Jugend'. Die Hamburger Versuchs- und Gemeinschaftsschulen in der Weimarer Republik, in: 'Die Alte Schule überwinden'. Reformpädagogische Versuchsschulen zwischen Kaiserreich und Nationalsozialismus, hrsg. von Ullrich AMLUNG, Dietmar HAUBFLEISCH, Jörg-W. LINK und Hanno SCHMITT (=Sozialhistorische Untersuchungen zur Reformpädagogik und Erwachsenenbildung, 15), Frankfurt 1993, S. 32-64. - HAUBFLEISCH, Dietmar, Schulfarm Insel Scharfenberg. Reformpädagogische Versuchsschularbeit im Berlin der Weimarer Republik, in: Ebd., S. 65-88. - RADDE, Gerd, Schulreform in Berlin am Beispiel der Lebensgemeinschaftsschulen, in: Ebd., S. 89-106; leicht verändert zuerst in: Berlin und pädagogische Reformen. Brennpunkte der individuellen und historischen Entwicklung, hrsg. von E. Kuno BELLER (=Wissenschaft und Stadt, 21), Berlin 1992, S. 83-101. - PEHNKE, Andreas, Der Leipziger Lehrerverein und seine Connewitzer Versuchsschule - Impulsgeber für reformpädagogische Initiativen im sächsischen Schulwesen, in: Ebd., S. 107-136. - NITSCH, Ulla M. / STÖCKER, Hermann, 'So zeichnen wir nicht nach irgendeiner muffigen Methode ...'. Aus der Praxis ästhetischer Erziehung an den Bremer Arbeits- und Gemeinschaftsschulen in der Weimarer Zeit, in: Ebd., S. 137-157. - BERGNER, Reinhard, Magdeburger Schulversuche mit Berthold Ottos Schulkonzept zur Zeit der Weimarer Republik, in: Ebd., S. 158-184. - BREYVOGEL, Wilfried / KAMP, Martin, Weltliche Schulen in Preußen und im Ruhrgebiet. Forschungsstand und statistische Grundlagen, in: Ebd., S. 185-220. - SANDFUCHS, Uwe, Die weltlichen Schulen im Freistaat Braunschweig: Schulpolitischer Zankapfel und Zentren der Schulreform, in: Ebd., S. 221-246. - LINK, Jörg-W., Das Haus in der Sonne. Eine Westerwälder Dorfschule im Brennpunkt internationaler Landschulreform, in: Ebd., S. 247-267. - AMLUNG, Ulrich, Adolf Reichweins Alternativschulmodell Tiefensee 1933-1939. Ein reformpädagogisches Gegenkonzept zum NS-Erziehungssystem, in: Ebd., S. 268-288. - Gegen Ende des Bandes findet sich eine von Dietmar Haubfleisch und Jörg-W. Link erstellte 'Pragmatische Auswahlbibliographie': HAUBFLEISCH, Dietmar / LINK, Jörg-W., Pragmatische Auswahlbibliographie, in: Ebd., S. 268-288. - Aus der Reihe der Rezensionen zu dem Band s. bes.: SCHONIG, Bruno, Reformpädagogik - Bücherweisheit oder Schulrealität?

[18] Nationale und internationale Verbindungen der Versuchs- und Reformschulen in der Weimarer Republik. Beiträge zur schulgeschichtlichen Tagung vom 17.11.-18.11.1992 im Hamburger Schulmuseum, hrsg. von Reiner LEHBERGER (=Hamburger Schriftenreihe zur Schul- und Unterrichtsgeschichte, 5), Hamburg 1993. - U.a. mit den Beiträgen: LEHBERGER, Reiner, Kommunikationswege der Versuchs- und Reformschulen in der Weimarer Republik (aus Hamburger Sicht), in: Ebd., S. 8-20. - HOFFMANN, Volker, Von den Vor- und Nachteilen der Ungleichzeitigkeit Berliner Versuchsschulen und ihre Verbindungen zu Hamburg, in: Ebd., S. 40-51. - HAUBFLEISCH, Dietmar, Die Schulfarm Insel Scharfenberg (Berlin) und ihre vielfältigen Vernetzungen mit Personen und Institutionen der Reformpädagogik der Weimarer Republik. Einige Beispiele und Funktionen, in: Ebd., S. 52-64; im Anmerkungsteil leicht verändert wieder: Marburg 1997:
http://archiv.ub.uni-marburg.de/sonst/1997/0006.html - WENDT, Joachim, Pädagogische Einflüsse der Lichtwarkschule in Hamburg und ihre Wirkung nach außen, in: Ebd., S. 70-79. - KAMP, Martin, Summerhill in Dresden, in: Ebd., S. 114-120. - SCHMITT, Hanno, Die Besucherbücher der Odenwaldschule (1910-1933), in: Ebd., S. 130-135; mit akt. Anmerkungsteil wieder: Marburg 1999:
http://archiv.ub.uni-marburg.de/sonst/1999/0006.html - KRUSE, Klaus, Reichsbund der Schullandheime. Ein Netzwerk reformpädagogischer Praxis, in: Ebd., S. 148-157.

ber 1993 stattfindende Tagung zum Thema 'Weimarer Versuchs- und Reformschulen am Übergang zur NS-Zeit'[19] und die am 15. und 16. November 1994 stattfindende Tagung zum Thema 'Schulen der Reformpädagogik nach 1945'[20].

I.   DER 'MIKROKOSMOS' SCHULFARM INSEL SCHARFENBERG ALS UNTERSUCHUNGSGEGENSTAND

---

(1) Die Arbeit stellt mit der Schulfarm Insel Scharfenberg eine einzelne Schule, die - jenseits aller Unsicherheiten über den Begriff - zweifelsohne eine 'reformpädagogische Schule' war, und damit einen kleinen, relativ überschaubaren Lebensraum in den Mittelpunkt ihres Interesses.

Sie folgt mit dieser Auswahl (Themenbegrenzung) einmal dem Selbstverständnis der Schulfarm als eigenständigem 'Schulprojekt'. Zugleich erhält diese Auswahl eine

---

[19]   Weimarer Versuchs- und Reformschulen am Übergang zur NS-Zeit. Beiträge zur schulge-schichtlichen Tagung vom 16.-17. November 1993 im Hamburger Schulmuseum, hrsg. von Reiner LEHBERGER (=Hamburger Schriftenreihe zur Schul- und Unterrichtsgeschichte, 6), Hamburg 1994. - Darin u.a.: LEHBERGER, Reiner, Weimarer Reformschulen im National-sozialismus, in: Ebd., S. 8-19. - HAUBFLEISCH, Dietmar, Die Schulfarm Insel Scharfenberg in der NS-Zeit, in: Ebd., S. 84-96; im Anmerkungsteil leicht verändert wieder: Marburg 1997: http://archiv.ub.uni-marburg.de/sonst/1997/0007.html - KAMP, Martin, Das Ende der weltli-chen Schulen in Preußen, in: Ebd., S. 140-155. - S. dazu die Rezension: SCHONIG, Bruno, Die Ambivalenz der Reformpädagogik ist die Ambivalenz der Reformpädagogen. Anmerkungen zu einigen Untersuchungen über das Verhältnis von Reformpädagogik und Nationalsozialismus [Rezension des Bandes 'Weimarer Versuchs- und Reformschulen am Übergang zur NS-Zeit. Beiträge zur schulgeschichtlichen Tagung vom 16.-17. November 1993 im Hamburger Schul-museum, hrsg. von Reiner LEHBERGER (=Hamburger Schriftenreihe zur Schul- und Unterrichtsgeschichte, 6), Hamburg 1994'], in: Mitteilungen & Materialien. Arbeitsgruppe Päd-agogisches Museum e.V., Berlin, Heft Nr. 44/1995, S. 112-118.
[20]   Schulen der Reformpädagogik nach 1945. Beiträge zur dritten schulgeschichtlichen Tagung vom 15. bis 16. November 1994 im Hamburger Schulmuseum, hrsg. von Reiner LEHBERGER (=Hamburger Schriftenreihe zur Schul- und Unterrichtsgeschichte, 7), Hamburg 1995. - Darin u.a.: HAUBFLEISCH, Dietmar, Die Schulfarm Insel Scharfenberg (Berlin) nach 1945, in: Ebd., S. 57-93; im Anmerkungsteil leicht verändert wieder: Marburg 1997: http://archiv.ub.uni-marburg.de/sonst/1997/0008.html

aktuelle 'Legitimation' durch die 'Schulforschung' der letzten Jahre mit ihrer 'Wiederentdeckung der Schule als pädagogische Gestaltungsebene'[21].

Die Arbeit bleibt aber nicht bei einer isolierten Betrachtung dieses Einzelprojektes stehen, sondern fragt auch nach unterschiedlichen 'Verknüpfungen', um auf diese Weise das Einzelprojekt 'verorten' zu können. Diese 'Verortung' geschieht behutsam; ich folge dabei weitgehend den in den Quellen direkt oder indirekt auffindbaren 'Spuren'.

Nur auf der Basis zahlreicher ähnlich angelegter Detailuntersuchungen wird es möglich sein, bislang vorliegende, weithin ungeprüfte verallgemeinernde Aussagen und voreilige Typisierungen zu überprüfen, verifizieren, präzisieren und differenzieren, gegebenenfalls auch zu korrigieren und vor allem zu erweitern, überraschende, facettenreiche Zusammenhänge oder Widersprüche aufzudecken wie auch Hinweise auf neuartige weiterführende wissenschaftliche Fragestellungen zu geben, damit eine Grundlage für spätere, thematisch weitergreifende Arbeiten zu schaffen - und damit längerfristig ein realistisches, unverzerrtes Gesamtbild und darauf aufbauend eine angemessene (Neu-) Definition 'der' historischen Reformpädagogik erarbeiten zu können[22].

---

21 S. den Titel: FEND, Helmut, Schulqualität. Die Wiederentdeckung der Schule als pädagogische Gestaltungsebene, in: Neue Sammlung, Jg. 28 (1989), S. 537-547; wieder in: Schulqualität und Schulvielfalt. Das Saarbrücker Schulgütesymposion '88, hrsg. von Hans Christoph BERG und Ulrich STEFFENS (=Beiträge aus dem Arbeitskreis 'Qualität von Schule', 5), Wiesbaden 1991, S. 43-72. - S. zu diesem Thema vor allem: FEND, Helmut, Gesamtschule im Vergleich. Bilanz der Ergebnisse des Gesamtschulversuches, Weinheim [u.a.] 1982. - Daneben zahlreiche weitere Aufsätze von Fend, wie z.B.: FEND, Helmut, Gute Schulen - schlechte Schulen, in: 'Gute Schule' - Was ist das? Aufgaben und Möglichkeiten der Lehrerfortbildung. 6. überregionale Fachtagung der Lehrerfortbildner, hrsg. von Karl ERMERT (=Loccumer Protokolle 17/1986), Reburg-Loccum 1987, S. 17-50. - S. etwa auch: RUTTER, Michael / MAUGHAN, Barbara / MORTIMER, Peter / OUSTON, Janet, Fünfzehntausend Stunden. Schule und ihre Wirkung auf die Kinder. Mit einer Einführung von Hartmut von HENTIG, Weinheim [u.a.] 1980.

22 Die durch den Blick 'von unten' möglicherweise entstehenden 'Verzerrungen' (d.h. u.a. die Gefahr einer Überbewertung des Einzelfalls gegenüber dem 'Allgemeinen', 'Generellen') nimmt die Arbeit aufgrund des bisherigen defizitären Forschungsstandes im Bereich der historischen Reformpädagogik bewußt in Kauf, um die durch die Detailuntersuchung gewonnenen Ergebnisse nicht voreilig durch (möglicherweise) zweifelhafte 'allgemeine Aussagen', d.h.: die bunte Fülle von individuellen, voneinander abweichenden Phänomenen einzuebnen und dadurch (eine) Homogenität vorzutäuschen.

(2) Mit dem Ansatz einer 'Mikroanalyse'[23], die den 'Mikrokosmos' des Scharfenberger Versuches detailliert untersucht und ihn mit der 'Makroebene' verknüpft, lehnt sich die Arbeit an entsprechende 'Vorbilder' aus der neueren sozialgeschichtlichen

---

[23] Grundlegend hierzu: SCHULZE, Winfried, Mikrohistorie versus Makrohistorie? Anmerkungen zu einem aktuellen Thema, in: Historische Methode, hrsg. von Christian MEIER und Jörn RÜSEN (=Theorie der Geschichte. Beiträge zur Historik, 5), München 1988, S. 319-341; Schulze definiert hier, S. 337, eine 'Mikroanalyse' als eine Untersuchung, die "als Gegenstand der Analyse eine soziale Einheit" auswählt, "die es von ihren Quellenbeständen her erlaubt, sie umfassend und in möglichst großer Äußerungsbreite zu studieren. Das kann eine Familie, kann ein Dorf, können Teilgruppen einer Stadt, aber auch ad hoc entstehende Einheiten sein. Darüber hinaus glaube ich, daß nicht nur die wie immer entstehende kleine Gruppe als Gegenstand gesehen werden darf, sondern auch Phänomene wie einzelne Verhaltensweisen in ihrer Veränderung und [auch] Erfahrungsinnovationen selbst [...]." - Schulze hebt hier, S. 341, die Alternative 'Mikrohistorie versus Makrohistorie' auf und bezeichnet "Mikrohistorie als erkenntnisförderndes Element von Makrohistorie." - S. auch: GINZBURG, Carlo / PONI, Carlo, La micro-histoire in: Les Débats, Jg. 17 (1981), S. 133-136; leicht gekürzte dt. Übers. u.d.T. 'Was ist Mikrogeschichte?' in: Geschichtswerkstatt, Nr. 6: Mai 1985, S. 48-52. - GEERTZ, Clifford, Thick Description: Towards an Interpretative Theory of Culture, in: The Interpretation of Cultures. Selected Essays, New York 1973, S. 2-30; dt. Übers. in: GEERTZ, Clifford, Dichte Beschreibung. Beiträge zum Verstehen kultureller Systeme, Frankfurt 1983, S. 7-43. - MEDICK, Hans, 'Missionare im Ruderboot'? Ethnologische Erkenntnisweisen als Herausforderung an die Sozialgeschichte, in: Geschichte und Gesellschaft, Jg. 10 (1984), S. 295-319; in überarb. Fassung wieder in: Alltagsgeschichte. Zur Rekonstruktion historischer Erfahrungen und Lebensweisen, hrsg. von Alf LÜDTKE, Frankfurt [u.a.] 1989, S. 48-84. - GINZBURG, Carlo, Mikro-Historie. Zwei oder drei Dinge, die ich von ihr weiß, in: Historische Anthropologie, Jg. 1 (1993), S. 169-192. - IGGERS, Georg G., Geschichtswissenschaft im 20. Jahrhundert. Ein kritischer Überblick im internationalen Zusammenhang (=Kleine Vandenhoeck-Reihe, 1565), Göttingen 1993, bes. S. 73-87.

Forschung bzw. der historischen Anthropologie - als Ergänzung zu 'großräumigeren' sozialgeschichtlichen Ansätzen[24] - an[25].

Und zwar versteht sie sich als ein Beitrag, der sich - wie es im Vorwort zur Festschrift zum 60. Geburtstag von Rudolf Vierhaus heißt - "einer Sozialgeschichte verpflichtet [fühlt], die sich unterhalb der Makro-Ebene der großen historischen Einheiten bewegt", deren "Ausgangspunkt [...] nicht Nationen, Staaten, Klassen als ganze [sind], denen dann das Besondere subsumiert [=untergeordnet] würde", sondern einer "detaillierten Untersuchung eines konkreten Falls auf der Basis eines re-

---

[24] Einführend in die französische Struktur- und Sozialgeschichtsschreibung um die 'Annales'-Gruppe: ERBE, Michael, Zur neueren französischen Sozialgeschichtsforschung (=Erträge der Forschung, 110), Darmstadt 1979. - BLOCH, Marc / BRAUDEL, Ferdinand / FEBVRE, Lucien [u.a.], Schrift und Materie der Geschichte: Vorschläge zur systematischen Aneignung historischer Prozesse, hrsg. von Claudia HONEGGER, Frankfurt 1977. - IGGERS, Geschichtswissenschaft im 20. Jahrhundert, bes. S. 41-50. - S. zuletzt auch: RAPHAEL, Lutz, Die Erben von Bloch und Febvre. 'Annales'-Geschichtsschreibung und 'nouvelle histoire' in Frankreich 1945-1980, Stuttgart 1994. - Zur deutschen sozialgeschichtlichen Forschung s. einführend: KOCKA, Jürgen, Sozialgeschichte - Strukturgeschichte - Historische Sozialwissenschaften, in: Archiv für Sozialgeschichte, Jg. 15 (1975), S. 1-42. - KOCKA, Jürgen, Sozialgeschichte. Begriff - Entwicklung - Probleme, 2. erw. Aufl. Göttingen 1986. - Sozialgeschichte in Deutschland. Entwicklungen und Perspektiven im internationalen Zusammenhang, hrsg. von Wolfgang SCHIEDER und Volker SELLIN, 4 Bde., Göttingen 1986/87. - RÜRUP, Reinhard, Zur Einführung, in: RÜRUP, Reinhard, Historische Sozialwissenschaft. Beiträge zur Einführung in die Forschungspraxis, Göttingen 1977, S. 5-15. - IGGERS, Geschichtswissenschaft im 20. Jahrhundert, bes. S. 54-63. - BUHL, Giselher, Erziehungsgeschichte und das Konzept der 'modernen deutschen Sozialgeschichte', in: Historische Pädagogik. Methodologische Probleme der Erziehungsgeschichte, hrsg. von Volker LENHART (=Erziehungswissenschaftliche Reihe, 17), Wiesbaden 1977, S. 76-92. - HERRMANN, Ulrich, Neue Wege der Sozialgeschichte. Zur Forschungspraxis der Historischen Sozialisationsforschung und zur Bedeutung ihrer Ergebnisse für pädagogische Theoriebildung, in: Pädagogische Rundschau, Jg. 38 (1984), S. 171-187; wieder in: HERRMANN, Ulrich, Historische Bildungsforschung und Sozialgeschichte der Bildung. Programme - Analysen - Ergebnisse, Weinheim 1991, S. 271-282. - TENORTH, Heinz-Elmar, Der sozialgeschichtliche Zugang zur Historischen Pädagogik, in: BÖHME, Günther / TENORTH, Heinz-Elmar, Einführung in die Historische Pädagogik, Darmstadt 1990, S. 117-181. - TENORTH, Heinz-Elmar, Konzeptionelle Möglichkeiten, methodische Innovationen und aktuelle Bedeutung Historischer Pädagogik, in: BÖHME, Günther / TENORTH, Heinz-Elmar, Einführung in die Historische Pädagogik, Darmstadt 1990, S. 182-226.

[25] Das zunehmende Interesse dieser Richtung der Geschichtsforschung, die "nicht mehr vorrangig [an] der Gesamtgesellschaft oder relativ großen Teileinheiten höherer Komplexität wie Territorien [...], der Arbeiterbewegung [u.a.], sondern [an] kleinräumigen Einheiten" (SCHULZE, Mikrohistorie, S. 324) interessiert ist, hat außerwissenschaftliche wie wissenschaftliche Gründe: GINZBURG / PONI, La micro-histoire, sehen, die außerwissenschaftlichen Gründe ansprechend, in mikroanalytischen Studien u.a. eine Reaktion auf das Zerbrechen von Fortschrittsgläubigkeit, einer Art wissenschaftlicher Sublimierung des Rückzugs in das Private und persönlich Erlebte. Zu den wissenschaftlichen Gründen für den neueren Trend zu mikroanalytischen Studien gehört für sie die Erkenntnis, daß (a) das Erarbeiten makrohistorischer Strukturen allein nicht ausreicht, historische Prozesse zu verstehen, und (b) die Erfahrung, daß man, wenn man sich auf einen mikrohistorischen Ansatz einläßt, sehr schnell die Feststellung macht, daß die auf makrohistorischen Maßstab konstruierten Gliederungsprinzipien außerordentlich wenig aussagen und manchmal keinerlei Bedeutung haben (vgl. Periodisierung u.a.). - S. einführend zur Historischen Anthropologie: DÜLMEN, Richard von, Historische Anthropologie in der deutschen Sozialgeschichtsschreibung, in: Geschichte in Wissenschaft und Unterricht, Jg. 42 (1991), S. 692-709. - Vgl. zur Diskussion zudem: IGGERS, Geschichtswissenschaft im 20. Jahrhundert, bes. S. 73-87. - Und: Sozialgeschichte, Alltagsgeschichte, Mikro-Historie. Eine Diskussion, hrsg. von Winfried SCHULZE (=Kleine Vandenhoeck-Reihe, 1569), Göttingen 1994.

lativ kleinräumigen Beobachtungsfeldes", die von hier aus versucht, "übergreifende
Fragen und Zusammenhänge zu erhellen, aber auch Einblicke in die Innenseite des
historischen Geschehens zu ermöglichen."[26] Als in diesem Sinne wirkende
'Vorbilder' seien hier exemplarisch lediglich drei Autoren mit ihren inzwischen zu
'Klassikern' gewordenen Arbeiten genannt:

-   Carlo Ginzburgs Mikroanalyse 'Der Käse und die Würmer', die einen häreti-
    schen Müller um 1600 zum Gegenstand seiner Untersuchung macht[27],

-   Emmanuel Le Roy Laduries Untersuchungen über das spätmittelalterliche Pyre-
    näendorf Montaillou sowie über die Stadt Romans, die er - zeitlich konzentriert
    auf lediglich zwei Jahre und innerhalb dieses Zeitraumes vor allem (lediglich) 14
    Tage im Februar 1580 - behandelt[28] und

-   Arthur Imhofs Buch 'Die verlorenen Welten', das über weite Strecken den Er-
    fahrungsbereich eines Mannes, des nordhessischen Bauern Johannes Hoos an der
    Wende vom 17. zum 18. Jahrhundert ausmißt - diesen freilich zum Ausgangs-
    punkt weiterführender Überlegungen makrohistorischer Art macht[29].

---

[26] Mentalitäten und Lebensverhältnisse. Beispiele aus der Neuzeit. Rudolf Vierhaus zum 60. Ge-
      burtstag, hrsg. von Mitarbeitern und Schülern, Göttingen 1982, Vorwort: S. 9-11, hier S. 9. -
      An dieser Stelle seien zwei wichtig erscheinende Aspekte angemahnt: (1) Hingewiesen werden
      soll auf die Gefahr des 'Aus-den-Augen-Verlierens übergreifender Aspekte'; in diesem Sinne
      heißt es in: Vom Kleinschreiben der Geschichte (=Freibeuter). Vierteljahreszeitschrift für
      Kultur und Politik, 24), Berlin 1985, S. 1: "[Man kann Geschichte] bis zur Unkenntlichkeit
      'kleinschreiben'. Das ist heute große Mode derer, die einmal ausgezogen waren, Geschichte
      'von unten' zu schreiben und nun selbst noch dem spitzenbehangenen proletarischen Sofa
      antifaschistisches Flair abgewinnen können oder - kiez- wie rentnerbesessen - im lauen Bad der
      Oralgeschichte derart Oberwasser zu haben meinen, daß sie Biedermeier für etwas von unten
      halten." - (2) Hingewiesen werden soll zudem auf das Phänomen, daß die 'Mikrogeschichte' "zu
      Einblicken in die Feinstruktur der menschlichen Angelegenheiten" verhelfen kann, "die häufig
      zur Korrektur gern geglaubter Makraannahmen zwingen", daß dabei aber häufig der Fall auf-
      tritt, "daß sich Mikro- und Makrokosmos nicht mehr ohne weitere teleskopartig ineinander-
      schieben lassen: mit der Vermehrung der Beobachtungsebenen vermehrt sich auch die Zahl der
      historischen Realitäten, so daß am Ende keine Synthese in einem Epochenbild mehr zustande
      kommt" (RAULFF, Ulrich, Vom Umschreiben der Geschichte, in: Vom Umschreiben der Ge-
      schichte. Neue historische Perspektiven, hrsg. von Ulrich RAULFF, Berlin 1986, S. 7-15, hier
      S. 11f.): "Das historische Universum besteht nicht mehr bloß [...] aus zwei Ebenen. Es hat die
      Gestalt einer Art dreidimensionalen, lückenhaften Mosaiks aus verschiedenen großen und ver-
      schieden gezackten Steinen. Jeder Zuwachs, an Geschichte, den die Historiker heute erzielen,
      führt nicht zu eienm geschlossenerem Universum oder einer totaleren Geschichte, sondern stei-
      gert die sinnenverwirrende Komplexität dieses heteroklitenen Mosaiks." (Ebd., S. 12.).

[27] GINZBURG, Carlo, Der Käse und die Würmer. Die Welt eines Müllers um 1600, Frankfurt
      1979 [zuerst ital. 1976]. - Vgl. auch: GINZBURG, Carlo, Spurensicherungen. Über verborgene
      Geschichte, Kunst und soziales Gedächtnis, Berlin 1983 [Sammelband bereits zuvor gedr. Auf-
      sätze].

[28] LE ROY LADURIE, Emmanuel, Montaillou. Ein Dorf vor dem Inquisitor, Frankfurt [u.a.]
      1980 [zuerst franz. 1975]. - LE ROY LADURIE, Emmanuel, Karneval in Romans. Eine Re-
      volte und ihr blutiges Ende. 1579-1580, Stuttgart 1982 [zuerst franz. 1979].

[29] IMHOF, Arthur E., Die verlorenen Welten. Alltagsbewältigung durch unsere Vorfahren - und
      warum wir uns heute so schwer damit tun, München 1984.

(3) Ein besonderer Stellenwert innerhalb aller Teile der Arbeit kommt den Biographien der an dem Schulversuch beteiligten Personen, der Lehrer - hier insbesondere Wilhelm Blumes -, der Schüler, Eltern, Schulpolitiker u.a., ihrem Wirken auf oder für Scharfenberg, auch vor und nach ihrer Scharfenberger Zeit, bzw. ihrer Einflußnahme auf diesen Schulversuch zu.

Dabei stehen im Zentrum des biographischen Interesses Fragen wie die folgenden: Woher kamen die für die Schulfarm relevanten Personen und was wurde aus ihnen, welche biographischen Erfahrungen, Kenntnisse usw. haben sie in den Schulversuch eingebracht, und welche auf und mit Scharfenberg gemachten Erfahrungen haben ihr weiteres Denken und Handeln beeinflußt (u.a. auch ein Aspekt zur Frage nach der 'Relevanz' des Versuches).

Teil des Interesses ist - über den Scharfenberger Versuch hinausgehend - auch die Suche nach einer Antwort auf die Frage nach dem 'Typ' oder verschiedenen Typen der an der Reformpädagogik beteiligten Personen ('kollektive Biographie') und vor allem auf die Frage nach dem 'Personengeflecht', in dem sich die Schulfarm entwickelte.

Mit diesen Fragen ist die Arbeit beeinflußt durch die 'Prosopographie'-Forschung, die ihre längste Tradition in der 'Alten Geschichte' hat, dann im Bereich der Mediävistik zunächst auf dem Gebiet der Frühmittelalterforschung, seit einigen Jahren auch in die Spätmittelalterforschung und schließlich auch in die 'Neueste Geschichte' Einzug haltend, sich mit der 'Sammlung und Verzeichnung aller Personen eines nach Raum und Zeit abgesteckten Lebenskreises'[30] und deren Auswertung nach 'kollektiven Biographien', nach Identifizierung von Interessengruppen, Freundschaftsbünden und 'Wahlverwandtschaften' als sozialen Gruppen beschäftigt[31].

Zugleich versucht die Arbeit mit ihrem biographischen Interesse eine Forderung Bruno Schonigs einzulösen, nach der "eine differenzierte Untersuchung der in Berlin in den zwanziger Jahren praktizierten Schulreformpolitik [...] die Biographien jener Persönlichkeiten, die sie formulierten und umzusetzen versuchten, - und das gilt nicht nur für die prominenten Reformpädagogen - erforschen und nacherzählen" sollte, und das "nur deshalb, um diese Persönlichkeiten zu würdigen und aus dem Schatten der bekannten Reformpädagogen zu holen, sondern auch deshalb, weil [...] die persönliche Interpretation sozialpolitisch-reformpädagogischer Zielsetzungen und die Entwicklung einer subjektiven Zielsetzungsstrategie für das Verständnis der Ent-

---

[30] So: PETERSOHN, Jürgen, Personenforschung im Spätmittelalter. Zu Forschungsgeschichte und Methode, in: Zeitschrift für Historische Forschung, Jg. 2 (1975), S. 1-5, hier S. 1.

[31] Zu Geschichte und Wesen der Prosopographie s. vor allem: BULST, Neithard, Zum Gegenstand und zur Methode von Prosopographie, in: Medieval Lives and the Historian. Studies in Medieval Prosopography, ed. Neithard BULST and Jean-Philippe GENET, Michigan 1986, S. 1-16. - Vgl. auch: STONE, Lawrence, Prosopography, in: Daedalus. Journal of the American Academy of Arts and Sciences, Jg. 100 (1971), S. 46-79; gekürzte dt. Übers. u.d.T. 'Prosopographie - englische Erfahrungen', in: Quantifizierung in der Geschichtswissenschaft. Probleme und Möglichkeiten, hrsg. von Konrad H. JARAUSCH, Düsseldorf 1976, S. 64-97.

wicklung und Durchsetzungspraxis von 'Reformpädagogik' in Berlin eine große
Rolle spielen."[32]

In diesem Sinne wird im ersten Hauptteil der Arbeit - im Sinne der personenge-
schichtlichen Annäherung, zeitlich weit zurückgreifend, mit dem Werdegang Wilhelm Blumes als der für die Geschichte des zu untersuchenden Schulversuches maßgeblichen Erzieherpersönlichkeit einsetzend - den 'Entwicklungsbedingungen der
Schulfarm Insel Scharfenberg bis zu ihrer Konsolidierung 1922/23' nachgegangen.

Im zweiten Hauptteil wird die 'Entfaltung der Schulfarm Insel Scharfenberg in
den Jahren 1923 bis 1933/34' in personeller und baulicher Hinsicht und vor allem im
Hinblick auf die Unterrichts- und Erziehungskonzeption und -praxis des Schulversuches detailliert untersucht. Auch werden die Expansionen und Einflußnahmen der
Schulfarm auf das öffentliche Schulwesen sowie schließlich das Ende des radikaldemokratischen Schulversuchs in den Jahren von 1932 bis 1934 rekonstruiert.

Im dritten Hauptteil geht es um die Frage der Wirksamkeit, den Erfolg und die
Relevanz des Schulversuches. Dazu wird - deutlich über den eigentlichen Untersu-
chungszeitraum der Arbeit hinausgreifend - ebenso dem weiteren Verlauf der Geschichte der Schulfarm nach 1933 wie dem weiteren Werdegang (einiger) der an diesem Schulversuch vor 1933/34 beteiligten Lehrer und Schüler in der NS-Zeit und
nach 1945 nachgegangen. Ein besonderer, diese Arbeit zeitlich recht klar begrenzen-
der Einschnitt in der Geschichte der Schulfarm ergibt sich dabei mit dem Ende der
60er Jahre, der Zeit, in der Wilhelm Blume, dessen Biographie sich damit wie ein
roter Faden durch die gesamte Arbeit zieht, verstarb.

Den Abschluß der Arbeit bildet ein umfangreiches Quellen- und Literaturverzeichnis, das (u.a.) dem Anspruch genügen soll, die Literatur über die Geschichte
der Schulfarm Insel Scharfenberg und die Biographie ihres Gründers und ersten
Leiters Wilhelm Blume (weitgehend) vollständig zu verzeichnen.

Zunächst aber wird im abschließenden Teil der Einleitung zu dieser Arbeit die
Quellenlage und der aktuelle Forschungsstand zum Untersuchungsgegenstand beschrieben.

Die Tatsache, daß die 'Schulfarm Insel Scharfenberg' und ihre Geschichte heute
weitgehend in Vergessenheit geraten ist, die Berücksichtigung bislang unbekannter

---

[32] SCHONIG, Bruno, Reformpädagogik im Prozeß Berliner Schulreform 1923-1933: Das Beispiel
des Rektors Willy Gensch an der 3. Gemeindeschule in Berlin-Friedrichshain, in: Ambivalenzen
der Pädagogik. Zur Bildungsgeschichte der Aufklärung und des 20. Jahrhunderts. Harald
Scholtz zum 65. Geburtstag, hrsg. von Peter DREWEK, Klaus-Peter HORN, Christa KER-
STING und Heinz-Elmar TENORTH, Weinheim 1995, S. 117-143, hier S. 140.

Quellen und das Verfolgen neuer Fragestellungen rechtfertigen die breite, narrative Darstellung[33] und die Ausführlichkeit der in die Arbeit integrierten Zitate.

Was die Frage nach der Umsetzung der in der vorliegenden historischen Arbeit gewonnenen Ergebnisse für aktuelle Schulreformdiskussionen anbelangt, so sei auf die Bemerkung von Franz-Josef Wehnes hingewiesen, der hervorhob, daß, wer eine Affinität zwischen der Reformpädagogik und aktuellen Schulreformforderungen beobachtet, damit nicht schon das Ergebnis, sondern erst die Aufgabe für eine kritisch-historische Analyse der historischen Reformpädagogik erblicken darf[34].

II. QUELLENLAGE UND FORSCHUNGSSTAND ZUR GESCHICHTE DER SCHULFARM INSEL SCHARFENBERG UND ZUR BIOGRAPHIE WILHELM BLUMES

Über die Geschichte der Schulfarm Insel Scharfenberg und über ihren Gründer und ersten Leiter Wilhelm Blume liegt eine Fülle an gedruckter Literatur vor. Als Ergebnis langwieriger Literaturrecherchen wird diese in der vorliegenden Arbeit erstmals in einem umfassenden Literaturverzeichnis zusammengestellt, das, was Monographien und Aufsätze in Sammelbänden und Zeitschriften angeht, Vollständigkeit anstrebt und zusätzlich die bibliographisch erfaßbaren Zeitungsartikel und einige unpublizierte Arbeiten zum Thema enthält.

Die große Anzahl der aus den 20er und frühen 30er Jahren stammenden Titel belegt (einmal mehr) die Bedeutsamkeit und den Bekanntheitsgrad des Scharfenberger Schulversuches in seiner Zeit. Zu den aufgeführten Literaturtiteln der letzten Jahrzehnte ist anzumerken, daß es sich zum größten Teil um Veröffentlichungen handelt, die sich auf die kurze Nennung von einigen wenigen Einzel- bzw. Detai-

---

[33] Vgl. zur Diskussion über 'narrative Darstellungen' zwei sehr unterschiedliche, anregende Aufsätze: BLANKERTZ, Herwig, Geschichte der Pädagogik und Narrativität (Otto Friedrich Bollnow zum 80. Geburtstag), in: Zeitschrift für Pädagogik, Jg. 29 (1983), S. 1-9. - KOCKA, Jürgen, Zurück zur Erzählung? Plädoyer für historische Argumentation, in: Geschichte und Gesellschaft, Bd. 10 (1984), S. 395-408; wieder in: KOCKA, Jürgen, Geschichte und Aufklärung, Göttingen 1989, S. 8-20. - Zur Thematik, zentral auf Blankertz eingehend, zuletzt: DREWEK, Peter, Schulgeschichtsforschung und Schulgeschichtsschreibung. Anmerkungen zum Problem von Narrativität und Fiktionalität aus sozialgeschichtlicher Perspektive, in: Pädagogik und Geschichte. Pädagogische Historiographie zwischen Wirklichkeit, Fiktion und Konstruktion, hrsg. von Dieter LENZEN, Weinheim 1993, S. 61-86.

[34] WEHNES, Franz-Josef, Zur historischen Dimension der Alternativen Schulen, in: BEHR, Michael / JESKE, Werner, Schul-Alternativen. Modelle anderer Schulwirklichkeit. Mit einer Einleitung von Franz-Josef WEHNES, Düsseldorf 1982, S. 10-36, hier S. 19f. - Dieser Hinweis auf Wehnes wird auch aufgegriffen von: PEHNKE, Andreas, Ein Plädoyer für unser reformpädagogisches Erbe, in: Pädagogik und Schulalltag, Jg. 47 (1992), S. 19-33; auch in: Ein Plädoyer für unser reformpädagogisches Erbe. Protokollband der internationalen Reformpädagogik-Konferenz am 24. September 1991 an der Pädagogischen Hochschule Halle-Köthen, hrsg. von Andreas PEHNKE, Neuwied [u.a.] 1992, S. 8-34, hier (Pädagogik und Schulalltag), S. 23f.

laspekten zum Thema beschränken und zum Teil voller Fehlinformationen und -ein-
schätzungen stecken.

Ein weiteres Kennzeichen ist, daß gerade die sowohl einen allgemeineren Überblick ermöglichenden wie auch die am meisten 'in die Tiefe gehenden' Publikationen
entweder von Blume selbst oder aber von Schülern, Kollegen und Weggefährten
Blumes stammen und z.t. 'Würdigungscharakter' besitzen.

Als besonders wichtige Titel, die auch weitere Verbreitung gefunden haben, sind
zunächst zwei Aufsätze von Wilhelm Blume aus den zwanziger Jahren zu nennen:
einmal 'Die Schulfarm auf der städtischen Insel Scharfenberg bei Berlin' in dem
1924 von Franz Hilker herausgegebenen Sammelband 'Deutsche Schulversuche'[35]
und zum anderen 'Die Schulfarm Insel Scharfenberg' in dem 1928 erschienenen
Sammelband 'Das Berliner Schulwesen'[36]. Als dritte, wohl eindrucksvollste Publikation aus den zwanziger Jahren ist die von Blume redigierte Arbeit 'Aus dem Leben
der Schulfarm Insel Scharfenberg, Selbstzeugnisse von Eltern, Lehrern, Schülern'
hervorzuheben, die als Oktoberheft der reformpädagogischen Zeitschrift 'Das Werdende Zeitalter' erschien[37].

Von den zahlreichen Arbeiten ehemaliger Schüler, Kollegen und Weggefährten
Blumes sind vor allem zu erwähnen Wilhelm Richters Abhandlung 'Die Schulfarm
Insel Scharfenberg - Wilhelm Blume', die mehrfach veröffentlicht wurde, zuerst und
vor allem in Richters Monographie 'Berliner Schulgeschichte' aus dem Jahr 1981[38],
Werner Hartkopfs[39] zweifach publizierter Aufsatz über 'Die Gründung der Schulfarm

---

[35]   BLUME, Wilhelm, Die Schulfarm auf der städtischen Insel Scharfenberg bei Berlin, in: Deut-
       sche Schulversuche, hrsg. von Franz HILKER, Berlin 1924, S. 312-330.

[36]   BLUME, Wilhelm, Die Schulfarm Insel Scharfenberg, in: Das Berliner Schulwesen, hrsg. von
       Jens NYDAHL, Berlin 1928, S. 135-186 und S. 568-569; kurzer Auszug wieder in: Die deut-
       sche Jugendbewegung 1920 bis 1933. Die bündische Zeit, hrsg. von Werner KINDT
       (=Dokumentation der Jugendbewegung, 3), Düsseldorf [u.a.] 1974, S. 1462-1466.

[37]   Aus dem Leben der Schulfarm Insel Scharfenberg. Bilder, Dokumente, Selbstzeugnisse von El-
       tern, Lehrern, Schülern, red. von Wilhelm BLUME, in: Das Werdende Zeitalter. Eine Monats-
       schrift für Erneuerung der Erziehung, Jg. 7 (1928), S. 329-404 [Auszug (S. 339-348 oben) wie-
       der abgedr. in: 60 Jahre Schulfarm Insel Scharfenberg 1922-1982. Jubiläums-Festschrift anläß-
       lich des 60-jährigen Bestehens der Schulfarm Insel Scharfenberg (=Sonderheft der Fähre), Ber-
       lin 1982, S. 19-28].

[38]   RICHTER, Wilhelm, Die Schulfarm Insel Scharfenberg - Wilhelm Blume, in: Ders., Berliner
       Schulgeschichte. Von den mittelalterlichen Anfängen bis zum Ende der Weimarer Republik.
       Unter Mitwirkung von Maina RICHTER hrsg. und bearb. von Marion KLEWITZ und Hans
       Christoph BERG. Mit einer Zeittafel von Gerd RADDE (=Historische und Pädagogische Stu-
       dien, 13), Berlin 1981, S. 135-148; in Teilen wieder in: 60 Jahre Schulfarm Insel Scharfenberg
       1922-1982. Jubiläums-Festschrift anläßlich des 60-jährigen Bestehens der Schulfarm Insel
       Scharfenberg (=Sonderheft der Fähre), Berlin 1982, S. 13-18; um den Schluß gekürzt wieder
       in: Steige hoch, du roter Adler. Katalog zur Ausstellung im Heimatmuseum Reinickendorf aus
       Anlaß der 750-Jahr-Feier Berlins vom 08.05. - 30.11.1987, hrsg. vom Bezirk Reinickendorf,
       Abt. Volksbildung. Heimatmuseum, Berlin 1987, o.S.

[39]   Werner Hartkopf bezog sein immenses Wissen über die Schulfarm und Blume außer aus den ei-
       genen Lehrererfahrungen an der Schulfarm und der Tegeler Humboldtschule, "vor allem bei
       meinen vielen Frohnauer Gesprächen mit Blume, vor allem von 1956 bis 1970 insbesondere in
       bezug auf meine Arbeiten zur Entwicklungsgeschichte der modernen Dialektik" (HARTKOPF,
       Werner, Die Bewältigung der Dialektik des Pädagogischen im alten Scharfenberg. Ein Essay
       (=Neue Scharfenberg-Hefte, 3), Berlin 1982, S. 5) sowie durch das intensive Durcharbeiten des
       Blume-Nachlasses (Ebd., S. 5f.).

Scharfenberg vor 50 Jahren. Ein Stück Nord-Berliner Schulgeschichte'[40], schließlich Heinrich Scheels Schülererinnerungen 'Schulfarm Insel Scharfenberg'[41].

An wichtigen neueren Arbeiten zum Thema seien hier Wolfgang Keims Aufsätze über den 'Kursunterricht auf der Oberstufe von Wilhelm Blumes Schulfarm Insel Scharfenberg'[42] und 'Zur Aktualität reformpädagogischer Schulmodelle. Das Beispiel der Schulfarm Insel Scharfenberg'[43] hervorgehoben.

Über die gedruckten Quellen und die vorhandene Literatur hinaus, zieht die Arbeit alle erreichbare Quellen zum Thema heran[44]:

Neben Veröffentlichungen von und über Wilhelm Blume und über die Schulfarm existieren bislang weitestgehend unausgeschöpfte, ja nicht einmal quantitativ erfaßte Quellenbestände, die sowohl von ihrem Umfang und ihrer Dichte wie von ihrem Typus her von keiner anderen Schule der Weimarer Republik bekannt sind und die daher als einmalig bezeichnet werden können. Gleichzeitig ist jedoch festzustellen, daß die ursprünglichen Quellenbestände aus den 20er und frühen 30er Jahren (aber auch aus der Nachkriegszeit) durch Verluste während der Zeit des Nationalsozialismus, insbesondere durch Kriegsschäden, aber auch durch eine Reihe von 'Fehlleistungen' (z.B. Vernichten von Quellenbeständen aufgrund fehlenden historischen Bewußtseins) insbesondere bis in die 70er Jahre hinein deutlich dezimiert wurden.

---

40 HARTKOPF, Werner, Die Gründung der Schulfarm Scharfenberg vor 50 Jahren. Ein Stück Nord-Berliner Schulgeschichte, in: Pädagogische Rundschau, Sonderheft 1976: Pädagogik in der Weimarer Zeit, S. 67-94; wieder in: 'Neue Erziehung' - 'Neue Menschen'. Ansätze zur Erziehungs- und Bildungsreform in Deutschland zwischen Kaiserreich und Diktatur, hrsg. von Ulrich HERRMANN (=Geschichte des Erziehungs- und Bildungswesens in Deutschland, 5), Weinheim [u.a.] 1987, S. 200-220.

41 SCHEEL, Heinrich, Schulfarm Insel Scharfenberg (=Wortmeldungen, 3), Berlin (DDR) 1990; die die Seiten 5-33 umfassenden Abschnitte 1 "Die Schulfarm" und 2 "Die Lehrer" erschienen zuvor bereits als: SCHEEL, Heinrich, Schulfarm Insel Scharfenberg, in: Sinn und Form. Beiträge zur Literatur, Jg. 41 (1989), S. 470-498.

42 KEIM, Wolfgang, Kursunterricht auf der Oberstufe von Wilhelm Blumes Schulfarm Insel Scharfenberg (1985), in: Kursunterricht - Begründungen, Modelle, Erfahrungen, hrsg. von Wolfgang KEIM (=Wege der Forschung, 504), Darmstadt 1987, S. 111-150. - Vgl. zu diesem Aufsatz bezug nehmend in demselben Sammelband auch: S. 1-34: KEIM, Wolfgang, Einführung, und: S. 536-562: KEIM, Wolfgang, Das Kurssystem der gymnasialen Oberstufe im Spannungsfeld von technokratischem Kalkül und pädagogischer Verantwortung (1983).

43 KEIM, Wolfgang, Zur Aktualität reformpädagogischer Schulmodelle. Das Beispiel der Schulfarm Insel Scharfenberg, in: Jahrbuch des Archivs der deutschen Jugendbewegung, Bd. 16 (1986/87), S. 295-320.

44 Vgl. Duby in: DUBY, Georges / LARDREAU, Guy, Geschichte und Geschichtswissenschaft. Dialoge, Frankfurt 1982 [zuerst franz. 1980], S. 184, über gewisse zu respektierende Regeln des historischen Arbeitens, die ihm seine 'Berufsethik' abverlange: "Man erwartet von mir, daß ich das gesamte verfügbare Material, und nur es, benutze. Ich habe nicht das Recht, es durch vollständig Erfundenes zu ergänzen. Und ich habe auch nicht das Recht - und mir das zu verbieten, fällt mir schon schwerer -, dieses oder jenes mich störende Element unbeachtet zu lassen. Und wenn die Masse dieser Materialien so umfangreich ist, daß ich sie nicht in ihrer Gesamtheit erfassen kann, ich also zu einer Selektion gezwungen bin, dann darf diese Selektion nicht willkürlich sein. Ansonsten darf ich mir, sofern ich dabei nicht Unsinn rede, alles vorstellen." - In ähnlicher Weise: BLOCH, Marc, Apologie der Geschichte oder Der Beruf des Historikers, hrsg. von Lucien FEBVRE [zuerst franz. 1949; dt. Ausg. übers. nach der 6. franz. Aufl. 1967], München 1985.

Zentrale Teile dieses Quellenmaterials befinden sich im Archiv der (wenn auch stark verändert, heute noch bestehenden) Schulfarm Insel Scharfenberg. Dieses Archiv wurde seit ca. 1980 durch den von 1953 bis 1990 auf Scharfenberg lehrenden und lebenden Geschichts-, Geographie- und Deutschlehrer Rolf Gutschalk[45] im Rahmen einer 'Projektgruppe Scharfenberg-Archiv' aufgebaut und durch Sammeln, Durchsehen und grobes Ordnen von Quellen[46] erweitert; vereinzelte Quellen wurden von der Arbeitsgruppe in der Reihe 'Neue Scharfenberg-Hefte' publiziert[47]. Anfang der 90er Jahre wurde das Archiv im Rahmen einer AB-Maßnahme von einem Archivar verzeichnet und im Frühjahr 1994 auf der Grundlage eines Depositalvertrages von der Direktion der Schulfarm als Dauerleihgabe dem Landesarchiv Berlin übergeben[48].

Unter diesen Materialien befinden sich u.a. (a) diverse Quellen zur Vor- und Entstehungsgeschichte der Schulfarm, (b) Berichte, Anträge, Gesuche, Jahresberichte u.ä. von Blume, die sich auf die Konsolidierung und den Ausbau der Schulfarm von 1922 bis 1933/34 beziehen, (c) Schülerverzeichnisse, (d) Prüfungsunterlagen Scharfenberger Schüler, (e) Arbeiten Scharfenberger Schüler (Jahres-, Halbjahres-, Kursarbeiten u.a. (1926-1934)), (f) Schul- bzw. Schülerzeitungen, (g) Arbeiten Scharfenberger Referendare (1931-1934), (h) Zeitschriften- und Zeitungsartikel zur

---

[45]   Zu Gutschalk: Ost-Berlin 'vergraulte' Rolf Gutschalk nach Tegel, in: Berliner Morgenpost vom 27.01.1987.

[46]   Zum Umgang mit den auf Scharfenberg vorhandenen Quellen zwischen Ende der 60er und Beginn der 80er Jahre vgl.: Berlin, LA: Rep. 200, Acc. 2822, Nr. 154, Bd. 2: Pewesin an Richter br. vom 17.11.1971: Pewesin weist hier darauf hin, daß bis Ende der 60er Jahre "auf der Insel [...] Wertvollstes [lag], auch aus der Anfangszeit, von dem in letzter Zeit manches verloren gegangen zu sein scheint und um das man sich auch kümmern müßte."

[47]   S. dazu: GUTSCHALK, Rolf, Vorwort, in: Zur Geschichte der Schulfarm. Bericht der drei Schulräte Blume, Cohn und Schmidt vom städtischen Humboldt-Gymnasium zu Berlin über die Sommerschule auf der Insel Scharfenberg [1921] (=Neue Scharfenberg-Hefte, 1), Berlin 1982, o.S.: "In den letzten Jahren entstand auf der Schulfarm Scharfenberg ein kleines Schularchiv. Dokumente aus der Geschichte der Schulfarm wurden zusammengetragen, im Rahmen der Projektarbeit 'Scharfenberg-Archiv' durchgesehen und geordnet. Zu den Chroniken aus den zwanziger Jahren, die eine Fülle von Informationen über das Leben auf der Schulfarm in den ersten zehn Jahren enthalten und eine Fundgrube für den Erforscher dieses reformpädagogischen Schulexperiments darstellen, kamen nach Wilhelm Blumes Tode seine persönlichen Aufzeichnungen, Akten und Berichte, wertvolle Dokumente, die uns erst im letzten Jahr zugänglich wurden und daher bei Arbeiten und Veröffentlichungen über Scharfenberg noch unberücksichtigt blieben. Im Hinblick darauf, daß die Gründung der Schulfarm im Jahre 1922, ihre Entwicklung bis 1933 und ihre Neugründung nach dem zweiten Weltkrieg für die Erforschung und Bewertung pädagogischer Reformexperimente auch eine Bedeutung für das Berliner Schulleben haben, wird die Projektgruppe Archiv im Rahmen der 'Neuen Scharfenberghefte' eine Reihe von Dokumenten und Aufsätzen zur Geschichte der Schulfarm veröffentlichen [...]."

[48]   Berlin, LA: Rep. 140, Acc. 4573: Schulfarm Insel Scharfenberg [künftig zit. als: Berlin, LA, SIS]. - Das von Johann Caspar Struckmann erarbeitete Findbuch dazu: Berlin, LA: Findbuch, Rep. 140, Bd. 2, Acc. 4573: Schulfarm Insel Scharfenberg. - Da die Verzeichnungsarbeiten inhaltlich problematisch und (damit) lediglich als vorläufiger 'Entwurf' betracht werden können, werden die dort vorgenommenen Bestandsgliederungen im Rahmen dieser Arbeit (Quellenangaben) im einzelnen nicht nachvollzogen. -
       Vgl. zum 'Archiv', den Verzeichnungsarbeiten u.a. auch: STRUCKMANN, Johann Caspar, Schul-Arbeiten an der Schulgeschichte, in: Scharfenberger Notizen. Zeitung des 'Vereins der Freunde der Schulfarm Insel Scharfenberg', Berlin, Nr. 4: Dezember 1993, S. 3-5. - Zur 'Bewertung' der Verlagerung des Archivs von der Insel Scharfenberg ins Landesarchiv s. S. 920f.

Geschichte der Schulfarm, aber auch zu weiteren reformpädagogischen und bildungspolitischen Themen der 20er und frühen 30er Jahre, schließlich (i) umfangreiche Korrespondenzen.

Vor allem aber befindet sich im Archiv der Schulfarm als zentrale Quelle eine siebenbändige, quarto-formatige Schulchronik, die, von Mai 1922 (mit Rückblicken auf die Vorgeschichte) bis Juli 1929 (und zwei vereinzelten Beiträgen vom Januar 1932) nahezu lückenlos, von der gesamten Schulgemeinschaft handschriftlich geführt, eine außergewöhnlich dichte Auskunft über fast alle Bereiche des Schulversuches gibt[49].

Ein Kernstück der Chronikbände sind die Protokolle der sog. Abendaussprachen[50], darüber hinaus wechseln Zeichnungen mit Ferienberichten ab, das Erlebnis eines Thomas-Mann-Vortrags steht neben der Darstellung über die Notwendigkeit von Einsparungsmöglichkeiten von Petroleum, ein Bericht über ein naives Weihnachtsgeschenk folgt einer philosophischen Abhandlung ...

Durch sein großes Engagement, insbesondere durch Aufbau und Pflege des Kontaktes mit ehemaligen Scharfenberg-Schülern (etwa auf dem jährlich stattfindenden 'Tag der Alten') gelang es Gutschalk, im Laufe der Aufbaujahre des Archivs ständig neue Quellen zu erschließen und sie dem Archiv zuzuführen. Einige weitere Quellen gelangten durch Beziehungen, die im Kontext der hier vorliegenden Arbeit entstanden, in das Schularchiv[51].

Der Grundstock der die 20er und frühen 30er Jahre betreffenden, im Archiv der Schulfarm lagernden Quellen entstammt aber dem Nachlaß Blumes:

Blume hatte die Quellen der Schulfarm aus der Zeit der Weimarer Republik mit Beginn der Naziherrschaft von der Insel entfernt und sie in seinem Privatbesitz bewahrt. Nach Blumes Tod im Jahre 1970 wurde seine engste Verwandte, seine Nichte Anneliese Blume, Alleinerbin seines Nachlasses[52]. Da diese querschnittgelähmt war und als damalige DDR-Bürgerin laut eigener Aussage hätte nur für kurze Zeit nach West-Berlin fahren dürfen, hatte Blume einen ehemaligen Schüler (einen inzwischen verstorbenen Gerhard Dorenberg) beauftragt, die Erbangelegenheiten für seine

---

49 LEHMANN, Walter, Die Schulfarm Insel Scharfenberg, in: Pädagogisches Zentralblatt, Jg. 5 (1925), S. 145-167, hier S. 155: "Die Lektüre der von Lehrern und Schülern gemeinsam geführten Chronik gewährt köstliche Einblicke in das Schulleben dieser Werdenden [=der Jugendlichen]." - PS Wagner: WAGNER, Heinz, Erinnerungen an die Insel der Jahre 1926-29 (Quasi ein Osterspaziergang eines 'Alten Scharfenbergers' im Jahre 1990), S. 16: "Mir ist dafür [für das Aufzeichnen von Erfahrungs- und Erinnerungsberichten] immer der 'Chef' ein bewundertes Beispiel gewesen, wenn er abends, auf seiner erleuchteten Veranda sitzend, die 'Chronik' des Tages in dickleibigen Bänden über die Jahre hinweg festhielt."
50 Zu den Abendaussprachen: S. 553-578.
51 Vgl. S. 25f.
52 A. Blume an D.H. br. vom 09.06.1987.

Nichte zu regeln[53]. Anneliese Blume verkaufte Blumes Haus in Berlin-Frohnau und überließ einen Großteil des restlichen Nachlasses, vor allem den 'pädagogischen Teil', "Bücher und vieles mehr" "guten Bekannten" ihres Onkels[54].

In einem Brief an Wilhelm Richter schrieb Wolfgang Pewesin am 17.11.1971 sorgenvoll aus Wuppertal nach Berlin:

> "Die [...] Frage wäre die nach Blumes Nachlaß, vor allem dem pädagogischen. Mich würde es beruhigen, wenn ich wüßte, daß Sie bei der notwendigen ersten Sichtung und Ordnung [...] ein Auge darauf hätten und dahin wirkten, daß er nicht (z.B. nach den verschiedenen Tätigkeitsbereichen Blumes) zersplittert wird", sondern statt dessen "irgendwo (PH? [=Pädagogische Hochschule Berlin]) deponiert wird und für eine Auswertung zugänglich gemacht wird."[55]

Richters Antwortschreiben vom 07.12.1971 zeigt, wie berechtigt Pewesins Sorge war:

> "Blumes Nachlaß ist von Hartkopf nach Scharfenberg- und Humboldtakten, von mir nach PH-Akten, von Frühbrodt nach Schilleriana gesichtet worden, liegt also bei uns dreien. Natürlich wäre es gut, ihn beisammen zu halten an einer gleichsam objektiven Stelle; aber wo? in der gegenwärtigen PH? oder dem gegenwärtigen Scharfenberg? die beide so ahistorisch und blumefern zur Zeit sind; aber ich will einmal Herrn [Walter] Heistermann [(1912-19..)] fragen, der jetzt Rektor ist und dafür Verständnis haben wird [...]."[56]

Richters Hoffnungen auf Heistermann - wie auch auf andere Personen und Institutionen! - erfüllten sich nicht. So wurde Blumes Nachlaß - aufgrund persönlicher Fehlleistungen, in erster Linie aber aufgrund des Mangels an historischem Bewußtsein, auch in weiten Teilen der Erziehungswissenschaft, - zersplittert und teilweise vernichtet; ihn ereilte damit das Schicksal zahlreicher anderer Nachlässe bzw. histo-

---

[53]   A. Blume an D.H. br. vom 09.06.1987. - Und: A. Blume an D.H. br. vom 22.06.1987. - Vgl. auch: PS Radde, Nachlaß Fritz Blümel (1899-1989), Korrespondenz: Gerhard Dorenberg (Testamentsvollstrecker für den Nachlaß Blume) an Blümel br. vom 04.05.1971, betr. Nachlaß Blume: "[...] als Testamentsvollstrecker des Herrn Professor Wilhelm Blume sind mir bei Sichtung der Hinterlassenschaft die beiliegenden von Ihnen stammenden bzw. Sie betreffenden Schriften oder Erinnerungsstücke in die Hände gefallen, die ich mir erlaube Ihnen zuzustellen in der Annahme, daß diese für Sie von Interesse sein könnten."

[54]   A. Blume an D.H. br. vom 09.06.1987.

[55]   Berlin, LA: Rep. 200, Acc. 2822, Nr. 154, Bd. 2: Pewesin an Richter br. vom 17.11.1971.

[56]   Berlin, LA: Rep. 200, Acc. 2822, Nr. 154, Bd. 2: Richter an Pewesin br. vom 07.12.1971.

rischer Bestände, die für die erziehungs- und bildungshistorische Forschung heute von großer Relevanz wären[57].

Die (Drei-) Teilung des Nachlasses von Blume wurde (sicher nicht ohne erhebliche Verluste), wie es im Brief Richters vom 07.12.1971 anklang, vollzogen - und

---

[57] Als ein Beispiel sei hier auf das 'Schicksal' des 'Nachlasses' des in dieser Arbeit mehrfach vorkommenden Reformpädagogen Franz Hilker hingewiesen (s. bes. S. 86): Hilker hatte von 1925-1933 Zentralinstitut für Erziehung und Unterricht (s. zu diesem S. 343f.) angehört. Nach dem 2. Weltkrieg gründete er in Wiesbaden - als eine Art Nachfolgeinstitution des Zentralinstituts gedacht - die 'Pädagogische Arbeitsstelle'; s. dazu: BÖHME, Günther, Franz Hilkers Tätigkeit nach dem Zweiten Weltkrieg in Hessen, Frankfurt [u.a.] 1967. - In einem Arbeitsbericht über die Jahre 1948/49 (!) hieß es (zit. nach: BÖHME, Franz Hilkers Tätigkeit, S. 25) u.a., sie verfüge als "'Sammel- und Auskunftsstelle' [...] über ein Archiv mit zehn Abteilungen für Druck-, Schrift- und Bildmaterial mit 1.059 Mappen und einem darin geordneten Vielfachem an Materialien und Dokumenten, ein besonders umfangreiches, stark frequentiertes Jugendarchiv innerhalb des Hauptarchivs, eine Zentralkartei mit 1.200 Adressen von in- und ausländischen pädagogischen Einrichtungen und Personen und rund 2.350 sachlichen Hinweisen auf das vorhandene Archivmaterial und andere Quellen, eine Präsenzbibliothek mit rund 5.000 Bänden [...]." - Im Januar 1957 wurde die 'Arbeitsstelle' aufgelöst und von der Ständigen Konferenz der Kultusminister in Bonn übernommen (BÖHME, Franz Hilkers Tätigkeit, S. 5). - H. Roche (einst Sekretär der Kultusministerkonferenz) an D.H. br. vom 06.02.1990 berichtet: "Bibliothek und Archiv der Pädagogischen Arbeitsstelle waren, als diese vom Sekretariat der Kultusministerkonferenz übernommen wurde, der Grundstock der neuen Einrichtung 'Dokumentationsdienst der KMK'. Die Bücher und Zeitschriftenaufsätze von Hilker dürften vollständig in der Bibliothek der KMK vorhanden und über den Verfasserkatalog zu ermitteln sein. Das Archivmaterial [aber] dürfte im Laufe der vielen Jahre bei der Überarbeitung der Sammelgebiete ausgedünnt worden sein, da es sich ja nicht um ein historisches, sondern ein Archiv zur aktuellen Entwicklung des Bildungs- und Erziehungswesens handelte und noch handelt." - Der (private) Nachlaß Hilkers ging an seine Frau Gerda Hilker, und nach deren Tod an deren Tochter bzw. Schwiegersohn über: Doch diese besitzen (J. Paul an D.H. tel. vom 12.03.1990, br. vom 18.01.1996 und vom 15.08.1996) nur noch Publikationen von Hilker, jedoch bis auf einzelne Fotografien keine Archivalien (Korrespondenzen usw.) mehr. - G. Böhme an D.H. br. vom 02.04.1990 schreibt auf entsprechende Informationen von mir: "Die einzige Möglichkeit, evtl. einige unerschlossene Materialien, insbesondere über das Zentralinstitut, zu erhalten, wäre ein Kontakt mit Prof. Dr. Jürgen Diederich, dessen Vater hat in den 20er Jahren und auch noch unmittelbar nach dem 2. Weltkrieg Kontakt mit Franz Hilker gehabt. Schließlich könnte es einen Versuch wert sein, auch der alten Loheland-Schule bei Fulda von Louise Langgaard nachzugehen [...]." - Vgl. (als zweites Beispiel) das 'Schicksal' des 'Nachlasses' der Reformpädagogin Anna Siemsen (1882-1952), zu dem Ralf Schmölders u.a. schreibt: "Aufgrund der Informationen aus dem Tagebuch von Prof. Dr. Karl Eskuchen [(1885-1955)], der zusammen mit seiner Frau Paula [(1880-1965)], geb. Siemsen, als Nachlaßverwalter fungierte, kann man davor ausgehen, daß nennenswerte Teile aus dem persönlichen Nachlaß von Anna Siemsen nicht mehr existieren. In dem Tagebuch heißt es unter dem Eintrag zum 4. Februar 1951: 'Wir sind an der Sichtung von Manuskripten und Akten. Wahre Berge haben sich vorgefunden, die genau kontrolliert werden müssen. Der größte Teil landet im Ofen, da er unwichtig oder längst überholt ist.'" (SCHMÖLDERS, Ralf, Personalbibliographie Anna Siemsen (1882-1951) (=Archivhilfe, 5), Oer-Erkenschwick 1992, S. 9)

zwar ohne jede Verzeichnung der Teilnachlässe[58]: Der überwiegend die Pädagogische Hochschule betreffende Teil gelangte in den Keller von Richters Privatwohnung[59]. Nach dessen Tod 1978 wurde (auch) sein Nachlaß aufgeteilt: ein Teil seines pädagogischen Nachlasses wurde dem 'Archiv der Arbeitsstelle für Schulgeschichte Berlins' übergeben, ein anderer wurde dem Landesarchiv Berlin überlassen, das wiederum den überwiegend Blume betreffenden Teil des übergebenen Teilnachlasses Richter als 'Nachlaß Blume' abtrennte[60].

Der die Schulfarm und die Humboldtschule betreffende Teilnachlaß Blumes gelangte in die Hände Hartkopfs; die Humboldtschule dürfte vor allem Bücher Blumes erhalten haben[61]. Der Schulfarm übergab Hartkopf offenbar bereits früh einen Teil der von ihm übernommenen Quellen der Schulfarm (zum Aufbau des Archivs!), ein weiterer Teil gelangte nach Hartkopfs Tod 1984 zurück nach Scharfenberg.

Im Frühjahr 1994 wurde, wie oben schon erwähnt, das komplette 'Archiv der Schulfarm Insel Scharfenberg' an das Landesarchiv Berlin abgegeben.

Außer in den bisher genannten Archiven finden sich Archivalien über die Geschichte der Schulfarm Insel Scharfenberg und die an diesem Versuch beteiligten Personen in zahlreichen weiteren Archiven. Genannt seien hier neben dem Archiv der Berliner Humboldt-Universität, dem Heidelberger Universitätsarchiv, dem Archiv der Großen Schule in Wolfenbüttel sowie dem Niedersächsisches Staatsarchiv in Wolfenbüttel, die Quellen über seine Biographie vor seinem Wirken als Pädagoge beherbergen, lediglich:

- das Geheime Staatsarchiv Stiftung Preußischer Kulturbesitz in Berlin (incl. der 1993 aus dem Geheimen Staatsarchiv Stiftung Preußischer Kulturbesitz, Abt. Merseburg [=ehemals: Zentrales Staatsarchiv [der DDR], Historische Abt. II] hierher überführten Bestände), in dem u.a. die Schulfarm betreffende ministerielle Akten lagern

- das Bundesarchiv in Berlin [=ehemals: Zentrales Staatsarchiv, Historische Abteilung I], in dem sich ebenfalls u.a. die Schulfarm betreffende ministerielle Akten befinden,

---

[58] Vgl.: A. Blume an D.H. br. vom 22.06.1987: "Ein Verzeichnis der Bücher [Blumes] gibt es nicht. Auch wo die Korrespondenz geblieben ist, weiß ich nicht so genau." - Einen deutlichen Hinweis darauf, daß der Nachlaß weiter zersplittert wurde, gibt: PS Radde, Nachlaß Fritz Blümel (1899-1989), Korrespondenz: Gerhard Dorenberg (Testamentsvollstrecker für den Nachlaß Blume) an Blümel br. vom 04.05.1971, betr. Nachlaß Blume: "[...] als Testamentsvollstrecker des Herrn Professor Wilhelm Blume sind mir bei Sichtung der Hinterlassenschaft die beiliegenden von Ihnen stammenden bzw. Sie betreffenden Schriften oder Erinnerungsstücke in die Hände gefallen, die ich mir erlaube Ihnen zuzustellen in der Annahme, daß diese für Sie von Interesse sein könnten."

[59] SCHUPPAN, Michael-Sören, Berliner Lehrerbildung nach dem Zweiten Weltkrieg. Die Pädagogische Hochschule im bildungspolitischen Kräftespiel unter den Bedingungen der Vier-Mächte-Stadt (1945-1958) (=Europäische Hochschulschriften, Reihe XI: Pädagogik, 403), Frankfurt [u.a.] 1990, S. 11, Anm 13.

[60] Berlin, LA: Rep. 200, Acc. 2822: Nachlaß Wilhelm Richter; und: Berlin, LA: Rep. 200, Acc. 3184: Nachlaß Wilhelm Blume.

[61] Vgl.: A. Blume an D.H. br. vom 09.06.1987: "Ein Teil der Bücher ist an die Humboldtschule in Tegel gegangen."

- das Brandenburgische Landeshauptarchiv Potsdam [ehemals: Staatsarchiv] mit die Schulfarm betreffenden Akten des brandenburgischen Provinzialschulkollegiums,

- das Landesarchiv Berlin, Außenstelle Breite Straße [ehemals: Stadtarchiv] mit entsprechenden kommunalen Schulakten,

- das Archiv der Bibliothek für Bildungsgeschichtlichen Forschung (BBF) in Berlin, in dem sich u.a. die Sammlungen der ehemaligen Gutachterstelle für deutsches Schul- und Studienwesen - u.a. zahlreiche Lehrerpersonalbögen und eine große Zahl an 'Jahresberichten der höheren Schulen'[62] - befinden.

Weitere schriftliche Quellen befinden sich im Privatbesitz ehemaliger Lehrkräfte und Schüler der Schulfarm bzw. deren Verwandten (Witwen, Kindern usw.). Im Rahmen dieser Arbeit konnte eine größere Zahl dieser Personen weit über Deutschland hinaus (Österreich, Schweden, Schweiz, Spanien, Israel, USA) im 'Schneeballsystem', z.T. über mehrere 'Zwischenstationen', ausfindig gemacht werden[63]. Mit großem Entgegenkommen und Vertrauen stellten sie mir Quellen (wie z.B. Tagebuchaufzeichnungen, Schülerarbeiten, Korrespondenzen u.a.) als Original leihweise oder als Kopie dauerhaft zur Verfügung. In einigen Fällen kam auf diese

---

[62] Die 'Jahresberichte' waren in Preußen, ähnlich wie in anderen Ländern des Deutschen Reiches, auf der Grundlage einer Verfügung des preußischen Kultusministeriums vom 23.08.1824 - in späteren Jahren ergänzt und modifiziert - von jeder höheren Schule für jedes Schuljahr zu erstellen und zusammen mit einer vom einem Lehrer zu verfassenden wissenschaftlichen 'Beilage' zu publizieren. Nachdem ab dem Schuljahr 1914/15 das Erscheinen der Jahresberichte aufgrund des 1. Weltkrieges 'mit Rücksicht auf die Notwendigkeit der Papierersparnisse' unterbleiben mußte, waren sie ab dem Schuljahr 1920/21 bis 1941/42 hand- bzw. maschinenschriftlich zu erstellen und an das zuständige Provinzialschulkollegium, an das Ministerium und an die 'Auskunftsstelle für Schulwesen' einzureichen. Diese Quellen bieten ebenso Überblicke über die individuellen Ereignisse eines jeden Schuljahres wie auch Informationen über festgelegte statistische Aspekte: sie enthalten biographische Informationen über neu eintretende, ausscheidende oder verstorbene Lehrer, über Beurlaubungen, Erkrankungen, Versetzungen u.a., geben also Auskunft über den Stand des Lehrkörpers; sie enthalten Angaben über Einsatz von Lehrern nach Fächern und Klassen, Fach- und Stundenverteilungen, die Hauptinhalte des Fachunterrichts, manchmal die benutzten Lehrbücher, Themenstellungen für die Abiturprüfungen u.v.m., ebenso liefern sie Auskünfte über Zu- und Abgänge von Schülern, über den Klassenaufbau u.v.a. Damit kann man die Jahresberichte, die bislang nahezu unausgewertet geblieben sind, geradezu als eine Fundgrube für historische Studien zum Bildungswesen und - trotz ihrer Funktion als für die Behörden, aber (soweit veröffentlicht) auch für die Öffentlichkeit bestimmte Rechenschaftsberichte -, nicht zuletzt auch für Fragen nach 'Erziehungswirklichkeit' bezeichnen. - 'Leider' hatte Blume für die Schulfarm solche Jahresberichte erst ab dem Schuljahr 1932/33 zu erstellen; s. dazu S. 1041.

[63] Ausgangspunkt war eine z.T. veraltete Kartei mit einigen Adressen ehemaliger Scharfenberger Schüler. - Ein wichtiges Hilfsmittel waren (wenn es neben Name auch einen Hinweis auf einen ungefähren Wohnort gab) die Telefonbücher der Deutschen Bundespost/Telekom. - Viele der Zeitzeugen, die die Arbeit im Laufe ihres langen Entstehungsprozesses unterstützten, sind inzwischen verstorben.

Weise über eine 'Zwischenleihe' an mich eine dauerhafte Abgabe der 'Erinnerungsstücke' an das Archiv der Schulfarm zustande[64].

Neben diesen schriftlichen Quellen sei hier noch ein allgemeiner Hinweis auf die vielfältige Quellengruppe der bildlichen Zeugnisse, hier insbesondere der Fotografien, gegeben: bislang weithin unbeachtet geblieben oder aber lediglich als 'Illustrationen' verwendet[65], wird ihr Wert für diverse sozialgeschichtliche Fragestellungen erst allmählich erkannt[66]. Und auch in der erziehungs- und bildungsgeschichtlichen Forschung wird ihnen erst in den letzten Jahren eine zunehmende Wertschätzung zuteil, beginnt eine intensivere Beschäftigung (u.a.) mit methodischen

---

[64] So z.B. Quellen aus dem Nachlaß des Lehrers Max Schmidt (s. zu ihm bes. S. 112). - S. dazu: Pfeiffer br. an D.H. vom 10.03.1990: "Schon lange wollte ich das, was ich über die Insel Scharfenberg und Wilhelm Blume in einer Mappe gesammelt habe, an den Leiter des Archivs, Herrn Rolf Gutschalk, zur Aufarbeitung schicken. Vor allem auch wegen einer Reihe von Briefen, die Wilhelm Blume mir in den Jahren 1962 bis in sein Todesjahr 1970 geschrieben hat, nachdem ich auf Grund eines Zeitungsartikels die Korrespondenz mit ihm aufgenommen hatte. - Es ist dann aber leider immer wieder unterblieben, und so möchte ich jetzt Ihre Anfrage benutzen und Ihnen alles per Einschreiben schicken [...]. - Ich möchte Sie bitten, alles später an Herrn Gutschalk zu schicken, damit es dann in den richtigen Händen ist. Ich bin jetzt 80 Jahre alt und muß auch in dieser Hinsicht 'mein Haus bestellen' [...]. Außer den genannten Briefen von Wilhelm Blume an mich enthält die Mappe 'Erinnerungen an das Bollehaus auf der Insel Scharfenberg', einige Fotos von Wilhelm Blume persönlich und auch noch andere Fotos, die Schule in Scharfenberg betreffend; dazu einige Zeitungsausschnitte. - Über meinen Vater Studienrat Max Schmidt kann ich Ihnen leider nur einige Daten über seinen Lebenslauf geben. Er ist 1945 in Berlin gestorben und mit ihm sind auch allerlei Unterlagen vernichtet worden. Auch Briefe und Fotos von und an Blume sind mit den Unterlagen vernichtet worden."

[65] KERBS, Diethart, Mit Fotos arbeiten, in: Geschichte entdecken. Erfahrungen und Projekte der neuen Geschichtsbewegung, hrsg. von Hannes HEER und Volker ULLRICH, Hamburg 1985, S. 323-330, hier S. 323: "Leider ist das Gespür dafür und das Wissen darüber noch sehr wenig verbreitet. Man möchte sich die Haare raufen, wenn man sieht, wie hierzulande immer noch mit historisch wichtigen Fotos umgegangen wird. Rettungskampagnen für alte Bildbestände und damit verbundene öffentliche Lernprozesse, wie sie zum Beispiel in England und Dänemark schon vor 15 Jahren stattgefunden haben, stehen bei uns immer noch aus."

[66] S. zum bisherigen oft skandalösen Umgang mit historischen Fotodokumenten sowie Aufrufen, Vorschlägen und Ansätzen zu einer sorgfältigen Umgangsweise s. neben diversen Hinweisen und Kurzartikeln in der umfangreichen Literatur zur 'neuen Geschichtsbewegung': Rettet die Bilder (=Das Bildarchiv, 1), Berlin 1986. - Vgl. auch Artikel in der Zeitschrift 'Der Archivar', wie etwa: TRUMPP, Thomas, Zur Geschichte, Struktur und Nutzung der photographischen überlieferung des Bundesarchivs. Bildarchiv, Bildsammlung oder Bildagentur?, in: Der Archivar, Jg. 36 (1983), S. 366-378. - KLEMIG, Roland / PETERSEN, Knud, Fotografien - Stiefkinder der Archive? Hinweise zur zweckmäßigen Archivierung, in: Der Archivar, Jg. 37 (1984), S. 209-218. - Auch: PETERSEN, Knud, Vorschläge zur Einrichtung eines Fotoarchivs und Konservierung von Fotos, in: Archiv und Wirtschaft, Jg. 18 (1985), S. 130-132. - Vgl. auch 'Editionen' von Fotonachlässen wie: BALLHAUSE, Walter, Licht und Schatten der dreißiger Jahre. Foto-Dokumente aus dem Alltag. Vorwort von Fritz Rudolf FRIES, München 1985 [Taschenbuchausg. des Originalbandes mit dem Titel 'Zwischen Weimar und Hitler. Sozialdemokratische Fotografie 1930-1933', Leipzig 1981.] - SEIDENSTÜCKER, Friedrich, Von Weimar bis zum Ende. Fotografien aus bewegter Zeit, hrsg. von Ann und Jürgen WILDE, 3. Aufl. Dortmund 1983. - Sowie Dokumentationen wie: Hinterhof, Keller und Mansarde. Einblicke in Berliner Wohnungselend 1901-1920. Die Wohnungs-Enquete der Ortskrankenkasse für den Gewerbebetrieb der Kaufleute, Handelsleute und Apotheker, hrsg. von Gesine ASMUS, Reinbek 1982. - HUTTEL, Klaus Peter, Wuppertaler Bilddokumente. Ein Geschichtsbuch zum 19. Jahrhundert in Bild und Text, 2 Bde., Wuppertal 1985. - Und: Bilder von Krupp. Fotografie und Geschichte im Industriezeitalter, hrsg. von Klaus TENFELDE, München 1994.

Fragen der Aufbewahrung, Erschließung und Interpretation dieser Quellengattung[67]. Dies gilt nicht zuletzt auch für den Bereich der Praxis der historischen Reformpädagogik, für die - und hier dürfte u.a. eine Verbindung zur historischen Jugendbewegung existieren[68] - große Mengen an Fotografien vorliegen[69] - wobei die wirkliche

---

[67] Das Ziel der Erschließung von 'Bilderwelten' für die Zwecke von Forschung und Lehre wird in Westdeutschland seit über zehn Jahren, freilich weitgehend ohne Berücksichtigung der Fotografie, verfolgt. S. dazu: SCHIFFLER, Horst / WINKELER, Rolf, Bilderwelten der Erziehung. Die Schule im Bild des 19. Jahrhunderts, Weinheim [u.a.] 1991, hier bes. das Vorwort auf S. 5. - Vgl. dazu: SCHONIG, Bruno, [Rezension zu:] SCHIFFLER, Horst / WINKELER, Rolf, Bilderwelten der Erziehung. Die Schule im Bild des 19. Jahrhunderts, Weinheim [u.a.] 1991, in: Sozialwissenschaftliche Literatur-Rundschau, Jg. 14 (1992), Heft 24, S. 103-106. - S. auch: SCHIFFLER, Horst / WINKELER, Rolf, Tausend Jahre Schule. Eine Kulturgeschichte des Lernens in Bildern, Zürich 1985. - S. weiter (mit weitaus stärkerer methodischer Betonung): KECK, Rudolf W., Die Entdeckung des Bildes durch die Pädagogik oder: Pädagogikgeschichte als Bildgeschichte, in: Bildungsgeschichte als Sozialgeschichte. Festschrift zum 60. Geburtstag von Franz PÖGGELER, hrsg. von Heinrich KANZ (=Erziehungsphilosophie, 8), Frankfurt [u.a.] 1986, S. 81-124. - KECK, Rudolf W., Das Bild als Quelle pädagogisch-historiographischer Forschung, in: Informationen zur Erziehungs- und Bildungshistorischen Forschung (=IZEBF), Nr. 32 (1988), S. 13-53. - Bild und Bildung. Ikonologische Interpretationen vormoderner Dokumente von Erziehung und Bildung, hrsg. von Christian RITTELMEYER und Erhard WIERSING (=Wolfenbütteler Forschungen, 49), Wiesbaden 1991, hier insbes. S. 23-49: KECK, Rudolf W., Die Entdeckung des Bildes in der erziehungshistorischen Forschung. - Eine Besonderheit stellt dar: ALT, Robert, Bilderatlas zur Schul- und Erziehungsgeschichte, 2 Bde., Berlin (DDR) 1960/1965. - Bd. 2 enthält auch Fotografien (auf deren Quellenproblematik Alt im Vorwort, S. V, eingeht). Doch reicht dieser Band leider nur 'bis zum Beginn der großen Sozialistischen Oktoberrevolution' und wendet sich der Reformpädagogik nur in dem Umfange zu, "wie sie sich vor dem ersten Weltkrieg Beachtung errungen und Einfluß auf die Schulpraxis gewonnen hat" (Bd. 2, S. V). - Vom 18. bis 20. September 1995 fand in Ludwigsfelde bei Potsdam die Jahrestagung 1995 der Historischen Kommission der Deutschen Gesellschaft für Erziehungswissenschaft statt, die sich - unter Einbeziehung der Fotografie - mit dem Thema 'Bilder als Quellen der Erziehungsgeschichte' beschäftigte; s. dazu den Tagungsband: Bilder als Quellen der Erziehungsgeschichte, hrsg. von Hanno SCHMITT, Jörg-W. LINK und Frank TOSCH, Bad Heilbrunn 1997.

[68] Für die, für die Jugendbewegten gehörte der Fotoapparat zur selbstverständlichen Ausrüstung auf ihren Wanderfahrten, Tagungen und Festen. - S. zum Verhältnis von Fotografie und bürgerlicher Jugendbewegung: MOGGE, Winfried, Bilder aus dem Wandervogel-Leben. Die bürgerliche Jugendbewegung in Fotos von Julius Groß 1913-1933 (=Jugend und Jugendbewegung, 1), Wuppertal 1985, S. 5: "Es waren zahlreiche Amateure und einige von ihnen, die Berufsfotografen wurden, denen eine einmalige, bisher kaum ausgeschöpfte und als solche noch nicht interpretierte Dokumentation zu verdanken ist: ein Fotoarchiv der Jugendbewegung [lagernd im Archiv der Deutschen Jugendbewegung auf Burg Ludwigstein bei Witzenhausen], wie es in solcher Fülle wohl keine vergleichbare gesellschaftliche Gruppe aus der Kaiserzeit und der Weimarer Republik geschaffen und überliefert hat." - Mit dem zit. Band stellt Mogge erstmals einen kleinen Teil der Fotografien eines der Fotografen der Jugendbewegung, Julius Groß (1892-1986), der Öffentlichkeit vor. - Zum Thema auch: MOGGE, Winfried, Bilddokumente der Jugendbewegung. Stichworte für eine Ikonographie der jugendbewegten Fotografie, in: Jahrbuch der deutschen Jugendbewegung, Bd. 14 (1982/83), S. 141-158. - Zum Verhältnis von Fotografie und Arbeiterjugendbewegung: Bilder der Freundschaft. Fotos aus der Geschichte der Arbeiterjugendbewegung, hrsg. vom Archiv der Arbeiterjugendbewegung Oer-Erkenschwick, Münster 1988.

Dimension der Quantität und Qualität dieser Quellen zum Thema nicht einmal ansatzweise klar sein dürfte.

Auch zur Geschichte der Schulfarm Insel Scharfenberg und zur Biographie ihres Gründers und Leiters Wilhelm Blume existieren Fotografien in großer Zahl: Die Aufnahmen zur Schulfarm wurden z.T. von Berufsfotografen, die wie viele andere Besucher auf die Insel kamen, zum Zweck der Publikation der Fotos gemacht[70]. Teilweise aber wurden sie aus sehr unterschiedlichen Motiven auch von Schülern und Lehrern selbst hergestellt, z.T. 'privat', aus verschiedenen Anlässen, mit privaten Apparaten, z.T. ab ca. 1927 auch von einer Foto-AG der Schulgemeinschaft[71].

Die Fotos finden sich zu einem kleinen Prozentsatz in Zeitschriften- und Zeitungsartikeln über die Schulfarm und über Wilhelm Blume veröffentlicht. Viele Fo-

---

[69]   Im Archiv der Jugendbewegung auf Burg Ludwigstein bei Witzenhausen existiert eine recht umfangreiche Sammlung zur Geschichte der Freien Schulgemeinde Wickersdorf. Das Archiv der Odenwaldschule verfügt über entsprechendes Material zur eigenen Geschichte; vgl. etwa: Zum 75jährigen Jubiläum: Archiv-Fotos, in: OSO-Hefte. Berichte aus der Odenwaldschule, N.F., Bd. 11 (1986), S. 157-179. -
S. in dem Tagungsband: Bilder als Quellen der Erziehungsgeschichte, hrsg. von Hanno SCHMITT, Jörg-W. LINK und Frank TOSCH, Bad Heilbrunn 1997 vor allem: S. 125-148: LEHBERGER, Reiner, Das Fotoarchiv des Hamburger Schulmuseums zur Dokumentation der Reformpädagogik im Hamburg der Weimarer Republik; S. 167-187: HANSEN-SCHABERG, Inge, Bildliche Darstellungen zum Thema Reformpädagogik, Geschlechterverhältnis und Koedukation; S. 149-166: STÖCKER, Hermann, KinderSchule - ZukunftsSchule. Eine Bremer Versuchsschule in ihren Bildern. -
S. auch den (auch optisch) hervorrragenden fünfbändigen Ausstellungskatalog ''Geh zur Schul und lerne was'. 150 Jahre Schulpflicht in Bremen 1844-1994': Unterricht wird Pflicht. Entstehung und Folgen des Schulpflichtproklams von 1844, hrsg. von der Schulgeschichtlichen Sammlung Bremen, dem Staatsarchiv Bremen und dem Wissenschaftlichen Institut für Schulpraxis Bremen (=Katalog 1 zum Ausstellungsprojekt ''Geh zur Schul und lerne was'. 150 Jahre Schulpflicht in Bremen 1844-1994'), Bremen 1994. - Einige Eidechsen in Spiritus. Lehren und Lernen im Bremen der Jahrhundertwende, im Projekt 'Geh zur Schul und lerne was'. 150 Jahre Schulpflicht in Bremen 1844-1994, hrsg. von der Schulgeschichtlichen Sammlung Bremen, dem Staatsarchiv Bremen und dem Wissenschaftlichen Institut für Schulpraxis Bremen (=Katalog 2 zum Ausstellungsprojekt ''Geh zur Schul und lerne was'. 150 Jahre Schulpflicht in Bremen 1844-1994'), Bremen 1994. - KinderSchule ZukunftsSchule. Eine Versuchsschule der Weimarer Republik in ihren Bildern, hrsg. von der Schulgeschichtlichen Sammlung Bremen, dem Staatsarchiv Bremen und dem Wissenschaftlichen Institut für Schulpraxis Bremen (=Katalog 3 zum Ausstellungsprojekt ''Geh zur Schul und lerne was'. 150 Jahre Schulpflicht in Bremen 1844-1994'), Bremen 1994. - Heimat, deine Schrecken. Schule und Schulpflicht im Zweiten Weltkrieg, hrsg. von der Schulgeschichtlichen Sammlung Bremen, dem Staatsarchiv Bremen und dem Wissenschaftlichen Institut für Schulpraxis Bremen (=Katalog 4 zum Ausstellungsprojekt ''Geh zur Schul und lerne was'. 150 Jahre Schulpflicht in Bremen 1844-1994'), Bremen 1994. - Das gleiche Recht auf Bildung? Schulentwicklung in Bremen seit 1945, hrsg. von der Schulgeschichtlichen Sammlung Bremen, dem Staatsarchiv Bremen und dem Wissenschaftlichen Institut für Schulpraxis Bremen (=Katalog 5 zum Ausstellungsprojekt ''Geh zur Schul und lerne was'. 150 Jahre Schulpflicht in Bremen 1844-1994'), Bremen 1994. - S. hier bes.: STÖCKER, Hermann, Vielfältig wie das Leben selbst ... - Die Fotografien der Arbeits- und Gemeinschaftsschule an der Helgolanderstraße, in: KinderSchule ZukunftsSchule. Eine Versuchsschule der Weimarer Republik in ihren Bildern (=Katalog 3 zum Ausstellungsprojekt 'Geh zur Schul und lerne was'. 150 Jahre Schulpflicht in Bremen 1844-1994'), Bremen 1994, S. 67-71.

[70]   Berlin, LA, SIS: CH, III, S. 84: "Am Ufer kreuzte den Weg der illustren Gäste der Photograph der Illustriertenfirma 'Atlantic'; in gehobener ausgelassener Stimmung werden die gewünschten Aufnahmen gemacht."

[71]   Vgl. zum Thema Fotografieren an der Schulfarm Insel Scharfenberg S. 694.

tos existieren weiterhin heute noch in Privatbesitz, etwa ehemaliger Schüler und Lehrer der Schulfarm bzw. von deren Nachfahren. An Archiven, die Fotografien zum Thema beherbergen[72], ist das Fotoarchiv des 'Ullstein Bilderdienstes' in Berlin zu nennen; vor allem aber enthält das Archiv der Schulfarm Insel Scharfenberg eine umfangreiche Fotosammlung: Hier findet man sie entweder eingeklebt in bzw. zwischen Schriftquellen, wie z.B. der mehrbändigen Chronik der Schulfarm, oder aber in Kisten gelagert.

Die bunte Verschiedenheit der auf den Fotos abgebildeten Szenen läßt das Leben auf der Insel Scharfenberg in seiner ganzen Vielfältigkeit und Lebendigkeit anschaulich werden. Es gibt Ansichten der Insel und der Inselfauna, der Gebäude und sonstiger auf der Insel befindlicher Anlagen, Darstellungen von Personen wie Schülern, Lehrern, Angestellten und Eltern, weiter Fotos, die den Alltag der Inselgemeinschaft mit ihren typischen Lebensäußerungen sowie ihren (neuen) Lebens- und Arbeitsformen zeigen: etwa den Unterricht im Freien, das Arbeiten in der Landwirtschaft u.v.m.

In ihrer Gesamtheit stellen die Fotos eine eindrucksvolle Bilddokumentation dar, von hoher dokumentarischer Aussagekraft, zum Teil mit besonderen Informationsgehalten, die durch schriftliche Quellen nur zum Teil erreicht wird: Dabei wird vieles von dem, was man auch aus schriftlichen oder mündlichen Quellen erfahren kann, bestätigt; anderes wird durch die Anschauung erst recht verständlich oder ergänzt. Wieder andere Aspekte, die in schriftlichen oder mündlichen Quellen unterbelichtet oder ausgeblendet bleiben, wird allein hier sichtbar.

Die bereits genannten ehemaligen Lehrkräfte und Schüler sowie deren Verwandte verfüg(t)en nicht nur über schriftliche und bildliche Quellen, sondern waren auch bereit, in umfangreicher Korrespondenz und in Gesprächen[73] diese Arbeit mit ihren Kenntnissen und ihren Erinnerungen, ihrem Faktenwissen und ihren subjektiven Einschätzungen über ihre Zeit auf Scharfenberg (und mit Blume) zu unterstützen[74]. Das geschah in einem Umfange, der im Text dieser Arbeit großenteils

---

[72] In einem Brief von Heinrich Scheel an Blume vom 22.12.1969 (PS Scheel) ist davon die Rede, daß eine Vielzahl an Fotografien über die Schulfarm Insel Scharfenberg "ins Universitätsarchiv [der Humboldtuniversität] durch [den ehemaligen Scharfenberg-Schüler] Dr. [Bruno] Opalka gekommen sein, der bis 1933 die akademische Auskunftsstelle der Uni leitete". Eine entsprechende Anfrage an das Universitätsarchiv verlief jedoch mit negativem Ergebnis (Humboldt-Universität zu Berlin. Universitätsarchiv an D.H. br. vom 22.07.1997).

[73] S. hierzu S. 1048-1053.

[74] Die Gespräche wurden in der Regel nach der von Fritz Schütze entwickelten Methode des biographisch-narrativen Interviews gewählt, d.h. u.a., daß nach einer allgemeinen Erzählaufforderung zunächst auf den steuernden Eingriff von Fragen verzichtet wurde und es den Gesprächspartnern somit erlaubt wurde, entlang ihres persönlichen 'roten Fadens' zu erzählen. Erst zu einem späteren Zeitpunkt des Gesprächs kam der Einsatz eines lockeren 'Leitfadens' zum Einsatz, der jedoch nicht für jeden Gesprächspartner identisch war und der auch - u.a. als Folge eines sich fortentwickelnden Forschungsprozesses - modifiziert wurde. - Die oben angesprochenen Fotos, in enger Auswahl zu den Gesprächen mitgenommen bzw. meinen Briefen beigelegt, boten im Kontext des Einsatzes des 'Leitfadens' im Laufe eine hervorragende Gelegenheit, um Erinnerungen wieder aufleben zu lassen. - Die Gespräche wurden weitgehend mit Cassettenrecorder mitgeschnitten und später zwecks Auswertung transkribiert. In einzelnen Fällen mußte darauf verzichtet werden bzw. bestand nicht die Möglichkeit einer Aufnahme. Es wurde dann in der Regel ein stichwortartiges Protokoll erstellt.

nicht mehr explizit verdeutlicht werden kann. Denn im Bewußtsein methodi-
scher/quellenkritischer Möglichkeiten und Probleme der Biographieforschung bzw.
der 'Oral history', die durch die zahlreichen Filterungen der Gesprächspartner als
'Intellektuelle' noch verstärkt wurden, wurde versucht, mündlich gegebene
Informationen (vor allem Fakteninformationen) nach Möglichkeit durch schriftliche
Quellen, die dann als 'Belegstellen' in den Fußnoten angeführt sind, abzusichern[75].

Einige der zentralen schriftlichen und bildlichen Quellen zur Geschichte der
Schulfarm wurden im Kontext der vorliegenden Arbeit dv-aufbereitet, mit Anmerkungen versehen und unter dem Titel 'Quellen zur Geschichte der Schulfarm Insel
Scharfenberg (Berlin)' als Internetedition ins elektronischen Textarchiv der Universitätsbibliothek Marburg gelegt, wo sie zur Nutzung über das Internet bereit stehen[76].

III.   SCHLUßBEMERKUNGEN

Wenn mit der oben skizzierten Quellensituation zur Reformpädagogik im allgemeinen und zu Wilhelm Blume und der Schulfarm Insel Scharfenberg im besonderen indirekt auch die 'Mühsal' langwieriger historischer Quellenarbeit angedeutet wurde,
so soll und kann an dieser Stelle doch auch die 'Entdeckerfreude'[77] nicht verschwiegen werden, die das Auffinden und Bearbeiten von bisher weithin unbekannten und
unbeachteten Quellenfunden mit sich brachte - die von der allerersten Beschäftigung
mit dem Thema, im Kontext eines von Hanno Schmitt am Fachbereich 21 der Philipps-Universität Marburg geleiteten Seminars über 'Utopisches im Alltag historischer Versuchsschulen' im Wintersemester 1983/84 und einem damit verbun-

---

75   Nur eines der zahlreichen sich in diesem Zusammenhang auftuenden Probleme spricht Rudolf
     Rogler an, wenn er von den Schwierigkeiten spricht, "denen die Schulgeschichtsschreibung auf-
     sitzen kann, wenn sie der Gefahr erliegt, nur mit aktiven bekannten Zeitzeugen zu arbeiten -
     denn das sind ja meist die Bewunderer - und auf dieser Basis verallgemeinernde Aussagen
     macht" (ROGLER, Rudolf, Das Heimatmuseum Berlin-Neukölln als Archiv, Forschungsstelle
     und Multiplikator reformpädagogischer Praxis, in: Mitteilungen & Materialien. Arbeitsgruppe
     Pädagogisches Museum e.V., Berlin, Heft Nr. 47 (1997), S. 58-75, hier S. 58.).

76   Quellen zur Geschichte der Schulfarm Insel Scharfenberg (Berlin), hrsg. von Dietmar HAUB-
     FLEISCH, Marburg 1999:
     http://archiv.ub.uni-marburg.de/sonst/1999/0001/welcome.html

77   Vgl. etwa: MARKOV, Walter, Zwiesprache mit dem Jahrhundert. Dokumentiert von Thomas
     GRIMM (=1999. Kleine historische Bibliothek, 5), Köln 1990, S. 230: "[Frage:] 'Die Freihei-
     ten des Priesters Roux' wird als eine außerordentliche Biographie geschätzt. Sie haben eine Per-
     sönlichkeit aus der Geschichte der Französischen Revolution regelrecht ausgegraben. Bedarf es
     dafür einer Art archäologischen Sinns? - [Markov:] Ich würde es schlichter als Lust am Krimi
     bezeichnen. Sicher, wir buddeln schon, und wenn wir Glück haben, finden wir dabei einiges
     mehr als eine Leiche, aber es geht vor allem darum, dem Täter auf der Spur zu bleiben, wohl
     wissend [...], daß die Persönlichkeit immer noch etwas anderes ist als die tausend Einzelheiten,
     die sie zusammensetzen."

denen ersten Besuch der Schulfarm vom 21.-23.11.1983[78] begann, bis zuletzt andauerte und dabei, Kraft und Motivation spendend, über manche 'Durststrecken' einsamer Schreibtischarbeit hinweghalf.

Von ganz besonderer Bedeutung war in diesem Sinne das 'Aufspüren' 'alter Scharfenberger', wie sich die ehemaligen Scharfenberger Schüler und Lehrkräfte gern selbst bezeichnen, und die sich anschließenden brieflichen oder gar persönlichen Kontakte.

Vom ersten Zusammentreffen mit einem 'alten Scharfenberger' (Paul Glasenapp), an war ich nicht nur über die Bereitwilligkeit, mit der mir Auskünfte gegeben wurden[79], sondern vor allem immer wieder aufs Neue überrascht über die Offenheit und Herzlichkeit, mit der ich ohne jedes Zögern, ohne jede auch nur anfängliche Distanz empfangen wurde[80].

In einigen Fällen waren die Kontaktaufnahmen - freilich in einem für mich nicht vorhersehbaren Sinne - nicht ganz unproblematisch. So heißt es in einem Antwortbrief eines ehemaligen Scharfenberg-Schülers:

"Die Erinnerungen an Scharfenberg haben mich so angeregt, daß ich einige Nächte nicht schlafen konnte - aber jetzt ist alles wieder im Gleichgewicht."[81]

Und ein anderer schrieb:

"[Zur] Beantwortung [Ihres (ersten!) Briefes konnte] ich mich indessen nicht gleich entschließen [...], weil er in mir eine Welle von Erinnerungen und Emotionen auslöste, die abgeklärt sein wollten, bevor man sie schriftlich mitteilt."[82]

Zum Teil erweckten meine Anfragen auch Reaktionen, die ein wenig zwischen Stolz und Belustigung angesiedelt waren:

"Ein eigenartiges Gefühl: ich lebe, bin am Leben - und gleichzeitig beginnt die 'Nachwelt', mich und meine Welt und Vergangenheit mit Respekt und wissenschaftlicher Distanz als For-

---

[78] Teilnehmer dieses Besuches waren neben mir Hanno Schmitt, Bodo Hildebrandt und Katharina Otto. - Vgl. zu jenem Besuch: SCHMITT, Hanno, Authentische Pädagogische Praxis: Die Schulfarm Insel Scharfenberg zwischen Anfang und Ende des 20. Jahrhunderts [um Literaturhinweise erg. Text des Vortrages auf der Schulfeier '75 Jahre Schulfarm Insel Scharfenberg' am 6. Juni 1997], in: Profil. Zeitschrift für die Schulfarm Insel Scharfenberg, Berlin, Jg. 2, Nr. 9: November 1997, S. 3-8, hier S. 3.

[79] Vgl. als beliebiges Beispiel für eine erste Reaktion nenne ich die Antwort eines ehemaligen Scharfenberg-Schülers auf meinen ersten Brief an ihn: "Gerne bin ich bereit, Ihnen dabei [= der Scharfenberg-Arbeit] nach besten Kräften behilflich zu sein, aber wie stellen Sie sich das vor [...], wo ich doch Scharfenberg nie aus dem Gedächtnis verloren habe. Ich habe ein sehr gutes Gedächtnis und weiß eine Menge, und es würde, wenn ich es aufschriebe, ein dickes Heft [...]." (Berisch an D.H. br. vom 16.09.1985).

[80] Vgl. z.B.: Glasenapp an D.H. br. vom 26.02.1985: "Auf jeden Fall bin ich gern zu weiteren Auskünften bereit über meine zehn Inseljahre bis zum entscheidenden Einschnitt 1933 [...]. Das Beste wäre [...] ein persönliches Gespräch über alle Sie interessierende Fragen. Dazu müßten Sie mich hier in Minden einmal besuchen, damit wir uns in Ruhe über alles unterhalten können." - Dieser Einladung folgte ein zweitägiger Besuch in Paul Glasenapps Wohnung in Minden und ein jahrelanger Kontakt mit ihm und seiner Frau Ingeborg. - Das alles hat - wie in der Arbeit noch zu zeigen sein wird - mit der positiven Haltung zur Scharfenberger Schulzeit zu tun.

[81] M. Grotjahn an D.H. br. vom 18.09.1987.

[82] Witt an D.H. br. vom 01.11.1987.

schungs-Objekt zu behandeln. Ich lebe und atme - und habe eine zweite Existenz im Wachs-
figurenkabinett der Historie! Amüsant - und schmeichelhaft."[83]

Alles in allem erweckten die 'Scharfenberger' den Eindruck der Befriedigung
darüber, "daß da einer kommt, der sich für seine Erinnerungen und Erfahrungen
gründlicher interessiert als in der gängigen Alltagskommunikation [...]."[84] Teilweise
ergaben sich über meine Vermittlung von Adressen erneute, über lange Jahre brach
liegende Kontakte zwischen ehemaligen Schulkameraden und -freunden quer durch
Europa. In zumindest einem Fall entstanden, angeregt durch die Korrespondenzen
und Gespräche mit mir, in einer Familie intensivere Gespräche zwischen den Generationen: zwischen dem 'Scharfenberger' Großvater und dessen Kindern und
Enkelkindern[85].

Somit kann zusammenfassend festgestellt werden, daß die durch diese Arbeit entstandenen Verbindungen mit 'alten Scharfenbergern' einen Forschungsprozeß in
Gang brachten, der nicht nur - wie oben schon erwähnt - in wissenschaftlicher Hinsicht eine ergiebige, sondern auch eine für alle Seiten persönlich befriedigende Angelegenheit war[86].

---

[83] Cutner an D.H. br. vom 09.07.1991.

[84] BOIS-REYMOND, Manuela du / SCHONIG, Bruno, Nachwort, in: Lehrerlebensgeschichten.
      Lehrerinnen und Lehrer aus Berlin und Leiden (Holland) erzählen, ges. und eingel. von Ma-
      nuela DU BOIS-REYMOND und Bruno SCHONIG, Weinheim [u.a.] 1982, S. 206-215, hier S.
      210.

[85] Hier gebe ich einige kurze Auszüge aus verschiedenen Briefen von I. Glasenapp wieder: [1:] I.
      Glasenapp an D.H. br. vom 04.01.1987: "Meinen Mann macht es schon ein wenig stolz, daß
      die Idee der Scharfenbergschule nach so langer Zeit Ihr intensives Interesse gefunden hat und
      nun gar in Ihrer Dissertation Verwendung finden soll [...]." - [2:] I. Glasenapp an D.H. br. vom
      09.01.1988: "Wir sprechen [...] ab und zu von Ihnen, waren Sie beide es doch, die die Schleu-
      sen zu vergangenen Tagen - nicht nur zu den vielzitierten Scharfenbergern - geöffnet haben:
      Durch angedeutete Erzählungen von früher ist plötzlich auch das Interesse der Enkel wachgeru-
      fen worden, sie fragen nach dem Wie und Weshalb, und der Opa, ist, obwohl sonst mehr ver-
      schlossen, recht aussagebereit, wovon auch ich profitiere, betreibe ich doch ein wenig
      Familiengeschichte. Wie gesagt, es ist Ihr Verdienst, den Treibstoff für die Mühle geliefert zu
      haben." - [3:] I. Glasenapp an D.H. br. vom 08.01.1990: "Scharfenberg läßt uns nicht los; mein
      'Archiv' wächst und wächst und damit auch das Interesse der nächsten Generation, die sich erst
      jetzt als jugendliche Erwachsene Gedanken über ihren Opa macht. Die Zeiten: 'Opa, kannst Du
      mir da helfen?' und 'Opa, weißt Du nicht ...', sind vorbei. Nun ist der Hintergrund des langen
      Lebens ihres Großvaters gefragt. Das sind interessante Gespräche am Küchentisch, die Sie ja
      auch kennen." - [4:] I. Glasenapp an D.H. br. vom 30.06.1990: "Ich wiederhole mich sicher,
      aber: Es war schon früher und ist es mit diesem Brief jetzt wieder Ihr Verdienst, die
      Scharfenbergerlebnisse nicht im Verlauf des Alltags im Vergessen versinken zu lassen. Jahr-
      zehntelang interessierte sich niemand in der Familie für diese für meinen Mann so prägenden
      Jahre; nun hängen Kinder, Enkel und Bekannte an seinen Lippen. Ja, bis nach Amerika sind
      Details weitergetragen worden [...]."

[86] So blieben mir durchweg Erfahrungen erspart, vor denen Manuela du Bois-Reymond und Bruno
      Schonig im 'Nachwort' des von ihnen herausgegebenen Buches 'Lehrerlebensgeschichten. Leh-
      rerinnen und Lehrer aus Berlin und Leiden (Holland) erzählen' (Weinheim [u.a.] 1982, S. 206-
      215, hier S. 210) im Zusammenhang mit ihren Arbeiten an 'Lehrerlebensgeschichten' berichten:
      "Erlebnisse von Ungenügen, Angst oder Trauer" aufgrund von Aspekten wie: "Ungenügendes
      Einfühlungs- und damit Fragevermögen; Angst vor der Konfrontation mit unbekannten Er-
      zählern (werden sie erzählen?); Trauer über unüberbrückbare Erfahrungen aufgrund der dreißig,
      vierzig Jahre, die zwischen 'ihnen' und 'uns' liegen".

TEIL 1: **ENTWICKLUNGSBEDINGUNGEN DER SCHULFARM INSEL SCHARFENBERG BIS ZU IHRER KONSOLIDIERUNG 1922/23**

I. **DIE VORGESCHICHTE BIS 1920**

I.1. **BIOGRAPHISCHE ERFAHRUNGEN DES SCHULGRÜNDERS WILHELM BLUME BIS 1918**

I.1.A. **ELTERNHAUS, KINDHEIT UND SCHULZEIT IN WOLFENBÜTTEL 1884-1902**

Wilhelm Blume wurde am 08.02.1884 um 17.30 Uhr als einziges Kind seiner Eltern Ernst Carl Wilhelm Blume (1854-1930) und Johanne Auguste Sophie Blume, geb. Meyer (1865-1963) geboren und am 08.06. des Jahres in der evangelisch-lutherischen Kirche St. Trinitatis zu Wolfenbüttel getauft[1].

Blumes Urgroßvater väterlicherseits war der in Bismark in der Altmark lebende Bauer Wilhelm Blume. Der Großvater hieß Friedrich Blume, lernte Färber und ging auf Wanderschaft. In Calvörde, einer Exklave des Herzogtums Braunschweig-Wolfenbüttel, heiratete er in eine Färberei mit Landwirtschaft ein und bekam zwei Söhne. Der älteste Sohn übernahm den Hof und gab die Färberei auf[2].

Der zweite Sohn, Wilhelm Blumes Vater, beschloß, Lehrer zu werden[3]. Zu diesem Zweck ging er an das Lehrerseminar in Wolfenbüttel, das für die Lehrerausbildung des Landbezirks des Herzogtums Braunschweig-Wolfenbüttel zuständig war und dessen Geschichte bis 1753 zurückreicht[4]. Von Ostern 1871 bis Ostern 1874 be-

---

[1] Wolfenbüttel, StA: 4 Kb 37 (Geburten 1884), Nr. 47: Friedrich Wilhelm Blume. - Vgl. auch: PS A. Blume: W. Blume an seine Eltern in Calvörde br., o.D. [Februar 1884].

[2] Diese Angaben nach: A. Blume an D.H. br. vom 22.06.1987.

[3] Biogr. Überblick: ROSENTHAL, Carl, Zum 100. Geburtstag von Wilhelm Blume. Ostern 1906 wurde er Lehrer an der damaligen Lehrerbildungsanstalt, in: Wolfenbütteler Zeitung vom 20.03.1954.

[4] Zur Geschichte des Wolfenbütteler Lehrerseminars s. vor allem: SCHÄFER, Friedrich, Zur 150jährigen Jubelfeier des Herzoglichen Lehrer-Seminars in Wolfenbüttel am 30. September 1903, Wolfenbüttel 1903 [=Sonderdr. aus dem Wolfenbütteler Kreisblatt, Jg. 117 (1903), Nr. 229 vom 30.09. und 02.10.1903]. - WIENBREYER, W., Das Hauptseminar zu Wolfenbüttel, in: Aus der braunschweigischen Schulgeschichte. Festschrift zum 75jährigen Bestehen des Braunschweigischen Landes-Lehrervereins. 2. Oktober 1925, Braunschweig 1925, S. 7-54. - Dokumentation 225 Jahre Lehrerausbildung in Wolfenbüttel. Jubiläums-Tagung im Lessingtheater Wolfenbüttel am 14.03.1978, Wolfenbüttel 1978, darin vor allem S. 5-16: RODENSTEIN, Heinrich, Lehrerausbildung im Wandel der Zeit - Probleme heute, und S. 16f.: NOLTE, Hermann, Lehrerausbildung in Wolfenbüttel seit 225 Jahren.

suchte Blumes Vater die Wolfenbütteler Präparandenanstalt[5], anschließend war er Mitglied des Hauptseminars. Im Mai 1876 legte er seine Schulamtsprüfung ab[6]. Im folgenden Frühjahr 1877 wurde er in Wolfenbüttel fest angestellt. Fortan unterrichtete er an den Bürgerschulen[7], an denen er bereits vorher aushilfsweise tätig gewesen war. Zu Michaelis 1879 übernahm er zusätzlich den Turnunterricht in den Präparandenklassen des Lehrerseminars[8].

In Wolfenbüttel lernte Blume die Tochter des verstorbenen Oekonomen Justus Friedrich Anton Carl Meyer kennen[9]. Am 20.04.1883 heirateten die beiden in Wolfenbüttel[10]. Im Laufe des letzten Jahrzehnts des 19. Jahrhunderts bauten sie sich ein Haus am Ufer der Oker, das von einem wundervollen Garten umgeben, offenbar der Stolz der Familie war[11]; heute sind Haus und Garten verschwunden und durch einen asphaltierten Parkplatz ersetzt.

Im Winter 1887/88 nahm Blumes Vater Urlaub ohne Bezüge, besuchte die Zentralturnlehrerbildungsanstalt in Berlin und legte Ostern 1888 seine Turnlehrerprüfung ab[12]. Nach Abgang des bisherigen Turninspektors des Wolfenbütteler Seminars übernahm Blume 1901 den gesamten praktischen und theoretischen Turnunterricht des Seminars[13]. Blumes Personalakte ist zu entnehmen, daß er 1906 als Seminarlehrer -

5   Jährliche Nachrichten über die Präparanden-Anstalt in Wolfenbüttel, Wolfenbüttel 1872, S. 4: "In die Anstalt wurden Ostern 1871 aufgenommen: [...] Wilhelm Blume aus Calvörde [...] 17 Jahre alt." - Jährliche Nachrichten über die Präparanden-Anstalt in Wolfenbüttel, Wolfenbüttel 1875, S. 3: "Ostern 1874 verließen 11 Zöglinge die Anstalt [...] [u.a.] Blume."

6   Wolfenbüttel, StA: 12 A Neu 13, Nr. 41740: Geheime-Canzlei Personal-Acte Blume. - Wolfenbüttel: StA, 103 B Neu (=Landesschulamt für das Volksschulwesen E. 17. Jhdt. - 20. Jhdt.), Herzogliches Consistorium zu Wolfenbüttel. Wolfenbütteler Bürgerschule. Anstellung der Lehrer 1872-1888, Nr. 9: Wilhelm Blume: mit 'Deutschen Ausarbeitungen und gerechneten arithmetrischen und geometrischen Aufgaben', 'Zeugnis über die mit dem Seminaristen W. Blume am 21./23. Juni angestellte Schulamtsprüfung am 24. Juni 1876', 'Schreiben des Stadtmagistrats zu Wolfenbüttel wegen Anstellung des Seminaristen Blume als Lehrer an den städtischen Bürgerschulen vom 11.04.1877 (zugestimmt am 01.05.1877)'.

7   Es waren dies die 1. Bürger- oder 1. Knabenschule und die 2. Bürgerschule, einer Freischule für Knaben und Mädchen; s. dazu FÜLLNER, Gustav, Wie Wolfenbüttel zur Stadt der Schulen wurde, in: Beiträge zur Geschichte der Stadt Wolfenbüttel. Aus Anlaß des 400jährigen Wiederkehr der Verleihung von Marktrecht und Wappen im Auftrage der Stadt Wolfenbüttel, hrsg. von Joseph KÖNIG, Wolfenbüttel 1970, S. 125-139, hier S. 130.

8   Wolfenbüttel, StA: 12 A Neu 13, Nr. 41740: Geheime-Canzlei Personal-Acte Blume.

9   PS A. Blume: W. Blume br. an seine Eltern und seinen Bruder vom 09.05.1882.

10 Wolfenbüttel, StA: 4 Kb 37 (Heiraten 1883), Nr. 28. - Wolfenbüttel, StA: 12 A Neu 13, Nr. 41740: Geheime-Canzlei Personal-Acte Blume: Heiratsschein.

11 Das Adreßbuch für Wolfenbüttel nebst Mitteilungen über Wolfenbüttel, Wolfenbüttel, Jge. 1872-1933 nennt als Wohnsitz Blumes 1886 (S. 15) 'Lindenstr. 90', 1891 (S. 26) und 1896 (S. 17) 'Lindenerstr. 4', ab 1900 (S. 21) 'Lindenerstr. 6'. - S. Abb. 3.

12 Wolfenbüttel, StA: 12 A Neu 13, Nr. 41740: Geheime-Canzlei Personal-Acte Blume: "Für das Amt eines Seminarlehrers war in der Regel außer den beiden Lehrerprüfungen die Rektoratsprüfung bz[w]. akademische Bildung mit abschließender Oberlehrer- oder Rektoratsprüfung oder einer Fachprüfung verbindlich; an die Stelle der Rektoratsprüfung trat bei mir die Turnlehrerprüfung an der Zentralturnlehrerbildungsanstalt in Berlin."

13 SCHUPPAN, Michael-Sören, Wilhelm Blume, in: Pädagogen in Berlin. Auswahl von Biographien zwischen Aufklärung und Gegenwart, hrsg. von Benno SCHMOLDT (=Materialien und Studien zur Geschichte der Berliner Schule, 9), Baltmannsweiler 1991, S. 299-312, schreibt S. 299, Blumes Vater habe in Wolfenbüttel "dem Turn- und Sportunterricht starke Anstöße gegeben"; doch müßte diese Behauptung durch Quellen belegt werden.

zunächst 'provisorisch', d.h. ohne feste Anstellung, - an die Lehrerbildungsanstalt wechselte und damit aus städtischen Diensten in den Staatsdienst übertrat[14]. In der Akte heißt es, es sei "von jeher der glühendste Wunsch [...] Blume[s] gewesen, als Turnlehrer am hiesigen Seminar fest angestellt zu werden" und, um dieses Ziel zu erreichen, habe "er selbst [...] geradezu mit seinen Bitten unsere Referenten im Schulwesen bestürmt"[15] - ein deutlicher Hinweis, wie sehr Blume voller Ehrgeiz für seinen beruflichen und damit auch sozialen Aufstieg gekämpft zu haben scheint. Ostern 1908 war er am Ziel seiner Wünsche, als er am Lehrerbildungsseminar fest angestellt wurde[16]. Am 17.11.1913 erhielt er den Titel 'Turninspektor'[17]. Im April 1920 wurde er im Zuge der Neuordnung des Schulwesens 'Studienrat' und am 01.10.1922 trat er aus gesundheitlichen Gründen in den Ruhestand[18] - mittlerweile eine stadtbekannte Persönlichkeit geworden:

> "Vor dem Kriege gehörte [Blume] [...] lange Zeit der Stadtverordneten-Versammlung an. Seine besondere Lebensarbeit aber galt der deutschen Turnerei. Schon 1882 wurde er Mitglied des Männer-Turnvereins, wurde bald Vorturner und dann Vorsitzender des Vereins. Er war das Vorbild eines echten deutschen Turners! Seit 1914 war er Ehrenvorsitzender des Männer-Turnvereins und einziges Ehrenmitglied des Gauausschusses."[19]

Am 29.10.1930 starb Blumes Vater - im Alter von 77 Jahren[20].

1982 schrieb Werner Hartkopf über Wilhelm Blumes Herkunft:

> "Er war der Sohn eines aus altmärkischem Bauerngeschlecht stammenden Wolfenbüttler [sic!] Schulmannes und so durch die bäuerliche Erdverbundenheit ebenso entscheidend geprägt wie durch das pädagogische Engagement des Vaters, der ein Vorkämpfer für den Turn- und Sportunterricht an den Schulen war."[21]

---

[14] Wolfenbüttel, StA: 12 A Neu 13, Nr. 41740: Geheime-Canzlei Personal-Acte Blume.

[15] Wolfenbüttel, StA: 12 A Neu 13, Nr. 41740: Geheime-Canzlei Personal-Acte Blume.

[16] Wolfenbüttel, StA: 12 A Neu 13, Nr. 41740: Geheime-Canzlei Personal-Acte Blume, "Patent für den Seminarlehrer Blume vom 23.03.1908 mit Wirkung zum 01.04.1908."

[17] Wolfenbüttel, StA: 12 A Neu 13, Nr. 41740: Geheime-Canzlei Personal-Acte Blume: "Den 17. November 1913 erhielt ich den Titel Turninspektor resp. Oberlehrer und damit einen erhöhten Wohngeldzuschuß." - Jährliche Nachrichten über das Lehrer-Seminar in Wolfenbüttel, Schuljahr 1913/14, Wolfenbüttel 1914, S. 4f.: "Zum Geburtstage des Herzogs wurde zur allgemeinen Freude des Kollegiums Herr Kollege Blume zum Turninspektor [...] ernannt."

[18] Jährliche Nachrichten über die Staatliche Lehrerbildungsanstalt und die Deutsche Aufbauschule in Wolfenbüttel. Die Zeit von Ostern 1916 bis dahin 1926 umfassend, bearb. von E. EVERLIEN, Wolfenbüttel 1926, S. 4.

[19] ROSENTHAL, Zum 100. Geburtstag. - Fast wörtlich auch in: Wilhelm Blume +, in: Wolfenbütteler Zeitung vom 30.10.1930, S. 2. - Wolfenbüttel, StA: 12 A Neu 13, Nr. 41740: Geheime-Canzlei Personal-Acte Blume; hier heißt es in einem Eintrag von 1914: "Blume [...] habe ganz besondere Verdienste um die Entwicklung des Turnwesens, er sei 25 Jahre lang Vorstandsmitglied des hiesigen Gauturnrates und es würde eine Anerkennung seiner hervorragenden Tätigkeit allseits mit großer Genugtuung begrüßt werden."

[20] BLUME, Auguste / BLUME, Wilhelm, Todesanzeige für Wilhelm Blume (1854-1930), in: Braunschweigische Landeszeitung vom 31.10.1930. - Wilhelm Blume +, in: Wolfenbütteler Zeitung vom 30.10.1930.

[21] HARTKOPF, Werner, Der Gründer Wilhelm Blume, in: 60 Jahre Schulfarm Insel Scharfenberg 1922-1982. Jubiläums-Festschrift anläßlich des 60-jährigen Bestehens der Schulfarm Insel Scharfenberg (=Sonderheft der Fähre), Berlin 1982, S. 3-12, hier S. 3f.

Mit dieser pathetischen Aussage trifft Hartkopf immerhin zweierlei: Das eine ist
Blumes enge, sein Leben lang anhaltende Verbundenheit mit seiner Heimat, der
kleinstädtisch-ländlichen Atmosphäre Wolfenbüttels und seiner Umgebung, nicht
zuletzt auch dem elterlichen Grundstück an der Oker, die sich u.a. später mehrfach
in den Themen seines Unterrichts niederschlug und die sich in seiner Naturverbundenheit ebenso wie in seinen kulturellen Sympathien, u.a. seiner Hochschätzung der
Wolfenbütteler Schriftsteller Gotthold Ephraim Lessing und Wilhelm Raabe, äußerte. Das zweite ist die enge Verbundenheit zwischen Vater und Sohn Blume, die
sich - mehrfach von Zeitzeugen bezeugt - u.a. in der offensichtlichen Förderung des
Werdegangs des Sohnes, etwa in der Teilnahme an dessen Schulversuch ausdrückt[22].
Gerhard Frühbrodt etwa nennt als Beispiel für die Verbundenheit und den Einfluß
des Vaters auf den Sohn das gemeinsame Interesse am Theater:

> "Schon in seiner Primaner-Zeit pflegten Blume-Vater und Blume-Sohn einen Teil der Ferien in
> Berlin zu verbringen. Bereits in Braunschweig, wo sie umsteigen mußten, wurden die Spiel-
> pläne der Berliner Bühnen studiert [...]. Diese Freude am Spiel ist dann später in seine Art zu
> unterrichten eingegangen, in seine Art, den Schüler zu bilden [...]."[23]

Eine enge Verbindung bestand auch zwischen Wilhelm Blume und seiner Mutter[24].
Nach dem Tod ihres Mannes zog sie nach Berlin. Dort wohnte sie zunächst in Tegelort, dann mit ihrem Sohn gemeinsam in der Direktorenwohnung der Humboldtschule. Seit Blume 1937 in Frohnau den 'Fasanenhof' erbauen ließ[25], lebte sie
hier bei ihrem Sohn - der zeitlebens Junggeselle blieb - bis zu ihrem Tod am
17.10.1963 im 98. Lebensjahr[26].

Ostern 1890 war Blume, "schon einige Zeit im Hause vorgebildet"[27], in die 6.
Klasse der 1. Bürgerschule Wolfenbüttels eingetreten. Nach 3 Jahren, zu Ostern
1893, verließ er diese Schule, um an die 'Große Schule', das 'Herzogliche Gymna-

---

[22]   Ein Beispiel für einen Besuch von Blumes Eltern auf der Insel: Berlin, LA, SIS: CH, I, o.S.:
       "Vom 17. bis 28. [Juli 1922], in den Sommerferien] weilten meine Eltern bei mir, um unsere
       kleine Schöpfung genauer kennen zu lernen."
[23]   Frühbrodt an D.H. br. vom 23.09.1989.
[24]   A. Blume an D.H. br. vom 01.11.1987: "Onkel hat ein sehr, sehr gutes Verhältnis zu seinen
       Eltern gehabt, dieselben haben sich oft besucht."
[25]   S. zum 'Fasanenhof' S. 859-861.
[26]   PS A. Blume: Todesanzeige Auguste Blume vom 22.10.1963. - Die von Blume verfaßte Todes-
       anzeige vom 22.10.1963 trägt den Text: "Nun hat meine Mutter mich doch verlassen müssen.
       Ohne eigentliches Kranksein ist sie - wenige Monate vor dem 99. Geburtstag - friedlich
       hinübergeschlummert. Die Einäscherung hat am 22. im allerengsten Kreise stattgefunden. Wir
       bitten um ein stilles freundliches Gedenken. Die liebsten Verwandten der Entschlafenen aus dem
       Magdeburger Raum haben wir gerade in diesen letzten Zeiten schmerzlich vermissen müssen."
[27]   Wolfenbüttel, Archiv des Gymnasiums Wolfenbüttel, Unterlagen zu den Abiturienten 1902: Ge-
       such des Oberprimaners Wilhelm Blume um Zulassung zur Reifeprüfung vom 21.12.1901.

sium zu Wolfenbüttel' zu wechseln[28]. Diese Schule besaß zu Blumes Schulzeit unter Direktor Wilhelm Brandes (1854-1928)[29], der die Schule seit 1893 leitete, einen hervorragenden Ruf:

> "Brandes war nicht nur ein ausgezeichneter, exakter Philologe und Wissenschaftler [...], sondern auch ein hervorragender Pädagoge, der es durch seine überlegene Autorität und sein ausgeglichenes Wesen verstand, seine Schüler für die Antike und die deutsche Dichtung zu begeistern. Wie er selbst bekannte, war er 'Schulmann aus Leidenschaft'. Brandes fühlte sich als Humanist im Sinne der Renaissance. Ungemein vielseitig, als Schriftsteller und Komponist produktiv, war er ein glänzender Redner und Lehrer, der den humanistischen Geist seines Gymnasiums für Jahrzehnte entscheidend prägte. Aufgeschlossen und kritisch verfolgte er alle Zeiterscheinungen. Dadurch gelang es ihm, [...] [dem] Gymnasium Große Schule einen weit über die Grenzen des Herzogtums hinausgehenden ausgezeichneten Ruf zu verschaffen."[30]

Brandes, ab 1889 Dozent für deutsche Literatur an der Technischen Hochschule Braunschweig, war ein Freund Wilhelm Raabes und einer der ersten, die die Bedeutung des als 'gemütlicher Heimatschriftsteller' verkannten Autors erkannten. Er war Mitbegründer der 'Gesellschaft der Freunde Wilhelm Raabes' und gab die erste - 1916 abgeschlossene - Gesamtausgabe der Werke Raabes heraus[31].

In den letzten Jahrzehnten des 19. Jahrhunderts markierten zunehmend Feiern, Feste und Wanderungen die Höhepunkte der Schuljahre[32]; gehörten seit der Gründungszeit szenische Darstellungen und Musik zu den ständigen Aktivitäten der Großen Schule, so wurden während Blumes Schulzeit insbesondere während der zahlreichen Fahrten der Schule "wiederholt Stücke [gespielt], die Direktor Brandes verfaßt hatte und denen Begebenheiten aus der Lokalgeschichte zugrunde lagen."[33]

---

[28] Zur 'Großen Schule' in Wolfenbüttel s. vor allem: Album des Herzoglichen Gymnasiums (der Herzoglichen Großen Schule) zu Wolfenbüttel 1801-1877. Zusammengestellt von Friedrich KOLDEWEY, Wolfenbüttel 1877. - Album des Herzoglichen Gymnasiums (der Herzoglichen Großen Schule) zu Wolfenbüttel 1801-1903, 2. Ausg. bearb. von Urban WAHNSCHAFFE und Paul ZIMMERMANN, Wolfenbüttel 1903. - Album der Staatlichen Großen Schule (ehemals Gymnasium) zu Wolfenbüttel 1801-1928, 3. Ausg. bearb. mit Unterstützung von Karl LINDE von August FINK und Paul ZIMMERMANN, Wolfenbüttel 1928. - Jahresbericht des Herzoglichen Gymnasiums zu Wolfenbüttel, Jge. Ostern 1893 bis - Ostern 1901 bis 1902, Wolfenbüttel 1894-1902. - Glaubenslehre, Bildung, Qualifikation. 450 Jahre Große Schule in Wolfenbüttel. Ein Beitrag zur Geschichte des evangelischen Gymnasiums in Norddeutschland [Ausstellung im Zeughaus der Herzog August Bibliothek Wolfenbüttel, vom 8. März bis 1. August 1993 - Katalog] (=Ausstellungskataloge der Herzog-August-Bibliothek, 69), Berlin 1993.

[29] Zu Brandes: LÖSER, Ludwig, Wilhelm Brandes, in: 100 Jahre Turngemeinde der 'Großen Schule' zu Wolfenbüttel. 18. Juni 1828 - 1928. Festschrift, Wolfenbüttel 1928, S. 24-29. - VOGES, Hermann, Wilhelm Brandes 1854-1926, in: Niedersächsische Lebensbilder, Bd. 1, hrsg. von Otto Heinrich MAY, Hildesheim [u.a.] 1939, S. 13-27. - KELSCH, Wolfgang, Wilhelm Brandes. Gymnasialprofessor und Freund Wilhelm Raabes, in: FÜRST, Reinmar / KELSCH, Wolfgang, Wolfenbüttel. Bürger einer fürstlichen Residenz. Fünfzig biographische Porträts, Wolfenbüttel 1982, S. 77f.

[30] KELSCH, Wilhelm Brandes, S. 77.

[31] KELSCH, Wilhelm Brandes, S. 78. - RAABE, Wilhelm, Sämtliche Werke, Serie 1, Bd. 1-6; Serie 2, Bd. 1-6; Serie 3, Bd. 1-6, Berlin [1913-1916].

[32] Vgl. dazu die entsprechenden Jahresberichte der Großen Schule. - Ebenso: Glaubenslehre, S. 222-227.

[33] Glaubenslehre, S. 370. - Vgl. auch: Vom herzoglichen Hoftheater zum bürgerlichen Tourneetheater. Ausstellung des Schloßmuseums Wolfenbüttel vom 24.10.1992 bis 10.01.1993, hrsg. von Rolf HAGEN, Wolfenbüttel 1992.

Als eine Besonderheit der 'Großen Schule' kann die 1828 in burschenschaftlich-revolutionärem Geist gegründete Turngemeinde, eines der ältesten deutschen Beispiele der Schülerselbstverwaltung, gelten[34]. Unabhängig von der Schulleitung war die Turngemeinde, die alle Klassen des Gymnasiums umfaßte, ein selbständiges Gemeinwesen, das seine Angelegenheiten selbst ordnete und verwaltete. Sie unternahm - ohne Lehrerbeteiligung - mehrtägige Wander- und 'Turnfahrten', etwa in den Harz[35], hatte eine eigene 'Musikriege' und ein 'Reglement'. Bei allem autoritären Anspruch der Turngemeinde hatte sie eine Eigenverantwortlichkeit inne, die von der Schulleitung nicht angetastet wurde. Brandes war ein Förderer der Turngemeinde. Er "verstand es, durch sein pädagogisches Geschick die [...] Turngemeinde des Gymnasiums als selbständige Schülerselbstverwaltung im heutigen Sinne zu beleben und vor neue Aufgaben zu stellen."[36]

Details zu Blumes Schülerlaufbahn - Fächer, Lehrer, Arbeitsthemen u.a. wie zum Beispiel der Hinweis, daß Blume in den letzten beiden Schuljahren 1900/01 und 1901/02 Stipendiat eines staatlichen, vom St. Lorenz-Kloster in Schöningen vergebenen Stipendiums gewesen war[37] - lassen sich anhand der entsprechenden gedruckten Jahresberichte des Herzoglichen Gymnasiums zu Wolfenbüttel rekonstruieren[38].

Dennoch läßt sich der Einfluß der 'Großen Schule' auf Wilhelm Blume nur erahnen, etwa für die Frage nach der Rolle von Brandes, bei dem Blume in der Unterprima Deutsch- und Geschichtsunterricht und in der Oberprima - in der Brandes auch Blumes Klassenlehrer war - Latein- und Griechischunterricht hatte[39], für die Entwicklung von Blumes Vorliebe für Wilhelm Raabe oder für die Frage eines nachhaltigen Einflusses der Turngemeinde auf Blumes künftiges Verhältnis zur Schülerschaft bzw. Schülerselbstverwaltung[40]. Von Blume sind keinerlei schriftliche Äußerungen über seine Schulzeit überliefert. Das bei zahlreichen Schulreformern zu fin-

---

34 S. hierzu: WAHNSCHAFFE, Urban, Das Turnen am Wolfenbütteler Gymnasium (1828-1892). Beilage zum Jahresbericht über das Herzogliche Gymnasium zu Wolfenbüttel. Ostern 1891-Ostern 1892, Wolfenbüttel 1892; erweitert: WAHNSCHAFFE, Urban, 75 Jahre Turnen am Gymnasium zu Wolfenbüttel 1828-1903. Beilage zum Jahresbericht des Herzoglichen Gymnasiums zu Wolfenbüttel 1903, Wolfenbüttel 1903. - 100 Jahre Turngemeinde der 'Großen Schule' zu Wolfenbüttel. 18. Juni 1828-1928. Festschrift, Wolfenbüttel 1928, darin bes. S. 1-6: ZIMMERMANN, Paul, Die Anfänge der Turngemeinde der Staatlichen Großen Schule zu Wolfenbüttel, und S. 6-16: KRAMER, Otto, Die Wolfenbütteler Gymnasialturngemeinde von 1903 bis 1928. - Glaubenslehre, bes. S. 218-222 und S. 225.

35 Glaubenslehre, S. 225.

36 KELSCH, Wilhelm Brandes, S. 77. - Zum Verhältnis von Brandes zur Turngemeinde s. auch: LÖSER, Wilhelm Brandes, S. 25f.

37 Jahresbericht des Herzoglichen Gymnasiums zu Wolfenbüttel. Ostern 1900 bis 1901, S. 16. - Und: Jahresbericht des Herzoglichen Gymnasiums zu Wolfenbüttel. Ostern 1901 bis 1902, S. 17.

38 Jahresbericht des Herzoglichen Gymnasiums zu Wolfenbüttel. Jge. Ostern 1893 bis 1894 - Ostern 1901 bis 1902, Wolfenbüttel 1894-1902.

39 Jahresbericht des Herzoglichen Gymnasiums zu Wolfenbüttel. Ostern 1901 bis 1902, S. 3.

40 Wolfgang Kelsch, der von 1955-1975 Direktor der Großen Schule war, betont (an D.H. br. vom 18.04.1988), wie die 'Ehemaligen' immer wieder die Turngemeinde als eine sie prägende Kraft hervorhoben, und schreibt: "[Ich] kann [...] mir denken, daß die damalige Turngemeinde auf Blume Einfluß gehabt hat."

dende Motiv der negativen Schulbiographie[41] scheint für Blume, der am 01.03.1902 mit seinem 'Zeugnis der Reife' seine Schulzeit abschloß[42], jedoch nicht zuzutreffen.

I.1.B.   STUDIENZEIT IN HEIDELBERG UND BERLIN 1902-1910/11

Direkt nach dem Abitur entschloß sich Blume, ein Studium zu beginnen. Ob dabei bereits der Wunsch, Lehrer zu werden vorhanden war, kann anhand der vorhandenen Quellen nicht beantwortet werden. Festgehalten werden kann jedoch, daß Wilhelm Blume durch dieses Studium Türen geöffnet wurden, die seinem ehrgeizigen Vater verschlossen blieben[43].

---

[41]   Vgl. etwa: Ludwig Gurlitt, in: Die Pädagogik der Gegenwart in Selbstdarstellungen, hrsg. von Erich HAHN, Bd. 2, Leipzig 1927, S. 27-41 [künftig zit. als: GURLITT, [Autobiographie]], hier S. 37: "Der Tag der Schulentlassung war einer der schönsten meines Lebens." Gurlitt berichtet, ebd., S. 27, daß "es der Zorn über meine durch die Schulerziehung geschädigte Natur war, der mich zum Erziehungsreformer gemacht hat [...]. Meine Jugend ist mir dadurch geschädigt worden, daß ich den Ansprüchen eines humanistischen Gymnasiums entsprechen sollte. Es gab aber kaum eine zweite Schulart, die meinen natürlichen Bedürfnissen weniger hätte entsprechen können." - Zu Gurlitt s. auch S. 58f. und S. 258-265.

[42]   Wolfenbüttel, Archiv des Gymnasiums Wolfenbüttel, Unterlagen zu den Abiturienten 1902: Zeugnis der Reife für Wilhelm Blume vom 01.03.1902. - Vgl. auch: Jahresbericht des Herzoglichen Gymnasiums zu Wolfenbüttel. Ostern 1901 bis 1902 (u.a. mit Prüfungsthemen).

[43]   Heinrich Deiters (1887-1966), einer der bedeutenden Reformpädagogen der 20er Jahre, dessen Biographie zahlreiche Parallelen zu der Blumes aufweist, geht in seiner 1989 veröffentlichten Autobiographie ausführlich auf seine Studienzeit ein. Die Beschreibung von Deiters ermöglicht an verschiedenen, in den folgenden Anmerkungen angegebenen Stellen auch einen indirekten Einblick in die Studienzeit Blumes: DEITERS, Heinrich, Bildung und Leben. Erinnerungen eines deutschen Pädagogen, hrsg. und eingel. von Detlev OPPERMANN. Mit einem Nachwort von Walter FABIAN (=Studien und Dokumentationen zur deutschen Bildungsgeschichte, 40), Köln [u.a.] 1989. - Vgl. dazu: HAUBFLEISCH, Dietmar, Erinnerung an Heinrich Deiters [Besprechung von: DEITERS, Heinrich, Bildung und Leben. Erinnerungen eines deutschen Pädagogen, hrsg. und eingel. von Detlev OPPERMANN. Mit einem Nachwort von Walter FABIAN (=Studien und Dokumentationen zur deutschen Bildungsgeschichte, 40), Köln [u.a.] 1989], in: Die Deutsche Schule, Jg. 82 (1990), S. 377-379. - S. über Deiters auch: OPPERMANN, Detlev, Heinrich Deiters, in: Pädagogen in Berlin. Auswahl von Biographien zwischen Aufklärung und Gegenwart, hrsg. von Benno SCHMOLDT (=Materialien und Studien zur Geschichte der Berliner Schule, 9), Baltmannsweiler 1991, S. 343-365. - Zum Studium von Söhnen des mittleren Bürgertums schreibt: DEITERS, Bildung, S. 40: "Mein Vater erfüllte mir meinen Wunsch [außerhalb des Wohnortes der Eltern (Münster) studieren zu wollen] ohne zu klagen, wenn auch nicht ganz leichten Herzens. Einen Sohn außerhalb des Wohnortes der Familie studieren zu lassen bedeutete, daß die Eltern im Laufe des Jahres auf etwa 1/5 ihres Einkommens zu seinen Gunsten verzichten mußten. Unzählige Familien des mittleren Bürgertums haben ein solches materielles Opfer gebracht, weil die Auffassungen ihrer Klasse von Elternpflicht es so geboten. Der Sohn sollte einmal [mindestens] dieselbe Stellung in der Gesellschaft einnehmen, wie sie der Vater besessen hatte."

Wilhelm Blume ging zum Sommersemester 1902 an die 'Großherzoglich Badische Universität Heidelberg', die damals einen internationalen Ruf genoß[44] und an der damals ein liberaler Geist herrschte[45]. Er schrieb sich zum Studium der 'Philologie' ein[46], was damals ebenso einfach und unkompliziert war wie der Verlauf der ersten Studienjahre[47].

Nach einem Semester, zum Wintersemester 1902/03, wechselte Blume nach Berlin, wo er bis incl. Wintersemester 1907/08 eingeschrieben blieb[48] - nun immatrikuliert für das Studium der Germanistik und der Geschichte, wobei die Vermutung si-

---

[44] Deiters, der wie Blume sein Studium in Heidelberg begonnen hatte, schreibt in: DEITERS, Bildung, S. 43: "Die Universität Heidelberg besaß damals eine Anzahl hervorragender Lehrer und genoß einen internationalen Ruf. In der Philosophie war sie einer der Hauptsitze des Neukantianismus [...]."

[45] GIOVANNINI, Norbert, Heidelberger Studenten 1800-1914, in: Auch eine Geschichte der Universität Heidelberg, hrsg. von Karin BUSCHMEIER, Dietrich HARTH und Christian JANSEN, Mannheim 1985, S. 123-139, hier S. 134: "Im Unterschied zu vielen anderen Provinzuniversitäten durchlebte die Heidelberger in den drei Jahrzehnten vor dem Ersten Weltkrieg ihre vielleicht sympathischste Epoche: im Windschatten der preußisch-deutschen Reaktion wirkten die badischen Universitäten überaus anziehend auf das liberale akademische Deutschland; fast ausnahmslos waren die Ordinariate mit weltweit renommierten Gelehrten besetzt, die Nähe der Industriestadt Mannheim vergegenwärtigte die sozialen Probleme der raschen kapitalistischen Entwicklung, ohne daß das fast märchenhaft-beschauliche Ambiente der Beamten-, Pensionärs- und Kleinbürgerstadt wirklich in sie einbezogen gewesen wäre. Heidelbergs Weltruf führte eine große Zahl ausländischer Studenten an die Ruperta Carola [...]. Bevorzugt wurde Heidelberg außerdem von jüdischen Studenten und, seitdem Baden 1900 das Frauenstudium eingeführt hatte, von weiblichen Studierenden [...]."

[46] S. dazu: Heidelberg, Universitätsarchiv: [1.] Anmeldung für die Großherzoglich Badische Universität Heidelberg von Wilhelm Blume für das Sommersemester 1902, [2.] Belegungsplan von Wilhelm Blume für das Sommersemester 1902, [3.] Studien- und Sittenzeugnis für Wilhelm Blume für das Sommersemester 1902 vom 28.08.1902. - Sowie: Adreßbuch der Ruprecht-Karls-Universität in Heidelberg. Sommer-Halbjahr 1902, Heidelberg 1902, S. 24.

[47] DEITERS, Bildung, S. 41f., bietet eine lesenswerte Beschreibung Heidelbergs, seiner Universität, der landschaftlichen Umgebung, der studentischen Wohn- und Lebensbedingungen, der Immatrikulation und des Studienbeginns in den Jahren nach der Jahrhundertwende: "Die Immatrikulation war das einfachste von der Welt; ich legte mein Reifezeugnis vor und wurde an einem der nächsten Tage mit einer großen Anzahl anderer jungen Leute als Student der Philosophie in den Verband der Universität aufgenommen [...]. In der Auswahl der Vorlesungen und Übungen, an denen ich teilnehmen wollte, war ich nach damaligem Brauch vollkommen frei. Namentlich in der Philosophischen Fakultät bestand für die ersten Semester vollkommene Studienfreiheit [...]. Ich folgte den wissenschaftlichen Interessen, die sich in den letzten Jahren an der höheren Schule bei mir herausgebildet hatten, und studierte Philosophie, deutsche Sprach- und Literaturwissenschaft und Geschichte. Die Philosophischen Fakultäten umfaßten damals noch alle Fächer, die auf der höheren Schule gelehrt wurden, mit einziger Ausnahme des Religionsunterrichts, der seine Fortsetzung in den theologischen Fakultäten erfuhr [...]. Die Fächer, die ich wählte, hatten [...] unter sich einen inneren Zusammenhang. Von der Philosophie erwartete ich, daß sie mir die allgemeinen Grundlagen einer Weltanschauung geben würde. Das Geschichtsstudium sollte mir vor allem eine genauere Kenntnis der deutschen Geschichte geben [...]. Mein Interesse galt damals überwiegend der Geschichte der deutschen Literatur, namentlich der klassischen und der ihr folgenden neueren Literatur des Realismus. Auch die Philosophie, so wie ich sie zu studieren beabsichtigte, war vor allem eine Schöpfung deutscher Denker, Kants und seiner Nachfolger."

[48] Berlin, Archiv der Humboldt-Universität: 93. Rektorat, Matikel Nr. 791 und 97. Rektorat, Matikel Nr. 2975. - Amtliches Verzeichnis des Personals und der Studierenden der Königlichen Friedrich-Wilhelms-Universität zu Berlin. WS 1904/05 bis WS 1907/08, Berlin 1904 bis 1907.

cher richtig ist, daß "die Wahl der Fächer Deutsch und Geschichte auf das Anregungsmilieu des Elternhauses schließen läßt. "[49] Und auch bei der Wahl des Studienortes dürfte nicht ohne Bedeutung gewesen sein, daß Blume Berlin schon aus seiner Schülerzeit, in der er mit seinem Vater einen Teil seiner Ferien zu Theaterbesuchen in die deutsche Hauptstadt fuhr[50], kannte.

Heinrich Deiters (1887-1966), der wie Blume seine letzten Studienjahre in Berlin verbrachte[51], schreibt zur damaligen Stellung der Berliner Universität:

"Zum Wintersemester 1907 auf 8 ließ ich mich an der Universität Berlin immatrikulieren, mit dem Ziel, mein Studium dort zuende zu bringen. Berlin war damals unbestritten der Mittelpunkt wie des politischen, so auch des kulturellen Lebens in Deutschland; es war also nicht verwunderlich, daß ein junger Mensch sich dorthin gezogen fühlte. Obwohl andere Universitäten, wie Leipzig, München, Heidelberg, durchaus ihren Rang behaupteten, galt es doch für viele Gelehrte als Gipfel ihrer Laufbahn, nach Berlin berufen zu werden. So präsentierte Berlin in gewissem Sinne den damaligen Gesamtzustand der Universitätswissenschaft in Deutschland. '[52]

In einer aus der Zeit nach dem 2. Weltkrieg stammenden autobiographischen Skizze[53] schrieb Blume, bei ihm habe der Pädagoge Paul Georg Münch (1877-19..)[54] und von seinen Hochschullehrern in seiner Heidelberger Studienzeit der Historiker Erich Marcks (1861-1938) starke Eindrücke hinterlassen[55], in Berlin seien es der

49   KEIM, Wolfgang, Zur Aktualität reformpädagogischer Schulmodelle. Das Beispiel der Schulfarm Insel Scharfenberg, in: Jahrbuch des Archivs der deutschen Jugendbewegung, Bd. 16 (1986/87), S. 295-320, hier, S. 298.

50   Frühbrodt an D.H. br. vom 23.09.1989: "Sicherlich haben diese wissenschaftlichen Koryphäen [Erich Schmidt und Hans Delbrück] ihn nach Berlin gezogen; bestimmt taten es die Theater. Schon in seiner Primaner-Zeit pflegte Blume-Vater und Blume-Sohn einen Teil der Ferien in Berlin zu verbringen. Bereits in Braunschweig, wo sie umsteigen mußten, wurden die Spielpläne der Berliner Bühnen studiert [...]. Diese Freude am Spiel ist dann später in seine Art zu unterrichten eingegangen, in seine Art, den Schüler zu bilden [...]. Es ist ihm gelungen, diese Spielfreude auf die Schüler zu übertragen. Zu Weihnachten pflegten die einzelnen Häuser (Scheune, Neubau, Holzhaus) dramatische Spiele zu schaffen, aufzuführen und die anderen dazu einzuladen. Blume war in hohem Grade ein homo ludens."

51   Beschreibung seiner Berliner Studienzeit ab Wintersemester 1907/08: DEITERS, Bildung, S. 47-70.

52   DEITERS, Bildung, S. 47.

53   Berlin, AASGB: Ordner 'Berlin/Richter', 2: handschr. Lebenslauf von Blume; abgedr. in: BLUME, Biographisches [1948 oder etwas später], in: Wilhelm Blume zum 100. Geburtstag (=Neue Scharfenberg-Hefte, 6), Berlin 1984, S. 7.

54   SCHUPPAN, Wilhelm Blume, S. 299, schreibt - ohne Nennung eines Quellenbeleges: "Beeinflußt von Münch stellte Blume zeitlebens provozierend die Frage, ob Pädagogik nicht eher eine Kunst denn eine Wissenschaft sei. Folgerichtig sollte die Lehrerbildung eigentlich eher an einer künstlerischen denn an einer wissenschaftlichen Hochschule betrieben werden."

55   Generallandesarchiv Karlsruhe an D.H. br. vom 15.12.1988: "[...] in unserem Nachlaß Marcks konnten wir leider keine Hinweise auf Wilhelm Blume ermitteln. Der im Generallandesarchiv aufbewahrte Nachlaß ist nur ein kleinerer Teil des ursprünglichen Nachlasses, und zwar der, der bei Marcks Schwiegersohn, dem Historiker Willy Andreas [(1884-1967)], aufbewahrt wurde. Der größere Teil ist bei einem Fliegerangriff in Berlin vernichtet worden."

Germanist Erich Schmidt (1853-1913)[56] und der Historiker Hans Delbrück (1848-1929) gewesen, die eine herausragende Wirkung auf ihn ausübten. Von diesen drei Hochschullehrern sollte über das eigentliche Studium hinaus der letztere für Blume von weiterer Bedeutung sein.

Hans Delbrück, der in der von Deiters skizzierten Berliner universitären Welt eine besondere Rolle spielte, gehörte zu den bedeutenden Historikern seiner Generation, nahm aber sowohl in politischer wie in wissenschaftlicher Hinsicht eine Außenseiterposition ein[57]. Im Gegensatz zum Großteil seiner Professorenkollegen, die im wilhelminischen Obrigkeitsstaat eine beamtenhafte Servilität an den Tag legten, stand Delbrück der Wilhelminischen Epoche kritisch gegenüber[58], verteidigte allerdings vor dem ersten Weltkrieg die "konstitutionelle Monarchie als der für das Deutsche Reich besten Staatsverfassung"[59]. Während des 1. Weltkrieges gehörte er zu der kleinen Gruppe von Wissenschaftlern, die für gemäßigte Kriegsziele eintraten. Und 1918 bekannte er sich als "Politiker, der in freudiger nationaler Gesinnung doch den Chauvinismus in jeder Gestalt immer abgelehnt und bekämpft hat"[60]:

> "Vereinigung von Macht und Kultur, von Preußentum und Deutschtum, nationale Gesinnung, aber kein National-Pfaffentum, nationaler Idealismus aber kein Fanatismus, deutsches Volkstum als Glied der allgemeinen Menschheitsbildung, Staats-Gesinnung statt Partei-Gesinnung."[61]

1926 unterzeichnete Delbrück zusammen mit 64 deutschen Universitätsprofessoren auf einer Versammlung in Weimar einen Aufruf an alle diejenigen unter seinen Kollegen, die bereit waren, "auf dem Boden der bestehenden demokratischen repu-

---

56 Akademie der Wissenschaften der DDR. Zentrales Akademie-Archiv an D.H. br. vom 04.01.1989: "Der in unserem Archiv befindliche Nachlaß Erich Schmidt (es handelt sich nur um einen sehr kleinen fragmentarischen Nachlaß) wurde von uns überprüft. Es konnte kein Briefwechsel zwischen Erich Schmidt und Wilhelm Blume ermittelt werden." - PS Pewesin: Blume an Pewesin br. vom 10.06.1953 [Auszug in Abschrift in: PEWESIN, Wolfgang, Die Etappen der Scharfenberger Oberstufenreform 1952-1968. Eine Darstellung und Dokumentation (=Neue Scharfenberg-Hefte, 10), Berlin 1985, S. 23.]: "[...], ja, ich hatte ihm [Erich Schmidt] viel zu verdanken; damals der menschlich vornehme Ausgleich zu seinem so ganz anders gearteten und trotz lazten Organs um soviel unproduktiveren Nebenbuhler [Gustav] Roethe [(1859-1926)], der als 1. Kolleg in Berlin eine Faustvorlesung ankündigte - taktvoll wie er nun einmal war neben dem Entdecker des Urfaust! Aber im Laufe der Jahre - schon im jüngeren Scharfenberger Deutsch-Kurs bemerkbar - habe ich [mich] von Erichs philologenhafter Art wegentwickelt zu Josef Nadlers [(1884-1963)] weniger motiv- und literatenhafter Sicht, und sein neuestes Werk über [Josef] Weinheber [(1892-1945)] hat mich sogar die Enttäuschung über seinen Hitlerkotan, trotzdem Stamm und Landschaft himmelweit von Blut und Boden verschieden waren, überwinden lassen." - Vgl. zum angesprochenen Werk Weinhebers: NADLER, Josef, Josef Weinheber. Geschichte seines Lebens und seiner Dichtung, Salzburg 1952. - Und: WEINHEBER, Josef, Sämtliche Werke, hrsg. von Josef NADLER, Bd. 1, Salzburg 1953.

57 Zu Delbrück s. u.a.: HILLGRUBER, Andreas, Hans Delbrück, in: Deutsche Historiker, hrsg. von Hans-Ulrich WEHLER, Bd. 4, Göttingen 1972, S. 40-52.

58 Vgl. den Titel: THIMME, Anneliese, Hans Delbrück als Kritiker der Wilhelminischen Epoche (=Beiträge zur Geschichte des Parlamentarismus und der politischen Parteien, 6), Düsseldorf 1955.

59 HILLGRUBER, Hans Delbrück, S. 43.

60 DELBRÜCK, Hans, Krieg und Politik 1914-1916, Berlin 1918, S. 1.

61 DELBRÜCK, Krieg und Politik, S. 3.

blikanischen Staatsordnung"[62] konstruktiv für das Gemeinwohl zu arbeiten. Konsequent kritisierte er als politischer Publizist wiederholt und mit Schärfe reaktionäre politische Tendenzen und Persönlichkeiten. Er tat dies insbesondere in den 'Preußischen Jahrbüchern', an denen er seit 1883 mitwirkte, die er von 1889 bis 1919 herausgab und mit denen er gemäß der Zielsetzung der 'Jahrbücher' in Bildung und Politik erzieherisch auf das deutsche Volk wirken - eingeschränkter und präziser: "in das Bildungsbürgertum hinein[...]wirken"[63] - wollte[64].

Delbrück entwickelte ein betont sozialpolitisches Engagement. Bereits 1882 hatte er "eine sozialpolitische Gesetzgebung unter Konservierung des echten Gehaltes des Liberalismus und Zurückweisung aller seiner aus der Reform herausdrängenden reaktionären Forderungen"[65] gefordert. Damit nahm er eine Stellung ein, mit der er sich zwischen alle Stühle setzte, "weil seine Haltung eines 'konservativen Sozialdemokraten' oder wohl besser eines betont sozialpolitisch interessierten Konservativen ihn in Gegnerschaft zu allen Parteien und maßgeblichen politischen Parteien brachte."[66]

Als Historiker erlangte Delbrück vor allem durch zwei seiner Werke Bedeutung: Zum einen durch seine fünfbändige, aus seiner Vorlesungszeit erwachsene, Weltgeschichte[67], "die letzte von einem deutschen Historiker allein, wenn auch bei einzelnen Abschnitten unter Beratung durch Fachkollegen verfaßte Universalgeschichte von den Anfängen bis zu Bismarcks Entlassung"[68]; zum anderen durch seine Geschichte der Kriegskunst[69]. Die Thematik des letztgenannten Werkes war zugleich der Hauptgegenstand der Forschungen Delbrücks. Dabei - und das war die Besonderheit - faßte er, damit Abwehr und Distanzierung bei seinen Zunftgenossen einerseits und den Militärfachleuten andererseits hervorrufend, "Wehr- und Kriegsgeschichte als einen auf das engste mit der Sozial- und der Verfassungsgeschichte, der Kultur- und der Politikgeschichte verbundenen Teilaspekt der allgemeinen Geschichte"[70] auf. Bei Delbrücks Arbeiten fällt zudem ein bestimmtes 'längsschnittartiges' Vorgehen auf:

"Bereits Delbrücks erste Veröffentlichungen zu militärhistorischen Problemen hatten heftige Kontroversen ausgelöst. Schon die großzügige Art seiner die Jahrhunderte überspannenden Vergleiche in den beiden herausragenden Schriften seiner Privatdozentenzeit ('Die Perserkriege und die Burgunderkriege unter Karl dem Kühnen - zwei kombinierte kriegsgeschichtliche Studien' von 1887 und 'Die Strategie des Perikles erläutert durch die Strategie Friedrichs des Großen' von 1890) löste Kopfschütteln bei den Fachkollegen, den Archäologen, den Alt- und Neuhistori-

---

62 Zit. nach: RINGER, Fritz K., Die Gelehrten. Der Niedergang der deutschen Mandarine 1890-1933, Stuttgart 1983, S. 188.

63 HILLGRUBER, Hans Delbrück, S. 43.

64 Vgl.: Preußische Jahrbücher, Bd. 3 (6.1.1859), Vorwort.

65 Politische Wochenschrift (hrsg. von H. Delbrück), vom 1.4.1882; zit. nach: HILLGRUBER, Hans Delbrück, S. 42.

66 HILLGRUBER, Hans Delbrück, S. 42.

67 DELBRÜCK, Hans, Weltgeschichte. Vorlesungen, gehalten an der Universität Berlin 1896/1920, Berlin 1923-1928.

68 HILLGRUBER, Hans Delbrück, S. 46. - SCHLEIER, Hans, Vorwort, in: Der Nachlaß Hans Delbrück. Bearb. von Horst WOLF, mit einem Vorwort von Hans SCHLEIER (=Handschrifteninventar der Deutschen Staatsbibliothek, 4), Berlin (DDR) 1980, S. V-XV.

69 DELBRÜCK, Hans, Geschichte der Kriegskunst im Rahmen der politischen Geschichte, Teil 1-4, Berlin 1900-1920; photomech. Nachdr. der 3. Aufl. Berlin 1964.

kern, aber auch heftige Polemik bei den Militärschriftstellern und Kriegsgeschichtsexperten des Generalstabs aus."[71]

Delbrück dürfte für Blume "vor allem mit seiner aufgeklärt-liberalen und sozialpolitischen Einstellung"[72] bedeutsam geworden sein:

> "Angesichts der konservativ-reaktionären politischen Einstellung der meisten Hochschullehrer jener Zeit läßt sich Delbrücks Einfluß auf Blume kaum unterschätzen. Dessen sozialpolitisches Engagement äußerte sich später vor allem in der verstärkten Aufnahme von sogenannten Aufbauschülern auf Scharfenberg, das heißt von Übergängern aus Berliner Gemeinde- (Volks-) Schulen nach dem 7. oder 8. Schuljahr."[73]

Aber auch auf Blumes Unterricht dürften sich Auswirkungen gezeigt haben:

> "Delbrück und Marcks wie Erich Schmidt dürften auch Blumes Konzept eines fächerübergreifenden Kulturunterrichts beeinflußt haben."[74]

Und schließlich sind die für Delbrück typische Verbindung einzelner Teilaspekte der Geschichte zu einer 'allgemeinen Geschichte' wie auch seine Methode der 'längsschnittartigen' Betrachtungsweise Faktoren, die sich später in Blumes 'Kulturunterricht' wiederfinden sollten[75].

Es ist bisher in der Literatur an keiner Stelle bemerkt worden, daß Blume - wie oben gezeigt - als Student der Berliner Universität lediglich bis Wintersemester 1907/08 nachgewiesen[76], aber erst zum April 1911 in der Lehrerausbildung als nächstem Lebensabschnitt zu finden ist[77]. Lediglich ein brieflicher Hinweis von Frühbrodt[78] und vor allem drei Briefe im Nachlaß von Hans Delbrück geben über Blumes Biographie in jenen Jahren Auskunft[79]:

In einem Brief von Blume an Delbrück vom 29.04.1907 wird deutlich, daß Blume bei Delbrück - was damals nicht ungewöhnlich war - direkt im Anschluß an

---

70   HILLGRUBER, Hans Delbrück, S. 40.
71   HILLGRUBER, Hans Delbrück, S. 44.
72   KEIM, Zur Aktualität, S. 298. - KEIM, Zur Aktualität, S. 298 und S. 300, hat sich bislang als einziger mit der möglichen Bedeutung von Blumes Studienzeit und dem Einfluß Delbrücks im besonderen auseinandergesetzt.
73   KEIM, Zur Aktualität, S. 298 und S. 300.
74   KEIM, Zur Aktualität, S. 300.
75   S. dazu bes. S. 636.
76   S. dazu S. 40. - Die Angabe im Album der Staatlichen Großen Schule (ehemals Gymnasium) zu Wolfenbüttel 1801-1928, 3. Ausg. bearb. mit Unterstützung von Karl LINDE von August FINK und Paul ZIMMERMANN, Wolfenbüttel 1928, S. 72, Blume habe sein Studium 1909 beendet, ist falsch.
77   S. 47.
78   Frühbrodt an D.H. br. vom 23.09.1989. - Und: Frühbrodt an D.H. br. vom 09.11.1989.
79   Berlin, Staatsbibliothek zu Berlin. Preußischer Kulturbesitz, Haus Unter den Linden: Nachlaß Hans Delbrück, Korrespondenz W. Blume, Blume an Delbrück br. vom 29.04.1907, Blume an Delbrück br. vom 31.12.1907 und Blume an Delbrück br. vom 31.05.1911. - Vgl. dazu: Der Nachlaß Hans Delbrück. Bearb. von Horst WOLF, mit einem Vorwort von Hans SCHLEIER (=Handschrifteninventar der Deutschen Staatsbibliothek, 4), Berlin (DDR) 1980. - Bundesarchiv an D.H. br. vom 19.12.1989: In dem hier verwahrten Teilnachlaß Delbrück ist keine Korrespondenz mit Blume zu erwarten. Der Hauptnachlaß Delbrücks befindet sich in der Deutschen Staatsbibliothek, Unter den Linden 8, [...] Berlin."

das Studium ohne Staatsexamen eine Dissertation begonnen hatte[80]. In seinem Brief erstattete er Bericht über seine Arbeit, "für die wir bei der letzten Besprechung vor ungefähr Jahresfrist den Titel 'Historische Studien zur Kriegführung Friederichs [sic!] des Großen' vorläufig angenommen hatten."[81] Zugleich entschuldigte sich Blume, "daß ich zur Erledigung der Vorarbeiten so lange Zeit nötig gehabt habe"[82]:

"Eine Halsdrüsenkrankheit, an der ich schon öfter zu leiden hatte, beeinträchtigte für mehrere Wochen die Arbeitskraft; die Beteiligung an den Übungen und schriftlichen Arbeiten im germanistischen Seminar, die ich bei der Schwierigkeit meines Doktorthemas eher hätte einstellen müssen, entzog dem Studium der Friedericianischen Kriege manche Stunde; und schließlich nahm die Lektüre der bänderreichen Litteratur [sic!] und die Sammlung des umfangreichen Materials selbst sehr viel Zeit in Anspruch."[83]

Die gesundheitlichen Probleme hielten an. Die Arbeit kam daher nur schleppend voran und wurde Mitte des Jahres 1907 aufgrund eines mehrwöchigen Krankenhausaufenthalts und nachfolgenden langwöchigen Genesungszeiten sogar für längere Zeit völlig unterbrochen. In einem Brief vom 31.12.1907 heißt es dazu:

"Da erkrankte ich im Juni plötzlich an einer Brust- und Rippenfellentzündung und mußte mich nach zehnwöchigem Krankenlager im Augusta-Hospital bei Professor Krause einer schweren Operation unterziehen, die ich - wider Erwarten der Ärzte - überstand. Fast 10 Wochen lang nahm die Heilung der Wunden in Anspruch, und seit einiger Zeit befinde ich mich im Elternhause, um die sehr geschwächten Kräfte wieder zu stärken.
Wie weh es mir getan hat, meine Arbeit nun so lange liegen lassen zu müssen, kann ich Ihnen, hochverehrter Herr Professor, schwer sagen; doch glaubte ich mir die Freiheit nehmen zu müssen, Ihnen über mein Mißgeschick Bericht zu erstatten, damit Sie die langsame Fertigstellung der Dissertation mit einiger Nachsicht beurteilen möchten.

---

80 DEITERS, Bildung, S. 51f.: "Der Zeitpunkt kam nun heran, wo ich mich für das Thema meiner Dissertation entscheiden mußte. Bei damaligem Brauch ging bei Philologen die Promotion dem Staatsexamen voran. Wir strebten danach, zuerst unsere Befähigung zu selbständiger wissenschaftlicher Arbeit nachzuweisen. Damit betrachtete der Staat auch unsere Brauchbarkeit für ein Amt bereits zum großen Teil als erwiesen, die Doktorarbeit wurde als ein Bestandteil des Staatsexamens anerkannt."

81 Berlin, Staatsbibliothek zu Berlin. Preußischer Kulturbesitz, Haus Unter den Linden: Nachlaß Hans Delbrück, Korrespondenz W. Blume, Blume an Delbrück br. vom 29.04.1907. - Ebd.: "Jetzt bin ich schon längere Zeit mit der Ausarbeitung beschäftigt; das einleitende Kapitel, in dem ich die Problemstellung rechtfertige und einen kritischen Überblick über die sehr interessante Literatur gebe, die seit dem Polemik mit Bernhardi im In- und Ausland dem Feldherrntum Friedrichs und seiner Zeitgenossen gewidmet ist, habe ich abgeschlossen; im ersten Kapitel vergleiche ich nach den mir von Ihnen gegebenen Direktiven Friederichs [sic!] theoretische Schriften mit denen der Kriegstheoretiker des 17. und 18. Jahrhunderts sowie mit denen Napoleons. Im zweiten Teil steht im Mittelpunkt der Untersuchungen die Kriegführung der zeitgenössischen Praktiker [...]. In einem Exkurs gedenke ich der Beurteilung, die Friederichs [sic!] Kriegführung von Anbeginn an im Wechsel der Zeiten erfahren hat, im Zusammenhange darzustellen, da sich dafür bei der Lektüre manche lehrreiche Notiz gefunden hat."

82 Berlin, Staatsbibliothek zu Berlin. Preußischer Kulturbesitz, Haus Unter den Linden: Nachlaß Hans Delbrück, Korrespondenz W. Blume, Blume an Delbrück br. vom 29.04.1907.

83 Berlin, Staatsbibliothek zu Berlin. Preußischer Kulturbesitz, Haus Unter den Linden: Nachlaß Hans Delbrück, Korrespondenz W. Blume, Blume an Delbrück br. vom 29.04.1907.

Auf dringendes Anraten des Hausarztes muß ich noch bis zu Beginn des neuen Semesters hier bleiben; nach meiner Rückkehr darf ich Sie vielleicht um Ihren Rat wiederum bitten.[84]

Der dritte erhaltene Brief stammt vom 31.05.1911. Blume, inzwischen in der Lehrerausbildung, bedankte sich für ein Empfehlungsschreiben, das Delbrück ihm auf seine Bitte hin an das Provinzialschulkollegium ausgestellt hatte - "habe ich es doch sicher ihm zum größten Teil zu verdanken, daß mein Wunsch, im Seminarjahr in Berlin bleiben zu können, in Erfüllung gegangen ist"[85] -, stellte aber Delbrück weiterhin den Abschluß seiner Arbeit in Aussicht:

"Dem hiesigen Lessinggymnasium bin ich überwiesen worden und kann nun in diesem Jahre meine Friedricharbeit, von der Krankheit und Examensnöte mich so lange fern gehalten haben, hier zum Abschluß bringen. Ich hatte gehofft, den 1. Hauptteil ('Friedrich als Feldherr im Urteil von Mit- und Nachwelt') nach Umarbeitung des Staatsexamensthemas schon bis Pfingsten im wesentlichen vollenden zu können, da ich mich in den Osterferien nun wieder ganz in die Materie eingearbeitet hatte; aber in diesen ersten Schulwochen konnte ich nicht genügend Zeit dafür erübrigen, zumal ich seit 14 Tagen in Tertia und Sekunda selbständig unterrichten muß. Für einen beurlaubten Oberlehrer ist mir die Vertretung bis Johannis übertragen, wofür es natürlich für einen Anfänger in der edlen Pädagogik zunächst mancherlei zu tun gibt. Ablehnen mochte ich aber nicht gern, aus pekuniären Gründen vor allem auch, weil doch solcher Unterricht - noch dazu Römische Kaiserzeit in U III und Friedrich der Große in Untersekunda! - viel mehr Freude macht als das Hospitieren. Wenn ich mich in die ungewohnten Verhältnisse erst [ein]gefunden habe, werde ich, zumal meine Arbeitskraft durch Nachwehen der Krankheit kaum noch beeinträchtigt wird, die Dissertation doch weiter fördern und nach den großen Ferien Ihnen endlich den ersten Hauptteil zur Begutachtung überbringen können. 100 Spalten habe ich fertiggestellt, möchte Sie aber nicht eher damit belästigen, bis ein einigermaßen abgeschlossener Abschnitt vorliegt."[86]

Doch sollte es zum Abschluß der Dissertation nicht kommen. Frühbrodt erinnert sich an Gespräche mit Blume, die die psychologische bzw. psychosomatische Seite der Dissertation beleuchteten:

"Das sei ein 'zu weites Feld' gewesen. Er habe sich daran 'halbtot' gearbeitet. Er sah zwischen seiner psychischen Erschöpfung und seinem körperlichen Zusammenbruch einen Zusammenhang."[87]

Im Jahre 1910 machte Blume seine Staatsexamensprüfung[88]. Als Grundlage für seine Staatsexamensarbeit nutzte Blume auf Rat des Berliner Historikers Otto Hintze

---

84   Berlin, Staatsbibliothek zu Berlin. Preußischer Kulturbesitz, Haus Unter den Linden: Nachlaß Hans Delbrück, Korrespondenz W. Blume, Blume an Delbrück br. vom 31.12.1907. - Vgl. entsprechend: A. Blume an D.H. br. vom 01.09.1987: "Onkel hatte eine schwere Operation, es mußten ihm mehrere Rippen rausgenommen werden, dieselben waren vereitert. Darum brauchte Onkel auch nie Soldat zu sein. Kurz vor der Krankheit hatte Onkel auch damit begonnen eine Doktorarbeit zu schreiben, die die Krankheit aber so lange dauerte, hat er das aufgegeben."

85   Berlin, Staatsbibliothek zu Berlin. Preußischer Kulturbesitz, Haus Unter den Linden: Nachlaß Hans Delbrück, Korrespondenz W. Blume, Blume an Delbrück br. vom 31.05.1911.

86   Berlin, Staatsbibliothek zu Berlin. Preußischer Kulturbesitz, Haus Unter den Linden: Nachlaß Hans Delbrück, Korrespondenz W. Blume, Blume an Delbrück br. vom 31.05.1911.

87   Frühbrodt an D.H. br. vom 09.11.1989.

88   Vgl.: DEITERS, Bildung, S. 69: "Die [Staatsexamens-] Prüfung fand im Provinzialschulkollegium in der Linkstraße in Berlin statt. Es waren bescheiden ausgestattete Räume, wie es der Gepflogenheit der preußischen Staatsbehörden entsprach." - Es folgt bei Deiters (S. 69) eine Beschreibung der Prüfung in Philosophie, deutscher Sprache und Literatur, Geschichte sowie Pädagogik und 'allgemeine Bildung'.

(1861-1940) Teile seines umfangreichen Dissertationsfragmentes[89]. Mit Abschluß der Prüfung war Blume ab dem 06.12.1910 dann für den Lehrerberuf "zur Anstellung befähigt"[90].

I.1.C.   LEHRERAUSBILDUNG UND ERSTE LEHRERTÄTIGKEIT IN BERLIN 1911-1918

Nachdem Blume mit Ende des Jahres 1910 'zur Anstellung befähigt' war, blieb er in Berlin und meldete sich sogleich zum Schuldienst[91]. Am 01.04.1911 - im Schuljahr 1911/12 - wurde er Mitglied "der mit dem Lessing-Gymnasium verbundenen pädagogischen Seminaranstalt"[92]. In einem Brief an Wilhelm Richter vom 07.12.1968 erinnert sich Blume positiv an dieses Jahr:

> "[...] ich habe [...] an mein Seminarjahr am Lessinggymnasium [...] gedacht; es war wohlweislich nur eins, in dem der Direktor der alleinige Chef war und nun man als Probandus sich in einen Schulorganismus einleben konnte, eine Seminararbeit schrieb [...] und eine Schlußprobelektion vor Direktor und Tutor gab, nicht [wie heute] vor einem großen Gremium, dessen Mitgliedern zuletzt zum Zerpflücken nichts mehr übrig bleibt [...]."[93]

Ab dem 01.04.1912 war Blume - für das Schuljahr 1912/13 - als Proband am Humboldt-Gymnasium[94], einer 1875 gegründeten Schule, die in der Gartenstraße "im un-

---

89   So: Frühbrodt an D.H. br. vom 09.11.1989. - Vgl.: DEITERS, Bildung, S. 66: "Für das Staatsexamen wurden zwei wissenschaftliche Hausarbeiten gefordert. Meine literaturhistorische Dissertation wurde als die eine von ihnen anerkannt, für die zweite bat ich um ein Thema aus der Philosophie."

90   Kalender für das höhere Schulwesen Preußens und einiger anderer deutscher Staaten, Jg. 18: Schuljahr 1911, 2. Teil, Breslau 1911, S. 405 und S. 529. - Auch nach: Zehnte Realschule zu Berlin. XXII. Bericht über das Schuljahr von Ostern 1914 bis Ostern 1915, Berlin 1915, S. 12 "bestand [Blume] das Examen pro fac. doc. in Berlin 1910".

91   Über den Beginn des Eintritts von Blume in den Schuldienst bestehen in der Literatur nicht selten Unsicherheiten; so heißt es fälschlich z.B. bei: SCHUPPAN, Wilhelm Blume, S. 299, Blume habe seit 1910 [sic!] im Berliner Schuldienst gestanden, "zunächst am Humboldt-Gymnasium [sic!] [...]."

92   Lessing-Gymnasium zu Berlin. Dreißigster Jahresbericht, Ostern 1912 [für das Schuljahr 1911/12], Berlin 1912, S. 20. - S. auch: Kalender für das höhere Schulwesen, Jg. 18: Schuljahr 1911, 2. Teil, Breslau 1911, S. 405 und S. 529. - Über das Lessing-Gymnasium existiert eine Festschrift: Lessing-Gymnasium. 100 Jahre [1882-1982], Berlin 1982. Diese Festschrift bringt einen Überblick über die Geschichte des Gymnasiums, s. bes. S. 1-6: GERRMANN, Udo, Die Chronik des Lessing-Gymnasiums und S. 7-20: SPREE, Richard, Die gute Schule an der Panke. Erinnerungen 1905-1914. - Allerdings enthält die Festschrift leider keinerlei Hinweise auf das Lehrerseminar. - Zu Blume als Lehrer 1911 s. Abb. 2.

93   Berlin, LA: Rep. 200, Acc. 3184, Nr. 7: Blume an Richter br. vom 07.12.1968.

94   Humboldt-Gymnasium in Berlin. XXXVIII. Bericht über das Schuljahr Ostern 1912 bis Ostern 1913, Berlin 1913, S. 13: "[Es] überwies das Kgl. Provinzial-Schulkollegium der Anstalt [...] die Probanden Herrn Dr. Stengel und Herrn Blume." - Kalender für das höhere Schulwesen, Jg. 19: Schuljahr 1912, 2. Teil, Breslau 1912, S. 392 und S. 569.

gesündesten Norden Berlins"[95], zwischen Mietskasernen nahe des Stettiner Bahnhofs
eingezwängt[96], lag. In einer Festschrift anläßlich des 50jährigen Bestehens des Humboldt-Gymnasiums schrieb Carl Cohn - Lehrer an dieser Schule, der für Blume und
die Entstehung der Schulfarm eine wichtige Rolle spielen sollte - ohne jeden Überschwang:

> "Das Berliner Humboldt-Gymnasium verdankt seine Entstehung nicht dem neu auftauchenden
> pädagogischen oder schulpolitischen Gedanken, nicht dem schöpferischen Willen eines für die
> deutsche Jugend begeisterten Erziehers; es wurde einfach, weil sich in der wachsenden jungen
> Reichshauptstadt ein Bedürfnis nach neuen höheren Schulen fühlbar machte, von den zuständi-
> gen Behörden im Rahmen und auf Grund der bestehenden Grundsätze, Gesetze und Verordnun-
> gen begründet und trat ohne besondere Abzeichnung oder Ansprüche wie einer von vielen Re-
> kruten in das Heer der preußischen Gymnasien ein, um nach Beendigung der ersten Exerzitien
> mit den älteren Jahrgängen in Reih' und Glied zu treten und wie ein braver Soldat auf seinem
> Posten mit Hingebung seine Pflicht zu tun."[97]

Cohn bilanziert, die Schule habe "die Mission, die man ihr gegeben hatte, erfüllt"
und "für diese Stadtgegend als Stätte der Bildung und Kultur eine große Bedeutung
gewonnen"[98]. Von ihrem Äußeren weiß Cohn wenig Erfreuliches zu berichten:

> "Da die damalige Bauverwaltung von Berlin unglaublicherweise auf dem Standpunkt stand, daß
> man in der wenig bevorzugten Gegend auf die architektonische Ausgestaltung eines Schulgebäu-
> des kein Gewicht zu legen brauche, hat man dort in der Gartenstraße höchst nüchterne, reine
> Nutzbauten errichtet. Die fast schmucklosen Fronten des Wohn- und Schulgebäudes sind im
> Ziegelrohbau ausgeführt und mit roten Verblendsteinen bekleidet [...] die Front zeigt kaum eine
> Gliederung [...]. Auch das Innere des Gebäudes ist nüchtern, bietet nirgends etwas dem Auge
> Wohltuendes oder Erfreuliches [...]. Hinter dem Gymnasialgebäude erstreckt sich der eigentli-
> che Schulhof, nicht groß genug und etwas winklig und für Spiele größerer Abteilungen wenig
> geeignet. An seiner einen Seite erhebt sich die recht geräumige Turnhalle und ihr gegenüber ein
> selten häßliches Latrinengebäude, das, seit der Gründung der Anstalt fast unverändert geblie-
> ben, einen etwas vorsintflutlichen Eindruck macht. In diesen Bauten [...] hat unser Gymnasium
> nunmehr 50 Jahre lang gehaust."[99]

In seinem ersten Jahr am Humboldt-Gymnasium 1912/13 engagierte sich Blume auch
über seinen Unterricht hinaus für seine Schüler. Er scharte außerhalb des Unterrichts
und jenseits der grauen Mauern des Schulgebäudes einige Schüler um sich und bildete mit ihnen einen Literaturzirkel, den "Verein 'Schiller' der U III M und O III M.
Schuljahr 1912/13, der in der Wohnung des damaligen Probekandidaten Blume zu
tagen pflegte."[100]

Mit Ablauf des Schuljahres 1912/13 verließ Blume das Humboldt-Gymnasium
zunächst und verbrachte die Schuljahre 1913/14 und 1914/15 an der 10. Realschule,

---

95   BLUME, Wilhelm, Die Schulfarm Insel Scharfenberg, in: Das Berliner Schulwesen, hrsg. von
     Jens NYDAHL. Bearbeitet unter Mitwirkung Berliner Schulmänner von Erwin KALISCHER,
     Berlin 1928, S. 135-186 und S. 568f., hier S. 135.
96   S. Abb. 6.
97   COHN, Carl, Geschichte des Berliner Humboldt-Gymnasiums in den Jahren 1875-1925, Berlin
     1925, S. 3.
98   COHN, Geschichte, S. 4.
99   COHN, Geschichte, S. 4.
100 Bemerkung zur Vorgeschichte des 'Literarischen Vereins' in: Berlin, LA, SIS: Prot.-Buch des
     III. Kränzchens, o.S. - Enthalten ist hier auch eine Auflistung der Mitglieder und der gelesenen
     Stücke.

der Robert-Zelle-Realschule[101] - für das Schuljahr 1913/14 als "zur Anstellung befähigter Kandidat"[102] in der Funktion als "wissenschaftlicher Hilfslehrer"[103], dann für das Schuljahr 1914/15 als Oberlehrer[104]. Über diese zweijährige Tätigkeit geben die entsprechenden gedruckten Jahresberichte an der 10. Realschule kurze Auskunft. Im Jahresbericht 1914/15 der 10. Realschule heißt es u.a., daß Blume mit anderen Lehrern eine 'Jugendkompagnie' einrichtet und geleitet habe:

> "Laut Verfügung der Ministerien wurde Anfang September auch in unserer Schule eine Jugendkompagnie zur militärischen Vorbereitung der Jugend eingerichtet, die vom Kgl. Generalkommissariat am 24. September als Kompagnie Nr. 83 dem Bezirk Berlin C zugeteilt ist. Die Zahl der Übenden, vorher auf ihre Tauglichkeit ärztlich untersuchten Schüler beläuft sich auf 96. An dem in den Oktoberferien und einigen Sonntagen im November und Dezember von Herrn General Stenglin abgehaltenen Ausbildungskursus für Leiter von Jugendkompagnien nahmen aus dem Kollegium teil [...] Blume [u.a.] [...]. Soweit die Tage noch länger hell waren, exerzierte unsere Jungmannschaft an den Sonnabendnachmittagen auf dem Platze des 4. Garderegiments, wo auch die Bildung der Schützenlinie eingeübt wurde; später fanden die Exerzitien Sonnabends von 1-2 Uhr in der Turnhalle unserer Schule statt [...]. Wiederholt wurden Märsche ins Gelände gemacht [...]."[105]

Als am 18. Oktober 1914 in der Schul-Aula "ein Kriegsgedenkabend statt[fand], an dem eine Turnerriege [...] Pyramiden zeigte, das Streichorchester, die Mandolinenkapelle und die Trommlerriege patriotische Weisen spielten", wurde auch "ein von Herrn Kollegen Blume zusammengestelltes Theaterstück 'Ein Septemberabend 1914 in einer deutschen Familie' aufgeführt"[106].

Die Jahresberichte weisen auch darauf hin, daß Blume an der 10. Realschule einen ca. 140-150 Mitglieder umfassenden 'Wandervogel', "welcher [allerdings] zu den anderen in Berlin bestehenden Vereinigungen gleichen Namens in keinen Beziehungen [stand]"[107], leitete[108]. Zu den Unternehmungen dieses 'Wandervogels' ge-

---

[101] Berlin, AASGB: Ordner 'Blume/Richter' 1: Schreiben des Magistrats der Königlichen Haupt- und Residenzstadt Berlin an den Direktor der 12. Realschule, Dr. Walter, vom 20.02.1913: Mit diesem Schreiben genehmigte der Magistrat einen Antrag vom 14.02.1913, nach dem Blume für das kommende Schuljahr 1913/14 Religionsstunden an der 12. Realschule Religionsstunden übertragen werden sollten. Diese Genehmigung war vermutlich durch Blumes Eintritt in die 10. Realschule hinfällig.

[102] Kalender für das höhere Schulwesen Preußens und anderer deutscher Staaten, Jg. 20: Schuljahr 1913, 2. Teil, Breslau 1913, S. 222 und S. 367.

[103] Zehnte Realschule zu Berlin. XXI. Bericht über das Schuljahr von Ostern 1913 bis Ostern 1914, Berlin 1914, S. 13.

[104] Kalender für das höhere Schulwesen Preußens und anderer deutscher Staaten, Jg. 21: Schuljahr 1914, 2. Teil, Breslau 1914, S. 199 und S. 283, sowie: Zehnte Realschule zu Berlin. XXII. Bericht über das Schuljahr von Ostern 1914 bis Ostern 1915, Berlin 1915, S. 12 und S. 13.

[105] Zehnte Realschule zu Berlin. XXII. Bericht über das Schuljahr von Ostern 1914 bis Ostern 1915, Berlin 1915, S. 11. - Vgl. zu den paramilitärischen Übungen: RÜRUP, Ingeborg, 'Es entspricht nicht dem Ernste der Zeit, daß die Jugend müßig gehe.' Kriegsbegeisterung, Schulalltag und Bürokratie in den höheren Lehranstalten Preußens 1914, in: August 1914. Ein Volk zieht in den Krieg, hrsg. von der Berliner Geschichtswerkstatt, Berlin 1989, S. 181-191.

[106] Zehnte Realschule zu Berlin. XXII. Bericht über das Schuljahr von Ostern 1914 bis Ostern 1915, Berlin 1915, S. 12.

[107] Zehnte Realschule zu Berlin. XXI. Bericht über das Schuljahr von Ostern 1913 bis Ostern 1914, Berlin 1914, S. 10. - Und: XXII. Bericht über das Schuljahr von Ostern 1914 bis Ostern 1915, Berlin 1915, S. 11.

[108] S. Abb. 4 und Abb. 5.

hörten im Schuljahr 1913/14 u.a. eine dreitägige Fahrt in die Sächsische Schweiz, 15 ganz- oder halbtägigen Ausflügen in die nähere oder weitere Umgegend Berlins, der Besuch des Festspiels 'Marschall Vorwärts' im Naturtheater zu Potsdam sowie von Kriegsspielen im Grunewald und in den Müggelbergen[109]. Außerdem ließ sich in "einigen 'Nestabenden' [...] das aus Schülern gebildete Streichorchester und die Mandolinenkapelle hören."[110] Zu den Aktivitäten im nächsten Jahrgang heißt es u.a.:

> "In den Pfingstferien wurde unter Führung des Kollegen Blume eine Fahrt durch Thüringen unternommen, auf der die Wartburg, die klassischen Stätten Weimars und Jenas, die Burgen im Saaletal und die Jahnturnhalle in Freyburg besucht wurden [...]; für die besten der eingereichten Reisebeschreibungen bekamen zwei Schüler Bellermanns Schillerbiographie[111] oder Scobels Buch über Thüringen[112]. - Auf eintägigen Wanderungen lernten die Teilnehmer (durchschnittlich 35) u.a. das Kloster Lehnin, das Briesetal, den Kindelwald, den Spandauer Forst, den Krämer Wald kennen [...]."[113]

Zu Blumes 'Wandervögeln' gehörten u.a. die Schüler Georg Netzband, Alfred Rosolleck und Erich Scheibner, die alle drei später als Lehrkräfte auf Scharfenberg tätig werden sollten.

Als Blume mit Beendigung des Schuljahres 1914/15 die 10. Realschule verließ, hieß es im Jahresbericht, man sehe ihn zu "unserem größten Bedauern [...] jetzt aus unserem Kollegium scheiden"[114]:

> "Neben seiner ersprießlichen Unterrichtstätigkeit werden [u.a.] seine [...] Leitung des 'Wandervogels' unvergessen bleiben."[115]

Wie wichtig Blumes Rolle für den 'Wandervogel' der 10. Realschule war, zeigt sich nicht zuletzt darin, daß dieser nach Blumes Weggang wieder einging[116].

---

109 Zehnte Realschule zu Berlin. XXI. Bericht über das Schuljahr von Ostern 1913 bis Ostern 1914, Berlin 1914, S. 10.

110 Zehnte Realschule zu Berlin. XXI. Bericht über das Schuljahr von Ostern 1913 bis Ostern 1914, Berlin 1914, S. 10.

111 BELLERMANN, Ludwig, Schiller, 2. verb. Aufl. Leipzig 1911.

112 SCOBEL, Albert, Thüringen, 2. Aufl. Bielefeld [u.a.] 1902.

113 Zehnte Realschule zu Berlin. XXI. Bericht über das Schuljahr von Ostern 1913 bis Ostern 1914, Berlin 1914. - Und: XXII. Bericht über das Schuljahr von Ostern 1914 bis Ostern 1915, Berlin 1915, S. 11f.

114 Zehnte Realschule zu Berlin. XXI. Bericht über das Schuljahr von Ostern 1913 bis Ostern 1914, Berlin 1914. - Und: XXII. Bericht über das Schuljahr von Ostern 1914 bis Ostern 1915, Berlin 1915, S. 12.

115 Zehnte Realschule zu Berlin. XXI. Bericht über das Schuljahr von Ostern 1913 bis Ostern 1914, Berlin 1914. - Und: XXII. Bericht über das Schuljahr von Ostern 1914 bis Ostern 1915, Berlin 1915, S. 12.

116 Berlin, LA, SIS: CH, I, o.S.: "Am Dienstag [20.06.] fuhr ich [Blume] dienstlich nach Berlin, hatte im Humboldtgymnasium Etatsachen zu regeln, hieß aus der X. Realschule eine der Trommeln und zwei der Flöten mitgehen, die einst unserem Wandervogel z. Tl. von mir selbst gestiftet worden waren; der W.V. ist inzwischen aufgeflogen."

Aus gesundheitlichen Gründen vom Kriegsdienst befreit[117], wechselte Blume - weiter als Oberlehrer - zu Beginn des Schuljahres 1915/16 an das Humboldt-Gymnasium zurück[118].

Anfang der 20er Jahre schrieb Blume über seinen Unterricht am Humboldt-Gymnasium, er habe hier "jahrelang in Sekunda und Prima Deutsch, Geschichte, Erdkunde (in Sekunda auch zeitweise Religion) gleichzeitig" unterrichtet, dabei "anfangs zu seiner eigenen Überraschung - die stundenplanmäßigen Schranken zwischen diesen Fächern immer niedriger werden sehen und sie schließlich, zumal wenn er eine Generation mehrere Jahre behalten durfte, sogut wie ganz niedergelegt"[119]. Immer "wieder und wieder [habe er dabei] die Erfahrung gemacht, wie das Interesse und die Mitarbeit der Schüler durch ein derartiges Ineinandergreifenlassen der Fä-

---

[117] HARTKOPF, Der Gründer, S. 4. - SCHUPPAN, Wilhelm Blume, bringt S. 301 die 'eigentümliche' Formulierung: "Aus gesundheitlichen Gründen konnte [sic!] Blume keinen Militärdienst ableisten. So blieb er vom Elend des Krieges, aber auch von dessen eigentümlichen Erfahrungshorizonten [sic!] verschont." - Vgl. zum Gesundheitszustand Blumes S. 45f.

[118] Kalender für das höhere Schulwesen, Jg. 22: Schuljahr 1915, 2. Teil, Breslau 1915, S. 192 und S. 373.

[119] BLUME, Wilhelm, Gesuch an den Magistrat, die Deputation für die äußeren Angelegenheiten der höheren Schulen und den Ausschuß für Versuchsschulen um Ausbau der 1921 für das städtische Humboldtgymnasium begründeten Sommerschule auf der Insel Scharfenberg zu einer ständigen Sammelwahlschule für Schüler Berlins zunächst in der Form einer Versuchs-Oberschule, - eingereicht von Studienrat W. Blume vom städtischen Humboldtgymnasium (Anfang Februar 1922) [Berlin, GStA PK: I. HA, Rep. 76 VI, Sekt. 14 z, Nr. 48 II, Bl. 77-134], hrsg. von Dietmar HAUBFLEISCH, Marburg 1999: http://archiv.ub.uni-marburg.de/sonst/1999/0001/q12.html [künftig zit. als: BLUME, Gesuch (1992)], hier S. 27.

cher ungemein gewinnt."[120] Vorübergehend im Kriege habe er gar "seine Deutsch-, Geschichts- und Erdkundestunden den beiden Primen notgedrungen kombinieren und an 2 Tagen, d.h. in je 3 Stunden hintereinander geben [müssen]"[121], was "folgerichtig zu einer noch stärkeren Fächerkonzentration"[122] und bei ihm zu der Erkenntnis geführt habe "daß das Zusammenlegen der Klassen und Stunden für diese Art des Unterrichts keinen Übelstand, sondern große Vorteile mit sich bringt; die Schüler haben empfunden, daß das Hasten und Jagen des Kurzstundenvormittags mit seiner häufigen Umstellung des Geistes eine Energieverschwendung bedeutet."[123]

Außerhalb des Unterrichts scharte Blume, ans Humboldt-Gymnasium zurückgekehrt, wie in seinem ersten Humboldtjahr erneut einige Schüler in einem privaten 'Primanerzirkel' um sich. Dieser hatte bis in den Mai 1917 Bestand; dann mußte er aufgelöst werden, "da die meisten Mitglieder mit der Zeit eingezogen waren"[124]. Seine Aktivitäten bestanden in der Hauptsache aus dem Lesen von Literatur, dem Erarbeiten von Referaten und dem Besuch von Theateraufführungen, "Wanderungen und sonstige Vergnügungen freilich wurden nicht unternommen"[125].

---

[120]   BLUME, Gesuch (1922), S. 27. - Ebd. schreibt Blume: "Noch in Briefen ehemaliger Schüler, längere Zeit nach ihrem Abgang geschrieben, klingt das nach: 'Durch diese Art des Unterrichts lernte ich die wahre Freude an der Kunst und der Dichtung kennen; sie zeigte uns zuerst den engen inneren Zusammenhang zwischen Geschichte und Literatur.' Oder: 'Gewiss dieser innige Kontakt zwischen Geschichte, Deutsch, Erdkunde machte es an sich gewiß nicht leichter. Aber dennoch! Viel interessanter: Und was interessiert, wird auch leichter.' Die Schüler sehen viel deutlicher, wozu man das alles lernt und treibt, empfinden Entdeckerfreude beim Finden der mannigfachen inneren Beziehungen herüber und hinüber, und das gedächtnismäßige Behalten braucht dabei keineswegs zu leiden, nur erfordert es weniger Memorierarbeit, da es durch die größere Fülle der Kombinationsmöglichkeiten, durch das selbständige Operieren mit den Stoffen beim Einordnen und Zusammenfassen unbemerkt die stärksten Stützen erhält." - Ebenso: BLUME, Wilhelm, Bericht über die Entwicklung der städtischen Scharfenbergschule, erstattet von ihrem Leiter Wilhelm Blume unter Mithilfe der Fachvertreter, verbunden mit dem Gesuch um staatliche Anerkennung zu Oktober 1923, unter Beifügung von Stundentafeln und Lehrplänen. Eingereicht an Herrn Geheimrat Dr. Michaelis als Vertreter des Provinzialschulkollegiums im Juli 1923 [Berlin, GStA PK: I. HA, Rep. 76 VI, Sekt. 14 z, Nr. 48 II, Bl. 174-267], hrsg. von Dietmar HAUBFLEISCH, Marburg 1999: http://archiv.ub.uni-marburg.de/sonst/1999/0001/q13.html [künftig zit. als: BLUME, Bericht (1923)], hier Bl. 251v: "Das vollständige Wegfallen der Fächerschranken zwischen Deutsch, Geschichte, Erdkunde (Religion) hatte schon früher in beschränkterer Vertiefung im Rahmen der Stadtschule angewandt eine deutliche Steigerung des Interesses und der Mitarbeit der Schüler gebracht; in Briefen ehemaliger Schüler, längere Zeit nach ihrem Abgang geschrieben, klingt das nach: 'Durch diese Verbindung lernte ich die wahre Freude an der Kunst und an der Dichtung kennen; sie zeigte uns zuerst den inneren Zusammenhang zwischen Geschichte und Literatur.' Oder: 'Gewiß ist dieser innige Kontakt zwischen Geschichte, Deutsch, Erdkunde an sich keine Erleichterung. Aber dennoch! Viel interessanter: Und was interessiert, wird auch leichter.'"

[121]   BLUME, Gesuch (1922), S. 27. - So auch: BLUME, Bericht (1923), Bl. 221v: "Der Verfasser mußte unter dem Zwang der Kriegsnot an seiner früheren Schule des öfteren auch die O II mit der ungeteilten Prima in Deutsch und Geschichte kombinieren; die Möglichkeit der Vereinigung in den Kulturfächern haben ihm diese Notversuche schon damals erwiesen [...]."

[122]   BLUME, Gesuch (1922), S. 27.

[123]   BLUME, Gesuch (1922), S. 27f.

[124]   Berlin, LA, SIS: Prot.-Buch des III. Kränzchens, o.S.: "Am 19. Mai 1917 war die letzte (45.) Sitzung [...], da die meisten Mitglieder mit der Zeit eingezogen waren, mußte hier abgebrochen werden." - Das Prot.-Buch enthält u.a. auch eine Liste der Mitglieder und der gelesenen Werke.

[125]   Berlin, LA, SIS: Prot.-Buch des III. Kränzchens, o.S.

Anfang September 1916 trat neben diese Gruppe eine zweite, jüngere, die, als 1917 die erste Gruppe einging, zur 1. Abteilung aufrückte und sich als 'III. Kränzchen' bezeichnet und zu der vor allem die Schüler Paul Glasenapp, Johannes Gorke, Gerhard Grüß, Adolf Nußbeck, Wilhelm Richter und Martin Weise gehörten[126]. Diese Gruppe sollte - wie in dieser Arbeit noch zu zeigen sein wird - wie keine andere für Blume und die weitere Entwicklung der Schulfarm von Bedeutung werden. Durch das erhaltene Protokoll-Buch dieses 'Kränzchens'[127] läßt sich einiges über dessen Geschichte nachlesen, etwa, daß sich die Gruppe durch Theaterspielen ein eigenes 'Startkapital' für weitere Vorhaben erwirtschaftete[128] und vor allem, daß sie sich eigene 'Selbstverwaltungsorgane' verschaffte:

> "Montag, d. 23.X. [war] unsere erste Sitzung [...]. Bevor wir zum literarischen Teil schritten, wurde beraten, ob wir unserem Kränzchen eine Konstitutio geben sollten, oder nicht. Die Konstitutio wurde mit großer Majorität angenommen, und die Geldverwaltung wurde Vollmar [...], die Protokollführung Lemke übertragen [...]."[129]

Im Zentrum der Aktivitäten des 'III. Kränzchens' stand die Beschäftigung mit der Literatur. Im Archiv der Schulfarm Insel Scharfenberg finden sich u.a. auch einige z.T. handschriftliche, z.T. gedruckte Handzettel mit Einladungen und Veranstaltungshinweisen zu Theateraufführungen des Literarischen Vereins des Humboldt-Gymnasiums. Aber neben der literarischen und intellektuellen Seite des Vereins kam auch, zumal zu Beginn, dem geringeren Alter der Gruppe entsprechend[130], die gesellige Seite nicht zu kurz. So heißt es im Protokollbuch:

> "41. bis 48. Sitzung [...]. Unser Kamerad [Martin] Rohmann mußte den Soldatenrock anziehen. Eh' er uns verließ, wollten wir noch einmal froh beisammen sein. Und da wir auf unseren Wanderungen oft genug erfahren hatten, daß man gerade in der Natur so aus Herzensgrund fröhlich sein kann, zogen wir an die Spree hinaus nach Grünau: Während Herr Dr. Blume am Ufer sich in die Poesie eines [Richard] Dehmel und [Otto Julius] Bierbaum vertiefte, ruderten wir anderen ein Weilchen in den Abend hinein, [und] Rohmann nahm ein letztes Bad im heimatlichen Spreewasser [...]."[131]

---

[126] Berlin, LA, SIS: Prot.-Buch des III. Kränzchens, o.S. (enthält u.a. auch eine Liste der Mitglieder und der gelesenen Werke). - S. auch Abb. 9.

[127] Berlin, LA, SIS: Prot.-Buch des III. Kränzchens, o.S.

[128] Berlin, LA, SIS: Prot.-Buch des III. Kränzchens, o.S.: "Die Einnahmen durch das Theaterspiel am letzten Sedantage [1916; Sedan = 2. Sept.] gaben uns die nötigen Gelder, um unser Unternehmen auf sicheren Fuß stellen zu können."

[129] Berlin, LA, SIS: Prot.-Buch des III. Kränzchens, o.S.

[130] Berlin, LA, SIS: Prot.-Buch des III. Kränzchens, o.S.: "Wanderungen und sonstige Vergnügungen freilich wurden [in der ersten Gruppe] nicht unternommen; diese Seite wurde mehr gepflegt von dem III. Kränzchen, das als 2. Abteilung sich Ostern 1916 gebildet hatte."

[131] Berlin, LA, SIS: Prot.-Buch des III. Kränzchens, o.S. - Dieses Zitat zeigt u.a., wie der 1. Weltkrieg in die Schülergruppe um Blume 'hineinwirkte'. Während sich an anderen Stellen ein an den höheren Schulen Deutschlands vor und während des 1. Weltkrieges anzutreffender 'Hurra-Patriotismus' klar andeutet, fehlt ein solcher in der oben zit. Prot.-Notiz ganz. - Im Februar 1944, als andere dem 'Endsieg' entgegenfieberten, bemerkte Blume in einem Brief über seine im 1. und 2. Weltkrieg gefallenen Schüler: "Scharfenberg und Tegel zusammen genommen ergeben eine leider schon sehr lange Trauerliste, die Zahl 100 ist bereits überschritten. Diese Lehrererfahrungen, zum 2. Mal durchkostet, gehen an die Nieren [...]." (Berlin, LA, SIS: THIELE, Georg, Der Schulfarm Scharfenberg zum 50jährigen Bestehen [Erinnerungen], hdschr., o. J. [1972], Auszug aus: Blume an Thiele br. vom 04.02.1944).

Eine der zahlreichen Ausflugsfahrten des 'III. Kränzchens' war der Pfingstausflug 1918. Im Protokollbuch heißt es zu seiner Vorbereitung:

"In der Sitzung (40.) am 11. Mai 1918 brachte unser Mitglied Weise einen Antrag ein, der dahin ging, daß wir von unserer Gewohnheit nicht abweichen sollten, einen Ausflug im schönen Maienmonat zu machen. Alle Mitglieder stimmten zu, jeder sehnte sich, wieder einmal den Staub Berlins von den Füßen schütteln zu können und in Gottes freier Natur balsamischen Tannenduft der lieben Mark einzuatmen [...]. [Wir] machten uns daran, eine schöne Wandertour auszuarbeiten [...] und verfielen [...] schließlich auf den Fläming, der uns von Dr. Blumes Wanderbuch als einsam aber doch durch seine vielen Ruinen als sehr interessant geschildert wurde; das zog das Kränzchen an [...]."[132]

Im Protokoll-Buch des 'III. Kränzchens' berichtet der Schüler Wilhelm Richter[133] über den Verlauf der Fahrt:

"Die Pfingstfahrt [...] führten wir aus am 21. und 22. Mai 1918 [...]. Es war in Wiesenburg. Wir hatten uns nach heißem Marsche in der wundervollen Kühle des kastanienbeschatteten Burghofes ausgeruht, wo die königlich dicke Fürstin saß, in weiße Spitzenkleider gehüllt [...]. Und an diesem Teich wurde schon der Plan zu einer weltverbessernden, zum Höchsten führenden und das Geringste berücksichtigenden Idealschule gefaßt. In der Schule sollte alles getrieben werden. Denn nichts Menschliches ist uns fremd. Da sollte neben der Wissenschaft besonders die Kunst gepflegt werden, da sollten die Schüler Ställe ausmisten lernen und den Laokon lernen, Stiefel besohlen und Cellokonzerte geben. Doch auch die menschlichen Untugenden sollten ausgebildet werden, denn Gut und Böse machen erst den Begriff Mensch aus, Herr Förster sollte Dozent für Hochstapelei werden[134], Herr Keller einen Lehrstuhl für das Gewerbe des Einbrechens bekommen[135], Herr Oberlehrer [Emil] Fiebelkorn [(1880-19..)] Unterricht im Gebrauch von Schimpfworten und Grobheiten geben. Von einer Seite wurde der Antrag gestellt, es war wohl [...] Herr Dr. [sic!] Blume oder Nußbeck, das Lehrerzimmer sei mit Clubsesseln auszustatten, in den Pausen müsse Champagner bereit stehen. Dieses System sollte sich ausbreiten über die ganze Welt, aber alle derartigen Schulen hätten sich unserem Befehl zu fügen. Wir würden uns dann auf einer wunderbar gelegenen Gralsburg zurückziehen und von dort aus eine Welt der Menschlichkeit regieren. Um dem Unternehmen einen festen finanziellen Grund zu geben, war es aber erforderlich und mit allseitiger Zustimmung angenommen, daß Herr [Georg] Walger [(1864-1925)][136], unser verehrter, aber nicht verehrter Turnlehrer die Dicke, weißumwickelte Fürstin heiraten sollte. Das Schicksal schien ihn zu diesem Zweck noch ohne Frau gelassen zu haben. Hoffen wir also das Beste für diese erste Bedingung unserer Welteroberung! Wer einst in Jahrzehnten in den Annalen unseres Bundes blättert, wird erstaunt sein, daß hier der Ursprung einer Jugenderziehung liegt, deren Segnungen er vielleicht selbst erfahren hat.

---

[132] Berlin, LA, SIS: Prot.-Buch des III. Kränzchens, o.S.
[133] Richter als Autor wird u.a. genannt in: Aus dem Leben der Schulfarm Insel Scharfenberg. Bilder, Dokumente, Selbstzeugnisse von Eltern, Lehrern, Schülern, red. von Wilhelm BLUME, in: Das Werdende Zeitalter. Eine Monatsschrift für Erneuerung der Erziehung, Jg. 7 (1928), S. 329-404; Auszug (S. 339-348 oben) wieder abgedr. in: 60 Jahre Schulfarm Insel Scharfenberg 1922-1982. Jubiläums-Festschrift anläßlich des 60-jährigen Bestehens der Schulfarm Insel Scharfenberg (=Sonderheft der Fähre), Berlin 1982, S. 19-28, hier (1928) S. 332.
[134] Ein am Humboldt-Gymnasium wirkender Lehrer Förster ist nicht nachgewiesen, auch nicht in der Übersicht der von 1875-1925 am Humboldt-Gymnasium tätigen Lehrer bei: COHN, Geschichte, S. 39-51.
[135] Ein am Humboldt-Gymnasium wirkender Lehrer Keller ist nicht nachgewiesen, auch nicht in der Übersicht der von 1875-1925 am Humboldt-Gymnasium tätigen Lehrer bei: COHN, Geschichte, S. 39-51.
[136] Biogr. Inf. zu Walger, der 1903-1924 Turnwart am Humboldt-Gymnasium war: COHN, Geschichte, S. 49.

Darum 'Schüler und Lehrer! Vereinigt Euch zur Idealschule!' Das ist der Ruf, der erklingt vom Pfingstausflug des Jahres 1918."[137]

In einer 'bereinigten' Fassung wurde diese Geschichte immer wieder dargestellt - und als ein Schritt zur Entstehung der späteren Schulfarm angesehen:

"Am Teich im Park des Wiesenburger Schlosses war es, wo der Plan zu einer weltverbessern- den Idealschule gefaßt wurde. In der Schule sollte alles getrieben werden, denn nichts Menschli- ches ist uns fremd, da sollte neben der Wissenschaft besonders die Kunst gepflegt werden, da sollten die Schüler Ställe ausmisten lernen und den Laokon lesen, Stiefel besohlen und Cello- konzerte geben. Der größte Teil unserer Wanderschar beschloß, Lehrer zu werden. Wir würden uns dann auf eine wunderbar gelegene Gralsburg mit unserem Führer zurückziehen und von dort aus eine Welt der Menschlichkeit regieren ... Wer einst in Jahrzehnten in den Annalen unseres Bundes blättert, wird erstaunt sein, daß hier der Ursprung einer Jugenderziehung liegt, deren Segnungen er vielleicht selbst erfahren hat. Um dem Unternehmen einen festen finan- ziellen Grund zu geben, muß unser Blume oder wenn er noch zu jung ist, Herr Walger, unser Turnlehrer, die dicke, in weiße Kleider gehüllte Gräfin von Wiesenburg heiraten ... Schüler und Lehrer! Vereinigt Euch zur Idealschule! Das ist der Ruf, der erklingt vom Pfingstausflug des Jahres 1918."[138]

Den in Frühlingslaune niedergeschriebenen 'Schloßerlebnissen' in dem im 19. Jahr- hundert gestalteten Park des im Hohen Fläming, westlich von Belzis gelegenen Schlosses Wiesenburg (16. Jahrhundert)[139] ist nichts von einer 'Niedergedrücktheit' der letzten Kriegsmonate anzumerken. Sie vermitteln vielmehr eine utopisch-optimi- stische Aufbruchstimmung[140]; sie stellen eine pädagogische Utopie für die Zeit nach dem Kriege dar, die Kraft spendete für weitere Unternehmungen.

I.1.D.   WILHELM BLUMES SPÄTE BERÜHRUNG MIT DER JU- GENDBEWEGUNG

Die Beschreibung des Pfingstausfluges 1918 wie auch alle anderen erhaltenen Hin- weise auf die außerunterrichtlichen Unternehmungen Blumes und seiner Schüler zei-

---

137 Berlin, LA, SIS: Prot.-Buch des III. Kränzchens, o.S.
138 Berlin, LA, SIS: CH, I, o.S.; abgedr. in: Wilhelm Blume zum 100. Geburtstag (=Neue Scharfenberg-Hefte, 6), Berlin 1984, S. 8. - In: Aus dem Leben, S. 332f. befindet sich eine weitere Fassung: "Die Wanderrast am Wiesenburger Schloßteich währte länger, als sie sollte; wir sprachen hin und her über den Plan einer Schule, wie wir sie uns ausdachten; wir wurden lebhafter und lebhafter; Scherz und Rausch gingen durcheinander. Ein Glossolalein! Nichts Menschliches durfte ihr fremd sein. Da sollten die Schüler Ställe ausmisten und Cellokonzerte geben. Fast alle beschlossen, Lehrer zu werden. Wir würden uns dann auf ein solches Schloß, wie es da vor uns lag, mit unserem Führer zurückziehen und von dort eine Welt der Mensch- lichkeit regieren. Schüler und Lehrer, vereinigt Euch zur Schule der Zukunft! Das ist der Ruf, der erklingt vom Flämingpfingstausflug 1918."
139 S. Abb. 8.
140 Vgl. zum 'romantisch' anmutenden Zug dieser 'Aufbruchstimmung': MARCUSE, Ludwig, Re- aktionäre und progressive Romantik, in: Begriffsbestimmung der Romantik, hrsg. von Helmut PRANG, Darmstadt 1968, S. 377-385. - Marcuse wandte sich in seiner Differenzierung voller Sympathie den 'antiromantischen Romantikern' zu: "Romantik ist nicht verhärtete Tradition, sondern Leiden am Traditions-Schwund und Tasten nach neuem Grund." (S. 385).

gen eine deutliche Beeinflussung durch die Jugendbewegung[141]. Diese war Teil des Gesamtgeflechts der 'Gegenbewegungen' der Wilhelminischen Zeit[142]. Ihre "jugendgeschichtlich bedeutsame 'Entdeckung' [war]: die bis dahin unbekannte Form jugendlicher Existenz in der selbstgewählten Gleichaltrigengruppe, das Ausweiten jugendlicher Spielräume, neuer Freiräume in der bestehenden Gesellschaft, das Angebot 'alternativer' Lebensformen, die 'Selbsterziehungsgemeinschaft' neben den traditionellen Erziehungsinstituten [sic!] Familie und Schule - kurzum: die Erfahrung emanzipatorischer Befreiungs- und Glückserlebnisse in der verschworenen Gemeinschaft."[143]

Auf der ersten großen Kundgebung der Jugendbewegung im Oktober 1913 auf dem 'Hohen Meißner' wurden die Wünsche und Sehnsüchte der Jugendlichen in der sogenannten 'Meißner-Formel' artikuliert: 'Die freideutsche Jugend will aus eigener

---

[141]   Einen guten Überblick über die Jugendbewegung vermittelt (noch immer): LAQUER, Walter, Die deutsche Jugendbewegung (1962), 2. unveränd. Aufl. Köln 1983. - Darüber hinaus u.a.: AUFMUTH, Ulrich, Die deutsche Wandervogelbewegung unter soziologischem Aspekt (=Studien zum Wandel von Gesellschaft und Bildung im 19. Jahrhundert, 16), Göttingen 1979. - 'Mit uns zieht die neue Zeit'. Der Mythos Jugend zwischen Jahrhundertwende und Drittem Reich, hrsg. von Thomas KOEBNER [u.a.], Frankfurt 1985. - Wichtig sind die drei Quellenbände: Grundschriften der deutschen Jugendbewegung, hrsg. von Werner KINDT (=Dokumentation der Jugendbewegung, 1), Düsseldorf [u.a.] 1963; Die Wandervogelzeit. Quellenschriften zur deutschen Jugendbewegung 1896-1919, hrsg. von Werner KINDT (=Dokumentation der Jugendbewegung, 2), Düsseldorf [u.a.] 1968; Die deutsche Jugendbewegung 1920 bis 1933. Die bündische Zeit, hrsg. von Werner KINDT (=Dokumentation der Jugendbewegung, 3), Düsseldorf [u.a.] 1974. - Bes.: FLITNER, Wilhelm, Ideengeschichtliche Einführung in die Dokumentation der Jugendbewegung, in: Die Wandervogelzeit. Quellenschriften zur deutschen Jugendbewegung 1896-1919, hrsg. von Werner KINDT (=Dokumentation der Jugendbewegung, 2), Düsseldorf [u.a.] 1968, S. 10-17; wieder in: FLITNER, Wilhelm, Die Pädagogische Bewegung. Beiträge - Berichte - Rückblicke (=Wilhelm Flitner. Gesammelte Schriften, 4), Paderborn [u.a.] 1987, S. 437-446. - Zentrale Aufsätze finden sich auch im: Jahrbuch der deutschen Jugendbewegung, Bd. 1 (1969) ff.

[142]   Vgl., einen Überblick bietend: Kulturkritik und Jugendkult, hrsg. von Walter RUEGG, Frankfurt 1974. - Das wilhelminische Bildungsbürgertum. Zur Sozialgeschichte seiner Ideen, hrsg. von Klaus VONDUNG, Göttingen 1976; darin vor allem: LINSE, Ulrich, Die Jugendkulturbewegung (S. 119-137), und: FRECOT, Janos, Die Lebensreformbewegung (S. 138-152). - CONTI, Christoph, Abschied vom Bürgertum. Alternative Bewegungen in Deutschland von 1890 bis heute, Reinbek 1984. - HEPP, Corona, Avantgarde. Moderne Kunst, Kulturkritik und Reformbewegungen nach der Jahrhundertwende, München 1987. - Funkkolleg Jahrhundertwende. Die Entstehung der modernen Gesellschaft 1880-1930. Studienbegleitbrief 0 und 1-12, Weinheim [u.a.] 1988/89. - Jahrhundertwende. Der Aufbruch in die Moderne 1880-1930, hrsg. von August NITSCHKE, Gerhard A. RITTER, Detlev J.K. PEUKERT und Rüdiger vom BRUCH, 2 Bde., Reinbek 1990, darin vor allem S. 176-202: PEUKERT, Detlev J.K., 'Mit uns zieht die neue Zeit ...' Jugend zwischen Disziplinierung und Revolte. - S. zudem den inhaltlich und optisch hervorzuhebenden Sammelband: Handbuch der deutschen Reformbewegungen 1880-1933, hrsg. von Diethart KERBS und Jürgen REULECKE, Wuppertal 1998.

[143]   MOGGE, Winfried, Jugendbewegung und Reformpädagogik bei Gustav Wyneken, in: Regionale Schulentwicklung im 19. und 20. Jahrhundert. Vergleichende Studien zur Schulgeschichte, Jugendbewegung und Reformpädagogik im süddeutschen Sprachraum, hrsg. von Lenz KRISS-RETTENBECK und Max LIEDTKE (=Schriftenreihe zum Bayerischen Schulmuseum Ichenhausen, 2), Bad Heilbrunn 1984, S. 261-272, hier S. 262.

Bestimmung, vor eigener Verantwortung, mit innerer Wahrhaftigkeit ihr Leben gestalten.'[144]

In der ersten Geschichte des Wandervogels von Hans Blüher (1888-1955), die immer wieder unkritisch als Grundlage für weitere Darstellungen zum Thema benutzt wurde, wird die Jugendbewegung zu einem Kampf der 'unerträglich belasteten Jugend' gegen die 'Generation ihrer Väter und Erzieher'[145] erhoben. Im Gegensatz aber zur Blüherschen Darstellung partizipierten diese Jugendlichen auch an einem Verhaltensmodus der bildungsbürgerlichen Vätergeneration, der auch als Gebildeten-Revolte bezeichnet werden kann. Heinrich Steinbrinker (1901-1991) merkt hierzu an:

"Das vielzitierte Schlagwort, die Jugendbewegung sei 'Revolution gegen Schule und Elternhaus', kann [...] in seiner Einseitigkeit nicht anerkannt werden, die Beziehungen zwischen Schule und Jugendbewegung sind komplizierter gewesen."[146]

Und so darf weder 'die Liberalität einiger Väter'[147], noch, wie etwa Winfried Mogge schreibt, das große Interesse früher Reformpädagogen für die Entwicklung der Jugendbewegung unbeachtet bleiben:

"[...] diese neue Jugendkultur erfreute sich, der Blüherschen Deutung [...] [...] zum Trotz, zumeist der wohlwollenden Tolerierung und zumeist sogar aktiver Förderung durch Elternhäuser,

---

[144] Zum 'Meißner-Treffen' 1913 s.: MOGGE, Winfried / REULECKE, Jürgen, Hoher Meißner 1913. Der erste Freideutsche Jugendtag in Dokumenten, Deutungen und Bildern (=Edition Archiv der deutschen Jugendbewegung, 5), Köln 1988.

[145] Vgl.: BLÜHER, Hans, Wandervogel. Geschichte einer Jugendbewegung, 1. Teil: Heimat und Aufgang, 3. Aufl. Berlin 1913. - Vgl. dazu: SCHOMBURG, H.E., Wandervogel, seine Freunde und seine Gegner (=Bücher der Wandervögel, 2), 5.-9. Tsd. Wolfenbüttel 1917, S. 12: "Seit Blüher den ersten Band seines Werkes 'Wandervogel. Geschichte einer Jugendbewegung' hat herausgeben lassen, ist es zu einer Art Lehrsatz geworden, daß der Wandervogel eine Empörung gegen Elternhaus und Schule gewesen ist. 'Das Elternhaus' war eben so überaus beschränkt, daß es die Jugend nicht verstand, und 'die Schule' war eine Art Staatsgefängnis mit dem Zwecke, die gesunde Kraft der Jugend zu brechen. Darum flüchtete sich Karl Fischer [(1881-1941)] mit seiner Handvoll junger Gymnasiasten in die Ruinen der Mark und in die böhmischen Wälder. Dieser Blüherschen Auffassung von Elternhaus und Schule pflichtet Wyneken bei. Mit beiden müssen wir uns eingehend [...] beschäftigen."

[146] STEINBRINKER, Heinrich, Kurzchronik [über Schulversuche der Jugendbewegung], in: Die deutsche Jugendbewegung 1920 bis 1933. Die bündische Zeit, hrsg. von Werner KINDT (= Dokumentation der Jugendbewegung, 3), Düsseldorf [u.a.] 1974, S. 1444f., hier S. 1444.

[147] HEPP, Avantgarde, S. 18.

progressiv gesonnene Schullehrer und eigens zur Unterstützung dieser neuen Art jugendlicher Gesellung gegründete Eltern- und Freundesräte. "[148]

Sichtbar wird dies etwa bei der Betrachtung der Rolle einzelner Lehrerpersönlichkeiten, wobei hier vor allem die Person Ludwig Gurlitts (1855-1931)[149] - der in dieser Arbeit noch in anderem Zusammenhang von Bedeutung sein wird[150] - hervorzuheben ist. Gurlitt war einer der Lehrer, "die mit einer für die damalige Zeit atemberaubenden Radikalität Kritik an Schule, Politik und Gesellschaft übten."[151] Er forderte eine Reform des deutschen Erziehungswesens und pochte auf stärkere Betonung der künstlerischen und körperlichen Ausbildung des Kindes, Pflege des Zeichnens nach der Natur und des im Menschen lebendigen Wandertriebs. In zahlreichen

---

[148] MOGGE, Winfried, Wandervogel, Freideutsche Jugend und Bünde. Zum Jugendbild der bürgerlichen Jugendbewegung, in: 'Mit uns zieht die neue Zeit'. Der Mythos Jugend zwischen Jahrhundertwende und Drittem Reich, hrsg. von Thomas KOEBNER [u.a.], Frankfurt 1985, S. 174-198, hier S. 175f. - Ähnlich: MOGGE, Winfried, Bilder aus dem Wandervogel-Leben. Die bürgerliche Jugendbewegung in Fotos von Julius GROß 1913-1933 (=Jugend und Jugendbewegung, 1), Wuppertal 1985, S. 7. - Vgl. auch zeitgenössische Kritiker Blühers, wie: SCHOMBURG, Wandervogel, S. 30: "Es gibt genug Wandervögel, die ihm die Weisheit nachplappern: der Wandervogel ist eine Empörung gegen Schule und Elternhaus. Wahrer wird dadurch seine Auffassung noch nicht." -
    MÜLLER, Detlef K., Schulkritik und Jugendbewegung im Kaiserreich (eine Fallstudie), in: Pädagogik, Erziehungswissenschaft, Bildung. Eine Einführung in das Studium, hrsg. von Detlef K. MÜLLER, Köln [u.a.] 1994, S. 191-222, bes. S. 210-214, weist darauf hin, daß sich zwischen 1873 und 1910 fast jährlich Direktorenkonferenzen der verschiedenen preußischen Provinzen mit dem Problem der Schülerverbindungen befaßt hätten; dabei versuchten Schulbehörden wie Direktoren einzelner Gymnasien, diese durch von der Schule kontrollierte Vereine (als eine Art 'Sicherheitsventil') zu ersetzen und (damit) die außerschulischen Aktivitäten der Mittel- und Oberstufenschüler aufzufangen und zu kanalisieren. -
    Einen deutlichen Hinweis auf Wurzeln der Schülerselbstverwaltung vor dem 1. Weltkrieg gibt z.B. der Artikel: GRUNWALD, A., Der Schulgemeindeerlaß im Lichte der Direktorenkonferenzen des Jahres 1911, in: Deutsches Philologen-Blatt, Jg. 27 (1919); Teil 1: Nr. 38 vom 15.10.1919, S. 501-503; Teil 2: Nr. 39 vom 22.10.1919, S. 517-519 [dieser Artikel befindet sich, zusammen mit anderen Artikeln des Deutschen Philologen-Blattes des Jahres 1919, im Teilnachlaß Blumes in: Berlin, LA, SIS].

[149] In zahlreichen Werken hat Gurlitt seine grundsätzlichen Erfahrungen und Forderungen festgehalten. S. daneben etwa: Ludwig Gurlitt, in: Die Pädagogik der Gegenwart in Selbstdarstellungen, hrsg. von E. HAHN, Bd. 2, Leipzig 1927, S. 27-41. - Zu Gurlitt als Lehrer s. auch: BLÜHER, Wandervogel, bes. S. 36-47; Blüher bringt S. 36 auch eine Teilcharakteristik von Gurlitt, die auch im Vergleich zur Person Blumes von Bedeutung sein könnte: "Gurlitt war ein Mann, der erst sehr spät zu seinen eigentlichen und äußeren Konsequenzen der Erziehung gekommen war, der sich erst von einem schweren Krankenlager erholen mußte, ehe er wurde, was er war, und dies alles auf höchst widerspruchsvollem Wege, der sich fortwährend korrigierte; aber er 'wurde' doch eben. In Steglitz dagegen 'war' man; man war fertig mit der Weltanschauung, und das mußte doch auch ein reifer Mann sein, um der Jugend als Vorbild und Erzieher dienen zu können."

[150] S. 258-265.

[151] ROSENBUSCH, Heinz S., Wechselwirkungen zwischen Schule und eigentlicher Jugendbewegung 1896-1923, in: Regionale Schulentwicklung im 19. und 20. Jahrhundert. Vergleichende Studien zur Schulgeschichte im süddeutschen Sprachraum, hrsg. von Lenz KRISS-RETTENBECK und Max LIEDTKE (=Schriftenreihe zum Bayerischen Schulmuseum Ichenhausen, 2), Bad Heilbrunn 1984, S. 183-195, hier S. 187.

Werken, die damals von Schülern wie von Lehrern regelrecht verschlungen wurden, hat er seine grundsätzlichen Erfahrungen und Forderungen festgelegt[152].

Einer der bekanntesten Ausgangspunkte der Jugendbewegung war das Gymnasium in Steglitz bei Berlin. Hier war Gurlitt Lehrer, und hier wurde er zu einem der "wichtigsten Anreger der Jugendbewegung"[153], über die er im Anschluß an eine Wandervogelfahrt im Herbst 1902, veranlaßt durch das preußische Unterrichtsministerium, 1903 einen Bericht voller Anerkennung veröffentlichte[154]. Nicht zu Unrecht wies Gurlitt selbst darauf hin, daß praktisch sämtliche Gründer des Wandervogels seine Schüler gewesen waren[155].

Nimmt man diese Fakten zur Kenntnis, so kann wenig irritieren, daß mit Blume ein Erwachsener, ein Lehrer, jugendbewegte Schülergruppen um sich scharte. Mit seinem Engagement eröffnete Blume seinen Schülern außerschulische Betätigungsfelder, die es ihnen ermöglichten, Erfahrungen zu machen, "die ihnen im Schulalltag verschlossen blieben."[156] Er verschaffte ihnen die 'befreiende Selbsterfahrung der Gruppe', z.B. wenn sie "in den Ferien hinaus in die märkische Landschaft"[157] zogen und ihre - wie Blume schrieb - "Natursehnsucht"[158] befriedigen konnten.

---

[152] S. z.B.: GURLITT, Ludwig, Der Verkehr mit meinen Kindern, Berlin o.J. - GURLITT, Schülerselbstmorde, Leipzig [u.a.] 1908. - GURLITT, Erziehungslehre, Berlin 1908. - GURLITT, Der Deutsche und seine Schule. Erinnerungen, Beobachtungen und Wünsche eines Lehrers, Berlin 1905.

[153] ROSENBUSCH, Wechselwirkungen, S. 187. - BLÜHER, Wandervogel, S. 36f. (wieder einmal idealisierend): "Gurlitts Schulunterricht war eine Untergrabung der ererbten Heiligtümer, er setzte den Jungen Gedanken in den Kopf, die ihnen die Ruhe raubten und die Festigkeit ins Wanken brachten [...]. Die anderen zeigten ihren Schülern die Probleme der Gegenwart unter einer Glasglocke [...]. Gurlitt aber hetzte die Jugend förmlich hinein, zertrümmerte die Glasglocke [...]."

[154] GURLITT, Ludwig, Wandervogel, in: Monatsschrift für höhere Schulen, Jg. 2 (1903), S. 545-548; wieder in: Die Wandervogelzeit. Quellenschriften zur deutschen Jugendbewegung 1896-1919, hrsg. von Werner KINDT (=Dokumentation der Jugendbewegung, 2), Düsseldorf [u.a.] 1968, S. 53-56.

[155] Gurlitt wies erstmalig in der Weserzeitung vom 11.06.1918 auf seine eigene Rolle im Zusammenhang mit der Konstitution der Jugendbewegung in Steglitz hin: GURLITT, Ludwig, Jugendbewegung, in: Weserzeitung vom 11.06.1918. - Entsprechend: GURLITT, [Autobiographie], S. 59: "Es wird niemand als Zufall bezeichnen wollen, daß er [der Wandervogel] gerade aus Steglitz und aus meiner Klasse hervorgegangen ist, daß seine Begründer [...] Schüler meiner Obersekunda waren." - Und ebenda: "Ich bin später wiederholt als Gründer des Wandervogels mit Achtung angesprochen worden, mußte aber diese Ehrung als unverdient ablehnen. Wie Hans Blüher in seiner Geschichte des Wandervogels völlig zutreffend dargestellt hat, ist dieser ausschließlich Schöpfung der Schüler selbst. Mein Verdienst besteht allein darin, daß ich ihnen das Rückgrat gestärkt [!!!] und sie dann ermutigt habe, sich neben der Schule ein Eigenleben der Jugend zu erkämpfen. Ich bin nicht sein Vater, aber ich bin sein Geburtshelfer gewesen [...]."

[156] KEIM, Zur Aktualität, S. 302.

[157] BLUME, Wilhelm, Augenblicksbilder aus dem Werden des Humboldtschulgemeindeheims bei Stolpe in der Mark, in: Der Märkische Wanderer. Zeitschrift für Heimatpflege und Wandern in der Mark Brandenburg und den angrenzenden Gebieten. Amtliches Organ des Vereins Märkischer Wandervereine e.V., des Bundes für Jugendherbergen in der Mark Brandenburg e.V. und der Arbeitsgemeinschaft für Wandern und Heimatpflege, Jg. 6 (1920), S. 148-150, hier S. 150.

[158] BLUME, Augenblicksbilder, S. 150.

Die Jugendbewegtheit der Schülergruppen um Blume ließe sich durch zahllose weitere Beispiele aus den im Archiv der Schulfarm Insel Scharfenberg erhaltenen Protokollheften der Gruppen weiter ausführen und, etwa mit Beispielen, die die Umgangsformen der Jugendlichen, ihr abweisendes Verhalten gegenüber Alkohol und Nikotin, ihre Moralvorstellungen u.a. betreffen, erweitern. Auch literarische Möglichkeiten wurden hier wie da in ähnlicher Weise genutzt. So finden sich in Blumes Aufsatz 'Augenblicksbilder aus dem Werden des Humboldtschulgemeindeheims bei Stolpe in der Mark' aus dem Jahr 1920 sprachliche Bilder, wie z.b. ein von Blume in einer 'Schulgemeindesitzung' des Humboldt-Gymnasiums im Jahre 1919 vorgetragener - auch von Wandervogelgruppen eingesetzter - Spruch Fontanes, mit dem er "die schönsten Wandererinnerungen" wach werden ließ und damit "Vorfrühlingsahnung innerhalb der kahlen, grauen Wände" herbeizuzaubern versuchte[159]:

> "Plötzlich ändert sich das Bild; alles horcht auf; die schönsten Wandererinnerungen werden wach. Vorfrühlingsahnung innerhalb der kahlen, grauen Wände!
> 'Blaue Havel, Grunewald,
> Grüß mir alle beide,
> Grüß und sag, ich käme bald,
> Und die Tegler Heide!'
> [Fontane]"[160]

Berücksichtigt man die Entwicklungsdynamik der Jugendbewegung und der Schülergruppen um Blume, so finden sich auch hier interessante Parallelen.

Bis etwa in die Jahre 1908-1913 hatten die jugendbewegten Jugendlichen einen eigenen Lebensstil entwickelt, der sich u.a. in Sprache, Umgangsformen, Festefeiern, Freiheit von Alkohol und Nikotin, Moral sowie in einer eigener Kleidung ausdrückte: Zogen etwa die ersten Jugendbewegten noch in 'braven' Gymnasia-

---

[159]   BLUME, Augenblicksbilder, S. 148.
[160]   BLUME, Augenblicksbilder, S. 148. - Vgl.: KÖHLER, Walter, Der Steglitzer Wandervogel E.V. von 1908 bis Anfang 1912, hdschr. Quelle, Frühjahr 1914 (Archiv des Karl Fischer Bundes), veröff. in: Die Wandervogelzeit - Quellenschriften zur deutschen Jugendbewegung 1896-1919, hrsg. von Werner KINDT (=Dokumentation der Jugendbewegung, 2), Düsseldorf [u.a.] 1968, S. 98-102, hier S. 101: "Der Wandervogel ist ja ein märkisches Kind [...]. Manchem von uns wird es in der bunten Ferne weich ums Herz, wenn er heimdenkt. 'Blaue Havel, Grunewald, Grüß mir alle beide, Grüß und sag, ich käme bald, Und die Tegler Heide.'"

stenanzügen und -mützen durch die Gegend[161], so wurden diese als Zeichen der einengenden gesellschaftlichen Konventionen bald verdrängt von Hutlosigkeit, offenem Schillerkragen und kurzen, kniefreien Hosen bzw. bei den Mädchen Reformkleidung anstelle des gesundheitsschädigenden Korsetts u.a.[162] Von Blume und seinen Schülern sind - u.a. im Archiv der Schulfarm Insel Scharfenberg - Fotos erhalten geblieben. Die ältesten von ihnen zeigen Blume mit Gymnasistenanzügen und -mützen tragenden Schülern[163]. Auf etwas jüngeren Fotos erkennt man, wie sich die Kleidungsgewohnheiten, z.B. sichtbar in der Hutlosigkeit und in offenen Schillerkragen, selbst im Unterricht bereits deutlich lockern[164]. Und in den 20er Jahren sind dann schließlich die Jungen auf Scharfenberg unbemützt, in kurzen Hosen und sich barfuß auf der Insel bewegend zu sehen[165].

Wie in der allgemeinen Entwicklung der Jugendbewegung begannen auch die 'Freizeitaktivitäten' der Blumeschen Schüler mit kurzen Wanderungen, die sich dann auf längere Unternehmungen und auch auf Übernachtungen ausdehnten. In der Phase von 1907-1913 vollzog sich in der Jugendbewegung eine Ausweitung vom bloßen Wandern in der näheren Umgebung hin zur Gestaltung ganzer Wochenenden im

---

[161] Vgl.: SCHOMBURG, Wandervogel, S. 37f., der sich mit diesen Sätzen gegen Blühers These von der 'Empörung der Jugend gegen Elternhaus und Schule' wendet: "Im Wandervogelarchiv wird ein Bild, ein Lichtbild aufbewahrt, das ich mit Lächeln betrachtet habe. Es zeigt eine Gruppenaufnahme. In der Mitte ein spitzbärtiger junger Mann mit wohlwollendem Gesichtsausdruck. Um ihn, recht photographenmäßig aufgestellt, zwanzig Jungens in Schülermützen mit frischen, offenen Gesichtern. Alle in Reiseausrüstung mit Rucksack oder Ränzel, Wanderstab und was sonst dazu gehört. Man könnte an einen jungen Oberlehrer denken, der mit seiner Klasse einen 'Ausflug' macht. Würde man Wandervögeln von heute [1917] das Bild zum Bestimmen vorlegen, würden sie entweder auf einen Klassenausflug oder auf den Schülerverein 'Stenographia' wetten. Daß das Bild eine Wandervogelgruppe darstellt, würde keiner glauben. Die Wandervögel machen ihre Fahrten nicht zu Zwanzig, sondern zu Sechs bis Zehn. Von all den äußerlichen Kennzeichen, dem deutschen Kragen, den kniefreien Hosen, der Barhäuptigkeit, den Hordenpötten ist nichts zu finden. Ganz zu schweigen von dem entschlossenen Ausdruck: 'Uns gehört die Welt! Wir erobern sie uns!' Lammfromm sind sie samt ihrem Führer! Und doch stellt dieses Bild eine Szene aus den Anfangsjahren des Wandervogels dar! Der mit dem Spitzbart, der in der Mitte der Jungen sitzt, ist der Großbachant Karl Fischer. Die Zwanzig sind seine Scholaren, mit denen er eine Harzfahrt machte [...]. Man wird das Spitzbubenlächeln beim Anblick dieses Bildes verstehen! Es galt dem Gedanken: 'Das ist die Jugend, die eine Empörung gegen Schule und Elternhaus vollzog? Das der Jugendrevolutionär Karl Fischer?' Oh, Blüher, welche Blüten!"

[162] S. zur Kleidung der Jugendbewegung: GROB, Marion, Das Kleidungsverhalten jugendlicher Protestgruppen in Deutschland im 20. Jahrhundert am Beispiel des Wandervogels und der Studentenbewegung (=Beiträge zur Volkskultur in Nordwestdeutschland, 47), Münster 1985, bes. S. 40-174.

[163] S. Abb. 4 und Abb. 5.

[164] S. Abb. 9.

[165] S. so zahlreiche Abb. von Scharfenberger Schülern in dieser Arbeit.

Rahmen selbstgebauter 'Buden' und Waldhäuser[166].Wie unten noch ausführlicher zu
zeigen sein wird, errichteten sich die Schüler des Humboldt-Gymnasiums im Jahr
1919, nach einem "schon früher gehegten Plan"[167], auf Initiative und mit tatkräftiger
Unterstützung Blumes und mit eigener harter Arbeit ein eigenes
'Schulgemeindeheim'[168]. Hier konnten sie befriedigen: "die Sehnsucht der Großstadtjugend nach Wald und Wasser, nach Wolken und Ferne, nach Sonnabendabenden, an denen man nicht, wenn's am schönsten wird, zum überfüllten Zug hasten muß, sondern vor der Heimtür, der eine eng am andern, das Heraufziehen der
Sternbilder genießen darf, die Sehnsucht nach ländlich einfachem Hausen an eigenem Backsteinherd und nach ein bischen Wildwestabenteuer [...]."[169]

Nach dem 1. Weltkrieg, insbesondere in den 20er Jahren, entstanden aus der Jugendbewegung heraus - in Verbindung mit der Siedlungsbewegung - zahlreiche, z.T.
kurzlebige Siedlungsprojekte, in denen jugendbewegte Ideen in kleinen Gemeinschaften verwirklicht werden sollten. Verbunden war hiermit die Hoffnung, von den

---

[166] SCHOMBURG, Wandervogel, S. 25f.: In diese Zeit [von 1907-1913] "fällt [u.a.] die wichtige
       Erweiterung der Wirkungsmöglichkeiten des Wandervogels über die Wanderungen hinaus im
       Landheim und Stadtnest [...]. In den Gründungszeiten war die 'Bude' die Stätte für die Zu-
       sammenkünfte. Das genügte nicht mehr, als die Ortsgruppen größer wurden und sich das Be-
       dürfnis herausstellte, für durchziehende Wandervogelhorden eine Bleibe für die Nacht zu schaf-
       fen [...]. Wo [...] auf einem Dorfe stunden- oder halbtagsweit von der Stadt sich ein verfallenes
       Hirtenhaus oder ein unbewohntes Gehöft fand, griff man zu und richtete ein Landheim ein [...].
       [...]. Für Liederabende, Märchenabende und 'Problem'-stellungen war so die rechte Stätte
       geschaffen. Eine Unsumme tüchtiger, praktischer Arbeit wurde bei der Erbauung und Errich-
       tung dieser Häuser geleistet. Man verzichtete, wo es irgend angängig war, auf die Mitwirkung
       von Handwerkern, sondern mauerte, tischlerte und malte selbst. Allem Unechten wurde der
       Krieg erklärt; der Wandervogelstil konnte sich ausleben. Überblicke ich die Ergebnisse dieser
       Arbeit, so kann ich als das Edelste daran rühmen, wie ich's auf vielen Fahrten in Nord und Süd
       beobachtet habe: daß der Wandervogel ohne Überhebung rühmen darf: 'Hast du nicht alles
       selbst vollendet, heilig glühend Herz?'"
[167] Berlin, LA, SIS: Prot.-Buch des III. Kränzchens, o.S.: Hier heißt es in einem Eintrag vom
       14.12.1918, Blume habe "von dem schon früher gehegten Plan, eine eigene Wanderherberge in
       der Nähe Berlins zu unterhalten" berichtet.
[168] S. dazu S. 103-113.
[169] BLUME, Augenblicksbilder, S. 148.

kleinen Unternehmungen aus weiter in die Gesellschaft hineinwirken zu können[170].
Georg Becker (1890-19..), der mit seiner Dissertation über die 'Siedlung der deutschen Jugendbewegung' als erster einen Überblick über diese Siedlungsprojekte gegeben hat[171], umreißt seinen Untersuchungsgegenstand wir folgt:

> "Es handelt sich nicht nur darum, den 'Steinblöcken der Städte' zu entfliehen und nahe der Na-
> tur zu sein, sondern um die Absicht, Geschautes im kleinen Kreis zu verwirklichen. Im Folgen-
> den bezeichnen wir als Siedlungen jene Gebilde, in denen eine Anzahl Menschen, von der Stadt
> sich lösend, eine Gemeinschaft aufzubauen versucht. Indem man irgendwo draußen auf dem
> Lande siedelt, soll durch Landarbeit und Handwerk der Lebensunterhalt gesichert und dabei die
> besondere Lebens- und Weltanschauung in die Tat umgesetzt werden."[172]

Zur Frage, wer diese Siedler waren, schreibt Becker, es handele sich um "Menschen
[...], die, häufig lebensreformerisch eingestellt, brüderliches Zusammenleben in
genossenschaftlicher, oft kommunistischer Form verwirklichen wollen."[173] Dabei
würden religiöse Gründe meist eine ausschlaggebende Rolle spielen und erzieherische Motive treten regelmäßig hinzutreten, sodaß man fast immer sagen könne, "daß
die neue Erziehung den Kern des Wesens dieser Siedlungsgemeinschaft bildet."[174]

---

[170] Zu den Siedlungsgemeinschaften der Jugendbewegung s.: BECKER, Georg, Die Siedlung der
deutschen Jugendbewegung. Eine soziologische Untersuchung, Hilden 1929. - FLEINER, Elisabeth, Genossenschaftliche Siedlungsversuche der Nachkriegszeit (=Heidelberger
Staatswissenschaften, Bd. I, Heft 3), Heidelberg 1931. - FUCHS, Manfred, Probleme des Wirtschaftsstils von Lebensgemeinschaften. Erörtert am Beispiel der Wirtschaftsunternehmen der
deutschen Jugendbewegung (=Schriften des Seminars für Genossenschaftswesen an der Universität zu Köln, 3), Göttingen 1957. - LINSE, Ulrich, Die Kommune der deutschen Jugendbewegung: Ein Versuch zur Überwindung des Klassenkampfes aus dem Geiste der bürgerlichen Utopie. Die 'kommunistische Siedlung Blankenburg'. bei Donauwörth 1919/20 (=Zeitschrift für
Bayerische Landesgeschichte, Beiheft 5, Reihe B), München 1973. - Die Siedlungen der
Jugendbewegung, in: Die deutsche Jugendbewegung 1920-1933, hrsg. von Werner KINDT
(=Dokumentation der Jugendbewegung, 3), Düsseldorf [u.a.] 1974, S. 1596-1612. - HEI-
NEKE, Gustav, Frühe Kommunen in Deutschland. Versuche neuen Zusammenlebens. Jugend-
bewegung und Novemberrevolution 1919-24, Herford 1978. - LINSE, Ulrich, Siedlungen und
Kommunen der deutschen Jugendbewegung. Ein Überblick, in: Jahrbuch des Archivs der deut-
schen Jugendbewegung, Bd. 14 (1982/83, S. 13-28. - Zurück, o Mensch zur Mutter Erde.
Landkommunen in Deutschland 1890-1933, hrsg. von Ulrich LINSE, München 1983. -
SCHMIDT, Rainer, 'Abstecher ins Traumland der Anarchie'. Siedlungsgemeinschaften der
deutschen Jugendbewegung, in: 'Alles gehört allen'. Das Experiment Gütergemeinschaft vom
16. Jahrhundert bis heute, hrsg. von Hans-Jürgen GOERTZ, München 1984, S. 188-243. -
LINSE, Ulrich, Siedlungen und Kommunen der deutschen Jugendbewegung. Ein Überblick und
eine Interpretation, in: Das Provinzbuch. Kultur und Bildung auf dem Lande, hrsg. von Ulrich
KLEMM und Klaus SEITZ, Bremen 1989, S. 186-199. - LINSE, Ulrich, Antiurbane Bestre-
bungen in der Weimarer Republik, in: Im Banne der Metropolen. Berlin und London in den
zwanziger Jahren, hrsg. von Peter ALTER (=Veröffentlichungen des Deutschen Historischen
Instituts London, 29). Göttingen [u.a.] 1993, S. 314-344. - Vgl. neben zahlreichen anderen
Aufsätzen in der Zeitschrift Vivos Voco. Zeitschrift für neues Deutschtum, Bd. 1 (1919/20),
Bd. 2 (1921/22), Bd. 3 (1922/23); Werkland. Neue Folge von Vivos Voco. Zeitschrift für neues
Deutschtum, Bd. 4 (1924/25); Vivos Voco. Werkland, Leipzig, Bd. 5 (1926) [Heft 1-8/9] be-
sonders: Ländliche Lebensgemeinschaft - Kaufmann und Handwerk - Er-
ziehungsgemeinschaften. in: Werkland. Neue Folge von Vivos Voco. Zeitschrift für neues
Deutschtum, Bd. 4: April 1924 - März 1925, S. 131-171. - S. zum Thema auch S. 233.

[171] BECKER, Siedlung.
[172] BECKER, Siedlung, S. 10.
[173] BECKER, Siedlung, S. 10.
[174] BECKER, Siedlung, S. 10.

Fuchs zählt in seiner Arbeit über Wirtschaftsprobleme von Siedlungen der Jugendbewegung in einem Exkurs auch aus der Jugendbewegung stammende Lebensgemeinschaften auf, deren vorrangiges Ziel eine 'neue Erziehung' war, z.T. mit dem Versuch, sich wirtschaftlich zunächst teilweise selbst zu tragen. Er nennt hier "alle Heimschulen, Landerziehungsheime und ähnliche Gebilde, die den Geist der Jugendbewegungen tragen."[175] Außerdem weist er "auf die aus der Wandervogelbewegung hervorgegangene Schulfarm auf der Insel Scharfenberg im Tegeler See"[176] hin.

Auch Steinbrinker zählt in seiner 'Kurzchronik' über Schulversuche der Jugendbewegung neben den Heimen Max Bondys (1892-1951) und der 'Wendeschule' in Hamburg "die Schulfarm Wilhelm Blumes"[177] auf, schränkt aber diese 'Zuordnung', insbesondere für die Schulfarm, wieder ein:

> "Bei dem Versuch Blumes kann man bezüglich seines Ursprungs sogar daran zweifeln, daß dieser in der Jugendbewegung liegt; doch sind deren Ideen stark eingeflossen."[178]

In der Unsicherheit der Zuordnung Steinbrinkers kommt etwas zum Ausdruck, auf das nun näher eingegangen werden soll, nämlich die Tatsache, daß bei aller Nähe Blumes zur Jugendbewegung die erhaltenen Quellen doch auch einige äußerst kritische, bissige und distanzierende Bemerkungen gegen Jugendbewegung und Wandervogel enthalten, daß also das Verhältnis Blumes zur Jugendbewegung als gespannt bezeichnet werden kann.

Blume warf der Jugendbewegung "bloße Negation", "bloßes schwärmerisches Sichausleben" und "Wandervogelpassivität" vor[179]. Mit dieser Kritik stand Blume nicht allein[180]. Denn wenn auch der Wandervogel der Jugend zu einem neuen Lebensgefühl, zu eigener Sprache und Gesittung u.a. verhalf, so waren doch die Grenzen selbst in den eigenen Reihen des Wandervogels nicht zu übersehen:

> "Entartung und Steckenbleiben sind Gefahren, die allem Menschlichen drohen. Der Wandervogel kann entarten in nachlässiges Vagabundentum oder in gefühlvolle Schlappheit, und er kann steckenbleiben beispielsweise in Vereinsmeierei, in Betriebseligkeit und in jenem fröhlichen Behagen, das mit sich selbst so riesig zufrieden ist, das aus dem Leben eine Idylle mit Gitarrebegleitung machen möchte und geneigt ist, Bauerngeschirr und Teubners Steindrucke für die letzte Offenbarung der Kunst zu nehmen."[181]

---

[175] FUCHS, Probleme, S. 81.
[176] FUCHS, Probleme, S. 83.
[177] STEINBRINKER, Kurzchronik, S. 1445.
[178] STEINBRINKER, Kurzchronik, S. 1445.
[179] BLUME, Gesuch (1922), S. 16 und zahlreiche andere Stellen. - Es ist kein Zufall, daß in den Schülergruppen um Blume immer literarisch, d.h. intellektuelle Arbeit eine zentrale Rolle spielte.
[180] Ähnlich z.B.: OESTREICH, Paul, Erziehung zur Kultur, in: Jugendnot. Vorträge, gehalten auf der IX. öffentlichen Tagung des Bundes entschiedener Schulreformer im Neuen Rathaus von Berlin-Schöneberg am 1., 2. und 3. Oktober 1922, Leipzig 1922, S. 154-163, hier S. 158: "Und wo ist Tat und nicht Flucht? Selbst die Jugendbewegung flieht doch wandernd nur vor dem Problem, wandert, um die höllischen Städte ertragen zu könne, erträgt sie aber, statt sie zu ändern! Kulturgedanken dämmern da erst."
[181] Vom Wandervogel. Von einem ihrer Führer, in: Der Anfang 1 (1913), Heft 1, S. 12-15, hier S. 15.

Einer, der wie Blume sowohl die Leistungen wie die Defizite der Jugendbewegung sah - der einerseits "einer der schärfsten Kritiker der bürgerlichen Jugendbewegung der Kaiserzeit und der Weimarer Republik" war, andererseits "dennoch nichts unversucht [ließ], eben diese Bewegung für seine Vorstellungen von Jugendkultur und Erziehung zu gewinnen, und [...] bis an sein Lebensende darunter [litt], daß ihn diese Bünde und Gruppierungen nicht als ihren geistigen 'Führer' erkannten und akzeptierten"[182] - war Gustav Wyneken (1875-1964)[183]. Wyneken erkannte, daß der Wandervogel der Jugend zu einem neuen Lebensgefühl, einer neuen Geselligkeit, einer eigenen Sprache und Gesittung verholfen hatte - und als besondere Leistung des Wandervogels vor allem dessen 'Entdeckung der Jugend'[184]. Kritisch dagegen sprach sich Wyneken in Aufsätzen der Jahre 1913/14 gegen 'die Lebensform und Jugendkultur des Wandervogels' aus:

---

[182] MOGGE, Jugendbewegung und Reformpädagogik, S. 261.

[183] Zur Biogr. Wynekens s. bes.: KUPFFER, Heinrich, Gustav Wyneken, Stuttgart 1970; und in Kurzform: KUPFFER, Heinrich, Gustav Wyneken. Ein Wegbereiter der Erlebnispädagogik? (=Wegbereiter der Erlebnispädagogik, 30), Lüneburg 1992. - Weitere biogr. Literatur in: SCHWARZ, Karl, Bibliographie der deutschen Landerziehungsheime (=Aus den deutschen Landerziehungsheimen, 8), Stuttgart 1970. - Zum Thema Wyneken und die Jugendbewegung s. bes.: WYNEKEN, Gustav, Schule und Jugendkultur, Jena 1913 [Zusammenstellung von Aufsätzen, die meist schon früher veröffentlicht wurden, meist in den Wickersdorfer Jahrbüchern, hier z.T. umgearbeitet]. - WYNEKEN, Gustav, Wandervogel und freie Schulgemeinde, in: Die freie Schulgemeinde. Organ des Bundes für Freie Schulgemeinden, Jg. 3 (1913), S. 33-41; u.a. wieder in: Grundschriften der deutschen Jugendbewegung, hrsg. von Werner KINDT (=Dokumentation der Jugendbewegung, 1), Düsseldorf [u.a.] 1963, S. 84-90. - WYNEKEN, Gustav, Was ist Jugendkultur? Öffentlicher Vortrag, gehalten am 30.10.1913 in der Pädagogischen Abteilung der Münchner Freien Studentenschaft. Mit einem Nachwort über den 'Anfang' (=Schriften der Münchner Freien Studentenschaft, 1), 3. Aufl. München 1914; wieder in: Grundschriften der deutschen Jugendbewegung, hrsg. von Werner KINDT (=Dokumentation der Jugendbewegung, 1), Düsseldorf [u.a.] 1963, S. 116-128; wieder in: Die Landerziehungsheimbewegung, hrsg. von Theo DIETRICH, Bad Heilbrunn 1967, S. 64-77. - WYNEKEN, Gustav, Jugendkultur, in: Kunstwart und Kulturwart, Jg. 27 (1914), S. 337-341; wieder in: WYNEKEN, Gustav, Der Kampf um die Jugend. Gesammelte Aufsätze, Jena 1919, S. 122-127. - WYNEKEN, Gustav, Die neue Jugend. Der Kampf um Freiheit und Wahrheit in Schule und Elternhaus, in Religion und Erotik, 3. Aufl. München 1919. - WYNEKEN, Gustav, Der Kampf um die Jugend. Gesammelte Aufsätze, Jena 1919. - WYNEKEN, Gustav, Die deutsche Jugendbewegung, in: Frankfurter Allgemeine Zeitung vom 28.08.1958. - Vgl. auch: HERRMANN, Ulrich, Die Jugendkulturbewegung. Der Kampf um die höhere Schule, in: 'Mit uns zieht die neue Zeit'. Der Mythos Jugend, hrsg. von Thomas KOEBNER [u.a.], Frankfurt 1985, S. 224-244; wieder in: HERRMANN, Ulrich, Historische Bildungsforschung und Sozialgeschichte der Bildung. Probleme - Analysen - Ergebnisse, Weinheim 1991, S. 257-267. - MOGGE, Jugendbewegung und Reformpädagogik. - Und: MAASEN, Thijs, Pädagogischer Eros. Gustav Wyneken und die Freie Schulgemeinde Wickersdorf. Mit einem Vorwort von Rüdiger LAUTMANN (=Sozialwissenschaftliche Studien zur Homosexualität, 6), Berlin 1995. - Zur von Wyneken gegründeten Freien Schulgemeinde Wickersdorf s. bes. S. 72f.

[184] WYNEKEN, Was ist Jugendkultur?, S. 10: "Man kann [...] sagen, daß der Wandervogel [...] die Jugend entdeckt hat [...]. Durch ihn erfuhren sie, daß es gemeinsame Interessen der Jugend gibt, daß die Jugend ein eigenes Leben besitzen kann und daß sie befugt und fähig ist, dies ihr eigenes Leben zu verteidigen und zu organisieren. Der Wandervogel bedeutet ein ganz beispielloses Aufatmen und Erwachen der Jugend."

"Bei aller Liebe zu dieser Bewegung muß ich es doch aussprechen, daß ihre bisherige Kultur,
wenn man sie ganz ernst nehmen und konsequent fortentwickeln wollte, zu Mittelmäßigkeit,
Banalität und Kitsch führen würde."[185]

Er bemängelte, der Wandervogel sei geistig "unvollkommen und provisorisch"[186], da
er sich eine Beschränktheit auferlege: Flucht in die "Romantik"[187], "in das Mittelalter, in das Vagabundentum, in die Volkskunst"[188], "in das Bedürfnis nach größerer
Einfachheit und Innigkeit"[189]. Ausschließlich wandern, abkochen, singen und tanzen,
im Heim nächtigen, das zeigte für Wyneken "deutliche Spuren geistiger Unterernäh-
rung"[190]:

"Aus bloßer Gesundheit kann keine Kultur abgeleitet werden."[191]

In Äußerungen der 20er Jahre hob Blume als eine für ihn positive Ausnahme wie
auch eine Hoffnung die 'Stuttgarter Tatgemeinschaft' hervor:

"Der Aufruf der "Stuttgarter Tatgemeinschaft Deutscher Jugend" war dem aufmerksamen und
objektiven Beobachter ein Anzeichen unter mehreren dafür, daß die Jugendbewegung in ihren
besten Elementen nicht nur aus dem Parteigezänk, sondern auch aus der Periode der bloßen
Negation, dem bloßen schwärmerischen sich ausleben und der Wandervogelpassivität hinaus
wollte zu positiver Tat."[192]

Die 'Stuttgarter Tatgemeinschaft' war im November 1918 auf Initiative von Albrecht
Leo Merz (1884-1967) entstanden[193]. Merz hatte die Freideutsche Jugendbewegung,
etwa auf ihren Tagungen in Jena 1919[194] und auf dem Hohen Meißner 1923 [sic!][195],
mehrfach kritisiert. Zu seinen beachtenswerten Hauptkritikpunkten zählten vor allem: "eine allzu intellektuell-kritizistische, tatfeindliche rein reflektierende Einstellung"[196], die "für die Jugendbewegung schon fast charakteristisch gewordene[.] Ge-
staltlosigkeit, nämlich in der Unform problematisierender Wortspalterei, untermischt
mit der krankhaften Veranlagung: in Massen hereinzufallen auf Menschen, welche

---

185 WYNEKEN, Wandervogel und freie Schulgemeinde, S. 39.
186 WYNEKEN, Was ist Jugendkultur?, S. 11.
187 WYNEKEN, Was ist Jugendkultur?, S. 11.
188 WYNEKEN, Was ist Jugendkultur?, S. 12.
189 WYNEKEN, Was ist Jugendkultur?, S. 12.
190 WYNEKEN, Jugendkultur, S. 122.
191 WYNEKEN, Was ist Jugendkultur?, S. 23.
192 BLUME, Bericht (1923), Bl. 177r. - S. ähnlich zuvor: BLUME, Gesuch (1922), S. 16.
193 Albrecht L. Merz. Der Mensch und sein Werk. Zum 70. Geburtstag [am] 4. Februar 1954, o.O.
     [Stuttgart] 1954; dieser Band enthält auf S. 80-84 eine Auswahl der Veröffentlichungen von
     Merz. - Vgl. zu den Anfängen von Tatgemeinschaft und Werkschule: MERZ, Albrecht Leo,
     Eine Tatgemeinschaft deutscher Jugend, in: Die Tat. Monatsschrift für die Zukunft deutscher
     Kultur, Jg. 11 (1919/20), S. 635-638. - MERZ, Albrecht Leo, Werkschule und Werkgemeinde
     der 'Jugendarbeit', in: Die Tat. Monatsschrift für die Zukunft deutscher Kultur, Jg. 13
     (1921/22), S. 887f.
194 S. dazu: MESSER, August, Die freideutsche Jugendbewegung. Ihr Verlauf von 1913 bis 1923
     (=Friedrich Mann's Pädagogisches Magazin. Abhandlungen vom Gebiete der Pädagogik und
     ihrer Hilfswissenschaften, 597; =Philosophische und pädagogische Schriften, 1), 5. erw. Aufl.
     Langensalza 1924, S. 64-66.
195 MERZ, Albrecht Leo, Das Fest auf dem Hohen Meißner [1923], in: Die Tat. Monatsschrift für
     die Zukunft deutscher Kultur, Jg. 15 (1923/24), Bd. 1: April/September 1923, S. 712-716.
196 MERZ, Fest, S. 715.

verstehen, eine Psychose zu entfachen, und alle, durch derartige psychotechnischen Methoden aus Hörern zu Hörigen Gewordene irgendeiner gehirnlichen Konstruktion zu unterwerfen [...]"[197], "das fressende Gift völlig unjugendlicher, rein intellektuell parlamentarischer Methoden"[198] sowie der "Mangel an dem, was Goethe produktive Phantasie nennt, von der alle geniale Reform, alle Neuerung ausgehen muß, durch die der wirklich schöpferische Mensch seine tiefsten Impulse bekommt."[199] Dem setzte Merz mit seiner 'Tatgemeinschaft' entgegen:

> "Was wir heute brauchen, sind herzhafte Gestalter, welche sich nicht damit begnügen, 'eine Sache beim rechten Namen zu nennen', sondern die imstande sind, Erlebnisse, Gefühle und Wollungen [sic!] überzeugend darzustellen; so darzustellen, daß durch irgendein Werkmittel Gestaltete nicht lediglich ein modisches Schema variiert oder in kalter Abstraktion eine Idee herausdestilliert, sondern daß im Sinn von Christus, Goethe, Hebbel, Strindberg, Laotse, Hokusai, Giotto, Grünewald das in einer Bewegung oder in einem Zuständlichen abgewandelte Urbild erschaut und aus der Dreiheit von Werkstoff, Werkmittel und menschlicher Schöpferkraft wiedergeboren wird, diese Wiedergeburt sich so vollziehend, daß das im Einklang mit den kosmischen Baugesetzen entstehende Werk in sich einen geschlossenen Organismus darstellt, in dem alle Teile durch die innere Notwendigkeit verbunden sind.'[200]

Zur Realisierung seiner Überlegungen begann Merz noch 1918 mit dem Aufbau des 'Werkhaus mit Werkschule', der Urzelle der heutigen 'Werkhaus-Werkschule' Stuttgart und der 'Freien Akademie für Erkenntnis und Gestaltung' zur Erreichung des gesteckten Zieles einer pädagogischen, kultursozialen und arbeitsethischen Erneuerung[201].

Blume griff den Gedanken von Merz, auf den er durch eine Veröffentlichung Franz Hilkers - der in dieser Arbeit noch mehrfach eine Rolle spielen wird - aufmerksam geworden zu sein scheint[202], auf, wenn er die Frage stellte:

> "War es nicht an der Zeit, dieser Richtung auch von der Schule aus entgegenzukommen und an beachtlicher Stelle in der Nähe der Hauptstadt des Reichs einen öffentlichen Versuch zu wagen, an dem sie [die Jugendbewegung!] aktiver mitarbeiten könnte?'[203]

Zu Beginn des Jahres 1922 nannte Blume in einem Gesuch zur Errichtung seiner neuen Schule, auf das unten noch ausführlich einzugehen sein wird, fünf beabsichtigte 'charakteristische Züge'[204] der geplanten Schule, von denen er 1924 schrieb, es

---

[197]   MERZ, Fest, S. 712.
[198]   MERZ, Fest, S. 712.
[199]   MERZ, Fest, S. 712f.
[200]   MERZ, Fest, S. 715. - Zu pädagogischen Leitideen von Merz s. u.a.: MERZ, Albrecht Leo, Die Entfaltung der schöpferischen Kräfte durch Erziehung. Leitsätze, in: Das Werdende Zeitalter, Jg. 4 (1925), S. 128-130.
[201]   Zur Situation Mitte der 80er Jahre: MERZ, Volker, Werkhaus-Werkschule Merz - Bildung auf werktätiger Grundlage, in: Die Schulen der Reformpädagogik heute. Handbuch reformpädagogischer Schulideen und Schulwirklichkeit, hrsg. von Hermann RÖHRS, Düsseldorf 1986, S. 185-195.
[202]   In: HILKER, Franz, Jugendfeiern. Mit einem Geleitwort von Paul OESTREICH (=Die Lebensschule. Schriftenfolge des Bundes entschiedener Schulreformer, 1), Berlin 1921, findet sich S. 7f. ein Hinweis auf die 'Tatgemeinschaft' von Merz. - Die entsprechende Seite findet sich, aus Hilkers Buch herausgerissen, mit entsprechenden Unter- und Anstreichungen durch Blume in: Berlin, LA, SIS.
[203]   BLUME, Bericht (1923), Bl. 177r-v.
[204]   BLUME, Gesuch (1922), S. 13.

handele sich nunmehr um "hier [auf Scharfenberg bereits] größtenteils verwirklichte Leitsätze"[205]. Alle fünf Punkte brachten den Einfluß der Jugendbewegung für das beabsichtigte Projekt deutlich zum Ausdruck[206]. Direkt im Anschluß an die fünf Punkte sprach Blume dann explizit die Jugendbewegung und ihren Stellenwert für ihn und sein Vorhaben an:

> "Wenn die Scharfenbergschule nach Art dieser Grundlage sich entwickeln darf, hofft sie den in ihr freiwillig sich sammelnden Schülern die Freude an der Schule wiederzugeben und sie, - trotz Abiturium - gesunder, natürlicher, aufgeschlossener, mehr der Sache hingegeben, selbständiger und persönlicher entwickelt zu entlassen, als es bisher in der Regel möglich war; sie hofft bei dem in ihr dann herrschenden Geist, zu ihrem bescheidenen Teil mit dazu beitragen zu können, die Brücke zu bauen zwischen echter Jugendbewegung und Schule, damit diese und nicht alle möglichen außer ihr stehenden politischen und unpolitischen 'Bünde' zum Zentrum der jugendlichen Interessen werde, wie es doch wohl in ihrer Natur liegt [...]."[207]

Eine 'Brücke zu bauen zwischen echter Jugendbewegung und Schule'[208], dabei die Jugend in die Schule als ihrer "natürlichen Lebensgemeinschaft"[209] zurückzuführen

---

205 BLUME, Wilhelm, Die Schulfarm auf der städtischen Insel Scharfenberg bei Berlin, in: Deutsche Schulversuche, hrsg. von Franz HILKER, Berlin 1924, S. 312-330, hier S. 315. - Vgl. Blume in einem Anhang zum Prot. der 25. Abendaussprache (11.03.1923): "[...] da wir schon hier in Scharfenberg zu einem guten Teil nach Wandervogelart leben, [...]." (Berlin, LA, SIS: CH, II, S. 44).

206 BLUME, Gesuch (1922), S. 13-15; abgedr. in: LEHMANN, Walter, Die Schulfarm Insel Scharfenberg, in: Pädagogisches Zentralblatt, Jg. 5 (1925), S. 145-167, hier S. 146f. - Eine einige inhaltlich unwesentliche Abweichungen sowie den Einschub eines Absatzes - "[...] sie möchte [5.] mit der elastischen Oberstufe, die Schülern aller 4 Schultypen die Möglichkeit gibt, in den letzten 3 Schuljahren ihr Neigungsfach zum Hauptfach zu machen, eine Aufbauabteilung für begabte 14jährige Gemeindeschüler verbinden und so ein Beispiel der Versöhnung auf dem zerklüfteten Gebiet der Bildungsgegensätze geben [...]" - enthaltende Fassung findet sich in: BLUME, Bericht (1923), Bl. 178r-179r; diese erw. Fassung abgedr. in: BLUME, Schulfarm (1924), S. 315-317. - Blume benannte dieses Ziel an zahlreichen weiteren Stellen. So hob er in einem Vortrag am 08.12.1922 "vor einem geladenen Publikum aus Stadtverordneten-, Magistrats- und Wohlfahrtspflegekreisen in der Urania (Taubenstraße)" (Berlin, LA, SIS: CH, II, S. 3f.) hervor: "Scharfenberg [...] sucht in unmittelbarer Naturnähe und wirklichem Handgemeinwerden mit allen Nöten leiblichen und geistigen Lebens bei möglichst freier Entwicklung aller gesunden Kräfte im gefährlichsten Entwicklungsalter die Form der Schule zu finden, in der die freie Regung der Jugendlichkeit zum Ausdruck kommt, die Brücke zu schlagen zwischen echter zum Positiven drängender Jugendbewegung und Schule, damit diese einmal nicht mehr neben oder gegen einander gehen!" (Berlin, LA, SIS: CH, II, S. 4).

207 BLUME, Gesuch (1922), S. 17; wieder in: BLUME, Bericht (1923), Bl. 179r; abgedr. in: LEHMANN, Schulfarm, S. 147 und in: BLUME, Schulfarm (1924), S. 317. - Blume benannte dieses Ziel an zahlreichen weiteren Stellen. So hob er in einem Vortrag am 08.12.1922 "vor einem geladenen Publikum aus Stadtverordneten-, Magistrats- und Wohlfahrtspflegekreisen in der Urania (Taubenstraße)" (Berlin, LA, SIS: CH, II, S. 3f.) hervor: "Scharfenberg [...] sucht in unmittelbarer Naturnähe und wirklichem Handgemeinwerden mit allen Nöten leiblichen und geistigen Lebens bei möglichst freier Entwicklung aller gesunden Kräfte im gefährlichsten Entwicklungsalter die Form der Schule zu finden, in der die freie Regung der Jugendlichkeit zum Ausdruck kommt, die Brücke zu schlagen zwischen echter zum Positiven drängender Jugendbewegung und Schule, damit diese einmal nicht mehr neben oder gegen einander gehen!" (Berlin, LA, SIS: CH, II, S. 4).

208 BLUME, Gesuch (1922), S. 17.

209 BLUME, Augenblicksbilder, S. 150: "Und wenn man dabei die Schüler möglichst alles selbst schaffen und verwalten läßt, wird sich die Jugend, die sich jetzt in Bünden außerhalb der Schule und zum Teil gegen sie zusammenschließt, ihrer natürlichen Lebensgemeinschaft, der Schule wieder mehr zuwenden."

und die Schule durch die Jugendbewegung zu befruchten und sie entsprechend 'ihrer Natur' 'zum Zentrum der jugendlichen Interessen' werden zu lassen - dieses Ziel hatte vor Blume und anderen Pädagogen wohl als erster Gustav Wyneken, im Gefolge seiner kritischen Auseinandersetzung mit der Jugendbewegung, benannt: Wyneken wünschte sich "ein gemeinsames Wandern der Jugend auf geistigem Gebiet"[210]; dabei aber sollte die Schule bleiben "diejenige Institution, der die geistige Bildung der jungen Generation und ihre Hinführung zur Kultur der Gegenwart anvertraut ist"[211].

> "Darum ist es ganz ausgeschlossen, daß eine Jugendkultur an der Schule vorbeigehen kann. Und die Jugendkultur bleibt so lange Halbheit und Maskerade, als sie sich nicht auf das Schulleben der Jugend erstreckt."[212]

Wyneken erhoffte, dies zu ermöglichen und zu institutionalisieren: zum einen durch eine Förderung und Intensivierung jugendlicher Intellektualität, zum anderen durch eine radikale Reform der Schule, durch Schaffung einer neuen 'Schulkultur':

> "In der Schule ist die Jugend isoliert. Die Schule ist eine Veranstaltung, die ganz und gar um der Jugend willen da ist. Sie beansprucht mehr als den halben Tag der Jugend. Darum muß sie zum gemeinsamen Heim der Jugend werden, zur Stätte ihres gemeinsamen Eigenlebens, zur Burg und Freistatt der Jugend inmitten einer Gesellschafts- und Lebensordnung, die sonst fast achtlos über die Jugend hinwegfährt. Der Wandervogel richtet Landheime ein und baut 'Nester'; aber das große gemeinsame Heim und Nest der Jugend muß die Schule werden. Nur wenn sie sich so umwandelt, wird sie ihren Gefängnischarakter verlieren."[213]

---

[210] WYNEKEN, Die neue Jugend, S. 30.
[211] HERRMANN, Jugendkulturbewegung, S. 227. - Vgl.: WYNEKEN, Was ist Jugendkultur?, S. 13.
[212] WYNEKEN, Was ist Jugendkultur?, S. 13.
[213] WYNEKEN, Jugendkultur, S. 124.

Ab dem Jahr 1900 war Wyneken Mitarbeiter von Hermann Lietz (1868-1919)[214],

---

[214] Zur Biogr. von Lietz s. dessen Autobiogr.: LIETZ, Hermann, Lebenserinnerungen. Von Leben und Arbeit eines deutschen Erziehers, hrsg. von Erich MEISSNER, Veckenstedt 1920; 2. unveränd. Aufl. Veckenstedt 1921; 3. Aufl. Veckenstedt 1922; 4./5. Aufl. neu hrsg. und durch Briefe und Berichte erg. von Alfred ANDEREESEN, Weimar 1935. - Eine Auswahl der Vielzahl der Schriften von Lietz bringt: Hermann Lietz. Schulreform durch Neugründung. Ausgewählte Pädagogische Schriften. Besorgt von Rudolf LASSAHN, Paderborn 1970. - S. außerdem u.a.: MEISSNER, Erich, Asketische Erziehung. Hermann Lietz und seine Pädagogik. Ein Versuch kritischer Überprüfung, Weinheim 1965. - MEISSNER, Erich, Hermann Lietz. Kein Nachruf, Veckenstedt 1920. - Außerdem u.a.: Der Pestalozzi der Deutschen. Hermann Lietz, in Anektoden, Briefstellen, Kernworten, dem deutschen Volke ein Führer aus der Erniedrigung. Denk- und Dankschrift, hrsg. von Theodor ZOLLMANN, Osterwieck 1924. - Hermann Lietz - Zeugnisse seiner Zeitgenossen, hrsg. von Elisabeth KUTZER (=Aus den deutschen Landerziehungsheimen, 6), Stuttgart 1968. - LASSAHN, Rudolf, Hermann Lietz - Leben und Werk. Schulreform durch Neugründung, in: Hermann Lietz. Schulreform und Neugründung. Ausgewählte Pädagogische Schriften, besorgt von Rudolf LASSAHN, Paderborn 1970, S. 180-189. - BADRY, Elisabeth, Hermann Lietz (1868-1919), in: Neue Deutsche Biographie, Bd. 14, Berlin 1985, S. 542-544. - Die 'soziale Seite' von Lietz wird zuletzt hervorgehoben in: FEIDEL-MERTZ / KRAUSE, Jürgen P., Der andere Hermann Lietz. Theo Zollmann und das Landwaisenheim Veckenstedt (=Pädagogische Beispiele. Institutionengeschichte in Einzeldarstellungen, 6), Frankfurt 1990.

dem 'Vater' der Deutschen Landerziehungsheime[215] - den Blume im März 1923 als

---

[215] Über die Lietzschen Landerziehungsheime geben u.a. die von Lietz herausgegebenen Jahresberichte Auskunft: Das erste Jahr im deutschen Landerziehungsheim bei Ilsenburg im Harz, hrsg. von Hermann LIETZ, Berlin 1899; wieder in: Das erste und zweite Jahr im Deutschen Landerziehungsheim bei Ilsenburg in dem Jahr 1898/1899, hrsg. von Hermann LIETZ, 2. Aufl. Leipzig 1910. - Das zweite Jahr im Deutschen Landerziehungsheim bei Ilsenburg im Harz, hrsg. von Hermann LIETZ, Berlin 1900; wieder in: Das erste und zweite Jahr im Deutschen Landerziehungsheim bei Ilsenburg in dem Jahr 1898/1899, hrsg. von Hermann LIETZ, 2. Aufl. Leipzig 1910. - Das dritte Jahr im Deutschen Landerziehungsheim bei Ilsenburg im Harz, hrsg. von Hermann LIETZ, Berlin 1901. - Das vierte Jahr in Deutschen Landerziehungsheimen, hrsg. von Hermann LIETZ, Berlin 1902. - Das fünfte Jahr in Deutschen Land-Erziehungsheimen, hrsg. von Hermann LIETZ, Berlin 1903. - Das sechste Jahr in Deutschen Land-Erziehungsheimen, hrsg. von Hermann LIETZ, Leipzig 1904. - Das siebente Jahr in Deutschen Landerziehungsheimen, hrsg. von Hermann LIETZ, Leipzig 1905. - Das achte Jahr im Deutschen Land-Erziehungsheimen, hrsg. von Hermann LIETZ, Leipzig 1906. - Das neunte Jahr im Deutschen Land-Erziehungsheim 1906/07, hrsg. von Hermann LIETZ, Leipzig 1907. - Das zehnte Jahr im Deutschen Landerziehungsheim 1907/08, hrsg. von Hermann LIETZ, 1. Teil, Leipzig 1907; 2. Teil, Leipzig 1908. - Das elfte Jahr im Deutschen Landerziehungsheim, hrsg. von Hermann LIETZ, Leipzig 1909. - Das zwölfte Jahr in Deutschen Landerziehungsheimen, hrsg. von Hermann LIETZ, 2 Teile, Leipzig 1910. - Das dreizehnte Jahr im Deutschen Landerziehungsheimen, hrsg. von Hermann LIETZ, 1. Teil, Leipzig 1911 [2. Teil nicht erschienen!]. - Das vierzehnte Jahr im Deutschen Landerziehungsheim, hrsg. von Hermann LIETZ, Leipzig 1912. - Das fünfzehnte Jahr in Deutschen Landerziehungsheimen. Beiträge zur Schulreform, hrsg. von Hermann LIETZ, Leipzig 1913. - Das sechzehnte Jahr in Deutschen Landerziehungsheimen, hrsg. von Hermann LIETZ, Leipzig 1914. - Die Arbeitsschule und die Deutschen Land-Erziehungsheime (17. Jahrbuch der Deutschen Land-Erziehungsheime), hrsg. von Alfred ANDREESEN, Veckenstedt o. J. - Die deutsche Aufgabe und die Land-Erziehungsheime [18.] Jahrbuch auf das Jahr 1924, hrsg. von Alfred ANDREESEN, Veckenstedt 1924. - S. außerdem: ANDREESEN, Alfred, Die deutschen Landerziehungsheime, in: Deutsche Schulversuche, hrsg. von Franz HILKER, Berlin 1924, S. 58-76. - Das Landerziehungsheim. Im Auftrag des Zentralinstituts für Erziehung und Unterricht hrsg. von Alfred ANDREESEN (=Schulform und Bildungsziel, 4), Leipzig o.J. [1926]. - PETERSEN, Peter, Die Stellung des Landerziehungsheims im Deutschen Erziehungswesen des 20. Jahrhunderts. Ein typologischer Versuch, in: HUGUENIN, Elisabeth, Die Odenwaldschule. Mit einem Vorwort von Peter PETERSEN: Die Stellung des Landerziehungsheims im Deutschen Erziehungswesen des 20. Jahrhunderts. Ein typologischer Versuch (=Forschungen und Werke zur Erziehungswissenschaft, 5), Weimar 1926, S. V-XLIX. - ANDREESEN, Alfred, Lietz und die Bewegung der Landerziehungsheime und freien Schulen, in: Die Erziehung, Jg. 2 (1927), S. 419-431. - MEISSNER, Erich, Die deutschen Landerziehungsheime, in: Handbuch der Pädagogik, hrsg. von Herman NOHL und Ludwig PALLAT, Bd. 4, Langensalza 1928, S. 325-332. - Die Landerziehungsheimbewegung, hrsg. von Theo DIETRICH, Bad Heilbrunn 1967. - KOERRENZ, Ralf, Landerziehungsheime in der Weimarer Republik. Alfred Andreesens Funktionsbestimmung der Hermann Lietz-Schulen im Kontext der Jahre von 1919 bis 1933 (=Europäische Hochschulschriften, Reihe 11: Pädagogik, 494), Frankfurt [u.a.] 1992. - LUDWIG, Harald, Entstehung und Entwicklung der modernen Ganztagsschule in Deutschland, Bd. 1 (=Studien und Dokumentationen zur deutschen Bildungsgeschichte, 51/1), Köln [u.a.] 1993, S. 49-75: Kap. 'Landerziehungsheimbewegung und Ganztagsschule'. - Auch: HAUBFLEISCH, Dietmar, Landerziehungsheime, in: Wörterbuch Schulpädagogik. Ein Nachschlagewerk für Studium und Schulpraxis, hrsg. von Rudolf W. KECK und Uwe SANDFUCHS, Bad Heilbrunn 1994, S. 188f. - SCHWERDT, Ulrich, Landerziehungsheimbewegung, in: Handbuch der deutschen Reformbewegungen 1880-1933, hrsg. von Diethart KERBS und Jürgen REULECKE, Wuppertal 1998, S. 395-409. - Ein zentrales Hilfsmittel stellt dar: SCHWARZ, Bibliographie.

"herrliche[n] Mann der Tat mit dem reichen Herzen für die Jugend"[216] als vorbildlich bewunderte[217] - an dessen beiden ersten privaten, auf dem Lande gelegenen 'Erziehungsheimen', der 'Pulvermühle' bei Ilsenburg im Harz und Haubinda bei Hildburghausen in Thüringen, gewesen. 1906 trennte er sich mit einigen Kollegen von Lietz und gründete in Thüringen die 'Freie Schulgemeinde Wickersdorf'[218], die den 'geometrischen Ort der neuen Jugendkultur'[219] bilden sollte, versuchte Wyneken, diese Gedanken selbst in die Realität umzusetzen.

Die Konzeption seiner Vorstellung hat Wyneken in seiner Broschüre 'Der Gedankenkreis der Freien Schulgemeinde'[220] dargelegt: Die Freie Schulgemeinde ist 'frei', weil sie zwar staatlich konzessioniert, aber nicht beaufsichtigt ist. Sie hat kein inhaltlich anderes Unterrichtsprogramm als andere Schulen. Aber sie hat eine andere Erziehungs- und Bildungsaufgabe, die sich besonders in der Organisation des Schullebens und des Schulalltags ausdrückt: Das Kollegium wählt sich einen Direktor, der Primus inter pares ist; das Kollegium ist eine 'Genossenschaft' aufgrund gemeinsamer Bestrebungen und Gesinnungen; Lehrer bilden als 'Führer' um sich 'Kameradschaften' von Schülern; aus Sekunda und Prima wird ein Schülerausschuß gewählt, der bei Schulstreitigkeiten Schiedsfunktion hat; alle Lehrer und alle Schüler zusammen bilden die 'Schulgemeinde', eine 'Ordensversammlung' als gesetzgebende Versammlung der Schule; jeder Lehrer und jeder Schüler hat hier eine Stimme, es herrscht unbeschränktes Rede- und Aussprecherecht. Die Freie Schulgemeinde ist 'ein geistiger Organismus', eine 'Lebensgemeinschaft', ein soziales Gebilde nach der Art der klösterlichen Orden, das in sich nach den Prinzipien von Führertum und Gefolgschaft, Meistern und Jüngern geordnet ist; denn nur so kann geistige Erweckung bewirkt werden. Sie ist das 'Heim', sie ist die 'Burg' der Jugend:

---

216 Berlin, LA, SIS: CH, II, S. 45: Lietz, "dieser herrliche Mann der Tat"; auch: Berlin, LA, SIS: CH, I, o.S. (am zweiten Abend der 'Studien über Reformschulen' im März 1923). - S. zu Blumes Bezeichnung für Lietz: HILDBRANDT, Paul, Ein Mann der Tat. Hermann Lietz' Lebenserinnerungen, in: Vossische Zeitung vom 18.05.1920, Morgenausg.

217 Vgl. diese Haltung auch bei anderen Pädagogen: ANDREESEN, Die deutschen Landerziehungsheime, bietet S. 64f. eine Beschreibung von Lietz als "Mensch[en] von überwältigender Arbeitskraft" (S. 64), er beschließ diese Beschreibung S. 65 mit der Passage: "Niemals sah ich einen Menschen von solcher Tatkraft, bezwingender Energie, von solchem starken sittlichen Wollen, von solchem Mut zur Konsequenz. Und doch daneben mit einem Herzen von solcher Güte und Liebe und solch feinem Empfinden."

218 S. aus der Fülle der Literatur über die Schulgemeinde Wickersdorf bes. das grundlegende Werk, zugleich Programmschrift und Bericht: WYNEKEN, Gustav, Wickersdorf 1922. - Außerdem z.B.: BIEBIGHÄUSER, Heidi, Gustav Wyneken: Wickersdorf - Die Insel der Jugend, in: Künstliche Paradiese. Beispiele ästhetischer Weltbegrenzung. hrsg. von Peter Ulrich HEIN (=Kunst und Therapie, 6), Gegenwart auch als: Künstliche Paradiese der Jugend. Zur Geschichte und Gegenwart ästhetischer Subkulturen, hrsg. von Peter Ulrich HEIN (=Geschichte der Jugend, 8), Münster 1984, S. 54-64. - Und: EHRENTREICH, Alfred, Wickersdorf als Gemeinschaft, in: Lebensstätten der Jugend, hrsg. von Max KUCKEI, Kettwig a.d. Ruhr 1923, S. 70-75. - EHRENTREICH, Alfred, Freie Schulgemeinde Wickersdorf. Gustav Wyneken zum 100. Geburtstag am 19. März 1975, in: Zeitschrift für Pädagogik, Jg. 21 (1975), S. 87-105. - EHRENTREICH, Alfred / BARTH, Dieter, Die Freie Schulgemeinde Wickersdorf, in: Pädagogik und Schulalltag, Jg. 47 (1992), S. 588-595. - LUDWIG, Entstehung, Bd. 1, S. 86-100: Kap. 'Die Ganztagsschule als 'Syssition' in der Pädagogik Gustav Wynekens'.

219 WYNEKEN, Was ist Jugendkultur?, S. 32.

220 WYNEKEN, Gustav, Der Gedankenkreis der Freien Schulgemeinde. Dem Wandervogel gewidmet, 2. Aufl. Leipzig 1914.

"Dem Leben zu einer neuen Selbstentfaltung zu verhelfen, das ist der Sinn der Freien Schulgemeinde. Diese neue Selbstentfaltung des Lebens heißt Jugend. Es hat, wenigstens in unserem Zeitalter und Kulturkreis, bisher keine Jugend gegeben. Es gab vielleicht Kindheit, es gab dann ein Noch-nicht-alt-sein (und so schnell wie möglich Alt-gemacht-werden), es gab aber Jugend nicht als eigenen Lebenstypus, als geistiges Phänomen. 'Jugend' kann sich nicht in der bürgerlichen Familie entfalten, da bleibt sie immer ein unselbständiges Anhängsel der Erwachsenen, nach den Interessen der Erwachsenen behandelt und geformt. Jugend müßte ein Jugendreich, eine Pflanz- und Freistätte haben, um wirklich Jugend werden zu können. Wo? In der Schule. Die früher von außen an die Jugend herangetragen wurde, nun aber, ganz neu gedacht, aus ihr erwachsen soll; die früher ein Gefängnis war, deren Mauern ihre Front nach innen kehrten, jetzt aber eine schützende Burg sein soll, deren Mauern Störungen von außen abwehren."[221]

Ulrich Herrmann bemerkt dazu:

"Die Konzeption der Freien Schulgemeinde will also zweierlei Mängel überwinden helfen: den der Familie, die in der Regel nichts zur höheren geistigen Bildung der Jugend beisteuern kann, und den der überkommenen Schule, die als bloße Unterrichtsanstalt nichts zur Erziehung in, durch und für die Gemeinschaft beitragen kann. Es geht also nicht darum, der Jugend nach Art des Wandervogels 'wärmende Nester' zu bauen, sondern darum, sie an die Kultur und die Aufgaben der Gegenwart heranzuführen. Geschieht dies nach der Art der freien Schulgemeinde, verliert die Schule ihren 'Gefängnischarakter' und wird zur eigentlichen 'Befreierin der Jugend': In ihr lebt die Jugend nach selbst gegebenen Grundsätzen und Regeln; hier erfährt sie die unabdingbare geistige Erweckung und Führung; hier wird nicht durch Technik und Taktik 'erzogen', das heißt 'von außen', 'äußerlich' gedrillt, verbildet, zurechtgebogen, sondern durch Gemeinschaftsleben und Kameradschaftlichkeit: durch soziales Lernen der Schüler, der älteren und jüngeren miteinander, durch Selbsterziehung, durch den familienähnlichen Lebenszusammenhang von Lehrern und Schülern."[222]

Wann Blume erstmals mit der Jugendbewegung in Berührung gekommen ist, läßt sich nicht ausmachen. In der Literatur ist mehrfach darauf hingewiesen worden, Blume sei in seiner Studienzeit mit den Wandervogelgruppen in Kontakt getreten[223]. Diese These läßt sich jedoch durch die Quellen - anders als bei anderen, meist etwas jüngeren Reformpädagogen, die aus der Jugendbewegung kamen und sich insbeson-

---

[221] WYNEKEN, Wickersdorf, S. 15.

[222] HERRMANN, Jugendkulturbewegung, S. 230.

[223] So: SCHUPPAN, Wilhelm Blume, S. 299: "Während seiner Studienzeit in Berlin kam er mit der Wandervogelbewegung in Berührung, die ihn besonders durch ihre Naturverbundenheit, das Streben, verkrustete Formen der Lebensgestaltung der Elterngeneration aufzubrechen, und somit die allgemein mitschwingenden pädagogischen Tendenzen anzog. Folgenreich beeindruckte ihn der schulkritische Ansatz [sic!] des Wandervogels."

dere nach 1918 entschlossen, Lehrer zu werden (bzw. einen sozialen Beruf zu er-
greifen)[224] - nicht verifizieren.

Faßt man die in diesem Kapitel beschriebenen biographischen Erfahrungen Blumes zusammen, so erlauben sie folgende Einschätzung: Neben anderen autobiographischen Erfahrungen wie Elternhaus und eigener Schulzeit stellten - nach gesundheitlicher Krise und abgebrochener Dissertation, was, auch wenn Blume in den Jah-

---

[224] S. aus der Fülle der Hinweise zum Einfluß der Jugendbewegung auf die Reformpädagogik u.a.:
Beruf und Leben. Darstellung der Wesenszüge der Berufsfrage aus Kreisen der Jugendbewegung, hrsg. von Ernst FISCHER und Friedrich WILHELM, Lauenburg 1921, hier insbes. S.
16-18: WILKER, Karl, Der soziale Beruf, und S. 18f.: LUSERKE, Martin, Der Lehrer. - Außerdem: ZEIDLER, Kurt, Die Wiederentdeckung der Grenze. Beiträge zur Formgebung der
werdenden Schule, Jena 1926; wieder als: ZEIDLER, Kurt, Die Wiederentdeckung der Grenze.
Beiträge zur Formgebung der werdenden Schule. Kommentar und pragmatische Bibliographie
von Uwe SANDFUCHS (=Documenta Paedagogica, 4), Hildesheim [u.a.] 1985. - Teile des
Werkes (S. 91-98) finden sich auch abgedr. in: Die deutsche Reformpädagogik, hrsg. von Wil-
helm FLITNER und Gerhard KUDRITZKI, Bd. II: Ausbau und Selbstkritik, 2. unveränd. Aufl.
Stuttgart 1982, S. 205-210; 4. Kap., S. 19-22 ('Emanzipation') findet sich auch wieder in:
HOOF, Dieter, Die Schulpraxis der Pädagogischen Bewegung des 20. Jahrhunderts. Berichte
und Unterrichtsbilder, Bad Heilbrunn 1969, S. 70-73. - GLÄß, Theodor, Die Entstehung der
Hamburger Gemeinschaftsschulen und die pädagogische Aufgabe der Gegenwart, Gießen 1932,
S. 38-48 (=Kap. 'Die Jugendbewegung'). - SCHMID, Jakob Robert, Freiheitspädagogik.
Schulreform und Schulrevolution in Deutschland, Reinbek 1973; unter dem Titel 'Le maitre-
camarade et la pédagogie libertaire', Neuchatel 1936. - BOHNENKAMP, Hans, Jugendbewegung und Schulreform, in: Die Jugendbewegung. Welt und Wirkung. Zur 50. Wiederkehr
des freideutschen Jugendtages auf dem Hohen Meißner, Düsseldorf [u.a.] 1963, S. 34-52. -
STEINBRINKER, Kurzchronik, S. 1444f.

ren 1916 bis 1918 einige Buchbesprechungen und Aufsätze publizierte[225], das Ende seines zunächst eingeschlagenen wissenschaftlichen Werdegangs bedeutete - vor allem die ersten Jahre im Schuldienst eine für ihn besonders 'sensible Lebensphase' dar. Es scheint, daß nach dem Bruch mit der zunächst begonnenen wissenschaftlichen Karriere vor allem die ersten Lehr(er)erfahrungen es waren, die Blume in einer Weise prägten, die für sein ganzes weiteres Leben und pädagogisches Wirken von zentraler Bedeutung bleiben sollte.

Die Quellen sprechen dafür, daß Blume sich vor allem als angehender Lehrer ganz auf seine Schüler 'einließ' und daß ihm "das enge Verhältnis zu seinen Schülern die Schulverdrossenheit auch wissenschaftlich interessierter Oberstüfler mit erschreckender Deutlichkeit gezeigt hatte"[226]. Durch diese intensiven Beziehungen lernte Blume seine Schüler, deren Wünsche und Bedürfnisse, aber auch deren Erfahrungen weit über den Unterricht hinaus kennen und setzte sich in der Folge mit der Jugendbewegung und ihren Möglichkeiten für die Schule mit Gewinn auseinander.

Wenn Blume später zu seiner Auffassung über die Lehrerbildung bemerkte, das enge Zusammenleben zwischen (werdenden) Lehrern und ihren Schülern sei von zentraler Bedeutung, da sie nur so "die Jugend von Angesicht zu Angesicht, ohne die Tarnkappe der Schülermienen" kennenlernten und nur so "bald den kameradschafli-chen Ton finden [könnten], der das Vertrauen der Jugend gewinnt, und [durch den

---

[225] BLUME, Wilhelm, [Buchbesprechung von] [1.] Vom deutschen Schwert. Ein Flugblatt zu Kaisers Geburtstag von Dr. Schaube, Berlin 1916; [2.] Aus eherner Zeit. Vaterländische Lieder und Gedichte aus dem Weltkrieg, für die Schuljugend ausgewählt von Dr. H.H. Fischer, Berlin 1915; [3.] Waffenklänge von Max Georg Zimmermann, Oldenburg 1914-15; [4.] Kriegsgedichte von H. Ehrenhard, Neuwied 1916; [5.] Deutschland sei wach! Vaterländische Gedichte von Ernst von Wildenbruch, Berlin 1915, in: Deutsches Philologen-Blatt, Jg. 24 (1916), Nr. 4 (26.01.1916), S. 62. - BLUME, Wilhelm, [Buchbesprechung von] [1.] Auf Posten, Jungdeutschland! Ein Wort an unsere liebe deutsche Jugend von Prof. Dr. Sellmann, Witten 1916; [2.] Alte und neue Balladen und Lieder des Freiherrn Vörries von Münchhausen. Auswahl fürs Feld, [o.O.u.J.], in: Deutsches Philologen-Blatt, Jg. 24 (1916), Nr. 11 (15.03.1916), S. 173f. - BLUME, Wilhelm, Neues zur Behandlung von Goethes Getreuem Eckhart, in: Zeitschrift für den deutschen Unterricht, Jg. 30 (1916), S. 203-205. - BLUME, Wilhelm, [Buchbesprechung von] [1.] Clara Prinzhorn, Deutschland, Deutschland, über alles! Festdichtung zur Feier des Geburtstages des Deutschen Kaisers und anderer patriotischer Gedenktage, Wolfenbüttel 1910; [2.] Clara Prinzhorn, Ein Klang aus Deutschlands Hohem Liede. Kriegsgedichte 1914-16, Braunschweig 1916, in: Deutsches Philologen-Blatt, Jg. 25 (1917), Nr. 3 (17.01.1917), S. 62f. - BLUME, Wilhelm, Cicero als Lobredner der Stadt Braunschweig. Eine literaturhistorische und lokalpatriotische Plauderei, in: Niedersachsen. Illustrierte Halbmonatsschrift für Geschichte und Familiengeschichte, Landes- und Volkskunde, Heimat- und Denkmalschutz, Sprache, Kunst und Literatur Niedersachsens, Jg. 22 (1917), Nr. 11 (01.03.1917), S. 170f. - BLUME, Wilhelm, [Buchbesprechung von] [1.] Theodor Körner, der schwarze Jäger, ein Appell an meine Kameraden im Felde von Magnus Jocham, Freiburg i.Br. 1916, [2.] Das Seelenleben unserer Kriegsbeschädigten von Prof. Dr. Adolf Sellmann, Witten a. Ruhr 1916, in: Deutsches Philologen-Blatt, Jg. 25 (1917), Nr. 24 (27.06.1917), S. 406f. - BLUME, Wilhelm, [Buchbesprechung von] Louise von François, Die Stufenjahre der Dichterin. Zur Erinnerung an die 100. Wiederkehr ihres Geburtstages am 27. Juni 1917 von Prof. Ernst Schroeter, Weißenfels 1917, in: Deutsches Philologen-Blatt, Jg. 25 (1917), Nr. 29 (08.08.1917), S. 470. - BLUME, Wilhelm, Fräulein Muthchen und ihr Hausmeier als Lyzeumslektüre im Gedenkjahr der Dichterin, in: Frauenbildung. Zeitschrift für die gesamten Interessen des weiblichen Unterrichtswesens, Jg. 17 (1918), S. 17-29. - BLUME, Wilhelm, Neue Erzieher zur Mannhaftigkeit, in: Deutsches Philologen-Blatt, Jg. 26 (1918), Nr. 23/24 (24.06.1918), S. 194f.

[226] BLUME, Bericht (1923), Bl. 176v.

sie] offeneren Einblick in ihre tausend Nöte bekommen, der sie später das Stück
Seelenarzt zu werden befähigt, das doch wohl jeder Lehrer sein sollte"[227], dann kann
kann ein deutlicher Hinweis auf eigene biographische Erfahrungen seiner ersten
Lehrerjahre sein, so wie sie in diesem Kapitel skizziert wurden und im nachfolgenden Kapitel weiter beschrieben werden.

---

[227] BLUME, Schulfarm (1928), S. 185 (und ähnlich an zahlreichen anderen Stellen). - S. hierzu
weiter S. 201f., S. 721f. und S. 736.

I.2.	REFORMANSÄTZE AM BERLINER HUMBOLDT-GYMNASIUM 1918 BIS 1920

I.2.A.	DIE UMSETZUNG DER NOVEMBER-ERLASSE 1918 AM HUMBOLDT-GYMNASIUM

Einige Monate nach dem 'Wiesenburger Traum' war der 1. Weltkrieg zu Ende. Er brachte Deutschland nicht nur eine Niederlage, sondern auch, was freilich nur von einem Teil der Bevölkerung auch so verstanden wurde, die ungeheuere Chance eines Neubeginns.

Am 13.11.1918 legte die preußische Regierung einen Aufruf 'An das Preußische Volk' vor, in dem sie u.a. den "Ausbau aller Bildungsinstitute, insbesondere der Volksschule", "Schaffung der Einheitsschule", "Befreiung der Schule von jeglicher kirchlicher Bevormundung", "Trennung von Staat und Kirche" proklamierte[1]. Das preußische Kultusministerium begann im Gefolge dieses Aufrufs seine Arbeit sogleich mit "4 Trompetenstößen"[2].

(1.) Am 15. November 1918 erschien eine Verordnung über den Geschichtsunterricht und die Säuberung der Schulbibliotheken von Schriften, die den Krieg verherrlichten. Sie untersagte auch die konterrevolutionäre Propaganda in den Schulen, forderte im Geschichtsunterricht eine 'sachgemäße kulturhistorische Belehrung' anstelle eines patriotisch-monarchischen Geschichtsunterrichts und ermöglichte außerdem die Befreiung Andersdenkender vom Religionsunterricht[3].

(2.) Am 27.11. folgte eine Anordnung, die die geistliche Ortsschulaufsicht in Preußen aufhob[4].

(3.) Ebenfalls am 27.11. erschien außerdem je ein Aufruf an die Lehrer der höheren Schulen, in dem sie zur Mitarbeit im Sinne des neuen republikanischen Staatswesens aufgefordert wurden, und ein Aufruf an die Schüler der höheren Schulen, in dem die aktive Mitarbeit am Schulleben durch Errichtung von Schulgemeinden und Schülerrat als erwünscht bekannt gegeben wurde - dies war der erste Aufruf eines preußischen Ministeriums, der direkt an Schüler höherer Schulen gerichtet war!

Hinter diesen beiden Erlassen vom 27.11., die oft als die eigentlichen 'Novembererlasse' bezeichnet werden, stand Gustav Wyneken, der ins preußische Kultusministerium berufen worden war. Beide Aufrufe wurden im 'Zentralblatt für

---

[1]   Der Aufruf findet sich u.a. abgedr. in: Deutsches Philologen-Blatt, Jg. 26 (1918), Nr. 43/44 vom 21.11.1918, S. 390.

[2]   RICHTER, Berliner Schulgeschichte, S. 95.

[3]   Zentralblatt für die gesamte Unterrichts-Verwaltung in Preußen, Jg. 60 (1918), S. 708f.; u.a. wieder in: Quellen zur Geschichte der Erziehung, 9. Aufl. Berlin (DDR) 1980, S. 425.

[4]   Zentralblatt für die gesamte Unterrichts-Verwaltung in Preußen, Jg. 60 (1918), S. 757f.; u.a. wieder in: Quellen zur Geschichte der Erziehung, 9. Aufl. Berlin (DDR) 1980, S. 425.

die gesamte Unterrichts-Verwaltung in Preußen' veröffentlicht[5]. Darüber hinaus wurden sie zusammen mit einem 'Erläuterungsblatt' in Form von 'Flugblättern' direkt an die einzelnen Schulen, an die Schüler und Lehrer verteilt[6].

(4.) Am 29.11. erfolgte schließlich ein weiterer Aufruf: Nach einer ausführlichen Begründung, die vor allem die sozialdemokratischen Vorstellungen zum Verhältnis von Religion und Schule enthielt und betonte, daß keinerlei Unterdrückung des Volkes das Ziel sei, wurde das Schulgebet abgeschafft, der Religionsunterricht zwar als Unterrichtsfach beibehalten, aber nicht mehr als Prüfungsfach anerkannt. Außerdem wurde verfügt, daß kein Lehrer und kein Schüler zum Religionsunterricht oder zum Besuch des Gottesdienstes durch die Schule gezwungen werden durfte[7].

Sämtliche 'Novembererlasse' entfachten eine leidenschaftliche Diskussion in den Schulen bei Lehrern und Schülern sowie in Elternkreisen und darüber hinaus in der breiten Öffentlichkeit[8], so daß sich die Preußische Regierung bald genötigt sah, die Erlasse partiell abzubauen[9].

Insbesondere die Aufrufe an die Lehrer- und Schülerschaft vom 27.11. führten nicht nur aufgrund ihres Inhalts, sondern auch aufgrund ihrer Form zu heftigen Protesten. Selbst ein demokratisch gesonnener Schulreformer wie Paul Hildebrandt - auf

---

5   Zentralblatt für die gesamte Unterrichts-Verwaltung in Preußen, Jg. 60 (1918), S. 710-716; u.a. wieder in: GIESE, Gerhardt, Quellen zur deutschen Schulgeschichte seit 1800 (=Quellensammlung zur Kulturgeschichte, 15), Göttingen [u.a.] 1961, S. 231-237.

6   Das 'Flugblatt' mit dem Erlaß U II 1967: 'An die Schüler und Schülerinnen der höheren Schulen Preußens' hat sich mit handschriftlichen Bemerkungen Blumes im Archiv der Schulfarm (Berlin, LA, SIS) erhalten. - Vgl. auch: Berlin, AASGB: Ordner Karsen [5:], Orginale: a.) Erlaß U II 1967: 'An die Schüler und Schülerinnen der höheren Schulen Preußens', b.) Erlaß U II 1968: 'An die Lehrer und Lehrerinnen der höheren Lehranstalten [...]'; c.) Flugblatt mit Erlaß U II 1967 und 1968 W U III mit Erläuterungen zu a.) und b.), sowie d.) maschr. Schreiben als Beilage zu a.) - c.) von Minister Haenisch an die Provinzialschulkollegien und Regierungen.

7   Zentralblatt für die gesamte Unterrichts-Verwaltung in Preußen, Jg. 60 (1918), S. 719-721; u.a. wieder in: GIESE, Gerhardt, Quellen zur deutschen Schulgeschichte seit 1800 (=Quellensammlung zur Kulturgeschichte, 15), Göttingen [u.a.] 1961, S. 237-239; u.a. wieder in: Quellen zur Geschichte der Erziehung, 9. Aufl. Berlin (DDR) 1980, S. 426f.

8   S. dazu u.a. folgende Quellenbestände: Berlin, GStA PK: I. HA Rep. 76 VI, Sekt. 1 z, Nr. 265 Adhib: Einsprüche gegen die Erlasse vom 27.11.1918 und vom 29.11.1918 über Schülerräte und Religionsunterricht. 1918-1919. - Berlin, GStA PK: I. HA Rep. 76 VI, Sekt. 1 z, Nr. 268: Schülerräte, Schulgemeinden, Schülerausschüsse. 1918-1937.

9   So wurde der Erlaß vom 27.11.1918 zur Aufhebung der geistlichen Ortsschulaufsicht durch Verfügung vom 15.02.1919 zurückgenommen; s.: Zentralblatt für die gesamte Unterrichts-Verwaltung in Preußen, Jg. 61 (1919), S. 362; u.a. wieder in: Quellen zur Geschichte der Erziehung, 9. Aufl. Berlin (DDR) 1980, S. 425f. - Der Erlaß vom 29.11.1918 betr. Aufhebung des Religionszwanges wurde durch Erlasse vom 18.12. und 28.12.1918 und schließlich nochmals durch Erlaß vom 01.04.1919 zurückgenommen: Erlasse vom 18.12. und 28.12.1918 s.: Zentralblatt für die gesamte Unterrichts-Verwaltung in Preußen, Jg. 60 (1918), S. 721f.; u.a. wieder in: Quellen zur Geschichte der Erziehung, 9. Aufl. Berlin (DDR) 1980, S. 427f.; Erlaß vom 01.04.1919 in: Zentralblatt für die gesamte Unterrichts-Verwaltung in Preußen, Jg. 61 (1919), S. 427f.; u.a. wieder in: GIESE, Gerhardt, Quellen zur deutschen Schulgeschichte seit 1800 (=Quellensammlung zur Kulturgeschichte, 15), Göttingen [u.a.] 1961, S. 239f. [hier fälschlicherweise als Erlaß vom 31.03.1919 bezeichnet]. - Vgl. dazu bes.: GIESECKE, Hermann, Zur Schulpolitik der Sozialdemokratie in Preußen und im Reich 1918/20, in: Vierteljahreshefte für Zeitgeschichte, Jg. 13 (1965), S. 162-177, hier S. 165f.

den in dieser Arbeit an späterer Stelle ausführlicher eingegangen wird[10] - betonte in einem Aufsatz über 'Schulgemeinden und Schülerräte' 1919 deutlich, daß "in dem Ministerialerlaß ein durchaus richtiger Gedanke [liege], der folgerichtig entwickelt und geschickt gehandhabt einen wichtigen Schritt vorwärts auf der Bahn der Erziehung oder vielmehr Selbsterziehung der Jugend zum Leben bedeutet"[11] und daß es "ein Verdienst des Ministeriums [sei], uns die Gelegenheit zu solcher Selbsterziehung der Schüler gegeben zu haben, und nichts [...] falscher [wäre], als wenn wir davon keinen Gebrauch machen wollten."[12] Dennoch konnte Hildebrandt nicht umhin, sich in aller Schärfe gegen die Form des Erlasses und damit gegen ihre Initiatoren zu wenden:

> "Die Eingeweihten konnte [...] der Ton des Erlasses nicht überraschen: wußten sie doch aus der Lektüre der zahlreichen Broschüren Wynekens, des Vaters des Erlasses, die ebensoviel Pamphlete gegen die Oberlehrer bedeuteten, daß ihn ein geradezu fanatischer Haß gegen die höhere Schule beseelte. Ein solcher Mann ist nicht fähig, ihr und uns Gerechtigkeit widerfahren zu lassen; seine radikal-idealistischen Forderungen, die völlig unerfüllbar sind, tragen eine Art bolschewistischen Gepräges in die Pädagogik hinein, das notwendigerweise das ganze Gebäude der Erziehungslehre sprengen muß. Daß ein solcher Mann im preußischen Unterrichtsministerium sitzen konnte - wenn auch nur auf noch so kurze Zeit - ist ein böses Zeichen für die Menschenunkenntnis der leitenden Männer."[13]

Im Jahr 1947 wiederholte Hildebrandt in einem Rückblick auf die Schülerselbstverwaltung in der Weimarer Republik diese Position und vertrat die These, daß Wynekens "Radikalismus [...] der beginnenden Schulreform schwer geschadet und der reaktion, die auf dem politischen Gebiete aufbrach, Wasser auf die Mühlen getrieben [habe]."[14]

Im Lehrerkollegium des Humboldt-Gymnasiums[15] hätten, so schreibt Cohn, die Erlasse alleine "durch den Ton, in dem sie gehalten war[en], und durch manche tief verletzende Ausdrücke [...] im Kollegium des Humboldt-Gymnasiums eine starke Empörung hervorgerufen, und nach einem Konferenzbeschluß wurde einstimmig gegen sie Einspruch erhoben."[16] Auch inhaltlich war die Stimmung am Humboldt-Gymnasium alles andere als aufgeschlossen; dennoch kam es zu einer allmählichen und vorsichtigen Realisierung der Erlasse, nicht zuletzt, da die ablehnende Haltung des Lehrerkollegiums Dr. Gustav Ellger (1845-1928), den Direktor des Humboldt-

---

10 Biogr. Inf. zu Hildebrandt s. S. 96f.
11 HILDEBRANDT, Paul, Schulgemeinden und Schülerräte, in: Monatsschrift für die höhere Schule, Jg. 18 (1919), S. 174-179, hier S. 179. - Vgl. in derselben Weise: HILDEBRANDT, Paul, Das Wesen der Schülerselbstverwaltung, in: Monatsschrift für höhere Schulen, Jg. 30 (1931), S. 249-274, hier S. 255.
12 HILDEBRANDT, Schulgemeinden, S. 178.
13 HILDEBRANDT, Schulgemeinden, S. 175. - Nicht ganz so scharf, aber ebenso deutlich formuliert: HILDEBRANDT, Paul, Der Erlaß der preußischen Unterrichtsverwaltung über Schulgemeinden und Schülerräte, in: Deutsches Philologen-Blatt, Jg. 27 (1919), S. 6-10, bes. S. 9f. - Der letzte Artikel befindet sich, zusammen mit anderen Artikeln des Deutschen Philologen-Blattes des Jahres 1919, im Teilnachlaß Blumes in: Berlin, LA, SIS.
14 HILDEBRANDT, Paul, Schülerselbstverwaltung in der Weimarer Republik, in: Die neue Schule, Jg. 2 (1947), S. 387-390, hier S. 387.
15 S. Abb. 7.
16 COHN, Geschichte, S. 26.

Gymnasiums von 1904 bis Herbst (Michaelis) 1919[17], - wie Cohn schreibt - nicht
"hinderte [...], ohne Rücksicht auf eigene Neigung oder Abneigung den Forderungen
der Verfügung nachzukommen."[18]

Nach dem bisher Geschilderten mag es nicht verwundern, daß vor allem Blume
und die im 'Literarischen Verein' engagierten Schüler als einer Art 'demokratischer
Zelle' einen nicht unwesentlichen Anteil an der Realisierung der November-Erlasse
hatten. Im 'Protokoll-Buch des III. Kränzchens' finden sich mit Einträgen vom Dezember 1918 die ersten Hinweise auf eine von Blume initiierte 'Demokratisierung
von unten':

Am 02.12.1918 machte Blume in der 51. Sitzung des 'III. Kränzchens' den Vorschlag, "einen richtiggehenden Verein zu gründen, da wir es in dieser Zeit der Demokratisierung nicht als unser Vorrecht betrachten dürften, die Deutsche Litteratur
zu genießen, und da der Kultusminister Konrad Haenisch[19] [(1876-1925)[20]] die Gründung unpolitischer Vereine erlaubt hatte."[21]

In der 52. Sitzung am 04.12. wurde bereits "über den Namen des künftigen Vereins und über die Art des Aufrufs, der unsere Kameraden zum Beitritt auffordern
sollte"[22] beraten: Man entschied sich vorerst für den Namen 'Litterarischer Verein';
"der Aufruf wurde gemeinsam aufgesetzt, 2mal abgeschrieben und mit der
Namensunterschrift aller anwesenden Mitglieder versehen in Obersekunda und Prima
ausgehängt, bei elektrischer Taschenlampenbeleuchtung"[23] - eine Atmosphäre, die
extrem an der vor einigen Jahren von Peter Weir im "Club der toten Dichter"
filmisch inszenierten erinnert.

Am 07.12. fand die konstituierende Versammlung, zugleich die 53. Versammlung des 'III. Kränzchens', statt:

> "Die Schar der Obertertianer hatte sich schüchtern und ehrfürchtig in den Hintergrund verkro-
> chen, an der Tür versammelte sich eine Volksmenge um [den Schüler] Weise, der die Gemüter
> durch politische Flugblätter und politische Ansichten erhitzte. Herr Doktor Blume begrüßte die
> große Zahl der Anwesenden, die wohl besonders der trompenstoßartige Anfangssatz unseres
> Aufrufes gelockt hatte. In kurzen Referaten, die Richter, Gorke, Grüß und Weise erstatteten,
> wurde ein Bild von der bisherigen Tätigkeit entworfen, dann schritt man zur Beratung über die
> Konstitution des Vereins. Recht heftig ging es bei der Abstimmung über die Beitragsfrage her.
> Hoffentlich zeigen die Mitglieder in geistigen Angelegenheiten denselben Eifer und dasselbe
> Interesse wie bei finanziellen Fragen. Es wurde beschlossen:
> Der litterarische Verein - über einen zündenden Namen muß noch beraten werden - besteht aus
> zwei Abteilungen, von denen die erste Prima und Obersekunda, die zweite Obertertia umfaßt.
> Beide haben einen besonderen Vorstand. Bei der ersten Abteilung soll er vorläufig noch aus den
> bisherigen Mitgliedern bestehen; Gorke soll das Amt des Kassenwarts, Weise das des Vergnü-

---

17 Biogr. Inf. zu Ellger: COHN, Geschichte, an div. Stellen. - Zum Todesdatum: Ein bekannter
    Berliner Schulmann gestorben, in: Berliner Lokal-Anzeiger vom 10.02.1928 und: Prof. Dr.
    Ellger +, in: Deutsche Zeitung vom 11.02.1928.
18 COHN, Geschichte, S. 26.
19 Zuerst, dann durchgestrichen: 'Adolf Hoffmann!'
20 Der der SPD angehörende Konrad Haenisch war von 1918-1921 preußischer Minister für Wis-
    senschaft, Kunst und Volksbildung. - Biogr. Inf.: HOFMANN, Wolfgang, Konrad Haenisch,
    in: Neue Deutsche Biographie, Bd. 7, Berlin 1966, S. 442-444.
21 Berlin, LA, SIS: Prot.-Buch des III. Kränzchens.
22 Berlin, LA, SIS: Prot.-Buch des III. Kränzchens.
23 Berlin, LA, SIS: Prot.-Buch des III. Kränzchens.

gungswarts, Richter das des Schriftführers verwalten. Herr Doktor Blume will dem Verein nur als litterarischer Beirat dienen. Wer von den Kameraden Lust und Liebe verspürt, mit uns gemeinsam in das Reich der Kunst einzudringen, die Schönheit der Natur zu genießen und auch gelegentlich einmal gast[ronom?]ischen Lüsten zu frönen, soll es am Ende des Schulvierteljahres dem 'Genossen' Gorke sagen und ihm zugleich dem dem nach langem Kampf auf 1 M. monatlich festgesetzten Betrag einhändigen [...].

Alle diese Bestimmungen gelten 4 Wochen lang. Dann beschließt eine neuen Vollversammlung über ihre Fortdauer oder Änderung.

Das litterarische Programm des Vereins soll vorläufig noch weiter lauten: Lustspiele der deutschen Litteratur [...]. Fortan soll jedes Mal vorher durch Aushang in den Klassen die Tagesordnung der nächsten Sitzung bekannt gemacht werden [...]."[24]

Die nachfolgende 54. Sitzung wurde am 14.12.1918 "vom lit. Beirat Blume mit einigen Mitteilungen eröffnet. Zunächst machte er die neuen Mitglieder mit dem Modus der Zirkulation und der Benutzung der Zeitschrift[en?] bekannt und setzte einige Nummern in Umlauf"; dann schlug er vor, "den Vorstand um 3 weitere Mitglieder zu verstärken, damit auch die neuen Mitglieder darin eine ständige Vertretung haben"[25]. Anschließend folgte Blumes nächster Vorstoß:

"Sodann berichtete er von dem schon früher gehegten Plan, eine eigene Wanderherberge in der Nähe Berlins zu unterhalten, die im Sommer ein oft aufgesuchter, gemütlich ausgestalteter Winkel stillen kameradschaftlichen Glücks werden könnte; die Mitglieder werden gebeten, Mittel und Wege ausfindig zu machen, die uns diesem Ziele näher führen können. Der Vergnügungswart Weise wird dieser Angelegenheit seine besondere Aufmerksamkeit zuwenden."[26]

In der Sitzung des 'Literarischen Vereins' am 21.12.1918, die nach Einladung durch Anschlag in den einzelnen Klassen des Humboldt-Gymnasiums im Jugendheim in der Rathenaustraße stattfand und die als 'gemütliches Weihnachtszusammensein' gestaltet war[27], brachte Blume dem Verein unter Heranziehung des Schulgemeindeerlasses und Wynekens Buch 'Schule und Jugendkultur', einer Zusammenstellung von meist

---

24 Berlin, LA, SIS: Prot.-Buch des III. Kränzchens. - Wenn hier 'Lustspiele der deutschen Literatur' als Lektüre genannt werden, so darf dies nicht als 'harmlose Vergnügung' o.ä. mißverstanden werden: So belegt etwa folgender Quellentext die sozialkritischen Aspekte gelesener Komödien: Berlin, LA, SIS: Prot.-Buch des 'III. Kränzchens, o.S.: "In dem [...] literarischen Teil der [54.] Sitzung [am 14.12.19..] spricht Blume über Rosenow und seine Komödie Kater Lampe [ROSENOW, Emil, Kater Lampe. Komödie in 4 Akten, 3. und 4. Aufl. Berlin 1912]; man erkennt [...] eine Verspottung der unteren Regierungsorgane und die Kritik der elenden sozialen Lage der Heimarbeiter der sächsischen Spielwarenindustrie im Erzgebirge [...]. Proben aus dem Stück selbst lassen eine äußerst geschickte Hand zum Anspinnen der Exposition und eine große Begabung lebendiger Menschenschöpfung erkennen. Mitten im Gang der Entwicklung, wo sich die Fäden aufs tollste verwirren, brach der Referent [Blume] ab, um die Spannung nicht im voraus zu lösen. Der Knoten soll sich den Zuhörern erst im Schauspielhaus entwirren, dessen Besuch zu einer Kater Lampe-Vorstellung [...] in Aussicht gestellt wird." - "In der 71. Sitzung am 15. November hielt uns Herr Doktor Blume einen Vortrag über [Dietrich] Grabbe [(1801-1836)] in der Literatur. Er sprach von dem Menschenleben und Menschenleiden des Dichters, von seinen Werken und las uns zum Schluß aus Johsts Grabbedrama 'Der Einsame' [JOHST, Hanns, Der Einsame. Ein Menschenuntergang. Schauspiel in 9 Bildern, München 1917] einige Szenen vor [...]. Besonders lebhaft ist mir das Bild im Sinne geblieben, wo Grabbe einsam und groß den lüsternen Spießbürgern, die von Moral und Dummheit strotzen, seinen Alexander vorträgt."

25 Berlin, LA, SIS: Prot.-Buch des III. Kränzchens, o.S.

26 Berlin, LA, SIS: Prot.-Buch des III. Kränzchens, o.S.

27 Berlin, LA, SIS: Prot.-Buch des Literarischen-Vereins, o.S.

schon früher veröffentlichten, hier z.T. umgearbeiteten Aufsätzen Wynekens[28], erstmals die Gründung einer 'Schulgemeinde'[29] nahe:

> "Zum Schluß hielt uns Herr Dr. Blume eine kleine Ansprache. Darin wies er besonders auf den
> Schulgemeindeerlaß des Ministeriums für Kunst, Wissenschaft und Volksbildung hin und auf
> den darin betonten Gemeinschaftssinn. An der Hand von Wynekens: Schule und Jugendkultur
> wußte er uns für diesen 'Sozialismus' so zu begeistern, daß nachher manche sich für die
> Schulgemeinde bekannten, die vorher dagegen gewesen waren. Und so gingen wir an diesem
> Tage nach Hause in dem befriedigenden Bewußtsein, den Kameraden etwas näher getreten zu
> sein, mit der schönen Hoffnung, diese Kameradschaft auch bald in größerem Kreise der
> Schulgemeinde üben zu können. Freilich mußten wir noch eine Weile auf die Erfüllung warten,
> die so ganz aus dem Geiste geboren ist, den wir Freunde vom Lesekränzchen schon Jahre hin-
> durch unbewußt gepflegt hatten. Möge dieser Geist allen Anfechtungen zum Trotz wachsen und
> die Schule ganz durchdringen! Nach der offiziellen Weihnachtsfeier war das Schlemmbedürfnis
> einiger [...] Mitglieder noch nicht gestillt. So zog man dann in eine von Herrn Dr. Blume [...]
> empfohlene Konditorei: Dort saßen wir in einem niedlichen Stübchen, nachdem wir die Vorder-
> räume durchzogen hatten - an verwunderten Gästen vorbei, die in uns einen 'Schülerrat' sa-
> hen."[30]

Dem im Archiv der Schulfarm erhaltenen, vom Januar 1919 bis März 1922 geführten 'Protokollbuch der Schulgemeinde des Humboldt-Gymnasiums', der wichtigsten
Quelle für die Entstehung und Entwicklung des Schulgemeindeheimes[31], kann man
entnehmen, daß der Unterprimaner Wilhelm Richter sich im Januar 1919 für die
Einführung der Schulgemeinde ausgesprochen hatte (1. Sitzung). Die entsprechende
Abstimmung über diesen Antrag ergab die Einführung der Schulgemeinde[32]. In der
3. Sitzung der neu gegründeten Schulgemeinde am 13.02.1919 fanden nach der
fünften Unterrichtsstunde die ersten Wahlen für einen 'ständigen Ver-
sammlungsleiter' statt. Die Wahlleitung übernahm Prof. Dr. Georg Mahlow (1857-
19-..), der 1919 zunächst vertretungsweise, ab Ostern 1920 dann fest anstelle des
bisherigen Direktors Ellger die Leitung des Humboldt-Gymnasiums übernahm[33].

> "Nach der Eröffnung der Versammlung forderte Herr Prof. Dr. Mahlow die Schüler auf, Her-
> ren vorzuschlagen, die die Wahl zum Leiter annehmen würden. Es wurden genannt Herr Prof.
> Dr. Cohn, Herr Studienrat Schmidt und Oberlehrer Blume.
> Bei der darauf stattfindenden Wahl wurden 92 Stimmen abgegeben.
> Es erhielten Herr Cohn = 80 Stimmen
> Herr Blume = 9 Stimmen
> Herr Schmidt = 3 Stimmen
> Somit wurde Herr Prof. Dr. Cohn zum endgültigen Leiter gewählt und darauf die Versammlung
> geschlossen."[34]

---

28   WYNEKEN, Gustav, Schule und Jugendkultur, Jena 1913, 3. unveränd. Aufl. Jena 1919.
29   BLUME, Biographisches, S. 7, bezeichnete sich später zurecht als "Vorkämpfer bei [...] der
     Durchsetzung des Wynekenschen Schulgemeindeerlasses" am Humboldt-Gymnasium.
30   Berlin, LA, SIS: Prot.-Buch des Literarischen-Vereins, o.S.
31   Berlin, LA, SIS: Prot.-Buch der Schulgemeinde des Humboldt-Gymnasiums. Januar 1919-März
     1922. - Das Prot.-Buch gelangte in den Nachlaß des Lehrers Max Schmidt und über dessen
     Witwe an Blume; s. so: Berlin, LA, SIS: Blume an Pfeiffer br. vom 06.12.1968.
32   Berlin, LA, SIS: Prot.-Buch der Schulgemeinde, o.S.: Die Abstimmung der 1. Sitzung mußte in
     der 2. Sitzung am 27.01.1919 wiederholt werden, da in der 1. Abstimmung mehr Stimmzettel
     abgegeben worden waren, als Personen anwesend waren; die 2. Abstimmung ergab 78:40
     Stimmen für die Einführung der Schulgemeinde.
33   Zu Mahlow s.: COHN, Geschichte, an div. Stellen.
34   Berlin, LA, SIS: Prot.-Buch der Schulgemeinde, o.S.

Carl Cohn (1861-[Anfang der 40er Jahre]) war zum Zeitpunkt seiner Wahl bereits 57 Jahre alt. 1861 in Märkisch-Friedland (Krs. Deutsch-Crone/Westpreußen) als Sohn eines jüdischen Arztes geboren, hatte er nach seiner Schulzeit in Stettin von 1879-1886 an der Berliner Universität alte, orientalische und neuere Sprachen studiert und war danach an mehrern Schulen, meist in Berlin tätig, davon von April 1908 bis zu seiner Pensionierung im April 1927 am Humboldt-Gymnasium; 1906 war ihm der Professorentitel verliehen worden[35]. Anläßlich seiner Wahl hielt Cohn in der Schulgemeindesitzung am 24.02. eine beachtenswerte Rede:

"Liebe Freunde! Das Amt, das ihr mir angetragen habt, ist schwierig, weil von vielen Seiten der Einrichtung der Schulgemeinde heftiger Widerstand entgegengesetzt wird. Wenn ich die Leitung der Gemeinde trotzdem übernehme, so tue ich es in der Hoffnung auf den Segen, den die neue Einrichtung für das Gymnasium und seine Zöglinge haben kann und wird. Der Wunsch nach Schulgemeinden und ähnlichen Einrichtungen ist nicht so neu, wie vielfach angenommen wird. Seit Jahrzehnten sind die Bestrebungen, Schulgemeinden und vor allem Schülerausschüsse zu gründen, im Gange. In Amerika ist die Selbstverwaltung der Schüler selbstverständlich. In England, dessen Lehranstalten allerdings zum großen Teil Internate sind, haben die Schüler an der Verwaltung und Aufsicht Anteil. Bei uns sollen nun diese Einrichtungen, die schon seit Jahren an einigen Schulen getroffen worden sind und sich bewährt haben, nach dem Erlaß des Ministeriums erweitert werden, da man erkannt hat, daß unser im allgemeinen so glänzendes Schulwesen doch auch tiefe Schattenseiten aufweist. Die Schüler fühlen sich auf unseren Schulen nicht heimisch. Sie haben nur den einen Wunsch, sich ihrem Zwange so viel und so bald wie möglich zu entziehen. Und liegt die Schule erst einmal hinter ihnen, so bleibt sie bei ihnen oft in wenig freundlicher Erinnerung. So kommt es, daß unsere besten Männer oft mit Abscheu von ihrer Schule gesprochen haben. Das liegt an vielen anderen Gründen, die auszuführen hier nicht der Platz ist, aber z.T. sicherlich auch daran, daß die Lehrer und Schüler namentlich in den Großstädten einander zu fremd sind. Nur selten erfährt der Lehrer etwas über das Familienleben und die besonderen Interessen seiner Schüler. Die so entstandene Entfremdung ist dann dadurch verschlimmert worden, daß die Schüler in der Schule ein Zwangsinstitut erblicken, in dem sie gegen ihren Willen zu Leistungen gepreßt werden sollen, ein Institut, in dem sie gegen seine Vertreter einen beständigen Kampf zu führen haben. Der Mangel an Vertrauen ist manchen Ortes geradezu zu Mißtrauen geworden. Vielfach sieht der Lehrer im Schüler nur den Untergebenen und der Schüler wiederum im Lehrer nur den Vorgesetzten. Hier will die Schulgemeinde bessernd eingreifen. Wir sollen hier eine Gemeinde sein. So wie sich die Gemeinde zu harmonischem Gesange zusammenfindet, so sollen wir uns hier vereinen, um gemeinsame Interessen in gemeinsamer Beratung zu fördern, in der Hoffnung, dadurch die Aufgaben der Erziehung zu erleichtern und vielleicht auch zu heben und zu erweitern. Wir wollen hier nie vergessen, daß wir eine Gemeinde sein wollen, daß es hier keine Vorgesetzten gibt, daß wir alle hier gleichberechtigte Menschen sind. Wir wollen uns einander nähertreten, einander in die Seele schauen. Wir Lehrer wollen Euch Schüler nicht nur als Lehrer gegenübertreten, sondern auch als Menschen euch von dem überzeugen, was nötig ist. Ihr sollt Vertrauen zu uns gewinnen. Ein Geist wahrer Kameradschaft soll hier herrschen, der uns allen zugute kommen mag. Wir sind alle gleich in der Schulgemeinde. Jeder kann hier seine Meinung sagen, jeder kann ungeschminkt und frei heraus seine Wünsche äußern. Es soll ihm kein Nachteil daraus erwachsen. Ich hoffe, daß es selten Beschwerden sein werden, die hier vorgebracht werden. Wenn ihr erfahrt, warum von den vorgesetzten Behörden diese oder jene Verordnung erlassen und von uns diese oder jene Forderung an Euch gestellt wird, dann werdet ihr sie besser schätzen, würdigen und mit freiem Willen erfüllen; wenn Ihr erfahrt, daß alles, was hier geschieht, in eurem Interesse geschieht, dann werdet ihr nicht so leicht unzufrieden sein. Jeder wird sich sagen: 'Tua res agitur' dein Wohl, deine Zukunft gilt es.

Wollen wir damit die notwendige Disziplin lockern? Gewiß nicht. Nichts geht, wie der Herr Direktor schon ausgeführt hat, über unsere alte, herrliche preußische Disziplin. Sie darf bei uns

---

[35]   Diese biogr. Inf. über Cohn: Berlin, BBF: SLG-GS, Personalbogen Carl Cohn. - Und: Humboldt-Gymnasium in Berlin. 34. Bericht über das Schuljahr Ostern 1908 bis Ostern 1909, Berlin

nicht angetastet werden. Selbstverständlich herrscht auch in Zukunft Disziplin im Unterricht.
Daß das notwendig ist, sollt ihr eben einsehen lernen. Frei aus freien Stücken sollt ihr sie halten, weil ihr ihre Notwendigkeit begreift und versteht, weshalb es so sein muß."[36]

In dieser Rede trat Cohns Wesen deutlich zutage - ganz so wie Hartkopf Cohn beschrieb: "ein im Geist der deutschen Klassik verwurzelter Jude, der aber dank seiner
Herkunft nicht so wie die meisten seiner Kollegen in der Enge nationalistischer Gesinnung gefangen war, sondern die aktuellen Ereignisse weltoffener und aufgeschlossener beurteilte"[37].

Blume, für den Cohn eine Art väterlicher Freund gewesen sein mag, charakterisierte ihn als einen Mann, "in dessen Persönlichkeit sich das gute Alte und das echte
Neue seltsam verbunden hat."[38]

Daß Cohn und nicht etwa Blume zum Vorsitzenden der Schulgemeinde gewählt
worden war, könnte eine Art 'abgekartetes Spiel' gewesen sein, nach dem Cohn als
der Ältere und "als die maßgebende Persönlichkeit der gesamten Schulgemeinde"
Blume für 'progressivere Vorstöße' "den sichernden Rahmen" geben konnte[39].

Tatsächlich befinden sich im Archiv der Schulfarm Insel Scharfenberg neben
zahlreichen Quellen, die andeuten, wie sehr sich Blume gemeinsam mit seinen
Schülern außerordentlich intensiv mit den aktuellen schulpolitischen Ereignissen beschäftigt hatte[40], auch Quellen, die verdeutlichen, daß sich Blumes schulreformeri-
sche Aktivitäten in den ersten Monaten nach der 'Novemberrevolution' auch über
den Rahmen des Humboldt-Gymnasiums hinaus zu erstrecken begannen.

Zum einen ist eine maschinenschriftliche Durchschrift eines Artikels des preußischen Kultusministers Adolf Hoffmann (1858-1930)[41] erhalten, der am 04.12.1918
unter der Überschrift 'Neue Bahnen im preußischen Ministerium für Wissenschaft,
Kunst und Volksbildung' im 'Deutschen Philologen-Blatt' veröffentlicht worden
war[42]. Die Durchschrift enthält neben anderen handschriftlichen Zusätzen auch den
Hinweis "für Heft 45/46", ist also eine Fassung, die vor dem Abdruck erstellt worden ist[43]. Es kann nicht sicher geklärt werden, in welchen Zusammenhängen Blume
an diesen Text gelangte - möglicherweise über Dr. August Hoofe (1862-19..), von
1911 bis 1930 Schriftleiter des Deutschen Philologen-Blattes und von 1906 bis 1924

1909, S. 12. - Vgl. Abb. 19.
[36]   Berlin, LA, SIS: Prot.-Buch der Schulgemeinde, o.S
[37]   HARTKOPF, Der Gründer, S. 5.
[38]   Aus dem Leben, S. 333.
[39]   HARTKOPF, Der Gründer, S. 6.
[40]   Berlin, LA, SIS: Flugblätter zur Schulreform, ca. 1918-1920, z.B.: Aufrufe und Veranstal-
       tungshinweise der 'Freien Schülerschaft' und der 'Freien Arbeitsgemeinschaft von Eltern-
       beiräten'.
[41]   Biogr. Inf. zu Hoffmann u.a.: HOFMANN, Wolfgang, Adolf Hoffmann (1858-1930), in: Neue
       Deutsche Biographie, Bd. 9, Berlin 1972, S. 402f.
[42]   HOFFMANN, Adolf, Neue Bahnen im preußischen Ministerium für Wissenschaft, Kunst und
       Volksbildung, in: Deutsches Philologen-Blatt, Jg. 26 (1918), Nr. 45/46 vom 04.12.1918, S.
       397.
[43]   Berlin, LA, SIS: HOFFMANN, Adolf, Neue Bahnen im preußischen Ministerium für Wissen-
       schaft, Kunst und Volksbildung, maschr. Durchschlag mit hdschr. Zusätzen.

Lehrer am Humboldt-Gymnasium[44], oder über eine Mitarbeit im Deutschen Philologenverband, die freilich - sieht man von vereinzelten Publikationen Blumes im 'Deutschen Philologen-Blatt' ab - quellenmäßig nicht belegt ist, die jedoch aufgrund der Einschätzung von Blumes schulpolitischer Haltung nicht unwahrscheinlich ist.

In Richtung einer Mitarbeit im Philologen-Verband könnte - bei aller Vorsicht - auch eine zweite nicht sicher einzuordnende Quelle deuten. Es handelt sich hier um ein kurzes Antwortschreiben von Paul Hildebrandt an Blume vom 03.04.[1919?], in dem Hildebrandt als Begleitschreiben zu 'Statuten', die er Blume offenbar auf dessen Anfrage hin zusandte, schrieb:

"Verehrter Herr College,
Anbei die Statuten, die ich mir zurückzusenden bitte. Es geht mir genau wie ihnen mit dem passiven Ordensstand.
Mit koll. ergebenem Gruß
P. Hildebrandt."[45]

Der Briefwechsel zwischen Blume und Hildebrandt dürfte im Zusammenhang mit Schulreformdiskussionen innerhalb des Philologenverbandes, der mit ziemlicher Sicherheit mit der von Hildebrandt gebrauchten Formulierung von 'passiven Ordensstand' gemeint sein dürfte, zu sehen sein.

Im Berliner Philologenverband hatte nach der Novemberrevolution 1918 eine Diskussion um die künftige Schulpolitik und damit auch über (weitreichende) Reformen im Schulwesen begonnen. Dabei hatte sich bereits in den Weihnachtsferien 1918/19 gezeigt, daß es eine konservative, reaktionäre Mehrheit im Verband gab und nur eine kleine Gruppe von fortschrittlichen Pädagogen innerhalb des Verbandes weitreichende Reformen anstrebte[46]. Spätestens nach dem 41. Vertretertag der Preußischen Philologenvereine am 11./12. Mai 1919 war klar, daß eine reformerische Mehrheit nicht zu bekommen war[47]. Nachdem bis zum Sommer 1919 die Arbeitsbedingungen für die kleine Gruppe innerhalb des Verbandes aufgrund grundsätzlicher unterschiedlicher Auffassungen in schulpolitischen und -reformerischen Fragen offenbar unerträglich geworden waren, spalteten sich zunächst 24 Pädagogen ab[48] und gründeten auf einem Treffen am 18. September 1919 im Konferenzzimmer des Werner-Siemens-Realgymnasiums den Bund Entschiedener Schulreformer[49].

---

[44]   COHN, Geschichte, S. 11 (Anm.) und S. 40.
[45]   Berlin, LA, SIS: Hildebrandt an Blume br. vom 03.04. [1919?].
[46]   Vgl.: NEUNER, Ingrid, Der Bund Entschiedener Schulreformer 1919-1933. Programmatik und Realisation, Bad Heilbrunn 1980, S. 25.
[47]   S.: NEUNER, Bund, S. 27f.
[48]   Vgl.: NEUNER, Bund, S. 28.
[49]   NEUNER, Bund, S. 29.

Zu den ersten Mitgliedern des Bundes Entschiedener Schulreformer zählten u.a.
Paul Oestreich (1878-1959)[50], Franz Hilker (1881-1969)[51], Fritz Karsen (1885-

---

[50]   Zu Paul Oestreich s.: Paul Oestreich, in: Pädagogik der Gegenwart in Selbstdarstellungen, hrsg.
       von Erich HAHN, Bd. 1, Leipzig 1926, S. 139-177. - Paul Oestreich, in: SAUPE, Emil, Deut-
       sche Pädagogen der Neuzeit. Ein Beitrag zur Geschichte der Erziehungswissenschaft zu Beginn
       des 20. Jahrhunderts (=Handbücher der neueren Erziehungswissenschaft, 1), 5. und 6. Aufl.
       Osterwieck 1927, S. 141-149. - HILKER, Franz, In Memoriam (Paul Oestreich und Bernhard
       Uffrecht), in: Bildung und Erziehung, Jg. 12 (1959), S. 183f. - Und vor allem: BÖHM, Win-
       fried, Kulturpolitik und Pädagogik Paul Oestreichs, Bad Heilbrunn 1973. - REBLE, Albert,
       Paul Oestreich. Ein Wegbereiter der Modernen Erlebnispädagogik? (=Wegbereiter der moder-
       nen Erlebnispädagogik, 18), Lüneburg 1991. - Und: ELLERBROCK, Wolfgang, Paul
       Oestreich. Porträt eines politischen Pädagogen (=Veröffentlichungen der Max-Träger-Stiftung,
       14), Weinheim [u.a.] 1992 (Es handelt sich hier um eine Arbeit, die 1991 u.d.T.
       'Bildungspolitik und Schulkampf bei Paul Oestreich nach 1945' an der Technischen Universität
       Berlin als Dissertation angenommen worden ist; die Arbeit legt entsprechend ihrem Titel den
       Schwerpunkt auf die Biographie Oestreichs nach 1945, bietet jedoch auch einen guten Überblick
       über Oestreichs pädagogische und bildungspolitische Gesamtbiographie).
[51]   S. zur Biogr. Hilkers vor allem: BÖHME, Günther, Das Zentralinstitut für Erziehung und Un-
       terricht und seine Leiter. Zur Pädagogik zwischen Kaiserreich und Nationalsozialismus, Neu-
       burgweier 1971 (enthält Biogr. und Bibliographie Hilkers), und: BÖHME, Günther, Franz Hil-
       kers Tätigkeit nach dem Zweiten Weltkrieg in Hessen, Frankfurt [u.a.] 1967. - Weiter etwa:
       HYLLA, Erich, Franz Hilker - 70 Jahre, in: Bildung und Erziehung, Jg. 4 (1951), S. 304-306.
       - SPRANGER, Eduard, Franz Hilker zum 80. Geburtstag, in: Bildung und Erziehung, Jg. 14
       (1961), S. 193-195. - Oberschulrat a.D. Dr. Franz Hilker, in: Bildung und Erziehung, Jg. 22
       (1969), S. 1. - Abdr. transkribierter und von Hilker autorisierter Tonbandaufnahmen von aus-
       führlichen persönlichen Gesprächen zwischen Franz Hilker und Gerd Radde am 2.-4. September
       1964 (u.a. auch zu Hilkers Arbeit im Bund Entschiedener Schulreformer): RADDE, Gerd, Aus
       dem Leben und Wirken des Entschiedenen Schulreformers Franz Hilker (1881-1969), in: Ten-
       denzen der Pädagogik. Zur Bildungsgeschichte der Aufklärung und des 20. Jahrhunderts.
       Harald Scholtz zum 65. Geburtstag, hrsg. von Peter DREWEK, Klaus-Peter HORN, Christa
       KERSTING und Heinz-Elmar TENORTH, Weinheim 1995, S. 145-167. - BÖHME, Günther,
       Von der Kunsterziehung zur pädagogischen Dokumentation. Der Reformpädagoge Franz Hil-
       ker, in: Außeruniversitäre Erziehungswissenschaft in Deutschland. Versuch einer historischen
       Bestandsaufnahme, hrsg. von Gert GEISSLER und Ulrich WIEGMANN (=Studien und Doku-
       mentationen zur vergleichenden Bildungsforschung, 65), Köln [u.a.] 1996, S. 33-59. - Zu Hil-
       kers Nachlaß s. S. 23. - Vgl. Abb. 26.

1951)[52], Siegfried Kawerau (1886-1936)[53], Friedrich Rommel (1878-19..)[54], Anna Siemsen (1882-1951)[55], Arno Wagner (1886-1925)[56] und Elisabeth Rotten (1882-

---

[52]   Zur Biogr. Karsens und dem von ihm Mitte der 20er Jahre bis Anfang 1933 geleiteten Schulen-komplex 'Karl-Marx-Schule' s. vor allem die Arbeiten von Gerd Radde; die ersten Arbeiten: RADDE, Gerd, Der Schulreformer Fritz Karsen, in: Bildung und Erziehung, Jg. 18 (1965), S. 453-456. - Festschrift für Fritz Karsen. Im Auftrage der 'Freunde der Fritz-Karsen-Schule' hrsg. von Gerd RADDE, Berlin 1966. - Das Hauptwerk: RADDE, Gerd, Fritz Karsen. Ein Berliner Schulreformer der Weimarer Zeit (=Historische und Pädagogische Studien, 4), Berlin 1973; Neuausg. als: RADDE, Gerd, Fritz Karsen. Ein Berliner Schulreformer der Weimarer Zeit. Erw. Neuausg. Mit dem 'Bericht über den Vater' von Sonja KARSEN [und dem Beitrag 'Verfolgt, verdrängt und (fast) vergessen. Der Reformpädagoge Fritz Karsen' von Gerd RADDE] (=Studien zur Bildungsreform, 37), Frankfurt [u.a.] 1999. - Diese Arbeit zusammen-fassend und weiterführend u.a.: RADDE, Gerd, Über Leben und Werk eines Schulreformers. Zum 100. Geburtstag des Berliner Pädagogen Fritz Karsen, in: Der Tagesspiegel. Unabhängige Berliner Morgenzeitung vom 10.11.1985. - RADDE, Gerd, Fritz Karsen. Streiter für die Ein-heitsschule, in: päd extra, Jg. 1987, Heft Juli/August, S. 47-50. - RADDE, Gerd, Die Schulre-former Löwenstein und Karsen, in: 'Zehn Brüder waren wir gewesen ...'. Spuren jüdischen Le-bens in Berlin-Neukölln, hrsg. von Dorothea KOLLAND, Berlin 1988, S. 185-194 und S. 490f. - RADDE, Gerd, Verfolgt, verdrängt und (fast) vergessen. Der Reformpädagoge Fritz Karsen, in: Erziehungswissenschaft und Nationalsozialismus. Eine kritische Positionsbestimmung, hrsg. von Wolfgang KEIM (=Forum Wissenschaft. Studienhefte, 9), Marburg 1990, S. 87-100; wie-der in: RADDE, Gerd, Fritz Karsen. Ein Berliner Schulreformer der Weimarer Zeit. Erw. Neuausg. [der 1973 als Bd. 4 in der Reihe 'Historische und Pädagogische Studien' erschienenen Dissertation mit gleichem Titel]. Mit dem 'Bericht über den Vater' von Sonja KARSEN [und dem Beitrag 'Verfolgt, verdrängt und (fast) vergessen. Der Reformpädagoge Fritz Karsen' von Gerd RADDE] (=Studien zur Bildungsreform, 37), Frankfurt [u.a.] 1999, S. 359-388. - RADDE, Gerd, Der Reformpädagoge Fritz Karsen. Verfolgt und verdrängt, doch nicht verges-sen, in: Pädagogen in Berlin. Auswahl von Biographien zwischen Aufklärung und Gegenwart, hrsg. von Benno SCHMOLDT (=Materialien und Studien zur Geschichte der Berliner Schule, 9), Baltmannsweiler 1991, S. 249-271. - RADDE, Gerd, Lebensweg und Werk des Reformpäd-agogen Fritz Karsen, in: Pädagogik, Jg. 44 (1992), Heft 5, S. 44-48; leicht verändert wieder in: Reformpädagogik konkret, hrsg. von Rainer WINKEL (=PB-Bücher, 18), Hamburg 1993, S. 85-100; u.d.T. 'Fritz Karsens Reformwerk in Berlin-Neukölln' leicht verändert auch in: Schul-reform - Kontinuitäten und Brüche. Das Versuchsfeld Berlin-Neukölln, hrsg. von Gerd RADDE, Werner KORTHAASE, Rudolf ROGLER und Udo GÖßWALD im Auftrag des Be-zirksamts Neukölln, Abt. Volksbildung, Kunstamt, Bd. I: 1912 bis 1945, Opladen 1993, S. 175-187. - Zur Einordnung der Bedeutung der Arbeiten von Radde über Karsen: KEIM, Wolf-gang, Die Wiederentdeckung Fritz Karsens - Gerd Radde zum siebzigsten Geburtstag, in: Päd-agogik und Schulalltag, Jg. 49 (1994), S. 146-158; in leicht veränd. Fassung u.d.T. "Die Wie-derentdeckung Fritz Karsens" wieder in: Reformpädagogik in Berlin - Tradition und Wiederent-deckung. Für Gerd Radde, hrsg. von Wolfgang KEIM und Norbert H. WEBER (=Studien zur Bildungsreform, 30), Frankfurt [u.a.] 1998, S. 179-199. -
S. zu Karsen außerdem: KARSEN, Sonja Petra, Bericht über den Vater. Fritz Karsen (1885-1951). Demokratischer Schulreformer in Berlin - Emigrant und Bildungsexperte. Mit einer schulhistorischen Notiz von Gerd RADDE (=Berliner Schuljahre. Erinnerungen und Berichte, 3), Berlin 1993; ohne die 'schulhistorische Notiz' von Gerd RADDE und mit weitestgehendem Verzicht auf die Abb. wieder in: RADDE, Gerd, Fritz Karsen. Ein Berliner Schulreformer der Weimarer Zeit. Erw. Neuausg. [der 1973 als Bd. 4 in der Reihe 'Historische und Pädagogische Studien' erschienenen Dissertation mit gleichem Titel]. Mit dem 'Bericht über den Vater' von Sonja KARSEN [und dem Beitrag 'Verfolgt, verdrängt und (fast) vergessen. Der Reformpäd-agoge Fritz Karsen' von Gerd RADDE] (=Studien zur Bildungsreform, 37), Frankfurt [u.a.] 1999, S. 391-414. - KARSEN, Sonja Petra, Die fortschrittliche Pädagogik meines Vaters Fritz Karsen an seiner Reformschule in Berlin-Neukölln, seine Entlassung und seine Flucht aus Deutschland, in: Reformpädagogik in Berlin - Tradition und Wiederentdeckung. Für Gerd Radde, hrsg. von Wolfgang KEIM und Norbert H. WEBER (=Studien zur Bildungsreform, 30), Frankfurt [u.a.] 1998, S. 169-177.

1964)[57]. Ihnen folgten bald weitere Pädagogen[58]; einige von Ihnen arbeiteten im Bund Entschiedener Schulreformer mit, blieben aber weiterhin Mitglieder des Philologenverbandes.

Der Bund sollte von seiner Gründung bis zu seiner Auflösung im Jahr 1933 einen außerordentlichen Umfang an Unternehmungen an den Tag legen. Dabei erreichte er seine größte Aktivität mit ganz erstaunlicher Wirksamkeit in den ersten Jahren seines Bestehens, blieb jedoch auch später ein bemerkenswerter Faktor, der sich auf vielfältige Weise Gehör verschaffte und einen hohen Bekanntheitsgrad erreichte[59].

Dabei ragten die großen Bundestagungen, die mit der ersten Tagung am 4./5. Oktober 1919 in Berlin ('Herrenhaustagung'), also kurz nach Gründung des Bundes,

---

[53]   Über Siegfried Kawerau existieren bislang lediglich einige Kurzbiographien, z.B.: HUHN, Jochen, Politische Geschichtsdidaktik. Untersuchungen über praktische Implikationen der Geschichtsdidaktik in der Weimarer Republik und in der Bundesrepublik Deutschland, Kronberg 1975. - HUHN, Jochen, Georg Siegfried Kawerau (1886-1936), in: Deutsche Geschichtsdidaktiker des 19. und 20. Jahrhunderts. Wege, Konzeptionen, Wirkungen, hrsg. von Siegfried QUANDT, Paderborn [u.a.] 1978, S. 280-303. - Siegfried Kawerau (1886-1936), in: Klassiker der Erziehungssoziologie, hrsg. von Klaus PLAKE, Düsseldorf 1987, S. 25f. - KEIM, Wolfgang, Die Geschichte friedenspädagogischer Diskussionen und Bemühungen, in: Handbuch Praxis der Umwelt- und Friedenserziehung, hrsg. von Jörg CALLIEß und Reinhold E. LOB, Bd. 1: Grundlagen, Düsseldorf 1987, S. 557-595. - WEIß, Joachim, Revolutionäre und demokratische Bewegungen in Deutschland zwischen 1789 bis 1849. Eine Untersuchung zu Geschichtsdarstellung und Geschichtsbild in deutschen Schulgeschichtsbüchern der Weimarer Republik und der nationalsozialistischen Zeit (=Beiträge zur Historischen Bildungsforschung, 10), Hildesheim 1991, S. 156-161 - S. auch Kaweraus Autobiogr.: KAWERAU, Siegfried, Selbstbildnis, Leipzig 1928.

[54]   Es handelt sich offensichtlich um denselben Friedrich Rommel, der ab Mai 1919 im preußischen Kultusministerium tätig war (s. Berlin, BBF: Sammlungen der ehem. Gutachterstelle, Personalblatt Friedrich Rommel); vgl.: S. 133.

[55]   SCHMÖLDERS, Ralf, Personalbibliographie Anna Siemsen (1882-1951) (=Archivhilfe, 5), Oer-Erkenschwick 1992.

[56]   Biogr. Inf. zu Wagner, von April 1920 bis März 1921 als Studienrat an der staatlichen Bildungsanstalt in Lichterfelde, von 1921 bis zu seinem Tod 1925 als Studienrat zunächst am Staatlichen Luisengymnasium und am Städtischen Andreas-Relagymnasium tätig: Berlin, BBF: SLG-GS, Personalblatt Arno Wagner.

[57]   Biogr. Inf. zu Elisabeth Rotten an zahlreichen Stellen in dieser Arbeit.

[58]   NEUNER, Bund, S. 10: 1920 öffnete sich der Bund Entschiedener Schulreformer für alle Lehrer und weitete sich schließlich zu einem 'Volksbund' aus, dem auch Angehörige aller Berufsgruppen beitreten konnten.

[59]   Zur Einführung in die Geschichte des Bundes Entschiedener Schulreformer s. vor allem: NEUNER, Bund. - Ergänzend: Der Bund der Entschiedenen Schulreformer. Eine verdrängte Tradition demokratischer Pädagogik und Bildungspolitik, hrsg. von Armin BERNHARD und Jürgen EIERDANZ (=Sozialhistorische Untersuchungen zur Reformpädagogik und Erwachsenenbildung, 10), Frankfurt 1991. - Und: BERNHARD, Armin, Demokratische Reformpädagogik und die Vision von der neuen Erziehung. Sozialgeschichtliche und bildungstheoretische Analysen zur entschiedenen Schulreform (=Studien zur Bildungsreform, 36), Frankfurt [u.a.] 1999. - Für die ersten Jahre des Bundes s. auch die 'Selbstdarstellung': KAWERAU, Siegfried, Der Bund entschiedener Schulreformer. Werden und Wesen (=Entschiedene Schulreform, 1), Berlin 1922. - Wenig hilfreich und weiterführend, nicht nur wegen des eigenwilligen Anmerkungsapparates, der die Handhabung der Arbeit nahezu unmöglich macht: EIERDANZ, Jürgen, Auf der Suche nach der Neuen Erziehung. Politik und Pädagogik des 'Bundes Entschiedener Schulreformer' (1919-1933) zwischen Anspruch und Wirklichkeit (2 Mikrofiches), Giessen 1984.

ihren Anfang nahmen und zu dem regelmäßig Tagungsbände erschienen[60], heraus. Neben diesen Tagungen standen zahlreiche schulpolitische Eingaben an offizielle Stellen, etwa an das preußischen Kultusministerium[61], eine Flut von programmatischen Äußerungen u.v.a. Eine große Rolle spielte für die Wirksamkeit des Bundes die Bundeszeitschrift 'Neue Erziehung'[62].

In den Jahren 1919 bis 1921 entwickelte der Bund Entschiedener Schulreformer unter der Zielsetzung einer radikalen demokratischen Umgestaltung des gesamten Schulwesens - unter expliziter Anknüpfung an Vorstellungen des 18. und 19. Jahrhunderts[63] - ein eigenes Schulreformmodell, das das "aus heutiger Sicht interes-

---

[60] So z.B. zur ersten Tagung: Entschiedene Schulreform. Vorträge, gehalten auf der Tagung entschiedener Schulreformer am 4. und 5. Oktober 1919 im 'Herrenhaus' zu Berlin, hrsg. von Paul OESTREICH, Berlin 1920.

[61] Eine Fülle von Anträgen, Schriftwechseln u.a. zwischen dem Bund und dem Ministerium in: Das Weißbuch der Schulreform. Im Auftrage des 'Reichsbundes entschiedener Schulreformer' hrsg. von Siegfried KAWERAU, Berlin 1920. - Archivmaterial zum Thema: Berlin, GStA PK: I. HA, Rep. 76 VI, Sekt. 1, Generalia z, Nr. 265: Maßnahmen der Revolutionsregierung auf dem Gebiete der höheren Schulen, 1918-1933 [sic!], enthält u.a. Korrespondenz zwischen dem Ministerium und dem Bund Entschiedener Schulreformer. - S. z.B. auch: Berlin, GStA PK: I. HA, Rep. 76 VI, Sekt. 1 cc, Bd. 9, Bl. 147f.: Schreiben des Bundes Entschiedener Schulreformer an das preußische Ministerium für Wissenschaft, Kunst und Volksbildung vom 13.03.1922, in dem sich der Bund gegen die 'Jugendverhetzung', wie sie in der Ausstellung 'Deutschland und der Friedensvertrag', Wilhelmsstr. 34 betrieben wurde, wendet. - Berlin, GStA PK: I. HA, Rep. 76 VI, Sekt. 1 cc, Bd. 9, Bl. 189-191: Schreiben des Bundes Entschiedener Schulreformer an das Preußische Staatsministerium vom 20.07.1922, in dem der Bund angesichts "des Rathenaumordes, dessen Vorbereitungen und Ausführung nach den amtlichen Feststellungen in Schüler- und Studentenkreise hinabführt" (Bl. 189), das Preußische Staatsministerium auffordert, "[...] vor allem dafür Sorge zu tragen, daß der republikanische Staatsgedanke in Zukunft sich frei und ungehindert in Schule und Universität entfalten kann." (Bl. 189) Der Bund forderte als 'Sofortmaßnahmen' "hinsichtlich der öffentlichen Bekundungen des Verhältnisses von Staat und Schule" (1) die Absetzung der Beamten, wenn sie nicht im Sinne der Republik ihre Tätigkeit ausüben, (2) die Einrichtung einer republikanischen Beschwerdestelle in der Schulabteilung des Reichsbundes des Innern, die für "antirepublikanische Übergriffe in deutschen Schulen" zuständig war, (3) die Ausstattung aller Schulen mit der neuen Reichsflagge, (4) die Entfernung der Monarchen-, Heerführer- und Kriegsbilder aus den Schulräumen, (5) die Festsetzung eines republikanischen Feiertages; sowie "hinsichtlich der Stellung der Lehrer zum Staatsgedanken" (6) die Einführung einer neuen verfassungsgemäßen Dienstanweisung, (7) die Einführung einer kollegialen Schulleitung, (8) die Aufhebung der vorrevolutionären Disziplinargesetze und die völlige Öffentlichkeit der Personalakten, (9) die Verpflichtung der Lehrer, bes. der Geschichtslehrer, die republikanische Verfassung objektiv im Unterricht zu behandeln und deren Überprüfung; sowie "hinsichtlich der Erziehung der Jugend zur Freiheit und Selbstverantwortung", (10) das Verbot, daß Lehrer in deutschnationalen u.a. Jugendbünden tätig seien, da dies Art. 148 der Verfassung widerspreche, (11) die "Ehrliche Durchführung der Selbstverwaltung: der Schulgemeinde [...]", (12) die Öffentlichkeit des Unterrichts, (13) die Aufhebung des Schulgeldes, an dessen Stelle eine Schulsteuer geschaffen werden solle, (14) die umgehende "Abschaffung aller Lesebücher, da sie ausnahmslos mit monarchischen Anekdötchen und Verherrlichungen kriegerischer oder politischer Gewalttaten angefüllt sind [...]", die Säuberung der Schülerbibliotheken von allen Kriegs- und Schundbüchern [...], (15) die Unterstellung der Sportvereine unter der Aufsicht der Schulgemeinde und der Lehrerkonferenz, (16) die Abschaffung der "Schulzucht"-Bestimmungen" und (17) die Durchführung der verfassungsmäßig vorgeschriebenen "Staatsbürgerkunde" (Bl. 189-191).

[62] Die Neue Erziehung, Jg. 1 (1919) - 15 (1933), Heft 7.

[63] Vgl.: DERN, Karl, Der Produktionsschule der Entschiedenen Schulreformer (=Die Neue Erziehung. Beihefte 3); zugleich Diss. Giessen 1926, S. 37-49: Herausarbeitung der historischen Bezüge des Produktionsschulgedankens.

santeste Konzept dieser Zeit [sein] dürfte"[64]. Ohne daß sich heute noch das Maß der Beteiligung und Mitarbeit der einzelnen Bundesmitglieder klar ausmachen läßt[65], wurde es vor allem von Paul Oestreich in einem Aufsatz aus dem Jahre 1920[66], dann

---

[64]   KLAFKI, Wolfgang, Integrierte Gesamtschule - Ein notwendiger Schulversuch, in: Zeitschrift für Pädagogik, Jg. 14 (1968), S. 521-581; zuletzt wieder in: Konturen moderner Erziehungswissenschaft und Bildungspolitik. Ein Quellenband zur bundesdeutschen Schulreform 1965-1990, hrsg. von der Gewerkschaft Erziehung und Wissenschaft. Landesverband Hessen, Bad Homburg v.h.H. 1990, S. 131-174, hier (1968) S. 534.

[65]   So: REBLE, Paul Oestreich, S. 13.

[66]   OESTREICH, Paul, Umriß einer Versuchs-Einheitsschule, in: Die Tat. Monatsschrift für die Zukunft deutscher Kultur, Jg. 12 (1920/21), S. 42-52; mit leichten Veränderungen auch: OESTREICH, Paul, Umriß einer Versuchs-Einheitsschule als einer Schule der Menschenbildung und Selbstentdeckung, in: Die freie studentische Produktionsgemeinschaft als Vorstufe der Einheitsschule, Berlin 1920, S. 7-16.

1921 als Einzelschrift, 1923 in 2. Auflage[67] sowie in zahlreichen weiteren Aufsätzen von Oestreich und anderen Bundesmitgliedern[68] veröffentlicht.

Nach diesem Schulreformmodell sollte die neue Schule zugleich 'Einheits-', 'Lebens-' und 'Produktionsschule' sein und die Möglichkeit bieten, nach dem Prinzip der Chancengleichheit zu politischer und sozialer Verantwortung zu erziehen und

---

[67] OESTREICH, Paul, Die elastische Einheitsschule. Lebens- und Produktionsschule. Vorträge, gehalten in der Pädagogischen Osterwoche 1921 [05./06.04.] des Zentralinstituts für Erziehung und Unterricht zu Berlin (=Die Lebensschule, 4), 2. Aufl. Berlin 1923; Auszüge der S. 30-52 wieder in: Die Arbeitsschule. Texte zur Arbeitsschulbewegung, hrsg. von Albert REBLE, Bad Heilbrunn 1963, S. 136-146; Auszüge der S. 29f., S. 33f. und S. 41-47 wieder in: Sozialistische Pädagogik im 19. und 20. Jahrhundert, hrsg. von Helmwart HIERDEIS, Bad Heilbrunn 1973, S. 56-64.

[68] S. an Publikationen des Bundes zum Thema seit 1919 vor allem: OESTREICH, Paul, Begründung und Aufbau der Einheitsschule, in: Der Föhn. Sozialistisches Schulblatt, Jg. 1 (1919), Heft 14, S. 4-10; gekürzt wieder in: OESTREICH, Paul, Die elastische Einheitsschule. Lebens- und Produktionsschule, Vorträge, gehalten in der Pädagogischen Osterwoche 1921 [05./06.04.] des Zentralinstituts für Erziehung und Unterricht zu Berlin (=Die Lebensschule, 4), 2. Aufl. Berlin 1923, S. 21-26. - OESTREICH, Paul, Zum Thema 'Einheitsschule', in: Deutsches Philologen-Blatt, Jg. 27 (1919), S. 151-155. - OESTREICH, Paul, Leitsätze zur Frage der 'Einheitsschule' (vom Kindergarten bis zur Hochschule) (1920), in: Zeitschrift für soziale Pädagogik. Vierteljahresschrift der Deutschen Gesellschaft für soziale Pädagogik, Jg. 1 (1919/20), S. 153-159; u.d.T. 'Leitsätze für die Reichsschulkonferenz zur Frage der 'Einheitsschule' (vom Kindergarten bis zur Hochschule)' wieder in: OESTREICH, Paul, Ein großer Aufwand, schmählich!, ist vertan. Rund um die Reichsschulkonferenz! Gesammelte Aufsätze (=Entschiedene Schulreform, 23), Leipzig 1924, S. 27-37. - Zur Produktionsschule! (Entschiedene Schulreform III). Abrisse und Leitsätze nach den Vorträgen der dritten Tagung des Bundes entschiedener Schulreformer vom 2. bis 6. Oktober 1920 in der Gemeindefesthalle zu Berlin-Lankwitz, hrsg. von Paul OESTREICH, Berlin 1921; 2. umgearb. und verm. Aufl. Berlin 1921; 3. umgearb. und verm. Aufl. Berlin 1922. - OESTREICH, Die Elastische Einheitsschule. Lebens- und Produktionsschule. - OESTREICH, Paul, Die Einheitsschule als Produktionsschule, in: Deutsche Politik. Wochenschrift für Welt- und Kulturpolitik, Jg. 6 (1921), S. 496-504. - OESTREICH, Paul, Die Schule zur Volkskultur (=Pädagogische Reihe, 15), München [u.a.] 1923; Auszüge der S. 101-118 ('Begabungs-' und Einheitsschule), S. 124-134 (Lebensschule), S. 135-160 (Produktionsschule), S. 161-200 (Elastische Schule) wieder in: OESTREICH, Paul, Entschiedene Schulreform. Schriften eines politischen Pädagogen, eingel., ausgew. und erl. von Helmut KÖNIG und Manfred RADTKE, Berlin (DDR) 1978, S. 71-89; Auszüge der S. 140-143 und S. 158-160 wieder in: Die Arbeitsschule. Texte zur Arbeitsschulebewegung, hrsg. von Albert REBLE, Bad Heilbrunn 1963, S. 135f.; Auszüge der S. 144-160 wieder in: Sozialistische Pädagogik im 19. und 20. Jahrhundert, hrsg. von Helmwart HIERDEIS, Bad Heilbrunn 1973, S. 64-70; Kap. 'Elastische Schule!' (S. 161-185) in Auszügen wieder in: Kursunterricht - Begründungen, Modelle, Erfahrungen, hrsg. von Wolfgang KEIM (=Wege der Forschung, 504), Darmstadt 1987, S. 255-259. - HILKER, Franz, Der Produktionsschulgedanke [Leitgedanken zur Bundestagung des Bundes Entschiedener Schulreformer September/Oktober 1923 in der Berliner Universität. Gesamtthema: Die Produktionsschule als Lebens- und elastische Einheitsschule zur Volkskultur [...]], in: Die Neue Erziehung, Jg. 5 (1923), S. 315f. - KARSEN, Fritz, Produktionsschule, in: Bremische Lehrerzeitung, Jg. 2 (1923), Nr. 6 (vom 15.04.). - LIEBE, Reinhard, Die Produktionsschule als Aufbauzelle der neuen Gesellschaft, in: Die Neue Erziehung, Jg. 6 (1924), S. 49-54. - OESTREICH, Paul, Die Elastische Einheitsschule, in: Die Neue Erziehung, Jg. 6 (1924), S. 653-656. - Die Produktionsschule als Nothaus und Neubau, hrsg. von Paul OESTREICH, Berlin 1924. - Aus der Fülle der Sekundärliteratur s. vor allem: DERN, Produktionsschulgedanke [zum Schulmodell bes. S. 26-37]. - NEUNER, Bund. - LUDWIG, Entstehung, Bd. 1, S. 255-292: Kap. 'Die Ganztagsschulkonzeption Paul Oestreichs und des Bundes Entschiedener Schulreformer'.

gleichermaßen eine optimale individuelle Förderung (der intellektuellen wie der nichtintellektuellen Fähigkeiten) der Einzelpersönlichkeit ermöglichen.

Als 'elastische Einheitsschule' stellte das Modell eine radikale schulorganisatorische Umgestaltung der bisherigen, nach herkömmlichen Schulformen getrennten, hierarchisch strukturierten Schultypen dar. Vorgesehen war ein lückenlos zusammenhängender, organischer Aufbau des Schul- und Bildungswesens von der Vorschulerziehung mit obligatorischem Kindergarten (3.-6. Lebensjahr), über die in eine Unter- und Mittelstufe geteilte Grundschule (7.-16. Lebensjahr) und eine daran anschließende Oberstufe (17.-19. oder 20. Lebensjahr) bis hin zur Hoch- oder Fachschule (ab 20. Lebensjahr), in dem es zahlreiche Differenzierungsmöglichkeiten gemäß den Fähigkeiten der Eigenart der Schüler gab[69].

Als Ganztagsschule geplant, sollte der Unterricht an fünf Tagen in der Woche stattfinden; der sechste Tag war für die konfessionelle Unterweisung (nach Wunsch der Eltern und Schüler!), für die freie Betätigung zusammenhängender Unternehmungen, für Wanderungen u.a. vorgesehen[70].

Mit zunehmendem Alter der Schüler sollte der Unterricht immer stärker ihren individuellen Bedürfnissen Rechnung tragen. So sollte bereits in der Mittelstufe, vor allem aber in der Oberstufe[71], ein Kern-Kurs-Unterricht als ein Minimalunterricht und ein wahlfreier Unterricht angeboten werden[72].

Da nicht in jedem Dorf und jeder kleinen Stadt ein großer Einheitsschulkomplex aufgebaut werden konnte, wurde ein interessanter räumlicher Strukturplan mit einer horizontalen Gliederung erdacht, die allen Kindern die Möglichkeit jeglicher Schulbildung bieten konnte: Man stellte sich vor, daß jedes Dorf einen Kindergarten einrichte, ein 'Zentraldorf' eine Grundschule, eine Kleinstadt eine Mittelstufe und eventuell eine Oberstufe. Für eine Mittelstadt und jeden Stadtbezirk einer größeren Stadt schließlich war die Einrichtung eines kompletten Schulkomplexes vorgesehen.

Die 'Schulenkomplexe' der Städte bzw. Stadtteile sollten nicht in den Stadtzentren liegen, sondern "an der Peripherie"[73]; und zwar sollten sie so eingerichtet wer-

---

69　OESTREICH, Die Elastische Einheitsschule. Lebens- und Produktionsschule, S. 30. - Zur Geschichte des 'Einheitsschulgedankens' s. bes.: SIENKNECHT, Helmut, Der Einheitsschulgedanke - Geschichtliche Entwicklung und gegenwärtige Problematik (=Pädagogische Studien, 16), Weinheim 1970. - OPPERMANN, Detlef, Gesellschaftsreform und Einheitsschulgedanke. Zu den Wechselwirkungen politischer Motivation und pädagogischer Zielsetzungen in der Geschichte des Einheitsschulgedankens, 2 Bde. [Text- und Quellenband, letzterer u.d.T.: Quellen zu den Historischen und Pädagogischen Grundlagen des Einheitsschulgedankens, hrsg. und eingel. von Detlef OPPERMANN] (=Sozialhistorische Untersuchungen zur Reformpädagogik und Erwachsenenbildung, 1 und 2), Frankfurt 1982.

70　OESTREICH, Die Elastische Einheitsschule. Lebens- und Produktionsschule, S. 41.

71　Vgl. etwa: OESTREICH, Die elastische Oberstufe, in: Die Neue Erziehung, Jg. 3 (1921), S. 239-243 und 287-292. - OESTREICH, Paul, Die elastische Oberstufe der höheren Schulen, in: Bausteine zur neuen Schule. Vorschläge Entschiedener Schulreformer, hrsg. von Paul OESTREICH (=Pädagogische Reihe, 16), München 1923, S. 217-224. - OESTREICH, Wahlfreiheit und Entschiedene Schulreform, in: Die Neue Erziehung, Jg. 6 (1924), S. 163-167. - Zu Hilkers am Schöneberger Werner-Siemens-Realgymnasium ausgearbeiteten Oberstufenplan s. S. 213f.

72　OESTREICH, Die Elastische Einheitsschule. Lebens- und Prodiktionsschule, S. 42f.

73　OESTREICH, Die Elastische Einheitsschule. Lebens- und Produktionsschule, S. 30.

den, daß sie mit Hilfe entwickelter Verkehrsmittel für die Schüler erreichbar blieben, damit sie der Familie nicht entzogen würden[74]. Denn der Familienerziehung wurde ein zentraler Stellenwert zugewiesen. Nach Oestreich sollten "das Leben im Elternhause und das Schulleben ineinanderströmen"[75], sollten "Schule und Haus [...], Unterrichts- und Erziehungsbezirk - ohne daß beide halb und nicht heil! - eine Synthese eingehen, wenn die Familie in der Schule Teilhaber ist, die Schule die Familie von Aufgabennot und -angst entlastet und beide mit dem Kind zusammen eine wahre Erziehungsgemeinschaft eingehen."[76]

Daher war für Oestreich eine Internatserziehung "als Regel weder möglich noch erwünscht."[77] Eine Ausnahme machte er allerdings bei der Oberstufenerziehung, die "soweit nötig mit Internatseinrichtung"[78] ausgestattet sein sollte:

> "Entsprechend dem Sammelcharakter solcher Oberstufen für Teile der Schülerschaft mehrerer Gesamtschulen wird nicht jede Bezirksschule solche Oberstufe[n] besitzen. In den Großstädten entsteht daraus keine Schwierigkeit, für die Kleinstädte und das flache Land würde man bei Unzulänglichkeit der Verkehrsverhältnisse wohl für die Oberstufe zur Internatserziehung [!] übergehen müssen, die für dies Alter [!] auch vielerlei Vorzüge böte, da sie die völlige Hingabe an Gemeinschaft, Vorbild und Arbeit begünstigt."[79]

Das Ziel der Entwicklung aller Fähigkeiten der Schüler, bedeutete eine klare Abkehr von der bisherigen einseitigen Ausrichtung auf die Entwicklung der intellektuellen Fähigkeiten. Um dieses Ziel zu erreichen, sollte die 'elastische Einheitsschule' zugleich auch 'Lebens-' und 'Produktionsschule' werden.

Mit der Bezeichnung der 'elastischen Einheitsschule' (als äußerem organisatorischem Aufbau des Schulmodells), als 'Lebenschule' charakterisierte der Bund vor allem die innere pädagogische Ausgestaltung.

Die Schule sollte "Abbild des Lebens" werden, sollte "alle sozialwichtigen Einflüsse" einbringen, auf die Verbindung von Schule und Wirklichkeit, auf die Erfahrungswelt der Schüler, auf die Gestaltung ihres Lebens gerichtet sein[80]. Die Schüler sollten nicht 'aus zweiter Hand', nicht mit Hilfe von Büchern 'über' Sachen, Erfahrungen, Aufgaben, Fragen, Ernstsituationen in das Leben hineinfinden, sondern soweit irgend möglich, aus 'erster Hand', durch eigene unmittelbare Begegnungen mit den Sachen, Erfahrungen, Aufgaben, Fragen, Ernstsituationen, kurz: mit dem Leben selbst.

Um dieses Ziel der Auswahl 'lebensrelevanter' Bildungsinhalte erreichen zu können, sollte die Schule zu einer weitläufigen und hochdifferenzierten

---

74   OESTREICH, Die Elastische Einheitsschule. Lebens- und Produktionsschule, S. 30: "Die Beförderungsschwierigkeiten werden in der Regel übertrieben. Wenn die Verkehrsmittel wieder gesunden und die Elektrifizierung der Wasser- und Windkräfte fortschreitet, werden die Schulautobusse und Schulelektrischen keine Chimäre bleiben; die Schulzüge liefen ja schon seit langem in vielen Gegenden."
75   OESTREICH, Leitsätze, S. 155.
76   OESTREICH, Die Elastische Einheitsschule. Lebens- und Produktionsschule, S. 29.
77   OESTREICH, Die Elastische Einheitsschule. Lebens- und Produktionsschule, S. 28.
78   OESTREICH, Leitsätze, S. 157.
79   OESTREICH, Die Elastische Einheitsschule. Lebens- und Produktionsschule, S. 45.
80   OESTREICH, Schule zur Volkskultur, S. 124.

'Schulsiedlung' erweitert bzw. ausgebaut werden, in der u.a. auch Handwerk und Landwirtschaft betrieben wurde - weshalb der Bund für die 'Schulsiedlung' auch den Begriff der 'Schulfarm' verwendete[81]. Zu diesem Zwecke sollte die Schule in den Städten an deren Rändern gelegen sein, denn:

"Nur die Schulsiedlung an der Peripherie erlaubt wahre Schulreform"[82].

Die Unterrichtsgebäude sollten die Schulen durch zu ihnen gehörende Wirtschaftsgebäude, verschiedene Werkstätten, Ställe u.a. ergänzt werden und von Wiesen, Äckern und Gärten umgeben sein[83]. Als Personal sollten neben Lehrern, "neben dem Stall-, Küchen- und Wirtschaftspersonal mindestens einen Gärtner, einen Tischler, einen Schlosser (bzw. Klempner), einen elektrotechnisch geschulten Installateur, einen Buchdrucker und einen Buchbinder voll beschäftigen, um die Anlagen im Hause zu überwachen, um die Reparaturen und notwendigen Neuanlagen auszuführen, die Schüler anzulernen [...]."[84]

"Solch elastische Lebensschule wäre eine Lebensgemeinschaft, in der Körper und Geist tätig und allseitig ausgebildet werden [...] in der der junge Mensch in das wirkliche Leben in seinen typischen Grundelementen (Landwirtschaft: Gartenbau, Feldbestellung, Viehzucht; Handwerk, Kunstgewerbe, Industrie; Geldwesen, Handel, Genossenschaftswesen; Haushaltung, Hygiene, Pflege; Recht, Gericht, Verwaltung; Nachrichtenwesen, Zeitung; 'Erholung': Sport, Feier, Musik, Theater, Volksbildung: Bücherei, Lesehalle, Vortragswesen usw.) natürlich mit Auswahl nach örtlicher Gelegenheit und menschlicher Anlage und Neigung - zu Erfahrung gestellt wird. Der Schulkomplex würde z.B. seine eigene Schulzeitung durch Schüler herstellen und drucken lassen, er besäße Bühne und Konzertraum; Lesehalle und Bibliothek, räumlich verbunden, ständen unter Verwaltung der Schüler; er würde eine eigene Spar- und Depositenkasse (im Zusammenhange mit einer großen Bank) für Schüler und Eltern durch Schüler betreiben, er würde einen eigenen meteorologischen Beobachtungsdienst [!] und eine selbstbediente Station für drahtlose Telegraphie [...] haben usw. Lehrer, Eltern und Schüler würden Vereine, Genossenschaften, Gesellschaften (Versicherungen!) bilden, um Gebiete und Aufgaben besonderer Art zu bearbeiten, soziale Leistungen zu vollbringen. Diese Schule führte, alle Grundformen menschlicher Gemeinschaftsbetätigung passierend, von der kindlichen Spielgemeinschaft zur verantwortungsvollen Arbeit in der Volksgemeinschaft und zum Bürgertum in der Menschheit."[85]

Die in diesem Zitat Oestreichs enthaltene Beschreibung möglicher Betätigung der Schüler führt zur Bezeichnung der 'elastischen Einheitsschule' als 'Produktionsschule' (als Leitbegriff für den nicht nur, aber vor allem methodischen Aspekt des Schulmodells): Mit diesem Begriff kennzeichnete der Bund Entschiedener Schulreformer vor allem die Methoden der neuen Schule als "Schule der tätigen Lebensgestaltung"[86], in der nicht mehr rezeptive Aneignung von Bücherwissen stattfinden sollte, sondern aktives Vertrautwerden mit der konkreten Lebenswirklichkeit, zum einen durch die Einbeziehung der produktiven Arbeit selbst, zum anderen durch

---

81   DERN, Produktionsschulgedanke, S. 26: "Das Ideal dieser Schule ist die Schulfarm, die selbst in den Städten [...] aber auf dem Lande am leichtesten verwirklicht werden könnte." - S. zum 'Schulfarm'-Begriff des Bundes S. 265f.
82   OESTREICH, Die Elastische Einheitsschule. Lebens- und Produktionsschule, S. 30.
83   OESTREICH, Die Elastische Einheitsschule. Lebens- und Produktionsschule, S. 28.
84   OESTREICH, Die Elastische Einheitsschule. Lebens- und Produktionsschule, S. 43.
85   OESTREICH, Die Elastische Einheitsschule. Lebens- und Produktionsschule, S. 46f.
86   OESTREICH, Schule zur Volkskultur, S. 142.

aktive geistige Tätigkeit, Selbsttätigkeit und Selbständigkeit, Kreativität, geistige und praktische Beweglichkeit und Vielseitigkeit, Erkenntnisinteresse u.a.

Alle Schüler, so schrieb Oestreich, "auch die [...] 'Bücherwürmer', beteiligen sich an diesem Gemeinschaftsleben mit allen, zum Teil unter - nach den jeweiligen Interessen - andersartiger Gruppeneinteilung. Tatmenschen statt literarischer Tiftler!"[87] Saupe kommentierte hierzu:

> "Die Schule wird aber besonders zur Lebensschule durch ihre genossenschaftliche Einstellung. Die Schüler lösen gemeinschaftliche Aufgaben in der Wirtschaft, der Gartenbaubestellung, der Werkstattbetätigung und der künstlerischen Arbeit. Die Schule weckt damit den Sinn für Selbstregierung und Selbstverantwortlichkeit. Sie wird zur Lebensschule, wenn sie aus einer Lernschule der einseitigen Wissensvermittlung zu einer alle jugendlichen Kräfte weckenden Produktionsschule wird."[88]

Dabei ging es Oestreich nicht um 'Aktionismus', nicht um "pfuscherisches Herumwimmeln auf tausend Gebieten", auch nicht um planmäßig vorbereitete "Sensationserlebnisse", sondern um "besinnlich vertiefendes Verweilen dort, wo menschliche Gemeinsamkeiten und Erfordernisse dazu nötigen und wo Begabung und Interesse dazu einladen. Nicht Vielerlei, sondern einiges gründlich, aber Lebens-, Gemeinschafts- und Individualitätsgemäßes! Das ist dann eine wahrhafte Schule des Lebens, der Erlebnisse [...]."[89]

Immer wieder betont wurde das Moment der 'Ernsthaftigkeit', durch das die Erziehung über eine 'Spiel'- und Reflexionsdimension hinaus eine Intensivierung erfahren solle[90]: Laut Oestreich war dafür Sorge zu tragen, daß "die Jugend wirkliche, verantwortungsvolle Aufgaben übernimmt, nicht nur mit papierener, erklügelter, bestenfalls bureaukratisch sich wichtig tuender 'Selbstverwaltung' beglückt werden kann."[91]

Der Austritt der 'Entschiedenen Schulreformer' aus dem Philologenverband im Jahr 1919 wurde nicht von allen reformfreudig Gesinnten gut geheißen. Vielmehr wurde dieser Schritt von einigen als eine Zersplitterung der fortschrittlichen Kräfte und als Flucht vor den aufgetretenen Schwierigkeiten angesehen und, trotz aller Schwierigkeiten, ein weiteres reformerisches Wirken innerhalb des Philologenverbandes angestrebt.

---

[87] OESTREICH, Die Elastische Einheitsschule. Lebens- und Produktionsschule, 2. Aufl., S. 42.
[88] Paul Oestreich, in: SAUPE, Emil, Deutsche Pädagogen der Neuzeit. Ein Beitrag zur Geschichte der Erziehungswissenschaft zu Beginn des 20. Jahrhunderts (=Handbücher der neueren Erziehungswissenschaft, 1), 5. und 6. Aufl. Osterwieck 1927, S. 141-149, hier S. 144.
[89] OESTREICH, Schule zur Volkskultur, S. 151.
[90] Vgl. dazu auch: REBLE, Paul Oestreich, S. 18-20.
[91] OESTREICH, Die Elastische Einheitsschule. Lebens- und Produktionsschule, S. 28.

Zu diesen Kritikern gehörte auch Paul Hildebrandt (1870-1948)[92], der damals Lehrer am Berliner Gymnasium zum Grauen Kloster war, und der als pädagogischer Schriftsteller mit seinen vor allem in der Vossischen Zeitung erscheinenden und für eine Reformierung des Schulwesens eintretenden zahlreichen pädagogischen Zei-

---

[92] Paul Hildebrandt (1870-1948) wurde am 21.07.1870 in Berlin als Sohn eines Offiziers geboren. Er studierte Altphilologie, evangelische Theologie und Geschichte in Berlin, Lausanne, München und Göttingen. 1894 promovierte er mit seiner Dissertation 'De scholiis Ciceronis Bobiensibus, Göttingen, Univ., Diss., 1894)'. 1895 machte er sein Staatsexamen. Danach war er als Oberlehrer bzw. Oberstudienrat an Schulen in Potsdam und Berlin tätig, so von 1912-1924 am Berliner Gymnasium zum Grauen Kloster. Seit 1925 war er Oberstudiendirektor und Leiter des Luisenstädtischen Gymnasiums in Berlin (später Heinrich-Schliemann-Schule). 1924-1929 war er Mitglied der Berliner Stadtverordnetenversammlung (DDP) und als solches u.a. Mitglied in der Deputation für Schulwesen. Daneben war er - u.a. pädagogischer Mitarbeiter der Vossischen Zeitung und der Berliner Morgenpost - pädagogischer Schriftsteller, der insbesondere in zahllosen Zeitungsartikeln, die nahezu das gesamte Spektrum der Reformpädagogik seiner Zeit abdecken, für eine Reformierung des Schulwesens tätig war. Im Jahre 1930 kam er erstmals in Konflikt mit der NSDAP, einmal wegen eines Artikels in der Vossischen Zeitung, in dem er die NS-Schülerbünde scharf angriff, zum anderen wegen des Verbots der Mitgliedschaft in dieser Organisation für Schüler seiner Schule. Es folgten Beschimpfungen in der NS-Presse, die zur Verurteilung der verantwortlichen Redakteure wegen öffentlicher Beleidigung führten. Zum 01.10.1932 trat Hildebrandt in den Ruhestand. 1939 zog er mit seiner Frau Dr. E. Hildebrandt, die im Berliner Volkshochschulwesen tätig gewesen war, weg von Berlin nach Ramsau ins Alpenvorland. Beide erregten wegen ihrer antinazistischen Einstellung die Aufmerksamkeit lokaler NS-Größen. 1943 wurde das Ehepaar Hildebrandt verhaftet. Paul H. wurde ins KZ Buchenwald, seine Frau nach Ravensbrück eingeliefert, wo sie ermordet wurde; Paul Hildebrandt wurde 1945 aus dem KZ befreit. Er kehrte nach Berlin zurück, wurde Mitarbeiter der Berliner Schulverwaltung und Leiter der Hartnackschule. Er begann erneut eine publizistische Tätigkeit, vor allem als ständiger Mitarbeiter des 'Telegraf' und des 'Rias'. Am 26.11.1948 starb er in Berlin. - Zur Biogr. Hildebrandts s.: Professor Dr. Paul Hildebrandt, in: Sie wirkten in Berlin [27 Lebensläufe von Lehrern und Erziehern ...]. Erinnerungsschrift anläßlich des Kongresses der Lehrer und Erzieher zu Berlin. Pfingsten 1952, überreicht und zusammengestellt von Fritz OPITZ, hrsg. vom Berliner Verband der Lehrer und Erzieher, Berlin 1952, S. 85-88. - S. auch: PETERSEN, Erika, Ein Leben für die Jugend, in: Die neue Schule, Jg. 1 (1946), S. 213. - Weiter: 5. Städtische Realschule (Höhere Realschule) zu Berlin, XVIII. Bericht über die Zeit von Ostern 1906 bis Ostern 1907, Berlin 1907, S. 18; und: Abschiedsfeier für Paul Hildebrandt. Ein eindrucksvoller Festakt in der Heinrich-Schliemann-Schule, in: Vossische Zeitung vom 29.09.1932, Abendausg. - Berlin, BBF: SLG-GS, Personalblatt Johannes Paul Hildebrandt. - Schulze-Marmeling an D.H. br. vom 11.08.1988. - Die umfangreichste, eine nach Sachgebieten geordnete Bibliographie seiner von 1919 bis Anfang 1933 in der Vossischen Zeitung erschienenen Artikel enthaltende Arbeit über Hildebrandt ist: GROSSER, Gisela, Paul Hildebrandt als pädagogischer Berichterstatter. Zulassungsarbeit zur 1. Staatsprüfung für das Amt des Lehrers, PH Berlin, unveröff. Berlin WS 1964/65 [ein Exemplar existierte in: PS Radde].

tungs- und Zeitschriftenartikeln - auch über die Schulfarm, deren häufiger Gast er wurde[93], - eine weithin anerkannte Autorität war[94].

In einem seiner Artikel in der Vossischen Zeitung wandte sich Hildebrandt gegen den Separatismus der 'Entschiedenen Schulreformer', da dieser zum einen "der Entwicklung im Verein keinerlei Nutzen brachte" und zum anderen, da er der Auffassung war, "daß fruchtbare Arbeit nur möglich ist, wenn man sich nicht in eine Ecke stellt und schmollt [...]!"[95]

Es kann vermutet werden, daß sich Blumes Haltung nicht sehr von der Hildebrandts unterschied: Obwohl - wie in dieser Arbeit an anderer Stelle noch zu zeigen sein wird[96] - Blumes Schulversuch in zentralen Punkten mit den frühen Vorstellungen des Bundes Entschiedener Schulreformer übereinstimmen sollte, trat er dieser Gruppe nicht bei[97].

---

[93] S. z.B.: Berlin, LA, SIS: CH, III, S. 84: "Am nächsten Tag [06.09.1923] ist schon wieder Besuch; Herr Prof. [Paul] Hildebrandt mit Gattin hospitieren bei Besprechung von Werneckes Calidasaaufsatz; sie sind überrascht über den raschen Ausbau; aus seiner Feder hatte der erste Zeitungsartikel über die Sommerschule 1921 gestammt [HILDEBRANDT, Paul, Die Schule im Freien. Das Humboldtgymnasium auf der Insel Scharfenberg, in: Vossische Zeitung vom 21.08.1921]; jetzt soll wieder in der Voss.[ischen Zeitung] ein Aufsatz erscheinen [HILDEBRANDT, Paul, Berliner Schüler als Selbstversorger. Das Internat auf der Insel Scharfenberg, in: Vossische Zeitung vom 25.09.1923 (Morgenausg.)] als Gegenstück zur Würdigung Schulpfortas, dessen Jubiläum der Referent vor kurzem mitgemacht [HILDEBRANDT, Paul, Schulpforta als Gutsherrin. Ein Alumnat, das sich selbst erhält, in: Vossische Zeitung vom 05.06.1923, Morgenausg., 1. Beilage; HILDEBRANDT, Paul, Gelehrsamkeit und Sport. Lehrer und Schüler in Schulpforta, in: Vossische Zeitung vom 07.06.1923, Morgenausg., 1. Beilage]. Zwei so ganz verschiedene Wege zu dem gleichen Ziel! [...]."

[94] Vgl. z.B.: Professor Dr. Paul Hildebrandt, in: Sie wirkten in Berlin [27 Lebensläufe von Lehrern und Erziehern ...]. Erinnerungsschrift anläßlich des Kongresses der Lehrer und Erzieher in Berlin. Pfingsten 1952, überreicht und zusammengestellt von Fritz OPITZ, hrsg. vom Berliner Verband der Lehrer und Erzieher, Berlin 1952, S. 85-88, hier S. 86: "Seine reiche pädagogische Erfahrung wertete er in zahlreichen Aufsätzen in Fachzeitschriften und in der Tagespresse aus. Viele Jahre hindurch war er der pädagogische Schriftleiter der 'Vossischen Zeitung' und der 'Berliner Morgenpost'. Als Leiter der pädagogischen Beratungsstelle des Verlages Ullstein hatte er immer wieder Gelegenheit, die Grundsätze, die er in seinen schriftstellerischen Arbeiten vertrat, zu verwirklichen. Was Prof. Paul Hildebrandt auf diesem Gebiet nicht nur für Berlin, sondern auch weit darüber hinaus war, läßt sich kaum abschätzen. Noch heute harrt der umfangreiche, pädagogisch wertvolle Schriftwechsel, den damals Prof. Hildebrandt mit den vielen (vom Hochschulprofessor bis zum einfachen Arbeiter) führte, die in ihm einen Freund gefunden hatten, der Auswertung." - Vgl. auch: Berlin, GStA PK: I. HA, Rep. 92: C.H. Becker, Nr. 4067: P. Hildebrandt, C.H. Becker an Hildebrandt br. vom 21.07.1930 mit Glückwünschen zu Hildebrandts 60. Geburtstag: "Da möchte auch ich Ihnen meine aufrichtigen Glückwünsche aussprechen, und zwar nicht nur zu Ihrer pädagogischen Wirksamkeit, sondern auch zu Ihrer publizistischen, vor allem zu der glücklichen Vereinigung der beiden. Ich habe aus der Nähe beobachten können, wie segensreich Ihre Wirksamkeit nach beiden Seiten hin gewesen ist und bin Ihnen oft für eine loyale Unterstützung dankbar gewesen [...]."

[95] HILDEBRANDT, Paul, Die Tragikomödie der Oberlehrer, in: Vossische Zeitung vom 04.02.1920.

[96] S. u.a. S. 141-150 und S. 265-268.

[97] An einigen Stellen in der Literatur wird Blume fälschlicherweise als Mitglied des Bundes Entschiedener Schulreformer bezeichnet, so z.B.: OPPERMANN, Gesellschaftsreform, Bd. 1, S. 375.

Eine dritte, außerordentlich interessante Quelle ist klarer und eindeutiger einzuordnen: Es handelt sich um einen Brief des Ministeriums für Wissenschaft, Kunst
und Volksbildung, unterzeichnet von Frida Winckelmann (18..-19..)[98], an Blume
vom 21.03.1919, der eine Antwort auf einen leider nicht mehr erhaltenen Brief von
Blume an das Ministerium[99] darstellt:

> "Sicheres über die in Aussicht genommenen Versuchsschulen mit Internaten in einigen der frü-
> heren Schlösser kann ich Ihnen noch nicht sagen. In diesen Tagen entscheidet sich ja erst das
> Schicksal der Regierung, und erst dann wird es sich überblicken lassen, ob das Fi-
> nanzministerium Mittel zur Durchführung unserer Pläne zur Verfügung stellt.
> Es würde mich sehr freuen, wenn Sie mich einmal am Nachmittag aufsuchen würden [...]."[100]

Der Anlaß für diesen Briefwechsel dürfte mit Sicherheit in einem vorangegangenen,
vor allem in der 'Weltbühne' geführten Wortgefecht gelegen haben. Ende Dezember
1918 war in der 'Weltbühne' ein Artikel des Schriftstellers Arnold Zweig (1887-
1968) erschienen, in dem Zweig die Leistungen Gustav Wynekens hervorgehoben
und sich scharf gegen das Ende von Wynekens Tätigkeit im Ministerium für Wissenschaft, Kunst und Volksbildung ausgesprochen hatte:

---

[98]   Kurzer Hinweis auf Frida Winckelmanns Tätigkeit im preußischen Kultusministerium zu Beginn
       der Weimarer Republik: MÜLLER, Guido, Weltpolitische Bildung und akademische Reform.
       Carl Heinrich Beckers Wissenschafts- und Hochschulpolitik 1908-1930 (=Beiträge zur Ge-
       schichte der Kulturpolitik, 2), Köln [u.a.] 1991, S. 228 und S. 248.

[99]   BLUME, Wilhelm, Brief an Paul Wandel (Direktor des Amtes für Volksbildung in der sowjeti-
       schen Besatzungszone, Berlin) vom 29.10.1945 [PS Scheel], hrsg. von Dietmar HAUB-
       FLEISCH, Marburg 1999:
       http://archiv.ub.uni-marburg.de/sonst/1999/0001/q60.html - Zuvor abgedr. in: Wilhelm Blume
       zum 100. Geburtstag (=Neue Scharfenberg-Hefte, 6), Berlin 1984, S. 37-39. -
       In diesem Brief, mit dem Blume beabsichtigte, die sowjetische Besatzungsbehörde 1945 für den
       'Schulfarmgedanken' zu gewinnen, schrieb er, er habe sich nach dem Ersten Weltkrieg "an das
       Ministerium Haenisch" sowie weiter "an den Staatssekretär [Hans] Krüger [(1884-19..) im
       Landwirtschaftsministerium, einen Konabiturienten von mir", gewandt "mit dem ausführlich
       begründeten Vorschlag, zur Ausbreitung der Schulfarmidee Schlösser mit Landareal zu be-
       schlagnahmen oder von größeren Domänen etwas abzuzweigen." -
       Biogr. Inf. zu Krüger: Album der Staatlichen Großen Schule (ehemals Gymnasium) zu Wolfen-
       büttel 1801-1928, 3. Ausg. bearb. mit Unterstützung von Karl LINDE von August FINK und
       Paul ZIMMERMANN, Wolfenbüttel 1928, S. 73: Krüger machte zusammen mit Blume 1902 an
       der Großen Schule in Wolfenbüttel sein Abitur, studierte Jura, wurde dann in div. Ministerien
       (Deutsches Reich und Preußen) tätig und veröffentlichte mehrer Schriften über Wohungs- und
       Siedlungswesen und Fragen der Bodenreform. -
       Der Brief aus dem Jahr 1945 enthält einen jeder Chronologie widersprechenden Zusatz, da
       Blume zu zwei darin genannten Frauen, Elisabeth Rotten und Klara Weyl, 1919 mit ziemlicher
       Sicherheit noch keinerlei Kontakt hatte: "Leider hat keiner zugepackt; auch die Beziehungen
       meiner damaligen Hauptmitarbeiterin Dr. Elisabeth Rotten, Gründerin des Weltbundes für Er-
       neuerung der Erziehung, und meiner unverwüstlichen Helferin Klara Weyl reichten nicht aus,
       jene sprichwörtliche Zaghaftigkeit zu überwinden." - Schuppan (SCHUPPAN, Wilhelm Blume,
       S. 301f.) schließt wahrscheinlich allzu kühn auf den genaueren Inhalt des Blumeschen Schrei-
       bens: "Blume unterbreitete diesem [dem Preußischen Minister für Wissenschaft, Kunst und
       Volksbildung in Berlin oder dessen Mitarbeiter Wyneken?], wie auch dem Landwirtschaftsmini-
       sterium den Vorschlag der Schulfarmidee [sic!]. Schlösser mit ausreichendem Grundbesitz seien
       dafür zu beschlagnahmen oder von größeren Domänen könne man für Schulzwecke etwas Land
       abtrennen." - Zumindest der 'Schulfarm-Begriff' als solcher dürfte zu diesem Zeitpunkt kaum
       existiert haben; vgl. dazu S. 257-268.

[100] Berlin, LA, SIS: Ministerium für Wissenschaft, Kunst und Volksbildung (F.[rida] Winckel-
       mann) an Blume br. vom 21.03.1919.

"Das Ministerium muß ihn [Wyneken] entbehren, um ihn 'zu anderweitiger Verwendung seiner Kraft im Dienste der Allgemeinheit des Staates' freizugeben. Wir kennen das. Vielleicht verwendet man ihn bei der Kaninchenzucht oder im Forstwesen [...]."[101]

Auf solche scharfe Worte sah sich der der preußische Kultusminister Konrad Haenisch zu antworten genötigt. In einem Brief an den Herausgeber der 'Weltbühne', der im Januar abgedruckt und auch an anderer Stelle veröffentlicht wurde, schrieb er:

"Wie liegen die Dinge? Herrn Doktor Wynekens Mitarbeit im Beamtenorganismus des Ministeriums selbst stieß auf so große Schwierigkeiten sachlicher oder persönlicher Art, daß sein Ausscheiden zu einer politischen Notwendigkeit wurde [...]. Herrn Doktor Wyneken soll nunmehr ein staatliches Gebäude in schöner Lage, sei es nun eine frühere Kadettenanstalt, sei es eines der bisherigen königlichen Schlösser, zur Verfügung gestellt werden. Hier soll Wyneken mit Staatsmitteln eine Versuchsschule großen Stils ganz nach seinem Herzen einrichten können, eine neue Freie Schulgemeinde, an deren Segnungen, im Gegensatz zu allen bisherigen Freien Schulgemeinden, Landerziehungsheimen und ähnlichen Einrichtungen, auch Kinder der unbemittelten Volkskreise teilhaben sollen. An dieser Stelle wird Wyneken - in seiner Schaffenskraft nicht mehr beeinträchtigt durch ständige materielle Sorgen - ganz so wirken können, wie es seiner Eigenart entspricht. Er wird keinem Provinzialschulkollegium, sondern ausschließlich dem Minister direkt unterstellt sein, nur dieser hat bei der Auswahl seiner Lehrkräfte mitzusprechen, nur ihm ist er über seine Lehrmethoden und die Ergebnisse seines Erziehungswerkes Rechenschaft schuldig. Und Sie dürfen überzeugt sein, daß der Minister diese Aufsicht gewiß nicht im engen Geiste bürokratischer Bevormundung ausüben wird."[102]

Die genaueren Umstände, unter denen Wynekens Tätigkeit im preußischen Kultusministerium endete, sind bislang noch unerforscht; so u.a. auch Ehrentreichs Behauptung, Wynekens Vertreibung aus dem Kultusministerium sei besonders von

---

[101] ZWEIG, Arnold, Wyneken, in: Die Weltbühne, Jg. 14 (1918) [Nr. 52 vom 26.12.1918], S. 596-598, hier S. 598.

[102] HAENISCH, Konrad, Brief an den Herausgeber, in: Die Weltbühne, Jg. 15 (1919), [Nr. 1 vom 02.01.1919], S. 4f. - Die zentralen Passagen wurden unter der Überschrift 'Wynekens staatliche Versuchsschule. Eine freie Schulgemeinde großen Stils' auch veröff. in: Berliner Tageblatt und Handelszeitung vom 31.12.1918, Abendausg.: "In einem Schreiben an den Herausgeber der 'Weltbühne' macht Kultusminister Haenisch einige Mitteilungen über die Aufgabe, die die Regierung Dr. Wyneken, nach seinem Ausscheiden aus dem Ministerium zugedacht hat. Der Minister schreibt: "Herrn Wyneken soll nunmehr ein staatliches Gebäude [...], sei es nun eine frühere Kadettenanstalt, oder eines der bisherigen königlichen Schlösser, zur Verfügung gestellt werden. Hier soll Wyneken mit Staatsmitteln eine Versuchsschule großen Stils ganz nach seinem Herzen einrichten können, eine neue Freie Schulgemeinde, an deren Segnungen, im Gegensatz zu allen bisherigen Freien Schulgemeinden, Landerziehungsheimen und ähnlichen Einrichtungen, auch Kinder der unbemittelten Volkskreise teilhaben sollen. An dieser Stelle wird Wyneken - in seiner Schaffenskraft nicht mehr beeinträchtigt durch ständige materielle Sorgen - ganz so wirken können, wie es seiner Eigenart entspricht. Er wird keinem Provinzialschulkollegium, sondern ausschließlich dem Ministerium direkt unterstellt sein, nur dieser hat bei der Auswahl seiner Lehrkräfte mitzusprechen, nur ihm ist er über seine Lehrmethoden und die Ergebnisse seines Erziehungswerkes Rechenschaft schuldig. Und Sie dürfen überzeugt sein, daß der Minister diese Aussicht ganz gewiß nicht im engen Geiste bürokratischer Bevormundung ausüben wird. Mit dieser ihm von mir vorgeschlagenen Lösung ist übrigens niemand mehr einverstanden als Wyneken selbst, und so sind wir in der freundschaftlichsten Weise auseinandergegangen."

Leonhard Nelson eingeleitet worden[103]. Gleiches gilt für die Zusammenhänge um Hermann Lietz, der, wie Erich Meissner (1895-1965)[104] berichtet, auf Anregung von Leonhard Nelson mit der Preußischen Regierung über einen staatlichen Schulversuch verhandelt habe, und zu diesem Zweck Anfang 1919, während des Spartakusaufstandes, persönlich in Berlin gewesen sei, um die Planungen von Internaten für Volksschüler, die nach Möglichkeit mit Heimvolkshochschulen verbunden werden sollten, voranzutreiben. Diese Bemühungen hätten aber durch den Tod von Lietz am 12.06.1919 ein vorzeitiges Ende gefunden[105].

In den hier genannten Plänen des Ministeriums dürften wichtige Wurzeln für die Versuchsschulgedanken des Bundes Entschiedener Schulreformer[106] sowie den 1920 zustande gekommenen, wenn schließlich auch nach wenigen Monaten gescheiterten Schulversuch des dem Bund Entschiedener Schulreformer angehörenden Reformpädagogen Fritz Karsen in der ehemaligen Kadettenanstalt in Berlin-Lichterfelde liegen[107]. Darüber hinaus jedoch blieben diese Pläne und damit auch Blumes brieflicher Vorstoß durch die Wirrnisse der ersten Hälfte des Jahres 1919 ohne direkte Folgen.

Dennoch gibt Blumes Briefwechsel nicht nur einen Eindruck von der Intensität und der Dimension von Blumes 'Vorwärtsdrängen' in jener Phase, ein knappes Jahr nach den Wiesenburger Träumen. Seine Reaktion auf Haenischs Veröffentlichung zeigt auch, daß er Willens und in der Lage war, sich andeutende Gelegenheiten zur Realisierung seiner Ideen - über den Rahmen des Humboldt-Gymnasiums hinaus - ohne Umschweife sofort beim Schopf zu packen.

Dabei entsprachen die von Haenisch genannten Elemente einer Versuchsschule in wesentlichen Punkten zentralen Elementen der später realisierten Schulfarm:

Die von Haenisch in Aussicht gestellte Versuchsschule sollte auf den Erfahrungen der privaten Landerziehungsheime und Freien Schulgemeinden aufbauen, so wie sich Scharfenberg an zentralen Stellen an diese Institutionen anlehnen sollte.

---

[103]   EHRENTREICH, Alfred, Der Kampf um Wyneken, in: Junge Menschen. Monatshefte für Politik, Kunst, Literatur und Leben aus dem Geiste der jungen Generation, Jg. 7 (1926), S. 263-266, hier S. 265. - Zu Leonhard Nelson s. S. 400.

[104]   Erich Meissner (1895-1965) war zunächst Schüler, dann Lehrer bei Hermann Lietz; 1924-31 Leiter des Lietzschen Landerziehungsheims Haubinda, 1932-34 in Salem, nach 1934 als Mitarbeiter von Kurt Hahn (1886-1974) in Gordonstoun in Schottland tätig.

[105]   MEISSNER, Asketische Erziehung, S. 112-117.

[106]   Auf der Reichsschulkonferenz 1920 nannte Paul Oestreich den Versuchsschulgedanken des Bundes Entschiedener Schulreformer "eine Anregung Wynekens" (Die Reichsschulkonferenz 1920. Ihre Vorgeschichte und Vorbereitung und ihre Verhandlungen. Amtlicher Bericht, erstattet vom Reichsministerium des Innern, Leipzig 1921; unveränd. Neudr. als Bd. 3 der Reihe 'Deutsche Schulkonferenzen', Glashütten 1972, S. 1033).

[107]   Zum Lichterfelder Versuch s.: HILDEBRANDT, Paul, Die Zukunft der Kadettenanstalten, in: Vossische Zeitung vom 28.04.1920, Beilage der Morgenausg. - HILDEBRANDT, Paul, Die Reformschule im Kadettenhaus. Die Eröffnungsfeier in Lichterfelde, in: Vossische Zeitung vom 05.05.1920. - HILDEBRANDT, Paul, Lichterfelder Eindrücke, in: Vossische Zeitung vom 29.05.1920. - DEITERS, Heinrich, Der Lichterfelder Reformversuch, in: Zeitschrift für Pädagogik, Jg. 2 (1920/21), S. 34-39; wieder in: DEITERS, Heinrich, Pädagogische Aufsätze und Reden, Berlin (DDR) 1957, S. 68-74. - RADDE, Fritz Karsen, Kap. 3: 'Der Reformversuch in Lichterfelde', S. 36-44. - Zum Verhältnis von Lichterfelder Versuch und Bund Entschiedener Schulreformer s. S. 146f.

Sie sollte jedoch eine staatliche Schule werden. Und Blume sollte später unter expliziter Abgrenzung von den Landerziehungsheimen und Freien Schulgemeinden immer wieder betonen, daß die Schulfarm Insel Scharfenberg eben keine Privatschule sei.

Und schließlich sollte die Versuchsschule, die Haenisch skizzierte, unter Umgehung hemmender Zwischeninstanzen direkt dem Ministerium unterstellt werden: ein Weg, den Blume mit seinem Scharfenberger Versuch außerordentlich erfolgreich gehen sollte und den er in seinem (nicht erhaltenen) Brief an das Ministerium, mit dem Blume möglicherweise eine gewisse 'Hemmschwelle' überwunden hatte, an das Ministerium erstmals ansprach.

Zunächst aber blieb Blumes Wirken weiter auf das Humboldt-Gymnasium beschränkt. Hier tagte die Schulgemeinde des zunächst alle 14 Tage in einer lehrplanmäßigen Stunde, später nur noch jeden Monat einmal. Als Beispiele ihrer Arbeit nannte Cohn in seiner Geschichte des Humboldt-Gymnasiums - auf die Protokolle der Schulgemeinde verweisend - neben "wiederholt[en] Bildungsabende[n] mit Vorträgen, Lichtbildervorführungen, musikalischen und rezitatorischen Darbietungen [...], zu denen gegen einen geringen Eintrittspreis auch ein weiteres Publikum Zutritt hatte und die meist gut besucht wurden", vor allem den aufgrund eines Schulgemeindebeschlusses gestarteten, aber "infolge der Ungunst der Verhältnisse wieder aufgegeben[en]" Versuch, daß "eine Zeitlang die Primaner und Obersekundaner die Aufsicht auf den Fluren und auf dem Hofe ausübten"[108]. Einer eigenen Einschätzung, "ob die Schulgemeinde die Hoffnungen oder die Befürchtungen, die sie erregte, gerechtfertigt hat"[109], wich Cohn aus. Er hielt jedoch fest, daß durch die Schulgemeinde "Mißstände [...] bis auf den unvermeidlichen Ausfall dieser oder jener Unterrichtsstunde am Humboldt-Gymnasiums nicht entstanden [seien]."[110]

Mit der Schulgemeinde wurde auch ein Schülerausschuß und in diesen als Vertrauensmann aus der Schülerschaft der Oberlehrer Wilhelm Blume gewählt[111].

Schließlich wurden auch Elternversammlungen einberufen und Elternbeiräte gebildet[112]. Die erste Elternversammlung des Humboldt-Gymnasiums fand am 07.02.1920 statt, die Wahl des Elternbeirates - wie in allen Berliner Schulen - am 07.03.1920[113]. Cohn schreibt in seiner Geschichte des Humboldt-Gymnasiums, Elternbeirat und die Elternversammlungen hätten seit ihrer Gründung über viele für die Schule wichtige Angelegenheiten beraten; so z.B. über die Kohlenferien für das Humboldt-Gymnasium, über Schulgeldfragen, die Frage der Beschaffung der Schulbücher in der Zeit der Inflation und des Aufenthaltes der bedürftigen Schüler an der See, auf dem Lande und in fremden Ländern (Siebenbürgen, Schweden). Der Direktor Mahlow und das Lehrerkollegium hätten die Einrichtung der Elternver-

---

[108] COHN, Geschichte, S. 26.
[109] COHN, Geschichte, S. 26.
[110] COHN, Geschichte, S. 26.
[111] COHN, Geschichte, S. 26.
[112] COHN, Geschichte, S. 29.
[113] COHN, Geschichte, S. 29.

sammlung und des Elternbeirats begrüßt, und niemals sei im Laufe dieser Jahre eine Reibung oder ein Mißverständnis zwischen beiden Seiten eingetreten[114].

Auch in unterrichtlicher Hinsicht wurden Veränderungen getroffen. So wurden Maßnahmen ergriffen, die der pädagogischen Forderung nach größerer Selbsttätigkeit der Schüler entsprachen; es wurden - auf Antrag der Schulgemeinde - seit 1919 Studientage eingeführt, "an denen sie sich nach eigener Wahl mit einem wissenschaftlichen Gegenstande ausgiebiger beschäftigen"[115] konnten. Eine Gabelung des Unterrichts der oberen Klassen, "die den Schülern die Möglichkeit geben sollte, mehr nach den persönlichen auf der individuellen Begabung beruhenden Wünschen sich die Hauptfächer ihrer Betätigung zu wählen", wie es von der Schulgemeinde, vielen Lehrern, dem Direktor und der Elternschaft gewünscht wurde, konnte jedoch wegen fehlender Gelder nicht realisiert werden[116]. Dagegen konnte der Forderung, "die Erziehung der Jugend mehr auf die Anschauung als auf bloßes gelerntes Wissen zu gründen"[117] eher entsprochen werden:

> "Hatten schon früher häufig naturwissenschaftliche Exkursionen stattgefunden, so sollten jetzt die Schüler durch solche auch zur Kenntnis der Heimat, ihrer Geschichte, ihren Sitten, ihrer Bevölkerung geführt werden. Alle Mittel der Belehrung, die gerade die Hauptstadt in so verschwenderischem Maße biete, wurden benutzt; man besuchte nicht nur die Museen der Kunst und der Naturgeschichte, sondern auch das Märkische Museum, das Post- und Trachtenmuseum und viele andere; man besuchte Schulkunstausstellungen und andere Ausstellungen jeder Art, Luftschiffhallen, Flugplätze, die Treptower Sternwarte, lehrhafte Kinovorstellungen, auch gewerbliche Betriebe. In größerer Zahl wurden belehrende Vorträge in der Aula von Forschungsreisenden und anderen gehalten. Auch der Besuch von Theatervorstellungen durch unsere Schüler [...] wurde von der Schule durch Freigabe von Stunden, soweit es dessen bedurfte, gefördert."[118]

Der körperlichen Erziehung wurde verstärkte Aufmerksamkeit geschenkt durch Förderung des Turnunterrichts, der Wanderungen und der Ferienfahrten[119]. Eine weitere noch zu nennende Neuheit war "die Einführung der amtlichen Berufsberatung, die durch die Entwicklung der wirtschaftlichen Verhältnisse im Nachkriegs-Deutschland nötig geworden war."[120]

Zusammenfassend läßt sich feststellen, daß es am Humboldt-Gymnasium trotz Gegenwind aus Teilen Lehrerschaft zu einer Realisierung der Forderungen der Novembererlasse gekommen war, daß jedoch auch die Grenzen deutlich sichtbar zutage traten, insbesondere, was die Dimension der Demokratisierung betraf. Diese auch von Blume und anderen fortschrittlichen Geistern getroffene Erkenntnis führte zu verständlichem Unmut und dem Wunsch, nach weiteren Reformmöglichkeiten zu suchen. Eine solche sollte im Frühjahr 1919 mit der Errichtung des Schulgemeindeheimes im Stolper Forst im Norden Berlins gefunden werden.

---

114 COHN, Geschichte, S. 29.
115 COHN, Geschichte, S. 30.
116 COHN, Geschichte, S. 30.
117 COHN, Geschichte, S. 31.
118 COHN, Geschichte, S. 31.
119 COHN, Geschichte, S. 31f.
120 COHN, Geschichte, S. 29.

I.2.B. DAS SCHULGEMEINDEHEIM DES HUMBOLDT-GYMNASIUMS IM STOLPER FORST 1919-1920

Einige Wochen nach Ostern 1919[121] wurde auf einer mittäglichen Sitzung der Schulgemeinde als 2. Tagesordnungspunkt von Blume als dem Vertreter des Literarischen Vereins der Antrag eingebracht, die Schulgemeinde "möge beschließen, die Gründung eines eigenen Wanderheimes in Aussicht zu nehmen."[122] Die Verwaltung dieses Heimes solle "ganz unabhängig von der Schule sein"[123], denn nur so "könne die Schulgemeinde aus der Pausenaufsicht und ähnlicher Selbstverwaltungsscheinmaßnahmen herauskommen und nach selbständiger Vorbereitung auf auswärtigem, neutralen Boden auch im eigentlichen Schulleben praktisch wirksam werden"[124].

An anderer Stelle formulierte Blume zu diesem Projekt in ähnlicher Weise: "[...] eine Selbstverwaltung, die man nur über Festprogramme und ähnliches beschließen läßt, wird zur Parlamentsspielerei und verliert den staatsbürgerlichen Erziehungssinn."[125] Daher müsse "man's mit dem preußischen Bauernbefreier und Schöpfer der Städteselbstverwaltung halten: Nur durch volles Hineinstellen in die Freiheit, nur durch Gewöhnung an sie und in ihr kann die volle Reife ihrer Anwendung erreicht werden."[126]

Zugleich nannte Blume eine zweite, sozialethische, Begründung seines Antrages: den Wunsch, die durch den 1. Weltkrieg entstandene bzw. immens verstärkte Not der Berliner Schüler[127] - vor allem in Gebieten wie denen, in dem das Humboldt-Gymnasium lag und aus der sich dessen Schülerschaft rekrutierte - zu mildern, "die Jugend, die im Kriege herangewachsen, wieder stark und froh zu machen, an Leib und Seele gesunden zu lassen [...]."[128] Als weitere Begründung führte Blume die bereits früher genannte "Sehnsucht der Großstadtjugend nach Wald und Wasser, nach

---

[121] BLUME, Augenblicksbilder, S. 148.

[122] BLUME, Augenblicksbilder, S. 148.

[123] Aus dem Leben, S. 333.

[124] Aus dem Leben, S. 333. - Vgl.: BLUME, Schulfarm (1928), S. 135: Die Schulgemeinde "drohte in Pausenaufsicht und ähnlichen Selbstverwaltungssurrogaten zu versanden, wenn sie sich nicht selbständige Betätigungsmöglichkeiten - fürs erste [!] tunlichst auf neutralem Boden - eröffnete." - Ähnlich: BLUME, Bericht (1923), Bl. 175r.

[125] BLUME, Schulfarm (1928), S. 178. - EHRENTREICH, Alfred, Pädagogische Odysee. Im Wandel der Erziehungsformen, Weinheim [u.a.] 1967, S. 56, nannte die Mitbestimmungsmöglichkeiten, die den Jugendlichen allgemein zuerkannt wurden, "'Butterbrotbefugnisse', die mit dem Gedanken der Schulgemeinde nichts zu tun hatten."

[126] BLUME, Schulfarm (1928), S. 178.

[127] Zur Not in Berlin s. u.a.: Berlin im Weltkriege. Fünf Jahre städtische Kriegsarbeit, hrsg. von Ernst KAEBER, Berlin 1921, bes. S. 511-530 (Kap. 'Schule und Bildung'). - Die Not in Berlin. Tatsachen und Zahlen. Zusammengestellt vom Oberbürgermeister BÖß, Berlin 1923 (bes. S. 14-25); wieder in: Gustav Böß. Oberbürgermeister von Berlin 1921-1930. Beiträge zur Berliner Kommunalpolitik, hrsg. und eingel. von Christian ENGELI (=Schriften des Vereins für die Geschichte Berlins, 62), Berlin 1981, S. 1-32. - Und: Hinterhof, Keller und Mansarde. Einblicke in Berliner Wohnungselend 1901-1920, hrsg. von Gesine ASMUS, Reinbek 1982.

[128] BLUME, Anfänge, S. 9.

Wolken und Ferne [...], nach ländlichem Hausen am eigenen Backsteinherd und nach ein bischen Wildwestabenteuer"[129] an. Nach Zerstreuung der ersten Zweifel - "[...] ist das nicht ein Ding der Unmöglichkeit in so teurer Zeit?"[130] - wurde Blumes Antrag von der Schulgemeinde einstimmig angenommen[131].

Zunächst hatte man im Sinn, einen alten Eisenbahnwaggon oder ähnliches als Heim zu benutzen, doch brachte dann der Vater eines Schülers, der Oberförster Resin in Schönfließ, nicht weit von Berlin, war, eine bessere Idee ein, indem er als geeignete Örtlichkeit einen leerstehenden Teil einer Waldarbeiterwohnung in der Nähe des Dorfes Stolpe in schöner märkischer Landschaft vorschlug[132]. Einige Tage später, an einem sonnigen Sonntagmorgen, fuhren der Oberförster, Blume und ein Kollege sowie zwei Primaner mit dem Wagen des Oberförsters durch die Stolper Feldmark:

> "[...] unser Gönner im grünen Jägerhut hat uns mehr zu bieten als bloß einen viereckigen Platz; ein ganzes Haus ist's, kaum ein halbes Stündchen von hier entfernt, sogar massiv gebaut, vier Fenster Front, mit einem wundervoll dichten Dach ohne Überstand nach echt altmärkischer Art, einsam gelegen nach Hennigsdorf zu, eine hohe Wand von Kiefern dahinter, ein Havelarm unmittelbar davor [...]."[133]

Man stellte zwar auch ein paar negative Momente fest, so "die unmittelbare Nachbarschaft von drei kinderreichen Waldarbeiterfamilien in dem langgestreckten dreitürigen Gebäude, dessen letztes Drittel vielleicht das unsere werden soll, der schadhafte Zustand des Estrichs in den beiden Stuben, die Baufälligkeit der Herde in den Küchen, das Fehlen des Glases in den zum Teil morschen Fensterrahmen, der Schmutz in den Ecken und eingelassenen Kellerlöchern, das Geschirr des Gerümpels, 'Urväter Hausrat' auf dem Boden [...]"[134]. Indes erschien das alles nicht als Hinderungsgrund, sah man hier doch im Gegenteil sogar pädagogische Vorteile:

> "[...] konnte es etwas Passenderes geben für eine Gemeinschaft, für die das Leben an den Mauern des Gymnasiums nicht feinsäuberlich aufhören soll, die hinausstrebt aus der kastenmäßig geschlossenen Enge der Stände, auch die Lage und Arbeit der anderen verstehen möchte, die

---

129 BLUME, Augenblicksbilder, S. 148.
130 BLUME, Augenblicksbilder, S. 148.
131 BLUME, Augenblicksbilder, S. 148.
132 COHN, Geschichte, S. 27. - BLUME, Augenblicksbilder, S. 148. - Zu Stolpe s. u.a.: REHBERG, Max, Vom Glin zum Barnim. Heimatkundliche Wanderungen durch Oranienburg und seine Umgebung, Oranienburg 1923, und: BERNDT, Otto, Stolpe, in: Zwischen Schorfheide und Spree. Heimatbuch des Kreises Niederbarnim, hrsg. von M. WEIß und Max REHBERG, Berlin 1940, S. 396-398. - Bei: REHBERG, Vom Glin, S. 15, heißt es zur Geographie und Atmosphäre von Stolpe: "Wir lassen uns zur gegenüberliegenden ehemaligen 'Werderziegelei' übersetzen und benutzen den prächtigen Waldweg zum Dorfe Stolpe. Kurz vor dem Dorf steigt er steil an. Wir gelangen vom Haveltal auf die Barnimhochfläche. Links erschließt sich dem Auge ein unvergleichliches Bild. Eine alte Ziegeleitongrube, deren hohe Steilwände mit Fichten und Laubbäumen bestanden sind, birgt auf ihrem Grunde einen träumerischen Weiher. Man glaubt im Gebirge zu sein. Das letzte Stück des Weges ist von mächtigen Walnußbäumen beschattet [...]. Die Kirche [von Stolpe] ist ein gotischer Granitquaderbau. Der prächtige Barockturm, der mit Kupfer gedeckt ist und eine Krone trägt (Kron-Stolpe), stammt aus dem Jahre 1822. Stolpe liegt in einer Grundmoränenlandschaft. Eine schattige Allee - zuerst wieder alte Nußbäume - bringt uns in einer halben Stunde zum Bahnhof Stolpe, von dem aus wir die Heimfahrt antreten." - S. Abb. 10 und Abb. 11.
133 BLUME, Augenblicksbilder, S. 148.
134 BLUME, Augenblicksbilder, S. 148.

ihre Mitglieder unter Verwertung aller auch der in der Schule bisher naturgemäß meist zu kurz gekommenen Fähigkeiten zur Selbsttätigkeit anregenden, sie - und das ist die Hauptsache - zu uneigennützigem Wirken für ein gemeinsames Ganzes erziehen will?"[135]

Noch stand die Genehmigung des Besitzers des Heimes und der umliegenden Gegend, des Barons Werner von Veltheim (1843-1919), aus[136].

"Das war ein bedeutsamer Gang an einem schwülen Nachmittag zum Stolper Gutshaus, voll Spannung für Lehrer und Schüler; - der Baron aber und seine Gemahlin kennen offenbar die Sehnsucht der Großstadtjugend nach Wald und Wasser, nach Wolken und Ferne, nach Sonnabendabenden, an denen man nicht, wenn's am schönsten wird, zum überfüllten Zug hasten muß, sondern vor der Heimtür, der eine eng am andern, das Heraufziehen der Sternbilder genießen darf, die Sehnsucht nach ländlich-einfachem Hausen an eigenem Backsteinherd und nach ein bischen Wildwestabenteuer, in den Ruinen der Stolper Ziegelei; ja, die Herrschaften sehen hier eine Gelegenheit, im kleinen die jetzt so notwendige Verständigung zwischen Stadt und Land wieder anbahnen zu helfen; nicht bloß das Haus, auch ein Acker davor soll uns zum Schmeckenlernen der Mühen landwirtschaftlicher Arbeit zur Verfügung stehen!"[137]

Da als einzige, leicht zu erbringende Gegenleistung von den Jungen in "drängendster Erntenot Bereitsein zum Heuen und Flachsbrechen"[138] gefordert wurde, war damit ein Anfang gemacht zur Verwirklichung des am Wiesenburger Teich Erträumten, und Blume konnte nun schwärmen:

"'Ein Stück Heimaterde für unsere Kinder!' War das nicht schon eine Forderung der Stein-Fichteschen Nationalerziehung nach Preußens erstem großen Niederbruch? Eine Schulfarm en miniature! Verschwommen, doch lockend taucht in dieser glückhaften Stunde auf dem märkischen Edelsitz die Idealschilderung von Sassaja [sic!; richtig: Jasnaja] Poljana, der wirtschaftenden Kindergemeinde auf dem Gut des Grafen [Leo N.] Tolstoi [(1828-1910)] vor den geistigen Augen auf [...]."[139]

---

[135] BLUME, Augenblicksbilder, S. 148.
[136] Die Familie von Veltheim war seit Anfang des 19. Jahrhunderts Besitzer von Dorf und Gut Stolpe; vgl. dazu: REHBERG, Vom Glin, S. 15. - Zu Baron Werner von Veltheim s: Wer ist's, 7. Ausg., Leipzig 1914, S. 1754. - Und: Franz Karl Adolf Werner von Veltheim (1843-26. Mai 1919), in: Biographisches Handbuch für das Preußische Abgeordnetenhaus 1867-1918. Bearb. von Bernhard MANN (=Handbücher zur Geschichte des Parlamentarismus und der politischen Parteien, 3), Düsseldorf 1988, S. 394. - Vgl.: BERNDT, O., Schönfließ, in: Zwischen Schorfheide und Spree. Heimatbuch des Kreises Niederbarnim, hrsg. von M. WEIß und Max REHBERG, Berlin 1940, S. 401-404, hier S. 404.
[137] BLUME, Augenblicksbilder, S. 148.
[138] BLUME, Augenblicksbilder, S. 148. - In: Zehnte Realschule zu Berlin. XXII. Bericht über das Schuljahr von Ostern 1914 bis Ostern 1915, Berlin 1915, findet sich auf S. 10 ein Hinweis auf einen Arbeitseinsatz der 10. Realschule auf dem Rittergut Stolpe. Es muß offen bleiben, ob Blume hieran beteiligt war und bei seinem Gespräch mit von Veltheim an diesen Arbeitseinsatz anknüpfen konnte.
[139] BLUME, Augenblicksbilder, S. 148. - S. zu Tolstois Schule: TOLSTOI, Leo N., Die Schule von Jasnaja Poljana, hrsg. und mit einem Vorwort von Stephan BLANKERTZ (=Bibliothek der Schulkritiker, 1), 2. Aufl. Wetzlar 1980. - Vgl. dazu auch: MOROSOW, Wassilij, Freie Schule. Erinnerungen eines Schülers an Leo Tolstois Schule zur Zeit der Bauernbefreiung, mit einem Bilderzyklus 'Landleben im alten Rußland' von Curt MÜHLENHAUPT und einem Beitrag über 'Sozialgeschichtliche Hintergründe der Freien Schule für Bauernkinder in Jassnaia Poljana 1859-1862' von Bernhard SUIN DE BOUTEMARD (=Reihe Alternativen, 3), Lindenfels/Odenwald 1978. - Auch: KLEMM, Ulrich, Die libertäre Reformpädagogik Tolstois und ihre Rezeption in der deutschen Pädagogik, Reutlingen 1984.

Pfingsten 1919 sollte das Heim bewohnbar und auch zum Übernachten brauchbar sein. Um all die notwendigen Arbeiten bis dahin erledigt zu haben, wurden von den beteiligten begeisterten Schülern und Lehrern alle anderen Aktivitäten hintenan gestellt[140]. Wochenlang wurde an allen freien Tagen gearbeitet, mit Maurerkelle und Pinsel, Hobel und Säge umgegangen. Dazu berichtet Blume, ein wenig an vergleichbare Schilderungen von Hermann Lietz erinnernd:

"Tagelang muß man den heruntergefallenen Lehmschlag, liegengebliebenen Ziegenmist, losegetretenen Steinschotter herausschaffen in die bereits vorher mit besonderer Wonne ausgehobenen 'Massengräber'. Unsere Freiwilligen stecken beim Säubern des Dachstuhls in kriegsgerechten Gasmasken zum Schutz gegen den schier unerträglich aufwirbelnden Heustaub von zehn Ernten und mehr; an einer schnell hergerichteten Winde rollen die Körbe, mit Unrat gefüllt oder mit frisch gebuddeltem Sand, geschäftig auf und nieder. Dort hinten durch den Wald kommen Sekundaner vom Bahnhof her mit Zementsäcken geschleppt; andere holen auf einem geborgten Handwagen das erste uns gestiftete Bett im Triumphe ein; von der anderen Seite keucht langsamer eine Karawane Steinträger heran. Im Innern des Hauses haben sich unterdessen schmucke Tertianer in rußgeschwärzte Ofenreiniger verwandelt; oh, ja, man kann hier Metamorphosen erleben, unglaublicher als die bei Ovid; statt Lexikon und Logarithmentafel handhaben Primaner in den abgelegten Jugendkompagnieuniformen oder gänzlich 'ausgewachsenem' Habit Maurerkelle und Tünchbürste, oder man sieht sie da, wo Decke und Wand fertig gekalkt, das Pflaster neu gesetzt ist, als 'Scheuerfrauen' barfuß, hochaufgeschürzt in triefendem Schmutzwasser den Besen führen. Doppelt und dreifach empfinden sie dafür nach Feierabend, wenn sie in den reinen Fluten der Havel untergetaucht sind, in allen Poren den Reiz jenes köstlichen 'so nach dem Bad sein' [...]. Und so ist es geblieben den ganzen Sommer hindurch; kein Lohnarbeiter, kein Handwerker hat uns helfen dürfen, die Axt im Haus erspart den Zimmermann! [...]."[141]

Blume schrieb zur Einordnung dieser 'Eigeninitiative':

"Und das ist das Grundsätzliche an diesem Einzelfall: bei dem jetzigen finanziellen Ruin können Staat und Gemeinden nicht in dem notwendigen Maß Zuschüsse leisten oder gar teure eigene Bauten errichten, die Natursehnsucht aller ihrer Jungen zu befriedigen. Selbsthilfe tut not und führt auch - bei ein wenig Finderglück - zu einem - wenngleich bescheidenen - Ziel! Wo ein Wille ist, ist auch ein Weg."[142]

Pfingsten 1919 war das Wanderheim dann bezugsfertig. Von da an pilgerten an jedem Sonnabend im Sommer eine größere oder geringere Zahl von Schülern des Humboldt-Gymnasiums zusammen mit ihren Lehrern Blume und Cohn zu dem Stolper Wanderheim und übernachteten dort, um erst am Sonntag in das Häusermeer von Berlin zurückzukehren. Auch während der Ferien blieb das Heim durchgehend geöffnet, "und mancher unserer Schüler hat dort in den schlimmen Nachkriegsjahren durch mehrere Wochen einen kostenlosen Ferienaufenthalt in der schönen Gottesnatur gefunden; viele, die inzwischen die Anstalt verlassen haben, erinnern sich gern und freudig der schönen Tage und Wochen, die wir dort zusammen verlebt haben, des Badens in der Havel, der schönen Spaziergänge im Mondschein, auch mancher trauriger Stunde, in der neuere lyrische Dichtungen und Novellen vorgelesen wur-

---

140 Vgl.: Berlin, LA, SIS: Prot.-Buch des Literarischen Vereins, o.S.: "In der 67. Sitzung am 10. Mai 1919 [...] [wird nach] Beratung über den geplanten Pfingstausflug nach Weimar [...] dieser bis auf die Herbstferien verschoben, da man in dem Wanderheim in Stolpe genug zu tun hat."
141 BLUME, Augenblicksbilder, S. 148f.
142 BLUME, Augenblicksbilder, S. 150.

den."[143] Im Protokoll-Buch des Literarischen Vereins heißt es zu den Heimaufenthalten:

"Die Mitglieder des litterarischen Vereins, die ja, ganz dem Geiste ihrer Gemeinschaft entsprechend, auch fast sämtlich Anhänger der Schulgemeinde sind, haben beinah' alle Sonnabende draußen in Stolpe in reger Arbeit an unserem Heim zugebracht. Freilich ruhte bei Scheuern und Hämmern und Kochen keineswegs in Stolpe die litterarische Betätigung. Wenn wir sonnendurchglüht nach dem Bad uns eins mit Natur und Gottesgeist fühlten, dann las uns Herr Doktor Blume die wunderschönen Zarathustraworte Nietzsches[144]. Oder einandermal lagen wir auf einem Holzfloß, das im Wasser leise hin und herschwankte, und hörten den Gesang aus Spittelers Olympischem Frühling[145] [...]. In den großen Ferien hatten eifrige Leser sogar einen kleinen ausgesuchten Teil der Schülerbibliothek herausgeschafft, der dann fleißig benutzt worden ist. Das war jedoch alles inoffiziell. Zum ersten Mal führte alle Mitglieder die 68. Sitzung Ende August zusammen. Galt es doch, die Beteiligung des Lesekränzchens bei der Einweihung unseres Wanderheimes festzulegen [...]. Man wählte nach einigem Hin- und Herüberlegen Teile aus Schillers Räubern[146], die an unserem Häuschen als der Schenke und in dem Wald dahinter als in den [sic!] böhmischen Wäldern gut darzustellen waren [...]. Viele schweißvolle Proben, oft schon vor dem Unterricht, verhalfen zu dem erhofften Erfolg, was im Heimbuch [!] nachzulesen ist."[147]

Und ganz so, wie es im Antrag für die Gründung des Schulgemeindeheimes vorgesehen war, wurde die "Verwaltung des Heimes [...] von dem Schülerausschuß vollkommen selbständig geführt; in seinen Händen lag die weitere Ausgestaltung, die Aufrechterhaltung der Ordnung, die Sorge für Sauberkeit und Behaglichkeit des Heimes."[148]

Die Leitung des Heimes oblag einem von der Schulgemeinde gewählten Verwaltungsausschuß, der aus 10 Personen mit gleichem Stimmrecht bestand: 2 Lehrern und 8 Schülern, unter ihnen der Obmann und der Kassenwart der Schulgemeinde. Dieser Ausschuß tagte allwöchentlich in einer Pause oder außerhalb des Unterrichts; er organisierte etwa einen Wandertag der Schule nach Stolpe, regelte die Anschaffung von Sportgeräten, klärte Finanzfragen, leitete die Vorbereitungen zu einem großen Sommerfest in Stolpe für mehrere hundert Personen incl. Jahrmarkttrubel, sportlichen Wettkämpfen, einer Aufführung von William Shakespeares

---

[143] COHN, Geschichte, S. 27.

[144] S.: NIETZSCHE, Friedrich, Also sprach Zarathustra. Ein Buch für Alle und Keinen, in: NIETZSCHE, Friedrich, Werke, Bd. 2: Morgenröte. Die fröhliche Wissenschaft. Also sprach Zarathustra, hrsg. von Karl SCHLECHTA. Nachdr. der 6. durchges. Aufl. 1969, Frankfurt [u.a.] 1979, S. 275-561.

[145] SPITTELER, Karl, Olympischer Frühling. Neue, vollst. umgearb. Aufl. Jena 1910.

[146] SCHILLER, Friedrich, Die Räuber (=Schillers Werke. Nationalausg., 3), Weimar 1953.

[147] Berlin, LA, SIS: Prot.-Buch des Literarischen Vereins, o.S. - Das erwähnte 'Heimbuch' ist leider nicht erhalten.

[148] COHN, Geschichte, S. 27. - Die Hausordnung für das Schulgemeindeheim des Humboldt-Gymnasiums ist als handschriftliches Blatt Blumes im Archiv der Schulfarm Insel Scharfenberg (im Landesarchiv Berlin) erhalten geblieben und veröff.: [BLUME, Wilhelm:] Hausordnung für das Schulgemeindeheim des Humboldtgymnasiums (1919) [Berlin, LA: SIS], hrsg. von Dietmar HAUBFLEISCH, Marburg 1999: http://archiv.ub.uni-marburg.de/sonst/1999/0001/q01.html

'Sommernachtstraum'[149] - und spielte damit einen hohen finanziellen Gewinn für die in Schwierigkeiten befindliche Kasse ein[150].

Von den Erfolgen des Schulgemeindeheimes angeregt, äußerte Blume in seinem veröffentlichten 'Augenblicksbilder aus dem Werden des Humboldtschulgemeindeheims bei Stolpe in der Mark' betitelten Bericht über das Unternehmen weiterschauend:

> "[...] errichtete jede Schule ihr eigenes Erholungsheim etwa einen knappen Tagesmarsch vom Heimatorte entfernt, so entstände mit einem Schlage ein dichtmaschiges Netz von Schülerherbergen in ganz Deutschland."[151]

Blume reichte seinen Aufsatz über das Schulgemeindeheim - etwa eineinhalb Jahre nachdem er sich im Frühjahr 1919 bezüglich der Versuchsschulfrage an das Ministerium für Wissenschaft, Kunst und Volksbildung gewandt hatte[152] - an das preußische Ministerium ein. Mit Schreiben vom 04.12.1920 bedankte sich Regierungsassessor von Harnack bei Blume "für die freundliche Übersendung" des "hübschen Aufsatzes über das Humboldt-Schulgemeindeheim"[153]:

> "Die Art, in der hier der vielgeschmähten Schülerselbstverwaltung Aufgaben gestellt werden, erscheint mir vorbildlich. Hoffentlich findet Ihr glücklicher Gedanke, aus den Schulheimen das wünschenswerte Netz von Schülerherbergen erstehen zu lassen, eine recht weite Verbreitung."[154]

---

149 Etwa: SHAKESPEARE, William, Ein Sommernachtsraum. Mit handkolorierten Federzeichnungen der Aufführung des Deutschen Theaters zu Berlin von Ernst STERN, Berlin 1918.

150 BLUME, Augenblicksbilder, S. 150. - BLUME, Wilhelm / FRÜHBRODT, Gerhard, Das dreizehnte Schuljahr. 7 Kapitel zu seiner Problematik und praktischen Gestaltung (=Vergleichende Erziehung. Schriftenreihe der Pädagogischen Arbeitsstelle, 4), Wiesbaden 1955, S. 131: "Als in dem antiquierten Humboldtgymnasium [...] 'die Schulgemeinde' Wynekenscher Prägung eingesetzt war, entführte sie an einem schönen Sommertag die Schüler- und Elternschaft in einem Extrazug vom Stettiner Vorort-Bahnhof nach Stolpe, wo der weißbehandschuhte Vergnügungsausschuß die Ankömmlinge in Empfang nahm und sie truppweis durch den Wald lancierte. Von Gruppe zu Gruppe klangen die gemeinsam gesungenen Wald- und Sommerlieder herüber, unterwegs arrangierten die 'maitres de plaisir' Gesellschaftsspiele: Bäumchen verwechseln, Blindekuh u.a. In einer Sandgrube traf man sich zur allgemeinen Rast, die von [Erich] Mendelsohnscher Geigenmusik und passenden Rezitationen verschönt wurde. Dann zog man weiter zum Schulgemeindeheim an der Havel und stärkte sich an den Schülern aufgeschlagenen und bedienten Trink- und Eßbuden, bis in das bunte Jahrmarkttrieben ein Thespis-Karren hineinfuhr und seine aufgeputzten Insassen den Beginn der Sommernachttraum-Aufführung an einem Waldhügel unweit des Heims ansagten und die Theaterzettel unter die Menge warfen. Nach dem 4. Akt strömte alles - Zettel mit dem Eselskopf, Oberon und Titania mitten dazwischen, Puck und eine Schar übermütiger Waldteufel sorgten für Schabernack unterwegs - zum nächsten Dorfgasthaus, in dessen Bühnensaal die Hochzeit des Theseus gefeiert werden sollte. Die Hofgesellschaft placierte sich in den ersten Reihen; ihre skeptisch-ironischen Zwischenbemerkungen ermutigten auch das Publikum zu improvisiertem Eingreifen ins Rüpelspiel, an dessen Schluß der Herzog den Epilog verbat und den Bergomasker Tanz befahl. Das war ('Die Mitternacht rief Zwölf mit eh'rner Zunge') das Signal zum 'Primanerball', in sich Kostümierte und Nichtkostümierte bis in den tagenden Morgen drehten."

151 BLUME, Augenblicksbilder, S. 150.

152 S. 98.

153 Berlin, LA, SIS: Regierungsassessor von Harnack an Blume br. vom 04.12.1920.

154 Berlin, LA, SIS: Regierungsassessor von Harnack an Blume br. vom 04.12.1920.

Tatsächlich war die Errichtung des Schulgemeindeheimes des Humboldt-Gymnasiums keine singuläre Erscheinung. 'Schullandheime' sprossen - nach einigen Vorläufern seit 1911 - nach dem 1. Weltkrieg überall in Deutschland aus dem Boden[155]. Gab es 1919 in Deutschland bereits 20 Heime, so stieg ihre Zahl bis 1925 auf 120 und bis 1928 auf 160 an; alleine in Hamburg waren es 37, in Berlin 21 Heime[156].

Wie das Stolper Heim, waren die Heime in der Regel abseits von der Großstadt "in gesunder, schöner Umgebung"[157] gelegen. Und wie das Stolper Heim, waren alle anderen ersten Heime "fast alle selbständig, ohne Kenntnis von anderen"[158] meist basierend auf Einzelinitiativen einzelner Eltern und Lehrer entstanden[159]; doch fand die Schullandheimbewegung bald ministerielle Unterstützung: So wies z.B. das preußische Kultusministerium durch seinen Minister Carl Heinrich Becker[160] auf entsprechende Versuche (die Heime der Viktoriaschule und der 'Musterschule' in Frankfurt sowie das Heim der Kaiser-Wilhelm II-Oberrealschule in Göttingen) hin,

---

[155] S. insbes.: NICOLAI, Rudolf, Das Schullandheim, in: Handbuch der Pädagogik, Bd. 4, Langensalza 1928, S. 365-369. - Das Schullandheim. Vorträge und Anregungen der Berliner Tagung vom 6. und 7. Oktober 1925, hrsg. vom Zentralinstitut für Erziehung und Unterricht, Langensalza 1926. - LÜDEMANN, Ernst, Von der Schulfahrt zum Landheim. Aus dem Werden und Wirken eines Schullandheims, Düsseldorf 1927. - PLAGEMANN, Fritz, Das Schullandheim, in: Kind und Umwelt, Anlage und Erziehung. Ein Kurs für Ärzte und Pädagogen in der Universitäts-Kinderklinik Berlin. 6. bis 8. März 1930, Leipzig [u.a.] 1930, S. 197-204. - Werden und Wirken der deutschen Schullandheimbewegung. Auszüge aus ihrem 25jährigen Schrifttum, hrsg. von Heinrich SAHRHAGE und Wilhelm BERGER (=Unsere Schule. Reihe H: Schullandheime, 2), Bielefeld [u.a.] 1950. - KRUSE, Klaus, Zur Geschichte der Schullandheimbewegung und Schullandheimpädagogik, in: Pädagogik im Schullandheim. Handbuch, hrsg. vom Verband Deutscher Schullandheime e.V., Regensburg 1975, S. 11-92 [S. 90-92 mit umfangreicher Bibliographie]. - KRUSE, Klaus, Reichsbund der Schullandheime. Ein Netzwerk reformpädagogischer Praxis, in: Nationale und internationale Verbindungen des Versuchs- und Reformschulen in der Weimarer Republik. Beiträge zur schulgeschichtlichen Tagung vom 17.11.-18.11.1992 im Hamburger Schulmuseum, hrsg. von Reiner LEHBERGER (=Hamburger Schriftenreihe zur Schul- und Unterrichtsgeschichte, 5), Hamburg 1993, S. 148-157. - LUDWIG, Entstehung, Bd. 1, S. 235-241: Kap. 'Schullandheimbewegung und Ganztagsschule'. - HAUBFLEISCH, Dietmar, Schullandheime, in: Wörterbuch Schulpädagogik. Ein Nachschlagewerk für Studium und Schulpraxis, hrsg. von Rudolf W. KECK und Uwe SAND-FUCHS, Bad Heilbrunn 1994, S. 291f.
[156] NICOLAI, Schullandheim, S. 367.
[157] NICOLAI, Schullandheim, S. 366.
[158] NICOLAI, Schullandheim, S. 367.
[159] Zur Frage nach der typischen Entstehungsweise und Gestalt der Schullandheime: NICOLAI, Schullandheim, S. 366f. - Erst im Herbst 1925 nahmen sie auf einer Tagung des Zentralinstituts für Erziehung und Unterricht in Berlin erstmals Fühlung miteinander auf. Im Herbst 1926 folgte eine 2. Tagung in Düsseldorf, auf der ein 'Reichsbund der deutschen Schullandheime e.V.' gegründet wurde. - Vgl. dazu: NICOLAI, Schullandheim, S. 367f.
[160] Zu Becker s. S. 287ff.

begrüßte ihre Einrichtung, sprach sich für die Gründung weiterer Heime aus[161] - und animierte dadurch Pädagogen wie Blume, der die ministeriellen Verlautbarungen für seine eigenen Vorhaben genau rezipierte[162], zu ähnlichen Unternehmungen.

Das politische Moment, das im Schulgemeindeheim des Humboldt-Gymnasiums einen zentralen Stellenwert hatte und vor allem in der Selbstverwaltung des Heimes seinen Ausdruck fand, läßt sich in der Überblicksliteratur über die Schulgemeindeheimbewegung in dieser starken Ausprägung nicht finden.

Dagegen wurden hier wie da die Bezüge zur Jugendbewegung ('Heime'/'Nester') - wie sie für das Stolper Heim oben bereits aufgezeigt worden sind - wie zur Landererziehungsheimpädagogik und damit vor allem erzieherische Aspekte, das Zusammenleben von Schülern und Lehrer, die Reduzierung der sozialen Unterschiede zwischen den Schülern u.a., hervorgehoben[163].

Überall spielte zudem nicht nur in der katastrophalen Not der Nachkriegszeit der gesundheitliche Gesichtspunkt, das Leben außerhalb der Großstadt (Naturerleben, Gleichmaß von Ruhe und Bewegung u.a.) eine zentrale Rolle[164].

Als dritter zentraler Aspekt fand in der Schullandheimbewegung im Laufe der 20er Jahre im Zusammenhang mit der allmählichen Ausbreitung reformpädagogischen Gedankengutes auf die 'Normalschulen' auch der Unterricht Beachtung[165] - zu Beginn der Bewegung nach dem 1. Weltkrieg allerdings vorerst nur an einzelnen Versuchsstätten, wie ab Frühjahr 1921 [!] am Landheim der Göttinger Oberrealschule[166].

Für das Schulgemeindeheim des Humboldt-Gymnasiums dagegen begann im zweiten Jahr seines Bestehens, 1921, auch das Unterrichtliche ein Rolle zu spielen.

Im Jahre 1920 lief der Schulgemeindeheimbetrieb wie im vorhergehenden Jahr erfolgreich weiter. Doch die Notwendigkeit, während der Schulzeit jeweils nach 1 1/2 Tagen am Ende des Wochenendes wieder in die Großstadt zurückkehren und den "Horror vor dem grauen Montagmorgen"[167] erleben zu müssen, wurde von den Teilnehmern zutiefst bedauert. So versuchte Blume zusammen mit einigen abenteuerlu-

---

161 S. dazu z.B. folgende im 'Zentralblatt für die gesamte Unterrichts-Verwaltung in Preußen' abgedr. Artikel: Schülerlandheime [der Viktoriaschule und der Musterschule Frankfurt], in: Zentralblatt für die gesamte Unterrichts-Verwaltung in Preußen, Jg. 63 (1921), S. 117 [Schreiben C.H. Beckers vom 22.01.1921 in dem es u.a. heißt: "Ich begrüße freudig die hier [in der Viktoriaschule und der Musterschule Frankfurt] geleistete bahnbrechende Arbeit [in Sachen Schülerlandheime] und vertraue, daß die Provinzialschulkollegien gern die Anregung entgegennehmen, um auch an anderen Orten ähnliche Bestrebungen zu wecken und zu fördern."]. - Reformrealgymnasium 'Musterschule' [Frankfurt], Oberweg 5, in: Zentralblatt für die gesamte Unterrichts-Verwaltung in Preußen, Jg. 63 (1921), S. 390. - LIETZMANN, W., Landheimpädagogik [an der Kaiser-Wilhelm II-Oberrealschule in Göttingen], in: Zentralblatt für die gesamte Unterrichts-Verwaltung in Preußen, Jg. 63 (1921), S. 471-473.
162 S. dazu S. 185ff.
163 NICOLAI, Schullandheim, S. 368f.
164 NICOLAI, Schullandheim, S. 368.
165 NICOLAI, Schullandheim, S. 368.
166 S.: LIETZMANN, W., Unterricht im Landheim, in: Pädagogisches Zentralblatt, Jg. 3 (1922), S. 113-119.
167 BLUME, Schulfarm (1928), S. 136.

stigen Schülern auch während der Schulzeit draußen im Schulgemeindeheim zu wohnen und nur zum Unterricht in die Stadt zurückzukehren. Doch mußte dieser Versuch bereits in der zweiten Woche wegen der zu großen Entfernung des Heimes von
der nächsten Bahnstation aufgegeben werden[168].

In dieser Situation kam der Gedanke auf, die Schule selbst "mit in den Wald hin-
auszunehmen"[169], außerschulisches Leben und Unterricht im Schulgemeindeheim
miteinander zu verbinden. In der Frage, mit welchen Schülern man den Versuch
realisieren sollte, ergab sich aufgrund von Erfahrungen anderer Versuche, so dem
"Verschicken einzelner Schüler aus verschiedenen Klassen, wie es durch das städtische Jugendamt und Wohlfahrtsvereinigungen auch an unserer Anstalt vermittelt
ward"[170], das "oft ein Zurückbleiben der heimkehrenden Kinder in den Schulleistun-
gen oder eine baldige Überspannung ihrer eben erst angesammelten Kräfte im Gefolge hatte"[171]. Aber auch aufgrund eigener Erkenntnisse entsprang "der Gedanke,
mit einer [einzigen] Klasse geschlossen hinauszuziehen und ihren wissenschaftlichen
Unterricht ungeschmälert durchzuführen."[172]

Der Plan sah vor, mit einer Klasse für zunächst zwei Monate hinauszuziehen; die
Möglichkeit eines kürzeren Aufenthaltes wurde, ebenfalls aufgrund eigener wie
fremder Erfahrungen bewußt abgelehnt:

> "Wer die Klassen in schnellerem Wechsel schon nach Wochen wie in Frankfurt oder gar nach
> Tagen wie im Göttinger Landschulheim (Zentralblatt für die preußische Unterrichtsverwaltung
> 1921, S. 472)[173] sich ablösen läßt, muß nicht nur den Nachteil häufiger Stundenplanver-
> schiebungen in Kauf nehmen; der erzieherische Wert ist dann mehr mit dem einer Schülerferien-
> reise zu vergleichen. Brauchten doch die Jungen gut 8-14 Tage, bis sie sich in die neuen Ver-
> hältnisse eingelebt und die ersten oberflächlichen Entdeckungsreisen in die Umwelt beendet
> hatten."[174]

Auf der Suche nach einer geeigneten Klasse entschied man sich für eine Untersekunda. Blume begründete diese Wahl damit, daß zum einen "den in den letzten mageren Jahren aufgeschossenen Knaben ein Aufenthalt in der Natur bei kräftiger Kost
besonders zu gönnen war"[175]. Zum anderen schien Blume gerade dieses Alter besonders geeignet zu sein:

> "Man wählte eine Osterklasse, da in ihr mit Versetzungssorgen nicht gerechnet zu werden
> brauchte, und die Untersekunda nicht nur deshalb, weil den in den letzten mageren Jahren auf-
> geschossenen Knaben ein Aufenthalt in der Natur bei kräftiger Kost besonders zu gönnen war;

---

[168] Berlin, LA, SIS: CH, I, o.S. - Vgl. auch: COHN, Geschichte, S. 27.
[169] Aus dem Leben, S. 335
[170] Bericht der drei Studienräte Cohn, Schmidt und Blume vom städtischen Humboldtgymnasium zu
       Berlin über die Sammelschule auf der Insel Scharfenberg [Berlin, GStA PK: Rep. 76 VI, Sekt.
       14 z, Nr. 48 II, Bl. 38-66; sowie: Berlin, LA, SIS], hrsg. von Dietmar HAUBFLEISCH, Mar-
       burg 1999:
       http://archiv.ub.uni-marburg.de/sonst/1999/0001/q10.html - Zuerst veröff. als: Zur Geschichte
       der Schulfarm. Bericht der drei Studienräte Blume, Cohn und Schmidt vom städtischen Hum-
       boldt-Gymnasium zu Berlin über die Sommerschule auf der Insel Scharfenberg (1921) (=Neue
       Scharfenberg-Hefte, 1), Berlin 1982, hier (1982) S. 1.
[171] Bericht der drei Studienräte (1982), S. 1f.
[172] Bericht der drei Studienräte (1982), S. 2.
[173] LIETZMANN, Landheimpädagogik, S. 472.
[174] Bericht der drei Studienräte (1982), S. 9.

eine solche Sezession ins Ungewisse mit Sack und Pack hat gerade für das erwachende Selbständigkeitsstreben der neugebackenen Sekundaner ihren ganz speziellen Reiz, sie sind einerseits groß genug, um sich auch ohne die ständige mütterliche Fürsorge zu behelfen und bei der Arbeit im Haus sowie draußen tüchtig mit Hand anzulegen, andererseits noch nicht zu erwachsen, noch nicht zu sehr mit großstädtischen Interessen liiert, mit Tanz- und Privatstundennöten beschäftigt, für engen Verkehr mit dem Lehrer noch durchaus empfänglich und gleichzeitig auch schon fähig, da draußen eigenes zu erleben, die Naturstimmungen für sich zu empfinden, ernstere Freundschaften zu schließen, sich allmählich des tieferen Sinns solchen Gemeinschaftslebens bewußt zu werden und sich nachhaltiger von seinen Wirkungen beeinflussen zu lassen; die mannigfaltigen Anforderungen solchen Zusammenlebens von früh bis spät, die Regelmäßigkeit und Einfachheit, die Anspannung bei täglich betriebenem Sport und Spiel, die Fülle sonstiger Betätigungsmöglichkeiten, die potenzierten Anregungen auf geistigem Gebiet vermögen gerade in diesem Entwicklungsalter über manche Gefahren hinwegzuhelfen."[176]

Als dritte Begründung für die Auswahl der Untersekundaner führte Blume an, daß "die Schüler der U II O den drei Lehrern durch längeren Unterricht - zum Teil von klein auf - vertraut [waren]" und "die damit gegebenen direkten oder zum mindesten indirekten Beziehungen zum Elternhaus [als] eine wichtige Vorbedingung für das Gelingen des Planes" gegeben waren, "mußte doch, falls nicht umgekehrt wie bei der bisherigen Praxis nunmehr die etwa in der Stadt zurückbleibenden Schüler in ihren Leistungen Schaden nehmen, das Einverständnis aller U II O-Eltern gewonnen werden"[177].

Es erklärten sich bereit, mit Blume diesen Versuch gemeinsam einzugehen: Carl Cohn sowie der Mathematiker und Naturwissenschaftler Max Schmidt (1878-1945)[178].

Der Direktor stimmte dem Plan zu, und auch der Vorsitzende des Elternbeirats befürwortete dieses Vorhaben. In einer Elternversammlung versuchten die drei Antragsteller, die wirtschaftlich nicht gerade gut gestellten Eltern der ausgewählten, 22 Schüler starken Klasse für das Vorhaben zu gewinnen; gleichzeitig erbaten sie eine finanzielle Mithilfe aufgrund von Selbsteinschätzung - entsprechend den eigenen finanziellen Möglichkeiten und dem Grundsatz der Höherbelastung der wirtschaftlich Stärkeren. Nach lebhaften Diskussionen mit "fast erschütternden Bekenntnisse[n] einzelner Eltern über die Ernährungs- und Wäscheverhältnisse ihrer halb erwachsenen Söhne"[179] und vor allem mit einigen zu einem solchen Vorhaben wenig Neigung verspürenden Eltern (aufgrund grundsätzlicher Abneigung oder aufgrund des für die Zeit des Versuches ausgeschalteten Einflusses des Familienlebens) wurde, nach weiteren Einzelgesprächen und Ausführungen in einer vom Elternbeirat einberufenen Elternvollversammlung, die notwendige Zustimmung erteilt und auch eine finanzielle Unterstützung - für Mai und Juni täglich zwischen 5-16 Mark, im Durchschnitt 8 Mark, - bewilligt[180]. 2 der Schüler durften nur am Unterricht teilnehmen, mußten

175   Bericht der drei Studienräte (1982), S. 2.
176   Bericht der drei Studienräte (1982), S. 2.
177   Bericht der drei Studienräte (1982), S. 2.
178   Biogr. Inf. zu Schmidt: Pfeiffer an D.H. br. vom 10.03.1990.
179   Bericht der drei Studienräte (1982), S. 3.
180   Bericht der drei Studienräte (1982), S. 2f.

daher jeden Tag den langen Weg zwischen Elternhaus und der Versuchsstätte zurücklegen[181].

Auf den nun durch den Direktor des Humboldt-Gymnasiums eingereichten Antrag erteilte das zuständige Provinzialschulkollegium Berlin-Brandenburg die Genehmigung für den Versuch; Oberschulrat Dr. Michaelis vom Provinzialschulkollegium sanktionierte durch mündliche Zusage gar möglicherweise notwendig werdende Abweichungen vom Lehrplan[182].

Der Plan, die 'Schule mit in den Wald hinaus' nach Stolpe zu nehmen, war schon weit fortgeschritten. Doch zur Realisierung dieses Planes mußte das Heim erweitert und mit verschiedenen Einrichtungen, etwa Küchen- und Unterrichtseinrichtungen, versehen werden; und hierzu bedurfte es aufgrund der finanziellen Not der Eltern einiger öffentlicher Mittel:

> "Da das Elternpublikum des Humboldtgymnasiums über größere Geldmittel zu Stiftungszwecken nicht verfügt, war in diesem Falle die Stellungnahme und Mithilfe der Behörden von weit entscheidenderer Bedeutung als für die anderen derartigen Unternehmungen, wie das des Reformrealgymnasiums 'Frankfurter Musterschule', der Viktoriaschule in der gleichen Stadt oder das der Kaiser Wilhelm II-Oberrealschule in Göttingen, denen Elternschaft und ehemalige Schüler fertig eingerichtete Landheime für mehrere hunderttausend Mark zu ähnlichen Zwecken gekauft haben."[183]

An dieser finanziellen Hürde sollte der Plan zur Erweiterung des Stolper Schulgemeindeheimes scheitern - und die Idee eines Versuchs auf der Insel Scharfenberg aufkommen.

---

[181] Bericht der drei Studienräte (1982), S. 3.
[182] Bericht der drei Studienräte (1982), S. 5.
[183] Bericht der drei Studienräte (1982), S. 4f.

II.   DER 'SOMMERSCHULVERSUCH' DES HUMBOLDT-GYMNASIUMS AUF DER INSEL SCHARFENBERG 1921 UND DIE VORBEREITUNGEN ZUR EINRICHTUNG EINER STÄDTISCHEN VERSUCHSSCHULE 1921/22

II.1.   DIE INSEL SCHARFENBERG

Der geplante Ausbau des Stolper Heimes konnte nicht alleine vom Humboldt-Gymnasium bzw. den Eltern der beteiligten Schüler aufgebracht werden. Daher wandte sich Blume im Frühjahr 1921 erstmals an eine städtische Behörde des im Jahre 1920 neugeschaffenen 'Groß-Berlin', an die Leiterin des städtischen zentralen Jugendamtes (später: Landesjugendamt), die der USPD angehörende Stadträtin für Jugendpflege Frau Dr. Klara Weyl (1872-1941)[1], unter deren Leitung das Groß-Berliner Jugendamt, das u.a. Verwaltungsstelle einer Reihe städtischer Anstalten, die der Durchführung der Jugendwohlfahrtspflege dienten, war, 'neue Wege' ging[2].

Frau Weyl, eine "robuste Figur [...] von Energie geladen"[3], zeigte für Blumes Pläne freudiges Entgegenkommen[4]. Zwar mußte sie bezüglich der Finanzfrage ablehnen, da es nicht möglich war, städtische Gelder für ein fremdes, d.h. nichtstädtisches Haus zu verwenden[5]. Doch konnte sie mit einem anderen Angebot auf-

---

[1]   Biogr. Inf. zu Weyl: Schulze-Marmeling an D.H. br. vom 11.08.1988. - BLUME, Schulfarm (1928), S. 136. - Aus dem Leben, S. 335: "In einer Quäkersitzung in der Neuen Friedrichstraße war es, wo sich der [...] Lehrer [Blume] an die Vorsitzende Frau Stadträtin Weyl heranpirschte." - BLUME, Wilhelm, Erinnerungen an das Bollehaus auf der Insel Scharfenberg (=Vorträge und Aufsätze, 8), Berlin 1959; um die Einleitung (S. 2) gekürzt wieder in: Die Schulfarm auf der Insel Scharfenberg. Beiträge zu ihrer Geschichte anläßlich der 125-Jahr-Feier des Ortsteils Konradshöhe (=Neue Scharfenberg-Hefte, 14), Berlin 1990, S. 3-38; zuerst (mit kürzerem Beginn) als: BLUME, Wilhelm, Erinnerungen an das Bollehaus in: Der Nord-Berliner. Amtliches Organ des Bezirksamtes Reinickendorf vom 12.06., 26.06., 03.07., 10.07., 17.07., 24.07., 31.07., 07.08., 14.08., 21.08., 28.08., 04.09.1959, hier (1959) S. 9: "In einer Quäkersitzung im Rathaus an einem Aprilmorgen 1921 fragte ich die damalige Stadträtin für Jugendpflege Frau Weyl [...]."

[2]   S. zu Geschichte, Organisation und Tätigkeit des Jugendamtes der Stadt Berlin in jenen Jahren bes.: Bericht über die Organisation und aus der Tätigkeit des Jugendamtes der Stadt Berlin in der Zeit vom 1. Oktober 1920 bis zum 31. Dezember 1922, hrsg. vom Jugendamt der Stadt Berlin, Berlin 1923; Zweiter Tätigkeitsbericht. Januar 1923 bis März 1925, hrsg. vom Jugendamt der Stadt Berlin, Berlin 1925; Landesjugendamt der Stadt Berlin. Bericht über seine Tätigkeit in der Zeit vom 1. April 1925 bis zum 31. März 1927, Berlin 1928; sowie die Selbstdarstellung: WEYL, Klara, Neue Wege der Anstaltsarbeit in der Jugendwohlfahrt, in: Probleme der neuen Stadt Berlin. Darstellungen der Zukunftsaufgaben einer Viermillionenstadt, hrsg. von Hans BRENNERT und Erwin STEIN (=Monographien deutscher Städte, 18), Berlin 1926, S. 468-473. - Vgl. als Beispiel für reformerische Jugendwohlfahrtspflegearbeit in Berlin Karl Wilkers Arbeit im Erziehungsheim Lindenhof S. 230.

[3]   BLUME, Erinnerungen, S. 15.

[4]   Berlin, LA, SIS: CH, I, o.S.: "Ein [...] Antrag an die städtischen Behörden vom 9.III.1921 fand bei diesen freudiges Entgegenkommen; die Dezernentin für Jugendpflege im Magistrat Frau Stadträtin Dr. Weyl lenkte unsere Aufmerksamkeit auf die [...] städtische Villa [...]."

[5]   Aus dem Leben, S. 335.

warten: Sie wies auf ein der Stadt gehörendes, seit zwölf Jahren leerstehendes, schon etwas verfallenes Landhaus hin[6].

Das Haus, das mit seinen roten märkischen Ziegeln und einem Türmchen fast wie ein kleines Schlößchen wirkte[7], war 1884[8] von dem Naturforscher Carl Bolle - von dem im Folgenden noch die Rede sein wird - im Ankerbaukastenstil erbaut worden und besaß 13 heizbare Räume, einen großen Gesellschaftssaal, eine besonders große Küche sowie Keller und Dachgeschoß[9].

Das Landhaus befand sich auf der Insel Scharfenberg, die rund 10 km nordwestlich vom Stadtinnern Berlins entfernt liegt. Die Insel ist etwas über 1 km lang und an der breitesten Stelle ca. 400 m breit. Sie ist die größte der im Tegeler See befindlichen Inseln. Am besten erreichbar ist sie von der Westseite des Festlandes, wo die Nordspitze der Insel nur etwa 100 m vom Seeufer entfernt ist. Mit Ausnahme der Ansiedlung der großen Borsigwerke im Nordosten und der Spandauer Industrieanlagen im Südosten ist der Tegeler See im wesentlichen von märkischen Kiefernwäldchen umgeben. Er ist mit einer vielfältigen und hochinteressanten Flora und Fauna ausgestattet und weist ein ungewöhnlich günstiges Klima auf[10].

Den Namen 'Scharfenberg' führt die Insel nach einer Erhebung an ihrem Nordende, dem 'Scharfen Berg'. Dieser Name führt 'ins Dunkel der Geschichte'[11] mit all den kühnen Theorien und Spekulationen der Vor- und Frühgeschichte und zu phantastischen 'Geschichten' wie der, daß der 'Scharfe Berg' einst Tanzplatz derjenigen Hexen gewesen sei, die den weiten Weg zum Blocksberg nicht mehr schafften[12].

---

[6]   BLUME, Gesuch (1922), S. 2.
[7]   S. Abb. 14 bis Abb. 17.
[8]   BLUME, Gesuch (1922), S. 1.
[9]   BLUME, Bericht (1923), Bl. 182v und 183r.
[10]   Karte der Insel s.: Abb. 18. Zur Geologie der Insel vgl.: DÜMMLER, Harald [u.a.], Geologie und Böden der Insel Scharfenberg, in: Sitzungsberichte der Gesellschaft Naturforschender Freunde zu Berlin, N.F. Bd. 16 (1976), S. 63-88 [Arbeit aus dem Institut für Ökologie-Bodenkunde der Technischen Universität Berlin.]. - Zur Fauna s.: SCHÜTZE, Joachim, Die Vogelwelt der Insel Scharfenberg, in: Berliner Naturschutz-Blätter, Jg. 18 (1974), S. 52-59 und 97-103. - Vgl.: Berlin, LA, SIS: CH, V, S. 180-193: Der ornithologische Bestand Scharfenbergs im Jahr 1924/25, aufgenommen von Rolf WERNECKE (1925).
[11]   Zur Geschichte der Insel s. bes.: RADVANN, Wilhelm, Beiträge zur Geschichte der Insel Scharfenberg im Tegeler See, in: Mitteilungen des Vereins für die Geschichte Berlins, Jg. 46 (1929), S. 12-25 (mit Urkundenanhang, S. 18-25). - S., mit anderem Blickwinkel, auch: SUKOPP, Herbert / BRANDE, Arthur, Beiträge zur Landschaftsgeschichte des Gebietes um den Tegeler See, in: Sitzungsberichte der Gesellschaft Naturforschender Freunde zu Berlin, (N.F.) Bd. 24/25 (1984/85), S. 198-214. - Eine Übersicht über archäologische Funde auf der Insel Scharfenberg bietet: SCHULZ, Rüdiger, Archäologische Landesaufnahme der Funde und Fundstellen in Berlin, hrsg. vom archäologischen Landesamt Berlin, Berlin 1987, S. 464-466.
[12]   WIETHOLZ, August, Geschichte des Dorfes und Schlosses Tegel, Berlin 1922, S. 17f.

Deutlich faßbar wird die Geschichte der Insel ab dem 18. Jahrhundert[13]: 1766 erwarb der Kammerherr und Obristwachtmeister der Kavallerie Alexander Georg von Humboldt (1720-1779) durch seine Heirat mit der Witwe Marie Elisabeth von Holwede, geb. Colomb (1741-1896) u.a. das Hütungsrecht auf der Insel Scharfenberg. Aus der Ehe der beiden gingen Alexander (1769-1859) und Wilhelm von Humboldt (1767-1835) hervor; der letztere der beiden brachte die Insel 1814 ganz in Familienbesitz[14].

Schon Alexander von Humboldt soll begonnen haben, auf Scharfenberg exotische Pflanzen anzusiedeln[15]; vor allem aber sollte der Naturwissenschaftler, Botaniker,

---

13 RADVANN, Beiträge, S. 15 zur Geschichte der Insel ab dem 18. Jahrhundert: "Nun kommen wir endlich in Zeiten, über welche die Urkunden, die den Scharfenberg betreffen, reichlicher zu fließen beginnen. Durch die Güte des jetzigen Besitzers von Schloß Tegel, des Herrn Geheimrats [Reinhold] von Heinz [(1861-1939) [Namen und Lebensdaten: Ulrich von Heinz an D.H. br. vom 19.06.1999.]], eines Urenkels Wilhelm von Humboldts, ist mir ein großer Aktenband des Archivs im Schloß Tegel zugänglich geworden, der nur Urkunden über den Scharfenberg enthält." - Vgl. u.a. auch: Zur Geschichte der Insel Scharfenberg, in: Monatsschrift des Vereins zur Beförderung des Gartenbaues in den Königlich Preußischen Staaten, Jg. 23 (1880), S. 473f.

14 RADVANN, Beiträge, S. 16.

15 So spricht BLUME, Gesuch (1922), S. 1 von "der einzigartigen Flora, die hier die Vorbesitzer Alexander von Humboldt und Dr. Carl Bolle in mehr als einem halben Jahrhundert herangepflanzt hatten [...]."

Dendrologen, Ornithologen und Forschungsreisende Dr. Carl Bolle (1821-1909)[16] das Pflanzenkleid der Insel verändern. Bolle, der aus reichem Berliner Elternhause stammte[17], konnte es sich leisten, nach seinem Studium in Berlin und Bonn ausgedehnte Reisen und Studienfahrten zu den Kapverdischen und Kanarischen Inseln zu unternehmen. Als er von diesen Reisen nach Berlin zurückkehrte, erwarb er in Erb-

---

[16] Biogr. Inf. zu Bolle u.a.: ALFIERI, Leo, Insel Scharfenberg, in: Der Bär. Illustrirte [sic!] Berliner Wochenschrift. Eine Chronik fürs Haus, Jg. 7 (1880) [Nr. 10 (04.12.1880)], S. 121-123, mit 'Nachschrift' [der Redaktion der Zs.] S. 124 und Illustration [Originalzeichnung 'Die Insel Scharfenberg' von Gottlob Theuerkauf] S. 119. - BUSCHE, Willy, Die Insel Scharfenberg, in: Landesgeschichtliche Vereinigung für die Mark Brandenburg. Mitteilungsblatt Nr. 42, Berlin 1963, S. 303f. [Wesentliche Teile des Artikels ganz offensichtlich bei Radvann abgeschrieben.]. - Aus der märkischen Heimat. Natur- und Landschaftsbilder in Gedichten, gesammelt von L. H. FISCHER (=Archiv der 'Brandenburgia'. Gesellschaft für Heimatkunde der Provinz Brandenburg zu Berlin. Unter Mitwirkung des Märkischen Provinzial-Museums hrsg. vom Gesellschafts-Vorstande, 8), Berlin 1901, S. 86. - RADVANN, Beiträge, S. 86-111, hier S. 18. - SCHALOW, Hermann, Beiträge zur Vogelfauna der Mark Brandenburg. Materialien zu einer Ornithologie der norddeutschen Tiefebene auf Grund eigener Beobachtungen und darauf gegründeten Studien, Berlin 1919, S. 543-555 Kap. 'Biographische Versuche': Carl August Bolle (1821-1909) - SCHWERIN, F. Graf von, Jahresversammlung zu Berlin am 28., 29. und 30. August 1917, in: Mitteilungen der Deutschen Dendrologischen Gesellschaft, Jg. 26 (1917), S. 238-297, davon auf S. 270-274 zur Insel Scharfenberg und zu Dr. Carl Bolle. - S. auch: BLUME, Erinnerungen, S. 3-9. - Populäre Darstellungen zu Bolle und Scharfenberg in: POMPLUN, Kurt, Von Häusern und Menschen. Berliner Geschichten (=Schriften zur Berliner Kunst- und Kulturgeschichte, 15), 1. Aufl. Berlin 1972; 2. Aufl. (=Berliner Kaleidoskop, 15), Berlin 1976, S. 59-63. - POMPLUN, Kurt, Kutte kennt sich aus. Berlin-Bummel mit Kurt Pomplun, 5. Aufl. Berlin 1980, S. 44. - POMPLUN, Kurt, Pompuns's Großes Berlin Buch, Berlin 1986, S. 167-171 (Wiederabdr. eines Artikels über die Insel Scharfenberg unter Erwähnung der Schulfarm: Dr. Bolle war zwar nicht so populär wie Bimmel-Bolle ... aber er machte aus der Insel Scharfenberg ein Paradies, in: Berliner Morgenpost vom 28.11.1971.) - STREHLOW, Harro, Kämpfer für den Erhalt der Natur. Ein Porträt des Berliner Forschers Carl Bolle, in: Volksblatt [Berlin] vom 27.01.1991, Magazin. - S. bes. die zuletzt erschienenen wichtigen Arbeiten: SALINGER, Susanne / STREHLOW, Harro, Carl August Bolle (21. November 1821 - 17. Februar 1909), in: Blätter aus dem Naumann-Museum, Bd. 13 (1992/93), S. 29-88, bes. S. 69-76 (Teilkap. 'Scharfenberg'). - SALINGER, Susanne / STREHLOW, Harro, Bibliographie des Berliner Botanikers und Ornithologen Carl Bolle, in: Verhandlungen des Botanischen Vereins von Berlin und Brandenburg, Bd. 124 (1991), S. 93-114. - SALINGER, Susanne, Carl Bolle, ein Mitglied des 'Botanischen Vereins für die Provinz Brandenburg und die angrenzenden Länder', in: Verhandlungen des Botanischen Vereins von Berlin und Brandenburg, Bd. 124 (1991), S. 87-91. - Sowie: SALINGER, Susanne, Zur Geschichte und Naturgeographie Scharfenbergs, in: Festschrift zum 75-jährigen Bestehen der Schulfarm Scharfenberg 1997, [hrsg. von der Schulleitung der Schulfarm Insel Scharfenberg], Berlin 1997, S. 20-32. - Div. Archivalien zu Bolle (Briefe, Gedichte, Aufsätze, Fotos u.a.) finden sich in: Berlin, StaBi: Nachlaß Schalow: Carl Bolle, Mappe I-IV (u.a.: Mappe I, Bl. 77: Kolorierte Bild-Postkarte des 'Bollehauses' auf der Insel Scharfenberg, 18.07.1906. - Mappe II, Bl. 4-12: Gedichte von C. Bolle). - Berlin, StaBi: Nachlaß H. Conwetz: Carl Bolle (1821-1909), 3 Br. und 1 Pk. - Berlin, StaBi: Sammlung Darmstaedter LB 1880 (19): Carl Bolle 1821-1909, 54 lose Blätter (u.a.: Bl. 47: Ganzphoto 9x12cm: C. Bolle, vor seinem Haus auf Scharfenberg, mit Widmung für H. Schalow).

[17] BLUME, Erinnerungen, S. 3: "Ein Berliner Kind war er [...], aus reichem Hause; eins der Patrizierhäuser am einst so vornehmen Leipziger Platz [...] war der Sitz seiner Familie. Diese Zugehörigkeit mag es ihm wohl erleichtert haben, sein Leben so zu gestalten, wie es ihm von Anfang an vorgeschwebt hat."

pacht im November 1867 die Insel Scharfenberg[18], die seit ihrer Erwerbung durch die Humboldts dann zwischen 1832 und 1867 nicht weniger als zwölf Besitzer gehabt hatte[19].

Auf Scharfenberg begann Bolle, sich einen Jugendtraum zu erfüllen. Angeregt durch die Insel Mainau und ermöglicht durch eine ähnlich günstige klimatische Lage, nutzte er die Insel insbesondere dazu, hier ausländische Gewächse aller Art, die er von seinen Reisen mitgebracht hatte, anzusiedeln und zu akklimatisieren. So wurde die Insel zu einer botanischen Besonderheit:

"Zwischen den seltensten Koniferen Nordamerikas stehen mitten in der märkischen Landschaft japanische Magnolien, Sumpfzypressen, Zedern vom Libanon und als Stolz der Insel eine ostasiatische 'Goldlärche', die auch in ihrer Heimat selbst als Seltenheit gilt. Fast alle Akklimatisationsversuche in Europa sind mit diesem Baume fehlgeschlagen, sogar der Botanische Garten in Dahlem besitzt nur ein winziges Exemplar von 3/4 m Größe, aber auf Scharfenberg steht ein prächtiges, voll ausgewachsenes Exemplar von fast 20 m Höhe. Da ist es nicht zu viel, wenn man von einem Wundergarten spricht."[20]

In einem Wachstums- und Blütenkalender, den später Scharfenberger Schüler beim Herumstöbern auf dem Boden der Villa fanden[21], hatte Bolle nicht weniger als 752 Arten ausländischer Bäume und Sträucher auf der Insel verzeichnet[22].

Als Bolle am 19.02.1909 starb[23], hinterließ er Scharfenberg und Baumwerder, eine weitere Insel im Tegeler See, seinem Neffen Adolf Bolle. Dieser verkaufte die Insel 1910 für 800.000 Mark an die Stadt Berlin, die vorhatte, die Inseln als Stützpunkte für ein Druckrohr eines in Heiligensee geplanten Wasserwerkes zu benutzen. Das Wasserwerk wurde nie gebaut, die Stadt Berlin aber blieb Besitzerin der Insel[24].

---

[18]   RADVANN, Beiträge, S. 18. - BAHNS, Fritz / BOUVIER, Kunibert / ROTHE, Hanns [u.a.], Aus dem Naturleben unserer Heimat, in: Der Marsch in die Heimat. Ein Heimatbuch des Bezirks Berlin-Reinickendorf, hrsg. von Walter PAULS und Wilhelm TESSENDORF, Frankfurt 1937, S. 45-49, hier S. 44. - U.a. auch: SALINGER, Carl Bolle, S. 88.

[19]   REIBE, Axel, Reinickendorf (=Geschichte der Berliner Verwaltungsbezirke, 4), Berlin 1988, S. 42.

[20]   RADVANN, Beiträge, S. 18.

[21]   Aus dem Leben, S. 332. - Und: BLUME, Erinnerungen, S. 3.

[22]   Aus dem Leben, S. 332. - Und: BLUME, Erinnerungen, S. 3. - Zu den Pflanzenbeständen s. außerdem: RADVANN, Beiträge, S. 189: GOTHAN, W., Botanisch-geologische Spaziergänge in die Umgebung von Berlin, Leipzig [u.a.] 1910, S. 48f.; BUSCHE, Insel Scharfenberg, S. 303f. und bes.: BAHNS / BOUVIER / ROTHE [u.a.], Aus dem Naturleben, S. 45-49. - SCHWERIN, Jahresversammlung, S. 270-274 Kap. 'Scharfenberg', hier findet sich S. 273 der Hinweis: "Der verstorbene Herr Dr. Bolle führte über seine Anpflanzungen sehr genau Buch. So liegt ein als Manuskript unpgedrucktes Heft vor, in das von 1868-1873, also in nur 5 Jahren, 752 ausländische Gehölze [sic!] als auf Scharfenberg neu angepflanzt, eingetragen sind [...] [Es folgte eine Liste mit bes. seltenen Pflanzen]." - SALINGER, Zur Geschichte und Naturgeographie Scharfenbergs, bes. S. 27-31.

[23]   BUSCHE, Insel Scharfenberg, S. 304: "Dr. Carl Bolle wurde nicht in Scharfenberg begraben, sondern auf dem St. Matthäi-Friedhof in Schöneberg. Von hier wurden 1938 seine sterblichen Überreste mit denen anderer Gräber nach Stahndorf-Süd umgebettet. Der Grabstein aber wurde nach Scharfenberg an die Stätte seines Wirkens gebracht. Vom alten Bolle-Haus führte einst ein Schlängelpfad in einen Bambuswald [...]. [Hier] hat jetzt der Grabstein Dr. Carl Bolles seinen [...] Aufstellungsplatz erhalten. Mitglieder unserer Vereinigung und Berliner Naturfreunde haben gemeinsam den rund 20 Zentner schweren Grabstein an zwei Sonntag-Vormittagen an seinen neuen Standort gebracht."

[24]   RADVANN, Beiträge, S. 18.

Da die Humboldtschen Erben auf Schloß Tegel immer noch im Besitz ihres uralten Vorkaufsrechtes waren, mußte die Stadt zusätzlich mit den Erben einen Vergleich schließen, in dem die Humboldtschen Erben für immer auf die Ausübung des Vorkaufsrechtes verzichteten, dafür aber 125.000 Mark ausbezahlt erhielten, womit die Stadt Berlin nun endgültig Besitzerin der Insel war[25]. Einen Nutzen hatte die Stadt von der Insel, sieht man von geringen Pachterträgen durch einen auf der Insel in einigen Wirtschaftsgebäuden lebenden und vor allem Milchwirtschaft betreibenden Pächter ab[26], nicht[27]:

"[Es] war für die [...] Insel Scharfenberg wegen der einzigartigen Flora, die hier die Vorbesitzer Alexander von Humboldt und Dr. Carl Bolle in mehr als einem halben Jahrhundert herangepflegt hatten, besondere Rücksicht geboten; nur mit Erlaubnis der städtischen Behörden dürfen Forscher, wissenschaftliche Vereine, interessierte Private diesen Naturpark vor den Toren Berlins betreten [...]. Im übrigen jedoch ist die 93 Morgen große Insel, deren Verwaltung der Deputation der städtischen Wasserwerke untersteht, für die Stadt Berlin bisher ein totes Kapital geblieben. Der einzige Bewohner und Nutznießer, ein früherer Angestellter Dr. Bolles, der auf dem kleinen, ein Wohnhaus, eine Scheune und Stallung nebst Werkstatt umfassenden Wirtschaftshof mit seiner Familie Ackerbau, Viehzucht und Obstkultur betreibt, hat von der Stadt als Wärter der Insel jahrelang festes Gehalt bezogen; seit 1921 ist zwar das Beamtenverhältnis durch einen Pachtvertrag ersetzt, aber der naturgemäß nur geringe Pachtzins schlägt so gut wie nichts zu Buche."[28]

Carl Bolle bereicherte die Insel Scharfenberg nicht nur durch seine botanischen Versuche und die Errichtung seines Landhauses. Er war auch als Verfasser wissenschaftlicher Arbeiten sowie als Lyriker produktiv[29] und wandte sich als solcher der Insel Scharfenberg zu[30]. Auch andere Literaten beschäftigten sich mit dem Tegeler See und der Insel Scharfenberg, so etwa Gottfried Keller (1819-1890), in seinem Ge-

25 RADVANN, Beiträge, S. 18.
26 Vgl. dazu S. 241-246.
27 BLUME, Gesuch (1922), S. 1. - Und: BLUME, Bericht (1923), Bl. 183r.
28 BLUME, Gesuch (1922), S. 1. - Vgl. auch: BLUME, Bericht (1923), Bl. 183r.
29 Gedichte von Bolle sind - z.T. erstmals - abgedr. in: Aus der märkischen Heimat, S. 86-111. - S. zu Bolles Veröffentlichungen insgesamt: SALINGER / STREHLOW, Bibliographie. - Und: SALINGER / STREHLOW, Carl August Bolle, S. 81-84 (Teilkap. 'Schriften und Gedichte').
30 BOLLE, Carl August, Der Scharfe Berg [Gedichte (1878 und 1892)], in: Brandenburgia, Jg. 1 (1892/93), S. 102f. - Aus der märkischen Heimat, S. 87: 'Scharfenberg' (1867); S. 92: 'Hausbau auf Scharfenberg' (1883); S. 92-94: 'Zu nah' dem Schießplatz' (o.J.). - BOLLE, Carl August, Stimmen vom Tegeler See. I: Bunte Sommervögel; II. Die Mandelkrähe; III. Der Eisvogel; IV., Die Turteltaube; V. Der Seidenschwanz; VI. Die Weindrossel, in: Ornitholgisches Centralblatt, Jg. 3 (1878), S. 89f. - BOLLE, Carl August, Stimmen vom Tegeler See. VII. Im Bienenton summt [...]; VIII. Zu schau'n Dasselbe [...]; IX. Die Nachtschwalbe; X. Die Girlitze; XI. Die Möven; XII. Kraniche, als Vorboten einer Ehre, in: Ornitholgisches Centralblatt, Jg. 3 (1878), S. 113f. - BOLLE, Carl August, Stimmen vom Tegeler See. XIII. Der Kukuk; XIV. Der Grünspecht; XV. Das Blaukehlchen; XVI. Der Dickfuß; XVII. Die Haidelerche; XVIII. Die Wachtel, in: Ornitholgisches Centralblatt, Jg. 4 (1879), S. 57f. - BOLLE, Carl August, Stimmen vom Tegeler See. XIX. Die Schneedohle; XX. Der Kiebitz; XXI. Der Star; XXII. Die weiße Bachstelze; XXIII. Die Spechtmeise; XXIV. Der Baumläufer, in: Ornitholgisches Centralblatt, Jg. 4 (1879), S. 89f. - Weitere Scharfenberg-Gedichte Bolles finden sich in: RADVANN, Beiträge, S. 15: 'Der Scharfe Berg' (1892) - BAHNS / BOUVIER / ROTHE [u.a.], Aus dem Naturleben, S. 49: 'Der Scharfe Berg' (1892) - 'Zu nah am Schießplatz' wieder in: LANGE, Annemarie, Berlin zur Zeit Bismarcks und Bebels, 4. Aufl. Berlin (DDR) 1984, S. 176f.

dicht 'Am Tegeler See' (1852)[31], Otto Julius Bierbaum (1865-1910) in einer Widmungsepistel (1894)[32] und in seinem Gedicht 'Scharfenberg' (1894/95)[33] sowie Heinrich Seidel (1842-1906) in seinem 'Leberecht Hühnchen' (1901)[34].

In der Literatur, insbesondere in den Zeitungen der 20er Jahre, wurde die Schulfarm Insel Scharfenberg nicht nur die Schule auf der 'Humboldt-' und der 'Bolleinsel', sondern auch immer wieder doppeldeutig die 'Robinsonschule' genannt. Zum einen spielte diese Bezeichnung auf das freie 'abenteuerliche' Leben der (künftigen) Inselgemeinschaft an. Zum anderen aber waren sie ein Hinweis auf einen historischen bzw. literatur-historischen Bezug: Der Philanthrop Joachim Heinrich Campe (1746-1818), eine der zentralen Figuren der von Jean-Jacques Rousseau (1712-1778) beeinflußten Pädagogik der deutschen Aufklärung des späten 18. Jahrhunderts[35], war Hauslehrer von Wilhelm von Humboldt, zwar nur für kurze Zeit, doch blieb die Verbindung zwischen Lehrer und Schüler ein Leben lang bestehen[36]. Campes heute wohl bekannteste literarische Hinterlassenschaft ist seine Bearbeitung des Defoe'schen Robinsonwerkes, 'Robinson der Jüngere'[37]. Es war ein um den Tegeler See herum kursierendes Gerücht, daß Campe - ähnlich dem 'Vater' in seinem Robinsonbuch - die Brüder von Humboldt unter den Bäumen der Insel Scharfenberg sitzend gelehrt bzw. daß er seinen 'Robinson' während seiner Haus-

---

31   KELLER, Gottfried, 'Am Tegeler See' (1852), in: KELLER, Gottfried, Gesammelte Gedichte, Bd. 2 (=Gesammelte Werke, 10), 17. Aufl. Stuttgart [u.a.] 1904, S. 93f.

32   BIERBAUM, Otto Julius, Nemt, Frouwe, disen Kranz. Ausgewählte Gedichte, Berlin 1894: Widmungsepistel, S. IX-XV.

33   BIERBAUM, Otto Julius, Scharfenberg, in: Brandenburgia, Jg. 3 (1894/95), S. 208f.

34   SEIDEL, Heinrich, Leberecht Hühnchen. Prosa-Idyllen, Leipzig 1901; zuletzt: Frankfurt 1985, S. 131.

35   Zur Einführung in Campes Leben und Werk s. bes.: LEYSER, Jakob Anton, Joachim Heinrich Campe. Ein Lebensbild aus dem Zeitalter der Aufklärung, 2 Bde., Braunschweig 1877. - Und: FERTIG, Ludwig, Campes politische Erziehung. Eine Einführung in die Pädagogik der Aufklärung (=Impulse der Forschung, 27), Darmstadt 1977. - Eine kurze Beurteilung findet sich u.a. in: Joachim Heinrich Campe - ein Radikaler im Schuldienst, in: CAMPE, Joachim Heinrich, Robinson der Jüngere. Ein Lesebuch für Kinder (1779). Mit den Bildern von Ludwig RICHTER (1848), neu hrsg. von Johannes MERKEL und Dieter RICHTER, München 1977, S. 449-463, hier S. 461f.: "Wir kennen in Deutschland wenig Fälle dieser Art, in denen eine liberale bürgerliche Position mit solcher Entschiedenheit vertreten wurde. In einem Land, das arm an demokratischen Traditionen ist und in dem eine verspätet entstehende Bürgerlichkeit sich vorzugsweise als gebrochenes Selbstbewußtsein artikulierte - als Kniefall, nicht als 'Mannesstolz vor Fürstenthronen' - verdient ein solcher Fall Aufmerksamkeit, gerade heute."

36   Vgl. etwa: HUMBOLDT, Wilhelm von, Briefe, Bd. 2, Leipzig 1848, S. 190: "Ich habe von ihm schreiben und lesen gelernt, und etwas Gedichte und Geographie noch damaliger Art [...]. Er hatte schon damals eine sehr glückliche, natürliche Gabe, den Kindesverstand lebendig anzuregen."

37   CAMPE, Joachim Heinrich, Robinson der Jüngere, zur angenehmen und nützlichen Unterhaltung für Kinder. Nach dem Erstdr. (1779/80) hrsg. von Alwin BINDER und Heinrich RICHARTZ, Stuttgart 1981.

lehrerzeit bei den Humboldts auf Scharfenberg geschrieben habe[38]. Dieses Gerücht läuft zwar jeder Chronologie zuwider, weckte aber eben die u.a. im Namen 'Robionsoninsel' auftauchenden Assoziationen, wie sie vielleicht auch schon bei den künftigen Schulgründern beim ersten Besuch der Insel aufgetaucht sein mögen - wenn sie sich z.B. der Sätze des 'Vaters' im Campe'schen Robinson erinnerten: "Kommet, wir wollen im Grünen lagern"[39], "nicht aus den Büchern, sondern an den Sachen selbst lerne[n]"[40], die "neuen göttlichen Wohltaten zwar genießen; aber immer mit der größten Mäßigkeit"[41].

---

[38] Vgl.: BLUME, Schulfarm (1924), S. 331: "Oft haben die Söhne des Gutsherren Alexander und Wilhelm sich hier vergnügt [...] [,] populäre Darstellungen [...] wollen uns gegen die Chronologie sogar glaubhaft machen, ihr philantopischer Erzieher Johann [sic!] Heinrich Campe habe auf der Insel an seinem Robinsonbuch gearbeitet." - Vgl. so auch: MUNDSTOCK, Karl, Meine tausend Jahre Jugend, Halle [u.a.] 1981, S. 83: "Ihr [der Humboldtsöhne] Erzieher Joachim Heinrich Campe verfaßte hier seine Schulmeisterei des 'Robinson Crusoe' und gründete mit ihr seinen europäischen Ruhm."
[39] CAMPE, Robinson, S. 19.
[40] CAMPE, Robinson, S. 10.
[41] CAMPE, Robinson, S. 219.

II.2.   VORBEREITUNG UND DURCHFÜHRUNG DES SOMMERSCHULVERSUCHS

Als sich die Lehrer Blume, Cohn und Schmidt gemeinsam mit einigen Schülern gegen Ende März 1921 das vorgeschlagene Domizil auf der Insel Scharfenberg erstmals ansahen, dazu mit Hilfe des Pächters mit der Fähre auf die Insel und hier - an weidenden Kühen und Pferden vorbei - zum 'Bollehaus' gelangten, waren sie von Haus und Insel schon beim ersten An- und Einblick, obwohl es sich in einem "jammervollen Zustande"[1] befand, aufs Äußerste angetan, und erkannten - wie Blume 1921 niederschrieb - sogleich, daß die Insel "sicher wie wenige Örtlichkeiten für derartige Schulzwecke geeignet"[2] sei:

So bot sie etwa zusammen mit der oben angedeuteten 'Aura' "die denkbar reinste Luft", Örtlichkeiten, wie die weiten Rasenflächen, die zum Spiel animierten, "die vielen lauschigen Plätzchen", die zur Vertiefung in Lektüre aufforderten, die "schönste Gelegenheit zum Baden und Rudern", die Insellage an sich, die "unliebsame Störungen von außen so gut wie unmöglich macht" und damit etwa "jung und alt den leidigen Augenblicksaufregungen der Politik [...] entrückt" und die Möglichkeit in "stille[r] Einsamkeit mit dem ständigen Blick auf den gleichmäßig plätschernden See [...] [die] überreizten Nerven gesunden zu lassen [...]."[3]

Frau Weyls Vorschlag wurde umgehend angenommen: man war entschlossen, den für Stolpe geplanten Versuch nun auf der Insel Scharfenberg durchzuführen.

Für das Stolper Heim sollte diese Entscheidung zu einer Weiterentwicklung zum reinen 'Freizeitheim' führen[4], während andere Schullandheime im Laufe der 20er Jahre sowohl Wochenend- und Ferienheime wurden als auch in der eigentlichen Schulzeit einzelne Klassen aufnahmen, die hier, wenn auch reduziert, Unterricht erhielten[5].

Für den Literarischen Verein des Humboldt-Gymnasiums sollte der Beginn des Scharfenberger Versuchs zugleich das festlich begangene Ende bringen. Im Protokoll-Buch des Literarischen Vereins hieß es dazu in einem zwischen 98. (12.02.1921) und 99. (11.06.1921) Sitzung eingeschobenen Bericht:

"Wer hätte [...] ahnen sollen, daß dies auf lange Zeit die letzte Sitzung war? Und doch. Ein uns Schülern ebenso willkommenes wie uns Kränzchenmitgliedern verderbliches Etwas war am Horizonte aufgetaucht! 'Sommerschule'! und gleich darauf 'Scharfenberg'. Uns Schülern willkommen; denn, wenn wir Älteren auch keinen Anteil mehr an all dem haben konnten, freuten wir uns doch unserer jüngeren Kameraden wegen, die nun einmal in den Ferien, in der Natur leben und lernen sollten. Uns Kränzchenmitgliedern verderblich; denn - zwar ahnten wir wohl damals

---

1   COHN, Geschichte, S. 28.
2   Bericht der drei Studienräte (1982), S. 6. - Vgl. auch: Blume, Schulfarm (1924), S. 313.
3   Bericht der drei Studienräte (1982), S. 6.
4   Berlin, BBF: SLG-GS, Jahresberichte 1921/22, Bd. 11a, Nr. 9: Humboldt-Gymnasium, o.S.,
     hier heißt es zum Stolper Heim lediglich: "Das Wanderheim des Gymnasiums a. d. Havel bei
     Stolpe a. d. Nordbahn war wie früher Sonnabends und Sonntags und immer in den Ferien den
     Schülern geöffnet. Die Steigerung der Fahrpreise hat dem Besuch etwas Abbruch getan."

die ganze Tragweite noch nicht - uns wurde dadurch der Leiter - der mit der Einrichtung der Sommerschule ganz und gar beschäftigt war - genommen und eine Reihe Sitzungen mußten ausfallen. Es wurde auch im Sommerhalbjahr nicht anders; da wohnte nun sogar der Leiter draußen auf Scharfenberg. Wohl wurden noch manche Versuche zur Erhaltung des Kränzchens von dem Kassenwart und dem Schreiber dieser Zeilen unternommen. Aber vergebens. Unser Antrag, das Kränzchen nach Scharfenberg zu verlegen, wurde abgelehnt, weil Platzmangel war in Scharfenberg, unsere Bitte, Herr Studienrat Blume möchte einen Nachmittag in der Woche noch in Berlin bleiben, ebenfalls. Noch einmal unternahmen wir einen verzweifelten Versuch und beriefen nach dem Grundsatz 'Selbst ist der Mann!' und mit dem Einverständnis unseres Leiters selbst eine Sitzung ein. Zu ihr erschien aber nur der Vorstand. Trotzdem beschloß dieser diese Sitzung, die am Sonnabend, dem 11. Juni 1921, stattfand als die 99. des Vereins zu bezeichnen. Er beschloß ferner aber wegen der Interesselosigkeit, die dem Vorstand seit dem Ausscheiden des allerdings fast unersetzlichen Leiters gezeigt wurde, die vorläufige Auflösung des Vereins, zu diesem Zwecke aber noch ein Abschiedskommers zu feiern, der gleichzeitig als 100. Sitzung gelten sollte und auf dem das vorhandene Kapital von etwa 200 M. verbraucht werden sollte. Dieser Kommers fand statt am Freitag, dem 8. Juli 1921 [...]."[6]

Das Klara Weyl unterstehende Jugendamt stellte für den geplanten Versuch auf der Insel Scharfenberg neben dem Bollehaus auch einen Teil der Insel Scharfenberg zur Verfügung. Weiter gab das Jugendamt "eine Beihilfe zu den täglichen Verpflegungskosten in Höhe der bei Verschickung nach Ostpreußen üblichen Zuschüsse, ermöglichte die Anschaffung eines neuen Übersetzkahnes zur Aufrechterhaltung des Verkehrs mit dem Festlande und veranlaßte des städtische Milchamt in der Meierei Bolle und das Büro für Ausstattung städtischer Verwaltungsgebäude zur leihweisen Hergabe der nötigen Betten, Tische, Stühle, Schränke, Waschständer."[7]

Auch von anderen öffentlichen Stellen kam Unterstützung: so überließ die Magistratsabteilung für Volksspeisehallen eine Kücheneinrichtung zu einem günstigen Preis. Und "die Deputation für äußere Angelegenheiten der höheren Schule erklärte sich nach Befürwortung durch den Oberstadtschulrat Paulsen zwei Tage nach der stürmischen Schuldebatte im Rathause einstimmig bereit, die Kosten für das Material zur Instandsetzung der Villa zu übernehmen, wenn die Schüler durch Reinigungs- und Bauarbeiten die teuren Löhne ersparten."[8]

Auch von privater Seite kamen vor und während des Schulversuches zahlreiche Hilfen:

"[...] so überwiesen die Firmen Ullstein und Mosse[9] aus dem für Ferienkolonisten gesammelten Fonds, die Allgemeine Elektrizitäts-Gesellschaft und ihr früherer Präsident, Dr. [Walther]

---

5   Vgl. S. 110.
6   Berlin, LA, SIS: Prot.-Buch des Literarischen-Vereins, o.S.
7   Bericht der drei Studienräte (1982), S. 5.
8   Bericht der drei Studienräte (1982), S. 5.
9   Zur Familie Mosse und (u.a.) ihrem sozialen Engagement im Kaiserreich und der Weimarer Republik: KRAUS, Elisabeth, Die Familie Mosse. Deutsch-jüdisches Bürgertum im neunzehnten und zwanzigsten Jahrhundert, München 1999.

Rathenau[10], einige tausend Mark, die als Reservekasse hochwillkommen waren. In überaus großzügiger Weise hat die Gesellschaft der amerikanischen Quäker das Unternehmen gefördert, indem sie in Säcken und Kisten für alle Schüler an sämtlichen Tagen des Aufenthaltes die Nahrungsmittel für das warme Frühstück spendete, vom dem prächtigen Gedeihen seiner Pfleglinge hat sich das Service Commitee of American Friends bei einem Vormittagsbesuch überzeugt. Die Pumpenfakrik des Herrn Schepmann stiftete Röhren für die Brunnenanlage, ein anderer Gönner verlieh für das zweite Vierteljahr ein Harmonium."[11]

Aber all die Hilfsbereitschaft und all die finanziellen Zuwendungen hätten für eine Realisierung des geplanten Versuches nicht ausgereicht. Das Vorhaben konnte nur in die Wirklichkeit umgesetzt werden, weil sich wiederholte, was schon ein Charakteristikum des Stolper Versuches gewesen war: die aus Idealismus entspringende Bereitschaft aller Beteiligten, ihr neues Leben selbst in die Hand zu nehmen und etwa Aufräum-, Reparatur- und Einrichtungsarbeiten selbst durchzuführen. Dabei griffen wieder praktische Notwendigkeit und pädagogische Absicht bzw. Wirkung ineinander: die harte Arbeit "erwies sich als eine heilsame Schule der Selbsttätigkeit."[12]

"Freilich ohne die Mithilfe von Studenten, die als Primaner beim Einrichten des Schulgemeindeheims in Aufräumungs- und Hausarbeiten geschult waren und nun in den Osterferien den jetzigen Humboldtianern mit gutem Beispiele vorangingen, wären die Schwierigkeiten nicht zu überwinden gewesen. Ein Obersekundaner, der in der ersten Arbeitskolonne zu dem großen Osterreinemachen teilgenommen hat, schreibt in seinem Tagebuch: '[...] 5, 6 Tage währte der Kampf mit Besen und Bürste, wolkenweise verließ der Feind die Stellungen, hartnäckig verteidigte er noch seine letzten Bollwerke gemeinsam mit einer Legion von Spinnen. Ermattet und zerschlagen lagen wir allabendlich mit unseren Lehrern im Stroh, [...]. Und dann wurde tapeziert und geweißt, Löcher mußten ausgegipst und viele Fußböden viele Male gescheuert werden; sogar die fehlende Klosettanlage ward kunstgerecht allein gemauert und gezimmert; [...] Sauberkeit und Einfachheit waren [...] leitender Grundsatz; [...]. Da Lichtanlage fehlte, behalf man sich ohne Murren mit den mitgebrachten Petroleumlampen den Sommer über recht gut. Zum Schlafen wurden nur Strohsäcke geliefert [...].'[13]"[14]

---

10   In einem Brief an Ludwig Erik Tesar (zu diesem s. S. 494-499) vom 22.06.1920, in Auszügen ediert in: Walther Rathenau. Briefe, Bd. 1, Dresden 1926, S. 242, schrieb Rathenau zur Frage der Schulreform u.a.: "Es kommt, wie ich glaube, nicht so sehr darauf an, was und wie gelehrt wird, sondern wer lehrt. Ich wünsche nicht sowohl eine Erziehung zum Fach, wie eine Erziehung zum Denken, zum Charakter und zur Bildung. Die kann von hochqualifizierten Menschen gegeben werden, und hier liegt der Kernpunkt unserer Sorge. Unsere Länder sind verarmt, unsere Parlamente werden schwer begreifen, daß die dringensten Aufgaben auf diesem Gebiet liegen. Ohne die gewaltige wirtschaftliche Umgestaltung des Lehrerstandes, der sich die sorgfältigste und strengste Auswahl anschließen muß, wird alle Schulreform Experiment bleiben ." - Mehr zu Rathenau s. S. 208f., S. 402 und S. 678f.
11   Bericht der drei Studienräte (1982), S. 5f. - Vgl. zu den 'Quäkerspeisungen' S. 221f. und S. 237-239.
12   Bericht der drei Studienräte (1982), S. 7.
13   Blume zit. hier nicht ganz korrekt einen Bericht des beteiligten Schülers Hans Baader, der eingeklebt ist in: Berlin, LA, SIS: CH, I, o.S.
14   Bericht der drei Studienräte (1982), S. 7.

Am 30.04.1921 zogen die drei Lehrer Cohn, Blume und Schmidt mit den 20 bzw. 22 Schülern der ausgewählten Untersekunda[15] auf die Insel hinaus[16]. Hier sollten sie - statt der zunächst geplanten 2 Monate - 17 1/2 gemeinsame Unterrichtswochen, vom 30.04. bis zum 08.07. und vom 11.08. bis zum 30.09., zum Teil auch noch die zwischen beiden Unterrichtsgruppen liegende Sommerferienzeit[17] verbringen.

Am Ende des Versuches erstellte Blume mit Unterstützung seiner beiden beteiligten Kollegen einen Abschlußbericht, der heute die Hauptquelle über dieses Experiment darstellt[18].

Mit der Realisierung des Scharfenberger Sommerschulversuches war, zumindest für einen Sommer lang, der 'Wiesenburger Traum' in Erfüllung gegangen: Man hatte jetzt nicht nur ein eigenes Landheim, in dem man gemeinsame Wochenenden und die Ferien verbringen konnte, sondern auch einen Ort, an dem man gemeinsam 'alles tun' - d.h. auch Schule halten - konnte. Dabei standen natürlich immer wieder eine große Zahl von die Gemeinschaft betreffenden Fragen und Problemen an. Das Gremium, das diese zu entscheiden und zu lösen hatte, war nicht wie gewöhnlich die Lehrerschaft, sondern, wie im kleineren und engeren Rahmen, nämlich im Literarischen Verein und in der Schulgemeinde des Humboldt-Gymnasiums, bereits erprobt, die Gesamtheit der auf der Insel lebenden Gemeinschaft: also die Lehrer und Schüler.

Das Forum, in dem die Inselgemeinschaft gemeinsam diskutierte und entschied, waren abendliche Tischgespräche oder offizieller wirkende sog. 'Abendaussprachen', die alle acht Tage stattfanden[19]. Jedes Gemeinschaftsmitglied konnte hier seine Bedürfnisse einbringen, und die Gemeinschaft entschied dann darüber nach Diskussion aufgrund von Mehrheitsbeschlüssen[20].

---

[15]   Die 22 Sommerschulschüler waren (Berlin, LA, SIS: CH, I, o.S.): Wilhelm Bertelsmann (nach den Sommerferien Fahrschüler), Immanuel Buchmann, Rudolf Frey, Fritz Geister, Wilhelm Grundschöttel, Otto Herrmann, Fritz Hillbrandt, Hugo Hübsch, Heinz Krüger, Georg Kubiak (von Beginn an Fahrschüler), Horst Kutzner (nach den Sommerferien Fahrschüler), Hans Linse, Karl Ludwig (von Beginn an Fahrschüler), Fritz Richter, Artur Ritschel, Gerd Rogge, Günther Schmidt-Burkard, Heinz Schramm, Bruno Steinke (nach den Sommerferien Fahrschüler), Alfred Stenger, Herbert Wagner, Rolf Wernecke.

[16]   Bericht der drei Studienräte (1982), S. 1.

[17]   Bericht der drei Studienräte (1982), S. 1: "In der Zwischenzeit vom 9. Juli bis 10. August haben jetzige und auch ehemalige Schüler des Gymnasiums - insgesamt 34 - die aus finanziellen Gründen oder sonstigen Familienverhältnissen wegen sich keines Landaufenthaltes hätten erfreuen können, in dem Scharfenberger Inselschulheim Erholung gefunden."

[18]   S. dazu S. 133f. - S. daneben vor allem dem Rückblick auf den Sommerschulversuch in: BLUME, Gesuch (1922), S. 2-5.

[19]   Bericht der drei Studienräte (1982), S. 8: "Ein Antrag, die Abendaussprache nur bei besonderem Anlaß abzuhalten, ward abgelehnt; auch hier erwies sich deutlich Regelmäßigkeit bei kurzfristiger Periodizität als ein Hauptmittel zum Eingewöhnen in die Schulgemeinde."

[20]   Der Bericht enthält leider nur knappe Hinweise zum Selbstverwaltungsaspekt (S. 17f.), doch dürfte hier im Wesentlichen genau mit dem begonnen worden sein, was später in der Schulfarm praktiziert wurde.

Der Begriff 'Abendaussprache' ist einem Zunftbegriff des Mittelalters entlehnt[21], im pädagogischen Bereich wurde er erstmals wohl von Gustav Wyneken in der Freien Schulgemeinde Wickersdorf als 'Morgen-' und 'Abendaussprache' verwendet[22].

Auch die Eltern wurden - wie in den Novembererlassen gefordert und schon im Stolper Versuch praktiziert - in das Schulleben miteinbezogen. An Mittwochnachmittagen und an Sonntagen hatten sie Besuchserlaubnis, von der sie regen Gebrauch machten, so daß "sie sich mehr und mehr als Glieder der großen Scharfenberger Familie"[23] fühlten. Sie beteiligten sich aktiv am Geschehen; so "trugen [sie] zur Ausschmückung der Zimmer bei, beteiligten sich an Spielen, freuten sich am Schwimmen ihrer Söhne, besprachen im Spazierengehen mit den Lehrern die innere Entwicklung ihrer Sprößlinge. Und es begann sich ganz von selbst anzubahnen, was in Reformschriften als die wahre Schulgemeinde, als die Schulgemeinde im umfassenderen Sinne bezeichnet wird. Man kann wohl sagen, daß durch den praktisch durchgeführten Versuch manche Vorurteile in Elternkreisen beseitigt, viele Familien für eine natürlichere, frischere, auf den Ton freudiger Mitarbeit gestimmte Art der Erziehung gewonnen worden sind."[24]

Außer einer Wirtschafterin, die mit Kochen und Küchenarbeit beschäftigt war, gab es für die Gemeinschaft keinerlei Personal. So mußten alle anfallenden Arbeiten von der kleinen Gruppe selbst erledigt werden. Dies geschah vor allem durch die Einteilung in tägliche Dienste:

> "Die häuslichen Pflichten erfüllten 4 Gruppen zu je 2 Mann in täglichem Wechsel: 2 versehen [sic!] den Fährdienst, 2 holten das Wasser für die Küche aus dem Brunnen und Milch aus dem Stall des Pächters, 2 hatten die Treppen und den Saal, der der Gesamtheit als Gesellschaftsraum diente, zu reinigen, die Speisen aufzutragen und das Geschirr abzuräumen, das 4. Paar säuberte den gemeinsamen Waschraum und sorgte morgens und abends für frisches Wasser in Kannen und Becken."[25]

Die Dienste wurden durch Anschläge an einem schwarzen Brett bekannt gemacht und gelegentlich auch kontrolliert. Darüber hinaus gab es ein grobes Schema eines Tagesablaufes - morgens nach Dauerlauf und Frühstück Unterricht, dann Mit-

---

21 Der Begriff ist von der 'Morgensprache', einer Gemeinschaftsversammlung der Zünfte abgeleitet. Die Morgensprache war das Entscheidungsorgan für alle das Handwerk betreffenden Angelegenheiten - Besprechung wirtschaftlicher Probleme, Lehrlingsfragen, Gesellenfreisprechung, Regelung von Differenzen zwischen Meister und Gesellen, Wahl der Zunftvorsteher, Abwicklung von Kassengeschäften u.a. - soweit sie nicht durch die städtische oder regionale Obrigkeit entschieden wurden. - Vgl. dazu: KRAMER, Karl-Sigismund, Morgensprache, in: Handwörterbuch zur deutschen Rechtsgeschichte, hrsg. von Adalbert ERLER und Ekkehard KAUFMANN, Bd. 3, Berlin 1984, S. 683.

22 Vgl. zu Wyneken: bes. S. 65; zur Freien Schulgemeinde Wickersdorf bes. S. 72f. - Bei Lietz finden sich 'freie Abende'; das sind Ausspracheabende der Schüler, ohne gesetzgebende Kraft, als beratende 'Landgemeinde' zu verstehen, in denen sich die persönliche, patriarchaische Machtstellung von Lietz geltend machte; es war nicht so sher das gemeinsame Gespräch, sondern die Möglichkeit, zu berichten, Fragen zu stellen, ja Missetaten zu beichten, die die 'freien Abende' prägten.

23 Bericht der drei Studienräte (1982), S. 4.

24 Bericht der drei Studienräte (1982), S. 4.

25 Bericht der drei Studienräte (1982), S. 8.

tagessen, ca. 2 Stunden Schularbeiten, Vesperbrot, dann nachmittägliche und abendliche Veranstaltungen; die Teilnahme war freigestellt[26]. Darüber hinaus aber gab es
so gut wie keine festen Regelungen:

> "Eine geschriebene Hausordnung war nicht vorhanden; die Obliegenheiten der einzelnen in ih-
> ren Zimmern (Bettenmachen, Ausfegen, Aufwaschen), das nicht zu umgehende Schema der Ta-
> geseinteilung, die allernotwendigsten Verbote ergaben sich mit der Zeit von Fall zu Fall aus der
> Praxis des Zusammenlebens von selbst."[27]

Der morgendliche Unterricht wurde ungekürzt und stofflich so gut wie unverändert
abgehalten, da die Schüler am Ende des Sommers wieder in den Unterricht des
Humboldt-Gymnasiums zurückkehren mußten[28]. Den auf Scharfenberg wöchentlich
zu leistenden 43 wissenschaftlichen Unterrichtsstunden umfassenden Unterricht teilten sich die drei Lehrer gemäß ihren Fachrichtungen auf: Cohn gab Latein, Griechisch, Französisch, Englisch; Schmidt Mathematik, Physik, Chemie - er übernahm
auch die gesamte wirtschaftliche Leitung und die finanzielle Verwaltung; Blume unterrichtete Deutsch, Geschichte, Erdkunde, Religion und Französisch, außerdem oblag ihm in erster Linie die Aufsicht im Hause und die Beschäftigung mit den Schülern außerhalb des Unterrichts[29].

---

26 Vgl. z.B.: HARTKOPF, Werner, Die Gründung der Schulfarm Scharfenberg vor 50 Jahren.
    Ein Stück Nord-Berliner Schulgeschichte, in: Pädagogische Rundschau, Sonderheft 1976: Päd-
    agogik in der Weimarer Zeit, S. 67-94; wieder in: 'Neue Erziehung' - 'Neue Menschen'. An-
    sätze zur Erziehungs- und Bildungsreform in Deutschland zwischen Kaiserreich und Diktatur,
    hrsg. von Ulrich HERRMANN (=Geschichte der Erziehungs- und Bildungswesens in Deutsch-
    land, 5), Weinheim [u.a.] 1987, S. 200-220, hier (1976), S. 73.
27 Bericht der drei Studienräte (1982), S. 8.
28 Bericht der drei Studienräte (1982), S. 14: lediglich der Chemieunterricht mußte aufgrund feh-
    lender Apparaturen verändert gegeben werden.
29 Bericht der drei Studienräte (1982), S. 8f. - COHN, Geschichte, S. 28: "Durch einige Verschie-
    bungen in der Unterrichtsverteilung und leichte Veränderungen des Stundenplans, die Herr Di-
    rektor Mahlow, um die Sache zu unterstützen, bereitwillig vornahm, wurde erreicht, daß der
    Unterricht vom Humboldt-Gymnasium ohne Mehrbelastung des Kollegiums ungestört weiter-
    ging. Herr Blume behielt seinen Unterricht in der Prima bei und fuhr zu diesem Zwecke wö-
    chentlich zweimal in die Gartenstraße; auch Herr Cohn verbrachte dort einen Vormittag in der
    Woche zur Erledigung der Bibliotheksangelegenheiten." So konnte: BLUME, Schulfarm
    (1928), S. 137, schreiben: "die Stadt selbst hatte nicht einmal Vertretungskosten zu leisten ge-
    habt; sie sollte - das war etwas Grundsätzliches an dem Versuch - bei dem damaligen finan-
    ziellen Ruin nicht in Mitleidenschaft gezogen, das Sonderziel durch Selbsthilfe erreicht wer-
    den."

Und doch wies der Unterricht, dem Blume unter Abgrenzung von anderen Schullandheimversuchen nun seine verstärkte Aufmerksamkeit zuwandte[30], einige ganz entscheidende Unterschiede zu dem am alten Gymnasium auf: Das intensive und umfassende Zusammensein von Schülern und Lehrern veränderte, wie auch schon im Literarischen Verein und im Stolper Versuch, ganz gewollt das Verhältnis zueinander nicht nur im Außerunterrichtlichen, sondern auch im Unterricht. Hier wie dort verzichteten die Lehrer auf die übliche Kathederautorität und suchten im Gegenteil die Nähe der Schüler. Wenn am Ende des Versuches die Lehrer statt trockener Noten den Schülern ausführliche Kommentare in die Zeugnisse schrieben und schreiben konnten, so drückt dies sehr viel von dem 'neuen' Verhältnis zwischen Lehrern und Schülern, aber auch zwischen den Lehrern aus:

> "Über die Sorgenkinder sich auszusprechen, Mittel und Wege zu ihrer Förderung gemeinsam zu finden, ihre Beobachtungen an den einzelnen Schülerindividualitäten auszutauschen, bot sich den Lehrern ganz anders Gelegenheit als in den Massenkonferenzen, so empfanden sie denn auch beim Ausstellen der Zensuren diesmal den kahlen Lakonismus farbloser Zahlen doppelt peinlich und glaubten sich berechtigt, jedem Schüler unter der Rubrik Bemerkung eine ausführliche Charakteristik seines außerunterrichtlichen Verhaltens, eine individuell abgewogene Würdigung seiner Stellung zur Gemeinschaft als Erinnerungsblatt an dies außergewöhnliche Schulsemester mit auf den Weg zu geben."[31]

Durch das ständige Zusammensein war auch ein ständiges Aufeinanderzugehen möglich. Bei den täglichen Arbeiten wurde bewußt keine Beaufsichtigung eingeführt[32], doch die Lehrer "waren immer erreichbar und auf Wunsch bereit, im Unterricht dunkel Gebliebenes noch einmal zu erklären oder mit einschlägigen Büchern den Suchenden weiterzuhelfen, den Schwerfälligen, namentlich beim Nachübersetzen fremdsprachlicher Lektüre oder in den Nöten der Lösung mathematischer Aufgaben,

---

[30]   1922 schrieb in seinem Gesuch zur Gründung einer eigenen Versuchsschule unter dem Kapitel "Grundlagen für die Dauerschule. Organisches Hervorwachsen des Gedankens einer Dauerschule auf Scharfenberg aus der dortigen Sommerschulpraxis" (BLUME, Gesuch (1922), S. 5a-10, hier S. 6) in Abgrenzung von den Landschulheimen:
"Die Frankfurter Musterschule, die auf dem Gebiet der 'Landschulheimpädagogik' vorangegangen ist, vereinigt in Soden die erholungsbedürftigen Schüler aller Klassen, ebenso das Berliner Dorotheen-städtische Realgymnasium in seinem neuerdings eröffneten Riesengebirgsheim, wodurch das Leben darin sich mehr dem Betrieb eines Sanatoriums annähern muß. Der Unterricht beschränkt sich je nach Wunsch darauf, daß die Schüler die bis dahin erworbenen Kenntnisse nicht vergessen, oder darauf, daß sie nicht allzusehr hinter dem Pensum zurückbleiben.
Die Frankfurter Viktoriaschule und die Kaiser Wilhelm II Oberrealschule in Göttingen pflegen zwar ganze Klassen hinauszusenden, aber nur mit dem Ordinarius und auf kurze Zeit (1 Tag (!) bis höchstens 4 Wochen), wobei das Unternehmen mehr den Charakter einer gemeinsamen Ferienreise annehmen wird. Auch diese Arten haben ihre Berechtigung, zumal solange die Schüler noch unter den Schäden der Kriegs- und Nachkriegszeit zu leiden haben.
Die Sommerschule des Humboldtgymnasiums hat sich demgegenüber von dem Grundsatz leiten lassen, daß die innere Entwicklung der Jugend nur bei längerer Dauer des Aufenthaltes in der Natur und der Kameradschaft nachhaltig beeinflußt werden kann, daß sich ein wirklich inhaltsreiches Gemeinschaftsleben auf dieser Stufe nur bei gemeinsamer strammer Arbeit herausbildet, die noch dazu in der schönen Luft und Umgebung, in der vielseitig anregenden Gesellschaft weit weniger anstrengt; ganz abgesehen davon, daß ein Ausdehnen der Sezessio auf ein ganzes Semester ohne weiteres die Notwendigkeit mit sich bringt, den Unterricht zu seinem vollen Rechte kommen zu lassen, dessen Kürzung im Winter nicht mehr einzubringen wäre."
[31]   Bericht der drei Studienräte (1982), S. 13.
[32]   Bericht der drei Studienräte (1982), S. 12.

Zeit zu ersparen."[33] Ja sogar zu nächtlicher Stunde konnten Schüler aktuell tangierende Interessen und Probleme von den - in den gleichen Räumen schlafenden - Lehrern aufgenommen werden:

"[...] konnte es etwas Natürlicheres geben als bei Besprechung der paulinischen Religionsauffassung seines Kampfes gegen die Judenchristen an die unfreiwillig belauschend im Bett äußerst lebhaft geführten Diskussionen eines konfessionell gemischten Zimmers über den Wert der verschiedenen Bekenntnisse, über Wunderglauben und Atheismus, sie zu klären und die Schüler auf den von ihnen selbst gewiesenen Wegen an die tieferen Fragen der Weltanschauung heranzuführen?"[34]

Den grauen Schulmauern und dunklen Schulklassen der alten Schule entronnen, verkroch man sich auf der Insel nicht in die Räume des Bollehauses, sondern genoß den Unterricht fast ausnahmslos im Freien:

"Lehrer und Schüler haben's hundertmal empfunden, daß man unter des Himmels Angesicht immer besser und freier spricht; wer über Ablenkung der Aufmerksamkeit spricht, fesselt die Schüler in der Schulstube ebensowenig!"[35]

Hier im Freien boten sich die mannigfaltigsten Möglichkeiten zur - auch in erzieherischer Hinsicht gewollten - Anschauung und Selbsttätigkeit der Schüler. So konnte etwa im Mathematikunterricht die "Durchnahme der Ähnlichkeitssätze in der Gymnasialabteilung oder die der quadratischen Gleichungen und der Elemente der Trigonometrie [...] des öfteren durch die im freien ausgeführten Messungen von abgesteckten Dreiecken, durch Höhenbestimmungen von Bäumen, des Wohnhauses, der Sonne mittels Schattenlänge, die trigonometrische Errechnung der beim Wettschwimmen zurückgelegten Strecke belebt werden [...]."[36]

Insbesondere für den Biologieunterricht bildete die Ökologie der Insel und des Tegeler Sees "ein Eldorado"[37]:

"Im Mai, als es ringsum grünte und blühte, kamen die Schüler ganz von selbst dazu, nach dem Namen der Pflanzen, von denen sie verschwindend wenige kannten, sich zu erkundigen, sich im Gebrauch der Bestimmungstabellen unterrichten zu lassen, womit sie bald in ganz anderer Weise als im bisherigen Schulunterricht vertraut waren. Einige wurden dadurch angeregt, die Scharfenbergflora in Herbarien zu sammeln, andere haben Raupen sich verpuppen lassen, Maulwürfe, Eidechsen, Blindschleichen gefangen, man beobachtete die Lebensgewohnheiten des Igels, [...] die Fische wurden in ihrem Hochzeitskleid bewundert und miskroskopische Untersuchungen an lebenden Insekten und Wasserinfusorien angestellt [...]."[38]

Ähnliche Möglichkeiten ergaben sich für den Erdkundeunterricht[39], und auch für die Naturwissenschaften fanden sich Möglichkeiten:

"Der Erweiterung des Gesichtskreises auf dem Gebiete der Technik dienten eine gemeinsame Besichtigung des uns benachbarten Wasserwerks mit seinen interessanten Filteranlagen und ein Halbtagsbesuch der städtischen Gasanstalt in Tegel, den ein Vortrag eines Schülervaters, des

---

33 Bericht der drei Studienräte (1982), S. 12f.
34 Bericht der drei Studienräte (1982), S. 15.
35 BLUME, Schulfarm (1924), S. 324f. - S. auch: Bericht der drei Studienräte (1982), S. 11f.
36 Bericht der drei Studienräte (1982), S. 14.
37 BLUME, Schulfarm (1924), S. 324.
38 Bericht der drei Studienräte (1982), S. 14.
39 S.: Bericht der drei Studienräte (1982), S. 15.

Chemikers an diesem Riesenwerk, über die Entstehung des Gases und die Verwertung der Nebenprodukte instruktiv vorbereitet hatte."[40]

Ovids Metamorphosen[41] lasen sich im Freien unter alten Bäumen stimmungsvoller als an den gewohnten Plätzen[42], und für 'sonst mühsam hervorgepumpte Erlebnisthemata'[43] war und schuf man sich selbst Stoff in großer Fülle.

Ein solcher Unterricht konnte nicht in ein starres 45-Minuten-Schema gepresst werden; statt dessen flossen die Unterrichtsstunden ineinander über. Auch ließ sich eine ganz feste Unterrichtsdauer pro Morgen nicht genau einhalten, und ebensowenig konnte in einer solchen Lebensgemeinschaft das im Unterricht Behandelte nach Beendigung des Unterrichts selbst einfach beiseite geschoben werden.

Beim gemeinsamen Essen konnten im Unterricht behandelte Momente erneut zum Thema werden[44]. Und auch an den Abenden konnte man auf den vorhergehenden Unterricht zurückkommen: "Was am Vormittag nur hatte gestreift werden könne, lasen nach dem Abendessen Lehrer und Schüler im trauten Kreis den Kameraden vor."[45] An solchen Abenden konnte auch "die schwere Kunst des Zuhörens, des 'Schweigens in der Gefaßtheit des Geistes'"[46] weitaus besser geübt werden, als in jeglichem 'normalen' Unterricht.

So flossen im Sommerschulversuch Unterrichtliches und Nichtunterrichtliches ineinander über. Es wurde der Wunsch verwirklicht, Unterricht nicht 'kopflastig' zu betreiben und 'vom Buch weg ins Leben'[47] zu unterrichten: Es wurde überall dahin gestrebt, "Unterricht und Leben miteinander zu verbinden"[48].

Dem entsprach auch der Versuch, einige Unterrichtsbereiche aus dem eigentlichen Unterricht herauszulösen und ihnen somit den Charakter eines Schulfaches zu nehmen; das galt für die Musik[49] und vor allem für den Sport - beides gab es stundenplanmäßig nicht und wurde doch intensiv betrieben. So fanden vor Beginn des morgendlichen Unterrichts ein Dauerlauf um die Insel, in der 2. Pause unter der Leitung eines von einem Turnlehrer vorgebildeten Schülers Atem- und Freiübungen statt, nachmittags von etwa 17-19 Uhr war Zeit z.B. zum Baden, Ballspielen u.a.:

"6 Nichtschwimmer erlernten das Schwimmen; im Rudern übten sich alle derart, daß schließlich jedem mit guten Gewissen der Kahn selbständiger Führung anvertraut werden konnte. Wettschwimmen über die See bei von Besuchern gestiftete Preise, ein Sportfest, wobei die Turnlehrer der Anstalt die Kampfrichter waren, gemeinsame Fahrten Havel aufwärts in mehreren Booten gaben diesen Bestrebungen von Zeit zu Zeit frischeren Schwung. [...] die

---

40   Bericht der drei Studienräte (1982), S. 14f. - Mit dem genannten Schülervater ist gemeint: Dr. Wilhelm Bertelsmann; zu ihm s. S. 385.
41   S. z.B.: OVID, Metamorphosen. Auswahl für den Schulgebrauch, bearb. und erl. von Franz HARDER (= Sammlung lateinischer und griechischer Schulausgaben), Bielefeld 1921.
42   Bericht der drei Studienräte (1982), S. 13.
43   BLUME, Schulfarm (1924), S. 325.
44   Bericht der drei Studienräte (1982), S. 13: "Wie oft sind Beispielsätze aus der Grammatikstunde etwa zu der Frage der vorzeitigen oder gleichzeitig vollendeten Handlung in endlosen Variationen scherzhaft bei Tisch angewandt!"
45   Bericht der drei Studienräte (1982), S. 16.
46   Bericht der drei Studienräte (1982), S. 15.
47   BLUME, Schulfarm (1924), S. 325.
48   BLUME, Schulfarm (1924), S. 324.

Kräfte waren [...] derart in Anspruch genommen, daß an einem zu beliebiger Benutzung aufgestellten Barren nur wenig geübt ward [...]."[50]

Daß die Schüler hier zum Unterricht besser als in der Stadtschule motiviert waren[51],
ist leicht vorstellbar, und daß am Ende des Versuches in unterrichtlicher Hinsicht ein
Erfolg festgestellt werden konnte, d.h., daß die Leistungen der Schüler gestiegen
waren, erscheint kaum verwunderlich[52].

Auch in gesundheitlicher Hinsicht konnte Positives festgestellt werden. So ergaben Messungen des Brustumfangs der Schüler, die der Vater eines Schülers als ärzt-
licher Berater des Unternehmens statistisch aufzeichnete, "sehr erfreuliche Resultate", und "eine Mutter begrüßte nach längerer Trennung ihr Söhnchen, den zierlichsten in der Schar, mit den Worten: 'Junge, du hast ja statt der Stöcker jetzt richtige Arme!'."[53]

Als Abschluß des Versuches am 30.09.1921 wurde am 17.09. "ein von der
Schulgemeinde unter der Leitung des Herrn Studienrates Blume veranstaltetes Sommerfest am Wanderheim in Stolpe"[54] gefeiert, an dem (auch) die beteiligten Lehrer,
die Schüler und die Eltern, sowie Freunde und Förderer des Versuches zusammen-
kamen und die Schüler - wie zuvor schon (am 06.07.) auf der Insel Scharfenberg[55] -
im Freien Friedrich Kayßlers (1874-1945) 'Simplizius'[56] aufführten[57].

Das Unternehmen war im Laufe seiner Realisierung weithin über Deutschlands
Grenzen hinaus bekannt geworden. Zahlreiche äußerst angetane Besucher, z.B. holländische und schwedische Pädagogen[58], "manchmal fast mehr als uns bei stiller
Nachmittagbeschäftigung mit den Jungen lieb war"[59], waren erschienen, um sich die
für Berlin neue Einrichtung anzusehen.

Zu den Besuchern gehörten auch politische Vertreter, so z.B. bei einem längeren
Besuch der Berliner Schul-Deputation am 06.07.1921[60], "bei dem Deutschnationale,
Volksparteiler, Demokraten, Sozialisten und Kommunisten zum Staunen der Schüler
ganz friedfertig in liebenswürdig-kollegialem Gespräch in bunter Reihe mit ihnen an

49 Bericht der drei Studienräte (1982), S. 18.
50 Bericht der drei Studienräte (1982), S. 11.
51 Bericht der drei Studienräte (1982), S. 12: "Zettel etwa folgenden Inhalts, am Abend unter die
    Tischlampe des Lehrers geschoben, 'Wecken sie mich bitte morgen 1 Stunde früher als die an-
    dern, da ich den Livius noch einmal durchpauken muß, Fritz' - waren keine Seltenheit."
52 Bericht der drei Studienräte (1982), S. 13: "Die unterrichtlichen Leistungen der Schüler standen
    den in anderen Jahren erreichten keineswegs nach, der Wiedereintritt ins Humboldtgymnasium
    nach den Michaelisferien brachte in dieser Beziehung nicht die geringsten Schwierigkeiten, das
    Pensum war geschafft; ja, man kann mit gutem Grunde behaupten, daß alle Fächer je nach ihrer
    Struktur größere oder kleinere Sondergewinne davon getragen hatten."
53 Bericht der drei Studienräte (1982), S. 10.
54 Berlin, BBF: SLG-GS, Jahresberichte 1921/22, Bd. 11a, Nr. 9: Humboldt-Gymnasium, o.S.
55 Berlin, LA, SIS: CH, I, o.S.
56 KAYßLER, Friedrich, Simplizius. Tragisches Märchen in fünf Akten, Berlin 1905.
57 Berlin, BBF: SLG-GS, Jahresberichte 1921/22, Bd. 11a, Nr. 9: Humboldt-Gymnasium, o.S. -
    Zur Aufführung des Stückes durch Scharfenberger Schüler im Jahre 1929 s. S. 687.
58 BLUME, Gesuch (1922), S. 2.
59 Bericht der drei Studienräte (1982), S. 20.
60 Berlin, BBF: SLG-GS, Jahresberichte 1921/22, Bd. 11a, Nr. 9: Humboldt-Gymnasium, o.S.

der Mittagtafel saßen" und "alle Mitglieder ohne Unterschied der Partei ihr lebhaftes Interesse [bekundeten]"[61]. Vertreter vom Jugendamt waren ebenso gekommen[62], wie z.b. interessierte fortschrittliche Lehrer vom Askanischen Gymnasium, vom Werner-Siemens-Realgymnasium, von der Fichte-Realschule, wie Abteilungen des Groß-Berliner Lehrervereins, der Landesturnanstalt Spandau, Vertreter des Gesundheitsamtes, sowie nicht zuletzt zahlreiche Zeitungsleute: Hatte vor Beginn des Sommerschulversuches Blume selbst in einem kurzen Artikel im Deutschen Philologen-Blatt auf den bevorstehenden Versuch hingewiesen[63], so erschienen nun in zahlreichen - auch ausländischen - Veröffentlichungen überaus positive Artikel über den Versuch[64]; so z.B. in der Zeitschrift der 'Arbeitsgemeinschaft sozialdemokratischer Lehrer und Lehrerinnen Deutschlands', 'Der Freie Lehrer', in der der Scharfenberger Sommerschulversuch als eines "der im Prinzip beachtenswertesten Beispiele" eines Reformversuches nach dem 1. Weltkrieg vorgestellt wurde[65].

Die Beurteilungen während des laufenden Versuches wie auch nach seinem Abschluß fielen in jeder Hinsicht überaus positiv aus.

Auch das Ministerium für Wissenschaft, Kunst und Volksbildung, aller Wahrscheinlichkeit nach durch einen Zeitungsartikel aufmerksam geworden, nahm Kenntnis von dem Versuch[66]. Am 28.05.1921 beauftragte der Geheime Regierungsrat Friedrich Rommel (1878-19..), Ministerialrat in der Abteilung für höheres Schulwe-

---

[61] Bericht der drei Studienräte (1982), S. 5.
[62] COHN, Geschichte, S. 28.
[63] BLUME, Wilhelm, Berlins erste Sommerschule, in: Deutsches Philologen-Blatt, Jg. 29 (1921), Nr. 15 (04.05.1921), S. 203. - Blume wies hier darauf hin: "Über die Erfahrungen und Entwicklungsmöglichkeiten dieser 'Sommerschule' wird hier ausführlicher berichtet werden." Doch ist dieser angekündigte Bericht nie erschienen.
[64] S. dazu S. 1112. - Als ein Beispiel für eine englische Publikation: ROMAN, Frederick William, The New Education in Europe. An account of recent fundamental changes in the educational philosophy of Great Britain, France and Germany, second impression [2. unveränd. Aufl.], London 1924, S. 221: "[...] the Humboldt Gymnasium of Berlin [...] organized through its teachers and the Parents' Council summer-barracks in the suburbs of Berlin. The children live there. They learn to cook, and to do all the other necessary work of out-of-door life. Some of the teachers are always in charge. It ist made an occasion to give popular instruction in naturestudy and astronomy. The older children undertake garden-work. As is the case with all the similar projects that we have noted, it is an effort to return to nature in the hope of finding the key to a larger life, and the aspirations towards a more wholesome living."
[65] Die Freiluftschule, in: Der Freie Lehrer. Organ der Arbeitsgemeinschaft sozialdemokratischer Lehrer und Lehrerinnen Deutschlands, Jg. 3 (1921), S. 79f.
[66] In den Ministerialakten finden sich Quellen über den Sommerschulversuch. Die älteste dieser Quellen ist der Zeitungsartikel: Freiluftschule am Tegeler See. Der erste Berliner Versuch einer Gemeinschaftsschule, in: Berliner Tageblatt vom 22.04.1921, Abendausg. findet sich in den Ministerialakten (Berlin, GStA PK: I. HA, Rep. 76 VI, Sekt. 14 z, Nr. 48 II, Bl. 29). Das läßt die Vermutung zu, daß das Ministerium durch diesen Artikel auf den Versuch aufmerksam geworden ist. Direkt im Anschluß daran findet sich der Hinweis, daß dem Ministerium über die Ergebnisse des Versuches zu berichten sei.

sen im preußischen Kultusministerium[67], durch das Provinzialschulkollegium Blume, über die Ergebnisse des Versuches zu berichten[68].

Mit großer zeitlicher Verzögerung wurde der Bericht, der, wie oben schon erwähnt, das wichtigste Zeugnis über den Sommerschulversuch darstellt, in Zusammenarbeit mit Cohn und Schmitt von Blume fertiggestellt und vom Direktor des Humboldt-Gymnasiums Mahlow zusammen mit einem Begleitschreiben vom 10.01.1922 ans Provinzialschulkollegium gesandt[69]. In dem Begleitschreiben Mahlows heißt es u.a.:

"In der Anlage überreiche ich ergebenst den Bericht über die Sommerschule des Humboldt-Gymnasiums auf der Insel Scharfenberg. Der Bericht ist nicht eher fertig gestellt worden, weil die beteiligten Herren, meines Erachtens mit Recht, der Meinung waren, daß man erst beobachten müsse, welche Folgen der Sommeraufenthalt für die Klasse habe, günstige oder ungünstige. Der Bericht ist von Herrn Studienrat Blume abgefaßt, der die Seele des ganzen Unternehmens war, nach Besprechung mit den beiden anderen Herren, von denen Herr Studienrat Cohn außer dem größten Teil des Unterrichts als ältester Lehrer die Oberleitung der Sommerschule hatte, während Herr Studienrat Schmidt neben seinem mathematisch-naturwissenschaftlichen Unterricht die wirtschaftlichen Angelegenheiten besorgte. Der Bericht ist so ausführlich, daß ich ihm nichts hinzuzufügen habe; ich stimme damit in jeder Beziehung überein, insbesondere auch mit der Hervorhebung des Unterschiedes unserer Sommerschule von ähnlichen Unternehmungen, die den Schülern im wesentlichen nur einen wissenschaftlich gerichteten Ferienaufenthalt von kürzerer Dauer bieten, und ferner mit der Darlegung der großen Schwierigkeiten, die zu überwinden waren und bei einer Wiederholung zu überwinden sein werden."[70]

Das Provinzialschulkollegium leitete den Bericht am 21.01.1922 ans Ministerium weiter, verbunden mit der Bitte, "den drei Herren, insbesondere dem Studienrat Blume als der Seele des ganzen gelungenen Unternehmens die Anerkennung für ihre weitschauende, selbstlose und erfolgreiche Tätigkeit auszusprechen."[71]

---

[67] Biogr. Inf. zu Rommel: Berlin, BBF: SLG-GS, Personalblatt Friedrich Rommel. - Offensichtlich handelt es sich um denselben Friedrich Rommel, der eines der Gründungsmitglieder des Bundes Entschiedener Schulreformer war (s. dazu S. 88).

[68] Berlin, GStA PK: I. HA, Rep. 76 VI, Sekt. 14 z, Nr. 48 II, Bl. 29v: "Das Provinzialschulkollegium beauftrage ich, mir am Ende des laufenden Sommerhalbjahres über den Versuch zu berichten."

[69] Bericht der drei Studienräte Cohn, Schmidt und Blume vom städtischen Humboldtgymnasium zu Berlin über die Sammelschule auf der Insel Scharfenberg [Berlin, GStA PK: Rep. 76 VI, Sekt. 14 z, Nr. 48 II, Bl. 38-66; sowie: Berlin, LA, SIS], hrsg. von Dietmar HAUBFLEISCH, Marburg 1999:
http://archiv.ub.uni-marburg.de/sonst/1999/0001/q10.html - Zuerst veröff. als: Zur Geschichte der Schulfarm. Bericht der drei Studienräte Blume, Cohn und Schmidt vom städtischen Humboldt-Gymnasium zu Berlin über die Sommerschule auf der Insel Scharfenberg (1921) (=Neue Scharfenberg-Hefte, 1), Berlin 1982.

[70] Berlin, GStA PK: I. HA, Rep. 76 VI, Sekt. 14 z, Nr. 48 II, Bl. 37r und v.

[71] Berlin, GStA PK: I. HA, Rep. 76 VI, Sekt. 14 z, Nr. 48 II, Bl. 34r: Provinzialschulkollegium (Lüdecke) an Minister für Wissenschaft, Kunst und Volksbildung vom 21.01.1922.

Im Ministerium fand dieses Anliegen Zustimmung[72]. Der preußische Minister für Wissenschaft, Kunst und Volksbildung, Otto Boelitz (1876-1951)[73], schrieb in einem Erlaß (U II Nr. 10223 I) vom 09.03.1922:

"Von dem mir vorgelegten Bericht über den Aufenthalt der Untersekundaner des Humboldt-Gymnasiums in Berlin auf der Insel Scharfenberg im Sommer 1921 habe ich mit Befriedigung Kenntnis genommen. Das Provinzialschulkollegium wolle den beteiligten 3 Studienräten für ihre weitschauende, selbstlose und erfolgreiche Tätigkeit meine Anerkennung aussprechen."[74]

---

72 Berlin, GStA PK: I. HA, Rep. 76 VI, Sekt. 14 z, Nr. 48 II, Bl. 34v.
73 Biogr. Inf. zu Boelitz (DVP), der 1921-1925 preußischer Kultusminister war:: Dr. Otto Boelitz (1876-1951) +, in: Bildung und Erziehung, Jg. 4 (1951), S. 920f. - Zur Arbeit von Boelitz s. u.a.: HILDEBRANDT, Paul, Das Programm des Kultusministers. Eine Unterredung mit Dr. Boelitz, in: Vossische Zeitung vom 19.11.1921, Morgenausg., 1. Beilage. - Und: BOELITZ, Otto, Preußen und die Schulreform, in: Vossische Zeitung vom 01.01.1922, Morgenausg., 1. Beilage. - Und: Die Umgestaltung der Reifeprüfung in Preußen. Unterredung mit Minister Boelitz, in: Berliner Tageblatt und Handelszeitung vom 15.01.1924.
74 Berlin, GStA PK: I. HA, Rep. 76 VI, Sekt. 14 z, Nr. 48 II, Bl. 34v.

II.3.   DER VERSUCHSSCHULGEDANKE IN DEN JAHREN 1919-1924

II.3.A.   DIE IDEE DER EINRICHTUNG EINER DAUERVERSUCHSSCHULE AUF DER INSEL SCHARFENBERG IM HERBST UND WINTER 1921

Die mit dem 'Sommerschulversuch' 1921 gemachten Erfahrungen und die positiven Reaktionen von Eltern, städtischen Behörden, preußischem Kultusministerium sowie den Zeitungen ließen es als nahezu ausgeschlossen erscheinen, den Versuch als eine einmalige, nunmehr abgeschlossene Episode zu betrachten:

> "Die Insel, die nach den Erfahrungen des Sommerschulversuchs für eine 'pädagogische Provinz' vor den Toren Berlins geradezu prädestiniert schien, wieder aus der Hand zu geben, war ausgeschlossen."[1]

Die städtischen Behörden fragten, ob denn die neu eingerichteten Räume der Scharfenbergvilla im Winter unbenutzt bleiben sollten; einige Eltern sprachen von sich aus den Wunsch aus, ihre Söhne in Scharfenberg auch im Winter unterrichten zu lassen[2], und andere hegten den Wunsch, ihre Söhne "dauernd bis zum Abschluß ihrer Schulbildung wieder nach Scharfenberg geben zu können!"[3] Und auch in Zeitungsartikeln wurde eine Weiterführung bzw. Wiederholung gewünscht[4].

Das Verhalten der Schüler, die am 'Sommerschulversuch' teilgenommen hatten, bestätigte im nachfolgenden Winterhalbjahr den Erfolg des 'Sommerschulversuches', denn es zeigte sich bei den Schulgemeindediskussionen in der stärkeren Beteiligung und in den sachbezogenen Argumentationen, wie stark durch das halbjährige Zusammenleben auf der Insel durch das ständige Zusammenleben auf der Insel nicht nur ihr Interesse, sondern auch ihr Verständnis für die Gemeinschaftsprobleme gewachsen und gereift war[5]. Doch es fanden sich auch ernüchternde, negative Momente, stieß doch die "auf einen natürlich-frischen, kameradschaftlich-freimütigen Ton gestimmte Art der Erziehung, die sich draußen von selbst herausgebildet hatte, [...] hier an die Wände der Klassenzimmer [...]."[6] Die Diskrepanz erwies sich als sehr groß; die "Jungen, die die Schülermaske zu tragen verlernt hatten, wurden in

---

[1]   Aus dem Leben, S. 336.
[2]   S.: BLUME, Bericht (1923), Bl. 175v und 176r. - Bericht der drei Studienräte (1982), S. 4: Die Eltern hatten darüber hinaus "einen Fonds von 750 M gesammelt und ihn am letzten Besuchstage [...] durch ihren Sprecher überreicht, 'damit ihn diese nach ihrem Ermessen zum weiteren Ausbau der Scharfenbergschule verwenden.'"
[3]   BLUME, Gesuch (1922), S. 6.
[4]   Vgl. Zeitungsberichte wie: HILDEBRANDT, Paul, Die Schule im Freien. Das Humboldtgymnasium auf der Insel Scharfenberg, in: Vossische Zeitung vom 21.08.1921: "Möge das Unternehmen zu einem vollen Erfolg und zu jährlicher Wiederholung führen!" - KUTSCHERA, K., Schulunterricht im Freien, in: Berliner Lokal-Anzeiger vom 27.11.1921: "[...] es ist zu hoffen, daß dieser Versuch [...] auch in den folgenden Jahren eine Fortsetzung erfährt."
[5]   So z.B: HARTKOPF, Gründung, S. 206.
[6]   BLUME, Schulfarm (1928), S. 137.

äußere und innere Konflikte geworfen"[7], und vieles von dem Erreichten ging rasch
wieder verloren:

> "Und die Lehrer mußten im Winter mitansehen, wie die Ansätze zu einem natürlichen Leben
> ohne Blasiertheit voll Einfachheit, Offenheit und abhärtender Selbstzucht, die sich draußen
> zwanglos entwickelt hatten, im alten Großstadtmilieu großenteils wieder verkümmern mußten.
> Sie mußten erkennen, daß das schönste Ergebnis des Sommeraufenthaltes - das innerliche Inter-
> esse am Unterricht, das fröhlichere, ungezwungenere, selbständigere Mitarbeiten, das häufigere
> Fragen, die Übernahme freiwilliger Mehrleistungen mit der Zeit wieder verloren ging."[8]

Auch das "Verhalten einiger Kollegen gegen die zurückgekehrten 'Scharfenberger'
zeigte, daß ihnen ihre harmlos-heitere, offen-zutrauliche Art - eine natürliche Folge
des familienhafteren Verkehrs während der 5 Monate - in ihrer weiteren Schullaufbahn zuweilen mehr Schaden als Vorteil bringen dürfte."[9]

Aufgrund dieses Erfahrungsbündels entstand zum einen der Wunsch, den
'Sommerschulversuch' im folgenden Sommer zu wiederholen; doch stellte sich das
Kollegium des Humboldt-Gymnasiums diesem Wunsch erfolgreich entgegen[10]. Zum
anderen ergab sich aufgrund der "positiven und negativen Erfahrungen dieser Sommerschulpraxis [...] wie von selbst der Gedanke einer Dauerschule auf Scharfen-

---

7   BLUME, Schulfarm (1928), S. 137.

8   BLUME, Bericht (1923), Bl. 176r. - BLUME, Gesuch (1922), S. 6: "Sicher nicht ohne Grund
     befürchteten die Sommerschullehrer, daß die Ansätze zu größerer Selbständigkeit und Offenheit,
     der Hinwendung zu einem natürlichen Leben ohne Blasiertheit voll Einfachheit, Ehrlichkeit und
     abhärtender Selbstzucht, die sich draußen zwanglos entwickeln, nachher in der alten Umgebung,
     im großstädtischen Milieu nur Ansätze bleiben oder wieder verkümmern werden [...]. Das
     schönste Ergebnis des Sommeraufenthalts, daß die Klasse seitdem vielmehr als die anderen
     familienhaften Charakter trägt, daß die Schüler dem Unterricht durchschnittlich ein viel inner-
     licheres Interesse entgegenbringen, weit fröhlicher, ungezwungener mitarbeiten, in einigen Fä-
     chern den Gang mancher Unterrichtsstunde durch häufiges Fragen und Anregungen ihrerseits zu
     bestimmen anfangen, ihnen die Stunden am meisten gefallen, in denen sie die Kosten selber be-
     streiten müssen, die Lehrertätigkeit äußerlich mehr zurücktritt, - wird das sich weiter entfalten
     oder wird es nicht im Laufe der Schuljahre bei etwa anders eingestellten Lehrern wieder verlo-
     ren gehen?"

9   BLUME, Bericht (1923), Bl. 176r.

10   Im Bericht der drei Studienräte (1982), S. 21 heißt es, das Problem andeutend: "Die drei Studi-
     enräte des Humboldtgymnasiums sind gewillt, das Sommerschulunternehmen zu wiederholen, es
     sei denn, daß das Kollegium [des Humboldt-Gymnasiums] seine Einwilligung versagt [...]." -
     In: COHN, Geschichte, S. 28: "Gern hätten wir diesen Versuch im nächsten Jahre erneuert, und
     das wäre auch wohl möglich gewesen; aber da die Stimmung der Mehrzahl der Kollegen im
     Humboldt-Gymnasium der Wiederholung des Unternehmens abgeneigt war, gaben die drei Her-
     ren diese Absicht auf." - Entsprechend: Aus dem Leben, S. 336: "Das Kollegium der alten
     Schule frondierte, die Elternschaft der nächsten Sekundanergeneration wollte nicht geschlossen
     mitgehen [...]." - Es ist nicht bekannt, zu welchem Zeitpunkt die Lehrerschaft des Humboldt-
     Gymnasiums den negativen Beschluß herbeiführte; doch läßt sich vermuten, daß er zum Zeit-
     punkt der Niederschrift des Sommerschulberichts bereits gefallen war. Und damit scheint zudem
     wohl auch die Grundsatz-Vorentscheidung bei Blume zugunsten einer Trennung von der alten
     Schule - vor oder während der Fertigstellung des Berichtes - gefallen zu sein. Sollte diese Ver-
     mutung zutreffen, so könnte man annehmen, der Bericht sei schon in Hinblick auf die weitere
     Entwicklung geschrieben worden.

berg"[11] - und zwar in aller Konsequenz - "Also entweder - oder!"[12] - unter Abtrennung des Versuches von der 'Stammschule':

> "Es ist klar, daß die alle physischen und psychischen Kräfte der Lehrer anspannende Tätigkeit solchen Zusammenlebens, wie es sich im letzten Sommer ganz von selbst ohne lange vorherige theoretische Überlegung in Scharfenberg anzubahnen begonnen hat, sich weit mehr lohnen würde, wenn Schüler und Lehrer dauernd zusammen bleiben könnten bis zum Abschluß der Schulzeit!"[13]

Als "andere, mehr äußere Gründe"[14] für eine Erweiterung des Versuches zur Dauerschule nennt Blume:

> "Wird es doch stets seine großen Schwierigkeiten haben, die Einwilligung aller Eltern der Schüler einer Klasse, die doch auch finanzielle Opfer im Gefolge hat, ohne weiteres zu bekommen; Söhne von Eltern aber, die etwa gar bei prinzipiellen Bedenken erst nach längerem Zureden unter dem gewissen moralischen Zwang, das ganze Unternehmen nicht scheitern zu lassen, zugestimmt haben, oder Schüler, die an sich viel lieber in der Großstadt bleiben und draußen deren mannigfaltige Zerstreuungen entbehren, sind wenig angenehme Haus- und Zimmergenossen; seinen vollen Segen kann solches Zusammenleben erst entfalten, wenn nur Gleichgerichtete sich dazu zusammenschließen."[15]

Blume stand mit seiner Idee der Gründung einer eigenen, von der Stammschule unabhängigen Versuchsschule nicht alleine. Vielmehr lag der Gedanke der Gründung von 'Versuchsschulen' nach dem Ende des 1. Weltkrieges, insbesondere in den Jahren 1919-1922 im Gefolge der schulpolitischen Gesamtsituation im Reich und in den Ländern geradezu 'in der Luft'[16]. Dies soll im Folgenden gezeigt werden, und zwar konzentriert auf zwei Aspekte: zum einen durch Darstellung der Versuchsschulvorstellungen des Bundes entschiedener Schulreformer, und zum anderen durch Eingehen auf die schulpolitische Situation in Berlin ab dem Jahr 1921, in der die Versuchsschulfrage eine wichtige Rolle spielte.

Die Stimmungslage für die Realisierung von Versuchsschulen in dieser Zeit war einerseits durch eine 'Aufbruchsstimmung' der 'Reformgeister' gekennzeichnet, andererseits aber durch die Tatsache, daß schon bald nach 1918 allgemein abzusehen war, daß es keine größere Schulreform geben würde.

---

[11] BLUME, Bericht (1923), Bl. 175v. - S. auch: BLUME, Gesuch (1922), S. 10: "Alles in allem - die Vorbedingungen für eine Dauerschule in Scharfenberg sind in jeder Beziehung ungemein günstig."

[12] Berlin, LA, SIS: CH, I, o.S. - Vgl. zu dieser Entscheidung und diesem Zitat: LIETZ, Lebenserinnerungen (1920), S. 99, zu seiner Lehrerzeit in Kötzschenbroda [bei Dresden] (1895-1896), betreffend den Ärger mit der Dresdner Schulbehörde, die ihn als Schulleiter ansah: "In dieser schwierigen Lage machte ich einen Fehler, der sich später bitter an mir rächen sollte. Hätte ich über mehr Lebenserfahrung verfügt, hätte mir ein erfahrener Freund zur Seite gestanden, so wäre er wohl sicher vermieden worden. Ich ließ mich auf eine Halbheit ein, schloß einen 'Kompromiß', um allen Teilen zu Willen zu sein und Schwierigkeiten aus dem Wege zu gehen. 'Entweder - Oder' [!] wurde mir später zum Wahlspruch. Und der hat sich mir besser bewährt, als das bedenkliche 'Sowohl - als auch'."

[13] BLUME, Gesuch (1922), S. 6f. - S. fast gleichlautend auch: BLUME, Bericht (1923), Bl. 176r.

[14] BLUME, Gesuch (1922), S. 7.

[15] BLUME, Gesuch (1922), S. 7.

[16] Vgl. dazu die auf S. 62-64 und S. 233f. gegebenen Hinweise auf entsprechende Siedlungsprojekte der Jugendbewegung. - Vgl. ebenso S. 98-100 (Wynekens Gedanken zur Errichtung einer 'Musterschule') sowie S. 402-404 (das Beispiel einer Versuchsschulgründung auf Rügen).

Die Hoffnungen auf eine umfassende Erneuerung des Schulwesens scheiterten vor allem daran, daß 'Das Deutsche Volk, einig in seinen Stämmen', dies 1918 und all die Jahre danach keineswegs war. Denn es gab nicht nur treibende Kräfte - das waren vor allem die linksliberalen, sozialdemokratischen und sozialistischen Parteien und Verbände -, die den Aufbau eines demokratischen, liberalen oder sozialistischen Staates wollten und in diesem Rahmen auch eine grundlegende Erneuerung der Schule anstrebten. Es zeigten sich vielmehr von Beginn an Kräfte, für die das Kriegsende weniger die Chance eines Neubeginns, als vielmehr eine 'furchtbare Katastrophe' und 'tiefste Erniedrigung' bedeutete, für die die Demokratie nichts selbst Gewünschtes, sondern eine vom Ausland diktierte Staatsform war - und die auf diesem Hintergrund natürlich auch eine Erneuerung der Schule ablehnen mußten[17].

Es kam entsprechend den verschiedenen Weltanschauungen zu heftigen Spannungen zwischen den unterschiedlich gestimmten Kräften, und auch das Schulwesen wurde "in bisher unbekanntem Maße Gegenstand parteipolitischer Auseinandersetzungen"[18], ja es entstand ein regelrechter 'Kampf um die Schule'. Dabei erstarkten - mit zunehmenden koalitions-, finanz- und außenpolitischen Schwierigkeiten, mangelnder Solidarität der linksgerichteten Parteien und Gruppen u.a. - die restaurativen Kräfte immer mehr, so daß für die Neugestaltung der Gesellschaft und des Schulwesens immer weniger Spielraum zur Verfügung stand. Wie erfolgreich der Widerstand konservativer Kräfte gegen Reformen im Bildungsbereich war, läßt sich gut an dem Schicksal der Novembererlasse von 1918[19] aber auch an zahlreichen anderen Beispielen, etwa im Bereich der Schulgesetzgebung demonstrieren.

Die Weimarer Verfassung von 1919 brachte für die Geschichte des deutschen Schulwesens eine Neuerung. Hatte die Zuständigkeit für den Schulbereich bislang bei den Ländern bzw. den ehemaligen Bundesstaaten gelegen, so wurde hier zum ersten Mal die Möglichkeit geschaffen, durch eine Grundsatzregelung das deutsche Schulwesen auf Reichsebene einheitlich zu ordnen; doch diese Chance sollte vertan werden. Es kam wohl zu einer Grundsatzgesetzgebung in der Verfassung, doch was hier niedergeschrieben wurde, war kaum mehr als ein zweifelhafter Kompromiß[20]: Er war mehrdeutig, so daß er eigentlich mehr die vorherige Verwirrung festigte als beseitigte, und statt eine klare politische Ausgangsbasis zu schaffen, ließ er viele Punkte offen, verschob konkrete Punkte und belastete ihn letztlich mit dem Stempel

---

17   Zur Schulpolitik der Weimarer Zeit s. ein- und durch Literaturhinweise weiterführend vor allem: FÜHR, Christoph, Zur Schulpolitik der Weimarer Republik. Die Zusammenarbeit von Reich und Ländern im Reichsschulgesetz (1919-1923) und im Ausschuß für das Unterrichtswesen (1924-1933). Darstellung und Quellen, 2. Aufl. Weinheim 1972. - MÜLLER, Sebastian F., Die Höhere Schule Preußens in der Weimarer Republik. Zum Einfluß von Parteien, Verbänden und Verwaltung auf die Schul- und Lehrplanreform 1919-1925 (=Studien und Dokumentationen zur deutschen Bildungsgeschichte, 3), Weinheim [u.a.] 1977. - WITTWER, Wolfgang W., Die sozialdemokratische Schulpolitik in der Weimarer Republik. Ein Beitrag zur politischen Schulgeschichte im Reich und in Preußen. Mit einem Geleitwort von Otto BÜSCH (=Historische und Pädagogische Studien, 12), Berlin 1980.
18   FÜHR, Zur Schulpolitik, S. 19.
19   S. hierzu S. 77-79.
20   S. dazu: FÜHR, Zur Schulpolitik, S. 26-39. - Zur unterschiedlichen Bewertung des Kompromisses: FÜHR, Zur Schulpolitik, S. 130f., Anm. 87.

der Unausführbarkeit[21]. Auch in der Folgezeit - 1921, 1925 und 1927 - eingebrachte Reichsschulgesetzentwürfe scheiterten[22]. Außer vereinzelten Aktivitäten, vor allem der Organisation der vom 11.-19.06.1920 im Berliner Reichstag stattfindenden Reichsschulkonferenz, die mit rund 700 Vertretern (aus Regierung, Verbänden und wissenschaftlicher Pädagogik) die größte Veranstaltung dieser Art war, die bislang auf deutschem Gebiet stattgefunden hatte[23], und einigen Einzelerneuerungen, wie vor allem dem Reichsgrundschulgesetz vom 21.04.1920, das als eine tiefgreifende schulpolitische Entscheidung die Einheitsschule für die ersten 4 Schuljahre brachte[24], wurde auf Reichsebene kaum etwas erreicht[25].

So blieben Schulangelegenheiten - und somit die Frage der Reformen - weiterhin weitestgehend den Ländern, ihren Regierungen und Parteien überlassen. Die Folge war, daß sich je nach parteipolitischer Zusammensetzung der Landesregierungen in den einzelnen Ländern, ja innerhalb dieser Länder, die verschiedensten schulpolitischen Vorstellungen und Maßnahmen durchsetzen konnten und es so zu einer völligen Zersplitterung des Schulwesens kam. So klagte als einer unter vielen etwa der

---

[21] Die Schulartikel sind u.a. abgedr. in: Quellen zur Geschichte der Erziehung, 9. Aufl. Berlin (DDR) 1980, S. 471-473, in: FÜHR, Zur Schulpolitik, S. 158-160, und zuletzt in: Schulgesetzgebung in der Weimarer Republik vom 11. August 1919 bis 24. März 1933. Sammlungen von Rechtsvorschriften des Reiches und der Länder Baden, Bayern und Preußen. Nachdr. mit einer Einleitung hrsg. von Frank J. HENNECKE (=Sammlungen der Gesetze, Verordnungen, Erlasse, Bekanntmachungen zum Elementar- bzw. Volksschulwesens im 19./20. Jahrhundert, 7), Köln [u.a.] 1991, S. 1-3.

[22] Vgl.: SCHULZ, Heinrich, Der Leidensweg des Reichsschulgesetzes, Berlin 1926.

[23] Als Vorbereitung zur Reichsschulkonferenz diente: Die deutsche Schulreform. Ein Handbuch für die Reichsschulkonferenz, hrsg. vom Zentralinstitut für Erziehung und Unterricht Berlin, Leipzig o.J. [1920]. - Als Ergebnisbericht wurde vorgelegt: Die Reichsschulkonferenz 1920. Ihre Vorgeschichte und Vorbereitung und ihre Verhandlungen. Amtlicher Bericht, erstattet vom Reichsministerium das Innern, Leipzig 1921; unveränd. Neudr. als Bd. 3 der Reihe 'Deutsche Schulkonferenzen', Glashütten 1972. - S. auch: Die Reichsschulkonferenz in ihren Ergebnissen, hrsg. vom Zentralinstitut für Erziehung und Unterricht, Leipzig o.J. [1921]. - Sowie die Zusammenfassungen in: FÜHR, Zur Schulpolitik, S. 45-50. -
S. auch den Rückblick von Hans Alfken (1899-1994), dem einst jüngsten und am längsten lebenden Teilnehmer der Reichsschulkonferenz: ALFKEN, Hans, Die Reichsschulkonferenz von 1920. Kritische Würdigung und Reminiszenzen, in: Die Deutsche Berufs- und Fachschule, Jg. 66 (1970), S. 840-856; s. dazu auch das Interview: '... wir wollten mithelfen, daß eine neue Gesellschaft entstand'. b:e-Gespräch mit Hans Alfken, in: betrifft: erziehung, Jg. 17 (1984), Heft 4, S. 72-77. - Biogr. Inf. zu Alfken: KEIM, Wolfgang, Hans Alfken. geb. 1899, in: Schulreform - Kontinuitäten und Brüche. Das Versuchsfeld Berlin-Neukölln, hrsg. von Gerd RADDE, Werner KORTHAASE, Rudolf ROGLER und Udo GÖßWALD im Auftrag des Bezirksamts Neukölln, Abt. Volksbildung, Kunstamt, Bd. II: 1945 bis 1972, Opladen 1993, S. 175-178. - Todesjahr von Alfken: [Hans Alfken (1899-1994), Pressenotiz anläßlich seines Todes], in: Hannoversche Allgemeine Zeitung vom 07.04.1994.

[24] Abgedr. u.a. in: GIESE, Quellen, S. 242f., zuletzt: Schulgesetzgebung in der Weimarer Republik, S. 3f. - Vgl.: KUNZ, Lothar, Reformerische und restaurative Tendenzen der schulpolitischen Auseinandersetzungen zur Zeit der Weimarer Republik, in: Schule zwischen Kaiserreich und Faschismus, hrsg. von Reinhard DITHMAR und Jörg WILLER, Darmstadt 1981, S. 125-154. - WITTWER, Sozialdemokratische Schulpolitik, S. 206-214: zum Grundschulgesetz.

[25] Das Fehlen einer notwendigen klaren Mehrheit für eine konsequente und planmäßige Politik zeigt sich etwa in der Besetzung der für die Schulpolitik zuständigen Innenministerstellen. Hier kam es zu 'fliegenden Wechseln': Während der 14 Jahre der Weimarer Republik amtierten 17 verschiedene Minister des Innern; vgl. die Liste der Minister bei: FÜHR, Zur Schulpolitik, S. 124, Anm. 28.

Berliner Bürgermeister und Stiefvater des Scharfenberg-Schülers Arnulf Hoffmann, Friedrich Carl August Lange (1879-1956)[26], im Jahr 1928:

> "Ein Irrgarten für die unglücklichen Eltern von Kindern, die eine höhere Schule besuchen wollen, sind die 40 verschiedenen Schulformen an den 160 höheren Lehranstalten Berlins. Die Schulreform hat hier eine Verwirrung gestiftet, in der kaum noch ein Fachmann sich zurechtfinden kann [...]."[27]

In dem für die Entwicklung der Schulfarm relevanten Preußen waren die politischen Verhältnisse wesentlich stabiler als im Reich[28]. Abgesehen von zwei kurzen Unterbrechungen konnte hier Ministerpräsident Otto Braun (1872-1955, SPD) von 1921 bis 1932 regieren. Und das Ministerium für Wissenschaft, Kunst und Volksbildung wies mit lediglich 4 bzw. 5 Ministern - Konrad Haenisch (Minister 1918-1921, SPD); zunächst zusammen mit Adolf Hoffmann (USPD, Minister 1918 bis Januar 1919), Otto Boelitz (DVP, Minister 1921-1925), Carl Heinrich Becker (1876-1933; parteilos, Minister 1921 und 1925-1930) und Adolf Grimme (1889-1963; SPD, Minister 1930-1932) eine hohe Kontinuität auf. Diese Minister, ihnen voran vor allem Carl Heinrich Becker und Adolf Grimme, können als zur Reform entschlossene Bildungspolitiker bezeichnet werden, denen eine demokratische Umgestaltung des Schulwesens am Herzen lag[29]. Doch waren ihre Möglichkeiten begrenzt: Zum einen regierte ab 1920 in Preußen eine aus den drei Weimarer Verfassungsparteien (SPD, DDP, Zentrum) bestehende Koalition; diese brachte zwar eine - im Vergleich zum Reich gesehen - positive Kontinuität, kostete die Minister aber den Preis der Kompromisse. Zum anderen hatten sie sich mit den ständigen Einsprüchen der untergeordneten Provinzial-Schulkollegien auseinanderzusetzen, die zumeist konservative Positionen vertraten.

Dieses Bild wiederholte sich, wie unten noch zu zeigen sein wird, auch in Berlin: Auch hier saßen an der Spitze der Schulverwaltung reformfreudige Personen, z.T.

---

[26] Biogr. Inf. zu Lange s. S. 345.

[27] LANGE, Friedrich C.A., Groß-Berliner Tagebuch. 1920-1933, 1. Aufl. Berlin 1951; 2. unveränd. Aufl. Berlin 1982, S. 106 (Eintrag vom 07.02.1928); ähnlich Eugen Löffler in seinem Band, der einen guten Eindruck vom Schulaufbau in Deutschland gibt: LÖFFLER, Eugen, Das öffentliche Bildungswesen in Deutschland, Berlin 1931, S. 51: "Es ist heute fast unmöglich, eine genaue und vollständige Übersicht über die verschiedenen Formen der höheren Schule zu geben."

[28] Die Unterschiede zwischen Reich und Preußen, insbes. durch die personellen Konstellationen innerhalb der Parteien, arbeitet u.a. heraus: EHNI, Hans-Peter, Zum Parteienverhältnis in Preußen 1918-1932. Ein Beitrag zu Funktion und Arbeitsweise der Weimarer Koalitionsparteien, in: Archiv für Sozialgeschichte, Jg. 11 (1971), S. 241-288.

[29] Zu Becker ausführlicher: bes. S. 285ff. - Zu Grimmes Wirken s. u.a.: Adolf Grimme. Briefe, hrsg. von Dieter SAUBERZWEIG (=Veröffentlichungen der Deutschen Akademie für Sprache und Dichtung, 39), Heidelberg 1967. - HILKER, Franz, Adolf Grimme zum 75. Geburtstag, in: Bildung und Erziehung, Jg. 13 (1960), S. 110f. - HILKER, Franz, Adolf Grimme +, in: Bildung und Erziehung, Jg. 16 (1963), S. 509f. - MEISSNER, Kurt, Zwischen Politik und Religion: Adolf Grimme. Leben, Werk und geistige Gestalt, Berlin 1993. - SEITERS, Julius, Adolf Grimme - ein niedersächsischer Bildungspolitiker, Hannover 1990. - LESKI, Horst, Schulreform und Administration. Vom Einheitsschulprogramm der Weimarer Reichsverfassung bis zu den Schulreformprogrammen des niedersächsischen Kultusministeriums, Oldenburg 1990. - LESKI, Horst, Schulreformprogramme des Niedersächsischen Kultusministers 1945-1970, Hannover 1991.

ausgesprochene Reformgeister, doch auch sie hatten sich mit Oppositionen und vor allem untergeordneten Stellen und diversen Gruppen wie der Eltern- und Lehrerschaft auseinanderzusetzen und wurden dabei in ihrer Arbeit z.T. aufs extremste behindert, so daß auch auf dieser Ebene auf direktem Wege wenig bewegt werden würde.

Nachdem somit bald nach 1918 klar war, daß es zu keiner umfassenderen Schulreform kommen würde, mußte man sich in schulreformerischen Kreisen die Frage stellen, ob man nicht versuchen sollte oder gar müßte, wenigstens jede sich bietende Gelegenheit zur Realisierung kleiner Reformschritte zu nutzen.

II.3.B.   DIE VERSUCHSSCHULVORSTELLUNGEN DES BUNDES ENT-SCHIEDENER SCHULREFORMER

Zu den Gruppierungen, die eine umfassende, radikale demokratische Umgestaltung des Schulwesens forderten, gehörte nicht zuletzt auch der Bund entschiedener Schulreformer. Konsequent arbeitete er bald nach seiner Gründung ein komplexes Schulmodell aus. Aber bereits in den Jahren 1919/20 hatte man auch im Bund erkannt, "daß die Chancen einer umfassenden Reform des Schulwesens [...] mit fortschreitender Zeit immer geringer wurden."[30]

Als Konsequenz dieser Erkenntnis begann man zum einen die Frage zu diskutieren, ob man die Bundesarbeit als reine Agitation (d.h. als reine und sich aufs Prinzipielle beschränkende Theoriearbeit) betreiben solle oder ob man nicht vielmehr verpflichtet sei, Ämter zu übernehmen, wenn dadurch die Schulreform gefördert und beschleunigt werden könne. Diese Frage wurde bereits auf der 3. Vorstandssitzung vom 24.10.1919 diskutiert und hier zunächst mit einer Kompromißlösung abgeschlossen[31]; doch führte nicht zuletzt dieser Punkt in den folgenden Jahren bis ca. 1924 zur Spaltung des Bundes, d.h. zum Ausstieg zahlreicher, zunächst führender Bundesmitglieder[32].

---

[30]   NEUNER, Bund, S. 38.
[31]   Würzburg, Oestreich-Archiv: 1. Protokollbuch, S. 21f.: "Am Schluß entspinnt sich eine lebhafte Auseinandersetzung in der Frage, ob wir verpflichtet sind, Ämter zu übernehmen, wo wir die Schulreform fördern können, trotz des Vorwurfs der Streberei; oder ob wir rein auf Agitation gestellt bleiben wollen. Oestreich ist für reine Agitation, Karsen ist unentschieden, Rommel, Wagner, Kawerau bejahen die Pflicht zur Übernahme solcher Ämter [...]. Damit ist nicht gesagt, daß die Frage auf die Alternative: hie reine Idee, dort Konzessionswesen und persönliche Eitelkeit zugespitzt werden dürfe. Ohne die praktische Kleinarbeit kommen wir nicht voran, wir dürfen bei dem Ruf zur Leistung nicht zurückscheuen, ohne in den Verdacht der sich zum Selbstzweck setzenden Kritik oder Nörgelei zu geraten. Agitation darf nicht zum Selbstzweck werden. Die praktische Mitarbeit in leitenden Stellen schließt eine weitere Pflege der Agitation ja nicht aus. Im Gegenteil, wir sind entschlossen, Oestreich mit allen Kräften zu unterstützen." - Vgl.: NEUNER, Bund, S. 42.
[32]   NEUNER, Bund, an div. Stellen.

Zum zweiten forderte der Bund parallel zu seinem Grundsatzprogramm mit Nachdruck sofortige Änderungsmaßnahmen und machte hierzu auch erste konkrete Vorschläge. Paul Oestreich verdeutlichte in seinem im Vorwärts vom 01.11.1919 erschienenen Artikel 'Billige Schulreform'[33], der sich gegen den Einwand des preußischen Kultusministeriums wandte, eine Schulreform sei gegenwärtig nicht zu finanzieren, die 'Marschrichtung' des Bundes:

> "Wir wollen nach 'Utopien' marschieren, aber unterwegs in geduldiger täglicher Arbeit die Straße ausbessern, nicht trunken Hallelujah rufend über die Steine und durch die Löcher stolpern, um schließlich im Graben zu endigen. Verachtet nicht die Kleinarbeit, sie führt zu großen Zielen."[34]

Neben ersten Vorschlägen für 'Sofortmaßnahmen' kündigte Oestreich in dem Vorwärts-Artikel zudem an, der Bund wolle "demnächst seiner Rolle als revolutionärer Anreger entsprechend, an das Preußische Ministerium für Kunst, Wissenschaft und Volksbildung mit einer umfangreicheren Vorschlagsliste sofort angreifbarer und billiger Änderungen im Schulbetriebe herantreten."[35] Diese Vorschlagsliste wurde als 'Denkschrift des Bundes entschiedener Schulreformer unter den akademisch gebildeten Lehrern und Lehrerinnen an deutschen Schulen über sofort durchführbare und nur geringe Kosten erfordernde Reformen im Schulwesen', die auch veröffentlicht wurde, im Dezember 1919 beim preußischen Kultusministerium und der Preußischen Landesversammlung eingereicht[36]. Der Bund forderte hier u.a. die Einrichtung von kollegialer Schulverwaltung und von Schulgemeinden, die Abschaffung schriftlicher Hausaufgaben und der Reife- und Schlußprüfungen, eine stärkere Betonung der staatsbürgerlichen Erziehung, die Einführung wahlfreier Kurse in der Oberstufe sowie die Gründung von 'Musterschulen'.

Im Kontext dieser 'Sofortmaßnahmen' beschäftigte man sich im letzten Quartal 1919 und im ersten Quartal 1920 intensiver mit dem Gedanken der Errichtung von

---

[33] OESTREICH, Paul, Billige Schulreformen, in: Vorwärts vom 01.11.1919.

[34] OESTREICH, Billige Schulreformen.

[35] OESTREICH, Billige Schulreformen.

[36] Denkschrift des Bundes entschiedener Schulreformer unter den akademisch gebildeten Lehrern und Lehrerinnen an deutschen Schulen über sofort durchführbare und nur geringe Kosten erfordernde Reformen im Schulwesen, in: Zeitschrift für soziale Pädagogik. Vierteljahrsschrift der Deutschen Gesellschaft für soziale Pädagogik, Jg. 1 (1920), [Heft 2: Januar], S. 99-101; wieder in: Das Weißbuch der Schulreform. Im Auftrage des 'Reichsbundes entschiedener Schulreformer' hrsg. von Siegfried KAWERAU, Berlin 1920, S. 23-26; mit einem Zusatz 'Entwurf für eine Selbstverwaltung der Lehrerschaft' wieder in: Deutsches Philologen-Blatt, Jg. 28 (1920), S. 198f. ('Denkschrift') und S. 199f. ('Entwurf'). - NEUNER, Bund, S. 38: "Die Denkschrift ist zudem eine Antwort auf die Erklärungen des preußischen Kultusministers, daß wegen der schlechten finanziellen Situation Reformmaßnahmen nur langsam durchgeführt werden könnten."

Versuchsschulen, nicht zuletzt mit der Frage nach der Schaffung einer 'Musterschule' des Bundes[37].

Bereits in dem schon erwähnten Artikel im Vorwärts vom 01.11.1919 nannte Oestreich als einen der wichtigsten Punkte die "Frage nach der Versuchs-Einheits-schule"[38]. Er regte die Gründung von Versuchsschulen an, die in einzelnen Stadt-vierteln der Großstädte verteilt zu gründen seien - stellte aber auch die Frage, ob nicht eine der ehemaligen Kadettenanstalten für einen solchen Versuch geeignet sei[39]:

> "Man müßte etwa in einem Stadtviertel einer Großstadt planmäßig das Schulwesen in allen sei-nen Verzweigungen aufbauen, um dabei die sich erst in der Praxis herausstellenden Schwierig-keiten und ihre Überwindung zu studieren. Neue Kosten brauchen dabei nicht zu entstehen, da die neuen Schulkörper stufenweise an die Stelle der alten treten. Natürlich müßte man zu einem solchen Aufbau nur reformwillige Lehrkräfte heranziehen, weil der erste Versuch ganz andere Energien erfordert als spätere Nachahmungen. In Hamburg ist man so vorgegangen, daß man Wahlkollegien der Lehrer gebildet hat, in denen sich für eine bestimmte gemeinsame Erziehungsauffassung begeisterte Menschen zu gemeinsamem, durch keinerlei Gesinnungsträg-heit oder gar bewußtes Widerstreben gehemmten Tun an der Jugend zusammenfanden [...]."[40]

Im Protokoll der 6. Vorstandssitzung vom 13.11.1919 hielt man im Protokoll zum Punkt 'Erörterung der Musterschulfrage' fest:

> "Es soll eine Gesamtschule aufgebaut werden, kein Einzelexperiment gemacht werden. Ein geo-graphisch bestimmter Bezirk soll die Kinder liefern, möglichst am Rande einer Großstadt; an Internatserziehung ist nicht gedacht, sondern an eine Schule, deren Erfahrungen für alle Schulen maßgebend sein könnten. Ob wir persönlich bereit sind, an einer solchen Schule mitzuarbeiten, kann praktisch im Augenblick nicht beantwortet werden.
> Wichtig ist, daß die Erziehung zur Gemeinschaft nicht unter Abschluß von der Volksgemein-schaft, etwa siedlerisch [d.h. hier: abgekapselt], erfolgt [...]."[41]

Auch die 'Denkschrift' endete mit der Schlußforderung nach "Einrichtung von Mu-sterschulen auf Grund demnächst einzureichender Pläne."[42] Und in einem im Som-mer 1920 erschienenen Aufsatz forderte Oestreich die umgehende Gründung von Versuchsschulen, die "am Rande der Großstädte [...] ins Leben zu rufen"[43] seien und kündigte die Veröffentlichung eines detaillierteren Versuchsschulvorschlages an[44],

---

37 S. z.B.: Würzburg, Oestreich-Archiv: 1. Protokollbuch: (1a) S. 20: 3. Vorstandssitzung vom 24.10.1919, TOP 8: "Ein weiterer Abend soll im Januar über die Musterschule abgehalten wer-den." (1b) S. 20: Vorstandssitzung vom 24.10.1919, TOP 10: "Dienstag 1/2 8 Musterschulkommission." (2) S. 35f.: 16. Vorstandssitzung vom 13.11.1919, TOP 10: "Erörterung der Musterschulfrage". (3) S. 93: 19. Vorstandssitzung vom 05.02.1920, TOP 8: "Oestreichs Musterschulplan und seine Veröffentlichung, evtl. Sonderdruck für alle Mitglieder usw." (4) S. 98f.: 20. Vorstandssitzung vom 14.02.1920, S. 99: TOP 6: "Oestreichs Muster-schulplan soll möglichst bei Diederichs gedruckt und in Sonderabzügen versandt werden."
38 OESTREICH, Billige Schulreformen.
39 OESTREICH, Billige Schulreformen.
40 OESTREICH, Billige Schulreformen.
41 Würzburg, Oestreich-Archiv: 1. Protokollbuch, S. 33f.
42 Denkschrift des Bundes [...] über sofort durchführbare und nur geringe Kosten erfordernde Re-formen im Schulwesen, S. 101.
43 OESTREICH, Leitsätze, S. 157.
44 OESTREICH, Leitsätze, S. 157.

der dann nach Diskussion und Beschluß im Bundesvorstand des Bundes erschien[45] und nicht zuletzt auch ans Preußische Kultusministerium verschickt wurde[46]. In ihm hieß es u.a.:

> "Die allgemeine Schulorganisation muß notwendigerweise stets hinter den Zeitideen und -bedürfnissen herhumpeln. Nur Versuchsschulen können Schritt halten, sie müssen den Vortrupp der Gesamtschulreform abgeben, ohne welche kein neues aufsteigendes Volksleben sich durchsetzen wird."[47]

Auf der vom 11.-19.06.1920 in Berlin stattfindenden Reichsschulkonferenz schließlich trat Oestreich ganz in diesem Sinne für die Errichtung von Versuchsschulen ein. Am zweiten Tag der Reichsschulkonferenz wies er, wie am Tag zuvor bereits sein Reformkollege im Bund entschiedener Schulreformer, Fritz Karsen[48], erneut darauf hin, daß der Weg zur völligen Erneuerung des Schulwesens "durch Versuchsschulen [...] weiter gebahnt werden kann."[49] Am letzten Tag der Reichsschulkonferenz nannte er den Versuchsschulgedanken des Bundes Entschiedener Schulreformer eine "Anregung Wynekens"[50]. Damit scheint Wynekens Idee einer öffentlichen Versuchsschule für den Bund entschiedener Schulreformer einen ähnlichen Anstoß gegeben zu haben wie - wie oben gezeigt - für Wilhelm Blume.

In diesem Zusammenhang stellte Oestreich am letzten Tag der Reichsschulkonferenz einen Antrag zur Gründung eines Stiftungsfonds für die Finanzierung von Ver-

---

[45]   OESTREICH, Paul, Umriß einer Versuchs-Einheitsschule, in: Die Tat. Monatsschrift für die Zukunft deutscher Kultur, Jg. 12 (1920/21), S. 42-52 [= Aprilheft 1920, zugleich als Sonderdr. verbreitet], die nach RADDE, Fritz Karsen, S. 233, "dem Reichskabinett, der deutschen Nationalversammlung, den deutschen Landesregierungen und weiteren Stellen im März 1920 [...] vorgelegt [wurde]." - OESTREICH, Umriß einer Versuchs-Einheitsschule, S. 42, Anm.: "Dieser Aufsatz, eine Denkschrift des Bundes entschiedener Schulreformer, liegt den Verhandlungen ihrer im April im Herrenhause zu Berlin stattfindenden Reichskonferenz zugrunde."]. - Mit leichten Veränderungen publizierte Oestreich diesen Plan auch als: OESTREICH, Paul, Umriß einer Versuch-Einheitsschule als Schule der Menschenbildung und Selbstentdeckung, in: Die freie studentische Produktionsgemeinschaft als Vorstufe der Einheitsschule, Berlin 1920, S. 7-16.

[46]   Ein entsprechender Sonderdr. dieser Schrift liegt in den Ministerialakten: Berlin, GStA PK: I. HA, Rep. 76 VI, Sekt. 1 cc, Bd. 9, Bl. 28-34: 'Sonderabdruck des Aprilheftes 1920 von 'Die Tat''.

[47]   OESTREICH, Umriß einer Versuchs-Einheitsschule, S. 42.

[48]   Reichsschulkonferenz, S. 464.

[49]   Reichsschulkonferenz, S. 535. - Der Gedanke wurde von Georg Kerschensteiner (1854-1932) aufgegriffen: Reichsschulkonferenz, S. 543: "Gehen wir also - das ist meine Sehnsucht - zunächst den Weg des Versuches, und bitten wir die Reichsregierung oder stimmen wir alle einstimmig darin ein, daß die zukünftige Reichsschulgesetzgebung den Weg des Versuches möglichst freimacht."

[50]   Reichsschulkonferenz, S. 1033.

suchsschulen auf breitester Basis[51]. Dieser Fonds wurde jedoch nie geschaffen. Ebenfalls ohne Erfolg blieb Oestreichs Bitte um Zuschüsse an Staatssekretär Heinrich Schulz (1872-1932) vom 20.07.1920, auf die am 01.11.1920 eine definitive Absage jeglicher staatlichen Unterstützung folgte.

Mitte Oktober 1920 regte Oestreich in einem Artikel 'Schulreform' erneut Einzelreformen im Berliner Schulwesen, u.a. auch 'praktische Versuche', an, doch legte er nun Wert auf die Feststellung, daß es sich hier um 'klar durchdachte, erfolgreiche und beweiskräftige Versuche' handeln müsse[52].

Im November 1920 hörte man dann plötzlich ganz andere Töne:

"'Tat' oder 'Wort'? Falsche Ausmünzung! 'Wort' kann große 'Tat' sein und 'Tat' Missetat. Man prüfe einmal daraufhin die Geschichte. Wer 'Versuche' machen kann, soll sie ja machen, nachdem er Boden, Umstände, Aussichten genau geprüft hat! Die ohne Lebenserfahrung ins eigene Unglück tollpatschen, laden Schuld auf sich, dürfen nicht noch auf 'Verdienste' pochen, weil sie 'es wagten'! Wage nach dem Wägen! Auf keinen Fall eine 'Bundesversuchsschule': Sie würde belauert. Scheiterte sie [...], so würde die Bundesidee, die unabhängig von allen 'Versuchen' richtig ist [...], vielleicht lange verschüttet."[53]

1921 schrieb Oestreich zum Versuchsschulgedanken skeptisch, daß besondere 'Versuchsschulen' "nur dann - beschränkte - Beweiskraft haben [werden], wenn sie unter günstigen Umständen - welche bei der Widerigkeit der Zeitnot und -trägheit nur als normale zu bewerten wären - und mit geschulten Anhängern der neuen Ideen als Lehrern eingerichtet werden und wenn sie zur wirklichen, ehrlichen Einheitsschule streben."[54] Oestreich warnte an dieser Stelle alle, die praktische Versuche angehen wollten:

---

[51]   OESTREICH, Paul, Antrag auf Schaffung eines Versuchsschulenfonds, in: Die Reichsschulkonferenz 1920. Ihre Vorgeschichte und ihre Verhandlungen. Amtlicher Bericht, erstattet vom Reichsminist. d. Innern, Leipzig 1921 [Neudr. als Bd. 3 der Reihe 'Deutsche Schulkonferenzen', Glashütten 1972], S. 1034; wieder in: OESTREICH, Paul, Ein großer Aufwand, schmählich!, ist vertan. Rund um die Reichsschulkonferenz! Gesammelte Aufsätze (=Entschiedene Schulreform, 23), Leipzig 1924, S. 46f. - Im Sommer 1920 sah Oestreich die (gerade vollzogene) Ausweitung des Bundes Entschiedener Schulreformer zu einem Volksbund auch unter dem Aspekt der Finanzierung von Versuchsschulen: "Ein großer Kreis wird unsere Zeitschrift, unsere anschwellende Buch- und Abhandlungsliteratur, unsere [...] Konferenzen leicht tragen, er wird vielleicht in nicht langer Zeit den Aufbau von Versuchsschulen im Sinne des Bundesprogrammes finanzieren können [...]." (OESTREICH, Ein Volk, eine Schule, ein Bund! Einheit, Freiheit, Gliederung, in: Die Neue Erziehung, Jg. 2 (1920), S. 289-291, hier S. 291).
[52]   OESTREICH, Paul, Schulreform, in: Kommunale Praxis. Zentralorgan der Sozialdemokratischen Partei Deutschlands für Kommunalpolitik und Gemeindesozialismus, Jg. 20 (1920), S. 922-926; u.d.T. 'Schulreform in Groß-Berlin?' wieder in: OESTREICH, Paul, Ein großer Aufwand, schmählich!, ist vertan. Rund um die Reichsschulkonferenz! Gesammelte Aufsätze (=Entschiedene Schulreform, 23), Leipzig 1924, S. 94-99, hier (1920) S. 926: "Scheinbar stehen der Berliner Schule schwere Zeiten bevor: Parteipolitische Kämpfe von rechts und links, Eltern-, Schüler-, Lehrerstreiks. Es wäre gut, wenn man diese Übel ruhig und fest abstellte, indem man durch Opfer für die Schule, in klar durchdachten, erfolgreichen und beweiskräftigen Versuchen zeigte, daß unser Weg durch die Wüste nach Kanaan führt."
[53]   OESTREICH, Paul, Glossen zur Bundesarbeit, in: Die Neue Erziehung, Jg. 2 (1920); Mitteilungen, S. 55f., hier S. 56.
[54]   OESTREICH, Die Elastische Einheitsschule. Lebens- und Produktionsschule, 1. Aufl. 1921, S. 58; mir der Einschränkung einer 'sehr [sic!] beschränkten Beweiskraft' von Versuchsschulen wieder in: 2. Aufl. 1923, S. 60.

"Warnend ist noch zu sagen, daß 'Versuche' nur unternehmen soll, wer mit allen Einzelheiten der wirtschaftlichen Umstände wohlvertraut und in der Technik des praktischen Lebens wohl erfahren ist, aber doch ein glühendes Herz mit einem kühlen und klaren Verstande paart. Wer 'Versuche' anders wagt, ohne jede erfaßbare Einzelheit in bezug auf Voraussetzungen, Zustände, Menschen sorgfältig zu prüfen, mag einen - rätselhaften! - 'Glauben' als Entschuldigung für sich anführen, aber freisprechen kann ihn niemand: Er hat eine gesunde und schöne Idee durch seine Torheit geschädigt und vielleicht für lange Zeit der Lächerlichkeit preisgegeben. Er soll dann niemand anklagen außer sich selbst - als der Leichtfertigkeit und Unwissenheit Überführten. Wagen, gewiß! aber vorher wägen! Auch die sorgfältigste Untermauerung sichert nicht gegen Erdbeben, aber doch ist Pflicht, nicht zu versäumen, was sich feststellen, errechnen und vorausschauen läßt, denn 'Schulreform' ist doch fatalistischem Glauben abhold!"[55]

Diese Skepsis gegen Versuchsschulen wuchs bei Oestreich weiter an. So bezeichnete er in einem Brief an Adolf Grimme vom 14.09.1921 den "Gedanken der Versuchsschule als "immer undiskutabler"[56]. Und 1922:

"Für die vereinzelte 'Versuchsschule' vermögen wir entschiedenen Schulreformer uns immer weniger zu erwärmen. Sie beweist nichts, täuscht nur einen Fortschritt vor. Wir sind, wie die Hamburger, für die Schulversuche im Ganzen, auf breiter Front.'[57]

1929 heißt es dann schließlich radikal und generell:

"Mich ekelt alle 'Schulreform', mit Ausstellungen, Photographien, Vorstellungsreigen und all dem 'Betrieb', der 'Erfolge' nachweist, aber die Wirkung verschaufelt.'[58]

Mit dieser Haltung hatte Oestreich in der Versuchsschulfrage einen radikalen - in der Literatur häufig nicht wahrgenommenen[59] - Wandel vollzogen. Dieser setzte schon Mitte 1920 ein und stand in engem Zusammenhang mit dem bereits angesprochenen Scheitern von Fritz Karsens Schulversuch in Lichterfelder[60]. Karsen hatte die Leitung der Lichterfelder Anstalt ohne jede Absprache mit dem Bundesvorstand, so auch nicht mit Oestreich, übernommen. Auch wenn sich neben Karsen "noch einige andere Bundesmitglieder, z.B. die Vorstandsmitglieder Heinrich Deiters und Arno Wagner, an diesem Versuch [beteiligten], da sie wie Karsen die Möglichkeit sahen,

---

55   OESTREICH, Die Elastische Einheitsschule. Lebens- und Produktionsschule, 1. Aufl. 1921, S. 59; wieder in: 2. Aufl. 1923, S. 60f.
56   Auszug abgedr. in: MARGIES, Dieter, Das höhere Schulwesen zwischen Reform und Restauration. Die Biographie Hans Richerts als Beitrag zur Bildungspolitik in der Weimarer Republik, Neuburgweier 1972, S. 227f., hier S. 228.
57   OESTREICH, Paul, Höheres Schulwesen, in: Die Neue Erziehung, Jg. 4 (1922), S. 26-30, hier S. 28.
58   OESTREICH, Paul, Verlarvung und Bankrott, in: Die Neue Erziehung, Jg. 11 (1929), S. 519-527, hier S. 527.
59   S. z.B.: KEIM, Geschichte friedenspädagogischer Diskussionen, S. 570f.: "Oestreich hat sie [seine Schulvorstellungen] allerdings nirgends erprobt, ja, sich sogar strikt gegen Schulversuche, die andere Mitglieder des Bundes wie insbesondere Fritz Karsen durchführten, ausgesprochen, weil er von ihnen eine Verwässerung seiner Ideen befürchtete. Statt dessen hoffte er, auf dem Wege der Bundesarbeit eine breite Öffentlichkeit für sein Konzept zu gewinnen, was angesichts der Mehrheitsverhältnisse in Weimar als aussichtslos erscheinen mußte." - LESKI, Schulreform, S. 334, Anm. 457: "Im Gegensatz zu der Mehrzahl der führenden Mitglieder des Bundes entschiedener Schulreformer lehnte dessen Vorsitzender Paul Oestreich die Beteiligung an der Durchführung der Schulreform ab, auch in Schulversuchen."
60   Vgl. dazu S. 100.

die bisher erörterten Vorstellungen in die Praxis umzusetzen"[61], so kann daher der Lichterfelder Versuch keinesfalls als ein Versuch des Bundes gesehen werden. Genau das aber wurde in der Öffentlichkeit verbreitet. Und so wie "in allen Kommentaren zum Lichterfelder Versuch eine Beziehung zum Bund entschiedener Schulreformer hergestellt [wurde]"[62], so wurde nun auch der negative Ausgang des Unternehmens von der rechten Presse als ein Scheitern der Bundesideen betrachtet und die Ideen des Bundes entschiedener Schulreformer als "völlig unreife, undurchdachte Einfälle von Projektmachern"[63] diffamiert.

Fortan brach das schon länger, vor allem im Zusammenhang mit der Reichsschulkonferenz[64] belastete Verhältnis zwischen Oestreich und Karsen endgültig auseinander[65]. Karsen erklärte zusammen mit Deiters, Wagner und anderen am 17.05.1920 seinen Rücktritt aus dem Bundesvorstand[66].

Von nun an tauchte die Idee einer 'Musterschule' des Bundes an keiner Stelle mehr auf. Die radikale Abkehr vom Versuchschulgedanken als solchem trat bei Oestreich aber, so stark die Zäsur im Gefolge des Lichterfelder Scheiterns auch gewesen sein mag, erst in den nachfolgenden Jahren ein.

Als ergänzende Faktoren spielten hier vermutlich das Scheitern weiterer Versuchsschulen wie auch die Ergebnisse von Befragungen eine Rolle, die Oestreich zur Erarbeitung seines Modells der 'elastischen Oberstufe' bei verschiedenen Versuchsschuldirektoren durchführte und wie folgt zusammenfaßte:

---

[61] NEUNER, Bund, S. 49. - S. so: KARSEN, Fritz, Entschiedene Schulreform und Lichterfelde, in: Der freie Lehrer. Organ der Arbeitsgemeinschaft sozialdemokratischer Lehrer und Lehrerinnen Deutschlands, Jg. 2 (1920), S. 321: "Lichterfelde bot nach Meinung der mit mir dorthin gehenden Freunde und meiner eigenen eine einzigartige Gelegenheit, die Ideen unseres Kreises [sic!] durchzusetzen: Die Herstellung einer selbstwirtschaftenden, sich selbst verwaltenden, sich an innerer Notwendigkeit bildenden Lebens- und Erziehungsgemeinschaft von Lehrern und Schülern. Hier waren Räume genug für allerlei Werkstätten, Gebäude genug zur Landarbeit [sic!], hier sollten bestimmungsgemäß nicht ehemalige Kadetten, sondern bedürftige Kinder einziehen, hier war kein festgefügtes Kollegium vorhanden, sondern mindestens die Hälfte konnte nach meinem Wunsch zusammengesetzt werden [...]."

[62] NEUNER, Bund, S. 50. - Zu frühen entsprechenden Befürchtungen Oestreichs und entsprechenden harten Auseinandersetzungen während des laufenden Versuches innerhalb des Bundes: NEUNER, Bund, S. 51. - Vermutlich auf Druck Oestreichs hin verdeutlichte Karsen: KARSEN, Entschiedene Schulreform und Lichterfelde, S. 321: "Im Landeshauptausschuß der Landesversammlung hat bei der Beratung des Etats der höheren Schulen der Herr Abgeordnete Oelze sich mit den Ideen der entschiedenen Schulreformer auseinandergesetzt und im Anschluß daran von dem mißglückten Versuch in Lichterfelde gesprochen. Demgegenüber möchte ich nochmals ganz deutlich betonen, daß Lichterfelde weder dem Bund angeboten noch von ihm übernommen worden ist, für dessen Annahme und Durchführung ich allein die Verantwortung trage [...]."

[63] Deutsche Kinder als Versuchsobjekte, in: Der Reichsbote vom 12.08.1920, Morgenausg.

[64] S.: NEUNER, Bund, S. 47f.

[65] Oestreich legte fortan einen regelrechten Haß gegenüber Karsen an den Tag; dazu: NEUNER, Bund, S. 54: "Die Härte und Unversöhnlichkeit seines Urteils überrascht dabei immer wieder; so schrieb er z.B. noch 1924 über Karsen: 'Der Mann hat doch nur einen Gedanken, Brücken nach rechts zu schlagen, und nach allen Seiten verbindliche Verbeugungen zu machen, um doch irgendeinmal Oberschulrat zu werden. Ein widerwärtiger Verrätertyp' (Brief Oestreich - W. Trojan vom 26.6.1924)."

[66] NEUNER, Bund, S. 52.

"Es ist in den letzten Jahren eine Reihe von Versuchen mit der Wahlfreiheit auf der Oberstufe der höheren Schule gemacht worden. Ich habe durch eine private Umfrage Urteile über ihre Bewährung zu sammeln gesucht. Die Antworten beweisen, wie sehr in der Gestaltung wie im Ergebnis bei dieser Reform alles abhängt von der Persönlichkeit der Lehrer, von der Auswahl der Schüler, von der Art, wie Lehrer und Schüler einander gegenseitig beeinflussen. Die bisherigen Versuche 'beweisen' schlechterdings nichts und auch viele weitere werden nichts beweisen [...]. Die Urteile, die mir die Schulleiter übersandten (ich kann dankbar bezeugen, daß ich überall freundliches Entgegenkommen fand), widersprechen einander bis zur Gegensätzlichkeit."[67]

Mit seiner eindeutigen Festlegung auf theoretische Arbeit und Agitation und seiner generellen Ablehnung aller praktischen Betätigung in Versuchsschulen wie auch der Weigerung, leitende Positionen zu übernehmen, nahm Oestreich eine Position ein, die der der KPD, vor allem vertreten durch deren führenden bildungspolitischen Kopf Edwin Hoernle (1883-1952), nahe kam[68]. Hoernle war der Auffassung, "daß im Zeitalter des Imperialismus und der proletarischen Revolution eine tiefgreifende demokratische Schulreform nur möglich ist im Rahmen des revolutionären Kampfes der Arbeiterklasse und ihrer Verbündeten."[69] Daher sei es "eine Illusion [...], zu glauben, man könne heute schon, innerhalb des bürgerlichen Klassenstaates, der Ausbeutung, Verblendung und politischen Knechtung der Arbeiterklasse den 'vorurteilsfreien, selbständigen Menschen, der sein Gesetz in sich trägt', erziehen."[70] Folgerichtig verneinte er - andere Positionen, etwa die der Sozialdemokraten wurden von Hoernle ins 'Lächerliche' gezogen, wenn er etwa vom "Geschwätz der Lö-

[67] OESTREICH, Elastische Oberstufe, S. 239f.
[68] Vgl. dazu aus DDR-Sicht: UHLIG, Christa, Edwin Hoernles Auseinandersetzung mit der Reformpädagogik am Beispiel reformpädagogischer Versuchsschulen, in: Jahrbuch für Erziehungs- und Schulgeschichte, Jg. 26 (1986), S. 138-143. - Eine differenzierte Position zur Versuchsschulfrage innerhalb der KPD nahm Fritz Ausländer ein; zu ihm s. S. 346-348. - Hoernles Position wurde teilweise bis in jüngste Zeit unkritisch weitertradiert, vgl. so z.B.: HOFFMANN, Volker, Anmerkungen zum Verhältnis von Massenschulen und Versuchsschulen in der Weimarer Republik, in: Weimarer Republik, hrsg. vom Kunstamt Kreuzberg von Berlin und dem Institut für Theaterwissenschaft der Universität Köln, 3. verb. Aufl. Berlin [u.a.] 1977, S. 563-567, hier S. 567, meint, man müsse "Hoernle recht geben"; die reformerischen Versuche in der Weimarer Republik hätten sich "für die Massen" keineswegs ausgewirkt, sondern "vielmehr deren Lage verdunkelt".
[69] MEHNERT, Wolfgang, Einführung, in: HOERNLE, Edwin, Grundfragen der proletarischen Erziehung. Pädagogische und bildungspolitische Schriften. Ausgew., eingel. und erl. von Wolfgang MEHNERT, Herbert FLACH und Hans LEMKE, Berlin (DDR), S. 7-29, hier S. 19.
[70] HOERNLE, Edwin, Elternbeiräte und Versuchsschulen, in: Das proletarische Kind, Jg. 2 (1922), Heft 10 (Oktober), S. 18-20; wieder in: Das proletarische Kind. Zur Schulpolitik und Pädagogik der Kommunistischen Partei Deutschlands in den Jahren der Weimarer Republik. Ausgew., eingel. und erl. von Herbert FLACH und Herbert LONDERSHAUSEN, Berlin (DDR) 1958, S. 171-174; wieder in: HOERNLE, Edwin, Grundfragen der proletarischen Erziehung. Pädagogische und bildungspolitische Schriften. Ausgew., eingel. und erl. von Wolfgang MEHNERT, Herbert FLACH und Hans LEMKE, Berlin (DDR), S. 94-96, hier (1922), S. 19.

wenstein und Paulsen"[71] oder der "lächerliche[n] Beschränktheit sozialdemokratischer Kleinbürger vom Schlage der Paulsen und Löwenstein"[72] spricht - die
Frage, "ob die Forderung nach Versuchsschulen überhaupt unter den augenblicklichen Machtverhältnissen ein proletarisches Kampfziel sein kann"[73].

Diese Position wurde von den meisten Bundesmitgliedern nicht geteilt. Bis 1925
mußte Oestreich daher die Erfahrung machen, daß er mit seiner extremen Ausrichtung auf Agitation allein stand: alle Mitarbeiter aus der Anfangszeit, etwa Hilker,
Karsen, Kawerau, Siemsen u.a., die wesentlich bei der Gestaltung des pädagogischen Konzepts mitgewirkt hatten, waren aus dem Bund ausgeschieden und hatten
sich anderen 'praktischen' Aufgaben zugewandt[74].

---

[71] HOERNLE, Grundfragen der proletarischen Erziehung, Berlin 1929, S. 190; gekürzt wieder
in: HOERNLE, Edwin, Schulpolitische und pädagogische Schriften. Ausgew. und eingel. von
Wolfgang MEHNERT, Berlin 1958, S. 146-285; veränd. Fassung wieder in: HOERNLE, Edwin, Grundfragen der proletarischen Erziehung. Pädagogische und bildungspolitische Schriften.
Ausgew., eingel. und erl. von Wolfgang MEHNERT, Herbert FLACH und Hans LEMKE,
Berlin (DDR), S. 205-327, hier: (1929), S. 190; (1983), S. 316. - Zu den beiden hier
genannten Bildungspolitikern Kurt Löwenstein und Wilhelm Paulsen s. S. 150ff.

[72] HOERNLE, Grundfragen, S. 189.

[73] HOERNLE, Elternbeiräte, S. 19: "Unter den heutigen Verhältnissen hat die ganze pädagogische Experimentierei an einzelnen wenigen Volksschulen keinen anderen Erfolg, als Lehrer
wie Eltern abzulenken von dem, was not tut, nämlich den Kampf um die ganze Schule.
Während man da und dort eine Versuchsschule gründet, bleiben 99% aller Volksschulen im
Argen. Während 100 Kinder alle Finessen ausgesuchtester Pädagogik nach neuesten Systemen
zu genießen bekommen (von Kerschensteiner bis Montessori) werden Millionen Tag für Tag,
Stunde um Stunde geprügelt, gequält, gedrillt, verwahrlost. Indem die Behörden da und dort
eine Versuchsschule zulassen, entheben sie sich ihrer Pflicht, eine brauchbare Gesamtreform
aller Schulen durchzuführen. Mehr noch! Sie entledigen sich gleichzeitig aller
vorwärtsstrebenden und deshalb der Schulbürokratie unbequemen Lehrkräfte, die sich nun mit
Feuereifer der Illusion hingeben, an 'ihrer' Schule eine Insel der Zukunft, ein Paradies des
'vorurteilslosen, selbständigen Menschen, der sein Gesetz in sich trägt', schon heute, aller
Ausbeutung und Profitsucht des Kapitalismus zum Trotz, schaffen zu können. Natürlich bleibt
es immer bei 'Versuchen'! Natürlich erklärt die Behörde, daß immer aufs neue 'versucht',
immer noch nicht gründlich genug 'versucht' worden ist. Und das Ende vom Liede? Die
Resultate der Versuchsschule werden niemals Allgemeingut [...]."

[74] Vgl.: NEUNER, Bund, S. 54.

So blieb Fritz Karsen nicht nur weiterhin ein klarer Verfechter des Versuchsschulgedankens[75], sondern wurde auch selbst Leiter einer der bedeutendsten Reformschulen der Weimarer Republik, dem im Berliner Arbeiterbezirk Neukölln gelegenen Kaiser-Friedrich-Realgymnasium (später: Karl-Marx-Schule)[76].

1922 schrieb Karsen in einem Aufsatz über 'Versuchsschulen' - nach seiner Feststellung, daß er mit seinem Eintreten für Versuchsschulen auf der Reichsschulkonferenz "fast auf allen Seiten Zustimmung" geerntet habe -, daß das Versuchsschulproblem "durch Erfahrungen der letzten Jahre und durch den Wunsch Wilhelm Paulsens, in Berlin Versuche in weitem Ausmaß zu machen, noch mehr in den Vordergrund getreten [sei]"[77]. Mit dieser Anspielung berührte Karsen die Ebene der Berliner Kommune, die für Wilhelm Blume spätestens mit dem Gedanken der Errichtung einer Versuchsschule auf Scharfenberg eine zentrale Rolle zu spielen begann.

II.3.C.   DIE REFORMTÄTIGKEIT DES BERLINER OBERSTADTSCHULRATS WILHELM PAULSEN 1921-1924

Am 27. April 1920 hatte die preußische Landesversammlung nach fast einjähriger Vorbereitungszeit das 'Gesetz der neuen Stadtgemeinde Berlin'[78] verabschiedet. Im Gefolge dieses Gesetzes wurden nicht nur die Städte Berlin, Charlottenburg,

---

[75] Vgl. dazu eine Auswahl aus seinen Schriften zum Thema: KARSEN, Fritz, Die Schule der werdenden Gesellschaft, Berlin 1921. - KARSEN, Fritz, Versuchsschulen?, in: Der freie Lehrer. Organ der Arbeitsgemeinschaft sozialdemokratischer Lehrer und Lehrerinnen Deutschlands, Jg. 4 (1922), S. 117-199. - KARSEN, Fritz, Deutsche Versuchsschulen der Gegenwart und ihre Probleme. Wilhelm Paulsen gewidmet, Leipzig 1923. - Die neuen Schulen in Deutschland, hrsg. von Fritz KARSEN. Mit einem Vorwort von Wilhelm PAULSEN, Berlin 1924. - KARSEN, Fritz, Die deutschen Versuchsschulen, in: Authentischer Bericht über den 1. Pädagogischen Kongreß vom 28.-31. August [1925] in München (=Pädagogische Kongreßblätter, 1. Bd., Heft 3-6), München 1925, S. 61-70. - FADRUS, Viktor, Der Pädagogische Kongreß zu München, Teil III, in: Schulreform, Jg. 4 (1925), S. 1-18, hierin S. 1-13: KARSEN, Fritz, Versuchsschule und Schulversuche in den deutschen Ländern. - KARSEN, Fritz, Vergangenheit und Zukunft unserer deutschen Schulversuche, in: Sudentendeutsche Schule, Prag, Jg. 1 (1927), Heft 2 (Februar), S. 167-170. - KARSEN, Fritz, Deutsche Versuchsschulen, in: Die neuzeitliche deutsche Volksschule. Bericht über den Kongreß Berlin 1928, hrsg. von der Kongreßleitung, Berlin 1928, S. 287-298. - KARSEN, Fritz [lt.: RADDE, Fritz Karsen, S. 301], Die Versuchsschulen, in: Das Berliner Schulwesen, hrsg. von Jens NYDAHL. Bearb. unter Mitwirkung Berliner Schulmänner von Erwin KALISCHER, Berlin 1928, S. 52-61.

[76] Literaturauswahl dazu S. 87.

[77] KARSEN, Versuchsschulen?, S. 117.

[78] Gesetz über die Bildung einer neuen Stadtgemeinde Berlin vom 27. April 1920, hrsg. von Paul HIRSCH, Berlin 1920; Auszug der die Schulverwaltung betr. Punkte auch in: WITTE, Erich, Die Schulverwaltung in der neuen Stadtgemeinde Berlin. Die gesetzlichen Grundlagen und Vorschläge zu ihrer Organisation, Berlin 1920, S. 23-25. - S. dazu auch: Ausführungsanweisung zu dem 'Gesetze über die Bildung einer neuen Stadtgemeinde Berlin vom 26. [sic!] April 1920' vom 24.11.1920, in: Zentralblatt für die gesamte Unterrichts-Verwaltung in Preußen, Jg. 63 (1921), S. 13-17.

Neukölln, Wilmersdorf, Spandau, Köpenick sowie eine Anzahl von Landgemeinden und Gutsbezirken zu einer neuen Stadtgemeinde 'Groß-Berlin' zusammengeschlossen[79], sondern im Zuge einer gesamten Umstrukturierung des Berliner Verwaltungswesens auch die Berliner Schulverwaltung neu aufgebaut[80].

---

[79] Als Zugang zur Geschichte Berlins sei aus der Flut der Literatur zum Thema lediglich hervorgehoben: Geschichte Berlins. Von der Frühgeschichte bis zur Gegenwart, hrsg. von Wolfgang RIBBE, 2 Bde., München 1987, hier insbes. S. 691-793: ERBE, Michael, Berlin im Kaiserreich (1871-1918); S. 797-923: KÖHLER, Henning, Berlin in der Weimarer Republik (1918-1932); S. 927-1024: ENGELI, Christian / RIBBE, Wolfgang, Berlin in der NS-Zeit (1933-1945). - Berlin 1870-1960. Mit einer Einführung von Janos FRECOT und Tilo EGGELING, München [u.a.] 1981. -
Für die zwanziger Jahre weiter bes.: Probleme der neuen Stadt Berlin. Darstellungen der Zukunftsaufgaben einer Viermillionenstadt, hrsg. von Hans BRENNERT und Erwin STEIN (=Monographien deutscher Städte, 18), Berlin 1926. - Gustav BÖß. Oberbürgermeister von Berlin 1921-1930. Beiträge zur Berliner Kommunalpolitik, hrsg. und eingel. von Christian ENGELI (=Schriften des Vereins für die Geschichte Berlins, 62), Berlin 1981. - ENGELI, Christian, Gustav Böß. Oberbürgermeister von Berlin 1921 bis 1930 (=Schriftenreihe des Vereins für Kommunalwissenschaften e.V. Berlin, 31), Stuttgart [u.a.] 1971 [u.a.: S. 85-116: Tabellen zur Berliner Kommunalpolitik (Zusammensetzungen der Berliner Stadtverordnetenversammlung, des Magistrats u.v.a.)]. - BÜSCH, Otto / HAUS, Wolfgang, Berlin als Hauptstadt der Weimarer Republik. 1919-1933. Mit einem statistischen Anhang zur Wahl- und Sozialstatistik des demokratischen Berlin 1919-1933, hrsg. von der Arbeitsgruppe Berliner Demokratie am Fachbereich Geschichtswiss. der FU Berlin (=Veröffentlichungen der Historischen Kommission zu Berlin, 70/1), Berlin [u.a.] 1987. - Beiträge zur Geschichte der Berliner Demokratie: 1919-1933/1945-1988, hrsg. von Otto BÜSCH (=Einzeldarstellungen der Historischen Kommission zu Berlin, 65), Berlin 1988. - GRZYWATZ, Berthold, Arbeit und Bevölkerung im Berlin der Weimarer Zeit. Eine historisch-statistische Untersuchung. Mit einer Einführung von Otto BÜSCH und Stefi JERSCH-WENZEL (=Einzelveröffentlichungen der Historischen Kommission zu Berlin, 63), Berlin 1988. - Berliner Kommunalpolitik 1921-1925. Tätigkeitsbericht der Berliner Stadtverordnetenfraktion der SPD, Berlin 1925 [S. 45-76 Kap. 'Schulwesen']. - WOYTINSKY, Emma, Sozialdemokratie und Kommunalpolitik. Gemeindearbeit in Berlin, Berlin 1929, S. 57-65: Kap. 'Schulpolitik'. - GOUGH, Edward, Die SPD in der Berliner Kommunalpolitik 1925-1933, Berlin 1984. - LANGE, Annemarie, Berlin in der Weimarer Republik. Berlin (DDR) 1987. -
Unentbehrliches Hilfsmittel: Berlin-Bibliographie (bis 1960), bearb. von Hans ZOPF und Gerd HEINRICH (=Veröffentlichungen der Historischen Kommission zu Berlin, 15: Bibliographien, 1), Berlin 1965. - Berlin-Bibliographie (1961-1966), bearb. von Ursula SCHOLZ und Rainald STROMEYER (=Veröffentlichungen der Historischen Kommission zu Berlin, 43: Bibliographien, 4), Berlin [u.a.] 1973. - Berlin-Bibliographie (1967-1977), bearb. von Ursula SCHOLZ und Rainald STROHMEYER (=Veröffentlichungen der Historischen Kommission zu Berlin, 58: Bibliographien, 5), Berlin [u.a.] 1984. - Berlin-Bibliographie (1978-1984), bearb. von Ute SCHÄFER und Rainald STROHMEYER (=Veröffentlichungen der Historischen Kommission zu Berlin, 69: Bibliographien, 6), Berlin [u.a.] 1987. - Berlin-Bibliographie 1985 bis 1989, hrsg. von der Senatsbibliothek Berlin, Bd. 1: Bibliographie, Bd. 2: Register (=Historische Kommission zu Berlin; Bibliographien, 7), München [u.a.] 1995. - Berlin-Bibliographie 1990, hrsg. von der Berliner Stadtbibliothek in Zusammenarbeit mit der Senatsbibliothek Berlin (=Historische Kommission zu Berlin; Bibliographien, 8), München [u.a.] 1995. - Berlin-Bibliographie 1991, hrsg. von der Zentral- und Landesbibliothek in Zusammenarbeit mit der Senatsbibliothek Berlin (=Historische Kommission zu Berlin; Bibliographien, 9), München [u.a.] 1996. - Berlin-Bibliographie 1992, hrsg. von der Zentral- und Landesbibliothek in Zusammenarbeit mit der Senatsbibliothek Berlin (=Historische Kommission zu Berlin; Bibliographien, 10), München 1997. - Berlin-Bibliographie 1993, hrsg. von der Zentral- und Landesbibliothek Berlin in Zusammenarbeit mit der Senatsbibliothek Berlin (=Historische Kommission zu Berlin; Bibliographien, 11), München 1999. - [Die Bibliographie wird fortgesetzt.] - Ergänzend: Berlin. Eine Bibliographie, Berlin 1982. - Bibliographische Hinweise [zur Geschichte des demokratischen Berlin], in: Beiträge zur Geschichte der Berliner De-

Das neue 'Groß-Berliner' Schulwesen[81] bildete nach § 42 des Gesetzes vom 27.04.1920 nun einen eigenen Schulverband. Um diesen möglichst einheitlich zu gestalten, hatte der Magistrat entsprechend den Ausführungsbestimmungen zu § 13 dieses Gesetzes in Verbindung mit § 59 der Städteordnung die Einrichtung einer besonderen Zentraldeputation für das gesamte Schulwesen Berlins beschlossen. An die Spitze dieser 'Deputation für Schulwesen' wurde ein Oberstadtschulrat gestellt, der gleichzeitig Mitglied des Magistrats war. Die Schuldeputation war in drei Abteilungen gegliedert, der für das höhere Schulwesen zuständigen Abteilung I, der für das Volks- und Mittelschulwesen zuständigen Abteilung II und der Abteilung III für das Berufs- und Fachschulwesen. Die neue Deputation, deren Tätigkeit Anfang März 1921 begann, setzte sich aus fünf Magistratsmitgliedern und 16 Stadtverordneten zusammen. Als juristischer Dezernent für das höhere, mittlere und Volksschulwesen wurde ihr ein Obermagistratsrat zugeteilt und dem Vorsitzenden für jedes der drei Sondergebiete je ein Magistratsoberschulrat als Dezernent unterstellt, der gleichzeitig Vertreter des Oberstadtschulrats in der Deputation für Schulwesen innerhalb seines Arbeitsbereiches war. Staatliche Aufsichtsbehörde für alle öffentlichen und privaten Schulen der neuen Stadt Berlin sollte das Provinzial-schulkollegium in Berlin sein, ausgeklammert war das Berufsschulwesen, das dem Minister für Handel und Gewerbe unterstellt wurde. Das Provinzialschulkollegium hatte vor seiner Entscheidung über Anträge und Anregungen der Bezirks-schulausschüsse und Bezirksschuldeputationen zunächst die Deputation für

---

mokratie: 1919-1933/1945-1988, hrsg. von Otto BÜSCH (=Einzeldarstellungen der Historischen Kommission zu Berlin, 65), Berlin 1988, S. 361-405.

[80]   WITTE, Schulverwaltung. - Ausführungsanweisung zum dem 'Gesetze über die Bildung einer neuen Stadtgemeinde Berlin vom 26. [sic!] April 1920' vom 24.11.1920, in: Zentralblatt für die gesamte Unterrichts-Verwaltung in Preußen, Jg. 63 (1921), S. 13-17. - Vgl. auch: Erster Verwaltungsbericht der neuen Stadtgemeinde Berlin für die Zeit vom 1. Oktober 1920 bis 31. März 1924, Heft 5: Schul-, Kunst- und Bildungswesen, Berlin 1926, S. 5.

[81]   Das Berliner Schulwesen, hrsg. von Jens NYDAHL. Bearb. unter Mitwirkung Berliner Schulmänner von Erwin KALISCHER, Berlin 1928, hier S. 15-25 zur Schulverwaltung, danch Vorstellung verschiedener Schultypen und Schulen Berlins. - RICHTER, Wilhelm, Berliner Schulgeschichte. Von den mittelalterlichen Anfängen bis zum Ende der Weimarer Republik. Unter Mitwirkung von Maina RICHTER hrsg. und bearb. von Marion KLEWITZ und Hans Christoph BERG. Mit einer Zeittafel von Gerd RADDE (=Historische und pädagogische Studien, 13), Berlin 1981. - Hilfe Schule. Ein Bilder-Lese-Buch über Schule und Alltag Berliner Arbeiterkinder. Von der Armenschule zur Gesamtschule 1827 bis heute, hrsg. von der Arbeitsgruppe Pädagogisches Museum, Berlin 1981. - SCHONIG, Bruno, Berliner Reformpädagogik in der Weimarer Republik. Personen - Konzeptionen - Unterrichtsansätze, in: Schule in Berlin - gestern und heute, hrsg. von Benno SCHMOLDT (=Wissenschaft und Stadt, 9), Berlin 1989, S. 31-53. -
Erster Verwaltungsbericht der neuen Stadtgemeinde Berlin für die Zeit vom 1. Oktober 1920 bis 31. März 1924, Heft 5: Schul-, Kunst- und Bildungswesen, Berlin 1926. - Verwaltungsbericht der Stadt Berlin 1924-1927 (1. April 1924 bis 31. März 1928). Nach den Berichten der Verwaltungen hrsg. von dem Statistischen Amt der Stadt Berlin (Verwaltungsberichtsstelle), Heft 5: Schul-, Kunst- und Bildungswesen, Berlin 1929. - Verwaltungsbericht der Hauptschulverwaltung der Stadt Berlin und der Allgemeinen Hauptschulverwaltung Kunst und Bildungswesen für die Zeit vom 1. April 1932 bis 31. März 1936 mit einem kurzen Rückblick seit 1928, Heft 5: Schul-, Kunst- und Bildungswesen, Berlin 1937.

Schulwesen zu hören, wenn die Fragen in ihrer Bedeutung über die Interessen eines einzelnen Verwaltungsbezirks hinausgingen[82].

Bei den 1. Wahlen zum Magistrat der neuen Stadtgemeinde im Herbst 1920, die eine rein sozialistische Mehrheit ergab[83], wurde gegen den bürgerlichen Kandidaten, den früheren Stadtrat für das höhere Schulwesen Berlins, Dr. Arnold Reimann (1870-1938)[84], der damals der USPD (ab 1922 der SPD) angehörende Schulpolitiker Dr. Kurt Löwenstein (1885-1939), ein profilierter sozialistischer Schulpolitiker als Oberstadtschulrat gewählt[85].

Im Gefolge dieser Wahl veranstaltete, wie bereits zuvor nach Bekanntgabe von Löwensteins Kandidatur, ein Teil der Presse, die reaktionären Elternvereinigungen und auch Teile der Lehrerschaft ein regelrechtes Kesseltreiben: die Wahl eines 'Juden' und 'Marxisten' sei 'ein Schlag ins Gesicht der deutschen Lehrerschaft'. Auch die Berliner Lehrerkammer sprach sich gegen diese Berufung aus. Die Führung der preußischen Sozialdemokratie gab diesem Druck nach: Der Preußische

---

82   Zu dieser Strukturierung s. vor allem: Erster Verwaltungsbericht der neuen Stadtgemeinde Berlin für die Zeit vom 1. Oktober 1920 bis 31. März 1924, Heft 5: Schul-, Kunst- und Bildungswesen, Berlin 1926, S. 5. - Zum Thema Provinzialschulkollegium s. z.B.: Das Berliner Schulwesen, an div. Stellen. - RICHTER, Berliner Schulgeschichte, an div. Stellen. - BATH, Herbert, Zur Organisation von Schulaufsicht und Schulverwaltung in Groß-Berlin und seinen Verwaltungsbezirken vor 1945; in: Reformpädagogik in Berlin - Tradition und Wiederentdeckung. Für Gerd Radde, hrsg. von Wolfgang KEIM und Norbert H. WEBER (=Studien zur Bildungsreform, 30), Frankfurt [u.a.] 1998, S. 83-97; ['leicht'] veränderte Fassung des Aufsatzes 'Berliner Bezirke und Schule - Schulaufsicht und Schulverwaltung in Groß-Berlin vor 1945' [nicht, wie in der Festschrift angegeben u.d.T. 'Die Organisation von Schulaufsicht und Schulverwaltung in Groß-Berlin und seinen Verwaltungsbezirken vor 1945'], in: Pädagogik und Schulalltag, Jg. 1 (1994), S. 51-59.

83   ENGELI, Gustav Böß, S. 56-58. - SPLANEMANN, Andreas, Bewährung und Begrenzung der Berliner Demokratie. Die erste Magistratsbildung der neuen Stadtgemeinde Berlin 1920, in: Beiträge zur Geschichte der Berliner Demokratie: 1919-1933/1945-1985, hrsg. von Otto BÜSCH (=Einzelveröffentlichungen der Historischen Kommission zu Berlin, 65), Berlin 1988, S. 3-43.

84   Biogr. Inf. zu Reimann: SCHOLTZ, Harald, Gymnasium zum Grauen Kloster 1874-1974. Bewährungsproben einer Berliner Gymnasialtradition in ihrem vierten Jahrhundert (=Bibliothek für Bildungsforschung, 8), Weinheim 1998 (an div. Stellen).

85   Zu Kurt Löwenstein s. bes.: LÖWENSTEIN, Kurt, Sozialismus und Erziehung. Eine Auswahl aus den Schriften 1919-1933. Neu hrsg. von Ferdinand BRANDECKER und Hildegard FEIDEL-METZ (=Internationale Bibliothek, 91), Berlin [u.a.] 1976; darin u.a.: Bibliographie Kurt Löwenstein und Kinderfreunde, in: Ebd., S. 427-430; BRANDECKER, Ferdinand, Klassenkampf und Erziehung in der Weimarer Republik, in: Ebd., S. 321-361; LÖWENSTEIN, Dyno, Kurt Löwenstein. Eine biographische Skizze, in: Ebd., S. 363-377; wieder in: Wie das Leben lernen ... Kurt Löwensteins Entwurf einer sozialistischen Erziehung. Beiträge und Dokumente, Berlin 1985, S. 7-26. - Wie das Leben lernen ... Kurt Löwensteins Entwurf einer sozialistischen Erziehung. Beiträge und Dokumente [Katalog zu der Ausstellung 'Nicht nur für sondern auch wie das Leben sollten wir lernen - 100 Jahre Kurt Löwenstein' vom 20.5. bis 28.6.1985 im Alten Kunstamt/Saalbau, Berlin-Neukölln], Berlin 1985. - RADDE, Die Schulreformer Löwenstein und Karsen. - EPPE, Heinrich, Kurt Löwenstein. Ein Wegbereiter der modernen Erlebnispädagogik? (=Wegbereiter der modernen Erlebnispädagogik, 23), Lüneburg 1991. - KORTHAASE, Werner, Neuköllner Schulpolitik im Dienste der Arbeiterschaft - Dr. Kurt Löwenstein als Kommunalpolitiker, in: Schulreform - Kontinuitäten und Brüche. Das Versuchsfeld Berlin-Neukölln, hrsg. von Gerd RADDE, Werner KORTHAASE, Rudolf ROGLER und Udo GÖßWALD im Auftrag des Bezirksamts Neukölln, Abt. Volksbildung, Kunstamt, Bd. I: 1912 bis 1945, Opladen 1993, S. 130-145.

Oberpräsident der Provinz Berlin-Brandenburg bestätigte die Wahl Löwensteins ohne Angabe von Gründen nicht, so daß eine Neuwahl stattfinden mußte[86], bei der Löwenstein nicht mehr antrat[87]. An seiner Stelle kandidierte nun neben dem bürgerlichen Kandidaten für die Sozialisten Wilhelm Paulsen, ein Hamburger Pädagoge, der "kein unbeschriebenes Blatt"[88] war.

Wilhelm Paulsen (1875-1943)[89] war einer der führenden Pädagogen der Hamburger Schulreformbewegung, die sich schon lange vor dem 1. Weltkrieg durch die Initiative der Hamburger Lehrerschaft in Verbindung mit dem Kunsterzieher Alfred Lichtwark (1852-1914), des Direktors der Hamburger Kunsthalle, entwickelt und

---

[86] BRANDECKER, Klassenkampf, S. 350f. - ENGELI, Gustav Böß, S. 56-58. - SPLANEMANN, Bewährung, S. 37.

[87] Löwenstein wurde anschließend Stadtschulrat in Berlin-Neukölln. Von 1924-33 war er Vorsitzender der AsL; 1924-33 Mitglied des Reichstags; 1933 emigrierte er nach Frankreich. Er war der geistige Vater der 'Kinderfreundebewegung' in Deutschland. - "Löwenstein gilt heute als produktivster Theoretiker der proletarischen Erziehung in der Weimarer Republik, der Anregungen der Reformpädagogik und ihrem Gemeinschaftsgedanken mit einem marxistischen Ansatz zu verbinden wußte." (BÖHM, Winfried, Wörterbuch der Pädagogik, 13. überarb. Aufl. Stuttgart 1988, S. 391).

[88] KARSEN, Fritz, Die Entstehung der Berliner Gemeindeschulen, in: Die neuen Schulen in Deutschland, hrsg. von Fritz KARSEN. Mit einem Vorwort von Wilhelm PAULSEN, Langensalza 1924, S. 160-181, hier S. 161.

[89] Über Paulsens Leben und Werk existiert bislang keine größere Arbeit. - Kurzbiogr.: Wilhelm Paulsen, in: Kürschners Deutscher Gelehrten-Kalender, Berlin [u.a.], Bd. 4 (1931), Sp. 2174. - Wilhelm Paulsen, in: Kürschners Deutscher Gelehrten-Kalender, Berlin [u.a.], Bd. 5 (1935), Sp. 1011. - RADDE, Fritz Karsen, S. 335f. (Kurzbiogr.). - STÖHR, Wolfgang, Lehrer und Arbeiterbewegung. Entstehung und Politik der ersten Gewerkschaftsorganisation der Lehrer in Deutschland 1920 bis 1923. Mit einem Vorwort von Dietfried KRAUSE-VILMAR, 2 Bde. (=Schriftenreihe für Sozialgeschichte und Arbeiterbewegung, Bd. 13/1 und 13/2), Marburg 1978 [als Diss. u.d.T.: Die Freie Lehrergewerkschaft Deutschlands (FLGD) 1920 bis 1923. Eine organisationshistorische und organisationssoziologische Untersuchung über Entstehung, Struktur und Politik der ersten Gewerkschaftsorganisation der Lehrer in Deutschland, 2 Teile, Marburg 1976], Bd. 2, S. 34f. (Kurzbiogr.)]. - Besonders wertvoll ist der Sammelband: PAULSEN, Wilhelm, L'Ecole Solidariste. Traduction et Préface de Adolphe FERRI`ERE, Bruxelles 1931, der neben Aufsätzen Paulsens in franz. Übers. die beste Paulsen-Kurzbiogr. enthält: FERRI`ERE, Adolphe, Preface, in: PAULSEN, Wilhelm, L'Ecole Solidariste. Traduction et Préface de Adolphe FERRI`ERE, Bruxelles 1931, S. 7-24. - S. Abb. 23.

entfaltet und eine hohe, weit über Hamburg hinausreichende Ausstrahlungskraft erreicht hatte[90].

[90] Zur Reformpädagogik, insbesondere den Lebensgemeinschaftsschulen, in Hamburg s. etwa: Bericht des Gemeinschaftlichen Ausschusses der Oberschulbehörde und der Schulsynode für die Versuchsschule, in: Pädagogische Reform, Jg. 43 (1919), S. 65-67. - Vom Kinde aus. Arbeiten des Pädagogischen Ausschusses der Gesellschaft der Freunde des vaterländischen Schul- und Erziehungswesens zu Hamburg, hrsg. von Johannes GLÄSER, Hamburg [u.a.] 1920. - Aus der Praxis der hamburgischen Versuchs- und Gemeinschaftsschulen, in: Der Elternbeirat. Halbmonatsschrift für Eltern, Lehrer und Behörden, Jg. 2 (1921), S. 527-529. - Berichte der hamburgischen Versuchs- und Gemeinschaftsschulen 1921, in: Pädagogische Reform, Jg. 45 (1921), Nr. 24, S. 185-192; Berichte über die Schule 'Telemannstraße 10', die Schule 'Breitenfelderstraße 35' ('Wendeschule') und 'Tieloh-Süd' (S. 187-192) u.d.T. 'Aus den Berichten der Hamburgischen Versuchs- und Gemeinschaftsschulen' gekürzt wieder in: Neue Schulformen und Versuchsschulen, hrsg. von Gustav PORGER (=Pädagogische Schriftsteller, 21), Bielefeld [u.a.] 1925, S. 217-233; Bericht über die Lebensgemeinschaftsschule 'Berliner Tor 29' (S. 185-187) wieder in: Die deutsche Reformpädagogik, hrsg. von Wilhelm FLITNER und Gerhard KUDRITZKI, Bd. II: Ausbau und Selbstkritik, 2. unveränd. Aufl. Stuttgart 1982, S. 104-108; s. dazu: HILDEBRANDT, Paul, Die Hamburger Gemeinschaftsschulen. Der erste Tätigkeitsbericht, in: Vossische Zeitung vom 14.07.1921, Morgenausg. - HENNINGSEN, Nicolaus, Durch 'Versuchsschulen' zur Umgestaltung unseres Schulwesens. Eine Richtigstellung und Erwiderung, in: Pädagogische Reform, Jg. 45 (1921), S. 240-242. - KARSTÄDT, Otto, Gemeinschaftsschul-Eltern. Zur Entfaltung der Elternkräfte in den Hamburger Gemeinschaftsschulen, in: Der Elternbeirat. Monatsschrift, Jg. 3 (1922), S. 521-525. - KARSTÄDT, Otto, Neuere Versuchsschulen und ihre Fragestellungen, in: Jahrbuch des Zentralinstituts für Erziehung und Unterricht, Jg. 4 (1922), Berlin 1922, S. 87-133; neue und fortgeführte Fassung u.d.T. 'Versuchsschulen und Schulversuche' (wieder) in: Handbuch der Pädagogik, hrsg. von Herman NOHL und Ludwig PALLAT, 5 Bde. und 1 Erg.-Bd. Faksimile-Ausg. der Originalausg. Langensalza 1928-1933, Weinheim [u.a.] 1981, hier Bd. 4 (1928), S. 333-364 [1922: S. 119-131: 'Die Hamburger Gemeinschaftsschulen'; 1928: S. 354-356]. - PETERSEN, Peter, Die Hamburger Gemeinschaftsschulen, in: Allgemeine Deutsche Lehrerzeitung, Jg. 51 (1922), S. 55-57; wieder in: PETERSEN, Peter, Innere Schulreform und Neue Erziehung. Gesammelte Reden und Aufsätze, Weimar 1925, S. 151-168. - PETERSEN, Peter, Die Lebensgemeinschafts-Schulbewegung in Deutschland, in: Schweizer Erziehungs-Rundschau. Organ für das öffentliche und private Bildungswesen der Schweiz, Jg. 1 (1928/29), Nr. 5: August 1928, S. 110f. - PETERSEN, Peter, Zehn Jahre Lebensgemeinschaftsschule (1919-1929), in: Die Volksschule, Jg. 25 (1929), S. 129 und S. 177-189. - ENGEL, Ernst, Die Gemeinschaftsschulen (Hamburg und Berlin). Ein Bild aus der Gegenwartspädagogik (=Versuchsschulen und Schulversuche, 1), Prag [u.a.] 1922. - HEIN, Johannes, Die Entstehung der Hamburger Reformbewegung, in: Die neuen Schulen in Deutschland, hrsg. von Fritz KARSEN, Langensalza 1924, S. 9-24. - LAMSZUS, Wilhelm, Der Weg der Hamburger Gemeinschaftsschule, in: Die neuen Schulen in Deutschland, hrsg. von Fritz KARSEN, Langensalza 1924, S. 24-85; kurzer Auszug (S. 36-38) u.d.T. 'Aufbruch im Chaos - Erziehung 'Vom Kinde aus' an den Hamburger Lebensgemeinschaftsschulen (1919)' wieder in: HOOF, Dieter, Die Schulpraxis der Pädagogischen Bewegung des 20. Jahrhunderts. Berichte und Unterrichtsbilder, Bad Heilbrunn 1969, S. 54-56. - LAMSZUS, Wilhelm, Vom Weg der Hamburger Gemeinschaftsschulen, in: Deutsche Schulversuche, hrsg. von Franz HILKER, Berlin 1924, S. 262-276; ohne Literaturhinweise auch in: Die Neue Erziehung, Jg. 6 (1924), S. 212-222. - Das hamburgische Schulwesen 1921/24, hrsg. von der Oberschulbehörde Hamburg, Hamburg 1925. - RUDE, Adolf, Wieder ein Besuch in Versuchs- und Gemeinschaftsschulen, in: Pädagogische Warte, Jg. 32 (1925), S. 979-987 und S. 1038-1043. - WEIGEL, W., Die Hamburger Gemeinschaftsschulen, in: Schulreform, Jg. 4 (1925), S. 65-72 und S. 129-133. - ZEIDLER, Die Wiederentdeckung der Grenze. - LAY, Wilhelm August, Die Lebensgemeinschaftsschule. Mit einer Darstellung von Lays Leben und Werk von Max ENDERLIN (=Der Bücherschatz des Lehrers, 25), Osterwieck [u.a.] 1927. - Versuchsschule Telemannstraße 10. 1919-1929. Ein Bericht über ihre Entwicklung und ihren gegenwärtigen Stand. Vom Lehrkörper erstattet, Hamburg 1929. - BLINCKMANN, Theodor, Die öffentliche Volksschule in Hamburg in ihrer geschichtlichen Entwicklung, hrsg. von der Gesellschaft der

Paulsen war ein entschiedener Verfechter der Einheitsschule und der weltlichen Schule, ein Vertreter einer weitgehend autonomen Selbstverwaltung der Schulen; und er hatte sich insbesondere als Vertreter der weit über Hamburgs, ja Deutschlands Grenzen hinaus bekannt gewordenen Gemeinschaftsschulen, die "bis heute als die konsequenteste Verwirklichung des Gedankens einer Pädagogik vom Kinde aus und einer Schule als Lebensgemeinschaft im Rahmen des staatlich getragenen Schulwesens überhaupt"[91] gelten, einen Namen gemacht. Er schien daher den Berlinern die "Gewähr für die Realisierung neuer Schulgedanken [auf kommunaler Ebene] zu geben"[92].

Paulsen war führendes Mitglied der 'Gesellschaft der Freunde des Vaterländischen Schul- und Erziehungswesens', der Interessensvertretung der fort-

---

Freunde des vaterländischen Schul- und Erziehungswesens in Hamburg, Hamburg 1930. - GLÄß, Theodor, Die Entstehung der Hamburger Gemeinschaftsschulen und die pädagogische Aufgabe der Gegenwart, Gießen 1932. - SCHMID, Freiheitspädagogik. - GEBHARD, Julius, Ertrag der Hamburger Erziehungsbewegung, Hamburg 1955; S. 7f. wieder in: Die Deutsche Reformpädagogik, hrsg. von Wilhelm FLITNER und Gerhard KUDRITZKI, Bd. II: Ausbau und Selbstkritik, 2. unveränd. Aufl. Stuttgart 1982, S. 274f. - FIEGE, Hartwig, Geschichte der hamburgischen Volksschule, Bad Heilbrunn 1970, bes. S. 62-120. - MILBERG, Hildegard, Schulpolitik in der pluralistischen Gesellschaft. Die politischen und sozialen Aspekte der Schulreform in Hamburg 1890-1935 (=Veröffentlichungen der Forschungsstelle für die Geschichte des Nationalsozialismus in Hamburg, 7), Hamburg 1970. - 'Der Traum von der freien Schule'. Schule und Schulpolitik in der Weimarer Republik, hrsg. von Hans-Peter DE LORENT und Volker ULLRICH, Hamburg 1988; s. hier bes. S. 118-134: LEHBERGER, Reiner, Einflüsse der Reformpädagogik auf das Hamburger Regelschulwesen in der Weimarer Republik; S. 273-287: LEHBERGER, Reiner, 'Das Lebendigwerden der Kinder im Schulleben'. Zur Geschichte der Versuchsschule Telemannstraße 10. - Hamburg - Stadt der Schulreformen, hrsg. von Peter DASCHNER und Reiner LEHBERGER (=Hamburger Schriftenreihe zur Schul- und Unterrichtsgeschichte, 2), Hamburg 1990, s. hier bes. S. 26-41: HAGENER, Caesar, Die Hamburger Versuchsschulen der Weimarer Jahre. Ihre Programmatik und Realität im Umfeld gesellschaftlicher Bewegungen; S. 56-67: LORENT, Hans-Peter de, Die Selbstverwaltung der Schulen in der Weimarer Republik: Rückschau auf eine umkämpfte Errungenschaft der Reformbewegung in Hamburg. - RÖDLER, Klaus, Vergessene Alternativschulen. Geschichte und Praxis der Hamburger Gemeinschaftsschulen 1919-1933 (=Veröffentlichungen der Max-Träger-Stiftung, 5), Weinheim [u.a.] 1987; s. dazu: LESCHINSKY, Achim, [Besprechung von:] RÖDLER, Klaus, Vergessene Alternativschulen. Geschichte und Praxis der Hamburger Gemeinschaftsschulen 1919-1933 (=Veröffentlichungen der Max-Träger-Stiftung, 5), Weinheim [u.a.] 1987, in: Zeitschrift für Pädagogik, Jg. 34 (1988), S. 141-144; ULLRICH, Volker, Verklärte Reformpädagogik. Betrachtungen im Anschluß an Klaus Rödler: 'Vergessene Alternativschulen', in: Neue Sammlung, Jg. 28 (1988), S. 109-117. - LEHBERGER, Reiner, 'Schule als Lebensstätte der Jugend'. Die Hamburger Versuchs- und Gemeinschaftsschulen in der Weimarer Republik, in: 'Die Alte Schule überwinden'. Reformpädagogische Versuchsschulen zwischen Kaiserreich und Nationalsozialismus, hrsg. von Ullrich AMLUNG, Dietmar HAUBFLEISCH, Jörg-W. LINK und Hanno SCHMITT (=Sozialhistorische Untersuchungen zur Reformpädagogik und Erwachsenenbildung, 15), Frankfurt 1993, S. 32-64. - Literatur zur Hamburger Lichtwarkschule s. bes. S. 160.

91 ULLRICH, Verklärte Reformpädagogik, S. 109.
92 Das Berliner Schulwesen, S. 53.

schrittlichen Lehrerschaft Hamburgs[93]. Von 1910 bis 1919 war er Redakteur der 'Pädagogischen Reform'[94], einer der angesehensten pädagogischen Zeitschriften in Deutschland, die, wenn auch nicht offizielles Organ der 'Gesellschaft', so doch deren Sprachrohr war[95]. Als Autor hatte er in einer Vielzahl von Artikeln - zumeist in

---

[93] S. dazu vor allem: STOLL, Hermann, Geschichte der Freunde des vaterländischen Schul- und Erziehungswesens in Hamburg. Festschrift zur Hundertjahrfeier 1805-1905, Hamburg 1905. - STOLL, Hermann / KURTZWEIL, H., Gesellschaft der Freunde des vaterländischen Schul- und Erziehungswesens in Hamburg 1905-1930. Zum Gedenktag ihres 125jährigen Bestehens am 3. November 1930, Hamburg 1930. - BOLLAND, Jürgen, Die 'Gesellschaft der Freunde' im Wandel des hamburgischen Schul- und Erziehungswesens, Hamburg o.J. [um 1955].

[94] Pädagogische Reform, Hamburg, Jg. 1 (1877) - Jg. 45 (1921), Januar. - Die Zeitschrift ging in der Inflationszeit nach dem 1. Weltkrieg ein; an ihre Stelle trat 1922 die 'Hamburger Lehrerzeitung'. - Vgl. auch: LEHBERGER, Reiner, Schule in Hamburg während des Kaiserreichs. Zwischen 'Pädagogischer Reform' und 'Vaterländischer Gesinnung', in: 'Heil über dir Hammonia'. Hamburg im 19. Jahrhundert - Kultur, Geschichte, Politik, hrsg. von Innge STEPHAN und Hans-Gerd WINTER, Hamburg 1992, S. 417-446.

[95] Zum Ende der Schriftleitungszeit s.: An unsere Leser, in: Pädagogische Reform, Jg. 43 (1919), [Nr. 11 (vom 12.03.)], S. 65. - Wilhelm Paulsens Abschied, in: Pädagogische Reform, Jg. 45 (1921), S. 25; wieder in: Hamburger Echo vom 29.01.1921.

der 'Pädagogischen Reform' seine pädagogischen und bildungspolitischen Positionen kund getan[96].

---

[96]   Artikel von Paulsen vor 1921: PAULSEN, Wilhelm, Staats- oder Familienerziehung?, in: Pädagogische Reform, Jg. 26 (1902), Nr. 40 (vom 01.10.), o.S. - PAULSEN, Wilhelm, Materialistische Geschichtsauffassung und in ihrem Lichte die Entwicklung der Volksschule, in: Pädagogische Reform, Jg. 27 (1903), Nr. 10 (vom 11.03.) und Nr. 11 (vom 18.03.), o.S. - PAULSEN, Wilhelm, Schulstreit in Zürich, in: Pädagogische Reform, Jg. 27 (1903), Nr. 16 (vom 22.04.), o.S. - PAULSEN, Wilhelm, Die Biologie und das Dogma, in: Pädagogische Reform, Jg. 27 (1903), Nr. 45 (vom 11.11.), o.S. - PAULSEN, Wilhelm, Noch einmal Biologie und Dogma, in: Pädagogische Reform, Jg. 27 (1903), Nr. 47 (vom 25.11.), o.S. - PAULSEN, Wilhelm, Ein Schlußwort, in: Pädagogische Reform, Jg. 27 (1903), Nr. 49 (vom 09.12.), o.S. - PAULSEN, Wilhelm, Die Ursachen der Mißerfolge unserer heutigen Schule und ihre Bekämpfung (Ein Beitrag zur Frage der Parallelisation nach Fähigkeiten) (Kommissionsbericht, erstattet am 10.02.1904 in der Gesellschaft der Freunde des vaterländischen Schul- und Erziehungswesens), in: Pädagogische Reform, Jg. 28 (1904), Nr. 10 (vom 09.03.) und Nr. 11 (vom 16.03.), o.S. - PAULSEN, Wilhelm, Schulleitung und Schulaufsicht, in: Pädagogische Reform, Jg. 29 (1905), Nr. 9 (vom 01.03.), o.S. - PAULSEN, Wilhelm, Mehr Licht und Wärme den Sorgenkindern unserer Volksschule, in: Pädagogische Reform, Jg. 29 (1905), Nr. 26 (vom 28.06.), o.S. - PAULSEN, Wilhelm, Vor der Entscheidung, in: Pädagogische Reform, Jg. 29 (1905), Nr. 34 (vom 23.08.), o.S. - PAULSEN, Wilhelm, Gegen den Religionsunterricht, in: Pädagogische Reform, Jg. 29 (1905), Nr. 50 (vom 13.12.), o.S. - PAULSEN, Wilhelm, Für die weltliche Schule. Mit einem Nachwort von Paul NATORP, in: Die Deutsche Schule, Jg. 10 (1906), S. 555-565; wieder in: Pädagogische Reform, Jg. 10 (1906), Nr. 43 (vom 24.10.), o.S. und [Nachwort:] Nr. 44 (vom 31.10.), o.S. - PAULSEN, Wilhelm, Gegen den Geist, in: Pädagogische Reform, Jg. 30 (1906), Nr. 1 (vom 04.01.), o.S. - PAULSEN, Wilhelm, Befreiung der Schule vom Religionsunterricht!, in: Pädagogische Reform, Jg. 30 (1906), Nr. 8 (vom 21.02.), o.S. - PAULSEN, Wilhelm, Noch einiges zur Diskussion über den Religionsunterricht, in: Pädagogische Reform, Jg. 31 (1907), Nr. 27 (vom 03.07.), o.S. - PAULSEN, Wilhelm, Hamburger Randglossen zu Berliner Randglossen, in: Pädagogische Reform, Jg. 31 (1907), Nr. 37 (vom 11.09.), o.S. - PAULSEN, Wilhelm, Dem weisen Rabbi Ben Akiba. Antwort an Herrn Rißmann in Berlin, in: Pädagogische Reform, Jg. 31 (1907), Nr. 41 (vom 09.10.), o.S. - PAULSEN, Wilhelm, Fort mit dem Religionsunterricht aus der Schule. Referat, der Hamburgischen Schulsynode erstattet am 4. Mai, in: Pädagogische Reform, Jg. 31 (1907), Nr. 19 (vom 08.05.), o.S. - PAULSEN, Wilhelm, Schulleitung und Schulaufsicht. Vortrag in der Gesellschaft der Freunde des vaterländischen Schul- und Erziehungswesens, in: Pädagogische Reform, Jg. 32 (1908), Nr. 46 (vom 11.11.), o.S. - PAULSEN, Wilhelm, Körperliche Züchtigung?, in: Pädagogische Reform, Jg. 33 (1909), Nr. 3 (vom 20.01.), o.S. - PAULSEN, Wilhelm, Zwickau und Hamburg. (Ein Bericht und Worte der Kritik zur Frage des Reliogionsunterrichts), in: Pädagogische Reform, Jg. 33 (1909), Nr. 40 (vom 06.10.), o.S. - PAULSEN, Wilhelm, Protestantische Rechtfertigung, in: Pädagogische Reform, Jg. 33 (1909), Nr. 45 (vom 10.11.), o.S. - PAULSEN, Wilhelm, Antwort, in: Pädagogische Reform, Jg. 33 (1909), Nr. 48 (vom 01.12.), o.S. - PAULSEN, Wilhelm, Schulaufsicht und Schulleitung. Vortrag auf der Deutschen Lehrerversammlung in Straßburg, in: Pädagogische Reform, Jg. 34 (1910), Nr. 22 (vom 01.06.) und Nr. 23 (vom 08.06.), o.S. - PAULSEN, Wilhelm, Ein neuer Wurf, in: Pädagogische Reform, Jg. 34 (1910), Nr. 46 (vom 16.11.), o.S. - PAULSEN, Wilhelm, [Antwort auf: C.L.A. Pretzel, Offener Brief an Herrn W. Paulsen], in: Pädagogische Reform, Jg. 37 (1913), Nr. 9 (vom 26.02.), o.S. - PAULSEN, Wilhelm, [Antwort auf: C.L.A. Pretzel, Erklärung], in: Pädagogische Reform, Jg. 37 (1913), Nr. 10 (vom 05.03.), o.S. - KÖSTER, Leo / LOTTIG, Willi / PAULSEN, Wilhelm, Zum Urteil der Hamburger über die sächsischen Versuchsschulen, in: Pädagogische Reform, Jg. 37 (1913), Nr. 10 (vom 05.03.), o.S. - PAULSEN, Wilhelm, Zur Schulengemeinschaft Hamburgs. Von unsern Plänen und Arbeiten am Tieloh für die Lösung des Schulproblems, in: Pädagogische Reform, Jg. 44 (1920), Nr. 34 (vom 25.08.), S. 217f. - PAULSEN, Wilhelm, Leitsätze zum inneren und äußeren Aufbau unseres Schulwesens, in: Pädagogische Reform, Jg. 44 (1920), Nr. 50 (vom 15.12.), S. 335f.; um das Vorwort gekürzt wieder in: Deutsches Philologen-Blatt, Jg. 29 (1921), [Nr. 11 vom 23.03.], S. 136f.; wieder in: Der Elternbeirat. Halbmonatsschrift für Eltern, Lehrer und Behörden, Jg. 2 (1921), S. 311-314;

Nach jahrelanger Vorarbeit, an der Paulsen ganz maßgeblich beteiligt gewesen war, wurde in Hamburg Anfang März 1919 die Errichtung zweier Versuchsschulen genehmigt[97]. Bestimmt wurden dazu die Schulhäuser Berliner Tor und Telemannstr. 10[98]. Bald trat als dritte Versuchsschule die Wendeschule in der Breitenfelder Straße[99], zu Ostern 1920 dann eine vierte, von der Elternschaft geforderte Schule hinzu: Tieloh-Süd, deren erster Leiter Paulsen wurde[100].

Im selben Jahr kam auf Initiative Paulsens hin eine Hamburger 'Schulengemeinschaft' zustande, ein isolierter Arbeit entgegenwirkender Kreis der Versuchsschulen und weiterer mit ihnen sympathisierender Volksschulen sowie der Lichtwarkschule als höherer Schule[101]. Der Lichtwarkschule[102] war dabei insbeson-

---

wieder in: ENGEL, Ernst, Die Gemeinschaftsschulen (Hamburg und Berlin). Ein Bild aus der Gegenwartspädagogik (=Versuchsschulen und Schulversuche, 1), Prag [u.a.] 1922, S. 32-34; wieder in: FOERTSCH, Karl, Der Kampf um Paulsen. Eine kritische Beleuchtung der neuen Schule, Berlin 1922, S. 24-26; ebenso in: KARSEN, Fritz, Die Entstehung der Berliner Gemeinschaftsschulen, in: Die neuen Schulen in Deutschland, hrsg. von Fritz KARSEN. Mit einem Vorwort von Wilhelm PAULSEN, Langensalza 1924, S. 160-181, hier S. 162-164; ebenso wieder in: FERRI`ERE, Adolphe, Schule der Selbstbetätigung oder Tatschule. Dt. Übers. nach der 3. veränd. Aufl. (=Pädagogik des Auslands, 1), Weimar 1928, S. 274-276. - PAULSEN, Wilhelm, Schulengemeinschaft, in: Pädagogische Reform, Jg. 44 (1920), Nr. 52 (vom 29.12.), S. 358; wieder in: FOERTSCH, Karl, Der Kampf um Paulsen. Eine kritische Beleuchtung der neuen Schule, Berlin 1922, S. 26f. - PAULSEN, Wilhelm, Versuch einer natürlichen Schulordnung in der Großstadt auf neupädagogischer Grundlage. Zugleich ein Beitrag für den natürlichen Aufbau der Einheitsschule, in: Pädagogische Reform, Jg. 44 (1920), Nr. 9 (vom 03.03.), S. 71-73.

[97] Zur Vorgeschichte der Hamburger Versuchsschulen s. vor allem: GLÄß, Entstehung, S. 28-37: Kap. 'Der Versuchsschulgedanke'.

[98] GLÄß, Entstehung, S. 36.

[99] GLÄß, Entstehung, S. 36f.

[100] GLÄß, Entstehung, S. 57f. - Zur Entstehungsgeschichte der Versuchsschule Tieloh-Süd: RÖDLER, Vergessene Alternativschulen S. 151-153. - S. zu Tieloh-Süd den Aufsatz von Paulsens Nachfolger: HENNINGSEN, Nicolaus, Ein Arbeitsjahr in der Gemeinschaftsschule [Tieloh in Hamburg], in: Der Elternbeirat. Halbmonatsschrift für Eltern, Lehrer und Behörden, Jg. 2 (1921), S. 327-333.

[101] PAULSEN, Zur Schulengemeinschaft Hamburgs. - PAULSEN, Schulengemeinschaft.

dere die Aufgabe zugedacht, - im Geiste der Einheitsschulidee - den von den Versuchsschulen kommenden Volksschülern eine Möglichkeit zu bieten, an einer in ihrem Reformgeiste arbeitenden höheren Schule einen höheren Schulabschluß zu erreichen.

Als Paulsens Kandidatur um das Amt des Berliner Oberstadtschulrats bekannt gegeben wurde, kam es ähnlich wie bei der Kandidatur Löwensteins zu leidenschaftlichen schulpolitisch-weltanschaulichen Kämpfen, Eltern- und Kirchenversammlungen und Pressegefechten[103].

Bei der am 13.01.1921 stattfindenden Wahl selbst, bei der die Mehrheitsverhältnisse Paulsens Wahl absicherten, verließen die Rechten aus Protest die Wahlversammlung, so daß er ohne Gegenstimmen gewählt[104] und u.a. zu einem der entscheidenden Förderer der werdenden Versuchsschule auf der Insel Scharfenberg wurde: Dies geschah vor allem durch schulpolitische Entscheidungen zugunsten von Blumes Plänen; darüber hinaus kann angenommen werden, daß Paulsen auch auf die inhaltliche Planung und die Ausgestaltung der Schulfarm Einfluß nahm.

Auch nach seiner Wahl wurde die Stimmungslage für Paulsen, der als Sozialist und Dissident, als Mann ohne eigene Verwaltungserfahrung und zudem als 'Nur-

---

102   Einführend zur Lichtwarkschule: Lichtwarkschule. Zum Umzug in das Schulhaus am Stadtpark. Ostern 1925, Hamburg 1925. - HILDEBRANDT, Paul, Die Zelle der Gemeinschaft. Die Hamburger Lichtwark-Schule, in: Vossische Zeitung vom 23.03.1926. - Die Lichtwarkschule in Hamburg. Beiträge zur Grundlegung und Berichte 1928, Hamburg 1929; einige der hier abgedr. Beiträge wurden, z. Tl. gekürzt, wieder veröff. in: LEHBERGER, Reiner, Die Lichtwarkschule in Hamburg. Das pädagogische Profil einer Reformschule des höheren Schulwesens in der Weimarer Republik. Darstellung und Quellen, Hamburg 1996. - Die Lichtwarkschule. Idee und Gestalt, Hamburg 1979. - Schule Vossberg/Heinrich-Hertz-Schule. 1886-1986. Dokumente zur Schulgeschichte, Hamburg 1986: Band mit zahlreichen Dokumenten zur Lichtwarkschule (S. 77-109: Kap. 'Lichtwark-Schule 1914-1937') und ihrer Vorläufer- und Nachfolgerschulen. - Erinnerungen des Lehrers Gustav Heine: HEINE, Gustav, Die Hamburger Lichtwarkschule. Mit einer Vorbemerkung von Achim LESCHINSKY, in: Zeitschrift für Pädagogik, Jg. 32 (1986), S. 323-343. - LEHBERGER, Reiner / WENDT, Joachim, Die Lichtwarkschule in Hamburg. Eine höhere Reformschule der Weimarer Republik mit kulturkundlicher Prägung, in: Pädagogik, Jg. 47 (1995), Heft 2, S. 46-50; überarb. und erw. Fassung u.d.T. 'Die Lichtwarkschule: Geschichtliche Entwicklung und pädagogisches Profil' wieder in: Lehberger, Reiner, Die Lichtwarkschule in Hamburg. Das pädagogische Profil einer Reformschule des höheren Schulwesens in der Weimarer Republik. Darstellung und Quellen, Hamburg 1996, S. 5-11. - LEHBERGER, Reiner, Die Lichtwarkschule in Hamburg. Das pädagogische Profil einer Reformschule des höheren Schulwesens in der Weimarer Republik. Darstellung und Quellen, Hamburg 1996. - Zur Verbindungen zwischen der Schulfarm und der Lichtwarkschule in dieser Arbeit an diversen Stellen, z.B. S. 277-280, S. 464f. und S. 639.

103   Zur Situation nach der Aufstellung Paulsens: KARSEN, Entstehung, S. 161.- KARSEN, Fritz, Berliner Schulkämpfe, in: Lebensgemeinschaftsschule, Jg. 1 (1924), S. 55-59, hier S. 55f. - RICHTER, Berliner Schulgeschichte, S. 110f.

104   S. hierzu etwa: HILDEBRANDT, Paul, Paulsen zum Oberstadtschulrat gewählt, in: Vossische Zeitung vom 14.01.1921, Morgenausg., 1. Beilage. - Vgl. hierzu auch: Berliner Kommunalpolitik 1921-1925, S. 53. - RICHTER, Berliner Schulgeschichte, S. 111f.

Volksschullehrer' angegriffen wurde - nicht besser[105]. Die Realisierung seiner immensen Aufgaben, die völlige Umstrukturierung der Berliner Schulverwaltung und gleichzeitig die Durchsetzung eines umfangreichen Reformprogrammes wurde damit von Beginn an erschwert.

Paulsens Arbeit wurde nicht gerade einfacher, als er ab Herbst 1921 mit einer ihm abgeneigten bis feindlich gestimmten Parlamentsmehrheit arbeiten mußte und ihm aufgrund dieser Konstellation erst nach Monaten die ihm gesetzlich zugestandenen drei Dezernenten zur Seite gestellt wurden; außerdem waren bis ins beginnende Jahr 1922 hinein die Zuständigkeiten in der Schulverwaltung nicht klar geregelt[106]: Da erst 1922 das Provinzialschulkollegium die zuständige Schulbehörde für ganz Groß-Berlin wurde, bestand bis dahin "der groteske Zustand, daß eine einheitliche Schulverwaltung Berlins für die Außenbezirke mit der Potsdamer Regierung zu verhandeln hatte, für die Innenstadt dagegen mit dem P.S.K. [=Provinzialschulkollegium], die beide lustig drauf los und durcheinander verfügten [...]."[107]

Für die Durchsetzung seiner Reformarbeit in Berlin trat Paulsen am 25.02.1921 mit einem Brief an die Öffentlichkeit. Er wandte sich darin an "alle Amtsgenossen, Eltern und die Schüler der Oberstufe"[108] mit der Bitte, sich mit seinen Reformvorstellungen vertraut zu machen. Darüber hinaus bat er "alle Männer und Frauen der Öffentlichkeit, die beruflich oder freiwillig an den Aufgaben des Schul- und Bildungswesens mitarbeiten wie auch die gesamte Jugend außerhalb der Schule, sich an dem Meinungsaustausch über die aufgeworfenen Probleme zu beteiligen und an der praktischen Gestaltung mitzuwirken."[109] Und schließlich bat er um Mitteilung, wer sich ihm und seiner Reformarbeit anschließen wolle:

"Insbesondere wäre es von Bedeutung, zu erfahren, wo ganze Schulgemeinden (Lehrer und Elternschaft) sich bereit erklären, mit der innerlichen Umstellung auf die neue Schule zu

---

[105] Vgl. zur Situation nach der Wahl: Berliner Kommunalpolitik 1921-1925, S. 51f. - S. als Beispiele für die feindlichen Stimmen von konfessioneller Seite: FOERTSCH, Karl, Der Kampf um Paulsen. Eine kritische Beleuchtung der neuen Schule, Berlin 1922. - JURKUHN, Wo stehen wir?, in: Der Elternbund. Mitteilungen der Geschäftsstelle des Evangelischen Gesamt-Elternbundes und der christlich-unpolitischen Elternbeiratsmitglieder Groß-Berlins, Jg. 1 (1921), Heft 1/2 vom 15.02.1921, S. 2-4. - NEUMANN, Richard, Altes und Neues über die Paulsensche Gemeinschaftsschule, in: Der Elternbund. Mitteilungen der Geschäftsstelle des Evangelischen Gesamt-Elternbundes und der christlich-unpolitischen Elternbeiratsmitglieder Groß-Berlins, Jg. 1 (1921), Heft 11 vom 01.11.1921, S. 80f. - Massenkundgebung gegen Paulsen, in: Der Elternbund. Mitteilungen der Geschäftsstelle des Evangelischen Gesamt-Elternbundes und der christlich-unpolitischen Elternbeiratsmitglieder Groß-Berlins, Jg. 1 (1921), Heft 11 vom 01.11.1921, S. 92. - JURKUHN, Der neue Oberstadtschulrat. Grundsätzliches zu seinem Erziehungsprogramm, in: Der Elternbund. Mitteilungen der Geschäftsstelle des Evangelischen Gesamt-Elternbundes und der christlich-unpolitischen Elternbeiratsmitglieder Groß-Berlins, Jg. 1 (1921), Nr. 4 vom 15.03., S. 21-25. - JURKUHN, Von der Groß-Berliner Kampffront, in: Der Elternbund. Mitteilungen der Geschäftsstelle des Evangelischen Gesamt-Elternbundes und der christlich-unpolitischen Elternbeiratsmitglieder Groß-Berlins, Jg. 1 (1921), Nr. 6 vom 01.06., S. 42f. - Das System Paulsen, in: Germania vom 14.01.1921. - Pfarrer Lichtenberg gegen Paulsen, in: Germania vom 23.04.1921.
[106] RICHTER, Berliner Schulgeschichte, S. 111f.
[107] KARSEN, Entstehung, S. 171.
[108] Abgedr. in: ENGEL, Gemeinschaftsschulen, S. 31; wieder in: FOERTSCH, Kampf um Paulsen, S. 23.

beginnen. Wir werden dann gemeinsam mit allen Freunden den Weg suchen, der einen glücklichen Anfang und Erfolg verbürgt."[110]

Dem Brief waren als Anlagen beigegeben zum einen seine bereits 1920 und nun erneut publizierten 'Leitsätze zum inneren und äußeren Ausbau unseres Schulwesens'[111] sowie ein ebenfalls veröffentlichter 'Aufruf' mit dem Titel: "Lehrern, Eltern, Schülern und Freunden unserer Schulen. Ein Aufruf zur Mitarbeit und Verständigung"[112].

Auch wenn Paulsen schrieb, er sei völlig überrascht gewesen über die positive Reaktion auf seinen 'Aufruf'[113], so konnte doch nichts darüber hinwegtäuschen, daß das Unverständnis und die Ablehnung bei weitem überwogen, daß ihm seine Äußerungen "als unreife Kritik am traditionellen Schulwesen oder als Zeichen eines realitätsfernen Utopismus ausgelegt und verdacht"[114] wurden.

Seine Gegner versuchte Paulsen damit zu beruhigen, daß er seine Reformen auf freiwilliger Basis aller Beteiligten realisieren wollte:

"Niemand läuft [...] Gefahr, in seiner pädagogischen Anschauung unterdrückt zu werden - die staatliche Schulaufsicht und die Grundsätze kollegialer Schulverwaltung bieten zudem genügend Bürgschaften gegenüber der Willkür. Duldung ist der Wesensgrundsatz der neuen Schule, wie Duldung allgemein ein Kennzeichen echter und wahrer Bildung ist. Diese Duldung, dem Alten gewährt, verlangt das Neue für sich, in seiner ganzen Leidenschaft und Kraft, in dem Vollbewußtsein seines Rechts."[115]

---

109   Abgedr. in: FOERTSCH, Kampf um Paulsen, S. 23.
110   Abgedr. in: FOERTSCH, Kampf um Paulsen, S. 23.
111   PAULSEN, Leitsätze.
112   PAULSEN, Wilhelm, Lehrern, Eltern, Schülern und Freunden unserer Schulen. Ein Aufruf zur Mitarbeit und zur Verständigung, in: Deutsches Philologen-Blatt, Jg. 29 (1921) [Nr. 11 vom 23.03.], S. 135f.; u.a. auch in: Der Elternbeirat. Halbmonatsschrift für Eltern, Lehrer und Behörden, Jg. 2 (1921), S. 309-311; in: ENGEL, Ernst, Die Gemeinschaftsschulen (Hamburg und Berlin). Ein Bild aus der Gegenwartspädagogik (=Versuchsschulen und Schulversuche, 1), Prag [u.a.] 1922, S. 31f.; in: FOERTSCH, Karl, Der Kampf um Paulsen, Berlin 1922, S. 23f.; in: FERRI`ERE, Adolphe., Schule der Selbstbetätigung oder Tatschule. Dt. Übers. nach der 3. veränd. Aufl. (=Pädagogik des Auslands, 1), Weimar 1928, S. 272-474.
113   PAULSEN, Wilhelm, Gemeinschaftsschule (Aus der Rede des Berliner Oberstadtschulrats in der Stadtverordnetenversammlung am 14. April 1921), in: Sozialistischer Erzieher. Wochenschrift der Freien Lehrergewerkschaft Deutschlands, der sozialistisch-proletarischen Internationale und für sozialistische Elternbeiräte, Jg. 2 (1921), [Nr. 21 (25.05.),] S. 313-315 und [Nr. 22 (01.06.)] S. 328-330; u.d.T. 'Rede des Oberstadtschulrats Wilhelm Paulsen in der Berliner Stadtverordnetenversammlung am 14. April 1921' wieder in: Der Elternbeirat. Halbmonatsschrift für Eltern, Lehrer und Behörden, Jg. 2 (1921), S. 314-320; in franz. Übers. wieder in: PAULSEN, Wilhelm, L'Ecole Solidariste. Traduction et Préface de Adolphe FERRI`ERE, Bruxelles 1931, S. 14-23. - hier S. 318f.: "Auf meinen Aufruf habe ich aus allen Teilen Berlins von Lehrern, Oberlehrern und Eltern, von Jugendlichen und aus Kreisen der Bevölkerung, die an Schul- und Bildungsfragen lebendigen Anteil nehmen, soviel Zustimmung erhalten, daß ungesäumt zur Verwirklichung geschritten werden muß. Voller Ungeduld erwartet man den Anfang der aufbauenden Arbeit. Ich bin überrascht, hier soviel Menschen zu finden, die bereit sind, ihre Kräfte für die neue Entwicklung einzusetzen."
114   RICHTER, Berliner Schulgeschichte, S. 111. - Zu den Reaktionen auf Paulsens 'Leitsätze': KARSEN, Entstehung, S. 164f.
115   PAULSEN, Lehrern, Eltern, Schülern und Freunden, S. 136.

Am 14.04.1921 entwickelte Paulsen in einer Rede auf einer Stadtverordnetensitzung sein Programm weiter[116]. Paul Hildebrandt, der in drei Zeitungsartikeln zu dieser Rede Stellung nahm[117], meinte trotz einiger Bedenken gegen Paulsens Pläne, "daß nur große, mit Feuer verfochtene Ideen dem Volke vorwärts zu helfen vermögen, und darum können sich die Berliner freuen, einen Oberstadtschulrat zu besitzen, der mannhaft für seine Ideen eintritt, auch wenn sie diese nicht für groß halten können oder wollen."[118] Doch Hildebrandt bezweifelte - wie sich herausstellen sollte: zurecht -, "daß die von Paulsen erhofften Gemeinschaftsschulen sich allgemein durchsetzen werden."[119] Er meinte jedoch auch, das sei "auch nicht nötig, wenn nur ihr Prinzip sich allmählich Boden erkämpft"[120]: "Versuchsschulen aber wird ihm die Behörde gern gestatten."[121]

Im Titel seiner 'Leitsätze', wie auch an anderen Stellen machte Paulsen klar, daß er für eine Erneuerung des 'äußeren Aufbaus' der Schule eintreten wolle[122], dies jedoch nicht für ausreichend hielt, da so "pädagogische Probleme, die unser Fragen beherrschen, ungelöst"[123] blieben.

1920 hatte er zum Thema innerer und äußerer Schulreform geschrieben:

> "Die Regierungen stehen gegenwärtig vor der Aufgabe, den äußeren Aufbau der Einheitsschule festzulegen, den Umfang der Grundschule zu bestimmen und eine zweckmäßige Angliederung der einzelnen Schulgattungen zu finden. Das ist die Forderung des Tages. Das Empfinden der Zeit aber geht über dies schulpolitische Begehren hinaus. Es kommt ihr zum Bewußtsein, daß mit der organisatorischen Einheitsschule die innere Einheitsschule [noch] nicht gegeben ist, daß das innere Problem ungemein schwieriger ist als das äußere. Das Wesen des Standes- und Klassenschule liegt nicht in der Form, sondern in ihrem Geist. Zwar werden mit der steinernen Einheitsschule, dem gemeinsamen Haus, die wirtschaftlichen Klassen zunächst durcheinander geschoben. Der wirtschaftliche Besitz wird nicht mehr unerläßliche Voraussetzung für den geistigen Besitz sein. Aber an die Stelle der wirtschaftlichen, ständischen Gliederung der Schule wird dann die Gliederung nach Bildungsständen und Bildungsklassen treten. Bildungshochmut und Bildungsheuchelei werden die äußere Einheit wieder zerreißen und die akademischen Stände, die heut[e] schon in ihrem Bildungsdurchschnitt oft unerträglich sind, werden mit den neuen

[116] PAULSEN, Gemeinschaftsschule. - Die Rede in der Stadtverordnetenversammlung vom 14.04.1921 wurde auch als Faltblatt gedruckt; ein Exemplar findet sich in Berlin, LA, SIS. - Eine Beschreibung der Sitzung findet sich - mit deutlicher Sympathie für Paulsen - in: KARSEN, Entstehung, S. 165-168.

[117] HILDEBRANDT, Paul, Berlins Schulwesen. Paulsen-Rede im Stadtparlament [am 14.04.1921], in: Vossische Zeitung vom 15.04.1921, Morgenausg., 1. Beilage. - HILDEBRANDT, Paul, Um Paulsens Programm. Schluß der Aussprache im Stadtparlament, in: Vossische Zeitung vom 22.04.1921, Morgenausg. - HILDEBRANDT, Paul, Paulsens Schulreformplan, in: Vossische Zeitung vom 26.04.1921, Morgenausg., 1. Beilage.

[118] HILDEBRANDT, Paul, Paulsens Schulreformplan, in: Vossische Zeitung vom 26.04.1921, Morgenausg., 1. Beilage.

[119] HILDEBRANDT, Paulsens Schulreformplan.

[120] HILDEBRANDT, Paulsens Schulreformplan.

[121] HILDEBRANDT, Paulsens Schulreformplan.

[122] Eine äußere Reform hatte Paulsen schon zu Beginn des Jahrhunderts gefordert; vgl.: PAULSEN, Wilhelm, Die Ursachen der Mißerfolge unserer heutigen Schule und ihre Bekämpfung (Ein Beitrag zur Frage der Parallelisation nach Fähigkeiten) (Kommissionsbericht, erstattet am 10.02.1904 in der Gesellschaft der Freunde des vaterländischen Schul- und Erziehungswesens), in: Pädagogische Reform, Jg. 28, Nr. 10 (vom 09.03.) und Nr. 11 (vom 16.03.), 1904, o.S.: "Der kulturelle Aufstieg einer Nation bedarf des gesamten in ihr schlummernden Intellekts, nicht nur eines Bruchteils derselben. Darum hilft da kein Sträuben, die Einheitsschule muß kommen."

verbrieften Rechten nur um so dickere Mauern im Volksleben aufrichten [...].
Neben der politischen Schulbewegung läuft darum notwendig die Bewegung um die innere
Form, der Kampf um das [innere] Wesen der Schule."[124]

Paulsen legte sich bewußt auf kein starres Schulkonzept fest, da dies seinen
Vorstellungen genau widersprochen hätte:

> "In ihren einzelnen Zügen kann ich die Gemeinschaftsschule an dieser Stelle nicht zeichnen. Es
> wäre müßig, denn in dem Augenblick, da wir wieder einen festen Typ, eine neue Methode for-
> mulieren, entrücken wir sie abermals dem Leben. Jede Schule muß mit den Menschen, die in ihr
> leben und an ihr wirken, ein persönliches, individuelles Gesicht zeigen."[125]

Die Grundanforderungen Paulsens waren so weit gefaßt, daß sie "Spielraum genug
[ließen], um sowohl Anwendung auf die großstädtische Massenschule zu finden, wie
auch auf Jugendheimstätten und Farmschulen an [sic!] dem Umfang der Großstadt."[126] Erstrebenswert fand Paulsen dabei jedoch klar die "Auflösung der heutigen
großstädtischen Massenschule in kleinere Schul-, Siedlungs- und Kulturgemein-
schaften"[127].

Paulsen beschrieb die traditionelle Schule als einen Spiegel der traditionellen und
nun zu überwindenden Gesellschaft:

> "Ein Grund- und Wesenszug der heutigen Schule muß unerbittlich herausgestellt werden: Nach
> ihrer Organisation, ihrer ganzen Arbeitsart ist sie eine Rennbahn des persönlichen Erfolges. Sie
> trennt den einzelnen von der Gesamtheit, peitscht seinen Ehrgeiz auf, so daß Minderbegabte
> (durch Fleiß und Gedächtnisarbeit), Streber und Spitzenbegabungen das Klassenziel als erste
> durchlaufen. Klausurarbeiten schließen den Schüler vom Mitschüler ab, Hilfe ist Betrug. Und
> alle suchen den einen zu überlisten, den Lehrer, oft sogar humorvoll und offen untereinander
> [...] [...]. Auf solcher Bahn des lauteren und unlauteren Wettbewerbs steht der Jugendliche
> heut, auf der gleichen Bahn geht die Jagd nach persönlichem Erfolg im Wirtschaftsleben später
> weiter [...]. Es ist kein Zweifel, nach ihrer inneren Struktur ist die Schule das typische Abbild
> der individualistischen, zerrissenen Gesellschaft, sie gibt der heranwachsenden Jugend die
> ideologische Einstellung für den Kampf um die Aufrechterhaltung einer unsozialen, inhumanen
> gesellschaftlichen Ordnung, ihrer Klassen und Kasten, ihrer Stände und Berufe. Ihre Grundein-
> stellung ist individualistisch, egoistisch, ihre seelische Verfassung für das entstehende Ge-
> schlecht verderblich, weil sie hinwegführt von der großen Idee einer weisen Ordnung menschli-
> cher Gesellschaft."[128]

Seine anvisierte neue Gesellschaft suchte Paulsen folgerichtig durch 'Überwindung
der [traditionellen] Schule'[129] zu erreichen. Als Ziel der 'neuen Schule' galt ihm der
"mündige, schaffend schöpferische, sozial empfindende Mensch"[130]:

---

123 PAULSEN, Zur Schulengemeinschaft Hamburgs, S. 218.
124 PAULSEN, Versuch einer natürlichen Schulordnung, S. 71.
125 PAULSEN, Gemeinschaftsschule, S. 317.
126 PAULSEN, Gemeinschaftsschule, S. 317.
127 PAULSEN, Gemeinschaftsschule, S. 318.
128 PAULSEN, Wilhelm, Die Überwindung der Schule. Begründung und Darstellung der Gemein-
     schaftsschule, Leipzig 1926, S. 23f.
129 Der Titel des Hauptwerkes von Paulsen lautet: PAULSEN, Wilhelm, Die Überwindung der
     Schule. Begründung und Darstellung der Gemeinschaftsschule, Leipzig 1926; Auszug in franz.
     Übers. wieder in: PAULSEN, Wilhelm, L'Ecole Solidariste. Traduction et Préface de Adolphe
     FERRI`ERE, Bruxelles 1931, S. 25-34.
130 PAULSEN, Überwindung, S. 62.

"Der demokratische Geist muß schon der Geist der Jugend sein, soll diese sich später zu ihr bekennen; der soziale Geist muß die Jugend als Naturgesetz erfüllen, soll er sich auswirken in der Gesellschaft."[131]

Entsprechend dieser Grundforderungen sollte die Schule als 'Lebensgemeinschaftsschule' ausgestaltet werden. Um Mißverständnissen bei der Verwendung des 'Gemeinschafts'-Begriffes (der das Individuum vernachlässige) vorzubeugen, stellte Paulsen klar, daß "Gesellschaft [=Gemeinschaft] und Individuum [...] keine Gegensätze [seien]" sondern, daß sich "unter der Wechselkraft beider Pole, des individuellen und des gesellschaftlichen Seins, [...] das Grundgesetz persönlichen Werdens [vollziehe]."[132] Der Begriff 'Gemeinschaftsschule' entspräche "lediglich ihrer sozialen Grundeinstellung, der Erziehung durch die Gemeinschaft"[133]:

"Die Schule soll nicht ein Mittel persönlichen Vorteils und Ehrgeizes, die Klasse nicht die Vereinigung von Individuen sein, die mehr oder minder in Absperrung voneinander den Weg zum Prüfungsziel rennen. Sie will eine Gemeinschaft sein, in der sich alle in Leben und Arbeit verbunden fühlen. Der einzelne muß erfahren, daß seine persönliche Kraft in den Kräftestrom der Gesamtheit mündet, daß sie versiegt und nutzlos ist, wenn sie nicht aufgenommen und fortgeführt wird von der Gemeinschaft. Nur der soziale Mensch ist ein erhaltendes und die Gattung verjüngendes Glied der menschlichen Gesellschaft. Zum anderen erlebt das Einzelwesen, daß es kein zwingenderes Mittel persönlicher Erstarkung und Entfaltung gibt, als der Dienst an der Gesamtheit. Der soziale Mensch ist nicht Sklave der Masse, sondern ihr Bildner und Former [...]. In einer sinnvoll geordneten Gesellschaft, wie sie die wahrhaft soziale ist, sind die Gegensätze Individualismus und Sozialismus aufgehoben und zur Einheit als Attribute der Gattung erhoben."[134]

'Lebensschule', das hieß für Paulsen, die Schule in "Häuser der Jugend, Lebensstätten, in denen die Jugend ein glückliches, schöpferisches Leben führt"[135], in Stätten, in denen sie "tatsächlich seine Lebensbedingungen findet"[136], umzugestalten: Es müsse "eine Schule geschaffen werden, die auf der Grundlage der Gemeinschaftserziehung alle Lebens- und Bildungsmöglichkeiten bietet, die das Kind für seine Wesens- und Begabungsentwicklung gebraucht"[137], denn "Bildung, Formung, Charakter" habe "allein der schöpferische Mensch"[138].

---

131 PAULSEN, Überwindung, S. 90.
132 PAULSEN, Wilhelm, Grundpläne und Grundsätze einer natürlichen Schulordnung [Plan Paulsens, 1922 dem preußischen Ministerium für Wissenschaft, Kunst und Volksbildung als Diskussionsvorlage für anstehende Beratungen um einen Reichs-Schulgesetz vorgelegt]; abgedr. u.d.T. 'Natürliche Schulordnung. Ein Entwurf' zuerst in: Vossische Zeitung vom 23.01.1922, Abendausg., Beilage; wieder in: Der Elternbeirat. Halbmonatsschrift für Eltern, Lehrer und Behörden, Jg. 3 (1922), S. 62-64; wieder in: Das Werdende Zeitalter, Jg. 1 (1922), S. 24-26; u.d.T. 'Grundpläne und Grundsätze einer natürlichen Schulordnung. Schulen wahrhafter Volksgemeinschaft' wieder in: ENGEL, Ernst, Die Gemeinschaftsschulen (Hamburg und Berlin). Ein Bild aus der Gegenwartspädagogik (=Versuchsschulen und Schulversuche, 1), Prag [u.a.] 1922, S. 34f.
133 PAULSEN, Wilhelm, Die künftigen Lebensstätten unserer Jugend, in: Die Neue Zeit. Wochenschrift der Deutschen Sozialdemokratie, Jg. 40 (1922), Bd. 2, S. 509-517, hier S. 511.
134 PAULSEN, Die künftigen Lebensstätten, S. 511.
135 PAULSEN, Die künftigen Lebensstätten, S. 509.
136 PAULSEN, Gemeinschaftsschule, S. 316.
137 PAULSEN, Zur Schulengemeinschaft Hamburgs, S. 217.
138 PAULSEN, Die künftigen Lebensstätten, S. 509.

Einen zentralen Stellenwert maß Paulsen der 'Arbeit' zu. Doch während Paulsen der 'Arbeitschulpädagogik' vorwarf, sie verharre "beim individuellen Arbeitsbegriff", betonte er, daß nichts so sehr wie die Arbeit Menschen eine und verbinde[139]:

> "Aus der Arbeitsschule erwächst zwingend und natürlich der Gedanke der Gemeinschaftsschule, denn nichts eint und verbindet Menschen stärker als die Arbeit. Ihr Kräfteeinsatz löst starke Gefühle der Gemeinschaft aus, der soziale Rhythmus packt den Menschen und läßt den Einzelmenschen in der Gesamtheit seinen zündenden und weckenden Gegenwert erfahren. Nur unter der Wechselkraft beider Pole, des individuellen und des gesellschaftlichen Seins, vollzieht sich das Grundgesetz persönlichen Werdens. Der neue Mensch ist der soziale Mensch, der sich bewußt und verantwortlich in der Gesellschaft begreift. Er ist es, der uns errettet gleicherweise aus der erbärmlichen, zerstörenden Ichsucht, wie aus dem Triebleben einer noch ungeformten, nivellierenden Masse. Er ist nicht Ich und ist nicht Herde, er ist die versöhnende Synthese und in dieser Einheit das Lebens- und Kraftzentrum einer neuen Generation und ihrer anhebenden Kultur."[140]

'Arbeit' in der 'Lebensschule' müsse daher "sozial und gesellschaftlich wertvoll sein"[141], indem z.B. Eigenwirtschaft betrieben würde, Klassenräume geschmückt, Unterrichts- und Lernmittel hergestellt, Gebrauchsgegenstände angefertigt, Feste vorbereitet würden[142]. Doch müsse eine Überlastung der Schüler durch die Arbeit vermieden werden:

> "Die Schule des Wissens wäre für sie [die Schüler] ein Himmelreich gegenüber einer Schule der Fabrikarbeit. Werkstatt und Werkarbeit haben lediglich eine pädagogische, keine finanziell produktive Aufgabe am Kinde zu erfüllen; sie sollen die gestaltenden Kräfte bewegen und Sinn und Gefühl für zweckdienliche Technik wachrufen. Soweit die Produktion damit ein wirtschaftliches Bedürfnis befriedigt und ökonomische oder künstlerische Erzeugnisse hervorbringt, sollen diese in die Eigenwirtschaft der Schule übergehen und die heranreifende Jugend zur ersten Einsicht in die wirtschaftlichen und kulturellen Gesamtzusammenhänge führen. Ziel der Schule ist also nicht die Produktion selbst, sondern Kräfteentfaltung für die Produktion. Ein Schüler, der unsere Schule verläßt, kennt Maß und Art seiner Kraft und ist nicht unsicher, wo im Wirtschaftsprozeß er sie einzusetzen hat."[143]

Paulsen war es aus eigener Erfahrung klar, daß es auch eines neuen, besonderen Lehrertypus bedurfte, um eine solche Schule zu realisieren:

> "In der neuen Schule legt der Lehrer sein Beamtentum ab, er wird zum Freund und zum Mitarbeiter der Jugend. Er ist eine Funktion der Gemeinschaft, nicht deren selbstherrlicher Dirigent. Der wertvollste Mensch ist der wertvollste Erzieher, der auf Akademien nicht gezüchtet und 'gebildet' werden kann. Es muß der Schule mit staatlicher Hilfe gelingen, aus allen Lebensgebieten Menschen herüberzuziehen, die sich mit ihrer vollen Begabung und dem Ethos ihrer Persönlichkeit der jugendlichen Gemeinschaft gebend und führend zugesellen."[144]

Als wesentliche Bedingung zum Funktionieren der 'neuen Schule', die "innerhalb ihrer Lebens- und Arbeitsgemeinschaften Klassen- und Standesunterschiede auf[hebt]"[145] und "keine kirchlichen und politischen Parteien [kennt]"[146], galt es für

---

139   PAULSEN, Gemeinschaftsschule, S. 316.
140   PAULSEN, Gemeinschaftsschule, S. 316.
141   PAULSEN, Überwindung, S. 16.
142   PAULSEN, Überwindung, S. 16.
143   PAULSEN, Die künftigen Lebensstätten, S. 511f.
144   PAULSEN, Überwindung, S. 28. - S. auch: Ebd., S. 123-129: Kap. 'Neue Lehrer'.
145   PAULSEN, Grundpläne.
146   PAULSEN, Grundpläne.

Paulsen, ihr eine relative 'Autonomie' zuzugestehen. Denn die 'neue Schule' könne "nicht von Behörden und Gesetzgebung verordnet werden."[147] Sie müsse "eine Tat der Volksöffentlichkeit selbst, der Eltern, Lehrer und Schüler" sein - Staat und Stadt könnten ihr lediglich "die Voraussetzungen ihrer Lebens- und Entwicklungsmöglichkeiten geben"[148]:

> "Daß dieses Werk in steter Fühlungnahme und Übereinstimmung mit den beruflichen städtischen und staatlichen Organen durchgeführt werden wird, ist für mich selbstverständlich [...]. Von bureaukratischer Einengung und Einschnürung muß freilich das neue Leben unberührt bleiben. Unter diesem Vorbehalt aber muß gesagt werden: Je größer das Vertrauen der Öffentlichkeit ist, das das Unternehmen trägt, je freundlicher und bereitwilliger man ihm zur Seite steht, desto sicherer der Erfolg. Wie überall, so werde ich auch hier meine ganze Kraft daransetzen, die feindlichen Gegensätze zu überbrücken und zu beseitigen."[149]

> "Darum sollte auch die neue Schule von politischen und kirchlichen Parteien nicht befeindet werden. Nur von den Parteien aus ist die Schule ein Politikon; von ihrem ureigensten Leben aus ist sie unpolitisch und unkirchlich. Trotzdem wage ich zu behaupten, daß die Stätten der Gemeinschaft die hervorragendsten Bildungsstätten des Staatsbürgers sein werden, und daß gerade sie die religiösesten Menschen hervorzubringen vermögen. Denn nirgends wird das Feinste und Persönlichste im Menschen so unangetastet bleiben wie in einer geordneten, sich selbst achtenden Gemeinschaft [...]. Jeder Mißbrauch der unmündigen Jugend für politische Zwecke erniedrigt die Schule und uns selbst. Er verstößt nicht nur gegen die pädagogischen Grundsätze, sondern gegen die Grundsätze gesunder politischer Moral überhaupt."[150]

Am 22. Januar 1922 veröffentlichte Paulsen in der Vossischen Zeitung 'Grundpläne und Grundsätze einer natürlichen Schulordnung', die im wesentlichen eine kurze Zusammenfassung seiner bisher geäußerten Gedanken waren, darüber hinaus jedoch ein übersichtliches Schema enthielten, das den möglichen Aufbau des zukünftigen Schulwesens im Sinne der Einheitsschule (vgl. Hamburg!) veranschaulichte[151].

Dieser Aufsatz bildete die Grundlage für eine noch im Januar stattfindende Besprechung im Ministerium, an der auch Vertreter des Provinzialschulkollegiums teilnahmen. Auch jetzt behielt sich das Ministerium jede Entscheidung vor, doch konnten im gemeinsamen Gespräch alle Punkte, die zu Steinen des Anstoßes werden konnten - vor allem die Frage der religiösen Erziehung, der besonderen politischen Einstellung derer, die die Einrichtung der neuen Schulen für ihre Kinder wünschten, der amtlich festgelegten Lehrziele, Unterrichtsstunden und Frequenzen und des Problems, ob eine Verpflichtung zum Besuch dieser Schulen ausgesprochen werden könne -, besprochen und Lösungswege diskutiert werden[152]. Am 8. Februar 1922 kam es als Ergebnis dieser Beratungen zu einer Eingabe Paulsens an das Provinzialschulkollegium, die alle Klippen zu umschiffen suchte. Unter Hinweis auf die anliegenden 'Grundsätze und Pläne einer natürlichen Schulordnung', die ein Beispiel der Möglichkeit künftiger Schulgestaltung geben sollen, beantragen wir unter Berück-

---

147 PAULSEN, Lehrern, Eltern, Schülern und Freunden, S. 136.
148 PAULSEN, Lehrern, Eltern, Schülern und Freunden, S. 136.
149 PAULSEN, Gemeinschaftsschule, S. 319.
150 PAULSEN, Gemeinschaftsschule, S. 319.
151 PAULSEN, Grundpläne. - Der Artikel findet sich übrigens auch im Nachlaß Blume (Berlin, LA, SIS). - S. zu den 'Grundplänen' u.a.: HILDEBRANDT, Paul, Ein radikales Schulprogramm, in: Vossische Zeitung vom 28.01.1922, Abendausg.
152 KARSEN, Entstehung, S. 171.

sichtgung der bisherigen Kritikpunkte, das Provinzial-Schulkollegium wolle grund-sätzlich der Errichtung von Gemeinschaftsschulen dort zustimmen, wo der neue Erziehungsgedanke so stark und lebendig ist, daß die notwendigen Voraussetzungen für die Neubildung von Schulen gegeben sind[153].

Als das Provinzialschulkollegium auf diese Eingabe nicht reagierte, entschloß sich Paulsen am 9. März zu einem persönlichen Schreiben an den Minister Boelitz. Er bat ihn, sich selbst für die Anträge einzusetzen und sie womöglich durch Sonder-behandlung dem ordentlichen Geschäftsgang zu entziehen, um so die Eröffnung der neuen Schulen im bevorstehenden Schuljahr zu ermöglichen[154].

Nach diversen weiteren Schwierigkeiten mit dem Provinzialschulkollegium begab sich Paulsen Anfang Mai erneut ins Ministerium, um den Rat einiger leitender Persönlichkeiten - des Staatssekretärs Carl Heinrich Becker, des Ministerialdirektors Paul Kaestner (1876-1935)[155] und des Geheimrats Ludwig Pallat[156] - einzuholen[157].

Im Gefolge dieser Bemühungen erging schließlich eine Entscheidung des Mini-steriums, über die das Provinzialschulkollegium am 27.06. eine Mitteilung machte und die die Grundsätze festlegte, nach denen die Lebensgemeinschaftsschulen einzurichten seien (allgemeine Bildungsziele, Zahl der Unterrichtsstunden, Klassen-besuchsziffer, Festlegung auf den allgemein üblichen Rahmen von 8 Schuljahren, Regelung der Frage des Religionsunterrichts, Klärung der Schulleiterfrage, Auswahl der Lehrer)[158].

Mit dieser Entscheidung war endlich der Weg frei für die Errichtung der neuen Schulen, "wenn auch unter Bedingungen, die für Versuchsschulen den allgemeinen Volksschulstatus beibehielten"[159].

---

[153] Eingabe zit. in: KARSEN, Entstehung, S. 172f. - Kommentar zur Eingabe: KARSEN, Entste-hung, S. 173; sowie: KARSEN, Berliner Schulkämpfe, S. 57: "Sie [=die Besprechung im Mi-nisterium] suchte den möglichen Einwand zu entkräften, als sei die Errichtung von Son-derschulen in politischer oder weltanschaulich-religiöser Hinsicht geplant. Der rein päd-agogische Charakter wurde betont und als einzige Bindung die Verpflichtung vorgeschlagen, daß die allgemeinen Bildungsziele, wie sie durch die Richtlinien der Lehrpläne festgelegt sind, in weiten Zeitabschnitten von vier und zwei Jahren innegehalten werden sollten. Da dieser An-trag jedoch noch einige Forderungen enthielt (Möglichkeit eines neunten Schuljahres, Beur-laubung von Lehrern höherer Schulen, Wahl eines nur ehrenamtlichen Schulleiters durch Lehrerkollegium und Elternschaft), so machte er weitere Verhandlungen nötig."

[154] KARSEN, Entstehung, S. 173.

[155] Biogr. Inf. zu Kaestner - Jurist, zunächst im Provinzialschulkollegium Kiel tätig, ab März 1918 vertretender Rat im preußischen Kultusministerium und ebenda von Juni 1919 bis Ende 1932 Ministerialdirektor und Leiter der Volksschulabteilung - bei: HUBER, Ernst Rudolf, Deutsche Verfassungsgeschichte seit 1789, Bd. VI: Die Weimarer Reichsverfassung, Stuttgart [u.a.] 1981, S. 940, Anm. 6. - Kurze Hinweise auch bei: MÜLLER, Weltpolitische Bildung, S. 264, S. 278 und S. 282f.

[156] Zu Ludwig Pallat s. S. 343f.

[157] KARSEN, Entstehung, S. 174.

[158] Abgedr. als: Die amtlichen Grundlagen der Berliner Gemeinschaftsschulen. Auszug aus dem Schreiben des Provinzialschulkollegiums Berlin vom 27.06.1922, in: Sozialistischer Erzieher. Zeitschrift für proletarische Schulpolitik und Pädagogik. Internationale Rundschau, Jg. 4 (1923), S. 40-42; kürzerer Auszug wieder in: KARSEN, Entstehung, S. 174f.

[159] RICHTER, Berliner Schulgeschichte, S. 127.

Die Aufgabe mußte nun sein, die Durchführung der künftigen Versuchsschularbeit zu sichern. Da vorauszusehen war, daß die Zwischenbehörden nicht eben mit großem Wohlwollen das Wachsen neuer Schulformen begrüßen würden, die in das Verwaltungsschema nicht recht passen wollten, blieb auch nach der grundsätzlichen Genehmigung des Ministers die Gefahr, daß bürokratische Schulaufsichtsbeamte aus Unverstand oder bösem Willen geradezu vernichtend auf die Versuche Einfluß nehmen könnten. Um dagegen eine Sicherheit zu schaffen, war der nächstliegende Gedanke, daß diese Schulen sofort nach ihrer Genehmigung unter die unmittelbare Aufsicht des Stadtschulrats selber gestellt würden. In diesem Sinne wandte sich Paulsen daher schon am 13. Juni, noch bevor er von der grundsätzlichen Genehmigung des Ministers offiziell benachrichtigt war, mit einer Eingabe an das Provinzial-schulkollegium. Er bat, die neu entstehenden Schulen in allen Bezirken der Stadt unbeschadet der gesetzlichen Rechte der örtlichen Schulverwaltungen unter seine unmittelbare Aufsicht zu stellen[160].

"Die Leitung und Beaufsichtigung der Schulen von einer Stelle aus erscheint dringend geboten, um einer Zersplitterung des Versuches vorzubeugen, vor allem auch, um nicht die ruhige Entwicklung und das Ergebnis des Versuches durch sich kreuzende Anordnungen und Auffassungen verschiedener leitender Stellen zu gefährden. Außerdem wird es der sich bildenden Arbeitsgemeinschaft zwischen den Vertretern des Provinzialschulkollegiums und der Stadt leichter sein, den Überblick über den Gesamtversuch zu bewahren und seine Grundlagen und Voraussetzungen zu überprüfen, wenn die verantwortliche Leitung in einer Hand liegt."[161]

Obwohl Paulsen ausdrücklich um Beschleunigung gebeten hatte, erging die Antwort des Ministers erst am 11.11.1922[162]. Paulsens Versuch, die neuen Schulen seiner zentralen Leitung und damit seinem besonderen Schutz zu unterstellen, wurde mit dieser Antwort abgeblockt; doch wurden ihm soweit Zugeständnisse gemacht, daß die Lebensgemeinschaftsschulen nicht alleine den untergeordneten Instanzen zugeordnet wurden, sondern Paulsen vom Minister in den Kreis der für die Aufsicht über diese Schulen Verantwortlichen entscheidend einbezogen wurde und den Kreis-schulräten aufgegeben wurde, in den inneren Betrieb der Versuchsschulen nicht ohne vorheriges Benehmen mit Paulsen einzugreifen[163].

Am 12.04.1923 erging eine erste Verfügung, in der das Provinzialschulkollegium auf Ermächtigung des Ministeriums vom 28. März 1923 unter Vorbehalt jederzeitigen Widerrufs die Genehmigung zur Errichtung von Lebensgemeinschaftsschulen gab[164]. Diese Verfügung wurde durch eine zweite vom 08.06.1923 ergänzt, die eine Art 'Grundgesetz' der Berliner Gemeinschaftsschulen

---

[160]   KARSEN, Entstehung, S. 175.
[161]   Zit. nach: KARSEN, Entstehung, S. 175f.
[162]   KARSEN, Entstehung, S. 175.
[163]   Auszug aus dem Ministerialerlaß zit. in: KARSEN, Entstehung, S. 176; wieder in: Das Berliner Schulwesen, S. 56.
[164]   Verfügung zit. in: KARSEN, Entstehung, S. 177.

wurde, die 'Richtlinien und Grundsätze, nach denen die Versuchsschulen (Lebensgemeinschaftsschulen) einzurichten sind'[165].

Im Anschluß an die erste der beiden Verfügungen wurden zu Ostern 1923, vier Jahre nach den ersten Hamburger Versuchen, in vier Berliner Bezirken Lebensgemeinschaftsschulen eröffnet[166]. Im Laufe des Jahres erhöhte sich die Zahl der Lebensgemeinschaftsschulen auf 10 Schulen[167], im Jahre 1930 kam eine 11. Schule hinzu. Lebensgemeinschaftsschulen in Berlin von 1923 bis 1933 waren damit: Im Bezirk 1-6 die 308. Volksschule (Lebensgemeinschaftsschule seit 1930), im Bezirk 8 (Spandau, Staaken, Cladow, Gatow) die 20. und die 21. Volksschule, im Bezirk 14 (Neukölln, Britz, Buckow, Rudow) die 31., 32. und 45./46. Volksschule, im Bezirk 15 (Treptow, Oberschönweide u.a.) die 8. Volksschule, im Bezirk 17 (Lichtenberg

---

[165] PAULSEN, Wilhelm, Richtlinien und Grundsätze, nach denen die Versuchsschulen (Lebensgemeinschaftsschulen) einzurichten sind [1923]; abgedr. in: Die neuen Schulen in Deutschland, hrsg. von Fritz KARSEN. Mit einem Vorwort von Wilhelm PAULSEN, Langensalza 1924, S. 177-179; wieder in: PAULSEN, Wilhelm, Die Überwindung der Schule. Begründung und Darstellung der Gemeinschaftsschule, Leipzig 1926, S. 118-122; wieder in: Das Berliner Schulwesen, hrsg. von Jens NYDAHL. Bearb. unter Mitwirkung Berliner Schulmänner von Erwin KALISCHER, Berlin 1928, S. 53-55; wieder in: Die Deutsche Reformpädagogik, hrsg. von Wilhelm FLITNER und Gerhard KUDRITZKI, Bd. II: Ausbau und Selbstkritik, 2. unveränd. Aufl. Stuttgart 1982, S. 92-94.

[166] Zu den Genehmigungsverfahren s.: KARSEN, Entstehung, S. 177. - Ebd., S. 179: Hinweis auf eine Aufforderung Paulsens vom 07.05.1923 an die betr. Schulen sich umzustellen, insbes. einen neuen Elternausschuß zu bilden. - Ebd., S. 179f.: Abdr. eines nichtamtlichen Schreibens von Paulsen vom 08.05.1923 an die betr. Lehrer und Eltern der Gemeindeschulen.

[167] Verwaltungsbericht der Stadt Berlin 1924-1927 (1. April 1924 bis 31. März 1928). Nach den Berichten der Verwaltungen hrsg. von dem Statistischen Amt der Stadt Berlin (Verwaltungsberichtstelle), Heft 5: Schul-, Kunst- und Bildungswesen, Berlin 1929, S. 9: "Von diesen [weltlichen] Schulen haben 10 die Genehmigung als Lebensgemeinschaftsschulen erhalten, und zwar die 20. und 21. Schule in Spandau, die 31., 32. und 45. in Neukölln, die 8. Schule in Oberschöneweide, die 34., 35. und 37. Schule in Lichtenberg sowie die 11. Schule in Niederschönhausen." - KARSEN, Entstehung, 1924, S. 180, nennt fälschlicherweise bereits 1924, wohl unter Einbeziehung der Schule von Kreuziger, 11 Lebensgemeinschaftsschulen. - Falsch, wohl die geistige Verwandtschaft, nicht die juristische Situation erfassend, nennt ein anonymer Aufsatz u.d.T. 'Anschriften und Vertrauensleute der mir bekannten Gemeinschaftsschulen' in: Lebensgemeinschaftsschule, Jg. 2 (1925), S. 109-111, hier S. 110 folgende 12 Berliner Schulen, wobei die Rütlischule(n) im Sinne zweier getrennter Schulen genannt wird.

u.a.) die 34., 35. und 37. Volksschule sowie im Bezirk 19 (Pankow u.a.) die 11. Volksschule[168].

Diese Schulen gingen aus den sogenannten 'Sammelschulen', auch 'weltliche Schulen' genannt, hervor, die in Berlin seit 1920, unabhängig von den Hamburger Gemeinschaftsschulen, entstanden waren[169] und deren Zahl bis 1932, mit sehr unterschiedlicher Verteilung innerhalb der einzelnen Stadtbezirke[170], auf 53 Schulen anstieg, die von insgesamt 23.585 Kinder besucht wurden.

---

[168] Zusammenstellung anhand eigener Recherchen, vor allem anhand: Lehrerverzeichnis der Stadtgemeinde Berlin für das Jahr 1922 nebst Mitteilungen aus dem Berliner Schul- und Lehrervereinswesen, hrsg. vom Lehrerverband Berlin, Berlin, Jg. 76 (1922). - Lehrer-Verzeichnis Berlin, hrsg. vom Lehrerverband Berlin, Berlin, Jg. 77 (1925); Jg. 78 (1927); Jg. 79 (1929); Jg. 80 (1931). - Ergänzung durch das Verzeichnis der Schulen in: Amtsbuch der Stadt Berlin 1928. Im Auftrage des Magistrats Berlin hrsg. vom Nachrichtenamt der Stadt Berlin, Berlin 1929, S. 387-429. - Die sich aus diesen Quellen ergebende Zusammenstellung wird für die Jahre 1926-1933 zahlenmäßig bestätigt durch Angaben aus: Erster Verwaltungsbericht der neuen Stadtgemeinde Berlin für die Zeit vom 1. Oktober 1920 bis 31. März 1924, Heft 5: Schul-, Kunst- und Bildungswesen, Berlin 1926. - Verwaltungsbericht der Stadt Berlin 1924-1927 (1. April 1924 bis 31. März 1928). Nach den Berichten der Verwaltungen hrsg. vom Statistischen Amt der Stadt Berlin (Verwaltungsberichtsstelle), Heft 5: Schul-, Kunst- und Bildungswesen, Berlin 1929. - Verwaltungsbericht der Hauptschulverwaltung der Stadt Berlin und der Allgemeinen Hauptverwaltung Kunst- und Bildungswesen für die Zeit vom 1. April 1932 bis 31. März 1936 mit einem kurzen Rückblick seit 1928, Heft 5: Schul-, Kunst- und Bildungswesen, Berlin 1937.

[169] Das Berliner Schulwesen, S. 46-52: Kap. 'Die Sammelschulen'. - 'Fort von der Lernschule' Zum Kampf um die weltlichen Schulen in der Weimarer Republik, in: Jetzt geht's rund ... durch den Wedding! Eine historische Stadtteil-Wanderung, hrsg. von der Evangelischen Versöhnungsgemeinde und der Weddinger Geschichtswerkstatt, Berlin 1984, S. 46-57. - Zur Errichtung weltlicher Schulen in Preußen: WITTWER, Sozialdemokratische Schulpolitik, S. 169-175. - Zu den weltlichen Schulen als solchen: WITTE, Erich, Die weltliche Schule, Dortmund 1920. - KERLÖW-LÖWENSTEIN, Kurt, Die weltliche Schule (=Flugschriften zur freien (weltlichen) Schule, 2), Bochum 1924. - Zur schulrechtlichen Seite: Sammelklassen und Sammelschulen für die nicht am Religionsunterricht teilnehmenden Kinder, hrsg. von Felix THEEGARTEN (=Weidmannsche Taschenausgaben von Verfügungen der Preußischen Unterrichtsverwaltung, 43), 2. Aufl. Berlin 1927. - Zuletzt: EBERT, Zur Entwicklung der Volksschule. - BREYVOGEL, Wilfried / KAMP, Martin, Weltliche Schulen in Preußen und im Ruhrgebiet. Forschungsstand und statistische Grundlagen, in: 'Die Alte Schule überwinden'. Reformpädagogische Versuchsschulen zwischen Kaiserreich und Nationalsozialismus, hrsg. von Ullrich AMLUNG, Dietmar HAUBFLEISCH, Jörg-W. LINK und Hanno SCHMITT (=Sozialhistorische Untersuchungen zur Reformpädagogik und Erwachsenenbildung, 15), Frankfurt 1993, S. 185-220.

[170] Verwaltungsbericht der Hauptschulverwaltung der Stadt Berlin und der Allgemeinen Hauptverwaltung Kunst- und Bildungswesen für die Zeit vom 1. April 1932 bis 31. März 1936 mit einem kurzen Rückblick seit 1928, Heft 5: Schul-, Kunst- und Bildungswesen, Berlin 1937, S. 3: "Mit Ausnahme der Bezirke Wilmersdorf, Schöneberg und Steglitz waren in allen Verwaltungsbezirken Sammelschulen entstanden. Stark vertreten war diese Schulart in den Bezirken Wedding und Lichtenberg. Der Bezirk Neukölln nahm eine Ausnahmestellung ein, da dort allein 11 Sammelschulen bestanden."

Anzahl der weltlichen Schulen in Berlin 1920-1933[171]

Jahr	Anzahl der weltlichen Schulen			
1920	0	+	8 =	8
1921	8	+	8 =	16
1922	16	+	4 =	20
1923	20	+	13 =	33
1924	33	+	0 =	33
1925	33	+	1 =	34
1926 (01.11.)	34	+	1 =	35
1927 (01.05.)	35	+	6 =	41
1927 (01.11.)	41	+	1 =	42
1928 (Sommer)	42	+	7 =	49
1929	49	+	$3 - 1$[172] =	51
1930	51	+	2 =	53
1931	53	+	0 =	53
1932	53	+	0 =	53
1933	53	-	53 =	0

Anzahl der Schüler der weltlichen Schulen (1927-1932)[173]

Ende 1927 bestanden	42 Sammelschulen und 3 Fil. mit 556 Klassen und und 18121 Kindern.
Im Sommer 1928 bestanden	49 Sammelschulen mit 654 Klassen und 21118 Kindern.
1932 bestanden	53 Sammelschulen mit 638 Klassen und 23585 Kindern.

---

[171] Zusammenstellung anhand eigener Recherchen, vor allem anhand: Lehrerverzeichnis der Stadtgemeinde Berlin für das Jahr 1922 nebst Mitteilungen aus dem Berliner Schul- und Lehrervereinswesen, hrsg. vom Lehrerverband Berlin, Berlin, Jg. 76 (1922). - Lehrer-Verzeichnis Berlin, hrsg. vom Lehrerverband Berlin, Berlin, Jg. 77 (1925); Jg. 78 (1927); Jg. 79 (1929); Jg. 80 (1931). - Ergänzung durch das Verzeichnis der Schulen in: Amtsbuch der Stadt Berlin 1928. Im Auftrage des Magistrats Berlin hrsg. vom Nachrichtenamt der Stadt Berlin, Berlin 1929, S. 387-429. - Die sich aus diesen Quellen ergebende Zusammenstellung wird für die Jahre 1926-1933 zahlenmäßig bestätigt durch Angaben aus: Erster Verwaltungsbericht der neuen Stadtgemeinde Berlin für die Zeit vom 1. Oktober 1920 bis 31. März 1924, Heft 5: Schul-, Kunst- und Bildungswesen, Berlin 1926. - Verwaltungsbericht der Stadt Berlin 1924-1927 (1. April 1924 bis 31. März 1928). Nach den Berichten der Verwaltungen hrsg. vom Statistischen Amt der Stadt Berlin (Verwaltungsberichtsstelle), Heft 5: Schul-, Kunst- und Bildungswesen, Berlin 1929. - Verwaltungsbericht der Hauptschulverwaltung der Stadt Berlin und der Allgemeinen Hauptverwaltung Kunst- und Bildungswesen für die Zeit vom 1. April 1932 bis 31. März 1936 mit einem kurzen Rückblick seit 1928, Heft 5: Schul-, Kunst- und Bildungswesen, Berlin 1937. - Alle anderen Angaben, z.B.: Schulgeschichte in Berlin, S. 114, sind als falsch zu bezeichnen.

[172] Lehrer-Verzeichnis Berlin, Jg. 79 (1929) und Lehrer-Verzeichnis Berlin, Jg. 80 (1931): 10. VS im Bez. 15 (SS [1.10.1920 - 1.4.1929].

[173] Verwaltungsbericht der Hauptschulverwaltung der Stadt Berlin und der Allgemeinen Hauptverwaltung Kunst- und Bildungswesen für die Zeit vom 1. April 1932 bis 31. März 1936 mit einem kurzen Rückblick seit 1928, Heft 5: Schul-, Kunst- und Bildungswesen, Berlin 1937, S. 3.

Die Berliner 'Sammelschulen' wiesen "ursprünglich keinen Unterschied im Lehrplan [auf] außer dem einzigen, daß der Religionsunterricht bei ihnen fehlt"[174], im Laufe der Jahre veränderten sie sich jedoch so sehr, daß sie "stark von der der üblichen Volksschulen ab[wichen]"[175] und "sich mehr und mehr dem Typ der Versuchsschulen [=Lebensgemeinschaftsschulen] anzugleichen bemüht[en]."[176]

Wie in Hamburg entstand zwischen den progressiven Volksschulen Berlins, insbesondere den weltlichen Schulen und hier wiederum den Lebensgemeinschaftsschulen, auf Paulsens Anregung hin eine 'Schulengemeinschaft'. Und so wie in Hamburg die Lichtwarkschule als höhere Schule zur Schulengemeinschaft gehörte, so sollten in Berlin ebenfalls höhere Reformschulen dieselbe Funktion erfüllen: Bereits in seinen 'Grundplänen' zeigte Paulsen in einer Grafik auf, wie eine Oberstufe einer höheren Schule, die älteren Jahrgänge der Lebensgemeinschaftsschulen sammeln solle[177]. In einem nichtamtlichen Schreiben vom 08.05.1923, wie auch in anderen, späteren Äußerungen, hielt Paulsen fest:

"Die Aufbauschulen in Neukölln, in der Fürbringerstraße und in Scharfenberg versuchen, auf der Oberstufe die neue Schulreform durchzuführen, sie fügen sich in die Gemeinschaftsschulbewegung ein."[178]

Dabei handelte es sich bei der Aufbauschule in Neukölln um den koedukativ betriebenen Schulversuch Fritz Karsens und bei der Schulfarm um ein auf Jungen beschränktes Unternehmen. Bei der Schule in der Fürbringerstraße handelt es sich um die - in der Literatur fast völlig unbeachtet gebliebene - 1. städtische Studienanstalt, der 1923 eine Aufbauschule angegliedert wurde, die für Berliner Mädchen entsprechende Aufstiegsmöglichkeiten bot[179].

'Akzeptiert', geschweige denn 'verstanden' wurde die Idee der Lebensgemeinschaftsschulen auch nach Beginn ihrer nun sichtbaren Arbeit auf breiterer Ebene in keiner Weise. Ein gutes Beispiel für dieses Unverständnis bietet eine Ta-

---

[174]   Das Berliner Schulwesen, S. 46.
[175]   Das Berliner Schulwesen, S. 46.
[176]   Das Berliner Schulwesen, S. 52.
[177]   PAULSEN, Grundpläne.
[178]   Schreiben zit. nach: KARSEN, Entstehung, S. 180. - So auch: PAULSEN, Wilhelm, Die neue Erziehungsbewegung und unser Schul- und Bildungsprogramm, in: Die Gesellschaft. Internationale Revue, Jg. 2 (1925), S. 524-545, hier S. 541. - Und: PAULSEN, Überwindung, S. 19f.: "Aufbauschulen, die den Typ der höheren Schule durchbrechen, nehmen die Gemeinschaftsschüler auf, soweit diese den Wissenschaftsweg zur Akademie oder zu den höheren Fachschulen suchen. Genannt seien [als Aufbauschulen, die den Typ der höheren Schulen durchbrechen,] die Neuköllner Aufbauschule und die Inselschule Scharfenberg. Beide haben ihre Arbeit auf den Gemeinschaftsgeist umgestellt, die eine wagemutig mitten in der Großstadt, die andere in der herrlichen Landschaft der havelländischen Seen als Erbin der Insel und hoffentlich auch des Geistes Alexander von Humboldts [...]." - PAULSEN, Wilhelm, Der gegenwärtige Stand des deutschen Schulwesens, in: Schweizerische Lehrerzeitung. Organ des Schweizerischen Lehrervereins und des Pestalozzianums in Zürich, Jg. 72 (1927), S. 409-411, S. 421f., S. 431f., S. 442-444 und S. 457f., hier S. 457: "In Berlin bilden die neugeschaffenen Gemeinschaftsschulen zugleich den Unterbau von höheren Reformschulen, in die die Schüler, soweit sie sich den höheren Fachschulen oder der Universität zuwenden, übertreten. Drei Aufbauschulen, auf Scharfenberg, in Neukölln und im Zentrum der Stadt setzen das Programm der Gemeinschaftsschule fort."
[179]   Dazu S. 391-394.

gebuchaufzeichnung des Berliner Bürgermeisters Friedrich C.A. Lange[180] vom 23.04.1924 bezüglich eines Vorschlages von Paulsen, eine Gemeindeschule im Bezirk Wedding in eine Lebensgemeinschaftsschule umzuwandeln:

> "Stadtschulrat Paulsen schlägt vor, eine Gemeindeschule im Bezirk Wedding in eine Lebensgemeinschaftsschule umzuwandeln. Sie soll, wie es in der Begründung heißt, den pädagogischen Versuch unternehmen, für ihre Arbeit den Gedanken der Entwicklung und Schulung aller geistigen und körperlichen Kräfte der Schüler, das Bildungsbedürfnis des Kindes selbst entscheidend sein zu lassen. Der gesamte Unterricht soll eingestellt werden auf die schöpferische Arbeit der Hand und des Geistes. Kenntnisse und Fähigkeiten sollen natürliche Ergebnisse schaffender Arbeitszeit sein, um den wahren Bildungsinteressen der Jugend Raum zu schaffen. Ein zweiter Leitgedanke der neuen Schulform soll der sein, daß im Dienste an der Gemeinschaft ein tätiges, sozial sich verantwortlich fühlendes Glied der Gesellschaft heranwachse, das in der Kräftewechselwirkung zwischen den Einzelnen und der Gesamtheit Prägung und Charakter erhält. Eine etwas verschwommene Konstruktion entschiedenster Schulreformer. Für den Laien schwer zu beurteilen, aber das liegt wohl an uns selbst."[181]

Wie schwankend der Boden war, auf dem sich der reformfreudige Wilhelm Paulsen bewegte, zeigte sich, als am 08.02.1924 aus finanzpolitischen Gründen die preußische Personalabbauverordnung verabschiedet wurde[182]. Sie verschaffte, wenn auch gesetzeswidrig, den Gegnern Paulsens die Gelegenheit zu dessen Entlassung: Mit seit 1921 gleichgebliebenen Motiven und dem vorgeschobenen Argument der 'Ungeeignetheit' - denn parteipolitische oder konfessionelle Begründungen ließ die Abbauverordnung nicht zu - und dem völlig unglaubhaften Vorwand, man wolle mit Paulsen die ganze Oberschulratsstelle streichen, wurde Paulsen am 11.09.1924 von einer bürgerlichen Mehrheit und mit den Stimmen der Kommunisten 'abgebaut'[183].

Als ob man die Unrechtmäßigkeit der Abwahl eindeutig unter Beweis stellen wollte, wurde in derselben Sitzung des weiteren der Beschluß gefaßt, die Stadtschul-

---

[180]   S. zu ihm S. 140 sowie (mit biogr. Inf.) S. 345.

[181]   LANGE, Groß-Berliner Tagebuch, S. 53f.

[182]   Unter dem Druck der inflationären Entwicklung der Jahre 1922/23 und der damit verbundenen finanziellen Schwierigkeiten der öffentlichen Hand hatte die Reichsregierung eine Personalabbauverordnung erlassen, derzufolge alle Verwaltungen gehalten waren, rigoros Einschränkungen ihres Personalbestands vorzunehmen. Noch ehe die Preußische Staatsregierung eine entsprechende Verordnung erlassen hatte, leiteten die Berliner städtischen Körperschaften mit einem Ortsgesetz über die Vorbereitung des Beamtenabbaus Maßnahmen wie Beförderungs- und Anstellungsstop ein [Die Reichsverordnung vom 27.10.1923 zur Herabminderung der Personalausgaben des Reichs (Reichsgesetzblatt, hrsg. vom Reichsministerium des Innern, Berlin, 1923, Teil 1, S. 999) wurde erlassen auf Grund des Ermächtigungsgesetzes vom 13.10.1923 (Reichsgesetzblatt, hrsg. vom Reichsministerium des Innern, Berlin, 1923, Teil 1, S. 943). Vgl. auch die Preußische Verordnung zur Verminderung der Personalausgaben der öffentlichen Verwaltung vom 8.2.1924 (Preußische Gesetz-Sammlung, hrsg. vom Preußischen Staatsministerium, Berlin, 1924, S. 73f.), und das Ortsgesetz über die Vorbereitung des Beamtenabbaus vom 8.11.1923 (Gemeindeblatt der Stadt Berlin, Jg. 64 (1923), Nr. 45, S. 331)]. Als dann die Personalabbauverordnung im Februar 1924 erging, wurde in der Berliner Stadtverwaltung sogleich mit dem eigentlichen Abbau begonnen, so daß sich innerhalb von nur zwei Monaten der Bestand an Arbeitern, Angestellten und Beamten bereits um 18,5 Prozent verringert hatte und ein halbes Jahr später die in der Verordnung geforderte Verminderung des Personalbestandes um 25 Prozent erfolgt war.

[183]   Zum Abbau Paulsens: KARSEN, Entstehung, S. 181. - KARSEN, Berliner Schulkämpfe, S. 58f. - Die kommunistische Fraktion hatte als einzige offen zugegeben, daß sie der Abwahl von Paulsen aus rein politischen Motiven zugestimmt habe; s.: Der Berliner Abbau, in: Vorwärts vom 12.09.1924, Morgenausg.

ratsstelle nicht abzubauen. Aber genau das hatte der Gesetzgeber in der Personalabbauverordnung wegen der Gefahr des politischen Mißbrauchs ausdrücklich ausgeschlossen[184].

Der politisch motivierte und völlig ungenierte 'Abbau' Paulsens war einer der großen personalpolitischen Skandale im Berlin der 20er Jahre, der, wenn auch er-

---

[184] Erstaunlicherwiese wurde dieser offensichtliche Rechtsbruch von der Aufsichtsbehörde nicht geahndet. Der Einfluß des preußischen Unterrichtsministers Boelitz (DVP) dürfte dabei eine erhebliche Rolle gespielt haben. Er billigte in der Folge auch die Freistellung des unbesoldeten Magistratsmitglieds Benecke vom Schuldienst, damit dieser bis zur Wahl eines Nachfolgers (!) die Geschäfte des Stadtschulrates besorgen konnte; s. dazu: Vossische Zeitung vom 19.09.1924, Abendausg.

folglos, nun auch zu deutlichen Verteidigungen Paulsens und seiner Schulpolitik führte[185]. Paul Hildebrandt schrieb dazu:

> "Der Abbau Paulsens bedeutet unzweifelhaft einen Rechtsbruch, der das Sparprinzip Berlins geradezu ins Gegenteil umdreht. Paulsen, einer der tüchtigsten Schulmänner, war für die Rechtsparteien von jeher ein Mann, der wegen seiner politischen Gesinnung und den sich aus ihr ergebenden Konsequenzen beseitigt werden mußte. Nicht etwa gegen den Posten eines Stadtschulrates wendet sich ihr Haß, sondern gegen dessen Person. Trotzdem stellen sich diese Kreise, um den Abbau zu rechtfertigen, auf den Standpunkt, daß der Posten eines Stadtschulrats

---

[185]   Vgl. dazu beispielsweise: KARSEN, Entstehung. - KARSEN, Fritz, Zum Abbau Wilhelm Paulsens, in: Preußische Lehrer-Zeitung vom 09.10.1924 [Nr. 121]. - KARSEN, Berliner Schulkämpfe, S. 55-59. - KARSEN, Fritz, Kämpfende Schulen, in: Lebensgemeinschaftsschule, Jg. 3 (1926), S. 3-5, hier S. 3, erinnerte "an den Abbau Wilhelm Paulsens in Berlin, der als vornehmster Träger des Gemeinschaftsschulgedankens und als Vater der Berliner Gemeinschaftsschulen von den bürgerlichen Zeitungen so lange mit Dreck beworfen wurde, bis er fiel."
WITTE, Erich, Der Berliner Oberstadtschulrat Paulsen, in: Schulreform, Jg. 4 (1925), S. 143-147, hier S. 146 schrieb im Anschluß an Paulsens Berliner 'Abbau' über dessen Persönlichkeit: "Durch den Haß seiner Gegner, die ihn aus politischen und pädagogischen Gründen bekämpften und durch die Verehrung derer, die ihm unbedingte Heeresfolge leisteten, geht ein Urteil, dem sich niemand verschließen kann: Die Hochachtung vor seinem Charakter. Alle, die ihn persönlich kennen gelernt haben, sind darin einig, daß sie einen Menschen von so viel Liebenswürdigkeit, Takt und Edelmut selten kennen gelernt haben. Manche seiner Verehrer und politischen Freunde werden vielleicht meinen, diese Tugenden wären Fehler. Er hätte seinen Gegnern öfters mit etwas weniger Liebenswürdigkeit gegenübertreten müssen: er hätte ihnen in demselben Ton erwidern sollen, wie sie ihn angegriffen haben. Dankbarkeit hat er bei ihnen für sein liebenswürdiges Entgegenkommen jedenfalls nicht gefunden." -
S. auch die Verteidigung Paulsens durch Paul Kaestner, Ministerialdirektor im Ministerium für Wissenschaft, Kunst und Volksbildung: KAESTNER, Paul, Für Wilhelm Paulsen, in: Vossische Zeitung vom 24.09.1924; wieder in: Berliner Lehrerzeitung, Jg. 5 (1924), [Nr. 40 (03.10.)], S. 417f.: "Ich kenne Paulsen als tüchtigen, aufrechten und geraden Mann und glaube, ihn heute, wenngleich unsere Ansichten sich mannigfach kreuzen, zu meinen Freunden rechnen zu dürfen. Die Behandlung, die er erfuhr, erscheint mir derartig, daß es vor mir als ungerecht empfände, dazu zu schweigen. Paulsen gehörte, als er zum Stadtschulrat in Berlin gewählt wurde, der sozialdemokratischen Partei an. Er hat mir bei seinem ersten Besuch mit aller Bestimmtheit und tiefstem Ernst erklärt, daß er seinem Amt die Parteipolitik völlig fern halten wolle und werde. Er lebe der Schule und seiner Arbeit an ihr, und in sie gehöre Parteipolitik nicht hinein. Er hat streng diesem Vorsatz gemäß gehandelt, und ich habe niemals gehört, daß gegen ihn eine begründete Beschwerde wegen parteipolitisch befangenen Handelns erhoben sei. Ich habe ihm vorausgesagt, daß er, so ehrlich dieser sein Wille sei, zwischen die Mühlsteine der Berliner Parteipolitik kommen und zwischen ihnen zermahlen werde, und wie ich bedaure, daß er sein Hamburger Schulamt, das aufzugeben ihm so bitter schwer fiel und aus dem man ihn ungern [ent]ließ, für Berlin opfere. Nun ist er 'abgebaut', und zwar selbstverständlich nicht aus parteipolitischen Gründen - die Kommunisten allein legten die parteipolitischen Gründe ihres Handelns klar -, sondern wegen - Unfähigkeit. Es steht schlimm um unser Verwaltungssystem, wenn es möglich ist, daß einem Mann von der Entwicklung, die Paulsen hatte, und den Gaben, über die er verfügt, öffentlich in aller Form durch Abstimmung von Parteien Unfähigkeit bescheinigt werden kann. Es kann künftig aufrechten und tüchtigen Männern, die in eigenem Kopfe eigene Gedanken mitbringen, schwer zugemutet werden, sich in ein solches Amt und in einer solche Gefahr zu begeben. Paulsen war kein geschulter Verwaltungsbeamter, und es mag dahingestellt bleiben, ob er dazu erforderlichen besonderen Eigenschaften besitzt. kommt es denn bei der Besetzung solcher Stellen nicht mehr auf den gedankenreichen Kopf des in seiner Arbeit brennenden Schulmannes als auf das Sitzfleisch des Bureaubeamten an? Ist es denn nicht für jeden geschulten Verwaltungsbeamten ohne allzu große Schwierigkeiten möglich, den Geist, der ihm nicht gemäß ist, in äußerlich korrekter Form mit Akten tot zu schlagen? Ist es aber nicht umgekehrt möglich, dem Geist tüchtige, ausführende Aktenmenschen beizuordnen und ihn, wenn man will, vor Klippen zu bewahren und seine Geistesarbeit praktisch fruchtbar zu machen?"

überhaupt überflüssig sei. Diese Begründung ist unsinnig, da eine Großstadt wie Berlin auf ihrem weitverzweigten Schulnetz nicht ohne Stadtschulrat sein kann. Diejenigen, die den Abbau Paulsens propagieren, geben auch unumwunden zu, daß der Posten später doch wieder einmal durch einen genehmen Fachmann besetzt werden soll. "[186]

Paulsens Stelle übernahm zunächst kommissarisch der der DVP angehörende Stadtrat Wilhelm Benecke (1883-1962)[187], bis nach den Wahlen im Oktober 1925 wieder eine sozialistische Mehrheit zustande kam und daraufhin am 28.10.1926 der bisherige Magistratsschulrat für das Volksschulwesen Jens Nydahl (1883-1967)[188] zum Stadtschulrat gewählt wurde[189] und dies bis zur 'Machtergreifung' 1933 blieb[190]. Unter Nydahl wiederholten sich die alten Konflikte, doch nicht mehr in der gleichen Schärfe[191]; vor allem traten ab 1929 die schulpolitisch-weltanschaulichen Probleme gegenüber den auftretenden Belastungen von Weltwirtschaftskrise, Arbeitslosigkeit und politischem Radikalismus in den Hintergrund[192].

---

[186] HILDEBRANDT, Paul, Einigung im Rathause. Paulsen klagt, in: Vossische Zeitung vom 03.09.1924, Abendausg.

[187] Vgl.: RICHTER, Berliner Schulwesen, S. 112. - Zu den Lebensdaten Wilhelm Beneckes: Schulze-Marmeling an D.H. br. vom 11.08.1988: Benecke wurde am 29.10.1883 in Zawiercie geboren und starb am 04.09.1962 in Berlin (West). Er war Mitglied der DVP, nach 1945 der LDP/FDP. - S. auch: Philologen-Jahrbuch (Kunzes Kalender), Jg. 33: Schuljahr 1926/27, 2. Teil, Breslau 1926 [u.a. Jge.].

[188] Jens Nydahl, als Sohn eines Bauern in Nordschleswig geboren, wurde zunächst Volksschullehrer, dann nach entsprechender Prüfung Mittelschullehrer; später holte er das Abitur nach und studierte vor dem 1. Weltkrieg sechs Semester in Hamburg und Berlin Germanistik und Anglistik. Nach dem 1. Weltkrieg wurde er zunächst Rektor und Schulinspektor in Berlin-Neukölln, 1921 unter Oberstadtschulrat Paulsen Dezernent für das Berliner Volksschulwesen. 1926 wurde er Paulsens Nachfolger als Stadtschulrat (die Bezeichnung Oberstadtschulrat war inzwischen abgeschafft). 1933 entließen ihn die Nationalsozialisten entlassen und Nydahl war bis zum Ende des 2. Weltkrieges als Handelsvertreter tätig. Nach dem Zusammenbruch 1945 wurde er von der sowjetischen Besatzungsmacht in das Amt des Bezirksbürgermeisters von Berlin-Tempelhof berufen und nach der Wahl im Jahre 1946 in diesem Amt bestätigt. Im Oktober des Jahres 1947 wurde er von der Landesregierung von Schleswig-Holstein nach Kiel in das neu geschaffene Amt eines Landesdirektors berufen. 1948 bis 1951 war er als Landesbeauftragter des Landesteils Schleswig tätig. - Diese biogr. Inf. entstammen: BUCHHOLZ, Friedrich, Jens Nydahl. Erinnern, Dank und Gruß [anläßlich Nydahls 75. Geburtstag], in: Berliner Lehrerzeitung, Jg. 12 (1958), S. 38-40. - RADDE, Fritz Karsen, S. 334f. - SCHUPPAN, Michael-Sören, Jens Nydahl, in: Biographisches Lexikon für Schleswig-Holstein und Lübeck, Bd. 10, Neumünster 1994, S. 272-276. - SCHUPPAN, Michael-Sören, Jens Peter Nydahl. 1883-1967, in: Schulreform - Kontinuitäten und Brüche. Das Versuchsfeld Berlin-Neukölln, hrsg. von Gerd RADDE, Werner KORTHAASE, Rudolf ROGLER und Udo GÖßWALD im Auftrag des Bezirksamts Neukölln, Abt. Volksbildung, Kunstamt, Bd. II: 1945 bis 1972, Opladen 1993, S. 225-227.

[189] Vgl. zur Wahl: RICHTER, Berliner Schulwesen, S. 113. - Die Wahl des neuen Stadtschulrats [Jens Nydahl] im Spiegel der Tageszeitungen, in: Berliner Lehrerzeitung, Jg. 7 (1926), S. 345f.

[190] S. 769.

[191] Vgl. z.B.: Die Wahl des Stadtschulrats im Spiegel der Tageszeitungen, in: Berliner Lehrerzeitung, Jg. 7 (1926), S. 345f.

[192] Vgl. u.a.: KÜPPERS, Heinrich, Weimarer Schulpolitik in der Wirtschafts- und Staatskrise der Republik, in: Vierteljahreshefte für Zeitgeschichte, Jg. 28 (1980), S. 20-46, hier bes. S. 44-46.

Wilhelm Paulsen versuchte seine Vorstellungen und Forderungen in den Jahren 1926-1929 auf Studienreisen[193], Kongressen und Tagungen[194] und wie schon vor 1924[195] in zahlreichen Publikationen[196] - insbes. sei hier sein 1926 erschienenes

---

[193] So begab sich Paulsen 1927 auf eine Studienreise, die ihn von Berlin über Genf nach Österreich und hier insbes. nach Wien, dessen Schulwesen ihm besonders imponierte, führte; s. dazu: PAULSEN, Wilhelm, Brief an Otto Glöckel vom 23.03.1927, in Auszügen in: GLÖCKEL, Otto, Die Wirksamkeit des Stadtschulrates für Wien während des Schuljahres 1926/27. III. Amtlicher Bericht, Wien 1927, S. 98f. - Auch: PAULSEN, Wilhelm, Wiens sozial- und kulturpolitische Sendung, in: Das Tagebuch, Jg. 8 (1927), S. 652-657. - Vgl. zuletzt: KEIM, Wolfgang, Wiener Schulreform der ersten Republik - ein vergessenes Kapitel der europäischen Reformpädagogik, in: Die Deutsche Schule, Jg. 76 (1984), S. 267-282. - Zur österreichischen Schulreform s. hier auch S. 494-501.

[194] So z.B. auf der vom 03.-15.08.1927 in Locarno tagenden 4. Internationalen Pädagogischen Konferenz des Internationalen Arbeitskreises für Erneuerung der Erziehung. - S. dazu: PAULSEN, Wilhelm, Freie Erziehung, freie Erzieher [Referat, gehalten auf dem 4. Internationalen Kongreß zur neuen Erziehung in Locarno 1927], in: Die Erziehung, Jg. 3 (1928), S. 532-543; Auszug wieder in: Hamburger Lehrerzeitung, Jg. 7 (1928), S. 783-785; vollst. u.d.T. 'La liberté dans l'Education, la liberté pour l'Educateur' wieder in: PAULSEN, Wilhelm, L'Ecole Solidariste. Traduction et Préface de Adolphe FERRI`ERE, Bruxelles 1931, S. 35-55. Und: PAULSEN, Wilhelm, Die Freiheit des Erziehers, in: Schulreform, Jg. 6 (1927), S. 555f. [Gekürzte Wiedergabe des auf der 4. Internationalen Konferenz für Erneuerung der Erziehung in Locarno 1927 gehaltenen Vortrages durch Viktor FADRUS].

[195] An anderer Stelle noch nicht genannte Artikel Paulsens aus den Jahren 1921 bis 1924: PAULSEN, Wilhelm, Eigenverfassung unserer Schulen. Ein erster Versuch der Schul-Selbstverwaltung in Berlin, in: Vorwärts vom 29.09.1921, Morgenausg. (1. Teil) und 02.10.1921, Sonntagsausg. (2. Teil). - PAULSEN, Wilhelm, Lehrplan für die Grundschule und Grundsätze für die Schularbeit überhaupt, in: Allgemeine Deutsche Lehrerzeitung, Berlin, Jg. 51 (1922), [Nr. 23/24 (vom 16.06.)], S. 289-291; wieder in: Der Elternbeirat. Halbmonatsschrift für Eltern, Lehrer und Behörden, Jg. 3 (1922), S. 311-317; wieder in: Der freie Lehrer. Organ der Arbeitsgemeinschaft sozialdemokratischer Lehrer und Lehrerinnen Deutschlands, Jg. 4 (1922), S. 193-198. - PAULSEN, Wilhelm, Oberstadtschulrat Paulsens Groß-Berliner Schulreform, in: Der Elternbeirat. Halbmonatsschrift für Eltern, Lehrer und Behörden, Jg. 3 (1922), S. 17-19. - PAULSEN, Wilhelm, Vorbemerkung, in: Lebensgemeinschaftsschule. Mitteilungsblatt der neuen Schulen in Deutschland, Jg. 1 (1924), S. 65-67. - PAULSEN, Wilhelm, Kommunale Schulpolitik. Rückblick und Ausblick, in: Die Gemeinde. Halbmonatsschrift für sozialistische Arbeit in Stadt und Land, Berlin, Jg. 1 (1924), S. 113-119; längere Passagen u.d.T. 'Kommunale Schulpolitik' zit. wieder in: Hamburger Lehrerzeitung, Jg. 3 (1924), S. 645. - PAULSEN, Wilhelm, Vorwort, in: Die neuen Schulen in Deutschland, hrsg. von Fritz KARSEN. Mit einem Vorwort von Wilhelm PAULSEN, Langensalza 1924, S. 5f. - PAULSEN, Wilhelm, Nicht Abbau, sondern Aufbau. Ein schulgeschichtlicher Augenblick, in: Vorwärts vom 06.01. (Teil 1) und 08.01. (Teil 2) 1924; wieder in: Berliner Lehrerzeitung, Jg. 5 (1924), Nr. 4 (vom 25.01.1924).

[196] Arbeiten von Paulsen nach 1924: PAULSEN, Wilhelm, Neue Erziehung und weltliche Schule, in: Die freie weltliche Schule. Mitteilungsblatt des Bundes der freien Schulgesellschaften, Jg. 5 (1925), S. 148-150. - PAULSEN, Wilhelm, Die neue Erziehungsbewegung und unser Schul- und Bildungsprogramm, in: Die Gesellschaft. Internationale Revue für Sozialismus und Politik, Jg. 2 (1925), S. 524-545. - PAULSEN, Wilhelm, Erziehungserneuerung, in: Vossische Zeitung vom 05.11.1925. - PAULSEN, Wilhelm, Die Schule der Volks- und Kulturgemeinschaft, in: Die Schule der Gemeinschaft, hrsg. von Heinrich DEITERS im Auftrage des Zentralinstituts für Erziehung und Unterricht, Leipzig 1925, S. 54-63. - PAULSEN, Wilhelm, Neue Schule und neue Erziehung, in: Junge Menschen. Monatshefte für Politik, Kunst, Literatur und Leben, Jg. 6 (1925), S. 156f. - PAULSEN, Wilhelm, Gemeinschaftspädagogik in weiteren und größeren Zusammenhängen, in: Hamburger Lehrerzeitung, Jg. 4 (1925), S. 1033-1035. - PAULSEN, Wilhelm, Die Überwindung der Schule. Begründung und Darstellung der Gemeinschaftsschule, Leipzig 1926; Auszug in franz. Übers. wieder in: PAULSEN, Wilhelm, L'Ecole Solidariste. Traduction et Préface de Adolphe FERRI`ERE, Bruxelles 1931, S. 25-34. - PAULSEN, Wilhelm, Weltliche Schule und Gemeinschaftsschule, in: Lebensgemeinschaftsschule. Mitteilungsblatt der neuen Schulen in Deutschland, Jg. 3 (1926), S. 53-55. - PAULSEN, Wilhelm, Lunatscharskis Werk, in: Tage-Buch, Berlin, Jg. 7 (1926), S. 52-56 und S. 96-99. - PAULSEN, Wilhelm, Ein Augenzeuge der Arbeit Pestalozzis, in: Die freie weltliche Schule. Mitteilungsblatt des Bundes der freien Schulgesellschaften Deutschlands, Jg. 7 (1927), S. 30f. und S. 39f. - PAULSEN, Wilhelm, Der gegenwärtige Stand des deutschen Schulwesens, in: Schweizerische Lehrerzeitung. Organ des Schweizerischen Lehrervereins und des Pestalozzianums in Zürich, Jg. 72 (1927), S. 409-411, S. 421f., S. 431f., S. 442-444 und S. 457f. - PAULSEN, Wilhelm, Das höhere Schulwesen in Deutschland, in: Schweizerische Lehrerzeitung, Jg. 72 (1927), Beilage: 'Die Mittelschule', S. 9f. - PAULSEN, Wilhelm, Schlußwort zum Offenen Brief [an die Schriftleitung der 'Hamburger Lehrerzeitung'. Berlin, 25. April 1927, in: Hamburger Lehrerzeitung, Jg. 6 (1927), S. 309f.], in: Hamburger Lehrerzeitung, Jg. 6 (1927), 368f. - PAULSEN, Wilhelm, Die Freiheit des Erziehers, in: Schulreform, Jg. 6 (1927), S. 555f. [Gekürzte Wiedergabe des auf der 4. Internationalen Konferenz für Erneuerung der Erziehung in Locarno 1927 gehaltenen Vortrages durch Viktor FADRUS]. - PAULSEN, Wilhelm, Offener Brief an die Schriftleitung der 'Hamburger Lehrerzeitung'. Berlin, 25.04.1927, in: Hamburger Lehrerzeitung, Jg. 6 (1927), S. 309f. - PAULSEN, Wilhelm, Wiens sozial- und kulturpolitische Sendung, in: Das Tagebuch, Jg. 8 (1927), S. 652-657. - PAULSEN, Wilhelm, Brief an Otto Glöckel vom 23.03.1927; in Auszügen abgedr. in: GLÖCKEL, Otto, Die Wirksamkeit des Stadtschulrates für Wien während des Schuljahres 1926/27. III. Amtlicher Bericht, Wien 1927, S. 98f. - PAULSEN, Wilhelm, Meine Vaterstadt Schleswig, in: Schleswig-Holstein-Hamburg-Lübeckische Monatshefte, Jg. 2 (1927), S. 82-85 und S. 114f. - PAULSEN, Wilhelm, Gefährdung der Volksschule. Ihre Rettung, in: Preußische Lehrer-Zeitung. Allgemeine Ausg. vom 13.09.1928. - PAULSEN, Wilhelm, Freie Erziehung, freie Erzieher (Referat, gehalten auf dem 4. Internationalen Kongreß zur neuen Erziehung in Locarno 1927), in: Die Erziehung, Jg. 3 (1928), S. 532-543; Auszug wieder in: Hamburger Lehrerzeitung, Jg. 7 (1928), S. 783-785; vollst. u.d.T. 'La liberté dans l'Education, la liberté pour l'Educateur' wieder in: PAULSEN, Wilhelm, L'Ecole Solidariste. Traduction et Préface de Adolphe FERRI`ERE, Bruxelles 1931, S. 35-55. - PAULSEN, Wilhelm, Unsere Schultragödie, in: Vossische Zeitung vom 10.10.1928, Morgenausg. - PAULSEN, Wilhelm, Stilwende der Zeit und der Schule, in: Der Schulfunk, Jg. 2 (1929), S. 432f. - PAULSEN, Wilhelm, Zum Neuaufbau unseres Schulwesens. Beiträge zum Organisationsentwurf, in: Schulblatt für Braunschweig und Anhalt, Jg. 42 (1929), [Nr. 31 (vom 01.11.)], S. 1045-1050. - PAULSEN, Wilhelm, Grundsätze für den Ausbau der Volksschule, in: Schulblatt für Braunschweig und Anhalt, Jg. 42 (1929), [Nr. 26 (vom 11.09.)], S. 847-849. - PAULSEN, Wilhelm, Das neue Schul- und Bildungsprogramm. Grundsätze und Richtlinien für den Ausbau des Schulwesens, Osterwieck 1930; Auszug u.d.T. 'Dringliche Gegenwartsreform' wieder in: Der Volkslehrer, Jg. 12 (1930) [Nr. 6 (vom 16.03.)], S. 69. - PAULSEN, Wilhelm, Stilwende der Zeit und der Schule, in: Schulblatt für Braunschweig und Anhalt, Jg. 43 (1930), S. 85-88. - PAULSEN, Wilhelm, Das neue Schul- und Bildungsprogramm als Gegenwartsforderung, in: Aufbau. Erziehungswissenschaftliche Zeitschrift, Berlin, Jg. 3 (1930), [Heft 7 (Juli)], S. 196-200. - PAULSEN, Wilhelm, Der Neuaufbau unseres Schulwesens. Im Auftrag des Geschäftsführenden Ausschusses des Preußischen Lehrervereins, Osterwieck 1931. - PAULSEN, Wilhelm, L'Ecole Solidariste. Traduction et Préface de Adol-

Hauptwerk 'Die Überwindung der Schule'[197] hervorgehoben - zu verbreiten. Im Mai 1929 wurde er zum Honorarprofessor für praktische Pädagogik an die Technischen Hochschule Braunschweig berufen, um sich im Rahmen seines Lehrauftrags besonders mit Fragen der Schulorganisation zu beschäftigen[198]. Nach dem Wahlerfolg der Nationalsozialisten im Lande Braunschweig im September 1930 bekam er jedoch bereits am 23.12.1930 seinen Lehrauftrag mit Ablauf des Wintersemesters 1930/31

---

phe FERRI`ERE, Bruxelles 1931. - PAULSEN, Wilhelm, Grundsätzliches zu meinen Schulplänen, in: Aufbau. Erziehungswissenschaftliche Zeitschrift, Berlin, Jg. 5 (1932), [Heft 4 (April], S. 120f. - PAULSEN, Wilhelm, Der Aufbau der Mittelstufe des Schulwesens in bestehenden und geplanten Versuchen, in: Das deutsche Schulwesen. Jahrbuch 1930/32, Berlin 1933, S. 241-257. - PAULSEN, Wilhelm, Lösung der heutigen Bildungskrise. Stimmen aus der Öffentlichkeit, Aufbaupläne in Berlin, Berlin [u.a.] 1933.

197 PAULSEN, Überwindung.
198 Zu Paulsens Arbeit in Braunschweig s. u.a.: PAULSEN, Grundsätze für den Ausbau der Volksschule, S. 847. - PAULSEN, Zum Neuaufbau. - PAULSEN, Wilhelm, Das neue Schul- und Bildungsprogramm. Grundsätze und Richtlinien für den Ausbau des Schulwesens, Osterwieck am Harz 1930; Auszug i.d.T. 'Dringliche Gegenwartsreform' wieder in: Der Volkslehrer, Jg. 12 (1930), [Nr. 6 (16.03.)], S. 69. - PAULSEN, Wilhelm, Das neue Schul- und Bildungsprogramm als Gegenwartsforderung, in: Aufbau. Erziehungswissenschaftliche Zeitschrift, Berlin, Jg. 3 (1930) [Heft 7 (Juli)], S. 196-200 [Zusammenfassung des Buches: PAULSEN, Wilhelm, Das neue Schul- und Bildungsprogramm. Grundsätze und Richtlinien für den Ausbau des Schulwesens, Osterwieck am Harz 1930]. - Zur Wirkung des Planes s. z.B.: FADRUS, Viktor, Der Plan eines neuen Schulaufbaues in Braunschweig, in: Schulreform, Jg. 8 (1929), S. 635-637. - PAULSEN, Lösung. -
Zur universitären Lehrerausbildung an der Technischen Hochschule Braunschweig 1918 bis 1940 s.: SANDFUCHS, Uwe, Universitäre Lehrerausbildung in der Weimarer Republik und im Dritten Reich. Eine historisch-systematische Untersuchung am Beispiel der Lehrerausbildung an der Technischen Hochschule Braunschweig (1918-1940), Bad Heilbrunn 1978, sowie: SANDFUCHS, Uwe, Das Modell Braunschweig. Universitäre Lehrerausbildung zwischen Monarchie und Drittem Reich, ihre Problematik und ihre Bedeutung für die Schulpolitik, in: Schule in der Demokratie - Demokratie in der Schule? Eine exemplarische Einführung in Theorie und Praxis der Schulpolitik, hrsg. von Ernst-August ROLOFF (=Brennpunkte der Bildungspolitik, 3), Stuttgart 1979, S. 45-70. - Kurz auch: SANDFUCHS, Uwe, Die weltlichen Schulen im Freistaat Braunschweig: Schulpolitischer Zankapfel und Zentren der Schulreform, in: 'Die Alte Schule überwinden'. Reformpädagogische Versuchsschulen zwischen Kaiserreich und Nationalsozialismus, hrsg. von Ullrich AMLUNG, Dietmar HAUBFLEISCH, Jörg-W. LINK und Hanno SCHMITT (=Sozialhistorische Untersuchungen zur Reformpädagogik und Erwachsenenbildung, 15), Frankfurt 1993, S. 221-246. - Zuletzt: SCHÜLER, Claudia, Die Kulturwissenschaftliche Abteilung 1927-1933, in: Technische Universität Braunschweig. Vom Collegium Carolinum zur Technischen Universität 1745-1995, hrsg. von Walter KERTZ, Hildesheim [u.a.] 1995, S. 415-431. - POLLMANN, Klaus Erich, Die Nationalsozialistische Hochschulpolitik und ihre Wirkungen in Braunschweig, in: Technische Universität Braunschweig. Vom Collegium Carolinum zur Technischen Universität 1745-1995, hrsg. von Walter KERTZ, Hildesheim [u.a.] 1995, S. 443-465. - WIEDEN, Claudia Bei der, Vom Seminar zur NS-Lehrerbildungsanstalt. Die Braunschweiger Lehrerausbildung 1918 bis 1945 (=Beiträge zur Historischen Bildungsforschung, 16), Köln [u.a.] 1996.

entzogen[199]. Fortan mußte er "ohne Gehalts- und Pensionszahlungen"[200] bis zu seinem Tode am 27.08.1943[201] "von der solidarischen Unterstützung seiner Verwandten"[202] leben.

Anfang 1932 schrieb er rückblickend über seine Berliner Arbeit:

"Es war [...] meine Pflicht, mit der Berufung als Leiter des Schulwesens der Stadt Berlin 1921 auf schulpolitischem Gebiet den Kampf und die Arbeit um die Verwirklichung der Idee der [neuen] Schule sofort aufzunehmen. Wegen der wirtschaftlichen Ungunst der Zeit und des Fehlens einer schulfortschrittlichen Mehrheit in den städtischen Körperschaften blieben die Pläne eines allgemeinen Aufbaus leider unausgeführt. Es gelang in schweren Kämpfen nur die Sicherung der bestehenden Grundlagen des Schulwesens [...] und die Einrichtung einer Reihe von Lebensgemeinschaftsschulen, Pionierschulen nach Hamburgs Beispiel [...]."[203]

Dieser Überblick über Paulsens pädagogische Biographie gibt einen Eindruck davon, warum Paulsen Blumes Plan eines eigenen Schulversuches "von seinem ersten Auftauchen an in heller Begeisterung gefördert hatte"[204]:

Paulsen war angewiesen auf Pädagogen, die bereit waren, für eine praktische Schulreform aktiv zu werden. Mit Blume hatte er einen solchen Pädagogen gefunden. Das was Paulsen 1921 vom Scharfenberger 'Sommerschulversuch' erfahren konnte, und das, was ihm Blume von seinen weiteren Plänen berichtet haben mag, mußte ihm das gleichgerichtete Interesse beider deutlich vor Augen führen. Insbesondere benötigte Paulsen Unterstützung im Bereich der höheren Schulen, um seine mit seinem 'Schulgemeinschaftsgedanken' verbundenen Pläne im Sinne der Einheitsschule realisieren zu können; eben das deutete sich mit einer Verwirklichung von Blumes Plänen an.

Daß Paulsens Erwartungen in Blume und dessen Versuchsschulvorstellungen nicht enttäuscht wurden, deuten Paulsens schriftliche Bezugnahmen auf Scharfenberg auch nach seiner Zeit als Berliner Oberstadtschulrat an, vor allem in einer ausführlichen Vorstellung Scharfenbergs in einem Aufsatz aus dem Jahre 1927[205].

---

[199] SANDFUCHS, Universitäre Lehrerausbildung, S. 284f. - So auch: Naziangriff auf die Braunschweiger Technische Hochschule, in: Der Volkslehrer, Jg. 13 (1931), [Nr. 2 (18.01.)] S. 15. - RADDE, Fritz Karsen, S. 336, nennt fälschlich als Zeitpunkt von Paulsens Entlassung: Ende 1932; ebenso: MEYER, Gertrud, Lehrer, in: HOCHMUTH, Ursel / MEYER, Gertrud, Streiflichter aus dem Hamburger Widerstand 1933-1945. Berichte und Dokumente, Frankfurt 1969, S. 255-285; mit geringfügigen Umstellungen und Kürzungen u.d.T. 'Widerstand und Verfolgung Hamburger Lehrer (1933-1945)' wieder in: Lehrer im antifaschistischen Widerstandskampf der Völker. Studien und Materialien, 1. Folge (=Monumenta Paedagogica, 15), Berlin (DDR) 1974, S. 336-358, hier (1969), S. 279f.: Weihnachten 1932.

[200] MEYER, Lehrer, S. 280.

[201] STÖHR, Lehrer und Arbeiterbewegung, Bd. 2, S. 35 (leider ohne Quellenangabe). - MEYER, Lehrer, S. 280. - 1943 als Todesjahr (allerdings ebenfalls ohne Quellenangaben nennen auch: RADDE, Fritz Karsen, S. 335, und: FIEGE, Geschichte, S. 167.

[202] MEYER, Lehrer, S. 280.

[203] PAULSEN, Lösung, S. 3.

[204] BLUME, Schulfarm (1928), S. 138.

[205] PAULSEN, Wilhelm, Der gegenwärtige Stand des deutschen Schulwesens, in: Schweizerische Lehrerzeitung. Organ des Schweizerischen Lehrervereins und des Pestalozzianums in Zürich, Jg. 72 (1927), S. 409-411, S. 421f., S. 431f., und S. 442-444 und S. 457f. eigener umfangreicher Abschnitt 'Die Scharfenberg-Schule'. - Kurz zu Scharfenberg im Kontext des 'Schulgemeinschaftsgedankens' auch in: PAULSEN, Überwindung, S. 19f.

II.4. DIE VORBEREITUNGEN ZUR EINRICHTUNG EINER STÄDTISCHEN VERSUCHSSCHULE AUF DER INSEL SCHARFENBERG AB DEZEMBER 1921

II.4.A. DIE PLANUNGEN BIS ZUR GENEHMIGUNG DES VERSUCHS IM APRIL 1922

Blume hatte bereits im September 1921 zwecks Gründung einer Versuchsschule auf Scharfenberg mit Oberschulrat Paulsen gesprochen. Dabei waren sie zu dem Schluß gekommen, "im Frühjahr mit einer wirklichen Versuchsschule zu beginnen."[1]

Im Archiv der Schulfarm Insel Scharfenberg befindet sich eine maschinenschriftliche, von Blume verfaßte Quelle, die auf den 17.12.1921 datiert ist und den Titel "Grundzüge zum Plane der ersten städtischen Sonderschule [sic!] für Schüler aus den Oberstufen der höheren Lehranstalten Berlins" trägt[2].

Hier heißt es, es würde geplant, "auf der 93 Morgen umfassenden städtischen Insel Scharfenberg im Tegeler See die dort im Mai d.J. von Studienräten des städtischen Humboldtgymnasiums mit Unterstützung des Jugendamts und der Schuldeputation begründete 'Sommerschule' zu einer selbständigen, als Internat gestalteten Wahlschule für Schüler aus den Oberstufen der höheren Lehranstalten Berlins auszubauen."[3] Es folgt eine Aufzählung von fünf Punkten, die grundlegende Ziele der geplanten Schule benennen:

"Sie will die Schüler in engster Verbindung mit der Natur leben lassen, auch den Unterricht, soweit es die Witterungsverhältnisse irgend gestatten, im Freien abhalten, die geistige Schulung durch die in der Mußezeit betriebene Feld-, Garten- oder Werkarbeit ergänzen;
sie will in der geschlossenen sich selbst verwaltenden und kameradschaftlich lebenden Gemeinschaft zur Selbständigkeit und zu einem wachen Verantwortlichkeitsgefühl für ein größeres Ganze erziehen;
sie will durch praktische Ausübung und theoretische Unterweisung zu einem wahren Kunstverständnis führen, Gefühl für Stil wecken und die Kunst als Ausgleich eines allzu einseitigen Intellektualismus zu einem lebendigen Bestandteil ihres Wesens machen;
sie will die Zahl der Pflichtfächer vermindern und die jetzt nach dem Schubkastensystem getrennten 'allgemeinbildenden Unterrichtsgegenstände' in weitestgehender Konzentration zu einem Weltbild vermittelnden Kernunterricht zusammenfassen, daneben die Möglichkeit ernsterer Vertiefung in ein nach eigenem Interesse gewähltes Spezialstudium bieten;
sie will eine Unterrichtsmethode anstreben, die unter Eindämmung der üblichen Rezeptivität wirklich selbsttätige Mitarbeit der Schüler (nicht bloß in den experimentellen Fächern) hervorlockt."[4]

---

[1]   BLUME, Wilhelm, Die Anfänge ... anno 1921/22, in: Wilhelm Blume zum 100. Geburtstag (=Neue Scharfenberg-Hefte, 6), Berlin 1984, S. 9-12, hier S. 9.
[2]   BLUME, Wilhelm, Grundzüge zum Plane der ersten städtischen Sonderschule für Schüler aus den Oberstufen der höheren Lehranstalten Berlins (17.12.1921) [Berlin, LA, SIS], hrsg. von Dietmar HAUBFLEISCH, Marburg 1999:
      http://archiv.ub.uni-marburg.de/sonst/1999/0001/q11.html
[3]   BLUME, Grundzüge.
[4]   BLUME, Grundzüge.

Mit der Realisierung dieser Punkte beabsichtige man mit der neuen Schule "einmal, den sich freiwillig in ihr sammelnden Schülern, ohne etwa das Ziel qualitativ zu ermäßigen, die Freude an der Schule wiederzugeben und sie gesunder, aufgeschlossener, mehr der Sache hingegeben, freier und persönlicher entwickelt zu entlassen, als es jetzt im Durchschnitt beim Abiturium der Schule möglich ist, und zweitens durch ein Ausprobieren die alten unter ungünstigeren Bedingungen arbeitenden Schulen in ihrer Reformtätigkeit befruchten."[5]

Vorgesehen war in dem Plan eine dreijährige Oberstufe, der eine Vorbereitungsklasse vorangehen solle; diese solle 30-35 Untersekundaner Berliner Gymnasien aufnehmen, "die es treibt, ihre letzten Schuljahre bis zum Abiturium draußen in der Natur in enger Gemeinschaft mit ihren Kameraden und Lehrern zu verleben, die vielleicht unter den Verhältnissen der Schule oder des Hauses leiden, aber tiefere Interessen haben und an ihrer eigenen ethischen Entwicklung und der der anderen zu arbeiten gewillt sind."[6]

Bei der Auswahl der Schüler sei darauf zu achten, "besonders geeigneten Schülern, die aus finanziellen Gründen ihre Schulbildung in Untersekunda schweren Herzens abzubrechen vorhaben oder sich nur kümmerlich bis Prima durchhungern könnten, den Aufenthalt auf der Schulinsel zu ermöglichen."[7]

Der Lehrplan der Vorbereitungsklasse dürfe "sich stofflich in der Hauptsache mit dem gymnasialen der Untersekunda decken"[8]; damit solle Schülern, "die sich nach dem Urteil der Lehrer für diese Lebensgemeinschaft nicht eignen oder selbst ihr nicht weiter anzugehören wünschen, die Möglichkeit gegeben [werden], ohne Schaden in die Obersekunda ihrer alten Anstalt zurückzutreten."[9] Eine Abweichung vom Normallehrplan sei nur für den Musik- und Kunstunterricht beabsichtigt[10]. In der Methode werde "in allen Fächern eine allmähliche Annäherung an den sog. Arbeitsunterricht erstrebt."[11]

Auch für die im zweiten Jahr des geplanten Versuches auf die Zwischenstufe aufbauende Oberstufe enthielt der Plan bereits erste Planungen:

5   BLUME, Grundzüge.
6   BLUME, Grundzüge.
7   BLUME, Grundzüge.
8   BLUME, Grundzüge.
9   BLUME, Grundzüge.
10   BLUME, Grundzüge: "Eine Abweichung vom Normallehrplan tritt nur insofern ein, als der Gesangunterricht in zwei obligatorischen Stunden stofflich - besonders in seinem theoretischen Teil (Grundlagen der Harmonielehre, der Formenlehre, Überblick über die Musikgeschichte) - über das Übliche hinausgeht und der bisher nur fakultative 2stündige Zeichenunterricht unter Betonung des Theoretischen (Bildbetrachtung, Übersicht über künstlerische und kunstgewerbliche Strömungen) und mit Einführung in die Elemente von Buchbinder- und Bastelarbeiten zum Pflichtfach erhoben wird. Es soll damit der Kunstunterricht, der ein Grundprinzip der Oberstufe ist, vorbereitet und zugleich vielseitiges Interesse an diesen Gebieten geweckt werden, damit nachher die im Kunstunterricht oder auch in der Musik- oder Werkbetätigung nötige eigene Entscheidung auf Grund einer gewissen Sachkenntnis erfolgt. Die Zeit für dieses Mehr an Stunden wird durch Wegfall von 2 der bisherigen Turnstunden gewonnen, da die körperliche Ertüchtigung durch den Aufenthalt im Freien durch außerunterrichtliches Spiel, durch Baden und Gartenarbeit sowieso zu ihrem vollen Rechte kommt."
11   BLUME, Grundzüge.

Der Unterricht in der Oberstufe solle sich in einen sechzehnstündigen Kernunterricht und einen achtstündigen Kursunterricht gliedern.

Der Kernunterricht solle sich in zehn Wochenstunden der Vermittlung "eines geschichtlich bestimmten Weltbildes" und in sechs Stunden der Vermittlung "eines naturwissenschaftlich gesehenen Weltbildes" widmen, von einer traditionellen Fächereinteilung weitgehend absehen und statt dessen in einem kulturkundlichen Teil "Religionskunde, Literatur, Volkskunde, Politik, Wirtschaft zu möglichst einheitlichen Epochenbildern zusammen[fassen]", im naturkundlichen Teil neben Mathematik die naturkundlichen Unterrichtsfächer wie auch Geologie und Geodäsie[12].

Unterrichtet werden sollte hierbei "nach dem Prinzip des fluktuierenden Helfersystems"[13]. Als Beispiel hierfür nannte Blume in dem Plan:

"Beispielsweise, es wird die Renaissance durchgenommen: man lernt miteinander kennen die religiösen Strömungen, liest ein Humanistendrama (deutsch, den lateinischen Text daneben), ein Werk von Shakespeare, um die Renaissance in England kennen zu lernen, bespricht die Malerei und das neue naturwissenschaftliche Weltbild (Copernikus). Dabei wird sich der Zentrallehrer einige Stunden den Kunstlehrer heranholen, damit er auf Grund seiner tieferen Kenntnis das Bild von der Malerei der Renaissance weiter ausführe, wird dabei selbst zum Hörer; oder bei Besprechung der naturwissenschaftlichen Umwälzungen greift der Zentrallehrer ein. - Wenn man sich das Barockzeitalter in allen seinen Erscheinungen lebendig machen will, wird beispielsweise auch der Musiklehrer eingreifen zu gegebener Stunde (Bach) oder bei Durchnahme des Volksliedes oder der Romantik (E. Th. A. Hoffmann) werden innerhalb des Zentralunterrichts der Zentrallehrer und der Musiklehrer gemeinsam arbeiten, abwechselnd lehrend oder hörend, als Hörer mit den Schülern weiter arbeitend. Das Zusammenleben im Internat ermöglicht solch fluktuierendes Helfersystem ohne jede Stundenplanschwierigkeit."[14]

Im Kursunterricht solle der Schüler nach freier Wahl an einen achtstündigen antiken Kurs (Griechisch im Mittelpunkt) oder an einem neusprachlichen Kurs (Englisch im Mittelpunkt), einem Mathematik- und Chemie- oder einem Musikkurs oder einem Kursus für bildende Künste teilnehmen.

Einen großen Stellenwert sollten nach dem Plan außerunterrichtliche Unternehmungen einnehmen.

"Da die Schüler in der Schule wohnen, bleibt selbstverständlich Zeit und Lust zu außerunterrichtlicher künstlerischer Betätigung; hierher gehören die Extramusikstunden, privatissime beim Musiklehrer oder Übungen des Schülerorchester oder zwanglose Besprechungen. Nach den in der diesjährigen Scharfenberger Sommerschule gemachten Erfahrungen lassen sich die Abende durch Vorlesen, Deklamieren, Theaterspiel, musikalisches Vorspiel leicht und angenehm in fröhlichen Wetteifer der verschiedenen Gruppen für das künstlerische Erleben nutzbar machen."[15]

Außerdem sollte ein Wochentag ganz unterrichtsfrei sein und "für Wanderungen, Museums- und Konzertbesuche und Beschäftigungen ganz nach Belieben"[16] genutzt werden.

---

12 BLUME, Grundzüge.
13 BLUME, Grundzüge.
14 BLUME, Grundzüge.
15 BLUME, Grundzüge.
16 BLUME, Grundzüge.

Zwei Tage nach dem als Erstellungsdatum der Quelle genannten Datum, am 19.12.1921, "nachdem die Auflösung und Neuwahl der Stadtverordnetenversammlung unerwünschten Aufschub gebracht hatte"[17], kam es zu einer weiteren Unterredung zwischen Blume und Paulsen. Es läßt sich vermuten, daß Blume Paulsen hier seine 'Grundzüge' unterbreitet hatte, dabei auf positive Resonanz gestoßen war und offenbar eine weitere Festigung des Gedankens der Errichtung einer Versuchsschule auf Scharfenberg zustande kam. Denn sogleich darauf begann Blume in den Weihnachtsferien mit intensiven Vorbereitungen, um einen detaillierten Antrag für eine Schulneugründung, einen 'Zukunftsplan einer Inselschule' zu erarbeiten, entschlossen, eine eigene Schule zu gründen, "unbekümmert um Berechtigungen. November-Elan!"[18]

Blume begann sich mit allen Reformbewegungen für das höhere Schulwesen in Deutschland auseinanderzusetzen[19]. Er holte sich Anregungen aus der damals neu erschienen pädagogischen Literatur[20], darunter Aufsätze des Bundes Entschiedener Schulreformer, etwa ein Aufsatz von Paul Oestreich über die elastische Oberstufe[21] sowie der voluminöse Berichtband der Reichsschulkonferenz[22]. Er beschäftigte sich mit anderen praktischen Reformversuchen, etwa denen an der Lichtwarkschule in Hamburg[23]. Und er beobachtete die aktuelle schulpolitische Situation und registrierte genauestens, an welchen Stellen sich die kleinsten Hoffnungsschimmer für eine Realisierung seiner Vorstellungen auftaten. So griff er, nachdem es, wie er formulierte, um die Pläne, "ehemalige Schlösser zu derartigen Anstalten einzurichten, [...] inzwischen wieder still geworden [war]"[24], sofort einen Hinweis der Vossischen Zeitung vom 19.11.1921 auf, in dem sich der preußische Kultusminister Boelitz als "Anhänger der Versuchsschulen" bekannte, indem er äußerte, er wolle "für jede Provinz etwa zwei [Versuchsschulen] durchgeführt haben."[25]

---

[17]   BLUME, Anfänge, S. 9.
[18]   BLUME, Schulfarm (1928), S. 138.
[19]   Überblick hierzu: HARTKOPF, Der Gründer, S. 9.
[20]   Vgl. z.B.: BLUME, Bericht (1923), Bl. 176v.
[21]   BLUME, Gesuch (1922), S. 21. - Es handelt sich um: OESTREICH, Paul, Die Elastische Oberstufe, in: Die Neue Erziehung, Jg. 3 (1921), S. 239-243 und S. 287-292.
[22]   Vgl.: BLUME, Gesuch (1922), S. 10, und: BLUME, Bericht (1923), Bl. 176v. - Mit dem 'voluminösen Band' ist gemeint: Die Reichsschulkonferenz 1920. Ihre Vorgeschichte und Vorbereitung und ihre Verhandlungen. Amtlicher Bericht, erstattet vom Reichsministerium des Innern, Leipzig 1921. Unveränd. Neudr. als Bd. 3 der Reihe 'Deutsche Schulkonferenzen', Glashütten 1972.
[23]   BLUME, Gesuch (1922), S. 10 und 10a: "Hamburg hat in der Lichtwarkschule, deren Gebäude sich 'am bewaldeten Teil des Stadtpark in unmittelbarer Nähe der weiten Spielplätze' erheben sollen, die Pionierarbeit begonnen, allerdings nur in Form einer Tagesschule, deren Teilnehmer in den späten Nachmittagsstunden nach Hause fahren; Braunschweig plant die Umwandlung eines privaten Realschul-Internats in Seesen zu einer Landesversuchsschule [...]." - Zu Blumes Rezeption der Lichtwarkschule s. auch S. 277-280, S. 464f., S. 501 und S. 639.
[24]   BLUME, Gesuch, S. 10.
[25]   HILDEBRANDT, Paul, Das Programm des Kultusministers. Eine Unterredung mit Dr. Boelitz, in: Vossische Zeitung vom 19.11.1921, Morgenausg., 1. Beilage: "Im übrigen ist der Minister Anhänger der Idee von Versuchsschulen. Er hält sie für die Schulreform für unbedingt notwendig und möchte für jede Provinz etwa zwei durchgeführt haben." - Von Blume aufgegriffen und zit. in: BLUME, Gesuch, S. 10.

Blume arbeitete sich durch "die schwierigen Wirrnisse moderner Lehrplanfragen"[26] durch, legte entsprechende Materialsammlungen an und stellte schließlich eigene Entwürfe zusammen. Dabei beriet sich Blume mit Bekannten und Freunden. So besprach er etwa "die schwierigen Wirrnisse moderner Lehrplanfragen"[27] mit seinem Freund Hans Witte[28].

Prof. Dr. Hans Witte (1881-1925), wenige Jahre älter als Blume, hatte (von 1891 bis 1900) wie dieser die Wolfenbütteler Große Schule besucht, wie dieser (allerdings Mathematik, Naturwissenschaften und Philosophie) in Heidelberg und Berlin studiert; 1905 promotierte Witte als Schüler von Max Planck, um dann ab 1908 am Wolfenbütteler Gymnasium Mathematik und Naturwissenschaften zu unterrichten; ab 1911 wurde er außerdem als Privatdozent für Physik an der Technischen Hochschule in Braunschweig tätig, wo er 1918 zum a.o. Professor ernannt wurde. Unmittelbar nach dem Krieg trat Witte der SPD bei; als Gründer und Vorsitzender des 'Braunschweiger Philologenbundes' unterstützte er 1920/21 - anders als der 'Braunschweiger Philologenverein' selbst - die sozialistische Regierung bei ihrem Vorhaben einer Reform des höheren Schulwesens. Kurz vor seinem Tod - zu dem Otto Grotewohl (1894-1964) die Grabrede hielt - trat er in mehreren Aufsätzen, die im sozialdemokratischen 'Volksfreund' erschienen, für die Errichtung 'Deutscher Oberschulen' ein; diese wären seiner Meinung nach allein in der Lage, "soweit es der Schule möglich ist, die tiefste Kluft zu [füllen], die unser Volk zerreißt, hie 'höher' Gebildete, dort 'Volk'"[29].

Für die Planung der künstlerischen Fächer zog Blume zwei seiner ehemaligen, frühesten Schüler an der 10. Realschule heran: den angehenden Musiklehrer Alfred Rosolleck und Georg Netzband.

---

[26] BLUME, Anfänge, S. 9.
[27] BLUME, Anfänge, S. 9.
[28] BLUME, Anfänge, S. 9.
[29] Diese und weitere biogr. Inf. zu H. Witte in: WITTE, Hans, Über den gegenwärtigen Stand der Frage nach einer mechanischen Erklärung der elektrischen Erscheinungen, Abschn. 1: Begriff, Grundlagen, Einteilung, Berlin, Univ., Diss., 1905. o.S.: Lebenslauf. - BOESTFLEISCH, Rainer, Hans Witte, in: Braunschweigisches Biographisches Lexikon. 19. und 20. Jahrhundert, hrsg. von Horst-Rüdiger JARCK und Günter SCHEEL, Hannover 1996, S. 664f. - Sowie vor allem in: Glaubenslehre, S. 373f. - Im Niedersächsischen Staatsarchiv in Wolfenbüttel befinden sich Druckschriften, ein gerahmtes Foto von Hans Witte (Nachlaß Prof. Gerhard von Frankenberg), Gedichte und Kompositionen von Witte (Bestand 250 N 47-49) und Zeitungsausschnitte von Vorträgen und Artikeln von Witte (Bestand 250 N 50); vgl. dazu: Niedersächsisches Staatsarchiv in Wolfenbüttel an D.H. br. vom 25.05.1993; zu überprüfen wäre künftig noch, ob sich unter den Veröffentlichungen Wittes auch Arbeiten über die Schulfarm befinden. - Die zunächst im 'Volksfreund' erschienenen Aufsätze wurden posthum wiederveröff. als: WITTE, Hans, Preußische und Braunschweigische Neuordnung des höheren Schulwesens (=Sozialdemokratische Flugschriften, 16), Braunschweig 1925. - Die hier zit. Passage findet sich: Ebd., S. 30.

Alfred Rosolleck (1897-19..)[30], der Blume offensichtlich schon im 'Sommerschulversuch' geholfen[31] und bereits eigene Unterrichtsvertretung am Humboldt-Gymnasium übernommen hatte[32], erarbeitete einen Plan für den Musikunterricht. Dieser wurde "von dem Komponisten Heinz Tiessen [(1887-1972)][33] miterwogen, von Prof. Dr. [Georg] Schünemann [(1884-1945)][34], dem stellvertretenden Direktor der Staatlichen Hochschule für Musik, nach ausführlicher Kenntnisnahme 'für gut und durchführbar' erklärt und hat beim Musikreferenten im Ministerium für Unterricht, Kunst und Volksbildung, Prof. Leo Kestenberg [(1882-1962)][35], lebhaftes Interesse gefunden."[36]

---

[30]   Zehnte Realschule zu Berlin. XXII. Bericht über das Schuljahr von Ostern 1914 bis Ostern 1915, Berlin 1915, S. 14: 'Übersicht über die Abiturienten' nennt Rosollecks Geburtsdatum, Religionszugehörigkeit (ev.), den Beruf des Vaters (Kaufmann), gibt den Hinweis, daß Rosolleck 4 Jahre Schüler der 10. Realschule war und nach Schulabschluß "in das Heer eingetreten" sei.

[31]   Bericht der drei Studienräte (1982), S. 18: "[...] auch sonst ist, seitdem ein ehemaliger Schüler, der Musik studiert, [und] in einem 3-wöchigen Zusammenwohnen mit den Jungen die Freude am Zusammenspiel geweckt hatte, in Abendstunden und sonntags viel musiziert worden [...]."

[32]   BLUME, Bericht (1923), Bl. 180r.: "Vertreter des Herrn Musikdirektor [Heinrich] Pfannschmidt [(1863-19..)] am Humboldtgymnasium".

[33]   Biogr. Inf. zu Tiessen: Riemann Musiklexikon, 12., völlig neu bearb. Aufl. in 3 Bdn. hrsg. von Wilibald GURLITT, Bd. 2: Personenteil L-Z, Mainz [u.a.] 1961, S. 796. - Sowie (incl. Hinweisen auf Tiessens Mitwirken in der sog. 'Novembergruppe Berlin' (s. dazu S. 190f.) und Todesdatum): SCHRADER, Bärbel / SCHEBERA, Jürgen, Kunstmetropole Berlin 1981-1933. Die Kunststadt in der Novemberrevolution, die 'Goldenen' Zwanziger, die Kunststadt in der Krise, Berlin (DDR) [u.a.] 1987, S. 43-45, S. 138, S. 164 und S. 373.

[34]   Biogr. Inf. zu Schünemann, in: Riemann Musiklexikon, 12., völlig neu bearb. Aufl. in 3 Bdn. hrsg. von Wilibald GURLITT, Bd. 2: Personenteil L-Z, Mainz [u.a.] 1961, S. 643f.

[35]   Leo Kestenberg, zuerst Pianist, dann Gründer des Berliner Volkschores und innerhalb der sozialistischen Kulturarbeit tätig; seit Dezember 1918 als künstlerischer Beirat und Referent für musikalische Angelegenheiten im preußischen Kultusministerium, seit 1922 auch Leiter der Musikabteilung des Zentralinstituts für Erziehung und Unterricht; 1933 nach Prag und 1938 nach Tel Aviv ausgewandert. - Autobiogr.: KESTENBERG, Leo, Bewegte Zeiten. Musischmusikantische Lebenserinnerungen, Wolfenbüttel [u.a.] 1961. - Kurzbiogr. in: Die deutsche Reformpädagogik, hrsg. von Wilhelm FLITNER und Gerhard KUDRITZKI, Bd. II: Ausbau und Selbstkritik, 2. unveränd. Aufl. Stuttgart 1982, S. 263-265. - Biogr.: BATEL, Günther, Musikerziehung und Musikpflege. Leo Kestenberg. Pianist - Klavierpädagoge - Kulturorganisator - Reformer des Musikerziehungswesens (=Bedeutende Musikpädagogen, 1), Wolfenbüttel [u.a.] 1989. - Kurzer Hinweis auf Kestenbergs Wirken im Kultusministerium auch bei: MÜLLER, Weltpolitische Bildung, S. 248, S. 281 und S. 286.

[36]   BLUME, Gesuch (1922), S. 38a. - Blume wies an dieser Stelle darauf hin, daß Kestenberg, "wie wir zu unserer Freude ersehen" eine 'Musikoberschule' bzw. ein 'Musikgymnasium' skizziert hatte: KESTENBERG, Leo, Musikerziehung und Musikpflege, Leipzig 1921.

Georg Netzband (1900-1984)[37], der am 30.07.1900 in Berlin als Sohn des Werkmeisters Max Netzband geboren wurde[38], hatte zum Zeitpunkt der Planungen im Frühjahr 1922 bereits eine beachtliche biographische Entwicklung hinter sich, die ihn zu einer Persönlichkeit hatte reifen lassen, die für sein Wirken für und auf Scharfenberg nicht ohne Bedeutung sein konnten. Er war im Bezirk Wedding, im Norden Berlins, aufgewachsen[39]. Nachdem er ab 1906 zunächst die 67. Gemeindeschule zu Berlin besucht hatte, wechselte er 1911 an die 10. Realschule (=Robert-Zelle-Realschule)[40], wo er einer der ersten Schüler Wilhelm Blumes wurde. Nach seiner Abschlußprüfung der Obersekunda (Mittlere Reife) im Jahr 1917 und dem kurzen Besuch der Oberrealschule zu Moabit, wurde er zum Zivildienst verpflichtet und gegen Ende des 1. Weltkrieges als Gardefüsilier in Frankreich eingesetzt. Vorher aber hatte er sich für die Kunstschule in Berlin beworben:

"Als ich als Gardefüsilier in Frankreich meine 'patriotische Untertanenpflicht' für Kaiser und Reich absolvierte, erreichte mich das Schreiben mit der Aufnahme in die - damals noch königliche - Kunstschule zum Oktober 1918. Die Zukunft war gesichert, blieb nur noch die Gegen-

37   Gedr. biogr. Inf. zu Netzband: NETZBAND, Georg, Einiges von mir über mich, in: Georg Netzband. Eine Werkauswahl. 1980, hrsg. von Isabel NETZBAND, Wiesbaden 1980, S. 9f. - Biographische Übersicht [zu Georg Netzband], in: Georg Netzband. Eine Werkauswahl. 1980, hrsg. von Isabel NETZBAND, Wiesbaden 1980, S. 145. - Georg Netzband 75, in: Der Tagesspiegel. Unabhängige Berliner Morgenzeitung vom 30.07.1975. - Georg Netzband gestorben, in: Der Tagesspiegel. Unabhängige Berliner Morgenzeitung vom 12.04.1984. - Erg. ungedr. biogr. Inf.: Berlin, BBF: SLG-GS, Personalblatt Georg Netzband. - PS Netzband: NETZBAND, Georg, Kurz-Biographie für The International Register of Profiles, Volume II, Mai 1977. - PS Netzband: Georg Netzband, Lebenslauf des Studienrates Georg Netzband [1953-58]. - PS Netzband: Georg Netzband, Lebensdaten Georg Netzbands, 1980. - Vgl. Abb. 20. Zum künstlerischen Werk: Georg Netzband. Berlin zwischen den Kriegen. Antikriegsbilder, Materialbilder, Ölbilder, Grafiken im Haus am Kleistpark [zur Ausstellung vom 24.05.-14.06.1968]. Mit einem Vorwort von Hellmut JAERSICH, Berlin 1968. - Georg Netzband. Eine Werkauswahl. 1980, hrsg. von Isabel NETZBAND, Wiesbaden 1980. - ARLAND, Bernhard, Georg Netzband. Vorbemerkung zu einer Werkauswahl, in: Georg Netzband. Eine Werkauswahl. 1980, hrsg. von Isabel NETZBAND, Wiesbaden 1980, S. 4-8. - KRAPOHL, Ulrich, Krieg und Frieden. Eine BBK-Ausstellung gleich hinter der documenta, in: Tendenzen. Zeitschrift für engagierte Kunst, Jg. 1980, Nr. 140, S. 48-50. - HIEPE, Richard, Aufbruch nach einem Lebenswerk. Der Maler Georg Netzband, in: Tendenzen. Zeitschrift für engagierte Kunst, Jg. 1984, Nr. 147, S. 45-49. - Ungedr., autobiogr. Quellen zum Kunst-Pädagogen Netzband: PS Netzband: NETZBAND, Georg, Der Kunstunterricht in der Rückertschule von September 1955 bis Juli 1968 (überarbeitete Fassung) [1968 oder früher]. - PS Netzband: NETZBAND, Georg, Versuch, eine Unterlage für Herrn Dr. Kellerwessel für eine Interpretation zu schaffen [1968]. - PS Netzband: NETZBAND, Georg, Die Entwicklung des Zeichenunterrichts zum Kunstunterricht 1918-1925, 16.09.1980. - Gedr. kunstpädagogische Arbeiten Netzbands: NETZBAND, Georg, Schüler sprengten den Fächerrahmen, in: Wege zu neuer Erziehung. Veröffentlichungen der Pädagogischen Arbeitsstelle Education Service Center Berlin, Jg. 2 (1951), Heft 5, S. 162f. - NETZBAND, Georg / ESCHEN, Fritz, Kunstpädagogische Anregungen. Ein Beitrag zur Praxis der bildnerischen Erziehung an allgemeinbildenden Schulen, 3 Bde., Göttingen [u.a.] 1955, 1956, 1959. - NETZBAND, Georg, Kunstpädagogische Anregungen. Ein Beitrag zur Praxis der bildnerischen Erziehung an allgemeinbildenden Schulen, Bd. 2: 7. bis 10. Schuljahr und Berufsfindungsjahr, Göttingen [u.a.] 1959 [S. 319f. zu Scharfenberg und Blume].
38   Berlin, BBF: SLG-GS, Personalblatt Georg Netzband.
39   ARLAND, Georg Netzband, S. 4.
40   PS Netzband: NETZBAND, Georg, Lebenslauf des Studienrates Georg Netzband [Zwischen 1953-1958].

wart. Dies änderte sich bekanntlich November 1918, und ich bemühte mich, einer französischen Gefangenschaft zu entgehen dank eines mit Kameraden gescharterten Pferdefuhrwerks bis Frankfurt, von dort per Lokomotive nach Berlin [...]. Dann sofort zu meiner Ersatztruppe nach Niederschönhausen, aufgrund meiner Kunstschulbescheinigung sofortige Entlassung mit 50 RM in der noch verwendungsfähigen Felduniform und an einem Montag zur 'Staatlichen Kunstschule' in der Klosterstraße. Nach Meldung beim [...] Direktor Professor Philipp Franck [(1860-1940)[41]] Einweisung in den Vorkurs zur Ausbildung als Zeichenlehrer [...]."[42]

Hier an der Kunstschule begann Netzband nach dem Ende des Krieges zu malen.

"Die Erfahrung des Todes - nicht als weltschmerzliche Spiegelung, sondern unmittelbar im Schützengraben. Aus dieser Grenzerfahrung seiner Generation wird für den jungen Netzband eine verpflichtende politische und künstlerische Wegorientierung. Der Student der Staatlichen Kunstschule Berlin beginnt alsbald sein Kriegserlebnis mit expressionistischer Ausdruckskraft und bereits stark entwickeltem persönlichen Duktus umzusetzen. So entstehen 1921 die Radierungen zu Rilkes 'Weise von Liebe und Tod des Cornet Christoph Rilke'[43] [...]. Die sechs Blätter gelten dem Aufbruch, der Gewalt und dem Tod.
Die Weise der Liebe spielt dafür in dem lyrischen Schwung der Holzschnitte zu Yayadevas Legendenteppich um Krishna und Radha [...]. Er widmet sie seiner Studienfreundin und späteren Frau, der Malerin Lilly Pollack [...]."[44]

1919 erlernte Netzband an der Staatlichen Kunstschule in Berlin bei Georg Tappert (1880-1957) Graphik, bei Georg Walter Rössner (1885-1972) Zeichnen und bei Bernhard Hasler (1884-1945)[45] Malerei[46].

Im selben Jahr 1919, also als Neunzehnjähriger, gehörte er der 'Novembergruppe' um Otto Dix (1891-1969) und George Grosz (1893-1959) an, der wichtigsten der zahlreichen Künstlervereinigungen, die sich im Zuge der November-

---

[41] Biogr. Inf. zu Franck: Philipp Franck, in: VOLLMER, Hans, Allgemeines Lexikon der bildenden Künstler des 20. Jahrhunderts, 2. Bd.: E-I, Leipzig 1955, S. 143. - Philipp Franck, in: BÉNÉZIT, E., Dictionnaire critique et documentaire des peintres, sculpteurs, dessinateurs et graveurs. Nouvelle Edition, Tome 5: Eadie-Gence, Paris 1999, S. 655. - In beiden Nachschlagewerken wird als Todesdatum das Jahr 1944 angegeben. Ein Brief Adolf Reichweins vom 22.03.1940 weist jedoch darauf hin, daß Franck am 22.03.1940 beerdigt wurde; s.: Adolf Reichwein. Ein Lebensbild aus Briefen und Dokumenten. Ausgew. von Rosemarie REICHWEIN unter Mitwirkung von Hans BOHNENKAMP, hrsg. und komm. von Ursula SCHULZ, Bd. 1, München 1974, S. 228f.
[42] PS Netzband: NETZBAND, Georg, Die Entwicklung des Zeichenunterrichts zum Kunstunterricht 1918-1925, 16.09.1980.
[43] RILKE, Rainer Maria, Die Weise von Liebe und Tod des Cornets Christoph Rilke (=Insel-Bücherei, 1), Frankfurt 1912. - 1109.-1114. Tsd. Frankfurt 1982.
[44] ARLAND, Georg Netzband, S. 5.
[45] Lebensdaten von Hasler bei: SCHRADER / SCHEBERA, Kunstmetropole Berlin, S. 366.
[46] HIEPE, Aufbruch, S. 47.

revolution 1918 als Reflex auf die damalige Umbruchssituation gegründet hatten[47], und fand alsbald aufgrund umfangreicher Ausstellungstätigkeit, so etwa bereits 1919 auf der 'Großen Berliner' (Große Berliner Kunstausstellung) in der Abteilung 'Novembergruppe', in der Öffentlichkeit Beachtung[48]. Studienwanderungen führten ihn in den Jahren 1919 bis 1921 nebenher durch Deutschland bis Norditalien[49].

An der Hochschule begann Netzband auch, sich politisch zu betätigen. Er engagierte sich als Sprecher des 'Schülerrates' [quasi ein 'Studentenausschuß'] der Hochschule und setzte sich für eine umfassende Reform der Kunstschulen ein:

> "Die Kriegsteilnahme und die Flucht des Kaisers [=Wilhelm II.] hatte mich von einem kaisertreuen Patrioten zu einem glühenden Pazifisten und Antimilitaristen umgestülpt. Die nachdrückliche Erziehung der Väter meiner Jugendfreunde, die alle dem Arbeitermilieu des Berliner Nordens angehörten und es sich quasi zur Aufgabe machten, beim Sechsundsechzig spielen dem Hausbesitzersohn Geschichte und Ziele des Sozialdemokratie einzuverleiben [...], zeigte jetzt seine Wirkung. Mir mißfielen einige 'Gewohnheiten' in der K.S. [=Kunstschule], die die Kontrolle der Kunstschüler zur Aufgabe hatten. Ich fand schnell gleichgesinnte Mitschüler und so wurde die Wahl des 'Schülerrates' ein Erfolg der 'linksgerichteten' [Studierenden] [...].
> Es gelang uns sehr schnell, die Präsenzlisten (von Professoren gewissenhaft geführt) abzuschaffen und in die Lehrerkonferenzen zwei Beisitzer des Schülerrates mit beratender Stimme einzubringen, die auch bei den Prüfungskonferenzen anwesend waren."[50]

Als Forderungen wurden genannt: Aufhebung der geschlechtergetrennten Ateliers beim gleichen Lehrer, Freie Atelierwahl der Schüler und Schülerinnen, Ersatz der überalterten Professoren durch junge, im Kunstleben erfolgreiche Lehrkräfte, Freie Beteiligung mit eigenen Arbeiten in den Berliner Kunstausstellungen bei Juryunterstellung[51].

---

47   Vgl. zur 'Novembergruppe Berlin': SCHRADER / SCHEBERA, Kunstmetropole Berlin, S. 35-48. - GRÜTZMACHER, Curt, Rudolf Ausleger. 1897-1974, in: Beiträge zur Geschichte der Pädagogischen Hochschule Berlin, hrsg. von Gerd HEINRICH (=Abhandlungen aus der Pädagogischen Hochschule Berlin, 6), Berlin 1980, S. 67-69, hier S. 67f.: "Diese Vereinigung, zu der auch Bildhauer und Architekten zählten, war neben der Gruppe 'Der Sturm' wohl die bedeutendste im damaligen Berlin [...]. Die Künstler der 'Novembergruppe' hatten bestimmte kulturpolitische Vorstellungen von den künftigen Aufgaben der Kunst. Vor allem wollte man auf die Kunsterziehung an den Akademien und Schulen in reformierender Weise einwirken; man verfaßte Aufrufe und Manifeste, durchtönt von dem für den Expressionismus typischen Humanitätspathos. Von der Kunst erwartete man vor allem die Gestaltung sozialer Themen und Probleme, um sie so dem breiten Publikum bewußter zu machen. Daß die Gruppe seit dem Ende der freien Kunst sogleich als 'kulturbolschewistisch' diffamiert wurde, war vorauszusehen; ihre Mitglieder galten als 'entartet' und hatten kaum die Möglichkeit zur künstlerischen Betätigung, geschweige denn zur Wirkung in der Öffentlichkeit. Die meisten mußten froh sein, einen unpolitischen Broterwerb zu haben, in dem sie schweigend und unauffällig zu überleben hofften."
48   PS Netzband: NETZBAND, Georg, Lebensdaten Georg Netzband, 1980.
49   PS Netzband: NETZBAND, Georg, Lebensdaten Georg Netzband, 1980.
50   PS Netzband: NETZBAND, Georg, Die Entwicklung des Zeichenunterrichts zum Kunstunterricht 1918-1925, 16.09.1980.
51   PS Netzband: NETZBAND, Georg, Die Entwicklung des Zeichenunterrichts zum Kunstunterricht 1918-1925, 16.09.1980.

Nicht zuletzt dank der Tatsache, daß es ihr gelungen war, Ministerialrat Ludwig Pallat[52] für ihre Sache zu gewinnen, hatte die junge Studentengruppe Erfolg. Durch das Pensionsgesetz mußten alte, über 65jährige, Lehrer weichen und die von dem Schülerrat gewünschten Lehrer (u.a. Tappert, Rössner und Hasler) wurden zu Professoren ernannt. Im Oktober 1920 wurde die Kunstschule in der Grunewaldstraße in Schöneberg eröffnet; im Atelierflügel fand eine Ausstellung eigener Arbeiten der Kunstschüler statt[53]: "Aus dem Zeichenlehrerseminar war eine Kunstschule geworden!"[54]

Im Winter 1920 wurde zum Diskussionsgegenstand: 1. Die Anhebung des Zeichenlehrers zum Studienrat und als Voraussetzung dazu 2. Eine Neugestaltung des Zeichenunterrichts. In den folgenden Jahren wurden weitere Forderungen nach Anhebung des Zeichenlehrers zum Studienrat und (als Voraussetzung dazu) eine Neugestaltung des Zeichenunterrichts aufgestellt, vor allem auf dem 1923 in Berlin stattfindenden Kongreß der Zeichenlehrer diskutiert, befürwortet und schließlich 1924/25 gesetzlich realisiert; damit unterlagen ab 1925 alle Kunstschüler den neuen Prüfungsbedingungen und wurden über die Ausbildungsleiter Studienreferendar, Studienassessor, Studienrat und Studienoberrat[55]:

"Aus dem Zeichenlehrer ist der Kunstlehrer, aus dem Zeichenunterricht [der Kunstunterricht] bzw. das bildende Gestalten geworden. Das Kind und der Schüler erzeugten nicht mehr Zeichnungen usw., sondern 'Kinderkunst'. Ihnen wurde ein eigenes gestalterisches Erleben und dessen Realisation ohne Gängelei ermöglicht."[56]

---

52 Zu Pallat i.d.A. bes. S. 343f. - Berlin, BBF: Reichwein-Archiv, Korrespondenzen: Netzband an R. Reichwein br. vom 02.09.1981: "Es beginnt damit, daß ich Ihren Großvater Ludwig Pallat gut gekannt habe! Ich habe 1919 mit einem 'Team' des Schülerrates der Staatlichen Kunstschule Berlin eine Reform der Kunstschule ausgearbeitet, die aus dem Zeichenlehrer-Seminar eine Kunstschule machen sollte. Prof. Philipp Franck, der Direktor, war unser entschiedener Gegner. So beschlossen wir [...] den zuständigen Referenten im preußischen Kultusministerium Ministerialrat oder Oberregierungsrat Pallat aufzusuchen, das Anliegen vorzutragen. Wir wußten, daß Ihr Großvater bereits die Zeichenunterrichtsreform 1902 mit Franck [...] durchgeführt hatte. Ludwig Pallat war sofort für uns - überraschenderweise. Bereits 1920 im Oktober wurde die Reform im neuen Gebäude der Staatlichen Kunstschule, jetzt Grunewaldstraße Schöneberg, eingeführt. Bei der Eröffnung hielt ich als Vorsitzender des Schülerrates für die Schülerschaft die Eröffnungsrede nach Prof. Franck. Wir haben die Hilfe Ihres Großvaters, mit dem wir mehrere Sitzungen hatten, nie vergessen! Mit Prof. Hasler ging nun eine Arbeitsgemeinschaft daran, eine Reform des Zeichenunterrichtes an den Schulen auszuarbeiten und schließlich durchzuführen. Ab 1921 leisteten wir in den Schulen nach neuen Gesichtspunkten praktische Arbeit und setzten 1923 in einer großen Versammlung mit einer umfangreichen Ausstellung von Schülerarbeiten den Berliner Vorschlag in Preußen durch. Ab 1925 wurde er in den Richertschen Richtlinien verankert. Die Zeichenlehrer wurden Kunstlehrer, der Zeichenunterricht zum Kunstunterricht - bis heute [...]."
53 PS Netzband: NETZBAND, Georg, Die Entwicklung des Zeichenunterrichts zum Kunstunterricht 1918-1925, 16.09.1980.
54 PS Netzband: NETZBAND, Georg, Die Entwicklung des Zeichenunterrichts zum Kunstunterricht 1918-1925, 16.09.1980.
55 PS Netzband: NETZBAND, Georg, Die Entwicklung des Zeichenunterrichts zum Kunstunterricht 1918-1925, 16.09.1980. - Vgl. u.a.: Prüfung, Ausbildung und Anstellung der Zeichenlehrer an den höheren Lehranstalten in Preußen. Amtliche Bestimmungen, hrsg. und erläutert von Ludwig PALLAT und Walther GÜNTHER (=Weidmannsche Taschenausgaben von Verfügungen der Preußischen Unterrichtsverwaltung, 17), Berlin 1925.
56 PS Netzband: NETZBAND, Georg, Die Entwicklung des Zeichenunterrichts zum Kunstunterricht 1918-1925, 16.09.1980.

Am 01.07.1921 hatte Netzband seine Zeichenlehrerprüfung gemacht[57]. Vom 10.10.1921 bis April 1922 war er als Hilfszeichenlehrer an der Bismarck-Realschule, ab April 1922 ebenfalls als Hilfszeichenlehrer an der Robert-Zelle-Realschule tätig[58].

> "1921 nach bestandenem Examen, zögerte Netzband nicht, dem Ruf des Lehrers und Freundes zum Mitaufbau der Schulfarm Scharfenberg zu folgen und sich mit ganzer Kraft für das Gelingen dieses Experiments, für eine neue Schulform, in die Schanze zu schlagen. Hier hatte er Gelegenheit, seine Konzepte zu einer Pädagogik als Kunstpädagogik zu entwickeln und umzusetzen, die ihn später in Konflikt mit den Nationalsozialisten bringen mußten.'[59]

Sein Plan für einen Scharfenberger Kunstunterricht wurde "von den Herren Tappert und Hasler, Professoren an der staatlichen Kunstschule, freudig gebilligt [...]"[60].

Zu den zentralen und damals hochaktuellen Punkten, mit denen sich Blume beschäftigte, gehörten die viel diskutierten Pläne der Deutschen Oberschule[61], die durch Ministerialerlaß des Preußischen Kultusministeriums vom 18.02.1922 mit konservativen und idealistisch-nationalen Intentionen unter dem Einfluß von Hans

---

[57] Berlin, BBF: SLG-GS, Personalblatt Georg Netzband. - PS Netzband: Provinzial-Schulkollegium [Blankenburg] an Netzband br. vom 24.10.1921 [Überweisung Netzbands zur Ableistung des Probejahres als Zeichenlehrerkandidat an die 10. Realschule, mit Wirkung vom 01.07.1921].

[58] PS Netzband: Magistrat der Stadt Berlin an Netzband br. vom 04.01.1924 [Beglaubigte Abschrift; Zuweisung einer Zeichenlehrerstelle an der Jahn-Realschule]. - PS Netzband: Provinzialschulkollegium der Provinz Brandenburg und von Berlin an Netzband br. vom 06.06.1926 [Zuerkennung der Befähigung zur Anstellung als Studienrat (Oberzeichenlehrer)]. - PS Netzband: Stadt Berlin, Bezirksamt Schöneberg an Netzband br. vom 08.11.1927 [Genehmigung einer Versetzung von der Jahn-Realschule an die Rheingauschule mit Wirkung vom 01.10.1927].

[59] ARLAND, Georg Netzband, S. 4.

[60] BLUME, Gesuch (1922), S. 38a.

[61] BLUME, Bericht (1923), Bl. 176v: "Hin und her erwogen wurden damals die Pläne für die Deutsche Oberschule. Würde nicht gerade ein Zusammensein den ganzen Tag über mit den vielen Möglichkeiten der Arbeitsteilung nach verschiedenen Interessensgebieten oder abendliche Quellenlektüre in kleinerem Kreis, die zu wirklichem Verstehen in das Deutsche Kulturgut notwendige Zeit bieten?"

Richert (1869-1940)[62] als vierter grundständiger Typ der höheren Schule neben Gymnasium, Oberrealschule und Realgymnasium eingeführt wurde[63].

Als ein weiterer, Blume besonders interessierender Punkt stand "im Vordergrund des pädagogischen Interesses die Frage der sogenannten Aufbauschule, die Schülern nach 6 bis 8 jährigem Besuch der Volksschule noch den Zugang zur höheren Bildung erschließen will."[64]

Die Einrichtung von Aufbauschulen wurde mit obigem Erlaß vom 18.02.1922 ebenfalls geregelt[65]. Es wurde hier eine Schulform geschaffen, die in 6 Jahren Volksschüler zur Reifeprüfung führen sollte und sich somit die Möglichkeit eröffnete, "ein tatsächlich bestehendes Bildungsprivileg zugunsten der Volksschüler zu durchbrechen"[66], eine Tatsache, "die einen Sturm derjenigen entfesselte, welche den Besuch der höheren Schule noch irgendwie als Privileg betrachteten."[67]

---

[62] Hans Richert war Gymnasiallehrer für Religion und Deutsch, trat 1920 als Abgeordneter der DVP in den preußischen Landtag ein; in diesem Jahr erschien seine Schrift: RICHERT, Hans, Die deutsche Bildungseinheit und die höhere Schule. Ein Buch von deutscher Nationalerziehung, Tübingen 1920. - Als 1921 sein Parteifreund Boelitz Minister für Wissenschaft, Kunst und Volksbildung wurde, zog er Richert in seinen Wirkungskreis. Ab 1923 wurde Richert Ministerialrat und dehnte seinen Einfluß im Geiste seiner Veröffentlichung von 1920 weiter aus. - S. zu Richerts weiterem Wirken ('Richertsche Reform') die von Richert verfaßte Schrift: Die Neuordnung des preußischen höheren Schulwesens. Denkschrift des preußischen Ministeriums für Wissenschaft, Kunst und Volksbildung, Berlin 1924; Auszug (S. 11-20 = Kap. II und III) wieder in: Kursunterricht - Begründungen, Modelle, Erfahrungen, hrsg. von Wolfgang KEIM (=Wege der Forschung, 504), Darmstadt 1987, S. 56-65; japan. Übers. von Soichiro KOMINE in: Chuko University Bulletin of the Faculty of Liberal Arts, Vol. 34 (1993/94), S. 255-365. - Sekundärliteratur zu Richert und seinem Werk s. vor allem: MARGIES, Das höhere Schulwesen. - Zusammenfassender Aufsatz dieser Arbeit: MARGIES, Dieter / BARGIEL, Anja, Hans Richert, in: Pädagogen in Berlin. Auswahl von Biographien zwischen Aufklärung und Gegenwart, hrsg. von Benno SCHMOLDT (=Materialien und Studien zur Geschichte der Berliner Schule, 9), Baltmannsweiler 1991, S. 215-236. - KOMINE, Soichiro, Hans Richert and secondary school reform in Prussia in the age of the Weimar Republic, in: The Japanese Journal of Educational Research, Vol. 63 (1994/95), No. 4, S. 404-413.

[63] Denkschrift über die grundständige deutsche Oberschule sowie über die Aufbauschule, in: Zentralblatt für die gesamte Unterrichts-Verwaltung in Preußen, Jg. 64 (1922), Beilage zu Heft 6; der Teil über die grundständige deutsche Oberschule als 'Denkschrift der preußischen Unterrichtsverwaltung über die grundständige Deutsche Oberschule' wieder in: Deutsches Philologen-Blatt, Jg. 30 (1922), S. 119-121; der Teil über die Aufbauschule als 'Denkschrift der preußischen Unterrichtsverwaltung über die Aufbauschule' wieder in: Deutsches Philologen-Blatt, Jg. 30 (1922), S. 121-123; Texte wieder in: RICHERT, Hans, Die Ober- und Aufbauschule, Leipzig 1923, S. 118-135. - KRAMPE, Sigfrid [sic!], Die Deutsche Oberschule und die Aufbauschulen, in: Wesen und Wege der Schulreform. Hans Richert dem Sechzigjährigen zum 21. Dezember 1929. Mit Heinrich DEITERS und Lina MAYER-KULENKAMPFF hrsg. von Adolf GRIMME, Berlin 1930, S. 120-125. - SCHWARTZ, Hermann, Die Aufbauschulen, in: Jahrbuch des Zentralinstituts für Erziehung und Unterricht, Jg. 4 (1922), Berlin 1923, S. 69-86.

[64] BLUME, Gesuch (1922), S. 21.

[65] Vgl. dazu auch: LEMKE, Hans, Die Berliner Aufbauschulen, in: Wissenschaftliche Zeitschrift der Humboldt-Universität zu Berlin, Reihe: Mathematik/Naturwissenschaften, Jg. 37 (1988), Heft 2, S. 208-211.

[66] KRAMPE, Deutsche Oberschule, S. 122.

[67] KRAMPE, Deutsche Oberschule, S. 122.

Für die Schulreformer lag die Chance der Aufbauschule darin, daß ihre Konzeption unter bestimmten Bedingungen im Sinne der Einheitsschulidee genutzt werden konnte.

Diese Möglichkeit, wie auch die Problematiken, erkannte bereits 1921 Fritz Karsen, der, nachdem er im Oktober 1921 die Leitung des Kaiser-Friedrich-Realgymnasiums übernommen hatte, diesem 1922 Aufbauklassen anzugliedern begann[68]. In Abgrenzung gegen Motive der bürgerlichen Förderer der Aufbauschule betonte er, die Aufbauschule dürfe nicht eine Schule für extrem ausgesiebte Hochbegabungen sein, wie es dem Ausleseprinzip der seit 1917 in Berlin bestehenden Aufbauschule entsprach[69]. Vielmehr müsse sie für normal zur höheren Schule befähigte Schüler offen sein[70]. Weitere Voraussetzung dafür, daß aus der Volksschule kommende Schüler die Aufbauschule erfolgreich besuchen konnten, war für Karsen, daß nicht der Versuch unternommen wurde, in den Lehrplan der sechsjährigen Aufbauschule alles vollständig hineinzustopfen, was die reguläre höhere Schule in neun Jahren bewältigte. Deshalb wandte sich Karsen gegen einen Stundenplan, der bis zu 43 Wochenstunden vorsah, und war auch gegen die Aufnahme einer zweiten Fremdsprache[71].

Einen bedeutenden Raum in Blumes Planungen nahmen drittens die damals intensiv diskutierten Gedanken des Prinzips der Wahlfreiheit auf der Oberstufe ein. Damit ist die Möglichkeit gemeint, neben einem für alle Schüler verbindlichen Kernunterricht über ein Wahlangebot von 'Kursen' der Entfaltung der Persönlichkeit des Schülers, seinen individuellen Fähigkeiten und Interessen mehr Raum als bisher zu geben[72].

---

68   RADDE, Fritz Karsen, S. 72-80: Zum organisatorischen Aufbau von Karsens Aufbauschule.

69   WITTWER, Sozialdemokratische Schulpolitik, S. 270f.: "[In] Berlin [waren] [...] 1917 zwei städtische Aufbauschulen eingerichtet worden, in denen begabte Volksschüler nach einer besonderen Aufnahmeprüfung in drei Jahren die mittlere Reife und in sechs Jahren die Hochschulreife erwerben konnten. Dazu wurden besondere Erziehungsbeihilfen für diese Schüler bereitgestellt. Diesen Versuchen stand die Sozialdemokratie sehr skeptisch gegenüber. Sie seien Produkte der bürgerlichen Hochbegabten-Auslese, in denen man intellektuelle Sonderfälle hochzüchte, die dabei ihrer sozialen Herkunft entfremdet würden. Nur wenn die proletarische Schülerschaft als Gruppe den Aufstieg durch Bildung bewältige, könne diese Entfremdung verhindert werden." - Vgl.: MOEDE, Walter / PIORKOWSKI, Curt / WOLFF, G., Die Berliner Begabtenschulen, ihre Organisation und die experimentellen Methoden der Schülerauswahl (=Pädagogisches Magazin, 731), Langensalza 1918; 3. Aufl. ebd. 1919.

70   KARSEN, Die Aufbauschule, in: Vorwärts vom 23.03.1921, Abendausg. - KARSEN, Fritz, Neueste Schulreform, in: Vorwärts vom 18.03.1922, Abendausg.

71   KARSEN, Die Aufbauschule, in: Vorwärts vom 23.03.1921, Abendausg. - KARSEN, Fritz, Neueste Schulreform, in: Vorwärts vom 18.03.1922, Abendausg.

72   Einen hervorragenden Überblick über den 'Kursunterricht' von der Jahrhundertwende bis in die 80er Jahre bietet: Kursunterricht - Begründungen, Modelle, Erfahrungen, hrsg. von Wolfgang KEIM (=Wege der Forschung, 504), Darmstadt 1987. - Keim formulierte als Intention zu diesem Band in seiner 'Einführung' (S. 1-34), S. 2, er wolle hier "anhand von Grundsatzbeiträgen, programmatischen Stellungnahmen, Modellbeschreibungen und -analysen, Erfahrungsberichten, systematischen Erhebungen sowie zusammenfassenden Literaturauswertungen" versuchen, "unterschiedliche Formen und Modelle von Kursunterricht überhaupt erst einmal zu sammeln und vorzustellen sowie einige der damit verbundenen Probleme ins Blickfeld zu rücken", um so ein "Plattform für weiterführende Forschungsprojekte zu schaffen".

Diese Diskussion war in Gang gekommen im Gefolge der seit der Jahrhundertwende zunehmenden Vermehrung der Fächer und der stofflichen Erweiterungen sowie den damit verbundenen Zwängen zuungunsten der Schülerpersönlichkeit.

Ganz in diesem Sinne nannte auch Blume als 'Ansatzpunkt' seines Interesses für diese Problematik, er habe sich mit der "Frage der Wahlfreiheit auf der Oberstufe [...] beschäftigt [...], seitdem ihm das enge Verhältnis zu seinen Schülern die Schulverdrossenheit auch wissenschaftlich interessierter Oberstüfler mit erschreckender Deutlichkeit gezeigt hatte"[73]. Er erkannte auf dieser Basis:

> "[...] eine Hauptbedingung jeder Unterrichtsreform ist die Verminderung der Fächerzahl und die dadurch gewonnene Möglichkeit selbsttätiger Vertiefung in mehr mit dem Herzen getriebene Gebiete."[74]

Im Hinblick auf seinen geplanten Schulversuch fragte er:

> "In einer Schule, in der Lehrer und Schüler zusammenwohnen und Stundenplanschwierigkeiten infolgedessen nicht bestehen, in der sich reifere Schüler von den verschiedenen Schulen sammeln, sollte sich da nicht die lockendste Gelegenheit bieten, die verschiedensten Kombinationen auszuprobieren?"[75]

Solchen Überlegungen stand aber zu diesem Zeitpunkt "die Vielsprachigkeit unserer jetzigen Schulsysteme"[76] als den Stundenplan überfrachtend im Wege. Blume sah hier zunächst keine Lösungsmöglichkeiten, doch wurde dieses Problem zugleich auf anderen Ebenen diskutiert:

> "Im Anschluß an die Reichsschulkonferenz plante man gerade in diesen Tagen eine entscheidende Reform in dieser Richtung; die Debatten hinter den Kulissen des preußischen Ministeriums verdichteten sich zu der Frage: eine Sprache beim Abiturium oder zwei. Die Entscheidung dieser Frage war auch für uns fundamental. Beschloß man die Einsprachigkeit als Zulassungsmöglichkeit, konnten wir nach Herzenslust dem inneren Drang nach Betonung des deutschen Bildungsstoffes nachgehen und auch anderen Neigungsfächern ihr volles Recht gewähren; andernfalls mußten auch wir uns mit Halbheiten begnügen, zwischen Kompromissen hindurchlavieren."[77]

Um auf dem aktuellsten Stand der Diskussionen "hinter den Kulissen des preußischen Ministeriums"[78] zu sein und sicherlich auch, um sein Gesuch 'vorzutesten', wandte sich Blume ganz direkt an die zuständigen Stellen. So suchte er am 18.01.1922 den stellvertretenden Leiter des Zentralinstituts für Erziehung und Unterricht, Dr. Walther Schoenichen (1876-1956)[79], auf und am 23.01. folgte ein Be-

---

[73] BLUME, Bericht (1923), Bl. 176v.
[74] BLUME, Anfänge, S. 10.
[75] BLUME, Bericht (1923), Bl. 176v.
[76] BLUME, Anfänge, S. 10.
[77] BLUME, Anfänge, S. 10.
[78] BLUME, Anfänge, S. 10.
[79] Biogr. Inf. zu Schoenichen: BÖHME, Zentralinstitut, S. 278f.

such bei Oberregierungsrat Erich Kummerow (1888-19..)[80] im Provinzial-schulkollegium[81].

---

[80]   Über die Biographie Kummerows ist nicht viel bekannt. Laut 'Philologen-Jahrbuch (Kunzes Kalender) für das höhere Schulwesen Preußens und einiger anderer deutscher Länder' (Jg. 34: Schuljahr 1927/28, 2. Teil, Breslau 1927, S. 75*, und Jg. 35: Schuljahr 1928/29, 2. Teil, Breslau 1928, S. 79*) wurde er am 18.12.1888 geboren. Er wurde Jurist und war ab 01.04.1920 im Reichsarbeitsministerium (Besoldungsdienstalter: 22.11.1920), ab 23.01.1922 in der preußischen Unterrichtsverwaltung, ab 16.05.1922 im Berlin-Brandenburgischen Provinzialschulkollegium und von 1927-29 als Justiziar im Provinzialschulkollegium Sachsen/Magdeburg tätig. Das 'Magdeburger Adreßbuch' für das Jahr 1929 enthält den Hinweis, Regierungsrat Kummerow, sei "Prokurator des Pädagogiums am Kloster Unser Lieben Frauen, Regierungsstraße 2 I" (Magdeburger Adreßbuch, Jg. 85 (1929), S. 211). Im nächsten Jahrgang des 'Adreßbuches' wird Kummerow nicht mehr genannt; damit verliert sich seine Spur weitestgehend. - Bis Anfang der 30er Jahre veröffentlichte Kummerow einige schulrechtliche Arbeiten, u.a.: KUMMEROW, Erich, Die Primarreife. Wie wirkt man sie, und welche Bestimmungen gewährt ihr Besitz? Auf Grund amtlichen Materials und unter besonderer Berücksichtigung der im Kriege erlassenen Sonderbestimmungen zusammengestellt, Berlin o.J. [1917]. - KUMMEROW, Erich, Die Reifeprüfung an den neunklassigen höheren Lehranstalten und den an den Besitz des Reifezeugnisses geknüpften Berechtigungen. Auf Grund amtl. Mat. und unter besonderer Berücksichtigung der durch den Krieg geschaffenen Verhältnisse, Berlin o.J. [1917]. - KUMMEROW, Erich, Der Volksschullehrer. Die Bestimmungen über Anstellungen, Rechte und Pflichten der Volksschullehrer. Ges. und erl., 2 Teile (=Weidmannsche Taschenausgaben und Verfügungen der preußischen Unterrichtsverwaltung, 54 und 55), Berlin 1918. - KUMMEROW, Erich, Die neuesten amtlichen Bestimmungen betr. der Reifeprüfung, Versetzung und sonstigen Vergünstigungen für frühere Schüler höherer Lehranstalten, die am Kriege teilgenommen, im vaterländischen Hilfsdienst, in der Reichswehr oder im Grenzschutz Dienste geleistet hatten, verwundet oder in Gefangenschaft waren (=Sammlung amtlicher Bekanntmachungen, 19), Berlin 1920. - KUMMEROW, Erich, Die jetzt gültigen amtlichen Bestimmungen betr. der Lehramtsprüfung, Versetzung und sonstigen Vergünstigungen für frühere Zöglinge der Lehrerseminare und Präparantenanstalten, die am Kriege teilgenommen, im vaterländischen Hilfsdienst, in der Reichswehr oder im Grenzschutz Dienste geleistet hatten, verwundet oder in Gefangenschaft waren (=Sammlung amtlicher Bekanntmachungen, 20), Berlin 1920. - KUMMEROW, Erich, Der Junglehrer. Die Bestimmungen über die Prüfungen, die Beschäftigung und die äußere Stellung der Anwärter des Volksschuldienstes. Ges. und erl. Stand vom 15.03.1929 (=Weidmannsche Taschenausgaben von Verfügungen der Preußischen Unterrichtsverwaltung, 64), Berlin 1929. - KUMMEROW, Erich, Aufbringung der Mittel für die höhere Schule, in: Wesen und Wege der Schulreform. Hans Richert dem Sechzigjährigen zum 21. September 1929, hrsg. von Adolf Grimme, Berlin 1930, S. 284-292. - KUMMEROW, Erich, Begabtenförderung in Preußen, Leipzig 1931. - In den Jahren 1947 bis 1949 erschienen einige juristische Publikationen eines Erich Kummerow: KUMMEROW, Erich, Erbrecht (=Bürgerliches Gesetzbuch, Buch 5; =Leitfaden der Rechtswissenschaft, 5), Berlin 1947. - KUMMEROW, Erich, Familienrecht (=Bürgerliches Gesetzbuch, Buch 4; =Leitfaden der Rechtswissenschaft, 4), Berlin 1947. - KUMMEROW, Erich, Sachenrecht (=Bürgerliches Gesetzbuch, Buch 3; =Leitfaden der Rechtswissenschaft, 6), Berlin 1948. - KUMMEROW, Erich, Allgemeiner Teil [des Bürgerlichen Gesetzbuches] (=Bürgerliches Gesetzbuch, Buch 1; =Leitfaden der Rechtswissenschaft, 1), Berlin 1949. - KUMMEROW, Erich, Gesetz über die Verschollenheit, die Todeserklärung und die Feststellung der Todeszeit vom 4.VII.1939 (=Guttentagsche Sammlung deutscher Reichsgesetze, 234), Berlin 1949. - Geht man davon aus, daß es sich um dieselbe Person handelte, so kann darüber spekuliert werden, daß Kummerow seit Anfang der 30er Jahre als (selbständiger) Jurist tätig war und Ende der 40er Jahre noch lebte. -
In nachfolgenden Archiven befinden sich laut brieflicher Auskunft keine (!) Archivalien, die weitere Auskunft über Kummerows Biographie geben könnten: Berlin, Deutsches Institut für Internationale Pädagogische Forschung / Bibliothek für Bildungsgeschichtliche Forschung / Archiv (BBF) (Bibliothek für Bildungsgeschichtliche Forschung (Archiv) an D.H. br. vom 08.01.1999), - Berlin, Bundesarchiv (Bundesarchiv (Berlin)) an D.H. br. vom 26.02.1999), - Potsdam, Brandenburgisches Landeshauptarchiv (Brandenburgisches Landeshauptarchiv

Kummerow, der im Sommer 1920 selbst eine Reise durch die deutschen Landerziehungsheime unternommen und darüber einen 62seitigen maschinenschriftlichen Bericht verfaßt hatte, von dem er Blume ein Exemplar zur Verfügung stellte[82], und der auch den Sommerschulbericht gelesen hatte[83], sah "der weiteren Entwicklung mit wirklich innerer Anteilnahme entgegen"[84]. Bezüglich der von Blume erhofften Neuerungen für die Oberstufe konnte er zu diesem Zeitpunkt noch nicht allzu gute Aussichten vorbringen, "der Widerstand der am Alten hängenden sei noch zu groß; der Minister habe einen Herrn Dr. [Hans] Richert mit der Ausarbeitung neuer Pläne betraut."[85]

Einen für Blumes Planungen wichtigen Fortschritt brachte schließlich der - einen Tag nach Blumes Besuch bei Kummerow erfaßte - ministerielle Erlaß über die Wahlfreiheit auf der Oberstufe vom 24.01.1922[86], "der wenigstens einen Schritt in der

---

(Potsdam) an D.H. br. vom 15.03.1999), - Magdeburg, Kunstmuseum Kloster Unser Lieben Frauen [Archiv] (Kunstmuseum Kloster Unser Lieben Frauen [Archiv] (Magdeburg) an D.H. br. vom 07.05.1999), - Magdeburg, Landesarchiv (Landesarchiv Magdeburg an D.H. br. vom 17.03.1999), - Magdeburg, Stadtarchiv (Kunstmuseum Kloster Unser Lieben Frauen [Archiv] (Magdeburg) an D.H. br. vom 07.05.1999.

[81] BLUME, Anfänge, S. 10.
[82] Dieser Bericht Kummerows ist erhalten geblieben und seit kurzer Zeit publiziert: KUMMEROW, Erich, Bericht über einen Besuch von Landerziehungsheimen (1920), hrsg. und mit einer Nachbemerkung vers. von Dietmar HAUBFLEISCH, Marburg 1999: http://archiv.ub-uni-marburg.de/sonst/1999/0012.html
[83] BLUME, Anfänge, S. 10.
[84] BLUME, Anfänge, S. 10.
[85] BLUME, Anfänge, S. 10. - Zur Biogr. Richerts s. S. 192f.
[86] Der Erlaß 'Freiere Gestaltung des Unterrichts auf der Oberstufe der höheren Schule' vom 24.01.1922 ist abgedr. in: Zentralblatt für die gesamte Unterrichts-Verwaltung in Preußen, Jg. 64 (1922), Heft 3 (05.02.1922), S. 38f.; wieder in: Deutsches Philologen-Blatt, Jg. 30 (1922), S. 92f.; wieder in: Der Elternbeirat, Jg. 3 (1921), S. 180-183. - Zusammen mit dem Erlaß wurde im 'Zentralblatt für die gesamte Unterrichts-Verwaltung in Preußen' abgedr.: BEHRENDT, Felix, Zur freieren Gestaltung des Unterrichts in den oberen Klassen der höheren Schulen, in: Zentralblatt für die gesamte Unterrichts-Verwaltung in Preußen, Jg. 64 (1922), S. 28-31, in dem Felix Behrendt (1880-1957) eine "Übersicht über die bisher in Deutschland gemachten Versuche" (S. 28) gab, und dabei u.a. auf die Berliner Versuche von Wilhelm Bolle am Realgymnasium in Karlshorst und von Wilhelm Vilmar am Grunewald-Gymnasium hinwies. - S. zu beiden Versuchen S. 280f.

gleichen Richtung"[87] bedeutete und Blume einige unterrichtliche Planungsmöglich-
keiten bot[88]. In dem Erlaß heißt es u.a.:

> "Die Preußische Unterrichtsverwaltung hat schon vor mehr als einem Jahrzehnt auf Anregung
> namhafter Pädagogen an einzelnen höheren Schulen Versuche zur Erprobung einer freieren Ge-
> staltung des Unterrichts auf der Oberstufe gestattet. Der Zweck dieser Versuche war, durch
> Ermäßigung der Anforderungen in den einzelnen Fächern und eine vertiefte Behandlung anderer
> Fächer eine bessere Anpassung der Schule an die Verschiedenartigkeit der Begabung der Schü-
> ler zu ermöglichen, durch damit verbundene Teilung der Klassen in kleinere Arbeitsgruppen die
> Schüler zu größerer Selbständigkeit zu erziehen und zugleich einen allmählichen Übergang zur
> vollen Unterrichtsfreiheit der Hochschule zu schaffen.
> Der Gedanke hat seitdem in pädagogischen Kreisen immer mehr Anerkennung gefunden. Die
> Versuche sind in neuester Zeit häufiger geworden, und die Provinzialschulkollegien haben sich
> im großen und ganzen günstig über sie ausgesprochen. Ich beabsichtige daher, solche Versuche
> in größerem Umfange zuzulassen, und ersuche die Provinzialschulkollegien, den Direktoren der
> ihnen unterstellten Anstalten mitzuteilen, daß Anträge, denen Stundentafeln, die sich im
> Rahmen der beigefügten allgemeinen Richtlinien halten, und ausgearbeitete Lehrpläne beigelegt
> sind, Aussicht auf meine Genehmigung haben."[89]

Dabei betonte der Minister, er wolle "den einzelnen Schulen bei den Versuchen
zunächst nicht zu enge Grenzen ziehen, sondern ihnen Freiheit lassen, die Pläne ihren besonderen Verhältnissen anzupassen [...]"; allerdings sei es bei "der Finanzlage
des Staates und der Städte selbstverständlich, daß durch die neuen Versuche keine
Mehrkosten entstehen dürfen"[90].

---

[87] BLUME, Anfänge, S. 10.

[88] MARGIES, Das höhere Schulwesen, S. 105f., zum Widerspruch zwischen den Erlassen vom
18.02.1922 (Deutsche Oberschule und Aufbauschule) und vom 24.01.1922 (Freiere Gestaltung
des Unterrichts auf der Oberstufe der höheren Schulen): "Aus dem zeitlichen Zusammentreffen
der Erlasse vom 24. Januar und 18. Februar 1922, die sich im Hinblick auf die Ausgestaltung
der bevorstehenden Neuordnung des höheren Schulwesens in grundsätzlichen Fragen widersprechen, folgt: Noch zu Beginn des Jahres 1922 ist im Ministerium keineswegs endgültig geklärt,
ob die höhere Schule in erster Linie den verschiedensten Interessenrichtungen ihrer Schüler dienen soll, selbst auf die Gefahr einer gewissen Zersplitterung hin, oder ob es ihre erste Aufgabe
sein soll, ihre Unterrichtsstoffe zu einer organischen Einheit zusammenzufassen und in den
Dienst einer leitenden Idee zu stellen. Dieser Kampf 'des liberalen Prinzips in der Schulpolitik',
das sich in dem Gedanken der Wahlfreiheit auf der Oberstufe verkörpert, gegen das von Richert
vertretene Prinzip des gemäßigten Konservatismus, am 14. Februar 1923 zu seinen Gunsten entschieden. Mit Erlaß vom selben Tag wird festgestellt, daß durch die Wahlfreiheit häufig
nur die Leistungen auf der einen Seite vermindert wurden, ohne aber auf der anderen Seite er-
höht zu werden. Das Ministerium erklärte deshalb, die Genehmigung zu freierer Gestaltung versagen zu müssen, 'wo wirklich erhöhte Anforderungen auf keinem Gebiet gestellt werden und
statt dessen die Gefahr der Zersplitterung der Kräfte droht'." - Andererseits hieß es in dem Erlaß vom 14.02.1923 auch, daß Boelitz in den Fällen, in denen keine "Gefahr der Zersplitterung
der Kräfte" drohe und statt dessen "die Gewähr einer wirklichen Steigerung der Gesamtleistun-
gen geboten" würde, gar "Versuche auch freierer [sic!] Art, als die in den Richtlinien vom 24.
Januar 1922 vorgesehen, gern genehmigen" wolle. - S. dazu: Erlaß 'Freiere Gestaltung des Unterrichts auf der Oberstufe höherer Lehranstalten' vom 14.02.1923, in: Zentralblatt für die gesamte Unterrichts-Verwaltung in Preußen, Jg. 65 (1923), S. 116; wieder in: Deutsches Philologen-Blatt, Jg. 31 (1923), S. 151f. - MARGIES, Das höhere Schulwesen, S. 107f., macht für
diese Entwicklung Richerts steigenden Einfluß im Ministerium verantwortlich.

[89] Zentralblatt für die gesamte Unterrichts-Verwaltung in Preußen, Jg. 64 (1922), S. 38.

[90] Zentralblatt für die gesamte Unterrichts-Verwaltung in Preußen, Jg. 64 (1922), S. 39.

Es waren aber nicht allein unterrichtliche Fragen, die von Blume bedacht werden mußten. Neben ihnen standen ganz praktische Probleme, wie z.B. das der für einen Dauerschulbetrieb auf Scharfenberg notwendigen baulichen Maßnahmen[91].

So waren zunächst Ausbesserungsarbeiten am Bollehaus vorzunehmen; es mußten die Außenmauern ausgetrocknet und isoliert werden, die Fassade war möglicherweise zu verputzen, das Kellergeschoß und der Boden auszubauen; für die Küche und die Waschräume mußte eine Abflußanlage angelegt werden.

Um eine größere Zahl von Schülern (40-50)[92] aufnehmen zu können, wurden von Bekannten Alfred Rosollecks, den Gebrüdern Grothe, Architekten aus Zehlendorf, zunächst Entwürfe für einen 840.000 Mark teuren Neubau erarbeitet. Doch mußte dieser wegen der hohen Kosten schnell verworfen werden.

Am 16.01.1922 erfuhr Blume von Paulsen nach einem Vortrag im Zentralinstitut für Erziehung und Unterricht, daß demnächst ein städtischer Versuchsschulausschuß geschaffen werden solle, der aus Mitgliedern des Stadtparlaments aller Parteien bestand und dessen Vorsitzender Oberstadtschulrat Paulsen wurde[93]. Dieser Ausschuß hätte u.a. über die Verwendung eines Sonderfonds von 0,5 Millionen RM zu entscheiden, allerdings kaum zu größeren Finanzierungen von Baulichkeiten. Daraufhin konzentrierten sich die Architektenbrüder auf den Um- und Ausbau des Bollehauses sowie auf die Möglichkeit einer Errichtung einer einfacheren, billigeren Holzbaracke[94].

Nach vorbereitenden Besprechungen mit Vertretern der Berliner Kommune[95], z.B. mit dem Dezernenten für das höhere Schulwesen Berlins, Magistrats-Oberschulrat Dr. Wilhelm Helmke (DDP) (1871-1931)[96], und mit Oberbürgermeister Gustav Böß (1873-1946)[97], richtete Blume - als Ergebnis seiner umfangreichen Vorarbeiten - am 19. Februar 1922[98] nahezu parallel mit der 'Denkschrift über die grundständige deutsche Oberschule sowie über die Aufbauschule' vom 18.02.1922, deren Inhalt Blume teilweise bereits mitberücksichtigte, sein 'Gesuch an den Magistrat, die Deputation für die äußeren Angelegenheiten der höheren Schulen und den Ausschuß für Versuchsschulen um Ausbau der 1921 für das städtische Humboldtgymnasium begründeten Sommerschule auf der Insel Scharfenberg zu einer ständigen Sammelwahlschule für Schüler Berlins zunächst in der Form einer Versuchs-Oberschule,

---

[91]   Vgl. zum Folgenden: BLUME, Anfänge, S. 9-11.
[92]   BLUME, Bericht (1923), Bl. 179v.
[93]   BLUME, Anfänge, S. 10. - Ein Hinweis auf die Existenz eines 'zentralen Versuchsschulfonds' findet sich auch in: Verwaltungsbericht der Stadt Berlin 1924-1927 (1. April 1924 bis 31. März 1928). Nach den Berichten der Verwaltungen hrsg. von dem Statistischen Amt der Stadt Berlin (Verwaltungsberichtsstelle), Heft 5: Schul-, Kunst- und Bildungswesen, Berlin 1929, S. 6.
[94]   BLUME, Anfänge, S. 10.
[95]   BLUME, Anfänge, S. 10.
[96]   Lebensdaten von Helmke: Schulze-Marmeling an D.H. br. vom 11.08.1988.
[97]   Grundlegend zu Gustav Böß: ENGELI, Gustav Böß. - S. auch: Gustav Böß. Oberbürgermeister von Berlin 1921-1930, S. VIII-XVI: 'Biographische Anmerkungen [zu Gustav Böß]'.
[98]   BLUME, Bericht (1923), Bl. 177v.

- eingereicht von Studienrat W. Blume vom städtischen Humboldtgymnasium. Anfang Februar 1922'[99] ein.

In diesem Gesuch stellte Blume in aller Ausführlichkeit die Gründe zusammen, die für den Ausbau der Sommerschule zu einer Dauerschule sprachen, und zwar als 'öffentliches Internat', da "sich Erfahrungen und Ergebnisse in dieser Richtung am besten zunächst in öffentlichen Internaten werden gewinnen lassen, aus denen dann die anderen Unterrichtsanstalten Schritt vor Schritt nach längerer Bewährung das Gute übernehmen könnten"[100] sowie 'zunächst' als 'Versuchsoberschule':

> "Der Stadt Berlin aber drängt sich jetzt auf ihrer ein Jahrzehnt unausgenutzt gebliebenen Insel [...] die Gelegenheit, fast möchte man sagen - die Forderung auf - bei selbstverständlicher Schonung der wissenschaftlichen und landwirtschaftlichen Werte unter organischer Fortentwicklung der im letzten Sommer dort gemachten vielbemerkten Ansätze bei naturgemäß relativ geringer Kostenaufwendung auf diesem Gebiet ihrerseits voranzugehen, und ein vielleicht folgenreiches Schulbeispiel zu geben! - und zwar ist die bei der jetzigen finanziellen und schulpolitischen Lage zunächst gebotene Form die einer Versuchsoberschule."[101]

Blume formulierte die notwendigen baulichen Forderungen wie Reparatur des Bollehauses, Ausbau des Dachstuhls desselben und Aufstellung einer Schulbaracke für 200.000 M. und forderte in einer Aufstellung 'augenblicklicher Notwendigkeiten'[102] als 'Verwaltungstechnische Maßnahmen' neben baulichen Veränderungen[103] im Gefolge vorangegangener längerer Auseinandersetzungen vom Magistrat die Übertragung der Insel von der bisher für sie zuständigen Deputation für Wasserwerke an die Schuldeputation. Zur Begründung verwies er "auf den monatelang sich hinziehenden Schriftwechsel zwischen der Wasserwerkdeputation, dem Jugendamt und dem Büro für Kirchen und höhere Schulen über die Mietsforderung der Werksdeputation für Überlassung des Scharfenberger Landhauses im letzten Sommer im Betrage von 5.000 M." und erinnerte "an die Erschwerungen des Geschäftsganges [...], die auch für die Sommerschulleitung aus diesem Doppelverhältnis sich ergeben haben."[104]

---

[99]   BLUME, Wilhelm, Gesuch an den Magistrat, die Deputation für die äußeren Angelegenheiten der höheren Schulen und den Ausschuß für Versuchsschulen um Ausbau der 1921 für das städtische Humboldtgymnasium begründeten Sommerschule auf der Insel Scharfenberg zu einer ständigen Sammelwahlschule für Schüler Berlins zunächst in der Form einer Versuchs-Oberschule, - eingereicht von Studienrat W. Blume vom städtischen Humboldtgymnasium. Anfang Februar 1922 [Berlin, GStA PK: 1. HA, Rep. 76 VI, Sekt. 14 z, Nr. 48 II, Bl. 76-134], hrsg. von Dietmar HAUBFLEISCH, Marburg 1999: http://archiv.ub.uni-marburg.de/sonst/1999/0001/q12.html - Das Gesuch war mit (mindestens) 9 Anlagen versehen, die jedoch nicht mehr erhalten sind. Die Anlagen 1, 2, 7, 8 und 9 existierten nur "in dem Exemplar, das für den Ausschuß für Versuchsschulen bestimmt ist, in den Händen des Herrn Oberstadtschulrat Paulsen." (BLUME, Gesuch (1922), S. 47). Anlage 1 enthielt Photographien von der Insel (s. S. 2), Anlage 2 eine Inventarzeichnung des 'Bollehauses' (s. S. 2), Anlage 3 Überlegungen zum Zeichenunterricht (s. S. 24), Anlage 4 Überlegungen zum Musikunterricht (s. S. 24), Anlage 5 einen farbigen Übersichtsplan zum elastischen Oberstufenunterricht (s. S. 34), Anlage 7 eine Kostenaufstellung für Instandsetzungsarbeiten des 'Bollehauses' (s. S. 44), Anlage 8 eine Skizze der Nebengebäude des 'Bollehauses' (s. S. 44), Anlage 9 einen Umbauplan des 'Bollehauses' (s. S. 46).
[100] BLUME, Gesuch (1922), S. 10.
[101] BLUME, Gesuch (1922), S. 10-10a.
[102] BLUME, Gesuch (1922), S. 43-47.
[103] BLUME, Gesuch (1922), S. 44-46.
[104] BLUME, Gesuch (1922), S. 43.

Eine weitere Forderung war, daß zum baldigstmöglichen Zeitpunkt dem auf der Insel Landwirtschaft betreibenden und hier wohnenden Pächter gekündigt würde, so daß für den Schulversuch die ganze Insel zur Verfügung stünde[105].

Vor allem aber stellte Blume in seinem Gesuch die Richtlinien für die Organisation und den Unterricht auf und nannte einige 'charakteristischen Züge' der geplanten Schule, die in dieser Arbeit bereits an früherer Stelle, im Zusammenhang mit dem Einfluß der Jugendbewegung zitiert worden sind.

Gegen einen aufgrund der Stadtrandlage der Insel Scharfenberg möglichen 'Isolationsvorwurf' wandte Blume vorbeugend ein:

> "Allzu einseitiges Einkapseln in der verschneiten Schulsiedlung verhütet glücklich die Nähe Berlins; der Besuch der Museen, Konzerte, Theater oder industrieller Anlagen wird zuweilen anregende Abwechslung bringen, notwendige Ergänzungen, die zu ermöglichen die im Gebirge liegenden Landerziehungsheime viel Zeit und Kosten aufwenden müssen."[106]

Und gegen einen möglichen Einwand der 'Kleinheit' des geplanten, 40-50 Schüler umfassenden[107] Versuches schrieb Blume vorbeugend und zugleich eine weitere 'Dimension' bzw. Intention andeutend:

> "Und wenn gesagt werden könnte, ein Versuch in dieser Richtung, noch dazu in dem kleinen Umfang einer Inselschule, einer Versuchsoberstufe, lohne die Kosten nicht: Massenhaftigkeit widerspricht dem Charakter jeder Versuchsschule und noch dazu einer auf der völligen Lebensgemeinschaft basierenden; die eine [kleine Schule!] kann die Keimzelle für ähnliche Gründungen werden, und auch ohne das wird sie durch Erproben neuer Erziehungs- und Unterrichtsformen der Entwicklung der unter weniger günstigen Verhältnissen arbeitenden Stadtschulen und somit der Gesamtheit zugute kommen."[108]

Darüber hinausgehend formulierte Blume als noch weiterreichende "Kombinationen und Zukunftsmöglichkeiten, die der Allgemeinheit dienen können"[109]:

> "Wenn ihr Organismus nach einigen Jahren erst gefestigt ist, ließe sich sogar daran denken, angehende Berliner Lehrer in ihrer Vorbereitungszeit eine Zeitlang hinauszuschicken, wie schon jetzt von anderen Kommunen freilich mit viel mehr Unkosten Studienreferandare auf einige Zeit in die privaten 'Landerziehungsheime' entsandt werden. Hier könnte der Anfänger die Jugend ganz anders kennen lernen als im hastigen Betrieb der Seminaranstalt, von Angesicht zu Angesicht, ohne die Tarnkappe der Schülerminen; da draußen würde bald eine Scheidewand nach der anderen fallen und der unwillkürlich den kameradschaftlichen Ton finden, der das Vertrauen der Jugend gewinnt. 'Es wird', liest man bei dem Schweizer [Otto] von Greyerz [(1863-1940)][110] in seinem wundervollen Buch über den Deutschunterricht als Weg zur nationalen Erziehung (1921)[111], 'eine Zeit kommen, wo als erste Anforderung zum Lehrberuf der Ausweis darüber verlangt werden wird, daß der Kandidat in einer Erziehungsanstalt am ganzen Zusammenleben der Jugend teilgenommen habe. Man erwarte die Umgestaltung der öffentlichen Schule nicht

---

105 S. dazu ausführlich S. 240ff.
106 BLUME, Gesuch (1922), S. 9.
107 So z.B.: BLUME, Bericht (1923), Bl. 179v.
108 BLUME, Gesuch (1922), S. 16f. - Vgl. zur Größe des Schulversuches S. 309f. und S. 312.
109 BLUME, Gesuch (1922), S. 17a.
110 Otto von Greyerz (1863-1940) war ca. zwischen 1907 und 1911 Mitarbeiter im Landerziehungsheim Glarisegg, ab 1916 als Deutschdidaktiker und Sprachwissenschaftler an der Universität Bern tätig und hatte sich auch als Schriftsteller einen Namen gemacht. - Biogr. Inf.: Otto von Greyerz, in: Schweizer Lexikon in 6 Bdn., Bd. 3: Gen-Kla, Luzern 1992, S. 215.

von Plänen und Verfügungen; mit den jungen Lehrern muß der neue Geist in die alten Schulhäuser einziehen. Allein, wo sollen die angehenden Lehrer den Geist einer neuen Schule in sich aufnehmen, wenn ihre Vorbereitungsanstalten nur wenig oder garnicht vom Herkömmlichen abweichen? Ein einziger Blick in ein Gemeinschaftsleben höherer Ordnung, als wir es vorher gekannt haben, erleuchtet blitzschnell die Dämmerung unseres sittlichen Bewußtseins und erfüllt uns mit dem Glauben an eine neue, höhere Bestimmung. Darum gebe man dem künftigen Lehrer das begeisternde Erlebnis, dessen er bedarf, um an einen Wandel der Dinge zu glauben und daran mitzuwirken!'[112]"[113]

Blume umriß seine 'Scharfenberger Versuchsoberschule' als "eine ein- resp. zweijährige Zwischenstufe und eine 3jährige Oberstufe"[114].

Die 'Zwischenstufe' solle "gleichgerichtete Untersekundaner; 1.) der Berliner Gymnasien, 2.) die ihre letzten 4 Schuljahre in enger Gemeinschaft mit Kameraden und Lehrern draußen verleben wollen, ohne Anwendung des Prinzips der Begabten-Auslese [!] [...] und evtl. zur Aufbauschule strebende Gemeindeschüler"[115] sammeln.

---

[111] GREYERZ, Otto von, Der Deutschunterricht als Weg zur nationalen Erziehung (=Pädagogium, 3), 2. Aufl. Leipzig 1921.

[112] GREYERZ, Deutschunterricht, S. 132f.: "Ich glaube, es wird wieder eine Zeit kommen, wo, wie in August Hermann Franckes [(1663-1727)] Stiftungen, eine Kinderschule den Mittelpunkt jeder Lehrerbildungsanstalt, das Gemeinschaftsleben mit den Kindern den Anfang aller Lehrerweisheit bilden wird; eine Zeit, wo als erste Anforderung zum Lehrberuf der Ausweis darüber verlangt werden wird, daß der Kandidat in einer Erziehungsanstalt am ganzen Zusammenleben der Jugend teilgenommen und dabei erzieherische Begabung bewährt habe. Soll wirklich, wie wir heute glauben, eine Neugestaltung der öffentlichen Schule von Grund aus ins Werk gesetzt werden, so erwarte man diese Wandlung nicht von Behörden und Verwaltungsorganen. Mit den jungen Lehrern muß der neue Geist in die alten Schulhäuser einziehen; dann wird er die trüben Räume erhellen, die Lebensformen der Schule umgestalten, bis schließlich von selber auch die organisatorischen und baulichen Einrichtungen, weil unmöglich geworden, zusammenstürzen. Allein, wo sollen die angehenden Lehrer den Geist einer neuen Schule in sich aufnehmen, wenn ihre Vorbereitungsanstalten selber immer noch im alten Geiste verharren? Was nützt es viel, wenn im Seminar die modernsten Grundsätze gelehrt und gepredigt werden, aber eben nur gelehrt und gepredigt? wenn das Seminar theoretisch die Arbeitsschule vertritt und praktisch eine Lernschule bleibt? wenn die erzieherische Kunst hoch über das pädagogische Wissen gestellt wird, aber schließlich beim Examen doch das Wissen über das Können den Ausschlag gibt? Grau, teurer Freund, ist alle Theorie, und grün des Lebens goldener Baum. Die Wahrheit, die uns das Leben lehrt, das ist die, die wir auch wieder ins Leben übertragen; das ist die, die uns mit festem Vertrauen erfüllt und mit Zukunftsglauben. Ein paar Tage unter guten Menschen gelebt ist für unsern Glauben an die Menschheit mehr wert als alle Beispiele der Geschichte und als die schönsten Vorträge über Ethik. Ja, ein einziger Blick in ein Gemeinschaftsleben höherer Ordnung, als wir es vorher gekannt haben, erleuchtet blitzschnell die Dämmerung unseres sittlichen Bewußtseins und erfüllt uns mit dem Glauben an eine neue, höhere Bestimmung. Darum gebe man den künftigen Lehrern das begeisternde Erlebnis, dessen sie bedürfen, um an einen Wandel der Dinge zu glauben und daran mitzuwirken. Man stelle sie so jung wie möglich in einen Erfahrungskreis ihres künftigen Berufs hinein, in eine Erziehungsgemeinschaft, an der sie, wenn auch in bescheidener Stellung, tätigen Anteil nehmen und in der sie lernen können, daß es in Tat und Wahrheit, nicht bloß auf dem Papier, eine höhere Form des Schullebens, einen freieren Geist des Unterrichts gibt, als sie sie von Jugend auf kennen. Gewinnen sie diese Überzeugung, so seid ohne Sorge, daß sie ihnen wieder verloren gehe, mag sie ihr Beruf führen, wohin er will." - Bei diesem Greyerz-Zitat handelt es sich um das wohl von Blume am häufigsten verwendete Zitat; vgl. z.B. S. 75f., S. 721f. und S. 736.

[113] BLUME, Gesuch (1922), S. 17 und 17a.

[114] BLUME, Gesuch (1922), S. 18.

[115] BLUME, Gesuch (1922), S. 18.

Zum Gedanken der Aufbauschule bekundete Blume, es "wäre eine schöne Tat sozialen Ausgleichs, ein Beispiel der Versöhnung auf dem zerklüfteten Gebiet der Bildungsgegensätze, wenn sich in Scharfenberg die elastische Gymnasialoberschule mit einer solchen Aufbaumöglichkeit verbinden ließe!"[116] Für seinen geplanten Versuch modifizierte Blume allerdings den sechsjährigen Gesamtgang der üblichen Aufbauentwürfe:

"[...] im Internat im engeren Zusammensein mit den Lehrern, beim dauernden Zusammenleben mit Kameraden, die schon jahrelang die Luft der höheren Schule geatmet haben, unter besonders günstigen Arbeitsbedingungen (im Freien), die gerade bei solchen Jungen daheim meist dürftig sind und hemmend wirken, scheint der Versuch, sie den Anschluß an die gemeinsame 3jährige Oberstufe schon nach 2 Jahren gewinnen zu lassen, wohl diskutabel, umsomehr, als sich praktische Erprobungsmöglichkeiten an den anderen vorhandenen Institutionen auf Schritt und Tritt bieten. In einigen Fächern wie Deutsch, Geschichte, Erdkunde, Physik [...] werden die Aufbauschüler sogleich oder nach kurzer Quarantäne mit den anderen eben aus Obertertia (!) versetzten Zwischenstüflern vereinigt werden können, wer von ihnen hierin gut mitfortschreitet, könnte im nächsten Jahr periodenweise von diesem Unterricht dispensiert werden, um noch mehr Zeit für die ihm bis dahin fremden Gebiete zu gewinnen, dieser oder jener könnte, um auf dem Laufenden zu bleiben und sich zu orientieren, sogar schon in einigen Stunden des kulturellen Kernunterrichts der neuen Oberstufe hospitieren; andere, bei denen es im 1. Jahr auch in diesen Fächern weniger glatt gegangen ist, nehmen diese oder doch einzelne davon in der neuen Untersekunda nochmals mit [...]."[117]

Blume ging mit diesen kurz skizzierten Aufbauschulvorstellungen in die gleiche Richtung wie Fritz Karsen. Daß er dabei wie Karsen den Einheitsschulgedanken mit im Kopfe hatte, wird aus mehreren Hinweisen deutlich. So sprach er die Möglichkeit aus; daß sich vielleicht "hier schon den Berliner Aufbauschülern ein Anschluß sogar an die elastische Oberstufe auf[tue]."[118] Vor allem aber wies Blume explizit auf Paulsens 'Schulengemeinschaftsplan' und Scharfenbergs mögliche Rolle in diesem Plan hin:

"[...] gleichfalls später einmal könnte die Scharfenbergschule nach Verwirklichung der Paulsen'schen 'Grundpläne und Grundsätze einer natürlichen Schulordnung'[119] ohne weiteres die Oberstufenschüler einer 'Schulengemeinschaft'[120] in sich aufnehmen und diese mit den von den höheren Schulen gekommenen in freien Gruppen sich einander wetteifern lassen. Auch der Direktor des Kasseler Provinzialschulkollegiums Oberschulrat [Hans] Borbein [(1862-19..)] hat jüngst im Zusammenhang mit dem Einheitsschulgedanken in der Monatsschrift für höhere

---

[116] BLUME, Gesuch (1922), S. 23.
[117] BLUME, Gesuch (1922), S. 23.
[118] BLUME, Gesuch (1922), S. 23.
[119] PAULSEN, Grundpläne.
[120] Vgl. u.a.: PAULSEN, Schulengemeinschaft: "Damit unsere Schüler nicht genötigt sind, Ostern 1921 in andere Schulanstalten (Gymnasien, Realschulen, Aufbauschule, Seminar, Fortbildungsschule) überzutreten, ihren inneren Entwicklungsgang also abzubrechen und das Gemeinschaftsleben aufzugeben, haben sich die Schulen Berliner Tor, Tieloh, Breitenfelderstraße, Telemannstraße, Humboldtstraße und Billbrook zusammengeschlossen. Auf einer gemeinsamen Oberstufe sollen alle Schüler im 9. Schuljahre und darüber hinaus zu neuen Arbeits- und Lebensgemeinschaften vereinigt werden, in denen die mannigfachen Begabungen und Neigungen der älteren Jahrgänge weitere Bildungs- und Entwicklungsmöglichkeiten finden [...]." - Dazu, daß auch Paulsen im Sinne einer von ihm auch für Berlin vorgesehenen 'Schulengemeinschaft' auch die Schulfarm Insel Scharfenberg im Sinne hatte: s. S. 173.

Schulen von dem Plan gesprochen, Sammelschulen als Internate in der Teilung nach Altersstufen zu gründen[121]."[122]

Der wissenschaftliche Unterricht der Untersekundaner (30 Stunden) solle in der Regel ein Jahr dauern und sich im wesentlichen an den bisherigen Lehrplan halten, die Aufbauschüler hingegen sollten 2 Jahre hindurch zum Teil mit ihnen zusammen z.T. in besonderen Förderkursen unterrichtet werden[123].

Die Oberstufe schließlich solle im Sinne der 'Wahlfreiheit' "alle aus der Zwischenstufe übertretenen Schüler nebst einzelnen, die noch nachträglich aus dem Gymnasium (und im Notfall auch den Realgymnasien) sich anschließen wollen"[124], vereinigen.

Der Unterricht der Oberstufe solle bestehen "in einem 17 stündigen Deutsch, Geschichte, Kunst, Religion und Erdkunde ohne eigentliche Fächertrennung sowie Mathematik und Naturwissenschaften umfassenden Kernunterricht"[125] sowie "in 6 je 10stündigen Neigungskursen"[126].

Der an fünf Tagen gehaltene[127] Unterricht sollte fächerübergreifend, sogar zwischen naturwissenschaftlichen und geisteswissenschaftlichen Bereichen, gegeben werden, "damit die Schüler Natur und Menschheit als ein großes Ganzes erfassen und in diesem Ganzen dann sich auf sich selber besinnen lernen, nicht aber in ihrem Gedächtnis soviel Wissenskompendium neben einander, fein säuberlich getrennt wie im Schukasten des Museums, aufstapeln, ein arbeitsreiches, aber wenig fruchtbringendes Bemühen, das unsere jetzige Schule durch Einführung immer neuer Einzelfächer wie Kunstgeschichte, Staatsbürgerkunde ... [sic!] geradezu ins Groteske steigert."[128]

Ermöglicht werden sollte der fächerübergreifende Unterricht nicht zuletzt durch eine Zusammenarbeit der Lehrer:

"Eine Schule, wie die in Scharfenberg eine werden soll, bietet alle Vorbedingungen, diese Art des Kernunterrichts zu einer charaktergebenden Eigenart auszubilden. Dort arbeiten die Schüler bis zum Abschluß aller Wahrscheinlichkeit nach mit denselben Lehrern; ohne Stundenplanschwierigkeiten lassen sich dort die Kernstunden in Gruppen zu je 3-4 hintereinander legen, da dort alle Lehrer dauernd zusammen wohnen und ständig zur Verfügung stehen, können die Kräfte aller dem Kernunterricht zugute kommen, womit der Vorwurf zu entkräften wäre, daß ein Lehrer einen so umfassend abgesteckten Kulturunterricht, in dessen Bereich natürlich auch die Künste eingezogen werden müssen, unmöglich in allen seinen Teilen fachmäßig beherrschen

[121]   BORBEIN, Hans, Hermann Lietz und die höheren Schulen, in: Monatsschrift für höhere Schulen, Jg. 20 (1921), S. 292-308, hier S. 296.
[122]   BLUME, Gesuch (1922), S. 17a.
[123]   BLUME, Gesuch (1922), S. 18.
[124]   BLUME, Gesuch (1922), S. 18.
[125]   BLUME, Gesuch (1922), S. 18. - Zum Kernunterricht der Oberstufe ausführlich: BLUME, Gesuch (1922), S. 25-34.
[126]   BLUME, Gesuch (1922), S. 18.
[127]   BLUME, Gesuch (1922), S. 19: "Die Unterrichtsstunden werden so gelegt [...], daß ein Wochentag freibleibt." - Zum 'freien Wochentag' s. auch: Ebd., S. 39f.
[128]   BLUME, Gesuch (1922), S. 26.

könne. Es ließe sich sehr wohl an eine Art 'fluktuierenden Helfersystems' der Lehrer denken."[129]

Zum damals heftig umstrittenen Religionsunterricht schrieb Blume:

> "Im kulturellen Kernunterricht hat die Religionskunde ihren Platz, der nie zu verkennenden Stellung der Religion als Kulturmacht entsprechend. Wer außerdem konfessionellen Religionsunterricht haben will, muß ihn in extra zu veranstaltenden Nachmittagsstunden nehmen, wie während der Sommerschulzeit z.B. ein Kaplan für 2 Stunden nach Scharfenberg herübergekommen ist, die katholischen Schüler um sich zu versammeln. Gelegenheit zum Besuch des Gottesdienstes aller Konfessionen ist im nahen Tegel."[130]

Und zum Sportunterricht heißt es:

> "Von dem Ansetzen eines lehrplanmäßigen Turnunterrichts kann abgesehen werden. Der morgendliche Dauerlauf in Gruppen, allmählich zu einem Umkreisen der ganzen Insel gesteigert, gymnastische Übungen in den Pausen zwischen den Unterrichtsstunden und vor dem Schlafengehen, ein freiwilliger Spielnachmittag, dem durch wechselnde Abkommandierung eines Eleven der nahen Hochschule für Leibesübungen in Spandau, der den Schülern unbekanntere Sportarten einführt (Diskus, Bogenschießen usw.), durch Veranstaltungen von Wettkämpfen ab und zu neuer Schwung gegeben werden könnte, das viele Baden, Schwimmen, Rudern, der Eissport, das Klettern in den Bäumen, das Versteckspiel im Sommer haben gezeigt, daß bei der Fülle nutzbringender körperlicher Arbeiten auf der Insel und im Haus die Kräfte sowieso schon bis an die Grenze des Möglichen angespannt waren."[131]

Wie im 'Sommerschulversuch' sollten die Eltern auch hier stark in die Schule eingebunden werden:

> "Periodisch wiederkehrende Aussprachen auch mit den Eltern, möglichst zwanglos verlaufende Besuchstage, an denen die Familien den Alltag mit seinen Mühen und Freuden miterleben sollen, Bildungsabende, an denen die Schüler mit ihren Lehrern, aber auch Väter, Mütter und Freunde der Anstalt die Gebenden sind, gemeinsam zu feiernde Feste von bestimmter Tradition fördern das Zusammenwachsen einer 'Scharfenberggemeinde'."[132]

Auch die Finanzierung sollte wie im 'Sommerschulversuch' geregelt werden:

> "Die Schüler zahlen dasselbe Schulgeld, das sie bisher entrichtet haben, zu den Verpflegungskosten schätzt sich der Erziehungsberechtigte unter Zugrundelegung eines Normalsatzes je nach Höhe seines Einkommens und Vermögens selber ab; Zuschüsse und die Errichtung von Frei- resp. Ehrenstellen sind von der Stadt und Privaten zu erhoffen."[133]

Blume schrieb, es sei ihm klar, "daß bei der gegenwärtigen Finanzlage der Stadt an eine sofortige volle Verwirklichung des obigen Entwurfs nicht gedacht werden kann, es kann nur ein Anfang gemacht werden, aus dem sich dann Schritt für Schritt, ohne jemals allzugroße finanzielle Opfer auf einen Schlag zu erfordern, das Ganze zu entwickeln vermag, sich von Jahr zu Jahr dem Zukunftsbilde nähernd, das hier aufgestellt ist."[134]

---

[129] BLUME, Gesuch (1922), S. 28.
[130] BLUME, Gesuch (1922), S. 33f.
[131] BLUME, Gesuch (1922), S. 40.
[132] BLUME, Gesuch (1922), S. 19.
[133] BLUME, Gesuch (1922), S. 19f.
[134] BLUME, Gesuch (1922), S. 43.

Faßt man das zu Blumes Gesuch Aufgezeigte zusammen, so wird ersichtlich, wie sehr Blumes Gesuch auf seinen bislang gewonnenen praktischen Erfahrungen - vor allem im erzieherischen Bereich -, die er konsequent fortzuführen gedachte, basierte. Und zugleich ging Blume, vor allem in unterrichtlicher Hinsicht, weiter, nicht zuletzt natürlich aufgrund der Tatsache, daß man nun mehr Spielraum hatte dadurch, daß die teilnehmenden Schüler im Gegensatz zu den Vorstufen nun nicht mehr zurück an ihre alte Schule mußten.

Zugleich aber basierte Blumes Plan auf dem aktuellsten Stand der schulreformerischen und schulpolitischen Diskussion.

Ab dem 21.02. erschienen in den Zeitungen die ersten Meldungen über den dem Magistrat vorgelegten Plan[135].

In zwei Sitzungen im Februar und März wurde im Versuchsschulausschuß der Stadt Berlin über Blumes Pläne offiziell verhandelt[136]. In der ersten Sitzung am 27.02.1922[137] hielt Blume auf Einladung Paulsens ein Referat über seinen Entwurf. 1923 schrieb Blume hierzu, besondere Wirkung habe sein Hinweis erzeugt, "daß Berlin auf diesem Gebiete zum Unterschied von anderen Städten wie Hamburg, München, Mannheim, Dresden noch wenig gewagt habe und sich ihm auf der über ein Jahrzehnt fast unausgenutzt gebliebenen Insel die günstigste und unverhältnismäßig billige Gelegenheit zur Gründung einer Versuchsschule wenn auch zunächst kleineren Umfangs aufdränge."[138] Nachdem er sein Referat geendet habe, sprachen mit "überraschender Einmütigkeit [...] die Vertreter aller Parteien von rechts bis links ihre Sympathie aus, sodaß Herr Stadtschulrat Paulsen den Wunsch äußerte, daß doch alle Schulfragen in gleicher Toleranz und Harmonie verhandelt werden möchten."[139]

Auf diese Zustimmung von allen Parteien wies Blume auch später immer hin, z. Tl. aus taktisch-schulpolitischen Gründen, aber nicht zuletzt auch, weil eine solche

---

[135]   BLUME, Anfänge, S. 11. - Vgl. auch S. 1112.
[136]   BLUME, Bericht (1923), Bl. 177v.
[137]   BLUME, Anfänge, S. 11.
[138]   BLUME, Bericht (1923), Bl. 177v und 178r.
[139]   BLUME, Bericht (1923), Bl. 178r.

Entscheidung in dieser Zeit, zumal in schulpolitischen Fragen, wahrlich nicht selbstverständlich war[140].

Die üblichen Einwände der 'Sicherheitskommissare', "die an sich gewiß recht schöne Sache müßte erst auf längere Sicht durchkalkuliert werden"[141], wurden abgewiesen:

"Der Vertreter der Demokraten Herr [Otto] Merten [(1874-19..)] warnte aus finanziellen Gründen vor Überstürzung und beantragte, vorerst noch eine gründliche Veranschlagung der lokalen Verhältnisse vorzunehmen. Doch ward dann einstimmig beschlossen, schon Ostern den Anfang zu machen und zwar in dem Geist, in dem der allgemeine, theoretische Teil der Denkschrift den Zukunftsplan umrissen hatte."[142]

In der 2. Sitzung des Versuchsschulausschusses am 06.03. wurden 100.000 Mark bewilligt[143]. Das war Geld genug für die notwendigsten baulichen Reparaturen an und in der Inselvilla[144] aber zu wenig, um davon wie in der Denkschrift vorgesehen auch noch den Boden des Bollehauses ausbauen und eine winterfeste Wohnbaracke

---

[140] Wie 'berechtigt' diese 'Verwunderung' war, mag ein Einblick in die Berliner Stadtverordnetenversammlungen anhand einiger Bemerkungen im 'Deutschen Reichsanzeiger und Preußischen Staatsanzeiger' verdeutlichen: [1:] Berliner Stadtverordnetenversammlung vom 05.01.1922, in: Deutscher Reichsanzeiger und Preußischer Staatsanzeiger, Nr. 5 vom 06.01.1922, 1. Beilage: Hinweis: "Das Haus war [...] nicht beschlußfähig und die Sitzung wurde geschlossen." - [2:] Berliner Stadtverordnetenversammlung vom 17.01.1922, in: Deutscher Reichsanzeiger und Preußischer Staatsanzeiger, Nr. 15 vom 18.01.1922: Hinweis, daß "langanhaltende Lärmszenen auf den Tribünen die Sitzung unterbrachen." - [3:] Berliner Stadtverordnetenversammlung vom 21.02.1922, in: Deutscher Reichsanzeiger und Preußischer Staatsanzeiger, Nr. 45 vom 22.02.1922: "[Es] stellte sich die Beschlußunfähigkeit des Hauses heraus, und die Sitzung wurde geschlossen." - [4:] Berliner Stadtverordnetenversammlung vom 02.03.1922, in: Deutscher Reichsanzeiger und Preußischer Staatsanzeiger, Nr. 53 vom 03.03.1922: "Der Stadtverordnete Dr. Löwenstein (U.Soz.) beantragte [...] Beratung über die Vorlage, betreffend die Bildung der Bezirksschuldeputation und des Bezirksausschusses für die Bezirke 1-6. Zu dem anschließenden längeren Aussprache wurden mehrere Abänderungsanträge gestellt. Durch namentliche Abstimmung wurde sodann die Beschlußfähigkeit der Versammlung festgestellt und die Sitzung geschlossen." - [5:] Berliner Stadtverordnetenversammlung vom 09.03.1922, in: Deutscher Reichsanzeiger und Preußischer Staatsanzeiger, Nr. 59 vom 10.03.1922: "Den breitesten Raum der gestrigen Verhandlungen nahm die Erörterung über die Anfrage ein über die unzulässige Agitation für die weltliche Schule. In der Anfrage, die von den Deutschnationalen eingebracht und von den bürgerlichen Parteien unterstützt war, heißt es: 'Unter Anwendung von Drohungen und unerfüllbaren Versprechungen suchen gewissenlose Agitatoren im Norden Berlins die Eltern der Schulkinder zu Anmeldungen für weltliche Schulen zu pressen. Gerüchtweise verlautet, daß die Bestrebungen vom Stadtschulrat begünstigt werden, ohne daß die Schuldeputation Gelegenheit hatte, zu der Angelegenheit Stellung zu nehmen.' Der Stadtschulrat sei dafür verantwortlich, daß diese Störungen des Unterrichts innerhalb der Schule aufhören. Der Stadtschulrat Paulsen wies die gegen ihn und seine Person gerichteten Vorwürfe als unbegründet zurück. Komme es zu einer neuen Schulgestaltung, dann werde mit vollster Objektivität vorgegangen werden. Nach ausgehender schulpolitischer Aussprache, an der verschiedene Redner der Linken und Rechten sich beteiligten, wurde die Anfrage als erledigt verabschiedet."

[141] Aus dem Leben, S. 337.
[142] BLUME, Bericht (1923), Bl. 178r.
[143] BLUME, Anfänge, S. 11. - Falls der dem Versuchsschulausschuß zur Verfügung stehende Etat wirklich 500.000 Mark betragen hatte, wie Paulsen Blume angekündigt hatte (s. S. 199), so wären das immerhin 1/5 des gesamten Versuchsschuletats gewesen!
[144] Aus dem Leben, S. 337.

aufstellen zu können[145]. Laut Blume vertröstete Oberbürgermeister Böß ihn mit den Worten:

> "Eine Baracke ist stets etwas Halbes, beginnen Sie erst in kleinerem Umfange, und wenn sich die allgemeine Bedeutung des Versuchs herausstellt, müssen wir später tiefer in den Säckel greifen."[146]

Das aber bedeutete, daß der Versuch nur mit einer ähnlich großen Gruppe wie der des 'Sommerschulversuches' begonnen werden konnte und nicht, wie vorgesehen, mit einer etwa doppelt so großen, ca. 40 Schüler umfassenden[147]. Damit aber "mußte auch die vorgesehene Halbierung nach höheren Schülern und Aufbauschülern fallen, da sich bei verminderter Schülerzahl aus unterrichtstechnischen Gründen als zu kostspielig erwiesen hätte [...]."[148] In der Frage, wie sich diese kleine Schülergruppe zusammensetzen sollte, entschied sich "die Mehrheit des Ausschusses [...] gegen das Votum des Herrn Dr. Löwenstein für die Wahl höherer Schüler."[149]

Um die Renovierungsarbeiten zu beschleunigen und zu verbilligen, "übertrug sie die Stadt der Regie des Antragstellers, der sie von einigen kleineren Bauhandwerkern und unter tüchtigem Zufassen alter und neuer Schüler beim Auf- und Abladen der Fuhren, beim Überkahnen des Materials, beim Tünchen und Ausmalen der Zimmer und Korridore, beim Buntstreichen der unansehnlichen Bettstellen, beim Graben des Kanalisationsstranges in 5 Wochen erledigen ließ [...]."[150]

Seit Januar 1922 war man auf der Jagd nach Geldern. Am 21.01. wies Frau Dr. Weyl auf eine mögliche Mithilfe und -finanzierung der Quäker hin[151]; am 27.01. erbat sie ein Exemplar des Sommerschulberichtes, "um durch den Dolmetscher Dr. Roth die japanische Unterrichtskommission für Scharfenberg zu interessieren, ein Schritt, der uns eine Spende von 10.000 Mark eintrug [...]."[152] Oberbürgermeister Böß gab zudem 10.000 Mark aus seinem Dispositionsfonds[153].

Mit der Absicht, "noch reichere Geldquellen flüssig zu machen"[154], wandte sich Blume u.a. an seinen ehemaligen Universitätslehrer Prof. Hans Delbrück, um über ihn und seinen Schwager Adolf von Harnack (1851-1930) in einflußreichen Kreisen Helfer zu finden; doch erntete Blume hier vor allem Skepsis; förderlicheres finanzielles Entgegenkommen fand er dagegen bei zwei Großindustriellen[155], "die

---

145 BLUME, Bericht (1923), Bl. 179r: "Von den praktischen Maßnahmen sodann, die die Begründungsschrift hatte fordern müssen, wurden von den städtischen Vertretern die Austrocknung der Umfassungsmauern, die Verputzung der Fassade, die Instandsetzung des Kellergeschosses, die Abflußanlage für Küche und Waschraum genehmigt (150.000 M); das Geld für den Ausbau des Dachgeschosses und das Aufstellen einer winterharten Baracke ward dagegen gestrichen (130.000 M)."

146 Zit. nach: BLUME, Bericht (1923), Bl. 179r.

147 BLUME, Bericht (1923), Bl. 179v.

148 BLUME, Bericht (1923), Bl. 179v.

149 BLUME, Bericht (1923), Bl. 179v.

150 BLUME, Bericht (1923), Bl. 179v.

151 Vgl. dazu bes. S. 222.

152 BLUME, Anfänge, S. 10. - So auch: BLUME, Bericht (1923), Bl. 179v.

153 BLUME, Anfänge, S. 11.

154 BLUME, Anfänge, S. 11.

155 Hierzu: BLUME, Anfänge, S. 11. - Und: BLUME, Gesuch (1922), S. 46.

schon für das Sommerschulexperiment in Scharfenberg namhafte Summen überwiesen hatten"[156]: dem Geheimrat Ernst von Borsig (1869-1933), dem Leiter des Tegeler Borsig-Werkes[157], und bei der AEG, hier wohl besonders bei Walther Rathenau[158].

Blume war überzeugt, daß das "Interesse einflußreicher Kreise und ihre Bereitwilligkeit zum Weiterhelfen [...] wachsen [wird], wenn erst ein Anfang gemacht ist und der neue Schulorganismus zu blühen beginnt."[159]

II.4.B.   DIE ERSTEN SCHÜLER UND LEHRER

Um Schüler zu sammeln, "die es treibt, ihre letzten Schuljahre in der Natur in enger Gemeinschaft mit Kameraden und Lehrern bei freierer Gestaltung des Unterrichts unter Bevorzugung ihrer Neigungsfächer zu verleben", erschienen ab dem 16.03.1922 "durch Vermittlung des städtischen Presseamtes Aufforderungen in den Tageszeitungen und in den Zeitschriften der Jugendbewegung"[160]; ein gleichlautender Aufruf sollte in den in Betracht kommenden Klassen der städtischen höheren Schulen verlesen werden[161].

---

[156] BLUME, Gesuch (1922), S. 46.
[157] Biogr. Inf. zu Borsig in: LINDNER, Helmut / SCHMALFUß, Jörg, 150 Jahre Borsig Berlin-Tegel (=Berliner Beiträge zur Technikgeschichte und Industriekultur. Schriftenreihe des Museums für Verkehr und Technik, 7), Berlin 1987, S. 106. - Zum weiteren Kontakt zwischen Blume und Borsig s. S. 247ff.
[158] S. zu Rathenau auch S. 123f. und S. 678f.
[159] BLUME, Gesuch (1922), S. 47.
[160] BLUME, Bericht (1923), Bl. 180v. - S. die auf S. 1112 genannten Artikel; z.B.: Berliner Börsen-Courier vom 16.03.1922: "Ausbau der Sommerschule auf der Insel Scharfenberg. Auf Beschluß des Ausschusses für Versuchsschulen der Stadt Berlin soll in diesem Frühjahr im Tegeler See zu einer Dauerschule der Anfang gemacht werden: Obertertianer, die Ostern nach Untersekunda versetzt werden, und Gemeindeschüler, die zur Aufbauschule streben; daneben, soweit der Platz reicht, Schüler der Oberschule höherer Lehranstalten, die er treibt, mit Kameraden und Lehrern bei freier Gestaltung des Unterrichts unter Bevorzugung ihrer Neigungsfächer zu verleben. Meldungen und Anfragen umgehend an Studienrat Blume, NW, Tile-Wardenberg-Str. 28, Montags und Dienstags, 4-7 Uhr." - Interessant an diesem Artikel ist u.a., daß hier noch immer die Rede von der Möglichkeit der Aufnahme von Gemeindeschülern (Aufbauschule) ist.
[161] S.: BLUME, Bericht (1923), Bl. 180v. - Vgl. auch: BLUME, Anfänge, S. 11. - Auch: S. 1112.

Wie in den Vorverhandlungen festgelegt, wählte man Schüler aus höheren Schulen[162]. 10 der ausgewählten Schüler kamen mit Blume vom Humboldt-Gymnasium, 11 weitere - und etwas später zusätzlich ein 12. und ein 13. - Schüler wurden von anderen höheren Schulen aufgenommen[163].

Liste der Scharfenberger Schüler im Schuljahr 1922/23[164]

007 - Baader, Hans (19.. -19..)	S=1922-23 (A)
025 - Böhm, Heinz (19..-19..)	S=1922-23/24?
038 - Dehne, Walter (19..-19..)	S=1922-23
053 - Ewerth, Wolfgang (19..-19..)	S=1922-23
063 - Frey, Rudolf (1907-19..)	S=1922-25 (A)
065 - Fritz, Arnold (1907-1991)	S=1922-26 (A)
068 - Gawronski, Erich (1903-1959)	S=1922-23 (A)
069 - Geister, Fritz (1906-19..)	S=1922-26 (A)
081 - Grotjahn, Martin (1904-1990)	S=1922-24 (A)
085 - Grundschöttel, Wilhelm (1906-19..)	S=1922-25 (A)
101 - Heinrichsdorff, Paul (1907-19..)	S=1922-25 (A)
112 - Hörnecke, Friedrich (19..-19..)	S=1922-22
145 - Kraemer, Hans-Alfred (19..-19..)	S=1922-24 (A)
181 - Metz, Gerhard (1907-19..)	S=1922-26 (A)
243 - Röhrborn, Heinz (1908-19..)	S=1922-26 (A)
255 - Schmidt, Ernst-Ludwig (19..-19..)	S=1922-23
267 - Schramm, Walter (1908-1978)	S=1922-26 (A)
290 - Stenger, Alfred (19..-19..)	S=1922-23
305 - Ulm, Erich (1906-19..)	S=1922-25 (A)
328 - Wernecke, Rolf (1905-19..)	S=1922-25?
334 - Woldt, Johannes (1907-1946)	S=1922-26 (A)
Später zusätzlich:	
017 - Berisch, Karl (1908-1988)	S=1922-26 (A)
233 - Reschke, Herbert (1905-19..)	S=1922-25 (A)

---

[162] Zur Schülerauswahl s.: BLUME, Bericht (1923), Bl. 181v und 182r. - BLUME, Gesuch (1922), S. 11, gegen die Möglichkeit des Aufbaus bzw. der Verlegung einer vollständigen Schule nach Scharfenberg: "Bei dem Besuch der Deputation für die äußeren Angelegenheiten der höheren Schulen im Juli [1921], die auch der Ansicht war, daß die Insel noch mehr als durch die Aufnahme einer Sommerschulklasse einer Anstalt ausgenutzt werden müsse, ist von der Möglichkeit gesprochen [worden], hierher eine vollständige Schule von unten auf zu verlegen. Die Verwirklichung eines so weit schauenden Planes, die auf Jahre hinaus die Errichtung neuer umfänglicher Gebäude, Engagement und Unterbringung zahlreichen Personals im Gefolge haben müßte, sowie es sich die Stadt vor einigen Jahren noch für ihre Fürsorgezöglinge und Psychopathen in 'Struves Hof' mitten im Wald hat leisten können, erscheint [aus finanziellen Gründen] vorerst ausgeschlossen [...]." - Zu dem hier genannten 'Struves Hof' s. u.a.: RAKE, August, Die Erziehung von Schwerstbehinderten, in: Probleme der neuen Stadt Berlin. Darstellungen der Zukunftsaufgaben einer Viermillionenstadt, hrsg. von Hans BRENNERT und Erwin STEIN (=Monographien deutscher Städte, 18), Berlin 1926, S. 486-497 [August Rake war Direktor der landwirtschaftlichen Erziehungsanstalt Struveshof]. - Der Sämann. Monatsschrift aus Struveshof, Jg. 1 (1918) bis Jg. 4 (1921). - Und: RICHTER, Berliner Schulgeschichte, S. 87 und S. 105.

[163] BLUME, Bericht (1923), Bl. 181v und 182r.

[164] Zusammenstellung anhand eigener Recherchen, vor allem: Berlin, LA, SIS: CH. - (A) bedeutet: Abgang mit Abitur auf der Insel Scharfenberg.

Doch die Möglichkeit, den ausgewählten Schülern eine feste Zusage zu geben, zögerte sich bis Mitte April heraus, denn während all dieser intensiven Vorbereitungen stand noch einmal alles auf des Messers Schneide, wurde noch einmal alles bisher Erreichte in Frage gestellt: Der Bezirk Reinickendorf, in dessen Gebiet Scharfenberg lag, stellte einen Dringlichkeitsantrag, ihm die bislang unbeachtete Insel, nachdem sie "nach ihrer Wiederentdeckung nun plötzlich ein Gegenstand des öffentlichen Lebens geworden war"[165], zu Volkswohlfahrtszwecken zu überlassen[166].

"Die Anfragen der Eltern und Schüler wurden immer ungeduldiger", schrieb Blume, "Mütter drangen bis ins Büro des Stadtschulrats vor."[167] Und da eine Entscheidung nur per Magistratsbeschluß herbeigeführt werden konnte, wurden "Briefe und Gesuche [...] en masse fabriziert, 14 Magistratsmitglieder persönlich aufgesucht."[168] Am 12. April 1922 schließlich fiel die Entscheidung:

> "Magistrat ist damit einverstanden, daß mit der Schulverwaltung bzw. dem Jugendamt ein Pachtvertrag wegen Benutzung des Landhauses auf der Insel Scharfenberg und eines größeren Stückes Land abgeschlossen wird. Der Antrag des Bezirks Reinickendorf wird abgelehnt. gez. Böß, Benecke, Paulsen."[169]

Mit der städtischen Wasserwerksdeputation wurde ein Abkommen geschlossen. Dieses "überließ der Schule zunächst nur die Villa, einen schilfgedeckten Gartenpavillon, die Mitbenutzung des Backhauses sowie 3 Morgen Wiesen zu Spielplätzen und Schülergartenanlagen und den 4 Morgen großen die Villa umgebenden Parkblock gegen eine von der Schulverwaltung jährlich zu zahlende Anerkennungssumme von 5.000 M; als Gegenleistung für die äußere Unterhaltung des Gebäudes durch die Wasserwerke übernahmen die Schüler den Schutz gegen ungebetene Gäste, die Pflege des Baumbestandes und den Vogelschutz [...]."[170]

Blume kommentierte, dies seien "gern erfüllte Obliegenheiten; lernen doch dauernd hier siedelnde Schüler im Gegensatz sicher zu etwa wechselnd hinausgeschickten lediglich erholungsbedürftigen Kinderscharen die Insel bald als die ihrige lieben und hegen."[171]

Als letztes wurde nach langwierigen Verhandlungen von April bis Anfang Mai über die Lehrerkräfte der neuen Schule entschieden. Laut Blume benötigte man zur Durchführung des vollen wissenschaftlichen Unterrichts 5 Lehrkräfte[172]. Doch wie die zahlreichen Besprechungen mit Oberstadtschulrat Paulsen und Obermagistratsschulrat Dr. Helmke ergaben, konnte "mit dem Gehalt von 4 Lehrkräften gerechnet werden"[173], "außer für den Antragsteller [Blume], der, vom Humboldtgymnasium beurlaubt, die auch dort von ihm vertretenen Fächer Geschichte, Deutsch, Erd-

---

[165] BLUME, Bericht (1923), Bl. 182r.
[166] BLUME, Anfänge, S. 11. - BLUME, Bericht (1923), Bl. 182r. - Und: BLUME, Schulfarm (1928), S. 138.
[167] BLUME, Bericht (1923), Bl. 182r.
[168] BLUME, Anfänge, S. 11. - S. auch: BLUME, Bericht (1923), Bl. 182r.
[169] Zit. nach: BLUME, Anfänge, S. 11f. - So auch: BLUME, Bericht (1923), Bl. 182r.
[170] BLUME, Bericht (1923), Bl. 183r und v.
[171] BLUME, Bericht (1923), Bl. 183v.
[172] BLUME, Anfänge, S. 12.
[173] BLUME, Bericht (1923), Bl. 179v.

kunde, Religion übernehmen sollte"[174], für einen Altphilologen und einen Naturwissenschaftler mit Mathematik; die Stundenzahl der 4. Stelle sollte halbiert werden zwischen einem Neusprachler und einem technischen Lehrer[175].

Die halbe Stelle des Neuphilologen zu übernehmen, erklärte sich Carl Cohn bereit, "wofür ihm an 2 Tagen am Humboldtgymnasium eine Entlastung gewährt wurde"[176]. Von dem halben Gehalt für einen 'technischen Lehrer' sollte "der an der 10. Realschule mit 14 Stunden beschäftigte Hilfszeichenlehrer Netzband [...] der Vertreter für Zeichnen, Kunstgeschichte und Handfertigkeit werden"[177]. Der angehende Musiklehrer Alfred Rosolleck "erklärte [sich bereit,] ohne Entgelt die Musikpflege in Scharfenberg zu übernehmen"[178].

Die Stelle des Altphilologen wurde besetzt mit Dr. Max Dorn (1897-19..), der 1921 seine Promotion abgeschlossen und im Schuljahr 1921/22 in Stettin sein erstes Referendariatsjahr hinter sich gebracht hatte[179]. Dorn erhielt für den Scharfenberger Versuch für ein halbes Jahr die "Genehmigung des pommerschen und des brandenburgischen Provinzialschulkollegiums" und wurde nicht zuletzt ausgewählt, da er "sich wegen der Vielseitigkeit seiner Fächer (Latein, Griechisch, Philosophie, Kunstgeschichte, Archäologie) unter den Bewerbern besonders zu eignen schien"[180].

Bei der Stelle für den Naturwissenschaftler entschied man sich für den jungen Studienrat Hans Wahle (1890-19..)[181], der vom Schöneberger Werner-Siemens-Realgymnasium "auf ein Jahr an die Versuchsanstalt [!] auf der Insel Scharfenberg bei Tegel beurlaubt" wurde[182].

Hans Wahle war ein in reformpädagogischer Arbeit höchst engagierter Lehrer. 1890 in Magdeburg geboren und in Delitzsch, wo sein Vater als Oberrealschuldirektor tätig war, aufgewachsen, hatte er nach seinem Abitur 1908 von 1909-1913 in Leipzig, Heidelberg und Halle a.d. Saale studiert und 1914 seine erste Lehramtsprüfung in Halle für Biologie, Zoologie, Chemie, Mineralogie sowie Mathematik und

---

174 BLUME, Bericht (1923), Bl. 179v und 180r. - S. auch: Berlin, BBF: SLG-GS, Jahresberichte 1921/22, Bd. 11a, Nr. 9: Humboldt-Gymnasium, o.S.: "[...] Herr Studienrat Blume ist vom Magistrat zum Leiter einer Versuchsschule auf der Insel Scharfenberg ausersehen und wird deswegen bis auf weiteres vom Unterricht am Humboldt-Gymnasium beurlaubt."

175 BLUME, Bericht (1923), Bl. 180r.

176 BLUME, Bericht (1923), Bl. 180r.

177 BLUME, Bericht (1923), Bl. 180r.

178 BLUME, Bericht (1923), Bl. 180r.

179 Kalender für das höhere Schulwesen, Jg. 28: Schuljahr 1921, 2. Teil, Breslau 1921 nennt Dorn als Referendar im 1. Jahr an einer Stettiner Schule. - Kalender für das höhere Schulwesen, Jg. 29: Schuljahr 1922, 2. Teil, Breslau 1922 trägt zu Dorn der Eintrag "beurlaubt" und: Kalender für das höhere Schulwesen, Jg. 30: Schuljahr 1923, 2. Teil, Breslau 1923 beurlaubt "zu Erwerbszwecken". Nach 1923 ist Dorn in den entsprechenden Jahrgängen als Assessor, später als Studienrat in 'Deutsch Krone' nachgewiesen. - Weitere biogr. Inf.: Berlin, BBF: SLG-GS, Personalblatt Max Dorn. - Und: DORN, Max, Der Tugendbegriff Chr. F. Gellerts auf der Grundlage des Tugendbegriffs der Zeit. Ein Beitrag zur Wortgeschichte, Greifswald, Univ., Diss., 1919, o.S.: Lebenslauf.

180 BLUME, Bericht (1923), Bl. 180r.

181 Biogr. Inf. zu Wahle vor allem: Berlin, BBF: SLG-GS, Personalblatt Hans Wahle. - M. Grotjahn an D.H. br. vom 18.06.1987: "He died several years ago."

182 Berlin, BBF: SLG-GS, Jahresberichte 1922/23, Bd. 27a, Nr. 13: Werner-Siemens-Realgymnasium, S. 9.

Physik bestanden; sein erstes Vorbereitungsjahr hatte er im April 1916 am städtischen Reformrealgymnasium in Naumburg a.d. Saale angetreten und war hier von April 1917 bis April 1920 als Studienassessor tätig gewesen[183]. 1920 hatte er sich mit einem brieflichen Hilferuf an den Entschiedenen Schulreformer Paul Oestreich gewandt und ihn darin um Rat gebeten, was er angesichts einer an seiner Schule stattgefundene Demonstration gegen die Republik tun könne; in einem Antwortschreiben vom 13.03.1920 empfahl ihm Oestreich, sich in dieser Sache ohne Umschweife direkt an das Preußische Kultusministerium zu wenden[184]. Bald nach diesem ersten erhalten gebliebenen Hinweis auf sein engagiertes und mutiges Eintreten für eine demokratische Schulreform verließ Wahle die Naumburger Schule.

Vom 29.04.1920 bis 30.09.1920 war er als Assessor an der staatlichen Bildungsanstalt Berlin-Lichterfelde tätig[185] - also genau zu dem Zeitpunkt, als Fritz Karsen hier den vergeblichen, von Mitte April an knapp ein Vierteljahr dauernden Versuch einer demokratischen Umgestaltung dieser ehemaligen Kadettenanstalt unternahm[186]. Nach dem Scheitern des Versuches von Karsen verließ auch Wahle die Lichterfelder Anstalt.

Mit dem 01.10.1920 erhielt er seine erste Anstellung als Studienrat am Schöneberger Werner-Siemens-Realgymnasium[187]. Diese Schule, an der von 1911 bis 1923

---

[183] Berlin, BBF: SLG-GS, Personalblatt Hans Wahle.

[184] Würzburg, Oestreich-Archiv: Briefsammlung Paul Oestreich: Studienassessor Hans Wahle, Naumburg a.d. Saale, an Paul Oestreich br. vom 06.03.1920 [Betr. Demonstration an seiner Schule gegen die Republik]. - Antwortschreiben: Würzburg, Oestreich-Archiv: Briefsammlung Paul Oestreich: Paul Oestreich, Berlin-Friedenau, an Hans Wahle br. vom 13.03.1920: "Sehr geehrter Herr Kollege! Besten Dank für Ihre Schreiben. Es ist der gleiche Tragik überall. Mich hat man seitens meines Kollegiums am vorigen Sonnabend in öffentlicher Versammlung überfallen, nieder zu schreien und nieder zu singen versucht. Die Herren haben eine Niederlage erlitten [...]. Ich glaube, daß Sie ganz recht gehandelt haben. Ich bitte Sie, Ihre Angelegenheit unter persönlicher Berufung auf mich an Herrn Geheimrat Friedrich Rommel im Ministerium für Kunst, Wissenschaft und Volksbildung, Berlin N.W. 7, Unter den Linden 4 mitzuteilen. Wehren Sie sich, so lange Sie irgend können. Ob wir nicht alle zu Grunde gehen, ist freilich eine Frage. Denn der Mangel an Kraft und Intelligenz bei dem Findling Konrad Haenisch hat unsere Situation so verpfuscht, daß kaum noch etwas zu retten ist [...]." - Vgl. dazu: WITTE, Erich, Die Erziehung zum republikanischen Staatsgedanken, in: Der Elternbeirat. Halbmonatsschrift für Ektern. Lehrer und Behörden, Jg. 3 (1922), S. 342-344, hier S. 343: "[...] viele republikanische Lehrer wagen es nicht, sich [bei antirepublikanischen Aktivitäten an ihren Schulen] an das Ministerium zu wenden. Denn sie müssen damit rechnen, daß sie dann von seiten ihres Schulrats oder Schulleiters jahrelang tausend Schikanen ausgesetzt sind, Schikanen, von denen sich ein Außenstehender keine Vorstellungen machen kann. Kandidaten und Jungelehrern kann es passieren, daß sie bei der Anstellung den monarchistischen Bewerbern gegenüber zurückgesetzt werden."

[185] Berlin, BBF: SLG-GS, Personalblatt Hans Wahle.

[186] Zu Karsens Lichterfelder Versuch s. S. 100 und S. 146f.

[187] Berlin, BBF: SLG-GS, Personalblatt Hans Wahle.

auch der Reformpädagoge Franz Hilker tätig war[188], wurde von Wilhelm Wetekamp (1859-1944) als Reformschule aufgebaut und seit 1906 als Direktor der Anstalt geleitet[189]. Wetekamp erstrebte die Realisierung eines umfassenden Arbeitsschulgedankens, der die Übung der Selbsttätigkeit in den Mittelpunkt seiner didaktischen Überlegungen stellte. Im Vorwort vom November 1921 zur 5. Auflage seiner wichtigsten Veröffentlichung, der 'Selbstbetätigung und Schaffensfreude in Erziehung und Unterricht', schreibt er dazu:

> "Das Wesen des Arbeitsunterrichts besteht darin, daß der Schüler durch zielbewußte Selbstbetätigung zu selbständigem Denken und Handeln erzogen wird."[190]

Zudem entwickelte sich seit 1911 an Wetekamps Schule - ein Novum für die damalige Zeit - eine richtiggehende Schülerselbstverwaltung[191]. Am 20. September 1921 und 11. Januar 1922 hatten am Berliner Werner-Siemens-Realgymnasium der Direktor Wetekamp einen Vortrag über 'Schulgartenfarmen'[192] und Hans Wahle einen zweiten Vortrag über das Thema 'Land- und Ferienheime an höheren Lehranstalten' gehalten. Nach eingehender Diskussion der beiden Vorträge erarbeitete die Schule 'Leitsätze', die Wetekamp am 20.03.1922 an den Berliner Magistrat schickte, und

---

188   Vgl.: BÖHME, Zentralinstitut, S. 134f.: Hilker schrieb, daß das Werner-Siemens-Realgymnasium ganz entscheidend für seine weitere Entwicklung als Reformschule gewesen sei. Hier arbeitete Hilker seinen Plan einer elastischen Oberstufe aus, in der er Kern-, Ergänzungs- und Neigungsfächer unterschied, um so den Schülern die Möglichkeit zu bieten, ihre Anlagen und Neigungen zur Entfaltung kommen zu lassen; s.: HILKER, Franz, Oberstufenversuche, in: Die Neue Erziehung, Jg. 4 (1922), S. 310-312; mit einem einleitenden Absatz u.d.T. 'Die Wahlfreie Oberstufe als Etappe zu einer neuen Schule' in: Jugendnot. Vorträge, gehalten auf der IX. öffentlichen Tagung des Bundes entschiedener Schulreformer im Neuen Rathaus zu Berlin-Schöneberg am 1., 2. und 3. Oktober 1922, hrsg. von Gerhard DANZIGER und Siegfried KAWERAU, Leipzig 1922, S. 146-149; Originalfassung wieder in: Bausteine zur neuen Schule. Vorschläge Entschiedener Schulreformer, hrsg. von Paul OESTREICH (=Pädagogische Reihe, 16), München 1923, S. 225-234.

189   S. als Überblick vor allem: 25 Jahre Werner Siemens-Realgymnasium, Berlin 1928. - Biogr. Inf. zu Wetekamp: BÖHME, Zentralinstitut, S. 287, Anm. 69.

190   WETEKAMP, Wilhelm, Selbstbetätigung und Schaffensfreude in Erziehung und Unterricht, mit besonderer Berücksichtigung des ersten Schuljahres, 5. Aufl. Nebst einem Anhang: BORCHERT, Paul, Wie ich die Idee der Selbstbetätigung in dreijähriger Schularbeit durchzuführen suchte, Leipzig 1922 [1. Aufl. 1908].

191   Zur Schülerselbstverwaltung am Werner Siemens-Realgymnasium s. bes.: ENGELBERT, Fritz, Die Selbstverwaltung der Schüler. Erstrebtes und Erreichtes. Beilage zum Jahresbericht des Werner-Siemens-Realgymnasiums zu Berlin-Schöneberg. Ostern 1914, Berlin 1914; u.d.T. 'Grundsätze der Schülerselbstverwaltung (gekürzt nach meiner Beilage zum Jahresbericht 1914)' wieder in: 25 Jahre Werner Siemens-Realgymnasium, Berlin 1928, S. 25-29. - WETEKAMP, Wilhelm, Die Schülerselbstverwaltung am Werner Siemens-Realgymnasium zu Berlin-Schöneberg, in: Deutsches Philologen-Blatt, Jg. 27 (1919), [Nr. 7/8 vom 19.02.], S. 73-76 [dieser Artikel befindet sich, zusammen mit anderen Artikeln des Deutschen Philologen-Blattes des Jahres 1919, im Teilnachlaß Blumes in: Berlin, LA, SIS]. -
NOWACK, Wilhelm, Schülerselbstverwaltung [am Werner-Siemens-Realgymnansium], in: Die Hilfe. Zeitschrift für Politik, Literatur und Kunst, Jg. 28 (1922), S. 358-360. - NEUMANN, Der Elternbeirat am Werner Siemens-Realgymnasiums, in: 25 Jahre Werner Siemens-Realgymnasium, Berlin 1928, S. 29-32. - HIRSCHFELD, Rudolf, Unsere Selbstverwaltung - Ein Rückblick (Unter Benutzung von Prof. Engelbert 'Die Selbstverwaltung des WSRg.', der Protokolle des Ausschusses und der Werner-Siemens-Blätter), in: 25 Jahre Werner Siemens-Realgymnasium, Berlin 1928, S. 33-36.

192   Zum weiteren Kontext für die Wahl dieses Themas s. S. 257ff.

die in der Zeitschrift 'Der Elternbeirat' unter dem Titel 'Schulgartenfarmen' veröffentlicht wurden[193]. Darin sprach man sich für die Errichtung von mit den Großstadtschulen 'organisch verbundenen Schullandheimen' in weiterer Entfernung der Städte aus, die als 'Schulgartenfarmen' ausgestaltet sein sollten. Großstadtschüler sollten hier "klassenweise auf ein halbes Jahr"[194] hinausgeschickt werden. Das Landschulheim solle über für Gartenbau geeignetes Land verfügen, das unter der Anleitung eines Fachmannes von den Schülern bearbeitet werden solle; es solle die Möglichkeit für Kleintierzucht bieten, und die Schüler sollten selbstverständlich Hilfeleistungen im Haushalt leisten; aber auch für den Unterricht, der die Gelegenheiten der natürlichen Umgebung möglichst intensiv nutzen solle, solle genügend Zeit und Gelegenheit bleiben. Dies sei "das billigste und zweckmäßigste Mittel [...], unsere Großstadtschüler wieder mit der Natur und dem heimischen Boden in Berührung zu bringen und sie körperlich und geistig zu voll ausgebildeten, kräftigen und praktisch tüchtigen Menschen zu entwickeln, die auch den Wert der körperlichen Arbeit zu schätzen wissen."[195]

Vor diesem Hintergrund war Wahle, der sich laut Blume bereits "im Rahmen der Wetekampschen Schülerselbstverantwortung für das Scharfenberger Sommerschulexperiment interessiert [hatte]"[196] und der bereits am 01.02.1922 mit Blume in Kontakt getreten sei[197], für den Scharfenberger Versuch geradezu prädestiniert.

Das erste Scharfenberger Kollegium wurde vervollständigt durch die Lehrerin und später als Reformpädagogin und Pazifistin weltberühmt gewordene Deutsch-Schweizerin Dr. Elisabeth Rotten (1882-1964), die sich ebenfalls ohne jede Bezahlung für wöchentlich einen Tag zur englischen Konversation zur Verfügung stellte[198]. In der Chronik der Schulfarm schrieb Blume über ihren ersten Auftritt auf Scharfenberg:

"[Am 12. Mai 1922] brachte Frl. Dr. Elisabeth Rotten, die ich in Tegelort abholte, das sonnigste Wetter mit. Die Dame, die uns sich [sic!] in so freundlicher Weise für den englischen Unterricht zu Verfügung gestellt hat, fand sich sehr schnell in unsere Gemeinschaft, und es war ein ganz neues Bild, sie am Nachmittag in lebhafter englischer Konversation, trockenes Holz dabei sammelnd, mit ihren neuen Freunden um den Spielplatz promenieren zu sehen."[199]

Und in einem Aufsatz zum 80. Geburtstag 1962 erinnerte sich Blume, den von nun an mit Rotten eine auch die NS-Zeit überdauernde[200] und bis zum Tod Rottens im Jahre 1964 andauernde Freundschaft verband[201], an den Beginn der gemeinsamen Zusammenarbeit:

---

[193] Schulgartenfarmen, in: Der Elternbeirat. Halbmonatsschrift für Eltern, Lehrer und Behörden, Jg. 3 (1922), S. 241-246.
[194] Schulgartenfarmen, S. 244.
[195] Schulgartenfarmen, S. 246.
[196] BLUME, Bericht (1923), Bl. 180r.
[197] BLUME, Anfänge, S. 10.
[198] BLUME, Bericht (1923), Bl. 180r und v.
[199] Berlin, LA, SIS: CH, I, o.S.
[200] S. 834.
[201] S. 982f.

"Ungefähr 40 Jahre mögen vergangen sein, da stand an einem Maimorgen auf der Freitreppe zur Inselvilla der Schulfarm Scharfenberg im Tegeler See plötzlich ein graziles Persönchen, mir wildfremd, ohne Hut, in schlichtem Kleid und grüßte das Handwerk in auffälligem Diskant; helfen wollte sie, irgendwie helfen in der jüngst begründeten Schule, am liebsten im Unterricht. - 'Wie wär's mit einem Englischunterricht in der noch kleinen Oberstufe? Etatmittel freilich sind dafür nicht vorhanden.' - 'Derentwegen bin ich auch nicht hergekommen' war - unter einem hellen, den Partner zur Einstimmung auffordernden Lachen - die unbedingt ehrlich klingende Antwort. Der Kontakt war hergestellt; der erste Unterrichtsnachmittag wurde verabredet; als Verbindungsmittel hinterließ sie die Telefonnummer des Quäkerbüros in der Behrenstraße. Seltsam - in dem Luftraum um die Treppenstufen war von der Begegnung etwas hängengeblieben: der Eindruck einer entschiedenen Ernsthaftigkeit von innen her, mildernd umgeben von dem, was der Lateiner so schön *hilaritas* nennt. Am Abend noch im Scheunenschlafsaal, den schon das Gleichmaß der Atemzüge gesunden Jungenschlafs erfüllte, rätselte ich weiter an dem Besuch: Ein Stück Wandervogel? Etwas Suffragette? Eine reisende Journalistin mit schulreformerischen Interessen, die damals hoch im Kurs standen? ... Eher noch eine Gelehrte auf Studienreise, eine pädagogische Rutengängerin auf Quellensuche, vielleicht gar - so dämmerte es mir im Halbschlaf - eine Rilkesche 'Hergereiste', auf jeden Fall kein Persönchen, sondern eine Persönlichkeit eigenartigster Prägung."[202]

Wer war diese 'Persönlichkeit eigenartigster Prägung', die Blume so fasziniert-geheimnisvoll beschrieb?[203]

Elisabeth Rotten wurde am 15.02.1882 als Tochter des in Fischenthal im Züricher Oberland beheimateten[204] Ehepaars Moritz Rotten, der "vom Züricher Polytechnikum nach Berlin berufen"[205] wurde, und seiner Frau Luise, geb. Peter, in Berlin geboren und evangelisch getauft[206]. Ihre Schulzeit begann mit dem Besuch der 10klassigen höheren Mädchenschule 'Luisenschule' in Berlin (1888-1898). Anschließend bildete sie sich durch Vorträge und Kurse am Viktorialyzeum Berlin fort und bereitete sich von 1904-1906 als eine der ersten Frauen in Deutschland auf die Reifeprüfung vor, die sie im September 1906 an dem von der Frauenrechtlerin He-

---

202 BLUME, Wilhelm, Zum 80. Geburtstag von Elisabeth Rotten. Ein Gedenkblatt von Freundeshand, in: Bildung und Erziehung, Jg. 15 (1962), S. 65-77, hier S. 65.
203 Zum Forschungsstand zu Elisabeth Rotten s. S. 983-986.
204 HIRSCH, Willi, Aus dem Leben und Wirken von Elisabeth Rotten, in: Der Neue Bund. Zeitschrift für Freiheit und Gemeinschaft, Jg. 30 (1964), S. 87-98, hier S. 89.
205 SCHOMBURG, Eberhard, Elisabeth Rotten - 80 Jahre alt, in: Berufspädagogische Zeitschrift, Jg. 11 (1962), Heft 4, S. 92f., hier S. 89, schreibt, Elisabeth Rottens Vater habe als Ingenieur eine Schweizer Firma in Berlin vertreten. - S. zu Rottens Eltern(haus) auch: SCHMIDLIN, Guido, Walter Robert Corti. Der Gründer des Kinderdorfes Pestalozzi in Trogen, Zürich 1996, S. 212.
206 Marburg, StA: Bestand 307: Universität, Philosophische Fakultät, Nr. 243, Bl. 1r und v: Lebenslauf. - Elisabeth Rottens Vater starb im Laufe ihrer Kindheit, s. dazu: SCHOMBURG, Elisabeth Rotten, S. 92. - HILKER, Franz, Zum 75. Geburtstag von Dr. Elisabeth Rotten, in: Bildung und Erziehung, Jg. 10 (1957), S. 172f., hier S. 172.

lene Lange (1848-1930) geleiteten Königlichen Kaiserin Augusta-Gymnasium in Charlottenburg ablegte[207].

Nach dem Abitur begann Rotten Philosophie, Germanistik und neueren Sprachen zu studieren[208], zunächst in Heidelberg (WS 1906/07 und SS 1907)[209], anschließend in Berlin WS 1907/08), Marburg (SS 1908[210]), Montpellier (WS 1908/09) und schließlich erneut in Marburg (SS 1909-SS 1911[211])[212].   In Marburg kam sie erst-

---

[207] Zur höheren Schulbildung von Mädchen um die Jahrhundertwende s.: BÄUMER, Gertrud, Geschichte und Stand der Frauenbildung in Deutschland, in: Handbuch der Frauenbewegung, Teil III: Der Stand der Frauenbildung in den Kulturländern, Berlin 1902 [Repr. Weinheim [u.a.] 1980], S. 1-128. - LANGE, Helene, Lebenserinnerungen, Berlin 1921. - Zuletzt: GERHARD, Ute, Unerhört. Die Geschichte der deutschen Frauenbewegung, Hamburg 1990, bes. S. 154-159: Kap. "Die ersten Abiturientinnen und Studentinnen". - Und: MAGER, Bärbel, Helene Lange, in: Pädagogen in Berlin. Auswahl von Biographien zwischen Aufklärung und Gegenwart, hrsg. von Benno SCHMOLDT (=Materialien und Studien zur Geschichte der Berliner Schule, 9), Baltmannsweiler 1991, S. 103-115. - Geschichte der Gymnasialkurse für Frauen zu Berlin, hrsg. vom Vorstand der Vereinigung zur Veranstaltung von Gymnasialkursen für Frauen [verf. von Gertrud BÄUMER], Berlin 1906 [S. 82 werden die Abiturientinnen von 1906 aufgelistet; Rotten fehlt jedoch!]. -
Zu Rottens Schulzeit und Abitur: Marburg, StA: Bestand 307: Universität, Philosophische Fakultät, Nr. 243, Bl. 1r und v: Lebenslauf. - Potsdam, BLA: Pr. Br. Rep. 34: Provinzialschulkollegium, Personalia, Nr. R 280: Elisabeth Rotten, o.Bl.-Nr.: Zeugnis über bestandenes Staatsexamen für das Lehramt an höheren Schulen Elisabeth Rotten vom 03.08.1912 (hdschr. Abschrift). - Potsdam, BLA: Pr. Br. Rep. 34: Provinzialschulkollegium, Personalia, Nr. R 280: Elisabeth Rotten, o.Bl.-Nr.: Zeugnis über bestandenes Staatsexamen für das Lehramt an höheren Schulen Elisabeth Rotten vom 08.11.1912 (masch. Abschrift). - Marburg, StA: Bestand 305a: Universität, Kanzler, Acc. 1950/9, Nr. 761: Verzeichnis der Studierenden Sommersemester 1909: Hier Hinweis auf Reifezeugnis vom 28.09.1906.

[208] Zum Frauenstudium um die Jahrhundertwende: Fünfundzwanzig Jahre Frauenstudium in Deutschland. Verzeichnis der Doktorarbeiten von Frauen 1908-1933, zusammengestellt von Elisabeth BOEDEKER, Heft 1, Hannover 1939, S. XXI-XLVIII: Kap. 'Geschichte und Entwicklung des Frauenstudiums in Deutschland'. - MERTENS, Lothar, Die Entwicklung des Frauenstudiums in Deutschland bis 1945, in: Aus Politik und Zeitgeschehen. Beilage zur Wochenzeitung Das Parlament, B 28/89, S. 3-12, bes. S. 4-7. - GERHARD, Unerhört, bes. S. 154-159: Kap. "Die ersten Abiturientinnen und Studentinnen". - Pionierinnen, Feministinnen, Karrierefrauen? Zur Geschichte des Frauenstudiums in Deutschland, hrsg. von Anne SCHLÜTER (=Frauen in Geschichte und Gesellschaft, 22), Pfaffenweiler 1992.

[209] Vgl.: GIOVANNINI, Norbert, Zwischen Republik und Faschismus. Heidelberger Studentinnen und Studenten 1918-1945. Mit einer Vorbemerkung von Volker LENHART und Hartmut SOELL, Weinheim 1990, S. 253: "Zwischen 1900 und 1909/10 stieg die Zahl der in Heidelberg eingeschriebenen Frauen von 4 auf 142, in Freiburg von 5 auf 86. 1914 machten Studentinnen in Heidelberg etwa 10% der Studentenschaft aus. An allen reichsdeutschen Universitäten betrug der Studentinnenanteil dagegen erst 6-7% [...]."

[210] Marburg, StA: Bestand 305a: Universität, Kanzler, Acc. 1950/9, Nr. 759: Verzeichnis der Studierenden Sommersemester 1908: nennt Elisabeth Rotten nicht!

[211] Marburg, StA: Bestand 305a: Universität, Kanzler, Acc. 1950/9, Nr. 761: Verzeichnis der Studierenden Sommersemester 1909: Rottens Immatrikulation: 22.05.1909, Exmatrikulation: 08.07.1911. - Marburg, StA: Bestand 305a: Universität, Kanzler, Acc. 1950/9, Nr. 761: Verzeichnis der Studierenden Sommersemester 1909: Beginn des Studiums im Bereich 'Deutsch/Geschichte' im SS 1909: ges. 99 Studierende, davon - mit Rotten - 4 Studentinnen (davon 1 Frau aus USA, die 3 deutschen/schweizerischen Frauen studierten vorher schon in Berlin).

mals mit den Reformpädagogen Lietz und Wyneken in Berührung: Sie erlebte beide in in Marburg gehaltenen Vorträgen und schrieb über diese Vorträge ihren ersten publizierten Aufsatz[213].

Im August 1912 legte Rotten in Marburg die mündliche Prüfung im Examen für das Lehramt an höheren Schulen mit der Note 'gut bestanden' ab[214]. Anschließend promovierte sie - neben ihrer Referendarsausbildung[215] - 1913 in Marburg bei dem jugendbewegten Philosophen und Sozialpädagogen Paul Natorp (1854-1924)[216] mit

---

212 Marburg, StA: Bestand 307: Universität, Philosophische Fakultät, Nr. 243, Bl. 1r und v: Lebenslauf. - Potsdam, BLA: Pr. Br. Rep. 34: Provinzialschulkollegium, Personalia, Nr. R 280: Elisabeth Rotten, o.Bl.-Nr.: Zeugnis über bestandenes Staatsexamen für das Lehramt an höheren Schulen Elisabeth Rotten vom 03.08.1912 (hdschr. Abschrift). - Potsdam, BLA: Pr. Br. Rep. 34: Provinzialschulkollegium, Personalia, Nr. R 280: Elisabeth Rotten, o.Bl.-Nr.: Zeugnis über bestandenes Staatsexamen für das Lehramt an höheren Schulen Elisabeth Rotten vom 08.11.1912 (masch. Abschrift). - Zum Frauenstudium in Marburg s.: Es begann vor hundert Jahren. Die ersten Frauen an der Universität Marburg und die Studentinnenvereinigungen bis zur 'Gleichschaltung' im Jahre 1934. Eine Ausstellung der Universitätsbibliothek Marburg vom 21. Januar bis 23. Februar 1997 (=Schriften der Universitätsbibliothek Marburg, 76), Marburg 1997.
213 ROTTEN, Elisabeth, Landerziehungsheim und Freie Schulgemeinde, in: Marburger Akademische Rundschau, hrsg. vom Präsidium der Marburger Freien Studentenschaft, Jg. 2 (1911), S. 26-28.
214 Marburg, StA: Bestand 307: Universität, Philosophische Fakultät, Nr. 243, Bl. 1r und v: Lebenslauf. - Potsdam, BLA: Pr. Br. Rep. 34: Provinzialschulkollegium, Personalia, Nr. R 280: Elisabeth Rotten, o.Bl.-Nr.: Zeugnis über bestandenes Staatsexamen für das Lehramt an höheren Schulen Elisabeth Rotten vom 03.08.1912 (hdschr. Abschrift). - Potsdam, BLA: Pr. Br. Rep. 34: Provinzialschulkollegium, Personalia, Nr. R 280: Elisabeth Rotten, o.Bl.-Nr.: Zeugnis über bestandenes Staatsexamen für das Lehramt an höheren Schulen Elisabeth Rotten vom 08.11.1912 (masch. Abschrift).
215 Potsdam, BLA: Pr. Br. Rep. 34: Provinzialschulkollegium, Personalia, Nr. R 280: Elisabeth Rotten, o.Bl.-Nr.: Gesuch der Lehramtskandidatin Dr. Elisabeth Rotten an das königliche Provinzialschulkollegium zu Berlin um Beurlaubung nach England während des Probejahrs vom 28.08.1913.
216 Zum Verständnis der Bedeutung Natorps für die Reformpädagogik s. vor allem Natorps Ausführungen in: NATORP, Paul, Sozialpädagogik. Theorie der Willensbildung auf der Grundlage der Gemeinschaft. Besorgt von Richard PIPPERT. Textwiedergabe auf der Basis der 6. Aufl. von 1924, 7. Aufl. Paderborn 1974. - Vgl. z.B. auch: PAULSEN, Wilhelm, Für die weltliche Schule. Mit einem Nachwort von Paul NATORP, in: Die Deutsche Schule, Jg. 10 (1906), S. 555-565; wieder in: Pädagogische Reform, Jg. 10 (1906), Nr. 43 (vom 24.10.), o.S. und [Nachwort:] Nr. 44 (vom 31.10.), o.S.

der Note 'sehr gut' über das Thema 'Goethes Urphänomen und die platonische Idee'[217].

Mit Goethe war Rotten schon vom Elternhaus her verbunden. Im Zuge ihrer weiteren Beschäftigung mit ihm entwickelte sie sich zu einer der besten Goethe-Kennerinnen ihrer Zeit[218]. In allen Lebenslagen ließ sie sich "von ihrem Hausheiligen Johann Wolfgang inspirieren"[219]. Nicht zufällig arbeitete sie in den Jahren nach ihrer Dissertation an den ersten beiden Bänden des von 1916 bis 1918 herausgegebenen dreibändigen 'Goethe-Handbuchs' mit[220].

Ab dem 01.10.1913 wurde Rotten auf Empfehlung von Prof. Wilhelm Vietor (1850-1918), Marburg, für ein Jahr einen Auftrag als Lektorin für Deutsche Literatur an der Universität Cambridge vermittelt[221]. Nach Beendigung ihres Englandaufenthaltes[222] drohte der 1. Weltkrieg. Über die Situation zu Kriegsbeginn schrieb Rotten:

"Als ich als Auslandsschweizerin mein Studium humanitärer [sic!] Wissenschaften - Sprachen und Philosophie - [...] [...] soeben beendet hatte, erlebte ich in der Schweiz, wie durch die Nachricht von Mord und kriegerischer Rache in Sarajewo die Gemüter ahnungsloser Europäer aufgeschreckt wurden, und wir aus der Illusion, Kriege unter zivilisierten Völkern gehörten der

---

[217] Promotionsunterlagen: Marburg, StA: Bestand 307: Universität, Philosophische Fakultät, Nr. 243, darin u.a.: Bl. 1r und v: Lebenslauf; Bl. 2: Quittung über Überweisung von 300,- DM an Philosoph. Fak. Marburg; Bl. 3r und v: Bitte Rottens um Zulassung zur Prüfung für die Erwerbung der philosoph. Doktorwürde a.d. Univ. Marburg, Berlin, Schiffbauerdamm, 01.10.1912; Bl. 4: Prot. d. mündl. Prüfung vom 06.11.1912 (Ernst Elster [(1860-1940)], Wilhelm Vietor, Paul Natorp); Bl. 5-8: Masch. Gutachten über die Diss. von Natorp (07.10.1912) [Bl. 5: "Ich [Natorp] freue mich der Fakultät eine recht wertvolle Arbeit vorlegen zu können [...]."], Bl. 8 zusätzl. hdschr. Gutachten von Elster (21.10.1912) [Bl. 8: "Ich [Natorp] beantrage demnach Annahme der Arbeit mit dem Prädikat "valde laudabile" und Zulassung zum Rigorosum"; ebd. Elster: "[...] ich stimme dem Prädikat "sehr gut" ("valde laudabile" ist jetzt abgeschafft) von Herzen zu."]; im Anschluß an Bl. 8: Teildr. der Diss. eingeheftet. - Marburg, UB: Ms 831: Nachlaß Paul Natorp, Varia und Fragmente: 5 Zettel mit hdschr. Entwurf von Natorp: Gutachten zur Diss. von Rotten. - ROTTEN, Elisabeth, Goethes Urphänomen und die platonische Idee, Marburg, Univ., Diss. (Teildr.), Marburg 1912; vollst. unter gleichem Titel (=Philosophische Arbeiten, hrsg. von Hermann COHEN und Paul NATORP, Bd. 8, Heft 1), Gießen 1913. - Fünfundzwanzig Jahre Frauenstudium in Deutschland. Verzeichnis der Doktorarbeiten von Frauen 1908-1933, zusammengestellt von Elisabeth BOEDEKER, Heft 1, Hannover 1939, S. 9 (Nr. 93) Rottens Diss. (Bereich 'Philosophie') aufgeführt.

[218] SCHOMBURG, Elisabeth Rotten, S. 92: "Zur geistigen Welt Goethes fühlte sie sich bereits seit frühen Jahren stark hingezogen, in ihr hat sie bis heute gelebt. Sicher gibt es nur wenig Menschen, die Goethe in allen seinen Äußerungen, Dichtungen, naturwissenschaftlichen Schriften, Tagebüchern und Briefen so genau kennen wie Elisabeth Rotten."

[219] BLUME, Zum 80. Geburtstag, S. 76. - SCHMIDLIN, Walter Robert Corti, S. 215: "[...] wichtig war ihr die beständige Präsenz des Werkes Goethes, aus dem sie häufig und originell zitierte, wie ein Rabbiner aus der Bibel."

[220] Goethe-Handbuch, hrsg. von Julius ZEITLER, 3 Bde. [Bd. 1: 1916; Bd. 2: 1917; Bd. 3: 1918], Stuttgart 1916-1918 [Rotten Mitarbeiterin in Bd. 1 und 2].

[221] S.: Potsdam, BLA: Pr. Br. Rep. 34: Provinzialschulkollegium, Personalia, Nr. R 280: Elisabeth Rotten, o.Bl.-Nr.: Gesuch der Lehramtskandidatin Dr. Elisabeth Rotten an das königliche Provinzialschulkollegium zu Berlin um Beurlaubung nach England während des Probejahrs vom 28.08.1913. - Vgl. z.B. auch: BECKER, Heinrich, Zwischen Wahn und Wahrheit. Autobiographie, Berlin (DDR) 1972, S. 181.

[222] Einige Autoren meinen, Rottens Tätigkeit sei durch den 1. Weltkrieg vorzeitig beendet worden: SCHOMBURG, Elisabeth Rotten, S. 92: "Der drohende erste Weltkrieg beendete diese Tätigkeit." - So z.B. auch: BECKER, Zwischen Wahn, S. 181.

Vergangenheit an und Heere seien ein Spielzeug für Könige, jäh in eine grausame Wirklichkeit erwachten.
Ich hatte vorgehabt, mich für den Schuldienst zu melden. Aber nun konnte ich mich nicht entschließen, mich vor Kinder hinzustellen und zu lehren, als ob die Welt in Ordnung wäre. Und weil ich von einstigen Mitstudentinnen, Künstlern und anderen wußte, die, plötzlich zu 'feindlichen Ausländern' geworden, in Deutschland in Schwierigkeiten sein mochten, eilte ich nach Berlin, um zu sehen, ob und wie man solchen Bedrängten als Neutrale in menschlicher Solidarität beistehen könne."[223]

Hilker resümiert, daß von nun an Rottens internationale Wirksamkeit begann, "die sie während ihres ganzen Lebens neben jeweiliger Lehrer- und Schriftstellertätigkeit so erfolgreich ausgeübt hat."[224] Und Blume bemerkte dazu:

"Damit war die Weiche für ein ganzes Leben gestellt. Und sie hat diesen durchaus freiwilligen Schritt niemals bereut, trotzdem an Stelle amtlicher Schulgeborgenheit eine unsichere Zukunft trat. Es mag wohl von vornherein in ihrem Wesen ein starker Zug zur Unabhängigkeit gelegen haben, und sie war fortan eifersüchtig drauf bedacht, sie sich unter allen Umständen zu bewahren."[225]

Mit Unterstützung des nachmaligen Professors Friedrich Siegmund-Schultze (1885-1969)[226], damals Leiter der 'Sozialen Arbeitsgemeinschaft Berlin-Ost', gelang es Rotten 1914 ein Rettungswerk 'Auskunfts- und Hilfsstelle für Deutsche im Ausland und Ausländer in Deutschland' aufzubauen. In enger persönlicher Zusammenarbeit mit dem Vizepräsidenten des Internationalen Roten Kreuzes in Genf, Dr. Frédéric Ferrière (1848-1924)[227] wurde Zivilinternierten sowie anderen Männern, Frauen und Kindern in Feindesland auf materielle wie immaterielle Weise geholfen brachte[228]. Die Bedeutung dieser Erfahrungen für ihr weiteres Leben beschrieb Rotten folgendermaßen:

---

[223] ROTTEN, Elisabeth, Idee und Liebe, in: Durchkreuzter Haß. Vom Abenteuer des Friedens. Berichte und Selbstdarstellungen, hrsg. von Rudolf WECKERLING. Heinrich GRÜBER zum 70. Geburtstag, 2. Aufl. Berlin 1961, S. 78-84; wieder in: Schweizerische Lehrerzeitung (Beilage: Berner Schulblatt), Jg. 107 (1962), Heft 6, S. 177-179, hier (1961) S. 78f.

[224] HILKER, Zum 75. Geburtstag von Dr. Elisabeth Rotten, S. 172.

[225] BLUME, Zum 80. Geburtstag, S. 76.

[226] Biogr. Inf. zu Siegmund-Schultze z.B.: Friedrich Siegmund-Schultze. 1885-1969. Begleitbuch zu einer Ausstellung anläßlich seines 100. Geburtstags, veranstaltet vom Evangelischen Zentralarchiv in Berlin, bearb. von Christa STACHE. Mit einem Vortrag, gehalten bei einer Gedenkfeier am 14. Juni 1985 in Soest von Klaus REHBEIN (=Veröffentlichungen des Evangelischen Zentralarchivs in Berlin, 2), Berlin 1985.

[227] Biogr. Daten zu F. Ferrière: Historisch-biographisches Lexikon der Schweiz, Neuenburg 1926, S. 142.

[228] ROTTEN, Idee und Liebe, S. 79f. - Rotten berichtete über diese Arbeit: SIEGMUND-SCHULTZE, Friedrich / ROTTEN, Elisabeth, Bericht über die bisherige Tätigkeit [der Auskunfts- und Hilfsstelle für Deutsche im Ausland und Ausländer], in: Die Eiche. Vierteljahrsschrift für Freundschaftsarbeit der Kirchen. Ein Organ für soziale und internationale Ethik, Jg. 4 (1916), S. 111-115. - ROTTEN, Elisabeth, Auskunfts- und Hilfsstelle für Deutsche im Ausland und Ausländer in Deutschland [Mitteilungen vom:] April 1916, Berlin 1916; auch in: Die Eiche. Vierteljahrsschrift für Freundschaftsarbeit der Kirchen. Ein Organ für soziale und internationale Ethik, Jg. 4 (1916), S. 115-118. - ROTTEN, Elisabeth, Auskunfts- und Hilfsstelle für Deutsche im Ausland und Ausländer in Deutschland [Mitteilungen vom:] Februar 1918, Berlin 1918. - Inventarverzeichnis des Ökumenischen Archivs in Soest (Westfalen), hrsg. von Friedrich SIEGMUND-SCHULTZE, Soest 1962, S. 15: "Etwa 250 Aktenbände berichten von den Arbeiten dieser Ausländerfürsorge, der Gefangenenfürsorge und der Gefangenenseelsorge."

"Die intime Verbindung mit angstverstörten belgischen und französischen Müttern ließ [in dieser Zeit] in mir den Entschluß reifen, mein Leben dafür einzusetzen, daß dem einen großen Volk der Kinder auf dem Erdenrund und ihren Müttern und Betreuern ein solches Schicksal künftig erspart werde."[229]

Dieses soziale Engagement brachte Rotten 1914 "in enge briefliche Zusammenarbeit"[230] mit den englischen Quäkern, jener eigentümlichen christlichen Gruppierung, die sich selbst als 'Gesellschaft der Freunde' ('society of friends') bezeichnet[231], die im 17. Jahrhundert entstanden war und seitdem wie wohl kaum eine andere christliche Gruppe ein praktisches, soziales Christentum vorlebt und dabei Vorstellungen von Friedensarbeit, Menschenwürde, Gleichberechtigung, Toleranz, Demokratie usw. verwirklicht[232]. Die englischen Quäker bauten während des Krieges ein umfangreiches Hilfswerk auf, insbesondere im englischen 'Feindesland' für die Deutschen, Österreicher und Ungarn[233]. Nach dem Ende des Krieges kamen sie - bald danach auch amerikanische Quäker - nach Deutschland, um mit der

---

[229] ROTTEN, Idee und Liebe, S. 80.

[230] ROTTEN, Idee und Liebe, S. 81.

[231] 'Quäker' war ursprünglich ein Spottname, der sich auf die innere Erregung früher Quäker bezog (to quake = zittern).

[232] Es sei nur kurz hingewiesen auf Quäker wie William Penn (1644-1718), der im 18. Jahrhundert den Quäkerstaat Pensylvania schuf, in dem die dortigen Indianer weder vertrieben noch enteignet wurden, sondern vielmehr ein Vertrag mit ihnen geschlossen wurde, der Toleranz und Gewaltlosigkeit vorsah, und von dem Voltaire gesagt hat, daß dies wohl der einzige Vertrag sei, der weder beschworen noch gebrochen wurde; und der bereits 1718 die Idee einer Art europäischer Völkerbundes voraussah, in dem Zwistigkeiten zwischen den Völkern durch Schiedsgerichtsbarkeit statt durch Gewalt gelöst werden sollten; oder auf den Quäker John Woolman (1720-1772), der, gleichfalls im 18. Jhdt., für die Sklavenbefreiung eintrat. - Einen ersten Überblick über die Quäker und ihre interessante Geschichte vermittelt: Die Quäker, hrsg. von Richenda C. SCOTT (=Die Kirchen der Welt, 14), Stuttgart 1974. - Zur Geschichte der Quäker in Deutschland: OTTO, Heinrich, Werden und Wesen des Quäkertums und seine Entwicklung in Deutschland, Wien 1972, und: OTTO, Heinrich, Das Quäkertum in Deutschland, in: Die Quäker, hrsg. von Richenda C. SCOTT (=Die Kirchen der Welt, 14), Stuttgart 1974, S. 176-206. - Zur Bestrebung der englischen Quäker, den 1. Weltkrieg zu verhindern: OTTO, Werden, S. 211f. und: SCHRAMM, Gottfried, Minderheiten gegen den Krieg. Motive und Kampfformen 1914 bis 1918 am Beispiel Großbritanniens und seines Empires, in: Geschichte und Gesellschaft. Zeitschrift für Historische Sozialwissenschaft, Jg. 6 (1980), S. 164-188, bes. S. 178-182. -
Zu Rottens Arbeit: ROTTEN, Elisabeth, Durch welche Schule könnten pädagogisch und sozial die Aufgaben einer quäkerischen Erziehung verwirklicht werden? Vortrag, in: Monatshefte der Deutschen Freunde, Jg. 7 (1930), S. 131-139 und S. 169-176; auch als monograph. Veröff.: Berlin 1930.

[233] ROTTEN, Idee und Liebe, S. 81. - S. auch: OTTO, Werden, S. 205ff. und S. 211-214: Kap. 'Elisabeth Rottens Tätigkeit im Lager für englische Internierte in Ruhleben als erste Verbindung mit englischen Quäkern noch während des Krieges'.

'Hoover-Speisung', auch 'Quäkerspeisung' genannt, Millionen von hungernden Kindern Nahrung und Freundschaft zu bringen[234].

In der Kinderhilfe arbeitete Rotten bis 1923 mit den Quäkern zusammen und wurde, da sich zeigte, "daß uns auf beiden Seiten über das faktische Tun hinaus die tieferen Wurzeln unseres inneren Antriebs gemeinsam waren"[235], 1930 nach weiterem Zusammenwirken in die 'Religiöse Gemeinschaft der Freunde' aufgenommen, in der sie ihre "innere Heimat" fand[236].

Der Erfolg ihrer humanären Aktionen während des 1. Weltkrieges wurde begünstigt dadurch, daß Rotten einen Schweizer Paß besaß, denn "die höheren Dienststellen, denen ihre Arbeit durchaus nicht paßte, wollten [...] keine Konflikte mit den Behörden der für das kriegführende Deutschland in vieler Hinsicht wichtigen Schweiz riskieren"[237]; trotzdem stand die 'Auskunfts- und Hilfsstelle' unter strenger Aufsicht, und Rotten mußte immer gefaßt sein, in ernste Schwierigkeiten zu geraten. Später einmal erzählte sie, "daß es Zeiten gab, da sie in ihrem Büro stets ein Köfferchen gehabt habe, worin für den Fall ihrer Verhaftung die nötigsten Dinge ihres persönlichen Bedarfs gewesen seien."[238]

Rotten hatte keine gute körperliche Konstitution; sie "hatte von Jugend an schwache Augen"[239], und in den folgenden Jahren weitete sich diese Schwäche zu einer "hochgradigen Kurzsichtigkeit"[240] aus. Mit ihren unermüdlichen Aktivitäten während des 1. Weltkrieges und danach belastete sie ihren zarten Körper über Gebühr, dies "zeigt die Verkrüppelung ihrer rechten Hand: Durch die Überbeanspruchung beim tage- und nächtelangen Schreiben von Briefen versteiften Muskeln und Sehnen."[241]

Ihr Schweizer Bürgerrecht ermöglichte Rotten Ende Juli 1915 eine Reise von Berlin nach England. Der darüber von ihr aufgesetzte Brief vom 09.08.1915, "der auch dem Unterstaatssekretär Zimmermann persönlich vorgetragen wurde, ist auch

---

234 Zu dieser Arbeit s. aus den zeitgenössischen Berichten u.a.: Schulspeisungen für unterernährte Kinder in Deutschland, in: Vivos voco. Eine deutsche Monatsschrift, Jg. 1 (1919/20), S. 181f. - BENTHEIM, Die Entwicklung der Quäkerspeisung in Deutschland. Bericht des Deutschen Zentralausschusses für die Auslandshilfe e.V. Berlin, in: Mitteilungen des Deutschen Fürsorge-Büros zu Leipzig, Nr. 1: Januar 1921. Beilage der Monatsschrift Vivos Voco. Zeitschrift für neues Deutschtum, Jg. 2 (1921/22), S. 44-47. - Zusammenfassend: OTTO, Werden. S. 215f. - OTTO, Werden, S. 216: "Die erste Speisungsperiode begann am 26. Februar 1920. Die Speisungsziffer stieg am höchsten im Juni 1924, als in 2.641 Städten und 11.157 Speisestellen nicht weniger als 1.119.876 Portionen ausgeteilt wurden. Im ganzen wurden rund fünf Millionen Kinder von verschiedenen Speisungsperioden erfaßt. Der Name Quäkerspeisung blieb aufs engste mit Schulspeisungen verbunden, auch als diese später längst schon von Städten finanziert wurden [...]."
235 ROTTEN, Idee und Liebe, S. 81.
236 ROTTEN, Idee und Liebe, S. 81.
237 BECKER, Zwischen Wahn, S. 182.
238 BECKER, Zwischen Wahn, S. 182. - Vgl. zur Bedrohung Rottens auch: HIRSCH, Aus dem Leben, S. 92-94.
239 BECKER, Zwischen Wahn, S. 181.
240 BECKER, Zwischen Wahn, S. 193.
241 SCHOMBURG, Elisabeth Rotten, S. 92.

heute noch wertvoll für die Beurteilung des Denkens andere Völker, hier Englands. "[242]

Elisabeth Rotten gehörte - neben Albert Einstein (1879-1955), Ernst Reuter (1889-1953), dem Marburger Professor, Völkerrechtler und Pazifisten Prof. Walther Schücking (1875-1935)[243], der Frauenrechtlerin Helene Stöcker (1869-1943)[244] (und Sympatisanten wie Hans Delbrück[245])[246] - zu den frühen Mitgliedern des 1914 gegründeten 'Bundes Neues Vaterland' (später: 'Deutsche Liga für Menschenrechte'), einer Arbeitsgemeinschaft deutscher Männer und Frauen, die sich unbeschadet ihrer sonstigen politischen und religiösen Stellungnahme zusammengeschlossen hatten, mit dem Ziel, eine politische und wirtschaftliche Verständigung zwischen den europäischen Staaten herbeizuführen[247]. Weil sie im Besitz eines Schweizer Passes war, konnte Rotten im Frühjahr 1915 als Vertreterin des 'Bundes Neues Vaterland' zum 1. Internationalen Frauenkongreß in Haag reisen[248], wo sie einen wichtigen pazifistischen Redebeitrag lieferte[249].

Die aus aktuellem Anlaß entstandenen Überlegungen wurden theoretisch vertieft:

"In solchem Nachdenken über das Erfahrene bereitete sich die zweite Komponente meiner Friedensarbeit vor. Vor dem Kriege ahnte ich nichts von möglicher Kriegsdrohung und theoretischem Pazifismus. [...] erst jetzt wurde mir klar, daß der geistig-seelische Gehalt dieser Botschaften und Vorbilder im 20. Jahrhundert die realistische Mitarbeit am Aufbau einer äußeren Völkerordnung gebot, in der Kriege aus äußeren Gründen nicht mehr nötig und aus religiös-ethischen Motiven nicht mehr möglich sind , und daß eine solche Zielsetzung der Wachheit des

---

[242]   LEHMANN-RUSSBUELDT, Otto, Der Kampf der Deutschen Liga für Menschenrechte, vormals Bund Neues Vaterland, für den Weltfrieden 1914-1927, Berlin 1927, S. 66. - Der Bericht 'ROTTEN, Elisabeth, Bericht [über eine Englandreise] (Persönlich mitgeteilt dem Unterstaatssekretär Zimmermann). Berlin, den 9. August 1915' ist abgedr.: Ebd., S. 175-190.

[243]   Biogr. Inf. zu Schücking u.a.: ACKER, Detlev, Walther Schücking (1875-1935) (=Veröffentlichungen der historischen Kommission Westfalens 18; =Westfälische Biographien, 6), Münster 1970.

[244]   S. bes.: WICKERT, Christl, Helene Stöcker. 1869-1943. Frauenrechtlerin, Sexualreformerin und Pazifistin. Eine Biographie, Bonn 1991. Diese Arbeit hilft auch weiter zum Verständnis der Biographie Rottens.

[245]   Zu Delbrück s. S. 42ff.

[246]   LEHMANN-RUSSBUELDT, Kampf, S. 4 sowie S. 146-148 ('Mitgliederliste des Bundes 'Neues Vaterland' vom Herbst 1915').

[247]   S. zum 'Bund Neues Vaterland': LEHMANN-RUSSBUELDT, Kampf. - QUIDDE, Ludwig, Der deutsche Pazifismus während des Weltkrieges 1914-1918. Aus dem Nachlaß Ludwig Quiddes hg. v. Karl HOLL unter Mitwirkung von Helmut DONAT (=Schriften des Bundesarchivs. 23), Boppard 1979, S. 66-75: "Der Bund Neues Vaterland und die Gründung der Zentralorganisation für dauernden Frieden".

[248]   Erster Internationaler Frauenkongress. Haag. Vom 28. April - 1. Mai 1915. Bericht, hrsg. vom Internationalen Frauenkomitee für Dauerhaften Frieden, Amsterdam 1915, S. 245. - QUIDDE, Der deutsche Pazifismus, S. 75-78: "Die Gründung der Internationalen Frauenliga für Friede und Freiheit"; nennt auch Rotten. - HEYMANN, Lida Gustava, Erlebtes - Erschautes. Deutsche Frauen kämpfen für Freiheit, Recht und Frieden. 1850-1940, hrsg. von Margrit TWELLMANN, Meisenheim 1972, u.a. zur 'Internationalen Frauenliga für Frieden und Freiheit'; nennt Rotten nicht.

[249]   Zum Redebeitrag s.: Erster Internationaler Frauenkongress. Haag. Vom 28. April - 1. Mai 1915. Bericht, hrsg. vom Internationalen Frauenkomitee für Dauernden Frieden, Amsterdam 1915, S. 163.

Denkens und Wahrheitssuchens ebensosehr bedarf wie der lebendigen Reaktion des Herzens auf Unrecht und Not. "[250]

Als nach dem 1. Weltkrieg am 08.12.1918 im Berliner Opernhaus die erste große, von der 'Zentralstelle Völkerrecht', dem 'Bund Neues Vaterland' und der 'Deutschen Friedensgesellschaft' einberufene Kundgebung pazifistischer Organisationen für den Rechtsfrieden erlaubt wurde, sprach neben Walther Schücking auch Elisabeth Rotten[251]. Sie betonte in ihrer Rede unter sehr nüchterner Einschätzung der Lage, daß jetzt eine innere sittliche Wandlung der Menschen eintreten müsse, wenn auf tragfähigem Fundament ein dauerhafter Friede entstehen solle:

> "Der Militarismus hat sich überschlagen, und daß die Matrosen und Soldaten ihm das äußere Ende gesetzt, ist ein Symbol dafür, daß das deutsche Volk in sich die Kraft gefunden, ihn siegreich von innen zu überwinden. Aber vergessen wir nicht: mit der äußeren Beseitigung des alten Systems, mit dem Bruch mit den bisherigen Machthabern ist es nicht getan. Wir stehen an der Schwelle von etwas ganz Neuem, das wir erst herbeiführen müssen."[252]

Diese Herbeiführung des 'ganz Neuen', einer friedlichen Welt, versprach sich Rotten - wie durch das bisher Gesagte angedeutet - zum einen durch praktisches, individuelles Handeln, zum anderen in der Folge auch durch theoretische Auseinandersetzungen, die zu einer strukturellen Gesellschaftsveränderung führen sollten, wobei sich im Laufe ihres Lebens, insbesondere nach 1945, eine Akzentverschiebung zu einer stärkeren Überlegungen zu strukturellen Veränderungen ergab[253].

Auf dieser Ausgangsbasis begann Rotten - worauf Wolfgang Keim aufmerksam gemacht hat -, einen 'spezifischen friedenspädagogischen Ansatz' zu erarbeiten[254]: Bei der Suche nach entsprechenden Konzepten kamen ihr von Anfang an ihre internationalen Kontakte zugute, durch die sie eine Vielzahl reformpädagogischer Ansätze des In- und Auslandes kennenlernte, die in diese Richtung gingen.

Wie Keim betont, müsse man es Rotten als "besonderes Verdienst anrechnen, diese vielfältigen Ansätze koordiniert, zwischen ihren Vertretern intensive Kontakte hergestellt und sie auf das Ziel der Friedenserziehung hin gelenkt zu haben [...]. "[255]

Rottens 'friedenspädagogischer Ansatz' basierte "auf einem positiven Menschenbild. Krieg wie Zwietracht zwischen den Menschen wurden von ihr nicht als Ergebnis einer Veranlagung zum Bösen gesehen, sondern vielmehr als Produkt falscher

---

[250] ROTTEN, Idee und Liebe, S. 80f.

[251] ROTTEN, Elisabeth, Ansprache bei der Kundgebung zum Rechtsfrieden als Appell an das Weltgewissen im Berliner Opernhaus am 8. Dezember 1918, in: Die Frauenbewegung, hrsg. von Minna CAUER, Jg. 24 (1918), S. 46f.; wieder in: SCHÜCKING, Walther / STÖCKER, Helene / ROTTEN, Elisabeth, Durch zum Rechtsfrieden (=Flugschriften des Bundes Neues Vaterland, 2), Berlin 1919, S. 16-20; zentrales Zitat wieder in: GERHARD, Ute, Unerhört. Die Geschichte der deutschen Frauenbewegung, Hamburg 1990, S. 330.

[252] ROTTEN, Ansprache, S. 46.

[253] S. dazu S. 974ff.

[254] KEIM, Geschichte friedenspädagogischer Diskussionen, S. 566-569 Teilkap. 'Elisabeth Rotten: Friedenspädagogik im Rahmen reformpädagogischer Erneuerung'. - Rottens Konzept der Friedenserziehung läßt sich in den 'Grundsätzen des Weltbundes für Erneuerung der Erziehung', die z.B. mehrfach im 'Werdenden Zeitalter' abgedr. wurden, wiederfinden. - S. zum 'Weltbund für Erneuerung der Erziehung' S. 228ff.

[255] KEIM, Geschichte friedenspädagogischer Diskussionen, S. 567.

Erziehung"[256]. Deshalb war für sie die pazifistische Weltanschauung "zuerst und zutiefst [...] ein psychologisches Problem"[257]:

> "Um es auf eine Formel zu bringen: es ist der Wille zur Kraft statt des Willens zur Macht, der im Grunde doch nur eine Flucht aus innerer Ohnmacht ist; das stolze Selbstvertrauen in die Sieghaftigkeit des reinen Mittels; das Wagnis, aus dem Eigensten der Seele zu schöpfen, anstatt sich auf einen äußeren Apparat der Gewalt zu stützen, der eines Tages wie ein Kartenhaus zusammenstürzen kann und wird."[258]

Das Gelingen einer solchen Erziehung war für sie nicht so sehr eine Frage von "Methoden mehr oder weniger und gewaltloser Erziehung" als vielmehr grundsätzlich davon abhängig, inwiefern es gelang, die "Seelenkräfte" des Kindes zu "erschließen", zu "lösen" und ihrer schöpferischen Bestimmung zuzuführen sowie das "Du in der anvertrauten Seele" zu "erfüllen" und zu "bejahen" anstatt - wie in der herkömmlichen Schule - die "Seele" des Kindes "nach Maß und Weisung von außen" zu "biegen" und damit Gewalt auf sie auszuüben[259].

Keim stellt zur Frage, "ob sich eine solche 'gewaltfreie' Erziehung im Rahmen der bestehenden, auf Gewalt basierenden Gesellschaft und Kultur überhaupt realisieren läßt"[260] fest, daß es im Rückblick den Anschein habe, "als ob den realen gesellschaftlichen Verhältnissen als Rahmenbedingungen des Erziehungsprozesses sowie den darin sozialisierten Erziehern und Lehrern als Trägern der 'neuen' Erziehung zu wenig Beachtung geschenkt wurde."[261] Dies treffe für zahlreiche deutsche, aber auch ausländische Reformpädagogen, wie z.B. auch für Maria Montessori[262], die viele Jahre lang mit Mussolini und dem Faschismus paktiert hatte, zu, "ohne sich über deren menschenverachtende und den Frieden gefährdende Gewaltpolitik klar zu werden"[263] - "nicht jedoch für Elisabeth Rotten, die sich in zahlreichen Friedensorganisationen politisch betätigte [...]."[264]

Seit Beginn der Weimarer Republik nahm Rotten an zahlreichen pädagogischen Tagungen teil. So sprach sie z.B. auf der vom Büro der Internationalen Frauenliga für Frieden und Freiheit in Genf vom 30.08. bis 01.09.1919 im Institut J.J. Rousseau veranstalteten Internationalen Erziehungskonferenz über 'Die Versuche einer neuen Erziehung in Deutschland'[265].

---

[256] KEIM, Geschichte friedenspädagogischer Diskussionen, S. 567.
[257] ROTTEN, Elisabeth, Aufgaben künftiger Völkerbund-Erziehung. Mit einem Geleitwort von Friedrich Wilhelm FOERSTER, Berlin 1920; kürzere Fassung zuerst in: Die Neue Erziehung, Jg. 1 (1919), S. 796-802, hier (1920), S. 18.
[258] ROTTEN, Aufgaben künftiger Völkerbund-Erziehung (1920), S. 18.
[259] ROTTEN, Elisabeth, Erneuerung der Erziehung, in: Das Werdende Zeitalter, Jg. 1 (1922), S. 1-4, hier S. 3.
[260] KEIM, Geschichte friedenspädagogischer Diskussionen, S. 569f.
[261] KEIM, Geschichte friedenspädagogischer Diskussionen, S. 569.
[262] S. zur Beziehung zwischen Maria Montessori und Elisabeth Rotten kurz: S. 359f.
[263] KEIM, Geschichte friedenspädagogischer Diskussionen, S. 569, hier Hinweis auf: KRAMER, Rita, Maria Montessori. Leben und Werk einer großen Frau, Darmstadt 1977, S. 284-286.
[264] KEIM, Geschichte friedenspädagogischer Diskussionen, S. 568f.
[265] BAER, Gertrud, Eine internationale Erziehungskonferenz [in Genf vom 30.08. bis 01.09.1919], in: Pädagogische Reform, Jg. 43 (1919), S. 259.

Rotten gehörte auch zum Gründungskreis des Bundes Entschiedener Schulreformer[266]. Auf dessen erster großen Tagung am 4. und 5. Oktober 1919 referierte sie über das Thema 'Friedenspädagogik'[267], auf der dritten großen Tagung des Bundes vom 02. bis 06.10.1920 über das Thema 'Freiheit, Arbeit, Friede'[268].

Als im Rahmen der 'Deutschen Liga für Völkerbund'[269] eine Pädagogische Abteilung entstand[270], die die Entwicklung der Pädagogik in der Welt studieren und die deutschen Erziehern davon unterrichten sollte, wurde Rotten bis zur Auflösung dieser Abteilung in der zweiten Hälfte des Jahres 1921[271], die durch die Inflationszeit bedingt war, deren Leiterin. 1920 schrieb sie in dieser Funktion ein kleines Buch mit dem Titel: 'Aufgaben künftiger Völkerbund-Erziehung', das für eine Entwicklung und Verwirklichung einer engagierten Friedenspädagogik eintrat[272]. Vor allem aber gab sie als Publikationsorgan der pädagogischen Abteilung in zwei Jahrgängen von 1920 bis 1921 die 'Internationale Erziehungsrundschau' heraus, die als Beilage der

---

266   So weist etwa das 1. Protokollbuch des Bundes (Würzburg, Oestreich-Archiv: 1. Protokollbuch) Rottens Mitarbeit, z.B. in der 7. Sitzung vom 28.11.1919 nach. - Würzburg, Oestreich-Archiv: Briefsammlung Paul Oestreich: Rotten an Oestreich br. vom 21.05.1922, bekennt sich selbst als "eines der ältesten, wenn auch leider mehr indirekt als direkt im Sinne der Bundesziele tätigen Mitglieder". - NEUNER, Bund, S. 296, Anm. 13 bemerkt im Anschluß an ihre Feststellung, daß Rotten zum Gründungskreis des Bundes Entschiedener Schulreformer gehörte: "[...] eine intensive Mitarbeit E. Rottens im Bund entschiedener Schulreformer läßt sich aus dem Quellenmaterial nicht nachweisen."
267   ROTTEN, Elisabeth, Friedenspädagogik, in: Entschiedene Schulreform. Vorträge, gehalten auf der Tagung entschiedener Schulreformer am 4. und 5. Oktober 1919 im 'Herrenhause' zu Berlin, hrsg. von Paul OESTREICH, Berlin 1920, S. 89-95. - Auf der zweiten Tagung des Bundes im Frühjahr 1920 nahm Rotten nicht teil: OESTREICH, Paul, Eröffnung, in: Schöpferische Erziehung. Entschiedene Schulreform II. Vorträge, gehalten auf der freien Reichsschulkonferenz des Bundes entschiedener Schulreformer im Herrenhause zu Berlin vom 31. März - 2. April 1920, hrsg. von Paul OESTREICH, Berlin 1920, S. 5-9, hier S. 9: "Unser Tagesprogramm ist in mancher Beziehung durchlöchert. Der Putsch stellte die ganze Veanstaltung in Frage, die Vorbereitungen stockten, die Redner resignierten. Nachher mußte das meiste improvisiert werden. Die Eisenbahnschwierigkeiten, die Ungewissheit der Streiklage im Lande hielten viele auswärtige Redner fern von Berlin. [...] Frl. Dr. Rotten weilt noch in England. [...]. Für Dr. Elisabeth Rotten sprang Dr. Walther Koch [(1899-1968)] [mit einem Vortrag über pädagogische Fortschritte im Ausland] ein." - Eine Kurzbiogr. über Koch findet sich in: Adolf Reichwein. Ein Lebensbild aus Briefen und Dokumenten. Ausgew. von Rosemarie REICHWEIN unter Mitwirkung von Hans BOHNENKAMP, hrsg. und komm. von Ursula SCHULZ, Bd. 2, München 1974, S. 24f.
268   ROTTEN, Elisabeth, Freiheit, Arbeit, Friede, in: Zur Produktionsschule! (Entschiedene Schulreform III). Abrisse und Leitsätze nach den Vorträgen der dritten Tagung des Bundes entschiedener Schulreformer vom 2. bis 6. Oktober 1920 in der Gemeindefesthalle zu Berlin-Lankwitz, hrsg. von Paul OESTREICH, Berlin 1921, S. 45f.; wieder in: Ebd., 2. umgearb. und verm. Aufl. Berlin 1921, S. 57f.; wieder in: Ebd., 3. umgearb. und verm. Aufl. Berlin 1922, S. 61f.
269   Wichtige Quellenhinweise zur Arbeit der Völkerbundbewegung (freilich ohne Hinweise auf Rotten) finden sich in: ACKER, Walther Schücking.
270   Zum Aufbau der Deutschen Liga für Völkerbund s. z.B.: Die Deutsche Liga für Völkerbund, in: Vivos Voco. Zeitschrift für neues Deutschtum, Jg. 2 (1921/22), S. 260f.
271   BECKER, Zwischen Wahn, S. 192, enger Mitarbeiter von Elisabeth Rotten in der Pädagogischen Abteilung der Deutschen Liga für Völkerbund, schreibt, die Pädagogische Abteilung sei aufgelöst worden, "weil die fortschreitende Geldentwertung die Liga zwang, die Abteilungen aufzulösen, die nicht zum engeren Bereich ihrer tagespolitischen Tätigkeit gehörten."
272   ROTTEN, Aufgaben künftiger Völkerbund-Erziehung. - S. auch: ROTTEN, Elisabeth, Völkerbund und Erziehung, in: Wissen und Leben, Jg. 13 (1919/20), S. 41-50. - Und: ROTTEN, Elisabeth, Befreiung der Erziehung, in: Wissen und Leben, Jg. 14 (1920/21), S. 49-68.

Zeitschrift des Bundes Entschiedener Schulreformer 'Die Neue Erziehung' erschien[273].

Auf dem von mehreren pazifistischen Vereinigungen (z.B. der Deutschen Friedensgesellschaft, dem Bund Neues Vaterland, der Deutschen Liga für Völkerbund, dem Deutschen Zweig der Internationalen Frauenliga für Frieden und Freiheit, dem Bund Religiöser Sozialisten) veranstalteten 9. Pazifisten-Kongreß vom 01.-03. Oktober 1920 sprach Rotten in zwei Vorträgen über den 'Völkerbund und Erziehungsfragen' und den 'Völkerbund und die Jugendbewegung'[274].

Ihre schweizerische Nationalität ermöglichte es Rotten, an der ersten Nachkriegsbegegnung einer internationalen Gruppe von Erziehern, einer auf Initiative der englischen Reformpädagogin Beatrice Ensor[275] zustandegekommenen Konferenz, 1921 in Calais als 'Deutsche' teilnehmen[276].

---

[273] S. bes. den programmatischen ersten Aufsatz der Zeitschrift: ROTTEN, Elisabeth, Was wir bringen, in: Internationale Erziehungs-Rundschau, Jg. 1 (1920), S. 1f.

[274] Potsdam, BLA: Pr. Br. Rep. 30: Berlin C Pol. Präs. Titel 95 Sektion 10, Nr. 3: Deutsche Friedensgesellschaft 1919-1930, Bl. 57: Einladungszettel zum IX. Deutschen Pazifisten-Kongreß am 01.-03.10.1920 mit Rednerliste [u.a. Rotten]. - Potsdam, BLA: Pr. Br. Rep. 30: Berlin C Pol. Präs. Titel 95 Sektion 10, Nr. 3: Deutsche Friedensgesellschaft 1919-1930, Bl. 58: Mitteilungen der Deutschen Friedensgesellschaft, Jg. 1 (1920), Nr. 9 (September), [S. 1 mit Rednerliste des IX. Deutschen Pazifistenkongresses (u.a. Rotten)].

[275] S. zu Ensor S. 468f.

[276] Hinweis auf die Bedeutung des schweizerischen Passes: WOMMELSDORF, Otto, Elisabeth Rotten, in: Westermanns Pädagogische Beiträge, Jg. 16 (1964), S. 371f., hier S. 371.

Auf diesem Treffen wurde die 'New Education Fellowship' ('Weltbund für Erneuerung der Erziehung') gegründet[277], die heute noch besteht und die damit "die älteste internationale Organisation dar[stellt], die bis heute die Reformpädagogik begleitet hat"[278] und die - laut Hermann Röhrs - während der zwanziger Jahre "zum eigentlichen Forum der Reformpädagogik [wurde], das den internationalen Erfahrungsaustausch in breiterem Umfang erst ermöglicht und intensiviert hat."[279]

Bald erstreckte sich der Weltbund über alle Kontinente und gab Erziehern der ganzen Welt Gelegenheit, miteinander in Kontakt zu treten und sich in großen internationalen Tagungen auszutauschen, die das Ansehen und das Niveau des Weltbundes beständig steigerten: 1921 in Calais, 1923 in Montreux[280], 1925 in Heidelberg[281],

---

277 Zur Geschichte der 'Weltbundes' s. z.B.: Tagebuch des Weltbundes für Erneuerung der Erziehung 1920-1953, Wiesbaden 1953. - HILKER, Franz, Der Einfluß des 'Weltbundes zur Erneuerung der Erziehung' auf die deutsche Erziehung, in: Bildung und Erziehung, Jg. 5 (1952), S. 285f. - RÖHRS, Hermann, Die Reform des Erziehungswesens als internationale Aufgabe. Entwicklung und Zielstellung des Weltbundes für Erneuerung der Erziehung, Rheinstetten 1977; 2. Aufl. u.d.T.: RÖHRS, Hermann, Der Weltbund für Erneuerung der Erziehung. Wirkungsgeschichte und Zukunftsperspektiven (=Schriftenreihe des Weltbundes für Erneuerung der Erziehung, 1), Weinheim 1995; ohne die Vorworte der 1. und 2. Aufl. sowie die Foto-Dokumentation im Anhang u.d.T. 'Der Weltbund für Erneuerung der Erziehung. Wirkungsgeschichte und Zukunftsperspektiven' wieder in: RÖHRS, Hermann, Reformpädagogik und innere Bildungsreform (=Hermann Röhrs. Gesammelte Schriften, 12), Weinheim 1998, S. 178-290. - RÖHRS, Hermann, Die Friedenserziehung im Rahmen der Reformpädagogik, in: RÖHRS, Hermann, Die Reformpädagogik und ihre Perspektiven für eine Bildungsreform, Donauwörth 1991, S. 86-114; wieder in: RÖHRS, Hermann, Reformpädagogik und innere Bildungsreform (=Hermann Röhrs. Gesammelte Schriften, 12), Weinheim 1998, S. 446-471. - RÖHRS, Hermann, Der 'Weltbund für Erneuerung der Erziehung' - ein Forum für die Entfaltung der Reformpädagogik, in: Bildung und Erziehung, Jg. 44 (1991), S. 223-225. - RÖHRS, Hermann, Die 'New Education Fellowship' - ein Forum der internationalen Reformpädagogik, in: Die Reformpädagogik auf den Kontinenten. Ein Handbuch, hrsg. von Hermann RÖHRS und Volker LENHARDT (=Heidelberger Studien zur Erziehungswissenschaft, 43), Frankfurt [u.a.] 1994, S. 191-203. - RÖHRS, Hermann, Gründung und Gestaltung der 'Deutschen Sektion' des 'Weltbundes für Erneuerung der Erziehung' (1921-1931) - ein bildungspolitisch bedeutsames Kapitel der internationalen Reformpädagogik, in: Vergleichende Erziehungswissenschaft. Festschrift für Wolfgang Mitter, hrsg. von Christoph KODRON, Botho von KOPP, Uwe LAUTERBACH, Ulrich SCHÄFER und Gerlind SCHMID, Köln [u.a.] 1997, Bd. 2, S. 688-706; wieder in: RÖHRS, Hermann, Reformpädagogik und innere Bildungsreform (=Hermann Röhrs. Gesammelte Schriften, 12), Weinheim 1998, S. 291-308. - Auch: HINRICHS, Wolfgang, Weltbund für Erneuerung der Erziehung in Geschichte und Gegenwart. 75-Jahr-Feier in Heidelbeg, in: Pädagogische Rundschau, Jg. 52 (1988), S. 323-341.

278 RÖHRS, Der 'Weltbund für Erneuerung der Erziehung', S. 223.

279 RÖHRS, Der 'Weltbund für Erneuerung der Erziehung', S. 223.

280 S.: ROTTEN, Elisabeth, Die deutsche Jugendbewegung (Vortrag auf der zweiten internationalen Erziehungskonferenz in Montreux; gekürzte Übers. von Frieda FEICHTINGER), in: Schulreform, Jg. 2 (1923), S. 457.

281 S.: ROTTEN, Elisabeth, Die Entfaltung der schöpferischen Kräfte im Kinde, in: Das Werdende Zeitalter, Jg. 4 (1925), S. 97-101; wieder in: Die Entfaltung der schöpferischen Kräfte im Kinde. Bericht der Dritten Internationalen Pädagogischen Konferenz des Internationalen Arbeitskreises für Erneuerung der Erziehung in Heidelberg vom 2. bis 15. August 1925, hrsg. im Namen des Arbeitsausschusses der Konferenz und der Deutschen Mittelstelle des Arbeitskreises von Elisabeth ROTTEN, Gotha 1926, S. 1-5.

1927 in Locarno[282], 1929 in Helsingör[283], 1932 in Nizza[284]. Die Organisation bekam drei Direktoren: Beatrice Ensor (London) war für die englischsprachigen, Adolphe Ferrière (1879-1960)[285] (Genf) für die französischsprachigen und Rotten für die deutschsprachigen Länder zuständig.

Der 'Weltbund' schuf sich als Publikationsorgane eigene Zeitschriften: für das deutsche Sprachgebiet als Nachfolgerin der 'Internationalen Erziehungsrundschau', die ihr Erscheinen mit dem Ende der Pädagogischen Abteilung der Deutschen Liga für Völkerbund Ende 1921 einstellte, das von 1922 bis 1931 erscheinende Organ 'Das Werdene Zeitalter', das zu den wichtigsten Zeitschriften der Reformpädagogik zu zählen ist[286]. Rotten wurde Herausgeberin dieses Organs - ab Jg. 5 (1926) gemeinsam mit dem Sozialpädagogen Karl Wilker (1885-1980), der insbesondere

---

[282] S.: ROTTEN, Elisabeth, Freiheit und Bedingtheit [Gekürzte Wiedergabe des auf der 4. Internationalen Konferenz für Erneuerung der Erziehung in Locarno 1927 gehaltenen Vortrages durch Viktor Fadrus], in: Schulreform, Jg. 6 (1927), S. 417-419.

[283] S.: ROTTEN, Elisabeth, Die pädagogische Weltkonferenz in Helsingör. Erinnerungen und Bemerkungen, in: Schweizer Erziehungs-Rundschau. Organ für das öffentliche und private Bildungswesen der Schweiz, Jg. 2 (1929/30), Nr. 9: Dezember 1929, S. 207-209. - ROTTEN, Elisabeth, Unsere Weltkonferenz für Erneuerung der Erziehung in Helsingör, in: Das Werdende Zeitalter, Jg. 8 (1929), S. 399-401.

[284] S.: ROTTEN, Elisabeth, Der soziale Wandel und der Erzieher. Vortrag auf der 6. Weltkonferenz zur Erneuerung der Erziehung in Nizza, in: Bayerische Lehrerinnen-Zeitung, Jg. 23 (1932), S. 193-195.

[285] Biogr. Inf. zu A. Ferrière z.B.: HILKER, Franz, Adolphe Ferrière +, in: Bildung und Erziehung, Jg. 13 (1960), S. 436f. - HILKER, Franz, Adolphe Ferrière zum Gedächtnis, in: Bildung und Erziehung, Jg. 13 (1960), S. 449-456.

[286] Das Werdende Zeitalter erschien in elf Jahrgängen von 1922 bis 1932. Jg. 1 (1922) und Jg. 2 (1923) erschienen wie die Vorgängerzeitschrift 'Internationale Erziehungs-Rundschau' als Vierteljahresbeilage der Zeitschrift des Bundes Entschiedener Schulreformer 'Die Neue Erziehung', die folgenden Jahrgänge, mit wachsendem Seitenumfang, als selbständige Publikation von Jg. 3 (1924) bis 4 (1925) ebenfalls vierteljährlich; Jg. 5 (1926) erschien sechsmal im Jahr; die Jge. 6 (1927) 10 (1931) erschienen als Monatsschrift. Mit dem Jahr 1931 endete als Folge der Weltwirtschaftskrise das regelmäßige Erscheinen der Zeitschrift. Im 11. Jahrgang (1932) erschien als "Sonderheft" nur noch eine Doppelnummer "Juli/August". Die Zeitschrift bezeichnete sich bis inclusive Jg. 6 (1927) (ausdrücklich) als 'Organ des Internationalen Arbeitskreises für Erneuerung der Erziehung', ab Jg. 7 (1928) als 'Deutsches Organ des Weltbundes für Erneuerung der Erziehung'. - S. nunmehr: Das Werdende Zeitalter (Internationale Erziehungs-Rundschau). Register sämtlicher Aufsätze und Rezensionen einer reformpädagogischen Zeitschrift in der Weimarer Republik. Zusammengest. und eingel. von Dietmar HAUBFLEISCH und Jörg-W. LINK (=Archivhilfe, 8), Oer-Erkenschwick 1994; Auszug der Einleitung (S. 5-16) wieder in: Mitteilungen & Materialien. Arbeitsgruppe Pädagogisches Museum e.V., Berlin, Heft Nr. 42/1994, S. 97-99; Einleitung in leicht korr. Fassung u.d.T.: HAUBFLEISCH, Dietmar / LINK, Jörg-W., Einleitung zum Register der reformpädagogischen Zeitschrift 'Das Werdende Zeitalter' ('Internationale Erziehungs-Rundschau') wieder: Marburg 1996: http://archiv.ub.uni-marburg.de/sonst/1996/0012.html

durch sein Wirken an der Berliner Fürsorgeanstalt 'Lindenhof' internationale Bekanntheit erlangte[287].

Der Name der Zeitschrift lehnte sich bewußt an den Titel einer Sammlung der wichtigsten Aufsätze des Politikers, Schriftstellers, Kulturkritikers und bedeutendsten Persönlichkeit des deutschsprachigen Anarchismus, Gustav Landauer (1870-

---

[287]   Wilkers literarische Hauptwerke: WILKER, Karl, Der Lindenhof. Werden und Wollen, Heilbronn am Neckar 1921; wieder in: WILKER, Karl, Der Lindenhof - Fürsorgeerziehung als Lebensschulung. Neu hrsg. und erg. durch ein biographisches Vorwort von Hildegard FEIDEL-MERTZ und Christiane PAPE-BALLING (=Pädagogische Beispiele. Institutionengeschichte in Einzeldarstellungen, 5), Frankfurt 1989, S. 11-172. - Und: WILKER, Karl, Fürsorgeerziehung als Lebensschulung. Ein Aufruf zur Tat (=Die Lebensschule, 3), Berlin 1921; wieder in: WILKER, Karl, Der Lindenhof - Fürsorgeerziehung als Lebensschulung. Neu hrsg. und erg. durch ein biographisches Vorwort von Hildegard FEIDEL-MERTZ und Christiane PAPE-BALLING (=Pädagogische Beispiele. Institutionengeschichte in Einzeldarstellungen, 5), S. 179-210. - Zu Wilkers Arbeit im Lindenhof s. außerdem u.a.: FRIEDRICH, W., Ein Besuch in 'Lindenhof', in: Der Elternbeirat, Jg. 1 (1920), S. 409-412. - BEHNKE, Egon, Karl Wilker und sein Lindenhof, in: Internationale Erziehungs-Rundschau, Jg. 1 (1920), S. 92-96. - ROCHE, Horst, Theorie, Praxis und Bedeutung der Arbeit Karl Wilkers im Berliner Erziehungsheim 'Lindenhof', in: Erziehung und Leben. Vier Beiträge zur pädagogischen Bewegung des frühen 20. Jahrhunderts von Karl-Heinz GÜNTHER, Horst ROCHE, Konrad MOHR und Arnold STENZEL. Mit einem Vorwort von Otto Friedrich BOLLNOW (=Anthropologie und Erziehung, 4), Heidelberg 1960, S. 37-69 und S. 124 (Anm.). - PEUKERT, Detlev J.K., Grenzen der Sozialdisziplinierung. Aufstieg und Krise der deutschen Jugendfürsorge 1878 bis 1932, Köln 1986. - Zu Wilkers Leben und Werk s. zuletzt: WILKER, Karl, Der Lindenhof - Fürsorgeerziehung als Lebensschulung. Neu hrsg. und erg. durch ein biographisches Vorwort von Hildegard FEIDEL-MERTZ und Christiane PAPE-BALLING (=Pädagogische Beispiele. Institutionengeschichte in Einzeldarstellungen, 5), Frankfurt 1989. - Darin u.a.: S. 211-217: Bilder aus dem Lindenhof; S. 219f.: Kurzbiographie von Karl Wilker; S. 221-257: PAPE-BALLING, Christiane, Karl Wilkers Leben und Wirken 1885-1930 [=Biographisches Nachwort zu Karl Wilker, I]; S. 258-271: FEIDEL-MERTZ, Hildegard, Karl Wilker im Exil - Rückkehr uns späte Würdigung 1930-1980; S. 275-282: PAPE-BALLING, Christiane, Bibliographie der Veröffentlichungen von Karl Wilker.

1919)[288], an, die sein Freund Martin Buber (1878-1965)[289] 1921 unter dem Titel 'Der Werdende Mensch' herausgegeben hatte[290].

Elisabeth Rotten - die mit Martin Buber von 1921 bis Ende der 50er Jahre in intensive Verbindung stand[291] - hatte Landauer während des 1. Weltkrieges kennen und

---

[288] An neueren Arbeiten über Landauer s. etwa: WOLF, Siegbert, Gustav Landauer zur Einführung, Hamburg 1988. - LANDAUER, Gustav, Auch die Vergangenheit ist Zukunft. Essays zum Anarchismus, hrsg. von Siegbert WOLF (=Sammlung Luchterhand, 843), Frankfurt 1989. - WOLF, Siegbert, Bibliographie Gustav Landauer (=Bibliographienreihe, 1), Grafenau 1992. - Gustav Landauer (1870-1919). Eine Bestandsaufnahme zur Rezeption seines Werkes, hrsg. von Leonhard M. FIEDLER, Renate HEUER und Annemarie TAEGER-ALTENHOFER (=Campus Judaica, 2), Frankfurt [u.a.] 1995, hier insbes. S. 76-97: WOLF, Siegbert, 'Revolution heißt neues Geist'. Gustav Landauers libertäre Pädagogik und ihre Weiterentwicklung durch Martin Buber.

[289] Einführend zu Buber: WOLF, Siegbert, Martin Buber zur Einführung, Hamburg 1992. - SCHAEDER, Grete, Martin Buber. Ein biographischer Abriß, in: Martin Buber, Briefwechsel aus sieben Jahrzehnten, hrsg. und eingel. von Grete SCHAEDER, Bd. I: 1897-1918. Mit einem Geleitwort von Ernst Simon und einem biographischen Abriß als Einleitung von Grete SCHAEDER, Heidelberg 1972, S. 19-141. - Martin Buber (1878-1965). Internationales Symposium zum 20. Todestag, hrsg. von Werner LICHARZ und Heinz SCHMIDT, 2 Bde. (=Arnoldshainer Texte, 57 und 58), Frankfurt 1989.

[290] LANDAUER, Gustav, Der werdende Mensch. Aufsätze über Leben und Schrifttum, hrsg. von Martin BUBER, Potsdam 1921; fotomech. Reprint: Telgte-Westbevern 1977; in Auswahl auch wieder als: LANDAUER, Gustav, Der werdende Mensch. Aufsätze zur Literatur. Mit einem Essay von Arnold ZWEIG, Leipzig [u.a.] 1980. - Vgl. dazu auch: BUBER, Martin, Pfade in Utopia. Über Gemeinschaft und deren Verwirklichung, 3. erheblich erw. Neuausg., Heidelberg 1985; in hebräischer Sprache: 1947; dt. Erstaufl. Heidelberg 1950. - Sowie: WOLF, 'Revolution heißt neues Geist'. - Zur engen Verbindung Bubers zur Reformpädagogik s. u.a.: Bubers Aufsätze (Wiederabdr.) und Karl Wilkers Rezensionen von Bubers Arbeiten in der reformpädagogischen Zeitschrift 'Das Werdende Zeitalter'. - Sowie: HELMER, Siegfried, Martin Buber und die Odenwaldschule, in: OSO-Hefte, N.F., Bd. 6 (1981), S. 5-14. - Und: SCHMIDLIN, Walter Robert Corti, S. 223f.

[291] Ca. 200 Briefe von Elisabeth Rotten an Martin Buber aus den Jahren 1921-1957 sind erhalten in: Jerusalem, The Jewish National and University Library: Martin-Buber-Archiv, Buber-Correspondenz: Nr. 637: Correspondenz Elisabeth Rotten an Martin Buber (1921-1957). - Ein die gesamten Privatarchiv-Bestände der Nationalbibliothek Jerusalem - so auch das Buber-Archiv - umfassendes Register existiert in Mikroform; dieses befindet sich u.a. in der Stadt- und Universitätsbibliothek Frankfurt (Sign.: HB 24: Ac 6/302 (Präsenzbestand)). - Die Buber-Correspondenz selbst ist ebenso mikroverfilmt; eine Microfiche-Ausg. befindet sich u.a. in der Stadt- und Universitätsbibliothek Frankfurt (Sign.: MP 8788 (auf dem Fernleihwege ausleihbar)); die Korrespondenz Rotten an Buber befindet sich hier auf den Microfiche-Nrn. 637a-c. - Eine Auswahl des Briefwechsels von Buber: Martin Buber, Briefwechsel aus sieben Jahrzehnten, hrsg. und eingel. von Grete SCHAEDER, 3 Bde., Heidelberg 1972-1975. - Zur Verbindung Rotten - Buber s. u.a. auch: ROTTEN, Elisabeth, Aus den Offenbarungen der Schwester Mechthild von Magdeburg [Textauszug für Martin Buber], in: Aus unbekannten Schriften. Festgabe für Martin Buber zum 50. Geburtstag, Berlin 1928, S. 64-66.

schätzen gelernt[292]; seine Schriften dürften einen ganz maßgeblichen Einfluß auf sie wie auch ab 1922 auf die inhaltliche Gestaltung der neuen Zeitschrift ausgeübt haben.

Landauer war für einen undogmatischen, nichtmarxistischen, libertären, für einen 'utopischen Sozialismus'[293] eingetreten[294], bei dem sich frühsozialistische, anarchistische und bürgerliche Traditionen mit einer am Urchristentum der Ketzerbewegungen orientierten Religiosität vermischten und den Landauer als "eine Tendenz des Menschenwillens"[295], als "ein Bestreben, mit Hilfe eines Ideals eine neue Wirklichkeit zu schaffen"[296] bezeichnet hatte. In Absetzung von dem von ihm als 'wissenschaftlichen Sozialismus' bezeichneten Marxismus, dem er einen mechanischen und verkürzten Materialismus und eine objektivistische Geschichtsauffassung vorwarf, betonte Landauer den subjektiven Faktor, wenn er etwa als "die Träger der Geschichte Personen"[297] bezeichnete. Den Marxisten eine Fixierung auf den Staat und die kapitalistische Produktionsweise vorwerfend, warnte Landauer vor einem Staatskapitalismus der Uniformierung und Nivellierung und erhoffte sich dagegen "die wahre Gesellschaft [als] eine Mannigfaltigkeit wirklicher, aus den verschiedenen Eigenschaften der Individuen, aus dem Geiste erwachsener kleiner Zusammengehörigkeiten, ein Bau aus Gemeinden"[298]. In weiterer Abgrenzung vom Marxismus ging Landauer davon aus, daß der Sozialismus in jeder Gesellschaft und zu jeder Zeit möglich sei. Er folgerte daraus, man solle daher zur Realisierung eines sozialistischen Gemeinwesens einen Anfang im 'Hier und Jetzt' machen.

> "Wir wollen mit der Gerechtigkeit einen Anfang machen. Die Gerechtigkeit haben wir in uns und jeder Mensch weiß, was Recht und Unrecht ist; um ihr eine Wirklichkeit zu schaffen, tut gemeinsames Leben und Wirtschaften abseits der Zustände des Unrechts not. Da muß denn von Grund auf, durch Arbeit auf dem Grund und Boden begonnen werden. Wir wollen mit der Freude einen Anfang machen. Daß wahre Freude nur aus der Gemeinschaft erblüht, wissen wir. Wir wollen mit dem Lernen einen Anfang machen. Denn wir wissen, daß das Leben der Gemeinsamkeit, Gegenseitigkeit, Freiheit und Schonung erst wieder gelernt und geübt werden muß. Wir wollen uns nicht damit begnügen, darüber nachzudenken, wie die Menschen froh und recht zusammen wirtschaften, frei und gut einander schonen und in Ruhe gewähren lassen sollen; wir wollen es ausprobieren. Vielleicht gibt es mehr als einen Weg, je nach der Beschaffen-

---

[292]   So: ROTTEN, Elisabeth, 'Durch Absonderung zur Gemeinschaft'. Ein Ruf an die Jugend, in: Das Werdende Zeitalter, Jg. 8 (1929), S. 293-300, hier S. 293f. - Vgl. auch: Frankfurt, Sammlung pädagogisch-politischer Emigration: WILKER, Karl, Fragment - einleitender Teil zu einer dann aufgegebenen Arbeit über die neue Volkshochschule, Ehrenfeld, September 1921 [mit der Widmung: 'Meiner Elisabeth zugeeignet! Weihnachten 1921'], S. 50f.: "Vor mir liegt neben Gustav Landauers trefflicher Monographie über 'Die Revolution' die Sammlung seiner Aufsätze über Leben und Schrifttum, die u.d.T. 'Der werdende Mensch' zusammengefaßt sind. Du kennst sie beide, Liebe! Und Dir lebt der Mensch Gustav Landauer, den Du kanntest und verehrtest in ihnen beiden."

[293]   Vgl. dazu mit eigenem Kapitel über Landauer: BUBER, Pfade in Utopia.

[294]   Landauer verbreitete seine Thesen zum Aufbau des Sozialismus hauptsächlich in den Zeitschrift des Sozialistischen Bundes 'Der Sozialist' (1906-1915); s. dazu auch: LANDAUER, Gustav, Der Sozialist. Aufsätze aus der Zeitschrift der Sozialist, Bremen 1977.

[295]   LANDAUER, Gustav, Aufruf zum Sozialismus. Ein Vortrag, Berlin 1911, wieder: Frankfurt 1967, S. 57.

[296]   LANDAUER, Aufruf, S. 58.

[297]   LANDAUER, Aufruf, S. 94.

[298]   LANDAUER, Aufruf, S. 106.

heit der Menschen und der besonderen Bedingungen? Übung macht den Meister, das soll unsere Losung sein; Übung macht auch die neue Gemeinschaft."[299]

Rotten schrieb dazu:

"So scharf sein Geist, so stark er einer erst in weiter Ferne möglichen Zukunft zugewandt war, immer stand er in der Wirklichkeit, immer suchte er organische Übergänge von Heute zu Morgen zu schaffen, aus dem Zusammenschluß innerlich geeinter Menschen den Weg zur Schaffung neuer Institutionen zu finden. Immer legte er Hand an, wo er konnte, nie im Gedanklichen verharrend."[300]

Als konkreten Schritt zur Verwirklichung seiner sozialistischen Ideen propagierte Landauer unter 'Absonderung von der Gemeinschaft'[301], d.h. von der bestehenden Gesellschaftsordnung, die Gründung kleiner, auf dem Lande gelegener, genossenschaftlicher Siedlungsgemeinschaften von willensstarken, gleichgesinnten Leuten - um mit dem Aufbau des Sozialismus im kleinen beginnen.

"Diese Siedlungen, in denen die Sozialisten sich nach Möglichkeit abschließen vom kapitalistischen Markt und nur soviel an Wert hinausexportieren, als sie noch von draußen hereinbekommen müssen, sind nur kleine Anfänge und Proben. Sie sollen hinausleuchten ins Land, damit über die volklosen Menschenhaufen der Neid komme, der Neid auf die neue uralte Seligkeit der Zufriedenheit mit sich selbst, der Beglücktheit im Schoß der Gemeinde."[302]

Landauers 'utopischer Sozialismus' mit seiner Aufforderung zum praktischen 'Beginnen' in kleinen Gemeinschaften beeinflußte u.a. die Siedlungsexperimente der Jugendbewegung nach dem 1. Weltkrieg (soweit sie dem linksbürgerlichen Spektrum zuzurechnen waren)[303] und die jüdische Kibbuzbewegung[304].

---

[299] Gustav Landauer und die sozialistische Siedlungsaktion 1, in: Der freie Arbeiter, Jg. 12 (1920), S. 26-29.

[300] ROTTEN, Elisabeth, 'Durch Absonderung zur Gemeinschaft'. Ein Ruf an die Jugend, in: Das Werdende Zeitalter, Jg. 8 (1929), S. 293-300, hier S. 295.

[301] S. bes.: LANDAUER, Gustav, Durch Absonderung zur Gemeinschaft, in: HART, Heinrich / HART, Julius / LANDAUER, Gustav / HOLLÄNDER, Felix, Die neue Gemeinschaft, ein Orden vom wahren Leben. Vorträge und Ansprachen, gehalten bei den Weihefesten, den Versammlungen und Liebesmahlen der Neuen Gemeinschaft (=Das Reich der Erfüllung. Flugschriften zur Begründung einer neuen Weltanschauung, 2), Leipzig 1901, S. 45-68. - Vgl.: ROTTEN, Elisabeth, 'Durch Absonderung zur Gemeinschaft'.

[302] LANDAUER, Aufruf, S. 157.

[303] Vgl. dazu S. 62ff.

Es sieht danach aus, daß Landauers Vorstellungen auch Rotten stark beeindruckten und in ihnen ein zentrales Handlungsmotiv zu sehen ist, weshalb Rotten, die nach ihrer Tätigkeit auf Scharfenberg mit Karl Wilker eine eigenes kleines Siedlungsprojekt realisierte[305] und anschließend in der Alternativ-Siedlung Dresden-Hellerau tätig wurde[306], im Frühjahr 1922 auf Scharfenberg erschien, um "irgendwie [zu] helfen in der jüngst begründeten Schule"[307]. 1929 jedenfalls stellte sie in ihrem Aufsatz über Landauer die Verbindung zwischen ihm und der Schulfarm aus ihrer Sicht explizit her:

> "Beglückt hätte Gustav Landauer es erlebt, daß im staatlichen Rahmen eine Schule wie Scharfenberg Arbeit und Leben bis zur Universitätsreife auf freiwilliges und freudiges Für- und Miteinander stellt [...]."[308].

---

[304]   MEIER-CRONEMEYER, Hermann, Wirkungen der Jugendbewegung im Staatsaufbau Israels, in: Jahrbuch des Archivs der deutschen Jugendbewegung, Bd. 6 (1974), S. 38-57, hier S. 54: "[...]. Aber die jüdische Jugendbewegung hatte noch mehr [...]. Sie hatte den Kibbuz! In ihm wurde all das Bemühen der Jugendbewegung um Lebensreform sichtbar und greifbar, hier wurde Ernst gemacht mit der Forderung, Ideale Wirklichkeit werden zu lassen. Hier blieb Gesinnung nicht Gesinnung, hier legte Gesinnung Hand an. Hier wurde Ernst gemacht mit der Rückkehr zur Natur und aufs Land. Hier wurde nicht nur ein neuer Jude geschaffen, sondern der neue Mensch, der den bürgerlichen Individualismus des 19. Jahrhunderts überwand und seine 'Selbstverwirklichung' - ein Schlüsselwort der jüdischen Jugendbewegung - in der Gemeinschaft fand. Der Kibbuz war die Chance, hier und heute mit dem Sozialismus anzufangen, im Sinne Gustav Landauers Vorverwirklichungen des Sozialismus zu schaffen, eines Sozialismus, der nicht auf die Revolution wartete, sondern mit der Reform am eigenen Ich begann und doch zugleich die Chance hatte, die Gesellschaft zu verändern. Im Kibbuz fand der Bund sein ideales Terrain, indem er dem einzelnen Geborgenheit in der Gemeinschaft versprach, zum anderen jedoch einer über die Gemeinschaft hinausgehenden Zielsetzung diente." - Vgl. auch den Einfluß der Reformpädagogik auf Israel S. 831f.

[305]   S. dazu S. 359.

[306]   S. dazu S. 361f.

[307]   BLUME, Wilhelm, Zum 80. Geburtstag, S. 65.

[308]   ROTTEN, 'Durch Absonderung zur Gemeinschaft', S. 298. - Vgl. interessanterweise: PÖGGELER, Franz, Macht und Ohnmacht der Pädagogik. 1945 bis 1993: Im Spannungsfeld zwischen Erziehung, Politik und Gesellschaft. Ein Erfahrungsbericht, München 1993, S. 143: "1946 oder 1947 lernte ich in Marburg Elisabeth Rotten kennen, die nach langen Jahren der Schweizer Emigration nicht nur über die 'Ecole d'Humanité' berichtete, sondern auch zum neuen Start der 'New Education Fellowship' aufrief - mit einem begeisternden Idealismus und schwungvollem Charme, wie ich ihn später nur noch bei Maria Montessori erlebte. Im Gespräch mit Elisabeth Rotten wurde mir auch deutlich, daß eines der zentralen Motive der klassischen Reformpädagogik darin bestanden hatte, Demokratie zur Lebensform und Verhaltensweise zu machen, die Schule als 'embryonic community life' (John Dewey [(1859-1952)]), als 'Staat im Kleinen' zu gestalten."

III. DER BEGINN DES SCHULVERSUCHS AUF DER INSEL SCHARFENBERG UND DIE KONSOLIDIERUNGSPHASE 1922/23

III.1. DER BEGINN IM MAI 1922 UND DIE ÜBERWINDUNG DER EXISTENZSORGEN IM INFLATIONSWINTER 1922/23

Am 4. Mai 1922 war es schließlich so weit, daß die ersten Lehrer und Schüler der neuen Versuchsschule auf der Insel Scharfenberg beieinander saßen "auf dem mit Bänken und einer großen Wandtafel ausgestatteten Schulplatz"[1] auf der Insel, um über die praktische Gestaltung des Unterrichts und des Gemeinschaftslebens, zu dem sie sich entschlossen hatten, zu beraten.

Hiermit nun hatte die neue Inselgemeinschaft begonnen, die in Blumes Gesuch vom Februar 1922 skizzierten Vorstellungen, die auf den Träumen im Park des Wiesenburger Schlosses zu Pfingsten 1918, den Hoffnungen der Novembererlasse desselben Jahres sowie den praktischen pädagogischen Erfahrungen der Vorjahre basierten, unter Abtrennung vom Humboldt-Gymnasium als Stammschule zu realisieren.

So wie im Stolper Schulgemeindeheim und im 'Sommerschulversuch' sollte auch der jetzige Beginn für die Inselgemeinschaft alles andere als ein leichtes und bequemes Leben werden.

Wieder gab es nur wenig weibliches Personal (zunächst zwei Frauen)[2], das für die Küche zuständig war; alle anderen täglich anfallenden Arbeiten und - soweit irgend möglich - auch die notwendigen Reparaturarbeiten mußten, um Kosten für Handwerker zu sparen, von den Schülern und Lehrern selbst erledigt werden[3]. Blume und die anderen Lehrer übernahmen u.a. die Lebensmittelbeschaffung, die Wirtschaftsführung und die Kassenberechnung; die Schüler reinigten etwa Unterrichts-, Schlaf- und Waschräume, besorgten das tägliche Auf- und Abdecken der Tische und im Winter das Heizen und Holzzerkleinern[4].

"Wer sich einen Garten anlegen wollte, mußte im Schweiße seines Angesichts verquekte Wiese in Kohlland verwandeln; wenn wir Ziegenmilch trinken wollten, mußten den Stall, die Rause, der kleine Heuboden erst geschaffen werden, ein Herbstlaub als Streu für den Winter in Säcken gesammelt werden. Wenn auch bei regnerischem, windigem Wetter der Unterricht in freier Luft stattfinden soll, müssen wir einen zerfallenen Pavillon erst mit Schilf neu decken und ihn mit schützenden Reisigwänden umflechten. Wenn wir uns einen Extraeßsaal leisten wollen, müssen wir zuvor alte aus der Meierei Bolle entführte wackelige Tafeltische standfest machen, sie mit Linoleum beziehen, die Wände in einem bis dahin von Ratten bewohnten Raum im Kellergeschoß ausmalen, die Bänke zimmern. Als Handfertigkeitsunterricht eingeführt werden sollte, wurden zunächst Bäume im Park gefällt, dann diese mit Lebensgefahr von 10 Mann [unter der Führung Georg Netzbands] nach Spandau zur Schneidemühle über den See geflößt und die geschnittenen Bretter auf einem erbetelten Ponton heimwärts gestakt. 'Arbeit, schwerste Ar-

[1] BLUME, Bericht (1923), Bl. 182r. - S. Abb. 62.
[2] BLUME, Bericht (1923), Bl. 184r.
[3] LEHMANN, Schulfarm, S. 149.

beit', schrieb einer, der von Schweiß und Nebel durchnäßten Teilnehmer, 'aber sie war für uns, und es hat Spaß gemacht.' Wenn so jeder Raum, jede Einrichtung, jedes Ding sein eigenes Gesicht hat, entwickelt sich am besten und ehrlichsten ein Gemeinschaftsgefühl. Als nach einem Jahr in einer Abendveranstaltung die Frage aufgeworfen wurde, wodurch und worin man das, was man Gemeinschaft nenne, am stärksten verwirklicht empfinde, antworteten die meisten: in der Gemeinschaftsarbeit!"[5]

Die Eltern beteiligten sich "durch Nachweisen billiger Bezugsquellen oder durch Selbstmithandanlegen (Sülzekochen, handwerkliche Hilfe bei Reparaturen) [...]."[6]

All diese Arbeit scheint einem ausgesprochenen Idealismus entsprungen und mit einem unglaublichen Feuereifer angelaufen zu sein. Trotzdem bestanden ständig schwerste Sorgen: Vor allem sollten die finanziellen Schwierigkeiten der Vor- und Entstehungsphase durch die sich in der anbahnenden Weimarer Inflationszeit ergebenden Probleme weit in den Schatten gestellt werden - "es war [...] ein ständiges Ringen um den Fortbestand der Schule von Monat zu Monat"[7]. Hatten die Eltern zu Beginn des Versuches nach Selbsteinschätzung gestaffelte tägliche Verpflegungssätze in der Höhe von 20-60 RM gezahlt, so kletterte dieser Betrag bis Jahresende 1922 auf 3.000-6.000 RM[8]. Der sich überschlagende Geldverfall bedrohte den Schulversuch des öfteren mit einem völligen Bankrott[9] und brachte das mit viel Engagement begründete Schulexperiment mehrmals an den Rand des Scheiterns.

Hartkopf kommentierte zu dieser Situation, daß man nur ahnen könne, wie man das Experiment "unter Blumes Wirtschaftsführung gerade so über die Zeit hat hinwegretten können, immer von völligem Bankrott bedroht, ohne Aussicht auf ausreichende finanzielle Unterstützung durch die städtischen Behörden, die auch nur mühsam den finanziellen Zusammenbruch der Reichshauptstadt vermeiden konnten."[10]

Die Wirtschaftsführung der Schule kam demnach einem Balanceakt gleich. Wann immer etwas Geld in der Kasse war, beriet die Schulgemeinde, was davon am dringlichsten anzuschaffen sei, denn bei dem rasenden Geldverfall war es geboten, das Geld schnellstens in materielle Werte umzuwandeln[11].

"Es war bei dem sprunghaften Klettern der Indexziffer eine Sisyphusarbeit, das Finanzielle zu balancieren. Es ist vorgekommen, daß die Eltern schon Zimmer in Berlin bereit hielten, um wenigstens den Fortgang des Unterrichts zu sichern, da sie an ein wirtschaftliches Durchhalten da

---

4   BLUME, Schulfarm (1924), S. 321.
5   BLUME, Bericht (1923), Bl. 185v-186r. - Diese Passage wurde von Blume in ähnlicher Weise immer wieder formuliert, so etwa in: BLUME, Schulfarm (1924), S. 318f.; später: BLUME, Schulfarm (1928), S. 150, sowie: Aus dem Leben, S. 367f.
6   BLUME, Bericht (1923), Bl. 184r.
7   BLUME, Schulfarm (1924), S. 321.
8   BLUME, Bericht (1923), Bl. 184r.
9   BLUME, Schulfarm (1928), S. 142. - HARTKOPF, Gründung, S. 87.
10 HARTKOPF, Gründung, S. 87.
11 Vgl.: diverse Abendaussprachen-Protokolle des ersten Schuljahres.

draußen im Winter nicht glaubten. In Berliner Lehrerzimmern erzählte man sich, wenn die Heringstonne leer sei, müßten die kühnen Reformer reumütig in die alten Mauern zurückkehren."[12]

Die Not aber ließ die kleine Inselgemeinschaft noch enger zusammenwachsen. Und die Unkenrufe aus der Stadt schufen eine 'Denen-werden-wir-es-schon-zeigen-Gesinnung':

"[...] alle Glieder der Gemeinschaft [waren] bestrebt [...], den massenhaft auftretenden Zweiflern zu beweisen, daß bei einer tüchtigen Portion praktischem Idealismus auch in unseren Zeiten ohne allzugroße Unkosten aufbauende Arbeit geleistet werden kann [...]."[13]

Dennoch: trotz aller Rechenkünste, aller Eigenarbeit und alles Durchstehwillens wäre die Schule insbesondere im ersten Winter mit ziemlicher Sicherheit zugrunde gegangen, hätten sich nicht "- vielleicht in bewußter oder unbewußter Anerkennung dieses ihres Strebens - in kritischen Momenten immer wieder Gönner gefunden"[14]:

"[...] amerikanische Gäste, die hospitierten, hinterließen Dollarspenden; das städtische Jugendamt vermittelte ähnliche Geschenke bei der 'Auslandshilfe'; das städtische Ernährungsamt half durch Überweisung billigeren Mehls bei unvermeidlicher Brotkartenüberschreitung; Mädchen aus Utrecht sandten eine nicht unbeträchtliche Guldensumme; in Schweizer Universitätskreisen ward gesammelt; die Firma Schepmann-Berlin stiftete Brunnen und Flügelpumpe; die Firma Stobwasser kam uns beim Liefern des Petroleums entgegen [...]."[15]

"Speziellen Dank" aber, so schrieb Blume, "schulden wir den Quäkern für ihre periodischen Lieferungen; die Leiterin der Provinz Brandenburg war uns besonders zugetan."[16] Und holländische Ärzte und Pädagogen, die zuvor - von Elisabeth Rotten auf den Schulversuch aufmerksam gemacht - auf Scharfenberg hospitiert hatten, schickten frachtfrei bis Tegel geschickten Waggons voller Kartoffeln, Roggen und Bohnen - der wie ein rettender Regen wirkten[17].

Nicht zuletzt durch solche Hilfeleistungen in ihrem Wollen bestärkt, brachten die Gemeinschaftsmitglieder es fertig, "unter Dransetzen des Letzten, was sie äußerlich und innerlich noch herauszugeben vermochten"[18], zu Weihnachten 1922 Eduard Stuckens (1865-1936) Mysterienspiel 'Gawan'[19] aufzuführen[20].

---

12 BLUME, Schulfarm (1928), S. 142. - Vgl. als konkretes Quellenbeispiel: Berlin, LA, SIS: CH, I, o.S. (Eintrag von Blume zu Pfingsten 1922): "[Ich] saß [...] über den Rechnungen und Akten, die sich bergehoch getürmt hatten und unbedingt jetzt aufgearbeitet werden mußten, wenn nicht alles über uns über dem Kopf zusammenschlagen sollte. Endlose Zahlenreihen marschierten auf; das Herz klopfte beim Zusammenaddieren; aber die Pfingstsonne brauchte sich nicht zu verfinstern; das Maidefizit war geringer als zu erwarten gewesen!"

13 BLUME, Bericht (1923), Bl. 184r. - Vgl.: BLUME, Schulfarm (1928), S. 143: "Die Inselbewohner bissen in diesem ersten Winter die Zähne zusammen, den Zweiflern in Berlin zu zeigen, daß bei einer tüchtigen Portion praktischen Idealismus auch in Inflationszeiten ohne große öffentliche Unkosten aufbauende Arbeit geleistet werden könnte [sic!]."

14 BLUME, Bericht (1923), Bl. 184r-v.

15 BLUME, Bericht (1923), Bl. 184v.

16 BLUME, Bericht (1923), Bl. 184v. - Zu den 'Quäkerspeisungen' grundsätzlich: s. S. 221f.

17 BLUME, Bericht (1923), Bl. 184v. - BLUME, Schulfarm (1928), S. 142.

18 BLUME, Schulfarm (1928), S. 144.

19 STUCKEN, Eduard, Gawan. Ein Mysterium, Berlin 1902.

"Nie wieder hat sich die gemeinschaftsbildende Wirkung eines solchen Festes so deutlich gezeigt, nie haben seitdem alle ohne Ausnahme mit solcher Hingabe der Kunst demütig gedient,
mit so reinem Glücksempfinden wie an diesem Tage."[21]

Bei klirrender Kälte waren den Einladungen nicht nur die Eltern der Schüler, sondern auch andere - wichtige - Gäste, "darunter die Vertreter der Wohlfahrtspflege,
vor allem auch der Quäker, der staatlichen und städtischen Schulbehörden"[22], insgesamt 132 Personen[23], gefolgt. Blume schrieb dazu 1959:

"Da saßen sie (allerdings nur die Damen), die Herren standen dahinter: Oberregierungsrat
Kummerow vom Provinzialschulkollegium, ein Feind der Bürokratie, ein Freund der Landerziehungsheime [...]; neben ihm Stadtschulrat Wilhelm Paulsen, der Hamburger Schulreformer
[...], - eine hohe Friesengestalt mit einer zarten Seele; vor ihnen die robuste Figur der Stadträtin
Weyl, von Energie geladen, die auch uns manche Schwierigkeiten zu überwinden geholfen hat;
unsere unvergessliche Retterin aus den Anfangsnöten; und neben ihr in anmutigster Hockstel-

---

[20]	Zur 'Gawan'-Aufführung: Berlin, LA, SIS: CH, II, S. 5-11. - Zur Vorbereitung der 'Gawan'-
Aufführung s. S. 694. - Zur Aufführung hatte man den Autor des Stückes eingeladen, doch
sagte dieser schriftlich ab; s. dazu Blumes Chronik-Eintrag: "'Arbeit, nicht Geist schafft Gemeinschaft.' Diese Arbeit, bei der jeder das Ganze im Kleinsten erblickte, erhielt neuen Auf-
trieb, bewußteren Ernst durch den Brief des Gawandichters Eduard Stucken, der auch denen,
die es bisher noch nicht gefühlt hatten, die in dem geschäftigen Getriebe nur eine heitere Spielerei gesehen hatten, blitzartig die Klarheit brachte: ein wie heilig Ding es um ein Kunstwerk sei!
Die tiefe, tiefe Stille nach dem Verlesen des Briefes, der größere Ernst, das fast verbissene Zufassen waren davon ein redendes Zeugnis.
'Berlin W. Burggrafenstraße 2 A.
11.12.1922.
Sehr geehrter Herr Direktor,
ich habe lange, allzulange geschwankt und gezögert, von Tag zu Tag habe ich die Beantwortung
Ihres liebenswürdigen Briefes hinausgeschoben, weil es mir schwer wird, Ihnen und den Kindern eine Enttäuschung zu bereiten.
So groß als die Sehnsucht ist, meine Werke aus Kindermund zu hören und dem Spiel zuzuschauen
[...] - so groß sind leider auch die Hemmungen, die Furcht vor Ernüchterung und mancherlei
sonstige Bedenken.
Die Freude, die ich empfand, als ich erfuhr, daß mein Drama von Ihnen gewählt worden war,
möchte ich (mir selbst) durch nachträgliche Kritik nicht zerstören und schmälern. Meine Kritik
würde sich auch gegen mich selbst und mein Werk richten, falls die eine oder die andere Szene
mißglückt.
Trotz dieser Absage schwanke ich ein wenig auch heute noch und halte es nicht für ausgeschlossen, daß ich mich im letzten Augenblick über alle Bedenken hinwegsetze. Auf jeden Fall sollen
Sie - entweder von mir oder von meiner Frau - am Tag vor der Aufführung definitiven Bescheid
erhalten.
Allen Mitwirkenden bitte ich Sie meinen freundlichen Dank und Gruß zu sagen.
Mit dem Ausdruck vorzüglicher Hochachtung
Ihr sehr ergebener
Eduard Stucken.'" (Berlin, LA, SIS: CH, II, S. 2f.; von Blume wieder aufgegriffen und z.T.
zit. in: BLUME, Bericht (1923), Bl. 197r.) - Als Dank erhielt die Inselgemeinschaft von Stuc-
ken jedoch seine Werke geschenkt (Berlin, LA, SIS: CH, IV, S. 80). - Anna Stucken (Witwe
von E. Stucken) an D.H. br. vom 01.11.1988 besitzt keine Quellen über ihren Mann mehr. -
Schiller-Nationalmuseum/Deutsches Literaturarchiv an D.H. br. vom 20.12.1988:
"Korrespondenzen zwischen Eduard Stucken [...] und Wilhelm Blume [...] sind in unseren Beständen leider nicht enthalten [...]." - Zur Biogr. Stuckens s.: CARLSON, Ingeborg L., Eduard
Stucken (1865-1936). Ein Dichter und seine Zeit, Berlin 1978.
[21]	BLUME, Schulfarm (1928), S. 144.
[22]	BLUME, Schulfarm (1928), S. 144.
[23]	Berlin, LA, SIS: CH, II, S. 5.

lung auf der oberen Treppenstufe Dr. Hertha Kraus [(1897-1968)[24]], die Leiterin der Berliner Quäkerhilfsaktion, ohne deren großzügige Nahrungsmittelspenden die Hoffnung unseres pädagogischen Gegners gerade in diesen harten Wintertagen sich hätte erfüllen müssen [u.a.]."[25]

Sie alle erlebten offenbar eine wundervolle Aufführung, deren Erfolg sich am Ende in klingender Münze, bzw. in gebündelten Geldscheinen niederschlug und zwar in einem Gewinn von insgesamt 400.000 RM[26] - mit denen der Winter gemeistert werden konnte. Noch höher aber als den materiellen Gewinn erachtete Blume in der Erinnerung, daß gerade in dieser Aufführung "der Funke [...] übergesprungen"[27] sei, daß die Besucher von nun an an die Schule glaubten:

"Eine folgenreiche Schulaufführung - finanziell durch die mitgebrachten Geldscheine, die wir am Abend bündeln konnten, moralisch durch das seitdem nicht mehr zu erschütternde Vertrauen zu unserer Inselgemeinschaft. Beim Abschiednehmen vor dem Bollehaus in dem Zuschauer-Korridor rief mir der damalige Magistratsschulrat Dr. Helmke zu: 'Auf uns können Sie fortan zählen, lassen sie die Hunde ruhig bellen!'"[28]

---

[24] Biogr. Inf. zu Kraus, u.a. mit den Lebensdaten und den Hinweisen, daß sie 1919 promovierte, von 1920-23 Leiterin der Kinderernährungsstelle der Quäker in Berlin und von 1923-22 Direktorin der Abteilung für öffentliche Wohlfahrtspflege der Stadt Köln war und 1933 in die USA emigrierte, in: Biographisches Handbuch der deutschsprachigen Emigration nach 1933, hrsg. vom Institut für Zeitgeschichte, München, und der Research Foundation for Jewish Immigration, New York, durch Werner RÖDER und Herbert A. STRAUSS, Vol. I, München [u.a.] 1980, S. 391.

[25] BLUME, Erinnerungen, S. 14f. - Vgl. zu den anwesenden Gästen auch: Berlin, LA, SIS: CH, II, S. 5.

[26] BLUME, Bericht (1923), Bl. 184v. - Vgl. zu den Spendeneinnahmen auch: Berlin, LA, SIS: CH, II, S. 5f.

[27] BLUME, Schulfarm (1928), S. 144.

[28] BLUME, Erinnerungen, S. 15. - Ähnlich: Berlin, LA, SIS: CH, II, S. 10.

III.2.   DER AUSBAU DER VERSUCHSSCHULE ZUR 'SCHULFARM' 1922/23

III.2.A.   DER ERWERB DER GANZEN INSEL

Im Traum im Wiesenburger Schloßpark 1918 kam u.a. die Vorstellung auf, die Schüler der erträumten Schule sollten ganz selbständig Ställe ausmisten. 1919 stellte im Stolper Versuch der Baron von Veltheim den Lehrern und Schülern des Humboldtgymnasiums nicht nur einen Teil einer Waldarbeiterwohnung zur Verfügung, sondern auch ein Stück Acker und ließ damit, wie Blume damals schrieb, den Traum von einer 'Schulfarm en miniature' wach werden[1]. Im Sommerschulversuch auf Scharfenberg 1921 dann versuchte man behutsam, die Schüler zu gärtnerischer und landwirtschaftlicher Tätigkeit zu bewegen; doch gelang dieses Vorhaben nicht so recht:

> "Zumal zu gärtnerischer und landwirtschaftlicher Arbeit war nur geringe Lust vorhanden, man wollte offenbar nicht gern graben und säen, wo vielleicht andere ernteten. Allerdings fehlten uns im ersten Jahr der Bewirtschaftung noch mancherlei sachliche Vorbedingungen für ein glückliches Gedeihen dieser Bestrebungen; doch im ganzen bestätigten auch unseren Erfahrungen, daß die Großstadtjugend in diesem Alter keine große Neigung dazu hatte, was auch sonst beobachtet [worden] ist. Wird doch aus den Landschulheimen der Frankfurter Musterschule berichtet, daß die Gartenarbeit der Schüler trotz Vorhandenseins eines Obstgärtners erst nach obligatorischer Einführung in Gang gekommen sei; und die Viktoriaschule hat, wie es im deutschen Philologenblatt erzählt ist[2], mit Rücksicht auf die zu große Anstrengung die Versuche fallen lassen."[3]

Blume ließ sich von ersten Mißerfolgen jedoch keineswegs entmutigen. Gleich zu Beginn des Schulversuches begann man im Mai 1922 mit gärtnerischer Tätigkeit. In kleinen, in Einzelparzellen aufgeteilten Schülergärten zogen die Schüler in eigener Regie Gemüse, Kürbisse, Gurken und Bohnen[4].

Darüber hinaus dachte Blume von Beginn an an die Möglichkeit der Errichtung einer eigenen Landwirtschaft durch die Schulgemeinschaft. Dieser jahrealte Plan wurde nicht nur dadurch verstärkt, daß die Insel die grundsätzlichen Möglichkeiten zu einer Realisierung geradezu anbot, sondern vor allem auch, daß sich hier durch eigene Landwirtschaftsproduktion die Chance auftat, die Verpflegungskosten der Schüler zu senken und damit die Möglichkeit zu eröffnen, die Schülerschaft des

---

[1]   Vgl. S. 105.
[2]   MAURER, A., Das Landheim der Viktoriaschule zu Frankfurt a.M., in: Deutsches Philologen-Blatt, Jg. 29 (1921), S. 369f., hier S. 370: "Auch Feldarbeit mit einzubeziehen, erwies sich nicht als ratsam, weil die ganz ungewohnte und schwere Arbeit keinen rechten Erfolg zeitigte und besonders Mädchen zu sehr ermüdete, so daß Erziehung und Unterricht zu stark darunter zu leiden hatten."
[3]   Bericht der drei Studienräte (1982), S. 19.
[4]   S.: Prot. der 2. Abendaussprache vom 09.05.1922, in: Berlin, LA, SIS: CH, I, o.S. - Und: Berlin, LA, SIS: CH, I, o.S.

neuen Schulversuches auch aus unteren und mittleren Schichten rekrutieren zu können.

Den ersten Scharfenberger Schülern und Lehrern stand nur ein kleiner Teil der Insel zur Verfügung. Neben der Gemeinschaft lebte seit vielen Jahren ein Pächter namens Braun mit seiner Familie auf der Insel[5]. Die Familie betrieb Landwirtschaft mit Obst-, Wiesen- und Viehwirtschaft. Vermutlich gehörte sie zu den zahlreichen landwirtschaftlichen Betrieben, die im näheren Umland von Berlin die Großstadt mit Agrarprodukten - insbesondere auch mit Milch - versorgten[6].

Die Verwirklichung der Idee einer Schule mit einer eigenen Landwirtschaft war aber nur realisierbar, wenn dem Versuch die ganze Insel zur Verfügung gestellt würde.

Bereits in seinem Gesuch 1922 stellte Blume die Forderung auf, "den bisherigen Pächter in nicht allzuferner Zeit - selbstverständlich unter Vermeidung jeder Härte - zum Rücktritt von seinem noch 3 Jahre laufenden Kontrakt zu bestimmen [...]."[7] Als Begründung führte er an, daß "erst, wenn Land und Wirtschaftshof frei sind, [...] an Eigenwirtschaft in größerem Umfange gedacht werden [kann], die aus finanziellen und pädagogischen Gründen für die neue Schule fast eine Lebensnotwendigkeit ist, ganz abgesehen davon, daß dadurch auch dem allgemeinen, städtischen Interesse weit besser gedient sein würde."[8]

"[...] die Größe der Insel würde es der Schule ermöglichen, in erheblichem Umfange Eigenwirtschaft zu treiben; Kartoffeln zu bauen, ihr Gemüse zu ziehen, den Bedarf an Eiern, Milch und Butter aus dem Wirtschaftsbetrieb zu decken, dem ein - auch pädagogisch geschickter - Landwirt vorstehen müßte; der augenblickliche Pächter, dessen Vertrag laut einer Klausel gelöst werden kann, wenn der Magistrat die Insel zu anderen Zwecken verwenden will, hat circa 20 Morgen in Kultur, die weiten Kirschbaumplantagen, sowie die Enten- und Gänsezucht, für die das Wasser ringsum die gedeihlichsten Vorbedingungen schafft, könnten in Zukunft nicht unerhebliche Einnahmeposten für den Schuletat abwerfen."[9]

Für eine Übergangszeit, so schrieb Blume, "in der Schule und Pächter neben einander auskommen müssen, erscheint es unbedingt geboten, die beiderseitigen Rechte genau zu umgrenzen."[10]

1924 formulierte Blume rückblickend in aller Deutlichkeit, daß damals "alles [!] daran gesetzt werden [mußte], den Pächter, dem die Wirtschaftsgebäude und 84 Morgen von der Insel verblieben waren, von dort zu entfernen und die Landwirtschaft in eigene Regie zu nehmen"[11].

---

[5]   Lt.: BLUME, Gesuch (1922), S. 1 war Braun schon unter Bolle auf Scharfenberg tätig gewesen.
[6]   Vgl.: REINDKE, Gisela, Die Milchversorgung von Berlin in Vergangenheit und Gegenwart, in: Berlin. Beiträge zur Geographie eines Großstadtraumes. Festschrift zum 45. Deutschen Geographentag in Berlin, hrsg. von Burkhard HOFMEISTER [u.a.], Berlin 1985, S. 319-351.
[7]   BLUME, Gesuch (1922), S. 43.
[8]   BLUME, Gesuch (1922), S. 43.
[9]   BLUME, Gesuch (1922), S. 9.
[10]   BLUME, Gesuch (1922), S. 43.
[11]   BLUME, Schulfarm (1924), S. 319.

Da die Pächterfamilie verständlicherweise nicht ohne weiteres bereit war, zugunsten der unliebsamen Eindringlinge ihre Wohnung, ihre Erwerbsquelle und damit ihre aufgebaute Existenz aufzugeben, kam es im folgenden zu einem langandauernden, hartnäckigen Ringen, das von Blume mit dem deutlichen Begriff "Exekutionsfeldzug"[12] umschrieben wurde.

Da die Insel verwaltungstechnisch der Wasserwerkdirektion unterstand, mit der auch der Pachtvertrag des Landwirts abgeschlossen war, und diese "den freilich abenteuerlich genug anmutenden Anfängen zunächst recht skeptisch gegenüberstand"[13], wurde der Kampf um die Insel zugleich auch ein Kampf zwischen dem Bezirk Reinickendorf (Wasserwerk, Pächter Braun) und der Groß-Berliner Zentralverwaltung.

Blume versuchte die zuständigen Behörden davon zu überzeugen, daß ein Nebeneinander von Schulversuch und Pächterfamilie auf der Insel Scharfenberg nicht möglich sei. Dazu lieferte er Beschwerden über die Pächterfamilie am laufenden Band ab, die die Unmöglichkeit eines Zusammenlebens dokumentieren sollten.

In einem Chronikeintrag zur ersten Maiwoche 1922 schrieb Blume von einem Besuch von "Frau Stadträtin Dr. Weyl, unserer Hauptgönnerin, die [...] mit dem Direktor der Parkverwaltung [Albert] Brodersen[14] und dem Direktor des Wasserwerks [Karl] Kühne auf der Insel erschien, um auf Grund der von mir ihr eingereichten 7 Punkte das Verhältnis zum Pächter Braun durch einen Lokalbesuch zu klären."[15]

> "Es ward u.a. Herrn Braun verwiesen, daß er das dritte uns gehörige Feld am Spielplatz einfach umgepflügt hatte; da es inzwischen von ihm - natürlich in unschuldsvollem Irrtum umgepflügt und [...] besät war, machte ich den Kompromißvorschlag, Herr Braun solle als diesjährigen Ersatz unser zweites Spielfeld umpflügen, um uns dadurch schwere Mühen bei der Feldbestellung zu ersparen, unbeschadet unseres aus einer von Herrn Direktor Kühnes mitgebrachten Zeichnung deutlich hervorgehenden Rechts auf das dritte Drittel. Herr Braun erklärte sich damit einverstanden."[16]

Dann aber ging man bei diesem Besuch gleich weiter:

> "Bei einem Rundgang durch die Insel entwickelte Frau Stadträtin Weyl den Herren von der Verwaltung die Notwendigkeit, den Pachtvertrag zwischen Wasserwerk und Braun zu annullieren und die ganze Insel in eigene Regie zu nehmen. Sollte dieser Plan verwirklicht werden, ist die Zukunft unserer Schule am besten sichergestellt."[17]

Am 21.02.1922 war Blume auf dem Rathaus, um "den Magistratsantrag mit begründeten Beilagen abzugeben, der eine Pachtübernahme der Insel zu der von Herrn Braun gezahlten Summe in die Wege leiten soll."[18]

---

[12]   BLUME, Schulfarm (1928), S. 144.
[13]   BLUME, Schulfarm (1928), S. 144f.
[14]   S. zu Brodersen S. 385.
[15]   Berlin, LA, SIS: CH, I, o.S.
[16]   Berlin, LA, SIS: CH, I, o.S.
[17]   Berlin, LA, SIS: CH, I, o.S.
[18]   Berlin, LA, SIS: CH, I. o.S.

In der 08. Abendaussprache vom 26.06.1922 stellte Blume den Antrag "auf Maßnahmen für den verstärkten Vogelschutz auf der Insel."[19] Seine Begründung:

> "Haben die Eltern auf ihrer ersten Versammlung einmütig gegen das Schießen auf der Insel protestiert aus Besorgnis um die Sicherheit ihrer Söhne, müssen wir jetzt uns Beschwerde führend an die Behörden wenden aus Gründen des Naturschutzes; sind doch in der letzten Woche nicht nur Kirschen stehlende Stare, sondern auch mehrere Kuckucke, Eichelhäher und Rohrdommeln den Kugeln eines fremden Besuchers der Familie Braun zum Opfer gefallen."[20]

Am 27.06.1922 rief Blume von Tegelort aus Herrn Wasserwerksdirektor Kühne an, "da Herr Braun die zwischen den Feldern stehenden Kirschbäume abzuernten begann"[21]:

> "Die Auskunft war wenig befriedigend: im Kontrakt stehe keine ausdrückliche Bemerkung darüber; doch sei aus menschlichen Vernunftgründen ja anzunehmen, daß Herr Braun auf die strittigen Bäume verzichte. Herr Braun verzichtete selbstverständlich nicht, lehnte auch den Vorschlag einer Halbierung der Baumreihe ab, nach der uns die unsere Gärten beschattenden Bäume gehört hätten, sondern überließ uns nur die letzten der Reihe zum Abernten."[22]

In der Chronik hielt Blume fest, daß die Inselgemeinschaft einen neuen Ibach-Flügel auf die Insel herübergebracht habe: "trotz ziemlich heftigen Sturms stakte man die Fähre ohne Seil, das uns Familie Braun unter Ausflüchten versagte, herüber."[23]

Am 5. August fuhr Blume nach Berlin, um Frau Dr. Weyl um Hilfe zu bitten "gegen die Unbilden, die unseren Gärten trotz allen Bittens und Forderns vom Braunschen Vieh wider zugefügt ward."[24] "Und wie immer, dieser Schritt half; einige Tage später bekam Braun einen sehr scharf gehaltenen Ukas vom Wasserwerk, der ihn energisch in seine vom Pachtvertrag gezogenen Grenzen zurückwies, ihm das Schießen auf Vögel untersagte."[25]

Am 22. August war Blume erneut in Berlin und setzte "gleich in Herrn Paulsens Zimmer ein Protestschreiben auf ans Wasserwerk, da am Tage zuvor die Verhandlung [mit dem Wasserwerk] [...] ein Nichteingehenwollen auf unsere Forderungen ergeben hatte, in den nun abzuzäunenden Flächen die Obstbäume als die unsrigen zu betrachten; vom Stadtschulrat und Frau Weyl unterschieben ging das Skriptum sofort ab [...]."[26]

In der 37. Abendaussprache berichtete Blume, daß Brauns "ihn in Tegel und überall, wo sie hinkommen, als Betrüger hingestellt haben, als gemeinen Betrüger, der beim Kirschenverkauf auf den Verkaufspreis, den die Gemeinschaft festgesetzt hatte, Geld aufschlug, um es für sich zu behalten"[27]. Und er 'empfahl' den Schülern, "daß man mit diesen Leuten doch wohl nicht gerade wie Freund mit Freund zu ver-

---

[19]   Berlin, LA, SIS: CH, I, o.S.
[20]   Berlin, LA, SIS: CH, I, o.S.
[21]   Berlin, LA, SIS: CH, I, o.S.
[22]   Berlin, LA, SIS: CH, I, o.S.
[23]   Berlin, LA, SIS: CH, I, o.S.
[24]   Berlin, LA, SIS: CH, I, o.S.
[25]   Berlin, LA, SIS: CH, I, o.S.
[26]   Berlin, LA, SIS: CH, I, o.S.
[27]   Prot. der 37. Abendaussprache [1923], in: Berlin, LA, SIS: CH, III, S. 88.

kehren brauchte. "[28] Andererseits ermahnte Blume die Schüler, aus 'taktischen Gründen' alles zu unterlassen, was von Brauns als 'Unregelmäßigkeiten' der Schulgemeinschaft den Behörden vorgebracht werden konnte[29].

1923 schrieb Blume zusammenfassend:

"Wie vorauszusehen war, erwies sich das Nebeneinander von Schule und Pächter, dem 84 Morgen und der gesamte Wirtschaftshof geblieben waren, als unleidlich; nicht nur daß sein Vieh den in den Schulgärten aufgewandten Fleiß zunichte machte; der von der Familie gegen uns bedrohliche Eindringlinge geführte Kleinkrieg war nervenaufregend; deshalb setzte der Leiter in unendlich mühseligen Vorverhandlungen alles daran, eine baldige Änderung herbeizuführen [...]."[30]

Im Gefolge dieser Vorgehensweise faßte am 27. September "der nach allen Regeln der Diplomatie bearbeitete Magistrat"[31] einen auf der Grundaussage, "daß hier - noch dazu auf städtischem Grund und Boden - das private Interesse dem allgemeineren, noch dazu sozial bestimmten weichen müßte"[32], fußenden Beschluß, nachdem dem Pächter auf Scharfenberg zum frühesten zulässigen Termin (1. April 1923) zu kündigen und die ganze Insel in gegenseitigem Einvernehmen mit den Wasserwerken der Schulverwaltung und dem Jugendamt pachtweise zu überlassen sei[33].

"Diese 2. magna charta der Schule war in ihren Auswirkungen für sie von entscheidender Bedeutung, die Grundlage für die Entwicklung zur 'Schulfarm', die zugleich eine unumgängliche wirtschaftliche Notwendigkeit war."[34]

Der Magistratsbeschluß bedeutete jedoch noch nicht, daß die Brauns zum genannten Zeitpunkt die Insel verließen, denn "das Mietsgesetz schützte ihn [Braun] naturgemäß in seinem Wohnungsrecht, solange er nicht eine andere Wohnung mit Stall für 2 Pferde und 10 Kühe gefunden hatte."[35] Da sich für die Pächterfamilie jedoch keine sie zufriedenstellende Wohnung auftat, sollte sich das Ende der

---

28 Berlin, LA, SIS: CH, III, S. 88.
29 So heißt es z.B. im Prot. der 05. Abendaussprache vom 14.06.1922, in: Berlin, LA, SIS: CH, I, o.S.: "Der 7. Punkt der Tagesordnung war überschrieben 'Kirschenplage!' Beginnt doch mit der Zeit der Kirschenreife die Sorge, ob sich nicht neue Konflikte mit Familie Braun ergeben. Mit allem Ernst und in Erinnerung an einige Vorkommnisse des Vorjahres [...] bat und mahnte Herr Blume, alles zu unterlassen, was zum Streit mit Familie Braun führen könnte. 'Kirschen pflücken von den von Herrn Braun gepachteten Bäumen ist Diebstahl und was noch schlimmer - ein Vergehen gegen die Gesamtheit; denn der geringste Anlaß, bei städtischen Behörden weiterverfolgt, kann die selbst bei ehemaligen Gegnern jetzt wachsende Sympathie nur verschmerzen. Herrn Braun beim Kirschenpflücken zu helfen, wird am besten wohl dem Takt des einzelnen überlassen; gegen Bezahlung durch Geld für ihn zu pflücken, gehe dem Gefühl des Vorsitzenden wie hoffentlich auch dem der Gesamtheit wider den Strich; nur ein Vorkommnis des Vorjahres bringe ihn auf diesen eigentlich unvorstellbaren Gedanken. Point d'honneur!"
30 BLUME, Bericht (1923), Bl. 183v.
31 BLUME, Bericht (1923), Bl. 183v.
32 BLUME, Schulfarm (1928), S. 144.
33 BLUME, Bericht (1923), Bl. 183v. - In: Berlin, LA, SIS: CH, II, S. 78 ist als Kündigungsdatum der 01.01.1923 genannt.
34 BLUME, Bericht (1923), Bl. 183v.
35 Berlin, LA, SIS: CH, II, S. 78.

'Tragikomödie'[36], der Abzug von Scharfenberg bis in den Herbst 1923 hinein verzögern[37].

Blumes Beschreibungen dieser Entwicklungsphase des Schulversuches zeigen nicht zuletzt seinen Einsatzwillen und sein Einsatzvermögen sowie seine Fähigkeit und seine Bereitschaft, zur Durchsetzung seiner Pläne außergewöhnliche Wege zu gehen[38]:

"Ich fahre noch am Abend mit Netzband nach Berlin, dringe zwischen 8 und 9 Uhr in Frau Stadträtin Weyls Privatwohnung vor: 'Brennt's in Scharfenberg?' 'So ungefähr; es eilt.' Am anderen Morgen 10 Uhr sitzen wir schon in Frau Weyls Amtszimmer versammelt [...]. Man beschließt am anderen Morgen im Auto selbst nach Scharfenberg zu kommen [...] [...] - der Glanz der ersten Garnitur muß wirken."[39]

Die Lösung des Wohnungsproblems wurde im Oktober 1923 realisiert. Sie bestand darin, daß nach "monatelange[r] Jagd"[40], auf der "mancher Gang vergeblich gemacht war"[41], die Berliner Schulverwaltung durch eine komplizierte Tauschaktion von Lehrerwohnungen der Familie Braun eine solche anbot:

"Schließlich griff auf Paulsens Wunsch Obermagistratsschulrat Nydahl ein. Die Schulverwaltung schritt zur Selbsthilfe. Eine Schuldienstwohnung in der großen Hamburgerstraße sollte zur Verfügung gestellt werden. Schon sandten wir eine Dankadresse an den Retter aus der Not mit obligatem Scherenschnitt [Arnold] Fritzscher Mache. zu früh! Die beiden Familien, die ja nicht zu ziehen brauchten und auf gleichwertigen Ersatz bestehen konnten, lehnten die Wohnung als zu dunkel und schmutzig ab. Jetzt bot Herr Nydahl den Stadtrat Weber im Bezirk Prenzlauer Berg auf; ich suchte ihn auch auf, um mein kompliziertes Mietsprüchlein vorzubeten; er sollte eine Tauschwohnung geben für die in der Hamburgerstr. Die Schulverwaltung räumte einige Wohnungen in seinem Bezirk; dafür sollte dies eine Gegenleistung sein. Und es gelang [...]."[42]

Um die Umzugsaktion zu beschleunigen, halfen die Lehrer und Schüler der Inselgemeinschaft bei den Umzugsaktionen eigenhändig mit[43].

Ergänzend war vereinbart worden, daß die Schulgemeinschaft der Familie Braun eine Art Entschädigung zahlte. Blume zahlte diesen Betrag am 18.10.1922 an Braun aus. Nicht ohne Schadenfreude vermerkte Blume in der Chronik, daß dieser Betrag "einige Tage später vollkommen entwertet und ein Trinkgeld war. Aber der Vertrag vom 15. Oktober gilt - am 9. November werden wir allein auf der Insel sein [...]."[44]

Um "von all diesem der Scharfenberggemeinschaft Bericht erstatten zu können"[45], berief er noch am Abend desselben Tages eine Aussprache (39. Abendaussprache vom 18.10.1923) ein. Blume hielt im Protokoll dieser Aussprache fest, daß die Inselgemeinschaft eigentlich eine "Dankadresse"[46] an die Stadtverordneten rich-

---

36 Berlin, LA, SIS: CH, II, S. 78.
37 S. dazu: Berlin, LA, SIS: CH, II, S. 78-80.
38 S. dazu: Berlin, LA, SIS: CH, II, S. 78-80.
39 Berlin, LA, SIS: CH, II, S. 79f.
40 Berlin, LA, SIS: CH, IV, S. 47.
41 Berlin, LA, SIS: CH, IV, S. 48.
42 Berlin, LA, SIS: CH, IV, S. 48.
43 S. dazu: Berlin, LA, SIS: CH, IV, S. 48f.
44 Berlin, LA, SIS: CH, IV, S. 36.
45 Berlin, LA, SIS: CH, IV, S. 36.
46 Berlin, LA, SIS: CH, IV, S. 36.

ten müsse, daß sie die Angelegenheit von Mai bis Oktober verzögert hatten, denn sie "gedachten es böse zu machen, und nun hatten sie uns gerade in die Lage versetzt, mit vornehmer Geste zur stupendesten Überraschung des hartnäckigen Pächters den Judaslohn hinzuwerfen, der seiner Scharfenberger Existenz ein Ende machte."[47] Der Auszug selbst, für den Blume so sehr gekämpft hatte, fand vom 8. bis 11. November statt[48]:

> "Der Winter hatte bei dieser Gewißheit größerer Ausdehnungsmöglichkeit jeden Schrecken verloren [...]."[49]

Blume beschrieb, welchen 'Ruck' die Beendigung des Braun-Themas für die Gemeinschaft bedeutete:

> "Und ein solcher Ruck ist uns beschieden gewesen in einer Zeit, da das ganze Wirtschaftsleben zitterte und bebte. Sorgende Mütter schrieben Briefe, ob es denn trotz der Dollarsprünge noch weiterginge; und da sie bei uns kein Echo fanden, telephonierten sie untereinander in Berlin, um ihr Herz auszuschütten, das so sehr bangte um Scharfenbergs Bestand; wie wir nachher erfahren haben, glaubten einige Eltern schon im Oktober, eines Morgens würden die Jungen mit Koffer und Rucksack vor der Türe stehen; Vater Berisch soll sich schon nach einem größeren Zimmer umgesehen haben, wo der Unterricht in Berlin wenigstens fortgesetzt werden sollte! Und wir fuhren eine Möbelfuhre nach der anderen, sei's für die Familien in Reinickendorf, sei's für unsere selbst zur bevorstehenden Erweiterung.
>
> 'Mir bangt nicht mehr. Das war ein Anfang nur.
> Ich brauche mehr, denn das ist unser Los,
> daß wir zugleich mit unseren Siegen wachsen
> Und sterben ohne sie ...'
>
> (Aus dem 'Verwandelten Komödianten')[50] [...]."[51]

Zwei Tage nach dem Auszug der Pächterfamilie, am 12.11.1923, wurde durch die Inselgemeinschaft mit der 'Inbesitznahme' der Braunschen Räumlichkeiten begonnen[52].

> "Mir selbst war seltsam zu Sinnen, als ob ein ganzer Komplex im Gehirn frei geworden war - der lastende Druck des Dualismus im kleinen Inselreich war von uns genommen!'[53]

---

[47] Berlin, LA, SIS: CH, IV, S. 37.
[48] Beschreibung der Auszugsphase: Berlin, LA, SIS: CH, IV, S. 46-51.
[49] Berlin, LA, SIS: CH, IV, S. 47.
[50] ZWEIG, Stefan, Der verwandelte Komödiant. Ein Spiel aus dem deutschen Rokoko. Leipzig 1913; 2. Aufl. ebd. 1920; 3. Aufl. ebd. 1923.
[51] Berlin, LA, SIS: CH, IV, S. 47.
[52] Berlin, LA, SIS: CH, IV, S. 50f.
[53] Berlin, LA, SIS: CH, IV, S. 51.

III.2.B.   DER INDUSTRIELLE ERNST VON BORSIG ALS SPONSOR FÜR DIE LANDWIRTSCHAFT

Durch die Kündigung des Pächters Braun standen die baulichen Voraussetzungen (u.a.) für die Aufnahme weiterer Schüler sowie zum anderen für die Unterbringung von Vieh zur Verfügung, außerdem waren (u.a.) Weide und Ackerland vorhanden.

Von dem Gewinn aus der 'Gawan'-Aufführung zu Weihnachten 1922 hatte man die ersten Ziegen, Schafe und Hühner gekauft[54]. Für die Anschaffung von weiterem Vieh, von Gerätschaften und Saatgut waren allerdings keine Mittel vorhanden.

Schließlich vermittelte das Jugendamt, vermutlich über Frau Weyl, einen Geldgeber, den ausländischen Kommerzienrat Bronner von der Hobé-Likörfirma[55], der bereit war, "die Landwirtschaft auf die Beine und durch jährliche Zuschüsse [...] sicher [zu] stellen"[56]. Doch stellte Bronner dafür Bedingungen. So sollten etwa Freistellen geschaffen werden, die nur von ihm zu besetzen seien, und an den Bootsstegen sollten Schilder mit dem Namen des Stifters prangen[57].

Das waren Konditionen, die Blume, auch wenn diese Entscheidung für ihn "keine Kleinigkeit"[58] war, "aus moralischem Zwang"[59] nicht anzunehmen bereit war[60], "denn die Verhandlungen hatten ihm die Unmöglichkeit enthüllt, mit solchem Kuratorium auszukommen, ohne die in reinem Idealismus begonnene Schulsache an den Dämon Mammon zu verraten."[61]

Ein anderer, von Blume an keiner Stelle direkt genannter Grund für die obige Ablehnung dürfte mit Sicherheit gewesen sein, daß er, möglicherweise durch die Presse[62], erfuhr, daß sich um Bronner, der mit seinem Bruder in der Tschechoslowakei die Hobé-Likörfirma leitete, ein Skandal anbahnte, in dessen Strudel er mit seinem Schulversuch in keinem Fall hineingezogen werden wollte: Bronner wurde vorgeworfen, es geschafft zu haben, in seiner Heimat "durch [...] nicht immer einwandfrei bezeichnete Spritgeschäfte zu großem Reichtum zu gelangen" und daß nun ein deutscher Spirituosen-Unternehmer versuche, "Hand in Hand mit [diesem] [...] auf unlauterer Basis gegründeten Syndikat Geschäfte zu machen [...]."[63]

Aufgrund seiner Ablehnung mußte, wie Blume schrieb, "unter nicht leichten seelischen Erregungen ein neuer vornehmerer Gönner gewonnen werden"[64]. Diesen

---

54   BLUME, Bericht (1923), Bl. 184v.
55   BLUME, Bericht (1923), Bl. 207r.
56   BLUME, Schulfarm (1928), S. 145.
57   BLUME, Schulfarm (1928), S. 146.
58   BLUME, Schulfarm (1928), S. 145.
59   BLUME, Bericht (1923), Bl. 207r.
60   S.: Blume, Schulfarm (1928), S. 145.
61   BLUME, Bericht (1923), Bl. 207r.
62   In Blumes Nachlaß befindet sich ein entsprechender Zeitungsartikel: Berlin, LA, SIS: Interessengemeinschaft Kahlbaum - Hobé, in: Deutsche Destillateur-Zeitung vom 17.04.1923.
63   Interessengemeinschaft Kahlbaum - Hobé, in: Deutsche Destillateur-Zeitung vom 17.04.1923.
64   BLUME, Bericht (1923), Bl. 207r.

fand er schließlich in dem der Insel benachbarten Großindustriellen Ernst von Borsig, dem Leiter des Tegeler Borsig-Werkes, "ein begeisterter Freund der Bolleinsel,
deren botanische Seltenheiten ihm von Knabenzeiten her vertraut sind"[65] - zu dem
Blume schon früher Kontakte hatte[66].

Zwar wollte Borsig nur eine kleine einmalige Spende leisten, doch waren dafür
auch seine Forderungen entschieden geringer: Er wollte als Gegenleistung lediglich
bei der Aufnahme der Schüler ein Vorzugsrecht für die Söhne seiner Arbeiter ga-
rantieren lassen, sofern sie anderen Bewerbern in den Leistungen nicht nachstanden,
weiter wollte er sich eine beratende - in der Praxis dann nie wahrgenommene -
Stimme im Elternausschuß vorbehalten.

Ein entsprechender Vertrag mit Borsig war schon aufgesetzt, Geld in der Höhe
von 9 Millionen schon der Schule ausbezahlt und davon sogleich Saatgut (50 Zentner
Kartoffeln, Erbsen, Bohnen, Kohlpflanzen, Rübensamen, Tomaten etc.), Düngemittel, Geräte und eine tragende Kuh[67] angeschafft[68], als sich herausstellte, daß das, was
zunächst für alle Seiten wie eine rasch zu klärende Angelegenheit aussah, erneut zu
längerwierigen Verhandlungen mit zahlreichen Schwierigkeiten führen sollte[69].

Blume führte mit Vertretern der Firma Borsig "mehrstündige Besprechungen
über die Form, die wir der Stiftung geben wollten."[70] Man einigte sich auf eine Ver-
tragsfassung:

"§ 1
Die Firma A. Borsig G.m.b.H. Berlin-Tegel erklärt sich unter nachstehenden Bedingungen bereit, für den landwirtschaftlichen Betrieb der sogenannten Scharfenberg-Schule einen einmaligen
Betrag von Mk. 9.000.000,-- (neun Millionen Mark) zur Anschaffung des erforderlichen lebenden und toten Inventars, einschließlich Saatgut und Düngemittel bereit zu stellen.

Das Inventar, das durch ein gemeinschaftlich noch aufzustellendes Verzeichnis näher bestimmt
werden wird, verbleibt Eigentum der Firma A. Borsig und wird der Scharfenbergschule zur
ordnungsmäßigen Bewirtschaftung überlassen.

§ 2
Die Firma ist berechtigt, den landwirtschaftlichen Betrieb einschließlich der Bewirtschaftung
des Inventars durch einen von ihr zu benennenden Fachmann jederzeit kontrollieren zu lassen
und 1/2jährlich genaue Rechungslagen zu fordern.

§ 3
Sollte die Scharfenberg-Schule aus irgend welchen Gründen eingehen oder ihren landwirtschaftlichen Betrieb einstellen, oder sollte über die Insel Scharfenberg irgend eine andere Verfügung getroffen werden, so ist die Stadt Berlin (Schul-Deputation, Jugendamt) verpflichtet, das
der Scharfenbergschule übergebene Inventar in vollem Umfange nach dem gemeinschaftlich
aufgestellten Verzeichnis zurückzugewähren.

Bleibt jedoch die Schule und der landwirtschaftliche Betrieb ununterbrochen 20 Jahre bestehen,

---

[65]   BLUME, Schulfarm (1924), S. 320.
[66]   S. 209.
[67]   Die Kuh bekam den Namen 'Margot'; das war - lt. Glasenapp an D.H. mündl. vom
       13./14.03.1985 - zu Ehren des Spenders (!) der Name der Ehefrau von Ernst von Borsig.
[68]   BLUME, Bericht (1923), Bl. 184v und 185r.
[69]   S. zu den schwierigen Verhandlungen vor allem: Berlin, LA, SIS: CH, II, S. 65f., und: Berlin,
       LA, SIS: CH, III, S. 47-49.
[70]   Berlin, LA, SIS: CH, II, S. 65.

so soll nach Ablauf der 20 Jahre das gesamte Inventar in das Eigentum der Schule übergehen.

§ 4
Die Firma ist berechtigt, für die Scharfenberg-Schule für eine Lehrperiode (3, 4 bzw. 6 Jahre) 10 Stellen mit Schülern zu besetzen, die den pädagogischen Anforderungen der Schule entsprechen und die üblichen Zuschüsse zu zahlen haben.

Die Firma ist ferner berechtigt, dem Jugendamt jährlich 15 erholungsbedürftige Kinder zu präsentieren, die unter den üblichen Verschickungsbedingungen in den 5 Wochen Sommerferien auf Scharfenberg untergebracht werden.

§ 5
Die Firma ist berechtigt, alle die Schulgemeinschaft beschäftigenden Fragen in einem Kuratorium mitzuberaten und mitzubeschließen, das sich zusammensetzt aus:

2 Vertretern der Firma A. Borsig,
2 Vertretern der Stadt Berlin,
dem Leiter der Schule und
einem Vertreter der Elternschaft."[71]

Diese Entwurffassung wurde, von Ernst von Borsig unterschrieben, an die Stadtverwaltung geschickt, blieb dort jedoch zunächst unbearbeitet liegen[72] und wurde "Mitte Juni [...] [vom] Magistrat an die Schulverwaltung zurückverwiesen."[73] Es wurde nun an dem Entwurf "stilistisch [...] herumgebastelt", wobei es zu Kompetenzstreitigkeiten zwischen Paulsen und Weyl kam, als Paulsen "in Abwesenheit von Frau Dr. Weyl den Passus über den Aufenthalt der Jugendamtskinder in den Sommerferien auf Scharfenberg gestrichen hatte" und dem Jugendamt die Verpflichtung aufgehalst hatte, "15 Borsigkinder anderweitig unter den üblichen Bedingungen unterzubringen"[74].

Obwohl Blume sofort nach diesem Eingriff versuchte, in einem Brief an Frau Weyl "deutlich von dieser undankbaren Taktik ab[zurücken]", hatte diese Aktion zur Folge, daß Frau Weyl "so verschnupft [...] [war], daß sie sich fortan nur noch persönlich, nicht mehr offiziell an Scharfenberg interessiert erklärte."[75] Blume schrieb zu dieser Abwendung Frau Weyls:

"Es tat mir weh. Es ging ein Stück Tradition damit weg; denn bis jetzt war sie in allen schwierigen Lagen erfolgreiche Retterin gewesen. Ohne sie säßen wir nicht auf der Insel! Zweifel stiegen auf - wird nicht die Situation kommen, wo wir ihren amtlichen Einfluß bitter vermissen werden? Wer sollte es ihrem Unmut verdenken, wenn sie in entscheidender Stunde sich gar gegen uns erklärte, etwa bei Beratung eines Scharfenbergetats in der Stadtverordnetenversammlung? Doch nein, zum direkten Dagegenwirken hat sie Scharfenberg zu lieb gehabt."[76]

Der umgearbeitete Vertrag wurde von Oberbürgermeister Böß, "dem selbstverständlich jene moralischen Skrupel nicht kommen konnten"[77], zunächst unterschrieben;

[71] Berlin, LA, SIS: CH, II, S. 65f.: Abschrift des Entwurfes.
[72] Berlin, LA, SIS: CH, III, S. 47.
[73] Berlin, LA, SIS: CH, III, S. 47.
[74] Berlin, LA, SIS: CH, III, S. 47.
[75] Berlin, LA, SIS: CH, III, S. 47.
[76] Berlin, LA, SIS: CH, III, S. 47.
[77] Berlin, LA, SIS: CH, III, S. 47.

doch nahm er seine Unterschrift sofort wieder zurück, als juristische Bedenken des Stadtsyndikus über eine nicht mit Sicherheit auszuschließende finanzielle Belastung der Stadt eingingen"[78].Als zusätzliche Schwierigkeit erhob sich plötzlich in der Stadtverordnetenversammlung Widerspruch gegen die Stiftung, da man hinter ihr politische Motive vermutete. Blume schrieb dazu:

> "Und was das Schlimmste ist - er kommt nun vor die Stadtverordnetenversammlung, wird politisch beurteilt, ausgenützt, breitgetreten; und wenn abgelehnt - was dann? Wird dann Herr von Borsig nicht verschnupft, verärgert sein? Muß dann unsere 'Margot' wieder über das Wasser nach Tegel geleitet werden? Mindestens ist dem Gönner die Freude an weiteren Scharfenberger Taten vergellt! Wer bezahlt nun die Zeche?? --
> Noch am Spätnachmittag eile ich nach Berlin. Der Oberbürgermeister ist nicht zu sprechen. Seine rechte Hand Herr Matter, ein dankbarer Schüler unseres Prof. Cohn, ist da - 'So verworren und unverständlich war lang keine Sache in unserem Büro. Sie sind zu bedauern!
> Ich diktiere in seinem Büro einen Brief an den Oberbürgermeister: 'Sie können sich nicht denken, hochverehrter Herr Oberbürgermeister, wie beglückt ich war, als es mir Ostern gelang, einen so vornehm denkenden Gönner zu finden, der für die alte Bolleinsel geradezu leidenschaftlich schwärmt und überraschendes Verständnis zeigte für einen Wesenszug der Scharfenbergschule, Schüler von höheren Schulen und ehemalige Gemeindeschüler gemeinsam hier schaffen und sich bilden zu lassen.' ... 'Der Wunsch des Herrn von Borsig, die Schule mindestens einmal 12 Jahre sich entwickeln zu lassen, ehe die Spende unser Eigentum wird, bedeutet absolut keine Bindung der Stadt; denn jeden Tag kann diese über die Insel anderes beschließen; das hätte weiter keine Folgen als die, daß die Schullandwirtschaft Herrn von Borsig die angeschafften Sachwerte wieder zur Verfügung stellt. Deshalb braucht meiner Meinung nach auch nicht erst die Zustimmung der Stadtverordneten eingeholt zu werden, ein Umweg, der infolge neuer Zeitverzögerung die noch ausstehende Restsumme für uns weiter entwerten würde. Alle Parteien freuen sich an dem in Scharfenberg sich entwickelnden Jugendwerk; der Vorwärts und die Deutsche Zeitung haben in diesem Monat gleich anerkennende Aufsätze gebracht. Es tut mir weh, daß die Stadt Berlin in den Kreisen der Familie und Firma Borsig durch das fast 3monatige Zaudern bei Annahme einer ohne jeden Hintergedanken gespendeten Summe in ein schiefes Licht zu geraten anfängt ...'"[79]

Verärgert wollte von Borsig sein Angebot schon zurückziehen, da stimmte schließlich die Stadtverordnetenversammlung doch noch zu[80]. Dabei kam es zu 'außergewöhnlichen' Mehrheitsverhältnissen, über die neben anderen Zeitungen[81] auch die Vossische Zeitung vom 05.10.1923 berichtete:

> "Im [...] Verlauf der Versammlung war es ganz interessant zu hören, daß Sozialisten und Kommunisten sich gegen die Aufbauschule auf der Insel Scharfenberg bei Tegel gewandt haben, weil die Firma Borsig für dieses pädagogische Unternehmen vor längerer Zeit 9 Millionen gestiftet und daran die Bedingung geknüpft hat, daß ein Vertreter der Firma im Kollegium der Schule [eine] beratende Stimme erhält. Stadtverordneter [Otto] Merten (Dem.) gab seiner Verwunderung über das Verhalten der Kommunisten und Sozialisten Ausdruck. Gerade in einer Zeit, wo es der Stadt nicht mehr möglich sei, noch Schulen einzurichten, müßte man es doppelt anerkennen, wenn eine große Industriefirma zum Aufbau einer Schule beitrage. Die übergroße Mehrheit der Versammlung nahm denn auch die Stiftung an."[82]

Somit konnte die endgültige Fassung des Borsigkontrakts beschlossen werden:

---

[78]   Berlin, LA, SIS: CH, III, S. 47f.
[79]   Berlin, LA, SIS: CH, III, S. 48f.
[80]   Vgl.: BLUME, Schulfarm (1928), S. 146.
[81]   So Blume in: Berlin, LA, SIS: CH, III, S. 48.
[82]   Die Verluste der Brennstoffzentrale. Wieder ein verkrachtes städtisches Unternehmen, in: Vossische Zeitung vom 05.10.1923.

"Unter der Voraussetzung, daß der Charakter der Insel Scharfenberg als Naturschutzpark erhalten bleibt, daß der auf der Insel Scharfenberg begonnene Schulversuch auf Grundlage einer Arbeits- und Lebensgemeinschaft während der Zeitdauer von mindestens 2 Schulbildungsgängen (=12 Jahren) durchgeführt wird und die Insel Scharfenberg der Schule für diese Zwecke überlassen bleibt, stellt die Firma A. Borsig G.m.b.H., Berlin Tegel, der Stadt Berlin für den landwirtschaftlichen Betrieb der Scharfenberg-Schule Sachwerte im Gesamtwert von 9 Millionen Mark (nach dem Stande vom 1. Mai 1923) zur Ergänzung des erforderlichen lebenden und toten Inventars einschließlich Saatgut und Düngemittel zur Verfügung. Die in einem gemeinschaftlich aufzustellenden Verzeichnisse näher bestimmten Inventarstücke verbleiben Eigentum der Firma A. Borsig G.m.b.H. und werden der Scharfenbergschule zur ordnungsmäßigen Bewirtschaftung im Sinne der §§ 587-589 des B.G.B.[83] unentgeltlich überlassen.

Das der Scharfenberg-Schule überwiesene Inventar wird der Firma A. Borsig G.m.b.H. in vollem Umfange in natura zurückgewährt, falls aus irgendwelchen Gründen der Schulversuch vorzeitig abgebrochen wird oder die Insel Scharfenberg durch anderweitige Verfügung der Stadt ihren Charakter als Naturschutzpark einbüßt. Im anderen Falle geht nach Ablauf von 12 Jahren das gesamte Inventar in das Eigentum der Stadt Berlin über.

Der Firma wird das Recht zugesprochen, für die Scharfenberg-Schule im Falle von Neuaufnahmen Schüler vorzuschlagen, die die Aufnahmebedingungen der Schule erfüllen. Die Gesamtzahl der durch die Firma A. Borsig G.m.b.H. in die Schule eintretenden Schüler soll 5 nicht übersteigen.

Ferner soll die Firma berechtigt sein, der Stadt Berlin jährlich 15 erholungsbedürftige Kinder zu bezeichnen, die unter den üblichen Bedingungen in den großen Sommerferien vom Jugendamt der Stadt Berlin zur Erholung verschickt werden.

An den Sitzungen des Arbeitsausschusses der Schule nehmen Vertreter der Firma A. Borsig G.m.b.H. mit beratender Stimme teil.

Berlin-Tegel 29.11.23."[84]

---

[83] Bürgerliches Gesetzbuch nebst Einführungsgesetz. Vom 18. August 1896 mit Berücksichtigung der bis 1. April 1919 ergangenen Veränderungen. Textausg. mit ausführlichem Sachregister. 14. Aufl. Berlin [u.a.] 1922:
"§ 587. Übernimmt der Pächter eines Grundstücks das Inventar zum Schätzungswerte mit der Verpflichtung, es bei der Beendigung der Pacht zum Schätzungswerte zurückzugewähren, so gelten die Vorschriften der §§ 588, 589.
§ 588. Der Pächter trägt die Gefahr des zufälligen Unterganges und einer zufälligen Verschlechterung des Inventars. Er kann über die einzelnen Stücke innerhalb der Grenzen einer ordnungsmäßigen Wirtschaft verfügen.
Der Pächter hat das Inventar nach den Regeln einer ordnungsmäßigen Wirtschaft in dem Zustande zu erhalten, in welchem es ihm übergeben wird. Die von ihm angeschafften Stücke werden mit der Einverleibung in das Inventar Eigentum des Verpächters.
§ 589. Der Pächter hat das bei der Beendigung der Pacht vorhandene Inventar dem Verpächter zurückzugewähren."
[84] Abschrift des Kontraktes vom 29.11.1923 in: Berlin, LA, SIS: CH, IV, S. 8. - Lt. br. Auskunft des das ehemalige Borsig-Firmen-Archiv beherbergenden Museums für Technik & Verkehr (Berlin) an D.H. vom 31.10.1985 finden sich in den Borsig-Archivalien keine Hinweise auf die Beziehungen zwischen Ernst von Borsig und der Schulfarm Insel Scharfenberg.

III.2.C.   DER LANDWIRT PAUL GLASENAPP

Durch den Abschluß des Vertrages mit der Firma Borsig war nun endgültig der Aufbau einer eigenen Landwirtschaft mit den damit verbundenen, bereits beschriebenen Perspektiven gesichert.

Die Leitung der Landwirtschaft übertrug Blume dem am 13.01.1902 in Oderbruch, Krs. Soldin, geborenen, also damals erst 21jährigen Paul Glasenapp (1902-1997)[85].

Paul Glasenapps Vater war Landwirt gewesen, der, nachdem er ein eigenes Gut infolge einer Bürgschaft verloren hatte, nach Berlin gezogen und hier als Unternehmer tätig gewesen war[86]. Hier in Berlin besuchte Glasenapp das Humboldt-Gymnasium[87]. Er gehörte dem Literarischen Verein des Humboldt-Gymnasiums an, war einer der 'Lieblingsschüler' Blumes und Klassenprimus[88]. Er gehörte zu den Schülern, die an dem Pfingstausflug 1918, an dem der 'Wiesenburger Traum' geträumt wurde, teilgenommen hatten - und nach eigenem Bericht ging ihm dieser Traum genauso wie Blume seitdem nicht mehr aus dem Kopf[89].

Da Glasenapps Eltern zwei Jahre vor dem Abitur nach Stettin zogen, in dessen Nähe der Vater als landwirtschaftlicher Administrator tätig wurde, mußte Paul Glasenapp das Humboldt-Gymnasium verlassen und an ein Gymnasium in Stettin wechseln. Als schließlich ein Jahr später der Vater starb, verließ er, um der Mutter nicht auf der Tasche zu liegen, ein Jahr vor dem Abitur die Schule.

In einem Gespräch berichtete Glasenapp 1985, Blume habe ihm angeboten, nach Berlin zuzückzukehren, bei ihm unentgeltlich zu wohnen und sein Abitur am Humboldt-Gymnasium zustande zu bringen. Doch er sei 'stur' geblieben und habe stattdessen eine landwirtschaftliche Ausbildung in verschiedenen landwirtschaftlichen Betrieben gemacht und sei dann Verwalter und Bewirtschafter eines Bauernhofes bei

---

[85]   Die folgenden (biogr.) Angaben entstammen, wenn nicht anders vermerkt, einem Gespräch zwischen Paul Glasenapp und Dietmar Haubfleisch / Annegret Wenz, geführt am 13./14.03.1985 in Minden. - Ergänzende Inf.: Glasenapp an D.H. br. vom 26.04.1985. - Und: I. Glasenapp an D.H. br. vom 31.08.1999. - S. Abb. 22.

[86]   Glasenapps Mutter stammte aus Minden. Eine Schwester Glasenapps heiratete später Paul Glasenapps Schulkameraden am Humboldt-Gymnasium, Gerhard Grüß. Ein Bruder, der zunächst das Humboldt-Gymnasium besuchte wechselte, dann - da Neusprachler - an ein Realgymnasium.

[87]   Das Humboldt-Gymnasium war das der elterlichen Wohnung am nächsten gelegene Gymnasium war. Zunächst besuchte Glasenapp die 3 am Humboldtgymnasium existierenden sog. Vorschulklassen und dann die eigentlichen Gymnasialklassen, in die man nach den bestandenen ersten drei Schuljahren nahtlos überging.

[88]   Berlin, LA, SIS: CH, II, S. 56.

[89]   Glasenapp an D.H. mündl. vom 13./14.03.1985.

Bramsche, Bez. Osnabrück geworden[90]. Trotzdem verloren sich Glasenapp und Blume nicht aus den Augen, so daß Glasenapp auch über die Ereignisse der im Aufbau befindlichen Scharfenberg-Schule informiert war[91].

Bereits kurz nach Beginn des Schulversuchs, noch im Mai 1922, war in einem Gespräch Blumes mit einem Vertreter des Jugendamtes "zum ersten Mal der Name Paul Glasenapp auf[getaucht], unseres landwirtschaftlichen Zukunftsmannes, so wie wir es einst auf der [...] Flämingtour [Pfingsten 1918] geträumt hatten."[92]

> "Am 22. und 23. Juli [1922] war Paul Glasenapp mein Gast [...], dessen Urteil über die landwirtschaftliche Ausnutzungsmöglichkeit unserer Insel ich gern hören wollte. Mit der Gewissenhaftigkeit, die ihn schon als Quintaner auszeichnete, mit einem Ernst, der weit über seine Jahre hinausweist, ging er mit seinem Rat zur Hand [...]."[93]

Bei dieser Gelegenheit setzte man sich sogleich zum "Schmieden landwirtschaftlicher Zukunftspläne"[94] zusammen.

Glasenapp berichtete, daß er seine Stellung in Bramsche keineswegs als eine Lebensstellung bzw. -aufgabe begriffen hatte; ja, daß er vielmehr ständig mit einem Ruf nach Scharfenberg gerechnet habe. Als dieser dann wirklich erfolgte, war er konsequenterweise sogleich zur Stelle. Im zweiten Band der Scharfenberger Chronik heißt es dazu in einem Eintrag zu Ostern 1923 von der Hand Blumes, daß Glasenapp bereits am 02. April, also zu einem Zeitpunkt, als der Streit mit der Familie Braun noch in vollem Gange und die Entscheidung für die Landwirtschaft noch keineswegs gefallen war, mit vollem Gepäck auf der Insel erschien[95]:

> "[...] morgens in aller Frühe schon hatte ich ihn an der Fähre begrüßen können; mit Rad und Flinte stand er da, nach durchfahrener Nacht aus Westfalen zu uns kommend, eine ragende schlanke Gestalt; ein prächtiges Symbol der Jugendkraft, die notwendig ist, wenn aus Scharfenberg etwas werden soll, ein Symbol auch des opferbereiten unegoistischen Geistes, der hier Erfordernis ist.
> Eine feste Stellung auf einem großen Oberschulzengut wird aufgegeben, die unsichere, 10fach mühevolle Zukunft Scharfenbergs dafür eingetauscht! 'Wenn einem doch nicht wieder einmal ein solcher Kerl über den Weg liefe, man müßte verzweifeln, daß der Entwicklungsgedanke in der Menschheit wirklich Geltung habe', schrieb ich in jenen Tagen an einen Schüler unter dem unmittelbaren Eindruck dieser 'Neuerwerbung'! Etwas seltsam war uns beiden wohl doch zu Mute, als wir herüberruderten: es hatte wohl keiner gedacht, daß sich der in Sekundanerzeiten mit Liebe ausgesponnene Traum einer Schulfarm, auf der die damaligen Sekundaner zu Männern geworden in harmonischem Zusammenwirken sich wiederfinden sollten, jemals verwirklicht würde. Und nun gesellt sich schon der zweite des alten Humboldtjahrgangs zu mir, neben

---

[90]   Glasenapp an D.H. mündl. vom 13./14.03.1985. - Glasenapp an D.H. br. vom 26.02.1985 (aber) schreibt: "Während unserer Schulzeit [im Humboldt-Gymnasium] haben wir mit Herrn Blume bereits den Plan mit großer Begeisterung gefaßt, später einmal eine 'andere' Schule zu gründen, eine 'Schulfarm'. In diese Zielrichtung lief auch meine landwirtschaftliche Berufsausbildung. Und eines Tages erreichte mich der Ruf Blumes, auf die Insel zu kommen - und wir fingen an, das Traumziel unserer Jugend und Blumes pädagogischen Lebens zu verwirklichen - unsere Schulfarm!"

[91]   Glasenapp an D.H. br. vom 26.04.1985: "Der Kontakt zu Blume blieb auch nach meinem Weggang von Berlin bestehen. Der Ruf nach Scharfenberg war für mich immer erwartet und erhofft."

[92]   Berlin, LA, SIS: CH, I, o.S.
[93]   Berlin, LA, SIS: CH, I, o.S.
[94]   Berlin, LA, SIS: CH, I, o.S.
[95]   Berlin, LA, SIS: CH, II, S. 57.

Helm Richter Paul Glasenapp, der einstige Primus. Selbst die Absicht des Jugendamtes, einen beamteten Jugendpfleger an diese Stelle zu setzen, war in 12. Stunde angeschlagen; und doch - jetzt da ich Glasenapps Stimme Hol über rufen hörte, ward mir schon zag - ich hatte ihm nicht alles so schreiben können; ich mußte annehmen, er sei des Glaubens, nun das Reich allein auf der Insel zu haben; und noch vor wenigen Abenden hatte mir Herr Braun beim Fischefangen erklärt: 'Das fragt sich, wer hie zu pflügen beginnt; im Wasserwerk hat man mir gesagt , ik soll mir uf die Hinterbeene setzen ' ...
Ich staunte, als der neue Landwirt so guten Mutes war trotz Brauns Drohungen, trotz des Fehlens des notwendigen Kapitals. An diese Ostertage werden wir unsere Lebenstage denken, an dies Nichtverzweifeln in verzweifelter Lage! Mancherlei mußte ich ihm erzählen, um die kaum haltbare Situation zu erklären, daß ich ihn von Osnabrück hergerufen, ohne eine rechte Bleibe, ohne Platz für das Vieh, geschweige denn Geld dafür präsent zu haben! Wie ein Glücksspieler, wie ein Spieler, ein Akteur im Drama war ich mir in letzter Zeit oft vorgekommen ..."[96]

Doch 'das Spiel' klappte, und Paul Glasenapp, der "zunächst ein Vierteljahr ohne Entgelt in Begeisterung für die Sache arbeitete, für die er schon als Sekundaner im Literarischen Verein des Humboldtgymnasiums mit seinem Lehrer geschwärmt hatte"[97], war der richtige Mann für die Leitung der Landwirtschaft auf Scharfenberg. Er sollte sich als einer von Blumes personellen Glücksgriffen erweisen: 21jährig übernahm er in voller Verantwortung den gesamten Aufbau der Landwirtschaft. Dabei hatte er in der Verwaltung und wirtschaftlichen Disposition völlig freie Hand, zog Schüler heran, leitete sie ins Landwirtschaftswesen ein und entwickelte sich zu einer der wichtigen Integrationsfiguren der Scharfenberger Gemeinschaft. In einem beeindruckenden Brief an Glasenapps Mutter, Emma Glasenapp (1871-1950)[98], konnte Blume bereits ein Jahr später berichten:

"[...] Ostern jährt sich der Tag, an dem Paul bei uns in Scharfenberg eingezogen ist; ich möchte diesen Gedenktag benutzen, endlich an Sie einige Zeilen zu richten und auch Ihnen gegenüber meiner Freude Ausdruck zu geben, daß unser Abenteuer bis jetzt so gut angeschlagen ist; nicht, daß ich jemals daran gezweifelt hätte, Paul könne nicht der richtige Mann dazu sein, aber sehr wohl hätten sich doch die Verhältnisse übermächtig erweisen können; hatten wir doch an dem Tage, als Paul an der Fähre sein hoffnungsvolles Holüber rief, nichts, rein garnichts, noch nicht einmal zweifelsfrei den bisher vom Pächter bestellten Acker, kein Gerät, kein Saatgut, da ich ja in 12. Stunde mich zu dem Entschluß durchgerungen hatte, den Millionensegen aus tschechoslowakischen Händen zurückzuweisen, die uns unsere moralische Freiheit nehmen wollten. Der Lohn ist ja nicht ausgeblieben, indem Herr von Borsig in die Bresche sprang. Trotzdem waren die ersten Monate hart, sehr hart für uns, und Paul und ich haben Seite an Seite im Vordertreffen gestanden und die Zähne zusammengebissen. Ich habe manchmal mir Gewissensbisse gemacht, ob ich es verantworten konnte, den Mitstreiter aus den ruhigeren westfälischen Hofverhältnissen in solch aufreibendes und sogar finanziell ganz unsicheres Unternehmen gerissen zu haben; aber nun sind wir ja allem Anschein nach hindurch; das Mattsetzen des Pächters, sein Fortzug schafften uns die erste Luft; die vom Reich gespendete Zuschuß war mir der allergrößte Freude, da ich nun endlich die Mühsal des ersten Halbjahres dem wackersten Mitarbeiter auch äußerlich einigermaßen entgelten konnte; und wenn auch jetzt, wie es den Anschein hat, der Etat angenommen wird, wie ich ihn für unsere 'städtische Schulfarm' beantragt habe, wäre Paules Stellung (in Gruppe VIII der Gehaltsskala) so lange gesichert, wie er bei uns bleiben will. Gewiß vermißt er als Fachmann manches, was ihm ein landwirtschaftlicher Großbetrieb bieten würde; aber ich beruhige mich mit der Überlegung, daß ihm die Selbständigkeit der Entschließungen, die Möglichkeit, etwas aus dem Nichts verantwortungsvoll in so jungen Jahren zu schaffen, für jenen Verzicht ein Äquivalent sein dürfte, daß das Zusammenleben mit unseren Lehrern und den Schülern, das Kennenlernen so mancher

---

96   Berlin, LA, SIS: CH, II, S. 57f.
97   BLUME, Bericht (1923), Bl. 185r.
98   Lebensdaten von Emma Glasenapp: I. Glasenapp an D.H. br. vom 31-08.1999.

interessanten Persönlichkeit aus Behörden- und Gastkreisen ihm doch manche geistige Anregung bringt, die er umgekehrt auf dem größeren Bauernhof entbehrt hätte. Ich habe deutlich den Eindruck, als ob Paul, überernst für seine Jahre, bei uns wieder jünger geworden ist! Haben Sie schon davon gehört, daß er sogar wieder wie einst in Sekundanerzeiten die Liebhaberbühne betreten und zum Staunen Tegels den Präsidenten von Walter in Kabale und Liebe gespielt hat und zwar mit einer so selbstverständlichen Elastizität, die mich im stillen wundernahm? Und seine ungleich wichtigere Hauptrolle als landwirtschaftlicher Inspektor unseres kleinen Inselreichs - das möchte ich Ihnen gegenüber aussprechen, ihm selbst darf ich damit nicht kommen - füllt er dermaßen aus, daß die anfangs nicht geringen Zweifel bei den Behörden, ob der neue Mann nicht zu jung sei, völlig verstummt sind und diese mir nach Besuchen der Insel schon des Öfteren gratuliert haben, den richtigen Mann für den richtigen Platz gefunden zu haben!"[99]

Über das Verhältnis zwischen Blume und Glasenapp nach zehn gemeinsamen Scharfenbergjahren erfahren wir aus einem Zeugnis, das Blume Glasenapp zum Ende seiner Tätigkeit auf Scharfenberg ausstellte. Blume betonte, daß die gemeinsame Scharfenberger Zeit "10 schöne Jahre wirklicher Zusammenarbeit gewesen sind, angefüllt mit zäher Arbeit in Stall, Feld und Wiese, mit gemeinsamen pädagogischen Erfahrungen, die an Freuden und Enttäuschungen, an Schwierigkeiten und psychologischer Schulung in einem Internat viel reicher und intensiver sind als in einer Tagesschule"[100]; nun trenne "sich Herr Glasenapp von diesem Boden, auf dem er sich in praktischer, in fachlicher, in pädagogischer Hinsicht und nicht zuletzt als innerlich vornehmer Mensch in einem Maße bewährt hat, wie ich es noch keinem meiner Mitarbeiter habe bescheinigen können."[101] Schon 1931 hatte Blume über Glasenapp geschrieben:

"Herr P. Glasenapp ist in erster Linie an dem Aufbau und der Entwicklung der Schulfarm beteiligt gewesen; von allen bisher hier tätigen Lehrkräften ist er unstreitig durch Erfassen der Idee und eigener 8 Jahre dauernder Wirksamkeit mit ihr am stärksten verwachsen. Er hat nicht nur die Feld- und Viehwirtschaft zur Blüte gebracht, sondern unterweist auch die ca. 20 Mann zählende Gruppe besonders für Landwirtschaft Interessierter ständig in ihren wichtigsten Funktionen, ist für sie in besonderem Maße verantwortlich, sozusagen als Kameradschaftsführer; verteilt auch unter die übrigen 80 die praktischen Aufgaben an den Arbeitstagen, leitet sie an, überwacht die Ergebnisse, wird oft auch im eigentlichen Schulunterricht herangezogen, etwa im Biologieunterricht (Nutzpflanzen!) oder in der Chemie (Düngemittel!) oder im Themaunterricht (Der Bauer!), fungiert als Führer beim Besuch entsprechender Ausstellungen, gibt den Schwimmunterricht, zu dem er die Qualifikation besitzt, und ist Kommandant der Schülerfeuerwehr, unterrichtet diese auch theoretisch, hält Samariterkurs[e] mit ihnen ab.
Dazu kommt - beinahe wichtiger als diese direkte und indirekte Unterweisung - seine Eignung zu wesentlicher Mitarbeit in den eigentlichen Erziehungsfragen; die schwierigsten und intimsten Probleme, wie sie sich fasst täglich bei unseren 14-19-Jährigen ergeben, kann ich mit ihm am besten überlegen und überwinden; er ist darin weit über noch so vorzüglich patentierte Assessoren zu stellen!
Seine Persönlichkeit in ihrer schlichten Vornehmheit und biederen Herzlichkeit ist schon vielen Schwankenden ein Halt geworden; ein stilles Stündchen in der 'Landwirtschaftskammer' oder eine von mir ad hoc verabredete Mitfahrt bei Wagentransporten hat schon manchen erleichtert und vieles ans Licht gebracht, was dann für die psychologische Beurteilung und Hilfe heilsam ausgewertet werden konnte. Für eine Schulfarm, die aufs engste Verbindung von Theorie und Praxis den entscheidenden Wert legt, ist es ein Glück, einen Menschen im Kollegium zu haben, in dem sich für die Jungen diese Kombination lebendig verkörpert; schon die Kleinigkeit, daß

99   PS Glasenapp: Blume an Emma Glasenapp br. von Ostern 1924.
100 PS Glasenapp: Zeugnis für Glasenapp von Blume [ca. 1933].
101 PS Glasenapp: Zeugnis für Glasenapp von Blume [ca. 1933].

sie sich bei diesem Landwirt auch Rat in ihren Schulsachen holen können, beim praktischen Arbeiten mit ihm darüber sprechen können, ist ein unbezahlbares Imponderabile, das nach beiden Richtungen hin sich fördersam erweist.
Ich breche ab und schließe mit der Konstatierung, daß ich die Insel nur dann verlasse, wenn Herr Glasenapp dort ist; nur dann weiß ich sie und die Schüler geborgen."[102]

Wie wichtig Glasenapp, der 'richtige Mann an der richtigen Stelle', als ausgebildeter Fachmann für die Landwirtschaft der Schulfarm und damit für die Entwicklung der Schulfarm selbst war, mag ein Hinweis auf Siedlungsversuche der Jugendbewegung verdeutlichen, die, wie zum Teil von den 'Siedlern' selbst eingestanden wurde, nicht selten an dem Faktum scheiterten, daß sie von 'Dilettanten' betrieben wurden:

"Auch Landleben muß man lernen. So scheiterten denn auch alle unsere Siedlungsversuche im großen bisher an dem absoluten Unvermögen des unnatürlichen Städters vor der Natur."[103]

Manfred Fuchs benennt in seiner Arbeit über "Probleme des Wirtschaftsstils von Lebensgemeinschaften, erörtert am Beispiel der Wirtschaftsunternehmen der deutschen Jugendbewegung" als die wichtigsten Gründe für das Scheitern zahlreicher dieser Versuche die fehlende wirtschaftliche Zielsetzung und die Unterschätzung wirtschaftlicher Notwendigkeiten. Sie komme vor allem in folgenden Fehlern zum Ausdruck: der ungünstigen Wahl des Standortes (schlechte Bodenqualität, ungünstige Klimaverhältnisse u.a.), der Unfähigkeit, exakte finanzielle Berechnungen anzustellen und das notwendige Kapital zu beschaffen, dem Mangel an ausgebildeten Facharbeitern und an Menschen, die für landwirtschaftliche Arbeit geeignet sind, damit verbunden der Wahl und der Beibehaltung unwirtschaftlicher Betriebszweige aus Mangel an Einsicht oder wegen der Verfolgung ideeller Ziele[104].

Als ein Beispiel sei auf den 'Habertshof', ein nach dem 1. Weltkrieg in der Rhön entstandenes Siedlungsprojekt der Jugendbewegung, hingewiesen[105]. Emil Blum, der seit 1922 den Habertshof leitete und mit Kursbeginn zum 01. Juni 1924 mit zehn Schülern den ersten Kurs einer neuen Volkshochschule eröffnete[106], verweist darauf, daß ebenso, wie zahlreiche andere Siedlungen aus der Jugendbewegung bald nach ihrer Gründung wieder zusammengebrochen seien, "auch der Habertshof Schiffbruch erlitt[en]"[107] habe und sich notgedrungen von seinem ursprünglichen Konzept, einer genossenschaftlichen Siedlung mit Landwirtschaft, lösen mußte:

"Die Ursachen des ersten Zusammenbruches sind wohl in erster Linie in mangelnder Sachkenntnis der Siedler zu suchen. Die mangelnde Rentabilität schien erst allein im Kapitalmangel begründet und wurde durch die Entbehrungen in einigem wett gemacht. Die späteren Erfahrungen lassen aber deutlich genug erkennen, daß unsachliche Arbeitsweise größeres Unheil

---

[102]   Berlin, BA: Bestand Reichsministerium für Wissenschaft, Erziehung und Volksbildung, Nr. 4702, Bl. 56v und 57r: Schreiben des Provinzialschulkollegiums (Schmidt) an den Minister für Wissenschaft, Kunst und Volksbildung vom 17.08.1931 betr. feste Anstellung des Diplomlandwirts Glasenapp an der Schulfarm, eine vorangegangene Stellungnahme Blumes zitierend.
[103]   SPARTAKUS IN GRÜN, Schulfarmen, in: Die Tat. Monatsschrift für die Zukunft deutscher Kultur, Jg. 11 (1919/20), Bd. 2: Oktober/März, S. 856-859, hier S. 856.
[104]   FUCHS, Probleme des Wirtschaftsstils von Lebensgemeinschaften, S. 156.
[105]   Zum Habertshof ausführlicher s. S. 474f.
[106]   BLUM, Emil, Der Habertshof. Werden und Gestalt einer Heimvolkshochschule, Kassel 1930, S. 36.
[107]   BLUM, Habertshof, S. 15.

stiftete als die Überschuldung, welche von Anfang an auf der Siedlung lastete. Wenn der Dilettantismus der Arbeit im folgenden an einigen Beispielen erläutert wird, so mag es sein, daß auch Beobachtungen späterer Zeit hier bereits genannt werden. Hat doch dieser Krebsschaden weiter gedauert und die Siedlung auch später dicht an den Zusammenbruch geführt."[108]

Unter Glasenapps fachmännischer Leitung machte die Landwirtschaft - parallel zur Gesamtentwicklung - eine gute und rasche Entwicklung durch[109] und die Schulfarm entwickelte sich hier "fast im Sinne einer Produktionsschule"[110]. Schon im ersten Jahr trug sie ihre 'Früchte'. Zwar war es noch ein wenig zu optimistisch, von "Berliner Schüler[n] als Selbstversorger"[111] zu sprechen, doch konnten tatsächlich schon 2/3 der benötigten Kartoffeln, Obst und sämtliches Gemüse für die Küche sowie das Korn und die Futterrüben für das Vieh geerntet werden; der eigene Stall lieferte ausreichend Milch[112].

"Die Scharfenberger Kirschenernte, die sich [1923] auf Millionen beziffert, ermöglicht es uns jetzt, auch weiterhin ohne Gehaltsforderung an die finanziell schwer kämpfende Stadt auszukommen und einige in der ersten landwirtschaftlichen Kampagne trotz Borsigspende entstandene Schulden zu decken."[113]

Im Herbst 1923 konnte man dann zum erstenmal das - in den nächsten Jahren zu einer festen 'Institution' der Schulfarm werdende - 'Erntefest' feiern[114].

III.2.D.   ZUR GESCHICHTE DES BEGRIFFS UND DER IDEE DER 'SCHULFARM'

Die Bezeichnungen für den Schulversuch auf der Insel Scharfenberg wechselten im Lauf der Jahre, besonders in der Anfangsphase. Blume bemerkte zu dieser Unsicherheit in der Namensgebung 1923:

"Es ist amüsant, welche Bezeichnungen unserer Schule in der Öffentlichkeit bereits beigelegt sind, die sie offenbar schwer rubrizieren kann: Gemeindeschule, Schulgemeinde, Gemeinschaftsschule, Neues Gymnasium, Schülerheim, Freiluftschule, Robinsonschule [...]."[115]

---

[108] BLUM, Habertshof, S. 15. - BLUM, Habertshof, nennt S. 15-18 ausführlich Beispiele.
[109] Zur weiteren Entwicklung der Scharfenberger Landwirtschaft s. S. 529ff.
[110] RICHTER, Wilhelm, Scharfenberg 1928-1932, in: Ders., Schulerinnerungen, Berlin 1976, S. 9-16; wieder in: Neue Sammlung, Jg. 17 (1977), Heft 1, S. 110-115, hier (1976) S. 10. - Bereits bald nach Beginn der ersten gärtnerischen Erträge der jungen Versuchsschule bemerkte Blume (u.a.) in: Berlin, LA, SIS, CH, I, o.S. (Eintrag zu Pfingsten 1922): "Scharfenberg ist auf dem Wege zur Produktionsschule!!"
[111] So: HILDEBRANDT, Paul, Berliner Schüler als Selbstversorger. Das Internat auf der Insel Scharfenberg, in: Vossische Zeitung vom 25.09.1923, Morgenausg., 1. Beil.
[112] BLUME, Schulfarm (1924), S. 320.
[113] BLUME, Bericht (1923), Bl. 185r.
[114] BLUME, Schulfarm (1928), S. 146.
[115] BLUME, Bericht (1923), Bl. 265r.

Eine gewisse 'Stabilisierung' des Namens ergab sich mit der Errichtung der zu dem Schulversuch gehörigen Landwirtschaft, mit der die Bezeichnung 'Schulfarm Insel Scharfenberg' entstand.

1959 schrieb Blume über die Entstehung dieser Bezeichnung, Elisabeth Rotten habe spaßeshalber einen Brief 'An die Farmschule Insel Scharfenberg' gerichtet. Diese Begrifflichkeit habe dem bei der Erledigung der Korrespondenz Blume helfenden Schüler Walter Jandt so sehr gefallen, daß er ihn behalten wollte. Blume habe jedoch eine 'Ungenauigkeit' entdeckt, da die Schule ja keine Farmer ausbilde, und daher die Komposition in 'Schulfarm' umgestellt[116]. Als 'Ferma Szkolna' tauchte diese Namensform dann wohl erstmals publiziert im Herbst 1923 in einer polnischen Zeitung auf[117].

Doch ganz so neu und auch 'originell', wie Blume 1959 vorgab, war der Begriff 'Schulfarm' im Jahre 1923 nicht. Blume selbst hatte ihn bereits 1920 verwendet, als er in seinen 'Augenblicksbildern' die Aussicht des Humboldt-Gymnasiums auf den Erwerb des Stolper Schulgemeindeheimes 1919 beschrieb und schwärmte:

"Eine Schulfarm [!] en miniature! Verschwommen, doch lockend taucht in dieser glückhaften Stunde [...] die Idealschilderung von Sassaja [sic!; richtig: Jasnaja] Poljana, der wirtschaftenden Kindergemeinde auf dem Gut des Grafen Tolstoi vor dem geistigen Auge auf"[118].

Mit dieser Äußerung weist Blume nicht nur indirekt auf eine der historischen Quellen für den 'Schulfarm'- Gedanken, nämlich auf Tolstois 'Jasnaja Poljana'[119], hin; vielmehr gibt der Zeitpunkt dieser Aussage einen ersten Hinweis darauf, daß Blume hier eine 'Anlehnung' macht, auf die er freilich selbst an keiner Stelle direkt hinwies. Denn der 'Schulfarm'-Begriff und die 'Schulfarm'-Idee wurde genau in den Jahren 1919/20 von Ludwig Gurlitt[120] in die reformpädagogische Diskussion eingebracht.

Dabei weist Gurlitts 'Schulfarm'-Idee mit dem auf der Insel Scharfenberg realisierten Versuch von der Grundidee bis hin zu Einzelaspekten solch weitgehende Parallelen auf, daß davon ausgegangen werden kann, daß Blume - auch wenn dies in

---

116 BLUME, Erinnerungen, S. 27f.: "Übrigens ist auch unser Name hier in der Veranda [des Bolle-Hauses] geboren: Jeden Mittwochnachmittag wurde hier die fällige Korrespondenz erledigt, wobei ein Schüler als Chefsekretär fungierte. Diese sind dadurch nicht nur mit der Schreibmaschine, sondern auch mit behördlichem Schriftverkehr und manchem anderen noch vertraut geworden - praktische Staatsbürgerkunde. Eines Nachmittags war unter anderem ein Brief unserer Schweizer Freundin Elisabeth Rotten zu beantworten; sie hatte wohl in einem lustigen Augenblickseinfall als Anschrift 'An die Farmschule Insel Scharfenberg' gewählt. 'Das könnten wir doch eigentlich übernehmen', meinte der damalige Verandahelfer, [...] 'Bubi' Jandt hieß er. 'Meinetwegen', meinte der Diktierende, 'aber wäre es nicht logischer, 'Schulfarm' zu sagen, denn wir bilden doch keine Farmer aus.' - Eine vollkommen harmlose Zwischenbemerkung; aber Bubi J. hat seitdem mit der ihm eigenen Ausdauer für jeden Brief diese Absenderadresse beibehalten, und so bürgerte sie sich ein ... [sic!]."
117 Ferma Szkolna, in: Illustracja Polska, Poznan, Jg. 2 (1923), S. 521.
118 BLUME, Augenblicksbilder, S. 148, betr. der Schilderung der Aussicht des Erwerbs des Stolper Schulgemeindeheims 1919. - S. dazu S. 105.
119 S. zu Tolstois Schule S. 105. -
     Als weitere mögliche historische Quellen sei hier nur kurz Goethes 'Pädagogische Provinz' genannt'. - S. zu Goethes 'Pädagogischer Provinz' S. 462.
120 Vgl. zu Gurlitt S. 58f.

den Scharfenberger Quellen direkt an keiner Stelle gesagt wird - den Begriff nicht nur gekannt, sondern für seinen Schulversuch 'verwendet' hat. Daher erscheint ein genaueres Eingehen auf Gurlitts 'Schulfarm'-Vorstellungen an dieser Stelle angebracht.

Nach der Novemberrevolution 1918 hatte sich in München eine 'Gesellschaft für neue Erziehung' gebildet, der sich auch Ludwig Gurlitt anschloß. Gurlitt wurde hier "vor die Aufgabe gestellt [...], als Vorsitzender der Sektion zunächst für das höhere Schulwesen, sodann für Hochschulwesen neue Grundsätze für eine Schul- und Hochschulreform auszuarbeiten"[121]. Als ein Ergebnis dieser Arbeit veröffentlichte er 1919 in der 'Neuen Erziehung', der Zeitschrift des Bundes entschiedener Schulreformer, 'Richtlinien für die Umgestaltung des gesamten staatlichen Erziehungswesens in Preußen und Deutschland'[122]. Gurlitt forderte hierin eine "neuzuschaffende Einheitsschule", deren Aufgabe es sein sollte, "jedem Kinde beiderlei Geschlechts die Ausbildung seiner eingeborenen Kräfte nach Maßgabe seiner Natur zu gewährleisten"[123]. Um dies zu ermöglichen, sollte die neue Schule unter Einbeziehung von Ärzten und praktischen Psychologen zunächst einmal die Kräfte der Schüler auffinden[124]. So sehr die Kräfte der Kinder gefördert werden sollten, so wenig sollte man die Kinder auf Gebieten fordern, auf denen sie kein Talent besaßen, denn es sei "sinnlos, von einem Menschen Leistungen zu verlangen, zu denen er auf Grund seiner natürlichen Anlagen nicht befähigt ist"[125]. Die Gefahr der Vereinseitigung sah Gurlitt nicht als Problem an, seien es doch gerade "die Einseitigen [...] zu allen Zeiten gewesen, die die Kultur vorwärts gebracht haben."[126] Gurlitt erkannte, daß diese Einsichten "eine neugeistige Schulorganisation voraus[setzten]"[127]. Er forderte daher die Umgestaltung der "bloßen Lehr- und Lernschulen" in "Arbeitsschulen", die es dem Schüler ermöglichten "als selbsttätiger Mensch die Freudigkeit zu empfinden, die jedes Leben nach selbst anerkannten Zielen und jede natürliche Kraftentfaltung auf körperlichem und geistigem Gebiete entzündet."[128] Weiter forderte Gurlitt eine Demokratisierung des Schulwesens. Die 'Schuldisziplin' solle "nicht automatisch durch die Willkür des Höchstkommandierenden und den Gehorsam seiner Untergebenen durchgeführt werden, sondern in der besonders von Dr. Wyneken in seiner 'freien Schulgemeinde' mit sieghaften Gründen theoretisch und praktisch durchgeführten Methode parlamentarischen Geistes."[129] Das bedeutete, daß sich die Schüler ihre Schulgesetze in Gemeinschaft mit dem Lehrer selbst erarbeiten:

> "Das macht sie mit verantwortlich für den Schulgeist und bereitet sie für das öffentliche soziale Leben vor, in dem sie auch dereinst als Gestalter und Hüter der bürgerlichen Rechte und Pflichten leben und wirken wollen."[130]

---

[121] GURLITT, [Autobiographie], S. 63.
[122] GURLITT, Ludwig, Richtlinien für die Umgestaltung des gesamten staatlichen Erziehungswesens in Preußen und Deutschland, in: Die Neue Erziehung, Jg. 1 (1919), S. 17-19.
[123] GURLITT, Richtlinien, S. 17.
[124] GURLITT, Richtlinien, S. 17.
[125] GURLITT, Richtlinien, S. 17.
[126] GURLITT, Richtlinien, S. 17.
[127] GURLITT, Richtlinien, S. 17.
[128] GURLITT, Richtlinien, S. 18.
[129] GURLITT, Richtlinien, S. 18.
[130] GURLITT, Richtlinien, S. 18.

Zur Förderung eines neuen 'Jugendlebens' sollte nicht nur das Verhältnis Lehrer-Schüler, Erwachsener-Jugendlicher ein anderes werden, sondern auch die Beziehung der Jugendlichen untereinander:

> "Zur Bekämpfung des verderblichen, dem natürlichen Empfinden der Jugend durchaus fremden Kastengeistes und zur Förderung eines zwanglosen, auf gegenseitiges Verstehen und auf Hilfsbereitschaft gerichteten Lebens, soll die starre Einfügung der Schüler in Klassenjahrgänge nach Möglichkeit gelockert werden. Der Knabe sucht den Jüngling und der Jüngling ist sein bester Führer. Die frühe Absonderung aber nach Klassenjahrgängen und die Verhinderung eines zwanglosen Gemeinschaftslebens unter allen Altersklassen erzeugen einen engherzigen Sinn: der ältere Schüler kümmert sich nicht um den jüngeren, der jüngere wagt sich nicht heran an den älteren. Die Folge ist, daß sich ein Verantwortungsgefühl aller allen gegenüber nicht entwickeln kann. Eine weitere Folge: die Übertragung des engherzigen, dünkelhaften, so unheilvollen Kastengeistes auch in das Studentische und von da aus in das gesamte Staatsleben. Die bisher durchaus antisozialen Schulen müssen zu Pflegstätten sozialen Empfindens und Wirkens werden." [131]

Zu den Besonderheiten der neuen Schule, wie Gurlitt sie anstrebte, zählte ihre geographische Lage:

> "Wünschenswert ist, möglichst alle Schulen in die freie Natur zu verlegen, wie das z.B. in England schon weitgehend durchgeführt ist. Die Schäden des Großstadtlebens auf das jugendliche Gemüt und die gesamte körperliche und geistige Entwicklung der Kinder sind bekannt genug. Völker, die der Natur entfremdet sind, können auf keinem Gebiete der Künste Wertvolles und Dauerndes leisten. 'Rückkehr zur Natur' in rechtverstandenem Sinne, d.h. ohne Aufgabe der wertvollen bisher errungenen Kulturgüter, das wird auch für die Erziehung des Deutschen Volksstaates ein wertvoller Grundsatz sein." [132]

Die Schulen sollten also weder 'allzuweit' in die Natur gelegt werden, noch sollten sie, wie die alte Schule, "vom gesamten äußern Leben abgetrennte Lernschule sein" [133]. Vielmehr "müssen [sie] in unmittelbarer Verbindung mit den häuslichen und in unmittelbarer Beziehung zu dem gesamten sozialen Leben stehen. Dadurch wird der Schüler sie als die Stätte lieben lernen, wo innerhalb des gesamten Kulturlebens sein eignes Jugendleben am reichsten zur Entfaltung kommen kann." [134]

---

[131] GURLITT, Richtlinien, S. 18f.
[132] GURLITT, Richtlinien, S. 18.
[133] GURLITT, Richtlinien, S. 18.
[134] GURLITT, Richtlinien, S. 18.

Nachdem seine konzeptionellen Überlegungen zunächst stecken zu bleiben schienen, habe Gurlitt in der, wie er schrieb, unzufriedenen Situation, "als rettenden Gedanken den Plan der 'Schulfarm'"[135] gefunden:

> "Als ich schon beschämt mein Unvermögen eingestehen wollte, da kam mir blitzartig, wie alle guten Gedanken kommen, wie eine Eingebung die Idee der 'Schulfarm'. Sofort schossen nach diesem Zentrum alle meine bisherigen Gedanken über das Erziehungswesen zusammen und ordneten sich wie von selbst um den einen Grundgedanken, wie in Kristallen sich die Strahlen nach dem Zentrum hin orientieren."[136]

Laut Gurlitt fanden seine Schulfarm-Gedanken zunächst in der 'Gesellschaft für neue Erziehung'[137], dann auch in größerem Kreise, so in Vorträgen vor dem 'Verbande für neue Kultur der Schule' in München und der sozialistischen Arbeiterjugend München-Mitte[138], breite Zustimmung. In der Zeitschrift des 'Bundes Entschiedener Schulreformer', der 'Neuen Erziehung', bekam Gurlitt 1919 mehrfach Gelegenheit, seine Gedanken zu veröffentlichen[139], 1920/21 dann ebenso in der Zeitschrift 'Heimatschule'[140]; weiteren schriftlichen Niederschlag fand der Schulfarm-Plan in Gurlitts Autobiographie aus dem Jahre 1927[141].

Das größte Podium aber dürfte Gurlitt 1920 im Zusammenhang mit der Reichsschulkonferenz sowie in deren Gefolge in dem voluminösen Bericht-Band der Konferenz, der ihre Ergebnisse festhielt und diese so einer breiten pädagogisch interes-

---

135 GURLITT, [Autobiographie], S. 63. - Historische Bezugnahme: GURLITT, Ludwig, Schulfarmen, in: Die Heimatschule. Halbmonatsschrift zur Pflege deutscher Volkserziehung und bodenständiger Bildung durch Schule und freies Bildungswesen. Organ des Reichsbundes 'Heimatschule', Jg. 1 (1920/21), Teil 1: Heft 5 (September 1920), S. 137-141 und Teil 2: Heft 19 (April 1921), S. 588-594, hier S. 140. - GURLITT, [Autobiographie], S. 64: "Er [der Schulfarmgedanke] wird bei allen ernsthaften Sozialisten Unterstützung finden, wird er doch schon lange von sozialistischen Pädagogen wie Robert Seidel [(1850-1933)] in Zürich, Otto Rühle [(1874-1943)] und Heinrich Schulz [(1872-1932)] vertreten. Auf die gesamte Schuljugend, auch die 'höhere', hatte ihn noch niemand ausdehnen wollen. Aber gerade darin liegt das Erlösende, weil Versöhnende." - Eine andere Quelle, nämlich das amerikanische Reformschulwesen, deutet Blüher (BLÜHER, Hans, Wandervogel. Geschichte einer Jugendbewegung, 1. Teil: Heimat und Aufgang, 3. Aufl. Berlin 1913, S. 39) an, indem er Gurlitt wie folgt zitiert: "Unser Unterricht auf dem Gymnasium ist im wesentlichen die tollste Verkrüppelung. In Amerika beginnt man jetzt mit Reformschulen. Da werden zum Beispiel die jungen Leute mit ein paar Schafen zusammengetan und es wird ihnen gesagt: so jetzt macht euch mal Käse oder ein paar Schuhe davon! Ich bin überzeugt, keiner von Ihnen weiß, wie man Käse macht, und Sie würden bei lebendigem Leibe verhungern, wenn man Sie da in den Stall sperren würde."

136 GURLITT, Schulfarmen, S. 139.

137 GURLITT, [Autobiographie], S. 63. - Sowie: GURLITT, Schulfarmen, S. 137f.

138 GURLITT, Schulfarmen, S. 140.

139 GURLITT, Richtlinien. - GURLITT, Ludwig, Umwandlung der Kadettenanstalten in Schulfarmen, in: Die Neue Erziehung, Jg. 1 (1919), S. 858f. - GURLITT, Ludwig, Aufruf!, in: Die Neue Erziehung, Jg. 1 (1919), S. 418-422. - Vor diesen Aufsätzen über den 'Schulfarm'-Gedanken war bereits ein weiterer Artikel Gurlitts in der Neuen Erziehung erschienen: GURLITT, Ludwig, Begeisterung für das neue Erziehungswerk, in: Die Neue Erziehung, Jg. 1 (1919), S. 58-64.

140 GURLITT, Schulfarmen.

141 GURLITT, [Autobiographie], S. 63f.

sierten Öffentlichkeit zugänglich machte, bekommen haben[142]. Auf Gurlitts Anfrage, ob bei der Reichsschulkonferenz eine eigene Kommission für Schulfarmen willkommen wäre, wurde zustimmend geantwortet und der 'Ausschuß für Schulfarmen' als Unterabteilung des (5.) Ausschusses für Arbeitsunterricht eingerichtet. Hier wurden in der Sektionsarbeit die 'Leitsätze: Schulfarmen' erarbeitet und "fast ohne Debatte"[143] verabschiedet:

"Die Schulfarm ist der Neubau einer Arbeits- und Lebensgemeinschaft zwischen Lehrern und Jugend mit der Aufgabe, die gesamten körperlichen und geistigen Kräfte auf die Bearbeitung und pädagogische Ausnutzung des ihr zugewiesenen Bodens und der daraus erforderlichen Handwerksgemeinschaft einzustellen und zu schulen. Aus dem lebendigen Betrieb heraus soll ein neuer Arbeits- und Lehrplan, sollen neue Lehrmittel und Methoden geschaffen, schöpferische Lehrkräfte zur Entfaltung gebracht werden.

1. Die Schulfarm ist eine notwendige Form der Versuchsschule. Sie kann eingerichtet werden:
a) als Sonderschule (Internat),
b) in Verbindung mit bestehenden Schulen als Tages- und Halbtagsschulen oder, wo sie weit aus der Stadt hinaus verlegt werden muß, als Halbjahrsschule.

2. Sie ordnet sich in den Einheitsschulplan ein.

3. Sie stellt sich grundsätzlich auf den Boden der Arbeitsschule, verarbeitet insbesondere selbständig ihre Erziehungsverfahren.

4. Sie erstrebt eine Verbindung der Erziehungskräfte von Elternhaus und Landschulheim für die gesamte Jugend.

5. Sie ist allgemeine Erziehungsschule, nicht Fachschule.

6. Sie will die handwerkliche und gärtnerische Betätigung (auch Kleintierpflege) nach den wirtschaftlichen und kulturellen Bedürfnissen der Schulgemeinschaft in den Mittelpunkt der Unterweisung und Erziehung stellen.

7. Die Farm soll die engere Heimat der Farmschüler werden; ihr widmen Lehrer und Lehrerinnen, Schüler und Schülerinnen ihre körperlichen und geistigen Kräfte in gemeinsamer Arbeit.

8. Die Schulfarm erarbeitet sich möglichst alles das selbst, was sie zu ihrem Betrieb nötig hat.

9. Der Ertrag der gärtnerischen und sonstigen Arbeit darf nur zugunsten der Farm verwertet werden.

10. Das Maß der Arbeit ist den körperlichen und geistigen Kräften der Jugend anzupassen: Jede wirtschaftliche Ausbeutung ist ausgeschlossen.

11. An allen für den Wirtschaftsbetrieb nötigen Arbeiten nehmen alle Schüler und Schülerinnen nach dem Gemeinschaftsbedürfnisse teil.

---

[142] S.: Die Reichsschulkonferenz 1920. Ihre Vorgeschichte und Vorbereitung und ihre Verhandlungen. Amtlicher Bericht, erstattet vom Reichsministerium des Innern, Leipzig 1921; unveränd. Neudr. als Bd. 3 der Reihe 'Deutsche Schulkonferenzen', Glashütten 1972, S. 595f. (3. Tag), S. 963 (8. Tag) und S. 742 (Leitsätze).

[143] GURLITT, Schulfarmen, S. 140.

12. Es ist dringend zu wünschen, daß Reich, Einzelstaaten und Gemeinden Grund und Boden für diese Zwecke zu günstigen Bedingungen zur Verfügung stellen."[144]

Zugleich wurde ein 'Bund für Schulfarmen' mit Ernennung des Vorstandes, dem u.a. als 1. Vorsitzender Gurlitt selbst, als 2. Vorsitzender der Direktor des Berliner Werner-Siemens-Realgymnasiums Wetekamp[145] und als 1. Schriftführer der damalige Student Hans Alfken angehörten[146], gegründet und in großen Umrissen ein Arbeitsprogramm für diesen Bund für die nächste Zeit festgelegt[147].

Gurlitt erhoffte sich von den Schulfarmen, die er einen "Protest gegen das gesamte ererbte Erziehungswesen"[148] nannte, u.a. auch, daß sie bislang nicht realisiertes jugendliches Leben ermöglichen könnten, und sie für die Pädagogen somit "ein viel besseres Beobachtungsfeld werden [könnten], als es eine bisherige Schule war"[149]. Dadurch werde es möglich sein, die "Grundgesetze des jugendlichen Lebens [...] aufzufinden, um ihnen [den Schülern] im reichen Sinn dienen zu können."[150] So faßte Gurlitt auch den Plan, Lehrerseminare mit den Schulfarmen zu verbinden[151].

Die Beschaffung und erste Herrichtung der Schulfarmen solle durch Regierungen und Magistrate erfolgen[152]. Als eine der zahlreichen Möglichkeiten, Schulfarmen einzurichten, nannte Gurlitt die ehemaligen Kadettenanstalten[153].

---

[144] Leitsätze: Schulfarmen, in: Die Reichsschulkonferenz 1920. Ihre Vorgeschichte und Vorbereitung und ihre Verhandlungen. Amtlicher Bericht, erstattet vom Reichsministerium des Innern [Unveränd. Neudr. als Bd. 3 der Reihe 'Deutsche Schulkonferenzen', Glashütten 1972], Leipzig 1920, S. 742; wieder abgedr. in: GURLITT, Ludwig, Schulfarmen, in: Die Heimatschule. Halbmonatsschrift zur Pflege deutscher Volkserziehung und bodenständiger Bildung durch Schule und freies Bildungswesen. Organ des Reichsbundes 'Heimatschule', Jg. 1 (1920/21), Teil 1: Heft 5 (September 1920), S. 137-141 und Teil 2: Heft 19 (April 1921), S. 588-594, hier S. 588f.; u.d.T. 'Leitsätze des Unterausschusses für Schulfarmen' wieder in: Der freie Lehrer. Organ der Arbeitsgemeinschaft sozialdemokratischer Lehrer und Lehrerinnen Deutschlands, Jg. 2 (1920), S. 194f.; das Wichtigste der Leitsätze auch abgedr. in: GURLITT, Ludwig, Ausschuß für Schulfarmen [auf der Reichsschulkonferenz 1920], in: Die Neue Erziehung, Jg. 2 (1920), S. 445f.
[145] S. zu Wetekamp und seinem Aufgreifen der 'Schulfarmidee' S. 214f.
[146] GURLITT, Ausschuß, S. 446. - S. zu Alfken S. 139.
[147] GURLITT, Schulfarmen, S. 140: "Ich [...] habe [...] während der Reichsschulkonferenz bei den zahlreichen Männern und Frauen, die ich für diesen Gedanken zu gewinnen suchte, zumal bei den Vertretern der Regierung, stets das willigste Entgegenkommen gefunden. Ich habe nichts zu hören bekommen als die erfreulichen Worte: 'Ja, gewiß, aber selbstverständlich, durchaus einverstanden, verfügen Sie über mich, bitte nehmen Sie mich auf unter Ihre Mitglieder usw.' Ein Nein habe ich überhaupt nicht zu hören bekommen [...]."
[148] GURLITT, Schulfarmen, S. 139.
[149] GURLITT, Schulfarmen, S. 591.
[150] GURLITT, Schulfarmen, S. 591.
[151] GURLITT, [Autobiographie], S. 38.
[152] GURLITT, Aufruf, S. 420. - GURLITT, [Autobiographie], S. 38: "Alle Kulturpolitiker und Lebensreformer seien zur Mitarbeit geladen! Es gilt, die Regierungen und Magistrate dafür zu gewinnen, daß sie Land und Gerätschaften geben, Ödland alte Exerzierplätze, Manövrierfelder, erledigte Parke und dergleichen, sodann Werkzeuge, Hacken und Schaufeln aus Kasernenbeständen und - Mist. Dazu Dampfpflüge! [...]."
[153] GURLITT, Ludwig, Umwandlung der Kadettenanstalten in Schulfarmen, in: Die neue Erziehung, Jg. 1 (1919), S. 858f.

Wenngleich Gurlitt seine Schulfarm keineswegs als die einzige Schulform der Zukunft sah, sondern vielmehr für einen 'Schulpluralismus' eintrat, in dem die Schulfarm eine von mehreren Schulformen sei[154], so malte er doch ein utopisches, fernes Zukunftsbild, nach dem seine Schulfarm weitere Verbreitung fände:

"Wenn die gesamte deutsche Jugend - zwischen 8 und 18 Jahren etwa - ihre beste Kraft auf die Kultur der Schulfarmen verwendet, so kann sie im Laufe der Jahre um ihre Vaterstädte einen Kranz blühender Nutz- und Ziergärten schaffen, der jede Mühe reichlich lohnt. Nach Jahrzehnten könnten diese Farmen für Anlagen von Gartenstädten übergeben werden, während die Schuljugend einen zweiten Ring von Schulfarmen um den ersten zieht. In hundert Jahren müßte durch die zusammengefaßte Arbeit der vielen Millionen deutscher Schüler und Schülerinnen ganz Deutschland zu einem üppigen Nutz- und Ziergarten werden."[155]

Gurlitt blieb bis in die letzten Jahre seines Lebens hinein eifriger Verfechter seines Schulfarm-Gedankens, den er 1920 "nur eine natürliche Folge meiner ganzen pädagogischen Entwicklung" und "den Abschluß und die Krönung meines Lebens und meiner pädagogischen Arbeit" bezeichnete[156]. Immer wieder rief und forderte er zum Einsatz für die Realisierung seiner Gedanken auf und kündigte zudem ein Buch über Schulfarmen an[157]. Dennoch sah es mit der weiteren Entwicklung nicht gut aus. Im April 1921 mußte Gurlitt schreiben:

"Die Bemühungen, für dieses Schulprogramm die nötigen Verwirklichungsmöglichkeiten zu erlangen, haben bisher noch keinen Erfolg gehabt [...]. Es fragt sich jetzt, wie sich die Regierungen in den dazu bestellten Behörden zu diesen neuen Schultypen stellen werden. Grundsätzlich schienen in der Reichsschulkonferenz Bedenken dagegen nicht zu bestehen. Aber von der Anerkennung eines richtigen Gedankens bis zu seiner Durchführung ist immer ein weiter Weg."[158]

Und in seiner Autobiographie von 1927 heißt es dann:

---

[154] In bildhafter Ausschmückung: GURLITT, Schulfarmen, S. 591: "Jede Zeit schafft sich ihre eigenen Schulen, und die Schulen sind die besten, die sich den Bedürfnissen ihrer Zeit am engsten anpassen. Wir wollen nicht mehr über die alte Schule klagen, als unerläßlich ist, um Stimmung für eine neue Schule zu machen. Wir sind nicht der Meinung, daß die Schulfarm die einzig wünschenswerte, die einzig notwendige Schulform sei. Wir sind überhaupt nicht für zu weitgehende Uniformierung des gesamten Erziehungswesens. Je reicher das Orchester besetzt ist, um so volltönender wird das polyphone Konzert sein. Es ist eine von der Natur gegebene Tatsache, die durch keine gelehrte Abstraktion beseitigt werden kann, daß die Menschen in ihren Anlagen, Neigungen, Bedürfnissen und Leistungen verschieden sind, und jeder nur dann zu seiner Vollendung kommt, wenn er eine Entwicklung findet nach den Gesetzen seiner eigenen Natur." - Ähnlich: Reichsschulkonferenz, S. 595: "Ich habe nach langem Nachsinnen [...] [mit dem Schulfarm-Gedanken] ein Programm gefunden, das ich aber nicht etwa als Monopol empfehle. Alles Unglück, was wir in Deutschland in den letzten Jahrhunderten erlebt haben, läßt sich zurückführen auf den Irrtum, daß es in Glauben, Wissenschaft, Schule und irgendeinem geistigen Gebiete allein gültige Monopole gibt [...]. Von dem Moment an, wo ein solches Monopol aufgestellt wird, wird aus dem ehrlichen, guten fleißigen Wetteifer der Kampf, der nicht fördert, sondern zerstört und vernichtet. Gewöhnen wir uns diesen Kampf ab und suchen nicht nur nach den drei Ringen, von deren Wertung Lessing im Nathan spricht, sondern nach den zahllosen Ringen, die sich zur Kette zusammenschließen mögen, die das Deutschtum zusammenfaßt."
[155] GURLITT, Aufruf, S. 421.
[156] GURLITT, Schulfarmen, S. 139.
[157] GURLITT, Aufruf, S. 422: "Ein Buch, in dem dieser Plan von dem Verfasser dieses Aufrufs unter dem Titel: 'Schulfarmen. Erneurung [sic!] durch Erziehung' ausführlich dargelegt wird, ist dem Druck übergeben und erscheint demnächst/Verlag Max Kellerer, München."
[158] GURLITT, Schulfarmen, S. 589.

"[Ich] konnte den neuen Plan, der mich ganz erfüllte und mir auch heute noch als rettend gilt, infolge der einsetzenden Teuerung, die allen Verkehr schon des Portos wegen unmöglich machte, und wegen eigener Erkrankung leider nicht weiter verfolgen. Auch blieb ein Buch, das ich zur Klärung meiner Pläne der Öffentlichkeit vorlegen wollte, aus gleichen Gründen ungedruckt."[159]

Gurlitts Schulfarmidee war von der Lebensreform- und der Jugendbewegung positiv zur Kenntnis genommen worden[160], ebenso von dem Soziologen Franz Müller-Lyer[161], von Reformpädagogen wie Wetekamp[162] und vor allem auch vom Bund Entschiedener Schulreformer, der Gurlitt - wie gezeigt - mehrfach Gelegenheit zur Darlegung seiner Schulfarm-Idee gegeben hatte und der den Schulfarmgedanken im Kontext seiner Versuchsschulvorstellungen sowie mit seinem 'Produktionsschulkonzept' selbst aufgriff: So sprach ein Pädagoge namens Rudolf Kayser auf einer Tagung des Bundes im Frühjahr 1920 über 'Schülersiedlungen'[163], unter denen er "etwas Ähnliches wie Ludwig Gurlitt unter seiner 'Schulfarm'"[164] verstand; er nannte als sein Vorbild die Freie Schulgemeinde Wickersdorf[165] und stellte sich als Orte zur Realisierung seiner 'Schülersiedlungen' z.B. "unbenutzte Schlösser [...] in der nächsten Umgebung der großen Städte"[166] vor[167]. Und Paul Oestreich selbst baute 'Schulfarmen' in sein Konzept der 'Elastischen Einheitsschule' ein:

"Die 'Einheitsschule' zerfällt in die Welt des Kleinkindes, die 'Grundschule', die Mittelstufe, die 'Berufs'-(Ober-) und die Hochschule. Das Kleindorf besitzt den Kindergarten, das Großdorf die Grundschule, ein zentraleres Dorf oder die Kleinstadt die Mittel- und evtl. die Oberstufe. Die Mittelstadt schon kann alle Teile in einer 'Schulsiedlung' oder 'Schulfarm' vor den Toren vereinigen, die Großstadt schafft eine Reihe solcher Erziehungsstätten in Bezirkseinheitsschulen

---

159 GURLITT, [Autobiographie], S. 63.

160 Vgl. als Position aus der Lebensgemeinschafts- und Jugendbewegung: SPARTAKUS IN GRÜN, Schulfarmen, in: Die Tat. Monatsschrift für die Zukunft deutscher Kultur, Jg. 11 (1919/20), Bd. 2: Oktober/März, S. 856-859. - Eine abweisende Position wurde von kommunistischer Seite eingenommen; vgl.: HOHENDORF, Gerd, Die pädagogische Bewegung in den ersten Jahren der Weimarer Republik, Berlin (DDR) 1954, der auf S. 154-156 zu Gurlitts Plan von 'Schulfarmen' auf der Reichsschulkonferenz Stellung nimmt und diesen als 'abwegig' (S. 156) ablehnte: Es handele sich hier um "scheinbar harmlose Blut- und Bodenromantik, die in diesen Plänen zu keimen begann" und die "wenige Jahre später im Faschismus ihre verderbliche Fortsetzung und ihr unheilvolles Ende erfahren [sollte]." (S. 156).

161 MÜLLER-LYER, Franz, Die Zähmung der Nornen, 2. Teil: Soziologie der Erziehung (=MÜLLER-LYER, Franz, Die Entwicklungsstufen der Menschheit. Eine systematische Soziologie in Überblicken und Einzeldarstellungen, 7), München 1924, S. 368: "Einer unserer bedeutendsten Vorkämpfer in Schul- und Erziehungsreform ist Ludwig Gurlitt. Als einer der ersten hat er die Notwendigkeit einer durchgreifenden Neugestaltung der Schule erkannt und ist nachdrücklich und mit Erfolg dafür eingetreten. Ihm verdanken wir neuerdings den Plan der sogenannten 'Schulfarmen', die sowohl als Sonderschule wie auch in Verbindung mit bestehenden Schulen als Tages- oder Halbtagsschulen eingerichtet werden können [...]."

162 Zu Wetekamp s. bes. S. 214.

163 KAYSER, Rudolf, Schülersiedlungen, in: Schöpferische Erziehung (Entschiedene Schulreform II). Vorträge, gehalten auf der freien Reichsschulkonferenz des Bundes entschiedener Schulreformer im Herrenhause zu Berlin vom 31. März - 2. April 1920, hrsg. von Paul OESTREICH, Berlin 1920, S. 30-32.

164 KAYSER, Schülersiedlungen, S. 30.

165 KAYSER, Schülersiedlungen, S. 31.

166 KAYSER, Schülersiedlungen, S. 31f.

für entsprechend groß ausgeschnittene Sektoren des Stadtbildes [...]. Nur die Schulsiedlung an der Peripherie erlaubt wahre Schulreform; die vielzelligen Schulkasernen und -paläste werden unschwer durch die Verwaltungen für Bureau- und gewerbliche Zwecke verwertet werden können."[168]

Ein zentraler Reiz der Schulfarmidee für den Bund war, hier eine Möglichkeit zur Realisierung seiner 'Produktionsschulidee' zu sehen[169].

Wenn in der Literatur von 'Schulfarm'-Versuchen die Rede ist, so handelt es sich zumeist um Realisierungen "in Verbindung mit bestehenden Schulen als Tages- und Halbtagsschulen oder, wo sie weit aus der Stadt hinaus verlegt werden muß, als Halbjahrsschule"[170] oder ähnliches[171].

Als Beispiel sei hier auf die Berliner 'Gartenarbeitsschulen' hingewiesen[172] - insbesondere die Neuköllner 'Gartenarbeitsschule', die August Heyn (1879-19..)[173], Vater des Scharfenbergschülers Hellmut Heyn[174], nach 1918 gegründet[175] und in etli-

---

167   Vgl. auch S. 54f., S. 98f. sowie Blumes Idee, nach Ende des 2. Weltkrieges, unbenutzte Schlösser für Schulzwecke zu nutzen auf S. 881f.

168   OESTREICH, Die Elastische Einheitsschule. Lebens- und Produktionsschule, S. 30.

169   OPPERMANN, Gesellschaftsreform, S. 375f. schreibt über "die Errichtung von Schulfarmen, bei denen die Schulfarm Scharfenberg in Berlin-Tegel eine besondere Bedeutung erlangte. Gleiches gilt für die unter anderen Voraussetzungen arbeitende Neuköllner Gartenarbeitsschule. In ländlichen Produktionsschulen sollten sich als pädagogisch und ökonomisch autark entwickelnder Schulstaat herausbilden. Insofern ist Produktionsschule und Schulfarm aufs engste verknüpft." - Vgl. auch: LIEBE, Produktionsschule, S. 52 den Begriff 'Schulfarmgemeinden' verwendend. - HARLESS, Hermann, Landerziehungsheim, Schulsiedlung, Erziehungsgemeinde als Vorstufen zur Lösung der pädagogischen Gesamt-Aufgabe, in: Die Produktionsschule als Nothaus und Neubau, hrsg. von Paul OESTREICH, Berlin 1924, S. 58-64; Harless nennt allerdings den 'Schulfarm'-Begriff selbst nicht.

170   'Leitsätze: Schulfarmen'.

171   S. z.B. ein Kölner Waldschulheim: MÜLLER, Die Schulfarm des Bundes der freien Schule Köln, in: Die freie weltliche Schule. Mitteilungsblatt des Bundes freier Schulgesellschaften Deutschlands, Jg. 7 (1927), S. 105.

172   Überblick in: Berliner Schulwesen, S. 353-362: Kap. 'Gartenarbeitsschulen und Schulgärten in Volks- und Mittelschulen'. - Und: RICHTER, Berliner Schulgeschichte, S. 114f.

173   August Heyn war zunächst Gewerbelehrer in Frankfurt/Oder, 1909-1924 Fortbildungs- bzw. Hilfsschullehrer sowie Rektor in Berlin, 1919-1924 Gründer und Leiter der Gartenschule, 1940-43 Arbeiter bzw. Packer in Berlin, 1941 als angeblicher 'Volksschädling' zu einem Jahr Gefängnis verurteilt, 1945 Volksschullehrer und Organisator der Gartenschule im Bezirk Berlin-Mitte, 1946 Schulleiter der 1. Volksschule in Berlin-Mitte (Landesarchiv Berlin an D.H. br. vom 10.06.1999). - August Heyn ist nicht zu verwechseln - wie dies z.B. bei RICHTER, Berliner Schulgeschichte, S. 107 einerseits und S. 114f., S. 141, S. 195 andererseits geschieht - mit Willi Heyn (1882-19..), Oberstudiendirektor des Weißensee Realgymnasiums, der 1926 Dezernet für das höhere Schulwesen Berlins wurde (s. so: Das Berliner Schulwesen, S. 8) bzw. seit Februar 1927 als Magistratsschulrat amtierte (ebd. S. 113) - und 1933 von den Nationalsozialisten entlassen wurde (s. zu letzterem S. 770).

174   S. zu August Heyn als Vater eines Scharfenberger Schülers S. 340.

175   Zunächst hatte Heyn in Anlehnung an die Kleingartenidee der Jahrhundertwende ('Schrebergärten') während des 1. Weltkrieges auf Neuköllner Ödland freiwillige schulische 'Kriegskolonien' gegründet; s. z.B.: RICHTER, Berliner Schulgeschichte, S. 114f.

chen Veröffentlichungen bekannt gemacht hat[176] und die als Vorbild für die anderen 'Gartenarbeitsschulen' in den Bezirken Schöneberg und Wilmersdorf diente, - von denen Karsen schrieb, sie seien ein Beispiel dafür, wie sich die allgemeine Volksschule zu einer Form der Lebensgemeinschafts- und Produktionsschule umbilden

---

[176] Heyns wichtigste Veröffentlichung: HEYN, August, Die Gartenarbeitsschule. Mit einer Einführung von Stadt- und Kreisschulrat Artur BUCHENAU, Breslau 1921; mit einer kurzen Einleitung vers. Auszüge, die Beispiele aus Unterricht und Erziehung bringen (S. 51-58), mit leichten Veränderungen wieder in: Neue Schulformen und Versuchsschulen, hrsg. von Gustav PORGER (=Pädagogische Schriftsteller, 21), Bielefeld [u.a.] 1925, S. 284-294; dieser Auszug wieder in: HOOF, Dieter, Die Schulpraxis der Pädagogischen Bewegung des 20. Jahrhunderts. Berichte und Unterrichtsbilder, Bad Heilbrunn 1969, S. 151-155. - Weitere Schriften in Auswahl: HEYN, August, Aus der Praxis der Gartenarbeitsschule, in: Der Elternbeirat. Halbmonatsschrift für Eltern, Lehrer und Behörden, Jg. 1 (1920), S. 238-240. - HEYN, August, Aus der Praxis der Gartenarbeitsschule, in: Zeitschrift für soziale Pädagogik. Vierteljahresschrift der Deutschen Gesellschaft für soziale Pädagogik, Jg. 2 (1920/21), S. 152-156. - HEYN, August, Die Neuköllner Gartenarbeitsschule, in: Zur Produktionsschule! (Entschiedene Schulreform III). Abrisse und Leitsätze nach den Vorträgen der dritten Tagung des Bundes entschiedener Schulreformer vom 2. bis 6. Oktober 1920 in der Gemeindefesthalle zu Berlin-Lankwitz, hrsg. von Paul OESTREICH, Berlin 1921, S. 18-20; wieder in: Ebd, 2. umgearb. und verm. Aufl. Berlin 1921, S. 24f.; wieder in: Ebd., 3. umgearb. und verm. Aufl. Berlin 1922, S. 28f. - HEYN, August, Die Gartenarbeitsschule Neukölln, in: Deutsche Schulversuche, hrsg. von Franz HILKER, Berlin 1924, S. 221-231. - Nach dem 2. Weltkrieg griff Heyn den Gartenschulgedanken erneut auf; s. z.B.: HEYN, August, Gartenarbeitsschulen, in: Die neue Schule, Jg. 1 (1946), S. 18f. - HEYN, August, Gartenarbeitsschulen. Beweise für ihren Wert und ihre Notwendigkeit, in: Die neue Schule, Jg. 2 (1947), S. 99-101. - Über Heyns Gartenarbeitsschularbeit s. auch: HILDEBRANDT, Paul, Eine neue Schulart - Die Neuköllner Gartenarbeitsschule, in: Vossische Zeitung vom 09.01.1920, Abendausg. - STURM, Die Neuköllner Gartenarbeitsschule im Film, in: Der Elternbeirat. Halbmonatsschrift für Eltern, Lehrer und Behörden, Jg. 3 (1922), S. 221f. - Zuletzt: HENNING, Dieter, Von der Schulkolonie zur ersten Gartenarbeitsschule, in: Schulreform - Kontinuitäten und Brüche. Das Versuchsfeld Berlin-Neukölln, hrsg. von Gerd RADDE, Werner KORTHAASE, Rudolf ROGLER und Udo GÖßWALD im Auftrag des Bezirksamts Neukölln, Abt. Volksbildung, Kunstamt, Bd. I: 1912 bis 1945, Opladen 1993, S. 146-152. - HENNING, Dieter, Die Nutzung 'heiligen Bodens' - Die Gartenarbeitsschule aus nationalsozialistischer Sicht, in: Schulreform - Kontinuitäten und Brüche. Das Versuchsfeld Berlin-Neukölln, hrsg. von Gerd RADDE, Werner KORTHAASE, Rudolf ROGLER und Udo GÖßWALD im Auftrag des Bezirksamts Neukölln, Abt. Volksbildung, Kunstamt, Bd. I: 1912 bis 1945, Opladen 1993, S. 397-399. - Zur Situation nach 1945 bis heute: HENNING, Dieter, Nur noch eine Gartenarbeitsschule in Neukölln?, in: Schulreform - Kontinuitäten und Brüche. Das Versuchsfeld Berlin-Neukölln, hrsg. von Gerd RADDE, Werner KORTHAASE, Rudolf ROGLER und Udo GÖßWALD im Auftrag des Bezirksamts Neukölln, Abt. Volksbildung, Kunstamt, Bd. II: 1945 bis 1972, Opladen 1993, S. 153-158.

könne[177] und die Nachahmung in den Berliner Bezirken Schöneberg und Wilmersdorf fand[178].

Die Idee der Schulfarm aber als "eine[r] notwendige[n] Form der Versuchs-schule", die "als Sonderschule (Internat)" eingerichtet werden[179], eine "bis ins klein-ste durchgeführte Selbstversorgung und Selbstverwaltung"[180] aufweisen und "eine Verwirklichung des sozialistischen Staates im kleinen"[181] darstellen solle, dürfte ihre einzige Realisierung in der 'Schulfarm Insel Scharfenberg' gefunden haben.

---

[177] KARSEN, Deutsche Versuchsschulen der Gegenwart, S. 130.

[178] Überblick in: Berliner Schulwesen, S. 353-362: Kap. 'Gartenarbeitsschulen und Schulgärten der Volks- und Mittelschulen'. - Und: RICHTER, Berliner Schulgeschichte, S. 114f. - Speziell zur Wilmersdorfer Gartenarbeitsschule: MEHLAN, O., Die Wilmersdorfer Gartenarbeitsschule, in: Die Deutsche Schule, Jg. 26 (1922), S. 373-378; gekürzt wieder in: HEILAND, Helmut / SAHMEL, Karl-Heinz, Praxis Schulleben in der Weimarer Republik 1918-1933. Die re-formpädagogische Idee des Schullebens im Spiegel schulpädagogischer Zeitschriften der Zwan-ziger Jahre (=Documenta Paedagogica, 3), Hildesheim [u.a.] 1985, S. 174-176. - MEHLAN, O., Erntefest in der Gartenarbeitsschule Berlin-Wilmersdorf, in: Die Gartenschule. Ihr Wesen und ihr Werden, hrsg. von Adolf TEUSCHER und Max MÜLLER, Leipzig 1926, S. 196-200. - MEHLAN, O., Die Gartenarbeitsschule Berlin-Wilmersdorf, in: Die Gartenschule. Ihr Wesen und ihr Werden, hrsg. von Adolf TEUSCHER und Max MÜLLER, Leipzig 1926, S. 79-81. - Der Gartenschulgedanke vermischte sich mit dem in stärkerer Häufigkeit realisierten Schulgar-tengedanken; vgl. z.B.: Einrichtung von Schulgärten, in: Der Elternbeirat. Halbmonatsschrift für Eltern, Lehrer und Behörden, Jg. 2 (1921), S. 436. - THOMAS, Alfred, Der Schulgarten - ein Stück Arbeits-, Produktions- und Erziehungsschule, in: Neue Erziehung, Jg. 6 (1924), S. 612-615; wieder in: HEILAND, Helmut / SAHMEL, Karl-Heinz, Praxis Schulleben in der Weimarer Republik 1918-1933. Die reformpädagogische Idee des Schullebens im Spiegel schul-pädagogischer Zeitschriften der Zwanziger Jahre (=Documenata Paedagogica, 3), Hildesheim [u.a.] 1985, S. 162-165. - Die Gartenschule. Ihr Wesen und ihr Werden, hrsg. von Adolf TEU-SCHER und Max MÜLLER, Leipzig 1926; hier vor allem S. 1-10: TEUSCHER, Adolf, Wandlungen der Schulgartenidee, und S. 108-117: SENN, Albert, Biologie und Gartenbau in der Odenwaldschule Oberhambach. - KLOß, Erich, Bilder aus der Praxis der Gartenschule, in: Pädagogische Rundschau. Jg. 21, 1927/28, S. 348-353; wieder in: HEILAND, Helmut / SAH-MEL, Karl-Heinz, Praxis Schulleben in der Weimarer Republik 1918-1933. Die reformpädago-gische Idee des Schullebens im Spiegel schulpädagogischer Zeitschriften der Zwanziger Jahre (=Documenata Paedagogica, 3), Hildesheim [u.a.] 1985, S. 166-169. - LENZ, Albert, Ent-schiedene Schulreform: Der Schulgarten als Stätte der Produktionsschule, in: Die Neue Erzie-hung, Jg. 10 (1928), S. 123-126 und S. 209; wieder in: HOOF, Dieter, Die Schulpraxis der Pädagogischen Bewegung des 20. Jahrhunderts. Berichte und Unterrichtsbilder, Bad Heilbrunn 1969, S. 156-160. - WURTHE, Wilhelm, Die Bedeutung unseres Schulgartens für den Unter-richt, in: Pädagogische Warte, Jg. 35 (1928), S. 429-435; ohne Abb. wieder in: HEILAND, Helmut / SAHMEL, Karl-Heinz, Praxis Schulleben in der Weimarer Republik 1918-1933. Die reformpädagogische Idee des Schullebens im Spiegel schulpädagogischer Zeitschriften der Zwanziger Jahre (=Documenta Paedagogica, 3), Hildesheim [u.a.] 1985, S. 170-173.

[179] 'Leitsätze: Schulfarmen'.

[180] GURLITT, Aufruf, S. 421.

[181] GURLITT, Aufruf, S. 421.

III.3.   DIE EINRICHTUNG DER ERSTEN 'AUFBAUER'-ABTEILUNG ZU OSTERN 1923

Obwohl zu Ostern 1923, dem Beginn des Schuljahres 1923/24, der Konflikt mit der Pächterfamilie und damit die Zukunftspläne einer eigenen Landwirtschaft noch völlig offen waren, wurde, wie gezeigt, bereits zu diesem Zeitpunkt voller Optimismus mit der Einrichtung begonnen.

Ebenso stellten sich zu Ostern 1923 auch die ersten größeren personellen Veränderungen ein[1]. Von der bis zum Herbst 1922 auf 22 Jungen angewachsenen Schülergruppe verließen vier die Insel, zum einen wegen unzureichender Leistungen, zum anderen auf ärztlichen Rat, zum dritten auf Wunsch der Mitschüler. Ein fünfter Schüler trat aus dem Unterricht aus, blieb aber als Eleve in der Landwirtschaft auf der Insel[2]. Für diese Schüler traten vier neue Schüler in die Oberstufe ein[3].

Auch wenn erst im Herbst 1923 durch das Freiwerden des Pächtergehöfts nicht nur Platz für Vieh entstand, sondern das Freiwerden des Wohnhauses - in Erinnerung an seinen Vorbesitzer fortan das 'Braunhaus' genannt - auch "einen richtigen Unterrichtsraum, den sogenannten Kultursaal, und fünf Schlaf- und Wohnräume bescherte"[4], begann man mit der Realisierung der ursprünglich bereits für das erste Jahr geplanten Aufnahme von aus Berliner Gemeindeschulen (Volksschulen) stammenden Schülern, den sog. 'Aufbauern'[5].

---

[1]   Zu den ersten Änderungen im Lehrerkollegium s. S. 358ff.

[2]   BLUME, Bericht (1923), Bl. 201r: "Von den 11 aufgenommenen Zwischenstüflern verließen uns 2 nach Weihnachten auf den einstimmigen Rat der Lehrer, die sie ihren Fähigkeiten nach und bei ihrem unkonzentrierten Wesen nicht für reif für den Oberstufenunterricht in Scharfenberg hielten [=Walter Dehne und Wolfgang Ewerth]; ein dritter verlor die Lust an den Sprachen, die er hier mehr im Hintergrund vermutet hatte, blieb aber als landwirtschaftlicher Eleve bei uns [=Ernst-Ludwig Schmidt]. Von den 11 aufgenommenen Oberstüflern ging einer (vorher Unterprimaner im Prinz-Heinrich-Gymnasium) auf ärztliches Anraten aufs Klausthaler Gymnasium über [=Friedrich Hörnecke]; ein anderer (vorher Obersekunda im Humboldtgymnasium) verließ Scharfenberg auf Anraten der Gemeinschaft, die sich durch seine geschäftige Unruhe im Winter oft gestört gefühlt hatte und die freiere Art des Oberstufenunterrichts für ihn nicht förderlich hielt [=Alfred Stenger]."

[3]   BLUME, Bericht (1923), Bl. 201r: "Für sie traten ein der nach der O II des Falkrealgymnasiums versetzte Bruder eines unserer alten Oberstüfler [=Peter Grotjahn], ein nach U I versetzter Humboldtgymnasiast, der schon im Sommer 21 in Scharfenberg gewesen war, aber erst jetzt die Zustimmung seiner Eltern durchgesetzt hatte [=Günther Schmidt-Burkard], und ein die Reife für O II von der Neubrandenburger Realschule besitzender Freund unseres ersten Neubrandenburgers, der nach 1/4 Jahr Lehrzeit als Buchhändler wieder den Anschluß an die Schule suchte, sowie ein die Reife für O II von der staatlichen Realschule Schönlanke besitzender Günstling unseres Gönners Herrn von Borsig [=Fritz Steinauer] (-2+4=13)."

[4]   BLUME, Schulfarm (1928), S. 181. - BLUME, Bericht (1923), Bl. 207r-v: "[...] die Aufbauschüler konnten nur dann einziehen, wenn der Schule mehrere Zimmer im Hause des gekündigten, aber bis zum Finden einer neuen Wohnung wohnungsberechtigten Pächters zur Verfügung gestellt wurden; versprochen war es lange, aber jetzt ward es verweigert. Der Ankunftstag mußte hinausgeschoben werden, und noch die erste Nacht nach dem Einzug mußten einige Schüler auf den Bänken im Saal schlafen, weil vor ihrer Stube eine Kette mit Schloß den Zugang versperrte. Das Eingreifen der höchsten städtischen Juristen mußte erwirkt werden."

[5]   S. 193.

Auf entsprechende Anzeigen in der Presse meldeten sich - wie im Jahr zuvor - so viele Schüler, daß eine Auswahl getroffen werden mußte[6]. Nach dieser Ausscheidung traten 17 Jungen aus Berliner Gemeindeschulen[7] sowie zwei weitere aus höheren Schulen[8], also insgesamt 19 hinzu. Das Schuljahr 1923/24 begann also mit 21 Oberstüflern und 19 Aufbauern, d.h. mit insgesamt 40 Schülern.

Im Sommer 1923 erstellte Blume einen umfangreichen Bericht, der die Erfahrungen und Erfolge der ersten Eineinvierteljahre des Scharfenberger Versuches enthielt[9]. Am 21.07. ging dieser Bericht im Provinzialschulkollegium ein und wurde dort von Kummerow mit einem Begleitschreiben vom 25.07.1923[10] an den preußischen Minister für Wissenschaft, Kunst und Volksbildung weitergereicht.

Blume beschrieb in diesem Bericht u.a. auch die Entwicklung und den Unterricht der Aufbaustufe[11]. Eher beiläufig stellte er dabei fest, daß er nicht in der Lage gewesen sei, sich in Sachen Aufbaustufe früher an staatliche Stellen zu wenden. Nun aber, da dieser Versuch so weit vorangeschritten sei, bitte er, sich dabei auf ministerielle Autorität stützend, um nachträgliche Genehmigung:

> "Es war also unmöglich, den staatlichen Behörden vorher irgend etwas Sicheres zu melden; und als es einigermaßen entschieden war, war das Erbetteln von Bettstellen und Stühlen, das Heranschaffen von Lebensmitteln für die verdoppelte Zahl notwendiger als das Schreiben von Gesuchen und das Aufstellen von Lehrplänen auf weite Sicht, wenn überhaupt noch zu einem diskutablen Termin die neue Gruppe ins Scharfenberger Schulleben eintreten sollte. Nun ist sie da, entfaltet sich und bittet nachträglich um Genehmigung ihrer Existenz und fachmännische Beratung.
> Wir Lehrer, die Eltern, die Schüler, die städtischen Patronatsbehörden sind der guten Hoffnung; hat doch der Herr Minister am 8.V. im Landtag gesagt: 'Die bisherigen Ergebnisse ermutigen zu freudiger Weiterarbeit. Zur vollsten Erprobung müssen auch in Städten einige Versuche ge-

---

[6]   Zu den Auswahlkriterien s. S. 322ff.

[7]   BLUME, Bericht (1923), Bl. 201r: "Die [...] 17 verfügbaren Stellen erhalten Groß-Berliner-Gemeindeschüler mit durchweg guten und sehr guten Zeugnissen; im Alter von 13 1/2 - 15 Jahren."

[8]   Nach: BLUME, Bericht (1923), Bl. 201r, handelte es sich um zwei "Untertertianer, der eine ein Bruder eines unserer Oberstüfler". Blume "glaubte diesen Kompromiß schließen zu dürfen, um so mehr, da Ministerialrat [Hermann] Schwartz in seinem Aufsatz im Jahrbuch des Zentralinstituts (1922, S. 77) schreibt: 'In den 47 staatlichen Aufbauklassen sind auch zahlreiche Schüler mittlerer und höherer Lehranstalten aufgenommen.'" (SCHWARTZ, Aufbauschulen, S. 77, Anm.: "Zu Ostern v.J. sind in Preußen 47 staatliche Aufbauklassen eingerichtet worden [...]. Man wird [...] nicht sagen können, daß keine Auswahl stattgefunden habe. Es muß dabei berücksichtigt werden, daß sich - entsprechend dem besonderen Zweck der Aufbauschulen - vorwiegend nur befähigtere Schüler und Schülerinnen zur Aufnahme gemeldet hatten. - Außer den Volkschülern sind auch auch zahlreiche Schüler mittlerer und höherer Lehranstalten aufgenommen worden. Solche Schüler werden grundsätzlich nicht von den Aufbauschulen ausgeschlossen werden, vorausgesetzt daß sie für diese Schulen voll geeignet sind.")

[9]   S. zu diesem Bericht S. 276ff.

[10]   Berlin, GStA PK: I. HA, Rep. 76 VI, Sekt. 14 z, Nr. 48 II, Bl. 170r-171v: Provinzialschulkollegium (Kummerow) an den Minister für Wissenschaft, Kunst und Volksbildung vom 25.07.1923.

[11]   BLUME, Bericht (1923), Bl. 203v-207v.

macht werden. Hier haben wir die Möglichkeit, die starken, unverbrauchten Kräfte aus der Volksschule zu fassen und in 6 Jahren zur Universitätsreife zu führen.'"[12]

Kummerow ging in seinem Schreiben vom 25.07.1923 auf diesen Punkt ein. Trotz aller Sympathie, die er Blume entgegenbrachte, mußte er darauf hinweisen, daß "weder der Magistrat noch auch der über die Maßen belastete Leiter der Schule, Studienrat Blume [...] bisher trotz alles [sic!] Drängens auch nur eine Anzeige amtlicher Art erstattet [hätten]."[13] Daher hätte das Provinzialschulkollegium bis zum Eingang dieses Berichtes von "diesem Unternehmen der Stadt Berlin" nur "durch Zeitungsnachrichten, Rücksprachen und auch außeramtliche [!] Besuche mehrerer Mitglieder des Provinzialschulkollegiums Kenntnis [gehabt]"[14].

Kummerow bat das Ministerium um Mitteilung bzw. Stellungnahme betreffs dieser juristischen Unkorrektheit:

"Im Bund mit der Stadt [Paulsen!] hat sich der Anstaltsleiter in seinem pädagogischen Übereifer eine Eigenmächtigkeit gestattet, für die er [in seinem Bericht] nachträglich um Genehmigung des Herrn Ministers bittet. Seit Mai d. Js. besteht an der Anstalt eine Aufbauklasse, von deren Einrichtung wir bis vor wenigen Tagen nichts wußten [...]. Die Schule geht [...] ihre eigenen Wege, über die der Herr Minister - nach den Worten des Studienrats Blume zu schließen - vielleicht eingehender unterrichtet ist als wir."[15]

Nachdem das Ministerium auf diese Anfrage nicht reagierte, fragte Kummerow in einem weiteren Schreiben vom 28.08. nochmals an, "ob die von dem Anstaltsleiter eingerichtete Aufbauklasse weiter bestehen bleiben und gegebenenfalls weiter geführt werden [dürfe]"; das Provinzialschulkollegium selbst würde dieses befürworten[16]. Am 03.10. erging eine entsprechende ministerielle Zustimmung, allerdings verbunden mit einer 'Abmahnung' an Blume:

"Ich genehmige nachträglich die Durchführung des Klassenzuges der Inselschule Scharfenberg, der sich die Vorbereitung von Schülern der Gemeindeschule für die O II einer höheren Lehranstalt zum Ziel setzt. Der Name einer Aufbauklasse kommt dem Kursus nicht zu. Studienrat Blume ist darauf hinzuweisen, daß er künftig rechtzeitig, bevor er solche Einrichtungen trifft, die Genehmigung der zuständigen Behörde einzuholen habe."[17]

---

12 BLUME, Bericht (1923), Bl. 207v. - Bereits einige Seiten zuvor hatte Blume geschrieben, man hätte mit der Realisierung des Planes der Aufnahme der Aufbauschüler im Frühjahr 1923 begonnen, "ohne recht an seine Verwirklichung in diesen wirtschaftlich so schweren Zeiten zu glauben." (BLUME, Bericht (1923), Bl. 201r)

13 Berlin, GStA PK: I. HA, Rep. 76 VI, Sekt. 14 z, Nr. 48 II, Bl. 170r-171v: Provinzialschulkollegium (Kummerow) an den Minister für Wissenschaft, Kunst und Volksbildung vom 25.07.1923, hier Bl. 170v.

14 Berlin, GStA PK: I. HA, Rep. 76 VI, Sekt. 14 z, Nr. 48 II, Bl. 170r-171v: Provinzialschulkollegium (Kummerow) an den Minister für Wissenschaft, Kunst und Volksbildung vom 25.07.1923, hier Bl. 170r.

15 Berlin, GStA PK: I. HA, Rep. 76 VI, Sekt. 14 z, Nr. 48 II, Bl. 170r-171v: Provinzialschulkollegium (Kummerow) an den Minister für Wissenschaft, Kunst und Volksbildung vom 25.07.1923, hier Bl. 171r.

16 Berlin, GStA PK: I. HA, Rep. 76 VI, Sekt. 14 z, Nr. 48 II, Bl. 168r : Provinzialschulkollegium (Kummerow) an den Minister für Wissenschaft, Kunst und Volksbildung vom 28.08.1923, betr. Aufbauklasse an der Inselschule Scharfenberg bei Tegel.

17 Berlin, GStA PK: I. HA, Rep. 76 VI, Sekt. 14 z, Nr. 48 II, Bl. 169r - 171v: Ministerium für Wissenschaft, Kunst und Volksbildung an das Provinzialschulkollegium vom 03.10.1923.

Diese Vorgänge um die Aufbauschüler sind ein deutlicher Hinweis darauf, mit welchem Engagement Blume, in diesem Falle im Zusammenspiel mit Paulsen, die Umsetzung seiner Versuchsschulgedanken - bis über die Grenze der 'Legalität' hinaus - vorantrieb.

III.4.   DIE ABITURIUMSBERECHTIGUNG IM HERBST 1923

In der Chronik vermerkte Blume, daß sich die Mitglieder der Scharfenberger Gemeinschaft im ersten Jahr ihres Bestehens um Abituriumsfragen und entsprechende Richtlinien "in unserer leichtsinnigen Unbefangenheit herzlich wenig gekümmert hatten"[1]. 1928 schrieb er über diese Unbekümmertheit:

> "Seltsame, von vielen hier bestätigte Erfahrung, wie schnell auf der 'einsamen' Insel die Zeit verfliegt, viel schneller als im doch viel unruhigeren Betrieb einer großen Stadtschule. So kam es uns fast überraschend, daß die anderthalb Jahre schon zu Ende gehen sollten, nach deren Ablauf die ersten Primaner, zu Anfang so begeistert wie unbekümmert mit ausgewandert, daheim geblieben ihre Reifeprüfung hätten ablegen müssen."[2]

Doch eine eigene Abituriumsgelegenheit besaß die Schulfarm nicht. Wohl hätte für die beiden Abiturienten, Hans Baader und Erich Gawronski, die Möglichkeit eines externen Abituriums bestanden, doch lehnte Blume dies ab.

Er erinnerte in diesem Zusammenhang an eine Schilderung von Hermann Lietz, in der dieser voller Bangen und Sorge beschrieb, "wie er nachts auf der Landstraße

---

[1] Berlin, LA, SIS: CH, III, S. 51.
[2] Aus dem Leben, S. 342f.

die Rückkehr seiner Prüflinge aus einer fremden Stadt voll Spannung erwartet hat
[...]."[3]

---

[3]   Aus dem Leben der Schulfarm, S. 344. - Gemeint ist mit der Schilderung von Lietz: LIETZ,
Lebenserinnerungen (1920), S. 181-183: "Das erste Haubindaner Jahr [=Frühjahr 1901 bis
Frühjahr 1902] ging seinem Ende entgegen. Die Zeit nahte, in der unsere Untersekundaner zum
ersten Male in einer Prüfung nach außen hin Zeugnis über den Erfolg unserer Arbeit ablegen
mußten. Ich schätze den Wert solcher Proben nicht besonders hoch ein. Wußte ich doch, von
wie vielen Zufälligkeiten ihr Erfolg abhing. Hatten wir doch ganz andere Ziele verfolgt. Ob,
und wie weit diese erreicht waren, war für uns ausschlaggebend. Auch konnte uns keine Behörde die schwere Verantwortung für die einzelnen Schüler und die Sache selbst abnehmen.
Aber trotzdem blieben jene Prüfungen und Berechtigungen unabweisbare Größen. Hochschulbe-
such und Erlangung der meisten Stellungen [...] ist von ihnen abhängig gemacht. - Die Angehö-
rigen der Jungen, diese selbst und viele am Heim Anteilnehmende, nicht zuletzt die Behörden
waren gespannt auf den Ausfall unserer ersten Prüfung. Etwa 12 Sekundaner von uns hatten sie
an der Realschule in Sonneberg zu bestehen. Ich fuhr mit ihnen dahin, wie ich es zumeist auch
später tat, um sie bei dem Leiter der Schule vorzustellen, alles Notwendige zu besprechen und
Verständnis für unsere Arbeit anzubahnen. Unterwegs haben wir zumeist noch tüchtig zusammen wiederholt, dann kehrte ich wieder nach Haubinda zurück. Nie werde ich den Abend
im März 1902 vergessen, an dem die Jungen zurückerwartet wurden. Es war spät geworden.
Die erhoffte Nachricht von Sonneberg war nicht gekommen. In der Richtung auf Linden zu ging
ich den Jungen entgegen, dort wartete ich an der einsamen Landstraße, bis gegen Mitternacht.
Wohl hatten die meisten jahrelang tüchtig bei uns gearbeitet, wohl konnten wir mit ihnen zufrieden sein. Aber an die vorgeschriebenen Lehrpläne hatten wir uns keineswegs streng gehalten, wo wir Wertvolleres und Wichtigeres glaubten bieten zu können. Würde man
berücksichtigen und bewerten, was bei uns an Stelle dieser vorgeschriebenen Pensen erlernt
worden war? Diese ernste Frage tauchte damals zuerst auf und kehrte dann alle Jahre wieder.
Nicht alle Schüler waren bei uns etwas von VI an einheitlich vorgebildet. Waren sie doch aus
ganz verschiedenen Ländern, Schulen, Klassen zu uns gekommen. Manchem von ihnen war die
Arbeit keineswegs leicht gefallen. Andere hatten gesundheitliche Fehler gehabt. Aber jede
individuelle Berücksichtigung ist bei solchen Prüfungen ausgeschlossen. Schon an sich ist es
sehr schwer, fremde Schüler zu prüfen, in der kurzen zur Verfügung stehenden Zeit herauszu-
bekommen, was sie wissen und leisten können. Bedeutend erschwert wird dies noch, wenn nach
abweichendem Lehrplan und Methode unterrichtet worden ist. Verwunderlich ist es darum
nicht, daß in einzelnen Fällen Schüler falsch beurteilt werden, einige, die es nicht verdienen,
nicht bestehen, bei anderen das Gegenteil geschieht. Damals hatte ich noch gar keine Erfahrung
auf diesem Gebiet. Somit war mir der Ausfall völlig unsicher. Was würde das ungünstige Ergebnis aus den Heimen werden? Sicher würden dann viele Eltern abgeschreckt werden, ihre
Kinder zu uns zu schicken oder bei uns zu belassen. Und doch waren wir auf eine beträchtliche
Schülerzahl mehr denn je angewiesen. Denn die umfangreichen Bauten und Einrichtungen waren für eine große Zahl bestimmt und hatten viel Geld verschlungen. Würden die klugen
Direktoren der Bank dem Heim Kredit bewilligen, falls der äußere, für sie entscheidende Erfolg
ausblieb? Die Lage war damals genau so wenig beneidenswert wie später! Diese Schwierigkeit
hatte ja schon so manche Reformer zurückgeschreckt. Sie hat bewirkt, daß die vielen
Privatschulen schließlich zum Modell der Presse die Zuflucht nahmen und schleunigst die
'Militärberechtigung' erwarben. Mitternacht war längst vorüber, als ich nach langem, vergeblichen Warten zuhause ankam. Kaum aber war ich nach kurzem, unruhigen Schlaf erwacht,
so begrüßte mich in der Frühe die Botschaft, daß alle bis auf einen die Prüfung bestanden hätten
und bald eintreffen würden [...]." -
S. auch: LIETZ, Hermann, Schulreform und Schulprüfung, in: Das zehnte Jahr im Deutschen
Landerziehungsheim 1907/08, hrsg. von Hermann LIETZ, 1. Teil, Leipzig 1907, S. 5-46; Auszüge wieder in: Hermann Lietz. Schulreform durch Neugründung. Ausgewählte Pädagogische
Schriften, besorgt von Rudolf LASSAHN, Paderborn 1970, S. 42-59: Lietz hat die Prüfungen,
die seine Zöglinge als Externe an öffentlichen Schulen abzulegen hatten, als bes. schlimm empfunden. 1907 machte er dieses Thema in dieser längeren Abhandlung zum Gegenstand und
brachte hier Argumente gegen die damalige Prüfungsordnung und eigene Vorschläge zu einer
Neugestaltung derselben ein.

Doch während die Frage nach dem Abitur für Lietz - der in seinen Heimen unterrichtlichen Fragen nur relativ wenig Aufmerksamkeit schenkte[4] - nicht allzu wichtig war, mußte sie alle Reformpädagogen, die wie Blume dem Unterricht einen entscheidenen Stellenwert zumaßen, von geradezu zentraler Bedeutung sein. So schrieb z.B. Otto Steche, der Leiter der Bergschule Hochwaldhausen[5], zu dieser Problematik:

"Eine wirklich erfolgreiche und systematische Durchführung des freien Kurssystems ist natürlich aufs engste mit der Frage der Abgangsprüfung verknüpft. So wie die Dinge bisher liegen, wird der ganze Erfolg unserer Arbeit aufs äußerste erschwert dadurch, daß wir gezwungen sind, am Schluß der ganzen Arbeit unsere Schüler auf die Anforderungen eines bestimmten Typs der staatlichen Prüfung einzustellen. Es hat für uns selbst immer etwas Herzbeklemmendes, wenn wir die Leute, die wir in jahrelanger Arbeit nach besten Kräften gefördert, und deren besondere Fähigkeiten wir nach Möglichkeit ausgebildet haben, nun einer Endpaukerei unterwerfen müssen, damit sie in allen Fächern das staatlich geforderte Niveau erreichen. Diese Behinderung trifft uns um so schwerer, da die Prüfungen nicht an der Schule selbst abgehalten werden, sondern die Schüler sie als Externe an einer staatlichen Anstalt machen müssen. Wie sehr die Schwierigkeiten durch eine fremde Umgebung und unbekannte Examinatoren sich steigern, ist ja ganz klar. Gerade für Schulen dieser Art ist also die Forderung, daß die Prüfung in die Hände der Schulen selbst gelegt und ihr dabei in der Kombinierung und Bewertung der einzelnen Fächer weitgehende Freiheit gegeben werde, ganz besonders dringend."[6]

Für Blume ergab sich daher als ganz klares Ziel, die Berechtigung zur Abnahme des Abiturs auf Scharfenberg zu erreichen.

"[...] es ging hier nicht nur um die paar Abiturienten, sondern um die Existenz der Schule! Denn ist es nicht sinnlos, jahrelang dem Ideal einer möglichst freien Entfaltung des Unterrichts unter Mitbestimmung der Schüler zuzustreben und zum Schluß, wenn das Ganze sich in Selbständigkeit krönen müßten, für eine Zufallsprüfung zu drillen?"[7]

Zur Klärung der Abituriumsfrage führte Blume im Frühjahr 1923 "einige wichtige mündliche Besprechungen im Provinzialschulkollegium und [im] Ministerium"[8]. Der Kern der Diskussionen drehte sich um die Frage, ob und wie der Ober-

---

4   Vgl.: BECKER, Gerold, Soziales Lernen als Problem der Schule. Zur Frage der Internatserziehung, in: SCHÄFER, Walter / EDELSTEIN, Wolfgang / BECKER, Gerold, Probleme der Schule im gesellschaftlichen Wandel. Das Beispiel Odenwaldschule, Frankfurt 1971, S. 95-148, hier S. 97: "Auffällig ist, wie relativ unwichtig (bis auf die Odenwaldschule) [...] die Fragen der Unterrichtsorganisation und -methodik erscheinen, wie die Kanones der Inhalte mit kleinen Variationen fast unangezweifelt aus den verschiedenen Gymnasialtypen übernommen werden; auffällig aber auch, welche Wichtigkeit dem Zusammenleben, der spartanischen Lebensweise zugemessen werden, wie in der Liste der angestrebten Erziehungsziele allgemeine Charaktereigenschaften dominieren. Kein Zweifel, 'Erziehung' wird als eine der Aufgaben, im Überschwang des Neuentdeckens sogar als die Hauptaufgabe von Schule erfahren. Wieviel Latein oder Mathematik einer kann und auf welche Weise er es gelernt hat, erscheint demgegenüber als zweitrangig. Die großen 'Bildungsgüter' deutscher Tradition werden Mittel zum Zweck einer Bildung, deren Ziel ein von bestimmten Tugenden geprägter Erwachsener ist. Konsequent wird das Abitur als eine externe Prüfung hingenommen, der sich der einzelne möglicherweise seiner zukünftigen Berufslaufbahn wegen unterziehen muß, die aber mit dem eigentlichen Ziel des Landerziehungsheimes nur bedingt etwas zu tun hat."
5   S. zu Steche und der Bergschule Hochwaldhausen S. 404f.
6   STECHE, Otto, Das freie Kurssystem, in: Das Landerziehungsheim, hrsg. von Alfred ANDREESEN, Leipzig 1926, S. 60-64, hier S. 63f.
7   BLUME, Schulfarm (1928), S. 141. - Ähnlich z.B. auch: Aus dem Leben, S. 344.
8   Berlin, LA, SIS: CH, III, S. 51.

stufenunterricht auf Scharfenberg die Bedingungen für ein eigenes Abiturium erfüllen konnte:

> "[Es] mußte doch eine Form gefunden werden, unseren mehr wildgewachsenen Oberstufenplan mit den ministeriellen Richtlinien in Einklang zu bringen."[9]

Oberschulrat Michaelis, bei dem Blume "ein wohl [...] aus persönlichen Gründen entspringendes inneres Entgegenkommen" fand, "sprach von dem [eigenen Scharfenberger] Abiturium als einer [sicheren] Tatsache"[10]. Diesen Optimismus stützte er auf zwei ministerielle Erlasse über die Wahlfreiheit auf der Oberstufe vom 24.01.1922 und 14.02.1923[11].

Michaelis wies Blume darauf hin, daß aufgrund des Erlasses vom 24.01.1922 "eine Darlegung erforderlich [sei], ob es sich auch in Scharfenberg mit den ministeriellen Richtlinien über die Wahlfreiheit auf der Oberstufe decke."[12] Zudem müsse eine solche Darlegung recht bald erstellt werden:

> "Auch ließ er deutlich durchblicken, daß bis zum September die Zeit reichlich knapp sei, im Ministerium noch das Erforderliche zu veranlassen. Bis zum Antritt seines Urlaubs müsse die Denkschrift in seinen Händen sein, und das war am 20. Juli."[13]

Das hieß:

> "Nun ging's mit Hochdruck! Schnell wurden die ministeriellen Richtlinien besorgt im Zentralinstitut, um die wir uns bisher in unserer leichtsinnigen Unbefangenheit herzlich wenig gekümmert hatten; Herr Prof. [Felix] Lampe [(1868-1946)] borgte mir zur Orientierung über die im letzten Jahr erschienene Literatur, die selbstverständlich ganz hatte dahinten bleiben müssen, das neueste Jahrbuch des Zentralinstituts, in dem wir uns zu unserer Verwunderung auch besprochen fanden und aufgeführt in dem pädagogischen Bädecker durch Deutschland, den dort [Otto] Karstädt [(1876-1947)] für Interessenten zusammengestellt hatte."[14]

Blume verfaßte die Denkschrift im Sommer "in zwei Ferienwochen"[15] zusammen mit seinen Scharfenberger Kollegen[16] und zog auch interessierte Schüler hinzu[17].

Er berichtete hier von den Anfängen und der inneren und äußeren Entwicklung der Schule, schilderte in lebendiger Weise den Alltag und ihre Charakteristika. Er gab einen detaillierten Erfahrungsbericht der ersten 5/4 Jahre des Schulversuchs und

---

9   Berlin, LA, SIS: CH, III, S. 52.
10 Berlin, LA, SIS: CH, III, S. 51.
11 Den ersten der beiden Erlasse hatte Blume bereits in seinem Gründungsgesuch vom Frühjahr 1922 mitberücksichtigt; s. dazu S. 197ff.
12 Berlin, LA, SIS: CH, III, S. 51.
13 Berlin, LA, SIS: CH, III, S. 51.
14 Berlin, LA, SIS: CH, III, S. 51. - KARSTÄDT, Otto, Neuere Versuchsschulen und ihre Fragestellungen, in: Jahrbuch des Zentralinstituts für Erziehung und Unterricht, Jg. 4 (1922), Berlin 1922, S. 87-133, hier S. 117-132.
15 Berlin, LA, SIS: CH, III, S. 58.
16 Berlin, LA, SIS: CH, III, S. 51f.: "Herr Wolff blieb noch 8 Tage, die Lehrpläne für Latein und Griechisch auszuarbeiten; Herr Bandmann ward wiederholt aus Berlin geholt zu prinzipiellen und Fachaussprachen [...]."
17 BLUME, Schulfarm (1928), S. 141. - Aus dem Leben, S. 344. - Blume zur Erstellung des Berichts: Berlin, LA, SIS: CH, III, S. 51-58.

räumte alle möglichen Bedenken, die gegen eine Unterstützung der Schule und damit des Abituriums sprechen könnten, geschickt aus.

Damit stellt die Denkschrift den ersten umfangreichen zusammenhängenden Text Blumes über die Entwicklung der Schulfarm und somit eine Quelle ersten Ranges dar.

Zentraler Bestandteil des Berichtes ist der 'Unterricht auf der Oberstufe und sein Verhältnis zu den ministeriellen Erlassen über die freiere Gestaltung der höheren Schulen vom 24.1.22 und 14.2.23'. Um die Abituriumsgenehmigung zu erlangen, war Blume bemüht, sich sowohl bei der Gestaltung der Stundentafeln als auch des Verhältnisses von wahlfreiem und obligatorischem Unterricht mehr oder weniger eng auf die entsprechenden preußischen Richtlinien und Erlasse zu beziehen und Abweichungen genauestens zu begründen.

Er beschäftigte sich, nachdem er sich bereits im Zusammenhang mit seinem Gründungsgesuch vom Frühjahr 1922 mit dieser Frage auseinandergesetzt hatte, u.a. mit dem Kern-Kurs-System der Hamburger Lichtwarkschule.

Im Mai 1922 hatte sich Hans Wahle auf eine Hamburg-Reise begeben, auf der er auch die Lichtwarkschule besucht hatte. Dabei hatte Georg Jäger (1882-1950), zunächst lange Jahre Lehrer an der Freien Schulgemeinde Wickersdorf, von 1920-

1934 Lehrer an der Lichtwarkschule und von 1921-1924 deren Leiter[18], "den Wunsch ausgesprochen, mit uns in engeren Gedankenaustausch zu treten."[19] Im Gegenzug besuchte Jäger Anfang Juni 1923, als auf Scharfenberg die Diskussionen um die Oberstufengestaltung auf Hochtouren liefen, einen Tag lang die Schulfarm[20].

"Gerade wollte ich [Blume] die Tür hinaus, die Pläne der Hamburger Lichtwarkschule zur vergleichenden Orientierung hereinzuholen, da tat sich die Tür auf, und vor uns stand der Leiter dieser Schule [...]."[21]

---

[18]   Biogr. Inf. zu Jäger: Die Lichtwarkschule. Idee und Gestalt, Hamburg 1979, S. 60 und 62. - Jäger war im Zuge seiner Wickersdorfer Erfahrungen ein eindeutiger Verfechter einer ausgeprägten 'Schülermitbestimmung'; s. dazu u.a.: JÄGER, Georg, Die Mitarbeit der Schüler bei der Gestaltung der höheren Schule. Vortrag im [Hamburger] Lehrerrat am 29. November 1918, in: Pädagogische Reform, Jg. 42 (1918), S. 249f.; wieder in: JÄGER, Georg, Schulgemeinde und Schülerausschuß, Hamburg 1919, S. 3-12; Auszug wieder in: Die Lichtwarkschule. Idee und Gestalt, Hamburg 1979, S. 16f. - JÄGER, Georg, Schule und Gemeinschaftsidee, in: Pädagogische Reform, Jg. 43 (1919), S. 295-297; Auszug wieder in: Die Lichtwarkschule. Idee und Gestalt, Hamburg 1979, S. 13-16. - JÄGER, Georg, Schulgemeinde und Schülerausschuß, Hamburg 1919. -
In seinem Aufsatz 'Schule und Gemeinschaftsidee' (alle kommenden Zitate: S. 295) forderte Jäger - wieder in Anlehnung an eigene Wickersdorfer Erfahrungen - mit einer "neuen Schulgesinnung" auch eine "Änderung der äußeren Schulgestaltung":
"Es würde von größtem Segen sein, wenn man neu zu gründende höhere Schulen grundsätzlich ins Freie, an Wälder oder Parks, die den Stadtrand umsäumen, verlegte, dann aber auch eben so grundsätzlich die durch solche Verlegung erlangten Vorteile ausnutze, um gesundes, frohes jugendliches Gemeinschaftsleben im Umkreis der Schule sich entfalten zu lassen [...].
Wichtig ist [...], daß das Kollegium von vornherein gewillt und imstande ist, ein Schulgemeindeleben aufzubauen, das, den verschiedenen Begabungsrichtungen seiner jugendlichen Mitglieder entsprechend, aus sich heraus verschiedenartige kleinere Arbeitsgemeinschaften entwickelt, am Leben hält und fördert. So werden künstlerische, handwerkliche, sportliche Vereinigungen entstehen, die ganz auf Freiwilligkeit beruhen [...]. Liegt die Schule in einer Universitätsstadt, so können Studierende, die sich dem Erzieherberuf widmen wollen, als Helfer herangezogen werden. Ihre Stellung in den kleinen Gruppen würde gewisse Ähnlichkeit mit der der Wandervogelführer haben. Eine bessere pädagogische Vorschule als die der Mitarbeit in solchen Gruppen läßt sich nicht erdenken.
Es liegt in der natürlichen Entwicklung der Dinge, wenn der Schule noch ein Internat und eine Reihe von Lehrerwohnungen angegliedert werden. So entsteht mit der Zeit eine ganze Schulsiedlung. Diese ganze Organisation setzt aber intensive Beteiligung der Lehrer am Gemeinschaftsleben und gleichzeitig Selbstregierung und dauernde Selbstkontrolle durch die Schulgemeinde voraus.
Ich weiß genau, wieviel an Utopie in dem steckt, was ich soeben entwickelte."
[19]   Berlin, LA, SIS: CH, I, o.S. : "Im Laufe des Vormittags [des Samstags, dem 27.05.1922,] reiste Herr Wahle nach Hamburg ab, wo er das Brahmsfest besuchen und die Hamburger Gemeinschaftsschulen kennen lernen will; hoffentlich kann er aus der Hochburg der Reformpädagogik mancherlei Anregungen für unser junges Unternehmen mitbringen [...]." - Zum Kontext der Entstehung des Kontaktes: Berlin, LA, SIS: CH, I, o.S.: "Am Abend [des 31.05.1922] erzählten Fritz Geister von der Wintermärchenvorstellung, die er am Nachmittag in Berlin besucht, und Herr Wahle von seinem Ausflug nach Hamburg, von dem er frisch heimgekehrt war. Der Leiter der Lichtwarkschule hatte den Wunsch ausgesprochen, mit uns in engeren Gedankenaustausch zu treten." - Vgl.: Berlin, LA, SIS: CH, I, o.S.: Hinweis Blumes auf Wahles "Hamburger Verlobungsfahrt" im Herbst 1922. - Vgl.: Berlin, LA, SIS: CH, II, S. 22: Wahle reiste im Januar 1923 nach Hamburg, "um sich in Hamburg in der Nähe seiner Braut seiner Braut [eine Erkältung] auszukurieren". - S. zu den Besuchen der Schulfarm von Lehrern der Lichtwarkschule S. 501.
[20]   Berlin, LA, SIS: CH, III, S. 36-38.
[21]   Berlin, LA, SIS: CH, III, S. 37.

Dabei kam es, wie Blume in der Chronik vermerkte, zu einem Gedankenaustausch, der "sehr fördernd"[22] gewesen sei und sich "zu einer Gesamtbesprechung der beiden Schulversuche"[23] ausgeweitet habe:

"Dr. Jäger erzählte von seinen Erfahrungen, und wir schilderten ihm unsere gegenwärtige Unterrichtslage."[24]

Insbesondere erschien Blume "der Mathematik- und Deutschkurs [der Lichtwarkschule] auf dem Wege zum uns vorschwebenden Ideal."[25] Was den eigentlichen Kernpunkt des Gesprächs, das Kern-Kurs-System der Lichtwarkschule anging, führten Jägers Ausführungen jedoch zu Erstaunen und dem Ergebnis, daß es "für diese Frage nicht mehr in Betracht kommt."[26]

"Überrascht waren wir zu hören, daß die Kurse dort so gut wie aufgegeben sind, nur noch ein prinzipiell geändertes Dasein in fakultativen Zusatzstunden führen"[27].

Als Begründung für diese Entwicklung führte Jäger an, "die Kurseinteilung habe zu einer Auflösung der Gemeinschaft geführt; über der Spezialisierung sei das Gemeinsame verloren gegangen und das, was man im guten Sinne Klassengeist nenne, ganz

---

[22] Berlin, LA, SIS: CH, III, S. 38.
[23] Berlin, LA, SIS: CH, III, S. 37.
[24] Berlin, LA, SIS: CH, III, S. 37.
[25] Berlin, LA, SIS: CH, III, S. 37f.
[26] BLUME, Bericht (1923), Bl. 213v.
[27] Berlin, LA, SIS: CH, III, S. 37.

verflüchtigt."[28] Außerdem vermerkte Blume in der Chronik, daß in Hamburg "außerdem noch andere Gründe mitgesprochen zu haben, [vor allem] ein sachliches Erlahmen."[29] Für Scharfenberg sah Blume "das Problem weit optimistischer an als Dr. Jäger"[30]:

> "Bei uns ist das nicht zu befürchten, da man sonst den ganzen Tag gemeinsam verlebt; die Lichtwarkschule ist eine Tagesschule. Ferner gibt die Kulturwoche mit ihren 30 gemeinsamen Stunden dem Gemeinsamkeitsgefühl das nötige Übergewicht auch in unterrichtlicher Beziehung. Es scheinen dort in Hamburg außerdem noch andere Gründe mitgesprochen zu haben, ein sachliches Erlahmen. Wir sehen das Problem weit optimistischer an als Dr. Jäger. Zum mindesten sind der Mathematik- und der Deutschkurs auf dem Wege zum uns vorschwebenden Ideal. Die Kurse aufgeben, hieße Scharfenberg einen Lebensnerv abschneiden!"[31]

Weiter setzte sich Blume intensiv mit den beiden Berliner Versuchen, die bereits im Erlaß über die Wahlfreiheit auf der Oberstufe vom 24.01.1922[32] als beispielhaft ge-

---

28   Berlin, LA, SIS: CH, III, S. 37.- S. zum Kurs- und Kernunterricht an der Lichtwarkschule etwa: PETERSEN, Peter, Innere Schulreform und Neue Erziehung. Bericht über die Entwicklung der Realschule in Winterhude zur 'Lichtwark-Schule' im Schuljahre 1920/21, in: PETERSEN, Peter, Innere Schulreform und Neue Erziehung. Gesammelte Reden und Aufsätze, Weimar 1925, S. 172-181. - Gustav Heine (1890-1970), der von 1918-1933 Lehrer an der Lichtwarkschule (bzw. von 1921 an, denn erst in diesem Jahr erhielt die bisherige Realschule in Winterhude den programmatischen Namen Lichtwarks) gewesen war, schreibt zum Kursunterricht und seinem Scheitern: HEINE, Gustav, Die Hamburger Lichtwarkschule [Vortrag, gehalten in Sao Paulo, April 1945]. Mit einer Vorbemerkung von Achim LESCHINSKY, in: Zeitschrift für Pädagogik, Jg. 32 (1986), S. 323-343; hier S. 330: "[Wir] durchbrachen [...] die hergebrachte Form der Höheren Schule und stellten dem bisherigen trennenden System der Einteilung in Klassen ein System entgegen, das den Entfaltung individueller Kräfte mehr entgegenkommen sollte. Wenn auch für die Mittelstufe und die im Werden befindliche Oberstufe ein gewisser gemeinsamer Kernunterricht verpflichtend blieb, so sollte doch in Zukunft der eigentliche Unterricht in Kursen liegen, die sich nach der deutschkundlichen, nach der sprachlichen oder dem mathematisch-naturwissenschaftlichen Seite hin spezialisieren, um damit den Neigungen und Begabungen des einzelnen Schülers entgegenzukommen. Es dauerte nicht lange und dieses Kurssystem brach zusammen aus Gründen verschiedener Art: Überschätzung der Schülerindividualität - Widerspruch zwischen unserer nach einer geistigen Gesamtschau drängenden Haltung und dem zur Zerflatterung und Auflösung lockenden Kurs-System - vor allem aber die Notwendigkeit der Schule, für die Anerkennung des nunmehr bevorstehenden Abiturs sich einer der in Deutschland vorherrschenden Typen der höheren Schulen anzuschließen [...]." - Leschinsky schreibt entsprechend in seinem Vorwort, S. 325: Das Kurssystem "wurde nach wenigen Jahren verworfen, weil es den Schülern die erwünschte Erfahrung eines fruchtbaren Gedanken- und Erlebnisaustausches der Individualitäten nehme und in die - der alten Schule vorgehaltene - privatistische Dissozialität des Schulganzen noch weiter hineinführe. Die Alternative bestand sozial in der bewußten Rückkehr zum gemeinsamen Klassenunterricht, der offenbar in hohem Maße in die Hand eines oder doch einiger weniger, die Klasse nach Möglichkeit "durchführender" Lehrer gelegt wurde." - Zuletzt: KEIM, Wolfgang, Einführung, in: Kursunterricht - Begründungen, Modelle, Erfahrungen (=Wege der Forschung, 504), Darmstadt 1987, S. 1-34, hier S. 10-12 zur Lichtwarkschule.

29   Berlin, LA, SIS: CH, III, S. 38.

30   Berlin, LA, SIS: CH, III, S. 37.

31   Berlin, LA, SIS: CH, III, S. 37f.

32   Zum Erlaß s. S. 197. - Zusammen mit dem Erlaß wurde im 'Zentralblatt' abgedr.: BEHRENDT, Felix, Zur freieren Gestaltung des Unterrichts in den oberen Klassen der höheren Schulen, in: Zentralblatt für die gesamte Unterrichts-Verwaltung in Preußen, Jg. 64 (1922), S. 28-31, in dem Behrendt eine "Übersicht über die bisher in Deutschland gemachten Versuche" (S. 28) gab, und dabei u.a. auf die Berliner Versuche von Wilhelm Bolle am Realgymnasium in Karlshorst und von Wilhelm Vilmar am Grunewald-Gymnasium hinwieß.

nannt wurden, auseinander: dem Versuch an dem von Dr. Wilhelm Vilmar (1870-1942)[33] Ostern 1920 begonnenen und bis 1933 realisierten Versuch der sog. Bewegungsfreiheit auf der Prima am Grunewald-Gymnasium[34] und dem Versuch Wilhelm Bolles (1878-19..)[35] an der Kantschule in Karlshorst[36]. In Tabellen stellte er Bolles und Vilmars System neben die eigenen Pläne[37], die sich von denen Bolles und Vilmars vor allem durch entschieden größere Homogenität des Gesamtkonzepts auszeichnete[38].

Blumes Denkschrift schließt, den Minister Otto Boelitz an dessen entsprechende Aussagen erinnernd[39], mit Blumes bestimmt vorgetragener Bitte um Genehmigung eines eigenen Abituriums an der Scharfenberger Schule[40]:

"Man wird ihr, wenn sie jetzt für ihre ältesten Schüler, die in der Stadtschule Oktober 23 das Abituriumsklassenalter erreicht hätten, die Vollmacht staatlicher Berechtigung zum Universitätsstudium braucht, die Bitte darum nicht abschlagen wollen, sondern ihr die Möglichkeit

---

33   Biogr. Inf. zu Vilmar: Kursunterricht - Begründungen, Modelle, Erfahrungen, hrsg. von Wolfgang KEIM (=Wege der Forschung, 504), Darmstadt 1987, S. 82. - Vilmar war von 1916-1933 Leiter des Grunewald-Gymnasiums. Dann wurde er von den Nationalsozialisten aus dem Amt gejagt; s. dazu: KRÜGER, Horst, Das Grunewald-Gymnasium. Eine Erinnerung an die Banalität des Bösen, in: Meine Schulzeit im Dritten Reich. Erinnerungen deutscher Schriftsteller. Erw. Neuausg., hrsg. von Marcel REICH-RANICKI, Köln 1988, S. 43-52.

34   S. dazu u.a.: VILMAR, Wilhelm, Vorschläge zu einer Neuordnung unseres Unterrichtswesens, Leipzig [u.a.] 1917. - VILMAR, Wilhelm, Bewegungsfreiheit in den Primen des Grunewald-Gymnasiums, in: Deutsches Philologen-Blatt, Jg. 29 (1921), S. 265-267. - VILMAR, Wilhelm, Zur Bewegungsfreiheit in Prima nach den neuen ministeriellen Bestimmungen, in: Deutsches Philologen-Blatt, Jg. 31 (1923), S. 182-184. - VILMAR, Wilhelm, Aus der Praxis der Bewegungsfreiheit in Prima, in: Die Neue Erziehung, Jg. 6 (1924), S. 148-153. - 25 Jahre Grunewald-Gymnasium. 1903-1928, hrsg. vom Grunewald-Gymansium (Wilhelm VILMAR), Berlin 1928. - GRUNOW, Karl, Die freiere Gestaltung des Prima-Unterrichts am Grunewald-Gymnasium, in: Pädagogisches Zentralblatt, Jg. 6 (1926), S. 627-640; wieder in: Kursunterricht - Begründungen, Modelle, Erfahrungen, hrsg. von Wolfgang KEIM (=Wege der Forschung, 504), Darmstadt 1987, S. 82-98. - Das Berliner Schulwesen, S. 122-128.

35   Biogr. Inf. zu Bolle: Berlin, BBF: SLG-GS, Personalblatt Wilhelm Bolle [Karteikarte]. - S. z.B. auch: Kalender für das höhere Schulwesen, Jg. 29: Schuljahr 1922, 2. Teil, Breslau 1922.

36   S. dazu: BOLLE, Wilhelm, Zur Wahlfreiheit auf der Oberstufe der höheren Schulen, in: Deutsches Philologen-Blatt, Jg. 29 (1921), S. 226-229. - BOLLE, Wilhelm, Zur freieren Gestaltung der Oberstufe höherer Schulen, in: Jahrbuch des Zentralinstituts für Erziehung und Unterricht, Jg. 4 (1922), Berlin 1923, S. 33-52. - Das Berliner Schulwesen, S. 128-132. - Einen Überblick über Bolles Schule bietet: SCHÜLER, Werner, Zur Geschichte der Lichtenberger Höheren Schulen, in: Schulgeschichte des Berliner Bezirkes Lichtenberg 1900-1949 (=Lichtenberger Beiträge, 1), Berlin 1993, S. 5-131, hier S. 77-95: 'Geschichte der Kantschule'.

37   BLUME, Bericht (1923), Bl. 213r-v und Bl. 216v und 217r; die Tabellen finden sich dort auf Bl. 214r-216r eingeklebt.

38   Zum Scharfenberger Kern-Kurs-System s. S. 624ff.

39   BLUME, Bericht (1923), Bl. 261v: "Der Herr Minister hat sich auch wiederholt für die Notwendigkeit von Versuchsschulen ausgesprochen. Hier ist jetzt auf städtischem Grund und Boden, in denkbar günstiger Lage unter den wirtschaftlich schwierigsten Umständen in unserer dem Aufbau von Neuem so ungünstigen Zeit, getragen von der Sympathie aller Parteien in den städtischen Körperschaften und gewachsen durch die idealistisch gerichtete Opferwilligkeit aller Beteiligten, vom Stadtschulrat [=Wilhelm Paulsen] angefangen bis zu den kühn wagenden Eltern und den tapfer alles ertragenden Schülern, zur Überraschung der Fremden eine Versuchsschule Wirklichkeit geworden."

40   Aus dem Leben, S. 344: "Zum Schluß bat man das Abiturium unter Vorsitz eines staatlichen Kommissars an der Schule selbst ablegen zu dürfen."; so z.B. auch: BLUME, Schulfarm (1928), S. 140.

gewähren, ihre Oberstüfler nach vorschriftsmäßigem Besuch der 3jährigen Oberstufe in ihr selbst unter Vorsitz des staatlichen Kommissars nach Maßgabe von Punkt 8 und 9 der ministeriellen Bestimmungen über das Abiturium bei freierer Gestaltung der Oberstufe vom 24.I.22 zu prüfen."[41]

Dies solle unter Beibehaltung "ihrer Oberstufengestaltung in der beschriebenen Form"[42] geschehen, hieße doch den "Kursunterricht wieder aufgeben [...] der Scharfenbergschule das Rückgrat brechen und ihr die Entwicklungsmöglichkeit nehmen."[43]

Als 'Bericht über die Entwicklung der städtischen Scharfenbergschule, erstattet von ihrem Leiter Wilhelm Blume unter Mithilfe der Fachvertreter, verbunden mit dem Gesuch um staatliche Anerkennung zu Oktober 1923, unter Beifügung von Stundentafeln und Lehrplänen. Eingereicht an Herrn Geheimrat Dr. Michaelis als Vertreter des Provinzialschulkollegiums im Juli 1923'[44], ging Blumes Schrift am 21.07. im Provinzialschulkollegium ein[45]. Von dort leitete Kummerow den Bericht mit Schreiben vom 25.07. an das Ministerium weiter. In einem Begleitschreiben würdigte er Blume als einen "Mann von unermüdlichem Fleiße und bewundernswürdiger Arbeitskraft" und bemerkte, der Bericht zeuge "erneut von der Umsicht, dem Fleiß und Wissen sowie der Tatkraft des Leiters"[46]. Er wies auf das Hauptanliegen von Blumes Bericht hin, die Bitte um "Erlaubnis, die Reifeprüfung als regelrechte Schüler an der Schule selbst ablegen zu dürfen", und fragte an, "ob dies überhaupt im Bereiche der Möglichkeit"[47] läge:

---

41   BLUME, Bericht (1923), Bl. 261v und 262r.

42   BLUME, Bericht (1923), Bl. 261r. - BLUME, Bericht (1923), Bl. 260v-261r: "Den Kursunterricht wieder aufgeben, wie das die Lichtwarkschule getan hat, hieße der Scharfenbergschule das Rückgrat brechen und ihr die Entwicklungsmöglichkeit nehmen."

43   BLUME, Bericht (1923), Bl. 260v-261r.

44   BLUME, Wilhelm, Bericht über die Entwicklung der städtischen Scharfenbergschule, erstattet von ihrem Leiter Wilhelm Blume unter Mithilfe der Fachvertreter, verbunden mit dem Gesuch um staatliche Anerkennung zu Oktober 1923, unter Beifügung von Stundentafeln und Lehrplänen. Eingereicht an Herrn Geheimrat Dr. Michaelis als Vertreter des Provinzialschulkollegiums im Juli 1923 [Berlin, GStA PK: I. HA, Rep. 76 VI, Sekt. 14 z, Nr. 48 II, Bl. 174-267. - Abschrift in 2 Teilen (z.Tl. von Blumes, z. Tl. von fremder Hand) in: Berlin, LA, SIS], hrsg. von Dietmar HAUBFLEISCH, Marburg 1999: http://archiv.ub.uni-marburg.de/sonst/1999/0001/q13.html - Bei der in Berlin, LA, SIS befindlichen Abschrift handelt es sich um die Quelle, die in ausführlicherer Weise erstmals in der Literatur bei: KEIM, Zur Akualität, unter der Bezeichnung 'Wilhelm Blume, Bericht über die ersten 5/4 Jahre von Scharfenberg: Ostern 1922 bis Juli 1923, Teil 3c: Gestaltung des Unterrichts - Der Unterricht auf der Oberstufe in seinem Verhältnis zu den ministeriellen erlassen über die freiere Gestaltung auf der Oberstufe der höheren Schulen vom 24.1.1922 und 14.2.1923, Manuskript 1923' herangezogen wurde.

45   Berlin, GStA PK: I. HA, Rep. 76 VI, Sekt. 14 z, Nr. 48 II, Bl. 170r-171v: Provinzialschulkollegium (Kummerow) an den Minister für Wissenschaft, Kunst und Volksbildung vom 25.07.1923.

46   Berlin, GStA PK: I. HA, Rep. 76 VI, Sekt. 14 z, Nr. 48 II, Bl. 170r-171v: Provinzialschulkollegium (Kummerow) an den Minister für Wissenschaft, Kunst und Volksbildung vom 25.07.1923, hier Bl. 170v.

47   Berlin, GStA PK: I. HA, Rep. 76 VI, Sekt. 14 z, Nr. 48 II, Bl. 170r-171v: Provinzialschulkollegium (Kummerow) an den Minister für Wissenschaft, Kunst und Volksbildung vom 25.07.1923, hier Bl. 170v.

"Sollte die Antwort des Herrn Ministers bejahend ausfallen, so würden wir nach dem 10. August die Schule einer eingehenden Revision unterziehen, die dem Herrn Minister die Grundlage für die endgültige Entscheidung liefern könnte."[48]

Skeptisch bemerkte Kummerow, daß laut Bericht "die Frage der freieren Gestaltung des Unterrichts [...] in einer so freien Art behandelt worden [sei], daß sie schwerlich mit dem maßgebenden Erlaß in Einklang gebracht werden kann."[49]

Er bat "um Entscheidung, ob wir nach Schulanfang die Revision abhalten sollen, auf Grund deren die Genehmigung zur Reifeprüfung an der Anstalt ausgesprochen werden könnte."[50]

Am 13. August, gleich nach den Sommerferien, bekam die Scharfenberger Inselgemeinschaft aufgrund der Denkschrift zur Klärung des Abituriumsproblems "ministeriellen Hospitienbesuch"[51] durch Ministerialrat Theodor Engwer (1862-1944)[52] und Oberschulrat Michaelis, der für Scharfenberg jedoch kein positives Ergebnis erbrachte. Die Besucher zeigten eher Unverständnis[53]. Laut Blume waren die ministeriellen Vertreter der Meinung, das Wichtigste an dem Versuch sei dessen Naturnähe[54]. Es sei ihm nahegelegt worden, sich für eine der damals existierenden Arten der höheren Schule (Gymnasium, Realgymnasium, Oberrealschule, Deutsche Oberschule) festzulegen[55]. Vor allem wurde ihm vorgeworfen, er gehe mit seinen Vorstellungen weit über die ministeriellen Richtlinien hinaus[56].

Da Ministerialrat Engwer bis zum 9. September in Urlaub ging, wurde die Entscheidung vertagt[57]. Blume nutzte diese Gelegenheit, sich weiter für seine Sache einzusetzen.

Durch Vermittlung von Dr. Richard Woldt (1878-1952), damals u.a. Ministerialrat in der Hochschulabteilung des Preußischen Kultusministeriums, der 1922 seinen Sohn Johannes und später, 1930, seinen zweiten Sohn, Helmut, Schüler der

---

[48] Berlin, GStA PK: I. HA, Rep. 76 VI, Sekt. 14 z, Nr. 48 II, Bl. 170r-171v: Provinzialschulkollegium (Kummerow) an den Minister für Wissenschaft, Kunst und Volksbildung vom 25.07.1923, hier Bl. 170v und 171r.

[49] Berlin, GStA PK: I. HA, Rep. 76 VI, Sekt. 14 z, Nr. 48 II, Bl. 170r-171v: Provinzialschulkollegium (Kummerow) an den Minister für Wissenschaft, Kunst und Volksbildung vom 25.07.1923, hier Bl. 171r.

[50] Berlin, GStA PK: I. HA, Rep. 76 VI, Sekt. 14 z, Nr. 48 II, Bl. 170r-171v: Provinzialschulkollegium (Kummerow) an den Minister für Wissenschaft, Kunst und Volksbildung vom 25.07.1923, hier Bl. 171r-v.

[51] Berlin, LA, SIS: CH, III, S. 79.

[52] Biogr. Inf. zu Engwer: Berlin, BBF: SLG-GS, Personalblatt Theodor Engwer [Karteikarte]. - Und: Landesarchiv Berlin an D.H. br. vom 10.06.1999.

[53] Beschreibung des Besuches durch Blume: Berlin, LA, SIS: CH, III, S. 79f.

[54] Berlin, LA, SIS: CH, III, S. 80: "Die Hauptsache ist doch das Leben hier draußen in der Natur.'"

[55] Berlin, LA, SIS: CH, III, S. 80: "Endergebnis: 'Wollen Sie ein Gymnasialabitur oder Realgymnasium?'" - Ebd.: "'Die Wahlfreiheit ist doch kein Charakteristikum; entschließen Sie sich zu einer festen Form - gymnasial oder real.'"

[56] Berlin, LA, SIS: CH, III, S. 80: "'Über die ministeriellen Richtlinien gehen Sie weit hinaus.'"

[57] Berlin, LA, SIS: CH, III, S. 80.

Schulfarm werden ließ[58], kam es zu einer Unterredung mit Engwers Vertreter, Ministerialrat Friedrich Rommel, doch war auch dessen Haltung abweisend:

> "'Von eigenem Abiturium kann keine Rede sein. Dazu fehlen die formellen Vorbedingungen: Der feste Lehrkörper, der 9jährige Aufbau, die vorgeschriebenen Lehrmittel! Es bedeutet schon ein großes Entgegenkommen, wenn die Abiturienten in besonderer Prüfung unter Ihrem [gemeint ist Blume] Beisein am Goßschen Gymnasium[59] geprüft werden.'"[60]

Blume beschrieb in der Chronik der Schulfarm seine heftigen Emotionen auf diese Ereignisse:

> "Ich bin starr nach den vorjährigen Aussprachen mit Kummerow, nach Empfang einer Michaelispostkarte im Juli 'Wenn Sie nicht bald die Denkschrift einreichen, lehne ich die Verantwortung ab, wenn im Oktober in Scharfenberg kein Abiturium gemacht wird.'
> Ich werde offen, ganz deutlich - die aufgestellten bürokratischen Forderungen nach festem Lehrkörper, nach Lehrmitteln und 9jährigem Klassenaufbau kann Scharfenberg nie erfüllen; an eine Versuchsschule dieselben äußeren Anforderungen zu stellen wie an alle anderen heißt sie von vornherein negieren. Die Ministerialerlasse sind bloßes Sandindieaugenstreuen; man weiß nichts Neues; man lobt und schmiert, man tut so als ob [...]. Aber die Unternehmer solchen Unterfangens sich abringen lassen - selbst wenn ihre Energie nicht erlahmt, ein gut Teil wird doch verbraucht [...].
> Herr Woldt nachher in seinem Zimmer mahnt ab; 'Sie können nicht mit dem Kopf durch die Wand! Nehmen Sie's als Etappe!'
> Es klopft; Herr Woldt geht hinaus. Es war Herr Rommel: 'Beruhigen Sie Ihren Gast. Wir können ihn so nicht aus dem Ministerium lassen!' Warum nicht? Nur keine Angst.
> Dem von Herrn Woldt hingeworfenen Gedanken einer Landtagsinterpellation weise ich zurück - das bedeutet dann nur ein Begräbnis erster Klasse unter Kolophoniumsblitzen.
> Es ist nur so deprimierend, daß in der Republik der strenge Bürokratismus nicht minder mächtig ist und noch dazu bei einem von der Linken präsentierten Vertreter. Man will uns also auch genau wie vor der Revolution und vor [der] Reichsschulkonferenz auf den Lietzschen Passionsweg drängen? Das bedeutet eine niederschmetternde Entmutigung aller Reformversuche, eine entsetzliche Verlangsamung des Scharfenbergtempos.
> Das muß verhindert werden!"[61]

Als nächstes fuhr Blume ins Provinzialschulkollegium "nach Lichterfelde zu unserem ersten Freund Herrn Oberregierungsrat Kummerow."[62]

---

[58]   Zur Biographie Richard Woldts s. S. 338-340 und ergänzend S. 927f.

[59]   Franz Goß (1885-1950), gehörte zunächst der SPD, dann der USPD und schließlich der KPD an; 1919 Vorstandsmitglied der 'Vereinigung der sozialistischen Lehrer und Lehrerinnen Groß-Berlin', 1925 Mitbegründer der 'Allgemeinen Freien Lehrergerwerkschaft Deutschland'; 1919-29 Stadtverordneter (USPD-KPD) Stadtverordneter in Berlin, 1926-33 besoldeter Stadtrat für Volksbildung in Köpenick; 1921 als Oberstudienrat Leiter des Friedrichs-Gymnasiums, ab 1923 des Köllnischen Gymnasiums; 1933 ohne Pension entlassen; nach 1945 in der Berliner Schulverwaltung tätig, u.a. von Mai 1946 bis Juni 1950 Dezernent für generelle Verwaltungsangelegenheiten und Lehrerpersonalien im Hauptschulamt Berlin. - Diese biogr. Inf.: Schulze-Marmeling an D.H. br. vom 11.08.1988. - Und: GEIßLER, Gert, Schulämter und Schulreformer in Berlin nach Kriegsende 1945, in: Reformpädagogik in Berlin. Tradition und Wiederentdeckung. Für Gerd Radde, hrsg. von Wolfgang KEIM und Norbert H. WEBER (=Studien zur Bildungsreform, 30), Frankfurt [u.a.] 1998, S. 137-168, hier S. 164.

[60]   Berlin, LA, SIS: CH, III, S. 80. - So u.a. auch in: BLUME, Schulfarm (1928), S. 141.

[61]   Berlin, LA, SIS: CH, III, S. 80f.

[62]   Berlin, LA, SIS: CH, III, S. 81.

"Wie anders wirkt dies Zeichen auf mich ein! Tiefinnerliches Verständnis, freilich auch viel Resignation: 'Das mußte kommen!' Es bleibt nur noch der Minister selbst; 'Gehen Sie zu ihm; soweit es geht, will ich den Weg bereiten!'"[63]

Tatsächlich sollte das Abituriums-Problem, wenn auch auf anderem Wege, unter Umgehung hemmender Zwischeninstanzen auf ministerieller Ebene seine Lösung finden.

Am 19. August 1923 tagten Vertreter der Wandervogelbünde auf Scharfenberg[64].

"Die Herren wollen von mir Näheres über unsere Schule hören; sie planen Ähnliches. 'Zwecklos, meine Herren. Unsere Vorbedingungen sind unerreichbar günstig: städtisches Fundament, Gönnerschaft des Provinzialschulkollegiums, geprüfte Lehrkräfte und trotzdem passiver Widerstand im Ministerium. Fangen Sie garnicht erst an, wenn wir hier scheitern. Ein schwacher Trost für mich, daß die berufenen Führer des Wandervogels in unserer Gründung, die bisher von dieser Seite auffällig geringen Zuzug hatte, etwas Nachahmenswertes sehen, darin einen Weg begrüßen, der aus der erigierenden Passivität hinausführt!'"[65]

Unter ihnen befanden sich Dr. Hans Alt (18..-19..), der öfters auf Scharfenberg weilte und "ein Freund Helm Richters"[66] war, und Georg Götsch (1895-1956)[67], eine

---

[63] Berlin, LA, SIS: CH, III, S. 81.
[64] Berlin, LA, SIS: CH, III, S. 81.
[65] Berlin, LA, SIS: CH, III, S. 81f. - Ähnlich u.a.: BLUME, Schulfarm (1928), S. 141: "Zufällig tagten an dem folgenden Sonntag die Führer der Wandervogelverbände auf einer Landzunge der in ihren Zeitschriften jetzt öfter beschriebenen Insel. Nach der hier von ihnen vollzogenen Vereinigung von Altwandervogel, Werkbund und Jugendbund wollten sie Näheres über die Schule hören; sie möchten Ähnliches auf irgendeiner Burg anfangen"; doch die resignierten Scharfenberger warnten die Gäste, "wenn schon hier bei städtischem Fundament, geprüften Lehrkräften, teilnehmendem Interesse einiger Schulräte St. Bürokratus alle Zukunftshoffnungen knickte [...]."
[66] Berlin, LA, SIS: CH, III, S. 81.

zentrale Person der Jugendmusikbewegung und zudem ein persönlicher Freund des damaligen Staatssekretärs und vormaligen (1921) und späteren (1925-1930) preußi-

---

67   Zur 'Jugendmusikbewegung' s. einführend etwa: Die Jugendmusikbewegung in Dokumenten ihrer Zeit von den Anfängen bis 1933, hrsg. vom Archiv der Jugendmusikbewegung, Wolfenbüttel 1980. - GÜNTHER, Ulrich, Die Schulmusikbewegung von der Kestenberg-Reform bis zum Ende des Dritten Reiches, 2. erg. Aufl. (=Forum Musikpädagogik, 5), Augsburg 1992 [1. Aufl. Neuwied 1967]. - GÜNTHER, Ulrich, Jugendmusikbewegung und reformpädagogische Bewegung, in: Die Jugendmusikbewegung. Impulse und Wirkungen, hrsg. von Karl-Heinz REINFANDT, Wolfenbüttel [u.a.] 1987, S. 160-184. - GÜNTHER, Ulrich, Schulmusik-Erziehung vor und nach der 'Machtergreifung', in: Schule und Unterricht in der Endphase der Weimarer Republik. Auf dem Weg in die Diktatur, hrsg. von Reinhard DITHMAR, Neuwied [u.a.] 1993, S. 193-205. - Weiterhin: MARTIN, Wolfgang, Studien zur Musikpädagogik der Weimarer Republik. Ansätze einer Theorie des Musiklernens bei W. Kühn, F. Reuter, G. Schünemann und R. Wicke (=Musikpädagogik. Forschung und Lehre, 19), Mainz [u.a.] 1982. - Die Jugendmusikbewegung. Impulse und Wirkungen, hrsg. von Karl-Heinz REINFANDT, Wolfenbüttel [u.a.] 1987. - KOLLAND, Dorothea, Jugendmusikbewegung, in: Handbuch der deutschen Refombewegungen 1880-1933, hrsg. von Diethart KERBS und Jürgen REULECKE, Wuppertal 1998, S. 379-394. -
Georg Götsch (1895-1956), seit Mai 1920 Volksschullehrer in Berlin, Mitbegründer der 'Märkischen Spielgemeinde' und Bundesführer des A.W.V. traf 1921/22 erstmals mit C.H. Becker zusammen. Es entwickelte sich zwischen den beiden eine andauernde freundschaftliche Verbundenheit. - 1926/29 war Götsch Dozent an der Musikhochschule Berlin, ab 1928 Dozent für Musik und Tanz an der Hochschule für Leibesübungen in Spandau. 1929 konnte Götsch seine Idee einer eigenen Schule durch Unterstützung und Förderung von Becker durch Gründung eines Musikheimes für staatliche Lehrgänge für Volksschullehrer in Frankfurt/Oder realisieren. - Zur Biographie von Götsch s.: Grundschriften der deutschen Jugendbewegung, S. 99-106. - Außerdem: GÖTSCH, Georg, Lebenszeichen. Zeugnisse eines Weges, hrsg. von Erich BITTERHOF, Wolfenbüttel [u.a.] 1969. - BITTERHOF, Erich, Das Musikheim Frankfurt (Oder), in: Die deutsche Jugendbewegung 1920 bis 1933. Die bündische Zeit (=Dokumentation der Jugendbewegung, 3), Düsseldorf [u.a.] 1974, S. 1439-1441. - Das Musikheim Frankfurt/Oder 1929-1941. Beiträge der Jugendbewegung zur preußischen Kulturpolitik, Lehrerfortbildung und Erwachsenenbildung. Ein dokumentarischer Bericht, zusammengestellt von Erich BITTERHOF, mit einer Einleitung von Karl RODE (=Schriftenreihe des Archivs der deutschen Jugendbewegung, 3), Witzenhausen 1980. - BITTERHOF, Erich, Über die märkische Spielgemeinde, in: Georg Götsch zum 100. Geburtstag, hrsg. von der Musischen Gesellschaft, Sitz Fürsteneck (=Musische Gesellschaft, Heft 64: März 1995), Weiterstadt 1995, S. 11f. - SAND-VOß, Uwe, Der Gemeinschaftsbegriff in der Musikpädagogik Georg Götschs. Mit einer Bibliographie (=Beiträge zur Geschichte der Musikpädagogik, 8), Frankfurt [u.a.] 1998. - Bitterhof an D.H. br. vom 07.07.1991: "Ihre Frage zum Thema 'Insel Scharfenberg' kann ich nicht beantworten; ich bin zwar seit 1921 mit Georg Götsch persönlich befreundet gewesen, weiß auch von dem Besuch Becker und Götsch auf der Insel und war selbst öfter mit der Märkischen Spielgemeinde dort zu Gast. Weitere Umstände sind mir aber nicht bekannt."

schen Ministers für Kunst, Wissenschaft und Volksbildung Carl Heinrich Becker (1876-1933)[68], dem er von dem vorliegenden Fall berichtete.

Becker, den Blume später als "Preußens fähigsten Kultusminister"[69] bezeichnete, hatte von der Schulfarm nachweislich erstmals im Mai 1922 gehört. Damals war er von Oberstadtschulrat Paulsen zu einem Besuch der Schulfarm eingeladen worden[70]. Der Besuch war aufgrund von Zeitmangel Beckers nicht zustande gekommen, doch hatte er bereits damals sein Interesse an diesem Schulversuch bekundet[71].

Auf Götschs Hinweis hin ließ sich Becker die zuvor abgewiesene Denkschrift vorlegen, nahm anschließend Kontakt mit Scharfenberg auf[72] und hospitierte schließlich am 05.09.1923 mit einigen Mitarbeitern des Ministeriums, Wilhelm Helmke,

---

68   WENDE, Erich, Carl Heinrich Becker - Mensch und Politiker. Ein biographischer Beitrag zur Kulturgeschichte in der Weimarer Republik, Stuttgart 1959. - GRIMME, Adolf, Carl Heinrich Becker, in: Neue Deutsche Biographie, Bd. 1 (1953), S. 711. - BECKER, Hellmut, Portrait eines Kultusministers. Zum 100. Geburtstag von Carl Heinrich Becker am 12.4.1976, in: Merkur. Deutsche Zeitschrift für europäisches Denken, Jg. 30 (1976), S. 365-376; u.d.T. 'C.H. Becker - Portrait eines Kultusministers' wieder in: BECKER, Hellmut, Auf dem Weg zur lernenden Gesellschaft. Personen, Analysen, Vorschläge für die Zukunft, Stuttgart 1980, S. 31-45. - NOWAK, Heidemarie, Über Leben und Nachlaß des preußischen Kultusministers Carl Heinrich Becker (1876-1933), in: Jahrbuch für brandenburgische Landesgeschichte, Bd. 33 (1982), S. 118-122. - MÜLLER, Weltpolitische Bildung. - Carl Heinrich Becker. Internationale Wissenschaft und nationale Bildung. Ausgewählte Schriften, hrsg. und eingel. von Guido MÜLLER (=Studien und Dokumentationen zur deutschen Bildungsgeschichte, 64), Köln 1997. - MÜLLER, Guido, Einleitung, in: Carl Heinrich Becker. Internationale Wissenschaft und nationale Bildung. Ausgewählte Schriften, hrsg. und eingel. von Guido MÜLLER (=Studien und Dokumentationen zur deutschen Bildungsgeschichte, 64), Köln 1997, S. 1-29.
69   BLUME, Erinnerungen, S. 26.
70   Berlin, GStA PK: I. HA, Rep. 92: C.H. Becker, Nr. 2253: W. Paulsen, W. Paulsen an Staatssekretär Becker br. vom 29.05.1922: "[...] am Donnerstag, dem 1. Juni 1922, findet eine Besichtigung der Insel Scharfenberg statt. Ich würde es außerordentlich begrüßen, wenn Sie sich persönlich an der Fahrt und Besichtigung beteiligen würden. Geladen sind nur Mitglieder des Ministeriums und des Provinzial-Schulkollegiums. Die Herren Ministerialdirektoren Dr. [Richard] Jahnke [(1868-19..) (biogr. Inf.: Berlin, BBF: SLG-GS, Personalblatt Richard Jahnke)] und Kaestner sind gebeten worden, die Einladungen an einzelne Damen und Herren ihrer Verwaltung weiterzugeben [...]."
71   Berlin, GStA PK: I. HA, Rep. 92: C.H. Becker, Nr. 2253: W. Paulsen, Staatssekretär Becker an W. Paulsen br. vom 30.05.1922: "Empfangen Sie meinen herzlichsten Dank für die freundliche Einladung, mich an dem Ausflug nach der Insel Scharfenberg zu beteiligen. Ich wäre aufrichtig gern mitgekommen, muß mir aber leider die Freude versagen, da ich Mittwoch und Donnerstag in Templin bin [...]."
72   Berlin, LA, SIS: CH, III, S. 82.

Regierungsrat Walter Landé (1889-1938)[73] und Ministerialrat Karl Metzner[74] auf der Insel[75].

> "Morgens 7 Uhr ist schon Herr Geheimrat Dr. Michaelis auf der Insel. 'Sie haben wohl eine Bombe im Ministerium platzen lassen.'
> Bald nach 8 Uhr hält das Ministerauto an der Fähre [...]. Beruhigendes Fluidum gleich beim ersten Austausch!
> 'Sie dirigieren uns; wir wollen möglichst viel sehen.' "[76]

Becker blieb den ganzen Tag, nahm am gesamten Unterricht und an allen anderen Unternehmungen des Tages, etwa am Mittagessen und Kaffeetrinken sowie an einem Inselrundgang teil. Zwischendurch fanden "die Gespräche über die Sache [statt], die jedem auf den Lippen liegt"[77]:

> "Herr Landé definiert die Schule als 'Privatschule des Magistrats Berlin', Herr Metzner ist mit der Wahlfreiheit nicht einverstanden; ein starker Skeptizismus klingt durch. 'Das einzig Vernünftige an dem Ministerialerlaß ist der Satz: auch weitergehende Versuche sollen wohlwollend [gefördert werden]' [...]"[78]

Wenngleich noch mit Vorbehalten[79], so stellte Becker als Ergebnis seines Besuches fest:

> "'Irgend eine Form muß gefunden werden; das Abiturium muß hier gemacht werden, am besten wohl unter dem Ministerium direkt'."[80]

Und da der Besuch zudem eine finanzielle Spende einbrachte, konnte Blume jubeln:

---

[73]   Walter Landé, Mitglied der SPD, war als Jurist Ministerialrat im preußischen Kultusministerium, zeitweise als persönlicher Referent von Adolf Grimme, tätig. Er war der bedeutendste Schulrechtler in der Weimarer Republik. Auf ihn gehen die meisten Regelungen im preußischen Schulrecht zurück. 1933 wurde er entlassen, 1937 emigrierte er in die USA, wo er zuletzt Professor für Political Science am Brooklyn College New York war. - S. diese biogr. Inf. bei: Adolf Grimme. Briefe, S. 330. - LESKI, Schulreform, S. 103, Anm. 56. - Biographisches Handbuch der deutschsprachigen Emigration nach 1933, hrsg. vom Institut für Zeitgeschichte, München, und der Research Foundation for Jewish Immigration, New York, durch Werner RÖDER und Herbert A. STRAUSS, Vol. I, München [u.a.] 1980, S. 414. - Aussagekräftig für Landés Auffassung zum Thema 'Schulverwaltung': LANDÉ, Walter, Probleme der Preußischen Schulverwaltung, in: Wesen und Wege der Schulreform. Hans Richert dem Sechzigjährigen zum 21. Dezember 1929. Mit Heinrich DEITERS und Lina MAYER-KULENKAMPFF hrsg. von Adolf GRIMME, Berlin 1930, S. 273-283, hier S. 283: "Es mag sein, daß 'aller' Verwaltung vom 'Verwaltungsobjekt' als immer wieder zugerufen werden muß, daß sie nur Mittel zum Zweck ist, daß sie ihrem natürlichen Streben, zum Selbstzweck zu werden, selbst stets wachsam entgegentreten muß. Wenn das gilt, so jedenfalls und in besonderem Maße von der Schule. Ihre Aufgabe und ihre besonderen Daseinsbedingungen müssen der Schulverwaltung nicht nur psychologisch nahelegen, daß Unsichtbarmachung Voraussetzung aller wirksamen Einwirkung ist - sie müssen mehr noch als bei allen anderen Verwaltungen immer wieder das letzte, wenn auch nie erreichbare Ziel aller Schulverwaltungen betonen, sich selbst überflüssig zu machen."

[74]   S. zu Metzner als Vater eines Scharfenberger Schülers S. 340.

[75]   Von Blume festgehalten in: Berlin, LA, SIS: CH, III, S. 82-84.

[76]   Berlin, LA, SIS: CH, III, S. 82.

[77]   Berlin, LA, SIS: CH, III, S. 83.

[78]   Berlin, LA, SIS: CH, III, S. 83.

[79]   Berlin, LA, SIS: CH, III, S. 83: "[...] 'da müssen aber die Prüflinge im Ministerium schreiben, weil hier noch kein richtiger Direktor [existiert]', setzt Herr Metzner hinzu."

[80]   Berlin, LA, SIS: CH, III, S. 83.

"Die Gäste sind weg. Ich versammele die Gemeinschaft unter der Glocke. Großer Jubel! Das Abiturium in Scharfenberg vorläufig gesichert, und der Staatssekretär hat uns einen Reichszuschuß von 400 Millionen erwirkt. Zunächst einmalig, und die Summe ist nicht hoch. Aber die moralische Eroberung ist groß - von der Stadt zum Staat, vom Staat zum Reich! Für eine 'Privatschule' sind Reichsbesoldungszuschüsse möglich, hat der kluge Herr Landé einfließen lassen; vielleicht tut sich hier [zudem] ein Weg auf, P. Glasenapp endlich gesichert zu entlohnen oder besser zu belohnen. Darüber hüpft mein Herz am höchsten über diese Aussicht."[81]

Was hatte Becker an Scharfenberg interessiert bzw. dessen Förderung bewogen?

Becker trat immer wieder für die Sache der Schulreform ein, die ihm "genauso wichtig war wie die Hochschulreform"[82], und er kümmerte sich dabei nicht nur im Falle Scharfenbergs direkt und persönlich um das Schicksal einzelner Schulen[83].

Dabei 'profitierten' die Schulen sicher von Beckers "häufig unkonventionellem Verhalten"[84] und von der "vielgerühmte[n] Leichtigkeit und Sicherheit, mit der er Kontakte aufnahm und die erstaunliche Fähigkeit zeigte, sich voll auf die andern einzustellen sowie sie [...] in ihrer persönlichen Entwicklung zu fördern - und dies in seltener Verbindung mit dem Blick des personalpolitisch Erfahrenen, der dadurch auch die Realisierung seiner bildungspolitischen Pläne förderte."[85]

Vor allem aber kam hier auch Beckers große Sympathie zur Jugendbewegung - von der er als "einem gewaltigen Erlebnis unserer Tage" sprach und der er "mit sol-

---

[81] Berlin, LA, SIS: CH, III, S. 83.

[82] BECKER, Portrait, S. 36.

[83] NOWAK, Über Leben und Nachlaß, S. 120: "Auch bei Schwierigkeiten an einzelnen Schulen, z.B. am Werner-Siemens-Realgymnasium in Berlin-Schöneberg, die zu einer großen Anfrage im Preußischen Landtag führte [Vgl.: Sitzungsberichte des Preußischen Landtages, 3. Wahlperiode, 18. Sitzung vom 07.11.1928, Berlin 1929, Sp. 1068-1072.], scheute er sich nicht, selbst in die Debatte einzugreifen, um die republikanische Schülerschaft zu verteidigen, die am 10. August 1928 nach der in der Schule stattfindenden Verfassungsfeier ihre eigene abgehalten und sich dabei von der Ansprache eines ihrer Lehrer distanziert hatte [...]." - Die Bedeutung, die Becker der Reformpädagogik zumaß, bzw. die Becker für die Reformpädagogik spielte, scheint mir bislang noch nicht ausreichend beleuchtet zu sein. Darauf verweist auch: SCHILLER, Joachim, Der preußische Kultusminister C.H. Becker und die Reformpädagogik der Weimarer Republik, in: Pädagogik und Schulalltag, Jg. 46 (1991), S. 271-279, bes. S. 274. Er weist darauf hin, daß Becker "direkt oder indirekt an allen Schulreformen der 20er Jahre beteiligt [war]", u.a. auch "an der Förderung von Versuchsschulen wie etwa der Schule Scharfenberg oder der von Fritz Karsen begründeten Neuköllner Schule". - RADDE, Fritz Karsen, S. 89, weist darauf hin, daß Becker als Kultusminister, begleitet von Ministerialdirektor Dr. Jahnke, Ministerialrat Dr. Metzner, Oberschulrat Dr. [Walter] Hübner, in Anwesenheit des Berliner Oberbürgermeisters Böß, des Stadtschulrats Dr. Löwenstein im Januar [1928] [...] Karsens Schule in der Kaiser-Friedrich-Straße besuchte" und sich "über die hierbei gewonnenen Eindrücke sehr anerkennend [äußerte] und [...] auch Karsens Erläuterung des Dammweg-Projektes mit sichtlichem Interesse [folgte]." - Über diesen konkreten Fall hinaus bezeichnet RADDE, Fritz Karsen, S. 221f., als einen von mehreren Faktoren für das Gelingen von Karsens erfolgreicher Versuchsschularbeit, "daß das Preußische Kultusministerium gegenüber Karsens reformerischer Pädagogik ein beachtliches Maß an Liberalität und Verständnis aufbrachte, allen voran Minister Carl Heinrich Becker."

[84] BECKER, Portrait, S. 34.

[85] SCHUCHHARDT, Wolfgang, Begegnungen mit Adolf Reichwein, in: Adolf Reichwein. 1898-1944. Erinnerungen, Forschungen, Impulse, hrsg. von Wilfried HUBER und Albert KREBS, Paderborn [u.a.] 1981, S. 45-61, hier S. 51.

cher Wärme" "Bedeutung für die kommende Schule" zumaß[86] - zum Tragen. Die Zuneigung zur Jugendbewegung zeigte sich u.a. bei der Konzeption und dann auch personellen Besetzung der Pädagogischen Akademien so deutlich, daß man sagen kann, die Gründung der Pädagogischen Akademien sei "ohne die Sympathie von C.H. Becker für die Jugendbewegung schwer erklärbar"[87].

Beckers reformpädagogische Positionen traten u.a. in seiner Schrift 'Die Pädagogische Akademie im Aufbau unseres nationalen Bildungswesens' aus dem Jahre 1926[88] zutage. Hier kritisierte er die "Überschätzung des Intellekts" in der Lehrer- wie in der Volksschulausbildung und wünschte sich eine Befreiung "von vom seit der Zeit des klassischen Idealismus in uns wurzelnden Vorurteil, daß Kultur in erster Linie intellektuelle Kultur sei", forderte, man müsse sich durchdringen lassen "von dem neuen und doch so alten, schon griechischen Ideal, daß der vollkommene Mensch nur der ist, der seine geistigen, seelischen und leiblichen Anlagen zu einer harmonischen Gesamtpersönlichkeit zu entwickeln verstanden hat."[89]

Er wünschte sich entsprechend, die Volksschule solle "alle im Kinde liegenden Fähigkeiten so entwickeln, daß es, erwachsen geworden, die seiner Anlage entsprechende Stelle in der Gemeinschaft auszufüllen imstande ist, d.h. sie [die Schule] soll nicht nur seinen Intellekt schulen, sondern auch seine religiöse oder künstlerische oder technische Anlage und in voller Harmonie damit seine körperlichen Kräfte entwickeln, und zwar all das nicht nur im Geist individueller Zweckhaftigkeit, sondern mit Rücksicht auf künftige Lebensgemeinschaften in Familie, Beruf und Staat."[90]

Um diese Aufgabenstellung zu verwirklichen, könne man Unterricht "nicht in Fächer zerlegen", denn die Aufgabe "fordert einen aufs Ganze gerichteten Sinn, der Geist, Seele und Körper in ihrer unlösbaren Zusammengehörigkeit und Wechselbeziehung nicht nur erkannt, sondern erlebt und damit zu lehren und noch besser vorzuleben gelernt hat"[91].

Als Ziel definierte Becker damit, daß Volksschule "nicht nur unterrichten, sondern erziehen [...] und [daß] die Charakterbildung in den Vordergrund treten [soll]."[92] Weiter schreibt Becker:

> "Daß unsere Kinder sich mit dem Geist sozialer und religiöser Toleranz durchdringen, daß sie die erzieherische Bedeutung der Körperschulung, der Selbstverantwortung, der Überwindung des Egoismus im Interesse der Gemeinschaft erfahren, daß sie menschliche Rücksichten nehmen, Nächstenliebe üben und Distanz halten lernen, ist jedenfalls wichtiger, als daß sie einige

86   REICHWEIN, Adolf, Schule und Jugendbewegung, in: Vivos Voco. Zeitschrift für neues Deutschtum, Jg. 2 (1921/22), S. 414.
87   KNOLL, Joachim, Jugendbewegung. Phänomene, Eindrücke, Prägungen. Ein Essay, Opladen 1988, S. 119. - Vgl. u.a.: SCHUCHHARDT, Begegnungen mit Adolf Reichwein, S. 51.
88   BECKER, Carl Heinrich, Die Pädagogische Akademie im Aufbau unseres nationalen Bildungswesens, Leipzig 1926; wieder in: Die pädagogischen Hochschulen. Dokumente ihrer Entwicklung, Bd. 1: 1920-1932, hrsg. von Helmuth KITTEL, Weinheim 1965, S. 98-139. - Die reformpädagogischen Positionen Beckers sind auch an zahlreichen anderen Stellen nachlesbar; vgl. (als nahezu beliebiges Beispiel) etwa: Minister Becker und die Schulreform, in: Allgemeine Deutsche Lehrerzeitung, Jg. 57 (1928), S. 910.
89   BECKER, Pädagogische Akademie, S. 43.
90   BECKER, Pädagogische Akademie, S. 42.
91   BECKER, Pädagogische Akademie, S. 42.

Gedichte oder Geschichtszahlen mehr auswendig können. Hat man erst einmal die richtige Einstellung zu Lehrern und Kameraden, so erwachsen daraus die großen Tugenden nationaler Solidarität und selbstverständlicher Bindung an Staat und Volk."[93]

Um zu diesem Ziel zu gelangen, maß Becker der Rolle des Lehrers große Bedeutung
zu[94]. Im Bewußtsein der Schwierigkeit der Aufgabe formulierte er dazu - auf die
Rolle der Dozenten der Pädagogischen Akademien bezogen, die ja den künftigen
Volksschullehrern Vorbild sein sollten[95]:

> "Dazu gehört nicht nur ein großer Glaube an die Idee, dazu gehört vor allem eine ungewöhnli-
> che Selbstzucht und Selbstverleugnung. Selbstzucht; denn alle Lehrenden stammen aus der
> Schule des Intellektualismus, und es wird für sie außerordentlich schwer sein, auch den anderen
> menschlichen Kräften freien Spielraum zu lassen und vor allem sie rational in das ganze Erzie-
> hungssystem einzubauen, ohne sie zu vergewaltigen, aber auch ohne sie zu isolieren."[96]

Aus dieser kurz skizzierten Position Beckers wird dessen positive Haltung Scharfenberg gegenüber verständlich: Der 'jugendbewegte Ton' auf Scharfenberg und das
enorme Engagement Blumes waren ihm deutlich aufgefallen:

> "Das Größte, was Herr Blume leistet, ist der Verzicht auf sein persönliches Sein zu Gunsten der
> Jugend; er lebt und schläft ständig vor der Öffentlichkeit, wird die Uniform nie vom Leibe
> los."[97]

Umgekehrt hob Blume in einem Brief an Becker vom 11.10.1923, auf Beckers Besuch eingehend, hervor:

> "Man fühlte mit dem so überraschend sicheren Instinkt der Jugend, daß uns hier ein inneres
> Verstehen entgegenkam, das über die vielfachen Unausgeglichenheiten der Anfangsjahre hin-
> wegsehend sich über den Wagemut des Probierens freute und an dem, was hier einst werden
> soll, vom Willen der Jugend mitgetragen; man witterte unmittelbar dieses innere Verständnis,
> die gleiche Richtung [...]."[98]

Bei seiner ausführlichen Unterrichtshospitation konnte sich Becker von dem
'ganzheitlichen Ansatz' des Unterrichts auf Scharfenberg überzeugen. Blume beschrieb ihn nachträglich in der Chronik:

> "Lateinkurs und Griechen übersetzen flott, die Obersekundaner nicht schlechter als die Prima-
> ner. Netzband schildert den Aufbauern die [Heinrich] Schliemannschen [(1822-1890)] Aus-
> grabungen; ich greife ein und repetiere im D-Zugtempo Geographie und Geschichte Griechen-
> lands, man deklamiert im Chor Schillers Siegesfest [...]; die homerische Welt tut sich auf - Te-
> lemachs Charakterentwicklung [...] - Homer als Realist - Prellers Bilder - Schliemanns Het-
> tubeschatz [sic!][99]! Der Kreis des Gesamtunterrichts hat sich geschlossen [...].
> Zum Schluß 1 1/2 Stunden Kultur: Ausgangspunkt einige Gedichte Christian Günthers, der auch

---

92   BECKER, Pädagogische Akademie, S. 64.
93   BECKER, Pädagogische Akademie, S. 64.
94   BECKER, Pädagogische Akademie, S. 64: "All das [geht] natürlich nicht in der Form der
     Gesinnungszüchtung, sondern vermittelt durch freie Gewöhnung und anfeuerndes Beispiel. Dies
     Beispiel muß in erster Linie der Lehrer geben."
95   BECKER, Pädagogische Akademie, S. 67: "Auf der Pädagogischen Akademie soll das Verhält-
     nis von Lehrer und Schüler vorgelebt werden, so wie es für die Schule zu wünschen wäre."
96   BECKER, Pädagogische Akademie, S. 65f.
97   C.H. Becker lt. Blume in: Berlin, LA, SIS: CH, III, S. 83.
98   Berlin, GStA PK: I. HA, Rep. 92: C.H. Becker, Nr. 6487: W. Blume: Blume an Staatssekretär
     Becker br. vom 11.10.1923.

den Türkenfrieden von 1718 bedichtet hat; der Deutschkurs deklamiert mittelhochdeutsch Waltergedichte; Goethe folgt - die 3 großen Erlebnisdichter. Auch Goethe hat Beziehungen zum Islam - 'Westöstl.' Orient - Okzident - Stöße und Gegenstöße 622-1868 rept. 1868 das Jahr des Eintritts von Japan in die moderne Geschichte - Revolution durch Mikadoreaktion! Schülervortrag über Japan als das Land des Tees mit Problemen aus dem 'Teebuch'[100] ein Platzregen vertreibt uns schließlich doch von den Tischen draußen; im Lesesaal unten geht's weiter. Netzband greift ein: Japanische Kunst - Gesamtcharakteristik mit einigen wohlgewählten Abbildungen. Ich lenke wieder ein - Ausblick auf russisch-japanischen und Weltkrieg. Es ist bewölkt; man geht die Steintreppe hinauf; 'schade, im Sonnenschein präsentiert sich Scharfenberg viel schöner', entschuldigt Dr. Helmke; 'Scharfenberg braucht sich nicht zu präsentieren', repliziert der Staatssekretär."[101]

Die Thematik des Unterrichts an diesem Tage war von Blume mit Sicherheit absichtlich gewählt worden, war doch Becker selbst ein angesehener Orientalist[102].

Die 'Wirkung' dieses Unterrichtsthemas zeigte sich nicht zuletzt darin, daß man sich hierüber mit gegenseitiger Begeisterung, bis ins Persönliche hinein gehend, weiter unterhielt:

"Es klärt sich auf - wir können draußen essen; der Staatssekretär unterhält sich mit den Aufbauern in seiner Nähe über den Gesamtunterricht und erzählt ihnen von Schliemann und von [dem britischen Archäologen Sir Arthur] Evans [(1851-1941)], der ihn in Konya[103] selbst durch die Ruinen geführt hat. Unser Holländer erregt Aufmerksamkeit; Beckers Mutter [Julie Becker (1839-1917)] war Holländerin."[104]

Im Anschluß an den Besuch vermerkte Blume in der Chronik:

"Der Abend kommt. Das Herz ist mir voll. Noch schnell ein frischer Ritt bei Mondenschein auf unserem zierlichsten Postpferd Gebel, dem Dunkelfuchs, der einst bessere Zeiten gesehen; die Insel atmet in unbeschreiblicher Stille; nur mein 'Privatsekretär' begleitet mich, der anschirrt

---

99   Blume meint wohl den 'Hissarlik-Schatz'.
100 OKAKURA, Kakuzo, Das Buch vom Tee, Leipzig 1922 [zuerst engl. 1906]; nun: OKAKURA, Kakuzo, Das Buch vom Tee. Übertragen und mit einem Nachwort vers. von Horst HAMMITZSCH. Mit Fotos aus Japan und einem Essay von L. SCHAARSCHMIDT-RICHTER, Frankfurt 1979.
101 Berlin, LA, SIS: CH, III, S. 82f.
102 Becker hatte Orientalistik studiert und sich nach längeren Reisen in die islamische Welt 1902 in Heidelberg habilitiert. Er war von 1908-1913 in Hamburg Professor und Direktor des Seminars für Geschichte und Kultur des Orients; hier begründete er die noch heute bestehende Zeitschrift für Geschichte und Kultur des Orients 'Der Islam'. 1913-1916 war er außerordentlicher Professor und Leiter des nun zu errichtenden orientalischen Seminars an der Rheinischen Friedrich-Wilhelms Universität in Bonn. 1916 trat er als Hochschulreferent in das preußische Kultusministerium ein. Ab April 1921 war er Minister für Wissenschaft, Kunst und Volksbildung; nach 6 Monaten schied er aus diesem Amt aus und wurde wie zuvor Staatssekretär. Von Februar 1925 bis Januar 1930 war er wieder Minister für Wissenschaft, Kunst und Volksbildung. Nach seinem Rücktritt als Minister (im Januar 1930) war er schließlich wieder als Prof. für Islamkunde an der Berliner Universität tätig. - BECKER, Portrait, S. 33: "Wie C.H. Becker später Kunst, Wissenschaft, Bildung und Politik in seinem Handeln als Kultusminister in ihrer Zusammengehörigkeit begriff, hat er als Arabist und Islamforscher nie die Linguistik oder die Religion isoliert, sondern die Gesamtheit der sozio-kulturellen Verhältnisse zu erfassen und darzustellen gesucht. Deshalb gilt er heute als der Begründer der Islamwissenschaft in Deutschland." - Vgl. von seinen Schriften u.a.: BECKER, Carl Heinrich, Islamstudien. Vom Werden und Wesen der islamischen Welt, 2 Bde., Leipzig 1924 und 1932. - BECKER, Carl Heinrich, Das Ende der Antike in Orient und Occident, Leipzig 1931.
103 Das alte Ikonium, türkische Stadt in Süd-Anatolien.
104 Berlin, LA, SIS: CH, III, S. 83.

und mir beim Aufsteigen hilft, dafür darf er mitreiten auf dem braven Flößer; und der junge Freund aus Humboldtzeiten spricht nicht viel, und das ist schön; man ist heute am liebsten mit seinen Gedanken allein, und doch ist's schön, daß man nicht allein diesen Abend genießt. Als wir zurückkommen und die entwendeten Decken den Schläfern zurückbringen, ruht alles wohlbefriedigt und zukunftssicher aus; man glaubt den starken Atemzug all der vielen jungen Schläfer im alten Bollehaus zu hören. 'Gute Nacht!' 'Gute Nacht!' - Per aspera ad astra![105]

Am 10.09.1923 erhielt Blume, der Becker wohl auch politisch nahestand[106], das für Scharfenbergs Zukunft so wichtige Ergebnis des persönlichen Einsatzes Beckers:

"Der preußische Minister für Wissenschaft, Kunst und Volksbildung, in Vertr. gez. Becker, an das Provinzialschulkollegium:

Auf den Bericht I e 2987/23 vom 25. Juli 1923.
Nachdem durch eine örtliche Besichtigung festgestellt worden ist, daß die Inselschule Scharfenberg bei Tegel als pädagogisch wertvolle Versuchsschule angesehen werden darf, will ich in Würdigung der dort vorliegenden besonderen Verhältnisse ausnahmsweise zulassen, daß die zwei dort zuletzt vorgebildeten Abiturienten vor einer besonderen Kommission die Reifeprüfung ablegen.
Zum staatlichen Kommissar der Prüfungskommission habe ich den Referenten in meinem Ministerium Herrn Ministerialrat Professor Metzner bestellt, der wegen der Kürze der Zeit sich unmittelbar mit Herrn Oberschulrat Geheimen Regierungsrat Dr. Michaelis und Herrn Studienrat W. Blume in Verbindung setzen wird, um alles Erforderliche schnellstens zu veranlassen.
Alle weiteren Entscheidungen bezüglich der Inselschule Scharfenberg bei Tegel behalte ich mir vor.

In Vertretung gez.
Becker.

An das
Provinzialschulkollegium
in
Berlin-Lichterfelde."[107]

Diese ministerielle Entscheidung war für Scharfenberg eine Art salomonisches Urteil: Die Schule - "am 10. September 1923 als ein mixtum compositum durch Ministerialerlaß legalisiert"[108] - bekam zwar keine eigene Abituriumsberechtigung, die Schüler hatten vielmehr wie 'Extraneer' ihr Abiturium abzulegen, jedoch nicht vor völlig fremden, sondern vor den eigenen Lehrern, unter Vorsitz eines Ministerialrates.

Diese Entscheidung war zunächst einmalig und mußte für die folgenden Jahre jedesmal eingeholt werden, was - sieht man, insbesondere im Jahr 1926, von

---

[105] Berlin, LA, SIS: CH, III, S. 84.
[106] NOWAK, Über Leben und Nachlaß, S. 120: "Politisch stand der Minister der bürgerlichen Demokratie (DDP) nahe, ohne ihr jedoch anzugehören. Becker war in seinen Anschauungen liberal und in seinen Entscheidungen bestrebt, die Sache immer über die Partei zu stellen."
[107] Erlaß des preußischen Ministeriums für Wissenschaft, Kunst und Volksbildung, in Vertretung gez. Carl Heinrich Becker, betr. Schulfarm Insel Scharfenberg an das Provinzialschulkollegium in Berlin-Lichterfelde vom 10.09.1923 [Berlin, GStA PK: Rep. 76 VI, Sekt. 14 z, Nr. 48 II, Bl. 267r; Abschrift von Blume u.a. in: Berlin, LA, SIS: CH, III, S. 85], hrsg. von Dietmar HAUBFLEISCH, Marburg 1999:
http://archiv.ub.uni-marburg.de/sonst/1999/0001/q14.html
[108] Berlin, BBF: SLG-GS, Jahresberichte 1932/33, Bd. 248d, Nr. 88: Berlin, SIS (Blume), o.S.

"Abituriumskompetenzstreitigkeiten zwischen Provinzialschulkollegium und Ministerium"[109] ab - jeweils ohne größere Probleme geschehen ist[110].

Eine erste kleine Veränderung ergab sich zum Abitur 1925. Blume schrieb dazu in der Chronik:

> "In den offiziellen Zeugnissen blieb dies Mal die Wendung 'nach privater Vorbereitung' weg, der Erfolg eines Petitionsbesuchs bei Ministerialrat Metzner; die Abiturienten vermißten an jener Stelle den Passus 'nach dreijährigem Besuch der Scharfenbergschule', dessen Einfügung mir von dem Herrn Ministerialrat versprochen war. In solchen Dingen geht's Schritt an Schritt; auch diese Mühlen mahlen langsam."[111]

Doch erst das Jahr 1932 brachte der Schulfarm - 10 Jahre nach Beginn der Versuchsschularbeit - mit der "erste[n] Scharfenberger Reifeprüfung unter der Verant-

---

109   Berlin, LA, SIS: CH, V, S. 304. - Ebd. schrieb Blume zum Ausgang dieses Konfliktes 1926: "Freilich glückliche Zufälle kommen uns ja oft zu Hilfe; so ist die Entwirrung jener Abiuturiumskompetenzstreitigkeiten zwischen Provinzialschulkollegium und Ministerium sehr gefördert durch einen Dezernentenwechsel, den ich erst im P.S.K. selber erfuhr: an Stelle des Herrn Oberschulrat [Dr. Johannes] Möller [(1878-19..)], eine Zeitlang vertreten durch Mackensen-Pankow, ist Herr Oberschulrat [Wilhelm] Hartke [(1879-19..)] getreten, der die Studienanstalt unseres Frl. [Berta] Gerhardt betreut. Da ich außerdem durch einen Besuch Herrn Ministerialdirektors Jahnke [für die Sache] interessiert hatte und dieser im Notfall auf meinen Vorschlag einzugehen bereit war, eine Besprechung aller beteiligten Instanzen unter seinem Vorsitz herbeizuführen, erschien es uns wohl möglich sein, für dieses Jahr erst noch immer Vorrecht ministerieller Prüfungen zu retten (Besuche vom 16.I. und vom 22.I. [1926].)". -
Dann beim Abituriumsbericht heißt es, daß Oberschulrat Hartke "als Gastvertreter des Provinzialschulkollegiums mitgekommen war" (Berlin, LA, SIS: CH, V, S. 329). - Und zur Prüfungszeit Ende März 1926: "Herr Oberschulrat Hartke saß mit am runden Tisch und blieb auch die Nacht bei uns; die Gespräche mit ihm verrieten weit tieferes Verständnis für den Kern unserer Sache als es uns in letzter Zeit (seit Kummerows und Michaelis' Ausscheiden) von Lichterfelde her beschieden gewesen war." (Berlin, LA, SIS: CH, V, S. 330).

110   Aus dem Leben, S. 346. - S. zur Abituriumsgenehmigung 1924: Berlin, GStA PK: I. HA, Rep. 76 VI, Sekt. 14 z, Nr. 48 II, Bl. 378r-v: Blume an Becker br. vom 19.01.1924 betr. Bitte um Abnahme des Scharfenberger Abituriums unter ministerieller Aufsicht; ebd., Bl. 379r-v: Genehmigung und Betreuung durch Metzner durch Staatssekretär Becker vom 25.02.1924. - Zur Abituriumsgenehmigung 1925: Berlin, GStA PK: I. HA, Rep. 92: C.H. Becker, Nr. 6487: W. Blume: Blume an Staatssekretär Becker br. vom 30.12.1924. - Berlin, GStA PK: I. HA, Rep. 76 VI, Sekt. 14 z, Nr. 48, Adh. B, Bl. 1-3: Gesuch um Einsetzung der Inselschule Scharfenberg um Bestellung eines staatlichen Kommissars für die Reifeprüfung Ostern 1925 von Blume vom 30.12.1924 - und ministerielle Stellungnahme dazu. - Zur Abituriumsgenehmigung 1926: Berlin, GStA PK: I. HA, Rep. 76 VI, Sekt. 14 z, Nr. 48, Adh. B, Bl. 68r-v: Antrag von Blume an Provinzialschulkollegium vom 17.01.1926 um Möglichkeit der Reifeprüfung durch staatlichen Kommissar; ebd., Bl. 69r-70v: Genehmigung des Provinzialschulkollegiums vom 30.01.1926 und (Zusatz) vom 13.02.1926. - Zur Abituriumsgenehmigung 1927: Berlin, GStA PK: I. HA, Rep. 76 VI, Sekt. 14 z, Nr. 48, Adh. B, Bl. 151r: Blume an Ministerium br. vom 20.12.1926: Gesuch um Erneuerung eines besonderen Kommissars für die Reifeprüfung Ostern 1927; ebd., Bl. 151v: Genehmigung des Provinzialschulkollegiums (o.D.), und: Ebd., Bl. 152r-153v: entsprechendes Schreiben des Ministeriums an das Provinzialschulkollegiums vom 30.12.1926. - Zur Abituriumsgenehmigung 1928: Berlin, GStA PK: I. HA, Rep. 76 VI, Sekt. 14 z, Nr. 48, Adh. B: Bl. 202-206v: Blume an Ministerium br. vom 11.01.1928: Bitte um Genehmigung des Abiturs unter Vorsitz eines Ministerialrats - und Genehmigung dazu.

111   Berlin, LA, SIS: CH, V, S. 154.

wortung des Provinzialschulkollegiums"[112] die vollständige Beendigung dieses 'Provisoriums'[113].

Der Kontakt zwischen der Schulfarm und Becker wurde übrigens locker und sporadisch gepflegt[114], und Blume bekam von Becker die Zusage, in Notfällen seiner Hilfe gewiss sein zu können. So schrieb er in einem Brief vom 22.10.1923 an Blume:

"Hochverehrter Herr Blume!

[...] ich verfolge das Ergehen Ihres Schulversuchs mit aufrichtigem Interesse [...]. Es gehört zum schmerzlichen Versagen, das nun einmal mit meinem Amte verbunden ist, daß man sich den Dingen, an denen man innerlichen Anteil nimmt, doch nie so widmen kann, wie man es gern tun möchte. Immer zwingen neue Aufgaben und neue Nöte zum Einsetzen der persönlichen Kraft an anderer Stelle. Aber Sie können überzeugt sein, daß ich mich für Ihr Unternehmen lebhaft interessiere und gern bereit bin, helfend persönlich einzugreifen, wenn es notwendig werden sollte. Inzwischen begleiten meine besten Wünsche Ihre und Ihrer Mitarbeiter wahrhaft aufbauende Arbeit.

In ausgezeichneter Hochschätzung
Ihr ergebenster [Becker]."[115]

Ein Schreiben von Becker an das Provinzialschulkollegium vom 02.07.1925 läßt vermuten, daß Blume diese Zusage weidlich zu nutzen suchte, indem er die für die Reifeprüfungen erlangte Freiheit von den Zwischeninstanzen (Provinzialschulkollegium) auch auf weitere Bereiche seines Schulversuches auszuweiten versuchte[116].

Becker schrieb hier, es sei ihm mitgeteilt worden, daß "Zweifel über die verwaltungsmäßige Stellung der von Studienrat Blume geleiteten Inselschule Scharfenberg in Berlin-Tegel entstanden [seien]."[117] Er stelle dazu fest "daß die Inselschule Scharfenberg ein privates Schulunternehmen der Stadt Berlin ist und wie alle derarti-

---

[112] Berlin, BBF: SLG-GS, Jahresberichte 1932/33, Bd. 248d, Nr. 88: Berlin, SIS (Blume), S. 30.

[113] S. dazu S. 307f.

[114] Vgl. u.a.: Berlin, GStA PK: I. HA, Rep. 92: C.H. Becker, Nr. 6487: W. Blume: 1.) Blume an Staatssekretär Becker br. vom 11.10.1923; 2.) Staatssekretär Becker an Blume br. vom 22.10.1923; 3.) Blume an Staatssekretär Becker br. vom 30.12.1924; 4.) Becker an Blume br. vom 17.06.1929.

[115] Berlin, GStA PK: I. HA, Rep. 92: C.H. Becker, Nr. 6487: W. Blume: Staatssekretär Becker an Blume br. vom 22.10.1923. - Ebenso: Berlin, GStA PK: I. HA, Rep. 92: C.H. Becker, Nr. 6487: W. Blume: Becker an Blume br. vom 17.06.1929: "Sehr geehrter Herr Blume! Für die freundliche Übersendung des Büchleins 'Aus dem Leben der Schulfarm Insel Scharfenberg' sage ich Ihnen meinen besten Dank. Seien Sie versichert, daß ich, wie bisher, so auch weiter, Ihre Arbeit an der Jugend mit besonderem Interesse verfolgen werde. Mit freundlichen Grüßen Ihr ergebenster [Becker]."

[116] Berlin, BA: Bestand Reichsministerium für Wissenschaft, Erziehung und Volksbildung, Nr. 4702, Bl. 8.: Schreiben von Kultusminister Becker an das Provinzialschulkollegium vom 02.07.1925.

[117] Berlin, BA: Bestand Reichsministerium für Wissenschaft, Erziehung und Volksbildung, Nr. 4702, Bl. 8.: Schreiben von Kultusminister Becker an das Provinzialschulkollegium vom 02.07.1925.

gen Privatschulen der Aufsicht des Provinzialschulkollegiums untersteht."[118] Wenn er in seinen "Erlassen vom 10.9.1923 - U II 12070 - und vom 25.2.1924 - U II 10299 - für die Reifeprüfungen jeweils eine Sonderregelung getroffen habe, so beschränkt sich die dadurch zunächst geschaffene Sonderstellung durchaus auf die Gestaltung der Reifeprüfung. Im übrigen ist durch die genannten Erlasse nichts an der Stellung der Inselschule in ihrem Verhältnis zu dem Provinzialschulkollegium geändert."[119]

Blume hinderte dieser 'Hinweis' nicht, die ihm zur Verfügung stehenden 'Spiel-' und 'Freiräume' möglichst weitgehend zu nutzen. Dies zeigte sich - um ein kleines, aber bezeichnendes Beispiel zu nennen - etwa in der auf Scharfenberg immer wiederkehrenden Frage von Abweichungen von den üblichen Ferienterminen. So betonte Blume auf anhaltende, aus Vorsicht resultierenden Bedenken von Scharfenberger Lehrerkollegen anläßlich einer von ihm vorgeschlagenen Verschiebung der Pfingstferien 1922, daß "wir in einer Versuchsschule auch [in] wichtigeren Dingen von den Verfügungen uns für entbunden erachteten."[120] Anläßlich einer von ihm geplanten Verschiebung der Weihnachtsferien 1922 bemerkte er, die "Behörden hätten ihm freie Hand auf Ferien, Zensuren etc. gelassen."[121] Und im Kontext beabsichtigter Ferienverschiebungen im Mai 1928 erwiderte Blume auf erneute Bedenken seiner Kollegen bezüglich drohender Einwände des Ministeriums, "daß wir zwar dem Ministerium unterstehen, daß uns [...] von dieser Seite noch nie Schwierigkeiten gemacht worden sind"; er erinnerte "an die Zensuren[122], die es bei uns nicht gibt, an die Arbeitswoche[123] und viele andere Dinge"[124], und er betonte abschließend und sehr ins Grundsätzliche gehend:

"Wir wollen uns diese kleinen Freiheiten, anderen Schulen gegenüber, auch erhalten; er habe im Gegenteil den Eindruck, daß man in dieser Hinsicht noch viel mehr von uns erwartet [...]."[125]

---

[118] Berlin, BA: Bestand Reichsministerium für Wissenschaft, Erziehung und Volksbildung, Nr. 4702, Bl. 8.: Schreiben von Kultusminister Becker an das Provinzialschulkollegium vom 02.07.1925

[119] Berlin, BA: Bestand Reichsministerium für Wissenschaft, Erziehung und Volksbildung, Nr. 4702, Bl. 8: Schreiben von Kultusminister Becker an das Provinzialschulkollegium vom 02.07.1925.

[120] Prot. der 5. Abendaussprache vom 19.05.1922, in: Berlin, LA, SIS: CH, I, o.S.

[121] Prot. der 20. Abendaussprache vom 10.11.1922, in: Berlin, LA, SIS: CH, I, o.S.

[122] Zur Zensurenfrage s. S. 594f.

[123] Zur 'Arbeitswoche' s. S. 539-541.

[124] Prot. der 83. Abendaussprache vom 16.05.1928, in: Berlin, LA, SIS: CH, VII, o.S.

[125] Prot. der 83. Abendaussprache vom 16.05.1928, in: Berlin, LA, SIS: CH, VII, o.S.

IV.   SCHLUßBEMERKUNGEN

(1) Mit dem Aufbau einer eigenen Landwirtschaft, der Einrichtung einer Aufbauklasse und der Erlangung der Berechtigung zur Abnahme des Abiturs kann die
Konsolidierungsphase der Schulfarm als abgeschlossen bezeichnet werden: Die
Schule hatte eine existenzbedrohende Inflationszeit überstanden, durch den Aufbau
der Landwirtschaft ihre finanziellen Probleme zumindest im gröbsten in den Griff
bekommen, durch die Aufnahme der Aufbauschüler das Ziel einer Vereinigung von
Gemeindeschülern und Schülern höherer Schulen erreicht; die erste Abituriumsberechtigung ermöglichte das gewünschte freie unterrichtliche Arbeiten.

(2) Am Entstehen der Schulfarm hatte Wilhelm Blume ganz entscheidenden Anteil,
wie Teile des ersten Kapitels der Arbeit zeigen, die auf die Biographie Blumes, seine
ersten Lehrerfahrungen, die Vorphase der Gründung der Schulfarm sowie deren Entstehung und Ausbau bis 1923 eingehen.

Nach Kindheit und Jugend in Wolfenbüttel und nach langem Studium erscheint
der Zusammenhang von schwerer Krankheit und Abbruch einer begonnenen Dissertation als eine besonders sensible Lebensphase, in der Blume die Entscheidung, Lehrer zu werden, zu einer für ihn zentralen Lebensentscheidung machte, die es ihm
überhaupt erst ermöglichte, mit allen Konsequenzen, mit aller Energie
('Besessenheit') für seinen Schulversuch einzutreten. Hildegard Feidel-Mertz stellte
bei ihren Untersuchungen über deutsche Reformpädagik im Exil in den Jahren 1933-
1945 fest, daß die Reformprojekte im Exil "ein erhebliches Maß an Bereitschaft zum
Risiko und zur Selbstausbeutung von sämtlichen Mitarbeitern und Mitarbeiterinnen"[1]
forderten. Diese Belastungen der beteiligten Pädagogen seien aber "mehr als aufge-
wogen [worden] durch das befriedigende Gefühl, beruflich und als 'Bezugsperson'
gebraucht zu werden."[2] Durch den intensiven pädagogischen "Lebens- und
Arbeitszusammenhang" hätten die Pädagogen geradezu eine "Stabilisierung der be-

---

[1]   FEIDEL-MERTZ, Hildegard, Reformpädagogik auf dem Prüfstand. Zur Funktion der Schul-
      und Heimgründungen emigrierter Pädagogen, in: Die Erfahrung der Fremde. Kolloqium des
      Schwerpunktprogramms 'Exilforschung' der Deutschen Forschungsgemeinschaft, hrsg. von
      Manfred BRIEGEL und Wolfgang FRÜHWALD, Weinheim [u.a.] 1988, S. 205-215, hier S.
      209.
[2]   FEIDEL-MERTZ, Reformpädagogik, S. 209.

ruflichen und menschlichen Identität" erfahren[3]. Es scheint, als ob genau dieser 'Mechanismus' für Blume seit seinem Beufseintritt eine ganz zentrale Rolle gespielt hat.

Das 'sich Einlassen' auf seine Schüler, deren Bedürfnisse er dadurch kennen- lernte, führte auf dem beschriebenen Pfingstausflug 1918 zu der kraftspendenden Utopie einer neuen, eigenen, aus bisherigen Zwängen befreienden Schule ('Wiesenburger Traum'), die im Gefolge der Novemberrevolution 1918 eine politi- sche Fundierung erhielt.

Blume entwickelte sich bald, wie alle seine ehemaligen Schüler berichten, zu ei- nem außergewöhnlichen Pädagogen, dessen Wirkung sich weder Schüler noch hospi- tierende Kollegen oder sonstige pädagogisch Interessierte, auch Schulpolitiker, ent- ziehen konnten. Mit höchstem Engagement, Fachwissen, Risikobereitschaft, takti- schem Geschick, Gespür für politische Großwetterlagen und für konkrete re- alpolitische Situationen sowie mit persönlicher Ausstrahlung gelang es Blume mit der notwendigen Mischung aus Dynamik und 'langem Atem' (Kraft, Ausdauer und Durchhaltevermögen), seine Vorstellungen zu realisieren.

(3) Doch Blume hätte mit seiner Idee einer Reformschule keinerlei Verwirkli- chungschancen gehabt, wenn er nicht auf Menschen gestoßen wäre, die bereit waren, mit ihm diesen Schulversuch zu realisieren. Dazu gehörten die ersten Schüler, die Eltern, die bereit waren, ihre Söhne für das zumindest am Anfang riskante Unternehmen freizugeben, die beteiligten Lehrerkollegen Blumes - auf die an späterer Stelle noch genauer einzugehen sein wird. Hierzu zählten aber vor allem auch einige reformpädagogisch orientierte Bildungspolitiker, unter denen vor allem Wilhelm Paulsen und Carl Heinrich Becker eine entscheidende Rolle zukommt.

Die entsprechenden Abschnitte dieses Kapitels der Arbeit verdeutlichen, wie wichtig das Zusammenspiel zwischen Blume und diesen Schulpolitikern für die Ent- stehung und Entwicklung der Schulfarm bis 1923 war: Blume brauchte als Schulpraktiker zur Realisierung seiner angestrebten Reformschule schulpolitische und -verwaltungstechnische 'Rückendeckung' und persönliche, über alle bürokrati- schen und juristischen Hürden hinweggehende Unterstützung von Schulpolitikern und -verwaltungsleuten. Diese wiederum waren umgekehrt ebenso auf Schulprakti- ker angewiesen, die unter Einsatz all ihres Könnens und Engagements ihre Re-

---

[3]   FEIDEL-MERTZ, Reformpädagogik, S. 209. - Vgl. auch weiter: Ebd., S. 210: "Welche Stabi- lisierung der beruflichen und menschlichen Identität dieser Lebens- und Arbeitszusammenhang bedeutete, wird sehr lebendig von einer Sozialpädagogin zum Ausdruck gebracht, die zusammen mit einigen ähnlich qualifizierten Frauen an einer Heimschule in Großbritannien arbeitete: 'Wir waren da, vom Morgen bis zum Abend, und formten das einfache, alltägliche Leben in einem sehr engen Haus, hoben dies Leben auf eine besondere Stufe, indem wir jeden Einzelnen betei- ligten, ganz praktisch, man 'tat' etwas. Für mich hatte das einen wesentlichen pädagogisch- psychologischen Sinn, gerade für diese jungen Menschen. Vertrieben, staatenlos, ohne Angehö- rige, kein Geld. Bedauernswert??? Aber nein!!! Man war ja sehr viel wert, wurde gebraucht, leistete etwas [...]. Man war ja viel wichtiger als früher! Stark, sicher und in einer Bindung mit Gleichen.' [Brief von Nora Astfalck, die sich auf ihre Tätigkeit in der Stoatley Rough School in Haslemere bezieht, vom 23.08.1983 an Feidel-Mertz]. Hier wird das Exil eindeutig positiv, als Aufwertung der eigenen Person und Leistung erfahren - eine Erfahrung, die sicherlich nicht von allen, aber doch von hinreichend vielen emigrierten Pädagogen gemacht worden ist [...]."

formenvorstellungen zu realisieren bereit waren. Beobachtet man die Prozesse, die im Zusammenspiel der beiden Schulpolitiker Paulsen und Becker mit Blume bzw. der Schulfarm abliefen, so tritt in der Frage, wie der Scharfenberger Schulversuch bzw. wie demokratische Schulversuche überhaupt gelingen können, folgendes deutlich vor Augen - und dies ist nicht zufällig in den 20er Jahren von Wilhelm Paulsen[4] und in den 50er Jahren von Hellmut Becker[5], dem Sohn Carl Heinrich Beckers, hervorgehoben worden: Eine Schulreform, 'von oben' angeordnet, kann (selbst mit enormem Geldaufwand) nicht gelingen, wenn (u.a.) nicht die Schulpraktiker zu Reformen bereit sind. Eine Schulreform 'von unten' kann nicht gelingen, wenn nicht von politischer bzw. von Seiten der Verwaltung entsprechende Unterstützung gewährt wird, wenn Reformwünsche z.B. mit juristischen Finten blockiert werden, wenn von Seiten der Bildungspolitik und Administration nicht die notwendigen Rahmenbedingungen geschaffen und die unabdingbaren Freiheiten ermöglicht werden, wenn sie nicht mithelfen, die vorhandenen Barrieren abzubauen, die Schulreform verhindern.

(4) Besonders fällt bei der Betrachtung der Entwicklung der Schulfarm auf, daß die Beteiligten, auch Blume, kaum 'originäre' Ideen in der Vor-, Entstehungs- und Gründungsphase der Schulfarm einbrachten, daß sie dagegen teilweise inzwischen erprobte und bewährte, zum Teil auch neue, hochaktuelle reformpädagogische und schulpolitische Elemente aufgriffen und unter Nutzung von 'Nischen', die mit allergrößtem Geschick innerhalb der existierenden gesellschaftlichen strukturellen Zwänge gesucht und gefunden wurden, zu einem neuen Strukturgebilde zusammenfügten und in der Schulfarm Insel Scharfenberg einen eigenständigen, unverwechselbaren Schulversuch aufbauten[6].

---

[4] S. bes.: Paulsen, Überwindung.
[5] BECKER, Hellmut, Die verwaltete Schule. Gefahren und Möglichkeiten, in: Merkur. Deutsche Zeitschrift für europäisches Denken, Jg. 8 (1954), S. 1155-1177; wieder in: BECKER, Hellmut, Kulturpolitik und Schule. Probleme der verwalteten Welt (=Fragen an die Zeit, 2), Stuttgart 1956, S. 33-70; wieder in: BECKER, Hellmut, Quantität und Qualität. Grundfragen der Bildungspolitik, Freiburg 1962, S. 147-174; wieder in: Die Verwaltete Schule - wiedergelesen - neu gelesen. Hellmut Becker zum 80. Geburtstag (=Recht der Jugend und des Bildungswesens. Zeitschrift für Schule, Berufsbildung und Jugenderziehung, Jg. 41 (1993), Heft 2), Neuwied 1993, S. 130-147. - Zu diesem Aufsatz vgl. auch: Durch pädagogische Aufklärung den Menschen helfen - Hellmut Becker [im Gespräch mit Andreas Gruschka] über Kritische Theorie und Pädagogik, in: Pädagogische Korrespondenz. Zeitschrift für kritische Zeitdiagnostik in Pädagogik und Gesellschaft, Heft 8: Winter 1990/91, S. 68-82. - Und: Die Verwaltete Schule - wiedergelesen - neu gelesen. Hellmut Becker zum 80. Geburtstag (=Recht der Jugend und des Bildungswesens. Zeitschrift für Schule, Berufsbildung und Jugenderziehung, Jg. 41 (1993), Heft 2), Neuwied 1993.
[6] Vgl. dazu auch die Einschätzung: KEIM, Zur Aktualität, S. 297: "Schulversuche konnten in den zwanziger Jahren - wie heute - nur im Rahmen des vorgegebenen Systems stattfinden und auch nur, solange dessen Grundstrukturen nicht berührt wurden. Dabei besaßen die Volksschulen aufgrund ihrer noch fast gänzlich fehlenden Berechtigungen relativ große Freiräume, die eine günstige Voraussetzung für Schulversuche und Reformen darstellten. Demgegenüber war das höhere Schulwesen bereits seit dem 19. Jahrhundert wegen des gesellschaftlichen Stellenwertes seiner Berechtigungen sehr viel stärker normiert, so daß kaum Spielräume für die Erprobung von Alternativen bestanden. Hinzu kam, daß die überwiegende Mehrheit aller Gymnasiallehrer aufgrund ihrer eigenen Sozialisation im Kaiserreich Reformen im Schulwesen wie auch in der Gesellschaft ablehnend gegenüberstand. Nur wenn man dies berücksichtigt, wird man den Schulversuch Wilhelm Blumes auf Scharfenberg richtig einordnen und würdigen können."

TEIL 2:   DIE ENTFALTUNG DER SCHULFARM INSEL SCHARFENBERG IN DEN JAHREN 1923 BIS 1933/34

I.   DIE AUSBAUPHASE VON 1923/24 BIS ANFANG DER 30ER JAHRE - DIE 'GOLDENEN ZWANZIGER'

I.1.   VOM SCHULABENTEUER ZUR EIGENSTÄNDIGEN INSTITUTION

Mit der Erlangung der vorläufigen Abituriumsgenehmigung im Jahr 1923 kann die 'Konsolidierungsphase' der Schulfarm als abgeschlossen bezeichnet werden. Von nun an, bis etwa gegen Ende der 20er Jahre, folgten Jahre des äußeren und inneren Ausbaus und der Festigung des Begonnenen.

War der Alltag der Schulfarm "zunächst ein ständiges Ringen um das Fortbestehen der Schule von Monat zu Monat gegen die verschiedensten sachlichen und unsachlichen Angriffe von außen und gegen die unglaublichen wirtschaftlichen Schwierigkeiten"[1], so verloren nach 1923 die wirtschaftlichen Probleme wie auch die 'Angriffe von außen' deutlich an Bedeutung.

Doch einmal noch schien - zumindest in den Augen beteiligter Lehrer und Eltern - die Existenz der Schulfarm gefährdet: nämlich im Kontext der 'Abwahl' Paulsens als Oberstadtschulrat von Berlin im Jahre 1924[2]. Als diese bevorstand, machte Blume seinen Schülern (noch einmal) die Bedeutung Paulsens für die Schulfarm klar und erstellte mit ihnen gemeinsam als bleibendes Zeichen des Dankes und der menschlichen Solidarität eine 'Scharfenberg-Mappe', die man Paulsen nach dessen Abwahl überreichte:

> "[Im Oktober 1924] trugen wir laut Abendaussprachenbeschluß die Dankesschuld bei dem nun doch gestürzten Stadtschulrat Paulsen ab; wir fuhren nach Steglitz in seine Wohnung und überbrachten ihm in einer von Hans Ungerer gefertigten bunten Mappe Bilder und Schnitte mit Scharfenberger Motiven, keine ausgewählten Gipfelleistungen, sondern von jedem fast etwas; alle wollten und sollten beteiligt sein! Was kommt [es] darauf an, ob Paulsens Pädagogik die richtige ist, ob sein 'Schulplan' durchführbar ist, ob er der richtige Beamte an seinem Platz gewesen - auf jeden Fall, das hatten wir erfahren, war er ein Mensch, ein guter, edler Mensch, und die sind so selten im politischen Leben, vor allem in Berlin."[3]

Über diese pädagogische, menschlich-solidarische Maßnahme hinaus diskutierte Blume im Spätsommer mit den Eltern die "schlimme[n] Gefahren"[4], die er nach

---

[1]   BLUME, Schulfarm (1924), S. 318.
[2]   S. dazu S. 174-177.
[3]   Berlin, LA, SIS: CH, V, S. 60. - Zu Plan, Erstellung und Überreichung der 'Scharfenberg-Mappe' s. S. 517-519.
[4]   Berlin, LA, SIS: CH, V, S. 34. - Vgl. so auch: Prot. der 1924 stattfindenden 48. Abendaussprache, in: Berlin, LA, SIS: CH, V, S. 35.

Paulsens Ausscheiden aus dem Amt auf die Schulfarm zukommen sah. Nachdem dann die 'Abwahl' Paulsens erfolgt war, und aufgrund "der unberechenbaren Zufallsmehrheit der Stadtverordneten"[5] die Gefahren nicht beseitigt schienen - so sei "nicht vorauszusagen [gewesen], ob der von Herrn [Wilhelm] Benecke [(1883-1962)][6] etwa zu beantragende Etat für Scharfenberg angenommen wird"[7] - kam es als Ergebnis dieser Diskussionen im Dezember 1924 zur Gründung eines 'Vereins der Freunde der Scharfenbergschulidee', an den im Falle einer Schließung der Schulfarm "das Eigentum fallen würde, und der damit anderswo eine Schule vielleicht aufmachen könnte."[8]

Doch diese Befürchtungen um die Existenz der Schulfarm, die zu einem früheren Zeitpunkt sicher berechtigt gewesen wären, erwiesen sich nunmehr als unbegründet: Die Schulfarm erhielt, insbesondere unter Stadtschulrat Nydahl[9], weiterhin die volle Unterstützung der Berliner Schulverwaltung.

Im Sommer 1926 schrieb Blume, daß die Schulfarm nun "die Schwierigkeiten der Anfangsjahre trotz Inflationszeiten überwunden [habe]" und "die Angriffe und Zweifel [...] verstummt [seien]"[10].

Gleichwohl blieb Scharfenberg, das Landé 1923 als "Privatschule des Magistrats [von] Berlin"[11] bezeichnete, manchen Kreisen der Öffentlichkeit ebenso ein Rätsel[12], wie Fachleuten - zumindest - die Organisation der Schulfarm Probleme bereitete:

So schrieb der Geheime Regierungs- und Oberschulrat im Provinzialschulkollegium Franz Schmidt (1874-19..)[13] am 08.09.1928 in einem 'Revisionsbericht':

"Die Organisation der Schule ist recht verwickelt und auf den ersten Blick wenig durchsichtig. Die Schule ist eine höhere Knabenschule und zwar sowohl Aufbau- wie grundständige Schule

---

5   Prot. der im Dezember 1924 stattfindenden 10. Schulgemeinde, in: Berlin, LA, SIS: CH, V, S. 106.
6   Biogr. Inf. zu Benecke, Mitglied der DVP, und Stadtrat in Berlin z.B.: M.d.R. Die Reichstagsabgeordneten der Weimarer Republik in der Zeit des Nationalsozialismus. Politische Verfolgung, Emigration und Ausbürgerung 1933-1945. Eine biographische Dokumentation. Mit einem Forschungsbericht zur Verfolgung deutscher und ausländischer Parlamentarier im nationalsozialistischen Herrschaftsbereich, hrsg. von Martin SCHUMACHER, 3., erheblich erw. und überarb. Aufl., Düsseldorf 1994, S. 30.
7   Prot. der im Dezember 1924 stattfindenden 10. Schulgemeinde, in: Berlin, LA, SIS: CH, V, S. 106.
8   Prot. der im Dezember 1924 stattfindenden 10. Schulgemeinde, in: Berlin, LA, SIS: CH, V, S. 106. - Zum 'Verein der Freunde der Scharfenbergschulidee' s. S. 580f.
9   Vgl. zu Nydahl S. 177.
10   BLUME, Gesuch (1926).
11   Berlin, LA, SIS: CH, III, S. 83 [anläßlich seines Besuches mit C.H. Becker betr. der ersten Abituriumsgenehmigung der Schulfarm].
12   Berlin, LA, SIS: CH, II, S. 74: "Frau Prengel [eine Küchenangestellte der Schulfarm] fährt mit der Elektrischen und hört einen Tegelorter erzählen: Das soll ja eine ganz komische Schule sein. Morgens wird erst jedesmal abgestimmt, ob Unterricht sein soll oder nicht; und wenn die Schüler nicht wollen, können die Lehrer nichts machen!"
13   Biogr. Inf. zu Schmidt: Berlin, BBF: SLG-GS, Personalblatt Franz Schmidt.

von U III - O I und letzteres in vierfacher Gestalt als Gymnasium, Realgymnasium, Oberrealschule und Deutsche Oberschule [...]. "[14]

Der ehemalige Scharfenbergschüler Heinz Wagner berichtet in diesem Sinne:

> "Da kam nun eines Tages - angemeldet - ein höherer Beamter des Statistischen Reichsamtes aus Berlin, um einige Fragen zu klären, die Schulstatistik betreffend. Es hätte da einen Fragebogen des Amtes gegeben, der auch ordnungsgemäß beantwortet zurückgeschickt worden sei. Aber bei der Bearbeitung hätten sich bei der Frage nach dem Schultypus Unklarheiten ergeben, denn danach gäbe es auf der Insel so gut wie alle Schulformen, wie etwa: Gymnasium, Oberrealschule, Deutsche Oberschule, Aufbauschule und dergleichen mehr, das könnte doch wirklich nicht sein. Und doch war es so, wie der Herr Dr. Flöhr nach erhaltener Aufklärung einräumen mußte [...]. "[15]

Im 'Verwaltungsbericht der Stadt Berlin' für die Jahre 1924-1927 heißt es, daß am Ende des Berichtszeitraumes in Berlin 97 höhere Lehranstalten für männliche Schüler bestünden - hinzu käme zusätzlich "noch die Schulfarm für Knaben auf der Insel Scharfenberg im Tegeler See"[16]. Diese Schule sei "zunächst dem Humboldt-Gymnasium angegliedert" gewesen, bis sie "im Jahre 1926 den Charakter einer selbständigen Gymnasialanstalt erhielt und dann dem Bezirksamt Mitte zugeteilt wurde"[17].

Es scheint also zu diesem Zeitpunkt zu einer ersten Veränderung des juristischen Status der Schulfarm gekommen zu sein - leider ohne, daß hierfür entsprechende, detailliertere Auskünfte vermittelnde Archivalien vorliegen.

---

[14] Berlin, BA: Bestand Reichsministerium für Wissenschaft, Erziehung und Volksbildung, Nr. 4702, Bl. 34r-35v: Revisionsbericht des Herrn Geheimen Regierungs- und Oberschulrats Professor Dr. Schmidt über die Revision der Inselschule Scharfenberg bei Tegel am 08. September 1928, hier Bl. 34v.

[15] PS Wagner: WAGNER, Heinz, Auch das war Scharfenberg. Erinnerung an einige Episoden im Inselleben der Jahre 1926-29, S. 7. - Ebd. schreibt Wagner zur sich weiterentwickelnden Beziehung Föhrs zur Schulfarm: "Die Begeisterung des Dr. Flöhr führte zu immer wiederholten Besuchen und die ließen ihn einen Freund Scharfenbergs werden. Man konnte ihn immer in Berlin in seinem Stammcafé, dem Café Bauer am Bahnhof Friedrichstraße im ersten Stock antreffen. Hier trafen sich alte Scharfenberger gelegentlich, auch um seinen Rat, seine Hilfe zu erbitten. Mir hat er z.B. geholfen, eine Voluntärstelle in einem Bauingenieurbüro vor meinem Studienbeginn zu finden. Auch später hatte er mich gut beraten. Wir waren bei immer verabschiedet, wenn er zu später Stunde regelmäßig in der Telefonzelle des Cafés verschwand, um seiner Sekretärin das Manuskript seines Buches, an dem er arbeitete, zu diktieren."

[16] Verwaltungsbericht der Stadt Berlin 1924-1927 (1. April 1924 bis 31. März 1928). Nach den Berichten der Verwaltungen hrsg. von dem Statistischen Amt der Stadt Berlin (Verwaltungsberichtsstelle), Heft 5: Schul-, Kunst- und Bildungswesen, Berlin 1929, S. 11.

[17] Verwaltungsbericht der Stadt Berlin 1924-1927, S. 26.

Dieser Veränderung trugen von nun an auch die die Berliner höheren Schulen aufführenden Verzeichnisse Rechnung, die die Schulfarm bislang außer Acht gelassen hatten[18].

Am 21.09.1928 fand auf Scharfenberg eine Sitzung der städtischen Schuldeputation - "Das wird wohl auch noch nicht vorgekommen sein, daß die hochwohllöbliche Schuldeputation in einer Schule ihre Wochen-Sitzung abgehalten hat."[19] - statt[20]. Nachdem die Deputierten - unter ihnen Stadtschulrat Nydahl, Obermagistratsrat Dr. Schönberner, der Stadtverordnete Josef Galle (1879-19..) (Zentrum)[21], "unser Freund"[22] Paul Hildebrandt und Siegfried Kawerau[23] - sich mit Themen wie den Ferienterminen der städtischen Schulen und der Pflichtstundenzahl der Mittelschullehrerinnen beschäftigt hatten[24], kam man - sicher dem Anlaß der Wahl des Ortes entsprechend - zu Scharfenberger Themen. Blume schrieb dazu in der Chronik:

> "[Es] kursierten die Pläne für das neue Lehrerwohnhaus auf der Insel [...]. Man bewilligte dann einstimmig die nötige Summe von 75.000 M, ließ sich an die Beschleunigung der Anstellung der beiden Studienräte mahnen, gab den bösen Zustand der Fähre, mit der man übergesetzt war, zu und stellte eine neue 'aus laufenden Mitteln' in Aussicht; Herr Obermagistratsrat Dr. Schönberner formulierte sehr geschickt und verständnisvoll die Sonderstellung, die Scharfenberg bekommen müsse, wenn man es aus der juristisch unhaltbaren Schwebelage herausnehmen wolle: mit der Erhebung zur "höheren Schule" sei ihm nicht gedient, da sich damit allerhand Bindungen einstellen würden; man müsse einen bisher im städtischen Schulwesen noch nicht vorhandenen Typus eröffnen, den des 'städtischen Landerziehungsheims'; er wisse sehr wohl, daß dieser durch Lietz geschaffene Begriff nicht ganz die Art dieses Insellebens treffe, aber vielleicht sei der Ausdruck dem Gründer und Leiter nicht so zuwider, daß man ihn nicht als Etikette wählen dürfe. Ich erklärte mich damit einverstanden, wenn dieser Artname hinter die selbstgewachsene Bezeichnung Schulfarm Insel Scharfenberg gesetzt werde; das Allerwichtigste aber sei, daß die Schule bei ihrer Etikettierung [sic!] nicht einer Bezirksverwaltung unterstellt, sie also 'zentral' direkt vom 'Magistrat' verwaltet werde, daß finanzielle und juristische Sicherstellung die Freiheiten, die Entwicklungsmöglichkeiten nicht gefährde. Alle Parteien erklärten sich dafür, eine Lösung dieser Art zu suchen und dem Magistrat und den Stadtverordneten vorzu-

---

18 So in: Übersicht über die städtischen höheren Lehranstalten [Jg. 1]. Stand vom 1. Mai 1927. Anhang: Die staatlichen höheren Lehranstalten in Berlin, hrsg. vom Magistrat der Stadt Berlin 1927, und: Übersicht über die städtischen höheren Lehranstalten [Jg. 2]. Stand vom 1. Mai 1928. Anhang: Die staatlichen höheren Lehranstalten in Berlin, hrsg. vom Magistrat der Stadt Berlin 1928, jeweils S. 32 die "Schulfarm Scharfenberg" als einzige direkt dem Berliner Magistrat, d.h. keinem Bezirk unterstellten Schule genannt. - Im 'Handbuch der Preußischen Unterrichts-Verwaltung' wurde die Schulfarm erstmals 1927 genannt: Handbuch der Preußischen Unterrichts-Verwaltung, [Jg. 6], Berlin 1927, S. 143 unter der Rubrik 'Höhere Lehranstalten für die männliche Jugend' von 'Groß-Berlin und Provinz Brandenburg': 'Pr. Insel-Sch. Scharfenberg, angegliedert d. Rg', geleitet von Studienrat Blume. - Handbuch der Preußischen Unterrichts-Verwaltung, [Jg. 7], Berlin 1928, S. 151 unter der Rubrik 'Höhere Lehranstalten für die männliche Jugend' von 'Groß-Berlin und Provinz Brandenburg': 'St. Insel-Sch. Scharfenberg (Aufbauform mit Wahlfreiheit)', geleitet von Studienrat Blume. - Handbuch der Preußischen Unterrichts-Verwaltung, [Jg. 8], Berlin 1929, S. 162 unter der Rubrik 'Höhere Lehranstalten für die männliche Jugend' von 'Groß-Berlin und Provinz Brandenburg': 'St. Insel-Sch. Scharfenberg (Aufbauform mit Wahlfreiheit)', geleitet von Studienrat Blume.
19 Berlin, LA, SIS: CH, VII, o.S.
20 Berlin, LA, SIS: CH, VII, o.S.
21 Biogr. Inf. zu Galle: Landesarchiv Berlin an D.H. br. vom 10.06.1999.
22 Berlin, LA, SIS: CH, VII, o.S.
23 Aufzählung lt.: Berlin, LA, SIS: CH, VII, o.S.
24 Berlin, LA, SIS: CH, VII, o.S.

schlagen, damit, was bisher mehr hintenherum, von Fall zu Fall, auf vielen Wegen erreicht und geschehen sei, auch offiziell sanktioniert werde."[25]

Wie bei ähnlichen 'Veranstaltungen', Besichtigungen u.a. auf Scharfenberg[26] wurden die Gäste in das Insel-Geschehen einbezogen, nutzte die Schulfarm die Gelegenheit zur Selbstdarstellung:

"Nach Schluß der Sitzung hospitierte die gesamte Deputation im Gesamtunterricht von Grün + Rot, der um das Thema Hund - Tier - Darwin - Plankton - 'Herr und Hund' kreiste und in ein Preisraten nach den Verfassern verlesener resp. vorgeführter Tierfabeln auslief, worunter die Grünen auch selbstgedichtete eingeschmuggelt hatten. Fernerhin interessierten sich die bewilligungsfrohen Gäste auch für unser Schlachtefest und verspeisten an den Blauen Tischen Scharfenberger Kotelettes."[27]

Den Abschluß bildete schließlich eine gemeinsame Kaffeeunterhaltung im Großen Saal des Bollehauses[28].

Im Gefolge dieser Sitzung erschien nun in der 'Übersicht über die städtischen höheren Lehranstalten' in Berlin von 1929 bis 1931 die Schulfarm als 'Landerziehungsheim Schulfarm Insel Scharfenberg' - und zwar als einzige nicht einem Bezirk sondern direkt dem Magistrat unterstellte Schule[29].

Vor allem aber bat der Magistrat im Anschluß an die Deputationssitzung auf Scharfenberg das Provinzialschulkollegium um Zustimmung für seine Pläne betreffend die Schulfarm; das Provinzialschulkollegium seinerseits wandte sich mit einem Bericht vom 07.02.1930 weiter an das Ministerium:

---

[25] Berlin, LA, SIS: CH, VII, o.S.
[26] Vgl. etwa den S. 287-293 beschriebenen Besuch des Staatssekretärs C.H. Becker. - Z.B. auch: S. 667.
[27] Berlin, LA, SIS: CH, VII, o.S.
[28] Berlin, LA, SIS: CH, VII, o.S.
[29] Übersicht über die städtischen höheren Lehranstalten [Jg. 3]. Stand vom 1. Mai 1929. Anhang: Die staatlichen höheren Lehranstalten in Berlin, hrsg. vom Magistrat der Stadt Berlin 1929; Übersicht über die städtischen höheren Lehranstalten [Jg. 4]. Stand vom 1. Mai 1930. Anhang: Die staatlichen höheren Lehranstalten in Berlin, hrsg. vom Magistrat der Stadt Berlin 1930; Übersicht über die städtischen höheren Lehranstalten [Jg. 5]. Stand vom 1. Mai 1931. Anhang: Die staatlichen höheren Lehranstalten in Berlin, hrsg. vom Magistrat der Stadt Berlin 1931, jeweils S. 32 als "Landerziehungsheim Schulfarm Insel Scharfenberg" als einzige direkt dem Berliner Magistrat, d.h. keinem Bezirk unterstellten Schule. -
S. auch: Handbuch der Preußischen Unterrichts-Verwaltung, [Jg. 9], Berlin 1930, S. 172 unter der Rubrik 'Höhere Lehranstalten für die männliche Jugend' von 'Groß-Berlin und Provinz Brandenburg': 'St. Schulfarm-Sch. Scharfenberg bei Tegel (Aufbauform mit Wahlfreiheit)', geleitet von Oberstudiendirektor Blume. - Handbuch der Preußischen Unterrichts-Verwaltung, [Jg. 10], Berlin 1931, S. 182 unter der Rubrik 'Höhere Lehranstalten für die männliche Jugend' von 'Groß-Berlin und Provinz Brandenburg': 'St. Schulfarm-Sch. Scharfenberg bei Tegel (Aufbauform mit Wahlfreiheit)', geleitet von Oberstudiendirektor Blume. - Handbuch der Preußischen Unterrichts-Verwaltung. Erg.-Heft zu dem Jahrgang 1931, [Jg. 11], Berlin 1932, S. 34: 'Höhere Lehranstalten für die männliche Jugend' von 'Groß-Berlin und Provinz Brandenburg': 'St. Schulfarm-Sch. Scharfenberg bei Tegel (Aufbauform mit Wahlfreiheit) Rg.', geleitet von Oberstudiendirektor Blume. - Handbuch der Preußischen Unterrichts-Verwaltung, [Jg. 12], Berlin 1934, S. 182 unter der Rubrik 'Höhere Lehranstalten für die männliche Jugend' von 'Groß-Berlin und Provinz Brandenburg': 'St. Schulfarm-Sch. Scharfenberg bei Tegel (Aufbauform mit Wahlfreiheit) Rg.', geleitet von Oberstudiendirektor Blume.

"Der Magistrat der Stadt Berlin hat hier den Antrag gestellt, das städtische Landerziehungsheim 'Schulfarm Insel Scharfenberg' bei Tegel, als höhere Schule anzuerkennen und zwar in der Form einer Versuchsschule, in der sich 'neue Methoden, neue Ideale und eigenartige Persönlichkeiten voll auswirken sollen', wie es in Absatz 5 der Denkschrift für die Neuordnung des preußischen höheren Schulwesens heiße. Eine weitere Begründung und nähere Angaben hat der Magistrat seinem Antrag nicht beigefügt, gewiß in der begründeten Voraussetzung, daß die Verhältnisse der Schule im Ministerium eingehend bekannt sind.
Wie wir wissen, hat die Schulleitung den Magistrat um Vorlegung des obigen Antrages gebeten, weil sie überzeugt ist, daß die schwierige Frage der Beschaffung geeigneter Lehrkräfte auf die Dauer nur dann glücklich gelöst werden kann, wenn die Möglichkeit regelrechter Anstellung besteht. Wir teilen diese Auffassung und befürworten demgemäß den Antrag und zwar in der vom Magistrat vorgelegten Form, daß die Schule ohne Festlegung auf einen bestimmten Schultyp als höhere Versuchsschule anerkannt wird.
[...]. Hinsichtlich der Einrichtung der Schule und ihrer Leistungen verweisen wir auf den abschriftlich beigefügten Revisionsbericht unseres schultechnischen Dezernenten, hinsichtlich des Geistes, der in ihr waltet, auf das anliegende Druckheft 'Aus dem Leben der Schulfarm Insel Scharfenberg'"[30].

Auf diesen Bericht hin erfolgte mit Erlaß U II 10319 des Ministers für Wissenschaft, Kunst und Volksbildung vom 03.03.1930 die Anerkennung der Schulfarm als höhere Schule in Form einer Versuchsschule:

"Auf den Bericht vom 7. Februar d. Js. [...] genehmige ich, daß das Landerziehungsheim 'Schulfarm Insel Scharfenberg' bei Tegel als öffentliche höhere Schule der Stadt Berlin anerkannt wird, und daß die bisherigen Abweichungen vom allgemeinen Lehrplan beibehalten werden.

Die Genehmigung erfolgt unter der Bedingung, daß der Unterhaltungsträger der Schule sich zuvor in rechtsverbindlicher Form verpflichtet,
1.) die Schule ohne Beihilfe des Staates aus eigenen Mitteln zu unterhalten und Staatsmittel jetzt und künftig nicht in Anspruch zu nehmen,
2.) für den Unterricht ausreichende und geeignete Räumlichkeiten, Einrichtungen und Lehrmittel bereitzustellen und
3.) hinsichtlich der Art und Anzahl der Lehrer (-innen) den jeweiligen allgemeinen Bestimmungen nachzukommen."[31]

---

30   Berlin, BA: Bestand Reichsministerium für Wissenschaft, Erziehung und Volksbildung, Nr. 4702, Bl. 32r-33r: Schreiben des Provinzialschulkollegiums an den Minister für Wissenschaft, Kunst und Volksbildung vom 07.02.1930 betr. Antrag des Magistrats der Stadt Berlin auf Anerkennung der Schulfarm Insel Scharfenberg als höhere Schule in Form einer Versuchsschule.

31   Berlin, BA: Bestand Reichsministerium für Wissenschaft, Erziehung und Volksbildung, Nr. 4702, Bl. 36: Erlaß U II 10319 des Ministers für Wissenschaft, Kunst und Volksbildung vom 03.03.1930: Anerkennung der Schulfarm als höhere Schule in Form einer Versuchsschule im Anschluß an den Bericht vom 07.02. - Zu den 'Freiheiten' schrieb Blume im Zusammenhang mit dem Abitur 1932: Berlin, LA, SIS: Prüfungsunterlagen, Mappe 3: Reifeprüfungen 1925-1935, hier: Reifeprüfung 1932: 'Zusammensetzung der Prüfungskommission' und 'Verteilung der Prüflinge in die Fachkurse und ihre Einordnung in die 4 Schultypen', hdschr. Blume: "Bei der Anerkennung der Schulfarm Insel Scharfenberg als 'höhere Lehranstalt' ist hinzugefügt worden: 'unter Beibehaltung der Freiheiten, die sie bisher gehabt hat'. Zu diesen Freiheiten gehört außer dem Fortfall der Zensuren (abgesehen von Schluß- und Reifeprüfung) die Labilität des Stundenplanes und die Zusammenfassung mehrerer Fächer zu einem 'Gesamtunterricht', Maßnahmen, die der Verwirklichung des Konzentrationsgedankens dienen wollen, sowie die Möglichkeit, nach dem Übertritt in die Oberstufe sich einen Fachkurs zu wählen, dem man dann bis zum Schluß angehört, um in ihm das Zentrum seiner Arbeit zu leisten."

Parallel zu diesen 1928 in Gang kommenden strukturellen Veränderungen erhielt die Schulfarm nun feste Lehrerstellen[32], und Blume, bisher Studienrat, wurde durch Beschluß des Berliner Magistrats vom 02.07.1929 zum Oberstudiendirektor ernannt[33]. Mit Schreiben vom 31.07.1929 bat der Magistrat das Provinzialschulkollegium, diese Wahl zu bestätigen[34]. Das Provinzialschulkollegium leitete diese Bitte mit Schreiben vom 02.04.1930 befürwortend an das Ministerium weiter, und mit Schreiben vom 12.04.1930 erfolgte die ministerielle Anerkennung Blumes als Oberstudiendirektor[35].

In dem Schreiben vom 02.04.1930 hatte es das Provinzialschulkollegium nicht für notwendig gehalten, das Ministerium über genauere Hintergründe betr. der Schulfarm zu unterrichten[36]:

"Sie [die Schulfarm] ist so bekannt und anerkannt, daß es weiterer Ausführungen darüber nicht bedürfen wird."[37]

Blume kommentierte diese Veränderungen im Jahresbericht der Schulfarm 1932/33 wie folgt:

"Ursprünglich - 1921/22 - eine Robinsonade, ein kühnes, um juristische Berechtigungen unbekümmertes Inbesitznehmen der [...] Insel [...]; allmählich dann eine Schule werdend [...]; am 10. September 1923 als ein mixtum compositum durch Ministerialerlaß legalisiert, der den Schülern dieser 'pädagogisch wertvollen Versuchsschule' die Möglichkeit schuf, an der Anstalt selbst unter dem Vorsitz eines Ministerialrates 'vor einer besonderen Kommission' ihre Prüfung abzulegen; die Lehrergehälter wurden seitdem vom Bezirksschulausschuß 1-6 in schwierigen Sonderbewilligungen flüssig gemacht, bis die Schulfarm "zu Ostern 1930 auf verfassungsmäßigem Wege ihren eigenen städtischen Etat bekam mit der Stelle eines Direktors, von 3 Studienräten und zwei Oberschullehrern, verwaltungsmäßig dem Magistrat direkt unterstellt wurde [...] und vom Staate in die Reihe der 'Anstalten mit großem Alumnat' eingeordnet wurde [...] und zwar 'unter Bewahrung der Freiheiten, die sie bisher gehabt hatte'."[38]

Trotz der 1929/30 erreichten verwaltungsmäßigen 'Selbständigkeit' der Schulfarm dauerte es nun noch bis 1932, bis auf Scharfenberg ein einer 'normalen' Schule ent-

---

32   Vgl. dazu S. 374.
33   S.: Berlin, BA: Bestand Reichsministerium für Wissenschaft, Erziehung und Volksbildung, Nr. 4702, Bl. 37r-38v: Schreiben des Provinzialschulkollegiums an den Minister für Wissenschaft, Kunst und Volksbildung vom 02.04.1930, hier Bl. 37r.
34   S.: Berlin, BA: Bestand Reichsministerium für Wissenschaft, Erziehung und Volksbildung, Nr. 4702, Bl. 37r-38v: Schreiben des Provinzialschulkollegiums an den Minister für Wissenschaft, Kunst und Volksbildung vom 02.04.1930, hier Bl. 37v.
35   Berlin, BA: Bestand Reichsministerium für Wissenschaft, Erziehung und Volksbildung, Nr. 4702, Bl. 39: Anerkennung Blumes als Oberstudiendirektor durch den Minister für Wissenschaft, Kunst und Volksbildung vom 12.04.1930.
36   Berlin, BA: Bestand Reichsministerium für Wissenschaft, Erziehung und Volksbildung, Nr. 4702, Bl. 37r-38v: Schreiben des Provinzialschulkollegiums an den Minister für Wissenschaft, Kunst und Volksbildung vom 02.04.1930.
37   Berlin, BA: Bestand Reichsministerium für Wissenschaft, Erziehung und Volksbildung, Nr. 4702, Bl. 37r-38v: Schreiben des Provinzialschulkollegiums an den Minister für Wissenschaft, Kunst und Volksbildung vom 02.04.1930, Bl. 38v.
38   Berlin, BBF: SLG-GS, Jahresberichte 1932/33, Bd. 248d, Nr. 88: Berlin, SIS (Blume), S. 4.

sprechendes Abitur "unter der Verantwortung des Provinzialschulkollegiums"[39] abgehalten wurde[40].

Erst mit dieser Anerkennung war aus der Schulfarm, zehn Jahre nach Beginn des Schulversuches, aus verwaltungstechnisch-juristischer Sicht eine 'normale', eigenständige Schule geworden.

In den folgenden (Teil-) Kapiteln soll nun der Ausbau der Schulfarm von 1923/24 bis Anfang der 30er Jahre behandelt werden. Dabei wird neben dem Ausbau der Landwirtschaft und der architektonischen Entwicklung der Schulfarm zunächst und vor allem der personelle Ausbau der Schulfarm, insbesondere die wachsende und sich verändernde Schülerschaft, die Eltern- und schließlich die Lehrerschaft, behandelt werden.

Nach Abhandlung dieser Entwicklungszüge soll dann in einem zweiten Teil die 'Pädagogik' der Schulfarm, wie sie sich von ihren Anfängen bis Anfang der 30er Jahre entwickelt hat, untersucht und vorgestellt werden.

---

[39] Berlin, BBF: SLG-GS, Jahresberichte 1932/33, Bd. 248d, Nr. 88: Berlin, SIS (Blume), S. 30.
[40] Zentralblatt für die gesamte Unterrichts-Verwaltung in Preußen, Jg. 74 (1932), S. 210, nennt im hier abgedr. 'Verzeichnis derjenigen öffentlichen höheren Schulen, an denen zu Ostern 1932 die erste Reife- oder Schlußprüfung abgehalten worden ist und die danach als ausgebaute Vollanstalten oder Nichtvollanstalten zu gelten haben' unter der Rubrik Vollanstalten, Knabenschulen, Groß-Berlin und Brandenburg u.a.: "Berlin-Tegel: Inselschule Scharfenberg (Realgymnasium)". - Vgl. zum Abitur 1932: S. 705.

I.2.   DIE SCHÜLER- UND DIE ELTERNSCHAFT

I.2.A.   DIE (ZAHLENMÄßIGE) ENTWICKLUNG DER SCHÜLERSCHAFT

Im Laufe der Jahre vergrößerte sich die Inselgemeinschaft, insbesondere die Schülerschaft, um ein Vielfaches: Hatte man im Mai 1922 mit 21 Schülern begonnen[1], so stieg diese Zahl 1923 auf 40 Schüler[2], 1924 auf 50[3], 1925 auf 52[4] und 1926 auf ca. 70 Schüler an[5]; im Herbst 1928 zählte man bereits 83 Schüler, von denen 37 aus höheren Schulen und 46 aus Volksschulen stammten[6]. Zum 01.11.1929 lebten auf Scharfenberg 79 Schüler, zu Schuljahrsbeginn 1930/31 95, zum 01.11.1930 90, 1931 95, 1932 88, 1933 101 bzw. 99 Schüler - und dann in der NS-Zeit - 1934 93 bzw. 94, 1935 96 bzw. 94, 1936 102, 1937 106 bzw. 107, 1938 113 bzw. 108, 1939

---

[1] S. dazu S. 210.
[2] HARTKOPF, Gründung, S. 89.
[3] Berlin, LA, SIS: CH, V, S. 19.
[4] Berlin, LA, SIS: CH, V, S. 171.
[5] BLUME, Wilhelm, Gesuch der Schulfarm Insel Scharfenberg um Bewilligung des Baues eines neuen Hauses an den Bezirksausschuß I-VI, zu Händen von Herrn Stadtrat [Wilhelm] Benecke, vom 07.07.1926 [Berlin, LA, SIS], hrsg. von Dietmar HAUBFLEISCH, Marburg 1999: http://archiv.ub.uni-marburg.de/sonst/1999/0001/q30.html [künftig zit. als: BLUME, Gesuch (1926)].
[6] Aus dem Leben, S. 340.

115, 1940 102 und 1941 94 Schüler[7]. Die Schülerzahl stieg also vor allem bis zum Jahr 1930 an und pendelte sich dann auf ca. 90-100 Schüler ein.

Die Altersgrenze der Schüler sank bereits mit der Aufnahme der 'Aufbauer', dann im Laufe der Jahre weiter nach unten. Hatte man zunächst das Untersekundaner-Alter (ca. 15 Jahre) als das Geeignetste angesehen, da hier die Schüler einerseits eine gewisse Selbständigkeit erlangt hatten, andererseits jedoch noch nicht erwachsen und mit großstädtischen Interessen befrachtet waren, um nicht mehr empfänglich für diese Art des Gemeinschaftslebens zu sein, so nahm man 1926 erstmals Untertertianer (ca. 13 Jahre) hinzu. Blume urteilte nun, daß man jetzt aus der Pionierzeit heraus sei, die Lebensverhältnisse etwas angenehmer und wohnlicher geworden seien, so daß sie auch für die Kleineren ertragbar wurden[8].

---

[7]   Diese Angaben entstammen für 1929: Statistisches Jahrbuch der Stadt Berlin, hrsg. im Auftrage des Magistrats vom Statistischen Amt der Stadt Berlin, [N.F.] Jg. 7 (1931), Berlin 1931, S. 160; 1930 (95 Schüler): Philologen-Jahrbuch (Kunzes Kalender), Jg. 37: Schuljahr 1930/31, 2. Teil, Breslau 1930, S. 407; 1930 (90 Schüler): Statistisches Jahrbuch der Stadt Berlin, hrsg. im Auftrage des Magistrats vom Statistischen Amt der Stadt Berlin, [N.F.] Jg. 8 (1932), Berlin 1932, S. 141; 1931: Philologen-Jahrbuch (Kunzes Kalender), Jg. 38: Schuljahr 1931/32, 2. Teil, Breslau 1931, S. 420; 1932: Philologen-Jahrbuch (Kunzes Kalender), Jg. 39: Schuljahr 1932/33, 2. Teil, Breslau 1932, S. 400; 1933 (101 Schüler): Philologen-Jahrbuch (Kunzes Kalender), Jg. 40: Schuljahr 1933/34, 2. Teil, Breslau 1933, S. 400; 1933 (99 Schüler): Statistisches Jahrbuch der Stadt Berlin, hrsg. im Auftrage des Magistrats vom Statistischen Amt der Stadt Berlin, [N.F.] Jg. 10 (1934), Berlin 1934, S. 174; 1934 (93 Schüler): Philologen-Jahrbuch (Kunzes Kalender), Jg 41: Schuljahr 1934/35, 2. Teil, Breslau 1934, S. 390; 1934 (94 Schüler): Statistisches Jahrbuch der Stadt Berlin, hrsg. im Auftrage des Magistrats vom Statistischen Amt der Stadt Berlin, [N.F.] Jg. 11 (1935), Berlin 1936, S. 169; 1935 (96 Schüler): Jahrbuch (Kunzes Kalender), Jg. 42: Schuljahr 1935/36, 2. Teil, Breslau 1935, S. 373; 1935 (94 Schüler): Statistisches Jahrbuch der Stadt Berlin, hrsg. im Auftrage des Magistrats vom Statistischen Amt der Stadt Berlin, [N.F.] Jg. 12 (1936), Berlin 1937, S. 128; 1936: Jahrbuch (Kunzes Kalender), Jg. 43: Schuljahr 1936/37, 2. Teil, Breslau 1936, S. 376; ebenso: Statistisches Jahrbuch der Stadt Berlin, hrsg. im Auftrage des Magistrats vom Statistischen Amt der Stadt Berlin, [N.F.] Jg. 13 (1937), Berlin 1938, S. 131; 1937 (106 Schüler): Jahrbuch (Kunzes Kalender), Jg. 44: Schuljahr 1937/38, 2. Teil, Breslau 1937, S. 390; 1937 (107 Schüler): Statistisches Jahrbuch der Stadt Berlin, hrsg. im Auftrage des Magistrats vom Statistischen Amt der Stadt Berlin, [N.F.] Jg. 14 (1938), Berlin 1939, S. 146; 1938 (113 Schüler): Jahrbuch (Kunzes Kalender), Jg. 45: Schuljahr 1938/39, 2. Teil, Breslau 1938, S. 390; 1938 (113 Schüler): Statistisches Jahrbuch der Stadt Berlin, hrsg. im Auftrage des Magistrats vom Statistischen Amt der Stadt Berlin, [N.F.] Jg. 15 (1939), Berlin 1943, S. 153; 1939: Jahrbuch (Kunzes Kalender), Jg. 46: Schuljahr 1939/40, 2. Teil, Breslau 1939, S. 397; 1940: Jahrbuch (Kunzes Kalender), Jg. 47: Schuljahr 1940/41, 2. Teil, Breslau 1940, S. 412; 1941: Jahrbuch (Kunzes Kalender), Jg. 48: Schuljahr 1941/42, 2. Teil, Breslau 1941, S. 406.

[8]   BLUME, Schulfarm (1928), S. 159.

Der Plan jedoch, der "wieder und wieder auf[tauchte]"[9], da "für ein wirkliches Verwachsen mit der Sache, das die Vorbedingung für das volle erziehliche Auswirken des Inselaufenthaltes ist, der Anfang nicht früh genug gemacht werden kann"[10], und wegen dem Blume im November 1925 bereits im Kultusministerium vorgesprochen hatte[11], mit der Sexta, d.h. mit Grundschulabgängern zu beginnen, wurde nicht erreicht[12].

Ebenso kam es auf Scharfenberg zu keiner koedukativen Erziehung. Zwar hatte die Inselgemeinschaft erstmals bereits im März 1923 über dieses Thema diskutiert und sich in einer Abstimmung, in der man "einmal die Stimmung der Scharfenberger zur Koedukation" feststellen wollte, mit 2/3 Mehrheit dafür votiert[13], doch bemerkte Blume bald darauf, daß dieser Plan "bei den räumlich beschränkten Verhältnissen Scharfenbergs auf absehbare Zeit nicht realisiert werden [könne]"[14].

Im Oktober 1924 wurde man mit dem Thema im Kontext einer Reise an der Freien Schulgemeinde Wickersdorf und an der Odenwaldschule konfrontiert[15]. Im Herbst 1927 schrieb Blume, "er habe bereits vergangene Ostern in Scharfenberg Koedukation für die Oberstufe einführen wollen und habe sich nur durch den Einwand der Stadtverwaltung, daß wir damit das Wohlwollen der rechtsgerichteten Kreise verlören, davon abhalten lassen."[16] 1928 griff Blume das Thema im Kontext von

---

9   Berlin, LA, SIS: CH, V, S. 268.
10   BLUME, Schulfarm (1928), S. 160.
11   Berlin, LA, SIS: CH, V, S. 268: Blume war an einem Novembertag des Jahres 1925 "im Kultusministerium [...] und zwar bei Herrn Ministerialrat Karstädt, den wir auf der Insel bei einem Besuch des Auslandsdeutschkurses kennengelernt hatten; ich wollte den Dezernenten der preußischen Volksschule bitten, nach einem geeigneten Volksschullehrer für einen Sextaanfang Scharfenbergs Umschau zu halten; tauchte doch dieser Plan als Rettung aus mancher Enttäuschung wieder und wieder auf."
12   Vgl. dazu auch Blumes rasches Reagieren auf einen (dann nicht realisierten) Plan einer Schulgründung auf der Scharfenberg benachbarten Insel Birkenwerder: "Am Sonntag [den 10.01.1926] war ich zu einer Besprechung nach Birkenwerder geladen; die Benachrichtigung traf aber hier zu spät ein. Es handelt sich um Folgendes: bei Birkenwerder hat ein Herr Wichert in einem alten Stallgebäude eine Siedlung geschaffen, in der er Neuköllner Gemeindeschulkinder Sonnabend/Sonntag aufnimmt; auf dem Grundstück, das einem Bankier Simon gehört, steht ein im Rohbau stecken gebliebenes Haus; man denkt daran, es auszubauen und eine mit der Neuköllner Schule Jensens zusammenhängende Schule hineinzulegen, zunächst monateweise, später vielleicht für einen Stamm fester Bewohner; es scheint, als ob sich finanzielle Kräfte, die Benario-Schule in Dahlem unterstützten, hierfür flüssig gemacht werden können; Herr Paulsen, der dem Kuratorium angehören soll, denkt an die Möglichkeit, daß sich hier eine Vorstufe für Scharfenberg entwickle. Es sind noch ziemlich vage Aussichten; doch man muß ihnen nachgehen [...]." (Berlin, LA, SIS: CH, V, S. 303). - S. jedoch auch Blumes Einwand gegen eine Aufnahme jüngerer Schüler Anfang 1925: "Längere und fruchtbare Auseinandersetzungen gab [Anfang Oktober 1925] [...] die Frage, von welchem Alter ab am besten unsere Schule beginne; am schärfsten standen sich die Ansichten von Gerhard Metz und Egon Rehse gegenüber; der eine will einen ganz neuen Anfang mit möglichst jungen Schülern, der andere hält eine Scharfenbergerziehung nur für ältere für möglich und wertvoll; Blume befürchtet, daß bei früherem Anfang das Charakteristische verloren gehe: die Freiheit aus eigener Entschließung, die Gestaltung nach eigenem Willen." (Berlin, LA, SIS: CH, V, S. 232f.).
13   Prot. der im März 1923 stattfindenden 26. Abendaussprache in: Berlin, LA, SIS: CH, II, S. 46.
14   BLUME, Bericht (1923), Bl. 197v.
15   S. dazu S.469ff.
16   Prot. der 78. Abendaussprache vom 21.10.1927, in: Berlin, LA, SIS: CH, VI, o.S.

Überlegungen zur Aufnahme jüngerer Schüler erneut, doch weiterhin ohne Folgen, auf:

> "[...] sollte man erst das neunte Lebensjahr als Grenze setzen können, würden auch gegen die gleichzeitige Aufnahme von Knaben und Mädchen keine Bedenken vorliegen. Im Gegenteil - würde doch dann der Vorwurf des Klostermäßigen, den man solchen Schulen des öfteren gemacht hat, auch den letzten Rest von Berechtigung verlieren."[17]

Die Steigerung der Schülerzahl auf 90-100 Schüler ging über die Größe von 60-70 Schülern hinaus, die Blume in den Jahren 1923 und 1926 als beabsichtigte Höchstzahl genannt hatte[18]. Der Grund hierfür ist in erster Linie in einem notwendigen Zugeständnis an die Öffentlichkeit, d.h. vor allem an die Berliner Stadtverordneten zu sehen. Denn der wohl größte und häufigst genannte Einwand gegen die Schulfarm zielte auf die Kleinheit des Versuches. Es war ein "häufig erhobene[r] Einwand, die Schule komme nur zu wenigen zugute und fördere die allgemeinen Schulinteressen Berlins nicht genügend"[19], daher "lohne sich das Unternehmen nicht"[20]:

> "Gesprächsweise erzählte mir der Kommunistenführer Direktor [Franz] Goß, daß er heute in seinem Gymnasium den 600. Schüler aufgenommen habe; statt ihm zu gratulieren, kondolierte ich ihm! 'Warten Sie nur - mindestens 100 müssen Sie da draußen auch haben, dafür werden wir sorgen.'"[21]

Bereits in seinem Gesuch zur Gründung des Scharfenberger Schulversuchs vom 19.02.1922 hatte Blume gegen diesen von vornherein zu erwarteten Einwand, "ein Versuch in dieser Richtung, noch dazu in dem kleinen Umfang einer Inselschule, einer Versuchsoberstufe, lohne die Kosten nicht"[22], argumentiert:

> "Massenhaftigkeit widerspricht dem Charakter jeder Versuchsschule und noch dazu einer auf der völligen Lebensgemeinschaft basierenden"[23].

---

[17]   BLUME, Schulfarm (1928), S. 160.
[18]   BLUME, Bericht (1923), Bl. 200v. - BLUME, Gesuch (1926).
[19]   BLUME, Gesuch (1926).
[20]   Berlin, LA, SIS: CH, V, S. 172.
[21]   Berlin, LA, SIS: CH, V, S. 172. - Als ein weiteres Beispiel für diese Art des Vorwurfes gegen die Schulfarm s.: SAUPE, Walther, Gedanken über Scharfenberg, in: Die Neue Erziehung. Monatsschrift für entschiedene Schulreform und freiheitliche Schulreform, Jg. 9 (1927), S. 771-775, hier S. 773, der sich gegen die "doch recht aristokratisch-egoistisch anmutende, bewußte Beschränkung auf solch kleine Zahl" wandte. - Vgl. dazu auch S. 201 und S. 733.
[22]   BLUME, Gesuch (1922), S. 16f. - So Blume auch in: BLUME, Wilhelm, Begründung zu dem Antrag, das Direktorat der Humboldtschule in Personalunion mit der Leitung der Schulfarm Insel Scharfenberg zu verbinden (1932) [Berlin, LA, SIS], hrsg. von Dietmar HAUBFLEISCH, Marburg 1999: http://archiv.ub.uni-marburg.de/sonst/1999/0001/q40.html; zuvor abgedr. in: Wilhelm Blume zum 100. Geburtstag (=Neue Scharfenberg-Hefte, 6), Berlin 1984, S. 17-25, S. 18.
[23]   BLUME, Gesuch (1922), S. 17. - Dieses Argument stützte, sich grundsätzlich auf die Größe von Schulversuchen beziehend: COHN, Carl, Noch einmal die Schulfarm, in: Die Neue Erziehung. Monatsschrift für entschiedene Schulreform und freiheitliche Schulreform, Jg. 10 (1928), S. 30-36, hier S. 31.: Er wies darauf hin, "daß allgemein ein Versuch im Unterrichts- und Erziehungswesen zunächst mit nicht zu großen Zahlen unternommen werden darf, daß solche Versuche mit kleineren Gebilden angestellt werden müssen, weil Leiter, Lehrer und Jugend eben erst versuchen, mancherlei erst ausprob[ier]en müssen. Erweist sich dabei ein Weg als schwer gangbar oder [gar] als ungangbar, so wird ein etwaiger Schaden um so größer sein, je größer das Versuchsobjekt ist."

Außerdem hinaus könne (s)eine kleine Schule "die Keimzelle für ähnliche Gründungen werden, und auch ohne das wird sie durch Erproben neuer Erziehungs- und Unterrichtsformen der Entwicklung der unter weniger günstigen Verhältnissen arbeitenden Stadtschulen und somit der Gesamtheit zugute kommen."[24]

In seinem 'Bericht über die Entwicklung der städtischen Scharfenbergschule' vom Juli 1923 wiederholte Blume diese Argumentation[25] und betonte, daß "die Gesamtheit der Schüler nie 60-70 überschreiten [dürfe,] selbst bei unvorhergesehen günstiger Bauentwicklung, weil sonst die Schule ihren kameradschaftlichen Lebensstil einbüßen dürfte und auch die Landwirtschaft und Viehzucht auf der Insel eine noch größere Gruppe von Menschen unter keinen Umständen ernähren könnte."[26]

Darüber hinaus brachte Blume in seinem Gesuch vom 19.02.1922 wie auch in seinem Bericht vom Juli 1923 als weiteres Argument ein, das (freilich) erst gegen Ende der 20er Jahre zum Tragen kommen sollte: daß nämlich eine 'Siedlungsschule' wie die Schulfarm eine wichtige Funktion für die Lehrerausbildung gewinnen könne[27].

Die kleine, d.h. überschaubare Schule, die die Schulfarm ja selbst mit ihrer erhöhten Zahl von 90-100 Schüler geblieben war, blieb zeitlebens das Ideal Blumes. Dies zeigt etwa ein Brief des Jahres 1957, in dem Blume unter Anspielung auf einen Aufsatz von Heinrich Weinstock (1889-1960), in dem (auch) dieser für eine Schule mit 'pädagogisch richtigerem Maße' plädierte[28], "unsere immer mehr aufgeschwollenen Erziehungsbetriebe, die manchmal schon Mammutcharakter tragen, [...] als Brutstätten [...] 'unedlen Treibens der kollektiven Existenz'" verdammte und die dringende Forderung aufstellte, "in dieser 'verwalteten' Welt[29] einer Massengesellschaft Schulen als echte Erziehungsstätten, also kleine übersehbare Bildungsstätten zu schaffen", denn nur sie könnten "den Menschen erziehen und for-

---

24 BLUME, Gesuch (1922), S. 17.
25 BLUME, Bericht (1923), Bl. 261r: "Man könnte einwenden, die Schule sei zu klein, um allgemeinere Bedeutung zu haben; aber Massigkeit widerspricht dem Charakter der Versuchsschule; und noch dazu einer auf völlige Lebensgemeinschaft basierenden. Gerade so kann sie als Pionier für die unter ungünstigeren Bedingungen arbeitenden Stadtschulen neue Erziehungs- und Unterrichtsformen ausprobieren."
26 BLUME, Bericht (1923), Bl. 200v. - Ähnlich: BLUME, Gesuch (1926): "Es steht fest, daß die Zahl der auf der Insel wohnenden Schüler die jetzt erreichte von za. 70 nicht wesentlich überschreiten darf, da sonst sowohl das Prinzip der Selbstversorgung, als auch das der Individualisierung in die Brüche gehen würde."
27 Vgl. dazu S. 720ff.
28 WEINSTOCK, Heinrich, Unser Schulschiff ist nicht flott. Ein Wort wider den pädagogischen Dilettantismus, in: Die Zeit. Wochenzeitung für Politik, Wirtschaft, Handel und Kultur vom 24.01.1957, S. 4: "[...]. Wenn es aber nicht die Ideen sind, woran liegt es dann, daß die freien Schulen wohnlichere Erziehungsräume darstellen als die öffentlichen und vom Staat verwalteten? Nun, ihre Räume haben pädagogisch richtigere Maße. Denn: der Raum einer freien Schule im ganzen wie ihrer Einzelräume ist so begrenzt, daß Leiter, Lehrer, Schüler und Eltern sich ständig nahekommen können, ja müssen. Diese Nähe aber ist die erste, die einfache, aber alles entscheidende und durch nichts zu ersetzende Bedingung jenes 'Individualsegens', in dem unser aller Meister Pestalozzi das ganze Geheimnis der Erziehung beschlossen sah als eines Zueinanders 'von Angesicht zu Angesicht, von Herz zu Herz'. So allein kann Menschenbildung wahrhaft und wirklich gedeihen [...]."
29 Vgl. zu Begriff und Sache: BECKER, Die verwaltete Schule.

men, wie wir ihn im Zeitalter der Technik und der Vermassung brauchen. Amen. Zum mindesten für Schulen 'besonderer Prägung' ... [sic!]."[30]

---

[30]   Berlin, LA, SIS: Blume an Weiß br. vom 25.05.1957.

I.2.B.   WIE MAN SCHÜLER DER SCHULFARM WURDE

Wie kommt eine neue Schule bzw. ein anlaufender Schulversuch zu seinen Schülern?

Als Paul Geheeb (1870-1961) im Frühjahr 1910 die Odenwaldschule eröffnen wollte[31], stand er vor der Frage, ob sich überhaupt Schüler für seine neue Schule einfinden würden. Eine unerwartete Lösung dieses Problems ergab sich erst, als eine Spielschar einer Darmstädter Realschule mit ihrem Leiter Otto Erdmann (1883-1960), der später das Kurssystem der Odenwaldschule mitentwickeln sollte, geschlossen in die Odenwaldschule eintrat und "mit ihrem vom Geist des Wander-

---

[31]   Zur Biogr. Geheebs und zur Geschichte der Odenwaldschule s. aus der Fülle der Literatur vor allem: GEHEEB, Paul, Die Odenwaldschule. Ihre geistigen Grundlagen, in: Deutsche Schulversuche, hrsg. von Franz HILKER, Berlin 1924, S. 91-101; wieder in: Erziehung zur Humanität. Paul Geheeb zum 90. Geburtstag, hrsg. von Mitarbeitern der Odenwaldschule, Heidelberg 1960, S. 154-165. - ILGNER, Alfred, Die Odenwaldschule. Ihr Aufbau, in: Deutsche Schulversuche, hrsg. von Franz HILKER, Berlin 1924, S. 101-121. - HUGUENIN, Elisabeth, Die Odenwaldschule. Mit einem Vorwort von Peter PETERSEN: Die Stellung des Landerziehungsheims im Deutschen Erziehungswesen des 20. Jahrhunderts. Ein typologischer Versuch (=Forschungen und Werke zur Erziehungswissenschaft, 5), Weimar 1926. - Aufsätze aus dem Mitarbeiterkreis der Odenwaldschule zu ihrem zwanzigjährigen Bestehen (Paul Geheeb zum 60. Geburtstag), Heppenheim 1930. - GEHEEB, Paul, Die Odenwaldschule im Lichte der Erziehungsaufgaben der Gegenwart [Vortrag, gehalten in der Volkshochschule in Halle a.S. am 2. Juni 1930], in: Aufsätze aus dem Mitarbeiterkreis der Odenwaldschule zu ihrem zwanzigjährigen Bestehen (Paul Geheeb zum 60. Geburtstag), Heppenheim 1930, S. 73-89; verändert (insbes. Beseitigung des Vortragsstils) wieder in: Die Pädagogische Hochschule. Wissenschaftliche Vierteljahrsschrift des Badischen Lehrervereins, Jg. 3 (1931), S. 11-32; erneut leicht verändert wieder in: Erziehung zur Humanität. Paul Geheeb zum 90. Geburtstag, Heidelberg 1960, S. 131-154; gekürzt wieder in: Drei Odenwaldschule. Programmheft (=OSO-Hefte. N.F., 9), Heppenheim 1985, S. 13-33; in enger Anlehnung an die Fassung von 1960 wieder als: GEHEEB, Paul, Die Odenwaldschule im Lichte der Erziehungsaufgaben der Gegenwart. Vortrag, gehalten in der Volkshochschule in Halle a.S. am 2. Juni 1930. Übertragen von Martin NÄF und Dietmar HAUBFLEISCH, Marburg 1999: http://archiv.ub.uni-marburg.de/sonst/1999/0013.html - Die Idee einer Schule im Spiegel der Zeit. Festschrift für Paul Geheeb zum 80. Geburtstag und zum 40jährigen Bestehen der Odenwaldschule, hrsg. von Eva CASSIERER [u.a.], Heidelberg 1950. - Erziehung und Wirklichkeit. Festschrift zum 50jährigen Bestehen der Odenwaldschule, hrsg. vom Kreis der Förderer der Odenwaldschule, Braunschweig 1960. - SCHÄFER, Walter, Paul Geheeb. Mensch und Erzieher. Eine Biographie (=Aus deutschen Landerziehungsheimen, 4), Stuttgart 1960. - Erziehung zur Humanität. Paul Geheeb zum 90. Geburtstag, hrsg. von Mitarbeitern der Odenwaldschule, Heidelberg 1960. - BOLLNOW, Otto Friedrich, Paul Geheeb (1870-1961), in: Neue Deutsche Biographie, Bd. 6, Berlin 1964, S. 131f. - HOHMANN, Manfred, Die Pädagogische Insel. Untersuchungen zur Idee einer Eigenwelt der Erziehung bei Fichte und Goethe, Wyneken und Geheeb, Ratingen 1966, bes. S. 88-114: Kap. 'Paul Geheeb: Die Idee einer Schule der Menschheit'. - Paul Geheeb - Briefe. Mensch und Idee in Selbstzeugnissen, hrsg. von Walter SCHÄFER, Stuttgart 1970. - LUDWIG, Entstehung, Bd. 1, S. 111-137: Kap. 'Die Konzeption des Landerziehungsheims bei Paul Geheeb'. - BECKER, Gerold, Lietz und Geheeb. Vortrag vom 12. April 1996 an der 10. internationalen Wagenschein-Tagung an der Ecole d'Humanité, Goldern (=Schriften der Schweizerischen Wagenschein-Gesellschaft, 8), Goldern 1996; wieder: Marburg 1999: http://archiv.ub-uni-marburg.de/sonst/1999/0015.html - NÄF, Martin, Paul Geheeb. Seine Entwicklung bis zur Gründung der Odenwaldschule (=Schriftenreihe des Weltbundes für Erneuerung der Erziehung, 4), Weinheim 1998.

vogels geprägten Stil das Leben in der Schule in der ersten Zeit stark mitbeeinflußt[e]."[32]

Für Blume bestand das Problem, Schüler für den Beginn seines Schulversuches
zu bekommen, in dieser Schärfe nicht, konnte er doch den Sommerschulversuch des
Jahres 1921 mit einer Klasse des Humboldt-Gymnasiums durchführen und auch im
Frühjahr 1922 auf eine entsprechende Stammgruppe des Humboldt-Gymnasiums
aufbauen.

Ergänzt wurde diese Gruppe durch einige weitere Schüler höherer Schulen, die
bzw. deren Eltern auf den Scharfenberger Schulversuch im ersten Schuljahr wie
auch in späteren Jahren auf sehr unterschiedliche Weise aufmerksam wurden.

Dies geschah etwa durch Zeitungsartikel, in denen Blume um Schüler warb, "die
es treibt, ihre letzten Schuljahre in der Natur in enger Gemeinschaft mit Kameraden
und Lehrern bei freierer Gestaltung des Unterrichts unter Bevorzugung ihrer Neigungsfächer zu verleben"[33], und die er über das städtische Presseamt in den Berliner
Zeitungen abdrucken sowie als gleichlautenden Aufruf in Berliner Schulen verteilen
ließ[34]. Den gleichen Effekt erzielten die Vielzahl von Zeitungs- und Zeitschriftenartikeln, die über den Scharfenberger Versuch berichteten und ihn rasch bekannt machen halfen[35].

Eine ganze Reihe von ehemaligen Scharfenberger Schülern berichtet, daß sie
bzw. ihre Eltern durch solche Zeitungsanzeigen Blumes bzw. -artikel über den
Schulversuch auf denselben aufmerksam geworden seien - so Heinz Faas (SIS 1924-
1928)[36], Heinz Wolfgang Wagner (SIS 1928-1934)[37], Rudolf Schädlich (SIS 1928-
1934)[38], Fritz Stempel (SIS 1928-1931)[39], Erwin Witt (SIS 1928-1934)[40] und Heinrich Scheel (SIS 1929-1934)[41]. Und auch Werner Astheimer (SIS 1924-1927) berichtet, daß er durch eine Zeitungsnotiz, "die mich völlig unvorbereitet antraf"[42], auf
Scharfenberg aufmerksam geworden war:

---

[32]   HELMER, Siegfried, Martin Buber und die Odenwaldschule, in: OSO-Hefte, Neue Folge, 6
       (1981), S. 5-14, hier S. 13, Anm. 14.
[33]   BLUME, Bericht (1923), Bl. 180v.
[34]   BLUME, Bericht (1923), Bl. 180v.
[35]   S. dazu S. 1112ff.
[36]   Faas an D.H. br. vom 23.05.1990.
[37]   Wagner an D.H. br. vom 05.06.1988 berichtet, er sei auf Scharfenberg aufmerksam geworden
       u.a. "durch Anzeigen in Tageszeitungen wegen Neubeginn der Aufbaustufe". - Ebd.:
       "Scharfenberg schien mir die Verwirklichung jugendbewegter Vorstellungen von Schule und
       Internatsleben zu sein und eine gute Möglichkeit zum Erwerb des Abituriums zu bieten. Das
       wäre für einen Mittelschulabschluß sonst ohne Zeitverlust kaum möglich gewesen."
[38]   Berlin, LA, SIS: Reifeprüfungen, Mappe 3: Reifeprüfungen 1925-1935: Reifeprüfung 1934,
       Bildungsgang von Rudolf Schädlich.
[39]   Stempel an D.H. br. vom 26.09.1985: "Wie hingekommen? Einfach 'so'! In der Zeitung gele-
       sen, Begeisterung, mit Vater, Schriftsetzer von Beruf, hin zum Chef Blume und, welch Glück
       angenommen. Der Schlaueste war ich mit meinem Realschulzeugnis nicht."
[40]   Witt an D.H. br. vom 01.11.1987.
[41]   S. zu Scheels Weg nach Scharfenberg ausführlicher S. 351f.
[42]   Berlin, LA, SIS: CH, V, S. 448.10.

"Ich war vielmehr bereits auf der Kirschner-Oberrealschule-Moabit angemeldet, nachdem ich mit meinem Vater übereingekommen, die ursprünglich geplante Beuthschule mit der Technischen Hochschule zu vertauschen."[43]

In anderen Fällen kamen die Hinweise auf die Schulfarm durch Lehrer der bisher besuchten Schule, so etwa bei den Schülern Willi Krüger (SIS 1923-1923)[44], Wolfgang Pewesin (SIS 1924-1927), der von seinem Lehrer Alfred Ilgner (1893-19..)[45] am von Karsen geleiteten Kaiser-Friedrich-Realgymnasium den "entscheidenden Hinweis auf Scharfenberg"[46] erhalten hatte, Jürgen Teutenberg (SIS 1925-1929), der durch seinen Stiefvater Hans Freese (1886-1966), der Zeichenlehrer an der Schule Fritz Karsens war[47], angeregt wurde[48], Ewald Albrecht (SIS 1927-1933), der als "Primus der Tegeler Gemeindeschule von einer seiner Lehrerinnen uns [...] zugeführt [wurde]"[49], Herbert Bestehorn (SIS 1927-1933)[50], Hans Zander (SIS 1927-

---

[43] Berlin, LA, SIS: CH, V, S. 448.10.
[44] Prot. der 39. Abendaussprache in: Berlin, LA, SIS: CH, IV, S. 38.
[45] Biogr. Inf. zu Ilgner: Berlin, BBF: SLG-GS, Personalblatt Alfred Ilgner. - Ilgner war zunächst als Lehrkraft an der Odenwaldschule tätig gewesen; vgl. seinen Aufsatz: ILGNER, Odenwaldschule. - Anfang der 20er Jahre leistete er in Berlin sein Lehramtsreferendariat ab, war in den Schuljahren 1923/24 und 1924/25 als Assessor am Neuköllner Kaiser-Friedrich-Realgymnasium tätig gewesen (Philologen-Jahrbuch (Kunzes Kalender), Jg. 31: Schuljahr 1924, 2. Teil, Breslau 1924, und: Jg. 32: Schuljahr 1925, 2. Teil, Breslau 1925) und wechselte anschließend an verschiedene andere Berliner Schulen. - Ilgner kannte die Schulfarm spätestens seit Herbst 1922; in: Berlin, LA, SIS: CH, I, o.S., heißt es: "Mit A. Rosolleck war sein freideutscher Bundesbruder Dr. Ilgner gekommen, der mehrere Jahre an der Odenwaldschule die Physik im wahren Sinne des Arbeitsunterrichts vertreten hatte. Er erzählt uns von der Kurseinteilung des Geheebschen Landerziehungsheims, nach der abwechselnd nur 2 Fächer nebeneinander gleichzeitig getrieben wurden."
[46] PS Pewesin: Lebenslauf von W. Pewesin, maschr. 1988.
[47] Biogr. Inf. zu Freese: KRANOLD, Hildegard, Hans Freese. 1886-1966, in: Beiträge zur Geschichte der Pädagogischen Hochschule Berlin, hrsg. von Gerd HEINRICH (=Abhandlungen aus der Pädagogischen Hochschule Berlin, 6), Berlin 1980, S. 85. - Und: Hans Freese, in: Beiträge zur Geschichte der Pädagogischen Hochschule Berlin, hrsg. von Gerd HEINRICH (=Abhandlungen aus der Pädagogischen Hochschule Berlin, 6), Berlin 1980, S. 178. - Freese war in den Jahren 1909-1933 Zeichenlehrer an verschiedenen Berliner Schulen, u.a. an der Karl-Marx-Schule (s. dazu: RADDE, Fritz Karsen, an div. Stellen); seit 1925 Studienrat, seit 1929 Oberstudienrat; 1933 wurde er durch die Nationalsozialisten entlassen; 1933-1945 lebte er in Berlin und arbeitete freiberuflich als Zeichner. 1945-1946 war er als Studienrat wieder im Berliner Schuldienst; 1946-1948 Referendar im Hauptschulamt Berlin; 1948-1951 Dozent an der Pädagogischen Hochschule Berlin, 1951-1955 ebd. Professor für Kunsterziehung. - S. 937.
[48] Berlin, LA, SIS: CH, V, S. 269.
[49] Berlin, LA, SIS: Reifeprüfungen, Mappe 3: Reifeprüfungen 1925-1935, Gutachten 1933 von Blume. - So auch Albrecht an D.H. br. vom 30.05.1988: "Im April 1927 kam ich nach Scharfenberg und zwar durch Vermittlung von zwei Lehrerinnen [...]. Auf meinen schulischen Werdegang hatte ich selbst wenig Einfluß, die Initiative verdanke ich meinen Lehrerinnen." - Ebd.: "Das Schulgeld (90,- DM pro Monat) wurde von den beiden Lehrerinnen [der Tegeler Gemeindeschule], der evangelischen Kirche und meinem Vater [=Franz A.] zu gleichen Teilen aufgebracht [...]. Nach dem Tode meines Vaters bekam ich auf der Schulfarm ein Stipendium."
[50] Berlin, LA, SIS: Prüfungsunterlagen, Mappe 3: Reifeprüfungen 1925-1935, Gutachten von Blume.

1933)[51] und bei den Zwillingen Dietrich (SIS 1927-1928) und Heinz Wolff-Sawatzki (SIS 1927-1929)[52].

In wieder anderen Fällen kamen die Anstöße von Freunden und Bekannten der Schüler oder deren Familie, so im Falle von Herbert Reschke (SIS 1922-1925) von seinem auf Scharfenberg lebenden Freund Erich Ulm[53], im Falle von Hans Gaulke (SIS 1929-1932) von einem Onkel, der Lehrer in Berlin war[54], und bei Gustav Simon (SIS 1928-1934) von einem Dorfpfarrer[55] - in einigen Fällen dann auch von Eltern, die bereits einen Sohn auf Scharfenberg hatten. So war Bernd Bauer (SIS 1925-1929) von Blume für Scharfenberg "schon länger vorgemerkt Dank der Bekanntschaft des Vaters mit Herrn Frey"[56], dem Vater von Rudolf Frey (SIS 1922-1925).

Die Brüder Bernhard (SIS 1926-1932) und Josef Adolf Schmoll gen. Eisenwerth (SIS 1927-1934) wurden Scharfenberg-Schüler, da ihr Stiefvater Hans-Joachim Homann (1893-1926) als Direktor der Stadt- und Volksbücherei in Berlin-Charlotten-

---

51 H. Zander wurde vor allem durch seinen Volksschullehrer Günther auf Scharfenberg aufmerksam gemacht: "Herr Günther stellte meinen Eltern das Anliegen dar, mich als einen der besten Schüler der Schule für den Schulwechsel nach Scharfenberg zu gewinnen und sie selbst vom Nutzen meriner weiteren Schulbildung in Scharfenberg zu überzeugen. Außer den finanziellen gab es bei meinen Eltern kaum Bedenken, dem nicht zuzustimmen. Ich denke noch heute an diese Entscheidung meiner Eltern mit Hochachtung, die sie trotz ihrer geringen Einkünfte getroffen hatten; immerhin verdiente mein Vater [=Johann Z.] als Arbeiter nicht viel und war oft und monatelang arbeitslos." (H. Zander an D.H. br. vom 25.08.1990).

52 H. Wolff an D.H. br. vom 21.06.1988: "Meine Mutter wurde vom Schuldirektor angesprochen, ob Sie und auch wir Interesse daran hätten, daß wir weiter zur Schule gehen und schlug die damalige Aufbauschule Schulfarm Insel Scharfenberg mit Abitur-Abschluß vor. Über die Schulfarm wurden wir eingehend informiert und sahen es für uns Jungens als ein schönes Abenteuer an. Frei und ungebunden sollten wir lernen können, wir waren begeistert. Zu Hause dann gemeinsam abgesprochen, waren wir alle in der Familie dafür."

53 Berlin, LA, SIS: CH, I, o.S. (Eintrag vom Ende Oktober 1922) - S. zu Reschke auch dessen Chronikbericht in: Berlin, LA, SIS: CH, I, o.S.: RESCHKE, Herbert, Eindrücke eines Neudazugekommenen.

54 Gaulke an D.H. br. vom 10.03.1988: "Ein Onkel - Bruder meines Vaters - war Lehrer in Berlin und machte auf die Schulfarm aufmerksam und vermittelte den Kontakt. Dieser Onkel und der Volksschullehrer in Bansin meinten, ich sollte mehr Schulausbildung bekommen als nur Volksschule. Einige meiner Bansiner Schulkameraden besuchten das Gymnasium in Swinemünde (jetzt polnisch). Das war finanziell zu der Zeit nicht möglich für meine Eltern, die eine Gärtnerei betrieben. Es war ja die große Depression in der Welt. Gleichzeitig mit dem Vorschlag Scharfenberg kam eine sogenannte Klosterschule in Kaumin/Hinterpommern, ca. 60-80 km von Bansin, zur Sprache. Auch das Internatsschule. Mir behagte der teilweise religiöse Einschlag nicht. Entschied mich für das interessante Scharfenberg mit seiner ungewöhnlichen Schulform. Die gleichzeitig praktische Arbeit dort sagte mir zu."

55 Berlin, LA, SIS: Reifeprüfungen, Mappe 3: Reifeprüfungen 1925-1935: Reifeprüfung 1934, Bildungsgang von Gustav Simon: "Im Konfirmantenunterricht muß ich unserem Dorfpfarrer aufgefallen sein, denn er fühlte sich veranlaßt, eine Möglichkeit zu suchen, mich weiter ausbilden zu lassen. So teilte er eines Tages meinen Eltern mit, daß auf der Schulfarm Insel Scharfenberg Kinder ärmerer Leute, die das Schulgeld an einer höheren Lehranstalt nicht zahlen könnten, günstigstenfalls bis zum Abiturium die Gelegenheit hätten, freien Unterricht zu erhalten. Selbstverständlich besuchten wir die Insel, und ich wurde ihr Bürger."

56 Berlin, LA, SIS: CH, V, S. 171.

burg[57] Gottlieb Fritz, den Vater des zum Gründungsjahrgang gehörenden Scharfen-berg-Schülers Arnold Fritz (SIS 1922-1926)[58], kannte und demselben Musikkreis zu-gehörte, und von diesem auf Scharfenberg aufmerksam gemacht wurde[59]. Durch die Schmoll-Brüder bzw. deren Familie wiederum kam deren Verwandter Reinhard Reynier (SIS 1933-1934?) nach Scharfenberg.

Kurt von Molo (SIS 1924-1927) kam vor allem durch die Bekanntschaft mit Wil-helm Paulsen nach Scharfenberg[60], und Heinz Heimhold (SIS 1925-1927) wurde "empfohlen von Herrn Schulrat Dr. Löwenstein"[61].

Einen interessanten Fall stellt Walter Jandt (SIS 1923-1929) dar, der nach abge-schlossener Volksschulausbildung als Liftboy in einem Berliner Hotel gearbeitet hatte und von hier durch den amerikanischen Pädagogen Bob nach Scharfenberg vermittelt wurde, da dieser den Wunsch Jandts, auf eine weiterführende Schule zu gehen, erfüllen wollte[62].

Einige der Schüler wurden von Wandervogelgruppen empfohlen, so Herbert Böttger (SIS 1926-1927?)[63], Hans Kärmssen (SIS 1926-192.?)[64] und Walter Jenke (SIS 1925-1927). Jenke wollte nach zwei Jahren Berufsleben das Abiturium nachho-len um auf die Technische Hochschule gehen zu können; "durch die nahe Bekannt-schaft mit dem Leiter der Märkischen Spielgemeinde Georg Götsch [wurde er] nach Scharfenberg empfohlen und auch dort aufgenommen"[65] - was freilich zu einem "hartnäckigen Briefwechsel mit G. Götsch, der ins Prinzipielle auslief[, führte]: Der Wandervogel und Scharfenberg; 'bringen Sie uns 20 Untersekundaner aus Ihren Gruppen, und sie sollen ohne weiteres aufgenommen sein. Aber warum müssen es immer ältere Leute sein, die wir nicht suchen?"[66]

---

[57] Biogr. Inf. zu Homann, in den 20er Jahren bis zu seinem Tod Direktor der Stadt- und Volksbü-cherei Berlin-Charlottenburg: HABERMANN, Alexandra / KLEMMT, Rainer / SIEFKES, Frauke, Lexikon deutscher wissenschaftlicher Bibliothekare 1925-1980 (=Zeitschrift für Bi-bliothekswesen und Bibliographie. Sonderheft 24), Frankfurt 1985, S. 135. - S. auch: Schmoll an D.H. br. vom 30.04.1985.

[58] Zu Gottlieb Fritz s. S. 334-336.

[59] Schmoll an D.H. br. vom 02.08.1985.

[60] Berlin, LA, SIS: CH, V, S. 448.7: "Der Zufall, die Bekanntschaft mit dem ehemaligen Stadt-schulrat Paulsen, ließ mich Scharfenberg, die Antipode zu meiner bisherigen Umgebung fin-den. Ich faßte schnell den Entschluß und ließ mich eines Tages im April 24 mit meiner Matraze und einigen Büchern im Koffer übersetzen." - Ähnlich: Berlin, LA, SIS: Reifeprüfungen, Mappe 3: Reifeprüfungen 1925-1935: Reifeprüfungen 1927. Abiturgutachten für Conrad von Molo: "Zu uns gekommen Ostern 1924, von seinen ihn empfehlenden Gönnern, darunter zwei namhafte Pädagogen Berlins, so gepriesen [...]."

[61] Berlin, LA, SIS: CH, V, S. 170f.

[62] Berlin, LA, SIS: CH, II, S. 78, und: Jandt an D.H. br. vom 18.05.1988. - Prot. der im Juni 1924 stattdindenden 8. Schulgemeinde, in: Berlin, LA, SIS: CH, V, S. 21: "Herr [Robert] Wormser, ein amerikanischer Freund der Scharfenbergschule, hat zum Gedächtnis seiner kürz-lich verstorbenen Mutter eine ständige Freistelle gestiftet. Gegenwärtig wird die Freistelle von Walter Jandt besetzt." - S. dazu auch S. 491.

[63] Berlin, LA, SIS: CH, V, S. 333: "vom Wandervogel empfohlen".

[64] Berlin, LA, SIS: CH, V, S. 333: "vom Wandervogel empfohlen".

[65] Berlin, LA, SIS: CH, V, S. 447.

[66] Berlin, LA, SIS: CH, V, S. 170. - Vgl. zur Bedeutung von Götsch für die Entwicklung der Schulfarm: S. 285f.

In mehreren Fällen folgten jüngere Brüder ihren bereits auf Scharfenberg lebenden oder bereits wieder von dort abgegangenen Brüdern nach, so Peter Grotjahn
(SIS 1923-1926), der seinem Bruder Martin (SIS 1922-1924) nachfolgte:

> "Ich hatte den sehnlichsten Wunsch, mich gleich meinem [nach Scharfenberg gehenden] Bruder
> [Martin] anzuschließen. Die Eltern wollten jedoch nicht auch noch ihr drittes Kind fortgehen zu
> lassen und vertrösteten mich auf zwei Jahre später, wenn mein Bruder zurückgekehrt sein
> würde. Als Zeugen manchen brüderlichen Zwistes mochten sie ganz gern sehen, wenn wir zwei
> auf kurze Zeit auseinander kämen. Als sie jedoch nicht mehr mitansehen konnten, wie ich unter
> der Schule litt, willigten sie ein, daß ich schon ein Jahr früher als beabsichtigt nach Scharfen-
> berg heraus könne. Ihre Befürchtungen, daß mein Bruder seine tyrannischen Neigungen an mir
> auslassen würde, haben sich nicht bestätigt, im Gegenteil: Er nahm sich meiner in rührendster
> Weise an."[67]

Weitere in den Quellen sicher nachweisbare Brüderpaare waren: Arnold (SIS 1922-
1926) und Gerhart Fritz (SIS 19..?-19..?), Wilhelm (SIS 1922-1925) und Kurt
Grundschöttel (SIS 1923-1925?), Paul (SIS 1922-1925) und Jochen Heinrichsdorff
(SIS 1926-1929), Johannes (SIS 1922-1926) und Helmut Woldt (SIS 1930-1934),
Heinz (SIS 1925-1929) und Georg Wendt (SIS 1926-192.?), Erich (SIS 1926-1932)
und Heinrich Meyer (SIS 1927-1933), Werner Ernst (SIS 1926-1933) und Rudolf
Pradel (SIS 1932-193.?), Bernhard (SIS 1926-1932) und Josef Adolf Schmoll gen.
Eisenwerth (SIS 1927-1934)[68], Heinz (SIS 1926-1929) und Hans Wagner (SIS 1927-
1932), Carl (SIS 1927-1932) und Peter Rathjens (SIS 1932-1936), Willi (SIS 1927-
1933) und Hans Thiele (SIS 1933-1934), Max (SIS 1928-1934) und Reinhard (SIS
1933-193.?) Moll, Karl (SIS 1928-1934), Friedrich (SIS 1929-1935) und Gustav
Schreck (SIS 1932-1934), Albrecht (SIS 1930-1933) und Manfred Hahn (SIS 1931-
1934) sowie Hans Joachim (SIS 1932-193.?) und Günther Metz (SIS 1933-1934);
1930 kamen gemeinsam nach Scharfenberg die Brüder Adalbert (SIS 1930-1931) und
Rudolf Teutenberg (SIS 1930-1933).

In einigen Fällen kamen zur gleichen Zeit von derselben Schule zwei oder drei
Klassenkameraden, z.Tl. möglicherweise Freunde, nach Scharfenberg; 1924 kamen
sogar gleich vier Schüler zusammen von Karsens Kaiser-Friedrich-Realgymnasium
in Neukölln: Hellmut Heyn (SIS 1924-1927), Bruno Opalka (SIS 1924-1927), Wolfgang Pewesin (SIS 1924-1927) und Peter Völkner (SIS 1924-1927).

Der Andrang von Schülern, die von anderen Schulen an die Schulfarm wechseln
wollten, überstieg - wie bereits angedeutet - von Beginn an die Zahl der auf
Scharfenberg vorhandenen Plätze. Bereits zum bevorstehenden Schuljahr 1923/24
schrieb Blume, daß der "durch die Volksschulen und die Presse gegangene Aufruf"[69]
habe einen solchen Erfolg gebracht, daß seine in Berlin abgehaltenen Sprechstunden
"sich 6 Mal bis fast in die Nacht aus[dehnten]; so viel Anfragen kamen, soviel sor-
gende Väter wollten beraten sein; meist hatten sie außer den Zeugnissen der Jungen
noch besondere Empfehlungsschreiben von Pfarrern, Lehrern mit; einige Rektoren
und Lehrer kamen selbst [...]"[70] - "eine doppelte Anzahl mit ungefähr gleichwertigen

---

67   PS A. Grotjahn: Peter Grotjahn, Tagebuch 1926-1928.
68   Schmoll an D.H. br. vom 30.04.1985: "Ich lernte bei Besuchen meines Bruders die Insel ken-
     nen und ließ meiner Mutter [=Eva Homann] keine Ruhe, bis auch ich hin konnte."
69   BLUME, Bericht (1923), Bl. 201r.
70   BLUME, Bericht (1923), Bl. 201v.

Vorbedingungen hätte aufgenommen werden können, wenn Platz vorhanden gewesen wäre."[71] So mußten bzw. konnten von Beginn des Schulversuches an Blume und seine Kollegen aus der Zahl der Bewerber auswählen.

Blume bekannte bereits 1923, daß die 'richtige Auswahl' der Schüler - die durchaus auch zu Meinungsverschiedenheiten im Kollegium führte[72] - ein "ungelöstes und auch wohl so leicht nicht zu lösendes Problem, bei dem der Zufall nie ganz auszuschalten sein wird"[73], sei:

> "Ein sprechendes Beispiel: Der eine Schüler, Sohn eines Steinschleifers, war von den Rektoren persönlich empfohlen; das Zeugnis war sehr gut; der Rektor schrieb noch einmal in den lobendsten Ausdrücken, der Berichterstatter machte seinetwegen mehrere Fahrten nach Berlin, um noch Geld flüssig zu bekommen, nahm seinetwegen den einen Gymnasiasten, der sonst keine Zusage erhalten hätte; und der Schüler leistet durchschnittliches, arbeitet fleißig, ist aber eine armseelige Pedantenseele, zuvorkommend, dienstfrig, aber in der Gemeinschaftsarbeit, wenn unbeobachtet, der saumseligste, in seinem Egoismus ein nicht gern gesehener Kamerad. Dagegen ein anderer [=Walter Jandt], uns von dem amerikanischen Besucher Wormser aus dem Zentralhotel zugeführt, wo er schon ein Jahr nach der Schulentlassung Liftboy gewesen war, von Freunden mit Dollars unterstützt, zunächst etwas mit Mißtrauen in unserer so ganz anders gearteten Umgebung begrüßt, ist im Unterricht und im außerunterrichtlichen Leben der beste, von seinen engeren Kameraden und den Oberstüflern nach einigen Wochen in den Ausschuß gewählt! Herr Stadtschulrat Paulsen tröstet uns, wenn seine 'Gemeinschaftsschulen' erst so weit wären und nach Scharfenberg attachieren könnten, würden die richtig eingestellten Lehrer schon die richtigen schicken! Was Intelligenz angeht, ist übrigens auch diese Auslese nicht schlecht geraten; [...]."[74]

Als 'Auswahlkriterium' hatte Blume bereits in seinem 'Gesuch 1922' geschrieben, es werde "überhaupt bei der Auswahl der Schüler das Entscheidende sein, daß sie ein wirklicher Herzensdrang zu uns hinaustreibt, Jungen, die an sich großes Interesse an geistigen Dingen haben, aber unter der Gebundenheit der Massenschule, oder dem

---

[71] BLUME, Bericht (1923), Bl. 201r.

[72] Als Beispiel sei Blumes Hinweis auf die Aufnahmeprüfung von Max Moll (SIS 1928-1934) genannt: "Eigentlich ist es das Gleiche geblieben: Als er vor 6 Jahren zu uns gekommen war, wurde nach der Aufnahmeprüfung über ihn debattiert: die einen witterten in den zwar nicht überdurchschnittlichen, aber doch vom Üblichen abweichenden Leistungen etwas Besonderes, die anderen Beurteiler warnten vor der Aufnahme des lang aufgeschossenen Volksschülers, dem Klarheit und Aufgeschlossenheit abgehe. Und in der Zulassungskonferenz jetzt wollte ihn zwar niemand zurückweisen, aber wiederum war das Urteil nicht eindeutig: Man erkannte an, daß er tüchtige Vorkenntnisse, Lust zur Sache, auch eine gewisse menschliche Reife zum erwählten Beruf des Tierarztes habe, andererseits war man erstaunt über den Mangel an formaler Bildung, auch an dem Verständnis dafür, über ein Vorwiegen der Kritik, die gewiß von der Selbständigkeit des Urteils zeugt, aber auch wunderliche Schiefheiten und Verbohrtheiten zu Tage fördert." (Berlin, LA, SIS: Reifeprüfungen 1925-1935. Abigutachten).

[73] BLUME, Bericht (1923), Bl. 201r - 202r.

[74] BLUME, Bericht (1923), Bl. 202r.

Zwiespalt mit häuslichen Verhältnissen leiden, dürften für die neue Lebensstätte besonders geeignet sein [...]."[75] 1923 schrieb er zur Auswahl der Schüler:

> "[Es] wurden ausgeschieden die zahlreichen Schüler, die nach häufigem Schulwechsel auf Wunsch der verzweifelten und hartnäckigen Eltern einen neuen und letzten Versuch wagen wollten. Auf der anderen Seite ward auch nicht gerade Überbegabung verlangt etwa gar nach Maßgabe ad hoc angestellter Intelligenzprüfungen; vielmehr ward bei vielfacher Sondierung in Einzelbesprechungen mit den Eltern und Schülern in Berlin und auf der Insel selbst festzustellen versucht, ob ein wirklicher Herzensdrang die Jungen selbst aus der 'Zivilisation' der Großstadt hinaustreibt und ob sie bei innerem Interesse für geistige Dinge aus der Autorität in die Freiheit, in der sie auf irgend einem Gebiet wissenschaftlicher Arbeit für sich und in praktischer Mitarbeit zum Wohle des Ganzen nach dem Prinzip der Freiwilligkeit Gutes leisten; das bisherige Schulzeugnis durfte nicht unter dem Durchschnitt im Gesamteindruck stehen[76].
> Wenn Eltern dem Wunsch ihrer Söhne nachgaben, ohne daß besondere häusliche Verhältnisse sie dazu veranlaßten, ohne daß die Jungen jemand aus ihrer bisherigen Schule vertrieb, ohne daß die neue Schule die ganz bestimmte offizielle Zusicherung der Examensberechtigung hatte, war eigentlich eine gute Gewähr für eine einigermaßen richtige Auswahl geboten."[77]

Die "Fühlungnahme mit den Eltern" und Schülern, zudem "das Urteil der bisherigen Lehrer, die Charakteristiken der Rektoren [der bisher besuchten Schulen]" blieben die Jahre hindurch in Geltung[78].

Doch als zu Ostern 1926 der Andrang an die Schulfarm ein Ausmaß annahm, daß die Zahl der Bewerber die Zahl der vorhandenen Plätze um das 5-7fache überstieg[79], ließ sich darüber hinaus - von Einzelfällen, bei denen es alleine bei der bis-

---

[75]   BLUME, Gesuch (1922), S. 24a. - Blume zit. in diesem Zusammenhang: Ebd., S. 24a und b: HILKER, Jugendfeiern, S. 17f.: "Keiner sieht, wie vielen schlechten Einflüssen ein Großstadtjunge ausgesetzt ist, wie zerfasert und zersplittert sein ganzes Wesen wird in all dem Getümmel, Lärm und Hasten der Großstadt, wie er gar keine Ruhe findet, um tiefer in sich zu gehen. Zivilisation der Großstadt hat alles Natürliche in ihm 'zivilisiert', hat ihn im Gegensatz zum Landjungen zu kompliziert und schwierig gemacht, um schlichte Religion aufnehmen zu können. Und er hat sich nicht wehren können, weil er von Kindheit an in dieser Großstadt lebte, weil er niemals ein anderes Leben kennen gelernt hat. Und doch ist im tiefsten Grunde unseres Wesens der große Wille da, der Wille zum Ewigen, die Sehnsucht zum Guten, Wahren, Schönen. Der Bauernjunge findet Ziel und Inhalt des Lebens in der Natur, sieht und fühlt es täglich, erlebt es und nimmt es in sich auf. Wir können das nicht. An uns hat die Großstadt schon zuviel verdorben. Selbst wenn wir hinausgehen in die Natur, ist es nicht naives Lebensgefühl, sondern nur Großstadtmüdigkeit, die uns hinausführt; wir sind einmal der Zivilisation satt. Darin liegt die Tragik der Großstadtjugend: Sie will hin zum Ewigen; der Wille dazu, angeregt durch Kunst, Musik und Literatur, ist größer und stärker als bei anderen Jungen, die in ländlicher Stille oder kleinstädtischer Behaglichkeit groß geworden sind. Wir streben hin zum Großen, Schönen; doch schon im Anfang bleiben wir stecken. Weil wir Großstadtjungen sind."

[76]   BLUME, Bericht (1923), Bl. 201r: "Die [...] 17 verfügbaren Stellen erhalten Groß-Berliner-Gemeindeschüler mit durchweg guten und guten Zeugnissen; im Alter von 13 1/2 - 15 Jahren." - BLUME, Bericht (1923), Bl. 202r: "11 von den 17 werden von den Scharfenberger Lehrern nach den bisherigen Erfahrungen als über den Durchschnitt begabt bezeichnet".

[77]   BLUME, Bericht (1923), Bl. 181r und v. - Nahezu wörtlich wieder in: BLUME, Schulfarm (1924), S. 317.

[78]   BLUME, Schulfarm (1928), S. 158.

[79]   BLUME, Schulfarm (1928), S. 158.

herigen Praxis und einem ausführlichen Vorstellungsgespräch blieb[80], abgesehen - so Blume, "gegen die ursprüngliche Absicht"[81] die Einführung einer Aufnahmeprüfung "nicht mehr vermeiden"[82].

Zunächst machte man Versuche mit schon länger in der Schule weilenden Jungen mit dem "bekannten"[83] '75er Zentralinstituts-Bogens'[84]; doch ergab sich dabei dessen "Ungeeignetheit [...] für hiesige Verhältnisse [...], da er nur die fixen, für den späteren Konkurrenzkampf besonders geeigneten Intelligenzen begünstigt, die tiefer veranlagten Naturen aber zurücksetzt"[85]. Daher stellte man eigene Überlegungen an, die dem Ziel entsprachen, "nicht so sehr etwa den Stand des präsenten Fachwissens zu messen oder Höchstbegabungen auszulesen", als vielmehr "ein gewisses Maß geistiger Regsamkeit, eine natürliche Auffassungsgabe, eine Freude am Erkennen und Anwenden des Erkannten, Lust am Produktiven, ganz gleich auf welchem Gebiete" festzustellen[86]:

> "[Schließlich] ist man zu einer Art gemischten Prüfung übergegangen, die sich ungefähr auf der gleichen Linie bewegt, die in den österreichischen Bundeserziehungsanstalten laut einem Briefwechsel mit Direktor [Ludwig Erik] Tesar in Wiener-Neustadt angestrebt wird[87]. Man mischt die üblichen Tests zur Erprobung des Gedächtnisses, der logischen Ordnungs- und Schlußfähigkeit, die eingekleideten, wie Rätselfragen anmutenden Rechenaufgaben mit Themen, die die Produktivität und Eigenart im Stilistischen, Dichterischen, Zeichnerischen hervorlocken; bringt, ohne Diktat zu schreiben, den Stand der Orthographie, wie er sich in allen schriftlichen Auslassungen automatisch kundtut, in Anrechnung; stellt Fragen zum Aussuchen, die verraten müssen, ob der Junge mit offenem Sinn seine Umwelt und das Gegenwartsgeschehen beachtet (etwa: Wie kommt es, daß es regnet? Warum läuft die Dampfmaschine? Nenne die drei lebenden Deutschen, die du besonders hochstellst, und begründe deine Entscheidung! usw.). Man versucht, die Gäste möglichst vergessen zu lassen, daß sie zu einer Prüfung gekommen sind; setzt sie vor den Lichtbildschirm, zeigt ihnen Bilder, die entweder schnell vorüberhuschen und dann stimmungsmäßig erraten sein wollen, oder länger sichtbar bleiben, um sachlich genau beschrieben zu werden; man führt sie auf der Insel spazieren und läßt den zurückgelegten Weg auf einer Inselkarte eintragen; oder nach Besuch des Kuhstalls und der Scheune die gemachten Beobachtungen aufzeichnen, haftengebliebene Motive malen; in der Schlosserei zeigt man dem Prüfling ein Vorhängeschloß, um das herum zwölf Schlüssel verschiedener Größe liegen; dabei wird notiert, mit welchem Maß praktischen Verstandes der einzelne die Aufgabe, das Schloß zu öffnen, anfaßt; auf dem Spielplatz spielt man mit ihnen, um Zimperlichkeit, Unverträglichkeit

---

80   Nur von Vorstellungsgespräch berichten: A. Hoffmann (SIS 1928-1932), Sohn der Berliner Kommunalpolitikerin Margarete Hoffmann-Gwinner (s. zu ihr S. 345), an D.H. br. vom 28.06.1988: "Ich brauchte keine Aufnahmeprüfung zu machen (das ergab sich aus den oben geschilderten [seine Mutter als Kommunalpolitikerin betr.] Zusammenhängen). Es fand (nur) eine Art Vorstellungsgespräch statt, bei dem sich Dr. Blume etwa 20 Min. mit mir unterhielt." - Heinz Wagner (SIS 1926-1929) an D.H. br. vom 05.06.1988: "Nach zwei Gesprächen mit Blume, einem Besuch auf der Insel und Zeugnisvorlage wurde ich ohne Formalitäten zu Ostern 1926 in die Oberstufe (Oberrealschulzeugnis - also Mathematik - Physikkurs mit Englisch und Französisch) aufgenommen."
81   BLUME, Schulfarm (1928), S. 158. - Vgl. auch: BLUME, Gesuch (1926).
82   BLUME, Schulfarm (1928), S. 158.
83   BLUME, Schulfarm (1928), S. 158.
84   BLUME, Schulfarm (1928), S. 158. - Vemeint ist vermutl.: Begabungsprüfung für den Übergang von der Grundschule zu weiterführenden Schulen (Anleitung und Testheft). Im Auftrage des Zentralinstituts für Erziehung und Unterricht in Berlin hrsg. von Otto BOBERTAG und Erich HYLLA, Langensalza 1925.
85   BLUME, Schulfarm (1928), S. 158.
86   BLUME, Schulfarm (1928), S. 158.
87   Zu Tesar s. S. 494-499.

oder Fußballplatzhordenton zu erkennen. Man läßt die Bewerber trüppchenweise hospitieren, einen ganzen Scharfenberger Tag mitmachen; dann schwinden falsche Illusionen, manche Bewerber tauchen von selbst nicht wieder auf, oder man hört von den Hiesigen unbefangene Urteile: 'Das war heute ein feiner Kerl!' Oder: 'Der hat auch schon manches hinter sich.' Die Eltern der auf Grund dieses weitschichtigen Materials Aufgenommenen werden zu einer Versammlung eingeladen, in der alle Einzelheiten des Insellebens geschildert, die bisher befolgten Grundsätze so schroff wie möglich herausgestellt werden; jeder wird danach nochmals aufgefordert, wenn ihm irgendwelche seiner Bedenken nicht zerstreut worden sind, das Kind lieber in Berlin zu lassen."[88]

Heinrich Scheel beschreibt seine Aufnahme, die er "nicht als Prüfung empfand"[89], wie folgt:

"Mein Erlebnis Scharfenberg begann eine Woche später [nachdem sich sein Vater, Harry Scheel, die Insel angesehen hatte] mit der Aufnahmeprüfung [...]. Es war eine Prüfung, die man nicht als Prüfung empfand. Sie begann nach dem Betreten der Insel an der Fährenge auf dem Wirtschaftshof, den drei große Gebäude umschlossen: die Scheune mit den Stallungen zur Linken, ein moderner Klinkerbau mit Werkstätten zur Rechten und ein älteres Haus aus roten Ziegeln, an das sich ein Holzschuppen für die Feuerlöschpumpe lehnte, in der Mitte. Dahinter erhoben sich hohe Bäume, die die Dächer überragten; selbst im Geviert des Wirtschaftshofes standen einige solche Riesen. In kleinere Trupps eingeteilt und aufgefordert, die Augen offenzuhalten, wurden wir von älteren Schülern am Mittelweg entlang ins Innere der Insel geführt. Wir gingen am Bollehaus vorbei, das im Anker-Steinbaukasten-Stil errichtet und mit einem hohen spitzen Turm geschmückt war. Wir nahmen dann den 'Dreisitzer' flüchtig zur Kenntnis und warfen einen Blick zur Linken auf den Schulgarten und zur Rechten auf den runden Kaffernkral; beide waren mit selbstgefertigten und in die Erde getriebenen Tischen und Bänken versehen, denn sie dienten dem Unterricht im Freien. Schließlich breitete sich vor uns eine ausgedehnte Ackerfläche aus. Unser Gang endete im großen Unterrichtssaal des Neubaus, wo wir auf Stühlen an ungewohnt modernen Tischen Platz nahmen, die in U-Form aufgestellt waren, so daß niemand dem anderen den Rücken kehrte. Unsere erste Aufgabe bestand in der schriftlichen Schilderung oder zeichnerischen Darstellung oder kartographischen Fixierung des eben beendeten Weges auf der Insel mit allen bemerkenswerten Einzelheiten. Danach trat das Epidiaskop in Funktion, das Bilder teils in schneller Folge, teils länger sichtbar auf den Bildschirm warf, die entweder stimmungsmäßig zu erfassen oder sachlich genau zu beschreiben oder zu erläutern waren. Gleichsam nebenher wurden so das Gedächtnis, die Fähigkeit des logischen Ordnens und Schließens und der Stand der Orthographie getestet; viel mehr kam es jedoch darauf an, die spezifische Produktivität eines jeden Jungen hervorzulocken und zu erkennen.
Die Prüfung wurde nicht benotet; statt dessen gelangte wenige Tage später an die Eltern die lapidare Auskunft: 'Heinz Scheel ist Ostern 1929 in die Untertertia der Schulfarm Insel Scharfenberg aufgenommen. Zur Besprechung der letzten Einzelheiten findet am 7. April um 15 Uhr auf der Insel eine Elternversammlung statt. Blume.' Das Hauptanliegen des Schulgründers und -leiters Wilhelm Blume bestand hier darin, den Eltern noch einmal eindringlich vor Augen zu führen, daß der Eintritt in die Schulfarm an unabdingbare Voraussetzungen geknüpft war. Dazu gehörte zunächst eine normale körperliche Gesundheit, die Abhärtung und ein ziemliches Maß an Anspannung zuließ, da ein Teil der Mußestunden von der unverzichtbaren Gemeinschaftsarbeit in Haus, Hof und Feld beansprucht wurde. Verlangt wurde weiterhin eine entschiedene Neigung sowohl zum einfachen Leben als auch zur geistigen Ausbildung in freien Unterrichtsformen, die keinen Zwangs und keiner Zensuren bedurften. Schließlich forderte das kameradschaftliche Zusammenleben in einer [sich] selbst verwaltenden Gemeinschaft den Verzicht auf Gewohnheiten, die dem abträglich waren, wie Rauchen, Alkohol, Sonderhaltung von

---

88   BLUME, Schulfarm (1928), S. 158f.
89   SCHEEL, Heinrich, Schulfarm Insel Scharfenberg (=Wortmeldungen, 3), Berlin (DDR) 1990; Abschnitte 1 'Die Schulfarm' und 2 'Die Lehrer' zuerst in: SCHEEL, Heinrich, Schulfarm Insel Scharfenberg, in: Sinn und Form. Beiträge zur Literatur, Jg. 41 (1989), S. 470-498, hier (1990) S. 6.

Lebensmitteln, Luxus, politische und religiöse Unduldsamkeit. Den Eltern, die noch irgendwelche Bedenken in sich trugen, wurde nahegelegt, ungescheut den Aufnahmeantrag für ihr Kind zurückzuziehen. Mein Vater hatte keinerlei Bedenken, und meine Mutter äußerte sie nicht."[90]

---

[90] SCHEEL, Schulfarm (1990), S. 6f. - In ähnlicher, jedoch nicht so detaillierter Weise berichten auch: E. Albrecht (SIS 1927-1933) an D.H. br. vom 30.05.1988: "Zur Frage des Aufnahmeverfahrens kann ich mich erinnern, daß neben den üblichen 'Wissensfragen' ein Aufsatz geschrieben werden mußte - und zwar wurden wir von der Fährstelle am 'Bollehaus' vorbei nach dem 'Holzhaus' geführt. Dort angekommen, mußten wir dann schildern, was wir unterwegs gesehen hatten und was uns besonders aufgefallen war." - H. Gaulke (SIS 1929-1932) an D.H. br. vom 10.03.1988: "Das Aufnahmeverfahren: Alle Anwärter für den Schulbesuch dort wurden gleichzeitig zu einer Aufnahmeprüfung [...] dorthin berufen. Die meisten waren ja aus Berlin. Ältere Scharfenberger nahmen uns an der Fähre in Empfang und führten uns auf schlingrigen Wegen im zentralen Teil der Insel und zwischen den Gebäuden herum zu einem größeren Lehrsaal [...]. Die Prüfung: Aufsatz schreiben (Thema gegeben). Diktat; schriftliches Rechnen; mündliches Rechnen (Kopfrechnen). Ein Lehrer/Prüfer sagte diverse Zahlen verschiedener Rechenarten vor und man sollte das Resultat aufschreiben. Weiter: Man las ein alltägliches Geschehen im Straßenverkehr vor mit Ort und Zeitangaben, Namen, Straßenbezeichnungen und Personen. Nachdem andere Aufgaben gelöst waren, sollte man obiges Geschehen möglichst genau niederschreiben. Auf einem Bildschirm zeigte man mittels Epidiaskop ein Stadtbild mit Kirche und Zeitangabe auf der Kirchenuhr, Häusern, Straßen und Menschen mit Schatten. Frage: Zu welchen Himmelsrichtungen gehen einige Personen? Auf dem Bildschirm zeigte man kurz ca. 12-15 verschiedene kleinere Gegenstände, durcheinandergewürfelt. Die meisten gehörten paarweise zusammen. Ein oder zwei Gegenstände waren solo. Die waren anzugeben [...]. Schließlich sollte man eine Skizze und kurze Beschreibung über die Wege, Gebäude, auffallende Bäume und dergleichen, aufzeichnen, die man bei der Ankunft auf der Insel gesehen hatte. Ich meine, es wurden auch etliche Fragen in Geographie und Geschichte gestellt, die schriftlich zu beantworten waren." - W.E. Pradel (SIS 1926-1933) an D.H. br. vom 09.07.1988: "Als meine Mutter [=Gertrud P.] mich, samt letztem Zeugnis, bei Blume vorstellte, bemerkte ich, wie dieser - uns gegenüber an einem breiten Tisch sitzend - sich viele Fragezeichen notierte, bevor er uns schließlich den Termin für die Aufnahmeprüfung nannte. Nach der Verabschiedung sagte ich sofort meiner Mutter, daß ich gar nicht zu dieser Prüfung zu gehen brauche, weil ich ohnehin abgelehnt würde, denn der Direktor habe sich ja nur Fragezeichen aufgeschrieben. Empört ging meine Mutter zurück und stellte Blume zur Rede, warum er nicht gleich die Wahrheit sage. Da erklärte dieser lächelnd, sie könne mir mitteilen, ich sei ohne weitere Prüfung aufgenommen "wegen guter Beobachtungsgabe". Auf seinem Zettel standen nämlich in direktoraler Handschrift die Noten meines Zeugnisses, die ich über den Tisch hinweg für Fragezeichen angesehen hatte."

Diesem nichtmechanischen, die Individualität und Kreativität des Schülers zentral berücksichtigenden 'sozialen Aufnahmeverfahren'[91] entsprach auch, daß es "für Blumes unkonventionelle Art typisch"[92] war, auch immer wieder ganz 'aus dem Rahmen fallende' Schüler aufzunehmen, so etwa Herbert Reschke (SIS 1922-1925), "der am 31. Oktober [1922] zugezogen war [...], der nach halbjähriger Buchhändlerlehrzeit zur Wissenschaft zurückstrebt[e]"[93]; Fritz Blümel (1899-1989) (SIS 1924-1926), gelernter Buchdrucker[94], schneite "während der Ferien gerade in die Konferenz herein, die beim leckeren Schmaus der von Herrn Bandmann mitgebrachten Metzen die Neuaufnahmen endgültig sichten wollte; es war für die Aufnahme des 24jährigen nicht allzuviel Neigung, doch konnte er schließlich das Plazet mit nach Hause nehmen, sollte doch auch eine Schule wie die unsrige gerade solchen von unten Aufstrebenden offen stehen, denen ein Niederlassen auf der Schulbank [...] [üblicherweise] noch unnötig erschwert [wird]"[95].

Gleiches galt für den Landwirt Friedrich Dietz (1901-19..) (SIS 1927-1928), der bereits ein Jahr zuvor der Insel einen Besuch abgestattet hatte, und der nun die Gelegenheit erhielt, als bereits erwachsener Außenseiter sein Abitur zu machen, "damit er das Fachstudium Landwirtschaft vollakademisch bis zum Diplomlandwirt absolvieren könne"[96] - und von dem sich Blume neben einer Unterstützung in der Scharfenberger Landwirtschaft auch einen "Mitarbeiter im Bemühen um die jüngeren Kameraden"[97] erhoffte[98].

---

91 Vgl. dazu bzw. dagegen: BECKER, Die verwaltete Schule, S. 1157, der hier die höhere Schule von heute als die 'entscheidende Instanz für die soziale Auslese' bezeichnet: "Die soziale Auslese beginnt heute mit der Sextaprüfung [...]. Tatsache ist, daß heute vielfach unter den Zehnjährigen nach behördlichen Vorschriften durch eine im wesentlichen mechanische Leistungsprüfung 'ausgelesen' wird; an dem mechanischen Charakter ändert auch die gelegentliche Einführung psychologischer Tests nichts. Diese Prüfung wird in den meisten Ländern durchgeführt, obwohl ihre Unsinnigkeit pädagogisch weit bestritten ist; denn die Rechen- und Orthographie-Ergebnisse der Zehnjährigen können nie 'die Gewähr bieten', daß die Unterscheidung zwischen Begabten und Unbegabten irgendeine Beziehung zu der später erkennbaren eigentlichen Begabung hat [...]." - BECKER, Die verwaltete Schule, S. 1158: "Die Verwaltung steht vor dem einfachen Problem, daß der Andrang an die höhere Schule größer ist als die Zahl der vorhandenen Plätze; so wurde als ein Ventil die Sextaprüfung eingeführt. Durch die mechanische Prüfung - und mechanisch bleibt sie meist trotz aller gegenteiligen Versicherungen und menschlicher Bemühungen im Einzelfall - wird eine Auslese unter so fragwürdigen Gesichtspunkten getroffen, daß das Kind mit Selbständigkeit und Phantasie von Anfang an vor dem benachteiligt wird, das sich vollkommen ein- und unterordnen kann."
92 Schmoll an D.H. br. vom 30.06.1985.
93 Berlin, LA, SIS: CH, I, o.S. - Vgl. auch: Berlin, LA, SIS: CH, I, o.S.: RESCHKE, Herbert, Eindrücke eines Neudazugekommenen.
94 Blümel an D.H. br. vom 28.09.1985: "Schulzeit: 1906-1914 1. Gemeindeschule in Rixdorf/Neukölln; 1914-1917 Buchdruckerlehre; 18.06.1917 bis Januar 1919 Soldat [...]. - 1919-1924 Buchdrucker [...]. In dieser Zeit prangten an den Lutfassäulen rote Plakate: Dr. Dr. Krüger Abendschule, Privatanstalt, Obersekundareife, Abitur! Da meldete ich mich und bestand die Prüfung für die Obersekundareife an der August Zelle Oberrealschule. 1924-1926 Scharfenberg [...]."
95 Berlin, LA, SIS: CH, III, o.S.
96 Schmoll an D.H. br. vom 30.06.1985.
97 Berlin, LA, SIS: CH, VI, o.S.: 'Neuaufnahmen 1927'.
98 In Berlin, LA, SIS befinden sich zahlreiche Briefe von F. Dietz an Blume, Glasenapp u.a. aus den Jahren 1928 bis 1982, die dieser der Schulfarm bzw. Werner Hartkopf überlassen hatte; s. so: Berlin, LA, SIS: F. Dietz an Hartkopf. vom 16.08.1982.

Gleiches galt, als drittes und letztes Beispiel, auch für Gerhard Hardel (SIS 1931-1932), der hier sein Abitur nachmachen wollte, nachdem er zuvor seine vorherige Schule "nach Abschluß der Obersekunda verlassen [hatte], um die Stätten der Antike als Wanderer zu erleben, weil ihn das bloße Studium der alten Sprachen nicht befriedigte."[99]

---

[99]   SCHEEL, Schulfarm (1990), S. 44.

I.2.C.   DIE SCHULISCHE UND SOZIALE HERKUNFT DER SCHÜLER

Aufgrund der Sammlung aller erreichbaren biographischen Informationen über die Scharfenberger Schüler können 348 Schülernamen rekonstruiert werden[100].

Die ersten Scharfenberger Schüler kamen - wie bereits gezeigt - ausschließlich von höheren, meist in Berlin gelegenen, Schulen. Mit Beginn des Schuljahres 1923/24 begann man getreu der ursprünglichen Absicht auch Schüler von Berliner Volksschulen aufzunehmen.

Dabei wechselte man bei der Aufnahme von Schülern aus höheren Schulen und Schülern aus Gemeindeschulen ab oder nahm auch aus beiden Gruppierungen gemischte Jahrgänge auf, z.b. 1927 einen reinen Aufbaujahrgang, 1928 einen gemischten Jahrgang[101].

Von den 348 namentlich bekannten Scharfenberg-Schülern (100%) lassen sich für 28 Schüler (8,05%) keine Angaben zu den vor Scharfenberg besuchten Schulen finden.

43 Schüler (12,36%) besuchten diverse Schulen außerhalb Berlins, darunter in einigen Fällen ausgesprochen reformpädagogisch geprägte Schulen: So kamen etwa, um einige Beispiele zu nennen, Karl Berisch (SIS 1922-1926) und Michael Dlugatsch (SIS 1931-1934) von der Freien Schulgemeinde Wickersdorf, Michael Tittmann (SIS 1930-1934) von der Odenwaldschule[102], Gerhard Pasch (SIS 1932-1933) und Alfred Hintz (SIS 1933-193.?) von der Freien Schul- und Werkgemeinschaft Schloß Letzlingen, Hans-Jakob Noeggerath (SIS 1924-1927) vom Landerziehungsheim Schondorf am Ammersee[103] und Jürgen Ortmann (SIS 1929-1932) von der Hamburger Lichtwarkschule.

---

[100] Die zusammengetragenen Informationen werden in den folgenden statistischen Angaben ohne Benennung der Einzelbelege verwendet.

[101] 1928 kam Blume noch zu keinem festen Urteil, welche der beiden Verfahrensweisen am geeignetsten sei: BLUME, Schulfarm (1928), S. 159f.: "Ob sich reine Aufbaujahrgänge (Versuch von 1927) oder aus beiden Schichten gemischte (1928) hier besser bewähren werden, kann erst die Folgezeit lehren [...]."

[102] Korrespondenzen zwischen Michael Tittmanns Vater und Paul Geheeb sowie masch. Erinnerungen M. Tittmanns an seine Zeit an der Odenwaldschule befinden sich in: PS S. Tittmann.

[103] Vgl. etwa: Berlin, LA, SIS: CH, V, S. 448.14: "Durch Scharfenberg war, wie es mir damals schien, eine Möglichkeit gegeben, mein Schondorfer Leben fortzusetzen, ohne die Verbindung mit der Familie aufzugeben. Ich hatte mich in meinem äußeren Leben auch gar nicht umzustellen. An körperlicher Arbeit und Bewegung im Freien war ich von Schondorf her gewöhnt und auch das Zusammenleben mit Söhnen von Eltern aus niederen Ständen bereitete mir aus früheren angeführten Gründen keine Schwierigkeiten." - Zum Landerziehungsheim Schondorf s. u.a.: REISINGER, Ernst, Landerziehungsheim Schondorf. Unter Erörterung der Grundfragen der Deutschen Landerziehungsheime, Leipzig 1930. - Weiterführende Hinweise: SCHWARZ, Bibliographie, S. 230-235.

Anzahl der Schüler	*Besuchte Schulen vor der Schulfarm*[104]
28 Schüler (8,05%)	*Keine Angaben*
43 Schüler (12,36%)	*Div. Schulen außerhalb Berlins*
3 Schüler (0,86%)	*Aus dem Berufsleben kommend (Volksschulabschluß)*
3 Schüler (0,86%)	*Private Vorbereitung*
1 Schüler (0,28%)	*1. Schwerhörigenschule Berlin ('Sonderschule')*
138 Schüler (39,66%)	*Berliner Gymnasien*
132 Schüler (37,93%)	*Berliner Volksschulen,*

davon: 57 Schüler (16,38%) von nicht genau zu identifizierenden Berliner Volksschulen 75 (21,55%) von identifizierten Berliner Volksschulen, davon: 31 Schüler (8,91%) von weltlichen Schulen, z.Tl von Lebensgemeinschaftsschulen), 44 Schüler (12,64%) von anderen Berliner Volksschulen

348 Schüler (100%)

3 Schüler (0,86%) kamen mit Volksschulbildung aus dem Berufsleben nach Scharfenberg, für 3 Schüler (0,86%) wird 'private Vorbereitung' angegeben, ein Schüler (0,28%) kam von einer Berliner Sonderschule, nämlich der 1. Schwerhörigenschule Berlin.

Von Berliner Gymnasien kamen nachweislich 138 Schüler (39,66%); auffallend ist dabei, daß die Beziehung zwischen der Schulfarm und dem Humboldt-Gymnasium allgemein und auch was den Schüleraustausch angeht, bald recht brach lagen, daß - wie Blume es formulierte - die alte Stammschule bald "in verknöchertem Gymnasialstolz von dieser 'Indianerschule' als Tochteranstalt nichts [mehr] wissen wollte"[105].

Fast die gleiche Anzahl wie von Berliner Gymnasien, nämlich 132 Schüler (37,93%) kamen nachweislich von Berliner Volksschulen. Von diesen 132 Berliner Volksschülern kamen 57 Schüler (16,38%) von nicht mehr genauer zu identifizierenden Berliner Volksschulen, für 75 Schüler (21,55%) können jedoch die besuchten Volksschulen genau bestimmt werden: Aus dieser Einzelbestimmung wiederum kann festgestellt werden, daß 31 Schüler (8,91%) von weltlichen Schulen, z.Tl von Lebensgemeinschaftsschulen) und 44 Schüler (12,64%) von anderen Berliner Volksschulen kamen.

---

[104] Zusammenstellung anhand eigener Recherchen.
[105] Berlin, BBF: SLG-GS, Jahresberichte 1932/33, Bd. 248d, Nr. 88: Berlin, Schulfarm Insel Scharfenberg 1932/33, S. 3f.

Aufgrund der Lückenhaftigkeit der Informationen zur schulischen Herkunft der Scharfenberger Schüler ist dieser statistische Überblick mit Vorsicht zu genießen. Dennoch lassen sich einige Tendenzen klar erkennen:

So scheint sich der Anteil der von Volksschulen kommenden Schüler insgesamt die Waage gehalten zu haben mit den von höheren Schulen kommenden Schülern.

Von den Schülern, deren schulische Herkunft von einer Volksschule genau bekannt ist, entstammen knapp die Hälfte weltlichen Schulen Berlins, davon z. Tl. von Lebensgemeinschaftsschulen.

Differenziert man die vorhandenen Angaben zur schulischen Herkunft nach den Jahren, in denen Schüler in die Schulfarm eintraten, so ergibt sich, was auch Blume an verschiedenen Stellen festhielt[106], daß nämlich der Anteil der Volksschüler gegenüber Schülern von höheren Schulen auf Scharfenberg im Laufe der Jahre deutlich zunahm.

Berücksichtigt man zum einen, daß die Berliner Lebensgemeinschaftsschulen erst 1923 genehmigt wurden, und zum anderen, daß die Zahl der weltlichen Schulen in Berlin erst allmählich anstieg, so scheint Paulsens ursprüngliche Idee, aus Scharfenberg eine höhere Schule in Sinne seines 'Einheitsschulkonzepts' zu machen, die Schüler aus auf reformpädagogischer Basis arbeitenden Volksschulen aufnimmt, aufgegangen zu sein[107].

Der - oben behandelten - schulischen Herkunft der Schüler entsprach die ihrer Schichtenzugehörigkeit: Die ersten, ausschließlich von höheren Schulen kommenden Scharfenbergschüler entstammten dem "reformwilligen Bürgertum"[108], dem Reformbildungsbürgertum[109], in dem "bürgerlich-liberale und bürgerlich-demokratische Vorstellungen dominiert[en]"[110]; und auch in späteren Jahren machte diese Gesellschaftsgruppe einen großen Teil der Schülerschaft aus. Mit der zunehmenden Aufnahme von Volksschülern aber vermehrte sich auch der Anteil der aus unteren Schichten stammenden Schüler, so daß sich die soziale Zusammensetzung der Schülerschaft hin zu einer "deutliche[n] Zunahme des proletarischen Elements"[111] verschob[112]. Scheel beschreibt entsprechend die soziale - und politische - Zusammensetzung der Neuzugänge des Jahres 1929, zu denen er selbst gehörte:

"Wir waren zwei Dutzend Neuzugänge 1929. Davon stammte die Hälfte aus der Arbeiterklasse und ein knappes Viertel aus einer überwiegend linken Intelligenz. Das restliche Viertel stellten die selbständigen Gewerbetreibenden, kleinen Beamten und Angestellten. Die politische Orien-

---

106   Berlin, BBF: SLG-GS, Jahresberichte 1932/33, Bd. 248d, Nr. 88: Berlin, Schulfarm Insel Scharfenberg 1932/33, S. 43: "Bei der Aufnahme überwiegen die Gemeindeschüler [...]."
107   Vgl. dazu S. 173. - Leider fehlen wichtige Vergleichsdaten über die schulische Herkunft von Schülern anderer höherer Reformschulen, etwa der Berliner Karl-Marx-Schule oder der Hamburger Lichtwarkschule.
108   RICHTER, Berliner Schulgeschichte, S. 136.
109   S. dazu: Das wilhelminische Bildungsbürgertum. Zur Sozialgeschichte seiner Ideen, hrsg. von Klaus VONDUNG, Göttingen 1976.
110   SCHEEL, Schulfarm (1990), S. 8.
111   SCHEEL, Schulfarm (1990), S. 9.
112   Vgl. die parallele Entwicklung der Lichtwarkschule, an der - wie HEINE, Hamburger Lichtwarkschule, S. 340, schrieb - anfangs das Bürgertum überwog, dann jedoch um die 30er Jahre "ein stärkeres Eindringen kleinbürgerlich-proletarischer Kreise zu konstatieren [war]."

tierung unserer Eltern entsprach im großen und ganzen ihrer sozialen Zusammensetzung. Etwa die Hälfte wählte eine der beiden Arbeiterparteien, wobei die Zahl der eingeschriebenen Mitglieder der SPD vielleicht ein wenig höher war als die der KPD."[113]

Möglich war diese soziale Zusammensetzung der Schulfarm durch die Selbsttätigkeit der Inselgemeinschaft, insbes. aber durch die eigene Landwirtschaft, die eine weitgehende Eigenproduktion der Nahrungsmittel der Schulfarm und damit vergleichsweise geringe Kosten für die Ernährung der Inselbewohner ermöglichte - und damit auch einen Scharfenberg-Aufenthalt für Schüler aus Arbeiterfamilien, wie auch aus finanziell schlechter gestellten Familien des Bürgertums (etwa Familien mit vielen Kindern, alleinerziehenden Müttern, arbeitslosen Eltern, insbes. während der Weltwirtschaftskrise, usw.).

Die Eltern hatten für ihre auf Scharfenberg lebenden Söhne zum einen das für alle Berliner Schulen übliche Schulgeld zu zahlen[114], von dem die Schulfarm direkt keinen Nutzen hatte, da es an die Stadtkasse floß[115]. Darüber hinaus hatten die Eltern an die Schulfarm einen Beitrag zur Verpflegung ihrer Söhne zu zahlen.

---

[113] SCHEEL, Schulfarm (1990), S. 8.

[114] Zuerst genannt in: BLUME, Bericht (1923), Bl. 183v. - Vgl. zum Thema 'Schulgeld' in Berlin insbes.: Das Berliner Schulwesen, S. 15-18 Abschnitt 'Schulgeld'. - Die Höhe des zu zahlenden Schulgeldes ist zu entnehmen: Statistisches Jahrbuch der Stadt Berlin, hrsg. im Auftrage des Magistrats vom Statistischen Amt der Stadt Berlin, [N.F.] Jge. 1-15 (1924-1943) [Jg. 1924 und 1926 erschienen als Statistisches Taschenbuch der Stadt Berlin], Berlin 1924-1943; hier ist im Kap. 'Unterricht und Bildung' im Regelfall die Rubrik 'Schulgeld an den städtischen höheren und Mittel-Schulen' enthalten. - Forderungen nach allgemeiner Schulgeldfreiheit (vgl. z.B.: OESTREICH, Paul, Schulgeldfreiheit!, in: Vivos Voco. Zeitschrift für neues Deutschtum, Jg. 2 (1921/22), S. 194-206) fanden in der Weimarer Republik keine Realisierung.

[115] BLUME, Schulfarm (1924), S. 321.

Höhe des täglich zu zahlenden Verpflegungsgeldes (Gesamt)[116]

0,90 M.	*26 Schüler (7,46%)*
1,10 M.	*27 Schüler (7,75%)*
1,25 M.	*26 Schüler (7,46%)*
1,50 M.	*7 Schüler (2,03%)*
1,75 M.	*2 Schüler (0,58%)*
2,20 M.	*5 Schüler (1,45%)*
3,00 M.	*1 Schüler (0,29%)*
3,50 M.	*2 Schüler (0,58%)*

Unbekannt 252 Schüler (72,40%)

Gesamt   348 Schüler (100%)

Höhe des täglich zu zahlenden Verpflegungsgeldes (1928)[117]

0,90 M.	*28 Schüler (33,73%)*
1,10 M.	*12 Schüler (14,46%)*
1,25 M.	*19 Schüler (22,89%)*
1,50 M.	*10 Schüler (12,05%)*
1,75 M.	*8 Schüler (9,64%)*
2,20 M.	*2 Schüler (2,41%)*
2,80 M.	*2 Schüler (2,41%)*
3,50 M.	*2 Schüler (2,41%)*

Gesamt   83 Schüler (100%)

Die Höhe dieses Verpflegungsgeldes war relativ gering[118] - "viele Mütter erklären, daß sie zu Hause mindestens die gleiche Summe für ihre Söhne aufwenden müßten"[119] - und wurde in Selbsteinschätzung der eigenen finanziellen Möglichkeiten festgesetzt[120]. Offenbar funktionierte dieses Verfahren, da es unverändert und durchgehend bis 1933/34 fortgeführt wurde; ja, selbst in finanziellen Krisensituationen wurde dieses soziale System weder ausgesetzt, noch durch Anhebung der Beträge

---

[116] Zusammenstellung anhand eigener Recherchen.

[117] Nach: BLUME, Schulfarm (1928), S. 149.

[118] Vergleichzahlen für anfallende Kosten mit anderen, zum Teil reformpädagogisch arbeitenden Internaten bietet: Schülerheime. Sammlung der Bestimmungen und Übersicht über die bestehenden Schülerheime, hrsg. von Walter LANDÉ und Walter GÜNTHER (=Weidmannsche Taschenausgaben von Verfügungen der Preußischen Unterrichtsverwaltung, 23), Berlin 1925. - Und: Schülerheime. Sammlung der Bestimmungen und Übersicht über die bestehenden Schülerheime, hrsg. von Walter LANDÉ und Walter GÜNTHER (=Weidmannsche Taschenausgaben von Verfügungen der Preußischen Unterrichtsverwaltung, 23), 2. Aufl. Berlin 1927.

[119] BLUME, Bericht (1923), Bl. 184r.

[120] So zuerst formuliert in: BLUME, Bericht (1923), Bl. 184r. - Vgl. ergänzend zu dieser Quelle: SCHEEL, Schulfarm (1990), S. 11: "Die Staffelung sah acht Stufen vor und ging bis zu 3,50 Mark. Die Einstufung erfolgte durch Selbsteinschätzung der Eltern. Nach der mir vorliegenden Verpflegungsliste unseres Jahrgangs 1929 zahlten 18 Eltern 0,90-1,25 Mark, 5 Eltern 1,50-3,50 Mark; der Tagesdurchschnitt, den diese Jungen einbrachten, betrug ganze 1,35 Mark."

verändert[121]. Ein Überblick über die Zusammensetzung der einzelnen Verpflegungsbeträge spiegelt somit gleichsam die soziale Schichtung der Scharfenberger Schülerschaft und belegt, daß der Wunsch, eine 'Schule für alle' zu sein, nicht nur - wie etwa die privaten Landerziehungsheime - für überwiegend wohlhabende Eltern[122], umgesetzt werden konnte.

Scharfenbergschüler wurden Schüler in jedem Falle durch eine bewußte eigene Entscheidung und die ihrer Eltern, d.h. nach Scharfenberg ging man nicht, weil man gerade zufällig in der Nähe lebte, sondern weil man sich etwas besonderes davon versprach[123].

Als Motiv der Eltern - bei denen übrigens die dissidentische und in noch stärkerem Umfange die evangelische Religionszugehörigkeit deutlich überwog[124] - ihre Söhne die Schulfarm Insel Scharfenberg besuchen zu lassen, ist als ein entscheidender Faktor im Regelfall ein reformpädagogisch-bildungspolitisches Interesse anzunehmen[125].

Dies sei hier anhand einiger 'eindeutig' belegbarer Beispiele zuerst anhand von Eltern des Bildungsbürgertums, dann anhand von Arbeitereltern aufgezeigt. Dabei sollen die gewählten Beispiele der ersten Schicht zugleich zeigen, daß sich unter den Scharfenberger Eltern ausgesprochene 'Kenner' der 'Reformlandschaft' befanden, die ihre Kenntnis und ihren Einfluß für die Schulfarm - wie zum Teil vermutet werden muß, zum Teil aber konkret belegt werden kann - geltend machen konnten.

---

[121] Vgl. zu den Nöten der Verpflegungskasse S. 440f.

[122] Vgl. zu den für die Eltern bzw. Erziehungsberechtigten entstehenden Kosten an den Landerziehungsheimen: S. 332. - Vgl. auch Einzelaussagen wie z.B.: LIPKA, Horst, Das Logbuch der Schule am Meer, in: Pädagogische Rundschau, Jg. 45 (1991), S. 239-244, hier S. 243: "Im Jahr 1931 überkam mich der Wunsch, Schüler zu werden an der Freien Schule am Meer auf Juist, die unserm Bund der Deutschen Freischar nahe stand. Daraus wurde nichts, denn der Pensionspreis war so hoch, daß meine Eltern das Geld nicht aufbringen konnten."

[123] Vgl. dazu: HENNIGSEN, Geert, Wie wurde man Lichtwarkschüler (1977), in: Die Lichtwarkschule. Idee und Gestalt, Hamburg 1979, S. 57-59.

[124] Die Religionsangehörigkeit der Scharfenberger Schüler (Zusammenstellung anhand eigener Quellenrecherchen): Unbekannt: 178 Schüler (51,15%), Babtist: 1 Schüler (0,29%), Holl-Reformiert: 1 Schüler (0,29%), Dissident: 42 Schüler (12,07%), Evangelisch: 101 Schüler (29,00%), Katholisch: 15 Schüler (4,32%), Jüdisch: 10 Schüler (2,88%). Gesamt: 348 Schüler (100%).

[125] Vgl. dazu aus der aktuellen Diskussion: KEESE-PHILIPPS, Henning, Alternativschulen am Ende? Untersuchungen zu Eltern und Elternbewußtsein in alternativen Schulen unter besonderer Berücksichtigung partizipatorischer Momente, Frankfurt 1989, bes. S. 9-13: Henning nennt hier als Hauptbeweggründe dafür, daß Eltern ihre Kinder an alternative Schulen schicken: 1. Negativerfahrungen und -einschätzungen im Zusammenhang mit der Regelschule (überwiegend bezogen auf elterliche, z.T. aber auch auf kindliche Vorerfahrungen); 2. Kindliche Vorerfahrungen in einem Kinderladen, einer ähnlichen vorschulischen oder anderen schulischen Einrichtung; 3. das Motiv der politisch notwendigen Alternative; und 4. den Wunsch nach Entlastung durch die Möglichkeit des alternativen Projekts.

Arnold (SIS 1922-1926) und Gerhart Fritz (SIS 19..?-19..?)[126] waren die Söhne von Prof. Dr. Gottlieb Fritz (1873-1934)[127].

Dieser stammte aus Wolfenbüttel, wo schon sein Vater (gest. 1915) mit Blumes Vater befreundet gewesen war[128], und hatte hier - wie Blume - die 'Große Schule' besucht. Fritz hatte Deutsche Philologie, Geschichte, Griechisch, Latein und Philosophie in Zürich, Leipzig und Berlin studiert, 1896 promoviert und sein Staatsexamen bestanden. Statt, wie zunächst beabsichtigt, in den Schuldienst zu gehen, wandte er sich dem Bibliothekswesen zu, arbeitete mit didaktischer und organisatorischer Befähigung an der sozialpolitischen Aufgabe der Hebung der Volksbildung - und wurde einer der 'Pioniere der Bücherhallenbewegung' (Volksbüchereien!)[129].

1900 wurde Fritz Leiter der städtischen Volksbibliothek in Charlottenburg, 1924 dann Direktor der Berliner Stadtbibliothek. Unter seiner Leitung wurde ein aus ca. 80 Bibliotheken bestehendes Groß-Berliner Bibliothekssystem geschaffen[130]. Die preußische Regierung verlieh ihm für seine Verdienste als erstem Volksbibliothekar den Professorentitel. Nach der Machtübernahme der Nazis wurde Fritz, der parteilich nicht gebunden war[131], als "ein Gegner der Nazi-Bewegung"[132] im Zuge des

---

[126] A. Fritz an D.H. br. vom 08.10.1985.

[127] LENGFELDT, Johannes, Gottlieb Fritz, in: Neue Deutsche Biographie, Bd. 5, Berlin 1961, S. 630f. - HOLZHAUSEN, Hans-Dieter, Gottlieb Fritz und die städtischen Bibliotheken Berlins, in: Mitteilungen des Vereins für die Geschichte Berlins, Jg. 71 (1975), S. 63-69; wieder in: Briefe an Tetzel. Rudolf Kassners Briefe an seinen Jugendfreund Gottlieb Fritz aus den Jahren 1896 bis 1916 [mit Erläuterungen, Beilagen und Nachwort], hrsg. von Ernst ZINN und Klaus E. BOHNENKAMP, Pfullingen 1979, S. 278-286. - HOLZHAUSEN, Hans-Dieter, Gottlieb Fritz und die Reform des Berliner Büchereiwesens. Ein Beitrag zur Entwicklung von Theorie und Organisation des Großstädtischen Büchereiwesens in Deutschland, in: Bibliothek und Wissenschaft, Bd. 16 (1982), S. 1-30 [S. 25-30: 'Bibliographie Gottlieb Fritz']. - FÜRST, Reinmar, Professor Dr. Gottlieb Fritz. Ein Pionier der Volksbibliotheken, in: FÜRST, Reinmar / KELSCH, Wolfgang, Wolfenbüttel. Bürger einer fürstlichen Residenz. Fünfzig biographische Porträts. Neue Folge, Wolfenbüttel 1983, S. 88f. - GÜNTHER, Ute, Gottlieb Fritz, in: Biographisches Handwörterbuch der Erwachsenenbildung. Erwachsenenbildner des 19. und 20. Jahrhunderts, hrsg. von Günther WOLGAST und Joachim H. KNOLL, Stuttgart [u.a.] 1986, S. 110f. - S. auch: FRITZ, Arnold, Erinnerungen an Westerlinde und mein Elternhaus in Berlin, in: Briefe an Tetzel. Rudolf Kassners Briefe an seinen Jugendfreund Gottlieb Fritz aus den Jahren 1896 bis 1916 [mit Erläuterungen, Beilagen und Nachwort], hrsg. von Ernst ZINN und Klaus E. BOHNENKAMP, Pfullingen 1979, S. 273-278.

[128] A. Fritz an D.H. br. vom 23.08.1985 und an D.H. br. vom 31.08.1985.

[129] A. Fritz an D.H. br. vom 31.08.1985. - Vgl. etwa: FRITZ, Gottlieb, Volksbildungswesen. Bücher- und Lesehallen, Volkshochschulen und verwandte Bildungseinrichtungen (=Aus Natur und Geisteswelt, 266), 2. Aufl. Leipzig [u.a.] 1920.

[130] A. Fritz an D.H. br. vom 31.08.1985. - Vgl.: FRITZ, Gottlieb, Der Berliner und sein Buch, in: Probleme der neuen Stadt Berlin. Darstellungen der Zukunftsaufgaben einer Viermillionenstadt, hrsg. von Hans BRENNERT und Erwin STEIN (=Monographien deutscher Städte, 18), Berlin 1926, S. 183-189.

[131] A. Fritz an D.H. br. vom 31.08.1985: "Er war nicht parteilich gebunden, aber im Wesen echt liberal (im guten alten Sinne) und als Demokrat naturgemäß (wie die ganze Familie - nur ich stand weiter 'links') ein Gegner jedweder Form des Radikalismus. Außerdem vertrug sich der Nationalsozialismus nicht mit unserer religiösen Grundhaltung [...]."

[132] A. Fritz an D.H. br. vom 31.08.1985.

'Gesetzes zur Wiederherstellung des Berufsbeamtentums' entlassen - knapp drei Monate nach seiner Amtsenthebung verstarb er[133].

1906 hatte Fritz seine Frau Vera, die an der Staatlichen Kunstschule studiert, ihren Beruf aber nie ausgeübt hatte[134], geheiratet. Arnold Fritz schreibt - mit Blick auf seine Scharfenberger Jahre - über seine und seiner beiden Geschwister Kindheit:

> "Der 1906 geschlossenen Ehe [der Eltern] folgte nur eine verhältnismäßig kurze Zeit ungetrübten Glücks. Zwar wuchsen wir drei Kinder im sicheren Schutz einer geistig lebendigen frohen Familie auf: Harmonie, Humor, Toleranz und christliche Frömmigkeit prägten unser Leben. Doch bald brach der Weltkrieg aus, Hungerzeiten, schwere Krankheiten und Inflation gingen nicht spurlos an uns vorüber. Meine Eltern hatten - und das hat uns vieles erleichtert - 1913 ein Haus im waldigen Norden von Berlin erworben. So konnten wir Kinder nicht nur in guter Luft heranwachsen - auch der Garten ergänzte die Ernährung, sowie Kaninchen, Hühner und eine Ziege [...]. Meine schönsten Erinnerungen aus der Zeit nach dem Kriege sind verbunden mit vielen Wanderungen, die ich mit meinem Vater in der Umgebung meines Elternhauses machte. Die Unterhaltung mit ihm wurde nie langweilig, das Belehrende in ihnen wurde so gut in eine interessante leichte Vortragsweise verpackt, daß ich mich jedesmal auf diese Exkursionen freute.
> Diese peripatetische Erziehung setzte sich mit anderen Mitteln in der 'Schulfarm Insel Scharfenberg' fort; und die Tatsache, daß er es mir erlaubte, diese neuartige Schule zu besuchen, ist für sein liberales und in die Zukunft weisendes Denken bezeichnend."[135]

Bereits 1911/12 hatte Gottlieb Fritz sein reformpädagogisches Interesse öffentlich zum Ausdruck gebracht, als er neben dem Verlagsbuchhändler Eugen Diederichs (Jena) (1867-1930), Käthe Kollwitz (Berlin) (1867-1945), Prof. Dr. Karl Lamprecht (Leipzig) (1856-1915), Prof. Dr. Alfred Lichtwark (Hamburg) (1852-1914), Prof. Max Reinhardt (Berlin) (1873-1943) u.v.a. zu den Mitunterzeichnern eines 'Aufrufs' zur 'Gründung einer Musterschule' gehörte, die gedacht war als die "eindrucksvollste Kritik an dem gegenwärtigen Schulbetrieb und der zwingendste Beweis für die Möglichkeit einer gründlichen Neugestaltung der Schule [...], als der praktische Nachweis, daß die Schule nicht zur Verkümmerung der jungen Generation beizutragen braucht, sondern berufen ist, sie für ihre Zeit tüchtig zu machen."[136] Diese Schule sollte eine "nicht aus Einzelreformen zusammengestückte, sondern in diesem Sinne von Grund aus neu gedachte Schule"[137] darstellen. 'Ausgangspunkt' und 'konkretes Muster' sollte die 'Freie Schulgemeinde Wickersdorf' sein:

> "Darum ist in Aussicht genommen, nunmehr eine Freie Schulgemeinde in größerem Stil, mit bedeutenderen Mitteln und in günstigerer Lage ins Leben zu rufen, mit einer ihrer Idee und ei-

---

[133] HOLZHAUSEN, Hans-Dieter, Gottlieb Fritz und seine Entfernung aus dem Amt des Direktors der Berliner Stadtbibliothek 1933/34, in: Bibliotheken während des Nationalsozialismus, hrsg. von Peter VODOSEK und Manfred KOMOROWSKI, Teil 1 (=Wolfenbütteler Studien zur Geschichte des Buchwesens, 16), Wiesbaden 1989, S. 261-271. - Vgl. auch: A. Fritz an D.H. br. vom 31.08.1985: Es "vertrug sich der Nationalsozialismus nicht mit unserer religiösen Grundhaltung. Meine Mutter war auch Mitbegründerin der 'Bekennenden Kirche' (Niemöller)."

[134] A. Fritz an D.H. br. vom 23.08.1985.

[135] FRITZ, Erinnerungen, S. 276f.

[136] Aufruf [zur Gründung einer Musterschule], in: Die Freie Schulgemeinde. Organ des Bundes für Freie Schulgemeinden, Jg. 2 (1911/12), [Heft 2/3: Januar/April 1912], S. 41-43, hier S. 41.

[137] Aufruf, S. 42.

ner modernen Musterschule würdigen Ausstattung. Der Organisator und frühere Leiter von Wickersdorf, Dr. Gustav Wyneken, steht als Gründer der neuen Anstalt zur Verfügung."[138]

Dies war eine Basis, auf der Gottlieb Fritz den "innigsten Wunsch" seines ältesten Sohnes, "nach der Gründung von Scharfenberg [...] dort einzutreten", sogleich nachkam[139].

Wie Blume und Fritz stammte auch Prof. Dr. Alfred Grotjahn (1869-1931)[140], der Vater der beiden Scharfenberg-Schüler Martin (SIS 1922-1924) und Peter Grotjahn (SIS 1923-1926) aus Wolfenbüttel und hatte hier ebenfalls die 'Große Schule'

---

[138] Aufruf, S. 42.
[139] A. Fritz an D.H. br. vom 23.08.1985.
[140] S. die Autobiogr.: GROTJAHN, Alfred, Erlebtes und Erstrebtes. Erinnerungen eines sozialistischen Arztes, Berlin 1932. - Biogr. Arbeiten: HARMS, Bruno, Alfred Grotjahn (1869-1931), in: Neue Deutsche Biographie, Bd. 7, Berlin 1966, S. 169. - KASPARI, Christoph, Alfred Grotjahn (1869-1931) - Leben und Werk, Bonn, Univ., Diss., 1989 (darin S. 371-387 Kap. 'Alfred Grotjahn und sein Sohn Martin', dort S. 371 kurzer Hinweis auf Martin Grotjahns Schulzeit auf der Schulfarm Insel Scharfenberg.) - Über Grotjahns schulhygienischen Vorstellungen: GROTJAHN, Alfred, Schulhygienische Glossen, in: Der Elternbeirat. Halbmonatsschrift für Eltern, Lehrer und Behörden, Jg. 3 (1922), S. 550-552. - Und: GROTJAHN, Alfred / JUNGE, Gustav, Maßvolle Schulreform. Praktische Vorschläge eines Arztes und eines Lehrers, Leipzig 1929. - Weiterhin, in Auswahl und mit Schwerpunkten vor allem über die Bedeutung A. Grotjahns im Bereich der sozialen Hygiene: KANTOROWITZ, Miron, Alfred Grotjahns Lebenswerk, in: Fortschritte der Gesundheitsfürsorge. Monatsschrift der deutschen Gesundheitsfürsorgeschule, Jg. 6 (1932), S. 102-105. - GROTJAHN, Martin, Alfred Grotjahns bevölkerungspolitische Schriften [kommentierter Literaturüberblick], in: Archiv für Bevölkerungspolitik, Jg. 3 (1933), Heft 3, S. 13-20. - TUTZKE, Dietrich, Alfred Grotjahns Verhältnis zur Sozialdemokratie, in: Zeitschrift für ärztliche Fortbildung. Organ der Akademie für ärztliche Fortbildung der DDR, Jg. 54 (1960), S. 1183-1187. - WINTER, Kurt, Der Sozialhygieniker Alfred Grotjahn, in: Forschen und Wirken. Festschrift zur 150-Jahr-Feier der Humboldt-Universität zu Berlin 1810-1960, 3 Bde., hier Bd. 1, Berlin (DDR) 1960, S. 499-504. - WINTER, Kurt, Alfred Grotjahn - Seine Bedeutung für unsere Zeit, in: Deutsches Gesundheitswesen. Organ für klinische Medizin der DDR, Jg. 25 (1970), S. 517-521. - TUTZKE, Dietrich, Alfred Grotjahn (1869-1931) und das Hygiene-Institut der Universität Berlin, in: NTM. Schriftenreihe für Geschichte der Naturwissenschaften, Technik und Medizin, Jg. 8 (1971), Heft 2, S. 81-91. - TUTZKE, Dietrich, Alfred Grotjahn und die Sozialhygiene, in: Zeitschrift für ärztliche Fortbildung. Organ der Akademie für ärztliche Fortbildung der DDR, Jg. 67 (1973), S. 783-788. - WEINDLING, Paul, Soziale Hygiene: Eugenik und medizinische Praxis - Der Fall Alfred Grotjahn, in: Krankheit und Ursachen (=Jahrbuch für kritische Medizin, 10; =Argumente-Sonderband, 119), Berlin 1984, S. 6-20. - WEINGART, Peter / KROLL, Jürgen / BAYERTZ, Kurt, Rasse, Blut und Gene. Geschichte der Eugenik und Rassenhygiene in Deutschland, Frankfurt 1988. - Lebenserinnerungen von Dr. med. Georg Löwenstein, in: Der Wert des Menschen. Medizin in Deutschlnad, hrsg. von der Ärztekammer Berlin in Zusammenarbeit mit der Bundesärztekammer, Berlin 1989, S. 36-49. - NADAV, Daniel, Julius Moses und Alfred Grotjahn. Das Verhalten zweier sozialdemokratischer Ärzte zu Fragen der Eugenik und Bevölkerungspolitik, in: Der Wert des Menschen. Medizin in Deutschland 1918-1945, hrsg. von der Ärztekammer Berlin in Zusammenarbeit mit der Bundesärztekammer, Berlin 1989, S. 143-152. - SCHWARTZ, Michael, Sozialismus und Eugenik. Zur fälligen Revision eines Geschichtsbildes, in: Internationale wissenschaftliche Korrespondenz zur Geschichte der deutschen Arbeiterbewegung, Jg. 25 (1989), S. 465-489. - WALTER, Franz, Sozialistische Akademiker- und Intellektuellenorganisationen in der Weimarer Republik (=Forschungsinstitut der Friedrich-Ebert-Stiftung, Reihe: Politik- und Gesellschaftsgeschichte, 22; =Solidargemeinschaft und Milieu: Sozialistische Kultur- und Freizeitorganisationen in der Weimarer Republik, 1), Bonn 1990.

besucht. Nach seiner Promotion (1894) und Staatsprüfung (1896) ließ er sich zunächst als praktischer Arzt in Berlin nieder und machte dann wissenschaftlich Karriere.

Um die Jahrhundertwende wurde er zum Begründer der Sozialhygiene als eigenem Wissenschaftszweig in Deutschland, deren Neuerung gegenüber der bisherigen medizinischen Theorie und Praxis darin bestand, daß sie sich nicht allein auf die Untersuchung physikalisch-bakteriologischer Ursachen von Krankheiten beschränkte, sondern überdies nach den sozialen Umständen fragte, aufgrund derer Menschen krank wurden und werden - also daß sie den Menschen nicht alleine als biologisches sondern als soziobiologisches Wesen begriff[141]. 1912 wurde Grotjahn Privatdozent an der Berliner Universität, 1915 gab er seine ärztliche Praxis auf und trat als Vorsteher der Sozialhygienischen Abteilung in das Medizinalamt der Stadt Berlin ein. 1920 wurde an der Berliner Universität auf seine Initiative hin die erste Professur für Soziale Hygiene in Deutschland eingerichtet, deren erster Inhaber Grotjahn wurde. Doch blieb die Sozialhygiene - die sich auch auf das Feld der Eugenik begab[142] - ein von der Mehrheit der Zunft eher mißachteter und mitunter scharf abgelehnter Zweig:

> "Angesichts des verbreiteten Widerstands in der konservativen Zunft gegen den von Grotjahn angestrebten Paradigmawechsel gelang es erst und nur in Berlin in den 20er Jahren, an der dortigen medizinischen Fakultät der Universität einen Lehrstuhl für Sozialhygiene aufzubauen und einigermaßen sicher zu behaupten - und auch dies nur nach jahrelangen interfakultativen Intrigen und Gefechten. In den übrigen Großstädten Deutschlands fand der Gedanke der Sozialhygiene nur in kleinen Kreisen und Personengruppen Gehör und Anhänger; zumeist han-

---

[141] WALTER, Sozialistische Akademiker- und Intellektuellenorganisationen, S. 142f.: "Die Sozialhygieniker also sahen in den sozialen Verhältnissen die Hauptursachen und Träger für die Krankheitsbedingungen, und eine angemessene Prophylaxe hatte hier anzusetzen, um durch Änderungen der Umstände die Keime für die Krankheiten zu beseitigen. Der bloße medizinische Appell an eine hygienische Lebensführung mußte auf alle Fälle dann wirkungslos verpuffen, so das Gredo der Sozialhygieniker, wenn ein Großteil der Menschen weiterhin in einer Umgebung ohne Sonnenlicht und frische Luft, unter dem Druck von Arbeitslosigkeit und mit einem Defizit an Nahrung und Schlaf leben mußte."

[142] Dazu merkt WALTER, Sozialistische Akademiker- und Intellektuellenorganisationen, S. 146, Anm. 24 an: "Eugenische Konzeptionen zirkulierten auch in anderen Kulturorganisationen der sozialistischen Arbeiterbewegung. Auf diese Eugenikdiskussion und ihre Problematik - vor allem vor dem Hintergrund der späteren Euthanasieverbrechen der Nationalsozialisten - wird im folgenden Band dieser Reihe, der sich mit den sozialistischen Gesundheits- und Lebensreformverbänden der Weimarer Jahre beschäftigte, etwas näher eingegangen. Jedenfalls sind eugenische Pläne nicht nur in den Reihen der völkischen Rechten zu finden. Die Eugenik hat in der Linken ebenfalls eine eigene und spezifische Tradition, welche durchaus auch in der Konsequenz der Moderne und Aufklärung liegt und vielleicht gerade deshalb zu rationalistisch-planerischen Anmaßungen und Menschheitsverbesserungsutopien führt, die bekanntlich nicht selten am Ende ganz andere Resultate als die ursprünglich beabsichtigten hervorbringen. Von der 'sozialistischen Eugenik' führt indessen keineswegs ein unmittelbarer oder geradliniger Weg zur nationalsozialistischen 'Rassenhygiene', wie zuletzt in einigen Publikationen insinuiert wurde. Auch Alfred Grotjahn wird man mit solchen pauschalen Zuordnungen nicht gerecht. Vor allem aber: Viele sozialistische Eugeniker waren jüdischer Herkunft; einige von ihnen fielen dem nationalsozialistischen Rassenhaß zum Opfer. Die eugenischen Überlegungen der sozialistischen Ärzte jüdischer Herkunft waren gewiß höchst problematisch, aber ebenso gewiß ganz anderer Art und Absicht als die der Rassenideologen im deutschen Faschismus. Die sozialistischen Eugeniker schufen nicht an den Gaskammern von Auschwitz, sondern modellierten am utopischen Homunkulus des allseits gesunden, vollkommneten 'neuen Menschen', was sicher Gefahren genug barg, aber keinesfalls als eine zwingende Vorstufe zur Euthanasie mißzuverstehen ist."

delte es sich dabei um sozialreformerisch oder sozialistisch gesinnte Ärzte von häufig jüdischer Herkunft."[143]

Neben seiner wissenschaftlichen Arbeit war Grotjahn politisch tätig: Im Herbst 1919 war er in die SPD eingetreten und wurde 1921-1924 Mitglied des Reichstages, wo er dem Sozialpolitischen Ausschuß angehörte und sich besonders für das Zustandekommen des Reichsjugendwohlfahrtsgesetzes und des Gesetzes zur Bekämpfung der Geschlechtskrankheiten einsetzte; er arbeitete auch in der Hygienesektion des Völkerbundes mit.

Johannes (SIS 1922-1926) und Helmut Woldt (SIS 1930-1934) waren die Söhne von Dr. Richard Woldt (1878-1952)[144].

Woldt war als Arbeitersohn geboren worden (der Vater gehörte mit Bebel und Wilhelm Liebknecht zur Pressekommission des 'Vorwärts'), machte ein Fachingenieurstudium und schloß sich bereits um die Jahrhundertwende der Gewerkschaftsbewegung und der SPD an. Im Anschluß an eine kurze Assistententätigkeit am Institut für Fabrikorganisation an der Technischen Hochschule Berlin ging er

---

143 WALTER, Sozialistische Akademiker- und Intellektuellenorganisationen, S. 142.
144 Zur Biogr. Woldts s.: Dem Gedenken Professor Richard Woldts, in: Mitteilungsblatt der Technischen Hochschule Dresden, Jg. 1952/53, Nr. 1, S. 3. - Weitgehend identisch mit: Ein Leben voll Arbeit und Kampf ging zu Ende. Der Arbeitswissenschaftler Richard Woldt verstorben, in: Sächsische Neueste Nachrichten vom 14.08.1952. - Außerdem: HERING, Dietrich, Beitrag zur Geschichte der Fakultät für Pädagogik und Kulturwissenschaften, in: 125 Jahre TH Dresden. Festschrift, Dresden 1953, S. 177-182. - Kurzbiogr.: Wer ist's, 8. Ausg., Berlin 1922, S. 1718; Wer ist's, 9. Ausg., Berlin 1928, S. 1718; Wer ist's, 10. Ausg., Berlin 1935, S. 1754; Wer ist's, 11. Ausg., Berlin 1951, S. 746. - Kürschners Deutscher Gelehrten-Kalender, 3. Ausg. (1928/29), Berlin [u.a.] 1928, S. 2702; Kürschners Deutscher Gelehrten-Kalender, 4. Ausg. (1931), Berlin [u.a.] 1931, S. 3320. -
Aus den reichen literarisch-publizistischen Schaffen Woldts seien von den Monographien exemplarisch genannt: WOLDT, Richard, Der industrielle Großbetrieb. Eine Einführung in die Organisation moderner Fabrikbetriebe (=Kleine Bibliothek, 11), Stuttgart 1911. - WOLDT, Richard, Das großindustrielle Beamtentum. Eine gewerkschaftliche Studie (=Kleine Bibliothek, 17), Stuttgart 1911. - WOLDT, Richard, Großindustrielle und Kriegswirkungen (=Kriegsprobleme der Arbeiterklasse, 7), Berlin 1915. - WOLDT, Richard, Der Werkmeister im Wirtschaftskampfe, Referat des Landtagsabgeordneten Richard Woldt auf dem Abgeordnetentage Pfingsten 1920 in Gelsenkirchen (=Deutscher Werkmeister-Verband. Schriften, 34), München 1920. - WOLDT, Richard, Wirtschaftliche Schulungsarbeit und gewerkschaftliches Führertum, Leipzig 1921. - WOLDT, Richard, Betriebsräteschulung. Bericht über eine Sachverständigenkonferenz, einberufen von der Gesellschaft für Soziale Reform. Vortrag des Referenten im preußischen Ministerium für Unterricht Ingenieur Richard WOLDT, Dozent a.d. Universität Münster und Diskussionsbeiträge [...], Jena 1921. - WOLDT, Richard, Ingenier und Arbeiter, Leipzig 1923. - WOLDT, Richard, Der Endkampf an der Ruhr. Politische, wirtschaftliche und soziale Betrachtungen, Berlin 1923. - WOLDT, Richard, Massenpsychologie und Arbeiterbewegung, Prag 1926. - WOLDT, Richard, Die Lebenswelt des Industriearbeiters (=Münsterer Wirtschafts- und Sozialwissenschaftliche Abhandlungen, 1), Leipzig 1926. - WOLDT, Richard, Die Arbeitswelt der Technik, Berlin 1926. - WOLDT, Richard, Betriebssoziologische Studien I: Arbeitswandlungen in der Industriewirtschaft (=Münsterer Wirtschaft- und Sozialwissenschaftliche Abhandlungen, 15), Münster 1933. - WOLDT, Richard, Alte und neue Technik (=Technische Werkbücher, 1), Berlin 1937. -
Als ein zentraler, bildungspolitischer Aufsatz - in vielen Passagen heute noch von geradezu unglaublicher Aktualität - sei genannt: WOLDT, Richard, Das Gegenwartsleben und die Volksschule, in: Die Oberstufe der Volksschule. Im Auftrag des Zentralinstituts für Erziehung und Unterricht hrsg. von Erich HYLLA und Stephan KONETZKY, Berlin [u.a.] 1931.

1917 als Chefredakteur an die 'Freie Presse' in Elberfeld. Nach 1918 wurde er für mehrere Jahre Referent für das Arbeiterbildungswesen und Ministerialrat in der Hochschulabteilung des Preußischen Unterrichtsministeriums - in dieser Position dürfte er seine schützende Hand über Scharfenberg gehalten haben. Gleichzeitig war Woldt ab Beginn der 20er Jahre Mitarbeiter an der Universität Münster (Erarbeitung einer Systematik der Lehrpläne), die ihn zum Honorarprofessor vorschlug, und auch die Technische Universität Berlin verpflichteten ihn durch Lehraufträge. 1933 wurde Woldt die Lehrtätigkeit verboten. Anschließend wurde er von der Gestapo verhaftet. Nach der Haftentlassung lebte er in Berlin und zuletzt in Wilschdorf bei Dresden[145]. Nach Ende des 2. Weltkrieges stellte er sich der Stadtverwaltung Dresden zur Verfügung und übernahm als Vizepräsident der Landesverwaltung Sachsen vorübergehend das Ressort Arbeit, Wirtschaft und Verkehr[146]. Nach der Wiedereröffnung der Technischen Hochschule Dresden wurde 1946 an der Pädagogischen Fakultät in der Abteilung für Kulturwissenschaften das Institut für soziale Arbeitswissenschaft gegründet und Prof. Richard Woldt als Direktor berufen. Das Institut - an dem Woldt auch nach seiner Emeritierung 1948 noch Vorlesungen hielt - stellte sich die Aufgabe, besonders im Rahmen der Berufsschullehrerausbildung die Gebiete der sozialen Arbeitswissenschaft, der Geschichte der Arbeiterbewegung und der Geschichte der Technik zu vertreten[147].

---

[145] Dem Gedenken Professor Richard Woldts, in: Mitteilungsblatt der Technischen Hochschule Dresden, Jg. 1952/53, Nr. 1, S. 3. - Zu Richard Woldt in der NS-Zeit s. auch: SCHEEL; Heinrich, Vor den Schranken des Reichskriegsgerichts. Mein Weg in den Widerstand, Berlin 1993, S. 163: "Anfang September 1938 wurde Richard Woldt sogar in Schutzhaft genommen und über eine Woche lang wegen angeblicher Verbindungen zu Wilhelm Leuschner verhört, der wiederum mit dem ebenfalls festgesetzten Jakob Kaiser konspiriert haben sollte." - Ebd., S. 166, Hinweis zur "beinahe permanente[n] Verdächtigung" illegaler Arbeit Richard Woldts durch die Nationalsozialisten. - Zur Wahl Dresdens: Scheel an D.H. der vom 11.11.1991: "Richard Woldt gehörte als Minister der ersten Regierung von Sachsen nach 1945 an [...]. Die Woldts sind - durch den Krieg kinderlos geworden - damals von Berlin nach Dresden gegangen, wo die Frau herkam und eine große Verwandtschaft besaß." - Ebenso: SCHEEL, Vor den Schranken, S. 250.

[146] Dem Gedenken Professor Richard Woldts, in: Mitteilungsblatt der Technischen Hochschule Dresden, Jg. 1952/53, Nr. 1, S. 3.

[147] Überblick: Geschichte der Technischen Universität Dresden. 1828-1978, Berlin (DDR) 1978, S. 168-206: Kap. 'Die Technische Hochschule Dresden in den Jahren der antifaschistisch-demokratischen Umwälzung 1945-1949', hier insbes. S. 178-182 Abschnitt: 'Die Pädagogische Fakultät'. - Hilfreich auch: In memoriam Richard Seyfert, Karl Trinks, Hugo Dähne, hrsg. vom Institut für Berufspädagogik. Technische Universität Dresden (= Dresdner Beiträge zur Berufspädagogik, 1), Dresden 1993. - Und: MEBUS, Sylvia, Theoretische und historische Pädagogik in der Ausbildung von Berufsschullehrern an der Technischen Hochschule Dresden nach 1945 bis Ende der 50er Jahre, in: Berufsschullehrerbildung in Dresden in Vergangenheit und Gegenwart, aus Anlaß der 70. Wiederkehr des Beginns der Ausbildung von Berufsschullehrerinnen und Berufsschullehrern an der Technischen Hochschule Dresden am 1. April 1924 (= Dresdner Beiträge zur Berufspädagogik, 6), Dresden 1994, S. 77-96. - Bes. aber: HERING, Beitrag zur Geschichte. - Und: Dem Gedenken Professor Richard Woldts, in: Mitteilungsblatt der Technischen Hochschule Dresden, Jg. 1952/53, Nr. 1, S. 3. - Die neueste Arbeit zur Lehrerausbildung in Dresden nach 1945 - leider keinerlei Hinweise zu Woldt enthaltend: MEBUS, Sylvia, Zur Entwicklung der Lehrerausbildung in der SBZ/DDR 1945 bis 1959 am Beispiel Dresdens. Pädagogik zwischen Selbst- und Fremdbestimmung (= Greifswalder Studien zur Erziehungswissenschaft, 7), Frankfurt [u.a.] 1999. - Zu den Verbindungen Woldts mit Blume nach dem 2. Weltkrieg s. S. 927f.

1928 wies Woldt darauf hin, daß es insbesondere in den ersten Jahren, "als die Schule weder wirtschaftlich gefestigt war, noch von den Behörden anerkannt wurde, [...] von einem gewissen Mut [zeugte], wenn man dieser Entwicklung sein Vertrauen und seinen Sohn nach Scharfenberg gab."[148] Als Motiv der Eltern, ihre Söhne nach Scharfenberg zu geben, benannte er, daß sie "in der Regel von dem Wunsche aus[gingen], ihren Kindern eine schönere Jugend zu geben"[149]:

"[...] die Söhne sollen nicht dieselbe Leere empfinden, wie die heutigen Eltern, wenn sie an ihre Schulzeit zurückdenken. Sie haben zum Teil auch erkannt, daß verglichen mit den vielen Einflüssen der Großstadt die Erziehungsmöglichkeiten in der Familie gering anzuschlagen sind. Dauernder Zusammenschluß mit Gleichgesinnten zwingt viel stärker zur individuellen Entfaltung: Kleine Schwächen schleifen sich im längeren Zusammenleben schneller ab als durch Ermahnungen der Eltern, oberflächliche Anlagen werden sehr bald von Kameraden durchschaut, und man wird gezwungen, bewußt oder unbewußt die besonderen oder die wertvollen Eigenschaften nach einem selbstgeschaffenen Maßstab auszubilden. Die Eltern, die den Egoismus überwunden haben, ihre Kinder in einer wichtigen Entwicklungszeit neben sich aufwachsen zu sehen, nähern sich dem heute noch nicht anerkannten Grundsatz: 'Die Kinder gehören nicht den Eltern, sondern der Allgemeinheit!'"[150]

Karl Metzner (SIS 1923-1924) war der Sohn des Ministerialrats im preußischen Ministerium für Wissenschaft, Kunst und Volksbildung Prof. Dr. Karl Metzner (1876-19..), der als Staatlicher Kommissar bis 1930 die Scharfenberger Abiturien beaufsichtigte[151].

Hellmut Heyn (SIS 1924-1927) war der Sohn des Neuköllner Gartenschulgründers August Heyn[152].

---

[148] WOLDT, Richard, Grundsätzliches [zur Stellung der Eltern in Scharfenberg] in: Aus dem Leben der Schulfarm Insel Scharfenberg. Bilder, Dokumente, Selbstzeugnisse von Eltern, Lehrern, Schülern, red. von Wilhelm BLUME, in: Das Werdende Zeitalter. Eine Monatsschrift für Erneuerung der Erziehung, Jg. 7 (1928), S. 329-404, hier S. 387f., hier S. 387.

[149] WOLDT, Grundsätzliches, S. 388.

[150] WOLDT, Grundsätzliches, S. 388.

[151] Biogr. Inf. zu Metzner: Kalender für das höhere Schulwesen, Jg. 26: Schuljahr 1919, 2. Teil, Breslau 1919: U.a. Hinweise auf Geburtsdatum (22.12.1876), Lehbefähigung (Mathematik, Physik, Latein, Griechisch und Erdkunde) u.a. - Ergänzend: HANSEN, Reimer, Wilhelm Blume und die Berliner Lehrerausbildung 1946-1949. Eine kleine Dokumentation, in: Beiträge zur Geschichte der Pädagogischen Hochschule Berlin, hrsg. von Gerd HEINRICH (=Abhandlungen aus der Pädagogischen Hochschule Berlin, 6), Berlin 1980, S. 22-37, hier S. 35, Anm. 3: Prof. Dr. Karl Metzner "war 1905 Studienrat, 1917 Studiendirektor, 1920 Oberschulrat und - binnen weniger Monate - Ministerialrat im preußischen Ministerium für Wissenschaft, Kunst und Volksbildung unter dem sozialdemokratischen Kultusminister Haenisch geworden. Er war nach der nationalsozialistischen Machtergreifung im neuen Reichs- und Preußischen Ministerium für Wissenschaft, Erziehung und Volksbildung unter dem nationalsozialistischen Kultusminister Rust im Amt geblieben und hat es noch bis 1936 ausgeübt." - Vgl. Metzners Publikationen: METZNER, Karl, Zum deutschen Bildungswesen der Gegenwart im Lichte schulpolitischer Entwicklung, Leipzig 1930. - Staatsbürgerkunde im mathematisch-naturwissenschaftlichen Unterricht mit Einschluß der Erdkunde, hrsg. von Karl METZNER, Leipzig 1931, hier bes. S. 1-33: METZNER, Karl, Staatsbürgerkunde durch Mathematik und Naturwissenschaften.

[152] Berlin, LA, SIS: Prüfungsunterlagen, Mappe 3: Reifeprüfungen 1925-1935, hier Reifeprüfung 1927: Abiturgutachten von W. Blume für Hellmut Heyn: "Sohn eines damals auf einem speziellen Gebiet führenden Neuköllner Schulmannes". - Zu August Heyn s. S. 266f.

Hellmut Jaesrich (SIS 1924-1927) war der Sohn von Bernhard Jaesrich (18..-19..). Dieser war in den 20er und frühen 30er Jahren Leiter der Waldvolksschule Charlottenburg - (zusammen mit der Waldoberschule Charlottenburg) eine der beiden Charlottenburger Reformschulen, die um die Jahrhundertwende in Zusammenarbeit von Pädagogen und Medizinern entstanden waren und sich insbesondere in den 20er Jahren zu interessanten und beachteten Reformschulen entwickelten[153].

Heinz Tlustek (SIS 1930-1932) war (vmtl.) der Sohn von Hugo Tlustek (1887-19..), der von 1927 bis 1933 Rektor der 7. Volksschule (Sammelschule ab 1927) in Berlin-Köpenick war[154].

Kurt von Molo (SIS 1924-1927) war der Sohn des Schriftstellers Walter von Molo (1880-1958). Dieser war 1919 Mitbegründer des Deutschen PEN-Clubs, Ende der 20er Jahre Präsident der Preußischen Dichterakademie und Mitbegründer der Akademie der Wissenschaften und der Literatur in Mainz, bis er sich, von den Nazis angegriffen, 1933 auf sein Gut bei Murnau zurückzog ('innere Emigration')[155].

---

[153] S. zur Waldvolksschule Charlottenburg vor allem: NEUFERT, Hermann / BENDIX, Bernhard, Die Charlottenburger Waldschule im ersten Jahre ihres Bestehens, Berlin [u.a.] 1906. - JAESRICH, Bernhard, Die Wald-Volksschule Berlin-Charlottenburg. Bericht zum 25jährigen Bestehen der Schule, Berlin 1929. - JAESRICH, Bernhard, Die Tageswaldschule für schwächliche Volksschüler, in: Die Freiluftschulbewegung. Versuch einer Darstellung ihres gegenwärtigen internationalen Standes. Zusammengestellt von Karl TRIEBOLD. Dargebracht dem 2. Internationalen Kongreß für Freiluftschulen. Brüssel, Ostern 1931, Berlin 1931, S. 80-85. - 75 Jahre Waldschule, Berlin 1979. -
Zur höheren Waldschule Charlottenburg s. vor allem: KRAUSE, Wilhelm, Die Höhere Waldschule Berlin-Charlottenburg. Ein Beitrag zur Lösung des Problems 'Die neue Schule', Berlin 1929. - 75 Jahre Wald-Oberschule. 1910-1985, hrsg. von der Wald-Oberschule Berlin-Charlottenburg. Berlin 1985. -
Beide Charlottenburger Waldschulen gleichermaßen berücksichtigende Arbeiten s. vor allem: Das Berliner Schulwesen, S. 316-338, und: RICHTER: Berliner Schulgeschichte, u.a. S. 92 und S. 115. - Zuletzt wandte sich unter ausführlicher Berücksichtigung der beiden Charlottenburger Schulen der Geschichte und Bedeutung der 'Wald- und Freiluftschulen' zu: LUDWIG, Entstehung, Bd. 1, S. 211-234: Kap. 'Die Ganztagsschule im Rahmen der Wald- und Freiluftschulbewegung'.

[154] Einige Biogr. Inf. zu Heinz Tlustek: Berlin, LA, SIS: Schülerverzeichnisse. - Biogr. Inf. zu Hugo Tlustek: GEIßLER, Gert, Schulämter und Schulreformer in Berlin nach Kriegsende 1945, in: Reformpädagogik in Berlin. Tradition und Wiederentdeckung. Für Gerd Radde, hrsg. von Wolfgang KEIM und Norbert H. WEBER (=Studien zur Bildungsreform, 30), Frankfurt [u.a.] 1998, S. 137-168, hier S. 164.

[155] Bibliographie seiner Werke: Walter von Molo. Erinnerungen, Würdigungen, Wünsche. Zum 70. Geburtstag des Dichters am 14. Juni 1950, Berlin [u.a.] 1950, S. 91-94; bessere Bibliographie in: MOLO, Walter von, So wunderbar ist das Leben. Erinnerungen und Begegnungen, Stuttgart 1957, S. 455-459. - Von seinen Werken s. bes.: MOLO, Walter von, Zwischen Tag und Traum. Gesammelte Reden und Äußerungen, Berlin [u.a.] 1950. - MOLO, Walter von, Zu neuem Tag. Ein Lebensbericht, Berlin [u.a.] 1950, sowie vor allem: MOLO, Walter von, So wunderbar ist das Leben. Erinnerungen und Begegnungen, Stuttgart 1957; Molo geht hier S. 250, 256, 258 und 260 direkt und indirekt zur Schulzeit seines Sohnes Kurt auf Scharfenberg ein.

Erwin Oeser (SIS 1924-1928) war der Sohn von Rudolf Oeser (1858-1926)[156]. Dieser war nach seinem Studium der Philosophie und Volkswirtschaft in Berlin als Redakteur bei der 'Frankfurter Zeitung', danach als Direktor der 'Ostseezeitung' und der Stettiner Druckerei GmbH in Stettin tätig gewesen. Von 1907 bis 1912 gehörte er dem Reichstag an. Als Mitglied der DDP war er 1919-1924 Abgeordneter des Preußischen Landtages und in dieser Zeit mehrfach Minister: 1919-1921 Preußischer Minister für öffentliche Arbeiten, zwischen 1922-1924 zunächst Reichsinnenminister, dann Reichsverkehrsminister. 1924-1926 war er schließlich Generaldirektor der Reichsbahn.

---

[156] Biogr. Inf. zu R. Oeser: MANN, Bernhard, Biographisches Handbuch für das Preußische Abgeordnetenhaus 1867-1918 (=Handbücher zur Geschichte des Parlamentarismus und der politischen Parteien, 3), Düsseldorf 1988, S. 288. - SCHULZE, Hagen, Otto Braun oder Preußens demokratische Sendung. Eine Biographie, Frankfurt [u.a.] 1977, S. 1081. - STÜRMER, Michael, Koalition und Opposition in der Weimarer Republik 1924-1928 (=Beiträge zur Geschichte des Parlamentarismus und der politischen Parteien, 36), Düsseldorf 1967, S. 284 (=Anhang I).

Rolf E. Pallat (SIS 1925-1925) kam als Sohn des Scharfenbergkenners Ludwig Pallat (1867-1946)[157]. Dieser war Ministerialrat im preußischen Kultusministerium und von 1915 bis 1938 Leiter des Zentralinstituts für Erziehung und Unterricht, zu dessen Aufgabe es gehörte, "die pädagogischen Fortschritte und Versuche in der ganzen Welt zu beobachten" und "sie auf ihren Wert zu untersuchen und für das eigene Land nutzbar zu machen"[158] - und zu dessen bislang nur unzureichend gewürdigten Leistungen es gehörte, durch eine Unzahl von Lehrgängen, Tagungen, Ausstellungen und sonstigen Veranstaltungen und Veröffentlichungen vor allem auch

---

[157] Biogr. Inf. zu L. Pallat: BÖHME, Zentralinstitut, S. 93-133; ebd., S. 304-306: Veröffentlichungen Pallats; ebd., S. 314: Veröffentlichungen über Pallat. - Und: BÖHME, Günther, Ludwig Pallat - Sachwalter pädagogischer Reform. Aus Anlaß seines 100. Geburtstages, in: Bildung und Erziehung, Jg. 21 (1968), S. 57-67. - AMLUNG, Ullrich, Ludwig Pallat (1867-1946) - Leiter des Zentralinstituts für Erziehung und Unterricht in Berlin von 1915 bis 1938, in: "etwas erzählen". Die lebensgeschichtliche Dimension in der Pädagogik. Bruno Schonig zum 60. Geburtstag, hrsg. von Inge HANSEN-SCHABERG, Baltmannsweiler 1997, S. 142-153: Amlung weist darauf hin, daß sich im Nachlaß Pallats, der sich im Geheimen Staatsarchiv Preußischer Kulturbesitz befindet (Sign.: I. HA Rep. 92 Pallat) u.a. 139 Tage- und Notizbücher Pallats befinden, die jeden Tag seines Lebens zwischen 1886 bis kurz vor seinem Tod mit Gesprächs- und Arbeitsergebnissen festgehalten hat. -
Geheimes Staatsarchiv Preußischer Kulturbesitz an D.H. br. vom 07.05.1990: "Zu meinem Bedauern muß ich Ihnen mitteilen, daß sich im Depositum Ludwig Pallat Korrespondenzen mit Wilhelm Blume, Wilhelm Paulsen und Elisabeth Rotten nicht nachweisen lassen. Hinweise auf die Schulfarm Insel Scharfenberg konnten nicht festgestellt werden. Der Anteil der Korrespondenz in diesem Depositum ist sehr klein und bezieht sich fast ausschließlich auf die Biographie Pallats [...]." -
Pallat an D.H. br. vom 18.01.1990 zur Frage, wie er Schüler der Schulfarm wurde: "Also, wie bin ich nach Scharfenberg gekommen? Von Anfang an ging ich überhaupt sehr ungern in die Schule. Ich galt als begabt, also hätte mir das Lernen eigentlich Spaß machen sollen. Aber das damalige öffentliche Schulsystem, in dem es - auch noch während der Weimarer Republik - sehr preußisch-militärisch zuging, war Freude am Lernen nicht förderlich. Überhaupt war mir diese Freiheitsberaubung, das Eingesperrtsein mit vielen anderen Kindern und der Zwang des Lernens nach einem vorgeschriebenen Schema zuwider, das auch so eingerichtet war, daß noch die minder Begabten mitkamen. Ich langweilte mich also oft und wurde dadurch unaufmerksam, was wiederum den Zorn der Lehrer erregte. Meine Eltern haben sich nun rührende Mühe gegeben, dem abzuhelfen. Infolgedessen habe ich im Ganzen sechs mal die Schule gewechselt, bis ich schließlich auf dem Grunewald-Gymnasium landete, wo ich es immerhin die letzten 3 1/2 Jahre bis zum Abitur (im Februar 1929) ausgehalten habe. Vorher gefiel es mir am besten in der Wilhelm Conrad-Schule in meinem Heimatort Wannsee, wo mir die meisten Mitschüler als Spielgefährten und Bekannte aus der näheren Umgebung vertraut waren. Aber das war eine Mittelschule und führte nur bis zur Obersekundareife. Außerdem gab es da kein Griechisch, und mein Vater [Ludwig Pallat] wollte gern, daß ich das lernte. Er hatte selbst mit viel Freude Archäologie studiert und fand, daß die Kenntnis der klassischen Sprachen als Basis einer gründlichen Bildung von großem Wert sei. Darin muß ich ihm auch heute noch Recht geben. Ich wurde also ab Untertertia in das humanistische Gymnasium in Zehlendorf geschickt. Das war aber nun wieder so eine richtige preußische Zwangsanstalt, die mir recht unglücklich war. Da kam mein Vater auf die Idee mit Scharfenberg. Als Leiter des Zentralinstituts für Erziehung und Unterricht war er vertraut mit den damals florierenden Landerziehungsheimen und hielt viel von ihnen. Er kannte die meisten ihrer Leiter persönlich und so auch W. Blume. Leider waren die meisten dieser Heime zu teuer; aber Scharfenberg war etwas, was er erschwingen konnte. Er hatte ja vier Kinder, die alle eine gute Ausbildung bekommen sollten, und die Beamten, auch die höheren, wurden damals nicht so gut bezahlt wie heute. Ich kam also mit Beginn der Untersekunda (Ostern 1925) nach Scharfenberg. Das war damals die unterste Klasse, die es dort gab."
[158] HILKER, Franz, Das Zentralinstitut für Erziehung und Unterricht, in: Der Schulfunk, Jg. 3 (1929), S. 289-291, hier S. 289.

eine Sammel- und Förderstelle nahezu aller (reform-)pädagogischer Ansätze zu sein
- und einen nicht zu unterschätzenden Anteil an der Verbreiterung dieser Ansätze gehabt zu haben[159].

---

[159] Neben anderen vom Zentralinstitut herausgegebenen Publikationen s. vor allem dessen Zeitschrift: Pädagogisches Zentralblatt, Jg. 1 (1919/20), Jg. 2 (1921) - 14 (1933) [damit Erscheinen
eingestellt] [mit regelmäßiger Rubrik 'Mitteilungen aus dem Zentralinstitut für Erziehung und
Unterricht']. - Seit 1934: Deutsche Volkserziehung. Schriftenfolge für die deutsche Erziehung,
hrsg. vom Deutschen Zentralinstitut für Erziehung und Unterricht, Jg. 1 (1934) - 5 (1938). -
Daneben das 'Jahrbuch' des Zentralinstituts: Jahrbuch der Königlich-Preußischen Auskunftsstelle für Schulwesen, Jg. 1 (1913), Berlin 1914 [gilt als 1. Jahrbuch des Zentralinstituts
für Erziehung und Unterricht]. - Jahrbuch des Zentralinstituts für Erziehung und Unterricht, 2.
Jahrgang 1920 [mit Arbeitsbericht 1915-1918], Berlin 1920. - 3. Jahrgang 1921 [mit Arbeitsbericht 1919-1921], Berlin 1922. - 4. Jahrgang 1922 [mit Arbeitsbericht 1922], Berlin 1923. -
Das deutsche Schulwesen. Jahrbuch 1925. Mit Unterstützung des Reichsministeriums des Innern hrsg. vom Zentralinstitut für Erziehung und Unterricht. Zugleich 5. Jahrgang des Jahrbuchs des Zentralinstituts für Erziehung und Unterricht [mit Arbeitsbericht 1923/24], hrsg.
vom Reichsministerium des Inneren und vom Zentralinstitut für Erziehung und Unterricht,
Berlin 1926. - Das deutsche Schulwesen. Jahrbuch 1927. Mit Unterstützung des Reichsministeriums des Innern hrsg. vom Zentralinstitut für Erziehung und Unterricht. [ohne Bericht, nur
mit einer kurzen Notiz über die Gliederung des Zentralinstituts], Berlin 1928. - Das deutsche
Schulwesen. Jahrbuch 1928/29. Mit Unterstützung des Reichsministeriums des Innern hrsg.
vom Zentralinstitut für Erziehung und Unterricht. [mit Arbeitsbericht 1925/1929], Berlin 1930.
- Das deutsche Schulwesen. Jahrbuch 1929/30. Mit Unterstützung des Reichsministeriums des
Innern hrsg. vom Zentralinstitut für Erziehung und Unterricht. [mit Arbeitsbericht 1929 - März
1930], Berlin 1931. - Das deutsche Schulwesen. Jahrbuch 1930/32. Mit Unterstützung des
Reichsministeriums des Innern hrsg. vom Zentralinstitut für Erziehung und Unterricht [ohne
Arbeitsbericht], Berlin 1933. - Deutsche Schulerziehung. Jahrbuch des Deutschen Zentralin-
stituts für Erziehung und Unterricht 1940 [mit Tätigkeitsbericht 1933/1939], hrsg. von Richard
BENZE, Berlin 1940. - Deutsche Schulerziehung. Jahrbuch des Deutschen Zentralinstituts für
Erziehung und Unterricht 1941/42 [mit Tätigkeitsbericht für 1939/40], hrsg. von Richard
BENZE, Berlin 1943. - S. etwa auch: Zehn Jahre Zentralinstitut für Erziehung und Unterricht.
1915-1925, Berlin 1925. - LAMPE, Felix, Zehn Jahre Zentralinstitut, in: Pädagogisches zentralblatt, Jg. 5 (1925), S. 97-100. - LAMPE, Felix, Zentralinstitut für Erziehung und Unterricht, in: Pädagogisches Lexikon, Bd. 4, Bielefeld [u.a.] 1931, S. 1212-1218. -
Zur Literatur über das Zentralinstitut s. vor allem die höchst informative, bislang nur unzureichend rezipierte Arbeit: BÖHME, Zentralinstitut, und zur Ergänzung: BÖHME, Franz Hilkers
Tätigkeit; sowie den Abdr. transkribierter und von Hilker autorisierter Tonbandaufnahmen von
ausführlichen persönlichen Gesprächen zwischen Franz Hilker und Gerd Radde am 2.-4. September 1964: RADDE, Aus dem Leben und Wirken des Entschiedenen Schulreformers Franz
Hilker. - Zuletzt: TENORTH, Heinz-Elmar, Das Zentralinstitut für Erziehung und Unterricht.
Außeruniversitäre Erziehungswissenschaft zwischen Politik, Pädagogik und Forschung, in: Außeruniversitäre Erziehungswissenschaft in Deutschland. Versuch einer historischen Bestandsaufnahme, hrsg. von Gert GEIßLER und Ulrich WIEGMANN (=Studien und Dokumentationen zur vergleichenden Bildungsforschung, 65), Köln [u.a.] 1996, S. 113-135. - Und: GEIß-
LER, Gert, Zur Gründungsgeschichte des Deutschen Pädagogischen Zentralinstituts (DPZI),
in: Außeruniversitäre Erziehungswissenschaft in Deutschland. Versuch einer historischen
Bestandsaufnahme, hrsg. von Gert GEIßLER und Ulrich WIEGMANN (=Studien und Dokumentationen zur vergleichenden Bildungsforschung, 65), Köln [u.a.] 1996, S. 137-148. - AM-
LUNG, Ludwig Pallat. - SCHMITT, Hanno, Zur Realität der Schulreform in der Weimarer
Republik, in: Politische Reformpädagogik, hrsg. von Tobias RÜLCKER und Jürgen OEL-
KERS, Bern [u.a.] 1998, S. 619-643, hier S. 621-625 Abschnitt 'Das Zentralinstitut für Erzie-
hung und Unterricht als kommunikatives Zentrum und Multiplikator der inneren Schulreform'.

Arnulf Hoffmann (SIS 1928-1932) war der Sohn von Margarete Hoffmann-Gwinner (1888-1980)[160]. Deren Wunsch war es zunächst gewesen, nach dem Besuch des Lyzeums Lehrerin zu werden, doch war dies am Widerstand ihrer Familie gescheitert, so daß sie zunächst als Hausgehilfin und Erzieherin tätig war und 1909 den Postbeamten Wilhelm Hoffmann (1876-1942) heiratete. Dann begann sie sich politisch zu betätigen. Sie trat zunächst der USPD, anschließend (bis 1930) der KPD bei und widmete sich insbesondere sozialen Fragen, dem Fürsorge- und Erziehungswesen und der kommunalen Sozial- und Schulpolitik. Sie wurde Gemeindeverordnete in Berlin-Schmargendorf, 1919/20 Bezirksverordnete in Berlin-Wilmersdorf und von 1925 bis 1929 Mitglied der Berliner Stadtverordnetenversammlung. Hier gehörte sie u.a. der Deputation für Schulwesen an, der auch die Betreuung der Schulfarm unterlag. So lernte sie diese Schule intensiv kennen und wählte diese Schule für ihren Sohn, "weil sie die dort praktizierte Erziehung für richtig und sinnvoll hielt und weil sie den Schulleiter Blume persönlich schätzte."[161] 1929 ließen sich A. Hoffmanns Eltern scheiden. Im Mai 1931 heiratete seine Mutter den Stadtsyndikus und Bürgermeister von Berlin Friedrich Carl August Lange (1879-1956)[162]. Lange wurde 1933 entlassen und während der NS-Zeit zog die Familie weg von Berlin; Hoffmann-Gwinner stand unter Beobachtung der Gestapo, blieb aber von ernsthafter Verfolgung verschont[163].

Hanno Reichenbach (SIS 1932-1934) war der Sohn von Bernhard Reichenbach (1888-1975). Dieser hatte Geschichte und Nationalökonomie studiert, war in der Jugendbewegung aktiv gewesen, Vorstandmitglied der Freien Studentenschaft Berlins und Mitherausgeber der Zeitschrift 'Aufbruch'. 1917 war er Gründungsmitglied der USPD und bis 1919 im Pressedienst des Auswärtigen Amtes tätig. 1920 wurde er Mitbegründer der KAPD. 1924 trat er in die SPD über, seit 1931 Mitglied der SAP. Mit der 'Machtergreifung' begann er mit Widerstandtätigkeit und erhielt 1934 Berufsverbot als (Wirtschafts-) Journalist. 1935 emigrierte er nach England, wurde dort während des Krieges Redakteur einer vom Foreign Office herausgegebenen Wochenschrift für deutsche Kriegsgefangene und seit 1945 Korrespondent für deutsche Zeitungen und für den Rundfunk in London[164].

---

[160] Biogr. Inf. zu Hoffmann-Gwinner: FRANKENTHAL, Der dreifache Fluch, S. 290f. (mit einigen Fehlern). - Ergänzende biogr. Inf.: Schulze-Marmeling an D.H. br. vom 11.08.1988 und A. Hoffmann an D.H. br. vom 28.06.1988.

[161] Kurzbiogr.: A. Hoffmann an D.H. br. vom 28.06.1988.

[162] Kurzbiogr. Lange in: FRANKENTHAL, Der dreifache Fluch, S. 294f.

[163] A. Hoffmann an D.H. br. vom 09.09.1988. - Ähnlich: Schulze-Marmeling an D.H. br. vom 11.08.1988.

[164] Diese biogr. Inf. zu B. Reichenbach: DRECHSLER, Hanno, Die Sozialistische Arbeiterpartei Deutschlands (SAPD). Ein Beitrag zur Geschichte der deutschen Arbeiterbewegung am Ende der Weimarer Republik, Meisenheim 1965; unveränd. Nachdr.: Hannover 1983, bes. S. 368. - BOCK, Hans Manfred, Syndikalismus und Linkskommunismus von 1918-1923. Zur Geschichte und Soziologie der Freien Arbeiter-Union Deutschlands (Syndikalisten), der Allgemeinen Arbeiter-Union Deutschlands und der Kommunistischen Arbeiter-Partei Deutschlands (=Marburger Abhandlungen zur politischen Wissenschaft, 13), Meisenheim 1969, bes. S. 439. - HEIDLER, Irmgard, Der Verleger Eugen Diederichs und seine Welt (1896-1930) (=Mainzer Studien zur Buchwissenschaft, 8), Wiesbaden 1998, S. 935 (Lebensdaten).

Wolfgang Ausländer (SIS 1930-1932) war der Sohn von Fritz Ausländer (1885-1943)[165]. Dieser hatte Philologie studiert, sein Referendariat u.a. in Hamburg gemacht, wo er auch als Studienrat seine erste Anstellung fand. Über Marburg führte sein Weg nach Berlin. Hier war er nach dem 1. Weltkrieg als Studienrat, und zwar seit 1920 zuerst am Luisengymnasium, von 1924 bis 1933 am städtischen Köllnischen Gymnasium tätig. Bereits während seiner Studienzeit war Ausländer der SPD beigetreten und gehörte schon vor dem 1. Weltkrieg zum linken Flügel der Partei. Nach dem 1. Weltkrieg trat er zunächst der USPD, dann der KPD bei und wurde Funktionär dieser Partei, u.a. als Mitglied in der Leitung der 'Interessengemeinschaft oppositioneller Lehrer' und als Sekretär der Reichsfraktion kommunistischer Lehrer - wo er neben Zetkin und Hoernle maßgeblich an der Ausarbeitung der kommunistischen Schulpolitik beteiligt war[166].

Ausländer gehörte zum Gründungskreis des Bundes Entschiedener Schulreformer[167], war jedoch nicht bereit, sich hier langfristig zu engagieren, da er davon ausging, "daß ich z.B. durch meine Partei rascher zum Ziele komme, als durch eine zwischenparteiliche Oberlehrergruppe."[168] Er zählte zu den Begründern des Verbandes sozialistischer Lehrer und Lehrerinnen und der Freien Lehrergewerkschaft Deutschlands. Von 1920-1926 war er verantwortlicher Herausgeber der Zeitschrift 'Sozialistischer Erzieher'[169]. In den 20er Jahren veröffentlichte er eine Vielzahl von Publikationen, nicht zuletzt zu Aktuellem und zum 'Grundsätzlichen zur neuen Pädagogik'[170], von denen hier besonders seine Mitarbeit an den von Siegfried Kawerau herausgegebenen 'Synoptischen Tabellen für den geschichtlichen Arbeits-Unterricht' genannt werden soll[171].

---

[165] Zur Biogr. F. Ausländers (unbefriedigend): ALBRECHT, Franz, Über das bildungspolitische Wirken Fritz Ausländers in den Jahren 1919 bis 1932, 2 Teile, Berlin, Humboldt-Univ., Diss, 1969. - Kurzfassung dieser unpublizierten Arbeit: ALBRECHT, Franz, Über die bildungspolitische Tätigkeit Fritz Ausländers in der Weimarer Zeit zur Gewinnung der Lehrer als Verbündete der revolutionären Arbeiterklasse, in: Jahrbuch für Erziehungs- und Schulgeschichte, Jg. 14 (1974), S. 105-130. - S. auch die Kurzbiogr. in: WEBER, Hermann, Die Wandlung des deutschen Kommunismus. Die Stalinisierung der KPD in der Weimarer Republik, 2 Bde., Frankfurt 1969, hier Bd. 2, S. 64 [hier Hinweis, daß Witwe und Tochter in der Bundesrepublik leben].

[166] Zu Hoernle und der kommunistischen Schulpolitik vgl. auch S. 148f.

[167] Vgl.: BÖHM, Kulturpolitik, S. 125 und 135. - Und: Berlin, GStA PK: I. HA, Rep. 76 VI, Sekt. 1 cc, Bd. 9, Bl. 2r: Einladungszettel des Bundes Entschiedener Schulreformer zur Tagung 4./5. Okt. 1919: Hier wird Fritz Ausländer neben Martin Baege, Franz Hilker, Fritz Karsen, Siegfried Kawerau, Otto Koch, Paul Oestreich, Friedrich Rommel, Elisabeth Rotten, Arno Wagner und Hildegard Wegscheider als zum Tagungsausschuß zugehörig genannt.

[168] Würzburg, Oestreich-Archiv: Ausländer an Oestreich br. vom 14.07.1919; auch zit. in: BÖHM, Kulturpolitik, S. 135.

[169] Sozialistischer Erzieher. Zeitschrift für proletarische Schulpolitik und Pädagogik, hrsg. von Fritz AUSLÄNDER, Berlin, Jg. 1 (1920) - 7 (1926, Januar).

[170] So der Titel: AUSLÄNDER, Fritz, Grundsätzliches zur neuen Pädagogik, in: Der Föhn, Jg. 1 (1919/20), Heft 20 [1919], S. 9.

[171] Synoptische Tabellen für den geschichtlichen Arbeits-Unterricht vom Ausgang des Mittelalters bis zur Gegenwart, hrsg. von Siegfried KAWERAU unter Mitarbeit von Fritz AUSLÄNDER [u.a.], Leipzig [u.a.] 1921. - Vgl. (u.a. zu dem 'Wirbel', den dieses Werk in konservativen Kreisen verursachte): KAWERAU, Siegfried, 'Nur Geschichtstabellen', in: Der Elternbeirat. Halbmonatsschrift für Eltern, Lehrer und Behörden, Jg. 2 (1921), S. 150-155.

Wie seine Parteigenossen stellte sich auch Ausländer gegen die Realisierung einzelner Versuchsschulen[172] - und deren Exponenten[173] -, so auch gegen die 'weltlichen Schulen' in Berlin, die er als "Ablenkungs- und Beruhigungsmittel für die Massen"[174] bezeichnete, gegen die sich "gerade die klügsten Schulreaktionäre"[175] nicht wandten, da auf diese Weise "die christlichen Schulen [...] die ketzerischen Kinder, Eltern und Lehrer los [werden]"[176] und "die Gefahr der Isolierung gerade der pädagogisch aufgeklärteren Lehrer, Eltern und Kinder"[177] bestehe.

Andererseits aber war Ausländer in diesem Punkt, wie auch im zwischenmenschlichen Umgang[178], zur Differenzierung fähig. Er war der Meinung, daß man, wo "Versuchsschulen bestehen oder begründet werden sollen", doch "in jedem einzelnen Falle" prüfen solle, "ob der Gesamtschulkampf [im obigen Sinne] dadurch gehemmt oder gefördert wird"[179].

Von 1926 bis 1928 war Ausländer als unbesoldeter Stadtrat Mitglied des Berliner Magistrats, hier gehörte er u.a. - wie Hoffmann-Gwinner - der Deputation für

---

[172] S. dazu bes.: AUSLÄNDER, Fritz, Leitsätze zur Frage der Versuchsschulen, in: Das Proletarische Kind, Jg. 2 (1922), Heft 12 (Dezember), S. 17f.; wieder in: Das proletarische Kind. Zur Schulpolitik und Pädagogik der Kommunistischen Partei Deutschlands in den Jahren der Weimarer Republik. Ausgew., eingel. und erl. von Herbert FLACH und Herbert LONDERSHAUSEN, Berlin (DDR) 1958, S. 174f. - Und: AUSLÄNDER, Fritz, Rettet die Schule! Der schwarzblaue Block und die proletarische Abwehrfront, Berlin 1927.

[173] Zu Ausländers Angriffen gegen Fritz Karsen s.: AUSLÄNDER, Fritz. Seht: Die Musterschule, in: Die Linkskurve, Jg. 1 (1929), Nr. 3 [Oktober], S. 22-24 [Nachdr. der 'Linkskurve' Glashütten/Ts. 1970]. - Und: AUSLÄNDER, Fritz, Rettet die Schule! Der schwarzblaue Block und die proletarische Abwehrfront, Berlin 1927.

[174] AUSLÄNDER, Rettet die Schule, S. 13.

[175] AUSLÄNDER, Rettet die Schule, S. 13.

[176] AUSLÄNDER, Rettet die Schule, S. 13.

[177] AUSLÄNDER, Leitsätze (1922), S. 18.

[178] DEITERS, Bildung, S. 99, über seinen Lehrer-Kollegen Ausländer: "Einige unter ihnen waren politisch meine entschiedenen Gegner. Nur einer stand mir politisch nahe, der Kommunist Fritz Ausländer. Trotz seiner Parteizugehörigkeit hatte Ausländer sich eine geachtete Stellung unter Lehrern und Schülern erworben. So hatte er den Schülerausschuß in den ersten Jahren nach seiner Gründung geleitet, und erst bei einer späteren Gelegenheit wählte sich der Ausschuß, mit höflichem Dank an Ausländer, einen anderen Vorsitzenden." - Vgl. dazu: OPPERMANN, Detlef, Schule und Bildung zwischen Tradition und Umbruch. Die Lebenserinnerungen von Heinrich Deiters. Eine Einführung, in: DEITERS, Heinrich, Bildung und Leben. Erinnerungen eines deutschen Pädagogen, hrsg. und eingel. von Detlef OPPERMANN. Mit einem Nachwort von Walter FABIAN (=Studien und Dokumentation zur deutschen Bildungsgeschichte, 40), Köln [u.a.] 1989. S. XI-LIX, hier S. XXXVIII: "Neben dieser intellektuellen Beschäftigung mit dem Bolschewismus zeigte Deiters aber auch eine menschliche Offenheit für jene Kommunisten, bei denen er überzeugt war, daß sie ihm gegenüber zu einer ähnlichen Haltung fähig waren, ein Beispiel dafür ist seine Beziehung zu Fritz Ausländer."

[179] AUSLÄNDER, Leitsätze (1922), S. 18. - So auch: AUSLÄNDER, Rettet die Schule, S. 15f.: "Würde es sich um einzelne Versuchsschulen handeln, wo sich ein einheitliches Kollegium zum Zwecke ernster pädagogischer Versuche zusammenfindet, wir würden nichts dagegen haben. Wir werden solche einzelne Versuchsschulen mit allen Mitteln unterstützen und verteidigen, wenn sie ein proletarisches Gesicht zeigen, wenn sie in ihren Festen und Feiern, in den Unterrichtsstoffen, im Schmuck der Räume, im Verhältnis von Lehrern und Schülern sich als eine proletarische Gemeinschaft zur Entwicklung des Klassenbewußtseins der Kinder darstellen. Aber hier liegt die große Täuschung: man will ja möglichst viele weltliche Schulen gründen, um an Zahl mit den christlichen Schulen konkurrieren zu können, man will die 'gleichberechtigte', die 'allgemeine' Schulart sein [...]."

Schulwesen an. Von 1928 bis 1932, als er von seiner Partei als 'Versöhnler' nicht mehr als Kandidat nominiert wurde und er (schließlich) aus Protest gegen die ultralinke Haltung seiner Partei aus derselben austrat, war er Abgeordneter des Preußischen Landtages. Zum 01.09.1933 wurde er aus dem Schuldienst entlassen; bereits zuvor, in der Nacht des Reichstagsbrandes von der SA festgenommen worden und bis 1935 in Haft gesetzt im Zuchthaus Sonnenburg, in den Konzentrationslagern Oranienburg, Papenburg und Esterwegen. Nach seiner Haftentlassung verdiente er seinen Lebensunterhalt mit Adressenschreiben - ein Ruhegeld wurde ihm verweigert -, später als Auslandskorrespondent bei der 'Deutschen Buchgemeinschaft' in Berlin. Beim Ausbruch des 2. Weltkrieg wurde Ausländer erneut verhaftet und ins Konzentrationslager Sachsenhausen gebracht. Nach einem Selbstmordversuch erfolgte Weihnachten 1939 seine Freilassung. Aus Angst vor erneuter Verhaftung nahm er sich am 21.05.1943 das Leben.

Michael Tittmann (SIS 1930-1934), der von 1927 bis 1930 Schüler der Odenwaldschule gewesen war, war der Sohn des evangelischen Pfarrers Dietrich Tittmann (1888-1945): Dieser gehörte zum Kreis der Religiösen Sozialisten - hier besondere Verbindungen zu dem evangelischen Theologen Emil Fuchs (1874-1971)[180] hatte, mit dem ihm eine enge Freundschaft verband[181]. Nach 1933 war Tittmann in der 'Bekennenden Kirche' aktiv und weigerte sich 1938, den verlangten 'Treueeid' auf Hitler zu schwören[182].

---

[180] S. u.a. die Autobiogr. von Fuchs: FUCHS, Emil, Mein Leben, 2 Bde., Leipzig 1957 und 1959. - Außerdem: HEIMANN, Siegfried / WALTER, Franz, Religiöse Sozialisten und Freidenker in der Weimarer Republik (=Forschungsinstitut der Friedrich-Ebert-Stiftung. Reihe: Politik- und Gesellschaftsgeschichte, 31; =Solidargemeinschaft und Milieu: Sozialistische Kultur- und Freizeitorganisationen in der Weimarer Republik, 4), Bonn 1993. - Zuletzt (mit umfangreichen Literaturangaben): HESSE, Alexander, Die Professoren und Dozenten der preußischen Pädagogischen Akademien (1926-1933) und Hochschulen für Lehrerbildung (1933-1941), Weinheim 1995, S. 294-297.

[181] S. Tittmann an D.H. br. vom 15.01.1995 und 05.02.1995.

[182] Biogr. Inf. zu D. Tittmann: PETER, Ulrich, Der 'Bund der religiösen Sozialisten' in Berlin von 1919 bis 1933. Geschichte - Struktur - Theologie und Politik (=Europäische Hochschulschriften, Reihe 22: Theologie, 532), Frankfurt [u.a.] 1995, bes. S. 454-457. - HEIMANN, Siegfried, Der Bund der religiösen Sozialisten Deutschlands (BRSD): Selbstverständnis, organisatorische Entwicklung und praktische Politik, in: HEIMANN, Siegfried / WALTER, Franz, Religiöse Sozialisten und Freidenker in der Weimarer Republik (=Forschungsinstitut der Friedrich-Ebert-Stiftung. Reihe: Politik- und Gesellschaftsgeschichte, 31; =Solidargemeinschaft und Milieu: Sozialistische Kultur- und Freizeitorganisationen in der Weimarer Republik, 4), Bonn 1993, S. 13-262, hier S. 149 und S. 153. - S. auch: S. Tittmann an D.H. br. vom 15.01.1995 und 05.02.1995. - In: PS S. Tittmann befinden sich u.a.: Paul Geheeb an Dietrich Tittmann br. vom 12.12.1928. - Dietrich Tittmann an Paul Geheeb br. vom Januar 1929. - Von Paul Geheeb unterschriebenes Abgangszeugnis Michael Tittmanns von der Odenwaldschule vom 21.04.1930. - Zeugnis über die Reife für Obersekunda für Michael Tittmann vom 25.03.1933 (Wilhelm Blume / Werner Hartkopf). - Bescheinigung [über die landwirtschaftlichen Betätigungen] für Michael Tittmann von Dr. Hans Hering (Schulfarm Insel Scharfenberg) vom 03.03.1934. - Zeugnis [über die landwirtschaftlichen Betätigungen] für Michael Tittmann vom 09.03.1934 (Dr. Hans Hering / Wilhelm Blume). - Sowie: Erinnerungen Michael Tittmanns an seine Zeit als Odenwaldschüler, masch. (1985).

Bernd Stückler (SIS 1932-1934) lebte vor seinen Scharfenberger Jahren 8 Jahre lang in Mexiko, wo sein Vater Conrad Stückler als Lehrer tätig war[183]. Bereits vor dem 1. Weltkrieg war dieser nach Mexiko gereist und hatte dort aus eigener Initiative heraus in der Stadt Toluca, in der es auch eine deutsche Brauerei und deutsche Glasbläser gegeben hatte, eine kleine deutsche Schule gegründet und diese bis zu seiner Rückkehr nach Deutschland im Sommer 1913 geleitet[184]. Vermutlich Anfang der zwanziger Jahre ging er dann erneut nach Mexiko. In einer Festschrift der 'Deutschen Oberrealschule zu Mexiko' heißt es zu seiner Lehrerarbeit in jenen Jahren:

"Die aus Deutschland kommenden Kollegen brachten auch im pädagogischen Bereich neue Anstöße mit. Bedeutende deutsche Pädagogen wie Kerschensteiner und Gaudig hatten mit ihrem Prinzip der 'Arbeitsschule' in aller Welt Aufsehen erregt, und als gegen Ende des Jahres 1923 sich auch die mexikanische Schulbehörde in ihren Lehrplänen die Grundsätze der 'Arbeitsschule' zu eigen machte, ergriffen die Lehrer der Deutschen Schule die Gelegenheit, in der Grundschule soweit wie möglich nach den neuen Erkenntnissen und der neuen Methode zu arbeiten [...]. Die Schule ging auf die - damals noch beschauliche - Straße, auf Märkte und in Werkstätten; alle Grünstreifen im Schulgelände wurden in Klassenbeete umgewandelt und im Kindergarten hat eine kleine Viehhaltung mit Hühnern und Kaninchen Unterkunft gefunden.
Ein interessanter Versuch in dieser Richtung war die von dem Lehrer Konrad Stückler 1924 gegründete 'Deutsche Arbeitsschule Coyoacan', die mit 12 Schülern konsequent nach dem Prinzip von Kerschensteiner arbeitete. Der Lehrer leitet nur an, der Schüler bekommt die Hilfsmittel in die Hand und beginnt zu arbeiten. Einzige Triebfeder ist die Freude am Können und das selbst erwachende Verlangen vorwärts zu kommen. Darum kennt die Arbeitsschule nur eine Strafe: Arbeitsentzug. Es gibt keine Freien - die fortlaufende Arbeit würde gestört -, aber auch keine Examen und Zeugnisse in der üblichen Form. Die Eltern erhalten nach jeder sechswöchigen Arbeitsperiode einen Bericht.
Leider können zwölf Schüler keinen Lehrer ernähren, selbst den größten Idealisten nicht, und so mußte die Arbeitsschule schon im 2. Jahr ihres Bestehens sich an die Deutsche Schule um Hilfe wenden und wurde als 'Anexo Coyoacan' angeschlossen, wobei sie natürlich ihren Sonderstatus aufgeben mußte."[185]

Als ein Beispiel für (ursprünglich) aus der Arbeiterschicht stammende Eltern mit reformpädagogischem Bildungsinteresse sei der Vater von Hermann Natterodt (SIS 1929-1932) Friedrich Natteroth erwähnt[186], der als Schriftsteller in der Weimarer

[183] Stückler an D.H. br. vom 11.02.1988. - Und: Stückler an D.H. br. vom 30.10.1990.
[184] Stückler an D.H. br. vom 21.12.1989. - S. entsprechend: Die Deutsche Schule im Auslande. Organ des Vereins deutscher Lehrer im Auslande. Monatsschrift für nationale Erziehung in der deutschen Schule und Familie, Jg. 12 (1913), S. 135: "Mexiko [...]. Toluca. Der bisherige rührige Leiter der deutschen Schule in Toluca, Herr Konrad Stückler, geht im Laufe dieses Jahres nach Deutschland zurück, um die Mittelschullehrerprüfung abzulegen."
[185] Dialog [Schulzeitung der deutschen Schule in Mexiko-Stadt], Nr. 6, Oktober 1984 [Sonderausg. aus Anlaß des 90-jährigen Schuljubiläums], Mexiko-Stadt 1984, o.S. - S. entsprechend: BÖHME, Trautgott, Von der Deutschen Oberrealschule zu Mexiko, in: Die Deutsche Schule im Auslande, Jg. 16 (1924), Nr. 3, S. 72-74, hier S. 73: "Für die deutschen Kinder, die in dem [von Mexiko-Stadt] weitentfernten Vororte Coyoacan wohnen, wurde [mit Beginn des 31. Schuljahres der Deutschen Oberrealschule zu Mexiko am 14.01.1924] unter Leitung des Herrn Conrad Stückler, der früher an der inzwischen eingegangenen deutschen Schule zu Toluca tätig gewesen war, eine kleine Zwergschule errichtet, die sich zunächst auf die beiden ersten Schuljahre beschränkt."
[186] Natterodt an D.H. br. vom 27.12.1989: "Durch einen Fehler in meiner Geburtsurkunde vom 14.4.15 schreibe ich mich jetzt mit 'dt' am Ende."

Republik sowie nach 1945 u.a. auch mehrere Artikel über die Schulfarm verfaßte[187].
Hermann Natterodt schreibt über ihn:

"Über meinen Vater, Friedrich Natteroth, besteht keine gedruckte Darstellung über seine Tätigkeit. Ich bin im Besitz von mehreren gefüllten Leitzordnern mit Feuilletons, Berichten, Gedichten usw., die in vielen Zeitungen und Illustrierten nach dem ersten Weltkrieg hauptsächlich im
Vorwärts und anderen sozialdemokratischen Zeitungen veröffentlicht wurden. Er war im
Schutzverband Deutscher Schriftsteller. Wenn es mir noch gelingt, möchte ich dafür sorgen,
daß er in das Lexikon der Schriftsteller Aufnahme findet, er würde es verdienen. Vater ist am
2. Januar 1886 in Querfurth/Kreis Eisleben in Sachsen geboren, lernte Maler und fing mit ca.
20 Jahren zu schreiben an, lernte als junger Redakteur des 'Märkischen Stadt- und Landboten'
mit ca. 25 Jahren meine Mutter in Eberswalde kennen. Sie zogen nach Berlin-Friedenau. Im ersten Weltkrieg war er Armierungssoldat aber auch Redakteur der 'Wilnaer Zeitung' im besetz-
ten Polen. 3-bändige gebundene Jahrgänge habe ich in den 60er Jahren an das Marx-Engels Institut in Berlin gegeben. In der Revolutionszeit 1918/19 gab er u.a. auch eine Zeitschrift heraus
und lernte viele Künstler kennen. Nach der Inflation 1923 verkaufte er eine mit viel Fleiß zu-
sammengetragene Bibliothek mit vielen Erstausgaben. Als Autodidakt erwarb er sich große
Kenntnisse in Kunst und Literatur. Nach 1945 war er einige Monate in einem größeren An-
tiquitätengeschäft als Mitarbeiter tätig und machte sich 1946 in Berlin-Neukölln selbständig.
Dort waren die amerikanischen Besatzer gute Kunden.
Meine Mutter ist 1939 verstorben. 1943 heiratete mein Vater noch einmal. Er ist 1953 (?) [sic!]
verstorben [...]."[188]

Als (weitere) Beispiele für das reformpädagogische Bildungsinteresse von Eltern aus
der Arbeiterschicht seien hier nun die Eltern von Karl Dietrich (SIS 1931-1934) und
Heinrich Scheel (SIS 1929-1934) angeführt:

Die Eltern Karl Dietrichs, der Modelltischler Paul Dietrich und die Schneiderin
Gertrud Dietrich, geb. Zynda, waren politisch aktive Sozialdemokraten - der Vater
seit 1900, die Mutter seit 1908, nachdem es in Preußen auch Frauen gestattet war,
sich politisch zu engagieren[189]. Die Familie bewohnte am Gesundbrunnen "in der
Prinzenallee 46 eins von dem guten halben Dutzend Häusern [...], die die SPD in
den Zeiten des preußischen Dreiklassenwahlrechts durch Mittelsmänner anstelle einer Mietskaserne bauen ließ, um auf einen Schlag über acht Hausbesitzer zu verfügen, die bei Wahlen für die Partei kandidieren konnten."[190] Über die schulpolitischen
Aktivitäten seiner Eltern berichtet K. Dietrich:

"Mein Vater wirkte außerdem [d.h. außer seiner aktiven Mitarbeit in der SPD] aktiv in einer
Organisation 'Freunde der neuen Schule' für die 208. weltliche Volksschule in der Gotenburger
Str., die ich von 1924 bis 1931 im Stadtbezirk Berlin-Wedding besuchte.
Meine Mutter war während der Schulzeit meines ältesten Bruders im Elternbeirat der Werner-
Siemens-Realschule in Berlin-Gesundbrunnen.

---

187 NATTEROTH, Friedrich, Schulgemeinde Scharfenberg, in: Vorwärts vom 22.03.1929,
     Abendausg. [=Der Abend. Spätausg. des 'Vorwärts']. - [NATTEROTH, Friedrich], Die Insel-
     schule, in: Vorwärts vom 13.07.1930, 1. Beilage. - [NATTEROTH, Friedrich], Sonntag auf
     Scharfenberg, in: Vorwärts. Berliner Volksblatt. Zentralorgan der Sozialdemokratischen Partei
     Deutschlands vom 09.09.1931 (1. Beilage). - NATTEROTH, Friedrich, Schulfarm Scharfen-
     berg, in: Die neue Schule. Blätter für demokratische Erneuerung in Unterricht und Erziehung,
     Jg. 1 (1946), S. 30-32; gekürzt auch in: NATTEROTH, Friedrich, Schulfarm Scharfenberg,
     in: Der freie Bauer. Das illustrierte Blatt, Jg. 1 (1946), Nr. 32. - Vgl. zum Kontakt zwischen
     Blume und Natteroth im Sommer 1945: S. 882.
188 Natterodt an D.H. br. vom 27.12.1989.
189 Dietrich an D.H. br. vom 22.08.1991.
190 SCHEEL, Schulfarm (1990), S. 42.

Ich erinnere mich, daß meine Eltern häufig zu Vorträgen von Schulreformern wie z.B. Paul Oestreich gingen.
Sie sind wahrscheinlich durch ihre schulpolitischen Interessen und Aktivitäten auf die Schulfarm Scharfenberg aufmerksam geworden.
Vielleicht hat bei meinen Eltern auch die Überlegung eine Rolle gespielt, daß es sinnvoller ist, Bildungschancen zu nutzen, anstatt ohne Lehrstelle und Arbeit zu sein. Es war die Zeit in der die Weltwirtschaftskrise war und die größte Arbeitslosigkeit herrschte.
Meine älteren Brüder waren zu dieser Zeit schon zwei Jahre arbeitslos."[191]

Heinrich Scheels Vater, der Maler Harry Scheel (1882-1957), berichtete in seiner von seinem Sohn Heinrich Scheel herausgegebenen beeindruckenden Autobiographie über die 'Kindheits-, Lehr- und Wanderjahre eines Lübecker Armenkindes und Handwerksgesellen vor dem ersten Weltkriege'[192].

Über das Engagement des Vaters, der seit 1905 Mitglied der SPD war[193], und das schulische 'Fortkommen' seines Sohnes berichtet jener, sein Vater habe "sich beispielsweise auf den Weg zum Direktor der Borsig-Realschule - einer Mittelschule, die ich seit 1926 besuchte - [gemacht], um gegen die Benutzung eines extrem reaktionären Geschichtslehrbuches zu protestieren, das den ersten Reichspräsidenten der Republik Friedrich Ebert (1871-1925) als Vaterlandsverräter beschimpfte. Diese Intervention hatte zur Folge, daß mein Vater zusammen mit einem weiteren Sozialdemokraten in den Elternbeirat berufen wurde [...]."[194] Und über seine Scharfenberg-Aufnahme schreibt Scheel in seinen Scharfenberg-Erinnerungen:

"Mein Vater war kein Mann schneller Entschlüsse. Die Schritte, die er unternahm, waren immer gründlich überlegt. Das galt auch für meine Umschulung Ostern 1929 von der Borsig-Realschule zur Schulfarm Insel Scharfenberg, obwohl der äußere Schein dem widersprach. Denn von dieser Internatsschule erfuhr er erstmalig durch einen Artikel in der Spätausgabe des 'Vorwärts' vom 22. März 1929[195], und bereits am 7. April fand auf der Insel eine Versammlung der Eltern statt, deren Kinder neu aufgenommen waren. Zwischen diesen beiden Terminen lag noch eine Eignungsprüfung, die in den Osterferien erfolgte. Die sehr schwerwiegende Entscheidung fiel also innerhalb von nur zwei Wochen und war dennoch bei meinem Vater in Jahren herangereift. Er hielt viel von einer behüteten Kindheit, die er entbehrt hatte, aber gab der Erziehung zur Selbständigkeit kein geringeres, sondern ein mit den Jahren zunehmendes Gewicht. Meiner Mutter übergroße Fürsorge, der ich mich gern überließ, machte ihn seit langem besorgt. Also entschloß er sich zum Handeln. Ich weiß nicht, wie er das Einverständnis seiner Frau errang: Wahrscheinlich kam ihm die knappe Zeit zu Hilfe, die einem langatmigen Für und

---

[191] Dietrich an D.H. br. vom 22.08.1991.
[192] SCHEEL, Harry, Zugvögel. Kindheits-, Lehr- und Wanderjahre eines Lübecker Armenkindes und Handwerksgesellen vor dem ersten Weltkriege. Aufzeichnungen des Malers Harry Scheel, geboren am 7.12.1882 zu Lübeck, gestorben am 24.08.1957 zu Berlin, red. von seinem Sohne Heinrich SCHEEL, Berlin 1989; Auszüge u.d.T. 'Wanderjahre eines lübischen Armenkindes und sozialdemokratischen Handwerksgesellen' zuerst veröff. in: Arbeiter über ihr Leben. Von den Anfängen der Arbeiterbewegung bis zum Ende der Weimarer Republik. Auswahl und Einführung von Ursula MÜNCHOW, Berlin (DDR) 1976, S. 295-323 und (Erläuterung) S. 475f. - Dazu und zur Biogr. nach 1914: SCHEEL, Heinrich, Nachbemerkungen, in: SCHEEL, Harry, Zugvögel. Kindheits-, Lehr- und Wanderjahre eines Lübecker Armenkindes und Handwerksgesellen vor dem ersten Weltkriege. Aufzeichnungen des Malers Harry Scheel, geboren am 7.12.1882 zu Lübeck, gestorben am 24.08.1957 zu Berlin, red. von seinem Sohne Heinrich SCHEEL, Berlin 1989, S. 126-144.
[193] SCHEEL, Zugvögel, S. 83. - Und: SCHEEL, Biographie, S. 28.
[194] SCHEEL, Nachbemerkungen, S. 135.
[195] NATTEROTH, Friedrich, Schulgemeinde Scharfenberg, in: Vorwärts vom 22.03.1929, Abendausg. [=Der Abend. Spätausg. des 'Vorwärts'].

Wider keinen Raum ließ. Ich weiß nur, daß meine arme Mutter Wochen und Monate brauchte, um die räumliche Trennung von ihrem einzigen Sproß zu verwinden. Voll zu eigen hat sie sich diese Entscheidung erst gemacht, als sie mich der Schulfarm mit Leib und Seele verbunden erlebte. Ich selbst habe dem väterlichen Plan offensichtlich keinen Widerstand entgegengesetzt, denn dessen würde ich mich mit Sicherheit erinnern. Das Interesse des Vaters für Scharfenberg wurde übrigens nicht allein durch den Inhalt des 'Vorwärts'-Artikels geweckt, sondern auch durch den Tatbestand, daß als sein Verfasser Friedrich Natteroth zeichnete. Diesem einstigen Malerkollegen Natteroth war er nämlich vor mehr als zwei Jahrzehnten in der Schweiz begegnet und hatte dessen ersten schriftstellerischen Versuchen hohe Achtung gezollt [...]. Ihm [dem Artikel] konnte der Vater entnehmen, daß seine Genossen - nämlich die Stadträtin [Klara] Weyl und der Stadtschulrat Wilhelm Paulsen - dieser Schulgründung den Weg geebnet hatten, daß die rund 100 Schüler durch ihrer eigenen Hände Arbeit zum Unterhalt beitrugen, daß eine sehr weitgehende Schülerselbstverwaltung zu Verantwortungsbewußtsein erzog, daß sich die schulischen Aufgaben nach Möglichkeit aus der Praxis ableiteten und über allem ein Gemeinschaftsgeist waltete, der seinesgleichen suchte. Das waren Gründe genug für meinen Vater, um diese bemerkenswerte Schule am Sonntag darauf selbst in Augenschein zu nehmen."[196]

Nicht außer Acht gelassen werden darf bei der Frage nach der Herkunft der Scharfenberger Schüler neben dem Blick auf den reformpädagogisch-bildungspolitischen Aspekt, daß zahlreiche Scharfenberg-Schüler aus 'nicht-intakten' Familienhäusern kamen.

Von 348 Schülern (100%) finden sich für 73 Schüler (21%) in den Quellen keine Hinweise auf ihre familiäre Herkunft (Vormundschaft); 3 Schüler (0,90%) hatten keinen Vormund, da sie zum Zeitpunkt ihres Eintritts in die Schulfarm bereits erwachsen waren. Bei 208 Schülern (60%) ist der Vater als Vormund angegeben - eine Angabe, die nach damaligem Verständnis zunächst die Existenz einer 'intakten' Familie suggeriert, eine Annahme, die jedoch einer Einzelüberprüfung sicher nicht in jedem Falle stand halten würde[197]. Für 63 Schüler (18,10%) ist die Mutter, ein Stiefvater oder eine sonstige Person als Vormund angegeben. Bei diesen 63 Fällen wird 9 Mal die Mutter, 4 Mal ein Stiefvater oder eine sonstige Person als Vormund ohne nähere Angaben genannt. In 3 Fällen wird ein Stiefvater oder eine sonstige Person als Vormund genannt, mit dem Zusatz versehen, daß beide Eltern verstorben seien. In 31 Fällen wird angegeben, daß der Vater verstorben sei (darunter wiederum findet sich in 7 Fällen der Hinweis, daß der Vater im 1. Weltkrieg 'gefallen' sei). In 16 Fällen schließlich ist die Mutter als Vormund in Folge einer Scheidung genannt.

Folgende beiden Beispiele mögen darauf hinweisen, daß die beiden genannten Faktoren (reformpädagogisch-bildungspolitisches Interesse und 'nicht-intakte Familie') selbstverständlich nicht als zwei sich ausschließende Faktoren betrachtet werden können, sondern durchaus als 'Mischformen' auftraten: So berichtet etwa Arnulf Hoffmann (SIS 1928-1932), daß für die Entscheidung für einen Internatsbesuch in seinem Falle neben den refompädagogisch-bildungspolitischen Intentionen seiner Mutter auch familiäre Gründe sprachen:

---

[196] SCHEEL, Schulfarm (1990), S. 5f.
[197] Vgl. entsprechende Hinweise in den autobiogr. Arbeiten der beiden Väter Scharfenberger Schüler: GROTJAHN, Alfred, Erlebtes und Erstrebtes. Erinnerungen eines sozialistischen Arztes, Berlin 1932. - MOLO, So wunderbar ist das Leben.

"Zum einen wollte sie [die Mutter] mich von meinem drei Jahre älteren Bruder trennen, weil ich sehr abhängig von ihm war, zum anderen war es ihr wegen der bevorstehenden Scheidung lieb, mich nicht dauernd im Hause zu wissen."[198]

Als zweites Beispiel sei der Fall Ernst Halberstadts (SIS 1931-1933)[199] genannt. Dessen Vater war der Photograph Max Halberstadt (1882-1940)[200]. Seine Mutter war Sophie Freud-Halberstadt (1893-1920), das fünfte Kind von Sigmund Freud (1856-1939) und seiner Frau Martha (1861-1951)[201].

Sophie Freud-Halberstadt und ihre Schwester Anna (1895-1982), die bekannte Psychoanalytikerin[202], standen sich schon als Kinder sehr nahe[203]. Als Sophie Freud-Halberstadt 1920 an 'asiatischer Grippe' starb[204], kümmerte sich Anna Freud fortan um den Neffen, der sich, insbesondere nachdem der Vater [ca.] 1924 wieder heiratete, mehr zur mütterlichen Verwandtschaft hingezogen fühlte[205] - und sich heute W. Ernest Freud nennt.

Anna Freud hatte selbst eine Lehrerausbildung gemacht (1911-14), hatte jahrelange eigene praktische Lehrerfahrungen gesammelt - und, wie viele Psychoanalytiker neben ihr, einen ausgeprägten 'Bezug' zur Reformpädagogik[206]. In diesem Sinne kümmerte sie sich auch um die Schulausbildung ihres Neffen.

Nachdem Ernst Halberstadt zunächst eine konservative Vorschule in Hamburg besucht hatte, vermittelte ihn Anna Freud anschließend an eine "nette Privatschule" in Hamburg, die von einer Tante der Stiefmutter geleitet wurde, dann an die Lichtwarkschule in Hamburg. Von hier ging Ernst Halberstadt von 1928 bis 1931 an eine progressive Privatschule in Hietzing, im XIII. Bezirk in Wien, die von der Mitarbeiterin und Freundin von Anna Freud, der Amerikanerin Dorothy Tiffany-Burling-

---

[198] A. Hoffmann an D.H. br. vom 28.06.1988.
[199] Soweit nicht anders vermerkt entstammen die folgenden biogr. Angaben: W.E. Freud mündl. vom 27.09.1987. - Einige knappe biogr. Hinweise zur Kindheit W. Ernest Freuds (mit Foto von ihm im Alter von 16 Jahren) finden sich in: FREUD, W. Ernest, Die Freuds und die Burlinghams in der Berggasse: Persönliche Erinnerungen (Sigmund Freud-Vorlesung, gehalten an der Universität Wien, am 6. Mai 1987), in: Sigmund Freud House Bulletin, Vol. 11/No. 1: Summer 1987, S. 3-18.
[200] W.E. Freud mündl. vom 27.09.1987, berichtet, daß von seinem Vater mehrere der bekannten Fotografien von Sigmund Freud stammen.
[201] FREUD, Sigmund, Jenseits des Lustprinzips (1920), in: FREUD, Sigmund, Gesammelte Werke, 13. Bd., 8. Aufl. Frankfurt 1976, S. 1-69, hier S. 11-15; der kleine Junge mit der Garnrolle ist sein Neffe Ernst Halberstadt.
[202] S. etwa: SALBER, Wilhelm, Anna Freud. Mit Selbstzeugnissen und Bilddokumenten dargestellt, Reinbek 1985.
[203] SALBER, Anna Freud, S. 18f.
[204] W.E. Freud mündl. vom 27.09.1987.
[205] W.E. Freud über Anna Freud und seine Beziehung zu ihr: FREUD, W. Ernest, Funeral Tributes [to Anna Freud], in: Bulletin of the Hampstead Clinic (1983), Vol. 6, Part 1, S. 5-8.
[206] Vgl. z.B. die Biogr. von Erik (Homburger) Erikson.

ham (1891-1979), geleitet[207] wurde und weitere Mitarbeiter mit stark psycho-
analytischer Einstellung wie etwa Erik (Homburger) Erikson besaß[208]. Da es an dieser Privatschule nicht die Möglichkeit eines angestrebten Abiturabschlusses gab,
mußte eine andere Schule gefunden werden. 1930 entdeckte Anna Freud auf der Suche nach einer Schule, an der ihr Neffe das an der Wiener Schule nicht mögliche
Abitur machen konnte, bei einem ihrer Berlin-Aufenthalte über ihren Kollegen Ernst
Simmel[209] die Schulfarm Insel Scharfenberg[210]. In einem Brief vom 31.10.1930
schrieb Anna Freud an ihren Schwager über die Schulfarm und den Ent-
scheidungsprozeß von Ernst Halberstadt:

> "Aber jetzt der Ernstl. Papa und ich haben beide das Gefühl, daß es Zeit ist für den nächsten
> Schritt. Er ist in den letzten drei Monaten unglaublich viel männlicher in seinem ganzen Wesen
> geworden, er ist für eine Kinderexistenz und für Frauenerziehung jetzt wirklich schon zu groß.
> Du weißt, wie gerne ich ihn in meiner Nähe habe, aber wir denken daran, daß er im nächsten
> Frühjahr 17 wird und daß es doch auch viel besser für ihn ist, die Mittelschule mit einer deut-
> schen als mit einer österreichischen Matura zu beenden. Vor allem sollte er lernen, sich unter
> großen Jungen zu behaupten und an einer Gemeinschaft teilzunehmen. Scharfenberg habe ich
> mit Dr. Simmel besucht und es war mir so besonders sympathisch daran, daß es gar keine
> 'Aufmachung' hat und durchaus ernsthaft auf die Wirklichkeit eingestellt ist. Es hat Landwirt-
> schaft und etwas Viehzucht neben dem sehr ernsthaften Mittelschulprogramm und erhält sich so
> ziemlich selbst durch die Arbeit der Schüler. Es war Ernsts eigene Idee, daß er so gerne gerade

---

[207] Zu dieser Schule s. zuletzt: GÖPPEL, Rolf, Die Burlingham-Rosenfeld-Schule in Wien (1927-
1933). Schule und Unterricht für die Kinder des psychoanalytischen Clans, in: Zeitschrift für
Pädagogik, Jg. 37 (1991), S. 413-430. - Weiter: ERIKSON, Erik und Joan, Dorothy Burlingham's School in Vienna, in: Bulletin of the Hampstead Clinic (1980), Vol. 3, Part 2, S. 91-
94. - FREUD, Die Freuds, S. 15f. - BURLINGHAM, Michael John, The Last Tiffany. A Bio-
graphy of Dorothy Tiffany Burlingham, New York 1989. - Auch: Alternativschulen in Wien,
hrsg. von Julius MENDE, Wien 1983, S. 126-131: Kap. 'Die Burlingham-Rosenfeld-Schule in
Wien XIII'.

[208] FREUD, Die Freuds, S. 16: "In der Hietzinger Schule sollte die natürliche Wißbegierde in einer freiheitlich humanen Atmosphäre im Rahmen eines großzügigen emotionellen und intelektu-
ellen Lebensraums unterstützt, gefördert und befriedigt werden. Im Gegensatz zu den öffentlichen Schulen war diese Schule wirklich den individuellen Bedürfnissen der Schüler angepaßt.
Die verhältnismäßig große Anzahl von Lehrern und kleine Anzahl von Schülern erleichterte
das. Die freundschaftlichen Beziehungen wurden auch durch gemeinsame Unternehmen außerhalb der Schulzeit verstärkt, zum Beispiel wenn man zusammen Schwimmen oder auf Ausflüge
ging. Es wurde, wie damals auch in einigen anderen fortschrittlichen Schulen, nach der sogenannten 'Projekt-Methode' unterrichtet [...]. Ich kann [...] sagen, daß die Hietzinger Schule
von all den neun Schulen, die ich überlebte, die großzügigste und fortschrittlichste war. Nir-
gendwo anders wurde mit so viel Einfühlung, Verständnis und Offenheit gelehrt, wofür die
psychoanalytische Einstellung ausschlaggebend war. Wir wurden weder 'unterrichtet' noch
'erzogen' sondern es wurde uns Gelegenheit gegeben, sich mit faszinierendem Wissen selbst
bekannt zu machen.Es war eine Art 'Selbsthilfe Lern-Büffet' mit zur Verfügung stehender
professioneller Hilfe. Jedenfalls habe ich das so erlebt. Es wäre sicher hochinteressant, wenn
die Protokolle der Meetings des Lehrpersonals der Hietzinger Schule eines Tages veröffentlicht
würden, denn sie enthalten gewiß auch wichtige Aspekte der psychoanalytischen Entwicklungsgeschichte."

[209] S. zu Ernst Simmel S.743.

[210] Die Wahl der Stadt Berlin war keineswegs abwegig, gab es doch enge Kontakte zwischen den
Wiener und Berliner Psychoanalytikern. - W.E. Halberstadt besuchte an den Wochenenden ins-
bes. ein Ehepaar Dr. Lampe in Dahlem. - BURLINGHAM, The Last Tiffany, S. 211:
"Dorothy left Vienna with the Freuds on May 4, 1930, for an expected six-week stay at Ernst
Simmel's psychoanalytic sanatorium at Schloß Tegel on the outskirts of Berlin."

dorthin möchte (wir hatten voriges Jahr einmal von [Max] Bondy [(1892-1951)] gesprochen[211]).
Er hat zu meiner Überraschung gesagt, er möchte gerne lernen, ganz einfach zu leben, damit er für später vorbereitet ist, wo er doch sicher weniger Bequemlichkeiten haben wird als jetzt. In Scharfenberg sind bürgerliche und proletarische Kinder gemischt, Religion, Rasse und Politik scheinen gar keine Rolle zu spielen. Ich schicke Dir mit der gleichen Post ein Heft über Scharfenberg [...].
Unsere Bedenken haben wir natürlich auch. Da ist vor allem die Frage, ob er auch wirklich gesund genug ist. Wenn er zu Ostern eintreten könnte, so käme er ja in die beste Jahreszeit. Da müßte ihm das ständige Leben im Freien (auch die Schulklassen und das Essen ist im Garten) eigentlich sehr gut tun. Bis zum Herbst wüßte man dann schon, ob es geht. Wenn es nicht ginge, so wäre es eben nur ein Versuch gewesen. Jedenfalls möchte er jetzt sehr gerne und ich glaube, es wäre unrecht, nicht an diesen Wunsch anzuknüpfen, denn es ist eigentlich sein erster Wunsch nach dem Erwachsenwerden."[212]

Ernst Halberstadt kam 1931, 17jährig, an die Schulfarm, wo er, wie Scheel berichtet, obwohl er "einem ganz anderen Milieu" entstammte, "erstaunlich schnellen Kontakt zu uns [fand] [...] und [...] vorbehaltlos in unsere Mitte auf[genommen wurde]"[213].

Zur Frage nach den 'Motiven', nach der Jungen zu Schülern der Schulfarm wurden, sei abschließend noch auf ein weiteres Moment hingewiesen, den 'ländlichen Charakter' der Schulfarm am Rande der Großstadt. Dieser stellte als 'Auffangmöglichkeit' ein einmaliges Angebot für zuvor in ländlicher Umgebung aufgewachsenen und dann in die Großstadt wechselnden Jugendlichen, die mit dem Großstadt(schul)leben nicht zurecht kamen bzw. gekommen waren. Auch zu diesem Aspekt sollen wiederum lediglich zwei Beispiele angeführt werden:

Der Schüler Karl Schreck (SIS 1928-1934) war aufgrund der Kriegs- und Nachkriegsumstände von seinen Eltern zu Verwandten in ein Dorf im Schwarzwald gegeben worden, wo er zunächst eine kleine Dorfschule besuchte[214]:

"Mit Schiefertafel und Griffel bewaffnet, zog ich morgens in die Schule und verließ diese um die Mittagszeit, um aber nicht sofort zu meiner Tante zu gehen, sondern auf Umwegen durch den Bach, über Wiesen, wie es Jungen in diesem Alter tun, den Weg nach Hause anzutreten. Am Nachmittag wanderte meine Tante nach dem noch mehr entlegeneren Titisee und anderen Gegenden des badischen Schwarzwaldes, wobei der Onkel als Sohn einer alten Försterfamilie mich auf manches in der Natur aufmerksam machte, viele Fragen, die ich mir selbst nicht beantworten konnte, erklärte. Diese Naturverbundenheit war der Anlaß, daß ich in Scharfenberg in die Landwirtschaftsgruppe ging und mich später dem Naturkurs anschloß."[215]

Als Schreck Ostern 1924 zurück nach Berlin zu seinen Eltern kehrte, wurde er in die Sexta des humanistischen Prinz-Heinrich-Gymnasiums in Berlin-Schöneberg

---

[211] Biogr. Inf. zu Bondy: SCHWARZ, Bibliographie der deutschen Landerziehungsheime, S. 14-16. - Max Bondy hatte 1920 seine erstes Landerziehungsheim auf dem Sinntalhof bei Bad Brückenau in der Rhön gegründet; 1923 verlegte er das Heim nach Gandersheim im Harz, 1928 nach Marienau im Kreis Lüneburg; 1936-39 emigrierte Bondy in die Schweiz, dann in die USA.
[212] PS W.E. Freud: Anna Freud an Max Halberstadt br. vom 31.10.1930.
[213] SCHEEL, Schulfarm (1990), S. 42.
[214] Ausführlich: Berlin, LA, SIS: Prüfungsunterlagen, Mappe 3: Reifeprüfungen 1925-1935, hier Reifeprüfung 1934, Bildungsgang von Karl Schreck.
[215] Berlin, LA, SIS: Prüfungsunterlagen, Mappe 3: Reifeprüfungen 1925-1935, hier Reifeprüfung 1934, Bildungsgang von Karl Schreck.

aufgenommen, in dessen Unterricht er manches lernte, "doch der Biologie- und Geschichtsunterricht wurde so trocken und langweilig aufgezogen, daß man schon am Anfang die Lust verlor"[216]:

> "Es lag hier meiner Meinung [nach] an den Lehrern, oder die Mittel zum Biologieunterricht waren nicht sehr gut, denn man bekam eine vertrocknete Blume, die man dann zerpflückte, um den Kelch und die Blütenstände zu erkennen. Im Geschichtsunterricht wurde fast die ganze Stunde erzählt, und man lernte einige Zahlen auswendig."[217]

Auch Erwin Witt (SIS 1928-1934) wurde von seinen Eltern wegen der schlechten Ernährungslage im Berlin der Jahre nach dem 1. Weltkrieg zu Verwandten nach Ostpreußen gegeben, wo er auf dem Bauernhof aufwuchs, einige Jahre die dortige Schule besuchte und dort "eine Vorliebe für das Landleben in reiner Luft, Wäldern, Seen und ursprünglicher Natur"[218] entwickelte:

> "Das Getriebe, der Lärm, die Hast, die schlechte Luft Berlins waren mir daher verhaßt, und der Eintritt in die Schulfarm für mich eine wahre Erlösung.
> Ich kam mir vor, wie ein junges Füllen, das früher im engen Pferch eingesperrt, jetzt plötzlich freigelassen, sich in ungebundener Natur in Busch, Feld und Wasser voll entfalten kann."[219]

Die Schulfarm bot ihm eine Alternativen, die er in seinem anläßlich seines Abituriums geschriebenen Bildungsgang eindrucksvoll beschrieben hat[220]:

> "[...] ich merkte bald, hier weht ein frischer, gesunder Zug, hier wirst Du Dich leicht einfühlen können."[221]

---

[216] Berlin, LA, SIS: Prüfungsunterlagen, Mappe 3: Reifeprüfungen 1925-1935, hier Reifeprüfung 1934, Bildungsgang von Karl Schreck.
[217] Berlin, LA, SIS: Prüfungsunterlagen, Mappe 3: Reifeprüfungen 1925-1935, hier Reifeprüfung 1934, Bildungsgang von Karl Schreck.
[218] Witt an D.H. br. vom 01.11.1987.
[219] Witt an D.H. br. vom 01.11.1987.
[220] WITT, Erwin, Bildungsgang [anläßlich des Abituriums an der Schulfarm Insel Scharfenberg 1934] [Berlin, LA, SIS: Prüfungsunterlagen, Mappe 3: Reifeprüfungen 1925-1935, hier Reifeprüfung 1934, Bildungsgang Erwin Witt], abgedr. in: HAUBFLEISCH, Dietmar, 'Schülerarbeiten' als Quelle zur Erschließung der reformpädagogischen Unterrichts- und Erziehungsrealität der Schulfarm Insel Scharfenberg (Berlin) in der Weimarer Republik, in: Towards a History of Everyday Educational Reality, ed. by Marc DEPAEPE, Max LIEDTKE und Frank SIMON (=Paedagogica Historica. International Journal of the History of Education, Jg. 31, Heft 1), Gent 1995, S. 151-180, hier S. 172-180; wieder: Marburg 1999: http://archiv.ub.uni-marburg.de/sonst/1999/0002/welcome.html (hier: Quellenanhang).
[221] WITT, Bildungsgang.

I.3.   DIE LEHRKRÄFTE

Wie die Schülerschaft, so veränderte sich im Laufe der Jahre auch die Lehrerschaft der Schulfarm - und wie bei der Schülerschaft ist auch die Rekonstruktion der Scharfenberger Lehrer nicht in der wünschenswerten Genauigkeit möglich.

Der Grund hierfür liegt in dem Fehlen entsprechender aussagekräftiger Quellen: Vom Erstellen von 'Jahresberichten', in denen auch Informationen über Personalveränderungen ihren Platz gefunden hätten, war die Schulfarm bis Anfang der 30er Jahre befreit[1]. 'Personalakten' liegen für die Lehrer, die auf Scharfenberg tätig gewesen waren, nur in Einzelfällen vor. Die offiziellen und gedruckten Lehrerverzeichnisse schließlich führen die Schulfarm aufgrund ihrer juristischen Entwicklung erst ab 1929/30 auf[2]; die auf Scharfenberg tätigen Lehrkräfte sind hier in der Regel als an anderen, meist Berliner Schulen etatisierte (und dort als beurlaubt geltende) Lehrer genannt; so wurde etwa Blume bis zum Zeitpunkt der offiziellen Anerkennung der Schulfarm als eigenständige Schule als beurlaubt geltender Lehrer des Humboldt-Gymnasiums geführt. Bei anderen Lehrern wurden z.T. kühne - nur in Einzelfällen exakt nachweisbare - Tauschaktionen veranstaltet, so etwa im Falle Wilhelm Ziegelmayers, der nach Scharfenberg kam, aber - so Blume - "da wir doch noch keinen Etat haben, für die Hennriette-Schrader-Schule in Kreuzberg gewählt, von dort durch das Entgegenkommen des Herrn Stadtrat Bruns sofort und dauernd nach hier beurlaubt"[3] wurde.

Ab dem Schuljahr 1924/25 tauchte das 'merkwürdige' Phänomen auf, daß die Schulfarm im 'Philologen-Jahrbuch' zwar als Schule nicht genannt wird, aber der "Scharfenberg Inselschule" bereits einige einzelne Assessoren wie z.B. Erich Bandmann zugewiesen wurden[4].

Im Folgenden soll nun zunächst auf der Basis der vorliegenden, sehr heterogenen Quellen der mühsame und 'langatmige', jedoch für eine 'Geschichte der Schulfarm' unerläßlich erscheinende Versuch einer Rekonstruktion der Scharfenberger Lehrerschaft in ihrer zeitlichen Entwicklung bis Ende 1932 unternommen werden. Daran schließt sich die Behandlung einzelner Aspekte der Scharfenberger Lehrerschaft an. Mit einigen abschließenden Thesen wird das Kapitel beendet.

---

[1]   S. dazu S. 1041.
[2]   Vgl. S. 304f.
[3]   Berlin, LA, SIS: CH, V, S. 338.
[4]   Philologen-Jahrbuch (Kunzes Kalender), Jg. 31: Schuljahr 1924, 2. Teil, Breslau 1924; und: Philologen-Jahrbuch (Kunzes Kalender), Jg. 32: Schuljahr 1925, 2. Teil, Breslau 1925: Assessor an der "Inselschule Scharfenberg".

I.3.A.   DIE LEHRENDEN BIS ZU BEGINN DER 30ER JAHRE[5]

Der erste Lehrer des 'Gründungskollegiums' der Schulfarm[6], der den Schulversuch - noch im ersten Schuljahr 1922/23 - wieder verließ, war Dr. Max Dorn. Dessen Beurlaubung durch das pommersche Provinzialschulkollegium lief zu Beginn des Oktobers 1922 ab und wurde nicht weiter verlängert[7]. Dorn, über den Blume anläßlich dessen Weggang schrieb, er sei durch seine "Fähigkeit, allgemeine Probleme vielseitig zu erörtern [...] namentlich den nachdenklicheren Naturen unter uns etwas gewesen"[8], habe sich aber seinem Naturell entsprechend "dem eigentlichen Gemeinschaftsleben nicht mit der gleichen Hingabe gewidmet"[9], kehrte an seine vorherige Arbeitsstätte nach Deutsch-Krone zurück, wo er zunächst weiter als Assessor, dann als Studienrat tätig wurde[10]. Für Dorn zog, den altphilologischen Unterricht übernehmend, der Assessor Julius Wolff (1896-19..)[11] auf die Insel und fand "sich sehr schnell in die neue Umgebung [ein]."[12]

Mit Beginn des Schuljahres 1923/24 schieden zwei weitere 'Gründungsmitglieder' aus dem Kollegium aus. Zum einen kehrte Hans Wahle an seine vorherige Wirkungsstätte, das Werner-Siemens-Realgymnasium, zurück[13]. Zum anderen verließ auch Elisabeth Rotten die Schulfarm.

Von Beginn an, so schrieb Blume in einem Aufsatz zu Rottens 80. Geburtstag, "durften wir uns nicht einbilden, ihre [Elisabeth Rottens] einzigen Sorgenkinder zu sein"[14]. Immer wieder war sie "ohne offiziellen Auftrag und geldliche Unterstützung auf [...] Entdeckungsfahrten durch die Pädagogischen Provinzen der Welt über Ländergrenzen hinweg"[15] gewesen, ohne dabei ihre Scharfenberger Tätigkeit für einen längeren Zeitraum vernachlässigen zu müssen. Mit dem neuen Schuljahr 1923/24 aber waren ihre Aktivitäten mit ihrer regelmäßigen Arbeit auf Scharfenberg nicht mehr vereinbar, insbesondere, da sie nun beschloß, zusammen mit ihrem

---

5   Zur Entwicklung im Schuljahr 1933/34 s. gesondert S. 768ff.

6   S. zum 'Gründungskollegium' der Schulfarm S. 211-233.

7   BLUME, Bericht (1923), Bl. 202v: "Herr Dr. Dorn kehrte im Oktober nach Pommern zurück." - Berlin, LA, SIS: CH, I, o.S.: "Noch weniger angenehm ward der Sonntag [24.09.1922] dadurch, daß ich an ihm Herrn Dorn davon Mitteilung machen mußte, das Provinzialschulkollegium sei nicht gewillt, ihn nach Ablauf seines Urlaubs aus Pommern in die brandenburgische Provinzliste zu übernehmen."

8   Berlin, LA, SIS: CH, I, o.S.

9   Berlin, LA, SIS: CH, I, o.S.

10   S.: Kalender für das höhere Schulwesen, Jg. 30: Schuljahr 1923, 2. Teil, Breslau 1923 sowie die folgenden Jahrgänge dieses Verzeichnisses. - S. auch: Berlin, BBF: SLG-GS, Personalblatt Max Dorn.

11   Biogr. Inf. zu Wolff: Berlin, BBF: SLG-GS, Personalblatt Julius Wolff. - Und: Kalender für das höhere Schulwesen, Jg. 30: Schuljahr 1923, 2. Teil, Breslau 1923.

12   Berlin, LA, SIS: CH, I, o.S.

13   Berlin, BBF: SLG-GS, Personalblatt Hans Wahle. - Im: Kalender für das höhere Schulwesen, Jg. 30: Schuljahr 1923, 2. Teil, Breslau 1923 sowie in den folgenden Jahrgänge dieses Verzeichnisses ist Wahle bis Anfang der 40er Jahre als Lehrer an Berliner Schulen nachgewiesen.

14   BLUME, Zum 80. Geburtstag, S. 66.

15   BLUME, Zum 80. Geburtstag, S. 66.

Kollegen und Freund Karl Wilker und dessen Familie[16] die Metropole Berlin zu ver-lassen[17] und auf das Gut Kohlgraben bei Vacha in die Rhön zu ziehen und hier eine "kunstgewerbliche   Siedlung"[18]   bzw.   eine   "Gärtnerei   und   Er-ziehungsgenossenschaft"[19] zu gründen - nicht ohne auch von dieser 'Provinz' aus ihre zahllosen internationalen Kontakte zu pflegen und auszubauen, mit denen sie wie kaum jemand anderes die sog. 'Internationalität der Reformpädagogik' mitvor-antrieb[20]; genannt seien hier lediglich Rottens Beziehungen zu Martin Buber (1878-1965)[21] und Romain Rolland[22], zu Jane Addams (1860-1935)[23] und Maria Montessori

---

[16]   PAPE-BALLING, Karl Wilkers Leben und Wirken, S. 254, Anm. 15: "Ihre freundschaftliche Verbundenheit, in die auch Wilkers Familie einbezogen war, führte nicht nur zu dem mehr-jährigen Zusammenleben und -arbeiten [...], sondern ist auch in vielen Briefen und Ta-gebüchern, die sich im Besitz von Eva Wilker-Minder befinden, dokumentiert." - PAPE-BAL-LING, Karl Wilkers Leben und Wirken, S. 254, Anm. 18: "Wilker hatte 4 Kinder, zwei Söhne [...] und zwei Töchter [...]."

[17]   Trogen, Archiv des Kinderdorfes Pestalozzi, Ordner [4:] Elisabeth Rotten: Rotten an Frl. Dr. Lohner br. vom 14.09.1958: "Ich mochte diese Stadt früher nicht leiden, fand sie protzig und unausstehlich. Seit 1946 aber, wo ich zuerst von den Amerikanern, in den letzten Jahren häufig dorthin eingeladen war, finde ich Berlin den interessantesten Treffpunkt in Europa und die Menschen aufgeschlossen und geistig wach für alles Wesentliche [...]."

[18]   BLUME, Bericht (1923), Bl. 202v.

[19]   Ländliche Lebensgemeinschaft - Kaufmann und Handwerk - Erziehungsgemeinschaften. in: Werkland. Neue Folge von Vivos voco. Zeitschrift für neues Deutschtum, Bd. 4: April 1924 - März 1925, S. 131-171, hier S. 131 nennt kurz "Karl Wilkers Gärtnerei und Er-ziehungsgenossenschaft Kohlgraben bei Vacha in der Rhön [...]". - PAPE-BALLING, Karl Wilkers Leben und Wirken, S. 254, Anm. 15, weist darauf hin, daß Rottens "freundschaftliche Verbundenheit, in die auch Wilkers Familie einbezogen war, [u.a.] zu dem mehrjährigen Zu-sammenleben und -arbeiten auf dem Gut Kohlgraben" führte.

[20]   Vgl. zur Internationalität der Reformpädagogik die S. 228 zum 'Weltbund für Erneuerung der Erziehung' genannte Literatur sowie: HELMCHEN, Jürgen, Die Internationalität der Reformpädagogik. Vom Schlagwort zur historisch-vergleichenden Forschung (=Oldenburger Universitätsreden, 5), Oldenburg 1987.

[21]   Mit Buber stand Rotten wohl "seit 1921 in Verbindung, er arbeitete an der Zeitschrift 'Das werdende Zeitalter' mit und hielt 1925 auf der Dritten Internationalen pädagogischen Konferenz in Heidelberg die Rede 'Über das Erzieherische'." (Martin Buber. Briefwechsel aus sieben Jahrzehnten, hrsg. und eingel. von Grete SCHAEDER, 3 Bde., Heidelberg 1972-1975, hier Bd. 1, Heidelberg 1972, S. 71). - S. Rottens 'Festbeitrag': ROTTEN, Elisabeth, Aus den Offenbarungen der Schwester Mecht-hild von Magdeburg [Textauszug für Martin Buber], in: Aus unbekannten Schriften. Festgabe für Martin Buber zum 50. Geburtstag, Berlin 1928, S. 64-66. - An Quellen s. bes.: Jerusalem, Jewish National and University Library: Martin-Buber-Archiv: Buber-Correspondenz: Nr. 637: Correspondenz Elisabeth Rotten an Martin Buber (1921-1957) [ca. 200 Briefe]). - Ein die gesamten Privatarchiv-Bestände der Nationalbibliothek Jerusalem - so auch das Buber-Archiv - umfassendes Register existiert in Mikroform; dieses befindet sich u.a. in der Stadt- und Universitätsbibliothek Frankfurt (Sign.: HB 24: Ac 6/302 (Präsenzbestand)). - Die Buber-Correspondenz selbst ist ebenso mikroverfilmt; eine Microfiche-Ausg. befindet sich u.a. in der Stadt- und Universitätsbibliothek Frankfurt (Sign.: MP 8788 (auf dem Fernleihwege ausleihbar)); die Korrespondenz Elisabeth Rotten an Martin Buber befindet sich hier auf den Microfiche-Nrn. 637a-c. - Einige Briefe Rottens an Buber sind publiziert: Rotten an Buber br. vom 09.04.1931, gedr. in: Martin Buber. Briefwechsel aus sieben Jahrzehnten, hrsg. und eingel. von Grete SCHAEDER, 3 Bde., Heidelberg 1972-1975, hier Bd. 2, S. 404. - Rotten an Buber br. vom 31.12.1933, gedr. in: Ebd., Bd. 2, S. 513-515. - Rotten an Buber br. vom 26.01.1951, gedr. in: Ebd., Bd. 3, S. 269f.

[22]   ROTTEN, Idee und Liebe, S. 81.

(1870-1952), der nach Rotten das Verdienst gebührt, "in der uneingeschüchterten Kinderseele die menschlichen Urkräfte aufgedeckt und zum Erblühen gebracht zu haben, denen tätiger Friede und rege Mitmenschlichkeit gemäßer sind als Zwist und Krieg"[24] - sowie, um eines von zahlreichen internationalen institutionellen Beispielen anzuführen, ihre Mitarbeit als (neben Pierre Bovet (1878-1965) und Adolphe Ferrière (1879-1960)) Mitdirektorin des 1925 gegründeten 'Bureau International d'Education' in Genf, das heute als UNESCO Arbeitsstelle fortbesteht[25].

---

[23]   ROTTEN, Idee und Liebe, S. 82. - Zur Beziehung zwischen Rotten und Addams: SCHMID-LIN, Walter Robert Corti, S. 225f. - Biogr. Infos zu der nordamerikanischen Sozialreformerin und Mitbegründerin der Internationalen Frauenliga für Frieden und Freiheit Jane Addams (ohne Eingehen auf die Beziehung Rotten - Addams): EBERHART, Cathy, Jane Addams (1860-1935). Sozialarbeit, Sozialpädagogik und Reformpolitik (=Studien zur Vergleichenden Sozialpädagogik und Internationalen Sozialarbeit, 9; =Gesellschaft, Erziehung und Bildung, 39), Rheinfelden [u.a.] 1995.

[24]   ROTTEN, Idee und Liebe, S. 82. - Zur Beziehung zwischen Rotten und Montessori: SCHMIDLIN, Walter Robert Corti, S. 227f. - Vgl.: Elisabeth Rotten, in: Lexikon der Pädagogik, Bd. 3, Bern 1952, S. 388: Sie war seit 1937 Vizepräsidentin der Associatione Montessori Internazionale, mit Sitz in Amsterdam.

[25]   HILKER, Franz, Vergleichende Pädagogik. Einführung in ihre Geschichte, Theorie und Praxis, München 1962, S. 53: "[Es] entstand 1925 in Genf auf Initiative des Arztes, Psychologen und Pädagogen Prof. Dr. Edouard Claparède (1873-1940) und mit Untersützung des von ihm 1912 gegründeten 'Institut Jean-Jacques Rousseau' (seit 1948 als 'Institut für Erziehungswissenschaften' zur Universität Genf gehörend) das 'Internationale Erziehungsbüro', zunächst als private Einrichtung mit Prof. Dr. Pierre Bovet als Direktor und Dr. Adolphe Ferrière und Dr. Elisabeth Rotten als Mitdirektoren. Alle drei waren international bekannte und hochgeachtete Persönlichkeiten des pädagogischen Lebens, die von jeher für eine internationale Zusammenarbeit im Geiste der Verständigung und des Friedens eingetreten waren [...]." - Weiteres zum 'Bureau Internationale': Ebd., S. 52-55 und: FERRI`ERE, Adolphe, Le Bureau Internationale des Ecoles Nouvelles, in: Erziehung und Wirklichkeit. Festschrift zum 50jährigen Bestehen der Odenwaldschule, hrsg. vom Kreis der Förderer der Odenwaldschule, Braunschweig 1960, S. 65-70. - Zuletzt: FERNIG, Leo, Das internationale Erziehungsbüro in Genf: ein Zentrum für fortschrittliche Erziehung/Erneuerung der Erziehung, in: Die Reformpädagogik auf den Kontinenten. Ein Handbuch, hrsg. von Hermann RÖHRS und Volker LENHART (=Heidelberger Studien zur Erziehungswissenschaft, 43), Frankfurt [u.a.] 1994, S. 205-215, hier S. 207 Hinweis, daß Rotten 1928 das Büro verließ.

1930 zog Rotten von Vacha in die Gartenstadt Dresden-Hellerau[26] um hier - bis
zu ihrer Emigration im Jahre 1934[27] - an verschiedenen Schulen, u.a. als Dozentin
an der Ausbildungsstätte für Sozialarbeiter, pädagogisch wirksam zu werden[28].

---

[26] Der in England entwickelte 'Gartenstadt-Gedanke' ist aufs Engste verbunden mit dem Namen
von Ebenezer Howard (1850-1928); s. bes.: HOWARD, Ebenezer, Tomorrow. A peaceful path
to real reform, London 1898; ab der 2. Aufl. London 1902 u.d.T. 'Garden-cities of tomorrow';
erste dt. Übers.: HOWARD, Ebenezer, Gartenstädte in Sicht. Mit einem Geleitwort von Franz
OPPENHEIMER und einem Anhang: KAMPPMEYER, Bernhard, Zur Gartenstadtbewegung
in Deutschland, Jena 1907; neuere Übers.: HOWARD, Ebenezer, Gartenstädte von morgen.
Das Buch und seine Geschichte, hrsg. von Julius POSENER (=Bauwelt-Fundamente, 21),
Berlin [u.a.] 1968. -
Die erste und im strengeren Sinne einzige deutsche Gartenstadt, das 1909 von Richard Riemer-
schmid am Rande der Dresdner Heide angelegte Hellerau entsprach, abgesehen vom Fehlen
landwirtschaftlicher Betriebe, Howards Vorstellungen als einer gemeinnützigen Siedlung, die
Wohn- und Arbeitsort zugleich war. Hellerau fand keine Nachfolge, obwohl sich die schon
1902 gegründete 'Deutsche Gartenstadtgesellschaft' (mit sozialistischem Zuge) lebhaft für Howards Gedanken einsetzte. - Alle anderen, sich 'Gartenstadt' nennende Siedlungen waren in
Wirklichkeit fast immer Landhaussiedlungen (die mit Howards Ideen nicht das geringste zu tun
hatten). Die Häuser waren Privatbesitz der Bewohner, diese fuhren zur Arbeit in die Stadt (s.
in Berlin Villenviertel wie Wannsee, Grunewald, Dahlem u.a.). Sie alle waren nicht Städte in
Gärten, sondern Anhäufungen von Häusern mit (oft recht kleinen) Gärten; auch Berlin-
Frohnau, das von Beginn an als reines Wohngebiet gegründet wurde (lediglich in der Nähe der
Bahn waren Gewerbebetriebe erlaubt) gehört in diese Reihe (s. zu Frohnau S. 859-861). -
S. einführend zur Gartenstadtbewegung in Deutschland vor allem: KRABBE, Wolfgang R.,
Gesellschaftsveränderung durch Lebensreform. Strukturmerkmale einer sozialreformerischen
Bewegung im Deutschland der Industrialisierungsperiode (=Studien zum Wandel von Gesell-
schaft und Bildung im Neunzehnten Jahrhundert, 9), Göttingen 1974, S. 28-31: Kap. 'Die Gartenstadtbewegung'. - HARTMANN, Kristina, Deutsche Gartenstadtbewegung. Kulturpolitik
und Gesellschaftsreform, München 1976. - Neubausiedlungen der 20er und 60er Jahre. Ein
historisch-soziologischer Vergleich, hrsg. von Ulfert HERLYN, Adelheid von SALDERN und
Wulf TESSIN, Frankfurt [u.a.] 1987, bes. S. 31-33. - Funkkolleg Jahrhundertwende. Die Entstehung der modernen Gesellschaft 1880-1930 (=Studienbegleitbrief, 8), Weinheim [u.a.]
1989, S. 69-74: 'Im Spannungsfeld von utopischem Städtebau uns sozialreformerischer Stadt-
planung' und S. 74-76: 'Von der sozialen Utopie zur sozialen Reform: die Genossen-
schaftsidee'. - HARTMANN, Kristina, Gartenstadtbewegung, in: Handbuch der deutschen Reformbewegungen 1880-1933, hrsg. von Diethart KERBS und Jürgen REULECKE, Wuppertal
1998, S. 289-300. - Speziell zur Gartenstadt Hellerau u.a. auch: BLECKWENN, Helga, Ein
Impuls aus Dresden. Erinnerung an die Gartenstadt Hellerau, in: Süddeutsche Zeitung vom
10./11.11.1984. - HEPP, Avantgarde, S. 167-171 Kap.: 'Gartenstadt Hellerau'. - Das kleine
Welttheater. In Hellerau wurde ein Stück europäischer Kulturgeschichte geschrieben, in: Mo-
numente. Magazin für Denkmalkultur in Deutschland, Jg. 5 (1995), Nr. 5/6: Juni, S. 4-8. -
Gartenstadt Hellerau. Der Alltag einer Utopie (=Dresdner Hefte. Beiträge zur Kulturgeschichte, 51 [= Jg. 15 (1997), Nr. 3]), Dresden 1997. -
Zur reformpädagogischen Leistung Helleraus s. u.a.: Die Schulfeste der Bildungsanstalt Ja-
ques-Dalcroze [in Hellerau]. Programmband, hrsg. von der Bildungsanstalt Jaques-Delcroze
(des Jahrbuchs der Rhythmus II. Bd., 1. Hälfte), Jena 1912. - THEIL, Carl, Neue Schule Hel-
lerau, in: Internationale Erziehungs-Rundschau, Jg. 2 (1921), Heft 6, S. 46-48. - NITZSCHE,
Max, Die Volksschule zu Hellerau, in: Deutsche Schulversuche, hrsg. von Franz HILKER,
Berlin 1924, S. 277-291. - STEIGER, Willy, Fahrende Schule. Ein Weg vom Mechanismus
Schule zur Kraftquelle Leben (=Entschiedene Schulreform, 44), Leipzig 1924; 2. unveränd.
Aufl. Leipzig 1926; Auszug (Kap. 'Von Sinn und Unsinn' (S. 18-23)) u.d.T. 'Schulfahrten.
Von Sinn und Unsinn' wieder in: Junge Menschen. Monatshefte für Politik, Kunst, Literatur
und Leben aus dem Geiste der jungen Generation, Jg. 6 (1925), S. 173f.; Auszug (Kap. 'Vom
Sinn und Unsinn' (S. 18-23) und Kap. 'Aus einem Fahrtenbuch' (S. 23-26)) unter dem Titel
''Fahrende Schule' Hellerau - Überschäumendes Lebensgefühl auf der Wanderfahrt (1924)'
wieder in: HOOF, Dieter, Die Schulpraxis der Pädagogischen Bewegung des 20. Jahrhunderts.

Worin bestand nun Elisabeth Rottens Wirksamkeit für die Schulfarm? Ihre Tätigkeit auf Scharfenberg hatte sich von Beginn an nicht auf ihren Englischunterricht - sie "las mit den Neigungsfächlern den 'Hamlet', bei großer Hitze in dem von den fächelnden Wellen leise bewegten Fährkahn, mit tiefem Eingehen auf alle Probleme, aber auch nicht ohne philologische Genauigkeit"[29] - beschränkt. Wenn sie diesen Unterricht, etwa aufgrund einer plötzlichen Reise nicht selbst geben konnte, "schickte sie englische oder amerikanische Freunde, die mit den Schülern über Erlebtes oder über Zeitfragen parlierten."[30] Aber auch eine Vielzahl von pädagogisch Interessierten aus dem In- und Ausland machte Rotten auf den Scharfenberger

     Berichte und Unterrichtsbilder, Bad Heilbrunn 1969, S. 64-70. - STEIGER, Willy, S'blaue Nest. Erlebnisse und Ergebnisse aus einer vierjährigen Arbeit mit einer Volksschuloberstufe (=Künftige Ernten. Saat- und Wachstumsberichte von neuer Erziehung, 1), Dresden 1925; neu hrsg. und mit einem Vorwort hrsg. von Jürgen ZINNECKER, Frankfurt 1978. - NITZSCHE, Max, Die Schulfahrt - eine Lebensschule (=Entschiedene Schulreform, 49), Leipzig 1926. - Die deutschen Freunde in Hellerau, in: Monatshefte der deutschen Freunde [=Quäker], Berlin, Jg. 8 (1931), S. 195-203. - KAMP, Martin, Summerhill in Dresden, in: Nationale und internationale Verbindungen der Versuchs- und Reformschulen in der Weimarer Republik. Beiträge zur schulgeschichtlichen Tagung vom 17.11.-18.11.1992 im Hamburger Schulmuseum, hrsg. von Reiner LEHBERGER (=Hamburger Schriftenreihe zur Schul- und Unterrichtsgeschichte, 5), Hamburg 1993, S. 114-120. - KAMP, Johannes-Martin, Kinderrepubliken. Geschichte, Praxis und Theorie radikaler Selbstregierung in Kinder- und Jugendheimen, Opladen 1995, bes. S. 329-376. - KÜHN, Axel D., Alexander S. Neill in Hellerau - die Ursprünge Summerhills, in: Gartenstadt Hellerau. Der Alltag einer Utopie (=Dresdner Hefte. Beiträge zur Kulturgeschichte, 51 [= Jg. 15 (1997), Nr. 3]), Dresden 1997. S. 73-79. - NITSCHKE, Thomas, Die 'pädagogische Provinz'. Schulen und Schulversuche in Hellerau, in: Gartenstadt Hellerau. Der Alltag einer Utopie (=Dresdner Hefte. Beiträge zur Kulturgeschichte, 51 [= Jg. 15 (1997), Nr. 3]), Dresden 1997, S. 65-72.

27   S. dazu S. 834-837.

28   Über das Wirken Rottens in Hellerau besteht bislang noch Unklarheit; vgl.: Elisabeth Rotten, [Kurzmitteilung], in: Monatshefte der Deutschen Freunde, Jg. 7 (1930), S. 29: "Elisabeth Rotten ist im Spätherbst nach Dresden-A 1, Wiener Straße 44, übergesiedelt. Sie unterrichtet an einer Schule und am Seminar für Frauenbildung in Hellerau." - WOMMELSDORF, Elisabeth Rotten, gibt S. 371 die Information, Rotten habe an der 'sozialen Frauenschule' Hellerau unterrichtet. - Zu Name und Adresse des 'Seminars für Frauenbildung' s.: Das Werdende Zeitalter, Jg. 10 (1930), S. 61. - Elisabeth Friedericke Rotten, in: Lexikon der Pädagogik, Bd. 3, Bern 1952, S. 388, heißt es, Rotten sei "1929-1934 Dozentin für Psychologie und Pädagogik am Kindergärtnerinnenseminar und an der Wohlfahrtsschule Hellerau" gewesen. - Das Werdende Zeitalter, Jg. 11 (1932), Heft Juli/August, enthält im Anzeigenteil einen Hinweis auf Rottens Wohnung, und Rottens Angebot, Schüler in ihrer Wohnung aufzunehmen. - Einige Erinnerungen Charlotte Heckmanns (geb. 1909), die von 1931-1933 zur Ausbildung zur Sozialarbeiterin in Hellerau war, an Rotten als Dozentin an der Ausbildungsstätte für Sozialarbeiter finden sich in: HECKMANN, Charlotte, Begleiten und Vertrauen. Pädagogische Erfahrungen im Exil 1934-1946, hrsg. und komm. von Inge HANSEN-SCHABERG und Bruno SCHONIG (=Studien zur Bildungsreform, 26), Frankfurt [u.a.] 1995; darin: HECKMANN, Charlotte, Pädagogische Texte, S. 13-103, hier S. 14-16; SCHONIG, Bruno, Begleiten und Vertrauen - zu den pädagogischen Texten von Charlotte Heckmann, S. 105-156, hier S. 110f. und S. 115; HANSEN-SCHABERG, Inge, Leben, Lernen und Arbeiten in der Gemeinschaft - Charlotte Heckmann und Minna Specht, S. 157-168, hier S. 157; KEIM, Wolfgang, Vorwort des Herausgebers, S. 7-9, hier S. 7. - An diesen Stellen kommt einmal mehr die Rolle Rottens als Botschafterin der Reformpädagogik wie auch als Vermittlerin von internationalen reformpädagogischen Kontakten zum Ausdruck; so machte sie ihre Schülerinnen u.a. auf Maria Montessori und auf Minna Specht aufmerksam, für Charlotte Heckmann stellte sie den für deren pädagogisches Leben so wichtigen Kontakt zu Minna Specht her.

29   BLUME, Zum 80. Geburtstag, S. 65.

30   BLUME, Zum 80. Geburtstag, S. 66.

Schulversuch aufmerksam, vermittelte Besuche, ideelle und vor allem auch dringend notwendige materielle Hilfe:

> "Und als im bittersten Nachkriegswinter die Tegeler Güterstelle die Ankunft eines Waggons mit Kartoffeln und Hülsenfrüchten aus Holland signalisierte, war hundert gegen eins zu wetten, daß Elisabeth die heimliche Vermittlerin gewesen war."[31]

Auch sonst war sie um "wirksame Hilfe [...] nie verlegen gewesen", hatte "die Grundsatzkonferenzen des Anfangsstadiums mit Lehrern und den ältesten Schülern ohne jede Prätention oft entscheidend gefördert"[32].

Mit Rottens Weggang von Berlin endete nun weder die Freundschaft mit Blume noch ihre Einflußnahme und Wirkung auf und für die Schulfarm, von der sie trotz all ihrer zahllosen anderen lebenslangen Aktivitäten 1950 schrieb, die Schulfarm sei "diejenige Schule [gewesen], an der ich am intensivsten mitgearbeitet habe."[33] Immer wieder weilte sie weiterhin als Besucherin auf der Insel[34]. Die Vermittlung von materieller und ideeller Hilfe, die Vermittlung von pädagogischen Besuchern und Helfern blieb auch weiterhin bestehen[35]. Und wenn die Schulfarm bald nach ihrer Gründung weit über Deutschlands Grenzen hinaus bekannt geworden war, dann war das auch ein Verdienst Rottens, die durch ihre internationalen Beziehungen, durch ihre zahllosen "Entdeckungsfahrten durch die Pädagogischen Provinzen der Welt über Ländergrenzen hinweg", durch die sie ein "ganzes Netz von schulischen Stützpunkten ausgespannt und zwischen ihnen die nötigen Beziehungsfäden geknüpft" hatte[36]:

> "Auf ihren weltweiten Vortragsreisen hat sie gern von unserem Wollen und Tun erzählt und so der Schulfarm bald zu ihrer internationalen Position verholfen."[37]

---

[31]   BLUME, Zum 80. Geburtstag, S. 66f. - Vgl. dazu S. 237.

[32]   BLUME, Zum 80. Geburtstag, S. 66.

[33]   Trogen, Archiv des Kinderdorfes Pestalozzi: Ordner [1:] Elisabeth Rotten, Korrespondenz: Rotten an Arthur Bill br. vom 14.07.1950.

[34]   S. z.B.: Jerusalem, The Jewish National and University Library: Martin-Buber-Archiv, Buber-Correspondenz: Nr. 637: Correspondenz Elisabeth Rotten an Martin Buber (1921-1957), hier: Rotten an Buber br. vom 26.11.1930; hier gibt Rotten den Hinweis, daß sie vor hatte "zwischen Weihnachten und Neujahr mich einige Tage in Scharfenberg auszuruhen."

[35]   Z.B. ihre englische Freundin Beatrice Ensor im Winter 1922/23; 1928 besuchte ein ehemaliger Schüler Scharfenbergs daraufhin als Student deren Reformschule in der weiteren Umgebung Londons; s. dazu: Prot. der 78. Abendaussprache vom 21.10.1927, in: Berlin, LA, SIS: CH, VI, o.S.

[36]   BLUME, Zum 80. Geburtstag, S. 66.

[37]   BLUME, Erinnerungen, S. 27. - Vgl. z.B.: FADRUS, Viktor, Die vierte internationale Konferenz für Erneuerung der Erziehung in Locarno, in: Schulreform, Jg. 6 (1927), S. 412-422, S. 499-512, S. 553-560 und S. 609-627, hier S. 622 Hinweis von Rotten auf die Schulfarm: "Die Schulfarm Scharffenberg [sic!] im Tegelsee bei Berlin (Dr. Elisabeth Rotten) entwickelte sich aus einer Ferienkolonie des Humboldt-Gymnasiums in Berlin. Jetzt gehört ihr die schöne Insel mit ausgedehnter Landwirtschaft, die sie teilweise erhält. Die Schüler, nur Knaben, etwa 70 an Zahl, kommen meist aus den öffentlichen Elementarschulen."

Schließlich wies sie in ihrer Zeitschrift 'Das Werdende Zeitalter' auf die Schulfarm hin[38] und gab ihr, zunächst für einen kurzen Beitrag im Jahr 1926[39], dann im Jahr 1928 im Umfang eines vollständigen Monatsheftes Gelegenheit zur Selbstdarstellung[40]. Es liegt nahe, daß auch sie es war, die 1931 einen Bericht Blumes in die von Adolphe Ferrière herausgegebene französische Schwesterzeitschrift des 'Werdenden Zeitalters', der 'Pour L'Ere Nouvelle', lancierte[41]. Auch wenn sie sich schriftlich meldete[42] oder, wenn sie, "soweit irgend möglich, von Zeit zu Zeit freundschaftlich wieder vorsprach, um Schwierigkeiten und deren Ursachen mit Rat und Tat zu beheben und Entwicklungsfähiges zu buchen und zu analysieren, brachte sie außer ihrem Schlafsack, in dem sie am liebsten zu kampieren pflegte, ganze Säcke von Anregungen mit."[43]

"Was mitmenschliche Gesinnung trotz allem in der Welt zu fördern vermag, hat sie uns vorgelebt."[44] - Der Vorbildcharakter von Rottens Denken und Handeln, den Blume mit diesem Satz ansprach, war eine der weiteren 'Wirkung', die Rotten - insbesondere als entschiedene Pazifistin - über das Jahr 1922/23 hinaus bei den Scharfenberger Schülern erzielte, und auf die an späterer Stelle noch einzugehen sein wird[45].

Rottens Englischunterricht übernahm mit dem Beginn des Schuljahres 1923/24 neben seinem bisherigen Unterricht Carl Cohn[46], Wahles mathematisch-physikalischen Unterricht der in Berlin geborene, jüdische Studienassessor Erich Bandmann (1894-1934/45)[47]. Den bisher von Wahle gegebenen biologischen und vor al-

---

38 S.: ROTTEN, Elisabeth, Das Janusgesicht der Schule, in: Das Werdende Zeitalter, Jg. 7 (1928), S. 1-4. - ROTTEN, 'Durch Absonderung zur Gemeinschaft', S. 298. - Zur Wirkung des ersten der beiden Aufsätze schrieb Rotten: "Ich schrieb ihn fern ab von Berlin zur Zeit einer mir in den Einzelheiten unbekannten Krise zwischen Elternschaft und Schulleitung: Die Sätze sollen in einer Elternversammlung, in der die Wogen hoch hergingen, den Ausschlag gegeben und eine friedliche Lösung herbeigeführt haben." (Trogen, Archiv des Kinderdorfes Pestalozzi: Ordner [3:] Elisabeth Rotten, 1954-1959 (D 13 a): Rotten an Frau Dr. Lohner br. vom 02.09.1956.). - Vgl. dazu auch: BLUME, Zum 80. Geburtstag, S. 68f.

39 METZ, Gerhard, Schulfarm Scharfenberg, in: Das Werdende Zeitalter, Jg. 5 (1926), S. 179-183.

40 Aus dem Leben. - S. dazu mehr S. 519f.

41 L'Ecole-Ferme de l'ile de Scharfenberg près de Berlin. Résumé d'une étude du Recteur Blume, in: Pour L'Ere Nouvelle. Revue Internationale D'Education Nouvelle, red. Adolphe Ferrière, Jg. 10 (1931), S. 11-14 und S. 40-43.

42 Beispiele für Hinweise auf leider nicht mehr erhaltene Briefe Rottens an die Schulfarm: S. u.a. im Prot. der im Mai/Juni 1923 stattfindenden 34. Abendaussprache, in: Berlin, LA, SIS: CH, III, S. 34, in dem es heißt, unter den eingegangenen Briefen sei ein Brief von "Frl. Rotten, die schon 8 Tage mit Herrn Wilker in Kohlgraben weilt", gewesen. - Im Prot. der 35. Abendaussprache vom 29.08.1923, in: Berlin, LA, SIS: CH, S. 63, heißt es: "Ferner werden eine Karte von Frl. Rotten, die gegenwärtig in Montreux (Schweiz) ist und, trotzdem sie nicht mehr in Scharfenberg ist, immer noch für die gute Sache wirkt und hofft, zum Erntefest in Scharfenberg erscheinen zu können und ein Brief von Karl Wilker, der in Kohlgraben ebenfalls den Verkehr mit Scharfenberg aufrecht erhält [...]." - Ein weiterer Brief Rottens erreichte die Schulfarm zur 50. Abendaussprache (s.: Berlin, LA, SIS: CH, V, S. 46).

43 BLUME, Zum 80. Geburtstag, S. 66. - Ähnlich: BLUME, Erinnerungen, S. 27.

44 BLUME, Erinnerungen, S. 28.

45 S. dazu S. 566f.

46 BLUME, Bericht (1923), Bl. 202v.

47 S. zu Bandmanns Schicksal: S. 829f.

lem chemischen Unterricht erteilte von nun an Hanns Rothe (1887-19..)[48], der seit April 1919 als Biologie-, Physik- und Chemielehrer an der Tegeler Humboldtschule tätig war[49].

Während Bandmann ganz nach Scharfenberg zog, kam Rothe, weiter an der Humboldtschule unterrichtend, nur für einige Stunden in der Woche nach Scharfenberg[50] bzw. fuhren die Scharfenberger Schüler an die Humboldtschule, um hier unter Rothes Anleitung "mit Genehmigung des Bezirksamts"[51] den Chemiesaal an der Tegeler Humboldtoberrealschule zu benutzen[52]. Zum Ausgleich für Rothes auf und für Scharfenberg erteilte Unterrichtsstunden unterrichtete Herr Bandmann einige Mathematikstunden in Tegel[53]. Der dortige Direktor Wilhelm Schreiber[54] kam der Schulfarm bei dieser Zusammenarbeit, mit der man, wie Blume schrieb, "mehrere Fliegen mit einer Klappe geschlagen [hatte]"[55], "sehr entgegen"[56]:

"Herr Bandmann bezieht sein Gehalt durch den Bezirk Reinickendorf-Tegel, und unsere Schüler benutzen Chemiesaal und -laboratorium unter Leitung ihres eigentlichen Tutors, sodaß Reibungen ausgeschlossen sind, die sich sonst leicht beim Benutzen der gleichen Räume durch verschiedene Schulen einstellen. Mehr als in den letzten Monaten werden jetzt unsere Schüler den naturwissenschaftlichen Unterricht, soweit er physikalische und chemische Experimente erfordert, an Ort und Stelle in Tegel genießen, wie es für diese Gebiete einzig ersprießlich sein kann."[57]

Im Laufe des Schuljahrs 1923/24, im Januar 1924, schied als weitere Lehrkraft Alfred Rosolleck aus[58], für dessen weitere Biographie bislang lediglich der kurze aber interessante Hinweis vorliegt, er habe bis zum Schuljahre 1929/30 an der von

---

[48] S. zu Rothe bes. dessen autobiogr. Skizze: ROTHE, Hanns, Ich habe gerade mein 90. Lebensjahr vollendet, in: Humboldtschule Tegel. 1903-1978, hrsg. von der Humboldt-Oberschule Tegel, Berlin 1978, S. 122-124. - Biogr. Inf. auch: Berlin, BBF: SLG-GS, Personalblatt Hanns Rothe. - Berlin, GStA PK: I. HA, Rep. 76 VI, Sekt. 14 z, Nr. 48 II, Bl. 157-162: Betr. Lehrtätigkeit Rothes an der Schulfarm ab Frühjahr 1923. - S. weiter auch Rothes Mitwirkung an dem Werk: BAHNS, Fritz / BOUVIER, Kunibert / ROTHE, Hanns [u.a.], Aus dem Naturleben unserer Heimat, in: Der Marsch in die Heimat. Ein Heimatbuch des Bezirks Berlin-Reinickendorf, hrsg. von Walter PAULS und Wilhelm TESSENDORF, Frankfurt 1937, S. 33-103, hier vor allem S. 41-49 zu Scharfenberg, S. 88f. zur Scharfenberger Landwirtschaft.
[49] ROTHE, Ich habe gerade mein 90. Lebensjahr vollendet, S. 122.
[50] ROTHE, Ich habe gerade mein 90. Lebensjahr vollendet, S. 123: "Scharfenberg lernte ich schon im Sommer 1919 kennen, als ich auf meinem Segelboot 'Nixe' den See in allen Richtungen befuhr. Da ich in die Gabrielenstraße gezogen war und unser Grundstück an das Mühlenfließ grenzte, konnten wir auch auf unseren Paddelbooten direkt auf See und nach Scharfenberg gelangen. Dies war vielleicht auch der Grund, warum der Kollege Blume, der auf Scharfenberg seine Schulfarm gegründet hatte, mich als den nächstwohnenden für die Mitarbeit auf Scharfenberg gewann. Es war pädagogisch eine ideale Verfassung." - Ebd.: "Ich war mit der Hälfte meiner Pflichtstunden nach Scharfenberg beurlaubt. Zu Fuß, zu Rad, im Boot, auf Schlittschuhen und auf Schneeschuhen habe ich Scharfenberg aufgesucht."
[51] BLUME, Bericht (1923), Bl. 203r.
[52] BLUME, Bericht (1923), Bl. 203r.
[53] BLUME, Bericht (1923), Bl. 203r: Die Rede ist von 8 Wochenstunden. - Berlin, LA, SIS: CH, II, S. 96: Die Rede ist von 10 Wochenstunden.
[54] S. zu Schreiber S. 732.
[55] Berlin, LA, SIS: CH, II, S. 96.
[56] Berlin, LA, SIS: CH, II, S. 95.
[57] Berlin, LA, SIS: CH, II, S. 96.
[58] Zum Ausscheiden von Rosolleck s.: Berlin, LA, SIS: CH, IV, S. 65f. - S. auch S. 409f.

Karsen geleiteten Karl-Marx-Schule unterrichtet[59]. Die musikalische Betreuung der Schüler, die Rosolleck bisher inne hatte, übernahmen fortan verschiedene musikalische Lehrer der Schulfarm[60].

Im Schuljahr 1924/25 reduzierte Rothe seinen Scharfenberger Unterricht und gab ihn im kommenden Schuljahr 1925/26 ganz auf, nahm aber auch in späteren Jahren weiterhin an den Abituriumsprüfungen auf der Insel teil[61]. Den Entschluß, seine Unterrichtstätigkeit auf Scharfenberg zunächst zu vermindern und dann ganz einzustellen, traf Rothe nach Rücksprache mit dem Direktor der Humboldtschule, als sich deutlich zeigte, daß "einzelnen meiner Kollegen in Tegel [...] dieses geteilte Interesse nicht [gefiel]" und er mit der Frage konfrontiert wurde, ob er "denn eigentlich noch zu uns oder schon ganz zu Scharfenberg" gehöre[62].

Für Rothe übernahm im Laufe des Schuljahres 1924/25[63] Walter Lehmann (1883-19..), der seit Ostern 1919 als Studienrat am Humboldt-Gymnasium Mathematik und Biologie unterrichtete[64], "die Biologie, jeden Freitag bei uns weilend"[65].

Im Winterhalbjahr des nachfolgenden Schuljahres 1925/26 half für den Chemieunterricht der dieses Fach am Tegeler Lyzeum unterrichtende Oberlehrer Walter Stein (1889-19..) aus[66].

Bereits zu Beginn des Schuljahres 1925/26 suchte Blume einen Neuphilologen, was aufgrund eines Neuphilologen-Engpasses erhebliche Schwierigkeiten bereitete[67],

---

[59] DÜMLING, Albrecht, Der Jasager und der Neinsager. Brecht-Weills Schuloper an der Karl-Marx-Schule Neukölln 1930/31, in: Rixdorfer Musen, Neinsager und Caprifischer. Musik- und Theatergeschichte aus Rixdorf und Neukölln, hrsg. von Dorothea KOLLAND, Berlin 1990, S. 124-130 und S. 306f. (Anm.), schreibt S. 306, Anm. 7 (nach einer offensichtlich auf dem Jahresbericht 1929/30 der Karl-Marx-Schule basierenden Information), der Lehrer Paul Hermann (1904-19..) habe den bisherigen Musiklehrer Alfred Rosollek [sic!] ersetzt, der zum gleichen Zeitpunkt die Schule verließ.

[60] Vgl. dazu etwa: Protokolle der Abendaussprachen der Schulfarm Insel Scharfenberg 1922-1929/32 [Berlin, LA, SIS], hrsg. von Dietmar HAUBFLEISCH, Marburg 1999: http://archiv.ub.uni-marburg.de/sonst/1999/0001/q20.html

[61] ROTHE, Ich habe gerade mein 90. Lebensjahr vollendet, S. 123.

[62] ROTHE, Ich habe gerade mein 90. Lebensjahr vollendet, S. 123.

[63] In: Berlin, LA, SIS: CH, V, S. 26, findet sich ein Eintrag Blumes vom Juni 1924: "Am Sonntag [...] besuchte uns Herr Studienrat Lehmann vom Humboldtgymnasium, ein von seinen Schülern hoch geschätzter Biologe; der Unterricht in Scharfenberg schien ihn sehr zu reizen; vielleicht tut sich hier eine Zukunftsmöglichkeit auf." - LEHMANN, Schulfarm, S. 145, Anm. 1 Hinweis, daß diese Tätigkeit im Juni 1924 begonnen habe. - Lt.: Berlin, LA, SIS: CH, V, S. 338, begann Lehmanns Scharfenberger Lehrtätigkeit erst im Winter 1924.

[64] Biogr. Inf. zu Lehmann: Berlin, BBF: SLG-GS, Personalblatt Walter Lehmann. - Und: COHN, Geschichte, S. 40: Walter Lehmann, geb. 1883, Mathematiker, Biologe, Philosoph; seit Ostern 1919 Lehrer am Humboldt-Gymnasium.

[65] Berlin, LA, SIS: CH, V, S. 338.

[66] Berlin, LA, SIS: CH, V, S. 330: "[...] Chemieunterricht [...] bei Herrn Oberschullehrer Stein vom Tegeler Lyzeum, der uns in diesem Semester [Wintersemester 1925/26] freundlich und trefflich ausgeholfen hatte." - Biogr. Inf.: Berlin, BBF: SLG-GS, Personalbogen Walter Stein.

[67] Berlin, LA, SIS: CH, V, S. 169: "[Ich] hatte [...] einen Neuphilologen beim Provinzialschulkollegium beantragt; es war keiner da; viele Berliner Schulen waren in dieser Beziehung auch unversorgt [...]. Ein Besuch im Provinzialschulkollegium bei den Herren Oberschulräten [Dr. Johannes] Möller und [Dr. Walter] Hübner blieb gleichfalls erfolglos [...]."

schließlich aber "durch Vermittlung des englischen Seminars in der Universität"[68] und durch Genehmigung des Stadtrats Benecke zu erfolgreichen Verhandlungen mit einem Mann namens Krahene führte[69]. Dieser war, wie Blume in der Chronik der Schulfarm vermerkte, "lange in England und Brasilien gewesen, spricht perfekt Englisch und geht vom Sprechen aus, nicht vom Buch. Seine Gentlemen-Art fand nach den Ferien viel Anklang."[70]

Mit Beginn des Schuljahres 1925/26 reduzierte Georg Netzband seine bisherige intensiv betriebene Tätigkeit auf Scharfenberg. Er schlug Blume erfolgreich seinen ehemaligen Klassenkameraden und Freund Erich Scheibner als 'Nachfolger' vor[71] und kam nur noch alle drei Wochen zu den 'Kulturwochen' nach Scharfenberg[72].

Erich Scheibner (1900-1971)[73] wuchs als Sohn eines Sattlers in Berlin am Hacke'schen Markt auf und hatte von 1910 bis 1917 die Robert-Zelle-Realschule (= 10. Realschule), anschließend die staatliche Kunstschule in Berlin besucht, wo er, unterbrochen durch Militärdienst, im März 1922 die Zeichenlehrerprüfung bestand[74]. Ab dem Schuljahr 1922/23 unterrichtete Scheibner an verschiedenen Berliner Schulen[75].

An der Robert-Zelle-Realschule war Scheibner, wie Netzband und Rosolleck, Schüler Blumes gewesen. Der Kontakt zwischen beiden war nie ganz abgerissen[76], und bereits im ersten Scharfenberger Jahr war Scheibner auf der Insel zu Besuch gewesen[77].

Im Frühjahr 1926 schied Krahene wieder aus. Den englischen Unterricht "der nun in die Oberstufe aufgerückten Aufbauabteilung, für den Herrn Krahene die philologische Fundamentierung seiner mehr kaufmännisch-praktischen Art nach schwer geworden wäre"[78], übernahm nun auf Empfehlung des englischen Seminars der Berliner Universität und durch Prof. Dr. Karl Remme (1881-19..) im Kultusministe-

---

[68] Berlin, LA, SIS: CH, V, S. 169.

[69] Berlin, LA, SIS: CH, V, S. 169.

[70] Berlin, LA, SIS: CH, V, S. 169f.

[71] Berlin, LA, SIS: CH, V, S. 166. - Vgl. so auch: Scheel an D.H. mündl. vom 17.02.1987.

[72] Prot. der 11. Schulgemeinde vom 21.06.1925, in Berlin, LA, SIS: CH, V, S. 196: "Unser Zeichenlehrer, Herr Netzband, kann nur noch in längeren Zwischenräumen am Unterricht teilnehmen. An seiner Stelle hat Herr Scheibner den Zeichenunterricht übernommen." - Berlin, LA, SIS: CH, V, S. 215: Hinweis auf das Scharfenberger Wirken des 'Handfertigkeitslehrers Herrn Scheibner'.

[73] Biogr. Inf. zu Scheibner: Berlin, BBF: SLG-GS, Personalblatt Erich Scheibner. - Und: Goepel an D.H. br. vom 10.10.1985.

[74] Berlin, BBF: SLG-GS, Personalblatt Erich Scheibner.

[75] Einen Überblick gibt: Berlin, BBF: SLG-GS, Personalblatt Erich Scheibner.

[76] Vgl.: Berlin, LA, SIS: Foto-Postkarte [mit Foto von Blumes Elternhaus] von Blume an Scheibner vom 10.04.1917.

[77] Berlin, LA, SIS: CH, I, o.S.: "Am 20. [September 1922] besuchte uns Freund Scheibner; er traf es gut, da er gerade seinen Klassen- und Fachgenossen [Georg Netzband] im Unterricht hören konnte [...]."

[78] Berlin, LA, SIS: CH, V, S. 169.

rium[79] ein Mann namens Chattopadhyaya[80] - "an Indian, but he lived in England for nine years. He has spoken and used English since childhood and knows it perfectly. He is a writer by profession, writing in the English language. He has further lived for 10 years in Germany and speaks and writes German perfectly."[81]

"Er konnte 6 Sprachen - war eine interessante Persönlichkeit, der Bruder von Indiens berühmtester Dichterin; vor nichts zurückschreckend in der Vorbereitung des Kampfes gegen England, dabei im Unterricht in politicis ganz reserviert."[82]

Doch "die Anforderungen des politischen Kampfes außerhalb, die Teilnahme am Brüsseler Kongreß der unterdrückten Kolonialvölker ließen ihn immer sporadischer bei uns auftauchen. Die 'Realisten' hatten zu oft frei, und die frühere Aufbauabteilung, die im Englischen ganz flott gesprochen hatte, geriet in Stillstand."[83] Und so stellte er im Herbst 1926 seine Unterrichtstätigkeit auf Scharfenberg ganz ein[84].

Mit Beginn des Schuljahres 1926/27 verließ auch Erich Bandmann die Schulfarm, um als Assessor zunächst an der Berliner 1. Städtischen Studienanstalt[85] und anschließend, von Oktober 1927 bis ins Jahr 1933 als Studienrat an weiteren Berliner Schulen tätig zu werden[86]. Für ihn kam dessen 'Studierfreund'[87] Ernst Sorge (1899-

---

[79]   Berlin, LA, SIS: CH, V, S. 169. - Remme war zu diesem Zeitpunkt Direktor des Akademischen Auskunftsamtes und Mitarbeiter in der Abteilung für das Hochschulwesen und für Wissenschaft im Preußischen Ministerium für Wissenschaft, Kunst und Volksbildung (s. etwa: Handbuch der Preußischen Unterrichtsverwaltung, [Jg. 6], Berlin 1927, S. 6). - Biogr. Inf. zu ihm: Berlin, BBF: SLG-GS, Personalblatt Karl Remme.

[80]   Berlin, LA, SIS: CH, V, S. 339. - Pradel an D.H. br. vom 09.07.1988: "Schüler von Tagore und ehrenamtlicher Sekretär der Liga für Menschenrechte." - Unklar ist, ob und welcher Verwandtschaftsbezug besteht zu: Sharatcandra, eigentl. S. Cattopadhyaya [z.Tl. auch: Chattopadhyaya u.a.] (1876-1938); bengalischer Schriftsteller; in Sprache und Stil von Tagore beeinflußt; behandelte in seiner erzählenden Prosa soziale Probleme der indischen Mittelklasse und kämpfte besonders gegen die Diskriminierung der Frauen in der Hindugesellschaft; einer der beliebtesten Schriftsteller Indiens im 20. Jhdt. (Brockhaus Enzyklopädie, Bd. 4, 19. völlig neubearb. Aufl., Mannheim 1987, S. 436). - Schmoll an D.H. br. vom 30.06.1985 schreibt, der Schwiegervater eines Mitschülers sei Gandhi-Anhänger und Emigrant in Berlin gewesen.

[81]   Berlin, LA, SIS: CH, V, S. 339.

[82]   Berlin, LA, SIS: CH, V, S. 411.

[83]   Berlin, LA, SIS: CH, V, S. 411.

[84]   Berlin, LA, SIS: CH, V, S. 411.

[85]   Berlin, BBF: SLG-GS, Personalblatt Erich Bandmann. - Philologen-Jahrbuch (Kunzes Kalender), Jg. 33: Schuljahr 1926/27, 2. Teil, Breslau 1926. - Zur 1. Städtischen Studienanstalt s. S. 392-395.

[86]   Berlin, BBF: SLG-GS, Personalblatt Erich Bandmann: Datum der 1. festen Anstellung: 01.10.1927 als Studienrat am städtischen Luther-Lyzeum, Berlin. - Im Philologen-Jahrbuch (Kunzes Kalender), Jg. 40: Schuljahr 1933/34, 2. Teil, Breslau 1933 ist Bandmann als 'beurlaubter' Studienrat am städtischen Luther-Lyzeum aufgeführt; in den folgenden Jahrgängen des 'Philologen-Jahrbuchs' ist Bandmann nicht mehr nachgewiesen! - Vgl. Bandmanns Schicksal nach 1933: S. 829f.

[87]   Berlin, LA, SIS: CH, V, S. 334.

1946)[88] nach Scharfenberg[89], der hier, wie er in einigen Grußzeilen in der Chronik schrieb, "Natur und Jugendgemeinschaft"[90] suchte.

Als neuer Biologie- und Chemielehrer zog Dr. Wilhelm Ziegelmayer (1898-1951)[91] auf die Insel. Mit seiner Ankunft auf Scharfenberg im Frühjahr 1926 konnten die beiden bisherigen 'pendelnden' Helfer, Studienrat Lehmann vom Humboldt-Gymnasium - der am 16.03.1925 vor der 'Gesellschaft für wissenschaftliche Pädagogik' in Berlin einen Vortrag über Scharfenberg gehalten hatte[92] - und Oberlehrer Walter Stein, ihre Arbeit auf Scharfenberg einstellen[93].

Wohl gegen Beginn des Jahres 1927 schied auch Julius Wolff aus der Scharfenberger Gemeinschaft aus, um - nach kurzem Zwischenspiel am Schmargendorfer Realgymnasium - an die 1. Städtische Studienanstalt zu wechseln[94].

Für Wolff kam der Altphilologe Dr. Walther Saupe (1892-19..)[95], dem einige Scharfenberger bereits im Oktober 1924 bei einem Besuch in der Odenwaldschule begegnet waren[96], und der - von Blume als "unser Freund von der Odenwaldschule"[97] bezeichnet - die Schulfarm Ende 1924 besucht hatte[98].

---

[88] Zu Sorges Biogr. s. S. 392-395, S. 418f. und S. 837.
[89] Berlin, BBF: SLG-GS, Jahresberichte 1926/27, Bd. 108a, Nr. 3: 1. Städtische Studienanstalt, o.S.: "Der Studienassessor Sorge wurde im Stundentausch mit dem Studienassessor Bandmann mit dem größten Teil seiner Stunden an der Schulfarm Berlin-Scharfenberg beschäftigt."
[90] Berlin, LA, SIS: CH, V, S. 334.
[91] Zu Ziegelmayers Biogr. s. zunächst S. 395-400.
[92] Der Vortrag ist in der Zeitschrift des Zentralinstituts für Erziehung und Unterricht abgedr. als: LEHMANN, Walter, Schulfarm Insel Scharfenberg, in: Pädagogisches Zentralblatt. hrsg. vom Zentralinstitut für Erziehung und Unterricht, Jg. 5 (1925), Heft 4, S. 145-167.
[93] Berlin, LA, SIS: CH, V, S. 338.
[94] Vgl.: Prot. der 78. Abendaussprache vom 21.10.1927, in: Berlin, LA, SIS: CH, VI, o.S.: Hinweis auf Gespräch Blumes mit Wolff, "der jetzt in der 1. städtischen Studienanstalt bei Fräulein Gerhardt unterrichtet, [und Blume] erzählte, daß er mit seinen Mädchen dieser Tage nach Eichkamp hinausgefahren sei, um dort draußen den Unterricht abzuhalten." - Im: Philologen-Jahrbuch (Kunzes Kalender), Jg. 34: Schuljahr 1927/28, 2. Teil, Breslau 1927 ist Wolff als Assessor am Schmargendorfer Rg. nachgewiesen. Das: Philologen-Jahrbuch (Kunzes Kalender), Jg. 35: Schuljahr 1928/29, 2. Teil, Breslau 1928 nennt ihn dann als Assessor an der 1. Städtischen Studienanstalt. - Zur 1. Städtischen Studienanstalt s. S. 392-395.
[95] Biogr. Inf. zu Saupe (Studium der alten Sprachen und der Geschichte in Leipzig u.a.) in: SAUPE, Walther, Die Anfangsstadien der griechischen Kunstprosa in der Beurteilung Platons, Leipzig, Univ., Diss., 1916, hier o.S.: Lebenslauf. - Zur Terminierung des Scharfenberg-Aufenthaltes von Saupe: COHN, Noch einmal die Schulfarm. S. 31, gibt den Hinweis, daß Saupe "selbst kurze Zeit auf der Insel gewohnt hat." - JAESRICH, Hellmut, Gedanken über Herrn Walter Saupe, in: Die Ernte, Jg. 1 (1927), Nr. 4, o.S., schreibt ohne Zeitangaben, Saupe habe drei Monate lang aufgrund einer Lateinlehrervakanz auf Scharfenberg gelebt und gearbeitet. - Da Wilhelm Radvann mit Beginn des Schuljahres 1927/28 auf Scharfenberg tätig wurde (s. dazu S. 370), der Altphilologe Julius Wolff auf Scharfenberg 'offiziell' bis Ende des Schuljahres 1926/27 wirkte (s. dazu S. 369), sieht es danach aus, als ob Wolff, wohl gesundheitsbedingt, bereits gegen Jahresbeginn 1927 ausgeschieden war und Saupe an seine Stelle trat. - Nach Naef an D.H. br. vom 19.07.1999 existieren im Tagebuch von Martin Wagenschein (Goldern, Archiv der Ecole d'Humanité: Wagenschein-Archiv: Tagebücher Martin Wagenschein) Einträge aus den letzten Januartagen 1927, aus denen hervorgeht, daß man an der Odenwaldschule darauf warte, ob und wann Saupe nach Scharfenberg wechsele.
[96] S. dazu S. 473.
[97] Berlin, LA, SIS: CH, V, S. 111.
[98] Berlin, LA, SIS; CH, V, S. 111.

Bereits mit Ende des Schuljahres 1926/27 verließ Dr. Walther Saupe die Schulfarm wieder[99]. Für ihn kam zu Beginn des Schuljahres 1927/28 als Assessor der Altphilologe Dr. Wilhelm Radvann (1897-1945)[100].

Außer Saupe beendete zu Schuljahresbeginn auch Dr. Wilhelm Ziegelmayer seine Lehrtätigkeit auf der Insel[101]. Und auch Dr. Ernst Sorge kehrte an die 1. Städtische Studienanstalt zurück[102]. Neu hinzu kam für diese beiden Lehrer im Schuljahr 1927/28 der als Assessor kommende Mathematiker, Physiker und Biologe Otto Friesecke (1900-19..)[103], der zuvor an der Lichterfelder Bundeserziehungsanstalt tätig gewesen war[104].

---

[99] Berlin, BBF: SLG-GS, Personalblatt Walther Saupe. - Saupe wurde Studienrat an der Deutschen Oberschule Zwickau, ab 01.04.1928 an der Dürerschule in Dresden (Verordnungsblatt des sächsischen Ministeriums für Volksbildung, Dresden, Jg. 10 (1928), S. 29), ab 01.04.1933 an der Deutschen Oberschule in Bischofswerda (Verordnungsblatt des sächsischen Ministeriums für Volksbildung, Dresden, Jg. 15 (1933), S. 62). - Vgl. zu Saupes schnellem Ausscheiden von der Insel S. 411-413.

[100] Berlin, BBF: SLG-GS, Personalblatt Wilhelm Radvann: Radvann wurde am 30.06.1897 geboren. Er hatte seine Reifeprüfung am Königstädtischen Gymnasium in Berlin zu Ostern 1916 gemacht, war im März 1916 zum Militärdienst eingezogen worden, hatte von Februar 1919 bis Oktober 1923 in Berlin Latein, Griechisch und Geschichte studiert, und im November und Dezember 1923 seine 1. Lehramtsprüfung gemacht, um anschließend, ab April 1924, sein Vorbereitungsjahr - das Erste wurde ihm als Kriegsteilnehmer erlassen - am Luisengymnasium zu machen. - Im Oktober 1924 promovierte Radvann mit einer Arbeit über Horaz: RADVANN, Wilhelm, De fide codicum Horatianorum classis, Berlin, Univ., Diss. (masch.), 1924; Auszug veröff. in: Jahrbuch der Dissertationen der Philosophischen Fakultät der Friedrich-Wilhelms-Universität zu Berlin. Dekanatsjahr 1923-34, Berlin 1925, S. 349f. - 1925 bestand Radvann am Mommsengymnasium zu Berlin seine pädagogische Prüfung; vom 16.04.25 bis zum 31.03.26 war er Studienassessor an der Königstädtischen Oberrealschule Berlin, vom 01.04.26 bis zum 15.04.27 Studienassessor an der staatlichen Bildungsanstalt Potsdam (Alumnat). - Zum April 1927 ging er dann als Studienassessor an die Schulfarm Insel Scharfenberg. -
Zum Todesjahr s. Blumes Hinweis, Radvann sei als 'Kriegsopfer' verstorben: Berlin, LA, SIS: BLUME, Wilhelm, Liste Scharfenberger Lehrer und Schüler, o.D. [nach 1951]. - SCHOLTZ, Harald, Gymnasium zum Grauen Kloster 1874-1974. Bewährungsproben einer Berliner Gymnasialtradition in ihrem vierten Jahrhundert (=Bibliothek für Bildungsforschung, 8), Weinheim 1998, S. 212: "Radvann ist [1945] von den Sowjets verhaftet worden und starb in der Haft." - Ebd., S. 294, gibt Scholtz 1945 als Todesjahr an. - Zur Quelle dieser Feststellungen s.: Scholtz an D.H. br. vom 05.06.1998, einen Brief von Dr. Willi Splettstößer (1889-19..) an Immanuel Boehm (1890-19..) vom 18.01.1946 zitierend: "Radvann ist nicht mehr eingestellt worden, er hatte sich verlobt und wurde 3 Stunden vor seinem Umzug zu seiner Braut nach Dahlem verhaftet und ward nicht mehr gesehen."

[101] Vgl.: A. Ziegelmayer an D.H. br. vom 22.11.1988. -
Zu Ziegelmayers weiterer Biogr. s. S. 838f.

[102] Zu Sorges weiterer Biogr. s. S. 417-420.

[103] Zu Geburtsdatum und Fächerkombination (Mathematik, Physik, Botanik, Zoologie) s. u.a.: Philologen-Jahrbuch (Kunzes Kalender), Jg. 34: Schuljahr 1927/28, 2. Teil, Breslau 1927.

[104] Philologen-Jahrbuch (Kunzes Kalender), Jg. 33: Schuljahr 1926/27, 2. Teil, Breslau 1926. - Zur Lichterfelder Bundeserziehungsanstalt s. S. 100 und S. 146f.

Außerdem wurde zu Schuljahresbeginn für die Dauer eines Jahres der Latein und neue Sprachen lehrende Referendar Dr. Bruno Sasse (1901-19..) auf Scharfenberg tätig[105].

Georg Netzband beendete mit Beginn dieses Schuljahres seine - wie oben gezeigt - bereits mit Beginn des Schuljahres 1925/26 stark eingeschränkte regelmäßige Tätigkeit auf der Schulfarm[106], um in den nachfolgenden Jahren nur noch unregelmäßig einzelne Freiwilligen-Kunstkurse für in Kunstsachen besonders ambitionierte Schüler zu geben[107].

Zum Schuljahresbeginn 1928/29 verließ Otto Friesecke die Schulfarm um - zunächst weiter als Assessor, dann als Studienrat an die Oberrealschule in Berlin-Schönlanke - zu gehen[108].

Neu kamen nun der Assessor Dr. Wilhelm Moslé (1894-1976)[109] und als Studienrat der Philosoph, Mathematiker und Physiker Dr. Walter Ackermann (1889-1978)[110], der die Schulfarm im Jahr 1945 als das "nach meinem Wissen das interessanteste Schulexperiment [...], das in der unternehmungslustigen Zeit nach dem ersten Weltkrieg in Deutschland gelungen ist"[111], bezeichnete.

Für ein halbes Jahr, von Ostern bis Herbst 1928 kam an einigen Nachmittagen als nebenamtlicher Turn- und Sportlehrer - der einzige Sportlehrer der Schulfarm der

---

[105] Berlin, LA, SIS: CH, VI, o.S. - Diese und andere biogr. Inf.: Berlin, BBF: SLG-GS, Personalblatt Bruno Sasse. - Potsdam, BLA: Pr. Br. Rep. 34: Provinzialschulkollegium, Personalia, Nr. S 37: Bruno Sasse [Akte aus der Zeit 1927-1944]. - Im: Philologen-Jahrbuch (Kunzes Kalender), Jg. 34: Schuljahr 1927/28, 2. Teil, Breslau 1927 ist Sasse als Referendar in: "Schmargendorf Rg. (Scharffenberg [sic!] Inselschule)" genannt. - Sasses Dissertation: SASSE, Bruno, Die Entstehungsgeschichte von Sir Walter Scotts 'The Antiquary', 1816. Jena, Univ., Diss. (masch.), 1925 enthält leider keinen Lebenslauf. - Zur Referendarausbildung auf Scharfenberg s. S. 720ff.

[106] S. dazu S. 367.

[107] Zu Netzbands nächsten biogr. Stationen s. S. 416f.

[108] Philologen-Jahrbuch (Kunzes Kalender), Jg. 35: Schuljahr 1928/29, 2. Teil, Breslau 1928.

[109] Biogr. Inf. zu Moslé: Berlin, BBF: SLG-GS, Personalblatt Wilhelm Moslé. - H.-G. Moslé an D.H. br. vom 10.01.1992. - S. bes. S. 407f.

[110] Zu Ackermanns Biogr. s. bes. S. 399-407. - Im: Philologen-Jahrbuch (Kunzes Kalender), Jg. 35: Schuljahr 1928/29, 2. Teil, Breslau 1928 ist Ackermann noch als Studienrat in Greiz aufgeführt; das: Philologen-Jahrbuch (Kunzes Kalender), Jg. 36: Schuljahr 1929/30, 2. Teil, Breslau 1929 nennt Ackermann nicht; in: Philologen-Jahrbuch (Kunzes Kalender), Jg. 37: Schuljahr 1930/31, 2. Teil, Breslau 1930 bis: Philologen-Jahrbuch (Kunzes Kalender), Jg. 40: Schuljahr 1933/34, 2. Teil, Breslau 1933 wird Ackermann als Studienrat an der Schulfarm Insel Scharfenberg aufgeführt.

[111] Göttingen, AdPH: Personalakte Ackermann, Lebenslauf [nach 01.11.1945].

Weimarer Republik - Gerhard Spree (1900-19..) auf die Insel[112], laut eigener Aussage, um auf der Insel seine schriftliche Staatsexamensarbeit (Deutsch und Geschichte) zu schreiben und zugleich die sportliche Betreuung der Scharfenberger innezuhaben[113].

Neu hinzu kam zum Schuljahr 1928/29 auch als Referendar Wilhelm Richter (1901-1978)[114]. Richter, der am 15.11.1901 in Pagenkopf, einem hinterpommerschen Dorf, geboren wurde und seit Juli 1914 in Berlin aufwuchs, hatte seine Schulzeit am Humboldt-Gymnasium verbracht[115]. Dort hatte er - wie oben bereits gezeigt - zum engen Schülerkreis um Blume - "der dann den entscheidenden literarischen, historischen und pädagogischen Einfluß auf meinen Bildungsweg ausübte, lebenslang"[116] - gehört.

---

112 Diese u.a. biogr. Inf. zu Spree: Berlin, BBF: SLG-GS, Personalblatt Gerhard Spree. - Ebd. findet sich auch der Hinweis, daß Spree von Herbst 1929 bis Ostern 1930 Lehrer an der 'Schule am Meer' wurde. Diese Information liefert (leider mit falschem Geburtsdatum Sprees [1901] auch: SCHWERDT, Martin Luserke, S. 393. -
Zenk an D.H. br. vom 29.05.1988 gibt den Hinweis, daß Lehrer Gerhard Spree ein 'Nazi' geworden sei. - MUNDSTOCK, Meine tausend Jahre Jugend, S. 116f. schreibt, Spree sei kein richtiger Scharfenberger Lehrer gewesen und nur an Nachmittagen zum Sportunterricht nach Scharfenberg gekommen; 1933 sei er "in braunen Stiefeln, mit den Rangabzeichen und Ehrenzeichen des alten Kämpfers an der SA-Uniform" aufgetaucht (S. 117). - Berlin, BBF: SLG-GS, Personalblatt Gerhard Spree gibt dazu die Information, Spree sei ab 01.10.1933 an der Staatlichen Bildungsanstalt Berlin-Spandau und vom 01.02.1934 bis 31.03.1934 als Assessor an der Nationalpolitischen Erziehungsanstalt Berlin-Spandau und örtlicher Schulungsamtsleiter unf Kreisschulungsredner (Osthavelland) der NSDAP gewesen.
113 Berlin, LA, SIS: G. Spree an F. Dietz br. vom 26.06.1928.
114 Die wichtigsten Inf. zu Richters Leben bietet seine Autobiogr.: RICHTER, Wilhelm, Schulerinnerungen, Berlin 1976; Kap. 'Scharfenberg 1928-1932' (S. 9-16) wieder in: Neue Sammlung, Jg. 17 (1977), Heft 1, S. 110-115; Kap. 'Tegel I und II. 1932-1934 und 1936-1943' (S. 20-27) u.d.T. 'Schulerinnerungen. Tegel 1932-1934 und 1936-1943' wieder in: Humboldtschule Tegel. 1903-1978, hrsg. von der Humboldt-Oberschule Tegel, Berlin 1978, S. 47-51. -
Die verschiedenen biogr. Aufsätze von Goldschmidt basieren, vor allem für die Zeit vor 1945, im Wesentlichen auf dieser Autobiogr.: GOLDSCHMIDT, Dietrich, Wilhelm Richter zum 75. Geburtstag, in: Neue Sammlung, Jg. 17 (1977), S. 107-110. - GOLDSCHMIDT, Dietrich, Ansprache [zum Tode von Wilhelm Richter, 23. Juli 1978], in: Wilhelm Richter - 15. Dezember 1901 - 22. Juli 1978, Berlin 1978, S. 6-10. - GOLDSCHMIDT, Dietrich, Wilhelm Richter. 1901-1978, in: Beiträge zur Geschichte der Pädagogischen Hochschule Berlin, hrsg. von Gerd HEINRICH (=Abhandlungen aus der Pädagogischen Hochschule Berlin, 6), Berlin 1980, S. 135-142. - GOLDSCHMIDT, Dietrich, Wilhelm Richter, in: Pädagogen in Berlin. Auswahl von Biographien zwischen Aufklärung und Gegenwart, hrsg. von Benno SCHMOLDT (=Materialien und Studien zur Geschichte der Berliner Schule, 9), Baltmannsweiler 1991, S. 327-342. - Vgl. auch: RICHTER, Wilhelm, Berliner Schulgeschichte. Von den mittelalterlichen Anfängen bis zum Ende der Weimarer Republik. Unter Mitwirkung von Maina RICHTER hrsg. und bearb. von Marion KLEWITZ und Hans Christoph BERG. Mit einer Zeittafel von Gerd RADDE (=Historische und Pädagogische Studien, 13), Berlin 1981, S. XIII-XVII als Teil des Vorworts 'Lebensgeschichtlicher Zusammenhang'. - Ein Verzeichnis der 'Veröfflichungen Wilhelm Richters' findet sich in: RICHTER, Berliner Schulgeschichte, S. 175-177. - Zu Richters weiterer Biogr. s. an zahlreichen Stellen in dieser Arbeit, u.a. S. 723 und S. 852f.
115 Über seine Schülerzeit am Humboldt-Gymnasium schreibt Richter in: RICHTER, Schulerinnerungen, S. 1-6: Kap. 'Schülerzeit'.
116 RICHTER, Schulerinnerungen, S. 4.

1920 hatte Richter am Humboldt-Gymnasium sein Abitur gemacht. Diesem folgte ein Studium der Geschichte und Germanistik, 1928 eine Dissertation über 'Bacon als Staatsdenker' bei Friedrich Meinecke (1862-1954)[117] und im gleichen Jahr das Staatsexamen. Während der gesamten Studien- und Promotionszeit behielt Richter anhaltenden Kontakt zu Blume und der werdenden und wachsenden Schulfarm, die dann, wie er schrieb, "auch für mich pädagogische Heimat und Richtweiser wurde"[118] und gehörte von Beginn an zu den eifrigsten und intensivsten 'Helfern' der Schulfarm[119]. So begann er bereits zu Beginn des Schulversuches, an einzelnen Nachmittagen Englischunterricht zu geben[120], gab zum Beispiel ab Mai 1924 in der neuen Aufbauabteilung "wöchentlich zwei Stunden Englisch mit dem Ziel, durch Lektüre leichterer Märchen und Erzählungen Interesse für die neue Sprache zu wecken und einige Fundamente mehr spielend zu legen als angenehmes Gegengewicht gegen den systematischen Grammatikaufbau im Lateinischen."[121]

Nach Abschluß von Studium und Promotion hatte Richter es 1928 übernommen, für die Preußische Akademie der Wissenschaften an der Gesamt-Ausgabe der 'Gesammelten Schriften Wilhelm von Humboldts' mitzuarbeiten[122]. Gleichzeitig begann er im Schuljahr 1928/29 sein Referendariat[123]. Er wohnte und unterrichtete bereits auf Scharfenberg, hatte sich aber das Arndtgymnasium in Dahlem zuweisen lassen, "um rechtzeitig um acht Uhr in der Schule im Süden Berlins zu sein" und "anschließend an den Unterrichtsvormittag im Geheimen Staatsarchiv in Dahlem an

---

[117] RICHTER, Wilhelm, Bacon als Staatsdenker, Berlin, Univ., Diss., 1928; gedr.: [Teil 1:] F. Bacon, in: Archiv für Kulturgeschichte, Bd. 18 (1928), S. 168-193; [Teil 2:] Bacons Staatsdenken, in: Zeitschrift für öffentliches Recht, Bd. 7 (1928), S. 367-393.

[118] RICHTER, Schulerinnerungen, S. 6.

[119] RICHTER, Schulerinnerungen, S. 6-9: Kap. 'Studien- und Lehrerzeit im Überblick'.

[120] Vgl.: Berlin, LA, SIS: CH, I, o.S.: "Dieser Freitag [12.05.1922] stand überhaupt - wie wohl von nun an immer - unter englischen Zeichen; gesellte sich doch am Nachmittag der Student Wilhelm Richter, der erste Obmann der Humboldtschulgemeinde und treuer Mitarbeiter in seeligen Stolper Tagen, dazu, um mit unseren Anfängern die ersten englischen Studien zu machen."

[121] Berlin, LA, SIS: CH, V, S. 17f. - Dieser Englischunterricht endete mit Ablauf des Schuljahres: Berlin, LA, SIS: CH, V, S. 169: "In diesen Ferien [Osterferien 1925; vom 04.04. ab] mußte ich auf die Neuphilologenjagd gehen; für den englischen Unterricht im Aufbau, den bisher Helm Richter propädeutisch gegeben (lehrplanmäßig brauchte er erst jetzt einzusetzen) und für den der neu aufzumachenden Zwischenstufe (Realabteilung) hatte ich einen Neuphilologen beim Provinzialschulkollegium beantragt [...]."

[122] Berlin, LA: Rep. 200, Acc. 2822, Nr. 12, Bl. 1: Vertrag zwischen der Preußischen Akademie der Wissenschaften und Herrn Studienreferendar Dr. Wilhelm Richter in Berlin vom 30.09./09.10.1928: "§1: Herr Dr. Richter übernimmt für die unter der redaktionellen Leitung von Prof. Albert Leitzmann [(1867-1950)] (Jena) stehende Akademie-Ausgabe der 'Gesammelten Schriften Wilhelm von Humboldts' die Bearbeitung und Edition der in 2 Bänden im Gesamtumfang von höchstens 50 Bogen erscheinenden 'Politischen Briefe Wilhelm von Humboldts' [...]." - S.: HUMBOLDT, Wilhelm von, Gesammelte Schriften, hrsg. von der Preußischen Akademie der Wissenschaften, Bd. 16: Wilhelm von Humboldts politische Briefe, Bd. 1: 1802-1813, hrsg. von Wilhelm RICHTER, Berlin [u.a.] 1935, und: Bd. 17: Wilhelm von Humboldts politische Briefe, Bd. 2: 1813-1835, hrsg. von Wilhelm RICHTER, Berlin [u.a.] 1936.

[123] RICHTER, Wilhelm Schulerinnerungen, Berlin 1976, S. 9-16: Kap. 'Scharfenberg 1928-1932'; wieder in: Neue Sammlung, Jg. 17 (1977), Heft 1, S. 110-115. - Und: Ebd., S. 16-19: Kap. 'Referendarzeit 1928-1930'.

der Humboldt-Ausgabe arbeiten [zu können]"[124]. Doch der lange Weg - er mußte um 5 Uhr morgens aufstehen, um um 8 Uhr in der Schule im Süden Berlins zu sein - strapazierte ihn so sehr, daß er nach einem 1/2 Jahr um seine Versetzung nach Reinickendorf bat[125].

Mit der offiziellen Anerkennung der Schulfarm, mit der sie einen eigenen Etat und eigene Planstellen bekam[126], wurde zum Schuljahr 1929/30 Ackermann als Studienrat auf Scharfenberg etatisiert[127]; Moslé[128] und Radvann[129] wurden zu an der Schulfarm lehrende Studienräten und Blume zum Oberstudiendirektor ernannt[130]. Zudem trat zum Schuljahr 1929/30 - nach Sasse und Richter als dritter Referendar in der Geschichte der Schulfarm - Dr. Richard Tourbier (1900-1933), "ein ganz hervorragender Anglist und Pädagoge"[131], in die Schulfarm ein[132].

In den Schuljahren 1930/31 und 1931/32 wurden der Schulfarm - worauf an späterer Stelle ausführlicher einzugehen sein wird - zahlreiche Referendare zugewiesen[133].

---

[124] RICHTER, Schulerinnerungen, S. 16.
[125] RICHTER, Schulerinnerungen, S. 16. - Philologen-Jahrbuch (Kunzes Kalender), Jg. 35: Schuljahr 1928/29, 2. Teil, Breslau 1928 weist Richter als Referendar im 1. Jahr an 'B.-Dahlem G.; (Scharfenberg Inselschule); Templin G' nach.
[126] S. dazu S. 307.
[127] Berlin, BBF: SLG-GS, Personalbogen Dr. Walter Ackermann. - Und: Philologen-Jahrbuch (Kunzes Kalender), Jg. 36: Schuljahr 1929/30, 2. Teil, Breslau 1929.
[128] Berlin, BBF: SLG-GS, Personalbogen Wilhelm Moslé. - Und: Philologen-Jahrbuch (Kunzes Kalender), Jg. 37: Schuljahr 1930/31, 2. Teil, Breslau 1930.
[129] Berlin, BBF: SLG-GS, Personalblatt Wilhelm Radvann. - Und: Philologen-Jahrbuch (Kunzes Kalender), Jg. 36: Schuljahr 1929/30, 2. Teil, Breslau 1929; Philologen-Jahrbuch (Kunzes Kalender), Jg. 37: Schuljahr 1930/31, 2. Teil, Breslau 1930; und: Philologen-Jahrbuch (Kunzes Kalender), Jg. 38: Schuljahr 1931/32, 2. Teil, Breslau 1931.
[130] Vgl. dazu S. 307.
[131] Witt an D.H. br. vom 01.11.1987.
[132] Biogr. Inf. zu Tourbier: TOURBIER, Richard, Das Adverb als attributives Adjektiv im Neuenglischen. Berlin, Univ., Diss., 1928, o.S.: Lebenslauf. - 1931 wurde veröff.: BRANDL, A. / TOURBIER, Richard, Oszillographische Forschungen zum Wesen des Akzents, in: Sitzungsberichte der preußischen Akademie der Wissenschaften. Phil.-hist. Klasse, Jg. 1931, Berlin 1931, S. 845-951. - Das: Philologen-Jahrbuch (Kunzes Kalender), Jg. 36: Schuljahr 1929/30, 2. Teil, Breslau 1929, und das: Philologen-Jahrbuch (Kunzes Kalender), Jg. 37: Schuljahr 1930/31, 2. Teil, Breslau 1930 weisen Tourbier in den Schuljahren 1929/30 und 1930/31 als Referendar an der Schulfarm nach. - Das: Philologen-Jahrbuch (Kunzes Kalender), Jg. 38: Schuljahr 1931/32, 2. Teil, Breslau 1931, und das: Philologen-Jahrbuch (Kunzes Kalender), Jg. 39: Schuljahr 1932/33, 2. Teil, Breslau 1932 nennen Toubier als Assessor an der Schulfarm. - Ab Schuljahr 1933/34 ist Tourbier im 'Philologen-Jahrbuch' nicht mehr nachgewiesen. - 1933 gehörte Tourbier zunächst noch der Scharfenberger Abi-Prüfungskommission an (s.: Berlin, LA, SIS: Reifeprüfung Ostern 1933. Übersicht über die Vorzeugnisse und die Prüfungsleistungen). - Lt. Schmoll an D.H. mündl. vom 03.12.1991 war Tourbier Angehöriger der Sekte 'christ and science', hatte trotz Krankheit keinen Arzt gewollt und starb (daher) im Jahr 1933 an einem Magengeschwür. - Witt an D.H. br. vom 01.11.1987: "Im Englischunterricht ist mir [...] in Erinnerung geblieben [...] Herr Tourbier [...,] ein ganz hervorragender Anglist und Pädagoge. Er entstammte einer strenggläubigen Hugenottenfamilie und starb schon nach wenigen Jahren an Magenkrebs."
[133] Zur Referandarausbildung auf Scharfenberg s. S. 720ff.

Ab dem Schuljahr 1930/31[134] wurde der in den beiden Jahren zuvor als Referendar auf Scharfenberg wirkende Wilhelm Richter und ab Schuljahr 1931/32 bis zu seinem Tode im Jahre 1933 der bisher hier als Referendar tätige Richard Tourbier[135] als Assessoren auf Scharfenberg weiterbeschäftigt. Im Herbst 1931 wurde der Chemie und Biologie unterrichtende Studienrat Dr. Karl Wenke (1874-19..) neues Mitglied des Scharfenberger Kollegiums[136].

Carl Cohn war bereits im April 1927 offiziell in den Ruhestand getreten[137], unterrichtete jedoch weiterhin stundenweise auf Scharfenberg[138]. Der im Provinzialschulkollegium Anfang der 30er Jahre für Scharfenberg zuständige Oberschulrat Schmidt schrieb in einem Brief vom 12.11.1931 an Cohn, anläßlich dessen 70. Geburtstag:

"Hochgeehrter Herr Professor!
Ihnen zu Ihrem 70. Geburtstag die herzlichen Glückwünsche auszusprechen, ist mir wirkliches Bedürfnis. Was ich von Ihrer Wirksamkeit im Unterricht und Ihrer Korrektur der Schülerarbeiten gesehen habe, hat mir den Eindruck größter Hingabe und redlichster Bemühung gemacht, und ein Blick in Ihr gütiges Auge läßt erkennen, daß diese heute seltener werdenden Eigenschaften in einem Herzen wurzeln, das von echter Freude an der Jugend und warmer Hilfsbereitschaft für sie erfüllt ist. Für die Inselschule ist es geradezu von Segen gewesen, daß ihr in ihrem ersten und schwersten Jahrzehnt Ihre warmherzige Mitarbeit, Ihre reiche Unterrichtserfahrung und Ihre ausgedehnte Sachkenntnis zu Gebote stand [...]."[139]

Zu Ostern 1932 nun beendete Cohn auch seine Arbeit auf der Insel[140] - um aber auch weiterhin intimen Anteil zu nehmen am Schicksal des von ihm mitgeschaffenen Schulversuches[141].

---

[134] Philologen-Jahrbuch (Kunzes Kalender), Jg. 37: Schuljahr 1930/31, 2. Teil, Breslau 1930. - Philologen-Jahrbuch (Kunzes Kalender), Jg. 38: Schuljahr 1931/32, 2. Teil, Breslau 1931. - Philologen-Jahrbuch (Kunzes Kalender), Jg. 39: Schuljahr 1932/33, 2. Teil, Breslau 1932. - Über die Jahre als Referendar und anschließend als Assessor auf Scharfenberg berichtet: RICHTER, Wilhelm, Scharfenberg 1928-1932, in: DERS., Schulerinnerungen, Berlin 1976, S. 9-16; wieder in: Neue Sammlung, Jg. 17 (1977), Heft 1, S. 110-115.

[135] Philologen-Jahrbuch (Kunzes Kalender), Jg. 38: Schuljahr 1931/32, 2. Teil, Breslau 1931.

[136] Berlin, BBF: SLG-GS, Personalblatt Karl Wenke: Hier wird neben anderen biogr. Hinweisen der Hinweis gegeben, Wenke sei ab dem 01.10.1931 als Studienrat auf Scharfenberg tätig gewesen. - Berlin, LA, SIS: Reifeprüfung 1932, 'Zusammensetzung der Prüfungskommission' und 'Verteilung der Prüflinge in die Fachkurse und ihre Einordnung in die 4 Schultypen', hdschr. Blume, gibt den Hinweis, Wenke sei bereits seit November 1931 auf Scharfenberg tätig gewesen. - In: Philologen-Jahrbuch (Kunzes Kalender), Jg. 39: Schuljahr 1932/33, 2. Teil, Breslau 1932, und: Philologen-Jahrbuch (Kunzes Kalender), Jg. 40: Schuljahr 1933/34, 2. Teil, Breslau 1933: wird Wenke als Studienrat an der Schulfarm Insel Scharfenberg genannt. - Biogr. Inf. auch: WENKE, Karl, Anatomie eines Argynnis paphia-Zwitters nebst vergleichend anatomischen Betrachtungen über den Hermaphroditismus bei Lepidopteren, Berlin, Univ., Diss., 1906, o.S.: Lebenslauf.

[137] Berlin, BBF: SLG-GS, Personalblatt Carl Cohn.

[138] Berlin, BBF: SLG-GS, Jahresberichte 1932/33, Bd. 248d, Nr. 88: Berlin, SIS (Blume), S. 38.

[139] Berlin, LA, SIS: Prof. Dr. Schmidt, 'Geheimer Reg.- und Oberschulrat, Dezernent der Inselschule Scharfenberg' vom Provinzialschulkollegium an Cohn br. vom 12.11.1931. - Vgl. auch: SCHEEL, Schulfarm (1990), S. 23: "Als er [Cohn] Anfang der 30er Jahre seinen 70. Geburtstag feierte, überreichte ihm der Chef eine dicke Erinnerungsmappe, zu der fast jeder etwas beigesteuert hatte [...]."

[140] Berlin, BBF: SLG-GS, Jahresberichte 1932/33, Bd. 248d, Nr. 88: Berlin, SIS (Blume), S. 38.

[141] S. dazu: Berlin, LA, SIS: Cohn br. an Blume vom 10.07.1932 (s. S. 767) und bes.: Cohn an Blume br. vom 23.03.1934 (s. S. 809f.).

Außerdem schieden mit Schuljahrsbeginn 1932/33 die beiden Studienräte Wilhelm Radvann[142] und Wilhelm Moslé[143] aus. Moslé wechselte an eine Charlottenburger Schule[144], und Radvann ging ans Graue Kloster[145] "im wesentlichen deshalb, weil [...] [der von ihm gegebene Latein- und Griechisch-] Unterricht an Teilnehmerzahl zurückging"[146].

Ernst Kolberg (1907-19..), der in den beiden vorhergehenden Schuljahren 1930/31 und 1931/32 bereits als Referendar auf Scharfenberg gewirkt hatte[147], wurde hier nun als Assessor tätig[148].

Neu hinzu kamen auch die Assessoren Walter Brenning (1890-19..)[149], der sich als erster Scharfenberger Lehrer mit seiner Familie auf der Insel niederließ[150], und Dr. Gerhard Frühbrodt (geb. 1904)[151], der bereits 1930/31 sein erstes Referendarsjahr auf Scharfenberg verbracht hatte[152].

---

142 S. u.a.: Berlin, BBF: SLG-GS, Personalblatt Wilhelm Radvann.
143 S. u.a.: Berlin, BBF: SLG-GS, Personalblatt Wilhelm Moslé.
144 S. u.a.: Berlin, BBF: SLG-GS, Personalblatt Wilhelm Moslé. - Auf Moslé als Lehrer in den 30er Jahren geht auch ein: HOLTZ-BAUMERT, Gerhard, Die pucklige Verwandtschaft. Aus Kindheit und Jugend in Berlin O 17 und Umgebung, Berlin (DDR) 1985, S. 189-191 und 359-364. - H.-G. Moslé an D.H. br. vom 10.01.1992, berichtet, Moslé sei nach seiner Scharfenberger Zeit an eine Charlottenburger Schule gegangen: "Er hat sich intensiv um den Schüleraustausch Berlin-Spanien und USA gekümmert und einige Schülergruppen dorthin geführt. Er war, soweit ich mich erinnere, Vorsitzender der Deutsch-Spanischen Gesellschaft."
145 Berlin, BBF: SLG-GS, Jahresberichte 1932/33, Bd. 248d, Nr. 88: Berlin, SIS (Blume), S. 39. - Zu Radvann am Gymnasium zum Grauen Kloster: SCHOLTZ, Harald, Gymnasium zum Grauen Kloster 1874-1974. Bewährungsproben einer Berliner Gymnasialtradition in ihrem vierten Jahrhundert (=Bibliothek für Bildungsforschung, 8), Weinheim 1998, S. 170, S. 212 und S. 294.
146 Berlin, BBF: SLG-GS, Jahresberichte 1932/33, Bd. 248d, Nr. 88: Berlin, SIS (Blume), S. 39.
147 Philologen-Jahrbuch (Kunzes Kalender), Jg. 37: Schuljahr 1930/31, 2. Teil, Breslau 1930. - Philologen-Jahrbuch (Kunzes Kalender), Jg. 38: Schuljahr 1931/32, 2. Teil, Breslau 1931. - Weitere biogr. Angaben: Berlin, BBF: SLG-GS, Personalblatt Ernst Kolberg. - Zur Referandarausbildung auf Scharfenberg s. S. 725.
148 Philologen-Jahrbuch (Kunzes Kalender), Jg. 39: Schuljahr 1932/33, 2. Teil, Breslau 1932.
149 Biogr. Inf. zu Brenning: Berlin, BBF: SLG-GS, Personalblatt Walter Brenning. - S. auch: Philologen-Jahrbuch (Kunzes Kalender), Jg. 38: Schuljahr 1931/32, 2. Teil, Breslau 1931.
150 Berlin, BBF: SLG-GS, Jahresberichte 1932/33, Bd. 248d, Nr. 88: Berlin, SIS (Blume), S. 39: "Er [Brenning] durfte sich auf der Insel ein eigenes Häuschen bauen, so daß zum ersten Male eine Familie auf der Insel dem Schulleben sich einfügte."
151 Biogr. Inf. zu Frühbrodt vor allem: FRÜHBRODT, Gerhard, Der Impressionismus in der Lyrik der Annette von Droste-Hülshoff, Göttingen, Univ., Diss., 1930. - Frühbrodt an D.H. br. vom 23.09.1989.
152 Frühbrodt hatte sein Abitur an der Oberrealschule in Spandau gemacht. Anschließend studierte er, wiederholt von Krankheiten unterbrochen, in Göttingen Deutsch, Geschichte und Englisch in Göttingen, wo er 1928 sein Staatsexamen machte und 1930 promovierte; diese biogr. Inf. in: FRÜHBRODT, Impressionismus, o.S.: Lebenslauf. - Zum ersten Referendariatsjahr 1930/31 auf Scharfenberg: s. S. 724. - Sein zweites Referendarsjahr verbrachte Frühbrodt am Realgymnasium in Berlin-Friedrichshagen (Philologen-Jahrbuch (Kunzes Kalender), Jg. 38: Schuljahr 1931/32, 2. Teil, Breslau 1931). - Zum Assessorenjahr 1932/33: Philologen-Jahrbuch (Kunzes Kalender), Jg. 39: Schuljahr 1932/33, 2. Teil, Breslau 1932. - Und: Frühbrodt an D.H. br. vom 23.09.1989. - Zu Frühbrodts nächsten beruflichen Stationen s. S. 852.

Weiter kamen für das Sommerhalbjahr die Assessoren Johannes Zeisiger (1896-19..)[153] und Dr. Kurt Wöhe (1900-19..)[154] - die zusammen Radvanns Unterricht übernahmen - sowie für das Winterhalbjahr die Assessoren Dr. Alfred Rohde (1906-19..)[155] und Dr. Walter Hanckel (1906-19..)[156], von dem Blume 1933 schrieb, er habe "sich gut eingelebt, so daß er mit dem Gedanken umgeht, in nächster Zeit zu heiraten und [nach Brenning] das zweite Familienleben im Inselreich zu gründen."[157]

An dieser Stelle soll der Überblick über die (chronologische Entwicklung der Scharfenberger Lehrkräfte) abgebrochen werden, da die Entwicklung der Jahre 1933/34 an späterer Stelle gesondert behandelt werden soll[158].

Allerdings ist hier der bisher gezeigte Überblick über die Lehrerschaft der Schulfarm bis zum Schuljahr 1932/33 noch zu ergänzen: Zum einen ist hier zunächst kurz anzudeuten, daß die Schulfarm ab 1932 in einen Lehreraustausch mit der Tegeler Humboldtschule eintrat[159]; zum anderen ist noch auf eine Lehrkraft hinzuweisen, deren Eintritt in die Schulfarm nicht mehr genau auszumachen ist:

---

[153] Berlin, BBF: SLG-GS, Jahresberichte 1932/33, Bd. 248d, Nr. 88: Berlin, SIS (Blume), S. 37 und S. 39. - Das: Philologen-Jahrbuch (Kunzes Kalender), Jg. 39: Schuljahr 1932/33, 2. Teil, Breslau 1932: weist Zeisiger undifferenziert als Assessor an der Schulfarm nach; hier findet sich auch der Hinweis auf Zeisigers Geburtsdatum und Fächerkombination (Geschichte, Latein, Erdkunde). - Einige wenige ergänzende biogr. Inf. finden sich in: Berlin, BBF: SLG-GS, Personalblatt Johannes Zeisiger.

[154] Berlin, BBF: SLG-GS, Jahresberichte 1932/33, Bd. 248d, Nr. 88: Berlin, SIS (Blume). S. 37 und S. 39. - Das: Philologen-Jahrbuch (Kunzes Kalender), Jg. 39: Schuljahr 1932/33, 2. Teil, Breslau 1932: weist Wöhe undifferenziert für das ganze Schuljahr als Assessor an der Schulfarm nach; hier findet sich auch der Hinweis auf Wöhes Geburtsdatum und Fächerkombination (Latein, Griechisch, Pädagogik). - Biogr. Inf. auch: WÖHE, Kurt, Johann Georg Heinrich Feder. Eine Untersuchung zur Geschichte des Philanthropinismus, Jena, Univ., Diss., 1928, o.S.: Lebenslauf. - Einige wenige ergänzende biogr. Angaben finden sich in: Berlin, BBF: SLG-GS, Personalblatt Kurt Wöhe.

[155] Berlin, BBF: SLG-GS, Personalblatt Alfred Rohde. - Berlin, BBF: SLG-GS, Jahresberichte 1932/33, Bd. 248d, Nr. 88: Berlin, SIS (Blume). S. 37 und S. 39. - Im: Philologen-Jahrbuch (Kunzes Kalender), Jg. 39: Schuljahr 1932/33, 2. Teil, Breslau 1932: ist Rohde nicht an Schulfarm nachgewiesen. - Biogr. Inf. auch: ROHDE, Alfred, De Ovidi arte epica. Capita duo, Berlin, Univ., Diss., 1929, o.S.: Lebenslauf.

[156] Berlin, BBF: SLG-GS, Jahresberichte 1932/33, Bd. 248d, Nr. 88: Berlin, SIS (Blume), S. 36f. und S. 39. - Diese und andere biogr. Inf. (z.B., daß Hanckel nach seiner Scharfenberger Zeit vom 01.10.1933 bis zum 01.04.1934 Assessor an der Nationalpolitischen Erziehungsanstalt in Spandau war): Berlin, BBF: SLG-GS, Personalblatt Walter Hanckel. - Philologen-Jahrbuch (Kunzes Kalender), Jg. 38: Schuljahr 1931/32, 2. Teil, Breslau 1931. - Auch: HANCKEL, Walter, Die Aktionsarten im Französischen. Berlin, Univ., Diss., 1929, o.S.: Lebenslauf. - Bei: SCHÜLER, Zur Geschichte der Lichtenberger Höheren Schulen, S. 94 findet sich der Hinweis, daß Hanckel von 1940 bis 1945 Lehrer an der Kantschule im Berliner Bezirk Lichtenberg war, wo er 1925 sein Abitur abgelegt hatte - und wo er (so: Philologen-Jahrbuch (Kunzes Kalender), Jg. 39: Schuljahr 1932/33, 2. Teil, Breslau 1932) bereits im Schuljahr 1932/33 als Studienassessor unterrichtet hatte.

[157] Berlin, BBF: SLG-GS, Jahresberichte 1932/33, Bd. 248d, Nr. 88: Berlin, SIS (Blume), S. 39. - Hanckel kam als Neuphilologe für einen Altphilologen, "denn inzwischen war [...] die Stundenzahl für Latein gesunken, so daß nur noch ein Altphilologe halb beschäftigt werden konnte." (Berlin, BBF: SLG-GS, Jahresberichte 1932/33, Bd. 248d, Nr. 88: Berlin, SIS (Blume), S. 39.)

[158] S. 768ff.

[159] S. dazu S. 730ff.

Seit vermutlich 1926/27 bis zum Jahr 1933, als ihr "als erste Lehrkraft gekündigt"[160] wurde, war die "nicht direkt zum Kollegium zählende"[161] Gymnastiklehrerin Katja Schmidt auf Scharfenberg tätig, um hier einmal in der Woche rhythmische Gymnastik zu erteilen.

Katja Schmidt (1893-[1970 oder später]) wurde am 13.08.1893 in Darmstadt geboren. In Berlin aufgewachsen, trat sie 1923 in die Gymnastik-Ausbildung der in der Rhön bei Dirlos, etwa 9 km von Fulda entfernt gelegenen Lohelandschule, Schule für Körperbildung [bzw. -erziehung], Landbau und Handwerk, ein[162].

Diese Siedlung, deren Wurzeln bis ins Jahr 1912 zurückreichen, wurde 1919 unter der Führung von Hedwig von Rohden (1890-1987) und Louise Langgaard (1883-1974) von einer Gruppe junger Frauen gegründet worden und hatte u.a. die Zielsetzung, einen Schulungsweg der menschlichen Bewegung zu entwickeln, der den jungen Menschen in seiner Ganzheit als geistig-seelisch-leibliches Wesen ergreift und bildet. Die Frauen schufen hier in der rauhen Rhön eine Siedlung mit kleinen Häuschen und einer zugehörigen Landwirtschaft, locker verstreut über ein großes Grundstück mit Wald, Äckern und Wiesen, einer großen Gärtnerei, einer Werkstatt

---

[160]   Berlin, LA, SIS: BLUME, Liste Scharfenberger Lehrer und Schüler, o.D. [nach 1951].
[161]   Berlin, LA, SIS: Reifeprüfung 1932, 'Zusammensetzung der Prüfungskommission' und 'Verteilung der Prüflinge in die Fachkurse und ihre Einordnung in die 4 Schultypen', hdschr. Blume.
[162]   Diese und, soweit nicht anders angegeben, alle weiteren biogr. Inf. zu K. Schmidt: Gymnastik-Seminar-Loheland (Eva von Zimmermann) an D.H. br. vom 30.11.1989. - Zum Todesdatum nach August 1969 vgl.: Die letzten erhaltenen Hinweise: Berlin, LA, SIS: Prof. Dr. Hübotter an Katja Schmidt br. vom 26.02.1969; und: Berlin, LA, SIS: Katja Schmidt an Blume br. vom 27.08.1969 (Postkarte). - Berlin, LA, SIS: Blume an Pfeiffer br. vom 13.05.1970: hier Hinweis, daß K. Schmidt bei Blume zu Besuch gewesen war. - Als letzter Wohnort ist Bochum bekannt; vgl.: PS A. Blume: Katja Schmidt, Bochum-Langendreer, Unterstr. 60, an Wilhelm Blume br. vom 26.10.1963 (Schreiben anläßlich des Todes von Blumes Mutter; die Rede ist von Schmidts Freundinnen Ruth Becker und Frau Werner; "[...] grüße ich Sie in alter Freundschaft. Ihre Katja S."). - Vgl. jedoch: Einwohneramt der Stadt Bochum an D.H. br. vom 27.06.1990: "Die Genannte konnte vom 01.06.1945 bis heute nicht ermittelt werden." - S. auch: Gymnastik-Seminar-Loheland (Eva von Zimmermann) an D.H. br. vom 30.11.1989: "Mir ist bekannt, daß Katja Schmidt sich intensiv mit der Anthroposophie befaßt hat. Sie lebte mit einer Freundin zusammen und verbrachte häufig längere Zeiten in Dornach (Sitz der Anthroposophischen Gesellschaft in der Schweiz), um an Kursen teilzunehmen."

und Betrieben, z.B. einer Weberei und einer Korbflechterei, sowie einer Schule und einem Gymnastikseminar[163].

Blume lernte die Lohelandsiedlung in ihren Aufbaujahren auf einer mit einigen seiner Scharfenberger Schüler durchgeführten Reise 'von einer pädagogischen Insel zur nächsten' im Oktober 1924 kennen[164] - vielleicht auch schon Katja Schmidt; auf jeden Fall dürfte der Kontakt zwischen der Schulfarm bzw. Blume und Schmidt auf diesen Besuch zurückzuführen sein.

Nach zwei Jahren machte Katja Schmidt in Loheland ihr Examen, arbeitete dann noch ein weiteres Jahr in der sogenannten 'Web-Klasse', das heißt, sie erlernte in der Loheländer Handweberei das Weben und nahm weiterhin am Gymnastik-Unterricht teil. Dann verließ sie die Siedlung, ging nach Berlin, errichtete in Wilmersdorf "eine rege besuchte Gymnastik-Praxis"[165] - und gab, wie gesagt, einmal in der

---

[163] Zu Geschichte und Verständnis Lohelands s. bes.: MANNSHARDT, Marie, Loheland, in: Lebensstätten der Jugend, hrsg. von Max KUCKEI, Kettwig 1923, S. 118-122. - LANGGAARD, Luise, Loheland, in: Künstlerische Körperschulung, hrsg. von Ludwig PALLAT und Franz HILKER, Breslau 1923, S. 49-54. - M., L., Die Loheland-Schule, in: Die deutsche Jugendbewegung 1920 bis 1933. Die bündische Zeit, hrsg. von Werner KINDT (=Dokumentation der Jugendbewegung, 3), Düsseldorf [u.a.] 1974, S. 1602-1604. - KLÖNNE, Irmgard, Hedwig von Rohden und Louise Langgaard - Die Gründerinnen Lohelands, in: Mütterlichkeit als Profession? Lebensläufe deutscher Pädagoginnen in der ersten Hälfte dieses Jahrhunderts, hrsg. von Ilse BREHMER (=Frauen in Geschichte und Gesellschaft, 4), Pfaffenweiler 1990, S. 158-164. - Auch: KLÖNNE, Irmgard, Auszug aus den Institutionen - weibliche Pädagogik der Jugendbewegung, in: Mütterlichkeit als Profession? Lebensläufe deutscher Pädagoginnen in der ersten Hälfte dieses Jahrhunderts, hrsg. von Ilse BREHMER (=Frauen in Geschichte und Gesellschaft, 4), Pfaffenweiler 1990, S. 137-157. - HERTLING, Elisabeth, Das Entstehen und das Werden der Schulsiedlung Loheland [masch.], Künzell o.J. [1984 oder später]. - E. Hertling wurde im Frühjahr 1918 Schülerin im 'Seminar für Klassische Gymnastik' in Bieberstein, erlebte den Aufbau Lohelands, mit dem sie ihr Leben lang verbunden blieb. -
Einen Überblick über das aktuelle Loheland (mit historischen Rückblicken) geben etwa: Loheland-Stiftung: Schulen und Werkstätten, in: Erziehungskunst, 42 (1978), S. 384-400; s. auch: WEHNER, Christa, Eine Alternative zum staatlichen Bildungssystem. Lernen ohne Leistungsdruck und Angst. Die Rudolf-Steiner-Schule in Künzell-Loheland - Ein Modell auf der Basis der Waldorfpädagogik von 1919, in: Fuldaer Zeitung/Hünfelder Zeitung vom 25.08.1978. - LANGE, Ulrich, Rudolf-Steiner-Schule Loheland, in: Pädagogik heute, Jg. 20 (1987), Heft 1/2, S. 74-81. -
Einführend zum Verstädnis der rhythmischen Gymnastik- bzw. Körperkulturbewegung um die Jahrhundertwende: Künstlerische Körperschulung, hrsg. von Ludwig PALLAT und Franz HILKER, Breslau 1923. - KORN, Elisabeth, Das neue Lebensgefühl in der Gymnastik, in: Die Jugendbewegung. Welt und Wirkung. Zur 50. Wiederkehr des freideutschen Jugendtages auf dem Hohen Meißner, Düsseldorf [u.a.] 1963, S. 101-119. - NITSCHKE, August, Turnen, Rhythmik und neue Tänze, in: Funkkolleg Jahrhundertwende. Die Entstehung der modernen Gesellschaft 1880-1930, Studienbegleitbrief 4, Weinheim [u.a.] 1988, S. 76-110, bes. S. 92-98: 'Neue Bewegungsweisen'. - NITSCHKE, August, Der Kult der Bewegung. Turnen, Rhythmik und neue Tänze, in: Jahrhundertwende. Der Aufbruch in die Moderne 1880-1930, hrsg. von August NITSCHKE, Gerhard A. RITTER, Detlev J.K. PEUKERT und Rüdiger vom BRUCH, Reinbek 1990, Bd. 1, S. 258-285. - MÜLLER, Hedwig, Im Taumel der Selbsterfahrung. Die Tänzerinnen des Ausdruckstanzes, in: Hart und zart. Frauenleben 1920-1970, Berlin 1990, S. 120-126. - BRANDSTÄTTER, Gabriele, Ausdruckstanz, in: Handbuch der deutschen Reformbewegungen 1880-1933, hrsg. von Diethart KERBS und Jürgen REULECKE, Wuppertal 1998, S. 451-463.
[164] Vgl. dazu S. 473.
[165] Gymnastik-Seminar-Loheland (Eva von Zimmermann) an D.H. br. vom 30.11.1989.

Woche auf der Schulfarm Unterricht in rhythmischer Gymnastik[166]. In dieser Zeit entwickelte sich zwischen Blume und Katja Schmidt eine Freundschaft[167], die bis zu ihrem (nach 1969) bzw. Blumes Tod (1970) andauerte[168].

Als weitere Ergänzung zur Zusammensetzung der Scharfenberger Lehrkräfte bis Anfang der 30er Jahre ist darauf hinzuweisen, daß an der Schulfarm immer wieder Gastlehrer und -lehrerinnen tätig wurden, so die beiden 'native-speakers' Miss Jane Lancester, die etwa von 1927/28 bis 1930/31 auf Scharfenberg unterrichtete[169]. Bereits einige Jahre zuvor lehrte auf Scharfenberg Mademoiselle Hickel aus Versailles, "uns von Herrn Paulsen zugeführt"[170]:

---

[166] Gymnastik-Seminar-Loheland (Eva von Zimmermann) an D.H. br. vom 30.11.1989.

[167] Berlin, LA, SIS: PEWESIN, Wolfgang, Der Aufbau des neuen Kollegiums, masch. 1978: "[...] Katja Schmidt war unter Blume auf der Insel tätig gewesen; fast hätte er sie später geheiratet, wäre dies nicht an dem Einspruch seiner Mutter gescheitert, wie er mir einmal im Gespräch bekannte [...]." - Berlin, LA, SIS: Blume an Pfeiffer br. vom 21.11.1962: "Die 12 Scharfenbergjahre [von 1922 bis 1934] waren einer Heirat nicht günstig; eine Frau, die da mitgemacht hätte und zugleich durch ihr Dasein dem Männerstaat das gegeben hätte, was ihm sicher fehlte, die zu finden, war nicht einfach, und als sie auftauchte (eine Loheländerin, die das Rustikale der Farmer durch Gymnastik zu mildern und zu veredeln verstand), vertrieben uns die Nazis von der Insel ... So mußte sich der Junggesellenonkel [Blume] mit der Droste trösten, daß der Kinderlose die meisten Kinder hat." - Berlin, LA, SIS: Blume an Pfeiffer br. vom 13.05.1970: "[...] ich hätte sie beinah geheiratet, wenn uns die Nazis nicht den gemeinsamen Wirkungskreis verbaut hätten [...]." - A. Blume an D.H. br. vom 09.06.1987: "Mein Onkel war nicht verheiratet. Wir sagten immer, Onkel hat da einfach keine Zeit für!" - SCHEEL, Schulfarm (1990), S. 22: "Er blieb Junggeselle, weil eine eigene Familie ihn von seiner Hauptaufgabe abgedrängt hätte."

[168] Vgl. u.a.: Berlin, AASGB: Ordner Blume/Richter 4: Briefe aus dem Jahr 1947 mit mehrfachen Versuche Blumes, Katja Schmidt nach Berlin zu bekommen, z.B.: Blume an den Magistrat der Stadt Berlin br. vom 22.03.1947: "Die in Betracht kommenden Instanzen werden gebeten, der Obengenannten [Katja Schmidt] eine Reisegenehmigung resp. einen Interzonenpaß zuzubilligen. Die Berliner amtlichen Stellen sind einhellig der Meinung, daß Katja Schmidt ihren langjährigen Wirkungskreis in Berlin wieder aufnehmen soll; es handelt sich um die Pflege der Gymnastik in der städtischen Versuchsschule Scharfenberg im Tegeler See und die Ausbildung der Lehrerstudentinnen in der Pädagogischen Hochschule Groß-Berlin, die unter dem Protektorat der 4 Alliierten steht; es kommt darauf an, der kommenden Lehrergeneration die Wege zu einem gymnastisch bestimmten zeitgerechten unwehrpolitischen Unterricht zu zeigen, worin die Genannte hier bis 1933 vorbildlich war [...]." - Vgl.: PS A. Blume: Katja Schmidt, Bochum-Langendreer, Unterstr. 60, an Wilhelm Blume br. vom 26.10.1963 (Schreiben anläßlich des Todes von Blumes Mutter; die Rede ist von Schmidts Freundinnen Ruth Becker und Frau Werner; "[...] grüße ich Sie in alter Freundschaft. Ihre Katja S.") - Berlin, LA, SIS: Prof. Dr. Hübotter an Katja Schmidt br. vom 26.02.1969. - Berlin, LA, SIS: Katja Schmidt an Blume br. vom 27.08.1969 (Postkarte). - Berlin, LA, SIS: Blume an Pfeiffer br. vom 13.05.1970: hier Hinweis, daß K. Schmidt bei Blume zu Besuch gewesen war.

[169] Stempel an D.H. br. vom 26.09.1985: "Als wir 1928 kamen, war sie [Miss Jane Lancester] schon dort, sie hat die Insel 1930 oder 31 verlassen. Sie fungierte als Englischlehrerin, sprach grundsätzlich nur Englisch, täglich waren 3 oder 4 Schüler zum five o'clock-tea geladen, fein, es gab Kekse." - PS Wagner: WAGNER, Heinz, Auch das war Scharfenberg. Erinnerung an einige Episoden im Inselleben der Jahre 1926-29, S. 7: "Von den Gästen, die länger bei uns blieben, ist mir Miss Jane Lancester aus England in guter Erinnerung. Wir mochten die sympathische und energische Art des kleinen 'Persönchens' gut leiden und waren gern bei ihr zum englischen five-o'clock-tea in ihrem Zimmer im Obergeschoß des Bollehauses. Mit ihr haben wir fleißig Konversation geübt [...]. Als sie abreiste, brachten wir sie zur Bahn: Bauer, Fiebig, Wendt, Jandt waren mit dabei, auch Dr. Ackermann."

[170] Berlin, LA, SIS: CH, V, S. 339.

"[...] sie zog ganz auf die Insel; die Malergruppe frischte für sie das kleine Zimmerchen neben dem Kultursaal auf; die Französin aus nationalistischer Familie, selbst Pazifistin wollte ja vor allem den Geist deutscher Erziehung und den deutschen Volkscharakter kennen lernen und mußte deshalb schon unter uns dauernd wohnen. Dadurch bot sich auch Gelegenheit für die Oberstüfler, mit einer Französin zu parlieren, von der freilich nur wenige auf die Dauer Gebrauch machten, drei allerdings desto intensiver - Jaesrich, Molo und J. Heinrichsdorff wurden ihre amis außer dem 'ami', der oft aus Charlottenburg zum Paddeln in Mademoiselles Faltboot herüberkam."[171]

Im Jahresbericht 1932/33 berichtete Blume zum Thema Gastlehrer u.a. von "ein[em] Holländer, der in den Kolonien eine Farmschule gegründet hat, zwei Französinnen, eine[r] Engländerin [...] [und von] Studenten der Pädagogischen Akademie Halle [, die] für die Ferienzeit [kamen]."[172]

Außerdem gehörte zu den hier von Blume aufzählten Gastlehrern "ein von der Hamburger Schulbehörde auf ein Halbjahr geschickter Referendar"[173]. Bei diesem Referendar handelte es sich um Hans Gärtner (1908-1979)[174]. Gärtner, geboren in Berlin als Sohn eines Arztes, hatte seine Jugend in Hamburg verbracht und nach seinem an einem Hamburger Realgymnasium im Jahr 1926 abgelegten Abitur zunächst ein Jurastudium begonnen, bevor er 1927 zum Studium der Geschichte sowie der deutschen und der französischen Sprache wechselte mit der Absicht, Lehrer zu werden[175]. Im März 1931 hatte er seine Prüfung für das Lehramt bestanden[176]; für die Schuljahre 1931/32 und 1932/33 nennt ihn das jeweilige 'Philologen-Jahrbuch' als

---

[171] Berlin, LA, SIS: CH, V, S. 339f.
[172] Berlin, BBF: SLG-GS, Jahresberichte 1932/33, Bd. 248d, Nr. 88: Berlin, SIS (Blume), S. 42.
[173] Berlin, BBF: SLG-GS, Jahresberichte 1932/33, Bd. 248d, Nr. 88: Berlin, Schulfarm Insel Scharfenberg, S. 42.
[174] Soweit nicht anders vermerkt entstammen die folgenden biogr. Angaben zu Gärtner: FRIED-LÄNDER, Fritz, Trials and Tribulations of Jewish Education in Nazi Germany [mehrfach auf Hans Gärtner eingehend], in: Yearbook of the Leo Baeck Institute, London, Jg. 3 (1958), S. 187-201. - SHA'ARI, David, In Memoriam Yohanan Ginat (Gaertner), in: Bulletin. Youth Aliyah. Jewish Agency for Israel/Children and Youth Aliyah Deportmet, Jerusalem, Mai 1979, S. 72-74. - In Memoriam. Yochanan Ginat, in: AHR Information issud by the Association of Jewish refugees in Great Britain, London, Vol. 34, No. 6: June 1979, page 10. - Yochanan Ginat. 1908-1979, in: Leo Baeck News. Published by Leo Baeck Institute New York, Vol. 20/No. 38: Summer 1979, page 11. - RINOT, Hanoch, Scepticism in the Educational Dialogue of Yohanan Ginat, in: Bulletin. Youth Aliyah. Jewish Agency for Israel/Children and Youth Aliyah Deportmet, Jerusalem, Dezember 1979, S. 53-56. - SCHACHNE, Lucie, Erziehung zum geistigen Widerstand. Das jüdische Landschulheim Herrlingen. 1933-1939 (=Pädagogische Beispiele, Institutionengeschichte in Einzeldarstellungen, 3), Frankfurt 1986. - Auf Gärtner geht auch ein: VOLLNHALS, Clemens, Jüdische Selbsthilfe bis 1938, in: Die Juden in Deutschland. 1933-1945. Leben unter nationalsozialistischer Herrschaft, hrsg. von Wolfgang BENZ, München 1988, S. 314-411, hier: S. 341f., S. 352 und S. 361f.
[175] RINOT, Scepticism, S. 53. - Vgl. auch: Hamburg, Staatsarchiv: Lichtwarkschule, Nr. 7.
[176] S. u.a.: Philologen-Jahrbuch (Kunzes Kalender), Jg. 38: Schuljahr 1931/32, 2. Teil, Breslau 1931.

'Kandidat' an der Hamburger Lichtwarkschule[177]. Von hier aus wurde er für das erste Halbjahr des Schuljahres 1932/33 freigestellt[178]. Nach diesem Halbjahr kehrte er nach Hamburg zurück, allerdings wohl nicht an die Lichtwarkschule[179].

---

[177] Philologen-Jahrbuch (Kunzes Kalender), Jg. 38: Schuljahr 1931/32, 2. Teil, Breslau 1931, und: Philologen-Jahrbuch (Kunzes Kalender), Jg. 39: Schuljahr 1932/33, 2. Teil, Breslau 1932. - Hamburg, Staatsarchiv: Lichtwarkschule, Nr. 7, enthält Beurteilungen, die Gärtner im März 1932 als Kandidat an der Lichtwarkschule erhielt. Der Lehrer Karl Wießner (1871-1942) schrieb hier: "Deutlich war dabei zu erkennen, daß er lebendige Fühlung mit den Schülern hat, daß er Fragen des Unterrichts und der Erziehung weiß und daß er über Kenntnisse verfügt, die es ihm ermöglichen, Fragen des Unterrichts und der Erziehung im Zusammenhang mit den Verhältnissen der Gegenwart zu behandeln"; und der Lehrer Hans Donandt (1892-1949) bemerkte, daß Gärtner in der Ia "gelegentlich politische Gegenwartsfragen" behandelt habe und in der V "dem lebhaften Temperament der Schüler dieser Altersstufe zunächst nicht recht gewachsen" gewesen sei; jedoch sei ihm auf Reisen seine "Praxis als Jugendführer" zu gute gekommen durch "sehr gute Kameradschaft, ohne sich seiner Stellung als Lehrer je etwas zu vergeben". - Die Hinweise auf die im Hamburger Staatsarchiv lagernden Quellen über Gärtner verdanke ich Joachim Wendt (Wendt an D.H. br. vom 27.01.1994).

[178] Zur zeitlichen Feststellung (Sommerhalbjahr 1932): Hamburg, Staatsarchiv: Lichtwarkschule, Nr. 7. - Ebenso: SCHEEL, Heinrich, Meine Begegnung mit der 'Jüdischen Frage', in: 'Und lehrt sie: GEDÄCHTNIS!' Eine Ausstellung des Ministeriums für Kultur und des Staatssekretärs für Kirchenfragen in Zusammenarbeit mit dem Verband der Jüdischen Gemeinden in der DDR zum Gedenken an den faschistischen Novemberpogrom vor fünfzig Jahren, Berlin (DDR) 1988, S. 10-15, hier S. 10, spricht davon, daß Gärtner Ostern 1932 nach Scharfenberg gekommen sei. - Dies wird auch bestätigt durch: HJ-Papier, Fragment, 1933, Nr. 9; abgedr. in: GUTSCHALK, Scharfenberg während der NS-Zeit, S. 34 (als Dok. Nr. 2).

[179] Hamburg, Staatsarchiv: Lichtwarkschule, Nr. 7: Gärtner wurde für das Sommersemester 1932 für einen Aufenthalt nach Scharfenberg beurlaubt, nachdem er von Ostern 1931 bis Ostern 1932 als Kandidat an der Lichtwarkschule tätig gewesen war. Von Scharfenberg aus richtete er an den Schulleiter der Lichtwarkschule, Heinrich Landahl (1895-1971) in einem (undatierten) Schreiben die Bitte, sich bei der Oberschulbehörde dafür einzusetzen, daß er nach dem Scharfenberg-Aufenthalt wieder an die Lichtwarkschule kommen könne, was jedoch - aus aus den Quellen nicht zu entnehmenden Gründen - nicht gelang: Im Wintersemester 1932/33 beendete Gärtner sein Referendariat an der Oberrealschule Eppendorf - eine Schule, wo sich relativ früh nationalsozialistische Schülergruppen bemerkbar machten. In dem Schreiben an Landahl bemerkte Gärtner, daß ihm der Abschied von Scharfenberg schwer falle, und daß er dort "viel gelernt und Erfahrungen gemacht [habe], die man in einer Stadtschule eben nicht machen kann." In der Begründung für die Oberschulbehörde für seinen Wunsch, wieder an die Lichtwarkschule zurückzukommen, führt er an, daß er seine Assessorenarbeit "über Probleme des Konzentrationsunterrichts in den kulturkundlichen Fächern" schreiben und hierzu seine Erfahrungen an der Lichtwarkschule und in Scharfenberg miteinander vergleichen wolle. - Berlin, BA: Bestand Reichsministerium für Wissenschaft, Erziehung und Volksbildung, Nr. 4702, Bl. 67f.: Schreiben des Oberpräsidenten der Provinz Brandenburg und von Berlin. Schulabteilung an den Minister für Wissenschaft, Kunst und Volksbildung vom 19.09.1933: Hier heißt es, Gärtner habe im September 1932 die Insel verlassen. - Das Philologen-Jahrbuch (Kunzes Kalender), Jg. 40: Schuljahr 1933/34, 2. Teil, Breslau 1933 führt Gärtner (als Referendar oder Assessor) an der Hamburger Thaer-Oberrealschule vor dem Holstentor auf; in den nachfolgenden Jahren wird Gärtner im 'Philologen-Jahrbuch' nicht mehr genannt. - SCHEEL, Heinrich, Ein jüdischer Lehrer an seinen einstigen Schüler. Briefe Hans Gärtners aus den Jahren 1946-1950, in: Zeitschrift für Religions- und Geistesgeschichte, Jg. 43 (1991), S. 18-29, hier S. 19 irrt, wenn er schreibt, Gärtner sei zunächst "wieder an die Lichtwarkschule" zurückgekehrt, wo er aber "bald von den faschistischen Behörden hinausgedrängt" worden sei. - Scheel an D.H. br. vom 11.05.1990 irrt, wenn er berichtet, Gärtner habe "nach normaler einjähriger Referendarzeit [zu] Ostern 1933 die Insel [verlassen]". - Zu Gärtners weiterer Biogr. s. S. 830-833.

Zu den Gastlehrern können weiterhin auch einige der zahlreichen Hospitanten, die die Schulfarm für einige Zeit kennen lernen wollten[180], gezählt werden, die Blume bereitwillig unterrichten ließ. So berichtet Schmoll von einem Schweizer Hospitanten, der "vor allem den von Blume eingeführten Gesamtunterricht studieren [wollte]"[181]:

> "Es ergab sich, daß Blume Herrn Feldmann aus Bern vorschlug, selbst einen solchen Gesamtunterricht zu übernehmen, am besten mit dem Thema 'Die Schweiz'. So geschah es, und nun wurde, wie in Universitätsseminaren, der Umfang des Stoffes umrissen und in Einzelreferate aufgeteilt. Ich meldete mich als Interessent für das Gebiet der Kunst [...]."[182]

Schließlich darf nicht unerwähnt bleiben, daß der Scharfenberger Lehrkörper von Beginn an für bestimmte Zeitphasen und Projekte erweitert wurde durch ehemalige Schüler Blumes bzw. der Schulfarm, die über die Jahre hinweg immer wieder als

---

[180] Vgl. S. 485ff. - Einer dieser Scharfenberger Gastlehrer war Heinrich Pridik (1898-19..). Dieser war im Schuljahr 1928/29 im zweiten Referendariatsjahr an der Zehlendorfer Oberrealschule (Philologen-Jahrbuch (Kunzes Kalender), Jg. 35: Schuljahr 1928/29, 2. Teil, Breslau 1928; hier auch Hinweise auf Pridiks Geburtsdatum und Fächerkombination (Geschichte, Erdkunde, Russisch)). In diesem Schuljahr lernte er als Hospitant den Scharfenberger Gesamtunterricht kennen und berichtete darüber in: PRIDIK, Heinrich, Rückerinnerung an den Deutschkurs, in: Aus dem Leben der Schulfarm Insel Scharfenberg. Bilder, Dokumente, Selbstzeugnisse von Eltern, Lehrern, Schülern, red. von Wilhelm BLUME, in: Das Werdende Zeitalter. Eine Monatsschrift für Erneuerung der Erziehung, Jg. 7 (1928), S. 329-404, hier S. 348-352. - Möglicherweise handelt es sich hier um dieselbe Person, die sich findet bei: Vorträge, Leitsätze und Resolutionen der ersten Moskauer Allstädtischen Konferenz der kulturell-aufklärenden Organisationen (Mosko-Proletkult) vom 23. bis 28. Februar 1918. Übers. und mit einer Einleitung vers. von Heinrich PRIDIK, Annaberg im Erzgebirge 1921.

[181] SCHMOLL GEN. EISENWERTH, Josef Adolf, Frühe Wege zur Kunstgeschichte, in: Kunsthistoriker in eigener Sache. Zehn autobiographische Skizzen, hrsg. von Martina SITT. Mit einer Einleitung von Heinrich DILLY, Berlin 1990, S. 274-298, hier S. 279.

[182] SCHMOLL, Frühe Wege, S. 279.

Studenten auf die Insel kamen[183] und hier "in zum Teil recht fortschrittlicher Weise auf der Insel tätig wurden"[184], indem sie etwa ihr im Studium erworbenes Wissen den Schülern zu vermitteln suchten[185] - aber auch durch Eltern und Fachleute aus der Berufswelt, wie z.b. durch den Turnlehrer Hermann Heller (1873-19..)[186], der als Vater eines (ehemaligen) Scharfenbergschülers wiederholt Scharfenberger Sportfeste

---

[183] S. z.B. Wilhelm Richters Wirken auf Scharfenberg seit 1922 S. 372-374. - Beispiele für Hinweise auf die Mitarbeit ehemaliger Scharfenberger Schüler und nunmehriger Studenten auf der Insel:
[1:] Paul Heinrichsdorff: Prot. der 61. Abendaussprache vom 16.09.1925, in: Berlin, LA, SIS: CH, V, S. 224: Hier Hinweis, daß P. Heinrichsdorff "rein als Kamerad, nicht als Pauker den Aufbauern englischen Hilfs- und Lektüreunterricht erteilt". - Berlin, LA, SIS: CH, V, S. 411, Hinweis, daß P. Heinrichsdorff im Herbst 1926 als "gern gesehene[r] Junglehrer" aushalf. -
[2:] Gerhard Metz: Berlin, LA, SIS: CH, V, S. 411, Hinweis, daß G. Metz im Herbst 1926 als "gern gesehene[r] Junglehrer" auf der Insel aushalf. -
[3:] Zur Mitarbeit Fritz Blümels: s. z.B. zwei Briefe Blumes an den ehemaligen Scharfenbergschüler und nunmehrigen Studenten Blümel: PS Radde, Nachlaß Fritz Blümel (1899-1989), Korrespondenz: Blume an Blümel br. vom 16.12.1926: "Lieber Fritze Blümel. Die Auguren wundern sich merklich, daß Sie gar kein Stündchen mehr für Scharfenberg übrig haben. Sogar die Kleinen fragen nach Ihrem bewährten Geometrielehrer, und auch ich muß fragen, was haben wir Ihnen getan [...]." - PS Radde, Nachlaß Fritz Blümel (1899-1989), Korrespondenz: Blume an Blümel br. vom 23.08.1927: "Lieber Fritze Blümel. Am Sonnabend feiert die Feuerwehr in Tegelort ihr 20. Stiftungsfest. Den ersten Teil des Prologes, der auf allgemeinen Wunsch von uns gemacht werden soll, hat Pewesin übernommen, der ihn in Uniform spricht. Der zweite Teil richtet sich an die Mannschaft und muß von einem Zivilisten gesprochen werden, der einen etwas väterlichen Eindruck macht. Sie sind natürlich dazu prädestiniert und ich bitte Sie, mir umgehend Nachricht zukommen zu lassen, ob Sie bereit sind, am Sonnabend Mittag hier auf der Insel zu erscheinen und den Prolog zu üben, so daß Sie ihn mit dem Text in einer fein aufgemachten Mappe zur Begeisterung des Publikums mit markiger Stimme loslassen können." -
[4:] Walter Jenke: Wagner an D.H. br. vom 07.08.1988 weist auf das musikalische Wirken von Walter Jenke hin ("So hat z.B. Walter Jenke später noch das Orchester betreut, hat mit uns gesungen, mit Marionettentheater gebaut und die Mozartoper 'Bastian und Bastienne' eingeübt und vorgeführt. Das waren Kenntnisse, die er von der Begegnung mit Harro Siegel [(1900-1985)] erworben hatte und nun weitergab"), der 1927 auf Scharfenberg sein Abitur gemacht hatte, anschließend wohl Musik studierte und 1933 (als Halbjude) emigrierte; s. hierzu S. 661f. -
[5:] Zur Mitarbeit von Heinz Wagner: Wagner an D.H. br. vom 07.08.1988: "Schon in meinen Scharfenberger Jahren war es nichts außergewöhnliches, daß 'Ehemalige' Schüler und Lehrer nach ihrem Ausscheiden in zum Teil recht fortschrittlicher Weise auf der Insel tätig wurden. [...]. Und so tat auch ich [es]. Hier war es eben Darstellende Geometrie, die ich einigen 'Roten' (etwa Heinz Ruthenberg) weitergab. Oder viel später noch mit meinem eigenen Marionetten-Theater an einem Erntefest-Sonntag Vorstellungen gab, oder dabei [...] Theaterkullissen für die Weihnachtsspiele zu entwerfen und zu bauen. Das war befriedigend, weil es akzeptiert wurde und es half, die endgültige Trennung noch ein wenig hinauszuzögern [...]." - Wagner an D.H. br. vom 05.06.1988: "Bis 1933 fühlte ich mich immer noch dort 'zu Hause'. Mein Bruder [Hans] machte zwei [richtig: drei!] Jahre nach mir dort das Abitur, daraus ergab sich für mich eine Art des Miterlebens, aber über längere Zeit auch eine Mitarbeit, wobei ich als Student einigen Schülern u.a. Unterricht in Darstellender Geometrie gab." -
[6:] Zum Mitwirken der ehemaligen Scharfenberg-Schüler und nunmehrigen Studenten Fritz Blümel, Paul Heinrichsdorff, Walter Schramm, Peter Grotjahn und Wilhelm Richter am 'Sunderhofunternehmen' 1926 s. auch S. 717.
[184] Wagner an D.H. br. vom 07.08.1988.
[185] So: Wagner an D.H. br. vom 07.08.1988.
[186] Biogr. Inf. zu Heller: Berlin, BBF: SLG-GS, Personalblatt Hermann Heller (Karteikarte).

leitete[187], wie z.B. durch den Chefchemiker der Berliner Gaswerke, Dr. Wilhelm Bertelsmann (1873-19..), dem Vater eines am 'Sommerschulversuch 1921' teilnehmenden Schülers des Humboldt-Gymnasiums, der Scharfenberger Schüler durch die Berliner Gaswerke führte[188], wie z.b. auch den städtischen Gartenbaudirektor Albert Brodersen (1857-1930)[189], der sich bereit erklärte, auf der Insel mit interessierten Schülern einen mehrtägigen Kurs in Garten- und Baumpflege durchzuführen[190], und wie etwa auch einen 'befreundeten Nationalökonom'[191], der (wohl Anfang der 30er Jahre) "zuweilen volkswissenschaftliche Kolloquien ab[hielt] über die Börse und ihre

---

[187] Berlin, LA, SIS: CH, VI, o.S.: "Am 22. Mai [1927] folgte das Sportfest in schon traditionellem Rahmen, auch wieder geleitet von Herrn Turnlehrer Heller, dem Vater eines [im] Oktober abgegangenen Schülers."

[188] Dr. Wilhelm Bertelsmann war Diplomingenieur, technischer Schriftsteller und Chefchemiker der Berliner Gaswerke. - Kurzbiogr.: Wer ist's?, 10. Ausg., Berlin 1935, S. 110. - Kürschners Deutscher Gelehrten-Kalender, Jg. 2 (1926), Berlin [u.a.] 1926, Sp. 117f. - Kürschners Deutscher Gelehrten-Kalender, 3. Ausg. (1928/29), Berlin [u.a.] 1928, Sp. 147. - Kürschners Deutscher Gelehrten-Kalender, 4. Ausg. (1931), Berlin [u.a.] 1931, Sp. 184. - Kürschners Deutscher Gelehrten-Kalender, 5. Ausg. (1935), Berlin 1935, Sp. 85. - Div. Publikationen, u.a.: BERTELSMANN, Wilhelm, Lehrbuch der Leuchtgasindustrie, 2 Bde., Stuttgart 1911. - BERTELSMANN, Wilhelm, Die Gasversorgung der Großstadt, in: Probleme der neuen Stadt Berlin, hrsg. von Hans BRENNERT und Erwin STEIN, Berlin 1926, S. 415-424. - BERTELSMANN, Wilhelm / SCHUSTER, Fritz, Einführung in die technische Behandlung gasförmiger Stoffe, Berlin 1930. -
Vgl. u.a.: Berlin, LA, SIS: CH, I, o.S.: "Während ich [am 27.06.1922] hinten auf dem Feld war, mit diesen wenig erfreulichen Auseinandersetzungen beschäftigt, war Wilhelm Bertelsmann im Haus gewesen, um uns im Namen seines Vaters für den morgigen Tag zur Besichtigung des Gaswerkes einzuladen. Leider fertigte man den Boten in der unfreundlichen Manier ab, da gerade von Humboldtianern unter uns gegen ihre früheren Kameraden jetzt beliebt wird; durch eine Karte an den Vater Herrn Dr. Bertelsmann suchte ich sofort das Mißverständnis auszugleichen und uns den Besuch des Werkes für einen Studientag nach den Ferien zu sichern."

[189] Eine Kurzbiogr. zu Brodersen, der von 1910 bis 1925 Gartendirektor der Stadt Berlin gewesen war, findet sich in: STÜRMER, Rainer, Freiflächenpolitik in Berlin in der Weimarer Republik. Ein Beitrag zur Sozial- und Umweltschutzpolitik einer modernen Industriestadt (=Berlin-Forschung, 25), Berlin 1991, S. 123f. - Vgl. zu Brodersen und seine Arbeit in Berlin auch: BRODERSEN, Albert, Die Gartenbaukunst der Stadt Berlin, in: Probleme der neuen Stadt Berlin. Darstellungen der Zukunftsaufgaben einer Viermillionenstadt, hrsg. von Hans BRENNERT und Erwin STEIN (=Monographien deutscher Städte, 18), Berlin 1926, S. 291-294.

[190] Prot. der 52. Abendaussprache vom 03.12.1924, in: Berlin, LA, SIS: CH, V, S. 97: "Brodersen beabsichtigt, uns mehrere Tage zur Verfügung zu stellen, um uns in der Ausholzung des Parks zu Gunsten der Schönheit der Insel anzulernen und zu helfen. Es wird die Bildung einer Gruppe zur Baumpflege vorgeschlagen, die auch späterhin ihre erworbenen Kenntnisse in den Dienst der Sache stellen soll." - Berlin, LA, SIS: CH, V, S. 115: "Noch vor Jahresschluß erfüllte Herr Gartenbaudirektor Brodersen sein Versprechen; von dem freiwilligen Schülerstabe umgeben zeichnete er die zu fällenden Bäume und Sträucher an; es war ein Vergnügen, seinen Grundsätzen zuzuhören; hier bei uns kommt es ihm darauf an, die schönen Baumgruppen freizulegen und sie zu voller Entfaltung und Wirkung zu bringen; alsbald klangen die hellen Beile und sirrten Sägen durch die Winterluft [...]."

[191] BLUME, Wilhelm, Denkschrift über die Schulfarm Insel Scharfenberg - was sie war, wie sie augenblicklich ist, und was sie werden soll [Dezember 1945] [Berlin, LA, SIS], hrsg. von Dietmar HAUBFLEISCH, Marburg 1999:
http://archiv.ub.uni-marburg.de/sonst/1999/0001/q61.html - [künftig zit. als: BLUME, Denkschrift], hier S. 4.

Funktionen, über Wirtschaftstheorien, über Zölle, Bevölkerungsstatistiken oder die Institution der internationalen Völkerbeziehungen."[192].

Eltern und Fachleute aus der Berufswelt wirkten hier im Sinne Wilhelm Paulsens als "Meister der Schule, wahrhaftige Schul-Meister", wie "sie uns nicht durch Seminare und Akademiker geschenkt [werden]"[193].

I.3.B.   DIE BERUFUNG DER LEHRKRÄFTE DURCH WILHELM BLUME

Die Überweisung der Lehrer nach Scharfenberg erfolgte in den 20er und frühen 30er Jahren, wenn sie sich "in der Vorbereitungzeit [befanden], durchs Provinzialschulkollegium, wenn [sie fest] angestellt [waren], durch die städtische Schulverwaltung"[194]. Die Auswahl der Lehrkräfte traf der Magistrat der Stadt Berlin - ähnlich wie in anderen Reformschulen und Versuchsschulen[195] - "nach dem Wunsch des Leiters"[196]; d.h., Blume hatte größtmögliche Freiheit in der Wahl seiner Lehrer. Dies bestätigt auch Glasenapp:

> "Die Regelung der Lehrerfrage war mehr oder weniger von Blume abhängig, der den ihm geeignet erscheinenden Lehrer mit dessen Einverständnis nach Rücksprache mit der Schulbehörde von dieser nach Scharfenberg überweisen ließ."[197]

"Die Entscheidung des betreffenden Lehrers beruhte", dabei so Glasenapp weiter, "auf Freiwilligkeit und eigenem Verständnis für die Besonderheiten der Schul-

---

[192] BLUME, Denkschrift, S. 4. - Berlin, LA, SIS: RICHTER, Wilhelm, Staatsbürgerliche Erziehung in Scharfenberg, 2. schriftliche [Referendariats-] Prüfungsarbeit, masch. Berlin o.D. [ca. Anfang 1930], S. 12: "[...] so behandelte ein Freund Scharfenbergs aus dem Handelsministerium Grundbegriffe des modernen Wirtschaftslebens und wird im kommenden Winterhalbjahr über die gegenwärtige Wirtschaftskrise sprechen [...]."

[193] PAULSEN, Überwindung, S. 123.

[194] BLUME, Bericht (1923), Bl. 261v.

[195] Die Lichtwarkschule entwickelte sich aus der Realschule Winderhude in Hamburg, als 1920 durch das 'Gesetz über die Selbstverwaltung im Schulwesen' die Möglichkeit entstand, ein Lehrerkollegium weitgehend ohne Einfluß der Schulbehörde zusammenzustellen. - Zur Lehrerauswahl in der Freien Schulgemeinde Wickersdorf berichtet: EHRENTREICH, Alfred, Freie Schulgemeinde Wickersdorf. Gustav Wyneken zum 100. Geburtstag am 19. März 1975, in: Zeitschrift für Pädagogik, Jg. 21 (1975), S. 87-105, hier S. 98: "Jeder Lehrer, der sich um Mitarbeit in Wickersdorf bewarb, mußte zuvor zwei Lehrproben in seinen Fächern anleisten, die vom gesamten Kollegium besprochen und bewertet wurden."

[196] Insel Scharfenberg, in: Schülerheime. Sammlung der Bestimmungen und Übersicht über die bestehenden Schülerheime, hrsg. von Walter LANDÉ und Walter GÜNTHER (=Weidmannsche Taschenausgaben von Verfügungen der Preußischen Unterrichtsverwaltung, 23), Berlin 1925, S. 140-142, hier S. 141. - Insel Scharfenberg, in: Schülerheime. Sammlung der Bestimmungen und Übersicht über die bestehenden Schülerheime, hrsg. von Walter LANDÉ und Walter GÜNTHER (=Weidmannsche Taschenausgaben von Verfügungen der Preußischen Unterrichtsverwaltung, 23), 2. Aufl. Berlin 1927, S. 191-194, hier S. 192.

[197] Glasenapp an D.H. br. vom 26.04.1985.

farm."[198] D.h., kein Lehrer konnte - wie auch an anderen Versuchsschulen - gegen seinen Willen nach Scharfenberg versetzt werden.

Die Lehrerauswahl gehörte, wie Blume selbst andeutete, als er 1926 von der "große[n] Schwierigkeit, die geeigneten Lehrkräfte [...] zu finden"[199], sprach, sicher nicht zu den leichtesten Aufgaben, die Blume zu bewältigen hatte. Es bestand, wie Cohn es formulierte, "zwischen der Tätigkeit eines Lehrers und Erziehers in der Lebensgemeinschaft, die das Endziel aller Bemühungen in Scharfenberg ist, und der eines Lehrers an einer unserer alten höheren Schulen ein großer Unterschied"[200]:

> "Dieser tritt um 8 Uhr seinen Dienst an, erteilt durchschnittlich 4 Unterrichtsstunden täglich und kehrt gegen Mittag etwas früher oder später in sein Heim zurück, in dem er, nachdem er noch, fern vom Staub und Lärm der Schule, frei von allen Anliegen seiner Schüler, zwei oder drei Stunden der Durchsicht schriftlicher Arbeiten und der Vorbereitung für die nächsten Tage gewidmet hat, sich seinen privaten Arbeiten und Interessen ungestört zu widmen in der Lage ist. Er kann auch ohne Schwierigkeit Theater und Konzerte besuchen, Vorträge hören oder halten usw."[201]

Auf Scharfenberg dagegen, so Cohn weiter, "beginnt der Dienst an der Jugend des Morgens um sechs Uhr, er geht durch den ganzen Tag ununterbrochen fort und endet erst um neun Uhr des Abends, dauert aber oft länger, wenn Abendversammlungen der Gemeinschaft stattfinden, Vorträge angesagt oder musikalische Werke aufgeführt werden. Den ganzen Tag über ist der Scharfenberger Lehrer von den Knaben umgeben, er hat sie bei den Mahlzeiten um sich, muß stets für ihre Fragen, für ihre Sorgen parat sein [...]."[202]

An Scharfenberger Lehrer wurden also ganz andere Forderungen gestellt, und dies hatte Blume bei der Auswahl seiner Lehrer zu berücksichtigen:

In seinem im Februar 1922 geschriebenen Gesuch zur Gründung eines Schulversuches auf der Insel Scharfenberg hatte Blume den Wunsch nach einem homogenen Lehrerkollegium, dessen Mitglieder "die gleiche Lebensrichtung haben"[203], geäußert.

Cohn führte zu diesem Punkt aus, "daß selbstverständlich unter der kleinen Zahl der in Scharfenberg wirkenden Lehrer eine gewisse Konformität der erziehlichen Tätigkeit, bis zu einem gewissen Grade eine Übereinstimmung in den Zielen und dem Wege zu ihnen vorhanden sein muß, wenn die besonderen Zwecke der Versuchsschule überhaupt erreicht werden sollen"[204]. Und er benannte als solchen 'Grundkonsens':

> "In Scharfenberg soll der Lehrer sich nicht auf schulmeisterliche Autorität stützen, er soll der mit ihm in der Lebensgemeinschaft verbundenen Jugend Kamerad, Freund, Führer sein. Wer Maßregeln ergreifen zu müssen glaubt wie die, daß er Knaben aus dem Unterricht verweist, bei irgendeiner Gelegenheit Verhöre anstellt, Strafstunden ansetzt, wer eine Kluft zwischen Lehrern und Schülern für nötig hält und sie zu erweitern trachtet, der hat den Sinn des Versuchs,

---

198   Glasenapp an D.H. br. vom 26.04.1985.
199   BLUME, Gesuch (1926).
200   COHN, Noch einmal die Schulfarm, S. 34.
201   COHN, Noch einmal die Schulfarm, S. 34.
202   COHN, Noch einmal die Schulfarm, S. 34.
203   BLUME, Gesuch (1922), S. 42.
204   COHN, Noch einmal die Schulfarm, S. 34.

der in Scharfenberg gemacht wird, nicht verstanden und kann dort nicht segensreich wirken."[205]

1926 schrieb Blume, daß die Lehrer bereit und in der Lage sein müßten, "ein derartig angespanntes Leben innerhalb und namentlich außerhalb der Unterrichtsstunden"[206], ein spartanisches 24-Stunden-Inselleben[207], das ihnen u.a. auch bis gegen Ende der 20er Jahre "nur eine primitive Wohngelegenheit"[208] bot[209], zu führen.

Daneben sollten sie "ein gutes wissenschaftliches Rüstzeug zur Abhaltung der Kurse" "mit der natürlichen Neigung für jugendliches Gemeinschaftsleben verbinden"[210].

Dabei galt für die Schulfarm, was Gustav Heine (1890-1970), von 1918-1933 Lehrer an der Lichtwarkschule[211], über die Anforderungen an die Lehrer der Lichtwarkschule schrieb:

> "Schwierig war es nicht selten für den Lehrer, sich in ihm ferner liegende Stoffgebiete und Probleme einzuarbeiten und sich so für eine Beurteilung zu befähigen. Bei der besonderen Arbeitsweise unserer Schule, ihren neuartigen Themenkreisen und ihren besonderen Methoden konnte ihm das auf der Universität Erworbene nur in geringem Grade nützlich sein. Er mußte sich ständig in neue Dinge und in neue Gesichtspunkt einarbeiten, was Beweglichkeit und unaufhörliche Neuarbeit außerhalb der Schule forderte. Ein Berliner Oberschulrat, der unsere Schule über eine Woche besuchte - wir ließen niemanden hospitieren, der sich nicht für längere Zeit dazu verpflichtete -, stellte an unseren Schulleiter einmal die bange Frage, ob denn nach der enormen Anstrengung von den [...] Kollegen nach zehn Jahren überhaupt noch jemand am Leben sei."[212]

---

[205] COHN, Noch einmal die Schulfarm, S. 34f.

[206] BLUME, Gesuch (1926).

[207] Vgl. etwa: RICHTER, Wilhelm, Scharfenberg 1928-1932, in: DERS., Schulerinnerungen, Berlin 1976, S. 9-16; wieder in: Neue Sammlung, Jg. 17 (1977), Heft 1, S. 110-115, hier (1976), S. 9: "Das Scharfenberger Leben [...] war hart und intensiv. Mit meinem alten Schulfreunde Paul Glasenapp [...] hatte ich die Belegschaft eines unbeheizbaren Schlafsaales von etwa 15 Jungen zu betreuen. In ihm schliefen auch wir Älteren. An den Abenden nach dem Zubettgehen etwa um 9 Uhr las ich noch ein Weilchen vor: [Rudyard] Kipling oder Selma Lagerlöf oder ähnliches, zwischen den Betten in der Mitte des Saales umherwandelnd. Danach präparierte ich mich auf den Unterricht des kommenden Tages in meinem nur mit einem elektrischen Öfchen heizbaren kleinen Zimmer. Am Morgen kurz nach 6 Uhr wurde vom Lehrer vom Dienst, Kronide genannt, zum Wecken geläutet. Dann begann der Tag mit einem Dauerlauf um die halbe Insel herum [...]."

[208] BLUME, Gesuch (1926).

[209] BLUME, Gesuch (1926). - Blume führte hier an, daß "z.B. der neugewonnene Biologe und Chemiker [Dr. W. Ziegelmayer] mit seinen Chemikalien und Instrumenten zusammen in einem Raume hausen [muß]. Der Mathematiker schläft, um seinen kleinen Arbeitsraum nicht noch mit dem Bett zu verstellen, in der Scheune, der Leiter der Schule mit drei Schülern zusammen in einem Schlafraum."

[210] BLUME, Gesuch (1926).

[211] Autobiogr. von Heine: HEINE, Hamburger Lichtwarkschule. - Biogr. Inf. zu Heine: Ebd. im Vorwort von Leschinsky. - Sowie in: Die Lichtwarkschule. Idee und Gestalt, Hamburg 1979, S. 60 und S. 62f.

[212] HEINE, Hamburger Lichtwarkschule, S. 336.

Wenngleich die Härte des Scharfenberger Lebens auch für die Lehrer im Laufe der Jahre abnahm, behielt doch Gültigkeit, was Blume 1923 für die Anfangszeiten - "Die Gründungszeiten in Scharfenberg sind Ausnahmejahre"[213] - formulierte:

"[...] nur wenn die Lehrer trotz ihrer vielen Obliegenheiten außerhalb des Unterrichts ihre volle Stundenzahl sogar noch mehr auf sich nehmen, läßt sich der Dienst augenblicklich im erforderlichen Umfang aufrecht erhalten. Selbst die Sonntage mit ihren zahlreichen Elternbesuchen u.a. interessierten Gästen lassen nicht Zeit zur Erholung. Die Lehrer müssen sich durch den Aufenthalt in der Natur, durch das familiäre Zusammenleben mit den Schülern, das den Begriff Disziplinschwierigkeiten hier einfach undenkbar macht, durch das Unterrichten in ihrem Fach ganz nach Herzenslust, durch die manchmal anregenden pädagogischen Besuche entschädigt fühlen. Daß die Verwirklichung des Plans, aus der vergessenen Humboldtinsel eine Schul- und Jugendinsel Berlins zu machen, in jetzigen Zeitläuften nicht ohne Altruismus möglich ist, muß sich jeder Mitarbeiter selbst sagen."[214]

Im Jahresbericht der Schulfarm für das Schuljahr 1932/33 faßte Blume die 'Lehrerfrage' schließlich wie folgt zusammen:

"Die Lehrerfrage ist in einer Heimschule weit schwieriger zu lösen als in den Tagesschulen. Müssen doch soviel Eingenschaften zusammenkommen, daß nur selten die ideale Forderung erfüllt werden dürfte: Eine der Aktivität zugeeignete Natur, auch körperlich stark und gewandt, um beim Spiel, Schwimmen, Werken mitzuhelfen, dazu eine wissenschaftlich unantastbare Fundierung, damit die Ansprüche der Fachkurse erfüllt werden können, dabei eine Jugendnähe, die mitgeboren sein muß, pestalozzihafte ständige Dienst- und Hilfsbereitschaft, Verzicht auf viele individuelle Neigungen und Eigenheiten, ein kategorisches Ernstmachen mit der Devise: Gemeinwohl geht vor Eigennutz, eine reiche Menschlichkeit, die es verträgt ständig vor der Öffentlichkeit zu leben, ja zu schlafen ... Dazu verdient Beachtung das Dilemma, daß die Lehrer aus physischen Gründen nicht älter sein dürfen, andererseits die jungen nicht genügend pädagogische Erfahrungen haben und auch von dem berechtigten Drang beseelt sind, sich noch nicht inselhaft abzuschließen; es bedeutet viel, wenn eine jüngere Lehrkraft ihren Fächerkomplex als einzelner in dem Kollegium vertritt und die damit verbundenen Anforderungen zu tragen weiß."[215]

I.3.C.   DIE PÄDAGOGISCHE HERKUNFT EINIGER LEHRER

Bei der Auswahl seiner Lehrer entschied sich Blume tendentiell für jüngere Lehrer, wie Cohn schrieb, u.a., "weil sie als körperlich, nervenmäßig kräftiger gelten können, weil sie der Jugend, mit der sie in einer Lebensgemeinschaft leben sollen, näher stehen, besonders aber, weil sie an der Versuchsschule ihre Kräfte erproben können und für die Anforderungen, die Erziehungsunternehmen wie Scharfenberg an die an ihnen Wirkenden stellen müssen, sich zu erziehen noch die Frische und den Mut haben."[216]

---

213 BLUME, Bericht (1923), Bl. 203r.
214 BLUME, Bericht (1923), Bl. 203r und v.
215 Berlin, BBF: SLG-GS, Jahresberichte 1932/33, Bd. 248d, Nr. 88: Berlin, SIS (Blume), S. 38.
216 COHN, Noch einmal die Schulfarm, S. 34.

Es verwundert eigentlich nicht, wenn Blume wie bei den Lehrern des ersten Scharfenberger Schuljahres 1922/23[217] auch in den nachfolgenden Jahren bei der Auswahl seiner Lehrkräfte und Helfer gerne auf bekannte, ehemalige eigene Schüler zurückgriff sowie auf Lehrer, die bereits eigene reformpädagogische Erfahrungen (Sensibilisierungen) oder auch andere, aus der 'Lehrer-Normal-Biographie' herausfallende und für Scharfenberg Gewinn versprechende Vorerfahrungen mitbrachten.

Hier sei, je nach Quellensituation in sehr unterschiedlicher Intensität auf einzelne Lehrer eingegangen:

Julius Wolff hatte seine Reifeprüfung am Lessing-Gymnasium in Berlin, wo er auch Blumes Schüler gewesen war, bestanden; er hatte klassische Philologie und Geschichte in Berlin studiert, war nach der Staatsprüfung in Lichterfelde am Schillergymnasium im Vorbereitungsdienst gewesen und hatte zudem eine Vertretung am Humboldt-Gymnasium übernommen[218]. Für ihn sprach bei seiner Auswahl für Scharfenberg mit Sicherheit, daß er nicht nur "von Herrn Oberregierungsrat Kummerow und Herrn Studiendirektor [Dr. Oskar] Streicher [(1860-19..)][219] [vom Schillergymnasium in Lichterfelde] empfohlen"[220] wurde, sondern daß sich zudem auch Staatssekretär Carl Heinrich Becker für Wolff interessiert hatte und ihn "nach Salem ins Landerziehungsheim des Prinzen Max von Baden [(1867-1929)] hatte verschicken wollen."[221]

Erich Bandmann hatte sein Abitur im Frühjahr 1913 am von Wilhelm Wetekamp geleiteten Werner-Siemens-Realgymnasium in Berlin-Schöneberg gemacht[222], vom Sommersemester 1913 bis zum Wintersemester 1919/20 in Berlin und Göttingen studiert und sein Studium im Januar 1921 mit der ersten Lehramtsprüfung in Mathematik und Physik abgeschlossen; bereits während seines Studiums hatte er, der selbst nicht zum Kriegsdienst eingezogen worden war, vom 10.11.1915 bis 31.12.1918 am Werner-Siemens-Realgymnasium die Vertretung eines zum Heer berufenen Oberlehrers übernommen[223]. Weitere Vertretungen "in der Bertramschule

---

217 Vgl. dazu S. 211-233.
218 BLUME, Bericht (1923), Bl. 202v.
219 Kalender für das höhere Schulwesen, Jg. 30: Schuljahr 1923, 2. Teil, Breslau 1923.
220 BLUME, Bericht (1923), Bl. 202v.
221 BLUME, Bericht (1923), Bl. 202v. - Vgl. dazu: Berlin, GStA PK: I. HA, Rep. 92: C.H. Becker, Nr. 4212: Walter Hübner, Hübner an Becker br. vom 06.09.1922:
     "Auf Ihre an Herrn Ob.-Reg.-Rat Kummerow gerichtete Anfrage wegen eines Lehrers [...] in Salem habe ich seit Sonnabend schriftlich und mündlich mit mehreren geeigneten Assessoren verhandelt, ohne zu einem befriedigendem Resultat gekommen zu sein. Die Schwierigkeit bietet fast immer die materielle Seite, die geringe Barsumme vom 1.000 M. [...].
     Der geeignetste Studienassessor scheint mir Herr Julius Wolff zu sein (Lat. I, Griech. I, Gesch. I, 'mit Auszeichnung' [...]). Er ist mir von seinem bisherigen Direktor (Streicher - Lichterfelde) besonders warm empfohlen worden. Assessor Wolff hat in jeder Hinsicht Lust nach Salem zu gehen und schätzt besonders den Gewinn, den ihm die Arbeit unter der Leitung von Herrn Geh.R. [Karl] Reinhardt [(1849-1923)] verspricht, sehr hoch ein. Er ist aber nicht in der Lage von Hause aus Zuschüsse zum Lebensunterhalt zu erwerben [...].
     Herr Assessor Wolff überbringt der Beschleunigung wegen diesen Brief persönlich und würde sich gerne Ihnen, Herr Ministerialdirektor, selbst vorstellen [...]."
222 S. zum Werner-Siemens-Realgymnasium S. 213-215.
223 Berlin, BBF: SLG-GS, Personalblatt Erich Bandmann.

[...], im Grunewaldgymnasium[224], in der Albrecht Dürer Oberrealschule Neukölln und in der Freien Schulgemeinde Wickersdorf"[225] folgten bis zum Beginn seiner Scharfenberger Zeit.

Ernst Sorge (1899-1946) wurde am 25.02.1899 in Vieselbach (Thüringen) geboren, hatte im Frühjahr 1917 sein Abitur am Kleist-Realgymnasium in Berlin-Schmargendorf gemacht, anschließend vom Sommersemster 1917 bis Michaelis 1923 an der Friedrich-Wilhelms-Universität Berlin Mathematik, Physik und Philosophie studiert, von Juni 1917 bis Januar 1919 am 1. Weltkrieg teilgenommen, wofür er sein erstes Referendariatsjahr erlassen bekam; im Herbst 1923 ging er zur Ableistung seines zweiten Referendarjahres an die 1. Städtische Studienanstalt, wo er nach dem Referendariat als Assessor und schließlich ab 01.10.1927 als Studienrat angestellt war; 1926 machte er eine Ergänzungsprüfung für das Fach Erdkunde, das er neben seiner Lehrertätigkeit studiert hatte[226].

Die 1. Städtische Studienanstalt war eine höhere Mädchenschule, zu der von Ostern 1923 bis Ostern 1928 auch eine Aufbauschule gehörte, die von Ostern 1928 bis Ende Juli 1935 als eigenständige 'Aufbauschule Friedrichshain' geführt und anschließend wieder der 1. Städtischen Studienanstalt (Händelschule) angegliedert wurde[227].

---

[224] Zum Grunewaldgymnasium s. S. 281.

[225] BLUME, Bericht (1923), Bl. 202v. - BLUME, Erinnerungen, S. 21, bezeichnete Bandmann als "ein[en] Schüler [August] Halms im hochmusikalischen Wickersdorf". - Biogr. Inf. zu August Halm s. S. 476.

[226] Diese und, soweit nicht anders vermerkt, alle anderen biogr. Inf. zu Sorge: Berlin, BBF: SLG-GS, Personalblatt Ernst Sorge. - SORGE, Ernst, Die Trockengrenze Südamerikas, Berlin, Univ., Diss., 1930, o.S.: Lebenslauf. - HAHNE, Hermann A., Dr. Ernst Sorge +, in: Polarforschung, Jg. 16 (1946), Bd. II, Heft 1/2, S. 120f. - Scholz-Sorge an D.H. br. vom 08.07.1985.

[227] Zur Geschichte der 1. Städtischen Studienanstalt s. insbes.: Berlin, BBF: SLG-GS, Jahresberichte 1920/21, Bd 3a, Nr. 1: 1. Städtische Studienanstalt; Jahresberichte 1921/22, Bd. 21a, Nr. 1: 1. Städtische Studienanstalt; Jahresberichte 1922/23, Bd. 30, Nr. 3: 1. Städtische Studienanstalt; Jahresberichte 1923/24, Bd. 45a, Nr. 3: 1. Städtische Studienanstalt; Jahresberichte 1924/25, Bd. 68a, Nr. 3: 1. Städtische Studienanstalt; Jahresberichte 1925/26, Bd. 86a, Nr. 3: 1. Städtische Studienanstalt; Jahresberichte 1926/27, Bd. 108a, Nr. 3: 1. Städtische Studienanstalt; Jahresberichte 1927/28, Bd. 134a, Nr. 3: 1. Städtische Studienanstalt; Jahresberichte 1928/29, Bd. 160a, Nr. 3: 1. Städtische Studienanstalt; Jahresberichte 1929/30, Bd. 183a, Nr. 3: 1. Städtische Studienanstalt; Jahresberichte 1930/31, Bd. 209a, Nr. 3: 1. Städtische Studienanstalt; Jahresberichte 1931/32, Bd. 235a, Nr. 3: 1. Städtische Studienanstalt; Jahresberichte 1932/33, Bd. 262a, Nr. 3: 1. Städtische Studienanstalt; Jahresberichte 1933/34, Bd. 289a, Nr. 3: 1. Städtische Studienanstalt; Jahresberichte 1934/35, Bd. 315a, Nr. 3: 1. Städtische Studienanstalt; Jahresberichte 1935/36, Bd. 341a, Nr. 3: 1. Städtische Studienanstalt; Jahresberichte 1936/37, Bd. 367a, Nr. 3: Händelschule / 1. Städtische Studienanstalt; Jahresberichte 1937/38, Bd. 392a, Nr. 3: Händelschule; Jahresberichte 1938/39, Bd. 417a, Nr. 3: Händelschule; Jahresberichte 1939/40, Bd. 441a, Nr. 3: Händelschule. -
Zur Geschichte der Aufbauschule Friedrichshain s. insbes.: Berlin, BBF: SLG-GS, Jahresberichte 1928/29, Bd. 160a, Nr. 11: Aufbauschule Friedrichshain; Jahresberichte 1929/30, Bd. 183a, Nr. 12: Aufbauschule Friedrichshain; Jahresberichte 1930/31, Bd. 209a, Nr. 13: Aufbauschule Friedrichshain; Jahresberichte 1931/32, Bd. 235a, Nr. 13: Aufbauschule Friedrichshain; Jahresberichte 1932/33, Bd. 262a, Nr. 13: Aufbauschule Friedrichshain; Jahresberichte 1933/34, Bd. 289a, Nr. 13: Aufbauschule Friedrichshain; Jahresberichte 1934/35, Bd. 315a, Nr. 13: Aufbauschule Friedrichshain.

Direktorin der 1. städtischen Studienanstalt von 1921 bis 1928 und Leiterin der Aufbauschule Friedrichshain von Ostern 1928 bis zu ihrer Versetzung und Degradierung durch die Nationalsozialisten 1933 war Berta Gerhardt (1879-19..)[228].

1924 stellte Gerhardt die damals 135 Schülerinnen umfassende 1. Städtische Studienanstalt in einem Zeitungsartikel vor[229]. Gemäß diesem Artikel bot sie ihren Schülerinnen die Möglichkeit zu einem gymnasialen und einem realgymnasialen Abschluß. Mit der seit Ostern 1923 zu dem 'Schulorganismus' zugehörenden Aufbauschule, die nach dem Typus der Deutschen Oberschule gestaltet war, war beabsichtigt, "in enger Zusammenarbeit mit der Gemeindeschule [...] die intellektuell und charakterlich Gutbegabten, [die] in den Gemeindeschulen zu vielversprechender Entwicklung gelangten"[230] zu sammeln und ihre Schüler nach den Aufbaujahren in der Oberstufe mit den von den höheren Schulzweigen kommenden Schülerinnen zusammenzuführen.

Auf der Oberstufe existierte ein Kern-Kurs-System, bei dem darauf geachtet wurde, daß es zum einen innerhalb der Kurse eine 'innere Bezogenheit der Dinge aufeinander' gab, und zum anderen der Gefahr der durch die Kurse möglichen Zersplitterung durch den Kernunterricht, der "in den Hauptfächern der betreffenden Schulgattung [...] alle zusammen [führte]"[231] begegnete. Über den Erfolg ihrer Oberstufenarbeit berichtete Gerhardt, die "mit dieser Organisationsform bis jetzt gemachten Erfahrungen sind ganz außerordentlich ermutigend, der Ertrag der wissenschaftlichen Arbeit sehr gut."[232]

Bei der Wahl der Unterrichtsinhalte wurde besonders auf die "Verwendbarkeit im praktischen Leben"[233] geachtet. Als Ziel nannte Gerhardt, daß die Schülerinnen "zu frohen, freien, tüchtigen Menschen heranwachsen", um "später mitgestaltend selbst an der Entwicklung teilnehmen zu können."[234]

Eine "sehr zentrale Stellung"[235] nahm der Kunstunterricht mit einer Betonung auf 'freiem Gestalten' und 'schöpferischem Arbeiten' ein[236]. Zum Thema Sport betonte Gerhardt, daß die "durch die rhythmische Gymnastik gegebenen Entwicklungsmöglichkeiten"[237] sehr viel Freude bereiteten. Auch das außerunterrichtliche Leben spielte eine nicht unwesentliche Rolle.

---

228 Zu Berta Gerhardts Geburtsdatum und Fächerkombination (Religion, Geschichte, Französisch) s. u.a.: Philologen-Jahrbuch (Kunzes Kalender), Jg. 31: Schuljahr 1924, 2. Teil, Breslau 1924. - Berlin, BBF: SLG-GS, Jahresberichte 1933/34, Bd. 289a, Nr. 13: Aufbauschule Friedrichshain, S. 23: Hinweis, Berta Gerhardt sei beurlaubt und in das Amt einer Studienrätin zurückversetzt worden. - Zur weiteren Biogr. dieser Reformpädagogin s. S. 771f.

229 GERHARDT, Berta, Das Ziel meiner Anstalt [= 1. Städtische Studienanstalt], in: 8-Uhr-Abendblatt. National-Zeitung vom 15.02.1924, 2. Beiblatt. - S. auch: HILDEBRANDT, Paul, Fröhliche Schule. Die erste Berliner Studienanstalt, in: Vossische Zeitung vom 10.02.1924, Morgenausg.

230 GERHARDT, Das Ziel meiner Anstalt.

231 GERHARDT, Das Ziel meiner Anstalt.

232 GERHARDT, Das Ziel meiner Anstalt.

233 GERHARDT, Das Ziel meiner Anstalt.

234 GERHARDT, Das Ziel meiner Anstalt.

235 GERHARDT, Das Ziel meiner Anstalt.

236 GERHARDT, Das Ziel meiner Anstalt.

237 GERHARDT, Das Ziel meiner Anstalt.

Um die Möglichkeiten reformpädagogischen Unterrichtens und des außerschulischen Lebens verbessern und erweitern zu können, errichtete die 1. Städtische Studienanstalt im Schuljahr 1924/25 in Eichkamp im Bezirk Charlottenburg eine 'Waldschule', die Ostern 1928 der Aufbauschule Friedrichshain angegliedert wurde, im Schuljahr 1930/31 geräumt werden mußte und im Schuljahr 1931/32 in Schloß Schöneiche im Osten Berlins im Krs. Niederbarnim eine neue Heimstatt fand[238].

Blume und Gerhardt standen in den 20er Jahren in engem Kontakt miteinander. So berichtete Blume der Scharfenberger Schulgemeinschaft am 03.12.1924 ausführlich "vom Besuch bei Fräulein Gerhardt, der Leiterin einer städtischen Studienanstalt, die hier ihre eigenen Grundsätze zu verwirklichen sucht"[239]:

> "Auf die Frage nach ihren Erfahrungen bei den Abgangsprüfungen - sollte doch diese Reise in unserer Frage, Ministerium oder Provinzialschulkollegium als Prüfungsbehörde, irgend welche Klärung bringen, warnte Fräulein Gerhardt vor dem Provinzialschulkollegium, das selbst ihre Prüfungsbehörde sei. Man kann es bei neuen Versuchen darum nicht empfehlen, weil es bei jeder Neuerung, die vorgeschlagen wird, glaubt, es gehe zuweit gegenüber den Bestimmungen, und darum auch alles Diesbzügliche unterläßt. Im Gespräch erzählte Fräulein Gerhardt, daß es bei ihr doch schon möglich gewesen ist, einer Schülerin auf Grund eines vorgezeigten Halbjahresaufsatzes die fünfte Klausurarbeit bei der Reifeprüfung zu erlassen. Zum Vergleich mit unseren ähnlichen Arbeiten will uns Fräulein Gerhardt einige Arbeiten leihen. Eine andere Ähnlichkeit beider Anstalten ist die Verbindung Griechisch-Deutsch, die allerdings bei uns erst angestrebt wird und darum auch nur einen Vertreter augenblicklich aufweist. Bei Fräulein Gerhardt unterrichtet in Griechisch die Tochter des berühmten Altphilologen Wilamowitz-Moellendorf, dessen Lebensziel ebenfalls die Verbindung des griechischen und des deutschen Wesens sei; durch die Tochter kann Wilamowitz-Moellendorf dazu veranlaßt werden, bei unserer Prüfung mit Griechisch als 1. Sprache, während doch sonst Latein diese Rolle einnimmt, an die Behörde ein Gutachten über unsere Leistungen einzureichen, um so dieses Novum den Augen der Prüfungskommission gefällig zu machen [...]."[240]

Über einen anderen, die Schüler bzw. Schülerinnen einbeziehenden Kontakt schreibt Blume, daß er am letzten Schultage vor den Herbstferien 1925 "mit einigen Schülern der Einweihung des Schulheims der ersten städtischen Studienanstalt in Eichkamp [beiwohnte], wo wir mit Ehren aufgenommen wurden; einige Tage später war der 'Frohbund' dieser Schule bei uns und pflanzte rechts vom Holzhaus eine Freundschaftslinde als äußeres Zeichen der Beziehungen herüber und hinüber."[241]

Blume berichtete, Sorge habe sich an der 1. Städtischen Studienanstalt "besonders aktiv beim Auf- und Ausbau des Grunewaldheimes dieser Schule in Eichkamp beteiligt."[242]

---

[238] Über Entwicklung und pädagogisches Leben der 'Waldschule' geben die entsprechenden Jahresberichte der 1. Städtischen Studienanstalt bzw. der Aufbauschule Friedrichshain Auskunft (s. dazu S. 392). - S. auch: Scholz-Sorge an D.H. br. vom 08.07.1985 sowie: E. Stölting an D.H. br. vom 16.07.1988, an D.H. br. vom 10.01.1989 und vor allem an D.H. br. vom 05.02.1989. [Dr. Erika Stölting, geb. Zenk, Schwester des Scharfenberger Schülers Lothar Zenk, war 1925-1931 Schülerin an der von Berta Gerhardt geleiteten Aufbauschule].

[239] Prot. der 52. Abendaussprache vom 03.12.1924, in: Berlin, LA, SIS: CH, V, S. 96.

[240] Prot. der 52. Abendaussprache vom 03.12.1924, in: Berlin, LA, SIS: CH, V, S. 96f. - In den Quellen über die 1. Städtische Studienanstalt sind keine Hinweise auf eine Lehrtätigkeit einer der Töchter von Wilamowitz-Moelledorf vorhanden.

[241] Berlin, LA, SIS: CH, V, S. 231.

[242] Berlin, LA, SIS: CH, V, S. 334f.

Eine der Schülerinnen Sorges an der 1. städtischen Studienanstalt war in den Jahren 1923-1929 seine spätere Frau Gerda Scholz-Sorge[243]. Sie berichtet, sie habe mit Sorge "in den letzten fünf Schuljahren 11 große Klassenfahrten gemacht, u.a. in die Berchtesgadener Alpen, mit Besteigung des Watzmann, in das Großglocknergebiet, mit Besteigung des Großglockners und auf das Matterhorn"; zudem hätte Sorge mit den Schülerinnen, die sich "für neue Schulformen interessierten", häufig die Schulfarm Scharfenberg besucht[244]. Dies bestätigt auch Blume, der in der Chronik schreibt, Sorge habe schon vor seiner Scharfenberger Zeit "des öfteren Bandmann und allmählich auch uns hier besucht, sogar schon ein Mal mit seinen Mädeln in der Scheune genächtigt hatte [...], mit ihnen des öfteren im Saal gesungen und auch hier mit ihnen gebadet hat."[245]

Wilhelm Ziegelmayer (1898-1951)[246] wurde am 18.01.1898 in Schweich (Trier/Mosel) geboren. Er hatte nach der Volksschule bis zum Ausbruch des 1. Weltkrieges das Friedrich-Wilhelm-Gymnasium in Trier besucht, wurde 1914 als Kriegsfreiwilliger Sanitäter, jedoch bereits 1915 aus gesundheitlichen Gründen entlassen[247]. Nach der Entlassung 1915 erwarb er nach zweijährigem Besuch der Lehrerbildungsanstalt Merzig (Saar) das Lehrerzeugnis für Volksschulen und trat in den Volksschuldienst ein. Ein Jahr später legte er das zweite Lehrerexamen ab und verwaltete mit 19 Jahren die Lehrerstelle an der Volksschule in Calenborn (Eifel) und die Grundschule zu Bubach (Saar)[248]. Von dort wurde er, wie Ziegelmayers Witwe schreibt, "von Niemann geholt, man kann auch sagen entdeckt [...]."[249]

Franz Joseph Niemann (1879-1957) war Stadtschulrat von Saarbrücken[250]. In dieser Funktion machte er ab 1912 die Saarbrücker Mädchenmittelschule Cecilienschule

---

243 Scholz-Sorge an D.H. br. vom 08.07.1985.

244 Scholz-Sorge an D.H. br. vom 08.07.1985.

245 Berlin, LA, SIS: CH, V, S. 335.

246 Zur Biogr. Ziegelmayers s. vor allem: SCHMITZ-HÜBSCH, Klara, Der Mittelschullehrer, der Universitätsprofessor wurde. Ein Gedenkblatt zum Tode Dr. Wilhelm Ziegelmeyers, in: Die Mittlere Schule, Jg. 59 (1951), März-Heft, S. 47f. - ZIEGELMAYER, Wilhelm, Metamorphose und Wachstum der Cyclopiden, Marburg, Univ., Diss., 1925, in: Zeitschrift für wissenschaftliche Zoologie, Bd. 126, Heft 4, 1925, S. 493-570, hier (o.S.): Lebenslauf. - Ergänzende Inf. vor allem: A. Ziegelmayer an D.H. br. vom 22.11.1988.

247 ZIEGELMAYER, Metamorphose, o.S.: Lebenslauf.

248 ZIEGELMAYER, Metamorphose, o.S.: Lebenslauf.

249 A. Ziegelmayer an D.H. br. vom 22.11.1988.

250 Zur Biogr. Niemanns s.: MAAßEN, Nikolaus, Franz Joseph Niemann, ein revolutionärer Vorkämpfer für die Mittelschule (Ein Gedenkblatt zu seinem 80. Geburtstag), in: Die Realschule. Zeitschrift für Schulpädagogik, Jg. 67 (1959), S. 197-202. - Eine 'versteckte' Biogr. Niemanns findet sich in: RÖGER, Christfried, Die Cecilienschule zu Saarbrücken (1912-1924) (=Veröffentlichungen des Instituts für Landeskunde des Saarlandes, 13), Saarbrücken 1965, bes. S. 38-61. - A. Ziegelmayer an D.H. br. vom 22.11.1988: "Niemann war ein jüngerer Freund meines Vaters. Ich kannte ihn sehr gut. Er war um 1908 Lehrer am Essener humanistischen Gymnasium, dem 'Burggymnasium'. Er unterichtete dort auch die Söhne des Oberbürgermeisters [Wilhelm] Holle, dessen Bruder oder Freund [=...] Kultusminister in Preußen war. Diesen machte Holle auf den seine Söhne begeisternden Lehrer aufmerksam, der daraufhin den Unterricht von Niemann besuchte, Niemanns Methode der Unterrichtung so hervorragend und wegweisend hielt, daß er ihn zum Stadtschulrat von Saarbrücken machte, mit der Auflage, eine Mittelschule nach seinen Vorstellungen aufzubauen." - Bei dem angesprochenen Oberbürgermeister handelt es sich um Wilhelm Holle (1866-1945), der 1906-1918 bis Oberbürgermeister von Essen war.

zu einem musterhaften Schulorganismus[251], der "den Schülerinnen der Mädchenmittelschule den Aufstieg aus der allgemein bildenden Mittelschule in die einzelnen
Fachausbildungen"[252] ermöglichte, dem Hausfrauenschule, Hauswirtschaftsseminar,
Handarbeitsseminar, Gewerbeseminar, Volksschullehrerinnenseminar, Höhere
Handelsschule, Kinderpflegerinnenschule, Kindergärtnerinnenseminar angegliedert
wurden, und zu dem schließlich ein Schulgarten ebenso gehörte wie ein Schullandheim[253]. 1921 entwickelte Niemann mit anderen Pädagogen einen Rah-
menlehrplan, der "als richtungsweisendes Beispiel für den Gesamtunterricht innerhalb und außerhalb des Landes"[254] galt. Zu den methodischen Grundanliegen gehörte, "die Selbsttätigkeit des Schülers in hohem Maße zu wecken und zu fördern."[255]
Dieser Absicht entsprach auch die Einführung von Schülerselbstverwaltung und
Schülerzeitschrift sowie Bemühungen zur Schaffung eigener Lehrmittel[256].

Niemann benötigte für die Durchführung seiner Reformvorhaben Mitarbeiter, die
bereit und in der Lage waren, diese umzusetzen. Bei der Suche nach solchen Mitarbeitern bekam Niemann ebenso große Freiheiten zugestanden - und hatte dabei offenbar eine glückliche Hand[257]. Ein ehemaliger Lehrer berichtet dazu:

> "Wir hatten uns nicht an seine Schule beworben: Die einen hatte er auf seinen zahlreichen päd-
> agogischen Reisen durch Deutschland 'entdeckt', die anderen waren ihm durch eigenwillige, oft
> zornig aufbegehrende Aufsätze und Vorträge aufgefallen. Niemann war der Meinung, daß sol-
> che pädagogischen Ketzer von tieferliegenden Kräften erfüllt sein müßten als viele andere, die
> gedankenlos und gehorsam den Karren der Tradition weiterzogen.
> So hatte er viele junge Lehrer an seine Schule gerufen, und aus allen deutschen Landschaften
> waren sie gekommen [...] [...]. Er wollte mit Hilfe eines homogenen Kollegiums, mit geistig
> regen Persönlichkeiten pädagogisches Neuland schaffen. Es war die von tausend Hoffnungen
> auf den Ausbruch einer besseren Epoche gespeiste und von politischen, wirtschaftlichen, sozia-
> len und kulturellen Gärungen aufgewühlte Zeit nach der Katastrophe von 1918. So zog denn
> der Saarbrücker Stadtschulrat und Schuldirektor auf 'Lehrerfang' aus, und fast immer kehrte er
> mit 'Beute' zurück."[258]

---

[251] S. bes.: RÖGER, Cecilienschule - sowie: Cecilienschule. Unser Weg 1912-1962. Festschrift
       zum 50jährigen Bestehen der Mädchenmittelschule Saarbrücken, Saarbrücken 1962.
[252] Die Mädchenmittelschule und ihre Aufbauanstalten (Aus einem amtlichen Bericht), in:
       Cecilienschule. Unser Weg 1912-1962. Festschrift zum 50jährigen Bestehen der
       Mädchenmittelschule Saarbrücken, Saarbrücken 1962, S. 21-23, hier S. 22.
[253] Die Mädchenmittelschule, S. 21f.
[254] Die Mädchenmittelschule, S. 22.
[255] Die Mädchenmittelschule, S. 22.
[256] Die Mädchenmittelschule, S. 22f.
[257] RÖGER, Cecilienschule, S. 105: "Er hatte die Wahl unter den besten Absolventen der Oberly-
       zeen der Auguste-Viktoria- und der Ursulinen-Schule in Saarbrücken. Darüber hinaus gab
       Oberbürgermeister Mangold ihm aber auch 'die Möglichkeit, sie weit und breit zu suchen. [Er]
       [...] konnte die besten Lehrer und Lehrerinnen zwischen Aachen und Berlin auswählen' [...] [,
       und] er [machte] von dieser Möglichkeit reichsten Gebrauch". - Bei dem genannten Oberbür-
       germeister handelt es sich um Emil Mangold (1867-1945), der von 1909 bis 1919 Oberbürger-
       meister von Saarbrücken war (Stadt Saarbrücken. Referat für Öffentlichkeitsarbeit an D.H. br.
       vom 15.06.1999).
[258] LUX, Hanns Maria, Das war Niemann. Erinnerungen an die Saarbrücker Jahre des Schulrefor-
       mers, in: Cecilienschule. Unser Weg 1912-1962. Festschrift zum 50jährigen Bestehen der Mäd-
       chenmittelschule Saarbrücken, Saarbrücken 1962, S. 25-30, hier S. 25f.

Seinen Lehrern ermöglichte Niemann "ihre mitgebrachten Fähigkeiten ungestört zu entfalten und der Jugend dienstbar zu machen"[259], u.a. indem er ihnen in einem Ausmaße wie "an keiner der damaligen und wohl auch heutigen Schulen [...] so weitreichende Freiheiten im Unterricht gewährt[e]."[260]

Mit diesen Lehrern erbrachte die Schule Leistungen, "die bei den amtlichen und den aberhundert inoffiziellen Besuchen aus Deutschland, Europa und der Übersee, Gästen, die mehrere Tage, oft Wochen hindurch dem Unterricht beiwohnten, helles Erstaunen hervorriefen [...]."[261]

So wie ein internationales Publikum die Saarbrücker Leistungen betrachtete, ermöglichte Niemann seinen Lehrern, andere pädagogische Versuche kennenzulernen:

> "Niemann konnte es nicht genügen, daß seine Lehrer sich gegenseitig im Unterricht besuchten, er wollte auch, daß sie an anderen Schulen Einkehr hielten. Der 'Blick aus dem Fenster' sollte durch kritisches Vergleichen neue pädagogische Landschaften erschließen, sollte produktive Kräfte freilegen, sollte zur Erkenntnis eigener Vorzüge und Mängel zwingen. Wie oft und großzügig wurden Lehrer zu Studienfahrten beurlaubt! Wir weilten bei [Heinrich] Scharrelmann [(1871-1940)] und [Fritz] Gansberg [(1871-1950)], bei [Hugo] Gaudig [(1860-1923)] und [Oskar] Seinig [(1861-19..)], bei Berthold Otto [(1859-1933)] [...] und bei vielen anderen, die - jeder auf seine Weise - als Verkünder neuer pädagogischer Botschaft gepriesen oder gelästert wurden. Niemann rief uns - in seiner späteren Eigenschaft als Direktor der Auslandsabteilung im Zentral-Institut für Erziehung und Unterricht - fast Jahr für Jahr nach Berlin, wo wir für vierzehn und mehr Tage mit Erziehern aus aller Welt zusammentrafen. Das größte Geschenk an einige seiner Mitarbeiter aber war die Vermittlung ihrer Beurlaubung an Schulen ins Ausland [...]."[262]

Ziegelmayer war einer dieser jungen Lehrer, die ins 'Netz' Niemanns gerieten:

> "Da lebte zum Beispiel in einem abseits gelegenen Eifeldörfchen ein Junglehrer, der seinen Chef in der Kreisstadt erzürnt hatte, weil er gar zu oft mit seinen Schülern zu geologischen, zoologischen und botanischen Streifzügen auszog und den Klassenraum in ein lebendiges 'Museum' verwandelte. Die aufgebrachte Behörde wurde bald von dem unruhigen Magister samt seinen neumodischen Exkursionen befreit. Franz Joseph Niemann hörte von dem eigenwilligen Volksschullehrer und berief ihn an seine Schule. Hier gab er ihm Gelegenheit zu forschen und junge Menschen zu den Wundern des Lebens zu führen. Aus dem dörflichen Forscher wurde nach Jahren ein Mann, dem die Ernährungswissenschaft bedeutende Erkenntnisse verdankt und der sich dann als Universitätsprofessor in Berlin weltweiten Ruf erworben hat. Professor Dr. W. Z. [...] ist ein Beispiel für die Sicherheit, mit der Niemann die hohe Begabung des Erziehers erkannte."[263]

Ziegelmayer schrieb, daß ihm die Saarbrücker Stadtverwaltung neben seiner "pädagogischen Tätigkeit an den Saarbrücker Mittelschulen und Aufbauanstalten: Frauenschule, Hauswirtschafts-, Handarbeitsseminar, Kindergartenseminar und Gewerbeseminar, Höhere Handelsschulen", an denen er "Technologie, Nahrungsmittellehre und Physiologie sowie Biologie erteilte", die Gelegenheit gab, "das Schulwesen der Städte Frankfurt, Hamburg, Leipzig, Dresden, Halle und einiger rheinischer Städte zu studieren, um an der Gestaltung der neuen Saarbrücker Lehrpläne

---

259 LUX, Das war Niemann, S. 26.
260 LUX, Das war Niemann, S. 27.
261 LUX, Das war Niemann, S. 27.
262 LUX, Das war Niemann, S. 29.
263 LUX, Das war Niemann, S. 26.

mitzuarbeiten, deren naturwissenschaftliche Disziplinen [...] [ihm] mit zugeteilt wurden"[264]. Doch die Förderung, die Ziegelmayer durch Niemann erhielt, ging noch weit darüber hinaus:

> Zum Teil durch großzügige Beurlaubungen[265] erhielt er die Gelegenheit, während seiner Lehrerzeit [!] in Saarbrücken sowohl die Mittelschullehrerprüfung abzulegen, sein Abitur nachzumachen (1919), ein Studium der Biologie, Zoologie, Geologie und Physiologie zunächst in Frankfurt zu beginnen und dieses in Marburg 1925 mit einer Promotion abschließen zu können[266] - unterbrochen von Reisen und Expeditionen nach Italien und in die Sahara[267] sowie einer Reise in die Sowjetunion, auf der Ziegelmayer vor der Moskauer Akademie einen wissenschaftlichen Vortrag halten[268] und (wohl auf derselben Reise) das sowjetische Schulwesen kennenlernen konnte[269].

Ein Jahr vor Abschluß der Promotion, 1924, ging Niemann von Saarbrücken nach Berlin, um dort als Direktor die Leitung der Auslandsabteilung des Zentralin-

---

[264] ZIEGELMAYER, Metamorphose, o.S.: Lebenslauf.

[265] A. Ziegelmayer an D.H. br. vom 22.11.1988.

[266] ZIEGELMAYER, Wilhelm, Metamorphose und Wachstum der Cyclopiden, Marburg, Univ., Diss., 1925, in: Zeitschrift für wissenschaftliche Zoologie, Bd. 126, Heft 4, 1925, S. 493-570.

[267] A. Ziegelmayer an D.H. br. vom 22.11.1988. - Und: ZIEGELMAYER, Metamorphose, o.S.: Lebenslauf.

[268] A. Ziegelmayer an D.H. br. vom 22.11.1988: "Auf Grund einer wissenschaftlichen Veröffentlichung in einer Zeitschrift [...] eine Einladung zur 500 Jahrfeier der 'Akademie Moskau', um über seine Arbeit einen Vortrag zu halten. Die deutsche Delegation war unter der Führung von Professor Max Planck (1858-1947). Es war der 1. internationale wissenschaftliche Kongreß nach der Revolution." - Vgl.: ZIEGELMAYER, Willi, Untersuchungen zum Quellungsmechanismus von Eizellen. Vortrag im Auszug, gehalten auf dem III. Internationalen Limnologen-Kongreß in Moskau (im Institut für experimentelle Biologie), in: Zeitschrift für Zellforschung und mikroskopische Anatomie, 4. Bd., Berlin 1927, S. 73-124.

[269] S. Ziegelmayers Erfahrungsbericht: ZIEGELMAYER, Wilhelm, Die Schule in Sowjetrußland und ihre Methode des 'Komplex'-Gesamtunterrichts, in: Die Mittelschule. Zeitschrift für das gesamte mittlere Schulwesen, Jg. 41 (1927), S. 186-190.

stituts für Erziehung und Unterricht zu übernehmen[270]. Hier in Berlin lernte er durch Besuche auch die Schulfarm kennen - und vermittelte ihr den Naturwissenschaftler Ziegelmayer[271]. Blume berichtet in der Chronik in ansonsten unbekannter Weise von den hohen Erwartungen, die er mit diesem neuen Lehrer verband:

"Neu kam [...] zu uns Herr Dr. Ziegelmayer aus Saarbrücken, der bisher an der Cecilienschule dort angestellt gewesen war. Durch den ehemaligen Organisator dieser Schule, Herrn Schulrat Niemann, ist er zu uns gekommen; diesem, der jetzt im Zentralinstitut für Erziehung und Unterricht die Auslandskurse leitet, war es bei seinen Besuchen hier aufgefallen, daß den Gästen fast immer Kulturunterricht gezeigt ward und nicht, was doch auf der Insel viel natürlicher wäre, Biologie. Der Hydrobiologe Dr. Z. soll nun diese so notwendige Ergänzung bringen. Es soll sich jetzt der Traum erfüllen, daß ein ständiger Vertreter der Naturwissenschaften auf der Insel ist. Das Entgegenkommen der städtischen und staatlichen Behörden war groß, sodaß die wahrlich nicht geringen Schwierigkeiten der Übersiedlung überwunden wurden [...]. Noch keinem Lehrer, der zu uns gekommen ist, ging ein so guter Ruf voraus wie Herrn Dr. Ziegelmayer. Nicht nur, daß er für sein Alter unverhältnismäßig viel wissenschaftliche Publikationen hat erscheinen lassen, seine hydrobiologischen Forschungen hatten sich stets an Ort und Stelle eingenistet: in der Eifel, als er dort Lehrer war, in den Sümpfen des Saargebiets, [...] bei Neapel und in der Sahara. In der letzten Zeit waren in der Zeitschrift für Zellenforschung und mikroskopische Anatomie Untersuchungen über den Quellungsmechanismus von Eizellen erschienen[272], hatte er auf dem Biologenkongreß in Moskau einen Vortrag gehalten, hatte er in Saarbrücken die Reichsgesundheitswoche geleitet. Vor allem wähnte man als sein Werk die

---

[270] RÖGER, Cecilienschule, S. 42: "Widrige Umstände persönlicher Art, sachliche Differenzen zwischen der Stadtverwaltung und der Regierungskommission und über das Schulpolitische hinausgehende Auseinandersetzungen in dem von Deutschland abgetrennten Saargebiet führten [...] dazu, daß Niemann am 1. Oktober 1924 in den Ruhestand trat. Seine langjährige Bekanntschaft mit Geheimrat Ludwig Friedrich August Pallat, dem Mitbegründer und Gesamtleiter des Berliner Zentralinstituts für Erziehung und Unterricht, wurde dann zur Arbeitsgemeinschaft, als Niemann noch im gleichen Jahre einen Ruf als Direktor der Auslandsabteilung dieses Instituts erhielt und annahm. Hier nun wurde er 'durch zahlreiche Auslandskurse und Kurse zur Pflege des Auslandsdeutschtums an deutschen Schulen bestens bekannt. Ausgedehnte Reisen führten ihn durch ganz Europa und ermöglichten es ihm, im persönlichen Kontakt mit führenden Wissenschaftlern, maßgeblichen Beamten der Schulverwaltungen, Lehrerbildnern und Erziehern in allen Schularten sein Gedankengut gleichzeitig zu bereichern und weiterzugeben." - Zu Niemanns weiterem Wirken schreibt: LUX, Das war Niemann, S. 30: "Er leitete [...] die Auslandsabteilung des Zentral-Instituts für Erziehung und Unterricht in Berlin. Er wurde in enger Zusammenarbeit mit Hans Bredow [(1879-1959)] der Schöpfer des Schulfunks. Er begründete als erster Sprachenlehrgänge auf Schallplatten. Sein Plan, ein Institut für Völkerpädagogik zu schaffen [...] verwirklichte er in Mainz, dem Schnittpunkt abendländischer Völkerstraßen. Dies geschah 1931, zwanzig Jahre, bevor UNO und UNESCO den Gedanken erneut aufgriffen. Hitler vertrieb 1933 den großen Pädagogen und zerstörte das kaum begonnene Werk. Amerikanische Freunde luden ihn ein, nach den USA zu kommen. Hier entwickelte er eine neuartige Methode, fremde Sprachen zu sprechen und zu entwickeln. Achtundsiebzig Jahre alt, im März 1959, traf er am Rhein mit ausländischen Sprachwissenschaftlern zusammen, um ein über Jahrzehnte vorbereitetes Werk zu vollenden. Im hehren Gefühl, am Ziel einer Arbeit zu stehen, die dem Wohl der Völker dienen sollte, brach er zusammen und starb, das Licht des Frühlingstages auf der wuchtigen freien Stirn und ein zufriedenes Lächeln um den sonst so trotzigen Mund."

[271] Berlin, LA, SIS: CH, V, S. 338. - S. auch: RÖGER, Cecilienschule, S. 107f.: "Als Niemann später in Berlin reichlich Gelegenheit hatte, seinen ehemaligen [Saarbrücker] Mitarbeitern weiterzuhelfen, vermittelte er Ziegelmayer an die Versuchsschule Insel-Scharfenberg bei Tegel."

[272] ZIEGELMAYER, Untersuchungen zum Quellungsmechanismus.

Wirtschaftsausstellung der Cecilienschule in seiner Heimatstadt[273]. Er selbst schrieb von dort: 'Was bin ich so froh, wenn ich mich nicht mehr so zu zersplittern brauche. Dann werde ich so stark, daß ich Ihnen einen Turm zu Babel baue.' Und dann das Tröstlichste: sein früherer Direktor bezeugte: 'Er besitzt die Fähigkeit, seinen naturwissenschaftlichen Unterricht von der Enge der Systematik und vom Lehrbuch los zu machen. Sein Lehrbuch ist das Leben.' Sollte sich nun doch verwirklichen lassen, was im ersten Jahr in leidenschaftlichen Debatten mit Martin Grotjahn von mir als Zukunftsziel aufgesteckt wurde? Auf der einen Seite der Insel das Gymnasium griechisch-deutschen Geistes, auf der anderen das naturwissenschaftliche Gymnasium - Wilhelm und Alexander, beide eins im echten Humanismus! Manche äußeren Anzeichen schienen sich dazu zusammenzufinden: das Holzhaus mit seinem Hörsaal mit Arbeitstischen für mikroskopierende Naturkursler war fertig; die beiden Naturkursler, mit denen ich im Holzhaus gemeinsam schlief, wollten schon jede andere 'Fakultät' aus diesem Bereich gewaltsam entfernen; Herr Dr. Ziegelmayer brachte nicht nur eine naturwissenschaftliche Bibliothek mit, sondern auch ein ganzes wohlausgestattetes biologisch-chemisches Laboratorium, mit dem er in das geräumige Zimmer neben dem großen Saal im Bollehaus einzog. Die ganze Fähre stand voll Kisten und Ballen; auch ein Lichtbildapparat fehlte nicht."[274]

Walter Ackermann (1889-1978)[275] wurde am 11.06.1889 in Eisenach geboren. Von Ostern 1899 bis zur Reifeprüfung 1908 hatte er das Coburger Gymnasium besucht und von Sommersemester 1908 bis Sommersemester 1914 in Lausanne (Sommersemester 1908), Berlin (Wintersemester 1908/09 bis Sommersemester 1909) und Göttingen (Wintersemester 1909/10 bis Sommersmester 1914) Philosophie, Mathematik und Physik studiert[276].

In einem Lebenslauf aus dem Jahr 1945 schrieb Ackermann, sein "besonderes Interesse" habe "von jeher der kritischen Philosophie [gegolten], wozu mich das Studium der Mathematik und Physik immer wieder anregte."[277] Von den Professoren

---

[273] ZIEGELMAYER, Wilhelm, Die Wirtschaftsausstellung der Cecilienschule, in: Saarländer Schulzeitung. Halbmonatsschrift zur Förderung der Schule und des Lehrerstandes, Jg. 4 (1924), Nr. 28 vom 15.03.1924 [u.d.T. 'Wirtschaftsausstellung der Cecilienschule zu Saarbrücken' auch als Sonderdr.], S. 325-328 [im Sonderdr.: S. 5-8]. - Vgl. auch: Die Mädchenschule, S. 21. - Und: MAAßEN, Franz Joseph Niemann, S. 197.

[274] Berlin, LA, SIS: CH, V, S. 337-339.

[275] Soweit nicht anders vermerkt entstammen die folgenden biogr. Inf. zu Ackermann: Göttingen, AdPH: Ordner I-V [zur Geschichte der Pädagogischen Hochschule] und bes. Personalakte Prof. Dr. W. Ackermann (mit Personalblatt, Lebenslauf u.a.). - Berlin, BBF: SLG-GS, Personalblatt Walter Ackermann. - ACKERMANN, Walter, Beobachtungen über Pyroelektrizität in ihrer Abhängigkeit der Temperatur, Göttingen, Univ., Diss., 1914, o.S.: Lebenslauf. - S. auch: PS Merkel: [Ohne Autor], Würdigung des Lebens von Walter Ackermann, Wiesbaden 1978 (masch.). - Ergänzende Inf. vor allem: I. Ackermann an D.H. br. vom 10.02.1990.

[276] Berlin, BBF: SLG-GS, Personalblatt Walter Ackermann. - ACKERMANN, Beobachtungen.

[277] Göttingen, AdPH: Personalakte Ackermann, Lebenslauf [nach 01.11.1945].

hob er vor allem Leonard Nelson (1882-1927)[278] hervor, dessen Kreis er sich anschloß, zu dem er auch in engeren persönlichen Kontakt trat und dem er - wie er
einmal schrieb - "die größten Fortschritte meiner geistigen Entwicklung"[279] verdankte[280].

1914 legte Ackermann in Göttingen zunächst seine Doktorprüfung[281], kurz darauf
sein Staatsexamen ab[282]. Im August 1914 meldete er sich als Kriegsfreiwilliger; er
wurde in einer Fliegertruppe bei der Infanterie eingesetzt und verlor bei einem Auf-
klärungsflug über Frankreich im September 1917 seine linke Hand[283], weshalb er
"seine Absicht, in der Forschung an der Universität zu bleiben, aufgeben

---

[278] Eine Ausführliche Darstellung der Tätigkeit L. Nelsons und seiner Mitarbeiter s. u.a.: LINK,
Werner, Die Geschichte des Internationalen Jugend-Bundes (IJB) und des Internationalen Sozia-
listischen Kampf-Bundes (ISK). Ein Beitrag zur Geschichte der Arbeiterbewegung in der
Weimarer Republik und im Dritten Reich (=Marburger Abhandlungen zur Politischen Wissen-
schaft, 1), Meisenheim 1964. - S. auch: BLENCKE, Erna, Leonard Nelsons Leben und Wir-
ken im Spiegel der Briefe an seine Eltern, 1891-1915. Material für einen Biographen, in:
Erziehung und Politik. Minna Specht zu ihrem 80. Geburtstag, hrsg. von Hellmut BECKER,
Willi EICHLER und Gustav HECKMANN, Frankfurt 1960, S. 9-72. - ZIECHMANN, Jürgen,
Theorie und Praxis der Erziehungs bei Leonard Nelson und seinem Bund, Bad Heilbrunn 1970.
- NIELSEN, Birgit S., Erziehung zum Selbstvertrauen. Ein sozialistischer Schulversuch im
dänischen Exil 1933-1938. Mit einem Vorwort von Hellmut BECKER und einem Vorwort zur
2. Aufl. von Hermann RÖHRS, Weinheim 1999. - FRANKE, Holger, Leonard Nelson. Ein
biographischer Beitrag unter besonderer Berücksichtigung seiner rechts- und staatsphilosophi-
schen Arbeiten (=Wissenschaftliche Beiträge aus europäischen Hochschulen, Reihe 02:
Rechtswissenschaften, 17), Ammersbek bei Hamburg 1991. - LUDWIG, Entstehung, Bd. 1, S.
177-207: Kap. 'Theorie und Praxis des Landerziehungsheims und der Ganztagsschule bei
Leonard Nelson und Minna Specht'.

[279] Göttingen, AdPH: Personalakte Ackermann, Lebenslauf [nach dem 01.11.1945].

[280] Bonn, Archiv der sozialen Demokratie der Friedrich Ebert-Stiftung (AdsD), Nachlaß Leonard
Nelson, Kassette 40: [1.] Notizen aus einem Interview von Prof. Schaefer, USA, mit Walter
Ackermann, Wiesbaden, vom August/September 1958. - [2.] ACKERMANN, Walter, Erinne-
rungen an Leonard Nelson [Mitschrift von Gespräch mit Erna Blencke am 14. März 1968]. -
[3.] ACKERMANN, Walter, Meine Erinnerungen an Leonard Nelson, wie sie im Gespräch mit
Erna Blencke am 14. März 1968 lebendig wurden. - [4.] Würdigung des Lebens von Walter
Ackermann [o. Autor], Wiesbaden 1978. -
Einzelhinweise zu Ackermanns Kontakten zu Nelson finden sich bei: BLENCKE, Leonard Nelsons Leben und Wirken, S. 58, nennt Ackermann als Teilnehmer der 6. Tagung der Friesge-
sellschaft im Sommer 1914. - Und: L. Nelson an seine Eltern br. vom 07.10.1916: "Nachher
kommt Ackermann, der bis morgen auf Urlaub hier ist [...]." Dieser Brief ist veröff. in:
BLENCKE, Erna, Leonard Nelsons Mitteilungen an seine Eltern im Kriegsjahr 1916, in: Vernunft, Ethik, Politik. Gustav Heckmann zum 85. Geburtstag, hrsg. von Detlev HORSTER und
Dieter KROHN, Hannover 1983, S. 55-76, hier S. 67f. - Weitere Hinweise auf die Beziehungen Ackermanns zu Nelson und seinem Kreis könnten die 'Jahresberichte des Vorstandes des
IJB enthalten, die sich (vollständig oder in größerer Zahl ?) im: Berlin, BA: Bestand N 2210:
Nachlaß Leonard Nelson (dort u.a.: Nr. 239, 241, 245, 246) befinden. - In: Berlin, BA: Be-
stand N 2210: Nachlaß L. Nelson, Nr. 246, Bl. 33ff.: Jahresbericht des Vorstandes des IJB
vom August 1922, findet sich laut FRANKE, Leonard Nelson, S. 154f., der Hinweis, daß der
'Internationale Jugend-Bund' um Nelson durch einen Freundesrat unterstützt wurde, dem u.a.
Albert Einstein, der Ökonom und Soziologe Franz Oppenheimer, der Völkerrechtler Walther
Schücking, der Theologe Friedrich Siegmund-Schultze, die Frauenrechtlerin Minna Cauer und
Elisabeth Rotten [!] angehörten.

[281] ACKERMANN, Beobachtungen.

[282] Berlin, BBF: SLG-GS, Personalblatt Walter Ackermann.

[283] Berlin, BBF: SLG-GS, Personalblatt Walter Ackermann.

[mußte]."[284] Nach dem Krieg ging Ackermann an die neugegründete Frankfurter Universität und wurde dort Assistent des Arztes und Nationalökonomenen Prof. Franz Oppenheimer (1864-1943)[285]. In Veranstaltungen Oppenheimers lernte Ackermann Lotte Hirschfeld (1898-1988) kennen, die anschließend Mitarbeiterin bei Walter Gropius (1883-1969) im Bauhaus in Weimar und im Februar 1923 Ackermanns Frau wurde[286].

1920 tat sich Ackermann auf Rügen, wo er "über einer wissenschaftlichen Arbeit saß"[287], mit Otto Haase (1893-1961), der hier in Potbus seine Referendariatszeit verbrachte[288], und den Ackermann wahrscheinlich aus gemeinsamen Göttinger Zeiten kannte[289], u.a. "in der Jugendbewegung stehenden Pädagogen"[290] zusammen. Dabei

[284] F. Ackermann an D.H. br. vom 30.08.1988.

[285] PS Merkel: [Ohne Autor], Würdigung des Lebens von Walter Ackermann, Wiesbaden 1978 (masch.). - In dieser Quelle heißt es hierzu weiter: "Als Assistent des Nationalökonomen Professor Franz Oppenheimer [...] erweiterte er sein Wissen und seine Einsichten auf dem Gebiet der Gesellschaftswissenschaften [...]. Ackermann führte Oppenheimer in die philosophisch-ethischen Gedankengänge von Leonard Nelson ein. Dieser übernahm sie als Grundlage für sein nationalökonomisches Lehrgebäude." - Zu Oppenheimer s. bes.: OPPENHEIMER, Franz, Erlebtes, Erstrebtes, Erreichtes. Lebenserinnerungen, hrsg. von L. Y. OPPENHEIMER, Düsseldorf 1964. - HASELBACH, Dieter, Franz Oppenheimer. Soziologie, Geschichtsphilosophie und Politik des 'liberalen Sozialismus', Opladen 1985.

[286] PS Merkel: [Ohne Autor], Würdigung des Lebens von Walter Ackermann, Wiesbaden 1978 (masch.). - Biogr. Inf. zu Lotte Ackermann: I. Ackermann an D.H. br. vom 29.05.1999.

[287] KÜNKEL, Hans, Die zwanziger Jahre, in: Festgabe für Otto Haase zum 60. Geburtstage, Göttingen 1953, S. 57-61, hier S. 57.

[288] Otto Haase verbrachte nach seinem Studium in Berlin und Göttingen (u.a. bei Nelson) seine Referendarszeit in Putbus auf der Insel Rügen; hier gründete er mit Ackermann u.a. eine 'Produktionsschule'. Nach deren Scheitern wurde er zunächst Lehrer am Lietz'schen Landerziehungsheim in Haubinda, dann Studienrat in Weimar. 1924-1930 war er Leiter der Trüperschen Erziehungsheime in Jena und Vorstandsmitglied der Jenaer Volkshochschule (aus dieser Zeit Freundschaft mit Adolf Reichwein), 1930-32 Direktor der Pädagogischen Akademie Frankfurt und 1932-33 Direktor der Pädagogischen Akademie Elbing. 1933 wurde er aus diesem Amt entfernt und ging als Volksschullehrer nach Hannover. Nach dem 2. Weltkrieg organisierte er die Lehrerbildung in Niedersachsen neu und war zuletzt Ministerialdirigent am Niedersächsischen Kultusministerium und dessen Hochschulreferent. - Biogr. Inf. zu Haase in: Adolf Reichwein. Ein Lebensbild aus Briefen und Dokumenten. Ausgew. von Rosemarie REICHWEIN unter Mitwirkung von Hans BOHNENKAMP, hrsg. und komm. von Ursula SCHULZ, Bd. 1, München 1974, S. 285f.; auch in: LESKI, Schulreform, S. 449; auch in: LESKI, Schulreformprogramme. - Ausführlicher s.: Festgabe für Otto Haase zum 60. Geburtstage, Göttingen 1953, bes.: S. 5-14: SCHULZ, Bernhard, Bildnis eines Freundes, und: S. 57-61: KÜNKEL, Hans, Die zwanziger Jahre. - In memoriam Otto Haase, hrsg. vom 'Männertreu Hannover' (=Blätter vom Greifenstein, 15), Wunsdorf 1968. - Zuletzt die hervorragende Kurzbiogr. (mit weiterführenden Literaturangaben): HESSE, Professoren, S. 322-324.

[289] Vermutlich über die Freundschaft mit Haase kam auch eine Freundschaft zwischen Ackermann und Adolf Reichwein zustande; vgl. dazu: Reichwein an Wilhelm Schüler br. vom 13.11.1927; abgedr. in: Adolf Reichwein. Ein Lebensbild aus Briefen und Dokumenten. Ausgew. von Rosemarie REICHWEIN unter Mitwirkung von Hans BOHNENKAMP, hrsg. und komm. von Ursula SCHULZ, Bd. 1, München 1974, S. 99: "Daß ich jetzt abends hier in meinem Büro sitze, ist durch den Besuch eines Freundes, Dr. Ackermann, begründet, der heute Dr. Haase, den Leiter der Trüperschen Erziehungsheime, und mich besucht hat, auf unsre Einladung, um mit uns über Leonard Nelson, den kürzlich an Lungenentzündung ziemlich jung verstorbenen Göttinger Philosophen zu sprechen, mit dem jeder einmal verbunden gewesen ist. Wir verdeutlichten uns gemeinsam das, was N. unvergängliches geleistet hat [...] und leiteten daraus abermals unsere Pflichten ab. Mir hat dieser Tag des 'Philosophierens' ungemein wohl getan."

[290] FUCHS, Probleme des Wirtschaftsstils von Lebensgemeinschaften, S. 83.

"gab es nicht nur lange Gespräche über Leonard Nelson [...] und über den Siedlungspolitiker Franz Oppenheimer", sondern es entstand auch "der Plan einer Schulsiedlung, die nicht nur die Kinder begüterter Eltern aufnehmen sollte"[291].

Man beabsichtigte, "eine Schulform [sic!] zu gründen, in der die benachteiligten
Kinder von Arbeitern und Bauern (oder Fischern) lernen konnten, in dem die Schule
daneben ihren Unterhalt weitgehend selbst verdiente."[292] Ackermann "erbat Spenden
dafür u.a. auch bei seinem späteren Schwiegervater, der großzügig spendete, obwohl
er wohl vorausahnte, daß dieses Experiment scheitern würde."[293] Zu den Spendern
zählte angeblich auch Walter Rathenau[294].

Wie wenige Jahre später der Landerziehungsheimpädagoge Martin Luserke[295],
mit dem Otto Haase befreundet war[296], auf der Insel Juist, so gründete man auf Rügen eine 'Schule am Meer'. Aufgrund der Herkunft der Schüler, der Lage der
Schule und der Tatsache, daß der Fischfang für die deutschen Ostseefischer in der
Inflationszeit sehr lukrativ war, entschloß man sich, daß der Fischfang die

---

[291] KÜNKEL, Die zwanziger Jahre, S. 57.
[292] I. Ackermann an D.H. br. vom 10.02.1990.
[293] I. Ackermann an D.H. br. vom 10.02.1990.
[294] KÜNKEL, Die zwanziger Jahre, S. 57. - S. zu Rathenau als Geldgeber für Blumes Versuche S.
       123f., S. 208f. und S. 678f.
[295] S. zu Luserke bes. S. 478.
[296] So: KÜNKEL, Die zwanziger Jahre, S. 57.

wirtschaftliche Grundlage für den Versuch bilden sollte[297]. Man kaufte zwei alte Fischkutter und ging mit "Mut und [...] Freude am Abenteuer"[298] zur Sache. Doch der Versuch - Ackermanns Lehrerpersonalblatt weist ihn von Januar bis Ende September 1920 an einer 'Privatschule' in Binz auf Rügen nach - währte nicht lange:

> "Ob die übermäßige Anstrengung der jungen Fischer in den Herbststürmen, ob eine Havarie eines der Kutter, ob die schwankenden Erlöse des Fischfangs das Ende brachten - das tapfere Unternehmen brach zusammen, und nur die fortschreitende Inflation rettete die Begründer vor dauernder Schuldenlast."[299]

---

[297] S. zu diesem Schulversuch: SCHULZ, Bildnis eines Freundes, S. 7: "Gleich nach dem Friedensschluß, noch vor der Arbeit in den Landerziehungsheimen, hatte Dr. H.[aase] mit jungen Kameraden eine eigene Schule in Binz auf Rügen gegründet. Fischerei auf eigenen Kuttern sollte mit verdienen helfen, ein neues Geschlecht in hartem Umgang mit der Küstennatur sich bilden, man schwärmte für die Rückbindung an heilige Urwerte, aber man trat auch wahrhaftig, in Dreck und Speck, sagen wir in Teer und Tran, dafür ein. Wie es dann wirklich wurde, hat uns der Freund selbst erzählt, in mancher hellen Frankfurter Sommernacht [...]. Mit dem köstlichen Humor, den nur die Selbstkritik aufbringt, schilderte er die windigen Heldentaten jener Kutterrepublik [...]." -
KÜNKEL, Die zwanziger Jahre, S. 57: "Es half nichts, daß der Referendar [Haase], um in Ruhe weiter zu arbeiten, seinen Dienst im abgelegenen Putbus auf Rügen antrat. Mit Walter Ackermann, der dort über einer wissenschaftlichen Arbeit saß, gab es nicht nur lange Gespräche über Leonard Nelson [...] und über den Siedlungspolitiker Franz Oppenheimer; bald entstand der Plan einer Schulsiedlung, die nicht nur die Kinder begüterter Eltern aufnehmen sollte. Der in der Inflation für die deutschen Ostseefischer sehr lukrative Fischfang sollte die wirtschaftliche Grundlage des Unternehmens bilden; einige Inflationsgelder kamen auch wirklich zusammen, unter den Helfern war Walter Rathenau. Zwei alte Fischkutter wurden die Flotte des Unternehmens. Die Freiheit der See bewegte Otto Haase ebensosehr wie seinen Freund Martin Luserke, der später seine 'Schule am Meer' gründete. Aus Haases prachtvoller Erzählung von der Überführung eines Kutters von Rostock nach Saßnitz sprechen die Mut und die Freude am Abenteuer, die die junge Mannschaft gepackt hatten. Der Motor des Ganzen aber war Otto Haase, Kapitän eines Kutters, mit seiner Frau Leiter einer kleinen Binzer Privatschule mit Kinderheim. Emsig hielt er Ausschau nach einem Platz für die künftige Siedlung, und zwischendurch erledigte er noch seine Pflichten als Referendar in Putbus. Lange freilich währte der Traum nicht. Ob die übermäßige Anstrengung der jungen Fischer in den Herbststürmen, ob eine Havarie eines der Kutter, ob die schwankenden Erlöse des Fischfangs das Ende brachten - das tapfere Unternehmen brach zusammen, und nur die fortschreitende Inflation rettete die Begründer vor dauernder Schuldenlast." -
FUCHS, Probleme des Wirtschaftsstils von Lebensgemeinschaften, S. 83: "Ein interessanter Versuch in dieser Richtung [Lebensunterhalt durch gemeinsame Arbeit selbst zu verdienen] wurde von einigen in der Jugendbewegung stehenden Pädagogen auf der Insel Rügen durchgeführt. Dort wurde kurz nach dem ersten Weltkrieg eine Schule für unbemittelte Jungen, die ein Handwerk erlernt hatten, errichtet. Die Schule brachte die Jungen bis zum Abitur. Schulgeld und Unterhalt wurden durch Fischerei bestritten. Dem Unternehmen gehörten zwei Fischkutter. Die Hälfte ihrer Zeit verbrachten die Schüler mit der praktischen Arbeit. Nach einem glänzenden Aufschwung endete der Versuch in den Inflationswirren." -
I. Ackermann an D.H. br. vom 10.02.1990: "Dazu erinnern wir uns, daß diese die Idee von unserem Vater mit seinen Freunden war, eine Schulform zu gründen, in der die benachteiligten Kinder von Arbeitern und Bauern (oder Fischern) lernen konnten, indem die Schule daneben ihren Unterhalt weitgehend selbst verdiente. - Hier also mit Fischerei. Mit Freunden, Otto Haase und Jakob Valentin, zusammen begann er, erbat Spenden dafür u.a. auch bei seinem späteren Schwiegervater, der großzügig spendete, obwohl er wohl vorausahnte, daß dies Experiment an der Schwere des Hochsee-Fischens scheitern würde."
[298] KÜNKEL, Die Zwanziger Jahre, S. 57.
[299] KÜNKEL, Die Zwanziger Jahre, S. 57.

Nach Scheitern dieses Versuches ging Ackermann von Oktober 1920 bis Ostern 1922 an das Lietzsche Landerziehungsheim Schloß Bieberstein in der Rhön. Während dieser Zeit legte er sein Referendarsjahr an einem Fuldaer Gymnasium ab[300] und bestand Ostern 1922 die Assessorenprüfung[301].

Für die Zeit von April bis September 1922[302] ging er an das Landerziehungsheim 'Bergschule Hochwaldhausen' im Vogelsberg[303], einem kleinen, etwa 50 Schüler und Schülerinnen umfassenden, von Prof. Dr. Otto Steche (1879-1945) 1921 gegründeten und geleiteten und bis 1927 existierenden Internat, das mit seinem 'sozialen Gedanken' und seiner mit weitreichender Kompetenz ausgestatteten Schülerselbstverwaltung in erzieherischer Hinsicht[304] und mit Elementen wie vor

---

[300] Berlin, BBF: SLG-GS, Personalblatt Walter Ackermann. - Ebd. auch der Hinweis, daß Ackermann als Kriegsteilnehmer sein erstes Jahr als Referendar erlassen bekommen hatte. - Kalender für das höhere Schulwesen, Jg. 28: Schuljahr 1921, 2. Teil, Breslau 1921: Hinweis, daß Ackermann als Referendar im 2. Jahr am Fuldaer Gymnasium und zugleich am Landerziehungsheim Schloß Bieberstein tätig sei.

[301] Berlin, BBF: SLG-GS, Personalblatt Walter Ackermann. - Kalender für das höhere Schulwesen, Jg. 29: Schuljahr 1922, 2. Teil, Breslau 1922.

[302] Berlin, BBF: SLG-GS, Personalblatt Walter Ackermann.

[303] Das Landerziehungsheim 'Bergschule' wurde 1921 in der Nachfolge der 'Dürerschule Hochwaldhausen' (1912-1920) gegründet. - S. bes.: STECHE, Otto, Bergschule Hochwaldhausen, in: Deutsche Schulversuche, hrsg. von Franz HILKER, Berlin 1924, S. 168-179. - STECHE, Otto, Die Bergschule Hochwaldhausen, in: Neue Schulformen und Versuchsschulen, hrsg. von Gustav PORGER (=Pädagogische Schriftsteller, 21), Bielefeld [u.a.] 1925, S. 72-77. - Und: STECHE, Otto, Das freie Kurssystem, in: Das Landerziehungsheim, hrsg. von Alfred ANDREESEN, Leipzig 1926, S. 60-64. - Weitere Literatur nennt: SCHWARZ, Bibliographie, S. 176f.

[304] So: STECHE, Bergschule Hochwaldhausen (1924), S. 169: "Im Mittelpunkt der Erziehung steht naturgemäß der soziale Gedanke, d.h. die Aufgabe, Menschen zu erziehen, die zu selbständigem Handeln und Denken bereit sind, aber sich von Jugend auf gewöhnt haben, ihr ganzes Wirken in den Dienst einer größeren Gemeinschaft zu stellen. Dazu ist in erster Linie die Entwicklung des Verantwortungsgefühls erforderlich. Dies suchen wir dadurch zu erreichen, daß die gesamte Disziplin im Zusammenleben wie im Unterricht in den Händen der Schüler [...] liegt." - STECHE, Bergschule Hochwaldhausen (1924), S. 174: "Ein jedes solches Landerziehungsheim [wie die Bergschule] stellt ja einen kleinen Staat dar, in dem der einzelne sich als vollberechtigter Bürger fühlt und Verantwortung für das Gedeihen und die Leistungen der Gemeinschaft lernt. Dadurch wächst er ganz unvermerkt in die größeren Aufgaben hinein, die ihm später als Mitglied der großen Gemeinschaft seines Volkes und Staates entgegentreten."

allem einem 'freien Kurssystem' auch in unterrichtlicher Hinsicht[305] über die 'klassischen' Landerziehungsheime hinauswies[306].

Im Oktober 1922 trat Ackermann als Studienrat in den Staatsdienst in Thüringen, das damals aufgrund der Greilschen Schulreform[307] zu den fortschrittlichsten Ländern Deutschlands gehörte. Er trat in das Kollegium der am 1. April 1922 neu eingerichteten Aufbauschule Greiz im Voigtland mit aufzubauendem Lehrerseminar ein[308]. Ackermanns Töchter berichten hierzu:

---

[305] STECHE, Das freie Kurssystem.

[306] Vgl. S. 275. - Interessant u.a. auch Steches Ideal einer Schule in der Peripherie größerer Städte, bei der die Kinder im Elternhaus wohnen, aber den ganzen Tag (evt. mit Besuch der Eltern) der Lebensgemeinschaft der Schule angehören können: STECHE, Bergschule Hochwaldhausen (1924), S. 177. - Wertvolle Hinweise auf die Biogr. Steches finden sich bei: FERTIG, Ludwig, Vor-Leben. Bekenntnis und Erziehung bei Thomas Mann, Darmstadt 1993, S. 123f.: Otto Steche wurde 1879 in Leipzig geboren, studierte Medizin und promovierte 1903 in München. 1906 wurde er in Leipzig Dr. phil, war als Assistent am Zoologischen Institut tätig und habilitierte sich. 1915 wurde er Privatdozent an der neugegründeten Frankfurter Universität. 1919 trat er mit einem Zoologie-Handbuch an die Öffentlichkeit: STECHE, Otto, Grundriß der Zoologie. Eine Einführung in die Lehre vom Bau und von den Lebenserscheinungen der Tiere für Studierende der Naturwissenschaften und der Medizin, Leipzig 1919. - Als Steche 1921 seine Arbeit an der 'Bergschule' begann, konnte er als ein Mann des politischen Fortschritts gelten, der sich klar zum Republikanismus und zur Demokratie bekannte (s. dazu: FERTIG, Vor-Leben, S. 123f.). Noch in einem populärwissenschaftlichen Werk von 1929 - Steche war nunmehr Professor für Zoologie in Leipzig - zitierte er am Ende: "Höchstes Glück der Erdenkinder ist doch die Persönlichkeit." (STECHE, Otto, Vom Zellverband zum Individuum (=Verständliche Wissenschaft, 10), Berlin 1929, S. 157). Doch 1933 legte er dann ein 'Lehrbuch der Rassenkunde, Vererbungslehre und Rassenpflege für die Oberstufe höherer Lehranstalten' vor, das mit einer (zeitgemäßen) Warnung vor 'Mischehen' schloß: STECHE, Otto, Lehrbuch der Rassenkunde, Vererbungslehre und Rassenpflege für die Oberstufe höherer Lehranstalten, 2. Aufl. Leipzig 1933 [Steche ließ eine Reihe ähnlicher Werke folgen]. Wenig später wurde Steche Leiter der 'Nationalpolitischen Erziehungsanstalt Ilfeld' (Vgl.: SCHOLTZ, Harald, Nationalsozialistische Ausleseschulen. Internatsschulen als Herrschaftsmittel des Führerstaates, Göttingen 1973, S. 78 und S. 328f.).

[307] VIEWEG, Willy, Die Greilsche Schulreform in Thüringen, in: Neue Erziehung, Jg. 7 (1925), S. 402-407. - FLITNER, Wilhelm, Wissenschaft und Schulwesen in Thüringen von 1550 bis 1933, in: Geschichte Thüringens, hrsg. von Hans PATZE und Walter SCHLESINGER, Bd. 4: Kirche und Kultur in der Neuzeit (=Mitteldeutsche Forschungen; 48/IV), Köln 1972, S. 53-206, hier S. 182f. zur Greilschen Schulreform. - WITTWER, Sozialdemokratische Schulpolitik, S. 217-219: Teilkap. 'Das Einheitsschulexperiment in Thüringen'. - Aus sozialistischer Sicht: MITZENHEIM, Paul, Die Greilsche Schulreform in Thüringen. Die Aktionseinheit der Arbeiterparteien im Kampf um eine demokratische Einheitsschule in den Jahren der revolutionären Nachkriegsjahre 1921-1923, Jena 1965. - Vgl. zuletzt auch kurz: FISCHER, Jürgen, Thüringen - ein Land mit vielfältigen reformpädagogischen Traditionen. Zur Entwicklung des Thüringer Schulwesens, insbesondere während der Zeit der Weimarer Republik, unter Berücksichtigung der Möglichkeiten für das Land Thüringen in der Gegenwart, in: Pädagogisches Forum, Jg. 6 (1993), S. 66-72, hier S. 67-69.

[308] Berlin, BBF: SLG-GS, Personalblatt Walter Ackermann. - MERKEL, Alfred, Vor 60 Jahren wurde die deutsche Aufbauschule gegründet, in: Heimatbote. Kulturspiegel für den Kreis Greiz, Jg. 28 (1982), S. 57f. -
Philologen-Jahrbuch (Kunzes Kalender), Jg. 31: Schuljahr 1924, 2. Teil, Breslau 1924, bis incl.: Philologen-Jahrbuch (Kunzes Kalender), Jg. 34: Schuljahr 1927/28, 2. Teil, Breslau 1927 als Studienrat in Greiz nachgewiesen.

"In Greiz hatte sich nach der SPD-KP Koalitionsregierung die Aufbauschule [...] für Arbeiterkinder geöffnet, und dies war für unseren Vater genau das, was er verwirklichen wollte."[309]

Ackermann übernahm in Greiz die Einrichtung der 'Familie'; er gruppierte "eine Schar von Schülern als Familie um sich [...], mit denen er besondere Kurse nach der offiziellen Schulzeit abhielt, denen er das Du anbot und mit denen er auch am Wochenende z.T. stundenlange Wanderungen machte, um einzelne Schüler auf ihren Heimwegen zu begleiten und die Familien kennen zu lernen."[310]

"Aus dem Echo seiner Greizer Schüler erkennen wir, daß unser Vater dort z.T. lebensbestimmend, richtungsweisend für die Schüler in seiner 'Familie' gewirkt hat."[311]

Das Ende der sozialistischen Reformphase in Thüringen brachte auch die dortige Schulreform zum Stillstand. Ackermann schrieb über die von ihm daraus gezogenen Konsequenzen:

"Da meine Hoffnungen auf eine fortschrittliche Schulentwicklung infolge politischer Reaktion sich nicht verwirklichten, wandte ich mich Ostern 1928 nach Berlin, wo auf der Insel Scharfenberg im Tegeler See eine freiheitliche Schulfarm auf sozialer Grundlage bestand."[312]

Die Schulfarm hatte Ackermann bereits bei einem kurzen, aber für ihn einprägsamen Besuch im Herbst 1926 kennengelernt[313]: Er war aus Prinzip ein Anhänger der Lietzschen Heimerziehung, da er bezweifelte, daß die Familie in ihrer durchschnittlichen Beschaffenheit das zu leisten vermochte, was ein Heim insbesondere in Hinblick auf die charakterliche und gemeinschaftsfördernde Erziehung erreichen konnte[314]. Doch distanzierte sich Ackermann von den Lietzschen Heimen, da sie "viel zu kostspielig [seien], um für unsere Volksgesamtheit eine andere als programmatische Bedeutung zu erlangen", auch würden "die Erfahrungen in und mit den [Lietzschen] Heimen

---

309 I. und W. Ackermann an D.H. br. vom 23.01.1990. - S. auch: Kuhlmann an D.H. br. vom 13.02.1990.

310 I. Ackermann an D.H. br. vom 10.02.1990.

311 I. und W. Ackermann an D.H. br. vom 23.01.1990. - Kuhlmann an D.H. br. vom 13.02.1990: "In der weltoffenen Persönlichkeit Dr. Ackermanns öffneten sich uns geistige Räume, die uns bis dahin nie zugänglich gewesen waren. Wir spürten an ihm: Der Lehrer ist nicht ein Herr, sondern ein Helfer. Er war uns allen zugänglich in Offenheit, Freundlichkeit, Freimut und humanistischer Weit- und Weltsicht. Trotzdem sogar gelegentlich das Du im Verkehr zwischen Lehrer und Schüler gebraucht werden durfte, zeigte doch 'eine Würde, eine Höhe der Vertraulichkeit' (Schiller). Er hatte viel für den einzelnen Schüler übrig, mehr aber noch für das soziale Ganze. Er diente ihm vielfältig. Er hat mir eine damalig weite Welt eröffnet: Im philosophisch-soziologischen Abenden machte er ausgewählte interessierte Schüler [...] z.B. vertraut mit dem Pan-Europa-Gedanken [Richard] Coudenhove-Kalergis [(1894-1972)] (wir lasen sein Hauptwerk [COUDENHOVE-KALERGI, Richard, Pan-Europa, Wien 1923]), mit Oppenheimers Buch 'Der Staat' [OPPENHEIMER, Franz, Der Staat (=Die Gesellschaft. Sammlung Sozialpsychologisher Monographien, 14 und 15), Frankfurt 1907; 11.-13. Tsd. ebd. 1923] durch (das war lebendige Staatskunde, von großem exakten Wissen Dr. Ackermanns getragen)."

312 Göttingen, AdPH: Personalakte Ackermann, Lebenslauf [nach 01.11.1945].

313 ACKERMANN, Walter, Über Scharfenberg im Vergleich mit den Landerziehungsheimen, in: Aus dem Leben der Schulfarm Insel Scharfenberg. Bilder, Dokumente, Selbstzeugnisse von Eltern, Lehrern, Schülern, red. von Wilhelm BLUME, in: Das Werdende Zeitalter. Eine Monatsschrift für Erneuerung der Erziehung, Jg. 7 (1928), S. 329-404, hier S. 397f., hier S. 397.

314 ACKERMANN, Über Scharfenberg, S. 397.

[...] durch die soziale Schichtung der Schülerschaft ihrer Allgemeinheit beraubt. "[315] Daher war er bei seinem Scharfenbergbesuch im Herbst 1926 von der "sozial vollkommen gemischte[n] Zusammensetzung der Schülerschaft"[316] begeistert:

> "Darum war es für mich ein Erlebnis, als ich im Herbst 1926 zum erstenmal die Gelegenheit hatte, Scharfenberg kennenzulernen. Es war nur ein kurzer Besuch, aber er genügte, um zu jubeln in dem Bewußtsein: endlich ist es gelungen, das Landerziehungsheim 'jedem' gesunden und innerlich hierzu bereiten Jungen zugänglich zu machen. Diese Tatsache befriedigt nicht nur mein Gerechtigkeitsgefühl, sondern verbürgt die Erprobung neuzeitlicher Erziehungsgrundsätze an einwandfreiem 'Schülermaterial', wenn das Wort gestattet ist. Die allgemeine Erziehung soll nicht auf kulturell überzüchtete oder schon verbrauchte Schichten, auch nicht auf solche, die durch die gesellschaftliche Umgebung besonderen Einflüssen unterworfen sind, gerichtet sein."[317]

Wilhelm Moslé (1894-1976) wurde am 22.06.1894 in Tokio als Sohn eines Kaufmanns geboren[318]. Nach seinem Abitur zu Ostern 1914 an der Thomasschule in Leipzig[319] schrieb er sich im Sommersemester 1914 in Grenoble zum Studium ein; er unterbrach das begonnene Studium durch freiwillige Kriegsteilnahme[320] bis Herbst 1919, setzte es dann von Sommersemester 1920 bis Wintersemester 1919/20 in Leipzig, und im Wintersemester 1920/21 in Göttingen (3 Semester durch Ministerialerlaß erlassen) fort. Am 03.03.1921 bestand er in Göttingen seine erste Lehramtprüfung für Deutsch, Französisch, Englisch für Oberstufe, machte im Sommer 1922 eine Erweiterungsprüfung für das Fach Spanisch[321]. Seine Referendarzeit verbrachte Moslé zunächst vom 01.04.1921 bis 05.04.1922 an der Kantschule in Karlshorst[322], vom 24.05.1921 bis 25.06.1921 an der Berliner Hindenburgrealschule (Vertretung)[323] und vom 07.01.1922 bis 05.04.1922 am Berliner Grunewaldgymnasium[324]. Ab dem 07.04.1922 ging Moslé als Studienassessor an das Realgymnasium Friedrichshagen[325], ließ sich jedoch ab Oktober 1922 bis zum Oktober 1927 beurlauben[326]. In diesem Zeitraum promovierte er im März 1924 in Göttingen[327], war dreieinhalb Jahre "außerhalb des höheren Schuldienstes (als Auslandskorrespondent in

315 ACKERMANN, Über Scharfenberg, S. 397.
316 ACKERMANN, Über Scharfenberg, S. 398.
317 ACKERMANN, Über Scharfenberg, S. 397f.
318 Biogr. Inf. zu Moslé: Berlin, BBF: SLG-GS, Personalblatt Wilhelm Moslé. - MOSLÉ, Wilhelm, Hartzenbusch als Dramatiker innerhalb der spanischen Romantik, Göttingen, Univ., Phil., Diss. (masch.), 1924, o.S.: Lebenslauf. - H.-G. Moslé an D.H. br. vom 10.01.1992. - S. Abb. 25.
319 Berlin, BBF: SLG-GS, Personalblatt Wilhelm Moslé. - MOSLÉ, Hartzenbusch, o.S.: Lebenslauf. - Nach: Berlin, BA: Bestand Reichsministerium für Wissenschaft, Erziehung und Volksbildung, Nr. 4702, Bl. 35, war Moslé zuvor auch "einstiger Schüler der Deutschen Schule in Antwerpen" gewesen.
320 MOSLÉ, Hartzenbusch, o.S.: Lebenslauf.
321 Berlin, BBF: SLG-GS, Personalblatt Wilhelm Moslé.
322 Berlin, BBF: SLG-GS, Personalblatt Wilhelm Moslé. - Zur Kantschule s. S. 281.
323 Berlin, BBF: SLG-GS, Personalblatt Wilhelm Moslé.
324 Berlin, BBF: SLG-GS, Personalblatt Wilhelm Moslé. - Zum Grunewaldgymnasium s. S. 281.
325 Berlin, BBF: SLG-GS, Personalblatt Wilhelm Moslé. - Kalender für das höhere Schulwesen, Jg. 29: Schuljahr 1922, 2. Teil, Breslau 1922 weist Moslé für dieses Schuljahr nach.
326 Berlin, BBF: SLG-GS, Personalblatt Wilhelm Moslé.
327 MOSLÉ, Hartzenbusch als Dramatiker innerhalb der spanischen Romantik, Göttingen, Univ., Diss. (masch.), 1924; Auszug veröff. in: Jahrbuch der Philosophischen Fakultät der Georg August-Universität zu Göttingen 1924, S. 39.

der Industrie)"[328] und schließlich weitere eineinhalb Jahre, 1926 und 1927, "im privaten Schuldienst (Odenwaldschule)"[329] tätig. Und vom 24.11.1927 bis zum 01.05.1928 unterrichtete Moslé als Studienassessor an dem vom Fritz Karsen geleiteten Kaiser-Friedrich-Realgymnasium[330] - um von hier an die Schulfarm Insel Scharfenberg zu wechseln.

Wie Moslé war auch Walter Brenning, mit kurzer Unterbrechung von 1921 bis zu seinem Wechsel nach Scharfenberg zum Schuljahr 1932/33 an der Odenwaldschule tätig gewesen[331].

Und wie Moslé hatte Dr. Walter Hanckel - als Referendar in den Schuljahren 1930/31 und 1931/32 - an der Karl-Marx-Schule[332] und im Schuljahr 1932/33 als Studienassessor an der Kantschule in Berlin-Karlshorst unterrichtet[333].

I.3.D.   ZUM PROBLEM DER BE- UND ÜBERLASTUNG DER LEHRER

Trotz der von Blume genutzten Möglichkeiten, auf hochinteressante, außergewöhnliche Lehrerpersönlichkeiten - wie den oben genannten - zugreifen zu können, ergibt doch der gezeigte Überblick über die Entwicklung der Scharfenberger Lehrerschaft den Eindruck einer starken Lehrerfluktuation:

Außer Blume, der von Beginn des Schulversuches an bis zum Ende der Weimarer Republik durchgehend an der Schulfarm blieb, wechselten alle anderen Lehrer bereits nach kürzerer Zeit, spätestens nach einer Reihe von Jahren, wieder an andere

---

328   Berlin, BBF: SLG-GS, Personalblatt Wilhelm Moslé. - Die Behauptung von Hoffmann an D.H. br. vom 28.06.1988, Moslé sei "ursprünglich Dolmetscher beim Völkerbund" tätig gewesen, läßt sich bislang noch nicht bestätigen. - Kalender für das höhere Schulwesen, Jg. 30: Schuljahr 1923, 2. Teil, Breslau 1923. - Philologen-Jahrbuch (Kunzes Kalender), Jg. 31: Schuljahr 1924, 2. Teil, Breslau 1924. - Philologen-Jahrbuch (Kunzes Kalender), Jg. 32: Schuljahr 1925, 2. Teil, Breslau 1925: Moslé im Schuljahr 1923/24 bis 1925/26 "beurlaubter Kaufmann".

329   Berlin, BBF: SLG-GS, Personalblatt Wilhelm Moslé. - Philologen-Jahrbuch (Kunzes Kalender), Jg. 33: Schuljahr 1926/27, 2. Teil, Breslau 1926; und: Philologen-Jahrbuch (Kunzes Kalender), Jg. 34: Schuljahr 1927/28, 2. Teil, Breslau 1927: 1926/27 und 1927/28 als Assessor an der Odenwaldschule. - S. dazu auch: MOSLÉ, Wilhelm, Der neusprachliche Unterricht, in: Die Idee einer Schule im Spiegel der Zeit. Festschrift für Paul Geheeb zum 80. Geburtstag und zum 40jährigen Bestehen der Odenwaldschule, hrsg. von Eva CASSIRER [u.a.], Heidelberg 1953, S. 68-70. - Zur Verbindung Moslés zur Odenwaldschule bzw. zu Geheeb s. etwa: MOSLÉ, Käthe, ... nicht mehr zu sein als ein Kind. Paul Geheeb - der Neunzigjährige, in: Frankfurter Allgemeine Zeitung vom 10.10.1960.

330   Berlin, BBF: SLG-GS, Personalblatt Wilhelm Moslé.

331   Berlin, BBF: SLG-GS, Personalblatt Walter Brenning. - Interessante Hinweise zu Brenning als Lehrer an der Odenwaldschule finden sich bei: CASSIRER, Henry R., Und alles kam anders ... Ein Journalist erinnert sich (=Journalismus, 30), Konstanz 1993, S. 22, S. 57 und S. 112.

332   Berlin, BBF: SLG-GS, Personalblatt Walter Hanckel. - Philologen-Jahrbuch (Kunzes Kalender), Jg. 37: Schuljahr 1930/31, 2. Teil, Breslau 1930. - Philologen-Jahrbuch (Kunzes Kalender), Jg. 38: Schuljahr 1931/32, 2. Teil, Breslau 1931.

333   Philologen-Jahrbuch (Kunzes Kalender), Jg. 39: Schuljahr 1932/33, 2. Teil, Breslau 1932.

Schulen, wo sie - ein Vorteil dieser Fluktuation! - (möglicherweise) ihre Scharfenberger Erfahrungen einbringen konnten.

Den Eindruck, "als ob der Wechsel der Lehrer in Scharfenberg besonders stark wäre", bestätigte 1928 auch Carl Cohn, doch bestritt er zugleich, daß "die Häufigkeit des Lehrerwechsels [...] in Scharfenberg größer ist, als in anderen noch nicht völlig konsolidierten Erziehungshäusern"[334] - eine These, die es aufgrund bislang fehlender Vergleichsmöglichkeiten in künftigen Arbeiten zu bestätigen oder zu widerlegen gilt.

Für die Lehrerfluktuation können mehrere Gründe genannt bzw. als Vermutung angeführt werden:

(1) Cohn schrieb 1928, Blume als Leiter der Schulfarm fühle "die Verpflichtung, das Gedeihen und das innere Fortschreiten seiner Gründung und der ihr anvertrauten Jugend über andere Rücksicht zu stellen."[335] In Fällen, in denen "ein Widerstreit der Interessen ein[träte]", würde Blume so entscheiden, daß "unter Umständen der Lehrer dem höheren Interesse der Scharfenberger Lebensgemeinschaft weichen [müsse]"[336].

Quellenmäßig belegt sind lediglich zwei Fälle, in denen Lehrer im Kontext mangelnden 'Grundkonsenses' von der Schulfarm gegangen sind.

Im ersten Fall handelt es sich um Alfred Rosolleck, der im Januar 1924 die Schulfarm verließ. Im Protokoll der 43. Abendaussprache vom 16.01.1924 heißt es dazu, Blume habe der Inselgemeinschaft hier nicht ohne (gewisse) Ergriffenheit von dieser Trennung in Kenntnis gesetzt. Nachdem er zunächst "einen Abschnitt aus dem ersten Bande der Chronik" vorangestellt hatte, in dem die selbstlose und aufopfernde Mithilfe Alfred Rosollecks aus der Gründungszeit gewürdigt war, las Blume einen Brief Rosollecks vor, in dem es u.a. hieß, daß dieser nach einer vorangegangenen Aussprache nun "schon heute das [tue], was doch über kurz oder lang getan sein mußte" und Blume bat, "mich nicht mehr als zum Scharfenberg-Lehrerkollegium gehörig zu betrachten"[337].

"Herr Blume glaubt der Gemeinschaft eine möglichst offene Erklärung dieses fast tragisch zu nennenden Vorgangs schuldig zu sein, handelt es sich doch um den Verlust eines für Scharfenberg über alles begeisterten Mitarbeiters.
Die Behauptung des Briefeschreibers von der Unvermeidlichkeit der Trennung auch ohne den besonderen Anlaß der Unterredung stütze sich auf das in letzter Zeit immer stärker gewordene Empfinden vom Vorhandensein prinzipieller Meinungsverschiedenheiten über die Art der Orchestermethodik und über den wissenschaftlichen Charakter unserer Oberstufe. Die spezielle Unterredung sodann habe sich um den Plan Rosollecks gedreht, Blumes Geburtstag[338] durch eine große Aufführung festlich zu begehen; dagegen habe sich Blume scharf gewandt, da ihm eine Veranstaltung in solchen Dimensionen und vor allem vor den Eltern und geladenen Gästen aus dem Kreise der Behörden und Gönner also außerhalb unserer engsten Inselfamilie als taktlos und dem Anlaß unproportional erschiene. Er habe sich derartiges um so energischer verbe-

---

334 COHN, Noch einmal die Schulfarm, S. 35.
335 COHN, Noch einmal die Schulfarm, S. 35.
336 COHN, Noch einmal die Schulfarm, S. 35.
337 Prot. der 43. Abendaussprache vom 16.01.1924, in: Berlin, LA, SIS: CH, IV, S. 64-66, hier S. 65.
338 Es handelt sich um Blumes 40. Geburtstag am 08.02.1924.

ten, als die ursprünglichen Vorschläge Rosollecks einer Überreichung von Wagen und Pferd aus einem von Eltern und Behörden aufzubringenden Stiftungsfonds eine dem Geburtstagskinde völlig unverständliche Tendenz auf große Aufmachung offenbart hatten, die uns bei so einem persönlichen Anlaß in der Öffentlichkeit die Sympathie aller abgeklärt Denkenden verscherzen muß. Der Schmerz über eine solche Verkennung seiner Auffassung in solchen Dingen ist nur noch übertroffen von dem Schmerz darüber, daß er, eine stets opferbereite Hilfe, der auch dies Mal die beste Absicht hatte, aus wichtigem fachlichen Interesse hat mehr tun müssen."[339]

Im zweiten bekannten Fall 'grundsätzlichen Zwistes' handelte es sich um Walther Saupe, der gegen Anfang des Jahres 1927 gekommen war und zu Beginn des Schuljahres 1927/28 die Schulfarm bereits wieder verlassen hatte.

Im Oktoberheft 1927 der Zeitschrift des Bundes Entschiedener Schulreformer, der 'Neuen Erziehung', erschien ein Aufsatz Saupes über die Schulfarm, der - mit einer Reihe von Vorwürfen, wie etwa dem einer unverantwortlich weitreichenden Schülermitbestimmung, oder dem einer Unterdrückung der Lehrerindividualität durch Blume - den schärfsten (freilich wohl auch unqualifiziertesten) Angriff gegen die Schulfarm und ihren Leiter darstellte[340]. Für die Schulfarm bezog nicht Blume, sondern Carl Cohn in einem Gegenartikel in der 'Neuen Erziehung' sachliche, aber dennoch scharfe Gegenposition zu Saupe[341], indem er Punkt für Punkt den Saupeschen Vorwürfen entgegentrat und dann zu dem Schluß kam:

"Alle Einwendungen, die Herr Saupe gegen das System der Schulfarm Scharfenberg erhoben hat, sind entweder unbegründet oder sehr stark übertrieben, oder sie beruhen auf einer schiefen, nicht stichhaltigen Begründung. Seine persönlichen, fast denunziatorischen Angriffe gegen den Begründer der Schulfarm sind als ungerecht oder durchaus fehlgehend aufs schärfste zurückzuweisen und werden sicherlich von allen Wohlmeinenden a limine abgelehnt werden."[342]

Bereits vor Cohn hatte der ehemalige Scharfenbergschüler H. Jaesrich in einem in der Scharfenberger Zeitung die 'Ernte' erschienenen Aufsatz in sehr emotionaler

---

339 Prot. der 43. Abendaussprache vom 16.01.1924, in: Berlin, LA, SIS: CH, IV, S. 64-66, hier S. 65. - Vgl. zum hier angesprochenen Thema des 'Personenkults': BANDMANN, Erich, Der Lehrer und Scharfenberg, in: Aus dem Leben der Schulfarm Insel Scharfenberg. Bilder, Dokumente, Selbstzeugnisse von Eltern, Lehrern, Schülern, red. von Wilhelm BLUME, in: Das Werdende Zeitalter. Eine Monatsschrift für Erneuerung der Erziehung, Jg. 7 (1928), S. 329-404, hier S. 395-397, hier S. 395: "[...] die Scharfenberger Gemeinschaft verlangt mit einer unausgesprochenen Selbstverständlichkeit, daß nicht der Lehrer den Mittelpunkt des Interesses bilde, wie überhaupt Scharfenberg seinem Wesen nach jedem Personenkultus im eigenen Kreise fernstehen muß, sondern daß das das Hauptinteresse Scharfenberg selbst zugewendet werden wird."
340 SAUPE, Walther, Gedanken über Scharfenberg, in: Die Neue Erziehung. Monatsschrift für entschiedene Schulreform und freiheitliche Schulreform, Jg. 9 (1927), S. 771-775. - Zu Saupes Kritik am Scharfenberger Lateinunterricht s. kurz auch: S. 601. - Bereits vorher hatte der Autor in seinem Buch: SAUPE, Walther, Zur Überwindung der Bildungskrisis. Gedanken und Tatsachen, 1. Teil: Historische Bildung, Gemeinschaftserziehung, Lehrerbildung, Chemnitz 1926 auf S. 37 kurz über die Schulfarm, und zwar sehr positiv über den Scharfenberger Unterricht (Kern-Kurs-System) berichtet.
341 COHN, Carl, Noch einmal die Schulfarm, in: Die Neue Erziehung. Monatsschrift für entschiedene Schulreform und freiheitliche Schulreform, Jg. 10 (1928), S. 30-36.
342 COHN, Noch einmal die Schulfarm, S. 36.

Form gegen Saupe Position bezogen[343]: Jaesrich warf Saupe vor, sich mit seinem Artikel "in ein Durcheinander sogenannter prinzipieller Überlegung, gehetzter Schlagworte, hinterhältiger Bedenken und endlich in ein giftig-grünes Meer von Schmähung gestürzt"[344] zu haben. Er bezeichnete Saupe als 'pädagogischen Schlachtenbummler im Hauptberuf', der "einen stationenreichen Lebensweg hinter sich [habe], vorbei an allen möglichen Schulen, Versuchsschulen und anderen" und der nur in "seiner Nebenbeschäftigung als Lehrer der alten Sprachen" tätig sei[345].

Jaesrich wies darauf hin, daß Saupe aufgrund "eine[r] Lateinlehrervakanz in Scharfenberg"[346] an die Schulfarm gekommen sei. Über Saupes Scharfenberger Zeit urteilte er:

> "Er stellte sich als das heraus, als Mensch und Lehrer, was man englisch recht schneidend 'an absolute failure' nennt. Ein Irrtum. Nun gut, man war auseinandergegangen nach 3 recht qualvollen Monaten, mit wechselseitigen Versicherungen des Bedauerns. Aber sieh da, nachträglich wird bübisch mit Steinchen geworfen. Das gibt das Recht, die Bilanz dieses Mißverständnisses noch einmal aufzurechnen, das Debetsaldo, das Herr Saupe hinterließ, zu präsentieren.
> Ein Theoretiker ist hier an der unerwartet handfesten Praxis gescheitert, nicht etwa ein vollblütiger Individualist an einer ebenbürtigen Gemeinschaft. Der hätte mit einigen Blessuren endlich Platz gefunden, Platz für seine volle Persönlichkeit [...]."[347]

Einen weiteren Hinweis auf Saupes Scharfenberger Zeit, insbesondere seinen Abgang sowie schließlich auf ein damit verbundenes mögliches 'Rachemotiv' für seinen publizistischen Angriff gibt eine Erinnerung des ehemaligen Scharfenberg-Schülers Pradel.

Dieser berichtet, es habe einmal "das Verhalten eines Lehrers, ich glaube, er hieß Dr. Saupe, auf der Tagesordnung mehrerer aufeinanderfolgender Abendaussprachen [gestanden][348]. Es wurde kritisiert, daß dieser sich nicht dem Geiste Scharfenbergs entsprechend verhielt, und zwar vor allem außerhalb des Unterrichts. Nach langen Debatten wurde schließlich mit Stimmenmehrheit der Schüler ein Beschluß gefaßt, nach dem er ehestens die Schule zu verlassen habe. Die während der Beratungen vorgebrachten Gründe waren zu Protokoll genommen worden, und dieses sandte Blume an die Schulbehörde. Von den Lehrern wurde der ungewöhnliche Vorgang und der Beschluß zunächst unterschätzt, aber die Behörde bestätigte uns Schüler aufgrund unserer sachlichen und überzeugenden Argumente. Jener Lehrer

---

343 JAESRICH, Hellmut, Gedanken über Herrn Walter Saupe, in: Die Ernte, Jg. 1 (1927), Nr. 4, o.S. - Dieser Artikel Jaesrichs rief wiederum Paul Oestreich als Schriftleiter der 'Neuen Erziehung' in einer Fußnote zu COHN, Noch einmal die Schulfarm, S. 30f., auf den Plan. Oestreich äußerte die Auffassung, daß der Jaesrich-Artikel "an Niveau schwerlich unterboten" (S. 30) könne; dieser "Kaffeeklatsch" (S. 30) fördere die "Abwehr gegen Saupe nicht" (S. 30): "Wohl aber bewirkt diese seltsame Fehde [...], daß der Gedanke auftaucht, ob denn wirklich da, wo man so empfindlich ist und wo man 'Schmähung mit gleicher Münze zurückzahlt', alles in Ordnung ist?!" (S. 30)

344 JAESRICH, Gedanken über Herrn Walter Saupe.

345 JAESRICH, Gedanken über Herrn Walter Saupe.

346 JAESRICH, Gedanken über Herrn Walter Saupe.

347 JAESRICH, Gedanken über Herrn Walter Saupe.

348 In den vorliegenden Protokollen der Abendaussprachen sind entsprechende Passagen jedoch nicht enthalten; das möglicherweise entscheidende Prot. der vermutlich im April stattfindenden 74. Abendaussprache fehlt in der Chronik.

mußte tatsächlich von Scharfenberg weggehen. Dieses Ereignis fand seinen Niederschlag in pädagogischen Zeitschriften verschiedener Länder. Es festigte ungemein und nachhaltig unser Verantwortungsbewußtsein bei Meinungsbildung und Abstimmungen."[349]

(2) Bei drei Lehrern, die die Schulfarm bereits nach einem halben bzw. nach einem Jahre verließen, läßt sich von vornherein eine zeitlich begrenzte Bereitschaft bzw. Möglichkeit für ihren Scharfenberg-Aufenthalt festmachen:

So war Max Dorn von vornherein lediglich für ein halbes Jahr für Scharfenberg beurlaubt worden und kehrte zu Beginn des Oktobers 1922 nach Deutsch-Krone zurück, wo er zunächst weiter als Assessor, dann als Studienrat tätig war[350]. Auch Hans Wahle war ganz offensichtlich lediglich für das erste Schuljahr (1922/23) von seinem Direktor Wetekamp freigestellt worden[351]. Und ebenso hatte Ernst Sorge von vornherein vor, Scharfenberg nur für den befristeten Zeitraum eines Schuljahres kennenzulernen, um dann an seine vorherige Schule zurückzukehren[352].

(3) Bei seinem Scharfenbergbesuch im Jahre 1923 äußerte Staatssekretär C.H. Becker nach einer Aussage Blumes:

"Das Größte, was Herr Blume leistet, ist der Verzicht auf sein persönliches Sein zu Gunsten der Jugend; er lebt und schläft ständig vor der Öffentlichkeit, wird nie die Uniform vom Leibe los."[353]

Die Anforderungen, die die Schulfarm und Blume an die Lehrer stellten, so schrieb Cohn 1928, "kann einfach nicht jeder Lehrer erfüllen, auch solche vielfach nicht, die sich in anderen Stellungen durchaus als tüchtige, pflichtgetreue, von der besten Gesinnung gegen ihre Schüler erfüllte Pädagogen bewährt haben. Die Folge davon wird sein, daß Männer, die nach Scharfenberg mit der Überzeugung kommen, den Ansprüchen einer solchen Schulform gewachsen zu sein, mit ihren körperlichen Kräften, zumal mit der Kraft der Nerven versagen, daß sie daher nicht dazu gelangen, an der Lösung der Probleme, die ein Versuch wie die Schulfarm täglich

---

[349] Pradel an D.H. br. vom 09.07.1988.
[350] S. 358.
[351] Vgl.: Berlin, LA, SIS: CH, I, o.S.: "Schlimmer noch war [am 04.05.1922] die Sorge, daß wir den heiß umkämpften Mathematiker [Wahle] noch wieder verlieren könnten; war er doch von seinem Direktor zunächst nur provisorisch freigelaubt bis Sonnabend incl. [...]. Am anderen Morgen [...] mußte [ich] dem Direktor Herrn Wahles [=Wetekamp] bis Montag früh einen Ersatzmann [ver]schaffen. Die Reise von Scharfenberg nach Lichterfelde [zum Provinzialschulkollegium] war wenigstens nicht vergeblich [...]."
[352] Vgl.: Scholz-Sorge an D.H. br. vom 08.07.1985: "Er hatte aber nicht die Absicht, dort zu bleiben, weil er unsere Klasse zum Abitur führen wollte [...]. Ernst Sorge kam also nach seinem Scharfenberger Jahr wieder an unsere Schule zurück."
[353] Berlin, LA, SIS: CH, III, S. 83. - Vgl. zu diesem Zitat auch: BLUME, Erinnerungen, S. 26f. - Vgl. zur Problematik auch: LEHMANN, Schulfarm, S. 156: "[Blume lebte] nicht nur während des Unterrichts und der Mahlzeiten, sondern den ganzen Tag mit den Schülern zusammen [...]. Blume hat nicht nur seine persönlichen Möbel der Gemeinschaft zur Verfügung gestellt, sondern auch an seinem Arbeitstische sitzen ständig bis zum Schlafengehen drei Oberstufler. Er ist immer für jeden Ratsuchenden da." - Vgl. zudem: KRULL, Wilhelm, Schulfarm Scharfenberg, in: Schulblatt für Braunschweig und Anhalt, 1. November 1932, S. 709-713, hier S. 713: "[Blume ist die] Seele des Ganzen, denn er verzichtete auf Elternhaus, Frauensegen und Familienglück, um sich der Jugendgemeinschaft zu widmen und vollends in ihr aufzugehen."

stellt, kraftvoll mitzuarbeiten, obgleich sie vielleicht das theoretische Rüstzeug und den Willen zu aufbauender Mitarbeit haben."[354]

Die extreme psychische und physische Anspannung der Lehrer, die sich aus der Tätigkeit auf Scharfenberg ('Mädchen für alles', '24-Stunden-Tag') ergab und zu einer kräftemäßigen Überlastung führen konnte, tritt als indirekter bzw. direkter Grund für ein Verlassen der Insel quellenmäßig in zwei Fällen deutlich zutage.

In einem Chronikeintrag zur zweiten Septemberhälfte des Jahres 1925 heißt es zu Julius Wolff, der in den Jahren zuvor bereits mehrfach krankheitsbedingt ausgefallen war[355]:

"Ferner bewegt die Gemüter die Ausscheidungsabsicht Herrn Wolffs aus Gesundheitsrücksichten; sein Magen- und Darmleiden, das ihn schon auf der Landerziehungsheimstudienfahrt zur Umkehr gezwungen hatte[356], wollte und wollte nicht weichen; Ausschlag an den Armen mußte täglich gepudert und auch sonst mußten Spülungen vorgenommen werden; das hatte alles seine Schwierigkeiten in unseren Verhältnissen; Herr Wolff fühlte sich als langjähriges Ausschußmitglied sehr bedrückt, Rücksichten beim Essen und im Nachhausegehendürfen verlangen zu müssen. Das Leiden war nicht mehr mitanzusehen; es mußte etwas Durchgreifendes geschehen. Ich erwirkte einen 1/4-jährlichen Urlaub bei Herrn Stadtrat Benecke für ihn; und neues Ringen in seinem Stübchen setzte ein: Herr Wolff will ihn nicht annehmen; er will offiziell nicht als sanatoriumsbedürftig erscheinen [...]. [...]. Wolff nimmt offiziell keinen Urlaub, bleibt aber einige Wochen länger daheim; wir hiesigen Lehrer vertreten ihn so lange."[357]

Tatsächlich kehrte Wolff am "Sonntag (8.XII.[1925]) [...] zur Wiederaufnahme seines Unterrichts zurück."[358] Doch besserte sich Wolffs Verfassung nicht grundlegend, so daß er während des laufenden Schuljahres 1926/27, wohl zu Beginn des Jahres 1927, die Insel verließ.

Noch eindeutiger wird das Problem der 'Belastung' in den Quellen im Falle von Erich Bandmann sichtbar[359]:

Anfang 1925 war es Bandmann nach Auseinandersetzungen (über musikalische Fragen) in zwei Abendaussprachen[360] "psychisch nicht möglich, den Musikbetrieb in der hiesigen Weise fortzusetzen."[361] Blume hatte ihm daraufhin "erst einmal eine Atempause"[362] empfohlen. Während des Abituriums 1925 dann mußte "Herr Band-

---

[354] COHN, Noch einmal die Schulfarm, S. 34. - Vgl. zum Thema der (Über-) Beanspruchung von Lehrern an den Lietzschen Landerziehungsheimen: LIETZ, Hermann, Der Beruf des Erziehers. Ein Brief, in: Das fünfzehnte Jahr in Deutschen Landerziehungsheimen. Beiträge zur Schulreform, hrsg. von Hermann LIETZ, Leipzig 1913, S. 34-38; wieder in: Hermann Lietz. Schulreform durch Neugründung. Ausgewählte Pädagogische Schriften, besorgt von Rudolf LASSAHN, Paderborn 1970, S. 113-128.

[355] S. u.a.: Berlin, LA, SIS: CH, II, S. 32f., hier Hinweis, daß Wolff vom 19.-24.02.1923 wegen einer Krankheit nicht auf Scharfenberg unterrichten konnte.

[356] S. hierzu: Berlin, LA, SIS: CH, V, S. 71. - Zu der hier angesprochenen Landerziehungsheimstudienfahrt s. S. 469ff.

[357] Berlin, LA, SIS: CH, V, S. 230f.

[358] Berlin, LA, SIS: CH, V, S. 258.

[359] Vgl. über die nun folgenden konkreten Quellenbeispiele hinaus auch Bandmanns grundsätzlichen Aufsatz: BANDMANN, Der Lehrer und Scharfenberg, S. 395-397.

[360] S.: Prot. der 54. Abendaussprache vom 28.01.1925, in: Berlin, LA, SIS: CH, V, S. 126. - Das Prot. der nachfolgenden 55. Abendaussprache fehlt in der Chronik.

[361] Berlin, LA, SIS: CH, V, S. 127.

[362] Berlin, LA, SIS: CH, V, S. 127.

mann seines leidenden Zustandes wegen geschont werden", so daß sein Kollege Rothe "an seiner statt auch die Physikprüfung" übernehmen mußte[363]. Im nachfolgenden Abituriumszeitraum des Jahres 1926 schließlich geschah es, daß "Herr Bandmann in diesen [März-]Wochen einige Male zusammenklappte und doch den Dienst nicht unterbrechen wollte."[364]

Blume bezeichnete Bandmann hier "als ein Opfer seines übertriebenen Pflichteifers, der die pflichtmäßigen Stunden garnicht mitrechnete"[365]:

> "[In diesem Zusammenhang] erhoben sich Widerstände, die sonst mehr latent geblieben wären. Herr Bandmann merkte, daß man seine Bemühungen um das Gemeinschaftsleben kühler aufnahm als früher; was sich langsam angesponnen [...], ward stärker, nicht stärker in den Äußerungen, aber gerade deshalb, weil's die Geister nicht mehr so (sachlich) erregte, von dem Hauptbeteiligten stärker empfunden."[366]

Diese "z. Tl. selbstquälerischen Empfindungen steigerten die Nervosität des sowieso so sensiblen Mitarbeiters" - und führten u.a. dazu, "daß er im Abiturium [im März 1926] sich nur mit äußerster Anspannung aufrecht erhalten konnte und vom Regierungsvertreter, dem die Hintergründe nicht bekannt sein konnten, hart behandelt wurde"[367].

Schließlich mußte Blume, wie er in der Chronik schrieb, Bandmann "aus innerster Überzeugung den Rat geben [...], mindestens zunächst an eine Schule zu gehen, deren Dienst [es] ihm erlaubt, mittags die Tür hinter sich zuzumachen und sich selbst zu gehören."[368]

> "Die Trennung ward schwer. Herr Bandmann hängt mit allen Fasern an Scharfenberg, dem er seine besten Kräfte geopfert hat. (vergl. seinen Eintritt [CH,] II, S. 73 und S. 94-96, dazu zahlreiche andere Stellen in der Chronik, in der seine Wirksamkeit, seine stets rege Anteilnahme an allem viele Merkzeichen hinterlassen hat). Ein kleiner Trost war ihm, daß sich nach endlosen Verhandlungen ein Tausch bewerkstelligen ließ mit einem seiner Studierfreunde Ernst Sorge [...]."[369]

(4) Der Internatsbetrieb der Schulfarm ließ den Lehrern nur wenig Privatsphäre und -zeit. Und so führte in einigen Fällen die Heirat von Lehrern zu deren Wechsel an eine weniger Zeit beanspruchende Stadtschule.

Hans Wahle "ging nach seiner Heirat wieder ans Werner Siemensgymnasium"[370], und Julius Wolff heiratete bald nachdem er die Schulfarm verlassen hatte[371]. Georg Netzband heiratete 1926, ein Jahr, nachdem er seine intensive Scharfenbergarbeit und ein Jahr bevor er seine regelmäßige Schulfarmarbeit ganz einstellte, die Künstle-

---

363 Berlin, LA, SIS: CH, V, S. 151.
364 Berlin, LA, SIS: CH, V, S. 328.
365 Berlin, LA, SIS: CH, V, S. 328.
366 Berlin, LA, SIS: CH, V, S. 328f.
367 Berlin, LA, SIS: CH, V. S. 329.
368 Berlin, LA, SIS: CH, V, S. 334.
369 Berlin, LA, SIS: CH, V, S. 334.
370 BLUME, Bericht (1923), Bl. 202v.
371 Prot. der 76. Abendaussprache vom 15.06.1927 in: Berlin, LA, SIS: CH, VI, o.S.: "[Blume] sprach [...] von der Hochzeit unseres früheren Altphilologen Herrn Wolff."

rin Elisabeth Pollack, mit der er von 1919-21 die Staatliche Kunstschule in Berlin besucht hatte[372].

Der einzige Lehrer, der verheiratet und trotzdem weitere Jahre auf Scharfenberg tätig war, war Ackermann, doch zeigten sich auch bei ihm, wie Scheel schreibt, 'Wirkungen':

"Er war verheiratet und hatte drei Kinder, aber die Familie trat erst Jahre später in Erscheinung, als er in Tegelort eine geeignete Wohnung gefunden hatte. Von diesem Zeitpunkt an verringerte sich spürbar sein Einfluß auf das Gemeinschaftsleben, in dem er zuvor, als er mit uns auf der Insel wohnte, völlig eingebunden gewesen war."[373]

(5) Auch die Realisierung über Scharfenberg hinausweisender, beruflicher Interessen und Aktivitäten wurde durch das Scharfenberger Schulleben eingeschränkt und konnten zu Konflikten führen, die mit dem Ausscheiden aus der Scharfenberger Schulgemeinschaft endeten:

Georg Netzband war neben seiner Scharfenberger Tätigkeit von April 1922 bis April 1923 als Hilfszeichenlehrer an der Robert-Zelle-Realschule tätig; im April 1923 wechselte er an die Jahn-Realschule, wo er zunächst bis Oktober 1923 als Hilfszeichenlehrer, ab Oktober 1923 bis zum 30.09.1927 als Oberschullehrer (seit 1924 als Studienrat) tätig war[374]. Der Übergang von der Zelle-Realschule an die Jahn-Realschule brachte für Scharfenberg keine Änderung mit sich; denn er durfte "von der 10. Realschule an die Jahnrealschule versetzt, [...] nach Eingreifen des Herrn Obermagistratsschulrat Helmke auch in seiner neuen Stellung in Scharfenberg im alten Umfange mitwirken."[375]

Neben seiner Lehrertätigkeit und seit 1924 zeitweiser Dozententätigkeit in der Lehrerfortbildung im Zentralinstitut für Unterricht und Erziehung[376] war Netzband außerdem sehr erfolgreich als Künstler tätig und stand mit Ausstellungen von Bildern und Grafiken[377] "an der Schwelle einer [künstlerischen] Karriere."[378]

---

[372] Pollack-Netzband an D.H. br. vom 02.08.1985: "Ich habe zusammen mit Georg Netzband von 1919-21 die Staatliche Kunstschule in Berlin besucht, 1926 haben wir geheiratet."

[373] SCHEEL, Schulfarm (1990), S. 26.

[374] Berlin, BBF: SLG-GS, Personalblatt Georg Netzband. - Vgl. auch div. entsprechende Quellen: PS Netzband: Provinzial-Schulkollegium [Blankenburg] an Netzband br. vom 24.10.1921 [Überweisung Netzbands zur Ableistung des Probejahres als Zeichenlehrerkandidat an die 10. Realschule, mit Wirkung vom 01.07.1921]. - PS Netzband: Magistrat der Stadt Berlin an Netzband br. vom 04.01.1924 [Beglaubigte Abschrift; Zuweisung einer Zeichenlehrerstelle an der Jahn-Realschule]. - PS Netzband: Provinzialschulkollegium der Prozinz Brandenburg und von Berlin an Netzband br. vom 06.06.1926 [Zuerkennung der Befähigung zur Anstellung als Studienrat (Oberzeichenlehrer)]. - PS Netzband: Stadt Berlin, Bezirksamt Schöneberg an Netzband br. vom 08.11.1927 [Genehmigung einer Versetzung von der Jahn-Realschule an die Rheingauschule mit Wirkung vom 01.10.1927].

[375] BLUME, Bericht (1923), Bl. 203r.

[376] PS Netzband: NETZBAND, Georg, Lebenslauf des Studienrates Georg Netzband [Zwischen 1953-1958].

[377] PS Netzband: NETZBAND, Georg, Lebenslauf des Studienrates Georg Netzband [Zwischen 1953-1958]: 1919-1939 Ausstellungen von Bildern und Grafiken verschiedenster Techniken in großen Ausstellungen (Große Berliner Kunstausstellung, Preußische Akademie der Künste, Wanderausstellungen in Nord- und Süddeutschland, Rußland (1923), Italien (1924), Japan (1932) u.v.a.

Im Frühjahr 1925 schrieb Blume in der Chronik, Netzband habe ihm mitgeteilt, "daß ihm Scharfenberg mit der Intensität, in der hier unterrichtet werden muß, Zeit und Ruhe nimmt, seine künstlerischen Arbeiten ausreifen zu lassen. Eins von beiden müsse leiden. 'Ich kann und will Scharfenberg nicht als Nebensache behandeln, darf es aber auch nicht Hauptsache werden lassen. Ich habe mit allem Enthusiasmus, allem Idealismus und bis vor einem halben Jahr mit einem guten Teil meiner Kraft mit Ihnen für Scharfenberg gekämpft. Sie dienen mit allen Fasern Ihrer Kraft einer Idee, gönnen Sie mir das Gleiche.'"[379] Blumes Darstellung wird auch von Netzbands Witwe bestätigt:

> "Weshalb er [Netzband] sich dann nicht ganz dieser Aufgabe [Scharfenberg] widmete [...], ist leicht zu erklären. Sein Interesse galt neben der Lehrtätigkeit gleichermaßen der künstlerischen Arbeit, die ihm bald Erfolg brachte. Wir waren damals in den bekannten Ausstellungen vertreten, Frühjahrs- und Herbstausstellung der Akademie (dort stellten Liebermann, Kokoschka, Pechstein etc.) - also namhafte Künstler aus und wir waren stolz, mit unseren Bildern angenommen zu sein [...]. Dieses Engagement für die bildende Kunst wäre bei einem Leben auf der Insel nicht möglich gewesen, dort hätte man nur für die Schüler und zwar ganztägig da sein müssen. Wilhelm Blume bedauerte dieses Ausscheiden, hatte aber Verständnis dafür."[380]

Netzbands Entschluß stand, doch - wie Blume weiter schrieb - um "die eine Zeitlang geradezu ideale Zusammenarbeit im Kulturunterricht nicht missen zu müssen, was mir zunächst ganz undenkbar schien, um Scharfenberg die künstlerische und menschliche Potenz zu erhalten, setzte ich alle Überedungskunst ein, ihn wenigstens noch alle 3 Wochen - in den Kulturwochen - uns zu erhalten. Sein Direktor in Berlin ging nach einem Besuch bei ihm auf den etwas abenteuerlich anmutenden Plan tatsächlich ein: Netzband bleibt Dienstag in Berlin dienstfrei, sein Spezialkollege Herr Scheibner, auch ein früherer Schüler von mir und von Netzband zu seinem Nachfolger prädestiniert, Mittwoch; die Scharfenberger Zeichen- und Handfertigkeitsstunden werden bei beiden im Stundenplan eingerechnet."[381]

1927 erfolgte auf Netzbands eigenen Wunsch die Versetzung von der Jahnrealschule an die Oberschule für Jungen - Rheingauschule in Friedenau, wo er seine Lehrtätigkeit bis zu seiner Einziehung zum Militär im Jahre 1940 ausübte[382]. Mit diesem Wechsel endete nun seine regelmäßige Tätigkeit auf Scharfenberg. Bis 1933 kam er nur noch ab und zu an freien Nachmittagen auf die Insel, um Freiwilligen-Kurse für die Fortgeschrittenen zu geben[383].

Wissenschaftliche Gründe dürften es gewesen sein, die es Ernst Sorge von vornherein unmöglich gemacht hatten, für einen längeren Zeitraum auf Scharfenberg tätig zu werden.

---

378   HIEPE, Aufbruch, S. 48.
379   Berlin, LA, SIS: CH, V, S. 166.
380   Pollack-Netzband an D.H. br. vom 02.08.1985
381   Berlin, LA, SIS: CH, V, S. 166.
382   PS Netzband: Stadt Berlin. Bezirksamt Schöneberg an Netzband an D.H. br. vom 08.11.1927: Genehmigung einer Versetzung von der Jahn-Realschule an die Rheingauschule mit Wirkung vom 01.10.1927.
383   Schmoll an D.H. br. vom 02.09.1985.

Sorge war sehr sportlich und ein begeisterter Bergsteiger mit Nordlanderfahrungen[384], der auch auf Scharfenberg hart trainierte - eine Tatsache, die bei 'seinen' Mädchen an der 1. städtischen Studienanstalt wie auch bei den Scharfenberger Jungen auf größte Begeisterung und Bewunderung stieß[385]. Während seiner frühen Lehrerjahre hatte er nebenher Geographie studiert und 1926 seine Ergänzungsprüfung für das Unterrichtsfach Erdkunde gemacht[386]. 1929 promovierte er dann über 'Die Trockengrenze von Südamerika'[387] - und widmete die Arbeit 1930 publizierte Arbeit:

"Meinen Eltern, die mich bildeten;
den Wissenschaftlern, die mich lehrten;
den Jungen und Mädeln,
die mit mir wanderten."[388]

Durch sein Geographiestudium kam Sorge in Kontakt mit Alfred Wegener (1880-1930)[389]. Dieser plante eine große, von der 'Deutschen Notgemeinschaft' (einem Vorläufer der heutigen Deutschen Forschungsgemeinschaft) finanzierte Grönlandexpedition, die 1930/31 stattfand und zu der von März bis Oktober 1929 eine kleine Vorexpedition gehörte. Sorge erhielt von Wegener das Angebot, an diesen Expeditionen teilzunehmen und nahm diese Möglichkeit, vom Schuldienst Befreiung erhaltend[390], an[391].

---

[384] Scholz-Sorge an D.H. br. vom 08.07.1985. - HAHNE, Hermann A., Dr. Ernst Sorge +, in: Polarforschung, Jg. 16 (1946), Bd. II, S. 120f., hier S. 121: Seit dem Jahre 1920, dem Jahr in dem er mit drei Begleitern Island besucht hatte, hatte sich Ernst Sorge alpinistisch betätigt.

[385] MUNDSTOCK, Meine tausend Jahre, S. 104: "[Sorge] ließ [nach seinem Ausscheiden von Scharfenberg] ein Häuflein Nordlandbegeisterte zurück. Wir schworen uns, seinen Spuren zu folgen, zum Nordpol oder wohin auch immer. Wir badeten, bis der See fror [...]."

[386] Berlin, BBF: SLG-GS, Personalblatt Ernst Sorge.

[387] SORGE, Ernst, Die Trockengrenze Südamerikas, Berlin, Univ., Diss., 1930.

[388] SORGE, Trockengrenze, o.S.

[389] Zu Wegener allgemein s. etwa: Alfred Wegener. 1880-1930. Leben und Werk. Ausstellung anläßlich der 100. Wiederkehr seines Geburtsjahres (Institut für Geologie der Freien Universität Berlin). Katalog, hrsg. von Volker JACOBSHAGEN, Berlin 1980. - SCHWARZBACH, Martin, Alfred Wegener und die Drift der Kontinente (=Große Naturforscher, 42), Stuttgart 1980 (mit Literatur). - Scholz-Sorge an D.H. br. vom 08.07.1985: "Wegener kannte Loewe (Meteorologe in Tempelhof) und suchte für die Vorexpedition außer [Johannes] Georgi [(1888-1972)] und [Fritz] Loewe [(1895-1974)] noch einen vierten Mann. Loewe kannte meinen Mann vom Geographischen Institut her, wußte, daß er ein begeisterter Bergsteiger und sportlich war."

[390] Scholz-Sorge an D.H. br. vom 08.07.1985.

[391] Materialien hierzu finden sich im Alfred Wegener Institut in Bremerhaven; vgl.: Scholz-Sorge an D.H. br. vom 08.07.1985: "Anbei Fotokopien von zwei Briefen Wegeners an meinen Mann, aus denen Sie ersehen können, wie Wegener meinen Mann kennenlernte. Ich erhielt diese Fotokopien von der Bibliothekarin des Alfred-Wegener-Institutes, Bremerhaven."

Während der der erfolgreichen Vorexpedition von 1929[392] folgenden Hauptexpedition 1930/31[393] überwinterte Sorge mit zwei Kollegen auf der berühmt gewordenen Station 'Eismitte' und führte glaziologische Messungen durch[394]. Auf dieser Expedition kehrte Wegener von einer Schlittenreise nicht nach 'Eismitte' zurück; Sorge fand zusammen mit einem Kollegen die Leiche des Expeditionsleiters[395].

Nach diesen beiden Expeditionen kehrte Sorge als - von seinen Mädchen gefeierter - Lehrer an seine Schule zurück[396], wechselte dann ans Tannenberg-Gymnasium in Lankwitz[397], wertete daneben die wissenschaftlichen Ergebnisse der Wegener-Expeditionen aus[398], nahm in den folgenden Jahren erneut an Nordexpeditionen teil[399], "hielt nebenbei zahllose Lichtbildervorträge"[400] - und stellte sich damit auch in den

---

[392] Zur Vorexpedition 1929 populär: WEGENER, Alfred, Mit Motorboot und Schlitten in Grönland, Bielefeld [u.a.] 1930 [mit Beiträgen der Teilnehmer]. - S. auch: WEGENER, Alfred, Bericht Prof. Dr. Wegeners über seine Reise nach Grönland bis zum 15. Juli 1929. - FLÜGEL, Helmut W., Alfred Wegeners Vertraulicher Bericht über die Grönland-Expedition 1929 (mit einer Einleitung über Alfred Wegeners Leben und Wirken in Graz) (=Publikationen aus dem Archiv der Universität Graz, 10), Graz 1980.

[393] Zur Expedition 1930/31 populär: GEORGI, Johannes, Im Eis vergraben. Ergebnisse auf Station 'Eismitte' der letzten Grönland-Expedition Alfred Wegeners, Leipzig 1933; erw. Aufl. Leipzig 1955/57. - S. auch: Alfred Wegeners letzte Grönlandreise, hrsg. von Else WEGENER unter Mitwirkung von Fritz LÖWE [mit Beiträgen der Expeditionsmitglieder], Leipzig 1932. - Deutsche Grönland-Expedition Alfred Wegener. Gedächtnisfeier für Alfred Wegener und Begrüßung der heimgekehrten Grönland-Expedition am 9. Januar 1932, veranstaltet von der Notgemeinschaft der deutschen Wissenschaft und der Gesellschaft für Erdkunde zu Berlin sowie vorläufige Einzelberichte, in: Zeitschrift der Gesellschaft für Erdkunde zu Berlin, Jg. 1932, S. 81-1145. - Wissenschaftliche Ergebnisse der Deutschen Grönland-Expedition Alfred Wegener. 1929 und 1930/31, hrsg. von Kurt WEGENER, 7 Bde., Leipzig 1933-1940.

[394] S. Abb. 24.

[395] HAHNE, Hermann A., Dr. Ernst Sorge +, in: Polarforschung, Jg. 16 (1946), Bd. II, S. 120f., hier S. 121.

[396] S. bes.: Ein Geographielehrer kehrt heim, in: Berliner Illustrierte Zeitung vom 25.10.1931.

[397] Scholz-Sorge an D.H. br. vom 08.07.1985: "Danach [nach den Wegener-Expeditionen] unterrichtete er wieder als Studienrat an der inzwischen in 'Händel-Schule' umbenannten 1. Städtischen Studienanstalt. Da wir in Lankwitz wohnten, ließ er sich an das Tannenberg-Gymnasium (Lankwitz) versetzen."

[398] S. etwa Sorges Beiträge in: Wissenschaftliche Ergebnisse der Deutschen Grönland-Expedition Alfred Wegener. 1929 und 1930/31, hrsg. von Kurt WEGENER, 7 Bde., Leipzig 1933-1940. - Und: SORGE, Ernst, Die Firnschrumpfung in den obersten Schichten des grönländischen Inlandeises. Trancactions of the Meeting of the International Commission of Snow and of Glaciers, Eddinburgh 1936/Riga 1938.

[399] S. hierzu bes.: HAHNE, Hermann A., Dr. Ernst Sorge +, in: Polarforschung, Jg. 16 (1946), Bd. II, S. 120f., hier S. 121. - 1932 nahm Sorge mit Dr. Loewe als wissenschaftlicher Beirat an einer Filmexpedition von Dr. Arnold Fanck (1889-1974) nach Grönland teil; er hatte hier Gletschervermessungen und Filmaufnahmen durchgeführt; s. hierzu: SORGE, Ernst, Mit Flugzeug, Faltboot und Filmkamera in den Eisfjorden Grönlands. Ein Bericht über die Universal-Dr. Fanck-Grönland-Expedition, Berlin 1933. - 1935 besuchte Sorge zusammen mit seiner Frau auf einer aus privaten Mitteln finanzierten Forschungsfahrt Spitzbergen, um hier ähnliche Messungen wie in Grönland durchzuführen; s. hierzu: SORGE, Ernst, Glaziologische Untersuchungen der Deutschen Spitzbergexpedition 1935, Riga 1938.

[400] Scholz-Sorge an D.H. br. vom 08.07.1985.

Dienst des NSLB und später als Soldat auch der Reichswehr[401]. Nach dem 2. Weltkrieg war Sorge in Thüringen zunächst wieder als Lehrer tätig, starb jedoch bereits im Jahr 1946[402].

Noch unmittelbarer als bei Sorge war ein wissenschaftliches Interesse der Grund für einen Interessenskonflikt, der zu einer Entscheidung gegen die Schulfarm führte, im Falle von Wilhelm Ziegelmayer.

Ziegelmayer, der neben seinem 'normalen' Scharfenberger 'Pensum' an der Diesterweghochschule Lehrerfortbildungskurse, z.T. auf Scharfenberg selbst, gab[403] und der während seiner Scharfenberger Zeit sein Buch 'Leben und Ernährung' schrieb bzw. fertigstellte[404], nahm laut Auskunft seiner Witwe 1927 das lukrative Angebot des preußischen Handelsministeriums an, an der Handels- und Gewerbeschule Potsdam das Fach 'Ernährungslehre' "auf den neuesten Stand [zu] bringen"[405] - eine Arbeit, die gekoppelt war mit der Unterrichtung weiter Kreise der Lehrerschaft aller Schulgattungen[406]. Im Sommer 1928 baute Ziegelmayer eine große Berliner Ernährungsausstellung auf. Im Kontext dieser Ausstellung veranstaltete das Zentralinstitut für Erziehung und Unterricht im Rahmen der Berliner Studienwochen einen 'Kursus für Ernährungslehre' vom 31.07.-14.08. Ziegelmayer hielt hier Vorträge, führte praktische Versuche vor und führte durch die Ausstellung[407]. Zudem arbeitete Ziegelmayer "neben der Schularbeit wissenschaftlich in seinem eigenen Labor - und

---

[401] S.: WALLIS, Wilhelm, Grönlandforscher Dr. Sorge sprach, in: Nationalsozialistische Erziehung. Kampf- und Mitteilungsblatt des Nationalsozialistischen Lehrerbundes für den Gau Groß-Berlin, Jg. 6 (1937), S. 242f. -
SORGE, Ernst, Alfred Wegener und seine letzte Grönlandfahrt. Betrachtungen eines Expeditionsteilnehmers zur Veröffentlichung des Unterrichtsfilms F 227 'Deutsche Grönlandexpedition Alfred Wegener', in: Film und Bild. Zeitschrift der Reichsanstalt für Film und Bild in Wissenschaft und Unterricht, Jg. 6 (1940), S. 79-83. - SORGE, Ernst, Einsatz des RWU-Films 'Deutsche Grönlandexpedition Alfred Wegener' bei den Soldaten im Osten, in: Film und Bild. Zeitschrift der Reichsanstalt für Film und Bild in Wissenschaft und Unterricht, Jg. 7 (1941), S. 8-10. - SORGE, Ernst, Mit RWU-Filmen bei den Soldaten in Norwegen, in: Film und Bild. Zeitschrift der Reichsanstalt für Film und Bild in Wissenschaft und Unterricht, Jg. 7 (1941), S. 117-122. - SORGE, Ernst, 'Soldaten bauen ein Iglu'. Dem Unterrichtsfilm zum Geleit, in: Film und Bild. Zeitschrift der Reichsanstalt für Film und Bild in Wissenschaft und Unterricht, Jg. 9 (1943), S. 115-117.
[402] Scholz-Sorge an D.H. br. vom 08.07.1985: "Er war auch Teilnehmer des zweiten Weltkrieges, kehrte im August 1945 nach Thüringen zu uns zurück, indem wir evakuiert waren. Ab Oktober 45 unterrichtete er am Arnstädter Gymnasium. Er starb am 28.4.46, nach dreiwöchiger Krankheit, an Tuberkulose an Hirnhaut und Lunge. Sein Leben lang war er immer gesund!"
[403] S. dazu S. 720.
[404] ZIEGELMAYER, Wilhelm, Leben und Ernährung. Ein Buch über die zweckmäßige Ernährung für die Hand des Lehrers im naturwissenschaftlichen Unterricht aller Schulgattungen, sowie zum Gebrauch für Gewerbe-Seminare und Frauenseminare, Langensalza 1928.
[405] A. Ziegelmayer an D.H. br. vom 22.11.1988.
[406] A. Ziegelmayer an D.H. br. vom 22.11.1988.
[407] PS A. Ziegelmayer: Gedr. Faltblatt des Zentralinstituts für Erziehung und Unterricht zum 'Kursus für Ernährungslehre vom 31. Juli bis 14. August [1928]' im Rahmen der 'Berliner Pädagogischen Studienwochen'.

publizierte [...] wissenschaftliche Bücher und gab Zeitschriften heraus"[408]. Er plante eine Habilitation, die jedoch nach Auskunft seiner Witwe nicht zustande kam, "weil mein Mann den Nationalsozialisten nicht angenehm war"[409].

I.3.E. ÜBER DAS WIRKEN DER LEHRER AUF SCHARFENBERG

Für das Wirken der Scharfenberger Lehrer in Unterricht und Schulleben - auf das in dieser Arbeit noch an mehreren Stellen eingegangen wird - bieten die vorhandenen Quellen eine Vielzahl von konkreten Einzelhinweisen.

Auf bestimmte andere Fragen jedoch, etwa welche Lehrkräfte zu welchem Zeitpunkt welche Fächer oder Fächerkombinationen mit welchen Schülergruppen unterrichtet hatten, lassen sich aufgrund der gegebenen Quellenlage nur in wenigen Einzelfällen Antworten finden.

Vor allem aber existieren bedauerlicherweise keine Quellen, die Antworten auf die nicht unwichtige Frage geben, wie das Zusammenspiel der Lehrer über gemeinschaftliche Unterrichtsvorhaben hinaus funktionierte, wie Konflikte innerhalb des Scharfenberger Lehrerkollegiums ausgetragen wurden u.ä.

Wenn Blume sich zeitlebens für kleine, überschaubare Schulen einsetzte, für einen pädagogischen Raum mit richtigem Maß plädierte - "so gewählt, daß Leiter, Lehrer, Schüler und Eltern sich ständig nahekommen müssen"[410] -, dann galt das auch für einen entsprechenden Austausch der Lehrer einer Schule untereinander, jenseits formeller, offizieller Lehrerkonferenzen, die auf Scharfenberg, wie Blume 1923 schrieb, "durch den Gedankenaustausch der zusammenwohnenden Lehrer überhaupt von geringerer Bedeutung [seien und] [...] in dieser Beziehung nur vorbereitenden Wert [hätten]."[411]

---

[408] A. Ziegelmayer an D.H. br. vom 22.11.1988. - Von den Veröffentlichungen Ziegelmayers zwischen 1927 und 1933 seien in Auswahl genannt: ZIEGELMAYER, Untersuchungen zum Quellungsmechanismus. - ZIEGELMAYER, Wilhelm, Das Lehrgebäude. Eine Methodik des naturwissenschaftlichen Gesamtunterrichts, Langensalza 1928. - ZIEGELMAYER, Wilhelm, Die Kolloide in ihrer Bedeutung für Küche, Nahrung und Ernährung mit zahlreichen Versuchen, Berlin 1929 [2. Aufl. 1933]. - ZIEGELMAYER, Wilhelm, Die naturwissenschaftlichen Grundlagen des Kochens und der Ernährung. In Verbindung mit den Grundbegriffen der Kolloidchemie und der Physikalischen Chemie, Berlin [u.a.] 1929. - ZIEGELMAYER, Wilhelm, Gifte und Vergiftungen im Haushalt, Stuttgart 1930. - ZIEGELMAYER, Wilhelm, Der Kalk, seine Chemie und Kolloidchemie, sowie seine Bedeutung in der Geologie, Biologie, Physiologie und Ernährung in der Therapie und praktischen Hauswirtschaft, Langensalza 1931. - ZIEGELMAYER, Wilhelm, Unsere Lebensmittel und ihre Veränderungen, Dresden [u.a.] 1933.
[409] A. Ziegelmayer an D.H. br. vom 22.11.1988.
[410] Berlin, LA, SIS: Blume an Weiß br. vom 25.05.1957.
[411] BLUME, Bericht (1923), Bl. 191v.

Glasenapp gibt den Hinweis, das Verhältnis Blumes zu den anderen Lehrern sei "durchaus von Gleichberechtigung und Toleranz geprägt [und] ohne jede Hierarchie [gewesen]"[412].

Wie offen und produktiv dieses Diskussions- und Auseinandersetzungsklima unter den Lehrern gewesen sein mag, lassen die überlieferten, an späterer Stelle darzustellenden Auseinandersetzungen zwischen Lehrern und Schülern nur annähernd erahnen[413].

Im September 1928 erstellte der Geheime Regierungs- und Oberschulrat Professor Dr. Franz Schmidt (1874-19..)[414] vom Provinzialschulkollegium einen Revisionsbericht über die Schulfarm Insel Scharfenberg[415]; dieser Bericht ist eine kurze, aber äußerst wertvolle Quelle über die Sicht aus der Sicht eines schulbehördlichen Vertreters, die u.a. auch eine Einschätzung des Scharfenberger Lehrerkollegiums enthält. In diesem Bericht nannte Schmidt Blume die "Seele der Schule und ihres gesamten äußeren und inneren Lebens", in seiner Hand liege "die ganze Verwaltung, die Schülerfürsorge, die Anleitung der Lehrkräfte, die Überwachung des Schulbetriebes, der Verkehr mit den Eltern und den zahllosen Besuchern", dazu gebe Blume "wöchentlich 30 Stunden Unterricht!" - was die Schulfarm erziehlich und unterrichtlich leiste, sei Blumes Werk[416]. Von Blumes Mitarbeitern stehe "noch keiner auf seiner pädagogischen und didaktischen Höhe", doch würden sie sich "alle in seiner Richtung" entwickeln[417].

Während Schmidt von einer Beurteilung Ackermanns absah, da dieser "erst seit Ostern an der Schule tätig" sei[418], hob er die positiven Leistungen Moslés, seine "gute[n] neusprachliche[n] Kenntnisse" und seine "gute pädagogische Einfühlung" hervor[419]. Die "lebendige, weit über den Rahmen der unmittelbaren Schulstunden hinaus wirksame und anregungsreiche Unterrichtsweise" des Zeichenlehrers Scheib-

---

412 Glasenapp an D.H. br. vom 26.04.1985.
413 Vgl. S. 553ff.
414 Biogr. Inf. zu Schmidt: Berlin, BBF: SLG-GS, Personalblatt Franz Schmidt.
415 Berlin, BA: Bestand Reichsministerium für Wissenschaft, Erziehung und Volksbildung, Nr. 4702, Bl. 34r-35v: Revisionsbericht des Herrn Geheimen Regierungs- und Oberschulrats Professor Dr. Schmidt über die Revision der Inselschule Scharfenberg bei Tegel am 08. September 1928, hier Bl. 35r-v.
416 Berlin, BA: Bestand Reichsministerium für Wissenschaft, Erziehung und Volksbildung, Nr. 4702, Bl. 34r-35v: Revisionsbericht des Herrn Geheimen Regierungs- und Oberschulrats Professor Dr. Schmidt über die Revision der Inselschule Scharfenberg bei Tegel am 08. September 1928, hier Bl. 35r.
417 Berlin, BA: Bestand Reichsministerium für Wissenschaft, Erziehung und Volksbildung, Nr. 4702, Bl. 34r-35v: Revisionsbericht des Herrn Geheimen Regierungs- und Oberschulrats Professor Dr. Schmidt über die Revision der Inselschule Scharfenberg bei Tegel am 08. September 1928, hier Bl. 35r.
418 Berlin, BA: Bestand Reichsministerium für Wissenschaft, Erziehung und Volksbildung, Nr. 4702, Bl. 34r-35v: Revisionsbericht des Herrn Geheimen Regierungs- und Oberschulrats Professor Dr. Schmidt über die Revision der Inselschule Scharfenberg bei Tegel am 08. September 1928, hier Bl. 35r.
419 Berlin, BA: Bestand Reichsministerium für Wissenschaft, Erziehung und Volksbildung, Nr. 4702, Bl. 34r-35v: Revisionsbericht des Herrn Geheimen Regierungs- und Oberschulrats Professor Dr. Schmidt über die Revision der Inselschule Scharfenberg bei Tegel am 08. September 1928, hier Bl. 35r.

ner habe auf ihn "einen erfreulichen und neuzeitlichen Eindruck" gemacht[420]. Insbesondere aber verspreche Studienreferendar Richter "bei seiner großen Liebe zur Sache und seiner schon jetzt erfreulichen Haltung im Unterricht ein vortrefflicher Lehrer zu werden"[421]. Der einzige Vorbehalt Schmidts bezog sich auf Radvann, der "noch etwas unakademischer werden müsse, um eine größere Wirksamkeit seines altsprachlichen Unterrichts zu erreichen"[422].

Wie Schmidt in seinem Revisionsbericht, so äußerten sich auch ehemalige Scharfenbergschüler über ihre Lehrer:

Heinrich Scheel widmet den Scharfenberger Lehrern in seinen Erinnerungen an seine Scharfenberger Schülerjahre ein eigenes Kapitel[423]. Er stellt darin einige seiner ihm besonders einprägsamen Lehrer vor - gegen die alle anderen Lehrer, "wenngleich in unterschiedlichem Maße, im Hintergrund" agierten, zum Teil "keinerlei prägende Wirkung" hinterließen[424]. Seine Lehrerskizzen decken sich, mit einer Ausnahme, mit dem Urteil Schmidts und wird auch von anderen ehemaligen Scharfenberg-Schülern weitgehend bestätigt.

Zunächst hebt Scheel wie Schmidt die Bedeutung Blumes hervor, ohne den es "ein Scharfenberg nie gegeben"[425] hätte. Blume sei "eine Lehrerpersönlichkeit von umfassender Bildung und einer Ausstrahlungskraft, die einzigartig war"[426], gewesen, "ein geborener Pädagoge, der in der erzieherischen Tätigkeit die Erfüllung seines Lebensziels erblickte"[427], geradezu "besessen von seinem Beruf"[428]:

"Er blieb Junggeselle, weil eine eigene Familie ihn von seiner Hauptaufgabe abgedrängt hätte[429]. Er verfügte über eine in langjährigem Studium erworbene gründliche humanistische Bildung, wobei für ihn ihre pädagogische Verwertbarkeit immer an erster Stelle stand. Als radikaler Schulreformer kannte er sich natürlich in den pädagogischen Theorien seiner Zeit aus, aber es war keineswegs so, daß seine eigene pädagogische Praxis bis ins letzte theoretisch fundiert gewesen wäre [...]. Blume brauchte sich nur seinem Gefühl zu überlassen und konnte sicher sein, das pädagogisch Richtige zu tun. Er war durch und durch Pragmatiker. Darum be-

---

420 Berlin, BA: Bestand Reichsministerium für Wissenschaft, Erziehung und Volksbildung, Nr. 4702, Bl. 34r-35v: Revisionsbericht des Herrn Geheimen Regierungs- und Oberschulrats Professor Dr. Schmidt über die Revision der Inselschule Scharfenberg bei Tegel am 08. September 1928, hier Bl. 35v.
421 Berlin, BA: Bestand Reichsministerium für Wissenschaft, Erziehung und Volksbildung, Nr. 4702, Bl. 34r-35v: Revisionsbericht des Herrn Geheimen Regierungs- und Oberschulrats Professor Dr. Schmidt über die Revision der Inselschule Scharfenberg bei Tegel am 08. September 1928, hier Bl. 35r.
422 Berlin, BA: Bestand Reichsministerium für Wissenschaft, Erziehung und Volksbildung, Nr. 4702, Bl. 34r-35v: Revisionsbericht des Herrn Geheimen Regierungs- und Oberschulrats Professor Dr. Schmidt über die Revision der Inselschule Scharfenberg bei Tegel am 08. September 1928, hier Bl. 35r.
423 SCHEEL, Heinrich, Schulfarm Insel Scharfenberg (=Wortmeldungen, 3), Berlin (DDR) 1990; Abschnitte 1 'Die Schulfarm' und 2 'Die Lehrer' zuerst in: SCHEEL, Heinrich, Schulfarm Insel Scharfenberg, in: Sinn und Form. Beiträge zur Literatur, Jg. 41 (1989), S. 470-498.
424 SCHEEL, Schulfarm (1990), S. 32.
425 SCHEEL, Schulfarm (1990), S. 22.
426 SCHEEL, Schulfarm (1990), S. 12.
427 SCHEEL, Schulfarm (1990), S. 22.
428 SCHEEL, Schulfarm (1990), S. 22. - Vgl. u.a.: K. Dietrich an D.H. br. vom 22.08.1991: "Ich halte ihn für einen Menschen, der mit ganzer Seele Lehrer war [...]."
429 S. dazu S. 380.

trachtete er sein Scharfenberg auch nicht als die Verwirklichung einer unverrückbaren Idee, sondern als etwas Gewordenes, dem die Fähigkeit zu ständiger Weiterentwicklung innewohnte. Als Pragmatiker war er zugleich ein hervorragender Diplomat, der mit den Behörden umzugehen verstand und besonders in den Anfangsjahren mehr als einmal diesen großartigen Schulversuch vor dem Untergang retten konnte."[430]

"Absolut nichts - kein noch so hochgestellter Besuch und auch keine Krankheit" hätten Blume veranlassen können, "auf eine einzige Stunde Unterricht zu verzichten"[431] - von denen jede einzelne "lebendig, ideenreich, instruktiv" gewesen sei und und "eine geradezu künstlerische Vollkommenheit" erzielt habe[432].

In vollkommen dieselbe Richtung zielt Richter, wenn er über Blume schreibt, dieser sei "ein genialer Deutsch- und Geschichtslehrer" gewesen - "am großartigsten wohl im Kultur- und Gesamtunterricht in seiner Scharfenberger Höhezeit"[433], doch "schon die Primaner des alten Humboldtgymnasiums" habe "seine rhetorische Kunst zu offenem Applaus in der Unterrichtsstunde hingerissen" und "seine Frage- und Aufgabenstellungen" "die gesamte Klasse zu wetteifernden Anstrengungen" erregt[434].

Als zweiten Lehrer stellt Scheel Carl Cohn vor, der zu Scheels Schulzeit bereits pensioniert war und 'nur' noch "zweimal wöchentlich auf der Insel [erschien], um Französischunterricht zu erteilen"[435]:

"In der Hingabe an seinen Beruf war Professor Carl Cohn Blume gewiß ebenbürtig; aber er war sehr viel älter und darum in seinen Einsatzmöglichkeiten stark eingeschränkt [...]. Klein, mit einem Knebelbart wie der dritte Napoleon, immer sehr sorgfältig und altmodisch dunkel gekleidet, erschien er bei jedem Wetter pünktlich nach über einstündiger Straßenbahnfahrt und einem halbstündigen Gang durch den Forst an der Fährstelle, wo er sicher sein konnte, daß ihn der Fährdienst bereits erwartete. Er genoß als der 'Herr Professor' bei allen Inselbewohnern die größte Hochachtung. Sie gründete sich auf sein Wesen - Helm Richter nannte ihn eine 'Nathannatur'[436] -, auf sein wahrhaft enzyklopädisches Wissen und seine enormen Sprachkenntnisse. Er hatte Griechisch, Latein, Italienisch, Englisch und Französisch unterrichtet und beherrschte darüber hinaus noch mehrere andere europäische Sprachen [...], blieb übrigens immer entschieden deutsch-national gesinnt."[437]

Noch eindringlicher als Scheel erinnert sich der ehemalige Scharfenbergschüler Erwin Witt, daß ihm "die Persönlichkeit, das Wissen und die menschliche Güte" Cohns, der einige Jahre sein Französischlehrer gewesen sei, "das darf ich rück-

---

[430] SCHEEL, Schulfarm (1990), S. 22. - In diese Richtung zielen auch alle anderen Schülererinnerungen, etwa der kurze Hinweis von: Berisch an D.H. br. vom 29.10.1985: "Wir haben Blume wegen seiner geschickten Verhandlungstaktik sehr bewundert [...], seine[r] Persönlichkeit und Überzeugungskraft [...]." - S. auch: Berisch an D.H. br. vom 14.11.1985: "Blume war ein hinreißender Lehrer und ein großartiger Organisator [...]."
[431] SCHEEL, Schulfarm (1990), S. 22.
[432] SCHEEL, Schulfarm (1990), S. 12.
[433] RICHTER, Wilhelm, Radikaldemokratisches Freiheitsexperiment. Zum Tode Wilhelm Blumes, des Gründers von Scharfenberg - Schon damals Kern- und Kursunterricht, in: Der Tagesspiegel. Unabhängige Berliner Morgenzeitung vom 29.11.1970; u.d.T. 'Nachruf auf Wilhelm Blume [...]' wieder in: RICHTER, Wilhelm, Schulerinnerungen, Berlin 1976, S. 58-61 [als Dok. Nr. III].
[434] RICHTER, Radikaldemokratisches Freiheitsexperiment.
[435] SCHEEL, Schulfarm (1990), S. 22.
[436] RICHTER, Schulerinnerungen, S. 5, spricht vom 'Nathancharakter' Cohns.
[437] SCHEEL, Schulfarm (1990), S. 22f.

schauend sagen - erzieherisch und charakterlich formend wohl mehr gegeben als mein Elternhaus."[438]

Als dritten Lehrer stellt Scheel das 'pädagogische Talent'[439] Wilhelm Richter vor, der "zweifellos dem am nächsten kam, was sich Blume für Scharfenberg als Lehrer insbesondere für den Gesamtunterricht wünschen konnte"[440]:

> "Mit der Schule vertraut, jugendbewegt und ledig, war er ohne Vorbehalt bereit, seine Tage und Nächte mit den Untertertianern zu verbringen. Er schlief mit ihnen in einem der beiden großen Schlafsäle des Neubaus und nahm mit einem unbeheizbaren Zimmer vorlieb, das vom benachbarten Raum etwas Wärme abbekam, in dem vier Jungen ihre Arbeitsplätze hatten. Sein Glück und sein Pech war es, 'im Schatten eines pädagogischen Titanen'[441] - so sagte er selbst - zu stehen, der ihm Vorbild war, aber unerreichbar blieb. Wir mochten ihn als Lehrer mit seiner Lebhaftigkeit, Begeisterungsfähigkeit und reichen Phantasie sehr. Und doch empfanden wir Blume bei gleichen Qualitäten als den solideren. Für den Chef war charakteristisch, daß er nach dem Unterricht für den Weg vom Neubau zum Mittagstisch am Bollehaus statt der normalen fünf Minuten die drei- oder vierfache Zeit brauchte, weil er mit einem großen Packen Büchern unter dem Arm - im Gehen ständig verharrte, um mit den ihn umgebenden Jungen die eben behandelte Problematik weiterzudiskutieren. Helm eiferte ihm nach, aber das spürte man auch. Er machte mit uns Scherze, regte beispielsweise an, durch die eigenen gespreizten Beine zu gucken, um die Welt auf dem Kopf stehend zu erleben, oder plädierte für die kühnere Etymologie, die mutig das Wort Alkohol aus dem angeblich arabischen al kohol - die Kohle, das Feuerwasser ableitete. So etwas amüsierte, aber beeindruckte nicht. Ganz fremd blieb uns Helm als Verehrer Stefan Georges, dessen kultisches Gehabe, elitäres Gefolge und aristokratischer Anspruch uns überhaupt nicht gefallen konnten."[442]

Eine unterschiedliche 'Beurteilung' zwischen Schmidt und Scheel findet sich im Falle Moslés. Während Schmidt in seinem Revisionsbericht Moslé "gute neusprachliche Kenntnisse" und ferner "gute pädagogische Einfühlung"[443] bescheinigte und er auch nach dem Urteil des ehemaligen Schülers Hoffmann einen "sehr lebendigen Unterricht"[444] gegeben haben soll, schreibt Scheel, er sei "in unseren Augen eine Flasche [gewesen]"[445]:

> "Da gab es [unter den Lehrern] zum Beispiel den Neuphilologen Dr. Wilhelm Moslé, der auf angeblich moderne Weise uns das Englische beibringen wollte. Er fing es ganz spaßig an, indem er uns mit einem Bleistift im Munde deutsch sprechen ließ; das klänge schon fast englisch. Aber was darauf folgte, war so anarchistisch, daß es uns bis zur Meuterei trieb. Moslés Stärke bestand darin, daß er unser Aufgehren einfach nicht zur Kenntnis nahm und ausdauernd freundlich reagierte. Das nahm unseren Protesten zwar die Spitze, aber erhöhte nicht sein Ansehen."[446]

---

438 Witt an D.H. br. vom 01.11.1987.
439 SCHEEL, Schulfarm (1990), S. 27.
440 SCHEEL, Schulfarm (1990), S. 23.
441 So: RICHTER, Schulerinnerungen, S. 8.
442 SCHEEL, Schulfarm (1990), S. 23f.
443 Berlin, BA: Bestand Reichsministerium für Wissenschaft, Erziehung und Volksbildung, Nr. 4702, Bl. 34f.: Revisionsbericht des Herrn Geheimen Regierungs- und Oberschulrats Professor Dr. Schmidt über die Revision der Inselschule Scharfenberg bei Tegel am 08. September 1928, hier Bl. 35.
444 Hoffmann an D.H. br. vom 28.06.1988.
445 SCHEEL, Schulfarm (1990), S. 32.
446 SCHEEL, Schulfarm (1990), S. 32.

Einig wiederum sind sich Schmidt und Scheel bei der Einschätzung Radvanns. Doch während Schmidt - wie oben bereits gezeigt - vorsichtig formuliert, Radvann müsse "noch etwas unakademischer werden [...], um eine größere Wirksamkeit seines altsprachlichen Unterrichts zu erreichen"[447], schreibt Scheel in schärferer Weise über Radvann:

"Was den damals dreißigjähren Altphilologen Dr. Wilhelm Radvann 1927 nach Scharfenberg geführt und volle fünf Jahre dort festgehalten hat, ist mir bis heute ein Rätsel; schulreformatorische Neigungen waren es jedenfalls nicht. Unserem Empfinden nach war und blieb er ein Fremdkörper. Drei Jahre lang war er unser Lateinlehrer, und während der ganzen Zeit erschien er uns als der Prototyp eines alten Paukers, der eisern an den in der Lernschule üblichen Methoden festhielt. Es gab auf Scharfenberg keine Zensuren; bei Radvann gab es sie. Mit absoluter Pünktlichkeit wurden die fälligen Klassenarbeiten geschrieben, wobei die einzelnen Übungssätze vorschriftsmäßig zu numerieren waren, wer dabei 1.) oder 1) schrieb, bekam einen halben Fehler angerechnet, denn nur 1). galt als einwandfrei. Er veranstaltete Vokabelschlachten. Wer auf seine 10 Fragen 10 richtige Antworten gab, konnte der Lateinstunde 10 Minuten vor ihrem Ende entfliehen. Zum Abschluß des Schuljahres deckte er sich bei Woolworth in Tegel mit kleinen Geschenken - vom Radiergummi bis zum Drehbleistift - ein, die er uns den erbrachten Leistungen entsprechend wertmäßig gestaffelt überreichte. Radvann hat in uns nicht die Spur eines Verhältnisses zur lateinischen Sprache und römischen Kultur wecken können, aber das Lateinische selbst hatte er uns so gründlich eingetrichtert, daß es saß. Ich galt bei den Weißen als bester Lateiner und durfte darum auch als erster den ersten Satz aus Caesars Bellum Gallicum vorlesen, womit wir uns von den stupiden Übungstexten verabschiedeten. Ich registrierte erstaunt, daß die Übertragung dieser Aufgabe an einen Schüler ihn innerlich bewegte.
Im außerordentlichen Bereich wirkte er vornehmlich für Ordnung und Sicherheit. Den Holzplatz, auf dem die AZBler[448] jeden Mittwochnachmittag das Brennholz für die Küche hackten, hatte er zu seiner immer vorbildlich aufgeräumten Domäne gemacht. Seine Runden um Scharfenberg waren keine Spazier-, sondern Kontrollgänge, auf denen fremde Anleger aufgestöbert und von der Insel gewiesen wurden. Er war ein rechter Hagestolz, der von den Frauen wenig und von Koedukation gar nichts hielt; er ging in kein Theater und las keine schöne Literatur. Aber er führte aufs genaueste Buch über alle in den Klassenarbeiten gemachten Fehler sämtlicher Schüler, die je unterrichtet hatte; und in jedem Jahr nahm er sich sein lateinisches und griechisches Lexikon vor, um seine Vokabelkenntnisse zu testen, die ihn erst befriedigten, wenn sie 90% des Wortbestandes überschritten. Ein einziges Mal habe ich erlebt, wie er seine sonst immer gewahrte Fassung verlor: Als der technische Berichterstatter uns beim Mittagessen über den Bau des Panzerkreuzers A informierte, begleiteten wir seine detaillierten Ausführungen mit ironischen Ausrufen der Bewunderung, die ihn aus dem Konzept bringen sollten; plötzlich knallte eine Tür, und Radvanns Platz war leer. Er fühlte sich in seinem Nationalgefühl gekränkt, während wir als Rüstungsgegner diese Flucht als einen Sieg bejubelten. Radvann war ein Fremdkörper in Scharfenberg und dennoch kein Störenfried. Die Schulfarm

---

[447] Berlin, BA: Bestand Reichsministerium für Wissenschaft, Erziehung und Volksbildung, Nr. 4702, Bl. 35.
[448] Gemeint sind die 'Allzeit-Bereitler'; s. zu diesen S. 538f.

war in ihrer Art so gefestigt, daß sie auch einen solchen Lehrertyp mit beträchtlichem Nutzen [!] verkraftete."[449]

Walter Ackermann wurde von den Scharfenberger Schülern laut Scheel "anfangs mehr gefürchtet als gemocht"[450]. Ein Grund dafür lag, wie Scheel schreibt, in Ackermanns äußerem Erscheinungsbild:

> "Er war sehr groß und sehr knochig, und es berührte nicht nur mich Dreizehnjährigen wenig angenehm, wenn er von hinten über mich gebeugt mit seiner kräftigen Rechten meine geometrischen Zeichnungen korrigierte und dabei seinen linken Armstumpf auf meine Schulter legte oder in den Rücken zu bohren schien."[451]

Und Schmoll erinnert sich, daß Ackermann, da er keine Schnürsenkel knüpfen konnte, meistens lange Reitstiefel getragen habe, "was ihm bei flüchtiger Beurteilung ein leicht martialisches Aussehen verlieh."[452] Ein zweiter Grund für die anfängliche Distanz der Schüler im Alter von Scheel und Schmoll gegenüber Ackermann lag darin, daß Ackermann zu den Lehrern gehörte, "die mit jüngeren Schülern ihre Schwierigkeiten hatten, aber bei den höheren Altersstufen keine"[453], also eher ein Lehrer für die Oberstufe war, wo sein Unterricht "Hochschulniveau"[454] erreichte. Allmählich aber änderte sich die anfänglich distanzierte Haltung gegenüber Ackermann:

> "Jahr für Jahr wuchs unser Zutrauen und unsere Neigung zu ihm, stieg er in unserer Hochachtung; am Ende waren wir stolz, von ihm seiner Freundschaft gewürdigt zu werden [...]."[455]

Über den Unterricht hinaus bildete sich nun um Ackermann ein kleiner Kreis, der 'Wühlclub bei Ackermann'[456], eine lockere Arbeitsgemeinschaft, die sich zum Teil in Ackermanns Wohnung in Tegel[457] traf, "um philosophische Probleme zu erörtern."[458]

---

[449]   SCHEEL, Schulfarm (1990), S. 24f. - Natterodt an D.H. br. vom 27.12.1989: "Im Unterricht und auch privat war er ein Pedant. Er hatte ein extra Zimmer. Er war aber auch umgänglich. Er war ein passionierter Briefmarkensammler." - Vgl. aber die Reaktion auf Scheels Darstellung von Radvann: C. Rathjens an D.H. br. vom 08.11.1992: "[Es] tut mir [...] die negative Darstellung meines Latein- und Griechischlehrers Dr. Radvann weh. Ich beurteile ihn ganz anders. Er war ein guter Lehrer, dem ich viel verdanke." - RATHJENS, Wege eines Geographen, S. 36, schreibt, Radvann habe mit ihm "vieles betrieb[en], womit sonst erst Studenten in Seminaren vertraut gemacht werden": "Meine Hausarbeit für das Abitur schrieb ich über die Reisen des Herodot und die Frage, was er vom Inhalt seiner Berichte mit eigenen Augen gesehen haben könnte. Nach neun Jahren Unterricht in Latein und sechs Jahren Griechisch war ich in den klassischen Sprachen so perfekt, daß ich im Abitur Bestnoten erhielt und von der mündlichen Prüfung befreit wurde."

[450]   SCHEEL, Schulfarm (1990), S. 26.

[451]   SCHEEL, Schulfarm (1990), S. 26. - Vgl.: Natterodt an D.H. br. vom 27.12.1989: "Unser Mathematiklehrer Walter Ackermann hatte während des 1. Weltkrieges die rechte Hand verloren. Mit dem Stumpf seines Armes fuchtelte er manchmal bedrohlich [umher]."

[452]   Schmoll an D.H. br. vom 24.10.1985.

[453]   SCHEEL, Schulfarm (1990), S. 26. - S. auch: Hoffmann an D.H. br. vom 28.06.1988: "In den ersten Jahren hatte ich Schwierigkeiten mit ihm, verstand mich dann gegen Ende aber ausgezeichnet mit ihm."

[454]   Hoffmann an D.H. br. vom 28.06.1988.

[455]   SCHEEL, Schulfarm (1990), S. 26.

[456]   SCHEEL, Schulfarm (1990), S. 26f.

[457]   Schmoll an D.H. br. vom 24.10.1985.

Zu den von den ehemaligen Schülern durchweg positiv bewerteten Lehrern gehören die beiden Zeichenlehrer Netzband[459] und dessen Freund und Nachfolger Scheibner[460].

Pewesin bezeichnet Netzband gar als die "im Scharfenberg der Anfangsjahre [...] neben Blume stärkste anregende Kraft."[461] Die Wirkung "dieses ungehemmt berlinernden Kunstpädagogen mit dem eleganten schmalen Kopf und der in die Stirn fallenden Haarsträhne"[462], mit seinen "farbigen Oberhemden und kecken Querbinder[n]"[463] mit seiner "verblüffenden Jugendlichkeit und sportlichen Hochform"[464] sei "vielfältig"[465], "immer von höchster Lebendigkeit"[466] gewesen. Am "eindrucksvollsten und nachhaltigsten [...] waren seine Kunstbetrachtungen mit der Oberstufe jeden Dienstagabend im großen Bollesaal" - "zwei schwarze Schultafeln standen da ein bischen halsbrecherisch gestützt, reißnägelbespickt mit Seemann- und Piper-Reproduktionen, angestrahlt von Petroleumlampen, deren weiße Glocken zur Hälfte abgeschlagen waren, damit sie die Bilder beleuchteten, ohne die dichtgedrängten Schüler zu blenden"[467].

"Am Abend hockten wir dichtgedrängt auf Schemeln vor den Sybillen der Sistina-Decken oder den Äpfeln und Servietten Cézannes und ließen uns in die Geheimnisse und Qualen des künstlerischen Schaffens einweihen. Diese Stunden im Schein blakender Petroleumlampen waren die intensivste, die glühendste Unterweisung, die man sich denken kann. Unser Lehrer gab sich in ihnen ganz, wie daheim vor der eigenen Staffelei, und ich sehe heute, mehr als vierzig Jahre später, noch deutlich vor mir, wie er einmal angesichts unserer Trägheit und Verständnislosigkeit voll Zorn, fast unter Tränen, seine wohlgehüteten Kunstdruckblätter wieder einzeln von der Tafel löste, die Reißnägel in der hohlen Hand einsammelnd."[468]

---

458 SCHEEL, Schulfarm (1990), S. 26f. - Schmoll an D.H. br. vom 24.10.1985: "Ackermann bot ab etwa Unterprima Interessenten an, bei ihm zu Hause an einer lockeren Arbeitsgemeinschaft über Philosophie mitzuwirken. Das fand in seiner Wohnung in Tegelort statt. Er hatte eine schöne, immer frisch aussehende, schlanke, sehr musikalische Frau. Es gab bei ihm zu Hause auch kleine Hauskonzerte. Mir viel [auf] der Stil der Wohnung, das ungemein freie Klima in der Familie (es gab mehrere kleinere Kinder), die Einrichtung (etwa "skandinavisch", helle Holzmöbel, ganz unbürgerliche, gewebte Vorhänge [...]). Die ganze Familie aß strikt vegetarisch."
459 Schülererinnerungen an Netzbands Tätigkeit und Wirksamkeit auf Scharfenberg: JAESRICH, Hellmut, Vorwort, in: Georg Netzband. Berlin zwischen den Kriegen. Antikriegsbilder, Materialbilder, Ölbilder, Grafiken im Haus am Kleistpark [zur Ausstellung vom 24.05.-14.06.1968]. Mit einem Vorwort von Hellmut JAESRICH, Berlin 1968, o.S. - PEWESIN, Wolfgang, Dem Gedächtnis Georg Netzbands, in: Sonderheft zum "Tag der Alten" 1985. Aus der Geschichte der Schulfarm. 1. Georg Netzband (gest. 1984) [von Wolfgang PEWESIN] - 2. Der Beginn der Neuordnung Scharfenbergs 1949. Teil 1: In der Ost-West-Spannung. Die Wirren des Übergangs 1948/49 [von Wolfgang PEWESIN] (=Neue Scharfenberg-Hefte, 11), S. 3-5 [davon S. 4-5 Auszug aus der Chronik der Schulfarm Insel Scharfenberg vom 20.02.1926.].
460 Erinnerungen an Scheibners Tätigkeit und Wirksamkeit auf Scharfenberg: s. bes.: SCHEEL, Schulfarm (1990), S. 27-32.
461 PEWESIN, Dem Gedächtnis Georg Netzbands, S. 3.
462 JAESRICH, Vorwort, o.S.
463 JAESRICH, Vorwort, o.S.
464 JAESRICH, Vorwort, o.S.
465 PEWESIN, Dem Gedächtnis Georg Netzbands, S. 3.
466 PEWESIN, Dem Gedächtnis Georg Netzbands, S. 3.
467 PEWESIN, Dem Gedächtnis Georg Netzbands, S. 3.
468 JAESRICH, Vorwort, o.S.

In einem Chronikeintrag vom 20.02.1926 heißt es in einem Beitrag eines 17jährigen Primaners:

> "'Netze' redete. Er versuchte, sie uns nahe zu bringen: Grünewald, Rembrandt, Vincent van Gogh. Seine Worte gingen über uns hinweg, lebendig und oft spitz, wie schwirrende Pfeile. Er redete mit Feuer und seiner ganzen Begeisterung. Er demonstrierte das Farbproblem, das Lichtproblem, das psychische Problem, wo die Seele zur Linie wird.
> Er zeigte überzeugend die Größe der Komposition, das unfaßlich Grandiose bewußter Gestaltung.
> Er sprach von 'plastisch', von 'malerisch' und 'graphisch', von der Grundempfindung, aus der heraus ein Kunstwerk geschaffen wird. Von dem Suchen des Betrachters, diese Empfindung nachzuempfinden.
> Er sprach von warmen und kalten Farben, von der Barbarei ihrer Mischung; und vom Klingen der Töne, der Musik des Valeurs, die ein Kunstwerk birgt.
> Er sprach von allem, was er wußte; und von dem, was er fühlte, suchte er zu sprechen; und er fand überall Augen, die mit ihm das suchten [...] und er merkte doch, daß er das Eigentliche nicht sagen könne [...] daß er uns nicht in das Heiligtum hineinführen könne: nur bis zur Tür, bis zur Goldenen Pforte [...]."[469]

Und Pewesin schreibt dazu weiter:

> "Netzbands Domäne: die Kunst der italienischen und deutschen Renaissance, die großen Holländer des 17. Jahrhunderts, die Entwicklung zur Moderne in der französischen Kunst von Delacroix bis Cézanne - und vor allem die Maler der Gegenwart. Durch ihn lernten wir sie alle kennen: Picasso, Braque und Matisse, die Meister der 'Brücke' und des 'Blauen Reiters', Kirchner und Kandinski, Macke und Marc ebenso wie Dix, Nolde und Beckmann. Die Originale erlebten wir - oft mit ihm in packenden Führungen - im Kaiser-Friedrich-Museum und im Kronprinzenpalais 'Unter den Linden', in dessen Obergeschoß (Der Turm der Blauen Pferde, Heckels Zeltbahnbild!) wir zuhause waren. Einer ganzen Schülergeneration gab 'Netze', wie er bei uns hieß, tief wirkende und lebenslang nachwirkende Anregungen. Er hat uns gegen die spätere Verteufelung der 'entarteten Kunst' immun gemacht."[470]

Daß Netzband in jenen Jahren künstlerische Erfolge hatte, die "der Stolz der Scharfenbergschüler"[471] waren, "daß er zur Novembergruppe gehörte und schon des öfteren, seit 1919 u.a. in Leningrad und Rom, ausgestellt hatte"[472], verlieh ihm "natürlich gewaltiges Prestige"[473].

Die Beschreibung der Wirksamkeit Erich Scheibners nimmt in den Erinnerungen Scheels von allen dort vorgestellten Lehrern den entschieden größten Raum ein. Unter anderem schreibt er, Scheibner sei "kein pädagogisches Talent wie etwa Wilhelm Richter und kein wissenschaftlich gebildeter Denker wie Ackermann"[474], "kein theoretischer Kopf"[475] gewesen, habe "nicht über den Dingen, sondern immer mitten darin"[476] gestanden. Dies habe sich etwa in seiner politischen Haltung gezeigt:

> "Zwar bekannte er sich eindeutig zum Kommunismus, aber er gefiel sich zugleich darin, als kritischer Mann zu gelten, der auch der KPD gern die Leviten las. Er gebärdete sich als linker

---

[469]   Abgedr. in: PEWESIN, Dem Gedächtnis Georg Netzbands, S. 4f., hier S. 4.
[470]   PEWESIN, Dem Gedächtnis Georg Netzbands, S. 3.
[471]   BLUME, Bericht (1923), Bl. 203r.
[472]   JAESRICH, Vorwort, o.S.
[473]   JAESRICH, Vorwort, o.S.
[474]   SCHEEL, Schulfarm (1990), S. 27.
[475]   SCHEEL, Schulfarm (1990), S. 31.
[476]   SCHEEL, Schulfarm (1990), S. 31.

Kommunist, der beispielsweise die Beteiligung an dem bürgerlichen Wahlrummel als opportunistisch grundsätzlich ablehnte. Er hielt das Wochenblatt einer linken Splittergruppe 'Spartacus', ohne ihr anzugehören oder für sie zu werben. Ihm genügte es, als Linksaußen angesehen zu werden. Es war eine Marotte, die wir ihm - größer geworden - nachsahen. "[477]

Daß Scheibners "starke Seite [...] keineswegs die Theorie [gewesen sei]"[478], habe sich auch im Unterricht gezeigt. Er brachte den Schülern z.B. "John Heartfield mit seinen aufregenden Fotomontagen [und] [...] Georg Grosz, dessen Zeichnungen den Dingen schonungslos auf den Grund gingen [...] in ihrer künstlerischen und politischen Aussagekraft [nahe][479], doch waren - so Scheel - seine "allgemeinen Darlegungen zu bestimmten Kunstepochen nicht derart, daß sie uns mitrissen. Sein Freund Netzband soll da ungleich eindrucksvoller gewesen sein."[480] Auch sei - so Schmoll - Scheibner selbst "kein großer Künstler"[481] gewesen. Trotzdem habe "Erich Scheibner zumindest für sehr viele von uns nächst Blume eine geradezu zentrale Stellung ein[genommen]"[482]. Über die Bedeutung Scheibners für sich selbst schreibt Scheel:

> "Was ich Scheibner zu verdanken habe, kann ich gar nicht aufzeigen."[483]

Dies hatte seine Ursache nicht nur darin, daß Scheibner eine unendliche Mühe aufgewandt habe, "um uns ein lebendiges Verhältnis zur bildenden Kunst finden zu lassen."[484]

Die "entscheidende Ursache" sei "in seinem Wesen begründet" gewesen, denn Scheibner habe das Talent besessen, "als Kristallisationskern zu wirken"[485] - eine Eigenschaft, die für einige der Scharfenberger Schüler auch nach 1933 eine nicht zu unterschätzende Bedeutung erlangen sollte[486] -:

> "Scheibner war von nimmermüder Hilfsbereitschaft, zugänglich für jeden an ihn herangetragenen Wunsch, dabei selbst mitteilsam und sehr gesellig, so daß er immer im Mittelpunkt einer Gruppe junger Menschen stand. Er überragte sie nicht unbedingt und führte auch keineswegs immer das Wort; er war einfach mitten unter ihnen und emsig bei der Arbeit, die auch den Jungen Spaß machte. Er begegnete allen mit Wohlwollen und fühlte sich selbst rundherum wohl dabei. Natürlich trieben wir mit ihm oft Schabernack, aber unsere Scherze waren nie bösartig; er konnte mitlachen, wenn er dahinterkam. Wenn es ihm gar zu viel wurde, schimpfte er auch einmal, ohne uns allerdings damit sehr zu erschrecken. Wir boten ihm dann meist Versöhnung an, die er niemals ausschlug."[487]

---

477 SCHEEL, Schulfarm (1990), S. 31f. - Schmoll an D.H. br. vom 24.10.1985: "Ob er [Scheibner] parteilich gebunden war, weiß ich nicht, aber er stand eindeutig links."
478 SCHEEL, Schulfarm (1990), S. 27.
479 SCHEEL, Schulfarm (1990), S. 37.
480 SCHEEL, Schulfarm (1990), S. 27.
481 Schmoll an D.H. br. vom 24.10.1985.
482 SCHEEL, Schulfarm (1990), S. 27.
483 Scheel an D.H. mündl. vom 17.02.1987.
484 SCHEEL, Schulfarm (1990), S. 27. - Vgl.: Schmoll an D.H. br. vom 24.10.1985: "[...] quicklebendig, kein großer Künstler, aber sehr anregend, sehr frei [...]."
485 SCHEEL, Schulfarm (1990), S. 27.
486 K. Dietrich an D.H. br. vom 22.08.1991: "Scheibner [besaß] zwei Eigenschaften: Er war tolerant und ließ auch andere Auffassungen gelten und zweitens stellte er eine Art Kristallisationskern dar und fand immer Möglichkeiten, den Kontakt und den Zusammenhalt zu seinen früheren Schülern zu halten." - S. dazu S. 1011ff.
487 SCHEEL, Schulfarm (1990), S. 27.

Als ein weiteres "Verdienst Scheibners - in ungleich größerem Maße als das Blumes, Helm Richters oder irgendeines anderen Lehrers - "[488] bezeichnet Scheel ebenso wie seine ehemaligen Mitschüler[489], "daß wir uns mit der fortschrittlichen Literatur und Publizistik der Weimarer Zeit, den großen amerikanischen Romanciers jener Jahre und vor allem mit der jungen revolutionären Sowjetliteratur vertraut machen konnten"[490], ebenso mit der progressiven Kunst der Zeit:

"Er [Scheibner] nahm mich zu den Matineen der Berliner Volksbühne, auf denen Ernst Busch [(1900-1980)] seine mitreißenden Lieder sang. Hier erlebte ich auch die Aufführung von Friedrich Wolfs 'Die Matrosen von Cattaro'[491] mit Ernst Busch in der Hauptrolle des Franz Rasch: Das ganze Theater war ein Hexenkessel, denn die Zuschauer spielten gleichsam mit, kommentierten durch aufgeregte Zurufe das Geschehen auf der Bühne, machten bei jeder energischen revolutionären Äußerung ihrer Begeisterung Luft und ebenso ihrer Empörung, als der feige Smutje zu Kreuze kroch und die zuvor gehißte rote Fahne wieder einzog: 'Noske, Noske!' schrie es von allen Seiten. In diesem Jahre 1932 lernte ich in der Camera, dem Wiederaufführungskino Unter den Linden, die meisten der großen sowjetischen Filme kennen, die in die Filmgeschichte eingegangen sind wie der 'Panzerkreuzer Potemkin', 'Sturm über Asien' oder 'Der Weg ins Leben'. Bei einer dieser Aufführungen erkannte ich unter den Zuschauern Erich Mühsam [(1878-1934)], um den sich die Veranstalter besonders bemühten und der zu den ersten Opfern des Faschismus gehörte. Die künstlerische Wirkung, die von diesen Streifen ausging, war derart intensiv, daß sie über Jahrzehnte hinweg für mich nicht verblaßte. Mehrmals pilgerte ich zur Akademie der Künste am Pariser Platz, um mir immer wieder das große Tryptichon von Otto Dix anzuschauen, das die ganze Abscheulichkeit des modernen Krieges in allen seinen Äußerungen offenbarte."[492]

Scheibner verbrachte teilweise auch seine Ferien mit Schülern der Schulfarm. So berichtet Scheel von einer Ferienfahrt, die Scheibner, Hans Lautenschläger und er in den großen Ferien 1931 unternahmen, und die, mit zahlreichen Zwischenstationen, bis nach Frankfurt am Main führte[493]:

"Scheibner ließ keine einzige Kirche aus, sofern sie etwas kunstgeschichtlich Wertvolles zu bieten hatte, und erst recht kein Kunstmuseum. In jede Abteilung mußte er zumindest einen Blick tun, selbst wenn uns die Steherei längst über war und wir zu maulen anfingen. Bei den Expressionisten erwachten jedoch regelmäßig wieder unsere Lebensgeister; wir mochten sie sehr, zumal sie gleichzeitig das Ende eines solchen Museumsbesuches ankündigten. Die Ernte, die wir von dieser Studienfahrt - sie war beileibe nicht die einzige und steht hier stellvertretend für viele andere - in unsere Scheuer einbrachten, blieb ungeachtet gelegentlichen Überdrusses eine einzigartige Bereicherung, von der wir ein Leben lang zehrten."[494]

Scheibners kleine Wohnung - sein Schlafplatz sei jedoch "in all diesen Jahren ein Bett im großen Schlafsaal des Neubaus gewesen" - im Fährhaus war "einfach, aber sehr geschmackvoll eingerichtet: knallrote Möbel, damit harmonierende Fenstervor-

---

[488] SCHEEL, Schulfarm (1990), S. 30.
[489] So: Schmoll an D.H. br. vom 24.10.1985: "Scheibner versorgte Interessenten immer mit Literatur a) zur Kunstgeschichte, b) zur "linken" Politik und Kultur. Bei ihm las ich gerne den "Querschnitt", Tucholsky, sah die Photomontagen von Heartfield, Zeichnungen von Georges Grosz, Bilder von [Otto] Dix, [Conrad] Felixmüller, aber auch die klassische Moderne der Expressionisten. Er hatte immer neue, aktuelle Zeitschriften und Bücher, und Reproduktionen."
[490] SCHEEL, Schulfarm (1990), S. 30.
[491] WOLF, Friedrich, Die Matrosen von Cattaro (=Das neue Drama, 3), Berlin 1930.
[492] SCHEEL, Schulfarm (1990), S. 46.
[493] SCHEEL, Schulfarm (1990), S. 29f. und S. 38f.
[494] SCHEEL, Schulfarm (1990), S. 30.

hänge, Hyazinthen und von ihm besonders geliebte Kakteen auf den Fensterbrettern, an den Wänden Wechselrahmen, die mit immer wieder anderen Kunstwerken oder auch eigenen Leistungen bekanntmachten"[495].

Hier habe Scheibner nicht nur seine Mal- und Zeichenutensilien sowie seine umfangreichen Kunstsammlungen verwahrt[496], hier stand auch "das große rote Bücherregal, das die gesamte Rückwand des Zimmers einnahm und die Literatur enthielt, die uns zunehmend faszinierte"[497]:

"Veröffentlichungen des Malik-Verlags mit ihren packenden Einbänden sprangen ins Auge. Ein gut Teil von ihnen machte mit der jungen Sowjetliteratur bekannt. Was bei Malik nicht erschien, brachte der kommunistische Neue Deutsche Verlag, der sich der 'Universum-Bücherei für Alle' als Buchgemeinschaft bediente, um seine Druckerzeugnisse für den Leser kostengünstig zu vertreiben. Ich sehe die Buchrücken noch heute vor mir, so den in hellblauem Leinen hervorragend gestalteten Einband des Romans von Boris Pilnjak 'Die Wolga fällt ins Kaspische Meer'[498]. Ähnlich anziehend wirkten die von der Büchergilde Gutenberg vertriebenen Druckerzeugnisse, die typographisch und buchkünstlerisch zur Spitze gehörten. Eine besondere Bedeutung erhielt für mich das Buch 'Empörung und Gestaltung' von Erich Knauf[499], einem gelernten Schriftsetzer und kunstsinnigen Lektor der Büchergilde, der als Kriegsgegner 1944 auf dem Schafott endete. Auf schlichte Art stellte er darin 22 Künstlerprofile von Daumier bis zur Kollwitz vor. Hier wurde der Grund gelegt für meine besondere Neigung zu Daumier - über ihn als Zeitkritiker fertigte ich als Untersekundaner eine Halbjahresarbeit an[500] -, Meunier, Masereel, Barlach, Pechstein, Grosz, Dix und der Kollwitz. Sehr reizvoll war es schließlich, in den Periodika zu blättern, die Scheibner hielt und sammelte, wie die linksradikale 'Aktion' Franz Pfemferts[501], das linksliberale Magazin 'Der Querschnitt'[502], Ossietzkys 'Weltbühne'[503] und die 'Linkskurve' des Bundes revolutionärer proletarischer Schriftsteller[504]. Auf diese Weise entging uns weder Döblin noch Remarque, weder Brecht noch Feuchtwanger, weder Tucholsky noch Kästner, weder Leonhard Frank noch Arnold Zweig."[505]

All dies und anderes habe "griffbereit im roten Regal"[506] gestanden:

"Zugreifen aber mußten wir selbst, denn es war nicht so, daß Scheibner uns dabei bewußt gelenkt hätte. Er ließ uns einfach an seinen Entdeckerfreuden teilnehmen und verdoppelte sie so."[507]

---

495   SCHEEL, Schulfarm (1990), S. 30.
496   SCHEEL, Schulfarm (1990), S. 30f.
497   SCHEEL, Schulfarm (1990), S. 31.
498   PILNJAK, Boris, Die Wolga fällt ins Meer (=Universum-Bücherei für Alle, 100), Berlin 1931.
499   KNAUF, Erich, Empörung und Gestaltung. Künstlerprofile von Daumier bis Kollwitz, Berlin 1928.
500   PS Scheel: SCHEEL, Heinrich, Daumier als Zeitkritiker. Halbjahresarbeit, Ostern 1932.
501   Die Aktion, Berlin, Jg. 1 (1911) - 22 (1932).
502   Der Querschnitt, Berlin, Jg. 1 (1921) - 16 (1936).
503   Die Weltbühne. Wochenschrift für Politik, Kunst, Wirtschaft, Berlin, Jg. 14 (1918), Heft 14 - Jg. 29 (1933), Heft 10.
504   Die Linkskurve. Eine literarisch-kritische Zeitschrift, Berlin, Jg. 1 (1929) - 4 (1932).
505   SCHEEL, Schulfarm (1990), S. 31. - Vgl.: K. Dietrich an D.H. br. vom 22.08.1991: "Der Reiz von Scheibner auf mich war einmal durch die Förderung meiner zeichnerischen Anlagen (Zeichenkurs auf Scharfenberg für gute Zeichner) sowie durch seine Bibliothek gegeben. In dieser Bibliothek war von Brecht, Becher bis zu den ersten Übersetzungen der jungen sowjetischen Literatur alles enthalten."
506   SCHEEL, Schulfarm (1990), S. 31.
507   SCHEEL, Schulfarm (1990), S. 30f.

Eine Scheibner nicht ganz unähnliche Wirkung erzielte für Scheel Hans Gärtner, der zunächst sein "Französisch-Lehrer und schließlich ein wichtiger Freund" wurde, der sein "Blickfeld in verschiedene Richtungen außerordentlich erweitern half"[508] - und über den Scheel mehrfach publiziert hat[509].

Gärtner "fühlte sich der deutschen Kultur und nächst ihr der französischen innig verbunden"; er "bekannte sich zum Marxismus, vertrat kommunistische Grundansichten", "war Atheist" und dennoch nicht nur, "weil er sich als ein Angehöriger des jüdischen Volkes verstand", nicht nur "Mitglied der jüdischen Gemeinde"[510], sondern bezeichnete sich zudem auch als Zionist:

> "In vielen Gesprächen entwickelte er mir seine zionistischen Ideen von der Notwendigkeit, die Geschichte der jüdischen Volkes gleichsam umzukehren, damit es wieder gesunde. Seine gegenwärtige soziale Struktur gleiche einer auf der Spitze stehenden Pyramide, der die werktätige Basis fehle, um eine so breit ausladende jüdische Intelligenz tragen zu können. er erzählte mir von den Umschulungslagern, die die Zionisten eingerichtet hätten, und er verschwieg auch nicht die Existenz eines rassistischen, ja faschistischen Flügels in dieser Bewegung. Seine persönliche Zukunft sah er dennoch in einem selbständigen jüdischen Staat auf dem Boden Palästinas."[511]

Gärtner entstammte der zionistischen Jugendbewegung; Scheel berichtet, Gärtner habe ihm angeboten, "an einer Wanderung während der großen Ferien durch Süddeutschland teilzunehmen, die er mit seiner Gruppe der Blau-Weißen - einer zionistischen Jugendorganisation - unternehmen wollte"[512]:

> "Aus irgendwelchen Gründen wurde daraus nichts, aber dafür durchwanderten wir Ostern 1933 mit ihm zu viert die Lüneburger Heide. Es fiel in die merkwürdige Übergangszeit, in der trotz siegestrunken gröhlenden Nazis in der Jugendherberge von Müden die Hoffnung auf ein baldiges Ende dieses grauenhaften Spuks noch weit verbreitet war."[513]

Als ein konkretes Beispiel für Gärtners Wirkung im unterrichtlichen Bereich schreibt Scheel:

> "So vergesse ich nicht, wie er mir ein für allemal demonstrierte, daß Voreingenommenheiten blind und borniert machen. Das Streitobjekt war Stephan George, den ich in keinerlei Hinsicht gelten lassen wollte. Auch Gärtner gehörte nicht zu seinen Verehrern, aber konzedierte ihm eine bedeutende künstlerische Potenz. Da ich nicht zu überzeugen war, erteilte er mir im Rahmen des Französisch-Unterrichts scheinbar absichtslos die Aufgabe, das Gedicht von Baudelaire 'Albatros' ins Deutsche zu übertragen. Ich gab mir einen ganzen Tag lang die größte Mühe, einen richtigen und lesbaren Text zu liefern. Gärtner sah sich meine Arbeit an, griff zu einem Buch und legte mir zum Vergleich die Übertragung des gleichen Gedichtes von

---

508   SCHEEL, Schulfarm (1990), S. 41.

509   SCHEEL, Schulfarm (1990), S. 40-42. - SCHEEL, Meine Begegnung. - SCHEEL, Ein jüdischer Lehrer.

510   SCHEEL, Meine Begegnung, S. 10.

511   SCHEEL, Meine Begegnung, S. 41.

512   SCHEEL, Meine Begegnung, S. 11.

513   SCHEEL, Meine Begegnung, S. 11. - Ähnlich auch: SCHEEL, Ein jüdischer Lehrer, S. 19. - Vgl. dazu Scheel an D.H. br. vom 23.01.1990: "Als er [Gärtner] von Scharfenberg Ostern 1933 wieder wegging, setzte er seine Lehrertätigkeit zunächst an der Lichtwark-Schule fort. Ich habe ihn 1933 noch in Hamburg besucht und bei ihm gewohnt, als er dort tätig war; das geschah im Zusammenhang mit unserer gemeinsamen Wanderung durch die Lüneburger Heide bis nach Bremen und Worpswede und zurück über Lüneburg nach Hamburg. An der Wanderung beteiligt waren Erich Scheibner, Hans Gärtner, Helmut Woldt und ich."

Stephan George vor. Ich mußte mich elend geschlagen bekennen. Das war eine Lektion, die über George hinaus Geltung besaß [...]."[514]

Gärtner sei es auch gewesen, der Scheel "mit den Grundgedanken der Klassiker des Marxismus vertraut machte und den Umgang mit ihren Schriften lehrte"[515]:

> "In einem von ihm bewußt klein gehaltenen Kreis machten wir uns unter seiner Anleitung an die Durcharbeitung der von Hermann Duncker zusammengestellten Elementarbücher des Kommunismus [...]. Es war ein aufregendes Erlebnis. In dem Maße, wie wir Schritt um Schritt beim Erschließen der marxistischen Theorie vorankamen, steigerte sich unsere Begeisterung, entflammten wir für den Kommunismus [...]. Für mich wurde die Aneignung der theoretischen Grundlagen des Marxismus das Schlüsselerlebnis, das mich endgültig den Weg zur kommunistischen Bewegung finden ließ. Und diesen Schritt tat ich an der Hand von Hans Gärtner, dem ich über seinen Tod hinaus noch heute dankbar bin."[516]

Diesen eindrucksvollen Erinnerungen an Scharfenberger Lehrer sollen einige, das Kapitel über die Scharfenberger Lehrerschaft beendende Schlußfolgerungen und Thesen angefügt werden.

I.3.F. ZUSAMMENFASSENDE SCHLUßTHESEN ZUR SCHARFENBERGER LEHRERSCHAFT

(1) Der skizzierte Überblick über die Entwicklung des Scharfenberger Lehrerkollegiums im Spiegel der genannten Quellen ergibt zunächst das Bild eines 'homogenen Kollegiums' in dem Sinne, daß dessen Mitglieder "die gleiche Lebensrichtung"[517] hatten, wie es sich Blume 1922 gewünscht hatte, und in dem - wohl im Sinne Klafkis - eine 'positive pädagogische Einstellung[518] und ein hoher 'Grad an Zielübereinstimmung sowie an Kooperationsbereitschaft und -fähigkeit' bestand[519].

(2) Innerhalb dieses 'Grundkonsenses' wiesen die einzelnen Lehrkräfte jedoch ein hohes Maß an Individualität auf, und die Insel bzw. Blume bot ihnen Gelegenheit, diese Individualität inner- und außerhalb des Unterrichts zur vollen Entfaltung zu

---

[514]   SCHEEL, Schulfarm (1990), S. 41. - Ähnlich auch: SCHEEL, Ein jüdischer Lehrer, S. 18f.

[515]   SCHEEL, Schulfarm (1990), S. 42.

[516]   SCHEEL, Schulfarm (1990), S. 42.

[517]   BLUME, Gesuch (1922), S. 42.

[518]   KLAFKI, Wolfgang, Perspektiven einer humanen und demokratischen Schule, in: Innere und äußere Schulreform. Carl-Ludwig FURCK zum 3. November 1988, hrsg. von Ulf SCHWÄNKE, Hamburg 1989, S. 47-72; mit geringfügigen Änderungen wieder in: Schulqualität und Schulvielfalt. Das Saarbrücker Schulgütesymposion '88, hrsg. von Hans Christoph BERG und Ulrich STEFFENS (=Beiträge aus dem Arbeitskreis 'Qualität von Schule', 5), Wiesbaden 1991, S. 31-41; bes. (1989) S. 57f.

[519]   KLAFKI, Perspektiven, bes. S. 58-60.

bringen. Cohn schrieb 1928 (anläßlich des anders lautenden Vorwurfes des bereits erwähnten Lehrers Saupe[520]) dazu:

> "Es ist dem Schreiber dieser Zeilen noch nie bekannt geworden, daß der Leiter der Schulfarm die individuelle Auswirkung der Fähigkeiten und Bestrebungen irgendeines seiner Mitarbeiter zu beschränken versucht hat, wenn sie nur irgendwie, sei es direkt oder indirekt, dem Ganzen, der Lebensgemeinschaft zugute kam. Nie hat er jemand Vorschriften über die Art seiner Beschäftigung innerhalb der Gemeinschaft gemacht, nie hat er verlangt, daß seine Mitarbeiter nach seiner Fasson selig werden, nie hat er eine bestimmte Methode des unterrichtlichen Vorgehens als allein gültig vorgeschrieben. Es liegt durchaus in seiner Natur, jede selbständige Mitarbeit, auch wenn sie nicht durchweg mit seinen eigenen Ansichten und Neigungen übereinstimmt, mit Freude zu begrüßen. Diesen Satz wird jeder unterschreiben, der Scharfenberg und seinen Leiter kennt."[521]

(3) Das Bild eines aus individuellen Lehrerpersönlichkeiten zusammengesetzten Kollegiums mit gemeinsamem 'Grundkonsens' trifft auch auf die weltanschaulich-politische Haltung der Scharfenberger Lehrkräfte zu. Hier galt, was der ehemalige Lehrer der Lichtwarkschule, Gustav Heine, über das Kollegium dieser Hamburger Reformschule schrieb:

> "'Wir' [waren] weit entfernt davon gewesen, je eine Einheit zu bilden. Die Mitglieder des Lehrkörpers waren eigenwillige, zum Teil eigenbrötlerische Köpfe und entstammten den verschiedensten weltanschaulichen und politischen Lagern [...]. Was allen gemeinsam war, war der Wille zur Gestaltung der Jugend und zwar in einem Sinne, der der Herrschaft und dem Geist der bürgerlichen Gesellschaft entgegengesetzt war."[522]

Das "breite Spektrum an politischen Überzeugungen, das innerhalb des Lehrerkollegiums der Lichtwarkschule gegeben war" - so Achim Leschinsky zu Heines Aussage - war aufgrund eines gemeinsamen 'Grundkonsenses' führte offenbar nicht dazu, "dessen Kooperations- und pädagogische Arbeitsfähigkeit ernsthaft zu gefährden"[523]. Und Leschinsky wagt die These, "daß überhaupt in der jeweiligen Gedankenwelt der einzelnen Reformer Momente zusammengebracht waren, die uns heute unvereinbar scheinen."[524] Auf Scharfenberg jedenfalls erscheint trotz auseinandergehender politischer Grundhaltungen - etwa zwischen dem nationalkonservativen Carl Cohn, der undogmatischen religiös-sozialistischen Pazifistin Elisabeth Rotten, dem ebenfalls pazifistischen Sozialisten Walter Ackermann, den sozialistisch-kommunistisch orientierten Lehrern Erich Scheibner und Hans Gärtner - in den Quellen lediglich ein einziger politischer Konflikt zwischen zwei Scharfenberger Lehrern erwähnt - und zwar im politisch brisanten Jahr 1932[525].

(4) An der Spitze des Scharfenberger Kollegiums stand ein - außer von Saupe - in pädagogischer Hinsicht von keiner einzigen Seite auch nur ansatzweise kritisierter Pädagoge Wilhelm Blume.

---

520 SAUPE, Walther, Gedanken über Scharfenberg, in: Die Neue Erziehung. Monatsschrift für entschiedene Schulreform und freiheitliche Schulreform, Jg. 9 (1927), S. 771-775, hier S. 775.
521 COHN, Noch einmal die Schulfarm, S. 35.
522 HEINE, Hamburger Lichtwarkschule, S. 332.
523 Leschinsky in seiner Vorbemerkung zu: HEINE, Hamburger Lichtwarkschule, S. 326.
524 Leschinsky in seiner Vorbemerkung zu: HEINE, Hamburger Lichtwarkschule, S. 326.
525 Vgl. dazu S. 753.

An seiner Seite wirkten - ihn jedoch nicht erreichend - eine Gruppe ausgesprochen reformpädagogischer Persönlichkeiten, die sich ihrerseits mit sehr unterschiedlichen pädagogischen und persönlichen Stärken und Schwächen - der eine Lehrer stärker im Unterricht mit den Jüngeren, der andere mit älteren Schülern im Oberstufenunterricht, wieder ein anderer weniger als Lehrer denn als Pädagoge im außerunterrichtlichen Bereich in das Schulleben einbrachten und damit das Scharfenberger 'Angebot' über Blumes eigene 'Bandbreite' hinaus nach vielen Seiten hin erheblich erweiterten, etwa auch als Integrationsfiguren im Inselleben oder als 'Kristallisationskerne' für gleichgesinnte Schüler (wie z.B. Hans Gärtner und Erich Scheibner für Heinrich Scheel).

Zum Kollegium gehörten aber offenbar auch einige wenige Lehrer, die bei ehemaligen Scharfenbergschülern einen weniger bleibenden Eindruck hinterließen.

Scheel schreibt zur These, "daß eine so geartete Schule ein ideales Lehrerkollektiv verlangt hätte, um funktionieren zu können"[526], daß eine "solche Voraussetzung [...] in Scharfenberg zu keiner Zeit gegeben"[527] war, ein solches 'Traumkollegium' jedoch auch nicht nur nicht notwendig gewesen sei - sondern Scharfenberg erst unter den gegebenen Bedingungen ein 'weiterweisendes' Ergebnis erbracht habe. Scheel faßt seine Erinnerungen an das Scharfenberger Kollegium folgendermaßen zusammen:

"Sowenig wie die Schulfarm Insel Scharfenberg als Ganzes einen elitären Zuschnitt besaß, sowenig wich auch das Lehrerkollegium als Ganzes vom normalen Kollegium einer normalen Schule ab. Normalerweise findet sich in jedem Kollegium eine Minorität wahrhaft hervorragender Lehrer und geborener Pädagogen, und es sollte normal sein, daß der Beste von ihnen dem Kollegium vorsteht. Ein größerer Teil wird weniger pädagogisches Talent mitbringen, aber dennoch keine Schwierigkeiten haben, als unbestritten Autorität angenommen zu werden kraft des Charakters, des Einsatzes und des gründlichen Wissens auf speziellen Gebieten. Diese beiden Kategorien bilden das tragende Gerüst eines jeden Kollegiums, das dann nämlich auch stark genug ist, schwächere Kollegen nicht nur zu verkraften, sondern auch so zu stützen und zu entwickeln, daß sie am Ende sogar eine sie selbst befriedigende Arbeit leisten können. Nicht anders funktionierte das Kollegium der Lehrer auf der Schulfarm Insel Scharfenberg."[528]

Scheel will mit dieser Aussage zeigen, daß einzig und "allein die tragende und bestimmende Persönlichkeit des Gründers und Leiters [...] weitgehend den Ansprüchen [genügte], die an eine ideale Besetzung gestellt werden müssen."[529]

Diese Betonung, daß auf Scharfenberg ein 'Traumkollegium' nicht existierte und auch nicht zu existieren brauchte, damit es zu einer erfolgreichen Reformarbeit kommen konnte, will dahingehend 'Mut machen', daß Reformprozesse auch an Schulen mit einem durchschnittlichen Kollegium, getragen von lediglich einigen wenigen engagierten und kompetenten Pädagogen, die Möglichkeit des Erfolges in sich tragen können. Auf die Schulfarm mit ihrem hohen Anspruch und Niveau bezogen-

---

[526] SCHEEL, Schulfarm (1990), S. 22. - Scheel lehnt sich hier partiell an an: BANDMANN, Der Lehrer und Scharfenberg, S. 395: "Es wäre ein Irrtum, zu glauben, ein ideales Scharfenberger Lehrerkollegium müsse aus ausgeprägten Persönlichkeit bestehen, von denen ihrer persönlichen Eigenart entsprechende Lebenswerte ausstrahlen."
[527] SCHEEL, Schulfarm (1990), S. 22.
[528] SCHEEL, Schulfarm (1990), S. 33.
[529] SCHEEL, Schulfarm (1990), S. 22.

scheint mir jedoch Vorsicht geboten zu sein vor einer Unterschätzung von pädagogischer Kompetenz, von Engagement und Leistung der neben Blume beteiligten und engagierten Pädagogen.

(5) Dennoch: sicher bestand eines der wohl prinzipiellen Probleme der Schulfarm in der grundsätzlichen Überforderung und Überlastung der Scharfenberger Lehrer. Die Anforderungen auszuhalten, die Blume bzw. die Schulfarm an sie stellten, war außer Blume selbst - vgl. dazu auch die Bemerkungen zu Blume am Ende des 1. Teils dieser Arbeit[530] - auf die Dauer kein anderer Lehrer bereit oder in der Lage, was zu der beschriebenen Fluktuation führte[531]. Eine der Vorteile dieser Fluktuation war - außer der Tatsache des ständigen 'frischen Windes' auf der Insel -, daß Pädagogen ihre auf Scharfenberg gemachten Erfahrungen an anderer Stelle weitertragen konnten.

(6) Die aufgezeigten Erfahrungen, die auf Scharfenberg tätige Pädagogen vor ihrer Scharfenberger Zeit in reformpädagogischen Tätigkeitsfeldern gemacht hatten, zeigen einige hochinteressante Querverbindungen zwischen einzelnen Reformversuchen der 20er Jahre; gleiches gilt für das Weiterverfolgen der Biographien der Scharfenberger Lehrkräfte nach ihrer Scharfenberger Zeit.

Durch dieses Aufzeigen unterschiedlicher Querverbindungen scheint ein Weg gewiesen zu sein für weiterreichende, bislang noch ausstehende Untersuchungen nach personellen Verflechtungen in der Reformpädagogik der Weimarer Republik - die u.a. Auskunft geben können, in welcher Art und welcher Intensität über ein solches Personengeflecht reformpädagogische Ideen wie auch konkrete praktische Erfahrungen weitertransportiert wurden.

---

[530] S. dazu S. 297f. - S. auch das bereits eingebrachte Zitat: C.H. Becker lt. Blume in: Berlin,
       LA, SIS: CH, III, S. 83: "Das Größte, was Herr Blume leistet, ist der Verzicht auf sein
       persönliches Sein zu Gunsten der Jugend; er lebt und schläft ständig vor der Öffentlichkeit,
       wird die Uniform nie vom Leibe los."
[531] Vgl.: BANDMANN, Der Lehrer und Scharfenberg, S. 397: "Der Einzige, der bisher alle [...]
       Anforderungen, die [...] an die Lehrer gestellt werden, erfüllt hat, ist wohl der Begründer und
       Leiter der Scharfenbergschule selbst. Alle anderen Lehrer waren, wenn ihre Tätigkeit von län-
       gerer Dauer war, zu Kompromissen gezwungen. Diese für Scharfenbergs Zukunft bedeutsame
       Tatsache mag wohl darin ihren Grund haben, daß jemand nur dann mit einer Sache in dem von
       Scharfenberg geforderten Maße mit seiner ganzen Persönlichkeit zu widmen und der Dauer im-
       stande ist, wenn er darin die Erfüllung eines eigenen Lebensziels erblickt." - Vgl. auch die sehr
       zugespitzte, wenn nicht überspitzte Formulierung Bandmanns: Ebd., S. 395: "Es klingt zwar
       widersinnig. Es hat sich aber in Scharfenbergs bisheriger Entwicklung immer klarer ergeben,
       daß in der Scharfenberger Gemeinschaft, in der die Schüler Freiheit suchen, die Lehrer, die die
       Schüler zur Freiheit führen sollen, die Unfreisten sind."

I.4.   DAS PERSONAL UND DIE LANDWIRTSCHAFT

I.4.A.   DIE ENTWICKLUNG DES KÜCHENPERSONALS

Mit dem allgemeinen Wachstum der Inselgemeinschaft korrespondierte im Laufe der Jahre auch ein Ansteigen der Zahl des aus der Verpflegungskasse bezahlten[1] weiblichen Küchenpersonals, dessen Umfang von zunächst zwei Küchenfrauen[2], auf später bis zu vier oder fünf Frauen - geschieden in eine leitende 'Hausdame' und dieser untergeordneten 'Küchenfrauen' oder '-mädchen' - anstieg.

Eine genaue Rekonstruktion der Zusammensetzung der rasch wechselnden Angestellten ist anhand der vorliegenden Quellen nicht möglich. In der Chronik der Schulfarm, oft in den hierin enthaltenen Protokollen der Abendaussprachen, wird immer wieder, mit kurzer Namensnennung, das häufige Kommen und Gehen von Angestellten verzeichnet - ohne daß dabei jedoch auch nur annähernd eine Vollständigkeit bzw. ein einigermaßen geschlossener Überblick möglich wäre.

In einigen wenigen Fällen werden Hinweise gegeben, warum einzelne Frauen die Insel verließen: So war von Beginn des Schulversuches an[3] bis zum Herbst 1922 eine Frau Hoffmann als Küchenhilfe tätig. Sie schied im Ärger von der Schulinsel, wobei - laut Blume - der eigentliche Hauptgrund in der "gegen Ende des Sommers [1922] verringerten Leistungsfähigkeit"[4] Frau Hoffmanns zu suchen gewesen sei.

Von Januar 1923[5] bis zum 17.11.1923[6] zählte zu den Küchenfrauen eine Frau Prengel. Auch bei der Beendigung ihres Arbeitsverhältnisses auf Scharfenberg spielte eine Überlastung ihrer Kräfte eine Rolle, verließ sie doch die Insel, "da sie das Bedürfnis hatte, erst einmal auf längere Zeit in ihrer Wohnung zu sein [...]."[7]

---

[1] LEHMANN, Schulfarm, S. 149.
[2] Vgl. S. 235.
[3] S.: Prot. der 4. Abendaussprache vom 19.05.1922, in: Berlin, LA, SIS: CH, I, o.S.
[4] Prot. der 16. Abendaussprache vom 11.10.1922, in: Berlin, LA, SIS: CH, I, o.S.: "[...] wie [...] alle wissen, hat uns zu Beginn dieser Woche Frau Hoffmann auf ihren eigenen Wunsch mit so formlosem Abschied verlassen. Ich sagte zu Beginn dieses Semesters, sie hätte eine rauhe Schale, aber einen guten Kern. Nun, die rauhe Schale ist in letzter Zeit stärker hervorgetreten und sie hat den besten Ausweg selbst in der Lösung von uns gefunden und erstrebt. Rührend ist bei alledem, daß der Hauptverärgerungsgrund in ihrer gegen Ende des Sommers verringerten Leistungsfähigkeit zu suchen ist. Trotz aller Mißstimmung, die sich hauptsächlich gegen mich [Blume] richtete, wollen wir doch von ihr etwas persönlicheren Abschied nehmen und ich denke, die Abendaussprache ermächtigt mich, an sie ein paar Abschiedsworte zu richten." - S. zuvor ebenso: Berlin, LA, SIS: CH, I, o.S.: "[...]; war doch Frau Hoffmanns Zustand am [22.08.1922] [...] so verschlimmert, daß sie Hans Baader in ihre Wohnung nach B. geleitet hatte. Blutenden Herzens trennte sie sich von ihrem Wirkungskreis an einem so wichtigen Tage! Aber die bei uns unvermeidliche Unruhe würde ihre geschwächten Nerven und die grippenartige Erkältung nie gesunden lassen; möge sie in ihrem stillen Stübchen in der Borsigstr. baldige Genesung finden [...]."
[5] S.: Prot. der 23. Abendaussprache vom 23.01.1923, in: Berlin, LA, SIS: CH, II, S. 18.
[6] Berlin, LA, SIS: CH, IV, S. 54.
[7] Berlin, LA, SIS: CH, IV, S. 54.

In der ersten Februarwoche 1923 kam eine Frau Bartsch auf die Insel; angesichts ihres hohen Alters von bereits siebzig Jahren sprach Blume bei ihrer Vorstellung die Hoffnung aus, daß "der alten, doch noch recht rüstigen Frau unser Klima [bekomme]."[8] Wie berechtigt Blumes Skepsis war, zeigt sich daran, daß Frau Bartsch bereits am 01.03.1923 die Insel wieder verließ[9].

Aber auch mit sehr jungen Angestellten hatte man auf Scharfenberg Schwierigkeiten. So kam am 14.05.1924 ein Fräulein Lang, die Tochter eines mit Blumes Elternhaus befreundeten Pfarrers aus Bornhausen bei Seesen, in noch jugendlichem Alter auf die Insel[10], um sich "um die Wirtschaftsverwaltung und besonders die Küchenangelegenheiten [zu] kümmern"[11]. Zunächst ergaben sich Schwierigkeiten dadurch, daß eine ältere Kollegin namens Büttner "trotz vorheriger Klarstellung [Blumes] [...] das junge Fräulein sehr ungnädig auf[nahm], sodaß Frau Büttner bald entlassen werden muß[te]"[12]. Dann stellte sich heraus, daß "die Anforderungen, die man an ihre jugendliche Kraft stellte"[13], für Fräulein Lang "wohl zu hoch"[14] waren, so daß sie die Insel im Herbst 1924 wieder verließ.[15]

Insgesamt ergibt sich, was das rasch wechselnde weibliche Personal auf Scharfenberg betrifft, aus den Quellen der Eindruck, daß die hohe Fluktuation zustande kam, da es sich hier um eine für die Frauen wenig befriedigende, höchst anstrengende und vermutlich zudem auch schlecht bezahlte Tätigkeit handelte[16].

Dagegen wies die Landwirtschaft mit ihrem Leiter Paul Glasenapp ein außergewöhnliches Maß an Kontinuität auf.

---

8   Berlin, LA, SIS: CH, II, S. 26.
9   Berlin, LA, SIS: CH, II, S. 26 und S. 99.
10   Berlin, LA, SIS: CH, V, S. 18.
11   Prot. der 8. Schulgemeinde vom Juni 1924, in: Berlin, LA, SIS: CH, V, S. 20.
12   Berlin, LA, SIS: CH, V, S. 18.
13   Prot. der 10. Schulgemeinde im Dezember 1924, in: Berlin, LA, SIS: CH, V, S. 105.
14   Prot. der 10. Schulgemeinde im Dezember 1924, in: Berlin, LA, SIS: CH, V, S. 105.
15   Prot. der 10. Schulgemeinde im Dezember 1924, in: Berlin, LA, SIS: CH, V, S. 105, hier heißt es weiter: "An ihre Stelle ist Fräulein Kalähne getreten; endlich ist es uns wohl gelungen, eine passende Persönlichkeit zu bekommen [...]."
16   So auch: Glasenapp an D.H. mündl. vom 13./14.03.1985.

I.4.B   DER AUSBAU DER LANDWIRTSCHAFT

Unter der Leitung des Landwirts Paul Glasenapp entwickelte sich die Landwirtschaft der Schulfarm erfolgreich weiter fort[17].

Begann man zu Ostern 1923 mit zwei Ziegen, zwei Kaninchen und drei Hühnern[18], so steigerte man die Zahl der Ziegen bald auf zehn[19] und erhöhte die Zahl der Kleintiere, etwa durch Einrichtung einer Hühner- und Entenfarm[20], die 1926 45 junge Enten und über 100 Hühner, die den gesamten Eierbedarf abdeckten, umfaßte[21]. Ebenso baute man einen eigenen Schafbestand auf[22].

Ab Juli 1923 lieh das Berliner Postfuhramt bzw. die Reichspost der Schulfarm in vierteljährlichem Wechsel Pferde zum Pflügen und Fahren, und zwar gegen Gewährung freien Weideganges, so daß der Schulfarm keine Kosten entstanden[23]. In gleicher Weise kamen auch die "von den städtischen Aktenwagen pflastermüde gewordenen Pferde"[24]. Mitte des Jahres 1924 wurde das erste eigene Pferd gekauft[25] - vermutlich aus dem Reingewinn einer Theateraufführung der Scharfenberger Schulgemeinschaft in Tegel[26].

Die Firma Borsig schenkte der jungen Schulfarm die erste Milchkuh nebst Kalb[27]. Ein zweites Kalb wurde vom Erlös der Kirschernte 1923 gekauft, eine zweite Milchkuh im März 1924 aus Mitteln des Preußischen Ministeriums für Kunst, Wissenschaft und Volksbildung [!] gekauft; beide Kühe kalbten - und bildeten die Basis für eine erweiterte Milchwirtschaft[28].

---

[17]   Glasenapp führte über seine landwirtschaftliche Tätigkeit auf Scharfenberg in 'Landwirtschaftsbüchern' Buch; doch sind diese leider nicht mehr erhalten; eine Collage mit kurzen Auszügen daraus enthält: GLASENAPP, Paul, Entwicklung und Bedeutung unserer Landwirtschaft auf Grund der Aufzeichnungen in den Landwirtschaftsbüchern, in: Aus dem Leben der Schulfarm Insel Scharfenberg. Bilder, Dokumente, Selbstzeugnisse von Eltern, Lehrern, Schülern, red. von Wilhelm BLUME, in: Das Werdende Zeitalter. Eine Monatsschrift für Erneuerung der Erziehung, Jg. 7 (1928), S. 329-404, hier S. 340-342; wieder abgedr. in: 60 Jahre Schulfarm Insel Scharfenberg 1922-1982. Jubiläums-Festschrift anläßlich des 60-jährigen Bestehens der Schulfarm Insel Scharfenberg (=Sonderheft der Fähre), Berlin 1982, S. 20-22.

[18]   GLASENAPP, Entwicklung, S. 340.

[19]   GLASENAPP, Entwicklung, S. 340.

[20]   S. dazu S. 541f.

[21]   BLUME, Gesuch (1926).

[22]   GLASENAPP, Entwicklung, S. 340.

[23]   S. BLUME, Bericht (1923), Bl. 185r. - Und: BLUME, Schulfarm (1924), S. 320. - Und: GLASENAPP, Entwicklung, S. 340f.

[24]   BLUME, Schulfarm (1928), S. 145.

[25]   Prot. der 1924 stattfindenden 9. Schulgemeinde, in: Berlin, LA, SIS: CH, V, S. 55.

[26]   HILDEBRANDT, Paul, Die Jugend von Scharfenberg, in: Vossische Zeitung vom 15.06.1924: Hinweis auf eine Scharfenberger Theateraufführung in Tegel, "aus deren Reingewinn man ein Pferd kaufen will."

[27]   S. dazu S. 248.

[28]   GlASENAPP, Entwicklung, S. 341.

1924 erwähnte Blume fünf Stück Rindvieh[29]. 1925 weideten sieben Stück Rindvieh auf der Insel[30], und 1928 war man im Besitz von zwei Kälbern, zwei Stärken und fünf Milchkühen[31]. Der Milchertrag betrug zwischen dem 01.08.1927 und 01.08.1928 15.803 kg Milch mit 524,33 kg Fett[32].

Im Frühjahr 1923 erwarb man zwei Ferkel; im Winter 1924 konnte man das erste Schlachtfest feiern[33] und schaffte einen Eber und drei Sauferkel an[34]. Im Herbst 1928 hatte man 30 Schweine[35].

Im März 1926 kam es zum ersten inseleigenen Ferkelwurf; seitdem fanden regelmäßige Schlachtungen[36] und auch Verkäufe überzähliger Tiere statt.

1928 erschien es Glasenapp notwendig, anläßlich der "alljährlich steigende[n] Schülerzahl [...] die Ertragsfähigkeit des an sich mageren Sandbodens auf die bestmögliche Höhe zu bringen"[37] und deshalb mit der Einrichtung einer künstlichen Feld- und Gartenberegnungsanlage mit motorischem Antrieb zu beginnen[38]. Er erhoffte, "nach drei Jahren Weidekultur mit Kunstdüngerstreuen und unmittelbar darauffolgendem künstlichen Regen unter Verspritzung auch der menschlichen Fäkalien in wässriger Lösung mit einer Milchproduktion von 100 Liter pro Tag [zu] rechnen, sicher eine schöne Ernährungsgrundlage für eine Belegschaft von 100 Köpfen."[39]

Um der Landwirtschaft zu Betriebskapital zu verhelfen, wurden die von der Landwirtschaft an die Küche gelieferten Produkte zu 3/4 des jeweiligen Marktpreises aus der Verpflegungskasse bezahlt[40]. Aber im November 1923 sah sich die Landwirtschaftskasse infolge katastrophaler Geldentwertung veranlaßt, die Produkte unentgeltlich zur Verfügung zu stellen; nach Festigung der Währung wurde der alte Zahlungsmodus wieder eingeführt; in den Jahren 1924-25 erwirtschaftete die Landwirtschaftskasse somit einen guten Überschuß; aber zum Jahresschluß 1925-26 sah sich die Landwirtschaftskasse aufgrund finanzieller Schwierigkeiten der Verpflegungskasse genötigt, dieser die Rechnungsbeiträge der letzten acht Monate zu stunden; am 1. Mai 1926 bat dann der Elternausschuß die Landwirtschaftskasse um Annullierung des ständig weiter wachsenden Schuldenbetrages; seitdem verzichtete die

---

29 BLUME, Schulfarm (1924), S. 320.
30 BLUME, Gesuch (1926).
31 GLASENAPP, Entwicklung, S. 341.
32 GLASENAPP, Entwicklung, S. 341.
33 'Das 1. Scharfenberger Schweineschlachten am 28.01.1925', in: Berlin, LA, SIS: CH, V, S. 119.
34 GLASENAPP, Entwicklung, S. 341.
35 GLASENAPP, Entwicklung, S. 341.
36 S. Abb. 42. - Vgl. u.a. 'Schweineschlachten am 04.01.1927', in: Berlin, LA, SIS: CH, V, S. 431.
37 GLASENAPP, Entwicklung, S. 342.
38 GLASENAPP, Entwicklung, S. 342.
39 GLASENAPP, Entwicklung, S. 342.
40 Diese Regelung kam auf Beschluß der 6. Schulgemeinde vom 14.10.1923 zustande; s. dazu: Prot. der 6. Schulgemeinde vom 14.10.1923, in: Berlin, LA, SIS: CH, IV, S. 10.; vgl. dazu etwa auch: BLUME, Schulfarm (1928), S. 148f.

Landwirtschaftskasse auf die Bezahlung der an die Küche gelieferten Produkte; eine getrennte Kassenführung bestand fortan auf der Insel nicht mehr[41].

Die Landwirtschaft erreichte - auch bei wachsender Schülerzahl - das gesteckte Ziel einer nahrungsmäßigen Teilautarkie der Inselgemeinschaft.

So konnte Blume 1924 zur Erfolgsbilanz der Landwirtschaft etwa schreiben:

> "Zwei Drittel der notwendigen Kartoffeln, Obst, sämtliches Gemüse für die Küche, das Korn und die Futterrüben für das Vieh wurden geerntet; Milch in hinreichenden Mengen lieferte der eigene Stall."[42]

1926 bemerkte er zur landwirtschaftlichen Produktion, daß u.a. "dreieinhalb Morgen großer Garten mit Mistbeeten [...] liefert sämtliches Gemüse [liefert]; über die Hälfte des Kartoffelbedarfs wächst auf den Feldern, ebenso Korn und Rübenfutter für den Viehbestand."[43] Damit aber wurde auch das eigentliche mit der Teilautarkie gesteckte Ziel erreicht:

> "Diese Eigenproduktion hat uns in den Stand gesetzt, die Verpflegungssätze sehr niedrig zu halten."[44]

In den ersten Jahren, in denen Paul Glasenapp die Landwirtschaft auf Scharfenberg aufbaute und leitete, gelang es im Kontext der juristischen Grauzone, in der sich die Schulfarm bewegte, ihn als Lehrkraft (Lehrer) zu finanzieren[45]. Es ist unklar, mit welchen offiziellen bzw. inoffiziellen Auflagen diese Regelung verbunden war; jedenfalls erwirkte Glasenapp, der kein Abitur hatte[46], zu einem nicht mehr bekannten Zeitpunkt, eine Sondergenehmigung, neben seiner (weiter laufenden) Tätigkeit auf Scharfenberg, ein landwirtschaftliches Studium beginnen zu können[47]. Dieses Studium begann er 1925, das Gros der Studienanforderungen erfüllte er bis 1927 und seinen Diplomabschluß erlangte er 1931[48].

Von Beginn an, bis Mitte der 20er Jahre, stand Glasenapp neben den Schülern der Schulfarm ein landwirtschaftlicher Eleve zur Seite, der hier auf Scharfenberg - "nur freie Beköstigung [sic!]"[49] erhaltend - sein erstes Lehrjahr durchmachen konnte,

---

[41] GLASENAPP, Entwicklung, S. 342.
[42] BLUME, Schulfarm (1924), S. 320.
[43] BLUME, Gesuch (1926).
[44] BLUME, Gesuch (1926).
[45] Glasenapp an D.H. mündl. vom 13./14.03.1985.
[46] S. dazu S. 252.
[47] Glasenapp an D.H. mündl. vom 13./14.03.1985.
[48] S. dazu: Berlin, LA, SIS: CH, V, S. 115. - Glasenapp an D.H. mündl. vom 13./14.03.1985. - Berlin, BA: Bestand Reichsministerium für Wissenschaft, Erziehung und Volksbildung, Nr. 4702, Bl. 56r-57v: Schreiben des Provinzialschulkollegium (Schmidt) an den Minister für Wissenschaft, Kunst und Volksbildung vom 17.08.1931 betr. feste Anstellung des Diplomlandwirts Glasenapp an der Schulfarm. - Vgl. auch: Berlin, BBF: SLG-GS, Jahresberichte 1932/33, Bd. 248d, Nr. 88: Berlin, SIS (Blume), S. 39: Glasenapp "bestand im letzten Schuljahr an der Landwirtschaftlichen Hochschule Berlin seine Diplomprüfung mit gut."
[49] LEHMANN, Schulfarm, S. 149.

"ohne ganz den Zusammenhang mit dem allgemeinbildenden Unterricht zu verlieren."[50]

Der erste Eleve war Ernst-Ludwig Schmidt, der zunächst im ersten Scharfenberger Schuljahr als Schüler nach Scharfenberg gekommen war. Er verließ im November 1923 die Insel "um sich wieder mehr seiner wissenschaftlichen Ausbildung zu widmen"[51]. Für ihn kam noch im Dezember 1923 auf Vermittlung des Berliner Jugendamtes als Nachfolger Hermann Kantzke[52]. Als nächster Eleve wurde Ende Oktober 1924, ebenfalls auf Vermittlung des Jugendamtes, Helmut Handtke angenommen[53], der am 30.12.1924 beim Übersetzen vom Festland ins Wasser fiel und ertrank[54] - "das erste große Unglück auf Scharfenberg"[55].

Für die Jahre seines Studiums und seiner Weiterbildung hatte Glasenapp dann für den teilweisen Ausfall seiner körperlichen Arbeitskraft auf eigene Kosten [!] einen Arbeiter - und zwar einen aus Wolfenbüttel stammenden Gärtner namens Karl Müller - als Ersatz eingestellt, so daß der Stadt Berlin "durch die etwas ungewöhnliche Regelung kein Schaden [entstand]."[56]

Mit der juristischen Anerkennung der Schulfarm in den Jahren 1929/30 wurden, auch wenn ihr die "Freiheiten, die sie bisher gehabt hatte"[57], gelassen wurden, die bisherigen ungewöhnlichen Spielräume der Schulfarm enger.

So wurde es nun notwendig, eine für die Behörden nachvollziehbare Regelung zu finden, um für den Landwirt Glasenapp eine feste Anstellung, d.h. Finanzierung, an

---

[50] BLUME, Schulfarm (1924), S. 320: Dem Landwirt steht "ein Eleve zur Seite, der sein erstes Lehrjahr durchmachen kann, ohne ganz den Zusammenhang mit dem allgemein bildenden Unterricht zu verlieren."

[51] Berlin, LA, SIS: CH, IV, S. 54.

[52] Berlin, LA, SIS: CH, IV, S. 54.

[53] Berlin, LA, SIS: CH, V, S. 115, findet sich u.a. der Hinweis, daß Handtke vom Jugendamt empfohlen wurde und daß er "von Scharfenberg aus auf die landwirtschaftliche Schule in Oranienburg gehen wollte und offenbar die Anlässe zu seiner Fürsorgeerziehung überwunden hatte".

[54] Berlin, LA, SIS: CH, V, S. 115. - Prot. der 53. Abendaussprache vom 07.01.1925, in: Berlin, LA, SIS: CH, V, S. 115: "Am 7. Januar fanden in der 53. Abendaussprache, die vom Vorsitzenden mit einem Nachruf auf Handtke eingeleitet wurde, dessen Andenken durch Erheben von den Sitzen geehrt wurde, die Semesterwahlen statt."

[55] Berlin, LA, SIS: CH, V, S. 115.

[56] Glasenapp an D.H. br. vom 26.04.1985. -
      Berlin, LA, SIS: CH, V, S. 175: "[...] ich führte [...] den Gärtner Karl Müller ein, der am 6. Juni aus Wolfenbüttel zugezogen war; da Herr Glasenapp sein landwirtschaftliches Studium in 3 Semestern zu einem gewissen, auch äußerlichen Abschluß bringen will, also auf längere Zeit noch nach Berlin fährt, hielt ich es für notwendig, einen nicht zu jungen Mann mit der Vertretung zu betreuen; da Herr Glasenapp ja die Oberleitung behält, kann uns ein Gärtner in dem Anbau des Gemüses, des Obstes gleichzeitig fachlich vorwärts bringen. Den Lohn zahlt Herr Glasenapp von seinem Gehalt [...]." - Prot. der 11. Schulgemeinde vom 21.06.1925, in: Berlin, LA, SIS: CH, V, S. 196: "Neu eingestellt wurde zur Unterstützung des Landwirts ein Gärtner, Herr [Karl] Müller." - Vgl. auch: Berlin, LA, SIS: CH, V, S. 267. - Zwischen 1928 und 1933 bzw. 1934 war ein Gärtner namens Frech auf der Insel tätig (so z.B.: Schmoll an D.H. mündl. vom 02.09.1985; Glasenapp an D.H. mündl. vom 23.09.1985).

[57] Berlin, BBF: SLG-GS, Jahresberichte 1932/33, Bd. 248d, Nr. 88: Berlin, SIS (Blume), S. 4.

der lediglich über Lehrerstellen und -gelder verfügenden Schulfarm zu ermöglichen[58].

Die Stadt Berlin durch Stadtschulrat Nydahl stellte 1931 für die Schulfarm und Glasenapp einen - nicht mehr erhaltenen - Antrag an das Provinzialschulkollegium, "dem Diplom-Landwirt Glasenapp an der Schulfarm Scharfenberg bei Tegel die Anstellungsfähigkeit als Oberschullehrer zuzuerkennen."[59]

Das Provinzialschulkollegium sah sich, da Glasenapp "kein Zeugnis besitzt, auf Grund dessen ihm die Anstellungsfähigkeit als Oberschullehrer zugesprochen werden könnte"[60], nicht in der Lage, diesem Wunsch zu entsprechen. Es wandte sich aber in dieser Angelegenheit mit Schreiben vom 17.08.1931 außerordentlich wohlwollend an das preußische Kultusministerium und bat dieses darum, da "Glasenapp [...] das Zeugnis als Diplomlandwirt erworben hat [...], ihm das Zeugnis der Anstellungsfähigkeit als Landwirtschaftslehrer"[61] auszustellen.

Im Kultusministerium schickte man am 31.08.1931 ein Schreiben an den Minister für Landwirtschaft, Domänen und Forsten, in dem man nun darum bat, "dem Diplomlandwirt Paul Glasenapp das Zeugnis der Anstellungsfähigkeit als Landwirtschaftslehrer zuzuerkennen."[62] Zugleich äußerte man Zustimmung für dieses Vorhaben - denn man fügte der Bitte den Hinweis hinzu, daß man im Falle der Vorlage eines solchen Anstellungszeugnisses als Landwirt "bereit [wäre], die Anstellung an der Schulfarm Insel Scharfenberg bei Tegel zu genehmigen."[63]

Doch das Landwirtschaftsministerium wies die Bitte mit Schreiben vom 04.09.1931 ab, da es sich "nicht in der Lage [sah], dem Diplomlandwirt Glasenapp das Lehrbefähigungszeugnis als Landwirtschaftslehrer zu erteilen, solange er sich der in der beigefügten 'Ordnung der pädagogischen Ausbildung für das Lehramt der

---

58 Glasenapp an D.H. mündl. vom 13./14.03.1985. - Und: Glasenapp an D.H. br. vom 26.04.1985.
59 Berlin, BA: Bestand Reichsministerium für Wissenschaft, Erziehung und Volksbildung, Nr. 4702, Bl. 56r-57v: Schreiben des Provinzialschulkollegiums (Schmidt) an den Minister für Wissenschaft, Kunst und Volksbildung vom 17.08.1931 betr. feste Anstellung des Diplomlandwirts Glasenapp an der Schulfarm.
60 Berlin, BA: Bestand Reichsministerium für Wissenschaft, Erziehung und Volksbildung, Nr. 4702, Bl. 56r-57v: Schreiben des Provinzialschulkollegiums (Schmidt) an den Minister für Wissenschaft, Kunst und Volksbildung vom 17.08.1931 betr. feste Anstellung des Diplomlandwirts Glasenapp an der Schulfarm.
61 Berlin, BA: Bestand Reichsministerium für Wissenschaft, Erziehung und Volksbildung, Nr. 4702, Bl. 56r-57v: Schreiben des Provinzialschulkollegiums (Schmidt) an den Minister für Wissenschaft, Kunst und Volksbildung vom 17.08.1931 betr. feste Anstellung des Diplomlandwirts Glasenapp an der Schulfarm. - Vgl. zu diesem Schreiben auch S. 255f.
62 Berlin, BA: Bestand Reichsministerium für Wissenschaft, Erziehung und Volksbildung, Nr. 4702, Bl. 58: Schreiben des Ministers für Wissenschaft, Kunst und Volksbildung an den Minister für Landwirtschaft, Domänen und Forsten vom 31.08.1931 betr. feste Anstellung des Diplomlandwirts Glasenapp an der Schulfarm.
63 Berlin, BA: Bestand Reichsministerium für Wissenschaft, Erziehung und Volksbildung, Nr. 4702, Bl. 58: Schreiben des Ministers für Wissenschaft, Kunst und Volksbildung an den Minister für Landwirtschaft, Domänen und Forsten vom 31.08.1931 betr. feste Anstellung des Diplomlandwirts Glasenapp an der Schulfarm.

Landwirtschaft' vom 1. August 1923 bezeichneten Ausbildung nicht unterzogen hat [...]."[64]

Auf diesen Bescheid hin ging Glasenapp nach Liegnitz (Schlesien), um dort seine erforderliche Referendarsausbildung nachzuholen; ähnlich wie während seiner Studienzeit, ließ er seine Scharfenberger Aufgaben durch einen landwirtschaftlichen Helfer (Gärtner) wahrnehmen.

Glasenapp schloß sein Referendariat erfolgreich ab, so daß also alle für die Behörden erforderlichen Voraussetzungen für eine feste Anstellung an der Schulfarm gegeben waren. Doch kehrte er - in gewisser Ironie des Schicksals - nach Rücksprache mit Blume aufgrund der inzwischen eingetretenen politischen Situation nicht mehr nach Scharfenberg zurück[65]. Er blieb in Liegnitz, wurde hier gleich nach dem Examen als Landwirtschaftslehrer in den Schuldienst übernommen und war an verschiedenen Schulen in Schlesien tätig, zuletzt gar, bis er zum Kriegsdienst eingezogen wurde, als Leiter der Landwirtschaftsschule in Pless[66]. Nach dem Krieg kam Glasenapp 1947 nach Minden[67], wo er bis zu seiner Pensionierung als Lehrer an der dortigen Landwirtschaftsschule tätig war[68]. Der Kontakt mit Blume riß bis zu dessen Tode nie ab[69]. Glasenapp selbst starb in hohem Alter am 30.06.1997[70].

---

[64]   Berlin, BA: Bestand Reichsministerium für Wissenschaft, Erziehung und Volksbildung, Nr. 4702, Bl. 60: Schreiben des Ministers für Landwirtschaft, Domänen und Forsten an den Minister für Wissenschaft, Kunst und Volksbildung vom 04.09.1931.
[65]   Glasenapp an D.H. mündl. vom 13./14.03.1985.
[66]   Glasenapp an D.H. mündl. vom 13./14.03.1985. - Und: Glasenapp an D.H. br. vom 26.04.1985.
[67]   Glasenapp an D.H. br. vom 26.04.1985 und an D.H. br. vom 10.06.1987: Minden war die Heimat und der Wohnsitz von Glasenapps Mutter und Bruder, bei dem er - mit seiner im Osten gegründeten und nun nach Minden nachkommenden Familie - wohnte, bis er sich 1954 ein eigenes Haus baute, in dem er bis zu seinem Tod mit seiner zweiten Frau lebte.
[68]   Glasenapp an D.H. br. vom 26.04.1985 und an D.H. br. vom 10.06.1987.
[69]   Glasenapp an D.H. br. vom 26.04.1985: "Mein Kontakt zu Blume ist dann auch später bis zu seinem Tode nie abgerissen. Aber Gedanken über eine Rückkehr von mir nach Scharfenberg hat es nicht mehr gegeben." - Ähnlich: Glasenapp an D.H. br. vom 10.06.1987.
[70]   I. Glasenapp an D.H. br. vom 31.08.1999.

I.5. DIE ARCHITEKTONISCHE GESTALTUNG DER SCHULFARM

Zunächst stand dem kleinen, neuen Schulversuch im ersten Schuljahr 1922/23 das alte 'Bollehaus' als einziges Gebäude zur Verfügung, das, wie bereits gesagt, schon zum 'Sommerschulversuch 1921' in 'Eigenleistung' von Lehrern, Schülern und Freunden in mühevoller Arbeit her- und eingerichtet worden war.

In den nachfolgenden Jahren wurde das Bollehaus den eigenen Bedürfnissen entsprechend umgestaltet - z.B. durch "Ausschmückung eines Raumes im Kellergeschoß zu einem kleinen Speise- und Lesesaal, bei der Wände, Decke und Stühle, Türen stilgerecht bunt gemalt wurden, die Längsseite sogar mit einem Gemälde 'das Hl. Abendmahl'"[1], z.B. auch durch große Wandfresken mit Liebesszenen aus der Weltliteratur (Odysseus und Nausikaa, Waltharre und Hildegund, Don Quichote und Dulcinea u.a.), die der Schüler Arnold Fritz 1925 nach eigenen Entwürfen im Bibliothekszimmer anbrachte[2].

Eine andere Veränderung war ein neuer Küchenanbau, dessen Decke der Schüler Heinz Wagner nach einem Entwurf Erich Scheibners ausmalte, "ein sehr farbiges,

---

[1] BLUME, Bericht (1923), Bl. 232v. - Ebd. weiter: "[...] ein Bücherregal für die Vordernische ward ebenfalls gezimmert, ein Stück fröhlicher und doch ernster Gemeinschaftsarbeit, geleistet in den Weihnachtsferien. Über der Tür malte man in Zierschrift den Kantspruch an: 'Tue das Vollkommenste, das durch dich möglich ist.'" - S. zu dieser Raumgestaltung auch: Berlin, LA, SIS: CH, II, S. 15-17: 'Die Ausmalung des Eßsaals. Von einem, der dabei gewesen ist.'

[2] S. Abb. 43. - Berlin, LA, SIS: CH, V, S. 172f.: "Bald nach Schulbeginn [im Frühjahr 1925] [...] fing Arnold Fritz mit der Ausmalung des sogenannten Blumezimmers an, das er in den nächsten 2 Monaten mit einem Bilderfries nach eigener Wahl und eigenem Entwurf versehen durfte: ein Auftrag, der eine Folge der Weihnachtsausmalung des Vestibüls war. Der Photograph der Atlanticphotogesellschaft, der uns in dieser Zeit einmal wieder heimsucht [...], hat unseren Wandmaler bei der Arbeit festgehalten. Dort malt er gerade am Don Quichotebild - auch die anderen 6 Bilder stellen Liebesszenen der Weltliteratur dar, wie sie in den Schränken darunter aufgestellt sind." - BLUME, Erinnerungen, S. 25: "Sie [=die Fritz'schen Wandmalereien] stellten Motive aus Ovids köstlichen Metamorphosen und an der anderen Wand aus dem Don Quixote in bunten Farben dar; der Künstler war damals 16 Jahr[e alt]; der weit ältere breitschultrige Fritz Blümel hatte ihm für den allwaltenden Zeus als Muskel-Modell dienen müssen; und aus den Mädchengestalten sah den Kenner die liebliche Schwester eines anderen Mitschülers an, die jeden Besuchssonntag aus Neukölln kam. Wiens berühmte Sozialpädagogin Eugenie Schwarzwald hatte einmal herzhaft lachend vor diesen Gemälden gestanden: so etwas Naives, Echtjugendliches sei ihr selten begegnet, eins der schönsten Pubertätsdokumente, die sie kenne [...]. - A. Fritz an D.H. br. vom 23.08.1985: "Mein Lieblingsfach und Haupt-Interessensgebiet war die künstlerische Arbeit! Seit meinem 5. Lebensjahr habe ich meistens gemalt, geklebt, mit der Schere geschnitten usw. Netzband habe ich es zu verdanken, daß er mich sofort von meiner 'Scherenschnitt Akrobatik' 'erlöste' und ein echtes bildnerisches Streben veranlaßte - immerhin habe ich weiter für die Chronik Scherenschnitte verfertigt. Ein Erfolg meiner nun auf das Malen gerichteten Bemühungen war dann [...] die 'Ausmalung' der Bibliothek [...]. Herr Wolff trat einmal mit dem 'Homer' an meine Leiter mit den Worten 'Du solltest lieber auch einmal in die Bücher schauen'. W. Blume, der dazu kam, 'bedeutete' ihm: 'Lassen Sie ihn lieber malen, das ist jetzt wichtiger.' Diese 'Fresken' wurden ja auch wohl als 'Jahresarbeit' gewertet." - Zum Schicksal der Fritz'schen Malereien s. S. 788f.

kubistisch gehaltenes Gebilde, das dem einfachen und nüchternen Raum etwas fröh-
lich-lebendiges vermittelte."[3]

Ab 1923 konnte mit dem Auszug der Pächterfamilie Braun auch das
'Braunhaus', wie das 'Pächterhaus' nach seinem Vorbewohner bald genannt wurde,
genutzt werden. Ins Erdgeschoß des nicht unterkellerten Gebäudes zogen der
Landwirt Glasenapp und sein Gehilfe, zudem hatte hier bis 1927/28 der 'Fährdienst'
seine Unterkunft', danach wurde hier ein Physiksaal eingebaut[4]. Im ersten, durch
eine Außentreppe zu erreichenden oberen Stockwerk wurden neben einem
Tagesraum mehrere Schlafräume eingerichtet[5]. Auch diese Räume wurden durch
eigene Arbeit durch die Inselgemeinschaft innenarchitektonisch hergerichtet, etwa
durch ein großes Wandgemälde in einem der Schulräume[6].

Doch die rasch anwachsende Zahl der Mitglieder der Inselgemeinschaft konnte
von beiden Gebäuden alleine bald nicht mehr aufgenommen werden. Somit entstand
die Notwendigkeit baulicher Erweiterungen auf der Insel.

Im März 1925 entwarf Blume zusammen mit dem Schüler Walter Schramm nach
Rücksprache mit einer Baufirma den Plan zur Errichtung eines Holzhauses[7]. Dieses
sollte enthalten: einen großen Hörsaal, "um den Lesesaal im Keller als Unterrichtsraum überflüssig zu machen und für den Naturkern hellere und geräuschlosere
Möglichkeiten, Präparate zu beschauen, hier zu schaffen", eine Werkstatt, "um die
bisherige im Keller des Haupthauses für Küchen- und Waschzwecke frei zu bekommen", mehrere Wohn- und Schlafräume, "um für den Winter die Belegung einzelner
Zimmer verringern zu können und ein Gastzimmer für die pendelnden Lehrer zu gewinnen" und schließlich einen Waschraum für die dort Wohnenden[8].

Blume reichte den Plan in Form eines Baugesuches an die Schulverwaltung ein -
zugleich als "Versuchsballon [...], um festzustellen, wie die neue Verwaltung im
Schulwesen der Stadt sich zu uns verhalten werde."[9] Tatsächlich wurde der Plan,
"nachdem Herr Obermagistratsschulrat Nydahl [...] die Stimmung sondiert hatte,
genehmigt; Herr Stadtrat Benecke entschied sich am 16.III. für den Bauplan"[10].

Das Haus wurde von einer kleinen Firma, die Blume "ausdrücklich bevorzugt
hatte, um nicht den Großbetrieb zu unterstützen"[11] "unter stärkster Mitbeteiligung

---

3   PS Wagner: WAGNER, Heinz, Erinnerungen an die Insel der Jahre 1926-29 (Quasi ein Oster-
        spaziergang eines 'Alten Scharfenbergers' im Jahre 1990), S. 9f.
4   PS Wagner: WAGNER, Heinz, Erinnerungen an die Insel der Jahre 1926-29 (Quasi ein Oster-
        spaziergang eines 'Alten Scharfenbergers' im Jahre 1990), S. 5f.- Zum 'Fährdienst' s. S. 530f.
5   PS Wagner: WAGNER, Heinz, Erinnerungen an die Insel der Jahre 1926-29 (Quasi ein Oster-
        spaziergang eines 'Alten Scharfenbergers' im Jahre 1990), S. 5.
6   Abb. 44.
7   Berlin, LA, SIS: CH, V, S. 148f.
8   Berlin, LA, SIS: CH, V, S. 148.
9   Berlin, LA, SIS: CH, V, S. 148f. - Anlaß für den 'Versuchsballon' war, daß Stadtrat Benecke
        Blume zuvor in seine Sprechstunde gebeten und einige Auskünfte über Klasseneinteilung und
        Stundenzahl der Schulfarm verlangt habe: "ein Gesuch um Überlassung einiger Schränke und
        Stühle war (zum ersten Mal [sic!]) abgelehnt!" (Berlin, LA, SIS: CH, V, S. 149).
10   Berlin, LA, SIS: CH, V, S. 149.
11   Berlin, LA, SIS: CH, V, S. 215. - Zur Arbeit der Firma s.: Ebd. S. 215f.

der Schüler"[12] wie im Plan vorgesehen, zusätzlich mit einer Veranda als schönem Unterrichtsplatz ausgestattet[13], errichtet. Von Schülern bunt angestrichen, konnte das Holzhaus zum Erntefest 1925 eingeweiht werden[14].

Nahezu gleichzeitig mit dem Bau des Holzhauses kam es auf der Insel zu einer weiteren Neuerung: der Elektrizifizierung.

Noch Ende Mai 1925 war mit einem Anschluß an das Stromnetz nicht zu rechnen[15]; im Juli aber war die Sache offenbar weit vorangeschritten und wurde von der Gemeinschaft zunächst kontrovers diskutiert, da einige ihrer Mitglieder durch die Elektrifizierung eine grundlegende Änderung ihres einfachen Lebensstiles befürchteten[16]. Nachdem man sich schließlich für die Elektrifizierung der Insel entschieden hatte, begannen die notwendigen Bauarbeiten - wiederum unter aktiver Mithilfe der Schüler:

> "Die Bewag wunderte sich, daß das Ausheben des Kabelgrabens die Insel entlang statt in 8 bis 14 Tagen, worauf sie gerechnet hatten, von den Schülern bei stündlicher frischer Ablösung in zwei Tagen erledigt war."[17]

Die Kosten für die Elektrifizierung teilten sich die Stadt Berlin, die Elektrizitätswerke und das Reichsministerium des Innern[18] - die finanzielle Unterstützung der letztgenannten Institution war zustande gekommen durch einen Hinweis, den Blume von der Ministerialrätin Dr. Gertrud Bäumer (1873-1954)[19] erhalten hatte[20].

---

12 BLUME, Schulfarm (1928), S. 181. - S. zur Schülermithilfe: Abb. 50 und Abb. 51.
13 BLUME, Schulfarm (1928), S. 181. - Glasenapp an D.H. mündl. vom 13./14.03.1985, berichtet, daß aufgrund weiterem Ansteigen der Schülerzahlen die Veranda des Holzhauses bereits 1926 umgebaut und von einigen besonders 'harten' Jungen und Landwirt Glasenapp als Schlafplatz benutzt werden mußte. - Pradel an D.H. br. vom 09.07.1988 berichtet, wie man auf dieser Veranda schlief, "selbst wenn es um minus 30 Grad im Winter hatte und der Schnee durch die vorgehängten Rohrmatten hindurch drang." - Vgl. dazu auch: BLUME, Schulfarm (1928), S. 181: "[...] bis Überfüllung neun besonders wetterfeste Jünglinge zwang, auf der Veranda ihr Nachtquartier aufzuschlagen." - S. zur äußeren Gestalt des Hauses: Abb. 52; zur inneren Ausstattung s.: Abb. 53.
14 BLUME, Schulfarm (1928), S. 181.
15 Prot. der 57. Abendaussprache vom 27.05.1925, in: Berlin, LA, SIS: CH, V, S. 176: "[...] in nächster Zeit wird wohl kaum auf Elektrizität von Tegelort her zu hoffen sein."
16 S. 567.
17 BLUME, Schulfarm (1928), S. 181.
18 BLUME, Schulfarm (1928), S. 181.
19 Gertrud Bäumer (1873-1954) war zunächst Volksschullehrerin, studierte anschließend Philosophie, von 1916-1919 war sie Leiterin des Sozialpädagogischen Instituts in Hamburg, von 1920-1933 Ministerialrätin im Reichsministerium des Innern, von 1919-1933 Mitglied des Reichstags (Demokratische Partei), zeitweilig Deligierte beim Völkerbund für Internationale Jugendpolitik, ab 1933 arbeitete sie als freie Schriftstellerin; Bäumer engagierte sich insbesondere für soziale Fragen und im Rahmen der bürgerlichen Frauenbewegung; vgl. zu letzterem etwa ihre Mitherausgeberschaft zu: Handbuch der Frauenbewegung, hrsg. von Helene LANGE und Gertrud BÄUMER, 5 Bde., Berlin 1901-1915; Fotomechan. Nachdr. Weinheim [u.a.] 1980. - Zu ihr s.: BACH, Marie Luise, Gertrud Bäumer. Biographische Daten und Texte zu einem Persönlichkeitsbild. Mit einem Vorwort von Line KOSSOLAPOW, Weinheim 1989.

Bereits ein Jahr später, 1926, reichte der durch die Errichtung des Holzhauses gewonnene Platz durch die weitere Erhöhung der Schülerzahl (auf ca. 70 Schüler)[21] erneut nicht mehr aus. Auch stellte sich nun neuer Raumbedarf für den Unterricht heraus, insbesondere für den chemischen und physikalischen, der darunter litt, "daß er nicht an Ort und Stelle, sondern in einer Tegeler Schule nach je einstündiger Hin- und Rückwanderung abgehalten werden muß [...]."[22]

Nach Blumes Angaben war die Schaffung zusätzlichen Raumes bereits "vor der Aufnahme [der Schüler] im April [1926] durch das städtische Patronat (Stadtrat Benecke) zugesagt worden."[23] Darauf habe auf seinen Vorschlag hin das Baubüro von Berlin-Mitte unter Oberbaurat Dr. Jelkmann einen Erweiterungsbau des 'Braunhauses' ausgearbeitet; doch sei dieser bei der Stadtverwaltung auf Ablehnung gestoßen, da er "doch nur Flickerei in ungünstiger sonnenloser Lage ergeben haben würde."[24]

Daher trat man nun "dem Gedanken eines Neubaus näher"[25], und Blume reichte ein 'Gesuch der Schulfarm Insel Scharfenberg um Bewilligung des Baues eines neuen Hauses an den Bezirksschulausschuß I-VI, zu Händen von Herrn Stadtrat Benecke, vom 07.07.1926' ein[26].

Blume beschrieb hier zunächst die bisherige erfolgreiche Entwicklung der Schulfarm, stellte dann ein erfolgreiches Ende des Schulversuches in Aussicht - wenn nur die weitere Unterstützung, etwa zur baulichen Erweiterung nicht abgelehnt würde - und skizzierte einen Plan zur weiteren baulichen Entwicklung der Schulfarm:

> "Was demnach auf weitere Sicht geplant werden müßte, ist der Bau von zwei Häusern in der Größe von Zweifamilienhäusern. Wenn diese erst noch vorhanden sind, kann das bisherige Pächterhaus von den Schülern geräumt und außer der Wohnung für den landwirtschaftlichen

20 Berlin, BA: Bestand Reichsministerium für Wissenschaft, Erziehung und Volksbildung, Nr. 4702, Bl. 13r und v: Gesuch der Schulfarm Insel Scharfenberg (Blume) um Gewährung eines Zuschusses aus dem Fonds für Versuchsschulen an das Reichsministerium des Innern vom 03.09.1925; hier heißt es auf Bl. 13v: "Die Insel entbehrt bisher der elektrischen Beleuchtung; in Würdigung der hygienischen und Sicherheitsgründe will die Stadt Berlin, die 4 Lehrkräfte besoldet, ein Kabel durch den Tegeler See legen lassen, wenn die Schule von anderen Seiten einen Zuschuß von 4.000 M aufbringt; da der elektrische Strom für einen auch sonst gerade auf dem Prinzip der Anschaulichkeit gegründeten Unterricht durch die Möglichkeit der Epidiakopbenutzung eine Notwendigkeit ist, bittet Eltern-, Lehrer- und Schülerschaft um Gewährung auch eines Reichszuschusses, den zu beantragen uns Frau Ministerialrätin Dr. Bäumer ermuntert hat." - S. auch das positive Antwortschreiben des Ministeriums: Berlin, BA: Bestand Reichsministerium für Wissenschaft, Erziehung und Volksbildung, Nr. 4702, Bl. 14f.: Schreiben des Kultusministeriums an den Reichsminister des Innern vom 28.09.1925: Unterstützung des Antrags der Schulfarm Insel Scharfenberg (Blume) um Gewährung eines Zuschusses aus dem Fonds für Versuchsschulen an das Reichsministerium des Innern vom 03.09.1925. - Zum Zustandekommen des Kontaktes zwischen Blume und Bäumer s. S. 508.
21 BLUME, Wilhelm, Gesuch der Schulfarm Insel Scharfenberg um Bewilligung des Baues eines neuen Hauses an den Bezirksausschuß I-VI, zu Händen von Herrn Stadtrat [Wilhelm] Benecke, vom 07.07.1926 [Berlin, LA, SIS], hrsg. von Dietmar HAUBFLEISCH, Marburg 1999: http://archiv.ub.uni-marburg.de/sonst/1999/0001/q30.html [zit. als: BLUME, Gesuch (1926)].
22 BLUME, Gesuch (1926).
23 Berlin, LA, SIS: CH, V, S. 351.
24 Berlin, LA, SIS: CH, V, S. 351.
25 Berlin, LA, SIS: CH, V, S. 351.
26 BLUME, Gesuch (1926).

Leiter die physikalischen und chemischen Versuchsräume aufnehmen, zumal die Stromstärke der Elektrizität nur in seiner Nähe für derartige Zwecke ausreichen würde.["]27

Für das laufende Schuljahr 1926/27 beantragte Blume in seinem Gesuch zunächst lediglich, "das erste der beiden für die Zukunft nötigen Häuser zu bewilligen und möglichst schnell in Angriff zu nehmen."28 Dabei beließ er es nicht bei dieser 'allgemeinen' Antragstellung, sondern formulierte recht genau seine Vorstellungen: Er stellte sich vor, für einen Preis in Höhe von "zirka 20.000 Mark" "zwischen dem alten Bollehaus und dem neuen Holzhaus [...] einen Neubau zu errichten", in "einfacher vielleicht dem ländlichen Charakter der Insel angepaßter Ausführung", der Raum "für einen Unterrichtssaal za. 7 mal 8 Meter, einen Gemeinschaftsraum, 5 mal 6 Meter, einen Waschraum, 3 mal 4 Meter und 6-7 Wohn- und Schlafzimmer für Schüler und Lehrer je 4 mal 4 im Durchschnitt" enthalten müsse29.

Vor Blumes Antragstellung hatten Scharfenberger Schüler sich ihre eigenen Gedanken über architektonische Neuerungen gemacht und eigene Pläne erstellt30. Blume legte einige dieser Arbeiten dem Gesuch als Anlagen bei, "weniger um für die Ausführung einer dieser Pläne einzutreten, als um das Interesse zu zeigen, [...] wobei vielleicht der mittlere [von drei Plänen] [...] in seiner Maßhaltung zwischen allzu großer Modernität und all zu gewöhnlichem Siedlungshausviereck in der Tat etwas Berücksichtigung vielleicht verdiente."31

Im Gefolge dieses Gesuchs wurden von der Stadt Pläne ausgearbeitet, die jedoch erneut nicht befriedigten32. Als sich die weiteren Verhandlungen über die Sommerferien hinzogen und inzwischen niemand mehr an eine Verwirklichung dieser Pläne noch vor dem Winter glauben konnte33, schritt man zur Selbsthilfe: "ohne jemanden zu fragen"34, gab Blume 'Opa Kroll', dem Vater eines Scharfenbergschülers, Anfang Juli 1926 den Auftrag "den rechten Scheunenteil auszubauen, d.h. den Gartensaal durch Hineinrücken der linken Wand in die Scheune um mehr als das Doppelte zu vergrößern (Speisesaal für den Winter) und darüber einen Schlafsaal durch Holzverschalung des Schilfdaches und Einbrechens zweier Giebelfenster zu schaffen - Platz für 18 Schlafende [...]."35

---

27 BLUME, Gesuch (1926).
28 BLUME, Gesuch (1926).
29 BLUME, Gesuch (1926).
30 Vgl.: Abb. 55.
31 BLUME, Gesuch (1926).
32 Berlin, LA, SIS: CH, V, S. 351: "Bei den in Aussicht genommenen 20.000 M war es schwer, einen passenden Entwurf zu machen, der nicht gar zu kastenförmig ausfiel: Dasselbe Baubüro [Baubüro von Berlin-Mitte (Oberbaurat Dr. Jelkmann)] hatte uns zwei Pläne vorgelegt - ein Paterrehaus mit ausgebautem heruntergezogenen Mansardendach und eines mit einem richtigen Stock darauf mit flachem Pappdach. Keines von beiden stellte eine annehmbare irgendwie lockende Lösung dar [...]."
33 Berlin, LA, SIS: CH, V, S. 351.
34 Berlin, LA, SIS: CH, V, S. 351.
35 Berlin, LA, SIS: CH, V, S. 351. - Vgl.: BLUME, Schulfarm (1928), S. 181: Ausbau eines Teils "der Scheunentenne in einen großen Speise- und Unterrichtssaal" und des anderen Teils des Scheunenbodens "in einen holzverschalten Schlafraum für 20 Insassen".

Der Bau wurde rechtzeitig fertiggestellt, selbst die "Balken, die bunt bemalte Säule in der Mitte, das als Kronleuchter dienende Wagenrad, die Freskogemälde an den Wänden waren alles eigenes Gewächs oder Fabrikat."[36]

Für das laufende Schuljahr erbrachte dieser - zunächst aus privaten Mitteln finanzierte[37] - Ausbau den gewünschten Raumgewinn. Darüber hinaus, so schrieb Blume 1928, habe diese Selbsthilfeaktion den städtischen Behörden gezeigt, "daß die Insulaner alle Schwierigkeiten, die sich einer weiteren Entwicklung entgegenstellten, zu überwinden willens und fähig waren", und sie so beeindruckt, daß sie "die 3.000 RM., die der Scheunenumbau infolge der privaten Regie nur gekostet hatte", ersetzten[38] - und sich schließlich auch für den Gedanken an Neubauten erwärmen konnten.

Im Frühjahr 1927 wurden auf erneuten Antrag hin[39] und - wie Blume es ausdrückte - als "das Ergebnis einer seit Juli 1926 währenden Campagne"[40] der Schulfarm durch Beschluß der städtischen Behörden "eine Summe von 120.000 Mark für Um- und Neubauten zur Verfügung gestellt"[41].

Um weitere Verzögerungen durch Zwischeninstanzen auszuschalten, wandte sich Blume im Anschluß an diesen Beschluß in einem Schreiben vom 25.05.1927 direkt an das Stadtbauamt[42]. Er kündigte hierin an, daß im Gefolge eines Gesprächs, das er mit Obermagistratsschulrat Wilhelm Heyn geführt habe, die Schulverwaltung das Hochbauamt ersuchen werde, die Baupläne auszuarbeiten. Mit seinem Schreiben wolle er, "um Zeit zu sparen, an der bis zum Herbst kein Überfluß mehr ist, (Schüler schlafen jetzt auf einer halboffenen Veranda und in der Scheune)", unter Ausschaltung "umständliche[r] Zwischeninstanzen", das "besonderes Interesse für unsere Sache erbitten"[43]. Um dasselbe zu wecken, skizzierte er die 'inhaltliche Seite' der Schulfarm und verband damit zugleich eigene Bauvorstellungen:

> "Das Objekt ist zwar klein aber insofern nicht ganz uninteressant, da die Verhältnisse eine schematische Lösung verbieten. Die Gebäude müssen dem Charakter der Insel angepaßt sein, einer Insel, die einst den Gebrüdern Humboldt gehört hat, einer Insel, auf der die Schule das Bäuerliche, Farmmäßige betont. Es handelt sich auch nicht um ein Schulgebäude im üblichen Sinne mit Klassen. Wir haben, sowenig wir Zensuren haben, auch nicht Klassen; wir wollen nicht 'in die Schule gehen'; Wohnräume und Schulräume gehen ineinander über."[44]

Kurz nach Blumes Schreiben erschienen am 04.06.1927 Stadtbaurat Martin Wagner (1885-1957) in Begleitung von Mitarbeitern der Berliner Bauverwaltung und am

---

36   BLUME, Schulfarm (1928), S. 181.
37   BLUME, Schulfarm (1928), S. 181.
38   BLUME, Schulfarm (1928), S. 182.
39   Aus dem Leben, S. 366.
40   Berlin, LA, SIS: Schreiben von W. Blume an den Berliner Stadtbaurat vom 25.05.1927 (Fragment).
41   Berlin, LA, SIS: Schreiben von W. Blume an den Berliner Stadtbaurat vom 25.05.1927 (Fragment). - BLUME, Schulfarm (1928), S. 182 nennt den Betrag von 144.000 M.
42   BLUME, Wilhelm, Schreiben an das Berliner Stadtbauamt vom 25.05.1927 [Fragment] [Berlin, LA, SIS], hrsg. von Dietmar HAUBFLEISCH, Marburg 1999: http://archiv.ub.uni-marburg.de/sonst/1999/0001/q32.html
43   BLUME, Schreiben an das Berliner Stadtbauamt.
44   BLUME, Schreiben an das Berliner Stadtbauamt.

08.06. Wilhelm Heyn zu einer Lokalbesichtigung auf der Insel[45]. Und tatsächlich wurde das Bauvorhaben nun vom Hochbauamt der Stadt Berlin übernommen. Den Entwurf und die Planung übernahm Richard Ermisch (1885-1960)[46], der seit 1924 Leiter der 'Abteilung für die zentrale Entwurfsabteilung der städtischen Bauten' war[47].

In zahlreichen Sitzungen wurden "Pläne geschmiedet und wieder verworfen, Zeichnungen angefertigt und in den Papierkorb befördert [...]."[48] Und auch die Scharfenberger Schüler und ihr Zeichenlehrer entwickelten in Wettbewerben - wie schon vor der Antragstellung - eigene Vorstellungen; wenn auch diese, wie Blume schrieb, "nicht ohne weiteres brauchbar waren, so zeigte doch der Geist, welcher aus diesen Arbeiten sprach, die Vorliebe für eine neuzeitliche Gestaltung der Bauten."[49]

Schließlich entstanden in den Jahren 1927/28 zwei Bauten, die sehr an die Werke Erich Mendelsohns (1887-1953), eines der bestimmenden Architekten des 20. Jahrhunderts, der das Bild Berlins in den Jahren 1918-33 nachhaltig geprägt hat[50], erinnerten - im Stile der 'Neuen Sachlichkeit' die für Blume "ganz zur Scharfenberger Sachlichkeit paßt[e]"[51], und die "mit dem Expressionismus eins gemein [hatte], nämlich die Herkunft aus der Emotion"[52], doch als typische Erscheinungsform trat an "die Stelle des Gezackten, Spitzen, Disharmonischen [...] nun die Ebene. Stereometrische Baukörper, glatte, abstrakt wirkende Wände, knappe Umrisse, waagerechte Gliederung, flache Dächer, große, querrechteckig angeordnete, sprossenlose Fenster"[53].

---

[45]   S. dazu: Berlin, LA, SIS: CH, VI, o.S.
[46]   ERMISCH, Eberhard-Günther / WEBER, Klaus Konrad, Richard Ermisch. Porträt eines Baumeisters. Querschnitt einer Zeit, Berlin [u.a.] 1971. - In der Stiftung der Akademie der Künste. Archivabteilung Baukunst in Berlin befinden sich in dem ca. 5 lfd. Meter umfassenden Nachlaß von Richard Ermisch (1885-2960) auch einige Materialien zu den 1927/28 auf Scharfenberg entstandenen Bauten. In der Archivabteilung Baukunst befinden sich zudem in der Sammlung Arthur Köster (1890-1960) sechs professionelle Architekturfotografien der beiden Gebäude.
[47]   ERMISCH / WEBER, Richard Ermisch, S. 15.
[48]   Berlin, LA, SIS: CH, VII, o.S. - Vgl. einen frühen Entwurf Ermischs: Abb. 54.
[49]   BLUME, Schulfarm (1928), S. 568.
[50]   Vgl.: ZEVI, Bruno, Erich Mendelsohn, Zürich 1983; vgl. hier bes. die Abbildungen der Bauten Mendelsohns auf S. 66f., 98f., 108f., 130f., 146f., 150f. und 156f. mit den Scharfenberger Bauten. - Erich Mendelsohn. 1887-1953. Ideen - Bauten - Projekte [Katalog zur] Ausstellung zum 100. Geburtstag aus den Beständen der Kunstbibliothek, bearb. von Sigrid ACHENBACH, Berlin 1987.
[51]   BLUME, Schulfarm (1928), S. 182.
[52]   ERMISCH / WEBER, Richard Ermisch, S. 76.
[53]   ERMISCH / WEBER, Richard Ermisch, S. 76f.

Es wurden zwei zweigeschossige, flachgedeckte Bauten mit betonter Horizontaler errichtet[54]. Die Erdgeschosse wurden mit märkischen grün gefugten Handstrichklinkern verblendet, die Obergeschosse glatt geputzt und weiß gestrichen, die Fenster gelb mit orangefarbigen Deckleisten, die Dachüberstände gelb und weißgelb bzw. grün und weißgrün[55].

Der erste, größere Neubau (heute das 'Blumehaus' genannt)[56] enthielt im Erdgeschoß neben Bädern, Waschräumen, Kohlenraum und Toiletten einen großen Unterrichtsraum mit Bühne und Nebenräumen, "der ganz aus den Bedürfnissen des Gesamtunterrichts heraus entstanden"[57] war:

"[...] durch die Türen rechts und links tritt man in überbaute Umlaufhallen, in denen Gruppen für sich arbeiten können, ohne den Zusammenhang mit dem im Saal verbliebenen Kern zu ver-

---

[54] Die beiden Bauten wurden in der architektonischen Literatur, bzw. in der reformpädagogischen Literatur, die die Architektur zur Kenntnis nahm, immer wieder wahrgenommen: Die Schulfarm auf der städtischen Insel Scharfenberg bei Berlin-Tegel, in: Das Schulhaus. Zentralorgan für Bau, Einrichtung und Ausstattung der Schulen und verwandten Anstalten im Sinne neuzeitlicher Forderungen, Jg. 24 (1929/30), S. 270f. - Die Volkserziehung und Volksgesundung, hrsg. von Emanuel Josef MARGOLD [Berlin 1930]. Mit einem Nachwort zur Neuausg. von Myra WARHAFTIG, Berlin 1999, S. 32f.: Grundriß und Abb. des Fährhauses. - ERMISCH / WEBER, Richard Ermisch zu den beiden Bauten auf Scharfenberg: S. 31, S. 77 und S. 81. - BLANCK, Bernd Arnold, Zur Schul- und Schulbauentwicklung im 19. und 20. Jahrhundert. Die Schulbauentwicklung zwischen politisch-ökonomischen, erziehungsideologischen Bindungen und pädagogisch-emanzipatorischen Elementen. Eine sozioökonomisch orientierte Untersuchung typischer Nutzungs- und Gestaltungskonstellationen im historischen und gegenwärtigen Schulbau, Diss. TH Berlin 1979 (8 Mikrofiches), zu den Schulfarm-Bauten: S. 326f. (mit Abbildungen). - PÖGGELER, Franz, Objekte für Sammlungen zur Schul- und Bildungsgeschichte, in: Informationen zur Erziehungs- und Bildungskritischen Forschung [=IZEBF], Nr. 20/21 (1983), S. 443-460, hier S. 445: "Die Geschichte von Neubauten zur Zeit der großen Schulreformen der Weimarer Republik darf [...] nicht außer Acht lassen: [...] die von Wilhelm Blume errichtete 'Schulfarm Scharfenberg' im Tegeler See, wo das Prinzip galt, daß die Schüler möglichst in Eigenarbeit die zu benötigenden Gegenstände des Schullebens herstellten." - ENGEL, Helmut, Die Architektur der Weimarer Zeit in Berlin, in: Berlin-Forschungen, hrsg. von Wolfgang RIBBE, Bd. 5 (=Einzelveröffentlichungen der Historischen Kommission zu Berlin, 71; =Publikationen der Sektion für Geschichte Berlins, 7), Berlin 1990, S. 175-218, hier S. 217 Hinweis auf das "1927 [sic!] auf der Insel Scharfenberg entstandene Werkstätten- und Fährhaus der Schulfarm". - S. zuletzt den Band: Berlin und seine Bauten, hrsg. vom Architekten- und Ingenieur-Verein zu Berlin, Teil V, Bd. C: Schulen, Berlin 1991, in dem auf den Seiten 122, 135f., 162, 171, 178 und 409 innerhalb der folgenden Beiträge auf die Ermisch-Bauten auf Scharfenberg eingegangen wird: SCHMIDT-THOMSEN, Helga, Schulen der Weimarer Republik, in: Berlin und seine Bauten, hrsg. vom Architekten- und Ingenieur-Verein zu Berlin, Teil V, Bd. C: Schulen, Berlin 1991, S. 121-174. - SCHMIDT-THOMSEN, Helga, Schule in der Zeit des Nationalsozialismus, in: Berlin und seine Bauten, hrsg. vom Architekten- und Ingenieur-Verein zu Berlin, Teil V, Bd. C: Schulen, Berlin 1991, S. 175-196. - GÜTLER, Peter, Liste der [Berliner] Schulen, in: Berlin und seine Bauten, hrsg. vom Architekten- und Ingenieur-Verein zu Berlin, Teil V, Bd. C: Schulen, Berlin 1991, S. 327-457. - Schulfarm Scharfenberg, in: DEHIO, Georg, Handbuch der Deutschen Kunstdenkmäler, Bd.: Berlin, bearb. von Sibylle BADSTÜBNER-GRÖGER [u.a.], München [u.a.] 1994, S. 375. - GRUHN-ZIMMERMNN, Antonia, Schulbaureform der Weimarer Republik in Berlin, Univ., Diss., TU München 1993.

[55] BLUME, Schulfarm (1928), S. 568f. - ERMISCH / WEBER, Richard Ermisch, S. 31 schreiben von hellgelbem Klinkermauerwerk der Ergeschosse.

[56] S. hierzu bes.: BLUME, Schulfarm (1928), S. 182-184 und S. 569. - Sowie: ERMISCH / WEBER, Richard Ermisch, S. 77.

[57] BLUME, Schulfarm (1928), S. 184.

lieren; ebenso können die hufeisenförmig alle zusammenschließenden Tische nach Bedarf zu gesondertem Arbeiten umgruppiert werden; eine kleine Bühne bestärkt die sowieso sich meldende Lust zum Dramatisieren; die Bühnenöffnung kann aber auch durch einen Lichtbildschirm oder von einer zweiteiligen, in der Mitte zusammen zu koppelnden Wandtafel ausgefüllt werden. Drei große Flügelglastüren lösen die Wand zum Vestibül auf, gleichsam andeutend, daß der Unterricht hier nichts für sich Bestehendes, nicht hinter geschlossenen vier Wänden sich Abspielendes ist, daß ruhig jeder von außen zuschauen, sich, wenn er Lust hat, beteiligen kann; haben doch auch Hospiväter und Hospimütter unangemeldet [sic!] Zutritt."[58]

Heinrich Pridik, ein Gastlehrer, der einem in einem dieser Räume stattfindenden Unterricht beiwohnte, schrieb:

"Alles was an eine Klasse erinnern konnte, war beseitigt. Sie [=die Schüler] saßen auf Stühlen an langen Tischen, die in Hufeisenform aufgestellt waren; mitten zwischen ihnen, nicht irgend- wie abgesondert, der Lehrer. Schulbücher habe ich nicht gesehen; nur einige hatten den Atlas vor sich liegen, auch den Geschichtsatlas. An einer Seite des Zimmers stand ein Epidiaskop. Das Zimmer selbst war in leuchtenden Farben bunt gestrichen."[59]

Die Decke des Unterrichtsaales war laut Schmoll von Ermisch nach dem 'Goldenen Schnitt' ausgewogen komponiert worden und zeigte nur rechteckige Felder von ver- schiedener Größe in aufeinander abgestimmten Farben[60].

Im Obergeschoß enthielt der Neubau je zwei Wohn- und Schlafräume für Schü- ler[61], "die, von beiden Seiten Luft und Licht empfangend, mit ihren sogar an die Schmalseite herumgreifenden Fensterreihen, ihrer Buntfarbigkeit, dem Ausblick nach links und rechts auf den in seinen Stimmungen lebhaft wechselnden See eine reine Heiterkeit ausstrahlen, die die Insassen [...] in gleichem Sinne beeinflussen müssen"[62], und weiter zwei Wohnungen für unverheiratete Lehrer[63].

Das zweite, kleinere Bauwerk, die "schönste der dortigen [Scharfenberger] Schöpfungen [von Ermisch]"[64], war das Werkstätten- und Fährhaus[65]. Es wurde ein schmaler, langgestreckter Bau, der an seiner einen Schmalseite kubisch abgesetzt

---

[58] BLUME, Schulfarm (1928), S. 184. - S. zum Unterrichtsraum: Abb. 60.
[59] PRIDIK, Hospitanten-Eindrücke, S. 350.
[60] SCHMOLL, Frühe Wege, S. 278. - Ebd.: "Es war für uns Schüler die erste, oft diskutierte großformatige Malerei ungegenständlichen Charakters (Als 1933 die Nazis die Herrschaft auf Scharfenberg antraten, wurden diese harmlosen Zeugnisse einer Klassischen Moderne ent- fernt.)."
[61] BLUME, Schulfarm (1928), S. 182, schreibt über den 'Sinn' größerer Schüler-Schlafräume: "[...] die Erfahrungen im Bollehaus mit seinen kleinen Privatstuben und dem Scheunenschlaf- saal hatten ergeben, daß bei jüngeren Schülern zumal der Schlafsaal die Herausbildung eines Gemeinschaftsgeistes entschieden mehr begünstigt, wobei freilich die unbedingte Voraussetzung ist, daß in ihm jemand mitschläft, dessen persönliches Vorhandensein, ohne daß er selbst als Aufsichtsbeamter sich wichtig macht oder angesehen werden darf, den guten Geist in Scherz und Ernst verbürgt."
[62] BLUME, Schulfarm (1928), S. 182.
[63] BLUME, Schulfarm (1928), S. 182-184 und S. 569.
[64] ERMISCH / WEBER, Richard Ermisch, S. 77.
[65] S. hierzu bes.: BLUME, Schulfarm (1928), S. 184 und S. 569. - Sowie: ERMISCH / WEBER, Richard Ermisch, S. 77.

war, auf der anderen Schmalseite als Halbrund endete[66] und der wenige Meter vom Ufer des Tegeler Sees, nahe der Fährstelle errichtet wurde, wobei die als Halbrund gestaltete Schmalseite auf den See hinaus zeigte. Blume schrieb, das Haus springe "in bastionsartiger Rundung direkt an den See vor; das flache, im Halbkreis fächerartig weit vorgreifende Dach verstärkt noch den Eindruck des seewärts gerichteten Luginsland; es sieht fast so aus, als ob es selbst tankartig auf ihn hinauszufahren im Begriff ist."[67]

Ort und Form des Hauses - "ein rechteckiger Block mit abgerundeter vorderer Schmalseite, das wie viele Bauten der Neuen Sachlichkeit an ein Fahrzeug, an ein Schiff erinnert"[68] - wurden unter Berücksichtigung einer der Hauptfunktionen des Hauses gewählt, da der Bau vor allem auch als Warte für die an der Fährstelle Fährdienst versehenden Schüler dienen sollte. Diese ringsum von Glasfenstern umfaßte Fährwarte wurde im Obergeschoß an der auf den See weisenden Schmalseite des Gebäudes eingerichtet[69] und mit einem schmalen Umgang um das gesamte Halbrund versehen, der "das Ausschauhalten zum gegenüberliegenden Gestade" erleichterte und auch Platz bot "für die Aufstellung eines Scheinwerfers zur Erleuchtung der Fahrbahn an Winternachmittagen und -abenden, wenn die Fährleute durch die Eisschollen ihr Fahrzeug im Zickzack hindurchwinden und -zwängen müssen [...]."[70]

Außer dem Fährzimmer erhielt das Gebäude in seinem Obergeschoß einen Buchbinder- und Zeichensaal[71] sowie eine Freilicht-Zeichenterrasse. Im Erdgeschoß wurden unter der Zeichenterrasse ein Raum für die Unterbringung der Feuerspritze, unter dem Buchbinder- und Zeichensaal eine Tischler- und Schlosserwerkstatt und auf der Seeseite, unter der Fährwarte eine Wohnung für den Zeichenlehrer eingerichtet.

Im Baugesuch vom Mai 1927 hatte Blume geschrieben, es "widerspräche [...] dem Prinzip unserer Gründung, wenn die jetzt zur Debatte stehenden Bauten ohne Mitwirkung der Inselbewohner vollendet würden"[72]. Die Scharfenberger hielten es vielmehr "für durchführbar, ja für notwendig, daß ein Teil der Arbeit von uns erledigt werden kann, und zwar würde es sich am praktischsten folgendermaßen zusammensetzen: a) Ausmalung verschiedener Räume, b) Übertragung des Baus des Werkstättenhauses in eigene Regie."[73] Der zweite Punkt wurde von den städtischen Behörden abgelehnt, der erste dagegen konnte der Inselgemeinschaft zugestanden werden[74].

Mit den beiden Neubauten des Jahres 1927/28 hatte die Schulfarm zwei neue Gebäude, die auf dem aktuellsten Stand der damaligen, besonders gegen Ende der 20er

---

66   S.: BLUME, Schulfarm (1928), S. 184: "Während diese beiden Schmalseiten, für sich betrachtet, die eine rund, die andere kubisch abgesetzt, fast disparat wirken müßten, ist durch die Längsseiten die Geschlossenheit der Bauform einheitlich gewahrt."
67   BLUME, Schulfarm (1928), S. 184.
68   ERMISCH / WEBER, Richard Ermisch, S. 77. - Schmoll an D.H. br. vom 15.12.1987 vergleicht Ermischs Bauten von 1927/28 mit dem 'gemäßigten Stil des Architekten Mendelsohn'.
69   Zum Fährzimmer s.: Abb. 60.
70   BLUME, Schulfarm (1928), S. 184.
71   S.: Abb. 61.
72   Aus dem Leben, S. 366.
73   Zit. nach: Aus dem Leben, S. 366.
74   Aus dem Leben, S. 366f.

Jahre intensiv geführten Diskussion um eine moderne Schularchitektur waren[75]. Grundgedanke dieser Diskussion war, "daß die neuen reformerischen Auffassungen von Schule und Lernen [...] mit dem alten Schulbau nicht vereinbar seien"[76]: Der 'neuen Schule' solle auch ein 'neuer Schulbau' entsprechen - mit Arbeits- und Wohnräumen statt Klassenräumen, Fachräumen und Extraräumen für außerunterrichtliche Veranstaltungen wie Festen, Theaterspielen u.a., altersgemäßes bewegliches Mobiliar an Stelle fester Bankreihen vor allem im Sinne des 'Arbeitsunterrichts', Möglichkeiten zur Aufnahme von Arbeitsmitteln und Unterrichtsergebnissen, verbesserte Licht- und Luftverhältnisse u.v.a.

In Hamburg bildete sich eine 'Arbeitsgemeinschaft für das neue Volksschulhaus', deren Vorsitzender Fritz Köhne (1872-1956)[77] wurde, und der etwa am 28.11.1927 in einem Vortrag über das neue Volksschulhaus[78] die Auffassung vertrat, "daß der Bau des neuen Volksschulwesens eine der wichtigsten Schulaufgaben der Gegenwart" sei, fortschrittliche Pädagogen müßten daher "in einer Arbeitsgemeinschaft unter Fühlungnahme mit Architekten das neue Volksschulhaus von innen her [d.h. nach ihren pädagogischen Bedürfnissen] zu gestalten versuchen und ihre Forderungen im Interesse der Kinder und Elternschaft, zum Nutzen kommender Geschlechter in der Öffentlichkeit, bei der zuständigen Behörde und in der Bürgerschaft mit Nachdruck vertreten."[79]

---

[75] Berlin, LA, SIS: CLAUSEN, Walther, Insel Scharfenberg im Tegeler See als Schulfarm: Neuzeitliche Erziehungsstätte im Wald, im See. Bearbeitet für die II. Fachprüfung an der Gärtnerlehranstalt Oranienburg, Berlin 1929; diese in kleiner Aufl. gedr., auch Fotos und Abbildungen enthaltende Arbeit stellt den Entwurf einer architektonischen und landschaftsplanerischen Gesamt(um)gestaltung der Insel Scharfenberg mit ihrer Schule dar.

[76] LEHBERGER, Reiner, Fritz Schumacher und der Schulbau in Hamburg der Weimarer Jahre, in: 'Der Traum von der freien Schule'. Schule und Schulpolitik in der Weimarer Republik, hrsg. von Hans-Peter de LORENT und Volker ULLRICH, Hamburg 1988, S. 238-251, hier S. 239.

[77] Zu Köhne s.: FIEGE, Fritz Köhne.

[78] S.: KÖHNE, Fritz, Zum neuen Volksschulhaus, in: Hamburger Lehrerzeitung, Jg. 6 (1927), S. 837-841. - Vgl.: GEBHARD, Julius / KRÖNCKE, Hermann, Schulbauforderungen. Erarb. von der Gesellschaft der Freunde des vaterländischen Schul- und Erziehungswesens in Hamburg [unter Leitung von Fritz KÖHNE], Hamburg 1929. - Vgl. auch: FIEGE, Fritz Köhne, S. 64-70: Kap. 'Vorsitzender der Arbeitsgemeinschaft für das neue Volksschulhaus'.

[79] KÖHNE, Zum neuen Volksschulhaus, S. 838.

Umgesetzt wurden in Hamburg reformpädagogische Forderungen an die Schularchitektur in den 20er Jahren insbesondere durch Fritz Schumacher (1869-1947)[80], laut Pöggeler das 'bekannteste Beispiel' dafür, "daß sich ein führender Architekt die Ideen der Reformpädagogik zu Eigen machte"[81]. Vor allem das von ihm entworfene und 1925 fertig gestellte Gebäude der Hamburger Lichtwarkschule[82] galt den Zeitgenossen als Beispiel für eine moderne Schularchitektur[83].

In dem 1928 erschienenen Band 4 des von Herman Nohl und Ludwig Pallat herausgegebenen 'Handbuch der Pädagogik' widmete sich dem 'Schulgehäuse' ein eigener Aufsatz[84]. Im gleichen Jahr war ein Vortrag über das 'Moderne Schulhaus' Bestandteil des großen Berliner Kongresses über 'Die neuzeitliche Volksschule'[85]. Am 10./11. Mai 1929 schließlich fand in Berlin eine eigene, vom Zentralinstitut für Er-

---

[80]   Fritz Schumacher hatte von 1889-1896 in München und Berlin Architektur studiert, war 1901-1909 Professor an der Technischen Hochschule Dresden, 1909-1933 zunächst Baudirektor, dann Oberbaudirektor und Leiter des Hochbauwesens in Hamburg. - Zu Schumachers Leben und Werk s. u.a. seine Autobiogr.: SCHUMACHER, Fritz, Stufen des Lebens. Erinnerungen eines Baumeisters, Stuttgart [u.a.] 1935, und: SCHUMACHER, Fritz, Selbstgespräche. Erinnerungen und Betrachtungen, Hamburg 1949. - Vgl. etwa auch: SCHUMACHER, Fritz, Die neueren Schulbauten Hamburgs, in: Schweizer Erziehungs-Rundschau. Organ für das öffentliche und private Bildungswesen der Schweiz, Jg. 2 (1929/30), Nr. 7: Oktober 1929, S. 154-157. - Sekundärliteratur: SCHIEFLER, Gustav, Fritz Schumacher, in: Hamburg in seiner wirtschaftlichen und kulturellen Bedeutung für Deutschland. Festschrift für die deutsche Lehrerversammlung in Hamburg 1925, hrsg. von der Gesellschaft der Freunde des vaterländischen Schul- und Erziehungswesens. Ortsausschuß Hamburg, Hamburg 1925, S. 94-97. - KAYSER, Werner, Fritz Schumacher. Architekt und Städtebauer. Eine Bibliographie, Hamburg 1984. - LEHBERGER, Reiner, Fritz Schumacher und der Schulbau in Hamburg zur Weimarer Jahre, in: 'Der Traum von der freien Schule'. Schule und Schulpolitik in der Weimarer Republik, hrsg. von Hans-Peter de LORENT und Volker ULLRICH, Hamburg 1988, S. 238-251. - LEHBERGER, Reiner, 'Construyamos una nueva escuela'. El movimiento de la Escuela Nueva y la arquitectura escolar en el caso de Hamburgo, in: Historia de la Education. Revista interuniversitaria, Jg. 1993/94, Bd. 12-13, S. 201-223. - MEYN, Boris, Die Entwicklungsgeschichte des Hamburger Schulbaus (= Schriften zur Kulturwissenschaft, 18), Hamburg 1998, S. 159-227. - Grundlegend zu Schumacher: Fritz Schumacher. Reformkultur und Moderne, hrsg. von Hartmut FRANK, Stuttgart 1994. - Vgl. zum reformpädagogischen Schulbau in Hamburg (auch kurz auf Schumacher eingehend): LEHBERGER, Reiner, Reformpädagogik und Schulbau. Das Beispiel Hamburg, in: Pädagogik, Jg. 44 (1992), Heft 4, S. 34-37.

[81]   PÖGGELER, Objekte, S. 445.

[82]   S. z.B.: HILDEBRANDT, Paul, Die Zelle der Gemeinschaft - Die Hamburger Lichtwarkschule, in: Vossische Zeitung vom 23.03.1926. - Vgl.: LEHBERGER, Fritz Schumacher, S. 248f.

[83]   So hob anläßlich der Einweihung des neuen Hauses die Oberschulbehörde in einer Pressemitteilung etwa die Klassenausstattung und hier insbesondere das Mobiliar hervor: "Die Klassenräume sind, abweichend von dem bisherigen System fest eingebauter Subsellien, mit einzelnen Tischen und losen Stühlen ausgestattet, um den Eindruck der Eingezwängtheit zu vermeiden und einen freieren Verkehr zwischen Schülern und Lehrern zu ermöglichen. Dementsprechend fehlen auch fest eingebaute Lehrerpulte, und die Wandtafeln sind in reichlicher Bemessung an den Wänden herum in festen Rahmen und in Einzelfeldern verschiebbar angebracht." (Pressemitteilung der Oberschulbehörde vom 17.04.1925 (Hamburg, StA: Lichtwarkschule, 5588a); zit. nach: LEHBERGER, Fritz Schumacher, S. 248).

[84]   HANE, Moritz, Das Schulgehäuse, in: Handbuch der Pädagogik, hrsg. von Herman NOHL und Ludwig PALLAT, Bd. 4, Langensalza 1928, S. 64-72.

[85]   KRETSCHMANN, Das moderne Schulhaus, in: Die neuzeitliche deutsche Volksschule. Bericht über den Kongreß Berlin 1928, Berlin 1928, S. 426-439.

ziehung und Unterricht veranstaltete 'Schulbau'-Tagung statt[86]. Ende der 20er Jahre nahm die Schulbaudiskussion eine zunehmende Stellung innerhalb pädagogischer Zeitschriften ein[87]. Und die 'Vereinigung der Technischen Oberbeamten Deutscher Städte' gab 1930 reformpädagogisch geprägte 'Richtlinien' zum 'Neuzeitlichen Schulbau' heraus[88].

---

[86] Das deutsche Schulwesen. Jahrbuch 1929/30. Mit Unterstützung des Reichsministeriums des Innern hrsg. vom Zentralinstitut für Erziehung und Unterricht. [mit Arbeitsbericht 1929 - März 1930], Berlin 1931, S. 187: "Die Reihe der Tagungen leitete im Berichtsjahr eine Konferenz von Pädagogen, Architekten und Verwaltungsbeamten ein, die sich mit dem Thema 'Schulbau' (10. und 11. Mai 1929) befaßte. Es handelte sich darum, aus den pädagogischen Forderungen der neuen Schule Grundsätze für die bauliche Gestaltung des modernen Schulhauses zu finden. Mit der Tagung, die durch gründliche Vorberatungen von Sachverständigen vorbereitet wurde, war eine Ausstellung von Plänen, Modellen und Veröffentlichungen verbunden. Außerdem fanden an beiden Tagen Besichtigungen moderner Schulbauten in und bei Berlin statt. Es sprachen Landesschulrat Dr. S.[ebald] Schwarz [(1866-1934)], Lübeck, über den 'Geist der neuen Schule und seine Forderungen an den neuen Schulraum', Stadtschulrat Nydahl, Berlin, über 'Die Schulbaupläne der Stadt Berlin', Oberstudiendirektor Dr. Karsen, Berlin-Neukölln, über 'Die Dammwegschule in Neukölln [...] [u.a.]." - S. zu der Tagung auch: HILDEBRANDT, Paul, Lichte Schulen. Kinder in Fühlung mit der Natur, in: Vossische Zeitung vom 29.05.1929, Morgenausg.

[87] S. z.B. in: Schweizer Erziehungs-Rundschau. Organ für das öffentliche und private Bildungswesen der Schweiz, Jg. 1 (1928/29) - Jg. 5 (1932/33); hier z.B.: SCHUMACHER, Fritz, Die neueren Schulbauten Hamburgs, in: Schweizer Erziehungs-Rundschau. Organ für das öffentliche und private Bildungswesen der Schweiz, Jg. 2 (1929/30), Nr. 7: Oktober 1929, S. 154-157.

[88] Neuzeitlicher Schulbau. Mit Richtlinien, bearb. und hrsg. von der Vereinigung der Technischen Oberbeamten Deutscher Städte. Mit Erläuterungen von Paul WOLF (=Vereinigung der technischen Oberbeamten Deutscher Städte, 21), Hannover 1930.

In den Jahren 1928/29 entstand in Berlin in Zusammenarbeit zwischen dem Architekten Bruno Taut (1880-1938)[89] und Fritz Karsen ein - freilich nie realisierter - Plan für eine Gesamtschule am Dammweg[90].

Henning Eichberg schrieb:

> "Wenn sich die Lebenswelt und die Alltagserfahrungen der Menschen insbesondere in ihren gebauten Umwelten manifestieren und entfalten, so lassen sich Aufschlüsse aus der Geschichte der Architektur gewinnen."[91]

Im Sinne dieses Zitats brachten die Gebäude auf Scharfenberg gewissermaßen den Entwicklungsstand der Schulfarm architektonisch sichtbar zum Ausdruck:

Hatte man sich zunächst 1921/22, als man in einem 'revolutionären Schritt' die alten Schulmauern der Stadtschule verließ, in ein bereits vorhandenes, leerstehendes, altes Herrenhaus - Traum jugendbewegter Gruppen[92] - begeben, das man allmählich

---

89   Über Taut: Bruno Taut. 1880-1938, Ausstellung der Akademie der Künste vom 29.06.-03.08.1980, o.O. u.J. [1980]. - Unter Berücksichtigung einer weithin unbekannten Facette zu Taut: SPEIDEL, Manfred, Bruno Taut. 'Ich liebe die japanische Kultur', in: Kulturvermittler zwischen Japan und Deutschland. Biographische Skizzen aus vier Jahrhunderten, hrsg. vom japanischen Kulturinstitut Köln, Frankfurt [u.a.] 1990, S. 205-224.

90   TAUT, Bruno, Zum neuen Schulbau, in: Bauten der Volkserziehung und Volksgemeinschaft, hrsg. von Emanuel Josef MARGOLD, Berlin 1930, S. 1-4, hier S. 1: "Das Projekt der Gesamtschule am Dammweg in Berlin-Neukölln, das zuerst von mir nach dem Programm von Dr. Fritz Karsen [...] aufgestellt wurde, enthält bis heute wohl die konsequenteste Form der Verwirklichung jener drei grundlegenden schulischen Gesichtspunkte [, der Arbeits-, der Gemeinschafts- und der Gesamtschule]." - S. zu diesem Projekt in erster Linie den Band: KARSEN, Fritz / TAUT, Bruno, Die Dammwegschule Neukölln, Berlin 1928; darin S. 3-25: KARSEN, Fritz, Die einheitliche Schule in Neukölln (Pädagogik und Schulbau); und S. 26-32: TAUT, Bruno, Erklärungen zu dem Neubau der Schulanlage am Dammweg Neukölln. - S. auch: TAUT, Bruno, Erläuterung zum Entwurf der Schulanlage am Dammweg, in: Schulreform - Kontinuitäten und Brüche. Das Versuchsfeld Berlin-Neukölln, hrsg. von Gerd RADDE, Werner KORTHAASE, Rudolf ROGLER und Udo GÖßWALD im Auftrag des Bezirksamts Neukölln, Abt. Volksbildung, Kunstamt, Bd. I: 1912 bis 1945, Opladen 1993, S. 218-222 [gekürzte Fassung eines Schreibens an das Bezirksamt Neukölln, Abt. Bauwesen vom Dezember 1927 (Typoskript (Durchschlag) im Heimatmuseum Neukölln)]. - Wichtig auch: KARSEN, Fritz, Die geplante Gesamtschule in Neukölln, in: Die Scholle. Blätter für Kunst und Leben in Erziehung und Unterricht, Jg. 4 (1928), S. 805-811. - Über dieses Projekt s. weiter: HILDEBRANDT, Paul, Drei Schulen in einer. Tauts Entwurf für Neukölln, in: Vossische Zeitung vom 22.01.1928, Morgenausg. - Und: KARSEN, Fritz, Die Dammwegschule Neukölln, in: Internationale Zeitschrift für Erziehungswissenschaft, Jg. 1 (1931/32), S. 91-95 und S. 88b (Abb.). - FADRUS, Viktor, Das Großschulhaus von Neukölln, in: Schulreform, Jg. 8 (1929), S. 615-623. - Über Taut, Karsen und den Dammweg-Schulplan s. auch: RADDE, Fritz Karsen, S. 180-193: Kap. 'Die projektierte Gesamtschule'. - Zuletzt: KORTHAASE, Werner, 'Schule der Zukunft', in: Schulreform - Kontinuitäten und Brüche. Das Versuchsfeld Berlin-Neukölln, hrsg. von Gerd RADDE, Werner KORTHAASE, Rudolf ROGLER und Udo GÖßWALD im Auftrag des Bezirksamts Neukölln, Abt. Volksbildung, Kunstamt, Bd. I: 1912 bis 1945, Opladen 1993, S. 214-217.

91   EICHBERG, Henning, Lebenswelten und Alltagswissen, in: Handbuch der deutschen Bildungsgeschichte, Bd. V: 1918-1945: Die Weimarer Republik und die nationalsozialistische Diktatur, hrsg. von Dieter LANGEWIESCHE und Heinz-Elmar TENORTH, München 1989, S. 25-64, hier S. 30.

92   Vgl. S. 61-64.

den eigenen Bedürfnissen, etwa durch Um- und Anbau, umfunktionierte, so folgten die einfachen, provisorischen, 'ländlichen' Erweiterungen des 1925 errichteten Holzhauses.

Nun aber (1927/28) erhielt man 'dauerhafte', massive, gleichermaßen - "ohne ins Antiquarische, ins romantisierende Bauernhaus oder künstlich Landhausmäßige zu verfallen"[93] - dem Charakter der Insel angepaßte wie auch "den individuellen pädagogischen Bedürfnissen einer modernen Schulgründung gerecht [werdenden]"[94] Gebäude, mit denen die Scharfenberger "den entscheidenden Schritt von der Primitivität zur stilvollen Einfachheit"[95] getan hatten und schließlich - noch vor der offiziellen Anerkennung der Schulfarm (1929/30) - ein architektonisches Zeichen des 'gesicherten Bestandes' setzen konnten.

Die Planung und Gestaltung der Scharfenberger Architektur vollzog sich im Rahmen der gegebenen Möglichkeiten weitestgehend nach den Bedürfnissen und unter aktiver Mitgestaltung der Scharfenberger Inselgemeinschaft, also mit Bewohnern und Benutzern der Architektur - ganz im Sinne eines demokratischen Planungs- und Gestaltungsansatzes[96].

---

[93] BLUME, Schulfarm (1928), S. 182.
[94] BLUME, Schulfarm (1928), S. 182.
[95] BLUME, Schulfarm (1928), S. 184.
[96] Vgl. zum Thema einer von Pädagogen mitgestalteten 'neuen Schularchitektur' etwa die folgenden beiden aus den 60er Jahren stammenden Aufsätze: BECKER, Hellmut, Schulbau in der modernen Gesellschaft, in: OTTO, Karl, Schulbau - Beispiele und Entwicklungen, Stuttgart 1961, S. 11-18; u.d.T. 'Schulbau' wieder in: BECKER, Hellmut, Quantität und Qualität. Grundfragen der Bildungspolitik, Freiburg 1962, S. 268-280. - Und: BECKER, Gerold, Pädagogik in Beton, in: Neue Sammlung, Jg. 6 (1966), S. 171-182. - Vgl. zur aktuellen Diskussion zum Thema etwa: BIESENBAUM, Hannegret, Schüler wünschen sich Weite und Geborgenheit. Im hessischen Lauterbach sind Kinder, Eltern und Lehrer am Neubau einer Schule beteiligt, in: Frankfurter Rundschau vom 19.03.1992.

I.6.   DIE SCHULFARM UND DIE 'ÖFFENTLICHKEIT'[1]

I.6.A.   DIE BESCHÄFTIGUNG DER SCHULFARM MIT ANDEREN RE-FORMVERSUCHEN

So wie sich Blume schon in der Planungsphase des Schulversuchs auf der Insel Scharfenberg mit zahlreichen Reformvorhaben und -versuchen beschäftigt hatte, so setzte man sich auf Scharfenberg in den 20er und frühen 30er Jahren mit zahlreichen anderen Reformversuchen auseinander. Ja, die Beschäftigung und der direkte Kontakt mit anderen schul- und erziehungsreformerischen Bestrebungen sowie anderen Schul- und Erziehungsreformern kann - wie auch für andere Reformschulen der Weimarer Republik - durchaus als ein Charakteristikum der Schulfarm Insel Scharfenberg bezeichnet werden[2].

So las die Inselgemeinschaft etwa die unterschiedlichsten pädagogischen Schriften, darunter Neuerscheinungen wie 'Der Pestalozzi der Deutschen', einen 1924 erschienenen Band über Hermann Lietz[3].

Man ließ sich Publikationen anderer Reformschulen zuschicken, die man gemeinsam durcharbeitete und -diskutierte. So berichtete etwa in der im November 1923 stattfindenden 42. Abendaussprache der Schüler Peter Grotjahn über die Montezumaschule in Kalifornien, die der Schulfarm eine Programmschrift zugesandt hatte[4].

---

[1]   Vgl. hierzu: HAUBFLEISCH, Dietmar, Die Schulfarm Insel Scharfenberg (Berlin) und ihre vielfältigen Vernetzungen mit Personen und Institutionen der Reformpädagogik der Weimarer Republik. Einige Beispiele und Funktionen, in: Nationale und internationale Verbindungen der Versuchs- und Reformschulen in der Weimarer Republik. Beiträge zur schulgeschichtlichen Tagung vom 17.11.-18.11.1992 im Hamburger Schulmuseum, hrsg. von Reiner LEHBERGER (=Hamburger Schriftenreihe zur Schul- und Unterrichtsgeschichte, 5), Hamburg 1993, S. 52-64; im Anmerkungsteil leicht verändert wieder: Marburg 1997: http://archiv.ub.uni-marburg.de/sonst/1997/0006.html

[2]   Vgl. hierzu: Nationale und internationale Verbindungen der Versuchs- und Reformschulen in der Weimarer Republik. Beiträge zur schulgeschichtlichen Tagung vom 17.11.-18.11.1992 im Hamburger Schulmuseum, hrsg. von Reiner LEHBERGER (=Hamburger Schriftenreihe zur Schul- und Unterrichtsgeschichte, 5), Hamburg 1993, S. 52-64.

[3]   Prot. der 52. Abendaussprache vom 03.12.1924, in: Berlin, LA, SIS: CH, V, S. 96. - Der Pestalozzi der Deutschen. Hermann Lietz in Anektoden, Briefstellen, Kennworten, dem deutschen Volke ein Führer aus der Erniedrigung. Denk- und Dankschrift, hrsg. von Theodor ZOLLMANN, Osterwieck 1924.

[4]   Prot. der im November 1923 stattfindenden 42. Abendaussprache, in: Berlin, LA, SIS: CH, IV, S. 58. - Zur Entstehung des Kontaktes zu dieser Schule s. S. 491f.

Die Landerziehungsheime und Freien Schulen sandten Lehrpläne, Prospekte und Zeitschriften[5], wie etwa im Frühjahr 1927 Martin Luserke ein neues Jahresheft seiner 'Schule am Meer'[6], das Blume in der 73. Abendaussprache vorstellte:

"Wir hörten, daß dies [neue Jahresheft] schon bedeutend sachlicher sei als das erste, bei dem man den berechtigten Witz gemacht hätte, die Schule habe das Meer zu ihrem Oberstudienrat ernannt. Die Schule wendet sich besonders gegen das Vorurteil, das Wetter sei zu schlecht, da wegen der Nähe des Golfstroms dort mildes Klima herrsche. Der Leiter Luserke gab allerdings die Abgeschlossenheit der Insel im Winter zu, bezeichnete sie jedoch als einen wesentlichen Faktor des Schulbetriebs. Dann folgte eine Aufzählung fertiger und begonnener Jahresarbeiten [...]."[7]

Man zog reformpädagogische Schriften heran, wenn sie bei anstehenden Neuerungen Hilfestellung oder bei zu bewältigenden Problemen Anregungen zur Lösung derselben versprachen. So las etwa Blume bei der Einrichtung des 'Studientages'[8] 1922 aus einem über dieses Thema handelnden Jahresbericht der Freien Schulgemeinde Wickersdorf vor[9], oder man beschäftigte sich anläßlich des gerade aktuellen Themas 'Wiedergutmachung'[10] mit einem entsprechenden Bericht der Odenwaldschule[11].

Ebenso fragte man bei anstehenden Problemen Schüler, die zuvor an anderen Reformschulen gewesen waren - so z.B. Wolfgang Ewerth, der Schüler an Lietzschen Heimen gewesen war[12], oder Karl Berisch, zuvor Schüler an der Freien Schulgemeinde Wickersdorf[13] -, wie dieselben an ihren ehemaligen Schulen gelöst worden

---

[5] Vgl. u.a.: Prot. der 54. Abendaussprache vom 28.01.1925, in: Berlin, LA, SIS: CH, V. S. 124. - Vgl. u.a. auch: Berlin, LA, SIS: CH, V, S. 175: "In der Morgensprache nach den Pfingstferien [1922] konnte ich eine Bibliothekssendung aus Schondorf [...] melden [...]."

[6] Nach: SCHWARZ, Karl, Bibliographie der deutschen Landerziehungsheime (=Aus den deutschen Landerziehungsheimen, 8), Stuttgart 1970, S. 96, existieren zumindest neun 'Berichte der Schule am Meer auf Juist'; im Frühjahr 1927 (März) erschien der siebte, 312 Seiten umfassende Bericht.

[7] Prot. der 73. Abendaussprache vom März 1927, in: Berlin, LA, SIS: CH, V, S. 473. - Zu Luserkes Biogr. und zur 'Schule am Meer' s. S. 478.

[8] S. dazu S. 600f.

[9] Berlin, LA, SIS: CH, I, o.S.: "Den Studientag [14.06.1922] eröffnete ich mit dem Vorlesen aus einem Wynekenschen Jahresbericht: 'Der Studientag wird unter den übrigen Arbeitstagen zum vornehmsten. Er erhält auch äußerlich ein besonderes Gepräge dadurch, daß der Stundenbeginn für die jüngeren Schüler nicht durch Klingelzeichen angegeben wird und daß die größte Ruhe in allen Häusern herrscht.'" - S.: Vierter Jahresbericht der Freien Schulgemeinde Wickersdorf. 1. Juni 1911 - 1. Oktober 1912, Jena 1912, S. 14f., hier S. 15: "Durch diese Betonung der Selbständigkeit der Arbeit zeichnet sich der Studientag unter den übrigen Arbeitstagen aus und wird zum vornehmsten Tage. Er erhält auch äußerlich ein besonderes Gepräge dadurch, daß der Stundenbeginn für die jüngeren Schüler nicht durch Klingelzeichen angegeben wird und daß die größte Ruhe in allen Häusern herrscht." - Blumes Formulierung von 'Wynekens Jahresbericht' ist insofern falsch, als daß Wyneken nicht mehr Leiter von Wickersdorf war: an seine Stelle war Martin Luserke getreten, der auch für den Jahresbericht verantwortlich zeichnete.

[10] Vgl. dazu S. 572.

[11] Prot. der 56. Abendaussprache vom 27.03.1925, in: Berlin, LA, SIS: CH, V, S. 144.

[12] S. z.B.: Prot. der 16. Abendaussprache vom 11.10.1922, in: Berlin, LA, SIS: CH, I, o.S.

[13] S.: Prot. der 12. Abendaussprache vom 08.09.1922, der 13. Abendaussprache vom 10.09.1922, der 14. Abendaussprache vom 14.09.1922 und der 16. Abendaussprache vom 11.10.1922, jeweils in: Berlin, LA, SIS: CH, I, o.S. - So heißt es etwa im Prot. der 13. Abendaussprache: "Wie soll man den Geburtstag von Mitgliedern der Gemeinschaft feiern?" Berisch: In Wickersdorf feierte man ihn nur in den einzelnen Kameradschaften. Die Weiterberatung der Frage wird vertagt."

waren. Ähnliche Vergleichsmöglichkeiten ergaben sich durch einige Lehrer, die, bevor sie auf Scharfenberg unterrichteten, an anderen Reformschulen tätig gewesen waren[14].

Schon in der 13. Abendaussprache am 10.09.1922 hatte Blume vorgeschlagen, "Studien über Reformschulversuche zu machen", nicht, um eine "Arbeitsgemeinschaft für Pädagogik [zu] gründen, sondern [um] über uns ähnliche Unternehmungen [zu] lesen, die uns vielleicht Wertvolles geben"[15].

Im März 1923 veranstaltete man dann in diesem Sinne eine Pädagogische Woche, in der man sich intensiv mit anderen pädagogischen Ideen und Schulversuchen auseinandersetzte[16]:

> "[...] bald liegt ein Jahr hinter uns, aus Vergleichen mit den Erfahrungen ähnlicher Unternehmungen können wir jetzt sicherlich lernen."[17]

Am ersten Abend sprach Blume über Pestalozzi und Fichte[18], die Cauer-Stiftung in Berlin[19] und Goethes Wilhelm-Meister-Pädagogik[20] - "man freute sich [dabei] an der kühnen Kombination von Sprachstudien und Pferdepflege mit Viehhandel in der rossenährenden Provinz und suchte die Lehre von den 3 Ehrfurchten zu verstehen."[21] Am zweiten Abend stand Hermann Lietz, "dieser herrliche Mann der Tat"[22], und sein Werk im Mittelpunkt[23]:

> "[...] man sah die Ähnlichkeit der Grundverhältnisse im 'Heim der Hoffnung'[24] mit denen in der Pädagogischen Provinz, freute sich mit dem Autobiographen an der Überwindung so mancher Schwierigkeiten, verglich das außerunterrichtliche Leben in Ilsenburg, Haubinda und Bieberstein mit dem unsrigen, achtete besonders auf die verfassungsmäßige Stellung des Leiters,

---

14   Vgl. dazu S. 211-233 und vor allem S. 389-408.
15   Prot. der 13. Abendaussprache vom 10.09.1922, in: Berlin, LA, SIS: CH, I, o.S.
16   S. dazu: Berlin, LA, SIS: CH, II, S. 44-50. - BLUME, Bericht (1923), Bl. 197r und v.
17   Berlin, LA, SIS: CH, II, S. 44.
18   Vgl. z.B.: LASSAHN, Rudolf, Studien zur Wirkungsgeschichte Fichtes als Pädagoge, Heidelberg 1970.
19   Vgl. z.B.: LASSAHN, Studien, bes. S. 108-139: Kap. 'Zur Geschichte der Cauerschen Erziehungsanstalt'. - HOHMANN, Die Pädagogische Insel, bes. S. 12-33: Kap. 'Johann Gottlieb Fichte: Der Erziehungsstaat'.
20   S. bes.: GOETHE, Johann Wolfgang von, Wilhelm Meisters Wanderjahre (=GOETHE, Johann Wolfgang von, Werke, Kommentare und Register. Hamburger Ausg. in 14 Bdn., Bd. 8), 11. Aufl. München 1981. - S. auch: Goethes pädagogische Ideen. Die pädagogische Provinz nebst verwandten Texten, hrsg. und erläutert von Wilhelm FLITNER, 2. unveränd. Aufl. Düsseldorf [u.a.] 1962. - HOHMANN, Die Pädagogische Insel, bes. S. 34-60: Kap. 'Johann Wolfgang von Goethe: Die Pädagogische Provinz'. - FADRUS, Viktor, Goethes sozialpädagogisches und sozialpolitisches Vermächtnis. Betrachtungen über Goethes Werdegang und 'Wilhelm Meisters Lehr- und Wanderjahre'. Zur 100. Wiederkehr von Goethes Todestag, in: Schulreform, Jg. 11 (1932), S. 147-172.
21   BLUME, Bericht (1923), Bl. 197r.
22   Berlin, LA, SIS: CH, I, o.S. - Dieses Attribut Blumes für Lietz auch: Berlin, LA, SIS: CH, II, S. 45; vgl. so S. 71f.
23   Zu Lietz und seinem Werk s. bes. S. 70-72.
24   LIETZ, Hermann, Heim der Hoffnung, Veckenstedt 1911; zuerst in: Das elfte Jahr im Deutschen Landerziehungsheim, hrsg. von Hermann LIETZ, Leipzig 1909, 1. Teil: S. 36-56, 2. Teil: S. 88-102; 3. (selbständige) Aufl. als: LIETZ, Hermann, Heim der Hoffnung. Von Lebenserfahrungen und Lebensaufgaben, 3. Aufl. Veckenstedt 1921.

die man je nach der mehr oder weniger wohlwollenden Einstellung als konstitutionelle Monarchie oder aufgeklärten Despotismus umschreiben kann."[25]

Am dritten und vierten Abend wandte man sich Gustav Wynekens Freier Schulgemeinde Wickersdorf, "der liberalsten aller Freien Schulgemeinden"[26], zu[27]. Da "vorauszusehen war, daß sich daran eine Diskussion knüpfen würde, die auf Schritt und Tritt unsere eigenen Fragen und Sorgen berühren mußte, gab man d[ies]en beiden [...] 'pädagogischen Abenden' die Form einer Abendaussprache."[28]

Ausgangspunkt und Grundlage für diese beiden besonderen Abende wurde ein Referat des Schülers Erich Gawronski über Wynekens neues Buch 'Wickersdorf'[29], außerdem zog man Kummerows Bericht über den Besuch von Landerziehungsheimen[30] heran. Man ging auf die Geschichte der Freien Schulgemeinde und ihre wirtschaftlichen Grundlagen ein, suchte nach Eindrücken über das Leben in Wickersdorf, verglich die behandelten Aspekte Wickersdorfs mit den entsprechenden auf Scharfenberg. Man nahm "daran Anstoß, daß Wyneken offenbar zu sehr seinen Begriff von Kultur der Jugend aufzwinge und diese dann als Jugendkultur ausgebe; man verweilte länger bei der Frage der Koedukation und sprach sich bei einer 'Stimmungs'abstimmung, die bei den räumlich beschränkten Verhältnissen Scharfenbergs auf absehbare Zeit nicht realisiert werden kann, zu 2/3 für sie aus. Man wunderte sich, daß in Wickersdorf der Unterricht ganz oberrealschulmäßig verlaufe und auch auf der Oberstufe keine Wahlmöglichkeiten biete."[31]

In der im Mai oder Juni 1923 stattfindenden 34. Abendaussprache folgte der fünfte Abend der 'Pädagogikreihe'[32], an dem man zunächst kurz auf die Schule von

---

[25] Berlin, LA, SIS: CH, I, o.S.
[26] Berlin, LA, SIS: CH, I, o.S.
[27] Zur Biogr. Wynekens und zur Freien Schulgemeinde Wickersdorf s. bes. S. 65-73.
[28] Berlin, LA, SIS: CH, II, S. 45. - S.: Prot. der im März 1923 stattfindenden 26. Abendaussprache in: Berlin, LA, SIS: CH, II, S. 45-47. - Und: Prot. der ebenfalls im März 1923 stattfindenden 27. Abendaussprache, in: Berlin, LA, SIS: CH, II, S. 47-50.
[29] WYNEKEN, Gustav, Wickersdorf, Lauenburg 1922.
[30] KUMMEROW, Erich, Bericht über einen Besuch von Landerziehungsheimen (1920), hrsg. und mit einer Einleitung vers. von Dietmar HAUBFLEISCH, Marburg 1999: http://archiv.ub-uni-marburg.de/sonst/1999/0012.html - Vgl. dazu S. 197.
[31] BLUME, Bericht (1923), Bl. 197r und v. - Zur Frage der Koedukation auf Scharfenberg s. S. 311f. - Zu Wynekens Jugendkultur s. S. 65-69.
[32] Zur Zuordnung dieses Abends zu den vorangegangenen vier Abenden s.: BLUME, Bericht (1923), Bl. 197r.

Berthold Otto (1859-1933) einging[33], und sich dann, "angeregt durch einen Zeitungsartikel[34]"[35], der Behandlung des "altberühmten und bewährten Schulpforta"[36] zuwandte. Blume wies darauf hin, daß diese Erziehungsstätte "gerade [...] trotz ihres konservativen, zuchtmäßigen Unterrichts viele berühmte Männer hervorgebracht hat."[37] Im Vergleich zum eigenen Schulversuch erkannte man Parallelen, aber auch, "wie sich hier zwei prinzipiell verschiedene Arten von Erziehung sonderten"[38]:

> "So diametral unsere erziehliche Einstellung der in Schulpforta entgegengesetzt ist, wo der Schüler bewußt nur als Objekt der Erziehung angesehen wird, so soll doch auch bei uns der Unterricht im Zentrum des Lebensinteresses stehen, nicht erzwungen durch Drill, Zensieren, immer schärferes Sieben, sondern vom Schüler aus, ganz aus eigenem Willen."[39]

In späteren Jahren folgten ähnliche intensive Beschäftigungen mit anderen Reformschulen. So veranstaltete man im Anschluß an einen Aufenthalt auf dem Sunderhof in der Umgebung Hamburgs[40], während der Blume auch die Lichtwarkschule besucht hatte[41], im September 1926 "einige 'Lichtwarkabende'"[42]. Blume hatte hierzu einige Werke Alfred Lichtwarks "Deutschkursreferaten zu Grunde gelegt"[43]. Diese führten dann "an einem 'offenen Abend' im Saal"[44] "zu lebhafter Diskussion [...], wenn sie auch nach Behandlung der Themata Lichtwark als Mensch auf Grund der

---

[33]   Prot. im Mai oder Juni 1923 stattfindenden 34. Abendaussprache in: Berlin, LA, SIS: CH, III, S. 35. - Die umfangreichste Darstellung zu Leben und Werk B. Ottos stellt dar: BAUMANN, Paul, Berthold Otto. Der Mann - die Zeit - das Werk - das Vermächtnis, 6 Bde. München 1958-1962 [Bd. 1-2: 1958, Bd. 3-4: 1959, Bd.: 5-6: 1962]. - Zuletzt zu Ottos Pädagogik: SCHNÜCKER, Elmar, Die Zukunftsschule im Zukunftsstaat. Eine Analyse des Zusammenhangs von Pädagogik, Psychologie und Politik im Werk Berthold Ottos (=Pädagogik, 6), Bochum 1990. - Über die Berthold Otto-Schule: ALBERTS, Helmut, Aus dem Leben der Berthold Otto-Schule (=Die Lebensschule, 18), Berlin 1925. - OTTO, Berthold, Die Berthold-Otto-Schule, in: Neue Schulformen und Schulversuche, hrsg. von Gustav PORGER, Bielefeld [u.a.] 1925, S. 137-143; wieder in: Die deutsche Reformpädagogik, hrsg. von Wilhelm FLITNER und Gerhard KUDRITZKI, Bd. I: Die Pioniere der pädagogischen Bewegung, 4. unveränd. Aufl. Stuttgart 1984, S. 185-191. - Über den 'Gesamtunterricht' als ein Hauptcharakteristikum von Ottos Schule vgl. S. 609.

[34]   S.: HILDEBRANDT, Paul, Schulpforta als Gutsherrin. Ein Alumnat, das sich selbst erhält, in: Vossische Zeitung vom 05.06.1923, Morgenausg., 1. Beilage. - HILDEBRANDT, Paul, Gelehrsamkeit und Sport. Lehrer und Schüler in Schulpforta, in: Vossische Zeitung vom 07.06.1923, Morgenausg., 1. Beilage.

[35]   Prot. im Mai oder Juni 1923 stattfindenden 34. Abendaussprache in: Berlin, LA, SIS: CH, III, S. 36.

[36]   BLUME, Bericht (1923), Bl. 197v. - Einen guten Überblick über die Geschichte Schulpfortas bietet: Schulpforta 1543-1993. Ein Lesebuch, Leipzig 1993.

[37]   Prot. im Mai oder Juni 1923 stattfindenden 34. Abendaussprache in: Berlin, LA, SIS: CH, III, S. 35. - Mit den 'berühmten Männern' sind u.a. gemeint: der Dichter Friedrich Gottlieb Klopstock, die Philosophen Johann Gottlieb Fichte und Friedrich Nietzsche, der Altphilologe Ulrich von Wilamowitz-Moellendorf, die Historiker Leopold von Ranke und Karl Lamprecht, nicht zuletzt auch Hermann Lietz.

[38]   BLUME, Bericht (1923), Bl. 197v.

[39]   BLUME, Bericht (1923), Bl. 198r.

[40]   S. zum 'Sunderhof'-Unternehmen S. 616-618, S. 622f. und vor allem S. 715-718.

[41]   Berlin, LA, SIS: CH, V, S. 359.

[42]   Berlin, LA, SIS: CH, V, S. 359. - Zur Lichtwarkschule s. bes. S. 159f.

[43]   Berlin, LA, SIS: CH, V, S. 359.

[44]   Berlin, LA, SIS: CH, V, S. 359.

Gedenkrede von E. Marcks[45], Lichtwark als Erzieher der Zukunft und zur Farbe oder zum Blumenkultus, Lichtwark als Museumsgründer, als Pädagoge auf Grund seiner 'Übungen in Betrachtung von Kunstwerken'[46] von dem Helden des Abends weg ins Allgemeinästhetische sich verlief."[47] Auch erzählte Blume von seinem "Besuch der nach ihm genannten Lichtwarkschule in Hamburg, ihrer glänzenden Ausstattung mit Quellenbibliotheken, der notwendigsten Voraussetzung wirklichen 'Arbeitsunterrichts', von ihren großen Schulreisen nach England und Frankreich, in denen sie ein wichtiges Unterrichtsmittel sieht, womit sie freilich in Gefahr kommt, Minderbemittelte hintanzusetzen, von ihrer Einstellung gegen die rein technische Auffassung der Leibesübungen, gegen den Rekordgedanken, von ihren Sonnwendfesten auf dem Sunderhof."[48]

Gleichfalls im September 1926 beschäftigte man sich auf Anregung des damaligen Englisch- und Französischlehrers Chattopadhyaya mit Rabindranath Tagore (1861-1941) - dem bengalischen Dichter und Philosophen, der 1913 den Nobelpreis für Literatur erhalten hatte und der in den 20er Jahren mehrfach auf Reisen in der

---

[45] MARCKS, Erich, Alfred Lichtwark und sein Lebenswerk. Rede, gehalten bei der Gedenkfeier der Hamburger Kunsthalle am 13. März 1914, Leipzig 1914.

[46] LICHTWARK, Alfred, Übungen in den Betrachtungen von Kunstwerken. Nach Versuchen mit einer Schulklasse hrsg. von der Lehrervereinigung zur Pflege der künstlerischen Bildung, 15.-18. Aufl. Berlin 1922.

[47] Berlin, LA, SIS: CH, V, S. 359.

[48] Berlin, LA, SIS: CH, V, S. 359.

westlichen Welt unterwegs war und dabei u.a. bei Reformpädagogen große Aufmerksamkeit fand[49] -, "dessen Freund unser Lehrer ist"[50].

Tagore weilte damals in Berlin und hatte - wie es in der Chronik der Schulfarm heißt - "die Absicht, uns im Vorübergehen einmal zu besuchen"; ein Vorhaben, das nicht realisiert werden konnte, da Tagore "durch Krankheit verhindert" wurde, aber immerhin "einen Vertreter [schickte, der] sich in Begleitung unseres Lehrers alles ansah [...]."[51] Zur Vorbereitung machte Blume die Schüler, da "alle [...] wohl den Namen des Dichters [kannten], [...] aber wenig über ihn [wußten]", im Gesamtunterricht "mit einem seiner Werke bekannt"[52].

---

[49] S. zur Biogr. Tagores, seinem Werk und seiner Rezeption durch die Reformpädagogen: PEAR-SON, W.W., Shantiniketan. The bolpur school of Rabindranath Tagore, London 1917. - PIECZYNSKA, Emma, Tagore Educateur. Neuchatel [u.a.] [o.J.] [1921]; dt. Übers.: PIECZYNSKA, Emma, Tagore als Erzieher, Erlenbach-Zürich [u.a.] o.J. [ca. 1923/25]. [Vgl. auch die Rezension zur franz. Originalausg. von Karl Wilker in: Das Werdende Zeitalter, Jg. 1 (1922), S. 128]. - Rabindranath Tagores 'Friedensstätte' [mit einem Auszug aus: TAGORE, Rabindranath, Aufruf zu einer Internationalen Universität], in: Internationale Erziehungs-Rundschau, Jg. 2 (1921), S. 46-48; u.d.T. 'TAGORE, Rabindranath, Ost und West' gekürzt wieder in: Das Werdende Zeitalter, Jg. 7 (1928), S. 260-262. - ENGELHARDT, Emil, Rabindranath Tagore als Mensch, Dichter und Philosoph, Berlin 1921. - ENGELHARDT, Emil, Rabindranath Tagore und seine 8 besten Bühnenwerke. Eine Einführung, Berlin [u.a.] 1922 [enthält S. 18-22 'Der Frühlingskreis' (den Schülern der Schantiniketan-Schule gewidmet)]. - NATORP, Paul, Meine Begegnung mit Rabindranath Thákur, in: Junge Menschen, Jg. 2 (1921), S. 210f. - NATORP, Paul, Stunden mit Rabindranath Thakkur, Jena 1921. - WILKER, Karl, Rabindranath, in: Das Werdende Zeitalter, Jg. 1 (1922), S. 53. - ANDREWS, C. F., Shantiniketan, die Schule Rabindranath Tagores, in: Das Werdende Zeitalter, Jg. 1 (1922), S. 54-56; dt. Übers. eines am 23.09.1921 in 'The Challenge' erschienenen Aufsatzes. - HALLER, Adolf, Rabindranath Tagore, der Weise und Dichter als Erzieher, in: Die Schulreform. Organ der Schweizerischen Pädagogischen Gesellschaft, Jg. 17 (1924/25), S. 48-56. - TAGORE, Rabindranath, Meine Schule in Indien, in: Lebensgemeinschaftsschule, Jg.3 (1926), S. 75-78; Auszug eines Berichtes in der amerikanischen Zeitschrift 'The Journal of The National Education Association, März 1926' in dt. Übers., mit einer Einleitung von Alfred EHREN-TREICH. Ehrenreich schreibt hier, S. 75, u.a.: "Im Jahre 1901 begründete der bengalische Dichter Tagore eine eigene Schule 'Visva Bharati' in Santiniketan (Bolpur, Bengalen, Brit. Indien) [...]. Es überrascht, wie verwandt diese fernöstliche Erziehungsgemeinde unsern neuen Schulheimen erscheint. Leider besteht die Befürchtung, daß der nunmehr 65jährige Dichter, einer der vornehmsten Verkünder einer neuen Menschlichkeit, bei seiner ernst gefährdeten Gesundheit nicht mehr lange für sein Werk und die Jugend drüben schaffen wird." - WINTERNITZ, M., Die Schule Rabindranath Tagores in Santiniketan [Eindrücke, geschildert in einem Referat einer Arbeitsgemeinschaft der Locarno-Tagung], in: Das Werdende Zeitalter, Jg. 7 (1928), 258f. - TAGORE, Rabindranath, Letters to a Friend. London 1928 [s. dazu die Rezension von Karl Wilker in: Das Werdende Zeitalter, Jg. 8 (1929), S. 475f.]. - KRÜGER, Werner, Tagores Schule in Santiniketan, in: Schweizer Erziehungs-Rundschau. Organ für das öffentliche und private Bildungswesen der Schweiz, Jg. 2 (1929/30), Nr. 6: September 1929, S. 124-127. - TAGORE, Rabindranath, Meine Schule, in: Schweizer Erziehungs-Rundschau. Organ für das öffentliche und private Bildungswesen der Schweiz, Jg. 2 (1929/30), Nr. 7: Oktober 1929, S. 144-149 und S. 178-182. - PAPE-BALLING, Karl Wilkers Leben und Wirken, gibt S. 239 u.a. den Hinweis, daß Wilker Tagores erste große Europareise im Jahr 1921 organisiert habe.
[50] Berlin, LA, SIS: CH, V, o.S.
[51] Berlin, LA, SIS: CH, V, o.S.
[52] Berlin, LA, SIS: CH, V, o.S.

Tagores Interesse für Scharfenberg lag - wie es in der Chronik heißt - darin begründet, daß er selbst "in Indien Leiter einer großzügigen Schulfarm [sei]"[53]. Es handelte sich dabei um Tagores 1901 gegründete Schule 'Visva Bharati' in Santiniketan (Bolpur, Bengalen, Brit. Indien), oft auch nur 'Shantiniketan' bzw. 'Santiniketan' genannt, in der er u.a. versuchte, indische und europäische Erziehungsmethoden miteinander zu verschmelzen. Blume wählte für seine Schüler das Stück 'Der Frühlingskreis' aus[54], zu dem er berichtete, "daß einmal im Frühling die Farmschüler Tagores diesen baten, ihnen doch ein Theaterstück für ihr Frühlingsfest vorzuschlagen"; Tagore habe darauf den 'Frühlingskreis' als ein Theaterstück für die Schüler gedichtet, "welches eigentlich einen Abschnitt aus dem Leben der Schüler darstellt"[55].

Vor Blume hatte - wie bereits erwähnt - in der letzten Woche des Mai 1922, also bereits kurz nach Beginn des Scharfenberger Versuches, bereits Hans Wahle die Lichtwarkschule besucht und hier erste Kontakte geknüpft[56]. Wahles Besuch folgten zahlreiche weitere Besuche von Scharfenberger Lehrern an andere pädagogische Institutionen bzw. zu anderen Reformpädagogen.

So besuchte Blume im Sommer 1922 gemeinsam mit seinen bei ihm zu Besuch weilenden Eltern und dem Scharfenbergschüler Walter Schramm "die Hochschule für Leibesübungen in Spandau, deren Oberturnrat Dr. [Hans] Krieg [(1883-1932)][57] uns am ersten Ferientag besucht hatte"[58]; Blume schied von der Hochschule in der "Hoffnung, daß sich aus diesen Visiten herüber und hinüber eine Befruchtung unserer Sportübungen ergibt durch Mithilfe von Kursisten der Spandauer Hochschule [...]."[59]

Am 30.07.1922 fuhr Blume zusammen mit A. Rosolleck zur Quäkerversammlung in Wilhelmshagen, "um W.[illiam] Lottig [(1867-1953)], den derzeitigen Führer der Hamburger Schulbewegung, in persönlichem Austausch kennen zu lernen."[60]

Anfang Dezember 1925 hospitierte Blume "an der Schule des Herrn Direktor Karsen in Neukölln [...] und berichtete am Abend über das dort Geschehene: Das Zurücktreten des Lehrers in den Aufbauklassen, in denen ein Schüler den Fortgang, besser die Geschäftsordnung des Unterrichts versorgt, mit einem zu starken Bevorzugen der Schülerreferate, auf den höheren Stufen ein stark wissenschaftliches Streben mit zu starker Tendenz zum Seminarbetrieb, überall eine bewußt proletarische Einstellung."[61]

---

53   Berlin, LA, SIS: CH, V, o.S.
54   ENGELHARDT, Emil, Rabindranath Tagore und seine 8 besten Bühnenwerke. Eine Einführung, Berlin [u.a.] 1922, S. 18-22: 'Der Frühlingskreis' (den Schülern der Schantiniketan-Schule gewidmet).
55   Berlin, LA, SIS: CH, V, o.S.
56   S. dazu S. 277-280.
57   Biogr. Inf. zu Krieg: Berlin, BBF: SLG-GS, Personalblatt Hans Krieg.
58   Berlin, LA, SIS: CH, I, o.S.
59   Berlin, LA, SIS: CH, I, o.S.
60   Berlin, LA, SIS: CH, I, o.S.
61   Berlin, LA, SIS: CH, V, S. 269.

Als vom 18.-20. Mai 1925 in Berlin die Tagung 'Das Landerziehungsheim' statt-fand[62], besuchte Blume mit Schülern der Oberstufe diese Veranstaltung, um Vorträge über die Freie Schulgemeinde Wickersdorf, die Odenwaldschule, Schondorf, Bieber-stein und Letzlingen zu hören und mit Paul Geheeb, Karl Schmidt (1873-19..)[63] (Schulpforta) und Alfred Andreesen (1886-1944)[64] zusammenzutreffen[65].

Als Paul Heinrichsdorf - der von 1922 bis zu seinem Abitur 1925 Scharfenberg-schüler war und anschließend von 1925 bis zu seiner Promotion 1931 Germanistik, Anglistik und Geschichte studierte[66] und während seines Studiums im Herbst 1926 als 'Junglehrer' auf Scharfenberg ausgeholfen hatte[67] - von einer Hospitationsreise aus England zurückkehrte, nutzte man die Gelegenheit, ihn auf Scharfenberg über das englische Schulwesen, insbesondere über die von Dr. Beatrice Ensor (1885-1974)[68], Freundin Elisabeth Rottens und Initiatorin und Mitbegründerin des 'New

---

62   S. zur Tagung S. 505.
63   Biogr. Inf. zu K. Schmidt, 1923-28 Oberstudiendirektor von Schulpforta: Berlin, BBF: SLG-GS, Personalblatt Karl Schmidt.
64   Über Andressen s. bes.: REISINGER, Ernst, Alfred Andreesen (1886-1944), in: Neue Deutsche Biographie, Bd. 1, Berlin 1953, S. 285f. - Und: KOERRENZ, Landerziehungsheime.
65   Berlin, LA, SIS: CH, V, S. 173.
66   HEINRICHSDORFF, Paul, J.M.J. Lenzens religiöse Haltung, Frankfurt, Univ., Diss., 1931 (Teildr.); vollständig als: HEINRICHSDORFF, Paul, J.M.J. Lenzens religiöse Haltung (=Germanische Studien, 117), Berlin 1932. - In dem dem Teildr. beigefügten Lebenslauf heißt es: "Vom Sommersemester 1925 bis zum Sommersemester 1927 studierte ich an der Universität Berlin Germanistik, Anglistik und Geschichte. Nach einem Studienaufenthalt in England im Sommer 1927 setzte ich mein Studium bis zum Wintersemester 1929 in Göttingen fort und ging dann an die Universität Frankfurt a. Main." (o.S.)
67   S. dazu S. 384.
68   Hinweise auf die Biogr. und das Wirken von Beatrice Ensor (geb. de Bormann): SNELL, Regi-nald, St. Christopher School 1915-1975, Letchworth 1975 (an div. Stellen). - OELKERS, Jür-gen, Die englische 'radical education', 1919-1939, in: Politische Reformpädagogik, hrsg. von Tobias RÜLCKER und Jürgen OELKERS, Bern [u.a.] 1998, S. 455-491, hier S. 464. - Inf. finden sich (so: Naef an D.H. br. vom 06.05.1999) auch in: Goldern, Archiv der Ecole d'Humanié: Nachlaß Paul und Edith Geheeb (Briefwechsel Ensor-Geheeb).

Education Fellowship'[69], geleiteten privaten Versuchsschule in Frensham Heights in Rowledge bei Farnham (Surrey)[70] berichten zu lassen[71].

Die interessanteste und sicher auch außergewöhnlichste Auseinandersetzung im Bereich der Beschäftigung mit anderen Reformschulen aber war eine Reise zu anderen reformpädagogischen Institutionen, die eine Gruppe von Scharfenbergern im Oktober 1924 unternahm, und die dank eines von Blume geschriebenen und mit 'Reiseutensilien' (wie etwa aus Zeitschriften ausgeschnittenen Fotografien) versehenen in die Chronik der Schulfarm eingefügten 19seitigen Reise- und Erfahrungsberichts hervorragend dokumentiert ist[72].

Die Idee, daß man einmal die Freien Schulen und Landerziehungsheime besuchen könne, stammte von Julius Wolff[73]. Der Zeitpunkt, nach etwa 1 1/2 Jahren eigener Reformarbeit, erschien dazu geeignet, denn "jetzt waren wir so weit, daß man auch bei flüchtigerem Besuch hinter die Potenkinschen Wände schauen kann, daß etwas zu vergleichen ist."[74]

---

[69] S. dazu S. 227f.

[70] FERRI`ERE, Adolphe, Schule der Selbstbetätigung oder Tatschule. Dt. Übers. nach der 3. veränd. Aufl. (=Pädagogik des Auslands, 1), Weimar 1928; kurzer Auszug der S. 2-9, S. 149-154, S. 159-163 und S. 196-199 wieder in: Die Arbeitsschule. Texte zur Arbeitsschulbewegung, hrsg. von Albert REBLE, Bad Heilbrunn 1963, S. 116-125, hier (1928) S. 271: "Um die Zeitschrift 'The New Education', die Beatrice Ensor mit seltener Begabung und Energie leitet, scharen sich nicht nur Schriftsteller, sondern auch Praktiker. Man lese nur von Josephine Ransom: 'Schools of to-morrow in England' [London 1919], oder von Alice Woods: 'Educational experiments in England' [London 1920], oder die Reihe der von Ernest Young herausgegebenen Monographien: 'The new era in education', und man wird erstaunt sein über die wunderbare Lebendigkeit der Tatschule in England. Die vom 'theosophical trust' gegründeten Schulen, vor allem die in der hübschen Gartenstadt Letchworth, bieten überaus reiche Erfahrungen. Die Atmosphäre ist ganz durchtränkt von Harmonie, Reinheit, Selbstlosigkeit, von spontanem und wahrhaft humanem Wirken. Mrs. Ensor, die auf den Posten einer Volksschulinspektorin des Londoner County Councils verzichtet hat, um sich ganz dem Erziehungswerk in Letchworth zu widmen, ist gewiß eine der markantesten Persönlichkeiten der Tatschulbewegung, und zwar nicht nur in England, sondern in der ganzen Welt. Ihre Reformvorschläge, die umgehend in den öffentlichen Schulen eingeführt werden sollten, verdienten, von allen Lehrern gelsen zu werden. Heute verwirklicht sie in ihrer prachtvollen Schule Frensham Heights, in Rowledge bei Farnham (Surrey) zusammen mit ihrer Mitarbeiterin, Miß Isabel B. King [(ca. 1868-1950)], - einer zielbewußten und geistig hoch stehenden Irin, - eines der vollkommensten Kunstwerke auf dem Gebiete der Pädagogik. Mitten im wirtschaftlichen und moralischen Niedergang Europas bedeutet dies ein ausgesätes Samenkorn, eine lebendige Hoffnung auf das werdende Zeitalter, auf das wir warten und an dessen Verwirklichung wir unermüdlich arbeiten." - Nach: STEWART, William Alexander Campbell, Progressives and Radicals in English Education, 1750-1970, New Jersey 1972, S. 199f.: Frensham Heights, "near Farnham in Surrey" (S. 199). Diese Schule "was to be almost entirely a boarding-school as compared with the combination of day and boarding pupils at Letchworth" (S. 199) und wurde von 1925-27 geleitet von "Miss King as the teaching head and Mrs. Ensor as the administrative head." (S. 199). - S. auch: SNELL, St. Christopher School (an div. Stellen).

[71] S.: Prot. der 78. Abendaussprache vom 21.10.1927, in: Berlin, LA, SIS: CH, VI, o.S.

[72] BLUME, Wilhelm, Die Oktoberstudienfahrt des Ausschusses [der Schulfarm Insel Scharfenberg im Oktober 1924] [Berlin, LA, SIS: CH, V, S. 61-64 und S. 69-83], hrsg. von Dietmar HAUBFLEISCH, Marburg 1999:
http://archiv.ub.uni-marburg.de/sonst/1999/0001/q21.html.

[73] Berlin, LA, SIS: CH, V, S. 60.

[74] Berlin, LA, SIS: CH, V, S. 60.

In der im September 1924 stattfindenden 50. Abendaussprache legte man fest, daß der Ausschuß und das Lehrerkollegium eine "Studienfahrt" unternehmen sollten, auf der "unserer Schule ähnliche Anstalten in Nord- und Mitteldeutschland" besucht werden sollten, mit der Zielsetzung "uns über die dortigen pädagogischen und verwaltungstechnischen Einrichtungen zu informieren"[75].

Man hatte zu diesem Zeitpunkt bereits die in Frage kommenden Schulen angeschrieben und auch positive Antworten erhalten. Als Termin legte man die Zeit vom 27.09. bis 7.10. fest, da in diesem Zeitraum die eigenen Ferien, nicht jedoch die der zu besuchenden Schulen lagen, so daß man selbst keinen Unterrichtsausfall hatte, zugleich aber im Unterricht der anderen Schulen hospitieren konnte; zudem erschien der Zeitraum günstig, da sich, so Landwirt Glasenapp, "die Kartoffelernte, - wenn es denn sein müsse - ohne Schwierigkeiten bis auf das 2. Drittel des Oktobers verschieben"[76] ließ. Schließlich plante man die Studienfahrt für 8 Tage im Oktober und dehnte sie - während der Reise selbst - um zwei Tage auf insgesamt 10 Tage aus[77].

Die Teilnehmer der Fahrt waren - in Abweichung von der ursprünglichen Planung - der aus dem Lehrer Julius Wolff und den Schülern Hellmut Jaesrich, Walter Schramm und Hans Woldt bestehende Ausschuß[78], Wilhelm Blume und Landwirt Paul Glasenapp; Glasenapp mußte wegen der Scharfenberger Landwirtschaft die Reise vorzeitig abbrechen[79], Wolff aus gesundheitlichen Gründen - "man [hatte] anfangs wohl auch nicht genug Rücksicht auf ihn genommen"[80] - nach Berlin vorzeitig zurückkehren[81]. Abgesehen von Wolffs Leiden hatte, wie Blume schrieb, "kein Mißklang diese Oktobertage getrübt"[82].

Als Fortbewegungsmittel diente den Reisenden auf langen Strecken überwiegend die Eisenbahn; man ließ sich aber auch von Autos, einmal auch von einem Ochsenkarren mitnehmen; und schließlich gehörten Wandertouren mit dazu, etwa durch den Thüringer Wald[83] oder durch die Rhön, wo man die Milseburg, den Kreuzberg und die Wasserkuppe bestieg[84].

In seinem Bericht schrieb Blume über das 'Reisen':

"[...] es war eine selten schöne Verbindung: so viel verschiedene Landschaften kennen zu lernen und für Wanderung und Reise von einem pädagogischen Mekka zum anderen wieder anregenden Gesprächsstoff zu haben; erst hatten wir immer noch eine ganze Weile von dem Gesehenen und Gehörten zu zehren; und nach einem kleinen Stückchen Tippel- und Äppeltour

---

75	Prot. der im September 1924 stattfindenden 50. Abendaussprache, in: Berlin, LA, SIS: CH, V, S. 49.
76	Prot. der im September 1924 stattfindenden 50. Abendaussprache, in: Berlin, LA, SIS: CH, V, S. 49.
77	Berlin, LA, SIS: CH, V, S. 71.
78	Zu der Institution des 'Ausschusses' s. S. 555ff.
79	Berlin, LA, SIS: CH, V, S. 69.
80	Berlin, LA, SIS: CH, V, S. 72.
81	Berlin, LA, SIS: CH, V, S. 71.
82	Berlin, LA, SIS: CH, V, S. 72.
83	Berlin, LA, SIS: CH, V, S. 61.
84	Berlin, LA, SIS: CH, V, S. 62f.

begann uns die nächste Station, wenn wir in ihre Bannmeile kamen, im voraus zu beschäftigen. Abends und in der Eisenbahn lesen wir Lietz' Lebenserinnerunger[85]."[86]

Aber nicht nur Naturschönheiten gehörten mit zum Reiseprogramm - auch Wirtschaftliches und Kulturelles nahm man ausgiebig wahr: So besuchte man unter anderem in Lauscha im Thüringer Wald die dort ansässige Glasindustrie[87] und in der Rhön eine Schlagsahnefabrik[88]; man erfreute sich an Burgen und Schlössern - geriet etwa auf der Heldburg[89] "ganz in den Banne des Meiningertheaterherzogs"[90] -, beobachtete im Grabfeldgau die Kastenheiligen und wächseren Handreliquien[91], frühstückte auf dem Kreuzberg bei den Mönchen, um danach die dortige Mönchskirche zu besuchen und sich auf dem Rückweg des Hl. Kilian zu erinnern[92]. Auf der Wasserkuppe fand man Lust an der Segelfliegerei[93] wie in Fulda an der Bonifatiuskirche[94]:

---

[85]   LIETZ, Hermann, Lebenserinnerungen. Von Leben und Arbeit eines deutschen Erziehers, hrsg. von Erich MEISSNER, Veckenstedt 1920. - Der Bd. befindet sich in Berlin, LA, SIS mit einem hdschr. Vermerk Blumes: "Gekauft und auszugsweise vorgelesen im Scharfenberger Herbst 1921. Bl[ume]."

[86]   Berlin, LA, SIS: CH, V, S. 71.

[87]   Berlin, LA, SIS: CH, V, S. 61. - SCHULZE, Hans K., Lauscha, in: Handbuch der Historischen Stätten Deutschlands, Bd. 9: Thüringen, hrsg. von Hans PATZE, Stuttgart 1968, S. 253: "Im Tale des Lauschabaches im sö. Thüringer Wald entstand E. 16. Jh. die Industriesiedlung L., die ihren Aufstieg [...] der Glaserzeugung und Glasverarbeitung verdankt. Die Glasmacher Hans Greiner und Christoph Müller [...] gründeten 1597 [...] am Lauschabach eine Glashütte [...]. Da jeweils nur der jüngste Sohn den väterlichen Anteil an der genossenschaftlich betriebenen Glashütte erbte, wanderten viele Glasmacher aus und gründeten eigene Unternehmen [...]. Neben der industriellen Glaserzeugung wurden bald auch Glasveredelung (Schliff und Glasmalerei) und Glasbläserei (figürliches Glas und Christbaumschmuck) heimisch [...]."

[88]   Berlin, LA, SIS: CH, V, S. 63.

[89]   Berlin, LA, SIS: CH, V, S. 61. - Geschichte und Beschreibung der Feste Heldburg. Nebst Führer durch die Feste und Stadt Heldburg und Umgebung, hrsg. von Ludwig RESS, 5. Aufl. Hildburghausen 1922. - DEGEN, Kurt, Heldburg, in: Handbuch der Historischen Stätten Deutschlands, Bd. 9: Thüringen, hrsg. von Hans PATZE, Stuttgart 1968, S. 192f.

[90]   Berlin, LA, SIS: CH, V, S. 61. - Gemeint ist mit dem 'Meiningertheaterherzog: Herzog Georg II. von Sachsen-Meiningen (1826-1914). - S.: HESS, Ulrich, Georg II., in: Neue Deutsche Biographie, Bd. 6, Berlin 1964, S. 228f.; vgl. etwa auch: HELDBURG, Freifrau von (Ellen Franz), Fünfzig Jahre Glück und Leid. Ein Leben in Briefen aus den Jahren 1873-1923, hrsg. von Johannes WERNER, Leipzig 1926 (bes. S. 15-28), und: GRUBE, Max, Geschichte der Meininger, Berlin [u.a.] 1926.

[91]   Berlin, LA, SIS: CH, V, S. 61.

[92]   Berlin, LA, SIS: CH, V, S. 62f. - SCHMALE, Franz Josef, Kreuzberg, in: Handbuch der Historischen Stätten Deutschlands, Bd. 7: Bayern, hrsg. von Karl BOSL, 2. Aufl. Stuttgart 1965, S. 373. - "Der Legende nach soll der hl. Kilian um das Jahr 686 an Stelle einer heidnischen Kultstätte auf dem Aschberg in der Rhön ein Kreuz errichtet haben, weshalb der Berg den Namen K. erhielt. Bischof Julius Echter von Würzburg ließ an dem schon damals vielbesuchten Wallfahrtsort an Stelle des oft erneuerten Holzkreuzes ein steinernes und eine kleine Kapelle errichten. 1644 wurde zunächst in Bischofsheim am Fuß des Berges eine Franziskanerniederlassung gegr. 1681 begann die Errichtung des Klosters auf dem K., der heute noch einer der bedeutensten frk. Wallfahrtsorte ist." (Ebd.)

[93]   Berlin, LA, SIS: CH, V, S. 63. - Oskar Ursinus (1877-1952) hatte 1920 auf dem langgezogenen Kamm der Wasserkuppe, der mit ihren 950 m höchsten Erhebung der Rhön, den deutschen Segelflugsport begründet.

[94]   Berlin, LA, SIS: CH, V, S. 63f.

"Vor einem Seitenaltar setzte ein junges Mädchen einen Korb mit Blumen nieder, wohl in Erfüllung eines Gelübdes. 'Aber sich so verlieren, ist mehr sich finden', heißt das Motto zu Gottfried Kellers 'Legende von Dorothees Blumenkörbchen'[95].'[96]

In Frankfurt besichtigte man die Paulskirche und genoß "nach pietätsvollem Besuch des Goethehauses am Hirschgraben"[97] im Schauspielhaus Luigi Pirandellos Stück 'Sechs Personen suchen einen Autor'[98].

Ein Teil der landschaftlichen und kulturellen 'Nebenziele' der Fahrt hatte man von vornherein in die Reiseroute mit eingeplant, zum Teil ergaben sie sich aus der Situation der Reise selbst. Ähnlich verhielt es sich auch mit den pädagogischen Reisezielen.

Als erstes der pädagogischen Reiseziele besuchte man die Freie Schulgemeinde Wickersdorf. Dem folgte zunächst, nach "sonnenbrandigem Weg"[99], ein Besuch Haubindas[100], wo "2 Lehrerbabys und aufgehängte Windeln [...] das erste waren, was wir sahen"[101], dann ein Besuch Bieberstein[102], deren Bewohner sich jedoch

---

[95]   KELLER, Gottfried, Sieben Legenden, in: KELLER, Gottfried, Gesammelte Werke, Bd. 7: Sieben Legenden, Stuttgart [u.a.] 1903, S. 331-427, hier S. 411-420.

[96]   Berlin, LA, SIS: CH, V, S. 64.

[97]   Berlin, LA, SIS: CH, V, S. 64.

[98]   Berlin, LA, SIS: CH, V, S. 64. - Gemeint ist: PIRANDELLO, Luigi, Sei personaggi in cerca d'autore, 1921; dt.: Sechs Personen suchen einen Autor, Berlin 1925. - Luigi Pirandello (1867-1936), italienischer Dichter. Studierte roman. Philologie in Palermo, Rom und Bonn, war danach in Rom journalistisch tätig und lehrte 1897-1921 italienische Literaturgeschichte am Istituto Superiore di Magistero, gründete 1925 das 'Teatro d'arte', mit dessen Truppe er Gastspiele in Europa und Amerika gab; er wurde Mitglied der Accademia reale d'Italia und erhielt 1934 den Nobelpreis. Er gilt als einer der bedeutendsten Dramatiker des 20. Jahrhunderts, und sein umfangreiches novellistisches Werk steht seinem Dramenschaffen nicht nach. Er wirkte bahnbrechend für das moderne antiillusionistische Theater. Grundthema seines Werkes schlechthin: das unentwirrbare Beziehungsgeflecht zwischen Schein und Sein, Wahn und Wirklichkeit, dem der Mensch als isoliertes Individuum gegenübersteht, dazu bestimmt, sich selbst zu betrügen (s. bes. 'Sechs Personen suchen einen Autor').

[99]   Berlin, LA, SIS: CH, V, S. 62.

[100]   PATZE, Hans, Haubinda, in: Handbuch der Historischen Stätten Deutschlands, Bd. 9: Thüringen, hrsg. von Hans PATZE, Stuttgart 1968, S. 186.

[101]   Berlin, LA, SIS: CH, V, S. 62.

[102]   HAHN, Heinrich, Bieberstein, in: Handbuch der Historischen Stätten Deutschlands, Bd. 4: Hessen, hrsg. von Georg Wilhelm SANTE, 2. Aufl. Stuttgart 1967, S. 48f. - "Schloß B., 506 m hoch auf steilem, bewaldetem Berg gelegen, entstand in seiner heutigen Gestalt 1711-14 nach Plänen von Johannes Dientzenhofer und ist heute Hermann-Lietz-Schule. Zur Sicherung klösterlichen Besitzes baute kurz vor 1150 der Fuldaer Abt Marquard die Burg B., die 1250 verstärkt wurde [...]." (Ebd.) - Im noch erhaltenen Gästebuch von Bieberstein sind Blume und seine Schüler nicht zu finden; vgl. dazu Hermann Lietz-Schule. Schloß Bieberstein an D.H. br. vom 24.01.1989.

größtenteils auf einer mehrtägigen Wanderung befanden[103]. Die dritte pädagogische Station war die Odenwaldschule[104]:

> "Zwar Herr Geheeb ist verreist, aber Familie Senn[105] plaudert mit uns über alles, was wir wissen wollen; wir schlafen im Lazarett, und am anderen Mittag nach unserem Hospitium fügt Dr. Saupe[106] der traditionsfrommen Orientierung die scharfe Kritik des Gastlehrers hinzu."[107]

Die nächste pädagogische Institution war die Lohelandschule bei Dirlos[108] - "wir wußten die genauere Lage nicht; auf einem Waldweg ging ein Mädel in buntem Leinenkleid und einem Rucksack hinten auf vor uns her; wir folgtem ihm und kamen so in den Umkreis dieser Werkgemeinschaft; sehnige Frauengestalten pilgerten an uns vorbei; die eine schwenkte einen menschlichen Bein- und Beckenknochen beim Gehen in der Hand; sie wollten zum Anatomiekursus. Wir kamen an der Bastkorbflechterei vorbei, sahen die Mädchen in den Bauernhäuschen, die dazu gemietet waren, am Handwebstuhl arbeiten."[109]

---

103 Berlin, LA, SIS: CH, V, S. 63.

104 Goldern, Archiv der Ecole d'Humantié: Nachlaß Paul und Edith Geheeb: Paul Geheeb an seine Frau Edith br. vom 01.10.1924: Geheeb kündigt den Besuch Blumes und einigen Mitarbeitern an; er bittet seine Frau, die Gäste freundlich aufzunehmen und Blume auch mit Brenning und Sachs zusammenzubringen. - Oberhambach, Archiv der Odenwaldschule: Gästebuch vom 03.02.1921 bis 24.04.1925, S. 133: "7.X.24. Blume, Leiter der Insel-Scharfenbergschule [sic!] bei Berlin mit dem Schülerausschuß Walter Schramm, J. Woldt, H. Jaesrich." - Zu den Gästebüchern der Odenwaldschule s. weiter S. 488.

105 Albert Senn (1897-1935) war von 1912 bis 1915 Schüler am schweizerischen Landerziehungsheim Glarisegg, von 1921-1926 Biologe Mitarbeiter der Odenwaldschule, ging dann an das Landerziehungsheim Hof Oberkirch (Schweiz). - Biogr. Inf. u.a.: GRAAB, Franz Josef, Fritz Wartenweiler und die Erwachsenenbildung in der Schweiz, Zürich [u.a.] 1975, S. 46. - GRUNDER, Hans-Ulrich, Das schweizerische Landerziehungsheim zu Beginn des 20. Jahrhunderts. Eine Erziehungs- und Bildungsinstitution zwischen Nachahmung und Eigenständigkeit. Mit einem Vorwort von Hermann RÖHRS (=Studien zur Erziehungswissenschaft, 22), Frankfurt [u.a.] 1987, S. 300, Anm. 26. - SCHWARZENBACH, Fritz, Karl Hermann Tobler 1872-1933. Gründer des Landerziehungsheims Hof Oberkirch, Hof Oberkirch 1977. - Sowie: Näf an D.H. br. vom 09.03.1999 (hier gibt Näf u.a. den Hinweis, daß sich im Geheeb-Archiv in Goldern im Archiv der Ecole d'Humanité einige Briefwechsel befinden, anhand derer sich die Biogr. Senns recht gut rekonstruieren lasse). - Vgl.: SENN, Albert, Biologie und Gartenbau in der Odenwaldschule Oberhambach, in: Die Gartenschule. Ihr Wesen und ihr Werden, hrsg. von Adolf TEUSCHER und Max MÜLLER, Leipzig 1926, S. 108-117. - SENN, Albert, Die Natur als Arbeitsstoff. Erfahrungen im 12-15jährigen Knaben, in: Aufsätze aus dem Mitarbeiterkreis der Odenwaldschule zu ihrem zwanzigjährigen Bestehen (Paul Geheeb zum 60. Geburtstag), Heppenheim 1930, S. 9-16; in Auszügen (S. 13-16 des Originals) u.d.T. 'Die Arbeitspraxis im Biologieunterricht' wieder in: Die Idee einer Schule im Spiegel der Zeit. Festschrift für Paul Geheeb zum 80. Geburtstag und zum 40jährigen Bestehen der Odenwaldschule, hrsg. von Eva CASSIRER [u.a.], Heidelberg 1950, S. 64-67; dieser Auszug wieder in: Die Landerziehungsheimbewegung, hrsg. von Theo DIETRICH, Bad Heilbrunn 1967, S. 108-111. - NOSER, Edi / SENN, Albert / WARTENWEILER, Fritz, Mit jungen Männern im 'Sonneblick' Walzenhausen, Zürich o.J. [1934].

106 S. zu ihm S. 369f. und S. 411-413.

107 Berlin, LA, SIS: CH, V, S. 64 und 69 [S. 65-68 fehlen unbeschrieben].

108 Zur Lohelandschule s. S. 378-380. - In Blumes Reisebericht ist eingeklebt ein gedr. Zettel der "Genossenschaft Loheland zur Förderung der Schule für Körperbildung, Landbau und Handwerk, E. G. M. B. H.", der u.a. eine Chronik der Genossenschaft von 1912-1923 enthält.

109 Berlin, LA, SIS: CH, V, S. 69.

Es folgte ein Besuch des in der Nähe Schlüchterns gelegenen Habertshofes mit dem Verlag Neuwerk, den zu besuchen man der Scharfenberger Reisegruppe in Loheland dringend empfohlen hatte[110]: Der Habertshof gehörte zu den bekanntesten Siedlungsprojekten der Jugendbewegung nach dem 1. Weltkrieg. Zum Zeitpunkt des Besuches der Scharfenberger befand er sich in einer Umbruch- und Neuaufbauphase, denn das ursprüngliche, auf Gemeineigentum basierende Projekt war vollends gescheitert[111] und die meisten der ursprünglichen Mitglieder hatten den Hof verlassen. Nun entstand eine Verbindung mit der Neuwerkbewegung, einer religiös-sozialistischen Richtung freideutscher und proletarischer Jugendbewegung, die dem Habertshof fortan sein eindeutiges Gepräge geben und unter Leitung des Pfarrers Emil Blum (1884-1978)[112] mit dem Aufbau einer 1924 gegründeten Heimvolkshochschule zum Erfolg führen sollte[113]:

"Die Rhön mit ihrem steinig-billigen Boden ist reich an solchen Gründungen; die rhönmäßige Armseeligkeit haftet dieser Siedlung denn auch noch zu sehr an. Ich stelle mich dem Leiter Pfarrer Emil Blum vor; er sieht uns etwas entgeistert an; in der Verlagsstube nachher lag ein Buch von ihm über Tolstoi[114]; ein junger Lehrer namens [Ludwig] Rese führt uns. Auch er ist mit der Jugendbewegung unzufrieden und möchte Taten sehen."[115]

Nachdem man den Habertshof verlassen hatte, suchte sich die Scharfenberger Gruppe unterwegs in der Bahn "an der Hand der gekauften Zeitschriften[116] und Bücher ein Bild von den Zielen und der Methode dieser Bewegung zu machen. Unser Freund Karl Wilker steht ihr nicht ganz fern; der Berliner Staatsanwalt Normann

---

110   Berlin, LA, SIS: CH, V, S. 69.

111   Vgl. dazu S. 256f.

112   S. Blums Autobiogr.: BLUM, Emil, Als wäre es gestern gewesen. Wie konnte ich ein Pfarrer sein - im 20. Jahrhundert?, Zürich 1973.

113   S.: BECKER, Georg, Die Siedlung der deutschen Jugendbewegung. Eine soziologische Untersuchung, Hilden 1929. - BLUM, Emil, Die Heimvolkshochschule als Bildungsmöglichkeit der Arbeiterjugend, in: Zeitschrift für Religion und Sozialismus, Jg. 1 (1929), S. 41-47. - BLUM, Emil, Grundlagen einer Arbeiter-Volkshochschule, in: Neue Blätter für den Sozialismus, Jg. 1 (1930), S. 175-182; wieder in: OLBRICH, Josef, Arbeiterbildung in der Weimarer Zeit, Konzeption und Praxis, Braunschweig 1977, S. 224-230. - BLUM, Emil, Der Habertshof. Werden und Gestalt einer Heimvolkshochschule, Kassel 1930. - BERNSTEIN, Paul, Die Heimvolkshochschule Habertshof, Sozialistische Bildung. Monatsschrift des Reichsausschusses für sozialistische Bildungsarbeit, Jg. 1931, S. 19-21. - BLUM, Emil, Die Neuwerk-Bewegung 1922-1933 (=Kirche zwischen Planen und Hoffen, 10), Kassel 1973. - VOLLMER, Antje, Die Neuwerkbewegung 1919-1935. Ein Beitrag zur Geschichte der Jugendbewegung, des Religiösen Sozialismus und der Arbeiterbildung, Berlin 1973. - LINSE, Ulrich, Siedlungen und Kommunen der deutschen Jugendbewegung. Ein Überblick, in: Jahrbuch des Archivs der deutschen Jugendbewegung, Bd. 14 (1982/83), S. 13-28. - UHLIG, Otto, Zeitliche Wurzeln - bleibende Wirkung. Ansprache 1981 in Schlüchtern, in: Bergwinkel-Bote 35 (1984), S. 29-39. - BENN, Kay-Oliver, Emil Blum und der Habertshof. Religiös-sozialistische Erwachsenenbildung in der Weimarer Zeit, in: Anarchismus & Bildung. Schriften zur libertären Pädagogik, Heft 2, Juli, 1988, S. 71-85. - LINSE, Ulrich, Habertshof, in: Zurück, o Mensch zur Mutter Erde. Landkommunen in Deutschland 1890-1933, hrsg. von Ulrich LINSE, München 1983, S. 241-267 [davon S. 244-267 Quellen].

114   BLUM, Emil, Leo Tolstoi, Schlüchtern 1922; 2. Aufl. mit dem Untertitel 'Sein Ringen um den Sinn des Lebens', Schlüchtern 1924. - TOLSTOI, Schule von Jasnaja Poljana.

115   Berlin, LA, SIS: CH, V, S. 70.

116   Im Reisebericht ist bei der Schilderung des Habertshofbesuches - unter Auslassung des Mittelteils - eingeklebt: RESE, Ludwig / ZINK, Max, Die Arbeitstruppe der Neuwerkjugend, in: Neuwerk. Ein Dienst am Werdenden. Jg. 6 (1924), S. 95-97.

Körber (1891-1973)[117], der auch schon bei uns draußen war, der in den bösesten Gegenden Berlins sonntags die Jugend um sich sammelt, schreibt in ihren Blättern. Ihr Lokalheros ist der Volksschriftsteller Georg Flemmig (1874-1950)[118], dessen "Dorfgedanken" wir uns zu Gemüte führten[119]; ihn selbst in Schlüchtern aufzusuchen, ward uns die Zeit zu knapp."[120]

Nach Besuch des Habertshofs nahm man einen zweiten Anlauf nach Bieberstein; dort "war jetzt wieder Schule, aber Andreesen war noch nicht da, der Musiklehrer H.[ilmar] Höckner [(ca. 1892-1968)][121] war in Berlin [...]; von den unterrichtenden Herren war nur einer einem Hospitium zugänglich; so machten wir uns bald nach einer Besprechung mit dem Leiter Herrn [Dr. Hermann] Baumann [(1889-1970)][122] wieder auf"[123] - um mit einem Besuch von Bernhard Uffrechts (1885-1959) Freier

[117] Normann Körber war Jurist, Regierungsrat, Richter, Staatsanwalt, Amtsgerichtsrat u.a., Mitglied in mehreren Gruppen der Jugendbewegung, etwa in der Freideutschen Jugend (1919/20) und der Neuwerkjugend (1920/24), gründete den Deutschen Jugendbund Lichterfelde, bis 1924 und war Mitherausgeber des 'Neuwerk' und Mitarbeiter der Sozialistischen Arbeitsgemeinschaft Berlin-Ost von Prof. Friedrich Siegmund-Schultze. - Kurzbiogr. in: JANTZEN, Hinrich, Namen und Werke. Biographien und Beiträge zur Soziologie der Jugendbewegung, Bd. 5 (=Quellen und Beiträge zur Geschichte der Jugendbewegung, 12/5), Frankfurt 1982, S. 145-148. - Von Körbers Schriften s. u.a.: KÖRBER, Normann, Die deutsche Jugendbewegung. Versuch eines systematischen Abrisses zum praktischen Gebrauch für den Volkserzieher, Berlin 1920. - KÖRBER, Normann, Das Bild vom Menschen in der Jugendbewegung und unsere Zeit, Berlin 1927. - Eine Verbindung Körbers zur Schulfarm Insel Scharfenberg bzw. zu Wilhelm Blume ist - mit Ausnahme dieses Hinweises - quellenmäßig nicht weiter belegt.

[118] Georg Flemmig, Lehrer in Schlüchtern, war einer der Initiatoren und Zentralfiguren der Neuwerk-Bewegung. S. zu ihm bes.: VOLLMER, Neuwerkbewegung, S. 3f.

[119] FLEMMIG, Georg, Dorfgedanken. Blätter aus den Aufzeichnungen Klaus Deutlichs (=Neuwerk-Volksbücher, 1), Schlüchtern (Neuwerk-Verlag) 1921; 6.-12. Ts. Schlüchtern 1924.

[120] Berlin, LA, SIS: CH, V, S. 70.

[121] Biogr. Inf. zu Höckner: SCHWARZ, Bibliographie der deutschen Landerziehungsheime, S. 156, S. 185 und S. 253: Höckner kam Anfang der zwanziger Jahre nach Bieberstein, wo er bis 1946 lehrte. Er brachte das dortige Musikleben auf eine einmalige Höhe und leitete das große Schulorchester des Landerziehungsheims. Dieses nur Originalwerke des Barock und der Moderne spielende Orchester wurde richtungsweisend im In- und Ausland.

[122] Biogr. Inf. zu Baumann, 1920-21 Lehrer und Erzieher am Deutschen Landerziehungsheim Haubinda, 1921-29 Lehrer und Oberstufenleiter auf Schloß Bieberstein: HESSE, Alexander, Die Professoren und Dozenten der preußischen Pädagogischen Akademien (1926-1933) und Hochschulen für Lehrerbildung (1933-1941), Weinheim 1995, S. 157f.

[123] Berlin, LA, SIS: CH, V, S. 71.

Schul- und Werkgemeinschaft Schloß Letzlingen bei Gardelegen[124] den pädagogischen Teil der Reise abzuschließen.

Während all der Besuche beobachtete man sehr genau und versuchte, sich sowohl mit verschiedenen Lehrern, als auch Schülern und Angestellten zu unterhalten. Im Anschluß an den Besuch versuchte man, das Erlebte zu bewerten und in Relation zum eigenen Schulversuch zu setzen. So entstand etwa, wie Blume berichtet, im Dorfgasthaus zu Wickersdorf "gar ein erregtes Streitgespräch"[125] zwischen ihm und Wolff:

"[...] der Bachabend unter [August] Halms [(1869-1929)][126] Leitung hatte uns allen imponiert, nicht nur durch Können, besonders auch durch die stark hervorgetretene Fähigkeit des Zuhörens; mir gab auch zu Denken die Andacht, mit der man sich am anderen Morgen versammelt hatte vor Frühstück und Unterricht, ein Bachvorspiel anzuhören; ging das nicht zusammen mit dem schweigenden Hinziehen zum Gymnastikplatz, alle hinter einander 10 Minuten lang durch

---

124   Berlin, LA, SIS: CH, V, S. 71. - Bernhard Uffrecht war von 1912 bis 1918 an der Freien Schulgemeinde Wickersdorf tätig gewesen, davon längere Zeit (während der Kriegsgefangenschaft Martin Luserkes) als Leiter. Im April 1919 gründete er in Auerbach an der Bergstraße die 'Freie Werkgemeinschaft'. Nach zwei Zwischenstationen (einige Monate im Sinntalhof bei Bad Brückenau/Rhön, ab Ostern 1920 im Jadgschloß Dreilinden bei Berlin) bezog sie am 1. Januar 1922 das ehemalige königlich preußische Jagdschloß Letzlingen/Altmark und nannte sich fortan 'Freie Schul- und Werkgemeinschaft Letzlingen' (FSWG). 1933 wurde die 'Freie Schul- und Werkgemeinschaft' von den Nationalsozialisten aufgelöst. - S. u.a.: UFFRECHT, Bernhard, Die Gründung von Freien Schul- und Werkgemeinschaften als Mittel zur Befestigung des neuen Staates und Schaffung eines neuen deutschen Geisteslebens. Ausgearb. im Preuß. Ministerium des Innern, Berlin 1919. - KARSEN, Fritz, Die Freie Schul- und Werkgemeinschaft, in: KARSEN, Fritz, Deutsche Versuchsschulen der Gegenwart und ihre Probleme, Leipzig 1923, S. 88f. - UFFRECHT, Bernhard, Die freie Schul- und Werkgemeinschaft [im Jagdschloß Dreilinden bei Berlin-Wannsee]. Eine neue Schulform, Berlin 1921. - UFFRECHT, Bernhard, Die freie Schul- und Werkgemeinschaft Letzlingen, in: Deutsche Schulversuche, hrsg. von Franz HILKER, Berlin 1924, S. 137-155. - Freie Schul- und Werkgemeinschaft. Blätter zum Gedankenaustausch, hrsg. von Bernhard UFFRECHT, Nr. 1 (Juli), 1925 [mehr nicht erschienen!]. - UFFRECHT, Bernhard, Der Gedanke der erziehungsfreien Gemeinschaft und seine Durchführung in der Freien Schul- und Werkgemeinschaft Letzlingen, in: Das Landerziehungsheim, hrsg. von Alfred ANDREESEN, Leipzig 1926, S. 40-47. - LÖSCHER, Elisabeth, Freie Schul- und Werkgemeinschaft Letzlingen, in: Monatshefte der Deutschen Freunde, Jg. 8 (1931), S. 241-246 (vmtl. einzige gedr. Schilderung des Letzlinger Schulalltags). - HILKER, Franz, In Memoriam (Paul Oestreich und Bernhard Uffrecht), in: Bildung und Erziehung, Jg. 12 (1959), S. 183f. - Bernhard Uffrecht. Kurzbiographie und Bibliographie, in: SCHWARZ, Karl, Bibliographie der deutschen Landerziehungsheime (=Aus den deutschen Landerziehungsheimen, 8), Stuttgart 1970, S. 110-112. - BERGNER, Reinhard, 'Erziehungsfreie Gemeinschaft' - ein Widerspruch in sich? Auf den Spuren Bernhard Uffrechts in der 'FSWG' Letzlingen, in: Beiträge zur Historischen Pädagogik, hrsg. von Reinhard GOLZ (=Magdeburger Forschungen, 4), Magdeburg 1992, S. 44-53. - UFFRECHT, Ulrich, Die Freie Schul- und Werkgemeinschaft Letzlingen. Ein Schulversuch von bleibender Bedeutung, in: Neue Sammlung, Jg. 32 (1992), S. 549-570. - UFFRECHT, Ulrich, Die Freie Schul- und Werkgemeinschaft Letzlingen - ihr Verhältnis zur Jugendbewegung und zu anderen Landerziehungsheimen, in: Neue Sammlung, Jg. 35 (1995), S. 89-106. - Alle Schriften und Manuskripte Bernhard Uffrechts, die sich im Besitz seines Sohnes Ulrich Uffrecht befanden, wurden im Oktober 1994 von diesem dem Archiv der deutschen Jugendbewegung auf Burg Ludwigstein bei Witzenhausen übergeben.

125   Berlin, LA, SIS: CH, V, S. 75.

126   Biogr. Inf. zu Halm u.a.: EHRENTREICH, Alfred, August Halm, in: Junge Menschen. Monatshefte für Politik, Kunst, Literatur und Leben aus dem Geiste der jungen Generation, Jg. 7 (1926), S. 270-276. - STEPHAN, Rudolf, August Halm (1869-1929), in: Neue Deutsche Biographie, Bd. 17, Berlin 1966, S. 568f.

den Wald [...], und man macht die Übungen (nicht anders als wir auch), ohne ein Wort zu sagen, wieder mit einer gewissen Feierlichkeit. Ich mußte meiner Bewunderung, als wir Mittag zum ersten Mal wieder 'unter uns' waren, Ausdruck geben, daß dieser mystische Schwung (vielleicht ist's auch bloß noch Stilzeremonie?) sich so lange hat halten können nach dem Abgang des Gründers, der das bewußt gewollt hat [...]! Und strahlt so etwas nicht aus auf den ganzen Tag und jahrelang geübt schließlich auf den ganzen Menschen? Wolffs Berliner Rationalismus bäumt sich dagegen auf: 'Ich verstehe Sie nicht mehr! Solch Mumpitz, solch bewußte Gefühlsduselei - der Buddasohn in der Nische, mit Rot drapiert, beim Bachvorspiel morgens.' Wir schreien uns förmlich an, den dörflichen Schmorbraten auf der Gabel; wir mußten so laut uns auseinandersetzen, weil zu dem Disput die Dorfmusikanten in demselben Raum ihre Blasmusik vom Stapel ließen und betrunkene Kirmeßbesucher, z. Tl. mit Ruß tätowiert, ihre Jodler dazwischen mischten. Herr Wolff sah mich schon jeden Morgen bei einer musikalischen Andacht im Saal, wie alle Schüler einzeln mit zeremonischem Diener an der Tür mich begrüßen, wie die Wickersdorfer ihren 'Lu' [=Martin Luserke]. Die Spannung löst sich, als ich mich zu dem Bekenntnis durchringe, das sei keineswegs die Absicht; so etwas läßt sich nicht übernehmen; aber das sei meine Meinung, daß uns viel, viel geholfen sei, wenn sich eine gleiche Stileinheit - sicher von einem ganz anderen Gebiete her, in ganz anderer Art auch - bei uns herausbilde!"[127]

Während der Hospitationen selbst verhielt man sich jedoch zurückhaltend und diplomatisch neutral. Besonders deutlich wurde dies beim Besuch der Freien Schulgemeinde Wickersdorf, die gerade zum Zeitpunkt des Besuches vor einer Spaltung stand:

Bereits 1910 war Wyneken in Konflikt mit der Meininger Regierung geraten und als Leiter der Freien Schulgemeinde Wickersdorf abgesetzt worden. Von Ostern 1919 bis Herbst 1920 hatte er nochmals die Leitung übernommen, war aber nach erneutem Konflikt wieder ausgeschieden - nahm jedoch von 1921 bis 1932 von seinem Wohnsitz in der Nähe der Schule weiteren Einfluß auf Wickersdorf. Wynekens Nachfolger als Leiter der Freien Schulgemeinde war von 1910 bis 1925 Martin Lu-

---

[127] Berlin, LA, SIS: CH, V, S. 75f.

serke (1880-1968)[128]. Der starke Einfluß Wynekens führte zu großen Spannungen innerhalb der Schulgemeinde und schließlich zur Trennung Luserkes u.a. Lehrer (u.a. Helene Aeschlimann (1893-1987) und ihr Mann Rudolf Aeschlimann (1884-1961), Anni Reiner (1891-1972) und ihr Mann Paul Reiner (1886-1932) und Fritz Hafner (1877-1964)) von Wickersdorf. Der Plan dieser Trennung sickerte im Sommer 1924 durch. An Luserkes Stelle als Leiter der Freien Schulgemeinde trat der von allen Wickersdorfer 'Parteien' geachtete Schularzt und Biologe Dr. W. Garthe[129]; Luserke

---

[128] Martin Luserke war seit Herbst 1906 Lehrer und Erzieher an der von Paul Geheeb und Gustav Wyneken gegründeten Freien Schulgemeinde Wickersdorf gewesen. Nach dem Ausscheiden Geheebs (1909) und Wynekens (1910) war er mit kriegsbedingter Unterbrechung bis 1925 Leiter der Freien Schulgemeinde. - Zu Luserkes Biogr. s.: MOGGE, Winfried, Martin Luserke (1880-1968), in: Neue Deutsche Biographie, Bd. 15, Berlin 1987, S. 533f. - Martin Luserke. Reformpädagoge - Dichter - Theatermann. Gründer und Leiter der 'Schule am Meer' auf der Nordseeinsel Juist (1925-1934), hrsg. von Jörg ZIEGENSPECK (=Wegbereiter der modernen Erlebnispädagogik, 6), 2. wesentlich erg. und erw. Aufl. Lüneburg 1990 [1. Aufl. 1987 als: GIFFEI, Herbert, Martin Luserke. Ein Wegbereiter der modernen Erlebnispädagogik? Mit einem Vorwort von Jörg ZIEGENSPECK (=Wegbereiter der modernen Erlebnispädagogik, 6), Lüneburg 1987.]. - Nunmehr zu Luserke grundlegend: SCHWERDT, Ulrich, Martin Luserke (1880-1968). Reformpädagogik im Spannungsfeld von pädagogischer Innovation und kulturartischer Ideolgie. Eine biographische Rekonstruktion (=Studien zur Bildungsreform, 23), Frankfurt [u.a.] 1993. - Speziell zu Luserkes Bedeutung für das 'Laienspiel': GODDE, Cornelia Susanne Anna, Das Laienspiel als reformpädagogisches Element. Die Bedeutung Martin Luserkes für das heutige Bildungswesen (=Beiträge zu Erziehungswissenschaften, 3), Witterschlick/Bonn 1990. - Zur Geschichte der 'Schule am Meer' s. bes.: LUSERKE, Schule am Meer. Ein Buch von Wachsen deutscher Jugend geradeaus vom Ursprünglichen bis ins Letzte, Bremen 1925. - Für den Zeitraum vom 27.04.1925 bis zum 07.10.1933 existiert ein 'Logbuch' der 'Schule am Meer'. Es handelt sich um zwei in Leder gebundene Folianten-Bände mit 373 und 349 Schreibseiten. Die Bände enthalten tagtägliche handschriftliche Eintragungen, meist von Martin Luserke, ergänzt durch einige Eintragungen durch (namentlich nicht genannte) Kollegen sowie durch eingeklebte Bilder und Beilagen. Sie befinden sich heute in der Handschriftenabteilung der Schleswig-Holsteinischen Landesbibliothek Kiel (Signatur: Cb 37.62:03 (1925-1929) und Cb 37.62:04 (1929-1933) [lt.: Schleswig-Holsteinische Landesbibliothek an D.H. br. vom 17.06.1991]). Bis zum Jahr 1993 unterlagen sie einer von Luserke verhängten Publikationssperrfrist. - S. dazu: LIPKA, Horst, Das Logbuch der Schule am Meer, in: Pädagogische Rundschau, Jg. 45 (1991), S. 239-244, und (mit Quellenauszügen aus dem 'Logbuch'): LIPKA, Horst, Der Pädagoge und die Pädagogische Provinz, in: Pädagogische Rundschau, Jg. 47 (1993), S. 97-106. - Leider enthält das 'Logbuch' keine Eintragungen zum Unterricht an der 'Schule am Meer', s. dazu: LIPKA, Horst, Das Logbuch der Schule am Meer, in: Pädagogische Rundschau, Jg. 45 (1991), S. 239-244, hier S. 240: "An keiner Stelle [...] wird die Tür zu einem Klassenzimmer geöffnet, damit man Einblick nehmen kann in den Verlauf einer Unterrichtsstunde am Vormittag. Zwar wird mitgeteilt, daß bei Besuch die Eltern im Unterricht hospitieren können, aber es wird nicht gesagt, was sie sahen und was sie hörten. Nun könnte man einwenden, daß der Chronist und Schulleiter nicht eindringen will in das Reich eines Kollegen. Aber er selber gibt auch keinen Einblick in seine Unterrichtsarbeit. Oder er könnte doch einmal berichten von den schriftlichen Arbeiten zum Abitur uns seien es nur die Aufsatzthemen, aber nichts dergleichen, buchstäblich nichts." - Vgl. dazu: SCHWERDT, Martin Luserke, S. 135f., Anm. 187.

[129] Garthe mußte sich jedoch bereits im November 1925 aus gesundheitlichen Gründen von Wickersdorf trennen; die Leitung fiel nun August Halm zu. Anfang 1925 wurde (zudem) Wyneken als Wirtschaftsleiter wieder zugelassen. - S. hierzu: KUPFFER, Gustav Wyneken, S. 137.

und einige seiner Kollegen zogen von Wickersdorf ab, um im Frühjahr 1925 auf der Nordseeinsel Juist die 'Schule am Meer' zu gründen[130].

Die Scharfenberger Gruppe unterhielt sich in Wickersdorf u.a. mit dem dortigen Landwirt Alpers, vor allem aber mit Martin Luserke[131] und im Anschluß an einen 'Bachabend' kurz mit Gustav Wyneken. Aufgrund der Gespräche urteilte Blume:

> "[...] der Eindruck ist klar: Hier steht [mit Wyneken] der Leiter, wenn er auch abgesetzt ist; gerade an dem Nachmittag hat die Auseinandersetzung stattgefunden: Luserke und Reiner gehen, Dr. Garthe übernimmt die Leitung, und Wyneken bleibt im Nachbardorf! Wenn man nach dem persönlichen Eindruck urteilen soll, scheint es eine absteigende Linie zu sein: von Wyneken über 'Lu' zu Garthe. Wenn aber der spiritus rector hinter dem Strohmann bleibt, der Lu nicht sein mochte, kann's fachlich vielleicht gerade wieder aufwärts gehen. So stellt es sich im Gespräch mit dem Landwirt Alpers dar, der uns in seine Baracke zum Tun mitnimmt; man will mehr praktische Arbeit leisten, graben [...]; auf dem alten Tennisplatz werden Gurken gezogen! 'Gott sei Dank wenn ein Teil der Schüler mit Luserke, dessen Fähigkeiten jeder achten muß, nach Juist zieht. Wie lange schon steht 'Bär und Sohn'[132], von allen Kameradschaften abgelehnt, auf dem Rangierbahnhof!'"[133]

Als die Scharfenberger Wickerdorf verließen, ward - so Blume - "Wert darauf gelegt, bei Lu sowohl wie bei Garthe mich zu verabschieden; wir trugen als neutrale Ausländer der augenblicklichen Dyarchie Rechnung."[134]

Die Scharfenberger Gruppe versuchte in der zur Verfügung stehenden knappen Zeit auch möglichst viel vom Unterricht der besuchten Institutionen zu erfahren. So hospitierte man an den besuchten Schulen insgesamt 35 (!) Unterrichtsstunden[135] - und kam, was die unterrichtliche Seite der besuchten Heime anging, zu dem Urteil:

> "Wenn man nach so flüchtigen Eindrücken urteilen dürfte, wäre das Unterrichtliche nicht die stärkste Seite der Heime."[136]

Man beobachtete traditionell-langweiligen, rezeptiven, nicht jugendgemäßem Unterricht, in dem Unverstandes nachgebetet wurde und nahm extreme atmosphärische Störungen wahr, deren 'Höhepunkt' Schülereintragungen in Klassenbücher auf Bieberstein waren, deren erschreckende Wirkung Blume mit den Sätzen festhielt:

> "Wir waren starr, solches 'Pennälertum' und solches Niveau auf der Oberstufe der Lietzstiftung zu finden [...]. Und es wandte sich der Gast mit Grausen."[137]

---

[130] Speziell zur Trennung s.: EHRENTREICH, Der Kampf um Wyneken. - EHRENTREICH, Secessio, in: Junge Menschen. Monatshefte für Politik, Kunst, Literatur und Leben aus dem Geiste der jungen Generation, Jg. 7 (1926), S. 266-268. - KUPFFER, Gustav Wyneken, bes. S. 134-138: Kap. 'Die Sezession der Gruppe Luserke'. - SCHWERDT, Martin Luserke, bes. S. 127-131.

[131] Berlin, LA, SIS: CH, V, S. 61.

[132] Anspielung auf die Kameradschaft Luserkes, die sich die 'Bären' nannte; so jedenfalls: EHRENTREICH, Freie Schulgemeinde Wickersdorf. Gustav Wyneken zum 100. Geburtstag, S. 102.

[133] Berlin, LA, SIS: CH, V, S. 74f.

[134] Berlin, LA, SIS: CH, V, S. 76.

[135] Berlin, LA, SIS: CH, V, S. 71. - Zu den Unterrichtshospitationen s.: Berlin, LA, SIS: CH, V, S. 71-73.

[136] Berlin, LA, SIS: CH, V, S. 71.

[137] Berlin, LA, SIS: CH, V, S. 73.

Man entdeckte aber auch Positives im Unterricht der besuchten Schulen, fand etwa auch Beispiele eines 'systematisch aufbauenden Unterrichts' (Haubinda)[138] sowie für hohes Niveau und 'menschlich feinen Ton und ein entsprechendes Drüberstehen über dem Stoff' (Odenwaldschule)[139]. Besonders begeistert war man jedoch aufs Ganze gesehen vom Unterricht in Uffrechts Heim:

"In Schloß Letzlingen begannen wir bei der jüngsten Abteilung; auch Kinder aus dem Dorfe sind dabei. Ein blühender Arbeitsunterricht und ein konzentrierter Gesamtunterricht! Neidisch konnte man werden, daß sich so etwas auf höherer Stufe um so vieles schwerer machen und erreichen läßt. Sie holen ihre Wetterkundehefte vor; 4x werden am Tage die Beobachtungen eingetragen. Man kommt auf die Regenhöhe zu sprechen, liest den Regenmesser ab. Woran kann man draußen erkennen, ob's geregnet hat? Einige holen vom Schloßhof von den Regenwürmern hereingezogene Kastanienblätter herein; sie werden gezeichnet, auf Schwarzpapier durch Belichtung abgedrückt. Die Karte soll im Archiv aufbewahrt werden, sie muß einen Titel haben. Der Titel wird gesucht; die beste Formulierung wird auf einem Kärtchen geschrieben; das am besten und übersichtlichsten Geschriebene muß sauber angeklebt werden. Und gesungen haben sie auch dabei noch! Zu diesem Herrn [Hans] Scholz [(1894-19..)][140] ist die Schule zu beglückwünschen.
Wer kennt sie nicht die üblichen Lesestunden, in bleiernem Gleichschritt ablaufend? Und was wurde bei Herrn Kochel [gemeint: Otto Kroggel (1899-19..)][141] in Letzlingen daraus, als er mit den 10, 11jährigen Mädeln und Buben Sonnleitners 'Höhlenkinder im heimlichen Grund'[142] las. Er selbst sagte fast garnichts dazu; selbst das Weiterlesen regelte sich von selbst; von selbst stürzen sie an die Tafel, technische Dinge, die vorkamen, anzuzeichnen; der nächste wischt's wieder weg, um's besser zu machen; das eine Bauernmädel rennt nach Haus, eine Wabe zu holen aus ihrer Imkerei; besonders lebhaft wird's, wie sie sich vorstellen das Trocknen der Kleider im hohlen Baum; nachmittags wollen sie mit dem Lehrer hin in den Wald, einige wissen einen. Und das Korbflechten wollen sie auch nachmachen; einige Jungen werden nachher Weiden schneiden und sie in das Wasser des Burggrabens legen. Lesefehler werden ohne wichtigtuerische Gehässigkeit von den Kindern selbst verbessert. Und der Leiter selber wieder einen Kursus höher - Mathematik; auch hier noch wirkliche Selbständigkeit. Läßt sie ruhig gewähren auch auf falscher Fährte, bis sie selbst merken, daß sie aufgelaufen sind. Und ihr Geometrieheft führen sie selber nach 3 Rubriken (1. Selbstverständl. Sätze nur im Wortlaut, 2. Konstruktionsaufgaben, 3. Schwierigere Sätze mit Figuren.) Freilich je weiter nach oben - fehlt's an geeigneten wirklich fachlich gebildeten Lehrkräften; das Französisch des jungen Herrn Strümpel [gemeint: Karl August Stuempfel (1901-1937)][143] ist nicht taktfest, er macht auch selbst keinen

138 Berlin, LA, SIS: CH, V, S. 72.
139 Berlin, LA, SIS: CH, V, S. 72.
140 Hans Scholz war von Oktober 1923 bis Ostern 1925 Lehrer an der Freien Schul- und Werkgemeinschaft Letzlingen (U. Uffrecht an D.H. br. vom 07.07.1999).
141 Otto Kroggel war von Januar 1923 bis zur Auflösung Lehrer an der Freien Schul- und Werkgemeinschaft Letzlingen (U. Uffrecht an D.H. br. vom 07.07.1999).
142 SONNLEITNER, Alois Th., Die Höhlenkinder, 3 Bde., Stuttgart 1918-1920. Bd. 1: Die Höhlenkinder im heimlichen Grund (1918); Bd. 2: Die Höhlenkinder im Pfahlbau (1919); Bd. 3: Die Höhlenkinder im Steinhaus (1920). - Alois Th. Sonnleitner, eigentlich Alois Tluchor (1869-1939), österreichischer Schriftsteller, Lehrer und Schuldirektor in Wien; veröffentlichte neben pädagogischen und sozialpolitischen Schriften auch Märchen und Gedichte. "Die Höhlenkinder" stellen sein Hauptwerk dar; es handelt sich hier um eine dem kindlichen Verständnis angepaßte Romanfolge über die kulturgeschichtliche Entwicklung des Menschen. - Zur Biogr.: MÜLLER, Helmut, [Alois Th.] Sonnleitner, in: Lexikon der Kinder- und Jugendliteratur, hrsg. von Klaus DODERER, Bd. 3, Weinheim [u.a.] 1979, S. 411-413. - Und: MARBACH, Rolf, A. Th. Sonnleitner als österreichischer Reformpädagoge. Eine Untersuchung aus Anlaß seiner Jugendschrift 'Die Höhlenkinder' (=Pädagogische Reihe, 1), Darmstadt 1996.
143 Karl August Stuempfel war von Ostern 1924 bis Ostern 1929 Lehrer an der Freien Schul- und Werkgemeinschaft Letzlingen (U. Uffrecht an D.H. br. vom 07.07.1999).

Hehl daraus, wie man überhaupt in Letzlingen trotz starken Schauspielereinschlags im Schüler-publikum [...] garnicht posiert [...]."[144]

Letzlingen, so schrieb Blume, "wäre eine feine Vorbereitung für die Oberstufe bei uns, zumal dort vom Leiter abgesehen die geeigneten Oberstufenkräfte nie oder schwer zu gewinnen sein werden. Sollte ein derartiges Hand- in Handarbeiten nicht möglich sein??"[145]

Im außerunterrichtlichen Bereich registrierte man in den Lietzschen Heimen und der Odenwaldschule die Institution der 'Familie', die man selbst ablehnte, da man meinte, es müsse hier, zumal bei häufigerem Lehrerwechsel, "zu einer veräußer-lichten Nachahmung innerlichster Beziehungen"[146] kommen; dagegen empfand man mehr Sympathie für die Wickersdorfer 'Kameradschaft'[147].

Im Vergleich zwischen Wickersdorf und der Odenwaldschule erkannte man den "Unterschied von Koinstruktion und Koedukation"[148]:

"[...] bei Geheeb wohnen Jungen und Mädchen zusammen in den 'Familien'[149], in Wickersdorf wohnen die Mädchen für sich in einem besonderen Haus in 'Kameradschaft' mit den Lehre-

---

[144] Berlin, LA, SIS: CH, V, S. 73f. - Vgl. zu diesem Eindruck auch die vmtl. einzige gedr. Schil-derung des Letzlinger Alltags: LÖSCHER, Freie Schul- und Werkgemeinschaft Letzlingen.

[145] Berlin, LA, SIS: CH, V, S. 81.

[146] Berlin, LA, SIS: CH, V, S. 80.

[147] Berlin, LA, SIS: CH, V, S. 80.

[148] Berlin, LA, SIS: CH, V, S. 80. - Vgl. zum Begriffspaar den Artikel 'Koedukation und Koin-struktion' in: Lexikon der Pädagogik der Gegenwart, hrsg. von Josef SPIELER, Bd. 2, Frei-burg 1932.

[149] Vgl. zu Paul Geheebs, zu seiner Zeit radikalen Auffassungen zur Koedukation, dessen Äuße-rungen auf der 4. internationalen Konferenz für Erneuerung der Erziehung in Locarno 1927, zit. nach: FADRUS, Viktor, Die vierte internationale Konferenz für Erneuerung der Erziehung, S. 619: "Für die Entwicklung unserer Kinder - wie für die der Menschheit - brauchen wir Freiheit; Freiheit von allen konventionellen Einschränkungen, von äußerem Zwang; Freiheit, seinen eigenen, richtigen Weg zu finden und das zu werden, was man im Wesen ist. Zweitausend Jahre war die Kultur des Okzidents maskulin. Der Unterschied zwischen den Geschlechtern wurde übertrieben und die sozialen Funktionen der Frau derart unterschätzt, daß wir auch heute noch ihre wahre Stellung in der Gesellschaft nicht richtig beurteilen können. Die erste Emanzipation der Frau war die politische, die zweite wird die der Erziehung sein, d.i. eine Erziehung gemäß den Bedürfnissen der Frau. Wir brauchen weibliche Ärzte und Lehrer und nicht männliche Ärzte und Lehrer mit weiblichen Namen. Einer der ersten Schritte zur wahren Erziehung ist die Koedukation." - S. dazu auch: GEHEEB, Paul, - Koedukation als Lebensanschauung, in: Die Tat. Sozial-religiöse Monatsschrift für deutsche Kultur, Jg. 5 (1913/14), Bd. II: Oktober/März, [Nr. 12: März 1914], S. 1238-1249; wieder in: Erziehung zur Humanität. Paul Geheeb zum 90. Geburtstag, hrsg. von Mitarbeitern der Odenwaldschule, Heidelberg 1960, S. 116-127. - GEHEEB, Paul, Koedukation als Grundlage der Erziehung, in: Das Landerziehungsheim, hrsg. von Alfred AN-DREESEN, Leipzig 1926, S. S. 110-112; wieder in: Erziehung zur Humanität. Paul Geheeb zum 90. Geburtstag, hrsg. von Mitarbeitern der Odenwaldschule, Heidelberg 1960, S. 128-131. - GEHEEB, Paul, Koedukation und weibliche Bildung, in: Die neue Erziehung, Jg. 8 (1926), S. 107-110. - GEHEEB, Paul, Die kulturelle Bedeutung der Koedukation, in: Pädagogische Warte, Jg. 38 (1931), S. 487-495. - Vgl. zum Thema Koedukation und Reformpädagogik: HANSEN-SCHABERG, Inge, Die pädagogische Reformbewegung und ihr Umgang mit der Koedukation, in: Geschichte der Mädchen- und Frauenbildung, hrsg. von Elke KLEINAU und Claudia OPITZ, Bd. 2: Vom Vormärz bis zur Gegenwart, Frankfurt [u.a.] 1996, S. 219-229. - Und: HANSEN-SCHABERG, Koedukation und Reformpädagogik.

rinnen; Jungen und Mädchen gehen getrennt zu den morgendlichen gymnastischen Übungen auf entgegengesetzt liegenden Plätzen, aber im Unterricht sitzen sie zusammen."[150]

Die seit neun Jahren an der Odenwaldschule tätige Geschichtslehrerin Gerda Schott-müller erläuterte den Scharfenbergern, die "Koedukation (das Charakteristikum der Odenwaldschule) sei nur möglich unter der stillen, aber unglaublich instinktsicheren Überwachung von Herrn Geheeb, der bei den ersten Anzeichen stürmischerer Zu-neigung die betreffenden jungen Menschen zu sich kommen lasse und in der Regel einen starken Einfluß ausübe; im anderen Fall unauffälliges Verschwinden."[151]

Zum Thema 'Gemeinschaftsarbeit' stellte man fest, wie "der alte Eugen"[152] in Haubinda den Niedergang der Landwirtschaft monierte[153], die Odenwaldschule sich beklagte, kein Land bekommen zu können, Uffrecht in Letzlingen Land pachten wollte, sobald sich die Möglichkeit dazu bieten würde, man in Wickersdorf - "Wickersdorf, das ästhetisierende, musizierende Wickersdorf gräbt und jätet Un-kraut!"[154] - dabei war, Wald zu roden um ein Feld anzulegen[155]. Und man fand durch solche Beobachtungen die Bestätigung dafür, selbst "'farmerisch' auf dem richtigen Wege" zu sein[156].

Zum Thema 'Selbstverwaltung' aber kam man zu dem Schluß:

"[...] überhaupt demokratischer, freier als bei uns war nirgend[s] die Schülermitregierung."[157]

Damit erbrachte die Reise - nicht ohne ein gewisses Maß an Selbstgefälligkeit - das Gesamtergebnis, daß der eigene, der Scharfenberger Schulversuch, einem Vergleich mit den besuchten pädagogischen Institutionen allemal standhalten konnte[158].

Der Reise- und Erfahrungsbericht wurde - wie bereits gesagt - in die Chronik der Schulfarm eingetragen und war damit für jeden nachlesbar. Darüber hinaus be-richtete der Ausschuß der Schulgemeinschaft an zwei Abenden, an denen auch Elisa-beth Rotten zu Gast war, von seiner Reise[159]:

"Herr Wolff erstattete einen sehr kritisch gehaltenen Wickersdorfbericht [...]. Hans Woldt er-zählte in drastischer Weise von Bieberstein [...]. Walter Schramm entwickelte die Besonderhei-

---

150 Berlin, LA, SIS: CH, V, S. 80.
151 Berlin, LA, SIS: CH, V, S. 76f.
152 Berlin, LA, SIS: CH, V, S. 76.
153 Berlin, LA, SIS: CH, V, S. 76.
154 Berlin, LA, SIS: CH, V, S. 79.
155 Berlin, LA, SIS: CH, V, S. 79.
156 Berlin, LA, SIS: CH, V, S. 79.
157 Berlin, LA, SIS: CH, V, S. 78.
158 LENNERT, Rudolf, Ursprung und Frühzeit der deutschen Landerziehungsheime. Zum 100. Geburtstag von Hermann Lietz (28.4.1968), in: Neue Sammlung, Jg. 8 (1968), S. 247-259, S. 253: "[...] als in den 20er Jahren eine kleine Mannschaft aus Scharfenberger Schülern und Leh-rern eine Rundreise durch die Landerziehungsheime macht, um von ihnen zu lernen, stellen sie fest, daß sie doch eigentlich die 'besseren Menschen' sind, was nicht unbedingt richtig gewesen sein muß. Denn alle diese Stätten kennen wechselnde Blüten- und Verfallszeiten, und kurz von außen kommende Besucher kann sie oft nicht richtig sehen. Das Negative an ihnen läßt sich schneller erkennen als das Positive, wenigstens für kritische Besucher, und in all diesen Stätten gehört neben dem nüchternen Stolz auf sie auch die Neigung, auf sie zu schimpfen, zum 'Berufsprofil' sowohl des Lehrers wie des Schülers; das kann den Besucher leicht irreführen."

ten der Odenwaldschule, Hellmut Jaesrich hob die vielen sympatischen Züge Letzlingens hervor, und Blume machte mit den Bestrebungen der Neuwerkleute bekannt und unterstrich den Produktionsgedanken der Lohelandpioniere."[160]

Darüber hinaus zog die Reise einige konkrete 'Folgen' nach sich: So besuchte noch im gleichen Monat "uns Herr Alpers aus Wickersdorf, der uns dort so gastlich bewirtet, und erzählt[e] Näheres über Luserkes Sezessio und der neuen Schule am Meer in Juist [...]."[161] Und wenn Walther Saupe, den man - wie in diesem Kapitel gezeigt - in der Odenwaldschule kennengelernt hatte, und die Loheländerin Katja Schmidt später auf Scharfenberg lehrten, dann dürfte die Beziehungsknüpfung im Oktober 1924 nicht unwichtig gewesen sein[162].

Zu den praktischen Konsequenzen, die sich im Gefolge der Oktoberfahrt ergaben, kann die Entstehung der Scharfenberger 'Hühnerfarm'[163] nach dem Vorbild der Loheländer Hühnerfarm gezählt werden:

> "Die Lohelandschule hält sich [...] [...] einige Hundert Hühner in einem großen eingezäunten Komplex; flüchtige Besichtigung schon zeigte, daß diese Hühnerfarm eine Musterwirtschaft war. Das fehlt bei uns noch sehr; jeder Einzelzweig des praktischen Betriebes soll nicht nur etwas abwerfen, sondern durch seine Sauberkeit, durch Versuche bewußt und unbewußt wirken, Freude an der Qualitätsarbeit und schöner Ordnung wecken. Wenn diese Frauen hier oben, die Körbe flechten, Leinen weben, Häuser aus dem Material der eigenen Steinbrüche errichten, Zentner von Beerenobst sammeln und im Tanz ihre Körper trainieren, so viel Sorgfalt auf die Hühnerzucht verwenden, macht mich das [...] Verdammungsurteil unseres Landwirts daheim stutzig; nach der Heimkehr werde ich zunächst privatim auf unserem unausgenutzten Waldgelände eine Hühnerfarm errichten!"[164]

Anfang Dezember 1924 führte man auf Scharfenberg eine Sportpause ein, "die die Zeit zwischen Unterrichtsschluß und Mittagessen durch sportliche Betätigung ausfüllen sollte"[165] und die man zuvor auf Bieberstein kennengelernt hatte[166]:

> "In Bieberstein füllt man die Zeit zwischen dem Unterrichtsschluß und dem Mittagessen durch eine Sportpause aus, zu der man sich gruppenweise zusammenfindet. Diese Spanne zusammengerechnet macht weit mehr aus als was in den öffentlichen Schulen für Turnunterricht angesetzt ist."[167]

---

[159] Berlin, LA, SIS: CH, V, an S. 90 angeklebt.

[160] Berlin, LA, SIS: CH, V, an S. 90 angeklebt.

[161] Berlin, LA, SIS: CH, V, S. 83.

[162] S. zum Scharfenberger Zeit von Walther Saupe: S. 369f. - S. zur Scharfenberger Zeit von Katja Schmidt: S. 378-380.

[163] S. dazu S. 541f.

[164] Berlin, LA, SIS: CH, V, S. 82f.

[165] Ein entsprechender Antrag des Schülers Walter Schramm wurde in der 52. Abendaussprache vom 03.12.1924 angenommen; s. dazu: Prot. der 52. Abendaussprache vom 03.12.1924, in: Berlin, LA, SIS: CH, V, S. 98.

[166] Vgl. dazu im Prot. der 1. Abendaussprache vom 08.05.1922, in: Berlin, LA, SIS: CH, I, o.S., den Hinweis, daß bereits der morgendliche Dauerlauf auf Scharfenberg auf eine entsprechende Praxis in den Landerziehungsheimen zurückgeführt werden kann: "Nun waren wir soweit bearbeitet, daß Herr Blume uns anheimstellen konnte, jeden Morgen einen Dauerlauf zu machen. Herr Blume erinnerte an die guten Ergebnisse, die der Dauerlauf in Landerziehungsheimen gehabt hat."

[167] Berlin, LA, SIS: CH, V, S. 82.

Schließlich ging auch die Einrichtung einer eigenen Feuerwehrgruppe auf der Schulinsel[168] auf das Vorbild von Bieberstein zurück, wo "kurze Zeit vor unserem Dortsein die Schülerfeuerwehr in einem Dorf die erste Hilfe beim Brand gebracht [hatte]."[169]

I.6.B. DIE SCHULFARM ALS ZIEL PÄDAGOGISCHER REISENDER[170]

So wie die Scharfenberger Gruppe im Oktober 1924 'von einem pädagogischen Mekka zum anderen'[171] reiste, so reisten in den 20er Jahren auch andere Pädagogen und pädagogisch Interessierte von einem Reformversuch zum nächsten - und zwar in einem Ausmaße, daß von einem regelrechten pädagogischen Reiseboom gesprochen werden kann.

"Innerhalb Deutschlands und vom Ausland her nach Deutschland haben sich stark belebte Pilgerstraßen nach der 'neuen Schule' hin entwickelt, die um uns in vielgestaltigen Formen und in allen deutschen Kulturkreisen zur Verwirklichung heranreift. Man könnte heute schon pädagogische Reiselinien zeichnen, auf denen jahraus jahrein Tausende von In- und Ausländern die neue Erziehung zu erwandern suchen. Die Pläne für pädagogische Forscherfahrten erweitern sich mit dem Wachsen der Möglichkeiten, neuen Erziehungsleitbildern an immer neuen Orten durch Einzelklassen oder durch ganze Schulen Wirklichkeit zu verleihen. Einst zog man zu Lichtwark und [Carl] Götze [(1865-1947)], die Kunsterziehung zu schauen, dann nach Dortmund, München, Leipzig zu den Arbeitsschulen und neuen Organisationsformen der werk- und berufstätig gerichteten jugendlichen Entwicklungsarbeit, darauf mehr in die Landerziehungsheime, in die privaten (Berthold Otto[172]) und freien Schulgemeinschaften[173] und jetzt in die Stätten der freien geistigen Arbeit der öffentlichen Schulen und in die Gemeinschaftsschulen Hamburgs. Genaue Beobachtungen zeigen, daß die Wanderfahrten die alten Versuchsstätten durchaus noch nicht meiden, sondern noch gern mit weitgeöffneter Wimper schauen, was an den Wegen zu neuen Reisezielen an alter Schulschönheit blüht. So rundet sich die Linie zeitlich von der Kunsterziehung zur Gemeinschaftsschule und räumlich von Hamburg bis [...] zum großen, ganz Deutschland umspannenden Einheitskreise, der in der Mannigfaltig-

---

168 S. dazu S. 545-547.

169 Berlin, LA, SIS: CH, V, S. 82.

170 Ausgeklammert bleiben hier die Vielzahl der Hinweise auf sonstige 'Wahrnehmungen' der Schulfarm in der Art der folgenden: STEINBERGER, Nathan, Der sozialistische Schülerbund im Spannungsfeld von Schulreform und Schulkampf - Bericht eines ehemaligen Karsen-Schülers, in: Schulreform - Kontinuitäten und Brüche. Das Versuchsfeld Berlin-Neukölln, hrsg. von Gerd RADDE, Werner KORTHAASE, Rudolf ROGLER und Udo GÖSWALD im Auftrag des Bezirksamts Neukölln, Abt. Volksbildung, Kunstamt, Bd. I: 1912 bis 1945, Opladen 1993, S. 223-231, hier S. 226: "Wir [im Sozialistischen Schülerbund] verfolgten mit Interesse Berichte über Wynekens Freie Schulgemeinde [...], die Lichtwarkschule in Hamburg, die Schulfarm Scharfenberg in Tegel [...] [und] die Aufbauschule [Fritz Karsens] in Neukölln".

171 Berlin, LA, SIS: CH, V, S. 71.

172 OTTO, Berthold, Elternbesuch in der Schule, in: Der Elternbeirat. Halbmonatsschrift für Eltern, Lehrer und Behörden, Jg. 2 (1921), S. 57-59, hier S. 57, spricht von "über 5.000" [!] Hospitanten, die einen Unterricht im Laufe von 15 Jahren besucht hätten!

173 WYNEKEN, Gustav, Die deutsche Jugendbewegung, in: Frankfurter Allgemeine Zeitung vom 28.08.1958, schreibt, Wickersdorf habe 1919 "bis zu 1.000 [!] Besucher im Monat [!] gezählt, zum großen Teil der Jugendbewegung angehörig".

keit der Schulversuche alles umschließt, was im Ringen eines deutschen Menschenalters um eine neue Erziehung nach Entfaltung drängte."[174]

So begann Otto Karstädt (1876-1947)[175] seinen bedeutenden Aufsatz von 1922 über 'Neuere Versuchsschulen und ihre Fragestellungen'[176]. Und er ließ ihn enden mit einer "Geographie der deutschen Versuchsschulen (Zu Reiseplänen zusammengestellt)"[177], mit der er zum einen eine Situationsbeschreibung geben und zum anderen seine Leser zum Reisen durch die pädagogische Reformwelt sicher zu animieren suchte und dabei auch die Schulfarm Insel Scharfenberg als lohnenswertes Reiseziel empfahl[178].

Die gleiche Funktion wie Karstädts Arbeit hatte eine Aufsatzreihe von Reinhold Lehmann (Leipzig), mit der dieser 1925/26 in der österreichischen reformpädagogischen Zeitschrift 'Schulreform' einen Überblick über 'Versuchsschulen und Schulversuche im Auslande' gab[179] und darauf hinwies, daß nach dem 1. Weltkrieg bereits "zahllose Brücken"[180] zwischen Deutschland und dem Auslande entstanden seien:

"Zu Hunderten stehen einzelne schon in Briefwechsel, die Lehrerorganisationen kommen einander wieder näher, der Austausch pädagogischer Bücher und Zeitschriften nimmt zu."[181]

Auch würden sich seit einigen Jahren "pädagogische Fühlfäden von Land zu Land auch wieder dergestalt [erstrecken], daß Studienreisen unternommen werden, damit man die Fortschritte bei den Nachbarn und sich selber gegenwärtig kennen lerne. Es sind weniger offiziell Reisende, weniger begüterte Erzieher, die dazu schreiten, als vielmehr solche, die unter Opfern, ja Entbehrungen es durchsetzen, die Pioniere und auch den Schulalltag und auch die Schulverwaltung 'drüben' aus persönlicher Anschauung zu verfolgen, damit die aus dem Beobachten und Sichaussprechen gewonnene Förderung hineinstrahle in die eigene Schulstube, in die eigene Lehrervereinigung, in die eigene Schulbehörde."[182] Neben Einzelberichten gab Lehmann in einer mehrseitigen Tabelle einen Überblick: "Welche Neue Schulen empfehlen sich zum Besuche?"[183] Von den deutschen Schulen nannte er neben einer großen Anzahl von Landerziehungsheimen die "Farmschule Insel Scharfenberg"[184] sowie die Adres-

---

174 KARSTÄDT, Neuere Versuchsschulen und ihre Fragestellungen, S. 87.
175 Biogr. Inf. zu Karstädt: HESSE, Professoren, S. 408f. - ROSENOW, Gertrud, Otto Karstädt zum Gedächtnis, in: Die neue Schule. Blätter für demokratische Erneuerung in Unterricht und Erziehung, Jg. 2 (1947), S. 534f.
176 KARSTÄDT, Karstädt, Neuere Versuchsschulen und ihre Fragestellungen, in: Jahrbuch des Zentralinstituts für Erziehung und Unterricht, Jg. 4 (1922), Berlin 1922, S. 87-133.
177 KARSTÄDT, Neuere Versuchsschulen und ihre Fragestellungen, S. 131-133.
178 KARSTÄDT, Neuere Versuchsschulen und ihre Fragestellungen, S. 117 und S. 132 zur Schulfarm Insel Scharfenberg.
179 LEHMANN, Reinhold, Versuchsschulen und Schulversuche im Auslande, Teil 1-3 in: Schulreform, Jg. 4 (1925), S. 449-456, S. 573-578 und S. 633-639; Teil 4-6 in: Schulreform, Jg. 5 (1926), S. 105-112, S. 283-286 und S. 445-451.
180 LEHMANN, Versuchsschulen (1925) S. 449.
181 LEHMANN, Versuchsschulen (1925) S. 449.
182 LEHMANN, Versuchsschulen (1926) S. 105.
183 LEHMANN, Versuchsschulen (1926) S. 105-112.
184 LEHMANN, Versuchsschulen (1926) S. 107.

sen von Elisabeth Rotten und Fritz Karsen als fachlich kompetente Auskunftsgeber[185].

Über diese beiden anregenden Aufsätze hinaus sind die zahllosen pädagogischen Reisen vielfach belegt - durch ungedruckte Reiseberichte, wie etwa den bereits (mehrfach) genannten Bericht des im brandenburgischen Provinzialschulkollegium tätigen Erich Kummerow[186], durch gedruckte Hinweise auf pädagogische Reisen, wie etwa im Kontext der bereits genannten Saarbrücker Schulreform um Niemann[187]. Außerdem liegt auch eine Reihe von gedruckten autobiographischen Hinweisen auf reformpädagogische Reisen vor, so etwa die Autobiographie des Lehrers Hans-Windekilde Jannasch (1883-1981)[188], der berichtet, daß er mit Vorbehalten die Zeitschrift und die Veröffentlichungen des Bundes Entschiedener Schulreformer gelesen habe und sich zur Klärung seiner Frage, wieviel von dem Geschriebenen "bloß Papier [blieb], wieviel wirklicher Versuch [war]"[189] vom Landschulheim am Solling, an dem er tätig war, Sonderurlaub zum Kennenlernen des Berliner Schulwesens geben ließ[190]:

> "Den stärksten Eindruck machte mir die von Rektor [Max] Kreuziger [(1880-1953)] geleitete 'Gemeinschaftsschule' [...]. Die Schulfarm auf der Insel Scharffenberg [sic!] im Tegeler See war ganz von unsrer [sic!] Art. Man befand sich dort eben in gedrückter Stimmung, und darum wirkte mein Besuch als der eines schon erfahreneren pädagogischen Onkels aufmunternd, und so mußte ich meinen Namen ins 'Goldene Buch' der Schule eintragen. Eindrucksvoll war die Arbeit Adolf Jensens in seiner 'Rütli-Schule', während mir der Besuch in der Schule Karsens widerspruchsvolle Eindrücke hinterließ."[191]

Aus der Reihe der eigenständigen autobiographischen Reiseberichte seien hier lediglich zwei weitere Beispiele genannt: Zum einen der 1921/22 veröffentlichte Bericht von Erich Mohr über seine 'Reise ins zukünftige Deutschland', auf der er sich lebensreformerische Siedlungen ansah[192], und dabei z.B. auch die 'Schule für Gymnastik, Landbau und Handwerk' in Loheland bei Dirlos in der Rhön[193] sowie den Habertshof bei Elm[194] besuchte, zum anderen der teilweise publizierte Bericht einer 1923 durchgeführten Reise von F. Wetzel, der sich für ein halbes Jahr ohne Gehalt von seiner Schulbehörde hatte beurlauben lassen, um in dieser Zeit durch Mittel- und Süddeutschland zu wandern und eine große Zahl 'neuer Schulen' - etwa Hellerau und dessen Volksschule (Emil Steiger!) und die 'Neue Schule' von Hermann Harless

---

[185] LEHMANN, Versuchsschulen (1926) S. 107.
[186] KUMMEROW, Bericht. - S. dazu S. 197.
[187] S. 394-398.
[188] Biogr. Inf. zu Jannasch (mit weiterführender Literatur): HESSE, Alexander, Die Professoren und Dozenten der preußischen Pädagogischen Akademien (1926-1933) und Hochschulen für Lehrerbildung (1933-1941), Weinheim 1995, S. 391-393.
[189] JANNASCH, Hans-Windekilde, Pädagogische Existenz. Ein Lebensbericht. Mit einem Vor- und Nachwort von Helmuth KITTEL, Göttingen 1967, S. 286.
[190] JANNASCH, Pädagogische Existenz, S. 286.
[191] JANNASCH, Pädagogische Existenz, S. 286.
[192] MOHR, Erich, Eine Reise ins zukünftige Deutschland, in: Vivos Voco. Zeitschrift für neues Deutschtum, Jg. 2 (1921/22), S. 580-587.
[193] MOHR, Reise, S. 582-584.
[194] MOHR, Reise, S. 584.

(1887-1961)[195] sowie die Schule für Rhythmus, Musik und Tanz (Dalcroze-Schule) - zu besuchen[196].

Ein Blick in (reform)pädagogische Zeitschriften der Zeit, etwa in die vom Bund Entschiedener Schulreformer herausgegebene 'Neue Erziehung' oder aber auch in das vom Zentralinstitut für Erziehung und Unterricht herausgegebene 'Pädagogische Zentralblatt' zeigt, daß auch die pädagogischen Tagungen regelmäßig von Besuchen reformpädagogisch arbeitender Schulen begleitet wurden - daß das Zentralinstitut für Erziehung und Unterricht Reisen vermittelte bzw. pädagogisch Interessierten reformpädagogisch relevante Schulen nannte[197], ja selbst große pädagogische Fahrten veranstaltete:

So führte etwa Fritz Karsen - nach dem Scheitern seines Lichterfelder Reformversuches[198] ab Sommer 1920 ein Jahr lang als wissenschaftlicher Hilfsarbeiter im Ministerium für Kultur, Wissenschaft und Volksbildung tätig und hier "von Amts wegen mit pädagogischen Versuchen in öffentlichen und privaten Schulen Deutschlands"[199] beschäftigt[200] - vom 22.05. bis 04.06.1921 im Auftrag des Zentralinstituts für Erziehung und Unterricht eine 'Studienfahrt durch mitteldeutsche Erziehungsstätten', die Lietzschen Landerziehungsheime Ilsenburg, Haubinda und Bieberstein, die Freie Schulgemeinde Wickersdorf, die Odenwaldschule, die Waldorfschule in Stuttgart u.a. durch[201].

Vom 01. bis 10.10.1927 leitete dann Franz Hilker eine vom Zentralinstitut veranstaltete Fahrt durch Landerziehungsheime und Freie Schulgemeinden, an der 35 Lehrer und Lehrerinnen aller Schulgattungen teilnahmen. Besucht wurden die

---

[195] Hermann Harless war ab 1912 Mitarbeiter von Lietz, 1915/20 und 1922 Mitarbeiter an der Odenwaldschule, danach Leiter des Internats in Hellerau, ab 1924 Leiter des Nordseepädagogiums Südstrand auf Föhr, 1928 Gründung des Landerziehungsheims Schloß Marquartstein, Oberbayern, das er bis ca. 1945 leitete; seine letzten Lebensjahre verbrachte er mit schriftstellerischen Arbeiten. - Biogr. Inf. zu Harless: NÄF, Martin, Paul Geheeb. Seine Entwicklung bis zur Gründung der Odenwaldschule (=Schriftenreihe des Weltbundes für Erneuerung der Erziehung, 4), Weinheim 1998, S. 426. - Zudem: Näf an D.H. br. vom 06.05.1999.

[196] Ein Teil seines Reiseberichts wurde 1925 veröffentlicht: WETZEL, F., Pädagogischer Landstreicher. Meine große Fahrt, in: Junge Menschen. Monatshefte für Politik, Kunst, Literatur und Leben aus dem Geiste der jungen Generation, Jg. 6 (1925), S. 167-172.

[197] S. z.B.: KREITMAIR, Karl, Schulversuche in und um Berlin, in: Bayerische Lehrerzeitung, Jg. 63 (1929), S. 737-740: Kreitmair berichtet, er habe im Herbst 1928 zusammen mit einem Kollegen eine "Reise ins geistige Zentrum Deutschlands", nach Berlin, gemacht; dabei habe ihm das Zentralinstitut relevante Schulen benannt.

[198] Vgl. S. 100.

[199] RADDE, Fritz Karsen, S. 49.

[200] Diese Zeit schlug sich in zahlreichen Publikationen Karsen nieder; vgl.: RADDE, Fritz Karsen, S. 50.

[201] S.: Jahrbuch des Zentralinstituts für Erziehung und Unterricht, Jg. 3 (1921), Berlin 1922, S. 195. - Vgl. auch: KARSEN, Fritz, Ein Besuch in der Odenwaldschule, in: Der Elternbeirat. Halbmonatsschrift für Eltern, Lehrer und Behörden, Jg. 2 (1921), S. 457-462.

Lietz-Heime Bieberstein, Haubinda und Ettersburg, die Odenwaldschule, Letzlingen, das Landerziehungsheim am Solling und Wickersdorf[202].

Als ein herausragender, bislang völlig unausgewerteter Quellentyp, der (u.a.) Auskunft über das Ausmaß des 'Reisebooms' gibt, sei abschließend genannt: die Gruppe der Gäste- und Besucherbücher reformpädagogischer Institutionen, wie sie z.b. für Bieberstein und vor allem auch über Jahrzehnte hinweg ohne Lücken für die Odenwaldschule erhalten sind[203].

Für die Schulfarm liegen solche Gäste- und Besucherbücher leider nicht vor; doch lassen entsprechende Einträge in der Chronik und Bemerkungen in anderen Quellen deutlich erkennen, daß auch sie - wie schon beim Sommerschulversuch 1921 - bald nach ihrer Gründung zu einem der bevorzugten Ziele der Reisenden in Sachen Reformpädagogik wurde.

Obwohl die Scharfenberger Schule "die am schwersten zu erreichende Schule Berlins" sei, und "alleine schon das unangemeldete Herüberkommen [...] seine Schwierigkeiten" bereite, sei, so Blume 1923, "die Zahl der fremden Gäste sehr groß"[204].

Eine besondere Rolle spielten - wie in dieser Arbeit bereits mehrfach gezeigt - von Beginn die Besuche zahlreicher Vertreter aus Politik und Verwaltung. 1923 konnte Blume über sie schreiben, daß insbesondere die Berliner Behördenvertreter, "angefangen vom Oberbürgermeister bis hin zum Sektretär des Stadtschulbüros", schon alle auf der Insel gewesen seien, da sie - so Blume weiter - "selbstverständlich ein Interesse daran [hatten], was aus der Insel geworden ist"[205].

Wie bereits an einigen Beispielen gezeigt wurde und auch in nachfolgendem Chronikeintrag deutlich wird, war Blume stets bemüht, den Besuchern möglichst eindrucksvoll zu zeigen, welche Pädagogik auf Scharfenberg praktiziert wurde:

> "In der Nacht [zum 23.08.1922] goß es in Strömen; unruhig fragte man sich - wird unser nun zum Donnerstag angemeldeter Besuch kommen oder nicht? Gerade um 8 1/2, als die Herrschaften das Auto am Wannseebahnhof besteigen wollten, begann sich's aufzuklären, und um 3/4 10 sah ich unseren Fährkahn unter Grundschöttels Führung bei hohem Wogengang zu uns herübertragen außer Herrn Oberstadtschulrat Paulsen Herrn Oberregierungsrat Kummerow, Herrn Oberschulrat Blankenburg und Frau Oberschulrat Wegscheider. Herr Blankenburg probierte sofort unseren neuen Ibach[-Flügel]; dann hospitierten die 4 Gäste im Unterricht; Herrn Netzbands Zwischenstüfler zeichneten in der Werkstatt die Hobelbank und im Stall die Ziege;

---

202   S. über diese Reise: BLOCK, Friedrich, Der Nutzen einer Studienreise durch die Landerziehungsheime und Freien Schulen, in: Pädagogisches Zentralblatt, Jg. 8 (1928), S. 170-179; dieser Bericht enthält über den eigentlichen Reisebericht und Einzelbeobachtungen hinaus auch allgemeine Beobachtungen über Landerziehungsheime und ihre Wirkungsmöglichkeiten auf das öffentliche Schulwesen.

203   Zu den Besucherbüchern der Odenwaldschule grundlegend: SCHMITT, Hanno, Die Besucherbücher der Odenwaldschule (1910-1933), in: Nationale und internationale Verbindungen der Versuchs- und Reformschulen in der Weimarer Republik. Beiträge zur schulgeschichtlichen Tagung vom 17.11.-18.11.1992 im Hamburger Schulmuseum, hrsg. von Reiner LEHBERGER (=Hamburger Schriftenreihe zur Schul- und Unterrichtsgeschichte, 5), Hamburg 1993, S. 130-135; mit akt. Anmerkungsteil wieder: Marburg 1999:
      http://archiv.ub.uni-marburg.de/sonst/1999/0006.html

204   BLUME, Bericht (1923), Bl. 263r.

205   BLUME, Bericht (1923), Bl. 263r.

ausliegende und im Unterricht hervorgezogene 'Frühlicht'abbildungen beschworen eine Bruno Taut-Debatte herauf; im Lateinkurs, der auf der Veranda tagte, brachte Herrn Blankenburgs Frage nach der innerlichen 'Einstellung' zu Horaz Aufregung; die Zwischenstüfler traf man unter Herrn Wahles Leitung im Biologiezimmer beim Pilzebestimmen; im Kulturunterricht, der dann schon wenn auch bei starkem Winde draußen an Tischen unter den Eichen abgehalten wrden konnte, stand das Mönchtum im Mittelpunkt; eine Äußerung Erich Gawronskis, die Details der Benediktinerregel, die alle aus Quellenheften studiert hatten, hätten ihm mancherlei Parallelen mit dem Scharfenberger Leben gebracht, führte zu lebhaften Debatten, an denen sich auch die Gäste beteiligten; das Helfersystem, eine Eigenart unseres Kulturunterrichts, ward anschaulich durch Netzbands Eingreifen, der den Bauplan St. Gallens an der Tafel entstehen ließ und die Kunstschrift der Mönche zeigte, sowie durch Rosollecks Vortrag über Klostermusik und Notenschrift (Neumen!). Zum Schluß sprach Grundschöttel Schillers 'Glück'[206], das zu der bald beginnenden Lektüre von Schillers Naiver und sentimentaler Dichtung überleiten sollte. Chronik, Unterrichtsrechenschaftsbücher wurden durchgeblättert und der Aufbau und die Ziele der Schule in meinem Zimmer besprochen, wo sich inzwischen auch Prof. Cohn und Frl. Rotten eingefunden hatten. Bei Tisch waren wir 33; es gab Schellfisch und Gurkensalat [...]!
Als Nachtisch bot uns Herr Oberschulrat Blankenburg den Vortrag des 2. Satzes der 5. Symphonie von Beethoven nach vorangeschickter Erläuterung. Herr Paulsen meinte, vielleicht werde diese Art Nachtisch eine Scharfenbergtradition werden, so wie der Tischspruch zu Beginn der Mahlzeit [...].
Arnold Fritz erregte mit seiner Blankenburgsilhouette, beim Musizieren konzipiert, viel heitere Zustimmung; um 1/2 3 Uhr läutete man zur XI. [Abend-]Aussprache."[207]

Wenn ein solcher Besuch einmal eher an der 'Oberfläche' blieb, dann konnte sich bei Blume rasch Enttäuschung einstellen. So heißt es in einem Bericht in der Chronik im Anschluß an einen großen Besuch im Juni 1922, bei dem ein Motorboot 25 Vertreter der städtischen Verwaltung, dem Provinzialschulkollegium und dem Ministerium - darunter Oberstadtschulrat Wilhelm Paulsen mit seiner Gattin, der Pädagogin Elsa Paulsen (1879-1947), Stadtschulrat Wilhelm Helmke, Stadtschulrat Jens Nydahl, Geheimrat Friedrich Rommel mit Gattin, Geheimrat Ludwig Pallat, Oberschulrätin Hildegard Wegscheider[208], Oberregierungsrat Erich Kummerow[209] - auf die Insel brachte, und der die Gäste positiv beeindruckte[210], u.a.:

"Wir waren, als sie fort waren, eigentlich etwas enttäuscht. Das war auch nur eine Besichtigung im üblichen Stil geworden; am Unterricht hastete man vorbei, [nur] Herr Oberregierungsrat Kummerow suchte offenbar die Berührung mit der Jugend und aß mit uns am

---

206 SCHILLER, Friedrich, Das Glück, in: Schillers Werke. Nationalausgabe, Bd. 2, Teil 1: Gedichte [...], Weimar 1983, S. 300f.
207 Berlin, LA, SIS: CH, I, o.S.
208 Zur Biogr. dieser Pädagogin und Schulpolitikerin: SCHMOLDT, Benno, Hildegard Wegscheider, in: Pädagogen in Berlin. Auswahl von Biographien zwischen Aufklärung und Gegenwart, hrsg. von Benno SCHMOLDT (=Materialien und Studien zur Geschichte der Berliner Schule, 9), Baltmannsweiler 1991, S. 237-247. - S. auch die Autobiogr.: WEGSCHEIDER, Hildegard, Weite Welt in enger Jugend. Erinnerungen, Berlin 1953.
209 Berlin, LA, SIS: CH, I, o.S. - Und: BLUME, Bericht (1923), Bl. 196v.
210 Berlin, LA, SIS: CH, I, o.S.: "Am Dienstag [13.06.1922] war ich in Berlin bei Herrn Oberstadtschulrat Paulsen, der von dem Erfolg des ministeriellen Besuchs und von seinen neuen Sorgen um die Bewilligung seiner Etatsposition für Versuchsschulen erzählte; ich hatte mit ihm die Regulierung des Gehaltsbezugs zu besprechen; er ermächtigte mich, Tinte und Kreide in der Quantität einer Klasse durch das Humboldtgymnasium zu beantragen; Herr Schulrat Nydahl erinnerte sich an sein Versprechen, für eine kleine Tafel Sorge zu tragen." - Berlin, LA, SIS: CH, I, o.S.: "Herr Woldt, der [am 15.06.1922] zum 1. Mal seinen Sohn hier besuchte, erzählte, mit welcher Begeisterung die Herren im Ministerium von der Scharfenbergfahrt berichtet hätten, wie sie versuchen wollten, auch das Finanzministerium zu interessieren [...]."

Tisch unsere Erbsensuppe und rote Grütze, die anderen Gäste nahmen weiterhin an einem offiziellen Frühstück teil, das von Angestellten des Rathauskellers herumgereicht wurde."[211]

Beim Sichten der Quellen fällt auf, welchen hohen Anteil der Besucher ausländische Gäste, die, wie Blume 1923 schrieb, oft "die interessantesten [seien], da sie uns vergleichsweise von der Jugenderziehung ihrer Länder erzählten"[212], ausmachten. "Mehrere Bulgaren, Russen, ein höherer japanischer Berater mit Dolmetscher waren [...] unsere Gäste"[213], heißt es etwa in einem Chronikeintrag Blumes vom Herbst 1924. Und Wilhelm Ziegelmayer schrieb in Band VI der Chronik:

"Wir kriegen hier auf unserer Insel viel Besuch. Der Chronist [=Ziegelmayer] hat sogar ein 'Fremdenbuch' angelegt[214], darin sich alle seltenen Exemplare eintragen müssen. Wer kennt die Völker, zählt die Scharen!! Nur von einem Monat will ich aufzählen: Indien (2 Inderinnen in exotischen Gewändern), Japan, China, Eichkamp, Prag, Riga, Berlin, Czernowitz-Rumänien, Hermannstadt, Aachen, Mexiko, Genf, Nordamerika, ... Kein Wunder, wenn Blume eine Grammophonplatte in 7 Sprachen herstellen will, die über die Organisation der Schulfarm alles herunterwalzen soll. Bald müssen wir Dolmetscher anstellen [...]."[215]

Von der Vielzahl der ausländischen Besucher seien hier - in nahezu beliebiger Auswahl - lediglich einige wenige genannt:

Am 08.09.1922 stattete der Stadtschulrat von New York seinen Besuch ab[216]. Ein anderer amerikanischer Gast war der Pädagoge Bob Wormser, der u.a. im englischen Unterricht der Schulfarm hospitierte:

"Ein Mitglied des englischen Kurses schreibt über den Besuch des amerikanischen Pädagogen Bob Wormser [...]: 'Durch seine Teilnahme am englischen Unterricht merkten wir den Unterschied zwischen englischer und amerikanischer Aussprache. Er erzählte viel vom amerikanischen Schulwesen, das längst nicht so freiheitlich zu sein scheint, wie wir es uns gedacht hatten; er selbst hat viel Schwierigkeiten gehabt, als er in einer Public School nicht die langweiligen Schulbücher las, sondern mit den Jungen Wikingergeschichten las und aufführte. Wir spra-

---

211 Zit. nach: BLUME, Bericht (1923), Bl. 196v.
212 BLUME, Bericht (1923), Bl. 263v.
213 Berlin, LA, SIS: CH, V, S. 52. - Zu dem hier genannten japanischen Besuch s. auch: Berlin, LA, SIS: CH, V, S. 83, und: BLUME, Erinnerungen, S. 17.
214 Dieses 'Fremdenbuch' ist allerdings nicht mehr erhalten.
215 Berlin, LA, SIS: CH, VI, o.S.
216 BLUME, Bericht (1923), Bl. 195v: "Im September [1922] besuchte uns der Stadtschulrat von New York, nahm am Vermessungsunterricht der Mittelstufe und am Kulturunterricht der Oberstufe teil, unterhielt sich mit deren Mitgliedern auf deutsch und englisch, konnte sich kaum erklären, daß die jungen Herren so ganz ohne besondere Gegenleistung den unbeschreiblichen Vorzug genießen durften, ihre Schuljahre hier zu verleben: 'Das enthält für Sie eine ganz besondere Verpflichtung, da muß es später im Leben von jedem einzelnen von Ihnen heißen: Das ist ein Scharfenberger!' Etwas eigenartig berührte uns das hartnäckige Fragen nach dem Philosophen, auf den wir hier beruhten. Einerseits warf er den Deutschen vor, sie seien groß in der Idee und erlahmten in der Praxis, andererseits forscht er nach dem ideelen Urheber, nach der Theorie, bei unternehmen, das ganz aus der Praxis heraus hervorgegangen und seine endgültigen Ziele auch erst aus der Praxis heraus hervorwachsen lassen will. Nett war ein Intermezzo mit Arnold Fritz, der ihm 2 selbstgeschnittene Silouetten überreicht hatte. 'Was kosten sie?' Hilflos stand unser Arnold vor dem Amerikaner. 'Ich habe noch nie etwas davon verkauft.' Er gab ihm einige Dollar; 'aber bedenken Sie, daß Sie ein Gemeinschaftsschüler sind. Sie werden also das Geld selbstverständlich für die Allgemeinheit verwenden.'" - In: Berlin, LA, SIS: CH, I, o.S., ist als Besucher (auch) genannt: der New Yorker Direktor der Gemeinde- und Fachschulen George J. Loewy.

chen auch von der Abschaffung der Kriege und waren nicht alle einer Meinung. Doch fühlten wir, daß auch hinter den Wassern Menschen wohnen, die nicht nur nach Geld jagen. Es war sicher ein gutes Zeichen, wenn nachher einer von uns sagte: 'Ich bin heute wieder ein gutes Stück weiter gekommen.' Herr Wormser hatte auch Verse eines gefangenen Dichters gesprochen, die wir übersetzten; im Anschluß daran versprach er Adressen von amerikanischen und englischen Schülern, damit daraus ein Briefwechsel entstände und so ein ganz kleiner Schritt getan würde zum Ausgleich der Gegensätze.'"[217]

Wormser - "unser Freund"[218] - vermachte der Schulfarm bei seinem Abschied Walt Whitmanns Werke[219]; und er vermittelte der Schulgemeinschaft einen Kontakt zur Montezuma Mountain School in Los Gatos in Kalifornien. In einem Brief vom 7. September 1923 schrieb er diesbezüglich an Blume:

> "Ich war eben 2 Tage in der Montezumaschule und habe ihren Leiter Ernest Rogers und den boys von Scharfenberg erzählt. Sie reagierten sehr fein. Sie wollen Scharfenberg helfen, und wir sind entschlossen, daß Scharfenberg leben soll. Welches sind die augenblicklichen Nöte der Schule? Wären einige hundert Dollar eine Hilfe? Einer der Jungen in Montezuma hat einen Verwandten in Holland, der zu den reichsten Kaufleuten Amsterdams gehört. Der Junge denkt, es würde möglich sein, diesen Mann für Scharfenberg zu interessieren und eine Stiftung von ihm zu bekommen. Ich begeistere mich nicht mehr so leicht wie früher; aber mein Besuch bei diesen Jungen war mir ein starker Ansporn und eine große Ermutigung. Sie fühlen aufrichtige Symphatie für die ähnlich gerichtete deutsche Schule. Es wäre mir eine tiefe Freude, zu wissen, daß ich ein Freundschaftsvermittler zwischen beiden Schulen sein könnte"[220].

Tatsächlich wurde ein Briefwechsel zwischen beiden Schulen begonnen: Ihr Leiter schrieb Blume noch am 10.09.1923[221]. Das Schreiben wurde von Blume umgehend beantwortet[222], zudem wurden, ebenfalls noch im September 1923, 18 Briefe an "Montezumaboys"[223] abgeschickt[224].

---

[217] BLUME, Bericht (1923), Bl. 196v-197r. - Vgl. zu Wormser: S. 320.

[218] Berlin, LA, SIS: CH, III, S. 92.

[219] BLUME, Bericht (1923), Bl. 196v. - [Vgl.:] Walt Whitmanns Werk. Ausgew., übertr. und eingel. von Hans REISINGER, 2 Bde., Berlin 1922.

[220] Zit. nach: Berlin, LA, SIS: CH, III, S. 92f.

[221] Das Schreiben von E.A. Rogers an Blume vom 10.09.1923 findet sich in Berlin, LA, SIS: CH, III, zwischen S. 92 und S. 93 eingeklebt: "[...]. My dear Mr. Blume: Mr. Bob Wormser gave us such a glowing account of your noble struggle in Germany with your school, that I feel a kindship, due to the fact that we went through the same struggle, for years, before we got recognition and stability. There were five years of our early existence (we are now beginning our fifteenth year) when the way was very dark indeed. No financial assistance, and the universities not very friendly toward us. Gradually we have worked up to a position where we can see daylight ahead, a little. We wish to give you encouragement, and what assistance we can; our field of work is so different from the other educational systems that it behooves us to be friendly and cling together. I would like to keep in touch with you, very much, if you care to write to me. Please write in German, as I read it, but do not write it very well. My boys would like to have your boys write letters to them, addressing just 'Dear Friend' and stating age and interests and name. I will give the letters to a suitable boy, and each will answer. Let them write in English or German. Have you an Esperanto class? We are starting one, and perhaps the boys could correspond in Esperando. I am going to keep their interest up, and if we can assist you a little, later, we are going to try to do it. I sincerely hope you will not give up, for I feel the future of our educational system depends on the few of us who see the better way. I send one of our catalogues [...]."

[222] Berlin, LA, SIS: CH, III, S. 93.

[223] Berlin, LA, SIS: CH, III, S. 93.

Am 22.10.1922 besuchte die Engländerin Miss Beatrice Ensor "mit ihren Begleiterinnen Frl. Rotten und Frl. Conrad"[225] die Schulfarm "um einen Vergleich zwischen ihrer Schule in der weiteren Umgebung Londons und Scharfenberg anzustellen"[226].

Aus Moskau kam im Winter 1922/23 Prof. Levitin, Mitglied des russischen Reichsgelehrtenrats und systematischer Begründer von 'Arbeitsschulen' in der Sowjetunion, mindestens zweimal auf die Insel; das erste Mal war er "am 15.[12.1922] mitten in die Gawan[theater]probe hineingeschneit: 'Sie müssen entschuldigen; bei uns steht alles Kopf.' - 'Das ist schön; bei uns steht das ganze Land Kopf. Nur so kann sich wahrhaft Neues gestalten.'"[227]

---

[224] Berlin, LA, SIS: CH, III, S. 93. - Über den weiteren Verlauf der Beziehung geben die Quellen keine Auskunft.

[225] Berlin, LA, SIS: CH, I, o.S.

[226] Berlin, LA, SIS: CH, I, o.S. - Zu Ensors Schule s. S. 468f. - Anläßlich dieses Besuches heißt es in: Berlin, LA, SIS: CH, I, o.S.: "E. Gawronski übernahm kühnlich die Aufgabe, in der englischen Zeitschrift unsere Schule zu schildern [...]."

[227] Berlin, LA, SIS: CH, II, S. 10. - Ebd., schrieb Blume zu dem russischen Pädagogen weiter: "[...] des Pudels Kern scheint ihm die Lehrerfrage zu sein; 'nur wenn hier in Scharfenberg Lehrer in neuem Geist herangebildet werden können, hat es eine allgemeine Bedeutung.'" - Vgl.: BLUME, Bericht (1923), Bl. 263v. - Vgl. auch: BLUME, Erinnerungen, S. 16.

Aus Österreich, dessen Schulreform in den 20er Jahre auch durch das Ausland, nicht zuletzt von deutschen Reformpädagogen, in starkem Maße rezipiert wurde[228], kam der Reformpädagoge Ludwig Erik Tesar (1879-1968)[229].

Tesar war Leiter der Bundeserziehungsanstalt Wiener-Neustadt, einer von einer ganzen Reihe von österreichischen 'Bundeserziehungsanstalten', die bis zum ersten

---

[228] In dem von dem Wiener Stadtschulrat Otto Glöckel (1874-1935) jährlich erstatteten Bericht über die 'Wirksamkeit des Stadtschulrates für Wien' wurde in der festen Rubrik 'Die Wiener Schulreform und das Ausland' regelmäßig über diese Rezeption berichtet: Die Wirksamkeit des Stadtschulrates für Wien während des Schuljahres 1924/25. I. Amtlicher Bericht 1924/25, erstattet von Otto GLÖCKEL, Wien 1925, bis: VIII. Amtlicher Bericht 1931/32, erstattet von Otto GLÖCKEL, Wien 1932 [der 3. Bericht u.d.T.: GLÖCKEL, Otto, Die Wirksamkeit des Stadtschulrates für Wien während des Schuljahres 1926/27. III. Amtlicher Bericht, Wien 1927]. - Weitere, einen Überblick über die Wiener Schulreform gebende gedr. Quellentexte: WESELY, August, Die österreichische Schulreform und das Ausland, in: Schulreform, Jg. 2 (1923), S. 221-226. - GLÖCKEL, Otto, Das Wiener Schulwesen, in: Das Neue Wien. Städtewerk, hrsg. unter offizieller Mitwirkung der Gemeinde Wien, Bd. 2, Wien 1927, S. 201-336, darin S. 239f. Kap. 'Die Wiener Schulreform und das Ausland'. - GLÖCKEL, Otto, Drillschule, Lernschule, Arbeitsschule, Wien 1928, darin S. 29f. Abschnitt 'Die Schulreform und das Ausland'. - GLÖCKEL, Otto, Die Wiener Schulreform, in: Die neuzeitliche deutsche Volksschule. Bericht über den Kongreß Berlin 1928, hrsg. von der Kongreßleitung, Berlin 1928, S. 299-313. - TESAR, Ludwig Erik, Die Schulreform in Österreich, in: Handbuch der Pädagogik, hrsg. von Herman NOHL und Ludwig PALLAT, Bd. 4, Langensalza 1928, S. 313-324. - FADRUS, Viktor, Zehn Jahre Schulreform und Schulpolitik in Österreich, in: Zehn Jahre Schulreform in Österreich. Eine Festgabe. Otto Glöckel, dem Vorkämpfer der Schulerneuerung, gewidmet von seinen Mitarbeitern, Wien 1929, S. 9-59; wieder in: Schulreform, Jg. 8 (1929), S. 193-243; um das letzte [einen Hinweis auf die Schulfarm beinhaltende] Kapitel gekürzt wieder in: FADRUS, Viktor, Beiträge zur Neugestaltung des Bildungswesens. Zu seinem 70. Geburtstag, hrsg. von seinen Freunden und Schülern, Wien 1956, S. 66-94. - FURTMÜLLER, Karl, Otto Glöckel und die Schulreform, in: Zehn Jahre Schulreform in Österreich. Eine Festgabe. Otto Glöckel, dem Vorkämpfer der Schulerneuerung, gewidmet von seinen Mitarbeitern, Wien 1929, S. 1-8. - Ein Urteil über die österreichische Schulreform, in: Schulreform, Jg. 8 (1929), S. 66. - STEINER, Hans, Das Ausland und die Wiener Schulreform, in: Schulreform, Jg. 11 (1932), S. 91-94. -
Als ein Beispiel für einen Bericht aus deutscher Perspektive s. den Bericht von Paul Hildebrandt, der 1927 an einer neuntägigen Studienreise Berliner Lehrer nach Wien teilgenommen hatte: HILDEBRANDT, Paul, Das Neue Wien, in: Vossische Zeitung vom 10.12.1927, Morgenausg. - Neuere Arbeiten zur österreichischen Schulreform: ACHS, Oskar / KRASSNIGG, Albert, Drillschule - Lernschule - Arbeitsschule. Otto Glöckel und die österreichische Schulreform in der Ersten Republik, Wien [u.a.] 1974, darin S. 144-146 Kap. 'Bewundernde Worte vieler Fremder'. - ACHS, Oskar, Das internationale Interesse an der Schulreform unter Otto Glöckel, in: Die österreichische Reformpädagogik 1918-1938. Symposiumsdokumentation, hrsg. von Erik ADAM (=Beiträge zur Geschichte der Pädagogik, 1), Wien [u.a.] 1981, S. 271-285. - KEIM, Wiener Schulreform. -
KEIM, Wiener Schulreform. S. 267: "Das Vergessen der [...] enthusiastisch gefeierten Wiener Schulreform der 20er Jahre ist vor allem deshalb bedauerlich, weil diese ein wichtiges Korrektiv zu unserem Verständnis von 'Reformpädagogik' und 'Reformpädagogischer Bewegung' hätte vermitteln können. Stellt sie doch eines der wenigen Beispiele der Zwischenkriegszeit für die Einbettung einer pädagogischen Reform in ein umfassendes sozialpolitisches Konzept dar und ist zugleich ein interessanter Modellfall für den Versuch, das gesamte Schulwesen einer größeren Region, nämlich der Stadt Wien, nach reformpädagogischen Grundsätzen umzugestalten." S. 278 hebt Keim folgende drei Grundzüge der Glöckelschen Reform als beispielhaft hervor: "erstens ihre Verankerung in einer umfassenden Gesellschaftsreform, zweitens ihre pädagogische Orientierung, zumindest in Teilbereichen, und schließlich drittens ihr Versuch einer ansatzweise flächendeckenden Umsetzung wenigstens für Teilreformen."
[229] Lebensdaten: Engelbrecht an D.H. br. vom 06.03.1999.

Weltkrieg der Ausbildung von Kadetten gedient hatte und nun, völlig umgewandelt, im Zuge einer umfassenden Schulreform als Versuchsschulen, d.h. als Transformatoren der gesamten Reformen dienen sollten[230]. Dabei griffen die Bundeserziehungsanstalten die Grundidee der Landerziehungsheime auf, im Rahmen von Internaten die Bildung des ganzen Menschen zu erstreben und seine geistigen, körperlichen und charakterlichen Anlagen gleichermaßen zu fördern; doch entwickelten sie sich bald zu einem eigenständigen, neuen Typus institutionalisierten Lehrens und Erziehens - der auffallende Ähnlichkeiten mit der Schulfarm Insel Scharfenberg aufwies und daher hier etwas ausführlicher vorgestellt werden soll.

Die Bundeserziehungsanstalten genossen "bald hohes Ansehen" und wurden "das Aushängeschild der Schulreform"[231].

"Von nicht geringer Bedeutung waren die mit der Schaffung der Bundeserziehungsanstalten verfolgten politischen Ziele. Zum einen wollte O. Glöckel das 'Bildungsprivileg' der begüterten Volksschichten dadurch ausschalten, daß grundsätzlich die von einer Kommission vorgenommene Auswahl der Zöglinge bloß von den Ergebnissen einer nach Richtlinien durchgeführten Eignungsprüfung abhängig war, nicht aber von der ökonomischen Leistungskraft der Eltern. Zur Zahlung der Verpflegungsgebühren wurde nur verhalten, wer finanziell dazu in der Lage war."[232]

"Die neuen Schwerpunkte im Curriculum - Handarbeit, Körperliche Übungen, Gesang sowie Zeichnen und Kunstunterricht - wiesen deutlich darauf hin, daß die bestehende Kluft zwischen geistiger und körperlicher Arbeit eingeebnet und die bisher vorherrschende intellektuelle Bildung durch körperliche und musische Aktivitäten ergänzt werden sollte."[233]

---

230   S. zu den Bundeserziehungsanstalten vor allem: Die österreichischen Bundeserziehungsanstalten, hrsg. von Viktor FADRUS (=Lehrerbücherei, 26), Wien [u.a.] o.J.; s. hier neben einer Reihe von in diesem Kap. genannten Publikationen von Ludwig Erik Tesar bes: FADRUS, Viktor, Das Werden der Bundeserziehungsanstalten (S. V-XLIX), und: BELOHOUBEK, Viktor, Der erzieliche, unterrichtliche und verwaltungstechnische Aufbau der Bundeserziehungsanstalten (S. 1-19). - WATZKE, Adolf, Unsere Bundeserziehungsanstalten, in: Monatshefte für Deutsche Erziehung, Jg. 1 (1923), Heft 1, S. 12-16. - BELOHOUBEK, Viktor, Die österreichischen Bundeserziehungsanstalten. Ein Werk kulturellen Aufbaues der Republik Österreich (=Österreich-Bücherei, 4/5), Wien 1924. - ROMMEL, Otto, Die österreichischen Bundeserziehungsanstalten, in: Hamburger Lehrerzeitung, Jg. 9 (1930), S. 573-575. - ROMMEL, Otto, Die Bundeserziehungsanstalten, in: Monatsschrift für höhere Schulen, Jg. 31 (1932), S. 219-232. - 50 Jahre österreichische Bundeserziehungsanstalten. 1919-1969. Festschrift, Saalfelden 1969, hier bes.: LANG, Gerold, 1919-1969. Geschichtliche Entwicklung der Bundeserziehungsanstalten (S. 21-26). - NOWOTNY, Alma, Die Bundeserziehungsanstalten - Glöckels Modell einer demokratischen Schule, in: Erziehung und Unterricht, Jg. 135 (1985), S. 316-321. - Einen sehr guten Überblick bietet auch: ENGELBRECHT, Helmut, Geschichte des österreichischen Bildungswesens. Erziehung und Unterricht auf dem Boden Österreichs, Bd. 5: Von 1918 bis zur Gegenwart, Wien 1988, bes. S. 132-139: Kap. "Die Bundeserziehungsanstalten als Schulen des Volkes".

231   ENGELBRECHT, Geschichte, Bd. 5, S. 76. - S. dazu etwa: BELOHOUBEK, Viktor, Urteile des Auslandes über die österreichischen Bundeserziehungsanstalten, in: Schulreform, Jg. 2 (1923), S. 133-138.

232   ENGELBRECHT, Geschichte, Bd. 5, S. 135.

233   ENGELBRECHT, Geschichte, Bd. 5, S. 136.

Entsprechend gab es in den Bundeserziehungsanstalten Schulwerkstätten für Tischlerei, Schlosserei, Spenglerei, Drechslerei u.a. - und wo man über genügend Grund und Boden verfügte, Garten- und Feldarbeit[234].

Ein wichtiger Erziehungsgedanke war der der Selbsttätigkeit. Entsprechend war die Aufgabe der Lehrer: "hauptsächlich anleiten und bei der Lösung der Aufgaben zurücktreten, um selbständiges Urteil, Tatkraft und Pflichtbewußtsein zu fördern."[235] Nicht nur der 'Arbeitsunterricht' spornte den wichtigen Erziehungsgrundsatz der Selbsttätigkeit an:

> "Zur Selbsttätigkeit spornte auch das Gemeinschaftsleben der einzelnen Bundeserziehungsanstalten an. Die hier auf Bewährung hin unter besonders günstigen Umständen eingerichteten 'Klassengemeinden' übernahmen vor allem in den Jahren bis zur Pubertät gerne Aufgaben der Selbstverwaltung; die Arbeitsgemeinschaften verfolgten vielfältige Ziele (Photographie, Schach, Bühnenspiel, Musik, Wandern, Kleintierpflege, Blumenpflege usw.). Die Interessen der Schüler bestimmten das Zustandekommen und den Umfang der Aktivitäten. Die Mitwirkung der Zöglinge bei allen Arbeiten, die der Ausgestaltung und Ausschmückung ihres Heimes oder der wirtschaftlichen Sicherung der Anstalt dienten, war selbstverständlich und förderte die Konzeption eines 'Schulstaates'."[236]

Die Bundeserziehungsanstalten "zielten darauf ab, durch 'tägliches kleines Tun' den ganzen Menschen zu formen, ihn seines Eigenwertes bewußt zu machen und 'Liebe zum Menschen und die Verantwortlichkeit für ihn' zu wecken."[237]

Über die von ihm geleitete Bundeserziehungsanstalt Wiener-Neustadt hatte Tesar selbst mehrfach berichtet[238], etwa über ihren mit einer Morgenübung beginnenden Tagesablauf[239], ihren mit einem Wochenplan arbeitenden Unterricht[240] und ihren

---

234 ENGELBRECHT, Geschichte, Bd. 5, S. 136.
235 ENGELBRECHT, Geschichte, Bd. 5, S. 137.
236 ENGELBRECHT, Geschichte, Bd. 5, S. 137.
237 ENGELBRECHT, Geschichte, Bd. 5, S. 137.
238 Etwa: TESAR, Ludwig Erik, Gedanken über unsere Erziehungsarbeit (Geschrieben im Frühjahr 1923), in: Die österreichischen Bundeserziehungsanstalten, hrsg. von FADRUS (=Lehrerbücherei, 26), Wien [u.a.], o.J., S. 301-335. - TESAR, Ludwig Erik, Das Handwerk, in: Die österreichischen Bundeserziehungsanstalten, hrsg. von FADRUS (=Lehrerbücherei, 26), Wien [u.a.], o.J., S. 391-411. - TESAR, Schulgutswirtschaft, Schulgarten, Schulfeld, in: Die Tat. Monatsschrift für die Zukunft deutscher Kultur, Jg. 17 (1925/26), Bd. II: Oktober/März, S. 810-815. - TESAR, Ludwig Erik, Probleme der österreichischen Bundeserziehungsanstalten, in: Die Erziehung, Jg. 4 (1929), S. 500-513. - TESAR, Ludwig Erik, Vom Zeichenunterricht. Erfahrungen aus einer österreichischen Bundeserziehungsanstalt, in: Die Erziehung, Jg. 6 (1931), S. 644-654. - TESAR, Ludwig Erik, Die österreichischen Bundes-Erziehungs-Anstalten. Gleichzeitig ein Beitrag zum Problem der Erziehung durch den Staat, in: Internationale Zeitschrift für Erziehungswissenschaft, Jg. 2 (1932/33), S. 610-621. - TESAR, Werktätigkeit und Arbeitserziehung in der höheren Schule. Bericht über langjährige Versuche mit Landwirtschaft, gärtnerischer und handwerklicher Tätigkeit, in: Die Erziehung, Jg. 19 (1935), S. 485-495.
239 TESAR, Gedanken, S. 314: "Die Morgenübung ist bei günstigem Wetter im Park, Lauf wechselt mit Gliedergymnastik. - Wettspiele und Wettübungen zwischen einzelnen Mannschaften oder gar Anstalten müssen eingeschränkt bleiben; hier hat erst allmählich eine Tradition zu entstehen, die im Training nicht übertreibt, Sport nicht zum Götzen erhebt."
240 TESAR, Gedanken, S. 331: "Im Wochenplan sind verwandte wissenschaftliche Fächer möglichst benachbart anzusetzen, so daß die Woche gewissermaßen in eine kulturwissenschaftliche und eine naturwissenschaftliche Gruppe geteilt ist."

Selbstverwaltungsorganen[241], vor allem aber ihrem 'Produktivcharakter' - verstand Tesar seine Anstalt doch unter direktem Bezug auf Paul Oestreich als 'Produktionsschule'[242]: Tesars Anstalt lag in der Burg der Wiener-Neustadt. Zu ihr gehörten ein Wirtschaftshof und weitere Nebengebäude, ein Park mit Wiesen, Äckern und Alleen und Teichen. Weiter gab es "Werkstätten - Tischlerei, Buchbinderei, Schlosserei, die elektrische Werkstätte, die Bekleidungswerkstätten, eine lithographische Schnellpresse, die Wäscherei. Die Tischlerei und Buchbinderei [waren] gleichzeitig Werkstätte für die Knaben, diese Möglichkeit [war] auch in der Schlosserei an der lithographischen Presse gegeben"[243]. Alle diese Betriebe erhielten sich selbst und verkauften ihre Produkte der Anstalt oder auf dem Markt[244].

1925 begab sich Tesar auf eine Reise nach Deutschland, um hier reformpädagogische Projekte aus eigener Anschauung kennenzulernen. Mit einem Brief vom 03.03.1925 wandte er sich an Paul Oestreich mit der Bitte um entsprechende Unterstützung, u.a. auch um Hinweise auf "Schulen und Erziehungsheime in Berlin und Umgebung [...], die ich nicht versäumen dürfte"[245]. Aus diesem Brief resultierte ein langer Briefwechsel[246] sowie ein Arbeitskontakt zwischen Tesar und Oestreich bzw. dem Bund Entschiedener Schulreformer[247].

Interessant im Rahmen dieser Arbeit ist, daß Oestreich in seinem Antwortschreiben vom 05.03.1925 auf Tesars oben genannte Anfrage ihn auch auf die Schulfarm aufmerksam machte[248] - die er selbst höchstwahrscheinlich nie selbst besucht hatte[249], die aber Tesar dann zweimal aufsuchte: einmal an einem 'Kulturtag' der Schulfarm im Frühjahr 1925 und ein andernmal als Besucher im Rahmen der Tagung 'Das Landerziehungsheim' am 21.05.1925[250].

---

[241] TESAR, Gedanken, S. 332.
[242] TESAR, Gedanken, S. 332.
[243] TESAR, Gedanken, S. 328. - Vgl.: TESAR, Das Handwerk. - Und: TESAR, Werktätigkeit.
[244] TESAR, Gedanken, S. 328. - Vgl.: TESAR, Schulgutwirtschaft. - Und: TESAR, Werktätigkeit.
[245] Würzburg, Oestreich-Archiv, Briefsammlung Oestreich: Tesar, Direktor der Bundeserziehungsanstalt in Wiener Neustadt, an Oestreich br. vom 03.03.1925.
[246] Würzburg, Oestreich-Archiv, Briefsammlung Oestreich.
[247] So erschien z.B. Tesars Monographie 'Gesellschaft und Schule' 1925 im Verlag Schwetschke & Sohn, in dem auch Veröffentlichungen des Bundes publiziert wurden; Oestreich trug zu dieser Veröffentlichung sein Geleitwort (vom 21.08.1925) bei (S. 5-8). In der Zeitschrift des Bundes 'Die Neue Erziehung' erschienen mehrere Artikel von Tesar; vgl. dazu S. 1261f.
[248] Würzburg, Oestreich-Archiv, Briefsammlung Oestreich: Oestreich an Tesar br. vom 05.03.1925.
[249] Es existiert in den Quellen kein Hinweis auf einen Besuch Oestreichs auf der Insel; vgl. statt dessen: Würzburg, Oestreich-Archiv, Briefsammlung Oestreich: Oestreich an Blume br. vom 20.06.1923: "Ich wäre längt einmal bei Ihnen draussen [auf der Insel] gewesen, wenn ich nur noch irgend wann einen Tag Zeit hätte. Aber der Zustand ist für immer dahin."
[250] S. dazu S. 504.

Ludwig Erik Tesar an Paul Oestreich briefl. vom 03.03.1925[251]

"[...]. Ich werde im April, Mai nach Deutschland reisen. Es interessiert mich vor allem, die Erziehung im deutschen Reich beobachten und erfahren zu dürfen. Es ist mir dabei nicht um unterrichtliche Normalschulen zu tun, sondern um Arbeit und Versuche moderner erzieherischer Auffassung. Ich interessiere mich daher auch weniger für unterrichtliche Methodik, falls diese - wie das leider heute die Regel ist - den Anspruch erhebt, den Ausweg ins Freie vorzustellen, ich interessiere mich vielmehr für: Erziehung.

Ich habe die Absicht, mich besonders in Berlin und Hamburg umzusehen. Vielleicht auch - aus persönlichen Gründen - auch in Frankfurt a.M.

Ich wäre Ihnen sehr verbunden, wenn Sie mir mitteilen wollten, wann in den deutschen Schulen die sog. Osterferien sind, da ich begreiflicherweise die Erziehungsheime und Schulen nicht ohne Jugend sehen möchte, ferner wenn Sie mir Schulen und Erziehungsheime in Berlin und Umgebung nennen würden, die ich nicht versäumen dürfte, vor allem wenn Sie mir Menschen aus Ihrem Bekanntenkreis in Berlin, Hamburg, etwa auch in Frankfurt a.M. nennen wollten, an die ich mich wenden dürfte [...].

Es läge mir viel daran, wenn ich an den Orten, die ich besuche, nicht nur Schulen und Erziehungsheime kennen lernte, sondern auch Gelegenheit hätte, in die Lebensbedingungen und Lebensformen des Mittelstandes und der Arbeiterschaft Einblick zu nehmen.

Ich selber würde gern auf meiner Reise an wichtigen Orten Vorträge und Diskussionen über die österreichischen Schul- und Erziehungsreform halten. Ich habe den Eindruck, daß manches, was wir machen, im deutschen Reich unrichtig dargestellt wird. Wohl deshalb, weil bei Ihnen zu sehr unsere Erlässe und unsere Theorien bekannt werden, aber zu wenig Einblick in unsere erzieherische Praxis gegeben wird. Das kann Potemkin'sche Dörfer vortäuschen, die mir in der Seele zuwider sind. Ich würde gern sprechen über: erzieherische Fragen (darunter auch Schulgemeinde), Werkunterricht (Handwerk), unsere neuen Schultypen, unseren neu eingeführten Gegenstand 'Wirtschafts- und Gesellschaftskunde', über das Verhältnis von Erziehung und Gesellschaft, über neue Schulorganisation (z.B. die Frage des 'Schulgutes', d.i. die Verbindung eines Anstalt mit einem land- oder forstwirtschaftlichen Gut wie etwa in Wiener Neustadt bei uns) - meine Erfahrungen beziehen sich hauptsächlich auf die Mittel- und Oberschulen der österreichischen Republik. Ich bitte Sie um Ihren Rat, ob solche Vorträge und Diskussionen möglich wären. Ich würde mir dafür Diapositive und Kinderarbeiten aus dem Werkunterricht mitnehmen [...]."

---

[251] Würzburg, Oestreich-Archiv: Briefsammlung Oestreich: Tesar an Oestreich br. vom 03.03.1925.

Paul Oestreich an Ludwig Erik Tesar briefl. vom 05.03.1925[252]

"[...]. In Berlin können Sie sich vielleicht die Insel Scharfenberg bei Tegel, Leiter Stadtrat [sic!] Blume [,] und die Gemeinschaftsschule in Berlin-Dahlem ansehen. Ich habe aber gegen beide, als gegen Unternehmungen gehobener Kreise [sic!], sehr starke Bedenken. Im übrigen würden Sie ja wohl in Berlin zu Berthold Otto gehen (Lichterfelde, Holbeinstr. 21). Sie würden sich wohl mit den Montessoriversuchen (Fräulein Clara Grunwald, Berlin N.W., Cuxhavenerstr. [...]) in Verbindung setzen, Sie würden sich vielleicht nach den Gemeinschaftsschulen und weltlichen Schulen in Groß-Berlin umsehen [...], sonst aber weiß ich hier sehr wenig zu sagen. Es ist alles in der Idee stecken geblieben und da, wo Versuche vorhanden sind, erscheinen sie mir in der Hauptsache als Fassade für aufwärtsstrebende 'Reformer'."
In Hamburg wird ja wohl mehr zu sehen sein, ich muß es ehrlich gestehen, daß ich bei meinem vieljährlichen Kampfe in Deutschland nie die Zeit gefunden habe, die einzelnen Anstalten zu besuchen und nachher darüber Bücher zu schreiben. Ich glaube nicht, daß diese einzelnen völlig aus dem Rahmen der Zeit herausfallenden Versuche für die Gesamtheit von irgendwelchem Wert sind."

Im Winter 1925/26 erhielt die Schulfarm Besuch von der bekannten österreichischen Pädagogin Eugenie Schwarzwald (1872-1940)[253], die u.a. Begründerin (seit 1901) und langjährige Leiterin der nach ihr benannten 'Schwarzwaldschen Schulanstalten' für Mädchen war, die auch Mädchen den Zugang zum Universitätsstudium eröffnen und zugleich neue, freiere Erziehungsvorstellungen verwirklichen sollten. Zugleich war Schwarzwald eine bedeutende Sozialreformerin, die im Ersten Weltkrieg und in der nachfolgenden Republik ein umfassendes 'Wohlfahrtswerk' mit Gemeinschaftsküchen, Erholungsheimen und Feriensiedlungen schuf. Ihr gesamtes Lebenswerk wurde mit dem Einmarsch der Nazis in Österreich im März 1938 mit einem Schlage vernichtet, ihre Schule aufgelöst, ihre Wohlfahrtseinrichtungen beschlagnahmt. Fast mittellos ging sie ins Schweizer Exil, wo sie im August 1940 starb.

Eugenie Schwarzwald dürfte im Anschluß an die 3. Internationale Pädagogische Konferenz des Weltbundes für Erneuerung der Erziehung 1925 in Heidelberg, auf

---

252   Würzburg, Oestreich-Archiv: Briefsammlung Oestreich: Oestreich an Tesar br. vom 05.03.1925.

253   S. vor allem: STEFAN, Paul, Frau Doktor. Ein Bildnis aus dem unbekannten Wien, München 1922. - HERDAN-ZUCKMAYER, Alice, Genies sind im Lehrplan nicht vorgesehen, Frankfurt 1979. - SCHEU, Friedrich, Ein Band der Freundschaft. Schwarzwald-Kreis und Entstehung der Vereinigung Sozialistischer Mittelschüler, Wien [u.a.] 1985. - Leben mit provisorischer Genehmigung. Leben, Werk und Exil von Dr. Eugenie Schwarzwald (1872-1940). Eine Chronik, hrsg. von Hans DEICHMANN, Berlin [u.a.] 1988 (vgl. zu dem letztgenannten Werk die Besprechungen: ULLRICH, Volker, Jeanne d'Arc des Schulwesens. Leben, Werk und Exil der Eugenie Schwarzwald, in: Frankfurter Rundschau vom 27.06.1989. Und: FISCHER, Eva, Wie eine fröhliche Schule entstand. Über das Leben der jüdischen Pädagogin und Humanistin Eugenie Schwarzwald, in: Der Tagesspiegel. Unabhängige Berliner Morgenzeitung vom 08.10.1989). - SCHIFERER, Beatrix, Eine Frau aus der Bukowina: Leben und Werk der Eugenie Schwarzwald, in: Die Bukowina. Vergangenheit und Gegenwart, hrsg. von Ilona SLAWINSKI und Joseph P. STRELKA, Bern [u.a.] 1995, S. 201-212. - KEINTZEL, Brigitta, Eugenie Schwarzwald (geb. Nussbaum), in: Gelehrte Frauen. Frauenbiographien vom 10. bis zum 20. Jahrhundert. Eine Informationsbroschüre zum Thema 'Frauengeschichte' anläßlich des Millenniums 1996, hrsg. vom Bundesministerium für Unterricht und kulturelle Angelegenheiten. Abt. für Mädchen- und Frauenbildung, Wien 1996, S. 238-241. - Eugenie Schwarzwald und ihr Kreis, hrsg. von Robert STREIBEL, Wien 1996. - Archivalien: Wien, Stadt- und Landesarchiv: Eugenie Schwarzwald-Archiv.

der sie über 'Wort und Ton in der fröhlichen Schule' sprach[254], durch Elisabeth Rotten auf Scharfenberg aufmerksam gemacht worden sein.

Im Anschluß an ihren Besuch entstand ein Aufsatz, den Blume bei seiner Veröffentlichung als "den bisher besten Zeitungsartikel über unsere Schule"[255] bezeichnete, "der mit manchem, was wir schon über uns hatten ergehen lassen müssen, versöhnte und Bewunderung erregte vor der Blicksicherheit, mit der diese temperamentvolle Frau nach flüchtigen Eindrücken unsere längst nicht erreichten Ziele witterte und formulierte."[256]

In ihrem Scharfenberg-Aufsatz betitelte Schwarzwald die Schulfarm als 'Orplid an der Havel'[257]. 'Orplid' - diesen Namen hatte Schwarzwald bereits am Gartentor eines Ferienheims, das sie im Sommer 1916 - also mitten im Krieg - in einer nicht weit vom Wolfgangsee gelegenen Familienpension eröffnete, am Eröffnungstage mit Blumen geschmückt angebracht[258]. 'Orplid' - das war der Name eines Traumlandes, das der Romantiker Eduard Mörike (1804-1875) gemeinsam mit seinem Freund Ludwig Amandus Bauer (1803-1846) im Jahr 1825 als eine Utopie, als ein Kulturmodell, das sogar seine Geschichte, seine Einrichtungen, seine Gesetze, ja sogar seine Mythologie hatte, erdacht hatte[259].

---

[254] SCHWARZWALD, Eugenie, Wort und Ton in der fröhlichen Schule, in: Das Werdende Zeitalter, Jg. 4 (1925), S. 142-145; wieder in: Die Entfaltung der schöpferischen Kräfte im Kinde. Bericht der Dritten Internationalen Pädagogischen Konferenz des Internationalen Arbeitskreises für Erneuerung der Erziehung in Heidelberg vom 2. bis 15. August 1925, hrsg. im Namen des Arbeitsausschusses der Konferenz und der Deutschen Mittelstelle des Arbeitskreises von Elisabeth ROTTEN, Gotha 1926, S. 46-49.

[255] Berlin, LA, SIS: CH, V, S. 269.

[256] Berlin, LA, SIS: CH, V, S. 269f. - Vgl. zu dem Beitrag auch S. 584.

[257] SCHWARZWALD, Eugenie, Orplid an der Havel. In der Inselschule Scharfenberg, in: Neue Badische Landes-Zeitung vom 22.06.1928, Morgenausg.; Auszug wieder in: Die Fähre. Zeitung der Schulfarm Insel Scharfenberg, Berlin, Ausg. Juni 1959, o.S. - Vgl. auch das Wiederaufgreifen des Begriffes im Zusammenhang mit der Schulfarm: SAMTER, Hans, 'Orplid an der Havel'. Schulfarm am Tegeler See, in: Deutsche Allgemeine Zeitung. Ausg. Groß-Berlin vom 24.10.1933. - HARTKOPF, Werner, Meine Rückkehr nach Orplid (fast ein Märchen), in: Die Fähre. Zeitung der Schulfarm Insel Scharfenberg, Berlin, Ausg. Juni 1959, o.S. - HARTKOPF, Werner, Abschied von Orplid?, in: Die Fähre. Zeitung der Schulfarm Insel Scharfenberg, Berlin, Ausg. Weihnachten 1959, o.S. - S. schließlich das Video: KLEIN, Thomas / GÖTZ, Torsten / BERNDT, Peggy, Leb' wohl Orplid [Video (Rohschnittfassung); Kamera: Rainer M. SCHULZ], [Berlin] 1994. - Vgl. zu dem Video S. 899.

[258] SCHEU, Band der Freundschaft, S. 47. - SCHEU, Band der Freundschaft, S. 48, schreibt zum Leben in dem Ferienheim u.a.: "Das Heim hatte ein eigenes Bootshaus, von dem aus Fahrten im Ruderboot unternommen wurden. Gleichzeitig diente es als Umkleideplatz für das Baden im See [...]. Ausflüge wurden in großem Stil unternommen [...]. Das Essen wurde an langen Holztischen eingenommen [...]. Es gab eine Holzbühne, auf der [...] Reigentänze getanzt wurden [...]. Sehr beliebt war auch das Singen von Volksliedern [...]."

[259] MÖRIKE, Eduard, Maler Nolten. Novelle. 2 Teile (=Eduard Mörike, Werke und Briefe. Historisch-kritische Gesamtausg., 3), Stuttgart 1967. - MÖRIKE, Eduard, Maler Nolten. Bearbeitung [1. Die unvollendete Bearbeitung; darin S. 96-130: Der letzte König von Orplid. Schattenspiel]; 2. Fortsetzung in Klaibers Fassung] (=Eduard Mörike, Werke und Briefe. Historisch-kritische Gesamtausg., 4), Stuttgart 1968. - MÖRIKE, Eduard, Maler Nolten. Lesarten und Erläuterungen [u.a. Entstehungsgeschichte], (=Eduard Mörike, Werke und Briefe. Historisch-kritische Gesamtausg., 5), Stuttgart 1971. - Vgl. auch: HOLTHUSEN, Hans Egon, Eduard Mörike in Selbstzeugnissen und Bilddokumenten, Hamburg 1971; bes.: S. 30-36 und 161-163.

Ein anderer österreichischer Besucher der Schulfarm schließlich war Pater Alfred Billot (1873-1965), Generalpräfekt der Jesuitenkongretation in Kalksburg bei Wien[260]; "die Unterhaltung im Blauen Zimmer [des Bollehauses] wurde in einem jahrzehntelang anhaltenden Briefwechsel fortgesetzt; ein universal gebildeter Geist, der uns trotz weltanschaulicher Gegensätze zu schätzen wußte [...]."[261]

1927 zitierte Ziegelmayer einen Brief eines namentlich nicht genannten ausländischen Pädagogen, der seine Begeisterung über Scharfenberg zum Ausdruck brachte:

"Herr Direktor!
Ich habe Ihre Schule, Ihr Werk und das Ihrer Gemeinschaft gesehen. Ich kenne die deutsche Schule seit 30 Jahren. Ich bin auch jetzt wieder in Deutschland gewesen, um weiter zu lernen. Und habe gelernt, positiv und negativ.
Ich habe die neue deutsche Schule gesucht, die Schule des neuen Deutschlands, bei Gaudig in Dresden, bei Kerschensteiner in München, in Frankfurt, in Berlin. Nicht immer habe ich Gutes gesehen. Viele Bücher werden geschrieben, doch wenig sieht man oft. Hier sind keine Bücher, hier sind die Taten: der wahre Arbeitsunterricht, praktisch auf die Erhaltung angelegt, hier ist Gesamtunterricht Gemeinschaft zwischen Lehrenden und Lernenden. Ich will nicht viel sagen: Aber weiter auf diesem Wege, und es wird die neue deutsche Schule, die ich gesucht habe, werden.
Hier sind Menschen, die man kennt, ohne sie gesehen zu haben, die eines mit einem sind: nur ich bin armer Bürokrat, Ihr seid die Freien!"[262]

Von den deutschen Besuchern wurden im Laufe dieser Arbeit bereits einige genannt. So etwa Alfred Ilgner, der bei einem Besuch im Herbst 1922 vom Kursunterricht an der Odenwaldschule, an der er - bevor er 1923 nach Berlin zu Fritz Karsen wechselte - tätig gewesen war, berichtete[263], oder auch der Leiter der Lichtwarkschule, Georg Jäger, der Anfang Juni 1923 an einer Diskussion der Scharfenberger Gemeinschaft über den Unterricht teilnahm, die sich aufgrund der Anwesenheit Jägers "zu einer Gesamtbesprechung der beiden Schulversuche aus[weitete]"[264]. Im Mai 1924 als folgte nach Jäger als zweiter Lehrer der Lichtwarkschule Studienrat Karl Völkers (1892-1925)[265], der "in allen Abteilungen" hospitierte und "als Kritik bemerkte [...], er habe gefunden, daß der Unterricht hier so wenig feierlich sei; ob man zum Heumachen ziehe oder zum Kurs sei eins"[266].

Im September 1924 hospitierte eine Lehrergewerkschaftsgruppe[267], außerdem erwies sich "ein Stettiner Lehrerinnenseminar [...] an einem Sonntag sehr aufnahmebegierig"[268]. Blume berichtet, daß die Gruppe noch am Sonntagabend von Scharfenberg aufgebrochen sei - "und am anderen Morgen wollten sie in Stettin unterrichten.

---

260   Biogr. Inf. zu Billot: Wiener Stadt- und Landesarchiv an D.H. br. vom 10.06.1999. - BLUME,
       Erinnerungen, S. 16 nannte ihn fälschlicherweise "Pater Bigot".
261   BLUME, Erinnerungen, S. 16.
262   Berlin, LA, SIS: CH, VI, o.S.
263   S. 318.
264   Berlin, LA, SIS: CH, III, S. 37. - S. zur Biogr. Jägers und zu seinem Scharfenbergbesuch S.
       277-280.
265   Die Lichtwarkschule. Idee und Gestalt, Hamburg 1979, S. 60 und S. 62: Dr. Karl Völkers war
       von 1922-1925 Lehrer an der Lichtwarkschule.
266   Berlin, LA, SIS: CH, V, S. 18.
267   Berlin, LA, SIS: CH, V, S. 52.
268   Berlin, LA, SIS: CH, V, S. 52.

Für heutige schulmoralische Anschauungen leider keine Selbstverständlichkeit"[269]. Der Leiter dieser Frauengruppe war Otto Tacke (1887-1960), Studienrat in Stettin und aktives Mitglied des Bundes Entschiedener Schulreformer[270], den Blume später als 'Freund' der Schulfarm bezeichnete[271]. Im Anschluß an seinen Besuch schickte er der Schulfarm "als Zeichen des Dankes für Eröffnung neuer pädagogischer Horizonte"[272] sein Buch 'Der Sprachunterricht muß umkehren'[273]. Außerdem kamen auf seine Anregung hin fortan immer wieder Pädagogengruppen aus Stettin, u.a. laut Chronikeintrag zum 21.02.1925 eine Gruppe von Kindergärtnerinnen[274] sowie im Sommer 1926 erneut ein Lehrerinnenseminarkursus[275].

Gegenüber dem großen Anteil der ausländischen und auswärtigen Besucher machen in den Scharfenberger Quellen die aus Berlin stammenden pädagogisch interessierten Besucher den kleineren Teil aus. Daß dies nicht (allein) eine Frage der Quellenüberlieferung (Überbetonung der 'ungewöhnlichen' Gäste!) war, zeigt sich durch Bemerkungen Blumes, der gegenüber "den vielen ausländischen Besuchern [...] das fast völlige Fehlen von Interessenten aus dem höheren Lehrerstande Berlins" konstatierte: "solange wir [1921] bloß 'Sommerschule' waren, kamen viele [...]; jetzt nur noch solche, die Beziehungen zu Schülern haben"; "etwas zahlreicher" dagegen seien die "Volksschullehrer gewesen, namentlich von reformerischer Seite"[276].

Wie im Falle der ausländischen und auswärtigen Gäste seien auch von den Berliner Gästen hier nur einige wenige genannt. Zu ihnen gehörte Karl Wilker, der u.a. der Jugend- und der Siedlungsbewegung nahestehende[277], ehemalige Leiter des 'Lindenhofes'[278], den Elisabeth Rotten am 01.07.1922 mit auf die Insel brachte:

---

[269] Berlin, LA, SIS: CH, V, S. 128.
[270] Otto Tacke war Studienrat in Stettin und aktives Mitglied des Bundes Entschiedener Schulreformer. Er hatte seit 1906 in München, Bonn, Leipzig und Breslau Romanistik und Philologie studiert und 1911 in Breslau promoviert; diese biogr. Daten aus: TACKE, Otto, Die Fabeln des Erzpriesters von Hita im Rahmen der mittelalterlichen Fabelliteratur. Nebst einer Analyse des 'Libro de buen amor', Breslau, Univ., Diss., 1911, hier o.S.: Lebenslauf. - Nach dem 2. Weltkrieg war Tacke weiterhin pädagogisch aktiv; vgl. z.B.: TACKE, Otto, 'Wir lieben unsere Lehrer', in: Die neue Schule, Jg. 1 (1946), S. 12f.
[271] Berlin, LA, SIS: CH, V, S. 128.
[272] Berlin, LA, SIS: CH, V, S. 128.
[273] TACKE, Otto, Der Sprachunterricht muß umkehren! (=Entschiedene Schulreform, 10), Leipzig 1923.
[274] Berlin, LA, SIS: CH, V, S. 128.
[275] BLUME, Gesuch (1926).
[276] BLUME, Bericht (1923), Bl. 263v.
[277] Vgl. z.B.: BERGERT, Bericht über die Lankwitzer Tagung [November/Dezember 1920], in: Neue Erziehung, Jg. 2 (1920), Mitteilungen des Bundes Entschiedener Schulreformer, Nr. 12/13, S. 49-53, hier S. 50: "Karl Wilker [...]: Die Großstadt mit ihren Kasernenwohnungen vernichtet alles, was wertvoll an der Jugend ist. Wir müssen die Jugend hinausführen in ländliche (aber nicht landwirtschaftliche) Siedlungsgemeinschaften, die nur auf kommunistischer, nicht auf kapitalistischer Grundlage möglich sind. Ob man nun Fabrikware herstelle oder Qualitätsarbeit bevorzuge, wertvoll sei in jedem Falle das im einzelnen geweckte Bewußtsein der Gemeinschaft, die Einsicht, daß einer für den anderen da sei. Die heutige Schule stelle den Schüler auf sich selbst, verbiete geradezu, dem andern zu helfen, ziehe Neid und Betrügerei groß. Aus der Siedlungsschule solle schließlich eine Siedlung, ein Dorf, eine Friedensstadt werden."
[278] Vgl. zu Wilker und dem 'Lindenhof' S. 229f.

"Wie er so plötzlich unter uns trat frank und frei, die ragende Mannesgestalt mit dem leuchtenden Kopf, den Liebe zur Jugend so jünglingshaft gehalten hat, fühlten wir alle sofort: Der kann
mit der Jugend leben, der ist ein Führer der Jugend! 'Erziehung in einem neuen jubelnden
Sinn! Auch sie die Wechselglut des Nehmens und Gebens, des Helfenwollens und Hilfefindens,
des fast unmerklichen Führens und Geführtwerdens, ein flutender Gestaltungs- und Schaffens-
prozeß, in dem der Künstler sich verschwistert mit der in seine Hand gegebenen werdenden
Menschenseele'. - Als unsere Elisabeth Rotten in ihrer Schrift 'Erziehung als Expressionismus
der Liebe' diese Worte schrieb[279], sicher hat ihr dabei dieser Mann vor Augen gestanden."[280]

Franz Hilker kam am 27.10.1922 "mit seiner Unterprima vom Werner-Siemensreal-
gymnasium, den einstigen Klassenkameraden unseres Martin Grotjahn"[281], und später
nochmals im September 1924[282] nach Scharfenberg. Einen recht intensiven Austausch
gab es zwischen der Schulfarm und der Leiterin der 1. Städtischen Studienanstalt
Berta Gerhardt[283], die der Schulfarm zudem auch "ihre Freunde und Freundinnen aus
Bukarest zu[führte]."[284] Im Juli 1924 ließen sich die "Redaktion der Deutschen
Lehrerzeitung sowie der Berliner Morgenpost [...] führen, um Artikel über die
Schule bringen zu können"[285]. Und unter den "vielen Mai- und Junigäste[n]"[286] des
Jahres 1925 waren der Verein für Naturschutz, der Verein Berliner Schulräte, die
Lehrerarbeitsgemeinschaft des 20. Berliner Bezirks sowie mit etwa 100 Mitgliedern
der Verein sozialdemokratischer Lehrer und Lehrerinnen mit Obermagistratsschulrat
Nydahl und Schulrat Löwenstein[287]. Ende November oder Anfang Dezember 1925
hospitierte Fritz Karsen an der Schulfarm[288].

Von den Berliner Besuchern des Sommers 1926 nannte Blume u.a. "Prof.
Rupp[289] mit seinem psychologischen Seminar, das Hygienische Institut der Universität unter Führung von Herrn Geheimrat [Prof. Dr. Martin] Hahn [(1865-19..)],
dann den Verein für öffentliche Gesundheitspflege, die Vereinigung der ausländischen Studierenden unter Leitung von Herrn Prof. [Dr. Karl] Remme [(1881-
19..)][290] [...], die Hortnerinnen des Paul-Gerhard-Stiftes, eine Schwesternabteilung
des Roten Kreuzes; die Lehrerkollegien verschiedener Gemeindeschulen, die Referendare des Französischen Gymnasiums, der Dahlemer Anstalt unter Leitung der

---

279 ROTTEN, Elisabeth, Erziehung als Expressionismus der Liebe, in: Die neue Generation. Pu-
     blikationsorgan des Deutschen Bundes für Mutterschutz und der Internationalen Vereinigung
     für Mutterschutz und Sexualreform, Jg. 16 (1920), S. 327-341, hier S. 338 (wobei Blume eine
     Auslassung nicht gekennzeichnet hat: "Geführtwerdens [...], ein flutender Gestaltungs- und
     Schaffensprozeß").
280 Berlin, LA, SIS: CH, I, o.S.
281 Berlin, LA, SIS: CH, I, o.S.
282 Berlin, LA, SIS: CH, V, S. 52. - Vgl. zur Entstehung von Blumes Buchbeitrag 'BLUME,
     Schulfarm (1924)': S. 514-517.
283 S. dazu S. 391-394.
284 Berlin, LA, SIS: CH, V, S. 18.
285 Berlin, LA, SIS: CH, V, S. 18.
286 Berlin, LA, SIS: CH, V, S. 173.
287 Berlin, LA, SIS: CH, V, S. 173. - Auch: Berlin, LA, SIS: CH, V, S. 197.
288 Berlin, LA, SIS: CH, V, S. 269: "Anfang Dezember ([19]25) hospitierte ich [Blume] in der
     Schule des Herrn Direktor Karsen in Neukölln (Gegenbesuch) [...]."
289 Wohl gemeint: Hans Rupp; vgl. dazu: HOFFMANN, Volker, Bruno Lindtner. 1901-1987, in:
     Schulreform - Kontinuitäten und Brüche. Das Versuchsfeld Berlin-Neukölln, Bd. 2: 1945 bis
     1972, Opladen 1993, S. 219-221, hier S. 219 nennt Professor [Hans] Rupp, "der [1925] in
     Verbindung mit den Berliner und Hamburger Reformschulen stand".
290 Biogr. Inf. zu Remme: Berlin, BBF: SLG-GS, Personalblatt Karl Remme.

ausbildenden Direktoren haben, nachdem sie dem Unterricht beigewohnt hatten, hier Konferenzen abgehalten. "[291]

Von den Besuchen des Frühjahrs 1927 nannte Blume "die Rektoren des Bezirks des Schulrats Troll, die Tegeler pädagogische Arbeitsgemeinschaft und der Prälat [Carl] Sonnenschein [(1876-1929)][292] mit seinem Kreis. Dieser schildert den Besuch in einem katholischen Blatt, sehr klug, auch nicht wie sonst üblich in rein panegyrischem Ton, aber doch schief gesehen, als er meint, an Stelle der Religion sei die Verherrlichung der Körperkultur getreten; es gibt auch Innerlichkeit und ethisches Gefühl, ohne daß Bibelsprüche an den Wänden hängen. "[293]

Am 10.03.1929 besuchte eine 'Helfergruppe' des Bundes Entschiedener Schulreformer die Insel, die darüber in der 'Neuen Erziehung' berichtete:

"Fahrt der Helfergruppe am 10. März 1929. Nach langer Kältezeit war uns wieder einmal ein Sonntag angenehmerer Temperatur beschieden. Heitere Frühlingsluft empfing uns, als wir uns am frühen Vormittag am Stettiner Bahnhof trafen. Das Zuspätkommen einiger Helfer riß die gemeinsame Fahrt nach Frohnau auseinander, störte aber das gute Einvernehmen unter den Helfern nicht im geringsten [...]. Ein Chauffeur erklärte sich freundlichst bereit, uns nach Heiligensee mitzunehmen. Von hier aus tippelten wir dann durch den unwegsamen, noch winterlichen Wald und gelangten nach dem Tegeler See. Mitten im vereisten See lag vor uns die Insel Scharfenberg. Während der Fahrt bildete sie oder vielmehr die Schule auf ihr das Hauptgespräch. Man war gespannt; denn die Insel sollte jetzt besucht werden. Jungen brachten uns auf einem Schlitten hinüber. Einer von ihnen erbot sich bereitwilligst, uns durch die Anlage zu führen. Unsere Erwartungen wurden übertroffen. Erfreut sahen wir, daß 'Schulreform' nicht nur eine leere Sophistik ist. Lange hielten wir uns auf Scharfenberg auf. Es wurde schon allmählich dunkel. Wir mußten uns von der Schule trennen. "[294]

Besuche kamen schließlich auch zustande im Kontext einiger in Berlin stattfindender pädagogischer Tagungen, von denen Mitte der 20er Jahre, wie Blume schrieb, einige "einen Tag dem Besuch der Schulfarm gewidmet"[295] hätten:

---

[291] BLUME, Gesuch (1926).

[292] Biogr. Inf. zu dem katholischen Sozialpolitiker: ESCHENBURG, Theodor, Carl Sonnenschein, in: Die Republik von Weimar. Beiträge zur Geschichte einer improvisierten Demokratie, München 1984, S. 197-237.

[293] Berlin, LA, SIS: CH, VI, o.S. - Der Zeitungsartikel befindet sich an dieser Stelle eingeklebt. - Vgl. zu Sonnenscheins Besuch auch: BLUME, Erinnerungen, S. 16.

[294] Unter der Rubrik 'Arbeitsberichte': HARRASCHIN, Erich, Fahrt der Helfergruppe am 10. März 1929, in: Die neue Erziehung, Jg. 11 (1929), S. 408f. (Mitteilungen des Bundes Entschiedener Schulreformer).

[295] BLUME, Gesuch (1926).

Vom 18.-20.05.1925 fand in Berlin die Tagung 'Das Landerziehungsheim' statt[296], an der Blume - wie bereits erwähnt - mit Schülern der Scharfenberger Oberstufe teilgenommen hatte[297]. Von Kultusminister Becker erhielt Blume anläßlich dieser Tagung "eine Einladung zum Abendessen [...], wo ich mit den leitenden Männern der Landerziehungsheime und Alumnate zusammentraf. Herr Geheeb von der Odenwaldschule sowohl wie der Direktor von Schulpforte [sic!] Schmidt machten sich mir bekannt; Minister Becker erfreute mich mit einer ministeriellen Stiftung von 2.000 M."[298]

Nach Abschluß der eigentlichen Tagung kamen am Himmelfahrtstag, dem 21.05.1925, unter der Führung des Ministerialrats Ludwig Pallat etwa 80 Teilnehmer, darunter u.a.: Andreesen, Geheeb (Odenwaldschule), [Theophil] Lehmann (Solling)[299], Uffrecht (Letzlingen), Steche (Hochwaldhausen), Luserke (Schule am Meer), Reisinger (Schondorf), Hahn (Salem), auf die Schulinsel[300]. Blume referierte vor den Gästen über seine Schule, wies auf Gemeinsamkeiten und Unterschiede zu anderen Schulversuchen hin und las Stellen aus der Chronik vor. Sodann kam es in Einzelgesprächen zu "lebhaftem Erfahrungsaustausch"[301] - "am nächsten kamen wir in persönlicher Beziehung [mit] Bernhard Uffrecht aus Schloß Letzlingen und Tesar, dem Leiter der österreichischen Bundeserziehungsanstalt Wiener-Neustadt, der auch einen Kulturtag bei uns hospitiert hatte."[302] Blume kam hier zu dem Schluß:

> "Es gibt einem eine gewisse Beruhigung, wenn solche kundigen und aufrichtigen Männer an unserer Arbeit Interesse und Gefallen finden."[303]

---

[296] Vgl. dazu: Tagung 'Das Landerziehungsheim' [in der Himmelfahrtswoche (18.-20. Mai) 1925], in: Pädagogisches Zentralblatt, Jg. 5 (1925), S. 172, S. 278 und S. 342f. - Und: STECHE, Otto, Die deutschen Landerziehungsheime und freien Schulen, in: Frankfurter Zeitung vom 13.05.1925 [zur bevorstehenden Tagung]. - MAJER-LEONHARD, Das Landerziehungsheim. Zur Tagung des Zentralinstituts für Erziehung und Unterricht vom 18.-20. Mai [1925] in Berlin, in: Frankfurter Zeitung vom Mai 1925. - Die auf dieser Tagung gehaltenen Vorträge sind zusammen gefaßt in: Das Landerziehungsheim. Im Auftrage des Zentralinstituts für Erziehung und Unterricht hrsg. von Alfred ANDREESEN (=Schulform und Bildungsziel, 4), Leipzig o.J. [1926]. -
Im Oktober 1927 führte das Zentralinstitut für Erziehung und Unterricht unter Leitung von Franz Hilker eine Studienreise durch die Landerziehungsheime und Freien Schulgemeinden selbst durch. - S. dazu: BLOCK, Nutzen.

[297] S. 468.

[298] Berlin, LA, SIS: CH, V, S. 173f.

[299] Theophil Lehmann (1882-1943), seit 1906 Mitarbeiter von Hermann Lietz in Ilsenburg, 1908/09 Mitbegründer des Oberharzer Landschulheims Hohegeiß, ab 1910 Landschulheim am Solling, dessen Leitung er von 1918 bis 1943 wurde. - Biogr. Inf.: SCHWARZ, Bibliographie der deutschen Landerziehungsheime, S. 53.

[300] S. zum Inselbesuch: Berlin, LA, SIS: CH, V, S. 173-175.

[301] Berlin, LA, SIS: CH, V, S. 174.

[302] Berlin, LA, SIS: CH, V, S. 174.

[303] Berlin, LA, SIS: CH, V, S. 174.

Vom 30.09.-04.10.1925 leitete Otto Tacke die vom Bund Entschiedener Schulreformer veranstaltete Tagung 'Der Neue Lehrer'[304]. Auch diese Tagung schloß am 04.10. mit einer Reihe von Besichtigungen, u.a. der Schulfarm Insel Scharfenberg[305].

Einer der Leiter der verschiedene Berliner Schulen besuchenden Lehrergruppen, Richard Schröter (1892-1977)[306], berichtet über seine Gruppe:

"[Es waren] über 80 Menschen [, die] nach der Insel Scharfenberg übergesetzt wurden. Studienrat Blume, der Vater und Leiter der Scharfenberg-Schule, berichtete auf Wunsch vom Werden der Schule, gab auf Fragen freundliche Antworten und zeigte alle Einrichtungen. Alle Teilnehmer dieser Gruppe äußerten sich sehr befriedigt, sie nahmen manchen Impuls mit, obgleich Ferien und Sonntag [ver]hinderten, daß die lebendige Totalität [sic!] der Schule usw. in Erscheinung trat."[307]

Heinrich Müller, Leiter einer zweiten, ebenfalls die Schulfarm besuchenden Lehrergruppe, schreibt in gleicher Weise:

"Der Leiter, Studienrat [...] Blume, empfing uns aufs beste, und das schöne Wetter gestaltete diesen Besuch zu einem wunderbaren Abschluß der Tagung."[308]

---

[304] Berlin, LA, SIS: CH, V, S. 232. - Das Programm der Tagung 'Der Neue Lehrer' des Bundes Entschiedener Schulreformer im Herbst 1925 ist mehrfach veröffentlicht, etwa in: Die Neue Erziehung, Jg. 7 (1925), S. 544-546, hier S. 545 Hinweis, daß zum Abschluß der Tagung am Sonntag, den 04.10., Besichtigungen, u.a. auf Schulfarm Insel Scharfenberg geplant seien; ebenso: Ebd., S. 709f., hier S. 710 Hinweis auf Besichtigung der Schulfarm. - Über die Tagung berichtet (ohne auf die Besichtigungen einzugehen) zunächst: HOEPNER, W., Bericht über die Lehrerbildungstagung [des Bundes Entschiedener Schulreformer] in Berlin-Schöneberg, 30. September bis 3. Oktober [1925], in: Die Neue Erziehung, Jg. 7 (1925), S. 938-942. - 1926 erschien dann ein beachtenswerter Tagungsband: Der neue Lehrer. Die notwendige Lehrerbildung. Beiträge zur Entschiedenen Schulreform, hrsg. von Paul OESTREICH und Otto TACKE, Osterwieck 1926; darin u.a.: S. 1-8: HONIGHEIM, Paul, Kulturkrise, Gesellschaft und Lehrerschaft; S. 9-23: OESTREICH, Paul, Erzieher zur Totalität; S. 24-37: GANZEN-MÜLLER, Wilhelm, Produktionsschule und Lehrerauswahl; S. 38-45: ZYLMANN, Peter, Lehreraufgabe, Jugendbewegung und Schulreform; S. 105-115: TACKE, Otto, Der Schulmeister als Lebensmeister; S. 116-126: TESAR, Ludwig Erik, Unterrichter, Erzieher und Wirtschafter; S. 179-201: FISCHER, Alois, Der Lehrer als pädagogischer Berufstyp.

[305] Vgl. dazu: Tagung 'Der neue Lehrer' [veranstaltet vom Bund Entschiedener Schulreformer vom 30.09. bis 04.10.1925], in: Pädagogisches Zentralblatt, Jg. 5 (1925), S. 291. - Ein Einladungszettel zu der Tagung 'Der neue Lehrer', u.a. mit Ankündigung eines Besuches der Schulfarm am 04.10.1925 findet sich in: Berlin, GStA PK: I. HA, Rep. 76 VI, Sekt. 1 cc, Bd. 9, Bl. 270r-v.

[306] Biogr. Inf. zu Schröter: Landesarchiv Berlin an D.H. br. vom 10.06.1999. - GEIßLER, Gert, Exil und Schulreform. Zur Geschichte der Schulreformpläne der KPD Herbst 1944 bis Januar 1946, in: Zwischen Restauration und Innovation. Bildungsreformen in Ost und West nach 1945, hrsg. von Manfred HEINEMANN (=Bildung und Erziehung. Beiheft 9), Köln [u.a.] 1999, S. 89-124, schreibt S. 114 zur Biogr. von Schröter: seit 1913 Volksschullehrer, seit 1919 in Berlin, dort seit 1923 an der von Kreuziger geleiteten 308. Gemeindeschule in Berlin-Wedding, Mitglied der Schuldeputation Groß-Berlin, 1927 Rektor der 197. Gemeindeschule in Berlin Prenzlauer Berg, 1933 entlassen; nach 1945 u.a. Mitglied des Bundestages. - Weitere biogr. Inf.: Berlin, BBF: SLG-GS, Personalblatt Richard Schröter [Karteikarte].

[307] Bericht über die Besichtigungen im Anschluß an die Tagung als: Bericht über die Lehrerbildungstagung [des Bundes Entschiedener Schulreformer] in Berlin-Schöneberg, 30. September bis 3. Oktober [1925], in: Die Neue Erziehung, Jg. 8 (1926), S. 53-55, hier S. 53.

[308] Bericht über die Lehrerbildungstagung [des Bundes Entschiedener Schulreformer] in Berlin-Schöneberg, 30. September bis 3. Oktober [1925], in: Die Neue Erziehung, Jg. 8 (1926), S. 53-55, hier S. 55.

Schließlich besuchten unter der Führung des Frankfurter Geheimrats Walther am 8. Oktober 1925 Teilnehmer der vom 6. bis 7. Oktober 1925 in Berlin stattfindenden 'Landheimtagung' die Schulfarm[309].

Die hier aufgezählten Besuche Scharfenbergs bilden - wie gesagt - nur eine kleine Auswahl der in den Quellen aufgeführten Gesamtbesuche.

Als ein Phänomen besonderer Art kann und muß an dieser Stelle hervorgehoben werden, daß der genannte Scharfenbergbesuch Fritz Karsens Ende November oder Anfang Dezember 1925[310] und der Gegenbesuch Blumes Anfang Dezember 1925[311] die einzigen nachweisbaren direkten Kontakte zwischen diesen beiden exponierten Berliner Pädagogen darstellen!

Als zweites Phänomen dieser Art muß - angesichts der in dieser Arbeit beschriebenen unmittelbaren Zusammenhängen - das merkwürdig gespannte Verhältnis zwischen dem Bund Entschiedener Schulreformer und der Schulfarm genannt werden[312]:

Zu dem genannten Besuch Hilkers am 27.10.1922 schrieb Blume in der Chronik, daß es zu "den erhofften tiefer die Sache berührenden Auseinandersetzungen mit dem Vorstandsmitglied der Entschiedenen Schulreformer, die uns merkwürdiger Weise nicht besonders wohlwollen, [...] leider nicht [gekommen sei]"[313]. 1923 schrieb Blume von seiner Einladung Oestreichs zu einer für den Januar 1924 geplanten Tagung 'Groß-Berliner Schulbewegung' der Entschiedenen Schulreformer[314], "die uns bis jetzt völlig links liegen ließen"[315]. Und zu Franz Hilkers Scharfenberger Besuch im September 1924 bemerkte Blume in der Chronik der Schulfarm, daß er einmal mit Hilker "bei den Entschiedenen Schulreformern die Klingen gekreuzt" habe[316].

---

[309] Berlin, LA, SIS: CH, V, S. 232. - Ebenso: BLUME, Gesuch (1926): "Der Gründungsabsicht getreu, der Stadt Berlin an exponierter Stelle eine Versuchsschule zu schaffen, erregt sie in allmählich beängstigend werdendem Umfang die Aufmerksamkeit der pädagogisch Interessierten. Sämtliche pädagogischen Tagungen, wie die der Land[schul]heimbewegung [...] haben einen Tag dem Besuch der Schulfarm gewidmet." - Vgl. dazu: Tagung 'Das Landheim' [vom 6. und 7. Okt. 1925], in: Pädagogisches Zentralblatt, Jg. 5 (1925), S. 414.

[310] S. dazu S. 502.

[311] S. dazu S. 467 und S. 502.

[312] Interessant ist neben den nachfolgenden Hinweisen auf die Beschäftigung der Schulfarm mit anderen Reforme(r)n, daß es bei allem augenscheinlichen unmittelbaren Zusammenhang zwischen der Schulfarm und den frühen Reformvorstellungen des Bundes Entschiedener Schulreformer (s. dazu S. 89-95, S. 141-150 und S. 261-266; vgl. auch S. 517) kaum Hinweise auf eine direkte Beschäftigung Blumes mit beidem gibt.

[313] Berlin, LA, SIS: CH, I, o.S.

[314] Die Veranstaltung fand am Dienstag, den 22.01., abends im Werner-Siemens-Realgymnasium, Hohenstaufenstr. 47/48 statt; s.: Die Neue Erziehung. Monatsschrift für entschiedene Schulreform und freiheitliche Schulpolitik, Jg. 6 (1924), S. 38 [Ankündigung] und S. 134f. [Bericht, ohne Nennung des Blume-Beitrags].

[315] BLUME, Bericht (1923), Bl. 264v.

[316] Berlin, LA, SIS: CH, V, S. 52. - Gemeint dürfte sein Blumes Vortrag über die Schulfarm im Rahmen der vom Bund Entschiedener Schulreformer im Winterhalbjahr 1923/24 im Werner-Siemens-Realgymnasium in Berlin-Schöneberg veranstalteten 'Pädagogischen Hochschulkurse'; s. zu der Veranstaltung S. 515-518.

Besucherzahl und Bekanntheit der Schulfarm bedingten sich ab einem gewissen Punkt der Entwicklung gegenseitig: Der bald erreichte internationale Bekanntheitsgrad der Schulfarm zog die pädagogische internationale Öffentlichkeit ebenso an wie die internationale Besucherschaft ihre auf Scharfenberg gemachten Beobachtungen durch mündliche Berichte (etwa in Vorträgen) oder in Publikationen weitertrug und andere Interessenten auf Scharfenberg aufmerksam machte und gegebenenfalls zu einem Besuch animierte - so daß auf diese Weise ein informelles Netz entstand, das auf die Schulfarm in einem 'Schneeballeffekt' im internationalen Rahmen aufmerksam machte.

Eine besondere Rolle bei der 'Initialzündung' für diesen Effekt aber spielte - wie schon gezeigt - Elisabeth Rotten, die in vielfacher Hinsicht von Beginn an in ihrem internationalen Wirkungskreis auf Scharfenberg aufmerksam machte[317].

Die Schulfarm stand den zahlreichen Besuchern mit gemischten Gefühlen gegenüber.

Auf der einen Seite (und in der Hauptsache) waren, besonders in den Anfangsjahren, Besucher auf Scharfenberg willkommen. Mit Vorliebe präsentierte Blume ihnen die werdende Schule in ihrer ganzen Vielfalt und ließ sie insbesondere gerne im Unterricht hospitieren. Ja, man kann sagen, daß die praktische und konkrete Präsentation des bereits Erreichten das wichtigste Argumentationsmittel Blumes für weitere Unterstützung war - dem sich kaum ein Besucher entziehen konnte.

Diese praktische Präsentation brachte Blume - abseits von theoretischen und vor allem parteipolitischen Grundsatzdiskussionen - die Unterstützung von behördlichen und politischen Vertretern aller Parteien.

Blume schrieb im Mai 1960 einen Brief an den ehemaligen Scharfenberg-Schüler und nunmehrigen Leiter der Schulfarm Wolfgang Pewesin, in dem er anläßlich des am 18.05.1960 bevorstehenden ersten Scharfenberg-Besuches des Schulsenators Carl-Heinz Evers zu diesem Thema quasi den 'Tip' gab:

> "Nach meinen 'langjährigen' Erfahrungen ist der erste Eindruck, der ein einflußreicher Besucher empfängt, auf lang hin entscheidend; ich denke an Beckers Besuch und an Paulsens Debüt: da haben wir einen Stundenplan ad hoc gemacht mit wünschenswertem Erfolg: Netze [Netzband] wurde extra zum Kulturunterricht beordert und kam mit einem Koffer voll orientalischer Kunsterzeugnisse ... [sic!]. Als Frau Weyl kam, ward sie beim Betreten des Bollesaals vom Gesamtchor angesungen!"[318]

Durch die Besuche wurde "der Weg in manche einflußreiche Amtsstube geebnet"[319]. Hierbei konnte Blume neue Verbindungen entstehen lassen, die in politischer Hin-

---

[317] Es ist zu vermuten, daß neben Rotten auch noch andere Pädagogen eine ähnliche Vermittler-Rolle gespielt haben; so könnte es sein, daß der Aufsatz: KRULL, Wilhelm, Schulfarm Scharfenberg, in: Schulblatt für Braunschweig und Anhalt, 1. November 1932, S. 709-713, auf Initiative Wilhelm Paulsens, zustande gekommen war. - Wilhelm Krull (1898-19..) hatte die Schulfarm zwei Tage lang besucht; dabei wurde ihm "bewußt, daß manche und gerade die wichtigsten Forderungen unseres [unter Paulsen ausgearbeiteten Braunschweigischen] 'Bildungsplanes' hier bereits verwirklicht sind" (S. 712).
[318] PS Pewesin: Blume an Pewesin br. "Sonntag früh" [15.05.1960].
[319] BLUME, Bericht (1923), Bl. 196v.

sicht von Bedeutung sein konnten, so etwa durch den Besuch des im Kultusministe-
rium tätigen Ministerialrats Otto Karstädt, den Blume im November 1925 im
Ministerium aufsuchte, nachdem er ihn zuvor "auf der Insel bei einem Besuch des
Auslandsdeutschkurses kennen gelernt [hatte]."[320]

Als ein zweites Beispiel sei der Besuch der Reichstagsabgeordneten Frau Clara
Bohm-Schuch (1879-1936) im Mai/Juni 1925 genannt, "die beim Abschied fragte,
ob sie nicht etwas für uns tun könne, 'damit die Schule auch äußerlich eine
Musteranstalt werde', etwa Geld beantragen für Anlage elektrischen Lichtes"[321] - ein
Angebot, das der Schulfarm "im Reichsministerium des Innern Kanäle geöffnet"[322]
hatte, zu einer Unterredung mit Ministerialrätin Dr. Gertrud Bäumer führte und
schließlich bewirkte, daß das Ministerium die Elektrifizierung der Insel
mitfinanzierte[323].

Durch die Besuche kam es auch zu in pädagogischer Hinsicht wichtigen Kontakten, zu einem "Austausch der Erfahrungen"[324].

Aufgrund der positiven Eindrücke der Besucher wurden -gerade in den Anfangsjahren wichtige! - materielle Hilfeleistungen vermittelt, so seien u.a. "allerhand
kleine Stiftungen [...] Folgen solcher Besuche gewesen"[325].

Auch konnten die Besucher mündlich oder durch Publikationen den 'Ruhm' der
Schulfarm weitertragen - und andere zu Besuchen animieren[326].

Schließlich sind Besucherfrequenz und internationale Besucherzusammensetzung
(und ihre schriftliche Fixierung) auch als 'Argument' benutzt worden, das gegenüber
möglichen Angriffen gegen den Schulversuch eingesetzt wurde oder eine weiterrei-
chendere finanzielle Unterstützung der Schulfarm mitbegründen sollte[327].

Auf der anderen Seite aber brachten die zahllosen Besuche auch Nachteile mit
sich, etwa in Hinblick auf die Unterrichtsatmosphäre - was freilich von jedem Lehrer

---

[320] Berlin, LA, SIS: CH, V, S. 268.
[321] Berlin, LA, SIS: CH, V, S. 173.
[322] Berlin, LA, SIS: CH, V, S. 173.
[323] S. zur Elektrifizierung Scharfenbergs S. 447f. und S. 567.
[324] BLUME, Bericht (1923), Bl. 263v.
[325] BLUME, Bericht (1923), Bl. 263v.
[326] S. neben vielen anderen den aufgrund eines zweitägigen Scharfenberg-Besuches entstandenen
Beitrag: KRULL, Wilhelm, Schulfarm Scharfenberg, in: Schulblatt für Braunschweig und Anhalt, 1. November 1932, S. 709-713.
[327] So z.B.: BLUME, Bericht (1923), Bl. 263r-264v. - Und: BLUME, Gesuch (1926).

anders wahrgenommen wurde[328]. So schrieb Blume bereits 1923 von durch die Besucher entstehenden "Störungen [...], deretwegen die allgemeine Meinung der Gemeinschaft eigentlich gastfeindlich [sei]"[329]. Und im Sommer 1925 monierte er, daß zahlreiche Besuche "Schulleitung und Schule stark in Anspruch genommen"[330] hätten:

> "So erfreulich und anregend derartige Besuche mitunter sind, so scheint doch die Häufung zu einer Behinderung der Lehrkräfte und des Schulbetriebes zu werden, so daß vielleicht an eine Oberzahl, mindestens an eine Einschränkung gedacht werden muß."[331]

Im Sommer 1926 schrieb Blume - nicht nur aus Koketterie -, die Schulfarm errege "in allmählich beängstigend werdendem Umfang die Aufmerksamkeit der pädagogisch Interessierten."[332]

Als eine Gegenmaßnahme gegenüber diesem überstarken Besucherandrang habe man - so notierte Blume im Anschluß an einen Chronikeintrag vom Frühjahr 1927, in dem er den Besuch von "Herren vom Statistischen Amt"[333] - im übrigen "in diesem Frühjahr derartigen Anfragen gegenüber meist abweisende oder ausweichende Auskünfte erteilt"[334] und die Besuche auf wirklich 'pädagogisch Interessierte' und zudem der Schulfarm selbst Gewinn versprechende Hospitanten beschränkt: auf Pädagogen wie zum Beispiel "Frl. Dr. Betty Schloß [(1892-19..)]"[335] von der Frankfurter Musterschule"[336], die - wie Blume Anfang Mai 1927 ankündigte - "auf ihrer 7wöchigen Studienreise von der Stadt Frankfurt a.M. aus, die sie mit verschiedenen modernen Schulversuchen bekannt machen soll, auch bei uns einige Tage verbringen möchte"[337], und die sich bald darauf "in Tegelort sich eingemietet hatte, um schon um 7 Uhr morgens auf der Insel sein zu können [...] [und] manches von dem Ju-

---

[328] S. dazu: RICHTER, Scharfenberg 1928-1932, S. 15: "So leicht mir in Scharfenberg Unterricht und Leben ineinander übergingen, so sehr irritierte es mich, bei meinem Unterricht Zuschauer und Zuhörer zu haben. Schon bei den Probelektionen der Referendarzeit war es mir recht lästig, doch hielt die Verlegenheit die ganze Lehrerzeit hindurch an, während Blume, der großartige Unterrichtsregisseur, durch ein Publikum erst recht angefeuert wurde. Aber selbst durch seine Anwesenheit fühlte ich mich gehemmt. Als ich ihn einmal im großen Saal des Neubaus mit dem Unterricht in meiner eigenen Klasse ablöste, hatte er noch etwas mit einem Schüler zu besprechen, während ich mit der Stunde begann; er blieb am Ofen stehen und schien mir mit halbem Ohr zuzuhören. Als er dann den Raum verließ, bemerkte einer meiner Schüler spöttisch: 'So, nun kann es ja richtig losgehen'. So sehr war meine Befangenheit auch nach außen deutlich. Andere Besuche von Fremden, selbst von meinem Bruder, suchte ich nach Möglichkeit zu vermeiden [...]."

[329] BLUME, Bericht (1923), Bl. 263v-264r: "Der Austausch der Erfahrungen und das Gewinnen dieses oder jenen Gönners (allerhand kleine Stiftungen sind Folgen solcher Besuche gewesen) müssen für die Störungen entschädigen, deretwegen die allgemeine Meinung der Gemeinschaft eigentlich gastfeindlich ist. Aus der Notwendigkeit heraus, nur durch private Geschenke und Beziehungen wesentlich vorwärts kommen zu können, ist auch die Presse nicht ganz abzuweisen, soweit sie uns [be]sucht."

[330] Prot. der 11. Schulgemeinde vom 21.06.1925, in: Berlin, LA, SIS: CH, V, S. 196.

[331] Prot. der 11. Schulgemeinde vom 21.06.1925, in: Berlin, LA, SIS: CH, V, S. 196.

[332] BLUME, Gesuch (1926).

[333] Berlin, LA, SIS: CH, VI, o.S.

[334] Berlin, LA, SIS: CH, VI, o.S.

[335] Biogr. Inf. zu Schloß: Berlin, BBF: SLG-GS, Personalblatt Betty Schloss (geb. Weill).

[336] Berlin, LA, SIS: CH, VI, o.S.

[337] Prot. der 75. Abendaussprache vom 03.05.1927, in: Berlin, LA, SIS: CH, VI, o.S.

gendlager auf der 'Wegscheide'[338] zu erzählen [wußte]."[339] Im Protokoll der 77. Abendaussprache vom 11.08.1927 heißt es zum Thema:

> "Blume erzählt, wie stets in Scharfenberg viele Besucher zum Hospitieren kamen, im letzten Semester ihnen häufiger gewehrt sei[340]. Am 24.VIII. hätten sich die Teilnehmer des pädagogischen Ausländerkursus des Zentralinstituts angemeldet, Schulrat Niemann und Dr. Ziegelmayer (der letztere ohne sein Wissen) sollten nach dem mitgeschickten Programm[341] die Scharfenberger Tertia nachmittags[342] probeunterrichten. Da dadurch am Mittwoch nachmittag die Gemeinschaftsarbeit für einen Teil ausfallen müßte, bittet er die Gemeinschaft, ihn zu ermächtigen, in diesem, sowie in jedem späteren Falle, solches "Probe-unterrichten" außerhalb des angesetzten Unterrichts[343] ablehnen zu dürfen, was auch gern gewährt wird."[344]

Auch im folgenden Jahr 1928 wünschte sich Blume - freilich vergeblich - "mehr Ruhe; Ruhe auch vor dem anstürmenden Interesse pädagogischer Massenbesuche, damit sie [die Schule] vor Verflachung und Veräußerlichung bewahrt bleibe und die Erwartungen, die die städtischen Behörden mit Recht in sie setzen, von ihr wirklich erfüllt werden können."[345]

In seiner Kritik gegenüber den Besucherströmen stimmte Blume völlig überein mit Willy Steiger, der, allerdings in noch schärferer Form, bereits 1924 zu diesem Thema geschrieben hatte:

> "Gäste während der Schulzeit aufzunehmen, ist mir unmöglich geworden, nachdem vier Jahre lang jedem meine Schultür offengestanden hat. Nun droht Äußerliches die eigentliche stille Erzieherarbeit zu überwuchern. Wer sich täglich von andern, fremden Besuchern beobachtet fühlt, die jede Geste und jedes Wort zur Berichterstattung notieren, der kann nicht sein ureigenstes Wesen frei enthüllen. Die feinsten Beziehungen von Mensch zu Mensch werden unterbunden, und was sichtbar bleibt, ist Flachheit, Oberfläche."[346]

---

[338] Zur Wegscheide s.: 75 Jahre Frankfurter Schullandheim Wegscheide [1920-1995]. Ein geschichtlicher Überblick, hrsg. von der Stiftung Frankfurter Schullandheim Wegscheide, Frankfurt 1995.

[339] Berlin, LA, SIS: CH, VI, o.S.

[340] Der Halbsatz "im letzten Semester ihnen häufiger gewehrt sei" wurde von Blume eingefügt. Der Protokollant hatte zunächst vermerkt "und stets zugelassen worden".

[341] Die Bemerkung "nach dem mitgeschickten Programm" wurde von Blume eingefügt.

[342] Der Begriff "nachmittags" wurde von Blume eingefügt.

[343] Die Erläuterung "außerhalb des angesetzten Unterrichts" wurde von Blume eingefügt.

[344] Prot. der 77. Abendaussprache vom 11.08.1927, in: Berlin, LA, SIS: CH, VI, o.S.

[345] BLUME, Schulfarm (1928), S. 184f.

[346] STEIGER, Fahrende Schule, S. 77.

I.6.C. SELBSTDARSTELLUNGEN DER SCHULFARM

Von Beginn an erschienen in zahlreichen Zeitungen und Zeitschriften Hinweise bzw. Artikel über den Schulversuch auf der Insel Scharfenberg, ein Faktum, auf das Blume nicht nur in der Chronik, sondern auch in seinen diversen Anträgen und Gesuchen immer wieder hinwies[347] - diente doch das Medieninteresse für die Schulfarm ähnlich der Besucherfrequenz u.a. auch als 'Argumentations-' und 'Legitimationsstütze' für den werdenden Schulversuch[348].

Auch Blume und seine Scharfenberger Lehrerkollegen berichteten in Vorträgen und auch in einigen Publikationen über ihr Tun und Vorhaben auf der Insel. So erstattete im ersten Schuljahr Alfred Rosolleck auf einer Tagung der Freideutschen Lehrergilde[349] und im Herbst 1923, Hanns Rothe vor dem Tegeler Philologenverein Bericht über den Scharfenberger Schulversuch[350]. Am 16.03.1925 hielt der seit Juni 1924 auf Scharfenberg lehrende Biologielehrer Walter Lehmann aufgrund seiner eigenen Eindrücke und auf Basis der Scharfenberger Chronik-Bände vor der 'Gesellschaft für wissenschaftliche Pädagogik' zu Berlin einen Vortrag über Scharfenberg[351], der dann in dem vom Zentralinstitut für Erziehung und Unterricht herausgegebenen 'Pädagogischen Zentralblatt' veröffentlicht wurde[352].

---

[347] S. z.B.: Berlin, BA: Bestand Reichsministerium für Wissenschaft, Erziehung und Volksbildung, Nr. 4702, Bl. 13: Gesuch der Schulfarm Insel Scharfenberg (Blume) um Gewährung eines Zuschusses aus dem Fonds für Versuchsschulen an das Reichsministerium des Innern vom 03.09.1925, hier Bl. 13v.

[348] Vgl. dazu: ZYMEK, Bernd, Das Ausland als Argument in der pädagogischen Reformdiskussion. Schulpolitische Selbstrechtfertigung, Auslandspropaganda, internationale Verständigung und Ansätze zu einer Vergleichenden Erziehungswissenschaft in der internationalen Berichterstattung deutscher pädagogischer Zeitschriften 1871-1952, Ratingen [u.a.] 1975.

[349] BLUME, Bericht (1923), Bl. 264v.

[350] Berlin, LA, SIS: CH, III, S. 93.

[351] LEHMANN, Schulfarm, S. 145, Anm. 1: "Das vorliegende Referat ist am 16. März 1925 in der 'Gesellschaft für wissenschaftliche Pädagogik' zu Berlin zum Vortrag gekommen. Als Quellen hat der Verfasser, der an der Schulfarm Scharfenberg seit Juni 1924 den biologischen Unterricht erteilt, mit freundlicher Erlaubnis des Leiters der Schule die Chronik der Anstalt und die Entwürfe der Denkschriften des Leiters an den Magistrat der Stadt Berlin und an das Ministerium für Wissenschaft, Kunst und Volksbildung benutzt." - Vgl.: PS Radde, Nachlaß Fritz Blümel (1899-1989), Korrespondenz: Blümel an Blume br. vom 03.07.1960: "Ich wäre ein schlechter 'alter Scharfenberger', sähe ich nicht, wie sehr die Grundsätze der Erlebnistheraphie Kurt Hahns mit der damaligen Inselpraxis Scharfenbergs zusammengehen. Andererseits klingt mir [...] noch in den Ohren [...] eine leicht hingeworfene Erwähnung [Eduard] Sprangers [(1882-1963)] im pädagogischen Seminar: 'Scharfenberg, leider nur eine pädagogische Insel, aber wohl auch nur als Insel möglich.'"

[352] LEHMANN, Walter, Schulfarm Insel Scharfenberg, in: Pädagogisches Zentralblatt, hrsg. vom Zentralinstitut für Erziehung und Unterricht, Jg. 5 (1925), Heft 4, S. 145-167. - S. zu dem Bericht Lehmanns auch: WENIGER, Erich, [Rezension:] LEHMANN, Walter, Die Schulfarm Insel Scharfenberg, in: Pädagogisches Zentralblatt, hrsg. vom Zentralinstitut für Erziehung und Unterricht, Jg. 5 (1925), S. 145-167, in: Zeitschrift für Kinderforschung. [Teil] Referate, Bd. 31 (1931), S. 248.

Von Blumes zahlreichen Vorträgen über die Schulfarm seien hier lediglich einige wenige hervorgehoben: Am 23.02.1923 fuhr er "zu einer Lehrerversammlung am Engelufer im Gewerkschaftshaus, um die Anwesenden für Scharfenberg zu interessieren und Vermittler zu gewinnen zur richtigen Auslese neuer Aufbauschüler"[353] - "der Vater unseres Heinz Böhm, der dort ein Referat hielt über den Anschluß der Lehrergewerkschaft an den Allg. Beamtenbund hatte es mir ermöglicht, diesen Kanal zur Schülerschaft hin zu eröffnen"[354]. Und am 25.02.1925 hielt Blume "im Hygienischen Institut der Universität einen Vortrag vor dem Berliner Verein für Schulgesundheitspflege"[355], bei dem "wir uns vor allem das Wohlwollen des Geheimrats Hahn erwarben."[356]

Am 08.12.1922 hatte Blume Gelegenheit erhalten, im Rahmen einer von Frau Dr. Weyl geleiteten Veranstaltung des Berliner Jugendamtes in der 'Urania' "vor einem geladenen Publikum aus Stadtverordneten-, Magistrats- und Wohlfahrtspflegekreisen"[357] über den Scharfenberger Schulversuch zu berichten[358] und "von unserer Sache Zeugnis abzulegen und moralische Eroberung zu machen"[359]:

> "Ich hob stark den Unterschied hervor unserer Gründung von den anderen dort auf der Leinwand vorgeführten Jugendpflegeunternehmungen: Scharfenberg nimmt nicht auf Zeit erholungsbedürftige Kinder auf, sondern sucht in jahrelanger alle Kräfte des Körpers und Geistes anspannender Gewöhnung aus Jungen, die an der Gesundheit krank sind, in ihrem Selbständigkeitsdrange im Großstadtbetriebe wund stoßen, ein starkes Geschlecht heranzuziehen! Sucht in unmittelbarer Naturnähe und wirklichem Handgemeinwerden mit allen Nöten leiblichen und geistigen Lebens bei möglichst freier Entwicklung aller gesunden Kräfte im gefährlichsten Entwicklungsalter die Form der Schule zu finden, in der die freie Regung der Jugendlichkeit zum Ausdruck kommt, die Brücke zu schlagen zwischen echter zum Positiven drängender Jugendbewegung und Schule, damit diese einmal nicht mehr neben oder gegen einander gehen!"[360]

Wie bei den anderen Vorträgen dieses Abends wurde auch zu Blumes Vortrag ein, wie er schrieb, "leider etwas marktschreierisch"[361] betitelter Film "'Scharfenberg, die Wunderinsel im Tegeler See'"[362] gezeigt - ein Film, der "noch aus der Bollezeit"[363] stammte, "als noch keine junge Menschenpflanzung hier zum Licht drängte"[364]. Dabei suchte Blume "durch Schilderung möglichst konkreter Beispiele das hinein zu retuschieren, was jetzt das Charakteristikum Scharfenbergs ausmacht. 'Eben als ich die Insel verließ, sah ich hier vor dem Haus nicht weit von Bambussträuchern, die von der Last des Schnees tief heruntergebogen waren, unter freiem Himmel einen unserer Schüler dem anderen in aller Seelenruhe die Haare schneiden,

---

353 Berlin, LA, SIS: CH, II, S. 33.
354 Berlin, LA, SIS: CH, II, S. 33.
355 Berlin, LA, SIS: CH, V, S. 128.
356 Berlin, LA, SIS: CH, V, S. 128.
357 Berlin, LA, SIS: CH, II, S. 3f.
358 Berlin, LA, SIS: CH, II, S. 3f.
359 Berlin, LA, SIS: CH, II, S. 4.
360 Berlin, LA, SIS: CH, II, S. 4.
361 BLUME, Bericht (1923), Bl. 263r.
362 BLUME, Bericht (1923), Bl. 263r.
363 Berlin, LA, SIS: CH, II, S. 4.
364 Berlin, LA, SIS: CH, II, S. 5.

und beide sahen mich ganz verständnislos an, warum ich über dies immerhin in der rauhen Mark ungewohnte Winterbild staunte!'"[365]

Im nachfolgenden Jahr 1923 wurde dann ein 'richtiger' Scharfenberg-Film von der Deutschen Lichtbildgesellschaft ('Deulig') auf der Insel gedreht, der den Titel 'Eine Schulfarm der Stadt Berlin' erhielt[366]. Dieser Film war nach einem von Blume eingereichten und mit der Filmgesellschaft dann durchdiskutierten Plan[367] in sechs Teile gegliedert:

"I. Aus der Entstehung der Schule.
II. Der Unterricht (Gesamtunterricht im Freien. Griechenkurs am Seeufer. Planktonfischen des Naturkurses. Sezieren eines Huhnes. Erklärung der botanischen Seltenheiten durch ältere Schüler. Zeichnen des Kalbes auf der Wiese. Wie man in Scharfenberg 'Klassenaufsatz' schreibt.) Vorbereitung einer Schülerausstellung auf der Veranda. Auf dem Vokabelbaum. Radfahraufbruch zur Besichtigung eines industriellen Werkes.)
III. Gemeinschaftsarbeit als Grundlage der Eigenproduktion (Obstabernten. Kartoffelbuddeln. Einfangen der Pferde zum Pflügen. Getreideernte. Ziegenmelken.)
IV. Körperliche Ertüchtigung (Atemübungen in der Pause. Dauerlauf durch die Birkenallee. Essen im Freien. Morgenwäsche im See. Badeleben mit Booten im Hintergrund. Spiele auf der Wiese. Schlafen im Freien auf dem Anbau im Braunschen Hause unter der Linde.)
V. Selbstverwaltung (Der Ausschuß schlichtet Unstimmigkeiten. Abendaussprache mit Abstimmungen.)
VI. Kunstpflege (Kasperletheater. Eintreffen der fahrenden Komödianten. Szenen aus der Stephan Zweig-Aufführung)."[368]

Mit dem Drehen des Filmes wurde bald nach dem Abiturium 1923 begonnen, der letzte Teil wurde im Oktober, nach dem Erntefest 'gekurbelt'[369].

Für die Schüler war das auch eine gerne wahrgenommene Gelegenheit, sich mit dem Medium Film auseinanderzusetzen, "dessen Technik nun jedem am eigenen Leibe und nach genauer Untersuchung des Kurbelkastens klar wurde"[370]. Sogleich ergriff man die Gelegenheit, um überzuleiten zu einem weiteren Medium, "zum Telegraphen! In 2 Gruppen nahm Herr Rosolleck ca. 20 Schüler mit zum Hauptfernsprechamt in Berlin, dessen Organisation und Exaktheit allen imponiert hat. Ein orientierender Vortrag unseres Fachmannes war an einem Unterrichtsmorgen vorangegangen."[371] Blume war mit dem Film wohl recht zufrieden und wertete es als positiv, "daß unsere Schüler selbst wenig Wert darauf legten; sie mußten oft direkt dazu genötigt werden; so steckt garnichts Schauspielerhaftes im Film; es wirkt alles

---

365 Berlin, LA, SIS: CH, II, S. 5.
366 Verzeichnis deutscher Filme, hrsg. von Walther GÜNTHER, I: Lehr- und Kulturfilme (Abgeschlossen: 31.03.1926), Berlin 1927, S. 135. - S. auch: Bundesarchiv. Filmarchiv (Berlin) an D.H. br. vom 28.02.1996. - Bekannt ist die Existenz von fünf Filmen aus der Zeit vor 1945: [1.] der genannte Film aus der Zeit vor dem Schulversuch, [2.] der genannte Film aus dem Jahr 1923, [3.] ein von Georg Netzband mit Schülern der Rheingauschule auf der Insel Scharfenberg gedrehter Film aus dem Jahr 1932, [4.] ein von der Schulfarm selbstgedrehter Film aus dem Jahr 1936 und [5.] ein mit Beteiligung einer Scharfenberger Untertertia gedrehter Film aus dem Jahre 1938. - Zum Verbleib dieser Filme s. S. 1336f.
367 Berlin, LA, SIS: CH, III, S. 91.
368 Berlin, LA, SIS: CH, III, S. 91.
369 Berlin, LA, SIS: CH, III, S. 91.
370 Berlin, LA, SIS: CH, III, S. 92.
371 Berlin, LA, SIS: CH, III, S. 92.

unbeabsichtigt, nicht wichtigtuerisch; ein deutlicher Unterschied vom Wickersdorffilm, der mir in der 'Deulig' vorgeführt war. "[372]

Von wem auch immer die Initiative zu dem Film ausgegangen war, Blume schrieb zu dem Filmprojekt:

> "Wir haben uns zu der Verfilmung nicht gedrängt; aber 'Klimpern gehört zum Handwerk'. Wer weiß, ob nicht auf diesem mehr ungewöhnlichen Wege Gönner gewonnen werden. "[373]

Im November 1923 wurde das Opus erstmals gezeigt. Am 9. November 1923 fand sich die Schulgemeinschaft in der 'Deulig' am Dönhoffplatz zur Vorführung des Filmes ein - "in Gala!"[374]:

> "Im noblen Empfangsraum der Lichtbildfirma rechne ich die laufenden Geldgeschäfte mit den Eltern ab; und dann rollt in dem kleinen, aber vornehmen Vorführungsraum der Schulfarmfilm vorüber 3 Mal, denn der Andrang ist groß; und manche Mütter müssen ihre Jungen 3x über die Leinwand huschen sehen. Und es macht auch wirklich Spaß das Spiel! Selbst der Staatssekretär Becker, von Herrn Ministerialrat Metzner und Herrn Regierungsrat Woldt begleitet, hat sich die Zeit genommen, den Schulfilm sich anzusehen. Frau Dr. David [von der 'Deulig'] ist stolz. Und die Bilder sind auch tatsächlich technisch vollendet. "[375]

Weitere Aufführungen folgten. So wurde der Film an einem Dezemberfreitag 1923 in der 'Deulig' "einem geladenen Publikum von Gönnern und Vertretern der städtischen Behörden vorgeführt", "beim zweiten Abrollen" sprach Blume "über die Unterschiede Scharfenbergs von Wickersdorf, dessen Film als Zugabe dargeboten wurde."[376] Außerdem wurde der Film, "freilich mit sehr unzureichenden Mitteln", im Zusammenhang eines Vortrages gezeigt, den Blume am 29.11.1923 in einer von Franz Hilker geleiteten Vortragsreihe über 'Deutsche Schulversuche' hielt[377].

Ursprünglich hatte Blume am 20.06.1923 eine schriftliche Einladung von Paul Oestreich erhalten, an einem für den 22.01.1924 geplanten Bundesabend mit dem Thema 'Groß-Berliner Schulbewegung' über die "Landheimschule (Scharfenberg)" "in einem halbstündigen Referat zu erzählen, was geworden ist und was noch werden möchte"[378]. Die dann zeitverschobene, unter veränderter Thematik unter Hilkers Leitung stattfindende Vortragsreihe, in der "die Begründer oder Leiter neuer Schulen über ihre Erziehungsideen und deren praktische Verwirklichung berichten"[379] sollten, fand dann im Rahmen der vom Bund Entschiedener Schulreformer im Winterhalbjahr 1923/24 im Werner-Siemens-Realgymnasium in Berlin-Schöneberg veran-

---

[372] Berlin, LA, SIS: CH, III, S. 91f.
[373] Berlin, LA, SIS: CH, III, S. 91.
[374] Berlin, LA, SIS: CH, IV, S. 50.
[375] Berlin, LA, SIS: CH, IV, S. 50.
[376] Berlin, LA, SIS: CH, IV, S. 60.
[377] Berlin, LA, SIS: CH, IV, S. 60. - Ebd. nennt Blume, sicherlich irrtümlich, den 12.12. als Vortragstermin.
[378] Würzburg, Oestreich-Archiv, Briefsammlung Oestreich: Oestreich an Blume br. vom 20.06.1923.
[379] HILKER, Franz, Vorwort, in: Deutsche Schulversuche, hrsg. von Franz HILKER, Berlin 1924, S. III-VII, hier S. III.

stalteten 'Pädagogischen Hochschulkursen', jeweils Dienstag und Donnerstag abend um 19.30 Uhr, statt[380].

Veranstaltungsprogramm der von Franz Hilker geleiteten Vortragsreihe über 'Deutsche Schulversuche' im Winterhalbjahr 1923/24, veranstaltet im Rahmen der 'Pädagogischen Hochschulwochen' des Bundes Entschiedener Schulreformer[381]

"I. Einleitung
Okt. 25	*[Franz] Hilker: Die Problematik der Zeit und der Schule*
Okt. 30	*Berthold Otto: Die Schule des Kindes*

II. Landerziehungsheime und Freie Schulgemeinden
Nov. 01	*[Alfred] Andreesen: Die deutschen Landerziehungsheime*
Nov. 06	*[Paul] Geheeb: Die Odenwaldschule*
Nov. 08	*[Martin] Luserke: Die Freie Schulgemeinde Wickersdorf*
Nov. 13	*[Bernhard] Uffrecht: Die freie Schul- und Werkgemeinde Schloß Letzlingen*
Nov. 15	*[Otto] Steche: Bergschule Hochwaldhausen*

III. Reform der höheren Schule
Nov. 20	*[Wilhelm] Vilmar und [Paul] Ziertmann: Die elastische Oberstufe*
Nov. 22	*[Sebald] Schwarz (Lübeck): Kern und Kurse*
Nov. 27	*[Peter] Petersen (Hamburg): Die höhere Schule als Volks- und Gemeinschaftsschule*
Nov. 29	*[Wilhelm] Blume: Insel Scharfenberg*
Dez. 06	*[Gustav] Lassmann (Wien): Die österreichischen Bundes-Erziehungs-Anstalten*

IV. Das neue Weltbild in der Erziehung
Dez. 11	*[Max] Bondy: Die Typenschule*
Dez. 13	*[Paul] Oldendorff: Die Waldorfschule*
Dez. 18	*[Fritz] Klatt: Ferienheim Prerow a/Ostsee*

V. Die Volksschule
Jan. 03	*[Heinrich] Scharrelmann: Die Bremer Schulen*
Jan. 10	*[Nicolaus] Henningsen: Die Schulbewegung in Hamburg*
Jan. 15	*[Paul] Münch: Die Leipziger Versuchsschulen*
Jan. 17	*[Max] Nitzsche: Die Volksschule Hellerau bei Dresden*
Jan. 22	*[Richard] Schröter - [Richard] Dahlke - Hantke: Großberliner Schulreform*
Jan. 24	*[Carl] Rössger: Chemnitzer Versuchsschulen*
Jan. 29	*[Oskar] Seinig: Ziel und Verwirklichung der Arbeitsschule [...]*
Jan. 31	*[August] Heyn: Die Gartenarbeitsschule*

---

[380] Berlin, GStA PK: I. HA, Rep. 76 VI, Sekt. 1 cc, Bd. 9, Bl. 226f.: Pädagogische Hochschulkurse des Bundes Entschiedener Schulreformer. Winterhalbjahr 1923/24. Im Werner-Siemens-Realgymnasium in Berlin-Schöneberg, Hohenstaufenstr. 47/8. Dienstag und Donnerstag abends, ab 19.30 Uhr. Vortragsreihe 'Deutsche Schulversuche', geleitet von Franz Hilker: Veranstaltungsprogramm.

[381] Berlin, GStA PK: Rep. 76 IV, Sekt. 1 cc, Bd. 9, Bl. 126f.: Pädagogische Hochschulkurse des Bundes Entschiedener Schulreformer. Winterhalbjahr 1923/24. Im Werner-Siemens-Realgymnasium in Berlin-Schöneberg. Dienstag und Donnerstag abends, ab 19.30 Uhr. Vortragsreihe 'Deutsche Schulversuche', geleitet von Franz Hilker: Veranstaltungsprogramm.

VI. Siedlungs-, Werk-, Berufs- und Hochschulen
   Febr. 05   *[August E.] Krohn: Heimschule*
   Febr. 07   *[Heinrich] Vogeler: Siedlungsschule Barkenhof*
   Febr. 12   *[...] Herring: Die Berufsschule*
   Febr. 19   *[Anna] Siemsen: Volkshochschule*
   Febr. 21   *[Walter] Gropius: Das staatliche Bauhaus Weimar (Kunstschulreform)*

VII. Hilfsschulen und Fürsorgeanstalten
   Febr. 26   *[Wilhelm] Raatz: Hilfsschulwesen*
   Febr. 28   *[Max] Hodann: Defektiven- und Psychopathenerziehung*
   März 04   *[R.] Wanke: Erziehungsanstalt Struveshof*

VIII. Zusammenfassung
   März 06   *[Paul] Oestreich: Versuchsschulen und Schulreform [...]."*

Blume schrieb, es habe sich im Anschluß an seine Ausführungen eine 1 1/2stündige Debatte ergeben, die "im wesentlichen ein Duell"[382] zwischen ihm und Hilker gewesen sei:

> "[...] ich zerstörte ziemlich energisch die Meinung, als stünden wir auf dem Boden des Programmes der 'Entschiedenen', mußte die Behauptung Hilkers lächerlich machen, Oestreich habe an der Gründung aktiv mitgewirkt und zog einen Trennungsstrich zwischen einer ausgesprochenen Berufsschule und der Oberstufe Scharfenbergs, die vor allem erst einmal tüchtige, für die Wissenschaft interessierte Menschen erziehen will, nicht auf bestimmte Berufe hinarbeitet."[383]

Bald nach Blumes Vortrag "mußten die Vorträge mit dem Beginn der Weihnachtsferien abgebrochen werden, [und zwar] sowohl wegen der rasenden Entwertung der Zahlungsmittel, die alle wirtschaftlichen Berechnungen über den Haufen warf, als auch wegen der schwachen Beteiligung der Großberliner Lehrerschaft aller Grade und Gehaltsstufen. Vielleicht war auch hier in zahlreichen Fällen die wirtschaftliche Not stärker als der gute Wille; vielleicht lag sogar der Grund darin, daß die Vorträge nicht weit genug bekannt geworden waren, da es das Preußische Kultusministerium in seinem Schreiben vom 18. September 1923 sich versagen zu müssen glaubte, 'die Schulen durch Rundschreiben empfehlend auf die Vorträge hinzuweisen, weil dies zu zahlreichen Berufungen anderer Vereine bei ähnlichen Veranstaltungen führen würde.'"[384]

Gerade dieses Scheitern der Veranstaltungsreihe war es nun, das, wie Hilker schrieb, eine Buchveröffentlichung der 'Deutschen Schulversuche' ein "dringendes Bedürfnis"[385] werden ließ. Und da die "aufgeforderten Pädagogen"[386] Hilkers Bitte für eine Veröffentlichung nun auch in schriftlicher Form "die Richtlinien ihrer Ar-

---

382 Berlin, LA, SIS: CH, IV, S. 60.
383 Berlin, LA, SIS: CH, IV, S. 60. - Zum Verhältnis zwischen der Schulfarm und dem Bund Entschiedener Schulreformer s. S. 506.
384 HILKER, Vorwort, S. IIIf.
385 HILKER, Vorwort, S. IV.
386 HILKER, Vorwort, S. IV.

beit in gemeinverständlicher Darstellung zu entwickeln"[387], mit "dankenswerter Bereitwilligkeit"[388] folgten, entstand mit dem von Hilker - und interessanterweise nicht
vom Bund Entschiedener Schulreformer! - herausgegebenen Band 'Deutsche Schulversuche' die wichtigste und interessanteste Publikation über die reformpädagogische
Praxis der 20er Jahre[389].

Blumes Beitrag zu diesem Band war die erste umfangreiche publizistische Selbstdarstellung der Schulfarm. Blume ging hier zunächst auf die Insel Scharfenberg und
ihre Vorgeschichte ein, widmete sich dann der Entstehungsgeschichte der Versuchsschule, um dann auf deren Entwicklung im ersten Jahr einzugehen und schließlich die Situation des Jahres 1924 vor allem in den Bereichen Landwirtschaft, Finan-
zen, Gemeinschaftsleben und Unterricht zu schildern[390].

Für einen späteren Zeitpunkt, nach Erwerb weiterer praktischer Erfahrungen,
stellte Blume "ein eigentliches 'Scharfenbergbuch'" in Aussicht, das dann über den
nunmehr vorliegenden "vorläufigen Bericht" hinausgehen solle[391]. Bereits im selben
Jahr noch tauchte der Plan einer eigenen Buchveröffentlichung erneut auf - und zwar
aus Anlaß der bevorstehenden Abwahl Wilhelm Paulsens als Oberstadtschulrat: "In
der Philologenschaft regt sich doch ab und zu die alte Gegnerschaft gegen Scharfenberg; und in diesen Wochen" - so schrieb Blume in der Chronik - "in denen Paulsens
Stellung wankt, wittert sie Morgenluft."[392]

Blume sprach in der 48. Abendaussprache (1924) "von den etwa heraufziehenden
Gefahren, wenn - wie es den Anschein habe, Paulsen aus dem Magistrat aus-
scheide."[393] "Um für den Notfall gerüstet zu sein", denke er an verschiedene
"Abwehrmaßregeln, die zwar mehr indirekt [...] aber entschieden wirksam seien"[394].
Als eine dieser Maßnahmen stelle er sich vor, "ein 'Scharfenbergbuch'"[395]
herauszugeben:

> "[...] so sehr ihm literarische Ausschlachtung zuwider sei, benötige man doch ein
> momumentum, auf das man die Öffentlichkeit hinweisen könne; ja, schon sein bloßes Dasein
> mache ein Hinwegwischen, das juristisch noch durchaus angängig sei, moralisch unmöglich."[396]

---

[387] HILKER, Vorwort, S. IVf.
[388] HILKER, Vorwort, S. IV.
[389] Deutsche Schulversuche, hrsg. von Franz HILKER, Berlin 1924.
[390] BLUME, Wilhelm, Die Schulfarm auf der städtischen Insel Scharfenberg bei Berlin, in: Deutsche Schulversuche, hrsg. von Franz HILKER, Berlin 1924, S. 312-330. - Partiell griff Blume
hier zurück auf: BLUME, Bericht (1923).
[391] BLUME, Schulfarm (1924), S. 330.
[392] Berlin, LA, SIS: CH, V, S. 34.
[393] Prot. der 48. Abendaussprache (1924), in: Berlin, LA, SIS: CH, V, S. 35.
[394] Prot. der 48. Abendaussprache (1924), in: Berlin, LA, SIS: CH, V, S. 35.
[395] Prot. der 48. Abendaussprache (1924), in: Berlin, LA, SIS: CH, V, S. 35.
[396] Prot. der 48. Abendaussprache (1924), in: Berlin, LA, SIS: CH, V, S. 35.

Zum beabsichtigten Entstehungsprozeß dieser Publikation bedurfte es nach Blumes Vorstellung "der aktiven Mitarbeit der Schüler"[397]:

> "Selbstverständlich dürfe das Buch nicht von Blume allein geschrieben sein, wenn es nicht von vornherein unsere Prinzipien Lügen strafen solle; sondern es müsse aus dem Zusammenwirken vieler hervorgehen, scheinbar ein Mosaik nicht dispositionell aufgezogener Beiträge, und wenn man es ganz gelesen und gesehen doch den einheitlichen Richtungs- und Stilwillen erkennen lassen. Blume erinnerte daran, daß unser [Kunstunterricht gebender] Georg Netzband im Verfolg desselben Gedankens schon vor einiger Zeit seine talentierten Getreuen um sich versammelt in Calle Berischs Bude und die Sammlung einer Scharfenbergmappe angeregt habe, aus der dann die illustrativen Beigaben genommen werden sollen; vom Umschlagsdeckel bis zur Schlußsignette müsse das Buch eigene Arbeit werden [...]."[398]

Die von Blume befürchtete Abwahl Wilhelm Paulsens fand tatsächlich statt[399], doch entgegen seinen Befürchtungen wurde Scharfenbergs Existenz dadurch nicht gefährdet.

Das geplante Scharfenbergbuch, von dem, allerdings für spätere Zeiten, auch in Blumes Aufsatz von 1924 die Rede ist[400], erschien nicht; doch schuf die Inselgemeinschaft Paulsen aus Dankbarkeit ein solches Buch als Unikat:

In der 50. Abendaussprache ging man der Frage nach, "ob, und in welcher Weise die Scharfenbergschule sich ihrem Gönner im Berliner Magistrat, Herrn Oberschulrat Paulsen für die materielle ebenso wie in ideeler Beziehung geleistete Unterstützung erkenntlich zeigen solle. Es wird einstimmig beschlossen, dies zu tun und dabei von der trivialen Form einer Dankadresse Abstand zu nehmen; es wird vorgeschlagen, unter möglichst zahlreicher Mitwirkung ein Bilderbuch zusammenzustellen und an Herrn Paulsen zu senden, das in möglichst verschiedenartiger Darstellung das Thema: 'Paulsen und die Scharfenbergschule' behandeln soll."[401] Es meldeten sich u.a. die Schüler A. Fritz, K. Berisch, Metz, Pewesin, Opalka, Frey, Heyn, Link, Dietz, Grieger, Oeser zur Mitarbeit[402]. Der Band wurde fertiggestellt und, nachdem Paulsen wirklich abgewählt worden war, diesem übergeben:

> "[Im Oktober 1924] trugen wir laut Abendaussprachenbeschluß die Dankesschuld bei dem nun doch gestürzten Stadtschulrat Paulsen ab; wir fuhren nach Steglitz in seine Wohnung und überbrachten ihm in einer von Hans Ungerer gefertigten bunten Mappe Bilder und Schnitte mit Scharfenberger Motiven, keine ausgewählten Gipfelleistungen, sondern von jedem fast etwas; alle wollten und sollten beteiligt sein! Was kommt [es] darauf an, ob Paulsens Pädagogik die richtige ist, ob sein 'Schulplan' durchführbar ist, ob er der richtige Beamte an seinem Platz gewesen - auf jeden Fall, das hatten wir erfahren, war er ein Mensch, ein guter, edler Mensch, und die sind so selten im politischen Leben, vor allem in Berlin."[403]

---

[397] Prot. der 48. Abendaussprache (1924), in: Berlin, LA, SIS: CH, V, S. 35.

[398] Prot. der 48. Abendaussprache (1924), in: Berlin, LA, SIS: CH, V, S. 35.

[399] S. dazu S. 174-177.

[400] BLUME, Schulfarm (1924), S. 320: "Was dabei [bei den Versuchen der Schulfarm in den nächsten Jahren] herausspringt, soll vielleicht dann ein eigenes 'Scharfenbergbuch' bringen."

[401] Prot. der im September 1924 stattfindenden 50. Abendaussprache, in: Berlin, LA, SIS: CH, V, S. 47.

[402] Prot. der 50. Abendaussprache in: Berlin, LA, SIS: CH, V, S. 47.

[403] Berlin, LA, SIS: CH, V, S. 60.

1926 erschien in der von Elisabeth Rotten und Karl Wilker herausgegebenen Zeitschrift 'Das Werdende Zeitalter' ein kleiner Beitrag über die Schulfarm von Gerhard Metz, der von 1922 bis 1926 Schüler der Schulfarm gewesen war[404], zu Beginn des Jahres 1928 erschien hier ein zweiter, von Elisabeth Rotten verfaßter Artikel[405].

Wenig später erklärte sich Elisabeth Rotten - wie Blume der Schulgemeinschaft mitteilte - bereit, "eine Scharfenberg-Nummer herauszugeben, sodaß wir unsere Anfänge, Erfahrungen und Ziele kostenlos vor eine interessierte Öffentlichkeit bringen könnten."[406] Der Band entstand, ganz im Sinne des nicht zustande gekommenen 'Scharfenbergbuch'-Planes des Jahres 1924 als Gemeinschaftsprojekt der Schulfarmbewohner. Auf Beschluß der Inselgemeinschaft wurde eine Kommission mit der Redaktion des Werkes beauftragt[407]. Die Texte, so entschied man weiter, sollten "nicht allein die Lehrer [...] schreiben, sondern das Heft soll sich mosaikartig aus Beiträgen aller zusammensetzen."[408] Und so geschah es dann auch. Im September und noch zu Beginn des Oktobers wurde "mit Hochdruck"[409] an dem Werk gearbeitet; noch im Oktober erschien es - von einem kurzen weiteren Beitrag abgesehen[410] -, das gesamte Oktoberheft des Jahrganges 1928 des 'Werdenden Zeitalters' umfassend. Als solches konnte es auch als Einzelheft, gewissermaßen als kleines, selbständiges "Scharfenbergbuch" erworben werden[411]. In einer schweizerischen Kurzrezension hieß es zu dem Band:

> "Der frische Geist völlig neuer Jugend, neuer Schule, ist wohl selten derart intensiv und lebendig aufgefangen worden, wie in diesen Selbstzeugnissen [...]."[412]

---

[404] METZ, Gerhard, Schulfarm Scharfenberg, in: Das Werdende Zeitalter, Jg. 5 (1926), S. 179-183.

[405] ROTTEN, Elisabeth, Das Janusgesicht der Schule, in: Das Werdende Zeitalter, Jg. 7 (1928), S. 1-4.

[406] Prot. der 84. Abendaussprache (1928), in: Berlin, LA, SIS: CH, VII, o.S.

[407] Prot. der 84. Abendaussprache (1928), in: Berlin, LA, SIS: CH, VII, o.S: "Die erste Frage ist: Sollen wir mit oder ohne Kommission arbeiten? [...]. Schließlich nach langer Debatte [...] entscheidet man sich für eine Sieben-Männer-Kommission."

[408] Prot. der 84. Abendaussprache (1928), in: Berlin, LA, SIS: CH, VII, o.S. - Im Prot. der 85. Abendaussprache vom 09.08.1928, in: Berlin, LA, SIS: CH, VII, o.S., hört man vom Fortschreiten der Arbeit: "Darauf nahm die Kommission für das 'Werdende Zeitalter' das Wort, indem sie noch einmal um rege Mitarbeit bat. Sie hätte zwar schon eine Reihe von Beiträgen erhalten, aber meistenteils von Außenstehenden, die Inselbewohner ließen noch auf sich warten. Der Endtermin wurde auf den 15. August festgesetzt."

[409] Berlin, LA, SIS: CH, VII, o.S.

[410] KILCHEMANN, Fr., Aus der Kleinarbeit des Weltbundes. Vereinigung der Pädagogischen Locarnofreunde in der Schweiz, in: Das Werdende Zeitalter, Jg. 7 (1928), S. 405-408.

[411] Als Einzelheft ist es so heute noch im Besitz ehemaliger Scharfenbergschüler und des Archivs der Schulfarm Insel Scharfenberg.

[412] [Aus dem Leben der Schulfarm Insel Scharfenberg. Bilder, Dokumente, Selbstzeugnisse von Eltern, Lehrern, Schülern, red. von Wilhelm BLUME, in: Das Werdende Zeitalter. Eine Monatsschrift für Erneuerung der Erziehung, Jg. 7 (1928), S. 329-404. Kurzrezension], in: Schweizer Erziehungs-Rundschau. Organ für das öffentliche und private Bildungswesen der Schweiz, Jg. 1 (1928/29), Nr. 8: November 1928, S. 199.

Zu Beginn der Publikation, einer Collage, die an Lebendigkeit und Direktheit von keinem anderen Text der bzw. über die Schulfarm übertroffen wurde, hieß es, gleichsam ein pädagogisches Credo für die Scharfenberger Pädagogik formulierend:

"Wir wollen mit unsern Lesern so verfahren, wie wir es in unserm Unterricht anstreben. Das heißt: nicht Darlegungen als Fertigfabrikate bieten, sondern 'selbst finden lassen'; aus Schnitten, Dokumenten, Selbstzeugnissen von Schülern, Lehrern, Eltern möge man sich ein Bild vom Werden, Sein und Wollen dieses Berliner Schulexperiments machen; wenn [dabei] Widersprüche nicht ganz aufgehen, sind sie wohl auch in der Wirklichkeit vorhanden."[413]

Nahezu parallel zum Oktoberheft des 'Werdenden Zeitalters' arbeitete Blume an einem weiteren Scharfenberg-Aufsatz. "Beide literarischen Anforderungen ergänzten sich vielfach, kreuzten sich"[414], doch enthielt der zweite, von Blume allein geschriebene Beitrag[415], der im Umfange von 50 Druckseiten in dem 1928 von dem damaligen Berliner Oberstadtschulrat Jens Nydahl herausgegebenen Sammelband "Das Berliner Schulwesen"[416] erschien und von einem Rezensenten als eine der "wahre[n] Perlen neuzeitlicher pädagogischer Darstellung" bezeichnet wurde[417], in weitaus größerem Maße pädagogische Reflexionen.

Bezeichnete Blume seinen Aufsatz von 1924 zunächst noch als einen "vorläufigen Bericht"[418], so wirken die beiden Arbeiten des Jahres 1928 als selbstbewußte, stolze Präsentationen eines jahrelangen, erfolgreichen und gereiften Reformversuches, dessen innere Entwicklung zu einem gewissen Abschluß gekommen war und vorsichtig nach weiterreichenden Zielen äugte!

---

413   Aus dem Leben der Schulfarm Insel Scharfenberg Bilder, Dokumente, Selbstzeugnisse von Eltern, Lehrern, Schülern, red. von Wilhelm BLUME, in: Das Werdende Zeitalter. Eine Monatsschrift für Erneuerung der Erziehung, Jg. 5 (1926), S. 179-183, hier S. 329.

414   Berlin, LA, SIS: CH, VII, o.S.

415   Zur Terminierung der Entstehung des Aufsatzes s.: Anläßlich einer Sitzung der Berliner Schuldeputation vom 21.09.1928 berichtete Blume, daß ihm der Bearbeiter des von Nydahl herausgegebenen Bandes, Erwin Kalischer "weidlich zusetzte, meinen Beitrag dazu bald zu schicken." (Berlin, LA, SIS: CH, VII, o.S.) - Und: Berlin, BBF: SLG-GS, Jahresberichte 1932/33, Bd. 248d, Nr. 88: Berlin, SIS (Blume), S. 1: Hier heißt es, dieser Aufsatz sei "bald nachher", d.h. im direkten Anschluß an den im Werdenden Zeitalter erscheinenden Band entstanden.

416   BLUME, Wilhelm, Die Schulfarm Insel Scharfenberg, in: Das Berliner Schulwesen, hrsg. von Jens NYDAHL. Bearbeitet unter Mitwirkung Berliner Schulmänner von Erwin KALISCHER, Berlin 1928, S. 135-186 und S. 568f.

417   GILLE, Hans, [Rezension von] Das Berliner Schulwesen [, hrsg. von Jens Nydahl. Bearbeitet unter Mitwirkung Berliner Schulmänner von Erwin KALISCHER, Berlin 1928], in: Deutsches Philologen-Blatt, Jg. 37 (1929), S. 247-249, hier S. 248.

418   BLUME, Schulfarm (1924), S. 330.

II. STRUKTURELEMENTE DES ZUSAMMENLEBENS AUF DER SCHULFARM: GEMEINSCHAFTSARBEIT, SELBSTVERWALTUNG UND UNTERRICHT - UND IHRE REALISIERUNG

Auf der Insel begann sich von Anfang an ein eigener Rhythmus, eine eigenständige Einteilung eines Tages, einer Woche und schließlich auch eines Jahres zu entwickeln.

"Um 6.10 Uhr war die Nacht vorbei"[1], erinnert sich Heinrich Scheel an den Beginn des Tagesablaufes auf Scharfenberg. Ein von den Schülern gewählter 'Läutenant'[2] "zog mit staunenswerter Pünktlichkeit die Kette der Glocke am Bollehaus, deren Töne in der morgendlichen Stille über die ganze Insel hallten."[3]

Dann begann der Tag mit einem Dauerlauf, der ausdrücklich kein Wettlauf sein sollte[4], um die halbe Insel herum - "im Winter, wenn der See zugefroren war und der Mond noch schien, auch wohl über das Eis, nur mit Schuhen, Handschuhen und Turnhose bekleidet, im Gänsemarsch, eine gespenstische Schar."[5]

Nach dem Morgenlauf wusch man sich, vor Errichtung des großen 'Neubaus' des Jahres 1927/28 in einem Waschraum im 'Braunhaus' "mit Pumpe und Wasch-

---

[1]   SCHEEL, Schulfarm (1990), S. 8. - Diese Uhrzeit nennt auch: BLUME, Schulfarm (1928), S. 171.

[2]   RICHTER, Scharfenberg 1928-1932, S. 9, nennt statt dessen den "Lehrer vom Dienst, Kronide genannt".

[3]   SCHEEL, Schulfarm (1990), S. 8.

[4]   Prot. der 75. Abendaussprache vom 03.05.1927, in: Berlin, LA, SIS: CH, VI, o.S.: "Damit kommt Blume auf die Unsitte, beim morgendlichen Dauerlauf ein Wettlauftempo anzuschlagen, zu sprechen, da dadurch den Neuen der Lauf zu anstrengend und deshalb verleidet würde. Er wird von jetzt ab trotz persönlicher Beschwerden mitlaufen, um dies zu verhindern. Ein Vorschlag Heinz Wagners, eine kleine Erholungspause, in der man Atemübungen machen könne, während des Dauerlaufes einzulegen, wird probeweise angenommen."

[5]   RICHTER, Scharfenberg 1928-1932, S. 9f. - SCHEEL, Schulfarm (1990), S. 8: "Man schlüpfte in die Turnhose und -schuhe und sammelte sich am Seeufer vor dem Hause, um die Dauerläufer zu erwarten, die die Nacht im Scheunensaal oder im Bollehaus verbracht hatten. Waren die ersten in Sicht, so erschallte der vielstimmige Ruf: 'Sie kommen!', um die langsamer Erwachenden anzutreiben. Die Neubaubewohner schlossen sich dem Dauerlauf an, die aus dem Holzhaus folgten als nächste, und ganz zum Schluß nahmen wir auch noch die zwei von der Kükenfarm auf. Mit diesem Dauerlauf rund um die halbe Insel begann jeder neue Tag im Sommer wie im Winter, bei Regen, Schnee oder Sonnenschein." - Berlin, LA, SIS: Prüfungsunterlagen, Mappe 3: Reifeprüfungen 1925-1935, hier: Reifeprüfung 1934, Bildungsgänge der Abiturienten 1934: Bildungsgang von Erwin Witt: "Mein erster Winter auf unserer Schulfarm war der berühmte Kältewinter 28/29, und hier erlebte ich gleich echtestes Scharfenberg. Früh um 6 Uhr, wenn es noch Dunkel war, standen wir auf. Das kostete jeden Morgen ein ganz Teil Selbstüberwindung, denn da unsere Schlafsäle ungeheizt waren, die Fenster über Nacht noch dazu offen standen, so herrschte drinnen ungefähr dieselbe Temperatur wie draußen. Unsere Handtücher, die wir nach der allabendlichen kalten Dusche für gewöhnlich über die Bettlehne hingen, waren wie Bretter [...]. Schnell ging es dann, nur mit Turnhose, Schuhen und Strümpfen bekleidet, hinaus zum Uferweg, wo wir uns wegen des schneidenden Ostwindes eng aneinander drängten. Bald tauchten die Scheunenbewohner, von uns mit Hallo und 'Guten Morgen' begrüßt, aus dem Dunkel auf; wir schlossen uns ihnen an, holten die Insassen des Holzhauses ab, und liefen dann gemeinsam unseren Dauerlauf zu Ende."

ständern und Schüsseln"[6], ab 1928 im großen Waschraum des 'Neubaus', so weit es das Wetter jedoch irgend zuließ, von der Fährstelle aus oder am Steg beim Holzhaus[7] "lieber am See"[8].

In diesen morgendlichen Sitten wird ein wenig von der 'asketischen Lebenshaltung'[9] deutlich, die für die Schulfarm typisch war und die sich in mannigfaltiger Weise artikulierte - etwa, wenn man den Antrag des Lehrers Bandmann auf Anschaffung eines Fieberthermometers mit der Begründung ablehnte, "daß die alten Germanen auch kein Fieberthermometer gehabt hätten, und daß sich bei uns in den 1 1/2 Jahren noch nie das Bedürfnis nach einem solchen ausgesprochen hätte."[10]

Noch 'eindrucksvoller' für die Besucher, die in der kalten Jahreszeit auf die Insel kamen, war der erstaunliche Grad der Abhärtung, zu dem es zumindest einige der Jungen gebracht hatten - indem "diese bis weit in den Winter hinein tagaus tagein im Freien bade[te]n, [und] sich zu diesem Zweck bei starkem Frost sogar Badelöcher in die Eisdecke [schlugen]"[11].

---

[6]   PS Wagner: WAGNER, Heinz, Erinnerungen an die Insel der Jahre 1926-29 (Quasi ein Osterspaziergang eines 'Alten Scharfenbergers' im Jahre 1990), S. 6.

[7]   PS Wagner: WAGNER, Heinz, Erinnerungen an die Insel der Jahre 1926-29 (Quasi ein Osterspaziergang eines 'Alten Scharfenbergers' im Jahre 1990), S. 12: "Zum Holzhaus gehörte der Steg, der besonders auch für Feuerlöschzwecke angelegt worden war. Im Winter mußten wir immer dafür sorgen, daß eine Pumpstelle nicht zu dick zufror. Im Sommer ging man hier zum Waschen in das Wasser."

[8]   PS Wagner: WAGNER, Heinz, Erinnerungen an die Insel der Jahre 1926-29 (Quasi ein Osterspaziergang eines 'Alten Scharfenbergers' im Jahre 1990), S. 6. - S.: Abb. 32.

[9]   RICHTER, Scharfenberg 1928-1932, S. 10: "Diese asketische Lebenshaltung bekam mir gut, wie auch den meisten Schülern, und wurde von den 'Echten Scharfenbergern' durchaus bejaht. Äußerste Einfachheit und körperliche Produktivarbeit hatten die Schule die Inflationszeit nach dem Ersten Weltkrieg bestehen lassen; nun galt es als eigentümliches Daseinsgesetz, auch als die harte Not es nicht mehr erforderte."

[10] Prot. der 35. Abendaussprache vom 29.08.1923, in: Berlin, LA, SIS: CH, III, S. 64.

[11] Scharfenberg, in: Preußische Feuerwehr-Zeitung (früher Brandenburgische Feuerwehr-Zeitung). Organ der Feuerwehrverbände Brandenburg, Pommern, Provinz Sachsen, West- und Ostpreußen, des Verbandes der freiwilligen Feuerwehren der Stadt Berlin und der Grenzmark Posen-Westpreußen, Jg. 38 (1928), [Nr. 17 vom 01.09.], S. 456f., hier S. 456. - MUNDSTOCK, Meine tausend Jahre, S. 104: "Wir badeten, bis der See zufror, zertraten das Eis, solange es dünn war, und tummelten uns, fror es stärker, wie Seehunde zwischen den Eisschollen in der Fährrinne." - Vgl. dazu auch folgende konkrete Quelleneinzelbelege: Berlin, LA, SIS: CH, I, o.S.: "Es verdient [...] angemerkt zu werden, daß an diesem [letzten] Sonntag [im Oktober 1922] nach Beendigung der rhythmischen Übungen Rudi Frey und Walter Schramm in den Tegeler See sprangen - ein feines Zeichen für die schon im ersten Jahr erzielte Abhärtung, erzielt eigentlich ohne systematische Pflege, nur als Ergebnis eines naturgemäßen Lebens. Nur so ist es möglich gewesen, bis zum 20. Oktober ganz ohne Heizung auszukommen und bis heute (29.) nur die dem Unterricht dienenden Räume leicht zu erwärmen, in den Oktoberwinden den Fährdienst zu versehen, sich im eiskalten Wasser zu waschen, nachts aus dem warmen Bett heraus gleich im Hemd nach draußen zu gehen, falls die Notdurft es verlangt." - Berlin, LA, SIS: CH, II, S. 26f.: "Das Sinken der Temperatur hatte Hans Woldt nicht gehindert, noch am 11.II.[1923] sein Bad im Tegeler See zu nehmen, eine Gewohnheit, die er und Grotjahn trotz Ferienunterbrechung am 25.I.[1923] wiedereingeführt hatten." - Berlin, LA, SIS: CH, II, S. 37: "Am 29. [Februar 1923] sprangen unsere 3 Winterbader Walter Schramm, Arnold Fritz und Hans Woldt auch wieder in die Fluten des Sees." - In: BLUME, Bericht (1923), Bl. 223r, heißt es kurz: "[...] einige Schüler haben den Winter im See durchgebadet."

Dem morgendlichen Dauerlauf und Waschen schloß sich von Montag bis Samstag die erste Unterrichtsdoppelstunde an[12]; erst um 9 Uhr folgte "die Frühstückssuppe und das Marmeladebrot."[13] Nach diesem Frühstück folgten das zweite und das dritte Stundenpaar, wobei in der zweiten Hälfte der 20er Jahre zwischen diesen beiden Unterrichtsblöcken noch eine "Freiübungspause"[14] lag.

Dem vormittäglichen Unterricht folgte schließlich eine mittägliche Sportpause, "in der alle außer dem Tischdienst [für das Mittagessen] eine halbe Stunde im Springen, Laufen, Kugelstoßen, Gerwerfen, Reckturnen, gruppenweis [sic!] wechselnd trainier[t]en"[15]. Das sich anschließende Mittagessen, wie auch alle anderen Mahlzeiten, nahm man, soweit es das Wetter zuließ, im Freien auf einem eigens neben dem Bollehaus eingerichteten Eßplatz mit seinen von der Inselgemeinschaft selbsterrichteten Bänken und Tischen ein[16]:

> "Der Eß-Platz neben dem Bollehaus, das waren einfache Bänke und Tische aus Brettern, die auf eingerammten Pfählen aus Holz befestigt waren. Sie waren gehobelt und gestrichen und waren vom Tischdienst leicht sauberzuhalten, soweit es die Jahreszeit erlaubte und die großen Ahornbäume, die für Schatten sorgten, es zuließen. In der Form eines großen Vierecks mit zwei Durchlässen an den Seiten saß man an den Außenkanten, so daß eigentlich jeder jeden sehen konnte. Die Bäume nun blühten und verblühten im Frühjahr, das gab viel Abfall, dann kamen mit den Blättern die Raupen mit ihrer Tätigkeit, und die Blattläuse sorgten dann durch das Anzapfen der Blätter für einen ständigen 'Saftregen' süßer Beschaffenheit. Wenn dann die Blätter fielen, war das Essensjahr im Freien vorbei, und der Reif auf den Bänken ließ uns in den Speisesaal ausweichen. Wie warm und gemütlich war das auf einmal."[17]

Die Mahlzeiten wurden von den Küchenfrauen und einigen Schülern, dem 'Küchendienst' und dem 'Mahlzeitenchef', vorbereitet. Jedes Inselmitglied brachte zum Essen sein eigenes Besteck mit[18].

> "Brot und Belag, Kaffeekannen und Milch standen auf den Tischen, Schüsseln mit der Morgensuppe oder Mahlzeiten standen bereit, die Teller waren verteilt. Der Chef und die Hausdame nahmen an den Mahlzeiten teil. Den Nachschlag holte man sich dann mit dem Teller in der Hand beim Küchenchef oder der Hausdame, die aus großen Kesseln austeilten. Das Essen war ausreichend und schmackhaft und wurde noch besser, nachdem [der Schüler] Fritz Dietz in einer Jahresarbeit Untersuchungen angestellt und Vorschläge für Verbesserung und Bereicherung gemacht hatte[19]. Landwirtschaft, Gärtnerei, Hühner- und Entenfarm versorgten die Küche mit frischen und einwandfreien Materialien. Eine Schüssel mit heißem Wasser stand für die Säuberung der Bestecke bereit. An der Stirnseite im Süden neben dem Kellereingang hing am Giebel eine Glocke. Sie gab die Signale vor allem für den Beginn der Mahlzeiten, mit einer Toleranz von 10 Minuten, damit man den Weg vom Holzhaus etwa ohne Hast gehen konnte, um zurechtzukom-

---

12 BLUME, Gesuch (1922), S. 19, war zunächst vorgesehen, daß für alle Schüler nur an 5 Tagen Unterricht gegeben werden sollte (vgl. S. 204). - Eine Besonderheit bildete für die Oberstufe der Mittwoch als 'Studientag'; s. dazu S. 600f.

13 RICHTER, Scharfenberg 1928-1932, S. 10.

14 BLUME, Schulfarm (1928), S. 171.

15 BLUME, Schulfarm (1928), S. 171.

16 S.: Abb. 46, Abb. 47 und Abb. 48.

17 PS Wagner: WAGNER, Heinz, Auch das war Scharfenberg. Erinnerung an einige Episoden im Inselleben der Jahre 1926-29, S. 10f.

18 PS Wagner: WAGNER, Heinz, Erinnerungen an die Insel der Jahre 1926-29 (Quasi ein Osterspaziergang eines 'Alten Scharfenbergers' im Jahre 1990), S. 10.

19 Vgl. zu den 'Jahresarbeiten' S. 643ff. und S. 701.

men. An dieser Stelle wurde auch immer der Wagen entladen, wenn er aus [der] Stadt zurückgekommen war."[20]

Schüler und Lehrer saßen gemeinsam an den Tischen[21]; eine feste Tischordnung gab es nicht - einmal mehr eine Gelegenheit zum lockeren 'Plausch'.

Die Nachmittage und Abende waren in der Regel "für Schüler und Lehrer frei vom geregelten Stundenplan"[22]. Sie waren meistens "erfüllt von wechselnden Gruppen- und Einzelunternehmungen"[23], boten aber auch den Einzelnen Gelegenheit für Muße und Ruhe und die Möglichkeit, auch einmal für sich alleine zu sein[24].

Zu den Unternehmungen an den Nachmittagem gehörte vor allem in den wärmeren Monaten u.a. auch das Spielen auf dem Sportplatz[25] - der, so Wagner, "ausgiebig benutzt wurde zu Ballspielen, besonders für das Schlagballspiel"[26] -, das Rudern und - wie bereits gezeigt für einige Schüler bis in den Winter hinein - "das tägliche Schwimmen"[27] an der Badestelle[28] sowie im Winter das Schlittschuhlaufen und Eishockeyspielen[29].

Der Tag endete mit dem Schlafengehen, über das Scheel, zugleich eine kurze Beschreibung der beiden großen Schlafsäle im Neubau des Jahres 1927/28 gebend, schrieb:

"[...] vor jedem Bett stand eine Sitztruhe, die für die Aufnahme der Leibwäsche bestimmt war, während die Wandschränke mit anderen geteilt wurden, weil Schuhe und Oberbekleidung aller

---

20   PS Wagner: WAGNER, Heinz, Erinnerungen an die Insel der Jahre 1926-29 (Quasi ein Osterspaziergang eines 'Alten Scharfenbergers' im Jahre 1990), S. 10.
21   Vgl.: Abb. 48.
22   RICHTER, Scharfenberg 1928-1932, S. 10.
23   RICHTER, Scharfenberg 1928-1932, S. 10.
24   S.: Abb. 94.
25   PS Wagner: WAGNER, Heinz, Erinnerungen an die Insel der Jahre 1926-29 (Quasi ein Osterspaziergang eines 'Alten Scharfenbergers' im Jahre 1990), S. 13: "Hinter dem Platz mit der Hühnerfarm war der Weg durch einen Drahtzaun abgesperrt, der noch ein Stück in den See hinausreichte, mit einem Gatter abgesperrt. Dieser Zaun umgab die Hälfte des südlichen Teiles, in dem die Kühe im Sommer frei herumliefen. Gehölze wechselten ab mit Lichtungen, feuchten Wiesen und moorigen Löchern, die noch extra eingezäunt waren [...]. Im westlichen Teil war der 'Sportplatz', eigentlich eine einfache Wiese, die wir ausgiebig benutzt haben zu Ballspielen [...]."
26   PS Wagner: WAGNER, Heinz, Erinnerungen an die Insel der Jahre 1926-29 (Quasi ein Osterspaziergang eines 'Alten Scharfenbergers' im Jahre 1990), S. 12.
27   BLUME, Schulfarm (1928), S. 171.
28   PS Wagner: WAGNER, Heinz, Erinnerungen an die Insel der Jahre 1926-29 (Quasi ein Osterspaziergang eines 'Alten Scharfenbergers' im Jahre 1990), S. 13: "Wenn man vom Sportplatz weiterging auf dem Uferweg, dann kam man bald zur 'Badestelle', die etwa 400 Meter gegenüber von den Tegeler Seeterassen lag [..]." - Um als 'Schwimmer' anerkannt zu sein, galt "über den See ans Land schwimmen zu können, [...] als das von allen gefordert Probestück" (BLUME, Schulfarm (1928), S. 171). - MUNDSTOCK, Meine tausend Jahre, S. 105: "Nach und nach erwarben wir alle Schwimmzeugnisse bis zum Rettungsschwimmer, was auf Scharfenberg bei der Strömung des Sees, seinen Wellen, der Wassertemperatur und dem moorigen Grund viel härter war als in der Halle." - S.: Abb. 33. - Zu dieser Abbildung s.: Berisch an D.H. br. vom 14.11.1985: "Der Herr im gestreiften Badeanzug ist [...] Blume; daraus ließe sich eine ganze Soziologie Scharfenbergs ableiten; Blume hat ja immer einen bürgerlichen Anzug mit Kravatte und steifem Kragen getragen, im Gegensatz zu den jüngeren Lehrern [...]."

darin Platz finden mußten. Ein großer Vorraum mit Tischen, Stühlen und einem die ganze Wandbreite bedeckenden Regal, das die Schulsachen aufnahm, diente den Schlafsaalbewohnern als Arbeitszimmer. An keiner Truhe, keinem Schrank und keinem Regalfach gab es die Möglichkeit, irgend etwas zu verschließen. Man kramte eben nicht in fremden Sachen herum, und Diebstahl zog ausnahmslos den sofortigen Ausschluß aus der Gemeinschaft nach sich; ich habe in den fünf Jahren Scharfenberg ganze zwei solcher Fälle erlebt. Kein einziger Schlafraum auf der Insel war beheizbar[30], und zumindest eine Fensterfront blieb zu allen Jahreszeiten Tag und Nacht geöffnet - es sei denn, daß es einen vorübergehenden peitschenden Regen abzuwehren galt. Bei den Jungen in den großen Sälen schliefen in der Regel ein Lehrer und ein oder zwei ältere Schüler, die den jüngeren durch ihr Beispiel halfen, sich in die gewachsene Ordnung zu finden.

Um 21 Uhr war Schlafenszeit, nachdem jeder noch ein kurzes kaltes Brausebad genommen hatte. Vor dem Einschlafen wurde vorgelesen, bis sich die ersten ins Traumland davon gemacht hatten. Diese schöne Gelegenheit übte man in allen Sälen und Buden, wo geschlafen wurde. Die Lektüre wandelte sich mit zunehmendem Alter; sie reichte von Wilhelm Speyers Jungenroman 'Der Kampf der Tertia'[31] über die 'Wunderbare Reise des kleinen Nils Holgersson mit den Wildgänsen' von Selma Lagerlöf[32] und Rudyard Kiplings 'Dschungelbuch'[33] bis zu Jack Londons 'Abenteuer des Schienenstrangs'[34] und Travens 'Totenschiff'[35].'[36]

Dieser Scharfenberger Tagesrhythmus wurde unterbrochen, wenn die Schüler an jedem zweiten Samstagmittag heim zu ihren Familien ins Wochenende fuhren, das dann am Sonntagnachmittag wieder endete:

"[Wir] kamen [...] entweder mit dem Fahrrad oder mit der Straßenbahn. Das war damals die Linie 28 bis Konradshöhe oder bis nach Tegelort. Ein Fußmarsch durch den Wald oder von der Endhaltestelle am See entlang schloß sich an. Nach etwa einer halben Stunde war man an der See-Enge, an deren Spitze sich die Überfahrtstelle befand. Ein gepflasterter Anlauf für die Wagenfähre und an der Seite ein Bootssteg für das Fähr-Ruder-Boot. Hier mußte man nun nach dem Fährdienst auf der Insel rufen: 'Hooolüber!', und wenn man Glück hatte, dauerte es nicht lange, bis das Boot mit dem 'Fährdienst' kam [...].'[37]

Eine andere Unterbrechung ergab sich durch die Ferien, in denen die Schüler in der Regel zu ihren Familien fuhren, in denen aber auch immer einige von ihnen auf der Insel weilten, etwa um sich um die notwendigen Arbeiten, u.a. in der Land-

---

29 'Eishockey auf der überschwemmten Wiese, Januar 1927', in: Berlin, LA, SIS: CH, V, S. 454.

30 Vgl. etwa: Prot. der 24. Abendaussprache vom 26.02.1923, in: Berlin, LA, SIS: CH, II, S. 36: "Antrag Metz, Schramm die Zimmer einmal wöchentlich tüchtig durchzuheizen, wird abgelehnt und der Antrag Grotjahn, die durch die Feuchtigkeit klamm gewordenen Federbetten zu einer einmaligen Kur in dem stark geheizten Saal auszulegen, wird mit 13 Stimmen angenommen."

31 SPEYER, Wilhelm, Der Kampf der Tertia. Erzählung, 16.-25. Tsd. Berlin 1928.

32 LAGERLÖF, Selma, Wunderbare Reise des kleinen Nils Holgersson mit den Wildgänsen. Ein Kinderbuch. Einzige berechtigte Übers. aus dem Schwed. von Pauline KLAIBER, Ausg. in 1 Bd., München 1920.

33 KIPLING, Rudyard, Das Dschungelbuch. Übers. von M.-H. und M. KRELL (=Die neuen Bilderbücher, 4), Berlin 1921.

34 LONDON, Jack, Abenteuer des Schienenstrangs, Berlin 1924.

35 TRAVEN, B., Das Totenschiff. Die Geschichte eines amerikanischen Seemanns, Berlin 1926.

36 SCHEEL, Schulfarm (1990), S. 7f.

37 PS Wagner: WAGNER, Heinz, Erinnerungen an die Insel der Jahre 1926-29 (Quasi ein Osterspaziergang eines 'Alten Scharfenbergers' im Jahre 1990), S. 1.

wirtschaft, zu kümmern[38]. Zudem kam es häufiger vor, daß Blume oder andere Lehrer mit einigen Schülern gemeinsame Ferienfahrten unternahmen[39].

Bestimmte Rhythmen ergaben sich im Scharfenberger Leben auch durch den Unterricht, etwa durch größere Vorhaben ('Projekte'), durch Wochenpläne[40] u.v.a.

Aufgrund des intensiven Naturerlebens auf der Insel entstanden starke jahreszeitliche Rhythmen, bestimmte doch das Wetter - wie gezeigt - sowohl den Ort des gemeinsamen Essens wie auch den des Unterrichts und auch das gesamte 'Freizeitverhalten'. Vor allem aber unterlag naturgemäß die Landwirtschaft mit ihren festen, saisonbedingten Arbeitsabläufen dem Jahresrhythmus - und nicht zufällig entwickelte sich das jährliche 'Erntefest' vor allen anderen zahlreichen auf der Insel begangenen Feiern und Festen zu dem wichtigsten, zentrale Fest der Inselgemeinschaft[41].

Innerhalb dieser Rhythmen entwickelte sich mit Beginn des Schulversuches ein sich im Laufe der Jahre stetig verändernder pädagogischer Alltag, der - in Übereinstimmung mit den Quellen - in drei entscheidende Strukturelemente gegliedert werden kann, die nun im folgenden behandelt werden sollen:

- die Gemeinschaftsarbeit
- die Selbstverwaltung und
- den Unterricht.

---

[38]   Zur Feriengestaltung auf der Insel vgl. etwa: 'Ferien auf Scharfenberg' (Pfingsten 1922), in: Berlin, LA, SIS: CH, I, o.S. - 'Ferienkalender' (Sommer 1922), in: Berlin, LA, SIS: CH, I, o.S. - 'Weihnachtsferien 1922/23', in: Berlin, LA, SIS: CH, II, S. 12-14.

[39]   Vgl. zur Diskussion um gemeinsame 'Ferienfahrten': Prot. der 25. Abendaussprache vom 11.03.1923, in: Berlin, LA, SIS: CH, II, S. 42f.: "Die Fahrt in die Sächsische Schweiz [...]. Es melden sich 9 Schüler und 2 Lehrer. Auf den Vorschlag Blumes, daß die Wanderung nicht offiziell ist und daß auch Nichtscharfenberger mitkommen, stellt Willi Grundschöttel einen eventuell mitkommenden Freund in Aussicht." - Zu dieser Protokollstelle heißt es in einem Protokollanhang Blumes, Berlin, LA, SIS: CH, II, S. 44: "Zu der Frage der Ferienfahrten möchte ich im Anschluß an umstehendes Protokoll meine Meinung hier vorläufig fixieren; vorläufig, denn ganz klar bin ich mir auch noch nicht; doch mein erstes Gefühl sagt mir folgendes: 1.) Wenn wir das ganze Jahr fest auf der Insel in engstem Verein leben, erscheint es mir angebracht, daß die Schüler in den Ferien mit anderen Menschen, ihren Eltern oder anderen Altersgenossen und Freunden zusammen sind; da wir schon hier in Scharfenberg zu einem guten Teil nach Wandervogelart leben, braucht nicht auch in den Ferien diese Gewohnheit gesucht zu werden; im Gegenteil, um nicht einseitig zu werden, um den Schliff auf der anderen Seite nicht ganz zu verlernen, müßte in den Ferien der Scharfenberger gerade das Leben in der Familie in städtischer Umgebung bevorzugen. Wenn wir Ferienfahrten machen, müssen sie nicht 'Tippeltouren', sondern Studienfahrten sein zu Kunststätten und auch nicht zu ausgedehnt; dann 2.) spielt auch ein soziales Moment mit; eine offizielle Schulfahrt muß jeder mitmachen können; wenn einer mit seinen Eltern nach München oder an den Rhein etwa fährt, geht das niemanden etwas an; wenn aber die Schule ausfliegt, dürfen nicht einige zurückbleiben müssen, weil die Eltern das Geld nicht erschwingen können."

[40]   Vgl. dazu S. 596ff.

[41]   S. dazu S. 691ff.

II.1. DIE GEMEINSCHAFTSARBEIT

Die Gemeinschaftsarbeit war ein zentraler Bestandteil des außerunterrichtlichen Scharfenberger Gemeinschaftslebens[1]. Mit Ausnahme der Essenszubereitung, die den Küchenfrauen oblag[2], wurden nicht nur in den von großer wirtschaftlicher Not gekennzeichneten Anfangsjahren des Schulversuches, sondern auch in allen nachfolgenden Jahren alle im täglichen Leben anfallenden Arbeiten von den Schülern und Lehrern selbst erledigt.

II.1.A. DIE AUSGESTALTUNG DER GEMEINSCHAFTSARBEIT

1923 schrieb Blume, das (ursprüngliche) Ideal sei, daß die Arbeit "geleistet wird, wenn sie not tut, von jedem, der gerade da ist, Zeit hat und die Kraft dazu"[3]; so sei es "auch vielfach und in der ersten Zeit sogar überwiegend [gewesen]"[4]:

> "'Kartoffeln sind an der Fähre' - und die Größten eilen hin, bringen das Fuhrwerk auf dem Prahm herüber und schleppen ab. - Teer wird gebraucht; ein Radfahrer erbietet sich und rast nach Berlin."[5]

"Doch der Alltag war nicht immer so romantisch"[6] - man konnte "nicht jeden Augenblick zur Verfügung stehen, [...] nicht mitten aus wissenschaftlicher Beschäftigung herausgerissen werden; das Moment der praktischen Zeiteinteilung muß[te] in Betracht gezogen werden."[7] Außerdem, so 'bekannte' Blume, sollten "nicht immer dieselben vor die Front", sondern "auch die auf diesem Gebiete weniger Aktiven [...] herangeholt werden"[8]. Die Entwicklung des Verantwortungsbewußtseins für die Gemeinschaft war also nicht bei allen gleich ausgeprägt, stellte sich bei einigen auch nicht 'von alleine' ein, sondern mußte, wie Keim zurecht bemerkt, "von den auf der Schulfarm lebenden Erwachsenen behutsam und mit pädagogischem Geschick gefördert werden, so daß - trotz gleichberechtigten Zusammenlebens - die Erwachse-

---

[1]   S. dazu bes.: Aus dem Leben, S. 366-374: Kap. 'Die Gemeinschaftsarbeit in Scharfenberg'. - Weitgehend identisch damit: BLUME, Schulfarm (1928), S. 150-157: 'Die Entfaltung der Gemeinschaftsarbeit'.

[2]   Vgl. S. 235.

[3]   BLUME, Bericht (1923), Bl. 186r.

[4]   BLUME, Bericht (1923), Bl. 186r. - Aus dem Leben, S. 367: "In den ersten Monaten nach der Gründung hatte sich alle Arbeit 'von selbst' geregelt, unmittelbar aus den drängendsten Bedürfnissen heraus."

[5]   BLUME, Bericht (1923), Bl. 186r.

[6]   BLUME, Schulfarm (1928), S. 150.

[7]   BLUME, Bericht (1923), Bl. 186r.

[8]   BLUME, Bericht (1923), Bl. 186r.

nen aus ihrer Erzieherrolle nicht herauskamen und auch nicht herauskommen wollten."[9]

Sehr schnell kristallisierten sich auf der Insel einige ständig zu erledigende, sog.
'tägliche Dienste' heraus, die unter den Schülern "wochenweis [sic!] reihum"[10] gingen. Zudem wurde ein Beschluß getroffen, "daß diese täglichen Dienste eine Ehre
sind", daß daher, "wer sie öfter vergißt oder dauernd vernachlässigt, auf bestimmte
Zeit von der Gemeinschaft von ihnen dispensiert werden kann"[11].

Zu den Diensten gehörte neben dem schon genannten Küchendienst, der die Aufgabe hatte, die Mahlzeiten mit vorzubereiten, auch der Fährdienst[12]. Dieser wurde
von jeweils zwei Schülern, die Freischwimmer sein mußten[13], versehen[14]. Die Dienst
habenden Schüler wohnten und schliefen in dieser Zeit im 'Braunhaus' und später im
Fährhaus[15]. Sie bedienten die kleineren Fährboote und bei Bedarf die große Wagenfähre - ursprünglich "eine aus Holz gebaute Fähre, die später durch eine eiserne ersetzt wurde"[16] -, die "mit mehrere Meter langen Holzstangen gestakt"[17] wurde und
groß genug war, um Pferde mit Wagen zu transportieren[18]:

> "Bei Seitenwind war das [Bedienen der Fähre] garnicht so einfach und es bedurfte schon einiger
> Kraft und Geschicklichkeit, zielsicher über die Enge zu gelangen, besonders auch wegen der
> Bodenrinne, die noch von der Kabelverlegung zur Insel übriggeblieben war."[19]

Im Winter gehörte zu den Aufgaben des Fährdienstes zusätzlich, "die Fahrrinne für
die Wagenfähre freizuhalten von Eis"[20]:

> "[...] das war bei Frost morgens die erste und nicht ganz leichte Aufgabe. Durch Schaukeln im
> Boot mußte man die Eisdecke zerbrechen, um den Weg für die Überfahrt freizumachen. Wenn
> die Eisdecke an Dicke zunahm, dann mußte eine Rinne gesägt werden, ehe die Eisbrecher ka-
> men. Mit senkrecht geführten Baumsägen wurde das Eis in Platten zersägt, die dann unter das
> verbleibende Eis geschoben wurden. Das war besonders eine Arbeit für die Oberstüfler. War
> das Eis dann dicker geworden, dann konnte der Wagen direkt hinüberfahren. Um vorher die
> Haltbarkeit zu prüfen, sprang eine größere Gruppe von Schülern auf Kommando in die Höhe,
> und wenn es hielt, dann durfte der Wagen fahren. Aber das leitete der Landwirt und Oberfeuer-

---

9   KEIM, Zur Aktualität, S. 318.
10 Aus dem Leben, S. 368.
11 Aus dem Leben, S. 368.
12 Aus dem Leben, S. 368.
13 PS Wagner: WAGNER, Heinz, Erinnerungen an die Insel der Jahre 1926-29 (Quasi ein Oster-
    spaziergang eines 'Alten Scharfenbergers' im Jahre 1990), S. 1.
14 Berlin, BBF: SLG-GS, Jahresberichte 1932/33, Bd. 248d, Nr. 88: Berlin, SIS (Blume), S. 45f.
    - PS Wagner: WAGNER, Heinz, Erinnerungen an die Insel der Jahre 1926-29 (Quasi ein
    Osterspaziergang eines 'Alten Scharfenbergers' im Jahre 1990), S. 1.
15 Berlin, BBF: SLG-GS, Jahresberichte 1932/33, Bd. 248d, Nr. 88: Berlin, SIS (Blume), S. 45f.
    - PS Wagner: WAGNER, Heinz, Erinnerungen an die Insel der Jahre 1926-29 (Quasi ein
    Osterspaziergang eines 'Alten Scharfenbergers' im Jahre 1990), S. 1.
16 PS Wagner: WAGNER, Heinz, Erinnerungen an die Insel der Jahre 1926-29 (Quasi ein Oster-
    spaziergang eines 'Alten Scharfenbergers' im Jahre 1990), S. 2.
17 PS Wagner: WAGNER, Heinz, Erinnerungen an die Insel der Jahre 1926-29 (Quasi ein Oster-
    spaziergang eines 'Alten Scharfenbergers' im Jahre 1990), S. 2.
18 S.: Abb. 29 und Abb.30.
19 PS Wagner: WAGNER, Heinz, Erinnerungen an die Insel der Jahre 1926-29 (Quasi ein Oster-
    spaziergang eines 'Alten Scharfenbergers' im Jahre 1990), S. 2.
20 PS Wagner: WAGNER, Heinz, Erinnerungen an die Insel der Jahre 1926-29 (Quasi ein Oster-
    spaziergang eines 'Alten Scharfenbergers' im Jahre 1990), S. 2.

wehrmann Paul Glasenapp [...] und das machte die Sache sicher. War aber der Eisbrecher eher dagewesen, dann war der Fährverkehr zusammengebrochen. Im Frühjahr [19]29 mußte deshalb das Abitur verschoben werden, weil die Kommission nicht vom Festland übergeholt werden konnte. Das machte wohl gut einen Monat Unterschied aus."[21]

Trotz der Härte der Arbeit war der Fährdienst eine von den Schülern gern versehene Aufgabe, insbesondere, seitdem sie diesen im neuen Fährhaus ausüben konnten. "Es war angenehm und bequem, hier eine Woche Dienst zu machen und nebenher für sich arbeiten zu können"[22], erinnert sich Wagner. Und Schmoll bemerkt dazu entsprechend:

"Den Fährdienst versah ich sehr gerne. Ich übte ihn sogar während der ganzen großen Ferien 1932 freiwillig aus [...] und schrieb an einer Art Jahresarbeit über 'Das Leben des Heiligen Franziskus von Assisi unter dem Aspekt des historischen Materialismus'. Der Geschichtslehrer [Hans] Gärtner hatte mich mit entsprechender Literatur versorgt. Damals trat mir auch erstmals Sigmund Freud ins Gesichtsfeld [...]. - Außerdem ackerte ich Trotzkis 'Oktoberrevolution'[23] durch."[24]

Neben den wöchentlich wechselnden Diensten richtete sich die Gemeinschaft bald sog. 'Ämter' ein - Dienste, die von Schülern für einen in der Regel halbjährigen Zeitraum ausgeübt wurden. Die 'Amtsinhaber' wurden als 'Beamte' von der Gemeinschaft in diese 'Ämter' gewählt[25]; dabei konnte jeder jeden, "also auch sich selbst als Kandidat[en] für ein Amt vorschlagen."[26] Die 'Ämter' galten als 'Ehrenämter', die 'Beamten' waren der Gemeinschaft für gewissenhafte Ausführung ihres Amtes verantwortlich und konnten abgesetzt werden; die Suspendierung von einem Amt wurde als Strafe aufgefaßt[27].

Es entstanden im Laufe der Jahre ca. 20-30 dieser Ämter, darunter die schon erwähnten des 'Läutenants'[28] und des Mahlzeitenchefs. Weiterhin gab es den Badewart, dem das Aufheizen des Badewassers oblag, den Lichtwart, der die Beleuchtungen in Ordnung hielt, den Hauswart, der das Hausinventar verwaltete, den Gerätewart, der für die ordentliche Wartung der Gerätschaften und Werkzeuge sorgte,

---

[21] PS Wagner: WAGNER, Heinz, Erinnerungen an die Insel der Jahre 1926-29 (Quasi ein Osterspaziergang eines 'Alten Scharfenbergers' im Jahre 1990), S. 2f. - Zum Fährdienst im Winter vgl.: Abb. 31.

[22] PS Wagner: WAGNER, Heinz, Erinnerungen an die Insel der Jahre 1926-29 (Quasi ein Osterspaziergang eines 'Alten Scharfenbergers' im Jahre 1990), S. 7.

[23] TROTZKI, Leo, Von der Oktoberrevolution bis zum Brester Friedensvertrag, Berlin 1918.

[24] Schmoll an D.H. br. vom 12.12.1988.

[25] Ab der 1. Abendaussprache vom 08.05.1922 (s.: Prot. der 1. Abendaussprache vom 08.05.1922, in: Berlin, LA, SIS: CH, I, o.S.) begann man, die ersten Ämter provisorisch zu besetzen; in der 5. Abendaussprache vom 14.06.1922 (s.: Prot. der 5. Abendaussprache vom 14.06.1922, in: Berlin, LA, SIS: CH, I, o.S.) fanden dann die ersten Wahlen für alle (bis dahin existierenden) Ämter statt.

[26] SCHEEL, Schulfarm (1990), S. 19.

[27] Zur 'Strafe' auf Scharfenberg s. S. 571ff.

[28] PS Wagner: WAGNER, Heinz, Erinnerungen an die Insel der Jahre 1926-29 (Quasi ein Osterspaziergang eines 'Alten Scharfenbergers' im Jahre 1990), S. 10: "Das Amt des Läutenant war sehr angesehen und verlangte viel Gewissenhaftigkeit. Ich erinnere [mich] nicht, daß jemals die Glocke unbefugt gezogen wurde."

den Sportwart, der für die Pflege der Sportgeräte zuständig war[29], den Bullenbau-
wart, dessen Aufgabe es war, den 'Bullenbau' - so hießen auf Scharfenberg alle
Toiletten[30], "weil der Erbauer des ersten auf den Spitznamen Bulle[31] gehört hatte"[32] -
"sauber zu halten, zu scheuern und regelmäßig mit handlich geschnittenem Zei-
tungspapier zu versorgen"[33], während die 'Landwirtschaft' für Entleerung und Ver-
bringung auf die Felder zuständig war[34]. Der 'Postagent' schließlich verteilte die
Post; ab den Pfingstferien 1925 holte er diese auch von Tegelort ab und erhielt zu
diesem Zwecke gar offiziell Prokura[35].

Carl Rathjens, von 1927 bis 1932 Scharfenbergschüler, schrieb in seinen
Lebenserinnerungen zu seiner Tätigkeit in diesem Amt:

> "[...] ich war drei Jahre lang Postbote. So bin ich jeden Werktag, im Sommer und Winter, nach
> dem Mittagessen übergesetzt und zur Poststelle in Tegelort geradelt, um abgehende Post auf den
> Weg zu bringen und eingehende, auch Dienstpost der Schule, abzuholen und auf die Gebäude
> der Insel zu verteilen. Dabei hatte ich auch mit Geld zu tun (Überweisungen, Briefmarkenver-
> kauf und dergleichen). Der Weg von der Fährstelle zur Post in Tegelort führte etwa einen Kilo-
> meter durch Wald. Es war sicher ein Risiko, einem vierzehnjährigen Jungen eine solche Auf-
> gabe anzuvertrauen, aber es ist nie etwas passiert."[36]

---

29 PS Wagner: WAGNER, Heinz, Erinnerungen an die Insel der Jahre 1926-29 (Quasi ein Oster-
    spaziergang eines 'Alten Scharfenbergers' im Jahre 1990), S. 9: "Ich habe [...] die Zeit mit der
    Pflege der Fuß- und Medizinbälle, der Pflege der Speere und der Schlaghölzer und den sonsti-
    gen von uns gebrauchten Geräten, wie Stoßkugeln, Maßbändern, Eckfahnen uam. verbracht.
    Dieses Amt habe ich mindestens zwei Jahre mit Ausgabe und Annahme der Geräte versehen."

30 SCHEEL, Schulfarm (1990), S. 20: "Es gab deren drei, von denen der Dreisitzer in der Nähe
    des Bollehauses einen geradezu idyllischen Platz mitten im Grünen erhalten hatte."

31 'Bulle' Martin Weise war Schüler Blumes am Humboldt-Gymnasium und Mitglied des
    'Literarischen Vereins' gewesen.

32 SCHEEL, Schulfarm (1990), S. 20.

33 SCHEEL, Schulfarm (1990), S. 20. - Ebd., schreibt Scheel, daß er, als er dieses Amt inne
    hatte, seine Aufgabe "in dem Bewußtsein erfüllte, keineswegs eine geringe Arbeit zu verrichten,
    sondern Nützliches zu leisten."

34 PS Wagner: WAGNER, Heinz, Erinnerungen an die Insel der Jahre 1926-29 (Quasi ein Oster-
    spaziergang eines 'Alten Scharfenbergers' im Jahre 1990), S. 4.

35 Berlin, LA, SIS: CH, V, S. 175: "Peter Grotjahn wird fortan [nach den Pfingstferien 1925]
    nach dem Mittagessen die Post von Tegelort abholen, damit der Postdienst wegfallen kann, der
    manchmal über eine Stunde Wartezeit in Anspruch nahm; Peter Grotjahn hat offiziell Prokura
    und kann auch Geld für die Scharfenbergschule in Empfang nehmen, sodaß die lästigen, oft den
    Unterricht zerreißenden Unterschriftsleistungen sich erübrigen."

36 RATHJENS, Wege eines Geographen, S. 38.

Ämterwahlen 1923

"Von Semester zu Semester ernennt die Stimmzettelwahl die Abendaussprache die 20 Beamten, deren Aufzählung wenigstens einen äußerlichen Eindruck von dem Umkreis der Selbstverwaltung vermitteln kann: es wird gewählt:

ein Hauswart, der das gesamte Inventar beaufsichtigt und notwendige Reparaturen veranlaßt und den Besitzstand bucht,
ein Lichtwart, der das Petroleum ausgibt, die öffentlichen Lampen anzündet, um 9 Uhr löscht und die Kosten für das Privatpetroleum einzieht,
ein Brotkartenwart, der die Brotkarten sammelt, mit dem Bäcker verhandelt, die Zuschüsse für markenfreies Brot errechnet,
ein Postagent, der Marken und Hefte verkauft, den morgendlichen Postdienst regelt,
ein Fährkassenwart, der das Fährgeld und Extraeinnahmen aus Calmes- und Fliederverkauf sammelt und nach den Beschlüssen der Abendaussprache verwertet,
ein Zeitungs- und Zeitschriftenwart, der das Lesezimmer in Ordnung hält und die Schulbibliothek verwaltet,
ein Zeitungsberichterstatter, der jeden Mittag ein Referat über die wichtigsten politischen Ereignisse hält,
ein Blumenwart, der für den Tafelschmuck sorgt,
ein Ziegenwart, der Ziegen und Milchschafe melkt, füttert und ausmistet, austreibt, den Milchertrag anschreibt und mit der Küche verrechnet, ebenso die Hühnereier,
ein Laboratoriumswart, der das biologische Arbeitszimmer im Turm verwaltet und Mikroskopierübungen leitet,
ein Werkzeugwart, der die Tischlerwerkzeuge und das Holz ausgibt,
ein Buchbinderwart, mit ähnlichen Funktionen,
ein Apotheker, der den Verbands- und Medikamentenkasten selbständig ergänzt und Verwundete verbindet,
ein Badewart, der die tägliche Temperatur feststellt und die Badesachen beaufsichtigt,
ein Spielwart, der die Geräte aussucht, ausleiht, auf dem Platz als Schiedsrichter fungiert,
ein Musikwart, der die Noten und Instrumente betreut, die Übungsstunden der Klavierspieler regelt,
ein Läutenant, der die Glocke für Unterricht und Mahlzeiten läutet.
3 Heizwarte, die die Feuerung unter sich haben und im Winter die Gemeinschaftsöfen anheizen und besorgen,
ein Obstwart, der die Äpfel, Birnen und Nüsse aberntet, zu den als Zusatzgabe verteilt, die Geburtstagskinder mit Extrazuwendungen besonders erfreut."[37]

Die Schulgemeinschaft hielt sich Abonnements zahlreicher Zeitungen jeglicher politischer Couleur, etwa die Rote Fahne, den Vorwärts, das Berliner Tageblatt, die Frankfurter Zeitung, die Vossische Zeitung, die Deutsche Allgemeine Zeitung und die Kreuzzeitung, ab 1932 auch den Völkischen Beobachter[38]. Diese Zeitungen lagen "alle auf dem großen runden Tisch des Bollesaals in selbstgefertigten Mappen aus"[39]. Die Pflege der aktuellen Zeitungsbestände gehörte zu den Aufgaben des Zeitungswarts.

---

[37] Berlin, GStA PK: BLUME, Bericht 1923, Bl. 188v-189r (vgl.: LEHMANN, Walter, Die Schulfarm Insel Scharfenberg, in: Pädagogisches Zentralblatt, Jg. 5 (1925), S. 145-167, hier S. 161).
[38] SCHEEL, Schulfarm (1990), S. 20.
[39] SCHEEL, Schulfarm (1990), S. 20. - Vgl. dazu: Abb. 77.

Jeder Leser durfte in jeder Zeitung sein Interesse für bestimmte Veröffentlichungen mitteilen, indem er seinen Namen daneben schrieb; einige Tage später erhielt er dann vom Zeitungswart den gewünschten Ausschnitt[40]. Vorrangig bedacht wurden dabei vom Zeitungswart die Zeitungsberichterstatter[41], deren Aufgabe es war, anhand der Zeitungen die Gemeinschaft über bestimmte Themen zu informieren[42]. Der Scharfenberger Schüler Erwin Oeser berichtet in einem Überblick über die Zeitungsberichterstattung auf Scharfenberg, daß die Referate zuerst "von zwei in der Abendaussprache dazu gewählten Schülern gehalten [worden seien], von denen der eine über Politik, der andere über alles übrige referierte. Der politische Bericht wurde fast täglich beim Abendessen, der Feuilletonbericht beim Mittagessen gehalten. Bald wurde dann der Feuilletonbericht in Naturwissenschaft, Technik, Kunst und Sport aufgeteilt, da es sich als unmöglich erwiesen hatte, daß ein einzelner über alle diese Dinge gleichmäßig gut referieren konnte. Jedem dieser [fünf] Berichterstatter wies man einen Wochentag zu, an dem er beim Mittagessen über sein Gebiet sprach. Dabei blieb es dann auch [...]."[43]

Die für die Inselgemeinschaft anfallenden Arbeiten, die nicht unter die 'täglichen Dienste' und nicht in den Aufgabenbereich der 'Beamten' fielen, wurden von der Gemeinschaft "an jedem Mittwoch Nachmittag von 2 - 6 [Uhr] mit einmaligem Schichtwechsel"[44], während dessen es eine Kaffeepause gab[45], erledigt. Zu Beginn des Arbeitsnachmittages versammelte man sich dazu auf dem Wirtschaftshof. Hier verteilte ein Schülermitglied des 'Ausschusses' - auf den unten näher einzugehen sein wird[46] - "nach Eignung und Berücksichtigung persönlicher Wünsche auf die einzelnen"[47] "die mannigfachen Aufgaben, die sich im Laufe der Woche ansammel[te]n"[48]:

"Reparaturen im Haus und an Gerätschaften, Streusammeln, Sandfahren, Fährkahndichten, Kartoffelnentkeimen, Einkaufen, Bibliotheksbücherbesorgen, Kohlenpacken, Baumfällen, Werkstättenaufräumen etc."[49]

---

40   SCHEEL, Schulfarm (1990), S. 20.
41   SCHEEL, Schulfarm (1990), S. 20.
42   OESER, Erwin, Gestalt und Wert der Zeitungsberichte, in: Aus dem Leben der Schulfarm Insel Scharfenberg. Bilder, Dokumente, Selbstzeugnisse von Eltern, Lehrern, Schülern, red. von Wilhelm BLUME, in: Das Werdende Zeitalter. Eine Monatsschrift für Erneuerung der Erziehung, Jg. 7 (1928), S. 385. - SCHEEL, Schulfarm (1990), S. 46, nennt für den Beginn der 30er Jahre J.A. Schmoll als "einen hervorragenden Kunstberichterstatter, der [...] seinen Spaß daran [hatte], zu demonstrieren, wie ein linke Kunstkritiker Adolf Behne seinen Nazi-Kollegen Schulze-Naumburg auseinanderzunehmen und als geifernden Banausen zu entlarven verstand."
43   OESER, Erwin, Gestalt und Wert der Zeitungsberichte, in: Aus dem Leben der Schulfarm Insel Scharfenberg. Bilder, Dokumente, Selbstzeugnisse von Eltern, Lehrern, Schülern, red. von Wilhelm BLUME, in: Das Werdende Zeitalter. Eine Monatsschrift für Erneuerung der Erziehung, Jg. 7 (1928), S. 385. - In diesem Sinne auch: SCHEEL, Schulfarm (1990), S. 20. - Und: PS Wagner: WAGNER, Heinz, Erinnerungen an die Insel der Jahre 1926-29 (Quasi ein Osterspaziergang eines 'Alten Scharfenbergers' im Jahre 1990), S. 9.
44   BLUME, Bericht (1923), Bl. 186r.
45   SCHEEL, Schulfarm (1990), S. 11: "Um die Kaffeezeit erschien immer der Mahlzeitenchef mit einem riesigen Schmalzstullenkorb, und es gab keinen Leckerbissen, der mit dieser Mittwochnachmittag-Schmalzstulle einen Vergleich aushielt."
46   S. 555ff.
47   BLUME, Bericht (1923), Bl. 186r.
48   BLUME, Bericht (1923), Bl. 186r. - S.: Abb. 45.
49   BLUME, Bericht (1923), Bl. 186r.

Zur 'Motivation' während der Mittwochnachmittagsarbeiten schrieb Blume, es gebe "der Arbeit, auch der des von vornherein weniger Begeisterten einen gewissen Schwung, in den besten Stunden fast so etwas wie ein rhythmisches Gefühl - zu wissen, daß in dieser Zeit niemand auf der ganzen Insel müßig ist."[50]

Als man 1923 mit dem eigenen landwirtschaftlichen Betrieb auf Scharfenberg begann, "entsprang die Arbeit [wie zu Beginn des Versuches] zum zweiten Male organisch dem sachlichen Bedürfnis. [Denn] Personal anzunehmen, war kein Geld vorhanden. Wenn wir als Schule weiter bestehen wollten, mußten wir wieder selbst Hand anlegen."[51]

So trat zusätzlich neben die Gemeinschaftsarbeit am Mittwochnachmittag der sog. 'landwirtschaftliche Hilfsdienst'. Dieser wurde zunächst so geregelt, daß ein Plan erstellt wurde, nach dem dem Landwirt an jedem Nachmittag je acht jugendliche Helfer zur Seite gestellt wurden[52]. Später veränderte man diese Regelung, da "die Schüler diese festliegenden Nachmittagslisten als zu starr in unseren sonst so bewegten Zuständen zu empfinden begannen"[53]; zudem "begegnete sich dieses Gefühl mit den allmählich variabler werdenden Wünschen des verbesserten landwirtschaftlichen Betriebes."[54] Nun forderte der Landwirt beim Mittagstisch je nach Bedarf "so viele Hilfskräfte an [...], wie er brauchte, bald mehr, bald weniger, bald gar keine"[55]. Dabei beschrieb er die zu leistende Arbeit - und jeder, der Zeit und Lust hatte, konnte sich melden[56]; jeder Schüler mußte sich jedoch prinzipiell an einem Nachmittag in der Woche "für ca. 2 Stunden zum sog. 'Bereitschaftsdienst' zur Verfügung [stellen]."[57] Hier half man etwa beim Abernten der zahlreichen alten und kräftigen Kirschbäume[58], beim Arbeiten auf den Feldern[59], beim Kühehüten[60] und bei der Heuernte[61].

---

[50] Aus dem Leben, S. 368.
[51] Aus dem Leben, S. 369.
[52] Aus dem Leben, S. 369.
[53] Aus dem Leben, S. 369.
[54] Aus dem Leben, S. 369.
[55] Aus dem Leben, S. 369.
[56] Aus dem Leben, S. 369.
[57] BLUME, Schulfarm (1924), S. 320. - Ähnlich auch: BLUME, Schulfarm (1928), S. 151f.
[58] PS Wagner: WAGNER, Heinz, Erinnerungen an die Insel der Jahre 1926-29 (Quasi ein Osterspaziergang eines 'Alten Scharfenbergers' im Jahre 1990), S. 13f.: "Auf dem Mittelweg, der Mittelachse der Insel, kam man geradewegs auf den Braunhof zurück. Alte und kräftige Kirschenbäume standen an seinen Rändern in großer Zahl. Im Frühling eine Blütenpracht und bei Obstreife ein Schlaraffenland mit den unterschiedlichsten Sorten, die man einfach alle ausprobieren mußte und das auch durfte. Aber es galt die Regel, daß jeder, der auf einen Baum stieg, einen vollen Eimer mit gepflückten Kirschen wieder mitherunterbringen mußte [...]. Die Küche muß in solchen Hochzeiten auf Hochtouren gearbeitet haben [...]." - S.: Abb. 38.
[59] PS Wagner: WAGNER, Heinz, Erinnerungen an die Insel der Jahre 1926-29 (Quasi ein Osterspaziergang eines 'Alten Scharfenbergers' im Jahre 1990), S. 13f.: "Auf den Feldern wurden vor allem Futtermittel, wie Rüben und Grünfutter für das Inselvieh angebaut. Aber den Hauptanteil bildeten natürlich die für die Versorgung wichtigen Lebensmittel wir Korn, Kartoffeln, Kohl, Mohrrüben uam. Diese Arbeit besorgte hier die Gruppe der Landwirte. Zur Ernte wurden aber auch, besonders in der Ferienzeit, noch andre Helfer benötigt, vor allem bei der Roggen- und Kartoffelernte. Auch ich habe hier mit der Sense gearbeitet, habe Garben gebunden und Hocken aufgestellt und später beim Einfahren und Dreschen geholfen." - S.: Abb. 35.
[60] S.: Abb. 34.
[61] S.: Abb. 36.

"Taten die, die sich öfter zu der gleichen Tätigkeiten gemeldet hatten, nicht gut, sich zu einer Fachgruppe zusammenzuschließen? Könnte man nicht den ganzen [landwirtschaftlichen] Bereitschaftsdienst neben der allgemeinen Gemeinschaftsarbeit am Mittwoch[nachmittag] in 'Gruppendienst' von Malern, Tischlern, Schlossern, Gärtnern, Landwirten auflösen?"[62]

Diese im September 1925 auftauchende Frage wurde von der Gemeinschaft bis in den nachfolgenden Monat hinein ausführlich diskutiert[63]. Dabei kristallisierten sich mehrere Positionen heraus:

"Es gab Freiheitsapostel, die aller Verfachlichung entgegentraten. Hedonisten, die bald dieses, bald jenes zu ihrer delectatio auszusuchen Spielraum behalten wollten; es gab Idealisten der Arbeit, die in dieser Wendung den krassen Utilitarismus heraufziehen sahen, daß man den Bereitschaftsdienst dazu erniedrigen wolle, sich persönlich in einem Handwerk auszubilden; es gab Asketen der Arbeit, die Kant gelesen haben mochten, sie stellten den Satz auf, nur das sei echter Bereitschaftsdienst, in dem man das tue, was einem am wenigsten Spaß mache; Dienst an der Gemeinschaft bedeute Opfer. Demgegenüber standen die Realisten, die aus der Wechselarbeit nur blutigen Dilettantismus herausspringen sahen, die Systematiker, die in den Fachgruppen die genaue Parallele zu den wissenschaftlichen Neigungskursen begrüßten, die gesunden fröhlichen Optimisten, die meinten, ob nicht der der Gemeinschaft schließlich am schönsten diene, der zum Besten aller brauchbare und stilgerechte Qualitätsarbeit liefere."[64]

Am Ende des Diskussionsprozesses stimmte eine 2/3-Mehrheit der Inselgemeinschaft der Einführung von festen Arbeitsgruppen zu, wobei sechs Gruppen gebildet wurden[65]: Es entstand eine Schlosser-, eine Maler- und eine Tischlergruppe. Letztere baute u.a. (voller Stolz!) Wäschetruhen für die 'Neuen' (Schüler)[66]. Außerdem gab es viertens fortan eine Gärtnergruppe; Heinz Wagner schrieb in seinen Erinnerungen über sie:

---

62   Aus dem Leben, S. 369.
63   S. insbes.: Prot. der 61. Abendaussprache vom 16.09.1925, in: Berlin, LA, SIS: CH, V, S. 224-227. - Und: Prot. der 62. Abendaussprache vom 14.10.1925, in: Berlin, LA, SIS: CH, V, S. 239-242.
64   Aus dem Leben, S. 370. - Vgl.: Prot. der 56. Abendaussprache vom 27.03.1925, in: Berlin, LA, SIS: CH, V, S. 145: "Blume gibt die Anregung, daß jeder Scharfenberger ein Handwerk erlernen solle. Da man sah, daß alleine der Vorschlag soviele Anregungen gab und praktische und ethische Ausblicke, stand [sic!] man vor einer Entscheidung ab, und mit der Aufforderung an die Gemeinschaft, in der Richtung des Vorschlages weitere Überlegungen anzustellen, wurde er auf die nächste Zeit verschoben."
65   Prot. der 62. Abendaussprache vom 14.10.1925, in: Berlin, LA, SIS: CH, V, S. 239.
66   Eintrag aus dem 'Innungsbuch' der Tischlergruppe, zit. nach: BLUME, Schulfarm (1928), S. 155f.: "Die Hauptarbeit in der letzten Zeit war die Herstellung von Wäschetruhen, wie wir sie früher sogar mit Schiebetüren für den Scheunenschlafsaal geliefert hatten. Jetzt aber für die großen Säle im Neubau mußten es gleich 20 auf einmal sein [...]. Als die Möbel fein lackiert in dem Neubau standen, waren wir stolz, wenn wir die 'Grünen' vor dem Schlafengehen gemütlich darauf sitzen sahen." - Vgl. auch: den Bericht 'Was unsere Tischlergruppe zu tun hat' in: Aus dem Leben, S. 372f. - Vgl.: Hoffmann an D.H. br. vom 28.06.1988: "Tischler, Reparaturen und Herstellen von einfachem Mobiliar --- Für eine bevorstehenden Neuzugang von etwa 30 Jungen fertigten wir in der Tischlerei eine entsprechende Zahl von Sitztruhen, in der jeder einzelne seine persönliche Wäsche unterbringen konnte. Ich selbst gehörte auch zu den Tischlern. Im späteren Leben habe ich eine Reihe von einfachen Möbeln, wie Betten, Tische, Regale und auch einen Schrank nach eigenen Plänen gebaut. Noch heute ist das Arbeiten mit Holz ein Hobby von mir."

"[...] mein eigentlicher Arbeitsbereich, die Gärtnerei, lag anschließend an die Äcker am Wege. Wenn man in die Schulfarm aufgenommen war, mußte man sich für die Zugehörigkeit zu einer der Arbeitsgruppen entscheiden. Und weil mir damals so etwas wie 'Kunstgärtner' vorschwebte, entschied ich mich für die Gärtnergruppe. Aber schon bald hatte ich nur noch mit so trivialen Arbeiten wie Miststreuen, Graben, Gießen, Hacken usw. zu tun. Und nun wollte ich doch liebend gern zu den Tischlern überwechseln. Aber der Chef ließ das nicht zu. Man hatte zu seinem ersten Entschluß zu stehen und sollte sich bewährend anstrengen. Nun, ich habe bewältigt, was gefordert wurde, aber leicht ist es mir nicht gefallen! Ich hatte so im Sommer 27 die Leitung der Gruppe zu übernehmen, nachdem der bisherige Gärtner ausgeschieden war und ein Nachfolger erst für den Herbst in Aussicht stand. Wie ich das alles geschafft habe, weiß ich nicht mehr so genau: Pflege der Frühbeets, Vorbereitung der Beete, Aussetzen der jungen Pflanzen, ihre Betreuung, Gießen und Hacken und die Ernte. Aber gerade in diesem Jahr hatten wir besonders vielen und schönen Blumenkohl, eine gute Gurken- und vor allem Tomaten-Ernte. Doch damit war in den Sommerferien nicht viel anzufangen. Die Küche war überfordert mit den Einmacharbeiten [...]. Und so fuhr ich mit dem Ruderboot allein nach Tegel, um wenigstens einen Zentner Tomaten an den Mann zu bringen. Das gelang zum Glück und wohl auch mit etwas Gewinn. Auch die Beerensträucher waren abzuernten. Es war für mich eine große Erleichterung, als der Gärtner-Gehilfe Schmitz-Hübsch auf die Insel kam. Aber das Erntefest, das traditionell am ersten Sonntag im September gefeiert wurde, mußte erst noch begangen werden. Und da stellte man fest, daß ein Stück Gärtnereiland völlig verunkrautet war! Da mußte nun - oh, Schande - die gesamte Schülerschaft 'freiwillig' am Sonntag-Morgen mithelfen, das Unkraut [...] auszureißen und abzutransportieren. Mich hat nachher nur der gut bestückte und geschmückte Erntewagen ein wenig getröstet! Bei den Frühbeeten stand auch ein Gerüst auf dem wir unsere Schilfmatten flochten. Das Schilf hatten wir im Winter auf Schlittschuhen geerntet, indem wir mit einem alten Sensenblatt, das zwischen zwei Stangen befestigt war, die Halme über dem Eis - schiebend - abrasierten. Am Rande zum anschließenden Gehölz lagen die Komposthügel, eine Menge guter Erde, die immer wieder umgesetzt werden mußte; ein ertragreicher Platz für unsere Kürbispflanzen."[67]

Die fünfte Gruppe war eine Landwirtschaftsgruppe, wohl die Gruppe, die die anstrengendste Arbeit zu leisten hatte. Ihr hatte sich auch Heinrich Scheel angeschlossen:

"Das Vieh verlangte nach einer ständigen Betreuung, so daß wir Landwirte - wenn auch im Wechsel - sehr viel häufiger gefordert waren als beispielsweise die Handwerker; und ich erin-

---

[67] PS Wagner: WAGNER, Heinz, Erinnerungen an die Insel der Jahre 1926-29 (Quasi ein Osterspaziergang eines 'Alten Scharfenbergers' im Jahre 1990), S. 14f.

nere mich noch gut daran, wie anfangs meine Kräfte bei der abendlichen Futterbereitung zu erlahmen drohten."[68]

Die sechste Gruppe schließlich nannte sich 'Allzeit Bereit'. Ihr schlossen sich diejenigen an, die in der festen Gruppenbildung "eine allzu starke Verengung sah[en] oder von dem asketischen Grundsatz nicht lassen wollte[n], wonach die Arbeitsleistung mit dem geringsten Spaß die höchste Form des Gemeinschaftsdienstes verkörpere"[69]; und ganz bewußt fühlten sich ihre Mitglieder "für die unqualifizierten und dennoch so notwendigen Arbeiten wie Brennholzaufbereitung, Kohlentransport und Müllabfuhr verantwortlich"[70].

Jeder Schüler mußte sich einer dieser Gruppen anschließen. Er hatte zunächst die Möglichkeit eines vierteljährigen Hospitierens[71]; anschließend konnte er von einer Gruppe zur anderen nur bei einer "sich später herausstellende[n] unüberwindliche[n] Abneigung gegen die Arbeit"[72] wechseln - denn eine weitergehende Möglichkeit des Wechselns stehe "geradezu im Gegensatz zu dem [...], was der Antrag beabsichtige."[73]

---

[68]   SCHEEL, Schulfarm (1990), S. 10f. - Vgl. auch: Berlin, LA, SIS: Prüfungsunterlagen, Mappe
        3: Reifeprüfungen 1925-1935, hier: Reifeprüfung 1934, Bildungsgänge der Abiturienten 1934:
        Bildungsgang von Karl Schreck: "Zuerst interessierten mich die Werkstätten und die Landwirt-
        schaft, die ja etwas Neues für einen Schüler der Stadtschule sind. Da es seither in Scharfenberg
        Brauch war, daß man sich nach einem halben Jahr entschließen mußte, welcher Arbeitsgruppe
        man angehören wollte, wählte ich die Landwirtschaftsgruppe, weil ich schon einige Kenntnisse
        aus meiner frühesten Jugend auf diesem Gebiet erworben hatte, und mir das abwechslungsreiche
        Arbeitsgebiet der Landwirtschaftsgruppe mehr zusagte als die Arbeit in den Werkstäaten. Auch
        sagte ich mir, daß die Arbeit eines Landwirts ja nicht nur im Säen, Ernten und Pflügen besteht,
        sondern er auch notgedrungen seine handwerkliche Befähigung beweisen muß, um die Geräte in
        gutem Stande zu erhalten. Man muß aber ein wenig Verständnis und guten Willen mitbringen,
        um Freude an der Arbeit zu haben und sie nicht stumpfsinnig zu erledigen. In dem Führer unse-
        rer Landwirtschaftsgruppe fand ich einen verständnisvollen, väterlichen Freund und Berater, der
        mein landwirtschaftliches Interesse befriedigte und mir menschlich sehr viel bot. Zu meiner
        Freude wurde mir bald die Aufgabe zuteil, die Ernten zu betreuen, so daß ich ein Betätigungs-
        feld hatte, auf dem ich selbständig, nicht ohne Verantwortung, sorgen konnte [...]." - Stückler
        an D.H. br. vom 30.10.1990: "Scharfenberg erweckte und förderte mein Interesse für die
        Landwirtschaft. Die Arbeit in ihr bereitete mir mehr und mehr Freude, so daß ich mich bald
        auch außerhalb der festgelegten Gruppenarbeit einsetzte. Im Sommer stand ich nicht wenige
        Male schon um fünf auf, um Gras zu mähen; im Herbst und Frühjahr pflügte ich; 1933 ver-
        brachte ich die ganzen Sommer- und Herbst-Ferien auf der Insel und half u.a. beim Roggen-
        Mähen und Dreschen."
[69]   SCHEEL, Schulfarm (1990), S. 10.
[70]   SCHEEL, Schulfarm (1990), S. 10.
[71]   Berlin, BBF: SLG-GS, Jahresberichte 1932/33, Bd. 248d, Nr. 88: Berlin, SIS (Blume), S. 44.
[72]   Prot. der 62. Abendaussprache vom 14.10.1925, in: Berlin, LA, SIS: CH, V, S. 239. - PS
        Wagner: WAGNER, Heinz, Erinnerungen an die Insel der Jahre 1926-29 (Quasi ein Osterspa-
        ziergang eines 'Alten Scharfenbergers' im Jahre 1990), S. 14, schreibt, daß er von der zunächst
        gewählten Gärtner- in die Tischlergruppe wechseln wollte: "Aber der Chef [Blume] ließ das
        nicht zu. Man hatte zu seinem ersten Entschluß zu stehen und sollte sich bewährend anstrengen.
        Nun, ich habe bewältigt, was gefordert wurde, aber leicht ist es mir nicht gefallen."
[73]   Prot. der 62. Abendaussprache vom 14.10.1925, in: Berlin, LA, SIS: CH, V, S. 239. - PS
        Wagner: WAGNER, Heinz, Erinnerungen an die Insel der Jahre 1926-29 (Quasi ein Osterspa-
        ziergang eines 'Alten Scharfenbergers' im Jahre 1990), S. 14, schreibt, daß er von der zunächst
        gewählten Gärtner- in die Tischlergruppe wechseln wollte: "Aber der Chef [Blume] ließ das
        nicht zu. Man hatte zu seinem ersten Entschluß zu stehen und sollte sich bewährend anstrengen.
        Nun, ich habe bewältigt, was gefordert wurde, aber leicht ist es mir nicht gefallen."

Die Bildung der 'Fachgruppen' kann durchaus als ein Sieg des 'Sachlichkeits-' und Praktikabilitätsstrebens der aus der Arbeiterschicht stammenden Schüler gegenüber dem ursprünglich auf Scharfenberg vorherrschenden ethisch-sittlichen Arbeitsbegriff der aus dem Reformbildungsbürgertum stammenden Jungen begriffen werden[74]. Zudem fand die Einrichtung der 'Fachgruppen' - worauf noch ausführlich einzugehen sein wird - ihre Parallelen im Unterrichtlichen (Konzentrationsprinzip, Neigungskurse u.a.).

"Wie im Schulunterricht ein Drama monatelang häppchenweise genossen Überdruß erzeugt, so wollten die Tischler gern eher ein Werk ihrer Hände fertig vor sich sehen - zur Stärkung der Arbeitsfreude."[75] Aus diesen und ähnlichen Gründen kam es nach Bildung der 'Fachgruppen' zu einer weiteren Änderung auf dem Gebiet der Gemeinschaftsarbeit: der Einführung der sog. 'Arbeitswochen'[76] im Oktober 1926[77].

Die laufenden kleineren und größeren von der Gemeinschaft zusammen oder von den Fachgruppen zu erledigenden Arbeiten wurden weiterhin an den Mittwochnachmittagen durchgeführt. Häufte sich aber, insbesondere in den Fachgruppen, so viel Arbeit auf, daß diese Zeit zu ihrer Erledigung nicht ausreichte, "wie es bei der Landwirtschaft, die ja besonders stark an Zeit und Wetter gebunden ist, am häufigsten geschieht, so wird nach vorheriger Besprechung der Gruppenführer mit den Lehrern und dem Ausschuß eine Arbeitswoche eingelegt."[78] Solch eine Arbeitswoche kehrte je nach Bedarf alle 4-6 Wochen wieder[79].

Die Tage in einer Arbeitswoche begannen wie üblich: Dem Morgenlauf folgten zwei Unterrichtsstunden und das Frühstück[80]. Dann aber ging man nicht erneut zum Unterricht, sondern versammelte sich auf dem Wirtschaftshof[81], wo wie zu Beginn der Mittwochnachmittagsarbeit ein dem Ausschuß angehörender Schüler "nach Fühlungnahme mit den Gruppenführern [der Fachgruppen!] [...] und unter Berücksichtigung der Einzelwünsche, die bei ihm abgegeben sind"[82], die für den Tag zu erledigende Arbeit verteilte:

"Nachdem er seine Liste von einer Außentreppe herab 'dem versammelten Volke' bekanntgegeben hat, sagen die Gruppenführer jetzt in ihrem kleineren Kreise dem einzelnen, ob er zunächst Tomaten pflücken oder Kohl schüffeln, ob er eine Stalltür reparieren, die Sprungständer vollenden oder Axtstiele anfertigen, ob er Häcksel schneiden oder bei der Drehmaschine helfen, ob er

---

74 SCHEEL, Schulfarm (1990), S. 9f.: "Die Gründergeneration war durchaus romantisch und hatte, aus bürgerlichem Milieu kommend, die Hinwendung zur Arbeit als eine sittliche Tat gewertet, für die das Einfache und Primitive auch das Reine war. Die nachfolgenden Jahrgänge bestritten der Arbeit keineswegs ihre herausragende Bedeutung, aber vermochten nicht mehr die ihr anhaftende sentimentale Hingabe nachzuvollziehen. Die Arbeit wurde als eine sachliche Aufgabe begriffen, die ernste, zupackende Tätigkeit verlangte."

75 BLUME, Schulfarm (1928), S. 154.

76 S. dazu bes.: Aus dem Leben, S. 371f.: 'Unsere Arbeitswoche'.

77 BLUME, Schulfarm (1928), S. 154. - S. auch: 'Die 1. Arbeitswoche in Scharfenberg vom 26.-31.10.1926', in: Berlin, LA, SIS: CH, V, S. 386. - 'Ergebnisse der 2. Arbeitswoche, 21.-27.11.1926, in: Berlin, LA, SIS: CH, V, S. 402; dazu auch: 'Eine Fahrt zur Mühle als Abschluß der 2. Arbeitswoche', in: Berlin, LA, SIS: CH, V, S. 406.

78 Aus dem Leben, S. 371.

79 Aus dem Leben, S. 371.

80 Aus dem Leben, S. 371.

81 Aus dem Leben, S. 371.

82 Aus dem Leben, S. 371.

im neuen Physiksaal eine Decke weißen, die Fenster lackieren oder den Kahnrost karbolinieren soll."[83]

Ging man eine halbe Stunde später über die Insel - so beschrieb Blume die Szenerie - "so sieht man, wie hier Schlosser die Fährklappe mit Eisenbändern versehen, ihr Gruppenführer an der Drehbank Stäbe für einen physikalischen Apparat abschleift, die Landwirte Rüben einmieten, wie dort der neugesäte Rasen festgewalzt, die Hecke verputzt und etwas weiter am roh gezimmerten Holzrahmen eine Schilfmatte geflochten wird. Man hört das Hallo von 'Allzeit bereit', die mit Pferd und Wagen die Müllkästen abfahren; vom Hofe her kreischt in regelmäßigen Zwischenräumen die Kreissäge. Und so wird, die eineinhalbstündige Mittagspause abgerechnet, bis zum Baden, kurz vor dem Abendessen weitergearbeitet."[84]

Eine Arbeitswoche konnte aber auch dazu genutzt werden, "in Berlin Bibliotheksbücher, Farben oder Spielgeräte abzuholen, wie mathematische Modelle anzufertigen, Noten für unser kleines Orchester abzuschreiben oder Kulissen zu malen."[85] Und man versuchte bewußt, daß neben den eigentlichen Arbeiten als Ausgleich auch "einige entspannende Abwechslungen"[86] zustande kamen:

"So fährt z.B. eine Gruppe nach Berlin ins Theater, um sich nach Behandlung des schlesischen Volkstums Hauptmanns Weber[87] anzusehen, oder eine andere, die Fische gezeichnet hat, geht ins Aquarium, oder eine dritte sieht sich nach Besprechung des Getreides die Wittlersche Brotfabrik an."[88]

In der Regel nahmen alle Schüler an der Arbeitswoche teil. Allerdings konnten Oberstüfler, "soweit sie nicht unbedingt zu notwendigen Arbeiten gebraucht werden und sich eine größere wissenschaftliche Aufgabe gestellt haben, an zwei, manchmal drei vollen Studientagen sich ungestört in ihr Gebiet vertiefen."[89]

"An trüben Regentagen haben auch die Zwischenstüfler einmal Freizeit. Es gibt ein hübsches Bild, wenn sie, von selbst sich zusammenfindend, gruppenweise Bücher lesen, Mappen und Alben kleben, buchbinden oder basteln, oder es sitzt einer allein in der Ecke und schreibt einen Brief, wozu er bis jetzt noch nicht gekommen ist. Oft wird an solchen Arbeitstagen zu Spielabenden im großen Saal aufgefordert, oder es lädt einer der Schüler zwischendurch zu einem Vortrag ein, wie neulich ein Mitglied der Tischlergruppe, das über seine Ferientätigkeit in den Tischlerwerkstätten von Gildenhall bei Neu-Ruppin berichtete. Am stärksten wird es begrüßt, wenn eine Arbeitswoche am Sonntag feierlich ausklingt, sei es, daß man sich wohlig zu einer Kaffeetafel zusammensetzt und Lieder singt, sei es, daß ehemalige Schüler uns ein Bachkonzert vorspielen, oder, wie vor längerer Zeit aus [Goethes] Wilhelm Meister[90] der Überfall auf die Theatergruppe vorgelesen wird und danach die Mozartphantasie in C-moll erklingt.'[91]

---

83   Aus dem Leben, S. 371.
84   Aus dem Leben, S. 371.
85   Aus dem Leben, S. 371.
86   Aus dem Leben, S. 372.
87   HAUPTMANN, Gerhart, Die Weber. Schauspiel aus den vierziger Jahren, 53.-57. Aufl. Berlin 1920.
88   Aus dem Leben, S. 372.
89   Aus dem Leben, S. 372.
90   GOETHE, Johann Wolfgang von, Wilhelm Meisters Lehrjahre (=GOETHE, Johann Wolfgang von, Werke, Kommentare und Register. Hamburger Ausg. in 14 Bdn., Bd. 7), 11. Aufl. München 1982, S. 223-226.
91   Aus dem Leben, S. 372.

Zusätzlich zu den bestehenden Arbeitsgruppen entwickelten sich ab Mitte der 20er Jahre weitere Gruppen, die insbesondere deshalb eine Neuheit bildeten, als sie - "dem Drang nach Selbständigkeit und Selbstverantwortung entsprungen"[92] - 'verwaltungsmäßig' von der Gemeinschaft und deren Organen relativ unabhängig waren. Zu ihnen zählten etwa der Milchdienst[93] und die 'Hühnerwarte', die die Hühnerfarm betreuten[94].

Die Hühnerfarm, in der auch Enten und Gänse gehalten wurden[95], bestand ab 1927/28 aus einem kleinen, eingeschossigen Barackenbau, der, "aus den Reststeinen des Neubaus"[96] "von den Schülern unter Mithilfe eines Vaters als Maurer [Buschke!]"[97] gebaut worden war, und aus "Stallungen und den eingezäunten Ausläufen für das Federvieh"[98]. Sie lag in der Nähe des Holzhauses auf einer kleinen Lichtung[99] - "der einsamste Posten auf der Insel, denn [nach Süden hin] anschließend gab es nur noch Wald, Wiesen und Moorlöcher"[100] - und hierhin "kam nur selten Besuch"[101].

"Um die Hühnerhaltung kümmerte sich der Chef [Blume] intensiv"[102]; betreut wurde die Hühnerfarm jedoch vor allem von 2-3 'Hühnerwarten', die das Federvieh versorgten und hier auch lebten und wohnten[103]. 1928 berichtete einer von ihnen über die Arbeit:

"Wir Hühnerwärter, die wir in diesem einsam gelegenen Aufzuchthaus mit unseren Küken wohnen und schlafen, reinigen nicht bloß die Nacht- und Scharräume, sorgen für pünktliches Einhalten der Futterzeiten, bedienen den Brutapparat, der 250 Eier faßt und die Schirmglucke, die 500 Küken Schutz und Wärme gewährt, bestimmen die Mischungen in ihrer Nahrung, sondern führen auch Buch über die Eierproduktion jedes Tieres, verfertigen die Kontrollnester, die Futterkästen, die Kohlbehälter, die Nisthäuser, die Gluckenentwöhnungskäfige selbst, kaufen und verkaufen selbständig ein. Wir vertreten die Schulfarm in den Sitzungen des Geflügelzucht-Vereins Tegel, zu dessen Monatsversammlungen uns der 'Chef' Diäten gibt; wir haben unsere Tiere bei Ausstellungen angemeldet, selbst eingeliefert und sogar Preise erhalten. [...]."[104]

---

92   Aus dem Leben, S. 379.
93   Aus dem Leben, S. 381: 'Der Milchdienst'. - Vgl.: RUTHENBERG, Heinz, Der Milchdienst [im Sommer 1927], in: Berlin, LA, SIS: CH, VI, o.S.
94   Aus dem Leben, S. 380: 'Die Scharfenberger Hühnerfarm'.
95   PS Wagner: WAGNER, Heinz, Erinnerungen an die Insel der Jahre 1926-29 (Quasi ein Osterspaziergang eines 'Alten Scharfenbergers' im Jahre 1990), S. 12. - Berlin, LA, SIS: Natteroth an Gutschalk br. vom 01.06.1988.
96   SCHEEL, Schulfarm (1990), S. 39.
97   Aus dem Leben, S. 380.
98   PS Wagner: WAGNER, Heinz, Erinnerungen an die Insel der Jahre 1926-29 (Quasi ein Osterspaziergang eines 'Alten Scharfenbergers' im Jahre 1990), S. 12.
99   PS Wagner: WAGNER, Heinz, Erinnerungen an die Insel der Jahre 1926-29 (Quasi ein Osterspaziergang eines 'Alten Scharfenbergers' im Jahre 1990), S. 12.
100 PS Wagner: WAGNER, Heinz, Erinnerungen an die Insel der Jahre 1926-29 (Quasi ein Osterspaziergang eines 'Alten Scharfenbergers' im Jahre 1990), S. 12f.
101 PS Wagner: WAGNER, Heinz, Erinnerungen an die Insel der Jahre 1926-29 (Quasi ein Osterspaziergang eines 'Alten Scharfenbergers' im Jahre 1990), S. 13.
102 PS Wagner: WAGNER, Heinz, Erinnerungen an die Insel der Jahre 1926-29 (Quasi ein Osterspaziergang eines 'Alten Scharfenbergers' im Jahre 1990), S. 12.
103 PS Wagner: WAGNER, Heinz, Erinnerungen an die Insel der Jahre 1926-29 (Quasi ein Osterspaziergang eines 'Alten Scharfenbergers' im Jahre 1990), S. 12. - Aus dem Leben, S. 380.
104 Aus dem Leben, S. 380. - Ähnlich: Berlin, LA, SIS: Natterodt an Gutschalk br. vom 01.06.1988.

Eine weitere Gruppe bildete die Redaktion der Schülerzeitung[105] 'Die Ernte', der zweiten Scharfenberger Schülerzeitung nach dem bereits längere Zeit zuvor eingegangenen Blatt, das den Titel 'Neues aus dem Scheunenviertel' getragen hatte, da sie von Jungen, die in der Scheune wohnten, gedruckt worden war[106]; zugleich sollte der Titel Assoziationen wecken an das Berliner 'Scheunenviertel'[107]. Leider existieren von der ersten Scharfenberger Schülerzeitung so gut wie keine Exemplare mehr[108]; ebenso sind die Hefte der 'Ernte' nur äußerst unvollständig erhalten geblieben.

---

[105] S: Aus dem Leben, S. 381-384: 'Die Schülerzeitung in Scharfenberg'.

[106] Aus dem Leben, S. 381.

[107] Das Berliner 'Scheunenviertel' umfaßte ursprünglich die östliche Spandauer Vorstadt. Der Name bezieht sich auf jene 27 Scheunen, die der Große Kurfürst 1672 hier, außerhalb der Berliner Stadtmauer, errichten ließ, um brennbare Materialien wie Stroh und Holz in sicherem Abstand zu deponieren; er hielt sich durch die Jahrhunderte mit einem deutlich negativen Vorzeichen - das dann auch die Nationalsozialisten ausschlachteten: sie dehnten die Bezeichnung auf die gesamte Spandauer Vorstadt aus, einem damals überwiegend proletarischen Wohngebiet mit einem hohen Anteil von Kommunisten und aus Osteuropa stammenden Juden. - Zum Berliner 'Scheunenviertel' s. z.B.: GEISEL, Eike, Im Scheunenviertel. Bilder, Texte und Dokumente. Mit einem Vorwort von Günther KUNERT, Berlin 1981. -
In Isert, einem kleinen Dorf im Westerwald, entwickelte sich in der Weimarer Republik unter der Leitung des Lehrers Wilhelm Kircher (1898-1968) die einklassige Dorfschule unter dem Namen 'Das Haus in der Sonne' zu einer hochinteressanten Reformlandschule. Von August 1929 bis Februar 1931 erschien eine Schülerzeitung dieser Schule regelmäßig in der Samstagsausgabe der Altenkirchener Zeitung, dem amtlichen Kreisblatt für den Kreis Altenkirchen/Westerwald. Der Titel dieser Schülerzeitung lautete interessanter Weise wie der der Scharfenberger Zeitung: 'Neues aus dem Scheunenviertel'. - KIRCHER, Wilhelm, 'Das Haus in der Sonne', in: Schul- und Ortschronik von Isert-Racksen. Zum 100jährigen Bestehen des Schulhauses am 24. Juli 1960. Zusammengestellt und bearb. von Hans Gerhard HELZER, Isert 1960, S. 27-29, hier S. 27: "[...] den Titel hatte ein Berliner erfunden!" Denkbar ist, daß Kircher einen Berliner Besucher des 'Hauses in der Sonne' meinte, aber auch, daß es sich um eine Anlehnung an 'Aus dem Leben der Schulfarm Insel Scharfenberg. Bilder, Dokumente, Selbstzeugnisse von Eltern, Lehrern, Schülern, red. von Wilhelm BLUME, in: Das Werdende Zeitalter. Eine Monatsschrift für Erneuerung der Erziehung, Jg. 7 (1928), S. 329-404' handelte, schließlich kannte Kircher die Zeitschrift 'Das Werdende Zeitalter', in dem er ab 1929 mehrer Aufsätze veröffentlichte. - S. zur Schulzeitung des 'Hauses in der Sonne': LINK, Jörg-W., Der Deutschunterricht der einklassigen Reformlandschule 'Das Haus in der Sonne'. - Ein historisches Beispiel für handlungs- und produktionsorientierten Deutschunterricht. Wissenschaftliche Hausarbeit für die 1. Staatsprüfung für das Lehramt an Gymnasien, 2 Bde., Marburg 1992. -
Über die Schülerzeitung des 'Hauses in der Sonne' s.: Ebd., Bd. 1, S. 52-60 und: Bd. 2, der als Quellenband u.a. eine Transkription aller Schülerarbeiten der Schülerzeitung 'Aus dem Scheunenviertel' enthält. - Auch: LINK, Jörg-W., Das Haus in der Sonne. Eine Westerwälder Dorfschule im Brennpunkt internationaler Landschulreform, in: 'Die Alte Schule überwinden'. Reformpädagogische Versuchsschulen zwischen Kaiserreich und Nationalsozialismus, hrsg. von Ullrich AMLUNG, Dietmar HAUBFLEISCH, Jörg-W. LINK und Hanno SCHMITT (=Sozialhistorische Untersuchungen zur Reformpädagogik und Erwachsenenbildung, 15), Frankfurt 1993, S. 247-267, hier S. 252f. - LINK, Jörg-W., Reformpädagogik zwischen Weimar, Weltkrieg und Wirtschaftswunder. Ambivalenzen des Landschulreformers Wilhelm Kircher (1898-1968) (=Untersuchungen zu Kultur und Bildung, 2), Hildesheim 1999.

[108] Zur Schülerzeitung 'Neues aus dem Scheunenviertel' s.: Berlin, LA, SIS: CH, V, S. 420f. und 428f.; hier finden sich als Relikt von Jg. 1, Nr. 2 vom 05.12.1926 der Schülerzeitung auf S. 421 die Titelseite und auf S. 429 zwei weitere Seiten eingeklebt; weiter existiert in: Berlin, LA, SIS ein Exemplar von Jg. 1, Nr. 6 vom 27.02.1927.

Die erste Nummer der 'Ernte' erschien zum 'Erntefest' 1927[109] und wurde "auch an auswärtige Besucher verkauft"[110]. Einer dieser Besucher, "dem die schlechte Schrift nicht gefiel, vermittelte den Schülern den Kauf einer Handdruckmaschine mit richtigen Typen[111]. Die Nummern 2 bis 4 folgten im Herbst 1927 nach[112], Heft 5, erstmals im Vierfarbendruck und in einer Auflagenhöhe von 180 Exemplaren, zu Weihnachten 1927[113]:

> "Weil wir 180 Exemplare herausgeben wollten, mußte die Walze für jede der vier Farben 180 mal über den Druckstock gerollt werden. Da wir auch oft auf das Trocknen der Blätter warten mußten, haben wir manchmal bis in die Nacht an der Maschine gestanden, aber zwei Tage vor den [Weihnachts-] Ferien waren wir dann auch fertig, und nur die außen wohnenden Abonnenten, ehemalige Schüler, Eltern, Mitglieder des Scharfenbergvereins mußten sich noch eine kleine Weile gedulden."[114]

Eine geplante 'Winter'-Nummer wurde nicht fertiggestellt - "nur noch zwei oder drei dieser traurigen Blätter sind [1928!] im Besitz von interessierten Sammlern zu finden."[115] Nummer 6 erschien als 'Dürernummer' gegen Ostern 1928[116]. Ihr folgte als Heft 7 eine 'Tiernummer'[117] - "als sich unsere jüngste Schülergruppe im Gesamtunterricht den Tieren zuwandte"[118]. Heft 8 erschien nach den großen Ferien 1928 im September; es wurde ein 'Reiseheft', "zu dem wir soviel[e] Beiträge erhielten, daß wir statt der üblichen 8 Seiten zwölf damit füllen konnten; und da das Erntefest sich wieder jährte, setzten wir auf das Titelblatt wieder einmal einen Vier-Farbendruck."[119] Im Frühjahr 1929 erschien Heft 9; als ein weiteres Heft ist schließlich eine Ausgabe zum 'Erntefest' 1929 (mit Hinweisen auf die dortige 'Simplizius'-Auf-

---

109   Aus dem Leben, S. 381.

110   Aus dem Leben, S. 381.

111   Aus dem Leben, S. 381. - An den Kauf der ersten Druckmaschine auf Scharfenberg im Sommer 1925 erinnert sich: BLÜMEL, Fritz, '... liebe Freunde', in: Wilhelm Blume zum 70. Geburtstag (=Die Fähre. Eine Zeitung der Schulfarm Insel Scharfenberg, Heft 1/1954), Berlin 1954, o.S.: "Es war im Sommer 1925. Damals sagte Blume zu mir: 'In Frankfurt ist ein Mann, der eine Druckmaschine billig abzugeben hat. Fahren Sie hin. Wenn die Maschine für uns geeignet ist, kaufen Sie.' Ich fuhr an die Oder nach Frankfurt und fand in einer ärmlichen Wohnung eine einfache Abziehpresse. Ein Regal und etwas Schreibmaschinenpapier gehörten dazu. Bislang hatten die Geräte einem Mann und seiner Familie den kargen Lebensunterhalt verschafft. Nun glaubte er, sie nicht mehr zu brauchen: er hatte eine Anstellung als Lehrer gefunden. In Berlin aber gab es einen Lehrer, der die Maschine kaufte, weil er ein Lehrer war [...]."

112   Heft 4 (Herbst 1927) enthielt den schon genannten Aufsatz: JAESRICH, Gedanken über Herrn Walter Saupe.

113   Aus dem Leben, S. 381. - Die Titelseite dieses Heftes s. hier: Abb. 75.

114   Aus dem Leben, S. 381.

115   Aus dem Leben, S. 382.

116   Aus dem Leben, S. 382.

117   Die Titelseite der Nr. 7 der Ernte, ein Linolschnitt eines Scharfenbergschülers, findet sich abgebildet in: Steige hoch, du roter Adler. Katalog zur Ausstellung im Heimatmuseum Reinickendorf aus Anlaß der 750-Jahr-Feier Berlins vom 08.05. - 30.11.1987, hrsg. vom Bezirk Reinickendorf, Abt. Volksbildung. Heimatmuseum, Berlin 1987, o.S.; wieder in: BEHRMANN, Alfred, Schulfarm Insel Scharfenberg - Ihr Beitrag zur Erziehung in Bildender Kunst, in: ... und die Kunst ist immer dabei. Schulfarm Insel Scharfenberg - Ein Beitrag zur Bildenden Kunst. Katalog zur Ausstellung 12. Mai - 18. Juni 1989 in der Rathaus-Galerie Reinickendorf, Berlin 1989, o.S. - S. Abb. 74.

118   Aus dem Leben, S. 383.

119   Aus dem Leben, S. 383. - S.: Abb. 76. - Das Signe 'Die Ernte' dieser Nummer findet sich abgedr. in: Aus dem Leben, S. 382.

führung!) bekannt[120]. Setzerei und Druckerei der 'Ernte' waren im Zeichensaal des Fährhauses untergebracht[121].

Als letzte dieser 'neuen Gruppen' ist die Scharfenberger Feuerwehr zu nennen[122]. Sie entstand, nachdem das Thema 'Feuerschutz auf der Insel' erstmals Anfang 1923 thematisiert worden war[123], Ende 1924[124]. Dabei hatte, wie bereits gezeigt, die Schülerfeuerwehr des Landerziehungsheims Bieberstein Pate gestanden[125].

Entscheidend für die Gründung der Scharfenberger Wehr waren zwei Motive: Erstens und in der Hauptsache aus dem aus der Insellage resultierenden Zwang zur Selbsthilfe in Sachen Feuerschutz und zweitens aus dem Bestreben heraus, "mit der Nachbarschaft über den See engere Fühlung zu bekommen"[126].

---

[120] Heft 10 findet sich u.a. als Anhang angefügt an: Berlin, BBF: SLG-GS, Jahresberichte 1932/33, Bd. 248d, Nr. 88: Berlin, SIS (Blume). - Im Jahr 1933 erschienen 8 Hefte der Zeitschrift: 'Scharfenberg während der Arbeit': Nr. 1: Januar 1933, Nr. 2: Februar 1933, Nr. 3: Februar 1933, Nr. 4: März 1933, Nr. 5: April 1933, Nr. 6: Juni 1933, Nr. 7: August 1933, Nr. 8: September 1933 [Titel: 'Scharfenberg. Erntefest 1933'].

[121] PS Wagner: WAGNER, Heinz, Erinnerungen an die Insel der Jahre 1926-29 (Quasi ein Osterspaziergang eines 'Alten Scharfenbergers' im Jahre 1990), S. 7.

[122] S. insbes.: Aus dem Leben, S. 379f.: 'Die Scharfenberger Schülerfeuerwehr'. - S. hier auch: Abb. 41.

[123] Zum erstenmal wurde die Frage "Was soll geschehen bei Feuergefahr?" in der 24. Abendaussprache vom 26.02.1923 gestellt: "Es wird festgesetzt, am nächsten Mittwoch die im Gartenstall stehende Feuerspritze auszuprobieren und eventuell wieder in Stand zu setzen. Ferner sollen Säcke mit Sand aufgestellt werden. Zum Schluß wird ein Antrag Blume, Wahle, das Lesen bei Licht [Petroleum!] im Bett zu verbieten, einstimmig angenommen [...]." (S.: Prot. der 24. Abendaussprache vom 26.02.1923, in: Berlin, LA, SIS: CH, II, S. 36). - In der im Sommer 1924 stattfindenden 48. Abendaussprache bekundete man den Wunsch, "in der nächsten Schulgemeinde die Sammlung von Geld für Instandsetzung der kleinen Bollespritze und die Anschaffung eines Schlauches [zu] veranlassen." (S.: Prot. der 48. Abendaussprache, in: Berlin, LA, SIS: CH, V, S. 34).

[124] Prot. der 9. Schulgemeinde [1924], in: Berlin, LA, SIS: CH, V, S. 56: "Zur Gründung einer Feuerwehrgruppe muß die Spritze ausgebessert und ein Schlauch angeschafft werden. Dies wird an den Wirtschaftsausschuß verwiesen [...]." - Zur Gründungsphase der Scharfenberger Feuerwehr s. auch: Berlin, LA, SIS: CH, V, S. 95. - Prot. der 10. Schulgemeinde vom Dezember 1924, in: Berlin, LA, SIS: CH, V, S. 105: "Um einer zukünftigen Feuersgefahr vorzubeugen, ist beschlossen worden, daß außer den Heizern niemand Streichhölzer zu führen hat. Es konnte ferner innerhalb weniger Wochen eine Feuerwehrgruppe gebildet werden. Die Spritze hat uns der Bezirk Reinickendorf zur Verfügung gestellt." - In: Berlin, LA, SIS: CH, V, S. 128, ist die Rede von Helmen und Uniformen für die neue Wehr.

[125] S. 484.

[126] Aus dem Leben, S. 379. - S. zu den 'nichtfachlichen' Kontakten die Berichte zur gemeinsamen Weihnachtsfeier 1926: Bericht des Scharfenberger Schülers Jürgen Teutenberg in: Berlin, LA, SIS: CH, V, S. 423; und den Bericht Blumes in: Berlin, LA, SIS: CH, V, S. 427. - S. außerdem den Chronikbericht Ziegelmayers in: Berlin, LA, SIS: CH, VI, o.S. - Ebenso: PS Radde, Nachlaß Fritz Blümel (1899-1989), Korrespondenz: Blume an Blümel br. vom 23.08.1927: "Lieber Fritze Blümel. Am Sonnabend feiert die Feuerwehr in Tegelort ihr 20. Stiftungsfest. Den ersten Teil des Prologes, der auf allgemeinen Wunsch von uns gemacht werden soll, hat Pewesin übernommen, der ihn in Uniform spricht. Der zweite Teil richtet sich an die Mannschaft und muß von einem Zivilisten gesprochen werden, der einen etwas väterlichen Eindruck macht. Sie sind natürlich dann dazu prädestiniert und ich bitte Sie, mir umgehend Nachricht zukommen zu lassen, ob Sie bereit sind, am Sonnabend Mittag hier auf der Insel zu erscheinen und den Prolog zu üben, so daß Sie ihn mit dem Text in einer fein aufgemachten Mappe zur Begeisterung des Publikums mit markiger Stimme loslassen können."

Die Scharfenberger Feuerwehr wurde ein Zweig der Tegelorter Feuerwehr, mit der sie übte und ausgebildet wurde[127].

Am 31.01.1925 bekam die Schülerfeuerwehr Helme, im Laufe des Februars auch Uniformen, "da ihr Tragen im Dienst von der Versicherung verlangt [wurde]"[128]. Dies verschaffte ihr ein entsprechendes 'professionelles' Outfit - eine Tatsache, die, mit ironischem Unterton, auch außerhalb der eigentlichen Feuerwehrarbeit eingesetzt wurde; so bat der Ausschuß im Auftrage Erich Scheibners in der 91. Abendaussprache vom 01.07.1929, "Sonntags Patroullien einzurichten, die die lästigen Badegäste, die [auf Scharfenberg] angelegt haben, zum Verlassen der Insel auffordern."[129] Als die Gemeinschaft erklärte, diesem Verlangen nachzukommen, regte Blume an, daß das Patroullieren die Feuerwehrleute übernehmen sollten, "da bei dem bekannten Respekt der Deutschen vor der Uniform sicher ein günstiger[er] Erfolg zu erzielen sei, als wenn die Jüngsten unter uns, zumeist in der nicht richtigen Form dies täten."[130]

Die Scharfenberger Wehr wurde mit Handdruckspritzen, "die im Einsatz an zwei Pumpenschwengeln von je vier Mann bedient werden mußten"[131], mit notwendigem Schlauchmaterial, Hakenleitern u.a. "genauso eingekleidet und ausgerüstet wie andere kleinere Feuerwehren."[132] An ihrer Spitze stand als geprüfter Oberfeuerwehrmann Landwirt Paul Glasenapp[133]. Daß es sich bei ihr um einen 'ganz selbständig verwaltenden Körper'[134] handelte, wurde besonders sichtbar bei Mannschaftsveränderungen:

> "Wenn Mannschaftsergänzungen notwendig werden, so wählen die bisherigen Mitglieder die neuen von sich aus und stellen sie dann nur der Gemeinschaft vor. Da die Feuerwehrleute für den ganzen Bezirk eben 'die Scharfenberger' sind, ist es klar, daß nicht jeder, der vielleicht über genügende Kräfte verfügt, gewählt wird. Man hält scharfe Auslese, und es liegt eine gewisse Ehre darin, Feuerwehrmann zu sein."[135]

1928 hob ein Bericht über die Scharfenberger Wehr in der 'Preußischen Feuerwehrzeitung' anerkennend hervor:

---

127 Aus dem Leben, S. 379. - So auch: Scharfenberg, in: Preußische Feuerwehr-Zeitung (früher Brandenburgische Feuerwehr-Zeitung). Organ der Feuerwehrverbände Brandenburg, Pommern, Provinz Sachsen, West- und Ostpreußen, des Verbandes der freiwilligen Feuerwehren der Stadt Berlin und der Grenzmark Posen-Westpreußen, Jg. 38 (1928), [Nr. 17 vom 01.09.], S. 456f., hier S. 456.
128 Berlin, LA, SIS: CH, V, S. 128.
129 Berlin, LA, SIS: CH, VII, o.S.
130 Berlin, LA, SIS: CH, VII, o.S.
131 PS Wagner: WAGNER, Heinz, Erinnerungen an die Insel der Jahre 1926-29 (Quasi ein Osterspaziergang eines 'Alten Scharfenbergers' im Jahre 1990), S. 6.
132 Scharfenberg, in: Preußische Feuerwehr-Zeitung (früher Brandenburgische Feuerwehr-Zeitung). Organ der Feuerwehrverbände Brandenburg, Pommern, Provinz Sachsen, West- und Ostpreußen, des Verbandes der freiwilligen Feuerwehren der Stadt Berlin und der Grenzmark Posen-Westpreußen, Jg. 38 (1928), [Nr. 17 vom 01.09.], S. 456f., hier S. 456.
133 Aus dem Leben, S. 380.
134 Aus dem Leben, S. 380.
135 Aus dem Leben, S. 380.

"Wenn diese kleine Wehr auch hauptsächlich für den Feuerschutz auf der Insel bestimmt ist, so hat sie es sich doch nicht nehmen lassen, bei verschiedentlich auftretenden Schadenfeuern in der Nachbarschaft tatkräftig einzugreifen."[136]

Solches Eingreifen erwies sich insbesondere als wichtig bei "einige[n] Waldbrände[n], die uns bei Tage hinüberriefen, zu einer Zeit, in der die Mehrzahl der dortigen Wehrleute in Berlin ihrer Arbeit nachgehen mußte."[137]

II.1.B.   ÜBER DIE FUNKTIONEN DER GEMEINSCHAFTSARBEIT

Die körperlich-produktive Arbeit gehörte - wie bereits ausführlich gezeigt - von Anfang an zu den lebensnotwendigen Erfordernissen der kleinen, neuen Schulgemeinschaft. Denn die finanzielle Unterstützung, die der Schulversuch von seiten der Stadt Berlin und aus privaten Spenden erhielt, war aufgrund der angespannten finanziellen

---

[136] Scharfenberg, in: Preußische Feuerwehr-Zeitung (früher Brandenburgische Feuerwehr-Zeitung). Organ der Feuerwehrverbände Brandenburg, Pommern, Provinz Sachsen, West- und Ostpreußen, des Verbandes der freiwilligen Feuerwehren der Stadt Berlin und der Grenzmark Posen-Westpreußen, Jg. 38 (1928), [Nr. 17 vom 01.09.], S. 456f., hier S. 456.

[137] Aus dem Leben, S. 379. - S. zum 'Einsatz' auf dem Festlande auch: PS Wagner: WAGNER, Heinz, Auch das war Scharfenberg. Erinnerung an einige Episoden im Inselleben der Jahre 1926-29, S. 9f.: "Feuerwehrmann zu sein war zu meiner Zeit eine Art Ehrendienst in der Oberstufe, und für die Jüngeren aus verschiedenen Gründen begehrenswert. Dabei war doch damit mancherlei Belastung verbunden. Die regelmäßigen Übungen auf dem Gelände der Tegelorter Feuerwehr, mit dem Turm und den Schuppen für Fahrzeuge und Gerät. Bei solchen Übungen fühlten wir uns immer ein wenig überlegen, mit unserer größeren körperlichen Beweglichkeit und beim schnelleren Erfassen der gepfiffenen Signale [...]. Ständige Bereitschaft auf der Insel gehörte dazu. Da kamen wir im Winter eines Abends nach dem Besuch der 'Zauberflöte' aus Berlin über das Eis von Siemensstadt aus nach Hause zurück, als der Sirenenalarm uns auf das Festland rief. Schnell uniformiert, zogen wir dann zur Feuerwache Tegelort und dann mit dem Wagen weiter nach Konradshöhe, wo ein Schwelbrand in einer Garage zu löschen war. Hier waren Unmengen von ausgelagerten farbigen Postkarten in Brand geraten. Eine Drecksarbeit, von der wir verschmutzt und übermüdet zurückkehrten. Ein herrliches Frühstück in der warmen Küche und ein schulfreier Vormittag waren köstlicher Lohn. Ein Waldbrand im Tegelorter Forst hat uns in einem heißen Sommer ähnlich beansprucht, aber dafür konnte man dann ausgiebig baden und sich erholen. Als Zweigwehr nun mußten wir auch an der Jahres-Hauptversammlung teilnehmen. Als Abgeordneter in Uniform zog ich mit dem Mester (Oberfeuerwehrmann) nach Tegelort, wo man sich in den 'Seeterassen' traf. Die Versammlung begann mit der Vereinssitzung, der dann ein opulentes Eisbein-Essen folgte. So weit so gut! Dann saß man bei Bier und Schnaps, und es begann der Abschluß mit einer 'Fidelitas'. In meiner Unerfahrenheit hätte ich derartiges nicht für möglich gehalten, geschweige denn erwartet. Eine solche Schmutzflut von Zoten, pornographischen Texten und Liedern stürzte auf mich ein, machte mich sprachlos, wehrlos. Die Feuerwehr-'Kameraden' aber fühlten sich 'sauwohl'. Wie verließen den Saal so bald wie möglich. Der Mester versuchte, mir zu helfen, den Schock zu überwinden. Das war ein nächtlicher Heimweg, den ich nicht vergesse! Erst 50 Jahre später begegnete ich solcher Anhäufung von Pornographie wieder; nun als Beisitzer der Bundesprüfstelle für jugendgefährdende Schriften. Da wußte ich aber mehr über Auslösung und Befriedigung solcher Verhaltensformen. Der Mester hatte damals nicht ahnen können, was geschehen würde, und das glaubte ich ihm."

Situation in der Inflationszeit so minimal, daß kaum einer der Außenstehenden überhaupt an ein längeres Bestehen des Versuches glauben konnte.

Mit Hilfe der Gemeinschaftsarbeit - dank der man "Hausmädchen, Knechte, die
Unkosten für stundenweit [sic!] herkommende Handwerker"[138] sparte - und nicht zuletzt dank der eigenen landwirtschaftlichen Produktion, mit der man den Einkauf von
Nahrungsmitteln und damit die Lebenshaltungskosten gering halten konnte, überstand man nicht nur die Inflationszeit, sondern konnte auch das von Anfang an gesteckte Ziel realisieren, nicht - etwa wie die privaten Landerziehungsheime - eine
Erziehungsstätte überwiegend für 'Reichbegüterte', sondern auch für Schüler aus finanziell weniger gut gestellten Schichten zu sein: des - gerade in den unmittelbaren
Nachkriegs- und Inflationsjahren - verarmten Mittelstandes und der Arbeiterschaft.

Von Beginn an aber kam der Gemeinschaftsarbeit auch eine zentrale pädagogische Funktion zu. Dies zeigt nicht nur ein Blick auf den bereits mehrfach angesprochenen 'Wiesenburger Traum' des Jahres 1918[139]. Blume äußerte sich auch
entsprechend in seinem Antrag zur Gründung des Schulversuches vom Frühjahr
1922, in dem er als 'verwaltungstechnische Maßnahme' für den geplanten Schulversuch empfahl, für denselben die ganze Insel mit Land und Wirtschaftsgebäuden
zur Verfügung zu stellen, da eine "Eigenwirtschaft in größerem Umfange [...] aus finanziellen und pädagogischen [sic!] Gründen für die neue Schule fast eine Lebensnotwendigkeit ist [...]."[140]

Tatsächlich erwies sich bald nach Beginn des Schulversuches der pädagogische
Erfolg der Gemeinschaftsarbeit, und Blume konnte nun aus eigener Erfahrung
schreiben: selbst "wenn uns die finanziellen Mittel zum Halten zahlreicheren Personals zur Verfügung ständen, würden wir auf diese Mit- und Eigenhilfe der Schüler
nicht verzichten"[141].

So wurde die Gemeinschaftsarbeit "aus sozial-pädagogischen und rein finanziellen Gründen weiter entwickelt und zu einem Wesenszug der neuen Schule gemacht"[142]. Mit zunehmender materieller Stabilisierung der Schulfarm einerseits und
sich durch die Gemeinschaftsarbeit einstellende Erfolge andererseits wurde der päd-

---

[138] Aus dem Leben, S. 370.
[139] S. dazu S. 54f.
[140] BLUME, Gesuch (1922), S. 43. - In: BLUME, Gesuch (1922), S. 9, heißt es dazu weiter:
"Diese Beschäftigung [in Feld und Garten] würde den spielerischen Charakter, der ihr bei vor-
übergehendem Aufenthalt und ständigem Wechsel der Schülerjahrgänge mehr oder weniger an-
haften muß, unter den veränderten Umständen verlieren; die Schüler würden bald die Insel als
ihre Scholle ansehen lernen und, wo sie selbst für die eigene Gemeinschaft ernten, mit größerem
Eifer und steigendem Interesse beim Säen und Pflanzen sein; die Größe der Insel würde es der
Schule ermöglichen, in erheblichem Umfange Eigenwirtschaft zu treiben; Kartoffeln zu bauen,
ihr Gemüse zu ziehen, den Bedarf an Eiern, Milch und Butter aus dem Wirtschaftsbetrieb zu
decken, dem ein - auch pädagogisch geschickter - Landwirt vorstehen müßte [...]." - Vgl. auch:
Prot. der 2. Abendaussprache vom 09.05.1922, in: Berlin, LA, SIS: CH, I, o.S.: Blume stellte
einen Antrag auf Einrichtung eines Versuchsfeldes und begründete seinen Antrag "in der Hauptsache mit dem Hinweis auf den erziehlichen und praktischen Nutzen derartiger Beschäftigung."
[141] BLUME, Bericht (1923), Bl. 185r.
[142] BLUME, Schulfarm (1924), S. 319.

agogische Aspekt dabei schließlich "fast zum wichtigeren Faktor"[143]. Da jedoch die wirtschaftliche Notwendigkeit der Gemeinschaftsarbeit zu keinem Zeitpunkt völlig verloren ging, verkam sie nie zu einer "aufgepfropfte[n] pädagogische[n] Idee"[144], zur "methodische[n] Spielerei"[145]. Welchen hohen Stellenwert die Gemeinschaftsarbeit im gesamten Scharfenberger Schulleben hatte, machte Blume 1928 deutlich:

> "Manchem hat es seine Natur versagt, in dieser Beziehung [der praktischen Arbeit] Gutes zu machen; wer aber zu dieser Art Arbeit - die Güte des Arbeitsergebnisses steht durchaus in zweiter Linie - kein inneres Verhältnis zu gewinnen vermag, ist hier nicht ganz an seinem Platze, kommt auch selbst zu keiner rechten Befriedigung; mag er vielleicht auf intellektuellem Gebiete Hervorragendes leisten, ohne dies - wird er die volle bürgerliche Schätzung nicht erreichen, nicht einmal für seine eigene geistige Entwicklung das mitnehmen, was sonst ein sechsjähriger Aufenthalt auf der Insel in ihm hätte entfalten oder doch an geistiger Triebkraft in ihm anlegen und aufspeichern können. Die Erfahrung hat gezeigt, daß Schüler, deren Charakter oder deren Lebensplan eine ganz andere Richtung nimmt, als sie der hiesigen Gewöhnung entspricht, doch immer in einem gewissen Konnex mit der Insel bleiben, Verständnis für alles behalten, was auf ihr vorgeht, was sie im Grund will, wenn sie in diesem einen Punkte mit ihr sich haben konform fühlen können."[146]

Zur Bedeutung der Gemeinschaftsarbeit in pädagogischer Hinsicht können mehrere Aspekte angeführt werden:

(1) Das "Überwinden kritischer Momente", schrieb Blume bereits 1923, "die Notwendigkeit, hier auf der verwilderten Insel die äußeren Bedingungen für das, was wir eigentlich [...] wollten, immer erst nachträglich zu schaffen, nicht daß umgekehrt die fertig ausgestatteten Gebäude, die Institutionen das Prius gewesen wären, erwies sich als die heilsamste Schule der Selbsttätigkeit."[147]

(2) 1924 bemerkte Blume, wenn als Werk der Gemeinschaft "jeder Raum, jede Einrichtung seine eigene Geschichte hat, entwickelt sich am besten und ehrlichsten ein Gemeinschaftsgefühl."[148] Dies wurde auch von den Schülern so gesehen, denn als nach einem Jahr in der im März 1923 stattfindenden 23. Abendaussprache die Frage aufgeworfen wurde, wodurch und worin man das, was man so oft 'Gemeinschaft' nenne, am stärksten verwirklicht empfinde, antworteten die meisten: 'in der Gemeinschaftsarbeit'[149]. Blume kommentierte hierzu:

> "Diese Enquete, es ist nicht zu leugnen, man kann's im Protokoll lesen, hat den Verfasser dieser kleinen Monographie der Arbeit damals beinahe sogar etwas enttäuscht; er hatte im stillen gehofft, man würde die zündende Wirkung der freien gemeinsamen Tätigkeit am stärksten im

143 Aus dem Leben, S. 370. - Vgl. dazu: Berlin, BBF: SLG-GS, Jahresberichte 1932/33, Bd. 248d, Nr. 88: Berlin, SIS (Blume), S. 46: "[...] es ist zu beachten, daß die Schule keinen Hausmeister und keine Reinemachfrauen hat, so daß deren Funktionen von den Schülern selbst erledigt werden müssen, eine Einrichtung, die weniger dem Prinzip der Sparsamkeit als pädagagogischen Grundsätzen entspringt."

144 Aus dem Leben, S. 369.

145 Aus dem Leben, S. 369. - BLUME, Schulfarm (1928), S. 185: "[...] das Selbstsähen und Selbsternten darf unter keinen Umständen zur Spielerei werden, sondern muß stets ein Haupterziehungs- und Lebensfaktor bleiben."

146 Aus dem Leben, S. 369.

147 BLUME, Bericht (1923), Bl. 185v. - Nahezu wortwörtlich wieder: BLUME, Schulfarm (1924), S. 318.

148 BLUME, Schulfarm (1924), S. 319.

frisch gelösten Unterricht gefühlt haben. Die Schüler wiederum sind es gewesen, die den noch schulmeisterlichen Antrag eines anderen Lehrers, die Gemeinschaftsarbeit zu beschränken, glatt ablehnten; einer von ihnen schleuderte den Satz in die Debatte: 'Nicht Gefühl oder Geist, Arbeit bringt Gemeinschaft!' Als die Küche über Holzmangel klagte und ein bezahlter Arbeiter bestellt werden sollte, erklärte ein anderer Schüler, käme der Mann auf die Insel, nie wieder eine Axt anzufassen. 'Wenn so nicht genug gesägt und gehackt wird, beschränken wir das Spielen von drei auf einen Nachmittag und führen an den anderen beiden 'Holzdienst' ein.' Gewiß hat die Chronik später auch anders geartete Einzelfälle zu verzeichnen gehabt, so etwa, daß ein jüngerer Schüler einem anderen ein Taschenmesser zum Geschenk anbot, wenn er für ihn einen Gemeinschaftsdienst übernehme, gewiß haben sich noch ab und zu egozentrische Gegenstöße gemeldet, aber der Einfluß [...] [...] aus den Gründungszeiten ist für die ganze weitere Entwicklung bestimmend geblieben."[150]

(3) Durch das Prinzip der Selbsttätigkeit, "durch unmittelbar gewöhnende Praxis und nicht durch Reden [wurde außerdem] der Sinn für Verantwortung geweckt"[151] und gestärkt, wurde soziales Verhalten geübt und praktiziert[152]:

"Es ist unsozial gedacht, immer alles vom Staat, von der Gesellschaft zu erwarten."[153]

(4) Ein weiterer - sozialethischer und gesellschaftspolitischer - Faktor der Gemeinschaftsarbeit wurde darin gesehen, daß die Arbeit den materiell besser gestellten Schülern (und Eltern) einerseits das Bewußtsein verlieh, zur Unterstützung der ärmeren Schüler (und Eltern) beigetragen zu haben, daß diese ärmeren sich aber andererseits "von Einzelfällen ganz besonders schlimmen momentanen wirtschaftlichen Elends abgesehen, nicht als Almosenempfänger zu fühlen [brauchten und sollten]; was man nicht bezahlen kann, schafft man sich und anderen durch seiner Hände Arbeit."[154]

(5) Diese Dimension verband sich mit der sozialpolitischen Ebene, daß durch die Gemeinschaftsarbeit die Söhne aus der bürgerlichen Schicht die körperliche Arbeit wertschätzen lernten und die Arbeiterkinder durch diese Betätigung ihrer Schicht nicht entfremdet wurden:

"Es geht nicht an, die Jungen aus ihrem Milieu herauszunehmen, sie, wie es in manchen staatlichen Internaten geschieht, in den empfänglichsten Jugendjahren 'den Dingen fern' nur der Wissenschaft und dem Sport leben zu lassen, als ob das so sein müßte oder überhaupt das Erstrebenswerte wäre. Schlimm für ihre Charakterentwicklung, wenn sie die Handarbeit, die ihre Eltern ernährt hat, wegen ihrer bißchen geistigen Begabung verachten, auf ihre einstigen Schulkameraden, die jetzt schon im Handwerk oder in der Fabrik stehen, herabschauen lernen, wenn sie dann nach den Moden und Bräuchen der sogenannten höheren Schichten schielen, nur sich

---

[149] Prot. der im März 1923 stattfindenden 23. Abendaussprache, in: Berlin, LA, SIS: CH, II, S. 49.

[150] Aus dem Leben, S. 368f.

[151] BLUME, Schulfarm (1924), S. 319.

[152] BLUME, Schulfarm (1924), S. 321: Die Gemeinschaftsarbeiten "sind manchen zu Willensübungen im Försterschen Sinne geworden. Nur durch solche tägliche Gewöhnung kann vielleicht doch hier und da der Satz: Es gibt nur eine Tugend, die sich selber zu vergessen, und nur ein Laster, an sich selbst zu denken, selbstverständliche Lebensmaxime werden."

[153] BLUME, Schulfarm (1928), S. 156.

[154] BLUME, Schulfarm (1928), S. 156. - BLUME, Denkschrift, S. 1: "[Die Schüler] der Eltern aus den 'gemeinen Kasten' [brauchten sich trotz geringer Beitragszahlungen] bei niemandem zu bedanken, reckten sich stipendienfrei zu einem gehärteten Selbstbewußtsein auf [...]."

möglichst schnell und vorteilhaft 'den Errungenschaften der modernen Zivilisation' einzuordnen streben."[155]

(6) Schließlich bildete die praktische Arbeit ein wichtiges Gegengewicht gegen einen einseitigen Intellektualismus - und war (quasi als Unterricht mit anderen Mitteln und einer realistisch-praktischen Wendung) ein wichtiger Beitrag für die ganzheitliche, d.h. 'Kopf, Herz und Hand' umfassende Bildung der Schüler. Es ist daher also kein Zufall, wenn - wie insbesondere auch im Kapitel über den Scharfenberger Unterricht zu zeigen sein wird - außerunterrichtliche und unterrichtliche Aspekte auf Scharfenberg bis zur Unkenntlichkeit ihrer Grenzen ineinander übergriffen, wenn die Schule 'überwunden' wurde, indem sie 'ins volle Leben' hinausgriff.

Während in heute aktuellen Reformansätzen vielfach zu beobachten ist, daß man 'praktische Betätigung' nachträglich und künstlich in die Schule hineinholt (etwa durch entsprechende Einzel-Projekte), ergab sie sich auf Scharfenberg konsequent und nahezu zwangsläufig aus dem Schulkonzept selbst - bzw., treffender gesagt: Sie ergab sich aus dem Lebenszusammenhang der Schule[156].

Hildegard Feidel-Mertz hat in ihren Arbeiten anhand der von emigrierten Pädagogen und Pädagoginnen nach 1933 in verschiedenen Exilländern gegründeten, unter wirtschaftlicher Not leidenden Heimschulen gezeigt, wie "wichtig die Begründung für praktisches Arbeiten in einer solchen 'Notwendigkeit' und nicht als 'pädagogische Maßnahme' für die Identitätsfindung der Kinder ist"[157]. Ein zwölfjähriger Schüler eines solchen Landerziehungsheims, das 1933 fast vollständig nach England übersiedelte, fand für diese Konstellation die treffende Formel, als er von einem englischen Schulinspektor gefragt wurde, ob sie denn in Deutschland auch schon praktisch gearbeitet hätten. Nach kurzem Nachdenken meinte er:

---

[155] Aus dem Leben, S. 370. - BLUME, Denkschrift, S. 1: "[Die Schüler] der Eltern aus den 'gemeinen Kasten' [...] hielten sich durch diese ihre praktische Handbetätigung, die mit dem aufgepfropften Handfertigkeitsunterricht der Schulen nicht das Geringste zu tun hatte, von jeglichem Bildungshochmut, von intellektueller Abkapslung fern, denn die Nabelschnur zu ihren in Werkstatt oder Fabrik werkenden Vätern riß nicht ab - Verwurzelung in den Stand, aus dem sie kamen und das Hineinwachsen in die Hochschulreife bildete ein organisches Ganzes!"

[156] KEIM, Zur Aktualität, S. 314: "Die 'praktische' Betätigung der Schüler auf Scharfenberg war also nicht - wie heute vielfach - etwas, was man nachträglich mit in die Schule hineinholt, etwa im Sinne eines Werkstätten- oder Gartenunterrichts beziehungsweise der Ansiedlung entsprechender Projekte in der Schule, sondern ergab sich konsequent und nahezu zwangsläufig aus dem Schulkonzept selbst, wie es Blume [etwa] unter dem Einfluß des Wandervogels entwickelt hatte. Mehr noch - es entstand nicht nur aus einem Konzept, sondern aus einem Lebenszusammenhang, aus dem die Schule hervorgegangen war".

[157] FEIDEL-MERTZ / KRAUSE, Der andere Hermann Lietz, S. 304. - So inetwa auch: FEIDEL-MERTZ, Reformpädagogik, S. 211.

"Wir haben auch dort einige praktische Arbeit getan, aber dort war das eine pädagogische Maßnahme, und hier ist es eine Notwendigkeit. "[158]

Bei der Betonung der 'Ernsthaftigkeit' im Bereich der Gemeinschaftsarbeit auf Scharfenberg gilt es jedoch festzustellen, daß die Schüler hier oft bis an die Grenzen ihrer Leistungsfähigkeit gefordert wurden, daß jedoch darauf geachtet wurde, daß es nicht zu einer Überforderung, geschweige denn zu einer 'Ausbeutung' kam.

Zudem gilt es abschließend hervorzuheben - worauf noch an späterer Stelle ausführlicher einzugehen sein wird -, daß das Scharfenberger Gemeinschaftsleben außer der hier behandelten Gemeinschaftsarbeit eine nahezu unendliche Fülle außerunterrichtlicher Erfahrungs- und Handlungselemente, ein reiches, buntes 'Schulleben' bot, das der Gemeinschaft - als gewisser 'Gegenpol' zur hier gezeigten Arbeit mit seiner 'Ernstsituation' - überwiegend Freude und Spaß einbrachte.

---

[158] Zit. nach: ESSINGER, Anna, Die Bunce Court School (1933-1943), in: Schulen im Exil. Die verdrängte Pädagogik nach 1933, hrsg. von Hildegard FEIDEL-MERTZ, Reinbek 1983, S. 71-88, hier S. 80f. - Am längsten und konsequentesten wurde dieses Prinzip eines 'Lernens aus Notwendigkeit' in der von Pitt und Yvès Krüger in den südfranzösischen Pyrenäen betriebenen Kindergemeinschaft 'La Coûme' durchgehalten, bis es Anfang der 80er Jahre nach immerhin 50 Jahren aufgegeben werden mußte; s. dazu: Pitt Krüger, La Coûme und das Prinzip der 'Ausgeglichenheit', in: Schulen im Exil. Die verdrängte Pädagogik nach 1933, hrsg. von Hildegard FEIDEL-MERTZ, Reinbek 1983, S. 167-177. - KRÜGER, Pitt, Brief an eine Quäker-Freundin [vom 09.07.1979] in: Schulen im Exil. Die verdrängte Pädagogik nach 1933, hrsg. von Hildegard FEIDEL-MERTZ, Reinbek 1983, S. 177-183. - S. außerdem: TRAPP, Gerhard, La Coûme: Schule hinter den sieben Bergen, in: betrifft: erziehung, Jg. 17 (1984), Heft 4, S. 43-45.

II.2.   DIE SELBSTVERWALTUNG

Das zweite charakteristische Strukturelement der Schulfarm war neben der Gemeinschaftsarbeit die Selbstverwaltung[1].

Unter Verzicht aller 'Unterorganisationen', wie etwa Budengenossenschaften,
'Familien' usw., war die Gesamtheit aller Gemeinschaftsmitglieder - Schüler, Lehrer
und Angestellte - Träger des Gemeinschaftslebens[2].

Die Schüler wurden hier nicht "als nicht ernst zu nehmende dumme Schuljungen
behandelt"[3]; vielmehr lebten alle Mitglieder der Inselgemeinschaft zusammen "auf
der Basis gleicher Berechtigung und Verantwortung"[4], alle wirkten an Entscheidungen über die die Gemeinschaft betreffenden Fragen mit gleicher Stimme,
d.h. ohne ein nach Lebensalter oder Autorität gestaffeltes Census-Wahlrecht, mit[5].

II.2.A.   DIE ABENDAUSSPRACHEN

Das entscheidende 'Forum' der Gemeinschaft, dem die Regelung des Gemeinschaftslebens, die Diskussion und Lösung der die Gemeinschaft betreffenden Probleme zukam, war - wie schon im 'Sommerschulversuch' 1921[6] - neben inoffiziellen
öffentliche Tischgesprächen die in den vorherigen Kapiteln bereits mehrfach erwähnte 'Abendaussprache' - die 'Vollversammlung' aller Mitglieder der Inselge-

---

[1] Über die Scharfenberger 'Selbstverwaltung' s. von den gedr. Kurzdarstellungen insbes.: Aus
     dem Leben, S. 374-387: 'Die Selbstverwaltung auf der Insel'. - Sowie: BLUME, Schulfarm
     (1928), S. 172-180: 'Die Entfaltung in den Selbstverwaltungsprovinzen'.

[2] BLUME, Bericht (1923), Bl. 187r. - Berlin, LA, SIS: RICHTER, Wilhelm, Staatsbürgerliche
     Erziehung in Scharfenberg, 2. schriftliche [Referendariats-] Prüfungsarbeit, masch. Berlin o.D.
     [ca. Anfang 1930], S. 35: "[Es] fehlt [...] an Abstufungen unter den Schülern, an der kleinsten
     Spur eines Pudel- und Präfektensystems, wie man es etwa in den Franckeschen Waisenhäusern
     in Halle und den englischen Public Schools hat, wo immer die Gefahr besteht, daß die Kleineren
     und Schwächeren von den Großen und Starken gequält und mißbraucht werden. Weiter findet
     man auch keine bevorrechtete Gruppe wie den selbst kooptierenden Ausschuß in der [von Mar-
     tin Luserke gegründeten] Schule am Meer; der Ausschuß in Scharfenberg [s. dazu S. 555ff.] ist
     ein pflichtenreiches Amt ohne Ansehen. Endlich aber findet sich nicht einmal die Einteilung in
     Familien wie in der Odenwaldschule oder im Pavillonsystem der christlichen Internate noch in
     Kameradschaften wie in dem aus der Jugendbewegung hervorgegangenen Wickersdorf. [...]."

[3] LEHMANN, Schulfarm, S. 156.

[4] BLUME, Schulfarm (1924), S. 322.

[5] Zum Problem der Integration der Angestellten in die Schulgemeinschaft s. S. 437f. - Vgl. hier:
     Prot. der 77. Abendaussprache vom 11.08.1927, in: Berlin, LA, SIS: CH, VI, o.S.: "Mit Hin-
     weis auf den § 109 der Reichsverfassung, der besagt, daß Männer und Frauen gleich sind, bean-
     tragt Blume [erfolgreich] für die beiden Küchenhelferinnen Gertrud Krull und Anna Mende das
     Stimmrecht, da sie viel Interesse für Scharfenberg gezeigt hätten."

[6] S. dazu S. 125f.

meinschaft, die, wie es in den Quellen heißt, "einzige Instanz des Ge- und Verbietens auf der Insel"[7].

Die Abendaussprachen wurden protokolliert, zum Teil von Blume, zum Teil von Schülern, für die diese Aufgabe nebenher auch eine Gelegenheit sein sollte, "diese nicht zu vernachlässigende Art wichtiger stilistischer Übung zu vervollkommnen."[8]

Die Protokolle wurden in die von 1922 bis 1929 geführten Chronikbände der Schulfarm[9] eingetragen[10]. In diesen 8 Jahren fanden 93 Abendaussprachen statt[11]. Von diesen fehlen in den Chronikbänden lediglich 9 Protokolle[12]. Somit bieten die vorliegenden, die in maschinenschriftlicher Transkription einen Umfang von über 400 Seiten erreichen, einen nahezu vollständigen Überblick über diese zentrale Institution der Schulfarm, ihre Themen und die Art der Auseinandersetzungen - und damit nicht zuletzt auch über die Dimension der Selbstverwaltung auf Scharfenberg[13].

Es kann als geradezu bezeichnend für den Stellenwert der Abendaussprachen angesehen werden, wenn der neu in die Scharfenberger Gemeinschaft eintretende Lehrer Bandmann in der 31. Abendaussprache vom 16.05.1923 erklärte, er habe in den beiden Aussprachen, an denen er bislang teilgenommen habe, "über Scharfenberg viel mehr erfahren [...], als ich es sonst getan hätte"[14].

Die Abendaussprachen fanden nicht turnusgemäß, sondern nach Bedarf statt. Dieser war gegeben, wenn aufgeworfene Fragen und Probleme nach Aussprache und

---

7   BLUME, Schulfarm (1928), S. 172.
8   BLUME, Bericht (1923), Bl. 187v. - In der 5. Abendaussprache vom 14.06.1922 (s.: Prot. der
     5. Abendaussprache vom 14.06.1922, in: Berlin, LA, SIS: CH, I, o.S.) wurde der Schüler
     Kraemer zum Schriftführer der Abendaussprache gewählt; in der 12. Abendaussprahce vom
     08.09.1922 (s.: Prot. der 12. Abendaussprache vom 08.09.1922, in: Berlin, LA, SIS: CH, I,
     o.S.) wurde ein Antrag Blumes angenommen, einen ständigen Wechsel im Protokollieren eintreten zu lassen.
9   Vgl. S. 21.
10   Die Protokollierung der Abendaussprachen erfolgte selbst in Phasen, in denen die sonstige
     Chronikführung danieder lag; vgl.: Prot. der 62. Abendaussprache vom 14.10.1925, in: Berlin,
     LA, SIS: CH, V, S. 236: "Seit der großen Ferien sind in der Chronik außer 2 Abendaussprachenprotokollen keine Beiträge eingegangen." - Als man 1932 einen (vergeblichen) Versuch
     zur Neubelebung der 1929 beendeten Chronikführung zu machen versuchte, forderte man nicht
     zufällig - die Bedeutung der Abendaussprachen hervorhebend - "wenigstens [die] Protokolle der
     Abendaussprachen schriftlich wiederzugeben" (Prot. der Abendaussprache vom 11.01.1932, in:
     Berlin, LA, SIS: CH, VII, o.S.).
11   Offiziell wurden die Abendaussprachen bis 1929 bis zur Ziffer 91 durchnummeriert, doch wurden dabei (wohl versehentlich) die Bezeichnung '43.' und '45.' Abendaussprache jeweils zweimal vergeben.
12   Das Prot. der 18. Abendaussprache vom 20.10.1922 wurde in den ersten Band der Chronik
     (Berlin, LA, SIS: CH, I, o.S.) eingetragen, doch ist dies Prot. unleserlich, da die betreffende
     Seite diagonal herausgerissen wurde. - In dem Bereich des Bandes VII der Chronik, in der sich
     die Prot. der 80.-82. Abendaussprache befinden müßten, finden sich zahlreiche herausgerissene
     Seiten, auf denen sich die betreffenden Prot. befunden haben könnten. - Weiter fehlen die Prot.
     der 55, 67., 71. und 74. Abendaussprache.
13   Protokolle der Abendaussprachen der Schulfarm Insel Scharfenberg 1922-1929/32 [Berlin, LA:
     SIS], hrsg. von Dietmar HAUBFLEISCH, Marburg 1999:
     http://archiv.ub.uni-marburg.de/sonst/1999/0001/q20.html
14   Prot. der 31. Abendaussprache vom 16.05.1923, in: Berlin, LA, SIS: CH, II, S. 8.

Entscheidung verlangten, was in den Anfangsjahren naturgemäß entschieden häufiger geschah als in späteren Jahren.

Die Teilnahme an den Abendausprachesitzungen wurde durch Beschluß der 20. Abendaussprache vom 10.11.1922 allen Inselmitgliedern zur Pflicht gemacht; ausschließen durfte sich fortan nur, wer sein Fernbleiben gleich nach Beginn einer Sitzung öffentlich begründete[15].

Die Vorbereitung der Abendaussprache oblag ab der 6. Abendaussprache vom 21.06.1922 einem sogenannten 'Ausschuß'. Dieser Ausschuß war aufgrund einer Initiative Blumes hin in der vorangegangenen 5. Abendaussprache am 14.06.1922 geschaffen worden: Blume hatte hier "den Vorschlag [gemacht], einen Ausschuß von 5 Mitgliedern zu wählen, der ihm bei der Aufstellung der Tagesordnung helfen muß, damit sie ihren etwas diktatorischen Anstrich verliere. Ferner könne dieser Ausschuß unmerklich Reibungen verhindern, durch gütlichen Zuspruch beseitigen, bei etwaigen Budenunstimmigkeiten von selbst unauffällig vermitteln, sich noch mehr als jedes Mitglied der Gesamtheit sich verpflichtet fühlen, für den Aufbau einer anständigen Tradition Sorge zu tragen."[16] Die Ausschußmitglieder sollten 'Vertrauensleute' sein, die keinerlei Befehls- oder Verbotskompetenz besaßen:

> "Die Ausschußmitglieder sollen sich nicht als Aufsichtführende fühlen, sondern als Berater, als doppelt und dreifach Verantwortliche, haben keineswegs mehr Rechte, aber mehr Pflichten als die anderen. Deshalb sei es auch verkehrt, etwa ihren Amtskreis genau zu umzirken; sie werden bald hier, bald dort aus dem Einzelfall heraus einzugreifen haben, mehr noch verhütend, vorbeugend als verbietend, korrigierend[17]; so wie Drude etwa wirkt und unmerklich den Ton hebt, die Auffassungen klärt in dem Gemeinschaftsschülerroman von G. Prellwitz."[18]

1923 schilderte Blume diese Aufgabe des Ausschusses in variierter Formulierung: Die Ausschußmitglieder sollten "die jedem aufliegende Verantwortung für das Ganze in erhöhtem Maß mittragen; [...] Reibungen durch gütlichen Zuspruch beseitigen, Suchende beraten, Strauchelnde stützen, sich herausbildende Mißstände unauffällig beseitigen, den Ton unmerklich höher stimmen, verhütend, vorbeugend mehr als verbietend, korrigierend als Hüter einer guten Tradition wirken"[19]; außerdem, so schrieb Blume hier weiter, sollten sie "über Stimmungen und Verstimmungen allgemeiner Art den Leiter orientieren"[20], d.h., sie sollten auch eine Art unauffällige 'Mittlerrolle' zwischen Mitschülern und Schulleiter einnehmen[21].

Blumes Antrag auf Schaffung eines Ausschusses wurde mit knapper Majorität angenommen: man beschloß, einen solchen Ausschuß - zunächst bis Oktober - zu wählen; doch sollte er auf Antrag Wahles nicht aus fünf Mitgliedern (Vorsitzender

---

15   S.: Prot. der 20. Abendaussprache vom 10.11.1922, in: Berlin, LA, SIS: CH, I, o.S.
16   Berlin, LA, SIS: CH, I, o.S.
17   Prot. der 5. Abendaussprache vom 14.06.1922, in: Berlin, LA, SIS: CH, I, o.S.
18   Prot. der 5. Abendaussprache vom 14.06.1922, in: Berlin, LA, SIS: CH, I, o.S. - Bei dem angesprochenen Roman handelt es sich um: PRELLWITZ, Gertrud, Drude, 3 Bde., Oberhof 1920/23/25. - S. dazu kritisch: KAWERAU, Siegfried, Gertrud Prellwitz. Ein Kapitel von deutscher Unkultur, in: Junge Menschen, Jg. 5 (1924), Heft 5, S. 110-112.
19   BLUME, Bericht (1923), Bl. 187r-v.
20   BLUME, Bericht (1923), Bl. 187.
21   S. hierzu etwa: HILDEBRANDT, Paul, Schülerselbstverwaltung in der Weimarer Zeit, in: Die neue Schule, Jg. 2 (1947), S. 387-390, hier S. 389.

der Abendaussprache, 1 Lehrer, 3 Schüler), sondern nur aus 3 Mitgliedern (1 Lehrer, 2 Schüler) bestehen[22]. Blume betonte nach dieser Beschlußvorlage "von sich aus, daß der Lehrer aber nicht mit dem Vorsitzenden der Abendaussprache identisch sein möge", denn "es käme gerade darauf an, auch den Schein des Überwiegens einer Persönlichkeit in diesen Dingen zu verhindern"[23].

Bei der sich anschließenden Wahl "ergab [sich] [...] dann doch die Identität des Gesamtvorsitzenden mit dem Ausschußmitglied, indem 16 Stimmen auf Blume, 5 auf Dorn, 3 auf Wahle fielen."[24] Blume lehnte seine Wahl konsequent ab; eine "Stichwahl ergab eine Majorität für Herrn Dorn. Für die beiden Schülersitze im Ausschuß kürte man Baader und Gawronski, diesen mit 10, jenen mit 14 Stimmen [...]."[25]

Der Ausschuß wurde fortan alle halbe Jahre neu gewählt. Seine quantitative Zusammensetzung wechselte in den folgenden Jahren; so sprach Blume 1923 von "ein[em] Lehrer, der nicht der Leiter sein soll, und 3 Schüler[n]"[26]; später waren es, wie die Abendaussprachen-Protokolle zeigen, phasenweise ein Lehrer und zwei bis vier Schüler.

Die ursprünglichen Funktionen des Ausschusses behielten durchgehend ihre Gültigkeit: Als der neugewählte Ausschuß in der im September 1928 stattfindenden 86. Abendaussprache die Gemeinschaft fragte, was sie vom Ausschuß erwarte und danach selbst zu entwickeln versuchte, wie er seine Aufgabe sehe, ergab sich, "daß noch zu Recht bestand, was in der 5. Abendaussprache bei Einsetzung des Ausschusses gesagt worden war"[27]:

"[...] er sei dazu da, unmerklich Reibungen zu verhindern, durch gütlichen Zuspruch Unstimmigkeiten zu beseitigen; seine Mitglieder sollten nicht als Aufsichtführende fühlen, sondern als Berater, als doppelt und dreifach Verantwortliche. Deshalb sei es auch schwer, ihren Amtskreis genau zu umzirken; sie würden bald hier, bald dort aus dem Einzelfall heraus einzugreifen haben, mehr noch verhütend, vorbeugend, als verbietend, korrigierend. Der neugewählte Ausschuß will entsprechend der gewachsenen Zahl den Rahmen weiterstecken und neben der persönlichen Einwirkung von Anlaß zu Anlaß auch durch öffentliche Besprechung wesentlicher Probleme auf die Bildung oder das Bewußterwerden einer Tradition hinwirken. Er bittet, sich nicht über Zurückhaltung zu wundern, da er zunächst immer zur Selbstregelung der Schwierigkeiten aus eigener Verantwortung heraus Raum lassen wolle."[28]

---

22   Prot. der 20. Abendaussprache vom 10.11.1922, in: Berlin, LA, SIS: CH, I, o.S.
23   Prot. der 20. Abendaussprache vom 10.11.1922, in: Berlin, LA, SIS: CH, I, o.S. - Vgl. dazu auch eine ähnliche Beschlußlage: Prot. der 73. Abendaussprache vom März 1927, in: Berlin, LA, SIS: CH, V, S. 474: "Sorge [...] stellt den Antrag, daß auch Blume in den Ausschuß gewählt werden darf, was der jedoch mit der Begründung zurückweist, man werde dann befürchten, daß die Selbständigkeit des Ausschusses zu sehr unterdrückt würde. So wurde der Antrag mit 14:30 Stimmen abgelehnt."
24   Prot. der 20. Abendaussprache vom 10.11.1922, in: Berlin, LA, SIS: CH, I, o.S.
25   Prot. der 20. Abendaussprache vom 10.11.1922, in: Berlin, LA, SIS: CH, I, o.S.
26   BLUME, Bericht (1923), Bl. 187r.
27   Prot. der im September 1928 stattfindenden 86. Abendaussprache, in: Berlin, LA, SIS: CH, VII, o.S.
28   Prot. der im September 1928 stattfindenden 86. Abendaussprache, in: Berlin, LA, SIS: CH, VII, o.S. - S. so auch, z. Tl. gleichlautend: Aus dem Leben, S. 377.

Seine Aufgabe der Vorbereitung der Abendaussprache erfüllte der Ausschuß, indem er die eingehenden Anträge und Anfragen sammelte und ordnete. Dabei mußten - anders als in Wickersdorf, wo der Leiter in einer Vorzensur darüber entschied, ob ein Antrag auf die Tagesordnung gesetzt wurde oder nicht[29] - alle eingehenden Anträge und Anfragen "sämtlich ohne jede Zensur vor der Abendaussprache zur Verhandlung kommen"[30]; doch sollte andererseits der Ausschuß mit feinem Fingerspitzengefühl "darauf hinwirken, daß nicht allzu Unwesentliches der Gemeinschaft vorgelegt wird."[31]

Wenn genügend Anträge und Anfragen eingegangen waren, berief der Ausschuß eine Abendaussprache unter öffentlichem Anschlag der Tagesordnung ein. Nur in Einzelfällen wurde von dieser Praxis abgewichen, etwa wenn die Gemeinschaft in einer Sitzung die eingegangenen Tagesordnungspunkte nicht alle erledigen konnte und quasi 'zur Fortsetzung' gleich die nächste Sitzung anberaumte. In einigen Fällen ergaben sich Abendaussprachen auch 'spontan' aus verlängerten Unterhaltungen, die man 'der Ordnung halber' nachträglich als Abendaussprache definierte[32]; es konnte auch geschehen, daß Blume eigenmächtig oder in Rücksprache mit dem Ausschuß eine Aussprache einberief, wenn er der Gemeinschaft Wichtiges mitzuteilen oder mit ihr zu diskutieren hatte[33].

Der Ausschuß schlug die Reihenfolge der Behandlung der einzelnen eingegangenen Anträge und Anfragen vor; zusätzlich konnte jedes Gemeinschaftsmitglied während einer Aussprache selbst weitere Fragen aufwerfen und Anträge einbringen.

Die Leitung der Abendaussprache hatte in den ersten vier Sitzungen quasi 'automatisch' Blume als Schulleiter inne. Kraft Beschluß der 5. Aussprache vom 14.06.1922 wurde der Leiter der Abendaussprache halbjährlich gewählt[34]. Bis ins Jahr 1926 hinein war - nun aufgrund entsprechender Wahlergebnisse - ununterbrochen Blume weiterhin Leiter der Abendaussprache. In der 65. Abendaussprache vom 14.01.1926 schlug Blume schließlich selbst vor, "dieses Amt wechselnd durch die Ausschußmitglieder zu besetzen."[35] Die Abendaussprache erschiene "ihm [nun] genügend gesichert, um dieses gewagte Experiment zu machen", und für die betreffenden Ausschußmitglieder sei dies "natürlich eine feine Übung"[36]. Die Schüler sahen sich zunächst nicht in der Lage, über diesen für sie offenbar völlig unerwarteten Antrag Blumes zu befinden. Erst in der nächsten, der 66. Abendaussprache vom 21.03.1926 beschloß die Gemeinschaft nach langer Diskussion mit 22:15 Stimmen, Blume grundsätzlich von diesem Amt auszuschließen[37] und das Amt des Leiters der Abendaussprache unter dem Ausschuß wechseln zu lassen - eine Entscheidung, die

29 S. so: BLUME, Bericht (1923), Bl. 192r.
30 BLUME, Schulfarm (1924), S. 322.
31 Aus dem Leben, S. 377.
32 Prot. der 10. Abendaussprache vom 04.07.1922, in: Berlin, LA, SIS: CH, I, o.S.
33 S. so: Prot. der 1. inoffiziellen (=43,2.) Abendaussprache (1924), in: Berlin, LA, SIS: CH, IV, S. 71f. und Anhang dazu ebd., S. 72f., hier S. 71.
34 Prot. der 5. Abendaussprache vom 14.06.1922, in: Berlin, LA, SIS: CH, I, o.S.
35 Prot. der 65. Abendaussprache vom 14.01.1926, in: Berlin, LA, SIS: CH, V, S. 299.
36 Prot. der 65. Abendaussprache vom 14.01.1926, in: Berlin, LA, SIS: CH, V, S. 299.
37 Prot. der 66. Abendaussprache vom 21.03.1926, in: Berlin, LA, SIS: CH, V, S. 323.

bis auf eine eindreiviertel Jahr andauernde 'ausschußlose Zeit', in der ein 'Geschäftsführer' den Vorsitz führte[38], durchgeführt und beibehalten wurde.

Es gab keinen festgelegten Wochentag, an dem die Abendaussprachen stattfanden; man wechselte nach Bedarf, doch kristallisierte sich als der am häufigsten verwendete Wochentag der Mittwoch heraus; an einem Samstag dagegen fand lediglich eine, die feierlich begangene 50. Abendaussprache[39], statt.

Ebensowenig existierten feste Uhrzeiten, an denen die Abendaussprache stattzufinden hatte. Von außergewöhnlichen Ausnahmen abgesehen - so fand etwa die 9. Abendaussprache morgens[40], die 89. Abendaussprache "in den Mittagsstunden"[41] statt -, setzte man sich aber nach dem Abendessen zusammen. Man tagte dann bis gegen 21, 22 Uhr, meist bis die anstehenden Themen abgehandelt worden waren oder aber, bis man müde oder lustlos geworden war. In der 14. Abendaussprache vom 14.09.1922 beantragte der Ausschuß, die Aussprachen aus Gesundheitsrücksichten grundsätzlich spätestens um 21.15 Uhr zu schließen, doch hielt man diesen Beschluß selbst in dieser Sitzung nicht ein[42].

Ab der 11. Abendaussprache vom 24.08.1922, in der unter den Gästen auch Wilhelm Paulsen weilte[43], wurden die Abendaussprachen in der Regel mit einem musikalischen Programm umrahmt; manchmal, etwa bei der Auszählung von Stimmen, wurden auch entstehende Pausen durch eine kleine musikalische Einlage ausgefüllt: Einzelne Mitglieder der Inselgemeinschaft oder ein kleines Orchester trugen Musikstücke vor, oder die Gemeinschaft sang zusammen ein Lied[44].

Nach der musikalischen Einleitung folgten zumeist von Blume vorgetragene Mitteilungen, in denen es um die Übermittlung von Grüßen, die Bekanntgabe von Sach- und Geldspenden, die Vorstellung neuer Angestellter, Lehrer und Schüler u.a. ging. Auch wurden von einzelnen Gemeinschaftsmitgliedern Bitten an die Gemeinschaft herangetragen; so wies Blume in der 5. Abendaussprache vom 14.06.1922 "in möglichst zarter Form [...] darauf hin, daß Scharfenberg in Gefahr sei, als Na-

---

38   S. dazu: Prot. der 79. Abendaussprache vom 23.10.1927, in: Berlin, LA, SIS: CH, VI, o.S. - Vor allem auch: Prot. der 83. Abendaussprache vom 16.05.1928, in: Berlin, LA, SIS: CH, VII, o.S. (hier Hinweis, daß seit Oktober 1927 kein Ausschuß existierte).

39   Selbst hier rief der Samstagtermin Unmut hervor: Der Ausschuß hatte den Samstag für die Jubiläums-Abendaussprache vorgeschlagen, u.a., da hier "zu längerem gemütlichen Verweilen mehr Zeit" (Berlin, LA, SIS: CH, V, S. 46) sei: Manche aber "hatten sich schon etwas vorgenommen in Berlin" (Berlin, LA, SIS: CH, V, S. 46). Zwar wurde der Termin durch Blume letztlich durchgesetzt, doch blieben immerhin zwei (Gründungs-)Mitglieder dem Abend fern (Prot. der 50. Abendaussprache vom September 1924, in: Berlin, LA, SIS: CH, V, S. 47).

40   Prot. der 9. Abendaussprache vom 02.07.1922, in: Berlin, LA, SIS: CH, I, o.S.

41   Prot. der 1929 stattfindenden 89. Abendaussprache, in: Berlin, LA, SIS: CH, VII, o.S.

42   Prot. der 14. Abendaussprache vom 14.09.1922, in: Berlin, LA, SIS: CH, I, o.S.

43   Prot. der 11. Abendaussprache vom 24.08.1922, in: Berlin, LA, SIS: CH, I, o.S.

44   Als von der 30. Abendaussprache bis ca. zur 50. Abendaussprache als einziger Musikant der Lehrer Bandmann auftrat, monierte Blume dies in der 53. Abendaussprache: "Auf Anregung Blumes wird beschlossen, daß die Musik in der Regel von den Schülern dargeboten werden soll; wenn man sie sowohl am Anfang als am Schluß Herrn Bandmann überlasse, möge sie lieber ausfallen. Der Antragsteller empfindet es mit der Mehrheit als unnatürlich, wenn unsere Abendaussprache, die den Schülern soviel Rechte gewähre, wie in keinem anderen Heime es üblich sei, nicht auch in dieser Beziehung von Selbsttätigkeit zeuge." (Prot. der 53. Abendaussprache vom 07.01.1925, in: Berlin, LA, SIS: CH, V, S. 117.)

tionalmode das Verschwindenlassen der Hände in den Hosentaschen auszubilden; zumal bei Tisch werde man nach diesem Hinweis darauf achten und beide Hände draußen lassen, ohne deshalb sich unter Kniggescher Fuchtel zu fühlen."[45]

Sodann folgte als zentraler Bestandteil der Abendaussprache die Behandlung der eingegangenen Anträge, Vorschläge und Beschwerden - sowie - in der Regel alle halbe Jahre - auch die Durchführung Wahlen des Ausschusses und der 20-30 'Ämter' der Schulfarm.

Diesem Teil der Abendaussprache folgten meist noch 'Anfragen und Anregungen', deren Erledigung in der Regel keine größeren Diskussionen erforderte[46].

Die Stimmung der Abendaussprachen war grundsätzlich von großer Ernsthaftigkeit geprägt; eine Aussprache wurde vom Protokollanten als eine "lebhafte" und zum Teil "von innerer Erregung durchzitterte"[47] charakterisiert; ein andermal rief bereits das Verlesen zweier Anträge "eine merkliche Spannung"[48] hervor. An anderer Stelle aber wird auch berichtet, die Abendaussprache sei "mit viel Heiterkeitsausbrüchen gewürzt"[49] gewesen; und bei einer weiteren Gelegenheit kam man so in Stimmung, daß man schließlich beim Singen von 'Oma, mein Häuschen' landete - obwohl die Abendaussprache mit dem Nachruf auf einen Toten begonnen hatte[50]. Hoch her ging es etwa in der 84. Abendaussprache im Jahr 1928, als den bei einem Plakatwettbewerb siegreichen Schüler "stürmischer Jubel" empfing und dem nur mit einem Trostpreis ausgestatteten Lehrer Ackermann immerhin noch "ohrenbetäubender Jubel" entgegenschlug[51]. Während die 21. Abendaussprache vom 29.11.1923 so "erfreulich lebhaft" verlief, "daß eine Tagesordnung von 12 Punkten [...] abgewickelt wurde"[52], fanden in der 65. Abendaussprache vom 14.01.1926, wie der Protokollant ironisch vermerkte, die musikalischen Darbietungen Bandmanns während der Auszählung der Wahlzettel "ein sehr 'andächtiges und aufmerksames' Auditorium, das nicht die geringste Spur von 'Langeweile und Schlafsucht' zeigte"[53].

Von besonderer Gestalt war die im September 1924 feierlich begangene 50. Abendaussprache. Auf den Tischen lagen Läufer und brannten Lichter; es waren Tafelaufsätze gefertigt worden, auf denen eine '50' prangte. Es gab Pfannkuchen und Konfekt und für die Sieger eines morgendlichen Stafettenlaufes sogar eine Torte[54]. Das Schülerausschußmitglied Walter Schramm hielt eine Festrede, es wurde gesun-

---

[45] Prot. der 5. Abendaussprache vom 14.06.1922, in: Berlin, LA, SIS: CH, I, o.S.
[46] 'Anfragen und Anregungen' sind anhand der Prot. nicht in jedem Falle eindeutig von den 'Anträgen' abgrenzbar, da manche als 'Anfragen' oder 'Anregung' gedachte Äußerung von der Gemeinschaft zum Antrag erhoben wurde und andere vom Protokollanten als 'Anträge' klassifizierte Äußerungen kaum mehr als 'Anregungen' waren.
[47] Prot. der 45/1. Abendaussprache vom [März] 1924, in: Berlin, LA, SIS: CH, IV, S. 93.
[48] Prot. der 45/2. Abendaussprache [1924], in: Berlin, LA, SIS: CH, V, S. 1.
[49] Prot. der 21. Abendaussprache vom 29.11.1922, in: Berlin, LA, SIS: CH, I, o.S.
[50] Prot. der 53. Abendaussprache vom 07.11.1925, in: Berlin, LA, SIS: CH, V, S. 115f.
[51] Prot. der 84. Abendaussprache [1928], in: Berlin, LA, SIS: CH, VII, o.S.
[52] Prot. der 21. Abendaussprache vom 29.11.1923, in: Berlin, LA, SIS: CH, I, o.S.
[53] Prot. der 65. Abendaussprache vom 14.01.1926, in: Berlin, LA, SIS: CH, V, S. 301.
[54] S.: Prot. der 50. Abendaussprache im September 1924, in: Berlin, LA, SIS: CH, V, S. 47-50; und: Ebd, S. 46: 'Vorbemerkungen'. - Weiteres zu dieser Abendaussprache: Berlin, LA, SIS: CH, V, S. 50f.

gen und musiziert, und "zwanglos schloß sich Nummer an Nummer, ohne ins Platte zu verfallen [...]."[55].

Im ersten Jahr des Schulversuches waren alle Schüler und Lehrer sofort stimmberechtigt. Nach einem Jahr behandelte man in der 31. Abendaussprache vom 16.05.1923 die Frage "wie es sich mit dem [aktiven und passiven] Stimmrecht der Neueintretenden verhalten sollte."[56] Nach ausgiebiger Diskussion, in der sich Blume bei dem ehemaligen Wickersdorfschüler Karl Berisch nach der dortigen 1/2jährigen Einlebezeit erkundigte, und in der die Vor- und Nachteile verschiedener Einlebefristen abgewogen wurden - wobei Blume sich "gegen die Einführung einer längeren Frist [wandte], da sonst zu befürchten ist, daß die Neuen von der Traditionsmaschine erfaßt werden und die neue Blutzufuhr unterbunden wird" - ergab schließlich die Schlußabstimmung, daß die Neuen "nach der 3. Abendaussprache" stimmberechtigt sein sollten[57].

Auf Bandmanns, mit dem Hinweis, daß in Wickersdorf die Lehrer schon nach der ersten Aussprache volles Stimmrecht hätten, verbundene Frage, "ob diese Verfügung auch bei neueintretenden Lehrern angewendet werden soll", fand Netzbands Antrag einstimmige Zustimmung, "daß für die Lehrer keine Ausnahme gemacht wird"[58].

1924 wurde die Erteilung des Stimmrechts für Schüler an eine neueingerichtete allgemeine 'Probezeit' für Schüler gekoppelt, "während die Lehrer [weiterhin] nach 3 Abendaussprachen stimmberechtigt"[59] blieben.

Die neuen Schüler, die erstmals an einer Abendaussprache teilnahmen, wurden anhand der Chronikbände und insbesondere der Protokolle der Abendaussprachen von älteren Schülern mit zentralen Punkten des Gemeinschaftslebens, mit den wichtigsten Gemeinschaftsbeschlüssen, der Bedeutung der Abendaussprachen u.a. vertraut gemacht[60]. Zudem wurden die 'Neuen' regelmäßig darauf hingewiesen, daß das ihnen zunächst fehlende Stimmrecht sie nicht zur Passivität in den Abendaussprachen verleiten solle:

> "[...] man spricht [...] die Erwartung aus, daß die Neuen neue Vorschläge machen und an dem Vorgefundenen, das ihnen nicht gefällt, Kritik üben; positive [d.h. konstruktive] Kritik wird die beste Tätigkeit im Probevierteljahr sein, nicht etwa stillschweigendes Sicheinfühlen etwa gar gegen die eigene Überzeugung."[61]

Dem hier angedeuteten Spannungsfeld von Traditionsbildung und Öffnung zu Neuem entsprach auch der Umgang mit der Chronik, der in der im September 1928 stattfin-

---

55 Berlin, LA, SIS: CH, V, S. 51.
56 Prot. der 31. Abendaussprache vom 16.05.1923, in: Berlin, LA, SIS: CH, II, S. 8.
57 Prot. der 31. Abendaussprache vom 16.05.1923, in: Berlin, LA, SIS: CH, II, S. 8.
58 Prot. der 31. Abendaussprache vom 16.05.1923, in: Berlin, LA, SIS: CH, II, S. 9.
59 Prot. der 83. Abendaussprache vom 16.05.1928, in: Berlin, LA, SIS: CH, VII, o.S.
60 S.: Prot. der im Frühjahr 1924 stattfindenden 47. Abendaussprache, in: Berlin, LA, SIS: CH, V, S. 31. - Prot. der 68. Abendaussprache vom 30.05.1926, in: Berlin, LA, SIS: CH, V, S. 341. - Prot. der 83. Abendaussprache vom 16.05.1928, in: Berlin, LA, SIS: CH, VII, o.S.
61 Prot. der im Frühjahr 1924 stattfindenden 47. Abendaussprache, in: Berlin, LA, SIS: CH, V, S. 31. - Ähnlich auch in: Prot. der 83. Abendaussprache vom 16.05.1928, in: Berlin, LA, SIS: CH, VII, o.S.

denden 86. Abendaussprache zum Ausdruck kam: Als sich hier W. Ackermann als damals neuer Lehrer nach der Tradition des Ausschusses erkundigte, erwähnte das Schülerausschußmitglied Schipkus eine entsprechende Chronikstelle über den Ausschuß, sagte jedoch dazu, "er hätte sie aber nicht verlesen, weil in einer anderen Zeit möglicherweise andere Ansichten über den Ausschuß herrschen könnten."[62] Schipkus erhielt Unterstützung von Lehrer Moslé, der meinte, daß das "Bewegliche und stets im Wandel Begriffene der Schulfarm [...] unser Stolz" sei, und der sich daher ebenfalls dagegen stellte, "daß die betreffende Chronikstelle schon vor der Debatte verlesen würde"[63]. Erst nach ausführlicher Debatte über die aktuellen Vorstellungen über den Ausschuß las "Schipkus die den Ausschuß betreffende Chronikstelle vor."[64]

Die Beschlüsse, die in den Abendaussprachen gefaßt wurden, waren, "solange sie nicht durch einen neuen Mehrheitsentscheid aufgehoben sind, in Scharfenberg Gesetz."[65] Doch ging man mit der Schaffung geschriebener Gesetze sehr behutsam um: Man hatte kein festes niedergeschriebenes Gesetz im eigentlichen Sinne, keine Hausordnung oder Ähnliches. Auch maß man dem in den Abendaussprachen Beschlossenen ein geringeres Gewicht zu, als den sog. 'ungeschriebenen Gesetzen'.

Waren die 'geschriebenen Gesetze' durch einen neuen Mehrheitsbeschluß eher einfach wieder aufzuheben, so wiesen sie auf das Moment der 'Dynamik' auf Scharfenberg hin. Die 'ungeschriebenen Gesetze' jedoch waren von weitaus beständigerem Charakter und betonten somit eher das Moment der 'Traditionsbildung' auf der Insel.

In der 4. Abendaussprache vom 19.05.1922 wandte man sich zwecks "Vertiefung des Eigenlebens, zur Ausdehnung der Lektüre" gegen das gegenseitige Besuchen auf den Zimmern, soweit dieses "nur aus Langeweile oder nur aus der Lust am Necken" resultierte - doch "lehnte [man] es ab, daraus ein festes Hausgesetz zu formulieren", sprach im Sinne eines 'ungeschriebenen Gesetzes' "die Hoffnung aus, daß jeder so vernünftig sein werde, nicht ohne Willen des Insassen ein Zimmer zu betreten und besonders in den Stunden zwischen Mittagessen und Vesper, wie nach 9 Uhr, sich darin alle erdenkliche Zurückhaltung aufzuerlegen"[66].

1923 schrieb Blume zunächst, keine Abendaussprache habe "bis jetzt zur Nikotin- und Alkoholfrage Stellung genommen", dennoch "raucht und trinkt man in Scharfenberg nicht"[67]. Bald darauf jedoch wurde in der 36. Abendaussprache vom 30.08.1923 die Frage des Rauchens behandelt. Der Ausschuß führte an, die Frage sei bisher nicht erörtert worden, da es "bisher als Selbstverständlichkeit galt, nicht zu rauchen"[68]; nun aber sei das Thema des Rauchens auf Scharfenberg aktuell und

---

[62] Prot. der im September 1928 stattfindenden 86. Abendaussprache, in: Berlin, LA, SIS: CH, VII, o.S.
[63] Prot. der im September 1928 stattfindenden 86. Abendaussprache, in: Berlin, LA, SIS: CH, VII, o.S.
[64] Prot. der im September 1928 stattfindenden 86. Abendaussprache, in: Berlin, LA, SIS: CH, VII, o.S.
[65] BLUME, Bericht (1923), Bl. 187v.
[66] Prot. der 4. Abendaussprache vom 19.05.1922, in: Berlin, LA, SIS: CH, I, o.S.
[67] BLUME, Bericht (1923), Bl. 187v.
[68] Prot. der 36. Abendaussprache vom 30.08.1923, in: Berlin, LA, SIS: CH, III, S. 76.

darum auf die Tagesordnung gesetzt worden; dabei kam es auch zu einer Grundsatzdiskussion über die 'geschriebenen' und die 'ungeschriebenen Gesetze':

"Auf die Anfrage Kraemers, warum das Rauchen hier eigentlich verpönt sei, wurde ihm geantwortet, daß es abgesehen von dem hygienischen Schaden nicht zum Lebensstil passe, den wir hier herausbilden wollten. Glasenapp weist darauf hin, daß die ungeschriebenen Gesetze die besten seien, die man aber auch zu befolgen gewohnt wäre. 'Wer nicht so stark ist, seine Gelüste zu unterdrücken, ist ein Trauerkloß und gehört nicht hierher.' M. Grotjahn unterscheidet geschriebenes und ungeschriebenes Gesetz; das eine übertrete er in keinem Falle; dem anderen füge er sich nur, wenn er von seiner Richtigkeit überzeugt sei. Baader: 'Der springende Punkt ist auf einem ganz anderen Gebiet zu suchen. Beim Übertreten des geschriebenen Gesetzes ist man faktisch erledigt, beim Übertreten des anderen - moralisch.' In ähnlichem Sinne äußerte sich P. Grotjahn: 'Den Übertreter des ungeschriebenen Gesetzes strafe man mit Verachtung.' Zum Schluß stellte der Leiter die Frage, ob Mitglieder der Gemeinschaft das Rauchen mit unserem Lebensstil für vereinbar hielten. 2 Stimmen bejahen. Die andere Frage, ob in dieser Angelegenheit ein geschriebenes Gesetz eingeführt werden solle, wird gegen 10 Stimmen verneint.'[69]

Von Beginn des Schulversuches an hatte sich "der Usus herausgebildet, [das] [...] Verlassen [der Insel] [...] nebst ungefährer Angabe des Zeitpunktes der Rückkehr dem 'Chroniden', das ist der den Ablauf des Tages verantwortlich bestimmende Lehrer, beim Aufwiedersehensagen anzuzeigen"[70]. Vermutlich aufgrund eines konkreten Vorfalles äußerte Lehrer Wolff in der 32. Abendaussprache vom 22.05.1923, daß er es "für dringend notwendig [halte], daß jeder, der die Insel verläßt, dieses dem Chroniden meldet."[71] Auf Blumes Frage, "ob man dieses ungeschriebene Gesetz zum gesetzlichen Beschluß erheben will"[72], äußerte sich der überwiegende Großteil der Versammelten ablehnend[73].

Als der Lehrer Ernst Sorge in der 70. Abendaussprache [1927] über unsichere Rechtsverhältnisse auf Scharfenberg klagte, hielt ihm Blume entgegen: "[...] Gesetze

69 Prot. der 36. Abendaussprache vom 30.08.1923, in: Berlin, LA, SIS: CH, III, S. 76f. - In ähnlicher Weise heißt es im Prot. der 9. Schulgemeinde [1924], in: Berlin, LA, SIS: CH, V, S. 55f.: "In der lebhaft geführten Debatte verteidigt Wernecke sein Rauchen als Mittel gegen psychische Depressionen und betont besonders, daß er auch nur heimlich rauche. Frau [Margarete] Wernecke erklärt, daß sie es vollkommen mit ihren Grundsätzen vereinbar hält, wenn ihr Sohn zu Hause raucht: 'Das kann mir doch kein Mensch verbieten!' und behauptet, daß ihr Sohn, wenn er nicht auf der Insel weilt, sich garnicht als Scharfenberger zu fühlen braucht. Diesem Standpunkt wird von der übrigen Elternschaft entgegengetreten und es wird zum Ausdruck gebracht, daß sie sich geschlossen hinter die Auffassung stellt, die durch die 6 Novemberpunkte für den Geist der Scharfenbergschule festgelegt sind: Das Prinzip der einfachen Lebensführung, der Selbstbeherrschung, die Ablehnung aller Vergnügungen und Kulturgenüsse, die modemäßig zur sogenannten Kultur der Jugendlichen gehören, wird bewußt als Lebensform betont. Die Einführung eines Zwanges und von Strafen in irgendwelcher Form, das Aufgeben der persönlichen Verantwortung ist indiskutabel. Es geht nicht an, daß das Betragen Scharfenberger Schüler innerhalb und außerhalb der Gemeinschaft sich in den Widerspruch mit den Grundgedanken der Schule stellt. Hier können keine Zugeständnisse gemacht werden, Schüler und Eltern haben sich als Scharfenberger zu fühlen und wer dagegen verstößt, hat das Recht verwirkt, der Schule oder der Schulgemeinde zuzugehören." - In: BLUME, Oktoberstudienfahrt, S. 63, findet sich der Hinweis, daß es in dieser Diskussion bzw. im Anschluß an dieselbe, gar um den Ausschluß Werneckes ging: "[Wir] fanden [...] einen Brief vor, der uns davon in Kenntnis setzte, daß Rolf Wernecke trotz der 9. Schulgemeinde 'unter meinen Fittichen' bleiben sollte."
70 BLUME, Bericht (1923), Bl. 187v.
71 Prot. der 32. Abendaussprache vom 22.05.1923, in: Berlin, LA, SIS: CH, III, S. 22.
72 Prot. der 32. Abendaussprache vom 22.05.1923, in: Berlin, LA, SIS: CH, III, S. 22.
73 Prot. der 32. Abendaussprache vom 22.05.1923, in: Berlin, LA, SIS: CH, III, S. 22.

schriftlich festzulegen scheine ihm ein Rückschritt, da die persönliche Entscheidung und das Gefühl des Einzelnen bei einer Handlung dann wegfiele."[74]

In der 1923 stattfindenden 37. Abendaussprache erläuterte Netzband zum Begriff der 'ungeschriebenen Gesetze', "daß das ungeschriebene Gesetz eine Frage des Taktes sei, die verliert, wenn man über sie spricht, die einem, der sie nicht fühlt, durch vernunftgemäße Erklärung nicht näher gebracht werden könnte."[75] Und Blume bemerkte lapidar, "das ungeschriebene Gesetz sei ein Gesetz, über das man nicht spricht."[76]

'Ungeschriebene Gesetze' waren auf Scharfenberg, was dort nie deutlicher als in den genannten Beispielen formuliert worden war, also allgemeine Verhaltensregeln, die in sich allmählich herausbildender gemeinsamer und selbstgeschaffener Tradition einen - wie es immer wieder einmal in den Quellen heißt - 'Geist von Scharfenberg' schufen, der den eigentlichen Grundkonsens des Scharfenberger Zusammenlebens darstellte[77]. Durch das Nichtfixieren in schriftliche Form er- und behielt dieser nicht nur seine 'Lebendigkeit', sondern erlaubte vor allem auch kein 'Zurücklehnen' auf verschriftlichte Regeln - und förderte somit ein Klima eines permanenten Sich-Verantwortlich-Fühlens:

> "Seit der Gründung der Schule sah man in dem von den 'Selbstverwaltungskörpern' Beschlossenen, Festgesetzten, Formulierten nicht das Innerlichste, Geheimste; es bestand von Anfang an die heiligste Scheu vor den 'ungeschriebenen Gesetzen'. Die Goethesche Eckhartweisheit gehört zu den Lebensüberzeugungen des Gründers - und wenn's erst beredet, verparagraphiert ist, - 'dann versiegt das Bier in den Krügen'."[78]

Die in den Abendaussprachen behandelten Themen und gefaßten Beschlüsse - von denen zum Teil an verschiedenen Stellen der Arbeit bereits die Rede war - betrafen ebenso Fragen von tagesaktueller Bedeutung, unter denen, wie Blume 1923 schrieb, durchaus auch "einige banaleren Inhaltes waren und recht harmlosen Tones gewesen sind"[79], wie Fragen vom Charakter sehr grundsätzlicher Maximen.

Es wurden in den Abendaussprachen u.a. die unterschiedlichsten Regelungen des Tagesablaufes getroffen. So beschloß man im Oktober 1922 "mit Rücksicht auf das gesetzte Küchenpersonal und nachdem einige Klatts Schöpferische Pause[80] gelesen haben, statt 5 Mahlzeiten nur noch 3 zu nehmen und damit den Normalablauf des Tages folgendermaßen zu bestimmen: 6,10 Uhr Wecken durch den Chroniden, 6,20 Dauerlauf um die Insel, 7 Uhr Beginn des Unterrichts; 8,30 erstes Frühstück (2 Teller Suppe + 3 Stullen), Bettmachpause bis 9,10; 9,10-10,45 2. Stundenpaar; 10,45-11 Freiübungen, 11-12,35 letztes Stundenpaar. Bis 1,10 Mittagbrot; 1,10-7

74 Prot. der 70. Abendaussprache [1926], in: Berlin, LA, SIS: CH, V, S. 399.
75 Prot. der 37. Abendaussprache [1923], in: Berlin, LA, SIS: CH, III, S. 87.
76 Prot. der 37. Abendaussprache [1923], in: Berlin, LA, SIS: CH, III, S. 88.
77 So etwa auch: LEHMANN, Schulfarm, S. 160.
78 Aus dem Leben, S. 379.
79 BLUME, Bericht (1923), Bl. 191r.
80 KLATT, Fritz, Die schöpferische Pause, Jena 1921.

Arbeitszeit; z.Tl. Unterricht für die einzelnen Kurse dazwischen, Hilfsdienst etc. 7
Uhr Abendessen"[81].

Bild einer 'idealtypischen' Abendaussprache, aus Ausschnitten verschiedener
Abendaussprachen der Jahre 1922 bis 1928 von Blume zu einer Kollage zusam-
mengestellt[82]

"An der Saaltür liest man heute einen Zettel, vom 'Ausschuß' unterzeichnet; am Abend nach
dem Essen ist Abendaussprache. Man will schon jetzt die beim Baden so vieler Jungen im freien
See notwendigen Vorsichtsmaßregeln besprechen; der Spielwart regt an, eine Gruppenumord-
nung mit anderem Übungswechsel in der vor dem Mittagessen üblichen halbstündigen
Sportpause vorzunehmen; es ist ein Antrag der Lehrer auf Reform des Studientages
eingegangen, ein anderer, vom 'Mahlzeitenchef' unterzeichnet, möchte zwei Küchenhelferinnen,
die schon längere Zeit bei uns sind und sich an allen Unternehmungen freudig beteiligt haben,
das Stimmrecht anzuerkennen. Ein Punkt lautet: Wiedergutmachung! In der Mitte der
Tagesordnung aber steht die Frage: Was gefällt uns nicht an unseren Lehrern? Was den Lehrern
nicht an ihren Schülern? - Der Saal wird überfüllt; ist die Abendaussprache doch die einzige
Veranstaltung, zu der alle Inselbewohner erscheinen müssen. - Einige starke Schwimmer werden
von ihr zu 'Wapoleuten' ernannt, über deren Reihe niemand hinausschwimmen darf. Die Ober-
stüfler überlegen, ob man nicht immer gleich zwei oder drei Studientage hintereinander ansetzen
solle, damit man sich nicht sooft aus der 'Halbjahresarbeit' herausreißen müsse; einer
bezweifelt, daß dies überhaupt die richtige Ausfüllung des ganz besonders deliziösen Lieblings-
aufgaben vorbehaltenen Studientages sei. Der sehr anständig und produktiv gedachte, aber et-
was verwickelte Vorschlag unseres Hauptpraktikers, durch Mutwillen oder Fahrlässigkeit
verdorbenes Gemeinschaftsgut nicht mit dem Geld der Eltern, sondern durch Werte zu ersetzen,
die aus dem Verkauf von Handfertigkeitserzeugnissen erworben seien, soll nach Darlegung der
verschiedensten Absichten bis zur nächsten Abendaussprache weiter überlegt, vielleicht auch
erst die Elternversammlung um ihre Ansicht befragt werden. Ein Mitglied des antiken Kurses
macht seinem Lehrer den Vorwurf, daß er ihre Fächer dem Kulturunterricht gegenüber nicht
stark genug durchsetze. Einem Deutschkursler mißfallen die 'ironischen Seitenhiebe' des Lei-
ters, in voller Öffentlichkeit ausgeteilt, je eleganter, um so verletzender; mehrere haben den
Eindruck, daß der junge Musiklehrer sich zu sehr unter vier Augen mit einzelnen beschäftigte,
anstatt mit allen Scharfenbergern; umgekehrt warnt der Leiter die Schüler vor einem allzu rusti-
kalen Benehmen, dem gewollten Absehen von der Konvention, 'einer üblen Angewohnheit der
Deutschen' laut der am Morgen im Kulturunterricht gelesenen Rüge Friedrich Nietzsches; der
Zeichenlehrer bittet um mehr Takt bei Vertraulichkeitsbeweisen der Schüler gegen die Lehrer.
Außerhalb der Tagesordnung nimmt die Mehrheit das Verteilen von Schmalzstullen am Mittwoch
während der Gemeinschaftsarbeit an und lehnt es ab, an einem Nachmittag auf Wunsch des
Zentralinstituts für Erziehung und Unterricht für dessen Gäste Extrahospitierstunden
abzuhalten. Der 'Direktor' des Marionettentheaters bittet, den großen Saal für einige Tage
schließen, die Zeitungen solange anders auslegen zu dürfen, um dort die eben fertiggestellte
Bühne aufzuschlagen. Am Schluß bringt man wie am Anfang ein Mozarttrio zu Gehör;
zwischendurch ist Obst herumgereicht worden von Tisch zu Tisch, an denen man verteilt sitzt,
wie beim Essen, ganz familiär [...]."

---

[81]   S.: Prot. der 16. Abendaussprache vom 11.10.1922, in: Berlin, LA, SIS: CH, I, o.S. - Vgl.
       zum Thema Mahlzeiten und Ernährung u.a. auch: Prot. der 20. Abendaussprache vom
       10.11.1922, in: Berlin, LA, SIS: CH, I, o.S.; und: Prot. der 29. Abendausprache (1923), in:
       Berlin, LA, SIS: CH, II, S. 68.

[82]   Aus dem Leben, S. 374f. - Es handelt sich hier um eine 'Kollage' Blumes, in der in
       unterschiedlichen Abendausprachen behandelte Punkte zu einer 'idealtypischen' Abendausspra-
       che zusammengesetzt wurden.

In der 54. Abendaussprache vom 28.01.1925 stellte Blume den Antrag, "daß alle unter 16 Jahren um 9 Uhr ins Bett gehen"[83]; nachdem er dabei Unterstützung von Wernecke erhalten hatte, der dazu "Kant, Schopenhauer und Descartes zu Hilfe [rief]"[84], wurde dieser Antrag angenommen[85]. Auch wurden Regelungen über die Zimmerverteilung[86] und über Nutzungen von Räumlichkeiten - u.a. zur Klärung einer Abgrenzung von öffentlichem und Privatraum - getroffen[87]. Weiter wurden hin und wieder auch Fragen der 'Ordnung' angesprochen[88].

Im Bereich der 'Freizeit'aktivitäten traf man etwa Sicherheitsvorkehrungen betreffend das gemeinsame Baden im See[89].

Einen auffallend großen Umfang nahmen Regelungen ein, die den Naturschutz auf der Insel betrafen[90]. So wurde das Mitnehmen von Blumen von der Insel aus Naturschutzgründen verboten[91], ein verstärkter Vogelschutz auf der Insel aus Gründen des Naturschutzes beschlossen[92], das Angeln untersagt[93] und eine "Absperrung des mittleren Tümpels" durchgesetzt, "da er vor allen anderen der wertvollste Naturbesitz auf Scharfenberg sei"[94].

Neben diesen, den Scharfenberger Alltag regelnden Fragen, wurden auch Themen behandelt, die ganz zentral das Selbstverständnis der Inselgemeinschaft betra-

---

[83] Prot. der 54. Abendaussprache vom 28.01.1925, in: Berlin, LA, SIS: CH, V, S. 125.

[84] Prot. der 54. Abendaussprache vom 28.01.1925, in: Berlin, LA, SIS: CH, V, S. 125.

[85] Vgl. zu diesem Thema auch: Prot. der 83. Abendaussprache vom 16.05.1928, in: Berlin, LA, SIS: CH, VII, o.S., und: Prot. der 88. Abendaussprache vom 14.01.1929, in: Berlin, LA, SIS: CH, VII, o.S.

[86] S.: Prot. der 04. Abendaussprache vom 19.05.1922, in: Berlin, LA, SIS: CH, I, o.S.

[87] S. z.B.: Prot. der 17. Abendaussprache vom 13.10.1922, in: Berlin, LA, SIS: CH, I, o.S.: "Metz bittet, das bunte Zimmer als Privatzimmer respektieren zu wollen und nicht zu unnützem Seich darin herumzustehen, desgleichen den Treppenabsatz vor dem bunten zimmer nicht als Versammlungslokal zu benutzen."

[88] S. z.B.: Prot. der 21. Abendaussprache vom 29.11.1922, in: Berlin, LA, SIS: CH, I, o.S.: "Aus gesundheitlichen und ästhetischen Gründen hält Blume eine einmalige Zimmerinspektion durch den Ausschuß für angebracht; leider habe er sich zu diesem Antrag, wenn auch schweren Herzens entschließen müssen, nachdem er auf der Suche nach einem Medikament einen Blick in einen Schrank getan habe." - Vgl. auch: Prot. der 22. Abendaussprache vom 12.12.1922, in: Berlin, LA, SIS: CH, II, S. 9f.: "Auch die von Blume ausgehende Anregung weist auf die Zeit nach den Ferien; er demonstriert sie recht drastisch ad oculos, indem er einen ganzen Haufen gefundener Sachen aus einem ebenfalls herrenlosen Rucksack - Badeanzüge, Messer, Handtücher, Bücher, einen Strumpf, ein Hemd und handschriftliche Gedichte, zu denen sich der Hemdenverlierer bekannte - feilbot. Die mit dem Rucksack huckepack auftretende Erscheinung ward zunächst mit fröhlichem Lachen als Weihnachtsmann begrüßt; doch bald schlug die Stimmung um; denn in ernster Knecht-Ruprechtscheltrede fragte er, ob die Wirtschaft im neuen Jahr abgestellt werden könne, ohne die Straflosigkeit, unseren bisherigen Stolz, aufzugeben ??"

[89] S. dazu S. 660.

[90] Bei: BLUME, Schulfarm (1924), S. 317, heißt es, die Stadtverwaltung habe 1922 für das Überlassen des Bollevilla und eines Teils der Insel für den Schulversuch eine Pachtsumme gezahlt, "als Gegenleistung für die äußere Unterhaltung des Gebäudes durch die Wasserwerke übernahmen die Schüler den Schutz der Insel gegen unbefugte Gäste, ferner die Pflege des Baumbestandes und der Vogelwelt."

[91] Prot. der 4. Abendaussprache vom 19.05.1922, in: Berlin, LA, SIS: CH, I, o.S.

[92] Prot. der 8. Abendaussprache vom 26.06.1922, in: Berlin, LA, SIS: CH, I, o.S.

[93] Prot. der 32. Abendaussprache vom 22.05.1923, in: Berlin, LA, SIS: CH, III, S. 18f.

[94] Prot. der 56. Abendaussprache vom 27.03.1925, in: Berlin, LA, SIS: CH, V, S. 146.

fen. So wurde etwa 1925 über das 'Kriegsspiel' auf der Insel folgende Diskussion geführt:

In der 17. Abendaussprache vom 13.10.1922 fragte der Schüler Metz, "wie es eigentlich mit dem von Herrn Prof. Cohn angeregten Nachtkampfe stände. Die Jahreszeit wäre doch schon reichlich vorgeschritten."[95] Blume schilderte auf diese Anfrage hin zunächst "das Entstehen des Planes im vorigen Jahre und die Wiederaufnahme durch das Humboldtgymnasium in diesem Jahre."[96] Dann erklärte er, er habe aus Gründen der für ein solches Spiel schlechten Jahreszeit "die Sache schon von sich aus, als neulich zwei Kameraden vom Humboldt [-Gymnasium] hier waren, um das Nähere zu bereden, abgelehnt. Es stände aber wohl nichts im Wege, den Plan wieder aufzugreifen, wenn eine klare Winternacht ein gesundes Spiel ermögliche."[97] Zweck des Spieles sei "selbstverständlich das Hinauswandern in die frische Nachtluft und nur der Hintergrund, der Rahmen ist der Nachtkampf."[98] Als sich darauf der Schüler Paul Heinrichsdorff an dem Begriff 'Nachtkampf' stieß, konstatierte Rosolleck, "daß der Name nur ein kriegerisches Jugendkompanieüberbleibsel sei für ein sonst unkriegerisches, 'räuberromantisches' Spiel. Hauptsache sei die Bewegung in der Waldluft."[99] Die Gemeinschaft beschloß, "diese Nachtwanderung auf einen Schneewintertag zu verschieben."[100] Blume knüpfte an den Beschluß "die Bemerkung, wie 'gefährlich' solch Unternehmen immerhin sei, denn nach dem vorigen Nachtspiel hätte man ihn auf dem Rathaus zur Rede gestellt, daß er hier militärische Übungen veranstalte."[101] Dann wurde auf seine und des Schülers Erich Ulms Bitte hin die Klausel angenommen, "daß niemand zur Teilnahme gezwungen werden solle"[102].

Knapp vier Jahre später wurde dieses Thema erneut debattiert, - dabei wurde die Rolle Elisabeth Rottens als 'Vorbildcharakter' für die Schulfarm sichtbar: In der 68. Abendaussprache vom 30.05.1926 wurde von Schülerseite gefragt, "warum vor den Pfingstferien das Kriegsspiel abgelehnt worden sei."[103] Die Antwort eines Schülers,

---

95 Prot. der 17. Abendaussprache vom 13.10.1922, in: Berlin, LA, SIS: CH, I, o.S.
96 Prot. der 17. Abendaussprache vom 13.10.1922, in: Berlin, LA, SIS: CH, I, o.S.
97 Prot. der 17. Abendaussprache vom 13.10.1922, in: Berlin, LA, SIS: CH, I, o.S.
98 Prot. der 17. Abendaussprache vom 13.10.1922, in: Berlin, LA, SIS: CH, I, o.S.
99 Prot. der 17. Abendaussprache vom 13.10.1922, in: Berlin, LA, SIS: CH, I, o.S. - Vgl. hierzu die - von verschiedenen Seiten des kaiserlichen Deutschland bewußt geförderte - Vorliebe der Wandervogelgruppen vor dem 1. Weltkrieg zum Kriegsspiel (Erstürmen eines Dorfes, Durchschleichen einer Postenkette, Übergang über einen Fluß, Verteidigung eines Warenzuges usw.), die den Weg dieser Jugend nach Langemarck mit vorbereitete: WOLSCHKE-BULMAHN, Joachim, Kriegsspiel und Naturgenuß. Zur Funktionalisierung der bürgerlichen Jugendbewegung für militärische Ziele, in: Jahrbuch des Archivs der deutschen Jugendbewegung, Jg. 16 (1986-87), S. 251-270. - FRITZ, Michael / HAFENEGER, Benno / KRAHULEC, Peter / THAETNER, Ralf, '... und fahr'n wir ohne Wiederkehr'. Ein Lesebuch zur Kriegsbegeisterung junger Männer, Bd. 1: Der Wandervogel (=Wissen und Praxis, 30), Frankfurt 1990, bes. S. 23-41: Kap. 'Kriegserziehung seit 1890'.
100 Prot. der 17. Abendaussprache vom 13.10.1922, in: Berlin, LA, SIS: CH, I, o.S.
101 Prot. der 17. Abendaussprache vom 13.10.1922, in: Berlin, LA, SIS: CH, I, o.S.
102 Prot. der 17. Abendaussprache vom 13.10.1922, in: Berlin, LA, SIS: CH, I, o.S.
103 Prot. der 68. Abendaussprache vom 30.05.1926, in: Berlin, LA, SIS: CH, V, S. 343.

das Spiel hätte "zu einer Prügelei geführt"[104], wurde von Blume in tieferblickender Weise bestätigt:

"[...] Blume sagt[e], es sei [...] ein Kriegsspiel gewesen, und er habe sich gefreut, als der Ausschuß es ablehnte. Denn Frl. Rotten und sicher auch Mlle. Hickel würden es als unscharfenbergerisch abgelehnt haben, da grade Krieg gespielt wurde."[105]

Ob die Ablehnung des von einigen Gemeinschaftsmitgliedern gewünschten 'Kriegsspieles' durch den Ausschuß als 'verfassungsmäßiger Fehler' angesehen und rückgängig gemacht worden war, oder aber ob sich neue Mehrheitsverhältnisse gefunden haben, ist nicht mehr auszumachen - aus dem Protokoll der im September 1926 stattfindenden 69. Abendaussprache wird jedenfalls ersichtlich, daß es in der Zwischenzeit zur Durchführung eines solchen Spieles gekommen war: Dem Schüler Kroll wurde das Fernbleiben von diesem Spiel vorgeworfen; Kroll verteidigte sich u.a. damit, daß er "das Kriegsspiel nicht für richtig"[106] halte, er sei vielmehr der Auffassung, "wir sollten unsere Kraft lieber bei der Gemeinschaftsarbeit, beim Gruppendienst und am Spielnachmittage austoben und nicht beim Kriegsspiel."[107] Blume brachte darauf sein Bedauern zum Ausdruck, "daß Kroll diesen Standpunkt, den er vollkommen billige, nicht schon vor dem Spiele klargelegt habe, anstatt sich nachher doch so beinahe auszuschließen"[108], betonte dann jedoch ins Grundsätzliche gehend:

"Er möchte nicht 'Pfadfinderspiele' aufleben lassen, dieses sei doch garnicht im Sinne unserer Richtung. Er habe sich gefragt, wie der Abend mit Patroullien, nachheriger Feldherrnkritik auf Frau Weyl, Mademoiselle Hickel und Fräulein Rotten, unsere liebsten Gönnerinnen gewirkt haben würde, die immer als Pazifisten für die Völkerversöhnung eingetreten sind, und dabei seien doch die drei genannten Frauen nicht etwa ängstliche Staturen, sondern Kämpferinnen in der vordersten Linie."[109]

Zu einer anderen, ganz zentral das Selbstverständnis der Inselgemeinschaft betreffenden Frage entwickelte sich in der 59. Abendaussprache vom 01.07.1925 eine Diskussion über die Elektrifizierung Insel[110]: Die Schüler Metz und Opalka sprachen sich hier gegen die Installation einer elektrischen Lichtanlage aus, da das "Petroleumlicht [...] etwas Wesentliches in unserem Scharfenberger Leben [sei], da es die gemeinschaftsbildende Geselligkeit bei gelegentlichen Abenden, beim Abendessen usw. durch seinen traulichen Charakter mehr unterstützt, als es die kalte an Materialismus mahnende Helligkeit des elektrischen Lichtes zu tun vermag."[111] Die Antragsteller äußerten schließlich die Befürchtung, daß das "echte Scharfenberger-

---

[104] Prot. der 68. Abendaussprache vom 30.05.1926, in: Berlin, LA, SIS: CH, V, S. 343.

[105] Prot. der 68. Abendaussprache vom 30.05.1926, in: Berlin, LA, SIS: CH, V, S. 343.

[106] Prot. der im September 1926 stattfindenden 69. Abendaussprache, in: Berlin, LA, SIS: CH, V, S. 356.

[107] Prot. der im September 1926 stattfindenden 69. Abendaussprache, in: Berlin, LA, SIS: CH, V, S. 356.

[108] Prot. der im September 1926 stattfindenden 69. Abendaussprache, in: Berlin, LA, SIS: CH, V, S. 356.

[109] Prot. der im September 1926 stattfindenden 69. Abendaussprache, in: Berlin, LA, SIS: CH, V, S. 356f.

[110] Prot. der 59. Abendaussprache vom 01.07.1925, in: Berlin, LA, SIS: CH, V, S. 211f. und S. 215 [S. 213f. fehlen unbeschrieben]. - Vgl. zum Thema auch S. 447f.

[111] Prot. der 59. Abendaussprache vom 01.07.1925, in: Berlin, LA, SIS: CH, V, S. 212.

tum" "durch eine mehr materielle Einstellung zu verflachen [drohe]"[112]. Es folgte
eine heftige Diskussion, an deren Ende sich Blume gegen den Antrag aussprach[113]:

> "Blume meint [u.a., daß] [...] wir im Scharfenberger Unterricht das Prinzip der Anschaulichkeit
> [haben], das uns die Beschaffung eines Epidiaskops eigentlich zur Pflicht macht, um die heuti-
> gen Übelstände zu beseitigen. [Außerdem] [...] ist die Umstellung auf eine neuzeitliche Licht-
> anlage keine so wichtige Veränderung [...], [...] wäre von vornherein das Licht auf der Insel
> gewesen, so wären wir heute nicht weiter, aber auch nicht zurück. Eine Selbstverständlichkeit,
> wie es die Anlage von elektrischem Licht heute bedeute, könne keine Veranlassung zu irgend
> einer Wesensänderung im Gemeinschaftsleben sein. Blume versteht den Antragsteller vollkom-
> men; hält die Einwände, die man gegen ihn gemacht hat, etwa die Blobelts für lächerlich und
> am Antragsteller vorbeizielend, müsse aber trotzdem gegen Metz stimmen. Für Metz' Antrag
> erklärten sich 5, 48 dagegen."[114]

So wie sich die mehrstündige Diskussion der Schulgemeinschaft am allerersten Tag
des Schulversuches am 4. Mai 1922 in erster Linie um Fragen der Unterrichtsorganisation und -gestaltung drehte[115], so traf man sich auch später nicht nur
"zu förmlichen Stundenplankonferenzen"[116], sondern so konnte "überhaupt ein starkes pädagogisches Interesse als ein deutlicher Einschlag des hiesigen Gemeinschaftslebens"[117] festgestellt werden:

> "Selten ist die Beteiligung lebhafter als bei solchem Abwägen der Schulbesonderheiten, bei De-
> batten über Lehrplanfragen [...]. Die neuere pädagogische Literatur ist eine beliebte Lektüre;
> man freut sich, zu Fachkonferenzen zugezogen zu werden; man hilft gern beim Aufstellen der
> Stundentabellen und Wochenpläne. In der letzten Woche vor den Ferien sind mehrere kleine
> Abhandlungen eingegangen über den Wert der Mathematik, die einer Aussprache als Grundlage
> dienen sollen; man hospitiert oft auch im Unterricht der anderen Gruppen, möchte bei den Be-
> sprechungen der Aufsätze auch der Jüngern dabei sein [...] [...]. Man erbietet sich, Aufsatzbe-
> sprechungen auf den Abend zu verlegen, und den Fortgang des Unterrichts nicht aufzuhalten.
> Kursteilnehmer drängen auf Erhöhung ihrer Wochenstundenzahl, wie überhaupt die sonst übli-
> che Sucht nach Stundenausfall sehr im Abnehmen begriffen ist [...]. Mögen auch die Leistungen
> noch oft zu wünschen übrig lassen, ein prinzipieller Anfang scheint gemacht zu sein, sodaß das
> in diesen 1 3/4 Jahren Versuchte als ein gangbarer Weg zum schönen Ziel bezeichnet werden
> kann."[118]

Und so wie - etwa an bereits genannten 'pädagogischen Abenden' - in den
Abendaussprachen über andere reformpädagogische Versuche diskutiert wurde[119], so
war die Abendaussprache überhaupt "auch der Ort für pädagogische Debatte[n]"[120],
und so wurde auch hier etwa auch "vor [eigenen] Unterrichtsfragen nicht Halt gemacht"[121]. Es wurden hier Entscheidungen über Unterrichtsthematiken, über Ar-
beitsabläufe u.v.a., aber auch über grundlegende Strukturmaßnahmen getroffen.

---

112   Prot. der 59. Abendaussprache vom 01.07.1925, in: Berlin, LA, SIS: CH, V, S. 212.
113   Prot. der 59. Abendaussprache vom 01.07.1925, in: Berlin, LA, SIS: CH, V, S. 212.
114   Prot. der 59. Abendaussprache vom 01.07.1925, in: Berlin, LA, SIS: CH, V, S. 214f.
115   S. dazu ausführlich: Berlin, LA, SIS: CH, I, o.S. (Eintrag zum 04.05.1922). - Auch: Aus dem
       Leben, S. 337f.
116   Aus dem Leben, S. 343.
117   BLUME, Bericht (1923), Bl. 197v.
118   BLUME, Bericht (1923), Bl. 197v und 198r.
119   Vgl. dazu S. 462-464.
120   Blume lt. Prot. der 19. Abendaussprache vom 09.11.1922, in: Berlin, LA, SIS: CH, I, o.S.
121   BLUME, Bericht (1923), Bl. 191v. - Ähnlich auch: BLUME, Schulfarm (1924), S. 323.

So wurden etwa im September 1922 vor dem ersten Zeugnistermin auf Gemeinschaftsbeschluß hin die Zeugnisse abgeschafft[122], weiter die zunächst obligatorischen
musiktheoretischen Stunden kraft Abendaussprachenbeschluß zu fakultativen umgewandelt[123]. Außerdem wurde die Umwandlung des Tagesstundenplanes in Wochen-
zyklen herbeigeführt[124] und mehrfach über den 'Studientag' verhandelt[125]; auch kam
es zu Aussprachen wie etwa in der 24. Abendaussprache vom 26.02.1923 "über die
Erfahrungen im [vorangegangenen und positiv verlaufenen] lehrerlosen Unterricht"[126] und - zum selben Termin - über den Übertritt von der Mittel- in die Oberstufe[127].

Selbstverständlich kam es auch auf Scharfenberg zu Spannungen zwischen Lehrern und Schülern - Spannungen, die, wie Paul Hildebrandt schrieb, "durchaus notwendig und sogar nützlich zur rechtzeitigen politischen Erziehung, aber auch zur
Selbstbesinnung der Lehrer"[128] seien[129]. Ganz in diesem Sinne wurde in den
Abendaussprachen der Schulfarm auch das Verhältnis zwischen Schülern und Lehrern thematisiert. Dabei bildete einen (gewissen) Höhepunkt die im Frühjahr 1923
stattfindende 29. Abendaussprache[130]:

"Ehe die Neuen einrückten" wollte man hier - auf eine Anregung Blumes hin[131] -
ein erstes "Fazit ziehen [...] über das Zusammenleben von Lehrern und Schülern,
und so gaben wir der 29. [...] Aussprache frank und frei, getreu unserem Grundsatz
der Offenheit und im Vertrauen auf die Reife der Schüler, die nur dadurch wachsen
kann, wenn man sie vor Verantwortungen stellt, das den Außenstehenden sicher

---

[122] Prot. der 14. Abendaussprache vom 14.09.1922, in: Berlin, LA, SIS: CH, I. o.S. - Vgl. dazu
S. 594.
[123] S. dazu S. 660.
[124] S. dazu S. 596-600.
[125] S. zum 'Studientag' S. 600f.
[126] Prot. der 24. Abendaussprache vom 26.02.1923, in: Berlin, LA, SIS: CH, II, S. 35.
[127] Prot. der 24. Abendaussprache vom 26.02.1923, in: Berlin, LA, SIS: CH, II, S. 35. - S. dazu
auch: Prot. der 28. Abendaussprache (1923), in: Berlin, LA, SIS: CH, II, S. 56. -
Vgl. auch: Voraussetzungen zum Übertritt in die Oberstufe (Dez. 1923/Januar 1924), in: Berlin, LA, SIS: CH, III, S. 59.
[128] HILDEBRANDT, Schülerselbstverwaltung in der Weimarer Zeit, S. 388.
[129] HILDEBRANDT, Schülerselbstverwaltung in der Weimarer Zeit, S. 388f.: "Vergessen wir
aber nicht, daß die Schülerselbstverwaltung auch zur Erziehung der Lehrer selbst beiträgt: Wo
sich bei ihnen immer wieder die Überzeugung regt, daß sie sich ihre Rechte auf autoritäre Erziehung nicht verkümmern lassen dürfen [...], da werden sie durch immer wiederkehrende Zu-
sammenstöße mit den Organen der Schülerselbstverwaltung dahin belehrt werden, daß die
'Menschenrechte' der 'Objekte' der Erziehung nicht ungestraft vernachlässigt werden dürfen.
Sie werden allmählich lernen, zwischen unberechtigten Forderungen und berechtigtem Widerstand zu unterscheiden, wozu immerhin ein gehöriges Maß von Selbsterkenntnis und Selbstbeherrschung gehört - und dazu eine gehörige Dosis Humor, die sich nicht an den Formen
stößt, in der Beschwerden vorgebracht werden, sondern auf den Kern sieht." - Ebd., S. 389:
"Wenn aber in einer Klasse sich überhaupt kein Widerstand geltend macht, so sollte das dem
Lehrer zu denken geben, denn es gibt immer berechtigte Gründe zur Unzufriedenheit; und es
ist ein unerfreulicher und für den Pädagogen untragbarer Zustand, wenn seine Schüler hinter
seinem Rücken schimpfen, statt ihm ihre Beschwerden offen mitzuteilen."
[130] S. dazu das Prot. der im Frühjahr 1923 stattfindenden 29. Abendaussprache, in: Berlin, LA,
SIS: CH, II, S. 67-73. - Und: BLUME, Bericht (1923), Bl. 190r-v.
[131] BLUME, Bericht (1923), Bl. 190r.

zunächst überraschende Thema: Was gefällt den Schülern nicht an den Lehrern, was den Lehrern nicht an den Schülern?"[132]

Die Schüler brachten vereinzelte, den Unterricht betreffende Einwände ein; vor allem aber war "charakteristisch [...], wie schwer gelegentlich kritische Bemerkungen der Lehrer aufgenommen [wurden]"[133]: Ein Schüler beklagte sich "über ironische Seitenhiebe Blumes in Gesprächen" - worauf Blume erklärte, "daß sie garnicht ironisch sein sollen, sondern ein unbewußt gefundener Weg sind, das, worüber er sich früher schweigend geärgert habe, abzuändern; da er das Schulmeistern und Gespräche unter vier Augen verschmähe, so habe er durch diese Seitenhiebe bessern wollen, die er nun in Zukunft noch mäßiger und weiser anwenden wird."[134] Ein anderer Schüler beschwerte sich, daß "Rosolleck [...] sich mehr mit Einzelnen als mit allen Scharfenbergern [beschäftige]" - eine Klage, zu der Blume offenbar nicht ohne Zustimmung bemerkte, daß man dieses Verhalten Rosollecks "nur schwer [...] ändern [werde], da d[ies]er Gespräche unter vier Augen für ein besonders wirkungsvolles, pädagogisches Mittel [halte]"[135]. Wieder ein anderer Schüler klagte "über Herrn Wolffs Ermahnungen, die ihm oft väterlich gemacht, künstlich hinterlistig erschienen" - worauf sich Wolff damit verteidigte, "daß seine Ermahnungen nur guter Absicht entsprungen [seien]" und Blume dazu meinte, daß, wenn Wolffs Ermahnungen "falsch erschienen", dies daher komme, "weil Herr Wolff viel zu vorsichtig ist, ermahnen möchte, aber nicht schnauzen und schon wieder aus Güte halb zurücknimmt, was er eben noch sagte."[136]

In der sich anschließenden Diskussion, was den Lehrern nicht an den Schülern gefalle, wandte sich Blume "gegen das gewollte Absehen von der Konvention, eine, wie wir im Kulturunterricht bei Nietzsche lasen, üble Gewohnheit der Deutschen, die bei uns einzureißen droht, wenn aus den Fenstern gespuckt, von Tellern und Stullen anderer gegessen, die Stiefel im Zimmer geputzt werden."[137]

Auf die Frage Grotjahns, "ob es taktlos sei, Blume ohne Titel und Herr anzureden", erwiderte Blume, "daß dies nur eine Äußerlichkeit sei, daß es, wo es sich organisch von selbst ergibt, gut sei. Es sei jedoch taktlos, wenn man sich in Gegenwart Fremder besonders gehen ließe und etwas darin sucht, dann möglichst unhöflich mit seinen Lehrern umzugehen, um zu zeigen, so dürfen wir unsere Lehrer behandeln."[138]

---

[132] Prot. der im Frühjahr 1923 stattfindenden 29. Abendaussprache, in: Berlin, LA, SIS: CH, II, S. 67.

[133] BLUME, Bericht (1923), Bl. 190r.

[134] Prot. der im Frühjahr 1923 stattfindenden 29. Abendaussprache, in: Berlin, LA, SIS: CH, II, S. 70.

[135] Prot. der im Frühjahr 1923 stattfindenden 29. Abendaussprache, in: Berlin, LA, SIS: CH, II, S. 70.

[136] Prot. der im Frühjahr 1923 stattfindenden 29. Abendaussprache, in: Berlin, LA, SIS: CH, II, S. 71.

[137] Prot. der im Frühjahr 1923 stattfindenden 29. Abendaussprache, in: Berlin, LA, SIS: CH, II, S. 71.

[138] Prot. der im Frühjahr 1923 stattfindenden 29. Abendaussprache, in: Berlin, LA, SIS: CH, II, S. 71.

Netzband wandte sich gegen "das vertraulich tuende Klopfen auf seine Schultern in der allzu häufigen Wiederholung"[139]: "Zu einem lustigen Schinkenklopfen sei er immer bereit, nicht [aber] zu jovial tuenden Vertraulichkeiten."[140] Und Wolff wetterte "gegen eine Menge von Übelständen: Das Bummeln und Verspäten vor dem Stundenanfang, der Lärm im Hause am Dienstagnachmittag vor dem Studientag, das Musizieren am Vormittag, das Umblättern fremder Bücher mit feuchtem Finger", Glasenapp gegen "die schlechte Behandlung der Geräte", Blume über den "Lärm im Hause", die alle, "die der Bildungswille treibt", störe[141]:

"Er freue sich sehr, wenn man munter spielt, das soll aber im Garten geschehen und sich vom Toben mehr zum Spiel entwickeln."[142]

Richter schrieb - wohl Anfang 1930 - über dieses Lehrer-Schüler-Verhältnis auf der Insel:

"Die Jungen, nicht in widerspruchslosem Gehorsam unter dem Lehrer, sondern in freimütiger Kameradschaft neben ihm stehend, kommen ihm mit Vertrauen und mit Kritik offen entgegen und wagen auch, falls ihnen eine Maßnahme falsch erscheint, Widerspruch, ob er sich nun gegen einen langweiligen Unterricht oder gegen grobe Umgangsformen des Lehrers richtet. Gerade durch eine freimütige Kritik, z.B. nach einer mißglückten Unterrichtsstunde, ergibt sich die fruchtbare Gelegenheit, unberechtigte Ausstellungen [sic!] zu widerlegen oder zurückzuweisen, bei berechtigten auf Abhilfe zu sinnen; dadurch gewinnt der Unterricht, da die Schüler oft für das methodische Vorgehen einen natürlichen Instinkt besitzen, zugleich aber wird ihr kritisches Vermögen ausgebildet und vor Auswüchsen bewahrt, eine in der heutigen Zeit heilsame und notwendige politische Schulung. Freilich gehört dazu ein hoher Takt und eine große Sicherheit des Lehrers, den Widerspruch der Schüler weder autoritativ zu unterdrücken, noch ihn zügellos zu unhöflicher Frechheit und ehrfurchtsloser Kritisiererei ausarten zu lassen.
Hier wird einmal besonders deutlich, daß die staatsbürgerliche Erziehung in Scharfenberg sich ebensosehr auf die Lehrer wie auf die Schüler erstreckt."[143]

1925 schrieb Lehmann zum Thema 'Schulstrafen' auf Scharfenberg:

"Mit der amtlichen Autorität des Lehrers fielen [...] auch die Schulstrafen. Es gibt in Scharfenberg weder Tadel noch Tadelstriche noch Arreststunden. Auch die sonst in Internaten verhängten Strafen wie die Entziehung von Mahlzeiten usw. sind hier völlig ausgeschlossen. Wer [allerdings] unter Disziplin die Ruhe eines Kirchhofs versteht, der kommt in Scharfenberg allerdings nicht auf seine Rechnung."[144]

---

[139] Prot. der im Frühjahr 1923 stattfindenden 29. Abendaussprache, in: Berlin, LA, SIS: CH, II, S. 72.
[140] Prot. der im Frühjahr 1923 stattfindenden 29. Abendaussprache, in: Berlin, LA, SIS: CH, II, S. 72.
[141] Prot. der im Frühjahr 1923 stattfindenden 29. Abendaussprache, in: Berlin, LA, SIS: CH, II, S. 72.
[142] Prot. der im Frühjahr 1923 stattfindenden 29. Abendaussprache, in: Berlin, LA, SIS: CH, II, S. 72.
[143] Berlin, LA, SIS: Berlin, LA, SIS: RICHTER, Wilhelm, Staatsbürgerliche Erziehung in Scharfenberg, 2. schriftliche [Referendariats-] Prüfungsarbeit, masch. Berlin o.D. [ca. Anfang 1930], S. 33.
[144] LEHMANN, Schulfarm, S. 156.

Auf Scharfenberg strebte man grundsätzlich das Prinzip der "Straflosigkeit"[145] an. Doch kam es selbstverständlich auch in der kleinen Inselgemeinschaft zu Streitigkeiten und 'Fehlverhalten' einzelner gegenüber der Gemeinschaft. Es gehörte mit zu den Aufgaben der Abendaussprache, hier notwendige Reglementierungen zu schaffen und durchzuführen - ohne daß man dabei die "Absicht [hatte], die Abendaussprache zum Schülergericht zu machen"[146].

Eine der auf Scharfenberg möglichen 'Strafen' war - wie oben bereits angedeutet - die Suspendierung von Schülern von ihren 'Ämtern', ein Vorgang, der als Vertrauensentzug aufgefaßt wurde[147] und als "außerordentlich wirksame Erziehungsmaßregel"[148] wirkte:

> "[...] schon manchem ist, wenn er am anderen Morgen statt des Kameraden, den er bislang an exponierter Stelle zu sehen gewohnt war, plötzlich den Neugewählten erblickte, die Unerbittlichkeit des Majoritätsbeschlusses in einer Demokratie anschaulich geworden."[149]

In der 8. Abendaussprache vom 26.06.1922 stellte der Schüler Stenger den Antrag, "das Wiedergutmachungsprinzip für von Mitgliedern der Gemeinschaft verdorbenen oder verlorenen Besitzgegenständen einzuführen."[150] Die Gemeinschaft beschloß aufgrund dieses Antrages gegen eine Stimme, "prinzipiell das Wiedergutmachungsprinzip zu proklamieren für alle Fälle, in denen Schuld, Fahrlässigkeit vorliegt."[151]

Die am häufigsten verhängte Strafe, die oft sogar als "die einzige auf der Insel mögliche Strafe"[152] bezeichnet wurde, war die sog. 'öffentliche Mißbilligung'. Sie wurde als 'Novum' in der 32. Abendaussprache vom 22.05.1923 eingeführt, als der Schüler Heide aufgrund Gemeinschaftsbeschlusses eine solche 'Mißbilligung' ausgesprochen bekam, da er hatte "Fische totzappeln" lassen und "Blumen köpfte"[153].

In der Ende November 1923 stattfindenden 42. Abendaussprache "kamen [...] Dinge zur Sprache - wie einer der Neuen sein Messer verschenkt hatte, um den Empfänger zu veranlassen, für ihn den Hilfsdienst zu übernehmen oder daß in einer Stube eine Tafel Schokolade ohne Wissen des Besitzers verzehrt war"[154]. "Den Schuldigen - Helmut Lehmann und Erwin Behrend und Hans Hobus - sprach eine große Majorität 'die öffentliche Mißbilligung' aus"; da Helmut Lehmann an beiden Fällen beteiligt war, wurde für "ihn eine doppelte Mißbilligung gebucht"; außerdem wurde ihm auf Antrag eines Mitschülers "das Stimmrecht so lange entzogen, bis die

---

[145] Berlin, LA, SIS: CH, II, S. 10. - Vgl.: In der 45. Abendaussprache, die im März 1924 stattfand, "kam zum Ausdruck, daß durch unsere von der Schulstrafe absehende Praxis das Ehrgefühl der Schüler sehr verfeinert war [...]." (Prot. der im März 1924 stattfindenden 45,1. Abendaussprache, in: Berlin, LA, SIS: CH, IV, S. 93).
[146] BLUME, Bericht (1923), Bl. 190v.
[147] Vgl. so: BLUME, Schulfarm (1928), S. 173.
[148] SCHEEL, Schulfarm (1990), S. 203.
[149] BLUME, Schulfarm (1928), S. 173.
[150] Prot. der 8. Abendaussprache vom 26.06.1922, in: Berlin, LA, SIS: CH, I, o.S.
[151] Prot. der 8. Abendaussprache vom 26.06.1922, in: Berlin, LA, SIS: CH, I, o.S.
[152] BLUME, Schulfarm (1928), S. 173. - Ähnlich u.a.: BLUME, Schulfarm (1924), S. 322.
[153] Prot. der 32. Abendaussprache vom 22.05.1923, in: Berlin, LA, SIS: CH, III, S. 17.
[154] Prot. der Ende November 1923 stattfindenden 42. Abendaussprache, in: Berlin, LA, SIS: CH, IV, S. 56f.

Gemeinschaft es ihm wiedergeben will."[155] Dieser Stimmrechtsentzug auf Zeit wurde seitdem als eine zusätzliche 'Disziplinierungsmöglichkeit' der Gemeinschaft auch in weiteren Fällen genutzt[156].

In der 12. Abendaussprache vom 08.09.1922 bekam ein Schüler eine 'öffentliche Mißbilligung' ausgesprochen; im Protokoll heißt es dazu, man habe von einer weiteren "Gewaltmaßnahme" abgesehen, doch drohte man, wer "nicht so viel Gemeinschaftsgefühl besitze, derartiges zu unterlassen, müsse [von der Insel] fort"[157].

Noch im gleichen Jahr wurde der Schüler Alfred Stenger aus der Inselgemeinschaft ausgeschlossen; die Entscheidung hierzu überließen die Eltern dem Leiter W. Blume, der sich jedoch für seinen endgültigen Entschluß der Unterstützung der Schulgemeinschaft versicherte, indem er "durch Stimmungsabstimmung die Meinung der Gemeinschaft [feststellen ließ] [...], und zwar durch Zettel, um etwaige Störungen der Kameraden zu vermeiden"[158].

Zu Beginn des zweiten Scharfenberger Schuljahres brachte Blume in der 30. Abendaussprache vom 13.05.1923 eine Diskussion in Gang über die Frage, "wer zu bestimmen habe, ob ein Mitglied der Gemeinschaft aus dieser ausgeschlossen werden soll oder nicht."[159] Es entstand eine leidenschaftliche Debatte, in der viele der Schüler immer wieder versuchten, dem Leiter die Verantwortung für diese Entscheidungsgewalt zuzuschieben. Da keine Beschlußfassung möglich schien, verschob man die Entscheidung um einige Tage. Nach erneuter Diskussion in der 31. Abendaussprache vom 16.05.1923 rang sich die Gemeinschaft schließlich mit 13:7 Stimmen zu der Entscheidung durch, daß jedes Mitglied der Abendaussprache das Recht habe, einen Antrag auf Ausschluß eines anderen zu stellen, wenn es in seinem weiteren Verbleiben einen Schaden für die Gemeinschaft sehe, doch sollte der Ausschlußantrag schriftlich und persönlich ausführlich begründet werden. Außerdem konnte er nur durch 2/3 Mehrheit zum Beschluß erhoben werden[160].

Abschließend wurde dieser gewichtige Beschluß den Eltern der 5. Schulgemeinde[161] vom 03.06.1923 von Blume "zur Billigung"[162] vorgelegt. Es kam auch hier zu "einer erregten Debatte, die sich in der Hauptsache darum dreht[e], ob die Schüler die genügende Einsicht und Reife besitzen, so schwerwiegende Beschlüsse zu fassen"[163]. Doch nachdem der Lehrer Bandmann "ein Bild von einer Abendaussprache

---

[155] Prot. der Ende November 1923 stattfindenden 42. Abendaussprache, in: Berlin, LA, SIS: CH, IV, S. 57.

[156] So stellte z.B. in der 58. Abendaussprache vom 29.06.1925 (s.: Prot. der 58. Abendaussprache vom 29.06.1925, in: Berlin, LA, SIS: CH, V, S. 207) ein Schüler den Antrag den beiden Mitschülern Link und Samter "das Stimmrecht zu entziehen - und zwar für so lange Zeit, als es ein anderes Gemeinschaftsmitglied für gut befindet, durch neuen Beschluß den alten Zustand wiederherzustellen." Es wurde beschlossen, "daß Link und Samter, nur für die nächste Abendaussprache, die zu viel Wichtiges bringt, ohne Stimmrecht bleiben." (Ebd.)

[157] Prot. der 12. Abendaussprache vom 08.09.1922, in: Berlin, LA, SIS: CH, I, o.S.

[158] Prot. der 30. Abendaussprache vom 13.05.1923, in: Berlin, LA, SIS: CH, II, S. 92.

[159] Prot. der 30. Abendaussprache vom 13.05.1923, in: Berlin, LA, SIS: CH, II, S. 92.

[160] Prot. der 31. Abendaussprache vom 16.05.1923, in: Berlin, LA, SIS: CH, II, S. 7f. - Vgl. dazu auch: BLUME, Bericht (1923), Bl. 191r.

[161] Zur Institution der 'Schulgemeinde' s. S. 578ff.

[162] Prot. der 5. Schulgemeinde vom 03.06.1923, in: Berlin, LA, SIS: CH, III, S. 46.

[163] Prot. der 5. Schulgemeinde vom 03.06.1923, in: Berlin, LA, SIS: CH, III, S. 46.

[gegeben hatte], deren Charakter er als durchaus verantwortungsvoll bezeichnet, so-daß die Befürchtung unbegründet ist, daß je ein derartiger Beschluß leichtfertig ge-faßt wird"[164], fand der Beschluß "schließlich [auch] die Billigung der Schulge-meinde"[165] - und wurde in der Folgezeit auch 'praktiziert'[166].

Eine Ausnahme bildeten ungenügende Leistungen in den unterrichtlichen Fä-chern; in einem solchen Falle konnte das Lehrerkollegium allein den Eltern eines Schülers den Rat geben, ihren Sohn von der Schule zu nehmen[167].

Als 'Variante', die eine massive Drohgebärde, eine letzte Warnung der Gemein-schaft bedeutete, kam es im Laufe der Jahre auch zu Beschlüssen über einen Aus-schluß von Schülern auf Zeit:

> Ende des Jahres 1924 hatten zwei Schüler "aus gänzlich unmotivierten Gründen […] Pistolen mitgebracht. Einer hat aus Unvorsichtigkeit die geladene Pistole auf dem Tisch liegen gelassen, ein anderer spielte damit, und wie immer - die Kugel ging los, flog an dem Kopf eines Stubeninsassen vorbei in das Bein von Egon Rehse."[168] Der Fall wurde umgehend in einer Aussprache behandelt[169] und die Schul-gemeinde anschließend von dem dort getroffenen Beschluß in Kenntnis gesetzt, daß dem Schüler Kuttner, vermutlich dem Schützen, das Mißtrauensvotum ausge-sprochen wurde, und "daß Wernecke und Noeggerath, die die Pistolen mitgebracht hatten, vorläufig bis Weihnachten die Insel [zu] verlassen [hatten]."[170]

Im März 1927 trat der Fall ein, daß aufgrund eines 'akuten' heiklen Falles, in dem der Schüler Waurisch einen Mitschüler mit einem Messer verletzt hatte, "das Lehrerkollegium Waurisch sofort nach Haus geschickt [hatte]" - entsprechend den Regeln der Gemeinschaft "den endgültigen Beschluß [aber] der Gemeinschaft [überließ]"[171]. Diese diskutierte über den Fall äußerst differenziert - und holte den Schüler wieder zurück auf die Insel[172]. In der 61. Abendaussprache vom 16.09.1925 stellte Schramm fest, "daß Heinz Link sich jetzt zum 3. Male auf schamlose Art sei-ner hiesigen Existenz für unwürdig gezeigt hat, indem er mit Gewalt Hans Samter einen Angelhaken in den Kopf gebohrt habe. Er solle sich vorsehen, denn beim 4. Male müsse er Scharfenberg verlassen."[173] In der 75. Abendaussprache vom 03.05.1927 wurde auf Antrag Blumes beschlossen, daß nach drei Mißbilligungen automatischer Abgang von der Schulfarm erfolgen solle:

> "Da Gegengründe für den II. Punkt (Antrag Blume über andere Wertung der Mißtrauensvoten - nach 3 Mißbilligungen erfolgt automatischer Abgang) nicht vorgebracht werden, erklärt der

164 Prot. der 5. Schulgemeinde vom 03.06.1923, in: Berlin, LA, SIS: CH, III, S. 46.
165 Prot. der 5. Schulgemeinde vom 03.06.1923, in: Berlin, LA, SIS: CH, III, S. 46.
166 LEHMANN, Schulfarm, S. 163, schrieb, daß die Gemeinschaft von ihrem Recht des Aus-schlusses von Gemeinschaftsmitgliedern "schon mehrfach Gebrauch gemacht" habe.
167 BLUME, Bericht (1923), Bl. 191r.
168 Prot. der im Dezember 1924 stattfindenden 10. Schulgemeinde, in: Berlin, LA, SIS: CH, V, S. 105.
169 Ein Prot. der betreffenden Aussprache ist nicht erhalten.
170 Prot. der im Dezember 1924 stattfindenden 10. Schulgemeinde, in: Berlin, LA, SIS: CH, V, S. 105.
171 Prot. der 72. Abendaussprache vom 07.03.1927, in: Berlin, LA, SIS: CH, V, S. 464.
172 Prot. der 72. Abendaussprache vom 07.03.1927, in: Berlin, LA, SIS: CH, V, S. 464.
173 Prot. der 61. Abendaussprache vom 16.09.1925, in: Berlin, LA, SIS: CH, V, S. 225.

Antragsteller selbst, daß er früher dagegen gewesen sei; denn diese Einrichtung wäre doch nur ein recht äußerliches Druckmittel. Wir brauchten aber eine Handhabe, weil wir durch die Unterstützungen der Stadt und unserer Gönner in sozialer Hinsicht verpflichtet seien, Überdurchschnittliches (natürlich nicht schulmäßig gemeint)[174] hervorzubringen. Selbstverständlich wird jedes Mißtrauensvotum noch strenger gewertet werden. Man fragt, ob für die 3. Abstimmung nicht 2/3 aller Stimmen nötig wären, die doch bei jedem Ausschlußantrag gebraucht würden. Man stellt richtig, daß ein Ausschlußantrag meist ohne Vorbereitung auftrete, während hier genügend gewarnt sei. Nach der Feststellung, daß nur die Abendaussprache, nicht der Ausschuß allein ein solches Mißtrauensvotum aussprechen könne, ergibt die folgende Abstimmung 22 Stimmen für, 7 gegen den Antrag."[175]

In der 41. Abendaussprache vom 16.11.1923 fragte Blume die Gemeinschaft "um Rat für eine Erwägung, die ihn des längeren beschäftige, ob es nicht empfehlenswert sei, eine vierteljährliche Probezeit für jeden Neuling einzuführen, nach deren Ablauf er entweder aufgenommen oder ihm von der Gesamtheit empfohlen wird, sich lieber der Gemeinschaft nicht anzuschließen."[176] Blume stieß mit diesem Vorstoß auf Ablehnung; insbesondere "Bandmann bezeichnete den Modus als gar zu hart; es müsse entsetzlich sein, so lange ein Damoklesschwert über sich zu wissen; auch sei es eine Bankrotterklärung, wenn eine Gemeinschaft jemanden abstoße, statt sich seiner anzunehmen."[177] Man vertagte "die Entscheidung auf später"[178] und kam in der nachfolgenden, ebenfalls noch im November 1923 stattfindenden 42. Abendaussprache auf das Thema zurück[179]. Doch trotz geschickter Argumentation und 'entschärfender' Hinweise schaffte es Blume, der sich weiteren massiven Gegenargumenten ausgesetzt sah, auch hier nicht, eine Mehrheit für seinen Plan zu erhalten. Darauf brachte Blume seinen Antrag auf Schaffung einer vierteljährigen Probezeit am 24.02.1924 vor die 7. Schulgemeinde:

> "Als besonderer Gegenstand wurde [...] eingehend der Antrag Blume auf Festlegung einer Probezeit von 1/4 Jahr behandelt. In der [42.] Abendaussprache hatten sich die Schüler gegen diesen Antrag ausgesprochen. Herr Blume dagegen hält es im Interesse der Schule für notwendig, sich erst beiderseitig nach einem Vierteljahr zu entscheiden, ob der Schüler in den Schulverband eintritt oder nicht. An die Schüler der Scharfenberg-Schule wird körperlich und geistig ein gewisses Maß von Anforderungen gestellt. Ebenso ist eine bestimmte Gemeinschaftsgesinnung notwendig. Die Probezeit von einem Vierteljahr sei genügend, um erkennen zu lassen, ob der neue Schüler die Voraussetzungen für einen Scharfenberger mitbringt oder nicht. Die Meinung der Eltern zu dieser Frage war geteilt. Die Probezeit selbst blieb unbestritten, nur in der Frage gingen die Ansichten der Eltern auseinander, in welchem Umfang die Elternvertretung an dem Aufnahmebeschluß für die neuen Schüler mitwirken könnten. Die eine Seite in der Elternschaft wünschte an solchen Entscheidungen in irgend einer Form mitbeteiligt zu sein, die andere Auffassung will die Eltern daran nicht zur Mitwirkung verpflichtet sehen, weil über das Zusammenleben des neuen Schülers mit der Schulgemeinde ein Außenstehender nicht urteilen könne. Die ganze Angelegenheit soll noch einmal in der Abendaussprache zur Erörterung kommen."[180]

---

174 Der Zusatz "(natürlich nicht schulmäßig gemeint)" wurde von Blume in das Prot. eingefügt.
175 Prot. der 75. Abendaussprache vom 03.05.1927, in: Berlin, LA, SIS: CH, VI, o.S.
176 Prot. der 41. Abendaussprache vom 16.11.1923, in: Berlin, LA, SIS: CH, IV, S. 53.
177 Prot. der 41. Abendaussprache vom 16.11.1923, in: Berlin, LA, SIS: CH, IV, S. 53.
178 Prot. der 41. Abendaussprache vom 16.11.1923, in: Berlin, LA, SIS: CH, IV, S. 53.
179 Prot. der im November 1923 stattfindenden 42. Abendaussprache, in: Berlin, LA, SIS: CH, IV, S. 58f.
180 Prot. der 7. Schulgemeinde vom 24.02.1924, in: Berlin, LA, SIS: CH, IV, S. 76f.

In den vorhandenen Protokollen der Abendaussprachen taucht das Thema jedoch nicht mehr auf. Trotzdem wurden ab dem Frühjahr 1924 neue Schüler im Gefolge dieser Diskussionen zunächst zur 'Probe' aufgenommen; offenbar hatte Blume in diesem einen Falle eine Entscheidung entgegen der Meinung der Mehrheit der Inselgemeinschaft durchgesetzt.

Zunächst handelte es sich bei der Probezeit um ein Probevierteljahr, später wurde daraus ein Probejahr, "das den [...] neu Hinzutretenden die Möglichkeit geben sollte, sich langsam einzuleben"[181]; innerhalb des Probejahres erhielten die neuen Schüler maximal dreimal die Möglichkeit, in die Gemeinschaft hineingewählt zu werden[182].

Während der Diskussion über die Einführung der Probezeit hatte Blume versucht, die Gegnerschaft gegen diesen Plan durch den Hinweis zu entschärfen, "daß in der endgültigen Nichtaufnahme kein absolutes Werturteil liege, sondern nur die von der Gesamtheit gefühlte Meinung, der Betreffende passe in eine andere Gemeinschaft besser"[183]. Diesen Argumentationsstrang behielt Blume dann im Laufe der Jahre bei. So bemerkte er nach Bekanntgabe der Ergebnisse über die Abstimmung der Probezeit in der im März 1927 stattfindenden 73. Abendaussprache "wie immer in solchen Fällen [...], daß damit kein Werturteil für den Menschen überhaupt läge, wenn er sich gerade dieser Gemeinschaft nicht anschließen dürfe."[184] Und 1928 schrieb er zum Thema 'Probezeit' mit ausführlicher 'Rechtfertigung':

> "[Es enthält] die Abstimmung weder eine Einschätzung des Intellekts noch ein allgemein menschliches Werturteil, sondern konstatiert nur, wer gut und wer weniger gut in diese ganz besonders gearteten Milieuverhältnisse paßt. Sie wird deshalb auch nur von Beurteilern, die der Sache fern stehen oder ganz unsachlich nur rein sentimentalen Gefühlen nachhängen, tragisch genommen werden. Es kann ein so unersetzbares Glück nicht sein, in der Schulfarm zu leben; im Gegenteil - das Abstimmungsergebnis über die einzelnen ist in der Regel dem Grad des Sichwohlfühlens derselben proportional. Es wäre ja auch eine Grausamkeit, die, die mindestens ebenso gern die Stadtschule besuchen und dort leben, sechs Jahre lang hier die wenigen Plätze ohne nennenswerten Vorteil für ihre Entwicklung einnehmen zu lassen, die bei anderen Jungen, die sehnsüchtig darauf warten, die Entfaltung gerade ihrer besonderen Charakteranlagen ans Licht treiben würden. Davon zu schweigen, daß eine Versuchsschule, wie wir sie sehen, zunächst und auf lange Sicht eine Schule der 'Gesinnungsgemeinschaft' ist, 'einer Gesinnungsgemeinschaft solcher, die nach ihrer seelischen Eigenart fähig erscheinen und - bestärkt werden können, durch ihr Beispiel verantwortlich zu sein nicht nur für ihr eigenes Tun innerhalb der größeren Gemeinschaft, sondern sich mitverantwortlich fühlen für die Neubildung menschlicher Beziehungen und Werte rundumher' [...]. Und das im Einzelfall zu beurteilen, werden wohl die am besten fähig sein, die ein bis zwei Jahre in dieser Gesinnungsgemeinschaft sich glücklich gefühlt haben, und gerade die jugendlichen Mitglieder dieses Kreises besser als die Erwachsenen, die schon viel zu sehr an der Zeiten Last zu tragen haben und von den Alltagsströmungen

---

181 Prot. der 87. Abendaussprache vom 05.11.1928, in: Berlin, LA, SIS: CH, VII, o.S.
182 Prot. der 87. Abendaussprache vom 05.11.1928, in: Berlin, LA, SIS: CH, VII, o.S.
183 Berlin, LA, SIS: CH, IV, S. 58.
184 Prot. der 73. Abendaussprache vom März 1927, in: Berlin, LA, SIS: CH, V, S. 473.

ihrer Zeit zu lang umgeben waren, um zukunftssicher unbewußt die Wege jener Neubildung zu treffen."[185]

Blume bemerkte zu den beiden Themen des 'Ausschlusses' von Schülern und der 'Probezeit':

"Sicherlich sind es die schwerwiegendsten Entschließungen, die der Abendaussprache obliegen, alle übrigen treffen, wenn sie falsch oder ungeschickt sind, auch die Mitglieder selber [und können verändert oder rückgängig gemacht werden]; die Umbesetzung eines Amtes, die Umstellung der Gemeinschaftsarbeit sind alles interne Dinge; diese aber greifen über den Inselbereich hinaus und veranlassen den Kameraden, seine Laufbahn da draußen fortzusetzen, wo ihm allerdings die Vielgestaltigkeit des Großberliner Schulwesens, wenn er nur einigermaßen für geistige Weiterbildung geeignet ist, jede Anschlußmöglichkeit gewährt, zumal sie ihm von uns aus durch persönliche Fühlungnahme mit den Direktoren erleichtert wird."[186]

Bereits nach einem Jahr praktischer Selbstverwaltungs-Erfahrung konnte Blume 1923 schreiben, die gemachten Erfahrungen würden es gerechtfertigt erscheinen lassen, "die Autonomie der Gemeinschaft möglichst wenig zu beschränken."[187] In diesen Dingen müsse man es "auch in der Schule mit dem Schöpfer der preußischen Städteselbstverwaltung halten: nur durch die Gewöhnung kann die Reife in der Anwendung der Freiheit allmählich erreicht werden. Wenn man eine Schülerversammlung nur über mehr oder weniger indifferente Dinge wie Schulordnung, Veranstaltung von Ausflügen und Festen Beschluß fassen läßt, kann sie nie lernen, sich wirklich verantwortlich zu fühlen für das Wohl und Wehe des Ganzen."[188] Nur, wenn die Selbstverwaltung "auch in die Zentren des gemeinsamen Lebens einzugreifen vermag, wenn es für sie außer den bindenden Vorschriften der vorgesetzten Schulbehörden keine Schranken gibt, kann es zu der großen Achtung kommen, die sich die Gemeinschaft selbst entgegenbringt [...]."[189] Und auch 1928 konnte Blume in enger Anlehnung an seine Einschätzungen aus dem Jahr 1923 betonen, daß bei all diesen Entscheidungen "noch nie ein Fehlbeschluß vorgekommen [sei]"[190]:

"Und selbst wenn es vorkäme, es geht nicht an, hier Kompromisse zu schließen und wenn es ernster wird, doch letztes Endes dem Lehrer die Entscheidung zu überlassen; eine Selbstverwaltung, die man nur über Festtagsprogramme und ähnliches beschließen läßt, wird zur Parlamentsspielerei und verliert ihren staatsbürgerlichen Erziehungssinn. In Autonomiesachen muß mans mit dem preußischen Bauernbefreier und Schöpfer der Städte-Selbstverwaltung halten:

---

[185] Aus dem Leben, S. 378. - Vgl. als Kontrast zu diesem 'Auswahlverfahren': BECKER, Die verwaltete Schule, S. 1158: "Der so ausgelesene Schüler macht anschließend in den meisten Bundesländern eine Probezeit von drei Monaten durch, über die praktisch überwiegend nach den Ergebnissen der Klassenarbeiten entschieden wird [...]. Für einen Verwaltungsbeamten ist es offenbar selbstverständlich, daß, wer nach drei Monaten den Versetzungsbestimmungen nicht genügt, für die höhere Schule endgültig ungeeignet ist. Diese drei Monate sind heute von so ausschlaggebender Bedeutung, daß in fast allen Familien die Eltern während dieser Zeit regelmäßig mit den Schülern arbeiten. Da die Entscheidung nach den drei Monaten in den meisten Fällen wieder nur nach abfragbaren Kenntnissen erfolgt, kann man fast sagen, daß sie ein Urteil über die Arbeitsintensität der Eltern darstellt."
[186] Aus dem Leben, S. 378.
[187] BLUME, Bericht (1923), Bl. 191v.
[188] BLUME, Bericht (1923), Bl. 191v.
[189] BLUME, Bericht (1923), Bl. 191v und 192r.
[190] Aus dem Leben, S. 378.

Nur durch volles Hineinstellen in die Freiheit, nur durch Gewöhnung an sie und in ihr kann die volle Reife in ihrer Anwendung erreicht werden!"[191]

II.2.B.   DIE SCHULGEMEINDE[192]

Die "zweite äußere Instanz des Gemeinschaftslebens"[193] neben der 'Abendaussprache' war die - gelegentlich bereits genannte - 'Schulgemeinde', die sozusagen "um die Eltern erweiterte Abendaussprache"[194].

Sie kam auf der ersten Elternversammlung am 21. Mai 1922 zustande: hier beschlossen die Eltern, ab der nächsten Sitzung nicht bloß mit den Lehrern, sondern auch mit den Schülern gemeinsam zu tagen; dabei wurde die Möglichkeit des Ausschlusses der Schüleröffentlichkeit offen gehalten[195] - doch ist kein Fall bekannt, in dem hiervon Gebrauch gemacht worden ist[196].

Die Schulgemeinde trat im ersten Schuljahr "6 Mal an Sonntagnachmittagen auf Einladung der Leitung zusammen"[197], später von Zeit zu Zeit, jedoch "mindestens in einem Quartal einmal"[198] an einem Sonntagnachmittag. Ihr Rahmen war immer ein

---

191   Aus dem Leben, S. 378f.
192   Von einigen Schulgemeindesitzungen finden sich Prot. in der Chronik der Schulfarm: Prot. der
      1. Schulgemeinde vom 02.07.1922, in: Berlin, LA, SIS: CH, I, o.S. - Zum Inhalt der 3.
      Schulgemeindesitzung vom 17.09.1922: Aus dem Leben, S. 388 (Hinweis auf das Datum: Prot.
      der. 13. Abendaussprache vom 10.09.1922, in: Berlin, LA, SIS: CH, I, o.S.). - Prot. der 4.
      Schulgemeinde [Januar/Februar] 1923, in: Berlin, LA, SIS: CH, II, S. 29-31. -Prot. der 5.
      Schulgemeinde vom 03.06.1923, in: Berlin, LA, SIS: CH, III, S. 45f. - Prot. der 6. Schulge-
      meinde vom 14.10.1923, in: Berlin, LA, SIS: CH, III, S. 9f.; Anhang dazu von Schülervater:
      Buschke, 'Meine Eindrücke von der Oktoberschulgemeinde', in: Berlin, LA, SIS: CH, III, S.
      10; leicht modifiziert abgedr. in: Aus dem Leben, S. 391. - Prot. der 7. Schulgemeinde vom
      24.02.1924, in: Berlin, LA, SIS: CH, IV, S. 76-78. - Prot. der 8. Schulgemeinde vom Juni
      1924, in: Berlin, LA, SIS: CH, V, S. 19-21; dazu 'Anmerkung' Blumes, in: Berlin, LA, SIS:
      CH, V, S. 21; vgl. dazu auch: [HILDEBRANDT, Paul], Die Jugend von Scharfenberg. Das
      Fest der Schulgemeinde, in: Vossische Zeitung vom 15.06.1924 [Beilage: Neuer Tagesdienst
      der Vossischen Zeitung. Erg. zur Berliner-Ausg.]. - Prot. der 9. Schulgemeinde vom Herbst
      1924, in: Berlin, LA, SIS: CH, V, S. 55f. - Prot. der 10. Schulgemeinde im Dezember 1924,
      in: Berlin, LA, SIS: CH, V, S. 104-106. - Prot. der 11. Schulgemeinde vom 21.06.1925, in:
      Berlin, LA, SIS: CH, V, S. 196-202. - Prot. der 12. Schulgemeinde vom 29.11.1925, in: Ber-
      lin, LA, SIS: CH, V, S. 267. - Prot. der 13. Schulgemeinde vom Mai 1926, in: Berlin, LA,
      SIS: CH, V, S. 340. - Prot. der 14. Schulgemeinde vom 27.06.1926, in: Berlin, LA, SIS: CH,
      V, S. 347f. - Prot. der Elternversammlung vom 27.02.1927, in: Berlin, LA, SIS: CH, V, S.
      456-458. - S. auch: Aus dem Leben, S. 387-394: 'Die Stellung der Eltern in Scharfenberg',
      hier S. 388-391: Auszüge 'Aus Protokollen verschiedener Schulgemeinden'.
193   BLUME, Bericht (1923), Bl. 192r.
194   BLUME, Bericht (1923), Bl. 192r.
195   Prot. der 1. Elternversammlung vom 21.05.1922, in: Berlin, LA, SIS: CH, I, o.S.
196   LEHMANN, Schulfarm, S. 166, bestätigt für die Zeit bis 1925, daß dieser Fall des Ausschlus-
      ses der Schüler von Schulgemeindesitzungen "bisher nicht eingetreten" sei.
197   BLUME, Bericht (1923), Bl. 192r.
198   BLUME, Schulfarm (1928), S. 176.

wenig festlich gehalten. Wie die Abendaussprache wurde sie zumeist musikalisch ein- und ausgeleitet.

Die Lehrer und 'Selbstverwaltungsbeamten' "erstatteten ihre wissenschaflichen, pädagogischen, wirtschaftlichen Ressortberichte"[199], und der Ausschuß gab "die Beschlüsse der Abendaussprachen bekannt"[200]. Diese hatten die Eltern zunächst 'zur Kenntnis' zu nehmen. In der 7. Schulgemeinde am 24.02.1924 kam dann jedoch der Grundsatzbeschluß zustande, "daß in solchen Fällen, wenn die Elternschaft nicht zustimmt, die Beschlüsse der Abendaussprache nochmals mit den Vorschlägen der Elternschaft an die Abendaussprache zurückverwiesen werden."[201]

Die Schulgemeinde konnte auch eigene Beschlüsse fassen, etwa zu Fragen, die - wie die der 'Probezeit'[202] - von der Abendaussprache an sie verwiesen wurden -, oder zu Punkten, die in ihre und nicht in die Kompetenz der Abendausprache fielen: Dies waren Angelegenheiten, die über die Gemeinschaft hinausgingen, so im ersten Jahr die Festsetzung der Besuchstage für die Eltern[203]. Die "eigentliche Domäne der Schulgemeinde"[204] aber waren Wirtschafts- und Finanzfragen.

Bei Abstimmungen in der Schulgemeinde hatten "Väter, Mütter, Lehrer, Söhne, Wirtschafter das gleiche Stimmrecht; nur in den den Geldbeutel der Eltern angehenden Fragen wird familienweise abgestimmt unter Einbeziehung der Lehrer, die ja auch ihrem Einkommen entsprechend den täglichen Verpflegungssatz zahlen"[205], in Fragen, die den Geldbeutel betrafen, hatte also jede Familie und jeder Lehrer eine Stimme.

Nachdem in der im Januar oder Februar 1923 tagenden 4. Schulgemeinde ein aus drei Elternteilen bestehender 'provisorischer' Elternausschuß gewählt worden war[206], kam auf Anregung Blumes in der 5. Schulgemeinde vom 03.06.1923 die Bildung eines 'Arbeitsausschusses' zustande[207]. Dieser setzte sich anfangs zusammen "aus 3 Mitgliedern aus dem Elternkreise, dem Leiter der Schulfarm, 1 Lehrer, dem Land-

---

[199] BLUME, Bericht (1923), Bl. 192r.

[200] BLUME, Bericht (1923), Bl. 192r.

[201] Prot. der 7. Schulgemeinde vom 24.02.1924, in: Berlin, LA, SIS: CH, IV, S. 78. - Später: BLUME, Schulfarm (1928), S. 177: "Die Abendaussprachenbeschlüsse werden in der Schulgemeinde bekannt gegeben, nicht daß diese sie aufheben könnte, aber man legt Wert darauf, die Meinung der Eltern darüber zu hören. In besonders wichtigen Fällen hat auch die Abendaussprache die endgültige Entscheidung gemeinsamer Beschlußfassung vorbehalten. So war es bei der Aufhebung der Zensuren [...]."

[202] S.: Prot. der 7. Schulgemeinde vom 24.02.1924, in: Berlin, LA, SIS: CH, IV, S. 76f.

[203] Prot. der 1. Elternversammlung vom 21.05.1922, in: Berlin, LA, SIS: CH, I, o.S. - In der 1. Abendaussprache vom 08.05.1922 hatte man sich gegen einen zusätzlichen Besuchstag (außer dem Sonntag) ausgesprochen: "Antrag Stenger, einen Besuchstag in der Woche anzusetzen. Herr Wahle erwiderte dem Antragsteller, daß, wenn die Eltern am Sonntag nicht Zeit hätten, sie uns gestohlen bleiben könnten. Nachdem sich Rolf Wernecke noch sehr für den Antrag eingesetzt hatte, schritten wir zur Abstimmung, die 12 zu 13 gegen den besonderen Besuchstag ergab." (Prot. der 1. Abendaussprache vom 08.05.1922, in: Berlin, LA, SIS: CH, I, o.S.)

[204] BLUME, Bericht (1923), Bl. 192v.

[205] BLUME, Bericht (1923), Bl. 192r.

[206] Berlin, LA, SIS: CH, II, S. 31.

[207] Zum Arbeitsausschuß, mit Beispielen aus seiner Arbeit, s. bes.: Aus dem Leben, S. 391-393.

wirt und dem ältesten Ausschußmitglied von den Schülern"[208], später (1928) aus vier
Elternteilen, dem Schulleiter, einem Kassenführer, der Hausdame, dem Landwirt
und dem ältesten Schülermitglied des Ausschusses[209]; in seinem Jahresbericht für das
Schuljahr 1932/33 schrieb Blume dann von einem 'Elternbeirat', dem je ein Eltern-
vertreter der insgesamt sechs Schülerjahrgänge angehörte[210]. Zu den Aufgaben des
'Ausschusses' gehörte es, die Schulgemeindesitzungen vorbereiten[211] und zumindest
in den Anfangsjahren, "die genaue Rechnungslegung"[212] Blumes entgegenzunehmen.
Außerdem sollte er sich insbesondere mit Angelegenheiten beschäftigen, die "eine
diskrete Behandlung"[213] erforderten:

> "So wird die Staffelung des Verpflegungsgeldes geregelt [...]. Die Zugehörigkeit zu den einzel-
> nen Gruppen bestimmen die Eltern nach Selbsteinschätzung[214], und nur in höchst seltenen Fäl-
> len ist die Rechtmäßigkeit vom Ausschuß angezweifelt worden [...]. Der Ausschuß hat immer
> Wege gefunden, arbeitslos gewordenen Vätern den Beitrag, auch bei der untersten Stufe,
> manchmal über ein Vierteljahr zu stunden oder zu erlassen."[215]

In der im Dezember 1924 stattfindenden 10. Schulgemeindesitzung stellte Schülervater Emil Metz als Vertreter des Wirtschaftsausschusses den Antrag auf Gründung
eines 'Vereins der Freunde der Scharfenbergschulidee e.V.'[216]. Als Begründung für
diesen Antrag, der im Zusammenhang mit der 'Abwahl' des Berliner Oberstadtschulrats Wilhelm Paulsen und sich anschließenden schulpolitischen Unsicherheiten
stand[217], nannte er als ganz handfesten Grund, durch die Vereinsgründung "das durch
die Gunst der Eltern und einzelnen Freunde der Sache sowie durch mühevolle Arbeit
der Inselbewohner geschaffene Gemeinschaftseigentum juristisch sicher zu stellen"[218]:

> "Man braucht ja nicht gleich das Schlimmste zu denken, aber bei einer eventuellen Auflösung
> wüßte niemand zu sagen, wem das bewegliche Eigentum, der Flügel z.B. oder das Vieh gehö-
> ren soll. Damit in einem solchen Falle eine rechtskräftige Person besteht, schlägt der
> Wirtschaftsausschuß vor, einen Verein der Freunde der Scharfenbergschulidee zu gründen, an
> den das Eigentum fallen würde, und der damit anderswo eine Schule vielleicht aufmachen
> könnte. Der Verein - er braucht ja nicht nur aus Eltern [zu] bestehen - gibt ähnlich wie in Wic-
> kersdorf Inhaberschuldverschreibungen aus, dessen Zinsen ja immer schließlich durch die
> Landwirtschaft gedeckt werden können."[219]

---

208 Berlin, LA, SIS: CH, III, S. 45.
209 Aus dem Leben, S. 391.
210 Berlin, BBF: SLG-GS, Jahresberichte 1932/33, Bd. 248d, Nr. 88: Berlin, SIS (Blume), S. 48.
211 BLUME, Bericht (1923), Bl. 192v. - So auch: Aus dem Leben, S. 391.
212 BLUME, Bericht (1923), Bl. 192v.
213 BLUME, Schulfarm (1928), S. 178.
214 S. dazu S. 331-333.
215 Aus dem Leben, S. 391-393.
216 Prot. der im Dezember 1924 stattfindenden 10. Schulgemeinde, in: Berlin, LA, SIS: CH, V, S.
     106.
217 S. dazu S. 174-177 und S. 518f.
218 METZ, Emil, Der Verein der Freunde der Scharfenbergschulidee e.V., in: Aus dem Leben der
     Schulfarm Insel Scharfenberg. Bilder, Dokumente, Selbstzeugnisse von Eltern, Lehrern, Schü-
     lern, red. von Wilhelm BLUME, in: Das Werdende Zeitalter. Eine Monatsschrift für Erneue-
     rung der Erziehung, Jg. 7 (1928), S. 329-404, hier S. 394.
219 Prot. der im Dezember 1924 stattfindenden 10. Schulgemeinde, in: Berlin, LA, SIS: CH, V, S.
     106.

Der Metz'sche Antrag wurde angenommen und der Wirtschaftsausschuß zum Vorstand des Vereins gewählt[220]. In der anschließenden, der 11. Schulgemeinde vom 21.06.1925, wurde ausführlich die Satzung des Vereins der Freunde erörtert[221].

Bereits im selben Jahr hieß es in dem u.a. von Landé herausgegebenen Verzeichnis der deutschen 'Schülerheime', daß - gemäß der Intention der Vereinsgründung - "Inneneinrichtung, Vieh, Saat usw." dem 'Verein der Freunde der Scharfenbergschulidee' gehörten"[222]. Mitte des Jahres 1926 benannte Blume als ein weiteres Aufgabenfeld des inzwischen "gerichtlich eingetragenen"[223] und "an die 200"[224] Mitglieder umfassenden Vereins, daß dieser für "etwaige Unglücksfälle in der Viehzucht oder [bei] Mißernten, von denen wir bis jetzt ganz verschont geblieben sind, [Garantie] leistet[225].

1927 wurden auf einem ca. DIN A 4 großen Werbezettel des Vereins, der auch einen Beitrittsabschnitt enthielt, als Leistungen des Vereins u.a. genannt, daß von dem Vereinskapital Bücher für Schüler aus finanziell schlecht gestellten Elternhäusern gekauft, im Falle von Krankheit oder Arbeitslosigkeit von Eltern Zuschüsse zum Verpflegungsgeld gezahlt sowie Materialien für Tischlerei, Schlosserei und Malerwerkstatt "zur nutz- und freudebringenden Ausführung selbstbeschlossener größerer Arbeiten" getätigt würden[226]. Die Vereinsmitglieder, die laut Werbezettel einen monatlichen Mindestbetrag von 50 Pfennig zu zahlen hatten[227], würden zu halbjährlichen Versammlungen und zu Schulfesten der Schulfarm geladen:

> "Sie sollen mit ihr zu einer Gemeinde zusammenwachsen, die Weiterentwicklung der Schule moralisch und finanziell stützen und mit der Zeit die Schulfarmidee in ähnlichen Gründungen einem größeren Kreise nutzbar machen."[228]

1928 schrieb Vater Metz über die Verwendung der Gelder, daß diese ausgegeben würden "zur Versicherung des Viehs, zu Inventarergänzungen in der Küche, zu vorteilhaften Engroseinkäufen von Futtermitteln und von Materialien, die die Schülerinnungen [...] brauchen, zur Honorierung eines vorzüglichen Violinlehrers, den die Eltern sonst nicht von Berlin herausschicken könnten, zu Beihilfen für die künst-

---

[220] Prot. der im Dezember 1924 stattfindenden 10. Schulgemeinde, in: Berlin, LA, SIS: CH, V, S. 106.

[221] Prot. der 11. Schulgemeinde vom 21.06.1925, in: Berlin, LA, SIS: CH, V, S. 202.

[222] Insel Scharfenberg, in: Schülerheime. Sammlung der Bestimmungen und Übersicht über die bestehenden Schülerheime, hrsg. von Walter LANDÉ und Walter GÜNTHER (=Weidmannsche Taschenausgaben von Verfügungen der Preußischen Unterrichtsverwaltung, 23), Berlin 1925, S. 140-142, hier S. 140. - Ebenso: Insel Scharfenberg, in: Schülerheime. Sammlung der Bestimmungen und Übersicht über die bestehenden Schülerheime, hrsg. von Walter LANDÉ und Walter GÜNTHER (=Weidmannsche Taschenausgaben von Verfügungen der Preußischen Unterrichtsverwaltung, 23), 2. Aufl. Berlin 1927, S. 191-194, hier S. 191.

[223] BLUME, Gesuch (1926).

[224] BLUME, Gesuch (1926).

[225] BLUME, Gesuch (1926).

[226] Berlin, LA, SIS: 'Verein der Freunde der Scharfenbergschulidee e.V.', gedr. Werbezettel des Vereins, 1927.

[227] Berlin, LA, SIS: 'Verein der Freunde der Scharfenbergschulidee e.V.', gedr. Werbezettel des Vereins, 1927.

[228] Berlin, LA, SIS: 'Verein der Freunde der Scharfenbergschulidee e.V.', gedr. Werbezettel des Vereins, 1927.

lerische Ausgestaltung von Festen, alles Mittel, die in unlöslicher Verbindung materieller und geistiger Werte wahrhaft produktiv zu werden versprechen."[229]

1933 schließlich vermerkte Blume, daß die "Verpflegung der Schüler, die aus den Beiträgen der Schüler und Lehrer und aus der landwirtschaftlich-gärtnerischen Eigenproduktion bestritten wird, [...] dem Verein der Freunde der Scharfenberg-Schulidee e.V. [untersteht], dessen Angestellte auch der Gärtner, die Hausdame, die Mamsell und die Haus- und Küchenmädchen sind."[230] Die Verpflegungskasse würde "von der Hausdame geführt und monatlich von dem Vorstand des Vereins kontrolliert"[231], dem nunmehr die Mitglieder des 'Elternbeirates' angehörten[232] sowie auch zwei Vertreter von "Vereinsmitgliedern, die keine Kinder in der Schule gehabt haben"[233] (zu letzteren gehörte Anfang der 30er Jahre Dr. Floer vom Statistischen Amt[234]).

Das Miteinander der sozial sehr heterogen zusammengesetzten Elternschaft dürfte nicht immer unproblematisch gewesen sein, wie etwa der Hinweis des Schlossers und Schülervaters Buschke auf sprachliche Barrieren andeutet:

> "Nicht nörgeln will ich oder kränken; ich habe keinen anderen Weg, mich zu verständigen; wir aus dem Volke sind in der Öffentlichkeit schwerfällig oder befangen, auch ein Fehler der Erziehung hinsichtlich der sprachlichen Ausbildung."[235]

Doch schrieb Blume - und die Protokolle der Schulgemeindesitzungen bestätigen dies -, daß diese "Versammlungen des sozial und politisch sehr differenzierten Publikums, in denen Bankdirektoren, Lehrer, Postsekretäre, Bahnschaffner, Minister, Theaterdirektor und Universitätsprofessor nebeneinander sitzen, [...] bis jetzt unter dem Zeichen weitestgehendster Toleranz gestanden [hätten]."[236]

Die Einbindung der Eltern in die Schulgemeinschaft - gerade durch die Schulgemeindesitzungen - führte dazu, daß - wie Schülervater Woldt in einem Aufsatz bemerkte - die Scharfenberger Eltern im Gegensatz "zu vielen modernen Eltern, die Schulreform nur von Vorträgen oder aus Zeitschriften kennen, [...] eine rein praktische Einstellung zu ihr [hätten]", im Rahmen ihrer Mitarbeit "Interesse an ihnen bisher ferner liegenden Fragen [gewännen]" und dabei wichtige Lernprozesse mitmachten[237].

---

[229] METZ, Verein, S. 394.
[230] Berlin, BBF: SLG-GS, Jahresberichte 1932/33, Bd. 248d, Nr. 88: Berlin, SIS (Blume), S. 4.
[231] Berlin, BBF: SLG-GS, Jahresberichte 1932/33, Bd. 248d, Nr. 88: Berlin, SIS (Blume), S. 5.
[232] Zum 'Elternbeirat' s. S. 580.
[233] Berlin, BBF: SLG-GS, Jahresberichte 1932/33, Bd. 248d, Nr. 88: Berlin, SIS (Blume), S. 48.
[234] Berlin, BBF: SLG-GS, Jahresberichte 1932/33, Bd. 248d, Nr. 88: Berlin, SIS (Blume), S. 48.
[235] Anhang zum Prot. der 6. Schulgemeinde vom 14.10.1923, in: Berlin, LA, SIS: CH, IV, S. 9f., hier S. 10; leicht verändert abgedr. u.d.T.: BUSCHKE, Meine Eindrücke von der Oktoberschulgemeinde [14.10.1923]. (Ein Elternbrief an den Leiter [der Schulfarm Insel Scharfenberg]), in: Aus dem Leben der Schulfarm Insel Scharfenberg. Bilder, Dokumente, Selbstzeugnisse von Eltern, Lehrern, Schülern, red. von Wilhelm BLUME, in: Das Werdende Zeitalter. Eine Monatsschrift für Erneuerung der Erziehung, Jg. 7 (1928), S. 391.
[236] BLUME, Schulfarm (1924). - Ähnlich bereits zuvor: BLUME, Bericht (1923), Bl. 192v-193r.
[237] WOLDT, Grundsätzliches, S. 388.

"Um das Gemeinschaftsgefühl noch zu vertiefen und die Zusammenkünfte in möglichst enge Beziehung zum Schulleben zu setzen", wurden mit den Schulgemeindesitzungen "meist besondere Veranstaltungen verbunden, sei es, daß ein Sport- oder Schwimmfest alle vereinigt, sei es, daß das Schülerorchester die Sonntagsnachmittagsmusik macht"[238].

Schulgemeindesitzungen, Besuchertage, zudem die Möglichkeit des Hospitierens sowie die unterschiedlichsten Gelegenheiten, einen aktiven Beitrag für die Inselgemeinschaft zu leisten, machten den Eltern den pädagogischen Alltag auf Scharfenberg transparent, schufen ein Vertrauensverhältnis und dienten - trotz des Internatscharakters - der Integration der Eltern in das Schulleben - im Sinne der Novembererlasse des Jahres 1918.

II.2.C.   'GRENZEN' DER SELBSTVERWALTUNG?

"Wenn unsere Jungen etwas mit ins Leben nehmen, ist es die Achtung vor der Meinung des anderen, die Gewohnheit, nach der persönlichen Wertung, nicht nach der aufgeklebten Etikette die Menschen einzuschätzen."[239]

Was vorangehend über die Selbstverwaltung gesagt wurde, verdichtete sich geradezu zu einem Schlüsselbegriff für das Zusammenleben der Lehrer-, Schüler- und Elternschaft: dem Begriff der Toleranz.

Toleranz spielte auf Scharfenberg eine ganz besondere Rolle, war gewissermaßen eine der ethischen Grundprinzipien: Rassische und religiöse Unterschiede, divergierende politische Meinungen führten auf Scharfenberg - bis Anfang der 30er Jahre - offenbar zu keinerlei Spannungen. Wie Blume schrieb, war sie "geradezu ein Wesenszug unseres Gemeinschaftslebens"[240]:

"Der Sohn eines sozialistischen Reichstagsabgeordneten [Martin Grotjahn] wohnt mit einem alten Klosteraner [Hans-Alfred Kraemer, zuvor Schüler des Berliner Gymnasiums zum Grauen Kloster] als einer orthodoxen Pastorenfamilie zusammen; in einem anderen Zimmer hausten friedlich, in einer für die Eingeweihten in ihrer Selbstverständlichkeit halb komischen, halb rührenden Einträchtigkeit zusammen ein Evangelischer, der zu den Einsegnungsstunden per Rad nach Weidmannslust fuhr, ein anderer Evangelischer, der in ernsten religiösen Zweifeln zwischen Einsegnung und Jugendweihe schwankte und sich schließlich für keine von beiden entschied, ein überzeugt frommer Baptist, der allsonntäglich zur Brüdergemeinschaft nach Tegel pilgert, und ein Dissident, der selbst ethisch einer der zuverlässigsten den Bettennachbar jeden Morgen und Abend sein Gebet kniend verrichten sieht."[241]

Auch Anna Freud schrieb nach einem Besuch der Schulfarm:

238 BLUME, Bericht (1923), Bl. 193v.
239 BLUME, Bericht (1923), Bl. 193v.
240 BLUME, Bericht (1923), Bl. 193r.
241 BLUME, Bericht (1923), Bl. 193r-v.

"In Scharfenberg sind bürgerliche und proletarische Kinder gemischt, Religion, Rasse [sic!] und Politik scheinen gar keine Rolle zu spielen."[242]

Zeichen bzw. geradezu Symbol der auf Scharfenberg geübten Toleranz war etwa auch die Tatsache, daß auf Beschluß der 2. Abendaussprache vom 09.05.1922[243] Zeitungen (und Zeitschriften[244]) aller Couleur bezogen und ausgelegt wurden, z.B. die Rote Fahne, die Welt am Abend, der Völkische Beobachter, der Angriff, der Vorwärts, das Berliner Tageblatt, die Deutsche Allgemeine Zeitung, die Neue Preußische, die Vossische Zeitung u.a. - wobei hier auf strenge Ausgewogenheit geachtet wurde[245]. Dieses Faktum wurde von den Besuchern aller Richtungen offenbar sehr begrüßt und hat sich auch in nahezu allen Erinnerungen ehemaliger Scharfenberger Schüler besonders festgesetzt[246].

Eines der am meisten wiederholten Zitate über die Schulfarm lautet:

"Es gibt ein Tiroler Wirtshaus, das heißt 'Zur alten Toleranz'. So müßte diese Inselschule auch heißen: Hier wohnen in Frieden Kinder aller Klassen zusammen: Christ, Jude, Dissident, Baptist. Der Geist der Verhetzung ist in diese jungen Herzen nicht eingedrungen."[247]

Dennoch war die Schulfarm keine 'heile Welt'. In den Chronikbänden und hier insbesondere in den dort enthaltenen Abendaussprachenprotokollen sind zahlreiche alltägliche und außergewöhnliche 'Problemfälle' festgehalten, die diese Selbstverständlichkeit zeigen.

Mit der Fixierung in den Chronikbänden waren die 'Probleme' nicht nur für die 'Nachwelt' festgehalten, sondern konnten auch von allen Besuchern der Schulfarm nachgelesen werden. Vereinzelt lassen sich jedoch auch Themen finden, die weder in gedruckten Quellen über die Schulfarm, noch in der Chronik ihren Niederschlag gefunden haben. Dazu gehört ebenso ein (auf seinen Wahrheitsgehalt nicht mehr prüfbarer) polizeilicher Konflikt des Scharfenbergschülers Kurt von Molo, den sein

---

242 PS Freud: Anna Freud an Max Halberstadt br. vom 31.10.1930.
243 Prot. der 2. Abendaussprache vom 09.05.1922, in: Berlin, LA, SIS: CH, I, o.S.: "Zum Schluß erklärte man sich allseitig dafür, Zeitungen verschiedenster Richtung zur Lektüre auszuhängen [...]."
244 S. z.B.: SCHEIBNER, Erich, [Beurteilung der Zeitschrift 'Deutsche Jugend'], in: Deutsche Jugend. Zeitschrift für das Jugendrotkreuz, Jg. 4 (1929), o.S.; hier findet sich der Hinweis, daß diese Zeitschrift "sich auf unserer Insel bei allen einer großen Beliebtheit erfreut."
245 Vgl. als Beispiel etwa: Prot. der 14. Abendaussprache vom 14.09.1922, in: Berlin, LA, SIS: CH, I, o.S.: "Da die Tägliche Rundschau nicht mehr erscheint, sind wir zu einseitig links orientiert. Wernecke will nochmalige Stiftung der Täglichen respective der Zeit versuchen. Schramm schlägt Lokal-Anzeiger vor, Stenger den Tag. Beschluß: Blume schreibt an den Tag, Wernecke versucht die Tägliche respective die Zeit zu bekommen."
246 Vgl. etwa: MUNDSTOCK, Meine tausend Jahre Jugend, S. 124. - A. Fritz an D.H. br. vom 31.08.1985: "Scharfenberg war zu meiner Zeit [1922-26] und bis '33 in keiner Weise parteipolitisch ausgerichtet. Im 'Saal' des Bollehauses lagen Zeitungen aller Richtungen aus." - Eine kritische Stellungnahme zu diesem 'Zeitungsthema' findet sich bei: Berlin, LA, SIS: RICHTER, Wilhelm, Staatsbürgerliche Erziehung in Scharfenberg, 2. schriftliche [Referendariats-] Prüfungsarbeit, masch. Berlin o.D. [ca. Anfang 1930], S. 13-15.
247 SCHWARZWALD, Eugenie, Orplid an der Havel. In der Inselschule Scharfenberg, in: Neue Badische Landes-Zeitung vom 22.06.1928, Morgenausg.; Auszug wieder in: Die Fähre. Zeitung der Schulfarm Insel Scharfenberg, Berlin, [Ausg.:] Juni 1959, o.S. - S. zum Kontakt zwischen Eugenie Schwarzwald und der Schulfarm S. 499f.

Vater Walter von Molo literarisch verarbeitet hat[248], sowie zwei Schülerselbstmorde, die auch einige ehemalige Scharfenberger in Gesprächen andeuten[249]. Und in der 'Niederschrift über die mündliche Reifeprüfung Ostern 1932' vom 07.02.1932 findet sich, an die Schulleitung gerichtet, "die Mahnung, die erotischen Gefährdungen der Schüler sorgfältigst zu beachten."[250]

Das Fehlen solcher 'Fälle' in den Scharfenberger Quellen bedeutet jedoch nicht, daß sie auf der Insel selbst als Tabuthemen behandelt und somit auch der Diskussion und Entscheidung der Schulgemeinschaft entzogen waren. Sie können vielmehr als Themenbereiche angesehen werden, die - bei aller Offenheit der Schulfarm - keinesfalls 'nach außen' dringen sollten, um eine Gefährdung des Schulversuches durch 'Skandalthemen' möglichst gering zu halten.

Um dieses Problem besser orten und einordnen zu können, sei hier kurz auf einen interessanten Rückblick Paul Hildebrandts auf die 'Schülerselbstverwaltung in der Weimarer Republik' aus dem Jahre 1947 verwiesen[251], in dem dieser darauf eingeht, zu welch immensen Problemen schon kleine 'Mißhelligkeiten', die im Kontext der Schülerselbstverwaltung an 'normalen', nicht exponierten höheren Schulen auftraten, führen konnten, wenn sie nach außen drangen. Oft wurden schon "kleinere Konflikte übertrieben und aufgebauscht" und wirkten sich durch die "Propaganda in den Standesblättern und vor allem in den [konservativ-] radikalen Zeitungen [...] ganz besonders verhängnisvoll aus"[252].

---

[248] MOLO, Walter von, So wunderbar ist das Leben. Erinnerungen und Begegnungen, Stuttgart 1957, S. 260: "Mein Sohn erzählte mir eines Tages, er habe 'gesessen'. Das sei so gekommen: Im Tegeler See schwammen viele Selbstmörderleichen herum, und für jede wurde ein bestimmter Preis als 'Finderlohn' gezahlt. Diese Einnahme wollten sich er und einer seiner Kameraden zur Aufbesserung des Taschengeldes nicht entgehen lassen. Die beiden waren also nachts in einem Ruderboot auf Leichenfang ausgefahren, aber das Motorboot der Polizei erwischte sie und nahm sie ins Schlepptau. Kurt schnitt das Seil entzwei und entfloh mit seinem Genossen in der Dunkelheit. Am nächsten Tage jedoch mußten alle Schüler vor den Polizeibeamten antreten. Einer erinnerte sich an Kurts Gesicht, und er wäre zu einigen Tagen Gefängnis oder einer Geldstrafe verurteilt worden. 'Selbstverständlich' habe er es vorgezogen, zu sitzen, weil das nichts kostete! Übrigens, nach einem Tage sei er bereits aus dem Gefängnis wieder rausgeschmissen worden! 'Warum denn das?' fragte ich, doppelt erschüttert. Er habe sich die Zeit vertreiben wollen, und da sei es etwas laut und lustig hergegangen. Da hätte ein 'Oberer' gesagt, er brächte das ganze Gefängnis durcheinander, er solle machen, daß er rauskäme."
[249] Wagner an D.H. br. vom 13.07.1990: "Der 'Hühnerwart' Bruno George [geb. 1912 - gest. ca. 1929/30] hat sich auf der Insel erhängt. Das war schon bald nach meinem Ausscheiden [1929]. Über die Gründe weiß ich nichts. Das Ganze wurde - ähnlich wie im Fall Heinz Link - totgeschwiegen [...]. Ich erinnere [mich an] ihn als in-sich-gekehrten, wenig kontaktfreudigen Mitschüler." - Vgl.: Berlin, LA, SIS: RICHTER, Wilhelm, Staatsbürgerliche Erziehung in Scharfenberg, 2. schriftliche [Referendariats-] Prüfungsarbeit, masch. Berlin o.D. [ca. Anfang 1930], S. 30: "Die einzige wirkliche Kontrolle, die in Scharfenberg ausgeübt wird, ist der abendliche Rundgang des 'Kroniden' [=aufsichtführender Lehrer], der sich überzeugt, ob alle ins Bett gegangen sind; geboren ist diese Vorsichtsmaßregel aus dem Erlebnis eines abendlichen auf zerrüttete häusliche Verhältnisse zurückzuführenden Selbstmordversuches." - Berlin, LA: Rep. 200, Acc. 3184: Nachlaß Wilhelm Blume, Lfd. Nr. 3: 2 Tagebücher mit eingelegten Briefen und Notizen des Scharfenbergschülers Heinz Link 1925/26
[250] Berlin, LA, SIS: Prüfungsunterlagen, Mappe 3: Reifeprüfungen 1925-1935, Niederschrift über die mündliche Reifeprüfung Ostern 1932 vom 07.02.1932.
[251] HILDEBRANDT, Schülerselbstverwaltung in der Weimarer Zeit, in: Die neue Schule, Jg. 2 (1947), S. 387-390.
[252] HILDEBRANDT, Schülerselbstverwaltung in der Weimarer Zeit, S. 388.

In der 19. Abendaussprache vom 09.11.1922 wünschte Blume "in längerer, ernster Mahnung in allen Äußerungen über Scharfenberg vorsichtig zu sein, da wir 'auf dem Präsentierteller sitzen'"[253] und bat (zum Schutze der jungen exponierten Versuchsschule):

> "Wer Scharfenberg lieb hat, hüte seine Zunge."[254]

Als aktuelle Begründung für diese Mahnung führte er an, daß "im Elternrat des Humboldtgymnasiums die Angriffe auf Scharfenberg gerichtet [seien] mit der Begründung, daß es dort mit dem Religionsunterricht nicht in Ordnung sei."[255] Der Behauptung selbst entgegnete Blume, daß in "Wahrheit [...] jedoch das Interesse am Religionsunterricht in letzter Zeit zugenommen [habe]."[256] Zugleich betonte Blume aber auch, er wolle seine Mahnung "nicht so verstanden wissen, daß man überhaupt nichts mehr sagen oder kritisieren soll, sondern man soll ruhig hier in unserem Kreise [sic!] das sagen, was man auf dem Herzen habe, denn wir streben ja hier zur Offenheit."[257]

Der Satz, 'wer Scharfenberg lieb habe, der hüte seine Zunge', wurde fortan mehrfach mit gleicher Intention, d.h. der Aufforderung, sich der Verantwortlichkeit seiner Aussagen für den Gesamtversuch bewußt zu sein, wiederholt - so etwa zu Beginn der oben genannten Diskussion über das Lehrer-Schüler-Verhältnis in der im Frühjahr 1923 stattfindenden 29. Abendaussprache[258], als Cohn seine Bedenken äußerte "es könne das Gerücht entstehen, in Scharfenberg sitzt man über die Lehrer zu Gericht und es könne das für uns nachteilig sein"[259]. In einer Abendaussprache im ersten Quartal 1924 (der 1. inoffiziellen (=43,2.))[260] variierte Blume dies Motto:

> "Früher habe einmal auf der Tagesordnung der Abendaussprache gestanden: Wer Scharfenberg lieb hat, hüte seine Zunge! Jetzt könne zwar Scharfenberg dadurch nicht mehr gefährdet werden, aber die Klatscherei grassiere wieder einmal entsetzlich und man solle doch soviel Achtung vor sich selbst haben - es hieße jetzt besser - Wer sich selbst liebt, hüte seine Zunge!"[261]

Die Ausklammerung der genannten Themenbereiche aus den überlieferten Quellen scheint demnach nicht dazu zu taugen, die Grenzen der Mit- und Selbstverwaltung auf der Insel Scharfenberg (im negativen Sinne) sichtbar zu machen (schon eher könnten sie als positives Indiz für den weitreichenden innerschulischen Diskussionsprozeß dienen). Wenn dennoch nach einer Grenze der Scharfenberger Schülerdemokratie gefragt wird, so kann und muß diese im Bereich der Autorität der Lehrer, insbesondere der Autorität des Leiters Blume ermittelt werden.

---

253   Prot. der 19. Abendaussprache vom 09.11.1922, in: Berlin, LA, SIS: CH, I, o.S.
254   Prot. der 19. Abendaussprache vom 09.11.1922, in: Berlin, LA, SIS: CH, I, o.S.
255   Prot. der 19. Abendaussprache vom 09.11.1922, in: Berlin, LA, SIS: CH, I, o.S.
256   Prot. der 19. Abendaussprache vom 09.11.1922, in: Berlin, LA, SIS: CH, I, o.S.
257   Prot. der 19. Abendaussprache vom 09.11.1922, in: Berlin, LA, SIS: CH, I, o.S.
258   S. dazu das Prot. der 29. Abendaussprache, in: Berlin, LA, SIS: CH, II, S. 67. - Und: BLUME, Bericht (1923), Bl. 190r-v.
259   Prot. der 29. Abendaussprache, in: Berlin, LA, SIS: CH, II, S. 69.
260   Berlin, LA, SIS: CH, IV, S. 64: "Prot. der ersten inoffiziellen [=43,2.] Abendaussprache".
261   Berlin, LA, SIS: CH, IV, S. 71.

Die erste und wohl auch einzige deutliche kritische Stellungnahme zu diesem Punkt bezog 1924 der stundenweise auf Scharfenberg unterrichtende Lehrer Walter Lehmann in seinem zunächst 1924 gehaltenen Vortrag, der 1925 dann als Aufsatz publiziert wurde[262]. Nach einem detaillierten, auf eigener Erfahrung und vor allem auch auf dem Studium der Chronik basierenden Überblick über Geschichte und Wesen der Schulfarm schloß Lehmann abschließend "noch einige kurze Bemerkungen an [...], in denen Blume jedoch durchaus nicht mit mir übereinstimmt"[263]:

> "Wenn wir daran denken, wie in unserem Vereinsleben und im Parteileben doch die meisten Erwachsenen keine eigene Meinung haben, sondern sich den Meinungen der Führer und ihrer Morgenzeitung blindlings anschließen, so können wir uns nicht wundern, daß dies noch viel leichter geschehen wird, wo eine wirklich ausgereifte Persönlichkeit jungen, unerfahrenen, suchenden Menschen gegenübertritt, die sich trotz aller Selbständigkeitssehnsucht doch immer wieder einer Autorität unterwerfen. Die amtliche Autorität hatte Blume wohl fallen gelassen, aber die persönliche Autorität konnte er natürlich gar nicht fallen lassen. Und diese persönliche Autorität ist eben eine außerordentlich große [...]. Ich bin überzeugt, [...] daß wir in Blume eine ungewöhlich starke Persönlichkeit vor uns haben, die sehr suggestiv auf die Jungen wirkt. Seiner überzeugenden Darstellung folgen die meisten bei den Abstimmungen. Blume aber stellt das entschieden in Abrede. Charakteristisch erscheint mir da eine Wendung aus dem Protokoll der ersten Abendaussprache. Man debattierte über Blumes Antrag, Freiübungen in den Pausen einzuführen. Der Protokollführer (ein Schüler!) schreibt: 'Nunmehr waren wir so weit bearbeitet, daß Herr Blume uns anheimstellen konnte, jeden Morgen einen Dauerlauf zu machen.'"[264]

Überblickt man die gesamten vorliegenden Protokolle der Abendaussprachen im Hinblick auf die Einflußnahme Blumes, so fällt auf, daß seine stärksten 'Einflußnahmen' - wie oben bereits zu zeigen versucht wurde - gerade der Förderung der Schüleraktivität und -verantwortung dienten, daß also durch Initiativen Blumes die Demokratisierung der Schulgemeinschaft forciert und gelegentlicher Zaghaftigkeit im Übernehmen von Verantwortung entgegengewirkt wurde[265].

Hilfreich zur Formulierung des Verhältnisses von Schülerselbstverwaltung und der Autorität Blumes sind Hinweise, die Walter Schäfer über das Ausmaß der jugendlichen Autonomie, der Freiheit der Jugend an der Odenwaldschule und der Person Paul Geheebs gab:

> "[...] man darf nicht vergessen, mit welcher Autorität Geheeb ausgestattet war, weil die Ausprägung seiner Person immer überzeugender auf die Menschen wirkte. Ein Altschüler, der die

---

[262] LEHMANN, Schulfarm. - Vgl. zur Frage der 'Lehrerautorität' vor allem auch: Berlin, LA, SIS: Berlin, LA, SIS: RICHTER, Wilhelm, Staatsbürgerliche Erziehung in Scharfenberg, 2. schriftliche [Referendariats-] Prüfungsarbeit, masch. Berlin o.D. [ca. Anfang 1930], S. 31-35.
[263] LEHMANN, Schulfarm, S. 165.
[264] LEHMANN, Schulfarm, S. 166-167.

Odenwaldschule in den zwanziger Jahren besuchte, schrieb mir: 'Jedoch muß ich aus der genauen Kenntnis der Psychologie Paul Geheebs heraus sagen, daß er genau wußte, was er tat, als er der alten 'Schulgemeinde' so viel Bewegungsfreiheit gab. Diese Freiheit war nämlich nur als bedingt aufzufassen, denn die Persönlichkeit Paul Geheebs war so überragend stark, daß es praktisch keinen Beschluß in der 'Schulgemeinde' gegeben hat, der nicht auch seine Billigung gefunden hätte. Vor jeder Beschlußfassung hatte zumeist Paul Geheeb als Erwachsener das letzte Wort, und das war immer entscheidend. Ich habe nie erlebt, daß das Wort Paul Geheebs nicht unbedingt und in jedem Falle respektiert worden wäre. Es war immer so viel Geschick und Überzeugung und soviel Geist gepaart und gleichzeitig von außergewöhnlicher Güte getragen, daß selbst der Verbohrteste meiner Mitschüler sich dem einfach nicht mehr verschließen konnte. Damit allein wußte aber jeder, der eine zeitlang in der OSO [=Odenwaldschule Oberhambach] sich befand -, also rein aus der Erfahrung heraus, daß den letzten Entscheid, wenn auch indirekt, der Erwachsene - sprich: Paul Geheeb - trug. Das gab uns damals selbst auch eine tiefinnere Beruhigung insofern, als wir ganau wußten, daß unsere Stimme wohl nie einer absoluten Fehlentscheidung gelten konnte.'
Die Ehrfurcht, die Geheeb selbst vor allem Lebendigen empfand, und seine Verehrung großer und bedeutender Menschen konnten nur gedeihen, wenn auch die jungen Menschen Ehrfurcht erwiesen. Die Freiheit der Kinder wurde letztlich von Geheeb verantwortet. Das bezeugt auch der Brief des eben zitierten Altschülers."[266]

Die in der Autorität der Lehrer, insbesondere in der Autorität Blumes begründeten Grenzen Scharfenberger Schülerdemokratie waren den Schülern laut Erinnerung und Einschätzung Heinrich Scheels "im Grunde uns allen auch mehr oder weniger bewußt"[267]:

"Bestimmte Bereiche unseres Lebens waren von vornherein unserer Mitbestimmung entzogen. Finanzierungsfragen beispielsweise wurden ausschließlich in der Schulgemeinde behandelt, in der Eltern und Lehrer das entscheidende Wort sprachen. Die Schülerautonomie, wie sie in Scharfenberg praktiziert wurde, hat die Lehrerautorität nie in Frage gestellt, selbst wenn kritische Meinungsäußerungen zu bestimmten Verhaltensweisen einzelner Lehrer durchaus möglich waren. Die den Schülern eingeräumte Freiheit bewährte sich, weil sie in inniger Verbindung mit der Erziehung zur Einsicht in das Notwendige stand. Sie war eine echte Schule der Demokratie, die wahrhaft demokratische Entscheidungen treffen lehrte."[268]

Während gemeinhin die ganze Weimarer Zeit Republik hindurch "die Schülerselbstverwaltung von der Lehrerschaft mit ganz geringen Ausnahmen geradezu sabotiert"[269] worden war - durch Realisierung des "Prinzip[s] der Erziehung zur

---

265 Vgl. dazu etwa (nicht auf Scharfenberg bezogen): HILDEBRANDT, Schülerselbstverwaltung in der Weimarer Zeit, S. 390: "Freilich muß immer nach einer gewissen Zeit mit einer ganz natürlichen Müdigkeit der Schülerschaft gerechnet werden: Sie hat zunächst an den Äußerlichkeiten des Parlamentarismus eine ganz selbstverständliche Freude; namentlich, daß ihr nun Einrichtungen beschert werden, die auch bei den 'Großen' eingeführt sind, imponiert ihr und reizt sie zur Teilnahme schon um ihrer selbst willen an. Aber die Jugend wendet sich erfahrungsgemäß bald von Gewohntem ab, und es ist gerade Pflicht des Lehrerkollegiums, die Schülerselbstverwaltung über diese kritische Zeit der Ermüdung hinweg am Leben zu erhalten, jedenfalls aber jede Gelegenheit zu benutzen, um den Schülern ihre Wichtigkeit einzuprägen: Sie müssen lernen, daß in der Welt Rechte Pflichten bedeuten und unbedingt nach sich ziehen, daß ihnen mit der Schülerselbstverwaltung ein kostbares Gut anvertraut ist, das sie keinesfalls durch Nichtbenutzung entwerten dürfen [...]."
266 SCHÄFER, Paul Geheeb, S. 49. - Vgl. (gewissermaßen fast ein Beispiel für das hier Gesagte) zu Geheeb und der Koedukation an der Odenwaldschule S. 482.
267 SCHEEL, Schulfarm (1990), S. 20.
268 SCHEEL, Schulfarm (1990), S. 20f.
269 HILDEBRANDT, Schülerselbstverwaltung in der Weimarer Zeit, S. 388.

Verantwortung durch Verantwortung"[270] - auf der Schulfarm Insel Scharfenberg in der Weimarer Republik ein, wie es Wilhelm Richter formulierte, wahrhaft 'radikaldemokratisches Freiheitsexperiment'[271] entstanden.

---

[270] Diese Formulierung gebrauchte Hildegard Hamm-Brücher zur Beschreibung der Pädagogik Kurt Hahns (1886-1974), in Anlehnung an dessen eigene Begrifflichkeiten: HAMM-BRÜCHER, Hildegard, Erziehung zur Verantwortung in der Demokratie. Festvortrag zur Feier des 100. Geburtstages von Kurt Hahn am 11. Oktober 1986 in Salem, in: Neue Sammlung, Jg. 27 (1987), S. 89-105, hier S. 89. - Vgl. zu Hahn außerdem u.a.: HAHN, Kurt, Erziehung zur Verantwortung (=Aus deutschen Landerziehungsheimen, 2), Stuttgart o.J. [1958]. - HAHN, Kurt, Erziehung und die Krise der Demokratie. Reden, Aufsätze, Briefe eines politischen Pädagogen, hrsg. [anläßlich des 100. Geburtstages im Auftrag der Schule Schloß Salem] von Michael KNOLL, Stuttgart 1986. - BECKER, Hellmut, Kurt Hahn, der Erzieher, in: Neue Sammlung, Jg. 15 (1975), S. 109-113; u.d.T. 'Kurt Hahn - ein Erzieher' wieder in: BECKER, Hellmut, Auf dem Weg zur lernenden Gesellschaft. Personen, Analysen, Vorschläge für die Zukunft, Stuttgart 1980, S. 89-94. - KNOLL, Michael, "... das Ziel ist die politische Mündigkeit". Zum 100. Geburtstag von Kurt Hahn, in: Bildung und Erziehung, Jg. 39 (1986), S. 217-220.

[271] S. vor allem: RICHTER, Wilhelm, Radikaldemokratisches Freiheitsexperiment. Zum Tode Wilhelm Blumes, des Gründers von Scharfenberg - Schon damals Kern- und Kursunterricht, in: Der Tagesspiegel. Unabhängige Berliner Morgenzeitung vom 29.11.1970; u.d.T. 'Nachruf auf Wilhelm Blume [...]' wieder in: RICHTER, Wilhelm, Schulerinnerungen, Berlin 1976, S. 58-61 [als Dok. Nr. III]. - RICHTER, Schulfarm Insel Scharfenberg, S. 139 nennt die Schulfarm "eine reichgegliederte und wandlungsfähige radikaldemokratische Inselrepublik". - Berlin, LA, SIS: Berlin, LA, SIS: RICHTER, Wilhelm, Staatsbürgerliche Erziehung in Scharfenberg, 2. schriftliche [Referendariats-] Prüfungsarbeit, masch. Berlin o.D. [ca. Anfang 1930], S. 5, schrieb (bereits hier) von der Schulfarm als "der prinzipiell demokratischsten aller freien Schulgemeinden Deutschlands." - S. etwa auch: KRULL, Wilhelm, Schulfarm Scharfenberg, in: Schulblatt für Braunschweig und Anhalt, 1. November 1932, S. 709-713, hier S. 711, schrieb als pädagogischer Besucher der Schulfarm: Es handelte sich bei der Schulfarm um einen "Staat im kleinen, eine Art Musterdemokratie". - Vgl. etwa auch: PEWESIN, Wolfgang, Rede, gehalten auf der Feier zum 60jährigen Bestehen der Schulfarm Insel Scharfenberg am 22. Mai 1982, in: 60 Jahrfeier. Eine Nachlese (=Neue Scharfenberg-Hefte, 4), Berlin 1983, S. 5-16, hier S. 8.

II.3.   DER UNTERRICHT

Im Sommer 1926 stellte Blume - u.a. angeregt durch Debatten mit den Mitgliedern der 1925 vom Zentralinstitut für Erziehung und Unterricht veranstalteten Landerziehungsheimtagung[1] - fest, es hätte "sich uns mehr und mehr die Gewissheit ergeben, daß in der Insel-Schule ein eigenartiger Typus sich ohne vorgefaßtes Programm heranzuentwickeln" begänne; dabei seien "die Unterschiede zur städtischen Halbtagsschule [...] selbstverständlich", doch "auch die sich aus einem Vergleich mit den Landerziehungsheimen Lietzscher und Wickersdorfer Prägung [ergebenden seien] [...] wesentlich"[2]: Zum einen wies Blume auf die "Verschiedenartigkeit in der Zusammensetzung des Eltern- und Schülerpublikums"[3] hin, die nicht zuletzt ihre Ursache darin hatte, daß die gerade genannten Schulen Privatschulen waren, die Schulfarm aber eine öffentliche, städtische, staatlich anerkannte Schule mit ihren Berechtigungen - gewissermaßen, wie es Wilhelm Richter ausdrückte, das (bis heute!) einzige 'kommunale Landerziehungsheim' in Deutschland[4].

Weiter hob Blume 1926 den zentralen Unterschied im Bereich des Unterrichtlichen hervor[5]: Die Landerziehungsheime Lietzscher Prägung und die Freien Schulgemeinden wollten 'Erziehungsstätten mit Unterricht' sein; folgerichtig ließen sie den Unterricht, der sich in seiner allgemeinen Durchführung nur wenig von dem ei-

---

[1]   Vgl. dazu S. 468 und S. 505.
[2]   BLUME, Gesuch (1926).
[3]   BLUME, Gesuch (1926).
[4]   RICHTER, Schulfarm Insel Scharfenberg, S. 135. - Vgl. dazu auch: LENNERT, Rudolf, Mögliche Schulreformen, in: Neue Sammlung, Jg. 2 (1962), S. 334-338 (Teil 1) und Jg. 5 (1965), S. 308-313 (Teil 2); wieder in: Das Problem der gymnasialen Oberstufe, hrsg. von Rudolf LENNERT, Bad Heilbrunn 1971, S. 104-114, hier (1962) S. 337 bzw. (1971) S. 107, bezeichnete, die Schulfarm das 'wohl einzige echte 'staatliche Landerziehungsheim' in Deutschland', "das sich von seinen revolutionären Anfängen um 1920 bis heute viel didaktische Freiheit vom Staate gerettet hat." - LENNERT, Ursprung, erinnerte an "Randwirkungen" (S. 252) der 20er Jahre im Gefolge der Lietzschen Heimgründungen': "Die eine hat zu einer Schulgründung geführt, die bis heute ein 'echtes Landerziehungsheim' ist und doch nicht zum Kreise gerechnet werden kann, weil sie einem der Lietzschen Grundelemente widerspricht: der (heute schon durch Zuschüsse erheblich gelockerten) Abstinenz gegen den Staat. Es gibt wirklich, nur wenige wissen das, in Deutschland ein 'staatliches Landerziehungsheim' reinsten Wassers (die vielen nach dem letzten Kriege entstandenen Staats-Internate dürften sich kaum selbst so verstehen): die 'Schulfarm Insel Scharfenberg' im Tegeler See. Sie verdankt ihre Existenz einer Lietz verwandten Erziehernatur, Wilhelm Blume, der souveränen Liberalität Carl Heinrich Beckers und seiner Behörde und einer kurz andauernden glücklichen Konstellation, sozusagen einer 'bürokratischen Lücke' in den Wirren von 1919/20, die es erlaubt hat, aus einem zunächst nur als Sommerheim eines Berliner Gymnasiums gedachten Anwesen einen sich bis heute in zähem Kampf gegen die Schulbürokratie behauptenden 'Schulstaat' zu machen, der vor den 'richtigen Heimen' den Vorzug hat, nicht auf reicher Leute Kinder angewiesen zu sein. Natürlich wußte Blume von Lietz und seine Heimen - die Schriften und Einrichtungen der konstruktiven Schulreformer, von den 90er Jahren und Berthold Otto an bis zum Ende der 20er Jahre, genossen ja eine Publizität, auch in der Presse, die nur mit der analytischen Schulkritiker von heute zu vergleichen ist. Aber er bleibt in der Organisation seines Reiches gegenüber den anderen Heimen sehr selbständig [...]." (S. 252f.)
[5]   BLUME, Gesuch (1926).

ner 'Normalschule' unterschied, als eine zweitrangige Aufgabe hinter die Erziehung zurücktreten. Nur vereinzelt kam es hier zu Reformen, etwa an der Freien Schulgemeinde Wickersdorf zur Einrichtung eines 'Studientages'[6]. Erst später hatten Otto Steche in Hochwaldhausen[7] sowie Paul Geheeb und einige seiner Kollegen in der Odenwaldschule den unterrichtsmethodischen Fragen eine größere Aufmerksamkeit geschenkt und neue Unterrichtsformen - u.a. einen 'Wochenplan' und vor allem ein Kern-Kurs-System - eingeführt. Die Schulfarm aber blieb nicht bei einer Veränderung von Schulumgebung und Schulleben stehen, sondern verwirklichte von Beginn an auch in unterrichtlicher Hinsicht ein umfassendes Alternativkonzept, war doch bei aller Bedeutung des außerunterrichtlichen Lebens "der Unterricht dennoch das Hauptanliegen der Schulfarm"[8].

Dabei konnte man wie in den 'Bereichen' der Gemeinschaftsarbeit und der Selbstverwaltung auch hier direkt an Erfahrungen anknüpfen, die man bereits im Sommerschulversuch 1921 gemacht hatte. Doch boten sich nun, da man nicht mehr gezwungen war, nach kurzer Zeit an die 'alte Schule' zurückzukehren und den Unterricht auf diese abgestimmt zu lassen, entschieden weiterreichende Möglichkeiten; auch war man nach der ersten provisorischen Abituriumsgenehmigung 1923 nicht gezwungen - wie es zunächst im Bereich des Möglichen gelegen hatte -, die Schüler auf ein fremdes Abitur an einer fremden Schule vorzubereiten.

In seinem Antrag zur Gründung des Schulversuches vom Frühjahr 1922 hatte Blume bereits konzeptionelle Unterrichtsüberlegungen aufgeführt[9]; doch blieb dabei ein großer unausgefüllter 'Spielraum', der - wie Blume etwa in einer Chronik-Eintragung zum 4. Mai 1922, dem ersten Tag des Schulversuches zum Ausdruck brachte - erst im Laufe des Schulversuches selbst, aufgrund praktischer Erfahrungen, weiter ausgefüllte werden sollte:

> "Es ward beschlossen, Schönheitsfehler und etwa sich noch neu herausstellende Bedürfnisse in der Praxis zu beheben, und man fing tapfer an zu unterrichten."[10]

Dabei blieb, wie Blume 1964 auf eine Anfrage Gerd Raddes über die Scharfenberger Unterrichtsorganisation schrieb, "alles variabel", "viel zu variabel und differenziert", als daß es "in Schemata klargemacht werden könnte"[11] - was für dieses Unterrichtskapitel heißt, daß es sich hier in noch größerem Umfange als in anderen Kapiteln nur um 'Annäherungen' handeln kann!

---

[6] Vgl. dazu S. 600f.
[7] S. zu Steche S. 404f.
[8] SCHEEL, Schulfarm (1990), S. 11. - Vgl. dazu etwa auch Blumes Vergleich der Schulfarm mit Schulpforta: BLUME, Bericht (1923), Bl. 198r: "So diametral unsere erziehliche Einstellung der in Schulpforta entgegengesetzt ist, wo der Schüler bewußt nur als Objekt der Erziehung angesehen wird, so soll doch auch bei uns der Unterricht im Zentrum des Lebensinteresses stehen, [allerdings] nicht erzwungen durch Drill, Zensieren, immer schärferes Sieben, sondern vom Schüler aus, ganz aus eigenem Willen."
[9] S. 202-206.
[10] Berlin, LA, SIS: CH, I, o.S. (Eintrag zum 04.05.1922).
[11] PS Radde: Blume an Radde br. vom 27.06.1964.

II.3.A.   DIE STRUKTUR: DER MITTEL- UND OBERSTUFENAUFBAU

In den ersten Jahren des Schulversuches wurden Schüler, die von den unterschiedlichen Typen der damaligen höheren Schulen kamen, ohne Rücksicht auf diese schulischen Typen in der Regel zum 10. Schuljahr in eine sog. 'Zwischenstufe' aufgenommen[12].

Schüler von Volksschulen, die sog. 'Aufbauer' wurden mit Beginn des Schuljahres 1923/24 in jüngerem Alter, nämlich bereits zum 8. Schuljahr aufgenommen[13].
Hier traten sie in eine in der Regel 2jährige Aufbaustufe ein, von der aus sie dann
mit den neu hinzutretenden, von höheren Schulen kommenden Schülern gemeinsam
in die oberste 'Klasse' der Mittelstufe, die 'Zwischenstufe' eintraten und von nun an
ohne jede Trennung von den von höheren Schulen kommenden Schülern ihren Weg
machen konnten.

Mit Ausnahme des ersten auf Scharfenberg aufgenommenen 'Aufbauerjahrgangs'
(1923/24) wurden in den folgenden Jahren "keine reinen Aufbauerjahrgänge"[14] aufgenommen, sondern gemischte, mit von höheren Schulen und von Volksschulen
kommenden Schülern[15]; Blume begründete diese Aufnahmepraxis damit, daß die
Schulfarm "ja keine Aufbauschule werden, sondern gerade zeigen [wollte], daß die
Schüler aller Schularten (Gymnasium, Realgymnasium, Oberrealschule, Deutsche
Oberschule [...] unter einem Dach zusammen leben und arbeiten und geprüft werden
konnten [...]."[16] Daher betonte er auch, daß die Schulfarm daher also nicht einer der
vier gebräuchlichen Schularten zugezählt werden könne, "auch nicht, was häufig in
der Öffentlichkeit geschieht, den Aufbauschulen."[17]

In späteren Jahren des Schulversuches wurden auch die von höheren Schulen
kommenden Schüler in der Regel zum 8. Schuljahr aufgenommen, so daß dieses
Schuljahr das für alle Schüler übliche Eintrittsjahr in die Schulfarm wurde[18].

Nach Absolvierung der Mittelstufe (8.-10. Schuljahr) konnten die Schüler mit
der Mittleren Reife abgehen oder aber in eine in der Regel dreijährige, die Klassen-
stufen 11-13 umfassende Oberstufe übertreten.

---

[12]   Vgl. etwa: BLUME, Bericht (1923), Bl. 199r.
[13]   Vgl.: BLUME, Schulfarm (1924), S. 326.
[14]   PS Radde: Blume an Radde br. vom 27.06.1964.
[15]   KEIM, Zur Aktualität, S. 304, schreibt (ohne Quellennennung) dagegen davon, daß "Blume
       Versuche mit reinen Aufbaujahrgängen [machte], deren Schüler also ausschließlich von Berliner
       Gemeinde- (Volks-)Schulen kamen, und gemischte Jahrgänge mit je zur Hälfte Aufbauschülern
       und Überwechslern von anderen höheren Schulen nach Versetzung in die 8. Klasse (Untertertia)
       durchführte."
[16]   PS Radde: Blume an Radde br. vom 27.06.1964.
[17]   Berlin, BBF: SLG-GS, Jahresberichte 1932/33, Bd. 248d, Nr. 88: Berlin, SIS (Blume), S. 5.
[18]   Berlin, BBF: SLG-GS, Jahresberichte 1932/33, Bd. 248d, Nr. 88: Berlin, SIS (Blume), S. 5:
       "Die Schulfarm Insel Scharfenberg beginnt mit Untertertia; in sie werden aufgenommen ge-
       eignete Schüler aus den Quarten der höheren Schulen und den zweiten resp. ersten Klassen der
       Gemeindeschulen Berlins."

Beim Übertritt von der Mittel- in die Oberstufe - so schrieb Blume im Jahresbericht für das Schuljahr 1932/33 - hatte "die Schulleitung von jeher ihren Einfluß dahin geltend gemacht, daß wirklich nur solche Schüler bleiben, denen geistige Beschäftigung wirklich inneres Bedürfnis ist."[19] Zumindest zu Anfang der 30er Jahre trat nur die Hälfte der Schüler von der Mittel- in die Oberstufe über; die andere Hälfte verließ "mit dem Zeugnis für Obersekunda die Schule"[20] und fand "meist im kaufmännischen Leben oder in der Technik Unterkunft"[21]. Dabei war es eine auffallende und hervorzuhebende Tatsache, daß - wie bereits gezeigt - ab Mitte der 20er Jahre die von Volksschulen kommenden Schüler auf Scharfenberg überwogen[22] - daß es aber "eine bemerkenswerte Erfahrung [war], daß schließlich beim Abiturium der Prozentsatz sich zugunsten der ehemaligen höheren Schüler verschoben hat[te]."[23] Da während der Oberstufe kaum ein nennenswerter Schüleranteil abging oder gar durch eine Abituriumsprüfung fiel, stellte der Übertritt von der Mittel- zur Oberstufe den entscheidenden Einschnitt in der Schülerzusammensetzung dar.

Am Ende der dreijährigen Oberstufe stand das Abitur[24]. Der Oberstufenunterricht wurde - wie noch zu zeigen sein wird - "so entfaltet, daß er schultypintegrierend wirkte"[25] und dennoch die Möglichkeit bot, sich für einen der damals möglichen Abituriumsabschlüsse (Gymnasium, Realgymnasium, Oberrealschule und Deutsche Oberschule einschließlich Aufbauschule) zu entscheiden[26].

Mit dieser Unterrichtsorganisation kündigte sich - so Hartkopf - "eine umfassende Schulreform an"[27]: "nicht nur die Relativierung und damit die teilweise Überwindung der Trennung der traditionellen Gymnasialtypen, sondern sogar die Überwindung der Trennung der herkömmlichen absoluten Scheidung der Schulformen"[28] - und im Kontext der Berliner Schulreformen im Volksschulbereich ('weltliche Schulen', 'Lebensgemeinschaftschulen') ein Beitrag hin zur Errichtung einer

---

19 Berlin, BBF: SLG-GS, Jahresberichte 1932/33, Bd. 248d, Nr. 88: Berlin, SIS (Blume), S. 43.
20 Berlin, BBF: SLG-GS, Jahresberichte 1932/33, Bd. 248d, Nr. 88: Berlin, SIS (Blume), S. 43.
21 Berlin, BBF: SLG-GS, Jahresberichte 1932/33, Bd. 248d, Nr. 88: Berlin, SIS (Blume), S. 43.
22 S. 328-331.
23 Berlin, BBF: SLG-GS, Jahresberichte 1932/33, Bd. 248d, Nr. 88: Berlin, SIS (Blume), S. 43. - Berlin, LA, SIS: Prüfungsunterlagen, Mappe 3: Reifeprüfungen 1925-1935, hier: Gesamtcharakteristik des Abiturientenjahrgangs 1933 (Blume): Sonst seien es von neun Schülern ca. zwei, 1932 von fünfzehn Schülern drei, 1933 jedoch von neun Schülern sieben Aufbauer gewesen; allerdings seien von diesem Abiturientenjahrgang von zunächst achtzehn Schülern neun mit Abschluß der Mittelstufe von der Schulfarm abgegangen.
24 BLUME, Schulfarm (1928), S. 167, spricht von der Möglichkeit, bereits nach zwei Jahren zum Abitur zu gelangen, einer Möglichkeit, die jedoch "in ganz verschwindend geringer Zahl bisher vorgekommen" sei.
25 RADDE, Gerd, Die Schulfarm Insel Scharfenberg. Eine schulhistorische Notiz, in: HICKE-THIER, Knut, Die Insel. Jugend auf der Schulfarm Insel Scharfenberg 1958-1965. Mit einer schulhistorischen Notiz von Gerd RADDE (=Berliner Schuljahre. Erinnerungen und Berichte, 1), Berlin 1991, S. 32-39, hier S. 33.
26 Zur Entwicklung des Scharfenberger Abiturs s. S. 273-296. - Weiteres dazu S. 698-709.
27 HARTKOPF, Gründung, S. 77.
28 HARTKOPF, Gründung, S. 78. - KEIM, Wolfgang, Kursunterricht auf der Oberstufe von Wilhelm Blumes Schulfarm Insel Scharfenberg (1985), in: Kursunterricht - Begründungen, Modelle, Erfahrungen, hrsg. von Wolfgang KEIM (=Wege der Forschung, 504), Darmstadt 1987, S. 111-150, hier S. 111, bezeichnet die Schulfarm vom Schultyp her "als eine Art integrierter höherer Schule mit einem hohen Anteil sog. Aufbauschüler".

'Einheitsschule'[29], wie Blume 1964 dazu schrieb: "eine radikale Einheitsschule en miniature!"[30]

Im September 1922, vor dem ersten Zeugnistermin, schafften Lehrer und Schüler "nach längerer Debatte, in der besonders die Mitwirkung der Schüler beim Aufstellen eventueller Zensuren abgelehnt wurde"[31], per Beschluß gegen eine Stimme und mit nachträglicher Zustimmung der Eltern die Zensuren ab[32], "'nicht aus Schwäche, sondern aus dem Gefühl der Sicherheit, begründet in dem engen Zusammensein von Eltern, Lehrern, Schülern und in dem Arbeiten um der Sache und nicht um der Nummer willen.'"[33] 1928 schrieb Blume dazu, sich gegen die "Stadtschule mit ihrer Klassenhierarchie und ihrem manchesternen Konkurrenzideal"[34] wendend:

> "Als wir [später] einmal im Kulturunterricht bei Behandlung der geistigen und sozialen Strömungen des 19. Jahrhunderts Louis Blancs Organisation der Arbeit[35] lasen, diese große Anklage gegen die 'Konkurrenz, die alle Quellen der Ehrlichkeit, der gegenseitigen Hingabe, der Poesie austrocknet', ist uns nach Jahren erst recht klar geworden, daß die Zensuren in unserem Lebenszuschnitt, wie er nun einmal geworden ist, ganz undenkbar sein würden.'[36]

Die Leistungen der Scharfenberger Schüler litten durch diese Veränderungen nicht[37].

Mit den Noten und Zeugnissen entfielen auch die jährlichen Versetzungen; entsprechend wurden in der Mittelstufe die Jahrgangs- und Klasseneinteilungen teilweise, in der Oberstufe ganz aufgehoben. Lediglich zwischen Mittel- und Oberstufe behielt man eine scharfe Trennung bei und regelte den Übertritt durch eine Prüfung; Sitzenbleiben war dabei jedoch ausgeschlossen; statt dessen konnte es sein, daß man

---

29   KEIM, Wolfgang, Zur Reformpädagogik-Rezeption in den alten Bundesländern - Phasen, Funktionen, Probleme, in: Pädagogik und Schulalltag, Jg. 47 (1992), S. 124-138; auch in: Ein Plädoyer für unser reformpädagogisches Erbe. Protokollband der internationalen Reformpädagogik-Konferenz am 24. September 1991 an der Pädagogischen Hochschule Halle-Köthen, hrsg. von Andreas PEHNKE, Neuwied [u.a.] 1992, S. 111-139, hier (Pädagogik und Schulalltag) S. 128 nennt die "Schulfarm Insel Scharfenberg mit immerhin Ansätzen in Richtung auf die Einheitsschule." - Vgl. dazu auch S. 173.

30   PS Radde: Blume an Radde br. vom 27.06.1964. - Ebd. erläuternd weiter: "Alle Schularten unter einem Dache nicht nur, die Schularten im Bewußtsein der Oberschüler ausgeschaltet, die Schüler nach Neigungs- und Begabungsfächern zu Wahlkursen vereinigt, ohne daß dabei ihre frühere Schulart mitspielt. Auch sozial durchaus gemischt [...]." - Diese Bemerkungen Blumes waren sicher nicht ohne jede Provokation, reagierte er hier doch auf eine Bemerkung Raddes, der die Schulfarm als eine ''höhere' Einheitsschule" bezeichnet hatte; PS Radde: Blume an Radde br. vom 22.06.1969: "Sie machen (betr. Scharfenberg) die Einschränkung 'höhere' Einheitsschule; das ist eine contradictio in adiecto! Beweisen Sie an gegebener Stelle zunächst Ihre Einheitsschulethese für Karsens Neuköllnerschule; dann bin ich bereit ein Gleiches für die Farm zu tun [...]."

31   LEHMANN, Schulfarm, S. 163.

32   S. dazu S. 569.

33   Aus dem Leben, S. 339.

34   Aus dem Leben, S. 336.

35   BLANC, Louis, Organisation der Arbeit (Eine Auswahl). Mit einem Nachwort von Paul OESTREICH (=Dokumente der Menschlichkeit, 10), München 1919.

36   Aus dem Leben, S. 339.

37   Vgl. so zum Beispiel zur unterrichtlichen Leistung im ersten Schuljahr: BLUME, Schulfarm (1928), S. 140: "Das Niveau der kleinen Oberstufe im Unterricht war gut." - Vgl. zum Problem der 'Leistung' auch S. 704-709.

- dies zeigen die Quellen zumindest für die ersten Jahre des Schulversuches - partiell 'versetzt' wurde, bis man überall den Anschluß geschafft hatte[38].

Um den hierarchischen Charakter der traditionellen Jahrgangsbezeichnungen (Sekunda, Tertia usw.) auf Scharfenberg zu vermeiden, andererseits aber doch identitätsstiftende Bezeichnungen für die einzelnen Jahrgänge des Schulversuches zu erhalten, wurden diese mit Farben bezeichnet; so waren etwa die 'Neuen' des

---

[38]   In der 24. Abendaussprache vom 26.02.1923 kam es auch zur Diskussion über den Übertritt von der Zwischen- in die Oberstufe: "Punkt 9. Wie wird es mit dem Übertritt der Zwischenstufe in die Oberstufe? Herr Blume schickt voraus 1.) Wollen wir nicht prinzipiell die Möglichkeit verschließen, daß in diesem oder jenem Fach, in dem man sich unsicher fühlt, [man] noch in der Zwischenstufe bleibt, in den anderen aber in die Oberstufe übertritt? Ähnlich ist es mit der Oberstufenmathematik; wer die Trigonometrie nicht verstanden, mache sie in der zweiten Mathematikabteilung der Oberstufe nochmals mit. 2.) Ist es nicht empfehlenswert, da wir doch nicht sicher sind, ob etwa Abgehende nicht offiziell eine Einjährigenprüfung machen müssen, in einigen Wochen unter uns eine Prüfung abzuhalten mit schriftlichen Arbeiten, die das verlangen, was man bei einer Einjährigenprüfung in der Stadt leisten müßte? Zur Kontrolle des Wissensstandes und als Generalprobe, um einem etwaigen Ernstfall seinen Schrecken zu nehmen. Eine Abstimmung über diese beiden Punkte in der Unterstufe ergibt, daß 5 Mitglieder dafür, 1 aber dagegen sind. Zum Schluß der Behandlung dieses Punktes warnt Herr Blume die Zwischenstüfler davor, sich nicht etwa in Folge der etwas feierlichen Formen des Übertrittes zu einem klassenbewußten Oberstüflergefühl verleiten zu lassen. 'Wir sind hier alle Kameraden ohne Alte-Herrenstand-Zunft!!'" (Prot. der 24. Abendaussprache vom 26.02.1923, in: Berlin, LA, SIS: CH, II, S. 35). -

Vgl. auch: BLUME, Gesuch (1922), S. 21f.: "Es wäre eine schöne Tat sozialen Ausgleichs, ein Beispiel der Versöhnung auf dem zerklüfteten Gebiet der Bildungsgegensätze, wenn sich in Scharfenberg die elastische Gymnasialoberschule mit einer solchen Aufbaumöglichkeit verbinden ließe! Vielleicht tut sich hier schon den Berliner Aufbauschülern ein Anschluß sogar an die elastische Oberstufe auf, wie ihn der Stadtverordnete Dr. Witte vor kurzem im Novemberblatt des Lehrerverbandes Berlin S. 326 herbeigesehnt hat [s.: WITTE, Erich, Die Anfänge einer elastischen Oberschule in Groß-Berlin, in: Allgemeine Deutsche Lehrerzeitung. Beiblatt des Lehrerverbandes Berlin, Jg. 2 (1921), [Nr. 45 vom 11.11.1921], S. 325f.]. Er scheint sich hier sogar für sie in besonders günstiger Weise ebnen zu lassen. Die üblichen Aufbauschulentwürfe rechnen mit einem 6jährigen Gesamtgang; im Internat im engeren Zusammensein mit den Lehrern, beim dauernden Zusammenleben mit Kameraden, die schon jahrelang die Luft der höheren Schule geatmet haben, unter besonders günstigen Arbeitsbedingungen (im Freien), die gerade bei solchen Jungen daheim meist dürftig sind und hemmend wirken, scheint der Versuch, sie den Anschluß an die gemeinsame 3jährige Oberstufe schon nach 2 Jahren gewinnen zu lassen, wohl diskutabel, umsomehr, als sich praktische Erprobungsmöglichkeiten an den anderen vorhandenen Institutionen auf Schritt und Tritt bieten. In einigen Fächern wie Deutsch, Geschichte, Erdkunde, Physik [...] werden die Aufbauschüler sogleich oder nach kurzer Quarantäne mit den anderen eben aus Obertertia (!) versetzten Zwischenstüfler[n] vereinigt werden können, wer von ihnen hierin gut mitfortschreitet, könnte im nächsten Jahr periodenweise von diesem Unterricht dispensiert werden, um noch mehr Zeit für die ihm bis dahin fremden Gebiete zu gewinnen, dieser oder jener könnte, um auf dem Laufenden zu bleiben und sich zu orientieren, sogar schon in einigen Stunden des kulturellen Kernunterrichts der neuen Oberstufe hospitieren; andere, bei denen es im 1. Jahr auch in diesen Fächern weniger glatt gegangen ist, nehmen diese oder doch einzelne davon in der neuen Untersekunda nochmals mit [...]." - BLUME, Bericht (1923), Bl. 200r, Anm. "In der Gründungsschrift S. 22 hieß es darüber: 'Vielleicht tut sich hier schon den Berliner Aufbauschulen ein Anschlußweg an die elastische Oberstufe auf, der im Novemberblatt des Lehrerverbandes Berlin 1921 herbeigesehnt wurde. In einigen Fächern wie Deutsch, Geschichte, Erdkunde, Physik könnten manche Aufbauer vielleicht bald mit den eben aus Obertertia versetzten Zwischenstüflern vereinigt werden; wer von ihnen hier gut mitfortschreitet, könnte in seinem 2. Aufbaujahr von diesem Unterricht periodenweise dispensiert werden, um noch mehr Zeit für die ihm bis dahin fremden Gebiete zu gewinnen.'"

Schuljahres 1927/28 die 'Blauen'[39], die des Schuljahres 1928/29 die 'Grünen', die des Schuljahres 1929/30 die 'Weißen', die des Schuljahres 1930/31 die 'Schwarzen'[40], die des Schuljahres 1931/32 die 'Gelben'[41] und die des Schuljahres 1932/33 die 'Roten'[42]. Diese Farben, die sich auch in dem von Blume "jede Woche neu gesteckte[n] Unterrichtsstundenplan"[43], den er "im Vestibül des Bollehauses auf[baute]"[44], wiederfanden, behielt ein Jahrgang für seine ganze Scharfenberger Schulzeit bei[45].

Im Mai 1922 hatte man zunächst begonnen, den Schülern den Unterricht, der jeweils an den Vormittagen gegeben wurde, "wie üblich in kleinen Portionen von je 45 Minuten zu verabreichen. Dazwischen lagen je 10 Minuten Pause."[46] Bald aber faßte man, um "das Hasten und Jagen des Kurzstundenvormittags mit seiner Energieverschwendung durch häufige Umstellung des Geistes"[47] zu vermeiden, "stets zwei Stunden ohne Pause zusammen"[48]; zum Teil legte man "2, 3, manchmal auch schon 4 Stunden desselben Fachs hintereinander"[49] und machte Pause 'nach Bedarf'[50].

Doch noch immer wurde - laut Blume - der Unterrichtsplan und ebenso "die nachmittägliche Vorbereitungszeit [...] durch das Präparieren auf so und so viele Dinge von den Schülern als zu zerrissen empfunden"[51]: Um der durch die allmorgendliche mehrfache Umstellung auf verschiedene Fächer hervorgerufene "Vergeudung von Engerie"[52] zu begegnen, traf man sich noch 1922 "zu förmlichen Stundenplankonferenzen"[53]; und man konnte in diesem Zusammenhang "auf den Tischen Zettel finden," auf denen sich dieser und jener verschiedene Umordnungsmöglichkeiten graphisch und ziffernmäßig klargemacht hatte"[54].

In der 21. Abendaussprache vom 29.11.1922 stellte Blume der Schulgemeinschaft dann einen sog. 'Wochenplan' vor, der "unter teilweiser Anlehnung an die Praxis der Odenwaldschule, in der in 4wöchigem Turnus immer nur 2-3 Fächer gleichzeitig betrieben [wurden]"[55], entstanden war. Dieser Plan sah vor, daß für die

---

39   Berlin, LA, SIS: Prüfungsunterlagen, Mappe 3: Reifeprüfungen 1925-1935, hier: Gesamtcharakteristik des Abiturientenjahrgangs 1933 (Blume).
40   Hinweise für die Jahrgänge 1928/29 bis 1930/31: SCHEEL, Schulfarm (1990), S. 12.
41   SCHEEL, Schulfarm (1990), S. 42.
42   SCHEEL, Schulfarm (1990), S. 43.
43   SCHEEL, Schulfarm (1990), S. 12.
44   SCHEEL, Schulfarm (1990), S. 12.
45   Zu den 'Farben': SCHEEL, Schulfarm (1990), S. 11.
46   LEHMANN, Schulfarm, S. 152.
47   BLUME, Bericht (1923), Bl. 225v. - Vgl.: BECKER, Die verwaltete Schule, S. 1159: "Einer Schülergeneration, deren Unfähigkeit zur Konzentration inzwischen allgemein bekannt ist, wird an der Ausschaltung jeder Vertiefungsmöglichkeit durch das System der alle 45 Minuten wechselnden Unterrichtsfächer festgehalten."
48   LEHMANN, Schulfarm, S. 152. - BLUME, Bericht (1923), Bl. 226v: "Pausen sind höchstens alle 2 Stunden."
49   BLUME, Bericht (1923), Bl. 225v.
50   BLUME, Bericht (1923), Bl. 225v.
51   BLUME, Bericht (1923), Bl. 225v.
52   BLUME, Schulfarm (1928), S. 168.
53   Aus dem Leben, S. 343.
54   Aus dem Leben, S. 343.
55   Prot. der 21. Abendaussprache vom 29.11.1922, in: Berlin, LA, SIS: CH, I, o.S.

Oberstufe ein vertieftes Lernen fördernder 'Konzentrationsstundenplan'[56] eingerichtet würde, nach dem in wöchentlichem Wechsel kulturkundliche, mathematisch-naturwissenschaftliche oder sprachliche Schwerpunkte gesetzt wurden. Blumes Plan wurde angenommen[57]. Nach den Weihnachtsferien 1922/23 wurde er in einer von Blume und Wolff weiterentwickelten Form in einer Stundenplankonferenz gebilligt - worauf man sofort mit seiner praktischen Durchführung begann[58].

Lediglich alle 4-6 Wochen wurde der dreiwöchige Rhythmus durch Einschieben einer 'Arbeitswoche'[59] unterbrochen[60].

Anfangs hatte man in jede Woche 2-3 Stunden der jeweils nicht behandelten Fächergruppen als sogenannte 'Brückenstunden' eingesprengt, "damit sie nicht ganz dem Gesichtskreis entschwinden"[61]; doch da sich diese "im wesentlichen als überflüssig erwiesen"[62], verschwanden sie bald wieder:

> "Nachteilige Folgen wegen der periodisch wiederkehrenden längeren Zeitpausen, die der Konzentrationsplan mit sich bringt, sind nicht bemerkt worden; nach wenigen Ankurbelungsstunden ist die Brücke wieder geschlagen, und das Plus, das die darauf einsetzende Kontinuität mit dem Eintauchen des ganzen Menschen in eine Zeit oder seinem Versetzen in ein Thema oder den Totaleindrücken in kurzer Zeit hintereinander zu beendigender Lektüre im Gefolge hat, überwiegt den kleinen Schaden bei weitem."[63]

Der Wochenplan-Unterricht betraf nicht nur die Oberstufenschüler, sondern hatte auch Konsequenzen für die Lehrer und die Schüler der Mittelstufe: Fortan konnte "jeder Lehrer in einer Woche sich nur mit der Oberstufe [...] beschäftigen"[64], konnte ihr "ganz und ungeteilt"[65] zur Verfügung stehen. In dieser Zeit hatte er in erhöhter Stundenzahl zu unterrichten; in den anderen Wochen hatte er dann jedoch eine entsprechend niedrigere Stundenzahl und "so auch einmal zusammenhängendere Zeit zum Überlegen seiner nächsten Hauptwoche"[66]. Während einer 'Hauptwoche' aber konnte ein Lehrer in der Mittelstufe "nur wenig Stunden haben, in ihnen unterrichten

---

56 BLUME, Bericht (1923), Bl. 225v.
57 Prot. der 21. Abendaussprache vom 29.11.1922, in: Berlin, LA, SIS: CH, I, o.S.
58 Berlin, LA, SIS: CH, II, S. 20. - Zum im Januar 1923 einsetzenden Wochenplanunterricht s. Berlin, LA, SIS: CH, II, S. 20-23. - Auch: BLUME, Bericht (1923), Bl. 225v. - Ein Beispiel eines dreiwöchigen Unterrichtsrhythmus findet sich in: Bericht 1923, Bl. 226r-v; abgedr. in: KEIM, Kursunterricht, S. 125f.
59 S. 539f.
60 BLUME, Schulfarm (1928), S. 168. - LEHMANN, Schulfarm, S. 152: "Ganz rein ließ sich dieses Wochenprinzip jedoch nicht durchführen, weil die nicht in Scharfenberg wohnenden Fachlehrer an bestimmte Tage gebunden sind und ihnen der Weg nicht öfter zugemutet werden kann."
61 BLUME, Bericht (1923), Bl. 226r.
62 BLUME, Schulfarm (1924), S. 328.
63 BLUME, Schulfarm (1928), S. 170. - In gleichem Sinne hatte zuvor bereits: LEHMANN, Schulfarm, S. 152, geschrieben: "Die Wiederanknüpfung nach dazwischenliegenden zwei Wochen nimmt zwar einige Zeit in Anspruch, ist jedoch gegenüber dem sonst herrschenden Fächerwirrwarr ein verschwindend kleiner Nachteil."
64 Prot. der 21. Abendaussprache vom 29.11.1922, in: Berlin, LA, SIS: CH, I, o.S. - So auch: BLUME, Schulfarm (1928), S. 168.
65 Prot. der 21. Abendaussprache vom 29.11.1922, in: Berlin, LA, SIS: CH, I, o.S. - So auch: BLUME, Schulfarm (1928), S. 168.
66 BLUME, Bericht (1923), Bl. 226r.

dann im wesentlichen die anderen Lehrer; in ihnen bereitet sich also die Stundenplankonzentration allmählich vor, ohne die für die jüngeren Geister noch notwendige
Abwechslung ganz aufgeben zu müssen."[67]

Im November 1923 besuchte der Berliner Pädagoge Erich Witte (1881-19..)[68] die
Schulfarm. Er war dabei insbesondere von dem 'Wochenplan' so angetan, daß er in
einem Zeitungsartikel die Frage stellte:

> "Wird sich Herr [Minister Otto] Boelitz entschließen, die durch den Studienrat Blume in seiner
> Versuchsschule gegebenen Anregungen in ihrer Verwertbarkeit für alle preußischen höheren
> Schulen zu prüfen?"[69]

Vier Monate später (!) veröffentlichte Kultusminister Otto Boelitz eine Denkschrift
über die 'Neuordnung des preußischen höheren Schulwesens', nach der die Starrheit

---

[67]   BLUME, Bericht (1923), Bl. 226r. - Vgl. so auch: Prot. der 21. Abendaussprache vom
       29.11.1922, in: Berlin, LA, SIS: CH, I, o.S. - Ähnlich: BLUME, Schulfarm (1928), S. 170.
[68]   Biogr. Inf. zu Witte: WITTE, Erich, Das Problem des Tragischen bei Nietzsche, Halle, Univ.,
       Diss., 1904, o.S.: Lebenslauf. - Kürschners Deutscher Gelehrten-Kalender, Jg. 1 (1925), Berlin
       [u.a.] 1925, S. 1149. - Kürschners Deutscher Gelehrten-Kalender, Jg. 2 (1926), Berlin [u.a.]
       1926, S. 2178. - Kürschners Deutscher Gelehrten-Kalender, 3. Ausg. (1928/29), Berlin [u.a.]
       1928, S. 2691. - Kürschners Deutscher Gelehrten-Kalender, 4. Ausg. (1931), Berlin [u.a.]
       1931, S. 3307. [Ab: Kürschners Deutscher Gelehrten-Kalender, 5. Ausg. (1935), Berlin 1935
       wird Witte nicht mehr aufgeführt!] - Ergänzende biogr. Inf.: Schulze-Marmeling an D.H. br.
       vom 11.08.1988: Erich Witte, geboren am 09.09.1881 in Wollin/Preußen als Sohn eines Kauf-
       mannes; Besuch des Schillergymnasiums in Stettin, 1901 Gymnasialergänzungsprüfung in Star-
       gard; Studium in Berlin, München, Leipzig, Halle, 1904 Promotion zum Dr. phil.: WITTE,
       Erich, Das Problem des Tragischen bei Nietzsche. Diss., Halle a.S. 1904. - Erste (und einzige)
       Lehramtsprüfung im Juni 1905 (Phil. Propädeutik, Englisch, Französisch, Deutsch); 1910/11
       Seminarjahr am Dorothenstädtischen Gymnasium in Berlin; 1911/12 Probejahr am Lyzée in
       Montpellier und Frankfurt/Oder; 1912-14 Oberlehrer in Berlin-Tempelhof, 1914-1920 Oberleh-
       rer an der Städtischen Studienanstalt in Berlin; ab 1.4.1920 Studienrat am Städtischen Bertram-
       Gymnasium in Berlin; zum 1.5.1924 in den einstweiligen und zum 1.10.1933 in den endgülti-
       gen Ruhestand versetzt. - Witte war Vorstandsmitglied der AsL Berlin, gehörte zum engeren
       Umfeld des Bundes Entschiedener Schulreformer und war Mitglied der Berliner
       Stadtverordnetenversammlung 1919/20 und von 1922-1929 für die SPD. - Zu Wittes zahllosen
       schulpolitischen Veröffentlichungen gehören u.a. die Monographien: WITTE, Erich, Die welt-
       liche Schule, Dortmund 1920. - WITTE, Erich, Die Schulverwaltung in der neuen Stadtge-
       meinde Berlin. Die gesetzlichen Grundlagen und Vorschläge zu ihrer Organisation, Berlin 1920.
       - WITTE, Erich, Die Elternbeiräte, Breslau 1920. - WITTE, Erich, Selbstregierung und Selbst-
       verwaltung der Schüler (=Schulpolitische Bücherei, 19), Langensalza 1920. - WITTE, Erich,
       Der Unterricht im Geiste der Völkerversöhnung. Vorschläge zur Ausführung von Artikel 148,
       Absatz 1 der Reichsverfassung (=Die Praxis der entschiedenen Schulreform, 3), Berlin [u.a.]
       1921. - WITTE, Erich, Kommunale Schulpolitik. Leitsätze zur Durchführung der Schulreform
       durch die Gemeinden (=Das neue Reich, 12), Gotha 1921. - WITTE, Erich, Die Einheitsschule
       vom gegenwärtigen Standpunkt der Schulreform (=Philosophische Reihe, 37), München [u.a.]
       1922. - WITTE, Erich, Der Nutzen und die Gefahren des Geschichtsunterrichts für das deutsche
       Volk (=Entschiedene Schulreform, 38), Leipzig 1924. - WITTE, Erich, Der Militarismus der
       preußischen Schulaufsichtsbehörden. Vorwort von Paul OESTREICH (=Entschiedene Schulre-
       form, 21), Leipzig 1924.
[69]   WITTE, Erich, Der Stundenplan von Scharfenberg, in: Berliner Volkszeitung vom 23.11.1923;
       wieder zit. in: WITTE, Erich, Der wechselnde Stundenplan. Psychologische Betrachtungen zur
       'Neuordnung des preußischen höheren Schulwesens', in: Die Neue Erziehung. Monatsschrift
       für entschiedene Schulreform und freiheitliche Schulreform, Jg. 7 (1925), S. 356-359, hier S.
       358.

der bisherigen Stundentafeln gemildert werden sollte[70] - und zwar innerhalb des Tages- aber auch des Wochenplanes einer Schulklasse. Witte begrüßte in einem längeren in der 'Neuen Erziehung' publizierten Aufsatz diesen Erlaß und begründete diese Zustimmung mit psychologischen Erwägungen:

> "Der Mensch hat das Bedürfnis, sich eine gewisse Zeit mit demselben Gegenstand zu beschäftigen, dann aber das Verlangen, seine Aufmerksamkeit einem andern zuzuwenden. Jeder Reiz bedarf einer gewissen Dauer, bis seine Wirkung wahrnehmbar wird; der Eindruck nimmt darauf bis zu einem gewissen Grade zu, anfangs bei gleichbleibender Stärke des Reizes, dann bei Verstärkung desselben. Denn der Reiz muß erst gewisse Vorstellungen in das Bewußtsein zurückrufen, damit die neuen Vorstellungen apperzipiert werden. Ist dies geschehen, so nimmt die Wirkung aber ab, bald langamer, bald schneller. So erklärt sich das psychologische Gesetz, dessen Richtigkeit jeder Mensch fast täglich aus seiner eigenen Beobachtung bestätigen kann: 'Anhaltende Dauer desselben Reizes stumpft den Gefühlswert ab.' Zu starke Abwechslung mißfällt, weil die Reize nicht die apperzipierenden Vorstellungen in das Bewußtsein zurückrufen und daher nicht zu ihrer vollen Wirkung gelangen können. Zu geringe Abwechslung mißfällt, weil die Reize noch wirksam sind, obwohl sie keine apperzipierenden Vorstellungsmassen mehr in das Bewußtsein rufen können."[71]

Doch trotz dieser grundsätzlichen Zustimmung zu Boelitz' Erlaß stellte Witte Forderungen für eine noch weiterreichende Entwicklung und benannte als Beispiel für einen Unterricht, der "der von dem Minister anerkannten psychologischen Berechtigung des wechselnden Stundenplans", in "vollem Umfange Rechnung getragen hat", erneut den Wochenplan-Unterricht der Schulfarm[72]!

Die durch den Wochenplan ermöglichte zeitliche Kontinuität der Arbeit beeinflußte "auch organisch die Unterrichtsmethode"[73]:

> "[...] es ist unmöglich, daß etwa bei 6 Stunden Kultur an einem Tage der Vortrag des Lehrers oder auch nur das Lehrgespräch die Unkosten tragen können; es löst sich vielmehr oft etwa in dem mittleren Stundenpaar in einzelne, auch einzeln in Grüppchen zu erledigende Teilaufgaben auf: einige verarbeiten je nach ihrer Hauptsprache ausgewählte Quellenstellen, andere lesen einschlägige Kapitel aus dem gerade hier Aufschluß bietenden Werken oder machen nach gegebenem Gesichtspunkt Exzerpte, wieder andere üben Szenen mit verteilten Rollen aus einem aus der Zeit stammenden Drama ein, oder es werden Volkslieder aus jener Epoche vorbereitet, oder einer sucht bildliche Belege oder macht Wandtafelskizzen [...]. Nach der angegebenen

---

70   Die Neuordnung des preußischen höheren Schulwesens. Denkschrift des preußischen Ministeriums für Wissenschaft, Kunst und Volksbildung, Berlin 1924; Auszug (S. 11-20 = Kap. II und III) wieder in: Kursunterricht - Begründungen, Modelle, Erfahrungen, hrsg. von Wolfgang KEIM (=Wege der Forschung, 504), Darmstadt 1987, S. 56-65; japan. Übers. von Soichiro KOMINE in: Chuko University Bulletin of the Faculty of Liberal Arts, Vol. 34 (1993/94), S. 255-365, hier (1924) S. 17f.: "Der Arbeitsplan kann es nötig machen, daß für bestimmte Stoffe und Methoden einmal eine Verschiebung und ein Austausch der Unterrichtsstunden erforderlich wird, daß ein Fach zeitweise zugunsten eines anderen zurücktritt, daß für eine Sonderaufgabe einem Lehrer eine geschlossene Stundenzahl gewährt wird, daß mehrere Fachlehrer bei einer Unterrichtsleistung gleichzeitig in Tätigkeit treten, daß eine bestimmte Aufgabe in einem Fach die Hilfe eines anderen Fachlehrers notwendig macht."

71   WITTE, Der wechselnde Stundenplan, S. 357.

72   WITTE, Der wechselnde Stundenplan, S. 358. - In Berlin, LA, SIS: CH, V, S. 33 schreibt Blume: "Dieser Aufsatz über den 'wechselnden Stundenplan' war vom Verfasser eingeschickt bei der Monatsschrift für höhere Schulen [, Berlin, Jg. 22 (1923)]; der Schriftleiter Gymnasialdirektor in Spandau [Dr. Paul Lorentz (1862-19..), Direktor des Kantgymnasiums in Spandau] wollte ihn nur dann bringen, wenn das über Scharfenberg Gesagte gekürzt würde"; darauf zog Witte seine Druckabsicht an dieser Stelle zurück und der Artikel erschien in der 'Neuen Erziehung'.

Frist trifft man sich wieder, und das von den einzelnen Erarbeitete schließt in einer schönen Abwechslung zu einer methodischen, manchmal sogar, wenn das Glück hold ist, zu einer künstlerischen Einheit zusammen."[74]

In späteren Jahren ließ sich der Konzentrationsstundenplan offensichtlich nicht mehr mit den stark angestiegenen Schülerzahlen in Einklang bringen, zumal dieser ja - wie gezeigt - auch Konsequenzen auf die Mittelstufenarbeit hatte. Doch hielt man weiterhin am Prinzip der Stundenplankonzentration fest:

"[...] ihnen [den Kursen] sind zwei ganze Vormittage [in der Woche] vorbehalten, an diesen haben die 4 Kurse nebeneinander mit ihren Leitern ihre Hauptsitzung"[75].

Dem Ziel der Intensivierung des Oberstufenunterrichts und der Aktivierung der Selbsttätigkeit der Oberstufenschüler[76] diente auch die Einrichtung eines 'Studientages'[77], den Blume möglicherweise nach dem Vorbild des Studientages der Freien Schulgemeinde Wickersdorf, den er kannte und als vorbildhaft bezeichnete, schon in den ersten Wochen des Schulversuchs geschaffen hatte[78] und den man dann auch beibehielt, während - laut Blume - er in Wickersdorf schon 1923 aufgegeben

---

73   BLUME, Schulfarm (1924), S. 329.

74   BLUME, Schulfarm (1924), S. 329. - Ebenso: Aus dem Leben, S. 343f.: "Diese zeitliche Kontinuität brachte andere methodische Möglichkeiten mit sich. Nach zwei Stunden Lehrgesprächs löste sich etwa die Mitarbeiterschar in kleine Gruppen auf, die für sich die aus dem behandelten Stoff entsprungenen Teilaufgaben vornahmen: Quellenstellen, auch fremdsprachige, Bücherabschnitte, Zusammenfassungen, Szenen mit verteilten Rollen, Tafelübersichten mit verschiedenen Kreiden, Statistiken, Zeichnungen, Modelle; der Lehrer bleibt für Ratsuchende zur Verfügung. Nach angemessener Zeit, es kann bei weiter gezogenem Radius auch am Nachmittag oder erst am nächsten Morgen sein, treffen sich wieder alle; jeder legt sein Ergebnis vor oder die Gruppen berichten über ihre Ausbeute; oder man fährt im Unterricht fort, in dem dann der einzelne an passender Stelle als 'Spezialist' eingreift oder die Gruppen nach selbst aufgestelltem Programm abwechselnd die Führung übernehmen ... [sic!]." - Zur Einführung von verstärkter Gruppen- und Einzelarbeit mit beginnendem Wochenplan im Januar 1923 s.: Berlin, LA, SIS: CH, II, S. 22f.

75   Berlin, BBF: SLG-GS, Jahresberichte 1932/33, Bd. 248d, Nr. 88: Berlin, SIS (Blume), S. 15.

76   BLUME, Schulfarm (1928), S. 170.

77   Beispiele von Studientagen finden sich in den Chronikbänden; z.B. etwa: BERISCH, Karl, Ein Scharfenberger Studientag im Frühjahr 1923, in: Berlin, LA, SIS: CH, III, S. 13f. - BAADER, Hans, Ein anderer Studientag, im Sommer 1923, in: Berlin, LA, SIS: CH, III, S. 61f.

78   Berlin, LA, SIS: CH, I, o.S. (Eintragung zum 14.06.1922): "Den Studientag [14.06.1922] eröffnete ich mit dem Vorlesen aus einem Wynekenschen Jahresbericht: 'Der Studientag wird unter den übrigen Arbeitstagen zum vornehmsten. Er erhält auch äußerlich ein besonderes Gepräge dadurch, daß der Stundenbeginn für die jüngeren Schüler nicht durch Klingelzeichen angegeben wird und daß die größte Ruhe in allen Häusern herrscht.' Das Zitat aus dem Leben der liberalsten aller Freien Schulgemeinden schien nicht ganz wirkungslos beblieben zu sein [...]." - Zur Richtigstellung des Zitats: Vierter Jahresbericht der Freien Schulgemeinde Wickersdorf. 1. Juni 1911 - 1. Oktober 1912, Jena 1912, S. 14f., hier S. 15: "Durch diese Betonung der Selbständigkeit der Arbeit zeichnet sich der Studientag unter den übrigen Arbeitstagen aus und wird zum vornehmsten Tage. Er erhält auch äußerlich ein besonderes Gepräge dadurch, daß der Stundenbeginn für die jüngeren Schüler nicht durch Klingelzeichen angegeben wird und daß die größte Ruhe in allen Häusern herrscht." - Blumes Formulierung von 'Wynekens Jahresbericht' ist insofern falsch, als daß Wyneken nicht mehr Leiter von Wickersdorf war: an seine Stelle war Martin Luserke getreten, der auch für den Jahresbericht verantwortlich zeichnete. - BLUME, Bericht (1923), Bl. 225r, schrieb davon, daß 1923 der Studientag in Wickersdorf bereits aufgegeben worden sei, "weil er nicht gehörig ausgenutzt wurde."

wurde, "weil er nicht gehörig ausgenutzt wurde."[79]. Zunächst lag der Scharfenberger Studientag am Mittwochmorgen[80]; mit Einrichtung der 'Arbeitswochen' gab es während dieser Wochen "zwei oder drei nacheinander"[81].

Blume nannte den Studientag "in einem Internatsleben mit seinen mannigfachen Anforderungen, seiner viel größeren Anspannung der Lehrer und Schüler von morgens 6 bis abends 9 Uhr [...] eine Notwendigkeit allein schon aus dem Grunde, damit jeder einmal zu sich kommen kann"[82]. Auch könnten hier in aller Ruhe "Einzelbesprechungen [der Oberstüfler] mit dem Lehrer [z.B.] über Aufsatzsorgen [...] (Erleichterung der Stoffsammlung; Klärung der Disposition; Themasuchen etc.)"[83] stattfinden. Aber auch für Wanderungen und Besichtigungen wurde er genutzt, so aber, daß "der Unterrichtsplan durch solche Unternehmungen nicht zerrissen"[84] wurde[85].

II.3.B.   DER MITTELSTUFENUNTERRICHT[86]

In der Mittelstufe wurden die von unterschiedlichen Schultypen kommenden Schüler von Beginn an weitgehend gemeinsam unterrichtet, sollte doch von Beginn an damit begonnen werden, "die Gemeinsamkeiten und nicht die Zerklüftung zu betonen"[87]. Eine Ausnahme bildete der fremdsprachliche Unterricht, bei dem die heterogenen Vorkenntnisse der bisher besuchten Schulen Berücksichtigung fanden; d.h., dieser Unterricht gliederte sich "nach Gruppen, die sich nach Vorbildung und Tempobegabung zusammensetz[t]en"[88] - und der für die 'Aufbauer' zudem die Besonderheit brachte, daß für sie neben Englisch auch Latein (in verstärkter Stundenzahl) angeboten wurde[89]. In Mathematik wurden in späteren Jahren "im Unterschied zu den

---

79 BLUME, Bericht (1923), Bl. 225r.
80 S. u.a.: Berlin, LA, SIS: CH, I, o.S. (Eintrag zum 14.06.1922).
81 BLUME, Schulfarm (1928), S. 170. - Die 'Reformation des Studientages' war mehrfach Thema einer Abendaussprachensitzung; s.: Prot. der 12. Abendaussprache vom 08.09.1922, in: Berlin, LA, SIS: CH, I, o.S.; Prot. der 14. Abendaussprache vom 14.09.1922, in: Berlin, LA, SIS: CH, I, o.S.; Prot. der 19. Abendaussprache vom 09.11.1922, in: Berlin, LA, SIS: CH, I, o.S.
82 BLUME, Bericht (1923), Bl. 225r.
83 BLUME, Bericht (1923), Bl. 225v.
84 BLUME, Bericht (1923), Bl. 225v.
85 BLUME, Bericht (1923), Bl. 225v: "[...] besondere Wandertage werden selbstverständlich dann nicht mehr eingelegt."
86 Zum Unterricht in der Zwischenstufe bis 1923 s.: BLUME, Bericht (1923), Bl. 207v-212v.
87 BLUME, Schulfarm (1928), S. 160.
88 Berlin, BBF: SLG-GS, Jahresberichte 1932/33, Bd. 248d, Nr. 88: Berlin, SIS (Blume), S. 5.
89 BLUME, Schulfarm (1924), S. 326. - BLUME, Schulfarm (1928), S. 164. - BLUME, Denkschrift, S. 5, weißt darauf hin, daß der Beginn mit Latein "nach dem Vorbild der sächsischen Aufbauschulen" erfolgt sei. - Vgl. zum Beginn mit Latein kritisch: SAUPE, Walther, Gedanken über Scharfenberg, in: Die Neue Erziehung. Monatsschrift für entschiedene Schulreform und freiheitliche Schulreform, Jg. 9 (1927), S. 771-775, hier S. 773.

Anfangsjahren nach längerem oder kürzerem Förderunterricht der Gemeindeschüler alle vereint"[90].

Fremdsprachenunterricht und Mathematik wurden in der Scharfenberger Mittelstufe in traditioneller Weise "mehr fachgemäß"[91] und zudem "für die überwiegende Mehrzahl getrennt nach Jahrgängen betrieben"[92]; doch konnte es in den Sprachen zu partiellen jahrgangsübergreifenden Überschneidungen kommen: so lasen beispielsweise "Realgymnasisten, die in Berlin drei Jahre Latein gehabt haben, [...] ihr Gallia est divisa in partes tres zusammen mit Aufbausekundanern, die auf der Insel zwei Jahre mit verstärkter Stundenzahl Latein getrieben haben."[93]

Wie Sprachen und Mathematik liefen auch die naturwissenschaftlichen Fächer weitgehend als systematischer Fachunterricht[94] - konnten jedoch gegebenenfalls auch in den Kontext des (geisteswissenschaftlichen) 'Gesamtunterrichts'[95] gestellt werden[96]. So kam es einmal zu einer Aufteilung einer Obertertia, die sich zuvor im Physikunterricht mit den Eigenschaften des Wassers beschäftigt hatte, in eine biologische, eine technische und eine literarische Gruppe[97]:

> "Von Zeit zu Zeit wurde die Gruppenarbeit zu einer Berichtsstunde gesammelt. In ihr ist jede Gruppe bestrebt, ihr Bestes zu zeigen, und jede lernt von der anderen. Die Techniker veranschaulichten in Lichtbildervorträgen die Entwicklung in dem Ausnutzen der Wasserkräfte von der primitiven Mühle bis zum modernen Wasserwerk; die literarische Gruppe vergegenwärtigte die zerstörende Gewalt dieses Elements in der Dichtung; ein Mitglied las als Stilübung den Bericht über eine selbsterlebte Hochwasserkatastrophe im Riesengebirge vor. Für die nächste Treffstunde stellten die Techniker den Literaten die Aufgabe, über Caesars Rheinbrücke und Napoleons Brückenschlachten zu sprechen, während sie selber sich mit modernen Brückenkonstruktionen beschäftigen wollen. Die Beauftragten boten beim nächsten Mal sogar ein Hörspiel mit dem Inhalt: Die Brücke[n] und wie die Menschen über sie denken [...]."[98]

---

90   BLUME, Schulfarm (1928), S. 160. - BLUME, Bericht (1923), Bl. 219r: "[...] im 4. Jahrbuch des Zentralinstituts S. 50 bezeugt Bolle-Karlshorst, wie bald sich die Verschiedenheit der Vorbildung ausgeglichen habe [BOLLE, Wilhelm, Zur freieren Gestaltung der Oberstufe höherer Schulen, in: Jahrbuch des Zentralinstituts für Erziehung und Unterricht, Jg. 4 (1922), Berlin 1923, S. 33-52, hier S. 50: "In diese Oberstufe treten gemeinschaftlich die Schüler des Realgymnasiums und der Realschule ein; eine Trennung nach der Schulart erfolgt überhaupt nicht mehr, sondern nur nach der Begabung. Die Schüler dieser Schulen befinden sich auch nebeneinander innerhalb desselben Begabungszuges. Die Verschiedenheit ihrer Vorbildung gleicht sich bald aus, so daß sie auch in den Kernfächern, selbst in der verschieden lange betriebenen gemeinsamen Sprache sich bald zu einer Einheit zusammenfinden [...]."]; dieselbe Erfahrung haben wir in Scharfenberg in uns selbst überraschender Weise mit dem für Gymnasiasten, Realgymnasiasten, Oberrealschüler gemeinsamen Kernunterricht der Oberstufe oder selbst in solchen Fächern wie Französisch und Mathematik schon in der Zwischenstufe gemacht [...]."

91   BLUME, Schulfarm (1924), S. 326.

92   BLUME, Schulfarm (1928), S. 166f.

93   BLUME, Schulfarm (1928), S. 164.

94   Zu Beginn des Schulversuches schrieb Blume von einem die naturwissenschaftlichen Fächer vereinenden 'Naturunterricht' der Mittelstufe (Berlin, LA, SIS: CH, I, o.S. (Eintrag zum 04.05.1922)), der jedoch bald aufgegeben worden zu sein scheint.

95   S. dazu S. 606-623.

96   RICHTER, Scharfenberg 1928-1932, S. 10f.

97   Berlin, BBF: SLG-GS, Jahresberichte 1932/33, Bd. 248d, Nr. 88: Berlin, SIS (Blume), S. 10.

98   Berlin, BBF: SLG-GS, Jahresberichte 1932/33, Bd. 248d, Nr. 88: Berlin, SIS (Blume), S. 10f.

Trotz dieser relativ 'traditionellen' Organisation wiesen diese Unterrichtsfächer in der Praxis - wie bereits während des Sommerschulversuches 1921 erfolgreich erprobt und in dieser Arbeit gezeigt - ganz erhebliche grundsätzliche Unterschiede zu dem an den 'normalen' Schulen der Zeit auf. Dies sei hier dargestellt an einigen Abbildungen zum Biologieunterricht (der Mittel- und Oberstufe!)[99] sowie anhand zweier - unten abgedruckter - Quellentexte zum Mathematikunterricht unter der Leitung von Ernst Sorge und zum neusprachlichen Fremdsprachenunterricht der Zwischenstufe, in dem man etwa den Lehrer Wilhelm Moslé, der zum Teil die Anfänger alleine oder "in kleinen selbständigen Gruppen den größten Teil der Zeit"[100] lernen ließ, "im Reisemantel und mit dem Koffer in der Hand auf der Insel begegnen [konnte] - Monsieur le professeur aus Paris, dem die Jungen die Insel zeigen!"[101]

Ernst Sorge zum Mathematikunterricht auf Scharfenberg[102]

"Die Insel ist ein dankbares Feld für die Verwirklichung dieses Gedankens. Messen und zeichnen kann man in Scharfenberg in unerschöpflichem Ausmaß. Einige Jungen des Mathematikkurses maßen unter Zuhilfenahme von Stahlbandmaß, Holzwinkelmesser, Winkelspiegel und Theodolit in einigen Monaten die ganze Insel aus. Hierbei galt es erhebliche Schwierigkeiten zu überwinden; die Bandmaße mußten öfter durch dichtes Gestrüpp oder an einspringenden Buchten übers Wasser gelegt werden. Bei der starken Bewaldung der Insel war die Sichtweite gering. Dennoch können die Messungen als beachtenswert genau gelten. Bei Vielecken von mehreren hundert Metern Umfang wichen Anfangs- und Endpunkte nach der Zeichnung nie um mehr als 6 m voneinander ab. Nach diesen Messungen fertige ein Schüler eine Karte der Insel im Maßstab 1:2000 an und behandelte in einer Jahresarbeit das Verfahren und seine Hilfsmittel. Die Karte wurde wiederum von Schülern der Zwischenstufe in verschiedene andere Maßstäbe - bis zu Wandkartengröße - übertragen und außerdem durch Wiegen einer auf Zinkblech aufgeklebten Karte oder durch Auszählung auf Millimeterpapier zur Flächenbestimmung der Insel verwertet. Trigonometrische Messungen wurden nötig, als wir die Schallgeschwindigkeit durch Echoversuche auf dem Tegeler See bestimmten. Wir brauchten dabei die Entfernung der Insel vom Festland. Sie wurde auf Grund vieler Theodolitmessungen von Schülern der Zwischenstufe durch Zeichnen, von Schülern der Oberstufe durch Rechnung gefunden. Eine ganze Reihe von Messungen und Berechnungen wurden bei der Einrichtung der Wetterstation erforderlich. Mit dem Theodoliten wurde durch Höhenwinkelmessung die Turmhöhe des Bollehauses bestimmt, auf dessen Spitze wir - unter Lebensgefahr - einen Windmesser anbrachten, ferner durch Nivellieren die Höhenlagen der Thermometer und des Barometers. Messungen auf Meßtischblättern ergaben die geographische Lage des Wetterhäuschens. Theodolitmessungen der Höhe von Sternen und der Sonne ließen uns die geographische Breite von Scharfenberg finden, legten praktisch den grund für due Kugeltrigonometrie und machten uns mit dem Sternenhimmel und seinen Veränderungen vertraut. Bei dieser Art des Mathematikbetriebes erhalten die Jungen einen natürlichen Einblick in das Verfahren und den Wert der Mathematik und gewinnen gutes Augenmaß, praktischen Blick, Geschicklichkeit und - Freude! Dies schließe ich aus der Begeisterung, mit der die Jungen der Zwi-

---

99   S.: Abb. 66 und Abb. 67.
100   MOSLÉ, Wilhelm, Gruppenarbeit im englischen Anfangsunterricht der Grünen, in: Aus dem Leben der Schulfarm Insel Scharfenberg. Bilder, Dokumente, Selbstzeugnisse von Eltern, Lehrern, Schülern, red. von Wilhelm BLUME, in: Das Werdende Zeitalter. Eine Monatsschrift für Erneuerung der Erziehung, Jg. 7 (1928), S. 329-404, hier S. 357f., hier S. 357.
101   BLUME, Schulfarm (1928), S. 163.
102   SORGE, Ernst, Scharfenbergs mathematischer Unterricht, in: Aus dem Leben der Schulfarm Insel Scharfenberg. Bilder, Dokumente, Selbstzeugnisse von Eltern, Lehrern, Schülern, red. von Wilhelm BLUME, in: Das Werdende Zeitalter. Eine Monatsschrift für Erneuerung der Erziehung, Jg. 7 (1928), S. 329-404; hier S. 358f., hier S. 359.

schenstufe einmal für die Eltern eine große Ausstellung mathematischer und statistischer Zeichnungen veranstalteten. "

Wilhelm Moslé an eine Schülergruppe, die bei ihm englischen Anfangsunterricht - zum Teil in kleine, selbständige Gruppen unterteilt - erhielt[103]

"Das Englischlernen scheint Euch bisher Spaß gemacht zu haben. Nun ist es klar, daß man doppelt so gut lernt, wenn einem etwas Spaß macht. Freude aber macht vor allem auch das, was man selbst entdeckt und was man an Schwierigkeiten selbst überwindet. Für mich als Erwachsenen ist es aber oft schwer zu wissen, was Euren Kräften gerade angemessen ist, dazu seid Ihr untereinander zu verschieden. Ihr müßt es schließlich selbst am besten wissen. Ich kann Euch nur die Richtung angeben, in der Ihr die schönsten Tummelplätze findet, auf denen Ihr Eure Kräfte stählen könnt, und das Gerät für Euch aussuchen und bereit legen (Spiele, Bücher usw.). Wenn der Ball zu schwer ist, werdet Ihr leicht müde, wenn der Spielplatz zu klein ist, gibt es Zank und Streit, wenn sie Spielregeln zu verwickelt sind, tritt bald Unlust ein; Ihr müßt es selbst ausprobieren, wenn ich auch natürlich stets da bin, Euch zu raten oder zu helfen, wenn Ihr etwas wissen wollt oder Euch selbst etwas ausgedacht habt, was meist das Allerschönste ist. Jederzeit könnt Ihr Miß Lancester oder mich oder Kameraden der Oberstufe fragen, im Unterricht oder außerhalb des Unterrichts; es soll überhaupt in unserer Gemeinschaft, in der jeder etwas Nützliches schaffen will, kein Unterschied sein zwischen Unterricht und Nichtunterricht. Ich erinnere die Gruppen auch daran, daß sie nicht starr zu sein brauchen, daß sie beweglich sind je nach der Arbeit. Die Gruppen von je 5 bis 6 können sich unterteilen, wenn es gerade so paßt, so daß 2 oder 3 zusammen arbeiten oder sogar einer allein (z.B. beim Auswendiglernen). Ihr arbeitet ja auch verschieden, der eine schnell, der andere langsam, der eine mit dem Gehör, der andere mit den Augen, ein anderer muß es geschrieben sehen oder selbst aufgeschrieben haben, die gemeinsame Arbeit ist daher zuweilen unpraktisch und führt zu Zeitverschwendung [...]. "

Erinnerungen von Erwin Witt an den neusprachlichen Unterricht unter Wilhelm Moslé[104]

"Diese Art des Arbeitsunterrichtes war in ihrer reinsten Form im Englischunterricht vorhanden. Wir waren alle Anfänger in dieser Sprache und brachten daher allesamt ein erhöhtes Interesse für das 'neue' Unterrichtsfach mit. Unser Lehrer, Herr Moslé, teilte uns in Arbeitsgruppen zu je 4-5 Mann ein, die, jede für sich, selbständig arbeiteten. Hier wurde nun Quartett gespielt (die Spielkarten waren mit englischen Frage- und Antwortsätzen bedruckt, so daß sich zwangsläufig eine Unterhaltung in englischer Sprache ergab), English songs wie 'Old King Coal', 'Little Jack Horner', 'Humpty Dumpty' wurden zwischendurch gesungen oder leichte, mit Bildern unterhaltsam illustrierte Texte gelesen. Herr Moslé aber ging von Gruppe zu Gruppe, half uns über grammatische Schwierigkeiten hinweg, verbesserte unsere Aussprache und rief uns, wenn nötig, zu gemeinsamer Arbeit zusammen. Diese Art des Unterrichtens gefiel uns allen außerordentlich. Wir waren immer tüchtig bei der Sache und machten daher auch in der Erlernung des fremden Idioms gute Fortschritte. In jener Zeit faßte ich eine Vorliebe für die neueren Fremdsprachen, die sich im Verlauf der folgenden Jahre nur noch vertiefte. "

---

103   MOSLÉ, Gruppenarbeit, S. 357.
104   Witt, Bildungsgang.

Rudolf Schädlich berichtet zum Englischunterricht und seine Englischlehrer:

"[...] der englische Unterricht [Wilhelm Moslès] war in seiner Methodik für mich etwas Neues. Kein stumpfsinniges Auswendiglernen von Vokabeln und grammatischen Dingen, sondern ein frisches und lebendiges Lernen ganzer Sätze und Redewendungen. Durch diese etwas spielerische Art und Weise lernten wir in einem Jahr soviel Englisch, daß wir uns über fast jede alltägliche Sache unterhalten konnten. Diesen Schatz zu festigen, fiel dem nächsten Englischlehrer [=Richard Tourbier] zu, den aber ein plötzlicher Tod dahin gerafft hat. Er war ein Lehrer, der das streng wissenschaftliche Arbeiten mit einem gesunden Humor verband und dadurch so vielen zum Freunde wurde. Durch ihn war ich stark angeregt in den Neusprachenkurs eingetreten, trotzdem mich die französische Sprache nicht im gleichen Maß interessierte."[105]

Wilhelm Richter schließlich schreibt, daß er als Student und Referendar auf Scharfenberg einige Male Unterricht in Fächern gegeben habe, "ohne dafür eine Fakultas zu besitzen"[106]. Auch wenn dieser Unterricht für ihn als Lehrer anstrengend gewesen sei, er habe "seinen besonderen Reiz, nicht bloß für den Lehrer, der Neues lernt, sondern auch für die Schüler, die dem Lehrer in der Lernsituation gleichsam nahe sind"[107]:

"Am gewagtesten war wohl das Unternehmen, Anfänger im Englischen zu unterrichten. Ich selbst hatte während meiner Schulzeit im humanistischen Gymnasium nur ein Jahr lang am fakultativen Englisch-Unterricht ohne nennenswerten Gewinn teilgenommen, dann durch die Arbeit an meiner Dissertation viel englische Literatur lesen müssen und zugleich anhand der Toussaint-Langenscheidt-Lehrbriefe[108] etwas systematischer englische Grammatik betrieben; aber meine Fähigkeit, englisch zu sprechen, war minimal [...]."[109]

---

[105] Berlin, LA, SIS: Prüfungsunterlagen, Mappe 3: Reifeprüfungen 1925-1935, hier: Reifeprüfung 1934, Bildungsgänge der Abiturienten 1934: Bildungsgang von Rudolf Schädlich.

[106] RICHTER, Scharfenberg 1928-1932, S. 13.

[107] RICHTER, Scharfenberg 1928-1932, S. 13.

[108] BLATTNER, Karl, Der kleine Toussaint-Langenscheidt zur Erlernung fremder Sprachen durch Selbststudium. Englisch in 20 Lektionen [10 Briefe und 2 Beil.], Berlin 1926.

[109] RICHTER, Scharfenberg 1928-1932, S. 13. - Vgl.: BLUME, Bericht (1923), Bl. 232v: "Die 2 Stunden Englisch fakultativ sind mehr zufällig eingerichtet aus dem Wunsch einiger Lateinschüler (5), die zu ihrem Vergnügen Englisch lernen wollten und sich dazu mit W. Richter, einem ehemaligen Schüler des Leiters, der Englisch studiert [sic!], zusammenfanden; sie lasen einfach drauf los: Dickens, Christmas Carol [DICKENS, Charles, A christmas carol. Complete text, ed. with explantory notes by F. FIEDLER (= Sammlung englischer und französischer Schriftsteller der neueren Zeit. Ausg. B, Bd. 79), Berlin 1921], wovon Exemplare im Hause waren. Nach Ostern hat Herr Professor Cohn die Schüler übernommen, der mit ihnen recht zufrieden ist; sie lesen jetzt kleine englische Novellen miteinander und stellen das bei Lektüre und Sprechen Gelernte etwas systematischer zusammen. Weitere Lektüre: [William Makepeace] Thackeray [(1811-1863)] leichtere Lustspiele; modernes englisches Leben."

II.3.B.α.   DER GESAMTUNTERRICHT

Das auffallendste unterrichtsorganisatorische Merkmal, das "Charakteristikum"[110] - und zugleich der qualitative und quantitative Schwerpunkt[111] - des Mittelstufenunterrichts war der 'Gesamtunterricht'. Dieser war "die ständige Vereinigung der ethischen Fächer Religion, Deutsch, Geschichte unter sogenannten Gesamtthemen, wozu sich zeitweise auch je nach der Sonderart des Stoffes Erdkunde und Biologie gesellen können"[112], ebenso "die Philosophie, die Kunst und das Werken"[113]. Schließlich zählte auch die Staatsbürgerkunde als fester Bestandteil des Gesamtunterricht[114]. Doch schrieb Blume zum Thema 'Staatsbürgerkunde', daß "wirksamer [...] als [unterrichtliche] Belehrungen [...] das politische Erleben im eigenen Kreis" sei - wie überhaupt der Sinn Scharfenbergs "nicht so sehr die neuen Unterrichtsformen, wie die Verwirklichung einer wahren Demokratie, nicht durch Gemeinschaftskunde, sondern durch natürliches Zusammenleben" gewesen sei[115]. Mit dieser Position fand sich Blume in Übereinstimmung mit Pädagogen wie Georg Kerschensteiner (1854-

---

110   Berlin, BBF: SLG-GS, Jahresberichte 1932/33, Bd. 248d, Nr. 88: Berlin, SIS (Blume), S. 6. - S. auch: SCHEEL, Schulfarm (1990), S. 12: "Für die Zwischenstufe, die von der Untertertia bis zur Untersekunda reichte, stand eindeutig der Gesamtunterricht im Mittelpunkt."
111   Vgl.: Berlin, BBF: SLG-GS, Jahresberichte 1932/33, Bd. 248d, Nr. 88: Berlin, SIS (Blume), S. 14: "Durch diesen Gesamtunterricht rückt der Deutsch- und Geschichtsunterricht in der Zwischenstufe durchaus in den Mittelpunkt. Ihm kommt das Prinzip der Konzentration am meisten zugute. Häufig schon haben die Vertreter der anderen Fächer Klage geführt, daß er das Interesse der Schüler zu sehr absorbiere." - Vgl. etwa: Prot. der 21. Abendaussprache vom 29.11.1922, in: Berlin, LA, SIS: CH, I, o.S.: "[Zugleich klagten die] Fachlehrer über Hintansetzung der sprachlichen und naturwissenschaftlichen Fächer".
112   Berlin, BBF: SLG-GS, Jahresberichte 1932/33, Bd. 248d, Nr. 88: Berlin, SIS (Blume), S. 6.
113   RICHTER, Scharfenberg 1928-1932, S. 10.
114   Zur Staatsbürgerkunde in der Weimarer Republik s. etwa: HUHN, Politische Geschichtsdidaktik. - WITTWER, Sozialdemokratische Schulpolitik, S. 304-319. - GEIGER, Wolfgang, Staatsbürgerliche Erziehung in der Endphase der Weimarer Republik, in: Schule und Unterricht in der Endphase der Weimarer Republik. Auf dem Weg in die Diktatur, hrsg. von Reinhard DITHMAR, Neuwied [u.a.] 1993, S. 1-20.
115   BLUME, Denkschrift, S. 4. - Einen sehr guten, differenzierten Überblick über Dimension und Vielfalt der staatsbürgerlichen Erziehung auf Scharfenberg bietet: Berlin, LA, SIS: RICHTER, Wilhelm, Staatsbürgerliche Erziehung in Scharfenberg, 2. schriftliche [Referendariats-] Prüfungsarbeit, masch. Berlin o.D. [ca. Anfang 1930].

1932) oder Friedrich Wilhelm Förster (1869-1966) wie auch von Entschiedenen Schulreformern[116], etwa z.B. Paul Oestreich, der schrieb:

"Der 'Entschiedene Schulreformer' kennt keinen 'staatsbürgerlichen Unterricht'! Die 'Schule', das produktive Jugenddasein, das er erstrebt, ist [!] Staatsbürgerlichkeit!"[117]

Dieser Gesamtunterricht, der weithin Beachtung fand[118], wurde weitgehend nach Jahrgängen getrennt, je nach Themenkomplex jedoch auch jahrgangsübergreifend gegeben[119]. In ihm standen "je nach Stoff, bald der historische, bald der literarische, bald der geographische, bald der religionsgeschichtliche [...] Gesichtspunkt"[120] im Vordergrund, dem sich dann jeweils "alles andere [...] ein- und unterordnete"[121]; der

---

[116] Kerschensteiners Position vor allem in: KERSCHENSTEINER, Georg, Staatsbürgerliche Erziehung der deutschen Jugend, 7. Aufl. Erfurt 1921; 10. neu bearb. Aufl. Erfurt 1931. - Und: KERSCHENSTEINER, Georg, Staatsbürgerliche Erziehung, in: Die deutsche Schulreform. Ein Handbuch für die Reichsschulkonferenz, hrsg. vom Zentralinstitut für Erziehung und Unterricht, Leipzig 1920, S. 108-116; wieder in: Die deutsche Reformpädagogik, hrsg. von Wilhelm FLITNER und Jürgen KUDRITZKI, Bd. 1: Die Pioniere der pädagogischen Bewegung, 4. unveränd. Aufl. Stuttgart 1984, S. 213-222, hier bes. S. 217-222. - Försters Position vor allem in: FÖRSTER, Friedrich Wilhelm, Staatsbürgerliche Erziehung, München 1910; von der 3. erw. Aufl. München 1918 an u.d.T. 'Politische Ethik und politische Pädagogik'. - Zur Position des Bundes Entschiedener Schulreformer s. etwa: BAEGE, M.H., Staatsbürgerkunde?, in: Die Neue Erziehung, Jg. 3 (1921), S. 256-260, hier S. 257, bezog sich als 'entschiedener Schulreformer' bei der Findung seiner Position direkt auf Kerschensteiner und Förster, die gezeigt hätten, "daß nur im praktischen Erleben des Schülers als Glied einer Arbeits- und Erziehungsgemeinschaft, in der Ausgestaltung der Schule zur Arbeitsschule, in den Selbstregierungseinrichtungen, den jungen Jugendvereinigungen usw. die wirksamen Grundlagen für die Herausbildung jener Gemeinschaftsgesinnung und Fähigkeit zu selbsttätiger Mitarbeit an den Aufgaben der Gemeinschaft gegeben sind, die letzten Endes den Kern jener sozialpädagogischen Forderung bildet, die man unter dem Begriff 'Staatsbürgerliche Bildung' zusammenfaßt." - S. zum Thema 'Staatsbürgerliche Erziehung' auch: Staatsbürgerliche Erziehung. Im Auftrage des Zentralinstituts für Erziehung und Unterricht hrsg. von Felix LAMPE und Georg H. FRANKE, Breslau 1924; 2. [um zwei Aufsätze] erw. Ausg. Breslau 1926; ein Teil der Beiträge ist wieder veröff. in: Politische Bildung in der Weimarer Republik. Grundsatzreferate der 'Staatsbürgerlichen Woche' 1923, hrsg. und eingel. von Kurt Gerhard FISCHER, Frankfurt 1970. - WUESSING, Fritz, Staatsbürgerliche Erziehung, in: Wesen und Wege der Schulreform. Hans Richert dem Sechzigjährigen zum 21. Dezember 1929, hrsg. von Adolf GRIMME, Berlin 1930, S. 211-219 [auf diesen Aufsatz verweist im Zusammenhang mit der Schulfarm: Berlin, LA, SIS: RICHTER, Wilhelm, Staatsbürgerliche Erziehung in Scharfenberg, 2. schriftliche [Referendariats-] Prüfungsarbeit, masch. Berlin o.D. [ca. Anfang 1930], S. 8]. - Und: Staatsbürgerkunde im mathematisch-naturwissenschaftlichen Unterricht mit Einschluß der Erdkunde, hrsg. von Karl METZNER, Leipzig 1931.

[117] OESTREICH, Paul, Vorwort des Herausgebers, in: BOURNOT, Otto, Der Weg zum Staatsbürgertum. Ein Buch von Erziehung und Unterricht (=Entschiedene Schulreform, 41), Leipzig 1924, S. 3f., hier S. 3.

[118] S. so: HAACKE, Ulrich, Zusammenarbeit von Deutsch, Geschichte und Staatsbürgerkunde, in: Die Erziehung. Monatsschrift für den Zusammenhang von Kultur und Erziehung in Wissenschaft und Leben, Jg. 6 (1931), S. 27-40 und S. 161-177, hier zum Gesamtunterricht der Schulfarm auf S. 39f. und S. 161.

[119] BLUME, Schulfarm (1928), S. 164. - Berlin, BBF: SLG-GS, Jahresberichte 1932/33, Bd. 248d, Nr. 88: Berlin, SIS (Blume), S. 5: Hier schrieb Blume, daß (nur noch!) der fremdsprachliche Unterricht "nach Vorschlag und Tempobegabung" sich zusammensetze, "der übrige Unterricht [neben dem fremdsprachlichen] ist in dieser Zwischenstufe nach Klassen, jahrgangsmäßig ohne Rücksicht auf die Schultypen gemeinsam."

[120] BLUME, Schulfarm (1928), S. 160.

[121] BLUME, Schulfarm (1928), S. 160.

geschichtliche Verlauf aber gab dabei "in der Regel den Faden [an]"[122]. Dabei kam es - wie anhand von Beispielen noch zu zeigen sein wird - zu interessanten und zum Teil ungewöhnlichen historischen 'Längsschnitten' - die Blume bei Delbrück gelernt haben dürfte[123].

Der Gesamtunterricht, "dessen Gang und zum Teil auch die Stoffauswahl von Fall zu Fall durch die Schüler mitbestimmt [wurde]"[124], war - so Blume - "variabel, nicht festlegbar, man kann nie wissen, wie und wo er in Gang kommt"[125]; manchmal ergab er sich "aus einer plötzlichen Eingebung, aus dem Zufall."[126] Das gewählte Thema knüpfte "an etwas Lebens- und Jugendnahes"[127] an und ließ, "eben durch die Mitwirkung der Jugend auch an der Stoffauswahl und deren Vermittlung"[128], den Gesamtunterricht "im Laufe der Jahre unfachmäßiger und dadurch jugendnäher"[129] werden - was nicht zuletzt auch Konsequenzen für den Lehrer mit sich brachte:

> "So sehr der Lehrer auf der Oberstufe sein Fach beherrschen muß, in der Mittelstufe muß er es vergessen können!"[130]

So wie man laut Blume nie wissen konnte, wie und wo ein Gesamtunterrichtsthema in Gang kam, so wußte man auch nicht, "ob und wie [es] [...] sich weiterentwickelt[e]."[131] Ein einmal gewähltes Thema "sollte sich in freien Assoziationen in die verschiedenen Fachbereiche ausbreiten, und am wichtigsten war, daß es von den Schülern akzeptiert und als 'unser Thema' empfunden wurde"[132] - und somit "kaum einen der unterschiedlich interessierten Schüler unberührt ließ"[133].

"Gleichzeitig sorgte die Festlegung auf ein Hauptthema dafür, daß den Gefahren des Ausuferns ins Abseitige oder gar Abwegige immer wieder ein Riegel vorgeschoben werden konnte"[134], d.h. vor allem, vom "Lehrer zur Ordnung gerufen"[135] wurde, wenn die Fragen der Schüler "von dem Zusammenhang abschweif[t]en"[136]:

> "Das Richtunggebende aber ist das Thema; alle Energien, die vom ihm wegstreben, ohne es zu bereichern, werden unterbunden; so wird das Zerflattern des Unterrichts bei aller Freiheit vom Leitfaden verhindert; Freiheit und Autorität ergänzen sich gegenseitig, arbeiten ineinander: Kein Aufgezwungenes sondern aus bestimmten, von den Schülern empfundenen Voraussetzungen erwachsenes Thema, Autorität des einmal gefundenen Stoffes, aber freie

---

122 BLUME, Bericht (1923), Bl. 208r.
123 Vgl. S. 44.
124 BLUME, Schulfarm (1924), S. 326. - SCHEEL, Schulfarm (1990), S. 12, schreibt, daß man immer zu einem Thema fand, "das zu behandeln Schüler und Lehrer einig geworden waren".
125 BLUME, Schulfarm (1928), S. 164.
126 Berlin, BBF: SLG-GS, Jahresberichte 1932/33, Bd. 248d, Nr. 88: Berlin, SIS (Blume), S. 7.
127 RICHTER, Scharfenberg 1928-1932, S. 11. - HAACKE, Zusammenarbeit, S. 39: Gemeinschaftsunterrichtsthema konnte auf Scharfenberg werden "jeder bedeutungsvolle Gegenstand, der im Gesichts- und Interessenkreis der Jungen liegt."
128 BLUME, Schulfarm (1928), S. 163.
129 BLUME, Schulfarm (1928), S. 163.
130 BLUME, Schulfarm (1928), S. 164.
131 BLUME, Schulfarm (1928), S. 164.
132 RICHTER, Scharfenberg 1928-1932, S. 11.
133 SCHEEL, Schulfarm (1990), S. 12.
134 SCHEEL, Schulfarm (1990), S. 12.
135 RICHTER, Scharfenberg 1928-1932, S. 11.
136 BLUME, Bericht (1923), Bl. 208r.

Ausgestaltung im einzelnen mit dem Prinzip, nicht die Reizinteressen, sondern die Triebinteressen des Schülers für den Unterricht fruchtbar zu machen."[137]

Blume selbst ordnete den Scharfenberger Gesamtunterricht zwischen zwei anderen Gesamtunterrichtsmodellen ein: zwischen dem Gesamtunterricht von Berthold Otto[138], "welcher eine Nachahmung und Fortsetzung des Familiengesprächs bei Tisch oder auf der Rast bei einem Spaziergang sich ganz frei und fessellos entfaltet, dafür aber auch leicht vom Hundertsten ins Tausendste geraten kann"[139], und dem von Schulrat Niemann von Saarbrücken aus propagierten, "der zwar auch von einem Fach ins andere übergreift, aber den Stoff ordnet wieder nach ganz bestimmten Schematen (von der Postkutsche zum Automobil, von der Ampel zum Gasometer!), aufgestellt und genau eingeteilt von Lehrerkonferenzen, nicht gewachsen in der lebendigen Unterrichtsgemeinschaft, in der die Gunst des Augenblicks bestimmt, und wobei man doch innerhalb eines Kreises zu bleiben vermag, den man sich selber gezogen hat."[140]

Ein Gesamtunterrichtsthema wurde "je nach Ergiebigkeit Wochen, Monate bis zu einem Jahr lang behandelt"[141]. Dann verlief das Thema nicht 'im Sand', sondern wurde nach Möglichkeit "mit einer Ausstellung, einem Theaterspiel oder einer Vorführung"[142] abgeschlossen.

---

[137]   Berlin, BBF: SLG-GS, Jahresberichte 1932/33, Bd. 248d, Nr. 88: Berlin, SIS (Blume), S. 7.

[138]   Über Ottos Gesamtunterricht s. vor allem: OTTO, Berthold, Gesamtunterricht. Ein Vortrag, Berlin 1913; wieder abgedr. u.a. in: Berthold Otto. Ausgewählte pädagogische Schriften, besorgt von Karl KREITMAIR, Paderborn 1963, S. 120-132. - Dazu auch: SCHEIBE, Wolfgang, Gesamtunterricht. Eine Interpretation (=Pädagogische Interpretationen, 2), Weinheim [u.a.] 1969. - Über Berthold Otto und seine Schule vgl. S. 464.

[139]   BLUME, Schulfarm (1928), S. 166. - Vgl. auch: BLUME, Bericht (1923), Bl. 208r-v: "[...] ein 'Gesamtunterricht', wie ihn Berthold Otto betreibt, gemeinsame Beantwortung beliebiger die einzelnen gerade interessierender Fragen, ist hier überflüssig, da sich dazu bei Tisch und sonst in gemeinsamem außerordentlichen Leben immerfort Gelegenheit bietet [...]." - Vgl.: OTTO, Berthold, Deutsche Erziehung und Hauslehrerbestrebungen. Ein Reformprogramm, Großlichterfelde 1907, S. 44: "Diese Gesamtunterrichtsstunde ist eigentlich eine Gesellschaft zur wissenschaftlichen Unterhaltung. Ich beschränke mich streng auf Versammlungsdisziplin und halte jede eigentliche Schuldisziplin auf das Entschiedenste fern. Es darf also im allgemeinen jeder reden, was und wie er will." - Ebd.: "Und da es denn doch einmal als Unterricht gelten soll, so haben wir diese Stunde im Gegensatz zu allem Einzelunterricht, zu allem Fachunterricht, den Gesamtunterricht genannt [...]."

[140]   BLUME, Schulfarm (1928), S. 166. - Zu Niemann und seinem Gesamtunterricht s. bes. S. 394f. - 1928 publizierte der von Niemann kommende Scharfenberger Lehrer Ziegelmayer (s. S. 394-399) eine Monographie zum naturwissenschaftlichen Gesamtunterricht: ZIEGELMAYER, Wilhelm, Das Lehrgebäude. Eine Methodik des naturwissenschaftlichen Gesamtunterrichts, Langensalza 1928. - Blume stand Ziegelmayers Auffassungen skeptisch gegenüber: BLUME, Schulfarm (1928), S. 166: "Aus solchem Gesamtunterricht kann man kein 'Lehrgebäude' machen, wie das Dr. Ziegelmayer [...] vom naturkundlichen Ausgangspunkt her jüngst versucht hat; 'System' und 'Gesamtunterricht' sind eine contradictio in adiecto. In solchem Lehrgebäude des Gesamtunterrichts bleibt der Stoff auf seinem Herrscherthron, und damit stellt er sich von selbst außerhalb jeder heute noch ernstlich zu nehmenden Unterrichtsreform."

[141]   RICHTER, Scharfenberg 1928-1932, S. 11.

[142]   RICHTER, Scharfenberg 1928-1932, S. 11.

Im Folgenden seien nun zu Veranschaulichung einige der Gesamtunterrichtsthemen vorgestellt[143]:

Heinrich Scheel berichtet in seinen Schülererinnerungen, daß man im ersten Gesamtunterrichtsthema, das er auf Scharfenberg mitgemacht hatte, der Geschichte der Insel, also seinem neuen Lebensraum, von der Vor- und Frühgeschichte bis in die Neuzeit hinein nachging und dabei auf mit der Insel in Verbindung stehende Schriftsteller wie Joachim Heinrich Campe, Heinrich Seidel und Otto Julius Bierbaum und Carl Bolle kam[144]. Von dem Literaten Bolle sei es kein weiter Weg zum Botaniker Bolle und dem von ihm auf Scharfenberg geschaffenen botanischen Bestand der Insel gewesen[145]: Es sei zu einem Zusammenspiel zwischen Blume und dem Biologielehrer gekommen - auf das unterrichtliche Zusammenspiel mehrerer Lehrer auf Scharfenberg sei ausführlicher in dieser Arbeit an späterer Stelle eingegangen![146] -, "wobei die Frage, ob unsere nun einsetzenden Erkundungen noch im Rahmen des Gesamtunterrichts zu sehen oder dem biologischen Fachunterricht zuzuordnen waren, alle Beteiligten völlig kalt ließ."[147]

Ein andernmal bot ein Brand, der "durch die Unvorsichtigkeit von Wasserwerksarbeitern" entstanden war, und der den Schlafraum einer Untertertia bedroht hatte, Anlaß, daß der betroffene Jahrgang "mehrere Monate das Gesamt[unterrichts]thema 'Feuer' behandelt[e]"[148]:

"In diesem Rahmen wurden die Löschgeräte besprochen, die eigenen Spritzen auseinander genommen, Modelle von Minimalöschern angefertigt, Chemikalien, die zum Löschen von Benzinbränden verwandt werden, untersucht, worauf sich eine Fahrt zur Feuerwehrausstellung in Berlin ergänzend und anregend anschloß. Gleichzeitig wurde Schillers Glocke gelernt[149], die Feueridylle von Gottfried Keller gelesen[150], eine Brandstifternovelle von Klara Viebig[151] führte ins Eifelgebiet und damit zu einer Behandlung des Vulkanismus in Deutschland und der feuerspeienden Berge in der Welt. Das Interesse eines Schülers am Hexenwesen des Mittelalters ließ die Tertianer bekanntwerden mit Hexenverbrennungen und Feuerproben des mittelalterlichen Rechtslebens; berühmte Brände aus dem Altertum (Nero!) und aus neuerer Geschichte (Moskau!), biblische Motive wie der Untergang von Sodom und Gomorrha [...], gliederten sich ungezwungen an [...]. Die Behandlung dieses Themas fand an einem Eltern-Nachmittag in einer Freiluftaufführung eines von den Schülern selbstgedichteten Theaterstücks,

---

143 Vgl. die Gesamtunterrichtsbeispiele in: [1.] BLUME, Schulfarm (1928), S. 160-163. - [2.] PRIDIK, Hospitanten-Eindrücke, S. 349-352. - [3.] Berlin, BBF: SLG-GS, Jahresberichte 1932/33, Bd. 248d, Nr. 88: Berlin, SIS (Blume), S. 7-13. - [4.] SCHEEL, Schulfarm (1990), S. 12-18.

144 SCHEEL, Schulfarm (1990), S. 12-14. - Vgl. zu Geschichte und Literaturbezug Scharfenbergs S. 115-121.

145 SCHEEL, Schulfarm (1990), S. 14.

146 S. 639f.

147 SCHEEL, Schulfarm (1990), S. 14.

148 Berlin, BBF: SLG-GS, Jahresberichte 1932/33, Bd. 248d, Nr. 88: Berlin, SIS (Blume), S. 7.

149 SCHILLER, Friedrich, Das Lied von der Glocke, in: Schillers Werke. Nationalausg., Bd. 2, Teil 1: Gedichte [...], Weimar 1983, S. 227-239.

150 KELLER, Gottfried, Die Feueridylle, in: KELLER, Gottfried, Gesammelte Gedichte, Bd. 1, 18. Aufl. Stuttgart [u.a.] 1903, S. 149-160.

151 Die Schriftstellerin Clara Viebig (1860-1952) gab in zahlreichen Schriften eindringliche Schilderungen vom Überlebenskampf in der Eifel; vgl. z.B.: VIEBIG, Clara, Geschichten aus der Eifel. Novellen (=Schroedels Jugendbücher, 35), Halle 1992.

in dem es sich um die Besserung eines Brandstifters mit Gerichtsverhandlung und wirklichem Löschen einer brennenden Hütte handelte, ihren 'künstlerischen' Abschluß."[152]

Auch um die zahlreichen auf der Insel lebenden Tiere drehte sich der Gesamtunterrichts des öfteren[153]; dabei kam dem Hund, "an dessen Umgang sich die neuen Schüler gewöhnen mußten, zudem das Lieblingstier des Leiters der Schulfarm"[154], eine besondere Rolle zu[155].

Viele Gesamtunterrichtsthemen kreisten um das für die Schulfarm naheliegende Thema 'Der Bauer'[156] bzw. um die Landwirtschaft. Einmal war der Anlaß zum Aufgreifen eines solchen Themas die bevorstehende Berliner 'Grünen Woche', die man nach gründlicher Vorbereitung zu besuchen gedachte[157]: Man hörte oder hielt "Vorträge über die Kartoffelpflanz-Maschine, wie man sie sich auf der Insel noch nicht hat leisten können, über die Verwertung der Kartoffel, der in den Hallen am Kaiserdamm eine Sonderausstellung gewidmet ist, schreibt danach an ein Mitglied des Elternausschusses, das im Reichsmonopol beschäftigt ist, um authentisches Material über Branntweinbrennereien und Stärkefabriken zu erhalten, setzt dieses in eine graphische Darstellung um, um sie mit den in der 'Grünen Woche' ausgehängten zu vergleichen."[158]

"[Nach dem Besuch der 'Grünen Woche'] erwacht das Interesse an der Zusammensetzung unseres Viehfutters, man fragt nach dem Einfluß der Melassemischung auf die Milchproduktion, trägt auf einer Weltkarte die Milchausfuhrländer ein, teilt die Inselkarte in Beregnungssektoren auf, nachdem man die Phönixanlage dort in Betrieb gesehen [...] hat. Man holt Proben der ver-

---

[152] Berlin, BBF: SLG-GS, Jahresberichte 1932/33, Bd. 248d, Nr. 88: Berlin, SIS (Blume), S. 7f.
[153] Vgl.: BLUME, Schulfarm (1928), S. 164f. - Aus dem Leben, S. 353-357.
[154] RICHTER, Scharfenberg 1928-1932, S. 11.
[155] S. zu diesem Unterrichtsthema z.B.: Aus dem Leben, S. 353-357.
[156] PRIDIK, Hospitanten-Eindrücke, S. 351. - S. als weiteres Beispiel für eine Behandlung des Themas 'Bauer': HAACKE, Ulrich, Zusammenarbeit von Deutsch, Geschichte und Staatsbürgerkunde, in: Die Erziehung. Monatsschrift für den Zusammenhang von Kultur und Erziehung in Wissenschaft und Leben, Jg. 6 (1931), S. 27-40 und S. 161-177, hier S. 39: "Es wird z.B. wochenlang das Thema 'Bauer' behandelt. Anlaß gibt etwa der Besuch eines Bauernhauses auf einer Wanderung. Die verschiedenen Haustypen werden gezeigt und besprochen. Möbel, Zierat, Geräte werden gezeichnet und städtischer Massenware gegenübergestellt. Ein Arbeitstag auf dem Bauernhofe wird geschildert, von der heutigen Not der Landwirtschaft gesprochen. Damit sind wir mitten in staatsbürgerlichen Fragen. Weltwirtschaftliche Verknüpfungen werden gestreift, Agrar- und Industriestaaten einander gegenübergestellt: Erdkunde. War das immer so? Nein, früher ernährte die deutsche Landwirtschaft ohne Mühe das ganze Volk. Ein Stück Wirtschaftsgeschichte folgt. Der Gegensatz von Rittergut und Bauerngut, der Gegensatz der Landwirtschaft in Ostelbien und Südwestdeutschland führt uns ebenfalls in frühere Jahrhunderte zurück. Wir lesen [...] Meier Helmbrecht [WERNHER DER GARTENAERE, Meier Helmbrecht, hrsg. von Friedrich PANZER, 4. Aufl. Halle 1924], den Wehrwolf von Löns [LÖNS, Hermann, Der Wehrwolf. Eine Bauernchronik, 272.-291. Tsd., Jena 1926]; wir erarbeiten den Bauernkrieg, kommen auch auf Friedrich den Großen und seine Bauernfürsorge. Oder wir finden im Dorf das Schild: Gemeindevorsteher. Was hat er zu tun? Beispiele werden zusammengetragen. Wieder spinnen sich Fäden in geschichtliche Vergangenheit hinein. Volkskundliche Beobachtungen werden angestellt. Phantasieaufsätze, Erlebnisaufsätze, exakte sachliche Beschreibungen durchwirken das Ganze. Derselbe Stoff bietet noch unendliche weitere Verknüpfungs- und Vertiefungsmöglichkeiten."
[157] S. dazu: BLUME, Schulfarm (1928), S. 161-163, und: Berlin, BBF: SLG-GS, Jahresberichte 1932/33, Bd. 248d, Nr. 88: Berlin, SIS (Blume), S. 9f.
[158] BLUME, Schulfarm (1928), S. 162.

schiedenen künstlichen Düngemittel vom Boden herunter; eine Abteilung berichtet über die Mineral- und chemischen Werke, die sie in den anschaulich aufgebauten Querschnitten des Landwirtschaftlichen Museums in der Invalidenstraße sich angesehen hat; die jüngeren kleben ein Album der landwirtschaftlichen Maschinen aus den mitgeschleppten Geschäftsdrucksachen und Katalogen, die größeren orientieren sich über Damaschkes Bodenreform[159]; man liest Max Eyths 'Hinter Pflug und Schraubstock'[160] und erkennt in dem vielseitigen Ingenieur den Begründer der Deutschen Landwirtschafts-Gesellschaft. Damit tauchen die Standes- und Organisationsfragen auf; aus den Satzungen, Zeitungen, Flugblättern, die man sich hat schicken lassen, lernt man die D.L.-G. von der Kampforganisation des Deutschen Bauernbundes und von den Landwirtschaftskammern unterscheiden, umschreibt den Amtsbereich des Landwirtschaftsministeriums und den Sinn seiner neuen Siedlungspolitik; Kleinpächterbund und Laubenkolonisten-Bewegung wollen beurteilt sein. Ein staatsbürgerlich Interessierter bringt die Reichsverfassung mit, aus der er die Paragraphen herausgesucht hat, die von der Landwirtschaft handeln; man bemüht sich, die tiefe Bedeutung des so unjuristischen Satzes der Reichsverfassung zu verstehen: Eigentum verpflichtet! Als der Landwirt eines Morgens Kellererde vom Bau auf die feuchte Seewiese fährt, klärt man den Begriff Melioration; Sohnreys Dorfgeschichten[161] haben auf den der Amortisation geführt; selbst erfundene Bank- und Gerichtsszenen in der Bauernmappe verraten ein anschauliches Verständnis solcher Wirtschaftsvokabeln. Der Lehrer, der sich ein landwirtschaftliches Lexikon kaufen mußte, um alle Wünsche zu befriedigen, lernt dabei ebenso viel wie der Schüler; er kann hier nicht dozieren, nur helfen, horchen, wohin es gehen soll, wehren, leise lenken, wenn es zu abwegig zu werden droht."[162]

Aber auch ganz andere Gesamtunterrichtskonstellationen ergaben sich zum Thema Landwirtschaft und Bauerntum[163]; so erarbeitete man einmal ein Bauerntheaterstück[164]; ein andermal kam es einmal zu einer sprach- und kulturgeschichtlichen Ausweitung des Bauernthemas: Nachdem man "in der Woche zuvor die Lektüre der Bauernnovelle vom Meier Helmbrecht[165], von dem Bauernsohn, der so gern Ritter werden wollte, im mittelhochdeutschen Urtext beendet"[166] hatte, las man ein Gedicht Walters von der Vogelweide; "daran konnte jeder allein probieren, ob er sich schon ins Mittelhochdeutsche eingelesen hatte; die Worte klingen so bekannt, den Sinn aber wirklich zu erfassen und in unserem modernen Deutsch wiederzugeben, ist schwer."[167]

---

[159]   S. dazu vor allem: DAMASCHKE, Adolf Wilhelm Ferdinand, Die Bodenreform. Grundsätzliches und Geschichtliches zur Erkenntnis und Überwindung der sozialen Not, 19. Aufl. Jena 1922. - Und: DAMASCHKE, Adolf, Schule und Bodenreform (=Soziale Zeitfragen. Beiträge zu den Kämpfen der Gegenwart, 47), Berlin 1912. - Vgl. auch: DAMASCHKE, Adolf, Zur staatsbürgerlichen Erziehung, in: Die neuzeitliche deutsche Volksschule. Bericht über den Kongreß Berlin 1928, hrsg. von der Kongreßleitung, Berlin 1928, S. 214-238.

[160]   EYTH, Max, Hinter Pflug und Schraubstock. Skizzen aus dem Taschenbuch eines Ingenieurs, 161.-170. Aufl. Stuttgart 1920.

[161]   Gemeint sind einige der zahllosen dörflichen Geschichten von Heinrich Sohnrey (1859-1948).

[162]   BLUME, Schulfarm (1928), S. 162f.

[163]   Berlin, BBF: SLG-GS, Jahresberichte 1932/33, Bd. 248d, Nr. 88: Berlin, SIS (Blume), S. 9f. - BLUME, Schulfarm (1928), S. 161-163.

[164]   S.: KUBE, Reinhard, Unser Bauerntheater [im Kontext des Gesamtunterrichtsthemas 'Der Bauer - und alles, was damit zusammenhängt'] im Juni 1927, in: Berlin, LA, SIS: CH, VI, o.S. - Zur Aufführung eigener Theaterstücke s. S. 683-685.

[165]   WERNHER DER GARTENAERE, Meier Helmbrecht, hrsg. von Friedrich PANZER, 4. Aufl. Halle 1924.

[166]   Aus dem Leben, S. 353.

[167]   Aus dem Leben, S. 353.

"Und heute sitzt sie [die Gruppe] im verdunkelten Neubausaal. Das Epidiaskop wirft auf die Leinwand:

Der in den oren siech von ungesühte sî,
Daz ist mîn rât, der lâz den hof ze Dürengen frî,
und darunter erscheinen alle Übersetzungen, die eingeliefert worden sind.

1. Derjenige, der durch Krankheit taub geworden ist, dem rate ich, nicht an den Hof von Thüringen zu gehen.
2. Wer eine Ohrenkrankheit hat, dem rate ich, dem Th. Hof nicht zu besuchen.
3. Wer schlecht hören kann, dem rate ich, den Th. Hof nicht zu berühren.
4. Der taub und blind ist, der lasse den Th. Hof fahren.
5. Jemand, der von Ungeziefer ohrenleidend ist, dem rate ich, der meide den thüringer Hof.
6. Wer unverdorben ist, das kann ich ihm nur raten, bleibe vom Th. Hof fern.
7. Derjenige, der leicht auf schlechte Reden hört ...
8. Mein Rat ist der, wer überall unbekannt ist, der gehe nicht ...
9. Ich gebe jedem den Rat, von dem man weit und breit Schlechtes redet, den Th. Hof zu meiden.
10. Wenn einer von schlechten Süchten befallen siech in den Ohren sein sollte, der lasse den Hof zu Th. aus.
11. Wer etwa schlimme Ohren hat und deshalb empfindlich ist, der meide, das ist mein Rat, den Th. Hof."[168]

Blume schrieb über diesen Unterrichtszusammenhang, der zugleich eine "erwünschte Gelegenheit [gewesen sei], das Epidiaskop produktiv zu machen"[169]:

"Man freute sich dieser Fülle der Möglichkeiten, rang sich zum wahren Sinne etappenweise durch, schied dann die offenbar falschen Nummern aus, suchte in dem am Schirm stehengebliebenen die jeweils treffendsten Ausdrücke, setzte diese aus verschiedenen Reihen zu einer neuen Version zusammen, probierte die beste Stellung aus, man klärte durch Abstimmung, wieviel für diese, wieviel für jene brauchbare Fassung einträten, und jede Partei begründete ihre Wahl. Die nächsten Zeilenpaare führten zu anderen Überraschungen und Nuancierungen. Jeder schreibt am Nachmittag nach seinem gusto eine stilistische Musterübersetzung in sein Sammelheft[170], zugleich ein Nekrolog für den Vogelweider, der heuer grad 700 Jahre tot ist."[171]

---

[168] Aus dem Leben, S. 353.
[169] Aus dem Leben, S. 353. - Ebd., S. 353, mit entsprechender medienpädagogischer Kritik: "Ist es nicht eine eigentümliche Paradoxie, daß die moderne Schule überall Selbsttätigkeit fordert und zugleich die Rezeptivität durch Epidiaskop und Schulrundfunk fördert?" -
Ein Epidiaskop hatte man sich schon früher gewünscht, doch war dessen Anschaffung aufgrund der fehlenden Elektrizität auf Scharfenberg vor 1925 nicht möglich. Im Prot. der 57. Abendaussprache vom 27.05.1925, in: Berlin, LA, SIS: CH, V, S. 176 heißt es dazu: "Die Firma Leitz hat auf eine Anfrage geantwortet, daß der Betrieb eines Epidiaskops mit anderer als elektrischer Kraft sich nicht ermöglichen lasse [...]." - Als Blume am 03.09.1925 ein Gesuch um finanzielle Unterstüzung für die Elekrifizierung der Insel beim Reichsministerium des Innern beantragte, argumentierte er pädagogisch: "[...] da der Strom für einen [...] gerade auf dem Prinzip der Anschaulichkeit gegründeten Unterricht durch die Möglichkeit der Epidiaskopbenutzung eine Notwendigkeit ist [...]." (Berlin, BA, Reichsministerium für Wissenschaft, Erziehung und Volksbildung, Nr. 4702, Bl. 13r-v: Gesuch der Schulfarm Insel Scharfenberg (Blume) um Gewährung eines Zuschusses aus dem Fonds für Versuchsschulen an das Reichsministerium des Innern vom 03.09.1925, hier Bl. 13v.)
[170] Zu den 'Sammelheften' s. S. 621-623.

Auch Besucher der Schulfarm konnten zum Zustandekommen eines Gesamtunterrichtsthemas anregen. So berichtete Blume 1928 davon, daß eine Hospitation von Vertretern der städtischen und staatlichen Behörden zum Anlaß genommen wurde, "uns die Befugnisse des Stadtschulrats, der Schuldeputation, der Stadtverordneten, des Provinzial-Schulkollegiums, der Regierung, des Oberpräsidiums etwas geläufiger zu machen."[172]

Schmoll berichtet von einem schweizerischen Hospitanten namens Feldmann, der auf der Insel "vor allem den von Blume eingeführten Gesamtunterricht studieren [wollte]"[173]. Auf Blumes Vorschlag hin habe Feldmann selbst ein Gesamtunterrichtsthema - und zwar über das naheliegende Thema 'Die Schweiz' - übernommen[174]. Laut Schmoll habe man das Thema "wie in Universitätsseminaren"[175] ange-

---

[171] Aus dem Leben, S. 353. - Vgl. dazu ein (vergleichbares) Beispiel aus der Deutschkursarbeit auf der Scharfenberger Oberstufe in: BLUME, Bericht (1923), Bl. 247v-248v: "In den Weihnachtsferien schlossen sich Besuche im Kaiser-Friedrich-Museum an. Man plant in den großen Ferien eine Studienfahrt nach Chorin, nach Tangermünde zur märkischen Backsteingotik. Vorerst versucht man sich an einer neuen stilistischen Aufgabe, ob man aus unbesprochenen Beispielen selbst etwas herausholen kann zur Probe, ob man gefühlt hat, was gotisch ist (Meister Syrlins Chorgestühl. Ist der Isenheimer Altar noch gotisch? [...]. Und man verfolgt die Spuren der Gotik durch die Jahrhunderte bis hin zu der Säule auf dem Kreuzberg und erkannte, daß der neueren Zeit in unserer Umwelt der einheitlich geschlossene Stil verloren gegangen ist, die das Hochmittelalter hatte. Mit diesem hatte man sich damals gerade auch im Kulturunterricht beschäftigt und, im einen Eindruck von der damaligen mittelhochdeutschen Sprache zu bekommen das Tiroler Heldenmärchen vom Zwergkönig Laurin gelesen. Diese dichterisch nicht so sakrosankte Mär nahmen sich jetzt die Deutschkursler noch einmal vor und stellten daraus nach dem Prinzip der Arbeitsteilung eine mittelhochdeutsche Grammatik zusammen, wie sie aussehen würde, wenn aus jener Zeit weiter nichts erhalten wäre. Jedes Mitglied übernahm 1.000 Verse, natürlich auch der Lehrer und suchte daraus systematisch die grammatischen Erscheinungen zusammen; je einer war zum Bearbeiter eines bestimmten Teilgebietes bestellt, an den die anderen ihr einschlägiges Material auf Zetteln ablieferten. So bearbeitete danach einer den Vokalismus, ein zweiter den Konsonantismus, ein dritter die Flexion, ein vierter die sinnveränderten Worte, ein fünfter die Wortstellung etc. Und jeder Fachmann trug seinen Passus, nachdem er von der Gesamtheit genehmigt war, in das dazu angelegte mittelhochdeutsche Sammelkursheft ein. Noch auf eine andere Weise suchten wir ins Mittelhochdeutsche hineinzukommen, indem wir Extemporalien schrieben, nicht etwa, um das Mittelhochdeutsch als produktive Sprache zu treiben, sondern bei dem Übersetzen ins Mittelhochdeutsche zu erkennen, wie weit doch die beiden namentlich in der Wortwahl, in der Wortbedeutung, in der Phrasierung sich schon voneinander entfernt haben; es kam dabei jedem zum Bewußtsein, daß man in den Geist einer Sprache noch nicht eingedrungen ist, ehe man nicht diese Umsetzung von einer Tonart in die andere versteht [...]." - Vgl. hierzu auch: LEHMANN, Schulfarm, S. 155 zur Deutschkursarbeit auf der Scharfenberger Oberstufe: "Aus dem Deutschkurs sei nur ein Punkt herausgehoben, der für die dort herrschende Arbeitsmethode kennzeichnend ist. Im Kulturunterricht war König Laurin gelesen worden, um die mittelhochdeutsche Grammatik kennen zu lernen, beschlossen die Deutschkursler, sie sich selbst zusammenzustellen. Jedes Mitglied übernahm einige hundert Verse und suchte systematisch die Belege für die grammatischen Erscheinungen zusammen; je einer ward zum Bearbeiter eines bestimmten Teilgebiets (Lautlehre, Felxion, Wortlehre, Syntax) bestellt, an den die andern [sic!] ihr einschlägiges Material ablieferten. Daraus ging dann die Sammlung hervor: 'Wie würde die mittelhochdeutsche Grammatik aussehen, wenn weiter nichts erhalten wäre als der Laurin?'" - Zu der bei Blume angesprochenen Studienfahrt zur märkischen Backsteingotik s. S. 668f.

[172] Aus dem Leben, S. 355.

[173] SCHMOLL, Frühe Wege, S. 279.

[174] SCHMOLL, Frühe Wege, S. 279.

gangen: "der Umfang des Stoffes [wurde] umrissen und in Einzelreferate aufgeteilt."[176] Er selbst habe sich dabei für das Gebiet der Kunst gemeldet:

> "Nun ging ich mit Feuereifer auf die Suche und fand bald in einem Berliner Antiquariat die
> älteste Monographie über Manuel Deutsch, verfaßt von Grüneisen, 1837[177]. Kurz danach ent-
> deckte ich noch mehr Material, eine Neuausgabe der Reformationsdramen oder -spiele Ma-
> nuels, in berndütsch und hochdeutsch mit philologisch-historischen Anmerkungen versehen[178].
> Mich faszinierte dieses Schweizer Universalgenie, das relativ jung an Schwindsucht starb [...].
> Nach etwa zwei Wochen hatte ich mich wie üblich mit meiner Ausbeute und einer Re-
> feratsdisposition bei Herrn Feldmann zu melden. Dieser staunte nicht schlecht über meine Bü-
> cherfunde und ließ sich anmerken, daß er die alte Monographie gerne selbst besessen hätte.
> Aber ich konnte mich von dem unter großen Taschengeldopfern erworbenen Werk nicht tren-
> nen, und mit ihm begann meine kunstgeschichtliche Privatbibliothek [...]."[179]

Richter beschreibt, wie das Thema 'Schweiz' dann "über das Reisläufertum (Söldner
in fremden Staaten) in das Landsknechtswesen [...] [überging], an dessen Bild das
Zeitalter der Reformation und der Konfessionskriege behandelt wurde, bis die Aufführung von 'Wallensteins Lager'[180] den Abschluß bildete."[181]

Wie die Schweiz konnten auch andere Länder den Ausgangs- oder Mittelpunkt
eines Gesamtunterrichtsthemas darstellen: So berichtet Richter von einem Gesamtunterrichtsthema 'Holland-Oranienburg', in dem unter "Anleitung eines Schülers,
der Sohn eines Bootsbauers war, [...] ein Koggenmodell gebaut [wurde]. An die
Frage der Holzwahl dazu knüpfte sich die Biologie der Bäume und Hölzer, von einem Biologie-Referendar unterrichtet; an den Schiffsbau Lektüre und Teilaufführung
von 'Zar und Zimmermann'. Zum feierlichen Stapellauf des Modells, an dem die
ganze Schulgemeinschaft teilnahm, wurde ein Spiel 'Wilhelm von Oranien', der
Schiffsnamenspatron, gedichtet und aufgeführt."[182]

Ein anderes Thema bildete die geographische, völkerkundliche, kulturhistorische
und kolonialpolitische Behandlung 'Indonesiens'. Dazu wurde zwecks Kennenlernen
der Pflanzen- und Tierwelt Indonesiens der Botanische und der zoologische Garten

---

175   SCHMOLL, Frühe Wege, S. 279.
176   SCHMOLL, Frühe Wege, S. 279.
177   GRÜNEISEN, Carl, Niklaus Manuel (1484-1530). Leben und Werke eines Malers und Dich-
      ters, Kriegers, Staatsmannes und Reformators im 16. Jahrhundert, Stuttgart [u.a.] 1837.
178   Niklaus Manuels Spiel evangelischer Freiheit. Die Totenfresser 'Vom Papst und seiner
      Priesterschaft' 1523 (Zum erstenmal nach der einzigen Handschrift hrsg. und eingel. von Fer-
      dinand VETTER) (=Die Schweiz im deutschen Geistesleben, 16), Leipzig 1923.
179   SCHMOLL, Frühe Wege, S. 279f.
180   SCHILLER, Friedrich, Wallenstein (=Schillers Werke. Nationalausgabe, Bd. 8), Weimar
      1949.
181   RICHTER, Scharfenberg 1928-1932, S. 11f. - S. dazu auch: Berlin, BBF: SLG-GS, Jahresbe-
      richte 1932/33, Bd. 248d, Nr. 88: Berlin, SIS (Blume), S. 12. - Und: Berlin, LA, SIS: RICH-
      TER, Wilhelm, Staatsbürgerliche Erziehung in Scharfenberg, 2. schriftliche [Referendariats-]
      Prüfungsarbeit, masch. Berlin o.D. [ca. Anfang 1930], S. 8f. - Vgl. zum Unterrichtsthema
      Schweiz auch: Berlin, LA, SIS: Prüfungsunterlagen, Mappe 3: Reifeprüfungen 1925-1935,
      hier: Reifeprüfung 1934, Bildungsgänge der Abiturienten 1934: Bildungsgang von Rudolf
      Schädlich.
182   RICHTER, Scharfenberg 1928-1932, S. 12. - S. zu diesem Unterrichtsthema auch: Berlin,
      BBF: SLG-GS, Jahresberichte 1932/33, Bd. 248d, Nr. 88: Berlin, SIS (Blume), S. 11f. -
      Auch: Berlin, LA, SIS: Schülerprotokolle zum Gesamtunterricht [unter Wilhelm Richter]
      20.04.1931-11.05.1932, 2 Bde.

besucht[183]. Um die "Bedeutung des Bambusstrauches nicht nur für den Hausbau, Matten, Gefäße, sondern auch als Nahrungsmittel [kennenzulernen,] wurde eine Abordnung der Klasse in ein Berliner Exotenlokal geschickt, um Bambussprossen zu kosten und den anderen über den Geschmack zu berichten."[184]

Einmal war auch 'Indien' das Thema des Gesamtunterrichts. Erwin Witt schildert, wie "wir uns hierbei keineswegs darauf [beschränkten], unser Thema nur nach einer Seite, der geographischen beispielsweise, auszuweiten, wir machten uns auch mit seiner Geschichte vertraut; einige von uns hielten kleine Referate über indische Veden, indisches Religions- und Kastenwesen, andere wieder lasen Bücher über die wirtschaftliche Bedeutung dieses Landes, wir unterrichteten uns in Sonderstunden (wobei auch englische Texte herangezogen wurden) über die Stellung und Eingliederung seines 320-Millionenvolkes in das englische Empire u.s.w."[185]

Um ein andernmal unter der Leitung Wilhelm Richters das Thema 'Afrika' behandeln zu können, schleppten, so Scheel, die beteiligten Schüler "rucksackweise" "auf Blumes Namen aus der Königlichen Preußischen Bibliothek Unter den Linden Literatur auf die Insel und ließen kleine Gruppen im Völkerkundemuseum gezielte Studien vornehmen, über die dann zu berichten war"[186]:

> "Noch heute besitze ich mein Afrika-Diarium mit einigen Dutzend Briefen, die ich als vorgeblicher Siedler in Deutsch-Südwest vor dem ersten Weltkrieg an einen Verwandten gerichtet hatte, um ihm die Situation in der Kolonie zu schildern. Natürlich schlug mein Herz für die Hottentotten und Hereros, haßte ich den Hängepeters, verachtete ich den betrügerischen Lüderitz, aber letzten Endes profitierte ich doch vom Kolonialismus - das war mein Problem, mit dem ich mich bei der Abfassung der Briefe herumschlug. Als ich Helm meinen Opus übergeben wollte, setzte er sich mit verschränkten Armen auf seine Sitzbank, bot mir den Platz gegenüber an und forderte mich auf, es ihm vorzulesen. Ich war sehr verwirrt, aber fing mich allmählich und las. Als ich geendet hatte, bedankte er sich bei mir. Es ist ein großes Erlebnis, als junger Mensch so ernst genommen zu werden. Das Thema Afrika beendeten wir übrigens mit einem selbst zusammengestellten Nil-Fest, das wir in Gegenwart der Eltern begingen. Schon Wochen vorher begannen wir mit den Vorbereitungen. Ein halbes Skizzenbuch füllte ich mit Zeichnungen, die ich in der ägyptischen Abteilung des Neuen Museums anfertigte, damit unsere Dekorationen auf Scharfenberg wirklich stilecht gestaltet würden. Ein altes Foto, das mich als Pharao zeigt, bestätigt dieses Bemühen."[187]

Einige der Gesamtunterrichtsthemen mit geographischem Zentralaspekt hatten ihren Ursprung in Reisen von Schülern der Schulfarm. So schrieb Blume über den - bereits erwähnten - fünfwöchigen Aufenthalt einer Scharfenberger Mittelstufengruppe auf dem Sunderhof bei Hamburg[188]:

> "Hier teilte man sich [...] in Gruppen, die [...] in die verschiedenen umliegenden Dörfer wanderten und von dort reiche Ausbeute an Karten, Hauszeichnungen, Kirchenbeschreibungen, Dialektproben, Kinderreimen, Grabinschriften, Notizen von Vorsteherbesuchen und Missionsfesten mitbrachten. Dann nahm man die Landschaft der Lüneburger Heide in volks-

---

[183]   RICHTER, Scharfenberg 1928-1932, S. 12.
[184]   RICHTER, Scharfenberg 1928-1932, S. 12.
[185]   WITT, Bildungsgang.
[186]   SCHEEL, Schulfarm (1990), S. 14.
[187]   SCHEEL, Schulfarm (1990), S. 14f. - Vgl. zu diesem Unterrichtsthema auch: Berlin, BBF: SLG-GS, Jahresberichte 1932/33, Bd. 248d, Nr. 88: Berlin, SIS (Blume), S. 12. - Das Foto ist veröff. in: SCHEEL, Vor den Schranken, S. 50.
[188]   Vgl. dazu S. 464f., S. 622 und S. 715-718.

kundlicher, geschichtlicher und wirtschaftlicher Beziehung oder die Stadt Hamburg als Weltha-
fen zum Thema, schwärmte dazu wieder gruppenweise aus, sprach die Ergebnisse dann gemeinsam durch, las Quellenhefte und Lloydberichte, arbeitete die von den Forschungsreisen
mitgebrachten Notizen an Regentagen aus, entschied durch Abstimmung, welche Stimmungs-
bilder, Zusammenstellungen, Zeichnungen am besten seien, und wählte eine Kommission, die
diese in Sammelmappen klebte oder heftete, für künstlerische Umschläge sorgte, die Schriftkünstler zum Malen der Titel heranholte [...]."[189]

Schon von Beginn des Schulversuches an hatte man auch die Umgebung von Insel
und See zu erkunden begonnen. So war in der ersten Juniwoche 1922 "die ganze
Familie [!] im Fährkahn bei herrlichem Mondschein nach Saatwinkel [gefahren], um
einen alten Mann aufzusuchen, der lange Jahre zu Dr. Bolles Zeiten auf der Insel
gelebt hatte; für den ersten Teil unserer Chronik, sozusagen die Prähistorie wollten
wir aus seinem Munde Nachrichten sammeln; scheint sich doch ein ganzer Legen-
denkreis in der Umgegend um den alten Herrn gebildet zu haben."[190]

Nun, im Sommer 1926, von der mehrwöchigen Unterrichtsfahrt aus Norddeutschland nach Scharfenberg zurückgekehrt, machte man nicht nur einige
'Lichtwarkabende'[191], sondern man "übertrug nun [...] 'die Sunderhofmethode' auf
die tägliche Umgegend: Man machte 'Dorflehrgänge' nach Heiligensee, Tegel, besuchte in Gruppen, deren jede mit einem Sonderthema betraut und mit speziellen
Beobachtungsaufträgen versehen war, das Volkskundemuseum [!] in der Klosterstraße [...]."[192]

Im März oder April 1927 begab man sich auf eine geologische Erforschung des
Tegeler Forstes[193], und im Oktober 1927 fuhr man in den Spreewald, "um durch Anschauung das Interesse an den alten Bauernsitten zu beleben"[194] und ein entsprechen-

---

[189] BLUME, Schulfarm (1928), S. 160f. - Berlin, LA, SIS: "Die Sunderhofepisode [...] hat ihren
       eigentlichen Niederschlag in Mappen gefunden (Dorflehrgänge; Hittfeld; Wilsede; Lückeburg;
       Cuxhaven und Wattenmeer; Hamburg). Sie werden als Ergänzungsband [der] [...] Chronik be-
       sonders aufbewahrt. Sie enthalten - und das ist ihr Vorzug - nur Schülerbeiträge [...]." - In
       Berlin, LA, SIS sind von diesen Mappen erhalten geblieben: [1.] 'Hittfeld'. Zeichnungen und
       Texte von Schülern zur Schulfahrt 1926. - [2.] Sammel-Mappe Abteilung 'Cuxhaven'. Zeich-
       nungen und Texte von Schülern zur Schulfahrt 1926. - [3.] 'Wildeneser-Mappe'. Zeichnungen
       und Texte von Schülern zur Schulfahrt 1926. - [4.] 'Schulreise nach Lüneburg [und Umge-
       bung]', August 1926, Sammlung von Schülertexten zur Schulfahrt 1926.
[190] Berlin, LA, SIS: CH, I, o.S. - Vgl. auch: BLUME, Schulfarm (1924), S. 325: "[...] mehr
       historisch Eingestellte sammeln Nachrichten über den Vorbesitzer Dr. Bolle in der Umgegend
       und bei Verwandten des Verstorbenen, um ein Charakterbild des mit Legenden vielfach
       umsponnenen Sonderlings zu gestalten [...]." - Vgl. auch: BLUME, Bericht 1923, Bl. 199r:
       "[...] ein dritter [Schüler] sammelt in der Umgebung bei früheren Bekannten und Bediensteten
       Nachrichten über Dr. Bolle, den Erbauer unseres Hauses, um sie zu einer biographischen Cha-
       rakteristik zu verarbeiten [...]."
[191] Berlin, LA, SIS: CH, V, S. 359: "So machten wir einige 'Lichtwarkabende', hatte doch ein
       Teil unserer Belegschaft auf dem Sunderhof im 'Lichtwarkhaus' gewohnt, in dem der Hambur-
       ger Kunsterzieher als Freund von Frl. Schmidt[-Matthaei] gern zur Erholung geweilt hatte."
[192] BLUME, Schulfarm (1928), S. 161. - S. auch: Berlin, BBF: SLG-GS, Jahresberichte 1932/33,
       Bd. 248d, Nr. 88: Berlin, SIS (Blume), S. 9.
[193] 'Eine kleine geologische Erforschung im Tegeler Forst' [März/April 1927], in: Berlin, LA,
       SIS: CH, V, S. 481.
[194] BLUME, Schulfarm (1928), S. 161.

des Gesamtunterrichtsthema mit volkskundlichem Schwerpunkt daraus erwachsen zu lassen[195].

Ein andernmal war - wie ein Hospitant, sichtlich beeindruckt, berichtete - eine Reise nach Süddeutschland Ausgangspunkt für ein Eingehen auf Friedrich Schiller:

> "Der Lehrer eröffnete die Stunde mit einem Hinweis, daß vom vorigen Male einige Irrtümer noch nicht aufgeklärt seien. Die Jungen griffen das sofort auf und erledigten es selbständig und schnell. Dann ging man zu dem eigentlichen Stoff über [...]. [Eine] [...] Gruppe [sic!] hatte seine [Schillers!] Briefe aus Bauerbach in der großen Ausgabe von Jonas[196] durchgearbeitet und berichtete über sie. Jeder einzelne Brief gab Anlaß zu Fragen und eingehenden Erörterungen, wobei der Lehrer nur kurz einzugreifen brauchte. U.a. wurde mit dem Epidiaskop[197] eine Disposition Schillers zum Don Carlos[198] gezeigt, und die Jungen waren doch recht erstaunt, mit was für einer Genauigkeit ein dramatisches Kunstwerk durchgearbeitet ist. Ein Schüler holte Bilder aus der Rhön, an denen er das geographisch Charakteristische der Umgebung Bauerbachs zeigte. Dazwischen wurden immer wieder Bilder und Stiche der in den Briefen vorkommenden Hauptpersonen auf den Lichtbildschirm geworfen. Alles ergab sich zwanglos und in sehr gemütlicher Unterhaltung, dies fast ganz ohne Führung des Lehrers; er saß oder stand wie ein guter Freund unter den Jungen und freute sich mit an dem, was mosaikartig zusammengetragen wurde. Solche Stunden sind immer kleine Erlebnisse für sich; eine Summe solcher Stunden ergibt nicht nur eine wesentliche geistige, sondern auch - was mehr wert ist - eine seelische Bereicherung."[199]

Allgemein wurde, so Scheel, der "Fähigkeit, sich als Redner verständlich zu machen"[200], im Gesamtunterricht immer große Aufmerksamkeit geschenkt:

> "Wir übten die Rede, die keine Schreibe sein durfte, weil eine vorgelesene Rede ihrer Grablegung gleichkam. Die Befähigung zu freier Rede war für unser Gemeinwesen so wichtig, daß auch sprachliche Unarten wie das Nuscheln oder lautliche Mängel wie das Verschlucken ganzer Silben nicht geduldet wurden."[201]

Mit dieser Art des Gesamtunterrichts kam "die Systematik mit ihrer ohnehin illusionären Vollständigkeitsideologie natürlich nicht voll zur Geltung"[202] - dafür aber

---

[195] S.: 'Spreewaldfahrt der Zwischenstufe in den Oktoberferien 1927', in: Berlin, LA, SIS: CH, VI, o.S. - S. auch: Berlin, LA, SIS: Spreewaldmappe, 1927. - Vgl. auch: PRIDIK, Hospitanten-Eindrücke, S. 351.

[196] Schillers Briefe, hrsg. und mit Anm. vers. von Fritz JONAS. Krit. Gesamtausg., 7 Bde., Stuttgart 1892-1896.

[197] Vgl. zum Gebrauch des Epidiaskops auch S. 613 und S. 676.

[198] SCHILLER, Friedrich, Don Carlos. Hamburger Bühnenfassung 1787 - Rigaer Bühnenfassung 1787 - Letzte Ausgabe 1805 [Textbd.:] (=Schillers Werke. Nationalausgabe, Bd. 7,1), Weimar 1974; [Anmerkungen:] (=Schillers Werke. Nationalausgabe, Bd. 7,2), Weimar 1986.

[199] PRIDIK, Hospitanten-Eindrücke, S. 350f.

[200] SCHEEL, Schulfarm (1990), S. 17. - Vgl. S. 693 (Sprechübungen zum Erntefest 1932).

[201] SCHEEL, Schulfarm (1990), S. 17.

[202] SCHEEL, Schulfarm (1990), S. 12. - Hier folgt Scheel: RICHTER, Scharfenberg 1928-1932, S. 11: "Die Preisgabe der Systematik mit ihrer Vollständigkeitsideologie wurde durch das assoziative Interesse wettgemacht." - Vgl. als konkretes Beispiel: Hoffmann an D.H. br. vom 28.06.1988: "Am Beispiel 'Griechenland' kann ich das vielleicht verdeutlichen. Neben der Geographie wurde die Geschichte sehr ausführlich behandelt - Perserkriege, Perikles und sein Zeitalter, der peloponnesische Krieg, Alexander bis zu den Befreiungskriegen und knüpften dann wieder an die deutschen Klassiker an. Ähnlich wurde die Stauferzeit im Mittelalter behandelt. - Dabei blieb natürlich wieder manches auf der Strecke, z.B. sind wir nie zu Nordamerika gekommen. - Gründlich wurde dagegen wieder die französische Revolution bearbeitet ... [sic!] bis hin zur neueren Geschichte."

lernten die Schüler, so Scheel, "die Dinge und Probleme in ihrem Zusammenhang zu sehen und ihnen auf den Grund zu gehen"[203].

Gegen den möglichen Einwand der Gefahr des "Chaos"[204], der "Gefahr der Zersplitterung und Verwirrung in den Köpfen der Schüler"[205] schrieb Blume, es sei, obwohl es "keine Klassenpensa"[206] gab, "doch in praxi so [gewesen], daß nach drei Jahren, innerhalb deren die weiteste Freiheit der Anordnung geherrscht hat, das Wichtigste von dem, was sie offiziell vorschreiben, so oder so, manches davon sogar mehrmals in verschiedenen Assoziationen verarbeitet worden ist."[207] Zudem sei es gar "nicht genug in Anrechnung zu bringen, daß Stoff, an dem die Jungen selbst mitgearbeitet, dessen Behandlung sie zum Teil durch ihre Fragen, ihre Ausflüge, durch Zeitungsausschnitte selbst bestimmt haben, weit besser und klarer sich einprägt, als der vom Lehrbuch künstlich, wenn auch systematischer herangetragene"[208]:

> "Die Schüler sehen viel deutlicher, wozu man das alles lernt und treibt, empfinden Entdeckerfreude beim Finden der mannigfachen inneren Beziehungen herüber und hinüber, und das gedächtnismäßige Behalten braucht dabei keineswegs zu leiden, nur erfordert es weniger Memorierarbeit, da es durch die größere Fülle der Kombinationsmöglichkeiten, durch das selbständige Operieren mit den Stoffen beim Einordnen und Zusammenfassen unbemerkt die stärksten Stützen erhält.[209]

Es gab "keine 'Arbeitshefte' mehr, die man mit mehr oder weniger Stolz vorzeigt[e]"[210]. Statt dessen wurden kleinere Arbeiten, oder aber auch größere Hausarbeiten geschrieben, "freiwillige Niederschriften über einzelne Gebiete des [Gesamt-]Unterrichts"[211], die von den Schülern selbstgewählt oder aber von Lehrern angeregt worden waren.

Hausarbeitsthemen des Gesamtunterrichts der Zwischenstufe bis Mitte 1923 (in Auswahl)[212]

"6.a. Phantasie über die Entstehung des Schubartschen Gedichtes die Fürstengruft (ganz selbst erfunden).
6.b. Camille Desmoulins [1760-1794] nach seinen Briefen nach Landauers Auswahl.
6.c. Joh. Casp. Lavaters Charakterbild auf Grund der von Landauer herausgegebenen Briefe aus der französischen Revolutionszeit[213]*.*
6.d. Welche Erziehung fordert Fichte in seinen Reden an die Deutsche Nation für das neue Geschlecht? (Eine unendlich fleißige Arbeit, angeregt durch Scharfenbergvergleiche) [...].

---

203 SCHEEL, Schulfarm (1990), S. 12.
204 Berlin, BBF: SLG-GS, Jahresberichte 1932/33, Bd. 248d, Nr. 88: Berlin, SIS (Blume), S. 13.
205 BLUME, Schulfarm (1928), S. 163.
206 BLUME, Schulfarm (1928), S. 166.
207 BLUME, Schulfarm (1928), S. 166.
208 BLUME, Schulfarm (1928), S. 163.
209 BLUME, Bericht (1923), Bl. 251v.
210 PRIDIK, Hospitanten-Eindrücke, S. 351.
211 PRIDIK, Hospitanten-Eindrücke, S. 351.
212 BLUME, Bericht (1923), Bl. 209v-210r.
213 Briefe aus der französischen Revolution. Ausgew., übers. und erl. von Gustav LANDAUER, 2 Bde., Frankfurt 1918 [5.-7. Ts. 1922].

8.a. Wieweit drückt sich in der Reichsverfassung der Gedanke der Reichseinheit aus?
8.b. Der demokratische Gedanke in der Reichsverfassung.
8.c. Die Stellung des Reichspräsidenten in der Reichsverfassung.
8.d. Die Erfüllung welcher Pflichten erwartet die Reichsverfassung von dem Staatsbürger.
8.e. Wie steht die Reichsverfassung zu Religion und Religionsgemeinschaften? [...].

Dazu kommen ganz freie, auch von den Schülern selbst formulierte Themata, teils in der
Klasse, teils im Hause bearbeitet:
10.a. Die Fähre,
10.b. An der Fähre,
10.c. Ein Sonntag in Scharfenberg,
10.d. Eine Feriennacht in Scharfenberg,
10.e. Ein farbige Blatt für die Chronik,
11.a. Aus dem Kampf ums Dasein - Beobachtungen aus dem Tierleben in Scharfenberg,
11.b. Die Heckenrose - eine Scharfenberger Junierinnerung,
11.c. Lukretia - eine Variation aus der lateinischen Lektüre,
12.a. Welchen Nutzen habe ich von meiner Schule in körperlicher und geistiger Beziehung?
12.b. Was gibt mir das Leben in der Natur?
12.c. Die Bedeutung des Dungs für den Gartenbau[214],
13. Was zeigt uns die Expedition auf die Inselwelt des Tegeler Sees,
13.b. Inseleinsamkeit [...],
13.c. Die Erde - eine Phantasie,
13.d. Eine Nacht auf dem Wasser,
13.e. Die Säule im Altertum,
13.f. Ein Traum,
13.g. Die denkwürdige Geschichte meines Aufsatzes.

Um neben dem literarischen und dem untersuchenden und dem Erlebnis- und Phantasieaufsatz
auch rein stilbildende zu pflegen, wurde 14. die Aufgabe gestellt, nach einmaligem Hören von
2/3 die Geschichte vom Araber und seinem Pferd möglichst im Moltkestil ("Briefe aus der Tür-
kei"[215]) wiederzugeben und sie im letzten Drittel in gleicher Weise fortzuschreiben [...]."

Die Arbeiten wurden nicht in traditioneller Weise durch die Lehrer zensiert; vielmehr wurde ihre "Wertung durch die Lehrerzensur [...] durch genossenschaftliche
Einstufung ersetzt"[216]:

"Die Aufsätze werden meist vorgelesen und von den Schülern zensiert; vom Durchschnitt ab-
weichende Urteile werden begründet. Das Durchschnittsurteil wird mit dem des Lehrers, der es
vorher auch auf ein Zettelchen schreibt, verglichen; größere Abweichungen dazwischen gibt es
fast nie. Oft - namentlich bei Erlebnis- und Stimmungsaufsätzen - verzichtet man auf
Nummernformulierung; aus dem Vorbringen von Anerkennung und Einwänden entnimmt sich
der Verfasser schon selbst die Einschätzung. Bei offenbaren stilistischen Ungeschicklichkeiten
spricht sie der Lehrer nachher, privat mit dem Verfasser durch; an roter Tinte kann also sehr
gespart werden, da auch jeder so Bescheid weiß."[217]

---

[214] Anm. von Blume: "Freiwilliges Thema unseres späteren landwirtschaftlichen Eleven."
[215] Briefe aus der Türkei. Aus Helmuth von Moltkes Briefen über Zustände und Begebenheiten in
       der Türkei aus den Jahren 1835-1839. Mit einer Einl. hrsg. von Erich Ludwig SCHMIDT,
       Berlin 1923.
[216] BLUME, Schulfarm (1928), S. 161.
[217] BLUME, Bericht (1923), Bl. 210r.

Schließlich wurden die Schülerarbeiten "nach einer Abstimmung über ihren Wert bei günstigem Ausfall in einer 'Sammelmappe' gesammelt"[218] - "in der [...] jeder nachlesen kann, jetzt und später, wann und was er will"[219].

"Auch die schönsten Zeichnungen werden in die Sammelmappe geklebt, werden Allgemeingut. Ein Schriftkünstler malt die Unterschrift dazu. Gruppenstolz statt persönlichen Ehrgeizes! Solche Sammelmappen wurden uns in großer Zahl vorgelegt [...]."[220]

Neben den Sammelheften wurden "von dazu gewählten Kameraden offiziöse Längsschnitthefte geführt"[221]; in die einer "alles Historische, ein anderer alles Erdkundliche, der dritte alles Sprachgeschichtliche, der vierte alles Kunstgeschichtliche [...], der fünfte alles Technische, der sechste alles Naturkundliche zusammen [trug], was in den einzelnen Stunden in verschiedenen Verbindungen davon vorgekommen ist"[222].

Drittens hatte jeder Schüler "sein privates Sammelheft"[223], in das er entweder selbst "Resumés aus seinem Notizblock"[224] eintrug oder "dazu von Zeit zu Zeit durch Sammelfragen des Lehrers ermuntert"[225] wurde:

"In einigen Klassen erreichte man dasselbe, indem jeder Schüler [...] sich einen Sammelkasten klebte und in diesem auf Kärtchen nach Stichworten das Sachliche aus dem Gesamtunterricht

---

218 PRIDIK, Hospitanten-Eindrücke, S. 351.
219 BLUME, Schulfarm (1928), S. 163. - PRIDIK, Hospitanten-Eindrücke, S. 349-352, hier S. 351, berichtete, daß ihm als Hospitanten der Schulfarm solche Sammelmappen "in großer Zahl" vorgelegt worden seien, - zum großen Teil zu oben genannten Gesamtunterrichtsthemen: Darunter befanden sich Mappen zu den 'Dorflehrgängen' in der Lüneburger Heide "mit Hauszeichnungen, Kirchenbeschreibungen, Dialektsammlungen, Grabinschriften, Viehstatistiken"; weiter existierte eine 'Spreewaldmappe' mit "[geographischen] Beobachtungen, Wanderkarten, schriftliche und bildliche Skizzen von einer in Burg mitgefeierten Trachtenhochzeit": "[...] viele [Mappen bzw. Themen] kreisen um das auf einer Schulfarm naheliegende Thema 'der Bauer' [...]; [...] die Eindrücke und Szenenbilder vom Besuch der Florian Geyer-Aufführung im Staatstheater sind zusammen mit Erlebnissen von Proben und Freilichtdarstellungen des eigenen 'Bauerntheaters' gebunden; Aufsätze über fränkisches Bauerntum zur Hans-Sachs-Zeit, über Gryphius und seine Geliebte Dornrose [GRYPHIUS, Andreas, Die geliebte Dornrose. Scherzspiel in 4 Aufzügen. Mit Einleitung und Erklärungen von R. STÜBE (= Reclams Universal-Bibliothek, 6486), Leipzig 1924], Streitschriften über die Frage: Wer hat Recht - die Ritter oder die Bauern? schließen sich an. 'Wie wir den Besuch des Berliner Volkskunde-Museums für unser Bauernthema fruchtbar gemacht haben' - war eine andere Mappe betitelt [...]. Damaschkes Bodenreform, Max Eyth als Begründer der deutschen Landwirtschafts-Gesellschaft, die Tendenzen des Bauernbundes, Melioration, die Flachbearbeitung [sic!], die Kartoffelpflanzmaschine, die Überschußländer an Molkereiprodukten in der Welt, die rentabelste Verwendung der Phönixberegnungsanlage auf unserer Insel, die Zusammensetzung unseres Schweinefutters waren Überschriften, auf die man bei flüchtigem Blättern in dem die 'grüne Ausstellungswoche' behandelten 'Bande' stieß." - Vgl. zu diesem Thema auch: Berlin, BBF: SLG-GS, Jahresberichte 1932/33, Bd. 248d, Nr. 88: Berlin, SIS (Blume), S. 9f.
220 PRIDIK, Hospitanten-Eindrücke, S. 351.
221 BLUME, Schulfarm (1928), S. 163. - Vgl.: Berlin, BBF: SLG-GS, Jahresberichte 1932/33, Bd. 248d, Nr. 88: Berlin, SIS (Blume), S. 13: "[...] viele Schüler führen daneben noch Fachmappen, in denen sie entweder alles Geschichtliche oder Kunsthistorische oder das Literarische oder das Biologische zusammentragen."
222 BLUME, Schulfarm (1928), S. 163.
223 BLUME, Schulfarm (1928), S. 163. - Auszug aus einem privaten Sammelheft eines Mittelstüflers, abgedr. in: Aus dem Leben, S. 352.
224 BLUME, Schulfarm (1928), S. 163.
225 BLUME, Schulfarm (1928), S. 163.

barg; die eine Klasse nannte diesen Apparat 'Mein Schatzkästlein'[226], eine andere entschied sich nach einem Preisausschreiben für die beste Betitelung für 'Mein zweiter Kopf'. Die Aufgabe, von Zeit zu Zeit aus dem Reservoir bald das Geschichtliche, bald das Sprachliche, bald das Literaturgeschichtliche herauszuziehen und nach Gesichtspunkten zu ordnen, ist immer eine angenehme Form der Wiederholung und tatsächlichen Befestigung gewesen."[227]

Um das Wichtigste des "im Gesamtunterricht an den verschiedensten Stellen und Zusammenhängen verkapselten Erdkundestoff[es] in Längsschnitten zu wiederholen", wurden "alle Quartale kleinere [...] Arbeiten geschrieben"[228].

Und um das Wesentlichste aus dem historischen Teil des Gesamtunterrichts "übersichtlich festzuhalten", wurden in jeder Woche Geschichtsfragen beantwortet[229]:

"[Diese sind] so formuliert [...], daß in ihnen auch gleich das notwendige Gerippe mit aufgezeichnet wird. (Welche Gedanken Rousseaus finden wir in der Unabhängigkeitserklärung von 1776 wieder? Die Karte Amerikas 1700, 1763, 1783 und jetzt in 4 Skizzen.) Auch zu kleinen Quellenstudien regen sie an; die Quellenhefte kursieren von Stube zu Stube (Auszug aus den allgemeinen Menschenrechten. Welche Änderungen brachte die Städteordnung von 1808? Welche Forderungen des Erfurter Programms sind in der Republik erfüllt?) Oder sie fordern Nachdenken und führen so zu Gesprächen der Schüler über die Sache beim Beantworten. (Was hat die Monroedoktrin von 1823 mit dem griechischen Unabhängigkeitsprinzip zu tun? Welcher Grundgedanke lag dem Werk des Freiherrn vom Stein zu Grunde?) Oder sie stellen auch einmal Anforderungen an die stilistische Gestaltungskraft (Charakterisiere Blücher, Gneisenau und Wellington aus ihren Tagesbefehlen [...] (Die [dazu nötigen] Bücher holt man sich aus der Bibliothek des Lehrers.) Zeichne die Silhouetten 4 bedeutender Ausländer, die am amerikanischen Unabhängigkeitskrieg mitgewirkt haben, etc.)."[230]

Auch die Zusammenfassung bzw. Vorstellung von Unterrichtsergebnissen vor Freunden und Eltern kann in diesem Kontext betrachtet werden. So wurde etwa im Anschluß an die oben genannte Norddeutschlandfahrt zum Sunderhof[231] am 19.09.1926 ein 'Störtebeckersonntag' veranstaltet[232], zu dem man "Eltern, Verwandte und Freunde"[233] eingeladen hatte, denen man "ein Bild von unserem Sunderhofleben durch Vorträge, Berichte und Deklamationen"[234] bieten und "als Krönung dieser Periode ein unter den Hamburger Eindrücken gedichtetes Störtebeckerdrama"[235] vorführen wollte[236]. In einem Schülerbericht in der Chronik heißt es zu diesem Sonntag u.a.:

"Den Erfolg [unseres 'Sunderhof-Unterrichts'] zeigte die schöne Ausstellung in dem neuen, vergrößerten Gartensaale, an dessen Wänden Zeichnungen von uns Sunderhöflern hingen. Hübsch geordnet lagen auf den Tischen Beschreibungen unserer zahlreichen Ausflüge, die wir

---

226   S. dazu: SCHEEL, Schulfarm (1990), S. 12f.
227   Berlin, BBF: SLG-GS, Jahresberichte 1932/33, Bd. 248d, Nr. 88: Berlin, SIS (Blume), S. 13.
228   BLUME, Bericht (1923), Bl. 210v.
229   BLUME, Bericht (1923), Bl. 210r.
230   BLUME, Bericht (1923), Bl. 210r-v.
231   Vgl. zum 'Sunderhof' S. 464f. und S. 616-618 und S. 715-718.
232   Berlin, LA, SIS: CH, V, S. 361-363.
233   Berlin, LA, SIS: CH, V, S. 361.
234   Berlin, LA, SIS: CH, V, S. 361.
235   BLUME, Schulfarm (1928), S. 161.
236   Es handelt sich bei dem Stück nicht um ein völlig selbständig gedichtetes Drama, sondern um eine Bearbeitung von: ENGEL, Klaus, Claus Störtebecker. Roman in 2 Bänden, Leipzig o.J. [1920]; 11. und 12. Aufl. Stuttgart 1923. - S. zu dem Stück und seine Aufführung auf Scharfenberg S. 684f. und S. 687.

vom Sunderhofe aus unternahmen, teils schön handlich zum Lesen bereit, teils in künstlerischen Mappen, die allen sehr gefielen[237]. Am meisten zog der Tisch mit den seltsamen Steinen, Muscheln und Möwenköpfen, die wir bei unserer Wattenwanderung gefunden hatten, an. Auch die ausgestopfte Möwe, die über diesen Tisch schwebte, wurde trotz ihres noch etwas üblen Geruches bewundert. Für die Bücherauslage, die wir im Sunder gelesen hatten, zeigten nur wenige Interesse. Bis zum Dunkelwerden unterhielten wir Zwischenstüfler die Besucher durch Vorträge und Deklamationen, von denen einige ganz überraschend wirkten. Dieses zeigte das lebhafte Beifallsklatschen. Um mehr Abwechslung in die Berichte zu bringen, lesen viele von uns unter dem Titel 'Streiflichter aus Hamburg' vor, die den Zuhörern zeigten, warum wir die Städte wie Hamburg, Lüneburg und andere aufsuchten, und was wir dort erlebten. Sehr amüsant war auch die Wiedergabe der Wattenwanderung, die von 5 unserer Jungen hinter Decken mit einer vollen Waschschüssel, damit auch das Wasser zur Geltung komme, getreu wiedergegeben wurde. Sie muß den Zuschauern sehr heiter vorgekommen sein, denn zum Schluß lachte und klatschte alles, ohne aufhören zu wollen. Um nun noch mehr Interesse bei den Eltern zu erwecken, wurden einige Preisaufsätze vorgelesen, über die die aufmerksamen Zuhörer abstimm[t]en."[238]

II.3.B.ß. ZUR FUNKTION DES MITTELSTUFENUNTERRICHTS

Die Bezeichnung 'Zwischenstufe', die zunächst für die 10. Klasse des Schulversuches, dann aber häufig auch für die 'Mittelstufe' schlechthin stand, benannte die zentrale Funktion des Unterrichts in den betreffenden Jahrgängen: nämlich den Schülern dieser Jahrgänge "einen allmählichen Übergang"[239] von den verschiedenen Herkunftsschulen in die Scharfenberger Oberstufe zu ermöglichen. Entsprechend dieser Funktion knüpfte der Scharfenberger Mittelstufenunterricht an den der Herkunftsschulen der Schüler an und leitete erst allmählich zu den unterrichtlichen Besonderheiten der Schulfarm in der Oberstufe über[240]. Dabei wurde vor allem Sorge dafür getragen, daß hier als gemeinsame Ausgangsbasis für den Oberstufenunterricht ein breites Bildungsfundament geschaffen wurde:

> "[...] jeder sollte erst mit den Elementen der verschiedensten Gebiete sich vertraut machen und das einmal Angefangene zu einem gewissen Abschluß bringen, ehe er sich [in der Oberstufe] auf die ihm besonders lieb gewordene Gruppe spezialisiert und die Aufgaben preisgibt, die seinen inzwischen erkennbar gewordenen Veranlagungen widersprechen"[241]:

Zweitens sollte der so angelegte Unterricht es den Schülern ermöglichen, "nach 1 Jahr ohne Zeitverlust in ihre Mutteranstalt zurückzutreten, falls ihnen das Leben hier draußen wider ihrem ursprünglichen Erwarten für die Dauer von 3 weiteren Jahren nicht zusagt oder sie nach Ansicht ihrer Lehrer und Kameraden sich nicht für die Gemeinschaft eignen"[242]. Und drittens sollte den Schülern die Möglichkeit offen ge-

---

[237] Zu den Mappen s. S. 621f.
[238] Berlin, LA, SIS: CH, V, S. 361f.
[239] BLUME, Bericht (1923), Bl. 199r. - Ähnlich auch: BLUME, Bericht (1923), Bl. 207v-208r.
[240] S. etwa: BLUME, Bericht (1923), Bl. 208r.
[241] BLUME, Bericht (1923), Bl. 212v und 213r. - Fast wörtlich wieder in: BLUME, Schulfarm (1924), S. 326.
[242] BLUME, Bericht (1923), Bl. 208r.

halten werden, ausgerüstet mit dem genannten breiten Bildungsfundament, die Schulfarm nach dem 10. Schuljahr mit der Mittleren Reife verlassen zu können.

II.3.C.   DER OBERSTUFENUNTERRICHT - DAS KERN-KURS-SYSTEM[243]

Der Oberstufenunterricht war für Blume "Kern und Krone des ganzen Schulversuchs"[244]. Er wies mehrere besondere unterrichtorganisatorische Merkmale auf - so
den bereits genannten 'Wochenplan' und den ebenfalls bereits genannten
'Studientag'. Zudem war hier die Jahrgangsstufeneinteilung "noch radikaler als auf
der Zwischenstufe geschwunden"[245], d.h.: hier wurde auf jede Jahrgangsstufentren-
nung verzichtet[246].

Auffallendstes und wichtigstes unterrichtsorganisatorisches Merkmal, das besondere Kennzeichen des Oberstufenunterrichts der Schulfarm aber war ein eigenständiges, d.h. sich von anderen Modellen unterscheidendes, Kern-Kurs-System, für das
Blume - wie gezeigt[247] - wichtige Anregungen von anderen Gedanken und Versuchen
zur sog. 'Bewegungsfreiheit in der höheren Schule' erhalten hatte, diese jedoch, so
Keim, "auf Scharfenberg in einer für damalige wie heutige Verhältnisse einmaligen
Weise um[setzte]."[248]

"Wie alle anderen unterrichtlichen und außerunterrichtlichen Regelungen auf
Scharfenberg ist auch der Kursunterricht nie [...] in ein festes Organisationsschema
gebracht worden"[249]. Vielmehr wurde er "den Bedürfnissen des Schullebens, z.B.
der Zahl der Schüler und der verfügbaren Lehrer, hier und da wohl auch bestimmten
Auflagen des Preußischen Ministers für Wissenschaft, Kunst und Volksbildung"[250]
oder auch aufgrund der "verstärkte[n] Aufnahme ehemaliger Volksschüler"[251], deren
Vorkenntnisse und Interessen von denen von höheren Schulen kommenden Schülern
divergierten, "stets neu angepaßt, ohne sich dabei im grundsätzlichen zu verändern."[252]

---

243   S. hierzu insbes.: KEIM, Kursunterricht.
244   BLUME, Schulfarm (1924), S. 326. - BLUME, Bericht (1923), Bl. 200r: "Kern und Krone des
      Versuchs ist die 3 Jahre umfassende Oberstufe [...]."
245   BLUME, Schulfarm (1928), S. 166.
246   BLUME, Schulfarm (1928), S. 167. - Vgl. dagegen (fälschlicherweise!): KEIM, Zur Aktuali-
      tät, S. 306: "Die Kurse fanden in jahrgangsübergreifender Zusammensetzung, der Kernunter-
      richt - vor allem in späteren Jahren - auf Jahrgangsstufenebene statt, wobei in der ersten Zeit
      auch die Schüler daran teilnahmen, die entsprechende Kurse belegt hatten."
247   S. 276-283.
248   KEIM, Kursunterricht, S. 112.
249   KEIM, Kursunterricht, S. 120.
250   KEIM, Kursunterricht, S. 120.
251   KEIM, Kursunterricht, S. 121.
252   KEIM, Kursunterricht, S. 120.

II.3.C.α.   DER KURSUNTERRICHT

Der Scharfenberger Kursunterricht bot jedem Schüler Gelegenheit, sich auf ein ihn besonders interessierendes Gebiet zu konzentrieren, "sein Neigungsfach energisch [!] in den Mittelpunkt zu rücken"[253], d.h. diesem aufgrund erhöhter Stundenzahl mit besonderer Intensität nachzugehen. Verbunden damit war als zentrale pädagogische Begründung für diese Schwerpunktfindung (Kurse) - u.a. als Maßnahme gegen die "Schulverdrossenheit auch wissenschaftlich interessierter Oberstüfler"[254] - auf diese Weise die individuellen Neigungen und Fähigkeiten der Oberstufenschüler weitestgehend zu fördern und zur Entfaltung zu bringen, anders ausgedrückt: eine "Förderung autonomer Schülerpersönlichkeiten"[255] zu betreiben:

> "Eine Schule, die ihren Existenzberechtigungen nach ihr außerschulisches Leben auf Selbständigkeit und Selbstverwaltung stellen mußte, wird den Schülern auch im Unterricht die Möglichkeit gewähren müssen, ihre Anlagen zu prüfen und danach ihren Hauptbildungsgang selbst zu wählen"[256].

Die Kurse sollten, dies war eine "weitere, lernpsychologisch motivierte Intention der Kurse"[257], die Arbeit der Schüler zentrieren, ihr gleichsam einen Mittelpunkt geben, um den sich dann "alles andere peripherisch gruppiert[e]"[258]:

> "[...] statt der lästigen Zersplitterung des Interesses findet der Schüler ein wirkliches geistiges Zentrum, das er lieb hat, das seine wertvollsten Kräfte wirksam werden läßt, so daß manche Brüche und Hemmungen im werdenden Menschen vermieden werden."[259]

Ein Wechseln von einem Kurs zum anderen war möglich, aber unerwünscht, es sei denn, "daß eine unüberwindliche Abneigung gegen die ursprüngliche Wahl sich einstellt[e]" - eine Möglichkeit, von der Blume 1928 schrieb, daß sie nur "in ganz verschwindend geringer Zahl bisher vorgekommen" sei[260]:

> "Der Zwang der Entscheidung verleiht ihm eine gewisse innere Klarheit über seine Neigungen und Abneigungen; die Gebundenheit an den einmal gewählten Fächerkomplex bewahrt ihn trotz Wahlfreiheit vor weichlichem Ausbiegen, das man mit Recht anderen Neigungsfachsystemen mit kurzfristigen Wechselmöglichkeiten oder mit bunten Speisekarten zum Vorwurf macht."[261]

"Um bei so entscheidender Bedeutung für die wirkliche Arbeit in den letzten 3 Schuljahren eine falsche Weichenstellung zu verhindern, auch bloßes Strohfeuer auszuschließen", existierte zumindest ab Anfang der 30er Jahre "eine Aufnahmeprüfung in den gewählten Kurs, in der man verrät, daß man selbständig zu arbeiten be-

---

253 BLUME, Schulfarm (1928), S. 167.
254 BLUME, Bericht (1923), Bl. 176r.
255 KEIM, Kursunterricht, S. 118.
256 BLUME, Schulfarm (1928), S. 167.
257 KEIM, Kursunterricht, S. 118.
258 Berlin, BBF: SLG-GS, Jahresberichte 1932/33, Bd. 248d, Nr. 88: Berlin, SIS (Blume), S. 16.
259 Berlin, BBF: SLG-GS, Jahresberichte 1932/33, Bd. 248d, Nr. 88: Berlin, SIS (Blume), S. 29.
260 BLUME, Schulfarm (1928), S. 167.
261 Berlin, BBF: SLG-GS, Jahresberichte 1932/33, Bd. 248d, Nr. 88: Berlin, SIS (Blume), S. 29.

reit und fähig ist, und daß das Interesse für den gewählten Fächerkomplex in der Tat anhält"[262].

Die hier "teils schriftlich, teils in einem colloquium zu lösen[den]" Aufgaben - so schrieb Blume 1945 - "wurden von den Kursleitern 6 Wochen vorher bekannt gegeben; sie verlangten einerseits das notwendige elementare Wissen, andererseits den Nachweis wirklich tiefer dringenden Interesses an dem gewählten Gebiet. Sich darauf vorzubereiten, standen den angehenden Oberstüflern eine Reihe von Studientagen frei; zugleich eine Erprobung [der Fähigkeit] selbständiger Zeitausnutzung."[263]

Die von Blume berichteten Beispiele für solche Prüfungsaufgaben[264] zeigen, so Keim, "daß deren Anspruchsniveau relativ hoch war; allerdings standen bereits hier Verständnis für den jeweiligen Gegenstand und Zugangsweisen zu seiner Erschließung im Mittelpunkt, weniger faktisches Wissen, wenngleich auch darauf nicht verzichtet wurde."[265]

In seinen 'Grundzügen zum Plane der ersten städtischen Sonderschule [sic!] für Schüler aus den Oberstufen der höheren Lehranstalten Berlins' vom 17.12.1921 hatte Blume zunächst einen altsprachlichen Kurs (mit Griechisch im Mittelpunkt), den er 'antiken Kurs' nannte, einen neusprachlichen Kurs (mit Englisch im Mittelpunkt), einen Mathematik-Chemiekurs, einen Musikkurs und schließlich einen Kurs für bildende Künste vorgesehen[266]. Bei Schulbeginn 1922 wurden die Musik- und Kunstkurse durch einen Deutschkurs ersetzt, wohl - wie Keim sicherlich richtig vermutet - "deshalb, weil erstere beiden Kurse in keiner Weise mit den für Preußen wie auch für andere Länder geltenden Reifeprüfungsbestimmungen zu vereinbaren waren, der Deutschkurs sich jedoch von seinem Profil her in etwa dem von Richert konzipierten und bereits seit 1922 im Rahmen von Schulversuchen erprobten Typus einer Deutschen Oberschule zuordnen ließ."[267]

---

[262] Berlin, BBF: SLG-GS, Jahresberichte 1932/33, Bd. 248d, Nr. 88: Berlin, SIS (Blume), S. 16. - Beschreibung eines solchen Testes: Ebd., S. 16-18. - In Berlin, LA, SIS sind drei Deutschkursaufnahmearbeiten vom November 1929 erhalten geblieben, deren Aufgabenstellung lautete, "sich hineinzulesen in die Werke eines frei zu wählenden Malers" und diesen Maler bzw. dessen Werk auf dieser Grundlage dann darzustellen: [1.] MARTINU, Kurt, Grünewald (Deutschkursaufnahmearbeit [vermutl. Nov. 1929]). - [2.] SCHMOLL, Bernd, Hans Holbein der Jüngere (Deutschkursaufnahmearbeit vom 09.11.1929). - [3.] WAURISCH, Heinz, A. Menzel (Deutschkursaufnahmearbeit vom 08.11.1929).

[263] BLUME, Denkschrift, S. 3.

[264] Beispiele für Prüfungsaufgaben s.: Berlin, BBF: SLG-GS, Jahresberichte 1932/33, Bd. 248d, Nr. 88: Berlin, SIS (Blume), S. 16-18.

[265] KEIM, Kursunterricht, S. 127.

[266] BLUME, Grundzüge, o.S.

[267] KEIM, Kursunterricht, S. 120. - Vgl.: Ebd., S. 120, Anm. 13: "An dieser Stelle muß wenigstens angemerkt werden, daß sowohl der Blumesche Deutschkurs als auch - in noch stärkerem Maße - das Richertsche Konzept der Deutschen Oberschule unter inhaltlichem Aspekt höchst problematisch werden konnten, wenn die Lehrer von einem bürgerlich-konservativen oder gar chauvinistischen Geschichts- und Gesellschaftsverständnis ausgingen."

Wilhelm Blume über den deutschkundlichen Kurs[268]

"Der Deutschkundliche Kurs darf nicht sein ein literarisches Kränzchen, das alle die an sich zieht, für welche die anderen Kurse zu schwierige Aufgaben stellen; er darf und muß mehr absehen vom rein Literarischen und Künstlerischen, dessen Kennenlernen und Genießen eine Hauptaufgabe des für alle verbindlichen Kernunterrichts ist; sondern wird erstens die Muttersprache zum Gegenstand eines gewissen nüchternen Studiums machen etwa in den von O. Behagel in seinem bekannten Buch abgesteckten Grenzen[269], selbstverständlich ohne von der Scylla in die Charybdis[270] zu fallen, d.h. zu einem germanistischen Proseminar zu werden, das nur früh berufssichere Germanisten in ihm sammeln würde. Aber immer induktiv vom Beispiel in der Lektüre ausgehend darf er schon bieten die Grundbeobachtungen sprachlicher Entwicklung im Deutschen, Verständnis des mittelhochdeutschen Lautstandes, der Mundarten, Entwicklung der deutschen Schrift und Schriftsprache, Wortgeschichte, Etymologie, Bedeutungswandel der Wörter, Bedeutungsunterschiede, Wortnuancen und von da zu einer Stilkunde führen, die Dichter und Schriftsteller, Stände und Stämme von dieser Seite aus unterscheiden und kennen lernt, so die eigene Ausdrucksfähigkeit fördert, ihrer individuellen Eigenart sich bewußt werden läßt. Vom Bedeutungsunterschied und vom Scheiden der Stilart auch bei Männern der Wissenschaft geht die Brücke zu einem zweiten Hauptbestandteil seines Arbeitsgebietes: zum Durcharbeiten wissenschaftlicher Prosa, letzten Endes philosophischer Schriften unserer Deutschen Dichter und Denker. Daneben wird er drittens gegenwartsfroh die Augen offen halten für die äußere deutsche Umwelt, sowohl nach der gemütlichen Seite (Sitte und Brauch, Fest- und Alltag, Tracht, Gemüt, Hausbau, lebendige Überlieferung in Sprichwort, Märchen, Lied) als auch nach der realen (dem Wirtschaftsleben in seinen geographischen Bedingtheiten, seiner Schichtung nach Landschaften und Ständen, seinen Arbeitsmethoden, seiner Verflochtenheit mit der Weltwirtschaft, mit fremden Kulturwelten). Durch diesen Umriß ist schon die Einteilung des Gebiets in drei Jahresringe gegeben; - Das ganze erste Mal hat dies Mal (1925 kanns ein anderer Pate sein!) unter dem Zeichen Herders gestanden; wie alle unsere Stunden mit den 'Blättern von Deutscher Art und Kunst'[271] in innerer Verbindung stehen, ist aus dem genau von Schülern nachträglich geführten Protokollbuch des Deutschkurses zu ersehen."

Überhaupt entsprachen diese "Fächerschwerpunkte [...] in etwa den im Rahmen der Richertschen Reform des preußischen höheren Schulwesens von 1924 vorgesehenen 'charakteristischen Fächern', die dort allerdings gerade nicht [!] in Form von Kursen

---

[268] BLUME, Bericht (1923), Bl. 240r-241r. - Vgl. dazu: Aus dem Leben, S. 348.

[269] [Vgl.:] BEHAGEL, Otto, Die deutsche Sprache (=Das Wissen der Gegenwart, 54), 7. Aufl. Wien [u.a.] 1923.

[270] Zwischen Scylla (bei Homer ein sechsköpfiges Seeungeheuer in einem Felsenriff in der Straße von Messina) und Charybdis (gefährlicher Meeresstrudel der griechischen Sage): von zwei Übeln bedrängt, denen man nicht entrinnen kann; in einer ausweglosen Situation.

[271] "Von deutscher Art und Kunst" heißt ein Sammelband, der 1773 in Hamburg bei Bode erschien; der anonyme Herausgeber war Herder. - Neudr. in den 20er Jahren u.a.: Von deutscher Art und Kunst. Einige fliegende Blätter. Getreu nach dem im Jahre 1773 bei Bode in Hamburg erschienenen Erstdr. in Faks. hrsg. von H. KINDERMANN, Wien [u.a.] 1923. - In: Aus dem Leben, S. 348, gibt Blume in einer Anm. den Hinweis, wie man sich im Deutschkurs mit dieser Schrift und in diesem Zusammenhang auch mit Herdes Schulreden (vgl.: HERDER, Johann Gottfried, Schulreden, hrsg. von Albert REBLE, Bad Heilbrunn 1962) sowie mit Dilthey (DILTHEY, Wilhelm, Das Erlebnis und die Dichtung. Lessing, Goethe, Novalis, Hölderlin, 9. Aufl. Leipzig 1924) und Hildebrand (HILDEBRAND, Rudolf, Über Grimms Wörterbuch in seiner wissenschaftlichen und nationalen Bedeutung. Vorlesung gehalten in der Aula der Universität Leipzig am 24. April 1869 zum Antritt einer außerordentlichen Professur für deutsche Literatur, Leipzig 1869) auseinander setzte.

innerhalb einer integrierten Oberstufe, sondern vielmehr als Schwerpunkte unterschiedlicher Typen der höheren Schulen fungieren sollten."[272]

Für das Schuljahr 1923 nannte Blume einen altsprachlichen ('antiken') Kurs, einen Latein-Englisch-Kurs, einen Deutschkurs, einen Mathematik-Physik-Kurs sowie einen Chemie-Biologie-Kurs[273]. 1924 führte Blume einen altsprachlichen ('antiken') Kurs (12 Wochenstunden), einen Englischkurs (6), einen Deutschkurs (5), einen Mathematik-Physik-Kurs (6) und schließlich einen Chemie-Biologie-Kurs (5) an[274]. 1928 gab es einen Lateinkurs (8 Wochenstunden), einen Griechischkurs (7), einen Englischkurs (6), einen Französischkurs (6), einen Deutschkurs (6), einen mathematisch-physikalischen Kurs (6) und einen biologisch-chemischen Kurs (6 Stunden)[275]. Im Schuljahr 1932/33 existierte von den fremdsprachlichen Kursen nur noch der neusprachliche Kurs (8 Wochenstunden)[276].

Nachdem also 1923 statt des ursprünglichen Mathematik-Chemie-Kurses die Fächerkombination Mathematik-Physik und ein weiterer naturwissenschaftlicher Kurs (Biologie/Chemie), der "sich auf nur beobachtende Fächer spezialisierte"[277], eingerichtet worden war, blieb das Spektrum des Kursangebots bis 1933/34 weitgehend konstant; lediglich innerhalb des Angebots an Fremdsprachen gab es erhebliche Veränderungen.

Schon die Kursbezeichnungen zeigten, daß es sich nicht um traditionelle Fächer handelte, sondern "um Fächergruppen [...], die für Blume einen inneren Zusammenhang besaßen und damit die Möglichkeit boten, dem Schüler einen spezifischen Zugang zu Problemen von Kultur, Gesellschaft und Natur zu eröffnen."[278]

> "So zielte der altsprachliche (oder, wie er in Scharfenberg hieß: antike) Kurs auf 'ein tieferes Eindringen in den Geist der Antike'[279] sowie deren Verschmelzungsprozeß mit unserer Kultur[280]."[281]

In den neusprachlichen Kursen erhielten auch landeskundliche und kulturgeschichtliche Aspekte einen wichtigen Stellenwert[282].

> "In ähnlicher Weise ging es im mathematisch-physikalischen Kurs um ein Verständnis der unbelebten, im naturwissenschaftlichen (biologisch-chemischen) Kurs der belebten Natur und schließlich im Deutschkurs, in dem die Fächer Deutsch, Geschichte, Philosophie, Kunst und Musik unter zentralen Fragestellungen miteinander verbunden waren, um Zugänge zur Muttersprache, der eigenen literarisch-philosophischen Tradition und des eigenen Volkstums[283]."[284]

---

[272] KEIM, Kursunterricht, S. 116, Anm. 8.
[273] BLUME, Bericht (1923), Bl. 216v.
[274] BLUME, Schulfarm (1924), S. 327.
[275] BLUME, Schulfarm (1928), S. 167.
[276] Vgl.: Berlin, BBF: SLG-GS, Jahresberichte 1932/33, Bd. 248d, Nr. 88: Berlin, SIS (Blume), S. 36.
[277] BLUME, Bericht (1923), Bl. 238r.
[278] KEIM, Zur Aktualität, S. 308.
[279] BLUME, Bericht (1923), Bl. 237r.
[280] BLUME, Bericht (1923), Bl. 237r.
[281] KEIM, Zur Aktualität, S. 308.
[282] Vgl. Beispiele aus Englischkurs: Berlin, BBF: SLG-GS, Jahresberichte 1932/33, Bd. 248d, Nr. 88: Berlin, SIS (Blume), S. 18-22.
[283] BLUME, Bericht (1923), Bl. 246r.

Der jahrgangsübergreifende Unterricht auf der Oberstufe bekam im Bereich der Kurse eine zusätzliche praktische Funktion: denn aufgrund der geringen Schülerzahl und der daraus resultierenden niedrigen Kursfrequenz wäre ein Kursangebot für jeden einzelnen Jahrgang der Oberstufe gar nicht möglich gewesen.

Zu der Problematik, die sich aus dem Arbeiten mit altersheterogenen Kursgruppen ergab, schrieb Blume:

"In den Kursen ist ja ganz klar ein viel günstigeres Arbeiten, wenn die Obersekundaner und Primaner zusammensitzen, die für das Fach besondere Neigung und Begabung haben, als alle Obersekundaner und alle Primaner für sich, Vorwärtsstrebende und Widerwilligere vereint."[285]

Den verbleibenden, mit der Altersheterogenität zusammenhängenden Problemen wurde u.a. dadurch begegnet, daß traditionelle, streng hierarchisch angeordnete Lehrpläne "durch eine stärker thematisch orientierte Disposition des Lehrstoffs mit Einstiegsmöglichkeiten zu unterschiedlichen Zeitpunkten ersetzt wurden."[286] Blume sprach in diesem Zusammenhang von 'Jahresringen'[287], die sich beispielsweise in den Deutschkursen immer wieder auf dieselben Bereiche bezogen: Muttersprache, Schrifttum, Volkskunde - nur eben jeweils aus der Sicht unterschiedlicher Epochen, etwa der Zeit Herders, des Mittelalters oder des 19. Jahrhunderts.

Von ihrer Struktur her eigneten sich für eine entsprechende curriculare Anordnung auch die Oberstufenmathematik und -physik; denn diese umfaßten doch mehr ein "Nebeneinander von unabhängigen Gebieten" als eine Abfolge aufeinanderaufbauender Sequenzen:

"Es ist [beispielsweise!] eine Behandlung der Differenzial- und Integralrechnung wohl möglich ohne vorhergegangene Durchnahme der Analytischen Geometrie, der Sphärischen Trigonometrie oder der Wahrscheinlichkeitsrechnung, und ebenso steht es mit anderen Kapiteln"[288].

Ähnliches gilt für Wärmelehre, Mechanik, Wellenlehre, Magnetismus und Elektrizitätslehre[289]. Für den Bereich der Sprachen war eine solche Stoffanordnung zwar sicherlich schwieriger, "in einem bestimmten Stadium der Sprachbeherrschung aber nicht unmöglich"[290].

Als "zweite Voraussetzung für eine erfolgreiche Arbeit mit jahrgangsübergreifend zusammengesetzten Kursgruppen" wurden "binnendifferenzierende Maßnahmen" getroffen[291]. Diese bestanden in den Sprachkursen darin, daß innerhalb der

---

[284]   KEIM, Zur Aktualität, S. 308.
[285]   BLUME, Bericht (1923), Bl. 222r.
[286]   KEIM, Kursunterricht, S. 122.
[287]   BLUME, Bericht (1923), Bl. 241r.
[288]   Berlin, LA, SIS: HARTKOPF, Werner, Scharfenberger Mathematikkurs. Gesamtunterricht in Mathematik und Physik, 1. schriftliche Seminararbeit, masch. 1933, S. 14.
[289]   Berlin, LA, SIS: HARTKOPF, Werner, Scharfenberger Mathematikkurs. Gesamtunterricht in Mathematik und Physik, 1. schriftliche Seminararbeit, masch. 1933, S. 14.
[290]   KEIM, Kursunterricht, S. 122.
[291]   KEIM, Kursunterricht, S. 122.

Kurse Gruppen gebildet wurden, denen etwa Texte unterschiedlichen Schwierig-
keitsgrades zugrundegelegt wurden[292].

Weiter nutzte man auf Scharfenberg "Möglichkeiten, die wirklich fruchtbringend
nur in einer völligen Lebensgemeinschaft ausgenutzt werden können"[293]; so hatte sich
laut Blume "eine mehr private Lektüre von Werken, die für die jüngeren noch zu
schwierig sein würde, durch die ältesten Kursmitglieder unter Kontrolle des Lehrers
und seiner gelegentlichen Mithilfe mit zusammenfassendem Schülerbericht an den
Gesamtkurs [...] gut bewährt"[294]; umgekehrt nützte man die Möglichkeit einer
"Teildispensation von leichterer, vielleicht schon erledigter Lektüre"[295].

Im Mathematikkurs schließlich hatte man zunächst Obersekundaner und Primaner getrennt. Im zweiten Jahr änderte man dies und führte eine wöchentliche
'Sonderstunde' für die Obersekundaner ein. Dann setzte man an deren Stelle "kleine
Sonderhilfskurse auf Zeit, je nach Bedürfnis offiziell im Steckstundenplan einge-
schoben oder mehr privat zu Zirkeln im Zimmer des Fachlehrers oder zur Rateinho-
lung der einzelnen, wenn irgendwo Unklarheiten geblieben [waren]"[296].

Teilweise konnte es zu einer Zusammenarbeit verschiedener Kurse kommen: So
behandelte der Deutschkurs - nachdem man bereits zu Beginn des Jahres 1924 den
Harzraum thematisiert hatte[297] - im Schuljahr 1931/32 das Thema 'Ostfalen'[298]. Eine

---

[292] BLUME, Bericht (1923), Bl. 222r.
[293] BLUME, Bericht (1923), Bl. 222r.
[294] BLUME, Bericht (1923), Bl. 222r.
[295] BLUME, Bericht (1923), Bl. 222r.
[296] BLUME, Bericht (1923), Bl. 222r.
[297] Im Januar/Februar 1924 hatte eine "winterliche Studienfahrt" in den Harz stattgefunden; s.
       dazu: Aus dem Leben, S. 390. - S. auch: 'Der Harzabend' im März 1924, in: Berlin, LA, SIS:
       CH, II, S. 91.

Harzreise in den Weihnachtsferien im Winter 1931/32[299] und eine mehrwöchige Radtour, wohl in den Sommerferien 1932[300], in das Gebiet des alten Ostfalen hatten "dazu das Material geliefert, welches dann durch Literatur ergänzt wurde."[301]

Alle Unterrichtsaktivitäten, die "in glücklicher Weise eigene Reiseerlebnisse, historisches und volkskundliches Forschen, die Pflege landschaftlichen Empfindens und eine merkliche Höherentwicklung des Stils"[302] vereinigten, dienten dem Ziel, am

---

[298] Ein Überblick über diese Unterrichtseinheit findet sich in: Berlin, BBF: SLG-GS, Jahresberichte 1932/33, Bd. 248d, Nr. 88: Berlin, SIS (Blume), S. 25-28. - 1955 berichtete Blume noch einmal ausführlich über diese Unterrichtseinheit in: BLUME, Wilhelm / FRÜHBRODT, Gerhard, Das dreizehnte Schuljahr. 7 Kapitel zu seiner Problematik und praktischen Gestaltung (=Vergleichende Erziehung. Schriftenreihe der Pädagogischen Arbeitsstelle, 4), Wiesbaden 1955, S. 103-118 (=Kap. 'Ein Jahresprotokoll als Einlage zur Verdeutlichung des Methodischen') und S. 133 ('Braunschweigabend'). - In: Berlin, LA, SIS befinden sich div. Sammelmappen mit Unterrichtsergebnissen zu diesem Thema und zudem die Arbeit: BLUME, Wilhelm, Nachträgliche Fixierung des Arbeitsverlaufes im Deutschkurs [zum Thema 'Harz/Ostfalen'], November 1929 bis Juli 1930. Rechenschaftsbericht nebst methodischer Erläuterung, hdschr. 64 S. (unvollständig, S. 65ff. fehlen). -
Vgl. - die schon mehrfach angesprochene Nähe der Schulfarm zur Hamburger Lichtwarkschule betreffend - zu diesem Scharfenberger Thema auch: HEINE, Gustav, Die Hamburger Lichtwarkschule. Mit einer Vorbemerkung von Achim LESCHINSKY, in: Zeitschrift für Pädagogik, Jg. 32 (1986), S. 323-343, wo es heißt, daß Schulreisen an der Lichtwarkschule ein "unentbehrlicher Bestandteil der Schule" (S. 337), ein "Teil der Schulzeit" (S. 337) wurden, die als "ein starkes Gegengewicht in immer wiederkehrenden, bewußten Vorstößen in die reale Welt" (S. 336) wirkten und neben einem erzieherischen Schwerpunkt ('Gemeinschaftserziehung') immer auch einen unterrichtlichen Schwerpunkt ('Fundgrube' an Material und Ideen für nachfolgende Unterrichtsvorhaben) hatten (S. 336): "So griffen wir hinein ins volle Menschenleben, und wo wir es packten, da war es wirklich interessant." (S. 337). - S. im Vergleich zum Scharfenberger 'Ostfalenthema' vor allem das folgende Beispiel Heines: "Für die Naturwissenschaften war das Saaletal eine Fundgrube. Was bisher historische Buchweisheit gewesen war, etwa die Saale als Reichsgrenze, Heinrichs I. Abwehr und Angriff gegen den Osten, wurde lebendig durch die vielen Burgruinen. Daher die Parole: Hinein in die Ruinen, in ihnen herumklettern, Grundrisse gezeichnet, Rekonstruktionen gesucht! Im Thüringer Land, in unserer nächsten Nachbarschaft gab es zwei pädagogische Anstalten, die unserer schon früh schulbewußten Jugend interessant erschienen und die gerade in ihrer Gegensätzlichkeit starken Eindruck hervorriefen: Das halb mittelalterliche, klosterhafte Schulpforta und das erst nach langer Wanderung im Gebirge erreichte Wickersdorf, das manch älterem Schüler wie eine pädagogische Gralsburg erschien. Sehenswerte Industriebetriebe gab es in Thüringen genug. Auch hier zog uns wieder der Gegensatz an: auf der einen Seite der Großbetrieb der Porzellanmanufaktur von Kahla, auf der andern Seite ein handwerkliche Keramikbetrieb mit Handdrehscheiben auf der mit Goetheerinnerungen erfüllten Dornburg [...]. In die Zeit unseres Aufenthaltes fielen die Wahlen zum thüring[i]schen Landtag, und die politischen Parteien hielten ihre Versammlung ab. Wir empfanden das als eine ausgezeichnete Gelegenheit, die jungen Menschen mit den Hauptrichtungen des politischen Kampfes in Deutschland bekannt zu machen. Und noch eine andere Gelegenheit zur Einführung in die deutsche Politik bot sich in Jena. Dort tagte der Metallarbeiterverband, eine der wichtigsten Gewerkschaften des damaligen Deutschlands. Die recht lebendigen Gegensätze zwischen gemäßigten und radikalen Elementen innerhalb des damaligen Sozialismus gaben einen guten Anschauungsunterricht für ein wichtiges innenpolitisches Problem." (S. 336f.). - Vgl. dazu auch: Die Lichtwarkschule. Idee und Gestalt, Hamburg 1979, hier die Unterrichts- und Arbeitsberichte auf S. 68-83, bes. S. 77: zu einer historischen Jahresarbeit zum Thema 'Siedlungsgeschichte in Norddeutschland' (Lüneburg u.a.).

[299] Zum Zeitpunkt: BLUME / FRÜHBRODT, Das dreizehnte Schuljahr, S. 106.

[300] Zum Zeitpunkt: BLUME / FRÜHBRODT, Das dreizehnte Schuljahr, S. 113.

[301] Berlin, BBF: SLG-GS, Jahresberichte 1932/33, Bd. 248d, Nr. 88: Berlin, SIS (Blume), S. 25.

[302] Berlin, BBF: SLG-GS, Jahresberichte 1932/33, Bd. 248d, Nr. 88: Berlin, SIS (Blume), S. 27.

Ende der Beschäftigung mit dem Thema "zu einem gemeinsamen Ziel"[303] zu kommen: die Ergebnisse "nicht um der Zensur willen, in langweiligen Aufsatzheften"[304], sondern zum Abiturium 1932 in Form von "kollektiv erbrachten Leistungen"[305] in insgesamt sechs[306] "gemeinsamen Mappen"[307] vorzulegen[308]:

> "[...] als das hundertfach durchgefeilte Werkchen von immerhin 400 Tippseiten in der letzten Deutschkurssitzung, von Mitgliedern geschrieben und gebunden, vollendet vorlag, empfanden alle aufs stärkste etwas von dem, was Kerschensteiner Vollendungserlebnis nennt, wenn er es auch nur in technischen Fächern in der Schule in der Regel für möglich hält."[309]

Auch zeigten die Mappen "deutlich, daß unsere Spezialkurse nicht in vorzeitiger Wissenschaftlichkeit aufgehen, sondern überall bemüht sind, die Beziehung zum Leben zu erhalten"[310]:

> "Der Hauptbeweis dafür liegt darin, daß zwei Schulreisen dem Ganzen das Rückgrat gaben; außerdem suchte man auch nach der Rückkehr die Fäden nach außen nicht abreißen zu lassen; man sandte die Schilderung der Aufbereitung an den Clausthaler Obersteiger zu sachlicher Korrektur, bat den Mansfelder Rektor um Material über den Streik, der von der Preußag und Parteileuten ergänzt wurde; ein alter, aber ungemein anregend wirkender Dorfschulmeister am Elm, dessen Schulmuseum [!] die Wanderer entzückt hatte, war Ratgeber in geologischen und heimatgeschichtlichen Fragen [...]; über den Begriff Ostfalen holte man nähere Nachrichten beim Direktor des Hannoverschen Provinzialmuseums ein; man ließ beim Halberstädter Verkehrsamt die Schilderung des Rathauses prüfen, und die Aufforderung seines Leiters führte zur Veröffentlichung eines Aufsatzes zweier Deutschkursler in der Halberstädter Zeitung[311]."[312]

Gleichzeitig mit dem 'Ostfalen'-Thema des Deutschkurses beschäftigte sich der Biologie-Chemie-Kurs mit dem Thema 'Salze'. Man forschte hier u.a. über die Entstehung, Gewinnung und Verwertung von Kalisalzen in Stassfurt (Ostfalen), nicht zuletzt anhand von Firmenberichten, technologischen Darstellungen und der Durchführung eigener Analysen von Salzgemischen, beschäftigte sich mit Mischdünger der I.G. Farben, "welcher gerade von den Landwirten auf dem Weideland der Farm ausgestreut wurde", und begab sich auf 'Oktoberferienstudienfahrt' zu den Salzbergwerken im Harzraum (Salzbergwerk Schönebeck u.a.)[313]. Nach der Fahrt beschrieb der Naturkurs "im einzelnen die Ergebnisse seiner Fahrt den Deutschkurslern, die dieselbe Gegend zwischen Havel und Harz besucht hatten. Beide natürlich unter ganz anderen Gesichtspunkten."[314]

---

303 Berlin, BBF: SLG-GS, Jahresberichte 1932/33, Bd. 248d, Nr. 88: Berlin, SIS (Blume), S. 27.
304 Berlin, BBF: SLG-GS, Jahresberichte 1932/33, Bd. 248d, Nr. 88: Berlin, SIS (Blume), S. 27.
305 KEIM, Kursunterricht, S. 128.
306 Berlin, BBF: SLG-GS, Jahresberichte 1932/33, Bd. 248d, Nr. 88: Berlin, SIS (Blume), S. 25.
307 Berlin, BBF: SLG-GS, Jahresberichte 1932/33, Bd. 248d, Nr. 88: Berlin, SIS (Blume), S. 27.
308 Ein Teil dieser Mappen findet sich in Berlin, LA, SIS. - Eine Beschreibung der sechs Mappen findet sich in: Berlin, BBF: SLG-GS, Jahresberichte 1932/33, Bd. 248d, Nr. 88: Berlin, SIS (Blume), S. 25-27. - Vgl. dazu auch: BLUME / FRÜHBRODT, Das dreizehnte Schuljahr, S. 103-118 (=Kap. 'Ein Jahresprotokoll als Einlage zur Verdeutlichung des Methodischen').
309 Berlin, BBF: SLG-GS, Jahresberichte 1932/33, Bd. 248d, Nr. 88: Berlin, SIS (Blume), S. 27.
310 Berlin, BBF: SLG-GS, Jahresberichte 1932/33, Bd. 248d, Nr. 88: Berlin, SIS (Blume), S. 27.
311 'Zwei Deutschkursler der Schulfarm Insel Scharfenberg'. Eine Halberstadt-Woche in einer Berliner Schule, in: Halberstadter Zeitung und Intelligenzblatt vom 15.07.1930, 1. Beilage.
312 Berlin, BBF: SLG-GS, Jahresberichte 1932/33, Bd. 248d, Nr. 88: Berlin, SIS (Blume), S. 27f.
313 Berlin, BBF: SLG-GS, Jahresberichte 1932/33, Bd. 248d, Nr. 88: Berlin, SIS (Blume), S. 22.
314 Berlin, BBF: SLG-GS, Jahresberichte 1932/33, Bd. 248d, Nr. 88: Berlin, SIS (Blume), S. 22.

Blume schrieb zu diesen wie zu ähnlich gelagerten Zusammenarbeiten von Kursen:

"Durch ihren Austausch wurde die Verbindung zwischen den beiden Kursen stark betont. Diesen Zusammenhang herzustellen bei sich ungezwungen bietender Gelegenheit, ist überhaupt ein
Bestreben in Scharfenberg, damit die Spezialarbeit der Kurse nicht zu einer Entfremdung zwischen den Kameraden führt. Wenn sich die Kurse gegenseitig ab und zu einladen, tut jeder Kurs
einen Blick in die Arbeit des anderen, und gleichzeitig ist dadurch ein guter Anlaß für die Gast-
geber [gegeben], ihr Pensum systematisch zu ordnen, bestimmte Abschnitte zu wiederholen, sie
für Laien zugänglich und dadurch sich selbst vollkommen klarzumachen. Zeitweise haben sogar
verschiedene Kurse miteinander an demselben Thema gearbeitet; so Englisch- und Deutschkurs
an der Klärung der Volkswirtschaftlichen Theorien aus dem 19. Jahrhundert, indem die einen
Friedrich Lists Werke, die anderen die von Adam Smith lasen und sie sich gegenseitig vermit-
telten."[315]

Wenngleich die Wahl der Kurse bei den von höheren Schulen kommenden Schülern
zumindest teilweise bereits vom Typ ihrer Herkunftsschule mitgeprägt worden sein
mag[316], so wollte doch die Schulfarm gerade die Möglichkeit einer Loslösung ver-
frühter Bindungen bieten. So wurde gleich zu Beginn des Schulversuches im Mai
1922 "reiflich überlegt"[317], wie man damit umgehen wolle, "wenn jemand seiner bisherigen Schullaufbahn entgegen, aber seiner Begabung folgend sich für die verstärkte Stundenzahl und die höhere Zielleistung eines solchen Kurses entschließen
wollte"[318]. 1923 schreibt Blume dann, daß man "in dieser Beziehung [beim Ministe-
rium] [...] kaum um besondere Rücksichten zu bitten"[319] brauche. Und auch 1932
bestätigte er erneut, daß bei einem Schülerwechsel nach Scharfenberg "der bis dahin
besuchte Schultyp aufgegeben werden"[320] könne.

Umgekehrt jedoch hatte eine einmal getroffene Kurswahl (mehr oder weniger)
die Wahl der Art des Abituriums mit zur Folge, denn: "Aufgrund ihrer Kurswahl"[321]
erhielten die Schüler nach bestandenem Abiturium entweder das Zeugnis des Gymnasiums, des Realgymnasiums, der Oberrealschule oder der Deutschen Oberschule:

"Das Abiturium ist in allen 4 Formen abgenommen worden; diesen ordnen sich die Primaner
ein, je nachdem sie nach dem Übertritt in die Obersekunda ihren Spezialkurs gewählt haben.
Die Sprachkursler melden sich zum gymnasialen und realgymnasialen Abiturium, die Mathema-

---

[315]   Berlin, BBF: SLG-GS, Jahresberichte 1932/33, Bd. 248d, Nr. 88: Berlin, SIS (Blume), S. 22f.
[316]   Vgl. dazu: KEIM, Zur Aktualität, S. 306.
[317]   Aus dem Leben, S. 337.
[318]   Aus dem Leben, S. 337.
[319]   BLUME, Bericht (1923), Bl. 220v.
[320]   Berlin, LA, SIS: Prüfungsunterlagen, Mappe 3: Reifeprüfungen 1925-1935, hier: Verteilung
        der Prüflinge in die Fachkurse und ihre Einordnung in die 4 Schultypen' [für die Reifeprüfung
        1932] (Blume).
[321]   Berlin, BBF: SLG-GS, Jahresberichte 1932/33, Bd. 248d, Nr. 88: Berlin, SIS (Blume), S. 30.

tik- und Physikkursler sowie die Biologie- und Chemiekursler machen es nach dem Ritus der Oberrealschule und die Deutschkursler nach dem der Deutschen Oberschule. "[322]

Dabei waren jedoch, wie Blume 1932 betonte, "Kurse und Schultypen [...] nicht völlig kongruent"[323]:

"Denn die Kurswahl schließt in sich eine höhere Zielleistung in dem Kursgebiet, was eine Minderung der Zielleistungen in den anderen peripherischen Fächern bedeutet. So werden etwa für die Kursler, die nicht dem Deutschkurs angehören, die Kulturfächer und umgekehrt für die Deutschkursler die Naturwissenschaften weniger Gewicht haben, als ihnen in den jeweils in Betracht kommenden Schultypen zugeteilt worden ist. Es gibt in unserer Unterrichtsorganisation absolut gesehen keine Neben- und keine Hauptfächer; was für die eine Gruppe Hauptfächer sind, sind für die anderen Nebenfächer und umgekehrt, mit mannigfachen individuellen Nuancierungen zwischen den beiden Extremen."[324]

Wenn auch die Kurse zum einen nach dem Interesse der Schüler gewählt wurden und zum anderen die Kurse ihrerseits zunächst die Art der Reifeprüfung, dann aber im weiteren Sinne auch die Berufs- bzw. Studienwahl mit beeinflußten, so betonte Blume doch, daß die Kurswahl noch keine Entscheidung für einen bestimmten Beruf bzw. ein bestimmtes Studium präjudizieren sollte:

"[Es] soll hier die Wahl des Neigungsfaches in der Oberstufe [nach Neigung] bestimmt sein; keine aus praktischen Gründen möglichst früh einsetzende Berufsvorbereitung; die Berufswahl kann daraus hervorgehen, aber sie dürfte nicht der Ausgangspunkt sein."[325]

---

[322] Berlin, BBF: SLG-GS, Jahresberichte 1932/33, Bd. 248d, Nr. 88: Berlin, SIS (Blume), S. 5. - Vgl. dazu in leichter Abwandlung: BLUME, Schulfarm (1928), S. 169: "Die Wahl des Neigungskurses bestimmt, ohne daß man sich dessen immer zunächst bewußt zu sein braucht, im wesentlichen [sic!] auch den Typus des Abituriums: Der Deutschkursler fährt am besten, wenn er sich nach der Form des Deutschen Oberstufe geprüft zu werden wünscht [...]. Der Naturkursler wird sich in der Meldungsliste zum Abiturium als Oberrealschüler eintragen, ebenso der Mathematiker; einer zwar, dessen Sprachen die antiken gewesen waren, erhielt das Zeugnis des Gymnasiums, aber mit dem Zusatz, daß seine mathematischen Leistungen den Anforderungen einer Realanstalt entsprochen hätten." - Nahezu wörtlich diesem Zitat entsprechend: Aus dem Leben, S. 345.

[323] Berlin, LA, SIS: Prüfungsunterlagen, Mappe 3: Reifeprüfungen 1925-1935, hier: Verteilung der Prüflinge in die Fachkurse und ihre Einordnung in die 4 Schultypen' [für die Reifeprüfung 1932] (Blume).

[324] Berlin, LA, SIS: Prüfungsunterlagen, Mappe 3: Reifeprüfungen 1925-1935, hier: Verteilung der Prüflinge in die Fachkurse und ihre Einordnung in die 4 Schultypen' [für die Reifeprüfung 1932] (Blume).

[325] BLUME, Schulfarm (1924), S. 329. - Vgl.: BLUME, Schulfarm (1928), S. 167f.: "Ob aus dieser Wahl der spätere Beruf erfolgt, ist von sekundärer Bedeutung. Mathematik- und Physikkursler werden vielfach zur Technischen Hochschule übergehen, die Naturkursler sind bis jetzt Chemiker, Biologen oder Mediziner geworden, aber kein Altsprachler Altphilologe oder gar die Deutschkursler sämtlich Germanisten."

II.3.C.ß.   DER KERNUNTERRICHT

Zunächst hatte Blume den Gedanken geäußert, "auf der festen und weiten Unterlage der Vorbereitungsabteilungen [=Aufbau- und Zwischenstufe] in der Oberstufe die volle Wahlfreiheit zu proklamieren"[326], also lediglich mit einem Kursunterricht zu arbeiten. Doch war dies zum einen aus schulrechtlichen Gründen indiskutabel, da es nicht möglich und erstrebenswert war, die "Zöglinge nicht ohne Gewährleistung der Universitätsberechtigung in die Welt zu schicken"[327]. Zum anderen erkannte Blume die Gefahr einer 'brotgelehrtenartig verfrühten Verengung'[328] der Oberstufenschüler bei einer solchen Spezialisierung.

Und so wurde als 'Gegenmaßnahme' in der Oberstufe zusätzlich zu den Kursen ein stundenplanmäßig stark reduzierter[329] allgemeinbildender, sog. 'Kernunterricht' gegeben, der für alle Oberstüfler verbindlich war[330].

Die herausragende Besonderheit dieses Kernunterrichts war der sog. 'Kulturunterricht'[331] - der die Fächer Deutsch, Geschichte, Philosophie, Kunst und Musik sowie Staatsbürgerkunde[332] umfaßte und gewissermaßen die Fortführung des 'Gesamtunterrichts' auf der Mittelstufe "mit ausgeweitetem Horizont und erhöhtem Niveau"[333] darstellte und der tendentiell auch dem Deutschkurs entsprach, "allerdings stärker historisch ausgerichtet [war] [...] und [...] sich vorwiegend an Schüler, die nicht dem Deutschkurs angehörten"[334], wandte.

Als ein Beispiel für den Kulturunterricht im Jahre 1923 wurde in dieser Arbeit bereits die Behandlung Japans im Kontext der persönlichen Einflußnahme von C.H. Becker auf die Abituriumsberechtigung der Schulfarm genannt[335].

Mit 10 Wochenstunden machte der Kulturunterricht, der anders als der die Schüler der Mittelstufe nur von Fall zu Fall vereinende, sonst aber nach Jahrgängen getrennt gegebene Gesamtunterricht grundsätzlich die Schüler aller Oberstu-

---

[326] BLUME, Bericht (1923), Bl. 213r.
[327] BLUME, Bericht (1923), Bl. 213r. - Ebenso: BLUME, Schulfarm (1928), S. 327.
[328] BLUME, Schulfarm (1924), S. 328. - Wieder: BLUME, Schulfarm (1928), S. 168.
[329] BLUME, Schulfarm (1924), S. 327: Die Stundenzahl war hier stark heruntergesetzt, "[um] Zeit und Kraft für wahlfreie Vertiefung in ein Neigungsfach oder eine Gruppe eng zusammenhängender Neigungsfächer [zu haben]".
[330] BLUME, Schulfarm (1928), S. 168.
[331] S. zum Kulturunterricht aus der Sicht eines ehemaligen Schülers: PEWESIN, Wolfgang, Der Kulturunterricht - Wie er einem Studenten der Geschichte nachträglich erscheint, in: Aus dem Leben der Schulfarm Insel Scharfenberg. Bilder, Dokumente, Selbstzeugnisse von Eltern, Lehrern, Schülern, red. von Wilhelm BLUME, in: Das Werdende Zeitalter. Eine Monatsschrift für Erneuerung der Erziehung, Jg. 7 (1928), S. 329-404, hier S. 346-348; wieder abgedr. in: 60 Jahre Schulfarm Insel Scharfenberg 1922-1982. Jubiläums-Festschrift anläßlich des 60-jährigen Bestehens der Schulfarm Insel Scharfenberg (=Sonderheft der Fähre), Berlin 1982, S. 26-28.
[332] Vgl. zur 'Staatsbürgerkunde' S. 606f.
[333] BLUME, Schulfarm (1928), S. 168.
[334] KEIM, Zur Aktualität, S. 311.
[335] S. 291f.

fenjahrgänge umfaßte, den Kern der gesamten Bildungsarbeit aus. Sein Ziel war es, den Schülern Einblicke in den sie umgebenden Kulturzusammenhang gewinnen zu lassen - unter "Betonung des eigenen Volkstums in seinem geschichtlichen Werden und seinem gegenwärtigen Sein"[336], bei der jedoch auch "die Wechselwirkung zwischen der eigenen und den fremden Kulturen stets im Blickpunkt [blieben], etwa in dem Sinne, wie das Troeltsch in seinem Aufsatz Humanismus und Nationalismus in unserem Bildungswesen[337] umschrieben hat"[338].

In diesem Sinne geschah, so Blume 1923, die Stoffauswahl unter der Hauptfrage: "Was bedeuten die Einzeltatsachen von der Frühzeit bis heute in Landschaft, Klima, Stammes- und Völkergliederung, Wirtschaft, Politik, Religion, Sitte, Schrifttum, Kunst, Musik für das Werden und Wesen des deutschen Menschen und seine aus der Gegenwart erwachsende Zukunft?"[339]

1927 schrieb Blume, das 'eigene Volkstum' nicht mehr nennend und möglicherweise unter dem Eindruck des Eintritts Deutschlands in den Völkerbund (10.09.1926), der Kulturunterricht verfolge "an der Hand der literarischen und künstlerischen Dokumente (im weitesten Sinne des Wortes) die gesamtgeschichtliche Entwicklung vorwiegend des mitteleuropäischen Kulturkreises"[340]. Dabei berücksichtige er, Fragestellung und Stoffauswahl betreffend, "a) Gesellschaft, b) Staat und Politik, c) Wirtschaft, d) Wissenschaft (einschl. deutscher Sprachentwicklung), e) Kunst (Kunstgeschichte, Musik, Zeichnen), f) Religion - und zwar nicht nur in ihrer absoluten eigengeschichtlichen Entwicklung, sondern unter Durchleuchtung der wechselseitigen Kombination und Verflechtung."[341]

Bei der Anordnung des Stoffes war ähnlich wie im Gesamtunterricht "zunächst der chronologische Verlauf bestimmend"[342]; doch war "die Chronologie kein absoluter Zwang[343]: "des öfteren"[344] wurden (á la Delbrück[345]) "Längsschnitte bis zum gegenwärtigen Endpunkt geführt"[346], u.a. um die Schüler "vor Historismus zu bewahren, den Zusammenhang mit der Gegenwart lebendig werden zu lassen"[347].

In diesem Sinne wurden im Kulturunterricht auch Aspekte zur Theorie der Geschichte (Schiller, Nietzsche) behandelt.

---

336 BLUME, Bericht (1923), Bl. 216r.
337 TROELTSCH, Ernst, Humanismus und Nationalismus in unserem Bildungswesen, Berlin 1917.
338 BLUME, Bericht (1923), Bl. 253v.
339 BLUME, Bericht (1923), Bl. 253v.
340 Berlin, LA, SIS: BLUME, Wilhelm, Schulfarm Scharfenberg 1927 (Manuskript).
341 Berlin, LA, SIS: BLUME, Wilhelm, Schulfarm Scharfenberg 1927 (Manuskript).
342 BLUME, Bericht (1923), Bl. 253v.
343 BLUME, Bericht (1923), Bl. 254r.
344 BLUME, Bericht (1923), Bl. 254r.
345 Vgl. zu dem möglichen Einfluß Delbrücks auf Blumes Methode S. 44f.
346 BLUME, Bericht (1923), Bl. 254r.
347 BLUME, Bericht (1923), Bl. 254r.

Wilhelm Blume über den Kulturunterricht[348]

"Für den Umriß des Ganzen ist zunächst der chronologische Verlauf bestimmend; wir begannen mit der Kultur des Mittelalters, wie sie aus den Wurzeln Römisches Reich, Christentum, Germanentum herauswächst, die Seelenwelt des christlichen Mittelalters und das Wesen des gotischen Menschentums war das Zentrum, auf das alle Wege zuführten. Ein zweites Sammelbecken wird die Kultur der Renaissance; als Verbindungsstück ward benutzt eine Geschichte der orientalischen Kulturen namentlich des Islam bis zur Eroberung Konstantinopels (Flucht der griechischen Gelehrten)! Antike Kultur als Vorbedingung des Verständnisses der Renaissance und unter dem Gesichtspunkt ihres Fortlebens als Auftakt dazu von der Renaissance zum Barock (Absolutismus; Aufklärung; Revolutionen) und dann die uns noch zersplittert erscheinende eigene Zeit (Parlamentarismus; Nationalismus; Imperialismus; Sozialismus; Pazifismus?).

Doch ist die Chronologie kein absoluter Zwang; schon die Einordnung der Antike bei der Renaissance zeigt das; des öfteren werden Längsschnitte bis zum gegenwärtigen Endpunkt durchgeführt: so wenn an die Kolonisationspolitik der Ottonen ein Überblick über die Ostmarkenpolitik bis zur Wiederaufrichtung des polnischen Reichs angeschlossen wird; oder wenn dem Verfassungsleben des Mittelalters zum Vergleich unsere modernen Verfassungen (Deutsche von 1870 und 1918, die amerikanische und schweizerische und russische) oder dem zersplitterten, wenig fixierten Rechtsbrauch des Mittelalters die modernen Entwicklungen der Rechtsgeschichte in Deutschland bis zum B.G.B. gegenübergestellt wurden; oder wenn die Geschichte des Islam unter dem Gesichtspunkt Kampf zwischen Abend- und Morgenland gleich durchverfolgt wird bis zum Weltkrieg oder von der antiken und Renaissancekultur aus die Nachwirkung griechischer Kunst bis heute an aus griechisch-deutschem Geist geborenen Schöpfungen ausgesucht wurde.

Solche Exkurse haben den Vorteil, vor Historismus zu bewahren, den Zusammenhang mit der Gegenwart lebendig werden zu lassen; ferner wenn man einmal sich einen Weg gebahnt hat bis zum Ziel, werden die Parallelwege mindestens im Bewußtsein des Wanderers leichter; und solche schon vorher eingeschlagenen Pflöcke werden eine gute Gedächtnisstütze, wenn man von verschiedenen Ausgangspunkten aus immer wieder an ihnen vorbeikommt.

Die Anordnung des Stoffs im einzelnen, die Knüpfung der Fäden zwischen den einzelnen Gebieten menschlicher Kultur ergibt sich von Fall zu Fall meistens aus dem Augenblick heraus; oft merkte man erst nachträglich, daß sich aus dem vielen am liebsten aus den Quellen selbst gewonnenen Detail doch ein Gesamtbild von einer Epoche zu gestalten begann, das als Eindruck weiter zu leben vermag; 'Wir sind wieder so weit', hieß es dann."

---

[348] BLUME, Bericht (1923), Bl. 253v-254v.

Kulturunterricht: Zur Theorie der Geschichte[349]

"Gleich in den ersten Stunden las und besprach man Schillers Jenenser Antrittsrede[350]; dazu dann Nietzsches Abhandlung vom Nutzen und Nachteil der Historie[351]. Um zu sehen, wieweit man in das Verständnis eingedrungen sei, wurden folgende Themata in 'Rechenschaftsberichten' behandelt:

1.a.) Die Aufgaben des Universalhistorikers nach Schillers Antrittsrede,
1.b.) Der Entwicklungsgang der Weltgeschichte nach Schillers Antrittsrede,
2.a.) Historisch-unhistorisch - ein tragisches Dilemma in Sinne Nietzsches,
2.b.) Was versteht Nietzsche unter antiquarischer, monumentalistischer und kritischer Geschichtsschreibung?
2.c.) Was versteht Nietzsche unter wahrer deutscher Einheit?

Wiederholt kehrte man, nachdem man sich durch die ganze Abhandlung teils getrennt, vielfach gemeinsam durchgegessen hatte, noch zu dem 10. Cap. zurück mit seinen starken ethisch-pädagogischen Forderungen, selbst zu überlegen, was an die Stelle des niedergerissenen allzu historisch orientierten Bildungsgutes zu setzen sei. Viele hatten hier empfunden, daß bei dieser Lektüre an Lebensfragen der Schulreform gerührt war: 'Dies ist ein Gleichnis für jeden einzelnen von uns. Er muß das Chaos in sich organisieren dadurch, daß er sich auf seine echten Bedürfnisse zurückbesinnt. Seine Ehrlichkeit muß sich irgendwann einmal dagegen sträuben, daß immer nur nachgesprochen, nachgelernt, nachgeahmt werde; er beginnt dann zu begreifen, daß Kultur noch etwas anderes sein kann als Dekoration des Lebens, d.h. im Grunde doch immer Verstellung und Verfüllung!'--- Ethisch ausgemünzt wurden auch die nach einer Atempause sich anschließende Lektüre von Schillers Abhandlung über Naiv und Sentimental[352]. Die Übung des Geistes an der Nietzscheabhandlung machte sich geltend; man konnte schon mehr der Privatlektüre überlassen, und die Beteiligung an der Besprechung schwierigerer Definitionen wurde lebhafter. Ein Schüler hat auf einem Bogen eine alles Hauptsächliche wiedergebende graphische Gesamtdarstellung des Gedankenganges gegeben, stammbaumartig ein Gedankenergebnis aus dem vorhergehenden hervorwachsen lassend. Seltsam lief die Stelle, die vom Ästhetischen ins Ethische hinüberrückte, mit der zusammen, die bei Nietzsche vom Wissenschaftlichen ins Praktische warf, jene Stelle, die seitdem oft in Scharfenberg den Besinnlicheren wiederklingt:

'Nichts von Klagen über die Erschwerung des Lebens, über die Ungleichheit der Konditionen, über Undank, Unsicherheit des Besitzes; das sind Dinge, die einmal da sind und die man respektieren muß. Sorge vielmehr dafür, daß Du unter der Knechtschaft solcher Bedingtheiten frei bleibst und rein. Fürchte dich nicht vor Verwirrung außer Dir, aber vor Verwirrung in Dir; strebe nach Einheit, aber suche sie nicht in der Einförmigkeit; strebe nach Ruhe, aber durch das Gleichgewicht, nicht durch den Stillstand deiner Tätigkeit. Jene Natur, die Du dem Vernunftlosen neidest, ist keiner Sehnsucht wert.' [...]. "

---

349 BLUME, Bericht (1923), Bl. 256v-257v.
350 SCHILLER, Friedrich, Was heißt und zu welchem Ende studiert man Universalgeschichte? Eine akademische Antrittsrede, in: Schillers Werke. Nationalausg., Bd. 17: Historische Schriften, 1. Teil, Weimar 1970, S. 359-376.
351 NIETZSCHE, Friedrich, Vom Nutzen und Nachteil der Historie für das Leben, in: NIETZSCHE, Friedrich, Werke, Bd. 1: Die Geburt der Tragödie. Unzeitgemäße Betrachtungen. Menschliches, Allzumenschliches, hrsg. von Karl SCHLECHTA. Nachdr. der 6. durchges. Aufl. 1969, Frankfurt [u.a.] 1980, S. 209-285.
352 SCHILLER, Friedrich, Über naive und sentimentale Dichtung, in: Schillers Werke. Nationalausgabe, Bd. 20: Philosophische Schriften, 1. Teil, Weimar 1962, S. 413-503.

Nicht nur vom Namen her wies der Scharfenberger Kulturunterricht deutlichste Parallelen zum Kulturunterricht der Lichtwarkschule auf: Auch dort bildete er mit einem Umfang von ca. 1/4 der gesamten Unterrichtswochenzahl[353] das 'zentrale und bedeutungsvollste Arbeitsgebiet'[354]:

> "Für die Beteiligten handelte es sich dabei um mehr als um eine unterrichtsdidaktische Lösung, die ähnlich wie die 'social studies' in den amerikanischen Schulen oder das heutige Fach Gesellschafts-/Sozialkunde in der Bundesrepublik durch die Zusammenführung unterschiedlicher Fachperspektiven - damals Deutsch, Geschichte, Religion, zum Teil auch Philosophie und Erdkunde - das vertiefte Studium kultureller und sozialer Phänomene ermöglichen sollte [...]. Die Kulturkunde beinhaltete daneben und vor allem einen normativen Anspruch, denn sie sollte die Schüler hineinstellen in die äußerlich zerrissen wirkende Gegenwartskultur und zu einer - nach einem Wort Lichtwarks - 'kultivierten', wertenden und wählenden Lebenshaltung führen."[355]

Wie auf Scharfenberg teilte der Kulturunterricht der Lichtwarkschule "mit der 'Deutschkunde', wie sie damals - als Zusammenfassung der gleichen Fächer - besonders wirksam von Hans Richert für das preußische Schulwesen ausgestaltet wurde [...], wohl die Tatsache normativer Implikationen"[356], war aber wie auf Scharfenberg auch, wie Leschinsky feststellt, für die (insgesamt noch 'hanseatisch weltoffenere') Lichtwarkschule mit der 'Deutschkunde' á la Richert "nicht [...] inhaltlich deckungsgleich"[357]:

> "Auch wenn sich vielleicht hier wie dort die Suche nach Einheit und Bildung geltend machte, war der kulturkundliche Unterricht an der Lichtwarkschule frei von der Gefahr einer bornierten Besinnung auf das 'deutsche Wesen', das in den unverfälschten Formen der Vergangenheit aufzusuchen war. Aus den überlieferten Planungsunterlagen und gegenseitigen Erfahrungeberichten der Lichtwark-Lehrer tritt der breite Themen- und Betrachtungshorizont ihres kulturkundlichen Unterrichts in beeindruckender Weise hervor, selbst wenn dabei - in der Linie der deutschen Kulturkritik vor der Jahrhundertwende - Gebieten wie dem deutschen Mittelalter [...] eine besondere Rolle zukam [...]."[358]

Der Kulturunterricht dürfte von 1922 bis 1933/34 durchgängig von Blume gegeben worden sein. Doch kam es (ähnlich wie im Gesamtunterricht der Mittelstufe - und wie bereits in Blumes Gesuch zur Gründung des Scharfenberger Schulversuches vom Frühjahr 1922 vorgesehen[359]) oft zu einem "Eingreifen der Fachlehrer an geeigneten Stellen des Kulturunterrichts [...], sei es, daß sie auf Fragen Aufschluß geben oder

---

[353] Leschinsky in seiner Vorbemerkung zu: HEINE, Hamburger Lichtwarkschule, S. 325. - Vgl.: HEINE, Hamburger Lichtwarkschule, S. 332.

[354] Leschinsky in seiner Vorbemerkung zu: HEINE, Hamburger Lichtwarkschule, S. 325.

[355] Leschinsky in seiner Vorbemerkung zu: HEINE, Hamburger Lichtwarkschule, S. 325. - HEINE, Hamburger Lichtwarkschule, S. 333, nennt als Ziel der Kulturkunde der Lichtwarkschule die "Analyse der Gegenwart, Erkenntnis ihrer Vergangenheit, ihres Vergehens und Werdens".

[356] Leschinsky in seiner Vorbemerkung zu: HEINE, Hamburger Lichtwarkschule, S. 325.

[357] Leschinsky in seiner Vorbemerkung zu: HEINE, Hamburger Lichtwarkschule, S. 325.

[358] Leschinsky in seiner Vorbemerkung zu: HEINE, Hamburger Lichtwarkschule, S. 325f. - Vgl. dazu auch Keims Bemerkung zum Scharfenberger Deutschkursunterricht S. 626 und S. 628.

[359] BLUME, Gesuch (1922), S. 28. - Vgl. dazu S. 204f.

selbst für eine Weile die Führung übernehmen, um dem Ganzen ihr vertrautes Verhältnis zu den gerade berührten Dingen zu gute kommen zu lassen."[360]

So schrieb Blume zum Kulturunterricht am 31.05.1922, daß, nachdem er "Lauf und Bedeutung des Limes"[361] geschildert habe, der Zeichenlehrer Netzband die Denkmäler Triers zeigte und besprach, und schließlich der Musiklehrer Rosolleck "auf der Lauer [saß], von ambrosianischer Musik mit Proben auf der Geige ein Bild zu vermitteln, da der musik- und lebensfrohe Bischof zufällig auch in Trier das Licht der Welt erblickt hat[362]."[363]

Im August 1922 stand, wie Blume schilderte, im Kulturunterricht "das Mönchtum im Mittelpunkt; eine Äußerung Erich Gawronskis, die Details der Benediktinerregel, die alle aus Quellenheften studiert hatten, hätten ihm mancherlei Parallelen mit dem Scharfenberger Leben gebracht, führte zu lebhaften Debatten, an denen sich auch die Gäste beteiligten; das Helfersystem, eine Eigenart unseres Kulturunterrichts, ward anschaulich durch Netzbands Eingreifen, der den Bauplan St. Gallens an der Tafel entstehen ließ und die Kunstschrift der Mönche zeigte, sowie durch Rosollecks Vortrag über Klostermusik und Notenschrift (Neumen!)."[364]

1924 (!) wurde das auf Scharfenberg von Beginn an praktizierte 'fluktuierende Helfersystem'[365] in Richerts 'Neuordnung des preußischen höheren Schulwesens' empfohlen[366].

Auf Scharfenberg konnten auch die Schüler Teil dieses 'fluktuierenden Helfersystems'[367] werden; insbesondere konnten Oberstüfler mit ihren in den Kursen erworbenen Fähigkeiten "zum Ausbau und zur Verschönerung des Kulturunterrichts von ihrem Sondergebiet aus"[368] beitragen, "mit dem sie sich im gewählten Neigungskurs schon spezieller beschäftigt haben als das Gros der andern."[369] Es konnte auch geschehen, daß "plötzlich einer [der Schüler] hinaus [ging], um ein Buch zu holen, aus dem er das Besprochene noch besser zeigen zu können glaubt[e], oder es

---

360 BLUME, Bericht (1923), Bl. 251v. - Vgl.: BLUME, Bericht (1923), Bl. 252r: "[Oft] setzt sich der Deutsch- und Geschichtslehrer unter die Schüler, beteiligt sich am Fragen und Debattieren, wie umgekehrt auch die Fachlehrer, wenn sie Zeit haben, in ähnlicher nicht etwa bloß steif hospitierender Weise sich beteiligen."

361 Berlin, LA, SIS: CH, I, o.S.

362 Ambrosius (geb. wahrscheinlich 339 Trier, gest. 397 Mailand), Bischof von Mailand und einer der vier großen lateinschen Kirchenlehrer. - Zu ihm s.: STÄBLEIN, B., Ambrosius, in: Lexikon für Theologie und Kirche, Bd. 1, Freiburg i. Br. 1957, Sp. 427f. [Repr. ebd. 1986]; zum Ambrosianischen Gesang s. auch: KUNZ, L., Mailand, in: Lexikon für Theologie und Kirche, Bd. 6, Freiburg i. Br. 1961, Sp. 1291-1297, bes. 1296f. [Repr. ebd. 1986].

363 Berlin, LA, SIS: CH, I, o.S.

364 Berlin, LA, SIS: CH, I, o.S. (Eintrag vom August 1922).

365 Der Begriff findet sich erstmals in: BLUME, Gesuch (1922), S. 28.

366 Neuordnung des preußischen höheren Schulwesens (1924), S. 17f.: "Der Arbeitsplan kann es nötig machen, daß für bestimmte Stoffe und Methoden einmal eine Verschiebung und ein Austausch der Unterrichtsstunden erforderlich wird, daß ein Fach zeitweise zugunsten eines anderen zurücktritt, daß für eine Sonderaufgabe einem Lehrer eine geschlossene Stundenzahl gewährt wird, daß mehrere Fachlehrer bei einer Unterrichtsleistung gleichzeitig in Tätigkeit treten, daß eine bestimmte Aufgabe in einem Fach die Hilfe eines anderen Fachlehrers notwendig macht."

367 BLUME, Gesuch (1922), S. 28. - Und: BLUME, Bericht (1923), Bl. 251v.

368 BLUME, Bericht (1923), Bl. 252r.

369 BLUME, Bericht (1923), Bl. 252r.

fordert[e] einer auf, wie neulich bei einem Vortrag über die Kohle, hier einen Augenblick abzubrechen und im Laboratorium [...] Fäulnisschlamm unter dem Mikroskop zu betrachten etc."[370]

Häufig wurden in den Unterrichtsgang Gruppenarbeiten eingefügt:

"[...] des öfteren erhalten die einzelnen, nachdem 2 Stunden regelrechten Unterrichts vorüber sind, aus diesem hervorgehende Teilaufgaben: Quellenstellen, Literaturabschnitte, Zusammenfassungen, Szenen mit verteilten Rollen, Zeichnungen -, die sofort in ca. 1-2 Stunden zu erledigen sind; der Lehrer bleibt für Ratsuchende zur Verfügung. Die dazu nötigen Quellenhefte, Quellenbücher, Anthologien, Darstellungen stehen, oft in doppelten Exemplaren in der Privatbibliothek des Lehrers bereit. Nach der angegebenen Zeit legt entweder jeder sein Ergebnis vor, oder man fährt im Unterricht fort, in dem dann der einzelne an gegebener Stelle eingreift als Spezialist; die Teilaufgaben sind so gewählt, daß ihre Ergebnisse alle zu einem gleichen Ziel zusammenstreben. Verlockende methodische Möglichkeiten, die allerdings an die Zeit und Kraft des Lehrers viel mehr Anforderungen stellen, als wenn er selbst dauernd das Szepter in Händen behält!"[371]

Als ein weiteres Beispiel sei die Aufgabenverteilung an die Schüler innerhalb der beiden mittleren Stunden innerhalb eines Kulturkundlichen Unterrichtsblocks am 30.01.1923 zum Thema 'Rechts- und Verfassungsgeschichte in Längsschnitten vom Mittelalter bis ins 20. Jahrhundert' genannt:

"Einer suchte nach charakteristischen Proben aus dem Sachsen- und Schwabenspiegel (Voigtländers Quellenbuch)[372], ein zweiter präparierte sich zu zeigen und zu erläutern die Abbildungen in Herres Bilderatlas zur deutschen mittelalterlichen Kultur[373], die sich aufs Rechtsleben beziehen; ein dritter legte sich einen kleinen Vortrag zurecht über die Magna Charta; ein vierter und 5., beides Mitglieder des Lateinkurses, übersetzten die aufschlußreichsten Partien aus Friedrichs II. Privilegium in favorem principum; danach gaben sie später die Zugeständnisse des Kaisers bekannt und äußerten sich über Art und Schwierigkeiten mittelalterlichen Lateins. Ein 6. vermittelte nach dieser Interimszeit einen detaillierten Eindruck von der Goldenen Bulle (nach einem Auszug in Bärs Handbuch)[374]. Ein 7. hatte die Aufgabe zu sprechen über die peinliche Halsgerichtsordnung Karls V. Ein 8. las Abschnitte aus Pufendorfs Buch über die Verfassung des Deutschen Reiches (Reclam)[375]. Ein 9. ließ sich das Rechtsleben spiegeln in Sprichwörtern und Redensarten nach Zusammenstellungen in dem Buch 1.000 Jahre Deutscher Kultur. Die übrigen zeichneten Übersichten zur Entwicklung der Deutschen Rechtsgeschichte von 1200-1900!

Nb. An der Besprechung der rechtsgeschichtlichen Referate beteiligten sich Dr. jur. Behnke vom städtischen Jugendamt und cand. jur. Baader, der Bruder eines Schülers, die hier waren, die Schule zu besichtigen."[376]

---

[370] BLUME, Bericht (1923), Bl. 252r.
[371] BLUME, Bericht (1923), Bl. 252r-v.
[372] FEHR, Hans, Aus deutschen Rechtsbüchern. (Sachsenspiegel, Schwabenspiegel, kleines Kaiserrecht, Ruprecht von Freysing) (=Voigtländers Quellenbücher, 33), Leipzig 1912.
[373] HERRE, Paul, Deutsche Kultur des Mittelalters in Bild und Wort (=Wissenschaft und Bildung. Einzeldarstellungen aus allen Gebieten des Wissens, 100/101), Leipzig 1912.
[374] BAER, Adolf, Methodisches Handbuch der Deutschen Geschichte, Teil IV: Das Zeitalter der Hohenstaufer und der Kaiser aus verschiedenen Häusern. 1125-1356, Berlin 1914, S. 200-209.
[375] PUFENDORF, Samuel von, Die Verfassung des Deutschen Reiches. Aus dem Lateinischen übers., mit Einl. und Anm. vers. von Heinrich DOVE (=Reclams Universal-Bibliothek, 966), Neue Aufl. Leipzig o.J. [1920].
[376] BLUME, Bericht (1923), Bl. 256r.

Um dafür zu sorgen, daß die Schüler "bei der Weitsichtigkeit des Materials und der Buntheit der Aufgaben nicht den systematischen Überblick verlieren"[377], wurden im Kulturunterricht der Oberstufe ähnliche 'Gegenmaßnahmen' getroffen wie im Gesamtunterricht in der Mittelstufe[378].

Dem systematischen Überblick dienten etwa sog. 'Tafelübersichten', "die zu Beginn des Unterrichts schon darstehen, meist auch den ganzen Tag über sichtbar bleiben zum ruhigen Durchstudieren und Exzerpieren, Tafelübersichten meist synoptisch angeordnet, bald in Längs- bald in Querschnittmanier; Politik, Dichtung, Wissenschaft, Wirtschaftliches, Kunst durch verschiedene Kreiden markiert; oder andere Assoziationsmöglichkeiten durch verschieden gefärbte Schrift hervorrufend (etwa Erfolge der päpstlichen Politik grün, Erfolge der kaiserlichen rot, Kompromisse halb und halb; Fragen, weshalb dies und das mit gleicher Farbe geschrieben sei etc.!)."[379]

Hatte ein Fachlehrer, etwa der Kunstlehrer, in einem Kulturunterrichtsthema "des öfteren an den verschiedensten Stellen mitgewirkt", so wurde ihm "nach Wochen auch einmal eine Stunde zur Verfügung gestellt, in der er seinen Stoff aus den ursprünglichen Verbindungen gelöst hintereinander folgend oder nach beliebigen anderen mehr fachlichen Gesichtspunkten zusammenstellen lassen [konnte]"[380]. "Anfangs waren derartige 'Paukstunden' in gewissen Zeitabschnitten direkt im Stundenplan vorgesehen", doch ging man bald dazu über, sie "besser zwanglos aus der Entwicklung des Unterrichtsverlaufs selber" zustande kommen zu lassen[381].

Zur 'Lernkontrolle' wurden hin und wieder "zusammenfassende Fragen", "Repetitionen" an die Schüler gestellt[382]:

> "[...] jeder [Schüler] erhält ein Thema aus dem in letzter Zeit behandelten Stoff und hat 1/2 Stunde Zeit zum Überlegen (Stoffordnen, Skizzen und statistisches Material an die Tafel schreiben, Zitate zurecht legen); dann treffen sich wieder alle, und die Schlaufen werden gezogen.[383]

"Von Zeit zu Zeit"[384] wurden solche zusammenfassenden Fragen auch von allen schriftlich beantwortet in sogenannten 'Rechenschaftsberichten'[385]. So konnten sich die Schüler etwa im Zusammenhang mit der Bearbeitung des Themas 'Römisches Reich/Germanen'[386] aus drei Fragen eine aussuchen, für sich bearbeiten, um dann nach einigen Tagen darüber einen 'Rechenschaftsbericht' zu schreiben[387]:

> "1.) Römer und Germanen in Angriff und Gegenwehr, auch in geographischer Darstellung.
> 2.) Grundzüge des germanischen Wirtschaftslebens und Verfassungslebens.

---

377   BLUME, Bericht (1923), Bl. 252v.
378   S. dazu S. 619-623.
379   BLUME, Bericht (1923), Bl. 252v-253r.
380   BLUME, Bericht (1923), Bl. 253r.
381   BLUME, Bericht (1923), Bl. 253r.
382   BLUME, Bericht (1923), Bl. 252v.
383   BLUME, Bericht (1923), Bl. 252v.
384   BLUME, Bericht (1923), Bl. 252v.
385   BLUME, Bericht (1923), Bl. 252v.
386   S. dazu: BLUME, Bericht (1923), Bl. 255v-256r.
387   BLUME, Bericht (1923), Bl. 256r.

3.) Welchen Eindruck hatte ich von den Künsten der Germanen in den ersten 6 Jahrhunderten? u.s.f."[388]

Auch wurden 'Klassenaufsätze' über von Lehrern gestellte Themen vergeben, darunter bis Mitte 1923 Themen wie: "Welche Gedanken kommen mir bei dem Raabewort: 'Blick auf die Gassen, schau nach den Sternen'?"[389] Diese Aufsätze wurden "nicht regelrecht korrigiert und zurückgegeben in fachlicher Anordnung der beobachteten Schwächen; der Klassenaufsatz am Schluß eines Halbjahres wird von allen gelesen und beurteilt nach den Abituriumsrubriken."[390]

Daneben gab es 'Klassenaufsätze über frei gewählte Themata'[391]; darunter bis Mitte 1923 Themen wie: "Was mir Scharfenberg war und ist", "Wie ich mir meinen zukünftigen Beruf vorstelle", "Meine Stellung zum Pazifismus angesichts der augenblicklichen politischen Lage", "Meine Religion"[392]. Wenn "die Verfasser nicht protestieren", wurden diese Arbeiten "vorgelesen und besprochen ohne Zensierung; wünscht der Verfasser ein Vorlesen nicht, werden sie mit dem Lehrer besprochen außerhalb des Unterrichts"[393].

Eine wichtige Rolle nahmen die größeren Arbeiten ein, die die Oberstüfler von Beginn der Versuchsschularbeit an zu schreiben hatten - und zwar bis Ende 1924 als 'Quartalsarbeiten', von da an als 'Halbjahresarbeiten', von denen je eine pro Schul-

---

[388] BLUME, Bericht (1923), Bl. 256r.
[389] BLUME, Bericht (1923), Bl. 259r.
[390] BLUME, Bericht (1923), Bl. 259r.
[391] BLUME, Bericht (1923), Bl. 259r.
[392] BLUME, Bericht (1923), Bl. 258r.
[393] BLUME, Bericht (1923), Bl. 259v. - LEHMANN, Schulfarm, S. 154, schrieb zu Klassenaufsätzen und deren Beurteilung (ohne Differenzierung nach Klassenaufsätzen mit von Lehrern gestellten und nach freigewählten Themen): "Das hierbei angewandte Verfahren erscheint recht beachtenswert. Die Klassenaufsätze werden ohne Nennung des Verfassers vorgelesen. Jeder einzelne Oberstufler [sic!] gibt auf einem Zettel eine Note nach den Abituriumsrubriken [an] und begründet diese Note. Außerdem gibt er an, wer nach seiner Meinung der Verfasser ist. Das scheint mir eine ausgezeichnete Schulung der Urteilsfähigkeit und der Menschenkenntnis zu sein. Das so gewonnene Material wird dann von Blume bearbeitet und knapp zusammengefaßt unter den Aufsatz geschrieben. Außerdem schreibt er sein eigenes Urteil dazu [...]."

jahr zu erstellen war, und die daher, nicht ganz korrekt, auch 'Jahresarbeiten' genannt wurden[394].

Diese Arbeiten dienten, wie Blume 1923 schrieb, dem Ziele, "die Anfänge, natürlich nur die Anfänge wissenschaftlicher Arbeitsmethode zu lernen"[395], bzw., wie er 1928 ausführte, "einzuführen in die elementaren Grundsätze wissenschaftlichen Forschens, die Freuden einer größeren Aufgabe schmecken zu lassen, aber auch die Leiden, die es kostet, wenn es heißt, die gerade bei tieferem Eindringen sich sicher einstellenden Schwierigkeiten und Sandstrecken zu überwinden."[396] Dabei sollten die Schüler von ihren eigenen Fragen ausgehen, "möglichst unbeeinflußt an den Stoff herangehen und sich mit ihm auseinandersetzen"[397] - wobei, wie Blume betonte, "dies Methodische [...] uns wichtiger [ist] als etwa die Richtigkeit der Ergebnisse."[398] In diesem Sinne wurde "darauf gehalten, daß diese Arbeiten nicht beruhen bloß auf der Lektüre eines oder mehrer Bücher über den Stoff"[399].

Die Arbeiten sollten über "selbst gesetzte Themata aus ihren Lieblingsgebieten"[400] handeln; in Zweifelsfällen wurde ihnen - ein deutliches Zeichen,

---

[394] Ende 1924 schrieb Blume in die Chronik: "Der bisherige Brauch war der gewesen, daß von jedem [der Oberstüfler] 2 Halbjahresarbeiten erwartet wurden, außerdem wurde in jedem Semester ein kurz befristeter Aufsatz geschrieben über ein Thema, das man sich unter ca. 10 gestellten aussuchen konnte; sie standen im Gegensatz zu den Halbjahresarbeiten, die man sich am besten [aber nicht notgedrungen!] aus seinem Kursinteresse holte, mit dem Kulturunterricht in Zusammenhang [...]." (Berlin, LA, SIS: CH, V, S. 111). Fortan, so hatte die Schulgemeinschaft beschlossen, "liefert [man] in jedem Jahr nur eine [!] Halbjahresarbeit ab; so kann man in einem halben Jahr sich mehr wechselnder Beschäftigung hingeben, lebt nicht ständig unter einer großen Aufgabe; damit aber aus der Halbjahresarbeit keine Jahresarbeit wird, wodurch der Teufel mit dem Belzebub ausgetrieben sein würde, soll man sich entscheiden für Sommer oder Winter, und zwar geht das ohne weiteres daraus hervor, daß derjenige, der in einem Semester sich an dem befristeten Hausaufsatzthema nicht beteilige, damit seinen Entschluß bekundet, in diesem Semester seine Halbjahresarbeit zum Abschluß zu bringen. Wer dies also vor hat, wird von dem Hausaufsatzthema nicht behelligt, kann sich ganz auf seine Sache konzentrieren [...]." (Berlin, LA, SIS: CH, V, S. 112). -
Man blieb in den nachfolgenden Jahren aus den hier mit angedeuteten Gründen bei 'Halbjahresarbeiten', auch als später zum Teil als 'Große Arbeiten' bezeichnete 'Jahresarbeiten' allgemein zugelassen waren; s. dazu: BLUME, Schulfarm (1928), S. 171: "[...] die Halbjahresarbeiten, die hier seit Gründung der Schule über selbstgewählte Themata geliefert worden sind, die Vorläufer der heute allgemein zugelassenen 'Großen Arbeiten' [...]." - Vgl. auch: Aus dem Leben, S. 345f.: "Die schon seit 1922 hier üblichen Halbjahresarbeiten hatten genau denselben Zweck wie die jetzt überall zulässigen Jahresarbeiten [...] [...]. Wir haben die Semesterarbeiten beibehalten, weil die Jugendlichen, ein ganzes Jahr dasselbe, wenn auch selbst gewählte Thema auszutragen, meist noch nicht konsequent genug sind; auch weckt der Untertitel gar zu hohe Erwartungen, die nicht erfüllt werden können." - Zur juristischen Situation der Jahresarbeiten s. S. 701. - Einen Hinweis auf die Scharfenberger 'Jahresarbeiten' gibt: STRUCKMANN, Johann Caspar, Die Jahresarbeiten. Ein Stück Schul- und Wissenschaftsgeschichte der Schulfarm Scharfenberg, in: Mitteilungen & Materialien. Arbeitsgruppe Pädagogisches Museum e.V., Berlin, Heft Nr. 42/1994, S. 68-78.
[395] BLUME, Bericht (1923), Bl. 258r.
[396] Aus dem Leben, S. 345f.
[397] BLUME, Bericht (1923), Bl. 257v.
[398] BLUME, Bericht (1923), Bl. 258r.
[399] BLUME, Bericht (1923), Bl. 257v.
[400] Aus dem Leben, S. 344. - BLUME, Schulfarm (1924), S. 326: "Die Berücksichtigung des Lieblingsgebietes, die aus diesen Wahlthemen spricht, ist auch sonst ein Charakteristikum des Unterrichts."

"welche Art von Leistungen Blume anregen und fördern wollte"[401] - geraten (!), "sich Themata zu wählen, die aus der Umgebung sich darbieten und ins Leben hineinführen, nicht in die Literatur"[402], um auch hier "Schule und Leben aufs engste miteinander zu verbinden"[403].

Zu den bekannten Quartals- bzw. Halbjahresarbeiten zählen[404] Arbeiten mit historisch-religiös-philosophischen Schwerpunkten, wie etwa eine Arbeit von Erich Gawronski über 'Hamanns Ansichten über die Sprache' (1922)[405], von Heinz Röhrborn über 'Luthers Stellung zum Geld aufgrund seiner Schriften' (1923)[406], von Hans-Alfred Kraemer über 'Kleists Psyche in seinen Briefen'(1923/24)[407], ebenfalls von Hans-Alfred Kraemer über die 'Weltanschauung Laotses' (1924)[408], von Walter Schramm über die 'Philosophie Heraklits, Versuch einer Gesamtdarstellung auf Grund der Fragmente' (1924)[409], von Gerhard Metz über 'Descartes' Gottesbeweise und meine Einwände dagegen' (1924)[410], eine Arbeit (o.A.) über 'die bäuerlichen Zustände in Westfalen im Spiegel der Moeserschen Schriften' (Quartalsarbeit, zwischen 1922 und Mitte 1923)[411] sowie eine Arbeit von J.A. Schmoll über 'Das Leben des Heiligen Franziskus von Assisi unter dem Aspekt des historischen Materialismus' (1932)[412].

Es gab Arbeiten mit literarisch-landeskundlich-politischem Schwerpunkt wie etwa eine Arbeit von Hans Baader über den 'Bau der Städte im Altertum (nach Quellen mit Zeichnungen)' (Quartalsarbeit, zwischen 1922 und Mitte 1923)[413], von Ewald Albrecht über 'Julius Caesar. Reflected in Some Roman and English Literature' (1932)[414], von Hellmut Jaesrich über 'das große und das kleine Britannien. Betrachtungen zum Status der Dominions' (1926)[415]:

---

[401]   KEIM, Kursunterricht, S. 127.
[402]   BLUME, Bericht (1923), Bl. 258r.
[403]   BLUME, Bericht (1923), Bl. 258r. - 1928 formulierte BLUME, Schulfarm (1928), S. 171: "[Die] Halbjahresarbeiten [...] bewegen sich meist in [...] [die] Richtung, Leben und Wissenschaft [!] möglichst miteinander zu verbinden."
[404]   Eine Aufzählung einiger (z.T. in den folgenden Anm. aufgezählter) Arbeiten findet sich in: [1.] Berlin, LA, SIS: CH, V, S. 112f. - [2.] BLUME, Bericht (1923), Bl. 258r-v - [3.] Aus dem Leben, S. 344 und S. 346; ähnlich: BLUME, Schulfarm (1928), S. 171.
[405]   Berlin, LA, SIS: CH, V, S. 112. - Vgl.: HAMANN, Johann Georg, Über den Ursprung der Sprache. Zwo Recensionen nebst einer Beylage betreffend den Ursprung der Sprache. Des Ritters von Rosencreuz letzte Willensmeynung über den Ursprung der Sprache. Philologische Einfälle und Zweifel. Au Salomon de Prusse. Erklärt von Elfriede BÜCHSEL (=Johann Georg Hamanns Hauptschriften erklärt, 4), Gütersloh 1963.
[406]   Berlin, LA, SIS: CH, V, S. 113.
[407]   Berlin, LA, SIS: CH, V, S. 113.
[408]   Berlin, LA, SIS: CH, V, S. 113.
[409]   Berlin, LA, SIS: CH, V, S. 113.
[410]   Berlin, LA, SIS: CH, V, S. 113.
[411]   BLUME, Bericht (1923), Bl. 258r.
[412]   Schmoll an D.H. br. vom 12.12.1988.
[413]   BLUME, Bericht (1923), Bl. 258r. - Und: Berlin, LA, SIS: CH, V, S. 112.
[414]   Berlin, LA, SIS: ALBRECHT, Ewald, Julius Caesar. Reflected in Some Roman and English Literature, Jahresarbeit 1932 (mit Beurteilung von Dr. Richard Tourbier).
[415]   Berlin, LA, SIS: JAESRICH, Hellmut, Das große und das kleine Britannien, Jahresarbeit, 1926 (mit Beurteilungen u.a. von Blume). - Vgl.: Aus dem Leben, S. 346.

"Das selbstgewählte Thema ist hervorgegangen aus der Englischreise des Verfassers und seiner Beschäftigung mit aktueller Außenpolitik, die ihm seit Jahresfrist als 'politischer Zeitungsberichterstatter' der Schulgemeinschaft obliegt."[416]

Von einem namentlich nicht bekannten Schüler stammt eine Arbeit über die 'chinesische Revolution, auf Grund der Zeitungsmeldungen und der neuesten Chinabücher geopolitisch betrachtet' (o.D.)[417], von Walter Schramm (damals 'politischer Zeitungsberichterstatter' der Inselgemeinschaft) über 'Kartelle und Trusts in Deutschland, dargestellt auf Grund im letzten Jahr selbst gesammelten Zeitungsmaterials aus der Frankfurter und der Deutschen Allgemeinen Zeitung 1925/26' (1925/26)[418] und von Herbert Bestehorn über 'Ford - Gandhi, Lenin - Eine Auseinandersetzung mit unserer Zeit' (1932)[419].

Heinrich Scheel verfaßte eine kunsthistorische Halbjahresarbeit über 'Daumier als Zeitkritiker' (1932)[420].

Weiter gab es Arbeiten mit tendenziell geographisch-geologisch-physikalischen Schwerpunkten, etwa eine Arbeit von Werner Astheimer über 'die Moselschlinge bei Zell, Bau eines Reliefs mit methodischem und wissenschaftlichem Begleittext' (1926)[421] - eine Arbeit, die im Gefolge einer Rheinfahrt entstanden war[422] -, eine Arbeit von Hellmut Heyn über 'die Glocknergruppe in den Hohen Tauern - Bau eines Modells - methodischer und wissenschaftlicher Begleittext' (1927)[423] sowie eine Arbeit (o.A.) über die 'Konstruktion eines Wasserkraftwerks' (Quartalsarbeit, zwischen 1922 und Mitte 1923)[424] und eine Arbeit (o.A.) über den 'modernen Flußhafen - seine Lage und sein Bau' (Quartalsarbeit, zwischen 1922 und Mitte 1923)[425].

---

[416] Berlin, LA, SIS: JAESRICH, Hellmut, Das große und das kleine Britannien, Jahresarbeit, 1926, aus der Beurteilung der Arbeit von Blume.

[417] Aus dem Leben, S. 346.

[418] Berlin, LA, SIS: CH, V, S. 328, Hinweis auf: Jahresarbeit des Abiturienten Walter Schramm zum Thema 'Kartelle und Trusts in Deutschland, dargestellt auf Grund im letzten Jahr gesammelter Zeitungsausschnitte'. - Berlin, LA, SIS: CH, V, S. 328, schrieb Blume zu dieser Arbeit: "Damit ist ein praktischer Weg gewiesen zur Ausnutzung selbstgesammelten modernen 'historischen' Materials. Eine Verwendung, wie sie bei den zahlreichen Zeitungen, die man uns umsonst liefert, selbstverständlich sein sollte und auf jedes Interessengebiet übertragbar ist! Zur Nachahmung empfohlen! Die Arbeit ist dem Inselarchiv einverleibt auf Beschluß des an 2 Abenden die Ausführungen anhörenden und besprechenden Interessentenkreises, der sich auf Einladung im großen Saal eingefunden hatte."

[419] Berlin, LA, SIS: BESTEHORN, Herbert, Ford - Gandhi, Lenin - Eine Auseinandersetzung mit unserer Zeit, hdsch. Jahresarbeit, November 1932.

[420] PS Scheel: SCHEEL, Heinrich, Daumier als Zeitkritiker. Halbjahresarbeit, Ostern 1932.

[421] Berlin, LA, SIS: ASTHEIMER, Werner, Die Moselschleife bei Zell. Bau eines Modells, method. und wiss. Begleittext. Jahresarbeit, November 1926 (mit Beurteilungen u.a. von Sorge und Blume).

[422] So: Aus dem Leben, S. 346.

[423] Berlin, LA, SIS: HEYN, Hellmut, Die Glocknergruppe in den Hohen Tauern - Bau eines Modells - methodischer und wissenschaftlicher Begleittext'. Jahresarbeit, Februar 1927 (mit Beurteilungen von Sorge u.a.).

[424] BLUME, Bericht (1923), Bl. 258r.

[425] BLUME, Bericht (1923), Bl. 258r. - Auch: Aus dem Leben 344.

Der Schüler Hans-Jakob Noeggerath schrieb eine Arbeit über eine selbst erfundene Fahrstuhlbremse[426].

Schließlich wurden Arbeiten zu den vielfältigsten dezidiert 'Scharfenberger' Themen geschaffen: Darunter befand sich eine Arbeit über 'Bausteine zum Verständnis des geologischen Aufbaus der Insel Scharfenberg' (Quartalsarbeit, zwischen 1922 und Mitte 1923)[427], über 'das Wasser als wichtiger Faktor im Leben der Erde (mit Scharfenberger Beobachtungen)' (Quartalsarbeit, zwischen 1922 und Mitte 1923)[428], eine Arbeit von Walter Jenke über die 'Vermessung der Insel Scharfenberg' (1926)[429] und eine Arbeit über die Frage nach der 'besten Möglichkeit zur Anlage einer zweckentsprechenden elektrischen Beleuchtung auf Scharfenberg' (Nach Messungen, Lotungen mit Kostenanschlag) - auch unter "Ratseinholung bei der Firma Siemens und Schuckert"[430] - (Quartalsarbeit, zwischen 1922 und Mitte 1923)[431].

Eine ähnlich gelagerte, 66 Seiten umfassende Arbeit von Heinz Franke widmete sich dem Thema 'Untersuchung der Wohn- und Arbeitsräume der Schulfarm Scharfenberg vom lichttechnischen Standpunkt [aus gesehen]' (o.J.)[432]. In der Bewertung dieser Arbeit heißt es:

> "Die Arbeit ist aus der praktischen Betätigung Frankes als 'Lichtwart' in der Schulfarm Scharfenberg erwachsen. Als solcher hat Franke 2 Jahre lang mit großer Gewissenhaftigkeit die Lichtleitungen überwacht und die notwendigen Reparaturen und Änderungen ausgeführt. In der vorliegenden Arbeit untersucht er die wichtigsten Räume der Schulfarm vom lichttechnischen Standpunkt und macht in den Fällen, in denen die Beleuchtung nicht den hygienischen Anforderungen genügt, Vorschläge zur Abstellung dieser Mängel. Die zu dieser Arbeit notwendigen Messungen hat Franke mit dem Osram-Beleuchtungsmesser ausgeführt, der uns gelegentlich eines Besuches des Osram Lichthauses von der Firma in dankenswerter Weise zur Verfügung gestellt wurde."[433]

Ein Biologiekursler nahm sich 'die Ernährung auf der Insel Scharfenberg' zum Thema, "wobei er nach Wägungen und Messungen der Kameraden und den verarbeiteten Lebensmitteln sich auf ein weitschichtiges statistisches Material stützte und die neuesten Vitamintheorien anzuwenden versuchte."[434]

---

[426] Berlin, LA, SIS: Prüfungsunterlagen, Mappe 3: Reifeprüfungen 1925-1935, hier Gutachten zum Abitur 1927 für Hans Jakob Noeggerath von Wilhelm Blume.

[427] BLUME, Bericht (1923), Bl. 258r. - Auch: Aus dem Leben 344.

[428] BLUME, Bericht (1923), Bl. 258r. - Auch: Aus dem Leben 344.

[429] Berlin, LA, SIS: JENKE, Walter, Die Vermessung der Insel, Jahresarbeit, November 1926 (mit Beurteilungen u.a. von Sorge).

[430] BLUME, Bericht (1923), Bl. 199r-v.

[431] BLUME, Bericht (1923), Bl. 258r. - Auch: Aus dem Leben, S. 344.

[432] Berlin, LA, SIS: FRANKE, Heinz, Untersuchung der Wohn- und Arbeitsräume der Schulfarm Scharfenberg vom lichttechnischen Standpunkt (incl. Tab., Statistiken, Grafiken), 66 Seiten, Halbjahresarbeit, o.J.

[433] Berlin, LA, SIS: FRANKE, Heinz, Untersuchung der Wohn- und Arbeitsräume der Schulfarm Scharfenberg vom lichttechnischen Standpunkt (incl. Tab., Statistiken, Grafiken), 66 Seiten, Halbjahresarbeit, o.J.: aus der Bewertung des Lehrers Friesecke.

[434] Aus dem Leben, S. 346. - Es handelt sich um: O.A. und o.T., 'Zur Ernährungsfrage auf Scharfenberg', Halbjahresarbeit, 61 Seiten, dazu mehrere Beilagen, u.a. eine 57seitige Beilage 7: 'Errechnung des Gehaltes an Nähstoffen [...] in der Zeit vom 14.06.-30.07.1927, incl. verabreichter Nahrungsmittel und Speisen.'

Ein anderer Schüler, Karl Schreck, schrieb u.a. anhand eigener Fettgehaltmessungen über seine 'Untersuchungen der Scharfenberger Milch' (1934)[435] - eine Arbeit, aufgrund deren Ergebnisse "die Fütterung [neu] geregelt wurde."[436] In der Beurteilung durch den Lehrer Wenke heißt es, die Arbeit sei "vom biologischen Standpunkt aus [...] mit 'sehr gut' zu bezeichnen", er halte sie auch "schon deswegen für wertvoll, wiel sie sich eingehend mit Scharfenberger Verhältnissen befaßt"[437].

Eine Arbeit handelte über 'das Wesen der geschlechtlichen Fortpflanzung' (Quartalsarbeit, zwischen 1922 und Mitte 1923)[438], eine andere über den 'Bau der Geschlechtsorgane nach Sezierungen an Tieren mit Zeichnungen' (Quartalsarbeit, zwischen 1922 und Mitte 1923)[439].

Martin Grotjahn, der ein 'naturwissenschaftliches Schülertagebuch' führte[440], das "am Ende des zweiten Jahres, als sein Besitzer ins Abiturium ging, 1500 Seiten mit 800 Zeichnungen und den Berichten von 72 Sektionen [umfaßte]"[441], schrieb über den 'dendrologische Wert der Insel Scharfenberg' (Quartalsarbeit, zwischen 1922 und Mitte 1923)[442]; er versuchte hier, "den dendrologischen Wert der Insel zu umschreiben [...] mit genauer Gestelleinteilung, Bestimmungen der Bäume und Sträucher, in Zweifelsfällen nach Befragung wissenschaftlicher Autoritäten, die gern die Gelegenheit benutz[t]en, die Merkwürdigkeiten kennen zu lernen."[443] Rolf Wernecke nahm den 'ornithologischen Bestand Scharfenbergs im Jahre 1924' auf[444].

Schließlich entstanden Arbeiten, die den Scharfenberger Schulversuch an sich thematisierten:

So schrieb Hans Baader über 'Jugendleben und Jugenderziehung - eine Scharfenberger Utopie (mit Ansichten und Zeichnungen, Stoffplänen)' (Quartalsarbeit, Frühjahr 1923)[445] - eine Arbeit, die zwei Aufsatzhefte umfaßte[446],

---

[435]   Berlin, LA, SIS: SCHRECK, Karl, Untersuchungen der Scharfenberger Milch. Jahresarbeit zum Abitur Ostern 1934 (86 S. und zahlreiche statistische Anhänge mit Fettgehaltmessungen u.v.a.).

[436]   Berlin, LA, SIS: Prüfungsunterlagen, Mappe 3: Reifeprüfungen 1925-1935, hier: Reifeprüfung 1934, Bildungsgänge der Abiturienten 1934, hier von Karl Schreck.

[437]   Berlin, LA, SIS: SCHRECK, Karl, Untersuchungen der Scharfenberger Milch. Jahresarbeit zum Abitur Ostern 1934 (86 S. und zahlreiche statistische Anhänge mit Fettgehaltmessungen u.v.a.); Bewertung von Wenke.

[438]   BLUME, Bericht (1923), Bl. 258r.

[439]   BLUME, Bericht (1923), Bl. 258r.

[440]   Kurzer Auszug in: Aus dem Leben, S. 361.

[441]   Aus dem Leben, S. 361.

[442]   BLUME, Bericht (1923), Bl. 258r. - Vgl. auch den Hinweis in: Berlin, LA, SIS: CH, V, S. 112; sowie in: Aus dem Leben, S. 346.

[443]   BLUME, Schulfarm (1924), S. 326. - Ähnlich zuvor: BLUME, Bericht (1923), Bl. 199r.

[444]   Berlin, LA, SIS: CH, V, S. 113. - Vgl. dazu: WERNECKE, Rolf, Der ornithologische Bestand Scharfenbergs im Jahr 1924/25, in: Berlin, LA, SIS: CH, V, S. 180. - Auch: WERNECKE, Rolf, Der ornithologische Bestand Scharfenbergs im Jahre 1924/25, in: Aus dem Leben der Schulfarm Insel Scharfenberg. Bilder, Dokumente, Selbstzeugnisse von Eltern, Lehrern, Schülern, red. von Wilhelm BLUME, in: Das Werdende Zeitalter. Eine Monatsschrift für Erneuerung der Erziehung, Jg. 7 (1928), S. 329-404, hier S. 361f.

[445]   BLUME, Bericht (1923), Bl. 197v-198r und Bl. 258r. - Vgl. auch den Hinweis in: Berlin, LA, SIS: CH, V, S. 112. - Ein Auszug der Arbeit von Hans Baader, findet sich unter der Überschrift 'Aus dem Scharfenberger Utopian' in: Berlin, LA, SIS: CH, III, S. 10f.

und "eine in Form eines Berichtes über das elfte Scharfenberger Jahr zu Papier ge-
brachte pädagogische Phantasie"[447] darstellte, "mit genauen Zeichnungen und
Entwürfen für eine Motorfähre, für die Werkstätten,"[448] und "in der nicht nur ein
Kapitel über die Koedukation eingelegt ist, sondern auch eine praktische Darstellung
der zukünftigen Unterrichtskonzeption sich findet, [...] mit gleichberechtigter
Einbeziehung einer landwirtschaftlichen und gewerblichen Oberstufe."[449]

Eine zweite, ähnliche Arbeit schrieb 1928 Peter Grotjahn unter dem
'Pseudonym' Peter Lüttjahn in Form eines fiktiven, 38 Seiten umfassenden
'Tagebuches' aus dem Jahr 1978 (!): 'Schulreform vor 50 Jahren. Aus dem Tagebuch eines Scharfenbergers, hg. und mit Anmerkungen versehen von P. Lüttjahn
1978' (1928)[450].

Die Quartals- bzw. Halbjahresarbeiten wurden "entweder morgens oder wenn sie
zu lang sind abends in einer Extraversammlung, an der [neben Blume als Leiter des
Kulturunterrichts] auch die anderen Lehrer, zum mindesten der Fachlehrer, in dessen Gebiet die Arbeit schlägt, aktiv teilnehmen"[451], gemeinsam besprochen. Diese
Besprechungen bildeten laut Blume geradezu den "Höhepunkt des Kulturunterrichts"[452]:

"Zustimmung und Ablehnung werden begründet; es ist dabei schon zu sehr guten fachlichen
Debatten gekommen, die im Niveau und in der Lebhaftigkeit 'Abendaussprachen' übertroffen
haben. Den Eindruck der Debatte faßt der Deutschlehrer, soweit sie den Wert der Arbeit berührt, nachträglich in einem Votum objektiv zusammen, das unter den Aufsatz geschrieben
wird. Diese Besprechung hat stets stärker, besser und schöner gewirkt als eine Korrektur mit
roter Tinte und Zensur."[453]

Gegen Ende des Jahres 1924 wurde auf eine Anregung Blumes hin ein
'Halbjahresarbeitenarchiv' geschaffen, in das fortan "die Arbeiten aufgenommen
werden soll[t]en, die von einer 2/3 Mehrheit dafür wert befunden"[454] wurden und die

---

[446] BLUME, Bericht (1923), Bl. 197v. - BLUME, Schulfarm (1924), S. 325, schreibt von
'mehreren Heften'.
[447] BLUME, Bericht (1923), Bl. 197v.
[448] BLUME, Schulfarm (1924), S. 325f.
[449] BLUME, Bericht (1923), Bl. 197v-198r. - Ähnlich: BLUME, Schulfarm (1924), S. 326, hier
mit dem Hinweis: "[...] mit Lehrplanvorschlägen für eine auch zum Abiturium führende spezi-
fisch landwirtschaftliche Abteilung [...]."
[450] Berlin, LA, SIS: GROTJAHN, Peter, Schulreform vor 50 Jahren. Aus dem Tagebuch eines
Scharfenbergers, hrsg. und mit Anm. vers. von Peter LÜTTJAHN, 1978 (38seitiges Heft),
1928. - In Berlin, LA, SIS: CH, V, finden sich zwischen S. 232 und S. 233 Auszüge aus dem
'Tagebuch' eingeheftet. - Berlin, LA, SIS: CH, V, S. 232 heißt es zu Grotjahns Arbeit: "[...]
am 10. Oktober [1925 las] Peter Grotjahn aus dem Tagebuch eines Scharfenbergers, herausgegeben und mit Anmerkungen versehen von P. Lüttjahn 1978, vor, woran sich lebhafte Aussprachen über mancherlei Probleme (über eine praktische Gestaltung des neuphilologische Unterrichts, über Hilfsdienst, über Festefeiern) anschlossen; man war so drin, daß man den ganzen
Vormittag zusammen blieb [...]."
[451] BLUME, Bericht (1923), Bl. 259v.
[452] BLUME, Bericht (1923), Bl. 259v.
[453] BLUME, Bericht (1923), Bl. 259v.
[454] Berlin, LA, SIS: CH, V, S. 112. - Lediglich für die bereits aus den Jahren 1922-24 vorliegenden Arbeiten traf Blume eine alleinige Auswahl, "unter Abschätzung des Eindrucks, den die
Arbeiten dazumal auf die Hörer gemacht haben."

"den nachkommenden Generationen das Niveau der jeweiligen Oberstufe am besten verraten"[455] sollten - jedoch sind heute leider nur noch einige wenige Arbeiten erhalten, deren hohe Qualität jedoch zu großem Erstaunen führen kann[456].

Als Vorbild für die Scharfenberger Quartals- und Halbjahres- bzw. Jahresarbeiten dürften die Jahresarbeiten des Deutschen Landerziehungsheims Bieberstein gelten: Deren unmittelbare Wurzeln dürften in den 'Studientagen' liegen, die in Bieberstein im ersten Schuljahr nach dem Ersten Weltkrieg eingeführt worden waren; zu Ostern 1924 wurden in Bieberstein 'Jahresarbeiten' erstmals im Rahmen einer Reifeprüfung vorgelegt; im Juli 1925 richtete Andreesen einen 'Vorschlag zur Neuordnung der Reifeprüfung' an die preußische Schulverwaltung, in dem er u.a. für das Einbringen von Jahresarbeiten in die Reifeprüfungen eintrat; 1927 publizierte Andreesen seine Schrift 'Die Jahresarbeiten der Primaner'[457].

An der Hamburger Lichtwarkschule wurden Jahresarbeiten wohl erstmals 1926 geschrieben[458].

Ab Ostern 1927 konnten 'Jahresarbeiten' als eine eine schriftliche Prüfung ersetzende Leistung zum Abiturium eingebracht werden[459].

Neben dem Kulturunterricht (10 Wochenstunden) existierte im Rahmen des Kernunterrichts auch ein Naturunterricht (3 Stunden in der Woche)[460]. Dieser wollte

---

[455] Berlin, LA, SIS: CH, V, S. 112.
[456] Vgl. zum Niveau von Oberstufen-Kursarbeiten: HEINE, Hamburger Lichtwarkschule, S. 335f. zum 'Leistungsniveau' der 'wahlfreien Arbeiten' auf der Oberstufe der Lichtwarkschule: "Es ist nur zu verständlich, wenn uns [...] oft der Vorwurf gemacht wurde, wir züchteten Dilletantismus. Es sei unverantwortlich, daß wir junge Menschen von durchschnittlich neunzehn Jahren vor Aufgaben stellten, denen sie nicht gewachsen sein konnten, zu denen sie höchstens ein Universitätsbesuch von fünf Jahren befähigte. Verfrühte und unreife Doktorarbeiten seien es, die bei diesem Betrieb herauskämen -, und wirklich, manche der Arbeiten gingen sogar über den Umfang und über das Maß einer normalen Doktorarbeit hinaus. Tatsächlich kam es kaum vor, daß das Thema zu den wahlfreien Arbeiten von uns an die jungen Menschen herangetragen wurde, sondern es ging aus einem Erlebnisbereich hervor, und hier hindernd einzugreifen, widersprach unserer Auffassung von Erziehung, obwohl wir ihm natürlich durch Besprechung und rat zur Seite traten. Hinzu kommt, daß unsere Auffassung von der Natur absoluter Werte ketzerischer Art war, so daß wir nicht aus irgendeinem wissenschaftlichen Vorsichtsbegriff heraus vor diesem oder jenem Thema warnen konnten. Wichtiger und fruchtbringender erschien uns die Relation zwischen den jungen Menschen und den von ihm gewählten Thema."
[457] Die Jahresarbeiten der Primaner im Deutschen Landerziehungsheim Bieberstein, hrsg. von Alfred ANDREESEN, Veckenstedt/Harz o.J. [1927]. - Vgl.: BARTHEL, Konrad, Die Jahresarbeiten in den Landerziehungsheimen (=Aus den deutschen Landerziehungsheimen, 9), Stuttgart 1972, S. 9-16: Kap. 'Zur Geschichte der Jahresarbeiten in den Landerziehungsheimen'.
[458] JÄGER, Georg, Die Jahresarbeiten auf der Oberstufe und die wahlfreien Arbeiten für die Reifeprüfungen, in: Hamburger Lehrerzeitung, Jg. 7 (1928), S. 191f.; verändert wieder in: Die Lichtwarkschule in Hamburg. Beiträge zur Grundlegung und Berichte 1928, Hamburg 1929, S. 47-52; letztere Fassung gekürzt wieder in: LEHBERGER, Reiner, Die Lichtwarkschule in Hamburg. Das pädagogische Profil einer Reformschule des höheren Schulwesens in der Weimarer Republik. Darstellung und Quellen, Hamburg 1996, S. 58-60. - Ebd. (1929), S. 50: "Für Skeptiker [der Jahresarbeiten] bemerken wir, daß es sich gerade bei den 'verwegen' klingenden Themen um fruchtbare und wohlgelungene Arbeiten handelt, die übrigens, in einem besonderen Archiv verwahrt, dem Einblick der weiteren Schulöffentlichkeit (Kollegium, Elternschaft, Schülerschaft, Freunde der Schule) stets zugänglich sind."
[459] S. dazu S. 700.
[460] BLUME, Schulfarm (1924), S. 327.

wie der Kulturunterricht "von Fächerschranken absehen und in einer 'Gesamtnaturkunde' ohne enzyklopädische Vollständigkeit anzustreben, die zum Schaffen eines naturwissenschaftlichen Weltbildes notwendigen Materialien synthetisch vermitteln"[461].

Es ist sicher kein Zufall, daß über diesen 'Gesamtnaturkundeunterricht' so gut wie keine Quellen vorliegen - gilt es doch festzuhalten, daß der Naturunterricht seiner genannten Aufgabe nicht in dem Maß gerecht wurde, wie es der Kulturunterricht tat - was u.a. damit zu tun hatte, daß es auf Scharfenberg keinen Blume vergleichbaren Naturwissenschaftler gegeben hatte[462]. Damit bestand auf Scharfenberg eine ähnliche Situation wie an der Hamburger Lichtwarkschule, an der im Vergleich zu der hier betriebenen intensiven und umfangreichen 'Kulturkunde' der naturwissenschaftliche Unterricht "bei diesem Übergewicht der Kulturkunde keinen leichten Stand [hatte]"[463].

Neben 'Kultur-' und 'Naturkunde' wurde in der Scharfenberger Oberstufe die Mathematik "wegen ihrer formalen Bildungswerte"[464] in einem zweistündigen Zusatzkurs gegeben[465].

Mit dieser 'Trias' ergab sich eine Verminderung auf drei für alle Oberstufenschüler verbindliche 'Fächer': Kulturunterricht (10 Wochenstunden), Naturunterricht (3 Wochenstunden) und Mathematik (2 Wochenstunden)[466].

Daneben nahmen auf der Oberstufe die Fremdsprachen eine Sonderstellung ein: Sie sind dem Kernunterricht zuzurechnen, waren jedoch nicht für alle Oberstufenschüler die gleichen. Vielmehr hing es von der Kurswahl der Schüler ab, welche Sprachen sie benötigten, um den amtlichen Vorschriften für die einzelnen Abituriumsarten zu genügen[467]: Dementsprechend wählte sich jeder Schüler "aus den [...] möglichen Sprachenverbindungen eine [...] angemessene aus, eine produktiv und eine rezeptiv zu treibende."[468]

Schließlich existierten wie auch in der Mittelstufe noch einige fakultativen Fächer, auf die noch gesondert eingegangen werden soll[469].

---

[461] BLUME, Bericht (1923), Bl. 216r-v. - Nahezu wörtlich wieder in: BLUME, Schulfarm (1924), S. 327.

[462] S. so: HARTKOPF, Gründung, S. 93: "Natürlich hat auch Blume die Notwendigkeit gesehen, der kultur- und geisteswissenschaftlichen Weltsicht ein naturwissenschaftlich orientiertes Weltbild entgegenzustellen, und versucht, dies in seiner Konzeption des Kernunterrichts zu verankern, aber kein Naturwissenschaftler gleichen geistigen Ranges gefunden, der das Übergewicht des Kulturunterrichts hätte ausgleichen können [...]." - So auch: KEIM, Zur Aktualität, S. 311: "[...] Naturunterricht, der allerdings ebenfalls nicht das Niveau des von Blume konzipierten und teilweise auch unterrichteten Kulturunterrichts erreichte, da es in den zwanziger Jahren keinen Blume gleichwertigen Naturwissenschaftler auf Scharfenberg gab."

[463] HEINE, Hamburger Lichtwarkschule, S. 333.

[464] BLUME, Bericht (1923), Bl. 216v. - Und BLUME, Schulfarm (1924), S. 327.

[465] BLUME, Schulfarm (1924), S. 327. - Nahezu parallel: BLUME, Bericht (1923), Bl. 216v.

[466] BLUME, Schulfarm (1924), S. 327.

[467] BLUME, Schulfarm (1928), S. 167.

[468] BLUME, Bericht (1923), Bl. 216v.

[469] S. 655-666.

II.3.C.7. ZUSAMMENFASSENDE THESEN ZUR FUNKTION DES KERN-KURS-SYSTEMS

Durch den Kern- und den Kursunterricht wurde eine interessante Balance von Allgemein- und Spezialbildung, von Gesamtüberblick und Vertiefung geschaffen.

So wie, wo immer es möglich schien, auch direkter Austausch von Erfahrungen der Schüler unterschiedlicher Kurse angeregt und gefördert wurde, "damit [u.a.] die Spezialarbeit der Kurse nicht zu einer Entfremdung zwischen den Kameraden führt[e]"[470], war man auch bestrebt, zwischen Kern- und Kursunterricht ein Zusammenspiel zu erreichen: So wurde ein direkter Erfahrungsaustausch erreicht, indem die Kursler im Kernunterricht ihre Spezialkenntnisse allen anderen zugänglich machten.

Dies wurde in den ersten Jahren dadurch ermöglicht, daß an den Kursen in einigen Stunden auch die Nichtkursler teilnahmen - weil aufgrund der noch geringen Schülerzahl für eine vollständige Trennung von Kern und Kurs weder im mathematisch-naturwissenschaftlichen noch im sprachlichen Bereich genügend Lehrkräfte zur Verfügung standen[471]. Das geschah übrigens unter Realisierung einer inneren Differenzierung, in der beispielsweise im naturwissenschaftlichen Bereich der Unterricht für die Kursler stärker induktiv, für die übrigen "mehr leitfadenmäßig im Überblick"[472] angelegt wurde.

Später waren die Kursler für sich alleine "in kleinen Fachkreisen"[473], wobei sie "dem Unterricht in ihren jedesmaligen Hauptdisziplinen in der Regel [fernblieben]"[474], aber in dem Kernunterricht, der ihren Kursen entsprach "zeitweise [...] als Referenten in geisteswissenschaftlichen, als Assistenten in naturwissenschaftlichen Fächern herangeholt wurden."[475] In gleicher Weise konnten die Kursler übrigens auch Helfer auf der Mittelstufe werden:

> "Die Naturkursler zeigen den Jüngeren das Mikroskopieren oder veranstalten botanische Führungen durch die Insel nach genauer Vorbereitung; oder sie fahren nach Tegel und helfen dem dortigen Naturwissenschaftler bei seinen Präparationen auf den Chemieunterricht im Laboratorium [...]."[476]

Dieses Zusammenspiel hatte einmal die erzieherische Funktion, daß hiermit - im Sinne einer Gemeinschaftserziehung! - dem Zerfall der Schulgemeinde in kleinere Gruppen von Spezialisten (vgl. Lichtwarkschule!) entgegengewirkt wurde.

Mit Hilfe der Kurse verfolgte Blume - im Sinne einer besonderen Förderung des Individuums! - u.a. das Ziel, "den Schülern einen besonderen Weltzugang zu ver-

---

[470] Berlin, BBF: SLG-GS, Jahresberichte 1932/33, Bd. 248d, Nr. 88: Berlin, SIS (Blume), S. 23.
[471] Vgl.: BLUME, Bericht (1923), Bl. 228r.
[472] BLUME, Bericht (1923), Bl. 238v.
[473] Berlin, BBF: SLG-GS, Jahresberichte 1932/33, Bd. 248d, Nr. 88: Berlin, SIS (Blume), S. 5.
[474] Berlin, BBF: SLG-GS, Jahresberichte 1932/33, Bd. 248d, Nr. 88: Berlin, SIS (Blume), S. 6.
[475] Berlin, BBF: SLG-GS, Jahresberichte 1932/33, Bd. 248d, Nr. 88: Berlin, SIS (Blume), S. 6.
[476] BLUME, Bericht (1923), Bl. 224v.

mitteln"[477], der ihnen einen "festen Ausgangspunkt [bot] [...], auf den sie die verwirrende Fülle der Eindrücke und Probleme, die [...] auf sie einströmten, beziehen und von hier aus deuten können."[478]

Durch die 'Helferfunktion' der Kursler im Kernunterricht sowie in der Mittelstufe konnte das Selbstbewußtsein weiter gefördert werden, da sie hier "die Beruhigung"[479], "wenigstens irgendwo schon etwas zu können"[480], ganz praktisch beschert bekamen, und jeder hier ganz konkret zeigen konnte, daß er in einigen Dingen einen 'Zugang zur Welt' hatte und etwas beitragen konnte zu deren Gestaltung!

Der Beitrag des Kulturunterrichts bestand umgekehrt darin, "den Bezug der Spezialwissenschaften zum übergeordneten Wissenschaftsganzen herstellen zu helfen."[481]

Bereits 1923 konnte Blume erfolgreich vermerken, daß "die Vereinigung des Prinzips der Konzentration und dem der Spezialisierung gelungen zu sein [schien], zweier Prinzipien, die sich nicht etwa ausschließen, sondern sich gegenseitig bedingen"[482].

Zumal durch die "verschiedenen Kombinationen von Konzentration und Spezialisierung"[483], von aufeinander bezogener (!) Allgemein- und Spezialbildung, wurde das Problem der gegensätzlichen Zielsetzung von Allgemein- und Spezialbildung auf Scharfenberg in nahezu unvergleichlicher Weise gelöst, wurde das 'dialektische Ge-

---

[477] KEIM, Kursunterricht, S. 119.
[478] BLUME, Schulfarm (1928), S. 168.
[479] BLUME, Schulfarm (1928), S. 168.
[480] BLUME, Schulfarm (1928), S. 168.
[481] SCHEEL, Schulfarm (1990), S. 18.
[482] BLUME, Bericht (1923), Bl. 213v. - Dies galt, wie Blume ebd. verdeutlichte, nicht nur für die inhaltliche, sondern auch für die unterrichtsorganisatorische Seite: "[...] nur wenn durch Konzentration die Stoffülle zusammengezogen und durch die vielfältige Verklammerung die Verarbeitung im Gedächtnis erleichtert wird, bleibt ohne eine völlig ausgeschlossene Stundenzahlerhöhung Zeit und Kraft für wahrhafte Vertiefung in ein Neigungsfach oder eine Gruppe von Neigungsfächern." - S. dazu: BLUME, Bericht (1923), Bl. 213v und 216v: "[Es] scheint die Vereinigung des Prinzips der Konzentration und dem der Spezialisierung gelungen zu sein, zweier Prinzipien, die sich nicht etwa ausschließen, sondern sich gegenseitig bedingen; nur wenn durch Konzentration [im Kernunterricht] die Stoffülle zusammengezogen und durch die vielfältige Verklammerung die Verarbeitung im Gedächtnis erleichtert wird, bleibt ohne eine völlig ausgeschlossene Stundenzahlerhöhung Zeit und Kraft für wahrhafte Vertiefung in ein Neigungsfach oder eine Gruppe von Neigungsfächern. Konzentriert wird nur noch energischer und tiefer erfaßt - im Kulturunterricht dieselbe Fächerkombination wie im 'Gesamtunterricht'; auch der Naturunterricht will von Fächerschranken absehen und in einer 'Gesamtnaturkunde' ohne encyklopädische Vollständigkeit anzustreben, die zum Schaffen eines naturwissenschaftlichen Weltbildes notwendigen Materialien synthetisch vermitteln; so werden die für alle gleichermaßen verbindlichen 'Fächer' auf 3 vermindert: Kultur, Natur und wegen ihrer formalen Bildungswerte im Zusatz von Mathematik. Zum Spezialisieren andererseits stehen zur verbindlichen Neigungswahl: ein antiker Kurs, ein Latein-Englischkurs, ein Deutschkurs, ein mathematisch-physikalischer und chemisch-biologischer Kurs. Die Teilnehmer an den 3 letzten Kursen wählen sich ferner aus den vielen möglichen Sprachverbindungen eine ihrer Vorbildung angemessene aus, eine produktiv und eine rezeptiv zu treibende. Dann hat bereits jeder, was er braucht und was er nach den amtlichen Vorschriften haben muß. Trotz weitgehender Wahlmöglichkeiten ist hier die Gefahr der Zersplitterung vermieden [...]."
[483] BLUME, Schulfarm (1924), S. 329.

gensatzpaar'[484] "zu einer Synthese geführt [...], die die beiden miteinander ver-
knüpften Bildungselemente in einer in sich geschlossenen Bildung aufhob"[485]:

> "[Es] bekommt doch mancher aus der Praxis heraus ein Bewußtsein dafür, daß es letzten Endes
> nicht so und so viele Wissenschaften gibt, sondern so etwas wie eine universitas litterarum, der
> man sich zu seinem bescheidenen Teil am besten nähert von einem Zentrum aus, das man lieb
> hat, in dem man deshalb schon etwas kann, so daß sich die übrigen Elemente zu einer Weltan-
> schauung nach und nach, längst nicht alle mehr in der Schulzeit ankristallisieren können."[486]

Wolfgang Keim stellte in einem seiner beiden Scharfenberg-Aufsätze zur Oberstufenarbeit zusammenfassend fest:

> "Er gab den Schülern in begrenztem Rahmen die Möglichkeit der eigenständigen Entscheidung
> über ihren weiteren Bildungsgang, sorgte aber gleichzeitig dafür, daß der Unterricht nicht zu-
> sammenhanglos und beliebig wurde. Kern- und Kursunterricht dienten beide der Bildung der
> Schüler, der Kernunterricht, indem er allen einen gemeinsamen kulturellen Zusammenhang
> vermittelte und sie in grundlegende Phänomene der belebten und unbelebten Natur einführte,
> der Kursunterricht, indem er jedem Schüler nach Neigung und Interesse einen besonderen Welt-
> zugang eröffnete und ihm damit zugleich ein Zentrum für die schulische Arbeit verschaffte. Wie
> die lockere Handhabung organisatorischer Fragen und deren Modifikation im Verlaufe der
> zwanziger und der frühen dreißiger Jahre zeigen, sind diese nicht das Primäre gewesen, sondern
> umgekehrt vom Bildungs- und Erziehungskonzept der Schule her entwickelt und veränderten
> Bedürfnissen stets neu angepaßt worden."[487]

II.3.D.   'LEBENSBEZUG' - DER ÜBERGANG VOM UNTERRICHT ZUM REICHHALTIGEN AUßERUNTERRICHTLICHEN 'SCHULLEBEN'

Der bisher skizzierte Unterricht der Schulfarm wurde durch einige fakultative Fächer, die im Laufe der Jahre stark wechselten, ergänzt, so etwa im Schuljahr
1932/33 durch Spanisch, Stenographie und - "für technisch Interessierte [...], [...]
an den Sonnabend-Nachmittagen von einem Gewerbelehrer extra abgehalten"[488] -
Schlossern[489].

Doch kam diesem fakultativen Unterricht auf Scharfenberg eher wenig Bedeutung zu, da er - so Blume - "eigentlich sogar unserem Unterrichtsprinzip der
Konzentration, das darauf aus ist, die Zahl der Gegenstände und der Stunden zu
vermindern, um Zeit und Besinnung und Gelegenheit zur Vertiefung zu bieten"[490],
widerspreche; daher gebe er als Leiter der Schulfarm "nur manchmal und meist ungern die Erlaubnis zur Beteiligung an fakultativem Unterricht"[491].

---

[484] SCHEEL, Schulfarm (1990), S. 18.
[485] SCHEEL, Schulfarm (1990), S. 18.
[486] BLUME, Schulfarm (1924), S. 329. - Vgl. ähnlich: BLUME, Schulfarm (1928), S. 168.
[487] KEIM, Zur Aktualität, S. 312.
[488] Berlin, BBF: SLG-GS, Jahresberichte 1932/33, Bd. 248d, Nr. 88: Berlin, SIS (Blume), S. 44.
[489] Berlin, BBF: SLG-GS, Jahresberichte 1932/33, Bd. 248d, Nr. 88: Berlin, SIS (Blume), S. 44.
[490] Berlin, BBF: SLG-GS, Jahresberichte 1932/33, Bd. 248d, Nr. 88: Berlin, SIS (Blume), S. 44. -
       Vgl. auch: BLUME, Schulfarm (1924), S. 328, und: BLUME, Schulfarm (1928), S. 167.
[491] Berlin, BBF: SLG-GS, Jahresberichte 1932/33, Bd. 248d, Nr. 88: Berlin, SIS (Blume), S. 44.

Gleichzeitig jedoch war man auf Scharfenberg - vor allem um eine möglichst vielseitige (und lebensnahe) Entfaltung aller Kräfte der Schüler zu ermöglichen - bestrebt, durch ein möglichst reichhaltiges außerunterrichtliches Angebot Gelegenheiten zum 'praktischen Erleben' zu schaffen, etwa - wie gezeigt - im Rahmen der Gemeinschaftsarbeit, der Landwirtschaft und der Arbeitsgruppen, aber auch durch vielseitige musische und kulturelle Aktivitäten.

So wie es auf Scharfenberg keine gesonderte 'Staatsbürgerkunde' gab, sondern diese zum einen im Rahmen des Gesamt- bzw. Kulturunterrichts und in den Kursen behandelt wurde, zum anderen aber "wirksamer als Belehrungen [...] das politische Erleben im eigenen Kreis"[492], in der nahezu alle Bereiche des Scharfenberger Lebens umfassenden Selbstverwaltung und im 'praktischen Erleben' war, so entwickelte sich - wie nun zu zeigen sein wird - auf Scharfenberg auch für andere Fächer neben der Tendenz, 'Fächer' in fächerübergreifenden Unterricht zu integrieren, die - entgegengesetzte! - Tendenz, Fächer aufzugeben und in einer 'Grenzzone' zwischen Unterricht und außerunterrichtlicher, praktischer Lebenssphäre anzusiedeln.

Im Folgenden soll diese 'Grenzzone' nun zunächst anhand des Scharfenberger Umgangs mit den 'Fächern' Sport, Religion, Musik und Kunst gezeigt werden; anschließend soll dann auf einige Aspekte des vielfältigen, zwischen Unterricht und außerunterrichtlicher Sphäre angesiedelten kulturellen 'Schullebens' eingegangen werden.

II.3.D.α.   DER FAKULTATIVE UNTERRICHT

In den ersten Schuljahren der Scharfenberger Versuchsschule existierten - wie in Blumes Gesuch zur Gründung der Scharfenberger Versuchsschule vom Frühjahr 1922 vorgesehen[493] - für die Schüler zwei, an einem Nachmittag gelegene freiwillige Religionsstunden[494], die "in erster Linie für Evangelische bestimmt [waren], die ein engeres Verhältnis zur Religion haben"[495].

Daß dieser Religionsunterricht alles andere als eine dogmatische Enge beinhaltete, deutete Blume mit der Bemerkung an, daß nicht nur auch "Angehörige anderer Konfessionen [hositieren konnten], was ihnen zu verwehren in einem so engen und toleranten Zusammenleben wie dem unsrigen ausgeschlossen wäre", sondern auch, daß diese "nachmittäglichen Stunden gerade mit durch diese Mischung sehr angeregt worden [seien]"[496]. Auch die von Blume genannten inhaltlichen Beispiele zielen in dieselbe Richtung:

---

[492] BLUME, Denkschrift, S. 4.
[493] S. 205.
[494] BLUME, Bericht (1923), Bl. 229r.
[495] BLUME, Bericht (1923), Bl. 229r.
[496] BLUME, Bericht (1923), Bl. 229r.

"Oft erinnert man sich noch der Sommerstunde unter einem japanischen Tulpenbaum, als man nach Matthäus die Gedichte der Droste und Dehmels über Gethsemane[497] miteinander las, oder jener so ganz anders gearteten Sitzung im Winter im Zimmer des Lehrers mit 14 Teilnehmern, 3 Lehrern unter den Schülern ein Baptist und zwei Katholiken; als plötzlich von einem Bibelzitat her das Problem der Erbsünde aufsprang und die Diskussion beim freien Willen endete; eine ganz eigene Stimmung war darüber gelegen, leidenschaftlich wurde es, aber dabei ganz unpersönlich; Zuzug von draußen, bis niemand mehr hineinging und aus den 2 Stunden vier geworden waren. Oder jenes Sonnabendabends, als man im Anschluß an die Behandlung der Sekten in der Religionsstunde, zum Teil auf der Erde um den Ofen hockend gemeinsam Björnsons 'Über die Kraft'[498] las bis tief in die Nacht. Die Wünsche und Fragen der Schüler waren meist bestimmend, und doch ist's keineswegs ein zusammenhangloses Potpourrie geworden. Man hat sich gefragt, was Religion sei, hat die Grenzen zwischen Glauben und Wissen gezogen, hat die verschiedenen Weltanschauungen nebeneinander gestellt, hat Koranauszüge und Buddhapredigten nach von den Schülern beigebrachter Auswahl gelesen, beides mit dem alten Testament verglichen, sodann mit den Gleichnissen Christi, hat die Sekten des Orients besprochen und daran mehrere Schülerreferate über modernes Sektenwesen geknüpft, namentlich auch über die sogenannte Gemeinschaftsbewegung, worüber unser Baptist genau informiert war; von da aus kam man zu dem Plan, eine Reihe religiöser Persönlichkeiten aus den Quellen uns nahe zu bringen: zwei jüdische Hospitanten sprachen sehr eingehend und lehrreich über Jesaias und Jeremias, man las dazu Auszüge aus dem alten Testament und in mehreren Extrazusammenkünften Stephan Zweigs Jeremiasdrama[499]. Hiob schloß sich an; zu Christus leitete hin ein Vortrag des Kunstlehrers über Christus in der Kunst mit vielen Abbildungen[500]; dann ward gemeinsam die Apostelgeschichte gelesen; von Paulus, dessen Briefe nach den Ferien ausgeleuchtet werden sollen, nach dem mehr äußeren Verlauf seines Lebens in der Apostelgeschichte einen Eindruck von seinen religiösen Zielen zu bekommen; ein Katholik hat sich schon Augustins Werke im Auszug in der Bibliothek bestellt; Luther mit der Lektüre einiger seiner Schriften soll folgen; für Veranschaulichung der Kämpfe in den ersten Jahrhunderten soll Ibsens Kaiser und Galiläer an den Abenden gemeinsam gelesen werden; am

---

[497] DROSTE-HÜLSHOFF, Annette von, Briefe, Gedichte, Erzählungen. Auswahl und Einführungen von Hans AMELUNGK (=Bücher der Rose, 9), München 1920, S. 248-250: 'Gethsemane'. - DEHMEL, Richard, Gesammelte Werke, Bd. 2: Aber die Liebe. Zwei Folgen Gedichte, 2., völlig veränd. Ausg., Berlin 1907, S. 116-120: 'Gethsemane'.

[498] BJÖRNSON, Björnstjerne, Über unsere Kraft. Schauspiel in 2 Teilen, 28.-31. Tsd. München 1920-1924.

[499] S. dazu auch: Berlin, LA, SIS: CH, II, S. 29: "Abends [am 15.02.1923] fand eine Religionssitzung statt, in der aus ihren Schriften heraus Jesaias und Jeremias gewürdigt wurden von zwei jüdischen Mitschülern; besonders anregend wirkten die Zitate aus Stephan Zweigs sprachschöner Jeremiasdichtung." - Bei dem gelesenen Werk handelt es sich um: ZWEIG, Stefan, Jeremias. Eine dramat. Dichtung in 9 Bildern, Leipzig 1917; 19.-21. Tsd. ebd. 1922.

[500] S. dazu: Berlin, LA, SIS: CH, II, S. 50: "An zwei anderen Abenden [im März 1923] lasen Interessenten aus dem Religionsunterricht mit mir Björnson, Über die Kraft, worauf uns ein Vortrag über Sektenwesen geführt hatte [...]. Ebenfalls aus dem Religionsunterricht hervorgegangen war ein Vortrag Netzbands über Christus in der Kunst, den er kurz vor Ostern in der Karwoche hielt; erstaunlich zahlreich und sprechend war das Bildmaterial [...]; vom altrömischen Typus des bartlosen Hirten ging es über Dürers klassische Köpfe bis hin zu den Modernsten [...]."

Endpunkt der Reise soll Tolstoi stehen. Fragen aus der Glaubens- und Sittenlehre schließen sich ungezwungen an."[501]

Wie diese 'Religionsstunden' mit ihren stark kulturgeschichtlichen und philosophischen Aspekten eine deutliche Nähe zum Gesamt- bzw. Kulturunterricht zeigen, hatte - wie an einigen Stellen bereits gezeigt - die Religion "selbstverständlich auch innerhalb des obligatorischen [Gesamt- und] Kulturunterrichts ihrer nie zu verkennenden Stellung als Kulturmacht entsprechend ihren Platz."[502] So behandelte man z.b. einmal "auf Wunsch der Obertertianer"[503] im Gesamtunterricht das Thema 'Die Religionen der Erde'[504]:

> "Man suchte die Frage nach dem Ursprung der Welt, nach Sünde und erlösung zu klären. Leben und Lehre der großen Religionsstifter schlossen sich an. Man verweilte in längerer Betrachtung des vorderen Orients als der Wiege so vieler Religionen [...]. Gelesen wurden Teile aus dem Alten und Neuen Testament, Abschnitte aus Lehmanns Textbuch zur Religionsgeschichte[505], einige Suren aus dem Koran. Die Klasse besuchte gemeinsam den Reformationsgottesdienst [in] Tegel, einen Sabbatgottesdienst in der Synagoge [in der] Oranienburgerstraße und eine Stille Messe in der Hedwigskirche."[506]

Diese Stellung behielt sie bis zum Ende der Weimarer Republik bei - während die Religionsstunden nach Ablauf der ersten Jahre der Schulfarm quellenmäßig nicht mehr greifbar sind, so daß mit ziemlicher Sicherheit vermutet werden kann, daß dieser Unterricht ganz aufgelöst worden ist.

Mit diesem Umgang mit dem Religionsunterricht nahm die Schulfarm eine Position ein, die damals u.a. auch im Umkreis des Bundes Entschiedener Schulreformer zu finden war: die Forderung nach einem fakultativen Religionsunterricht ohne konfessionelle Bindungen, eher als 'Fach der Charakterbildung', als Lebens- und

---

[501]   BLUME, Bericht (1923), Bl. 229r-v. - Vgl. als ähnliches Beispiel: BLUME, Bericht (1923), Bl. 254v: "So neulich, nachdem einer aus einer legendarischen Biographie Mohammeds, ein anderer von seiner Religion mit reicher Auswahl bezeichnender Suren, ein Dritter von mohammedanischen Sitten und Gebräuchen nach Reisebeschreibungen, ein vierter über das Land Arabien, ein 5. über die Stätten maurischer Kultur in Spanien referiert und der Zeichenlehrer nach wundervollen Photographien die islamische Kunst in Samarkand, Mecka, Jerusalem, Konstantinopel, Cordova, Sevilla lebendig gemacht hatte; nur das Problem der Prädestination wollte sich trotz eifriger Debatte und Koransuchens und Ratseinholung bei bekannten Pfarrern noch nicht ganz besiegt geben."

[502]   BLUME, Bericht (1923), Bl. 229r. - In diesem Sinne fast gleichlautend: BLUME, Gesuch (1922), S. 33. - Vgl. S. 205.

[503]   Berlin, BBF: SLG-GS, Jahresberichte 1932/33, Bd. 248d, Nr. 88: Berlin, SIS (Blume), S. 10.

[504]   Berlin, BBF: SLG-GS, Jahresberichte 1932/33, Bd. 248d, Nr. 88: Berlin, SIS (Blume), S. 10.

[505]   Textbuch zur Religionsgeschichte, hrsg. von Edvard LEHMANN und Hans HAAS, 2. erw. und verb. Aufl. Leipzig 1922.

[506]   Berlin, BBF: SLG-GS, Jahresberichte 1932/33, Bd. 248d, Nr. 88: Berlin, SIS (Blume), S. 10.

Religionskunde gedacht, die nur bedingt 'unterrichtsfähig' sei, da "Religion nur gelebt werden [könne]."[507]

Bedenkt man, welche Rolle der Religionsunterricht im 'Schulkampf' unter dem Stichwort der 'Weltlichkeit der Schule' zu Beginn der Weimarer Republik gespielt hatte[508], und daß die Schulfarm selbst dem Vorwurf ausgesetzt war, "daß es dort mit dem Religionsunterricht nicht in Ordnung sei"[509], so stellt sich die Frage, inwieweit Blume am Beginn seiner Versuchsschularbeit den fakultativen Religionsunterricht auch eingeführt hatte, um die Schulfarm an dieser brisanten Stelle aus dem 'Schulkampf' herauszuhalten, und inwieweit dann die Abschaffung des Religionsunterrichts erst im Laufe der Jahre auch unter dem Gesichtspunkt gesehen werden kann, daß dies nunmehr 'risikoloser' für die Versuchsschule war.

Von Beginn der Versuchsschularbeit an war - wie zuvor bereits im Sommerschulversuch 1921[510] - von einem "lehrplanmäßigen Turnunterricht [...] in Scharfenberg abgesehen worden."[511] Blume begründete dies 1923 damit, daß die "Erfahrung [...] [sofort] gezeigt [habe], daß bei der Fülle nutzbringender Arbeit im Garten, auf dem Feld, am Sägeblock, im Haus, im Kahn [usw.] die Kräfte [der Jungen] bis an die Grenze des Möglichen angespannt" und "noch einige Turnstunden dazu [...] eine Übermüdung herbeiführen" würden[512]. Hinzu trat die Auffassung - wie es als Motto zu einem bevorstehenden Sportsonntag im Jahr 1925 hieß -, "daß wir nicht Rekorde haschen wollen, sondern nur den Körper stärken"[513].

Außerhalb des Unterrichts aber und jenseits einer 'Rekordhascherei' wurde neben der körperlichen Gemeinschaftsarbeit (wie bereits bei der Beschreibung eines Scharfenberger Tagesablaufes gezeigt worden ist) für "die nötige Gelenkigkeit und

---

507   STÖCKER, Lydia, Zur Religionsfrage, in: Bausteine zur neuen Schule. Vorschläge entschiedener Schulreformer, hrsg. von Paul OESTREICH (=Pädagogische Reihe, 16), München 1923, S. 62-65; wieder in: Die Religion der Reformpädagogen. Ein Arbeitsbuch, hrsg. von Ralf KOERRENZ und Norbert COLLMAR, Weinheim 1994, S. 196f., hier (1923) S. 62. - Vgl. auch: PANTEN, Margarete, Die Entfaltung der sittlich-religiösen Kräfte im Rahmen der Einheitsschule, in: Bausteine zur neuen Schule. Vorschläge entschiedener Schulreformer, hrsg. von Paul OESTREICH (=Pädagogische Reihe, 16), München 1923, S. 66-73; wieder in: Die Religion der Reformpädagogen. Ein Arbeitsbuch, hrsg. von Ralf KOERRENZ und Norbert COLLMAR, Weinheim 1994, S. 198-201. - Eine Quellensammlung zum Thema bietet: Die Religion der Reformpädagogen. Ein Arbeitsbuch, hrsg. von Ralf KOERRENZ und Norbert COLLMAR, Weinheim 1994.

508   S. zuletzt: SANDFUCHS, Uwe, Der Streit um den Religionsunterricht und das Fach Lebenskunde in der Weimarer Republik, in: Religiöse Erziehung und Religionsunterricht, hrsg. von Max LIEDTKE (=Schriftenreihe zum Bayerischen Schulmuseum Ichenhausen. Zweigmuseum des Bayerischen Nationalmuseums, 13), Bad Heilbrunn 1994, S. 245-258.

509   Prot. der 19. Abendaussprache vom 09.11.1922, in: Berlin, LA, SIS: CH, I, o.S.

510   Vgl. S. 130f.

511   BLUME, Bericht (1923), Bl. 233r. - S. zum Turnunterricht etwa: PFISTER, Gertrud, Turnunterricht im Spannungsfeld von Politik und Reform, in: Schule und Unterricht in der Endphase der Weimarer Republik. Auf dem Weg in die Diktatur, hrsg. von Reinhard DITHMAR, Neuwied [u.a.] 1993, S. 206-230.

512   BLUME, Bericht (1923), Bl. 233r. - Eine ähnlich lautende Argumentation brachte Blume, z.T. auf die Erfahrungen im Sommerschulversuch 1921 aufbauend, bereits im Frühjahr 1922: S. 205.

513   Prot. der 61. Abendaussprache vom 16.09.1925, in: Berlin, LA, SIS: CH, V, S. 225 (betr. anstehendem Sportsonntag).

Anmut der Gliedmaßen"[514] auch ausgiebig - und zwar in entschieden größerem Umfang als an den 'Normalschulen' der Zeit[515] - körperliche Bewegung betrieben.

Die Ablehnung der körperlichen Hochleistung innerhalb eines Unterrichts hatte seine Parallelen ebenso in der Praxis der Auswahl von neuen Scharfenbergschülern wie auch in der Aufhebung von Noten und Zeugnissen u.a. Sie entsprach zudem einem lebensreformerischen Grundgedanken einer Ablehnung des Sportes als einseitige 'Fertigkeit' und als "Reaktionserscheinung und zugleich Produkt großstädtisch amerikanisierten Lebens mit Wettbewerbskonkurrenz, Maßlosigkeit der Höchstleistungen und Sensationsgier"[516] und einem Streben nach einer 'Ganzheitlichkeit', in der die Pflege von Körper und Geist durch 'natürliche Bewegung' (Körpergefühl und -bewußtsein!) gefördert werden sollte - ganz so wie es damals von progressiven Reformern, etwa von dem entschiedenen Schulreformer Franz Hilker gefordert wurde, der u.a. schrieb:

"Der menschliche Leib, der sichtbarste und allgemeinste Ausdruck des menschlichen Lebens, wird von klein auf mißachtet durch Verkrüppelungen in Schulbänken und dumpfen Arbeitsstuben [...]. Auch da, wo Leibesübungen getrieben werden, geht's meistens nicht um die Erhaltung und Stärkung des Körpers in seiner natürlichen Lebensfunktion, sondern um Bereitmachung zu irgendwelchen intellektuellen Zwecken oder Zahlenrekordleistungen. Turnen ist Massendisziplinierungsmittel, erzielt zu Bewegung in Ruck und Zuck; der Sport, der an und für sich natürlicher und freier ist, entartet nur zu oft in eitler Schaustellung [...]. Das Kind aber ist frei und natürlich in seinen Bewegungen. Damit ihm diese rhythmische Schönheit erhalten bleibe, muß die Schule Freiheit der Bewegung bei Spiel und Reigen, Wandern und Schwimmen gepflegt werden, muß Turnen und Sport sich von den Grundsätzen einer natürlichen Gymnastik durchdringen lassen. In einem frei gebildeten Körper wohnt auch ein freier Geist; aus einem freien und natürlichen Körper wohnt auch ein freier Geist; aus einem freien und natürlichen Körper leuchtet die Freude zum Schaffen und zum sinnvollen Leben.'[517]

---

514   BLUME, Bericht (1923), Bl. 223r.
515   Die 'tägliche Turnstunde' wurde in der Weimarer Republik wieder und wieder gefordert, jedoch nie erreicht; vgl.: BUSCHMANN, Jürgen / LENNARTZ, Karl, Der Kampf um die tägliche Turnstunde, in: GEßMANN, Rolf, Schulische Leibesübungen zur Zeit der Weimarer Republik, Köln 1987, S. 161-208 (mit Auswahlbibliographie).
516   RICHTER, Wilhelm, Scharfenberg und die Großstadt, in: Aus dem Leben der Schulfarm Insel Scharfenberg. Bilder, Dokumente, Selbstzeugnisse von Eltern, Lehrern, Schülern, red. von Wilhelm BLUME, in: Das Werdende Zeitalter. Eine Monatsschrift für Erneuerung der Erziehung, Jg. 7 (1928), S. 329-404, hier S. 402-404, hier S. 403. - Richter deutet hiermit eine allgemeine kulturkritische Position an, die sich auch an anderen Stellen seines Aufsatzes wiederfindet: Er wendet sich gegen den sog. 'Amerikanismus', wie die nach amerikanischem Vorbild mit dem Ende der Inflation einsetzende, durch hohe staatliche Subventionen geförderte Modernisierungs- und Rationalisierungswelle bezeichnet wurde, durch welche die industrielle Produktion, Handel und Dienstleistungsgewerbe gleichermaßen unmgestaltet wurden (Fließband, wiss. Arbeitsorganisation, Büromaschinen usw.) und die mit den ersten sichtbaren Veränderungen des Alltags eine wirtschaftspolitische Euphorie (nicht nur im bürgerlichen Mittelstand, sondern auch in sozialistischen Kreisen) bewirkte. - Eine wichtige Rolle spielte in diesem Zusammenhang die Ende 1923 erstmals ins Dt. übers. Autobiogr.: FORD, Henry, Mein Leben und Werk, Leipzig 1923: Man ließ sich nach den schlimmen Erfahrungen von Krieg, Nachkriegszeit und Inflation gerne einreden, Ford werde mit seinem System der selbstregulierenden Sozialpartnerschaft und der radikalen Mechanisierung der Produktion 'den Fortschritt' schlechthin bringen. - Vgl. zu diesem Themenbereich z.B.: BECKER, Frank, Amerikanismus in Weimar. Sportsymbole und politische Kultur 1918-1933, Wiesbaden 1993.
517   HILKER, Franz, Wege zu künstlerischer Volkskultur, in: Saarländer Schulzeitung, Jg. 4 (1923), S. 179-181, hier S. 180. - Vgl. zu dieser 'Körperkultur' S. 379.

Ganz in diesem Sinne fand der Sport auf Scharfenberg "gegenüber der körperlich kräftigenden wie sozial fruchtbaren und schöpferischen Handarbeit keinen Boden [...]; [und waren] nur die natürlichen Erscheinungen [!] des Dauerlaufs um die Insel am Morgen, des Badens und Schwimmens [...], des Schlittschuhlaufens im Winter und des reinen, jugendgemäßen Spiels [...] hervorgetreten"[518]. Und ebenfalls ganz in diesem Sinne fanden, wohl ab Oktober 1922[519], auf der Insel sonntags "oft rhythmische Übungen nach Musik unter Leitung des Musiklehrers statt"[520] - und kam, ab ca. 1926/27, zu diesen gymnastischen Übungen einmal wöchentlich die Loheländerin Katja Schmidt auf die Insel[521] - wobei Blume diesbezüglich 1928 die Hoffnung äußerte, daß "vielleicht [...] einmal die Gymnastik im eigentlichen Sinne hier dafür zu sorgen haben [wird], daß neben der Anspannung der Muskeln eine schöne Körperhaltung und Anmut der Bewegungen gepflegt werden"[522] wird[523].

Im Sommerschulversuch 1921 hatte man keinen Musikunterricht gegeben, sondern die Musik im freien ungezwungenen Rahmen an Nachmittagen und Abenden gepflegt[524]. Zu Beginn des Schulversuches faßte man in der 3. Abendaussprache vom 19.05.1922 den Beschluß, daß es für die Mittelstufenschüler einen Musikunterricht in obligatorischer Form, für die Oberstufenschüler aber fakultativ, z.Tl. gemeinsam mit dem Unterricht der Mittelstufe gegeben, geben sollte[525]. Daneben fanden musikkundliche, insbesondere musikgeschichtliche Aspekte ihre Berücksichtigung im Gesamt- und Kulturunterricht wie auch in den Kursen. Doch nahm von Beginn an die musikalische Betätigung außerhalb des Unterrichts eine "weit wichtigere Stelle"[526] ein: So wurden etwa die Abendaussprachen und die Schulgemeindesitzungen von musikalischen Darbietungen umrahmt[527], wie auch die diversen festlichen Veranstaltungen der Schulgemeinschaft[528]. Oft wurde "an Abenden vorgespielt, entweder am Flügel allein oder im Klaviertrio oder Streichquartett."[529] Zudem übte sonntags

---

[518]   RICHTER, Scharfenberg und die Großstadt, S. 403.
[519]   Berlin, LA, SIS: CH, I, o.S.: "Der Sonntag [29.10.1922] stand unter dem Zeichen der rhythmischen Gymnastik [...]."
[520]   BLUME, Bericht (1923), Bl. 223r.
[521]   S. dazu S. 378-380.
[522]   BLUME, Schulfarm (1928), S. 172.
[523]   Die Loheland-Gymnastik unter Frl. Schmidt fand bei den Scharfenberg-Schülern unterschiedlichen Zuspruch, so heißt es in: Berlin, LA, SIS: Prüfungsunterlagen, Mappe 3: Reifeprüfungen 1925-1935, hier: Gesamtcharakteristik des Abiturientenjahrgangs 1933 (Blume), der Abiturientenjahrgang 1933 habe "zu der hier beschriebenen Lohelandgymnastik [...] im Gegensatz zum vorigen Jahrgang [...] kein Verhältnis gefunden" und keine Neigung gezeigt "den fraulichen Einfluß auf sich wirken zu lassen."
[524]   Vgl. S. 130.
[525]   Prot. der 3. Abendaussprache vom 19.05.1922, in: Berlin, LA, SIS: CH, I, o.S. - Vgl.: BLUME, Bericht (1923), Bl. 231r: "In den 2 obligatorischen musikkundlichen Stunden der Vorbereitungsabteilungen nahmen die Oberstüfler fakultativ teil. Von Oktober ab, da der Musiklehrer uns öfter zur Verfügung stehen kann, soll es getrennt werden und der ursprüngliche Lehrplan, wie er als Anlage beigegeben ist, in Kraft treten; er ist seiner Zeit von Herrn Prof. Schünemann gebilligt." - Vgl. dazu S. 187.
[526]   BLUME, Bericht (1923), Bl. 231r.
[527]   S. dazu S. 558 und S. 578.
[528]   Vgl. dazu S. 667ff.
[529]   BLUME, Bericht (1923), Bl. 231v.

ein Orchester, das sich bis Anfang 1924 "in rührender Begeisterung um den Musiklehrer [A. Rosolleck] schart[e]"[530], und zu dem Blume schrieb:

"[...] seine Leistungen müssen noch gefeilt werden; aber die Vorbedingungen zu einer erfreulichen Entwicklung unter auffällig zahlreicher Beteiligung sind gegeben; waren doch am Ende des Quartals im Juni 23 vorhanden: 4 Geigen, 1 Bratsche, 1 Cello, 1 Baß, 1 Flöte, 1 Klarinette, 1 Horn und Schlagzeug. Um in die verschiedenen Stilarten einzudringen, versucht man sich an Sibelius, Valse triste; Grieg, Andante aus der Sonate op. 7; Haydn, Andante und Scherzo aus der Paukenschlagsymphonie; Beethoven, 1. Satz aus der 5. Symphonie, 1. Satz aus dem 3. Klavierkonzert, Egmontouvertüre; M. v. Weber, Freischützouvertüre."[531]

Als Anfang 1924 Alfred Rosolleck, der der Jugendbewegung nahestand und in den Umkreis der 'Jugendmusikbewegung' gerechnet werden kann[532], als der Motor all dieser musikalischen Betätigungen die Schulfarm verließ, wurde die musikalische Betreuung der Schüler für die folgenden Jahre zunächst von musikalisch begabten und interessierten Lehrern, etwa von Bandmann und von Ziegelmayer, übernommen[533].

Nachdem 1927 Walter Jenke, "früheres Mitglied der märkischen Singgemeinde"[534] und von deren Leiter Georg Götsch nach Scharfenberg vermittelt[535], sein Abitur gemacht hatte[536], kehrte er - wohl als Student - bald nach Scharfenberg zurück, um hier bis zu seiner Emigration nach England im Jahr 1933 (Jenke war

---

[530] BLUME, Bericht (1923), Bl. 231v.
[531] BLUME, Bericht (1923), Bl. 231v.
[532] Zur Jugendmusikbewegung s. S. 286.
[533] Vgl. dazu etwa die entsprechenden Protokolle der Abendaussprachen in den in Berlin, LA, SIS vorhandenen Chronikbänden.
[534] Berlin, LA, SIS: CH, V, S. 407. - Zur Märkischen Singgemeinde s. S. 286.
[535] S. 320.
[536] Vgl. dazu etwa: Berlin, LA, SIS: Prüfungsunterlagen, Mappe 3: Reifeprüfungen 1925-1935, hier Reifeprüfung 1927: Abiturgutachten von W. Blume für Walter Jenke: "[...]. Die in seinem bisherigen Leben angesetzten Linien scheinen sich zu einem einfachen und darum schönen Ringe zu schließen, wenn er jetzt, den früheren Plan des technischen Studiums aufgebend, sich entschlossen hat, der Jugend treu zu bleiben und ihr später vor allem als Lehrer in der Musik Jödischer Prägung, im Handwerk und in der Ausbildung eines gestählten Körpers zu dienen."

Halbjude)[537] die musikalische Betreuung im Geiste des bedeutenden Musikpädagogen Fritz Jöde (1887-1970)[538] zu übernehmen[539].

Durchgehend - in den Jahren 1924 bis 1927 wohl weniger intensiv und theoretisch fundiert - verlief die musikalische Betreuung der Scharfenberger Schüler weniger im Sinne eines traditionellen Musikunterrichts, in dem es - wie es Hilker ausdrückte - vor allem um das "Notenlernen, Tönetreffen und Mehrstimmigsingen, kurz [...] all [den] [...] ausgeklügelten Kram, den man 'bewußtes Singen' nennt"[540], mit "intellektuell beherrschten und intellektuellen Zwecken dienenden Methoden"[541] ging und der "die ursprüngliche Singefreudigkeit [sic!] der Kinder rettungslos zugrunde [richtete]"[542], als vielmehr mit der für die Jugendmusikbewegung bezeichnenden Absicht, das musikalische Gefühl und die musikalische Ausdrucksfähigkeit der Schüler zu fördern.

In diesem personellen wie konzeptionellen Kontext war man (wohl schon ab dem Zeitpunkt von Rosollecks Ausscheiden) auf der Insel der Meinung, daß "Volksliederabende, Orchesterproben, sonntägliche Hausmusiken [u.v.a.] es Gott sei Dank unnötig [machten], dieses Kunstgebiet [der Musik] regelmäßig auf dem Stoffplan erscheinen zu lassen"[543]. Fortan wurde Musik "nicht [mehr] als Schulfach be-

---

537 Schmoll an D.H. br. vom 11. und 12.12.1988. - Vgl. auch: Schmoll an D.H. br. vom 12.12.1988: "Sehr merkwürdig berührte es Freunde und mich, als wir im Laufe des Jahres 1933 gerüchtweise hörten, Jenke sei Halbjude und deswegen nach England gegangen. Er war ein großer blonder Schlesier, eigentlich ein Idealtyp für Nazis ... [sic!]." - Wagner an D.H. br. vom 13.07.1990: "Walter Jenke verlor ich nach 1933 aus den Augen, weiß also kaum etwas über sein Schicksal. Nach dem Krieg begegnete mir sein Name in einer Veröffentlichung des Bärenreiter-Verlages in Kassel. Da wurde vom Schicksal eines Original-Porträts berichtet (ich glaube Schütz), das in England auftauchte, nachdem Walter Jenke es bei seiner Emigration aus Deutschland hatte nach England bringen können."

538 Fritz Jöde war eine der führenden Gestalten der Jugendmusikbewegung in Deutschland und Österreich; zuerst Lehrer (in Hamburg an der 'Wendeschule'), seit 1923 Professor an der Berliner Akademie für Kirchen- und Schulmusik, gegenüber dem Nationalsozialismus auf deutliche Distanz gehend, seit 1939 am Salzburger Mozarteum, seit 1947 in der Hamburgischen Schulverwaltung, seit 1951 an der Musikhochschule Hamburg. - Von Jödes Arbeiten s. u.a.: JÖDE, Fritz, Musikalische Erziehung, in: Die neuzeitliche deutsche Volksschule. Bericht über den Kongreß Berlin 1928, hrsg. von der Kongreßleitung, Berlin 1928, S. 197-213. - Zur Biogr. s. etwa: Fritz Jöde. Leben und Werk. Eine Freundesgabe. Zum 70. Geburtstag im Auftrage der Fritz Jöde-Stiftung zusammengestellt und hrsg. von Reinhold STAPELBERG, Trossingen [u.a.] 1957. - Fritz Jöde. Ein Beitrag zur Geschichte der Musikpädagogik des 20. Jahrhunderts. Bericht über das Fritz-Jöde-Symposion, veranstaltet von der Gesellschaft für Musikpädagogik 'GMP' vom 5.-7. Februar 1988 in der Hochschule für Musik und darstellende Kunst in Hamburg, hrsg. von Hildegard KRÜTZFELDT-JUNKER, 2., veränd. Aufl. Altenmedingen 1996.

539 Berlin, LA, SIS: Prüfungsunterlagen, Mappe 3: Reifeprüfungen 1925-1935, hier: Gutachten zum Abitur 1927 von Blume für Walter Jenke: Hier findet sich der Hinweis, Jenke wolle "Lehrer in der Musik Jödischer Prägung" werden. - Schmoll an D.H. br. vom 11.12.1988: Jenke förderte das "Singen ein wenig in der Jöde-Art [...], Chorsingen, außerdem leitete er das Schulorchester, was vor 1933 beachtlich war." - Vgl. auch: Schmoll an D.H. mündl. vom 27.05.1990: Jöde leitete riesiges Volksliedtreffen auf der Jungfernheide (ca. 1931), an dem unter Jenkes Leitung auch eine Scharfenberger Gruppe teilgenommen habe.

540 HILKER, Wege, S. 181.

541 HILKER, Wege, S. 181.

542 HILKER, Wege, S. 181.

543 BLUME, Schulfarm (1928), S. 171.

trieben, sondern im Gemeinschaftsleben (Singabende, Vorspielabende, Orchesterprobe) gepflegt."[544]

Ähnlich wie mit dem Musikunterricht verhielt es sich auf Scharfenberg auch mit dem 'Zeichenunterricht', der hier im weiteren Sinne als 'Kunstunterricht', da er etwa auch das künstlerische Handwerk einbezog, verstanden wurde[545].

Zu Beginn des Schulversuches wurde er für Mittel- und Oberstufe obligatorisch gegeben, ab Januar 1923 für die Oberstufe nur noch als fakultativer Unterricht[546]; hier kam es nun, wie auch innerhalb des Gesamt- und des Kulturunterrichts sowie in den Kursen "des öfteren zu theoretischen Besprechungen (die Kunst, das Kunstwerk, der Künstler, die Komposition bei alten Meistern, ihre Notwendigkeit bei künstlerischen Arbeiten) und Bildbetrachtungen (Rembrandt, Michelangelo, Feuerbach[547], [...])"[548].

Neben diesen theoretischen Betrachtungen spielte die Praxis eine zentrale Rolle, wobei es (ähnlich wie im Bereich der musikalischen Erziehung) ganz im Sinne der 'Kunsterziehungsbewegung' nicht darum ging, rezeptiv Techniken um ihrer selbst willen einzuüben, nach Modellen oder anderen 'künstlichen' Vorlagen 'alte Meister' zu imitieren, sondern darum, anhand der 'Natur' zu zeichnen und dabei eine eigene bildnerische und gestaltnerische Ausdrucksweise zu entwickeln.

Auch hier war neben der unterrichtlichen "die außerunterrichtliche Betätigung, vom Zeichenlehrer angeregt, wieder das Schönste."[549] So fanden nicht nur die theoretischen, meist kunstgeschichtlichen Besprechungen des Gesamt- oder Kulturunterrichts "in Abendveranstaltungen des Zeichenlehrers für Interessenten eine vertiefende Fortsetzung"[550] - wie für von Georg Netzband geleitete Abende oben gezeigt worden ist[551] - sondern auch in zahllosen vom jeweiligen Zeichenlehrer angeleiteten künstlerischen Unternehmungen an Nachmittagen und Abenden, aber auch für die Dauer eines Wochenendes oder einer Ferienreise[552], sowie im Kontext von gemeinsamen größeren Vorhaben, wie den Scharfenberger Festen, auf die noch näher einzugehen sein wird.

Daß dabei die bildnerische und gestaltnerische Betätigung auf Scharfenberg nicht den Stellenwert einer Randfunktion hatte, zeigt sich mindestens in dreierlei Hinsicht: einmal dadurch, daß sie integraler Bestandteil des Unterrichts sein konnte, weiter darin, daß 'Gegenstände' der künstlerischen Produktion - analog zu den 'Stoffen' der

---

[544] Berlin, LA, SIS: Reifeprüfung 1932, 'Zusammensetzung der Prüfungskommission' und 'Verteilung der Prüflinge in die Fachkurse und ihre Einordnung in die 4 Schultypen', hdschr. Blume.

[545] Vgl. dazu u.a.: PALLAT, Ludwig, Die Kunsterziehung, in: Handbuch der Pädagogik, hrsg. von Herman NOHL und Ludwig PALLAT, Bd. 3, Langensalza 1930, S. 408-428. - Und: PALLAT, Ludwig, Werkerziehung, in: Handbuch der Pädagogik, hrsg. von Herman NOHL und Ludwig PALLAT, Bd. 3, Langensalza 1930, S. 428-443.

[546] Berlin, LA, SIS: CH, II, S. 24.

[547] Anselm Feuerbach (1829-1880), Maler.

[548] BLUME, Bericht (1923), Bl. 211v.

[549] BLUME, Bericht (1923), Bl. 232r.

[550] BLUME, Bericht (1923), Bl. 211v.

[551] S. 427f.

[552] Vgl. S. 665f.

(anderen) Unterrichtsfächer nahezu alle Bereiche des Scharfenberger Insellebens - aber auch darüber hinausgreifende Themen, wie etwa die industrielle Arbeitswelt - umfassen konnte. Und drittens zeigt es sich darin, daß sie ganz praktisch und selbstverständlich mit der Gemeinschaftsarbeit kooperierte:

> Auf Scharfenberg existierte eine "praktisch notwendige Handbetätigung, die mit dem aufgepfropften Handfertigkeitsunterricht der Schulen nicht das Geringste zu tun hatte [...]"[553]. So "blühte" im Winter 1922/23 u.a. "das Batiken und die Tischlerei", wobei letzterer - nahezu im Vorgriff auf die damals noch nicht existierenden Gemeinschaftsarbeits-Fachgruppen - "ganz auf die Praxis eingestellt" war[554]. Und so wurden etwa "weniger Schlüsselbretter, Kästchen und ähnliche Ausstellungsgegenstände verfertigt als Reparaturen im Hause und an den Gerätschaften erledigt; Regale, Zeitungshalter, Küchenbretter, ein Bootssteg, ein Kastenwagen, 2 Wagenstangen, eine Pferdekrippe, Koppelzäune [u.a.] [...] unter Leitung des [Kunst-]Lehrers und des Landwirts gefertigt"[555] - wie Blume schrieb, wurde hiermit der "Reichsministerialerlaß vom 14.IV.23 (Reichsministerialblatt Nr. 20)[556] schon zum Teil erfüllt, der 'die Beteiligung der Schüler an Arbeiten wünscht, die sich aus den Bedürfnissen der Schule ergeben.'"[557]

Eine Stiftung amerikanischer Kinder zu Weihnachten 1922 ermöglichte die Anschaffung der notwendigsten Werkzeuge zur Einrichtung einer Buchbinderei[558]. Es meldeten sich darauf sofort so viele Inselmitglieder zur Mitarbeit an (10 Schüler und ein Lehrer)[559], daß, da die Anzahl der Werkzeuge für eine solche Zahl von Teilnehmern nicht ausreichte, zwei Gruppen gebildet wurden[560]:

> "Die nötigen technischen Handgriffe waren bald erlernt, und Ostern waren alle Teilnehmer imstande, ihre Bücher selbst zu binden; auch die Kleisterpapiere wurden selbst hergestellt - eine Tätigkeit, die in einer Ausstellung selbst gebundener Bücher, zusammen mit einer Ausstellung von Schülerzeichnungen gipfelte."[561]

---

[553] BLUME, Denkschrift, S. 1.

[554] BLUME, Bericht (1923), Bl. 232r.

[555] BLUME, Bericht (1923), Bl. 232r.

[556] Reichsministerialblatt. Zentralblatt für das Deutsche Reich, Jg. 51 (1923), Nr. 20: 20.04., S. 285f.: 'Bekanntmachung betreffend die Einführung des Arbeitsunterrichts in den Schulen'; die von Blume zit. Passage lautet korrekt: "die Beteiligung aller Schüler und Schülerinnen an Arbeiten, die sich aus den Bedürfnissen der Schule ergeben" (S. 285).

[557] BLUME, Bericht (1923), Bl. 232r.

[558] BLUME, Bericht (1923), Bl. 232r. - S.: Abb. 71.

[559] BLUME, Bericht (1923), Bl. 232r.

[560] Prot. der Anfang 1923 stattfindenden 4. Schulgemeinde, in: Berlin, LA, SIS: CH, II, S. 29f.: "Berisch [...] erzählt von dem neubegonnenen Buchbinderkurs, zu dem der Andrang so stark ist, daß zwei Abteilungen eingerichtet werden mußten, da das aus den Weihnachtsstiftungen beschaffte Werkzeug nicht ausreicht, alle Teilnehmer gleichzeitig zu beschäftigen." - S. auch: BLUME, Bericht (1923), Bl. 232r.

[561] BLUME, Bericht (1923), Bl. 232r-v.

Das Interesse an der Buchbinderei hielt über die Jahre hinweg an. Im Frühjahr 1924 wurde eine 'Gesellenprüfung' eingerichtet[562], "die unter Leitung des Handfertigkeitslehrers unter sich die Gesellenprüfung [abnahm] [...], die zum Einbinden von Büchern der Gemeinschaft berechtigt[e]"[563].

Künstlerisch interessierte Schüler wurden durch Wettbewerbe zur Aktivität aufgefordert; so belebten im Schuljahr 1922/23 mehrere Preisausschreiben die künstlerische Betätigung, und es entstanden z.b. Federzeichnungen und Scherenschnitte für die Chronik[564]: "Über die Verteilung der Preise entschied die Gemeinschaft, nachdem eine eingehende Debatte über Wert und Unwert nach Tisch stattgefunden hatte."[565] Auch entstanden künstlerisch ausgestaltete Einladungen zu Festen, Tagesordnungen, Theaterprogramme und -prospekte[566]. Ebenso waren - wie gezeigt - Schüler maßgeblich an der Planung und künstlerischen Ausgestaltung der Scharfenberger Gebäude beteiligt.

Für den hohen Stellenwert künstlerisch-bildnerischer Betätigung auf der Schulinsel war bereits von der Planungsphase an der mitten in der damaligen 'Kunsterziehungsbewegung' stehende Georg Netzband maßgeblich verantwortlich. Wenn auch weniger theoretisch interessiert, weniger konzeptionell und auch selbst künstlerisch nicht so hochbegabt wie er, setzte doch auch sein Freund, Kollege und Nachfolger Erich Scheibner diese künstlerische Dynamik auf Scharfenberg fort, wie etwa Heinrich Scheel in seinen Erinnerungen an die "ungezählte[n] Aktivitäten wie beispielsweise Theateraufführungen, Marionettenspiele, Erntefeste, Zeichenwettbewerbe, Buchbinderarbeiten, Museumsbesuche, Studienfahrten und vieles andere mehr"[567], die Scheibner mit seinen Schülern unternahm, eindrücklich verdeutlicht.

---

[562] Prot. der 7. Schulgemeinde vom 24.02.1924, in: Berlin, LA, SIS: CH, IV, S. 77: "Fritz erstattet Bericht über die Buchbinderarbeiten, die Einführung einer 'Gesellenprüfung' auf diesem Betätigungsgebiet ist vorgesehen." - Prot. der 8. Schulgemeinde von Juni 1924, in: Berlin, LA, SIS: CH, V, S. 20: "Um die Leistungen auf dem Gebiete der Buchbinderarbeiten zu heben, sind Gesellenprüfungen eingeführt worden."
[563] Berlin, BBF: SLG-GS, Jahresberichte 1932/33, Bd. 248d, Nr. 88: SIS (Blume), S. 45.
[564] BLUME, Bericht (1923), Bl. 211v.
[565] BLUME, Bericht (1923), Bl. 211v.
[566] BLUME, Bericht (1923), Bl. 211v. - Vgl.: Abb. 73.
[567] SCHEEL, Schulfarm (1990), S. 27.

Erinnerungen Heinrich Scheels an Erich Scheibner und dessen Kunstunterricht[568]

"Für mich, der ich offensichtlich vom Vater etwas zeichnerisches Talent mitbekommen hatte, wurde all das, was er [Scheibner] mir in dieser Hinsicht beibringen konnte, außerordentlich bedeutsam. Mehr noch als der Unterricht war es sein Beispiel, wie er als Zeichner und Maler die Welt sah und sich zu eigen machte, dem ich nacheiferte [...]. 1931 unternahm er mit vier guten Zeichnern der Weißen - mit Willi Kastler, Hans Gaulke, Bernd Wegerich und mir - eine Studienreise nach Zingst auf dem Darß, das damals noch dörflichen Charakter trug und keine Urlaubermassen zu verkraften hatte. Wir wohnten in der Jugendherberge, versorgten uns selbst, zeichneten und malten vierzehn Tage lang alles, was uns im Dorf, am Strand, am Steilufer und in den Dünen bemerkenswert erschien. Wir zeichneten mit Zulu-Bleistiften und schwarzer Kreide, wir malten mit Wasser- und Pastellfarben. Ich wählte gern einen Platz neben Scheibner, dem emsigsten von uns allen, weil ich beim malerischen Festhalten des gleichen Gegenstandes besonders gut seine Technik studieren konnte, wie man eine Grasfläche, einen Busch, eine Baumkrone bewältigte, die bei mir immer zu ungestalteten Klecksen von verschiedenen Grüntönen zu werden drohten. Die größten Schwierigkeiten bereitete die Darstellung des Meeres mit seiner Brandung; später zeigte uns Scheibner eine Reproduktion der Woge von Courbet, die uns den Atem verschlug.

Wie meine Skizzenbücher, die ich über die Zeiten retten konnte, ausweisen, begann unsere Zeichnerei bereits während der Hinfahrt auf der Bahn, denn ich finde darin eine Bäuerin mit Hut von hinten, einen Eisenbahner mit Dienstmütze, einen Zeitungsleser, eine arg zerbeulte Aktentasche, die Silhouette der Stadt Barth mit ihrer übergroßen Kirche und anderes mehr. Die gelungensten Ergebnisse unserer Studienfahrt stellten wir nach unserer Rückkehr in einer Ausstellung allen Scharfenbergern vor.

Unendliche Mühe hat Erich Scheibner aufgewendet, um uns ein lebendiges Verhältnis zur bildenden Kunst finden zu lassen. Seine starke Seite war dabei keineswegs die Theorie; seine allgemeinen Darstellungen zu bestimmten Kunstepochen waren nicht derart, daß sie uns mitrissen [...]. Er war ein unermüdlicher Sammler von guten Wiedergaben künstlerischer Erzeugnisse aller Art aus allen Zeiten und aus allen Ländern. Es gab für ihn keinen Museums- oder Ausstellungsbesuch, der nicht mit dem Ankauf neuer Kunstpostkarten endete; jede Zeitschrift, die gute Abbildungen enthielt, wurde ausgeschlachtet. Er wußte genau, was er besaß und was ihm noch fehlte, und holte immer langes Suchen mit sicherem Griff die Abbildung heraus, die er zur Illustrierung einer bestimmten Auffassung, einer Gestaltungsweise, einer Entwicklungstendenz brauchte. Sein Beispiel regte zu ähnlicher Sammeltätigkeit an, wenn auch mit bescheideneren Ergebnisse, die dennoch einen guten Grundstock für den Erwerb kunsthistorischer Kenntnisse abgaben.

Natürlich blieb Scheibners Ziel nicht darauf beschränkt, uns mit Abbildungen großer Kunst vertraut zu machen. Er drängte immer auf die Betrachtung der Originale, versäumte keine einzige Ausstellung, aber war erst vollkommen glücklich dabei, wenn ihn eine ganze Gruppe von Jungen oder wenigstens einer begleitete, dem er sich unmittelbar mitteilen konnte. Als ich mit meinem engsten Freund auf Scharfenberg, Hans Lautenschläger, 1931 die Idee entwickelte, in den großen Ferien eine Radtour nach Frankfurt am Main und zurück zu unternehmen, zeigte sich auch Scheibner sofort daran interessiert. Eine Unzahl sehenswerter Städte mit architektonischen Kostbarkeiten und berühmten Museen lagen ja am Wege! Wir nahmen ihn gern als Dritten in unserem Bund auf [...]. Wir haben uns stets ausreichend Zeit gelassen, um die jeweilige Stadt gründlich kennenzulernen. Scheibner ließ keine einzige Kirche aus, sofern sie etwas kunstgeschichtlich Wertvolles zu bieten hatte, und erst recht kein Kunstmuseum. In jede Abteilung mußte er zumindest einen Blick tun, selbst wenn uns die Steherei längst über war und wir zu maulen anfingen. Bei den Expressionisten erwachten jedoch regelmäßig wieder unsere Lebensgeister; wir mochten sie sehr, zumals sie gleichzeitig das Ende eines solchen Museumsbesuches ankündigten. Die Ernte, die wir von dieser Studienfahrt - sie war beileibe nicht die einzige und steht hier stellvertretend für viele andere - in unsere Scheuer einbrachten, blieb ungeachtet gelegentlichen Überdrusses eine einzigartige Bereicherung, von der wir ein Leben lang zehrten."

---

[568] SCHEEL, Schulfarm (1990), S. 28-30.

II.3.D.ß. DAS AUßERUNTERRICHTLICHE 'SCHULLEBEN' IM DIENSTE DES UNTERRICHTS

Wie bereits mehrfach gezeigt, wurde auf Scharfenberg erstrebt, daß sich die Themen für den Unterricht möglichst "von selbst sozusagen aus dem täglichen Leben heraus"[569] ergaben. Wenn nicht, wurden sie so 'gesucht', daß sie mit der Lebenswelt der Schüler zu tun hatten, daß sie "vom Buch weg ins Leben"[570] führten. Dies hatte aber trotz der Insellage der Schulfarm keineswegs eine 'insulare Isolation' zur Folge, wie Blume immer wieder verdeutlichte - etwa, wenn er von der "Haltlosigkeit der hin und wieder aufgestellten Meinung [...], die insulare Lage führe zu einer Einkapselung des Gemeinschaftslebens und zur Weltentfremdung"[571] sprach, und wenn er betonte, mit "gutem Gewissen" ließe sich "das Gegenteil behaupten"[572]:

> "Die Jungen, die hier in die Schwierigkeiten der Wirtschaftsführung eingeweiht, in Kaufläden, Banken, Redaktionen, auf den Markt geschickt werden, auch von den oft verwickelten Verhandlungen mit den verschiedenen Behörden (Wohnungsamt, Bezirksamt, Parkdeputation, Syndikus, Magistrat, Schuldeputation, Stadtverordneten, Provinzialschulkollegium) nach den Berliner Fahrten des Leiters am Abend hören, beim Schreiben der Aktenstücke, Gesuche, Briefe helfen, Vertreter dieser Behörden auf der Insel von Angesicht zu Angesicht kennen lernen, mit ausländischen Besuchern bei Tisch sitzen, machen einen weit instruktiveren Kursus in Staatsbürgerkunde durch, werden verwaltungserfahrener, mit den Dingen viel mehr handgemein, im Verkehr mit den verschiedenen Menschen geschickter als das in Berlin im durchschnittlich engeren und ängstlicheren Familienkreise der Fall sein würde."[573]

Doch nutzte man nicht nur diese auf der Insel sich bietenden Gelegenheiten. Vielmehr 'öffnete' man den Unterricht, die Lebenswelt der Schüler durch diverse Unternehmungen, die z.T. im Unterricht vorbereitet wurden und aus denen sich bisweilen auch neue Unterrichtsthematiken ergaben. So begab man sich, wie oben bereits

---

[569] BLUME, Schulfarm (1928), S. 170.

[570] BLUME, Schulfarm (1924), S. 325.

[571] BLUME, Bericht (1923), Bl. 194v-195r. - 1982 schrieb: PEWESIN, Wolfgang, Die Erneuerung der Schulfarm 1949-1969, in: 60 Jahre Schulfarm Insel Scharfenberg 1922-1982. Jubiläums-Festschrift anläßlich des 60-jährigen Bestehens der Schulfarm Insel Scharfenberg (=Sonderheft der Fähre), Berlin 1982, S. 48-64 und Dokumente dazu S. 65-78, hier S. 53, zum Thema 'Die Insel und das Festland': "Im Gegensatz zu den Landerziehungsheimen, mit denen die Schulfarm oft verglichen wurde, liegt Scharfenberg nicht irgendwo in reizvoller Landschaft weit ab von den Städten, sondern am Rande Berlins mit engen Verbindungen zur Großstadt. Das schloß hier von vornherein den Versuch aus, eine gewissermaßen abgeschottete Welt eigener 'Jugendkultur' aufzubauen, wie sie einst Wyneken in Wickersdorf versucht hat. Der nüchterne Realismus des Berliners bot ohnehin wenig Ansatzpunkte dafür. Andererseits hatte die Insel Lebensbedingungen besonderer Art, die sich zur Geltung bringen mußten und sollten. So war Scharfenberg von Anfang an beherrscht von einer doppelten Distanz: des Großstädters den rustikalen Formen des Insellebens gegenüber, des Scharfenbergers in bezug auf die Großstadt. Es war ein Verhältnis zugleich der Nähe und des Abstands, eine Spannung, fruchtbar als Anregung zu bewußter Wahl, die das einfache Mitschwimmen im allgemeinen Trend ausschloß. Aber auch nicht ohne die doppelte Gefahr, sich ihm dennoch bewußt hinzugeben oder in unfruchtbare Isolation zu geraten. 'Prüfet alles und das Beste behaltet' war gewissermaßen das unsichtbare Motto, unter dem unser Leben stand."

[572] BLUME, Bericht (1923), Bl. 195r.

[573] BLUME, Bericht (1923), Bl. 194v-195r.

mehrfach an Beispielen aufgezeigt, auf zahlreiche Studienfahrten, die die Schulfarm jedoch - anders als etwa an der Karl-Marx-Schule und an der Lichtwarkschule, wo Schulreisen auch ein "unentbehrlicher Bestandteil der Schule"[574], ein "Teil der Schulzeit"[575] waren - nie ins Ausland führten[576]. Auf diese Weise verlagerte man den Unterricht für einige Tage 'ins Leben hinein' - eine Möglichkeit, die Blume auch gerne zur eigenen 'Entspannung' nutzte; so schrieb er beispielsweise im Anschluß an eine Studienfahrt des Deutschkurses zur märkischen Backsteingotik im Sommer 1923:

> "Die beste Erholung von der schließlich auch die Nächte zu Hilfe nehmenden Schreibarbeit [...] war eine Fahrt mit meinen Deutschkurslern zu den gotischen und romanischen Bauten um Tangermünde, zugleich der beste Ferienabschluß, ein paar Tage völliger Suspendierung aller Abituriums- und Wirtschaftsgedanken, deren harmonischer Verlauf noch auf langhin Kraft gespendet hat für das schwere Kampfquartal, das darauf folgte. Teilnehmer waren Paul Heinrichsdorff, Peter Grotjahn, Willi Grundschöttel und Karl Berisch, sowie als berufenster Interpret der mittelalterlichen Kunst Freund Netzband [...]."[577]

Neben diesen größeren Fahrten verstand man es - wie z.T. schon gezeigt - vor allem auch, die Möglichkeiten der benachbarten Großstadt, die man durch "die günstige Bahnverbindung von Tegelort bis zum Zentrum"[578] erreichte, gezielt zu nutzen[579]:

So besuchte man dort Verwaltungen und technische Einrichtungen; wie etwa im August 1923 ca. 20 Schüler unter der Leitung von Alfred Rosolleck das "Hauptfernsprechamt in Berlin, dessen Organisation und Exaktheit allen imponiert

---

[574] HEINE, Hamburger Lichtwarkschule, S. 337.

[575] HEINE, Hamburger Lichtwarkschule, S. 337.

[576] Zu den Studienfahrten der Karl-Marx-Schule: RADDE, Fritz Karsen, S. 125-134. - Zu den Studienfahrten der Lichtwarkschule s. u.a.: HEINE, Hamburger Lichtwarkschule, S. 337f. - Zu den Scharfenberger Studienfahrten s. z.B.: [1.] 'Studienfahrt zur märkischen Backsteingotik' im Sommer 1923, in: Berlin, LA, SIS: CH, III, S. 58f. - [2.] Osterfahrt 1923 in die Sächsische Schweiz, in: Berlin, LA, SIS: CH, II, S. 52. - [3.] 'Oktoberstudienfahrt' 1924 s. S. 469-484. - [4.] 'Theaterfahrt' 1924 s. S. 687-690. - [5.] 'Rheinlandfahrt' in den Herbstferien 1926 unter Leitung von E. Sorge: Berlin, LA, SIS: CH, V, S. 364-383. - [6.] 'Thüringerfahrt, Osterferien 1927', in: Berlin, LA, SIS: CH, V, S. 482. - Eine Ausnahme deutet der Scharfenberg-Schüler Rudolf Schädlich in seinem 'Bildungsgang' zum Abitur 1934 an: Er weist Ferienfahrten der Schulfarm hin, die ihn nicht nur in den Harz, die norddeutsche Tiefebene und nach Schwaben geführt hätten, sondern auf auf "eine große Fahrt im Kahn, die uns bis nach Ungarn, bis nach Budapest führte"; die Fahrt habe 1932 in der 'Kabinettskrisenzeit' stattgefunden; auf Fragen "über die politische Lage in Deutschland [...] antworteten [wir] mit der diplomatischen Referenz, die dem Ausländer gegenüber geboten ist, ohne uns auf Dispute über die nationalsozialistische Bewegung und ihren Führer Adolf Hitler einzulassen." (Berlin, LA, SIS: Prüfungsunterlagen, Mappe 3: Reifeprüfungen 1925-1935, hier: Bildungsgang von Rudolf Schädlich zum Abitur 1934).

[577] Berlin, LA, SIS: CH, III, S. 58. - Ebd., S. 58f. ein Bericht dieser Fahrt von 'K.B.': 'Von der Studienfahrt des D.H.S. zur märkischen Backsteingotik, Sommer 1923' - Zum entsprechenden Deutschkursthema vgl. S. 614.

[578] BLUME, Bericht (1923), Bl. 194v.

[579] Schon in seinem Gesuch zur Gründung der Scharfenberger Versuchsschule vom Februar 1922 hatte Blume geschrieben: "Allzu einseitiges Einkapseln in der verschneiten Schulsiedlung verhütet glücklich die Nähe Berlins; der Besuch der Museen, Konzerte, Theater oder industrieller Anlagen wird zuweilen anregende Abwechslung bringen, notwendige Ergänzungen, die zu ermöglichen die im Gebirge liegenden Landerziehungsheime viel Zeit und Kosten aufwenden müssen." (BLUME, Gesuch (1922), S. 9)

hat[te]", und dem ein "orientierender Vortrag unseres Fachmanns [...] an einem Unterrichtsmorgen vorangegangen" war[580].

Für den physikalischen und chemischen Unterricht bot sich, da "die Borsigfabrik, der große Tegeler Gasometer, die städtischen Wasserwerke und auf der anderen, der Spandauer Seite die Siemensstadt kaum eine Stunde entfernt liegen, [...] auch die nötige Gelegenheit zu eigenen Beobachtungen technologischer und chemischer Vorgänge."[581]

Auch Museums-[582] und Ausstellungsbesuche[583] gehörten zum festen Bestandteil des Scharfenberger Lebens: So fuhren - beispielsweise - am "Mittwoch [d. 31.05.1922] [...] 7 Schüler der Oberstufe nach Berlin, um mit G. Netzband die Mosaiken im Kaiser-Friedrich-Museum anzuschauen"[584]; dabei stand dieser "Besuch [...] im Zusammmenhang mit dem Kulturunterricht [...], in dem die Mosaiken von Ravenna und Byzanz [...] den Mittelpunkt des kunstgeschichtlichen Interesses gebildet hatten."[585] Ein sich am gleichen Tage anschließender Besuch einer Ausstellung von Werken Wassily Kandinskis (1866-1944) schließlich sollte dazu dienen, "den mannigfachen Debatten über modernste Kunst eine neue Nahrung zu geben"[586].

Der oben genannten Studienfahrt des Deutschkurses zur märkischen Backsteingotik im Sommer 1923 ging eine längere Behandlung von Aspekten des Mittelalters voraus, während der Netzband - im Zeichen des 'fluktuierenden Helfersystems'[587] - "dem Deutschkurs die Gotik unterrichtlich in wochenlanger genußreicher Behandlung nahe gebracht hatte"[588] - u.a. auch durch einen Besuch des Kaiser-Friedrich-Museums am Mittwoch, den 21.02.1923, "um im Anschluß an den Unterricht die gotische Kunst an Originalen zu betrachten"[589].

Auch fuhr man zu Lesungen nach Berlin, etwa, als der Schülervater Faas der Schulgemeinschaft im Oktober 1925 Karten für einen Thomas Mann-Abend, "an dem Thomas Mann selbst aus seinen Werken vorlesen wird"[590], anbot, und Blume

---

[580] Berlin, LA, SIS: CH, III, S. 92.
[581] GROTJAHN, Martin, Der naturwissenschaftliche Unterricht auf Scharfenberg, in: Aus dem Leben der Schulfarm Insel Scharfenberg. Bilder, Dokumente, Selbstzeugnisse von Eltern, Lehrern, Schülern, red. von Wilhelm BLUME, in: Das Werdende Zeitalter. Eine Monatsschrift für Erneuerung der Erziehung, Jg. 7 (1928), S. 329-404, hier S. 359f., hier S. 360.
[582] Vgl. neben den in dieser Arbeit bereits gezeigten bzw. noch zu zeigenden Beispielen auch: Museumsbesuch des Deutschkurses, Hinweis in: Berlin, LA, SIS: CH, II, S. 41. - Und: Museumsbesuche am Verfassungstag 1927, in: Berlin, LA, SIS: CH, VI, o.S.
[583] Vgl. neben den in dieser Arbeit bereits gezeigten bzw. noch zu zeigenden Beispielen auch: 'Kunstausstellungsbesuche im März 1926', in: Berlin, LA, SIS: CH, V, S. 312.
[584] Berlin, LA, SIS: CH, I, o.S.
[585] Berlin, LA, SIS: CH, I, o.S.
[586] Berlin, LA, SIS: CH, I, o.S.
[587] Zu dieser Zusammenarbeit mehrerer Lehrer s. S. 184 und S. 640.
[588] Berlin, LA, SIS: CH, III, S. 58. - Ebd., S. 58f.: Ein Bericht dieser Fahrt von 'K.B.': 'Von der Studienfahrt des D.H.S. zur märkischen Backsteingotik, Sommer 1923'.
[589] Berlin, LA, SIS: CH, II, S. 32.
[590] Prot. der 62. Abendaussprache vom 14.10.1925, in: Berlin, LA, SIS: CH, V, S. 236. - Laut einem Hinweis in: Wilhelm Blume zum 70. Geburtstag (=Die Fähre. Eine Zeitung der Schulfarm Insel Scharfenberg), Berlin 1954, o.S., las Th. Mann aus seiner jüngsten Novelle 'Unordnung und frühes Leid' (entstanden April/Mai 1925; zuerst in: Die neue Rundschau, Jg. 36 (1925), Heft 6: Juni, S. 578-611; dann selbständig: Berlin 1926).

dieses Angebot für die Schulgemeinschaft gerne annahm, "um ein Kennenlernen dieser repräsentativen Persönlichkeit der heutigen Zeit zu ermöglichen"[591], oder, als
man im Januar oder Februar 1926 eine Lesung von Walter von Molo in Tegel besuchte[592]. Weiter veranstaltete man "Konzertfahrten zur Philharmonie"[593] und ging
ins Theater[594], und man suchte die Berliner Bibliotheken auf - u.a., um von hier Bücher für die Arbeit auf der Insel auszuleihen[595].

Die Schulfarm besaß auch eine eigene Bibliothek[596]. Bereits im Februar 1924 soll
sie über 400 Bände besessen haben[597], ein Umfang, der, wie entsprechende ständige
Eintragungen in die Chronik zeigen - ohne daß diese allerdings eine exaktere
Bestandsanalyse ermöglichen würde! -, in den nachfolgenden Jahren zu einem an-
sehnlichen Bestand anwuchs. Einen Grundstock legten 199 Dubletten, die man am

---

[591] Prot. der 62. Abendaussprache vom 14.10.1925, in: Berlin, LA, SIS: CH, V, S. 236. - S. zum
Thomas Mann-Abend auch: 'Thomas Mann liest (16.10.1925)', in: Berlin, LA, SIS: CH, V, S.
244. - S. dazu auch das in klassischer italienischer Form geschriebene Sonett eines auf
Scharfenberg gebliebenen Schülers, das die damals für Scharfenberg typische Spannung
'abgeschiedene Insel - Großstadt' bezeichnend trifft: FRITZ, Arnold, Aus dem Tagebuch eines
Hiergebliebenen [Gedicht anläßlich des Besuches eines Thomas Mann-Abends in Berlin durch
eine Gruppe von Scharfenbergern am 16.10.1925], hdschr. in: Berlin, LA, SIS: CH, V, S.
243; abgedr. in: Wilhelm Blume zum 70. Geburtstag (=Die Fähre. Eine Zeitung der Schulfarm
Insel Scharfenberg), Berlin 1954, o.S.:
"Sie warfen sich in ihren besten Staat,
Sie zogen an dem Schlips und an der Miene,
Mit der sie sprangen aus des Alltags Schiene,
Um was besonderes zu schauen, in der Tat!
Wir folgten unseres Herzens Rat:
Ich schrieb an meine einst'ge Colombine,
Und Egon übersetzte mit Routine
In sanftem Lampenschein bei 14 Grad.
Jetzt sitzt Herr Thomas Mann wohl in dem Sessel
Und setzt den Kneifer auf, rückt sich zurecht,
Der Beifall dröhnt, und er beginnt dezent --
Doch wir Philister, fern der Großstadt Kessel,
Wir sitzen ruhig hier bei Baum und Specht,
Zufrieden mit den Werken, die man kennt."
[592] Berlin, LA, SIS: CH, V, S. 308.
[593] BLUME, Bericht (1923), Bl. 194v.
[594] S. beispielsweise: Prot. der 3. Abendaussprache vom 14.05.1922, in: Berlin, LA, SIS: CH, I,
o.S.: "Eine Anregung des Herrn Blume, in einiger Zeit der Napoleonaufführung im Schauspielhaus zu besuchen, fand einmütige Zustimmung; alle bis auf einen wollten gern mitfahren." -
BLUME, Bericht (1923), Bl. 194v: Im Rahmen der Feierlichkeiten anläßlich des 60. Geburtstages von Gerhart Hauptmann am 15.11.1922 besuchte man eine Aufführung des 'Armen Heinrich'. - 'Ein Shakespeareabend im Schillertheater im Frühjahr 1924', in: Berlin, LA, SIS: CH,
III, S. 94. - Besuch einer Aufführung von Lessings Nathan durch die Oberstufe am
30.11.1925, in: Berlin, LA, SIS: CH, V, S. 266. - Besuch einer Aufführung von Lessings
Minna von Barnhelm am 23.01.1926 im Schillertheater, in: Berlin, LA, SIS: CH, V, S. 305f. -
Besuch von G. Hauptmanns Florian Geyer; s. dazu: SCHIPKUS, Emil, Florian Geyer - Eindruck vom 1. Akt und Enttäuschung, (September/Oktober 1927), in: Berlin, LA, SIS: CH, VI,
o.S.
[595] Vgl. als nahezu beliebiges Beispiel: 'Die Bibliotheksfahrt am 01.11.1923', in: Berlin, LA, SIS:
CH, III, S. 45-47.
[596] Vgl. zur Scharfenberger Bibliothek etwa: WOLDT, Johannes, "Der Lesesaal", in: Berlin, LA,
SIS: CH, IV, S. 79f. - S. hier auch: Abb. 78.
[597] WOLDT, Johannes, "Der Lesesaal", in: Berlin, LA, SIS: CH, IV, S. 79f., hier S. 80.

Humboldt-Gymnasium geholt hatte[598]. Vor allem aber wuchs der Bestand durch Buchgeschenke: So stiftete z.b. der Leiter des Zentralinstituts für Erziehung und Unterricht und Vater eines späteren Scharfenbergschülers, Ludwig Pallat, nach einem Besuch im Herbst 1922 - "ihm hatte besonders unsere Technik der Kleisterpapiere gefallen"[599] - ein von ihm herausgegebenes zweibändiges Handfertigkeitsbuch[600]. Im Kontext des 'Gawan'-Festes im Winter 1922/23 vermachte der Schriftsteller Eduard Stucken der Schulfarm seine Werke[601], und die Eltern schenkten zu diesem Anlaß "ca. 20 Bände, darunter Hauffs Werke[602], 2 Raabebücher, Schönherrs Glaube und Heimat[603], Thoma, Eulenbergs Schattenbilder[604], Ibsens Wenn die Toten wachen[605] u.a."[606].

> "Durch weitere Schenkungen [bis Mitte Februar 1923] ist unsere Bibliothek weiter gewachsen: Herr Prof. Fritz schickte u.a. Byrons Werke mit, was Herrn Prof. Cohn auf Gawronskis Bitte Veranlassung gab, eine Einführung in seine Werke zu geben; Herr Prof. Grotjahn sandte sein Buch die hygienische Forderung[607]; Rosolleck stellte den großen Andreeschen Handatlas[608] zur Verfügung, Rolf Wernecke ein zweibändiges Meyersches Handlexikon[609] - Nachschlagewerke, die unserem Wissensdurst gut zu statten kommen werden."[610]

Ebenfalls im Februar 1923 sandte Prof. Fritz "den Büchmann[611] und Kellers Sinngedicht[612] [...]"[613]." Zu Weihnachten 1924 waren der Schulgemeinschaft u.a. "Bücher,

---

[598] WOLDT, Johannes, "Der Lesesaal", in: Berlin, LA, SIS: CH, IV, S. 79f., hier S. 80.

[599] BLUME, Bericht (1923), Bl. 232r. - Evt. war Pallat zu der oben genannten "Ausstellung selbst gebundener Bücher [und] [...] Schülerzeichnungen" (BLUME, Bericht (1923), Bl. 232v) auf die Insel gekommen; vgl. dazu S. 664.

[600] Prot. der 17. Abendaussprache vom 13.10.1922, in: Berlin, LA, SIS: CH, I, o.S.: "Blume gibt die Stiftung des Handwerkbuches der deutschen Jugend durch den Herausgeber Pallat an unsere Bibliothek bekannt und verliest das Begleitschreiben des Verfassers." - Vgl. dazu auch: BLUME, Bericht (1923), Bl. 232r. - Bei dem Geschenk handelt es sich um: Der deutschen Jugend Handwerksbuch, hrsg. von Ludwig PALLAT, 2 Bde., 2. Aufl. Leipzig 1920/21.

[601] WOLDT, Johannes, "Der Lesesaal", in: Berlin, LA, SIS: CH, IV, S. 79f., hier S. 80. - S. zu der 'Gawan'-Aufführung und Stuckens Schenkung S. 237f.

[602] HAUFF, Wilhelm, Sämtliche Werke. Mit einer Einführung von Carl Georg von MAASSEN, 5 Bde., München [u.a.] 1923.

[603] SCHÖNHERR, Karl, Glaube und Heimat. Die Tragödie eines Volkes, 50. Tsd. Leipzig 1912.

[604] EULENBERG, Herbert, Schattenbilder. Eine Fibel für Kulturbedürftige, 68.-72. Tsd. Berlin 1922.

[605] IBSEN, Henrik, Wenn die Toten erwachen. Ein dramatischer Epilog, Berlin 1920.

[606] Berlin, LA, SIS: CH, II, S. 6.

[607] GROTJAHN, Alfred, Die hygienische Forderung. Der hygienische Mensch, die hygienische Familie, die hygienische Siedlung, das hygienische Volk, Düsseldorf 1917; 2. Aufl. 1921.

[608] [Richard] Andree's allgemeiner Handatlas, hrsg. von Ernst AMBROSIUS, 7. neubearb. und verm. Aufl. Bielefeld 1921 [und Erg.-Bd. zu den früheren Aufl. Bielefeld 1922].

[609] Evt.: Meyer's Handlexikon, 8. gänzl. veränderte und neubearb. Aufl. Leipzig 1921.

[610] Berlin, LA, SIS: CH, II, S. 27.

[611] Wohl: Georg Büchmann (1822-1884), dtscher. Philologe. - Vgl.: Geflügelte Worte. Der Citatenschatz des deutschen Volkes. Ges. und erl. von Georg BÜCHMANN, 20. Aufl. Berlin 1900.

[612] Vgl.: KELLER, Gottfried, Sieben Legenden, in: KELLER, Gottfried, Gesammelte Werke, Bd. 7: Sieben Legenden, Stuttgart [u.a.] 1903, S. 331-427, hier S. 1-329: 'Das Sinngedicht' (1882).

[613] Berlin, LA, SIS: CH, II, S. 33f.

wie Dantes 'Göttliche Komödie'[614] und ein neues Werk von Arno Holz[615] gestiftet worden."[616] Im Februar 1925 schenkte Otto Tacke, im Anschluß an einen Scharfenbergbesuch[617] "als Zeichen des Dankes für Eröffnung neuer pädagogischer Horizonte"[618], sein Buch 'Der Sprachunterricht muß umkehren'[619]. Im Oktober 1925 "wurde der Schulbibliothek ein Buch über Jean Paul von Johannes Alt, erschienen zum 100. Geburtstag des Dichters[620], übergeben, das der Verfasser, der durch Tschiko vielen Scharfenbergern noch bekannt ist, in der Hoffnung geschenkt hat, daß es im Laufe der Jahre wirkliche Leser finden möge."[621] Und im Oktober 1927 übersandte der Schriftsteller und Schülervater Walter von Molo der Schulgemeinschaft "sein neuestes Buch, die 'Legende vom Herrn'[622]"[623].

> "Am 21. Oktober [1922] erfreute uns Herr [Hermann] Friese [(1881-1946)], der Mitbegründer des Wandervogels, durch Übersendung von 500 M. "in dankbarer Erinnerung an seinen Besuch"; wertvoller noch war uns der Satz aus seinem Begleitschreiben: "Ich hoffte immer, daß der Wandervogel einmal solche Schule wie die Ihrige ist ins Leben rufen würde." Es ehrt uns, von dem Mitbegründer des Wandervogels als Blut von ihrem Blut erkannt zu sein; wenn Friese fortfährt: "Doch kommt man dort bislang von den Idealen noch zu wenig auf den Boden der Wirklichkeit" - kann uns zeigen, daß wir auf dem richtigen Wege sind, die schwärmende Passivität in Aktivität unter der alten Herzensgesinnung umzusetzen. Das uns gleichzeitig von dieser Seite übersandte Buch von Fußhöller, Wandervogel, Werktat, Dramatik[624] zeigte uns in der Tat eine weithin parallel verlaufende Linie bis in den Unterrichtsplan hinein (erschienen 1921) [...]."[625]

Auch Geldspenden setzte man für die Erweiterung der Bibliothek ein. Dabei wurden Kaufvorschläge von Lehrern und Schülern, z.B. in Abendaussprachesitzungen, gemeinsam diskutiert und gemeinsame Kaufbeschlüsse getroffen: Als etwa im November 1922 ein Vater "1.000 M. für Bücher"[626] stiftete, beschloß man nach gemeinsamer Diskussion - im Kontext der Feiern zum 60. Geburtstag von Gerhart Hauptmann

---

614 DANTE, Alighieri, Die göttliche Komödie. Übers. von Karl WITTE. Durchges. und hrsg. von Berthold WIESE [Neue, gänzl. veränd. Ausg.] (=Reclams Universal-Bibliothek, 796/800), Leipzig [1922]. - Vgl. zu Dante auch: PEWESIN, Rede, S. 10: "[...] richtig kennengelernt habe ich [...] [Carl Cohn] erst nach dem Abitur, in den Sonnabend-Lesestunden in seinem Hause, zu denen er einige von uns einlud. Wir lasen in hundert Sitzungen die hundert Gesänge der Divina Commedia auf italienisch. Er vermittelte uns eindrucksvoll die dichterische Größe und philosophische Tiefe dieses Hauptwerkes mittelalterlicher europäischer Geistigkeit."

615 Wohl eines dieser drei Werke: HOLZ, Arno, Sozialaristokraten. Komödie, Berlin 1924; DERS., Der erste Schultag, Berlin 1924; DERS., Kindheitsparadies. [Dichtung], Berlin 1924.

616 Prot. der 54. Abendaussprache vom 28.01.1925 (Hans Samter), in: Berlin, LA, SIS: CH, V, S. 124-127, hier S. 124.

617 S. 502.

618 Berlin, LA, SIS: CH, V, S. 128.

619 TACKE, Otto, Der Sprachunterricht muß umkehren! (=Entschiedene Schulreform, 10), Leipzig 1923.

620 ALT, Johannes, Jean Paul, München 1925.

621 Prot. der 62. Abendaussprache vom 14.10.1925 (Walter Schramm), in: Berlin, LA, SIS: CH, V, S. 236-242, hier S. 236.

622 MOLO, Walter von, Legende vom Herrn. Roman, München 1927.

623 Prot. der 78. Abendaussprache vom 21.10.1927, in: Berlin, LA, SIS: CH, VI, o.S.

624 FUSSHÖLLER, Leo, Wandervogel, Werktat, Dramatik. Die Dreiheit eines neuen Schul-Lebens (=Sonderheft zu den Bundesmitteilungen des Alt-Wandervogels, Bund für Jugendwandern e.V.), Hartenstein in Sachsen 1921.

625 Berlin, LA, SIS: CH, I, o.S.

626 Prot. der 19. Abendaussprache vom 09.11.1922, in: Berlin, LA, SIS: CH, I, o.S.

(geb. am 15.11.1862, gest. am 06.06.1946) im November 1922 und dem Beschluß, sich im kommenden Winter besonders mit Hauptmanns Werk zu befassen - die Anschaffung von Hauptmannlektüre[627].

Als etwa Mitte Februar 1923 "Fritz Geisters Eltern [...] am Geburtstag ihres Sohnes 2.000 M für die Bibliothek"[628] stifteten, ergab die Diskussion über die Verwendung dieses Betrages "ein Abwenden von den bisher beliebten Käufen dramatischer Neuerscheinungen und den Beschluß, mehr wissenschaftlich-belehrende Literatur anzuschaffen"[629]; und so entschied man sich u.a. "für eine Empfehlung des Herrn Wahle: Rusch, Himmelsbeobachtungen mit dem bloßen Auge[630]."[631]

Die Scharfenberger Bibliothek stand allen Lehrern und Schülern zu 'Nutz und Frommen' zur Verfügung; jedermann konnte hier zu jeder Zeit in freier Auswahl in den vorhandenen Büchern lesen und damit lernen - völlig egal, ob für unterrichtliche oder außerunterrichtliche Zwecke: Die Grenzen waren verschwommen!

Gleiches galt für die zeitliche Grenze von Unterricht und außerunterrichtlicher Sphäre. Häufig fand - wie schon im Sommerschulversuch 1921[632] - die Fortsetzung eines Unterrichts außerhalb der eigentlichen Unterrichtsstunde statt[633] - nicht nur, wenn am Mittagstisch eine im Unterricht behandelte Frage weiterdiskutiert wurde:

> "Wie schön ist es, wenn die Sprechfertigkeit nicht in Schulstunden, sondern bei den englischen Tees der auf der Insel wohnenden Miß oder beim Gärtnern mit ihr geübt wird, wenn den Landwirten oder Gärtnern durch ihre Tätigkeit chemische, ernährungsbiologische und naturkundliche Kenntnisse in Fleisch und Blut übergehen, oder wenn manche Grundbegriffe und die Ereignisse der modernen Politik hängenbleiben durch die beim Abendbrot von den Schülern gehaltenen Zeitungsberichte; die Feuilleton-Berichterstatter über Naturwissenschaft, Technik, Kunst und Sport, die abwechselnd beim Mittagessen das Wort nehmen, eignen sich durch ihre Vorbereitungen aus den Zeitungen eine große Sachkenntnis an, die manchen schon bei der mündlichen Abituriumsprüfung als grade in allermodernsten Dingen gut orientiert hat erscheinen lassen."[634]

---

[627] Prot. der 19. Abendaussprache vom 09.11.1922, in: Berlin, LA, SIS: CH, I, o.S.: "Blume: Es sind uns von einem Vater 1.000 M. für Bücher gestiftet. Was sollen wir kaufen? Stenger schlägt ein Hauptmannwerk, das nicht im Hause ist, vielleicht Ketzer von Soana [HAUPTMANN, Gerhart, Der Ketzer von Soana, Berlin 1918], vor, Blume das Hauptmannbuch von Schlenther zur allgemeinen Orientierung über den Dichter [SCHLENTHER, Paul, Gerhart Hauptmann, Leben und Werk. Neue Ausg., umgearb. und erw. von Arthur ELOESSER, 3., veränd. und erw. Ausg., 8.-13. Aufl. Berlin 1922]. Wernecke ist für ein Werk von, nicht über den Dichter. Blume meint, daß wir an 10 Werke Hauptmanns im Hause hätten, u.a. auch das von Reschke vorgeschlagene Werk 'Hanneles Himmelfahrt' [HAUPTMANN, Gerhart, Hannele. Traumdichtung in 2 Teilen [Theater: 1893; Bucherstveröff.: 1894], [Festausg.:] 64.-66. Aufl. Berlin 1928]."
[628] Berlin, LA, SIS: CH, II, S. 27.
[629] Berlin, LA, SIS: CH, II, S. 27.
[630] RUSCH, Franz, Himmelsbeobachtungen mit dem bloßen Auge. Zugleich eine Einleitung in die Methoden und Ergebnisse der Astronomie (=Teubners Naturwissenschaftliche Bibliothek, 5), 2. Aufl. Leipzig 1921.
[631] Berlin, LA, SIS: CH, II, S. 27.
[632] Vgl. dazu S. 128f.
[633] BLUME, Bericht (1923), Bl. 224v.
[634] BLUME, Schulfarm (1928), S. 170f.

In einigen Fällen läßt sich zeigen, wie sich im Unterricht begonnene Vorhaben völlig von demselben ablösten und zu rein außerunterrichtlichen Aktivitäten wurden:

Der Scharfenberger Mathematiklehrer Ernst Sorge proklamierte, daß auf Scharfenberg, insbesondere in den Mathematikkursen der Oberstufe durchaus auch Platz für "das Grübeln über ferner liegende mathematische Rätsel"[635] sei, doch solle ansonsten "die rein theoretische Mathematik auf der Schule nur mit Vorsicht und Beschränkung aufs Einfachere getrieben werden"[636]: "Tausendmal wichtiger und natürlicher"[637] aber sei es - dies müsse auch "die Grundeinstellung des Mathematiklehrers in Scharfenberg sein"[638] -, "auf der Insel der Tat praktische Mathematik zu treiben."[639]

Im Rahmen des Mathematikunterrichts baute Sorge mit seinen Schülern eine Wetterstation auf, die dann, sich vom Unterricht völlig verselbständigend, von einzelnen Jungen[640] weiterbetreut wurde[641]. Diese maßen in den nachfolgenden Jahren in ihrer Freizeit Temperatur, Luftdruck, Windgeschwindigkeit und Niederschläge[642]: So lernte jeder der Beteiligten "Meteorologie durch den Wetterdienst, der in dreimaligem Ablesen aller Apparate pro Tag und dem Aufstellen und Berechnen der zahlreichen Monatstabellen besteht; Sachkenntnis und Akribie sind Voraussetzungen dabei"[643]. Und bei der Aufgabe, etwa "2.000 Zahlen [...] in fehlerlose Übereinstimmung zu bringen", lernte zudem "mancher Junge [...] wohl zum ersten Mal eine Hochachtung vor wissenschaftlicher Kleinarbeit"[644]. Die Jungen meldeten ihre Ergebnisse regelmäßig "auf vorgeschriebenen und ausgefüllten Formularen"[645] dem Meterologischen Institut in Berlin. Dort war man von dem anhaltenden Eifer der Jungen so angetan, daß Scharfenberg zu einer offiziellen staatlichen Außenmeßstation dieses Instituts erklärt wurde; und die Berichte hatten "bei Prozessen der Tegeler Gastwirte mit der Regenversicherung schon öfter auch juristische Bedeutung gewonnen."[646]

---

635 SORGE, Ernst, Scharfenbergs mathematischer Unterricht, in: Aus dem Leben der Schulfarm Insel Scharfenberg. Bilder, Dokumente, Selbstzeugnisse von Eltern, Lehrern, Schülern, red. von Wilhelm BLUME, in: Das Werdende Zeitalter. Eine Monatsschrift für Erneuerung der Erziehung, Jg. 7 (1928), S. 329-404, hier S. 358f., hier S. 358.
636 SORGE, Scharfenbergs mathematischer Unterricht, S. 358.
637 SORGE, Scharfenbergs mathematischer Unterricht, S. 358.
638 SORGE, Scharfenbergs mathematischer Unterricht, S. 359.
639 SORGE, Scharfenbergs mathematischer Unterricht, S. 358. - Vgl.: Abb. 70.
640 PS Wagner: WAGNER, Heinz, Erinnerungen an die Insel der Jahre 1926-29 (Quasi ein Osterspaziergang eines 'Alten Scharfenbergers' im Jahre 1990), S. 15, spricht vom 'Wetterwart'.
641 Zur Scharfenberger Wetterstation s.: 'Scharfenberg als meteorologische Station 2. Ordnung [im Januar/Februar 1927]', in: Berlin, LA, SIS: CH, V, S. 449. - Berlin, LA, SIS: CH, V, S. 453. - 'Aus dem Feriendienst der meteorologischen Station [im Sommer 1927]', in: Berlin, LA, SIS: CH, VI, o.S. - FRIESICKE, '2. Bericht über Scharfenberg als meteorologische Station 2. Ordnung' [August 1927], in: Berlin, LA, SIS: CH, VI, o.S. (3 1/2 Seiten).
642 S.: Abb. 68 und Abb. 69.
643 BLUME, Schulfarm (1928), S. 170.
644 Berlin, LA, SIS: CH, V, S. 453.
645 PS Wagner: WAGNER, Heinz, Erinnerungen an die Insel der Jahre 1926-29 (Quasi ein Osterspaziergang eines 'Alten Scharfenbergers' im Jahre 1990), S. 15.
646 BLUME, Schulfarm (1928), S. 170.

Untrennbare Verflechtungen zwischen Unterricht und außerunterrichtlicher Sphäre gab es etwa (auch) in den zahlreichen Abend- und Wochenendveranstaltungen.

Abendveranstaltungen, "woran teilzunehmen jedermanns freier Wille [war]"[647], und zu denen einzelne Schüler, Unterrichtsgruppen oder Lehrer einluden, standen - zumindest soweit sie von Lehrern mitbeeinflußt waren - "um eine Zersplitterung der Interessen zu vermeiden, die bei der üblichen Unkonzentriertheit der Jugend zu verwirrender Oberflächlichkeit führen könnte, [...] meist in irgend einem Zusammenhang zu Unterricht oder Leben"[648]. So ließ man etwa "dort nur flüchtig Berührtes bei gemeinsamem Lesen, musikalischen Darbietungen, in Diskussionen weiter klingen [...], ohne daß diese Zusammenkünfte in den Ton schulmäßiger Lehrhaftigkeit zu verfallen brauchten"[649]:

"Man hat etwa am Nachmittag sich den Freuden des Eislaufs ergeben, am Abend liest der Lehrer Klopstocks Schlittschuhoden und die Stellen aus [...] dem Mann von 50 Jahren vor[650]; während von verschiedenen Paaren Schach gespielt wird, hört man die Wielandschen Schachanekdoten[651]; am Morgen standen die Kreuzzüge im Mittelpunkt des Unterrichts. - Der glückliche Besitzer von Strindbergs Historischen Miniaturen[652] läd zum Genießen der Peter-von-Amiens-Skizze ein; bei der Aufsatzrückgabe ist ein immer feineres Feilen am Stil anempfohlen, Thomas Mannlektüre bietet an den nächsten Abenden das überzeugende Beispiel; Fritz Reuters Werke sind gestiftet[653], eine Gruppe von 6 [Schülern] kündigt ein Reuterprogramm an [...]; 4 Schüler überraschen die Gemeinschaft am letzten Schultag mit der Einstudierung des Gestohlenen Schinken von Hans Sachs[654], von ernsterer Nachwirkung erwies sich die Einlage größerer Vortragszyklen: so sprach der Zeichenlehrer [Georg Netzband] an 8 Mittwochen an der Hand vieler Abbildungen über Griechische Kunst, der Naturwissenschaftler in elementarer Weise an 4 Abenden über die Einsteintheorie[655]; Schülerreferate über Haeckels Monismus[656] oder der

[647] BLUME, Bericht (1923), Bl. 194r.

[648] BLUME, Bericht (1923), Bl. 194r.

[649] BLUME, Bericht (1923), Bl. 253r.

[650] KLOPSTOCK, Friedrich Gottlieb, Oden und Epigramme, Leipzig 1920, S. 126-128: 'Der Eislauf' (1764). - 'Der Mann von fünfzig Jahren': eine in 'Wilhelm Meisters Wanderjahre' enthaltene Novelle.

[651] WIELAND, Christoph Martin, Werke, Bd. 12, Berlin 1902.

[652] STRINDBERG, August, Historische Miniaturen, 8. Aufl. München 1912. - In: BLUME, Bericht (1923), Bl. 247v und auch in: Aus dem Leben, S. 343, wird auf ein anderes Werk Strindbergs hingewiesen, das man an einem Abend las: STRINDBERG, August, Gespenstersonate (=Insel-Bücherei, 293), Leipzig 1919.

[653] REUTER, Fritz, Sämtliche Werke. Vollst. Ausg. in 18 Teilen, hrsg. von Carl Friedrich MÜLLER, [N. Aufl.] Leipzig 1924.

[654] SACHS, Hans, Der gestolen pachen [Der gestohlene Schinken], in: SACHS, Hans, Werke, hrsg. von Albert von KELLER und Edmund GOETZE, Bd. 14, Stuttgart 1882, S. 220-232.

[655] BLUME, Bericht (1923), Bl. 224v: "[...] die Naturwissenschaftler und Mathematiker haben mit dem Mathematiklehrer für einige Wochen eine Einsteingesellschaft gegründet [...]." - S. auch: 'Kurzer Bericht über die 4 Einstein-Abende [...]' [im September 1923], in: Berlin, LA, SIS: CH, III, S. 95.

[656] S. z.B.: HAECKEL, Ernst, Der Monismus als Band zwischen Religion und Wissenschaft. Glaubensbekenntnis eines Naturforschers, 16. Aufl. Leipzig 1919. - Und: HAECKEL, Ernst, Welträtsel. Gemeinverständliche Studien über monistische Philosophie, 13. Aufl. der Hauptausg. Leipzig 1922. - Vgl. dazu auch: Berlin, LA, SIS: CH, II, S. 27 (Mitte Februar 1923): "Am 5.II. legte Martin Grotjahn im Saals vor fast allen Scharfenbergern Haeckels Monismus klar durch ein Referat über dessen Welträtsel der Zweck der Orientierung ward vollkommen erfüllt; überzeugt aber wurden längst nicht alle. Man nahm Anstoß an dem Axiomatischen einiger Voraussetzungen; über den Ursprung des Lebens erhalte man auch hier keinen Aufschluß; eine Hypothese trete nur an die Stelle der anderen [...]."

Vortrag ganz moderner Lyrik durch einen Liebhaber endeten mit lebhafter Diskussion. Der Musiklehrer veranstaltete im Anschluß an seinen Unterricht einen Bachabend oder ließ seine Freunde aus dem Akademischen Orchester bei uns spielen; häufig schart sich vor dem Schlafengehen ein Kreis Andächtiger um den neuen Mathematiklehrer [Erich Bandmann], der am Flügel mit weit über dilettantischen Durchschnitt hinausgehender Instrumentbeherrschung zu seinem eigenen Vergnügen Mozart oder Beethoven vorspielte [...]."[657]

Ende der 20er oder Anfang der 30er Jahre zeigte Scheibner einen Lichtbildervortrag über 'Van Gogh und seinen Freund Gauguin'. Und nachdem er im Sommer 1932 an einer Intourist-Reise durch die Sowjetunion teilgenommen hatte, hielt Scheibner am 31.08.1932 im Unterrichtssaal des 'Neubaus' einen Reisebericht, in dem er anhand eines Epidiaskops auch seine auf der Reise hergestellten Handzeichnungen und Fotografien zeigte:

"Wir hatten auf diese Veranstaltung durch ein halbes Dutzend große und selbstverfertigte Plakate aufmerksam gemacht, die alle in unseren Häusern hingen [und von denen] [...] Adi Schmolls Plakat mit dem etwas dicklichen Touristen Scheibner, der zum [sic!] Lenin aufblickt, eindeutig die Spitze hielt."[658]

Eine ähnliche untrennbare Verflechtung zwischen Unterricht und außerunterrichtlicher Sphäre kam häufig auch durch die zahlreichen Feste und Feiern der Schulfarm zustande, die von der Schulgemeinschaft entweder alleine, meist jedoch mit Eltern, Freunden und geladenen Gästen begangen wurden und zu denen Lehrer Lehmann knapp bemerkte: "[...] sie verstehen Feste zu feiern, diese Scharfenberger [...]."[659]

Zu diesen Festen gehörten sonntägliche Feste, die - z.B. im Kontext von Schulgemeindesonntagen - mit Eltern gefeiert wurden: etwa Deklamationssonntage[660] und 'alljährlich'[661] stattfindende Sport- und Schwimmfeste[662]. Dazu gehörten aber auch Jahrgangsfeste (zu denen eine Klasse für andere etwas vorbereitete)[663] und Weihnachtsfeste, "für die sich der Brauch herausgebildet hat[te], daß die Bewohner

---

657 BLUME, Bericht (1923), Bl. 194r-v.
658 SCHEEL, Schulfarm (1990), S. 44. - Schmolls Plakat s. Abb. 73. - Ein von Scheel stammender Plakatentwurf zu Scheibners Vortrag ist abgedr. bei: SCHIELKE, Volker, Der Lange von der Schulfarm. Am 25. Januar wäre der Funker der 'Roten Kapelle' Hans Coppi 65 Jahre alt geworden, in: Neue Berliner Illustrierte [=NBI] [Wochenzeitschrift], Berlin (DDR), Jg. 37 (1981), Nr. 2, S. 8-11, hier S. 10.
659 LEHMANN, Schulfarm, S. 158.
660 S. etwa: Berlin, LA, SIS: Deklamationssonntag am 13.12.1925, hdschr. Texte. - Und: Berlin, LA, SIS: Deklamationssonntag im Dezember 1926, hdschr. Texte.
661 Vgl.: BLUME, Schulfarm (1928), S. 233r.
662 Vgl. u.a.: [1.] 'Das Schwimmfest und der Dauerlauf am 2. Juli 1922', in: Berlin, LA, SIS: CH, I, o.S. - [2.] 'Sportliche Frühjahrsfeier 1923', in: Berlin, LA, SIS: CH, III, S. 81. - [3.] 'Der Sportsonntag am 11.10.1925', in: Berlin, LA, SIS: CH, V, S. 231; s. dazu auch: 'Ergebnisse des Sportsonntags, Herbst 1925', in: Berlin, LA, SIS: CH, V, S. 246. - [4.] 'Sportsonntag, 27.09.1927', in: Berlin, LA, SIS: CH, VI, o.S. - [5.] 'Jahnfeier und Sportsonntag [im August oder September] 1928', in: Berlin, LA, SIS: CH, VII, o.S.
663 Berlin, BBF: SLG-GS, Jahresberichte 1932/33, Bd. 248d, Nr. 88: Berlin, SIS (Blume). S. 49f.

der verschiedenen Häuser sich gegenseitig einladen und in ihren Darbietungen wetteifern"[664], sowie Feierlichkeiten zur Entlassung von Abiturienten[665].

1922 schrieb Blume, daß schon bei einer Aufführung von Friedrich Kayßlers 'Simplizius' während des Sommerschulversuchs am 06.07.1921[666] alle Beteiligten "etwas von der gemeinschaftbildenden Kraft solcher Feste"[667] verspürt hätten[668]. Man faßte diese positive Wirkung allerdings nicht als 'Selbstzweck' auf, sondern achtete stark auf die inhaltliche Ausgestaltung eines Festes: So maß man den Geburtstagen einzelner Gemeinschaftsmitglieder relativ wenig Bedeutung zu: da ein "Geburtstag weder erfreulich noch bedauerlich"[669] sei, gab es zu einem solchen Anlaß nur ein kurzes Geburtstagsgedenken[670].

Deutlichen Abstand nahm man von Festen und Feierlichkeiten, deren Inhalte nicht mit den Grundlinien der Schulgemeinschaft in Einklang zu bringen waren - so etwa den Hindenburg-Feiern im Jahre 1927: Auf eine Anfrage des brandenburgischen Provinzialschulkollegiums, "ob und in welchem Maße Scharfenberg sich an einem Huldigungszuge, der dem Reichspräsidenten zum 80. Geburtstag [am 02.10.1927] von der Berliner Schülerschaft gebracht werden soll, beteiligen will"[671],

[664] Berlin, BBF: SLG-GS, Jahresberichte 1932/33, Bd. 248d, Nr. 88: Berlin, SIS (Blume), S. 49. - SCHEEL, Schulfarm (1990), S. 35f.: "Es hatte sich [...] die schöne Gewohnheit herausgebildet, Weihnachten in der Weise zu feiern, daß jedes Haus - von der Scheune angefangen über das Bollehaus und den Neubau bis zum Holzhaus - alle anderen mit einer Aufführung überraschte. Die Vorbereitungen wurden unter strengster Geheimhaltung von den Bewohnern eines jeden Hauses getroffen, ohne die Lehrer zu Rate zu ziehen - Scheibner immer ausgenommen, der bei Kulissen- und Kostümfragen unverzichtbar war."

[665] Vgl. z.B. anläßlich des Abiturs 1925, in: Berlin, LA, SIS: CH, V, S. 154-158. - Zum Abitur 1926: Berlin, LA, SIS: CH, V, S. 326: "Am 8.II.[1926] luden die 12 Abiturienten zu einer Zusammenkunft ein, in der sie alle einzeln - jeder in anderer Form - in ungemein charakteristischer, Gegensätze keineswegs vertuschender Weise ihre Haltung zu dem Thema darlegten: Was mir Scharfenberg war, und wie ich es mir in Zukunft wünsche." - Vgl. zu einem nach 1927 liegenden (zeitlich leider nicht genauer bestimmbaren) Abiturientenfest mit einer Aufführung von Büchners 'Leonce und Lena': BLUME / FRÜHBRODT, Das dreizehnte Schuljahr, S. 132f.

[666] S. dazu S. 131.

[667] Berlin, LA, SIS: CH, I, o.S.

[668] Fast gleichlautend wieder: BLUME, Bericht (1923), Bl. 194r. - LEHMANN, Schulfarm, S. 158, schrieb von dem vor allem durch die Feste "die Gemeinschaft zu einem Verbundenheitsbewußtsein bringenden Momenten".

[669] Vgl. dazu: Prot. der 15. Abendaussprache vom 27.09.1922, in: Berlin, LA, SIS: CH, I, o.S.

[670] Vgl. dazu: Prot. der 15. Abendaussprache vom 27.09.1922, in: Berlin, LA, SIS: CH, I, o.S.: "Gawronski: Der Geburtstag ist weder erfreulich noch bedauerlich. Es liegt also keinerlei Anlaß zu irgendwelchen Feiern vor. Blume glaubt, daß man doch des Geburtstages eines Gemeinschaftsmitgliedes gedenken sollte. Es handle sich keineswegs um Feiern. Morgens ein Lied und vielleicht einige Äpfel. Da die Abstimmung 10:10 ergab, gibt Blume Ausschlag für ein Gedenken. Netzband schlägt vor, daß die, die nicht befeiert werden wollen, es vorher äußern sollen." - Vgl. auch zu Blumes 40. Geburtstag S. 409f.

[671] Prot. der 77. Abendaussprache vom 11.08.1927, in: Berlin, LA, SIS: CH, VI, o.S. - Vgl. dazu den Beschluß des Preußischen Staatsministeriums zur 80. Geburtstagsfeier des Reichspräsidenten Hindenburg vom 16.09.1927, der als Erlaß vom 19.09.1927 vom preußischen Ministerium für Wissenschaft, Kunst und Volksbildung weitergereicht und im Zentralblatt für die gesamte Unterrichts-Verwaltung in Preußen, Jg. 69 (1927), [Heft 18 vom 20.09.], S. 275 veröff. wurde: "In den Schulen ist entweder am Sonnabend, dem 1. Oktober, oder am Montag, dem 3. Oktober, des Geburtstages in schlichten Feiern zu gedenken [...]."

stimmte die Gemeinschaft, ohne daß sich eine Diskussion über diese Frage entspann, in geheimer Wahl gegen eine Beteiligung[672].

Am 24.06.1922 wurde der deutsche Außenminister Walter Rathenau (1867-1922) durch zwei antisemitisch-rechtsradikale ehemalige Offiziere der Organisation Consul ermordet[673]. Diese Tat zeigte "wie ein Blitz in dunkler Nacht vielen die Gefahren [...], von denen die Republik bedroht [war]"[674]. Auf Scharfenberg gedachte man Rathenau noch am Abend der Tat[675]. Am folgenden Tag folgte eine ausführlichere Gedächtnisfeier, und zwar unter Hervorhebung der persönlichen Betroffenheit, hatte Rathenau doch für den Sommerschulversuch 1921 Geld gespendet[676]. In einem Chronikeintrag zum 25.06.1922 schrieb Blume dazu:

> "[...] nach dem Abendessen, das des Gewitters wegen ausnahmsweise im Saal stattfinden mußte, sprach ich Worte zum Gedächtnis Walter Rathenaus, der auch uns ein Gönner gewesen war. Nur weil er uns im Vorjahr einen Reservefonds überwiesen, hatten Prof. Cohn, Kollege Schmidt und ich es gewagt, in Scharfenberg die Sommerschule des Humboldtgymnasiums zu begründen, aus der sich ja unsere Scharfenbergschule entwickelt hat. Der Gemordete gehörte also mit zu den Gründern, und wir hatten noch ganz besonderen Anlaß, seiner zu gedenken. Auch wir haben erfahren, daß Rathenau auch handelte nach seinem Grundsatz 'Was nach Bestreitung eines maßvollen Verbrauchs mir von meinem Vermögen bleibt, betrachte ich als anvertrautes Gut der Gemeinschaft, und das einzige, was ich der Wirtschaftsordnung, solange sie noch besteht, entnehme, ist dies, daß ich mir Formen und Zeitpunkt der Verfügung für das Gemeinwohl vorbehalte.' Die Gedenkreden Loebes[677] und des Reichskanzlers auf den toten Wohltäter[678] wurden verlesen, und so ist für Scharfenberg wenigstens der Reichstagsbeschluß auf öffentlichen Maueranschlag dieser Reden de facto erfüllt und die einige Tage später vom Kultusminister angeordnete Schulfeier spontan vorweggenommen [...]."[679]

---

672 Prot. der 77. Abendaussprache vom 11.08.1927, in: Berlin, LA, SIS: CH, VI, o.S.
673 Zu Rathenau s. vor allem: BERGLAR, Peter, Walther Rathenau. Seine Zeit. Sein Werk. Seine Persönlichkeit, Bremen 1970. - Zum Rathenau-Mord: SABROW, Martin, Der Rathenaumord. Rekonstruktion einer Verschwörung gegen die Republik von Weimar (=Schriftenreihe der Vierteljahrshefte für Zeitgeschichte, 69), München 1994.
674 WITTE, Erich, Die Erziehung der Jugend zum republikanischen Staatsgedanken, in: Der Elternbeirat, Jg. 3 (1922), S. 342-344, hier S. 342. - Vgl. dazu z.B. auch: Berlin, GStA PK, Rep. 76 VI, Sekt. 1 cc, Bd. 9, Bl. 189-191: Schreiben des Bundes Entschiedener Schulreformer an das Preußische Staatsministerium vom 20.07.1922, in dem er angesichts des Rathenau-Mordes, "dessen Vorbereitungen und Ausführung nach den amtlichen Feststellungen in Schüler- und Studentenkreise hinabführt" (Bl. 189), verbunden mit einem ganzen Katalog an 'Sorfortmaßnahmen' (Bl. 189-191), an das Ministerium appellierte, "vor allem dafür Sorge zu tragen, daß der republikanische Staatsgedanke in Zukunft sich frei und ungehindert in Schule und Universität entfalten kann." (Bl. 189). - WITTWER, Sozialdemokratische Schulpolitik, S. 311-315: 'Schule und Republikschutz nach dem Mord von Walther Rathenau'.
675 Berlin, LA, SIS: CH, I, o.S. (Eintrag zum 24.06.1922). - S. (dazu kurz) auch: BLUME, Bericht (1923), Bl. 195v.
676 S. zur Geldspende Rathenaus S. 123f. und S. 208f.
677 Paul Löbe (1875-1967), dtscher. Politiker, u.a. 1919 Vizepräsident der Weimarer Nationalversammlung, 1920-33 MdR, 1920-24 und 25-32 Reichstagspräsident. - Vgl.: KOSCH, W., Biographisches Staatshandbuch, Bern 1963, S. 778f. - LÖBE, Paul, Der Weg war lang. Lebenserinnerungen, Berlin 1954.
678 Dr. Walther Rathenau zum Gedächtnis [Gedächtnisfeier im Plenarsitzungssaal des Reichstages am 27. Juni 1922; Reden von EBERT, BELL, und KORELL], in: Verhandlungen des Reichstags. I. Wahlperiode 1920. Stenographische Berichte, Bd. 356, Berlin 1922, S. 8103-8106.
679 Berlin, LA, SIS: CH, I, o.S.

Um zu weiterer Beschäftigung mit Rathenau anzuregen, wurde sein Buch 'Kritik der dreifachen Revolution. Eine Apologie'[680] "als Probe seiner Schriften auf dem Lesetisch ausgelegt."[681] Auch im nachfolgenden Jahr 1923 gedachte man am Verfassungstag (11.08.) der Ermordung Rathenaus durch Verlesen von Fritz von Unruhs (1885-1970) Ode auf Rathenaus Todestag[682]. Am 15.11.1922 feierte man auf Blumes Anregung den 60. Geburtstag von Gerhart Hauptmann (geb. am 15.11.1862, gest. am 06.06.1946), u.a., indem es der Schüler Alfred Kraemer übernahm, in Hauptmanns Leben und Werk einzuführen[683]. Blume konnte es sich in diesem Zusammenhang nicht verkneifen, auf eine "Wandlung der Dinge"[684] hinzuweisen:

> "Als er im Humboldtgymnasium ein Werk von Gerhart Hauptmann zu Hauptmanns Geburtstag vorlas, wurde er angefeindet. Während jetzt das Ministerium ein solches Hauptmanngedenken vorschreibt[685]. So schlägt er vor, einer von den Schülern möchte uns an diesem Tage in Gerhart Hauptmanns Leben und Werk einführen; wozu sich Kraemer bereit erklärt. In dem vor uns liegenden Winter werden wir dann besonders Hauptmanns Werk lesen."[686]

Als eine dritte politisch motivierte Feierlichkeit sei hier die Gedächtnisfeier am 05.03.1925 zu Ehren des am 28.02.1925 verstorbenen Reichspräsidenten Friedrich Ebert (1871-1925) genannt[687].

Die wichtigste politische Feierlichkeit der Schulfarm aber war neben diesen und anderen einzelnen Feiern der alljährliche, am 11. August stattfindende Verfassungs-

---

[680] Es folgt ein Zeitungsartikel über Rathenau.

[681] Berlin, LA, SIS: CH, I, o.S.

[682] Berlin, LA, SIS: CH, III, S. 78. - Rede von Fritz von Unruh im Plenarsaal des Reichstages am 23.06.1923 anläßlich der Ermordung seines Freundes Walter Rathenau am 24.06.1922, abgedr. u.a. in: UNRUH, Fritz von, Mächtig seid ihr nicht in Waffen. Reden. Mit einem Begleitwort von Albert EINSTEIN, Nürnberg 1957, S. 31-36. - Beschreibung der Wirkung der Reichstagsrede durch Emil Ludwig u.a. abgedr. in: Fritz von Unruh. Rebell und Verkünder. Der Dichter und sein Werk, hrsg. von Friedrich RASCHE, Hannover 1960, S. 78-80.

[683] Prot. der 19. Abendaussprache vom 09.11.1922, in: Berlin, LA, SIS: CH, I, o.S. - Ebd., findet sich der Hinweis, daß man in diesem Zusammenhang beschloß, sich im nachfolgenden Winter weiter mit Hauptmanns Werk beschäftigen wolle. - In diesem Kontext wurden von Geldgeschenken Hauptmann-Bücher erworben; s. dazu S. 672f.

[684] Prot. der 19. Abendaussprache vom 09.11.1922, in: Berlin, LA, SIS: CH, I, o.S.

[685] Vgl.: HAENISCH, Konrad, Hauptmannfeiern in der Schule, in: Der Elternbeirat, Jg. 3 (1922), S. 388f.; der ehemalige preußische Kultusminister äußerte hier S. 388 die Meinung, daß bei der Erziehung der Jugend zur 'freudigen Bejahung des gegenwärtigen Staates' nicht nur den Verstand, sondern auch das Gemüt ansprechen müsse; dazu könnten Schulfeiern dienen, und zwar Schulfeiern, die "einen Ersatz [bilden sollten] für die heute gegenstandslos gewordenen Kaisergeburtstagsfeiern und andere monarchistische Feste, für die Sedansfeiern und was dergleichen Veranstaltungen des alten Staates mehr waren." Und da "die Jugend [...] sich mit besonderer Freude an den Gestalten großer Männer begeistert, so sollten wir an Stelle der Helden des Schwertes und der Fürsten von früher [...] heute Helden des Geistes zum Gegenstand unserer Schulfeste machen" - womit Haenisch konkret Hauptmann und dessen bevorstehenden 60. Geburtstag am 15.11. meinte - als Gegenwartsliteraten meinte. - Zu demokratiefeindlichen Szenen, zu denen es in Deutschland anläßlich dieses Anlasses kam, s.: GAY, Peter, Die Republik der Außenseiter. Geist und Kultur in der Weimarer Zeit, Frankfurt 1970, S. 69f.

[686] Prot. der 19. Abendaussprache vom 09.11.1922, in: Berlin, LA, SIS: CH, I, o.S.

[687] Berlin, LA, SIS: CH, V, S. 146f.

tag der Weimarer Republik[688] - der, obwohl ihnen dies offiziell verordnet war[689], lange nicht an allen Schulen angemessen begangen wurde[690] - der auf Scharfenberg die Besonderheit aufwies, daß hier nicht nur unter Unterrichtsausfall eine offizielle formale Schulfeier mit allgemeiner, abstrakter Festrede stattfand, sondern eine ganztägige Veranstaltung auf der man, z.T. innerhalb, z.T. außerhalb des Unterrichts, regelmäßig die Bedeutung der Verfassung, ihre Leistungen und Defizite, ihr historisches Werden und vor allem ihre Bedeutung für das Schulwesen im allgemeinen und die Schulfarm im besonderen herauszuarbeiten suchte[691].

So las am 11.08.1923 nach verschiedenen einleitenden Deklamationen der Schüler Erich Gawronski "die Fährbeinrede zum Schweizer Nationalfeiertag [von] [...] G. Keller. Blumes Festrede verglich die 'sittlich verpflichtenden' Paragraphen der Reichsverfassung mit den Anforderungen unseres Kleinstaates, den wir so gern zu einem Idealstaat machen möchten. 'Eigentum verpflichtet!' 'Jeder ländliche Besitz

---

688 Zur Problematik des Verfassungstages in der Weimarer Republik allgemein: WEBER, Klaus-Dieter, Verfassungsfeiern in der Weimarer Republik, in: Geschichte und historisches Lernen. Jochen Huhn zum 65. Geburtstag, hrsg. von Gerhard HENKE-BOCKSCHATZ, Kassel 1995, S. 181-208.

689 S. z.B.: 'Verfassungsfeier am 11. August 1927'. Erlaß des preußischen Ministers für Wissenschaft, Kunst und Volksbildung C.H. Becker vom 11.07.1927, in: Zentralblatt für die gesamte Unterrichts-Verwaltung in Preußen, Jg. 69 (1927), S. 223: "In den mir unterstellten Schulen ist am Verfassungstage schulfrei. Am Verfassungstage sind Schulfeiern zu veranstalten, bei denen die geschichtliche Bedeutung des Verfassungstages gewürdigt wird. Indem ich den einzelnen Schulen volle Freiheit bei der Ausgestaltung der Verfassungsfeiern im einzelnen überlasse, erwarte ich, daß alles getan wird, um den inneren Gehalt und den äußeren Rahmen der Schulfeiern würdig zu gestalten und die hervorragende Bedeutung des Verfassungstages den Schülern nahezubringen. Es wird der Bedeutung der Feier entsprechen, wenn sie nicht, wie vereinzelt geschehen, mit einem Schülerausflug verbunden [wird] und wenn zu der Feier die Schule als ganzes sich vereinigt. Ich mache die Schulleiter dafür verantwortlich, daß diese meine Anordnungen befolgt werden." - Und: 'Verfassungsfeier in den Schulen'. Erlaß des preußischen Ministers für Wissenschaft, Kunst und Volksbildung C.H. Becker vom 23.05.1929, in: Zentralblatt für die gesamte Unterrichts-Verwaltung in Preußen, Jg. 71 (1929), S. 188f.; auch in: Deutsches Philologen-Blatt, Jg. 37 (1929), S. 401f.

690 Vgl. dazu z.B. die Vorkommnisse am Berliner Werner-Siemens-Realgymnasium im August 1928, als sich die Schülerschaft gegen die verfassungsfeindliche Rede eines Lehrers (Wetekamp war nicht mehr Direktor!) wehrten - was von der Tagespresse intensiv aufgegriffen wurde, im Preußischen Landtag zu einer großen Anfrage (S. dazu: Sitzungsberichte des Preußischen Landtages, 3. Wahlperiode, Bd. 1: 1.-22. Sitzung (08.06.-12.12.1928), Berlin 1929, hier Sp. 1052-1078 (Diskussion zum Thema in der 18. Sitzung vom 07.11.1928) und Sp. 1095-1160 (Diskussion zum Thema in der 19. Sitzung vom 08.11.1928); partiell (Sp. 1068-1077 und Sp. 1095-1149) wieder in: Deutsches Philologen-Blatt, Jg. 37 (1929), S. 719-725 und S. 738-748 und S. 777-779.) sowie zu einem persönlichen Eingreifen von Kultusminister Becker führte (s. zu letzterem bes. S. 286-296. - Vgl. etwa auch die (notwendige) Einwirkung von Kultusminister Becker auf die höhere Lehrerschaft: BECKER, Carl Heinrich, Zum 11. August, in: Deutsches Philologen-Blatt, Jg. 37 (1929), S. 457f. - S. auch: WITTWER, Sozialdemokratische Schulpolitik, S. 315. - Vgl. zum Thema 'Verfassungsfeier' auch: DIPPOLD, A. M., Gedanken zur Gestaltung der Verfassungsfeier, in: Pädagogische Warte, Jg. 35 (1928), S. 597-600; wieder in: HEILAND, Helmut / SAHMEL, Karl-Heinz, Praxis Schulleben in der Weimarer Republik 1918-1933. Die reformpädagogische Idee des Schullebens im Spiegel schulpädagogischer Zeitschriften der Zwanziger Jahre (=Documenta Paedagogica, 3), Hildesheim [u.a.] 1985, S. 81-84.

691 Zur Verfassungsfeier 1923 s.: Berlin, LA, SIS: CH, III, S. 78f. - Zur Verfassungsfeier 1927 s.: Prot. der 77. Abendaussprache vom 11.08.1927, in: Berlin, LA, SIS: CH, VI, o.S. - Zur Verfassungsfeier 1928 s. S. 682.

muß bebaut werden zum Besten der Gesamtheit.' Hans Baader las die betreffenden Paragraphen vor"[692] und Blume "schilderte die entsprechenden Zu- und Mißstände bei uns. Die Nutzanwendung war jedes Mal so frappierend, daß man sie den Hörern selbst überlassen konnte. Am nächsten Mittwoch bei der Gemeinschaftsarbeit soll sich ein Fortschritt bei den Aufbauern, die ihren sozial verpflichtenden Sinn bis jetzt nicht erfaßt hatten, deutlich bemerkbar gemacht haben!"[693]

Am Verfassungstag des Jahres 1927 gab der Schüler Erwin Oeser im Rahmen der nicht zufällig auf dieses Datum gelegten 77. Abendaussprache "einen Überblick auf die Zeit der Erschaffung der Verfassung, sowie auf die Verfassungstage der Jahre 1920-1927", auf "den Weg vom Chaos zur langsamen Gesundung, der jetzt wohl so ziemlich erreicht ist" und suchte "Gemeinsames zwischen Scharfenberg, Jugenderziehung und Verfassung darzulegen"[694]. Blume wies im Anschluß an diese Darlegungen auf die vom 03.-15.08.1927 in Locarno tagende Konferenz "gegenwärtig zwar einflußloser, für die Zukunft jedoch bedeutungsvoller Schulmänner"[695] hin - der unter dem Gesamtthema 'Der Sinn der Freiheit in der Erziehung' stehenden 4. Internationalen Pädagogischen Konferenz des Internationalen Arbeitskreises für Erneuerung der Erziehung[696] -, auf der Reformpädagogen "sich mit der Stellung der Verfassung zur Schule, wie sie in den §§ 146-149 festgelegt ist, nicht einverstanden erklär[t]en"[697]; im Protokoll dieser Abendaussprache hieß es dazu weiter:

"Die 3 dort [in Locarno] konsolidierten Grundbedingungen lauten: Einheitsschule, Werktätigkeit, Weltlichkeit der Schule. Sie wenden gegen den Arbeitsunterricht ein, daß er nur dem Einzelnen, nicht der Allgemeinheit zugute komme; die Weltlichkeit scheint ihnen Veräußerlichung zu sein, sie wünschen vielmehr Weltverbundenheit. Die Einheitsschule empfinden sie nur als Verwaltungsmaßregel, sie muß durch andere Gesinnung ohne Standes- und Geldbeutelrücksichten ersetzt werden. Den §§ 146-149 fehlt die Einheit, die Forderungen dieser Konferenz sind einheitlich, sind sozial. Die gegenwärtige Schule ist zu individualistisch, sie muß sozial werden, so, wie wir in Scharfenberg alles für die Gemeinschaft tun. So richtet Blume an die Scharfenberger Intelligenzen und Individualitäten die Bitte, alles für die Allgemeinheit zu tun"[698].

Besonders feierlich scheint - so jedenfalls der Eindruck nach der Quellenlage - die Feier im zehnten Jahr der Republik am 11.08.1928 begangen worden zu sein, als der gesamte Tag, vom morgendlichen Unterricht bis zu den Ämterwahlen am Abend der Beschäftigung mit dem Verfassungstag gewidmet war[699].

---

692 Berlin, LA, SIS: CH, III, S. 79.
693 Berlin, LA, SIS: CH, III, S. 79.
694 Prot. der 77. Abendaussprache vom 11.08.1927, in: Berlin, LA, SIS: CH, VI, o.S.
695 Prot. der 77. Abendaussprache vom 11.08.1927, in: Berlin, LA, SIS: CH, VI, o.S.
696 Das Gesamtprogramm findet sich angekündigt: 'Die 4. Internationale Pädagogische Konferenz des Internationalen Arbeitskreises für Erneuerung der Erziehung', in: Die Eiche. Vierteljahresschrift für soziale und internationale Arbeitsgemeinschaft, Jg. 15 (1927), S. 332f. - Als Kontaktperson für den deutschsprachigen Raum ist, S. 333, Elisabeth Rotten als Leiterin der Deutschen Mittelstelle des Internationalen Arbeitskreises für Erneuerung der Erziehung, Kohlgraben bei Vacha (Rhön), genannt.
697 Prot. der 77. Abendaussprache vom 11.08.1927, in: Berlin, LA, SIS: CH, VI, o.S.
698 Prot. der 77. Abendaussprache vom 11.08.1927, in: Berlin, LA, SIS: CH, VI, o.S.
699 S. 682. - Vgl. dazu auch: BLUME, Schulfarm (1928), S. 173f.

Verfassungstag 11.08.1928

"Der gemeinsame Dauerlauf eröffnete wie alle Tage um 6 1/4 Uhr auch den 11. August. Um 7 Uhr läutet es sogar zum Unterricht! Der Neuphilologe setzte sich mit den Oberstüflern zusammen, und man zog unter Zuhilfenahme der Zeitungen Vergleiche zwischen der deutschen Verfassung und der englischen und französischen. Der Altphilologe besprach mit seinen Lateinern das klassische römische Beamtentum und die Organisation der deutschen Reichsbehörden. Der Historiker führte seine Zwischenstüfler zuerst auf das Schwarzburger Schloß, wo Friedrich Ebert vor neun Jahren die in Weimar beschlossene Verfassung unterzeichnete, und dann unter die Linde auf dem Hersfelder Schloßhof, wo genau tausend Jahre vorher ein sterbender König die Reichsinsignien dem Bruder übergab, sie in eiligem Ritt quer durch Deutschland dem tüchtigsten seiner Gegner zu überbringen [...]. Man suchte in mittelalterlichen Quellen weiter nach Wahlberichten und Reichstagsbeschreibungen und nahm sich vor, in den kommenden Wochen mehr darin zu lesen und aus den Funden eine kleine Verfassungsgeschichte dieser tausend Jahre zusammenzusetzen, jeder seine eigene. Vom anderen Schulplatz hatte man schon öfter erregtes Sprechen herübertönen hören; jetzt klatschte man dort sogar Beifall. Unsere Jüngsten hielten da eine Reichstagssitzung ab; der Außenminister hatte eine Rede geschwungen, man hatte über den Beitritt zum Völkerbund debattiert [...]. Beim Frühstück noch wollten sich die Wogen der parlamentarischen Erregung nicht legen. Darum versammelten wir uns um unser Festkleinod, den einst von Ibach gestifteten Flügel und hörten die Es-dur Fuge aus dem wohltemperierten Klavier: Oboe, Violine und Flügel feierten wetteifernd den Tag im Bachschen C-moll Konzert. Nach diesem stimmenden Akkord konnte man sich unter die grünen Bäume an die blauen Tische setzen, um 'mit Kraft und Würde' [...] das Wahlrecht auszuüben. Eine Abendaussprache bei hellem Sonnenschein! Mehr als 30 Ämter waren zu besetzen - der 'Läutenant', der Hauswart, der die Besen, Schrubber, Scheuertücher unter sich hat und das Möbelinventar führt, die Saaldienste, die schon eine halbe Stunde früher aufstehen müssen, um die Gemeinschaftsräume zu säubern und im Winter zu heizen; der Musikwart tuts gleich mit im Flügelsaal; der Bibliothekar, der Entenwart; der Apotheker wird einstimmig gewählt, er war der einzige noch von denen, die vor zwei Jahren am Arbeitersamariterkurs in Tegel teilgenommen hatten. Aber auch Stichwahlen wurden nötig; während die Stimmen ausgezählt wurden, las jemand eine von den Quellenstellen vor, die man vorher im Verfassungsunterricht aufgestöbert hatte. Die berühmte Schilderung von dem Großmutsstreit der Konrade auf der Wahlebene bei Kamba wars, anno 1024 [...]. Und wie hatte der redselige Mönch sie geleitet? 'Vergebens erwartest du von einem anderen Beistand; in schwierigen Dingen führen immer stilles Ueberlegen und schnelles Wagen am besten zu einem guten Ausgang. Es unterlag keinem Zweifel, daß es nicht einer unwichtigen Angelegenheit galt, sondern einer solchen, die, wenn sie nicht mit dem ganzen warmen Herzen und mit dem höchsten Eifer ergriffen wurde, dem Reiche unermeßlichen Schaden bringen mußte. So wanderten alle Wähler ihr ganzes Sinnen und Trachten darauf, daß der Staat nicht länger ohne Herrscher sei.' Lauter Jubel erhob sich plötzlich. Die Spannung war gelöst. Ein Schüler der Zwischenstufe hatte über zwei Drittel aller Stimmen bei der Ausschußwahl auf sich vereinigt, jeder der beiden Ostern zu uns gekommenen Lehrer [Ackermann und Moslé] eine hohe Zahl erreicht, nur eine Spaltung hatte hier das positive Ergebnis verhindert; nachdem einer von ihnen [Moslé] verzichtet hatte, fiel dem anderen [Ackermann] im zweiten Wahlgang die Vertrauensmajorität zu. Wir hatten also nach dreivierteljähriger Zwischenpause wieder einen Ausschuß! Die älteren Scharfenberger - auch ehemalige waren zugegen, - sahen sich bedeutungsvoll an. War nicht der Ausschuß immer ein Barometer für das Höhenniveau des Ganzen gewesen? Ein bitterböser Winter lag hinter uns. Nicht daß das Fehlen des Ausschusses daran schulde gewesen wäre; aber daß er nicht zustande gekommen war, hatte angezeigt, daß etwas nicht stimmte [...]. Daß jetzt wieder, wenn auch zunächst nur ein zweigliedriger Ausschuß vor uns stand, schien das nicht die Aufstiegskraft der im Sommer hervorgetretenen verheißungsvollen Ansätze zu bestätigen? Einen schöneren 11. August konnte es für die Inselbewohner nicht geben. [700]

---

[700]   Aus dem Leben, S. 375f.

Zur Verfassungsfeier 1929 übernahmen es einzelne Jungen, "über je eine der 7 bis 8 Zeitungen zu berichten, und zwar alle mit den gleichen, fest umrissenen Fragen: wie steht meine Zeitung die Verfassungsfeier in Berlin dar? Was sagt sie von der Weimarer Verfassung? Äußert sie sich zum Frieden von Versailles und wie? In der nächsten Gesamtstunde berichteten die Referenten, als ob es etwa ein Redakteurskongreß wäre, über die Stellung der anderen zu den erwähnten Dingen; die Vertreter der anderen Zeitungen hatten das Recht, Einwürfe zu machen, die übrigen, Fragen zu stellen. Die dabei entstandene Debatte war so lebhaft, daß - dank des beweglichen Scharfenberger Stundenplans war es möglich - noch das nächste Stundenpaar zu Hilfe genommen werden mußte"[701].

Das wichtigste, noch vor dem Verfassungstag rangierende, das 'eigentliche Fest der Schulfarm'[702], aber war das sog. 'Erntefest', das erstmals im Herbst 1923, als man voller Stolz und Selbstbewußtsein für das Selbstgeschaffene die erste eigene Ernte eingefahren hatte, gefeiert wurde[703]. Nachdem es 1924 offensichtlich ausgefallen war[704], traf man in der 57. Abendaussprache am 27.05.1927 den - in den nachfolgenden Jahren in der regel auch eingehaltenen - Gemeinschaftsbeschluß, "das Erntefest als eigentliches Fest der Schulfarm traditionell auf einen bestimmten Tag festzulegen" und zwar auf den "ersten Sonntag [im] September"[705]. In der 11. Schulgemeinde vom 21.06.1925 nannte man, als man den Eltern diesen Beschluß mitteilte, als Motiv für diese Terminfestlegung, daß das Erntefest auf diese Weise "gewissermaßen als Familientag den früheren Schülern und den Freunden der Schule eine feststehende Gelegenheit geben wird, sich an diesem Tage auf der Insel zu treffen."[706]

"Blume war ein Theaternarr."[707] - Schon in seinen frühen Lehrerjahren hatte er sich mit seinen Schülern dem Laienspiel[708] gewidmet. Und auch in den Scharfenberger Jahren wurden die eigenen Theateraufführungen der Schulfarm ein wichtiger Be-

---

701 Berlin, LA, SIS: RICHTER, Wilhelm, Staatsbürgerliche Erziehung in Scharfenberg, 2. schriftliche [Referendariats-] Prüfungsarbeit, masch. Berlin o.D. [ca. Anfang 1930], S. 10f.

702 S. so: Prot. der 57. Abendaussprache vom 27.05.1925, in: Berlin, LA, SIS: CH, V, S. 178.

703 Zum Erntefest 1923 s.: Berlin, LA, SIS: CH, III, S. 11-14. - Vgl. dazu auch S. 257 (erster Scharfenberger Ernte-Herbst) und S. 514 (Scharfenberg-Film).

704 1924 fiel das Fest möglicherweise aus; jedenfalls findet sich im Prot. der im September 1924 stattfindenden 50. Abendaussprache, in: Berlin, LA, SIS: CH, V, S. 50, der Hinweis, daß das Erntefest (mangels Interesse und Vorbereitung) ausfallen solle.

705 Prot. der 57. Abendaussprache vom 27.05.1925, in: Berlin, LA, SIS: CH, V, S. 178. - Vgl. u.a. auch: Berlin, BBF: SLG-GS, Jahresberichte 1932/33, Bd. 248d, Nr. 88: Berlin, SIS (Blume), S. 49, Hinweis auf das Erntefest, "das immer am 1. Sonntag im September unter Beisein der meisten Ehemaligen auf der Festwiese in ländlicher Weise mit Budentreiben und Ernteumzügen gefeiert wird."

706 Prot. der 11. Schulgemeinde vom 21.06.1925, in: Berlin, LA, SIS: CH, V, S. 198.

707 BEHRMANN, Alfred, Schulfarm Insel Scharfenberg - Ihr Beitrag zur Erziehung in Bildender Kunst, in: ... und die Kunst ist immer dabei. Schulfarm Insel Scharfenberg - Ein Beitrag zur Bildenden Kunst. Katalog zur Ausstellung 12. Mai - 18. Juni 1989 in der Rathaus-Galerie Reinickendorf, Berlin 1989, o.S.

708 Laienspiel: alle Formen des darstellenden Spiels umfassend, nicht von Schauspielern aufgeführt.

standteil der Scharfenberger Feste und Feiern[709]. Man widmete sich etwa dem Kasperlespiel mit selbstgebastelten Puppen[710] und dem Marionettentheater mit selbstgebauten Marionettenbühnen und Figuren[711].

Der Schwerpunkt der Aufführungen lag jedoch auf dem 'Bühnenspiel'[712]. Bei den Stücken, die man hier zur Aufführung brachte, handelte es sich entweder um eigene kleinere Werke - so etwa im Juni 1927 ein im Rahmen des Gesamtunterrichts entstandenes 'Bauerntheaterstück', ein andernmal ein eigenes Stück zum Thema 'Wilhelm von Oranien' und zum Thema 'Nilfest'[713]. Einige dieser Stücke entstanden nach literarischen Vorlagen, wie z.B. eine 'Störtebeckeraufführung' im September 1926[714], die als Vorlage einen Roman von Georg Engel (1866-1931) hatte[715], oder

---

709 Vgl. dazu u.a. auch: SCHNELL, Edgar, Die Schulbühne der Lichtwarkschule, in: Die Lichtwarkschule in Hamburg. Beiträge zur Grundlegung und Berichte 1928, Hamburg 1929, S. 53-55; Auszug wieder in: Die Lichtwarkschule. Idee und Gestalt, Hamburg 1979, S. 108; vollst. wieder in: LEHBERGER, Reiner, Die Lichtwarkschule in Hamburg. Das pädagogische Profil einer Reformschule des höheren Schulwesens in der Weimarer Republik. Darstellung und Quellen, Hamburg 1996, S. 47-49. - S. hier u.a. (1929) S. 54f.: "Wir sehen im Spiel nicht ein Mittel, auf eine etwas amüsantere Weise als sonst einen Bildungsstoff zugänglich zu machen, ohne Rücksicht auf die Spielbarkeit durch Kinder und junge Menschen. Unser Kriterium ist die unterrichtliche und erzieherische Bedeutung des Spielens, wir führen nur auf, was unter diesem Gesichtspunkt spielbar ist, das heißt, was wirklich gekonnt und in seiner Art mit einer gewissen Vollkommenheit gekonnt wird. Aufführungen von Stücken, deren Darstellung für den jugendlichen Spieler eine unmögliche Aufgabe ist, sind völlig wertlos, ihre erhofften unterrichtlichen Ergebnisse sind so gering, daß sie auf andere, minder mühevolle Weise viel besser erreicht werden können. Diese Einstellung zur Schulbühne führt selbstverständlich auch zur Ablehnung dilettantischer Nachahmung des Berufstheaters, die Spielgesetze unserer Aufführung ergeben sich aus dem Wollen, ein aus den besonderen Eigentümlichkeiten der Schule erarbeitetes Laienspiel zu gestalten."

710 Zum Basteln von Kasperlepuppen s. etwa: Berlin, LA, SIS: CH, III, S. 94. - Vgl. auch S. 514 (Scharfenberg-Film). - Zum Basteln, Kneten und Modellieren von Kasperlepuppen s. auch: BLUME, Bericht (1923), Bl. 206v. - Zur Aufführung eines Kasperlestückes: s. Prot. der 39. Abendaussprache vom 18.10.1923, in: Berlin, LA, SIS: CH, IV, S. 39.

711 Berlin, BBF: SLG-GS, Jahresberichte 1932/33, Bd. 248d, Nr. 88: Berlin, SIS (Blume), S. 49f. Hinweis auf selbstgebaute Marionettenbühne mit im Handfertigkeitsunterricht gebastelten Figuren. - PS Wagner, WAGNER, Heinz, Erinnerungen an die Insel Der Jahre 1926-29 (Quasi ein Osterspaziergang eines 'Alten Scharfenbergers' im Jahre 1990), S. 4: "Hier im Scheunenschlafsaal haben wir das erste Marionetten-Theater aufgebaut, das wir mit Hilfe von Walter Jenke, ein Schüler von Harro Siegel gewesen ist, angefertigt haben. Das Gerüst war in der Tischlerei entstanden, die Puppen wurden von uns gestaltet und die Kulissen gemalt. Mit den Schüler-Musikanten wurden die Mozart-Oper 'Bastien und Bastienne' aufgeführt [...]." - Pradel in D.H. br. vom 09.07.1988: Einmal gab zum Marionettenspiel die Anregung "das Berliner Gastspiel einer angesehenen italienischen Marionettenbühne, des 'Teatro Die piccoli'. Eifrigst batselten wir mit vielen Figuren, bauten ein zimmerhohes Puppentheater, dem wir unbekümmert den Namen des italienischen Vorbildes gaben, und führten mit bestem Erfolg u.a. Mozarts 'Batsien und Bastienne' auf. Alle Kulissen und allerlei technische Rafinessen dachten wir uns selbst aus." - Berichte um das 'Teatro Die piccoli' und zu anderen Marionettenspielen vom Frühjahr 1927 finden sich in: Berlin, LA, SIS: VI, o.S. - Vgl.: Abb. 72.

712 S. dazu auch: DITTMER, Frank, Freilufttheater. Dramatisches ohne Dach im 20. Jahrhundert. Dargestellt an Berliner Beispielen, Berlin, Univ., Diss. (masch.), 1991, S. 236-242: Hier wird "das Theaterspiel und der städtischen Reformschule auf der Insel Scharfenberg [...], das beinahe wie eine Übergangspraxis von der jugendbewegten Spielerei zum 'ernsten' Dramentheater im Freien anmutet" (S. 237) als ein Beispiel für "ein institutionalisiertes Freiluft-Laienspiel aus dem Berliner Raum" (S. 236) behandelt.

713 S. zu diesen Stücken S. 612, S. 615 und S. 616.

714 Zum Stück und zu dieser 'Störtebecker'-Aufführung vgl. S. 622f. und S. 687.

wie z.B. Georg Büchners 'Leonce und Lena'[716], mit dessen Aufführung sich ein Abiturientenjahrgang verabschiedete und zugleich die Verlobung eines 'jungen Mathematiklehrers' gefeiert wurde[717].

Daneben handelte es sich um übernommene Volksspiele oder Stücke aus der Weltliteratur, die man zuvor im Unterricht[718] oder im außerunterrichtlichen Kreise an

---

[715] ENGEL, Klaus, Claus Störtebecker. Roman in 2 Bänden, Leipzig o.J. [1920]; 11. und 12. Aufl. Stuttgart 1923.

[716] BÜCHNER, Georg, Leonce und Lena. Ein Lustspiel (=Insel-Bücherei, 91), Leipzig 1913.

[717] BLUME / FRÜHBRODT, Das dreizehnte Schuljahr, S. 132f.: "Ein Abiturientenjahrgang der Schulfarm Insel Scharfenberg hat beschlossen, sich mit einer Aufführung von Büchners 'Leonce und Lena' zu verabschieden. Die Lehrer, die Mitschüler und die Abiturienteneltern sind in dem Bühnensaal [des 1927/28 errichteten 'Neubaus'!] versammelt. Die satirische und doch fast musikalisch holde Komödie vom Hans-im-Glück-tum rollt vorüber, und zum Schluß erläßt der närrische Valerio das Dekret des neuen Staates: daß jeder, der sich rühmt, sein Brot im Schweiße seines Angesichts zu essen, für die menschliche Gesellschaft als gefährlich erklärt wird; 'und dann legen wir uns in den Schatten und bitten Gott um Melonen und Feigen und musikalische Kehlen!' Doch diesmal ist das Spiel damit noch nicht aus: Pagen schleppen Körbe mit Feigen, Apfelsinen und Bananen herein und lassen jeden hineingreifen; man schmaust und lacht und singt; Valerios Lied 'Frau Wirtin hat 'ne brave Magd' wird wieder angestimmt; das Schülerorchester intoniert die Aufforderung zum Tanz, und eine Polonaise formiert sich und zieht durchs ganze Haus, voran Leonce und Lena und hinter ihnen der junge Mathematiklehrer [=Ernst Sorge] und seine Braut, eine ehemalige Schülerin, deren Verlobung gleichzeitig mitgefeiert wird. Unterwegs werden dem Paare von jüngeren Schülern selbstgefertigte Geschenke für den neuen Hausstand unter gereimten Ansprachen überreicht; und auch die Abiturienten gehen auf diesem letzten feierlichen Gang durchs Schulgrundstück in Klassen, Schlafsälen, Werkstätten, Ställen nicht leer aus; man gibt ihnen Innungsdiplome und selbstgebundene Photobüchlein als Andenken mit auf den Weg. Zum Schluß läßt man sich im Speisesaal nieder: die Marionettenspielgruppe unterhält die Gesellschaft mit humoristisch gestalteten Szenen aus dem Schulleben; Charaden werden dargestellt und erraten ... [sic!]."

[718] So wurde z.B. im Rahmen des Gesamtunterrichts 'Wallensteins Lager' und in Teilen 'Zar und Zimmermann' (vgl. jeweils S. 615) aufgeführt.

Abenden behandelt hatte und auf deren Aufführung man sich in demokratischen Entscheidungsprozessen geeinigt hatte[719].

In vier bekannten Fällen hatte man Verbindung mit Autoren von aufgeführten bzw. aufzuführenden Stücken aufgenommen: 1922 mit Eduard Stucken[720], 1923 mit

---

[719] Beispiel 'Gawan'-Aufführung im Winter 1922/23: Prot. der 10. Abendaussprache vom 04.07.1922, in: Berlin, LA, SIS: CH, I, o.S.: "Am 4. Juli fanden sich abends, nachdem mancherlei private Unterhaltungen über zu diesem Zwecke gelesene Dramen vorangegangen waren, die Interessenten zu einer Beratung zusammen, welches Theaterstück man nach den Ferien aufführen könne; man las gemeinsam in Grillparzers 'Weh dem, der lügt' [GRILLPARZER, Franz, Weh dem, der lügt! Lustspiel in 5 Aufzügen [1840], hrsg. von Otto KRÖHNERT (=Klasings Sammlung deutscher Schulausgaben, 176), Bielefeld 1922] und Ludwig Fuldas 'Schlaraffenland' [FULDA, Ludwig, Schlaraffenland. Märchenschwank in drei Aufzügen, Stuttgart 1900]; die Mehrheit entschied sich am nächsten Abend für das Fuldasche Märchenspiel, man stimmt allgemein dem Vorsitzenden zu, der sich Vollmacht erbat, in der Ferienmuse noch weiter Umschau zu halten nach einem Drama, das dichterisch höher stehe und so vielleicht den Mitwirkenden bei all ihrer Mühe tieferen inneren Gewinn bringe [s. Prot. der 11. Abendaussprache vom 24.08.1922, in: Berlin, LA, SIS: CH, I. o.S.]." - Prot. der 11. Abendaussprache vom 24.08.1922, in: Berlin, LA, SIS: CH, I, o.S.: "Herr Blume erzählt, daß er und einige Scharfenberger in den Ferien nach einem für unsere geplante Theateraufführung lange gesucht, jedoch leider nichts gefunden hätten. Seine Frage, ob man an Fuldas 'Schlaraffenland' festhalten wolle, das die Gemeinschaft vor den Ferien gewählt hätte, wird von der Mehrzahl mit nein beantwortet. Soll nun überhaupt vor Oktober noch etwas aufgeführt werden? Gawronski meint, man solle das Stück jetzt fallen lassen, da man ja im Winter Gawan aufführen wolle. Auch Herr Blume glaubt, daß es zu viel werde [...]. Auch sei jetzt nur noch sehr schwer etwas zu finden, im Winter könne man zwar keine Naturaufführung machen, doch sei dann alles besser vorzubereiten." - Prot. der 20. Abendaussprache vom 10.11.1922, in: Berlin, LA, SIS: CH, I, o.S.: "Winterfest. Es wird einstimmig angenommen, den Gawan von Eduard Stucken aufzuführen."

[720] Vgl. S. 237f.

Stefan Zweig[721], 1926 mit Georg Engel, der am 19.09.1926 das erwähnte nach einer
Romanvorlage von ihm aufgeführte 'Störtebeckerstück' besuchte[722], und 1929 mit
Friedrich Kayßler, der damals die Scharfenberger Aufführung seines 'Simplizius'
besuchte[723], aufgenommen.

Ein besonderes und für die Schulfarm einmaliges Ereignis in Sachen
'Bühnenspiel' stellte eine Theaterfahrt dar, die Blume mit einigen Schülern des

---

[721] Berlin, LA, SIS: CH, III, S. 94: "An [einem] [...] Abend [im September 1923] [...] saß ich mit
P. Glasenapp zusammen und Willi Grundschöttel, und wir lasen Stephan Zweigs Verwandelten
Komödianten [ZWEIG, Stefan, Der verwandelte Komödiant. Ein Spiel aus dem deutschen Rokoko, Leipzig 1913; 2. Aufl. ebd. 1920; 3. Aufl. ebd. 1923], ein zierlich geschliffenes Roko-
kostück, in der Zeit der wandernden englischen Komödianten spielend, das mir von früher her
in Erinnerung war als ein flott wirkendes und geistreiches Virtuosenstücklein; das sich schwer
auftreiben ließ, hatte ich an den Dichter in Salzburg geschrieben. Jetzt überlegten wir, wie wir
um es unser Erntefestprogramm gruppieren könnten. Daß ein Erntefest gefeiert werden mußte,
war klar; ohne die Gaben der Landwirtschaft hätten wir diese hektisch springenden Wirtschafts-
krisen nicht überstanden; aber es ward immer wieder hinausgeschoben, da Abituriumsfrage und
Inselsorgen die rechte Feststimmung nicht aufkommen ließen. Doch so allmählich ging's nun
trotzdem an; in den Bastelstunden machte man aus Gips Puppenköpfe für ein Kasperletheater;
und das Zweigdramolett brachte mich auf den Gedanken, aus jener Zeit, in der es spielte, etwas
auszugraben, das im Stil diesem ähnelt, etwa eine Schulkomödie des guten Rektors Chr. Weise,
deren Personenreichtum auch unsere Aufbauer auf die Bretter rufen würde, ein Massenstück, in
dem möglichst viel beschäftigt sind; denn nur so ließ sich die Wahl eines Virtuosenstückchens
als Schüleraufführung rechtfertigen, das nur auf 4 Augen im wesentlichen gestellt ist." - Das
Antwortschreiben von Stefan Zweig an Blume vom 18.09.1923 (Salzburg), findet sich in: Ber-
lin, LA, SIS: CH, III, zwischen S. 94 und S. 95 eingeklebt:
"Sehr geehrter Herr!
Ich schicke Ihnen anbei mit Vergnügen ein Exemplar des 'Verwandelten Komödianten' und
freue mich sehr, daß Sie ihn mit Ihren Schülern zur Aufführung bringen wollen.
Empfangen Sie die besten Grüße Ihres ergebenen
[Stefan Zweig]." -
Im Anschluß an die Zweig-Aufführung auf Scharfenberg plante man, die Aufführung an der
Tegeler Humboldtschule zu wiederholen: Prot. der 39. Abendaussprache vom 18.10.1923, in:
Berlin, LA, SIS: CH, IV, S. 39: "Blume schlägt vor, [...] den Verwandelten Komödianten in
der Aula der Tegeler Humboldtschule zu wiederholen und dem Reingewinn dem Physik- und
Chemiesaal [der Humboldtschule] in Tegel zuzuwenden [...]."
[722] Berlin, LA, SIS: CH, V, S. 363: "Selbst der Schriftsteller Georg Engel war unter den Anwesenden. Er hat sich sehr über das Stück gefreut und zu uns gesagt: 'Kinder, da steckt wenigstens Mumm hinter, so frisch und froh habe ich meine Stücke noch nie spielen sehen.' Das waren seine wenigen Worte, die er immer wieder sagte, und die für uns Zwischenstüfler das
größte Lob des Tages waren. Man war unterdessen bei der Fähre angelangt, die wieder heitere
Gesichter auf die andere Seite brachte. Alles trat von da aus seinen Heimweg an, plaudernd und
nachdenkend über den Verlauf des Tages. Viele Eltern unserer Oberstüfler sowie Abiturienten
freuten sich, daß wieder ein Mal nach langer Zeit etwas Ordentliches durchgeführt worden war,
und es war ein wirklich gelungener Tag." - Zu einem späteren Kontakt zwischen der Schulfarm
und Engel: Berlin, LA, SIS: CH, V, S. 414: "Die Zwischenstufe gratulierte dem Verfasser des
Störtebecker [...] zu seinem 60. Geburtstage in einer von allen unterschriebenen Adresse, die
Bernd Schmoll gezeichnet hatte." - Der Antwortbrief Engels vom 25.10.1926 folgt ebd., S.
414f. eingeklebt.
[723] Bei dem Stück handelt es sich um: KAYßLER, Friedrich, Simplizius. Tragisches Märchen in
fünf Akten, Berlin 1905. - Bereits im Rahmen der Sommerschule 1921 führte die erste
Scharfenberger Schulgemeinschaft das Stück zweimal auf; s. dazu S. 131. - Zur Planung der
Aufführung des Jahres 1929 s.: Prot. der 91. Abendaussprache vom 01.07.1929, in: Berlin,
LA, SIS: CH, VII, o.S. - Zu dieser Aufführung, mit Hinweis auf Kayßlers Inselbesuch: Berlin,
BBF: SLG-GS, Jahresberichte 1932/33, Bd. 248d, Nr. 88: Berlin, SIS (Blume), S. 49.

Deutschkurses im Juli 1924 unternahm und die "aufs engste mit dem Unterrichtsgang des Deutschkurses verbunden [war]"[724]. Hierüber sind einige ungewöhnliche Quellen erhalten.

Blume mietete für diese Fahrt auf eine entsprechende Anzeige in der Presse einen 'Theaterwagen'[725] und zwei Pferde[726]. Von Oberstadtschulrat Paulsen bekam Blume ein offizielles Schreiben, das ihm die geplanten Aufführungen ohne polizeiliche Scherereien ermöglichen sollte:

> "Der Leiter der Scharfenbergschule in Berlin-Tegel, Wilhelm Blume, unternimmt in den Juli-wochen 1924 mit 6 Schülern eine Fahrt, auf der sie in Dörfern und kleineren Städten von ihnen schön öfter gespielte Stücke klassischer und moderner deutscher Dichter zu Nutz und Frommen der Zuschauer ohne gewerbsmäßige Gewinnabsicht aufführen wollen. Bei den beabsichtigten Vorführungen, die uns zum größten Teil vom Augenschein her bekannt sind, waltet 'ein höheres Interesse der Kunst und Volksbildung' ob. Dies wird hiermit durch Unterschrift und Stempel beglaubigt, damit der Schein den Ortspolizeibehörden gegenüber als Ausweis dient. Wir bitten, die Ortspolizeibehörden, das fröhlich-schlichte Unternehmen der jugendlichen Theaterfahrer, soweit tunlich, fördern zu wollen.
> Berlin, den 3. Juli 1924.
> Der Stadtschulrat.
> [W. Paulsen]."[727]

Es wurde eine Spiel- und zugleich auch eine 'andere' Form einer Studienfahrt, auf der die dem Scharfenberger Deutschkurs angehörende Truppe "in Dörfern, Schlössern und Städten von Seddin in der Mark bis Freyburg an der Unstrut zu Nutz und Frommen der Einwohner gespielt und dem Hauptzweck des Kurses entsprechend [!]

---

724 BLUME, Schulfarm (1924), S. 324. - S. dazu neben den in den folgenden Anm. u.a. auch: Berlin, LA, SIS: CH, V, S. 36f.
725 Vgl.: Berlin, LA, SIS: Mappe 'Theaterfahrten 1924' (Orginaldokumente und Kopien): Schreiben des Schaustellers Hermann Wilm, Schausteller und Impresario von Attraktionen und Abnormitätem, Berlin, an Blume, betr. Verleihung eines Wagens vom 05.07.1924:
"Euer Wohlgeboren!
Betr. Announce in B.M. erlaube ich mich Offerte einzureichen. Ich habe einen Wohnwagen über 5 Meter lang, 2,60 m breit, zu vermieten. Der Wagen ist elegant, erst neu gestrichen und lackiert mit D-Zug-Fenster, Rolljalusien, moderner Kochmaschine und Ankleideschrank. Kann eventuell auch mit Betten, Schlafsofa etc. ausgestattet werden, auch kann die Veranda mit angebaut werden; selbige ist 2,50 - 2,50 m. Der Wagen ist regen- und sturmsicher. Miete á Monat 150 Rentenmark, bei längerer Dauer bedeutende Ermäßigung außer Ab- und Anfuhr. Zur Besichtigung steht der Wagen in Berlin-Lichtenberg [...], es ist der weiße, neue Wagen mit rotem Rand.
Bin ab 12 Uhr mittags täglich dort zu sprechen.
Hochachtungsvoll
Hermann Wilm [...]."
726 Berlin, LA, SIS: Mappe 'Theaterfahrten 1924' (Orginaldokumente und Kopien): Garantieschein über 'Funktionstüchtigkeit' für entliehende Pferde [von seiten des Verleihers] vom 05.07.1924. - Berlin, LA, SIS: Mappe 'Theaterfahrten 1924' (Orginaldokumente und Kopien): Quittung vom 05.07.1924, daß Blume für das Leihen zweier Pferde 600 M gezahlt hat.
727 Berlin, LA, SIS: CH, V, S. 36: Eingeklebter Brief von Paulsen vom 03.07.1924, betr. der 3. Studienfahrt des Scharfenberger Deutschkurses (=Theaterfahrt). - Vgl. dazu: Berlin, LA, SIS: Mappe 'Theaterfahrten 1924' (Orginaldokumente und Kopien): Erlaubnisschein der Polizeiverwaltung Roßlau zur Veranstaltung einer Theatervorstellung vom 19.07.1924: "[...]. Herr Blume aus Berlin erhält hierdurch polizeiliche Erlaubnis zur Veranstaltung einer Theatervorstellung im Gasthof 'Zum Deutschen Kaiser' am 19. Juli 1924 [...]."

Land und Leute der deutschen Landschaften in intensivster Art kennen gelernt hat."[728]

Von der Fahrt zurückgekehrt gab Blume in einem Brief vom 06.08.1924 dem Ministerialrat Zander einen Bericht von der Fahrt, während der er "den Vorhang hatten fallen lassen vor allen internen Sorgen und Stadtschulratkämpfen, wenngleich die in Thüringen auf allen Straßen sich bereitmachenden Stahlhelme[729] es manchmal schwer machten, die Besorgnisse um unser Eiland wenigstens in den Ferien zurück-zudämmen"[730]:

"Sehr verehrter Herr Ministerialrat!
Gestern bin ich von einem seltsamen, gar erlebnisreichen Ferienabenteuer mit 7 Scharfenber-gern auf unsere Insel zurückgekehrt. Wir haben in einem richtigen, freilich frisch gestrichenen Zigeunerwohnwagen eine Komödiantenfahrt durch die Mark, den Fläming, über Halle und das Saaletal gemacht; unter der Dorflinde, in den Sälen der Stadt und in Schloßgärten haben wir zu Nutz und Frommen eines wirklich empfänglichen Publikums deutsche Dichtungen aufgeführt, Lienhards Till Eulenspiegel[731] auf Radfahrer- und Turnerfesten, Platens Berengar[732] in schnell durch Lokalpresse, selbstgemalte Plakate und bunten Straßenumzug zu Pferd mobil gemachten Städten, Stefan Zweigs Verwandelten Komödianten[733] in Rokokokostümen vor gräflich-fürstli-cher Zuschauerschaft auf Wiesenburgs Schloßterasse! Es ist eine wirkliche Studienfahrt gewor-den, voll eigenen Erlebens für die fahrenden Komödianten mit reicher Ausbeute an Kenntnis von Land und Leuten. Wir haben oft gestaunt über den Reichtum an Originalen in den kleinen Städten, mit denen wir in Berührung kamen, besonders in Druckereien und sog. Redak-tionsstuben, gestaunt auch über die Fülle von Hilfsbereitschaft, die uns in Zeiten großer Not zu teil geworden ist, als unser Rappe Mignon 2 Tage und Nächte einen schweren Kolikanfall hatte. Wir Scharfenberger haben eben zu viel Glück."[734]

---

[728] BLUME, Schulfarm (1924), S. 324.
[729] Der Stahlhelm, Bund der Frontsoldaten, wurde im November 1918 als Vereinigung von Teil-nehmern des 1. Weltkrieges gegründet; 1919-23 nahm er an Kämpfen von Frei-willigenverbänden teil; seit 1924 wuchs er zu einer auch für Nichtfrontkämpfer zugänglichen, den 'Wehrgedanken' pflegenden Organisation heran; 1929 gehörte er mit Nationalsozialisten und Deutschnationalen zur 'Nationalen Opposition' ('Harzburger Front').
[730] Berlin, BA: Bestand Reichsministerium für Wissenschaft, Erziehung und Volksbildung, Nr. 4702, Bl. 3f.: Blume an Ministerialrat [Zander] br. vom 06.08.1924.
[731] LIENHARD, Friedrich, Till Eulenspiegel. Bühnendichtung, 2 Teile [1: Eulenspiegels Ausfahrt; 2: Eulenspiegels Heimkehr], Straßburg 1897. - BLUME, Schulfarm (1928), S. 180: "Es mag doch kein Zufall gewesen sein, daß das Scharfenberger Schülertheater, das in den Ferien 1924 im Zigeunerwagen durch Mitteldeutschland fuhr, am liebsten in Stadt und Land das Lienhard-sche Schelmenspiel vom Eulenspiegel aufgeführt hat, in dem Till in seinem Philisterhaß die Schicksalsfrage ausstößt: 'Getan, getan! Nichts haben sie mir getan, das ist ja das Schlimme an dieser Sippe, daß sie mir nichts tun! Beruf lernen, Geld zusammenscharren, reiche Heirat, Kinder kriegen und wieder Staub zu Staub - ei, pfui, Geier, sind wir dazu auf dieser Erde?'"
[732] PLATEN, August von, Schauspiele, Bd. 1, Erlangen 1824; enthält u.a. die Komödie 'Berengar'.
[733] ZWEIG, Stefan, Der verwandelte Komödiant. Ein Spiel aus dem deutschen Rokoko. Leipzig 1913; 2. Aufl. ebd. 1920; 3. Aufl. ebd. 1923.
[734] Berlin, BA: Bestand Reichsministerium für Wissenschaft, Erziehung und Volksbildung, Nr. 4702, Bl. 3f.: Blume an Ministerialrat [Zander] br. vom 06.08.1924, hier Bl. 3.

Erinnerungen von Karl Berisch an die Theaterfahrt 1924

"Wie viele Germanisten hat Wilhelm Blume immer eine glücklich-unglückliche Liebe zum Theater gehabt. Es ist nicht genau überliefert, ob er auch als Primaner oder Student historische Dramen geschrieben hat, als Theaterkritiker betätigte er sich aber, so erzählt man, in seiner Heimatstadt schon lange, bevor er die Schulbank verließ. Scharfenberg war ihm Gelegenheit, sich auch als Regisseur unserer Schulaufführungen zu bewähren, deren Höhepunkt - jedenfalls zu der Zeit, von der ich zu berichten weiß - eine öffentliche Aufführung von 'Kabale und Liebe' in Tegel war, die ein großer Erfolg wurde. Damit war der Bann gebrochen, Blumes Theaterleidenschaft brandete über die Ufer des Tegeler Sees. Aus dem 'Chef' wurde der Prinzipal einer wandernden Theatergruppe. Getreu der Devise, wonach, in Umwandlung des bekannten Clausewitzschen Ausspruchs, die Ferien die Fortsetung der Schule mit anderen Mitteln sind, wurden als Spielzeit die großen Ferien ausersehen. Schauplatz: das ganze Deutschland sollte es sein, wenigstens soweit uns Zeit, Lust und Pferdekräfte trugen. Natürlich mußte das Unternehmen das Gepräge echter Romantik haben: so wurde im Zigeunerviertel von Berlin ein richtiger grüner Wohnwagen erhandelt mit zwei Zigeunerpferden [...]. Daß wir so zigeunerhaft-komödiantisch dahergefahren kamen, ergab manche Mißverständnisse, die für uns nicht immer von Vorteil waren. Bei einer Waldesrast im Anhaltschen machten beerensuchende Frauen einen großen Bogen um uns, weil sie uns für richtige Zigeuner hielten; daß man die Wäsche bei unserem Einzug weghing, glaubte ich bestimmt, und in einem Dorf in der Gegend von Halle [...] sagte der Lehrer anderntags nach einer nur spärlich besuchten Vorstellung: wenn er gewußt hätte, daß wir gebildete Leute seien, wäre er selbstverständlich auch gekommen und hätte den Pfarrer und die Herrschaften vom Gut mitgebracht. (Wir haben dann für diese Honoratioren eine Extra-Vorstellung gegeben.) In einem weiteren Dorf war die Jugend dagegen sichtlich enttäuscht, als sich herausstellte, daß wir kein Zirkus waren, sondern nur Theaterstücke spielten, noch dazu in Versen! Unser bunter Umzug, den wir jedesmal veranstalteten, um uns anzukündigen, ließ auch wirklich anderes vermuten. Der Schreiber dieser Zeilen, Charakterkomiker undzugleich Propagandachef der Truppe [...] klingelte und rief die Vorstellungen aus, die übrigen Mitglieder des Ensemles folgten in ihren Kostümen, darunter unser Mädchendarsteller mit einer knall-blonden Mädchenperücke. Das machte uns zwar höllischen Spaß, paßte aber im Grund nicht zu der literarischen Kost (Platen[735], Stefan Zweig[736], Lienhard[737]), die wir boten, in einem Jahrhundert, in dem die dramatische Kunst von städtisch subventionierten Bühnen getragen wird und nicht mehr [...] von Wanderkomödianten. Wo haben wir nicht überall gespielt! Auf einem Schützenfest in Seddin, wo wir die Musik bitten mußten, eine Weile zu unterbrechen [...]. Als es dann ans 'Sammeln' ging, verdrückten sich die Leute, und wir nahmen nur 35 Pfennige ein, worauf wir beschlossen, in Zukunft vorher zu sammeln. Auf einem Dorfplatz vor einer tausendjährigen Linde haben wir uns produziert, in Gasthaussälen, vor einem richtigen Schloß und im großen Saal einer Sektkellerei. Am stilechtesten war unser 'Verwandelter Komödiant' auf der Terrasse des Schlosses Wiesenburg vor den 'gräflichen Herrschaften'; hier wurde der Geist des 18. Jahrhunderts noch einmal lebendig. Am erfolgreichsten waren wir in Freyburg a.d. Unstrut, in den Ruinen der Sektkellerei, wo wir sogar zwei Abende geben konnten. Durch mancherlei positive und negative Erfahrungen gewitzt, hatten wir hier sorgfältigere Vorbereitungen getroffen und uns rechtzeitig mit Schule und Presse in Verbindung gesetzt. Aber als wir klug geworden waren, ging unsere Zeit auch schon zu Ende [...]."[738]

---

[735] PLATEN, August von, Schauspiele, Bd. 1, Erlangen 1824.

[736] ZWEIG, Stefan, Der verwandelte Komödiant. Ein Spiel aus dem deutschen Rokoko. Leipzig 1913; 2. Aufl. ebd. 1920; 3. Aufl. ebd. 1923.

[737] LIENHARD, Friedrich, Till Eulenspiegel. Bühnendichtung, 2 Teile [1: Eulenspiegels Ausfahrt; 2: Eulenspiegels Heimkehr], Straßburg 1897.

[738] BERISCH, Karl, Theaterfahrt mit Wilhelm Blume [1924], in: Wilhelm Blume zum 70. Geburtstag (=Die Fähre. Eine Zeitung der Schulfarm Insel Scharfenberg, Heft 1/1954), Berlin 1954, o.S.; wieder in: Wilhelm Blume zum 100. Geburtstag (=Neue Scharfenberg-Hefte, 6), Berlin 1984, S. 13-15.

Was die Theateraufführungen auf der Insel selbst anging, so wurden diese entweder selbst ein Fest, oder aber sie fanden innerhalb des Rahmens eines Festes statt, etwa - worauf sich im folgenden beschränkt werden soll - im Rahmen des 'Erntefestes'.

Das Erntefest war, wie Tourbier in einem eindrucksvollen Artikel über das Erntefest 1931 schrieb, "als unser wichtigstes und schönstes Fest das Fest des Landmanns"[739], auf dem in den ersten Jahren der Brauch herrschte, voller Stolz "den bäuerlich geschmückten Erntewagen unter Liedbegleitung vom Felde in die Scheune heimzufahren."[740]

Doch habe die ursprüngliche, im landwirtschaftlichen Rhythmus begründete Schwerpunktsetzung die Schulgemeinschaft nicht gehindert, dem Erntefest auch "eine geistige Bedeutung zu geben: ernten woll[t]en wir auch die Früchte unseres Könnens als Pläneschmiede, Spielvolk, als Zeichner, Bastler und Musiker und uns des Geistes freuen, der unsere gemeinschaftliche Arbeit beseelt."[741] So wurde etwa das allherbstliche Erntefest ab 1925 unter ein bestimmtes Motto gestellt[742], unter dem dann "manchmal als Hauptsache, manchmal nur als Rahmen"[743] jeweils auch eine der zahlreichen Scharfenberger Theateraufführung stattfand.

"Schon bald nach den großen Ferien"[744] begann, z.B. in den Abendaussprachen[745], die allgemeine Diskussion über das Motto des nächsten Erntefestes - bis dann "eines Tages [...] dann das Losungswort gefunden [ist], das allem bunten Treiben der Vorbereitung Ziel und Einheit gibt."[746]

So einigte sich die Inselgemeinschaft im Jahr 1931 auf das Thema 'Ein sizilianisches Erntefest'[747]. Bald nach der Beschlußfassung über das Thema füllten die Vorbereitungen füllten fortan insbesondere die Nachmittage (insbesondere den der Gemeinschaftsarbeit vorbehaltenen Mittwochnachmittag) und Abende aus. Das Thema beflügelte die Einbildungskraft der jüngeren Schüler: sie "trieben Bilder auf mit sizilianischer Landschaft, sizilianischen Bauerntypen; so wie diese Sizilianer

---

[739] TOURBIER, Richard, Wie die Schulfarm Scharfenberg ein Erntefest feierte, in: Die Jugendbühne, Jg. 12 (1932), S. 38-41, hier S. 38.
[740] TOURBIER, Wie die Schulfarm, S. 41.
[741] TOURBIER, Wie die Schulfarm, S. 38f.
[742] Zur Planung des Erntefestes 1925 s.: Prot. der 59. Abendaussprache vom 01.07.1925, in: Berlin, LA, SIS: CH, S. 215: "Punkt IX. Vorschläge zur Gestaltung des Erntefestes. Man will dem Fest Rahmen und Einkleidung eines Dorffestes geben mit Schützenverein, Turnverein Jahn, Feuerwehr, Bauern, Handwerkerinnungen, Bänkelsingern, Theatertruppe, die Lienhards Eulenspiegel [LIENHARD, Friedrich, Till Eulenspiegel. Bühnendichtung, 2 Teile [1: Eulenspiegels Ausfahrt; 2: Eulenspiegels Heimkehr], Straßburg 1897] aufführen. Der Vorschlag einer Messe wird mit Skepsis aufgenommen, da trotz der Bemühungen des Handfertigkeitslehrers Herrn Scheibner keine Qualitätsarbeit vorliegt." - Zum Erntefest 1925 (13.09.1925) selbst s.: Berlin, LA, SIS: CH, V, S. 221.
[743] Prot. der 91. Abendaussprache vom 01.07.1929, in: Berlin, LA, SIS: CH, VII, o.S.
[744] TOURBIER, Wie die Schulfarm, S. 39.
[745] So: Prot. der 50. Abendaussprache [September 1924], in: Berlin, LA, SIS: CH, V, S. 47-50 [und S. 46], hier S. 49. - Prot. der 77. Abendaussprache vom 11.08.1927, in: Berlin, LA, SIS: CH, VI, o.S. - Prot. der 84. Abendaussprache [1928], in: Berlin, LA, SIS: CH, VII, o.S.
[746] TOURBIER, Wie die Schulfarm, S. 39.
[747] Berlin, BBF: SLG-GS, Jahresberichte 1932/33, Bd. 248d, Nr. 88: Berlin, SIS (Blume), S. 49. - Und: TOURBIER, Wie die Schulfarm, S. 39.

wollten auch sie gekleidet gehen, gleichviel wie sie sich betätigten."[748] Die einen
übernahmen den 'Budendienst', "um Inselbewohner und Gäste vom Festland mit
Würstchen (hier genannt: heiße Messina) oder mit Trinkbarem (in der Landesspra-
che: birra tedesca; limonata) zu bewirten, oder um sie zu Kegelspiel, Taubenwerfen
oder Büchsenschießen zu ermuntern; oder um ihnen als lockenden Glücksrad- oder
Würfelgewinn einen selbstgedruckten Holzschnitt, eine Bastelarbeit anzupreisen."[749]
Die Maler "entwarfen bunte Plakate im sizilianischen Stil, riesengroß, zur Ausschmückung der Hauswände"[750]. Ein Schüler schrieb "in volkstümlichen Knittelver-
sen ein lustiges Narren- und Banditenstück, in dem die hochzeitenden sizilianischen
Bauern der Dörfer Messini und Bessini übertölpelt wurden [...], man schied sich in
Räuber und Bauern, und dann ging es ans Rollenstudieren."[751]

Kostüme wurden von zuhause oder aus der städtischen 'Theaterkammer' besorgt[752]: "[...] alte Königsgewänder wurden unter geschickten Händen zu Bauern-
wämsern, abenteuerlich breite Schärpen legten sich die Räuber an, und jeder echte
Räuber hatte sich außerdem seine Kopfbedeckung, einen düsteren, hochspitzigen,
breitkrempigen Schlapphut selber aus Pappe zuzuschneiden, zu kleben, zu bema-
len."[753]

Die Musiker fanden sich zusammen und "übten neapolitanische Volksweisen,
teils für das Bauernstück, aber auch zu besonderem Vortrag"[754]: "Und wochenlang
tönten durch die Räume unserer Häuser und über unsere Felder südländische Melo-
dien, von Berliner Jungen gepfiffen [...], von den Sprachbegabten unter ihnen italienisch gesungen."[755]

Die Tischlerinnung hatte die Bänke und Tische zu zimmern[756], notwendige Büh-
nenteile zu bauen und Requisiten herzustellen[757]. Und die Maler entwarfen Ankündi-
gungen und Plakate, und die Drucker hatten Programme u.a. zu drucken[758].

Als dann der Tag des Erntefestes (1931) kam, brachte ein der Schulfarm für dieses Ereignis zur Verfügung gestelltes "bunt bewimpeltes Motorboot mit echt italienischen Aufschriften (wie è pericoloso sporgersi, in lustiger deutscher Übersetzung:
das Auf- und Abspringen während der Fahrt ist verboten) [...] die Gästescharen vom
Festland zur erntefeiernden Insula Bella, wo neue Inschriften, neue Wimpel die An-
kommenden begrüßten, die Jahrmarktbuden sie anlockten, die Ordner ihnen den Sinn
des Festes erklärten."[759]

---

[748] TOURBIER, Wie die Schulfarm, S. 39.
[749] TOURBIER, Wie die Schulfarm, S. 39.
[750] TOURBIER, Wie die Schulfarm, S. 39.
[751] TOURBIER, Wie die Schulfarm, S. 39.
[752] TOURBIER, Wie die Schulfarm, S. 39.
[753] TOURBIER, Wie die Schulfarm, S. 39.
[754] TOURBIER, Wie die Schulfarm, S. 39.
[755] TOURBIER, Wie die Schulfarm, S. 39.
[756] TOURBIER, Wie die Schulfarm, S. 39.
[757] TOURBIER, Wie die Schulfarm, S. 39.
[758] TOURBIER, Wie die Schulfarm, S. 39f. - Vgl. eine entsprechende Arbeit zum Erntefest 1932:
      PS Schmoll gen. Eisenwerth: SCHMOLL, Josef Adolf, 'Extra-Blatt' zur Freilicht-Aufführung
      von Zuckmayers 'Schinderhannes' im Herbst 1932, 4 Seiten, mit Linolschnitten.
[759] TOURBIER, Wie die Schulfarm, S. 40.

Im Zeichensaal konnten die Gäste eine Kunstausstellung besuchen, Kaffee gab es im Freien im 'Café Laguna', wo eine Kapelle ihre italienischen Lieder spielte[760].

War das 'Narren- und Banditenstück' für die Kleinen ein diesen angemessenes 'Karnevalstreiben', ein spaßiges, kindgemäßes Kostümfest unter freiem Himmel[761], so wandten sich die älteren Schüler etwas Ernsterem zu: sie führten, als ein "würdiger Höhepunkt und Abschluß"[762] des Festes, Schillers 'Braut von Messina'[763] auf[764], "wobei sämtliche Schüler der Anstalt als Chorsprecher beteiligt waren."[765]

Dieser Aufführung war ein sprechtechnischer Kursus vorangegangen, im dem die Schüler ein halbes Jahr lang Anleitung erhielten durch einen Sprechtechniker, den an der Volksbühne tätigen Schauspieler Heinrich Römer[766], der von dem Verein der Freunde honoriert wurde[767] - und über dessen Arbeit Scheel berichtet:

"Heinrich Römer sollte die Schillerschen Sprechchöre mit uns einüben. Er ging die Sache sehr gründlich an, indem er uns zunächst die Bauchatmung beibrachte, dann mit dem Atem haushalten lehrte und schließlich die deutliche Aussprache der Konsonanten übte, die auch geflüstert über eine große Distanz verständlich sein mußten. Es war für uns ein Mordsspaß, mit ihm im Marschschritt den Mittelweg entlang ton- und pausenlos die Mitteilung zu widerholen: 'Das Hottentottentotemtier tobt durch die Gitterlattentür.' Am Ende standen dann auch die Schillerschen Chöre, die mir in ihrer damals eingeübten Weise zu einem guten Teil noch heute geläufig sind."[768]

Ab 1928 stand der Schulgemeinschaft für Theateraufführungen u.ä. im 'Neubau' eine eigene 'Schulbühne' zur Verfügung[769].

---

760 TOURBIER, Wie die Schulfarm, S. 41.
761 TOURBIER, Wie die Schulfarm, S. 40.
762 TOURBIER, Wie die Schulfarm, S. 40.
763 SCHILLER, Friedrich, Die Braut von Messina oder die feindlichen Brüder. Ein Trauerspiel mit Chören, in: Schillers Werke. Nationalausg., Bd. 10: Die Braut von Messina - Wilhelm Tell - Die Huldigung der Künste, Weimar 1980, S. 1-125.
764 TOURBIER, Wie die Schulfarm, S. 40. - Berlin, BBF: SLG-GS, Jahresberichte 1932/33, Bd. 248d, Nr. 88: Berlin, SIS (Blume), S. 49.
765 Berlin, BBF: SLG-GS, Jahresberichte 1932/33, Bd. 248d, Nr. 88: Berlin, SIS (Blume), S. 49.
766 SCHEEL, Schulfarm (1990), S. 17.
767 Zu Kurs und Finanzierung des Sprechtechnikers: Berlin, BBF: SLG-GS, Jahresberichte 1932/33, Bd. 248d, Nr. 88: Berlin, SIS (Blume), S. 49.
768 SCHEEL, Schulfarm (1990), S. 17. - Vgl. zu den Sprechübungen auch: Berlin, BBF: SLG-GS, Jahresberichte 1932/33, Bd. 248d, Nr. 88: Berlin, SIS (Blume), S. 49. - An diese Sprechübungen unter professioneller Anleitung erinnert sich auch Pradel an D.H. br. vom 09.07.1988. - S. auch: WITT, Bildungsgang: "Schon monatelang vorher [vor der Aufführung im Jahr 1932] erhielten wir Unterricht bei einem Sprechtechniker, der mit seiner Methode des Bauchatmens, verbunden mit einer ausgezeichneten Pflege der Artikulation, uns dazu befähigte, die 'Braut von Messina' in würdiger Weise zur Darbietung zu bringen. Wir Hauptdarsteller (ich spielte die Königinmutter Isabella) wurden hierbei einen besonders intensiven Training unterzogen. Unermüdlich mußten wir die Rollen 'durchflüstern' und zwar dabei die Konsonanten mit solcher Präzision und Scharfe artikulieren, daß man jedes Wort auf 50m Entfernung noch deutlich verstehen konnte. Die Aufführung selbst bewies dann erst, wie wichtig unsere gründliche Vorbereitung gewesen war. Es wehte an diesem Tage ein leichter Wind von den Zuschauern her, und wenn auch dieser widrige Umstand die elementarwuchtige Wirkung unserer Massenchöre nicht zu beeinträchtigen vermochte, wir Einzeldarsteller hätten wohl ohne jene gründliche Vorbereitung die nahezu 3 Stunden während Aufführung kaum durchgestanden. [...]."
769 S. 452f.

Am bedeutsamsten und beeindruckendsten erscheinen jedoch die Aufführungen, für die man die Möglichkeiten der Insel selbst als riesiger 'Freilichtbühne' zu nutzen verstand. So hatte man etwa für die 'Gawan'-Aufführung im Winter 1922/23[770] die Bollevilla "zum Artusschloß und zur Burgkapelle vom Vestibulum bis zum Dachboden"[771] umgewandelt.

1928, dem Jahr des 100. Geburtstages von Leo N. Tolstoi (1828-1910)[772], fand ein 'russisches Erntefest' statt[773]; hier wurden mehrere kleinere Theaterstücke mit russischen Bezügen aufgeführt[774], wobei "auf keiner Bühne gespielt wurde, sondern der Schauplatz der Stücke an verschiedenen Stellen lag"[775]:

"Das Einleitungsstück 'Verbannt', das auf dem Wirtschaftshof aufgeführt wurde, zeigte uns Teile aus dem damaligen Sibirien und den dort Lebenden [...].
Das zweite nicht so ernste Spiel wurde am durch Tuch und buntes Papier verkleideten Kaffernkral, der so zu einer Bühne geworden war, gespielt. Man sah einen Zaren, der seinen Hofweisen drei Fragen stellt, die diese nicht beantworten können. Ein weiser Einsiedler löst ihm die Fragen auf seine eigene Art auf. -
Dann gingen alle im Zuge, mit der Kapelle an der Spitze, zur Festwiese. Die kostümierten Schauspieler umringten, russische Volkslieder singend, den geschmückten Erntewagen, und fuhren ihn so zur Wiese. An deren Rand waren Buden aufgebaut, an denen man Kaffee trank, Würstchen aß [...]. Sogar fotografiert konnte man werden, und Bilder, welche Szenen aus den gespielten Stücken darstellten, kaufen, denn diese waren vom Fotokurs gemacht worden. -
Einige Tanzlustige gingen bei den Klängen der Kapelle ihrem Vergnügen nach. Nachher erfreuten sich alle an den Schwänken und Narreteien, die aufgeführt wurden [...].
Beim Einbruch der Dunkelheit wurde der Erntewagen bei Fackelschein in die Tenne gefahren."[776]

Eine ähnliche Nutzung der Möglichkeiten der Insel läßt sich auch für andere Stücke zeigen, so etwa bei der Aufführung von Friedrich Kayßlers 'Simplizius' auf dem

---

770   S. dazu etwa: BLUME, Bericht (1923), Bl. 193v-194r.
771   BLUME, Bericht (1923), Bl. 193-194r.
772   FRIEDRICH, Kurt, Erntefest. September 1928, in: Berlin, LA, SIS: CH, VII, o.S.: "Dieses Erntefest stand unter dem Zeichen des 100. Geburtstages Tolstois, die Anregung dazu gab uns Herr Moslé. Er meinte, Tolstoi passe gut zu uns, da er mit den Landleuten verwachsen war und auch großes Interesse an der modernen Pädagogik hatte."
773   S. dazu: FRIEDRICH, Kurt, Erntefest. September 1928, in: Berlin, LA, SIS: CH, VII, o.S.
774   FRIEDRICH, Kurt, Erntefest. September 1928, in: Berlin, LA, SIS: CH, VII, o.S.
775   FRIEDRICH, Kurt, Erntefest. September 1928, in: Berlin, LA, SIS: CH, VII, o.S.
776   FRIEDRICH, Kurt, Erntefest. September 1928, in: Berlin, LA, SIS: CH, VII, o.S. - Zum Scharfenberger Fotokurs in der zweiten Hälfte der 20er Jahre s.: Berlin, LA, SIS: CH, VII, S. 19-28: Fotokurse. - Zum Fotografieren auf der Insel vgl auch: Auf der Rückseite eines Fotos, das eine Scharfenberger Schultheaterszene des Jahres 1928 zeigt, das veröff. ist in: Wilhelm Blume zum 100. Geburtstag (=Neue Scharfenberg-Hefte, 6), Berlin 1984, S. 16, und von dem der ehemalige Scharfenberg-Schüler Lothar Zenk 1988 dem Archiv der Schulfarm (Berlin, LA, SIS) einen weiteren Abzug vermachte, schrieb dieser auf der Rückseite desselben: "Ich photographierte dieses Bild und verkaufte die Postkarten für 10 Pf.; jede 14 Tage, wenn wir Sonnabend Nachmittags nach hause fuhren, machte ich über 100 Postkarten am Abend in meinem Dunkelzimmer im Berlin[er] Osten, machte [...] Vergrößerungen mit meinem selbstgebauten Vergrößerungsapparat und nahm sie Sonntag abends auf meinem Fahrrad nach [Scharfenberg mit]." - S. für den Beginn der 30er Jahre auch: Berlin, LA, SIS: Prüfungsunterlagen, Mappe 3: Reifeprüfungen 1925-1935, hier: Reifeprüfung 1934, Bildungsgänge der Abiturienten 1934: Bildungsgang von Rudolf Schädlich: "Als Photokursleiter habe ich den Jungen praktisch zu zeigen, wie ein Apparat zu bedienen ist, wie das Entwickeln und Kopieren vor sich geht."

Erntefest 1929[777] sowie bei einer Freilichtaufführung von Zuckmayers 'Schinderhannes' im Herbst 1932[778].

Für die Aufführung von Schillers 'Braut von Messina' auf dem Erntefest 1931 wählte man als Bühne einen Platz am Waldrand:

> "Auf dem stillen, urtümlichen Teil der langgestreckten Insel fand sich eine Waldkulisse; die Bäume traten im Winkel zurück, im Hintergrund erhoben sich groß und düster ein paar riesige, feierliche Tannen. Davor stellte man nun das dunkel verhangene, mannshohe Podium für die allseitig offene Freilichtbühne. Um eine Rasenarena für den Chor gruppierten sich halbkreisförmig, fast amphitheatralisch, die Sitzreihen. So stand ein halb antikes Theater da, ohne gemalte Kulisse, mit dem Hintergrund von Halbdunkel und Spätsommerhimmel [...]."[779]

Selbst die Tageszeit plante man in die Dramaturgie der im Freien aufgeführten Stücke mit ein. So hatte man bei der Schilleraufführung im Herbst 1932 "den Anfang des Stückes so gelegt, daß sein Schluß, sich in immer gewaltigere Tragik hineinsteigernd, Hand in Hand ging mit dem Verdämmern des Herbsttages. In diesem Halbdunkel übte das Wort allein seinen mächtigen Eindruck aus. Als dann an den Ecken des Podiums aus flachen Schalen vier Feuersäulen emporloderten, erhob man sich ergriffen, wie von einer Opferhandlung der ältesten Zeit."[780] Und in der Aufführung des bereits genannten 'Störtebeckerstückes' am 19.09.1926 spielten "die Akte alle an verschiedenen Orten"[781]: im letzten flieht Klaus Störtebecker "vor zwei Gewappneten und stürzt sich in das Wasser, er wird von seinem Freunde [...] auf eine Schuimerkogge[782] [gerettet], die in der Mitte des Tegeler Sees mit roten Segeln, von der goldig glänzenden Sonne beschienen segelt. Auf Deck gröhlen die Seeräuber oder Schuimer ein berüchtigtes Seeräuberlied und entfernen sich mit ihre Beute, während sich das Abenddunkel auf die Umgebung senkt."[783]

Mit solchen Aufführungen und Aktivitäten wurden die Erntefeste wie - in geringerem Maße - auch die anderen Feste und Spiele der Schulfarm zu einem "Höhepunkt des Scharfenberger Gemeinschaftslebens"[784], in das jeder nach seinen Interessen und Möglichkeiten über Wochen oder gar Monate hinweg für das gemeinschaftliche Vorhaben sein Können und Interesse einbringen konnte.

Hier konnten sich die unterschiedlichsten Lebensbereiche vom Unterricht bis hin zur Gemeinschaftsarbeit zusammenfinden, hier konnte sich das Gemeinschaftsgefühl festigen, hier konnte sich die Schulfarm den Eltern, Freunden und sonstigen Gästen mit Selbstgeschaffenem präsentieren und diese Inselgäste mit ins Inselleben einbinden. Zudem, nicht als Hauptintention - aber doch gleichsam als Ausdruck des Erfolges solcher Veranstaltungen wie als gerngesehene materielle Zutat - brachten Aufführungen wie die hier genannten, die über die Insel hinaus eine "gewisse Berühmt-

---

[777] S. zur 'Simplizius'-Aufführung S. 687. - In: Berlin, LA, SIS befinden sich Fotos zu dieser Aufführung.
[778] Vgl. dazu: Abb. 80. - Vgl. dazu auch S. 762.
[779] TOURBIER, Wie die Schulfarm, S. 40.
[780] TOURBIER, Wie die Schulfarm, S. 41.
[781] Berlin, LA, SIS: CH, V, S. 362.
[782] Schuimer, auch: Schaumer = Seeräuber, Pirat.
[783] Berlin, LA, SIS: CH, V, S. 362.
[784] TOURBIER, Wie die Schulfarm, S. 39.

heit erlangten in Berlin"[785] und die aufgrund des großen Interesses öfters "an mehreren Wochenenden wiederholt werden [mußten]"[786], nicht selten "beträchtliche Einnahmen für die Scharfenberger Verwaltung."[787]

In den Festen und Aufführungen kam nicht zuletzt auch besonders deutlich zum Ausdruck, was auch schon bei der Schilderung anderer Elemente des Schulfarmlebens deutlich geworden ist: daß die Schulfarm nicht nur eine Stätte intellektuellen und werktätigen Lernens und Arbeitens sonderen vor allem auch eine Schule, in der "die musische Erziehung einen [geradezu] beherrschenden Platz fand"[788].

Daß Fächer wie Zeichnen, Handwerken, Musik, ja auch Sport - und in gewisser Hinsicht auch Religion - als 'Fächer' nur fakultativ bzw. gar nicht gegeben wurden, widerspricht dem nur scheinbar: Die Tatsache, daß diese musischen 'Fächer' nicht als isolierte Fächer unterrichtet wurden, sondern einmal in andere Unterrichtszusammenhänge eingebunden und zum anderen ausgiebig außerhalb des eigentlichen Unterrichts behandelt wurden, bedeutete - auch wenn dies zunächst paradox klingen mag - in   qualitativer   wie   in   quantitativer   Hinsicht   gegenüber   einem 'Normalunterricht' eine geradezu ungeheure Aufwertung.

Damit realisierte die Schulfarm auch in dieser Hinsicht zentrale Forderungen damaliger Reformpädagogen: So forderte der Bund Entschiedener Schulreformer, insbesondere vertreten durch Franz Hilker, eine musische Schule, in der die Kunsterziehung in Weiterentwicklung (und in gewisser Weise auch Überwindung) der Kunsterziehungsbewegung um die Jahrhundertwende[789] weitgefaßt als "Pflege allgemeiner schöpferischer Kräfte"[790] bzw. "Pflege aller [...] schauenden und gestaltenden Kräfte"[791] verstanden und als "immanenter Bestandteil der allgemeinen produktiven Erziehung"[792] ('Produktionsschule'!) - ohne klare Trennung zwischen 'Arbeit' und

---

[785] Pradel an D.H. br. vom 09.07.1988.
[786] Pradel an D.H. br. vom 09.07.1988. - WITT, Bildungsgang.
[787] Pradel an D.H. br. vom 09.07.1988.
[788] HARTKOPF, Gründung, S. 92.
[789] Vgl. zur Kunsterziehungsbewegung um die Jahrhundertwende vor allem die Berichte der 'Kunsterziehungstagungen': Kunsterziehung. Ergebnisse und Anregungen des Kunsterziehungstages in Dresden am 28. und 29. September 1901, Leipzig 1902. - Kunsterziehung. Ergebnisse und Anregungen des zweiten Kunsterziehungstages in Weimar am 9., 10. und 11. Oktober 1903. Deutsche Sprache und Dichtung, Leipzig 1904. - Kunsterziehung. Ergebnisse und Anregungen des dritten Kunsterziehungstages in Hamburg am 13., 14., 15. Oktober 1905. Musik und Gymnastik, Leipzig 1906. - Kunsterziehung. Ergebnisse und Anregungen der Kunsterziehungstage in Dresden, Weimar und Hamburg. In Auswahl mit einer Einleitung von Ludwig PALLAT hrsg. vom Zentralinstitut für Erziehung und Unterricht, Leipzig 1929. - HILKER, Wege, S. 179, wirft dieser Kunsterziehungsbewegung bei allem Zuspruch doch "eine rezeptive Einstellung zur Kunst" vor: Es gehe dort "um Erziehung zu künstlerischem Genuß und gepflegtem Geschmack, um Kunstwillen und Kunstverstehen, weniger um die Entwicklung künstlerischer oder auch nur gestaltender Kräfte." - Eine einführende Quellensammlung zur Kunsterziehungsbewegung stellt dar: Die Kunsterziehungsbewegung, hrsg. von Hermann LORENZEN, Bad Heilbrunn 1966.
[790] HILKER, Wege, S. 180.
[791] HILKER, Wege, S. 179.
[792] HILKER, Wege, S. 180.

'künstlerischem Schaffen'[793] - mit allseitigen Verbindungen zu anderen Bildungs- und
Erziehungselementen, befreit von Stundenplan- und Fächerzwang[794] wie "aus der
Sklaverei intellektueller und mechanistischer Zielsetzungen"[795] praktiziert wurde:

> "Lebendige Bildung der ganzen Persönlichkeit, Öffnung der Sinne, Weckung der seelischen
> Kräfte, Ausdrucks- und Gestaltungsfähigkeit von Körper, Sprache, Stimme und Hand machen
> den jungen Menschen geschickt sowohl zur nutzbringenden Arbeit, wie zur freien künstleri-
> schen Leistung. Wir entschiedenen Schulreformer kennen also keine Kunsterziehung in beson-
> deren Stunden und Fächern: Lebendigwerdung aller tätigen Kräfte im Menschen [...] ist das
> Ziel."[796]

II.3.E. DAS ABITUR[797]

Am Ende der Scharfenberger Schulzeit stand für die Schüler das Abitur, über dessen
Stellenwert Blume schrieb, es dürfe - bei aller Relevanz für die Schüler und die

---

[793]   HILKER, Wege, S. 180. "Produktion ist Arbeitsleistung, so lange es sich um die Bewältigung
        pflichtgemäßer oder lebensnotwendiger Aufgaben handelt, freie, zum Künstlerischen strebende
        Leistung, wenn überschüssige schöpferische Kraft über das Maß des Notwendigen und
        Geforderten im sinnvollen Spiel sich auswirkt. Lebendige Bildung der ganzen Persönlichkeit,
        Öffnung der Sinne, Weckung der seelischen Kräfte, Ausdrucks- und Gestaltungsfähigkeit von
        Körper, Sprache, Stimme und Hand machen den jungen Menschen geschickt sowohl zur nutz-
        bringenden Arbeit, wie zur freien künstlerischen Leistung."
[794]   HILKER, Wege, S. 180.
[795]   HILKER, Wege, S. 180.
[796]   HILKER, Wege, S. 180. - Bei aller Hervorhebung des 'Produktiven' und aller Zurückdrängung
        des 'Rezeptiven' sollte doch letzteres doch nicht ganz verdrängt werden: HILKER, Wege, S.
        181. - S. zu dem weitgefaßten Begriff von 'Kunsterziehung'/'Produktionsunterricht': Werkar-
        beit für Schule und Leben. Im Auftrage des Zentralinstituts für Erziehung und Unterricht hrsg.
        von Ludwig PALLAT, Breslau 1926.
[797]   Quellen zum Abiturium 1923: Berlin, GStA PK: I. HA, Rep. 76 VI, Sekt. 14 z, Nr. 48 II, Bl.
        273r-369v. - Quellen zum Abiturium 1924: Berlin, GStA PK: I. HA, Rep. 76 VI, Sekt. 14 z,
        Nr. 48 II, Bl. 378r-453r. - S. auch: '2. Abituriumsabnahme durch Metzner im März 1924', in:
        Berlin, LA, SIS: CH, V, S. 2. - Quellen zum Abiturium 1925: Berlin, GStA PK: I. HA, Rep.
        76 VI, Sekt. 14 z, Nr. 48, Adh. B, Bl. 1r-67v. - Berlin, LA, SIS: Prüfungsunterlagen, Mappe
        3: Reifeprüfungen 1925-1935. - S. auch: 'Das Abiturium im März 1925' (Blume), in: Berlin,
        LA, SIS: CH, V, S. 150-152. - Quellen zum Abiturium 1926: Berlin, GStA PK: I. HA, Rep. 76
        VI, Sekt. 14 z, Nr. 48, Adh. B, Bl. 68r-148v. - Berlin, LA, SIS: Prüfungsunterlagen, Mappe 3:
        Reifeprüfungen 1925-1935. - Berlin, BA: Bestand Reichsministerium für Wissenschaft, Er-
        ziehung und Volksbildung, Nr. 4702, Bl. 18v-19v: Bericht über die Reifeprüfung auf der Schul-
        farm Scharfenberg von Metzner vom April 1926. - 'Die schwere Prüfungszeit, 30.03.1926', in:
        Berlin, LA, SIS: CH, V, S. 329f. - Berlin, LA, SIS: CH, V, S. 435-448.32: 'Aus den Lebens-
        läufen der Abiturienten [1927]'. - Quellen zum Abiturium 1927: Berlin, GStA PK: I. HA, Rep.
        76 VI, Sekt. 14 z, Nr. 48, Adh. B, Bl. 151r-193r. - Berlin, LA, SIS: Prüfungsunterlagen,
        Mappe 3: Reifeprüfungen 1925-1935. - Quellen zum Abiturium 1928: Berlin, GStA PK: I. HA,
        Rep. 76 VI, Sekt. 14 z, Nr. 48, Adh. B: Bl. 202-206v: Blume an Ministerium vom 11.01.1928:
        Bitte um Genehmigung des Abiturs unter Vorsitz eines Ministerialrats - und Genehmigung dazu.
        - Berlin, LA, SIS: Prüfungsunterlagen, Mappe 3: Reifeprüfungen 1925-1935. - Quellen zum
        Abiturium 1929: Berlin, LA, SIS: Prüfungsunterlagen, Mappe 3: Reifeprüfungen 1925-1935. -
        Quellen zum Abiturien 1930 und 1931 liegen leider nicht vor. - Quellen zu den Abiturien 1932
        bis 1935: Berlin, LA, SIS: Prüfungsunterlagen, Mappe 3: Reifeprüfungen 1925-1935.

Schulfarm![798] - "nie Selbstzweck des Unterrichts werden"[799], vielmehr müsse der 'Berechtigungsschein'[800] "als selbstverständliches Nebenprodukt mit abfallen."[801]

Wie in dieser Arbeit schon bei der Beschreibung des Zusammenhangs von Kursangebot bzw. -wahl und der Art des Abituriumsabschlusses gezeigt wurde[802], hatte man sich auch auf Scharfenberg prinzipiell nach den üblichen staatlichen Abituriumsbestimmungen zu richten[803] - doch ist hier auf einige Besonderheiten hinzuweisen, die einmal mehr einen Aspekt der Bedeutung der Schulfarm deutlich machen: nämlich die Funktion der Schulfarm als öffentliche Versuchsschule, die dem Preußischen Kultusministerium als 'Testfeld' diente, auf dem praktische Erfahrungen für eine allgemeine Schulreform gewonnen werden konnten:

Bereits seit Anfang der 20er Jahre arbeitete man im Preußischen Kultusministerium an einer Reformierung der Prüfungsbestimmungen für das Abiturium; zu Beginn des Jahres 1924 sprach der damalige preußische Kultusminister Otto Boelitz in einem Interview von "einer durchgreifenden Umgestaltung der Reifeprüfung, die in meinem Ministerium im Zusammenhange mit der bevorstehenden Schulrefom bearbeitet wird und hoffentlich demnächst abgeschlossen werden kann."[804] Als Richtlinie solle dabei gelten, "die Gesamtpersönlichkeit des Schülers in den Vordergrund zu stellen, seine gesamten früheren Leistungen mit zu werten und so die Prüfung mehr zu einer Nachprüfung eines schon völlig sicheren Urteils zu machen."[805] Boelitz wies darauf hin, daß bereits ab Ostern 1922 in dieser Richtung Änderungen getroffen worden seien, und zwar durch Einführung einer verbindlichen Prüfung des

---

[798] Vgl. zum Scharfenberger Abitur auch S. 273-296.

[799] Aus dem Leben, S. 346.

[800] Aus dem Leben, S. 346.

[801] Aus dem Leben, S. 346. - Ebd. in diesem Sinne weiter: "Daß Scharfenberg jedes Jahr [um die Berechtigung des Abituriums] [...] einzukommen hat, es ihm also von Termin zu Termin auch verweigert werden kann, ist ein erfreuliches Menetekel für solche Eltern und Schüler, denen der Berechtigungsschein Erziehungsziel ist."

[802] Vgl. S. 633f.

[803] Zu den Abituriums-Prüfungsbedingungen bis 1927 s. vor allem: Versetzungs- und Prüfungsbestimmungen für die öffentlichen höheren Lehranstalten in Preußen. Amtliche Bestimmungen. Zusammengestellt und erläutert von Karl METZNER und KARL THIELE, 4 Teile (=Weidmannsche Taschenausgaben von Verfügungen der Preußischen Unterrichtsverwaltung, 41a-d), Berlin 1926. - Zu den Abituriums-Prüfungsbestimmungen ab 1927 s.: Versetzungs- und Prüfungsbestimmungen für die öffentlichen höheren Lehranstalten in Preußen. Amtliche Bestimmungen. Zusammengestellt und erläutert von Karl METZNER und KARL THIELE. Zusammengefaßte neue Aufl. (Stand vom 6. August 1928) (=Weidmannsche Taschenausgaben von Verfügungen der Preußischen Unterrichtsverwaltung, 41), Berlin 1929. - S. besonders: Ordnung der Reifeprüfungen an den höheren Schulen Preußens' vom 22.07.1926 (Becker), in: Zentralblatt für die gesamte Unterrichts-Verwaltung in Preußen, Jg. 68 (1926), S. 283-294; wieder in: Versetzungs- und Prüfungsbestimmungen für die öffentlichen höheren Lehranstalten in Preußen. Amtliche Bestimmungen. Zusammengestellt und erläutert von Karl METZNER und KARL THIELE. Zusammengefaßte neue Aufl. (Stand vom 6. August 1928) (=Weidmannsche Taschenausgaben von Verfügungen der Preußischen Unterrichtsverwaltung, 41), Berlin 1929, S. 105-156.

[804] Die Umgestaltung der Reifeprüfung in Preußen. Unterredung mit Minister Boelitz, in: Berliner Tageblatt und Handelszeitung vom 15.01.1924. - Der Artikel befindet sich übrigens mit einer Anmerkung Blumes vers. in Berlin, LA, SIS!

[805] Die Umgestaltung der Reifeprüfung in Preußen. Unterredung mit Minister Boelitz, in: Berliner Tageblatt und Handelszeitung vom 15.01.1924.

Turnens - als Ausdruck "der Zurückdrängung des einseitig Verstandesmäßigen und des verständnisvollen Eingehens auf die Persönlichkeit der Schüler"[806]. Zudem habe man "etwa statt eines einzigen deutschen Aufsatzthemas hier und da [!] den Schülern drei Themen zur Auswahl gegeben [...], [...] ein kleiner Anfang einer Rücksichtnahme auf die Individualität der Schüler."[807] "Ähnlich sollte die hier und da [!] bereits erteilte Erlaubnis wirken, statt einer schriftlichen physikalischen Arbeit den Schüler bestimmte Versuche aufzugeben, die den mehr praktisch und manuell Veranlagten oft gerechter werden als theoretische Darlegungen. Bei einem hervorragend musikalisch veranlagten Schüler ist vor kurzem gestattet worden, daß er eine Sonate von Beethoven spielte, und daß diese Leistung bei der Prüfung entsprechend mitgewertet wurde."[808] Künftig denke man daran, "daß größere Klassen- und Hausarbeiten, die in der Prima angefertigt worden sind, teilweise als Ersatz für Prüfungsangelegenheiten zugelassen werden, daß die schriftlichen Arbeiten mehr als bisher zur Wahl gestellt werden, daß die Zahl der Prädikate vermehrt, und damit eine größere Differenzierung ermöglicht wird, daß das Mitbringen von literarischen Hilfsmitteln ermöglicht wird [...], - kurz, daß die Reifeprüfung ein sinnvoller Abschluß der Schule wird, der für 'Prüfungsbureaukratie' keinen Raum mehr läßt."[809]

Der Schulfarm wurden wie auch in anderen Bereichen auch beim Abiturium von ministerieller Seite - insbesondere über die Person des langjährigen staatlichen Prüfungskommissars Metzner - vom ersten Abiturium an (1923) Sonderrechte eingeräumt[810]: Die Schulfarm war seit 1923 eine der Schulen, die Boelitz meinte, wenn er in seinem Interview zu Beginn des Jahres 1924 von vereinzelten weitreichenden Versuchen sprach, die 'hier und da' in Prüfungsangelegenheiten bereits genehmigt worden seien[811].

Die Bemühungen des Preußischen Kultusministeriums um eine Reformierung der Reifeprüfungen mündeten in eine neue 'Ordnung der Reifeprüfungen an den höheren

---

[806] Die Umgestaltung der Reifeprüfung in Preußen. Unterredung mit Minister Boelitz, in: Berliner Tageblatt und Handelszeitung vom 15.01.1924.

[807] Die Umgestaltung der Reifeprüfung in Preußen. Unterredung mit Minister Boelitz, in: Berliner Tageblatt und Handelszeitung vom 15.01.1924.

[808] Die Umgestaltung der Reifeprüfung in Preußen. Unterredung mit Minister Boelitz, in: Berliner Tageblatt und Handelszeitung vom 15.01.1924.

[809] Die Umgestaltung der Reifeprüfung in Preußen. Unterredung mit Minister Boelitz, in: Berliner Tageblatt und Handelszeitung vom 15.01.1924.

[810] Unklar ist, ob die staatlichen Prüfer bei Scharfenberger Abiturienten im Falle von 'einseitigen' Schülerleistungen bzw. -leistungsschwächen (im Kontext des Kern-Kurssystems) im Vergleich zu 'normalen' Prüfungen 'anders' bewerteten; vgl. dazu etwa:
Berlin, LA, SIS: Prüfungsunterlagen, Mappe 3: Niederschrift über die mündliche Reifeprüfung Ostern 1932 (sog. Allgemeines Protokoll) vom 07.03.1932 (Prüfungsleiter Schmidt): "Über unzureichende Leistungen kann bei folgenden Prüflingen hinweggesehen werden [...], bei Ruthenberg wegen guter Leistungen in den charakteristischen Fächern gegenüber ungenügenden in Deutsch und Französisch, bei [Bernd] Schmoll wegen menschlicher und geistiger Reife, trotz ungenügender Leistungen in Erdkunde und Mathematik [...]."

[811] Die Umgestaltung der Reifeprüfung in Preußen. Unterredung mit Minister Boelitz, in: Berliner Tageblatt und Handelszeitung vom 15.01.1924.

Schulen Preußens' vom 22.07.1926 (C.H. Becker)[812], die zu Ostern 1927 Gültigkeit erhielt - und die nicht zufällig Änderungen enthielt, die sich - dank erteilter Sondergenehmigungen der preußischen Kultusministeriums -, wie Blume anmerkte, "in vielem mit dem [begegneten], was bei uns im Unterricht von vornherein gepflegt wurde und bei den Examina die Jahre hindurch schon im Schwange war"[813]:

(1) Auf Scharfenberg hatten von Beginn an alle Kursler in der mündlichen Prüfung "Gelegenheit gehabt zu zeigen, was sie auf ihrem 'Neigungsgebiet' Besonderes leisteten; man hat diesen sezieren, jenen experimentieren, andere an der meteorologischen Station praktisch und theoretisch arbeiten, einen Musikbegabten eigene Kompositionen vorspielen und singen lassen."[814] Mit §6.4 und §19.2 der Prüfungsbestimmungen vom 22.07.1926 erhielt diese Berücksichtigung individueller Fähigkeiten gesetzliche Allgemeingültigkeit[815].

(2) Von der ersten Abitursprüfung an konnten sich auf Scharfenberg die Prüflinge für die schriftliche Deutschprüfung von vier ihnen angebotenen Themen eines aussuchen[816], zugleich konnten die "Deutschkursler [...], wenn sie wollten, eine sprach- oder kulturgeschichtliche Zusatzarbeit ab[geben]"[817], die dann in die Bewertung der schriftlichen Deutscharbeit miteinfloß. Mit §13.2 der Prüfungsbestimmungen vom 22.07.1926 wurde die Möglichkeit der Auswahl der schriftlichen Deutschkursarbeit aus einem Angebot von vier Aufgaben gesetzlich festgeschrieben[818].

(3) Von Beginn der Versuchsschularbeit ab wurden auf Scharfenberg - wie gezeigt - Quartals- bzw. Halbjahresarbeiten geschrieben. Die neue Prüfungsordnung gestattete nun in §7 das Schreiben einer Jahresarbeit, in der ein Schüler den Beweis erbringen konnte, "daß er fähig ist, bestimmte Arbeitsmethoden auch auf selbstgewählte Stoffe erfolgreich anzuwenden."[819] "Die Wahl der Aufgaben" stand dem Schüler dabei frei und konnte "allen auf der Schule gepflegten Gebieten von Wissenschaft und Kunst entnommen sein"[820]. Diese Arbeit konnte als Alternative zu einer der schriftlichen

---

812 Ordnung der Reifeprüfungen an den höheren Schulen Preußens' vom 22.07.1926 (Becker), in: Zentralblatt für die gesamte Unterrichts-Verwaltung in Preußen, Jg. 68 (1926), S. 283-294; wieder in: Versetzungs- und Prüfungsbestimmungen für die öffentlichen höheren Lehranstalten in Preußen. Amtliche Bestimmungen. Zusammengestellt und erläutert von Karl METZNER und KARL THIELE. Zusammengefaßte neue Aufl. (Stand vom 6. August 1928) (=Weidmannsche Taschenausgaben von Verfügungen der Preußischen Unterrichtsverwaltung, 41), Berlin 1929, S. 105-156.
813 Aus dem Leben, S. 345.
814 Aus dem Leben, S. 345. - Berlin, LA, SIS: Prüfungsunterlagen, Mappe 3: Reifeprüfungen 1925-1935, hier: Abitur-Zeugnis von Peter Völkner 1927. - Ebenso in: Berlin, GStA PK: I. HA, Rep. 76 VI, Sekt. 14 z, Nr. 48 II, Bl. 193r: Zeugnis für Peter Völkner (Abitur 1927): "Es wurde ihm in einer besonderen Prüfung Gelegenheit gegeben, Proben seiner künstlerischen Begabung zu zeigen. Er spielte am Flügel auswendig einige Bachintonationen, analysierte einen Satz einer Mozartsonate, sang selbstgedichtete Lieder zur Laute in eigener im Volksliedtongehaltener Komposition und sprach eine Schillersche Ballade, deren Text er in leicht fließender Improvisation auf dem Flügel untermalte, als Melodrama."
815 Ordnung der Reifeprüfungen, S. 284 und S. 289.
816 Aus dem Leben, S. 345.
817 Aus dem Leben, S. 345.
818 Ordnung der Reifeprüfungen, S. 287.
819 Ordnung der Reifeprüfungen, S. 284.
820 Ordnung der Reifeprüfungen, S. 284.

Prüfungen (s. §8.2)[821] als Abituriumsleistung eingebracht werden. Dies war eine Neuregelung, die auf Scharfenberg, allerdings unter Beibehaltung der bisherigen Halb-Jahresarbeiten, dankbar genutzt wurde - zum Abitur 1932 und 1933 gar unter Vorlage von 'Kollektivjahresarbeiten' des jeweiligen Deutschkurses[822].

Die bekannten schriftlichen Prüfungsthemen der Scharfenberger Abiturien zeigen[823], wie auch diese zumindest weitgehend mit dem von den Schülern bereits Geleisteten in Verbindung gebracht wurden und - worauf erstmals Keim hingewiesen hat - "einen unmittelbaren Bezug zu den jeweils vorangegangenen Kursen erkennen"[824] lassen: So lautete z.B. zum Abitur 1932 - im Zusammenhang mit dem oben genannten Deutschkursthema 'Der Harz' bzw. 'Ostfalen'[825] - die Aufgabe eines Deutschkurslers: 'Der Harz - seine typischen und individuellen Züge'[826]. Und für die Chemiker, die - wie ebenfalls gezeigt - in ihrem Kurs die 'Zuckergewinnung in Kleinwandsleben bei Halberstadt' besichtigt hatten[827], bekamen zum Abiturium 1932 die Aufgabe, über 'Die Zuckergewinnung, von der Zuckerrübe bis zum Kristallzucker im Anschluß an die Besichtigung einer Zuckerfabrik'[828] zu schreiben.

Auch gab es Themen, die mit dem eigenen Scharfenberger Inseldasein in direkten Bezug gebracht werden konnten und wohl auch sollten - dabei zeigen die folgenden Beispiele (wie auch andere erhaltene Themenstellungen), wie hier zwischen Kurslern und Nichtkurslern differenziert wurde und für die Ersteren schwerere spezielle, kursspezifische Fragestellungen, für Letztere leichter zu bearbeitende, allgemeinere Themen formuliert wurden: So gehörten zu den Themen für den deutschen Aufsatz für Gymnasiasten, Realgymnasiasten und Oberrealschüler im Abiturium 1932 u.a.: 'Der Sinn der Feste in Kirche, Staat und anderen Gemeinschaften'[829], oder: 'Welche Stellung nehme ich bis jetzt zu dem Problem Individuum und Gemeinschaft ein?'[830] - ein Thema, das auch schon zum Abitur 1924 gestellt worden war[831].

Zum Abiturium 1933 lauteten die Themen für die Nichtdeutschkursler u.a.: 'Worin sehe ich die Prinzipien naturwissenschaftlichen Forschens und Denkens und

---

[821] Ordnung der Reifeprüfungen, S. 285.

[822] Berlin, LA, SIS: Prüfungsunterlagen, Mappe 3: Niederschrift über die mündliche Reifeprüfung Ostern 1932 (sog. Allgemeines Protokoll) vom 07.03.1932 (Prüfungsleiter Schmidt): "Im Anschluß an die Besprechung der Kollektivjahresarbeit des Deutschkurses werden die anderen Kurse zu ähnlichen Unternehmungen aufgefordert." - Zum handelt sich hier um das bereits genannte 'Ostfalen'/Harz-Thema; vgl. dazu S. 630-632 und: Berlin, BBF: SLG-GS, Jahresberichte 1932/33, Bd. 248d, Nr. 88: Berlin, SIS (Blume), S. 25.

[823] Für die Abiturien 1932 und 1933: Berlin, BBF: SLG-GS, Jahresberichte 1932/33, Bd. 248d, Nr. 88: Berlin, SIS (Blume), S. 30-33 (1932) und S. 34-36 (1933). - Vgl. auch die entsprechenden Quellen in Berlin, LA, SIS: Prüfungsunterlagen, Mappe 3: Reifeprüfungen 1925-1935.

[824] KEIM, Kursunterricht, S. 130.

[825] S. 630-632.

[826] Berlin, BBF: SLG-GS, Jahresberichte 1932/33, Bd. 248d, Nr. 88: Berlin, SIS (Blume), S. 33.

[827] Berlin, BBF: SLG-GS, Jahresberichte 1932/33, Bd. 248d, Nr. 88: Berlin, SIS (Blume), S. 22.

[828] Berlin, BBF: SLG-GS, Jahresberichte 1932/33, Bd. 248d, Nr. 88: Berlin, SIS (Blume), S. 33.

[829] Berlin, BBF: SLG-GS, Jahresberichte 1932/33, Bd. 248d, Nr. 88: Berlin, SIS (Blume), S. 30.

[830] Berlin, BBF: SLG-GS, Jahresberichte 1932/33, Bd. 248d, Nr. 88: Berlin, SIS (Blume), S. 30.

[831] Berlin, GStA PK: I. HA, Rep. 76 VI, Sekt. 14 z, Nr. 48 II, Bl. 381-386: Deutschaufsatz von Martin Grotjahn.

warum hat es mich mehr gefördert als das kulturkundliche?'[832], 'Die Kunst der Unterhaltung, ein Querschnitt durch die gesellschaftlichen Veranstaltungen in unserer Schule'[833] oder: 'Mein Verhältnis zum Wasser und seine Mitwirkung im menschlichen Dasein überhaupt'[834]

Unter den Aufsatzthemen für das Abitur 1932 fanden sich für Deutschkursler Themen wie: 'Goethes pädagogische Provinz, dargestellt auf grund der Wilhelm-Meister-Lektüre und gewürdigt im Vergleich mit eigenen Schulerfahrungen'[835] oder: 'Die Scharfenberger Theateraufführungen in den letzten 6 Jahren, ein Längsschnitt durch die Literaturgeschichte und ein Querschnitt durch die Strömungen im Gemeinschaftsleben'[836].

Daß diese Arbeiten - wie auch andere, etwa die für die Deutschkursler zum Abiturium 1932 gestellte Aufgabe 'Stelle die Geschichte des Völkerbundgedankens auf grund des Diesterwegschen Quellenheftes III, 33, Seite 1-11 und der Seiten 43 bis 45 des Kleinschen Vorkampf[837] dar und würdige seine Genfer Verwirklichung!'[838], oder das zum Abiturium 1933 gestellte Thema über 'Verschiedene Möglichkeiten der Auffassung vom Staat in seinem Verhältnis zu den Individuen, kaleidoskopartig dargestellt an der Hand von Quellenstellen aus dem 19. und 20. Jahrhundert': 'Wilhelm von Humboldt, Abschnitte aus seiner Schrift über die Grenzen der Wirksamkeit des Staates'[839], 'Bismarcks Rede im Reichstag über Staatssozialismus'[840], den 'Schlußabschnitt aus Lenins Staat und Revolution'[841] und das 'Hitlerprogramm 1930' (!) u.a.[842] - schon von der Themenstellung her neben entsprechendem Fachwissen vor allem auch zur persönlichen Stellungnahme und Begründung derselben aufforderten, liegt klar auf der Hand.

Die Kommentare Blumes zu den vorliegenden Arbeiten bestätigen, daß er seinen Prüflingen solche Positionsklärungen deutlich abverlangte. So schrieb er etwa in einer handschriftlichen Beurteilung eines Abituriumsaufsatzes des Jahres 1932 zum Thema 'Welche Stellung nehme ich bis jetzt zu dem Problem 'Individuum und Gemeinschaft' ein?' kritisch:

"Der Aufsatz ist eine Normalleistung; die Stellungnahme sucht die goldene Mittelstraße; der Stil hat ebenfalls wenig Individuelles; der Verfasser vermeidet geflissentlich jedes konkrete Einge-

---

[832] Berlin, BBF: SLG-GS, Jahresberichte 1932/33, Bd. 248d, Nr. 88: Berlin, SIS (Blume), S. 34.
[833] Berlin, BBF: SLG-GS, Jahresberichte 1932/33, Bd. 248d, Nr. 88: Berlin, SIS (Blume), S. 34.
[834] Berlin, BBF: SLG-GS, Jahresberichte 1932/33, Bd. 248d, Nr. 88: Berlin, SIS (Blume), S. 34.
[835] Berlin, BBF: SLG-GS, Jahresberichte 1932/33, Bd. 248d, Nr. 88: Berlin, SIS (Blume), S. 34.
[836] Berlin, BBF: SLG-GS, Jahresberichte 1932/33, Bd. 248d, Nr. 88: Berlin, SIS (Blume), S. 34.
[837] 1848, der Vorkampf deutscher Einheit und Freiheit. Erinnerungen, Urkunden, Berichte, Briefe, hrsg. von Tim KLEIN, München [u.a.] 1914.
[838] Berlin, BBF: SLG-GS, Jahresberichte 1932/33, Bd. 248d, Nr. 88: Berlin, SIS (Blume), S. 33.
[839] HUMBOLDT, Wilhelm von, Ideen zu einem Versuch die Grenzen der Wirksamkeit des Staats zu bestimmen [1792], in: HUMBOLDT, Wilhelm von, Gesammelte Schriften, hrsg. von der Preußischen Akademie der Wissenschaften, Bd. 1: Werke, Bd. 1: 1785-1795, Berlin 1903, S. 97-254.
[840] BISMARCK, Otto von, Rede vor dem Reichstag vom 17.09.1878, in: BISMARCK, Otto von, Die gesammelten Werke, Bd. 11: 1869-1878, Berlin 1929, S. 602-612.
[841] LENIN, Vladimir I., Staat und Revolution. Die Staatstheorie des Marxismus und die Aufgaben des Proletariats in der Revolution, Berlin 1929.
[842] Berlin, BBF: SLG-GS, Jahresberichte 1932/33, Bd. 248d, Nr. 88: Berlin, SIS (Blume), S. 35.

hen etwa auf eigenes Erleben in Berufsverband, Wandervogel oder Schulgemeinschaft, das man nach seinen Erfahrungen hätte erwarten können. Glatt Genügend."[843]

Laut seinem Bericht über die Scharfenberger Reifeprüfung vom April 1926 empfand der ministerielle Vertreter Metzner "die Leistungen in den Sprachen, in Mathematik und Naturwissenschaft" "weniger befriedigend", die Gründe dafür seien "verschiedener Art"[844]:

"Zunächst entspricht es der Absicht des Leiters der Schulfarm, daß um der Konzentration auf einige wesentliche Fachgebiete willen eine Reihe von Wissenszweigen nur den Prüfungsanforderungen zuliebe getrieben wird; die Methode ist daher in diesen Fächern mit Randstellung von vornherein auf das Rezeptive angelegt. Dazu kommt, daß die beiden Lehrer der Mathematik und der alten Sprachen jüngere Kräfte sind, die in ihrer Bildungsarbeit nicht mit dem gleichen Nachdruck vorzugehen in der Lage sind, wie der Vertreter des Kulturkundlichen Unterrichts. In den Neueren Fremdsprachen ist die Schule aber auf eine Hilfskraft angewiesen; und für Chemie ist weder ein Lehrer da, noch stehen selbst die bescheidensten Mittel für Versuche und Übungen zur Verfügung. Die Kenntnisse in der Chemie, die in den Prüfungen festgestellt wurden, hatten sich die Schüler durch eigene Arbeit angeeignet."[845]

"So sehr man dem besonderen Charakter der Scharfenberger Verhältnisse Rechnung tragen mag" - so mahnte er kritisch an - "so wird doch die Vernachlässigung besonders der naturwissenschaftlichen Studien nicht länger gutgeheißen werden können"[846]. Vor allem müsse "die Schulleitung Mittel und Wege finden [...], um einen Unterricht in Chemie durchführen zu lassen [...]."[847] Neben dieser kritischen Stellungnahme aber war Metzner voll des Lobes über die Schulfarm und die gezeigten Abituriumsleistungen:

"Es bestätigte sich [...] der Eindruck, der sich bereits bei den früheren Reifeprüfungen in Scharfenberg eingeprägt hatte: in den Kernfächern liegen die Leistungen weit über dem Durchschnitt anderer Schulen: Die Prüflinge haben die Stoffgebiete nicht bloß 'durchgenommen', sondern sie haben sich ganz persönlich mit ihnen auseinandergesetzt. Sie betrachten die Gegenstände, die im Unterricht behandelt worden sind, nicht als etwas, womit man sich aus äußeren Gründen nun einmal beschäftigen muß, sondern als eine Angelegenheit ihres inneren Lebens. Die im Unterricht geleistete Arbeit bietet für sie daher auch immer den Ausgangspunkt für weitere Vertiefung, für eigene Untersuchungen oder für Erörterungen innerhalb der Gemeinschaft; es ist sehr bezeichnend, daß ein Teil der in der Prüfung gelösten Aufgaben mit den im Unterricht berührten Stoffgebieten nur in losem Zusammenhang stand. Die Ergebnisse der Reife-

[843] Berlin, LA, SIS: Prüfungsunterlagen, Mappe 3: Reifeprüfungen 1925-1935, hier Arbeiten zum Abiturium 1932.

[844] Berlin, BA: Bestand Reichsministerium für Wissenschaft, Erziehung und Volksbildung, Nr. 4702, Bl. 18v-19v: Bericht über die Reifeprüfung auf der Schulfarm Scharfenberg von Metzner vom April 1926, hier Bl. 19r.

[845] Berlin, BA: Bestand Reichsministerium für Wissenschaft, Erziehung und Volksbildung, Nr. 4702, Bl. 18v-19v: Bericht über die Reifeprüfung auf der Schulfarm Scharfenberg von Metzner vom April 1926, hier Bl. 19r-v.

[846] Berlin, BA: Bestand Reichsministerium für Wissenschaft, Erziehung und Volksbildung, Nr. 4702, Bl. 18v-19v: Bericht über die Reifeprüfung auf der Schulfarm Scharfenberg von Metzner vom April 1926, hier Bl. 19v.

prüfung sind also auch ein Beweis für die Formkraft, die den Kernfächern innewohnt und die erschlossen werden kann, wenn sich ihrer eine innerlich überzeugte und fachmännisch sichere Lehrerpersönlichkeit annimmt und wenn ausreichende Zeit zur Verfügung steht. [848]

---

[847] Berlin, BA: Bestand Reichsministerium für Wissenschaft, Erziehung und Volksbildung, Nr. 4702, Bl. 18v-19v: Bericht über die Reifeprüfung auf der Schulfarm Scharfenberg von Metzner vom April 1926, hier Bl. 19v. - Diese Form der Kritik tauchte in anderen, späteren Abituriumsunterlagen nicht mehr auf: Die Forderung nach Verbesserung der Unterrichtsorganisation und damit letztlich auch der entsprechenden Schülerleistungen dürfte wohl erfüllt worden sein - wenngleich, wie gezeigt, der naturwissenschaftliche Bereich sicher nicht zu den 'Glanzleistungen' des Scharfenberger Unterrichts zu zählen ist; vgl. dazu S. 651.

[848] Berlin, BA: Bestand Reichsministerium für Wissenschaft, Erziehung und Volksbildung, Nr. 4702, Bl. 18v-19v: Bericht über die Reifeprüfung auf der Schulfarm Scharfenberg von Metzner vom April 1926, hier Bl. 18v.

Zudem, so Metzner weiter, habe die Prüfung auch folgendes gezeigt:

> "Die jungen Leute, die hier erzogen worden sind, machen durchweg den Eindruck, daß das Geistige in ihnen geweckt, der Mut zur Selbstverantwortlichkeit, die Freude an der freien Entfaltung der Persönlichkeitswerte mit Erfolg gepflegt worden ist."[849]

Im Kontext dieses 'Lobes der Schulfarm' erhielt die genannte Kritik Metzners - wohl nicht nur als Nebenzweck oder gar ohne Absicht - eine für die Schulfarm wichtige Funktion: In eindeutiger Bezugnahme auf dem Abitur 1926 vorangegangene "Abituriumskompetenzstreitigkeiten zwischen Provinzialschulkollegium und Ministerium"[850] vertrat Metzner die Position, daß bis zu dem Zeitpunkt, an dem die "Frage der Unterrichtsorganisation restlos geklärt"[851] sei, "es sich [...] nicht empfiehlt, die Reifeprüfung in die Hände einer vom Provinzialschulkollegium bestellten Kommission zu legen; die Aufmerksamkeit des Ministeriums für diesen interessanten und aussichtsreichen Schulversuch wird auch weiterhin noch dadurch besonders zum Ausdruck kommen müssen, daß die Reifeprüfung an der Schule durch einen Vertreter des Ministeriums geleitet wird."[852]

Mit dieser Argumentation tat Metzner nicht nur der Schulfarm einen großen Gefallen, da er ihr hiermit sonst gefährdete Freiheiten sicherte. Zugleich deutet sich hier auch einmal mehr an, was an verschiedenen Stellen der Arbeit immer wieder 'aufleuchtete', aufgrund der Quellenlage aber in seiner ganzen Dimension möglicherweise jedoch gar nicht richtig zutage treten kann: das (möglicherweise) immense Interesse des preußischen Kultusministeriums an der Schulfarm als Versuchsschule, die Erfahrungen für die weitere Entwicklung des preußischen Schulwesens einbringen sollte.

Auch die Quellen über die späteren Abiturien bestätigen die positive Kritik Metzners aus dem Jahre 1926: Was die unterrichtlichen Leistungen anging, so habe beim Abschluß des Abituriums 1932 - "die erste Scharfenberger Reifeprüfung unter der Verantwortung des Provinzialschulkollegiums"[853] - der damalige staatliche Prüfungsvertreter, der im Provinzialschulkollegium tätige Oberschulrat Franz Schmidt (1874-19..)[854], "Gründer deutscher Schulen in der Türkei und auf der Balkanhalbinsel"[855] - so Blume 1964 - gesagt, "ich müßte ihn im nächsten Jahr begleiten zu städtischen Examina, er könne 'diesen insular übersteigerten Maßstab' nicht länger dulden."[856]

---

[849] Berlin, BA: Bestand Reichsministerium für Wissenschaft, Erziehung und Volksbildung, Nr. 4702, Bl. 18v-19v: Bericht über die Reifeprüfung auf der Schulfarm Scharfenberg von Metzner vom April 1926, hier Bl. 19v.

[850] Berlin, LA, SIS: CH, V, S. 304.

[851] Berlin, BA: Bestand Reichsministerium für Wissenschaft, Erziehung und Volksbildung, Nr. 4702, Bl. 18v-19v: Bericht über die Reifeprüfung auf der Schulfarm Scharfenberg von Metzner vom April 1926, hier Bl. 19v.

[852] Berlin, BA: Bestand Reichsministerium für Wissenschaft, Erziehung und Volksbildung, Nr. 4702, Bl. 18v-19v: Bericht über die Reifeprüfung auf der Schulfarm Scharfenberg von Metzner vom April 1926, hier Bl. 19v.

[853] Berlin, BBF: SLG-GS, Jahresberichte 1932/33, Bd. 248d, Nr. 88: Berlin, SIS (Blume), S. 30.

[854] Biogr. Inf. zu F. Schmidt: Berlin, BBF: SLG-GS, Personalblatt Franz Schmidt.

[855] PS Radde: Blume an Radde br. vom 27.06.1964.

[856] PS Radde: Blume an Radde br. vom 27.06.1964.

An ganz anderer Stelle findet sich eine auffallende Bestätigung des hohen Leistungsniveaus der Schulfarm - das zugleich einmal mehr ein Hinweis darauf ist, daß es auch "die Schulverwaltung selber war, die für die Ausbreitung dieses [guten] Rufs [der Schulfarm] sorgte"[857]: 1929 hielt an einem Gymnasium im ostpreußischen Königsberg der Studienrat und Schriftsteller Ernst Wiechert (1887-1950) eine Rede zur Verabschiedung der Abiturienten. Darin führte er u.a. aus:

"[Wir] sind [...] nicht ganz ohne Verständnis und Anerkennung geblieben, nicht nur in den [eigenen] Mauern, sondern auch draußen. Eure Abiturientenaufsätze hatte ein Ministerialrat [=Metzner!] gelesen, dem alle Schulen Ostpreußens und Groß-Berlins unterstehen. Und er hat mir gesagt, solche [Abituriums-] Aufsätze bekomme er nur noch von einer Stelle zu lesen. Es ist eine Insel bei Tegel, und auf ihr, nur durch eine Fähre zu erreichen, liegt ein kleiner Staat, eine Aufbauschule ohne Lehrplan, mit Schülern, die den Acker selbst bestellen und ihr Schulgeld nach Selbsteinschätzung zahlen [...], eine Hochbegabtenrepublik [!] mit Selbstverwaltung. Von dieser Schule stammen die Aufsätze, die mit den eurigen zu vergleichen sind. Und als ich es hörte, war es mir eine große Freude [...]."[858]

In der zum Abiturium 1927 in Kraft tretenden neuen 'Ordnung der Reifeprüfungen an den höheren Schulen Preußens' wurde in §6.4. gefordert, daß zur Abituriumsmeldung "jeder Schüler einen ausführlichen Bericht über seinen Bildungsgang zu er-

---

857 PEWESIN, Rede, S. 7.
858 WIECHERT, Ernst, Ein Mensch ist niemals arbeitslos. Eine Abiturrede, gehalten von Ernst Wiechert im Jahre 1929 in Königsberg, in: Die Zeit vom 24.07.1981. - Das Zitat auch wieder in: PEWESIN, Rede, S. 6f. - Vgl. zu der Abiturrede auch die Anspielung in: BLUME / FRÜHBRODT, Das dreizehnte Schuljahr, S. 128f. -
Für den bisherigen Stand wie für die weitere Arbeitsperspektiven der Wiechert-Forschung ist folgender Sachverhalt von Interesse: Wiecherts 'Abschiedsrede' wurde als 'Abschiedsrede an die Abiturienten. Gehalten am 16. März 1929 in der Aula des staatlichen Hufengymansiums in Königsberg/Ostpreußen' meines Wissens zuerst abgedr. in: WIECHERT, Ernst, An die deutsche Jugend. Vier Reden, München 1951, S. 9-25; wieder in: WIECHERT, Ernst, Sämtliche Werke in 10 Bänden, Bd. 10, Wien [u.a.] 1957, S. 340-348. - Beide Abdrucke aber enthalten (ohne entsprechende Kennzeichung) gegenüber dem in der 'Zeit' abgedr. Text eine GEKÜRZTE Fassung, in der u.a. die die Schulfarm betreffende Passage fehlt. - Eine schriftliche Anfrage nach der Vorlage für die in der 'Zeit' abgedr. Fassung verlief negativ ('Die Zeit' an D.H. br. vom 10.04.1995). - Eine schriftliche Anfrage bei der Wiechert-Gesellschaft (Hans-Martin Pleßke an D.H. br. vom 24.11.1995) erbrachte folgende Antwort: "Ich bin neben Herrn W.[eigelt] auch ein Stellvertreter in der [1989 in Duisburg gegründeten Internationalen Ernst-] Wiechert-Gesellschaft und seit Jahrzehnten mit dem Werk des Dichters vertraut. Wir sind erstaunt, daß Sie eine Rede-Fassung nennen, die nicht mit den anderen Texten übereinstimmt. Eigentlich hätte man sich in der 'Zeit' 1981 auf die Version stützen müssen, die in der Ausgabe 'Sämtliche Werke' abgedruckt worden ist. Guido Reiner hat Wiechert-Bibliographien erarbeitet, die Sie sicher kennen. Dort gibt es keinen Hinweis dafür, daß sich die Handschrift oder Urfassung im Wiechert-Archiv im Haus Königsberg in Duisburg befindet. Ich habe auch bei den Reden an die Jugend festgestellt, daß die einzelnen Versionen bei den verschiedenen Drucklegungen nicht immer übereinstimmen. Die Ursachen dafür zu ergründen, dürfte kaum noch möglich sein. Um Wiecherts Werk hat sich sehr sein ehemaliger Schüler Gerhard Kamin gekümmert. Auf dessen Namen werden Sie in der Wiechertforschung immer wieder stoßen. Kamin hat in Eutin gelebt, dort gibt es noch seine Witwe, aber an entsprechendes Material ist nicht heranzukommen. Immerhin könnte es sein, daß diese Rede bei Kamin gelandet ist, denn er hat seinerzeit mit Lilje Wiechert in Wolfratshausen den Nachlaß gesichtet. Und sehr viel Material verschwand - auf welchem Wege auch immer. Wir haben bisher auch nicht das Manuskript vom 'Traumbuch' auftreiben können, an dem Wiechert bis zuletzt gearbeitet hat. Daß aber die Redaktion [der 'Zeit'] nicht sagen kann, wer ihr das Manuskript seinerzeit zugeleitet hat, ist schon schwach für eine solche überregionale Zeitung! Sie sollten sich getrost auf die für Sie relevante Passage stützen und zum Ausdruck bringen, daß sie nur in der 'Zeit' zu lesen ist."

statten und dabei die Gebiete und Stoffe hervorzuheben [hat], mit denen er sich vor allem beschäftigt hat."[859] Zudem hatte die Schule laut §8.1. über jeden Prüfling ein Gutachten zu erstellen; dieses sollte "nicht nur die Entwicklung der Geistesgaben und der Charaktereigenschaften des Schülers erkennen lassen und über seine Fähigkeiten zu selbständiger geistiger Arbeit Aufschluß geben, sondern überhaupt alles anführen, was für sein Gesamtbild und die Erkenntnis seiner Eigenart von Bedeutung ist. Ausbildung der Sinne, Beobachtungsfähigkeit, Verstandesklarheit, Urteilskraft, Erfindungsgabe, Phantasie, Darstellungsvermögen sind dabei ebenso in Betracht zu ziehen wie Sonderbegabungen und Sonderbetätigung auf den verschiedenen Lebensgebieten innerhalb und außerhalb der Schule, Teilnahme und Erfolg in den Arbeitsgemeinschaften, bemerkenswerte Leistungen im Turnen und Sport, Betätigung im Gemeinschaftsleben der Schule, Teilnahme an der Jugendbewegung und dergleichen. Auch innere und äußere Hemmungen, häusliche Lage, geldliche Verhältnisse, Gesundheitszustand usw. sind gegebenenfalls zu berücksichtigen."[860]

Für einige Abituriumsjahrgänge bzw. für einige Abiturienten liegen diese geforderten 'Bildungsgänge' (Lebensläufe) bzw. die von Blume und anderen Lehrern verfaßten 'Charakteristika' vor - und geben ganz vorzügliche Einblicke in die Persönlichkeitsentwicklung der Schüler.

Was die 'Bildungsgänge' (Lebensläufe) anbelangt, die Blume (wohl) erstmals am 21.02.1926 (!) für die Abiturienten des Jahres 1926 beim Ministerium eingereicht hatte[861], so hob Schmidt in der 'Niederschrift über die mündliche Reifeprüfung Ostern 1932 (sogenanntes allgemeines Protokoll)' vom 07.03.1932 hervor, die "Lebensläufe seien höchst erfreulich sowohl in ihrer stilistischen Leistung wie als Zeichen eingehender Selbstbetrachtung mit der Übersicht über die Situation der geistigen Entwicklung"[862]. Und für die Prüfung des Jahres 1933 brachte Schmidt den Erfolg der auf Scharfenberg praktizierten Pädagogik erneut zum Ausdruck, indem er zum einen wiederum die guten unterrichtlichen Leistungen und Abituriumergebnisse lobte, mit denen - wie der ehemalige Scharfenberg-Schüler Mundstock es formulierte - die Schulfarm "überzeugend Rechenschaft [...] wider ihre Feinde [ablegte]."[863]

---

[859] Ordnung der Reifeprüfungen, S. 284.

[860] Ordnung der Reifeprüfungen, S. 285.

[861] Es wäre eine lohnenswerte Angelegenheit, diese vorliegenden Quellen mit ähnlichen Quellen anderer (Berliner) Schulen der Zeit zu vergleichen! - Vgl. so schon: Berlin, LA, SIS: CH, V, S. 326, wo sich der Hinweis findet, auf die Lebensläufe der Abiturienten des Jahres 1926 (!), die Blume am 22.II.1926 beim Ministerium eingereicht hatte: "Diese waren dies Mal 'jugendpsychologisch' sehr interessant, sodaß Kollege Lehmann auf den Gedanken kam, sie einmal mit den Vitae der Humboldtabiturienten, also von Stadtschulen zu vergleichen [...]."

[862] Berlin, LA, SIS: Prüfungsunterlagen, Mappe 3: Niederschrift über die mündliche Reifeprüfung Ostern 1932 (sog. Allgemeines Protokoll) vom 07.03.1932 (Prüfungsleiter Schmidt). - Ebd. schlug Schmidt vor, "die in den Biographien vertreuten Bemerkungen über Scharfenberg aufzubewahren [...]." - Vgl. zu Schmidts Stellungnahme zu den Lebensläufen auch: Berlin, BBF: SLG-GS, Jahresberichte 1932/33, Bd. 248d, Nr. 88: Berlin, SIS (Blume), S. 30.

[863] MUNDSTOCK, Meine tausend Jahre, S. 94.

Außerdem betonte Schmidt nochmals "den Eindruck der Reife"[864], den die Prüflinge auf ihn gemacht hätten:

"Die Lebensläufe zeigen gute, bewußte Erfassung des eigenen Werdeganges, besser als an anderen Schulen."[865]

Was die 'Charakteristika' der Schüler anbelangt, so hob Schmidt in seiner 'Niederschrift über die mündliche Reifeprüfung Ostern 1932 (sogenanntes allgemeines Protokoll)' vom 07.03.1932 das "liebevolle Eingehen" Blumes auf die Schüler und den "pädagogische[n] Wert der Charakteristika" hervor[866]. Und in der 'Niederschrift über die mündliche Reifeprüfung Ostern 1933 (sogenanntes allgemeines Protokoll)' vom 22.03.1933 heißt es in entsprechender Weise:

"Die Gutachten zeigen eine ganz außerordentlich eingehende Erfassung der Schülerpersönlichkeiten, wie sie in anderen Schulen nicht erreicht wird."[867]

---

[864] Berlin, LA, SIS: Prüfungsunterlagen, Mappe 3: Niederschrift über die mündliche Reifeprüfung Ostern 1933 (sog. Allgemeines Protokoll) vom 22.03.1933 (Prüfungsleiter Schmidt).

[865] Berlin, LA, SIS: Prüfungsunterlagen, Mappe 3: Niederschrift über die mündliche Reifeprüfung Ostern 1933 (sog. Allgemeines Protokoll) vom 22.03.1933 (Prüfungsleiter Schmidt).

[866] Berlin, LA, SIS: Prüfungsunterlagen, Mappe 3: Niederschrift über die mündliche Reifeprüfung Ostern 1932 (sog. Allgemeines Protokoll) vom 07.03.1932 (Prüfungsleiter Schmidt).

[867] Berlin, LA, SIS: Prüfungsunterlagen, Mappe 3: Niederschrift über die mündliche Reifeprüfung Ostern 1933 (sog. Allgemeines Protokoll) vom 22.03.1933 (Prüfungsleiter Schmidt).

II.4. DAS PÄDAGOGISCHE KONZEPT DER SCHULFARM INSEL SCHARFENBERG (SCHLUßTHESEN)

"Vieles von dem, was im Rahmen gegenwärtiger Diskussion um Schulreform für wünschenswert, keineswegs aber für allgemein realisiert gehalten wird, ist auf Scharfenberg bereits in den zwanziger Jahren praktiziert worden"[1], schrieb Kubina vor einigen Jahren in einem Kurzüberblick über die Geschichte der Schulfarm in der Weimarer Republik; als Beispiele hierfür nannte er "z.b. die Aufhebung der starren Gymnasialtypen, die Verbindung von Kopf- und Handarbeit, eine ausgeprägte Schülerselbstverwaltung und die Verzahnung von Unterricht und Schulleben."[2]

Keim schloß seinen Beitrag über die 'Aktualität der Schulfarm' mit der These, wenn die Schulfarm "heute einen Beitrag zur aktuellen Schulreformdiskussion leisten [könne] [...], dann im Sinne von Aufklärung über alternative Möglichkeiten eines Kern-Kurs-Unterrichts" sowie "auch im Sinne eines konzeptuellen Beitrages zur Diskussion über das 'praktische Lernen' in der Schule"[3]. Zudem - so Keim weiter - könne die Geschichte der Schulfarm "verdeutlichen", welche Voraussetzungen notwendig sind, damit Schule nicht nur ein Ort der Qualifizierung, der Auslese und der Zuweisung von Schülern zu unterschiedlich wertigen Positionen des Beschäftigungssystems ist, sondern Erziehung und Bildung der jungen Generation fördern kann."[4]

Hervorhebenswert scheint mir in diesem Zusammenhang z.B. zu sein, daß auf Scharfenberg "in einer anregenden und unmittelbar bildenden Umwelt"[5] nicht nur Kenntnisse, fertige Ergebnisse vermittelt, sondern Fähigkeiten entwickelt wurden: Hier wurde es den Schülern ermöglicht, sich mit dem Stoff wirklich einzulassen und aus der Beschäftigung mit ihm - in einem schöpferischen Prozeß geistigen Werdens - eigene Eigenschaften zu entwickeln.

Doch reicht die pädagogische Leistung der Schulfarm weit über diese Einzelaspekte hinaus:

(1) Vergleicht man den 'Wiesenburger Traum' des Jahres 1918, Blumes Gründungsgesuch vom Februar 1922 sowie weitere frühe Antragsbegründungen zum Auf- und Ausbau des Scharfenberger Schulversuches mit späteren, zum Teil publizierten Selbstdarstellungen derselben, so erkennt man leicht, wie Blume zunächst, ausgehend von einer vagen und kühnen pädagogischen Utopie, klare Rahmenvorstellungen

---

[1]   KUBINA, Christian, Die Schulfarm Scharfenberg - ein fast vergessenes Erbe der Reformpädagogik, in: Hort heute. Fachzeitschrift für die Ganztagserziehung, Jg. 2 (1991), Heft 8, S. 31f., hier S. 31.
[2]   KUBINA, Schulfarm, S. 31.
[3]   KEIM, Zur Aktualität, S. 320.
[4]   KEIM, Zur Aktualität, S. 320.
[5]   KRULL, Schulfarm, S. 713.

für seinen geplanten und beginnenden Versuch einbrachte[6], wie er verschiedene reformpädagogische Ideen und Erfahrungen der Zeit, vor allem der Landerziehungsheime, der frühen Versuchsschulvorstellungen des Bundes Entschiedener Schulreformer (Einheits-, Produktions- und Lebensschule) und der Lebensgemeinschaftsschulen bzw. Wilhelm Paulsens Programm der 'Überwindung der (traditionellen) Schule' partiell aufnahm und wie sich daraus ein eigenständiges, in sich schlüssiges, einheitliches pädagogisches Konzept entwickelte.

(2) Dieses pädagogische Konzept hatte wiederum nichts Starres an sich, so daß auf Scharfenberg eine sich an wandelnden Bedürfnissen und Erkenntnissen orientierende 'permanente Reformarbeit' geleistet werden konnte.

(3) Nach diesem pädagogischen Konzept wurde versucht, den Schulversuch als Ganzes zu gestalten, d.h.: es wurde angestrebt, das Zusammenleben von Schülern und Lehrern wie auch den Unterricht (in einem bis dahin unbekannten Maße!) als Einheit zu verstehen und folgerichtig nach denselben Prinzipien zu gestalten[7].

(4) Dabei lassen sich schlagwortartig und prägnant drei Begriffe als für die Schulfarm wesentlich herausstellen[8]:

- ganzheitliche Erziehung und Bildung (Kopf, Herz und Hand)
- Selbstverantwortlichkeit (Entfaltung der Persönlichkeit),
- Erziehung zur Gemeinschaft (Entfaltung der Sozialität).

---

[6] Blume selbst betonte (einseitig) immer wieder, wie sehr die Gründung der Schulfarm ohne festes Programm aus der Praxis heraus erfolgt sei; so z.B.: BLUME, Bericht (1923), Bl. 195v: "Im September besuchte uns der Stadtschulrat von New York [...]. Etwas eigenartig berührte uns das hartnäckige Fragen nach dem Philosophen, auf den wir hier beruhten. Einerseits warf er den Deutschen vor, sie seien groß in der Idee und erlahmten in der Praxis, andererseits forscht er nach dem ideelen Urheber, nach der Theorie, bei einem Unternehmen, das ganz aus der Praxis heraus hervorgegangen ist und seine endgültigen Ziele auch erst aus der Praxis heraus hervorwachsen lassen will." - Z.B. auch: BLUME, Schulfarm (1924), S. 313: "Die Inselschule Scharfenberg ist nicht so sehr eine Gründung nach einem vorgefaßten pädagogischen Programm, sondern ist unmittelbar aus der Praxis aus unscheinbaren Anfängen hervorgegangen." - Dieses Bild wurde und wird so immer wieder weitertradiert; s. so z.B.: RADDE, Schulfarm, S. 32: Die Gründung der Schulfarm erfolgte "ohne ein festgelegtes Konzept, ohne Rückgriff auf ein bestimmtes programmatisches Vorbild."

[7] Vgl.: KEIM, Zur Aktualität, S. 304: "Was Scharfenberg im Vergleich zu anderen Landerziehungsheimen seine einzigartige Bedeutung unter den Schulversuchen der Weimarer Zeit verleiht, ist die Tatsache, daß hier zumindest versucht wurde, das Zusammenleben von Schülern und Lehrern wie auch den Unterricht nach denselben Prinzipien zu gestalten." - Vgl. ebenso: KEIM, Zur Aktualität, S. 320: "Scharfenberg und in ähnlicher Weise auch die ganz anders ausgerichtete Karl-Marx-Schule Fritz Karsens in Berlin-Neukölln oder die Berliner Lebensgemeinschaftsschulen zeigen, daß die wichtigste Voraussetzung dafür ein einheitliches pädagogisches Konzept ist, das allen Einzelmaßnahmen einer Schule zugrundeliegt, von der Unterrichtsorganisation bis hin zum Lehrerhandeln."

[8] Vgl.: KEIM, Zur Aktualität, S. 305: "Versucht man [die] [...] bereits in der Gründungsschrift vom Februar 1922 enthaltenen Elemente, die bis zum Ende der Schulfarm 1934, teilweise auch noch bis in die Zeit nach dem Zweiten Weltkrieg bestimmend für Scharfenberg waren, zusammenzufassen, so kommt man auf die drei Begriffe: Ganzheitliche Erziehung und Bildung, Selbstverantwortlichkeit und Erziehung zur Gemeinschaft. Von hier aus erhielten alle Einzelmaßnahmen, Organisationsformen und Unterrichtsbemühungen ihren Sinn."

(5) Werner Hartkopf, der sich wohl am grundsätzlichsten und theoretischsten mit Geschichte und Leistung der Schulfarm in der Weimarer Republik auseinandergesetzt hat, hat als beispielhafte Leistungen der Schulfarm einerseits die mit den drei genannten Begriffen skizzierte "Grundkonzeption, aus der heraus die Schulfarm ihre Gestaltung gefunden hatte" und andererseits eine damit korrespondierende "beispielhafte Bewältigung der meist völlig übersehenen prinzipiellen Dialektik des Pädagogischen" hervorgehoben[9]:

> "Erziehung und Bildung [- auf Scharfenberg aufs Engste aufeinander bezogen -] wurden nicht als ein einseitiger Prägungsprozeß, aber auch nicht als ein bloßer Entfaltungsvorgang, sondern als ein schöpferischer Gestaltungsprozeß verstanden, an dem der zu Erziehende und zu Bildende ebenso beteiligt sein muß wie der Erziehende, und zwar als ein Prozeß, der nicht nur das eine oder andere Moment der sich bildenden Persönlichkeit, sondern diese in ihrer Ganzheit betreffe. Die Zielsetzung Blumes ist daher nicht bloß eine intellektuelle, geistige, sondern auch eine ethisch-moralische bzw. sozialethische oder gesellschaftspolitische, sowie eine musische Bildung, also eine allseitige Bildung, die nicht nur wie im klassischen Bildungsansatz Wilhelm von Humboldts die höchstmögliche Entfaltung der Einzelpersönlichkeit, sondern diese Entfaltung in ihrer Einbettung in eine kulturelle Gemeinschaft, eine Gesellschaft, anstrebt, für deren Form auch der Einzelne mitverantwortlich ist und an der er aktiv mitzuarbeiten hat. Alles was im alten Scharfenberg veranstaltet und wie es de facto durchgeführt ist, ist auf diese Grundidee bezogen. Es ist mir in Deutschland keine Schule bekannt, in der Bildung und Erziehung so als eine Einheit verstanden wurden und in solcher Breite und Tiefe nicht nur intendiert, sondern sogar weitgehend realisiert werden konnten wie im alten Scharfenberg, in dem der Unterricht so bruchlos und zwangsläufig mit allen anderen Lebensformen zusammengeflossen ist. Alle die auffallenden Einzelzüge, die anscheinend gegensätzlichen Formen des Kern- und Kursunterrichts, die Selbstverwaltungsorganisation, die Gemeinschaftsarbeit und -dienste, die freien Veranstaltungen, in denen vor allem die musische Erziehung einen beherrschenden Platz fand, bestimmen sich aus diesem Grundansatz, der durch das Medium des Gesamt- oder Kulturunterrichts in alle Lebensbereiche hineinwirkte."[10]

---

[9] HARTKOPF, Gründung, S. 93.
[10] HARTKOPF, Gründung, S. 92. - Ausführlich zum dialektischen Prinzip auf Scharfenberg: HARTKOPF, Werner, Die Bewältigung der Dialektik des Pädagogischen im alten Scharfenberg. Ein Essay (=Neue Scharfenberg-Hefte, 3), Berlin 1982. - An zahlreichen anderen Stellen wird das dialektische Prinzip der Schulfarm kurz angedeutet, so z.B. von: PEWESIN, Rede, S. 11f.; und von: SCHEEL, Schulfarm (1990), S. 18: "Ein [...] dialektischer Aspekt, dem in Scharfenberg eine ganz besondere Aufmerksamkeit geschenkt wurde, äußerte sich in der widersprüchlichen Zielsetzung, jede individuelle Persönlichkeit zur Entfaltung zu bringen und sie dabei gleichzeitig zu einem Glied der Gemeinschaft zu erziehen. Das Spannungsverhältnis zwischen beiden Gegensatzmomenten, denen keine unterschiedliche Wertung zugeordnet, sondern die gleiche Berechtigung zuerkannt wurde, war in allen Bereichen des Scharfenberger Lebens präsent. Am sichtbarsten aber äußerte er sich im Rahmen der Schülerselbstverwaltung [...]. Auf Scharfenberg wurde mit der 'Schülerdemokratie' ernst gemacht."

**III.   'AUSWIRKUNGEN' UND EINFLUßNAHMEN DER SCHULFARM
              INSEL SCHARFENBERG AUF DAS ÖFFENTLICHE SCHULWESEN:
              1928-1934**

Die Schulfarm war lediglich ein kleiner Schulversuch, der - wie an vielen Stellen
dieser Arbeit verdeutlich wurde - unter einer ganzen Reihe von Ausnahmebedingungen entstanden war und durchgeführt wurde. Zu diesen Ausnahmebedingungen gehörte u.a.

- die eine ungewöhnlich intensive 'Lernatmosphäre' erzeugende Geschichte und
  Topographie der Insel,

- eine in Bildungsfragen engagierte, sich anfangs zunächst aus dem Reformbildungsbürgertum, dann zunehmend aus der Arbeiterschaft rekrutierende Elternschaft,

- eine im Versuchsschulcharakter der Schulfarm begründete, nicht dem
  'Normalmaß' entsprechende Schüler- und Lehrerschaft,

- einzelne, aber maßgebliche Bildungspolitiker und in der Schulverwaltung wirkende Persönlichkeiten, die der Schulfarm ungewöhnliche Freiheiten für ihre Reformarbeit gewährten und nicht zuletzt

- die Persönlichkeit des Gründers und Leiters der Schulfarm, Wilhelm Blume.

Selbstverständlich war sich Blume selbst all dieser Ausnahmefaktoren bewußt; dennoch verband er mit seinem Schulversuch von Beginn an über denselben selbst hinausgehende, weiterreichende Ziele.

III.1.   ERSTE ANSÄTZE VOR 1928

Bereits in seinem Gesuch zur Gründung der Versuchsschule auf der Insel Scharfenberg im Frühjahr 1922 hatte Blume die Hoffnung ausgesprochen, der Scharfenberger
Versuch könne "die Keimzelle für ähnliche Gründungen werden"[1]; wenn dies nicht
gelänge, so würde er jedoch immerhin "durch Erproben neuer Erziehungs- und Unterrichtsformen der Entwicklung der unter weniger günstigen Verhältnissen arbeitenden Stadtschulen und somit der Gesamtheit zugute kommen."[2]

   Auch in der nachfolgenden Zeit wiederholte Blume solche Hoffnungen in Variationen immer wieder; so äußerte er z.B. 1924 den Wunsch, "daß an der Peripherie

---

[1]   BLUME, Gesuch (1922), S. 17. - Ähnlich: BLUME, Bericht (1923), Bl. 261r.
[2]   BLUME, Gesuch (1922), S. 17. - Ähnlich: BLUME, Bericht (1923), Bl. 261r.

der Großstadt ähnliche Gründungen versucht würden, denn der eine Posten mit seinen [gegenwärtig] 50 Jungen [...] [sei] selbstverständlich nur [!] ein Pionierposten."[3]

Doch in den ersten Jahren der Reformarbeit blieben solche Hoffnungen unerfüllte
Wunschträume. Damit aber mußte die Frage, "ob sie [die Schulfarm] nur als eine
Einmaligkeit zu werten ist, die in den für sie bestimmten Umständen und in ihrer besonderen Situation begründet liegt", oder "inwieweit ihr ein allgemeiner Mo-
dellcharakter für das höhere Schulwesen zuerkannt werden kann"[4], also die Frage
nach der Übertragbarkeit der auf der Schulfarm gemachten Erfahrungen, vorerst un-
beantwortet bleiben. Diesbezüglichen Zweifeln[5] konnte zunächst nichts Konkretes
entgegengesetzt werden.

Doch bereits Anfang Juli 1926 schrieb Blume, es wolle nun scheinen, "als ob
sich jetzt übersehen ließe, was noch zu tun notwendig ist, wenn man aus den bisher
mehr oder weniger provisorischen Zuständen in absehbarer Zeit zu etwas Abge-
schlossenem kommen will, welches dann die Grundlage zu weiteren neuen Versuchen ähnlicher Art auf Grund der gemachten Erfahrungen und unter Mitwirkung
der aus dem Versuch hervorgegangenen jungen Kräften bilden kann."[6] Die Hoffnungen Blumes auf die Verbreiterung der auf Scharfenberg gewonnenen pädagogischen
Erkenntnisse durch 'aus dem Versuch hervorgegangene junge Kräfte' basierten hier
auf der Tatsache, daß "sich doch 10 unserer Abiturienten auf den Lehrerberuf
vor[bereiten], von denen die meisten gewillt und fähig sind, das Werk fortzusetzen
und in Filialgründungen zu erweitern."[7] Die Hoffnungen, daß es "zu weiteren neuen
Versuchen ähnlicher Art"[8] kommen würde, hatten einen noch weitaus konkreteren,
handfesteren Hintergrund:

---

3   BLUME, Schulfarm (1924), S. 330.
4   HARTKOPF, Gründung, S. 90.
5   Vgl. etwa: Die Schulfarm Scharfenberg. Ein interessantes pädagogisches Experiment, in: All-
     gemeiner Wegweiser für jede Familie. Mit Bilderbeilage und Schnittbogenmuster, Berlin, Jg.
     1932 [Nr. 46 vom 16.11.], Ausg. B, S. 885: "Jeder Pädagoge, der die Insel besucht, muß die
     Frage aufwerfen: Lassen sich die Scharfenberger Methoden auf andere Schulen ohne weiteres
     übertragen? Gewiß nicht. Das Stimmrecht, die freie Wahl des Lernstoffs, das Durcheinander
     von körperlicher und geistiger Arbeit ist nur mit einem so gesiebten Schülermaterial in winzigen
     Klassen möglich, wie die Inselschulgemeinde es darstellt. Und darum sagen die unterrichtlichen
     und erziehrischen Erfolge in Scharfenberg nichts über den Wert der Schulgemeinden
     schlechthin. Nur unter ähnlichen äußeren und inneren Verbindungen [sic!] läßt sich Ähnliches
     schaffen." - PS Radde, Nachlaß Fritz Blümel (1899-1989), Korrespondenz: Blümel an Blume
     br. vom 03.07.1960: "Ich wäre ein schlechter 'alter Scharfenberger', sähe ich nicht, wie sehr
     die Grundsätze der Erlebnistheraphie Kurt Hahns und der damaligen Inselpraxis Scharfenbergs
     zusammengehen. Andererseits klingt mir die skeptische Bemerkung Kurt Löwensteins noch in
     den Ohren, die er Ihnen gegenüber bei einem Besuch Scharfenbergs machte: 'Sehr schön das al-
     les hier; gehen Sie an eine Stadtschule mit tausend Schülern und wiederholen Sie es dort!'"
6   BLUME, Gesuch (1926).
7   BLUME, Gesuch (1926). - 1928 wünschte sich ein Elternteil eines Scharfenberger Schülers
     ganz in diesem Sinne, "daß Scharfenberg zu der Aufgabe mit beitrage, daß nämlich unter der
     Schar der zukünftigen Lehrer, welche die Insel jährlich verlassen, sich zwei oder drei finden,
     die, ihre Kenntnisse der unendlichen Kleinarbeit benutzend, Schulen von ähnlicher Einheitlich-
     keit als 'neue Keimzellen' über Krisen hinweg ins Leben führen." (Aus dem Leben, S. 394).
8   BLUME, Gesuch (1926).

Wohl um die Jahrhundertwende hatte der Hamburger Baurat Wilhelm Daniel Vivié (1848-1919)[9] in einem stillen Winkel am Rande des Sunder, bei Hittfeld an der Bahnstrecke Hamburg-Bremen gelegen, ein Grundstück, den (späteren) 'Sunderhof' erworben und zunächst für sich, dann auch für seinen Freund, den Direktor der Hamburger Kunsthalle, Alfred Lichtwark, ein Haus errichtet. Als Vivié nach Jahren sein Domizil verließ, zog die Pädagogin Maria Schmidt-Matthaei (1874-1957), bislang Lehrerin an der Hamburger Klosterschule, dort ein und erwarb 1914 auf Rat Lichtwarks, der im selben Jahr verstarb, das ganze Anwesen[10]. Schmidt-Matthaei baute den 'Sunderhof' aus, stellte ihn "mit seinen Häusern und Häuschen der Jugend zur Verfügung" und machte ihn zum Treffpunkt von "Menschen [...], die führend im geistigen, künstlerischen und sozialen Leben Hamburgs gewesen sind"[11].

Anfang des Jahres 1924 hatte Maria Schmidt-Matthaei, mit einem Empfehlungsschreiben Wilhelm Paulsens ausgestattet, als Hospitantin die Schulfarm besucht[12]. Knapp 2 1/2 Jahre später, am Himmelfahrtstag 1926, erhielt Blume einen Brief von ihr, über den er die Scharfenberger Schulgemeinschaft in Kenntnis setzte: Schmidt-Matthaei knüpfte in ihrem Brief an ihren Scharfenbergbesuch, der für sie "ein unvergessliches Erlebnis"[13] gewesen sei, an. Sie stellte zunächst ihren 'Sunderhof' als "eine Kolonie kleiner und kleinster Landhäuser im Walde, z.Tl. baudenartig mit Borke benagelt"[14], mit Gartenland versehen, vor[15]. Sodann berichtete sie, wie sie auf dem 'Sunderhof' zunächst "ein Fortbildungsheim für junge Mädchen eingerichtet"[16] habe, dieses Unternehmen jedoch nach einem Jahr aufgegeben habe, "weil es in seinem Pensionscharakter"[17] ihren "sozialen Anschauungen [...] nicht entsprochen"[18] habe. Nun aber plane sie, auf dem 'Sunderhof' "ein Landerziehungsheim für 30 Kinder"[19] zu gründen. An Blume wolle sie in diesem Zusammenhang nun die Frage richten, ob er für dieses Vorhaben "geeignete Mitarbeiter besorgen"[20] könne, und ob es außerdem denkbar wäre, "daß der Sunderhof für die Überzahl der Anmeldungen in Frage kommen könnte, für die die Insel [Scharfenberg] nicht Raum [habe]."[21]

---

[9]   Lebensdaten Viviés: Staatsarchiv der Freien und Hansestadt Hamburg an D.H. br. vom 08.07.1999.
[10] Einen kurzen Überblick über den Sunderhof und Maria Schmidt-Matthaei bietet: OPPENS, Edith, Maria Schmidt-Matthaei und der Sunderhof. Innige Freundschaft mit Adele Doré - Insel des Geistes und der Kultur in der stillen Heide, in: Die Welt vom 14.09.1957. - S. auch: COHRS, Claus, Tagungs- und Jugendbildungsstätte 'Der Sunderhof', in: Harburger Kreiskalender 1983, Harburg 1983, S. 34f. - S. zum 'Sunderhof' auch S. 465 und S. 616-618.
[11] OPPENS, Maria Schmidt-Matthaei.
[12] Berlin, LA, SIS: CH, V, S. 346. - Vgl. auch: BLUME, Schulfarm (1928), S. 160.
[13] Berlin, LA, SIS: CH, V, S. 346.
[14] Berlin, LA, SIS: CH, V, S. 346.
[15] Berlin, LA, SIS: CH, V, S. 346.
[16] Berlin, LA, SIS: CH, V, S. 346.
[17] Berlin, LA, SIS: CH, V, S. 346.
[18] Berlin, LA, SIS: CH, V, S. 346.
[19] Berlin, LA, SIS: CH, V, S. 346.
[20] Berlin, LA, SIS: CH, V, S. 346.
[21] Berlin, LA, SIS: CH, V, S. 346.

Blume reagierte auf Frl. Schmidt-Matthaeis Schreiben umgehend: Bereits einige Tage später, am 13.06., fuhr er mit dem Scharfenbergschüler Walter Schramm nach Norddeutschland, um "die lokalen Verhältnisse in Augenschein zu nehmen"[22]:

> "Wir fanden reizende Aufnahme. Das Grundstück ist kein Bauernhof [...]. Leider fehlt [entsprechend auch] Ackerland; aber für kleine Kinder von 9 und 10 Jahren böte auch der Garten zunächst ein Betätigungsfeld und die Umgebung mit Wald, Heide, Sandgrube den idealsten Tummel- und Erziehungsplatz. Eine Vorschule für Scharfenberg?? [sic!] Vielleicht unter Herrn Wolffs Leitung? Doch nicht zu kühn geträumt! Zunächst muß es praktisch probeweise ausprobiert werden."[23]

Mit rasch erwirkter Zustimmung der Elternschaft erklärte sich Blume in kürzester Zeit bereit, "mit der Zwischenstufe einmal probeweise hinauszukommen und zu unterrichten."[24]

Am 03.07.1926 setzte sich Blume "mit interessierten ehemaligen und den älteren jetzigen Schülern"[25] in dieser Angelegenheit zusammen. Einen Tag später, am 04.07., sandte er - wohl als Ergebnis der Beratungen am Tag zuvor - einen Plan für ein "Probeunternehmen"[26] an Frl. Schmidt-Matthaei ab, ebenso ein 'Gesuch um Gewährung eines Reisekostenzuschusses von 1.000 M.' an das Reichsministerium des Inneren[27] sowie an die Verlage Ullstein und Mosse"[28]:

> "Da unseren Eltern Extramittel nicht zur Verfügung stehen, muß ich mir einen Garantiefonds verschaffen. Selbst im ungünstigsten Falle, wenn die Sezessio[29] nicht zu einer Filialgründung führt, sind sowohl die Entwicklungsmöglichkeiten des Sunderhofs allgemein ausprobiert als auch ehemaligen Berliner Volksschülern in einem Unterrichtsversuch an Ort und Stelle, dem als Einheitsthemen die See und die Heide zu Grunde liegen sollen, eine sicher für ihre Entwicklung folgenreiche Ausweitung ihres Horizontes und ihres Lebens geboten."[30]

Im Gefolge dieses Gesuches wies am 07.07. der Staatssekretär für Schul- und Bildungsfragen im Reichsministerium Heinrich Schulz (1872-1932) die Reichsschulkasse an, 1.000 M. zu zahlen; am 10. Juli teilte Chefredakteur Georg Bernhard (1875-1944)[31] bedauernd mit, den Ullstein-Verlag lediglich zum Zuschuß von 100 M. bewegen zu können; am 12. Juli schließlich stellte Stadträtin Weyl 150 M. in sichere Aussicht, und der Verlag Mosse stiftete 300 M.[32]

Am 18.07.1926 fuhr Blume mit den Oberstufenschülern Bruno Opalka (SIS 1924-27), Wolfgang Pewesin (SIS 1924-27), Erwin Kroll (1923-29), Jochen Heinrichsdorff (SIS 1926-29) und Walter Jandt (SIS 1923-29), mit Tischler- und

---

22   Berlin, LA, SIS: CH, V, S. 346.
23   Berlin, LA, SIS: CH, V, S. 346.
24   Prot. der 14. Schulgemeinde vom 27.06.1926, in: Berlin, LA, SIS: CH, V, S. 348.
25   Berlin, LA, SIS: CH, V, S. 349.
26   Berlin, LA, SIS: CH, V, S. 349.
27   Berlin, LA, SIS: CH, V, S. 349.
28   Berlin, LA, SIS: CH, V, S. 349f.
29   Vgl. zur Verwendung des Begriffes S. 479.
30   Berlin, LA, SIS: CH, V, S. 350.
31   Georg Bernhard, Journalist, war bis 1930 Chefredakteur der Vossischen Zeitung, ab 1928 Honorarprofessor und Mitglied des Reichstages; 1931 emigrierte er nach Paris (Mitarbeit am 'Pariser Tageblatt' und im Pariser Volksfrontausschuß), 1941 in die USA.
32   Berlin, LA, SIS: CH, V, S. 350.

Malerhandwerkzeug ausgerüstet, über Hamburg zum Sunderhof[33]; dort bauten sie vom 19. bis 30. Juli eine neue Toilettenanlage und unter Mitwirkung eines Tischler- meisters aus Hittfeld "ein Holzhaus mit 18 Betten, damit [während des geplanten Aufenthaltes der Scharfenberger] das Wohnhaus von Frl. Schmidt[-Matthaei] unbe- helligt bleiben kann."[34]

Am 30. Juli holte Blume eine erste Gruppe der Zwischenstüfler zum 'Sunderhof'[35]; außerdem fuhren mit der Oberstufenschüler Walter Jenke und "als Französischlehrerin und Samariterin"[36] die Französin Hickel[37]; am 02.08. kam auch Lehrer Wolff, "ohne sich aber am Unterricht zu beteiligen."[38] Nach einigen Tagen reiste Wolff "mit den Oberstüfler[n], zu denen noch der Oberstüfler Hans-Jakob Noeggerath (SIS 1924-27) sich gesellt hatte, nach Scharfenberg zurück."[39] Für sie kamen als "Hilfskräfte"[40] die ehemaligen Scharfenbergschüler und nunmehrigen Stu- denten, "die Lehrer werden wollten"[41], Fritz Blümel, Paul 'Jonni' Heinrichsdorff, Walter Schramm und Peter Grotjahn und brachten am 10.08. den bislang auf Scharfenberg verbliebenen Rest der Zwischenstufe mit[42]; als dann auch noch Wil- helm Richter eintraf[43], war "das Sunderhof-Kollegium"[44], das insgesamt ca. 30 Mit- telstüfler in einem fünfwöchigen Aufenthalt unterrichtete[45], vollständig:

"Blume [gab] Gesamt[unterricht], Madlle. Hickel Französisch, Richter Latein und Musik, Hein- richsdorff und Grotjahn Englisch, Blümel und Schramm Mathematik [...]."[46]

Das 'Sunderhof'-Unternehmen der Schulfarm im Sommer 1926 verlief erfolgreich, brachte den beteiligten Schülern in unterrichtlicher wie in außerunterrichtlicher Hin- sicht, aber auch - wie an früherer Stelle in dieser Arbeit bereits gezeigt -, vor allem in Fragen der Unterrichtsmethodik auch für Blume selbst großen Gewinn[47].

Das 'Sunderhof'-Experiment zeigt (einmal mehr), wie Blume es verstand, sich bietende Gelegenheiten sofort beim Schopf zu packen und für die Umsetzung zuvor

---

[33] Berlin, LA, SIS: CH, V, S. 350.
[34] Berlin, LA, SIS: CH, V, S. 350.
[35] Berlin, LA, SIS: CH, V, S. 350. - Ebd.: Dieser Schülergruppe gehörten an die Ostern 1926 auf Scharfenberg aufgenommenen Schüler: Bernd Schmoll, Werner Ernst Pradel, Heinz Reinsch, Kurt Kaczmarek, Heinrich Waurisch, Otto Dreger, Ernst Eggebrecht, Wolfram Hüttner, Wer- ner Knoll, Paul Koletzki, Reinhard Kube, Gerhard Marnitz, Kurt Martinu, Erich Meyer, Emil Schipkus, Franz Schnäwel, Paul Stanger, Georg Wendt, Willy Zander sowie Karl Lösbein, "der in den Ferien als Schützling des Kommerzienrats Marlier [?] aufgenommen [worden] ist".
[36] Berlin, LA, SIS: CH, V, S. 350.
[37] Vgl. zu ihr S. 381.
[38] Berlin, LA, SIS: CH, V, S. 350.
[39] Berlin, LA, SIS: CH, V, S. 350.
[40] Berlin, LA, SIS: CH, V, S. 350.
[41] BLUME, Schulfarm (1928), S. 160.
[42] Berlin, LA, SIS: CH, V, S. 350. - Ebd.: Dieser Ostern 1926 auf Scharfenberg aufgenommenen Schülergruppe gehörten an: Gustav-Adolf Herrmann, Waldemar Block, Willi Jelski, Kurt Pa- pendorff, Fredi Richter, Hans-Werner Brand, Herbert Böttger, Fritz Sastes [?] und Gerhard Otto.
[43] Berlin, LA, SIS: CH, V, S. 351.
[44] Berlin, LA, SIS: CH, V, S. 351.
[45] Berlin, LA, SIS: CH, V, S. 361.
[46] Berlin, LA, SIS: CH, V, S. 351.
[47] Vgl. S. 622.

gehegter aber zunächst allzu kühn anmutender Ideen zu nutzen[48] - sei es etwa 'nur', um neue Unterrichtssituationen, auch außerhalb der Insel, zu schaffen, oder aber, um den Einfluß- und Wirkungsbereich der Schulfarm zu erweitern. Zudem kann es als erster konkreter Schritt Blumes in Richtung einer Realisierung bislang lediglich erdachter, über die Insel selbst hinausreichender Einfluß- und Wirkungsmöglichkeiten bewertet werden.

Gleichwohl blieb das 'Sunderhof'-Unternehmen eine einmalige Episode: Blumes Hoffnungen auf eine Expansion der Schulfarm durch Einrichtung einer Art 'Filialgründung' erfüllten sich nicht[49].

1928 - möglicherweise schon mit Blick auf die 1929/30 erfolgende juristische Anerkennung der Schulfarm als eigenständiger Schulversuch - äußerte Blume u.a. den Wunsch nach "Mehr Land!"[50]

> "Denn eine noch größere Zahl [von Personen] kann die Insel nicht ernähren; und das Selbstsähen und Selbsternten darf unter keinen Umständen zur Spielerei werden, sondern muß stets ein Haupterziehungs- und Lebensfaktor bleiben. Noch einige Jahre - und es gibt auf der Insel für die vielen Hände nicht mehr Beschäftigung genug, die sich produktiv in doppeltem Sinn erwiesen hat."[51]

Doch sollte auch dieser Wunsch nach einer 'territorialen' Expansion der Schulfarm, die die Scharfenberger Pädagogik einer größerer Schülerzahl hätte zugute kommen lassen - wie Blume 1933 schrieb - "trotz mancher dafür von Seiten der Bodenreformer und Randsiedler geäußerten Sympathien [...] ein frommer Wunsch [bleiben]"[52].

Der zweite Teil der von Blume bereits im Frühjahr 1922 ausgesprochenen (und oben bereits genannten) Hoffnungen auf eine gewisse Einflußnahme der Schulfarm auf das öffentliche Schulwesen jedoch sollten sich durchaus erfüllen - als ein Beispiel wurde etwa bereits in einem früheren Teilkapitel dieser Arbeit auf den Zusammen-

---

48   Pewesin an D.H. br. vom 28.11.1988: "[Frl. Schmidt-Matthaeis Angebot] war eine Sache, die sich Blume nicht entgehen ließ, und die er mit seiner Energie und seinem Geschick (auch die finanzielle Seite betreffend) ins Werk setzte [...]."

49   Vgl.: Elternversammlung vom 27.02.1927, in: Berlin, LA, SIS: CH, V, S. 456-458, hier S. 457: "Noch zu erwähnen ist, die freundliche Gastgeberin der Zwischenstufe vom vorigen Jahre, Frl. Mathai-Schmidt [sic!; richtig: Schmidt-Matthaei] vom Sunderhof, eine eifrige Förderin der Schulfarmgemeinde, welche als Gast unter uns weilte. Sie bedauerte mit uns, als Herr Direktor Blume ihr die Aussichtslosigkeit, eine Schulfarm auf dem Sunderhof zu gründen, eröffnete, da auf Grund der geplanten Neubauten Herr Direktor Blume und seine Helfer mit einer Mehrarbeit [...] [und einer] sowohl größeren Schülerzahl zu rechnen haben. Wünschen wir für einen späteren Ausbau des Sunderhofes zur Schulgemeinschaft [...] das Allerbeste." - Vgl. ebenso: Berlin, LA, SIS: CH, VI, o.S. (Eintrag zum Juni 1927): "Ein [...] Pfingstbesuch verdient [...] der Erwähnung: Frau Direktorin Mommsen, Tochter des 'römischen Geschichtsschreibers', kam, um für ihre Mädchenschule eine 2-Wochen-Fahrt in den Sunderhof zu besprechen, wozu ich ihr gern den Weg ebnete, da wir in diesem Jahre aus verschiedenen Gründen das Scharfenberghaus in der Heide nicht zu beziehen gedenken [...]."

50   BLUME, Schulfarm (1928), S. 185.
51   BLUME, Schulfarm (1928), S. 185.
52   Berlin, BBF: SLG-GS, Jahresberichte 1932/33, Bd. 248d, Nr. 88: Berlin, SIS (Blume), S. 3.

hang der Scharfenberger Reformarbeit und den Bestrebungen um eine Reformierung der Reifeprüfungen in Preußen hingewiesen[53]:

Es wurde in dieser Arbeit gezeigt, wie stark auf Scharfenberg versucht wurde, an Erfahrungen, die Schüler und Lehrer vor ihrer Scharfenberger Zeit an anderen (Reform-)Schulen gemacht hatten, zu profitieren, und durch die unterschiedlichsten Rezeptionen von anderen Reformideen und vor allem -erfahrungen für den eigenen Versuch zu partizipieren. Ob auch Elemente der Scharfenberger Pädagogik durch die die Schulfarm besuchende pädagogische Öffentlichkeit oder durch von der Schulfarm an andere Schulen wechselnde Schüler und Lehrer auch von anderen Reform- oder 'Normal'-Schulen der Weimarer Republik aufgegriffen wurden, kann hier lediglich vermutet werden.

Klarer zu fassen sind Einwirkungen der Schulfarm auf das öffentliche Schulwesen bis 1934 an zwei anderen Stellen, die nun in den folgenden beiden Teilkapiteln behandelt werden sollen.

---

[53] S. 699-701.

III.2.   DIE EINFLUßNAHME DER SCHULFARM INSEL SCHARFENBERG AUF DIE BERLINER LEHRERAUS- UND FORTBILDUNG

Blieb die Wirksamkeit der Schulfarm auf die Berliner Lehrerschaft bzw. die Lehrerfortbildung in den ersten Jahren im wesentlichen auf Besuche und Hospitationen auf Scharfenberg sowie auf Vorträge, Publikationen u.ä. beschränkt, so erweiterte sie sich in den Jahren 1926/27 durch Lehrerkurse, die der Scharfenberger Lehrer Wilhelm Ziegelmayer im Rahmen solcher Fortbildungsveranstaltungen der Diesterweghochschule anbot. Die Diesterweghochschule war eine von der Stadt Berlin und dem Berliner Lehrer-Verein gemeinsam getragene Lehrerfortbildungsstätte[1], die Kurse für Berliner Lehrer und Lehrerinnen und, "soweit Plätze frei [...] [waren, auch] den in der Vorbereitung auf den Lehrberuf stehenden Personen"[2] anbot. Zum Teil hielt Ziegelmayer diese Kurse auf der Insel selbst ab[3]. Über diese Veranstaltungen berichtete Blume in der Chronik:

> "Unser neuer Biologe Dr. Ziegelmayer hat in Verbindung mit den Kursen der Diesterweghochschule jeden Mittwoch und Sonnabend-Nachmittag Lehrerinnen und Lehrer von Berliner Volks- und Mittelschulen im Holzhaushörsaal zu mikroskopischen Arbeiten um sich versammelt; der Andrang war zu groß, als daß sich alle hätten eintragen dürfen, der Besuch [war] bis in den Herbst hinein äußerst rege. Die Schulverwaltung hatte den Teilnehmern gestattet, die Schulmikroskope mithinauszubringen, je ein Mitglied des Naturkurses assistierte. Plankton aus dem See und sonstiges Anschauungsmaterial wird den lerneifrigsten Gästen mitgegeben in ihre Schulstunden. Sonderanschaffungen, von der Diesterweghochschule bezahlt, werden auch unserem eigenen Unterricht zugute kommen. Die neuen pädagogischen Anknüpfungen finden zur Winterszeit ihre Fortsetzung in Vorlesungen Ziegelmayers in Berlin im Rahmen der Diesterwegbildungsarbeit."[4]

Im Sommer 1926 argumentierte Blume in einem Schreiben an Stadtrat Benecke, nachdem er zuvor auf die zahllosen Besucher der Schulfarm wie auch auf die Kurse der Diesterweghochschule auf der Insel hingewiesen hatte, daß damit "der früher häufig erhobene Einwand, die Schule komme nur zu wenigen zugute und fördere die allgemeinen Schulinteressen Berlins nicht genügend, nicht mehr aufrecht erhalten werden"[5] könne.

Wichtiger aber noch als die Frage der Lehrerfortbildung war für Blume von Beginn an die der Lehrerausbildung: Bereits in seinem Gesuch zur Gründung des

---

[1]   S. zur Diesterweghochschule bes.: Das Berliner Schulwesen, S. 436-442.

[2]   Verzeichnis der Vorlesungen und Übungen. Diesterweghochschule, 11. Halbjahr - Sommer 1927. 2. Mai bis 23. September, Berlin 1927, S. 2.

[3]   S. z.B.: BLUME, Gesuch (1926): "Jeden Mittwoch- und Sonnabendnachmittag kommen je 20 Lehrer und Lehrerinnen Berlins, um an einem biologischen Kursus teilzunehmen, wobei sie Mikroskopiermaterial und Pflanzen zur Vertiefung zur Vertiefung ihrer eigenen Schulzeit mitnehmen." - Und: Verzeichnis der Vorlesungen und Übungen. Diesterweghochschule, 11. Halbjahr - Sommer 1927. 2. Mai bis 23. September, Berlin 1927, S. 4f. (Stundenplan). - Ebd., S. 11: "Biologie. A. Dr. Ziegelmayer, Mikroskop. Uebg.: Systematische Biologie und Anatomie. - Mittwoch und Freitag 4 1/2 - 7, Schulfarm auf der Insel Scharfenberg im Tegeler See. - 13 Wochen. Einschreibegebühr 1 M. (Meldungen geschlossen)."

[4]   Berlin, LA, SIS: CH, V, S. 353.

[5]   BLUME, Gesuch (1926).

Scharfenberger Schulversuches vom Februar 1922 hatte Blume in Aussicht gestellt, daß man, wenn der beabsichtigte Reformversuch "nach einigen Jahren erst gefestigt" sei, daran denken könne, "angehende Berliner Lehrer in ihrer Vorbereitungszeit eine Zeitlang hinauszuschicken, wie schon jetzt von anderen Kommunen freilich mit viel mehr Unkosten Studienreferendare auf einige Zeit in die privaten 'Landerziehungsheime' entsandt werden"[6]. So könne dann der "Anfänger die Jugend ganz anders kennen lernen als im hastigen Betrieb der Seminaranstalt, von Angesicht zu Angesicht, ohne die Tarnkappe der Schülermienen; da draußen würde bald eine Scheidewand nach der anderen fallen und er unwillkürlich den kameradschaftlichen Ton finden, der das Vertrauen der Jugend gewinnt."[7] Blume berief sich hier auf den Schweizer Pädagogen Otto von Greyerz[8]:

> "'Es wird', liest man bei dem Schweizer von Greyerz in seinem wundervollen Buch über den Deutschunterricht als Weg zur nationalen Erziehung (1921)[9], 'eine Zeit kommen, wo als erste Anforderung zum Lehrberuf der Ausweis darüber verlangt werden wird, daß der Kandidat in einer Erziehungsanstalt am ganzen Zusammenleben der Jugend teilgenommen habe. Man erwarte die Umgestaltung der öffentlichen Schule nicht von Plänen und Verfügungen; mit den jungen Lehrern muß der neue Geist in die alten Schulhäuser einziehen. Allein, wo sollen die angehenden Lehrer den Geist einer neuen Schule in sich aufnehmen, wenn ihre Vorbereitungsanstalten nur wenig oder garnicht vom Herkömmlichen abweichen? Ein einziger Blick in ein Gemeinschaftsleben höherer Ordnung, als wir es vorher gekannt haben, erleuchtet blitzschnell die Dämmerung unseres sittlichen Bewußtseins und erfüllt uns mit dem Glauben an

---

[6] BLUME, Gesuch (1922), S. 17. - Es ist mir (D.H.) in der gesamten mir bekannten Literatur keine einzige Stelle bekannt, in der auf diese 'Wirkung' bzw. 'Funktion' der privaten Landerziehungsheime auf bzw. für die Lehrerbildung und damit indirekt auch auf bzw. für das öffentliche Schulwesen hingewiesen wird!

[7] BLUME, Gesuch (1922), S. 17.

[8] Vgl. zu dieser Bezugnahme z.B. S. 75f., S. 201f. und S. 736.

[9] GREYERZ, Otto von, Der Deutschunterricht als Weg zur nationalen Erziehung (=Pädagogium, 3), 2. Aufl. Leipzig 1921.

eine neue, höhere Bestimmung. Darum gebe man dem künftigen Lehrer das begeisternde Erlebnis, dessen er bedarf, um an einen Wandel der Dinge zu glauben und daran mitzuwirken!'"[10]

1923 wiederholte Blume seine Argumentation[11] und ergänzte, auf Scharfenberg könne den Referendaren Gelegenheit gegeben werden, "offenen Einblick in ihre [der Jugend] tausend Nöte [zu] bekommen, der sie später das Stück Seelenarzt werden läßt, das jeder Lehrer sein muß."[12] Auf Scharfenberg entwickele sich (1923!) "für Berlin eine Möglichkeit dazu, und [das] gar unmittelbar vor seinen Toren."[13]

1928 formulierte Blume, eine Schule wie die Schulfarm brauche "zur Entlastung der ständigen Lehrkräfte und zur Befruchtung des Gemeinschaftslebens stets Helfer, am besten selbst noch jugendliche Miterzieher, wie die ehemaligen Schüler als Studenten oft freiwillig sich zur Verfügung halten und an ihre Schlafsaalgemeinschaften die beste Tradition weitergeben."[14] Wenn nun "das Provinzialschulkollegium offiziell Referendare, die Neigung für ein solches Jugendleben im Herzen tragen, zu ihrer

---

[10]   BLUME, Gesuch (1922), S. 17 und 17a. - Das Zitat lautet korrekt: GREYERZ, Deutschunterricht, S. 132f.: "Ich glaube, es wird wieder eine Zeit kommen, wo, wie in August Hermann Franckes Stiftungen, eine Kinderschule den Mittelpunkt jeder Lehrerbildungsanstalt, das Gemeinschaftsleben mit den Kindern den Anfang aller Lehrerweisheit bilden wird; eine Zeit, wo als erste Anforderung zum Lehrberuf der Ausweis darüber verlangt werden wird, daß der Kandidat in einer Erziehungsanstalt am ganzen Zusammenleben der Jugend teilgenommen und dabei erzieherische Begabung bewährt habe. Soll wirklich, wie wir heute glauben, eine Neugestaltung der öffentlichen Schule von Grund aus ins Werk gesetzt werden, so erwarte man diese Wandlung nicht von Behörden und Verwaltungsorganen. Mit den jungen Lehrern muß der neue Geist in die alten Schulhäuser einziehen; dann wird er die trüben Räume erhellen, die Lebensformen der Schule umgestalten, bis schließlich von selber auch die organisatorischen und baulichen Einrichtungen, weil unmöglich geworden, zusammenstürzen. Allein wo sollen die angehenden Lehrer den Geist einer neuen Schule in sich aufnehmen, wenn ihre Vorbereitungsanstalten selber immer noch im alten Geiste verharren? Was nützt es viel, wenn im Seminar die modernsten Grundsätze gelehrt und gepredigt werden, aber eben nur gelehrt und gepredigt? wenn das Seminar theoretisch die Arbeitsschule vertritt und praktisch eine Lernschule bleibt? wenn die erzieherische Kunst hoch über das pädagogische Wissen gestellt wird, aber schließlich beim Examen doch das Wissen über das Können den Ausschlag gibt? Grau, teurer Freund, ist alle Theorie, und grün des Lebens goldener Baum. Die Wahrheit, die uns das Leben lehrt, ist die, die wir auch wieder ins Leben übertragen; das ist die, die uns mit festem Vertrauen erfüllt und mit Zukunftsglauben. Ein paar Tage unter guten Menschen gelebt ist für unsern Glauben an die Menschheit mehr wert als alle Beispiele der Geschichte und als die schönsten Vorträge über Ethik. Ja, ein einziger Blick in ein Gemeinschaftsleben höherer Ordnung, als wir es vorher gekannt haben, erleuchtet blitzschnell die Dämmerung unseres sittlichen Bewußtseins und erfüllt uns mit dem Glauben an eine neue, höhere Bestimmung. Darum gebe man den künftigen Lehrern das begeisternde Erlebnis, dessen sie bedürfen, um an einen Wandel der Dinge zu glauben und daran mitzuwirken. Man stelle sie so jung wie möglich in einen Erfahrungskreis ihres künftigen Berufs hinein, in eine Erziehungsgemeinschaft, an der sie, wenn auch in bescheidener Stellung, tätigen Anteil nehmen und in der sie lernen können, daß es in Tat und Wahrheit, nicht bloß auf dem Papier, eine höhere Form des Schullebens, einen freieren Geist des Unterrichts gibt, als sie sie von Jugend auf kennen. Gewinnen sie diese Überzeugung, so steige ohne Sorge, daß sie ihnen wieder verloren gehe, mag sie ihr Beruf führen, wohin er will."
[11]   BLUME, Bericht (1923), Bl. 261r.
[12]   BLUME, Bericht (1923), Bl. 261r. - Vgl.: BLUME, Schulfarm (1928), S. 185.
[13]   BLUME, Bericht (1923), Bl. 261v.
[14]   BLUME, Schulfarm (1928), S. 185. - Vgl. zu den ehemaligen Schülern als Helfer S. 383f.

Ausbildung herausschicken würde, könnte die Schule ihre Pionieraufgaben in weit größerem Umfang [als bisher] bewähren."[15]

Später schrieb Heinrich Scheel, Blume habe unter dem "Gesichtspunkt vor allem [...] bei den Schulbehörden um die Zustimmung gerungen, Scharfenberg in die Referendarausbildung einzubeziehen", damit 'wesentliche Erfahrungen' des Scharfenberger Schulversuches "von ihnen erlebt, erprobt und angeeignet werden [sollten], um sie in die Stadtschulen tragen zu können."[16]

1927 wurde der Schulfarm mit Dr. Bruno Sasse erstmals ein Referendar 'zugewiesen'[17]; ein Jahr später folgte als zweiter Referendar Dr. Wilhelm Richter[18], der, ehemaliger Schüler Blumes am Humboldt-Gymnasium, als Student von Beginn an intensiv am Scharfenberger Schulversuch beteiligt war.

Zu Ostern 1929 ging dann Blumes Idee, die Schulfarm für die Referendarsausbildung fruchtbar zu machen, in Erfüllung, indem nun "das Provinzialschulkollegium ein Ausbildungsseminar in die Schulfarm"[19] verlegte und ihr zunächst drei Referendare überwies[20]; es handelte sich um Dr. Heinrich Banniza von Bazan (1904-1950)[21], Dr. Werner Zirus (1903-19..)[22] und - den bereits genannten - Dr. Richard Tourbier[23].

---

[15] BLUME, Schulfarm (1928), S. 185.
[16] SCHEEL, Schulfarm (1990), S. 32f.
[17] S. dazu S. 371.
[18] S. dazu S. 372-374.
[19] Berlin, BBF: SLG-GS, Jahresberichte 1932/33, Bd. 248d, Nr. 88: Berlin, SIS (Blume), S. 40.
[20] Nennung der Anzahl der Referendare: Berlin, BBF: SLG-GS, Jahresberichte 1932/33, Bd. 248d, Nr. 88: Berlin, SIS (Blume), S. 42.
[21] Biogr. Inf. zu Banniza von Bazan: Berlin, BBF: SLG-GS, Personalblatt Heinrich Banniza von Bazan. - Potsdam, BLA: Pr. Br. Rep. 34: Provinzialschulkollegium, Personalia, Nr. B 41: Heinrich Banniza von Bazan [Akte aus dem Jahr 1944]. - Und: Philologen-Jahrbuch (Kunzes Kalender), Jg. 36: Schuljahr 1929/30, 2. Teil, Breslau 1929. - BANNIZA VON BAZAN, Heinrich, Die Persönlichkeit Heinrichs V. im Urteil der zeitgenössischen Quellen, Berlin, Univ., Diss., 1927, o.S.: Lebenslauf. - Biogr. Überblick incl. Nennung des Todesjahres: Die deutsche Jugendbewegung 1920 bis 1933. Die bündische Zeit (=Dokumentation der Jugendbewegung, 3), Düsseldorf [u.a.] 1974, S. 1755. - Berlin, BBF: SLG-GS, Jahresberichte 1932/33, Bd. 248d, Nr. 88: Berlin, SIS (Blume), S. 42, nennt als einen Referendar den "Herausgeber der Zeitschrift: Der Pfad zum Reich"; es müßte sich hierbei um Heinrich Banniza von Bazan handeln, der in der Jugendbewegung aktiv war und zahlreiche Veröffentlichungen zur Jugendbewegung geschrieben hat. - Der Pfad zum Reich. Jahrbuch 1929, Plauen 1929 sowie: Der Pfad zum Reich. Führerblätter deutscher Pfadfinder, hrsg. vom Bund der Reichspfadfinder, Jg. 2 (1930), nennen keinen Herausgeber (vgl. zu der Zeitschrift: S. 804).
[22] Diese und andere biogr. Inf. zu Zirus: Berlin, BBF: SLG-GS, Personalblatt Werner Zirus. - Potsdam, BLA: Pr. Br. Rep. 34: Provinzialschulkollegium, Personalia, Nr. Z 67: Werner Zirus [Akte aus der Zeit 1928-1944]. - Auch: Philologen-Jahrbuch (Kunzes Kalender), Jg. 36: Schuljahr 1929/30, 2. Teil, Breslau 1929. - ZIRUS, Werner, Der ewige Jude in der Dichtung. vornehmlich in der englischen und deutschen (Kap. I und II), Berlin, Univ., Diss., 1928, o.S.: Lebenslauf.
[23] Philologen-Jahrbuch (Kunzes Kalender), Jg. 36: Schuljahr 1929/30, 2. Teil, Breslau 1929. - S. zu Tourbier S. 374f.

Im Herbst 1929 traten zwei weitere Referendare hinzu[24]; einer von ihnen war Dr. Gebhard Döring (1903-19..)[25], "der [zuvor] als Berufschemiker schon einmal einige Monate auf Scharfenberg gelebt hatte, um vor dem Umsatteln die Stärke seiner pädagogischen Neigung und Begabung auszuprobieren"[26].

Ostern 1930 "schickte das Provinzialschulkollegium 5 Referendare [auf die Insel] heraus"[27]. Es handelt sich - inklusive des zweiten im Herbst 1929 auf die Insel kommenden Referandars[28] - um Kurt Fangk (1905-19..)[29], Dr. Karl Linde (1899-19..)[30], Dr. Herbert Marx (1903-19..)[31], Ernst Pannewitz (1900-19..)[32], Dr. Gerhard Frühbrodt[33] sowie um Ernst Kolberg (1907-19..)[34], der dann 1931/32 auch sein zweites Referendarsjahr[35] und 1932/33 auch sein erstes Assessorenjahr auf der Insel verbrachte[36].

---

24   Berlin, BBF: SLG-GS, Jahresberichte 1932/33, Bd. 248d, Nr. 88: Berlin, SIS (Blume), S. 42.
25   Diese und andere biogr. Inf. zu Döring: Berlin, BBF: SLG-GS, Personalblatt Gebhard Döring; hier heißt es u.a. auch, Döring sei von 01.10.1931 bis 31.03.1932 als Assessor noch einmal auf Scharfenberg tätig gewesen. - Im Philologen-Jahrbuch (Kunzes Kalender), Jg. 36: Schuljahr 1929/30, 2. Teil, Breslau 1929 ist Döring noch nicht aufgeführt; im Philologen-Jahrbuch (Kunzes Kalender), Jg. 37: Schuljahr 1930/31, 2. Teil, Breslau 1930 ist er als Referendar im 1. Ausbildungsjahr auf Scharfenberg genannt. - DÖRING, Gebhard, Explosionsstudien an Ammoniak-Luft- und Ammoniak-Sauerstoff-Gemischen (unter Berücksichtigung höherer Anfangsdrucke), Berlin, Univ., Diss., 1931, o.S.: Lebenslauf.
26   Berlin, BBF: SLG-GS, Jahresberichte 1932/33, Bd. 248d, Nr. 88: Berlin, SIS (Blume), S. 42. - Vgl. dazu: DÖRING, Explosionsstudien, o.S.: Lebenslauf: "Vorher hatte ich einige Wochen mit Lehrtätigkeit auf der Schulfarm Insel Scharfenberg bei Tegel verbracht [...]."
27   Berlin, BBF: SLG-GS, Jahresberichte 1932/33, Bd. 248d, Nr. 88: Berlin, SIS (Blume), S. 42.
28   Die Quellenlage läßt eine Klärung der Frage, welcher der sechs nachfolgend aufgeführten Referendare möglicherweise schon im Herbst 1929 auf die Insel kam, nicht eindeutig zu.
29   Im Philologen-Jahrbuch (Kunzes Kalender), Jg. 36: Schuljahr 1929/30, 2. Teil, Breslau 1929 ist Fangk noch nicht aufgeführt; im Philologen-Jahrbuch (Kunzes Kalender), Jg. 37: Schuljahr 1930/31, 2. Teil, Breslau 1930 ist er als Referendar im 1. Ausbildungsjahr auf Scharfenberg genannt.
30   Diese und andere biogr. Inf. zu Linde: Berlin, BBF: SLG-GS, Personalblatt Karl Linde. - Auch: Philologen-Jahrbuch (Kunzes Kalender), Jg. 37: Schuljahr 1930/31, 2. Teil, Breslau 1930. - LINDE, Karl, Die Entwicklung der Eisenbahngütertarife nach dem Kriege unter besonderer Berücksichtigung der Tarifreform von 1920 und ihrer volkswirtschaftlichen Bedeutung, Giessen, Univ., Diss., 1928, o.S.: Lebenslauf.
31   Philologen-Jahrbuch (Kunzes Kalender), Jg. 37: Schuljahr 1930/31, 2. Teil, Breslau 1930. - S. auch: Berlin, BBF: SLG-GS, Personalblatt Herbert Marx. - Ergänzend auch: MARX, Herbert, Der Kaffeeanbau auf Sumatra. Eine wirtschaftsgeographische Einzeluntersuchung, Leipzig, Univ., Diss., 1931, o.S.: Lebenslauf.
32   Diese und einige andere biogr. Inf. zu Pannewitz: Berlin, BBF: SLG-GS, Personalblatt Ernst Pannewitz. - Und: Philologen-Jahrbuch (Kunzes Kalender), Jg. 37: Schuljahr 1930/31, 2. Teil, Breslau 1930. - Sein zweites Referendarsjahr (1931/32) verbrachte Pannewitz an der Karl-Marx-Schule; s.: Philologen-Jahrbuch (Kunzes Kalender), Jg. 38: Schuljahr 1931/32, 2. Teil, Breslau 1931.
33   Zu Frühbrodts erstem Referendariatsjahr auf Scharfenberg so auch: Philologen-Jahrbuch (Kunzes Kalender), Jg. 37: Schuljahr 1930/31, 2. Teil, Breslau 1930. - Sein zweites Referendarsjahr verbrachte Frühbrodt am Realgymnasium in Berlin-Friedrichshagen (Philologen-Jahrbuch (Kunzes Kalender), Jg. 38: Schuljahr 1931/32, 2. Teil, Breslau 1931). - Zu Frühbrodts nächsten beruflichen Stationen s. S. 377.
34   Philologen-Jahrbuch (Kunzes Kalender), Jg. 37: Schuljahr 1930/31, 2. Teil, Breslau 1930. - Einige wenige biogr. Inf. auch: Berlin, BBF: SLG-GS, Personalblatt Ernst Kolberg.
35   Philologen-Jahrbuch (Kunzes Kalender), Jg. 38: Schuljahr 1931/32, 2. Teil, Breslau 1931.
36   Philologen-Jahrbuch (Kunzes Kalender), Jg. 39: Schuljahr 1932/33, 2. Teil, Breslau 1932.

Im Schuljahr 1931/32 waren auf Scharfenberg insgesamt drei Referendare tätig[37], neben Kolberg waren dies Erwin Hahn (1906-19..)[38] und Dr. Rudolf Lips (1905-19..)[39].

Zu Ostern 1932 kamen gar 10 Referendare[40] - unter ihnen der jüdische Referendar Dr. Walter Hirsch (1906-1944/45)[41] und Dr. Werner Hartkopf (1906-1984), der von Sommersemester 1926 bis Sommersemester 1931 an der Berliner Universität Mathematik, Physik und Chemie studiert und hier im November 1931 seine erste Staatsprüfung für das höhere Lehramt bestanden hatte und später für Blume und die Schulfarm noch eine wichtige Rolle spielen sollte[42].

Zu den Referandaren des Schuljahres 1933/34 gehörte neben Karl Eichborn (18..-19..), der "der Schule zur Ausbildung auf dem freien Wege überwiesen"[43] wurde, Walter Schramm (1908-1978)[44], der von 1922-1926 Schüler der Schulfarm gewesen war.

Im Jahresbericht der Schulfarm für das Schuljahr 1932/33 ging Blume ausführlich auf die Referendarsausbildung auf der Insel ein[45]. Er betonte wie schon im Frühjahr 1922 - nun aber auf dem Hintergund der ersten praktischen Erfahrungen -

[37] Berlin, BBF: SLG-GS, Jahresberichte 1932/33, Bd. 248d, Nr. 88: Berlin, SIS (Blume), S. 42.
[38] Philologen-Jahrbuch (Kunzes Kalender), Jg. 39: Schuljahr 1932/33, 2. Teil, Breslau 1932, S. 330. - Einige wenige biogr. Inf. auch: Berlin, BBF: SLG-GS, Personalblatt Erwin Hahn.
[39] Philologen-Jahrbuch (Kunzes Kalender), Jg. 39: Schuljahr 1932/33, 2. Teil, Breslau 1932, S. 329. - Biogr. Inf. auch: Berlin, BBF: SLG-GS, Personalblatt Rudolf Lips. - Und: LIPS, Rudolf, Modifikationen im Zusammenhang von Funktion und Gelenkflächenausbildung am Carpalsegment arctoider Carnivoren, Berlin, Univ., Diss., 1930, o.S.: Lebenslauf.
[40] Berlin, BBF: SLG-GS, Jahresberichte 1932/33, Bd. 248d, Nr. 88: Berlin, SIS (Blume), S. 42.
[41] Diese und andere biogr. Inf. zu Hirsch: Berlin, BBF: SLG-GS, Personalblatt Walter Hirsch. - Und: Philologen-Jahrbuch (Kunzes Kalender), Jg. 39: Schuljahr 1932/33, 2. Teil, Breslau 1932. - Außerdem: HIRSCH, Walter, Zur physiologischen Mechanik des Froschsprunges, Berlin, Univ., Diss., 1931, o.S.: Lebenslauf. - Zum Todesjahr s. S. 830. - Kurze Erwähnung von Hirsch: SCHEEL, Schulfarm (1990), S. 62. - Vgl. dazu auch S.797.
[42] Zur Biogr. Hartkopfs: HARTKOPF, Werner, Die Strukturformen der Probleme. Zur Grundlegung einer allgemeinen Methodentheorie der Problembearbeitungen, Berlin, Freie Univ., Diss., 1958, S. 359: Lebenslauf. - Pädagogische Rundschau. Sonderheft 1976: Pädagogik in der Weimarer Zeit, S. 153f. (Kurzbiogr., in Zusammenhang mit: HARTKOPF, Gründung, S. 67-94. - HARTKOPF, Werner, Dialektik - Heuristik - Logik. Nachgelassene Studien, hrsg. von Hermann BAUM, Martin HENGST und Wolfdietrich SCHMIED-KOWARZIK (=Monographien zur Philosophischen Forschung, 235), Frankfurt 1987, S. 245: 'Biographische Daten zu Werner Hartkopf'. - Darüber hinaus die Zeitungsartikel: Ein konsequenter Reformer. Dr. Werner Hartkopf 60 Jahre, in: Der Nord-Berliner. Amtliches Organ des Bezirksamtes Reinickendorf vom 29.07.1966. - SCHUBERT, Rudolf, Zum 70. Geburtstag Werner Hartkopfs am 4. August 1976, in: Der Nord-Berliner. Amtliches Organ des Bezirksamtes Reinickendorf vom 06.08.1976; wieder in: Humboldtschule Tegel. 1903-1978, hrsg. von der Humboldt-Oberschule Tegel, Berlin 1978, S. 36f. - HEMPEL, Harry, Werner Hartkopf zum Abschied, in: Der Nord-Berliner. Amtliches Organ des Bezirksamtes Reinickendorf vom 14.09.1984. - Autobiogr. schillert durch Hartkopfs Arbeiten über Wilhelm Blume und die Schulfarm durch, so z.B. in: HARTKOPF, Werner, Die Humboldtschule unter Wilhelm Blume im 'Dritten Reich', in: 80 Jahre Humboldtschule Tegel. 1903-1983 (=Humboldtheft, 6), Berlin 1983, S. 90-108. - Zu Hartkopfs nächsten biogr. Stationen s. S. 852.
[43] Berlin, BBF: SLG-GS, Jahresberichte 1933/34, Bd. 275c, Nr. 87: Humboldtschule, S. 21.
[44] Berlin, BBF: SLG-GS, Jahresberichte 1933/34, Bd. 275c, Nr. 87: Humboldtschule, S. 21.
[45] Berlin, BBF: SLG-GS, Jahresberichte 1932/33, Bd. 248d, Nr. 88: Berlin, SIS (Blume), bes. S. 40-42.

die Vorzüge der Insel für diese Aufgabe: Die Voraussetzungen hierfür seien "glänzend", denn hier böte sich "unfehlbar [...] eine Gelegenheit, die erzieherischen Anlagen [der Referendare] im tieferen Sinne zu erproben und zu entwickeln als in den Halbtagsschulen; die Anfänger [sähen] [...] hier die Jugend von Angesicht zu Angesicht ohne die Tarnkappe der Schülermienen" und das Heimleben liefere "unerschöpflichen Stoff für die pädagogischen Besprechungen, die in dem ersten Ausbildungsjahr möglichst an praktische Erlebnisse und Schwierigkeiten anknüpfen [solle]"[46]. An die neue Aufgabe sei man "mit großer Freude"[47] gegangen:

> "Wie oft hat der Leiter in Spaziergängen um die Insel mit den pädagogischen Jüngern in diesem Sinne große und kleine Fragen behandeln können! Es hat sich in der überwiegenden Zahl der Fälle ein schönes Geben und Nehmen entwickelt; denn auch die Referendare brachten manche Bereicherung in das Heimleben; gern besuchten die Schüler die jungen Lehrer in ihrem 'Amtszimmer', in welchem auch die pädagogische Seminarbibliothek aufgestellt war, lasen dort mit ihnen oder spielten Schach; manche fanden sich mit ihnen zu Radtouren zusammen; der eine veranstaltete einen Zyklus von geographischen Abenden; der andere sang mit ihnen Volkslieder; oder es entstand unter der Leitung eines Referendars eine Blockflötenabteilung; einer studierte eine kleine Oper: Johann, der muntere Seifensieder, ein; wieder andere beteiligten sich an der Arbeit auf dem Feld und den Wiesen; 3 bewährten sich sogar als Schlafsaalvorstände, eine Erprobung, die ihnen hoch angerechnet werden muß. Einige gaben auch noch im zweiten Jahre freiwillig Unterricht, um die Verbindung nicht fallen zu lassen [...]."[48]

1932 schrieb Ernst Kolberg seine Assessorenarbeit über die 'Behandlung der organischen Chemie im Kursunterricht auf Scharfenberg'[49].

Im Jahresbericht 1932/33 berichtet Blume von drei Assessorenarbeiten, in denen Referendare ihre Scharfenberger Erfahrungen verarbeitet hätten[50]. Von diesen Arbeiten ist eine Arbeit 'Über die Zusammenhänge der preußischen Schulreform mit der freien Gestaltung der Oberstufe [in] Scharfenberg'[51] - die vermutlich wichtige Einblicke in die Zusammenhänge der Scharfenberger Entwicklung im Kontext der preußischen Schulpolitik gegeben hätte - leider verloren gegangen. Erhalten geblieben sind jedoch die beiden anderen Arbeiten von Richard Tourbier über 'Das Scharfenberger Kurssystem, ein Beitrag zum Problem der freieren Gestaltung Oberstufe'[52], und von Wilhelm Richter über die 'Staatsbürgerliche Erziehung in Scharfenberg'[53].

Als Themen von Jahresarbeiten Scharfenberger Referendare hob Blume hervor:

> "1. In wieweit ist praktisch-technische Berufstätigkeit des naturwissenschaftlichen Lehrers für die Schule wertvoll?[54], 2. Das Landerziehungsheim mit besonderer Berücksichtigung Scharfen-

---

46   Berlin, BBF: SLG-GS, Jahresberichte 1932/33, Bd. 248d, Nr. 88: Berlin, SIS (Blume), S. 40.
47   Berlin, BBF: SLG-GS, Jahresberichte 1932/33, Bd. 248d, Nr. 88: Berlin, SIS (Blume), S. 40.
48   Berlin, BBF: SLG-GS, Jahresberichte 1932/33, Bd. 248d, Nr. 88: Berlin, SIS (Blume), S. 40f.
49   Berlin, BBF: SLG-GS, Personalblatt Ernst Kolberg.
50   Berlin, BBF: SLG-GS, Jahresberichte 1932/33, Bd. 248d, Nr. 88: Berlin, SIS (Blume), S. 41.
51   Berlin, BBF: SLG-GS, Jahresberichte 1932/33, Bd. 248d, Nr. 88: Berlin, SIS (Blume), S. 41.
52   Berlin, LA, SIS: TOURBIER, Richard, Das Scharfenberger Kurssystem, ein Beitrag zum Problem der freieren Gestaltung Oberstufe, 2. schriftliche [Referendariats-] Prüfungsarbeit, masch. Berlin [15.01.] 1931.
53   Berlin, LA, SIS: RICHTER, Wilhelm, Staatsbürgerliche Erziehung in Scharfenberg, 2. schriftliche [Referendariats-] Prüfungsarbeit, masch. Berlin o.D. [ca. Anfang 1930].
54   Es handelt sich hier um die 1930 geschriebene Jahresarbeit von Ernst Pannewitz; s. so: Berlin, BBF: SLG-GS, Personalblatt Ernst Pannewitz.

bergs im Spiegel der Sprangerschen Jugendkunde, 3. Demonstrations- und Gruppen-
übungsunterricht in der Chemie der Oberstufe, theoretische Abwägung und praktische
Scharfenberger Beispiele[55], 4. Die tätige Mitarbeit der Schüler in Scharfenberg an Erziehung
und Unterricht[56], 5. Die Selbstverwaltung in Scharfenberg, 6. Der Gesamtunterricht in der modernen Pädagogik, 7. Wandern und Geschichtsunterricht, 8. Versuch eines naturwissenschaftlichen Gesamtunterrichts unter Beigabe einer Holzmappe der Untersekunda[57], 9. Der Scharfenberger Gesamtunterricht, Eindrücke und Erfahrungen eines ersten Referendarjahres unter Beigabe einer Bürgermappe der Untertertia[58], 10. Versuch einer Konzentration zwischen Physik
und Biologie auf der Insel, 11. Physikunterricht und Basteln, Versuche aus dem Physiksaal und
den Werkstätten der Scharfenbergschule."[59]

1933 schrieb der Referendar Werner Hartkopf seine Jahresarbeit über das Thema
'Meine Arbeit mit dem Scharfenberger Mathematik-Kurs im Hinblick auf die Möglichkeit eines mathematisch-naturwissenschaftlichen Gesamtunterrichts'[60] und der Referendar Walter Hirsch über den 'Versuch einer Kombination von Biologie und Physik zu einer Art naturwissenschaftlichen Gesamtunterrichts in der Mittelstufe'[61].

Wie sehr Blume die Referendare förderte und forderte, deutet sich etwa darin an,
daß er zum Abitur Ostern 1932 offiziell - und offenbar erfolgreich - darum bat, da
der Lehrer Dr. Wenke erst seit November 1931 auf Scharfenberg tätig war[62], "unter
seiner Verantwortung die Referendare Kolberg und Dr. Lips, von denen der erste
schon 2 Jahre im Unterricht der Prima stark mitwirkt, mitprüfen zu lassen."[63]

Hartkopf, 1932/33 Referendar auf Scharfenberg, bemerkte später, es sei "Blume
bei den jungen pädagogischen Anfängern ebenso wie bei seinen Schülern darauf
an[gekommen], Eigeninitiative und eigene, vom traditionellen Unterrichtsgang ab-
weichende Wege erproben zu lassen"[64]:

"Der Anfänger mußte sich in der Praxis selbst erproben und bewähren. Wenn das gelang, dann
wurde man auch voll als gleichberechtigter Kollege akzeptiert und in jeder Weise gefördert.
Das war Blumes Rezept, mit dem es ihm gelang, so viele gute Lehrer heranzuziehen, auch
später als Rektor der Pädagogischen Hochschule[65] [...]."[66]

---

[55] Es handelt sich hier um die 1931 geschriebene Jahresarbeit von Ernst Kolberg; s. so: Berlin,
      BBF: SLG-GS, Personalblatt Ernst Kolberg.
[56] Es handelt sich hier um die 1932 geschriebene Jahresarbeit von Erwin Hahn; s. so: Berlin,
      BBF: SLG-GS, Personalblatt Erwin Hahn.
[57] Es handelt sich hier um die 1932 geschriebene Jahresarbeit von Erwin Hahn; s. so: Berlin,
      BBF: SLG-GS, Personalblatt Rudolf Lips.
[58] Frühbrodt an D.H. br. vom 23.09.1989: "Zum Abschluß des ersten Referendarjahres meine
      Arbeit über den Scharfenberger Gesamtunterricht."
[59] Berlin, BBF: SLG-GS, Jahresberichte 1932/33, Bd. 248d, Nr. 88: Berlin, SIS (Blume), S. 40f.
[60] Berlin, BBF: SLG-GS, Personalblatt Werner Hartkopf.
[61] Berlin, BBF: SLG-GS, Personalblatt Walter Hirsch.
[62] Vgl. dazu S. 375.
[63] Berlin, LA, SIS: Prüfungsunterlagen, Mappe 3: Reifeprüfungen 1925-1935, hier: 'Verteilung
      der Prüflinge in die Fachkurse und ihre Einordnung in die 4 Schultypen', Abitur 1932 (Blume),
[64] HARTKOPF, Humboldtschule unter Wilhelm Blume, S. 92f.
[65] S. dazu S. 924ff.

66   HARTKOPF, Humboldtschule unter Wilhelm Blume, S. 92. - Ebd., S. 91f., führt Hartkopf als
     Beispiele an: "Mich als ehemaligen Wandervogel und noch aktiven Sportler setzte Blume nach
     den großen Ferien voll in Scharfenberg ein, gab mir selbstverantwortlichen Unterricht, unter
     anderem auch im Mathematikkurs der Oberstufe, sowie die Aufsicht in einem Schlafsaal der
     Jüngeren. So hatte ich die gute Gelegenheit, das pädagogische Wirken Blumes an der Stätte,
     wo es seinen Ausdruck am klarsten gefunden hatte, an der Schulfarm, zu erleben und zu
     studieren sowie zaghafte Versuche zu machen, es ihm nachzutun. Sehr entscheidend für meine
     weitere berufliche Entwicklung war, daß er mir nicht nur volle Freiheit für die Durchführung
     meines Unterrichtes gab - ich kann mich nicht entsinnen, daß er zu mir in die Klasse
     gekommen ist, um dem Unterricht beizuwohnen, er war sowieso genauestens informiert, wie
     alles lief -, sondern daß er mich ermunterte, unorthodoxe Unterrichtsformen zu erproben, so
     z.B. einen mathematisch-naturwissenschaftlichen Gesamtunterricht, der seinen Gesamt- und
     Kulturunterricht auf ein ganz anderes Fachgebiet zu übertragen versuchte, oder die
     Elektrizitätslehre unter Verzicht auf die früher noch obligate Elektrostatik zu unterrichten. [...].
     Es ging mir als Anfänger ähnlich, wie es auch Frau G.[ertrud] Stankiewicz - seit 1939 als
     Mathematik- und Physiklehrerin an der Humboldtschule, nach 45 auch auf Scharfenberg, ab 49
     Oberstudiendirektorin an der Hans-Thoma-Schule, nach deren Auflösung dann an der Bertha-
     von-Suttner-Schule - in einem Brief geschildert hat: 'Bei meiner Vorstellung - Dezember 39 -
     sagte er: 'Huch ein Weib? Trauen Sie sich denn den Unterricht bei unseren Großen überhaupt
     zu? [...]. Er gab mir als Klassenleiterin eine große, als bösartig bekannte Obertertia und - so
     berichtete mir später der Hausmeister - ging mir bis vor die Klassentür nach. 'Damit wir sie
     auffangen können, wenn sie rausfliegt'.' [...]. [Blume] [...] ermunterte und unterstützte [...]
     auch einen anderen, sehr musikalischen Kollegen im damaligen Studienseminar 32/33 bei
     seinem Unterrichtsversuch, Musik und physikalische Akustik im Unterricht zu verbinden und
     mit den Schülern Musikinstrumente nach physikalischen Gesichtspunkten zu basteln." - Vgl. in
     gleicher Weise: RIEß, Günther, Erinnerungen an die Humboldtschule unter Wilhelm Blume,
     in: 80 Jahre Humboldtschule Tegel. 1903-1983 (=Humboldtheft, 6), Berlin 1983, S. 74-82,
     hier S. 77f.: "1942 forderte mich Blume auf, einige Wochenstunden Geschichte zu geben. Ich
     war im Herbst 1941 in Rußland schwer verwundet worden. Als Schwerkriegsbeschädigter
     konnte ich zu Hause wohnen und hatte gerade die Genehmigung zum Studium erhalten. Der
     Vorschlag Blumes paßte mir anfangs gar nicht. Ich wollte möglichst ungehindert studieren,
     hatte auch eigentlich nicht an den Lehrerberuf gedacht, und außerdem: Ein gerade erst der
     Schule 'Entlaufener' sollte neben seinen ehemaligen Lehrern unterrichten? Nun, Blume wischte
     alle Bedenken weg; erstens konnte er einige Lehrerstunden nicht besetzen, aber er meinte auch,
     erst durch selbständiges Unterrichtgeben könne ich feststellen, ob ich Lust und Neigung, aber
     auch Eignung zum Lehrberuf hätte. Bei diesem ersten Gespräch entwickelte Blume schon eine
     seiner Grundlagen zur Umgestaltung der Lehrerausbildung. Er sagte mir etwa: 'Sehen Sie sich
     doch einige Studienräte an; sie sind vortreffliche Wissenschaftler, aber nach Jahren des
     Studiums stellen sie erst zu spät fest, daß sie zum Lehrberuf eigentlich nicht geeignet sind, und
     nun müssen sie bis zur Pensionierung zu ihrem und der Schüler Unheil durchhalten!' Er
     empfahl das Probehalbjahr vor Studienbeginn, das er später als Rektor der Pädagogischen
     Hochschule auch einführte. So 'schubste' mich Blume in die Humboldtschule zurück. Im
     Kollegium wurde ich aufgenommen, als ob ich schon immer dabei und nur einige Jahre
     fortgewesen wäre. Eine methodische Belehrung durch Blume erhielt ich nicht; er gab mir
     lediglich die Stoffgebiete bekannt und 'baute' mir einen Stundenplan [...]. Nach einiger Zeit bat
     ich Blume um einen Unterrichtsbesuch, denn ich war mir nicht so sicher, ob es richtig
     machte. Aber Blume kam nicht; ich bekam dafür eine Lektion in 'Schulleiter-Kunde', die ich
     später als treuer Blume-Schüler mit Erfolg auch anwandte: Er sagte etwa, als Schulleiter
     brauche er nicht unbedingt in einer Klasse zu sitzen und zuzuhören, um zu wissen, wie unter-
     richtet wird. Der Schulbetrieb bringe es schon mit sich, daß er oft verspätet zum eigenen
     Unterricht eilen müsse, und dann höre er schon, ohne an einer Tür zu lauschen, ob der
     Unterricht in einer Klasse richtig laufe oder nicht." -
     S. zum Thema auch: PS Radde, Nachlaß Fritz Blümel (1899-1989), Korrespondenz: Blümel an
     Blume br. vom 31.12.1940/23.01.1941: Dieser Brief stellt lt. Blümel eine Art
     'Rechenschaftsbericht' seines ersten halben Jahres an der Humboldtschule dar; der Brief enthält
     hdschr. Zusatzbemerkungen von Blume; u.a. gibt der Brief einen Hinweis, wie Blume mit
     (seinen) jungen Kollegen 'umzugehen' pflegte: "Wenn ich [...] an eine Gesamtplanung glaube -

Und Erwin Witt, Scharfenberger Schüler von 1928 bis 1934, erinnert sich bezüglich der Referendariatsausbildung in ähnlicher, jedoch kritischerer Weise:

> "[...] ich erinnere mich noch heute, wie mancher junger Referendar, der sich, zur Inselschule versetzt, urplötzlich dieser gewohnten Disziplinierungsmaßnahmen beraubt sah, recht hilflos wirkte. Und hatte er dann nicht etwas von den Eigenschaften eines Jugendführers, der sich Dank seiner Persönlichkeit und seines natürlichen Auftretens Respekt und Ansehen zu verschaffen wußte, hatte er bei uns einen schweren Stand und wurde - da der 'Chef' (wie Blume grundsätzlich von den Schülern nur genannt wurde) solchen Lehrern keine Unterstützung bot, und sie schwimmen ließ -, dann gewöhnlich auch nach kürzerer Zeit wieder abgelöst."[67]

Blume jedenfalls bekundete im Alter mehrfach, daß die Jahre, in denen er gegen Ende der Weimarer Republik Referendare ausbilden konnte, ihm "die liebsten in meinem Lehrerdasein gewesen"[68] seien.

---

und ich glaube gern daran - dann gehört es sicher zu den bewußten Prinzipien dieser Planung, die frischgebackenen Assessoren ohne Leitung und Rettungsleine in das tiefe Wasser eines dreißigstündigen Wochenunterrichtes mit einem Abiturientenordinariat zu schmeißen nach dem Grundsatz: 'Entweder sie schwimmen, oder sie gehen unter - und dann ist es nicht schade drum!'. So jedenfalls fühle ich mich an der Humboldtschule, als ein Schwimmender, der sich im Wellengang selbst überlassen ist, und der den Schwimmlehrer nur sieht, wenn er die Augen zumacht und 15 Jahre zurückdenkt. Da ich Sinnlosigkeiten in Zusammmenhang mit Ihnen nicht zu denken vermag, nehme ich es als pädagogische Absicht, den neuen Lehrerlehrling seine Erfahrungen, seine Enttäuschungen und Erkenntnisse selbst mit allen Umwegen gewinnen zu lassen und ihm nur bei wirklicher Gefahr ein Licht anzuzünden." - Vgl. zu Blumes Verfahren, angehende Lehrer 'ins kalte Wasser zu werfen' auch S. 933.

[67] Witt an D.H. br. vom 01.11.1987.
[68] Berlin, LA: Rep. 200, Acc. 3184, Nr. 7: Blume an Richter br. vom 07.12.1968. - So auch: Berlin, LA: Rep. 200, Acc. 3184, Nr. 5, Bl. 7: Blume an Prof. Liebert br. vom 18.09.1946: "Zählte ich doch in meinem langen Lehrerleben die Jahre, in denen ich eine Schar von Referendaren in das Schulleben sowohl einer großen Regelschule (Humboldtschule in Tegel, 700 Schüler) als einer kleinen Pionier- und Sonderschule einführen durfte, zu den schönsten (1930-1933)."

III.3.   DIE 'PERSONALUNION' ZWISCHEN DER SCHULFARM INSEL SCHARFENBERG UND DER TEGELER HUMBOLDSCHULE 1932-1934

1932 vermerkte Blume, daß er sich bereits seit etwa zwei Jahren mit Plänen trug, "den Radius größer zu ziehen, [und] dafür Sorge zu tragen, daß Scharfenberg keine Episode bleibt, wie es das Schicksal eines früheren ähnlichen Versuches in Berlin des Cauerschen Institutes gewesen ist, das von Fichte, Jahn und Zelter betreut wurde."[1]

Gegen Ende des Jahres 1931 sollte sich plötzlich und sicher unerwartet eine Möglichkeit zur Realisierung solcher, zunächst vager Pläne ergeben:

Im Anschluß an die "Verordnung des Reichspräsidenten zur Sicherung des Haushalts von Ländern und Gemeinden vom 24. August 1931"[2] und unter Ergänzung einer eigenen Verordnung vom 12.09.1931[3] erließ das preußische Staatsministerium am 04.11.1931 eine Verordnung, die u.a. besagte, daß "Leiter (-innen) und Lehrer (-innen) von öffentlichen Volks-, mittleren und höheren Schulen, die das 60. Lebensjahr vollendet haben, [...] auf ihren Antrag von der staatlichen Schulaufsichtsbehörde ohne Nachweis der Dienstunfähigkeit in den Ruhestand versetzt werden [können]"; die "Besetzung und auftragsweise Verwaltung der Stelle eines [...] Ausscheidenden oder einer anderen Stelle unterbleibt bis zu dem Zeitpunkte, zu wel-

---

[1]   BLUME, Begründung, S. 18. - Ebd. zu solchen Plänen: "[Der Unterzeichnete] hat sämtliche Stabilas [=Staatlichen Bildungsanstalten] in Preußen bereist, sie nach eigenem Augenschein mit den weit mehr unterrichtlich aufgelockerten österreichischen Bundeserziehungsanstalten verglichen und daran gedacht, den Antrag zu stellen, den Staatlichen Bildungsanstalten (abgesehen von Lichterfelde) durch Umwandlung in Schulfarmen ein eigeneres Gesicht zu geben, wie sie es früher als Kadettenanstalten wenn auch in ganz anderer Färbung gehabt hatten; für die kaiserlichen Prinzen ist in Plön auf der heute verpachteten Prinzenfarm die Verbindung von Schule und Farmbetrieb seinerzeit verwirklicht gewesen. Der Unterzeichnete hat ferner überlegt, den Schulfarmgedanken mit dem der Siedlungen zu vereinigen, d.h. die Schule zum geistigen Mittelpunkt einer Siedlungsgemeinschaft zu machen, wie sie etwa auf den aufgeteilten Rentengütern angesetzt werden; er steht mit dem Provinzialschulkollegium in Königsberg in Konnex, ob nicht eine Domäne oder ein größeres Gut dort sich dazu eigne, zu einem Centralpunkt neuer pädagogischer Bestrebungen ausgebaut zu werden [...]." - Zu dem von Blume angesprochenen Cauerschen Institut s. S. 462.

[2]   Verordnung des Reichspräsidenten zur Sicherung des Haushalts von Ländern und Gemeinden vom 24. August 1931, in: Reichsgesetzblatt, hrsg. vom Reichsministerium des Innern, Teil I, 1931, [Nr. 58 vom 26.08.], S. 453f.

[3]   Verordnung zur Durchführung der Verordnung des Reichspräsidenten vom 24. August 1931 [...] und des §7 Abs. 2 in Kap. I des zweiten Teils der Verordnung des Reichspräsidenten vom 5. Juni 1931 [...]. Vom 12. September 1931, in: Preußische Gesetzsammlung, 1931, [Nr. 35 vom 14.09.], S. 179-207.

chem der Ausscheidende wegen Erreichung der Altersgrenze in den Ruhestand getreten wäre [...]."[4]

In einer 'Zweiten Sparverordnung der preußischen Regierung vom 23.12.1931 im Anschluß an die Verordnung des Reichspräsidenten vom 24.08.1931 und vom 06.10.1931' wurde diese 'Kann-Bestimmung' dahingehend verändert, daß die gesetzliche Altersgrenze vom 65. Lebensjahr nun definitiv auf das 62. Lebensjahr herabgesenkt wurde[5]. Und am 06.02.1932 stellte das preußische Ministerium zur Frage der Altersgrenze wie zur Frage der Besetzung der durch die Herabsetzung der Altersgrenze freiwerdenden Stellen noch einmal zusammenfassend fest:

"Nachdem durch die Zweite Sparverordnung [vom 23.12.1931] die Altersgrenze für Leiter und Lehrer an öffentlichen Schulen herabgesetzt worden ist, rechnet die ruhegehaltsfähige Dienstzeit nur noch bis zu dem auf die Vollendung des 62. Lebensjahrs zunächst folgenden 31. März oder 30. September.

Ist eine planmäßige Stelle freigeworden, weil der Inhaber - oder der Inhaber einer anderen Stelle - auf Grund des § 3a Kap. VIII Teil II der Sparverordnung vom 12. September 1931 in der Fassung der Verordnung vom 4. November 1931 ausgeschieden ist (vergl. Abschnitt II 1 und VIII 1 des Runderlasses vom 23. Dezember 1931 [...]. Zentralbl., 1932 S. 10[6]), so gelten die Stellen mit dem Ausscheiden des Lehrers (das ist der auf das 62. Lebensjahr zunächst folgende 1. April oder 1. Oktober) als erledigt; sie können danach im Rahmen der Bestimmungen des Runderlasses vom 2. Dezember 1931 [...] wieder besetzt werden."[7]

---

[4] Verordnung zur Abänderung der Sparverordnung vom 12. September 1931 (Gesetzsammlung, S. 179). Vom 4. November 1931, in: Preußische Gesetzsammlung, 1931, [Nr. 43 vom 05.11.], S. 227f., hier S. 227; wieder in: Zentralblatt für die gesamte Unterrichts-Verwaltung in Preußen, Jg. 73 (1931), S. 301f., hier S. 301:
"§ 3a. Leiter (-innen) und Lehrer (-innen) von öffentlichen Volks-, mittleren und höheren Schulen, die das 60. Lebensjahr vollendet haben, können auf ihren Antrag von der staatlichen Schulaufsichtsbehörde ohne Nachweis der Dienstunfähigkeit in den Ruhestand versetzt worden [...].
§ 3b. (1) Die Besetzung und auftragsweise Verwaltung der Stelle eines gemäß § 3a. Ausscheidenden oder einer anderen Stelle unterbleibt bis zu dem Zeitpunkte, zu welchem der Ausscheidende wegen Erreichung der Altersgrenze in den Ruhestand getreten wäre [...]." - Vgl. dazu auch: Versetzung von Leitern, Lehrern und Lehrerinnen an öffentlichen Schulen in den Ruhestand, in: Zentralblatt für die gesamte Unterrichts-Verwaltung in Preußen, Jg. 74 (1932), S. 10-12.

[5] Zweite Sparverordnung der preußischen Regierung vom 23.12.1931 im Anschluß an die Verordnung des Reichspräsidenten vom 24.08.1931 und vom 06.10.1931. Vom 23.12.1931, in: Preußische Gesetzsammlung, 1931, [Nr. 54 vom 23.12.1931], S. 293-300, hier 'Dritter Teil', Kap. III §2' S. 298: Hier wurde geregelt, daß für "Leiter (-innen) und Lehrer (innen) an öffentlichen Schulen, soweit sie unmittelbare Staatsbeamte sind [...], [...] an Stelle des 65. Lebensjahrs [...] das 62. Lebensjahr tritt."

[6] Versetzung von Leitern, Lehrern und Lehrerinnen an öffentlichen Schulen in den Ruhestand [Minister für Wissenschaft, Kunst und Volksbildung vom 23.12.1931], in: Zentralblatt für die gesamte Unterrichts-Verwaltung in Preußen, Jg. 74 (1932), S. 10-12.

[7] Zentralblatt für die gesamte Unterrichts-Verwaltung in Preußen, Jg. 74 (1932), S. 82f., hier S. 83.

Von diesen Regelungen betroffen war u.a. auch der Direktor der städtischen Humboldtschule Tegel, einer der größten Stadtschulen Berlins[8], der am 28.09.1867 geborene Oberstudiendirektor Wilhelm Schreiber (1867-19..)[9]. Er wurde in den Ruhestand versetzt[10]. Seine Stelle sollte entsprechend den oben genannten Bestimmungen bis zum Erreichen von Schreibers 65. Lebensjahr unbesetzt bleiben.

In dieser Situation der Sperrung der Direktorenstelle der Humboldtschule stellte Blume einen 'Antrag, das Direktorat der Humboldtschule in Personalunion mit der Leitung der Schulfarm Insel Scharfenberg zu verbinden'. Die exakten Umstände dieser Antragstellung - so etwa auch die Frage nach der genauen Datierung - sind leider ebenso unbekannt wie der genaue Inhalt des nicht mehr erhaltenen Antrages selbst. Erhalten geblieben ist jedoch eine ausführliche und außerordentlich aufschlußreiche Begründung, die Blume dem Antrag beigefügt hatte[11].

In dieser 'Begründung' hob Blume die Bedeutung des Scharfenberger Schulversuchs heraus und benannte gleich zu Beginn seine Hauptintention:

> "Die Schulfarm Insel Scharfenberg besteht Ostern 1932 zehn Jahre. Ein Jahrzehnt Versuchsschule verlangt, die Erfahrungen für die Allgemeinheit auszuwerten."[12]

Durch das Ausscheiden Schreibers sehe er, Blume, "die [...] Möglichkeit auftauchen, jene vielfach gewünschte und von uns selbst gesuchte Ausweitung zu realisieren"[13] - und zwar mit dem immensen Vorteil, "ohne die Mutterzelle im Stich lassen zu müssen, ohne auch die Verbindung mit der Stadt Berlin, die ein Jahrzehnt hindurch den Versuch finanziell gestützt hat, zu verlieren."[14] Die Schulfarm könne und

---

8   Einen Überblick über die 1903 gegründete Humboldtschule geben einige Festschriften der Schule: Festschrift zur Fünfzigjahrfeier der Humboldtschule in Berlin-Tegel, hrsg. vom Lehrerkollegium der Humboldtschule und der 'Vereinigung ehemaliger Humboldtschüler' zu Berlin-Tegel e.V., Berlin 1953. - Besinnung und Ausblick. 60 Jahre Humboldtschule (=Vorträge und Aufsätze, hrsg. von der Vereinigung der Freunde der Humboldtschule, 4), Berlin 1964. - Humboldtschule Tegel. 1903-1978, hrsg. von der Humboldt-Oberschule Tegel, Berlin 1978. - 80 Jahre Humboldtschule Tegel. 1903-1983 (=Humboldtheft, 6), Berlin 1983. - Einen kurzen chronologischen Überblick bieten: KAHL, Hellmut, Aus den Annalen der Humboldtschule, in: Festschrift zur Fünfzigjahrfeier der Humboldtschule in Berlin-Tegel, hrsg. vom Lehrerkollegium der Humboldtschule und der 'Vereinigung ehemaliger Humboldtschüler' zu Berlin-Tegel e.V., Berlin 1953, S. 19-22. - Und: HEMPEL, Harry / LÜHMANN, Hinrich, Aus den Annalen der Humboldtschule, in: Humboldtschule Tegel. 1903-1978, S. 31-35.
9   Biogr. Inf. in: Philologen-Jahrbuch (Kunzes Kalender), Jg. 35: Schuljahr 1928/29, 2. Teil, Breslau 1928.
10   Vgl.: Berlin, BBF: SLG-GS, Jahresberichte 1932/33, Bd. 248d, Nr. 87: Berlin, Humboldtschule Tegel (Blume), S. 4. - Vgl. auch: Berlin, BBF: SLG-GS, Jahresberichte 1931/32, Bd. 221e, Nr. 90: Berlin, Humboldtschule Tegel (Schreiber/Blume), o.S.: "Aufgrund der preußischen Notverordnung vom 23ten Dezember 1931 wurden der Direktor der Anstalt [...] vorzeitig in den endgültigen Ruhestand versetzt."
11   S.: BLUME, Wilhelm, Begründung zu dem Antrag, das Direktorat der Humboldtschule in Personalunion mit der Leitung der Schulfarm Insel Scharfenberg zu verbinden [1932] [Berlin, LA, SIS], hrsg. von Dietmar HAUBFLEISCH, Marburg 1999: http://archiv.ub.uni-marburg.de/sonst/1999/0001/q40.html; zuvor abgedr. in: Wilhelm Blume zum 100. Geburtstag (=Neue Scharfenberg-Hefte, 6), Berlin 1984, S. 17-25.
12   BLUME, Begründung, S. 17.
13   BLUME, Begründung, S. 18.
14   BLUME, Begründung, S. 18f.

solle auf diese Weise "das pädagogische Laboratorium"[15] des geplanten Schulkomplexes bleiben.

Von den Landerziehungsheimen "Lietzscher Prägung", "so schön in [...] [ihnen] das Heimleben in persönlich günstig liegenden Fällen" auch sei, könnte - so Blume - "in unterrichtlicher Beziehung [...] die Stadtschule nichts mehr lernen"[16]:

"Wohl aber glaube ich, daß unsere unter lokal glücklichen Verhältnissen gemachten zehnjährigen Unterrichtserfahrungen auf die Stadtschule übertragen einen förderlichen, schneller mitreißenden, vertiefend wirkenden Zustrom darstellen könnten zu der sowieso seit der allgemeinen preußischen Schulreform in erfreulicher Gärung befindlichen Unterrichtspraxis der öffentlichen Schule."[17]

Was in einem Jahrzehnt auf Scharfenberg "im kleinen Kreis ausprobiert ist und nur in ihm ausprobiert werden konnte"[18], solle und müsse jetzt "um seine Existenzberechtigung zu erweisen, eine größere Schülerzahl erfassen"[19].

Blume spielte mit dieser (letztgenannten) Bemerkung nicht nur allgemein auf den die Schulfarm von Beginn an begleitenden Vorwurf an, sie käme nur zu wenigen Schülern zugute und sei damit eine zu teure Angelegenheit[20]; vielmehr hatte er dazu einen - in seiner 'Begründung' direkt unerwähnt bleibenden - Anlaß: Blume scheint mit dem geplanten 'Doppeldirektorat' eine zusätzliche Legitimation für die weitere Existenz der Schulfarm gesucht zu haben, war die Schulfarm doch im Kontext der angespannten Wirtschaftslage und der erforderlichen Sparmaßnahmen unter Druck geraten - wobei gar die Schließung der Schulfarm im Raume stand[21].

In seiner 'Begründung' schrieb Blume weiter, es sei nun "der Moment gekommen, daß es für uns Lehrer keinen großen Reiz mehr hat, diese Art [von Pädagogik],

15 BLUME, Begründung, S. 20.
16 BLUME, Begründung, S. 19.
17 BLUME, Begründung, S. 19.
18 BLUME, Begründung, S. 20.
19 BLUME, Begründung, S. 20.
20 Vgl. zum Vorwurf, die Schulfarm käme zu wenigen Schülern zugute, S. 201 und S. 312.
21 Potsdam, BLA: Pr. Br. Rep. 1: Oberpräsident der Provinz Brandenburg, Lfd. Nr. 355: Haushalt und Finanzgebaren der Stadt Berlin, 1931-1932, Bl. 63-67: Schreiben des Provinzialschulkollegiums an den Oberpräsidenten der Provinz Brandenburg und von Berlin in Charlottenburg vom 15.09.1931 (betr. Sparmaßnahmen), hier Bl. 65: "Was die Schulfarm Insel Scharfenberg betrifft, so muß hervorgehoben werden, daß es sich um eine pädagogisch wertvolle Versuchsschule handelt, die sich in den zehn Jahren ihres Bestehens aufs Beste bewährt, vielen Besuchern aus dem In- und Auslande wertvolle Anregungen gegeben hat und dank der ausgezeichneten Leitung und der treuen Mitarbeit der Lehrer auch in Zukunft geben wird. Es würde nicht zu verantworten sein, diesen bedeutungsvollen pädagogischen Versuch gänzlich einzustellen. Wohl aber wird es möglich sein, die Unkosten, die tatsächlich unverhältnismäßig hoch sind, wesentlich herabzumindern. Die Forderung des Stadtkämmerers, die Unkosten auf die durchschnittlichen Aufwendungen für einen Schüler einer Aufbauschule herabzudrücken, ist durchaus berechtigt und auch ausführbar. Die Vertreter der städtischen Schulverwaltung haben uns mitgeteilt, daß sie das Erforderliche alsbald veranlassen werden." - Potsdam, BLA: Pr. Br. Rep. 1: Oberpräsident der Provinz Brandenburg, Lfd. Nr. 355: Haushalt und Finanzgebaren der Stadt Berlin, 1931-1932, Bl. 111-114: Schreiben des Oberbürgermeisters an den Oberpräsidenten von Berlin vom 29.12.1931, hier Bl. 111 (Schreiben mit der Zielsetzung zu belegen, daß die Kosten der Schulfarm weitgehend denen der "übrigen [Berliner] höheren Lehranstalten" entsprächen").

die eine starke Intensität erfordert, für so wenige Schüler [...] fortzusetzen."[22] Hiermit sprach Blume einen sicher nicht unwichtigen Nebenaspekt an. Intendiert war also auch, mit der geplanten neuen Aufgabe eine Eigenmotivation, einen neuen Schwung durch und für neue, höhere Zielsetzungen zu schaffen.

Blume nannte in seiner 'Begründung' einige weitgespannte, langfristige Möglichkeiten, die sich im Gefolge eines 'Doppeldirektorats' ergeben könnten[23]; die Betonung jedoch legte er auf einen anderen Punkt:

"[...] es soll hier kein noch weit im Felde liegendes Zukunftsbild gezeichnet werden; war es doch auch bisher nicht unsere Art, alles Mögliche theoretisch hinzumalen, sondern die Dinge sich aus den Verhältnissen und den beteiligten Personen heraus organisch erwachsen zu lassen."[24]

Auch wolle er "nicht mit einem Schlag [beginnen], sondern aus sich ergebenden zufälligen Gelegenheiten heraus mit dieser oder jener Schulklasse den Versuch machen, dann in Elternversammlungen die Erfahrungen austauschen zu lassen, zweifelnden Mitgliedern des Kollegiums [der Humboldtschule] in Scharfenberg die neue Art zu zeigen [...]."[25]

Im realistischen, in langjährigem Reformalltag geschärften Bewußtsein der Grenzen des 'Machbaren' wollte Blume nicht als 'Elefant im Porzellanladen' auftreten, sondern seine anspruchsvollen Ziele mit Geschick und Umsicht, abgestimmt auf die vorhandenen Möglichkeiten, an geeigneter Stelle gegenüber skeptisch oder gar

---

22   BLUME, Begründung, S. 20.
23   BLUME, Begründung, S. 20f. - Ebd., S. 20f.: "Die Vereinigung mit Tegel wird mit der Zeit, nicht etwa sofort, in aller Stille, zunächst versuchsweise die Möglichkeit ergeben, unter den dortigen Oberstüflern diejenigen Schüler, die Lust und Fähigkeit dafür haben, an unseren Kursen teilnehmen zu lassen; diese würden, - so denke ich es mir -, in Scharfenberg, das überhaupt das pädagogische Laboratorium bleibt, abgehalten werden; die Tegeler können an den beiden Kurstagen, ist doch auch jetzt die Kursbeschäftigung auf zweimal 6 Vormittagsstunden konzentriert -, auf die Insel kommen, gewiß für sie nebenbei eine erwünschte Abwechslung im Einerlei des Schullebens. Umgekehrt wäre dann auch bei uns nicht jeder Schüler gezwungen, sich einem Kurs anzuschließen, wie es jetzt notgedrungen der Fall gewesen ist; denn einerseits gibt es immer Schüler, die garkeinen Drang nach einer solchen Spezialisierung schon auf der Schule empfinden, sondern den normalen Gang mit gleichbleibenden Forderungen bevorzugen [- diese Möglichkeit war im Erlaß zur 'freieren Gestaltung des Unterrichts auf der Oberstufe [...]' vom 14.02.1923 (Zentralblatt für die gesamte Unterrichts-Verwaltung in Preußen, Jg. 65 (1923), S. 116) mitgefordert worden, war jedoch auf Scharfenberg aufgrund der Kleinheit der Oberstufe zugunsten des Kursangebots nicht realisierbar gewesen! -]; andererseits können wir in Scharfenberg natürlich nicht neben den 5 Kursen die üblichen Schultypen daneben laufen lassen; dieses System bekommt erst bei größerer Schülerzahl alle Entfaltungsmöglichkeiten, die in ihm liegen; das alles ist durchführbar bei kombinatorischer Verwendung beider Lehrerkollegien, ohne extra Kosten zu verursachen. Wenn es sich bewähren sollte, können auch Nachbarschulen zur Beteiligung aufgefordert werden und so Oberstufensammelkurse in jedem Bezirk sich entwickeln. Dann würde die eine Schule die 'Naturwissenschaftler', die andere die 'Kulturkundler', die dritte die 'Sprachler' vereinigen; dazu geeignete Lehrer würden in ihnen eine Tätigkeit ausüben können, die mindestens für sie so befriedigend sein könnte wie die Übungen für die Universitätslehrer in den ersten Semestern; für die Schüler würde auf diese Weise der oft beklagte schroffe Übergang von der gebundenen Schularbeit zu der freien in den Hochschulen gemildert."
24   BLUME, Begründung, S. 21.
25   BLUME, Begründung, S. 21.

feindlich eingestellten Eltern oder Kollegen praktische, konkrete Überzeugungsarbeit leisten.

Hier kam nicht nur (einmal mehr) Blumes ausgeprägter Pragmatismus zum Ausdruck; hier wurde zudem deutlich, wie sich Blume (in Abwandlung früherer 'Filialgründungsideen') zu diesem Zeitpunkt die praktische Umsetzung seiner in der 'Pionierschule' Scharfenberg gemachten Reformerfahrungen vorstellte: nämlich nicht als platte (zentralistische), von vornherein zum Scheitern verurteilte Transformation eines fertigen 'Modells' (namens 'Schulfarm Insel Scharfenberg'), sondern in einer Art und Weise, die - wie im Folgenden durch eine (ein wenig provokante) Verwendung aktueller Zitatteile eines Aufsatzes von Hans-Günter Rolff gezeigt werden soll[26] - die Aktualität des Blumeschen Denkens verdeutlicht:

Blume zeigte hier, daß er die Einzelschule und nicht "das abstrakte Schulsystem" als "die pädagogische Gestaltungseinheit" ansah, daß er damit Abschied nahm "von der Idee einer Muster- und Modellschule, die alle Entwicklungsarbeit leistet und die dann von der staatlichen Bildungsplanung zum Wegweiser erklärt wird, dem alle anderen folgen müssen" und daß er statt dessen die Idee einer "sich selbst organisierende[n], teilautonome[n] Problemlöseschule - oder wie immer sie genannt wird -, die ihren eigenen Weg sucht", vertrat[27]. Gestaltet werden sollte die Schule als komplizierter Mechanismus, "technisch einfach, aber sozial hochkomplex", der "als lebensweltlich begründete[r]" Handlungszusammenhang verstanden werden müsse, von ihren Mitgliedern, also durch Schulleitung, Lehrer, Schüler und Eltern, die "den Motor der Entwicklung" darstellen und durch die (erst) ein 'Lebensraum Schule' gestaltet werden könne[28]:

"Das Konzept einer sich selbst entwickelnden Schule ist eine anspruchsvolle Weiterentwicklung des Bildungssystems. Die einzelnen Schulen sollen sozusagen erwachsen werden, was bedeutet, daß die Kolleginnen und Kollegen möglichst viele ihrer eigenen Dinge so selbständig wie möglich regeln, die ganze Schule ein Bewußtsein gemeinsam geteilter Ziele ausbildet, Prioritäten setzt, Entwicklungsprojekte entwirft und auch realisiert sowie eine interne Evaluation durchführt."[29]

In seiner 'Begründung' 1932 schrieb Blume von einzelnen Versuchen, die er in den Bereichen Kern-Kurs-System und fächerübergreifender Unterricht an der Humboldtschule beginnen wollte[30]. Er wollte zudem einen Schüleraustausch initiieren, u.a., indem Humboldtschüler, insbesondere für ihren Biologieunterricht[31] und ihre Kurse[32] "auf die Insel kommen, gewiß für sie nebenbei eine erwünschte Abwechslung im Ei-

---

[26] ROLFF, Hans-Günter, Autonome Schule oder ein Geschenk der Obrigkeit. Schulentwicklung als Lernprozeß: Zur Rolle der Lehrer und der Leitung, in: Frankfurter Rundschau vom 06.02.1992.
[27] ROLFF, Autonome Schule.
[28] ROLFF, Autonome Schule.
[29] ROLFF, Autonome Schule.
[30] BLUME, Begründung, S. 20f.
[31] BLUME, Begründung, S. 23.
[32] BLUME, Begründung, S. 20.

nerlei des Schullebens."[33] Weiter sollte es zu einer "kombinatorischen Verwendung beider Lehrerkollegien"[34] kommen.

Einen besonderen Stellenwert maß Blume im Falle des Zustandekommens eines 'Doppeldirektorats' der Referendarsausbildung zu - sei ihm doch in den drei Jahren, in denen das Provinzialschulkollegium Referendare zur Ausbildung nach Scharfenberg überwiesen hatte, "klar geworden, daß hier fast die wichtigste Aufgabe einer Versuchsschule liegt."[35] Hier hätten "die jungen Kollegen, die meist schul- und lebensfremd als hochgezüchtete Wissenschaftler sich einstellen, Gelegenheit, die Schüler ohne die übliche Schulmaske zu sehen und mit der so entscheidenden engen Verbindung von Schule und praktischer Arbeit aus eigenem Erleben sich auseinanderzusetzen."[36] Es habe sich jedoch in den bisherigen Jahren als sinnvoll erwiesen, "die Zahl der Referendare bei der Kleinheit der Schule auf drei oder vier zu beschränken"[37]. Dies sei lediglich "ein Tropfen auf dem heißen Stein"[38]. Durch ein Zusammenlegen der Schulen aber ergäben sich "da ganz andere Wirkungsmöglichkeiten; eine viel größere Anzahl von Referendaren könnte in der dortigen Schularbeit [,d.h. an der Humboldtschule,] angesetzt werden und sie gleichwertig in periodischem Wechsel mit den Vorteilen, mit Schülern wirklich einmal zusammenzuleben, verbunden bleiben."[39]

Zur Bekräftigung seines Antrages verwies Blume auf die langjährigen Kontakte zwischen der Schulfarm und der Humboldtschule:

> "Es haben sich mancherlei Beziehungen hüben und drüben geknüpft: Unsere Schüler haben jahrelang den Physiksaal der Humboldtschule benutzt, der an ihr angestellte Studienrat [Hanns] Rothe hat eine Weile den naturwissenschaftlichen Unterricht auf Scharfenberg gegeben, Herr Studienrat [Walter] Stein vom Tegeler Oberlyzeum ist erst im letzten Oktober, durch eine Notverordnung gezwungen, ausgeschieden[40]. Des öfteren war in jedem Jahr Herr Direktor Schreiber auf der Insel, und umgekehrt besuchte ich ihn in seinem Amtszimmer, damit wir in verständnisvoller Freundschaft unsere gegenseitigen Erfahrungen austauschten. Herr Stadtrat Henke, der langjährige Chef des Tegeler Schulwesens, gehört unter der großen Zahl unserer Gäste zu den wenigen, die das, was wir eigentlich wollen, zutiefst erfaßt haben: ich weiß mich noch zu erinnern, wie er bei seinem ersten Besuch vor neun Jahren mich mit seinem Redakti-

---

33   BLUME, Begründung, S. 20.
34   BLUME, Begründung, S. 20.
35   BLUME, Begründung, S. 22.
36   BLUME, Begründung, S. 22. - Vgl. zu dem Greyerz-Zitat bes. S. 75f., S. 201f. und S. 721f.
37   BLUME, Begründung, S. 22.
38   BLUME, Begründung, S. 22.
39   BLUME, Begründung, S. 22.
40   Zur Scharfenberger Tätigkeit von Rothe: S. 365f. und zur Tätigkeit von Stein: S. 366 und S. 369.

onskollegen aus Bremen verglich, der die Trennung von seinen Jungen, zu der man den bisherigen Volksschullehrer gezwungen hatte, nicht zu überleben vermochte."[41]

Gegen den möglichen Einwand der Überlastung seiner eigenen Person im Falle eines 'Doppeldirektorats' wandte Blume (quasi) präventiv und voller Selbstbewußtsein ein:

> "Der Tegeler Bezirk, der vielleicht zögern könnte, weil er der Meinung ist, daß die Leitung beider Schulen die Kraft eines Mannes überstiege, kann sich versichert halten, daß die in diesem Jahrzehnt in unmittelbarer Nachbarschaft bewiesene Arbeitskraft, die jahrelang von heute nicht mehr bestehenden Kämpfen absorbiert wurde, durch diese Neuordnung einen neuen Anreiz empfangen wird."[42]

Für einen 'Doppelschul'-Versuch könnten, so Blume, keine inhaltlichen Bedenken vorliegen; zudem sei das "Risiko [...] nicht groß; sollten sich die Erwartungen nicht erfüllen, hätte die Trennung weiter nichts zur Folge, als daß der bisherige Zustand wieder hergestellt würde."[43]

Der eigentliche 'Clou' des Antrags von Blume aber bestand darin, in der Phase akuter Sparmaßnahmen durch Bewerbung auf eine gesperrte Stelle eine Ausweitung seiner eigenen Reformtätigkeit zu betreiben - und dazu eine Konstruktion zu schaffen, die kaum Kosten mit sich brachte: "Finanzielle Mittel sind dazu nicht von Nöten", schrieb Blume, um dann jedoch realistisch hinzuzufügen, daß zumindest ein Teil der Arbeitszeit eines Oberstudienrats dafür Verwendung finden müsse, den Direktor, d.h. ihn, von "allzu viel technischer Verwaltungsarbeit" freizuhalten; zudem würde "sich die einmalige Beschaffung eines Motorbootes zur Beförderung von Lehrern, Schülern, ganzen Klassen nicht vermeiden lassen"[44].

Das aufgrund der politischen Rahmenbedingungen so Unwahrscheinliche wurde wahr: Blumes Antrag wurde angenommen[45] - in Personalunion konnte er ab Ostern 1932 neben der Schulfarm auch die Humboldtschule leiten.

Für die Schulfarm hatte "diese Personalunion [...] die Auflösung der magistratlichen Sonderstellung zur Folge"[46]. Sie wurde nun - wogegen sie seit ihrer Gründung gekämpft hatte - dem Bezirk 20: Reinickendorf-Tegel zugeordnet[47]: Dies war ein

---

[41] BLUME, Begründung, S. 24f. - Vgl. zu den Kontakten zwischen Schulfarm und Humboldtschule S. 365f. und S. 378. - Vgl. z.B. auch: Prot. der 39. Abendaussprache vom 18.10.1923, in: Berlin, LA, SIS: CH, IV, S. 39: "Blume schlägt vor, das Kasperlestück und den [im September 1923 auf der Insel aufgeführten] Verwandelten Komödianten [von Stefan Zweig] in der Aula der Tegeler Humboldtschule zu wiederholen und den Reingewinn dem Physik- und Chemiesaal in Tegel zuzuwenden [...]." - Zum Verständnis von Schreiber gegenüber der Scharfenberger Pädagogik vgl. etwa: Berlin, LA, SIS: CH, V, S. 132: "Ein Tegeler Urteil. Aus einem Gespräch mit dem Tegeler Oberstudiendirektor [Schreiber]: 'Das kann ich nicht sagen; es ist ein deutlicher Unterschied zwischen Ihren und unseren Schülern. Mögen Sie auch barfuß durch Tegel laufen und auf dem Korridor oben bei uns Rad fahren, trotzdem fühlt man ganz klar: Die haben Kultur im Leib, unsere nicht.'"
[42] BLUME, Begründung, S. 24.
[43] BLUME, Begründung, S. 24.
[44] BLUME, Begründung, S. 24. - Der Ankauf des Bootes kam nicht zustande; vgl. dazu: Berlin, BBF: SLG-GS, Jahresberichte 1932/33, Bd. 248d, Nr. 88: Berlin, SIS (Blume), S. 52.
[45] Amtliche Unterlagen über diesen Vorgang liegen leider nicht mehr vor.
[46] Berlin, BBF: SLG-GS, Jahresberichte 1932/33, Bd. 248d, Nr. 88: Berlin, SIS (Blume), S. 4.
[47] Berlin, BBF: SLG-GS, Jahresberichte 1932/33, Bd. 248d, Nr. 88: Berlin, SIS (Blume), S. 4.

Preis, der angesichts der erreichten Stabilität der Schulfarm einerseits und der sich bietenden neuen Reform-Möglichkeiten andererseits kaum mehr allzu negativ ins Gewicht fiel.

Ostern 1932 konnte Blume - trotz der ihm zumindest von Teilen des Kollegiums der Humboldtschule entgegengebrachten erheblichen Ressentiments[48] - mit der Realisierung seiner in der 'Begründung' genannten Pläne beginnen:

Im Schuljahr 1932/33 und, wenngleich in reduziertem Maße, auch im nachfolgenden Schuljahr 1933/34, wurde "ein Austausch von Lehrkräften versucht"[49], durch den sich "die Schulen in ihren Unterrichtsmethoden gegenseitig befruchten"[50] sollten: So unterrichtete der Scharfenberger Lehrer Walter Ackermann im Schuljahr 1932/33 (nicht jedoch im nachfolgenden Schuljahr 1933/34[51]) auch an der Humboldt-Schule[52]. Im Schuljahr 1932/33 unterrichtete auch der an der Schulfarm angestellte Assessor Wilhelm Richter partiell an der Humboldtschule[53], an die er im nachfolgenden Schuljahr 1933/34 ganz überwechselte[54]. Im Schuljahr 1933/34 erteilte der "bisher nur in Scharfenberg unterrichtende Dr. [Karl] Wenke [...] noch 10 Stunden an der Humboldtschule."[55]

---

48   HARTKOPF, Humboldtschule unter Wilhelm Blume, S. 91: "[...] auch als Neuling spürte man [1932] die [...] Reserve, mit der das alte Kollegium dem neuen Schulleiter begegnete [...]." - Ähnlich: Frühbrodt an D.H. vom 23.09.1989. - Berlin, LA, SIS: Cohn an Blume br. vom 10.07.1932: Cohn greift hier auf, "daß das Tegeler Kollegium Ihren höheren Gedanken nicht ganz folgen kann. Unglücklicherweise haben Sie mit dieser Tegeler Humboldt-Schule eine Schule gegriffen, die in einem übertriebenen Sportinteresse und sich daraus ergebender Rekordsucht aufgeht. Das ist ja denn auch geistig so schön bequem [...]. Was Sie sich unter der Feier einer höheren Schule vorstellen, ist anstrengend und beunruhigend und wird daher zunächst abgelehnt." Und weiter: "Ich bin [je]doch überzeugt, daß es Ihnen mit der Zeit gelingen wird, auch im Kollegium in Tegel Ihren [!] Geist wirksam zu machen und die Schule zu Ihren [!] Zielen zuführen. Freilich ist es eine Aufgabe, die sich nicht von heute auf morgen beendigen läßt; aber sie wird Ihnen gelingen, wenn Sie sich nicht von augenblicklicher, schwer erklärlicher Mißstimmung unterkriegen lassen."
49   Berlin, BBF: SLG-GS, Jahresberichte 1932/33, Bd. 248d, Nr. 87: Berlin, Humboldtschule Tegel (Blume), o.S.
50   Berlin, BBF: SLG-GS, Jahresberichte 1932/33, Bd. 248d, Nr. 88: Berlin, SIS (Blume), S. 51.
51   Berlin, BBF: SLG-GS, Jahresberichte 1933/34, Bd. 275c, Nr. 87: Berlin, Humboldtschule Tegel (Blume), S. 21.
52   Berlin, BBF: SLG-GS, Jahresberichte 1932/33, Bd. 248d, Nr. 87: Berlin, Humboldtschule Tegel (Blume), o.S. - Berlin, BBF: SLG-GS, Jahresberichte 1932/33, Bd. 248d, Nr. 88: Berlin, SIS (Blume), S. 36.
53   S. dazu: Berlin, BBF: SLG-GS, Jahresberichte über das Schuljahr 1932/33, Bd. 248d, Nr. 87: Humboldtschule, o.S.
54   Berlin, BBF: SLG-GS, Jahresberichte über das Schuljahr 1933/34, Bd. 275c, Nr. 87: Humboldtschule, S. 21. - Richter berichtete über seine Zeit an der Humboldtschule 1932-34 und dann von 1936-43 in seinen autobiogr. Notizen: RICHTER, Wilhelm, Tegel I und II. 1932-1934 und 1936-1943, in: Ders., Schulerinnerungen, Berlin 1976, S. 20-27; u.d.T. 'Schulerinnerungen. Tegel 1932-1934 und 1936-1943' wieder in: Humboldtschule Tegel. 1903-1978, hrsg. von der Humboldt-Oberschule Tegel, Berlin 1978, S. 47-51.
55   Berlin, BBF: SLG-GS, Jahresberichte 1933/34, Bd. 275c, Nr. 87: Berlin, Humboldtschule Tegel (Blume), S. 21.

Umgekehrt unterrichteten auch einige Lehrer der Humboldtschule auch auf Scharfenberg: Dr. Kurt Kießling (1878-19..)[56] war im Schuljahr 1932/33 (jedoch nicht mehr im Schuljahr 1933/34[57]) stundenweise auch an der Schulfarm tätig[58]. Erich Zornemann (1891-1976)[59] kam zum Schuljahr 1932/33 neu an die Humboldtschule und unterrichtete in diesem Schuljahr[60] (aber nicht mehr im Schuljahr 1933/34[61]) auch stundenweise an der Schulfarm. Dr. Johannes Beinhoff (1898-1939)[62], im Schuljahr 1932/33 ebenfalls neu an die Humboldtschule kommend[63], unterrichtete in den Schuljahren 1932/33 und 1933/34 teilweise auch an der Schulfarm[64], wo er auch 1933 und 1934 der Abituriums-Prüfungskommission angehörte[65].

Dr. Otto Gall (1890-1943)[66], vorher an der Auskunftsstelle für Schulwesen und der Hauptstelle für naturwissenschaftlichen Unterricht Berlin tätig[67], kam zum

---

56   Philologen-Jahrbuch (Kunzes Kalender), Jg. 39: Schuljahr 1932/33, 2. Teil, Breslau 1932. - Biogr. Inf.: Berlin, BBF: SLG-GS, Personalblatt Kurt Kießling. - Ergänzend auch: KIEßLING, Kurt, Bestimmung von Brechungsexponenten durch Interferenz elektrischer Wellen an Drähten, Greifswald, Univ., Diss., 1902, S. 43: Lebenslauf.

57   Berlin, BBF: SLG-GS, Jahresberichte 1933/34, Bd. 275c, Nr. 87: Humboldtschule, S. 21.

58   Berlin, BBF: SLG-GS, Jahresbericht für das Schuljahr 1932/33, Bd. 248d, Nr. 87: Berlin, Humboldtschule Tegel (Blume), o.S.

59   Biogr. Inf. zu Zornemann in: Beiträge zur Geschichte der Pädagogischen Hochschule Berlin, hrsg. von Gerd HEINRICH (=Abhandlungen aus der Pädagogischen Hochschule Berlin, 6), Berlin 1980, S. 237: "[...]. Studium d. Philos., German., Angl., Roman. (Kiel, Bln. 1916-1921), 1. u. 2. Staatsprüf. f.d.A.d. StudR. (Bln. 1921/22), Schuldienst (Berlin 1926-1947), OStR (Bln., Insel Scharfenberg 1926-1933), Humboldt-Schule (Bln.-Tegel 1933-1947), Doz. f. Deutsch (PHB 1947-1953), OStudR. (PHB 1953-1956) [...]." - KÜNNEMANN, Horst, Erich Zornemann. 1891-1976, in: Beiträge zur Geschichte der Pädagogischen Hochschule Berlin, hrsg. von Gerd HEINRICH (=Abhandlungen aus der Pädagogischen Hochschule Berlin, 6), Berlin 1980, S. 161f., hier S. 161: "Auf seiner langjährigen Zugehörigkeit zur Schulfarm Scharfenberg, danach zum Tegeler Humboldt-Gymnasium beruhte seine Verbindung mit Wilhelm Blume, der ihn nach der Gründung der Pädagogischen Hochschule als Dozenten für Deutsch berief, an der er bis zu seiner Pensionierung 1956 tätig war."] - Die Hinweise auf Zornemanns 'langjährige Zugehörigkeit' zur Schulfarm Scharfenberg (1926-1933) sind als falsch zu bezeichnen!

60   Berlin, BBF: SLG-GS, Jahresberichte 1932/33, Bd. 248d, Nr. 87: Berlin, Humboldtschule Tegel (Blume), o.S.

61   Berlin, BBF: SLG-GS, Jahresberichte 1933/34, Bd. 275c, Nr. 87: Berlin, Humboldtschule Tegel (Blume), S. 21.

62   Biogr. Inf. zu Beinhoff (incl. Todesjahr): Berlin, BBF: SLG-GS, Personalblatt Johannes Beinhoff. - Auch: Philologen-Jahrbuch (Kunzes Kalender), Jg. 40: Schuljahr 1933/34, 2. Teil, Breslau 1933. - BEINHOFF, Hans, Der Hexenglaube in der Walpurgisnacht und die Blocksbergsage, Leipzig, Univ., Diss., 1922 (masch.), o.S.: Lebenslauf. - Und: KAHL, Aus den Annalen, S. 20, Hinweis, daß Beinhoff während des Schuljahres 1939/40 im Polenfeldzug als Soldat umgekommen sei.

63   Berlin, BBF: SLG-GS, Jahresberichte 1932/33, Bd. 248d, Nr. 87: Berlin, Humboldtschule Tegel (Blume), o.S.

64   Berlin, BBF: SLG-GS, Jahresbericht für das Schuljahr 1932/33, Bd. 248d, Nr. 87: Berlin, Humboldtschule Tegel (Blume), o.S.

65   Berlin, LA, SIS: Reifeprüfung Ostern 1933. Übersicht über die Vorzeugnisse und die Prüfungsleistungen. - Berlin, LA, SIS: Reifeprüfung 1934. Übersicht über die Klassen- und Prüfungsleistungen der Prüflinge.

66   Biogr. Inf. zu Gall s. S. 856f.

67   Philologen-Jahrbuch (Kunzes Kalender), Jg. 38: Schuljahr 1931/32, 2. Teil, Breslau 1931.

Schuljahr 1932/33 mit Blume an die Humboldtschule[68], wo er bis Ostern 1934 blieb[69]. Er unterrichtete in den Schuljahren 1932/33 und 1933/34 stundenweise auch an der Schulfarm[70] und war hier Mitglied der Reifeprüfungskommission der Schulfarm in den Jahren 1933[71] und 1934[72]. Vor allem aber vertrat er "den Oberstudien-Direktor [Blume] an den Tagen, an denen dieser an der Schulfarm Insel Scharfenberg Dienst tut, und übernahm einen wesentlichen Teil der laufenden Verwaltungsarbeit [...]."[73] Weiter betätigte er sich im Schuljahr 1933/34 als "Verbindungsmann der Schule zur NS-Volksgemeinschaft" und "Schulwohlfahrtswalter beim N.S. Lehrerbund"[74].

Eine weitere personelle Kooperation zwischen den beiden Schulen ergab sich, wie von Blume geplant, durch die an seine Schulen zugewiesenen Referendare: Sie wurden - wie z.B. Walter Schramm - an beiden Schulen eingesetzt[75] und lernten "auf diese Weise das anregende Nebeneinander einer Internatsschule und einer großen Stadtschule kennen"[76]. Die pädagogischen Sitzungen wurden zudem "des öfteren unter dem Gesichtspunkt des Vergleichs der beiden Schulgemeinschaften gestellt."[77] So "stellte sich deutlich heraus, wer mehr für die eine Art der Jugenderziehung, wer mehr für die andere geeignet war."[78]

---

68   Berlin, BBF: SLG-GS, Jahresberichte 1932/33, Bd. 248d, Nr. 87: Berlin, Humboldtschule Tegel (Blume), o.S.: "An die Stelle der mit Schluß des vorigen Schuljahres [1931/32] in den Ruhestand versetzten Herrn Oberstudiendirektors Schreiber und Oberstudienrates Geisler traten [1932/33] der Oberstudiendirektor von der Schulfarm Insel Scharfenberg, Herr Blume, und der Studienrat von der Staatlichen Hauptstelle für den naturwissenschaftlichen Unterricht, Herr Dr. Gall [...]."

69   Berlin, BBF: SLG-GS, Jahresberichte 1934/35, Bd. 301c, Nr. 82: Berlin, Humboldtschule Tegel (Blume), S. 21.

70   Berlin, BBF: SLG-GS, Jahresberichte 1932/33, Bd. 248d, Nr. 87: Berlin, Humboldtschule Tegel (Blume), o.S.

71   Berlin, LA, SIS: Reifeprüfung Ostern 1933. Übersicht über die Vorzeugnisse und die Prüfungsleistungen.

72   Berlin, LA, SIS: Reifeprüfung 1934. Übersicht über die Klassen- und Prüfungsleistungen der Prüflinge.

73   Berlin, BBF: SLG-GS, Jahresberichte 1932/33, Bd. 248d, Nr. 87: Berlin, Humboldtschule Tegel (Blume), o.S.

74   Berlin, BBF: SLG-GS, Jahresberichte 1933/34, Bd. 275c, Nr. 87: Berlin, Humboldtschule Tegel (Blume), S. 25f.

75   Berlin, BBF: SLG-GS, Jahresberichte 1932/33, Bd. 248d, Nr. 87: Berlin, Humboldtschule Tegel (Blume), o.S.: "Die Mitglieder des seit 4 Jahren an der Schulfarm Insel Scharfenberg bestehenden Seminars haben seit Ostern [19]32 ihre Ausbildung sowohl an der Humboldtschule wie auch an dem Landerziehungsheim [sic!] Scharfenberg erhalten. Unter den 10 Referendaren waren diesmal ein Neusprachler, ein Germanist und 8 Naturwissenschaftler. Die Mitglieder des Kollegiums unterzogen sich der neuen Aufgabe mit Eifer und nahmen auch z.T. an den pädagogischen Besprechungen regeren Anteil. Die Vorteile dieser Neueinrichtung überwogen entschieden; die gut gezogenen [sic!] Humboldtschüler fanden zu den jungen Lehrern bald ein erfreuliches Verhältnis." - Berlin, BBF: SLG-GS, Jahresberichte 1933/34, Bd. 275c, Nr. 87: Berlin, Humboldtschule Tegel (Blume), S. 21: "[...] der den Schulfarm Scharfenberg überwiesene Studienreferendar Walter Schramm [wurde] auch an der Humboldtschule betreut."

76   Berlin, BBF: SLG-GS, Jahresberichte 1932/33, Bd. 248d, Nr. 88: Berlin, Schulfarm Insel Scharfenberg, S. 50.

77   Berlin, BBF: SLG-GS, Jahresberichte 1932/33, Bd. 248d, Nr. 88: Berlin, Schulfarm Insel Scharfenberg, S. 50f.

78   Berlin, BBF: SLG-GS, Jahresberichte 1932/33, Bd. 248d, Nr. 88: Berlin, Schulfarm Insel Scharfenberg, S. 50.

Wie geplant kamen Klassen der Humboldtschule auf die Insel, und Schüler der Schulfarm erhielten Unterricht an der Humboldtschule. Im Jahresbericht der Humboldtschule für das Schuljahr 1932/33 schrieb Blume hierzu:

"[Es] haben verschiedene Klassen ihren Unterricht im Sommer zum Teil auf der Bolle-Insel abhalten können; so fuhr die O II vg wöchentlich einmal hinaus um [sich] den ganzen Vormittag ihrem kulturunterrichtlichen Gesamtleben dort zu widmen; eine O III machte den Versuch, Biologie und Physik da draußen zu einer Art naturwissenschaftlichen Gesamtunterrichts zu kombinieren; eine O I fuhr zuweilen nachmittags zu biologischen Studien nach der Insel. Eine Humboldt-Untertertia tauschte mit der entsprechenden Klasse der Schulfarm ihre Unterrichtsergebnisse über das Thema 'Siedlung' aus.
Umgekehrt fuhr der Chemie-Kurs regelmäßig nach Tegel, um in den besser ausgestatteten Übungsräumen zu arbeiten. Einige Schüler der Schulfarm nahmen an dem wahlfreien Unterricht der Humboldtschule im Lateinischen, Griechischen und Spanischen teil [...]."[79]

Im Jahresbericht der Schulfarm für das Schuljahr 1932/33 hieß es entsprechend:

"Wie die Scharfenberger Chemiekursler die Tegeler Übungsräume wegen ihrer besseren Ausstattung benutzten, kamen Tegeler Klassen auf die Humboldtinsel, um dort ihren Biologie-Unterricht abzuhalten. Es wurde durch kleine Verschiebungen im Stundenplan einiger Tegeler Klassen ermöglicht, im Sommer einen ganzen Vormittag auf der Insel lernend und badend zu verbringen; eine Obertertia kam regelmäßig, um ihre Physikstunden mit biologischen Beobachtungen zu würzen, eine Obersekunda hatte bis in den Herbst hinein jeden Donnerstag 6 Stunden 'Gesamtunterricht' unter Leitung des Direktors der Schulfarm auf der Insel. Eine Untertertia [der Humboldtschule] besuchte die Untertertia in Scharfenberg, um mit ihr ihre Unterrichtsergebnisse auszutauschen. Tegeler Quartaner holten Holz und Rinde, um im Zusammenhang mit ihrem Unterricht eine Kogge zu bauen."[80]

Im Jahresbericht der Schulfarm Insel Scharfenberg für das Schuljahr 1932/33 berichtete Blume über Pläne für das kommende Schuljahr 1933/34:

"Eine Tegeler Lehrerkonferenz billigte einstimmig den Plan, im Sommer des nächsten Jahres Mittelklassen einmal auf längere Zeit auf der Insel wohnen und ihren Unterricht von Motiven der Umgebung bestimmen zu lassen. Die Absicht, für die Schüler der Tegeler Oberklassen die Möglichkeit zu schaffen, an dem Scharfenberger Kurssystem sich zu beteiligen, ist bei der Unruhe der letzten Monate zurückgestellt worden, um erst die Reform des Schulwesens durch das Unterrichtsministerium abzuwarten."[81]

Die Problematik, die in dieser Passage anklingt, sollte sich bald verstärken. Um es - der Chronologie der Ereignisse vorauseilend - vorwegzunehmen: die Nationalsozialisten sollten der vielversprechenden Personalunion der Leitung der Schulfarm und der

---

[79]   Berlin, BBF: SLG-GS, Jahresberichte 1932/33, Bd. 248d, Nr. 87: Berlin, Humboldtschule Tegel (Blume), o.S. - Berlin, BBF: SLG-GS, Jahresberichte 1932/33, Bd. 248d, Nr. 88: Berlin, Schulfarm Insel Scharfenberg, S. 40 dazu: "Herr Studienrat Zornemann gab 12 Stunden Französisch in der Woche auf der Insel und bereicherte das Inselleben durch Leseabende, an denen Balladen geboten wurden, oder der Wiesenzaun von Ginzkey [GINZKEY, Franz Karl, Der Wiesenzaun. Erzählungen, 30.-39. Tsd. Leipzig 1929] oder die Magd des Jürgen Doskocil von E. Wiechert [WIECHERT, Ernst, Die Magd des Jürgen Doskocil. Roman, München 1932] gelesen ward [...]."

[80]   Berlin, BBF: SLG-GS, Jahresberichte 1932/33, Bd. 248d, Nr. 88: Berlin, SIS (Blume), S. 51.

[81]   Berlin, BBF: SLG-GS, Jahresberichte 1932/33, Bd. 248d, Nr. 88: Berlin, SIS (Blume), S. 51.

Humboldtschule mit ihren, wie es scheint, erfolgreich anlaufenden Versuchen[82] ein rasches Ende bereiten. Damit aber sollte die sich hier bietende, einzigartige Gelegenheit, die Übertragbarkeit von in langjähriger Reformarbeit auf Scharfenberg gemachter Erfahrungen auf eine städtische 'Normalschule' auszutesten, brutal zunichte gemacht werden[83].

Träume mußten über den Doppelschulversuch hinausreichende Pläne Blumes bleiben, über die dieser nach dem 2. Weltkrieg berichtete[84]: Hier schrieb er, er habe Anfang 1932 "ganz im insgeheimen [...] eine Denkschrift an den Stadtmagistrat aufgesetzt"[85]. Darin habe er Pläne entwickelt, für die höheren Schulen in der weiteren Nachbarschaft des Tegeler Sees eine 'Sammeloberstufe' zu eröffnen[86], insbesondere, um den weiteren Ausbau einer neuen Lehrervorbereitung voranzutreiben - die auf der Scharfenberg benachbarten Insel Reihenwerder seit der Wirtschaftskrise leerstehende Borsigvilla "als Herberge für Lehrgänge, in denen das Gros der Berliner Lehrerschaft in der Praxis von Übungsklassen an Ort und Stelle auf dem Mutterboden dieser Reform für ihre Richtung zu gewinnen gewesen wäre"[87] zu nutzen bzw. in ihr "eine Versuchs- und Übungsvolksschule zu gründen"[88].

Zusätzlich habe er geplant, hier eine "dazugehörige Lehrerakademie (Beckerscher Prägung) [...] einzurichten"[89] - und zwar in einem Gebäude auf dem

---

82 Vgl.: Frühbrodt an D.H. br. vom 23.09.1989: "'Es gilt, von der Insel aus das Festland zu erobern', sagte Blume, als er 1932 auch das Direktorat der Humboldtschule übernahm. An einer Übertragung des gesamten Scharfenberger Systems (überfachlicher Unterricht, Kurse) wird er dabei nicht gedacht haben. Im Spätsommer 1932 - ich war nach meinem Assessorenexamen von Blume wieder nach Scharfenberg geholt worden - nahm ich auf seinen ausdrücklichen Wunsch zusammen mit einigen Lehrern der Inselschule an einer Konferenz in der Tegeler Schule teil. Blume charakterisierte das Scharfenberger Unterrichtssystem und ich ergänzte seine Ausführungen. Was wir darlegten, wurde nicht unfreundlich aufgenommen, natürlich mit dem Hinweis, die Übertragung des Gesamtunterrichts auf die Stadtschule sei durch die geltenden Bestimmungen ausdrücklich verboten. Und doch kam es zu einem langsamen Eindringen Scharfenberger Gedankengutes in die Festlandsschule. Von Blume und mir wurden bis 1943 Themen behandelt, die Deutsch und Geschichte kombinierten, darüberhinaus aber auch andere Fächer einbeziehen oder wenigstens tangieren konnten. 1934 ging es mir und einer 9. Klasse um 'Marschierende Preußen'. Ich berichtete dem Kollegium über das, was dabei getan worden war, und noch zu tun sei. Der Beifall (Händeklatschen) war ungewöhnlich. Ein Zeichen dafür, daß Blume im Begriff war, die Festlandsschule gänzlich zu 'erobern'. Er hatte bereits gewonnen: zunächst die Schüler, damit die Eltern und schließlich auch das anfänglich sehr reservierte Kollegium [...]."

83 SCHEEL, Schulfarm (1990), S. 46, zu dem 'Doppelschulversuch': "Über die Resultate läßt sich wenig sagen, weil die Zeiten für groß angelegte Schulversuche schon vorbei waren und ein Jahr später bereits um den Bestand der Schulfarm selbst gerungen werden mußte."

84 S. hierzu: Berlin, LA, SIS: BLUME, Wilhelm, Bezirksantrag 1945 zur Wiedereröffnung Scharfenbergs [vermutlich Juli 1945]; Teile veröff. in: Wilhelm Blume zum 100. Geburtstag (=Neue Scharfenberg-Hefte, 6), Berlin 1984, S. 29-35, hier S. 30. - BLUME, Wilhelm, Antrittsrede zur Eröffnung der Pädagogischen Hochschule Groß-Berlin am 21. November 1946 in den Kammerspielen des Deutschen Theaters, in: 30 Jahre Pädagogische Hochschule Berlin. Reden, Aufsätze und bildungspolitische Stellungnahmen ihrer Rektoren seit 1946, Berlin 1978, S. 9-20, hier S. 13. - BLUME, Erinnerungen, S. 30.

85 BLUME, Erinnerungen, S. 30.

86 BLUME, Bezirksantrag, S. 30.

87 BLUME, Bezirksantrag, S. 30.

88 BLUME, Erinnerungen, S. 30. - S. so auch: BLUME, Antrittsrede, S. 13.

89 BLUME, Erinnerungen, S. 30. - S. so auch: BLUME, Antrittsrede, S. 13.

Gutsgelände des nahe gelegenen Schlosses Tegel[90], in dem der Sohn des Kant- und Goetheforschers Georg Simmel (1858-1918), Ernst Simmel (1882-1947), 1927 eine psychoanalytische Klinik gegründet hatte[91], die er zunächst "mühsam aufrechterhielt"[92], dann im Zuge der Weltwirtschaftskrise 1931 stillegen mußte[93]:

> "Eine pädagogische Provinz rings um den Tegeler See!"[94]

Doch, so Blume weiter, die "lockende Planung scheiterte, weil das Heraufdämmern des Unglücks von 1933 die Initiative der Schulbehörden lähmte."[95]

> "Ein Traum, eine pädagogische Utopie, vorbei! 'Politisch Lied - ein garstig Lied!'"[96]

---

90   BLUME, Erinnerungen, S. 30. - S. so auch: BLUME, Antrittsrede, S. 13.
91   Zu Ernst Simmel und seinem Sanatorium in Schloß Tegel s.: 'Hier geht das Leben auf eine sehr merkwürdige Weise weiter ...' Zur Geschichte der Psychoanalyse in Deutschland [Katalog und Materialiensammlung zur gleichnamigen Ausstellung anläßlich des 34. Kongresses der Internationalen Psychoanalytischen Vereinigung in Hamburg 28.07.-02.08.1985], hrsg. von Karen BRECHT, Volker FRIEDRICH, Ludger M. HERMANNS, Isidor KAMINER und Dierk H. JUELICH, 2. Aufl, Hamburg 1985. - Eine Art Traum [Ernst Simmels Psychoanalytische Klinik. Sanatorium Schloß Tegel, in: Der Wert des Menschen. Medizin in Deutschland 1918-1945, hrsg. von der Ärztekammer Berlin in Zusammenarbeit mit der Bundesärztekammer, Berlin 1989, S. 96f. - SCHULTZ, Ulrich / HERMANNS, Ludger M., Die Entdeckung der Psychoanalyse. Ernst Simmels psychoanalytische Klinik in Berlin-Tegel, in: Der Wert des Menschen. Medizin in Deutschland 1918-1945, hrsg. von der Ärztekammer Berlin in Zusammenarbeit mit der Bundesärztekammer, Berlin 1989, S. 50-66. - Und: SCHULTZ, Ulrich / HERMANNS, Ludger M., Das Sanatorium Schloß Tegel Ernst Simmels - Zur Geschichte und Konzeption der ersten Psychoanalytischen Klinik, in: Psychotherapie. Psychosomatik. Medizinische Psychologie, Jg. 37 (1987), S. 58-67, hier S. 58: "Zusammenfassung: Sanatorium Schloß Tegel wurde am 11. April 1927 als erste Psychoanalytische Klinik gegründet und sollte eine Stätte systematischer 'Psychotherapie organischer Krankheiten' werden. Die Gründungsgeschichte dieser Klinik, die zu den ersten Modellen einer integrierten psychosomatischen Versorgung in Klinik und Ausbildung zu rechnen ist, reicht bis zum Ersten Weltkrieg, in dem Ernst Simmel ein Lazarett für Kriegsneurotiker leitete. Die stationäre Therapie in Tegel war von Hypnose, Bäder- und Beschäftigungstherapie, nicht jedoch von Gruppentherapie begleitet. Obwohl Ernst Simmel in Sigmund Freud große Unterstützung auch darin fand, daß klinische Psychoanalyse ebenso Bestandteil der psychoanalytischen Ausbildung werden sollte, wie Lehranalyse, theoretische Ausbildung und Behandlung unter Kontrolle, mußte die Klinik wegen den Folgen der Wirtschaftskrise 1931 geschlossen werden. Ernst Simmel mußte - als Jude, Sozialist und Psychoanalytiker dreifach 'stigmatisiert' - 1933/34 über Brüssel nach Los Angeles emigrieren, weshalb er selbst und sein Lebenswerk, die psychoanalytische Klinik, weitgehend in Vergessenheit geriet, obwohl seine theoretischen wie klinischen Erfahrungen für eine stationäre psychoanalytische Pyschosomatik gerade heute wieder von größter Bedeutung sind."
92   BLUME, Erinnerungen, S. 30.
93   SCHULTZ / HERMANNS, Sanatorium Schloß Tegel, S. 58.
94   BLUME, Erinnerungen, S. 30.
95   BLUME, Erinnerungen, S. 30. - S. so auch: BLUME, Antrittsrede, S. 13.
96   BLUME, Erinnerungen, S. 30.

III.4.   ÜBER DIE WIRKSAMKEIT REFORMPÄDGOGISCHER VER-
SUCHSSCHULEN IM ALLGEMEINEN UND DER SCHULFARM IM
BESONDEREN IN DAS 'NORMALSCHULWESEN' HINEIN

Eine zentrale Frage für die Einschätzung der 'Relevanz', des 'Erfolges', der 'Wirksamkeit' der 'Reformpädagogik' in der Weimarer Republik ist die Klärung der in dieser Arbeit schon mehrfach angesprochenen Frage, ob sich das Praktizieren von 'Reformpädagogik' auf einzelne in ihrem Geiste arbeitende Schulen beschränkte oder ob zumindest einzelne reformpädagogische Elemente in das 'Normalschulwesen' der Weimarer Republik hineinwirkten - und ob damit zumindest partiell das Ziel vieler Reformpädagogen, einzelne Schulversuche und Versuchsschulen könnten als "Keimzellen für die Umgestaltung unseres gesamten Schulwesens"[1] fungieren, erreicht wurde[2].

Wilhelm Richter kam in seiner 'Berliner Schulgeschichte' im wesentlichen zu dem Schluß, daß im Berlin der Weimarer Republik "nur wenige sichtbare Schulreformen hervortraten, die wiederum 1933 ihr jähes Ende fanden"[3]. Über diese hinaus aber habe die Reformpädagogik "das Berliner Schulwesen in erstaunlich geringem Maße"[4] durchdrungen. Immerhin räumte Richter die Möglichkeit ein, daß manches an reformpädagogischer Arbeit "im Schulalltag [der Normalschulen] ohne historisch faßbare Überlieferung abgelaufen sein [könnte]"[5].

Eine ganz andere Position als Richter vertraten die beiden für die Reformpädagogik im Berlin der Weimarer Republik wichtigsten Schulpolitiker Wilhelm Paulsen und Jens Nydahl.

Paulsen stellte, allerdings nicht auf Berlin beschränkt, in seinem publizistischen Hauptwerk 'Die Überwindung der Schule' 1926 die These auf, die "alte Schulform" sei "bereits durchbrochen", es fehle "nur" noch "der einheitliche Plan und der große Gedanke", der "das Neue, das bereits mitten unter uns" sei, "nach leitenden Ideen und beherrschenden Grundsätzen" innerlich zusammenfüge[6].

Jens Nydahl brachte in einem 1928 gehaltenen Referat - wie auch in dem von ihm herausgegebenen Sammelband über das 'Berliner Schulwesen'[7] - deutlich zum

---

[1]   HILKER, Franz, Versuchsschulen und allgemeine Schulreform, in: Deutsche Schulversuche, hrsg. von Franz HILKER, Berlin 1924, S. 448-463, hier S. 448.

[2]   Vgl. zum Folgenden: HAUBFLEISCH, Dietmar, Berliner Reformpädagogik in der Weimarer Republik. Überblick, Forschungsergebnisse und -perspektiven, in: Die Reform des Bildungswesens im Ost-West Dialog. Geschichte, Aufgaben, Probleme, hrsg. von Hermann RÖHRS und Andreas PEHNKE (=Greifswalder Studien zur Erziehungswissenschaft, 1), Frankfurt [u.a.] 1994, S. 117-132; unveränd. wieder in: 2., erw. Aufl., Frankfurt [u.a.] 1998, S. 143-158; leicht akt. wieder: Marburg 1998:
      http://archiv.ub.uni-marburg.de/sonst/1998/0013.html

[3]   RICHTER, Berliner Schulgeschichte, S. 94.

[4]   RICHTER, Berliner Schulgeschichte, S. 94.

[5]   RICHTER, Berliner Schulgeschichte, S. 120.

[6]   PAULSEN, Überwindung, S. 109.

[7]   Das Berliner Schulwesen.

Ausdruck, wie sehr die Berliner Schulverwaltung ihre Arbeit unter reformpädagogische Zielsetzungen gestellt hatte:

"Wir sind eben in Berlin davon überzeugt, daß selbst in wirtschaftlich schwierigen Zeiten es keine im besten Sinne werbende Ausgaben gibt, die notwendiger und wertvoller sind, als die Ausgaben für das Geschlecht, das die Geschicke unserer Stadt in der nächsten Generation zu bestimmen hat [...].
Wir stehen in der Zeit, da man sorgfältig auf das Keimen der Persönlichkeit im Kinde achtet und es als wertvollste Aufgabe des Erziehers ansieht, dieses Keimen und Wachsen nicht durch frühzeitiges Biegen und Binden zu beeinflussen, sondern fernzuhalten, was dieses Wachsen behindern, und alles heranzutragen, was es befördern könnte. Aufgabe einer Schulverwaltung ist es, der Lehrerschaft zu dieser Arbeit Mittel und Werkzeuge in die Hand zu geben. Ich darf behaupten, daß die Schulverwaltung Berlins ihre Aufgaben in diesem Sinne auffaßt."[8]

Nydahl vertrat die These, daß in Berlin in den Lebensgemeinschaftsschulen "neben den Sammelschulen die Lösung der schöpferischen Kräfte im Kinde als ordnender Grundsatz aller Schularbeit vielleicht am klarsten zum Ausdruck [komme]"[9]; darüber hinaus aber könne "auch freudig zugegeben werden [...], daß auch in den anderen Schulen in steigendem Maße sich der Unterricht auf die schöpferische Arbeit der Hand und des Geistes einzustellen beginnt"[10].

Nydahls Position wird von einem Zeitgenossen, Paul Hildebrandt, 1929 voll unterstützt, indem er das Berliner Schulwesen skizziert als von "modern eingestellten Schulen", die "als Vorbilder für das deutsche Schulwesen überhaupt" gälten und die "auch auf das gesamte [Berliner] Schulsystem" einwirkten, sodaß dieses - nicht zu-

---

[8] NYDAHL, Jens, Das Berliner Schulwesen, in: Die neuzeitliche deutsche Volksschule. Bericht über den Kongreß Berlin 1928, hrsg. von der Kongreßleitung, Berlin 1928, S. 105-118, hier S. 118.
[9] NYDAHL, Das Berliner Schulwesen, S. 106.
[10] NYDAHL, Das Berliner Schulwesen, S. 106.

letzt auch aufgrund entsprechender "Fürsorge der Reichshauptstadt" - ein erfreuliches "buntes Bild" böte, "wie es vor 20 Jahren noch undenkbar gewesen wäre"[11].

Bruno Schonig, der mit einer Projektgruppe 'Berliner Lehrerlebensläufe' seit Jahren lebens- und berufsgeschichtliche Erinnerungen alter Berliner Lehrerinnen und Lehrer gesammelt und zum Teil publiziert hat[12], unternahm in einem Aufsatz[13] - in

---

[11]   HILDEBRANDT, Paul, Die Schule ohne Drill. Berliner Lehranstalten von heute, in: Vossische Zeitung vom 03.01.1929, Morgenausg.:
"Aus meiner seligen 'Kandidatenzeit' steht mir noch immer eine Berliner höhere Lehranstalt besonders lebendig vor Augen. Die Schüler gewöhnt, wie ein Mann aufzuschnellen, wenn die Lehrer in die Klasse hineintraten, militärisch auf jede Frage zu antworten, mit ungeheurer Ehrerbietung vor dem Lehrer zusammenzuknicken, bei Wanderungen die ganze Schule uniformiert unter Vorantritt der Kapelle und eines Trommler- und Pfeiferkorps. Der Direktor gutmütig, aber überzeugt von der Überlegenheit des preußischen Drills 'über alles in der Welt' - die ganze Anstalt, selbstverständlich grau in grau, das Abbild eines hoffnungslosen Schematismus, öder Langeweile.
Heute in modern eingestellten Schulen äußerlich und innerlich das Gegenteil: Individualisierung soweit wie möglich. Durchbruch erfreulicher, weil jugendlicher Unordnung, ohne daß das Ganze leidet, ungezwungene Fröhlichkeit, Freude am Lernen! Das alles mußte natürlich auch auf das gesamte Schulsystem einwirken. Jede Anstalt bekommt allmählich ihr eigenes Gesicht, nicht nur in der Organisation, sondern auch bei gleicher Organisation in der Ausgestaltung der Zucht, des Spieles, der Arbeit, des Lehrplanes, und - nicht zu vergessen - auch der Räume!
In solcher Mannigfaltigkeit steht das Berliner Schulwesen mit an der Spitze der deutschen Schulen überhaupt. Fast jede Anstalt hat hier ein besonderes Feld, auf dem sie sich betätigt. Manche Volksschulen legen den Hauptwert auf ihre Spiele, andere haben vorbildliche Schwimm- und Turnabteilungen, in vielen wird ein ausgezeichneter Gesamtunterricht erteilt, wieder andere veranstalten hervorragende Zeichenausstellungen, bilden Sprechchöre und Musikgilden, Spielscharen und Sportabteilungen. Das alles gibt ein buntes Bild, wie es vor 20 Jahren noch undenkbar gewesen wäre.
Die höheren Schulen stehen ihnen nicht nach. Sie ringen oft mit ihnen und untereinander um Siege im Sport, aber bei ihnen liegt doch das Schwergewicht auf dem Unterricht: Arbeitsgemeinschaften von Lehrern besuchen dieses oder jenes Unterrichtsfach, um vorbildliche Methoden zu studieren, und die Anstalten, in denen Bewegungsfreiheit auf der Oberstufe herrscht (Grunewaldgymnasium, Kantschule Karlshorst, Kaiser Friedrichrealgymnasium Neukölln sowie die Fürstin Bismarckschule Charlottenburg) gelten als Vorbilder für das deutsche Schulwesen überhaupt.
Solche Mannigfaltigkeit wäre ohne Fürsorge der Reichshauptstadt unmöglich. Sie leistet für die Gesamtheit ihrer Kinder Hervorragendes, und es ist ein Ruhmestitel Berlins, daß die für das Schulwesen zur Verfügung gestellten Mittel von Jahr zu Jahr steigen [...], [...] Erfolge der Schulverwaltung, die den schlechten Finanzlage der Stadt um mehr anerkannt werden müssen. [...]. Ein besonderer Fonds ist für die Schulversuche eingerichtet [...]."

[12]   S. u.a.: Lehrerlebensgeschichten. Lehrerinnen und Lehrer aus Berlin und Leiden (Holland) erzählen, ges. und eingel. von Manuela du BOIS-REYMOND und Bruno SCHONIG, Weinheim [u.a.] 1982. - S. zuletzt auch: SCHONIG, Bruno, Krisenerfahrung und pädagogisches Engagement. Lebens- und berufsgeschichtliche Erfahrungen Berliner Lehrerinnen und Lehrer 1914-1961 (=Studien zur Bildungsreform, 19), Frankfurt [u.a.] 1994. - HÄNDLE, Christa / SCHONIG, Bruno, Reformpädagogik in Lebensgeschichten alter Berliner Lehrerinnen und Lehrer, in: Mut zur Reformpädagogik, hrsg. von Klaus MEIßNER (=Edition Diesterweg Hochschule, 6), Berlin 1996, S. 59-88. - SCHONIG, Bruno, Zur Verbreitung reformpädagogischer Ansätze in der öffentlichen Berliner Schule der Weimarer Republik, in: Reformpädagogik in Berlin - Tradition und Wiederentdeckung. Für Gerd Radde, hrsg. von Wolfgang KEIM und Norbert H. WEBER (=Studien zur Bildungsreform, 30), Frankfurt [u.a.] 1998, S. 25-59, bes. S. 41-48.

[13]   SCHONIG, Bruno, Berliner Reformpädagogik in der Weimarer Republik. Personen - Konzeptionen - Unterrichtsansätze, in: Schule in Berlin. Gestern und heute, hrsg. von Benno SCHMOLDT (=Wissenschaft und Stadt, 9), Berlin 1989, S. 31-53.

dem er die Positionen Nydahls und Richters gegenüberstellt[14] - den Versuch, die in seiner Sammlung enthaltenen Erinnerungen von Lehrerinnen und Lehrern, die in der Weimarer Republik an Berliner Schulen unterrichtet hatten, daraufhin zu befragen, "ob in ihnen 'Reformpädagogisches' mitgeteilt wird"[15], "was in ihnen über einen reformpädagogisch motivierten und strukturierten Schul- und Unterrichtsalltag mitgeteilt wird"[16], d.h., ob "sich diese Lehrerinnen und Lehrer, die in der Weimarer Republik meist an Berliner Grund- und Volksschulen (nur in seltenen Fällen an Real- oder Gymnasialschulen) unterrichtet haben, an Erziehungsziele, Unterrichtshandlungen und Unterrichtshaltungen [erinnern], die ihre Begründung in reformpädagogischen Konzepten finden"[17]. Nach Analyse der ausgewählten Erinnerungen kam Schonig bei aller Vorsicht, die insbesondere aufgrund des Problems der mangelnden Repräsentativität der Erinnerungen sowie durch die "Subjektivität der sich erinnernden Lehrer und Lehrerinnen"[18] geboten ist, zu dem Ergebnis:

> "Aus dem Erinnerungsmaterial der alten Lehrerinnen und Lehrer wird deutlich, daß reformpädagogisches Handeln in der Berliner Normalschule durchaus praktiziert wurde, daß es aber nicht immer eindeutig als 'eine' Richtung der Reformpädagogik (Arbeitsunterricht, Gesamtunterricht, Erziehung vom Kinde aus u.a.) identifiziert werden kann."[19]

Eindrucksvoll belegt Bruno Schonig seine These erneut am Fallbeispiel des reformpädagogischen Wirkens des Pädagogen Willy Gensch (1882-1959) als Rektor der 3. Gemeindeschule in Berlin-Friedrichshain in den Jahren 1923 bis 1933[20].

Für andere Länder und Kommunen der Weimarer Republik wird die Frage nach dem Eindringen reformpädagogischer Elemente in das Normalschulwesen zunehmend bejaht: So kommt beispielsweise Reiner Lehberger nach kritischer Gesamtein-

---

14 SCHONIG, Berliner Reformpädagogik, S. 50.
15 SCHONIG, Berliner Reformpädagogik, S. 31.
16 SCHONIG, Berliner Reformpädagogik, S. 42.
17 SCHONIG, Berliner Reformpädagogik, S. 31.
18 SCHONIG, Berliner Reformpädagogik, S. 31. - Ebd., S. 42: "Ich werde dabei weitgehend bei einer Präsentation und vorsichtigen Kommentierung dieser Erinnerungen stehenbleiben, denn eine weiter reichende Analyse lassen diese wenigen und persönlichen Zeugnisse nicht zu. Sie sind aber dazu geeignet, eine qualitativ andere Sichtweise reformpädagogischer Arbeit zu vermitteln, eine Sichtweise, die sich auf Kleinigkeiten, soziale Situationen, Beziehungen und Gefühle zwischen Lehrern und Schülern und Unterrichtsdetails bezieht, die weder in den Blick von Schulpolitikern und Bildungstheoretikern noch in den von pädagogischen Historikern geraten."
19 SCHONIG, Berliner Reformpädagogik, S. 50. - Vgl. in dieselbe Richtung gehend auch: SCHONIG, Krisenerfahrung, S. 99-110: Kap. ''Enge Fühlung mit dem Kind' - Schullebenreform und Reformpädagogik'.
20 SCHONIG, Bruno, Reformpädagogik im Prozeß Berliner Schulreform 1923-1933: Das Beispiel des Rektors Willy Gensch an der 3. Gemeindeschule in Berlin-Friedrichshain, in: Ambivalenzen der Pädagogik. Zur Bildungsgeschichte der Aufklärung und des 20. Jahrhunderts. Harald Scholtz zum 65. Geburtstag, hrsg. von Peter DREWEK, Klaus-Peter HORN, Christa KERSTING und Heinz-Elmar TENORTH, Weinheim 1995, S. 117-143. - S. so auch: SCHONIG, Bruno, 'Reformfreudige Menschen'. Zur Verbreitung reformpädagogischer Ansätze in der öffentlichen Berliner Schule der Weimarer Republik, in: Neue Sammlung, Jg. 37 (1997), S. 27-44. - Und: SCHONIG, Bruno, Zur Verbreitung reformpädagogischer Ansätze in der öffentlichen Berliner Schule der Weimarer Republik, in: Reformpädagogik in Berlin - Tradition und Wiederentdeckung. Für Gerd Radde, hrsg. von Wolfgang KEIM und Norbert H. WEBER (=Studien zur Bildungsreform, 30), Frankfurt [u.a.] 1998, S. 25-59, bes. S. 31-41.

schätzung der Reformarbeit der Hamburger Versuchsschulen zu dem Ergebnis, daß der "Weg dieser Schulen, kindgemäßes Lernen, Gemeinschaftspädagogik, soziale und demokratische Erziehungsarbeit mit den traditionellen schulischen Aufgaben zu verbinden, [...] ihnen eine hohe Akzeptanz in der Elternschaft erbrachte und darüber hinaus ihrer Arbeit einen nicht unerheblichen Einfluß auf zahlreiche andere Volksschulen im Regelschulwesen gesichert"[21] hatte.

Ebenso hat Hanno Schmitt in mehreren Aufsätzen nicht nur eindrucksvoll die quantitative Zunahme reformpädagogischer Versuchsschulen (und zwar privater wie öffentlicher Versuchsschulen, Versuchsschulen in Städten wie auch auf dem Lande (Landschulen), Versuchsschulen vor allem im Volksschulbereich und im höheren Schulwesen) im Laufe der Weimarer Republik aufgezeigt[22], sondern auch die Frage nach dem Eindringen der Reformpädagogik ins Normalschulwesen gestellt:

> "Konnten die in der Schulpraxis arbeitenden Träger reformpädagogischer Ideen wenigstens ansatzweise eine Veränderung des Unterrichts in den Regelschulen herbeiführen? Oder: blieb der Alltag von Schule und Unterricht durch reformpädagogische Grundüberzeugungen relativ unbeeinflußt?"[23]

---

[21] LEHBERGER, 'Schule als Lebensstätte', S. 54. - Und: LEHBERGER, Einflüsse.

[22] SCHMITT, Hanno, Topographie der Reformschulen in der Weimarer Republik: Perspektiven ihrer Erforschung, in: 'Die Alte Schule überwinden'. Reformpädagogische Versuchsschulen zwischen Kaiserreich und Nationalsozialismus, hrsg. von Ullrich AMLUNG, Dietmar HAUBFLEISCH, Jörg-W. LINK und Hanno SCHMITT (=Sozialhistorische Untersuchungen zur Reformpädagogik und Erwachsenenbildung, 15), Frankfurt 1993, S. 9-31, bes. S. 21. - SCHMITT, Hanno, Versuchsschulen als Instrumente schulpädagogischer Innovation vom 18. Jahrhundert bis zur Gegenwart, in: Jahrbuch für Historische Bildungsforschung, hrsg. von der Historischen Kommission der Deutschen Gesellschaft für Erziehungswissenschaft, Bd. 1, Weinheim [u.a.] 1993, S. 153-178, bes. S. 162-167: 'Die reformpädagogischen Versuchsschulen der Weimarer Republik'. - SCHMITT, Hanno, Zur Realität der Schulreform in der Weimarer Republik, in: Politische Reformpädagogik, hrsg. von Tobias RÜLCKER und Jürgen OELKERS, Bern [u.a.] 1998, S. 619-643.

[23] SCHMITT, Topographie der Reformschulen, S. 11. - SCHMITT, Versuchsschulen als Instrumente, stellt S. 153 zurecht fest: "Eine Geschichte der Versuchsschulen wurde bisher noch nicht geschrieben." Zu den Fragestellungen, die er stellt gehören u.a.: [1.] "Worin bestand ihre innovative Wirkung? Welche Erwartungen und Hoffnungen wurden jeweils an ihre Einrichtung geknüpft?" - [2.] "Haben Versuchsschulen auf die Weiterentwicklung des Regelschulwesens gewirkt?" - [3.] "Welche Bedeutung hatten sie für die Ausbreitung und Verbreitung von pädagogischen Reformideen?"

Bei aller Vorsicht der Interpretation[24] kommt Schmitt am Ende seiner Untersuchung zu dem Ergebnis, daß es eine unerwartet hohe Zahl von höheren Schulen in Preußen gab, "deren Schulalltag in deutlich spürbarer Form durch reformpädagogische Theorie und Praxis geprägt war"[25] und eine noch größere Zahl solcher Schulen, an denen zumindest einige reformpädagogische Elemente zum Tragen kamen.[26]

Das vorliegende Kapitel über 'Expansionen und Einflußnahmen der Schulfarm Insel Scharfenberg auf das öffentliche Schulwesen' (und auch andere Abschnitte der vorliegenden Arbeit über die Geschichte der Schulfarm) bestätigen die These, daß es eine erhebliche Verbreitung reformpädagogischen Gedankenguts und reformpädagogischer Erfahrungen aus Versuchsschulen in die 'Normalschulen' der Zeit hinein gegeben hat.

Das Scharfenberger Gedankengut und die Scharfenberger Erfahrungen gelangten auf verschiedene Art und Weise in 'Normalschulen' hinein: durch Publikationen und Vorträge über die Schulfarm, durch Besucher und Hospitanten, durch Lehrkräfte und seit Ende der 20er Jahre nicht zuletzt auch durch auf Scharfenberg ausgebildete Referendare[27], die nach ihrer Scharfenberger Zeit an 'Normalschulen' wechselten, und - wie noch zu zeigen sein wird - nicht zuletzt auch Scharfenberger Schüler in ihrem späteren (Berufs-) Leben[28].

---

[24] SCHMITT, Topographie der Reformschulen, S. 22, weist bei seiner Untersuchung u.a. auch auf die - seine Ergebnisse in keiner Weise infragestellende - Problematik hin, daß die Textauswahl des von ihm ausgewerteten Jahresberichts [Jahresberichte der höheren Lehranstalten in Preußen. Schuljahr 1927/28, bearb. von der Staatlichen Auskunftsstelle für Schulwesen, Berlin 1930] vom Herausgeber "leider nicht näher begründet" wird und "der Herausgeber [...] ganz offensichtlich die für ihn subjektiv interessantesten Textpassagen veröffentlicht hat" - möglicherweise, so Schmitt, gerade "fast alle Reformansätze, über die die Schulen berichtet haben, in seine Textauswahl aufgenommen [haben könne], um dadurch ein möglichst positives Bild der höheren Lehranstalten Preußens [im Sinne der Reformpädagogik] zu zeichnen". - Dieses Bestreben, das höhere Schulwesen in Preußen als schon stark von Reformen durchdrungen zu beschreiben, findet sich auch in (anderen) ministeriellen Publikationen, z.B. in: Wissenschaft, Kunst und Volksbildung in Preußen. Nach amtlichem Material, Berlin 1929, bes. S. 29-34: Kap. 'Das höhere Schulwesen in Preußen' (hier u.a. Hinweise auf die Anregungen "durch die Jugendbewegung aufgrund der Jugendpsychologie", die Bereicherungen "durch die Erfahrungen der Landerziehungsheime" und die Förderung einiger "Internate [...], die die Möglichkeiten solcher Erziehung erproben und ausschöpfen können" (S. 32)). - Ebd., S. 34, findet sich aber auch ein Hinweis auf die Gefährdung der Schulreform durch die Finanzlage des Landes: "Es darf nicht verschwiegen werden, daß die höhere Schule unter die Ungunst der finanziellen Lage Preußens stark leidet und daß an ihre Lehrer besonders hohe Anforderungen gestellt werden, die fast eine Überlast bedeuten. Erst wenn diese Hemmnisse überwunden sein werden, wenn die Absichten der Unterrichtsverwaltung sich freier entfalten können, wird vieles, was heute noch als Anfang und als Ansatz vorhanden ist, zur vollen Entfaltung kommen."

[25] SCHMITT, Topographie der Reformschulen, S. 23. - Beispiele: Ebd., S. 23-25.

[26] SCHMITT, Topographie der Reformschulen, S. 22.

[27] SCHEEL, Schulfarm (1990), S. 32f., über die Scharfenberger Referendare: "[...] der eigentliche Sinne ihrer Anwesenheit auf der Insel lag in ihrer Ausbildung begründet: Wesentliche Erfahrungen unseres Schulversuchs sollten von ihnen erlebt, erprobt und angeeignet werden, um sie in die Stadtschulen tragen zu können. Unter diesem Gesichtspunkt vor allem hatte Blume bei den Schulbehörden um die Zustimmung gerungen, Scharfenberg in die Referendarausbildung einzubeziehen."

[28] S. 987ff.

Vor allem aber kann und muß das 'Doppeldirektorat' Blumes als Leiter der Schulfarm und der Humboldtschule als ein Versuch angesehen werden, der primär und originär darauf angelegt war, zu erproben, ob und inwieweit die unter Scharfenberger 'Sonderbedingungen' gemachten Erfahrungen an eine große Berliner 'Normalschule' zumindest partiell übertragbar gemacht werden konnten.

Betrachtet man den sich doch immer klarer abzeichnenden Einfluß reformpädagogischen Gedankenguts und reformpädagogischer Erfahrungen von Versuchsschulen - auch im Falle der Schulfarm -, so scheint sich hier Hellmut Beckers (1913-1993) These vom 'Sickereffekt'[29] zu bestätigen, nach dem wesentliche Teile von Reformen in langsamen Prozessen in die Praxis der Normalschulen 'einsickern'; diese Erkenntnis historischer Dimension könnte nicht zuletzt auch den an gegenwärtiger Schulreformarbeit Beteiligten helfen, zwischenzeitliche Rückschläge 'einzustecken', und Mut machen, einen 'langen Atem' zu bewahren.[30]

---

[29] S.: BECKER, Hellmut, Bildung und Bildungspolitik. Über den Sickereffekt von Reformen, in: Zäsuren nach 1945. Essays zur Periodisierung der deutschen Nachkriegsgeschichte, hrsg. von Martin BROSZAT (=Schriftenreihe der Vierteljahrshefte für Zeitgeschichte, 61), München 1990, S. 63-68, hier S. 66.

[30] Vgl. etwa: KLAFKI, Wolfgang, Thesen zur inneren Schulreform - am Beispiel der Gesamtschule, in: Neue Studien zur Bildungstheorie und Didaktik. Zeitgemäße Allgemeinbildung und kritisch-konstruktive Didaktik, 3., erw. Aufl. Weinheim [u.a.] 1993, S. 305-322, hier S. 309.

IV.   **DAS ENDE DES SCHULVERSUCHS AUF DER INSEL SCHARFEN-BERG 1932 BIS 1934**

IV.1.   **POLITISCHE RADIKALISIERUNG - DER ABBAU DER SCHÜ-LERSELBSTVERWALTUNG 1932**

Ab 1930 waren in Thüringen die Nationalsozialisten an der Regierung; dadurch wurde etwa das Innen- und Volksbildungsministerium Wilhelm Frick (1877-1946), einem Nationalsozialisten, der 1923 wegen seiner Beteiligung am Hitlerputsch in München rechtskräftig als Hochverräter verurteilt worden war und der ab Mai 1933 bis 1943 Reichsinnenminister, danach Reichsprotektor in Prag wurde, überlassen; ab 1932 wurde hier eine rein nationalsozialistische Regierung eingesetzt, die quasi im Kleinen - wie in einer Generalprobe - vorexerzieren konnte, was ab 1933 dann in ganz Deutschland im großen Stile folgen sollte[1].

Am 24.04.1932 erbrachte die preußische Landtagswahl das Ergebnis, daß die seit 1925 ununterbrochen regierende 'Weimarer Koalition' unter Ministerpräsident Otto Braun (1872-1955) (SPD) keine Mehrheit mehr erreichte und Brauns Kabinett nur noch geschäftsführend im Amt bleiben konnte.

Auf Reichsebene wurde am 10.04.1932 Paul von Hindenburg (1847-1934) erneut zum Reichspräsidenten gewählt; der Scharfenberg-Schüler J.A. Schmoll hatte die dieser Wahl zugrundeliegenden politischen Konstellationen analysiert und in einer beeindruckenden politischen Karikatur graphisch dargestellt[2]. Am 30.05.1932 wurde das Kabinett Heinrich Brüning (1885-1970) entlassen und das Kabinett der 'nationalen Konzentration' unter Franz von Papen (1879-1969) mit Kurt von Schleicher (1882-1934) als Reichswehrminister installiert.

Am 20.07.1932 erfolgte der sog. 'Preußenschlag' von Papens und Schleichers, der Staatsstreich, der die bislang geschäftsführende Regierung wurde des Amtes enthob und Papen zum Reichskommissar in Preußen machte.

Mit den Reichstagswahlen am 31.07.1932 wurde die NSDAP zur stärksten Partei.

---

[1]   FLITNER, Wissenschaft und Schulwesen in Thüringen, S. 202-205: Kap. 'Das Ende der Weimarer Republik'. - Vgl. auch: SEVERING, Carl, Mein Lebensweg, Köln 1950, Bd. 2, S. 229-234. - DICKMANN, Fritz, Die Regierungsbildung in Thüringen als Modell der Machtergreifung. Ein Brief Hitlers aus dem Jahre 1930, in: Vierteljahreshefte für Zeitgeschichte, Jg. 14 (1966), S. 454-464.

[2]   S.: Abb. 90.

Dies waren politische Ereignisse, die kaum daran zweifeln lassen, daß bereits im Sommer 1932 das Ende der Republik so gut wie besiegelt war[3].

In diesen Monaten gab es auch für die "Jugend um den [Tegeler] Sportplatz viel Gelegenheit zum Schauen, denn eine politische Kundgebung löste die andere ab: Kommunisten mit Schalmeien, SA mit Spielmannszügen, 'Stahlhelm' in Feldgrau, 'Reichsbanner' von der SPD"[4]. Am 10. Mai 1932 trat Carl von Ossietzki (1889-1938) als Folge des 'Weltbühnenprozesses' eine 18monatige Haftstrafe im Gefängnis von Tegel an. Der Haftantritt, der unter Geleit von Freunden und Anhängern Ossietzkis, etwa Albert Einstein (1879-1955), Lion Feuchtwanger (1884-1958), Erich Kästner (1899-1974), Alfred Polgar (1873-1955), Rudolf Olden (1885-1940) und Arnold Zweig[5] und - so Schmoll - auch einiger Schüler der Schulfarm[6] stattfand, war, wie die Haft für Ossietzki selbst, eine politische Demonstration gegen das ihm angetane Unrecht wie auch gegen die Verletzungen demokratischer Rechte in der Weimarer Republik überhaupt[7].

Wie andere Reformschulen geriet in diesen Monaten auch die Schulfarm unter immer stärkeren Druck. So wurde etwa in einem Hetzartikel der in Cottbus erscheinenden nazistischen 'Lausitzer Landes-Zeitung' vom 23.4.1932 mit Berufung auf Schreiben aus Lehrerkreisen ein zweispaltiger Artikel fabriziert, in dem neben "wüsten Attacken"[8] gegen den Berliner Stadtschulrat Kurt Löwenstein, den Stadtarzt Max Hodann (1884-1946)[9], den entschiedenen Schulreformer Paul Oestreich und die Neuköllner Karl-Marx-Schule auch die Schülerselbstverwaltung auf Scharfenberg

---

3   Vgl. zum Forschungsstand über die 'Auflösungsphase der Republik': KOLB, Eberhard, Die Weimarer Republik (=Oldenbourg-Grundriß der Geschichte, 16), 4. durchges. und erg. Aufl. München [u.a.] 1998, S. 211-231, bes. S. 219f. - Vgl. beispielsweise auch: BROSZAT, Martin, Die Machtergreifung. Der Aufstieg der NSDAP und die Zerstörung der Weimarer Republik, München 1984, S. 144-156: Teilkap. 'Schlußphase und Abbruch der Republik unter Papen'; vgl. dazu Dokument 3: 'Von Brüning zu Papen. Aus dem Tagebuch Hans Schäffers (2.-7. Juni 1932)' (S. 184-189), und Dokument 4: 'Der 20. Juli 1932. Aufzeichnungen Albert Grzesinskis' (S. 189-198). - Zur Situation in 'Berlin im Herbst 1930' s. das so lautende Teilkap. in: BROSZAT, Die Machtergreifung, S. 38-64. - Und bes.: Berlin 1932. Das letzte Jahr der ersten deutschen Republik. Politik, Symbole, Medien, hrsg. von Diethart KERBS und Henrick STAHR (=Stätten der Geschichte Berlins, 73), Berlin 1992.

4   P. Rathjens an D.H. br. vom 02.09.1985.

5   Einführend zu Ossiezky und zum hier Geschilderten s. etwa: '... aber von Dir wird gesprochen.' Katalog zur gleichnamigen Ausstellung über Carl von Ossietzky, hrsg. von Bärbel BOLDT [u.a.], Oldenburg 1981, bes. S. 67-74. - Und: Carl von Ossietzky. 1889-1938. Ausstellung aus dem bei der Universitätsbibliothek Oldenburg verwahrten persönlichen Nachlaß Maud und Carl von Ossietzkys. 18. Oktober - 16. November 1982, Oldenburg 1982, bes. S. 41-47. - S. vor allem aber: OSSIETZKY, Carl von, Sämtliche Schriften, hrsg. von Werner BOLDT, Dirk GRATHOFF, Gerhard KRAIKE und Elke SUHR, 8 Bde., Reinbek 1994.

6   Schmoll an D.H. mündl. vom 02.09.1985.

7   OSSIETZKY, Carl von, Rechenschaft - ich muß sitzen, zuerst in: Die Weltbühne, Jg. 28 (1932), Nr. 19 (10.05.1932), S. 689-709.

8   SCHEEL, Schulfarm (1990), S. 47.

9   SCHEEL, Schulfarm (1990), S. 72, zu Max Hodann: "Leiter des Gesundheitsamtes Berlin-Reinickendorf, Direktor des Instituts für Sexualwissenschaft, 1933 verhaftet, nach der Flucht ins Ausland beim Völkerbund in Genf tätig, 1937 Chef des Lazaretts des Thälmann-Bataillons in Spanien. Er starb in Stockholm."

angegriffen wurde, die angeblich den Kirchenbesuch eines Schülers mit dessen Ausschluß geahndet hätte[10]:

> "[...] die Reichshauptstadt [unterhält] mit großen Kosten auf der Insel Scharfenberg im Tegeler
> See eine sogenannte Schulfarm, in der eine nicht große Zahl von Schülern nach dem Lehrplan
> der preußischen höheren Schulen mit der Berechtigung der Reifeprüfung unterrichtet wird. Die
> ganze Anlage ist auf Schülerselbstverwaltung im weitesten Maße zugeschnitten. Natürlich ist
> sie politisch neutral! Aber wehe, wenn sich ein Nichtmarxist dorthin verirrt und sich nicht in
> gemessener Zeit 'bekehren' läßt! Vor einiger Zeit wagte es ein Schüler, den Besuch einer
> Kirche zu erbitten und sich vor den Augen seiner Kameraden mit dem Gesangbuch zu zeigen.
> Er wagte also, in politischen und religiösen Dingen seine eigene Meinung zu vertreten. Schon
> beschloß die sich selbst verwaltende Schülerschaft, der Schüler trage Politik in ihre
> Gemeinschaft und sei deshalb auszuschließen, was denn auch ohne Rücksicht auf die den Eltern
> entstehenden recht erheblichen Kosten durchgesetzt wurde."[11]

Auch auf Blume selbst wurde Druck ausgeübt, etwa, indem man - vergeblich - versuchte, ihm 'Unregelmäßigkeiten' in den Schulfinanzen nachzuweisen[12].

Auf der Insel selbst bewirkten diese politischen Umbrüche eine bis dahin unbekannte politische Polarisierung. Dabei ist jedoch festzustellen, daß politisch motivierte offene Gegnerschaften in der weltanschaulich bunt gemischten Scharfenberger
Lehrerschaft nur in einem einzigen Fall, nämlich zwischen Cohn und Scheibner, bekannt sind: In einem Brief vom 10.07.1932 schrieb Cohn an Blume von den
"Widerwärtigkeiten, die sich aus der politischen Einstellung Herrn Scheibners und
des von ihm verhetzten Teils der Scharfenberger Jugend und ihrer Gegenspieler von
der anderen radikalen Seite ergeben", die seiner Auffassung nach für Scharfenberg
"ein trauriges Kapitel" darstellten, und die ihn zu der Frage veranlaßten, ob Scheibner, der sich zu diesem Zeitpunkt in der Sowjetunion aufhielt[13], "nicht in Moskau
bleiben"[14] könne.

Zu den politischen Entwicklungen in der Scharfenberger Schülerschaft geben als
detaillierteste Quelle die entsprechenden Abschnitte in den Erinnerungen Heinrich
Scheels - in denen er zugleich seinen eigenen Weg zum Kommunismus skizziert -
Auskunft:

Scheel berichtet, wie er und sein Freund Helmut ('Hanne') Woldt, jüngerer Bruder des Scharfenbergschülers Hans Woldt und Sohn von Richard Woldt[15], sich "als

---

10   SCHEEL, Schulfarm (1990), S. 47.
11   Aus: Fort mit den roten Volksverderbern! Eltern denkt an Eure Kinder, in: Lausitzer Landes-
        Zeitung vom 23.04.1932; wieder in: GUTSCHALK, Rolf, Scharfenberg während der NS-Zeit.
        Einige Dokumente, in: 60 Jahre Schulfarm Insel Scharfenberg. 1922-1982. Jubiläums-Fest-
        schrift anläßlich des 60-jährigen Bestehens der Schulfarm Insel Scharfenberg (=Sonderheft der
        Fähre), Berlin 1982, S. 33-47, hier S. 36 [als Dok. Nr. 1]. - Quellenmäßig ist nichts belegt,
        was den Ansatz für diesen Angriff inhaltlich erklären könnte.
12   Entsprechende Materialien befinden sich in: Berlin, LA, SIS.
13   Vgl. dazu S. 676.
14   Berlin, LA, SIS: Cohn an Blume (aus Hannoversch-Münden) br. vom 10.07.1932 (s. S. 767). -
        Zu dem Brief: Schmoll an D.H. br. vom 02.09.1990: "Der Brief von Cohn ist wirklich ein für
        mich hochinteressantes Dokument [...]. Daß Cohn garnicht rot-links dachte und daher
        Scheibner mißtraute, war mir bewußt. Aber daß er fast zynisch wünschte, Scheibner 'könne
        doch in Moskau bleiben', war mir völlig neu. Er mochte wohl auch den Typ Scheibner nicht,
        der für ihn nicht nur zu links, sondern wohl auch zu modern fühlte."
15   Vgl. bes. S. 338-340.

Kinder sozialdemokratischer Eltern durchaus verpflichtet [gefühlt hätten], in ihrem Sinne politisch wirksam zu werden"; doch hätten sie zunächst "keine klare Vorstellung davon [gehabt], [...] wie [sie] [...] das anpacken sollten."[16] Andere Schüler aus kommunistischen Elternhäusern und auch Mitschüler sozialdemokratischer Eltern, die "in das Fahrwasser kommunistisch orientierter Mitschüler"[17] geraten waren - etwa Scheels Freund Hans Lautenschläger[18], der "vor allem durch seine Begeisterungsfähigkeit und seinen Tatendrang"[19] beeindruckte, und der mit rhetorischem Talent ausgestattete Hermann Natterodt[20] - seien ihnen argumentativ deutlich überlegen gewesen[21]. Es habe "so manche Auseinandersetzung" zwischen den Jugendlichen gegeben, "die allerdings über einen bloßen Schlagabtausch nicht hinauskam"; wenn "der Vorrat erschöpft war und wir uns gegenseitig genügend gereizt hatten", sei es öfters zu Prügeleien gekommen, die jedoch - zumal der 'Dogmatismus' zwischen den unterschiedlich links orientierten Jugendlichen ganz offensichtlich wenig ausgeprägt war - nie zu ernsteren Verstimmungen geführt hätten[22]. Allmählich habe sich innerhalb der kommunistisch orientierten Schülerschaft Hans Coppi nach vorn geschoben[23] und sei schließlich "bald das geistige Haupt der kleinen Schar"[24] geworden:

> "Er war ein guter Kopf, der sich sicher in so mancher Disziplin die Spitze hätte halten können, wenn er es wirklich gewollt hätte. Er besaß eine schnelle Auffassungsgabe, die zulangte, um gute Leistungen ohne Anstrengung zu erreichen. Das genügte ihm gewöhnlich. Er war ganz und gar kein Streber und nutzte lieber die Zeit, um seinen eigenen Neigungen nachzugehen. Seine Hauptpassion wurde in zunehmendem Maße die aktive politische Arbeit [...]. Er gehörte zu den Menschen, deren Vorbild eine geradezu zwingende Kraft auszuüben vermag."[25]

Hans Coppis Eltern - Robert (1882-1960) und Frieda Coppi (1884-1961) - waren eingeschriebene Mitglieder der KPD und wohnten in einer Laubensiedlung, die zu Tegel gehörte[26]. Es sei die Mutter gewesen, "von der die Anregung ausging, an dem vom Verband der Proletarischen Freidenker durchgeführten Unterricht in Tegel zur Vorbereitung auf die Jugendweihe teilzunehmen. Was den Katholiken und Evangelischen auf Scharfenberg recht war, nämlich den Vorbereitungsunterricht auf die Kommunion bzw. Konfirmation zu besuchen, sollte den Dissidenten billig sein."[27]

---

16   SCHEEL, Schulfarm (1990), S. 36.
17   SCHEEL, Schulfarm (1990), S. 36.
18   SCHEEL, Schulfarm (1990), S. 36. - Ebd., S. 34: "Ohne daß ich mich eines besonderen Anlasses erinnern könnte, freundete ich mich schon im ersten Jahr mit Hans Lautenschläger an. Wir saßen im Unterricht nebeneinander, wir halfen einander und prügelten uns miteinander; das schmiedet zusammen."
19   SCHEEL, Schulfarm (1990), S. 39. - Ebd., S. 38: "Hans Lautenschlägers kommunistische Neigungen damals waren Ausfluß eines jugendlichen Radikalismus".
20   SCHEEL, Schulfarm (1990), S. 37. - Ebd., S. 38: "Er gehörte zu den ältesten von uns und war auch körperlich entwickelter als die meisten anderen. Sein Elternhaus war zwar sozialdemokratisch, aber schon sein älterer Bruder, der die Karl-Marx-Schule in Neukölln besuchte, entfernte sich davon."
21   SCHEEL, Schulfarm (1990), S. 36f.
22   SCHEEL, Schulfarm (1990), S. 36.
23   SCHEEL, Schulfarm (1990), S. 38f.
24   SCHIELKE, Der Lange von der Schulfarm, S. 10.
25   SCHEEL, Schulfarm (1990), S. 39.
26   SCHEEL, Schulfarm (1990), S. 38.
27   SCHEEL, Schulfarm (1990), S. 38.

Außer Hermann Natterodt und ihrem eigenen Sohn Hans sei auch Hans Lautenschläger sofort Feuer und Flamme für diese Idee gewesen; ihnen hätten sich die
Schüler Bernd Wegerich[28], Wolfgang Ausländer[29], Paul ('Pieps') Dimmey[30] und
Willi Angermund[31] angeschlossen[32]. Dieser Jugendweiheunterricht in Tegel, wo
"offensichtlich hervorragende Erziehungsarbeit geleistet wurde", habe "die Teilnehmer auch auf Scharfenberg enger zusammen[geführt]"[33]; 'äußere Umstände' hätten
eine solche Entwicklung begünstigt[34]:

Natterodt "war an allen biologischen Vorgängen immer lebhaft interessiert und
hielt sich gern alles mögliche Tierzeug, angefangen bei den Seidenraupen und
Schmetterlingen bis zum Federvieh"[35]. Zusammen mit dem "aus proletarischem
Hause"[36] kommenden Kurt Badenhoop, der mit der kommunistischen Gruppe sym-
pathisierte[37], war ihm daher von der Gemeinschaft das Amt des 'Hühnerwarts' und
damit die Betreuung der 'Hühnerfarm' übertragen worden, "in der die beiden hausten"[38]. Damit wurde die 'Hühnerfarm' "zum Sammelpunkt Gleichgesinnter"[39] - und
sie blieb es auch, als Hans Coppi und Paul Dimmey Nachfolger der beiden Hühnerwarte Badenhoop und Natterodt, die 1932 mit Mittlerer Reife die Schulfarm verließen, wurden[40].

Die Gruppe "fühlte sich dem KJVD [=Kommunistischer Jugendverband
Deutschlands][41] zugehörig, ohne es organisatorisch schon zu sein"[42] - ein Zustand,
der "unter den gegebenen Bedingungen einige Vorteile"[43] hatte:

"Zum ersten vertrug er sich durchaus mit den Statuten der Schulfarm, die ja die Politik von der
Insel nicht verbannten oder politische Gesinnungsäußerungen untersagten. Zum zweiten blieb
auf diese Weise die Gruppe offen für Jungen wie Hanne Woldt oder mich, die weitgehend

---

28 SCHEEL, Schulfarm (1990), S. 35: Bernd Wegerich stammte aus kommunistischem Eltern-
    hause.
29 Wolfgang Ausländer war der Sohn des Kommunisten Fritz Ausländer; vgl. S. 346-348.
30 SCHEEL, Schulfarm (1990), S. 38: Dimmey "kam aus dem proletarischen Moabit und hatte
    keinen Vater mehr, seine Mutter [Gertrud Dimmey] war eine Arbeiterfrau".
31 SCHEEL, Schulfarm (1990), S. 38: Angermunds Vater [Walter Angermund] war Klempner und
    "mit ziemlicher Sicherheit Mitglied der KPD".
32 SCHEEL, Schulfarm (1990), S. 38. - Vgl. auch: SCHIELKE, Der Lange von der Schulfarm, S.
    10: "Um die Jahreswende 1930/31 fand sich in der Hühnerfarm heimlich eine Schar Gleichge-
    sinnter zusammen. Den Anstoß dazu hatte [die] Mutter [von Hans] Coppi [Frieda Coppi] ge-
    geben. Sie nämlich hatte dafür gesorgt, daß einige Schüler von der Schulfarm 1930 zum
    Jugendweiheunterricht des Verbandes der Proletarischen Freidenker gingen. Unter dem Ein-
    druck der Jugendstunden gründeten sie an der Schule eine Zelle des Kommunistischen
    Jugendverbandes."
33 SCHEEL, Schulfarm (1990), S. 39.
34 SCHEEL, Schulfarm (1990), S. 39.
35 SCHEEL, Schulfarm (1990), S. 39.
36 SCHEEL, Schulfarm (1990), S. 40.
37 SCHEEL, Schulfarm (1990), S. 40.
38 SCHEEL, Schulfarm (1990), S. 39.
39 SCHEEL, Schulfarm (1990), S. 40.
40 SCHEEL, Schulfarm (1990), S. 43.
41 SCHEEL, Schulfarm (1990), S. 71: "KJVD, der im Mai 1925 aus der 1918 gegründeten Freien
    Sozialistischen Jugend hervorgegangene Kommunistische Jugendverband Deutschlands, der sich
    als gleichberechtigte Schwesterorganisation der KPD verstand."
42 SCHEEL, Schulfarm (1990), S. 40.
43 SCHEEL, Schulfarm (1990), S. 40.

gleichgesinnt waren, aber vor einer solchen organisatorischen Einbindung noch zurückgeschreckt wären. So konnten wir vorbehaltlos mitraten und mittun. "[44]

Scheel berichtet, wie er in jenen Jahren gleichermaßen versucht habe, seine zunächst
sozialdemokratischen Sympathien theoretisch zu fundieren[45], daß er sich aber auch
mit nationalsozialistischem Gedankengut auseinandersetzte[46] und sich schließlich zunehmend mit der Theorie des Kommunismus vertraut machte[47]. "Parallel mit diesen
theoretischen Studien liefen künstlerische Erlebnisse, die weltanschaulich nicht weniger tief"[48] auf Scheel einwirkten. Dabei spielten - wie schon an früherer Stelle gezeigt wurde - für die politische Willensbildung - in einer 'Mischung' von politisch-
theoretischen Auseinandersetzungen und Beschäftigungen - mit bildender Kunst und
Literatur in enger menschlich-freundschaftlicher Weise - auch einige Lehrkräfte,
insbesondere Erich Scheibner und Hans Gärtner - eine wichtige Rolle. In diesen Zusammenhängen habe sich der Kreis um Hans Coppi, dem sich auch Scheel und
Woldt wie auch Karl Dietrich anschlossen und zu deren weiteren Sympathisanten
laut Scheel auch Sigmund Freuds Enkel Ernst Halberstadt gehörte, vergrößert und
gefestigt[49].

Zu Ostern 1932 verließen von den linksorientierten Schülern u.a. Hans
Lautenschläger, Hermann Natterodt, Bernd Wegerich, Kurt Badenhoop mit Mittlerer
Reife die Insel[50]; dafür fanden sich unter den 'Neuen' neue 'Mitstreiter', etwa: Ludwig Zempelburg, Nikodemus Kruyt, Hanno Reichenbach, Hermann Riepe, Peter
Rathjens und Wolfgang Weber[51]. Die 'Neuformierung', die mit diesem Schülerwechsel stattfand, sei, so Scheel, "bereits in dem Bewußtsein [erfolgt], daß wir uns
auf Auseinandersetzungen [mit nationalsozialistisch gesonnenen Mitschülern]
vorzubereiten hatten. "[52]

Die "geistigen Anfänge einer nationalsozialistischen Gruppenbildung auf
Scharfenberg" - so heißt es in einem fragmentarisch erhalten gebliebenen HJ-Papier
aus dem Jahr 1933 - gingen auf den Schüler Hans Lühmann, Sohn des Berliner
Oberstudiendirektors Johann Heinrich Lühmann (1881-19..), zurück, der Ostern
1931 auf die Insel kam und der "wegen seiner Gesinnung das Stimmrecht nicht be-

---

44   SCHEEL, Schulfarm (1990), S. 40.
45   SCHEEL, Schulfarm (1990), S. 36f.: "Hanne [Woldt] und ich beschlossen [...], einen Brief an
      das sozialdemokratische Parteihaus in der Lindenstraße 3 beim Halleschen Tor mit der Bitte um
      Überlassung propagandistischen Materials zu senden, das uns für die Auseinandersetzung besser
      wappnen sollte. Wir erhielten auch einen beträchtlichen Packen zugeschickt, dessen Inhalt je-
      doch nicht das brachte, was wir uns erhofft hatten. Er bestand im wesentlichen aus bloßem
      Agitationsmaterial und half uns, die wir den Dingen auf den Grund kommen wollten, nicht
      weiter."
46   SCHEEL, Schulfarm (1990), S. 45: "Exzerpte belegen, daß ich damals viel Zeit investiert habe,
      um mich durch Alfred Rosenbergs 'Mythus des 20. Jahrhunderts' hindurchzuquälen." - Gemeint
      ist: ROSENBERG, Alfred, Mythus des 20. Jahrhunderts. Eine Wertung der seelisch-geistigen
      Gestaltenkämpfe unserer Zeit, München 1930.
47   S. dazu bes.: SCHEEL, Schulfarm (1990), S. 37 und S. 45.
48   SCHEEL, Schulfarm (1990), S. 45.
49   SCHEEL, Schulfarm (1990), S. 42.
50   SCHEEL, Schulfarm (1990), S. 43.
51   SCHEEL, Schulfarm (1990), S. 43.
52   SCHEEL, Schulfarm (1990), S. 44.

kam"[53] bzw. der - wie Scheel schreibt -, da sich "keine Mehrheit fand, die diesem Großmaul das Stimmrecht verlieh", die Insel Ostern 1932 verlassen mußte[54]. Seine 'Nachfolge' trat der aus Württemberg stammende Schüler Walter Schlatterer, der bereits Ostern 1930 nach Scharfenberg gekommen war, an[55]:

> "Seine ersten Anhänger fand Schlatterer in seinem Jahrgang [...]. Irgendein nennenswerter Einfluß auf das geistige Leben Scharfenbergs ging von dieser Gruppierung 1932 nicht aus. Der Versuch, durch tintenklecksende Sudeleien in den ausliegenden linken Presseorganen auf sich aufmerksam zu machen, stieß auf allgemeine Ablehnung und diskreditierte sie so, daß sie ihn in dieser Form nicht wiederholten."[56]

In dem genannten nationalsozialistischen Papier des Jahres 1933 heißt es, die nationalsozialistische Gruppe habe zu Anfang des Schuljahres 1932/33 aus acht Jungen bestanden und sei dann innerhalb eines halben Jahres auf vierzehn angewachsen; im September 1932 seien dann "die zehn älteren trotz des strengen [Scharfenberger] Verbots in die Hitlerjugend ein[getreten]."[57] Alles in allem aber, so Scheel, machte die "Existenz der nazistischen Gruppierung um Schlatterer [wohl] auf eine drohende Gefahr aufmerksam, aber stellte selbst noch keine Gefahr für Scharfenberg dar", dazu sei sie "zu blaß und einflußlos" geblieben[58]. Dies galt umso mehr, als auch "geistig regsame Gemüter, die aus unterschiedlichem Anlaß vor ihrer Scharfenberger Zeit unter nazistischen Einfluß geraten waren, zu der Gruppierung um Schlatterer keine rechte Beziehung fanden"[59] - und nicht zuletzt auch da zwischenmenschliche Beziehung, der Gemeinschaftsgeist der Inselgemeinschaft bei allen Radikalisierungen am Ende der Weimarer Republik nicht außer Kraft gesetzt wurde[60].

---

[53] HJ-Papier, Fragment 1933, Nr. 9; abgedr. in: GUTSCHALK, Rolf, Scharfenberg während der NS-Zeit. Einige Dokumente, in: 60 Jahre Schulfarm Insel Scharfenberg (1922-1982). Jubiläums-Festschrift anläßlich des 60-jährigen Bestehens der Schulfarm Insel Scharfenberg (=Sonderheft der Fähre), Berlin 1982, S. 33-47, hier S. 34 (als Dok. Nr. 2).

[54] SCHEEL, Schulfarm (1990), S. 44.

[55] SCHEEL, Schulfarm (1990), S. 44.

[56] SCHEEL, Schulfarm (1990), S. 44.

[57] HJ-Papier, Fragment 1933, Nr. 9; abgedr. in: GUTSCHALK, Rolf, Scharfenberg während der NS-Zeit. Einige Dokumente, in: 60 Jahre Schulfarm Insel Scharfenberg (1922-1982). Jubiläums-Festschrift anläßlich des 60-jährigen Bestehens der Schulfarm Insel Scharfenberg (=Sonderheft der Fähre), Berlin 1982, S. 33-47, hier S. 34 (als Dok. Nr. 2).

[58] SCHEEL, Schulfarm (1990), S. 46.

[59] SCHEEL, Schulfarm (1990), S. 44.

[60] S. z.B.: Schneider an D.H. br. vom 16.10.1991: "Natürlich wußten wir, daß einige Schüler nationalsozialistisch angehaucht oder beeinflußt waren, doch für den Umgang miteinander war es nicht von Bedeutung." - Stückler an D.H. br. vom 30.10.1987: "Außer Schlatterer sind von der ganzen NS-Gruppe in meiner Erinnerung nur noch schemenhaft Otto Nagel und Böker geblieben (Nagel wohl mehr als schnellster Kurzstreckenläufer). Das weist auf den losen Kontakt in der Gruppe hin. Es mahnt aber auch, das politische Geschehen in der Schülerschaft nicht zu überwerten, was leicht durch eine zeitraffende Darstellung der Ereignisse eintreten könnte. Jedenfalls glaube ich aus meiner Sicht heraus sagen zu können: Wir Schüler fühlten uns - von wenigen Ausnahmen abgesehen - zuallererst als Scharfenberger, dann als Schüler und dann erst kam alles andere. Zum Beispiel habe ich mich mit Karl Mundstock (und anderen 'Linken') durchaus gut vertragen, der mit mir, J.A. Schmoll und Erwin Witt eine Bude im Neubau teilte. Selbst Scholz bescheinigte mir - einem HJ-Führer - [...] eine 'enge Verbindung mit den erklärten politischen Gegnern'." - Frühbrodt an D.H. br. vom 09.11.1989: "Man soll nichts konstruieren. Doch das alles deutet darauf, daß über alle radikalen politischen Gegensätze hinweg so etwas wie eine überparteiliche menschliche Bindung zwischen ehemaligen Scharfenbergern möglich und hier am Werke war."

Das Verhalten des Scharfenberger Schülers Bernd Stückler - auf das an späterer Stelle einzugehen sein wird[61] - ist hierfür beredes Zeugnis; gleiches gilt für das Verhalten des Scharfenberger Schülers Hans-Jörg Böker. Über ihn berichtet Scheel, er sei "Rechtsanwaltssohn aus Wiesbaden [gewesen], der sogar als alter Kämpfer gelten konnte, denn er bekleidete - wie wir erst später erfuhren - schon damals den Rang eines Gefolgschaftsführers der Hitlerjugend"[62]:

> "Wir betrachteten ihn mit sehr gemischten Gefühlen. Auffallend war seine durch keine Brille auszugleichende Sehschwäche; um lesen zu können, mußte er jedes Schriftstück vor die Augen führen. Sein Hauptinteresse galt der Vorgeschichte, in die er sich mit erstaunlicher Intensität hineinarbeitete. Gleichzeitig entwickelte er so hirnrissige Ideen wie die von den unterschiedlichen Erdströmen, die auf die Schädelform des Menschen Einfluß nähmen und beispielsweise in Nordamerika die Eierköpfe erzeugten. Wir konnten ihn unmöglich ernst nehmen und machten ihn dann auch in einem selbstverfaßten und Weihnachten 1932 aufgeführten Marionettenspiel zu einer lächerlichen Figur. Andererseits zeigte er Charaktereigenschaften, die für ihn einnahmen. Er war durchaus friedfertig, hilfsbereit und dankbar für jedes freundliche Wort. Mit geradezu rührender Ausdauer warb er insbesondere um Hannes [=H. Woldt] und meine Freundschaft; damit bewegte er sich in einer Richtung, mit der die Schlatterer-Leute nicht konform gehen konnten. Hans-Jörg Böker war ein politischer Wirrkopf mit menschenfreundlichen Idealen. Nach der faschistischen Machtergreifung verließ er die Insel, um bei der Errichtung des Dritten Reiches dabei zu sein, dem er eindeutig nationalbolschewistische Züge verleihen wollte."[63]

An anderer Stelle führte Scheel dazu aus:

> "Meine Verbindung zu ihm riß nie ganz ab, zumal wir beide an der Berliner Universität studierten. Ich hatte Jahr für Jahr um eine Freistelle zu kämpfen und erhielt von ihm regelmäßig die so notwendige Bescheinigung mit Stempel und Unterschrift über meinen angeblichen aktiven Einsatz in der HJ. Als er sehr viel später von meiner Verhaftung [im Zuge der Widerstandstätigkeit gegen das NS-Regime[64]] erfuhr, setzte er sich sofort hin und fertigte für den 2. Senat des Reichskriegsgerichts ein Gutachten an, das meinen aktiven Einsatz in der HJ sogar in der sogenannten Kampfzeit vor 1933 behauptete. Bedingungslos, gröbste Unwahrheiten nicht scheuend, hat er immer zu mir gehalten und so auch mitgeholfen, daß das Gericht dem vom Staatsanwalt beantragten Todesurteil nicht entsprach. Bei einem Luftangriff auf Berlin ist Hans-Jörg Böker umgekommen."[65]

Im Jahresbericht der Schulfarm für das Schuljahr 1932/33 bemerkte Blume, es sei "nicht zu verwundern, daß Zeiten, in denen [die] [...] Einrichtungen [der Scharfen-

---

61 S. 797ff.

62 SCHEEL, Schulfarm (1990), S. 45.

63 SCHEEL, Schulfarm (1990), S. 45.

64 S. dazu S. 1022f.

65 SCHEEL, Heinrich, Von der Schulfarm Scharfenberg zur 'Roten Kapelle'. Anmerkungen zur Gemeinschaftsbildung im Widerstand, in: Die Widerstandsorganisation Schulze-Boysen/Harnack. Die 'Rote Kapelle'. Tagung vom 9.-11.9.1988 im Adam-von-Troitt-Haus, hrsg. von der Evangelischen Akademie Berlin (West) (=Dokumentation 69/90), Berlin o.J. [1990], S. 1-19, hier S. 10f. - Vgl.: Frühbrodt an D.H. br. vom 09.11.1989: "1932 - das darf ich vielleicht noch hinzufügen - gab es zwischen H. Scheel und dem zum Nationalsozialismus tendierenden Böker keine Reibereien, keine spürbaren Spannungen. Jahre später, als Scheel schon verhaftet war und ihm der Tod durch den Strang drohte, eilte Scheels Vater zu dem ehemaligen Mitschüler Scheels Böker, der es offenbar zu einigem Einfluß in der NSDAP gebracht hatte. Scheel blieb am Leben. In einem Gespräch nach 1945 mit seinem ehemaligen 'Chef' betonte er, so Blume danach zu mir, seine Rettung sei auch auf Bökers Einsatz für ihn zurückzuführen gewesen. Er fügte hinzu (so Blume), er sei nach seiner Freilassung zu Bökers Wohnung geeilt. Er fand nur eine Ruine, Böker war nicht mehr am Leben."

berger Selbstverwaltung] zu einer schönen Blüte des Gemeinschaftslebens geführt [hätten] [...], auch wechselten mit weniger günstigen Perioden, je nach der Zusammensetzung der Schülerschaft"[66]; in den Jahren 1931/32 und 1932/33 hätten "die Nachteile die Vorteile überwogen."[67] So sei es beispielsweise "zu gewissen Übertreibungen des Abstimmungsprinzips [gekommen], so daß der Gründer und Leiter der Anstalt wiederholt davor warnen mußte, die Vorzüge einer weitreichenden Selbstverwaltung, die in der selbstgewachsenen Erziehung der Inselbürger liegen, nicht in ihr Gegenteil zu verkehren."[68] Solche Momente seien entstanden, "wenn man darüber abstimmen wollte, ob abgestimmt werden sollte"[69], oder aber "wenn zum Teil aus Motiven des Neides oder falsch verstandener Freiheit eine Ausschußwahl nicht zustande kam."[70]

Auf letzteres wies erstmals ein Protokoll einer Abendaussprache vom 11.01.1932 hin[71]: Nachdem in dieser Sitzung auch nach einem zweiten Wahlgang keiner der für den Ausschuß kandidierenden Schüler und Lehrer[72] die erforderliche Mehrheit erreicht hatte, wurde der Wahlgang als beendet erklärt und die Abendaussprache mit einer 'Drohgebärde' Blumes geschlossen: "Der Chef spricht nochmals davon, daß für uns anscheinend nichts gut genug sei, auch kein Ausschuß. Nach Ostern soll eine große Schulgemeinde berufen werden, um zu beraten, wie weit unsere ungeschriebene Verfassung noch bestehen kann. Er betont, daß die Hauptsache das Lernen und die Funktion sei, nicht das ausschließliche Resultat."[73] Und mit dem trüben Schlußsatz: "Mit einem pessimistischen 'wir kommen hier nicht weiter' - schloß die Abendaussprache"[74].

Als Ostern 1932 eine ganze Reihe von Schülern mit dem Abitur oder der Mittleren Reife Scharfenberg verließen und sich damit das Kräftefeld innerhalb der Gemeinschaft verschob, konnten die Jüngeren aus dem Schatten der Älteren heraustreten: In einer erneuten Ausschußwahl fand sich nun (immerhin) eine Mehrheit für die beiden Schüler Herbert Bestehorn und Joseph Adolf Schmoll, die sie bis Frühjahr 1933 behielten[75].

---

[66] Berlin, BBF: SLG-GS, Jahresberichte 1932/33, Bd. 248d, Nr. 88: Berlin, SIS (Blume), S. 47.

[67] Berlin, BBF: SLG-GS, Jahresberichte 1932/33, Bd. 248d, Nr. 88: Berlin, SIS (Blume), S. 47.

[68] Berlin, BBF: SLG-GS, Jahresberichte 1932/33, Bd. 248d, Nr. 88: Berlin, SIS (Blume), S. 47.

[69] Berlin, BBF: SLG-GS, Jahresberichte 1932/33, Bd. 248d, Nr. 88: Berlin, SIS (Blume), S. 47. -
       S. so auch: BLUME, Wilhelm, Das Umordnen der Schülerselbstverwaltung im Juli-August
       1933 [PS Stückler], hrsg. von Dietmar HAUBFLEISCH, Marburg 1999:
       http://archiv.ub.uni-marburg.de/sonst/1999/0001/q51.html; zuvor abgedr. in: JAHNKE, Heinz
       K., Scharfenberg unter dem Hakenkreuz. Die Geschichte der Schulfarm Scharfenberg zwischen
       1933 und 1945, Berlin 1997, S. 186-188.

[70] Berlin, BBF: SLG-GS, Jahresberichte 1932/33, Bd. 248d, Nr. 88: Berlin, SIS (Blume), S. 47.

[71] Prot. der Abendaussprache vom 11.01.1932, in: Berlin, LA, SIS: CH, VII, o.S.

[72] Das waren die Lehrer Dr. Walter Ackermann und Erich Scheibner sowie die Schüler Kurt Martinu, Emil Schipkus, Bernd Schmoll, Alfons Thiede, Willi Thiele und Hans Zander.

[73] Prot. der Abendaussprache vom 11.01.1932, in: Berlin, LA, SIS: CH, VII, o.S.

[74] Prot. der Abendaussprache vom 11.01.1932, in: Berlin, LA, SIS: CH, VII, o.S. - Mit diesem
       letzten Satz endete auch die letzte in der Chronik festgehaltene Abendaussprache sowie, bis auf
       zwei unbedeutende nachfolgende Berichte, zugleich auch die Chronikschreibung überhaupt.

[75] Schmoll an D.H. br. vom 23.10.1985; Schmoll berichtet, er habe über seine gesamte Ausschußzeit hindurch handschriftlich Protokoll geführt; er habe diese Aufzeichnungen über die
       NS-Zeit hinweg gerettet und besitze sie heute noch - allerdings "in einer seiner 150 Archivkisten
       versteckt". - Vgl. dazu auch: Scheel an D.H. br. vom 11.05.1990.

Da jedoch auch der Zustand, lediglich mit einem 'Rumpf-Ausschuß' vorlieb nehmen zu müssen, als unbefriedigend empfunden wurde, verfaßte Blume im Frühjahr 1932 einen Aufruf, in dem er die Gemeinschaft ob ihrer Unfähigkeit, einen vollständigen Ausschuß zu wählen, anklagte und den - vergeblichen - Versuch unternahm, ihr einen 'Ruck' nach vorn zu geben[76]: Er wandte sich gegen 'Gesinnungslumperei' und gegen die 'Miesmacher', die "jeden Ansatz wahren Führertums bei ihren Kameraden durch kritisierendes und herabziehendes Gerede erstick[t]en", so daß die Scharfenberger Selbstverwaltung "heruntergekommen [sei], genau so wie in der Öffentlichkeit Führer wie [Friedrich] Ebert [(1871-1925)] und [Gustav] Stresemann [(1878-1929)] in ihrer Wirksamkeit aus den eigenen Reihen durch nörgelnde und neidische Besserwisser gehemmt worden sind, so daß auch da [!] die Demokratie als gescheitert angesehen wird"[77]:

> "Ich rufe alle Andersgesinnten auf, diesem Unwesen in 12. Stunde sich entgegenzustemmen. Man glaubt ja nicht, wie groß die Macht des Guten in der Welt ist, wenn sie sich aufrafft und nicht den Negativen das Reich läßt."[78]

Die mit diesem Aufruf verbundene Hoffnung Blumes sollte sich weder für die Schulfarm noch für die Republik erfüllen.

Mit der Übernahme seines 'Doppeldirektorats' Schulfarm/Humboldtschule hatte Blume - wie beschrieben - nicht zuletzt die Hoffnung verbunden, Erfahrungen des Scharfenberger Versuches auf eine große höhere Stadtschule übertragen zu können. Zugleich aber scheint sich hinter dem 'Doppeldirektorat' auch eine zweite, ganz anders gelagerte Intention Blumes verborgen zu haben: Scheel schreibt, daß ihm und seinen Mitschülern dieses 'Doppeldirektorat' Blumes - dem Scheel "eine Nase für atmosphärische Veränderungen der politischen Großwetterlage" bescheinigt - "wie ein Rückzug aus einer weit vorgeschobenen Stellung" erschienen sei; diese "zunächst mehr gefühlsmäßige Ahnung" habe sich im Sommer 1932 "in einen handfesten und auch laut ausgesprochenen Verdacht" verwandelt[79]:

Wohl Anfang Juli des Jahres hatte Blume die Eltern zu einer Schulgemeindesitzung - wie er selbst schrieb - "der zweit-wichtigsten in der Geschichte der Schulfarm, - man könnte sie als unsere Revolution bezeichnen"[80], eingeladen[81]. Hier kon-

---

76   BLUME, Wilhelm, Ich klage an! [Aufruf an die Scharfenberger Schülerschaft im Frühjahr 1932] [PS Stückler], hrsg. von Dietmar HAUBFLEISCH, Marburg 1999: http://archiv.ub.uni-marburg.de/sonst/1999/0001/q50.html; zuvor abgedr. in: JAHNKE, Heinz K., Scharfenberg unter dem Hakenkreuz. Die Geschichte der Schulfarm Scharfenberg zwischen 1933 und 1945, Berlin 1997, S. 185.

77   BLUME, Ich klage an!

78   BLUME, Ich klage an!

79   SCHEEL, Schulfarm (1990), S. 47.

80   BLUME, Das Umordnen. - Als 'wichtigste' 'Elternversammlung' vom 21.05.1922 gemeint, in der diese zur 'Schulgemeinde', der auch die Schüler angehörten, erweitert worden war; vgl. dazu S. 578.

frontierte er die Eltern und Schüler mit der Absicht, die Verleihung des Stimmrechts an die neuen Schüler, die bislang durch die gesamte Inselgemeinschaft in der Abendaussprache erfolgte[82], der Gemeinschaft zu entziehen und sich selbst vorzubehalten[83]. Er wies nochmals auf den unbefriedigenden Zustand des Ausschusses hin und hob hervor, daß die Abendaussprachen "schon längere Zeit in parlamentarisches Fahrwasser geraten" seien, d.h., daß man "zuviel ab[stimmte], auch über Kleinigkeiten, zuweilen sogar darüber, ob abgestimmt werden sollte", so daß "die Vorzüge der Demokratie [...] in Gefahr [waren], zur Karikatur verzerrt zu werden"[84]. Und vor allem argumentierte er damit, daß in den "politisch erregter werdenden Zeiten, in denen [...] die Festlandswellen auch auf die Insel herüberschlugen, [...] der Gefahr vorgebeugt werden [müsse] [...], daß bei Verleihung des Stimmrechtes, die Aufnahme oder Abgang der Neuen im Gefolge hatte, politische Voreingenommenheit ganz gleich welcher Art mitwirkte [...]."[85]

Scheel erinnert sich an die Reaktionen auf Blumes Antrag wir folgt:

"Die Masse der Schüler stellte sich eindeutig gegen Blumes Ansinnen. Nur die kleine nazistische Gruppierung unterstützte ihn zum einen aus ihrer prinzipiell antidemokratischen Haltung heraus und zum anderen wegen des erzwungenen Abganges ihres ersten kleinen Häuptlings, des großmäuligen Lühmann, Ostern 1932. Die Elternschaft war gespalten, wenn auch nicht in dem Sinne, daß in ihr ebenfalls schon antidemokratische Tendenzen ausgesprochen worden wären. Uneingeschränkt gegen Blumes beabsichtigte Verstümmelung der Schülerselbstverwaltung sprachen sich die Kommunisten unter den Eltern aus. Ihr Hauptredner war Fritz Ausländer, der im übrigen dank seiner Landtagserfahrungen auch das Zeug dazu hatte, Blumes diplomatischem Geschick im Umgang mit den Eltern die Waage zu halten[86]. Ich selbst hatte ebenfalls dazu das Wort ergriffen, aber war dabei so erregt, daß ich im Grunde nur meine Nichtübereinstimmung mit dem Chef artikulieren konnte. Dessen Ansehen bei den Eltern war so groß und seine Methode, die Beschneidung der Schülerselbstverwaltung als eine Maßnahme zu ihrer Sicherung und Reinerhaltung darzustellen, so raffiniert, daß er am Ende eine knappe Mehrheit der Eltern auf seiner Seite hatte. Schlimm war für mich, daß auch mein Vater ihm seine Stimme gab; meine Mutter hielt damals schon wie in vergleichbaren Situationen später zu mir und stimmte gegen Blume. Die Zahnlosigkeit der sozialdemokratischen Politik des kleineren Übels bewies sich auch hier. Ich heulte wie ein Schloßhund und wehrte alle Beruhigungsversuche meines Vaters unwirsch und heftig ab.
Zehn Jahre lang hatte die Verleihung des Stimmrechs an die Neuzugänge in den Händen derje-

---

[81] Die Datierung dieser Schulgemeindesitzung enthält einige Unsicherheiten: In: Berlin, BBF: SLG-GS, Jahresberichte 1932/33, Bd. 248d, Nr. 88: Berlin, SIS (Blume), S. 47, nennt Blume nur vage den "Sommer 1932" als Zeitpunkt. - In: BLUME, Das Umordnen, nennt Blume einmal den vagen Monat August, dann genau den 11. August 1932 als Datum. - SCHEEL, Schulfarm (1990), S. 47, nennt ebenfalls den 11.08.1932, folgt dabei jedoch (wie sich auch aus dem weiteren Umfeld der Beschreibung der Ereignisse ergibt) eindeutig der letztgenannten Quelle. - Für die in dieser Arbeit angenommene 'Frühdatierung' spricht eindeutig ein Brief von Cohn an Blume, in dem dieser ausführlich auf den entscheidenden Inhalt der Schulgemeindesitzung eingeht, nebenher von den bevorstehenden Reichstagswahlen (31.07.1932) spricht und der auf den 10.07.1932 datiert ist: Berlin, LA, SIS: Cohn an Blume (aus Hannoversch-Münden) br. vom 10.07.1932 (s. S. 767). - Vermutlich handelt es sich bei Blumes Nennung des 11. August 1932 um eine 'Stilisierung': Der 11. August 1932 war der 13. (!) Geburtstag der Weimarer Verfassung, "der von der Scharfenberger Tradition her eigentlich als ein Höhepunkt der Mit- und Selbstverwaltung begangen werden sollte" (SCHEEL, Schulfarm (1990), S. 46).
[82] Vgl. S. 560.
[83] BLUME, Das Umordnen. - SCHEEL, Schulfarm (1990), S. 46.
[84] BLUME, Das Umordnen.
[85] BLUME, Das Umordnen.

nigen gelegen, die das sachkundigste Urteil fällen konnten. Es war ein Jammer zu erleben, wie ausgerechnet Blume dieser Tradition den Garaus machte. Nachdem er die knappe Mehrheit mit Not und Mühe zu sich herübergezogen hatte, war er derart angestrengt, daß er die Contenance verlor und insbesondere die Eltern, die schließlich zugestimmt hatten, mit dem bösen Worte schockte, daß er auch bei einem anderen Abstimmungsergebnis seinen Willen durchgesetzt hätte."[87]

Vor allem die linksorientierten Schüler warfen Blume fortan 'Opportunismus' vor[88] und - wie Blume selbst festhielt - sprachen von "Diktatur"[89].

> "Unser Verhältnis zum Chef hatte einen Knacks bekommen. Wir fühlten uns von ihm nicht nur insofern verlassen, als er notgedrungen die Hälfte seiner Energie in die Humboldt-Schule investierte; viel stärker enttäuschte uns seine Bereitschaft, Grundprinzipien unseres Gemeinschaftslebens zu opfern, um dem aufkommenden Faschismus weniger Angriffsflächen zu bieten."[90]

Es kam zu vorsichtigen oppositionellen Haltungen und Handlungen, etwa im Kontext des Erntefestes 1932, als die linksorientierten Schüler gegen den Willen Blumes durchsetzten, daß die geplante Aufführung von Carl Zuckmayers 'Schinderhannes' als Mittelpunkt des Festes zur Realisierung kam[91].

> "Blume hatte versucht, uns davon abzubringen, indem er die literarische Qualität des Stückes in Zweifel zog. In Wahrheit ging es ihm darum, einen Autor aus dem Programm herauszunehmen, der zu den von den Nazis bestgehaßten Schriftstellern gehörte."[92]

Da Blume überstimmt wurde, ließ er seine Schüler wohl gewähren, versagte ihnen jedoch seine Mithilfe bei der Einstudierung des Stückes[93] - das die letzte große Scharfenberger Freilichtaufführung vor dem Machtantritt der Nazis wurde.

Einschneidender als dieses Ereignis aber war, daß angesichts "der Preisgabe substantieller Werte" durch Blume bei den Schülern bislang allgemein anerkannte Regelungen ('ungeschriebe Gesetze'!) an Gewicht einbüßten[94]. Als Beispiel hierfür sei ein Fall skizziert, der konkret für einige Schüler wie insgesamt für die innere Lage der Schulfarm allgemein von Bedeutung war: Auf Scharfenberg war für jeweils 24 Stunden ein Lehrer als 'Chronide' - der Begriff war eine scherzhafte Kontamination aus Chronos, der Zeit, und dem Kroniden Zeus, dem Sohn des Kronos[95] - mit der Aufsicht des gesamten Insellebens betraut. Jeder Schüler, der die Insel verlassen wollte, hatte dies dem Chroniden mitzuteilen, ebenso seine Rückkehr:

---

86   Zu Fritz Ausländer s. S. 346-348.
87   SCHEEL, Schulfarm (1990), S. 46f.
88   Schmoll an D.H. br. vom 02.09.1990: "Da kommen Erinnerungen hoch [...]. Ich hielt's für blanken Opportunismus [...]."
89   Berlin, BBF: SLG-GS, Jahresberichte 1932/33, Bd. 248d, Nr. 88: Berlin, SIS (Blume), S. 47. - Und: BLUME, Das Umordnen.
90   SCHEEL, Schulfarm (1990), S. 48.
91   SCHEEL, Schulfarm (1990), S. 48. - Vgl. zu dieser Aufführung S. 695.
92   SCHEEL, Schulfarm (1990), S. 48.
93   SCHEEL, Schulfarm (1990), S. 48.
94   SCHEEL, Schulfarm (1990), S. 48.
95   SCHEEL, Schulfarm (1990), S. 48f.

"Ein Jahr zuvor wäre es beispielsweise keinem Scharfenberger eingefallen, die Insel zu verlassen, ohne die Zustimmung des Chroniden eingeholt zu haben."[96]

Nun aber war das - wie Scheel berichtet - anders. In Berlin lief im Herbst 1932 - das genaue Datum ist leider nicht überliefert - der Film 'Kameradschaft' mit Ernst Busch (1900-1980) in der Hauptrolle, in dem es um ein Grubenunglück in Frankreich, in der Nähe der deutschen Grenze ging, das die benachbarten deutschen Kumpel zu sofortiger Hilfeleistung für ihre eingeschlossenen französischen Kameraden veranlaßte, wobei sie auf beiden Seiten aufgerichtete nationalistische Hindernisse einfach hinwegfegten[97]. Hans Coppi habe für diesen Film geworben und sich für seinen nachmittäglichen Besuch des Filmes auch die Zustimmung des Chroniden Ackermann geholt, der dieses Vorhaben ausdrücklich begrüßte, da er den Film kannte und für wertvoll hielt. Etwa ein halbes Dutzend weitere Schüler jedoch - unter ihnen Karl Mundstock - seien dagegen einfach losgezogen, ohne sich abzumelden. Nachdem die Filmbesucher auf die Insel zurückgekehrt seien, habe Ackermann beim Abendbrot diese Disziplinlosigkeit zur Sprache gebracht[98]:

"Die Unbekümmertheit, mit der die Beteiligten auf seine Kritik reagierten, erregte seine Galle. Was [dann] auf diesen ersten Unmutsausbruch folgte, war das Muster eines sich wechselseitig steigernden, immer größere Teile der Versammelten einbeziehenden und schließlich außer Kontrolle geratenden Streits, der keine vernünftigen Lösungen mehr zuließ, die dem Anlaß angemessen gewesen wären [...]. Auf dem Höhepunkt des Streites stellte irgend jemand den Antrag auf Ausschluß der Disziplinverletzer aus der Inselgemeinschaft. Zu allem Überfluß meinte Hans Coppi in diesem Moment, sich mit den so Bedrohten solidarisieren zu müssen. Diese bedingungslose Parteinahme steigerte nur noch die Erregung. Der Antrag fand eine knappe Mehrheit."[99]

Am nächsten Morgen habe Blume, eilig von Tegel herbeigeholt, die Wogen geglättet, "indem er das Unverhältnismäßige des Beschlusses deutlich machte"[100], der daraufhin nicht ausgeführt worden sei. Allerdings - so Scheel - habe Blume mit einzelnen Schülern und deren Eltern Abreden getroffen, die einen Übergang an eine Stadtschule im Gefolge hatten[101]. In rein zeitlichem, nicht in inhaltlichem Kontext, habe - so Scheel - Ende des Jahres 1932 auch Hans Coppi die Schulfarm verlassen, um "die

---

96   SCHEEL, Schulfarm (1990), S. 48.
97   SCHEEL, Schulfarm (1990), S. 48.
98   SCHEEL, Schulfarm (1990), S. 49.
99   SCHEEL, Schulfarm (1990), S. 49.
100   SCHEEL, Schulfarm (1990), S. 49.
101   SCHEEL, Schulfarm (1990), S. 49: "Bei Gesprächen mit den einzelnen Beteiligten zeigte sich
      da und dort eine Schulverdrossenheit, für die der Beschluß nicht ungelegen kam, zumal ein Ab-
      gang mit einem Paukenschlag dem Selbst[wert]gefühl schmeichelte. Das galt beispielsweise für
      Charly Mundstock [...]." - MUNDSTOCK, Meine tausend Jahre, S. 128: "Ich mußte freiwillig
      abgehen. Der Chef kniete meinen Vater. Er stellte mir ein bestechendes Zeugnis aus, mit ei-
      nem Werbevers für seinen Schulreformer-Kollegen [...], dem Direktor der Karl-Marx-Schule in
      Neukölln [=Fritz Karsen] [...]." - Berlin, LA, SIS: Prüfungsunterlagen, Mappe 2: Prüfungen
      1929-1934: Abgangszeugnisse 1929-1934 (Heft), hier nannte Blume - ohne Nennung von
      Gründen, lediglich mit kurzen Hinweisen wie "um auf eine andere Schule überzugehen", "um
      ins Geschäftsleben überzugehen" u.ä. versehen - folgende im Dezember 1932 abgehende Schü-
      ler: Willi Angermund, Wolfgang Ausländer, Kurt Balke, Hans Coppi, Herbert Giering, Rudolf
      Jahn und Heinz Tlustek.

Schulfarm mit dem Lessing-Gymnasium zu vertauschen"[102], an dem der Vater von Wolfgang Ausländer, Fritz Ausländer, als Studienrat wirkte[103]:

> "Ihn trieb der Drang zu aktivem politischen Einsatz, dem natürlich draußen ungleich größere Entfaltungsmöglichkeiten als auf unserer Insel geboten wurden."[104]

Die exakte Rekonstruktion und Interpretation dieser Vorgänge ist schwierig. Während Scheel in seinen Erinnerungen deutlich darum bemüht erscheint, den Fall nicht überzubewerten, deuten ihn andere ehemalige Scharfenberg-Schüler doch so, daß Blume die Angelegenheit einerseits nicht publik machen wollte, andererseits jedoch einen willkommenen Anlaß sah, den Abgang der (genannten) kommunistischen Schüler durchzusetzen, um 'mehr Ruhe' in die Inselgemeinschaft hineinzubringen[105]. Blume selbst machte an zwei Stellen entsprechende Bemerkungen[106].

---

102 SCHEEL, Schulfarm (1990), S. 49.

103 Zu Fritz Ausländer s. S. 346-348.

104 SCHEEL, Schulfarm (1990), S. 50. - Zu Coppi s. weiter S. 1014ff.

105 Schmoll an D.H. br. vom 02.09.1985 und vom 23.10.1985: In einer Samstagnacht im Oktober oder November 1932 sei eine Gruppe von etwa sechs bis neun kommunistisch orientierter Jungen ohne Abmeldung beim Chroniden zum Festland gerudert und habe eine KPD(jugend)versammlung in Berlin-Neukölln besucht; von dieser Versammlung betrunken und randalierend zurückgekehrt, habe einer mit einer - verbotener Weise vorhandenen - Pistole in die Zimmerdecke eines Schlafsaales im Bollehaus geschossen. Die Angelegenheit, die einen Großteil der Gemeinschaft aus dem Schlafe gerissen habe, habe über den nächtlichen Schreck hinaus auf Scharfenberg riesigen Wirbel ausgelöst: Eine Gruppe um den Rumpf-Ausschuß habe diesen Fall zum Anlaß einer Art 'Selbstreinigung' nehmen und den Versuch anstellen wollen, die Schülerdemokratie auf diesem Wege wieder voll wirksam werden zu lassen: Sie habe den Ausschluß der an dem nächtlichen Ereignis beteiligten Schüler gefordert - dabei allerdings nicht ahnend, daß ein solcher Ausschluß einer ganz anderen Gruppe auf der Insel, von der sie offensichtlich noch nichts ahnten, der HJ-Gruppe, sehr gelegen kam. Es sei zu mehreren Sitzungen der Gemeinschaft gekommen, mit heftigen Diskussionen, an deren letzter im Dezember 1932 die Gemeinschaft den Ausschluß der kommunistischen Schüler mit der notwendigen 2/3 Mehrheit beschlossen habe. -
P. Rathjens an D.H. br. vom 02.09.1985: "[Es kam zu einem] Ausschluß der radikalen kommunistischen Gruppe Ende 1932, [bei dem Blume] [...] meiner Erinnerung nach nicht selbst anwesend war. Lehrer Ackermann stellte den Antrag in der 'Abendaussprache' wegen des frechen Auftretens der Beteiligten des verbotenen Filmbesuchs [wegen]". -
MUNDSTOCK, Meine tausend Jahre Jugend, S. 119-128: Seit Sommer 1932 hätten kommunistische Schüler außerhalb der Insel illegal Waffenunterricht genommen; dies sei im Herbst des Jahres entdeckt worden und habe u.a. dazu geführt, daß Blume die Eltern der beteiligten Schüler zum 'freiwilligen Abgang' von der Schulfarm gedrängt habe. - SCHEEL, Schulfarm (1990), S. 49, zur Darstellung von Mundstock: "Dem Charly Mundstock beispielsweise ist als unmittelbar Beteiligtem zwar noch die wüste Auseinandersetzung gegenwärtig, nicht mehr der eigentliche Anlaß. Das gibt ihm Gelegenheit, in seinen Erinnerungen 'Meine tausend Jahre Jugend' seine Phantasie spielen zu lassen und Geschichten zu erfinden, von denen er damals höchstens geträumt haben kann."

106 Berlin, BBF: SLG-GS, Jahresberichte 1932/33, Bd. 248d, Nr. 88: Berlin, SIS (Blume), S. 48: "Ein [neben der (oben behandelten) Ausschuß- und Selbstverwaltungsproblematik] zweiter wichtiger Punkt aus dem Verfassungsleben der letzten Zeit war eine ziemlich tumultarische Sitzung im Dezember 1932, aus der in Abwesenheit des Leiters der Antrag einer starken Mehrheit hervorbrach, eine Gruppe von 9 Schülern, die durch Betonung ihres politischen Linksstandpunktes die Einheit des Insellebens sprengte, aus der Schule auszuschließen, was dann auch im Einvernehmen mit den Eltern geschehen ist." - S. als zweiten 'Beleg': S. 781.

Fest dürfte jedenfalls stehen, daß das Faktum, daß einzelne kommunistische Schüler Ende 1932 die Insel verließen, wie auch der Abbau der Schülerselbstverwaltung im Sommer 1932 sich 'günstig' für die nähere Zukunft im Sinne eines - in dieser Arbeit noch zu skizzierenden - Fortbestandes der Schulfarm auswirkte[107].

Vor allem aber: Die Durchsetzung des von Blume eingebrachten Antrags betr. die Stimmrechtsverleihung im Sommer 1932 bedeutete das Ende des Scharfenberger Schulversuches in seiner Dimension als 'radikaldemokratisches Freiheitsexperiment'.

Stand schon der Beginn von Blumes 'Doppeldirektorat' bei den Schülern unter dem Verdacht eines 'Rückzuges von vorgeschobenem Posten', enthielt andererseits Blumes Schreiben 'Ich klage an' vom Frühjahr 1932 bei aller 'Bedrohnis' noch eine Spur von 'Hoffnung', so kann die Neuregelung der Stimmrechtsverleihung - auch wenn selbst diese laut Blume (1933) noch "ein aufrüttelndes Mahnzeichen sein [sollte], die Selbstverwaltung nicht durch theoretische Übertreibung oder Gehen-lassen in Praxi zu gefährden"[108] - in der Weise interpretiert werden, daß Blume bereits zu diesem Zeitpunkt das Ende der Republik als weitgehend besiegelt ansah[109].

Nach dem Beschluß der Suspendierung des Stimmrechts wandelte Blume - wie er es formulierte - diese von "einer Gewaltmaßnahme zu einer erziehlichen [um] [...], indem er das Bürgerrecht nach Anhörung und in Übereinstimmung mit einer Gruppe von Schülern verlieh, die als Gruppen- oder Budenführer sich um die Gemeinschaft in selbstloser Arbeit verdient gemacht hatten. Dieses Gremium, das man zu einer Art berufsständischer Vertretung (Landwirte, Gärtner, Schlosser, Tischler, Maler, Mahlzeitenchef, Sportwart, Feuerwehr, Arbeitsraumhelfer) auszubauen im Begriff ist, soll fortan mit dem Leiter zusammen das Gemeinschaftsleben regeln."[110] Die Einrichtung dieser 'berufsständischen Vetretung' auf Scharfenberg könnte - worauf auch Schmoll hinweist - zugleich ein Hinweis darauf sein, wie Blume die künftige politische Entwicklung Deutschlands im Sommer/Herbst 1932 einschätzte:

"Seine 'berufsständische' Vertretung' betrachteten wir als Weg zu einem 'Ständestaat' (à la Dollfuß in Österreich 1933f. [...]. Der Ständestaat als Idee bewegte viele, , die das Sich-Zerfleischen der demokratischen Parteien satt waren. Aber es war deutlich eine konservative Idee, bestimmt, die parlamentarische Demokratie zu 'überwinden', d.h. zu beseitigen). Blume hat die

---

[107] Nonsens sind aber in der Literatur zu findende Bemerkungen wie die folgende: Erinnerungen Reinickendorfer Sozialdemokraten. 1933-1945. Jahre der Unmenschlichkeit, hrsg. von Karl RICHTER, Berlin 1987, S. 31: "Hans Coppi [...] besuchte die Schulfarm Scharfenberg. Als die Nazis die Macht übernahmen, verlangte der Schulleiter, daß alle Schüler ihren Beitritt zur Hitler-Jugend erklären sollten. Viele Schüler, darunter auch Hans Coppi, weigerten sich dem zu entsprechen. Dannach wurden sie vom weiteren Schulbesuch ausgeschlossen."

[108] BLUME, Das Umordnen.

[109] Vgl. zu Blumes Haltung im August 1932: HARTKOPF, Humboldtschule unter Wilhelm Blume, S. 91: "Aus dem Jahre 1932 ist mir noch die [...] Rede Blumes bei der Verfassungsfeier im August in Erinnerung, von der mich der pessimistische Tenor der Ansprache tief beeindruckt hatte, bei der die Ungewißheit durchklang, ob man in Zukunft dieses Tages noch weiter gedenken werde. Blume hatte hellsichtig die fatale politische Entwicklung schon kommen sehen, an die die wenigsten glauben wollten."

[110] Berlin, BBF: SLG-GS, Jahresberichte 1932/33, Bd. 248d, Nr. 88: Berlin, SIS (Blume), S. 47f. - BLUME, Das Umordnen: "[...] der Leiter versammelte [zur Stimmrechtsverleihung] jedes Mal vorher den Kreis der Arbeitsgruppenführer und der Bundenältesten und entschied auf Grund dessen, was diese über die einzelnen Neuen aus Beobachtung und Gefühl zu sagen hatten."

Nazidiktatur wohl nicht vorausgesehen, dachte eher an eine national-ständische, konservative 'Wende', - und dieser wollte er Scharfenberg 'anpassen', um es überleben zu lassen."[111]

Was all diese Ereignisse, insbesondere der Abbau der Selbstverwaltung als einem Kernstück des Schulversuches, für Blume selbst bedeutet haben mag, deuten nicht nur die von Scheel oben skizzierten Nervenanspannungen während der betr. Schulgemeindesitzung im Sommer 1932 an.

In einem außerordentlich einfühlsamen Brief vom 10.07.1932 nahm Cohn ausführlich Bezug auf Blumes Entscheidung: Er "begreife [...], welchen Kampf es [ihn] [...] gekostet haben mag, der Elternversammlung [...] zu empfehlen, dieses Recht einzuschränken, eine Einschränkung, die fast einer Beseitigung gleichkommt" und ebenso, wie hart es aufgrund der allgemeinen politischen Situation für ihn sei, "unter diesen üblen Auspizien für die Zukunft der höheren deutschen Schulen Deutschlands am Werke sein zu müssen."[112] Zugleich erkannte Cohn sicher, welchen Weg Blume nunmehr eingeschlagen hatte und bekräftigte ihn darin, diesen weiter zu gehen:

> "[...] ich meine, daß gerade bei so trüben Aussichten und gegenüber solcher Verhetzung Männer wie Sie und Erzieher wie sie doppelt nötig sind; Wellenbrecher sind nötig, damit der Strom nicht zu ungestüm alles fortreißt; Männer sind nötig, die, so sehr sie bereit sind, dem Fortschreiten und der Zukunft Wege zu bereiten, doch von Tradition wissen und gute Tradition aufrecht halten."[113]

---

[111] Schmoll an D.H. br. vom 23.10.1985.
[112] Berlin, LA, SIS: Cohn an Blume (aus Hannoversch-Münden) br. vom 10.07.1932 (s. S. 767).
[113] Berlin, LA, SIS: Cohn an Blume (aus Hannoversch-Münden) br. vom 10.07.1932.

Carl Cohn an Wilhelm Blume (aus Hannoversch-Münden) br. vom 10.07.1932[114]

"Lieber Freund!

[...]. Ich bin niemals mit ganzem Herzen für das Schülergericht oder für die Entscheidung so junger Menschen über das Schicksal ihrer Gefährten gewesen; aber ich weiß, wie viel Wert Sie aus jugendpsychologischen und pädagogischen Gründen gerade auf diesen Punkt gelegt haben, und ich weiß auch aus Unterhaltungen mit manchem unserer vortrefflichsten jungen Freunde, daß auch sie in diesem Recht der Scharfenberger Jugend und in dem Vertrauen, das sich darin aussprach, daß man es ihr gegeben hat, einen der wichtigsten und bedeutungsvollsten Züge der Scharfenberger Verfassung sahen. Ich begreife also, welchen Kampf es Sie gekostet haben mag, der Elternversammlung Ihrerseits zu empfehlen, dieses Recht einzuschränken, eine Einschränkung, die fast einer Beseitigung gleichkommt. Es ist vielleicht kein schlechter Zug, daß die Elternversammlung dagegen Bedenken hat, sofern man sicher sein kann, daß sie diese Bedenken aus den ideellen Gründen heraus hegt, die Sie einst bewogen haben, dieses Recht zu erteilen. Aber vielleicht sprechen auch da andere, zum Teil politische Gründe mit, unklare Vorstellungen von einer demokratischen Erziehung der Jugend, von parlamentarischem Wesen in einer Jugend-Republik und dergleichen. Es ist in einer Zeit, wo politische Radikalismen so tief in das Leben des ganzen deutschen Volkes eingreifen, nicht möglich, daß die schon etwas gereiftere Jugend, insbesondere der Großstadt, von ihnen ganz unberührt bleiben sollte. Ich vermute wohl, daß Sie es als besonders hart empfinden, daß Sie mit solchen Schwierigkeiten kämpfen sollen, und daß Sie es als unerquicklich empfinden, unter diesen üblen Auspizien für die Zukunft der höheren deutschen Schulen Deutschlands am Werke sein zu müssen. Aber ich meine, daß gerade bei so trüben Aussichten und gegenüber solcher Verhetzung Männer wie Sie und Erzieher wie Sie doppelt nötig sind; Wellenbrecher sind nötig, damit der Strom nicht zu ungestüm alles fortreißt; Männer sind nötig, die, so sehr sie bereit sind, dem Fortschreiten und der Zukunft Wege zu bereiten, doch von Tradition wissen und gute Tradition aufrecht halten. So sehen Sie ja auch jetzt wieder, daß, wo Sie persönlich wirken, alles prächtig geht, daß Ihre Obersekundaner Ihren Wegen folgen und daß auch deren Eltern Freude daran haben, daß ihre Söhne von einem Meister-Lehrer und einem wahren Erzieher schönen Zielen entgegen geführt werden [...].

[...]. Meiner Frau und mir geht es weiter ausgezeichnet; wir würden uns hier ohne Einschränkung wohl fühlen, wenn nicht auch hier die Politik sich sehr stark bemerkbar machte. Es ist natürlich gerade für uns außerordentlich unerfreulich, seit einigen Wochen fast täglich auf die braune Uniform zu stoßen; in unserem eigenen Hause wohnen drei Studierende der hiesigen Forstakademie, die alle zu jenen Kreisen gehören, für die wir Parias sind. Das ist in diesen aufregenden Wochen der Wahlvorbereitung [für die Reichstagswahlen vom 31.07.1932] sehr unangenehm; ich hoffe, daß wir persönlich ohne Anfechtung darüber hinwegkommen werden. Sonst sieht sich die Welt hier so schön an, in den Wäldern ist es so ruhig und still, daß wir immer neuen Genuß daran finden [...].

Grüßen Sie die [...] Freunde, vor allem auch Herrn [Georg] Netzband [...], und seien Sie selbst vielmals gegrüßt von meiner Frau und Ihrem alten Carl Cohn."

---

[114] Berlin, LA, SIS: Cohn an Blume (aus Hannoversch-Münden) br. vom 10.07.1932.

IV.2. DAS (VERZÖGERTE) ENDE DES 'RADIKALDEMOKRATISCHEN' SCHULVERSUCHS DER WEIMARER REPUBLIK - JANUAR 1933 BIS FRÜHJAHR 1934

Der von den Nazis u.a. als 'bolschewistischer Seuchenherd'[1] bezeichneten, von Fritz Karsen geleiteten Karl-Marx-Schule hatten die Nazis schon vor dem 'Machtantritt' das Ende angedroht:

"In einem nationalsozialistisch regierten Preußen wären solche Zustände schon am Tage nach der Machtübernahme nicht mehr möglich."[2]

Tatsächlich ließ bereits am 21.02. der durch Erlaß vom 03.02.1933 für das Preußische Kultusministerium eingesetzte NS-Reichskommissar Bernhard Rust (1883-1945)[3] erklären, daß die Karl-Marx-Schule 'umorganisiert' werde und ihr Leiter nunmehr - ohne daß dafür irgendeine Rechtsgrundlage vorgelegen hätte! - beurlaubt sei[4]. Da sich Karsen auch persönlich schwer gefährdet sah[5], emigrierte er in der Nacht zum 28.02. - der Nacht, als der Reichstag brannte - mit seiner Familie in die Schweiz[6]. Der 'Einheitsschulkomplex' Karl-Marx-Schule wurde in seine alten Bestandteile (u.a. das alte Kaiser-Friedrich-Realgymnasium) zerlegt, und auch das

---

1   Schulbetrieb im absterbenden System, in: Nationalsozialistische Erziehung. Kampf- und Mitteilungsblatt des Nationalsozialistischen Lehrerbundes im Bereich Norddeutschland, hrsg. von Hans SCHEMM, Berlin, Jg. 1 (1932), S. 65-68, hier S. 68.

2   Das Manifest der Schülerschaft der Karl-Marx-Schule, in: Nationalsozialistische Erziehung. Kampf- und Mitteilungsblatt des Nationalsozialistischen Lehrerbundes im Bereich Norddeutschland, hrsg. von Hans SCHEMM, Berlin, Jg. 1 (1932), S. 100.

3   Bernhard Rust war zunächst Studienrat in Hannover gewesen, wurde Mitglied der NSDAP und SA-Führer in Hannover, 1933 Reichskultusminister; 1945 beging er Selbstmord. - Biogr. Inf. bes.: PEDERSEN, Ulf, Bernhard Rust. Ein nationalsozialistischer Bildungspolitiker vor dem Hintergrund seiner Zeit (=Steinhorster Schriften und Materialien zur regionalen Schulgeschichte und Schulentwicklung, 6), Braunschweig/Gifhorn 1994. - Zur Einsetzung Rusts in sein Amt als NS-Reichskommissar im preußischen Kultusministerium am 03.02.1933: Zentralblatt für die gesamte Unterrichts-Verwaltung in Preußen, Jg. 75 (1933), S. 43.

4   RADDE, Fritz Karsen, S. 195. - Insgesamt zur 'Auflösung der Karl-Marx-Schule': RADDE, Fritz Karsen, S. 195-204. - Vgl. auch weitere Arbeiten Raddes, u.a.: RADDE, Verfolgt, verdrängt und (fast) vergessen, bes. S. 88-91. - Zuletzt: MISCHON-VOSSELMANN, Doris, Das Ende der Karl-Marx-Schule, in: Schulreform - Kontinuitäten und Brüche. Das Versuchsfeld Berlin-Neukölln, hrsg. von Gerd RADDE, Werner KORTHAASE, Rudolf ROGLER und Udo GÖßWALD im Auftrag des Bezirksamts Neukölln, Abt. Volksbildung, Kunstamt, Bd. I: 1912 bis 1945, Opladen 1993, S. 346-357.

5   Vgl.: Schon in der Nacht zum 27.02.1933 drangen zwei uniformierte SA-Angehörige in die Neuköllner Wohnung Kurt Löwensteins ein, feuerten zehn Schüsse in das Schlafzimmer ab und zerstörten das Arbeitszimmer. - S. dazu: Vorwärts vom 27.03.1933, Berliner Ausg., Abendausg.; Wiederabdr. der Schlagzeile und der Abb. u.a. wieder in: BURKERT, Hans-Norbert / MATUßEK, Klaus / WIPPERMANN, Wolfgang, 'Machtergreifung' Berlin 1933 (=Stätten der Geschichte Berlins, 2), 2. Aufl. Berlin 1984, S. 241.

6   RADDE, Fritz Karsen, S. 198.

Kollegium wurde zerschlagen[7]: u.a. wurden innerhalb eines Jahres von 74 Lehr-kräften 43 an andere Schulen versetzt[8].

Im März 1933 kam es zu umfangreichen Personalveränderungen in der Berliner Schulverwaltung. So wurden etwa "die leitenden Fachdezernenten der Hauptschulverwaltung mit Ausnahme des Leiters der Berufs- und Fachschulver-waltung aus ihren Ämtern entfernt."[9] Anstelle des bisherigen Stadtschulrats Jens Nydahl (SPD), der im Februar seines Amtes enthoben wurde[10], wurde der National-sozialist Dr. Hans Meinshausen (1889-1948)[11] als 'Staatskommissar' mit der Wahr-nehmung der Geschäfte des Stadtschulrats betraut[12], später zum Stadtschulrat er-nannt.

---

[7]   RADDE, Fritz Karsen, S. 199-201.
[8]   RADDE, Fritz Karsen, S. 201. - Vgl. auch: Heil Hitler, Herr Lehrer. Volksschule 1933-1945. Das Beispiel Berlin, hrsg. vom Pädagogisches Museum [Berlin], Reinbek 1983, S. 46: Hier an der Karl-Marx-Schule wendeten die Nationalsozialisten die gesamte Palette der im Berufs-beamtengesetz vom 07.04.1933 vorgesehenen Sanktionen an: 15 nicht festangestellte Lehrer, sechs Lehrer jüdischer Abstammung und zehn Lehrer, mehrheitlich SPD-Mitglieder, aus politi-schen Gründen wurden entlassen; zwölf Lehrer mußten die Schule wechseln; innerhalb weniger Monate wurden über 50 Prozent des 74 Lehrer umfassenden Kollegiums dieser Schule entfernt. Zum Teil wurden diese Maßnahmen spektakulär inszeniert, um Lehrer, Schüler und Eltern einzuschüchtern.
[9]   Verwaltungsbericht der Hauptschulverwaltung der Stadt Berlin und der Allgemeinen Hauptver-waltung Kunst- und Bildungswesen für die Zeit vom 1. April 1932 bis 31. März 1936 mit einem kurzen Rückblick seit 1928, Heft 5: Schul-, Kunst- und Bildungswesen, Berlin 1937, S. 5. - Von den 34 Magistratsschulräten für das Volks- und Mittelschulwesen wurden in den Berliner Bezirken 19 entlassen; s. so: BURKERT / MATUßEK / WIPPERMANN, 'Machtergreifung', S. 227.
[10] Zu Nydahls Biogr. s. S. 177.
[11] Meinshausen war von März 1933 bis Juli 1944 Stadtschulrat von Berlin. Nach 1939 war er Of-fizier an der Ostfront. Im Sommer 1944 ernannte ihn Hitler zum Oberbürgermeister der kriegs-strategisch wichtigen Stadt Görlitz. Im Februar 1945 ordnete Meinshausen, um die Stadt gegen die vorrückenden Sowjets verteidigen zu können, die Zwangsevakuierung von 42.000 Frauen und Kindern an; dabei fanden viele den Tod. Ebenfalls evakuierte KZ-Häftlinge, die den Strapa-zen nicht gewachsen waren, ließ er erschießen. Vom 07.-22.04.1948 wurde Meinshausen in Görlitz der Prozeß gemacht. Am 19.10.1948 wurde der wegen Verbrechen gegen die Mensch-lichkeit zum Tode Verurteilte hingerichtet. - Eine biogr. Skizze findet sich unter dem Titel: Eine Täter-Karriere: Dr. Hans Meinshausen (1889-1948) in: Heil Hitler, Herr Lehrer, S. 47. - S. außerdem: GIES, Horst, Die verweigerte Identifikation mit der Demokratie. Geschichtslehrer und Geschichtsdidaktik in der Weimarer Republik, in: Schule und Unterricht in der Endphase der Weimarer Republik. Auf dem Weg in die Diktatur, hrsg. von Reinhard DITHMAR, Neu-wied [u.a.] 1993, S. 89-114, hier S. 90f. - ENGELI, Christian, Die nationalsozialistischen Kommunalpolitiker in Berlin, in: Berlin-Forschungen, Bd. II, hrsg. von Wolfgang RIBBE (=Einzelveröffentlichungen der Historischen Kommission zu Berlin, 61; Publikationen der Sektion für die Geschichte Berlins, 4), Berlin 1987, S. 113-139, hier S. 126. - S. nicht zuletzt auch die aufschlußreiche nationalsozialistisch-propagandistische Biogr.: FECHNER, Helmuth, Dr. Meinshausen. Stadtschulrat von Berlin, Berlin 1934. - Sowie: MEINSHAUSEN, Hans, Er-ziehung zum Dritten Reich. Reden und Aufsätze, Berlin 1934.
[12] Verwaltungsbericht der Hauptschulverwaltung der Stadt Berlin und der Allgemeinen Hauptver-waltung Kunst- und Bildungswesen für die Zeit vom 1. April 1932 bis 31. März 1936 mit einem kurzen Rückblick seit 1928, Heft 5: Schul-, Kunst- und Bildungswesen, Berlin 1937, S. 5. - Vgl. auch: DÖRING, Konrad, Neuer Geist in den Schulen Berlins. Aus der Schulverrottung heraus! - Staatskommissar Dr. Meinshausen und seine Mitarbeiter über die städtischen Refor-men, in: Der Tag vom 29.10.1933, 3. Beiblatt.

Die Geschäfte des Magistratsoberschulrats für die höheren Lehranstalten der Stadt übernahm anstelle von Wilhelm Heyn[13] der Nationalsozialist Rudolf Bohm (1898-19..)[14], der von April 1933 bis Ende 1934 auch Leiter des Deutschen Philologen-Vereins war[15].

Als "Hauptaufgabe"[16] stellte sich die neue städtische Schulverwaltung, "die Umgestaltung des gesamten Schulwesens im Sinne des nationalsozialistischen Staates"[17] in Angriff zu nehmen[18]. Hauptangriffsziel sollten dabei, wie auch anderswo in Deutschland, die progressiven Reformschulen werden[19]: "In erster Linie" sollten - nachdem die Auflösung des Karl-Marx-Schulkomplexes bereits besiegelt war - die über "die ganze Stadt verteilten Sammelschulen", insbesondere aber die Lebensgemeinschaftsschulen "als besondere Abart"[20], "in denen die schulischen Leistungen betrübend waren, während das Gift des Klassenkampfes desto erfolgreicher den Kindern eingeimpft wurde", "beseitigt bzw. umgewandelt werden."[21]

Nach einer Anordnung von Rust vom 25. Februar 1933 sollten in Preußen die Sammelschulen jahrgangsweise 'ablaufen', d.h. sie durften mit Abgang eines Schü-

---

13   Vgl. zu W. Heyn S. 266.
14   Das Geburtsjahr Bohms u.a. in: Philologen-Jahrbuch (Kunzes Kalender), Jg. 38: Schuljahr 1931/32, 2. Teil, Breslau 1931. - Zur Übernahme der Geschäfte des Magistratsoberschulrats: Verwaltungsbericht der Hauptschulverwaltung der Stadt Berlin und der Allgemeinen Hauptverwaltung Kunst- und Bildungswesen für die Zeit vom 1. April 1932 bis 31. März 1936 mit einem kurzen Rückblick seit 1928, Heft 5: Schul-, Kunst- und Bildungswesen, Berlin 1937, S. 5. - Vgl. auch: DÖRING, Konrad, Neuer Geist in den Schulen Berlins. Aus der Schulverrottung heraus! - Staatskommissar Dr. Meinshausen und seine Mitarbeiter über die städtischen Reformen, in: Der Tag vom 29.10.1933, 3. Beiblatt.
15   Zu Bohm als Leiter des Deutschen Philologen-Vereins in den Jahren 1933 und 1934 s. div. Artikel in den entsprechenden Jahrgängen im Deutschen Philologen-Blatt, bes.: BOHM, Rudolf, Mitteilung, in: Deutsches Philologen-Blatt, Jg. 42 (1934), S. 549 [dieser Artikel stellt gewissermaßen ein Rücktrittserklärung Bohms von seinem Amt als Leiter des Deutschen Philologen-Verbandes dar].
16   Verwaltungsbericht der Hauptschulverwaltung der Stadt Berlin und der Allgemeinen Hauptverwaltung Kunst- und Bildungswesen für die Zeit vom 1. April 1932 bis 31. März 1936 mit einem kurzen Rückblick seit 1928, Heft 5: Schul-, Kunst- und Bildungswesen, Berlin 1937, S. 24.
17   Verwaltungsbericht der Hauptschulverwaltung der Stadt Berlin und der Allgemeinen Hauptverwaltung Kunst- und Bildungswesen für die Zeit vom 1. April 1932 bis 31. März 1936 mit einem kurzen Rückblick seit 1928, Heft 5: Schul-, Kunst- und Bildungswesen, Berlin 1937, S. 24.
18   Zur Umgestaltung des Schulwesens in Preußen, insbes. in Berlin, s.: BURKERT / MATUßEK / WIPPERMANN, 'Machtergreifung', S. 223-252 (=Kap. 'Die 'Machtergreifung' im Berliner Schulwesen'). - Und: Heil Hitler, Herr Lehrer, S. 43-48 (=Kap. 'Entlassungen und Neubesetzungen im Berliner Schulwesen').
19   Einen Überblick über die Angriffe auf Berliner Schulen bieten: Heil Hitler, Herr Lehrer, bes. S. 48-54: Kap. 'Die Auflösung der Reformschulen'. - Auch: RADDE, Gerd, Zur Auflösung der Berliner Reformschulen durch das NS-Regime 1933, Berlin 1983 [unveröff.]. - Zuletzt: MISCHON-VOSSELMANN, Doris, Machtübernahme an den Schulen, in: Schulreform - Kontinuitäten und Brüche. Das Versuchsfeld Berlin-Neukölln, hrsg. von Gerd RADDE, Werner KORTHAASE, Rudolf ROGLER und Udo GÖßWALD im Auftrag des Bezirksamts Neukölln, Abt. Volksbildung, Kunstamt, Bd. I: 1912 bis 1945, Opladen 1993, S. 310-326.
20   Verwaltungsbericht der Hauptschulverwaltung der Stadt Berlin und der Allgemeinen Hauptverwaltung Kunst- und Bildungswesen für die Zeit vom 1. April 1932 bis 31. März 1936 mit einem kurzen Rückblick seit 1928, Heft 5: Schul-, Kunst- und Bildungswesen, Berlin 1937, S. 3.
21   Verwaltungsbericht der Hauptschulverwaltung der Stadt Berlin und der Allgemeinen Hauptverwaltung Kunst- und Bildungswesen für die Zeit vom 1. April 1932 bis 31. März 1936 mit einem kurzen Rückblick seit 1928, Heft 5: Schul-, Kunst- und Bildungswesen, Berlin 1937, S. 24.

lerjahrganges keine neuen Jahrgänge aufnehmen; durch dieses Verfahren überzählig werdende Lehrer waren an andere Schulen zu versetzen[22]. Da jedoch die nationalsozialistische Berliner Schulverwaltung der Meinung war, "daß dieser Fremdkörper im neuen Reich nicht noch einige Jahre betreut werden könne, erfolgte die restlose Auflösung sämtlicher Sammelschulen im Laufe des Jahres 1933, so daß zum Beginn des Schuljahres 1934 dieses betrübende Kapitel abgeschlossen war [...]"[23] - mit entsprechenden einschneidenden Konsequenzen für die betroffenen Schüler und Lehrer, die versetzt, degradiert oder gar entlassen wurden[24].

An der von Berta Gerhardt geleiteten Aufbauschule Friedrichshain sah die Situation vergleichbar aus: Im Jahresbericht dieser Schule für das Schuljahr 1933/34 heißt es, die Arbeit habe auch hier "im Zeichen der Durchführung der nationalsozialistischen Revolution" gestanden; dabei sei "entsprechend den Verhältnissen der Anstalt die nationalsozialistische Erziehung mit besonderem Nachdruck betrieben" worden; so seien von "den wissenschaftlichen Lehrkräften, die im Winter 32/33 an der An-

---

[22]   Verwaltungsbericht der Hauptschulverwaltung der Stadt Berlin und der Allgemeinen Hauptverwaltung Kunst- und Bildungswesen für die Zeit vom 1. April 1932 bis 31. März 1936 mit einem kurzen Rückblick seit 1928, Heft 5: Schul-, Kunst- und Bildungswesen, Berlin 1937, S. 24. - Der Erlaß findet sich veröff. in: Zentralblatt für die gesamte Unterrichts-Verwaltung in Preußen, Jg. 75 (1933), S. 65. - Vgl. zum Thema u.a.: KAMP, Martin, Das Ende der weltlichen Schulen in Preußen, in: Weimarer Versuchs- und Reformschulen am Übergang zur NS-Zeit. Beiträge zur schulgeschichtlichen Tagung vom 16.-17. November 1993 im Hamburger Schulmuseum, hrsg. von Reiner LEHBERGER (=Hamburger Schriftenreihe zur Schul- und Unterrichtsgeschichte, 6), Hamburg 1994, S. 140-155.

[23]   Verwaltungsbericht der Hauptschulverwaltung der Stadt Berlin und der Allgemeinen Hauptverwaltung Kunst- und Bildungswesen für die Zeit vom 1. April 1932 bis 31. März 1936 mit einem kurzen Rückblick seit 1928, Heft 5: Schul-, Kunst- und Bildungswesen, Berlin 1937, S. 24.

[24]   Zur Auflösung der Sammelschulen in Berlin s.: RADDE, Gerd, Zur Auflösung der Berliner Reformschulen durch das NS-Regime 1933, Berlin 1983 [unveröff.] (bes. S. 13f.). - Heil Hitler, Herr Lehrer, S. 44: Von den Leitern der 11 weltlichen Schulen/Lebensgemeinschaftsschulen in Neukölln erhielten 10 Direktoren am 4. April ihre Beurlaubung, die in drei Fällen in eine endgültige Entlassung umgewandelt wurde; die übrigen sieben Schulleiter konnten als Lehrer an anderen Schulen weiterarbeiten oder mußten vorzeitig in den Ruhestand gehen. - Ebd., S. 44: Insgesamt kann festgestellt werden, daß an "Reformschulen [...] der Prozentsatz entlassener Lehrer weit höher [war] als im Durchschnitt der Berliner Volksschulen. So wurden von den 20 Lehrern der beiden Lebensgemeinschaftsschulen in der Rütlistraße (Neukölln) drei, das entspricht 15 Prozent, entlassen, an der 21. Lebensgemeinschaftsschule (in Spandau) waren es sogar 50 Prozent aller Lehrer. Das Gros der Lehrer an Reformschulen wurde an andere Schulen versetzt, meist an solche, die unter der Leitung überzeugter Nationalsozialisten standen. - Ein Beispiel für Folgewirkungen in der schulischen Sozialisation eines betroffenen Schülers findet sich bei: RADDE, Schulreform, S. 95. - Zur gesamten Personalentwicklung im Berliner Schulwesen: DÖRING, Konrad, Neuer Geist in den Schulen Berlins. Aus der Schulverrottung heraus! - Staatskommissar Dr. Meinshausen und seine Mitarbeiter über die städtischen Reformen, in: Der Tag vom 29.10.1933, 3. Beiblatt: "[...] von 3.200 festangestellten Lehrkräften sind nur 150 von dem politischen und dem Arierparagraphen betroffen worden, ein Zeichen dafür, daß der Lehrkörper dieser Schulen auch in den Zeiten des Marxismus national zuverlässig gewesen ist. Vergleichsweise sei vermerkt, daß von 8.500 Lehrkräften an Hoch- und Mittelschulen rund 2.000, und von 1.300 Lehrern an Berufs- und Fachschulen 190 von dem Gesetz erfaßt wurden." - Vgl. dazu: Heil Hitler, Herr Lehrer, bes. S. 43-48: Kap. 'Entlassungen und Neubesetzungen im Berliner Schulwesen', vor allem S. 44.

stalt beschäftigt waren", "nur 4 im Jahr 33/34 weiter tätig"; u.a. sei Gerhardt beurlaubt und in das Amt einer Studienrätin zurückversetzt worden[25].

**IV.2.A.   DIE BEHUTSAME BEHANDLUNG DER SCHULFARM DURCH DIE
NATIONALSOZIALISTEN BIS HERBST 1933**

Im Vergleich zum Festland ging auf auf der Insel Scharfenberg "die entsprechende
Entwicklung sehr viel langsamer vor sich."[26] So berichtet z.B. der damalige Schüler
Bernd Stückler:

---

[25]   Berlin, BBF: SLG-GS, Jahresberichte 1933/34, Bd. 289a, Nr. 13: Aufbauschule Friedrichshain,
S. 23. - Über die vergessene Pädagogin Berta Gerhardt schreibt in seiner autobiogr. Arbeit:
SCHWERSENZ, Jizchak, Die versteckte Gruppe. Ein jüdischer Lehrer erinnert sich an
Deutschland, Berlin 1988, S. 152, er habe Gerhardt während der Zeit des Nationalsozialismus
im 'Untergrund' kennengelernt: "Frau Gerhardt war Schuldirektorin an einem Berliner Mäd-
chengymnasium gewesen, sie war jedoch durch ihre aufrechte Gesinnung aufgefallen und mußte
von diesem Posten zurücktreten." - Ebd., S. 152f.: "Frau Gerhardt war eine wahrhaft religiöse
Frau - nicht fromm im kirchlichen Sinne, sondern von einer weltoffenen, großzügigen Gläubig-
keit. Sie hat uns nicht nur materiell, sondern mehr noch geistig und menschlich geholfen. Als
ich Ende 1943 einmal krank zu ihr kam, nahm sie mich sofort für längere Zeit auf. Sie bewohnte in Zepernick bei Berlin ein kleines Häuschen mit großem Garten. Sie pflegte mich und
brachte mich zu einem befreundeten Arzt, Dr. Gillmeister, der mir wegen der angegriffenen
Lunge Pflege und viel Ruhe verordnete. Damals wäre es ja gar nicht möglich gewesen, sich in
eine normale ärztliche Behandlung zu begeben, und so war es ein wahres Glück, daß niemand
von uns in dieser Zeit ernstlich erkrankte. Aber auch dann hätte Frau Gerhardt notfalls helfen
können. Wir machten nun regelmäßig Spaziergänge in den Wäldern von Oranienburg, die für
mich ein tiefes Erlebnis waren. Nicht allein die Natur in ihrem Herbstkleid, sondern auch die
Gespräche mit Frau Gerhardt beruhigten meine gequälte Seele. Die Schwierigkeiten ihrer eigenen Situation meisterte sie mit großer Souveränität [...]. Der letzte Tag mit Frau Gerhardt kam
jäher, als ich dachte. Eines Tages, Ende November 1943, war sie in großer Unruhe und eröffnete mir, daß ich sofort ihr Haus verlassen müsse, da sie um mein Schicksal besorgt sei. Es waren bei ihr zwei Beamte erschienen, die sie verhört hatten. Sie konnte zwar unerschrocken Rede
und Antwort stehen, den Fragen aber war zu entnehmen gewesen, daß ich bei ihr aufgefallen
war. Sie legte mir nun nahe, so bald wie möglich eine Flucht ins Ausland zu versuchen; sie
selbst wolle mir dabei noch behilflich sein, ihr Haus aber müsse ich ab sofort meiden [...]. Mit
einem Kuß auf die Stirn und einem ernsten Blick wurde ich von der alten Dame entlassen in eine
kalte und regnerische Novembernacht. Ich irrte einige Stunden in der Stadt umher, verzweifelt
und traurig über den Abschied von dieser wunderbaren Frau. Sie hatte mir durch ihren Mut und
ihre Hilfsbereitschaft fünf Wochen der Ruhe und Erholung ermöglicht. Ich weiß nicht, was
sonst aus mir geworden wäre. Nun war sie selbst in Gefahr."

[26]   SCHEEL, Schulfarm (1990), S. 52.

"Mit der Machtergreifung Hitlers am 30. Januar 1933 änderte sich auf Scharfenberg zunächst nicht viel, soweit ich mich erinnern kann."[27]

Zum Schuljahrswechsel im Frühjahr 1933 kam es zu verschiedenen Lehrerwechseln, ohne daß dabei größere Besonderheiten festzustellen gewesen wären: Es verließen die Insel die Assessoren Gerhard Frühbrodt[28], Walter Hanckel[29], Ernst Kolberg[30], Wilhelm Richter - der an die Humboldtschule wechselte[31] - und der Referendar Werner Hartkopf[32]. Außerdem unterrichtete fortan die Gymnastiklehrerin Katja Schmidt - der laut einer schriftlichen Notiz von Blume von Anfang der 50er Jahre von den Nationalsozialisten "als erste[r] Lehrkraft gekündigt" worden war[33] - nicht mehr auf der Insel[34].

---

27 Stückler an D.H. br. vom 14.08.1987. - SCHEEL, Schulfarm (1990), S. 51, beschreibt, wann und wie die Nachricht [am 30. Januar 1933] auf die Insel gelangte, und wie sie von ihm und seinem Freund Hanne Woldt aufgenommen wurde: "Die Nachricht von der Ernennung Hitlers zum Reichskanzler brachte Scheibner am 30. Januar 1933 aus Berlin mit. Hanne Woldt und ich hatten Fährdienst und holten ihn in der Dunkelheit auf die Insel herüber. Seine Mitteilung nahmen wir mit großer Heiterkeit auf, denn Hitler, diese Schießbudenfigur, erschien uns als Reichskanzler schlechterdings unvorstellbar. Wir waren ziemlich sicher, daß dieser schlechte Scherz von kurzer Dauer sein würde." - Ebd.: "Wenige Wochen später sah das jedoch schon ganz anders aus. Den ersten Schock erhielten wir durch Blume, der von Tegel gekommen war, um unseren Deutschkurs zu leiten, und vor Hanne Woldt und mir zwei hektographierte Flugblätter aus seiner Manteltasche zog, die die Borsig-Arbeiter in Tegel zum Streik aufriefen. Blume berichtete, daß kein einziger Arbeiter diesem Aufruf gefolgt wäre; er erklärte die Flugblätter für illusorisch und darum sinnlos, knüllte sie zusammen und ließ sie in seiner Manteltasche wieder verschwinden. Offensichtlich wollte er damit uns beide indirekt warnen [...]. Wengleich wir damals zu keiner befriedigenden Erklärung gelangten, wurde uns doch soviel klar, daß Hitlers Ernennung zum Reichskanzler nicht als bloßes Possenspiel abgetan werden konnte. Die Arbeiterbewegung hatte eine Niederlage erlitten, die sie kampflos hingenommen hatte. Das ganze Ausmaß dieser Niederlage erschloß sich uns nur sukzessive."
28 Frühbrodt an D.H. br. vom 23.09.1989: "Aus pekuniären Gründen Abwanderung zur Heeresfachschule." - Zu Frühbrodts nächsten beruflichen Stationen s. S. 852.
29 Das Philologen-Jahrbuch (Kunzes Kalender), Jg. 39: Schuljahr 1932/33, 2. Teil, Breslau 1932 weist Hanckel für das Schuljahr 1932/33 als Studienassessor am Berlin-Karlshorster Realgymnasium aus. - Hanckel war als Assessor nur im Winterhalbjahr 1932/33 auf Scharfenberg tätig gewesen (s.: Berlin, BBF: SLG-GS, Jahresberichte 1932/33, Bd. 248d, Nr. 88: Berlin, SIS (Blume)). - Berlin, LA, SIS: Reifeprüfung Ostern 1933. Übersicht über die Vorzeugnisse und die Prüfungsleistungen: 1933 war Hanckel Mitglied der Abi-Prüfungskommission der Schulfarm.
30 Kolberg, der - wie bereits gezeigt - seine Referendarzeit in den Schuljahren 1930/31 und 1931/32 ebenso wie sein erstes Assessorenjahr im Schuljahr 1932/33 auf Scharfenberg verbracht hatte, ist dort für das Schuljahr 1933/34 nicht mehr nachgewiesen.
31 Berlin, BBF: SLG-GS, Jahresbericht über das Schuljahr 1933/34, Bd. 275c, Nr. 87: Humboldtschule, S. 21: "Der Studienassessor Dr. Sahm wurde an das Oberlyceum in Pankow versetzt, sein Unterricht wurde dem bisher hier nur stundenweise beschäftigten Studienassessor Dr. Richter übertragen." - Dr. Artur Sahm (1891-19..) hatte 1926 in Kiel promoviert und war 1927-30 als Referendar und 1930-33 als Assessor an der Humboldtschule Tegel tätig gewesen. - S. dazu: Berlin, BBF: SLG-GS, Personalblatt Artur Sahm. - Zu Wilhelm Richters nächsten beruflichen Stationen s. S. 852f.
32 Vgl. z.B.: Berlin, BBF: SLG-GS, Jahresbericht über das Schuljahr 1939/40, Bd. 429c, Nr. 77: Humboldtschule, S. 17, ist die Rede von Hartkopf, der "Ostern 1932 bis 1933 in der Schulfarm Insel Scharfenberg und an der Humboldtschule sein Referendarjahr abgeleistet hatte und Ostern 1938 zu uns zurückgekehrt war". - Zu Hartkopfs nächsten beruflichen Stationen s. S. 852.
33 Berlin, LA, SIS: BLUME, Liste Scharfenberger Lehrer und Schüler, o.D. [nach 1951].
34 Vgl. dazu S. 378.

Im Herbst 1933 ging der Assessor Kurt Wöhe, der damit nur im Sommerhalbjahr 1932/33 auf Scharfenberg tätig gewesen war[35].

Neu kamen zu Beginn des Schuljahres im Frühjahr 1933 neben dem oben schon genannten Referendar und ehemaligen Scharfenbergschüler Walter Schramm der Assessor Wilhelm Hohmann (1903-19..)[36] sowie als erster und unter Blumes Scharfenberg-Leitung einziger 'Erzieher' der 20er und frühen 30er Jahre auf der Schulinsel Werner Wilke (1908-1943)[37].

Wilke, Sohn eines Rittergutsbesitzers, war zunächst Zögling und dann selbst Erzieher am Herrnhuter Pädagogium in Kleinwelka bei Bauzen, bevor er 1930 an der Berliner Universität das Studium der Germanistik und Journalistik aufnahm[38]. "Ohne lange Recherchen anzustellen, hatte Blume mit seinem feinen Instinkt für pädagogische Begabungen sofort zugegriffen"[39], als er Wilkes Bekanntschaft machte. Was Wilke ihm - so jedenfalls Scheel - nicht mitteilte, war, "daß er - seit 1931 Mitglied der KPD - im April 1932 bei einer Flugblattaktion in der Kaserne der Bereitschaftspolizei Prenzlauer Berg verhaftet und zu einem Jahr Festung verurteilte worden war. Er hatte die Strafe gerade verbüßt, als er sich als Internatserzieher bewarb, und schon längst auf Scharfenberg Fuß gefaßt, als ihn die Berliner Universität am 23. Juli wegen dieser Straftat religierte."[40] Werner Wilke - so Scheel weiter - "hatte eine sehr glückliche Hand im Umgang mit den Jüngeren und wurde auch uns Älteren ein guter Freund"[41]:

"Sehr allmählich und mit gebotener Vorsicht gab er sich uns als Gesinnungsgenosse zu erkennen. Wir berieten mit ihm unser Verhalten in bestimmten Situationen und profitierten auch schon von den Erfahrungen, die er bei seiner schon damals illegalen Arbeit innerhalb des Polizeiapparates gewonnen hatte. Auf Anhieb erklärte er uns beispielsweise nach einem kurzen Rundblick in unserer [...] Bude, daß er das von Hans Coppi gelieferte von uns verborgene illegale Material hinter den aufgehängten Bildern suchen würde, und er traf damit genau ins Schwarze. Natürlich zogen wir unsere Schlußfolgerungen daraus und fanden geeignetere Verstecke, die bei zufälliger Entdeckung auch nicht mehr unmittelbar uns zur Last gelegt werden

---

35   Berlin, BBF: SLG-GS, Jahresberichte 1932/33, Bd. 248d, Nr. 88: Berlin, SIS (Blume). - Für Schuljahr 1932/33 (undifferenziert) auch nachgewiesen in: Philologen-Jahrbuch (Kunzes Kalender), Jg. 39: Schuljahr 1932/33, 2. Teil, Breslau 1932.

36   Philologen-Jahrbuch (Kunzes Kalender), Jg. 40: Schuljahr 1933/34, 2. Teil, Breslau 1933. - Hohmann blieb (durchgehend als Assessor) bis Ostern 1939 auf Scharfenberg tätig. - S. dazu: Berlin, BBF: SLG-GS, Jahresbericht über das Schuljahr 1939/40, Bd. 429c, Nr. 77, S. 17: Humboldtschule: "[...] im Oktober 1939 [wurden] [...] die Studienräte Frey und Hohmann, bisher in der Schulfarm Insel Scharfenberg beschäftigt, an unsere Schule versetzt [...]." - Diese und andere biogr. Inf. auch: Berlin, BBF: SLG-GS, Personalblatt Wilhelm Hohmann.

37   Zur Biographie s. vor allem: Werner Wilke, in: Meine Landsleute. Die Sorben und die Lausitz im Zeugnis deutscher Zeitgenossen. Von Spener und Lessing bis Pieck, hrsg. von Hartmut ZWAHR, Bautzen o.J. [1985], S. 388-405. - Hier S. 388: Biogr. Wilkes; S. 389: Überblick über das literarische Schaffen; S. 389-405: Abdr. von drei kurzen Werken Wilkes. - Außerdem: SCHEEL, Schulfarm, S. 53f. - Es gibt keinerlei Hinweise auf Ursachen oder Anlässe, weshalb Wilke als Erzieher auf die Insel kam.

38   SCHEEL, Schulfarm (1990), S. 53.

39   SCHEEL, Schulfarm (1990), S. 53.

40   SCHEEL, Schulfarm (1990), S. 53.

41   SCHEEL, Schulfarm (1990), S. 54.

konnten. Andererseits war Werner Wilke jung genug, um wie wir noch der revolutionären Romantik einen Tribut zu zollen [...]."[42]

Einmal habe Wilke in "seiner jedes Aufsehen vermeidenden Art" die Schüler im Bolle-Saal versammelt, um sie "mit einer Erzählung bekanntzumachen, die bäuerliches Leben bei der Kartoffelernte darstellen würde"[43]:

> "Werner Wilke las aus dem 'Buch Hanka'; er las mit seiner ruhigen sonoren Stimme und gab von der Lausitzer Landschaft und ihren Menschen ein derart packendes Bild, daß man eine Stecknadel hätte fallen hören. Die sichere Gestaltungskraft und auch die innere Verbundenheit mit Land und Leuten erinnerten mich an Ernst Wiecherts 'Magd des Jürgen Doskocil'[44]. Ich war geneigt, auch 'Das Buch Hanka' ihm zuzuschreiben, wenngleich es ohne Wiecherts Schwermut und Mystik auskam. Ich war ungeheuer beeindruckt, als Werner Wilke sich als Autor des Manuskripts bekannte, an dem er noch weiter arbeiten würde. Begonnen hatte er damit wahrscheinlich schon in seiner Festungshaft; er hat es dann auch vollendet und 1936 in Berlin sogar einen Verlag - Müller und Kiepenheuer - gefunden, der es herausbrachte[45]. Erst 1938 kamen die Nazis hinter die proletarisch-sozialistische Grundhaltung dieses Kurzromans und ließen den Rest der Auflage einstampfen."[46]

Dafür, daß die Schulfarm (ganz offenbar) unter der neuen Berliner Schulverwaltung zunächst "vergleichsweise mild"[47] behandelt wurde, mögen verschiedene, unterschiedlich ins Gewicht fallende Gründe eine Rolle gespielt haben:

(1) Ein keinesfalls zentraler, möglicherweise aber auch nicht ganz zu übergehender Grund mag etwa darin gelegen haben, daß es auf Scharfenberg einen von der Odenwaldschule kommenden Lehrer namens Brenning gab[48], der ein Corpsbruder des Stadtschulrats Meinshausen aus gemeinsamer Studienzeit war[49], "dem er sich verpflichtet fühlte."[50]

Entscheidender aber dürften andere, politische(re) Gründe gewesen sein:

(2) Reformpädagogische Elemente konnten nicht selten ohne größere Probleme auch von nationalsozialistischer Seite aufgegriffen werden. So sprach sich Meinshausen am 5. Mai 1933 vor der Berliner Presse für eine Erneuerung des Berliner Schulwesens aus, nach der die "'Heiligkeit der Schulhallen', in die der Lärm des Tages nicht eindringen dürfe", die "Schule der 'guten alten Zeit', in der die Lateinklassiker nahezu lediglich zum Grammatikunterricht herhalten mußten, und in der man im Griechischen nur die Konjugation paukte", ersetzt werden solle durch eine "Schule, die in der lebendigen Verbindung mit dem Leben der Gegenwart steht, die darum nicht

---

[42]   SCHEEL, Schulfarm (1990), S. 54.
[43]   SCHEEL, Schulfarm (1990), S. 57.
[44]   WIECHERT, Ernst, Die Magd des Jürgen Doskocil. Roman, München 1932.
[45]   WILKE, Werner, Das Buch Hanka, Berlin-Charlottenburg 1936.
[46]   SCHEEL, Schulfarm (1990), S. 60. - Vgl. dazu: Werner Wilke, in: Meine Landsleute. Die Sorben und die Lausitz im Zeugnis deutscher Zeitgenossen. Von Spener und Lessing bis Pieck, hrsg. von Hartmut ZWAHR, Bautzen o.J. [1985], S. 388.
[47]   SCHEEL, Schulfarm (1990), S. 57.
[48]   Vgl. S. 408.
[49]   SCHEEL, Schulfarm (1990), S. 57.
[50]   SCHEEL, Schulfarm (1990), S. 57.

unwissenschaftlich ist, sondern die ideale Verbindung zwischen strikter, alter Wissenschaftlichkeit und blutvoller Lebensnähe anstrebt."[51]

Im Oktober 1933 benannte Meinshausen - der bei seinem ersten Besuch auf der Insel "in hoher Anerkennung von der hier geleisteten Arbeit sprach"[52] und daher die "Förderung von allen maßgeblichen Stellen"[53] zusagte - als ein Ziel seiner Schulpolitik u.a. die Schaffung 'grüner Schulen':

> "Unser Streben geht [...] auch auf die Schaffung eines freundlichen Rahmens für den Unterrichtsbetrieb überhaupt. In diesem Sinne habe ich u.a. Gesuche um Beseitigung von Bäumen auf Schulhöfen abgelehnt und bemühe mich, die zu den Schulen gehörenden Freiflächen möglichst grün zu gestalten. Wir wollen [schließlich] die Jugend in enge Beziehung zur Natur bringen."[54]

Man beabsichtige gar, "Schulen aus der Innenstadt herauszunehmen und sie in die naturverbundenen Außenbezirke zu verlegen"; daher verdienten "Einrichtungen wie die Schule auf der Insel Scharfenberg und [...] [die] Waldschule Charlottenburg" besondere Unterstützung[55]. In einer nationalsozialistischen Biographie Meinshausens aus dem Jahre 1934 heißt es bezeichnenderweise über diese beiden Schulen:

> "Unter den höheren Schulen sind Meinshausens 'Steckenpferde' die Schulfarm Scharfenberg im Tegeler See und die Waldschule Charlottenburg. Diese ist zur Vollanstalt erklärt worden, während Scharfenberg eine Musterschule nach Art der nationalpolitischen Bildungsanstalten werden soll. Während früher sich dort der Betrieb in ziemlich liberalen Bahnen vollzog, ohne allerdings die üblen Formen anderer Schulen anzunehmen, sind jetzt Zucht und Ordnung eingekehrt. Das Braunhemd der H.J. ist die Kleidung der Schüler."[56]

Daß es auf der grünen Insel Scharfenberg zudem auch eine funktionierende Landwirtschaft gab - die, wie Blume es 1959 formulierte, die "Vertreter der neuen Schulbehörden im Berliner Rathaus [...] wohl zunächst in einer gewissen Selbsttäuschung [glauben machten] hier 'Blut- und Boden'luft geatmet zu haben"[57] - kam dem weiter entgegen. Meinshausen schrieb dazu im Jahr 1935:

> "Die Schulfarm Insel Scharfenberg hat sich bis zum Jahre 1933 zu einer Erziehungsstätte entwickelt, die wertvolle Ansatzmöglichkeiten für einen Ausbau zu einer Anstalt mit besonders

---

51   Der Staatskommissar für das Berliner Schulwesen, Dr. Meinshausen, in: Deutsches Philologen-Blatt, Jg. 41 (1933), S. 249f.

52   SAMTER, Hans, 'Orplid an der Havel'. Schulfarm am Tegeler See, in: Deutsche Allgemeine Zeitung. Ausg. Groß-Berlin vom 24.10.1933.

53   SAMTER, Hans, 'Orplid an der Havel'. Schulfarm am Tegeler See, in: Deutsche Allgemeine Zeitung. Ausg. Groß-Berlin vom 24.10.1933.

54   Zit. nach: DÖRING, Konrad, Neuer Geist in den Schulen Berlins. Aus der Schulverrottung heraus! - Staatskommissar Dr. Meinshausen und seine Mitarbeiter über die städtischen Reformen, in: Der Tag vom 29.10.1933, 3. Beiblatt. - Vgl. auch: Bohm, zit. nach: DÖRING, Neuer Geist: "Der Zug der Zeit geht räumlich auf Verlegung der höheren Lehranstalten an den Stadtrand, schultypisch auf immer größere Bevorzugung des Realgymnasiums als des gegebenen Mittels zwischen der humanistischen und der realen Anstalt."

55   Zit. nach: DÖRING, Neuer Geist.

56   FECHNER, Dr. Meinshausen, S. 61.

57   BLUME, Erinnerungen, S. 23.

starkem nationalsozialistischen Gepräge bot, namentlich durch die Verbindung der Schularbeit mit der landwirtschaftlichen Betätigung."[58]

In dieselben Richtung gehend, benannte Bohm im Herbst 1933 als ein Ziel seiner Tätigkeit:

> "Diese [d.h. die höheren] Lehranstalten sollen nicht nur den Nachwuchs für die Hochschulen, sondern auch für die leitenden Stellen in Industrie, Handel und Gewerbe heranbilden. Die Versuche, eine junge, körperlich und geistig starke, mit dem Boden verwurzelte Generation zu erziehen, sind durch Vermehrung von Landschulheimen zu fördern, wo reichlich Gelegenheit zum Geländesport und zur Körper- und Charakterschulung gegeben ist. Wo Internatserziehung möglich [ist], wie [...] auf der Insel Scharfenberg [...], ist diese zu unterstützen. Die Gesamterziehung der Jugend in den höheren Lehranstalten muß unter dem Gesichtspunkt der Heranbildung und der Auslese einer ausgesiebten Führerschicht stehen."[59]

(3) Ein weiterer, mit den vorgenannten in Verbindung stehender und nicht zu übersehender zentraler Punkt schließlich dürfte im Verhalten Blumes zu sehen sein. Wohl sind von Blume keinerlei Formen von 'Begeisterung', von 'Sympathiebekundungen' dem Nationalsozialismus gegenüber bekannt, doch gab er

---

[58] Berlin, StadtA: Rep. 20-01: Hauptschulverwaltung, Nr. 763: Aufstellung und Bearbeitung des Haushalts Kap. XV-5 für die Erziehungsanstalt Scharfenberg 1935/36, Bl. 41: Entwurf des Oberbürgermeisters für die Umgestaltung der Schulfarm Insel Scharfenberg in eine nationalsozialistische Erziehungsanstalt vom 12.04.1935.

[59] Zit. nach: DÖRING, Neuer Geist.

sich bis zum "Herbst 1933 [...] Mühe, seine Schulgründung den veränderten Gesamtbedingungen, so gut oder schlecht es ging, einzupassen."[60]

---

[60] SCHEEL, Schulfarm (1990), S. 56. - Ebd. nennt Scheel als ein Beispiel, das freilich durch keine anderen Quellen bestätigt werden kann, Blume habe Denkschriften an die Adresse von Ernst Krieck (1882-1947), "der vom alten preußischen Kultusminister Grimme kleingehalten worden war und dafür 1933 vom Nazi Rust, nunmehr Reichsminister, sofort zum ordentlichen Professor der Pädagogik und Rektor der Frankfurter Universität gemacht wurde", gerichtet: "In der von ihm seit 1933 herausgegebenen Zeitschrift 'Volk im Werden' faselte Krieck von der erzieherischen Bedeutung des Volkstums und von der typusformenden Kraft organisch-ständischer Gemeinschaften, was Blume zu dem Versuch ermutigte, diesem Manne seine Schulgründung mit Hinweisen auf die Bodennähe, die Verbundenheit mit bäuerlichen Traditionen und das auf Gemeinnützigkeit ausgerichtete Arbeitsethos dieses Experiments zu empfehlen." -
SAMTER, Hans, 'Orplid an der Havel'. Schulfarm am Tegeler See, in: Deutsche Allgemeine Zeitung. Ausg. Groß-Berlin vom 24.10.1933, bringt einige Beispiele, die (nach seiner Meinung) zeigen "wie nah die Scharfenbergschule in ihrem Streben nach neuen Wegen der Erziehung unbewußt dem heutigen Schulideal gekommen ist":
[1.] Die Schulfarm sei, bei "aller Schärfe der Anforderungen" doch eine Schule, in der "ein ungesunder Intellektualismus vermieden" werde und "auch andere als rein lern- und wissensmäßige Komponenten der Ausbildung Berücksichtigung finden"; so stehe hier "neben dem auf hohem Niveau stehenden Unterricht die körperliche Ertüchtigung und die Arbeit in der Gemeinschaft und für die Gemeinschaft [als] wesentliches Element der Erziehung."
[2.] "Und also stehen in der neuen Verfassung dieser Schule, die durch Beschluß aller derer zustande gekommen ist, die ihre Ämter und ihre Verantwortung trugen, gleichberechtigt nebeneinander ein Führerkreis für Kultur und Pädagogik, ein Kreis für körperliche Ertüchtigung und ein Kreis für Ordnung und Sauberkeit. Diese achtzehn Schüler zusammen, die als Träger erhöhter Pflichten und also auch erhöhter Rechte sind, bilden mit drei Lehrern zusammen einen dem Leiter der Schule, Oberstudiendirektor Blume, zur Seite stehenden obersten Beirat der Gemeinschaft."
[3.] "Im Unterricht sollen Boden und Landschaft wichtige Faktoren werden: in den Scharfenberger Unterrichtsprotokollen und in den Sammelmappen, die von den Schülern eingerichtet sind, finden sich Bände, die von der jahrelangen Beschäftigung mit deutschem Bauerntum in allen Zeiten, mit dem Harz, mit Nord- und Süddeutschland, Zeugnis ablegen. Nichts hat sich im Unterricht als gleichermaßen gemeinschaftsbildend erwiesen wie die dauernde und alle Kräfte und Interessen in Anspruch nehmende Beschäftigung mit diesen Themen, für die Verbindungslinien zwischen allen Schulfächern gesucht und gefunden wurden. Dies aber ist das Interessanteste: Prof. Dr. Krieck, der Rektor der Frankfurter Universität, fordert in seinem für die moderne Pädagogik wesentlichen Buch 'Nationalpolitische Erziehung' [KRIECK, Ernst, Nationalpolitische Erziehung, Leipzig 1932; 5. und 6. Aufl. Leipzig 1933] für die neue Schule, daß einmal alle kulturkundlichen Fächer in einem Gesamtunterricht zusammengefaßt werden, und daß ferner von einem gewissen Alter ab jeder Schüler durch Teilnahme an Sonderkursen in einer Fächergruppe besonders tiefe Kenntnisse erlangt. Beide Forderungen aber sind in Scharfenberg seit langem erfüllt und von diesem Beispiel aus von Pädagogen aller Länder diskutiert worden; vielleicht wird nun Deutschland sie in seinem gesamten Schulsystem verwirklichen."

IV.2.B.   WILHELM BLUMES 'ANPASSUNGSVERSUCHE' IM FRÜHJAHR UND SOMMER 1933

(1) Am 31.03.1933 schrieb der Scharfenberger Schüler Heinz Perkuhn (SIS 1930-33) einen Denunziationsbrief an den preußischen Kultusminister[61]. Als Ziel seines Schreibens nannte Perkuhn selbst, "auf die 'Schulfarm Scharfenberg' und die zur Zeit dort herrschenden Mißstände aufmerksam zu machen" und auf diese bezogene "Forderungen der nationalen Schülerschaft" zu erheben:

Die Schülerschaft bestünde weitgehend aus "staatsfeindlichen Elementen", sei "zu[r] Hälfte aus Kommunisten", ansonsten "zum Teil aus Sozialdemokraten zusammen[ge]setzt." "Am Tage der 'Erwachenden Nation'" sei es den nationalsozialistisch eingestellten Schülern "von dem marxistischen Schülerausschuß [Bestehorn und Schmoll] verboten [worden], Adolf Hitlers Rede im Radio zu hören (während ein Ausschußmitglied [diese] selbst [mit]hörte)." "Auch Wahlergebnisse durften nicht gehört werden. Als dann Mittwoch (d. 8.) frei sein sollte, hatte die gesamte Oberstufe ab 9.10 Uhr Unterricht, und die Abiturienten schrieben schon ab 8 Uhr." Vor Jahresfrist habe ein Schüler - Hans Lühmann - das Stimmrecht nicht erhalten, da er Nationalsozialist gewesen sei, und auf dem Weg habe kürzlich mit Sägemehl geschrieben gestanden: "'Hitler verr.'". Außer dem "Referendar Hartkopf, der ebenfalls national ist", befände sich "nur ein nationaler Lehrer auf der Schule". Dieses sei der eigentlich an der Humboldtschule unterrichtende Mathematiker Dr. Kurt Kießling[62]. Obwohl dieser sich sehr gut "in die neue Unterrichtsart" einfände, habe ihm Blume "nur ganz wenige Stunden eingeräumt". Kießling solle "nach Meinung der nationalen Schüler" anstelle des sozialdemokratischen Lehrers Zornemann stellvertretender Leiter der Schulfarm werden, so daß er "gegen Herrn Blume durchsetzen [könne], daß die für wehrhafte Erziehung so günstige Lage der Schule ausgenützt [werden könne]." Außerdem sollten Kießling "noch andere nationale Lehrer" zur Seite gestellt werden. Vor allem aber solle es - so Perkuhn - zu einer "Abberufung des kommunistischen Zeichenlehrers Scheibner" kommen; denn dieser würde nicht nur durch antinationalsozialistische Haltung und Äußerungen auffallen[63], sondern es sei auch die "große Zahl der Kommunisten", deren "Haupt" er sei, "größtenteils auf [seine] [...] Tätigkeit [...] zurückzuführen."

---

[61]   Berlin, BA: Bestand Reichsministerium für Wissenschaft, Erziehung und Volksbildung, Nr. 4702, Bl. 63r-v: Heinz Perkuhn an den preußischen Kultusminister br. vom 31.03.1933.

[62]   S. zu ihm S. 739.

[63]   Berlin, BA: Bestand Reichsministerium für Wissenschaft, Erziehung und Volksbildung, Nr. 4702, Bl. 63r-v: Heinz Perkuhn an den preußischen Kultusminister br. vom 31.03.1933: Bei der Feier am Volkstrauertag sei Scheibner ferngeblieben; zum Amtsantritt des Intendanten Hanns Johst (1890-1978) bemerkte er, jetzt habe dieser ja glücklich die Futterkrippe erreicht. Nach der vorletzten Landtagswahl sagte er, es könne ja nun schön werden im 'Schwarz-weiß-roten Schweinestall'.

Die Bearbeitung dieser 'Anklageschrift' zögerte sich hinaus - nicht zuletzt, da Blume, der zu einer Stellungnahme aufgefordert worden war, sich mit einer Antwort viel Zeit ließ[64].

Erst am 19.09.1933 erhielt das Kultusministerium aus der Schulabteilung des Oberpräsidenten der Provinz Brandenburg und von Berlin einen ausführlichen, ganz offensichtlich weitgehend auf Aussagen Blumes basierenden Bericht[65]: Dieser beginnt mit der Feststellung, Perkuhn - dessen Eltern Blume "für Sozialdemokraten gehalten" habe - habe "wenige Tage, bevor er seine Eingabe absandte, die Insel-schule mit dem Zeugnis der mittleren Reife verlassen"; Blume sei ihm "bei[m] Ver-schaffen einer Lehrstelle behilflich gewesen". Es folgen Einzelentgegnungen auf die Behauptungen Perkuhns; so gebe es nicht nur einen rechtsstehenden Lehrer, sondern von neun an der Schule tätigen Lehrern seien gar sechs dem rechten Lager zuzuord-nen. Auch die Zusammensetzung der Schülerschaft, die aus "Rücksicht auf die Ge-meinschaftserziehung" "keiner politischen Organisation habe angehören dürfen", sei falsch dargestellt: Wenn eine größere Anzahl marxistisch orientiert gewesen sei, dann "deswegen [...], weil sich die Schülerschaft zum Teil aus den Volksschulen Berlins ergänzt." Tatsächlich habe im Sommer 1932 "ein jüdischer Studienrefe-rendar, der von Hamburg zur weiteren Ausbildung nach Scharfenberg überwiesen war" - es handelt sich um Hans Gärtner (dessen Namen Blume nicht nennt) -, "für den Kommunismus geworben." Als Blume davon erfahren habe, habe er ihn "im September entfernt, und als die marxistische Zelle sich noch weiter hielt, auch deren

---

64   S. dazu: Berlin, BA: Bestand Reichsministerium für Wissenschaft, Erziehung und Volksbil-dung, Nr. 4702, Bl. 61: Schreiben des Oberpräsidenten der Provinz Brandenburg und von Ber-lin. Schulabteilung (Zander) an das Reichsministerium für Wissenschaft, Erziehung und Volks-bildung vom 17.05.1933: "Der nebenbezeichnete Erlaß konnte bis jetzt noch nicht erledigt wer-den, weil die Ermittlungen noch nicht abgeschlossen sind. Es wird deshalb um Fristverlänge-rung bis zum 10. Juni 1933 gebeten." - Ebd., Bl. 65: Schreiben des Reichsministeriums für Wissenschaft, Erziehung und Volksbildung an den Oberpräsidenten der Provinz Brandenburg und von Berlin. Schulabteilung vom 03.07.1933: Ermahnung um Zusendung des Berichts "betreffend Mißstände an der Inselschule Scharfenberg in Tegel". - Ebd., Bl. 62: Schreiben des Oberpräsidenten der Provinz Brandenburg und von Berlin. Schulabteilung (Zander) an das Reichsministerium für Wissenschaft, Erziehung und Volksbildung vom 26.07.1933: "Der ne-benbezeichnete Erlaß konnte bis jetzt noch nicht erledigt werden, weil die Antwort des Direk-tors der Inselschule Scharfenberg trotz Erinnerung noch nicht eingegangen ist. Es wird deshalb um Fristverlängerung bis zum 10. August 1933 gebeten."
65   Berlin, BA: Bestand Reichsministerium für Wissenschaft, Erziehung und Volksbildung, Nr. 4702, Bl. 67f.: Schreiben des Oberpräsidenten der Provinz Brandenburg und von Berlin. Schulabteilung an den Minister für Wissenschaft, Kunst und Volksbildung vom 19.09.1933.

7 Mitglieder vor Weihnachten 1932 zum Abgang veranlaßt"; seitdem sei "politisch wieder Ruhe auf der Insel."[66]

Was den Abgang der sieben Schüler angeht, so ist der etwas unklare Kontext oben dargestellt worden[67]. Was die angesprochene "Entfernung" Hans Gärtners im September 1933 anbelangt, so scheint es sich um eine gezielte Täuschung Blumes zu handeln, war doch Gärtner - wie oben gezeigt - von der Hamburger Schulbehörde von vornherein nur für das Sommerhalbjahr 1933 für Scharfenberg freigestellt worden[68].

"Wegen seiner Zugehörigkeit zur NSDAP", so Blume, habe "kein Schüler von der Insel gehen müssen": Der von Perkuhn genannte Schüler sei in vollem Einvernehmen zwischen Schule und Elternhaus abgegangen, "weil er, ein schwierig zu erziehendes, nervöses Kind, nicht nur nach Ansicht der Schüler, sondern auch der Lehrer in Schule und Gemeinschaft nicht paßte."[69] "Weil aber der Vorgang politisch gedeutet wurde", habe Blume Ostern 1932 das Stimmrecht der Schüler über die Aufnahme der neuen Schüler aufgehoben[70].

Scheibner sei kein Kommunist und habe auch "nie einer politischen Partei angehört"[71]:

"Die Vorwürfe, die gegen ihn erhoben werden, gründen sich auf die oben erwähnten Bestrebungen des jüdischen Studienreferendar[s], denen auch Scheibner kurze Zeit anheimfiel; aus der vorliegenden sechs Jahre dauernden Dienstzeit auf Scharfenberg wird Ähnliches über ihn nicht berichtet. Scheibner scheint letzten Endes politisch nicht interessiert oder veranlagt zu

---

[66] Berlin, BA: Bestand Reichsministerium für Wissenschaft, Erziehung und Volksbildung, Nr. 4702, Bl. 67f.: Schreiben des Oberpräsidenten der Provinz Brandenburg und von Berlin. Schulabteilung an den Minister für Wissenschaft, Kunst und Volksbildung vom 19.09.1933. - Dazu, nach Durchsicht der hier behandelten Quellen, Scheel an D.H. br. vom 11.05.1990: "Blume [meinte], einen Sündenbock vorführen zu müssen, und fand er in dem jüdischen Studienreferendar Hans Gärtner aus Hamburg, ohne ihn jedoch namentlich zu nennen. Die letztgenannte Einschränkung ist allerdings die einzige Entschuldigung, die Blume bei diesem Verfahren konzediert werden kann. Alles andere ist zurechtgebogen und übel: 'Freilich hat im Sommer 1932 ein jüdischer Studienreferendar, der von Hamburg zur weiteren Ausbildung nach Scharfenberg überwiesen war, für den Kommunismus geworben. Als der Direktor davon erfuhr, hat er ihn im September entfernt, und als die marxistische Zelle sich noch weiter hielt, auch deren 7 Mitglieder vor Weihnachten 1932 zum Abgang veranlaßt. Seitdem ist politisch wieder Ruhe auf der Insel.' Tatsächlich propagierte Hans Gärtner nicht den Kommunismus, sondern führte einen theoretisch interessierten kleinen Kreis in den dialektischen und historischen Materialismus ein [...]. Kein einziger von denen, die im Herbst 1932 in den bereits geschilderten Konflikt mit der Schulordnung gerieten, gehörte diesem Studienkreis an; im Gegenteil, das sehr aktive Mitglied Hanne Woldt zählte zu ihren schärfsten Kritikern."

[67] S. 765.

[68] S. 381f.

[69] Berlin, BA: Bestand Reichsministerium für Wissenschaft, Erziehung und Volksbildung, Nr. 4702, Bl. 67f.: Schreiben des Oberpräsidenten der Provinz Brandenburg und von Berlin. Schulabteilung an den Minister für Wissenschaft, Kunst und Volksbildung vom 19.09.1933.

[70] Berlin, BA: Bestand Reichsministerium für Wissenschaft, Erziehung und Volksbildung, Nr. 4702, Bl. 67f.: Schreiben des Oberpräsidenten der Provinz Brandenburg und von Berlin. Schulabteilung an den Minister für Wissenschaft, Kunst und Volksbildung vom 19.09.1933. - Vgl. dazu S. 761f.

[71] Berlin, BA: Bestand Reichsministerium für Wissenschaft, Erziehung und Volksbildung, Nr. 4702, Bl. 67f.: Schreiben des Oberpräsidenten der Provinz Brandenburg und von Berlin. Schulabteilung an den Minister für Wissenschaft, Kunst und Volksbildung vom 19.09.1933.

sein; vieles von dem, was ihm vorgeworfen wird, scheint entweder übertrieben zu sein oder sich aus der Stimmung eines Menschen zu erklären, der schon über 7 Jahre in der engsten Gemeinschaft mit Schülern Dienst und Freizeit verbringt. Die Versetzung in eine andere öffentliche Schule ohne Internat würde ihm gut tun."[72]

In einem Schreiben vom 30.09.1933 gab man sich im Ministerium mit dem Bericht vom 19.09. und der darin 'angebotenen' Versetzung Scheibners - die man als eine Art 'Bauernopfer' ansehen mag, aber durchaus auch als eine 'Schutzmaßnahme', mit der Scheibner aus der 'Schußlinie' herausgezogen werden sollte, verstehen könnte - zufrieden:

> "Die Bestrebungen, den Zeichenlehrer zu versetzen, bitte ich weiter zu betreiben und mir zu gegebener Zeit erneut zu berichten. Im übrigen [aber] ist nichts zu veranlassen."[73]

---

[72] Berlin, BA: Bestand Reichsministerium für Wissenschaft, Erziehung und Volksbildung, Nr. 4702, Bl. 67f.: Schreiben des Oberpräsidenten der Provinz Brandenburg und von Berlin. Schulabteilung an den Minister für Wissenschaft, Kunst und Volksbildung vom 19.09.1933.

[73] Berlin, BA: Bestand Reichsministerium für Wissenschaft, Erziehung und Volksbildung, Nr. 4702, Bl. 69: Schreiben des Ministers für Wissenschaft, Kunst und Volksbildung an den Oberpräsidenten der Provinz Brandenburg und von Berlin vom 30.09.1933. - Dazu, nach Durchsicht der hier behandelten Quellen, Heinrich Scheel an D.H. br. vom 11.05.1990: "[...]. Was Perkuhn von konkreten Mißständen zu berichten wußte, war schlicht dummes Zeug. Größeres Interesse verdienten dagegen die geforderten personellen Veränderungen. Daß die Nazis Scheibner loswerden wollten, war begreiflich; wenn aber der Denunziant Zornemanns Ablösung durch Kießling forderte, den wir auf Scharfenberg kaum wahrgenommen hatten, dann steckte dahinter eine handfeste persönliche Intrige von Kießling selbst. Es ging nicht um den ehemaligen Sozialdemokraten; die Intrige richtete sich vielmehr gegen Blume, den Kießling sowohl auf Scharfenberg wie in der Humboldtschule aus dem Wege räumen wollte, um die Nachfolge anzutreten. In Scharfenberg versuchte er es über die Stellvertreterfunktion; in der Humboldtschule veranlaßte er eine politische Haussuchung in der Dienstwohnung, um ihn verdächtig erscheinen zu lassen. Kießling hatte Pech, denn Blume kam mit dem Haussuchungskommando bestens zurecht und erhielt von ihm sogar den zarten Hinweis auf den 'Professor', dem es diesen unangenehmen Auftrag verdankte. Dies habe ich zusammen mit Hanne Woldt aus Blumes Munde erfahren, als wir in die Oberprima der Humboldtschule eintraten; möglicherweise verband Blume damit die unausgesprochene Absicht, uns vor diesem Manne zu warnen."

Mit Wirkung zum 1. Oktober 1933 wurde Scheibner an die Luisenstädtische Oberrealschule versetzt[74]. Für ihn kam zum 1. Oktober 1933 der Kunstlehrer Georg Thiele (1907-1986)[75]. Damit war die Angelegenheit für die Behörden abgeschlossen.

(2) Im Sommer 1933 verfaßte Blume eine Schrift, der er den Titel 'Das Umordnen der Schülerselbstverwaltung in Scharfenberg im Juli/August 1933' gab[76] und in der er fortführte, was mit der Suspendierung des Stimmrechts im Sommer 1932 begonnen hatte[77]: die Auflösung der Selbstverwaltungsorgane der Schulfarm - ein Faktum, das Blume 1933 wohl bewußt mehrdeutig kommentierte: man "könnte sie als unsere Revolution [!] bezeichnen."[78] In dieser 'Umordnung' wurden die 'Ämter', die bislang durch Wahl besetzt worden waren, - fast im Sinne eines 'Ständemodells'[79] - in drei Arbeits- und Verwaltungsbereiche gegliedert, deren Mitglieder vom Leiter berufen wurden und die ihrerseits berechtigt waren, Helfer und Warte zu ernennen[80].

(3) "Höhe- und - Gott sei Dank! - auch Schlußpunkt der Anbiederungsversuche an die Nazis"[81] sei nach dieser sommerlichen Umstrukturierung - so Scheel - das Erntefest im Herbst 1933 gewesen:

> "Im Mittelpunkt stand nicht die Aufführung eines Theaterstücks - eines klassischen oder modernen oder selbstgebauten - wie in all den Jahren zuvor, sondern ein elendes Chorwerk, dem

---

[74]   Berlin, BA: Bestand Reichsministerium für Wissenschaft, Erziehung und Volksbildung, Nr. 4702, Bl. 70: Schreiben des Oberpräsidenten der Provinz Brandenburg und von Berlin. Schulabteilung an den Minister für Wissenschaft, Kunst und Volksbildung vom 13.11.1933: "Der Oberschullehrer Erich Scheibner ist durch den Oberbürgermeister von Berlin mit meiner Zustimmung mit Wirkung vom 1. Oktober 1933 von der Inselschule an die Luisenstädtische Oberrealschule Berlin versetzt worden." - SCHEEL, Schulfarm (1990), S. 57, schreibt davon abweichend, Scheibner sei an die Langhans-Schule im Bezirk Kreuzberg versetzt worden. - Zu Scheibners weiterer Biogr. s. S. 1011ff. (Scheibner in der NS-Zeit) und S. 890 (Scheibner nach 1945).

[75]   Autobiogr. von Georg Thiele: Berlin, LA, SIS: THIELE, Georg, Der Schulfarm Scharfenberg zum 50jährigen Bestehen [Erinnerungen], hdschr., o. J. [1972]. - Biogr. Inf. zu Thiele vor allem: I. Thiele an D.H. br. vom 13.06.1990 und vom 20.08.1990. - Ergänzend: Berlin, BBF: SLG-GS, Personalblatt Georg Thiele. -
I. Thiele an D.H. br. vom 20.08.1990: "Er wurde am 23. Juli 1907 in Berlin-Tegel geboren. Von Ostern 1914 bis Ostern 1926 besuchte er die Oberrealabteilung der Humboldt-Schule in Berlin-Tegel. Nach abgelegter Reifeprüfung am 16.02.1926 studierte er ein Semester Biologie an der Universität Berlin und ab Michaelis 1926 die Bildenden Künste an der Kunst-Hochschule Berlin-Schöneberg. Am 18.06.1931 legte er die künstlerische und am 16.09.1933 die pädagogische Prüfung für das künstlerische Lehramt an Höheren Schulen ab, nachdem er in zwei Referendarjahren an Berliner Schulen und am Staatlichen Bezirks-Seminar IV in Berlin ausgebildet wurde." - Ebd.: Am 1. Oktober 1933 trat er als Studienassessor in den Lehrkörper der Schulfarm Insel Scharfenberg in Berlin-Tegelort ein. Dort war er als Zeichen-, Werk- und Musiklehrer sowie als Internatserzieher tätig."

[76]   BLUME, Wilhelm, Das Umordnen der Schülerselbstverwaltung im Juli-August 1933 [PS Stückler], hrsg. von Dietmar HAUBFLEISCH, Marburg 1999: http://archiv.ub.uni-marburg.de/sonst/1999/0001/q51.html; zuvor abgedr. in: JAHNKE, Heinz K., Scharfenberg unter dem Hakenkreuz. Die Geschichte der Schulfarm Scharfenberg zwischen 1933 und 1945, Berlin 1997, S. 186-188.

[77]   Vgl. S. 761f.
[78]   BLUME, Das Umordnen. - Vgl. dazu SCHEEL, Schulfarm (1990), S. 56.
[79]   Vgl. S. 766.
[80]   BLUME, Das Umordnen.
[81]   SCHEEL, Schulfarm (1990), S. 56.

die kurze Auswahl von Carlyles Schriften 'Arbeiten und nicht verzweifeln'[82] den Titel gab und auch seiner Gedankenführung zugrunde lag. Thomas Carlyle war zwar noch nicht so schlimm wie sein nachgeborener Landsmann Houston Stewart Chamberlain, der am deutschen Wesen die Welt genesen lassen wollte, und einem Alfred Rosenberg vorarbeitete; aber schlimm genug war Carlyle schon mit seiner kritiklosen Verherrlichung alles Deutschen, seinem reaktionären Heroenkult und seiner Absage an die Vernunft. Unser Sprechchor fing noch einigermaßen akzeptabel an:
'Arbeit ist Leben, Leben ist Arbeit. Ein Leben ohne Arbeit ist wie der Töpfer ohne Scheibe. Ein Mann, der arbeiten will und keine Arbeit hat, ist der traurigste Anblick unter der Sonne. Denn der Zweck des Lebens ist die Tat.'
Die durch und durch reaktionäre Geisteshaltung, die Carlyle aus diesen noch sinnvollen Aussagen ableitete, offenbarte sich erst in späteren Passagen; so in dieser:
'Denn Kampf ist das Leben, der Mensch ist ein Krieger. Zunächst ist Handeln sein Teil, nicht Denken. Nicht versuche er grübelnden Sinnes, das Geheimnis der Unendlichkeit zu ergründen, sondern Kriegern gleichen wir, die in einem fremden Lande streiten, den Plan des Feldzuges nicht verstehen und doch tun, was verlangt wird. Tun wir das Unsere wie Krieger, gehorsam, mutig und mit heldenhafter Freude.'
Daß hier schon vorgedacht war, was sich keine zehn Jahre später in grauenhafte Wirklichkeit verwandelt haben würde, kam uns damals nicht in den Sinn. Wir verlachten dieses Hohelied auf die Hirnlosigkeit, und wir verachteten das schwülstige Wortgepränge. Vergeblich grabe ich in meinem Gedächtnis, um außer dieser Peinlichkeit noch anderes vom Erntefest 1933 wachzurufen."[83]

IV.2.C.   DIE EINSETZUNG DES HEIMLEITERS DR. FELIX SCHOLZ IM HERBST 1933

"Die neuen faschistischen Schulbehörden waren natürlich [...] durch einen Carlyle nicht zufriedenzustellen"[84]; und auch die anderen 'Einpassungsversuche' Blumes konnten ihnen nicht ausreichen. Daher "griff man von außen und oben ein"[85] - und holte im Herbst 1933[86] aus zu einem "Schlag, der [...] schon sehr viel tiefer"[87] saß und der "den Lebensnerv"[88] der Gemeinschaft traf:

"Eines Nachmittags" - so Blume nach dem 2. Weltkrieg - sei "der zweifellos sympathischste unter jenen Herren", Magistratsoberschulrat Bohm "allein, nur von einem SA-Mann begleitet", auf der Insel erschienen und habe darum gebeten, "eine

---

82   CARLYLE, Thomas, Arbeiten und nicht verzweifeln. Auszüge aus seinen Werken, 287.-292. Tsd. Königstein 1926.

83   SCHEEL, Schulfarm (1990), S. 56f.

84   SCHEEL, Schulfarm (1990), S. 57.

85   SCHEEL, Schulfarm (1990), S. 57.

86   Datierung auf den Herbst 1933 bei: Berlin, BA: Bestand Reichsministerium für Wissenschaft, Erziehung und Volksbildung, Nr. 4702, Bl. 72f.: Schreiben des Oberpräsidenten der Provinz Brandenburg. Abteilung für höheres Schulwesen an den Minister für Wissenschaft, Kunst und Volksbildung vom 31.10.1934 betr. Ernennung des Studienassessors Dr. Felix Scholz zum Oberstudienrat, hier Bl. 73.

87   SCHEEL, Schulfarm (1990), S. 57.

88   SCHEEL, Schulfarm (1990), S. 57.

Versammlung aller Inselbewohner in den Bollesaal einzuberufen", die den "Anfang vom Ende", nämlich eine deutliche Reduktion des Einflusses von Blume, brachte[89]:

"Es klappte alles am Schnürchen. Der Saal füllte sich schnell. Als ich ihn betrat, erscholl das Kommando: 'Achtung, Achtung!', und der Spießrutenlauf zwischen zum Deutschen Gruß erhobenen Händen begann. Die dem Nationalsozialismus zugeneigten Schüler hatten alles vorschriftsmäßig arrangiert. Es herrschte im Bollesaal eine ungewohnte Atmosphäre, gespannt und gedrückt zugleich. Auch dem Gast schien nicht ganz wohl zu sein, als er seine Rede begann. Fast schonend im Ton, das Geleistete anerkennend; als langjähriger Internatsleiter in Potsdam wisse er solche Arbeit an der Jugend richtig zu werten; aber der Zweck des Ganzen war der: SA-Mann Assessor Dr. Felix Scholz wird als Heimleiter ins Kollegium eintreten und die Überleitung der Schülerschaft in die HJ und die damit verbundenen Änderungen durchführen; [lediglich] die Unterrichtsleitung und der Verkehr mit den Eltern bleibe in den Händen des Gründers."[90]

Felix Scholz (1896-1959)[91] - am 31.07.1896 geboren, evangelischer Konfession - hatte, nachdem er am Berliner Sophien-Gymnasium im August 1914 sein 'Notabitur' gemacht hatte, darauf in den Heeresdienst eingetreten, doch nach wenigen Wochen als dienstunfähig entlassen worden war, von 1914 bis 1925 in Berlin Deutsch, Französisch und Spanisch studiert und anschließend seine Lehramtsprüfung und seine Promotion über 'Brentanos Beziehungen zu Goethe'[92] ('mit Auszeichnung') bestanden[93]. Von 1925 bis 1928 war er wissenschaftlicher Assistent und Oberassistent am

---

89 BLUME, Erinnerungen, S. 23. - BLUME, Erinnerungen, S. 24: "Isolierung des Unterrichts vom Gemeinschaftsleben - wie einst in den Kadettenanstalten - widersprach unseren pädagogischen Grundsätzen."

90 BLUME, Erinnerungen, S. 23.

91 Biogr. Inf. zu Scholz s. vor allem: Berlin, BA: Bestand des ehemaligen Berlin Document Center, Dokumente über Dr. Felix Scholz (1896-1959): Mitglieds-Karteikarten NSDAP, NSLB, SA; Foto. - Berlin, BA: Bestand Reichsministerium für Wissenschaft, Erziehung und Volksbildung, Nr. 4702, Bl. 72f.: Schreiben des Oberpräsidenten der Provinz Brandenburg. Abteilung für höheres Schulwesen an den Minister für Wissenschaft, Kunst und Volksbildung vom 31.10.1934 betr. Ernennung des Studienassessors Dr. Felix Scholz zum Oberstudienrat. - Über Felix Scholz nach 1945: Scheel an D.H. br. vom 11.05.1990: "Er hat in Reinickendorf nach [19]45 gelebt und Beziehungen aufgenommen zu unserem [Scharfenberger Verwaltungsleiter] [...]; Scholz wollte irgendwelche Sachen, die er als sein Eigentum betrachtete, von der Insel zurückhaben. Ich habe jeden Kontakt in dieser Richtung und überhaupt zu Scholz unterbunden bzw. zu unterbinden versucht. Er soll sehr fromm geworden sein und sich natürlich als mißbraucht dargestellt haben [...]. Beim Reinickendorfer Bezirksamt müßte zu erfahren sein, ob er Versuche angestellt hat, wieder in den Schuldienst zu gelangen." - Über Felix Scholz nach 1945 und das Todesdatum: Landeseinwohneramt Berlin an D.H. br. vom 17.04.1991: Zuletzt gemeldet: Berlin 47, Dömitzer Str. 58; gest.: 10.04.1959 in Berlin-Neukölln.

92 SCHOLZ, Felix, Brentanos Beziehungen zu Goethe, Berlin, Univ., Diss., 1925 (masch.); Auszug veröff. in: Jahrbuch der Dissertationen der Philosophischen Fakultät der Friedrich-Wilhelms-Universität zu Berlin. Dekanatsjahr 1924-25, Berlin 1926, S. 33-37.

93 Diese Angaben vor allem: Berlin, BA: Bestand Reichsministerium für Wissenschaft, Erziehung und Volksbildung, Nr. 4702, Bl. 72f.: Schreiben des Oberpräsidenten der Provinz Brandenburg. Abteilung für höheres Schulwesen an den Minister für Wissenschaft, Kunst und Volksbildung vom 31.10.1934 betr. Ernennung des Studienassessors Dr. Felix Scholz zum Oberstudienrat.

Germanistischen Seminar der Universität Berlin[94] und veröffentlichte bis Anfang der
30er Jahre verschiedene germanistische Arbeiten[95].

Am 01.08.1932 trat Scholz in den NSLB ein (Mitglieds-Nr. 8670), am
01.05.1933 in die NSDAP (Mitglieds-Nr. 2826750); vom Februar 1933 bis Juni
1935 gehörte er der SA an, ab Juni 1935 war er 'politischer Leiter' der NSDAP; außerdem gehörte er seit dem 01.04.1935 dem NSFK (=Nationalsozialistisches Flie-
gerkorps; NSFK-Gruppe 4; Standarte 26; Sturm 1) (Mitglieds-Nr. 64827) an[96].

Nach seiner Referendarszeit war Scholz in den Schuljahren 1931/32 und 1932/33
als Assessor am Realprogymnasium Bernau bei Berlin tätig[97]. Im "Sommersemester
1933" wirkte er an der Karl-Marx-Schule[98], wo er - wie es in einem Schreiben vom
31.10.1934 heißt - mit "großem Geschick und innerer Liebe [...] unter recht ungünstigen Verhältnissen am Kaiser Friedrich Realgymnasium die Gruppe des V.D.A.
[=Volksbund für das Deutschtum im Ausland] aufgezogen und betreut"[99] haben soll.

---

[94] Berlin, BA: Bestand Reichsministerium für Wissenschaft, Erziehung und Volksbildung, Nr.
    4702, Bl. 72f.: Schreiben des Oberpräsidenten der Provinz Brandenburg. Abteilung für höheres
    Schulwesen an den Minister für Wissenschaft, Kunst und Volksbildung vom 31.10.1934 betr.
    Ernennung des Studienassessors Dr. Felix Scholz zum Oberstudienrat.
[95] SCHOLZ, Felix, Grimmelshausens Verhältnis zu den Sprachgesellschaften und sein "Teutscher
    Michel", in: Euphorion. Zeitschrift für Literaturgeschichte, 17. Erg.-Heft (1924), S. 79-96. -
    SCHOLZ, Felix, Clemens Brentano und Goethe (=Palaestra, 158), Leipzig 1927. - SCHOLZ,
    Felix, Ein neues Osterleis von der Wende des 15. zum 16. Jahrhundert 1927, in: Zeitschrift für
    deutsche Philologie, Jg. 53 (1928), S. 49-54. - SCHOLZ, Felix, Der Brief Wilhelm Meisters
    an Mariane (Wilhelm Meisters theatralische Sendung, Buch I, Kap. 22). Eine stilistische
    Untersuchung, in: Jahrbuch des Freien deutschen Hochstifts 1928, S. 105-124. - SCHOLZ,
    Felix, Hölderlin und die klassisch-romantische Antithese (Julius Petersen, dem Führer zu
    fruchtbarer Wirkungsgemeinschaft der Methoden und Ziele, zum 50. Geburtstag), in: Zeit-
    schrift für deutsche Philologie, Bd. 53 (1928), S. 364-382. - SCHOLZ, Felix, Adele Gerhard
    als Dichterin der deutschen Jugendbewegung, in: Zeitschrift für Deutsche Bildung, Jg. 5
    (1929), S. 345-347. - SCHOLZ, Felix, Das wissenschaftliche Brentano-Bild der Gegenwart, in:
    Zeitschrift für Deutsche Bildung, Jg. 6 (1930), S. 98-104. - SCHOLZ, Felix,
    Fremdsprachliche und deutsche Zeitungslektüre auf der Mittel- und Oberstufe. Ein Beitrag zur
    Erforschung des Interesses der Jugendlichen, in: Neuphilologische Monatsschrift. Zeitschrift
    für die Studien der angelsächsischen und romanischen Kulturen und ihre Bedeutung für die
    deutsche Bildung, Jg. 2 (1931), S. 529-555.
[96] Berlin, BA: Bestand des ehemaligen Berlin Document Center, Dokumente über Dr. Felix Sc-
    holz (1896-1959): Mitglieds-Karteikarten NSDAP, NSLB, SA; Foto.
[97] Philologen-Jahrbuch (Kunzes Kalender), Jg. 38: Schuljahr 1931/32, 2. Teil, Breslau 1931, und:
    Philologen-Jahrbuch (Kunzes Kalender), Jg. 39: Schuljahr 1932/33, 2. Teil, Breslau 1932.
[98] Berlin, BA: Bestand Reichsministerium für Wissenschaft, Erziehung und Volksbildung, Nr.
    4702, Bl. 72f.: Schreiben des Oberpräsidenten der Provinz Brandenburg. Abteilung für höheres
    Schulwesen an den Minister für Wissenschaft, Kunst und Volksbildung vom 31.10.1934 betr.
    Ernennung des Studienassessors Dr. Felix Scholz zum Oberstudienrat.
[99] Berlin, BA: Bestand Reichsministerium für Wissenschaft, Erziehung und Volksbildung, Nr.
    4702, Bl. 72f.: Schreiben des Oberpräsidenten der Provinz Brandenburg. Abteilung für höheres
    Schulwesen an den Minister für Wissenschaft, Kunst und Volksbildung vom 31.10.1934 betr.
    Ernennung des Studienassessors Dr. Felix Scholz zum Oberstudienrat.

In einem Schreiben an den Bürgermeister des 20. Bezirks, Dr. Walter Pauls (1896-19..)[100], vom 14.04.1934 rühmte Scholz sich selbst:

"Ich bin seit August 1932 Mitglied des Nationalsozialistischen Lehrerbundes, habe mich als Studienassessor an dem Volksentscheid gegen die Preußenregierung - in Tegel - beteiligt und seit 1929 einen erbitterlichen Kampf gegen die Karl-Marx-Schule und im Zusammenhang damit gegen Ministerium und Provinzialschulkollegium geführt, an dessen Folgen in Gestalt der versagten Anstellung ich bis heute trage."[101]

Weiteres darüber - so Scholz - sei nachzulesen in der Broschüre 'Nie wieder Karl-Marx-Schule'[102] von Schwedtke.

Kurt Schwedtke (1892-1958)[103], der 1929 für kurze Zeit als Lehrkraft an der Karl-Marx-Schule tätig gewesen war, war maßgeblich an einem jahrelangen Kampf gegen diesen Schulenkomplex und seinen Leiter Fritz Karsen beteiligt gewesen. Dieser Kampf endete mit der Auflösung der Karl-Marx-Schule und der Tatsache, daß Schwedtke Karsens Nachfolger als Leiter des Kaiser-Friedrich-Realgymnasiums wurde.

Die im März 1933 publizierte Broschüre - die Radde zurecht als "ein Pamphlet übelster Sorte"[104] bezeichnet - steht am Endpunkt dieser Entwicklung[105]. Scholz, der (namentlich nicht genannt) in dieser Broschüre als ein Opfer der

---

[100] Biogr. Inf. zu Pauls: Berlin, StadtA: Rep. 01-06: Personalbüro, Nr. 1351: Personalakte Dr. Walter Pauls: hier befindet sich ein masch. zweiseitiger Lebenslauf von Pauls vom 01.07.1933 (hier heißt es u.a., Pauls sei im Frühjahr 1931 in die SA eingetreten, habe "an zahlreichen Saalschlachten im Kampf um den Berliner Norden" teilgenommen und sei im Kontext dieses Engagements "mehrfach überfallen und verwundet" worden. - Verwaltungsbericht der Bezirksverwaltung Reinickendorf für die Zeit vom 1. April 1932 bis 31. März 1936, hrsg. vom Bezirksbürgermeister des Verwaltungsbezirks Reinickendorf der Reichshauptstadt Berlin, Berlin 1936, S. 9: "Durch Verfügung des Oberpräsidenten vom 29. März 1933 wurden Regierungsrat [Alfred] Boye [(1884-19..)] zum Staatskommissar mit der Wahrnehmung der Geschäfte des Bezirksbürgermeisters und Dr. Pauls zu dessen Stellvertreter ernannt, der nach dem Tode des ersteren auf Grund der Verfügung vom 19. Juli 1933 die Geschäfte des Bezirksbürgermeisters übernahm." - S. so auch: ENGELI, Die nationalsozialistischen Kommunalpolitiker, S. 137 Hinweis, daß Pauls ab März 1933 stellvertretender Bürgermeister des Bezirks Reinickendorf, ab Sommer 1933 Bürgermeister des Bezirks Reinickendorf (bis 1944 mindestens im Amt) gewesen war.

[101] PS Stückler: Scholz an Pauls br. vom 14.04.1934; die zit. Passage ist abgedr. in: GUTSCHALK, Rolf, Scharfenberg während der NS-Zeit. Einige Dokumente, in: 60 Jahre Schulfarm Insel Scharfenberg (1922-1982). Jubiläums-Festschrift anläßlich des 60-jährigen Bestehens der Schulfarm Insel Scharfenberg (=Sonderheft der Fähre), Berlin 1982, S. 33-47, hier S. 34 (als Dok. Nr. 4).

[102] SCHWEDTKE, Kurt, Nie wieder Karl-Marx-Schule! Eine Abrechnung mit der marxistischen Erziehung und Schulverwaltung, Braunschweig [u.a.] o.J. [1933].

[103] Biogr. Inf. zu Schwedtke: MEIER, Ekkehard, Wer immer strebend sich bemüht ... Kurt Schwedtke - eine deutsche Beamtenkarriere, in: Schulreform - Kontinuitäten und Brüche. Das Versuchsfeld Berlin-Neukölln, hrsg. von Gerd RADDE, Werner KORTHAASE, Rudolf ROGLER und Udo GÖßWALD im Auftrag des Bezirksamts Neukölln, Abt. Volksbildung, Kunstamt, Bd. I: 1912 bis 1945, Opladen 1993, S. 330-345.

[104] RADDE, Gerd, Zur Auflösung der Berliner Reformschulen durch das NS-Regime 1933, Berlin 1983 [unveröff.], S. 24 (Anm. 46).

[105] Vgl. dazu vor allem: Radde, Fritz Karsen, S. 196. - Und: Radde, Fritz Karsens Reformwerk, S. 176f. - MEIER, Wer immer strebend sich bemüht. - MISCHON-VOSSELMANN, Das Ende der Karl-Marx-Schule.

(sozialdemokratischen) Schulverwaltung und Karsens dargestellt wird, da ihm diese "die Anstellung versagt[en], weil - ja weil er nicht in der SPD organisiert war"[106], hatte sich an Schwedtkes Kampagne gegen die Karl-Marx-Schule und Karsen u.a. dadurch beteiligt, daß er auf Schwedtkes Veranlassung hin heimliche Aufzeichnungen von Unterrichtsstunden anfertigte, von denen einige in Schwedtkes Broschüre publiziert wurden[107].

Im Herbst 1933 auf die Insel überwiesen[108], gab Scholz seinen 'Einstand' "mit der Einführung des Hitler-Grußes, den er stramm vorexerzierte; ein mit Handschlag verbundener freundlicher 'Guten Morgen'[-Gruß] durfte dem folgen, aber ihn nicht ersetzen."[109] Der Bolle-Saal - bisher mit seinem riesigen runden Tisch Treffpunkt aller Zeitungsleser - sollte künftig Adolf-Hitler-Saal heißen[110]. Dann kam Scholz auf den Einfall, die nicht sehr zahlreichen und auch nicht sehr großen Feldsteine am Mittelweg der Insel auf der Höhe des Windschutzes zusammentragen zu lassen: vor angetretener HJ und mit markigen Sprüchen wurde dieser Steinhaufen dann in nächtlicher Stunde in einen Gedenkstein für Horst Wessel (1907-1930) verwandelt[111]. Im Speisesaal hingen an den Wänden einige "der wundervollen Piperdrucke wie der Dorfstrasse von Paul Cézanne oder seinem Bauernjungen in der roten Weste geschmückt"[112]:

> "Vom neuen Heimleiter ward die Aufmerksamkeit seiner Bilderstürmer auf sie gelenkt: 'Wenn ich Ihr wäre ...' Man verschwor sich, während meiner Abwesenheit in Berlin dem Winke zu folgen; eine Minorität radikalster Gegner füllte die an den Wänden entstandenen Lücken prompt mit bebänderten Müllschüppen aus, auf die man Zeitungsbilder von Hitler und Göring geklebt hatte. Kein sehr feiner Gegenschlag. Der Guerilla war voll im Gange!"[113]

Die wundervollen Wandfresken mit Liebesszenen aus der Weltliteratur, die Mitte der 20er Jahre Arnold Fritz an Zimmerwände im Bollehaus gemalt hatte[114], wurden zur 'entarteten Kunst' erklärt[115] "und da die Malerinnnung sich geweigert hatte, das Werk

---

106 SCHWEDTKE, Nie wieder Karl-Marx-Schule!, S. 44.
107 SCHWEDTKE, Nie wieder Karl-Marx-Schule!, S. 25-29.
108 Berlin, BA: Bestand Reichsministerium für Wissenschaft, Erziehung und Volksbildung, Nr. 4702, Bl. 72f.: Schreiben des Oberpräsidenten der Provinz Brandenburg. Abteilung für höheres Schulwesen an den Minister für Wissenschaft, Kunst und Volksbildung vom 31.10.1934 betr. Ernennung des Studienassessors Dr. Felix Scholz zum Oberstudienrat.
109 SCHEEL, Schulfarm (1990), S. 58.
110 BLUME, Erinnerungen, S. 24. - Danach auch: SCHEEL, Schulfarm (1990), S. 58.
111 Zur Weihe unseres Horst Wessel-Mals am 23. Februar 1934. Eine Erinnerung, in: Der Fährkahn. Blatt der Scharfenberger, 8. Folge: 1937, S. 20-22. - Vgl. auch: BLUME, Erinnerungen, S. 25. - Danach auch: SCHEEL, Schulfarm (1990), S. 58.
112 BLUME, Erinnerungen, S. 25.
113 BLUME, Erinnerungen, S. 25. - Danach ähnlich auch: SCHEEL, Schulfarm (1990), S. 58. - Vgl. dazu: Berlin, LA, SIS: THIELE, Georg, über die Schulfarm Scharfenberg zum 50jährigen Bestehen [Erinnerungen], hdschr., o. J. [1972], o.S.: "Georg Tempel [=Georg Thiele] hatte die Bilder aus eigener Machtvollkommenheit im Eßsaal abgehängt und im Zeichensaal untergebracht. Die Jungens hatten ihn unterstützen wollen und Kehrschaufeln und Handfeger statt dessen aufgehängt. Zwei Stunden lang hatte sich der Heimleiter mit Georg Tempel in dessen Zimmer unter vier Augen ausgesprochen."
114 S. dazu S. 445.
115 BLUME, Erinnerungen, S. 25. - Danach auch: SCHEEL, Schulfarm (1990), S. 58.

eines Kameraden zu zerstören"[116], durch einen auf die Insel bestellten Maler mit Bürste und flüssigem Kalk zerstört[117].

Von den jüdischen Schülern, die im Schuljahr 1933 auf der Insel lebten, verließen zwei, Michael Dlugatsch (1919-19..) (SIS 1932-34) und Wolfgang Wartenberg (1917-19..) (SIS 1932-34), offensichtlich (erst) 1934 die Insel - ohne daß die Begleitumstände hierzu bekannt wären.

Ernst Halberstadt - der sich heute W. Ernest Freud nennt[118] -, Enkel von Sigmund Freud, verließ die Schulfarm im Mai 1933 - wie es in seinem Abgangszeugnis 1933 hieß, "um in Wien eine andere Schule zu besuchen"[119]. Genauere Auskunft hierzu geben seine Erinnerungen; Halberstadt-Freud beschreibt sich als einen in den meisten Fächern eher schlechten Schüler, der noch nicht sehr reif und unpolitisch gewesen sei:

"Ich war nie in einem Ausschuß oder so. Ich war ein sehr zurückhaltender, scheuer Junge, ein Spätentwickler; mit 17 Jahren war ich wohl so reif wie ein 14-15jähriger; und habe mich auch um solche Sachen nicht gekümmert und war ganz naiv - politisch."[120].

Zur Frage des aufkommenden Antisemitismus im allgemeinen ("Vielleicht wußten wir auch schon ein bischen mehr auf Scharfenberg als andere, durch Jungen wie Scheel und andere") sowie zur Frage, ob es auf Scharfenberg antisemitische Tendenzen gegeben habe, wisse er keine rechte Antwort - wobei er selbst anmerkte, es sei ja nicht ausgeschlossen, daß er hier einiges verdrängt habe (- "denn das muß ja da gewesen sein")[121]. Wie andere Scharfenberger auch, so meint auch Halberstadt-Freud, daß das Leben auf Scharfenberg auch nach dem 30. Januar 1933 wie gewohnt weitergegangen sei. Auch von irgendwelchen Repressalien u.ä. gegen ihn oder andere jüdische Schüler weiß er nichts zu berichten[122].

Freud erinnert sich, daß seine Scharfenberger Schulzeit damit geendet habe, daß er zu Ostern 1933 gemeinsam mit Berliner Bekannten in die Osterferien nach Wien gefahren sei. Erst dort habe er nach Rücksprache mit Verwandten und Bekannten die

---

[116] BLUME, Erinnerungen, S. 25.
[117] BLUME, Erinnerungen, S. 25.
[118] Soweit nicht anders vermerkt entstammen die folgenden biogr. Inf.: W.E. Freud an D.H. mündl. vom 27.09.1987.
[119] Berlin, LA, SIS: Abgangszeugnisse 1929-1934 (Heft).
[120] W.E. Freud an D.H. mündl. vom 27.09.1987.
[121] W.E. Freud an D.H. mündl. vom 27.09.1987. - Zum Verhältnis von Antisemitismus und Schulalltag schreibt: FEHRS, Jörg, Jüdische Erziehung und Jüdisches Schulwesen in Berlin 1671-1942, in: Mitteilungen & Materialien. Arbeitsgruppe Pädagogisches Museum e.V., Berlin, Heft Nr. 26/1988, S. 145-188, hier: S. 170: "Der Antisemitismus scheint in der täglichen Schulwirklichkeit kaum eine Rolle gespielt zu haben. Andererseits kam es selten zu intimeren gesellschaftlichen Kontakten zwischen den Schülern. Außer gelegentlichen Freundschaftsbanden blieb wohl das Zusammensein von Christen und Juden im allgemeinen auf die Unterrichtszeit beschränkt. Von tätlichen Angriffen auf jüdische Schüler berichtete die Tagespresse nur in einem Fall. Die Kinder liberal gesinnter Eltern bekamen ihre Andersgläubigkeit in der Schule selten zu spüren, da schon im häuslichen Bereich der jüdische Ritus kaum mehr streng eingehalten wurde und sie sich eher mit der deutschen Kultur identifizierten als mit dem Judentum. Für die orthodox aufwachsenden Schüler dagegen konnte es zu gelegentlichen Komplikationen kommen [...]."
[122] W.E. Freud an D.H. mündl. vom 27.09.1987.

ihm in Berlin drohende Gefahr erkannt und sich schweren Herzens entschlossen, sich brieflich von Scharfenberg abzumelden[123]. Blume hatte daraufhin vermutlich vergeblich versucht, Halberstadt nach Scharfenberg zurückzuholen:

> "Ich fand in einem Brief von Anna Freud vom 14.7.33 an meinen Vater [=Max Halberstadt] folgenden Satz: 'Ernstl hatte einen riesig netten Brief von Blume, mit dem wir uns alle sehr gefreut haben.' Den Brief selbst habe ich noch nicht gefunden; ich nehme an, daß Blume mir in den Brief schrieb, daß ich doch ruhig zurück nach Scharfenberg kommen könnte. Ich kann mich gut erinnern, daß Blumes's Brief mich damals in einen Konflikt brachte, denn ich wäre sehr gern nach Scharfenberg zurückgegangen. Andererseits hatte ich von dem, was ich von den kommunistischen Kameraden über die Nazis noch während meiner Zeit in Scharfenberg gehört hatte [...] das Gefühl, daß es äußerst riskant sein würde zurückzukehren, und ich entschied mich deshalb, in Wien zu bleiben, allerdings schweren Herzens!"[124]

Andere jüdische Schüler der Schulfarm, so Gerhard Pasch (1919-19..) (SIS 1932-33), verließen - wie Bernd Stückler und Peter Rathjens berichten - wohl Ende September bzw. Anfang Oktober 1933 die Insel[125]. Es ist bislang unklar, ob dieses im Kontext der Einsetzung von Scholz zu sehen ist.

Vermutlich Ende Oktober 1933 verkündete Scholz eine im Privatbesitz Bernd Stücklers erhalten gebliebene 'Schulfarmordnung'[126].

> "Die Schulfarm Scharfenberg ist eine nationalsozialistische Gemeinschaft von Schülern und Lehrern. Sie wird nach dem Führergrundsatz geleitet; das Leben in ihr beruht ebenso auf Kameradschaft wie auf straffer Disziplin. Da man sich nicht einer Person an sich, sondern dem freiwillig anerkannten Gesetz nationalsozialistischer Gemeinschaftsordnung unterwirft, gibt es keine Disziplin mit Vorbehalt, etwa weil einem Anordnungen oder Person des Führers nicht passen. Wer dem zuwiderhandelt, schließt sich selbst aus der Scharfenberger Gemeinschaft aus."[127]

Dies war die Präambel der Scholzschen 'Ordnung' - sie brachte deutlich zum Ausdruck, daß das Führerprinzip nun zum Grundsatz des Gemeinschaftslebens gemacht wurde; der Präambel folgten eine "Fülle kleinkarierter Anordnungen, die bestens geeignet waren, jedes Jungenleben durch ständige Bevormundungen, Kontrollen, Gesamt- und Teilappelle gründlich zu ersticken."[128]

---

123 W.E. Freud an D.H. mündl. vom 27.09.1987.
124 Berlin, LA, SIS: W.E. Freud an Gutschalk br. vom 17.05.1988.
125 P. Rathjens an D.H. br. vom 02.09.1985, berichtet, daß er, als er nach einer ihm im September 1933 ereilenden Blindarmentzündung Ende Oktober wieder auf die Insel gekommen sei, seine jüdischen Mitschüler nicht mehr vorgefunden habe. - Stückler an D.H. br. vom 14.08.1987.
126 SCHOLZ, Felix, Schulfarmordnung [vermutlich Ende Oktober 1933] [PS Stückler], hrsg. von Dietmar HAUBFLEISCH, Marburg 1999: http://archiv.ub.uni-marburg.de/sonst/1999/0001/q52.html; zuvor abgedr. in: JAHNKE, Heinz K, Scharfenberg unter dem Hakenkreuz. Die Geschichte der Schulfarm Scharfenberg zwischen 1933 und 1945, Berlin 1997, S. 190f. - Stückler an D.H. br. vom 14.08.1987: "Das Original dieser 'Schulfarmordnung', die weder Namen noch Datum trägt, besitze ich noch heute. Ich hatte es heimlich vom Anschlagbrett entfernt. Mit dieser Ordnung proklamierte er [Scholz] sich selbst zum nationalsozialistischen Führer von Scharfenberg! Weder das Wort 'Schulleiter' noch der Name Blume[s] erscheint in ihr."
127 SCHOLZ, Schulfarmordnung.
128 SCHEEL, Schulfarm (1990), S. 60.

Am 3. November 1933 wurde die(se) erste 'Schulfarmordnung' durch eine neue 'Ordnung der Schulfarm Insel Scharfenberg' ersetzt[129]. Diese deckt sich in ihrem Wesen und in einzelnen Punkten, die die 'Allgemeine Heimordnung', die 'Grußordnung' und 'Schlafordnung' u.ä. betrafen, mit der ersten. Sie unterscheidet sich jedoch von ihm deutlich durch eine stärkere Komplexität; so weist sie etwa auf die unterschiedlichen Zuständigkeiten zwischen Heim- und Schulleiter hin, auf die Existenz und Funktion eines 'Inselrates' und von verschiedenen 'Verwaltungskreisen', die in manchem doch an Blumes 'Ständemodell' des Jahres 1932 erinnern[130]: Es spricht damit einiges dafür, daß die zweite Schulfarmordnung von Blume stammt bzw. zumindest eine Mitautorenschaft Blumes vorliegt[131].

Scholz, den Scheel in seinen Scharfenberg-Erinnerungen einen "SA-Wicht" nennt[132], hatte auf der Insel keinen leichten Stand.

In einem Schreiben des Oberpräsidenten der Provinz Brandenburg, Abteilung für höheres Schulwesen an den Minister für Wissenschaft, Kunst und Volksbildung vom 31.10.1934 betr. Ernennung des Studienassessors Dr. Felix Scholz zum Oberstudienrat heißt es, daß es Scholz - wenngleich dieses Problem "in den letzten Jahren sehr viel besser geworden sei" - im Unterricht "anfänglich noch an der Herzenswärme zu den Schülern gefehlt [habe]" und ihm trotz "redlichen Bemühens und guter Vorbereitung [...] leicht etwas Starres und Lehrhaftes an[hing]."[133]

---

[129] [BLUME, Wilhelm], Ordnung der Schulfarm Insel Scharfenberg vom 03.11.1933 [Berlin, LA, SIS; masch. Text mit hdschr. Bemerkungen], hrsg. von Dietmar HAUBFLEISCH, Marburg 1999:
http://archiv.ub.uni-marburg.de/sonst/1999/0001/q53.html; zuvor abgedr. in: GUTSCHALK, Rolf, Scharfenberg während der NS-Zeit. Einige Dokumente, in: 60 Jahre Schulfarm Insel Scharfenberg (1922-1982). Jubiläums-Festschrift anläßlich des 60-jährigen Bestehens der Schulfarm Insel Scharfenberg (=Sonderheft der Fähre), Berlin 1982, S. 33-47, hier: S. 37-39 (als Dok. Nr. 3); (mit fehlerhafter Gliederung) auch in: JAHNKE, Heinz K.: Scharfenberg unter dem Hakenkreuz. Die Geschichte der Schulfarm Scharfenberg zwischen 1933 und 1945, Berlin 1997, S. 192f.

[130] Vgl. zur 'Ordnung' auch: SAMTER, Hans, 'Orplid an der Havel'. Schulfarm am Tegeler See, in: Deutsche Allgemeine Zeitung. Ausg. Groß-Berlin vom 24.10.1933: "Und also stehen in der neuen Verfassung dieser Schule, die durch Beschluß aller derer zustande gekommen ist, die ihre Ämter und ihre Verantwortung trugen, gleichberechtigt nebeneinander ein Führerkreis für Kultur und Pädagogik, ein Kreis für körperliche Ertüchtigung und ein Kreis für Ordnung und Sauberkeit. Diese achtzehn Schüler zusammen, die die Träger erhöhter Pflichten und also auch erhöhter Rechte sind, bilden mit drei Lehrern zusammen einen dem Leiter der Schule, Oberstudiendirektor Blume, zur Seite stehenden obersten Beirat der Gemeinschaft."

[131] Vgl.: Stückler an D.H. br. vom 14.08.1987 teilt mit, daß von Blume keine Reaktion auf die erste 'Ordnung' zu erkennen gewesen sei; er vermute jedoch, daß es zu einer Auseinandersetzung zwischen Blume und Scholz gekommen sein muß, denn nur wenige Tage nach Bekanntgabe der 'Schulfarmordnung' wurde diese am 3. November 1933 durch eine neue ersetzt. - Jahnke an D.H. br. vom 10.02.1995: "Ich habe den Eindruck, als ob die erste Schulfarmordnung von Dr. Scholz ohne Einwirkung von Blume geschrieben worden war und daß Blume ihn daraufhin 'zurückgepfiffen' hat. Die November-Schulordnung klingt fast wie die Neuordnung vom Juli/August 1933, der man ein paar Elemente zugefügt hat, z.B. die Grußordnung, die Stellung der Hitlerjugend und den 'Eiertanz' mit dem Geländesport."

[132] SCHEEL, Schulfarm (1990), S. 58.

[133] Berlin, BA: Bestand Reichsministerium für Wissenschaft, Erziehung und Volksbildung, Nr. 4702, Bl. 72f.: Schreiben des Oberpräsidenten der Provinz Brandenburg. Abteilung für höheres Schulwesen an den Minister für Wissenschaft, Kunst und Volksbildung vom 31.10.1934 betr. Ernennung des Studienassessors Dr. Felix Scholz zum Oberstudienrat, hier Bl. 72.

Schon dieses pädagogische 'Ungeschick' ließ bei den von herausragenden Pädagogen 'verwöhnten' Scharfenberger Jugendlichen keinerlei 'Respekt' aufkommen. "Ungelenk wie ein Kranich mit langem Halse und kleinem Kopf auf dünnen Vogelbeinen daherschreitend, stocksteif und schwachbrüstig, aber martialisch dreinschauend"[134], auf der "Suche nach Gelegenheiten, um 'die nötigen Veränderungen' vorzunehmen"[135], aber auch 'merkwürdige' Gedichte schreibend[136], wurde Scholz bald Gegenstand des Spottes. So schilderte der Schüler Wolfgang Weber[137] in einem zehnstrophigen Gedicht 'Der Kranich' - das nach der Melodie des Liedes 'Ich bin ein Preuße, kennt ihr meine Farben' gesungen werden konnte[138] - den Dichter Scholz mit dem großen knorpligen Adamsapfel als einen dürren kleinen Wicht, dessen schwanker Körper eines Korsetts bedurfte, um wenigstens etwas vorzustellen[139].

Der künstlerisch hochbegabte Schüler J.A. Schmoll, der auf der Insel gelernt hatte, sich und seine politischen Auffassungen (auch) mit den Mitteln der Karikatur auszudrücken[140], fertigte eine glänzende Karikatur von Scholz an[141], "die von Hand

---

134 SCHEEL, Schulfarm (1990), S. 58.
135 SCHEEL, Schulfarm (1990), S. 58.
136 Schmoll an D.H. mündl. vom 02.09.1985. - Gegenstand des Spottes waren u.a. eine Reihe von Gedichten, die Scholz vor seiner Scharfenberger Zeit geschrieben hatte; s.: PS Stückler: Gedichte von Felix Scholz. - Stückler an D.H. br. vom 14.08.1987, dazu: "Diese Gedichte von Scholz stammen aus einer kleinen gebundenen Sammlung, die ich Anfang 1934 von Bekannten bekam, die mit der Karl-Marx-Schule in Berlin-Neukölln in Verbindung standen, wo Scholz einige Zeit tätig gewesen war. Ich ließ sie heimlich zirkulieren." - SCHEEL, Schulfarm (1990), S. 59: "Zu seinem eigenen Schaden [...] hielt Scholz sich für einen Dichter, der sowohl Lyrik als auch Prosa absonderte und sich dabei einer mystifizierten Innerlichkeit hingab, was am Ende auf ein unverständliches Wortgewühl hinauslief. Einige Gedichte waren sogar - anscheinend im Selbstverlag - gedruckt worden; so 'Der Gang um den Baum', der mit der magischen Formel schloß:
     'Wollet nicht Gottes Baum vergessen.
     Geist ist Schlummer im Baum;
     Gehet euch Liebe, Geist, Werk am göttlichen Baume ermessen:
     Wallfahrt, Priester! Tanzt den Gott aus dem Baum.'
     Das Schlimme daran war, daß er das Zeug nicht für sich behielt, sondern es uns in merkwürdigen Feierstunden vortrug. Ein Prosastück ließ am Ende einen glasklaren Dom über einen jungen Mann namens Martin Faber leuchten, was uns dermaßen erheiterte, daß wir fortan die im Nazilied besungene 'eiserne Schar' an der Ostsee durch den 'glasklaren Dom' ersetzten."
137 SCHEEL, Schulfarm (1990), S. 59.
138 So: SCHEEL, Schulfarm (1990), S. 59.
139 WEBER, Wolfgang, Der Kranich [Gedicht auf Felix Scholz, 1933] [PS Stückler]; abgedr. in: JAHNKE, Heinz K., Scharfenberg unter dem Hakenkreuz. Die Geschichte der Schulfarm Scharfenberg zwischen 1933 und 1945, Berlin 1997, S. 189; kurzer Auszug auch in: SCHEEL, Heinrich, Schulfarm Insel Scharfenberg (=Wortmeldungen, 3), Berlin (DDR) 1990, S. 59; sowie in: SCHEEL, Heinrich, Vor den Schranken des Reichskriegsgerichts. Mein Weg in den Widerstand, Berlin 1993, S. 95.
140 S. dazu Schmolls politische Karikaturen: Abb. 87, Abb. 90 und Abb. 95. - Schmoll an D.H. br. vom 30.04.1985 berichtet, seine Karikaturen hätten Hausdurchsuchungen auf Scharfenberg wie auch in der Charlottenburger Wohnung seiner Mutter überlebt. - Vgl. als grundsätzlichen Überblick zur Thematik der politischen Karikatur: Bild als Waffe. Mittel und Motive der Karikatur in fünf Jahrhunderten, hrsg. von Gerhard LANGEMEYER, Gerd UNVERFEHRT, Herwig GURATZSCH und Christoph STÖLZL, München 1984.
141 S.: Abb. 95.

zu Hand ging"[142] bzw. als Dekorationsstück an der Kulissenwand zu einem Theaterstück diente[143].

"Noch Schlimmeres aber fügten die Halbwüchsigen dem Ansehen des Heimleiters zu [indem sie] [...] Schillers 'Bürgschaft'[144] als Filmatelierscene in modernem Gewande [zeigten] und [...] das getreue Abbild ihres Heimleiters auf dem elektrischen Stuhl in Todesängsten zittern [ließen]."[145]

Damit brachten die Schüler ein mehrfach motiviertes Widerstandspotential auf, wie es auch an anderen Reformschulen - so an der (ehemaligen) Karl-Marx-Schule (auch nach Karsens Suspendierung) - zu beobachten war[146], und wie es sich - wie hier noch zu zeigen sein wird - im Laufe der Monate von Oktober 1933 bis Frühjahr 1934 deutlich verschärfen sollte.

Mit der 'Machtergreifung' vom 30. Januar 1933 wurde auf Scharfenberg die HJ legalisiert und der Schüler Walter Schlatterer als Kameradschaftsführer eingesetzt[147]. Im Laufe des Jahres mehrten sich die Zutritte, so daß insgesamt drei Kameradschaften entstanden[148] - die aber nicht den größeren Teil der Schülerschaft und vorwiegend "jüngere, und für das Inselleben unbedeutende Schüler"[149] erfaßten. Auch vermochten - so Scheel - selbst "die Nazis unter den Schülern [...] es nicht, sich von

---

[142] SCHEEL, Schulfarm (1990), S. 59.
[143] Berlin, LA, SIS: THIELE, Georg, Der Schulfarm Scharfenberg zum 50jährigen Bestehen [Erinnerungen], hdschr., o. J. [1972], o.S: "Die Großen hatten sich 'die Freier' von Eichendorff ausgewählt und hatten sie ohne große Hilfe selbst ausgestaltet. Eins war Georg Tempel [=Georg Thiele] bei der Vorbereitung entgangen. Das Porträt eines Präsidenten sollte als Dekorationsstück an der Kulissenwand hängen. Ein begabter Schüler (heute Kunstgeschichtsprofessor an der Technischen Hochschule in München) hatte ein genaues Konterfei des recht unbeliebten Heimleiters gemalt mit einigen karikaturhaften Verzerrungen, die den Spitznamen des unangenehmen Herren, den man allgemein den 'Kranich' nannte, nur zu sehr bestätigten. So begann die Aufführung schon mit einem lauten Hallo, als das Dokument der Häßlichkeit beim Öffnen des Vorhangs zur Schau gestellt war. Der harmlose Georg Tempel aber wurde der Urheberschaft verdächtigt."
[144] SCHILLER, Friedrich, Die Bürgschaft, in: Schillers Werke. Nationalausgabe, Bd. 1: Gedichte [...], Weimar 1943, S. 421-425.
[145] Berlin, LA, SIS: THIELE, Georg, Der Schulfarm Scharfenberg zum 50jährigen Bestehen [Erinnerungen], hdschr., o. J. [1972], o.S.
[146] RADDE, Gerd, Zur Auflösung der Berliner Reformschulen durch das NS-Regime 1933, Berlin 1983 [unveröff.], S. 10, berichtet, daß bei der 'Umorganisation' der ehemaligen Karl-Marx-Schule nach der Entlassung Karsens gerade "auf der didaktischen und schulpädagogischen Ebene [...] das ganze Jahr hindurch Schwierigkeiten auf[traten]; denn eine Anzahl von Schülern mochte die bisher praktizierte Selbständigkeit im Denken, das eigenverantwortliche Mitarbeiten im Unterricht nicht widerspruchslos dem Schema des Befehlens und Gehorchens preisgeben. Das jetzt geltende 'Führerprinzip' löste bei einigen Aufbauschülern sogar Zeichen politischen Widerstands aus. So setzten Repressalien und verstärkte HJ-Aggitation ein, man stellte zum Beispiel eine Reihe von Aufbauschülern von der Reifeprüfung zurück [...]." - Kurt Schwedtke, der Fritz Karsens Nachfolger als Leiter der (nunmehr) ehemaligen Karl-Marx-Schule wurde, wurde von einem Schüler der Karl-Marx-Schule in ähnlicher, wenngleich künstlerisch nicht so 'hochstehender' Weise als Karikatur dargestellt, s.: MISCHON-VOSSELMANN, Das Ende der Karl-Marx-Schule, S. 348.
[147] Stückler an D.H. br. vom 14.08.1987.
[148] Stückler an D.H. br. vom 14.08.1987.
[149] Witt an D.H. br. vom 01.11.1987.

der jahrelangen funktionierenden demokratischen Lebensweise gleichsam über Nacht zu lösen"[150]:

> "Sie erhielten jetzt mehr Zulauf, aber sie waren noch weit davon entfernt, die geistige Führung zu übernehmen. Die Scharfenberger Tradition war so stark und die intellektuelle Potenz der Nazianhänger zu schwach."[151]

Dabei sei "Blumes Autorität [...] noch ungebrochen [gewesen], so daß die Nazis diesem Kompromiß keinen ernsthaften Widerstand entgegenzusetzen wagten"[152] - und wenn es zu 'Angriffen' durch die nationalsozialistischen Schüler kam, dann, "wenn sie den Chef fern von Scharfenberg in Tegel oder anderswo wußten."[153]

Das erste Mal, so berichtet Scheel, hätten die HJ-Schüler in der zweiten Maihälfte 1933 aufgetrumpft und dabei ihn ins Visier genommen:

> "Ich hatte wieder einmal zusammen mit Hanne Woldt Fährdienst, und irgendein Übereifriger hatte gemeint, den Fährkahn mit einem Hakenkreuzwimpel schmücken zu müssen. Natürlich gefiel uns das gar nicht, und so zog ich [...] die Eisenstange mit dem Wimpel aus der Halterung, um sie im Flur des Fährhauses abzustellen."[154]

Dies sei dem Kameradschaftsführer Schlatterer zu Ohren gekommen, worauf dieser eine Versammlung einberufen habe, in der er voller Empörung mitgeteilt habe, daß - so Scheel - "ich das heilige Symbol der Bewegung durch den Dreck gezerrt hätte und die Hitler-Jugend auf Scharfenberg nicht rasten noch ruhen würde, bis der Frevel gesühnt und ich die Insel für immer verlassen hätte."[155] Jedoch habe "Blume, durch Adi Schmoll, der als gewählter Vertrauensmann amtierte, von dem Gesamtvorgang unverzüglich unterrichtet", "alles wieder ins rechte Geleis" gebracht[156]:

> "Mir riet er, als Stein des Anstoßes das Feld vorübergehend zu räumen - es waren nur noch vierzehn Tage bis zum Beginn der großen Ferien -, um nach Ende dieser Ferien mit den anderen zusammen wieder auf die Insel zurückzukehren."[157]

Als ein weiteres Beispiel einer Aktion nationalsozialistischer Schüler, die sich in Blumes Abwesenheit abspielte, nennt Scheel "den Versuch, handstreichartig die privaten Buchbestände von angeblich zersetzender Literatur zu reinigen"[158]:

> "Die Aktion spielte sich nach dem von Goebbels gelieferten Vorbild in jenen zwei Wochen meines Zwangsurlaubs ab, so daß ich davon nur aus Berichten der Freunde weiß. Wenngleich manch liebgewonnenes Buch den Plünderern in die Hände fiel, hielt sich deren Triumph in engen Grenzen. Erstens paßte die Idee so wenig in die Scharfenberger Landschaft, daß selbst viele Akteure sich nicht so ganz wohl dabei fühlten; zweitens kamen sie zu spät, denn das Wichtigste hatten wir schon in Sicherheit gebracht; drittens hatte es zu viele Mißgriffe und Pannen gegeben, die nur Gelächter auslösten. Die Hitler-Jungen waren vor Entscheidungen gestellt, die sie überforderten, so daß sie sich manches aussuchen und manches aufschwatzen lie-

---

150 SCHEEL, Schulfarm (1990), S. 52.
151 SCHEEL, Schulfarm (1990), S. 52.
152 SCHEEL, Schulfarm (1990), S. 52f.
153 SCHEEL, Schulfarm (1990), S. 53.
154 SCHEEL, Schulfarm (1990), S. 52.
155 SCHEEL, Schulfarm (1990), S. 52.
156 SCHEEL, Schulfarm (1990), S. 52.
157 SCHEEL, Schulfarm (1990), S. 52.
158 SCHEEL, Schulfarm (1990), S. 53.

ßen, was ihrem Auftrag nicht entsprach. [...] Dietrich Beyer klemmte sich ein Buch unter den Arm und rannte davon, was die Inquisitoren erwartungsgemäß veranlaßte, seine Verfolgung aufzunehmen; das dauerte seine Zeit, denn er war ein guter Läufer. Als sie ihn gestellt hatten, hielt er ihnen einen Goetheband unter die Nase."[159]

Peter Rathjens berichtet analog dazu, daß während eines Dauerlaufes um die Insel im Mai 1933 die Nazigruppe "unsere Stuben auf mißliebige verbotene Literatur [durchsucht habe], wobei den nicht gerade Klügsten (außer Schlatterer) unserer Mitschüler z.t. komische Mißgriffe passierten, wenn etwa ein Lesebuch rot eingebunden war."[160]

Die Einsetzung von Scholz auf der Insel war u.a. mit der Aufgabe verbunden, "die der nationalsozialistischen Bewegung zu einem Teil noch fernstehenden Schüler zu gewinnen"[161] und zum Eintritt in die HJ zu bewegen. Da Scholz bald merkte, "daß er auf freiwilliger Basis hier nicht bald größere Erfolge werde melden können, griff er zu gröberem Geschütz"[162] und begann bald, entsprechenden Druck auf die Schüler auszuüben, u.a., um "die Mauer der Verweigerer endlich zu durchbrechen [...], Einzelaussprachen zu führen"[163]. Scheel berichtet, daß Scholz mit diesen Einzelaussprachen bei ihm angefangen habe; offensichtlich in der Hoffnung, mit ihm "einen Eckstein [zu erreichen], der - geschickt herausgebrochen - sehr schnell einen ganzen Teil der Mauer zum Einsturz bringen könnte"[164]:

> "Ich war kurz behost, trug ein offenes Hemd mit aufgekrempelten Ärmeln und darüber einen Westover. Zwischen Hemd und Westover, durch den Hosengürtel gegen den Leib gepreßt, verbarg ich eine illegale Zeitung, die ich in der Eile nicht so schnell loswerden konnte. Das machte mich unsicher, aber ich trat dennoch so vor ihn hin. Scholz hatte seine freundlichste Miene aufgesetzt und das Zackige beiseite gelegt. Jovial bot er mir einen Platz an, den ich hinter dem Tisch suchte, um die sich unter dem Westover markierende Zeitung seinen Blicken zu entziehen. Dann fing er an, mich und meine schulischen Leistungen zu loben, um mir im Anschluß daran und auch in Anbetracht meines unzweideutig nordischen Erscheinungsbildes die glänzende Karriere auszumalen, wenn ich der Hitlerjugend beiträte. Ich parierte seine Attacke mit einem Ausweichmanöver, indem ich eine solche Möglichkeit nicht prinzipiell ausschloß, aber eine ganze Reihe Scharfenberger Erfahrungen mit der Hitler-Jugend ins Feld führte, die nicht dafür einnehmen könnten. Es wurde ein langes Gespräch, das für ihn wie das Hornberger Schießen ausging. Als ich zu meiner Arbeit zurückgekehrt war, fotografierte mich Hanne Woldt mit der illegalen Zeitung unter dem Westover."[165]

Scheel berichtet weiter, daß im Anschluß an dieses Ereignis das Einzelgespräch "von uns in der grünen Bude des Bollehauses, dem Zentrum des Widerstandes gegen die faschistischen Gleichschaltungsabsichten, gründlich ausgewertet [worden sei]"[166]: Man erarbeitete Strategien für künftige Gespräche und setzte Scholz' Bemühungen

---

159 SCHEEL, Schulfarm (1990), S. 53.
160 P. Rathjens an D.H. br. vom 02.09.1985.
161 S.: Berlin, BA: Bestand Reichsministerium für Wissenschaft, Erziehung und Volksbildung, Nr. 4702, Bl. 72f.: Schreiben des Oberpräsidenten der Provinz Brandenburg. Abteilung für höheres Schulwesen an den Minister für Wissenschaft, Kunst und Volksbildung vom 31.10.1934 betr. Ernennung des Studienassessors Dr. Felix Scholz zum Oberstudienrat.
162 Witt an D.H. br. vom 01.11.1987.
163 SCHEEL, Schulfarm (1990), S. 61.
164 SCHEEL, Schulfarm (1990), S. 61.
165 SCHEEL, Schulfarm (1990), S. 61f. - Das Foto s.: Abb. 93.
166 SCHEEL, Schulfarm (1990), S. 62.

fortan "einen fast generalstabsmäßig geleiteten Widerstand entgegen"[167]. J.A. Schmoll erinnert sich, wie auch er sich trotz massiver Drohungen dem Druck von Scholz entziehen konnte:

> "Ich wurde immer [wieder] vorgeladen zu diesem neuen NS-Kommissar-Heimleiter, der eine furchtbare Type war [...].
> Ich wurde immer wieder vorgeladen, immer wieder allein, und er heizte mir dann ein, ich wäre doch so intelligent, ich müßte doch sehen, wie alles liefe, und ich wäre doch auch so begabt, daß ich sicher studieren wollte. Ich solle mich doch aktiv am neuen System beteiligen, sonst könne das für mich Schwierigkeiten bringen. Er setzte mich unter Druck mit dieser Erpressung [...].
> Ich habe sehr still reagiert. Ich habe gesagt: 'Sie werden verstehen, nach dem, was ich hier in meiner ganzen Schulzeit nicht nur erlebt, sondern auch nach der Rolle, die ich dabei gespielt habe, daß ich das nicht kann. Ich kann das nicht, lassen Sie mich. Ich will versuchen, mein Abitur zu machen. Lassen Sie mich raus. Ich kann das vor mir selbst moralisch nicht rechtfertigen, wenn ich jetzt in die HJ einträte [...].
> Na ja, er hat es dann so nolens-volens akzeptiert, auch unter der Aussicht, daß ich mit dem Abiturium Ende Februar 1934 ohnehin abgehen würde."[168]

Doch nicht alle Schüler hielten dem Druck stand. So berichtet Erwin Witt, wie Scholz eines Tages in seine Unterkunft gekommen sei, um ihn, da er sich seinen "wiederholten Vorstellungen auf Eintritt in die Hitlerjugend gegenüber" "immer abweisend verhalten" habe, nun "davon in Kenntnis [zu] setzen", daß er Gefahr laufe, "wegen politischer Unreife nicht zum Abitur zugelassen zu werden"[169]. Da sich dieses sechs Monate vor dem Abitur ereignet habe, habe er dem Druck nachgegeben und Scholz mitgeteilt, er möge ihn damit "als aufgenommen betrachten."[170]

---

[167] SCHEEL, Schulfarm (1990), S. 61.
[168] SCHMOLL GEN. EISENWERTH, Josef Adolf, Ein Gespräch mit Dorothée Gelderblom, Bielefeld, 3. Juli 1988, in: Rollenbilder im Nationalsozialismus - Umgang mit dem Erbe, hrsg. von Stefanie POLEY, Bad Honnef 1991, S. 382-389, hier S. 388. - Vgl. auch: Ebd., S. 382. - Und: SCHMOLL, Frühe Wege, S. 283f.: "Sein erstes Ziel war, alle Schüler in die Hitler-Jugend zu drängen. Da ich als letzter Schülervertreter der Schulrepublik fungiert hatte, fühlte ich mich außerstande, den Erpressungsversuchen nachzukommen, obwohl mir gedroht wurde, daß ich mein Abitur und das doch erwünschte spätere Studium durch meine Haltung in Frage stellen würde. Ich blieb aber reserviert und bestand die Reifeprüfung trotzdem."
[169] Witt an D.H. br. vom 01.11.1987.
[170] Witt an D.H. br. vom 01.11.1987. - Vgl.: WITT, Bildungsgang: "Durch die umwälzenden politischen Ereignisse in Deutschland angeregt, beschäftige auch ich mich eingehend mit den Zielen der nationalen Jugendbewegung, und da ich fand, daß sie ungefähr die gleichen ethischen Grundforderungen vertrat wie sie in Scharfenberg schon seit langem richtungsgebend waren, so trat ich ein. Doch ich wurde, das muß ich offen sagen, ziemlich enttäuscht; denn gerade um das Führerprinzip, von dem ich so viel Gutes erhofft hatte, war und ist es hier noch übel bestellt. Die Führer, welche doch in allem Vorbild sein sollten, waren dieser Auszeichnung mit einer einzigen Ausnahme keineswegs würdig. Sie sind in erster Linie dafür verantwortlich, daß mit dem Anwachsen der H.J. ein rüder Ton in Scharfenberg einriß. Sie vergaßen, daß man einen geraden Menschen nicht mit einer grünen oder grauen Kordel imponieren kann, wenn sich ganz offensichtlich dahinter nur ein Jammerlappen verbirgt. Es war schmerzlich für uns Mitglieder der H.J. Vorwürfe dieser Art von anderen Scharfenbergern anhören zu müssen. Da sagte man uns oft: 'Was habt ihr denn vor uns, die wir nicht in einer Schar sind, voraus?' Jungen, die sich um Pöstchen raufen, in moralischer Hinsicht aber den Scharfenbeger Forderungen nicht genügen, könnten uns als Vorgesetzte wenig bieten.' Diese Einwände sind ohne Zweifel zum großen Teil berechtigt, und es zeugt von einer allgemeinen inneren Unreife und Schwäche unserer Gruppe, daß sie bisher noch nicht diese Mängel zu beheben vermochte."

"Am folgenden Tag aber verbreitete sich die Nachricht über den Hintergrund meines H.J.-Eintritts, was zu der damals bereits langsam aufgebauten Spannung weiter beitrug."[171]

Von einem interessanten Fall eines HJ-Eintritts berichtet Scheel:

"Da gab es beispielsweise in unserer Klasse den Helmut Klinghardt. Hanne Woldt und ich waren ihm freundschaftlich verbunden, zumal er mit seinen antinazistischen Auffassungen nicht hinter dem Berge hielt und dies auch im Umgang mit dem jüdischen Referendar [Dr. Walter] Hirsch[172] gleichsam demonstriert hatte. Doch eines Abends erschien er, aufs höchste erregt, bei uns in der grünen Bude und gab sinngemäß die folgende Erklärung ab: Wir wären ihm liebe Freunde gewesen, aber er müsse sich nunmehr von uns trennen. Die Entwicklung, die Deutschland eingeschlagen habe, sei nicht aufzuhalten; ihr zu widerstehen bedeute das eigene Verderben; darum trete er der SA in Tegelort bei. Er ließ sich auf keinerlei Diskussionen ein, sondern verließ uns fluchtartig, am ganzen Leibe zitternd. Wir waren tief betroffen. Es wollte uns nicht in den Kopf, daß Helmut Klinghardt zu einem Überläufer und Anpasser geworden war. Immerhin, er hatte uns klaren Wein eingeschenkt, und er hatte den Weg über die Tegelorter SA gewählt, um uns als HJ-ler nicht ständig vor die Augen treten zu müssen. Er blieb ein Anpasser, aber er würde uns nie ans Messer liefern - ein kleiner und doch bemerkenswerter Trost."[173]

Die - teilweise 'erfolgreichen' - rigiden Erpressungsversuche von Scholz förderten nicht nur die Abwehrhaltung und den Widerstand 'linksorientierter' Scharfenberg-schüler. So gab es in der HJ-Tegel einen Gefolgschaftsführer namens Wolff, der auch Oberscharführer im SA-Sturm gewesen sein soll, der "entschieden gegen die Art und Weise [war] [...], mit der Scholz möglichst viele in die HJ pressen wollte", und dessen Verhältnis zu Scholz sich (daher) "stetig verschlechterte"; daher sei es auch "zu persönlichen Differenzen" gekommen[174].

In zumindest einem Fall ist nachweisbar, daß sich das Verhalten von Scholz und den HJ-Schülern auf der Insel bei einem mit nationalsozialistischen Gedanken durchaus sympathisierenden Schüler als kontraproduktiv erwies:

Bernd Stückler (1913-1996), der zuvor in Mexiko gelebt hatte, wo sein Vater Lehrer gewesen war[175], war Ostern 1932 nach Scharfenberg gekommen[176]. "Möglicherweise hatte sein Auslandsaufenthalt ihn für nationale Phrasen der Nazis anfällig gemacht"[177]. Auf jeden Fall - so Stückler selbst - sei er über die Verhältnisse, die er in Deutschland vorgefunden habe, "bald so entsetzt"[178] gewesen, daß er "jede Hoffnung aufgab, das deutsche Volk könne die ungeheuren Schwierigkeiten und Probleme auf demokratische Weise überwinden"[179]:

---

171 Witt an D.H. br. vom 01.11.1987.
172 S. zu ihm S. 725 und S. 830.
173 SCHEEL, Schulfarm (1990), S. 62.
174 Stückler an D.H. br. vom 30.10.1987.
175 Vgl. S. 349.
176 Stückler an D.H. br. vom 14.08.1987: "Ostern 1932 kam ich nach Scharfenberg, zu den 'Weißen' (Obersekunda). Zu diesen gehörten u.a. Coppi, Natterodt, Scheel, Woldt und Halberstadt (jetzt Freud). Vorher hatte ich 8 Jahre in Mexiko-City gelebt, wo ich die Schule meines Vaters, dann die Deutsche Oberrealschule besuchte. Vor der Rückkehr meiner Eltern und ihrer vier Kinder nach Deutschland im Sommer 1931 war ich noch zwei Jahre in einem deutschen Kaufhaus tätig gewesen."
177 SCHEEL, Schulfarm, S. 61.
178 Stückler an D.H. br. vom 14.08.1987.
179 Stückler an D.H. br. vom 14.08.1987.

"In meinen Augen schien alles immer mehr auf die Frage hinzusteuern: Hitler oder Stalin."[180]

Auf Scharfenberg sei er insbesondere im Rahmen der Gemeinschaftsarbeit (und hier in der Gruppe 'Allzeit bereit') mit Coppi und Natterodt in Berührung gekommen[181]; dabei habe ihn jedoch die Entschiedenheit, mit der Coppi für den Kommunismus eintrat, so unangenehm berührt, daß er sich als Gegenreaktion "der kleinen nationalsozialistischen Gruppe um Schlatterer näherte und im September 1932 mit ihm und einigen anderen heimlich in die HJ eintrat"[182].

1933 avancierte Stückler gar zum Führer der 'Kameradschaft 3', der etwa ein Dutzend HJler angehörten[183]; gleichwohl - so Scheel - "verwandelte [er] sich nicht in ein Ekel, sondern blieb der uns freundlich verbundene Schulkamerad."[184]

Stückler berichtet, daß ihn das, was sich im Jahre 1933 auf Scharfenberg ereignete, "sehr nachdenklich"[185] gestimmt habe - so z.B. "die Entfernung nicht nur kommunistischer Bücher, sondern auch von Werken der Weltliteratur aus der Bibliothek"[186]. Auch habe ihn das persönliche Verhalten des HJ-Führers Schlatterer, "dem der leichte Erfolg und schnelle Aufstieg zum Scharführer anscheinend zu Kopf gestiegen war"[187], abgestoßen[188]. Vor allem aber habe er - Stückler - jede Form des

---

[180] Stückler an D.H. br. vom 14.08.1987.
[181] Stückler an D.H. br. vom 14.08.1987.
[182] Stückler an D.H. br. vom 14.08.1987.
[183] Stückler an D.H. br. vom 14.08.1987.
[184] SCHEEL, Schulfarm (1990), S. 61. - Stückler an D.H. br. vom 30.10.1987.
[185] Stückler an D.H. br. vom 30.10.1987.
[186] Stückler an D.H. br. vom 30.10.1987.
[187] Stückler an D.H. br. vom 30.10.1987.
[188] Stückler an D.H. br. vom 30.10.1987: "Schlatterer, dem der leichte Erfolg und schnelle Aufstieg zum Scharführer anscheinend zu Kopf gestiegen war, fing an, sich nicht mehr an die Regeln des Gemeinschaftslebens zu halten. Allerdings kann ich mich an Einzelheiten nicht mehr genau erinnern (Rauchen, Alkohol, [...]). In einer kameradschaftlichen Unterredung versprach er zwar, die Regeln wieder einzuhalten, aber das hielt er nur kurze Zeit. Ich brachte das bei Scholz zur Sprache und zitierte aus der von ihm am 3. November 1933 eingeführten Heimordnung den Punkt 5:
'5. Stellung der Hitlerjugend innerhalb der Schülerschaft.
Die Hitlerjugend hat, wie der Nationalsozialist im Staate, vor allem größere Pflichten als andere. Von ihr, als dem festen Kern der Schülerschaft, muß erwartet werden, daß sie in allen grundsätzlichen wie auch in allen Ordnungsdingen nach einem vorbildlichen Verhalten strebt. Nur ein vorbildlicher und opferwilliger Dienst an der Gemeinschaft wird ihr dann auch natürliche und von allen anerkannte Rechte schaffen.'
Als Antwort verwies er auf die Schulfarmordnung, die er kurz vor dem 3. November herausgegeben hatte [...], in der es im ersten Absatz heißt:
'Da man sich nicht einer Person an sich, sondern dem freiwillig anerkannten Gesetz nationalsozialistischer Gemeinschaftshaltung unterwirft, gibt es keine Disziplin mit Vorbehalt, weil einem Anordnungen oder Person des Führers nicht passen. Wer dem zuwiderhandelt, schließt sich selbst aus der Scharfenberger Gemeinschaft aus.'
Er riet mir dringend, das zu beherzigen und es ihm und den Vorgesetzten von Schlatterer zu überlassen, Konsequenzen aus dessen Verhalten zu ziehen."

Druckes zum Eintritt in die HJ abgelehnt[189] und sich mit Scholz insofern quergelegt, als er nicht ihn, sondern Blume als oberste Instanz der Schulfarm betrachtete und allen Anordnungen des Heimleiters den Gehorsam verweigerte, die nicht Blumes ausdrückliche Bestätigung fanden[190].

> "Diese Widerborstigkeit nervte die Schlatterer-Leute und Scholz um so mehr, als sie aus den Reihen der HJ selbst kam und sogar von einem HJ-Führer formuliert wurde."[191]

Angeblich schon bald nach Beginn der Tätigkeit von Scholz auf der Insel habe Stückler die Absicht geäußert, die Insel zu verlassen, wenn Blume die Schulfarm verließe[192]. Als sich dieser Zeitpunkt - worauf in dieser Arbeit noch einzugehen sein wird - in den ersten Monaten des Jahres 1934 näherte, eskalierten auch die Ereignisse um Stückler: Wohl in den ersten Märztagen 1934 gab er aus Protest "während eines Abendessens - unter dem Beifall einer großen Mehrheit - allen [seinen] [...] Rücktritt als Kameradschaftsführer bekannt"[193]; vom 8. März 1934 datiert ein kleiner, sich im Privatbesitz von Stückler befindender, handschriftlicher Zettel mit der Unterschrift der Mitglieder der 'Kameradschaft 3', die ihre Solidarität mit Stückler bekundeten:

> "Die ganze Kameradschaft 3 steht geschlossen hinter ihrem zurückgetretenen Kameradschaftsführer."

Laut Aussagen Stücklers kam es direkt im Anschluß an seinen Rücktritt als Kameradschaftsführer zu einem Gespräch zwischen Scholz und ihm:

> "Er forderte mich auf, Scharfenberg zu verlassen, da ich mich selbst aus der Scharfenberger Gemeinschaft ausgeschlossen habe. Auf meine Frage, ob er das Einverständnis mit Blume habe, erwiderte er, in Heimangelegenheiten brauche er dessen Zustimmung nicht. Nun hatte ich vorsorglich seine Schulfarmordnung vom 3. Nov. 1933 mitgebracht und verwies auf Punkt 1,

---

[189] Stückler an D.H. br. vom 14.08.1987: "Dann ging ich zu Scholz. Wie erwartet, bestritt er, Druck auszuüben, fügte aber hinzu: 'Es liegt nur im Interesse der Schüler, wenn wir den Eintritt in die HJ empfehlen. Darauf sagte ich, es läge doch an der HJ, durch ihr Verhalten und Beispiel zum Eintritt in die HJ anzuregen. Jedenfalls würde ich mich als HJ-Führer gegen die Aufnahme von Schülern in meine Einheit wenden, wenn sie nicht aus freier Entscheidung käme. Und da ich noch ganz unter dem deprimierenden Eindruck von Blumes Resignation stand, gab ich zu erkennen, ich würde mit Blume Scharfenberg verlassen, wenn weiterhin Schülern einzeln der Eintritt in die HJ 'empfohlen' werde.
        Diese Unterredung behielt ich ganz für mich. Einmal, weil ich mich selbst noch in der Phase der inneren Auseinandersetzung mit den Praktiken der Nationalsozialisten befand, vor allem aber, weil ich so lange wie möglich HJ-Führer bleiben wollte, um meiner Stimme mehr Gewicht geben zu können, zumal ich den Rückhalt des in Tegelort lebenden Gefolgschaftsführers Wolff hatte (und zwar bis zu meinem Abgang von Scharfenberg zu Ostern 1934). Aus diesen Gründen hütete ich mich in den folgenden Monaten sehr davor, laut Kritik zu äußern."
[190] Stückler an D.H. br. vom 30.10.1990: "Und dann hörte ich, Scholz habe Druck auf einzelne Schüler ausgeübt, um sie zum Eintritt in die HJ zu bewegen. Darauf ging ich zu Blume, um ihm zu sagen, daß selbst ich als HJ-Führer von diesen Vorgängen betroffen sei. Ich fragte dann, ob er denn als Gründer und Leiter von Scharfenberg nichts dagegen tun könne. Aber er, der bis dahin kein Wort gesagt hatte, winkte nur ab und meinte, diese Entwicklung sei wohl nicht mehr aufzuhalten. Ich verließ ihn mit dem sicheren Gefühl, er habe Scharfenberg bereits aufgegeben."
[191] SCHEEL, Schulfarm (1990), S. 61. - Vgl. dazu: Stückler an D.H. br. vom 14.08.1987.
[192] PS Stückler: Scholz an Konrad Stückler br. vom 14.03.1934.
[193] Stückler an D.H. br. vom 30.10.1990.

in dem es heißt, daß die Heimangelegenheiten im Einverständnis mit dem Schulleiter angeordnet werden. Ich schloß sinngemäß mit den Worten: Von Ihnen nehme ich deshalb die Aufforderung, Scharfenberg zu verlassen, nicht an. Sollte Herr Direktor Blume bleiben, bleibe ich auch, und wenn er geht, gehe ich auch."[194]

Bereits am 4. März hatte sich Scholz brieflich an Stücklers Vater gewandt und ihn zur Entfernung seines Sohnes von der Insel aufgefordert:

"Die Neuordnung der Schulfarm Scharfenberg wird zu Ostern d.J. abgeschlossen sein. Ihr Sohn hatte bereits in den ersten Tagen meiner hiesigen Tätigkeit die Absicht geäußert, in einem solchen Falle die Schulfarm zu verlassen. Er bestätigte mir dies vor einigen Tagen in einer Unterredung, in der er mitteilte, er würde aus der Schule ausscheiden, wenn Herr Direktor Blume zu Ostern die Schule verließe. Dieser Fall tritt nunmehr ein.
Die Stellung Ihres Sohnes zu dem hier von der Stadt Berlin und ihrer Schulverwaltung geplanten und von mir vertretenen Neubau wird durch diese Äußerung völlig klar dargelegt.
Meine eigenen Beobachtungen seiner Haltung liegen auf ganz derselben Linie. Er übt an Personen und Verhältnissen der Schule in einer Weise Kritik, die für die Gesamtheit auf die Dauer nicht erträglich ist [...].
Ich sehe mich nach allem in Übereinstimmung mit dem von ihm selbst ausgesprochenen Wunsche und bitte Sie, Ihren Sohn zum 18. d.M. mit Wirkung zum Semesterschluß von der Schulfarm Scharfenberg abzumelden."[195]

Stückler berichtet, daß sich sein Vater in einem - nicht erhaltenen - Brief vom 14.03.1934 an die Schulabteilung des Oberpräsidiums gewandt habe, ohne von dort jedoch eine Antwort zu erhalten[196].

Auch der oben bereits erwähnte Gefolgschaftsführer Wolff erhob mit einem Brief vom 29.03. Widerspruch gegen die Praktiken auf Scharfenberg[197] - wobei sicherlich persönliche Differenzen, aber auch inhaltlich heterogene Tendenzen und Konkurrenzen innerhalb der HJ im Jahr 1933 eine Rolle gespielt haben dürften[198]. Wolff erzwang mit seinem Beschwerdebrief vom 29.03. eine Stellungnahme von Scholz an den Bezirksbürgermeister von Reinickendorf, Dr. Walter Pauls, vom 14.04.1934; in diesem Schreiben griff Scholz Wolff an[199] und verteidigte sein Vorgehen gegen Stückler:

"Bernd Stückler war derjenige unter den Scharfenberger Schülern, der sich von Anfang an meiner um straffere Ordnung bemühten Tätigkeit am feindseligsten entgegenstellte. Durch seine Zwischenträgereien innerhalb der Schüler- und Lehrerschaft erschwerte er bis zuletzt die Bereinigung des Heimlebens, verursachte er u.a. einen schweren Zusammenstoß zwischen einem jungen Lehrer und dem Heimleiter. Alle freundlichen wie ernsthaft auf die Folgen verweisenden Mahnungen, alle Versuche, ihn zur Mitarbeit an der Eingliederung der Schülerschaft in die Hitlerjugend und an ihrer Erziehung zum Nationalsozialismus zu gewinnen, blieben erfolglos. Zu seiner ablehnenden Haltung und zu seiner planmäßig zur Schau getragenen engen Verbin-

---

194 Stückler an D.H. br. vom 30.10.1987.
195 PS Stückler: Scholz an Konrad Stückler br. vom 14.03.1934.
196 Stückler an D.H. br. vom 30.10.1987.
197 Stückler an D.H. br. vom 30.10.1987.
198 So: Stückler an D.H. br. vom 30.10.1987. - Ein Beschwerdebrief gegen die Scharfenberger Praktiken unter direkter Einbeziehung des 'Falles Stückler' vom 29.03.1934 (vermutlich) an den den Bürgermeister des Bezirks Reinickendorf Pauls ist leider nicht erhalten; auf die Existenz dieses Briefes verweist: PS Stückler: Scholz an Pauls br. vom 14.04.1934.
199 PS Stückler: Scholz an Pauls br. vom 14.04.1934: "Es wäre mir sehr erwünscht, wenn der Gefolgschaftsführer Wolff auf die Notwendigkeit gemeinsamen sachlichen Einsatzes und die häufig blamablen Ergebnisse persönlicher Verunglimpfungen hingewiesen würde."

dung mit den erklärten politischen Gegnern - so macht sich auch der Vater in dem erwähnten Schreiben zum Fürbitter der Eltern, die ihre Kinder aus politischen Gründen von der Schule nahmen - trug sein Zerwürfnis mit dem Führer der H.J. auf Scharfenberg bei. Auf diese Weise - ganz gleich, wie man im einzelnen die Schuldverhältnisse unter den H.J.-Führern abwägen will - blieb die Scharfenberger Hitlerjugend zerrissen und bot den Gegnern ein wenig erfreuliches Bild.

Kurz vor Ostern vor die Entscheidung gestellt, ob er sich in das neue Scharfenberg einfügen wolle oder nicht, erwiderte er wörtlich: 'Wenn Herr Direktor Blume bleibt, bleibe ich auch, und wenn er geht, dann gehe ich auch.' Darauf machte ich dem Vater die entsprechende, in Abschrift vorliegende Mitteilung [...].

Bernd Stückler hat sich hier weder als Kämpfer noch als Sozialist erwiesen, sondern als ein ausgemachter Egoist, unerträglicher Nörgler und Tugendrichter, außer, wenn es sich um ihn selbst handelte; er hat sich trotz größter Geduld meinerseits schließlich zu offener Gehorsamsverweigerung und zu einem kaum mehr als Dummheit zu bezeichnenden Verhalten während einer Feier, in der eine Rede des Führers übertragen wurde, verstiegen. Ich habe aus diesem Gesamtverhalten die denkbar mildeste Folgerung gezogen, indem ich den Vater bat, seinen Jungen aus der Schulfarm herauszunehmen. Übrigens erklärte St. vor seinem Weggang, sein Vater würde darauf verzichten, Einspruch zu erheben, er wolle vielmehr in Ruhe die Schulfarm verlassen und auf seine frühere Neuköllner Schule zurückkehren."[200]

Letztendlich verließ Stückler - der laut Scheel im Kontext all dieser Auseinandersetzungen "zu einem verlässigen Bundesgenossen"[201] geworden war - die Insel, um an seiner Neuköllner Schule, an der er vor seiner Scharfenberger Zeit gewesen war, sein Abitur zu machen. Zu seinem weiteren Verhältnis zum Nationalsozialismus berichtet Stückler:

"Gewiß, mit diesen [oben dargestellten] Differenzen begann meine Gegnerschaft zu ihm, aber sie wurden mehr und mehr zur Nebensache, und zwar in dem Maße, wie ich mich innerlich von den sich mehrenden üblen Machenschaften der Nationalsozialisten im ganzen Lande abwenden mußte."[202]

---

[200] PS Stückler: Scholz an Pauls br. vom 14.04.1934.
[201] SCHEEL, Schulfarm (1990), S. 66.
[202] Stückler an D.H. br. vom 30.10.1990. - Ebd. weiter: "Nach Scharfenberg sah mich die HJ nie wieder. Auch alle anderen NS-Organisationen konnte ich mir stets vom Leibe halten. Das war vor allem während des Studiums an der TH Berlin nicht ganz einfach. Nur eins konnte ich als Student nicht verhindern: meine automatische Aufnahme als 'Förderndes Mitglied' im NSFK (NS-Flieger Korps) beim Pflichtsport am Hochschulinstitut für Leibesübungen, wo ich am Segelfliegen teilnahm. In Neukölln kam ich wieder in meine alte Klasse in der Albrecht Dürer-Oberrealschule, mit denselben Lehrern. Infolge des Mathematik-Kurses auf Scharfenberg konnte mir der Unterricht in diesem Fach überhaupt nichts bieten. Wie gerne hätte ich deswegen auf der hintersten Bank Mathematik-Bücher studiert! In Französisch sollte ich wieder nachholen und mußte wieder Aufsätze schreiben [...]. Ein halbes Jahr vor dem Abitur wurde mir eine Ausbildung als Funker für die Handelsmarine angeboten. Wer könnte sich jetzt noch wundern, daß ich annahm, zumal mich das Meer immer angezogen hat. Und mein Vater? Er hatte wieder nichts dagegen. Wie viele Väter und Lehrer hätten an seiner Stelle nicht kategorisch erklärt: 'Die Schule ein halbes Jahr vor dem Abitur zu verlassen, das ist doch verrückt! Du wirst erst das Abitur ablegen'!!! - An der Reaktion meines Vaters und Lehrers kann man ersehen, daß er auf Grund seines eigenen Lebensweges und seiner Erfahrungen sich sehr sicher gewesen sein muß, ich würde auch ohne Abitur und Studium einen meiner ganzen Natur gemäßen Weg durchs Leben finden. Nun, ich verließ die Schule. Aber es kam anders. Bei der üblichen ärztlichen Untersuchung wurde mir erklärt, ich sei nicht tropendiensttauglich. Also meldete ich mich ohne jede Hemmung wieder in der Schule an und kam sechs Monate später gerade noch durchs Abitur [...]."

IV.2.D   WILHELM BLUMES RÜCKZUG VON DER INSEL

Man kann davon ausgehen, daß Blume seine 'Anpassungen' an die 'Bedürfnisse' der nationalsozialistischen Schulpolitik im Berlin der Jahre 1932 bis 1934 vornahm, um seinen Schulversuch so weit wie möglich zu retten; er mag, wie Cohn in einer Charakterisierung Blumes im Jahr 1928 skizzierte, auch "die Verpflichtung [gespürt haben], das Gedeihen und das innere Fortschreiten seiner Gründung und der ihr anvertrauten Jugend über andere Rücksicht zu stellen."[203]

Die Ereignisse der Jahre 1933 bis Anfang 1934 aber zeigten wohl allen Beteiligten, daß das Unvereinbare eben nicht vereinbar war. 1935 schrieb Stadtschulrat Dr. Meinshausen dazu:

> "Bei mehreren Besichtigungen in den Jahren 1933/34 wurden [...] [trotz aller Möglichkeiten, die die Insel bot] Mängel der Erziehung in der Schulfarm offenbar: Das trotz harter Werkarbeit romantische und idyllische Leben der Zöglinge führte im wesentlichen zur Ausbildung ihrer eigenen Persönlichkeit; eine straffere Zusammenfassung zur Gemeinschaft und zu vertiefender gemeinsamer Verantwortung nicht nur dem Schulganzen, sondern auch dem Volksganzen gegenüber fehlte. Die Hineinstellung der Schule in das Leben der Gesamtnation scheiterte, abgesehen von einigen Ansätzen, an der insularen und robinsonartigen Einstellung von Erziehern und Zöglingen. Ein durch die Eigenart der Schulfarmerziehung gepflegtes Naturburschentum ohne innere und äußere Haltung machte ein Einschreiten dringend erforderlich [...]."[204]

Scheel resümiert, die nationalsozialistischen Schulbehörden hätten zu Beginn des Jahres 1934 jede Hoffnung fahren lassen, die Masse der Scharfenberger Schüler und auch die Lehrer für sich gewinnen zu können[205]:

> "Sie waren [nun] entschlossen, bis zu Beginn des neuen Schuljahres reinen Tisch zu machen und sämtlichen Schülern, die weder der HJ noch der SA angehörten, von der Insel zu verweisen.[206]

Blume, von dessen 'Anbiederungsversuchen' bis zum Herbst 1933 bereits die Rede war, begann sich spätestens mit dem Eintritt von Scholz auf der Insel rar zu machen[207].

Stückler berichtet, er habe sich anläßlich der Repressalien, mit denen Scholz die Scharfenberger Schüler zum Eintritt in die HJ zu bewegen suchte, an Blume gewandt:

> "Darauf ging ich zu Blume, um ihm zu sagen, daß selbst ich als HJ-Führer von diesen Vorgängen betroffen sei. Ich fragte dann, ob er denn als Gründer und Leiter von Scharfenberg nichts dagegen tun könne. Aber er, der bis dahin kein Wort gesagt hatte, winkte nur ab und meinte,

---

203 COHN, Noch einmal die Schulfarm, S. 35.
204 Berlin, StadtA: Rep. 20-01: Hauptschulverwaltung, Nr. 763: Aufstellung und Bearbeitung des Haushalts Kap. XV-5 für die Erziehungsanstalt Scharfenberg 1935/36, Bl. 41: Entwurf des Oberbürgermeisters für die Umgestaltung der Schulfarm Scharfenberg in eine nationalsozialistische Erziehungsanstalt vom 12.04.1935.
205 SCHEEL, Schulfarm (1990), S. 66.
206 SCHEEL, Schulfarm (1990), S. 66.
207 P. Rathjens an D.H. br. vom 02.09.1987.

diese Entwicklung sei wohl nicht mehr aufzuhalten. Ich verließ ihn mit dem sicheren Gefühl, er habe Scharfenberg bereits aufgegeben. "[208]

Ende der 50er Jahre schrieb Blume, er habe - nach allen 'Einpassungsversuchen' bis Herbst 1933 - nach dem Eintritt von Scholz in die Schulfarm im Herbst 1933 bald erkannt und gegenüber Bohm auch ausgesprochen, "daß unmöglich zwei so verschiedene Menschen mit so verschiedenen Ansichten [wie er und Scholz] auf die Dauer neben einander dieselbe Jugend beeinflussen könnten."[209] Lediglich "die heiklen Verhandlungen über die Zukunft der Lehrer, die mit dem bisherigen Leiter gehen wollten (einer davon hatte sich auf eigene Kosten auf Inselboden ein Häuschen gebaut), und über den nachteilfreien Abzug der Sezessionisten unter den Schülern [hätten] [...] den offiziellen Rücktritt [verzögert]. "[210]

Hartkopf berichtet - als Beleg für Blumes "Zentrierung seines Denkens in der pädagogischen Problematik" - von einem "überlieferte[n] Gespräch mit dem Oberschulrat [...], der ihm im Winter 33 den Verzicht auf die Leitung der Schulfarm nahelegte":

"Mit einem gewissen Unterton des Bedauerns habe dieser zu ihm gesagt: 'Herr Blume, Sie müssen verstehen, daß ich meine Bindungen habe'. Darauf Blume: 'Herr Oberschulrat, auch ich habe meine Bindungen!' - 'So, was denn für welche?' - 'Die an mein pädagogisches Gewissen!'"[211]

"Endlich im Frühjahr 1934"[212] sei es dann so weit gewesen, daß er - nach Scheel am 18.03.1934[213] - seinen offiziellen Rücktritt zu Ostern 1934 "mit gutem Gewissen der Inselöffentlichkeit bekannt geben konnte"[214] - 'natürlich' "durch einen Anschlag im Vestibül des Bollehauses, wo seit jeher alle für die Inselöffentlichkeit wichtigen Verlautbarungen mitgeteilt wurden"[215].

Zum Abschied erhielt Blume eine Gemeinschaftsarbeit einiger seiner Schüler, die den Titel 'Insel-Bilder im Februar' trug[216].

---

[208]   Stückler an D.H. br. vom 14.08.1987.
[209]   BLUME, Erinnerungen, S. 25.
[210]   BLUME, Erinnerungen, S. 26. - SCHEEL, Schulfarm (1990), S. 66: "Es ist zu einem wesentlichen Teil Blumes energischem Einsatz zu danken, daß diesen Schülern wenigstens ein nachteilfreier Abzug zugebilligt wurde."
[211]   HARTKOPF, Humboldtschule unter Wilhelm Blume, S. 103.
[212]   BLUME, Erinnerungen, S. 26.
[213]   SCHEEL, Schulfarm (1990), S. 67.
[214]   BLUME, Erinnerungen, S. 26.
[215]   SCHEEL, Schulfarm (1990), S. 66.
[216]   Bernd Stückler besaß möglicherweise als Einziger ein Arbeitsexemplar dieser Arbeit. Im Dezember 1989 brachte er sie in eine ansprechende edv-aufbereitete Form, versah sie mit einem Vorwort, fügte einige Fotos hinzu und verteilte sie in kleinerer Zahl an ehemalige Scharfenberger Schüler und Interessenten: Insel-Bilder im Februar. Abschiedsgabe an Wilhelm Blume von Scharfenberger Schülern im Frühjahr 1934. Aufbereitet, mit einem Vorwort versehen und mit Fotos illustriert von Bernd Stückler im Dezember 1989. - Vgl. zu den 'Insel-Bildern auch eine kurze Bemerkung bei: SCHEEL, Schulfarm (1990), S. 67.

Ob Blume je daran gedacht haben mag, zu emigrieren und im Ausland ein 'Exil-Scharfenberg' zu gründen, liegt im Bereich des Spekulativen. Am 31.12.1933 hatte Walter Grütz, von 1927 bis 1933 Scharfenberg-Schüler in einem Brief ganz offen die Möglichkeit der "Gründung einer neuen Schulfarm im deutschsprachigen Ausland" angesprochen[217]; doch eine Reaktion Blumes ist leider nicht überliefert. Arnold Fritz, von 1922 bis 1926 Schüler der Schulfarm, schreibt, er habe 1933 seine Assessorenprüfung für das künstlerische Lehramt an Gymnasien bestanden und beabsichtigt, im Anschluß daran Deutschland zu verlassen. Zusammen mit seinem jüdischen Freund und Kollegen Wilhelm Speyer (1904-19..)[218] - Sohn des Berliner Universitäts- bzw. Verlagsbuchhändlers Felix Speyer und Vetter des 'Kampf der Tertia'-Verfassers Wilhelm Speyer (1887-1952)[219] - habe er den Plan entwickelt, in Lund (Schweden) ein 'Scharfenberg für Emigranten' zu gründen. Sie hätten zu diesem Zwecke sowohl Gustav Wyneken, der ein guter Bekannter von Gottlieb Fritz, dem Vater von Arnold Fritz, gewesen war, aufgesucht und um Rat gebeten, wie auch Blume, der ihn in seiner Absicht bestärkt habe. Doch sei der Plan nicht realisiert worden, da ein Geldgeber gefehlt habe[220].

Mit Blume verließen die Insel Scharfenberg seine Lehrerkollegen Walter Ackermann, der zunächst an eine höhere Knabenanstalt in Charlottenburg wechselte[221], Walter Brenning, der zunächst als Assessor, dann als Studienrat an der höheren

---

[217] Berlin, LA, SIS: W. Grütz an Blume br. vom 31.12.1933.
[218] Biogr. Inf. zu Speyer: Goldern, Archiv der Ecole d'Humantié, Nachlaß Paul und Edith Geheeb; div. Quellen zu Speyer, insbes. ein zweiseitiger Lebenslauf (masch. mit hdschr. Ergänzungen; ggf. eine Bewerbung; ca. 1938): 1922-29 Studium an der Berliner Universität (Mathematik, Chemie, Physik, Geschichte, Philosophie, Volkswirtschaft; 1930 wiss. Prüfung für das Lehramt an höheren Schulen; 1930/33 div. Assessoren- und Referandarstellen; im April 1933 aufgrund des Arierparagraphen beurlaubt und später entlassen; Herbst 1933 bis Ostern 1934 Lehrer an der Ecole Internationale de Genève; April 1934 (nach nicht verlängerter Aufenthalts- oder Arbeitsgenehmigung durch die Schweizer Behörden) Rückkehr nach Berlin. Seither Lehrer für Mathematik an einer nichtarischen höheren, von Dr. Verena Lachmann (1904-1985) geleiteten, Privatschule ('Unterrichtsgemeinschaft Jagowstraße', Berlin-Grunewald) sowie an der '4. privaten Volksschule' der jüdischen Gemeinde zu Berlin; ab April 1936 Lehrer an der 'Privaten Waldschule Kaliski' in Berlin-Dahlem (Überblick über diese drei Schulen: FEHRS, Jörg, Von der Heidereutergasse zum Roseneck. Jüdische Schulen in Berlin 1712-1942, Berlin 1993, S. 263, S. 303-311 und S. 312-314). - 1928/30 im Rahmen seiner Pfadfinderaktivitäten u.a. Schriftleiter der Pfadfinderführerzeitschrift 'Der Pfad zum Reich' (vgl. zu dieser Zeitschrift S. 723).
[219] So: A. Fritz an D.H. br. vom 23.08.1985. - Mit dem Buchtitel ist gemeint: SPEYER, Wilhelm, Der Kampf der Tertia. Erzählung, 16.-25. Tsd. Berlin 1928.
[220] A. Fritz an D.H. br. vom 23.08.1985. -   Und: A. Fritz an D.H. br. vom 31.08.1985. - Die von Fritz genannten Pläne werden ein wenig untermauert durch den in der vorangehenden Anmerkung genannten Lebenslauf von Speyer, in dem Speyer schreibt, er habe im Frühjahr 1933 eine Studienreise nach Schweden unternommen, "um das dortige moderne Schulwesen, insbesondere die moderne schwedische Internatserziehung kennen zu lernen (Besuch der Internate in Sigtuna und Viggbyholm, die besonders als Träger der pädagogischen Reformideen gelten)".
[221] Göttingen, AdPH: Personalakte Ackermann, Lebenslauf [nach 01.11.1945]. - Vgl.: Philologen-Jahrbuch (Kunzes Kalender), Jg 41: Schuljahr 1934/35, 2. Teil, Breslau 1934 [und nachfolgende Jahrgänge]. - S. zu Ackermann weiter S. 972f. -
Falsch ist, Ackermann betreffend, die Feststellung: SCHEEL, Schulfarm (1990), S. 57: "Im Ergebnis der Verhandlungen [im Jahr 1933!], die er persönlich auf der Insel durchführte, gab sich Meinshausen damit zu frieden, Walter Ackermann an das Schiller-Realgymnasium nach Charlottenburg und Erich Scheibner an die Langhans-Schule im Bezirk Kreuzberg zu versetzen."

Waldschule nach Berlin-Charlottenburg tätig wurde[222], Karl Wenke[223] und offenbar auch Werner Wilke[224]. Außerdem wurde Scheibners Nachfolger als Kunsterzieher, Georg Thiele, - der laut der Erinnerung von Schmoll durchaus als Nationalsozialist aufgetreten[225] und dennoch in Konflikt mit Scholz gekommen war - zu Ostern 1934

---

[222]   So: Berlin, BBF: SLG-GS, Personalblatt Walter Brenning. - Philologen-Jahrbuch (Kunzes Kalender), Jg 41: Schuljahr 1934/35, 2. Teil, Breslau 1934. - S. auch: P. Rathjens an D.H. br. vom 02.09.1985: "[Der] Direktor [der Höheren Waldschule Charlottenburg Wilhelm] Krause [(1881-19..)] hatte u.a. auch Lehrer Brenning - 1932-33 mein Klassenlehrer - Unterschlupf gewährt." - Um 1951: "Studienrat an der Grunewaldschule Charlottenburg (bis 34 in Scharfenberg)" (Berlin, LA, SIS: BLUME, Wilhelm, Liste Scharfenberger Lehrer und Schüler, o.D. [nach 1951]).

[223]   Berlin, BBF: SLG-GS, Personalblatt Karl Wenke.

[224]   Über den Abgang von Wilke liegen Quellen vor.

[225]   Schmoll an D.H. br. vom 11.12.1988: "Thiele war aber kein vollblütiger Nazi. Eher eine Art Mitläufer und von den Scharfmachern wohl als harmlos eingestuft. Er hätte sehr gut auch in das alte Scharfenberg (vor 1933) gepaßt und er interessierte sich auch sehr für Geschichte und Struktur der Schülerrepublik [...]. Natürlich trat Thiele auch im Braunhemd (vermutlich der SA) auf, aber er hatte eine saloppe, künstlerische Art, die zu allem Militärisch-Zackigen in starkem Kontrast erschien ... Ohne Braunhemd hätte man ihn wohl nicht nach Scharfenberg als Scheibner-Nachfolger geholt."

an die Oberschule in Calbe versetzt[226]. Bereits zu Jahresbeginn 1934 hatte - vermut-

---

[226] Zu Georg Thieles Wirken auf Scharfenberg s.: Berlin, LA, SIS: THIELE, Georg, Der Schulfarm Scharfenberg zum 50jährigen Bestehen [Erinnerungen], hdschr., o. J. [1972], o.S.; vgl. z.b.:"[Ich] hatte an dem Idealtyp einer Schule arbeiten dürfen, hatte den alten Direktor wie seinen Vater verehrt, fühlte mich fast wie ein freier Bauer auf eigener Scholle in dieser Schulfarm [...]." - Zu seinem 'Abgang' von der Insel vgl.: Ebd., o.S.; z.B.: "Georg Tempel [= Georg Thiele] hatte die Bilder aus eigener Machtvollkommenheit im Eßsaal abgehängt und im Zeichensaal untergebracht. Die Jungens hatten ihn unterstützen wollen und Kehrschaufeln und Handfeger statt dessen aufgehängt. Zwei Stunden lang hatte sich der Heimleiter mit Georg Tempel in dessen Zimmer unter vier Augen ausgesprochen." - Zu Beginn des Schuljahres 1934/35 war Thiele noch kurzzeitig an der Humboldtschule tätig: Berlin, BBF: SLG-GS, Jahresbericht über das Schuljahr 1934/35, Bd. 301c, Nr. 82: Humboldtschule, S. 22. -
Zu Thieles Biogr. nach 1934: Berlin, LA, SIS: THIELE, Georg, Der Schulfarm Scharfenberg zum 50jährigen Bestehen [Erinnerungen], hdschr., o. J. [1972], o.S.; vgl. z.B.: "Der pädagogische Gedanke des Gesamtunterrichts der kulturkundlichen Fächer, wie er in der Schulfarm Scharfenberg entwickelt worden ist, wurde hier fern der Inselschule zur Tausendjahrfeier der Kreisstadt Calbe an der Saale zur Realität, und stolz berichtete Georg Tempel seinem 'Chef' beim Besuch im heimatlichen Tegel vom Verlauf der Festwoche [...]." - Vgl. auch ebd., o.S. (am Ende des Textes): Thieles Rede als Kunsterzieher in der DDR 'Zur patriotischen Erziehung in den Kunstfächern' (1954). - Vgl. ergänzend auch: J. Thiele, seine Frau, an D.H. br. vom 20.08.1990: "Zu Ostern 1934 wurde er an die Oberschule nach Calbe/Saale versetzt. An dieser war mein Mann bis zum Kriegsausbruch als Kunsterzieher und Lehrer für Deutsch, Mathematik, Erdkunde und Musik tätig. 1940 wurde er als Studienrat angestellt. Mein Mann wurde am 03.09.1939 zum Kriegsdienst eingezogen. Er war zunächst bei der Fliegerabwehr des Leuna-Werkes-Merseburg eingesetzt und kam von dort aus nach Norwegen. 1942 kam er wieder nach Deutschland bei Bremen zurück und von dort kurz vor Kriegsende in das Rheinland bei Köln, wo er in Gefangenschaft geriet und in einem Lager in Frankreich war. 1946 im Februar wurde er von dort entlassen. In Calbe hat er 14 Tage unterrichtet, wurde wieder entlassen, da er der N.D.P.D. [sic!] angehörte. Nun mußte er wie viele unserer Landsleute in Calbe Fabriken demontieren. Da er kein Praktiker war, was seine Kameraden schnell erkannten, haben sie ihn weitestgehend von schweren Arbeiten geschont. Für unseren Lebensunterhalt machte er Tanzmusik, spielte in einem Orchester. Außerdem hat er die Volkshochschule mit gegründet und viele Vorträge gehalten. Auch hatte er ein Theater der Jugend gegründet, welches viel Anklang fand - damals!! -, aber bald nicht mehr geduldet wurde. Da es nach der Währungsreform 1949 mit der Tanz-Musik pp. vorbei war, habe ich für den Lebens-Unterhalt unserer inzwischen vierköpfigen Familie gesorgt. Ich arbeitete als Krankenschwester und Fürsorgerin in Calbe und später in Schönebeck/E. Mein Mann hat mich ein wenig nach seinem Können im Haushalt unterstützt. 1951 wurde er für 12 Stunden an der E.O.S. eingestellt, nach 8 Wochen aber wieder entlassen. Meinem Drängen, nun doch nach Berlin-Tegel zu gehen, kam er leider nicht nach, und so blieben wir in Calbe. 1952 wurde er endlich wieder voll als Lehrer in den Schuldienst übernommen und hat an der E.O.S. Calbe Zeichnen und Musik unterrichtet. 1954 wurde er an die E.O.S. Schönebeck versetzt, wohin wir 1955 auch verzogen sind. In seiner Freizeit haben wir mit Freunden regelmäßig Hausmusik gemacht. Außerdem hat er mit Gleichgesinnten ein Orchester für Unterricht und Erziehung in Magdeburg mit gegründet und als 1. Geiger [...] mitgewirkt. All dies hat ihm immer sehr viel Freude bereitet und ihm über viele Dinge hinweggeholfen!!! 1970 schied mein Mann aus gesundheitlichen Gründen aus dem Schuldienst aus und erhielt Invaliden-Rente. In den Anfangs-Jahren seiner 'Freizeit' war er noch für sich sehr aktiv mit Malen, Musizieren, Dichten [beschäftigt]!! Und er ging sehr viel spazieren, da ich weiter im Beruf sein mußte, denn die Rente reichte ja nicht aus. 1985 - ich hatte meinen Beruf inzwischen auch aufgegeben, erkrankte er an einer Celebral [?]-Sklerose, die sich kontinuierlich verschlechterte. Er verstarb am 17. Dezember 1986 hier zu Hause [...]. Mit Herrn Blume verband mein Mann stets ein sehr, sehr herzliches, freundschaftliches Verhältnis. Sie standen in sehr regem Briefwechsel."

lich nicht in diesem Kontext stehend - zudem der Assessor Alfred Rohde die Schulfarm verlassen[227].

Mit Blume und den genannten Lehrerkollegen ging Ostern 1934 auch etwa ein
Drittel[228] bis die Hälfte[229] der Schüler von der Insel; es waren vor allem die, die es
abgelehnt hatten, Mitglieder der HJ bzw. des Jungvolkes zu werden.

An die Erziehungsberechtigten der betroffenen Schüler - zu denen u.a. gehörten:
Bernd Stückler, Michael Tittmann[230], Bernhard Goepel, der auf Vermittlung Blumes
an das Köllnische Gymnasium wechselte[231] sowie "[Helmut] Woldt und [Heinrich]
Scheel (Oberprima), [Hermann] Riepe, [Horst] Butter und [Erwin] Haserich
(Untersekunda)", die an die Humboldtschule wechselten[232] - wurden Schreiben ver-

---

[227] Berlin, BBF: SLG-GS, Personalblatt Alfred Rohde: Hier findet sich u.a. der Hinweis, daß
Rohde die Schulfarm am 15.01.1934 verließ und nach kurzen Zwischentätigkeiten an zwei Berliner Schulen ab dem 01.04.1934, zunächst als Assessor, ab dem 01.01.1936 dann als Studienrat, an der Nationalpolitischen Erziehungsanstalt Potsdam-Neuzelle tätig wurde.

[228] So: P. Rathjens an D.H. br. vom 02.09.1985.

[229] So: SCHEEL, Schulfarm (1990), S. 67. - SCHUPPAN, Wilhelm Blume, S. 307, schreibt, sich
auf Aussagen Scheels berufend, daß 1934 "über 30 Schüler aufgrund ihrer kritischen Haltung
gegenüber dem Nationalsozialismus von Scharfenberg verwiesen" worden seien. - Berlin, BBF:
SLG-GS, Jahresberichte 1934/35, Bd. 301c, Nr. 83: Berlin, SIS (Scholz), S. 37: "Die [für das
Schuljahr 1934/35] Neuaufgenommenen machten etwa 55% der Gesamtschülerschaft aus." - Interessant: Ebd., S. 37f.: "Im Laufe des Schuljahres [1934/35] mußte eine Reihe von Schülern
(25), die sich aus irgendeinem Grunde nicht einfügen konnten, die Schule wieder verlassen."

[230] S. Tittmann an D.H. br. vom 15.01.1995: "So besuchte mein Mann vier Jahre diese Schule. Er
fand bald gute, ältere Kameraden wie Heinrich Scheel und Hans Coppi. Da Radio verboten war,
bastelte mein Mann einen kleinen Detektor mit Kopfhörern. Beides war im Kopfkissen ver-
steckt. Auch für Hans Coppi bastelte er ein Gerät. Mein Mann hat bereits damals an den heimlichen Treffen der kommunistischen Gruppe teilgenommen. Da aber der Vater [=Dietrich Titt-
mann] als religiöser Sozialist immer verdächtigt und beobachtet wurde, wollte man meinen
Mann nicht zusätzlich in Gefahr bringen. Nach der Schulzeit blieben freundschaftliche Verbindungen zu einigen Altschülern bestehen, besonders mit Heinrich Scheel, auch nach dem Krieg.
[...]. Mein Mann erlernte nach der Schule als Praktikant das Zimmermannshandwerk. Erst danach wurde er in Schleusingen / Thüringen zum Studium eines 'Kulturbauingenieurs' zugelassen. 1938 kam mein Mann zum Arbeitsdienst. Anschließend Wehrdienst, Krieg, vier Jahre russische Gefangenschaft. So konnte er sein eigenes Berufsleben, nun als Wasserwirtschaftsingenieur, erst nach
11 Jahren, also am 12. Mai 1949 beginnen. Er arbeitete bis zu seiner vorzeitigen Invalidisierung
als Abteilungsleiter beim Magistrat von Berlin."

[231] GOEPEL, Bernhard, Ein Beitrag zu den arteriellen Peripheren Durchblutungsstörungen nach
Trauma ohne Kontinuitätstrennung der Gefäßwand, Berlin, Freie Univ., Diss., 1959, o.S.: Lebenslauf. - Und: Goepel an D.H. mündl. vom 25.11.1985.

[232] Scheel an D.H. br. vom 18.11.1985. - Zu Scheel auch: MARKOV, Walter, Laudatio für Hein-
rich Scheel, in: Universalhistorische Aspekte und Dimensionen des Jakobinismus. Dem Wirken
Heinrich Scheels gewidmet (=Sitzungsberichte der Akademie der Wissenschaften der DDR,
Reihe Gesellschaftswissenschaften, Jg. 1976, Nr. 10/G), Berlin (DDR) 1976, S. 5-9, hier S. 5:
Heinrich Scheel "legte [...] an der Humboldt-Schule in Tegel ein vorzügliches Abitur ab. Der
Klassenleiter [=Blume?] schrieb am 12. Januar 1935 in Befürwortung seiner Stu-
dienbewerbung: 'Das Erfreuliche ist, daß die Schwierigkeiten Hochbegabter bei ihm ganz fehlen; er ist bescheiden, ohne es nötig zu haben; von starker Konsequenz; zum
mindesten äußerlich ohne Kurven, sportlich und zeichnerisch nicht minder an der Tête als
wissenschaftlich; von ausgeprägtem Gemeinschaftssinn, mit ernsthaftem Stolz sich seines Her-
aufkommens aus ganz einfachen Arbeiterkreisen bewußt; ständig an sich arbeitend, ohne in die
Bahn des Strebers zu geraten; den Unterricht in der Oberstufe durch sachlich-produktive angewandte Teilnahme fördernd': ein Urteil aus frühen Tagen, doch diese - wie es uns scheinen will
- überdauernd, das den guten Schüler - und seinen scharf beobachtenden Lehrer ehrt."

sandt, in denen ihnen mit Nachdruck der Abgang ihrer Söhne von Scharfenberg nahegelegt wurde. So erhielt - wie Bernd Stücklers Vater[233] - z.B. auch Scheels Vater
von Bezirksamt Reinickendorf einen auf den 03.03.1934 datierten Brief, in dem es
u.a. heißt:

> "Infolge des Neuaufbaus der Schulfarm Scharfenberg, legen wir ihnen nahe, Ihren Sohn bis
> zum 31.3.34 abzumelden, da seine Haltung in nationalpolitischen Fragen, deren Einfluß sich
> im gesamten Schulleben bemerkbar macht, seine weitere Förderung im Rahmen der Schulfarm
> nicht mehr erwarten läßt.
> Wenn es Ihrem Wunsch entspricht, erklären wir uns bereit, Ihren Sohn in einer anderen Schule
> unseres Bezirks unterzubringen.
> Wir bitten, uns bis zum 10.3.34 mitzuteilen, ob Sie unserem Vorschlag folgen werden."[234]

Mit Blumes Abgang von der Insel, mit dem dem Assessor Dr. Felix Scholz die
kommissarische Leitung der Schulfarm übertragen wurde[235], war der Schulversuch
der Weimarer Republik im Frühjahr 1934 - etwa zum gleichen Zeitpunkt, zu dem
(wie Erika Mann (1905-1969) bemerkte) "nach einem Jahr der Vorbereitungen, des
Überganges und der Experimente, die konsequente Realisierung des Hitlerschen Er-
ziehungsprogrammes [...] mit dem 30. April 1934, dem Tage, an dem Doktor Bernhard Rust zum 'Reichsminister für Wissenschaft, Erziehung und Volksbildung' ernannt wurde [, begann]"[236] - endgültig beendet worden. Scholz konnte im Jahresbericht der Schulfarm für das Schuljahr 1933/34 zurecht berichten:

> "Mit dem Sommerhalbjahr 1934 begann ein neuer Abschnitt in der Entwicklung der Schulfarm
> Insel Scharfenberg."[237]

Damit weist die Geschichte der Schulfarm Insel Scharfenberg grundlegende Parallelen zur Geschichte der Weimarer Republik auf: Ihre Anfänge reichen in die Zeit
vor 1918 zurück, die erste Phase der 'Weichenstellung', mit massiven politischen
und wirtschaftlichen Problemen, ist von 1918/19 bis 1923 anzusetzen, eine zweite,
die Jahre von 1923/24 bis 1928/29 umfassende Phase kann als eine Zeit der
Stabilisierung und (partiellen) Blüte ('Die Goldenen Zwanziger'!) gewertet werden,
und schließlich war die - gerade skizzierte - dritte Phase von 1929/30 bis 1933/34,
eine Phase der Krise und Auflösung (in der der 30.01.1933 'lediglich' ein
Zentralereignis, nicht aber einen eigentlichen strukturellen Einschnitt darstellte)[238].

Doch trotz dieser auffallenden Parallelen bildete der Mikrokosmos der Schulfarm
Insel Scharfenberg nicht einfach den Makrokosmos der Weimarer Republik ab.
Vielmehr versuchte diese Schule mit ihrem praktisch-utopischen Ansatz über die Ge-

---

[233] Vgl. S. 800f.
[234] PS Scheel: Bezirksamt Reinickendorf an Harry Scheel br. vom 03.03.1934 (Kopie in: Berlin,
LA, SIS); zit. auch in: SCHEEL, Schulfarm (1990), S. 66.
[235] Berlin, BBF: SLG-GS, Jahresberichte über das Schuljahr 1934/35, Bd. 301c, Nr. 83: Schulfarm Insel Scharfenberg, o.S.
[236] MANN, Erika, Zehn Millionen Kinder. Die Erziehung der Jugend im Dritten Reich. Mit einer
Einführung von Thomas MANN und einem Nachwort von Alfred GROSSER, 2. Aufl. München 1990, S. 52.
[237] Berlin, BBF: SLG-GS, Jahresberichte 1934/35, Bd. 301c, Nr. 83: Berlin, Schulfarm Insel
Scharfenberg, S. 37.
[238] Vgl. zu diesen Phasen etwa: PEUKERT, Detlev J.K., Die Weimarer Republik. Krisenjahre der
Klassischen Moderne, Frankfurt 1987.

samtentwicklung des Makrokosmos hinausgehend, weit vorpreschend, die Entwicklung der 'Demokratisierung' voranzubringen - in durchaus kritisch-produktiver Distanz zu dem Staat, auf dessen festem Boden sie stand.

Carl Cohn an Wilhelm Blume br. vom 23.03.1934 (aus Berlin-Wilmersdorf)

"Haben Sie herzlichen Dank für Ihr Schreiben vom Sonntag; es ist für mich erhebend, daß Sie auch bei dieser Gelegenheit meiner in Freundschaft gedenken und amtlich wie außeramtlich meinem unbedeutenden Wirken Anerkennung zollen und manches zu loben finden, was ich selbst gern besser gemacht hätte. Ich freue mich sehr mit Ihnen, daß die letzte Generation, die Sie in Scharfenberg zum Abitur geführt haben, den Preis errungen und noch zum Schluß gezeigt hat, was Sie und eben nur Sie leisten und erreichen können. Ich gratuliere [Erwin] Witt, an dessen Entwicklung mir freilich nur ein sehr geringer Teil zukommt, und seinen Gefährten ([Rudolf] Schädlich und anderen) herzlich zur bestandenen Prüfung und wünsche ihnen einen erfolgreichen Weg durchs Leben, in dem sie sich an den Stellen, an die sie das Schicksal stellen wird, bewähren mögen, wie sie es auf der Schulfarm getan haben, um für ihr Volk und Vaterland das Beste zu schaffen, was ihnen zu schaffen gegeben ist. Wenn Witt mich besuchen will, werde ich mich sehr freuen und gern von seinen Erlebnissen in den beiden letzten Scharfenberger Jahren hören. - Ich freue mich auch mit Ihnen, da Sie es so für das einzig Mögliche hielten, daß Ihr Wunsch erfüllt wird und Sie sich nunmehr von den Qualen, unter denen Sie zuletzt in Scharfenberg wirkten, befreien konnten. Andererseits erfüllt es mich natürlich wie von unendlicher Trauer, daß 'unser' Scharfenberg damit zu Ende geht, daß Ihre wundervolle Gründung schwindet, die ein Muster hätte werden müssen für das höhere Schulwesen in ganz Deutschland und über seine Grenzen hinaus, im Muster in seiner Form und in seinem Aufbau ebenso wie durch den inneren Gehalt der Erziehung und des Unterrichts, wie sie unter Ihrer genialen Führung nach Ihrem großen Beispiel an unserer geliebten Inselschule gehandhabt wurden und sich für die in ihr erzogene Jugend als segensreich erwiesen haben. Es ist für mich schwer, nun noch einmal und für immer von unserer schönen Insel im Tegeler See Abschied zu nehmen. Ach, wie haben wir dieses Scharfenberg im märkischen See und im Kranz der märkischen Kiefernwälder geliebt; wie haben wir jeden Halm und jedes Blümchen gegrüßt, die dort sprossen, wie freuten wir uns seiner einheimischen und seiner fremden Bäume, seiner Bambus-Sträucher, Rhododendron- und Buchsbaumbüsche, seiner Eiben und Eichen, seiner Zedern und Zypressen; und ebenso an jedem Kalbe, das geboren wurde, an dem Borstenvieh, das sich auf dem Hofe hinter der Scheune suhlte, an jedem Hühnchen, das aus der Schale kroch, an den quakenden Enten und Gänsen, an [den Hund] Bobby und seinen verschiedenen Amtsgenossen, an Schmetterlingen und Seidenraupen und was es sonst noch Schönes und Herrliches auf Scharfenberg gab! Lebhaft glänzt in meinem Gedächtnis der Tag - ich glaube es war Gründonnerstag im Jahre 1921 - als wir zum ersten Male, beladen mit den dürftigen Lebensmitteln, die es damals gab, und mit Hacken, Spaten und ähnlichem Gerät, von unserem Wanderheim in Stolpe, das aus mit auch Ihren Ideen entsprungen war, durch den Wald nach Scharfenberg wanderten und mir zum ersten Male über die Baumkronen das Haustürmchen ein Willkommen winkte. Damals ahnte ich noch nicht, welche Bedeutung das 'Bolle'haus und die grüne Insel für mein weiteres Leben erhalten sollten, ahnte nicht, daß ich durch 10 Jahre zu jeder Jahreszeit meine Schritte dorthin lenken würde, daß ich dort einen Freund finden sollte, wie ich ihn in allen vorausgehenden Jahrzehnten meines Lebens nicht besessen habe, daß ich dort, wenn auch selbst an der Inselschule hin und wieder Enttäuschungen nicht ausblieben, an denen gewiß vielfach die eigene Unzulänglichkeit die Schuld trug, als Erzieher und Lehrer ungekannte Freuden erleben würde. Ich gedenke mancher herrlicher Stunde, die ich mit Ihnen auf unserer Insel verlebt habe, erhebende Momente, die für manche Leiden und Schmerzen entschädigten. All dies versinkt nun in eine abgeschlossene Vergangenheit. Ihnen wird in diesem Augenblick weh ums Herz sein; so viele Opfer umsonst gebracht, so viele Hingebung ohne den gerechten Lohn! Möge Ihnen nun Tegel die Gelegenheit und die Möglichkeit geben, Ihr geniales Erziehertum und Ihre nie rastende, in immer neuen Gedanken und Lösungen lebendige Lehrtätigkeit zum Segen der deutschen Jugend, zum Heile für das deutsche Volk und Land noch in vielen Jahren zu entfalten und zu weitreichender Entwicklung kommen zu lassen. - Ich danke Ihnen bei diesem Abschluß noch einmal aus tiefstem Herzen für ihre Freundschaft und Liebe und bin in stets unveränderter Gesinnung Ihr alter

Carl Cohn.
[PS:] Bitte, sagen Sie doch Erwin Witt, daß, wenn er mich aufsuchen will, er sich durch Post-
karte oder Anruf (Wilmersdorf, HZ, 5529) anmelden möchte; es würde mir sehr leid tun, wenn
er mich verfehlen sollte!"[239]

---

[239] Berlin, LA, SIS: Cohn an Blume br. vom 23.03.1934 (aus Berlin-Wilmersdorf).